MATEMÁTICAS GALDÓS

Lic. L. Galdós

- Conjuntos
- Combinatoria
- Números y sus operaciones
- Proporcionalidad
- Progresiones
- Matemática financiera
- Polinomios
- Fracciones algebraicas
- Ecuaciones
- Matrices
- Determinantes
- Sistemas lineales
- Figuras geométricas
- Áreas y volúmenes
- Trigonometría
- Producto escalar de vectores
- Cónicas
- Rectas y planos
- Límites de sucesiones
- Funciones clásicas
- Continuidad
- Derivadas
- Integrales
- Estadística y probabilidad

EDICION MMVIII

Edita: CULTURAL, S. A.
Polígono Industrial Arroyomolinos
Calle C, núm. 15, Móstoles
MADRID - ESPAÑA

Imprime: Grafillès.
ISBN: 84-8055-241-7
Depòsito legal: M . 20175

Impreso en la U.E. - *Printed in E.U.*

PRÓLOGO

Resulta inevitable que cualquier autor de un libro de matemáticas de nivel medio como éste se convenza de que la mayor parte de los lectores no están llamados a ser matemáticos profesionales. Es por ello por lo que tratamos de combinar de forma razonable la formulación abstracta de cada concepto con las aplicaciones prácticas que le dan sentido.

En esta línea, hemos intentado no caer en la tentación de la generalización continua de los conceptos, pues a menudo conducen a la introducción de estructuras complicadas cuyo estudio requiere una madurez matemática superior a la de aquellos que presuponemos lectores de esta obra.

Cada uno de los temas del libro tiene la misma estructura: se inicia con una breve reseña histórica sobre aquellos matemáticos ilustres cuya contribución ha sido fundamental en el desarrollo de la materia objeto del capítulo. A continuación se expone cada concepto seguido de varios ejemplos de aplicación resueltos que ayuden al lector a comprender mejor el significado y aplicación del hecho teórico estudiado.

Al final de cada tema se incluye un amplio muestrario de problemas y sus soluciones, que permiten al sufrido lector practicar y valorar los conocimientos adquiridos sobre el tema en cuestión.

El contenido de la obra se distribuye en cinco apartados:

En el primer apartado se estudian las distintas clases de números. Abarca dos grandes bloques: Conjuntos y Combinatoria, *y el titulado* Desde los naturales hasta los complejos. *El primer bloque está dedicado a la teoría de conjuntos y la combinatoria para así poder hablar con fundamento de conjuntos numéricos y sus propiedades. En el siguiente bloque se introduce al lector en la necesidad de ir ampliando sucesivamente los conjuntos de números desde los naturales hasta los complejos. En cada escalón numérico nos detendremos a estudiar las operaciones y trataremos las aplicaciones que usan dicha clase de números.*

El segundo apartado está dedicado al Álgebra en su integridad. En él se recorre el no siempre fácil camino que conduce de los números a las letras. Aparece dividido en tres unidades: Polinomios, Ecuaciones, *y* Matrices y sistemas lineales. *Intentamos que el lector se familiarice con un nuevo lenguaje que le permita tratar adecuadamente situaciones reales mediante símbolos matemáticos. Estos símbolos le ayudarán a resolver, en un sólo problema, multitud de problemas similares. La última parte va destinada a mentes inquietas y trata sobre la resolución de sistemas lineales algo más complicados, para lo cual resulta necesario un estudio previo de las matrices y los determinantes.*

El tecer apartado nos introduce en la Geometría del plano. Los contenidos quedan clasificados en cuatro bloques: Figuras geométricas planas, Trigonometría, Geometría analítica del plano *e* Iniciación a la geometría del espacio. *Ningún tratado moderno sobre geometría puede dejar de lado su traducción al lenguaje algebraico. Por ello dedicaremos tanto empeño al estudio geométrico de las figuras planas como a su tratamiento analítico. Los vectores permitirán al lector reducir los problemas geométricos relacionados con la forma y extensión de las figuras a la resolución de problemas numéricos. Como nexo forzoso de unión entre la geometría clásica y la analítica se aborda el estudio de la Trigonometría. El apartado se cierra con un acercamiento suave a la geometría del espacio.*

El cuarto apartado está dedicado al Cálculo infinitesimal y, especialmente, al estudio de funciones. Se abordan las Sucesiones, Funciones reales *y* Estadística y Probabilidad. *La frase "Una imagen vale más que mil palabras" resume la importancia que tiene el estudio de las gráficas de funciones. Éstas son sin duda el mejor instrumento para expresar el cambio que se produce en las cosas al pasar el tiempo. El lector estudiará aspectos importantes de las funciones: a dónde se aproximan los valores de la función cuando la variable se acerca a otros; lo deprisa o despacio que crece o decrece una función; cómo calcular el área bajo una curva, etc. La última parte del apartado se dedica al estudio de las que son seguramente las ramas de la matemática más proximas al mundo real: la estadística como método para el análisis de datos y la extracción de conclusiones, y la probabilidad como estudio de la incertidumbre.*

Se incluye un apéndice final sobre el Uso de la calculadora, *que pretende potenciar su utilización adecuada en la resolución de numerosos problemas matemáticos. Se incluyen aquí aquellos conceptos susceptibles de ser tratados fácilmente con ayuda de estas pequeñas computadoras.*

LOS EDITORES

I

Conjuntos y combinatoria

La teoría de conjuntos es uno de los pilares sobre los que se asienta todo el edificio matemático. En los temas de este bloque aprenderás a operar con conjuntos, a clasificarlos según las propiedades de sus operaciones y a relacionarlos mediante las aplicaciones.

La combinatoria estudia los diferentes modos en que se puede llevar a cabo una tarea de ordenación o agrupación de unos cuantos objetos siguiendo unas reglas prefijadas.

Conjuntos

1

Introducción histórica

En el primer período de su existencia, la teoría de conjuntos es debida enteramente a G. Cantor (1845-1918). El inicial desarrollo abstracto de la teoría de conjuntos hizo que esta nueva rama de la matemática fuera tratada en principio con desconfianza y aversión. No obstante, su aplicación posterior a ramas de la matemática como la Topología o la teoría de funciones han hecho de ella un instrumento especialmente importante en el desarrollo de la Matemática moderna.

1.1 Elemento y conjunto

Conjunto es toda colección perfectamente definida de objetos. Cada uno de los objetos de esta colección perfectamente definida recibe el nombre de elemento del conjunto.
Que una colección esté perfectamente definida quiere decir que se puede discernir sin ningún género de duda si un objeto determinado pertenece o no a la colección. Así, por ejemplo, no hay ninguna duda en conocer cuáles son los alumnos de una determinada clase, las naciones de América, los libros de una biblioteca o los componentes de una familia. En cambio si consideramos los libros interesantes que hay en la librería de un amigo, difícilmente podremos ponernos de acuerdo sobre la pertenencia de un determinado libro a esta colección. Por consiguiente diremos que esta última colección no está perfectamente definida.
Los elementos de un conjunto pueden representarse escribiendo sus elementos entre llaves o bien mediante diagramas de Venn, y al conjunto se le suele indicar con una letra mayúscula.

Ejemplo

Representar el conjunto formado por los números impares menores que 8 mediante un diagrama de Venn y escribe sus elementos entre llaves.

Solución:

Diagrama de Venn A

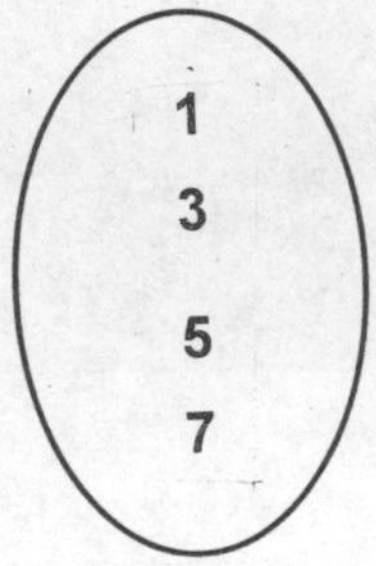

A = { 1, 3, 5, 7 }

Fig. 1-1.

Un conjunto puede definirse por extensión, o sea enumerando todos sus elementos. o bien mediante una propiedad característica del mismo.

Ejemplo

Definir por extensión el conjunto de los días de la semana.

Solución: $B = \{\text{lunes, martes, miércoles, jueves, viernes, sábado, domingo}\}$

Ejemplo

Definir mediante una propiedad característica el siguiente conjunto:

$$E = \{\text{primavera, verano, otoño, invierno}\}$$

Solución: $E = \{\text{estaciones del año}\}$

Cuando un conjunto expresado por una propiedad característica no tiene objeto que la cumpla se llama conjunto vacío y se representa del siguiente modo:

$$C = \varnothing \quad \text{o bien} \quad C = \{\ \}$$

Ejemplo

¿Cuál es el conjunto N de naciones americanas cuya capital es París?.

Solución: $N = \varnothing$

Para indicar que un elemento pertenece a un conjunto se utiliza el signo $\in$ escrito entre el elemento y el conjunto.

Ejemplo

Indicar que el elemento 2 pertenece al conjunto P de los números pares.

Solución: $2 \in P$

Para indicar que un elemento no pertenece a un conjunto se emplea el signo $\notin$ escrito entre el elemento y el conjunto.

Ejemplo

Indicar que 3 no pertenece al conjunto P de los números pares.

Solución: $3 \notin P$

1.2 Clases de conjuntos

Se dice que un conjunto es finito cuando tiene un número limitado de elementos.
Así, por ejemplo, el conjunto de las naciones de América o el conjunto de alumnos de una clase son conjuntos finitos.
Por el contrario, se dice que un conjunto es infinito cuando tiene un número ilimitado de elementos.
Por ejemplo, son conjuntos infinitos el conjunto de los números pares, el conjunto de los puntos de una recta o el conjunto de las rectas que pasan por un punto.
Se dice que un conjunto A es un subconjunto de un conjunto B cuando todos los elementos de A también pertenecen a B.

Por ejemplo, el conjunto $A = \{1, 3, 5\}$ es un subconjunto del conjunto $B = \{1, 2, 3, 4, 5, 6\}$.

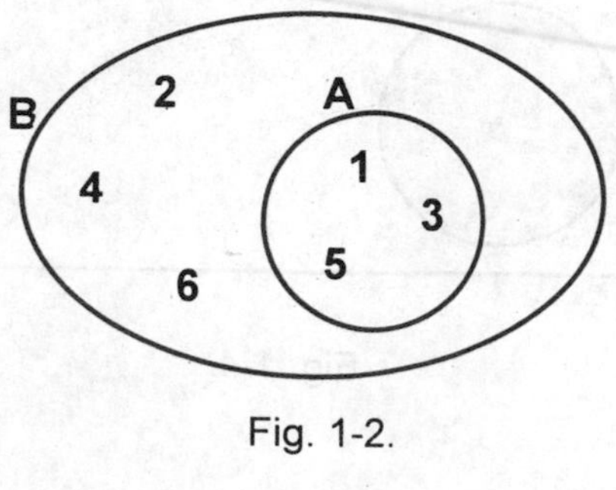

Fig. 1-2.

El signo $\subset$ escrito entre dos conjuntos indica que el primer conjunto es un subconjunto del segundo.

Así, en el caso anterior escribiríamos $A \subset B$. En Matemáticas se dice que el conjunto vacío está en todos. Es decir, $\varnothing \subset A$.
El signo $\not\subset$ escrito entre dos conjuntos indica que el primer conjunto no es un subconjunto del segundo. Así, por ejemplo, el conjunto $C = \{a, b, c\}$ no es un subconjunto de $D = \{a, c, d\}$, pues $b \in C$ pero $b \notin D$. Escribiremos entonces $C \not\subset D$.

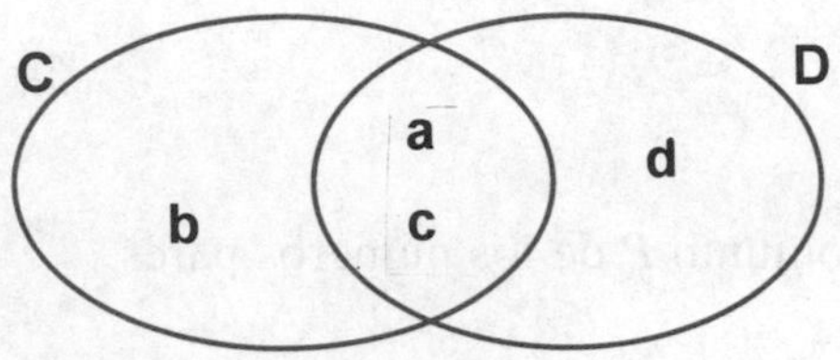

Fig. 1-3.

Cuando hablamos de un mismo tipo de conjuntos, siempre hay un conjunto más grande que los contiene como subconjuntos. Lo llamaremos universo, habitualmente escrito como U.
Por ejemplo, si hablamos del conjunto de todos los países de América, éste puede considerarse como un subconjunto del universo formado por todos los países del mundo. En concreto:

Llamamos universal, escrito U, al conjunto que contiene como subconjuntos a todos los conjuntos posibles de un mismo tipo

La forma clásica de representar a un conjunto cualquiera y a su universal es la siguiente:

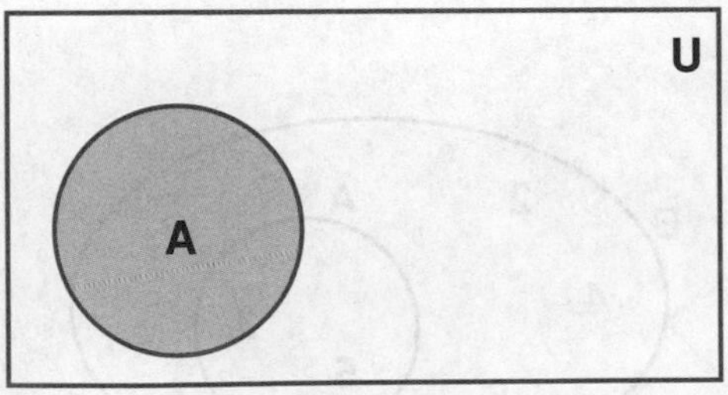

Fig. 1-4.

Sea A un conjunto cualquiera. Al conjunto de todos los subconjuntos de A se le llama conjunto de las partes de A, y se escribe $P(A)$.

Ejemplo

Si $A=\{a, b, c\}$, entonces $P(A)=\{\varnothing, \{a\}, \{b\}, \{c\}, \{a, b\}, \{a, c\}, \{b, c\}, \{a, b, c\}\}$

Observa que se incluyen como subconjuntos tanto los llamados impropios ($\varnothing$ y A) como los propios (los subconjuntos propiamente dichos).

1.3 Operaciones entre conjuntos

Sean A y B dos conjuntos cualesquiera.

Llamamos unión de A y B, escrito $A \cup B$, al conjunto formado por los elementos que pertenecen a alguno de los dos conjuntos (sin repetir ninguno).

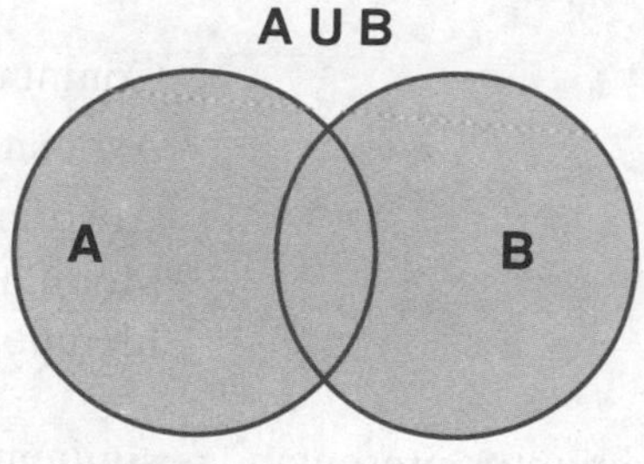

Fig. 1-5.

Ejemplo

Si $A=\{a, b, c, d\}$ y $B=\{c, d, e, f\}$, entonces $A \cup B=\{a, b, c, d, e, f\}$

La unión de conjuntos tiene las siguientes propiedades:

1. $A \cup B = B \cup A$ — Conmutativa
2. $A \cup (B \cup C) = (A \cup B) \cup C = A \cup B \cup C$ — Asociativa
3. $A \cup \varnothing = A$ — Modulativa
4. $A \cup U = A$ — Absorción
5. $A \cup A = A$ — Idempotencia

Todas ellas son de evidente demostración.

Se llama intersección de *A* y *B*, y se escribe $A \cap B$, al conjunto formado por los elementos comunes a ambos conjuntos

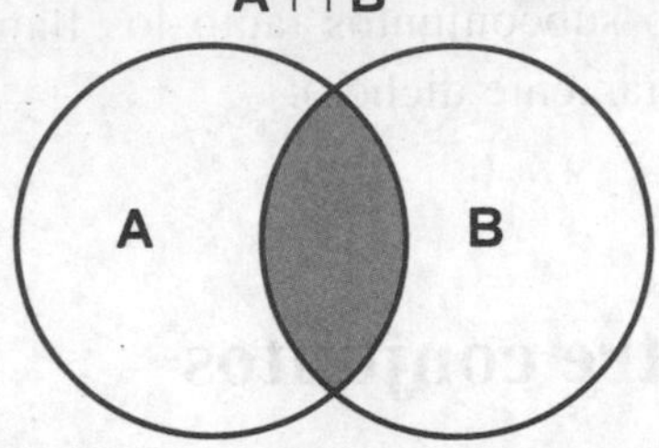

Fig. 1-6.

Ejemplo

Para los conjuntos $A = \{1, 2, 3, 4, 5, 6\}$ y $B = \{4, 6, 8, 10\}$, se tiene que $A \cap B = \{4, 6\}$

Las propiedades análogas de la intersección son las siguientes:

1.	$A \cap B = B \cap A$	Conmutativa
2.	$A \cap (B \cap C) = (A \cap B) \cap C$	Asociativa
3.	$A \cap \varnothing = \varnothing$	Absorción
4.	$A \cap U = A$	Modulativa
5.	$A \cap A = A$	Idempotencia

La unión y la intersección de conjuntos presentan las siguientes propiedades conjuntas:

1.	$A \cap (B \cup C) = (A \cap B) \cup (A \cap C)$	Distributiva de la intersección respecto a la unión
2.	$A \cup (B \cap C) = (A \cup B) \cap (A \cup C)$	Distributiva de la unión respecto a la intersección

Ejemplo

Comprueba la propiedad distributiva de la unión respecto a la intersección para los conjuntos $A = \{a; b, c, d\}$, $B = \{b, c, d, e\}$ y $C = \{e, f\}$.

Solución: $B \cup C = \{b, c, d, e, f\}$ y, por tanto, $A \cap (B \cup C) = \{b, c, d\}$.

$A \cap B = \{b, c, d\}$ y $A \cap C = \varnothing$, luego $(A \cap B) \cup (A \cap C) = \{b, c, d\}$.

Por tanto, se sigue que $A \cap (B \cup C) = (A \cap B) \cup (A \cap C) = \{b, c, d\}$

Dos conjuntos A y B se dice que son disjuntos si su intersección es el conjunto vacío. Es decir, si $A \cap B = \emptyset$.

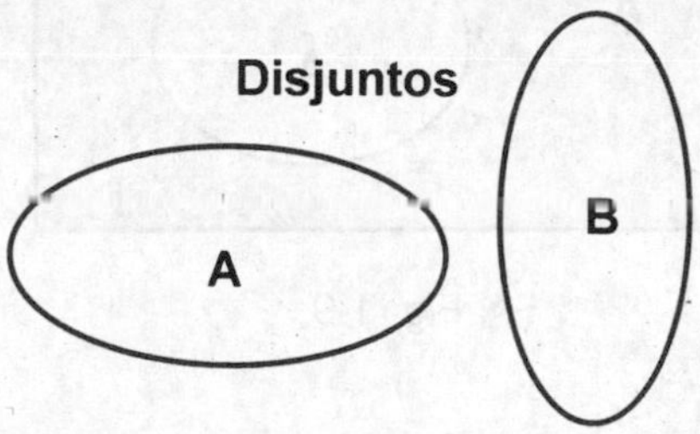

Fig. 1-7.

Ejemplo

Los conjuntos $A = \{\text{números pares}\}$ y $B = \{\text{números impares}\}$ son disjuntos pues no hay ningún número par que sea impar.

Se llama diferencia entre los conjuntos *A* y *B*, escrita *A - B*, al conjunto de todos los elementos de *A* que no están en *B*.

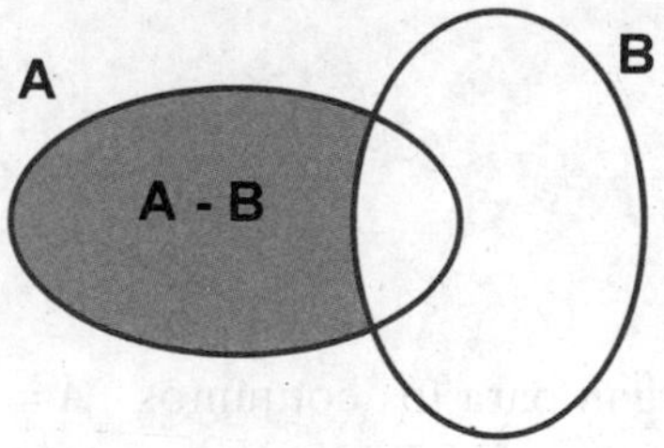

Fig. 1-8.

Ejemplo

Si $A = \{a, b, c, d, e\}$ y $B = \{c, e, f, g\}$, entonces $A - B = \{a, b, d\}$.

El complemento de un conjunto *A*, escrito *A'*, es la diferencia entre el universal y el conjunto *A*

Es decir, los elementos de A' son todos aquellos que no pertenecen a A.

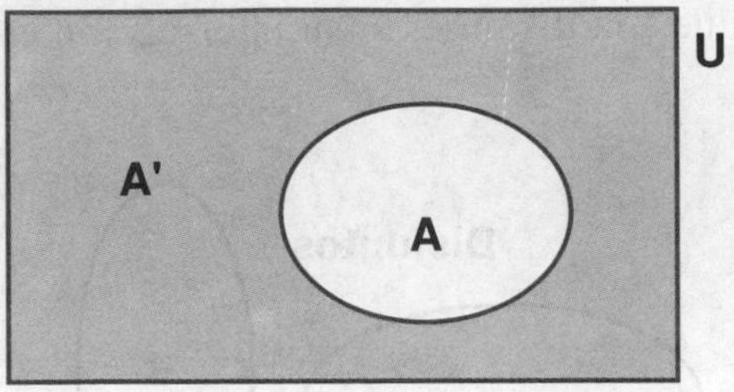

Fig. 1-9.

Ejemplo

En el universo de los cinco continentes, si es $A=\{\text{América, Oceanía}\}$, entonces el complemento de A es $A'=\{\text{Europa, Asia, África}\}$.

El complemento tiene las siguientes propiedades:

1. $(A')'=A$ — Involutiva

2. $\left.\begin{array}{l}(A\cup B)'=A'\cap B'\\(A\cap B)'=A'\cup B'\end{array}\right\}$ — Leyes de Morgan

Ejemplo

Comprobar la primera Ley de Morgan para los conjuntos $A=\{a, e, i\}$ y $B=\{i, u\}$ referidos al universal de las vocales.

Solución: $\left.\begin{array}{l}A\cup B=\{a, e, i, u\} \rightarrow (A\cup B)'=\{o\}\\ A'=\{o, u\} \text{ y } B'=\{a, e, o\} \rightarrow A'\cap B'=\{o\}\end{array}\right\} \rightarrow (A\cup B)'=A'\cap B'$

La diferencia simétrica entre *A* y *B*, escrita $A\,\Delta\,B$, está formada por todos los elementos de *A* que no son de *B*, junto con los elementos de *B* que no son de *A*.

Es decir, $A\,\Delta\,B=(A-B)\cup(B-A)$

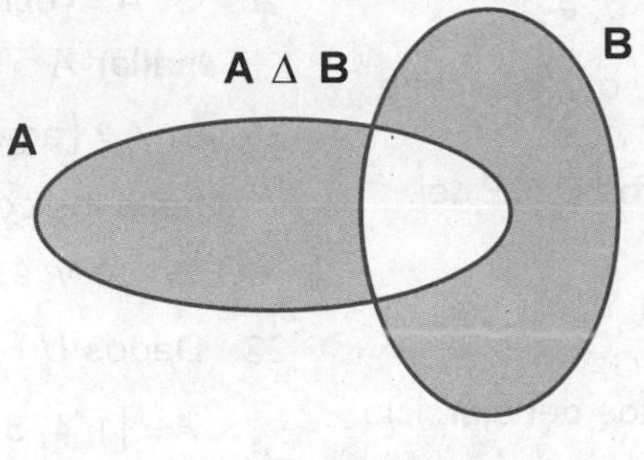

Fig. 1-10.

Del dibujo se sigue con facilidad otra expresión para la diferencia simétrica. En concreto:

$$A \Delta B = (A \cup B) - (A \cap B)$$

Ejemplo

Calcula la diferencia simétrica entre los conjuntos $A = \{1, 2, 3, 4, 5, 6\}$ y $B = \{5, 6, 7, 8\}$.

Solución: $A - B = \{1, 2, 3, 4\}$ y $B - A = \{7, 8\}$. Uniendo ambos conjuntos tenemos que:

$$A \Delta B = \{1, 2, 3, 4, 7, 8\}$$

Problemas propuestos

1. Indica si están perfectamente definidos los siguientes conjuntos:
   A = Conjunto de personas ricas de una ciudad
   B = Jugadores de un equipo de fútbol cuya estatura sea superior a 190 cm.
   C = Licenciados en Física de un país
2. Describir entre llaves los elementos de los siguientes conjuntos:
   A = naciones de Sudamérica que no limitan con el mar
   B = números pares menores que once
   C = meses del año con 30 días
3. ¿Es el conjunto de los números naturales finito?.
4. Halla todos los subconjuntos que se pueden formar del conjunto $A = \{1, 2, 3\}$
5. a) ¿Cuál es el número de subconjuntos que pueden formarse a partir de un conjunto de 2 elementos?. b) ¿Y a partir de un conjunto de 3 elementos?. c) ¿Y a partir de un conjunto de n elementos?.
6. ¿Es el conjunto $A = \{\text{meses del año}\}$ un subconjunto de $B = \{\text{días del año}\}$?.
7. Si $A = \{a, \{a, b\}, \{c\}\}$. ¿Es correcto decir que $\{a, b\} \subset A$?.
8. ¿Sería correcto decir que $\{a, b\} \in A$?.
9. Sean $A = \{1, 3, 4\}$ y $B = \{2, 3, 4\}$.
   Escribir el conjunto $A \cap B$.
10. Para los conjuntos *A* y *B* del ejercicio anterior, calcula $A \Delta B$.

11. Sean los conjuntos $C=\{a, d, e\}$, $D=\{a, b, c\}$ y $E=\{a, e, i, o, u\}$ Escribe el conjunto $C \cap D \cap E$.
12. ¿Son disjuntos los conjuntos *D* y *E* del ejercicio anterior?.
13. Sean $F=\{1, 2, 3\}$ y $G=\{a, b, c\}$. Escribir el conjunto $F \cap G$.
14. ¿Son disjuntos los conjuntos del ejercicio anterior?.
15. Sean $A=\{1, 3, 4\}$ y $B=\{2, 3, 4\}$. Escribir el conjunto $A \cup B$.
16. Sean los conjuntos $C=\{a, d, e\}$, $D=\{a, b, c\}$ y $E=\{a, e, i, o, u\}$. Escribir el conjunto $C \cup D \cup E$.
17. Sean $F=\{1, 2, 3\}$ y $G=\{a, b, c\}$. Escribir el conjunto $F \cup G$.
18. Sean los conjuntos *M* = personas del sexo masculino, y *N* = personas del sexo femenino. Escribir el conjunto $M \cup N$
19. Si $A=\{1, 2, 3, 4\}$, $B=\{2, 3, 4, 6\}$ y $C=\{2, 4, 6, 8\}$, hallar $A \cap (B \cup C)$ y $A \cup (B \cap C)$.
20. Si $A=\{\text{obreros}\}$ y $B=\{\text{albañiles}\}$, hallar $A \cap B$ y $A \cup B$.
21. Si $A=\{\text{argentinos}\}$ y $B=\{\text{angloparlantes}\}$ halla los conjuntos $A \cap B$, $A \cup B$, $A-B$, $B-A$ y $A \Delta B$.
22. Dados $U=\{1, 2, 3, 4, 5, 6, 7, 8, 9\}$; $A=\{1, 4, 5, 6, 7\}$; $B=\{2, 4, 5, 8, 9\}$; $C=\{4, 5, 6, 7, 8, 9\}$. Calcula el conjunto $(A \Delta B) \Delta C-(A \cap B \cap C)$.
23. Para $U=\{a, b, c, d, e, f, g, h, i, j\}$; $A=\{a, d, g, h, j\}$; $B=\{b, c, d, e, f\}$; $C=\{d, e, h, i, j\}$, escribe el conjunto $[(B \Delta C)' \cap A]-C$.
24. Para el conjunto $A=\{a\}$, ¿cuál de las siguientes afirmaciones es la verdadera?
a) $a \subset A$ b) $A=\varnothing$ c) $\{a\} \subset A$ d) $\{a\} \in A$
25. Siendo $M \subset P$, $N \subset P$ y $M \cap N=\varnothing$, ¿cuál de las siguientes afirmaciones es cierta?
a) $M \cup N \not\subset P$ b) $N \cap P=\varnothing$ c) $M \cap N \subset P$ d) $M'=P$

Soluciones

1. Solución: *A* no está bien definido pues el atributo riqueza no representa lo mismo para todos.
B y *C* sí están perfectamente definidos.
2. S: $A=\{\text{Bolivia, Paraguay}\}$;
$B=\{2, 4, 6, 8, 10\}$;
$C=\{\text{Abril, Junio, Septbre, Novbre}\}$
3. S: No
4. S: $\varnothing$, $\{1\}$, $\{2\}$, $\{3\}$, $\{1, 2\}$, $\{1, 3\}$, $\{2, 3\}$, A
5. S: a) 4; b) 8; c) 2^n
6. S: No
7. S: No
8. S: Sí
9. S: $A \cap B=\{3, 4\}$
10. S: $A \Delta B=\{1, 2\}$
11. S: $C \cap D \cap E=\{a\}$
12. S: No
13. S: $F \cap G=\varnothing$
14. S: Sí
15. S: $A \cup B=\{1, 2, 3, 4\}$
16. S: $C \cup D \cup E=\{a, b, c, d, e, i, o, u\}$
17. S: $F \cup G=\{1, 2, 3, a, b, c\}$
18. S: Es el conjunto de todas las personas
19. S: $A \cap (B \cup C)=\{2, 3, 4\}$
20. S: $A \cap B=B$; $A \cup B=A$

21. S: $A \cap B = \{\text{argentinos que hablan inglés}\}$;

$A \cup B = \{\text{argentinos o angloparlantes}\}$

$A - B = \{\text{argentinos que no hablan inglés}\}$;

$B - A = \{\text{angloparlantes no argentinos}\}$

$A \Delta B = \{$argentinos que no hablan inglés o angloparlantes no argentinos$\}$

22. S: $(A \Delta B) \Delta C - (A \cap B \cap C) = \{1, 2\}$
23. S: $[(B \Delta C)' \cap A] - C = \{a, g\}$
24. S: c)
25. S: c)

2 Correspondencias. Relaciones binarias

Introducción histórica

El nombre de producto cartesiano de dos conjuntos fue dado en honor del gran matemático francés Descartes (1596-1650), quien al considerar el plano como un conjunto de pares de números inició una nueva rama de las Matemáticas llamada Geometría Analítica.

2.1 Producto cartesiano de conjuntos

Dado un elemento a, que pertenece a un conjunto A, y un elemento b, perteneciente a un conjunto B, se puede escribir el par ordenado (a,b), en el que a se llama primera componente y b segunda componente.

El conjunto de todos los pares ordenados que se pueden obtener con los elementos de A y de B se llama producto cartesiano y se designa por $A \times B$.

Ejemplo

Si $A = \{1, 2, 3\}$ y $B = \{a, b\}$, el producto cartesiano está formado por los seis pares siguientes:

$$A \times B = \{(1,a), (1,b), (2,a), (2,b), (3,a), (3,b)\}$$

Estos pares se pueden representar en forma de diagrama cartesiano (Fig. 2-1) o en forma de diagrama en árbol (Fig. 2-2):

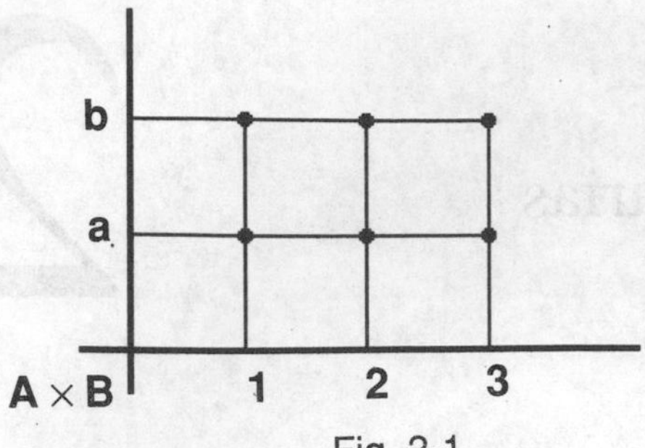

Fig. 2-1.

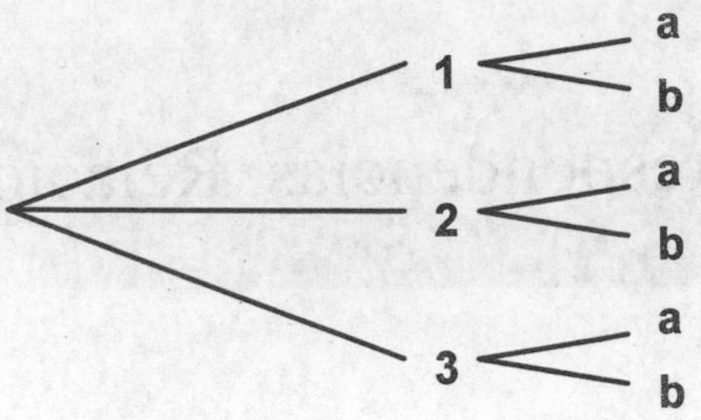

Fig. 2-2.

Se observa que si A tiene n elementos y B tiene m elementos, el producto $A \times B$ está formado por $n \cdot m$ elementos o pares ordenados.

Cuando los dos conjuntos del producto cartesiano coinciden en un mismo conjunto A, el producto cartesiano $A \times A = A^2$ se llama cuadrado de A. En tal caso, se llaman elementos diagonales a los pares ordenados cuyas componentes son iguales, es decir, los de la forma (x,x).

Ejemplo

Calcular $A^2 = A \times A$ para el conjunto $A = \{a, b, c\}$ y escribir los elementos diagonales.

Solución: $A \times A = \{(a,a), (a,b), (a,c), (b,a), (b,b), (b,c), (c,a), (c,b), (c,c)\}$.

Los elementos diagonales son: $(a,a), (b,b), (c,c)$

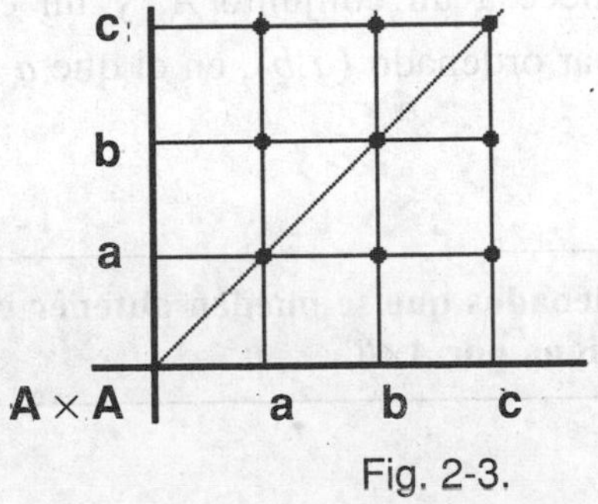

Fig. 2-3.

2.2 Correspondencias entre conjuntos

...na correspondencia de un conjunto A en un conjunto B y se representa por $f: A \rightarrow B$ a una ... los elementos de A con los elementos de B.

Esta relación se representa en un diagrama con flechas como los siguientes.

Ejemplo

Una correspondencia del conjunto $A = \{\text{Olga, Pedro, Juán}\}$ en el conjunto $B = \{\text{Muñoz, Mata}\}$ viene dada por:

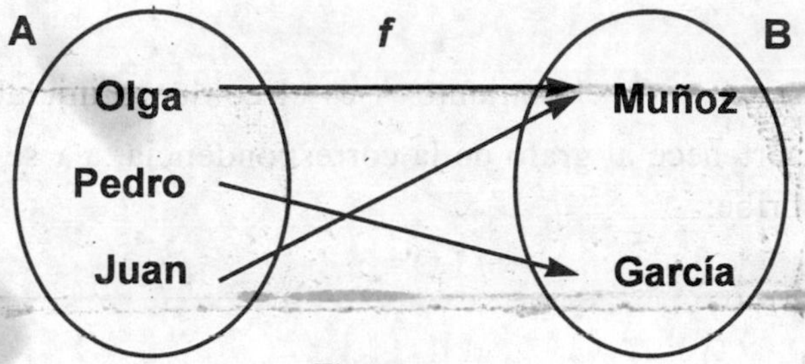

Fig. 2-4.

Una correspondencia se puede definir por medio de un subconjunto del producto cartesiano *A*×*B*. Este subconjunto se llama grafo de la correspondencia y su representación en un diagrama cartesiano se llama gráfica.

Ejemplo

Una correspondencia $f: A \to B$ entre los conjuntos $A = \{1, 3, 5\}$ y $B = \{a, b, c, d\}$ viene dada por:

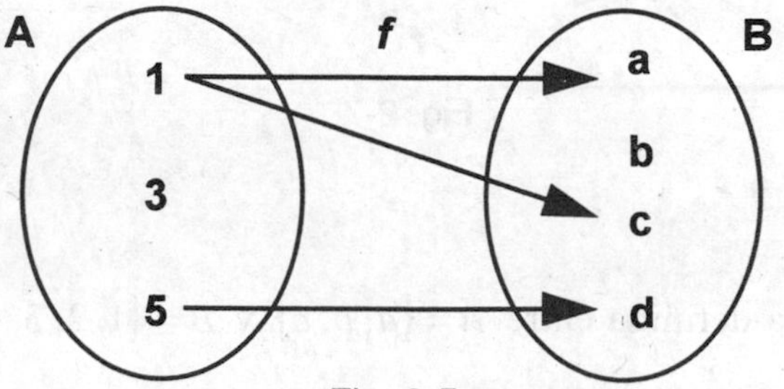

Fig. 2-5.

El grafo de esta correspondencia es el subconjunto $G = \{(1,a), (1,c), (5,d)\}$ del producto cartesiano $A \times B$. La gráfica de esta correspondencia es el diagrama cartesiano siguiente:

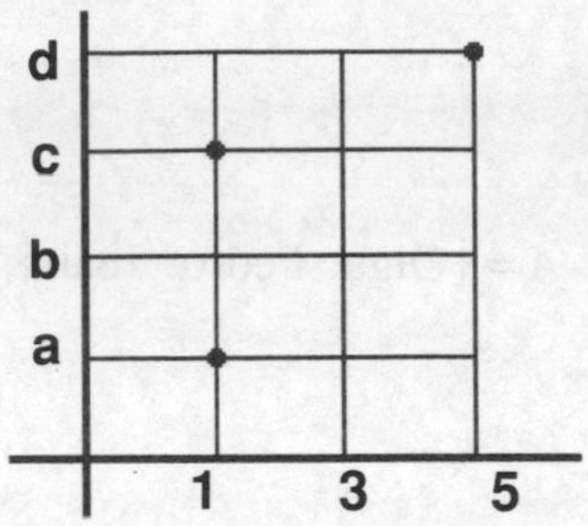

Fig. 2-6.

En una correspondencia $f: A \rightarrow B$, el conjunto A es el conjunto inicial y el conjunto B es el conjunto final. Si (x, y) pertenece al grafo de la correspondencia, a x se le llama original y a y se le llama imagen. Se escribe:

$$f(x) = y$$

Ejemplo

Para la correspondencia del ejemplo anterior, se tiene que 1 es el original de a y de c, mientras que 5 es el original de d. Los elementos a y c son imagen del 1 y el elemento d es imagen del 5. Abreviadamente:

$$f(1) = a \qquad f(1) = c \qquad f(5) = d$$

Se llama correspondencia inversa de la correspondencia f definida por el subconjunto G, que designaremos por f^{-1}, a una correspondencia de B en A, tal que si $(a,b) \in G$ entonces $(b,a) \in G^{-1}$

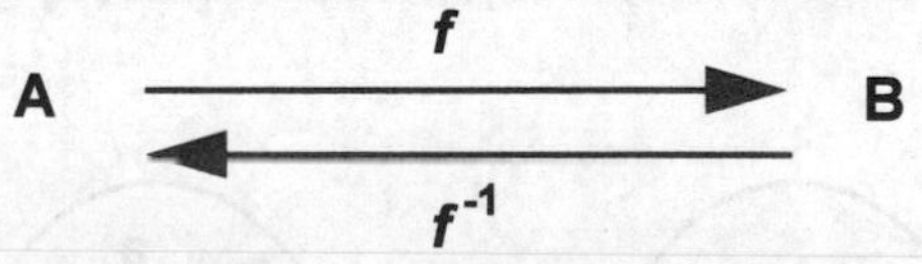

Fig. 2-7.

Ejemplo

Sea f la correspondencia definida entre $A = \{a, b, c\}$ y $B = \{1, 2, 3, 4\}$ por $G = \{(a,1), (a,3), (c,2), (c,3), (c,4)\}$.

La correspondencia inversa f^{-1} de B en A viene definida por el subconjunto $G^{-1} = \{(1,a), (3,a), (2,c), (3,c), (4,c)\}$.

2.3 Relaciones binarias

Se llama relación binaria definida en un conjunto *A* a una correspondencia de A en A, o lo que es lo mismo a un subconjunto de *A*×*A*.

Ejemplo

Si $A=\{a,b,c\}$, el subconjunto $G=\{(a,a),(a,c),(b,a),(c,c)\}$ define una relación binaria en *A*.

Los elementos del subconjunto *G* se escriben ahora mediante la expresión xRy y se lee "*x* relacionado con *y* mediante la relación *R*".

$$(x,y)\in G \quad \Leftrightarrow \quad xR\,y$$

Una relación binaria *R* puede tener las siguientes propiedades:

a) Reflexiva: Se dice que la relación binaria R es reflexiva cuando $xR\,x$ para cualquier $x\in A$.

Ejemplo

Sea $A=\{a,b,c\}$. La relación definida por el subconjunto $G=\{(a,a),(a,b),(b,b),(c,a),(c,c)\}$ es reflexiva, pues $aR\,a$, $bR\,b$ y $cR\,c$.

b) Simétrica: Se dice que la relación binaria *R* es reflexiva si para todo par de elementos tales que $aR\,b$, entonces se verifica que $bR\,a$.

$$aR\,b \quad \Rightarrow \quad bR\,a$$

Ejemplo

La relación *R*, definida en el conjunto de todas las rectas del plano por la condición de "ser perpendicular", tiene la propiedad simétrica, ya que si la recta *r* es perpendicular a *s*, ésta también es perpendicular a *r*.

c) Antisimétrica: Se dice que la relación binaria R es antisimétrica cuando si se verifica que $aR\,b$ y $bR\,a$, entonces se deduce que $a=b$.

$$\left.\begin{matrix} aR\,b \\ bR\,a \end{matrix}\right\} \Rightarrow a=b$$

Ejemplo

La relación definida en el conjunto $A=\{a, b, c, d, e\}$ por "ser igual o estar escrito a la izquierda de" es antisimétrica, pues si cualquier elemento está escrito a la derecha e izquierda de otro es que necesariamente son el mismo.

d) Transitiva: Se dice que una relación binaria es transitiva cuando si se verifica que $a R b$ y $b R c$, entonces $a R c$.

$$\left.\begin{matrix} a R b \\ b R c \end{matrix}\right\} \Rightarrow a R c$$

Ejemplo

La relación R definida en el conjunto de todas las rectas del plano por la condición "ser paralelas" posee la propiedad transitiva, ya que si r es paralela a s y s lo es a t, entonces r y t también son paralelas.

2.4 Relación de equivalencia

Se dice que una relación binaria *R* es de equivalencia cuando posee las propiedades reflexiva, simétrica y transitiva.

Ejemplo

La relación definida en el conjunto de las rectas del plano por "ser paralelas" es una relación de equivalencia, pues cumple las propiedades reflexiva (toda recta es paralela a sí misma), simétrica y transitiva según hemos visto.

La relación definida en el conjunto de las rectas del plano por la condición de "ser perpendiculares" no es una relación de equivalencia, pues no cumple la propiedad transitiva, ya que si r es perpendicular a s y s es perpendicular a t, entonces r y t son paralelas y no perpendiculares

Sea A el conjunto de todos los lápices que hay en una papelería. En el conjunto A definimos la relación:

"Dos lápices están relacionados si son del mismo color"

Mediante esta relación, que es de equivalencia, el papelero clasifica los lápices introduciendo en cada caja los lápices que son del mismo color, pero deja en el exterior de la caja una señal que indica el color de los lápices. En general:

Sea R una relación de equivalencia definida en un conjunto A y $a \in A$.

Se llama clase de equivalencia de representante *a*, y se escribe [*a*], al conjunto de todos los elementos de *A* que son equivalentes con *a*

$$b \in [a] \iff b\,R\,a$$

Ejemplo

En el conjunto de las rectas del plano, hemos visto que la relación "ser paralelas" es una relación de equivalencia. Las clases de equivalencia de esta relación son las distintas direcciones del plano, cada una de las cuales engloba a todas las rectas con dicha dirección.

Ejemplo

Si $A=\{1, 2, 3, 4, 5\}$ y R es la relación de equivalencia definida por $G=\{(1,1), (1,3), (1,5), (2,2), (2,4), (3,1), (3,3), (3,5), (4,2), (4,4), (5,1), (5,3), (5,5)\}$, se tiene que:

$$[1]=\{1, 3, 5\}$$
$$[2]=\{2, 4\}$$

El conjunto formado por todas las clases de equivalencia se designa por A / R y se le denomina partición o conjunto cociente de A por la relación R.

Ejemplo

El conjunto cociente de la relación del ejemplo anterior es $A / R=\{[1], [2]\}$.

2.5 Relación de orden

Se dice que una relación binaria *R* es de orden si posee las propiedades reflexiva, antisimétrica y transitiva.

Ejemplo

La inclusión conjuntista $\subset$ en el conjunto de partes de un conjunto es una relación de orden.

Es reflexiva pues $A \subset A$
Es antisimétrica, pues si $A \subset B$ y $B \subset A$, entonces $A = B$
Es transitiva, pues si $A \subset B$ y $B \subset C$, entonces $A \subset C$.

Se dice que un conjunto es ordenado cuando en dicho conjunto se ha definido una relación de orden.

Ejemplo

El conjunto de partes de un conjunto es un conjunto ordenado por la relación de "inclusión".

Problemas propuestos

1. Si $A = \{1, 2\}$, $B = \{5\}$ y $C = \{3, 7\}$. Calcula: a) $(A \times B) \cup (A \times C)$ b) $(A \times B) \cap (A \times C)$
2. Dibujar mediante un diagrama de flechas la correspondencia entre países y capitales que se establece entre los conjuntos A = {Portugal, España, Francia, Italia} y B = { Lisboa, París, Madrid, Roma}.
3. Ídem la correspondencia entre países y continentes de los conjuntos C = {India, España, Canadá, Marruecos} y D = {Asia, África, Europa, América}.
4. Dibuja mediante un diagrama cartesiano la gráfica de la correspondencia entre los conjuntos $A = \{x, y\}$ y $B = \{1, 3, 5\}$ dada por el grafo $G = \{(x,1), (x,3), (x,5), (y,5)\}$.
5. Dibuja mediante un diagrama de flechas la correspondencia entre los conjuntos $A = \{a, b, c\}$ y $B = \{2, 4, 6\}$ dada por: $f(a) = 6$, $f(b) = 4$, $f(c) = 2$.
6. Si se lanza un dado al aire dos veces y los resultados se anotan en el orden que se obtienen, ¿cuántos resultados posibles tendrá este experimento?. ¿Cuáles son los elementos diagonales?.
7. Si $A = \{m, r\}$ y $B = \{1, 2, 3\}$; a) ¿Cuántos elementos tiene $A \times B$?. Escribe entre llaves todos los elementos.
8. Si $A = \{1, 3, 5\}$ y $B = \{a, b, c\}$; a) ¿Son iguales los conjuntos $A \times B$ y $B \times A$?. b) Escribe un subconjunto de $B \times A$ que tenga tres elementos.
9. Estudiar si $G = \{(1,a), (2,a), (3,4), (3,c)\}$ define una correspondencia entre los conjuntos $A = \{1, 2, 3, 4\}$ y $B = \{a, b, c\}$.
10. Estudia si $G = \{(1,a), (1,e), (3,e), (3,i), (4,c)\}$ define una correspondencia entre $A = \{1, 2, 3, 4\}$ y $B = \{\text{vocales}\}$.
11. Escribe el grafo de la correspondencia inversa de f de A = {1, 3, 5, 7} en B = {p, q, r} dada por G = {(1,p), (3,p), (5,q), (7,r)}.
12. Sea $A = \{a, b, c, d, e\}$. Estudiar si el subconjunto $G = \{(a,a), (a,c), (a,e), (b,b), (c,a), (c,c), (e,a), (e,e)\}$ define una relación binaria. ¿Qué propiedades cumple?.
13. En el conjunto de todos los triángulos del

plano se define la relación R de la siguiente forma: $T R T'$ si T y T' son semejantes. Estudiar dicha relación.

14. En el conjunto de todos los triángulos del plano se define la relación R de la forma siguiente: $T R T'$ si T y T' tienen la misma área. Estudiar dicha relación.
15. Escribe el grafo de la correspondencia:

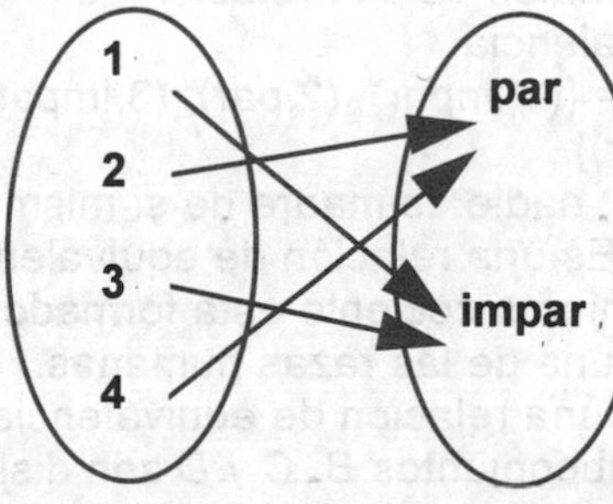

16. Decir si la relación "ser madre de" definida en el conjunto de los seres humanos es una relación reflexiva.
17. Considera la relación "ser de la misma raza" en el conjunto de todos los seres humanos. a) ¿Es una relación de equivalencia?. b) ¿Cuál es el conjunto cociente?.
18. En el conjunto $A=\{1, 2, 3, 4, 5, 6, 7, 8\}$, considerar los subconjuntos $B=\{1, 2, 8\}$, $C=\{3, 4, 6\}$ y $D=\{5, 7\}$. Dos elementos están relacionados si y sólo si pertenecen al mismo conjunto. ¿Es ésta una relación de equivalencia?.
19. A es un conjunto de personas de talla diferente. ¿La relación "ser tan alto o más que" es de equivalencia?.
20. Dado el conjunto $A=\{1, 2, 3, 4, 5\}$ y la relación definida en A por "ser menor o igual que". a) ¿Es una relación de equivalencia?. b) ¿Es una relación de orden?.

Soluciones

1. Solución: a) $(A\times B)\cup(A\times C)$ = {(1,5), (2,5), (1,3), (1,7), (2,3), (2,7)}.
   b) $(A\times B)\cap(A\times C)=\varnothing$

2. S:

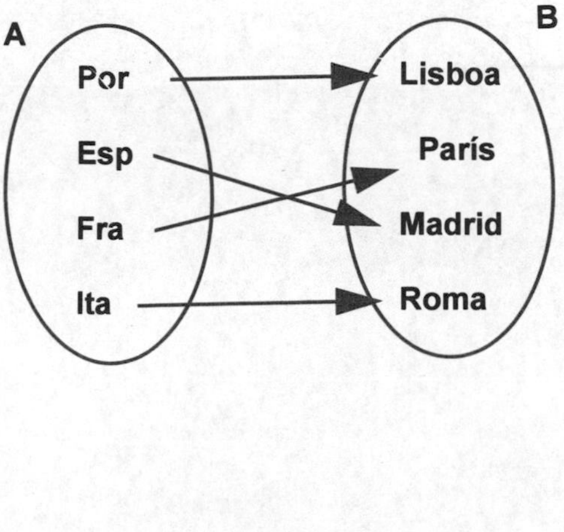

3. S:

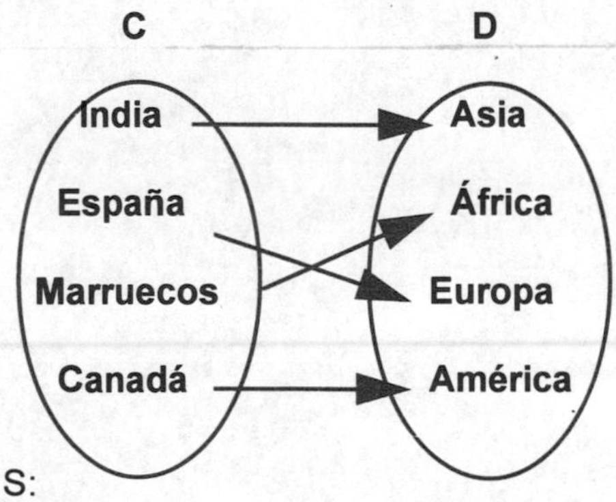

4. S:

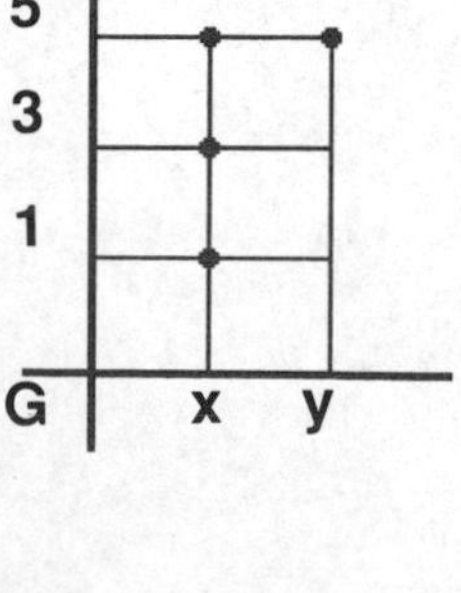

5. S:

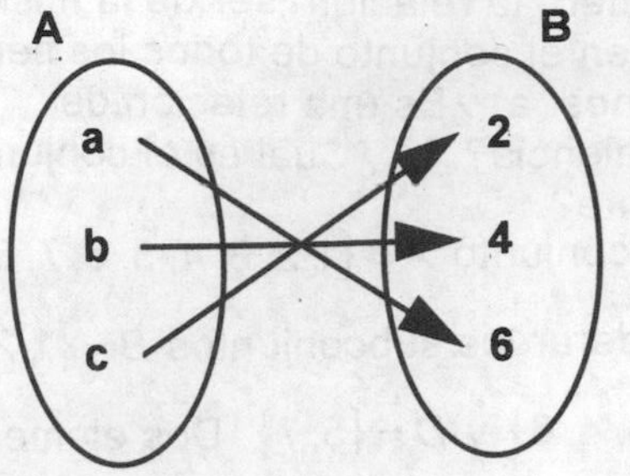

6. S: El número de resultados posibles es $6 \cdot 6 = 36$. Los elementos diagonales son: (1,1), (2,2), (3,3), (4,4), (5,5), (6,6).
7. S: a) El conjunto $A \times B$ tiene $2 \cdot 3 = 6$ elementos. $A \times B = \{(m,1), (m,2), (m,3), (r,1), (r,2), (r,3)\}$.
8. S: a) No, pues por ejemplo el par ordenado $(1,a)$ es distinto del par ordenado $(a,1)$. b) $G = \{(a,1), (a,3), (b,5)\}$.
9. S: No, pues $(3,4) \notin A \times B$.
10. S: No, pues $(4,c) \notin A \times B$, ya que la letra *c* no es una vocal.
11. S: $G^{-1} = \{(p,1), (p,3), (q,5), (r,7)\}$
12. S: Sí define una relación binaria que cumple las propiedades reflexiva, simétrica y transitiva. Es una relación de equivalencia.
13. S: Por cumplir las propiedades reflexiva, simétrica y transitiva, es una relación de equivalencia.
14. S: También es una relación de equivalencia.
15. S: G = {(1,impar), (2,par), (3,impar), (4,par)}.
16. S: No, nadie es madre de sí misma.
17. S: a) Es una relación de equivalencia. b) El conjunto cociente está formado por cada una de las razas humanas.
18. S: Es una relación de equivalencia pues los subconjuntos *B*, *C* y *D* son disjuntos.
19. S: No es una relación de equivalencia, pues no cumple la propiedad simétrica.
20. S: a) No es de equivalencia pues no cumple la propiedad simétrica. b) Sí es una relación de orden.

Aplicaciones.
Leyes de composición. Estructuras algebraicas. 3

Introducción histórica

Las operaciones algebraicas pueden definirse en conjuntos muy variados y representan abstracciones lejanas de las operaciones del álgebra elemental. A principios del siglo XIX, extrapolando las propiedades de las operaciones con números se llegó a la primera estructura importante: el grupo. En este sentido, las aportaciones de K. F. Gauss (1777-1855) constituyen la base del álgebra moderna.

3.1 Aplicaciones entre conjuntos

Tal y como hemos podido comprobar en el tema anterior, en una correspondencia puede salir una flecha, varias flechas o ninguna flecha de cada elemento del primer conjunto. Pues bien, las aplicaciones son casos particulares de correspondencia en las cuales de cada elemento del primer conjunto sale una y sólo una flecha.

Así, por ejemplo, las correspondencias siguientes no son aplicaciones

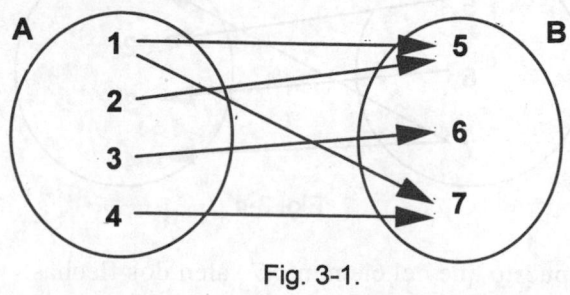

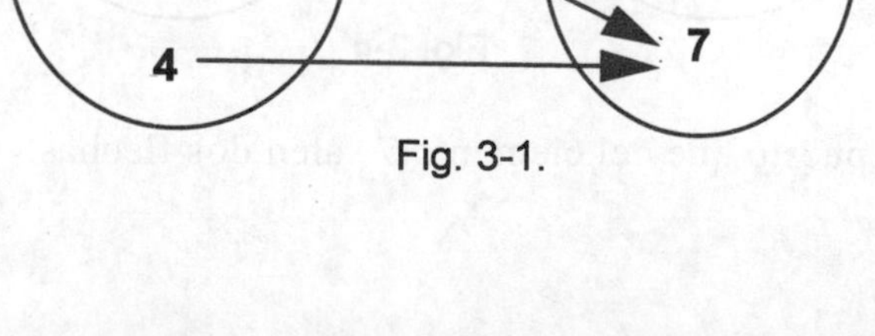

Fig. 3-1.

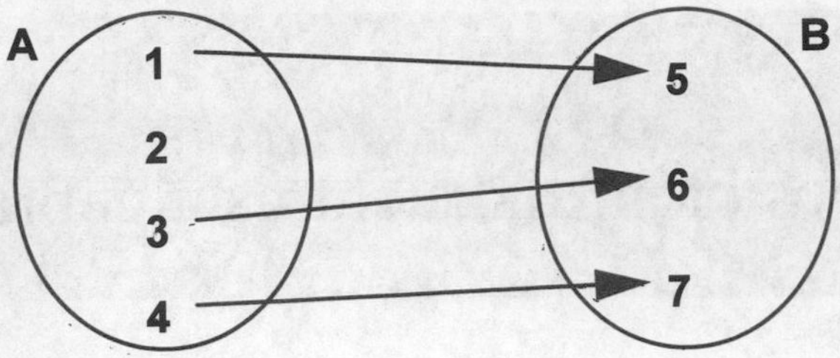

Fig. 3-2.

puesto que en el primer caso salen dos flechas del elemento 1 y en el segundo caso no sale ninguna flecha del elemento 2.

En cambio, la correspondencia siguiente sí que es una aplicación

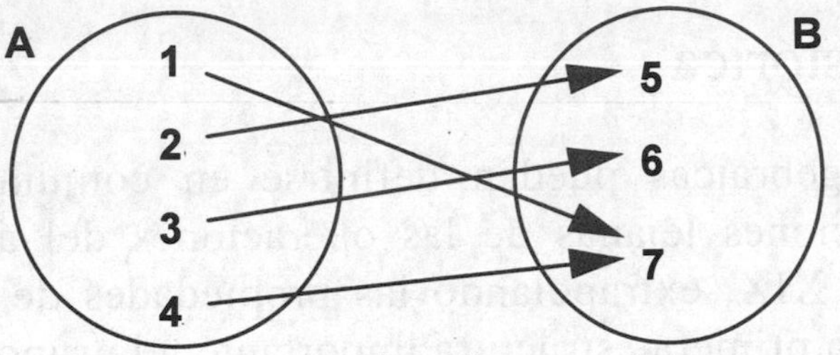

Fig. 3-3.

puesto que de cada elemento del conjunto *A* sale una y sólo una flecha.

Así pues, dados dos conjuntos *A* y *B*, diremos que una correspondencia $f : A \to B$ es una aplicación si cada elemento de *A* tiene una y sólo una imagen en *B*.

Obsérvese que la correspondencia inversa de una aplicación no es generalmente otra aplicación. Así, la correspondencia inversa de la aplicación del ejemplo anterior sería:

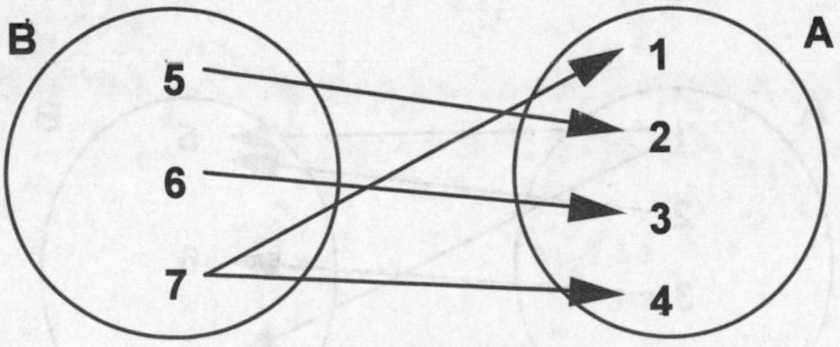

Fig. 3-4

que no es una aplicación puesto que del elemento 7 salen dos flechas.

Se dice que una aplicación $f : A \to B$ es exhaustiva cuando todos los elementos de B son imágenes de algún elemento de A.

Así, por ejemplo, la aplicación siguiente es exhaustiva:

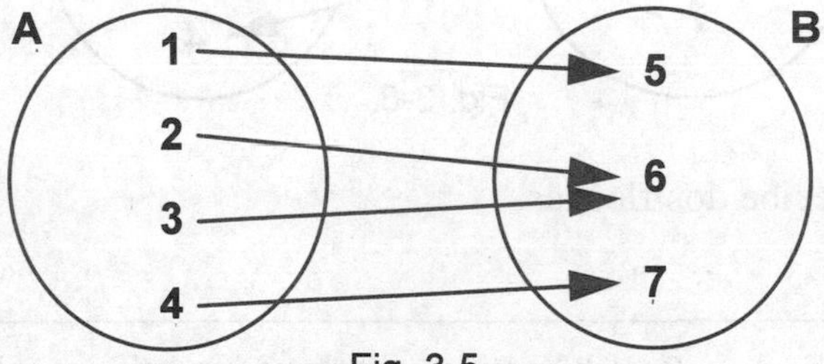

Fig. 3-5.

puesto que cada elemento de B recibe por lo menos una flecha.

En cambio, la aplicación siguiente no es exhaustiva, puesto que el elemento 6 no recibe ninguna flecha.

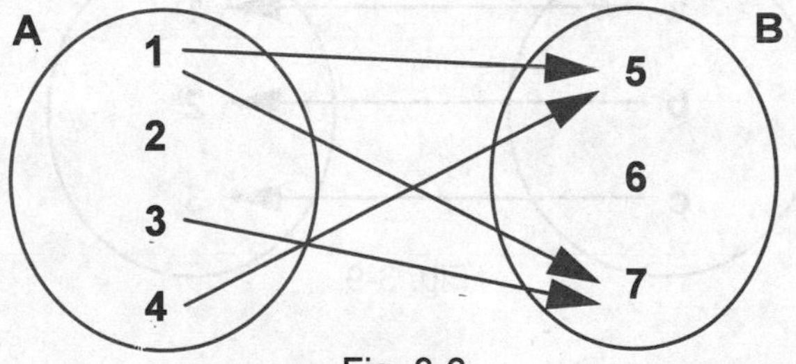

Fig. 3-6.

Se dice que una aplicación $f : A \to B$ es inyectiva cuando cada elemento imagen lo es de un solo original.

Así, por ejemplo, la aplicación siguiente es inyectiva, pues ningún elemento de B recibe más de una flecha.

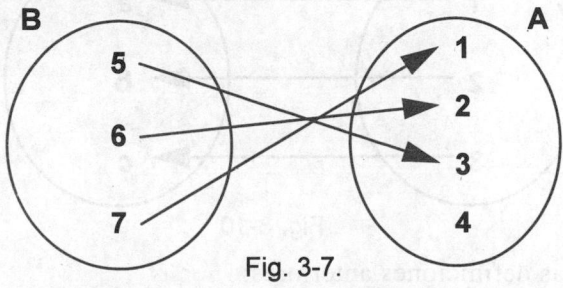

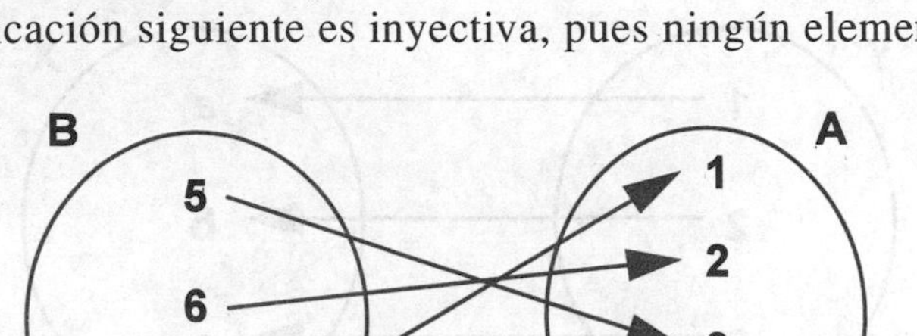

Fig. 3-7.

En cambio, no es inyectiva la aplicación siguiente:

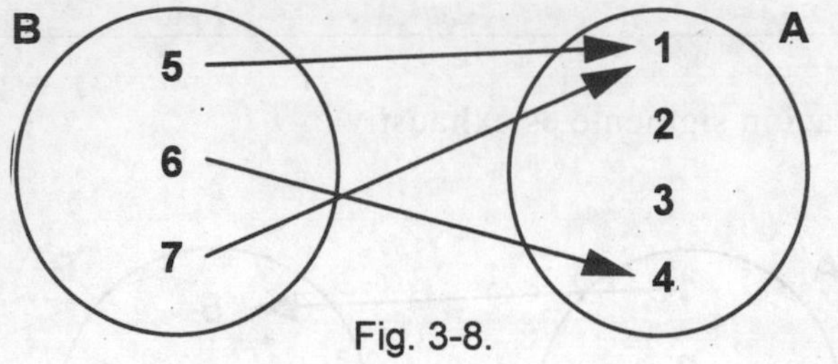

Fig. 3-8.

puesto que el elemento 1 recibe dos flechas.

Se dice que una aplicación $f : A \to B$ es biyectiva cuando es inyectiva y exhaustiva a la vez.

Es decir, que en este caso los elementos de los dos conjuntos se corresponden uno a uno. Así, por ejemplo, la aplicación siguiente es biyectiva:

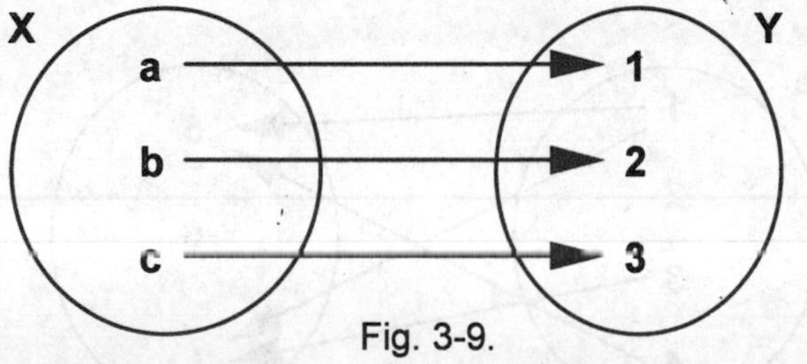

Fig. 3-9.

Si una aplicación f es biyectiva, la correspondencia inversa f^{-1} es siempre una aplicación y recibe el nombre de aplicación inversa.

Por ejemplo, la aplicación inversa del ejemplo anterior es:

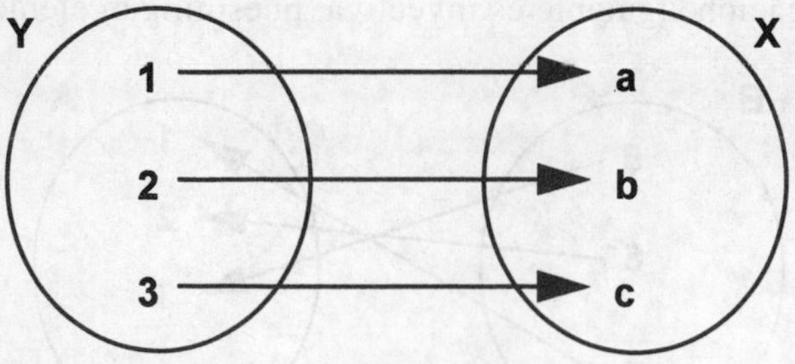

Fig. 3-10

Tal y como se deduce de las definiciones anteriores:

a) Si una aplicación es exhaustiva, el número de elementos del primer conjunto es mayor o igual que el número de elementos del segundo conjunto.

b) Si una aplicación es inyectiva, el número de elementos del primer conjunto es menor o igual que el número de elementos del segundo conjunto.

c) Si una aplicación es biyectiva, el número de elementos de ambos conjuntos es el mismo.

La composición de dos aplicaciones $f : A \rightarrow B$ y $g : B \rightarrow C$ es otra aplicación $g \circ f : A \rightarrow C$ definida del modo siguiente:

$$(g \circ f)(x) = g[f(x)] \quad \text{para cada } x \in A$$

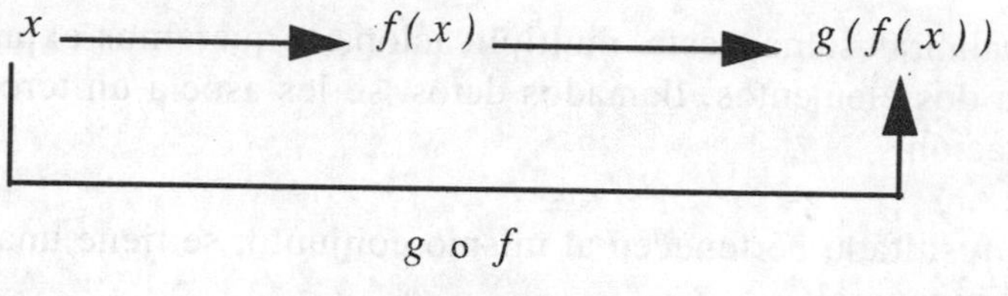

Fig. 3-11

Ejemplo

Componer las aplicaciones f y g siguientes:

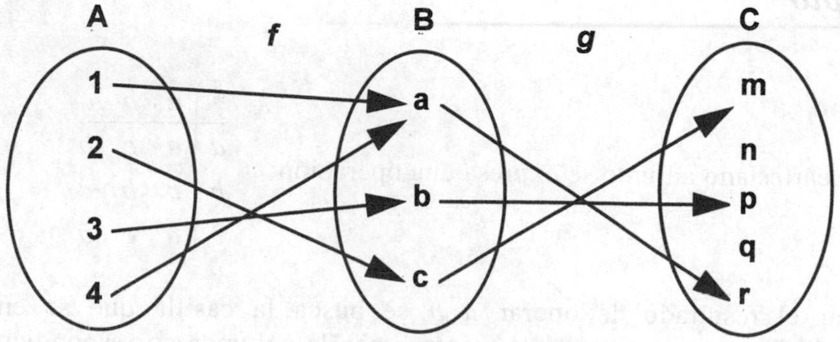

Fig. 3-12

Solución:

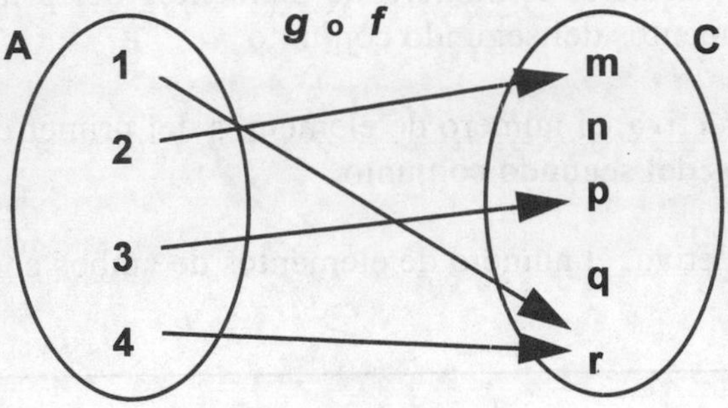

Fig. 3-13.

3.2 Leyes de composición interna

Con cada una de las palabras suma, resta, multiplicación, ... queremos expresar una operación. En cada una de ellas a dos elementos, llamados datos, se les asocia un tercer elemento, que es el resultado de la operación.

Cuando los datos y el resultado pertenecen al mismo conjunto, se tiene una operación o ley de composición interna. En general:

Se llama operación o ley de composición interna en un conjunto A a cualquier aplicación de $A \times A$ en A.

A las operaciones en general se las suele representar mediante símbolos como $*$, $\perp$, $\circ$, Δ.

Así, por ejemplo, en vez de escribir el resultado de operar con los datos a y b mediante $f(a,b)$, escribiremos $a*b$ o $a \perp b$ o $a \circ b$ o $a \Delta b$ que se leen "a compuesto con b"

Ejemplo

En el diagrama cartesiano adjunto se expresa una operación:

$*$	a	b	c
a	a	c	b
b	b	b	c
c	a	c	a

Para determinar el resultado de operar $a*b$ se busca la casilla que se encuentre en la intersección de la fila que contiene el elemento a con la columna correspondiente al elemento b.

Por ejemplo: $a*b=c, \ \ b*b=b, \ \ c*a=a, \ \ldots$

Por la definición de operación, a todo par ordenado de elementos de *A* le corresponde siempre un elemento de *A* y sólo uno. Esta característica se llama propiedad uniforme de la operación.

Ejemplo

La tabla

$\perp$	x	y
x	x	y
y	x	z

no define una operación en el conjunto $A=\{x, y\}$ pues no cumple la propiedad uniforme, ya que $y \perp y = z$ que no es un elemento de A.

Una operación $*$ en un conjunto *A* es conmutativa cuando cualesquiera que sean los elementos *a* y *b* de A, se verifica:

$$a * b = b * a$$

Ejemplo

Averigua si es conmutativa la operación $*$ definida en $A=\{a, b, c\}$ mediante

$*$	a	b	c
a	a	c	b
b	c	c	a
c	b	a	b

Solución: Es una operación conmutativa, puesto que $\begin{cases} a*b=c \\ b*a=c \end{cases}; \quad \begin{cases} a*c=b \\ c*a=b \end{cases}; \quad \begin{cases} b*c=a \\ c*b=a \end{cases}$

Una operación $*$, definida en un conjunto *A* es asociativa cuando cualesquiera que sean *a*, *b* y *c* de *A*, se verifica que:

$$(a * b) * c = a * (b * c)$$

Ejemplo

La suma y la multiplicación de números naturales son operaciones asociativas. En cambio, la potenciación de números naturales no es asociativa pues, por ejemplo:

$$\left(2^3\right)^2 = 64 \neq 2^{\left(3^2\right)} = 512$$

Supongamos ahora que sobre un conjunto A hay definidas dos operaciones $*$ y $\perp$.

Decimos que la operación $\perp$ es distributiva respecto de otra operación $*$ cuando cualesquiera que sean a, b y c de A, se verifica:

$$a \perp (b * c) = (a \perp b) * (a \perp c) \quad \text{y} \quad (a * b) \perp c = (a \perp b) * (a \perp c)$$

Ejemplo

La multiplicación de números naturales es distributiva respecto a la suma pues para cualesquiera números a, b y c naturales se tiene que:

$$a \cdot (b+c) = a \cdot b + a \cdot c$$

Ejemplo

Definiendo en el conjunto $A = \{x, y\}$ las operaciones:

$*$	x	y
x	y	x
y	x	y

y

$\perp$	x	y
x	x	x
y	y	y

, se tiene que $\perp$ no es distributiva respecto de $*$, puesto que:

$$x \perp (x * y) = x \perp x = x \quad \text{mientras que} \quad (x \perp x) * (x \perp y) = x * x = y$$

Se dice que una operación $*$ posee elemento neutro cuando existe un elemento e de A tal que cualquiera que sea $a \in A$ se verifica:

$$a * e = e * a = a$$

Cuando las operaciones se designan por los símbolos + ó · , al elemento neutro se le llama elemento nulo o elemento unidad, respectivamente.

Ejemplo

El elemento neutro de la multiplicación de números naturales es el 1, puesto que para cualquier entero x se tiene que:

$$x \cdot 1 = 1 \cdot x = x$$

Ejemplo

¿Cuál es el elemento neutro de la operación

∇	a	b
a	a	b
b	b	a

definida en el conjunto $A=\{a,b\}$?.

Solución: Se trata del elemento a, pues $\begin{cases} a\nabla a=a \\ b\nabla a=a\nabla b=b \end{cases}$.

Se dice que la operación $*$, que posee elemento neutro e, tiene la propiedad del elemento simétrico si cualquiera que sea $a \in A$ existe un elemento a' de A tal que:

$$a * a' = a' * a = e$$

Ejemplo

La multiplicación de números naturales no tiene la propiedad del elemento simétrico pues, por ejemplo, no hay ningún número entero que multiplicado por 2 nos de 1.

Ejemplo

La operación definida en el conjunto $A=\{a,b\}$ anterior, ¿tiene la propiedad del elemento simétrico?

Solución: Sí, puesto que $\begin{cases} a*a=a \\ b*b=a \end{cases}$ (el simétrico de cada elemento es él mismo).

3.3 Leyes de composición externa

Se dice que en A se ha definido una ley de composición externa sobre el conjunto K cuando se ha definido una aplicación del producto cartesiano $K \times A$ en A.

Se trata de una aplicación $f: K \times A \to A$ que asocia a cada par de elementos (k,a) de $K \times A$ un único elemento imagen $b=f(k,a)$ y que habitualmente escribiremos como kfa. El símbolo más frecuente para designar a la aplicación f es el $\cdot$, lo que supone escribir usualmente $k \cdot a$.

A los elementos del conjunto K se les llama escalares, y al par formado por el conjunto A y por la ley de composición externa definida sobre K, lo designamos por $(A, \cdot K)$.

Ejemplo

La multiplicación de cualquier número natural por un monomio produce otro monomio:

$$3\cdot\left(5x^2\right)=15x^2 \qquad 12\cdot\left(x^3\right)=12x^3$$

Esta operación consistente en asociar a un número natural y a un monomio con otro monomio es una ley de composición externa definida en el conjunto de los monomios sobre el conjunto de los números naturales.

3.4 Estructuras algebraicas

Se llama estructura algebraica a todo conjunto en el que se han definido una o varias leyes de composición interna o externa.

Las siguientes son las principales estructuras matemáticas con una operación.

Se dice que el par (A , $*$) tiene estructura de semigrupo si la operación definida en A es interna y además es asociativa.

Si la operación $*$ posee la propiedad conmutativa o elemento neutro o ambas cosas a la vez, el semigrupo se llama conmutativo, con elemento neutro o conmutativo con elemento neutro, respectivamente.

Ejemplo

El conjunto de los números naturales con la operación suma $(N,+)$ es un semigrupo conmutativo
con elemento neutro (0).

Ejemplo

Razona si el par $(A,*)$ definido por la tabla tiene estructura de semigrupo.

$*$	a	b	c
a	a	b	c
b	a	b	c
c	a	b	c

Solución: Evidentemente, se trata de una operación interna, pues todos los elementos de la tabla son del conjunto $A=\{a, b, c\}$. Normalmente, el verificar la propiedad asociativa es un proceso laborioso. A continuación verificamos algunos, dejando al lector la tarea de verificar los otros casos.

$$\left.\begin{array}{l}(a*a)*b=a*b=b\\ a*(a*b)=a*b=b\end{array}\right\} \rightarrow (a*a)*b=a*(a*b); \quad \left.\begin{array}{l}(a*b)*c=b*c=c\\ a*(b*c)=a*c=c\end{array}\right\} \rightarrow (a*b)*c=a*(b*c)$$

No es un semigrupo conmutativo, puesto que $a*b=b$ mientras que $b*a=a$. Tampoco tiene elemento neutro.

Se dice que el par (A , $*$) tiene estructura de grupo si la operación $*$ definida en A es interna y además es asociativa, posee elemento neutro y elemento simétrico.

Si la operación también es conmutativa, entonces el grupo se llama conmutativo o abeliano.

Ejemplo

El par $(N,\cdot)$ no es un grupo pues no tiene la propiedad del elemento simétrico (por ejemplo, no hay número que multiplicado por 2 nos dé 1).

Ejemplo

Definimos en $A=\{0, 1\}$ la operación $*$ mediante la tabla

*	0	1
0	0	1
1	1	0

. ¿Es el par $(A,*)$ un grupo?.

Solución:

a) Se trata de una operación interna, pues todos los elementos de la tabla son de A.

b) Asociativa: Comprobamos un par de posibilidades. El resto lo dejamos para el lector.

$$\left.\begin{array}{l}(0*1)*0=1*0=1\\ 0*(1*0)=0*1=1\end{array}\right\} \rightarrow (0*1)*0=0*(1*0); \quad \left.\begin{array}{l}(0*1)*1=1*1=0\\ 0*(1*1)=0*0=0\end{array}\right\} \rightarrow (0*1)*1=0*(1*1)$$

c) Elemento neutro: Es el elemento 0, puesto que $0*0=0$ y $1*0=0*1=1$

d) Elemento simétrico: Los elementos simétricos de 0 y 1 son, respectivamente, 0 y 1, ya que:

$$0*0=0 \quad \text{y} \quad 1*1=0$$

Se trata además de un grupo abeliano, puesto que cumple la propiedad conmutativa:

$$0*1=1*0=1$$

Consideremos ahora un conjunto A sobre el que se han definido dos operaciones $*$ y $\perp$.

Se dice que la terna $(A, *, \perp)$ es un anillo si se verifica:
1º. $(A, *)$ es un grupo abeliano
2º. $(A, \perp)$ es un semigrupo
3º. La operación $\perp$ es distributiva respecto de la operación $*$.

Si la operación $\perp$ es además conmutativa o posee elemento neutro, el anillo se llama conmutativo o con elemento unidad.

Ejemplo

La terna $(N,+,\cdot)$ no es un anillo, puesto que el par $(N,+)$ no es un grupo abeliano por no verificar la propiedad del elemento simétrico.

Ejemplo

Sea $A=\{0, 1, 2\}$ con las operaciones

$*$	0	1	2
0	0	1	2
1	1	2	0
2	2	0	1

y

$\perp$	0	1	2
0	0	0	0
1	0	1	2
2	0	2	1

. ¿Es un anillo?.

Solución:
a) Como ambas tablas sólo contienen elementos de A, ambas operaciones son internas.

b) Conmutatividad de ambas operaciones: se observa por la simetría que presentan los elementos de las tablas respecto a la diagonal que va desde el extremo superior izquierdo al inferior derecho.

c) Asociatividad: Sería necesario verificar, uno a uno, todos los casos posibles, pero debido al hecho de que se cumple la propiedad conmutativa, el número de casos se reduce mucho. Así:

$$\left.\begin{array}{l}(0*1)*2=1*2=0\\ 0*(1*2)=0*0=0\end{array}\right\} \rightarrow (0*1)*2=0*(1*2); \quad \left.\begin{array}{l}(0\perp1)\perp2=0\perp2=0\\ 0\perp(1\perp2)=0\perp2=0\end{array}\right\} \rightarrow (0\perp1)\perp2=0\perp(1\perp2)$$

d) El elemento neutro respecto a $*$ es 0, mientras que respecto a $\perp$ es 1.

e) El elemento simétrico respecto a $*$ de 0 es 0; el del 1 es el 2; y el del 2 es el 1.

f) Verifiquemos la propiedad distributiva.

$$\left.\begin{array}{l}0\perp(1*2)=0\perp0=0\\ (0\perp1)*(0\perp2)=0*0=0\end{array}\right\} \rightarrow \quad 0\perp(1*2)=(0\perp1)*(0\perp2)$$

$$\left.\begin{array}{l}1\perp(0*2)=1\perp2=2\\(1\perp0)*(1\perp2)=0*2=2\end{array}\right\}\rightarrow\quad 1\perp(0*2)=(1\perp0)*(1\perp2)$$

$$\left.\begin{array}{l}2\perp(0*1)=2\perp1=2\\(2\perp0)*(2\perp1)=0*2=2\end{array}\right\}\rightarrow\quad 2\perp(0*1)=(2\perp0)*(2\perp1)$$

Por tanto, la terna $(A,*,\perp)$ es un anillo conmutativo con elemento unidad.

Se dice que la terna $(A, *, \perp)$ tiene estructura de cuerpo cuando es un anillo con elemento unidad, y además la operación $\perp$ tiene la propiedad del elemento simétrico en el conjunto A - {0}, donde 0 es el elemento neutro de la operación $*$.

Si la operación $\perp$ posee la propiedad conmutativa, el cuerpo se dice que es conmutativo.
En un cuerpo existen dos elementos neutros y cada elemento tiene dos simétricos:
- En la operación $*$ el elemento neutro se llama nulo y el simétrico se llama opuesto.
- En la operación $\perp$ el elemento neutro se llama unidad y el simétrico se llama inverso.

Ejemplo

El conjunto de los números racionales con las operaciones suma y multiplicación usuales es un cuerpo en el que el elemento nulo es el 0 y el elemento unidad es el 1. El simétrico respecto de la suma es el opuesto y el simétrico respecto de la multiplicación es el inverso.

Ejemplo

El anillo $A=\{0, 1, 2\}$ del ejemplo anterior con las operaciones $*$ y $\perp$ no es un cuerpo, pues no todos los elementos distintos de 0 tienen inverso. Por ejemplo, 1 no lo tiene puesto que ningún elemento no nulo da cero al operarlo con 1 ($1\perp1 = 1$ y $1\perp2 = 2$).

En temas más avanzados de esta colección estudiarás los vectores del plano y aprenderás a sumarlos y a multiplicarlos por un número. Es el ejemplo que dio lugar históricamente a la estructura de espacio vectorial.

Se dice que la terna $(A, +, \cdot K)$ tiene estructura de espacio vectorial sobre el cuerpo conmutativo $(K, +, \cdot)$ cuando se ha definido en A una ley interna + y una ley externa sobre K que satisfacen las siguientes condiciones:
1º. $(A, +)$ es un grupo abeliano
2º. Distributiva de la ley externa $\cdot$ respecto a la interna + en A: $k\cdot(a+b)=(k\cdot a)+(k\cdot b)$
3º. Distributiva de la ley externa $\cdot$ respecto de la interna + en K: $(k+r)\cdot a=(k\cdot a)+(r\cdot a)$
4º. Asociativa mixta: $(k\cdot r).a=k\cdot(r\cdot a)$
5º. Neutralidad de la ley externa: $1\cdot a=a$ donde 1 es el elemento unidad de la operación $\cdot$ en K.

Ejemplo

El conjunto de los números racionales con las operaciones usuales de suma y multiplicación es un espacio vectorial sobre sí mismo.

Problemas propuestos

1. La correspondencia f que asigna a cada región de España sus provincias, ¿es una aplicación?.
2. Estudia si la correspondencia definida entre A = {vocales} y B = {múltiplos de 2} por G = {(a,2), (e,8), (i,24), (i,22), (o,4), (u,4)} es una aplicación.
3. Estudia si la correspondencia definida entre A = {1, 2, 3, 4} y B = {a, b, c, d} por G = {(1,a), (2,b), (4,b)} es una aplicación.
4. Estudia si la correspondencia definida entre A = {1, 3, 5, 7} y B = {2, 4, 6, 8} por G = {(1,2), (3,2), (5,2), (7,2)} es una aplicación.
5. Estudiar si la correspondencia que asocia a cada país su capital es una aplicación.
6. En el diagrama siguiente traza las flechas según la aplicación indicada:

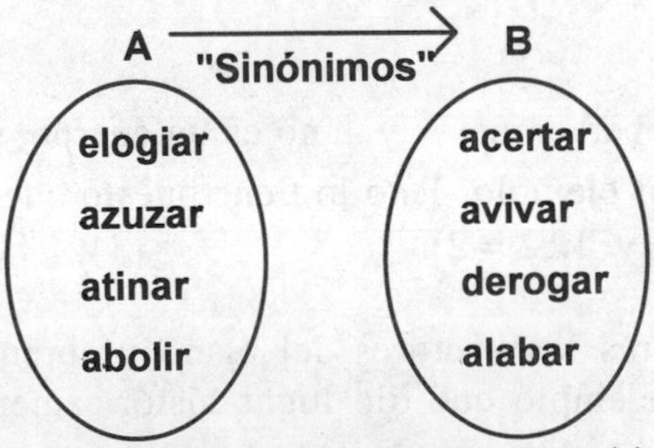

7. Sean $A = \{3, 5, 7, 9\}$ y $B = \{3, 7, 9, 11, 13, 15\}$ y $f: A \to B$ definida por $f(x) = x + 4$ para cada $x \in A$. Encontrar $f(3)$, $f(5)$, $f(7)$ y $f(9)$ y representar la función mediante un diagrama con flechas.
8. Sean $A = \{2, 3, 4, 5, 6\}$ y una aplicación

$$f: A \to A \text{ definida por } f(x) = \begin{cases} 4 & si\ x \leq 4 \\ 3 & si\ x > 4 \end{cases}$$

Di que clase de aplicación es f.

9. ¿Cuáles de las siguientes correspondencias son aplicaciones?. Clasifica las aplicaciones en exhaustivas, inyectivas o biyectivas.

f

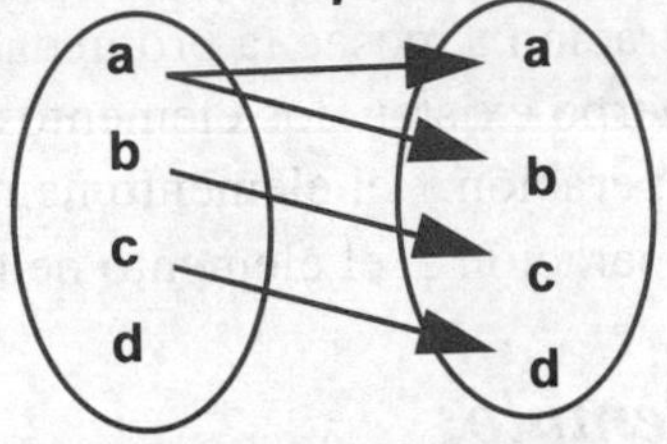

g

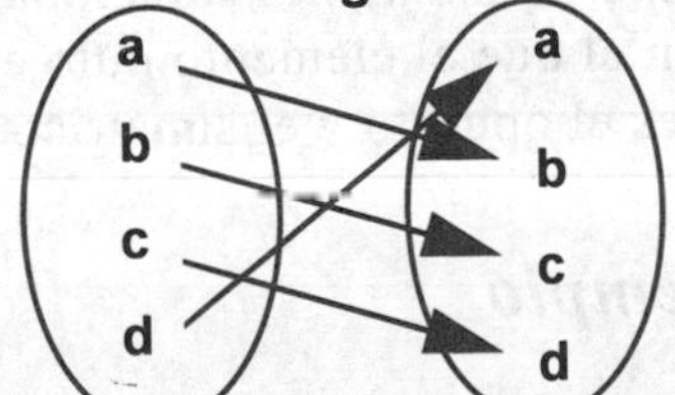

h

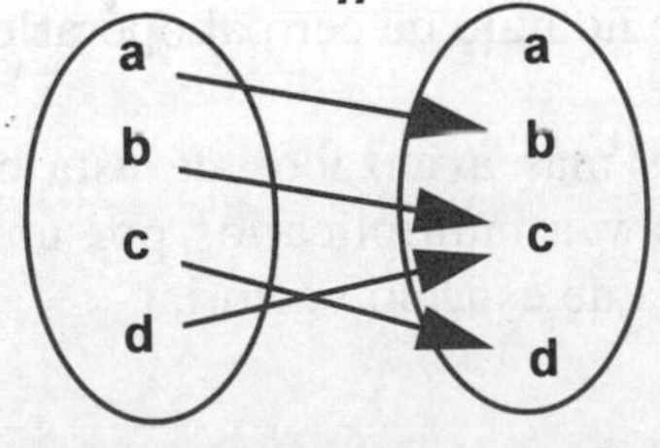

10. Estudia de qué tipo es la aplicación de A = {1, 2, 3, 4} en B = {a, b, c, d, e} definida por G = {(1,d), (2,a), (3,c), (4,e)}
11. Estudia de qué tipo son las aplicaciones de los números naturales en sí mismos dadas por: a) $f(x) = x^2$ b) $f(x) = 2x - 3$ c) $f(x) = 4$.

12. Si $A = \{1, -1, 0\}$, ¿es una ley de composición interna la correspondencia $f: A \times A \rightarrow A$ dada por $f(a,b) = a \cdot b$?.

13. Dada la ley de composición interna definida por la tabla de la figura, realiza las siguientes operaciones:

a) $p \perp 2$ b) $m \perp 0$ c) $0 \perp m$ d) $(p \perp 0) \perp p$

e) $p \perp (0 \perp p)$ f) $[(3 \perp m) \perp m] \perp (2 \perp 3)$

g) $[(3 \perp m) \perp (0 \perp 2)] \perp p$.

⊥	p	2	0	3	m
p	3	m	p	2	0
2	m	p	2	0	3
0	p	2	0	3	m
3	2	0	3	m	p
m	0	3	m	p	2

14. En el conjunto de los números naturales definimos la operación $a * b = 2a + b + 2$. Realiza las operaciones siguientes:

a) $2*1$ b) $1*2$ c) $3*20$ d) $2*(1*3)$

e) $(2*1)*3$ f) $(10*1)*(2*6)$.

15. Escribe un ejemplo para comprobar que la resta de números naturales no es una operación en el conjunto de los naturales.

16. En el conjunto de los números naturales se considera la ley $a \perp b = 2a + b$.

a) ¿Es una ley de composición interna?.
b) ¿Es conmutativa?.
c) ¿Es asociativa?.
d) ¿Tiene elemento neutro?
e) ¿Tiene elemento simétrico?.

17. Sea $A = \{1, -1, 0\}$ y • la multiplicación usual. a) Forma la tabla de la operación. b) El par (A,•), ¿es semigrupo?. ¿es grupo?.

18. En el conjunto $A = \{a, b, c\}$ se da la ley ∇ definida por la tabla adjunta.

∇	a	b	c
a	c	a	b
b	a	b	c
c	b	c	a

¿Qué estructura presenta el par (A, ∇)?.

19. Si la operación definida en $A = \{x, y, z\}$ determina un grupo, completa la tabla de la operación:

□	x	y	z
x			
y	z	x	
z			

Soluciones

1. S: No, puesto que hay regiones de España con más de una provincia.
2. S: No, puesto que el elemento i tiene dos imágenes.
3. S: No, ya que el elemento 3 no tiene imagen.
4. S: Sí es una aplicación pues cada elemento de *A* tiene una y sólo una imagen.
5. S: Sí es aplicación pues todos los países tienen una y sólo una capital.
6. S: elogiar → alabar; azuzar → avivar; atinar → acertar; abolir → derogar.
7. S: $f(3) = 7$, $f(5) = 9$, $f(7) = 11$, $f(9) = 13$.

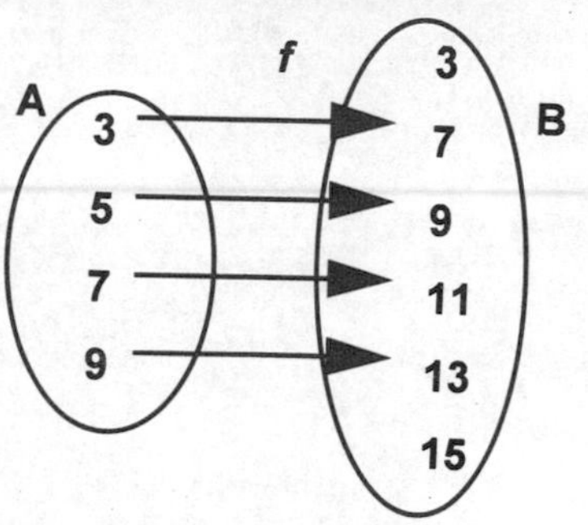

8. S: Es una aplicación que no es ni inyectiva $(f(2) = f(3) = 4)$ ni exhaustiva (el elemento 5 no tiene original).
9. S: Son aplicaciones *g* y *h*, no así *f*. g es biyectiva y h no es ni exhaustiva ni inyectiva.

10. S: Es una aplicación inyectiva pero no exhaustiva, pues el elemento b no tiene original.
11. S: a) Inyectiva pero no exhaustiva; b) Biyectiva; c) Ni inyectiva ni exhaustiva
12. S: Efectivamente es una ley de composición interna, puesto que:

    $1 \cdot 1 = 1$; $1 \cdot (-1) = -1$; $1 \cdot 0 = 0$; $(-1) \cdot (-1) = 1$;

    $(-1) \cdot 0 = 0$: $0 \cdot 0 = 0$
13. S: a) m; b) m; c) m; d) 3; e) 3; f) 0; g) 0.
14. S: a) 7; b) 6; c) 28; d) 13; e) 19; f) 60.
15. S: a) $2 - 3 = -1$ que no es un número natural.
16. S: a) Es una ley de composición interna no conmutativa ($2 \perp 1 = 5 \neq 1 \perp 2 = 4$), no asociativa ($(1 \perp 2) \perp 3 = 11 \neq 1 \perp (2 \perp 3) = 9$), sin elemento neutro ni simétrico.
17. S: a)

·	1	-1	0
1	1	-1	0
-1	-1	1	0
0	0	0	0

    b) Es un grupo abeliano.
18. S: Es un grupo abeliano, siendo el elemento neutro b.
19. S: $x \quad x = y$; $x \quad y = z$; $x \quad z = x$; $y \quad z = y$; $z \quad x = x$; $z \quad y = y$; $z \quad z = z$.

Nociones de combinatoria 4

Introducción histórica

Uno de los grandes impulsores del Análisis Combinatorio fue el filósofo y matemático alemán Gottfried Wilhelm Leibnitz (1646-1716). Leibnitz ha sido uno de los mayores genios que ha dado la Humanidad. Simultáneamente con Newton descubrió el Cálculo Diferencial y fue un precursor de la simbología universal para la Matemática que empezó a ser conseguida posteriormente al desarrollarse el Álgebra hamiltoniana.

4.1 Variaciones y permutaciones

Sean los conjuntos $A = \{a, b, c\}$ y $B = \{1, 2, 3, 4\}$.

Una aplicación cualquiera de A en B se obtendrá tomando una flecha de cada elemento del conjunto A, según el diagrama de flechas siguiente:

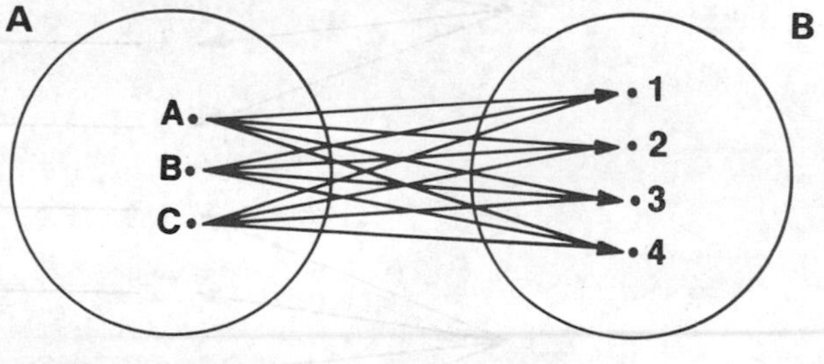

El número total de aplicaciones de A en B será pues: $4 \times 4 \times 4 = 4^3 = 64$.
A estas aplicaciones se las llama variaciones con repetición de los elementos de B tomados de 3 en 3 y se designa como VR_4^3, donde el subíndice 4 indica el número de elementos del conjunto del cual extraemos los 3.

Por lo tanto, $VR_4^3 = 4^3 = 64$.

En general, el número de aplicaciones de un conjunto A con n elementos en otro conjunto B con m elementos, se designa como $VR_m^n = m^n$ y representa las variaciones con repetición de m elementos tomados de n en n.

Así, en el ejemplo anterior, todas las aplicaciones posibles serían:

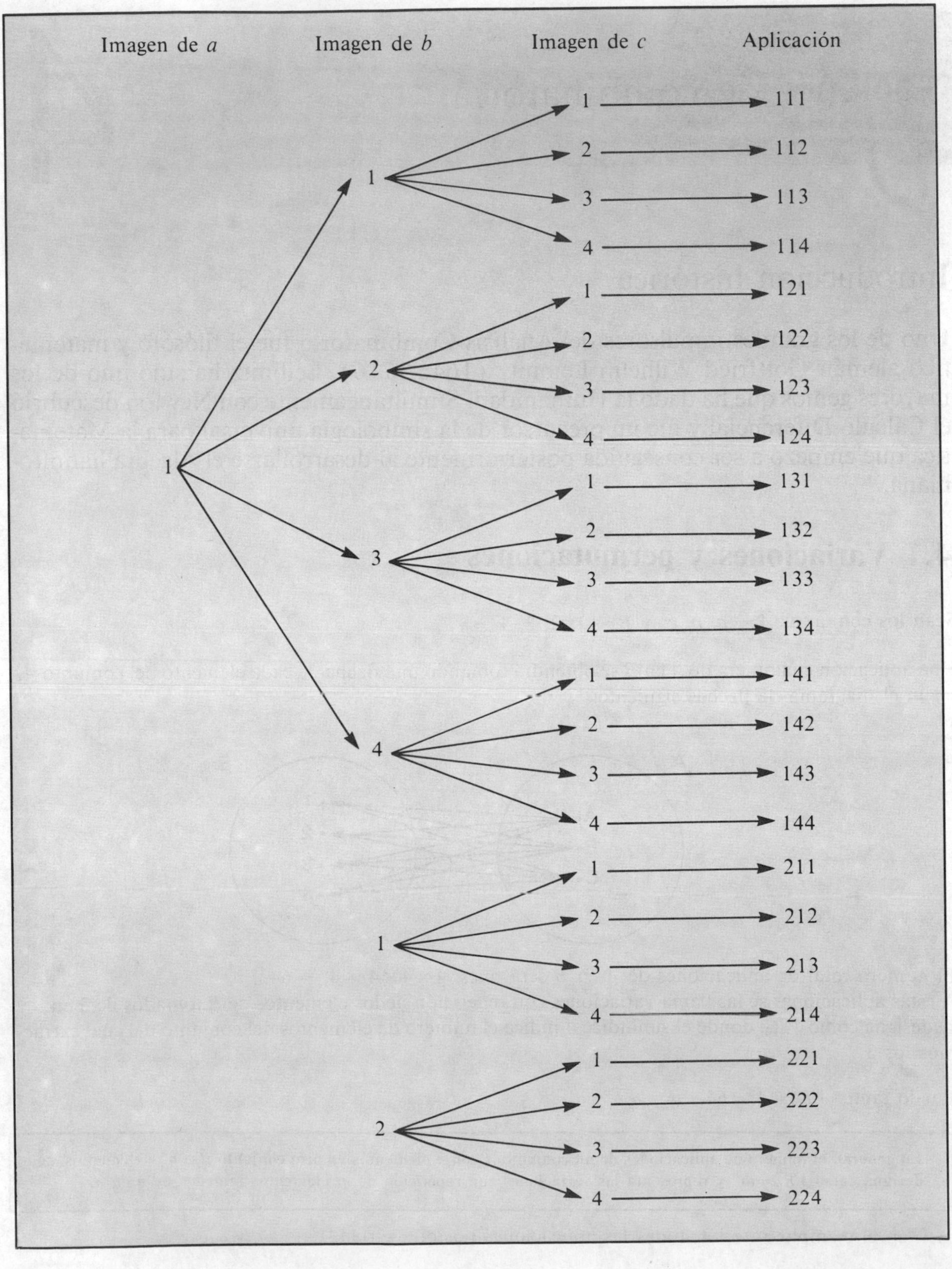
Imagen de a
Imagen de b
Imagen de c
Aplicación
111
112
113
114
121
122
123
124
131
132
133
134
141
142
143
144
211
212
213
214
221
222
223
224

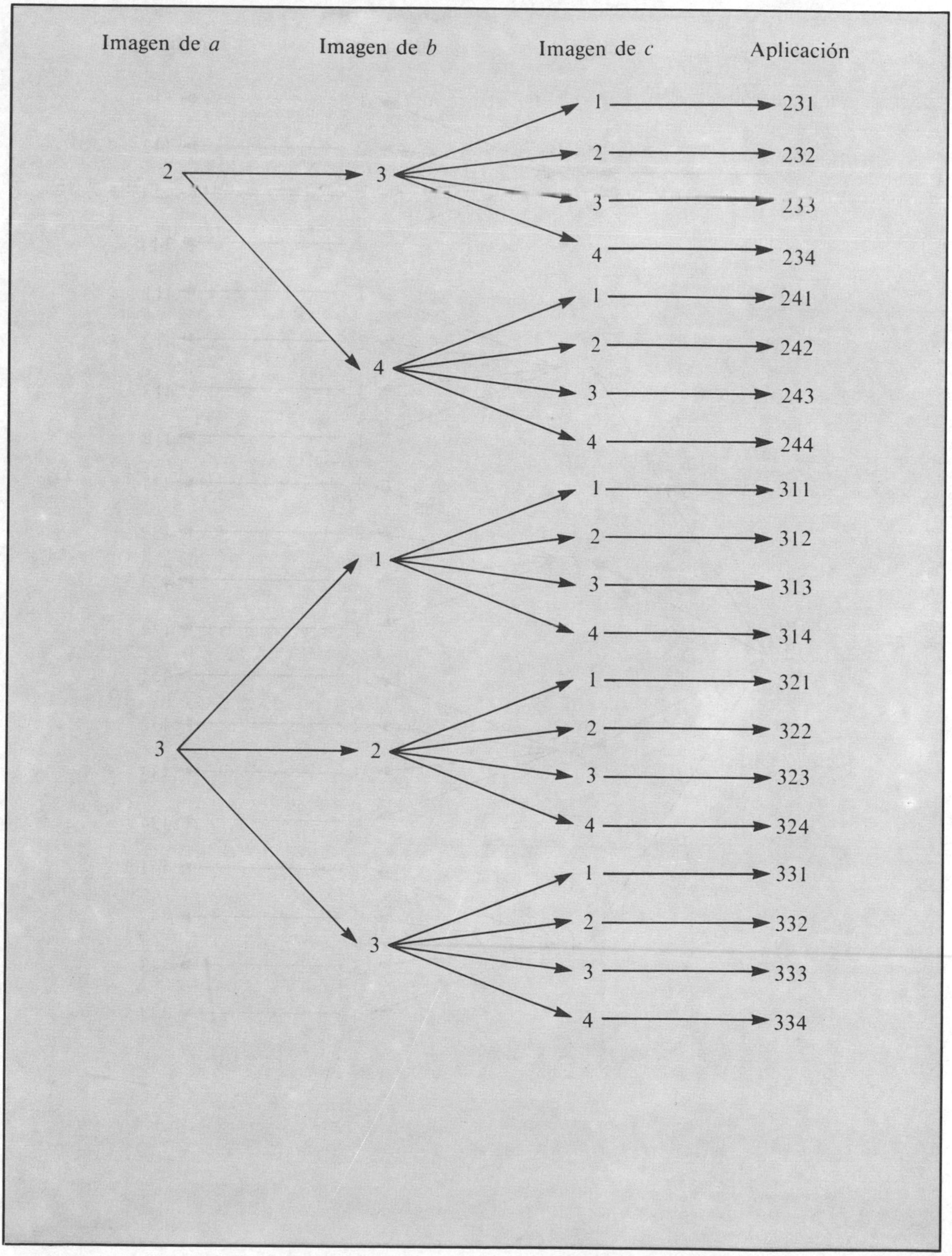
Imagen de a
Imagen de b
Imagen de c
Aplicación
2
3
4
3
1
2
3
1
2
3
4
231
232
233
234
241
242
243
244
311
312
313
314
321
322
323
324
331
332
333
334

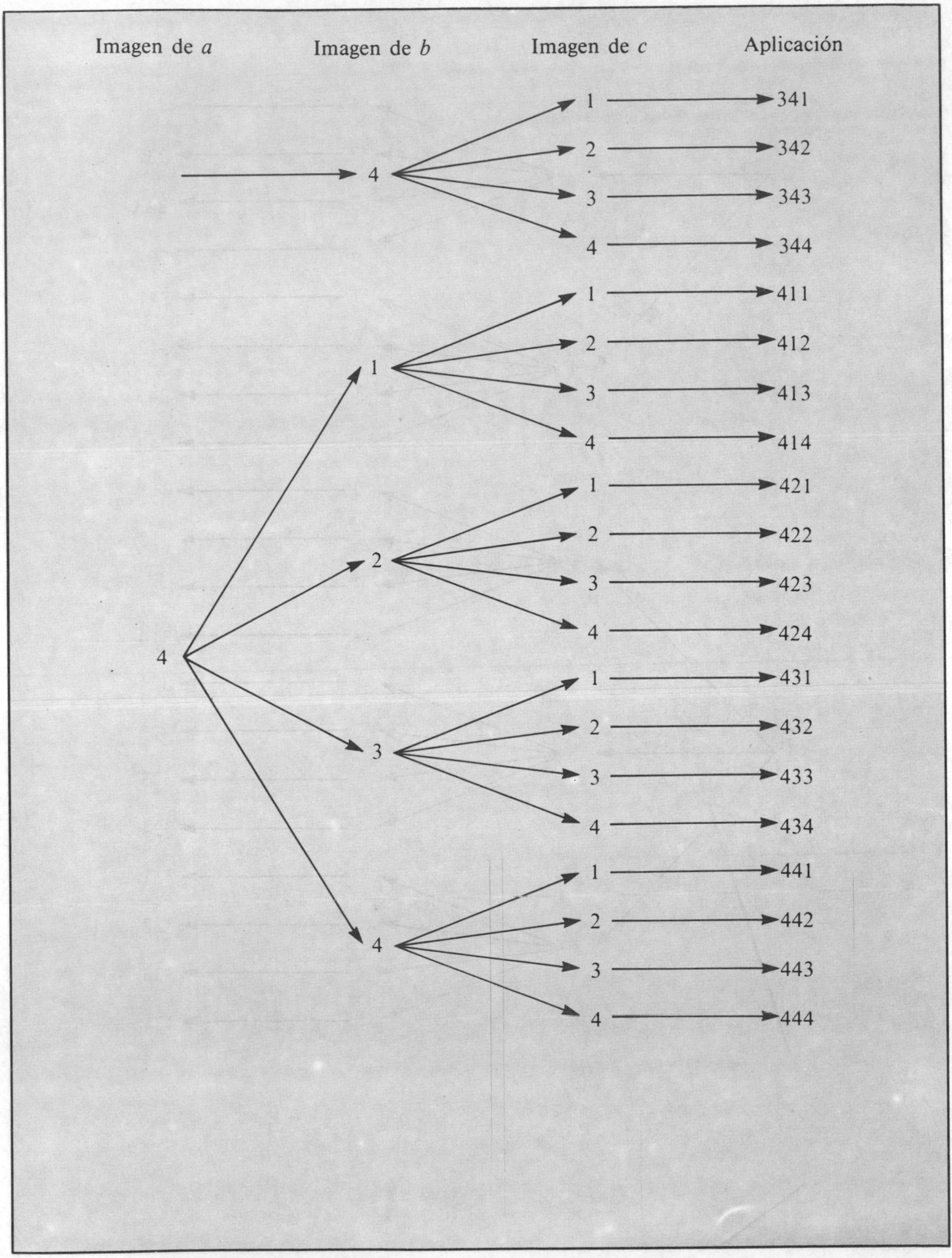
Imagen de *a*
Imagen de *b*
Imagen de *c*
Aplicación
341
342
343
344
411
412
413
414
421
422
423
424
431
432
433
434
441
442
443
444

Como acabamos de ver, en las aplicaciones anteriores pueden aparecer elementos repetidos, puesto que un mismo elemento del conjunto B puede recibir varias flechas.

Ahora bien, si lo que nos interesa es saber cuántas de estas aplicaciones son inyectivas, deberemos contar las aplicaciones en las que ningún elemento de B reciba más de una flecha.

Para el elemento a tenemos 4 posibilidades. Una vez elegida una de ellas, para el elemento b tan sólo dispondremos de 3 opciones y una vez seleccionada una de ellas, para el elemento c tan sólo nos quedarán dos posibilidades.

Por lo tanto, el número de aplicaciones inyectivas de A en B será $4 \cdot 3 \cdot 2 = 24$

Estas aplicaciones inyectivas reciben el nombre de variaciones de los elementos de B tomados de 3 en 3 y se designa como V_4^3.

Tal como acabamos de ver, su número total será

$$V_4^3 = 4 \cdot 3 \cdot 2 = 24$$

En general, dado un conjunto A con m elementos, se llaman variaciones de los elementos de A tomadas de n en n a las aplicaciones inyectivas del conjunto 1, 2, 3, ..., n en A. Como las aplicaciones son inyectivas deberá cumplirse que $n \leqq m$.

El número de variaciones de m elementos tomados de n en n se representa por V_m^n y es igual al producto de n factores que van decreciendo en una unidad, comenzando por el factor m.

Es decir,

$$V_m^n = m\ (m-1)\ (m-2)\ (m-3)\ \ldots\ (n \text{ factores})$$

El último factor será el resultado de restarle $n-1$ a m.

O sea, $m-(n-1)=m-n+1$.

Así pues, $V_m^n = m\ (m-1)\ (m-2)\ (m-3)\ \ldots\ (m-n+1)$.

Por lo tanto, volviendo al ejemplo anterior, todas las posibles aplicaciones inyectivas entre los conjuntos $A=\{a, b, c\}$ y $B=\{1, 2, 3, 4\}$ serían:

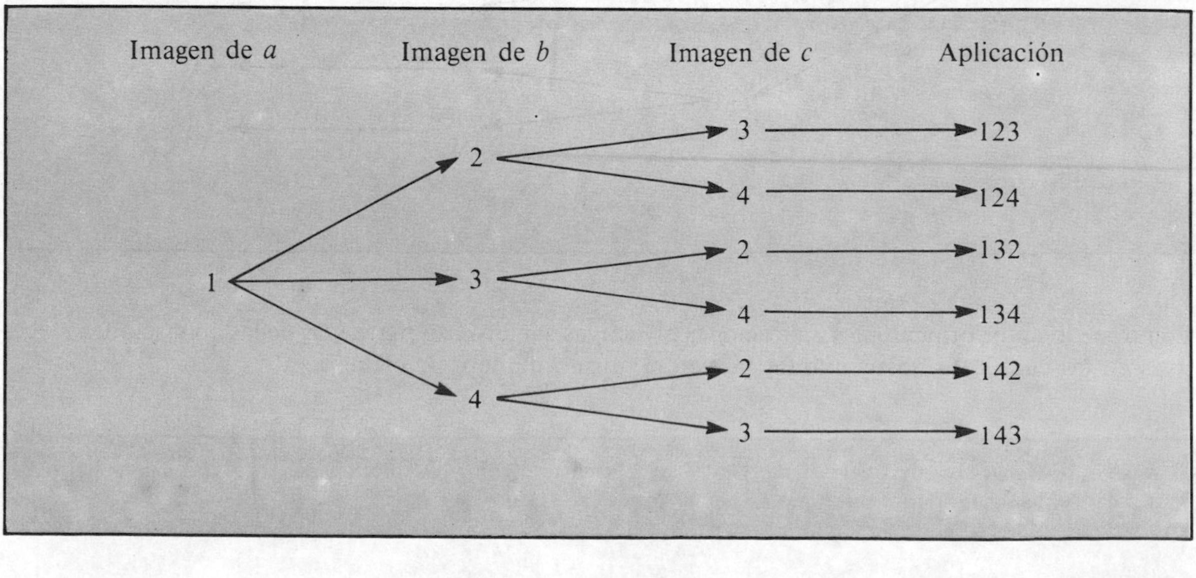

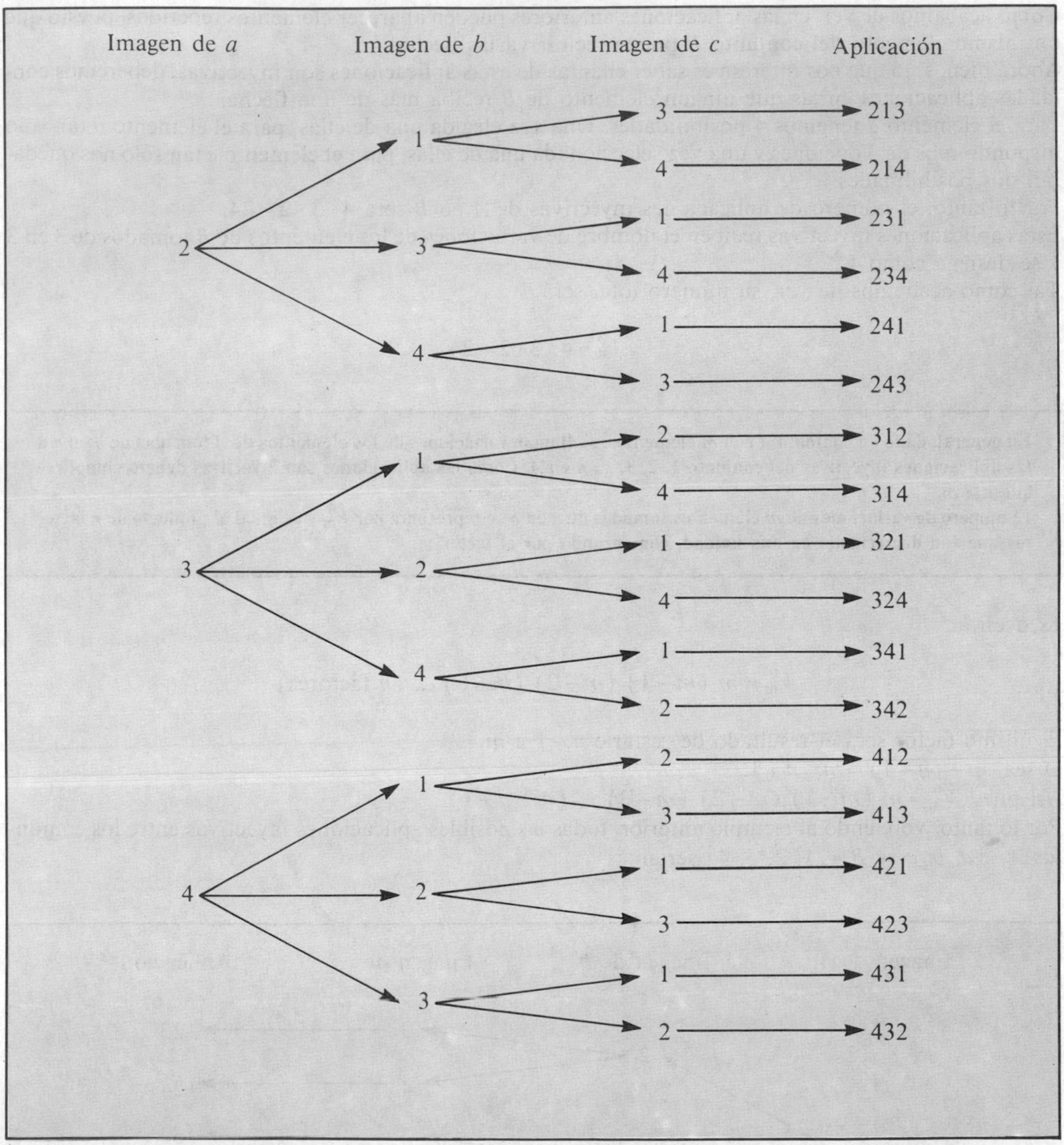

Como se vio anteriormente, las aplicaciones biyectivas son un caso particular de las aplicaciones inyectivas en las cuales los dos conjuntos poseen el mismo número de elementos.

A las aplicaciones biyectivas del conjunto $\{1, 2, 3, ..., n\}$ en un conjunto A con n elementos se les llama permutaciones del conjunto A, y el número total de permutaciones se designa por P_n.

Como cada una de estas aplicaciones biyectivas supone una ordenación de los elementos del conjunto A, las diferentes permutaciones serán las distintas ordenaciones que se pueden establecer entre los elementos del conjunto A.
Así pues, las permutaciones son un caso particular de las variaciones y, por lo tanto, las permutaciones del conjunto A son las variaciones de sus n elementos tomados de n en n.
Por consiguiente, el número de permutaciones de A será:

$$P_n = V_n^n = n\ (n-1)\ (n-2) ... (n-n\ 1) = n\ (n-1)\ (n-2) .... 3 \cdot 2 \cdot 1$$

Al producto anterior de n factores que van decreciendo en una unidad desde n hasta 1 se le llama $n!$ y se lee «n factorial».
Por lo tanto, $P_n = n!$ (número de permutaciones de n elementos).
El empleo de factoriales simplifica mucho las expresiones en que aparecen varios números naturales consecutivos como factores.
Así, por ejemplo, la expresión de V_m^n podemos escribirla del modo siguiente:

$$V_m^n = m\ (m-1)\ (m-2)\ (m-3)\ ...\ (m-n+1) = \frac{= [m\ (m-1)\ (m-2)\ ...\ (m-n+1)] \cdot [(m-n)\ ...\ 3 \cdot 2 \cdot 1]}{(m-n)\ ...\ 3 \cdot 2 \cdot 1} = \frac{m!}{(m-n)\ !}$$

Es decir,

$$V_m^n = \frac{m\ !}{(m-n)\ !}$$

Ejemplo

Formar todas las permutaciones del conjunto $A = \{1, 2, 3, 4\}$

Solución: Tendremos

1.	1234	13.	3124
2.	1243	14.	3142
3.	1324	15.	3214
4.	1342	16.	3241
5.	1423	17.	3412
6.	1432	18.	3421
7.	2134	19.	4123
8.	2143	20.	4132
9.	2314	21.	4213
10.	2341	22.	4231
11.	2413	23.	4312
12.	2431	24.	4321

Obsérvese que el número total de permutaciones es 24, que coincide con la expresión $P_4 = 4! = 4 \cdot 3 \cdot 2 \cdot 1 = 24$.

Supongamos ahora una carrera en la que corren 8 corredores { *a, b, c, d, e, f, g, h* } de 4 equipos distintos, de modo que *a* y *b* son del equipo *A*, *c* y *d* son del equipo *B*, *e* y *f* son del equipo *C* y *g* y *h* son del equipo *D*.
Obviamente, el número de posibles clasificaciones individuales de los 8 corredores son $P_8 = 8!$, puesto que este número representa las distintas ordenaciones en que pueden llegar los 8 corredores.
Ahora bien, si en vez de considerar la clasificación individual consideramos la clasificación por equipos, dará igual la clasificación *abcdefgh* que la clasificación *bacdefgh*, puesto que lo único que se ha producido es una permutación entre los 2 corredores del equipo *A*.
Como puede observarse, los corredores del equipo A pueden intercambiar sus puestos de 2 ! formas distintas. Análogamente, los corredores de los equipos *B*, *C* y *D* pueden intercambiar sus posiciones de 2 ! formas distintas, puesto que cada equipo tiene 2 corredores.
En total, habrá 2 ! 2 ! 2 ! 2 ! clasificaciones individuales distintas que corresponderán a una misma clasificación por equipos.

Así pues, si nos fijamos exclusivamente en el número de diferentes clasificaciones por equipos, deberemos dividir el número de posibles clasificaciones individuales entre el número de cambios que pueden efectuarse entre los corredores sin que se altere la clasificación por equipos.

Es decir,

$$\frac{8!}{2!\,2!\,2!\,2!} = 5.040$$

La expresión anterior recibe el nombre de permutaciones con repetición de 8 elementos entre los que se repiten 2, 2, 2 y 2 y se designa como $PR_8^{2,2,2,2}$.

En general, si participaran *m* corredores del equipo *A*, *n* corredores del equipo *B* y *p* corredores del equipo *C*, como el número total de corredores sería $m + n + p$, el número de posibles clasificaciones por equipos y, por lo tanto, de permutaciones con repetición sería:

$$PR_{m+n+p}^{m,n,p} = \frac{(m+n+p)!}{m!\,n!\,p!}$$

Ejemplo

¿De cuántas maneras se pueden ordenar 4 monedas de 1 peso, 5 monedas de 10 centavos y 3 monedas de 5 pesos?

Solución: Tendremos

$$PR_{4+5+3}^{4,5,3} = PR_{12}^{4,5,3} = \frac{12!}{4!\,5!\,3!} = 27.720$$

4.2 Combinaciones

Consideremos el conjunto $A = \{ m,n,p.q,r,s,t \}$.
Sea f una aplicación de $A =$ en el conjunto $\{ 0,1 \}$ cuyo diagrama de flechas es el siguiente:

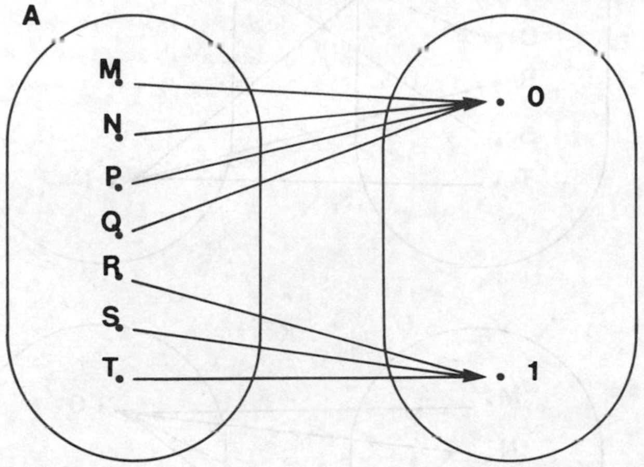

La imagen inversa del elemento 1, $f^{-1}(1) = \{ r,s,t \}$ es un subconjunto de A. Así pues, diremos que f es la aplicación característica del subconjunto $\{ r,s,t \}$.
Obviamente, para cada subconjunto de A existe una aplicación en el conjunto $\{ 0,1 \}$ que es su aplicación característica.
Así, por ejemplo, la aplicación característica de $\{ m,n,q \}$ será la aplicación g de A en 0,1 siguiente,

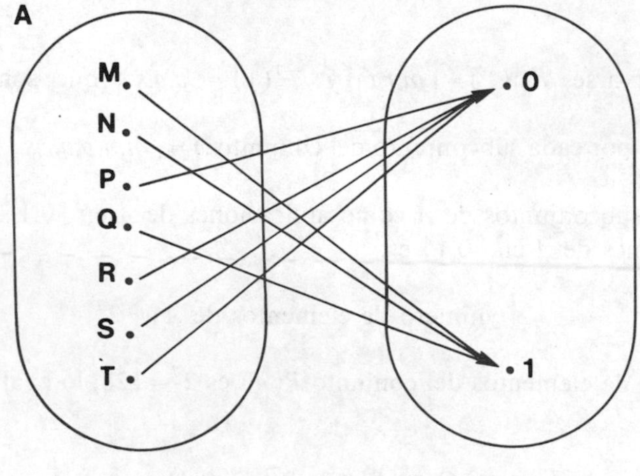

puesto que $g^{-1}(1) = \{ m,n,q \}$.
Dos aplicaciones distintas de A en $\{ 0,1 \}$ definen subconjuntos distintos. En efecto, las aplicaciones h y k de A en $\{ 0,1 \}$ cuyos diagramas se representan a continuación definen subconjuntos distintos.

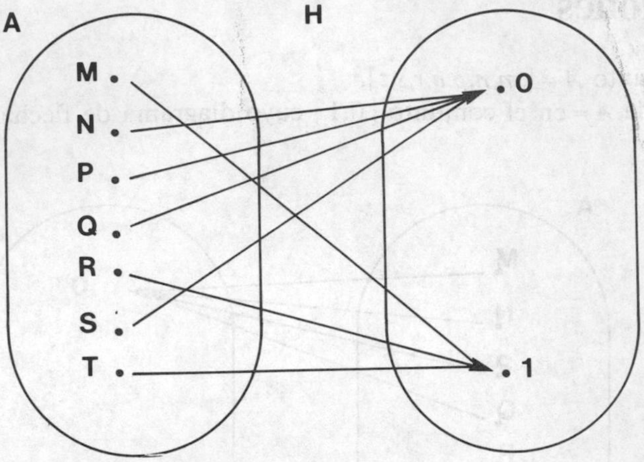

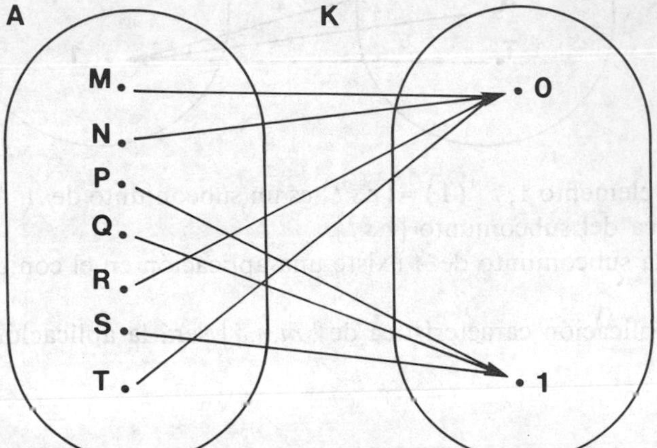

Tal como puede observarse, $h^{-1}(1) = \{m,r,t\}$ y $k^{-1}(1) = \{p,q,s\}$, que son subconjuntos distintos de A.
Como acabamos de ver, por cada subconjunto del conjunto $A = \{m,n,p,q,r,s,t\}$ hay una aplicación de A en $\{0,1\}$.
Así pues, habrá tantos subconjuntos de A como aplicaciones de A en $\{0,1\}$.
El número de aplicaciones de A en $\{0,1\}$ es:

$$2\ (\text{número de elementos de } A) = 2^7$$

Por lo tanto, el número de elementos del conjunto $P(A)$ es $2^7 = 128$, lo cual denotamos del modo siguiente:

$$\text{Card } P(A) = 2^7 = 2^{\text{Card A}}$$

Por consiguiente, si un conjunto A tiene m elementos, el número de subconjuntos de A es 2^m y Card $P(A) = 2^{\text{Card A}}$.

Ejemplo

Formar todos los subconjuntos del conjunto $A = \{a,b,c,d,e\}$.

Solución: Tendremos

Con ningún elemento	: Ø
Con un elemento	: $\{a\}, \{b\}, \{c\}, \{d\}, \{e\}$.
Con dos elementos	: $\{a,b\}, \{a,c\}, \{a,d\}, \{a,e\}, \{b,c\}, \{b,d\}, \{b,e\}, \{c,d\}, \{c,e\}, \{d,e\}$.
Con tres elementos	: $\{a,b,c\}, \{a,b,d\}, \{a,b,e\}, \{a,c,d\}, \{a,c,e\}, \{a,d,e\}, \{b,c,d\}, \{b,c,e\}, \{b,d,e\}, \{c,d,e\}$.
Con cuatro elementos	: $\{a,b,c,d\}, \{a,b,c,e\}, \{a,b,d,e\}, \{a,c,d,e\}, \{b,c,d,e\}$.
Con cinco elementos	: $\{a,b,c,d,e\}$.

El número total de subconjuntos es $1 + 5 + 10 + 10 + 5 + 1 = 32$, que coincide con el número de aplicaciones del conjunto A en el conjunto $\{0, 1\} = 2^5 = 32$.
Una vez hemos calculado el número total de subconjuntos de un conjunto finito cualquiera A, nos interesa determinar el número de subconjuntos de n elementos que tiene A.
Consideremos el conjunto $A = \{m,n,p,q,r\}$, del cual queremos determinar cuántos subconjuntos de 3 elementos tiene.
Para ello, formamos las variaciones de estos cinco elementos, tomados de 3 en 3:

1. *mnp*	17. *npq*	33. *pqr*	49. *rmn*
2. *mnq*	18. *npr*	34. *prm*	50. *rmp*
3. *mnr*	19. *nqm*	35. *prn*	51. *rmq*
4. *mpn*	20. *nqp*	36. *prq*	52. *rnm*
5. *mpq*	21. *nqr*	37. *qmn*	53. *rnp*
6. *mpr*	22. *nrm*	38. *qmp*	54. *rnq*
7. *mqn*	23. *nrp*	39. *qmr*	55. *rpm*
8. *mqp*	24. *nrq*	40. *qnm*	56. *rpn*
9. *mqr*	25. *pmn*	41. *qnp*	57. *rpq*
10. *mrn*	26. *pmq*	42. *qnr*	58. *rqm*
11. *mrp*	27. *pmr*	43. *qpm*	59. *rqn*
12. *mrq*	28. *pnm*	44. *qpn*	60. *rqp*
13. *nmp*	29. *pnq*	45. *qpr*	
14. *nmq*	30. *pnr*	46. *qrm*	
15. *nmr*	31. *pqm*	47. *qrn*	
16. *npm*	32. *pqn*	48. *qrp*	

El número de variaciones obtenidas es $V_5^3 = 5 \cdot 4 \cdot 3 = 60$.
Ahora bien, ¿a cuántas de estas variaciones les corresponde el mismo subconjunto? Evidentemente a

tantas como ordenaciones posibles puedan efectuarse con tres elementos. Es decir, a las permutaciones de tres elementos, o sea, $3! = 3 \cdot 2 \cdot 1 = 6$.

Por tanto, como el número de variaciones es $V_5^3 = 5 \cdot 4 \cdot 3 = 60$ y cada 6 de ellas representan el mismo subconjunto, habrá un total de $V_5^3/P_3 = 60/6 = 10$ subconjuntos de 3 elementos. En efecto, los 10 subconjuntos son: $\{m,n,p\}$, $\{m,n,q\}$, $\{m,n,r\}$, $\{m,p,q\}$, $\{m,p,r\}$, $\{m,q,r\}$, $\{n,p,q\}$, $\{n,p,r\}$, $\{n,q,r\}$ y $\{p,q,r\}$ y cada una de las 60 variaciones anteriores corresponde a una permutación de alguno de estos 10 subconjuntos.

En general, si deseamos calcular cuántos subconjuntos de n elementos se pueden obtener a partir de un conjunto de m elementos, siendo $m \geqq n$, tendremos que el número total de subconjuntos será $V_m^n/n!$

A este número lo designaremos como $\binom{m}{n}$

Ahora bien, como $V_m^n = \dfrac{m!}{(m-n)!}$, tendremos:

$$\binom{m}{n} = \frac{\dfrac{m!}{(m-n)!}}{n!} = \frac{m!}{n!\,(m-n)!}$$

Los subconjuntos de n elementos de un cierto conjunto reciben el nombre de combinaciones de n elementos. Las expresiones del tipo $\binom{m}{n}$, que indican el número de combinaciones de n elementos tomados en un conjunto de m elementos, se llaman números combinatorios.

Así, por ejemplo,

$$\binom{6}{3} = \frac{6!}{3!\,3!} = 20 \text{ y } \binom{7}{4} =$$

$$= \frac{7!}{4!\,3!} =$$

= 35 son números combinatorios.

Ejemplo

¿Cuántos subconjuntos de 13 elementos se pueden formar a partir de un conjunto de 16 elementos?

Solución: Tendremos

$$\binom{16}{13} = \frac{16\,!}{3\,!\;13\,!} = 560 \quad \text{subconjuntos}$$

Consideremos un conjunto A con m elementos. La expresión $\binom{m}{0}$ indica el número de subconjuntos de 0 elementos que se pueden formar en A. El único subconjunto de 0 elementos que se puede extraer es el conjunto vacío $\varnothing$.
Por lo tanto, de A se puede extraer un único conjunto con 0 elementos.

$$\text{Así pues, } \binom{m}{0} = 1$$

De modo similar, tan sólo hay un conjunto con m elementos que sea subconjunto de A, que es el propio A.

$$\text{Así pues, } \binom{m}{m} = 1$$

Anteriormente, habíamos obtenido la expresión

$$\binom{m}{n} = \frac{m\,!}{n\,!\,(m-n)\,!}$$

Tal como acabamos de ver

$$1 = \binom{m}{0} = \frac{m\,!}{0\,!\,(m-0)\,!} = \frac{m\,!}{0\,!\;m\,!}$$

Es decir, 0 ! tiene que ser 1.

Análogamente,

$$1 = \binom{m}{m} = \frac{m\,!}{m\,!\;(m-m)\,!} = \frac{m\,!}{m\,!\;0\,!}$$

lo cual vuelve a indicar que 0 ! debe valer 1 para que las expresiones anteriores sean válidas para las combinaciones vacía y total.

Así pues, $0\,! = 1$.

De modo análogo,

el número combinatorio $\binom{0}{0}$ debe valer 1 puesto que

$$\binom{0}{0} = \frac{0\,!}{0\,!\,0\,!} = 1, \text{ puesto que } 0\,! = 1.$$

El número combinatorio $\binom{0}{0}$, representa el número de subconjuntos de ningún elemento que se pueden extraer del conjunto vacío $\varnothing$. Evidentemente el único subconjunto de $\varnothing$ es el propio $\varnothing$.
Consideremos el conjunto $A = \{m, n, p, q, r, s, t\}$. El subconjunto $\{m, p, q, s\}$ representaría una combinación con 4 elementos. El subconjunto complementario del anterior sería $\{n, r, t\}$, que representaría una combinación con 3 elementos.
Evidentemente, si dos subconjuntos de 4 elementos son distintos, sus complementarios también lo serán.
Así pues, a cada subconjunto de 4 elementos de A le corresponde uno y sólo un subconjunto de 3 elementos.

Por consiguiente, $\binom{7}{4} = \binom{7}{3}$

Es decir, $\binom{7}{4} = \binom{7}{7-4}$

En general, si A es un conjunto con m elementos y B es un subconjunto de n elementos extraído de A, el complementario de B, que designaremos como B', tendrá $m - n$ elementos.
Obviamente, el número de subconjuntos con n elementos coincide con el número de subconjuntos con $m - n$ elementos.

Así pues, $\binom{m}{n} = \binom{m}{m-n}$

Ejemplo

Resolver la ecuación $\binom{15}{x} = \binom{15}{x-7}$

Solución: Deberá cumplirse que

$$\begin{aligned} &x + (x - 7) = 15 \\ &2x - 7 = 15 \\ &2x = 15 + 7 = 22 \\ &x = 22/2 = 11 \end{aligned}$$

Así pues, tendremos que $\binom{15}{11} = \binom{15}{4}$

Consideremos nuevamente el conjunto $A = \{ m,n,p,q,r,s,t \}$.
Formemos todas las combinaciones posibles con 4 elementos:

1. $\{m,n,p,q\}$	19. $\{m,q,s,t\}$
2. $\{m,n,p,r\}$	20. $\{m,r,s,t\}$
3. $\{m,n,p,s\}$	21. $\{n,p,q,r\}$
4. $\{m,n,p,t\}$	22. $\{n,p,q,s\}$
5. $\{m,n,q,r\}$	23. $\{n,p,q,t\}$
6. $\{m,n,q,s\}$	24. $\{n,p,r,s\}$
7. $\{m,n,q,t\}$	25. $\{n,p,r,t\}$
8. $\{m,n,r,s\}$	26. $\{n,p,s,t\}$
9. $\{m,n,r,t\}$	27. $\{n,q,r,s\}$
10. $\{m,n,s,t\}$	28. $\{n,q,r,t\}$
11. $\{m,p,q,r\}$	29. $\{n,q,s,t\}$
12. $\{m,p,q,s\}$	30. $\{n,r,s,t\}$
13. $\{m,p,q,t\}$	31. $\{p,q,r,s\}$
14. $\{m,p,r,s\}$	32. $\{p,q,r,t\}$
15. $\{m,p,r,t\}$	33. $\{p,q,s,t\}$
16. $\{m,p,s,t\}$	34. $\{p,r,s,t\}$
17. $\{m,q,r,s\}$	35. $\{q,r,s,t\}$
18. $\{m,q,r,t\}$	

Hay $\binom{7}{4} = \dfrac{7\,!}{4\,!\;3\,!} = 35$

De ellas, tienen el elemento m,

1. $\{m,n,p,q\}$	11. $\{m,p,q,r\}$
2. $\{m,n,p,r\}$	12. $\{m,p,q,s\}$
3. $\{m,n,p,s\}$	13. $\{m,p,q,t\}$
4. $\{m,n,p,t\}$	14. $\{m,p,r,s\}$
5. $\{m,n,q,r\}$	15. $\{m,p,r,t\}$
6. $\{m,n,q,s\}$	16. $\{m,p,s,t\}$
7. $\{m,n,q,t\}$	17. $\{m,q,r,s\}$
8. $\{m,n,r,s\}$	18. $\{m,q,r,t\}$
9. $\{m,n,r,t\}$	19. $\{m,q,s,t\}$
10. $\{m,n,s,t\}$	20. $\{m,q,s,t\}$

Hay $\binom{6}{3} = \dfrac{6\,!}{3\,!\;3\,!} = 20$

que coincide en número con las combinaciones de $A - \{m\} = \{n,p,q,r,s,t\}$ tomadas de 3 en 3. En efecto, las combinaciones de $A - \{m\}$ tomando los elementos de 3 en 3 que se pueden formar son:

1.	$\{n,p,q\}$	11.	$\{p,q,r\}$
2.	$\{n,p,r\}$	12.	$\{p,q,s\}$
3.	$\{n,p,s\}$	13.	$\{p,q,t\}$
4.	$\{n,p,t\}$	14.	$\{p,r,s\}$
5.	$\{n,q,r\}$	15.	$\{p,r,t\}$
6.	$\{n,q,s\}$	16.	$\{p,s,t\}$
7.	$\{n,q,t\}$	17.	$\{q,r,s\}$
8.	$\{n,r,s\}$	18.	$\{q,r,t\}$
9.	$\{n,r,t\}$	19.	$\{q,s,t\}$
10.	$\{n,s,t\}$	20.	$\{r,s,t\}$

Las combinaciones del conjunto A con 4 elementos que no contienen el elemento m son:

1.	$\{n,p,q,r\}$	9.	$\{n,q,s,t\}$
2.	$\{n,p,q,s\}$	10.	$\{n,r,s,t\}$
3.	$\{n,p,q,t\}$	11.	$\{p,q,r,s\}$
4.	$\{n,p,r,s\}$	12.	$\{p,q,r,t\}$
5.	$\{n,p,r,t\}$	13.	$\{p,q,s,t\}$
6.	$\{n,p,s,t\}$	14.	$\{p,r,s,t\}$
7.	$\{n,q,r,s\}$	15.	$\{q,r,s,t\}$
8.	$\{n,q,r,t\}$		

En total, hay $\binom{6}{4} = \dfrac{6\,!}{4\,!\,2\,!} = 15$

que coinciden en número con las combinaciones de $A - \{m\} = \{n,p,q,r,s,t\}$ tomadas de 4 en 4.

Así pues, $\binom{7}{4} = \binom{6}{3} + \binom{6}{4}$

Es decir, $\binom{7}{4} = \binom{7-1}{4-1} + \binom{7-1}{4}$

En general, si tenemos un conjunto A con m elementos y consideramos los subconjuntos de A con n elementos, encontraremos que hay $\binom{m}{n}$. Si fijamos un elemento x de A y queremos calcular en cuántos subconjuntos de los anteriores está el elemento x observaremos que por cada subconjunto de A con n elementos entre los cuales está x, hay en el conjunto $A - \{x\}$ un subconjunto con $n - 1$ elementos.

En total hay $\binom{m-1}{n-1}$ de estos subconjuntos.

Para determinar en cuántos subconjuntos no está el elemento x, observaremos que por cada subconjunto de A con n elementos entre los cuales no figura x, tenemos en $A - \{x\}$ el mismo subconjunto de n elementos.

En total hay $\binom{m-1}{n}$ de estos subconjuntos.

Por consiguiente,

$$\binom{m}{n} = \binom{m-1}{n-1} + \binom{m-1}{n}$$

Ejemplo

Demostrar la igualdad

$$\binom{m}{n} = \binom{m-1}{n-1} + \binom{m-1}{n}$$

poniendo cada número combinatorio en forma factorial.

Solución: Tendremos

$$\binom{m}{n} = \frac{m\,!}{n\,!\,(m-n)\,!}$$

$$\binom{m-1}{n-1} = \frac{(m-1)\,!}{(n-1)\,!\,[(m-1)-(n-1)]\,!} = \frac{(m-1)\,!}{(n-1)\,!\,(m-n)\,!}$$

$$\binom{m-1}{n} = \frac{(m-1)\,!}{n\,!\,(m-1-n)\,!} = \frac{(m-1)\,!}{n\,!\,(m-n-1)\,!}$$

Sumemos $\binom{m-1}{n-1} + \binom{m-1}{n}$. Tendremos:

$$\binom{m-1}{n-1} + \binom{m-1}{n} = \frac{(m-1)\,!}{(n-1)\,!\,(m-n)\,!} + \frac{(m-1)\,!}{n\,!\,(m-n-1)\,!} =$$

$$= \frac{n\,(m-1)\,!}{n\,(n-1)\,!\,(m-n)\,!} + \frac{(m-n)\,(m-1)\,!}{n\,!\,(m-n)\,(m-n-1)\,!} = \frac{n\,(m-1)\,!}{n\,!\,(m-n)\,!} + \frac{(m-n)\,(m-1)\,!}{n\,!\,(m-n)\,!} =$$

$$= \frac{n\,(m-1)\,!+(m-n)\,(m-1)\,!}{n\,!\,(m-n)\,!} = \frac{(m-1)\,!\,[n+(m-n)]}{n\,!\,(m-n)\,!} =$$

$$= \frac{(m-1)\,!\,m}{n\,!\,(m-n)\,!} = \frac{m\,!}{n\,!\,(m-n)\,!}$$

que coincide con $\binom{m}{n}$, tal como queríamos demostrar.

Las propiedades anteriores de los números combinatorios nos permiten construir un famoso triángulo que recibe el nombre de tríangulo de Tartaglia en honor al matemático italiano de este nombre que fue el primero en descubrirlo:

$$\begin{array}{ccccccccccccc}
 & & & & & \binom{1}{0} & & \binom{1}{1} & & & & & \\
 & & & & \binom{2}{0} & & \binom{2}{1} & & \binom{2}{2} & & & & \\
 & & & \binom{3}{0} & & \binom{3}{1} & & \binom{3}{2} & & \binom{3}{3} & & & \\
 & & \binom{4}{0} & & \binom{4}{1} & & \binom{4}{2} & & \binom{4}{3} & & \binom{4}{4} & & \\
 & \binom{5}{0} & & \binom{5}{1} & & \binom{5}{2} & & \binom{5}{3} & & \binom{5}{4} & & \binom{5}{5} & \\
\binom{6}{0} & & \binom{6}{1} & & \binom{6}{2} & & \binom{6}{3} & & \binom{6}{4} & & \binom{6}{5} & & \binom{6}{6}
\end{array}$$

Tal como puede observarse, los números combinatorios de los extremos de cada fila son de la forma $\binom{m}{0}$ y $\binom{m}{m}$ y por lo tanto valen 1.

Puede observarse asimismo que cada número combinatorio $\binom{m}{n}$ tiene sobre sí dos números combinatorios de la forma $\binom{m-1}{n-1}$ y $\binom{m-1}{n}$

Así pues, cada término del tríangulo de Tartaglia se obtiene sumando los dos términos que tiene encima suyo.
Utilizando las dos reglas anteriores se pueden obtener los valores de todos los términos del triángulo de Tartaglia, teniendo en cuenta, además, que los términos simétricos son iguales puesto que provienen de números combinatorios del tipo $\binom{m}{n}$ y $\binom{m}{m-n}$. En efecto, tendremos:

$$
\begin{array}{ccccccccccccc}
 & & & & & 1 & & 1 & & & & & \\
 & & & & 1 & & 2 & & 1 & & & & \\
 & & & 1 & & 3 & & 3 & & 1 & & & \\
 & & 1 & & 4 & & 6 & & 4 & & 1 & & \\
 & 1 & & 5 & & 10 & & 10 & & 5 & & 1 & \\
1 & & 6 & & 15 & & 20 & & 15 & & 6 & & 1
\end{array}
$$

Ejemplo

Sabiendo que la sexta fila del triángulo de Tartaglia es: 1, 6, 15, 20, 15, 6, 1; calcular la séptima fila y expresar los resultados mediante números combinatorios.

Solución: Tendremos

$$
\begin{array}{ccccccccccccccc}
 & 1 & & 6 & & 15 & & 20 & & 15 & & 6 & & 1 & \\
 & \diagup\;\diagdown & & \diagup\;\diagdown & & \diagup\;\diagdown & & \diagup\;\diagdown & & \diagup\;\diagdown & & \diagup\;\diagdown & & \diagup\;\diagdown & \\
1 & & 7 & & 21 & & 35 & & 35 & & 21 & & 7 & & 1
\end{array}
$$

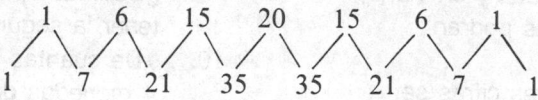

Así pues, la séptima fila del triángulo de Tartaglia será: 1, 7, 21, 35, 35, 21, 7, 1.

Para expresarla mediante números combinatorios procederemos del modo siguiente:

$$
\begin{array}{ccccccccccccccc}
 & \binom{6}{0} & & \binom{6}{1} & & \binom{6}{2} & & \binom{6}{3} & & \binom{6}{4} & & \binom{6}{5} & & \binom{6}{6} & \\
\binom{7}{0} & & \binom{7}{1} & & \binom{7}{2} & & \binom{7}{3} & & \binom{7}{4} & & \binom{7}{5} & & \binom{7}{6} & & \binom{7}{7}
\end{array}
$$

Obsérvese que:

$$\binom{7}{0} = 1 \qquad \binom{7}{7} = 1$$

$$\binom{7}{1} = 7 \qquad \binom{7}{6} = 7$$

$$\binom{7}{2} = 21 \qquad \binom{7}{5} = 21$$

$$\binom{7}{3} = 35 \qquad \binom{7}{4} = 35$$

Problemas propuestos

1. Con 20 consonantes y 5 vocales, ¿Cuántas sílabas distintas de dos letras se pueden formar que empiecen por consonante y acaben en vocal?
2. Se desea construir figuras en forma de cubo, cono, esfera y cilindro. Cada una de ellas puede ser de uno de los colores siguientes: negro, naranja y gris. ¿Cuántas figuras se deberán construir?
3. Si cada una de las figuras del problema anterior se fabrica en metal y en vidrio, ¿cuántas figuras distintas podrán fabricarse?
4. ¿Cuántos números de tres cifras se pueden formar con las cifras impares?
5. ¿Cuántos de los números del ejercicio anterior son mayores que 400?
6. Las apuestas futbolísticas consisten en acertar los resultados que pueden producirse en 14 partidos de fútbol, poniendo 1 si gana el primer equipo, 2 si gana el segundo equipo y X si se produce empate. ¿Cuántas apuestas debemos hacer para tener la seguridad de acertar?
7. En una carrera compiten 6 caballos. En los boletos hay que indicar el nombre del primero y del segundo. ¿Cuántos boletos debemos rellenar para asegurarnos de que ganaremos?
8. En una clase con 30 alumnos se van a adjudicar 4 premios distintos. Si un mismo alumno no puede recibir más de un premio, ¿de cuántas formas distintas pueden repartirse?
9. Para ganar en la lotería primitiva deben acertarse 6 números elegido de entre 49 sin repetirse ninguno de ellos. ¿Cuántas apuestas deben hacerse para tener la seguridad de acertar?
10. ¿De cuántas formas se pueden ordenar 4 monedas de 10 centavos, 3 monedas de 50 centavos y 5 monedas de un peso?
11. ¿Cuántos números de 9 cifras pueden formarse con los dígitos 1, 2, 3, 4 de modo que el 1 se repita 3 veces y los otros dígitos dos veces cada uno?
12. ¿Cuántas aplicaciones pueden darse del conjunto $\{a, b, c, d\}$ en el conjunto $\{1, 2, 3, 4, 5\}$?
13. ¿Cuántas de las aplicaciones del ejercicio anterior serán inyectivas?
14. ¿Cuántas palabras de 5 letras distintas, que empiecen por e y terminen en r, se pueden formar? (Suponer que el

alfabeto tiene 26 letras).

15. ¿Cuántas palabras de 4 letras se pueden formar?
16. ¿Cuántas palabras con 4 letras diferentes se pueden formar?
17. ¿Cuántas palabras con 4 letras diferentes empiezan por b?
18. ¿Cuántas banderas de tres colores distintos se pueden hacer con 7 colores distintos?
19. ¿De cuántas formas pueden 5 chicos escoger cada uno un lápiz de un conjunto de 6 lápices distintos?
20. Hallar x en la expresión $x\,!\,/\,V_x^3 = 120$.
21. ¿Cuántos números de 4 cifras se pueden formar con los dígitos 1, 2, 3, 4, 5, 6 y 7?
22. ¿En cuántos de los números anteriores no se repite ninguna cifra?
23. Se reparten 4 regalos distintos entre 6 muchachos. ¿De cuántas formas distintas puede efectuarse el reparto si puede tocarle más de un regalo al mismo muchacho?
24. ¿De cuántas formas distintas puede efectuarse el reparto del problema anterior si cada muchacho tan sólo puede recibir un regalo?
25. ¿De cuántas formas distintas se pueden sentar cinco personas en cinco lugares destinados a presidir una reunión?
26. Si las cinco personas del problema anterior son 3 hombres y 2 mujeres, ¿de cuántas formas distintas pueden sentarse si consideramos exclusivamente el sexo del que ocupa cada lugar?
27. ¿Cuántos boletos se deben rellenar para tener la certeza de acertar los vencedores de dos carreras consecutivas, cada una de 8 caballos?
28. ¿Cuántos subconjuntos de 4 elementos tiene el conjunto $\{1, 2, 3, 4, 5, 6\}$?
29. ¿Cuántos subconjuntos tiene un conjunto de 5 elementos?
30. ¿Cuántos elementos tiene un conjunto del cual se pueden extraer 128 subconjuntos?
31. ¿Cuántas rectas se pueden trazar que pasen por dos de los vértices de un pentágono?
32. Si te presentan 6 libros diferentes de los cuales debes elegir 3, ¿cuántas opciones tienes?
33. Hallar x en la expresión
$$\binom{12}{x} = \binom{12}{x+4}$$
34. Ídem en
$$\binom{15}{x} = \binom{15}{x-1}$$
35. Calcular
$$\binom{358}{357}$$
36. Hallar x en la expresión $\binom{8}{2} = \binom{8}{x}$
37. Ídem $\binom{x}{5} = \binom{x}{8}$
38. Se sortean dos premios distintos entre 6 personas, pero no se permite que los dos premios correspondan a la misma persona. ¿Cuántos son los posibles resultados?
39. Si en el problema anterior los dos premios pueden corresponder a la misma persona, ¿cuántos serán los resultados posibles?
40. Llegan 5 clientes a un hotel y hay 7 habitaciones libres. ¿De cuántas maneras pueden distribuirse si cada cliente desea una habitación para él solo?
41. ¿Cuántos modelos de billetes de tren deben imprimirse para cubrir un trayecto de 8 estaciones, figurando en cada billete dos nombres: en primer lugar la estación de salida y en segundo lugar la de llegada?
42. Se tira una moneda al aire 4 veces, anotando los resultados ordenadamente: un 1 si sale cara, un 0 si sale cruz. ¿Cuántas listas ordenadas distintas de 4 elementos pueden salir?

43. En el problema anterior se sabe que en la primera y la última tirada de la moneda ha salido cruz. ¿Cuántas listas cumplen estas condiciones?
44. Disponemos de 6 colores distintos. ¿Cuántas banderas tricolores de franjas horizontales se pueden dibujar?
45. ¿Cuántas banderas tricolores de franjas horizontales pueden confeccionarse con los colores verde, negro y azul?
46. Expresar el producto siguiente como cociente de dos factoriales: $10 \cdot 9 \cdot 8 \cdot 7 \cdot 6$.
47. Ídem $6 \cdot 5 \cdot 4 \cdot 3$.
48. Si $A = \{m, n, p, q\}$ y $B = \{1, 2, 3\}$, ¿cuántas aplicaciones se pueden establecer entre A y B?
49. Sabemos que un conjunto A tiene 3 elementos pero no sabemos el número de elementos del conjunto B. Si se pueden definir un total de 64 aplicaciones entre A y B, ¿cuál es el número de elementos de B?
50. Supongamos ahora que el conjunto A tiene 4 elementos y que el conjunto B tiene x elementos. Calcular el valor de x, si se pueden establecer 81 aplicaciones entre A y B.
51. ¿Cuántas aplicaciones inyectivas pueden establecerse entre los conjuntos $A = \{a, b, c\}$ y $B = \{1,2,3,4\}$.
52. Resolver $x!/(x - 1)! = 6$.
53. Ídem $(x + 1)!/(x - 1)! = 42$.
54. ¿Cuántas permutaciones podemos efectuar con las letras de la palabra NURIA?
55. Los 6 alumnos que se sientan en la primera fila de una clase deciden ir permutando entre ellos sus sitios respectivos, realizando cada día una permutación. ¿Se repetirá una determinada ordenación algun día?
56. Imaginemos que en el problema anterior se van realizando las distintas permutaciones sin parar, invirtiendo 1 minuto en cada ordenación. ¿Cuántas horas tardarían en efectuarse todas las permutaciones?
57. En un restaurante comen diariamente 5 amigos. El dueño les promete una comida gratis después que hayan agotado todas las posibles formas de sentarse a la mesa. ¿Cuántos días tendrán que esperar los clientes para tener derecho a la comida gratis?
58. ¿Cuántas aplicaciones biyectivas pueden establecerse entre dos conjuntos con 5 elementos cada uno?
59. ¿Cuántos segmentos se pueden dibujar tomando como extremos de cada uno de ellos los vértices de un cuadrado?
60. ¿Cuántos subconjuntos de 3 elementos tiene un conjunto con 5 elementos?
61. Se reúnen 6 personas y acuerdan formar una comisión de 3 miembros, todos con la misma categoría. ¿Cuántas son las posibles comisiones?
62. De las 6 personas del ejercicio anterior, se decide que forzosamente una de ellas debe formar parte de la comisión. ¿Cuántas posibilidades hay de nombrar a los 2 miembros restantes?
63. Si se formaran todos los subconjuntos con 4 elementos del conjunto $A = \{m, n, p, q, r, s, t\}$, ¿en cuántos de ellos aparecería el elemento «q»?
64. ¿Cuántos subconjuntos tiene en total el conjunto $\{a, b, c, d\}$?
65. ¿Cuántos subconjuntos del problema anterior tienen 2 elementos?
66. ¿Hay algún conjunto que tenga en total 9 subconjuntos?
67. Un conjunto tiene 10 subconjuntos con 2 elementos cada uno. ¿Cuántos elementos hay en el conjunto?
68. Si un conjunto tiene 15 subconjuntos binarios, ¿cuántos subconjuntos tendrá en total?
69. Un conjunto tiene 28 subconjuntos binarios. ¿Cuántos elementos tiene el conjunto?
70. ¿Cuántos subconjuntos tiene en total el conjunto del problema anterior?
71. ¿Cuántos subconjuntos ternarios tiene el conjunto del problema anterior?
72. ¿Cuántos segmentos se pueden dibujar

tomando como extremos los vértices de un hexágono?

73. ¿Cuántos segmentos del problema anterior son diagonales del hexágono?
74. ¿Cuántas diagonales tiene un polígono de 10 lados?
75. ¿Cuántas diagonales tiene un polígono de n lados?
76. ¿Cuántos lados tiene un polígono que tiene 14 diagonales?
77. ¿Qué polígono tiene tantas diagonales como lados?
78. ¿Qué polígono tiene triple número de diagonales que de lados?
79. En una habitación hay 5 lámparas pero es suficiente con 2 lámparas para tener la habitación bien iluminada. ¿Cuántas combinaciones pueden hacerse?
80. Disponemos de los dígitos 1, 2, 3, 4, 5, 6, 7, 8, 9. ¿Cuántos números pueden escribirse que sean de la forma abcba?
81. Un conjunto tiene 15 subconjuntos binarios. ¿Cuántos elementos tiene?
82. ¿Cuántos subconjuntos ternarios tiene el conjunto del problema anterior?
83. Resolver $n!/(n-2)! = 20$.
84. Ídem $\binom{n}{2} = 5n/2$.
85. Un equipo médico está formado por 2 médicos y 3 enfermeras. ¿Cuántos equipos médicos pueden formarse con 5 médicos y 6 enfermeras?
86. ¿Cuántas permutaciones pueden efectuarse con las letras de la palabra JOSE?
87. ¿Cuántas permutaciones pueden hacerse con las letras de la palabra ROCOCO?
88. Queremos escribir números binarios y disponemos de 3 unos y 3 ceros. ¿Cuántos podremos formar?
89. En el problema anterior, ¿cuántos números empezarán con 1?
90. Un partido de fútbol ha terminado con el resultado de 1 a 3 a favor de los visitantes. ¿Cuántas son las maneras posibles de llegar a este resultado?
91. Al tirar una moneda al aire 4 veces seguidas anotando los resultados ordenadamente, ¿cuántas ordenaciones se pueden obtener?
92. ¿De cuántas maneras se pueden permutar las letras de la palabra MESA?
93. En el problema anterior, ¿de cuántas maneras se pueden permutar las letras si la primera letra debe ser una consonante?
94. En el problema anterior, ¿de cuántas maneras se pueden permutar las letras si la segunda letra debe ser una vocal y la tercera letra debe ser una consonante?
95. Disponemos de 8 bombillas de distintos colores: 3 verdes, 3 azules y 2 rojas. Queremos colocarlas en un panel de forma que al encender las 8 bombillas quede una señal luminosa. ¿Cuántas señales luminosas podemos hacer?
96. Resolver $\binom{8}{x} = \binom{8}{3}$
97. Ídem $\binom{8}{x+1} = \binom{8}{x-1}$
98. Expresar el producto siguiente como cociente de dos factoriales: $6 \cdot 5 \cdot 4$.

Soluciones

1. Solución: 100.
2. S: 12.
3. S: 24.
4. S: 125.
5. S: 75.
6. S: 4.782.969.
7. S: 30.
8. S: 657.720.
9. S: 13.983.816.
10. S: 27.720.
11. S: 7.560.
12. S: 625.
13. S: 120.
14. S: 12.144.
15. S: 456.976.
16. S: 358.800.
17. S: 13.800.
18. S: 210.
19. S: 720.
20. S: $x = 8$.
21. S: 2.401.
22. S: 840.
23. S: 1.296.
24. S: 360
25. S: 120.
26. S: 10.
27. S: 64.
28. S: 15.
29. S: 32.
30. S: 7.
31. S: 10.
32. S: 20.
33. S: $x = 4$.
34. S: $x = 8$.
35. S: 358.
36. S: $x = 6$.
37. S: $x = 13$.
38. S: 30.
39. S: 36.
40. S: 2.520.
41. S: 56.
42. S: 16.
43. S: 4.
44. S: 120.
45. S: 6.
46. S: 10!/5!.
47. S: 6!/2!.
48. S: 81.
49. S: 4.
50. S: 3.
51. S: 24.
52. S: $x = 6$.
53. S: $x = 6$.
54. S: 120.
55. S: No.
56. S: 12.
57. S: 120.
58. S: 120.
59. S: 6.
60. S: 10.
61. S: 20.
62. S: 10.
63. S: 20.
64. S: 16.
65. S: 6.
66. S: No.
67. S: 5.
68. S: 64.
69. S: 8.
70. S: 256.
71. S: 56.
72. S: 15.
73. S: 9.
74. S: 35.
75. S: $n(n-3)/2$.
76. S: 7.
77. S: El pentágono.
78. S: El polígono de 9 lados.
79. S: 10.
80. S: 504.
81. S: 6.
82. S: 20.
83. S: $n = 5$.
84. S: $n = 6$.
85. S: 200.
86. S: 24.
87. S: 60.
88. S: 20.
89. S: 10.
90. S: 4.
91. S: 16.
92. S: 24.
93. S: 12.
94. S: 8.
95. S: 560.
96. S: $x = 5$.
97. S: $x = 4$.
98. S: 6!/3!.

II

Desde los naturales hasta los complejos

Recorrerás en este bloque el camino que va desde el conjunto más natural de números —los naturales— hasta el más complejo de todos —los complejos—.

En cada etapa del camino nos detendremos en las operaciones, en sus propiedades, y en estudiar situaciones reales en las que dichos números aparecen.

Los números naturales y sus operaciones

5

Introducción histórica

Las antiguas civilizaciones mesopotámicas representaban los números naturales mediante marcas cuneiformes. La primera operación aritmética conocida fue la suma, utilizando objetos concretos que estuvieran al alcance de la mano: o bien sumaban amontonando piedrecitas o bien formando nudos en una cuerda como hacían los incas.

5.1 Los números naturales

Contamos los días de la semana, los alumnos de una clase, el número de estrellas que vemos en el cielo o el número de jugadores de un equipo. Se cuenta con números naturales:

1, 2, 3, 4, ... , 56, 57, ... , 100, 101, ...

Los números naturales nos sirven además para ordenar: decimos que Júpiter es el 1º planeta en tamaño del sistema solar o que tal persona es la 2ª más alta de su familia.

Al conjunto de los números naturales se le representa por la letra N y es el siguiente:
N = {0, 1, 2, 3, ... , 10, 11, ... , 100, 101, ...}

Dado que los números naturales están ordenados, podemos representarlos sobre una recta del siguiente modo:

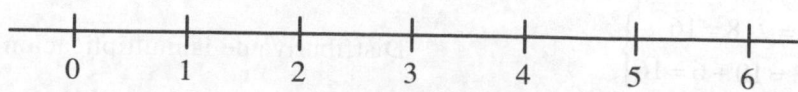

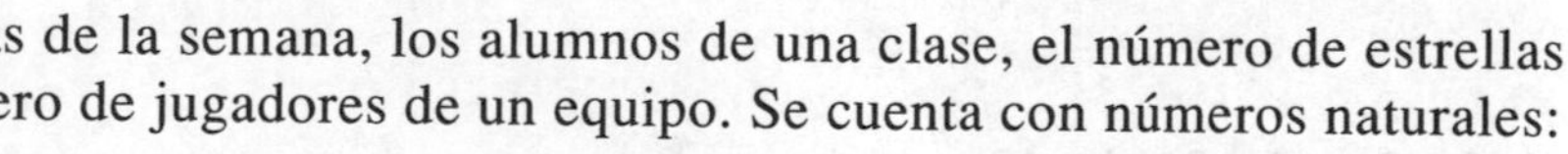

Los números naturales se pueden sumar y multiplicar y el resultado de esas operaciones es, también, un número natural (son operaciones internas). En cambio, no ocurre lo mismo con la resta y con la división.

5.2 Propiedades de la suma y la multiplicación

Ya sabes que la suma se simboliza mediante el signo +, mientras que para la multiplicación (o producto) se usa el símbolo $\times$ o, más frecuentemente, el signo $\cdot$. El siguiente cuadro muestra las propiedades de estas dos operaciones internas en los naturales:

PROPIEDAD	SUMA	MULTIPLICACIÓN
Asociativa	$(a+b)+c=a+(b+c)$	$(a\cdot b)\cdot c=a\cdot(b\cdot c)$
Conmutativa	$a+b=b+a$	$a\cdot b=b\cdot a$
Existencia de elemento neutro	Es el 0, pues $a+0=a$	Es el 1, porque $a\cdot 1=a$
Distributiva del producto respecto a la suma	$a\cdot(b+c)=a\cdot b+a\cdot c$	

Ejemplo

Practiquemos numéricamente con estas propiedades:

1. $5+3+4=\begin{cases}(5+3)+4=8+4=12\\ 5+(3+4)=5+7=12\end{cases}$ Asociativa de la suma

2. $8+7=15=7+8$ Conmutativa de la suma

3. $3+0=3$ Elemento neutro de la suma

4. $2\cdot 3\cdot 5=\begin{cases}(2\cdot 3)\cdot 5=6\cdot 5=30\\ 2\cdot(3\cdot 5)=2\cdot 15=30\end{cases}$ Asociativa de la multiplicación

5. $4\cdot 7=28=7\cdot 4$ Conmutativa de la multiplicación

6. $4\cdot 1=4$ Elemento neutro de la multiplicación

7. $\left.\begin{array}{l}2\cdot(5+3)=2\cdot 8=16\\ 2\cdot 5+2\cdot 3=10+6=16\end{array}\right\}$ Distributiva de la multiplicación respecto de la suma

Ejemplo

Gracias a las propiedades asociativa y conmutativa, podemos efectuar largas sumas con facilidad, modificando el orden y asociando los sumandos según convenga:

$$40+19+60=(40+60)+19=100+19=119$$

(Reparamos en que $40+60$ es 100 y operamos mentalmente como acabamos de hacer).

Ejemplo

La propiedad distributiva permite, según interese, realizar diversas tácticas:

- Sacar factor común: $24\cdot 3+24\cdot 5+24\cdot 2=24\cdot(3+5+2)=24\cdot 10=240$
- Agrupar términos semejantes: $2a+3b+5b+a=(2+1)\cdot a+(3+5)\cdot b=3a+8b$
- Deshacer paréntesis: $4\cdot(5+3x+2x^2)=4\cdot 5+4\cdot 3x+4\cdot 2x^2=20+12x+8x^2$

5.3 Las otras operaciones

Como ya conoces, la resta de dos números *a* y *b*, escrita *a–b*, consiste en encontrar otro número que sumado con *b* nos dé *a*. Al número *a* se le llama minuendo y a *b* sustraendo.

Es decir, diremos que $a-b=c$ si ocurre que $b+c=a$. Por ejemplo, decimos que $11-8=3$ porque 3 es el número que hay que sumar a 8 para obtener 11.

La división de un número *D* (dividendo) entre un número *d* (divisor), escrito *D:d*, consiste en calcular otro número *c* (cociente) tal que multiplicado por *c* nos resulte *D*.

O sea, diremos que $D:d=c$ siempre que $d\cdot c=D$. Por ejemplo, decimos que $24:3=8$ porque 8 es el número por el que hay que multiplicar 3 para obtener 24.

La idea de división de números naturales es la de reparto. La división 100 : 5 = 20, se interpreta como un reparto de 100 elementos (dividendo) entre 5 partes (divisor), de modo que a cada parte le corresponden 20 (cociente). Cuando con el reparto acabamos con todos los elementos disponibles, como este caso, la división se llama **exacta**. Cuando no es posible un reparto exacto y sobran algunos elementos, la división se llama **entera**. En ella, además de un cociente, se obtiene un **resto** según el algoritmo siguiente:

$$\begin{array}{l|l} D & d \\ \hline r & c \end{array}$$

La relación fundamental de cualquier división, conocida también como "prueba de la división" dice:

En cualquier división, el dividendo se obtiene sumándole al resto la multiplicación del divisor por el cociente:

$$D = d \cdot c + r$$

Ejemplo

Expresa la relación fundamental de la división para: 135 : 8

Solución: Utilizando el algoritmo de la división:

$$\begin{array}{r|l} 135 & 8 \\ \hline 55 & 16 \\ 7 & \end{array}$$

se tiene que: $135 = 8 \cdot 16 + 7$

5.4 Operaciones compuestas

Al operar con números naturales (y con cualquier otra clase de números), hay que tener en cuenta dos sencillas reglas:

1º Si en una expresión figuran sumas, restas, multiplicaciones y divisiones (sin paréntesis), se efectúan en primer lugar las multiplicaciones y divisiones, comenzando de izquierda a derecha; y a continuación las sumas y restas.

Ejemplos

Calcula las siguientes operaciones con números naturales:

a) $8-5+4-3+7$ b) $10+2 \cdot 6$

Solución: a) $8-5+4-3+7=3+4-3+7=7-3+7=4+7=11$

b) $10+2 \cdot 6=10+12=22$

Ejemplo

Haz lo mismo para las operaciones:

a) $5 \cdot 4 - 8 + 30 : 5$ b) $40 - 3 \cdot 5 + 12 : 2$

Solución: a) $5 \cdot 4 - 8 + 30 : 5 = 20 - 8 + 6 = 12 + 6 = 18$

b) $40 - 3 \cdot 5 + 12 : 2 = 40 - 15 + 6 = 25 + 6 = 31$

Ejemplo

Repite el ejercicio anterior para la operación: $2 \cdot 3 \cdot 5 - 6 - 8 + 7 \cdot 2 \cdot 10$

Solución

$$2 \cdot 3 \cdot 5 - 6 - 8 + 7 \cdot 2 \cdot 10 = 6 \cdot 5 - 6 - 8 + 14 \cdot 10 =$$
$$= 30 - 6 - 8 + 140 = 24 - 8 + 140 = 16 + 140 = 156$$

2º Si en una expresión con números figura un paréntesis, se efectúa en primer lugar el paréntesis

También se puede operar quitando el paréntesis como aplicación de la propiedad distributiva del producto respecto a la suma. Si hay varios paréntesis, unos dentro de otros, se comienza efectuando los de dentro.

Ejemplos

Calcula por dos procedimientos las siguientes operaciones:

a) $7 - (5 - 3)$ b) $24 - 3 \cdot (2 + 4)$

Solución: a) $7 - (5 - 3) = 7 - 2 = 5$ o bien

$7 - (5 - 3) = 7 - 5 + 3 = 2 + 3 = 5$

b) $24 - 3 \cdot (2 + 4) = 24 - 3 \cdot 6 = 24 - 18 = 6$ o bien

$24 - 3 \cdot (2 + 4) = 24 - 3 \cdot 2 - 3 \cdot 4 = 24 - 6 - 12 = 18 - 12 = 6$

Ejemplo

¿Son iguales los valores de $8 \cdot (3 + 4)$ y $8 \cdot 3 + 4$?.

Solución: No, puesto que $\left.\begin{array}{l} 8 \cdot (3+4) = 8 \cdot 7 = 56 \\ 8 \cdot 3 + 4 = 24 + 4 = 28 \end{array}\right\} \rightarrow 8 \cdot (3+4) \neq 8 \cdot 3 + 4$

Ejemplos

Calcula el valor de las siguientes expresiones:

a) $22-3\cdot4-2\cdot(6-2\cdot3+8:2)$ b) $23-5\cdot(7-4)+6\cdot(5-2)$

Solución: a) $22-3\cdot4-2\cdot(6-2\cdot3+8:2)=22-3\cdot4-2\cdot(6-6+4)=$
$=22-3\cdot4-2\cdot(0+4)=22-3\cdot4-2\cdot4=22-12-8=2$

b) $23-5\cdot(7-4)+6\cdot(5-2)=23-5\cdot3+6\cdot3=23-15+18=26$

Ejemplos

Haz lo mismo para las siguientes operaciones:

a) $8-[16-(7-3)-6]+4$ b) $22-[14-6-(7-1)+6:2]+8$

Solución: a) $8-[16-(7-3)-6]+4=8-[16-4-6]=8-[12-6]=8-6=2$

b) $22-[14-6-(7-1)+6:2]+8=22-[14-6-6+6:2]+8=22-[14-6-6+3]+8=$
$=22-[8-6+3]+8=22-[2+3]+8=22-5+8=17+8=25$

5.5 Potenciación y radicación

La potencia natural de un número natural no es más que una multiplicación reiterada.

$$a^n = \underbrace{a\cdot a\cdot \ldots \cdot a}_{n\ veces} \qquad \text{siendo } a \text{ y } n \text{ números naturales}$$

Al número a se le llama base de la potencia, mientras que a n se le llama exponente de la potencia.

Ejemplos

Calcula las siguientes potencias : a) 2^5 b) 4^1 c) 3^4

Solución:

a) $2^5=2\cdot2\cdot2\cdot2\cdot2=32$

b) $4^1=4$

c) $3^4=3\cdot3\cdot3\cdot3=81$

Las propiedades de las potencias naturales de exponente natural son las siguientes:

1º. La multiplicación de potencias de la misma base es otra potencia de la misma base y cuyo exponente es la suma de los exponentes

Simbólicamente: $a^m \cdot a^n = a^{m+n}$

Demostración: $a^m \cdot a^n = \underbrace{a\ a\ \ldots\ a}_{m\ veces}\ \underbrace{a\ a\ \ldots\ a}_{n\ veces} = \underbrace{a\ a\ \ldots\ a}_{m+n\ veces} = a^{m+n}$

Ejemplo

Expresa como una sola potencia la multiplicación de potencias: $2^4 \cdot 2^3 \cdot 2 \cdot 2^2$

Solución: $2^4 \cdot 2^3 \cdot 2 \cdot 2^2 = 2^{4+3+1+2} = 2^{10}$

2º. La multiplicación de potencias con el mismo exponente es otra potencia de igual exponente y cuya base es la multiplicación de las bases

Simbólicamente: $a^n \cdot b^n = (a \cdot b)^n$

Demostración: $(a \cdot b)^n = \underbrace{(a \cdot b) \cdot (a \cdot b) \cdot \ldots \cdot (a \cdot b)}_{n\ veces} = \underbrace{(a \cdot a \cdot \ldots \cdot a)}_{n\ veces} \cdot \underbrace{(b \cdot b \cdot \ldots \cdot b)}_{n\ veces} = a^n \cdot b^n$

Observa que hemos utilizado las propiedades asociativa y conmutativa de la multiplicación de números naturales.

Ejemplo

Calcula la siguiente multiplicación de potencias: $3^3 \cdot 2^3 \cdot 5^3$

Solución: $3^3 \cdot 2^3 \cdot 5^3 = (3 \cdot 2 \cdot 5)^3 = 30^3 = 27000$

Ejemplo

Desarrolla la expresión: $(x \cdot y \cdot z)^4$

Solución: $(x \cdot y \cdot z)^4 = x^4 \cdot y^4 \cdot z^4$

Cuando una multiplicación de potencias no contiene bases idénticas o exponentes idénticos, no queda más remedio que efectuar por separado cada una de las potencias.

Ejemplo

Calcula la siguiente multiplicación de potencias: $2^3 \cdot 3^2 \cdot 5$

Solución: $2^3 \cdot 3^2 \cdot 5 = 8 \cdot 9 \cdot 5 = 360$

3º. La potencia de una potencia es otra potencia de igual base y cuyo exponente es la multiplicación de los exponentes.

Simbólicamente: $\left(a^m\right)^n = a^{m \cdot n}$

Demostración: $\left(a^m\right)^n = \underbrace{a^m \cdot a^m \cdot \ldots \cdot a^m}_{n\ veces} = a^{\overbrace{m+m+\ldots+m}^{n\ veces}} = a^{m \cdot n}$

Ejemplos

Calcula las siguientes potencias de potencias:

a) $\left(2^3\right)^2$ b) $\left(a^b\right)^2$

Solución: a) $\left(2^3\right)^2 = 2^{3 \cdot 2} = 2^6 = 64$

b) $\left(a^b\right)^2 = a^{b \cdot 2} = a^{2b}$

Ejemplos

Quita paréntesis y reduce en las expresiones:

a) $\left(2a^2b\right)^3$ b) $\left(a^3\right)^2 \cdot \left(a^2\right)^5 \cdot a$

Solución: a) $\left(2a^2b\right)^3 = 2^3 \cdot \left(a^2\right)^3 \cdot b^3 = 2^3 \cdot a^6 \cdot b^3 = 8a^6b^3$

b) $\left(a^3\right)^2 \cdot \left(a^2\right)^5 \cdot a = a^6 \cdot a^{10} \cdot a = a^{6+10+1} = a^{17}$

La radicación es la operación inversa de la potenciación. En concreto, encontrar la raíz *n*-ésima de un número consiste en encontrar otro que elevado a *n* nos dé el número original

Simbólicamente: $\sqrt[n]{a} = b$ si ocurre que $b^n = a$

A la expresión $\sqrt[n]{a}$ se la denomina raíz o radical. En ella, al número a se le llama radicando y a n índice de la raíz.

Ejemplos

$\sqrt{16}=4$ porque $4^2=16$; $\sqrt[3]{125}=5$ porque $5^3=125$; $\sqrt[4]{81}=3$ porque $3^4=81$; ...

Vistas de este modo, las raíces se utilizan para expresar de otro modo, resultados conseguidos con las potencias. Cuando un número no es un cuadrado exacto -por ejemplo $\sqrt{7}$- su raíz cuadrada carece de sentido si nos movemos dentro de los números naturales. Igual ocurre para las raíces cúbicas, cuartas, etc.

Un estudio más detallado de las propiedades de las raíces será abordado en el tema dedicado a los números reales, donde la radicación alcanza su máximo significado.

Problemas propuestos

1. **Efectúa las siguientes operaciones:**

   a) $(8+3+6)-(5+4+3)$

   b) $30+[12-(4+6)]$

   c) $67+[(9-1)+(4-3)+(7-5)]$

   d) $26+\{7-2+[7-(5+3-4)]\}$

   e) $37-\{5+[(12-4)-(8-3)+(5-2)]\}$

   f) $47-[(5+3)-(4-2)+3]+$
   $+\{12-[(5+1)-(9-7)]\}$

   g) $(8-6)\cdot 3+2\cdot(5-2)+(7-3)\cdot 4-$
   $-3\cdot(12-9)$

   h) $(5\cdot 4\cdot 8\cdot 7)\cdot 3$

   i) $(10-7)\cdot 4-3\cdot(5+3)+7\cdot(6-4)$

   j) $5\cdot[4+(7-3)\cdot 3]$

   k) $8\cdot[(11-6)\cdot 3+(23-18)\cdot 4]$

   l) $(7\cdot 6)\cdot 8+(4\cdot 2)\cdot 3$

   m) $12\cdot 5-8\cdot 7+16\cdot 9$

   n) $(8-4):2+(16-4):3-(18:6)$

   ñ) $(6+4):2+(12+4):4$

   o) $(4\cdot 3):2+(17+3):(2+3)$

   p) $40:[(6-4)\cdot(4-2)]$

   q) $45:5-8:4+18:9$

   r) $81:9+6-3\cdot 3+4:2$

2. **Juan Pérez acabó el Bachillerato a los 16 años, se graduó en Química 5 años después, se doctoró 4 años después de graduarse en Química, obtuvo el nombramiento de catedrático 3 años después de doctorarse y ese mismo año e casó. Si Juan Pérez nació en 1955, en qué año se casó?**

3. **Una persona sale de viaje y recorre 150 km en automóvil, 2580 km en avión, 754 km en barco y 317 km en ferrocarril. ¿Qué distancia recorrió en total?.**

4. **Un comerciante compra vino por valor de 45327 ptas y después de venderlo obtiene un beneficio de 7442 ptas. ¿Por cuánto dinero vendió el vino?.**

5. **La señora Castillo nació en 1959. Se casó a los 26 años y dos años después de casarse tuvo su primer hijo. ¿En qué año nació su primer hijo?.**

6. El cajero de un banco pagó el lunes 438.424 pesos, el martes 741.226 pesos, el miércoles 984.235 pesos, el jueves 367.424 pesos, el viernes 243.224 pesos, el sábado 346.108 pesos. ¿Cuánto pagó el cajero durante toda la semana?.
7. Un depósito de agua contiene 23.200 litros. Se le añaden 1560 litros y todavía faltan por llenar 4850 litros. ¿Cuál es la capacidad del depósito?.
8. Las edades de una madre y de su hija suman 80 años. Si la hija nació cuando la madre tenía 20 años, ¿cuáles son la edad es de la madre y de la hija en la actualidad?.
9. Después de cobrar su paga mensual el Sr. Fernández pagó una deuda de 47 ptas y prestó 26 ptas a un amigo. Si todavía le quedaron 189 ptas, ¿a cuánto asciende su paga mensual?.
10. Una señora va al mercado. Al salir lleva 1.204 ptas y gasta 743 ptas en carne y pescado y 256 ptas en fruta y verdura. ¿Cuánto dinero le queda al volver a casa?.
11. En una población hay 25.926 personas mayores de edad, de la cuales 13.126 son mujeres. ¿Cuántos hombres hay en la población?.
12. Un camión frigorífico lleva 3.450 kg de pescado. En una ciudad descarga 1.200 kg y en otra 950 kg. ¿Cuántos kilos le quedarán para descargar en la siguiente ciudad?.
13. Los ingresos anuales brutos del Sr. González fueron de $10.500. Una vez pagados sus impuestos todavía le quedaron $6.400. ¿Cuánto dinero pagó en impuestos el Sr. González?.
14. Para confeccionar vestidos se compran 14 m de tela. En la confección del primero se gastan 3 m, en la del segundo 4 m y en la del tercero 5 m. ¿Cuántos metros de tela sobran después de confeccionar los vestidos?.
15. Un estadio tiene una capacidad de 5.623 espectadores. Si se han vendido 7.294 localidades para presenciar un partido de fútbol, ¿cuántas localidades quedan todavía por vender?.
16. Roberto hace cada semana 20 viajes desde su casa la escuela. Si la distancia entre su casa y la escuela es de 275 m, qué distancia recorre semanalmente?.
17. Un surtidor consume 470 l de agua cada hora. Si cada día funciona durante 14 horas, ¿cuál es el consumo semanal del agua del surtidor?.
18. La Sra. Martínez encarga 6 sillas en una tienda de muebles. Si cada silla cuesta 1.780 pesos y por el transporte debe pagar 550 pesos, ¿cuánto dinero gastará la Sra. Martínez?.
19. Dos automóviles salen de una ciudad a las 9 de la mañana en sentidos opuestos. el primero lleva una velocidad de 75 km/h el segundo va a 90 km/h. ¿A qué distancia se encontrarán a mediodía?.
20. Felipe compró 84 ovejas a $54 cada una. Se le murieron 20 y vendió el resto a $75 cada una. ¿Qué beneficio obtuvo en la operación?.
21. Un obrero cava 7 m de zanja cada día. Para hacer un trabajo ha empleado 12 días. Si por cada metro de zanja le pagan 35 ptas, ¿cuánto dinero recibirá?.
22. Un reloj que atrasa 2 minutos cada hora indica las 3 y 25. Si lo hemos puesto en funcionamiento hace 10 horas, ¿cuál será la hora exacta?.
23. María tiene 14 años. Olga tiene 2 años más que el doble que María, y Guadalupe tiene 7 años menos que la suma de edades de María y Olga. ¿Qué edad tiene Guadalupe?.
24. Paco ha ahorrado $8 en 110 monedas de 10 centavos y 5 centavos. ¿Cuántas monedas son de 10 centavos y cuántas son de 5 centavos?.
25. Cada día que Luis sabe la lección el profesor le suma 10 puntos y cada día que no sabe le resta 5 puntos. Después de 20 días Luis tenía 80 puntos. ¿Cuántos días supo la lección y cuántos no la supo?.
26. Un lavabo está provisto de un grifo que vierte 12 l por minuto y de un desagüe por el que salen 10 l por minuto. Si inicialmente el lavabo está vacío y el desagüe abierto y se abre el grifo,

¿cuánto tiempo tardará en llenarse el lavabo si su capacidad es de 24 l?.

27. Roberto vendió 40 sacos de maíz por 640 pesos, ganando 4 pesos en cada saco. Posteriormente pagó 480 pesos por una cierta cantidad de sacos al mismo precio que anteriormente. ¿Cuántos sacos compró en la segunda ocasión?.
28. En una fábrica se empaquetan pipas de girasol en bolsas de 25 gr. ¿Cuántas bolsas podrán llenarse con 12 kg de pipas?.
29. En una estación de servicio se vendieron en el año 1993, 72.600 l de combustible. ¿Cuántos litros se han vendido en promedio de cada mes?.
30. La Sr. García compra 8 latas de tomates que pesan en total 7.600 gr. Si cada lata vacía pesa 50 gr, ¿cuánto pesan los tomates de cada lata?.
31. La edad de Ana es 3 veces la de Juan y ambas edades suman 24 años. ¿Qué edad tiene cada uno?.
32. Expresa como una sola potencia las siguientes multiplicaciones:
    a) $5^2 \cdot 5^3 \cdot 5^5$
    b) $x^4 \cdot x^3 \cdot x \cdot x^{12}$
    c) $3^x \cdot 3^x \cdot 3^x \cdot 3^x$
33. Calcula:
    a) $2^4 \cdot 3^4 \cdot 5^4$
    b) $a^n \cdot b^n \cdot 2^n$
34. Quita paréntesis y reduce:
    a) $\left(x^2y^3\right)^5$
    b) $\left(5a^2b^3\right)^2$
    c) $\left(x^2\right)^2 \cdot \left(x^3\right)^3 \cdot x$
    d) $\left(a^2\right)^3 \cdot b \cdot a^4 \cdot \left(b^4\right)^2$
    e) $\left[\left(3^2\right)^3\right]^5$

Soluciones

1. Solución: a) 5
   b) 32
   c) 78
   d) 34
   e) 26
   f) 46
   g) 19
   h) 3.360
   i) 2
   j) 80
   k) 280
   l) 360
   m) 148
   n) 3
   ñ) 9
   o) 10
   p) 10
   q) 9
   r) 8
2. S: En 1.983
3. S: 3.801 km
4. S: 52.769 ptas
5. S: En 1.987
6. S: 3.120.641 pesos
7. S: 29.610 l
8. S: 50 años la madre y 30 años la hija
9. S: 262 ptas
10. S: 205 ptas
11. S: 12.800
12. S: 1.300 kg
13. S: $4.100
14. S: 2 m
15. S: 28.329 localidades
16. S: 5.500 m
17. S: 46.060 l
18. S: 11. 230 pesos
19. S: 495 km
20. S: $264
21. S: 2.940 ptas
22. S: Las 3 y 45
23. S: 37 años
24. S: 50 de 10 centavos y 60 de cinco centavos
25. S: 12 días la supo y 8 días no la supo

26. S: 12 minutos
27. S: 40 sacos
28. S: 480 bolsas
29. S: 6.050 l
30. S: 900 gr
31. S: Ana 18 años y Juan 6 años

32. S: a) 5^{10} b) x^{20} c) 3^{4x}
33. S: a) 30^4 b) $(2ab)^n$
34. S: a) $x^{10}y^{15}$ b) $25a^4b^6$ c) x^{14} d) $a^{10}b^9$ e) 3^{30}

El sistema decimal de numeración

6

Introducción histórica

La mayoría de las antiguas civilizaciones se encontraron con serios problemas para representar los números. El uso de sistemas de numeración excesivamente complicados, como el romano, supuso un considerable entorpecimiento en el progreso de las Matemáticas. Fueron los hindúes quienes dieron con la solución al descubrir el concepto de cero y emplear el valor posicional de las cifras. Los descubrimientos de los matemáticos hindúes fueron transmitidos al mundo occidental a través de los árabes y por este motivo los números que empleamos en la actualidad se denominan arábigos.

6.1 La numeración

Se entiende por numeración aquella parte de la Aritmética cuyo objeto consiste en expresar y escribir los números.

Todo número puede ser expresado de modo oral o bien escrito. Por lo tanto, diremos que la numeración oral es aquella que permite expresar los números mediante palabras y la numeración escrita es la que consiste en escribir los números mediante sus cifras correspondientes.
En el tema 1 vimos que la sucesión de los números naturales era infinita, es decir, que aunque imaginásemos un número natural muy grande siempre podríamos tener otro número natural mayor que él. Bastaría simplemente con añadir una unidad al número inicial para tener otro número mayor que él. Así, por ejemplo, si al número seis le añadimos una unidad obtenemos el número siete, que es mayor que seis.

Para representar los números utilizamos unos signos que reciben el nombre de cifras.

Las cifras que empleamos son: 0, 1, 2, 3, 4, 5, 6, 7, 8 y 9 y se leen así: cero, uno, dos, tres, cuatro, cinco, seis, siete, ocho y nueve.
El cero no tiene valor por sí mismo, sino únicamente valor posicional, es decir, por el lugar que ocupa. Por este motivo se dice que el cero no es una cifra significativa a diferencia de las demás cifras, que reciben el nombre de cifras significativas.
Cuando un número tiene una única cifra se dice de él que es un número dígito. Así, por ejemplo, 1, 3, 5, 6 o 9 son números dígitos. Por el contrario, cuando un número tiene más de una cifra recibe el nombre de polidígito. Así, 23, 789, 100 o 77 son números polidígitos.
Un sistema de numeración es una serie de normas que se utilizan para escribir y expresar cualquier número. Ello se puede hacer de muchas maneras, pero en la que utilizamos lo importante es que las cifras tienen valores distintos según el lugar que ocupan. Es decir, 32 no es lo mismo que 23. Así pues interviene el orden.

La base de un sistema de numeración es el número de unidades de un orden inferior que constituyen una unidad del orden inmediatamente superior.

En el sistema decimal, que vamos a estudiar a continuación, la base es diez, puesto que diez unidades constituyen una decena, diez decenas originan una centena, diez centenas forman una unidad de millar y así sucesivamente.
El sistema decimal de numeración ha sido utilizado por los hombres desde tiempos muy remotos debido al hecho de tener diez dedos en las manos. No obstante, otros sistemas de numeración como el binario, de base dos; el duodecimal, de base doce o el sexagesimal, de base sesenta son también ampliamente utilizados.

En todo sistema de numeración se cumplen las siguientes leyes:

a) Cualquier número puede ser escrito empleando el sistema de numeración.
b) Un número de unidades de cualquier orden que coincida con la base del sistema de numeración origina una unidad del orden inmediatamente superior.
c) Cualquier cifra escrita inmediatamente a la izquierda de otra representa unidades tantas veces mayores que ésta como unidades tenga la base del sistema de numeración.

6.2 El sistema decimal

El sistema decimal de numeración es el que tiene como base diez.

Es el más comúnmente empleado en la práctica.
El hecho de que la base del sistema decimal de numeración sea diez implica que diez unidades de cualquier orden forman una unidad del orden inmediatamente superior y, a la inversa, que una unidad de cualquier orden está constituida por diez unidades del orden inmediatamente inferior. Así, por ejemplo, diez decenas forman una centena y una decena está constituida por diez unidades.
Las unidades de primer orden reciben el nombre de unidades. Así, los números uno, dos, tres, cuatro, cinco, seis, siete, ocho y nueve constituyen las unidades del primer orden. Cuando alcanzamos

el número de diez unidades del primer orden tenemos una decena, que es la unidad de segundo orden.
Si a una decena le seguimos añadiendo unidades del primer orden obtenemos los números once, doce, trece, catorce, quince, dieciséis, etc., hasta alcanzar el número veinte que equivale a dos decenas. De modo análogo se van obteniendo los números veintiuno, veintidós, veintitrés, veinticuatro, etc., hasta alcanzar el número treinta que equivale a tres decenas. De modo similar se van obteniendo los números cuarenta, que equivale a cuatro decenas; cincuenta, que equivale a cinco decenas; sesenta, que equivale a seis decenas; setenta, que equivale a siete decenas; ochenta, que equivale a ocho decenas y noventa, que equivale a nueve decenas.
En el momento en que alcanzamos el número cien, equivalente a diez decenas, ya tenemos una unidad de tercer orden. Obsérvese que una unidad de tercer orden equivale a diez unidades de segundo orden (decenas) y a cien unidades de primer orden.
Así pues, diremos que la centena es la unidad de tercer orden y equivale a diez decenas o a cien unidades.
Si seguimos añadiendo unidades al número cien obtendremos los números ciento uno, ciento dos, ciento tres, ciento cuatro, etc., hasta alcanzar el número doscientos que equivale a dos centenas. Procediendo de un modo análogo se obtienen los números trescientos, que equivale a tres centenas; cuatrocientos, que equivale a cuatro centenas; quinientos, que equivale a cinco centenas; seiscientos, que equivale a seis centenas; setecientos, que equivale a siete centenas; ochocientos, que equivale a ocho centenas y novecientos, que equivale a nueve centenas.
En el momento en que alcanzamos el número mil, equivalente a diez centenas, ya tenemos una unidad de cuarto orden. Obsérvese que una unidad de cuarto orden equivale a diez unidades de tercer orden (centenas) a cien de segundo orden (decenas) y a mil de primer orden.
Por lo tanto, diremos que el millar es la unidad de cuarto orden y equivale a diez centenas, a cien decenas o a mil unidades.
Si continuamos añadiendo unidades al número mil obtendremos los números mil uno, mil dos, mil tres, mil cuatro, etc., hasta alcanzar el número dos mil que equivale a dos millares. Procediendo de modo similar se obtienen los números tres mil, cuatro mil, cinco mil, seis mil, siete mil, ocho mil y nueve mil.
En el instante en que lleguemos al número diez mil, equivalente a diez millares, tendremos una unidad de quinto orden. Obsérvese que una unidad de quinto orden equivale a diez unidades de cuarto orden (millares), a cien unidades de tercer orden (centenas), a mil unidades de segundo orden (decenas) y a diez mil unidades de primer orden.
Por consiguiente, diremos que la decena de millar es la unidad de quinto orden y equivale a diez millares, a cien centenas, a mil decenas o a diez mil unidades.
Procediendo análogamente se obtendrán los números veinte mil, treinta mil, cuarenta mil, cincuenta mil, sesenta mil, setenta mil, ochenta mil y noventa mil.
En el momento en que alcancemos el número cien mil, equivalente a diez decenas de millar, tendremos una unidad de sexto orden, que es la centena de millar.
De una manera similar se obtiene el millón, que es la unidad de séptimo orden y equivale a diez centenas de millar; la decena de millón, que es la unidad de octavo orden y equivale a diez millones; la centena de millón, que es la unidad de noveno orden y equivale a diez decenas de millón; la unidad de millar de millón, que es la unidad de décimo orden; la decena de millar de millón, que es la unidad de undécimo orden; la centena de millar de millón, que es la unidad de duodécimo orden y el billón, que es la unidad de decimotercer orden y equivale a un millón de millones.
Otras unidades destacables son el trillón, que es la unidad de decimonoveno orden y equivale a un millón de billones y el cuatrillón, que es la unidad de vigesimoquinto orden y equivale a un millón de trillones.

Para evitar confusiones hay que hacer notar que algunos países como los Estados Unidos de América emplean una nomenclatura diferente. Así, para ellos un billón equivale a un millar de millones y un trillón a un billón de nuestro sistema.
Por un razonamiento análogo al anteriormente expuesto podemos imaginar que la unidad de primer orden está constituida por diez partes iguales, a las que llamamos décimas, que constituyen el primer suborden. Las décimas, a su vez, podemos suponer que están formadas por diez partes iguales, a las que llamamos centésimas, que constituyen el segundo suborden. De modo similar se obtienen las milésimas, que constituyen el tercer suborden; las diezmilésimas, que constituyen el cuarto suborden; las cienmilésimas, que constituyen el quinto suborden; las millonésimas, que constituyen el sexto suborden, etc.
Tres órdenes consecutivos forman una clase. Por ejemplo, las unidades, las decenas y las centenas constituyen la clase de las unidades; la clase de los millares está constituida, análogamente, por las unidades de millar, las decenas de millar y las centenas de millar; la clase de los millones está constituida por las unidades de millón, las decenas de millón y las centenas de millón; la clase de los millares de millón está formada por las unidades de millar de millón, las decenas de millar de millón y las centenas de millar de millón; la clase de los billones está formada por las unidades de billón, las decenas de billón y las centenas de billón y así sucesivamente.
Un período está constituido por dos clases consecutivas. Por ejemplo, el período de las unidades está formado por la clase de las unidades y la clase de los millares; el período de los millones está formado por la clase de los millones y la clase de los millares de millón; el período de los billones está formado por la clase de los billones y la clase de los millares de billón, etc.

6.3 Escritura y lectura de números

Para escribir números en el sistema de numeración decimal hay que tener presente que cualquier cifra situada inmediatamente a la izquierda de otra simboliza unidades diez veces mayores que ésta y, a la inversa, que cualquier cifra situada inmediatamente a la derecha de otra simboliza unidades diez veces menores que ésta.
Por ejemplo, si consideramos el número 3.217, el siete simboliza unidades de primer orden; el uno, que está escrito inmediatamente a la izquierda del siete simboliza unidades de segundo orden o decenas, es decir, unidades diez veces mayores que las que representa el siete; el dos simboliza unidades de tercer orden o centenas, es decir, unidades diez veces mayores que las que representa el uno y el tres simboliza unidades de cuarto orden o millares, o sea, unidades diez veces mayores que las que representa el dos.
Por lo tanto, para escribir un número se van colocando las unidades de cada orden donde les corresponda, de modo que las unidades inferiores queden situadas a la derecha. Cuando un orden no tiene unidades se escribe un cero en el lugar correspondiente. En el caso de que haya decimales, se emplea una coma para separar los órdenes de los subórdenes.
Hay que hacer notar que en algunos países, en vez de utilizar una coma, se emplea un punto para separar las cifras decimales.

Ejemplo

Escribir el número dos millones, trescientas cuarenta y siete mil doscientas cuatro unidades, doscientas nueve mil quinientas ochenta y seis millonésimas.

Solución: 2.347.204,209586. Obsérvese que al no haber decenas ni centésimas hemos puesto ceros en los lugares correspondientes.

Para leer números se empieza separando grupos de seis cifras a partir de las unidades. Entre el primer grupo de seis cifras y el segundo se intercala el subíndice uno; entre el segundo grupo de seis cifras y el tercero se intercala el subíndice dos; entre el tercer grupo de seis cifras y el cuarto se intercala el subíndice tres, etc.
Cada uno de los grupos de seis cifras así obtenidos se separa con un punto en dos grupos de tres cifras (en algunos países en vez de utilizar un punto emplean una coma).
Una vez efectuadas estas operaciones se empieza a leer el número por la izquierda, leyendo la palabra trillón al llegar al subíndice tres, la palabra billón al llegar al subíndice dos, la palabra millón al llegar al subíndice uno y la palabra mil al llegar a un punto. En el caso de que el número tuviese decimales, la parte decimal se lee a continuación de la parte entera, empleando la denominación del último suborden que aparezca.

Ejemplo

Leer el número $12_x700_x346_x952_x545$, 3724.

Solución: En primer lugar procederemos a colocar los subíndices y puntos del siguiente modo: $12_2700.346_1952.545,3724$.
A continuación leeremos el número: doce billones, setecientos mil trescientos cuarenta y seis millones, novecientas cincuenta y dos mil quinientas cuarenta y cinco unidades, tres mil setecientas veinticuatro diezmilésimas.

6.4 Sistemas de numeración

En el tema anterior se estudió el sistema decimal de numeración, es decir, el sistema de numeración cuya base es diez. Ahora bien, nada impide que en vez de tomar como base diez se tome como base otro número cualquiera, como por ejemplo 2, 3, 5, 8 o 20. Obviamente, los sistemas de numeración que podemos elegir son infinitos, puesto que el número de bases que se pueden utilizar también lo es.

Así pues, la mayor diferencia entre los diversos sistemas de numeración radica en las distintas bases que se emplean.

Para indicar que un número está escrito en un sistema de numeración determinado se escribe un subíndice en la parte inferior derecha del número, que representa la base. Sin embargo, en muchos lugares se escribe con un paréntesis $121_{(3}$, para no confundirse.
Así, por ejemplo, los números 121_3, 110_2, 2.310_4 y 87.864_9 están escritos en base tres, dos, cuatro y nueve, respectivamente. En el caso de que un número no lleve subíndice, se sobreentiende que se halla escrito en el sistema de numeración decimal.

Hay que resaltar, por su importancia, el hecho de que todos los sistemas de numeración utilizan tantas cifras como indica la base.

Así, por ejemplo, en el sistema de numeración binario, cuya base es dos, se utilizan dos cifras: 0 y 1. De este modo, para representar el número cero escribiremos 0, para representar el número 1 escribiremos 1, pero para representar el número dos no podemos escribir 2, puesto que la cifra 2 no se utiliza en el sistema de numeración binario. Deberemos escribir 10, lo cual indicará que hay cero unidades de primer orden y una unidad de segundo orden. Como cada unidad de segundo orden vale, en sistema binario, dos unidades de primer orden, el número 10_2 equivaldrá a 2 en el sistema de numeración decimal. Análogamente, el número 3 se escribirá 11 en sistema binario y el número 4 se escribirá 100.
En el sistema de numeración ternario, cuya base es tres, los signos o cifras que se utilizan son: 0, 1 y 2. Así pues, los números 0, 1 y 2 se escribirán del mismo modo en este sistema, pero el número 3 se escribirá 10_3, el número 4 se escribirá 11_3, el número 5 se escribirá 12_3, el número 6 se escribirá 20_3, etcétera.
En base cuatro las cifras que se emplearán son: 0, 1, 2 y 3; en base cinco se utilizarán las cifras 0, 1, 2, 3 y 4, y así sucesivamente.
Si la base del sistema es superior a diez se utilizan las cifras 0, 1, 2, 3, 4, 5, 6, 7, 8 y 9 y las letras que sean necesarias hasta completar un número de signos igual a la base.
Así, por ejemplo, en base doce se emplearán las cifras 0, 1, 2, 3, 4, 5, 6, 7, 8 y 9 y las letras *a* y *b* (12 signos en total); en base quince se emplearán las cifras 0, 1, 2, 3, 4, 5, 6, 7, 8 y 9 y las letras *a, b, c, d* y *e* (15 signos en total), etc. La letra *a* representa, en estos sistemas de numeración, 10 unidades de primer orden; la letra *b* representa 11 unidades de primer orden, la letra *c* representa 12 unidades de primer orden, la letra *d* representa 13 unidades de primer orden, y así sucesivamente.
A pesar de las diferencias que se acaban de indicar, todos los sistemas de numeración presentan una serie de características comunes.
En primer lugar, todos los sistemas de numeración permiten representar cualquier número valiéndose exclusivamente de las cifras del sistema. Así, por ejemplo, si consideramos el número 5 en el sistema de numeración decimal, vemos que puede escribirse 101 en sistema binario, 12 en sistema ternario, 11 en base cuatro, 10 en base cinco y 5 en cualquier sistema de numeración cuya base sea mayor que 5. Es decir, que cualquier número puede escribirse en cualquier sistema de numeración.
Además, en todo sistema de numeración, un número de unidades de un orden igual a la base del sistema constituyen una unidad del orden inmediatamente superior. Esto quiere decir que, por ejemplo, en el sistema ternario en el cual la base es tres, tres unidades de un orden cualquiera constituirán una unidad del orden inmediatamente superior.
En cambio, en base cuatro serán necesarias cuatro unidades de un orden para formar una unidad del orden inmediatamente superior y en base quince se precisarán quince unidades de un orden para constituir una unidad del orden superior.
También se cumple en todo sistema de numeración que cualquier cifra situada inmediatamente a la izquierda de otra simboliza unidades tantas veces mayores que ésta como indica la base. Así, por ejemplo, si consideramos el número 451_6, el 4 representa unidades seis veces mayores que el 5, mientras que el 5, a su vez, representa unidades 6 veces mayores que el 1.

6.5 Conversión de un número de un sistema a otro

Se pueden plantear los siguientes casos:

1. Pasar un número del sistema de numeración decimal a otro sistema de numeración no decimal.
2. Pasar un número de un sistema de numeración no decimal al sistema de numeración decimal.
3. Pasar un número de un sistema de numeración no decimal a otro sistema de numeración no decimal distinto del primero.

Caso 1. Para pasar un número del sistema de numeración decimal a otro sistema de numeración no decimal se divide el número por la base del nuevo sistema de numeración. El cociente obtenido se vuelve a dividir por la nueva base y así sucesivamente hasta que se obtenga un cociente que sea menor que la nueva base.
Para escribir el número en el nuevo sistema de numeración se escribe el último cociente a la izquierda y cada uno de los restos obtenidos en las divisiones anteriores se van escribiendo sucesivamente a su derecha.

Ejemplo

Pasar el número 37 al sistema binario.

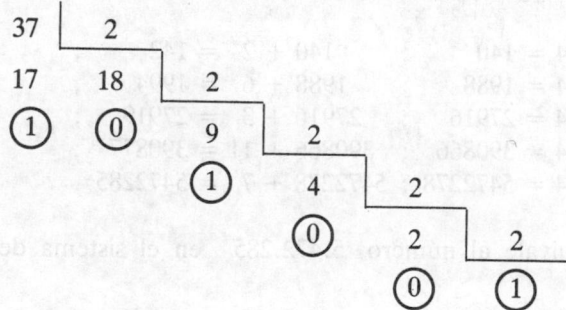

Solución:

37	2				
17	18	2			
(1)	(0)	9	2		
		(1)	4	2	
			(0)	2	2
				(0)	(1)

El resultado es: 100101_2.

Ejemplo

Pasar el número 71.984 a base quince.

Solución:

71984	15			
119	4798	15		
148	029	319	15	
134	148	019	21	15
(14)	(13)	(4)	(6)	(1)

El resultado es: $164de_{15}$, donde $a = 10$, $b = 11$, $c = 12$, $d = 13$, $e = 14$.

Caso 2. Para pasar un número de un sistema de numeración no decimal al sistema de numeración decimal se multiplica la base por la primera cifra del número empezando por la izquierda. El producto obtenido se suma con la cifra siguiente y el resultado de la suma se vuelve a multiplicar por la base. El producto obtenido se vuelve a sumar con la cifra siguiente y así sucesivamente hasta sumar la última cifra del número inicial.

Ejemplo

Pasar el número 210221_3 al sistema de numeración decimal.

Solución:

$$\begin{aligned} 2 \times 3 &= 6 \;;\; 6 + 1 = 7 \;; \\ 7 \times 3 &= 21 \;;\; 21 + 0 = 21 \;; \\ 21 \times 3 &= 63 \;;\; 63 + 2 = 65 \;; \\ 65 \times 3 &= 195 \;;\; 195 + 2 = 197 \;; \\ 197 \times 3 &= 591 \;;\; 591 + 1 = 592 \,. \end{aligned}$$

O sea, que el número 210221_3 equivale al número 592 en el sistema de numeración decimal.

Ejemplo

Pasar el número $a263b7_{14}$ al sistema de numeración decimal.

Solución:

$$\begin{aligned} 10 \times 14 &= 140 \;;\; 140 + 2 = 142 \;; \\ 142 \times 14 &= 1988 \;;\; 1988 + 6 = 1994 \;; \\ 1994 \times 14 &= 27916 \;;\; 27916 + 3 = 27919 \;; \\ 27919 \times 14 &= 390866 \;;\; 390866 + 11 = 390877 \;; \\ 390877 \times 14 &= 5472278 \;;\; 5472278 + 7 = 5472285 \,. \end{aligned}$$

O sea, que el número $a263b7_{14}$ equivale al número 5.472.285 en el sistema de numeración decimal.

Caso 3. Para pasar un número de un sistema de numeración no decimal a otro sistema de numeración no decimal distinto del primero se pasa, en primer lugar, el número inicial al sistema de numeración decimal y, a continuación, se convierte el número así obtenido al nuevo sistema de numeración.

Ejemplo

Pasar el número 34120_5 a base ocho.

Solución: En primer lugar se pasa el número al sistema de numeración decimal:

$$\begin{aligned} 3 \times 5 &= 15 \;;\; 15 + 4 = 19 \;; \\ 19 \times 5 &= 95 \;;\; 95 + 1 = 96 \;; \\ 96 \times 5 &= 480 \;;\; 480 + 2 = 482 \;; \\ 482 \times 5 &= 2410 \;;\; 2410 + 0 = 2410 \,. \end{aligned}$$

Es decir, el número 34120_5 equivale al número 2.410 escrito en el sistema de numeración decimal. A continuación pasamos el número 2.410 a base ocho:

2410	8		
010	301	8	
(2)	61	37	8
	(5)	(5)	(4)

Por lo tanto, el resultado final es: 4552_8.

Ejemplo

Pasar el número $789a_{11}$ a base 12.

Solución: Pasamos primeramente el número $789a_{11}$ al sistema de numeración decimal:

$$7 \times 11 = 77 \quad ; \quad 77 + 8 = 85 \quad ;$$
$$85 \times 11 = 935 \quad ; \quad 935 + 9 = 944 \quad ;$$
$$944 \times 11 = 10384 \quad ; \quad 10384 + 10 = 10394 \quad .$$

A continuación pasamos el número 10.394 a base doce:

10394	12		
079	866	12	
074	026	72	12
(2)	(2)	(0)	(6)

Por consiguiente, el resultado final es: 6022_{12}.

6.6 El sistema de numeración romana

El sistema de numeración romana fue desarrollado en el antiguo imperio romano y en la actualidad se emplea muy poco.
Se usa sobre todo para indicar fechas de efemérides, en los números ordinales de las sucesiones de los reyes de una dinastía, para numerar los capítulos de los libros, en las esferas de algunos relojes y en las inscripciones históricas, de origen latino.
A diferencia de los sistemas de numeración estudiados hasta el momento, las cifras romanas presentan siempre el mismo valor relativo, puesto que todas ellas tienen siempre el mismo valor independientemente del lugar que ocupen.

Las cifras usadas en el sistema de numeración romana son las siguientes: I, cuyo valor es uno; V, cuyo valor es cinco; X, cuyo valor es diez; L, cuyo valor es cincuenta; C, cuyo valor es cien; D, cuyo valor es quinientos y M, cuyo valor es mil.

Para representar números grandes los romanos colocaban rayas encima de las cifras. Así, por ejemplo, una raya encima de una cifra multiplicaba su valor por mil; dos rayas encima de una cifra multiplicaban su valor por un millón y así sucesivamente. Así, por ejemplo, $\overline{\text{V}}$ equivale a cinco mil y $\overline{\text{L}}$ equivale a cincuenta mil.

Además, si se coloca una cifra a la derecha de otra siendo su valor menor o igual que el de ésta última, los valores de ambas se suman. Por ejemplo, VI equivale a seis y CX equivale a ciento diez.

En cambio, si se coloca una cifra menor a la izquierda de otra, los valores de ambas se restan. Por ejemplo, IX equivale a nueve y CM equivale a novecientos.

Finalmente, hay que tener en cuenta que ninguna cifra puede repetirse más de tres veces seguidas. Así, por ejemplo, novecientos se escribirá CM y no DCCCC. Tampoco está permitido escribir más de una cifra a la izquierda de otra que sea mayor. Así, por ejemplo, ochenta se escribirá LXXX y no XXC.

Problemas propuestos

1. ¿Cuántas decenas de millar tiene una decena de millón?
2. ¿Cuántos millares tiene un millón?
3. ¿Cuántas decenas de millón tiene un trillón?
4. ¿Cuántas decenas tiene una decena de millar?
5. ¿Cuántas décimas hay en 5 unidades?
6. ¿Cuántas centésimas hay en 2 decenas?
7. ¿Cuántas décimas hay en 4 centenas?
8. ¿Cuántas milésimas hay en 9 decenas?
9. ¿Cuántas centésimas hay en 8 unidades?
10. ¿Cuántas diezmilésimas hay en 3 millares?
11. ¿Cuántas décimas hay en 5 centenas?
12. ¿Cuántas décimas hay en 7 decenas?
13. Escribir el número trescientos cuatro.
14. Ídem el número cinco mil trescientos cuarenta y seis.
15. Ídem el número diecisiete mil quince.
16. Ídem el número doscientos veintisiete mil doscientos veintidós.
17. Ídem el número noventa y cuatro millones setecientos treinta y dos mil cuatrocientos cincuenta y uno.
18. Ídem el número siete décimas.
19. Ídem el número veinticuatro centésimas.
20. Ídem el número trescientas ocho milésimas.
21. Ídem el número cuatrocientas noventa y ocho mil setecientas treinta y cinco millonésimas.
22. Ídem el número cuatro mil ochenta y cuatro billonésimas.
23. Ídem el número doscientas siete unidades, diecinueve milésimas.
24. Ídem el número siete mil ciento ochenta y tres unidades, veinticuatro centésimas.
25. Ídem el número un millón cuatrocientas treinta y nueve mil doscientas veinticuatro unidades, diecinueve diezmilésimas.
26. Ídem el número veinte millones treinta y dos mil cuatrocientas unidades, cinco décimas.
27. Ídem el número un millón una unidad, nueve milésimas.
28. Ídem el número veintisiete centenas.
29. Ídem el número doscientas cuatro decenas.
30. Ídem el número setenta y dos millares.
31. Ídem el número cincuenta y cuatro decenas de millar.
32. Convertir el número 19 en décimas.
33. Ídem el número 724 en centésimas.
34. Ídem el número 78 en milésimas.
35. Ídem el número 0,78 en centenas.
36. Ídem el número 4,32 en decenas.
37. Ídem el número 18,475 en millares.
38. Ídem el número 134,47 en decenas de millar.
39. Ídem el número 17,777 en millones.
40. Ídem el número 0,4 en centenas de millar.
41. Ídem el número 4.587 a base cuatro.
42. Ídem el número 68.041 a base nueve.
43. Ídem el número 2.985 a base seis.
44. Ídem el número 10.305 a base siete.
45. Ídem el número 768.993 a base doce.
46. Pasar al sistema de numeración decimal el número 7643_8.
47. Ídem el número 32101_4.
48. Ídem el número $7a98_{11}$.
49. Ídem el número 13042_5.
50. Ídem el número 101001_2.
51. Pasar el número 401_5 a base cuatro.
52. Ídem el número 135_8 a base dos.
53. Ídem el número $a1b_{12}$ a base once.
54. Ídem el número 121_4 a base siete.
55. Ídem el número 586_9 a base seis.
56. Escribir empleando cifras arábigas el numero romano VIII.
57. Ídem el número romano CML.
58. Ídem el número romano $\overline{V}$LXXX.
59. Ídem el número romano $\overline{VI}$LXXV.
60. Ídem el número romano $\overline{X}$ILVI.

61. Ídem el número romano $\overline{XV}$XXVII.
62. Escribir empleando números romanos el siguiente número expresado en el sistema de numeración decimal: 4.
63. Ídem el número 9.
64. Ídem el número 76.
65. Ídem el número 45.
66. Ídem el número 999.
67. Ídem el número 850.
68. Ídem el número 4.063.
69. En una inscripción histórica encontramos escrito que la Revolución Francesa tuvo lugar en el año MDCCLXXXIX. Escribir dicha fecha empleando cifras arábigas.
70. Cristóbal Colón llegó a las costas americanas en MCDXCII. Escribir dicha fecha en números arábigos.
71. La independencia de Guatemala se proclamó en el año MDCCCXXI. Escribir dicha fecha en números arábigos.
72. La primera guerra mundial duró desde MCMXIV hasta MCMXVIII. Escribir estas fechas en números arábigos.
73. La independencia de la República Argentina fue proclamada en el año MDCCCXVI. Escribir dicha fecha en números arábigos.
74. La segunda guerra mundial duró desde MCMXXXIX hasta MCMXLV. Escribir estas fechas en números arábigos.

Soluciones

1. S.: Mil.
2. S.: Mil.
3. S.: Cien mil millones.
4. S.: Mil.
5. S.: Cincuenta.
6. S.: Dos mil.
7. S.: Cuatro mil.
8. S.: Noventa mil.
9. S.: Ochocientas.
10. S.: Treinta millones.
11. S.: Cinco mil.
12. S.: Setecientas.
13. S.: 304.
14. S.: 5.346.
15. S.: 17.015.
16. S.: 227.222
17. S.: 94.732.451.
18. S.: 0,7.
19. S.: 0,24.
20. S.: 0,308.
21. S.: 0,498735.
22. S.: 0,000000004084.
23. S.: 207,019.
24. S.: 7.183,24.
25. S.: 1.439.224,0019.
26. S.: 20.032.400,5.
27. S.: 1.000.001,009.
28. S.: 2.700.
29. S.: 2.040.
30. S.: 72.000.
31. S.: 540.000.
32. S.: 190.
33. S.: 72400.
34. S.: 78000.
35. S.: 0,0078.
36. S.: 0,432.
37. S.: 0,018475.
38. S.: 0,013447.
39. S.: 0,000017777.
40. S.: 0,000004.
41. S.: 1013223_4.
42. S.: 113301_9.
43. S.: 21453_6.
44. S.: 42021_7.
45. S.: 311029_{12}.
46. S.: 4.003.
47. S.: 913.
48. S.: 10.634.
49. S.: 1.022.
50. S.: 41.
51. S.: 1211_4.
52. S.: 1011101_2.
53. S.: 1110_{11}.
54. S.: 34_7.
55. S.: 2123_6.
56. S.: 8
57. S.: 950.
58. S.: 5.080.

59. S.: 6.075.
60. S.: 11.056.
61. S.: 15.027.
62. S.: IV.
63. S.: IX.
64. S.: LXXVI.
65. S.: VL.
66. S.: CMXCIX.
67. S.: DCCCL.
68. S.: $\overline{\text{IV}}$LXIII.
69. S.: 1789.
70. S.: 1492.
71. S.: 1821.
72. S.: 1914-1918.
73. S.: 1816.
74. S.: 1939-1945.

Divisibilidad

7

Introducción histórica

La divisibilidad de los números es conocida desde tiempos remotos. Así, los hindúes ya conocían la divisibilidad por tres, siete y nueve y los egipcios conocían los números pares e impares. El matemático griego Euclides demostró los teoremas básicos de la divisibilidad de números enteros. Ya posteriormente, el matemático francés Pascal (1623-1662) propuso las reglas para conocer la divisibilidad de cualquier número.

7.1 Múltiplos y divisores

Diremos que un número m es múltiplo de otro número n cuando el número m contiene al número n un número exacto de veces. Se dice que m es divisible por n.
Así, por ejemplo, el número 18 es múltiplo de 6 puesto que lo contiene exactamente 3 veces y también es múltiplo de 2 puesto que lo contiene exactamente 9 veces.

Se dice que un número es primo cuando tan sólo es divisible por la unidad y por sí mismo.

Así, por ejemplo, el número 3 tan sólo es divisible por 1 y por 3 y, por tanto, diremos que es primo. También son primos los números 2, 5, 7, 11, 13, 17, 19, etc.

Por el contrario, se dice que un número es compuesto cuando no es primo, es decir, cuando es divisible por otros números además de la unidad y de sí mismo.

Así, por ejemplo, el número 6 no es primo puesto que además de ser divisible por 1 y por 6 también lo es por 2 y por 3.
Obviamente, todo número tiene infinitos múltiplos que se obtienen al multiplicar dicho número por

cualquier número natural y, puesto que hay infinitos números naturales, también habrá infinitos múltiplos del número.
Así, por ejemplo, los múltiplos de 3 se obtendrán del modo siguiente:

$$3 \times 1 = 3$$
$$3 \times 2 = 6$$
$$3 \times 3 = 9$$
$$3 \times 4 = 12$$
$$3 \times 5 = 15, \quad \text{y así sucesivamente.}$$

Para indicar que un número m es múltiplo de otro número n se acostumbra escribir $m = \dot{n}$.
Así, por ejemplo, para indicar que 24 es múltiplo de 6 escribiremos $24 = \dot{6}$.
Los múltiplos de 2 reciben el nombre de números pares. Cualquier número natural multiplicado por 2 es un número par. Por tanto, la fórmula general de los números pares la podemos simbolizar mediante la expresión $2n$ siendo n un número natural cualquiera.
En cambio, diremos que un número es impar cuando no es múltiplo de 2. Los números impares los podemos simbolizar mediante las expresiones generales $2n + 1$ o bien $2n - 1$ puesto que al ser $2n$ un número par si le añadimos o le restamos una unidad a un número par siempre obtendremos un número impar.
Así pues, diremos que 2, 4, 6, 8, 10, 12 ... son números pares, mientras que 1, 3, 5, 7, 9, 11 ... son números impares.

Se dice que un número *a* es divisor de otro número *b* cuando *a* está contenido en *b* un número exacto de veces.

Así, por ejemplo, diremos que 4 es divisor de 12 puesto que está contenido exactamente 3 veces en 12.

7.2 Fundamentos de la divisibilidad

La divisibilidad de números está basada en una serie de principios fundamentales que vamos a exponer a continuación.

a) Si un número divide a otros varios también divide a su suma.

En efecto, supongamos por hipótesis que el número d es divisor de los números x, y y z.
Comprobemos que d también es divisor de la suma $x + y + z$.
Al ser d divisor de x se cumplirá que $x = da$ siendo a el cociente obtenido al dividir x entre d. Análogamente, al ser d divisor de y se cumplirá que $y = db$ siendo b el cociente obtenido al dividir y entre d. De modo similar, al ser d divisor de z se cumplirá que $z = dc$ siendo c el cociente obtenido al dividir z entre d.

Es decir, tendremos que:

$$x = da \qquad (1)$$
$$y = db \qquad (2)$$
$$z = dc \qquad (3)$$

Si sumamos miembro a miembro las igualdades (1), (2) y (3) obtendremos:

$$x + y + z = da + db + dc \qquad (4)$$

Si a continuación extraemos factor común d en la expresión (4), tendremos:

$$x + y + z = d(a + b + c)$$

que nos indica que la suma $x + y + z$ contiene a d un número exacto de veces igual a $a + b + c$, es decir, que d divide a la suma $x + y + z$, tal como queríamos demostrar.

Ejemplo

Comprobar que 7 divide a la suma 14 + 21 + 28.

Solución: Obsérvese que 7 es divisor de 14, 21 y 28.
En efecto,

$$14 = 7 \times 2$$
$$21 = 7 \times 3$$
$$28 = 7 \times 4$$

Así pues, sumando miembro a miembro las anteriores igualdades, tendremos que:

$$14 + 21 + 28 = 63 = 7 \times 2 + 7 \times 3 + 7 \times 4$$

Sacando factor común 7 en la expresión anterior, tendremos:

$$14 + 21 + 28 = 7(2 + 3 + 4)$$

O sea,

$$14 + 21 + 28 = 7 \times 9$$

es decir, que 7 es divisor de la suma 14 + 21 + 28 puesto que está contenido exactamente 9 veces en dicha suma.

b) Un número d divide a la suma de otros varios, aunque no los divida a ellos por separado, si la suma de los restos obtenidos al dividir los números entre d es divisible por d.

En efecto, supongamos por hipótesis que el número d no divide a ninguno de los números x, y, z. Supongamos también que al dividir x entre d se obtiene como resto a. Análogamente, supongamos que al dividir y entre d se obtiene como resto b. De modo similar, supongamos que al dividir z entre d se obtiene como resto c. Asimismo supongamos también por hipótesis que d divide a la suma de los restos $a + b + c$. Se trata de demostrar que d divide a la suma $x + y + z$. En efecto, tendremos que:

$$x = dm + a \qquad (1)$$
$$y = dn + b \qquad (2)$$
$$z = dp + c \qquad (3)$$

donde m, n y p son, respectivamente, los cocientes obtenidos al dividir x, y y z entre d. Si sumamos miembro a miembro las igualdades (1), (2) y (3) obtendremos:

$$x + y + z = dm + dn + dp + a + b + c \qquad (4)$$

Si extraemos factor común d en la expresión (4) tendremos:

$$x + y + z = d(m + n + p) + (a + b + c) \qquad (5)$$

Ahora bien d es divisor del sumando $d(m + n + p)$ porque está contenido en él un número exacto de veces igual a $m + n + p$. Asimismo, por hipótesis, d es divisor de $a + b + c$. Por consiguiente, como d es divisor de ambos sumandos también lo será de su suma que es $x + y + z$, tal como queríamos demostrar.

Ejemplo

Comprobar que 5 divide a $12 + 17 + 21$.

Solución: Evidentemente 5 no divide ni a 12 ni a 17 ni a 21. Efecuando las divisiones tendremos:

$$12 = 5 \times 2 + 2$$
$$17 = 5 \times 3 + 2$$
$$21 = 5 \times 4 + 1$$

Es decir, que los restos obtenidos son 2, 2 y 1, respectivamente, cuya suma es $2 + 2 + 1 = 5$, que es divisible por 5.
Si sumamos miembro a miembro las igualdades anteriores tendremos:

$$12 + 17 + 21 = 50 = 5 \times 2 + 5 \times 3 + 5 \times 4 + 2 + 2 + 1$$

Extrayendo factor común 5 tendremos:

$$12 + 17 + 21 = 5(2 + 3 + 4) + (2 + 2 + 1)$$

Es decir, $$12 + 17 + 21 = 5(2 + 3 + 4) + 5$$

O sea, que 5 es divisor de ambos sumandos y por tanto de su suma que es $12 + 17 + 21$ como queríamos demostrar.

c) Si un número d divide a todos los sumandos de una suma excepto a uno, no divide a la suma, y el resto que se obtiene al dividir la suma entre el número d es el mismo que el obtenido dividiendo el sumando no divisible entre el número d.

En efecto, supongamos la suma $x + y + z$ y que el número d es divisor de x y de y pero no de z. Llamemos a al resto obtenido al dividir z entre d. Se trata de demostrar que d no es divisor de $x + y + z$ y que el resto obtenido al dividir $x + y + z$ entre d es el mismo que el obtenido al dividir z entre d, es decir, a.
Según lo anteriormente dicho tendremos que:

$$x = dm \quad (1)$$
$$y = dn \quad (2)$$
$$z = dp + a \quad (3)$$

donde m, n y p son, respectivamente, los cocientes obtenidos al dividir x, y y z entre d.
Si sumamos miembro a miembro las igualdades (1), (2) y (3) obtendremos:

$$x + y + z = dm + dn + dp + a \quad (4)$$

Si extraemos factor común en la igualdad (4) obtendremos:

$$x + y + z = d(m + n + p) + a \quad (5)$$

Como puede observarse en esta última expresión d no es divisor de la suma $x + y + z$ puesto que no está contenido en ella un número exacto de veces, ya que se obtiene un resto a no nulo, que es el mismo que se obtenía al dividir z entre d, tal como queríamos demostrar.

Ejemplo

Comprobar que 3 no es divisor de 6 + 9 + 7.

Solución: Podemos observar que 3 es divisor de 6 y de 9, pero no de 7. Así pues, tendremos que:

$$6 = 3 \times 2$$
$$9 = 3 \times 3$$
$$7 = 3 \times 2 + 1$$

Sumando miembro a miembro las igualdades anteriores obtendremos:

$$6 + 9 + 7 = 22 = 3 \times 2 + 3 \times 3 + 3 \times 2 + 1$$

Sacando factor común en la expresión anterior tendremos:

$$6 + 9 + 7 = 22 = 3(2 + 3 + 2) + 1$$

O sea que
$$6 + 9 + 7 = 3 \times 7 + 1$$

Es decir, que 3 no es divisor de $6 + 9 + 7$, puesto que en la división se obtiene 1 como resto, que es el mismo resto que se obtenía al dividir 7 entre 3.

d) Si un número es divisor de otro también lo es de sus múltiplos.

En efecto, supongamos que el número d es divisor del número x. Se trata de demostrar que el número d también es divisor de cualquier múltiplo de x, como por ejemplo nx. Por lo dicho anteriormente tendremos que:

$$x = dm \qquad (1)$$

$$nx = x + x + x + \dots + x \text{ hasta un total de } n \text{ veces} \qquad (2)$$

Sustituyendo el valor de x de la expresión (1) en la expresión (2) tendremos:

$$nx = dm + dm + dm + \dots + dm \ (n \text{ veces}) \qquad (3)$$

Tal como puede observarse d es divisor de todos y cada uno de los sumandos que aparecen y, por consiguiente, también lo es de su suma tal como queríamos demostrar.

Ejemplo

Comprobar que 6 es divisor de 12 y, por tanto, de 48, que es un múltiplo de 12.
Solución: Tenemos que

$$12 = 6 \times 2$$
$$48 = 12 + 12 + 12 + 12$$

Sustituyendo la primera igualdad en la segunda obtendremos:

$$48 = 6 \times 2 + 6 \times 2 + 6 \times 2 + 6 \times 2$$

Extrayendo factor común en esta última expresión tendremos:

$$48 = 6(2 + 2 + 2 + 2) = 6 \times 8$$

Es decir, que 6 es divisor de 48 puesto que está contenido exactamente 8 veces en 48, tal como queríamos demostrar

e) Si un número es divisor de otros dos también lo es de su diferencia.

En efecto, supongamos que el número d es divisor de x e y.

Podemos escribir que:

$$x = dm \quad (1)$$
$$y = dn \quad (2)$$

donde m y n son, respectivamente, los cocientes obtenidos al dividir x e y entre d. Si restamos miembro a miembro las igualdades (1) y (2) obtendremos:

$$x - y = dm - dn \quad (3)$$

Extrayendo factor común en la expresión anterior tendremos que:

$$x - y = d(m - n) \quad (4)$$

Es decir, que d es divisor de $x - y$ puesto que está contenido en dicha diferencia un número exacto de veces.

Ejemplo

Comprobar que 4 es divisor de 28 − 20.
Solución: Como 4 es divisor de 28 y de 20 tendremos que:

$$28 = 4 \times 7$$
$$20 = 4 \times 5$$

Restando miembro a miembro las igualdades anteriores tendremos:

$$28 - 20 = 4 \times 7 - 4 \times 5$$

Sacando factor común en la expresión anterior resultará:

$$28 - 20 = 4(7 - 5) = 4 \times 2$$

Es decir, que 4 es divisor de 28 − 20 puesto que está contenido exactamente 2 veces en dicha diferencia.

f) Un número *d* que no es divisor de otros dos números es divisor de su diferencia si son iguales los restos por defecto obtenidos al dividir entre *d* dichos números.

En efecto, consideremos el número d, que no es divisor ni de x ni de y. Llamemos a y b a los restos por defecto obtenidos al dividir x e y, respectivamente, entre d. Se trata de demostrar que d es divisor de $x - y$.
Podemos escribir que:

$$x = dm + a \quad (1)$$
$$y = dn + b \quad (2)$$

Si restamos miembro a miembro las igualdades (1) y (2) obtendremos:

$$x - y = dm - dn + a - b \qquad (3)$$

Extrayendo factor común en la expresión (3) tendremos:

$$x - y = d(m - n) + a - b \qquad (4)$$

Pero como por hipótesis los restos a y b son iguales su diferencia será nula y la expresión (4) podrá escribirse:

$$x - y = d(m - n)$$

Es decir, que d es divisor de la diferencia $x - y$, puesto que está contenido en ella un número exacto de veces.

Ejemplo

Comprobar que 8 es divisor de 31 − 15.

Solución: Podemos escribir

$$31 = 8 \times 3 + 7$$
$$15 = 8 \times 1 + 7$$

Restanto miembro a miembro las igualdades anteriores tendremos:

$$31 - 15 = 8 \times 3 - 8 \times 1 + 7 - 7$$

Sacando factor común de la expresión anterior resultará:

$$31 - 15 = 8(3 - 1) = 8 \times 2$$

Es decir, que 8 es divisor de 31 − 15 puesto que está contenido exactamente 2 veces en dicha diferencia.

g) Si un número es a la vez divisor de la suma de dos sumandos y de uno de los sumandos también es divisor del otro sumando.

En efecto, consideremos que el número d es divisor de la suma $x + y$ y que también lo es del sumando x. Se trata de demostrar que d es divisor de y.
Podemos escribir que:

$$x + y = dm \qquad (1)$$
$$x = dn \qquad (2)$$

Si restamos miembro a miembro las igualdades (1) y (2) tendremos:

$$x + y - x = dm - dn \qquad (3)$$

Operando y sacando factor común en la expresión (3) tendremos:

$$y = d(m - n)$$

Es decir, que d es divisor de y puesto que está contenido en y un número exacto de veces.

Ejemplo

Comprobar que si 9 es divisor de 27 + 54 y de 27 también lo es de 54.

Solución: Tendremos que:

$$27 + 54 = 81 = 9 \times 9$$
$$27 = 9 \times 3$$

Restando miembro a miembro las igualdades anteriores tendremos:

$$81 - 27 = 54 = 9 \times 9 - 9 \times 3$$

Sacando factor común en la expresión anterior resultará:

$$54 = 9(9 - 3) = 9 \times 6$$

Es decir, que 9 es divisor de 54 puesto que está contenido exactamente 6 veces en 54.

h) Si un número es divisor de un sumando pero no del otro, tampoco será divisor de su suma.

En efecto, supongamos que el número d es divisor del número x pero no del número y. Se trata de demostrar que d no es divisor de $x + y$.
Podemos escribir que:

$$x = dm \qquad (1)$$
$$y = dn + a \qquad (2)$$

Si sumamos miembro a miembro las igualdades (1) y (2) obtendremos:

$$x + y = dm + dn + a \qquad (3)$$

Sacando factor común en la expresión (3) tendremos:

$$x + y = d(m + n) + a \qquad (4)$$

Es decir, que d no es divisor de $x + y$ puesto que no está contenido en dicha suma un número exacto de veces, ya que el resto a no es nulo.

Ejemplo

Comprobar que 3 no es divisor de la suma $6 + 8$.

Solución: Tendremos que

$$6 = 3 \times 2$$
$$8 = 3 \times 2 + 2$$

Sumando miembro a miembro las igualdades anteriores tendremos:

$$6 + 8 = 14 = 3 \times 2 + 3 \times 2 + 2$$

Sacando factor común en la expresión anterior resultará:

$$6 + 8 = 3(2 + 2) + 2$$

O sea,
$$6 + 8 = 3 \times 4 + 2$$

Es decir, que 3 no es divisor de $6 + 8$ pues no está contenido en dicha suma un número exacto de veces.

i) Si un número es divisor del dividendo y del divisor de una división no exacta, también es divisor del resto.

En efecto, consideremos el número d que es divisor del dividendo x y del divisor y de una división no exacta cuyo resto es z. Se trata de demostrar que d es divisor del resto z.

Podemos escribir que:

$$x = ym + z \qquad (1)$$

donde m es el cociente obtenido al dividir x entre y.
Ahora bien, por hipótesis tenemos que:

$$x = nd \qquad (2)$$
$$y = pd \qquad (3)$$

Sustituyendo las expresiones (2) y (3) en (1) obtendremos:

$$nd = pdm + z \qquad (4)$$

O sea,
$$z = nd - pmd \qquad (5)$$

Sacando factor común en (5) tendremos:

$$z = d(n - pm) \qquad (6)$$

Es decir, que d es divisor de z pues está contenido en z un número exacto de veces, como queríamos demostrar.

Ejemplo

Comprobar que 5 divide al resto de la división 35 : 20.

Solución: Tendremos que

$$35 = 20 \times 1 + 15$$
$$35 = 5 \times 7$$
$$20 = 5 \times 4$$

De donde:

$$5 \times 7 = 5 \times 4 \times 1 + 15$$

O sea,

$$15 = 5 \times 7 - 5 \times 4$$
$$15 = 5(7 - 4) = 5 \times 3$$

Es decir, que 5 es divisor de 15, que es el resto de la división 35 : 20.

j) Si un número es divisor del resto y del divisor de una división no exacta, también lo es del dividendo.

En efecto, supongamos que el número d es divisor del resto z y del divisor y de una división no exacta. Se trata de demostrar que d es divisor del dividendo x.
Podemos escribir que:

$$x = ym + z \qquad (1)$$

donde m es el cociente obtenido al dividir x entre y.
Ahora bien, por hipótesis tenemos que:

$$y = nd \qquad (2)$$
$$z = pd \qquad (3)$$

Sustituyendo las expresiones (2) y (3) en (1) obtenemos:

$$x = ndm + pd \qquad (4)$$

Sacando factor común en (4):

$$x = d(nm + p) \qquad (5)$$

Es decir, que d es divisor de x puesto que está contenido en x un número exacto de veces, tal como queríamos demostrar.

Ejemplo

Comprobar que 6 es divisor del dividendo en la división 24 : 18.

Solución: Tendremos que

$$24 = 18 \times 1 + 6$$
$$18 = 6 \times 3$$
$$6 = 6 \times 1$$

De donde:

$$24 = 6 \times 3 \times 1 + 6 \times 1$$

O sea,

$$24 = 6(3 + 1) = 6 \times 4$$

Es decir, que 6 es divisor de, 24 que es el dividendo de la división indicada.

7.3 Criterios de divisibilidad

Los criterios de divisibilidad son unas señales características de los números que permiten conocer cuáles son sus divisores.
Veamos en primer lugar los criterios de divisibilidad por los números primos más frecuentes.

a) Un número es divisible por 2 cuando termina en cifra par o en cero.

Ejemplo

Comprobar que 24 es divisible por 2.

Solución: Efectuando la división tenemos 24 : 2 = 12. Como la división es exacta 24 es divisible por 2.

Obsérvese que 24 acaba en 4, que es una cifra par.

Ejemplo

Comprobar que 300 es divisible por 2.

Solución: Efectuando la división tenemos $300 : 2 = 150$. Como la división es exacta, 300 es divisible por 2.
Obsérvese que 300 acaba en cero.

Ejemplo

Comprobar que 157 no es divisible por 2.

Solución: Efectuando la división tenemos $157 = 2 \times 78 + 1$.
Obsérvese que 157 acaba en 7 que no es cifra par.

b) Un número es divisible por 3 cuando la suma de los valores absolutos de sus cifras es múltiplo de 3.

Ejemplo

Comprobar que 135 es múltiplo de 3.

Solución: Efectuando la división tenemos $135 : 3 = 45$. Como la división es exacta, 135 es múltiplo de 3.
Obsérvese que la suma de los valores absolutos de las cifras de 135 es $1 + 3 + 5 = 9$, que es múltiplo de 3.

Ejemplo

Comprobar que 86 no es divisible por 3.

Solución: Efectuando la división tenemos $86 = 3 \times 28 + 2$. Como la división no es exacta, 86 no es divisible por 3.

Obsérvese que la suma de los valores absolutos de las cifras de 86 es $8 + 6 = 14$, que no es múltiplo de 3.

c) Un número es divisible por 5 cuando acaba en cinco o en cero.

Ejemplo

Comprobar que 225 es divisible por 5.

Solución: Efectuando la división tenemos $225 : 5 = 45$. Como la división es exacta, 225 es divisible por 5.

Obsérvese que 225 acaba en 5.

Ejemplo

Comprobar que 110 es divisible por 5.

Solución: Efectuando la división tenemos $110 : 5 = 22$. Como la división es exacta, 110 es divisible por 5.

Obsérvese que 110 acaba en cero.

Ejemplo

Comprobar que 327 no es divisible por 5.

Solución: Efectuando la división tenemos $327 = 5 \times 65 + 2$. Como la división no es exacta, 327 no es divisible por 5.

Obsérvese que 327 no acaba ni en cero ni en cinco.

d) Un número es divisible por 7 cuando al separar la primera cifra empezando por la derecha y multiplicándola por dos, el valor absoluto de la resta del producto obtenido y del número que ha quedado al quitarle dicha cifra es cero o un múltiplo de 7.

Ejemplo

Comprobar que 119 es divisible por 7.

Solución: Efectuando la división tenemos $119 : 7 = 17$. Como la división es exacta, 119 es divisible por 7.

Obsérvese que si extraemos la primera cifra por la derecha que es 9 y la multiplicamos por 2 obtenemos 18 y la resta $18 - 11 = 7$ es un múltiplo de 7.

Ejemplo

Comprobar que 143 no es divisible por 7.

Solución: Efectuando la división tenemos $143 = 7 \times 20 + 3$. Como la división no es exacta, 143 no es divisible por 7.

Obsérvese que si extraemos la primera cifra por la derecha que es 3 y la multiplicamos por 2 obtenemos como resultado 6 y la resta $14 - 6 = 8$ no es múltiplo de 7.
En efecto, si el número es $10a + b$ la regla nos dice que

$$a - 2b = 7n \qquad \text{de donde} \qquad a = 7n + 2b$$

$N = 10(7n + 2b) + b = 70_n + 21b = 7(10n + b)$. Luego N es múltiplo de 7.

> **e) Un número es divisible por 11 cuando el valor absoluto de la diferencia entre la suma de los valores absolutos de las cifras que ocupan lugar impar y la suma de los valores absolutos de las cifras que ocupan lugar par es cero o un múltiplo de 11.**

Ejemplo

Comprobar que 7392 es divisible por 11.

Solución: Efectuando la división tenemos $7.392 : 11 = 672$. Como la división es exacta, 7.392 es divisible por 11.

Obsérvese que la suma de los valores absolutos de las cifras que ocupan lugar par es $7 + 9 = 16$ y la suma de los valores absolutos de las cifras que ocupan lugar impar es $3 + 2 = 5$ y la diferencia entre ambas sumas es $16 - 5 = 11$, que es múltiplo de 11.

Ejemplo

Comprobar que 729 no es divisible por 11.

Solución: Efectuando la división tenemos $729 = 11 \times 66 + 3$. Como la división no es exacta, 729 no es divisible por 11.

Obsérvese que la suma de los valores absolutos de las cifras que ocupan lugar par es 2 y la suma de los valores absolutos de las cifras que ocupan lugar impar es $7 + 9 = 16$ y la diferencia entre ambas sumas es $16 - 2 = 14$, que no es un múltiplo de 11.

> **f) Un número es divisible por 13 cuando al separar la última cifra de la derecha y multiplicarla por 9 el valor absoluto de la resta del producto obtenido y del número que ha quedado al quitarle dicha cifra es cero o un múltiplo de 13.**

Ejemplo

Comprobar que 104 es divisible por 13.

Solución: Efectuando la división tenemos $104 : 13 = 8$. Como la división es exacta, 104 es divisible por 13.

Obsérvese que si extraemos la primera cifra por la derecha que es 4 y la multiplicamos por 9 obtenemos como resultado 36 y la resta $36 - 10 = 26$ es un múltiplo de 13.

Ejemplo

Comprobar que 99 no es divisible por 13.

Solución: Efectuando la división tenemos $99 = 13 \times 7 + 8$. Como la división no es exacta, 99 no es divisible por 13.

Obsérvese que si extraemos la primera cifra por la derecha que es 9 y la multiplicamos por 9 obtenemos 81 y la resta $81 - 9 = 72$ no es un múltiplo de 13.

g) Un número es divisible por 17 cuando al separar la primera cifra de la derecha y multiplicarla por 5, el valor absoluto de la resta entre el producto obtenido y el número que ha quedado al quitarle dicha cifra es cero o un múltiplo de 17.

Ejemplo

Comprobar que 187 es divisible por 17.

Solución: Efectuando la división tenemos $187 : 17 = 11$. Como la división es exacta, 187 es divisible por 17.

Obsérvese que si extraemos la primera cifra por la derecha que es 7 y la multiplicamos por 5 obtenemos 35 y la resta $35 - 18 = 17$ es un múltiplo de 17.

Ejemplo

Comprobar que 130 no es divisible por 17.

Solución: Efectuando la división tenemos $130 = 17 \times 7 + 11$. Como la división no es exacta, 130 no es divisible por 17.

Obsérvese que si extraemos la primera cifra por la derecha que es 0 y la multiplicamos por 5 obtenemos como resultado 0 y la resta $13 - 0 = 13$ no es un múltiplo de 17.

h) Un número es divisible por 19 cuando al separar la primera cifra de la derecha y multiplicarla por 17, el valor absoluto de la resta entre el producto obtenido y el número que ha quedado al quitarle dicha cifra es cero o un múltiplo de 19.

Ejemplo

Comprobar que 209 es divisible por 19.

Solución: Efectuando la división tenemos $209 : 19 = 11$. Como la división es exacta, 209 es divisible por 19.

Obsérvese que si extraemos la primera cifra por la derecha que es 9 y la multiplicamos por 17 obtenemos como resultado 153 y la resta $153 - 20 = 133$ es un múltiplo de 19.

Ejemplo

Comprobar que 142 no es divisible por 19.

Solución: Efectuando la división tenemos $142 = 19 \times 7 + 9$. Como la división no es exacta, 142 no es divisible por 19.

Obsérvese que si extraemos la primera cifra por la derecha que es 2 y la multiplicamos por 17 obtenemos 34 y la resta $34 - 14 = 20$ no es un múltiplo de 19.

A continuación vamos a ver los criterios de divisibilidad por algunos números compuestos.

i) Un número es divisible por 4 cuando las dos últimas cifras de la derecha son ceros o forman un múltiplo de 4.

Ejemplo

Comprobar que 1.500 es divisible por 4.

Solución: Efectuando la división tenemos $1.500 : 4 = 375$. Como la división es exacta, 1.500 es divisible por 4.

Obsérvese que las dos últimas cifras del número 1.500 son ceros.

Ejemplo

Comprobar que 724 es divisible por 4.

Solución: Efectuando la división tenemos $724 : 4 = 181$. Como la división es exacta, 724 es divisible por 4.

Obsérvese que las dos últimas cifras de la derecha forman el número 24, que es un múltiplo de 4.

Ejemplo

Comprobar que 850 no es divisible por 4.

Solución: Efectuando la división tenemos: $850 = 4 \times 212 + 2$. Como la división no es exacta, 850 no es divisible por 4.

Obsérvese que las dos últimas cifras por la derecha forman el número 50, que no es un múltiplo de 4.

j) Un número es divisible por 8 cuando las tres últimas cifras de la derecha son ceros o forman un múltiplo de 8.

Ejemplo

Comprobar que 7.000 es divisible por 8.

Solución: Efectuando la división tenemos $7.000 : 8 = 875$. Como la división es exacta, 7.000 es divisible por 8.

Obsérvese que las tres últimas cifras de 7.000 son ceros.

Ejemplo

Comprobar que 1.016 es divisible por 8.

Solución: Efectuando la división tenemos $1.016 : 8 = 127$. Como la división es exacta, 1.016 es divisible por 8.

Obsérvese que las tres últimas cifras por la derecha de 1.016 forman el número 16, que es un múltiplo de 8.

Ejemplo

Comprobar que 2.127 no es divisible por 8.

Solución: Efectuando la división tenemos $2.127 = 8 \times 265 + 7$. Como la división no es exacta, 2.127 no es divisible por 8.

Obsérvese que las tres últimas cifras de 2.127 forman el número 127 que no es un múltiplo de 8.

k) Un número es divisible por 9 cuando la suma de los valores absolutos de sus cifras es un múltiplo de 9.

Ejemplo

Comprobar que 729 es divisible por 9.

Solución: Efectuando la división tenemos $729 : 9 = 81$. Como la división es exacta, 729 es divisible por 9.

Obsérvese que la suma de los valores absolutos de las cifras de 729 es $7 + 2 + 9 = 18$, que es un múltiplo de 9.

Ejemplo

Comprobar que 187 no es divisible por 9.

Solución: Efectuando la división tenemos $187 = 9 \times 20 + 7$. Como la división no es exacta, 187 no es divisible por 9.

Obsérvese que la suma de los valores absolutos de las cifras de 187 es $1 + 8 + 7 = 16$, que no es un múltiplo de 9.

l) Un número es divisible por una potencia de diez si el número de ceros que hay a la derecha del número es mayor o igual que el número de ceros de la potencia de diez.

Ejemplo

Comprobar que 7.000 es divisible por 10.

Solución: Efectuando la división tenemos $7.000 : 10 = 700$. Como la división es exacta, 7.000 es divisible por 10.

Obsérvese que 7.000 tiene tres ceros a la derecha y 10 tiene un cero a la derecha.

Ejemplo

Comprobar que 702 no es divisible por 100.

Solución: Efectuando la división tenemos $702 = 100 \times 7 + 2$. Como la división no es exacta, 702 no es divisible por 100.

Obsérvese que 702 no termina en dos o más ceros.

m) Un número es divisible por 25 cuando las dos últimas cifras de la derecha son ceros o forman un múltiplo de 25.

Ejemplo

Comprobar que 400 es divisible por 25.

Solución: Efectuando la división tenemos $400 : 25 = 16$. Como la división es exacta, 400 es divisible por 25.

Obsérvese que las dos últimas cifras de 400 son ceros.

Ejemplo

Comprobar que 375 es divisible por 25.

Solución: Efectuando la división tenemos $375 : 25 = 15$. Como la división es exacta, 375 es divisible por 25.

Obsérvese que las dos últimas cifras por la derecha de 375 forman el número 75, que es un múltiplo de 25.

Ejemplo

Comprobar que 137 no es divisible por 25.

Solución: Efectuando la división tenemos $137 = 25 \times 5 + 12$. Como la división no es exacta, 137 no es divisible por 25.

Obsérvese que las dos últimas cifras por la derecha de 137 forman el número 37, que no es un múltiplo de 25.

n) Un número es divisible por 125 cuando las tres últimas cifras de su derecha son ceros o bien forman un múltiplo de 125.

Ejemplo

Comprobar que 2.000 es divisible por 125.

Solución: Efectuando la división tenemos $2.000 : 125 = 16$. Como la división es exacta, 2.000 es divisible por 125.

Obsérvese que las tres últimas cifras de 2.000 son ceros.

Ejemplo

Comprobar que 1.375 es divisible por 125.

Solución: Efectuando la división tenemos $1.375 : 125 = 11$. Como la división es exacta, 1.375 es divisible por 125.

Obsérvese que las tres últimas cifras de 1.375 forman el número 375, que es un múltiplo de 125.

Ejemplo

Comprobar que 1.200 no es divisible por 125.

Solución: Efectuando la división tenemos $1.200 = 125 \times 9 + 75$. Como la división no es exacta, 1.200 no es divisible por 125.

Obsérvese que las tres últimas cifras de 1.200 forman el número 200, que no es un múltiplo de 125.

Problemas propuestos

1. Indicar si el número 87 es primo o no lo es.
2. Ídem 17.
3. Ídem 99.
4. Ídem 91.
5. Ídem 13.
6. Ídem 60.
7. Ídem 21.
8. Ídem 41.
9. Ídem 24.
10. Ídem 19.
11. Ídem 27.
12. Ídem 98.
13. Ídem 43.
14. Ídem 22.
15. Ídem 23.
16. Ídem 58.
17. Ídem 92.
18. Ídem 141.
19. Ídem 29.
20. Indicar cuáles son los divisores del número 24.
21. Ídem 12.
22. Ídem 41.
23. Ídem 33.
24. Ídem 80.
25. Ídem 26.
26. Ídem 55.
27. Ídem 73.
28. Ídem 36.
29. Ídem 91.
30. Ídem 16.
31. Ídem 94.
32. Ídem 64.
33. Ídem 25.
34. Ídem 106.
35. Ídem 61.
36. Ídem 42.
37. Ídem 19.
38. Ídem 75.
39. Ídem 51.
40. Ídem 95.
41. Ídem 85.
42. Ídem 43.
43. Ídem 101.

Soluciones

1. S.: No.
2. S.: Sí.
3. S.: No.
4. S.: No.
5. S.: Sí.
6. S.: No.
7. S.: No.
8. S.: Sí.
9. S.: No.
10. S.: Sí.
11. S.: No.
12. S.: No.
13. S.: Sí.
14. S.: No.
15. S.: Sí.
16. S.: No.
17. S.: No.
18. S.: No.
19. S.: Sí.
20. S.: 1, 2, 3, 4, 6, 8, 12 y 24.
21. S.: 1, 2, 3, 4, 6 y 12.
22. S.: 1 y 41.
23. S.: 1, 3, 11 y 33.
24. S.: 1, 2, 4, 5, 8, 10, 16, 20, 40 y 80.
25. S.: 1, 2, 13 y 26.
26. S.: 1, 5, 11 y 55.
27. S.: 1 y 73.
28. S.: 1, 2, 3, 4, 6, 9, 12, 18 y 36.
29. S.: 1, 7, 13 y 91.
30. S.: 1, 2, 4, 8 y 16.
31. S.: 1, 2, 47 y 94.
32. S.: 1, 2, 4, 8, 16, 32 y 64.
33. S.: 1, 5 y 25.
34. S.: 1, 2, 53 y 106.
35. S.: 1 y 61.
36. S.:1, 2, 3, 6, 7, 14, 21 y 42.
37. S.: 1 y 19.
38. S.: 1, 3, 5, 15, 25 y 75.
39. S.: 1, 3, 17 y 51.
40. S.: 1, 5, 19 y 95.
41. S.: 1, 5, 17 y 85.
42. S.: 1 y 43.
43. S.: 1 y 101.

Números primos y compuestos

8

Introducción histórica

Fue el matemático griego Euclides el primero en descubrir que los números primos constituyen una serie infinita. Las investigaciones de los matemáticos griegos les condujeron rápidamente al concepto de número primo, basándose en el cual Eratóstenes construyó su famosa Criba para encontrar los números primos en la serie de los números naturales. Contribuciones importantes sobre la distribución de los números primos son debidas a los matemáticos Tchebychev y Landau.

8.1 Definiciones

En el tema anterior vimos que los números primos eran aquellos que únicamente eran divisibles por la unidad y por sí mismos y que los números compuestos eran aquellos que no eran primos, es decir, aquellos que además de ser divisibles por la unidad y por sí mismos eran también divisibles por otros números.

Varios números son primos entre sí cuando su único divisor común es la unidad.

Así, por ejemplo, diremos que los números 25, 49 y 16 son primos entre sí puesto que 25 es divisible por 1, 5 y 25; 49 es divisible por 1, 7 y 49 y 16 es divisible por 1, 2, 4, 8 y 16. Es decir, que el único divisor común de todos ellos es 1. Por lo tanto, los números 25, 49 y 16 son primos entre sí, aunque ninguno de ellos sea primo. Es decir, que:

Para que varios números sean primos entre sí no es necesario que sean números primos. Ahora bien, si varios números son primos también serán primos entre sí.

Por el contrario, los números 24, 16 y 36 no son primos entre sí. En efecto, 24 es divisible por

1, 2, 3, 4, 6, 8, 12 y 24; 16 es divisible por 1, 2, 4 y 16 y 36 es divisible por 1, 2, 3, 4, 6, 9, 12, 18 y 36. Es decir, que todos ellos son divisibles por 1, 2 y 4 y, por consiguiente, no son números primos entre sí.

Puede darse el caso de que varios números sean primos entre sí, pero que, sin embargo, si los consideramos dos a dos no sean primos entre sí.

Por ejemplo, los números 12, 24, 30 y 7 son primos entre sí puesto que 12 es divisible por 1, 2, 3, 4, 6 y 12; 24 es divisible por 1, 2, 3, 4, 6, 8, 12 y 24; 30 es divisible por 1, 2, 3, 5, 6, 10, 15 y 30 y 7 es divisible por 1 y 7. Por consiguiente, el único divisor común de todos ellos es la unidad y por eso son primos entre sí.
Ahora bien, si únicamente consideramos los números 12 y 24 podemos comprobar que no son primos entre sí puesto que ambos son divisibles por 1, 2, 3, 4, 6 y 12. Análogamente, 12 y 30 tampoco son primos entre sí puestos que ambos son divisibles por 1, 2, 3 y 6. De modo similar, 24 y 30 tampoco son primos entre sí al tener como divisores comunes 1, 2, 3 y 6.

De lo anteriormente expuesto se deduce que si varios números son primos dos a dos deben ser primos entre sí, pero en cambio si son primos entre sí no tienen por qué ser primos dos a dos.

Se dice que dos números son consecutivos cuando se diferencian únicamente en una unidad. Dos números consecutivos pueden siempre ser expresados como n y $n+1$ o bien como n y $n-1$. Obviamente, si consideramos dos números consecutivos, uno de ellos será par y el otro será impar.

Dos números consecutivos son siempre primos entre sí.

Ello se cumple puesto que si tuvieran un divisor común diferente de la unidad, este divisor común debería dividir a la diferencia entre los dos números tal como vimos en el tema anterior, pero como la diferencia entre dos números consecutivos es 1, ese divisor común debería ser también divisor de 1, lo cual es imposible, y por lo tanto los números consecutivos deben ser siempre primos entre sí.

8.2 Propiedades de los números primos

Veamos, a continuación, algunas propiedades fundamentales de los números primos.

a) Cualquier número compuesto tiene por lo menos un divisor que es un número primo mayor que 1.

En efecto, consideremos el número compuesto x. Se trata de demostrar que x tiene por lo menos un divisor que es un número primo mayor que 1.
Puesto que x es un número compuesto debe existir algún divisor de x que sea distinto de x y de la unidad al cual vamos a llamar d_1. Ahora bien, d_1 puede ser un número primo o bien un número compuesto. En el caso de que d_1 sea un número primo ya está demostrado el enunciado puesto que se cumplirá: $1 < d_1 < x$. Si d_1 es un número compuesto deberá existir algún divisor de d_1 que sea distinto de d_1 y de la unidad al cual vamos a llamar d_2. Ahora bien, d_2 puede ser un número primo o un número compuesto. En el caso de que d_2 sea un número primo ya está demostrado el enunciado puesto que se cumplirá $1 < d_2 < d_1$. Si d_2 es un número compuesto deberá existir algún divisor de d_2 que sea distinto de d_2 y de la unidad al cual vamos a llamar d_3. Ahora bien, d_3 puede ser un número primo o bien un número compuesto. En el caso de que d_3 sea un número primo ya estará demostrado el enunciado puesto que se cumplirá $1 < d_3 < d_2$. Si d_3 es un número compuesto deberá existir algún divisor de d_3 que sea distinto de d_3 y de la unidad al cual llamaremos d_4, y así sucesivamente.
Como puede observarse, los divisores van haciéndose cada vez menores aunque manteniéndose siempre mayores que la unidad. Puesto que el número de divisores no puede ser infinido finalmente llegaremos a un número primo d_r que será divisor de x, por lo cual x tendrá por lo menos un divisor que será un número primo mayor que 1, tal como queríamos demostrar.

Ejemplo

Comprobar que el número 18 tiene por lo menos un divisor que es un número primo mayor que 1.

Solución: El número 18 es un número compuesto, puesto que es divisible por 1, 2, 3, 6, 9 y 18.

Obsérvese que 18 tiene dos divisores que son números primos mayores que 1: 2 y 3.

Ejemplo

Comprobar que 17 no tiene divisores que sean números primos distintos de 1 y de 17.

Solución: El número 17 es un número primo, puesto que únicamente es divisible por 1 y 17.
Obsérvese que 17 no es un número compuesto.

b) Los números primos forman una serie infinita puesto que dado un número primo cualquiera siempre existe otro número primo mayor que él.

En efecto, supongamos que x es un número primo. Se trata de demostrar que existe un número primo mayor que x.
Para ello, multipliquemos todos los números primos menores que x y el producto obtenido multipliquémoslo por x. A continuación, al resultado obtenido añadámosle una unidad y llamemos z a la suma resultante. Tendremos:

$$z = (1 \times 2 \times 3 \times 5 \times 7 \times 11 \times \ldots x) + 1$$

Obviamente $z < x$ y z debe ser o bien un número primo o bien un número compuesto. Evidentemente, en el caso de que z sea un número primo queda demostrado el enunciado puesto que al ser $z > x$ habrá un número primo mayor que x.
En el caso de que z sea un número compuesto debe tener al menos un divisor que sea un número primo mayor que 1 tal como vimos anteriormente. Ahora bien, este divisor puede ser menor que x, mayor que x o igual a x.
Si el divisor fuera menor que x, sería alguno de los números primos 1, 2, 3, 5, 7, 11 ... y al dividir z entre cualquiera de dichos números primos el resto de la división sería 1, por lo cual z no sería divisible por ellos.
El divisor tampoco puede ser x, puesto que al dividir z entre x el resto de la división sería 1, por lo cual z no sería divisible por x.
Por consiguiente, el divisor debe ser mayor que x, es decir, que existe un número primo mayor que x, tal como queríamos demostrar, y por tanto los números primos forman una serie infinita.

Ejemplo

Encontrar un número primo mayor que 7.

Solución: Según lo explicado anteriormente tendremos:

$$(1 \times 2 \times 3 \times 5 \times 7) + 1 = 211$$

Obsérvese que 211 coincide con el producto de todos los números primos hasta 7 aumentando en una unidad.

c) Si un número primo no divide a otro número dado ambos números son primos entre sí.

En efecto, consideremos el número primo x, que no es divisor del número y. Se trata de demostrar que los números x e y son primos entre sí.
Como el número x es primo tan sólo es divisible por 1 y por x. Por consiguiente, x e y únicamente pueden tener como divisores comunes 1 y x. Ahora bien, como por hipótesis x no es divisor de y, x no puede ser divisor común de x e y y por lo tanto el único divisor común de x e y es 1, es decir, que x e y son primos entre sí, tal como queríamos demostrar.

Ejemplo

Comprobar que como 7 no divide a 15; 7 y 15 son primos entre sí.

Solución: Como 7 es un número primo, sus divisores serán 1 y 7. Los divisores de 15 son 1, 3, 5 y 15. Por consiguiente, 7 y 15 tienen únicamente 1 como divisor común y por lo tanto son primos entre sí.

d) Si un número divide al producto de dos números y es primo con uno de ellos, es divisor del otro.

En efecto, consideremos el número x que es divisor del producto yz y es primo con el número y. Se trata de demostrar que x es divisor de z.
Como x e y son primos entre sí su único divisor común es 1. Si multiplicamos x e y por z obtendremos los números xz e yz, que tendrán a z como máximo común divisor. Ahora bien, x es divisor del número xz y también lo es de yz por hipótesis. Por tanto, también lo será del máximo común divisor de ambos, que es z, tal como queríamos demostrar.

Ejemplo

Comprobar que 3 es divisor del producto $5 \times 9 = 45$ y también de 9 puesto que 3 y 5 son primos entre sí.

Solución: Evidentemente 3 es divisor de 45, puesto que $45 : 3 = 15$. Como 3 y 5 son primos entre sí, debe cumplirse que 3 sea divisor de 9, lo cual es cierto puesto que $9 : 3 = 3$.

e) Si un número primo es divisor del producto de varios números también es divisor por lo menos de uno de dichos números.

En efecto, consideremos el número primo x, que es divisor del producto $mnpq$. Se trata de demostrar que x es divisor de uno de los factores.
Podemos escribir el producto $mnpq$ como $m(npq)$. Si x es divisor de m el enunciado ya está demostrado. Si x no es divisor de m, x y m serán primos entre sí porque x es un número primo que no es divisor de m, y por tanto x y m deben ser primos entre sí. Por consiguiente, x deberá ser divisor de npq porque x es divisor de $m(npq)$ y es primo con m.
A continuación, puede descomponerse el producto npq como $n(pq)$.

Si x es divisor de n el enunciado queda demostrado. Si x no es divisor de n, x y n serán primos entre sí y por lo tanto x deberá ser divisor de pq por los mismos motivos expuestos anteriormente.

Si x es divisor de p queda demostrado el enunciado. Si x no es divisor de p, x y p serán primos entre sí y por lo tanto x deberá ser divisor de q. Por consiguiente, x es divisor de uno de los factores, tal como queríamos demostrar.

Ejemplo

Comprobar que el número primo 5, que es divisor del producto $2 \times 3 \times 10 = 60$, es divisor de uno de los factores.

Solución: Los divisores de 60 son: 1, 2, 3, 4, 5, 6, 10, 12, 15, 20, 30 y 60.
Como puede observarse, 5 es divisor de 60. Como 5 y 2 son números primos entre sí y 5 y 3 también lo son, 5 deberá ser divisor del otro factor, es decir, de 10, lo cual es cierto puesto que $10 = 5 \times 2$.

f) Si un número primo es divisor de una potencia de un número también es divisor de dicho número.

En efecto, consideremos el número primo x que es divisor de y^a. Se trata de demostrar que x es divisor de y.
Por definición de potencia $y^a = y \cdot y \cdot y \cdot \ldots \cdot y$ hasta un total de a veces.
Ahora bien, como por hipótesis x es divisor de y^a también lo debe ser de $y \cdot y \cdot y \cdot \ldots \cdot y$. Pero si x es divisor de este producto debe ser divisor de alguno de los factores. Como todos los factores son iguales, x debe ser divisor de y, tal como queríamos demostrar.

Comprobar que el número primo 2, que es divisor de $4^3 = 64$, también es divisor de 4.

Solución: Evidentemente 2 es divisor de 64 puesto que $64 : 2 = 32$. Como $64 = 4 \times 4 \times 4$, 2 también deberá ser divisor de 4, lo cual es cierto puesto que $4 : 2 = 2$.

g) Si dos números son primos entre sí, todas las potencias de ambos números también son números primos entre sí.

En efecto, sean x e y dos números primos entre sí. Se trata de demostrar que dos potencias de x e y, como por ejemplo x^a e y^b, también son números primos entre sí.

Por definición de potencia tendremos que:

$$x^a = x \cdot x \cdot x \cdot \ldots \cdot x \qquad (a \text{ veces})$$
$$y^b = y \cdot y \cdot y \cdot \ldots \cdot y \qquad (b \text{ veces})$$

Supongamos que x^a e y^b no son números primos entre sí. En este caso deberían tener como divisor común un número primo d. Como d sería divisor de x^a también debería serlo de x, y como d sería divisor de y^b también debería serlo de y. Pero por hipótesis, x e y deben ser primos entre sí, por lo cual esto no es posible. Así pues, x^a e y^b no pueden tener ningún divisor común que sea un número primo y por lo tanto son primos entre sí, tal como queríamos demostrar.

Comprobar que puesto que 5 y 7 son números primos entre sí, $5^3 = 125$ y $7^3 = 343$ también son primeros entre sí.

Solución: Puesto que $125 = 5^3 = 5 \times 5 \times 5$ y $343 = 7^3 = 7 \times 7 \times 7$

puede observarse que 125 y 343 no tienen ningún divisor común que sea un número primo, y por lo tanto son primos entre sí.

h) Para determinar si un número es primo o no lo es, se divide dicho número entre todos los números primos menores que él. Si la división no es exacta y el cociente obtenido es menor o igual que el divisor, el número es primo. En cambio, si alguna división es exacta, el número no es primo.

Ejemplo

Determinar si el número 2.311 es primo o no lo es.

Solución: Empezamos dividiendo 2.311 entre 2.

$$2.311 = 2 \times 1.155 + 1$$

Como la división no es exacta y el cociente 1.155 es mayor que el divisor 2, debemos probar el siguiente número primo que es 3.

$$2.311 = 3 \times 770 + 1$$

Como la división no es exacta y el cociente 770 es mayor que el divisor 3, debemos probar el siguiente número primo que es 5.

$$2.311 = 5 \times 462 + 1$$

Como la división no es exacta y el cociente 462 es mayor que el divisor 5, debemos probar el siguiente número primo que es 7.

$$2.311 = 7 \times 330 + 1$$

Como la división no es exacta y el cociente 330 es mayor que el divisor 7, debemos probar el siguiente número primo que es 11.

$$2.311 = 11 \times 210 + 1$$

Como la división no es exacta y el cociente 210 es mayor que el divisor 11, debemos probar el siguiente número primo que es 13.

$$2.311 = 13 \times 177 + 10$$

Como la división no es exacta y el cociente 177 es mayor que el divisor 13, debemos probar el siguiente número primo que es 17.

$$2.311 = 17 \times 135 + 16.$$

Como la división no es exacta y el cociente 135 es mayor que el divisor 17, debemos probar el siguiente número primo que es 19.

$$2.311 = 19 \times 121 + 12$$

Como la división no es exacta y el cociente 121 es mayor que el divisor 19, debemos probar el siguiente número primo que es 23.

$$2.311 = 23 \times 100 + 11$$

Como la división no es exacta y el cociente 100 es mayor que el divisor 23, debemos probar el siguiente número primo que es 29.

$$2.311 = 29 \times 79 + 20$$

Como la división no es exacta y el cociente 79 es mayor que el divisor 29, debemos probar el siguiente número primo que es 31.

$$2.311 = 31 \times 74 + 17$$

Como la división no es exacta y el cociente 74 es mayor que el divisor 31, debemos probar el siguiente número primo que es 37.

$$2.311 = 37 \times 62 + 17$$

Como la división no es exacta y el cociente 62 es mayor que el divisor 37, debemos probar el siguiente número primo que es 41.

$$2.311 = 41 \times 56 + 15$$

Como la división no es exacta y el cociente 56 es mayor que el divisor 41, debemos probar el siguiente número primo que es 43.

$$2.311 = 43 \times 53 + 32$$

Como la división no es exacta y el cociente 53 es mayor que el divisor 43, debemos probar el siguiente número primo que es 47.

$$2.311 = 47 \times 49 + 8$$

Como la división no es exacta y el cociente 49 es mayor que el divisor 47, debemos probar el siguiente número primo que es 53.

$$2.311 = 53 \times 43 + 32$$

Como la división no es exacta y el cociente 43 es menor que el divisor 53, llegamos a la conclusión de que el número 2.311 es primo.

Ejemplo

Determinar si 323 es un número primo o no lo es.

Solución: Empezamos dividiendo 323 entre 2.

$$323 = 2 \times 161 + 1$$

Como la división no es exacta y el cociente 161 es mayor que el divisor 2, debemos probar el siguiente número primo que es 3.

$$323 = 3 \times 107 + 2$$

Como la división no es exacta y el cociente 107 es mayor que el divisor 3, debemos probar el siguiente número primo que es 5.

$$323 = 5 \times 64 + 3$$

Como la división no es exacta y el cociente 64 es mayor que el divisor 5, debemos probar el siguiente número primo que es 7.

$$323 = 7 \times 46 + 1$$

Como la división no es exacta y el cociente 46 es mayor que el divisor 7, debemos probar el siguiente número primo que es 11.

$$323 = 11 \times 29 + 4$$

Como la división no es exacta y el cociente 29 es mayor que el divisor 11, debemos probar el siguiente número primo que es 13.

$$323 = 13 \times 24 + 11$$

Como la división no es exacta y el cociente 24 es mayor que el divisor 13, debemos probar el siguiente número primo que es 17.

$$323 = 17 \times 19$$

Como la división es exacta, 323 no es un número primo.

El procedimiento que hemos empleado para determinar si un número es primo o no lo es, es análogo al que empleó Eratóstenes en su famosa Criba.
Eratóstenes escribió los números naturales hasta un número dado y fue agujereando en un pergamino en primer lugar todos los múltiplos de 2 excepto el número 2. A continuación hizo lo mismo con los múltiplos de 3. Después procedió de modo análogo con los múltiplos de 5, de 7, de 11 y así sucesivamente. Los números que no resultaron agujereados constituyen la serie de los números primos hasta el número dado.

Ejemplo

Construir la Criba de Eratóstenes hasta el número 100.

Solución: En primer lugar, tacharemos los múltiplos de 2 excepto el número 2. Con esto, desaparecerán los números 4, 6, 8, 10, 12, 14, 16, 18, 20, 22, 24, 26, 28, 30, 32, 34, 36, 38, 40, 42, 44, 46, 48, 50, 52, 54, 56, 58, 60, 62, 64, 66, 68, 70, 72, 74, 76, 78, 80, 82, 84, 86, 88, 90, 92, 94, 96, 98 y 100.

A continuación tacharemos los múltiplos de 3 que no hayan sido tachados anteriormente, excepto el número 3. Con esto, desaparecerán los números 9, 15, 21, 27, 33, 39, 45, 51, 57, 63, 69, 75, 81, 87, 93 y 99.

A continuación tacharemos los múltiplos de 5 que no hayan sido tachados anteriormente, excepto el número 5. Con esto desaparecerán los números 25, 35, 55, 65, 85 y 95.

A continuación tacharemos los múltiplos de 7 que no hayan sido tachados anteriormente, excepto el número 7. Con esto, desaparecerán los números 49, 77 y 91.

A continuación deberíamos tachar los múltiplos de 11 que no hubieran sido tachados anteriormente, pero ya no encontramos ninguno, excepto el número 11. Por consiguiente, los números primos son aquellos que no han sido tachados, es decir: 1, 2, 3, 5, 7, 11, 13, 17, 19, 23, 29, 31, 37, 41, 43, 47, 53, 59, 61, 67, 71, 73, 79, 83, 89 y 97.

Esquematizando el procedimiento tendríamos:

1	2	3	~~4~~	5	~~6~~	7	~~8~~	~~9~~	~~10~~
11	~~12~~	13	~~14~~	~~15~~	~~16~~	17	~~18~~	19	~~20~~
~~21~~	~~22~~	23	~~24~~	~~25~~	~~26~~	~~27~~	~~28~~	29	~~30~~
31	~~32~~	~~33~~	~~34~~	~~35~~	~~36~~	37	~~38~~	~~39~~	~~40~~
41	~~42~~	43	~~44~~	~~45~~	~~46~~	47	~~48~~	~~49~~	~~50~~
~~51~~	~~52~~	53	~~54~~	~~55~~	~~56~~	~~57~~	~~58~~	59	~~60~~
61	~~62~~	~~63~~	~~64~~	~~65~~	~~66~~	67	~~68~~	~~69~~	~~70~~
71	~~72~~	73	~~74~~	~~75~~	~~76~~	~~77~~	~~78~~	79	~~80~~
~~81~~	~~82~~	83	~~84~~	~~85~~	~~86~~	~~87~~	~~88~~	89	~~90~~
~~91~~	~~92~~	~~93~~	~~94~~	~~95~~	~~96~~	97	~~98~~	~~99~~	~~100~~

i) Si un número es divisible por varios números primos entre sí dos a dos, también es divisible por su producto.

En efecto, supongamos el número x, que es divisible por los números m, n y p, que son primos entre sí dos a dos. Se trata de demostrar que x es divisible por mn y por mnp.

Como x es divisible por m tendremos que:

$$x = ma \qquad (1)$$

siendo a el cociente obtenido al dividir x entre m.

Como x es divisible también por n, el producto ma también será divisible por n, pero como m y n son primos entre sí, a deberá ser divisible por n.

Por lo tanto, tendremos que:

$$a = nb \qquad (2)$$

donde b es el cociente obtenido al dividir a entre n.

Si ahora multiplicamos miembro a miembro las igualdades (1) y (2) obtendremos:

$$xa = manb$$

Ahora bien, como x era divisible por p por hipótesis, p será divisor de ma, pero como por hipótesis m y p son primos entre sí, p deberá ser divisor de a. Pero como $a = nb$, p deberá ser divisor de nb. Ahora bien, como por hipótesis n y p son primos entre sí, p deberá ser divisor de b. Así pues, tendremos que:

$$b = pc \qquad (3)$$

siendo c el cociente obtenido al dividir b entre p.
Si multiplicamos miembro a miembro las igualdades (1), (2) y (3) tendremos:

$$xab = manbpc$$

Dividiendo ambos miembros de la igualdad anterior por ab tendremos que:

$$x = mnpc$$

O sea, $x = (mnp)c$.
Es decir, que x es divisible por el producto mnp, tal como queríamos demostrar.

Ejemplo

Comprobar que 105 es divisible por 35, que es el producto de 5×7.

Solución: Evidentemente 105 es divisible por 5 y por 7.
En efecto,

$$105 : 5 = 21$$
$$105 : 7 = 15$$

Pues bien, 105 también es divisible por el producto $5 \times 7 = 35$.

$$105 : 35 = 3$$

De acuerdo con el enunciado anterior podemos ampliar los criterios de divisibilidad para números compuestos.
Así, por ejemplo, un número será divisible por 12 si lo es a la vez por 3 y por 4; será divisible por 14 si lo es a la vez por 2 y por 7; será divisible por 15 si lo es a la vez por 3 y por 5; será divisible por 18 si lo es a la vez por 2 y por 9 y así sucesivamente.

j) Cualquier número primo mayor que 3 es igual a un múltiplo de 6 aumentado o disminuido en una unidad.

En efecto, supongamos que x es un número primo mayor que 3. Se trata de demostrar que $x = \dot{6} \pm 1$.
Efectuando la división x entre 6 tendremos:

$$x = 6m + a$$

donde m es el cociente obtenido y a el resto de la división. Por las propiedades de la división, $a < 6$. Por otra parte $a \neq 0$, puesto que si $a = 0$ la división sería exacta y entonces x sería divisible por 6, y por hipótesis x debe ser un número primo. Por consiguiente, a debe valer 1, 2, 3, 4 o 5.
Si $a = 2$ tendríamos $x = 6m + 2$ y puesto que los dos sumandos $6m$ y 2 son divisibles por 2, x también debería serlo por ser su suma y esto es imposible puesto que por hipótesis x es un número primo.
Si $a = 3$ tendríamos $x = 6m + 3$ y puesto que los dos sumandos $6m$ y 3 son divisibles por 3, x también debería serlo por ser su suma y esto es imposible puesto que por hipótesis x es un número primo.
Si $a = 4$ tendríamos $x = 6m + 4$ y puesto que los dos sumandos $6m$ y 4 son ambos divisibles por 2, x también debería serlo por ser su suma y esto es imposible puesto que por hipótesis x es un número primo.
Por consiguiente, a sólo puede valer 1 o 5. Si $a = 1$ tenemos $x = 6m + 1$, es decir que $x = \dot{6} + 1$.
Si $a = 5$ tenemos $x = 6m + 5 = 6m + 6 - 1 = 6(m + 1) - 1$, es decir, que $x = \dot{6} - 1$.
Por lo tanto, $x = \dot{6} \pm 1$, tal como queríamos demostrar.

Ejemplo

Comprobar que los números primos 19, 23 y 41 coinciden con múltiplos de 6 aumentados o disminuidos en una unidad.

Solución: Efectivamente, tendremos que:

$$19 = 6 \times 3 + 1 = \dot{6} + 1$$
$$23 = 6 \times 4 - 1 = \dot{6} - 1$$
$$41 = 6 \times 7 - 1 = \dot{6} - 1$$

k) El producto de tres números consecutivos es divisible por 6.

En efecto, sean $x, x + 1$ y $x + 2$ tres números consecutivos cualesquiera. Se trata de demostrar que su producto es divisible entre 6.
Por ser consecutivos, uno de ellos debe ser par y otro debe ser múltiplo de 3. Como uno de ellos debe ser par, 2 será divisor suyo y por tanto, también lo será del producto $x \cdot (x + 1) \cdot (x + 2)$.
Análogamente, como uno de ellos debe ser un múltiplo de 3, 3 será divisor suyo y por tanto también lo será del producto $x \cdot (x + 1) \cdot (x + 2)$.
Por lo tanto, el producto $x \cdot (x + 1) \cdot (x + 2)$ será divisible por 2 y por 3 y por lo tanto también será divisible por el producto $2 \times 3 = 6$, tal como queríamos demostrar.

Ejemplo

Comprobar que el producto $7 \times 8 \times 9$ es divisible por 6.
Solución: 8 es divisible por 2 y 9 es divisible por 3 puesto que $8 = 2 \times 4$ y $9 = 3 \times 3$. El producto $7 \times 8 \times 9 = 504$ deberá pues, ser divisible por 6. En efecto, $504 = 6 \times 84$.

8.3 Descomposición en factores primos

Descomponer un número en factores primos consiste en expresarlo como un producto de números primos.

Para ello, se divide el número por el menor de sus divisores que sea un número primo. El cociente obtenido se vuelve a dividir por el menor de sus divisores que sea un número primo y así sucesivamente hasta obtener como cociente un número primo.

Ejemplo

Descomponer el número 37.800 en sus factores primos.

Solución: Una forma gráfica de representarlo es la siguiente, donde los sucesivos divisores se colocan a la derecha de la línea y debajo los cocientes.

37.800	2
18.900	2
9.450	2
4.725	3
1.575	3
525	3
175	5
35	5
7	7
1	

Por lo tanto, tendremos que $37.800 = 2^3 \times 3^3 \times 5^2 \times 7$.
Para saber cuántos divisores tiene un número dado, se descompone el número en sus factores primos. A continuación, se escriben los exponentes de los factores primos y se suma una unidad a cada exponente. El producto de todos los números así obtenidos coincidirá con el número total de divisores del número.

Ejemplo

Determinar cuántos divisores tiene el número 810.

Solución: En primer lugar, vamos a descomponer el número 810 en sus factores primos.

810	2
405	3
135	3
45	3
15	3
5	5
1	

Por lo tanto, tendremos que $810 = 2 \times 3^4 \times 5$.
Como los exponentes de los factores primos son, respectivamente, 1, 4 y 1, el número total de divisores será: $(1 + 1) \times (4 + 1) \times (1 + 1) = 20$.
En efecto, los 20 divisores son: 1, 2, 3, 5, 6, 9, 10, 15, 18, 27, 30, 45, 54, 81, 90, 135, 162, 270, 405 y 810.
Para encontrar todos los divisores de un número dado se descompone el número en sus factores primos. A continuación, se escriben la unidad y las potencias sucesivas del primer factor primo. Hecho esto, cada uno de los divisores así obtenido se multiplica por las potencias del segundo factor primo y, a continuación, se multiplican los divisores así obtenidos por las potencias del tercer factor primo y así sucesivamente hasta multiplicar por las potencias del último factor primo.

Ejemplo

Encontrar todos los divisores de 1.890.

Solución: En primer lugar, descompondremos 1.890 en sus factores primos.

1.890	2
945	3
315	3
105	3
35	5
7	7
1	

Por lo tanto, tendremos que $1.890 = 2 \times 3^3 \times 5 \times 7$.
Así pues, los divisores serán:

1	2
3	6
9	18
27	54
5	10
15	30
45	90
135	270

7	14
21	42
63	126
189	378
35	70
105	210
315	630
945	1.890

Es decir: 1, 2, 3, 5, 6, 7, 9, 10, 14, 15, 18, 21, 27, 30, 35, 42, 45, 54, 63, 70, 90, 105, 126, 135, 189, 210, 270, 315, 378, 630, 945 y 1.890.

La descomposición en factores primos presenta una serie de propiedades importantes.

a) Cualquier número compuesto es igual a un producto de factores primos.

En efecto, consideremos el número compuesto x. Se trata de demostrar que x puede escribirse como un producto de factores primos. Como todo número compuesto tiene por lo menos un divisor mayor que la unidad que es un número primo, llamemos d_1 a este divisor.
Tendremos que:

$$x = d_1 m \quad (1)$$

siendo m el cociente obtenido al dividir x entre d_1.
Si m es un número primo el enunciado ya está demostrado. Si m no es primo deberá tener por lo menos un divisor mayor que la unidad que sea un número primo.
Llamando d_2 a este divisor tendremos:

$$m = d_2 n \quad (2)$$

siendo n el cociente obtenido al dividir m entre d_2.
Si sustituimos el valor de m de la expresión (2) en la expresión (1) tendremos:

$$x = d_1 d_2 n$$

Si n es un número primo el enunciado ya está demostrado. Si n no es primo tendrá un divisor mayor que la unidad que será un número primo, y así sucesivamente. Al ir disminuyendo los cocientes obtenidos finalmente se llegará a obtener como cociente un número primo que al dividirlo por sí mismo dará la unidad y entonces podremos descomponer el número x como un producto de factores primos, tal como queríamos demostrar.

Ejemplo

Descomponer el número 210 en producto de factores primos.

Solución: Efectuando las divisiones sucesivas tendremos:

210	2
105	3
35	5
7	7
1	

O sea, que $210 = 2 \times 3 \times 5 \times 7$.

b) Un número compuesto sólo puede descomponerse en un único producto de factores primos.

En efecto, consideremos el número compuesto x y supongamos que $mnpq$ es su descomposición en producto de factores primos. Se trata de demostrar que esta descomposición en producto de factores primos es única.
Para ello, supongamos que x se puede descomponer en producto de factores primos como $rstu$.
Por lo tanto, tendremos que:

$$x = mnpq \qquad (1)$$
$$x = rstu \qquad (2)$$

Así pues,
$$mnpq = rstu \qquad (3)$$

Ahora bien, el factor primo m es divisor de $mnpq$, luego también lo será de $rstu$. Si m es divisor de $rstu$ deberá también serlo de uno de los factores, por ejemplo de r. Pero para que el número primo m divida al número primo r deben ser ambos iguales, es decir, $m = r$.
Si $m = r$, la expresión (3) se nos convierte en:

$$npq = stu \qquad (4)$$

Análogamente, el factor primo n es divisor de npq, luego también lo será de stu. Si n es divisor de stu deberá también serlo de uno de los factores, por ejemplo de s. Pero para que el número primo n divida al número primo s deben ser ambos iguales, es decir, $n = s$.
Si $n = s$, la expresión (4) se nos convierte en:

$$pq = tu \qquad (5)$$

De modo similar, el factor primo p es divisor de pq, luego también lo será de tu. Si p es divisor de tu deberá serlo también de uno de los factores, por ejemplo de t. Pero para que el número primo p divida al número primo t deben ser ambos iguales, es decir, $p = t$.
Si $p = t$, la expresión (5) se nos convierte en:

$$q = u \qquad (6)$$

Así, pues, si $m = r; n = s; p = t$ y $q = u$, resulta que todos los factores de la primera descomposición coinciden con todos los factores de la segunda descomposición y, por consiguiente, ambas descomposiciones son iguales, tal como queríamos demostrar.

Problemas propuestos

1. Indicar si los números 15, 18 y 24 son primos entre sí.
2. Ídem 25, 49 y 9.
3. Ídem 24, 27 y 16.
4. Ídem 16, 48 y 84.
5. Ídem 51, 24 y 27.
6. Ídem 169, 289 y 25.
7. Ídem 20, 35 y 85.
8. Ídem 27, 36 y 54.
9. Ídem 91, 49 y 63.
10. Ídem 26, 169 y 78.
11. Ídem 39, 68 y 24.
12. Ídem 14, 35 y 49.
13. Ídem 28, 39 y 64.
14. Ídem 36, 39 y 51.
15. Ídem 50, 81 y 62.
16. Ídem 22, 121 y 99.
17. Ídem 20, 21 y 22.
18. Ídem 29, 116 y 87.
19. Ídem 23, 92 y 115.
20. Descomponer en factores primos el número 72.
21. Ídem 20.
22. Ídem 75.
23. Ídem 225.
24. Ídem 63.
25. Ídem 147.
26. Ídem 196.
27. Ídem 686.
28. Ídem 375.
29. Ídem 3.087.
30. Ídem 350.
31. Ídem 4.900.
32. Ídem 96.
33. Ídem 2.431.
34. Ídem 6.125.
35. Ídem 7.350.
36. Ídem 20.328.
37. Ídem 5.915.
38. Ídem 425.

Soluciones

1. S.: No.
2. S.: Sí.
3. S.: Sí.
4. S.: No.
5. S.: No.
6. S.: Sí.
7. S.: No.
8. S.: No.
9. S.: No.
10. S.: No.
11. S.: Sí.
12. S.: No.
13. S.: Sí.
14. S.: No.
15. S.: Sí.
16. S.: No.
17. S.: Sí.
18. S.: No.
19. S.: No.
20. S.: $2^3 \cdot 3^2$.
21. S.: $2^2 \cdot 5$.
22. S.: $3 \cdot 5^2$.
23. S.: $3^2 \cdot 5^2$.
24. S.: $3^2 \cdot 7$.
25. S.: $3 \cdot 7^2$.
26. S.: $2^2 \cdot 7^2$.
27. S.: $2 \cdot 7^3$.
28. S.: $3 \cdot 5^3$.
29. S.: $3^2 \cdot 7^3$.
30. S.: $2 \cdot 5^2 \cdot 7$.
31. S.: $2^2 \cdot 5^2 \cdot 7^2$.
32. S.: $2^5 \cdot 3$.
33. S.: $11 \cdot 13 \cdot 17$.
34. S.: $5^3 \cdot 7^2$.
35. S.: $2 \cdot 3 \cdot 5^2 \cdot 7^2$.
36. S.: $2^3 \cdot 3 \cdot 7 \cdot 11^2$.
37. S.: $5 \cdot 7 \cdot 13^2$.
38. S.: $5^2 \cdot 17$.

Máximo común divisor y mínimo común múltiplo

9

Introducción histórica

El método de obtención del máximo común divisor por divisiones sucesivas aparece ya descrito en el siglo IV (a.C.) en la obra «Elementos» del matemático griego Euclides. En dicha obra también se proponía un método para obtener el mínimo común múltiplo de dos números efectuando su producto y dividiendo el resultado obtenido por su máximo común divisor.

9.1 Máximo común divisor

Máximo común divisor de varios números es el mayor número que los divide a todos. Se acostumbra a designar con las iniciales m.c.d.

Ejemplo

Comprobar que 6 es el máximo común divisor de 30, 42 y 54.

Solución: Los tres números son divisibles por 6. En efecto,

$$30 = 6 \times 5$$
$$42 = 6 \times 7$$
$$54 = 6 \times 9$$

Puesto que no hay ningún número mayor que 6 que los divida a todos diremos que 6 es el máximo común divisor de 30, 42 y 54.

El máximo común divisor goza de una serie de propiedades interesantes que pasamos a exponer a continuación.

a) En una división no exacta, el máximo común divisor del dividendo y del divisor coincide con el máximo común divisor del divisor y del resto.

En efecto, tal como vimos en el tema 9, todo número que es divisor del dividendo y del divisor de una división no exacta, también es divisor del resto, y todo número que es divisor del divisor y del resto de una división no exacta, también es divisor del dividendo.

Por consiguiente, cualquier factor común del dividendo y del divisor también será factor común del divisor y del resto, y por lo tanto el máximo común divisor, que es el mayor de los factores comunes, será el mismo tanto para el dividendo y el divisor como para el divisor y el resto.

Ejemplo

Comprobar que en la división $420 : 40$, el máximo común divisor del dividendo y del divisor es el mismo que el máximo común divisor del divisor y del resto.

Solución: Efectuando la división tenemos:

$$420 = 40 \times 10 + 20$$

Es decir, el dividendo es 420, el divisor es 40 y el resto es 20.
El máximo común divisor de 420 y 40 es 20, puesto que:

$$420 = 20 \times 21$$
$$40 = 20 \times 2$$

y no hay ningún número mayor que 20 que los divida a ambos.
El máximo común divisor de 40 y 20 es 20, puesto que:

$$40 = 20 \times 2$$
$$20 = 20 \times 1$$

y no hay ningún número mayor que 20 que los divida a ambos.

Por consiguiente, 20 es el máximo común divisor tanto del dividendo y del divisor como del divisor y del resto.

b) Cualquier divisor de varios números también es divisor de su máximo común divisor.

En efecto, consideremos el número x, que es divisor de los números m, n y p. Se trata de demostrar que x también es divisor del máximo común divisor de m, n y p.
Si x divide a m, n y p, x será un divisor común de m, n y p y, por lo tanto, deberá ser menor o igual que el mayor de los divisores comunes de m, n y p. Es decir, que x es divisor del máximo común divisor de m, n y p, tal como queríamos demostrar.

Ejemplo

Comprobar que 4 es divisor del máximo común divisor de 64, 48 y 80.

Solución: El máximo común divisor de 64, 48 y 80 es 16. En efecto,

$$64 = 16 \times 4$$
$$48 = 16 \times 3$$
$$80 = 16 \times 5$$

y no hay ningún número mayor que 16 que divida simultáneamente a 64, 48 y 80.

Pues bien, 4 es divisor de 64, 48 y 80. En efecto,

$$16 = 4 \times 4$$

c) Al multiplicar o dividir varios números por un mismo número, su máximo común divisor resulta multiplicado o dividido por el mismo número.

En efecto, consideremos que x es el máximo común divisor de los números m, n y p. Supongamos que multiplicamos los números m, n y p por un número y. Se trata de demostrar que el nuevo máximo común divisor es igual a xy.

Por ser x el máximo común divisor de m, n y p tendremos:

$$m = x \cdot a$$
$$n = x \cdot b$$
$$p = x \cdot c$$

Si multiplicamos los números m, n y p por y tendremos:

$$my = x \cdot a \cdot y = (xy) \cdot a$$
$$ny = x \cdot b \cdot y = (xy) \cdot b$$
$$py = x \cdot c \cdot y = (xy) \cdot c$$

Con lo cual, como puede observarse, el máximo común divisor de mn, ny y py es xy, tal como queríamos demostrar.

Análogamente, si en vez de multiplicar por y lo que hacemos es dividir por y, tendremos:

$$m : y = x \cdot a : y = (x : y) \cdot a$$
$$n : y = x \cdot b : y = (x : y) \cdot b$$
$$p : y = x \cdot c : y = (x : y) \cdot c$$

Con lo cual, como puede observarse, el máximo común divisor de $m : y, n : y$ y $p : y$ es $x : y$, tal como queríamos demostrar.

Ejemplo

Comprobar que el máximo común divisor de 60, 75 y 120 es 5 veces mayor que el máximo común divisor de 12, 15 y 24.

Solución: El máximo común divisor de 60, 75 y 120 es 15. En efecto,

$$60 = 15 \times 4$$
$$75 = 15 \times 5$$
$$120 = 15 \times 8$$

y no hay ningún divisor común de 60, 75 y 120 mayor que 15.

Por otra parte, el máximo común divisor de 12, 15 y 24 es 3. En efecto,

$$12 = 3 \times 4$$
$$15 = 3 \times 5$$
$$24 = 3 \times 8$$

y no hay ningún divisor común de 12, 15 y 24 que sea mayor que 3.

Obsérvese que $15 = 5 \times 3$.

Ejemplo

Comprobar que el máximo común divisor de 14, 21 y 28 es 3 veces menor que el máximo común divisor de 42, 63 y 84.

Solución: El máximo común divisor de 14, 21 y 28 es 7. En efecto,

$$14 = 7 \times 2$$
$$21 = 7 \times 3$$
$$28 = 7 \times 4$$

y no hay ningún divisor común de 14, 21 y 28 que sea mayor que 7.

Por otra parte, el máximo común divisor de 42, 63 y 84 es 21. En efecto,

$$42 = 21 \times 2$$
$$63 = 21 \times 3$$
$$84 = 21 \times 4$$

y no hay ningún divisor común de 42, 63 y 84 que sea mayor que 21.

Obsérvese que $7 = 21 : 3$.

d) Al dividir varios números por su máximo común divisor, los cocientes obtenidos son números primos entre sí.

En efecto, consideremos que x es el máximo común divisor de los números m, n y p. Supongamos que dividimos todos los números por el máximo común divisor x. Se trata de demostrar que los cocientes obtenidos son números primos entre sí.
Hemos visto anteriormente que si dividimos varios números por el mismo número, su máximo común divisor resulta también dividido por el mismo número. Por consiguiente, si dividimos m, n y p por x, su máximo común divisor será $x : x = 1$, lo cual indica que 1 será el máximo común divisor de los cocientes obtenidos, es decir, que los cocientes obtenidos serán números primos entre sí, tal como queríamos demostrar.

Ejemplo

Comprobar que al dividir 15, 12 y 24 entre 3, los cocientes resultantes son números primos entre sí.

Solución: El máximo común divisor de 15, 12 y 24 es 3. En efecto,

$$15 = 3 \times 5$$
$$12 = 3 \times 4$$
$$24 = 3 \times 8$$

y no hay ningún número mayor que 3 que sea divisor común de 15, 12 y 24.

Si dividimos 15, 12 y 24 entre 3 obtendremos:

$$15 : 3 = 5$$
$$12 : 3 = 4$$
$$24 : 3 = 8$$

El máximo común divisor de 5, 4 y 8 es 1 puesto que no hay ningún número mayor que 1 que sea divisor común de 15, 12 y 24.

Obsérvese que $3 : 3 = 1$.

9.2 Métodos para calcular el máximo común divisor

Para determinar el máximo común divisor de varios números pueden seguirse diversos procedimientos que vamos a detallar a continuación.
Si se trata de números sencillos, el máximo común divisor puede determinarse a simple vista, puesto que como el máximo común divisor debe ser un divisor del menor de los números, o bien el menor de los números es el máximo común divisor si divide a todos los demás números, o bien buscando el

mayor de los divisores del menor número que divida a todos los números y éste será el máximo común divisor.
Obviamente este método no resulta indicado cuando los números son elevados o cuando hay muchos números, por lo cual resultan más recomendables otros procedimientos.
Uno de los procedimientos que se utilizan para encontrar el máximo común divisor de dos números es el método de las divisiones sucesivas.

Para hallar el máximo común divisor de dos números por el método de las divisiones sucesivas se divide el número mayor por el menor. Si la división es exacta, el número menor es el máximo común divisor. Si la división no es exacta se divide el divisor por el primer resto. A continuación se divide el primer resto por el segundo resto, el segundo resto por el tercer resto y así sucesivamente hasta obtener una división exacta. El máximo común divisor será el último divisor obtenido.

Ejemplo

Hallar el máximo común divisor de 432 y 1.560 por el método de las divisiones sucesivas.

Solución: Dividimos el número mayor entre el menor:

$$1.560 = 432 \times 3 + 264$$

Como la división no es exacta, dividimos 432 entre 264:

$$432 = 264 \times 1 + 168$$

Como la división no es exacta, dividimos 264 entre 168:

$$264 = 168 \times 1 + 96$$

Como la división no es exacta, dividimos 168 entre 96:

$$168 = 96 \times 1 + 72$$

Como la división no es exacta, dividimos 96 entre 72:

$$96 = 72 \times 1 + 24$$

Como la división no es exacta, dividimos 72 entre 24:

$$72 = 24 \times 3$$

Como la división es exacta, 24 es el máximo común divisor de 432 y 1.560.

Si en el método de las divisiones sucesivas obtenemos como resto un número primo y la división siguiente no es exacta podemos afirmar que el máximo común divisor es 1, es decir, que los números son primos entre sí.

Para hallar el máximo común divisor de varios números por el método de las divisiones sucesivas se halla primero el máximo común divisor de dos de los números. A continuación se halla el máximo común divisor de otro de los números y del máximo común divisor hallado anteriormente. Después se halla el máximo común divisor de otro de los números y del máximo común divisor obtenido anteriormente y así sucesivamente hasta el último número. El último máximo común divisor obtenido es el máximo común divisor de todos los números dados.

Ejemplo

Hallar el máximo común divisor de 336, 504, 560 y 1.834 por el método de las divisiones sucesivas.

Solución: Empezamos calculando el máximo común divisor de 336 y 504.
Para ello dividimos 504 entre 336:

$$504 = 336 \times 1 + 168$$

Como la división no es exacta, dividimos 336 entre 168:

$$336 = 168 \times 2$$

Como la división es exacta, 168 es el máximo común divisor de 504 y 336.
A continuación, vamos a hallar el máximo común divisor de 560 y 168.
Para ello, dividimos 560 entre 168:

$$560 = 168 \times 3 + 56$$

Como la división no es exacta, dividimos 168 entre 56:

$$168 = 56 \times 3$$

Como la división es exacta, 56 es el máximo común divisor de 560 y 168.
A continuación, vamos a hallar el máximo común divisor de 1.834 y 56.
Para ello dividimos 1.834 entre 56:

$$1.834 = 56 \times 32 + 42$$

Como la división no es exacta, dividimos 56 entre 42:

$$56 = 42 \times 1 + 14$$

Como la división no es exacta, dividimos 42 entre 14:

$$42 = 14 \times 3$$

Como la división es exacta, 14 es el máximo común divisor de todos los números dados.

El procedimiento más empleado para encontrar el máximo común divisor de varios números es el método de descomposición en factores primos.

Para hallar el máximo común divisor de varios números por el método de la descomposición en factores primos se descomponen en primer lugar todos los números en sus factores primos. Una vez efectuada la descomposición, el máximo común divisor es igual al producto de todos los factores primos comunes con su menor exponente.

Ejemplo

Hallar el máximo común divisor de 1.680, 1.920, 14.520 y 18.270 por el método de la descomposición en factores primos.

Solución: Descompongamos los números en sus factores primos:

1.680	2	1.920	2	14.520	2	18.270	2
840	2	960	2	7.260	2	9.135	3
420	2	480	2	3.630	2	3.045	3
210	2	240	2	1.815	3	1.015	5
105	3	120	2	605	5	203	7
35	5	60	2	121	11	29	29
7	7	30	2	11	11	1	
1		15	3	1			
		5	5				
		1					

Es decir,

$$1.680 = 2^4 \cdot 3 \cdot 5 \cdot 7$$
$$1.920 = 2^7 \cdot 3 \cdot 5$$
$$14.520 = 2^3 \cdot 3 \cdot 5 \cdot 11^2$$
$$18.270 - 2 \cdot 3^2 \cdot 5 \cdot 7 \cdot 29$$

Los factores comunes son 2, 3 y 5. Los menores exponentes son, respectivamente, 1, 1 y 1. Por consiguiente, el máximo común divisor será: $2^1 \cdot 3^1 \cdot 5^1 \cdot = 2 \cdot 3 \cdot 5 = 30$.

Una vez hallado el máximo común divisor de varios números resulta fácil encontrar todos los divisores comunes de dichos números, puesto que todo divisor de varios números es también divisor de su máximo común divisor.

Ejemplo

Hallar todos los divisores comunes de 320 y 240.
Solución: Hallemos en primer lugar el máximo común divisor de 320 y 240.

Para ello, por ejemplo, descompongamos 320 y 240 en sus factores primos:

$$
\begin{array}{r|l}
320 & 2 \\
160 & 2 \\
80 & 2 \\
40 & 2 \\
20 & 2 \\
10 & 2 \\
5 & 5 \\
1 &
\end{array}
\qquad\qquad
\begin{array}{r|l}
240 & 2 \\
120 & 2 \\
60 & 2 \\
30 & 2 \\
15 & 3 \\
5 & 5 \\
1 &
\end{array}
$$

Es decir,

$$320 = 2^6 \cdot 5$$
$$240 = 2^4 \cdot 3 \cdot 5.$$

Los factores comunes son 2 y 5. Los menores exponentes son, respectivamente, 4 y 1. Por lo tanto, el máximo común divisor de 320 y 240 será: $2^4 \cdot 5 = 80$.
Así pues, los divisores comunes podrán obtenerse del modo siguiente:

1	2	4	8	16
5	10	20	40	80

O sea, que todos los divisores comunes de 320 y 240 son: 1, 2, 4, 5, 8, 10, 16, 20, 40 y 80.

9.3 Mínimo común múltiplo

Mínimo común múltiplo de varios números es el menor número que los contiene a todos un número exacto de veces. Se acostumbra a designar con las iniciales m.c.m.

Ejemplo

Comprobar que 1.890 es el mínimo común múltiplo de 30, 42 y 54.

Solución: Comprobemos que 1.890 contiene a los 3 números. En efecto,

$$1.890 = 30 \times 63$$
$$1.890 = 42 \times 45$$
$$1.890 = 54 \times 35$$

Puesto que no hay ningún número menor que 1.890 que contenga a los tres números, se dice que 1.890 es el mínimo común múltiplo de 30, 42 y 54.
Si se trata de números sencillos, el mínimo común múltiplo puede determinarse a simple vista, puesto

que como el mínimo común múltiplo de varios números debe ser un múltiplo del mayor de los números, se comprueba si el número mayor contiene exactamente a todos los demás. En este caso, el mínimo común múltiplo es el mayor de todos los números. Si el número mayor no contiene exactamente a todos los demás números, se busca el menor múltiplo del número mayor que contenga exactamente a todos los números, y este número será el mínimo común múltiplo buscado.

9.4 Métodos para calcular el mínimo común múltiplo

Para determinar el mínimo común múltiplo de varios números pueden seguirse diversos procedimientos que vamos a reseñar a continuación.

> **Uno de los procedimientos que se emplean para encontrar el mínimo común múltiplo de dos números consiste en multiplicar ambos números y dividir el resultado obtenido por su máximo común divisor. El cociente obtenido será el mínimo común múltiplo.**

En efecto, el producto de ambos números será un múltiplo común de ellos. Si este producto lo dividimos por un divisor común de ambos números obtendremos un múltiplo de ambos números que será menor que el anterior. Si el divisor común es el máximo común divisor de ambos números, el múltiplo que se obtendrá será el mínimo común múltiplo.

Ejemplo

Hallar el mínimo común múltiplo de 240 y 320 por el método del máximo común divisor.

Solución: Empezamos calculando el máximo común divisor de 248 y 320.

240	2
120	2
60	2
30	2
15	3
5	5
1	

320	2
160	2
80	2
40	2
20	2
10	2
5	5
1	

Es decir,

$$240 = 2^4 \cdot 3 \cdot 5.$$
$$320 = 2^6 \cdot 5$$

Por lo tanto, el máximo común divisor de 240 y 320 es $2^4 \cdot 5 = 80$. Así pues, el mínimo común múltiplo de 240 y 320 es $240 \times 320 : 80 = 960$.

En el caso de que los números sean primos entre sí, el mínimo común múltiplo será igual a su producto, puesto que al ser primos entre sí, su máximo común divisor es 1.

Para hallar el mínimo común múltiplo de varios números por el método del máximo común divisor se determina en primer lugar el mínimo común múltiplo de dos de los números. A continuación se halla el mínimo común múltiplo de otro número y del mínimo común múltiplo hallado anteriormente, y así sucesivamente hasta el último número. El último mínimo común múltiplo obtenido será el mínimo común múltiplo de todos los números dados.

Ejemplo

Hallar el mínimo común múltiplo de 16, 20, 30 y 64 por el método del máximo común divisor.

Solución: Empezamos calculando el mínimo común múltiplo de 16 y 20.

16	2
8	2
4	2
2	2
1	

20	2
10	2
5	5
1	

Es decir,

$$16 = 2^4$$
$$20 = 2^2 \cdot 5$$

Así pues, el máximo común divisor de 16 y 20 es $2^2 = 4$.
Por lo tanto, el mínimo común múltiplo de 16 y 20 es $16 \times 20 : 4 = 80$.
A continuación determinamos el mínimo común múltiplo de 30 y 80.

30	2
15	3
5	5
1	

80	2
40	2
20	2
10	2
5	5
1	

Es decir,

$$30 = 2 \times 3 \times 5$$
$$80 = 2^4 \cdot 5$$

Así pues, el máximo común divisor de 30 y 80 es $2 \times 5 = 10$.
Por lo tanto, el mínimo común múltiplo 30 y 80 es $30 \times 80 : 10 = 240$.

A continuación determinamos el mínimo común múltiplo de 64 y 240.

64	2		240	2
32	2		120	2
16	2		60	2
8	2		30	2
4	2		15	3
2	2		5	5
1			1	

O sea:

$$64 = 2^6$$
$$240 = 2^4 \cdot 3 \cdot 5$$

Así pues, el máximo común divisor de 64 y 240 es $2^4 = 16$.
Por lo tanto, el mínimo común múltiplo de 64 y 240 es $64 \times 240 : 16 = 960$.

Un procedimiento más utilizado para determinar el mínimo común múltiplo de varios números es el método de la descomposición en factores primos.

Para hallar el mínimo común múltiplo de varios números por el método de la descomposición en factores primos, se descomponen los números en sus factores primos y el mínimo común múltiplo se obtiene como el producto de todos los factores primos comunes y no comunes con el mayor exponente.

Ejemplo

Hallar el mínimo común múltiplo de 30, 32, 48 y 75 por el método de la descomposición en factores primos.
Solución: Descompongamos los números en sus factores primos:

30	2	32	2	48	2	75	3
15	3	16	2	24	2	25	5
5	5	8	2	12	2	5	5
1		4	2	6	2	1	
		2	2	3	3		
		1		1			

Es decir,

$$30 = 2 \cdot 3 \cdot 5$$
$$32 = 2^5$$
$$48 = 2^4 \cdot 3$$
$$75 = 3 \cdot 5^2$$

Por lo tanto, el mínimo común múltiplo es $2^5 \cdot 3 \cdot 5^2 = 2.400$.

Problemas propuestos

1. Hallar por el método de las divisiones sucesivas el máximo común divisor de 274 y 5.206.
2. Ídem de 3.567 y 370.968.
3. Ídem de 720 y 2.600.
4. Ídem de 153 y 561.
5. Ídem de 152 y 3.420.
6. Ídem de 372 y 9.548.
7. Ídem de 850, 1.600 y 1.900.
8. Ídem de 4.680, 7.200 y 16.200.
9. Ídem de 312, 520 y 572.
10. Ídem de 765, 1.785 y 935.
11. Ídem de 472, 1.180 y 2.478.
12. Hallar por descomposición en factores primos el máximo común divisor de 40 y 160.
13. Ídem de 432 y 1.560.
14. Ídem de 1.380 y 3.400.
15. Ídem de 97.890 y 235.950.
16. Ídem de 66, 154 y 242.
17. Ídem de 1.275, 2.400 y 2.850.
18. Ídem de 8.672, 29.344 y 36.736.
19. Un padre da a un hijo 160 pesos, a otro 150 pesos y a otro 120 pesos, para repartir entre los pobres, de modo que todos den a cada pobre la misma cantidad. ¿Cuál es la mayor cantidad que podrán dar a cada pobre y cuántos los pobres socorridos?
20. Dos cintas de 12 metros y 16 metros de longitud se quieren dividir en pedazos iguales y de la mayor longitud posible. ¿Cuál será la longitud de cada pedazo?
21. ¿Cuál será la mayor longitud de una medida con la que se puedan medir exactamente tres dimensiones de 280, 1.120 y 1.600 metros?
22. Se tienen tres cajas que contienen 4.800, 6.000 y 10.176 libras de jabón, respectivamente. El jabón de cada caja está dividido en bloques del mismo peso, que es el mayor posible. ¿Cuánto pesa cada bloque y cuántos bloques hay en cada caja?
23. Un hombre tiene tres paquetes de billetes de banco. En uno tiene $9.000, en otro $10.480 y en el tercero $13.000. Si todos los billetes son iguales y del mayor valor posible, ¿cuál es el valor de cada billete y cuántos billetes hay en cada paquete?
24. Se quieren envasar 483, 759 y 621 kg de plomo en tres cajas, de modo que los bloques de plomo de cada caja tengan el mismo peso y éste sea el mayor posible. ¿Cuánto pesa cada pedazo de plomo y cuántos caben en cada caja?
25. Una persona camina un número exacto de pasos andando 1.300, 1.600 y 2.000 cm. ¿Cuál es la mayor longitud posible de cada paso?
26. ¿Cuál es la mayor longitud de una regla con la que se puede medir exactamente el largo y el ancho de una sala que tiene 2.550 cm de largo y 1.785 cm de ancho?
27. Compré cierto número de trajes por $4.100. Vendí una parte por $3.000, cobrando por cada traje lo mismo que me había costado. Hallar el mayor valor posible de cada traje y el número de trajes que me quedan.
28. Se tienen tres extensiones de 735, 315 y 455 metros cuadrados de superficie respectivamente y se quieren dividir en parcelas iguales. ¿Cuál ha de ser la superficie de cada parcela para que el número de parcelas de cada una sea el menor posible?
29. Hallar todos los divisores comunes de 6 y 24.
30. Ídem de 20 y 100.
31. Ídem de 16 y 24.
32. Ídem de 30 y 105.
33. Ídem de 30 y 75.
34. Ídem de 21 y 35.
35. Ídem de 160 y 400.
36. Ídem de 105 y 175.
37. Ídem de 225 y 750.
38. Ídem de 28, 42 y 70.
39. Pedro tiene 20 pesos. ¿Podrá comprar un número exacto de lápices de 6 pesos? ¿Y de 10 pesos?

40. Juan tiene 90 quetzales. ¿Podrá comprar un número exacto de lápices de 9 quetzales, o de 15 quetzales o de 18 quetzales cada uno? ¿Cuántos podrá comprar de cada precio?
41. ¿Con qué cantidad de dinero, menor que 80 colones, podré comprar un número exacto de manzanas de 8 colones, 12 colones y 18 colones cada una?
42. ¿Cuál es la menor distancia que se puede medir indistintamente utilizando una cinta métrica de 4,10 o 16 metros de larga?
43. ¿Cuál es la menor cantidad de dinero con que se puede comprar un número exacto de libros de 6, 8, 10 y 16 intis cada uno? ¿Cuántos libros de cada precio pueden comprarse con dicha cantidad?
44. Luis desea comprar un número exacto de pelotas a 240 pesos la docena o un número exacto de docenas de lápices a 180 pesos la docena. ¿Cuál es la menor cantidad de dinero necesaria?
45. Un comerciante desea comprar un número exacto de trajes de $60, $90 o $100 cada uno, pero desea que le sobren $50 para pagar una deuda. ¿Cuál es la menor cantidad de dinero que necesita?
46. ¿Cuál es la menor capacidad que debe tener un estanque que se puede llenar en un número exacto de minutos por cualquiera de tres grifos que vierten 36 litros por minuto, 54 litros por minuto y 60 litros por minuto respectivamente?
47. ¿Cuál es la menor capacidad que debe tener un depósito de agua que se puede llenar en un número exacto de minutos por cualquiera de tres grifos que vierten 10 litros por minuto, 75 litros por minuto y 80 litros por minuto, respectivamente?
48. ¿Cuál es la menor capacidad que debe tener un estanque que se puede llenar en un número exacto de minutos por cualquiera de tres grifos que vierten 20 litros por minuto, 24 litros por minuto y 60 litros por minuto, respectivamente?
49. ¿Cuál es la menor longitud que debe tener una varilla para que se pueda dividir en trozos de 24 cm, 27 cm o 45 cm de longitud sin que sobre ni falte nada? ¿Cuántos trozos de cada longitud se podrían obtener de la varilla?
50. Encontrar el menor número de bombones necesarios para repartir entre tres clases de 40 alumnos, 50 alumnos y 60 alumnos de modo que cada alumno reciba un número exacto de bombones. ¿Cuántos bombones recibirán los alumnos de cada clase?
51. Tres galgos salen juntos en una carrera. El primero tarda 30 segundos en dar la vuelta a la pista, el segundo tarda 33 segundos y el tercero 36 segundos. ¿Al cabo de cuántos segundos volverán a pasar juntos por la línea de salida? ¿Cuántas vueltas habrá dado cada galgo?
52. Tres aviones salen de una misma ciudad con una periodicidad de 4 días, 5 días y 10 días, respectivamente. Si la última vez que salieron juntos fue el 14 de julio, ¿cuál será la fecha próxima en que volverán a salir juntos?
53. Hallar el mínimo común múltiplo de 36, 48 y 80 por el método de la descomposición en factores primos.
54. Ídem de 96, 144 y 324.
55. Ídem de 8, 12, 24, 48 y 200.
56. Ídem de 70, 190, 280 y 570.
57. Ídem de 30, 32, 96 y 300.
58. Ídem de 42, 84, 90 y 360.
59. Ídem de 432, 864, 1.728 y 2.000.
60. Ídem de 105, 195, 300 y 1.000.
61. Hallar el mínimo común múltiplo de 208 y 400 por el método del máximo común divisor.
62. Ídem de 372 y 480.
63. Ídem de 1.016 y 1.440.
64. Ídem de 1.600 y 4.240.
65. Ídem de 10, 20, 80 y 160.
66. Ídem de 24, 30, 45 y 96.
67. Ídem de 36, 48, 64 y 100.
68. Ídem de 280, 360, 620 y 1.800.

Soluciones

1. S.: 274.
2. S.: 3.567.
3. S.: 40.
4. S.: 51.
5. S.: 76.
6. S.: 124.
7. S.: 50.
8. S.: 360.
9. S.: 52.
10. S.: 85.
11. S.: 118.
12. S.: 40.
13. S.: 24.
14. S.: 20.
15. S.: 390.
16. S.: 22.
17. S.: 75.
18. S.: 32.
19. S.: 10 pesos; 43 pobres.
20. S.: 4 metros.
21. S.: 40 metros.
22. S.: 48 libras; 100 bloques en la primera, 375 en la segunda y 636 en la tercera.
23. S.: $ 40; 225 en el primero, 524 en el segundo y 325 en el tercero.
24. S.: 69 kg; 7 en la primera; 11 en la segunda y 9 en la tercera.
25. S.: 100 cm.
26. S.: 255 cm.
27. S.: $100; 11 trajes.
28. S.: 35 m^2.
29. S.: 1, 2, 3 y 6.
30. S.: 1, 2, 4, 5, 10 y 20.
31. S.: 1, 2, 4 y 8.
32. S.: 1, 3, 5 y 15.
33. S.: 1, 3, 5 y 15.
34. S.: 1 y 7.
35. S.: 1, 2, 4, 5, 8, 10, 16, 20, 40 y 80.
36. S.: 1, 5, 7 y 35.
37. S.: 1, 2, 3, 5, 15, 25 y 75.
38. S.: 1, 2, 7 y 14.
39. S.: De 6 pesos no, pero de 10 pesos podrá comprar 2 lápices.
40. S.: Sí, 10 lápices de 9 quetzales, 6 lápices de 15 quetzales y 5 lápices de 18 quetzales.
41. S.: 72 colones.
42. 80 m.
43. S.: 240 intis. 40 libros de 6 intis, 30 libros de 8 intis, 24 libros de 10 intis y 15 libros de 16 intis.
44. S.: 720 pesos.
45. S.: $950.
46. S.: 540 litros.
47. S.: 1.200 litros.
48. S.: 120 litros.
49. S.: 1.080 cm. 45 trozos de 24 cm, 40 de 27 cm y 24 de 45 cm.
50. S.: 600 bombones. 15 bombones los de la primera clase, 12 bombones los de la segunda clase y 10 los de la tercera.
51. S.: 1.980 segundos. 66 vueltas el primero, 60 vueltas el segundo y 55 vueltas el tercero.
52. S.: El tres de agosto.
53. S.: 720.
54. S.: 2.592.
55. S.: 1.200.
56. S.: 15.960.
57. S.: 2.400.
58. S.: 2.520.
59. S.: 216.000.
60. S.: 273.000.
61. S.: 5.200.
62. S.: 14.880.
63. S.: 182.880.
64. S.: 84.800.
65. S.: 160.
66. S.: 1.440.
67. S.: 14.400.
68. S.: 390.600.

10 Los números enteros y sus operaciones

Introducción histórica

La primera consideración sobre el número negativo no llega en el mundo occidental hasta el siglo XVI como consecuencia de la solución de ecuaciones algebraicas. En Oriente, en cambio, durante el siglo IV ya manipulaban números positivos y negativos en los ábacos usando bolas de diferentes colores.

10.1 Los números enteros

Un defecto grave de los números naturales es que la resta o la división de un par de dichos números puede dar como resultado un número que no es natural. Por ejemplo, 3–7 no es un natural como tampoco lo es 5 : 2. Por ello, necesitamos ampliar el conjunto de los números naturales a otro más grande donde podamos efectuar las operaciones anteriores sin miedo a salirnos. Son los números enteros.

El conjunto de los números enteros se representa por *Z* y está formado por los naturales y sus "negativos". Es decir:

$$Z = \{ \ldots , -4 , -3 , -2 , -1 , 0 , 1 , 2 , 3 , 4 , \ldots \}$$

Observa que los enteros incluyen a los naturales y que ahora con ellos, además de sumar y multiplicar, podemos restar con la seguridad de que el resultado siempre será un número entero.

Los números enteros pueden representarse en la recta de la manera siguiente:

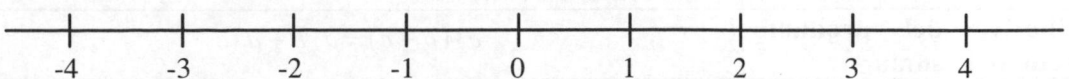

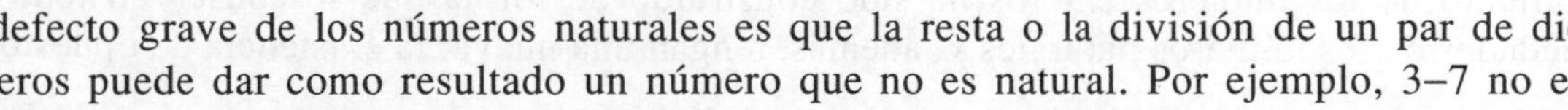

Esta forma de representarlos equivale a ordenarlos de la siguiente manera:

- Los naturales (el cero y los enteros positivos) ya estaban ordenados.
- Todos los números naturales son mayores que los enteros negativos
- Si un número natural *a* es menor que otro *b*, entonces -*a* es mayor que -*b*.

Un concepto muy relacionado con la forma de representar los números enteros es el de valor absoluto. Su interpretación gráfica es la de distancia al cero.

El valor absoluto de un número es el valor del mismo prescindiendo de su signo.

El valor absoluto de un número *a* se escribe $|a|$ y se define como sigue:

- Si el número es natural, su valor absoluto es él mismo:
- Si el número es negativo, el valor absoluto es su opuesto:

Ejemplos

$$|4| = 4; \quad |0| = 0; \quad |-3| = 3; \quad |-15| = 15; \; \ldots$$

10.2 Operaciones con números enteros

El conjunto de los números enteros ha sido construido de forma que se conserven todas las propiedades de los números naturales y, además, tengan una nueva: la existencia de opuesto.

Cualquier número entero tiene un opuesto que, sumado con él, da 0: $a+(-a)=0$. Esto permite restar números enteros entendiéndolo como la suma del opuesto. Es decir:

$$a-b=a+(-b)$$

El siguiente cuadro resume todas las propiedades de las operaciones con enteros:

PROPIEDAD	SUMA	MULTIPLICACIÓN
Asociativa	$(a+b)+c=a+(b+c)$	$(a\cdot b)\cdot c=a\cdot(b\cdot c)$
Conmutativa	$a+b=b+a$	$a\cdot b=b\cdot a$
Elemento neutro	Es el 0, porque $a+0=a$	Es el 1, porque $a\cdot 1=a$
Elemento simétrico	El opuesto de a es $-a$ porque $a+(-a)=0$	No tiene
Distributiva del producto respecto de la suma	$a\cdot(b+c)=a\cdot b+a\cdot c$	

Por cumplir las propiedades anteriores, se dice que la terna ($\mathbf{Z}$, + , ·) tiene estructura de anillo conmutativo con elemento unidad.

Algunas reglas para operar con números negativos son las siguientes:

1ª Si en una expresión figuran sumas de varios números positivos y negativos, se puede operar de dos modos:
- **agrupar positivos por una parte, negativos por otra, y restar ambas sumas**
- **efectuar las sumas de izquierda a derecha**

Ejemplo

Efectúa la siguiente suma de números enteros: $8-11+7-13-6$

Solución: $8-11+7-13-6=8+7-11-13-6=(8+7)-(11+13+6)=15-30=-15$

o bien $8-11+7-13-6=-3+7-13-6=4-13-6=-9-6=-15$

Si no tienes preferencias muy acusadas, te recomendamos esta segunda manera pues supone ahorro de esfuerzo y espacio.

Ejemplo

Efectúa la siguiente operación: $3-2-(-8)+4-10-6$

Solución: $3-2-(-8)+4-10-6=3-2+8+4-10-6=1+8+4-10-6=$
$=9+4-10-6=13-10-6=3-6=-3$

2ª Si un paréntesis va precedido del signo menos, puedes suprimirlo de dos maneras:
- **cambiando el signo de todos los sumandos que haya dentro**
- **efectuando previamente las operaciones que aparecen dentro del paréntesis**

Ejemplo

Calcula la siguiente operación: $-2+8-(4-13+6)$

Solución: $-2+8-(4-13+6)=-2+8-4+13-6=(8+13)-(2+4+6)=21-12=9$

o bien $-2+8-(4-13+6)=-2+8-(-9+6)=-2+8-(-3)=-2+8+3=6+3=9$

Ejemplo

Efectúa la operación: $-(5-3+4)+2-10-(-3+4-7)$

Solución: $-(5-3+4)+2-10-(-3+4-7)=-(2+4)+2-10-(1-7)=$
$=-6+2-10-(-6)=-6+2-10+6=-4-10+6=-14+6=-8$

3ª Para multiplicar números enteros se utiliza la llamada regla de los signos:

$+\cdot+=+ \qquad +\cdot-=- \qquad -\cdot+=- \qquad -\cdot-=+$

Ejemplos

$6\cdot 8=48$; $3\cdot(-5)=-3\cdot 5=-15$; $(-4)\cdot 2=-4\cdot 2=-8$; $(-5)\cdot(-7)=5\cdot 7=35$

Cuando hayas de multiplicar varios números enteros resulta conveniente pensar primero en el signo del resultado para después calcular el valor numérico de éste.

Ejemplo

Calcula las siguientes multiplicaciones: a) $5\cdot(-2)\cdot(-3)$ b) $(-2)\cdot(-10)\cdot(-1)$

Solución:

a) $5\cdot(-2)\cdot(-3)=5\cdot 2\cdot 3=30$ pues $+\cdot-\cdot-=+$

b) $(-2)\cdot(-10)\cdot(-1)=-2\cdot 10\cdot 1=-20$ pues $-\cdot-\cdot-=-$

10.3 Operaciones compuestas

Las preferencias en el orden de realización de operaciones compuestas de números naturales son también válidas para los enteros:

Las operaciones compuestas se realizan según el orden siguiente:

1º. Paréntesis, si los hubiese (si aparecen varios, unos dentro de otros, se comienza efectuando los de dentro)
2º. Multiplicaciones y divisiones
3º. Sumas y restas

Ejemplo

Calcula el valor de la expresión: $5+(-3)-(-2)+(4-6)-[3-(6-4)]$

Solución: $5+(-3)-(-2)+(4-6)-[3-(6-4)]=5-3+2+(-2)-[3-2]=$
$=5-3+2-2-1=2+2-2-1=4-2-1=2-1=1$

Ejemplo

Efectúa la operación: $5\cdot[8-(2+3)]-(-4)\cdot[6-(2+7)]$

Solución: $5\cdot[8-(2+3)]-(-4)\cdot[6-(2+7)]=5\cdot[8-5]+4\cdot[6-9]=$
$=5\cdot 3+4\cdot(-3)=15+(-12)=15-12=3$

Ejemplo

Haz lo mismo para la operación: $4\cdot(10-2\cdot 3)-2\cdot(-3-15:3)-(9-2)$

Solución: $4\cdot(10-2\cdot 3)-2\cdot(-3-15:3)-(9-2)=4\cdot(10-6)-2\cdot(-3-5)-(9-2)=$
$=4\cdot 4-2\cdot(-8)-(9-2)=16+16-7=32-7=25$

Ejemplo

Calcula: $(-7)\cdot[4\cdot(3-8)-5\cdot(8-5)]$

Solución: $(-7)\cdot[4\cdot(3-8)-5\cdot(8-5)]=(-7)\cdot[4\cdot(-5)-5\cdot 3]=$
$=(-7)\cdot[-20-15]=(-7)\cdot(-35)=245$

10.4 Potenciación y radicación

Ya sabes como elevar números naturales a potencias naturales (ver tema 5). Para elevar números negativos se opera de igual modo:

Si a es un número positivo, entonces: $(-a)^n=\underbrace{(-a)\cdot(-a)\cdot\ldots\cdot(-a)}_{n\ veces}$

Por tanto, si tenemos en cuenta la paridad del exponente, se tendrá:

$$(-a)^n = \begin{cases} a^n & \text{si n es par} \\ -a^n & \text{si n es impar} \end{cases}$$

No debes confundir las expresiones $(-a)^n$ y $-a^n$. La primera expresión nos pide que multipliquemos $-a$ por sí mismo n veces; la segunda nos pide el opuesto del resultado de multiplicar a por sí misma n veces.

Ejemplos

Calcula las potencias: a) $(-2)^4$ b) -2^4 c) $(-2)^3$ d) -2^3

Solución: a) $(-2)^4 = 2^4 = 16$ b) $-2^4 = -16$

c) $(-2)^3 = -2^3 = -8$ d) $-2^3 = -8$

Ejemplo

Repite el ejercicio anterior para las potencias $(-1)^{21}$ y $(-1)^{22}$

Solución: $(-1)^{21} = -1^{21} = -1$ (21 es impar); $(-1)^{22} = 1^{22} = 1$ (22 es par)

Por supuesto, siguen siendo de aplicación las propiedades de las potencias estudiadas en los números naturales. Las recordamos:

$$a^m \cdot a^n = a^{m+n} \qquad \left(a^m\right)^n = a^{m\cdot n} \qquad (a\cdot b)^n = a^n \cdot b^n$$

Ejemplo

Efectúa la siguiente multiplicación de potencias: $(-3)^2 \cdot (-3)^3 \cdot (-3)$

Solución: $(-3)^2 \cdot (-3)^3 \cdot (-3) = (-3)^6 = 3^6 = 729$

Ejemplo

Expresa como una sola potencia la expresión: $(-5)^3 \cdot (-2)^3 \cdot 3^3$

Solución: $(-5)^3 \cdot (-2)^3 \cdot 3^3 = [(-5)\cdot(-2)\cdot 3]^3 = (10\cdot 3)^3 = 30^3$

Ejemplo

Desarrolla la expresión: $\left(2\cdot(-a)^3\cdot b^2\cdot c\right)^4$

Solución: $\left(2\cdot(-a)^3\cdot b^2\cdot c\right)^4 = 2^4\cdot\left((-a)^3\right)^4\cdot\left(b^2\right)^4\cdot c^4 = 16\cdot(-a)^{12}\cdot b^8\cdot c^4 = 16a^{12}b^8c^4$

Aunque la radicación será abordada en profundidad en el tema dedicado a los números reales, presentamos aquí una peculiaridad importante de las raíces de números negativos:

A los números enteros negativos sólo se le pueden extraer raíces de índice impar. Las de índice par no tienen sentido.

En efecto, podemos calcular sin dificultad $\sqrt[3]{-8} = -2$, puesto que $(-2)^3 = -8$. Pero si intentamos calcular $\sqrt{-16}$ nos encontramos que no existe ningún número que elevado al cuadrado nos de -16. La razón está en que el cuadrado de cualquier número -positivo o negativo- es siempre un número positivo.

Ejemplo

Expresa en forma de potencia la relación existente entre los números que aparecen en cada expresión:

a) $\sqrt[3]{8} = 2$ b) $\sqrt[4]{b^3} = k$ c) $\sqrt[5]{m^2n} = p$

Solución: a) $\sqrt[3]{8} = 2 \rightarrow 2^3 = 8$ b) $\sqrt[4]{b^3} = k \rightarrow k^4 = b^3$

c) $\sqrt[5]{m^2n} = p \rightarrow p^5 = m^2n$

Ejemplo

Calcula siempre que sea posible las siguientes raíces:

a) $\sqrt{25}$ b) $\sqrt[3]{27}$ c) $\sqrt[5]{-32}$ d) $\sqrt[4]{-16}$

Solución: a) $\sqrt{25} = 5$ porque $5^2 = 25$; b) $\sqrt[3]{27} = 3$ porque $3^3 = 27$

c) $\sqrt[5]{-32} = -2$ porque $(-2)^5 = -32$; d) $\sqrt[4]{-16}$ no tiene sentido

Problemas propuestos

1. Ordena de menor a mayor los números: 4, -5, 0 , -2, -20, +16, 12.
2. Escribe tres enteros mayores que -1 pero menores que 3.
3. Efectúa las siguientes operaciones:
   a) $40+35+3-10-9$
   b) $3-2-(-8)+4-10-6$
   c) $-(-10)+(-8)-3+(-1)$
   d) $-1-2-3+(-6)-(-4)$
4. Calcula las siguientes multiplicaciones:
   a) $(-3)\cdot 5\cdot(-6)$
   b) $5\cdot(-1)\cdot(-3)\cdot 4$
   c) $(-1)\cdot(-1)\cdot\ldots\cdot(-1)$ (27 veces)
5. Calcula, teniendo en cuenta la prioridad entre las operaciones:
   a) $5\cdot 4-8+30:5$
   b) $25-2\cdot 3\cdot 10$
   c) $3+1\cdot 2-6:3$
   d) $2\cdot 4-(-2):2$
6. ¿Son iguales los valores de $(-2)\cdot(9-6)$ y $(-2)\cdot 9-6$?.
7. Calcula el valor de las siguientes operaciones:
   a) $23-5\cdot(4-7)+6\cdot(2-5)$
   b) $22-4\cdot(9-3\cdot 2)$
   c) $8-[6-(-3+7)-6]+4$
   d) $(4-2)\cdot 3-2+5\cdot(1-3)+1$
   e) $7-[3+(8+5)\cdot(3-1)+5]$
   f) $3\cdot 8-1-[2-1+(2-3)\cdot 4:2]$
   g) $22-[4-6-(1-9)+6:2]+8$
   h) $6-5\cdot[-(-1)-2\cdot 3+4\cdot(-6+8)]$
   i) $3-\{3-[3-(3-3)]\}$
   j) $(4-2)-\{-[5-(3-2)]+6\}$
   k) $1+5\cdot\{1+5\cdot[1+5\cdot(1+5)]\}$
   l) $-\{-1-[1-(-1)]\}-\{[(-1)-1]+1\}$
8. Completa los paréntesis:
   a) $6-36+42=6\cdot(\quad-\quad+\quad)$
   b) $-25+30-60=5\cdot(-\quad+\quad-\quad)$
   c) $-18+36-54-7\cdot 9=9\cdot(-\quad+\quad-\quad-\quad)$
9. Sacar factor común en:
   a) $16-64+40$
   b) $22-55+11$
10. Saca los factores comunes que puedas en las expresiones siguientes:
    a) x^2-x
    b) $3a^2-9a$
    c) $26x-39$
    d) $6\alpha^3-9\alpha^2+3\alpha$
    e) $x(x+1)-2(x+1)$
    f) $2\pi rh+2\pi r^2$
    g) $(a+1)^2-3(a+1)$
    h) $27x^6-3x^5+9x^4-15x^2$
11. Expresa como una sola potencia:
    a) $(-2)^4\cdot(-2)^3\cdot(-2)^6\cdot(-2)$
    b) $3^3\cdot(-3)^2\cdot 3^4$
    c) $a^2\cdot a^3\cdot a^6$
12. Desarrolla las expresiones:
    a) $\left(2\cdot 3^2\cdot 5^3\right)^2$
    b) $\left(4\cdot(-1)^3\cdot(-3)^2\right)^3$
    c) $\left(-2a^3b^5c\right)^4$
13. Calcula el valor de:
    a) $(2-3)^2+(8-6)^2-(-3)$
    b) $2^2\cdot 3^2-(3-1)^3:4+7$
14. Calcula, cuando sea posible, los siguientes radicales:
    a) $\sqrt[3]{125}$
    b) $\sqrt[3]{-125}$
    c) $\sqrt[4]{-1}$
    d) $\sqrt{49}$

Soluciones

1. Solución: $-20, -5, -2, 0, 4, 12, +16$
2. S: 0, 1, 2.
3. S: a) 57
   b) -3
   c) -2
   d) -8
4. S: a) 90
   b) 60
   c) -1
5. S: a) 18
   b) -35
   c) 3
   d) 9
6. S: No, pues $(-2)\cdot(9-6)=(-2)\cdot 3=-6$
   mientras que $(-2)\cdot 9-6=-18-6=-24$
7. S: a) 20
   b) 38
   c) 8
   d) -5
   e) -27
   f) 24
   g) 21
   h) -9
   i) 3
   j) 0
   k) 781
   l) 4
8. S: a) $6\cdot(1-6+7)$
   b) $5\cdot(-5+6-12)$
   c) $9\cdot(-2+4-6-7)$
9. S: a) $8\cdot(2-8+5)$
   b) $11\cdot(2-5+1)$
10. S: a) $x(x-1)$
    b) $3a(a-3)$
    c) $13(2x-3)$
    d) $3\alpha(2\alpha^2-3\alpha+1)$
    e) $(x+1)(x-2)$
    f) $2\pi r(h+r)$
    g) $(a+1)(a+1-3)=(a+1)(a-2)$
    h) $3x^2(9x^4-x^3+3x^2-5)$
11. S: a) 2^{14}
    b) 3^9
    c) a^{13}
12. S: a) $2^2\cdot 3^4\cdot 5^6$
    b) $-4^3\cdot 3^6$
    c) $16a^{12}b^{20}c^4$
13. S: a) 8
    b) 41
14. S: a) 5
    b) -5
    c) No tiene sentido
    d) 7

Los números racionales y sus operaciones

11

Introducción histórica

El primer conocimiento acerca de las fracciones se produce hacia el año 2.000 a. de C. en Egipto. Los griegos, quince siglos después, elaboraron con acierto las teorías anteriores de egipcios y babilonios e hicieron de ellas una verdadera ciencia.

11.1 El número racional

Según sabemos, las operaciones de suma, resta y multiplicación eran internas en el conjunto de los números enteros. Es decir, el resultado de sumar, restar o multiplicar dos números enteros es siempre un número entero. En cambio, esto no ocurría con la división pues, por ejemplo, el resultado de la división 8 : 3 no es un número entero. Necesitamos por tanto un conjunto mayor de números donde también tenga cabida la división. Este conjunto va a ser el de los números racionales a cuya definición llegaremos en un momento.

Para medir suele ser necesario fraccionar la unidad. De aquí surge la idea de número fraccionario: la mitad, la tercera parte ... de la unidad. Las fracciones son las expresiones numéricas de los números fraccionarios.

Son números fraccionarios: $\frac{1}{2}$; $\frac{3}{5}$; $\frac{4}{9}$; $\frac{1}{1000}$; $\frac{29}{100}$

En todas estas fracciones el numerador (el número que aparece sobre la línea de fracción) es menor que el denominador (el que está debajo) y, por tanto, son partes de la unidad.

También son fraccionarios los números: $\frac{8}{3}=2+\frac{2}{3}$; $\frac{15}{4}=3+\frac{3}{4}$

Cada uno de ellos se compone de varias unidades enteras más una fracción de la unidad.
De igual modo son también fraccionarios los números representados por fracciones negativas:

$$\frac{-3}{5} \; ; \; \frac{6}{-7} \; ; \; \frac{-5}{-8}$$

Necesitamos establecer un criterio que permita reconocer cuando dos fracciones representan el mismo número racional. En concreto:

Diremos que dos fracciones son equivalentes cuando el producto obtenido al multiplicar el numerador de la primera por el denominador de la segunda coincide con el producto obtenido al multiplicar el numerador de la segunda por el denominador de la primera.

Para expresar que dos fracciones son equivalentes escribiremos: $\frac{a}{b}=\frac{c}{d}$ y se tiene, por tanto:

$$\frac{a}{b}=\frac{c}{d} \quad \leftrightarrow \quad a\cdot d=b\cdot c$$

Ejemplo

Comprobar que las fracciones $\frac{3}{7}$ y $\frac{9}{21}$ son equivalentes.

Solución: En efecto lo son, pues $3\cdot 21=63=9\cdot 7$.

Ejemplo

Comprobar que las fracciones $\frac{3}{7}$ y $\frac{5}{9}$ no son equivalentes.

Solución: No lo son, pues $3\cdot 9=27\neq 7\cdot 5=35$

La equivalencia de fracciones constituye una relación de equivalencia. En efecto, vamos a comprobar que se cumplen las propiedades reflexiva, simétrica y transitiva.

Propiedad reflexiva: Toda fracción es equivalente a sí misma.

En efecto, $\frac{a}{b}=\frac{a}{b}$ pues $a\cdot b=b\cdot a$.

Propiedad simétrica: Si una fracción es equivalente a otra, ésta es equivalente a la primera.

En efecto, si $\frac{a}{b}=\frac{c}{d}$, debe cumplirse que $a\cdot d=b\cdot c$ o lo que es lo mismo: $c\cdot b=d\cdot a$, es decir: $\frac{c}{d}=\frac{a}{b}$.

Propiedad transitiva: Si una fracción es equivalente a otra y ésta es equivalente a una tercera, la primera fracción es equivalente a la tercera.

En efecto, si $\frac{a}{b}=\frac{c}{d}$, debe cumplirse que $a\cdot d=b\cdot c$ (1).

Si además, $\frac{c}{d}=\frac{e}{f}$, entonces debe ocurrir que $c\cdot f=e\cdot d$ (2).

Multiplicando miembro a miembro las igualdades (1) y (2) obtenemos: $a\cdot d\cdot c\cdot f=b\cdot c\cdot e\cdot d$
Dividiendo ambos miembros entre $d\cdot c$ obtenemos que $a\cdot f=b\cdot e$, lo que pone de manifiesto que $\frac{a}{b}=\frac{e}{f}$, tal y como queríamos demostrar.

Cada una de las clases de equivalencia de esta relación representan un **número racional**. Así, por ejemplo las fracciones $\frac{1}{3}=\frac{2}{6}=\frac{-2}{-6}=\frac{100}{300}=\ldots$ representan el mismo número racional pues todas ellas son equivalentes.

Observa que también los números enteros pueden escribirse como fracciones, pues pueden ponerse con denominador unidad: $5=\frac{5}{1}$; $-6=\frac{-6}{1}$. Por tanto,

Todo entero es racional y por tanto los números fraccionarios complementan a los enteros dando lugar, entre todos, al conjunto de los números racionales.

Se le representa por la letra *Q* y es $Q=\left\{\frac{a}{b},\ a,b\in Z\ \text{y}\ b\neq 0\right\}$

Es evidente que se verifica que $\boldsymbol{N\subset Z\subset Q}$.

11.2 Simplificación de fracciones

Se puede formar una fracción equivalente a $\frac{a}{b}$ $\begin{cases} \text{multiplicando } a \text{ y } b \text{ por un mismo nº o} \\ \text{dividiendo } a \text{ y } b \text{ por un mismo nº} \end{cases}$

En este segundo caso diremos que hemos **simplificado** o **reducido** la fracción.

Cuando una fracción no se puede reducir más diremos que es una fracción irreducible, Esta fracción será la que tomemos con expresión habitual del correspondiente número racional.

Ejemplo

Simplificar todo lo posible la fracción $\frac{15}{25}$

Solución: Dividimos ambos términos por 3, que es divisor común de ambos. Obtenemos así:

$$\frac{15}{25}=\frac{3}{5} \quad \text{que es una fracción irreducible.}$$

Ejemplo

Simplificar al máximo la fracción $\frac{-168}{252}$

Solución: Las fracciones con términos grandes como ésta pueden simplificarse más cómodamente dividiendo ambos términos entre su máximo común divisor. Para ello:

$168 = 2^3 \cdot 3 \cdot 7$ y $252 = 2^2 \cdot 3^2 \cdot 7$, luego su máximo común divisor es: $2^2 \cdot 3 \cdot 7 = 84$.

Dividiendo por tanto ambos términos entre 84 se tiene: $\frac{-168}{252}=\frac{-2}{3}$.

También podríamos haber dividido sucesivamente por 2 (dos veces), por 3 y por 7, obteniendo:

$$\frac{-168}{252}=\frac{-84}{126}=\frac{-42}{63}=\frac{-14}{21}=\frac{-2}{3}$$

11.3 Comparación de fracciones

Si dos fracciones tienen distinto denominador son difíciles de comparar (¿Cuál es mayor?). Por eso, para comparar fracciones las "reducimos a común denominador", es decir, buscamos fracciones respectivamente equivalentes a ellas y que tengan el mismo denominador. Este denominador común debe ser un múltiplo común de los denominadores de partida, preferiblemente el mínimo común múltiplo de ellos.

Ejemplo

Reduce a común denominador las fracciones $\frac{5}{6}, \frac{4}{5}$ y $\frac{3}{4}$ y ordénalas de menor a mayor.

Solución: Empezamos calculando el mínimo común múltiplo de los denominadores:

$$6 = 2 \cdot 3;\ \ 5 = 5;\ \ 4 = 2^2, \text{ luego el mínimo común múltiplo es } 2^2 \cdot 3 \cdot 5 = 60$$

Por tanto, buscamos tres fracciones equivalentes a las dadas y cuyo denominador sea 60. Los numeradores de las nuevas fracciones serán:

$$60 : 6 \cdot 5 = 50; \quad 60 : 5 \cdot 4 = 48; \quad 60 : 4 \cdot 3 = 45$$

y las fracciones equivalentes a las dadas con igual denominador son:

$$\frac{5}{6} = \frac{50}{60}; \quad \frac{4}{5} = \frac{48}{60}; \quad \frac{3}{4} = \frac{45}{60}$$

Ahora que tienen el mismo denominador es fácil ordenarlas de menor a mayor:

$$\frac{3}{4} \rightarrow \frac{4}{5} \rightarrow \frac{5}{6}$$

Los números racionales están por tanto ordenados y pueden ser representados también en la recta junto a los números enteros.

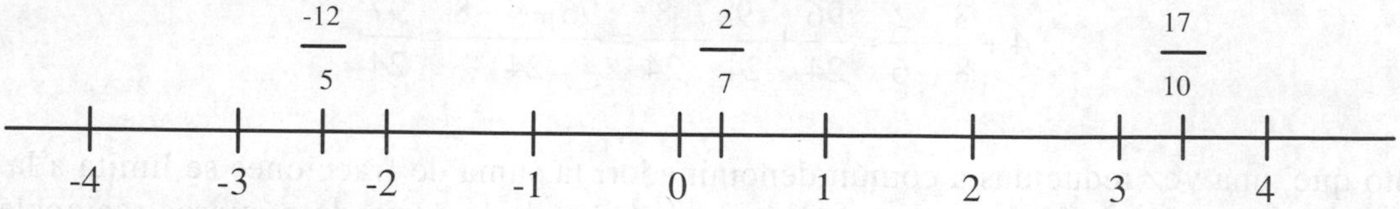

De este modo se tendrían todos los números racionales. Éstos se agolpan en la recta de tal manera que, entre cada dos de ellos, hay otros infinitos.

11.4 Operaciones con números racionales

SUMA Y RESTA:

- **Para sumar fracciones con el mismo denominador se suman los numeradores y se mantiene el denominador.**
- **Para sumar fracciones con distinto denominador tendremos que transformarlas en otras equivalentes con el mismo denominador.**

Ejemplo

Calcula $\frac{3}{5}-\frac{7}{5}+\frac{12}{5}$

Solución: $$\frac{3}{5}-\frac{7}{5}+\frac{12}{5}=\frac{3-7+12}{5}=\frac{8}{5}$$

Ejemplo

Calcula $\frac{7}{12}+\frac{4}{20}-\frac{2}{6}$

Solución: El mínimo común múltiplo de 12, 20 y 6 es 60. Reduciendo las fracciones a denominador 60 se tiene:

$$\frac{7}{12}+\frac{4}{20}-\frac{2}{6}=\frac{35}{60}+\frac{12}{60}-\frac{44}{60}=\frac{35+12-44}{60}=\frac{3}{60}=\frac{1}{20}$$

Si algún sumando es un número entero, se le coloca un 1 como denominador y se opera igual.

Ejemplo

Calcula $4+\frac{3}{8}-\frac{2}{6}$

Solución: El común denominador de las fracciones es 24. Por tanto:

$$4+\frac{3}{8}-\frac{2}{6}=\frac{96}{24}+\frac{9}{24}-\frac{8}{24}=\frac{96+9-8}{24}=\frac{97}{24}$$

Puesto que, una vez reducidas a común denominador, la suma de fracciones se limita a la suma de sus numeradores (números enteros), las propiedades de la suma de números racionales son las mismas que las de la suma de enteros.

MULTIPLICACIÓN Y DIVISIÓN:

El producto de dos fracciones es otra fracción cuyo denominador es el producto de sus denominadores y cuyo numerador es el producto de sus numeradores.

En concreto: $$\frac{a}{b}\cdot\frac{c}{d}=\frac{a\cdot c}{b\cdot d}$$

Ejemplo

Multiplica las fracciones $\frac{2}{5}\cdot\frac{3}{7}$

Solución: $\frac{2}{5}\cdot\frac{3}{7}=\frac{2\cdot 3}{5\cdot 7}=\frac{6}{35}$

No conviene efectuar las multiplicaciones a ciegas. Para evitar resultados muy elevados, cuando sea posible conviene simplificar antes de realizar la multiplicación.

Ejemplo

Calcula $8\cdot\frac{5}{4}\cdot\frac{6}{5}\cdot\frac{7}{8}$

Solución: Podemos simplificar los numeradores 8 y 5 con sus correspondientes denominadores, obteniendo: $8\cdot\frac{5}{4}\cdot\frac{6}{5}\cdot\frac{7}{8}=\frac{6\cdot 7}{4}=\frac{3\cdot 7}{2}=\frac{21}{2}$

Observa que si hubiésemos efectuado previamente la multiplicación, habríamos obtenido la fracción $8\cdot\frac{5}{4}\cdot\frac{6}{5}\cdot\frac{7}{8}=\frac{8\cdot 5\cdot 6\cdot 7}{4\cdot 5\cdot 8}=\frac{1680}{160}$ que, laboriosamente, tendríamos que simplificar a $\frac{21}{2}$.

La multiplicación de números racionales tiene todas las propiedades de la multiplicación de números enteros y una nueva:

Todo número racional, salvo el 0, tiene un inverso

En concreto, el inverso de $\frac{a}{b}$ es $\frac{b}{a}$ de modo que $\frac{a}{b}\cdot\frac{b}{a}=\frac{a\cdot b}{b\cdot a}=1$

La existencia de inverso permite dividir fracciones. En concreto:

La división de dos fracciones es la multiplicación de la primera por la inversa de la segunda.

Simbólicamente: $\frac{a}{b}:\frac{c}{d}=\frac{a\cdot d}{b\cdot c}$

Ejemplo

Efectúa la división $\frac{3}{5}:\frac{4}{9}$

Solución: $\frac{3}{5}:\frac{4}{9}=\frac{3\cdot 9}{5\cdot 4}=\frac{27}{20}$

Ejemplo

Calcula $\frac{7}{2}:3$

Solución: 3 tiene como denominador 1, luego $\frac{7}{2}:3=\frac{7}{2\cdot 3}=\frac{7}{6}$

El siguiente cuadro resume las propiedades de la suma y multiplicación de números racionales

PROPIEDAD	SUMA	MULTIPLICACIÓN
Asociativa	$\left(\frac{a}{b}+\frac{c}{d}\right)+\frac{e}{f}=\frac{a}{b}+\left(\frac{c}{d}+\frac{e}{f}\right)$	$\left(\frac{a}{b}\cdot\frac{c}{d}\right)\cdot\frac{e}{f}=\frac{a}{b}\cdot\left(\frac{c}{d}\cdot\frac{e}{f}\right)$
Conmutativa	$\frac{a}{b}+\frac{c}{d}=\frac{c}{d}+\frac{a}{b}$	$\frac{a}{b}\cdot\frac{c}{d}=\frac{c}{d}\cdot\frac{a}{b}$
Elemento neutro	Es el 0, pues $\frac{a}{b}+0=\frac{a}{b}$	Es el 1, pues $\frac{a}{b}\cdot 1=\frac{a}{b}$
Elemento simétrico	El opuesto de $\frac{a}{b}$ es $\frac{-b}{a}$ pues $\frac{a}{b}+\frac{-a}{b}=0$	El inverso de $\frac{a}{b}\neq 0$ es $\frac{b}{a}$ pues $\frac{a}{b}\cdot\frac{b}{a}=1$
Distributiva del producto respecto de la suma	$\frac{a}{b}\cdot\left(\frac{c}{d}+\frac{e}{f}\right)=\frac{a}{b}\cdot\frac{c}{d}+\frac{a}{b}\cdot\frac{e}{f}$	

La terna $(Q, +, \cdot)$, por cumplir las propiedades expuestas, es un cuerpo conmutativo.

11.5 Operaciones compuestas

El cálculo con números racionales sigue las mismas pautas que con los números enteros:

- **Se efectúan primero los paréntesis, empezando por los de dentro.**
- **Después las multiplicaciones y divisiones si las hubiese, comenzando por la izquierda.**
- **Y por último, sumas y restas.**

Ejemplo

Calcula $\left(\frac{2}{3}-5\right)\cdot\frac{1}{5}+\frac{3}{2}-\frac{4}{15}$

Solución: Efectuaremos primero el paréntesis $\frac{2}{3}-5=\frac{2-15}{3}=\frac{-13}{3}$; después la multiplicación

$\frac{13}{3}\cdot\frac{1}{5}=\frac{13}{15}$ y por último la suma $\frac{13}{15}+\frac{3}{2}-\frac{4}{15}$.

Por tanto: $$\left(\frac{2}{3}-5\right)\cdot\frac{1}{5}+\frac{3}{2}-\frac{4}{15}=\frac{-13}{3}\cdot\frac{1}{5}+\frac{3}{2}-\frac{4}{15}=\frac{-13}{15}+\frac{3}{2}-\frac{4}{15}=\frac{-26+45-8}{30}=\frac{11}{30}$$

Ejemplo

Calcula $\frac{2}{5}-\frac{2}{5}\cdot\left(1-\frac{1}{2}\right)+\frac{3}{4}\cdot\left(\frac{7}{3}-\frac{9}{6}\right)$

Solución: Calculamos primero los paréntesis $1-\frac{1}{2}=\frac{2-1}{2}$ y $\frac{7}{3}-\frac{9}{6}=\frac{14-9}{6}=\frac{5}{6}$; después

las multiplicaciones $\frac{2}{5}\cdot\frac{1}{2}=\frac{2}{10}=\frac{1}{5}$ y $\frac{3}{4}\cdot\frac{5}{6}=\frac{15}{24}=\frac{5}{8}$; por último la suma $\frac{2}{5}-\frac{1}{5}+\frac{5}{8}$.

Por tanto: $$\frac{2}{5}-\frac{2}{5}\cdot\left(1-\frac{1}{2}\right)+\frac{3}{4}\cdot\left(\frac{7}{3}-\frac{9}{6}\right)=\frac{2}{5}-\frac{2}{5}\cdot\frac{1}{2}+\frac{3}{4}\cdot\frac{5}{6}=\frac{2}{5}-\frac{1}{5}+\frac{5}{8}=\frac{16-8+25}{40}=\frac{37}{25}$$

Ejemplo

Calcula $6\cdot\left\{1-\frac{1}{3}\cdot\left[\frac{1}{4}+2:\left(\frac{1}{2}-1\right)\right]\right\}$

Solución: Efectuamos primero el paréntesis interior $\frac{1}{2}-1=\frac{1-2}{2}=\frac{-1}{2}$. A continuación calculamos el corchete $\frac{1}{4}+2:\frac{-1}{2}=\frac{1}{4}+\frac{4}{-1}=\frac{1}{4}-4=\frac{1-16}{4}=\frac{-15}{4}$. Seguidamente es el turno de la llave $1-\frac{1}{3}\cdot\frac{-15}{4}=1-\frac{-15}{12}=1+\frac{15}{12}=\frac{12+15}{12}=\frac{27}{12}=\frac{9}{4}$. Por último, la multiplicación $6\cdot\frac{9}{4}$

Resulta: $$6\cdot\left\{1-\frac{1}{3}\cdot\left[\frac{1}{4}+2:\left(\frac{1}{2}-1\right)\right]\right\}=6\cdot\left\{1-\frac{1}{3}\cdot\left[\frac{1}{4}+2:\frac{-1}{2}\right]\right\}=$$

$$= 6 \cdot \left\{ 1 - \frac{1}{3} \cdot \frac{-15}{4} \right\} = 6 \cdot \frac{9}{4} = \frac{54}{4} = \frac{27}{2}$$

A veces, los dos puntos de la división se sustituyen por una línea de fracción un poco más larga. Pero estas líneas hacen el papel de un paréntesis, por lo que hay que efectuar en primer lugar los cálculos que van encima o debajo de ellas.

Ejemplo

Calcula $8 \cdot \dfrac{\frac{1}{3} - \frac{2}{5} \cdot \frac{5}{3}}{2 - \frac{9}{2} \cdot \frac{2}{3}} - 3$

Solución: Efectuamos primero los cálculos que aparecen por encima y por debajo de la línea larga de fracción $\frac{1}{3} - \frac{2}{5} \cdot \frac{5}{3} = \frac{1}{3} - \frac{10}{15} = \frac{1}{3} - \frac{2}{3} = \frac{-1}{3}$ y $2 - \frac{9}{2} \cdot \frac{2}{3} = 2 - \frac{18}{6} = 2 - 3 = -1$. Ahora calculamos la división $\frac{-1}{3} : (-1) = \frac{-1}{-3} = \frac{1}{3}$. Por último hallamos $8 \cdot \frac{1}{3} - 3$.

Es decir, $$8 \cdot \dfrac{\frac{1}{3} - \frac{2}{5} \cdot \frac{5}{3}}{2 - \frac{9}{2} \cdot \frac{2}{3}} - 3 = 8 \cdot \dfrac{\frac{-1}{3}}{-1} - 3 = 8 \cdot \frac{1}{3} - 3 = \frac{8}{3} - 3 = \frac{8-9}{3} = \frac{-1}{3}$$

11.6 Potenciación

El conocimiento del número racional $\frac{a}{b}$ nos permite ahora ampliar las propiedades de las potencias estudiadas para los naturales y enteros.

POTENCIAS DE EXPONENTE NATURAL POSITIVO: Si m y n son números naturales distintos de cero, se cumple que:

1. $a^m \cdot a^n = a^{m+n}$ **2.** $(a \cdot b)^n = a^n \cdot b^n$ **3.** $(a^m)^n = a^{m \cdot n}$

4. Si $m > n$, $\dfrac{a^m}{a^n} = a^{m-n}$ **5.** $\left(\dfrac{a}{b}\right)^n = \dfrac{a^n}{b^n}$

POTENCIAS DE EXPONENTE ENTERO: Si $a \neq 0$ y n es un número natural, definimos:

$$a^n = \underbrace{a \cdot a \cdot \ldots \cdot a}_{n\ veces} \qquad a^0 = 1 \qquad a^{-n} = \frac{1}{a^n}$$

Si m y n son números enteros cualesquiera, se cumplen las cinco primeras propiedades y además:

4. $\dfrac{a^m}{a^n} = a^{m-n}$ **5.** $\left(\dfrac{a}{b}\right)^{-n} = \left(\dfrac{b}{a}\right)^n$

Ejemplo

Expresa con una sola fracción irreducible:

a) $\dfrac{5^3}{5^4}$ b) $\left(2a^2b\right)^{-2}$ c) $7 \cdot 2^{-1} \cdot 5 \cdot 3^{-2}$

Solución: a) $\dfrac{5^3}{5^4} = 5^{3-4} = 5^{-1} = \dfrac{1}{5}$

b) $\left(2a^2b\right)^{-2} = \dfrac{1}{\left(2a^2b\right)^2} = \dfrac{1}{2^2\left(a^2\right)^2 b^2} = \dfrac{1}{4a^4b^2}$

c) $7 \cdot 2^{-1} \cdot 5 \cdot 3^{-2} = 7 \cdot \dfrac{1}{2} \cdot 5 \cdot \dfrac{1}{3^2} = \dfrac{7 \cdot 5}{2 \cdot 3^2} = \dfrac{35}{2 \cdot 9} = \dfrac{35}{18}$

Ejemplo

Reduce a un solo número racional las potencias siguientes:

a) $\left(\dfrac{1}{3}\right)^{-2}$ b) $\left(-\dfrac{2}{5}\right)^{-2}$ c) $\left(\dfrac{1}{2}\right)^5 \cdot \left(\dfrac{1}{5}\right)^5$

Solución: a) $\left(\dfrac{1}{3}\right)^{-2} = 3^2 = 9$ b) $\left(-\dfrac{2}{5}\right)^{-2} = \left(-\dfrac{5}{2}\right)^2 = \left(\dfrac{5}{2}\right)^2 = \dfrac{5^2}{2^2} = \dfrac{25}{4}$

c) $\left(\dfrac{1}{2}\right)^5 \cdot \left(\dfrac{1}{5}\right)^5 = \left(\dfrac{1}{2} \cdot \dfrac{1}{5}\right)^5 = \left(\dfrac{1}{10}\right)^5 = \dfrac{1^5}{10^5} = \dfrac{1}{10.000}$

Ejemplo

Expresa como potencias de 10 los números 10.000 y 0,01.

Solución: $10.000 = 10^4$ $\qquad 0{,}01 = \dfrac{1}{100} = \dfrac{1}{10^2} = 10^{-2}$

Ejemplo

Reduce a una sola potencia: $\left(-\dfrac{2}{7}\right)^6 \cdot \left(-\dfrac{2}{7}\right)^5 \cdot \left(-\dfrac{2}{7}\right)^3$

Solución: $\left(-\dfrac{2}{7}\right)^6 \cdot \left(-\dfrac{2}{7}\right)^5 \cdot \left(-\dfrac{2}{7}\right)^3 = \left(-\dfrac{2}{7}\right)^{6+5+3} = \left(-\dfrac{2}{7}\right)^{14} = \left(\dfrac{2}{7}\right)^{14}$

Ejemplo

Expresa como potencia de base a el resultado de $a^5 : \left(a^4 : a^2\right)^2$

Solución: Efectuamos primero el paréntesis: $a^4 : a^2 = a^{4-2} = a^2$. A continuación, la potencia de potencia: $\left(a^2\right)^2 = a^4$. Por último la división: $a^5 : a^4$

En concreto: $a^5 : \left(a^4 : a^2\right)^2 = a^5 : \left(a^2\right)^2 = a^5 : a^4 = a^{5-4} = a$

Ejemplo

Expresa como una sola potencia el resultado de $\left[\left(\dfrac{3}{4}\right)^7 : \left(\dfrac{3}{4}\right)^3\right]^{-2}$.

Solución: Calculamos primero la división de potencias del corchete: $\left(\dfrac{3}{4}\right)^7 : \left(\dfrac{3}{4}\right)^3 = \left(\dfrac{3}{4}\right)^4$.

Después la potencia de potencia: $\left[\left(\dfrac{3}{4}\right)^4\right]^{-2} = \left(\dfrac{3}{4}\right)^{4\cdot(-2)} = \left(\dfrac{3}{4}\right)^{-8}$. Por último la potencia de exponente negativo. En resumen: $\left[\left(\dfrac{3}{4}\right)^7 : \left(\dfrac{3}{4}\right)^3\right]^{-2} = \left[\left(\dfrac{3}{4}\right)^4\right]^{-2} = \left(\dfrac{3}{4}\right)^{-8} = \left(\dfrac{4}{3}\right)^8$

La radicación de números racionales conserva las mismas pautas de los números enteros. Hacemos aquí una breve introducción. El estudio detallado de la radicación de números y sus propiedades se deja para el tema dedicado a los números reales pues allí es donde alcanza su mayor expresión.

Diremos que la raíz n-ésima de un número racional $\frac{a}{b}$ es otro número racional $\frac{c}{d}$, escrito

$\sqrt[n]{\frac{a}{b}} = \frac{c}{d}$, si ocurre que $\left(\frac{c}{d}\right)^n = \frac{a}{b}$.

Recuerda que no tiene sentido calcular raíces de índice par de números negativos. Por ejemplo,

$\sqrt{-8}$ ó $\sqrt[4]{\frac{-1}{3}}$.

Ejemplo

Expresa en forma de potencias las relaciones con radicales siguientes:

a) $\sqrt[5]{\frac{a^2b}{c}} = p$ b) $\sqrt[x]{8} = y^2$

Solución:

a) $\sqrt[5]{\frac{a^2b}{c}} = p \leftrightarrow p^5 = \frac{a^2b}{c}$

b) $\sqrt[x]{8} = y^2 \leftrightarrow \left(y^2\right)^x = 8 \leftrightarrow y^{2x} = 8$

Ejemplo

Calcula las siguientes raíces de números racionales: a) $\sqrt{\frac{1}{100}}$ b) $\sqrt[4]{\frac{16}{81}}$

Solución:

a) $\sqrt{\frac{1}{100}} = \frac{1}{10}$ puesto que $\left(\frac{1}{10}\right)^2 = \frac{1}{100}$

b) $\sqrt[4]{\frac{16}{81}} = \frac{2}{3}$ puesto que $\left(\frac{2}{3}\right)^4 = \frac{16}{81}$

Problemas propuestos

1. Comprueba si las siguientes fracciones son equivalentes:

a) $\frac{4}{12}$ y $\frac{12}{36}$

b) $\frac{-6}{14}$ y $\frac{24}{-56}$

c) $\frac{-12}{14}$ y $\frac{12}{-28}$

2. Reduce a común denominador las fracciones:

a) $\frac{3}{2}, \frac{6}{3}, \frac{7}{4}$

b) $\frac{-7}{12}, \frac{1}{8}, \frac{-3}{4}, 3$

3. Reduce a una fracción irreducible las fracciones:

a) $\frac{12}{18}$

b) $\frac{-36}{96}$

c) $\frac{1050}{3500}$

d) $\frac{2^3 \cdot 5^2 \cdot 7}{2 \cdot 4^4 \cdot 7}$

e) $\frac{7 \cdot 2^2 \cdot 15}{2 \cdot 5 \cdot 7}$

f) $\frac{3^2 \cdot 9 \cdot 15}{6 \cdot 9 \cdot 25}$

4. Ordena de menor a mayor los siguientes números racionales:

$-\frac{1}{2}, -\frac{6}{8}, 0, \frac{7}{12}, \frac{3}{4}, \frac{-1}{6}$

5. Efectúa los siguientes cálculos simplificando los resultados:

a) $\frac{3}{2}+\frac{5}{3}-\frac{1}{6}$

b) $-1-\frac{1}{2}-\frac{3}{4}$

c) $10 \cdot \frac{2}{9} \cdot \frac{1}{3}$

d) $8 : \frac{2}{5}$

6. Opera y simplifica teniendo en cuenta el orden de ejecución de las operaciones:

a) $\frac{3}{8}\left(\frac{5}{3}-\frac{1}{2}\right)-\frac{4}{11}\left(\frac{3}{4}-\frac{1}{5}\right)$

b) $\frac{5}{9}-\left(-\frac{3}{4}+\frac{1}{2}\right)+\frac{10}{3}\left(\frac{1}{2}-\frac{3}{5}\right)$

c) $\frac{3}{5} : \frac{2}{3}-\frac{4}{5} \cdot \frac{4}{3}+\frac{1}{3}-\frac{3}{4} : \frac{3}{7}$

d) $\left(\frac{2}{3}-\frac{-7}{2}-\frac{5}{6}+\frac{1}{4}\right) : \left(-\frac{4}{3}+\frac{2}{3}-\frac{1}{6}\right)$

7. Opera y simplifica en:

a) $3-4\left[\frac{1}{3}-\frac{1}{2}\left(\frac{1}{4}-\frac{1}{5}\right)+3 : \left(\frac{1}{3} : \frac{1}{2}\right)\right]$

b) $(3-4)\left[\left(\frac{1}{3}-\frac{1}{2}\right)\frac{1}{4}-\frac{1}{5}\right]+\left[\left(3 : \frac{1}{3}\right) : \frac{1}{2}\right]$

c) $\left(\frac{1}{3}+\frac{1}{2}\right)\left(\frac{1}{2}-\frac{1}{4}\right)+5-3\left(4 : \frac{3}{5}+1\right)$

d) $\left[\frac{1}{3}+\frac{1}{2}\left(\frac{1}{2}-\frac{1}{4}\right)+5\right]-3\left[4 : \left(\frac{3}{5}+1\right)\right]$

8. Javier y Basilio son dos hermanos. Javier tiene los 9/20 de la edad de su padre, y Basilio, los 2/5. ¿Cuál es mayor?.

9. En una tormenta de granizo han sido dañadas 7 manzanas de cada 15 en la huerta de Juan, mientras que en la de Pedro han sido dañadas 4 de cada 9.

¿En qué huerta se ha dañado más?.

10. En el colegio, 1/3 de los alumnos estudia inglés y el 33% francés. ¿Cuál es la lengua más elegida?.
11. El agua al congelarse aumenta su volumen 1/10 del mismo. ¿Qué volumen ocuparán 200 l de agua después de helarse?.
12. Al tostarse el café, este pierde 1/5 de su peso. Si se tuestan 80 kg, cuánto pesarán después.
13. Una aleación está compuesta por 24/29 de cobre, 4/29 de estaño y 1/29 de zinc. ¿Cuántos kilogramos de cada metal habrá en 348 kg de aleación?.
14. Luis invita a sus amigos a comer una tarta. Pedro come 1/5, Ana 1/6 y Tomás 1/3. Luis se come el resto, ¿cuánto come?.
15. Una barra de hierro se corta en 5 trozos de 1/4, 5/8, 1/2, 9/16 y 3/4 m respectivamente. ¿Qué longitud tenía inicialmente si en cada corte se estropea 1/32 de metro?.
16. Un automóvil ha consumido 2/5 de la gasolina que cabe en su depósito al recorrer los 5/11 de un trayecto. Sabiendo que al final sobran 6 litros, halla la capacidad del depósito.
17. Dado un cordel Juan toma la mitad. De lo que queda Pedro toma la mitad; de lo que queda María toma la mitad; de lo que queda Carmen toma 2/5. Al final quedan 30 cm. ¿Cuál era la longitud?.
18. Dos ciudades se encuentran a 240 km de distancia. Un caminante recorre un día 1/6 de esa distancia, otro día 1/4 y un tercer día 1/8 de la misma. ¿A qué distancia se encuentra del punto de llegada después del tercer día?
19. Ana tenía ahorrados $2000. El primer trimestre del año gastó la mitad de lo que tenía ahorrado. El segundo trimestre gastó la mitad de lo que le quedaba. El tercer trimestre gastó la mitad del nuevo resto y el cuarto trimestre gastó la mitad del nuevo resto. ¿Cuánto dinero le quedó al acabar el año?.
20. Un trozo que equivale a los 7/10 de una varilla es 27 cm más largo que otro trozo que equivale a 2/5 de la misma varilla. ¿Cuál es su longitud?.
21. Un propietario vendió primeramente 3/4 de su finca y después 1/2 de lo que le quedaba. Si todavía le quedaron 4 hectáreas, ¿cuál era la extensión de la finca?.
22. Una epidemia mató los 3/7 de las vacas de un ganadero y de las que le quedaron vendió 1/2. Si todavía le quedaron 24 vacas, ¿cuántas vacas tenía al principio, cuántas murieron y cuántas vendió?.
23. Un propietario vende primero 1/4 de su finca y después 2/5 de la misma. Más tarde alquila 20 hectáreas y todavía le quedan 3/20 de la finca. ¿Cuál era la extensión inicial de la finca?.
24. Ana le da a Teresa 3/5 de sus caramelos, a María 2/5 de lo que le quedaron y a Juana 6 caramelos. Si en total Ana ha repartido 7/8 de los caramelos que tenía, ¿cuántos caramelos tenía al principio?.
25. Estando vacío un estanque y cerrado el desagüe se abren 3 grifos y el estanque se llena en 1 hora. Si únicamente se hubieran abierto 2 grifos el estanque hubiera tardado 2 horas en llenarse. ¿Cuánto tiempo tarda en llenar el estanque el tercer grifo?.
26. Trabajando juntos Pedro, Luis y Juan pueden hacer una obra en 4 días. Trabajando solo, Pedro puede hacer la obra en 12 días y Luis en 16 días. ¿Cuánto tiempo tardará Juan en hacer solo la obra?.
27. Calcula las siguientes potencias:

a) $(-3)^{-2}$

b) $\left(\frac{3}{2}\right)^{-3}$

c) $\left(\frac{1}{10}\right)^{-1}$

28. Reduce las siguientes expresiones a una sola potencia aplicando las propiedades que conoces:

a) $\left(\frac{1}{2}\right)^{2}\left(\frac{1}{2}\right)^{5}\left(\frac{1}{2}\right)^{3}\frac{1}{2}$

b) $\left(\frac{1}{5}\right)^7 : \left(\frac{1}{5}\right)^4$

c) $x^2 \cdot x^3 \cdot x^{-1} \cdot x$

d) $\left[\left(\frac{1}{2}\right)^2 \cdot \left(\frac{1}{2}\right)^3\right]^2$

e) $\left\{\left[(-3)^2\right]^5\right\}^3$

f) $\left(-\frac{1}{2}\right)^3 : \left(-\frac{1}{2}\right)^{-1}$

29. Da el resultado de las siguientes operaciones en forma de potencia de base *a*:

a) $a \cdot a^2 \cdot a^3$

b) $\left(a^5 : a^3\right) \cdot a^4$

c) $\left[\left(a^2\right)^3 : \left(a^3\right)^4\right] : a^2$

30. Realiza las siguientes operaciones simplificando al máximo el resultado:

a) $\left(\frac{3}{2}x\right)^4$

b) $a^{-3}b^2a^5b^4$

c) $x^5y^{-2}x^{-3}z^4y^6zx^{-1}$

31. Expresa como fracción irreducible:

a) $\dfrac{2^3 \cdot 3^5 \cdot 7}{3^2 \cdot 2 \cdot 7^2}$

b) $\dfrac{x^4y^6x^{-3}x^2y^{-2}}{y^3y^2xy^{-1}y^3y^{-2}}$

c) $\dfrac{a^2b^{-1}c^3b^4}{c^2a^5b}$

32. Efectúa las siguientes operaciones:

a) $7-(-2)^3+5\cdot 3^2$

b) $4+2\cdot(6-4)^3-9:3$

c) $\left\{\left[\left(-\frac{3}{5}\right)^3\left(-\frac{3}{5}\right)^2\right]^3 : \left(-\frac{3}{5}\right)^{15}\right\} - \left(\frac{4}{3}\right)^3\left(\frac{3}{2}\right)^4$

d) $\left[\left(\frac{3}{2}-4\right) : \left(1-\frac{8}{3}\right)+\frac{1}{2}\right]^4 - \left(1+\frac{2}{3}\right)^2$

Soluciones

1. Solución:
   a) Sí
   b) Sí
   c) No

2. S: a) $\frac{18}{12}, \frac{24}{12}, \frac{21}{12}$

   b) $\frac{-14}{24}, \frac{3}{24}, \frac{-18}{24}, \frac{72}{24}$

3. S: a) $\frac{2}{3}$

   b) $\frac{-3}{8}$

   c) $\frac{3}{10}$

   d) $\frac{2}{25}$

   e) 6

   f) $\frac{9}{10}$

4. S: $\frac{-6}{8}, \frac{-1}{2}, \frac{-1}{6}, 0, \frac{7}{12}, \frac{3}{4}$

5. S: a) 3

   b) $\frac{-9}{4}$

c) $\frac{20}{27}$
d) 20

6. S: a) $\frac{19}{80}$

b) $\frac{17}{36}$

c) $\frac{-19}{12}$

d) $\frac{41}{10}$

7. S: a) $\frac{94}{15}$

b) $\frac{2189}{120}$

c) $-\frac{427}{24}$

d) $-\frac{49}{24}$

8. S: Javier es mayor
9. S: Se han dañado más las de Juan
10. S: El inglés
11. S: 220 litros
12. S: 64 kg
13. S: Cobre: 288 kg; estaño: 48 kg; zinc: 12 kg
14. S: $\frac{3}{10}$
15. S: $\frac{45}{16}\,m$
16. S: 50 litros
17. S: 400 cm
18. S: 110 km
19. S: $125
20. S: 90 cm
21. S: 32 hectáreas
22. S: Tenía 84 vacas; murieron 36 y vendió 24
23. S: 100 hectáreas
24. S: 24
25. S: 2 horas
26. S: $\frac{47}{5}$ días
27. S: a) $\frac{1}{9}$

b) $\frac{8}{27}$

c) 10

28. a) $\left(\frac{1}{2}\right)^{11}$

b) $\left(\frac{1}{5}\right)^{3}$

c) x^5

d) $\left(\frac{1}{2}\right)^{10}$

e) 3^{30}

f) $\frac{1}{16}$

29. S: a) a^7

b) a^6

c) a^{-8}

30. S: a) $\frac{81}{16}x^4$

b) a^2b^6

c) xy^4z^5

31. S: a) $\frac{2^2 \cdot 3^3}{7} = \frac{108}{7}$

b) $\frac{x^2}{y}$

d) $\frac{b^2c}{a^3}$

32. S: a) 60

b) 17

c) -11

d) $\frac{119}{9}$

Razones y proporciones

12

Introducción histórica

Las proporciones fueron usadas y conocidas desde tiempos muy remotos. Mientras que los griegos tuvieron una concepción abstracta y teórica de las proporciones, como puede observarse en los *Elementos* de Euclides, los matemáticos italianos del Renacimiento utilizaron y divulgaron sus aplicaciones prácticas. La notación actualmente utilizada para representar las proporciones se debe a Tartaglia.

12.1 Razones geométricas

La razón de dos cantidades es el resultado obtenido al comparar dichas cantidades. Podemos compararlas dividiendo ambas cantidades, diremos entonces que estamos calculando su razón geométrica.

La razón geométrica de dos cantidades es el cociente entre dichas cantidades.

Por tanto, las razones geométricas pueden escribirse de las dos maneras siguientes: o bien en forma de fracción, separando el numerador y el denominador con una raya, o bien separando ambas cantidades con el signo de dividir (:).

Así, por ejemplo, la razón geométrica de 7 a 3 se escribe $\frac{7}{3}$.

Los términos de una razón geométrica reciben el nombre de antecedente el primer término y consecuente el segundo término.

Así, en el caso anterior, 7 sería el antecedente y 3 sería el consecuente.

Las razones geométricas presentan las siguientes propiedades, que son consecuencias inmediatas de las propiedades de los números fraccionarios.

a) Si en una razón geométrica se multiplica o divide por un número cualquiera el antecedente, la razón geométrica queda multiplicada o dividida por dicho número.
b) Si en una razón geométrica se multiplica o divide por un número cualquiera el consecuente, la razón geométrica queda dividida o multiplicada por dicho número.
c) Si en una razón geométrica se multiplica o dividen por un número cualquiera tanto el antecedente como el consecuente, la razón geométrica permanece invariable.

12.2 Proporciones geométricas

Una proporción geométrica es la igualdad de dos razones geométricas.

Las proporciones geométricas se pueden representar de dos maneras distintas:

o bien $$\frac{m}{n} = \frac{x}{y}$$

o bien $$m : n :: x : y$$

y se leen «*m* es a *n* como *x* es a *y*».

Los términos primero y cuarto de una proporción geométrica reciben el nombre de extremos mientras que los términos segundo y tercero se denominan medios.

De modo análogo al indicado en las razones geométricas, los términos primero y tercero reciben el nombre de antecedentes mientras que los términos segundo y cuarto se llaman consecuentes.

Así, por ejemplo, en la proporción geométrica 8 : 4 :: 6 : 3, 8 y 3 serán los extremos y 4 y 6 serán los medios. Al mismo tiempo, 8 y 6 serán los antecedentes y 4 y 3 serán los consecuentes.

Las proporciones geométricas cuyos medios no son iguales reciben el nombre de proporciones geométricas discretas. Por el contrario, si los medios de la proporción geométrica son iguales, ésta recibe el nombre de continua.

Así, por ejemplo, $8 : 4 :: 6 : 3$ es una proporción geométrica discreta, mientras que $8 : 4 :: 4 : 2$ es una proporción geométrica continua.

En toda proporción geométrica el producto de los medios coincide con el producto de los extremos.

En efecto, consideremos la proporción geométrica $m : n :: x : y$.
Se trata de demostrar que $m \times y = n \times x$.
Para ello, multipliquemos ambos miembros por el producto $n \times y$; tendremos:

$$\frac{m \times n \times y}{n} = \frac{x \times n \times y}{y}$$

Simplificando queda $m \times y = x \times n$, tal como queríamos demostrar.

Ejemplo

En la proporción geométrica $\frac{7}{2} = \frac{21}{6}$, comprobar que el producto de los medios coincide con el producto de los extremos.

Solución: Tendremos que:
— Producto de medios: $2 \times 21 = 42$
— Producto de extremos: $7 \times 6 = 42$ que es el mismo resultado obtenido anteriormente, tal como queríamos comprobar.

En toda proporción geométrica un medio es igual al producto de los extremos dividido por el otro medio.

En efecto, consideremos la proporción geométrica $m : n :: x : y$.

Se trata de demostrar que $x = \frac{m \times y}{n}$.

Para ello multipliquemos ambos miembros por y; tendremos:

$$\frac{m \times y}{n} = \frac{x \times y}{y}$$

Simplificando: $\dfrac{m \times y}{n} = x,$ tal como queríamos demostrar.

Ejemplo

En la proporción geométrica $9 : 3 :: 6 : 2,$ comprobar que cada medio coincide con el producto de los extremos dividido por el otro medio.

Solución: Tendremos

— Producto de extremos: $9 \times 2 = 18.$

El medio 3 deberá ser igual a 18 dividido por el medio $6.$ En efecto, $3 = \dfrac{18}{6}.$

El medio 6 deberá ser igual a 18 dividido por el medio $3.$ En efecto, $6 = \dfrac{18}{3}.$

En toda proporción geométrica un extremo es igual al producto de los medios dividido por el otro extremo.

En efecto, consideremos la proporción geométrica $m : n :: x : y.$

Se trata de demostrar que $y = \dfrac{n \cdot y}{m}.$

Para ello multipliquemos ambos miembros por $n \cdot y;$ tendremos:

$$\frac{m \cdot n \cdot y}{n} = \frac{x \cdot n \cdot y}{y}$$

Simplificando: $m \cdot y = x \cdot n.$
Dividiendo ambos miembros por m tendremos:

$$\frac{m \cdot y}{m} = \frac{x \cdot n}{m}$$

Simplificando: $y = \dfrac{x \cdot n}{m},$ tal como queríamos demostrar.

Ejemplo

En la proporción geométrica $9 : 3 :: 6 : 2,$ comprobar que cada extremo coincide con el producto de los medios dividido por el otro extremo.

Solución: Tendremos

— Producto de medios: $3 \times 6 = 18.$

El extremo 9 deberá ser igual a 18 dividido por el extremo 2. En efecto, $9 = \frac{18}{2}$.

El extremo 2 deberá ser igual a 18 dividido por el extremo 9. En efecto, $2 = \frac{18}{9}$.

Se define la media geométrica de una proporción geométrica continua como cada uno de los medios iguales de dicha proporción geométrica.

Así, por ejemplo, en la proporción geométrica continua $8 : 4 :: 4 : 2$, la media geométrica es 4.

La media geométrica de una proporción geométrica continua es igual a la raíz cuadrada del producto de los extremos.

En efecto, consideremos la proporción geométrica continua $m : n :: n : p$. Se trata de demostrar que $n = \sqrt{m \cdot p}$.
Para ello multipliquemos ambos miembros por $n \times p$: tendremos:

$$\frac{m \times n \times p}{n} = \frac{n \times n \times p}{p}$$

Simplificando: $m \times p = n^2$.
Extrayendo la raíz cuadrada en ambos miembros tendremos:

$$n = \sqrt{m \times p}, \text{ tal como queríamos demostrar.}$$

Ejemplo

Hallar la media geométrica entre 16 y 4.

Solución: Aplicando la fórmula anterior tendremos:

$$n = \sqrt{m \cdot p} = \sqrt{16 \cdot 4} = \sqrt{64} = 8$$

Por lo tanto, la proporción geométrica continua buscada será: $m : n :: n : p$, es decir, $16 : 8 :: 8 : 4$.

Ejemplo

Hallar el término desconocido en la proporción geométrica $x : 4 :: 8 : 2$.

Solución: Como el término desconocido es un extremo y tal como hemos visto anteriormente un extremo es igual al producto de los medios dividido por el otro extremo, tendremos:

$$x = \frac{4 \times 8}{2} = \frac{32}{2} = 16$$

y, por lo tanto, la proporción geométrica resultante será: 16 : 4 :: 8 : 2.

Ejemplo

Hallar el término desconocido en la proporción geométrica 8 : 2 :: x : 6.
Solución: Como el término desconocido es un medio y tal como hemos visto anteriormente un medio es igual al producto de los extremos dividido por el otro medio, tendremos:

$$x = \frac{8 \times 6}{2} = \frac{48}{2} = 24$$

y, por lo tanto, la proporción geométrica resultante será: 8 : 2 :: 24 : 6.

Ejemplo

Hallar el término desconocido en la proporción geométrica 20 : x :: x : 5.
Solución: Como el término desconocido es la media geométrica y tal como hemos visto anteriormente la media geométrica es la raíz cuadrada del producto de los extremos, tendremos:

$x = \sqrt{20 \cdot 5} = \sqrt{100} = 10$ y, por lo tanto, la proporción geométrica resultante será: 20 : 10 :: 10 : 5.

Se llama cuarta proporcional a cualquiera de los cuatro términos de una proporción geométrica discreta.

Así, por ejemplo, en la proporción geométrica 8 : 4 :: 6 : 3, cualquiera de los cuatro términos es cuarta proporcional respecto de los otros tres.

Ejemplo

Hallar la cuarta proporcional de 5, 2 y 10.
Solución: Se forma una proporción geométrica del modo siguiente: 5 : 2 :: 10 : x.
Como el término desconocido es un extremo y tal como hemos visto anteriormente un extremo es igual al producto de los medios dividido por el otro extremo, tendremos:

$$x = \frac{2 \times 10}{5} = 4$$

y, por lo tanto, la proporción geométrica resultante será: 5 : 2 :: 10 : 4.

Se llama tercera proporcional al primer o al cuarto término de una proporción geométrica continua.

Así, por ejemplo, en la proporción geométrica $16 : 4 :: 4 : 1$, 16 es tercera proporcional de 4 y 1 y 1 es tercera proporcional de 16 y 4.

Ejemplo

Hallar la tercera proporcional de 18 y 6.

Solución: Se forma una proporción continua del modo siguiente: $18 : 6 :: 6 : x$. Como el término desconocido es un extremo y tal como hemos visto anteriormente un extremo es igual al producto de los medios dividido por el otro extremo, tendremos:

$$x = \frac{6 \times 6}{18} = 2$$

y, por lo tanto, la proporción geométrica resultante será: $18 : 6 :: 6 : 2$.

Toda proporción geométrica puede escribirse de ocho formas distintas efectuando los siguientes cambios con sus términos:

1. La porporción dada	$m : n :: x : y$
2. Cambiando los medios	$m : x :: n : y$
3. Cambiando los extremos	$y : n :: x : m$
4. Cambiando los medios y los extremos	$y : x :: n : m$
5. Invirtiendo la proporción 1	$x : y :: m : n$
6. Invirtiendo la proporción 2	$n : y :: m : x$
7. Invirtiendo la proporción 3	$x : m :: y : n$
8. Invirtiendo la proporción 4	$n : m :: y : x$

Ejemplo

Escribir la proporción geométrica $4 : 2 :: 6 : 3$ de todas las formas posibles.

Solución: Tendremos

1. $4 : 2 :: 6 : 3$	5. $4 : 6 :: 3 : 2$
2. $4 : 6 :: 2 : 3$	6. $2 : 3 :: 4 : 6$
3. $3 : 2 :: 6 : 4$	7. $6 : 4 :: 3 : 2$
4. $3 : 6 :: 2 : 4$	8. $2 : 4 :: 3 : 6$

Las proporciones geométricas presentan una serie de propiedades importantes que pasamos a exponer seguidamente.

a) Si dos proporciones geométricas tienen una razón común las otras dos razones constituyen una proporción geométrica.

En efecto, consideremos las proporciones geométricas $x : y :: r : s$ y $x : y :: t : u$. Se trata de demostrar que $r : s :: t : u$.
Ahora bien, esto es evidente puesto que por la propiedad transitiva si dos razones son iguales a una tercera serán iguales entre sí.

Ejemplo

Comprobar que si $2 : 4 :: 3 : 6$ y $2 : 4 :: 5 : 10$, entonces $3 : 6 :: 5 : 10$.

Solución: Tendremos que
— Producto de medios: $6 \times 5 = 30$.
— Producto de extremos: $3 \times 10 = 30$, que es el mismo resultado obtenido anteriormente, tal como queríamos comprobar.

b) Si dos proporciones geométricas tienen iguales los antecedentes, los consecuentes constituyen una proporción geométrica.

En efecto, consideremos las proporciones geométricas $x : y :: r : s$ y $x : t :: r : u$. Se trata de demostrar que $y : s :: t : u$.
Para ello podemos cambiar los medios en las proporciones geométricas iniciales y tendremos:

$$x : r :: y : s \quad \text{y} \quad x : r :: t : u$$

y aplicando la propiedad transitiva tendremos que $y : s :: t : u$, tal como queríamos demostrar.

Ejemplo

Comprobar que si $2 : 4 :: 5 : 10$ y $2 : 6 :: 5 : 15$, entonces $4 : 10 :: 6 : 15$.

Solución: Tendremos que
— Producto de medios: $10 \times 6 = 60$.
— Producto de extremos: $4 \times 15 = 60$, que es el mismo resultado obtenido anteriormente, tal como queríamos comprobar.

c) Si dos proporciones geométricas tienen iguales los consecuentes, los antecedentes constituyen una proporción geométrica.

En efecto, consideremos las proporciones geométricas $x : y :: r : s$ y $t : y :: u : s$. Se trata de demostrar que $x : r :: t : u$.

Cambiando los medios en las proporciones dadas tendremos:

$$x : r :: y : s \quad \text{y} \quad t : u :: y : s$$

y aplicando la propiedad transitiva tendremos que $x : r :: t : u$, tal como queríamos demostrar.

Ejemplo

Comprobar que si $1 : 3 :: 2 : 6$ y $4 : 3 :: 8 : 6$, entonces $1 : 2 :: 4 : 8$.

Solución: Tendremos que
— Producto de medios: $2 \times 4 = 8$.
— Producto de extremos: $1 \times 8 = 8$, que es el mismo resultado obtenido anteriormente, tal como queríamos comprobar.

d) Si se multiplican término a término varias proporciones geométricas se obtiene otra proporción geométrica.

En efecto, consideremos las proporciones geométricas $x_1 : y_1 :: r_1 : s_1$, y $x_2 : y_2 :: r_2 : s_2$ y $x_3 : y_3 :: r_3 : s_3$. Se trata de demostrar que $x_1x_2x_3 : y_1y_2y_3 :: r_1r_2r_3 : s_1s_2s_3$.
Para ello, multipliquemos miembro a miembro las tres proporciones dadas; tendremos:

$$x_1x_2x_3 : y_1y_2y_3 :: r_1r_2r_3 : s_1s_2s_3$$

tal como queríamos demostrar.

Ejemplo

Comprobar que si $2 : 3 :: 4 : 6$; $1 : 3 :: 4 : 12$ y $2 : 5 :: 6 : 15$ entonces $2 \times 1 \times 2 : 3 \times 3 \times 5 ::$ $:: 4 \times 4 \times 6 : 6 \times 12 \times 15$.

Solución: Tendremos que
— Producto de medios: $(3 \times 3 \times 5) \times (4 \times 4 \times 6) = 4.320$.
— Producto de extremos: $(2 \times 1 \times 2) \times (6 \times 12 \times 15) = 4.320$, que es el mismo resultado obtenido anteriormente, tal como queríamos comprobar.

e) Con los cuatro términos de dos productos iguales se puede formar una proporción geométrica.

En efecto, consideremos los productos $m \cdot n = r \cdot s$. Se trata de demostrar que con los cuatro términos se puede formar la proporción geométrica $m : s :: r : n$.

Para ello dividimos ambos productos por $n \times s$; tendremos:

$$\frac{m \cdot n}{n \cdot s} = \frac{r \cdot s}{n \cdot s}$$

Simplificando: $m : s :: r : n$, tal como queríamos demostrar.

Ejemplo

Comprobar que si $2 \times 3 = 6 \times 1$ entonces $2 : 1 :: 6 : 3$.

Solución: Tendremos que
— Producto de medios: $1 \times 6 = 6$
— Producto de extremos: $2 \times 3 = 6$, que es el mismo resultado obtenido anteriormente, tal como queríamos comprobar.

f) Si se multiplican o dividen todos los términos de una proporción geométrica por un mismo número, la proporción permanece invariable.

En efecto, consideremos la proporción geométrica $x : y :: r : s$. Se trata de demostrar que si multiplicamos o dividimos todos los términos por un número cualquiera z, se mantiene la misma proporción geométrica.
Si multiplicamos todos los términos por z obtendremos:

$$xz : yz :: rz : sz$$

Simplificando: $x : y :: r : s$, tal como queríamos demostrar.

Análogamente, si dividimos todos los términos por z obtendremos:

$$\frac{x}{z} : \frac{y}{z} :: \frac{r}{z} : \frac{s}{z}$$

Simplificando: $x : y :: r : s$, tal como queríamos demostrar.

Ejemplo

Comprobar que si multiplicamos o dividimos por 5 todos los términos de la proporción geométrica $10 : 20 :: 30 : 60$, la proporción geométrica permanece invariable.

Solución: Multiplicando tendremos que:

$$10 \times 5 = 50 \qquad 30 \times 5 = 150$$
$$20 \times 5 = 100 \qquad 60 \times 5 = 300$$

Comprobemos que se mantiene la proporción geométrica:
— Producto de medios: $100 \times 150 = 15.000$.
— Producto de extremos: $50 \times 300 = 15.000$, que es el mismo resultado obtenido anteriormente, do obtenido anteriormente, tal como queríamos comprobar.

Análogamente, dividiendo tendremos que:

$$10 : 5 = 2 \qquad 30 : 5 = 6$$
$$20 : 5 = 4 \qquad 60 : 5 = 12$$

Comprobemos que se mantiene la proporción geométrica:
— Producto de medios: $4 \times 6 = 24$.
— Producto de extremos: $2 \times 12 = 24$, que es el mismo resultado obtenido anteriormente, tal como queríamos comprobar.

g) Si se multiplican o dividen todos los antecedentes de una proporción geométrica por un mismo número la proporción geométrica permanece invariable.

En efecto, consideremos la proporción geométrica $x : y :: r : s$. Se trata de demostrar que si multiplicamos o dividimos los antecedentes por un mismo número z la proporción geométrica permanece invariable.
Si multiplicamos los antecedentes por z obtendremos:

$$xz : y :: rz : s$$

que puede escribirse como $s : y :: rz : xz$
y simplificando la segunda razón $s : y :: r : x$
que puede escribirse como $x : y :: r : s$, tal como queríamos demostrar.

Análogamente, si dividimos los antecedentes por z obtendremos:

$$\frac{x}{z} : y :: \frac{r}{z} : s$$

que puede escribirse como $$s : y :: \frac{r}{z} : \frac{x}{z}$$

y simplificando la segunda razón $s : y :: r : x$
que puede escribirse como $x : y :: r : s$, tal como queríamos demostrar.

Ejemplo

Comprobar que si multiplicamos o dividimos por 3 los antecedentes de la proporción geométrica $6 : 2 :: 9 : 3$, la proporción geométrica permanece invariable.

Solución: Multiplicando tendremos que:

$$6 \times 3 = 18 \qquad\qquad 9 \times 3 = 27$$

Comprobemos que se mantiene la proporción geométrica:
— Producto de medios: $2 \times 27 = 54$
— Producto de extremos: $18 \times 3 = 54$ que es el mismo resultado obtenido anteriormente, tal como queríamos comprobar.

$$6 : 3 = 2 \qquad\qquad 9 : 3 = 3$$

Comprobemos que se mantiene la proporción geométrica:
— Producto de medios: $2 \times 3 = 6$
— Producto de extremos: $2 \times 3 = 6$ que es el mismo resultado obtenido anteriormente, tal como queríamos comprobar.

h) Si se multiplican o dividen todos los consecuentes de una proporción geométrica por un mismo número la proporción geométrica permanece invariable.

En efecto, consideremos la proporción geométrica $x : y :: r : s$. Se trata de demostrar que si multiplicamos o dividimos los consecuentes por un mismo número z la proporción geométrica permanece invariable.
Si multiplicamos los consecuentes por z obtendremos:

$$\frac{x}{yz} = \frac{r}{sz}$$

que puede escribirse como $x : r :: yz : sz$
y simplificando la segunda razón $x : r :: y : s$
que puede escribirse como $x : y :: r : s$, tal como queríamos demostrar.

Análogamente, si dividimos los consecuentes por z obtendremos:

$$x : \frac{y}{z} : r :: \frac{s}{z}$$

que puede escribirse como $x : r :: \frac{y}{z} : \frac{s}{z}$

y simplificando la segunda razón $x : r :: y : s$
que puede escribirse como $x : y :: r : s$, tal como queríamos demostrar.

Ejemplo

Comprobar que si multiplicamos o dividimos por 2 los consecuentes de la proporción geométrica $2 : 4 :: 6 : 12$, la proporción geométrica permanece invariable.

Solución: Multiplicando tendremos que:

$$4 \times 2 = 8 \qquad 12 \times 2 = 24$$

Comprobemos que se mantiene la proporción geométrica:
— Producto de medios: $8 \times 6 = 48$
— Producto de extremos: $2 \times 24 = 48$ que es el mismo resultado obtenido anteriormente, tal como queríamos comprobar.

Análogamente, dividiendo tendremos que:

$$4 : 2 = 2 \qquad 12 : 2 = 6$$

Comprobemos que se mantiene la proporción geométrica:
— Producto de medios: $2 \times 6 = 12$
— Producto de extremos: $2 \times 6 = 12$ que es el mismo resultado obtenido anteriormente, tal como queríamos comprobar.

i) Si se multiplican o dividen los dos términos de una de las razones de una proporción geométrica por un mismo número, la proporción geométrica permanece invariable.

En efecto, consideremos la proporción geométrica $x : y :: r : s$. Se trata de demostrar que si multiplicamos o dividimos por un mismo número z los dos términos de una de las razones la proporción geométrica permanece invariable.
Si multiplicamos los dos términos de la primera razón por z obtendremos:

$$xz : yz :: r : s$$

Simplificando $x : y :: r : s$, tal como queríamos demostrar.
Análogamente si dividimos los dos términos de la primera razón por z obtendremos:

$$\frac{x}{z} : \frac{y}{z} :: r : s$$

y simplificando: $x : y :: r : s$, tal como queríamos demostrar.

Ejemplo

Comprobar que si multiplicamos o dividimos por 7 los dos términos de la primera razón de la proporción geométrica $14 : 21 :: 2 : 3$, la proporción geométrica permanente invariable.

Solución: Multiplicando tendremos que:

$$14 \times 7 = 98 \qquad 21 \times 7 = 147$$

Comprobemos que se mantiene la proporción geométrica:
— Producto de medios: $147 \times 2 = 294$.
— Producto de extremos: $98 \times 3 = 294$, que es el mismo resultado obtenido anteriormente, tal como queríamos comprobar.
Análogamente, dividiendo tendremos que:

$$14 : 7 = 2 \qquad 21 : 7 = 3$$

Comprobemos que se mantiene la proporción geométrica:
— Producto de medios: $3 \times 2 = 6$
— Producto de extremos: $2 \times 3 = 6$, que es el mismo resultado obtenido anteriormente, tal como queríamos comprobar.

j) Si se elevan a una misma potencia todos los términos de una proporción geométrica, la proporción geométrica permanece invariable.

En efecto, consideremos la proporción geométrica $x : y :: r : s$. Se trata de demostrar que si elevamos todos los miembros a la potencia enésima, la proporción geométrica permanece invariable.
Si elevamos todos los términos a la potencia enésima tendremos:

$$\frac{x^n}{y^n} = \frac{r^n}{s^n}$$

Es decir,
$$\left(\frac{x}{y}\right)^n = \left(\frac{r}{s}\right)^n$$

Extrayendo la raíz enésima en ambos miembros tendremos: $x : y :: r : s$, tal como queríamos demostrar.

Ejemplo

Comprobar que si elevamos al cubo todos los términos de la proporción geométrica $3 : 2 :: 6 : 4$, la proporción geométrica permanece invariable.

Solución: Elevando al cubo tendremos que:

$$3^3 = 27 \qquad 2^3 = 8$$
$$6^3 = 216 \qquad 4^3 = 64$$

Comprobemos que se mantiene la proporción geométrica:
— Producto de medios: $8 \times 216 = 1.728$.
— Producto de extremos: $27 \times 64 = 1.728$, que es el mismo resultado obtenido anteriormente, tal como queríamos comprobar.

k) Si extraemos una misma raíz a todos los términos de una proporción geométrica la proporción geométrica permanece invariable.

Extrayendo la raíz enésima a todos los términos tendremos:

$$\frac{\sqrt[n]{x}}{\sqrt[n]{y}} = \frac{\sqrt[n]{r}}{\sqrt[n]{s}}$$

Es decir,

$$\sqrt[n]{\frac{x}{y}} = \sqrt[n]{\frac{r}{s}}$$

Elevando ambos miembros a la potencia enésima tendremos: $x : y :: r : s$, tal como queríamos demostrar.

Ejemplo

Comprobar que si extraemos la raíz cúbica a todos los términos de la proporción geométrica $1 : 8 ::$ $:: 27 : 216$, la proporción geométrica permanece invariable.

Solución: Extrayendo la raíz cúbica tendremos:

$$\sqrt[3]{1} = 1 \qquad \sqrt[3]{8} = 2$$

$$\sqrt[3]{27} = 3 \qquad \sqrt[3]{216} = 6$$

Comprobemos que se mantiene la proporción geométrica:
— Producto de medios: $2 \times 3 = 6$
— Producto de extremos: $1 \times 6 = 6$, que es el mismo resultado obtenido anteriormente, tal como queríamos comprobar.

l) En toda proporción geométrica la suma o la resta de los dos términos de la primera razón es a su antecedente como la suma o la resta de los dos términos de la segunda razón es a su antecedente.

En efecto, consideremos la proporción geométrica $x : y :: r : s$. Se trata de demostrar que $x + y :$ $: x :: r + s : r$ y que $x - y : x :: r - s : r$.
La proporción dada podemos escribirla así: $y : x :: s : r$.
Sumando 1 a ambos miembros tendremos:

$$1 + \left(\frac{y}{x} \right) = 1 + \left(\frac{s}{r} \right)$$

Es decir, $x + y : x :: r + s : r$, tal como queríamos demostrar.
Si cambiamos de signo la proporción dada tendremos:

$$-\frac{x}{y} = -\frac{r}{s}$$

Esta proporción podemos escribirla así:

$$-\frac{y}{x} = -\frac{s}{r}$$

Sumando 1 a ambos miembros tendremos:

$$1 - \left(\frac{y}{x}\right) = 1 - \left(\frac{s}{r}\right)$$

Es decir, $x - y : x :: r - s : r$, tal como queríamos demostrar.

Ejemplo

Comprobar que si tenemos la proporción geométrica 8 : 4 :: 6 : 3 también se cumplirá que 8 + 4 : : 8 :: 6 + 3 : 6 y que 8 − 4 : 8 :: 6 − 3 : 6.

Solución: Sumando tendremos que:

$$8 + 4 = 12$$
$$6 = 3 = 9$$

Comprobemos que se mantiene la proporción geométrica:
— Producto de medios: 8 × 9 = 72.
— Producto de extremos: 12 × 6 = 72, que es el mismo resultado obtenido anteriormente, tal como queríamos comprobar.
Análogamente, restando tendremos que:

$$8 - 4 = 4$$
$$6 - 3 = 3$$

Comprobemos que se cumple la proporción geométrica:
— Producto de medios: 8 × 3 = 24.
— Producto de extremos: 4 × 6 = 24, que es el mismo resultado obtenido anteriormente, tal como queríamos comprobar.

m) En toda proporción geométrica la suma o la resta de los dos términos de la primera razón es a su consecuente como la suma o la resta de los dos términos de la segunda razón es a su consecuente.

En efecto, consideremos la proporción geométrica $x : y :: r : s$. Se trata de demostrar que $x + y : : y :: r + s : s$ y que $x - y : y :: r - s : s$.
Sumando 1 a ambos miembros de la proporción dada tendremos:

$$\left(\frac{x}{y}\right) + 1 = \left(\frac{r}{s}\right) + 1$$

Es decir, $x + y : y :: r + s : s$, tal como queríamos demostrar.

Restando 1 a ambos miembros de la proporción dada tendremos que:

$$\left(\frac{x}{y}\right) - 1 = \left(\frac{r}{s}\right) - 1$$

Es decir, $x - y : y :: r - s : s$, tal como queríamos demostrar.

Ejemplo

Comprobar que si tenemos la proporción geométrica $8 : 4 :: 6 : 3$ también se cumplirá que $8 + 4 : : 4 :: 6 + 3 : 3$ y que $8 - 4 : 4 :: 6 - 3 : 3$.

Solución: Sumando tendremos que:

$$8 + 4 = 12 \qquad\qquad 6 + 3 = 9$$

Comprobemos que se cumple la proporción geométrica:
— Producto de medios: $4 \times 9 = 36$
— Producto de extremos: $12 \times 3 = 36$, que es el mismo resultado obtenido anteriormente, tal como queríamos comprobar.
Análogamente, restando tendremos que:

$$8 - 4 = 4 \qquad\qquad 6 - 3 = 3$$

Comprobemos que se cumple la proporción geométrica:
— Producto de medios: $4 \times 3 = 12$.
— Producto de extremos: $4 \times 3 = 12$, que es el mismo resultado obtenido anteriormente, tal como queríamos comprobar.

n) En toda proporción geométrica la suma o la resta de los antecedentes es a la suma o la resta de los consecuentes como un antecedente cualquiera es a su consecuente.

En efecto, consideremos la proporción geométrica $x : y :: r : s$. Se trata de demostrar que $x + r : : y + s :: s :: x : y$ y que $x - r : y - s :: x : y$. La proporción dada podemos escribirla así: $x : r :: y : s$ y tal como hemos visto anteriormente tendremos que $x + r : x :: y + s : y$ que podemos escribir como $x + r : y + s :: x : y$, tal como queríamos demostrar.

Análogamente, también tendremos que: $x - r : x :: y - s : y$, que podemos escribir como $x - r : : y - s :: x : y$, tal como queríamos demostrar.

Ejemplo

Comprobar que si tenemos la proporción geométrica $8 : 4 :: 6 : 3$ también se cumplirá que $8 + 6 : : 4 + 3 :: 8 : 4$ y que $8 - 6 : 4 - 3 :: 8 : 4$.

Solución: Sumando tendremos que:

$$8 + 6 = 14 \qquad\qquad 4 + 3 = 7$$

Comprobaremos que se cumple la proporción geométrica:
— Producto de medios: $7 \times 8 = 56$.
— Producto de extremos: $14 \times 4 = 56$, que es el mismo resultado obtenido anteriormente, tal como queríamos comprobar.
Análogamente, restando tendremos que:

$$8 - 6 = 2 \qquad\qquad 4 - 3 = 1$$

Comprobemos que se cumple la proporción geométrica:
— Producto de medios: $1 \times 8 = 8$.
— Producto de extremos: $2 \times 4 = 8$, que es el mismo resultado obtenido anteriormente, tal como queríamos comprobar.

o) En toda proporción geométrica la suma de los dos términos de la primera razón es a su diferencia como la suma de los dos términos de la segunda razón es a su diferencia.

En efecto, consideremos la proporción geométrica $x : y :: r : s$. Se trata de demostrar que $x + y : : x - y :: r + s : r - s$.
Tal como hemos visto anteriormente, se cumplirá que $x + y : x :: r + s : r$ y que $x - y : x :: r - - s : r$.
Las dos proporciones geométricas anteriores pueden escribirse así: $x + y : r + s :: x : r$ y $x - y : : r - s :: x : r$ y por la propiedad transitiva $x + y : r + s :: x - y : r - s$, que puede escribirse $x + y : x - y :: r + s : r - s$, tal como queríamos demostrar.

Ejemplo

Comprobar que si tenemos la proporción geométrica $8 : 4 :: 6 : 3$ también se cumplirá que $8 + 4 : : 8 - 4 :: 6 + 3 : 6 - 3$.

Solución: Tendremos que

$$8 + 4 = 12 \qquad\qquad 8 - 4 = 4$$
$$6 + 3 = 9 \qquad\qquad 6 - 3 = 3$$

Comprobemos que se cumple la proporción geométrica:
— Producto de medios: $4 \times 9 = 36$
— Producto de extremos: $12 \times 3 = 36$ que es el mismo resultado obtenido anteriormente, tal como queríamos comprobar.

p) En toda proporción geométrica la suma de los antecedentes es a su diferencia como la suma de los consecuentes es a su diferencia.

En efecto, consideremos la proporción geométrica $x : y :: r : s$. Se trata de demostrar que $x + r : x - r :: y + s : y - s$.
Tal como hemos visto anteriormente, se cumplirá que $x + r : y + s :: x : y$ y que $x - r : y - s :: x : y$.
Por la propiedad transitiva tendremos que $x + r : y + s :: x - r : y - s$, que puede escribirse $x + r : x - r :: y + s : y - s$, tal como queríamos demostrar.

Ejemplo

Comprobar que si tenemos la proporción geométrica $8 : 4 :: 6 : 3$ también se cumplirá que $8 + 6 : 8 - 6 :: 4 + 3 : 4 - 3$.

Solución: Tendremos que

$$8 + 6 = 14$$
$$4 + 3 = 7$$
$$8 - 6 = 2$$
$$4 - 3 = 1$$

Comprobemos que se cumple la proporción geométrica:
— Producto de medios: $2 \times 7 = 14$
— Producto de extremos: $14 \times 1 = 14$ que es el mismo resultado obtenido anteriormente, tal como queríamos comprobar.

q) En una serie de razones iguales, la suma de los antecedentes es a la suma de los consecuentes como un antecedente cualquiera es a su consecuente.

En efecto, consideremos la serie de razones iguales $\frac{x}{y} = \frac{r}{s} = \frac{t}{u}$. Se trata de demostrar que $x + r + t : y + s + u :: t : u$.

Tal como hemos visto anteriormente se cumplirá que $x + r : y + s :: r : s$ (1). Ahora bien, como $r : s :: t : u$ (2), combinando (1) y (2) tendremos que $x + r : y + s :: t : u$ y, análogamente, se cumplirá que $x + r + t : y + s + u :: t : u$, tal como queríamos demostrar.

Ejemplo

Comprobar que si tenemos la serie de razones iguales $\frac{2}{3} = \frac{4}{6} = \frac{6}{9}$ se cumplirá que $2 + 4 + 6 : 3 + 6 + 9 :: 6 : 9$.

Solución: Tendremos que

$$2 + 4 + 6 = 12 \qquad 3 + 6 + 9 = 18$$

Comprobemos que se cumple la proporción geométrica:
— Producto de medios: $18 \times 6 = 108$
— Producto de extremos: $12 \times 9 = 108$ que es el mismo resultado obtenido anteriormente, tal como queríamos comprobar.

Problemas propuestos

1. Hallar el término desconocido en la proporción geométrica $5 : x :: 10 : 2$.
2. Ídem en $x : 3 :: 18 : 9$.
3. Ídem en $3 : 1 :: 15 : x$.
4. Ídem en $4 : x :: 8 : 4$.
5. Ídem en $14 : 2 :: x : 1$.
6. Ídem en $x : 2 : 10 : 5$.
7. Ídem en $8 : x :: x : 2$.
8. Ídem en $16 : x :: x : 4$.
9. Ídem en $6 : 2 :: 9 : x$.
10. Hallar la media proporcional entre 4 y 25.
11. Ídem entre 9 y 16.
12. Ídem entre 9 y 25.
13. Ídem entre 4 y 36.
14. Ídem entre 25 y 49.
15. Ídem entre 36 y 64.
16. Ídem entre 36 y 25.
17. Hallar la cuarta proporcional entre 6, 2 y 9.
18. Ídem entre 3, 1 y 15.
19. Ídem entre 16, 8 y 4.
20. Ídem entre 12, 3 y 4.
21. Hallar la tercera proporcional entre 25 y 16.
22. Ídem entre 4 y 36.
23. Ídem entre 9 y 16.
24. Ídem entre 9 y 49.
25. Ídem entre 4 y 121.
26. Ídem entre 9 y 25.
27. Ídem entre 64 y 49.

Soluciones

1. S.: $x = 1$.
2. S.: $x = 6$.
3. S.: $x = 5$.
4. S.: $x = 2$.
5. S.: $x = 7$.
6. S.: $x = 4$.
7. S.: $x = 4$.
8. S.: $x = 8$.
9. S.: $x = 3$.
10. S.: 10.
11. S.: 12.
12. S.: 15.
13. S.: 12.
14. S.: 35.
15. S.: 48.
16. S.: 30.
17. S.: 3.
18. S.: 5.
19. S.: 2.
20. S.: 1.
21. S.: 20.
22. S.: 12.
23. S.: 12.
24. S.: 21.
25. S.: 22.
26. S.: 15.
27. S.: 56.

Proporcionalidad de magnitudes y reglas de tres

13

Introducción histórica

La proporcionalidad de magnitudes fue conocida y utilizada desde tiempos muy antiguos, pero la regla de tres fue dada a conocer por los árabes en la Edad Media, y en el mundo occidental fue difundida por Leonardo de Pisa en el siglo XII, siendo conocida como Regla de los Mercaderes por su importancia en las transacciones comerciales.

13.1 Proporcionalidad de magnitudes

Las cantidades que intervienen en los problemas matemáticos pueden clasificarse en constantes y variables.
Se dice que una cantidad es constante cuando siempre adopta el mismo valor. Por el contrario, se dice que una cantidad es variable cuando puede tomar diversos valores.
Así, por ejemplo, la distancia recorrida por un móvil que se mueve con velocidad constante sería una cantidad variable, puesto que dependería del tiempo que durara el movimiento. En cambio, en este caso la velocidad sería constante.
Como el espacio recorrido depende del tiempo, se dice que el espacio recorrido es la variable dependiente y el tiempo es la variable independiente.
Cuando una cantidad variable depende de otra se dice que es función de esta última. Así, en el ejemplo anterior, el espacio recorrido es función del tiempo empleado.

En general, diremos que y es función de x cuando a cada valor de la variable x le corresponde uno o varios valores de la variable y. Esto se acostumbra a representar con la notación $y = f(x)$.

Se dice que dos magnitudes son proporcionales cuando al multiplicar o dividir una de ellas por un número dado la otra magnitud resulta multiplicada o dividida por el mismo número.
Las magnitudes proporcionales se dividen en directamente proporcionales e inversamente proporcionales.

Se dice que dos magnitudes son directamente proporcionales cuando al multiplicar una de ellas por un número la otra resulta multiplicada por el mismo número y al dividir una de ellas por un número la otra resulta dividida por el mismo número.

Así, por ejemplo, el tiempo invertido en hacer un trabajo y la cantidad de trabajo efectuado son magnitudes directamente proporcionales.

Por el contrario, se dice que dos magnitudes son inversamente proporcionales cuando al multiplicar una de ellas por un número la otra queda dividida por el mismo número y al dividir una de ellas por un número la otra queda multiplicada por el mismo número.

Así, por ejemplo, el tiempo necesario para hacer un trabajo y el número de obreros empleados son magnitudes inversamente proporcionales.
Si M y N son magnitudes directamente proporcionales, la relación constante M/N recibe el nombre de razón de proporcionalidad entre la magnitud M y la magnitud N.

13.2 La regla de tres

La regla de tres es la operación aritmética que consiste en determinar el cuarto término de una proporción conocidos los otros tres.
Se dice que la regla de tres es simple cuando en ella intervienen únicamente dos magnitudes. Por el contrario, si en ella intervienen tres o más magnitudes, se dice que la regla de tres es compuesta.

En la regla de tres, los datos de la parte del problema que resulta conocida reciben el nombre de supuesto. Los datos de la parte que contiene la incógnita reciben el nombre de pregunta.
Así, por ejemplo, si nos dicen que 6 manzanas cuestan \$1 y nos preguntan el coste de 72 manzanas, el supuesto será que 6 manzanas cuestan \$1 y la pregunta estará formada por las 72 manzanas y $\$x$.

13.3 Métodos de resolución de la regla de tres

La regla de tres puede resolverse por distintos métodos que pasamos a exponer a continuación.

a) *Método de la reducción a la unidad.*

Ejemplo

Si 12 abrigos cuestan \$360, ¿cuánto costarán 8 abrigos?

Solución: Se trata de encontrar el precio de 1 abrigo y a continuación el valor total de los 8 abrigos. Para ello, dividiremos **360 : 12 = 30** que es el precio de un abrigo.
Por consiguiente, los 8 abrigos valdrán: **8 × 30 = $240.**

Ejemplo

Si 6 obreros hacen una obra en 20 días, ¿cuánto tiempo tardarán en hacer la misma obra 8 obreros?

Solución: Se trata de encontrar el tiempo que tardaría 1 obrero en hacer la obra y a continuación el tiempo que tardarán los 8 obreros.
Para ello, multiplicaremos **20 × 6 = 120** días que es el tiempo que tardaría 1 obrero en hacer la obra.
Por consiguiente, los 8 obreros tardarán: **120 : 8 = 15** días.

Ejemplo

Si 5 hombres trabajando 6 horas diarias han abierto una zanja de 40 metros en 8 días, ¿cuántos días necesitarán 9 hombres trabajando 8 horas diarias para abrir una zanja de 60 metros?

Solución: Se trata de encontrar los días que tardaría 1 hombre que trabajara 1 hora diaria en hacer una zanja de 1 metro y a continuación calcular el tiempo que tardarían los 9 hombres trabajando 8 horas diarias para abrir la zanja de 60 metros.

Para ello, multipliquemos **5 × 8 = 40** días que tardaría un hombre trabajando 6 horas diarias para abrir una zanja de 40 metros.
A continuación, multipliquemos **40 × 6 = 240** días que tardaría 1 hombre trabajando 1 hora diaria para abrir una zanja de 40 metros.
Finalmente dividamos **240 : 40 = 6** días que tardaría 1 hombre trabajando 1 hora diaria para abrir una zanja de 1 metro.
Seguidamente dividamos $6 : 9 = \frac{2}{3}$ de día que tardarían 9 hombres trabajando 1 hora diaria para abrir una zanja de 1 metro.
A continuación dividamos $\frac{2}{3} : 8 = \frac{1}{12}$ de día que tardarían 9 hombres trabajando 8 horas diarias para abrir una zanja de 1 metro.
Por último multipliquemos $\frac{1}{12} \times 60 = 5$ días que es el tiempo que invertirán 9 hombres trabajando 8 horas diarias para abrir una zanja de 60 metros.

b) *Método de las proporciones.*

Ejemplo

Si 10 pantalones cuestan $120, ¿cuánto cuestan 15 pantalones?

Solución: Tendremos

Supuesto	**10 pantalones**	**$120**
Pregunta	**15 pantalones**	x

Como puede observarse, el número de pantalones y el coste son magnitudes directamente proporcionales puesto que a más pantalones más dinero y a menos pantalones menos dinero.
Por consiguiente, podemos establecer la siguiente proporción:

$$10 : 15 :: 120 : x$$

Como x es un extremo de la proporción, tendremos:

$$x = \frac{15 \times 120}{10} = \$180$$

Ejemplo

Si 6 obreros hacen una obra en 8 días, ¿en cuántos días harán la misma obra 4 obreros?

Solución: Tendremos

Supuesto	**6 obreros**	**8 días**
Pregunta	**4 obreros**	x

Como puede observarse, el número de obreros y el tiempo empleado en hacer la obra son magnitudes inversamente proporcionales entre sí puesto que a más obreros menos tiempo y a menos obreros más tiempo.
Por consiguiente, podemos establecer la siguiente proporción:

$$4 : 6 :: 8 : x$$

Como x es un extremo de la proporción, tendremos:

$$x = \frac{6 \times 8}{4} = 12 \text{ días}$$

En el caso de que la regla de tres sea compuesta el método de las proporciones consiste en descomponer la regla de tres compuesta en reglas de tres simples y, a continuación, multiplicar todas las proporciones formadas.

Ejemplo

Si 5 hombres trabajando 6 horas diarias han abierto una zanja de 40 metros en 8 días, ¿cuántos días necesitarán 9 hombres trabajando 8 horas diarias para abrir una zanja de 60 metros?

Solución: Tendremos

Supuesto	**5 hombres**	**6 horas diarias**	**40 metros**	**8 días**
Pregunta	**9 hombres**	**8 horas diarias**	**60 metros**	x

Descompongamos en reglas de tres simples:

Supuesto	**5 hombres**	**8 días**
Pregunta	**9 hombres**	y

Como puede observarse, el número de hombres y el tiempo empleado son magnitudes inversamente proporcionales puesto que a más hombres menos tiempo y a menos hombres más tiempo. Por consiguiente, podemos establecer la siguiente proporción:

$$9 : 5 :: 8 : y \qquad (1)$$

Análogamente, tendremos:

Supuesto	**6 horas diarias**	y **días**
Pregunta	**8 horas diarias**	z

Como puede observarse, el número de horas diarias y el tiempo empleado son magnitudes inversamente proporcionales puesto que a más horas menos tiempo y a menos horas más tiempo. Por consiguiente, podemos establecer la siguiente proporción:

$$8 : 6 :: y : z \qquad (2)$$

Similarmente:

Supuesto	**40 metros**	z **días**
Pregunta	**60 metros**	x

Como puede observarse, la longitud de la zanja y el tiempo empleado son magnitudes directamente proporcionales puesto que a más longitud más tiempo y a menos longitud menos tiempo. Por consiguiente, podemos establecer la siguiente proporción:

$$40 : 60 :: z : x \qquad (3)$$

Multiplicando término a término las proporciones (1), (2) y (3) tendremos:

$$\frac{9 \times 8 \times 40}{5 \times 6 \times 60} = \frac{8 \times y \times z}{y \times z \times x}$$

Simplificando: $8 : 5 :: 8 : x$.
Como x es un extremo de la proporción, tendremos:

$$x = \frac{5 \times 8}{8} = 5 \text{ días, que es el resultado final.}$$

c) *Método práctico.*

Se escriben el supuesto y la pregunta y a continuación se compara cada una de las magnitudes con la incógnita suponiendo que las demás magnitudes permanecen constantes, para ver si dichas magnitudes son directa o inversamente proporcionales con la incógnita.

A las magnitudes que son directamente proporcionales con la incógnita se les pone en la parte inferior un signo $+$ y en la parte superior un signo $-$, y a las magnitudes que son inversamente proporcionales con la incógnita se les pone en la parte inferior un signo menos y en la parte superior un signo $+$. Una vez hecho esto, el valor de la incógnita será igual al dato conocido de su especie, que se supondrá que siempre lleva el signo $+$, multiplicado por todas las cantidades que llevan el signo $+$ y dividido por todas las cantidades que llevan el signo $-$. Es el método más rápido de resolución de todo tipo de problemas de regla de tres.

Ejemplo

Si 10 pantalones cuestan \$240, ¿cuánto costarán 8 pantalones?

Solución: Tendremos

	$-$	$+$
Supuesto	**10 pantalones**	**\$240**
Pregunta	**8 pantalones**	x
	$+$	

Como puede observarse, el número de pantalones y el coste son magnitudes directamente proporcionales y, por lo tanto, ponemos el signo $+$ debajo de los pantalones y el signo $-$ encima.

Por consiguiente, tendremos: $x = \dfrac{240 \times 8}{10} = \$192.$

Ejemplo

Si 12 obreros hacen una obra en 5 días, ¿en cuántos días harán la misma obra 15 obreros?

Solución: Tendremos

	$+$	$+$
Supuesto	**12 obreros**	**5 días**
Pregunta	**15 obreros**	x
	$-$	

Como puede observarse, el número de obreros y el tiempo empleado son magnitudes inversamente proporcionales y, por lo tanto, ponemos el signo $+$ encima de los obreros y el signo $-$ debajo.

Por consiguiente, tendremos: $x = \dfrac{5 \times 12}{15} = 4$ días.

Ejemplo

Si 5 hombres trabajando 6 horas diarias han abierto una zanja de 40 metros en 8 días, ¿cuántos días necesitarán 9 hombres trabajando 8 horas diarias para abrir una zanja de 60 metros?

Solución: Tendremos

	+	+	−	+
Supuesto	**5 hombres**	**6 horas diarias**	**40 metros**	**8 días**
Pregunta	**9 hombres**	**8 horas diarias**	**60 metros**	x
	−	−	+	

Como puede observarse, el número de hombres y el tiempo empleado son magnitudes inversamente proporcionales y, por lo tanto, ponemos el signo + encima de los hombres y el signo − debajo. Análogamente, el número de horas diarias y el tiempo empleado son magnitudes inversamente proporcionales y, por lo tanto, ponemos el signo + encima de las horas diarias y el signo − debajo.

De modo similar, la longitud de la zanja y el tiempo empleado son magnitudes directamente proporcionales y, por lo tanto, ponemos el signo − encima de la longitud y el signo + debajo.

Así pues, $x = \dfrac{8 \times 60 \times 6 \times 5}{40 \times 8 \times 9} = 5$ días.

Problemas propuestos

1. Si 3 huevos cuestan 50 pesos, ¿cuánto costará una docena de huevos?
2. Un palo de 1,50 metros de longitud produce una sombra de 4,50 metros. ¿Cuál será la altura de un edificio que a la misma hora origina una sombra de 75 metros?
3. Un edificio de 20 metros de altura produce una sombra de 30 metros. ¿Cuál será la estatura de una persona que a la misma hora produce una sombra de 2,70 metros?
4. Media docena de huevos cuesta 80 pesos, ¿cuánto costarán 4 docenas de huevos?
5. Los $\dfrac{2}{3}$ de la capacidad de un depósito son 60 litros. ¿Cuál será la capacidad de los $\dfrac{5}{6}$ del mismo depósito?
6. Un grupo formado por 9 obreros puede hacer una obra en 6 días. ¿Cuántos obreros se necesitarán para hacer la misma obra en 3 días?
7. Un automóvil que lleva una velocidad de 60 km/h tarda 4 horas en recorrer el trayecto entre dos ciudades. ¿Cuánto tiempo hubiera tardado si su velocidad hubiera sido de 80 km/h?
8. Una pieza de tela tiene una longitud de 12 metros y una anchura de 50 cm. ¿Cuál será la longitud de otra pieza de tela que tiene la misma superficie sabiendo que su anchura es de 60 cm?
9. Una mesa mide 4 m de largo y 2 m de ancho. ¿Qué longitud tendrá una mesa de la misma superficie si su anchura es de 1,6 m?
10. Un grifo vierte 160 litros de agua en 4 minutos. ¿Cuántos litros verterá en 6 minutos?

11. Un cuartel de 400 soldados tiene provisiones para 10 días repartiendo 3 raciones diarias a cada soldado. Si se reduce el aprovisionamiento a 2 raciones diarias, ¿cuánto tiempo durarán las provisiones?
12. Dos números están en la relación de 9 es a 5. Si el número mayor es 63, ¿cuál es el número menor?
13. Una calle que mide 25 m de largo y 4 m de ancho está pavimentada por 16.000 adoquines. ¿Cuántos adoquines se necesitarán para pavimentar otra calle de 30 m de largo y 5 m de ancho?
14. Un grupo de 20 obreros hace los $\frac{5}{8}$ de una obra en 15 días. ¿Cuánto tiempo tardarán en acabar la obra un grupo de 15 obreros?
15. Dos obreros deben repartirse 30.000 pesos que han cobrado por un trabajo realizado conjuntamente. Si el primero trabajó 12 días a razón de 8 horas diarias y recibió 20.000 pesos, ¿cuántos días a razón de 6 horas diarias trabajó el segundo?
16. Un grupo de 8 obreros se compromete a efectuar una obra en 10 días. Al cabo de 5 días sólo ha efectuado los $\frac{2}{5}$ de la obra. ¿Cuántos obreros más se necesitarán para acabar en el tiempo fijado?
17. Un grupo de 8 obreros tarda 12 días en abrir una zanja de 8 m de largo, 3 m de ancho y 2 m de profundidad, trabajando 8 horas diarias. ¿Cuántas horas diarias deberá trabajar otro grupo de 12 obreros para abrir en 8 días una zanja de 5 m de largo, 4 m de ancho y 3 m de profundidad?
18. Un grupo de 6 obreros hace una obra de 60 m trabajando durante 5 días. ¿Cuánto tiempo tardarán 4 obreros en hacer 80 m de la misma obra?
19. Si 6 latas de sardinas cuestan 80 bolívares, ¿cuánto costarán 2 docenas de latas de sardinas?
20. Un mástil de 6 m de longitud produce una sombra de 1,20 metros. ¿Cuál será la altura de un edificio que a la misma hora produce una sombra de 6 m?
21. Un edificio de 40 m de altura produce una sombra de 16 m. ¿Cuál será la estatura de una persona que a la misma hora produce una sombra de 0,64 m?
22. Si 7 latas de sardinas cuestan 280 pesos, ¿cuánto costarán 12 latas de sardinas?
23. Los $\frac{3}{4}$ de la capacidad de un depósito son 30 litros. ¿Cuál será la capacidad de los $\frac{7}{8}$ del mismo depósito?
24. Los $\frac{2}{5}$ de la capacidad de un depósito son 180 litros. ¿Cuál será la capacidad del depósito?
25. Dos socios alquilan una finca. Uno de ellos ocupa los $\frac{3}{8}$ de la finca y paga $600 de alquiler mensual. ¿Cuánto paga de alquiler mensual el otro socio?
26. Un grupo de obreros emplea 12 días, trabajando 4 horas diarias, para efectuar una obra. Si hubiera trabajado 2 horas más cada día, ¿cuántos días habría tardado en acabar la obra?
27. Una finca pertenece a dos socios. El primero posee los $\frac{5}{9}$ de la finca y su parte está valorada en $9.000. ¿En cuánto está valorada la parte del otro socio?
28. Un comerciante compró 12 kg de café por $96. ¿Cuál es el coste de 5 kg de café?
29. Un caminante recorre 9 km en 10 minutos. ¿Cuánto tiempo tardará en recorrer 27 km?
30. Un granjero vende cierto número de conejos por $450. Si por cada $100 gana $12, ¿cuánto le costaron los conejos?
31. Un ganadero vendió cierto número de toros por $800, ganando $2 por cada $10. ¿Cuánto le costaron los toros?
32. Dos números están en la relación de 5 es a 3. Si la suma de los números es 56, ¿cuáles son los números?

33. Dos números están en la relación de 11 es a 8. Si la suma de los dos números es 133, ¿cuáles son los números?

34. Un calle que mide 80 metros de largo y 6 metros de ancho está pavimentada por 12.000 adoquines. ¿Cuántos adoquines se necesitarán para pavimentar otra calle de 60 metros de largo y 4 metros de ancho?

35. Un grupo de 12 obreros hace los $\frac{3}{7}$ de una obra en 6 días. ¿Cuánto tiempo tardará en acabar la obra un grupo de 8 obreros?

36. Un automóvil que lleva una velocidad de 120 km/h tarda 3 horas en recorrer el trayecto entre dos ciudades. ¿Cuánto tiempo hubiera tardado si su velocidad hubiese sido de 90 km/h?

37. Una pieza de tela tiene una longitud de 18 metros y una anchura de 80 cm. ¿Cuál será la longitud de otra pieza de tela que tiene la misma superficie sabiendo que su anchura es de 1,20 metros?

38. Un comerciante adquirió 13 kg de café por $104. ¿Cuál es el coste de 7 kg de café?

39. Dos números están en la relación de 13 es a 7. Si el número mayor es 91, ¿cuál es el número menor?

40. Un grupo formado por 18 obreros puede hacer una obra en 12 días. ¿Cuántos obreros serían necesarios para efectuar la misma obra en 27 días?

Soluciones

1. S.: 200 pesos.
2. S.: 25 metros.
3. S.: 1,80 metros.
4. S.: 640 pesos.
5. S.: 75 litros.
6. S.: 18 obreros.
7. S.: 3 horas.
8. S.: 10 metros.
9. S.: 5 m.
10. S.: 240 litros.
11. S.: 15 días.
12. S.: 35.
13. S.: 24.000 adoquines.
14. S.: 12 días.
15. S.: 8 días.
16. S.: 4 obreros más.
17. S.: 10 horas diarias.
18. S.: 10 días.
19. S.: 320 bolívares.
20. S.: 30 m.
21. S.: 1,60 m.
22. S.: 480 pesos.
23. S.: 35 litros.
24. S.: 450 litros.
25. S.: $1.000.
26. S.: 8 días.
27. S.: $7.200.
28. S.: $40.
29. S.: 30 minutos.
30. S.: $396.
31. S.: $640.
32. S.: 35 y 21.
33. S.: 77 y 56.
34. S.: 6.000 adoquines.
35. S.: 12 días.
36. S.: 4 horas.
37. S.: 12 m.
38. S.: $56.
39. S.: 49.
40. S.: 8 obreros.

Repartos proporcionales y regla de compañía

14

Introducción histórica

En Europa, las primeras compañías las formaron los armadores navieros italianos a partir del siglo IX. La aritmética comercial tomada de los árabes por Leonardo de Pisa experimentó un gran auge en esta época para resolver todo tipo de problemas relacionados con los repartos de beneficios y las pérdidas de las compañías.

14.1 Repartos proporcionales

Los repartos proporcionales consisten en dividir un número en partes proporcionales a otros varios y pueden ser directos, inversos y compuestos.

Para repartir un número dado en partes directamente proporcionales a varios números enteros se multiplica el número que se quiere repartir por cada uno de los números enteros y se divide por la suma de todos ellos.

Ejemplo

Repartir 36 en partes directamente proporcionales a 2, 3 y 4.

Solución: Tendremos

$$a = \frac{36}{2 + 3 + 4} \cdot 2 = 8 \qquad b = \frac{36}{2 + 3 + 4} \cdot 3 = 12 \qquad c = \frac{36}{2 + 3 + 4} \cdot 4 = 16$$

Obsérvese que

$$8 + 12 + 16 = 36$$

Para repartir un número en partes directamente proporcionales a varios quebrados se reducen los quebrados a común denominador y se reparte el número dado en partes directamente proporcionales a los numeradores.

Ejemplo

Repartir 39 en partes directamente proporcionales a $\frac{1}{2}$, $\frac{1}{3}$ y $\frac{1}{4}$.

Solución: Tendremos

$$\frac{1}{2}, \frac{1}{3}, \frac{1}{4} = \frac{6}{12}, \frac{4}{12}, \frac{3}{12}$$

Se trata de repartir 39 en partes directamente proporcionales a 6, 4 · 3.

O sea,

$$a = \frac{39}{6+4+3} \cdot 6 = 18$$

$$b = \frac{39}{6+4+3} \cdot 4 = 12$$

$$c = \frac{39}{6+4+3} \cdot 3 = 9$$

Obsérvese que

$$18 + 12 + 9 = 39$$

Para repartir un número en partes inversamente proporcionales a otros números dados se reparte el número dado en partes directamente proporcionales a los inversos de dichos números.

Ejemplo

Repartir 56 en partes inversamente proporcionales a 2, 4 y 8.

Solución: Se trata de repartir 56 en partes directamente proporcionales a $\frac{1}{2}$, $\frac{1}{4}$ y $\frac{1}{8}$.

Tendremos: $\frac{1}{2}, \frac{1}{4}, \frac{1}{8} = \frac{8}{16}, \frac{4}{16}, \frac{2}{16}$.

O sea, hay que repartir 56 en partes directamente proporcionales a 8, 4 y 2.

Es decir,

$$a = \frac{56}{8 + 4 + 2} \cdot 8 = 32$$

$$b = \frac{56}{8 + 4 + 2} \cdot 4 = 16$$

$$c = \frac{56}{8 + 4 + 2} \cdot 2 = 8$$

Obsérvese que $32 + 16 + 8 = 56.$

Ejemplo

Repartir 55 en partes inversamente proporcionales a $\frac{1}{2}$, $\frac{1}{4}$ y $\frac{1}{5}$

Solución: Se trata de repartir 55 en partes directamente proporcionales a 2, 4 y 5.

Tendremos:

$$a = \frac{55}{2 + 4 + 5} \cdot 2 = 10$$

$$b = \frac{55}{2 + 4 + 5} \cdot 4 = 20$$

$$c = \frac{55}{2 + 4 + 5} \cdot 5 = 25$$

Obsérvese que $10 + 20 + 25 = 55.$

En el reparto compuesto se trata de repartir un número en partes proporcionales a los productos de varios números.

Ejemplo

Repartir 70 en partes que sean a la vez directamente proporcionales a 8, 6 y 32 e inversamente proporcionales a 2, 3 y 4.

Solución: Se trata de repartir 70 en partes directamente proporcionales a los siguientes productos:

$$8 \times \frac{1}{2} = 4$$

$$6 \times \frac{1}{3} = 2$$

$$32 \times \frac{1}{4} = 8$$

Así pues, tendremos:

$$a = \frac{70}{4 + 2 + 8} \cdot 4 = 20$$

$$b = \frac{70}{4 + 2 + 8} \cdot 2 = 10$$

$$c = \frac{70}{4 + 2 + 8} \cdot 8 = 40$$

Obsérvese que $20 + 10 + 40 = 70$.

14.2 Regla de compañía

Una compañía mercantil es una sociedad constituida por varias personas que aportan sus bienes o su trabajo con intención de obtener una ganancia.

Las compañías mercantiles pueden ser de los siguientes tipos:

a) *Sociedades regulares colectivas:* son aquellas en las que todos los socios se comprometen a participar en la proporción establecida de los mismos derechos y obligaciones. En este tipo de sociedades, los socios responden de las deudas de la compañía con el capital social de la misma y además con el capital particular de cada socio.

b) *Sociedades anónimas:* son aquellas en las que los socios aportan un capital a la compañía y a cambio reciben acciones que les dan derecho a participar en los beneficios obtenidos por la compañía designando administradores que se encargan de gestionar la compañía. En este tipo de sociedades los socios únicamente responden de las deudas de la compañía con el capital aportado pero no con su capital particular.

c) *Sociedades comanditarias:* son aquellas en las que uno o varios socios, que reciben el nombre de socios comanditarios, aportan capital a la compañía esperando obtener beneficios de las operaciones efectuadas por la compañía que está gestionada por otros socios. Estas sociedades tienen características de las sociedades colectivas y de las sociedades anónimas, puesto que hay socios colectivos que responden como tales de las deudas de la compañía con el capital social y con su capital particular y socios comanditarios que únicamente responden de las deudas de la sociedad con el capital aportado.

El objetivo de una compañía es obtener beneficios y repartirlos entre los socios. Para ello, los socios estipulan la proporción en que cada uno de ellos participa en los beneficios o en las pérdidas de la compañía. Los socios que no aportan capital sino su trabajo suelen quedar libres de las pérdidas de la compañía.

Generalmente, la distribución de las ganancias y de las pérdidas de una compañía se hace en partes directamente proporcionales al capital aportado y al tiempo que ha permanecido cada socio en la compañía.

El objeto de la regla de compañía es, pues, el de repartir los beneficios o las pérdidas de una compañía entre los socios. Para ello se tiene en cuenta el capital aportado por cada socio y el tiempo que ha permanecido cada socio en la compañía.
Hay dos tipos de regla de compañía: la compañía simple, que es aquella en que los capitales o los tiempos son iguales, y la compañía compuesta, que es aquella en que tanto los capitales como los tiempos son distintos.

Cuando la compañía es simple se pueden considerar dos casos dependiendo de que los tiempos sean iguales o que los capitales sean iguales.

Si los tiempos son iguales se reparte la ganancia o la pérdida en partes directamente proporcionales a los capitales.

Ejemplo

Tres socios constituyen una sociedad por 4 años. El primer socio aporta \$2.000, el segundo socio aporta \$3.000 y el tercer socio aporta \$5.000. Si al cabo de los 4 años hay una ganancia de \$2.000, ¿cuánto dinero corresponderá a cada socio?

Solución: Como el tiempo es el mismo para cada socio, se trata de repartir \$2.000 en partes directamente proporcionales a 2.000, 3.000 y 5.000.
Así pues, tendremos:

$$a = \frac{2.000}{2.000 + 3.000 + 5.000} \cdot 2.000 = \$400$$

$$b = \frac{2.000}{2.000 + 3.000 + 5.000} \cdot 3.000 = \$600$$

$$c = \frac{2.000}{2.000 + 3.000 + 5.000} \cdot 5.000 = \$1.000$$

Obsérvese que

$$\$400 + \$600 + \$1.000 = \$2.000$$

Si los capitales son iguales se reparte la ganancia o la pérdida en partes directamente proporcionales a los tiempos.

Ejemplo

Tres socios constituyen una sociedad aportando \$4.000 cada uno. El primer socio permanece 20 meses en la sociedad, el segundo socio permanece 18 meses en la sociedad y el tercer socio permanece 10 meses en la sociedad. Si al final la compañía produce un beneficio de \$960, ¿cuánto dinero corresponderá a cada socio?

Solución: Como el capital aportado por cada socio es el mismo, se trata de repartir \$960 en partes directamente proporcionales a 20, 18 y 10.
Así pues, tendremos:

$$a = \frac{960}{20 + 18 + 10} \cdot 20 = \$400$$

$$b = \frac{960}{20 + 18 + 10} \cdot 18 = \$360$$

$$c = \frac{960}{20 + 18 + 10} \cdot 10 = \$200$$

Obsérvese que \$400 + \$360 + \$200 = \$960.

En el caso de que la compañía sea compuesta, como los capitales y los tiempos son distintos, se reparte la ganancia o la pérdida en partes directamente proporcionales a los productos de los capitales por los tiempos.

Ejemplo

Tres socios constituyen una compañía del modo siguiente: el primer socio aporta \$2.000 durante 18 meses, el segundo socio aporta \$3.000 durante 16 meses y el tercer socio aporta \$4.000 durante 14 meses. Si al final la compañía produce un beneficio de \$2.800, ¿cuánto dinero corresponderá a cada socio?

Solución: Como tanto los capitales como los tiempos son distintos, hay que multiplicar los capitales por sus tiempos respectivos. Tendremos: $2.000 \times 18 = 36.000$; $3.000 \times 16 = 48.000$ y $4.000 \times 14 = 56.000$. Por consiguiente, se trata de repartir \$2.800 en partes directamente proporcionales a 36.000, 48.000 y 56.000.

Así pues, tendremos:

$$a = \frac{2.800}{36.000 + 48.000 + 56.000} \cdot 36.000 = \$720$$

$$b = \frac{2.800}{36.000 + 48.000 + 56.000} \cdot 48.000 = \$960$$

$$c = \frac{2.800}{36.000 + 48.000 + 56.000} \cdot 56.000 = \$1.120$$

Obsérvese que $720 + $960 + $1.120 = $2.800.

Problemas propuestos

1. Repartir 18 en partes directamente proporcionales a 2, 3 y 4.
2. Ídem 60 en partes directamente proporcionales a 6, 5 y 9.
3. Ídem 104 en partes directamente proporcionales a 11, 6 y 9.
4. Ídem 130 en partes directamente proporcionales a 8, 5 y 13.
5. Ídem 129 en partes directamente proporcionales a 6, 9, 17 y 11.
6. Ídem 32 en partes directamente proporcionales a 3, 2, 4 y 7.
7. Ídem 105 en partes directamente proporcionales a 5, 6, 7, 8 y 9.
8. Repartir 24 en partes inversamente proporcionales a $\frac{1}{3}$, $\frac{1}{4}$ y $\frac{1}{5}$.
9. Ídem 64 en partes inversamente proporcionales a $\frac{1}{2}$, $\frac{1}{6}$ y $\frac{1}{8}$.
10. Ídem 42 en partes inversamente proporcionales a $\frac{1}{3}$, $\frac{1}{5}$ y $\frac{1}{6}$.
11. Ídem 150 en partes inversamente proporcionales a $\frac{1}{8}$, $\frac{1}{10}$ y $\frac{1}{12}$.
12. Ídem 90 en partes inversamente proporcionales a $\frac{1}{7}$, $\frac{1}{5}$ y $\frac{1}{3}$.
13. Se reparten 57 caramelos en partes directamente proporcionales a las edades de tres niños de 5, 6 y 8 años respectivamente. ¿Cuántos caramelos le tocan a cada uno?
14. Dos obreros cobran 7.200 bolívares por una obra que hicieron entre los dos. Si el primero trabajó 8 días y el segundo trabajó 10 días. ¿Cuánto recibirá cada uno?
15. Una empresa en quiebra tiene 3 acreedores. Al primero se le deben $2.000, al segundo $3.000 y al tercero $4.000. Si la empresa dispone únicamente de $2.700, ¿cuánto cobrará cada acreedor?
16. Tres personas tienen 300, 400 y 500 pesos respectivamente. Deciden repartir entre todos 600 pesos a los pobres en partes directamente proporcionales al dinero que tiene cada uno. ¿Cuánto aportará cada persona?
17. Dos obreros se comprometen a hacer una obra por $450. Si el primer obrero cobra el doble que el segundo, ¿cuánto cobrará cada uno?
18. Cuatro obreros han efectuado una obra en 80 días. Si el primero recibió $20, el segundo recibió $30, el tercero recibió

$50 y el cuarto recibió $60, ¿cuántos días ha trabajado cada uno?

19. Repartir 400 pesos entre 3 personas de modo que la parte de la primera sea el triple que la parte de la segunda y la parte de la tercera sea el doble que la parte de la primera.
20. Se reparten 69 caramelos entre cuatro niños en partes inversamente proporcionales a sus edades que son 2, 4, 8 y 12 años, respectivamente. ¿Cuántos caramelos le corresponderán a cada uno?
21. Una madre reparte 27 caramelos en partes proporcionales a la buena conducta de sus hijos. El primer hijo ha sido castigado 4 veces, el segundo hijo 6 veces y el tercer hijo 3 veces. ¿Cuántos caramelos recibirá cada hijo?
22. Un padre reparte cierta cantidad de dinero entre sus tres hijos, de manera que las que reciben son proporcionales a 6, 8 y 10. Si la parte del primero es de 30 sucres, ¿cuáles son las partes del segundo y del tercero y la cantidad total repartida?
23. En una obra se han empleado tres secciones de obreros. La primera sección constaba de 3 obreros y trabajó 4 días a razón de 5 horas diarias; la segunda sección constaba de 4 obreros y trabajó 4 días a razón de 5 horas diarias y la tercera sección constaba de 6 obreros y trabajó 5 días a razón de 4 horas diarias. ¿Cuánto debe cobrar cada sección de obreros si en total se pagaron $520?
24. Una madre reparte 18 caramelos entre sus dos hijos de 6 y 8 años, respectivamente, en partes directamente proporcionales a sus edades e inversamente proporcionales a sus castigos. El de 6 años ha sido castigado 3 veces y el de 8 ha sido castigado 2 veces. ¿Cuántos caramelos recibirá cada hijo?
25. Un comerciante compra dos automóviles por $980 que se han pagado en partes directamente proporcionales a la velocidad que pueden alcanzar que es, respectivamente, de 100 y 120 km/h y en partes inversamente proporcionales a la antigüedad de los automóviles, que es de 4 y 5 años respectivamente. ¿Cuánto se pagó por cada automóvil?
26. Dos socios emprenden un negocio durante 5 años. El primero pone $400 y el segundo $600. ¿Cuánto corresponde a cada socio si al final hay una ganancia de $1.500?
27. En un negocio que ha durado 6 años han intervenido 4 socios que han aportado $1.000 el primero, $1.500 el segundo, $2.000 el tercero y $2.500 el cuarto. Si al final hay una pérdida de $1.400, ¿cuánto corresponde perder a cada socio?
28. En un negocio que ha durado 3 años han intervenido cuatro socios que han aportado $200 el primero, $300 el segundo, $400 el tercero y $500 el cuarto. Si al final hay una ganancia de $420, ¿cuánto gana cada socio?
29. Cinco socios han efectuado un negocio durante 2 años, aportando $200 el primero, $300 el segundo, $400 el tercero, $500 el cuarto y $600 el quinto. Si al final hay una ganancia de $800, ¿cuánto gana cada socio?
30. Dos socios efectúan un negocio que dura 3 años aportando $3.000 el primero y $5.000 el segundo. Si al final hay una ganancia de $1.600, ¿cuánto ha ganado cada socio?
31. Tres socios emprenden un negocio aportando el mismo capital. Si el primer socio permanece 4 años en el negocio, el segundo 3 años y el tercero 2 años y al final hay una ganancia de $3.600, ¿cuánto ganará cada socio?
32. Tres socios emprenden un negocio aportando el mismo capital. Si el primer socio permanece 18 meses en el negocio, el segundo 12 meses y el tercero 10 meses y al final hay una ganancia de $800, ¿cuánto ganará cada socio?
33. Tres socios aportaron $1.000 cada uno para efectuar un negocio. El primer socio permaneció 20 meses en el negocio, el segundo 15 meses y el tercero 12 meses.

Si al final hay una pérdida de $940, ¿cuánto pierde cada socio?

34. Una sociedad formada por tres socios se constituye del modo siguiente: el primer socio aporta $1.500 durante 4 años, el segundo aporta $2.000 durante 3 años y el tercer socio aporta $2.500 durante 2 años. Si al final hay una ganancia de $3.400, ¿cuánto gana cada socio?

35. Una sociedad formada por tres socios se constituye del modo siguiente: el primer socio aporta 8.000 bolívares durante 6 meses, el segundo socio aporta 6.000 bolívares durante 9 meses y el tercer socio aporta 5.000 bolívares durante 12 meses. Si al final hay una pérdida de 3.240 bolívares, ¿cuánto pierde cada socio?

Soluciones

1. S.: 4, 6 y 8.
2. S.: 18, 15 y 27.
3. S.: 44, 24 y 36.
4. S.: 40, 25 y 65.
5. S.: 18, 27, 51 y 33.
6. S.: 6, 4, 8 y 14.
7. S.: 15, 18, 21, 24 y 27.
8. S.: 6, 8 y 10.
9. S.: 8, 24 y 32.
10. S.: 9, 15 y 18.
11. S.: 40, 50 y 60.
12. S.: 42, 30 y 18.
13. S.: 15, 18 y 24.
14. S.: 3.200 y 4.000 bolívares.
15. S.: $600, $900 y $1.200, respectivamente.
16. S.: 150, 200 y 250 pesos, respectivamente.
17. S.: $300 y $150, respectivamente.
18. S.: 10, 15, 25 y 30 días, respectivamente.
19. S.: 120, 40 y 240 pesos.
20. S.: 36, 18, 9 y 6 caramelos, respectivamente.
21. S.: 9, 6 y 12 caramelos, respectivamente.
22. S.: 40 y 50 sucres, respectivamente. 120 sucres.
23. S.: $120, $160 y $240, respectivamente.
24. S.: 6 y 12 caramelos, respectivamente.
25. S.: $500 y $480, respectivamente.
26. S.: $600 y $900, respectivamente.
27. S.: $200, $300, $400 y $500, respectivamente.
28. S.: $60, $90, $120 y $150, respectivamente.
29. S.: $80, $120, $160, $200 y $240, respectivamente.
30. S.: $600 y $1.000, respectivamente.
31. S.: $1.600, $1.200 y $800, respectivamente.
32. S.: $360, $240 y $200, respectivamente.
33. S.: $400, $300 y $240, respectivamente.
34. S.: $1.200, $1.200 y $1.000, respectivamente.
35. S.: 960, 1.080 y 1.200 bolívares, respectivamente.

15 Números decimales

Introducción histórica

Simon Stevin (1548-1620) fue el primer matemático que sistematizó las fracciones decimales en su obra «Thiende» publicada en 1585 en Leyden, que fue muy difundida al ser traducida al inglés por Robert Norton con el título de «The Art of Tenths» en 1608. Neper en su famosa obra sobre los logaritmos aparecida en 1616 divulgó el uso de la coma decimal para separar las cifras enteras de las decimales.

15.1 Definición

> **Fracciones decimales son aquellas fracciones cuyo denominador es la unidad seguida de ceros.**

Así, por ejemplo, $\dfrac{39}{100}$, $\dfrac{7}{1.000}$ y $\dfrac{1.315}{10.000}$ son fracciones decimales.

Para escribir una fracción decimal como número decimal se divide el numerador entre el denominador, respetando que toda cifra escrita a la izquierda de otra representa unidades diez veces mayores que las que representa la cifra anterior.

Ejemplo

Escribir en notación decimal las fracciones decimales siguientes:

$$\frac{7}{10}, \frac{37}{100} \text{ y } \frac{187}{1.000}$$

Solución: Tendremos que

$$\frac{7}{10} = 0,7$$

$$\frac{37}{100} = 0,37$$

$$\frac{187}{1.000} = 0,187$$

Así pues, para escribir una fracción decimal en notación decimal se escribe la parte entera en el caso de que la haya. Si no hay parte entera se escribe un cero y a continuación la coma decimal para separar la parte entera de la parte decimal. Después de la coma decimal se escriben las cifras decimales en el orden que les corresponde.

Ejemplo

Escribir en notación decimal las siguientes fracciones decimales:

$$\frac{32}{10.000}, \frac{717}{10} \text{ y } \frac{3}{100.000}$$

Solución: Tendremos que

$$\frac{32}{10.000} = 0,0032$$

$$\frac{717}{10} = 71,7$$

$$\frac{3}{100.000} = 0,00003$$

Para leer un número decimal se lee, en primer lugar, la parte entera si la hay y a continuación la parte decimal asignándole el nombre de las unidades inferiores.

Ejemplo

Leer los siguientes números decimales: 0,0049; 84,36; 0,00037.

Solución: 0,0049 se lee: cuarenta y nueve diezmilésimas.
84,36 se lee: ochenta y cuatro unidades, treinta y seis centésimas.
0,00037 se lee: treinta y siete cienmilésimas.

15.2 Propiedades de los números decimales

Los números decimales gozan de una serie de propiedades que pasamos a exponer seguidamente:

a) Todo número decimal permanece inalterable si se le añaden o se le suprimen ceros situados a la derecha de la última cifra decimal.

En efecto, esto se debe a que el valor relativo de las cifras permanece inalterable. Así, por ejemplo, será lo mismo escribir 17,432 que 17,4320 o que 17,432000.

b) Si en un número decimal se corre la coma hacia la derecha uno o varios lugares, el número decimal queda multiplicado por la unidad seguida de tantos ceros como lugares se haya corrido la coma hacia la derecha.

Esto se debe a que al correr la coma hacia la derecha un lugar el valor relativo de cada cifra aumenta diez veces y, por consiguiente, el número queda multiplicado por diez. Si en vez de correr la coma un lugar se corre, por ejemplo, tres lugares hacia la derecha, el valor relativo de cada cifra se hace mil veces mayor y, por lo tanto, el número decimal queda multiplicado por mil, y así sucesivamente. Así, por ejemplo, si queremos multiplicar el número decimal 0,00329 por 1.000, correremos la coma tres lugares hacia la derecha y obtendremos como resultado 3,29. Si deseamos multiplicar el número decimal 22,146 por 100, correremos la coma dos lugares hacia la derecha y obtendremos como resultado 2.214,6. Si multiplicamos 11,7 por 10.000 debemos correr la coma cuatro lugares hacia la derecha, pero como sólo hay una cifra decimal quitamos la coma y añadimos tres ceros a la derecha, obteniendo como resultado 117.000.

c) Si en un número decimal se corre la coma hacia la izquierda uno o varios lugares, el número decimal queda dividido por la unidad seguida de tantos ceros como lugares se haya corrido la coma hacia la izquierda.

Esto se debe a que al correr la coma hacia la izquierda un lugar el valor relativo de cada cifra disminuye diez veces y, por consiguiente, el número queda dividido por diez. Si en vez de correr la coma un lugar se corre, por ejemplo, tres lugares hacia la izquierda, el valor relativo de cada cifra se hace mil veces menor y, por lo tanto, el número decimal queda dividido por mil, y así sucesivamente. Así, por ejemplo, si queremos dividir el número decimal 843,27 por 100, correremos la coma dos lugares hacia la izquierda y obtendremos como resultado 8,4327. Si deseamos dividir el número decimal 17,8 por 1.000 debemos correr la coma tres lugares hacia la izquierda, pero como únicamente hay dos cifras a la izquierda de la coma, añadiremos un cero y obtendremos como resultado 0,0178. Si dividimos 0,0021 por 10 debemos correr la coma un lugar a la izquierda, pero como no hay parte entera lo que hacemos es añadir un cero, obteniendo como resultado 0,00021.

15.3 Operaciones con números decimales

Pasamos a continuación a explicar el modo de efectuar operaciones con números decimales.

a) Para sumar números decimales se van colocando los sumandos uno debajo de otro de manera que las comas queden en la misma columna y a continuación se suman como números enteros, de modo que en el resultado obtenido la coma aparezca en la misma columna en que aparecía en los sumandos.

Ejemplo

Sumar 2.451 + 0,37221 + 26 + 57,31 + 93 + 0,00000009.

Solución: Coloquemos los sumandos en columna:

$$\begin{array}{rr} & 2.451 \\ & 0,37221 \\ & 26 \\ + & 57,31 \\ & 93 \\ & 0,00000009 \\ \hline & 2.627,68221009 \end{array}$$

que es el resultado final.

b) Para restar números decimales se coloca el sustraendo debajo del minuendo, de manera que las comas queden en la misma columna y, si es necesario, se añaden ceros para que el minuendo y el sustraendo tengan el mismo número de cifras decimales. A continuación se restan como si fueran números enteros, colocando en la resta la coma en la misma columna en que aparecía en el minuendo y en el sustraendo.

Ejemplo

Restar 127,32 − 89,4367.

Solución: Tendremos

$$\begin{array}{r} 127{,}32 \\ -\quad 89{,}4367 \\ \hline 37{,}8833, \end{array}$$ que es el resultado final.

c) Para multiplicar dos números decimales o bien un número entero por un número decimal, se multiplican como si se tratase de números enteros y del producto final se separan con una coma, a partir de la derecha, tantas cifras decimales como corresponda a la suma de cifras decimales del multiplicando y del multiplicador.

Ejemplo

Multiplicar 2.346,427 × 0,586412.

Solución: Tendremos

$$\begin{array}{r} 2.346{,}427 \\ \times \quad 0{,}586412 \\ \hline 4692854 \\ 2346427 \\ 9385708 \\ 14078562 \\ 18771416 \\ 11732135 \\ \hline 1375972949924 \end{array}$$

Por consiguiente 1.375,972949924 es el resultado final.

d) Para dividir dos números decimales que no tengan el mismo número de cifras decimales se añaden ceros al que tenga menor número de cifras decimales hasta que ambos números tengan el mismo número de cifras decimales. A continuación se suprimen las comas en el dividendo y en el divisor y se dividen como si fueran números enteros.

Ejemplo

Dividir: 213.393,56 : 1,9.

Solución: Como el dividendo tiene dos decimales y el divisor tan sólo uno, se añade un cero al divisor y, a continuación, se suprimen las comas en el dividendo y en el divisor.

Así pues, tendremos:

$$213.393{,}56 : 1{,}9 = 21.339.356 : 190$$

Es decir,

```
21339356 | 190
  233    |---------
   439   | 112312,4
    593
     235
      456
       760
       000
```

Por consiguiente, **112.312,4** es el resultado final.

> **Para dividir un número entero por un número decimal o viceversa se le añaden al número entero tantos ceros como cifras decimales tenga el número decimal y se suprime la coma del número decimal. A continuación se efectúa la división como si se tratase de números enteros.**

Ejemplo

Dividir 2.535.852 : 0,12.

Solución: Añadiremos dos ceros al número entero y quitaremos la coma al número decimal. Así pues, tendremos que:

$$2.535.852 : 0{,}12 = 253.585.200 : 12$$

Es decir,

```
253585200 | 12
 13       |-----------
  15      | 21.132.100
   38
    25
     12
      0
```

Por consiguiente, 21.132.100 es el resultado final.

Ejemplo

Dividir 34,236752 : 11.

Solución: Añadiremos seis ceros al número entero y quitaremos la coma al número decimal. Así pues, tendremos que:

$$34{,}236752 : 11 = 34236752 : 11000000$$

Es decir,

$$\begin{array}{r|l}
34236752 & 11000000 \\ \hline
12367520 & 3{,}112432 \\
13675200 & \\
26752000 & \\
47520000 & \\
35200000 & \\
22000000 & \\
0000000 &
\end{array}$$

Por consiguiente, **3,112432** es el resultado final.

> **Para simplificar fracciones complejas en las que aparezcan números decimales se efectúan todas las operaciones del numerador y del denominador y finalmente se efectúa la división entre el resultado obtenido en el numerador y el resultado obtenido en el denominador.**

Ejemplo

Simplificar la expresión:

$$\frac{(4{,}129 + 0{,}323 + 5{,}428) : 0{,}2}{(9 - 0{,}4 + 1{,}28) \times 1{,}6}$$

Solución: Empezamos operando el numerador:

$$\begin{array}{rr}
 & 4{,}129 \\
+ & 0{,}323 \\
 & 5{,}428 \\ \hline
 & 9{,}880
\end{array}$$

con lo cual resulta: 9,880 : 0,2

o sea,

$$\begin{array}{r|l}
988 & 20 \\ \hline
188 & 49{,}4 \\
080 & \\
00 &
\end{array}$$

Es decir, que el numerador es 49,4.
Operando en el denominador tendremos, análogamente:

$$\begin{array}{r} 9 \\ -\quad 0{,}4 \\ \hline 8{,}6 \end{array}$$

A continuación:

$$\begin{array}{r} 8{,}6 \\ +\quad 1{,}28 \\ \hline 9{,}88 \end{array}$$

Finalmente,

$$\begin{array}{r} 9{,}88 \\ \times\quad 1{,}6 \\ \hline 5928 \\ +\quad 988 \\ \hline 15808 \end{array}$$

Es decir, que el denominador es 15,808.

Dividiendo el numerador por el denominador tendremos:

$$49{,}4 : 15{,}808 = 49.400 : 15.808$$

Es decir,

$$\begin{array}{r|l} 49400 & 15808 \\ \cline{2-2} 19760 & 3{,}125 \\ 39520 & \\ 79040 & \\ 0000 & \end{array}$$

Por consiguiente, 3,125 es el resultado final.

15.4 Conversión de fracciones en números decimales

Puesto que cualquier fracción representa el cociente entre el numerador y el denominador, para convertir una fracción en número decimal se divide el numerador entre el denominador hasta que el cociente sea un número exacto o bien hasta que se repita indefinidamente en el cociente una cifra o un grupo de cifras.

Ejemplo

Convertir $\dfrac{1}{8}$ en número decimal.

Solución: Tendremos que

$$\begin{array}{r|l} 10 & 8 \\ \cline{2-2} 20 & 0{,}125 \\ 40 & \\ 0 & \end{array}$$

O sea, que $\dfrac{1}{8} = 0{,}125.$

Ejemplo

Convertir $\dfrac{1}{7}$ en número decimal.

Solución: Tendremos que

$$\begin{array}{r|l} 10 & 7 \\ \cline{2-2} 30 & 0{,}142857142857\ldots \\ 20 & \\ 60 & \\ 40 & \\ 50 & \\ 10 & \\ 30 & \\ 20 & \\ 60 & \\ 40 & \\ 50 & \\ 1\ \ldots & \end{array}$$

O sea, que $\dfrac{1}{7} = 0{,}142857142857\ldots$

Tal como puede observarse a partir de los resultados anteriores, al convertir una fracción en número decimal puede ocurrir que la división sea exacta y, en este caso, diremos que tenemos una fracción

decimal exacta o bien que hay una cifra o grupo de cifras que se repite indefinidamente y, en este caso, diremos que tenemos una fracción decimal no exacta periódica.
Así, por ejemplo, 0,125 es una fracción decimal exacta, mientras que 0,142857142857... es una fracción decimal no exacta periódica.

Se llama período de una fracción decimal no exacta a la cifra o grupo de cifras que se repiten en el mismo orden de modo indefinido.

Así, por ejemplo, en la fracción periódica 0,666... el período es 6; en la fracción periódica 0,142857142857... el período es 142857; en la fracción 0,34848... el período es 48, etc.

Se dice que una fracción decimal es periódica pura cuando el período empieza en las décimas.

Así, por ejemplo, 0,555...; 0,2323... y 0,547547... son fracciones decimales periódicas puras.

Se dice que una fracción decimal es periódica mixta cuando el período no empieza en las décimas.

Así, por ejemplo, 0,12333...; 0,25454... y 0,38123123... son fracciones decimales periódicas mixtas.
La parte no periódica de una fracción decimal periódica mixta es la cifra o grupo de cifras que se encuentran entre la coma y el período. Así, por ejemplo, en 0,12333... la parte no periódica es 12; en 0,25454... la parte no periódica es 2 y en 0,38123123... la parte no periódica es 38.
Al convertir fracciones en números decimales sólo pueden obtenerse fracciones decimales exactas, fracciones decimales periódicas puras o fracciones decimales periódicas mixtas. En ningún caso pueden obtenerse números decimales no exactos que no sean periódicos. Es decir, que por ejemplo, no puede existir ninguna fracción que al convertirla en número decimal origine el número $\pi = 3{,}14159265\ldots$ o el número $e = 2{,}7182818285\ldots$ Estos números, tales como π, e, etc., reciben el nombre de números irracionales puesto que no existe ninguna fracción que los represente.
La conversión de fracciones en números decimales resulta, en ocasiones, un método muy conveniente para simplificar expresiones fraccionarias complejas.

Ejemplo

Simplificar la expresión:

$$\frac{\dfrac{\frac{8}{16}}{\frac{1}{8}} + \dfrac{\frac{4}{16}}{\frac{1}{4}} - \dfrac{\frac{6}{8}}{\frac{1}{4}}}{\dfrac{\frac{16}{32}}{\frac{1}{8}} - \dfrac{\frac{8}{32}}{\frac{2}{16}} + \dfrac{\frac{3}{2}}{\frac{1}{2}}}$$

Solución:

Convirtiendo todas las fracciones en números decimales tendremos:

$$\frac{8}{16} = 0{,}5$$

$$\frac{1}{8} = 0{,}125$$

$$\frac{4}{16} = 0{,}25$$

$$\frac{1}{4} = 0{,}25$$

$$\frac{6}{8} = 0{,}75$$

$$\frac{1}{4} = 0{,}25$$

$$\frac{16}{32} = 0{,}5$$

$$\frac{1}{8} = 0{,}125$$

$$\frac{8}{32} = 0{,}25$$

$$\frac{2}{16} = 0{,}125$$

$$\frac{3}{2} = 1{,}5$$

$$\frac{1}{2} = 0{,}5$$

con lo cual tendremos:

$$\frac{\dfrac{0{,}5}{0{,}125} + \dfrac{0{,}25}{0{,}25} - \dfrac{0{,}75}{0{,}25}}{\dfrac{0{,}5}{0{,}125} - \dfrac{0{,}25}{0{,}125} + \dfrac{1{,}5}{0{,}5}}$$

Efectuando las divisiones indicadas tendremos:

$$\begin{aligned} 0{,}5 &: 0{,}125 = 4 \\ 0{,}25 &: 0{,}25 = 1 \\ 0{,}75 &: 0{,}25 = 3 \\ 0{,}5 &: 0{,}125 = 4 \\ 0{,}25 &: 0{,}125 = 2 \\ 1{,}5 &: 0{,}5 = 3 \end{aligned}$$

Sustituyendo los resultados obtenidos tendremos:

$$\frac{4 + 1 - 3}{4 - 2 + 3} = \frac{2}{5},$$ que es la fracción final simplificada.

Para saber el tipo de fracción decimal en que se convertirá una fracción irreducible dada, se pueden aplicar los siguientes criterios:

a) Si el denominador de una fracción irreducible es divisible únicamente por los factores primos 2 o 5 o por ambos a la vez, la fracción originará una fracción decimal exacta.

Ejemplo

Convertir la fracción $\frac{13}{80}$ en fracción decimal.

Solución: Tendremos que

```
130 | 80
    |--------
500 | 0,1625
 200
  400
   00
```

Es decir, que $\frac{13}{80} = 0{,}1625$, que es una fracción decimal exacta.

Obsérvese que si descomponemos 80 en factores primos tendremos:

80	2
40	2
20	2
10	2
5	5
1	

Es decir, que $80 = 2^4 \cdot 5$ y no hay otros factores primos distintos de 2 y 5 en la descomposición factorial de 80.

> **b) Si el denominador de una fracción irreducible no es divisible por los factores primos 2 o 5, la fracción originará una fracción decimal periódica pura.**

Ejemplo

Convertir la fracción $\dfrac{2}{13}$ en fracción decimal.

Solución: Tendremos que

$$\begin{array}{l|l} 20 & 13 \\ \hline 70 & 0{,}153846\ldots \\ \;\;50 & \\ \;\;110 & \\ \;\;\;\;60 & \\ \;\;\;\;\;80 & \\ \;\;\;\;\;\;2\ldots & \end{array}$$

Es decir, que

$$\frac{20}{13} = 0{,}153846\ldots$$

que es una fracción decimal periódica pura.

Obsérvese que 13 no es divisible por los factores primos 2 o 5.

> **c) Si el denominador de una fracción irreducible es divisible por los factores primos 2 o 5 o por ambos a la vez y además por algún factor primo distinto de 2 o 5, la fracción originará una fracción decimal periódica mixta.**

Ejemplo

Convertir la fracción $\dfrac{3}{14}$ en fracción decimal.

Solución: Tendremos que

```
  30  | 14
      |------------
   20 | 0,2142857...
   60
    40
   120
     80
    100
      2...
```

Es decir, que $\frac{3}{14} = 0{,}2142857\ldots$, que es una fracción decimal periódica mixta.

Obsérvese que 14 es divisible por los factores primos 2 y 7.

15.5 Conversión de números decimales en fracciones

La fracción irreducible que equivale a un número decimal dado recibe el nombre de fracción generatriz del número decimal.

Vamos a estudiar a continuación cómo se encuentra la fracción generatriz en diversos casos.

a) Para hallar la fracción generatriz de una fracción decimal exacta se pone como numerador la fracción decimal sin la coma y como denominador la unidad seguida de tantos ceros como cifras decimales haya.

En efecto, consideremos la fracción decimal, $0{,}npq$. Supongamos que g es su fracción generatriz. Así pues, tendremos:

$$g = 0{,}npq$$

Si multiplicamos ambos miembros de la igualdad anterior por la unidad seguida de tantos ceros como cifras decimales haya, tendremos:

$$1.000 \times g = npq$$

Dividiendo ambos miembros por 1.000 resultará:

$$g = \frac{npq}{1.000},$$ tal como queríamos demostrar.

Ejemplo

Hallar la fracción generatriz de $0{,}375$.

Solución: Tendremos que

$$g = 0{,}375$$

Multiplicando por 1.000 ambos miembros resultará:

$$1.000 \times g = 375$$

Dividiendo por 1.000 ambos miembros tendremos:

$$g = \frac{375}{1.000}$$

Simplificando numerador y denominador por 125 tendremos:

$$g = \frac{3}{8}$$

que es la fracción generatriz buscada.

b) Para hallar la fracción generatriz de una fracción decimal periódica pura se pone como numerador el período y como denominador tantos nueves como cifras tenga el período.

En efecto, consideremos la fracción decimal periódica pura $0{,}npqnpq...$ Supongamos que g es su fracción generatriz. Así pues, tendremos:

$$g = 0{,}npqnpq... \qquad (1)$$

Si multiplicamos ambos miembros de la igualdad anterior por la unidad seguida de tantos ceros como cifras decimales tenga el período, tendremos:

$$1.000 \times g = npq{,}npq... \qquad (2)$$

Si restamos miembro a miembro las igualdades (2) y (1) resultará:

$$1.000\,g - g = (npq{,}npq...) - (0{,}npqnpq...)$$

Es decir, $999\,\text{g} = npq$

De donde $g = \dfrac{npq}{999}$, tal como queríamos demostrar.

Ejemplo

Hallar la fracción generatriz de 0,231231...

Solución: Tendremos que

$$g = 0{,}231231... \qquad (3)$$

Multiplicando por 1.000 ambos miembros resultará:

$$1.000\, g = 231{,}231.... \qquad (4)$$

Restando miembro a miembro las igualdades (4) y (3) tendremos:

$$999\, g = 231$$

De donde,

$$g = \frac{231}{999}$$

Simplificando numerador y denominador de la fracción obtenida por 3, tendremos:

$$g = \frac{77}{333},$$ que es la fracción generatriz buscada.

> **c) Para hallar la fracción generatriz de una fracción decimal periódica mixta se pone como numerador la diferencia entre la parte no periódica seguida del período y la parte no periódica y como denominador tantos nueves como cifras tenga el período y tantos ceros como cifras tenga la parte no periódica.**

En efecto, consideremos la fracción decimal periódica mixta $0{,}mnpqnpq...$ Supongamos que g es su fracción generatriz. Así pues, tendremos:

$$g = 0{,}mnpqnpq... \qquad (1)$$

Si multiplicamos ambos miembros de la igualdad anterior por la unidad seguida de tantos ceros como cifras tenga la parte no periódica tendremos:

$$10\, g = m{,}npqnpq... \qquad (2)$$

Si multiplicamos ambos miembros de la igualdad (1) por la unidad seguida de tantos ceros como cifras tengan la parte periódica y la parte no periódica, tendremos:

$$10.000\, g = mnpq{,}npq... \qquad (3)$$

Si ahora restamos miembro a miembro las igualdades (3) y (2) obtendremos:

$$10.000\, g - 10\, g = (mnpq{,}npq...) - (m{,}npqnpq...)$$

Es decir, $9.990\ g = mnpq - m.$

Por lo tanto,

$$g = \frac{mnpq - m}{9.990}$$

tal como queríamos demostrar.

Ejemplo

Hallar la fracción generatriz de 0,49571571...

Solución: Tendremos que

$$g = 0{,}49571571\ldots \qquad (4)$$

Multiplicando por 100 los dos miembros de la igualdad (4) tendremos:

$$100\ g = 49{,}571571\ldots \qquad (5)$$

Multiplicando por 100.000 los dos miembros de la igualdad (4) tendremos:

$$100.000\ g = 49571{,}571\ldots \qquad (6)$$

Restando miembro a miembro las igualdades (6) y (5) tendremos:

$$99.900\ g = 49.571 - 49 = 49.522$$

Por lo tanto,

$$g = \frac{49.522}{99.900}$$

Simplificando numerador y denominador por 2 tendremos que:

$$g = \frac{24.761}{49.950}$$

que es la fracción generatriz buscada.

Así pues, de lo anteriormente expuesto se deduce que las fracciones periódicas tienden al límite representado por su fracción generatriz cuando el número de períodos aumenta indefinidamente.

Problemas propuestos

1. Un ciclista ha recorrido tres etapas de una carrera. En la primera etapa recorrió 283,2 km, en la segunda 222,6 km y en la tercera 197,5 km. ¿Qué distancia total ha recorrido?
2. Juan efectuó tres compras en el mercado. En la primera gastó 398,6 quetzales, en la segunda 235,1 quetzales y en la tercera 706,2 quetzales. ¿Cuánto dinero gastó en total?
3. Para pagar una compra de $4,75, Enrique entrega un billete de $5. ¿Cuánto dinero le devolverán?
4. Una persona sale de una ciudad A hacia otra ciudad B y recorre 28,9 km. Después de un breve descanso sigue caminando en dirección hacia B y recorre 22,3 km. A continuación retrocede hacia A 33,7 km. ¿A qué distancia se encuentra de A?
5. Luisa va al mercado y hace cinco compras que le cuestan 23,80 australes, 11 australes, 46,50 australes, 29,60 australes y 27,30 australes. ¿Cuánto dinero ha gastado en total?
6. Para confeccionar varios vestidos se necesitan las siguientes cantidades de tela: para el primero 2,73 m, para el segundo 1,87 m, para el tercero 3,26 m y para el cuarto 2,56 m. ¿Cuánta tela se necesita en total?
7. José compra una libreta por 8,50 pesos y un bolígrafo por 6,50 pesos. Para pagar entrega 25 pesos. ¿Cuánto dinero le devolverán?
8. Felipe sale de casa con 8,50 balboas. Compra un cuaderno que le cuesta 7,20 balboas, recibe 23 balboas que le debía un amigo, compra una bolsa de caramelos que le cuesta 9,90 balboas y un bolígrafo que le cuesta 5,40 balboas. ¿Con cuánto dinero regresa a casa?
9. A un almacén han llegado tres camiones de verduras. Uno ha traído 639,4 kg, otro 527,6 kg y el tercero 721,2 kg. Seis furgonetas de reparto se han llevado 253,1 kg, 125,4 kg, 257,5 kg, 84,3 kg, 164,6 kg y 89,4 kg, respectivamente. ¿Cuánta verdura queda en el almacén?
10. Ana tiene $6,75, Teresa tiene $3,48 más que Ana y Juana tiene $2,40 más que Teresa. ¿Cuánto dinero tienen entre las tres?
11. El señor Martínez se ha comprado unos pantalones, una camisa, unos guantes y unos calcetines. Los calcetines le han costado $4,85, los guantes le han costado el doble que los calcetines, la camisa le ha costado $2,85 más que los guantes y los pantalones el doble que la camisa. ¿Cuánto dinero ha gastado en total?
12. José compra una chaqueta por $13,40, una corbata por $4,80 menos que la chaqueta y un sombrero por la mitad de lo que cuestan la chaqueta y la corbata juntas. ¿Cuánto dinero le sobrará después de efectuar estas compras si llevaba $44,50?
13. Durante una semana el cajero de una empresa efectuó las siguientes operaciones: el lunes ingresó $253,60; el martes ingresó $279; el miércoles ingresó $108,10; el jueves pagó $617,80 y el viernes ingresó $831,80. ¿Qué saldo le quedó al acabar la semana?
14. Miguel tiene ahorrados $1,70 y necesita $4,90 para comprar un libro. Le pide a su madre $2,80 y ésta le da $0,80 menos de lo que le pide. Le pide a su abuela $0,50 y ésta le da $0,40 más de lo que le pide. ¿Cuánto dinero le falta para poder comprar el libro?
15. Un comerciante hace un pedido de 650 kg de mercancías y se lo envían en cuatro partidas. En la primera le mandan 82,54 kg; en la segunda 51 kg más que en la primera; en la tercera tanto como en las dos primeras juntas y en la cuarta le enviaron el resto. ¿Cuántos kg le enviaron en la última partida?

16. Un camión lleva cinco paquetes de mercancías. El primer paquete pesa 83,786 kg; el segundo 9 kg menos que el primero; el tercero 8,206 kg más que los dos primeros juntos y el cuarto tanto como los tres anteriores. ¿Cuánto pesa el quinto paquete si el peso total de las mercancías que transporta el camión es de 813,25 kg?
17. El vino contenido en una bodega pesa 8.431,24 kg. Si cada litro de vino pesa 0,97 kg, ¿cuántos litros de vino hay?
18. Un tonel lleno de vino pesa 503,54 kg. Si cada litro de vino pesa 0,97 kg y el tonel vacío pesa 84,5 kg, ¿cuántos litros de vino contiene el tonel?
19. Un litro de leche cuesta 17,50 pesos y un litro de vino cuesta 43,75 pesos. ¿Cuántos litros de leche se pueden comprar con lo que cuesta un litro de vino?
20. José ha comprado 32 m de tela por 846,40 bolívares. ¿Cuánto dinero le costará comprar 20 m de la misma tela?
21. Si 2.400 kg de sal cuestan $750, ¿cuánto dinero costarán 84 kg de sal?
22. Un comerciante tiene 32 kg de arroz y le ofrecen 37,50 pesos por cada kg. Al no llegarse a un acuerdo, el comerciante debe vender posteriormente el arroz por 1.000 pesos. ¿Cuánto dinero perdió en cada kg?
23. Juan compró una docena de bolígrafos a 2,60 balboas cada bolígrafo. Al comprar una docena le regalan otro bolígrafo igual. ¿A cuánto le resultó cada bolígrafo?
24. Enrique gana mensualmente $450 y ahorra cierta cantidad cada mes. Después de ganar $2.250 ha conseguido ahorrar $112,50. ¿Qué cantidad ahorra mensualmente?
25. Si Luis ganara cada mes $60 más podría gastar diariamente $32,50 y ahorrar mensualmente $84,50. ¿Cuál es el sueldo mensual de Luis?
26. Un comerciante compró 80 libros por $125. Vendió la cuarta parte a $1,50 cada libro, la mitad a $2,50 cada libro y el resto a $1,80 cada libro. ¿Qué beneficio obtuvo?
27. Un granjero compró 5 patos y 4 gallinas por $24,40. Más tarde compró 9 patos y 11 gallinas por $50,95 al mismo precio. Hallar el precio de un pato y de una gallina.
28. Enrique compra 4 entradas de adulto y 6 entradas de niño para ir al circo por $9,50. Más tarde compra al mismo precio 3 entradas de adulto y 2 entradas de niño por $5,25. Hallar el precio de una entrada de adulto y de una entrada de niño.
29. Un capataz contrata a un obrero para 30 días ofreciéndole $12,50 por cada día que trabaje y $6,20 por cada día que no trabaje. Al cabo de los 30 días el obrero recibió $299,40. ¿Cuántos días trabajó y cuántos días no trabajó?
30. Un capataz ofrece a un obrero un sueldo anual de $5.406 y un reloj. Al cabo de 10 meses el obrero dejó de trabajar y el capataz le entregó $4.478,6 y el reloj. ¿En cuánto se valoró el reloj?
31. ¿Qué número sumado con su triple da como resultado 4,70?
32. Un librero compró cierta cantidad de libros por 122,50 sucres cada docena de libros. Después vendió todos los libros a 12,50 sucres cada libro. Si en la venta ha obtenido un beneficio de 220 sucres, ¿cuántos libros había comprado?
33. Para pagar cierto número de paquetes de café que costaban a $3,60 cada uno un comerciante entregó 72 sacos de maíz que costaban $6,50 cada uno. ¿Cuántos paquetes de café compró?
34. Un comerciante compró 120 cajas de cigarrillos por $300. Vendió 1.200 cigarrillos por $120 obteniendo un beneficio de $0,05 en cada cigarrillo. ¿Cuántos cigarrillos compró en total y cuántos había en cada caja?
35. Hallar la fracción generatriz del número 0,053.
36. Ídem de 0,37.
37. Ídem de 0,0019.
38. Ídem de 0,000009.
39. Ídem de 1,6363...

Soluciones

1. S.: 703,3 km.
2. S.: 1.339,9 quetzales.
3. S.: $0,25.
4. S.: 17,5 km.
5. S.: 138,20 australes.
6. S.: 10,42 m.
7. S.: 10 pesos.
8. S.: 9 balboas.
9. S.: 913,9 kg.
10. S.: $29,61.
11. S.: $52,20.
12. S.: $11,50.
13. S.: $854,70.
14. S.: $0,30.
15. S.: 217,84 kg.
16. S.: 192,55 kg.
17. S.: 8.692.
18. S.: 432 litros.
19. S.: 2,5 litros.
20. S.: 529 bolívares.
21. S.: $26,25.
22. S.: 6,25 pesos.
23. S.: 2,40 balboas.
24. S.: $22,50.
25. S.: $999,5.
26. S.: $41.
27. S.: $3,40 un pato y $1,85 una gallina.
28. S.: $1,25 la entrada de adulto y $0,75 la entrada de niño.
29. S.: Trabajó 18 días y no trabajó 12 días.
30. S.: $158,40.
31. S.: 1,175.
32. S.: 96 libros.
33. S.: 130 paquetes.
34. S.: 6.000 cigarrillos. 50 cigarrillos en cada caja.
35. S.: $\frac{53}{1.000}$.
36. S.: $\frac{37}{100}$.
37. S.: $\frac{19}{10.000}$.
38. S.: $\frac{9}{1.000.000}$.
39. S.: $\frac{18}{11}$.

Los números reales

16

Introducción histórica

En el siglo V a. de C. los griegos pitagóricos, buscando la longitud de la diagonal de un cuadrado de lado uno, descubrieron otra clase de números distintos a los naturales y a los fraccionarios. Les pareció tan poco razonable lo que obtuvieron que lo llamaron número irracional.

16.1 Números irracionales

Del tema anterior sabes que los números racionales pueden expresarse mediante una expresión decimal exacta o periódica y recíprocamente, cualquier expresión decimal exacta o periódica da lugar a un número racional (su fracción generatriz). Por tanto identificamos ambas clases de números:

Números racionales = Números decimales exactos o periódicos

No obstante, hay números decimales que no son ni exactos ni periódicos. Por ejemplo:

$$2{,}313113111311113\ldots$$

no es exacto ni periódico, y por tanto no podrá ponerse en forma de fracción. En consecuencia, no es un número racional. Existen muchos números de este tipo, como $\sqrt{2}$, $\sqrt{3}$, π, ... con infinitas cifras decimales no periódicas y que, por tanto, no son números racionales.

Llamamos números irracionales a las expresiones decimales no periódicas. Al conjunto de todos ellos se le representa por la letra I.

Veamos algunos números irracionales famosos:

a) Los pitagóricos se encontraron con el primero. ¿Cuánto vale la diagonal de un cuadrado de lado 1?.

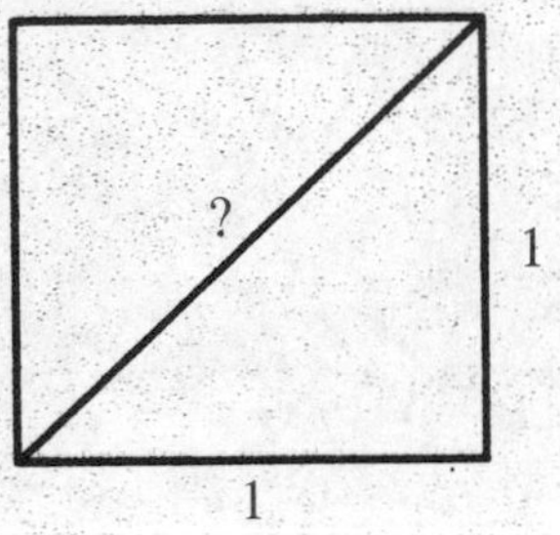

Aplicando el teorema de Pitágoras, resulta: $\sqrt{1^2+1^2}=\sqrt{2}$. La expresión decimal de $\sqrt{2}$ no es periódica. Concretamente:

$$\sqrt{2}=1{,}414213562373...$$

Por tanto, $\sqrt{2}$ no es un número racional. Es irracional.

b) Al medir la longitud de una circunferencia de diámetro 1, aparece el número π.

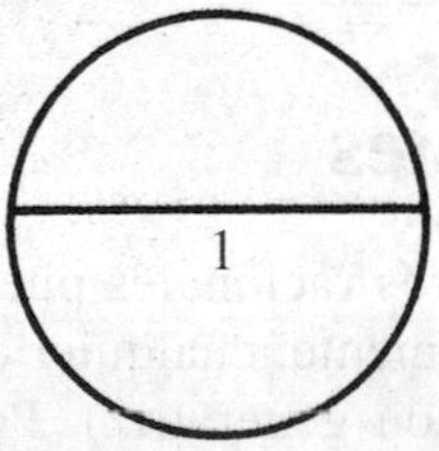

La expresión decimal de π es:

$$\pi=3{,}141592653589...$$

que también contiene infinitas cifras decimales no periódicas. Es otro número irracional.

c) La raíz cuadrada de un número natural, si no es entera, es irracional. Otro tanto ocurre con las raíces de índice superior. Por tanto, son irracionales los siguientes números: $\sqrt{2}, \sqrt{3}, \sqrt{5}, ..., \sqrt[3]{2}, \sqrt[4]{2}, \sqrt[5]{2}, ..., \sqrt[n]{k}$, salvo que k sea una potencia *n*-ésima exacta.

También son irracionales, por ejemplo, la suma o diferencia entre radicales, $\sqrt{2}+\sqrt{3}$, la suma de un número entero y un radical, $3+\sqrt{7}$; y otros muchísimos números.

16.2 Los números reales

El conjunto formado por los números racionales y los irracionales se llama conjunto de números reales y se designa por R. Es decir:

$$\mathbf{R} = \mathbf{Q} \cup \mathbf{I}$$

El siguiente esquema te aclarará las distintas clases de números estudiadas hasta ahora:

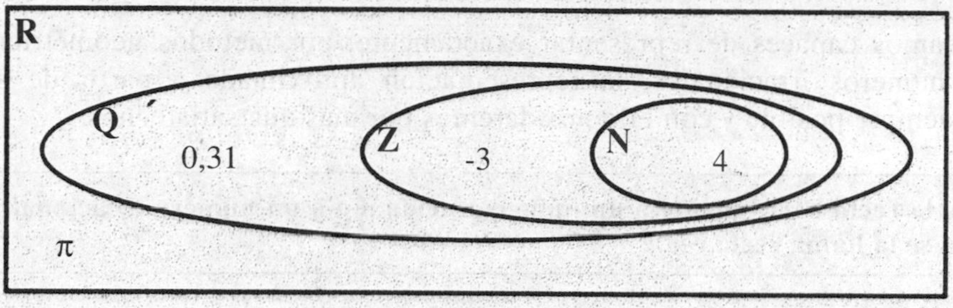

Con los números reales podemos realizar las mismas operaciones que hacíamos con los números racionales: sumar, restar, multiplicar y dividir (salvo por el 0) y estas operaciones tienen las mismas propiedades dentro de **R** que las que tenían en **Q**. En concreto:

PROPIEDAD	SUMA	MULTIPLICACIÓN
Asociativa	$(a+b)+c=a+(b+c)$	$(a\cdot b)\cdot c=a\cdot(b\cdot c)$
Conmutativa	$a+b=b+a$	$a\cdot b=b\cdot a$
Elemento neutro	Es el 0, porque $a+0=a$	Es el 1, porque $a\cdot 1=a$
Elemento simétrico	El opuesto de a es $-a$ porque $a+(-a)=0$	El inverso de $a\neq 0$ es $1/a$ porque $a\cdot 1/a=1$
Distributiva del producto respecto de la suma	$a\cdot(b+c)=a\cdot b+a\cdot c$	

Por tener estas propiedades, la terna (**R** , + , ·) es un cuerpo conmutativo.

Con los números reales podemos extraer raíces de cualquier índice (salvo raíces de índice par de números negativos) y el resultado sigue siendo un número real. Eso no ocurría con los números racionales.

16.3 La recta real

A pesar de las ventajas apuntadas anteriormente, la principal mejora que aportan los números reales es que "llenan la recta". Es decir, cualquier punto que se marque en la recta corresponderá necesariamente a algún número real.

Sabemos que los números racionales se sitúan en la recta de tal manera que en cada tramo de ésta, por pequeño que sea, hay infinitos. Por ejemplo entre los racionales próximos 5 y 5,1 hay infinitos racionales: 5,01; 5,001; 5,0001; 5,00001; ... Sin embargo, con la sola presencia de los números racionales quedaban aún huecos que ahora son llenados gracias a los números reales.

Aunque no seamos capaces de representar exactamente, por métodos geométricos, la mayor parte de los números irracionales, la representación aproximada a partir de su expresión decimal será siempre posible y con ello nos daremos por más que satisfechos.

Cada punto de la recta corresponde a un número racional o a un número irracional. Por eso, a la recta numérica se la llama recta real.

Es fácil situar sobre la recta real los números enteros y los decimales exactos.

Ejemplo

Representa sobre la recta el número 2,53.

Solución: El número 2,53 está comprendido entre los enteros 2 y 3:

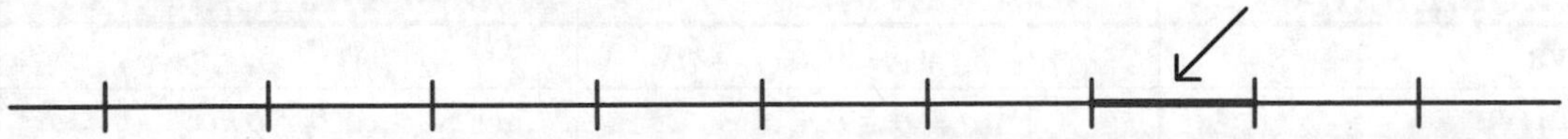

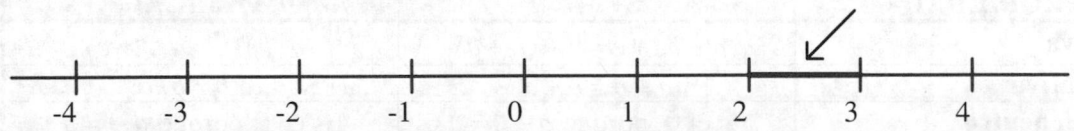

Si dividimos el segmento de la recta comprendido entre 2 y 3 en 10 partes iguales, el número que buscamos está entre 2,5 y 2,6:

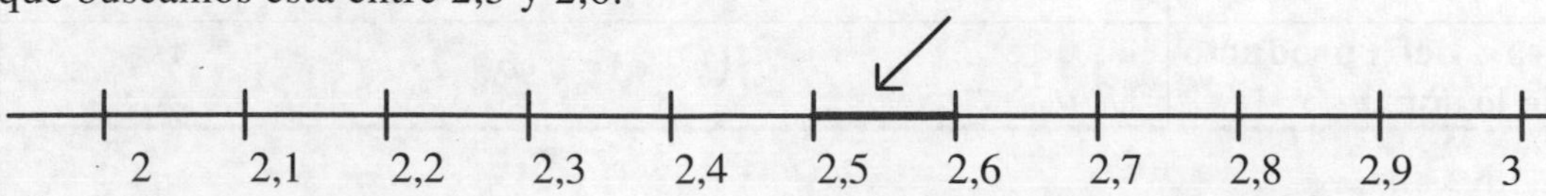

Por último, dividiendo el segmento comprendido entre 2,5 y 2,6 en diez partes iguales, ya podemos situar perfectamente el número 2,53.

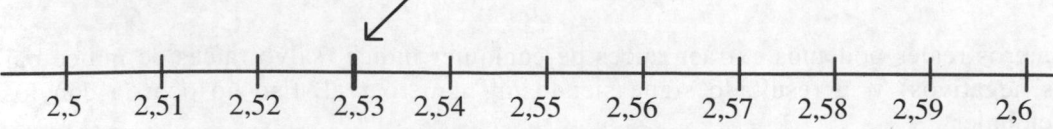

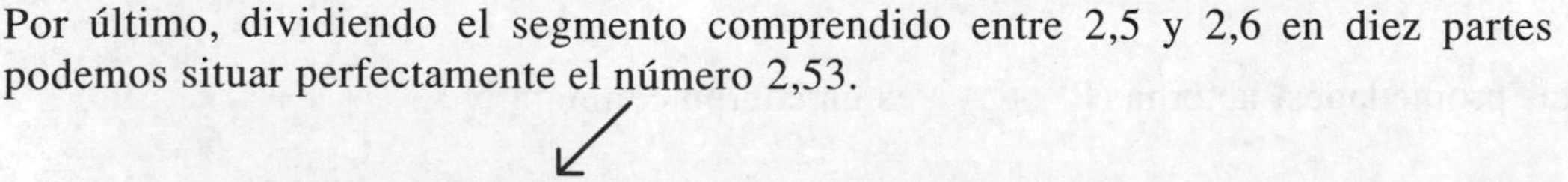

Si el número es irracional, habría que repetir este proceso "infinitas veces" para situarlo exactamente en su sitio. Si sólo lo efectuamos dos o tres veces, habremos aproximado el número hasta la segunda o tercera cifra decimal.

Ejemplo

Sitúa aproximadamente en la recta el número irracional $\sqrt{3} = 1,73205...$

Solución: $\sqrt{3}$ está comprendido entre los naturales 1 y 2:

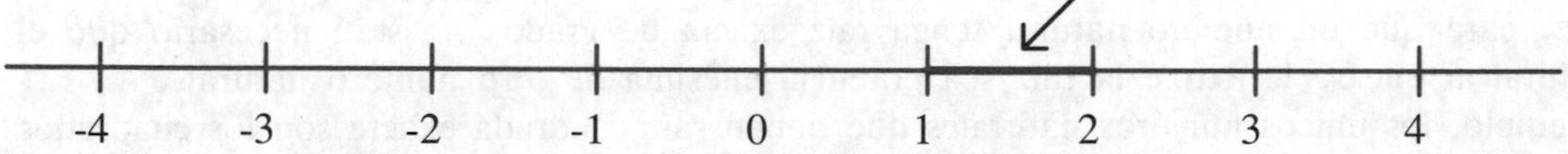

Dividiendo en diez partes iguales el segmento entre 1 y 2, $\sqrt{3}$ está situado entre 1,7 y 1,8:

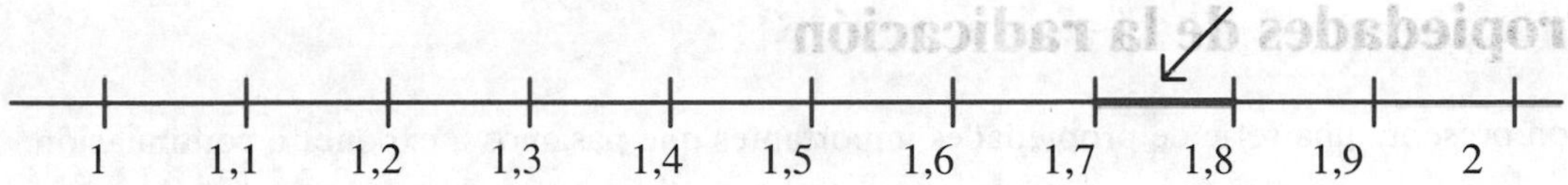

Dividiendo ahora el segmento comprendido entre 1,7 y 1,8 en diez partes iguales, $\sqrt{3}$ estará situado entre 1,73 y 1,74:

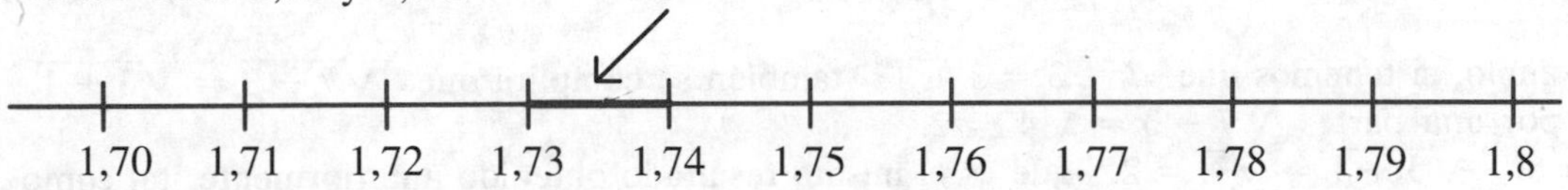

Ésta parece una buena aproximación. Si quisiéramos más, podríamos seguir hasta donde deseáramos.

16.4 Definición de raíz

La radicación es la operación inversa de la potenciación y consiste en hallar la base conocidos el exponente y la potencia.

Así, por ejemplo, si tenemos que $7^2 = 49$, podemos escribir que $7 = \sqrt[2]{49}$, donde el signo $\sqrt{\ }$ recibe el nombre de signo radical, 49 es la cantidad subradical, 7 es la raíz cuadrada y el número 2 que aparece en el signo radical es el índice de la raíz. En este caso como el índice de la raíz es 2 se trata de una raíz cuadrada.
Cuando el índice es 3 diremos que la raíz es cúbica, cuando es 4 se trata de una raíz cuarta, cuando es 5 se trata de una raíz quinta, cuando es 6 se trata de una raíz sexta, y así sucesivamente.
Cuando la raíz es cuadrada, es decir, cuando el índice es 2, usualmente se omite dicho índice. Así, por ejemplo, $\sqrt[2]{49} = \sqrt{49} = 7$.

Por consiguiente, podemos decir que la raíz de un número es otro número que elevado a la potencia que indica el índice coincide con la cantidad subradical.
Se dice que una raíz es exacta cuando al elevarla a la potencia que indica el índice coincide con la cantidad subradical. Así, por ejemplo, 7 es la raíz cuadrada exacta de 49 puesto que $7^2 = 49$; 5 es la raíz cúbica exacta de 125 puesto $5^3 = 125$.
Se dice, en cambio, que una raíz es inexacta cuando no existe ningún número entero que al elevarlo a la potencia que indica el índice coincida con la cantidad subradical.
Así, por ejemplo, la raíz cuadrada de 63 es inexacta, puesto que no existe ningún número entero que elevado al cuadrado dé 63. Análogamente la raíz cúbica de 23 es inexacta porque no existe ningún número entero que elevado al cubo dé 23.
Obviamente, para que un número natural tenga raíz exacta de grado n será necesario que el número natural al que se le extrae la raíz sea potencia enésima de otro número natural.
Así, por ejemplo, los únicos números naturales que tienen raíz cuadrada exacta son los cuadrados perfectos: 1, 4, 9, 16, 25, etc. Análogamente, los únicos números naturales que tienen raíz cúbica exacta son los cubos perfectos: 1, 8, 27, 64, 125, etc.

16.5 Propiedades de la radicación

La radicación presenta una serie de propiedades importantes que pasamos a exponer a continuación.

a) Si a los dos miembros de una igualdad se les extrae la misma raíz se obtiene otra igualdad.

Así, por ejemplo, si tenemos que $7 - 3 = 3 + 1$, también se cumplirá que $\sqrt{7-3} = \sqrt{3+1}$.
En efecto, por una parte $\sqrt{7-3} = \sqrt{4} = 2$.
Por otra parte, $\sqrt{3+1} = \sqrt{4} = 2$, que es el mismo resultado obtenido anteriormente, tal como queríamos comprobar.

b) La raíz enésima de un producto de varios factores es igual al producto de las raíces enésimas de cada uno de los factores.

En efecto, consideremos el producto xyz. Se trata de demostrar que $\sqrt[n]{xyz} = \sqrt[n]{x} \cdot \sqrt[n]{y} \cdot \sqrt[n]{z}$, es decir, que la radicación es distributiva respecto de la multiplicación.
Elevando $\sqrt[n]{xyz}$ a la potencia enésima tendremos: $(\sqrt[n]{xyz})^n = xyz$, puesto que al ser iguales el índice de la raíz y el exponente de la potencia, ambos se cancelan.
Análogamente, elevando $\sqrt[n]{x} \cdot \sqrt[n]{y} \cdot \sqrt[n]{z}$ a la potencia enésima tendremos:

$$(\sqrt[n]{x} \cdot \sqrt[n]{y} \cdot \sqrt[n]{z})^n = (\sqrt[n]{x})^n \cdot (\sqrt[n]{y})^n \cdot (\sqrt[n]{z})^n = xyz$$

que es el mismo resultado obtenido anteriormente, tal como queríamos demostrar.

Ejemplo

Comprobar que $\sqrt{9 \times 25 \times 36} = \sqrt{9} \cdot \sqrt{25} \cdot \sqrt{36}$.

Solución: Por una parte tendremos que:

$$\sqrt{9 \times 25 \times 36} = \sqrt{8.100} = 90$$

Por otra parte, tendremos que:

$\sqrt{99} \cdot \sqrt{25} \cdot \sqrt{36} = 3 \times 5 \times 6 = 90$, que es el mismo resultado obtenido anteriormente.

c) La raíz enésima de una fracción es igual a la raíz enésima del numerador dividida por la raíz enésima del denominador.

En efecto, consideremos la fracción $\dfrac{x}{y}$. Se trata de demostrar que $\sqrt[n]{\dfrac{x}{y}} = \dfrac{\sqrt[n]{x}}{\sqrt[n]{y}}$

Elevando $\sqrt[n]{\dfrac{x}{y}}$ a la potencia enésima tendremos:

$$\left(\sqrt[n]{\frac{x}{y}}\right)^n = \frac{x}{y}$$

Análogamente, elevando $\dfrac{\sqrt[n]{x}}{\sqrt[n]{y}}$ a la potencia enésima tendremos:

$\left(\dfrac{\sqrt[n]{x}}{\sqrt[n]{y}}\right)^n = \dfrac{(\sqrt[n]{x})^n}{(\sqrt[n]{y})^n} = \dfrac{x}{y}$, que es el mismo resultado obtenido anteriormente, tal como queríamos demostrar.

Ejemplo

Comprobar que $\sqrt{\dfrac{144}{9}} = \dfrac{\sqrt{144}}{\sqrt{9}}$.

Solución: Por una parte tendremos que:

$$\sqrt{\frac{144}{9}} = \sqrt{16} = 4$$

Por otra parte tendremos que:

$$\frac{\sqrt{144}}{\sqrt{9}} = \frac{12}{3} = 4,$$ que es el mismo resultado obtenido anteriormente.

d) La raíz enésima de una potencia se obtiene dividiendo el exponente de la potencia por el índice de la raíz.

En efecto, consideremos la potencia x^a. Se trata de demostrar que $\sqrt[n]{x^a} = x^{a/n}$.
Elevando $\sqrt[n]{x^a}$ a la potencia enésima tendremos:

$$\left(\sqrt[n]{x^a}\right)^n = x^a$$

Análogamente, elevando $x^{a/n}$ a la potencia enésima tendremos: $(x^{a/n})^n = x^a$, que es el mismo resultado obtenido anteriormente, tal como queríamos demostrar.

Ejemplo

Comprobar que $\sqrt{4^6} = 4^{6/2}$.

Solución: Por una parte tendremos que:

$$\sqrt{4^6} = \sqrt{4.096} - 64$$

Por otra parte tendremos que $4^{6/2} = 4^3 = 4 \times 4 \times 4 = 64$, que es el mismo resultado obtenido anteriormente, tal como queríamos comprobar.
Tal como acabamos de ver, para hallar la raíz de una potencia se divide el exponente de la potencia por el índice de la raíz, obteniéndose de este modo exponentes fraccionarios.
Así pues, un número elevado a un exponente fraccionario equivale a una raíz cuyo índice es el denominador del exponente y cuya cantidad subradical es la base de la potencia elevada al exponente que indica el numerador del exponente.

e) La raíz enésima de una raíz se obtiene multiplicando los índices de ambas raíces.

En efecto, consideremos la raíz $\sqrt[m]{x}$. Se trata de demostrar que $\sqrt[n]{\sqrt[m]{x}} = \sqrt[nm]{x}$.
Elevando $\sqrt[n]{\sqrt[m]{x}}$ a la potencia nm, tendremos que:

$$\left(\sqrt[n]{\sqrt[m]{x}}\right)^{nm} = \left[\left(\sqrt[n]{\sqrt[m]{x}}\right)^n\right]^m = \left(\sqrt[m]{x}\right)^m = x$$

Análogamente, elevando $\sqrt[nm]{x}$ a la potencia nm, tendremos que: $\left(\sqrt[nm]{x}\right)^{nm} = x$, que es el mismo resultado obtenido anteriormente, tal como queríamos demostrar.

Ejemplo

Comprobar que $\sqrt[3]{\sqrt{64}} = \sqrt[6]{64}$.
Solución: Por una parte tendremos que:

$$\sqrt[3]{\sqrt{64}} = \sqrt[3]{8} = \sqrt[3]{2^3} = 2$$

Por otra parte, tendremos que $\sqrt[6]{64} = \sqrt[6]{2^6} = 2$, que es el mismo resultado obtenido anteriormente, tal como queríamos comprobar.

f) Si un número no tiene raíz exacta entera tampoco tiene raíz exacta fraccionaria.

En efecto, consideremos el número x que no tiene raíz exacta de índice n. Se trata de demostrar que la raíz enésima de x no puede ser una fracción.

Supongamos que la raíz enésima de x fuera la fracción irreducible $\frac{p}{q}$. Tendríamos que

$$\sqrt[n]{x} = \frac{p}{q}$$

Si elevamos la expresión anterior a la potencia enésima tendríamos que:

$$(\sqrt[n]{x})^n = \left(\frac{p}{q}\right)^n$$

O sea,

$$x = \left(\frac{p}{q}\right)^n = \frac{p^n}{q^n}$$

Como $\frac{p}{q}$ era una fracción irreducible, $\frac{p^n}{q^n}$ también deberá serlo, pero de la expresión anterior se deduce que $p^n = x \cdot q^n$, es decir, que p^n y q^n no son primos entre sí, lo cual es imposible si la fracción es irreducible. Por consiguiente, x no puede tener raíz enésima fraccionaria exacta.
Así, por ejemplo, 2, 3, 5, 7, etc., no tienen raíces cuadradas exactas enteras y por lo tanto tampoco pueden tenerlas fraccionarias.
Estas raíces que no pueden expresarse exactamente mediante números enteros o fraccionarios reciben el nombre de números irracionales.
Finalmente, para acabar esta exposición sobre las propiedades de la radicación, cabe resaltar el hecho de que la radicación no cumple la propiedad distributiva respecto de la adición.
En efecto, no se cumple en general que $\sqrt[n]{a+b} = \sqrt[n]{a} + \sqrt[n]{b}$.
Así, por ejemplo, $\sqrt{144+256} \neq \sqrt{144} + \sqrt{256}$.
Por una parte $\sqrt{144+256} = \sqrt{400} = 20$.
Por otra parte, $\sqrt{144} + \sqrt{256} = 12 + 16 = 28$, y, como puede observarse, $20 \neq 28$.

16.6 Operaciones con radicales

Tal como hemos visto en el punto anterior, las raíces que no pueden expresarse exactamente mediante números enteros o fraccionarios representan números irracionales y reciben el nombre de radicales. Así pues, $\sqrt{5}$, $\sqrt{7}$, $\sqrt{11}$ son radicales.
El grado de un radical coincide con el índice de su raíz. Así, por ejemplo, $\sqrt{5}$ es un radical de segundo grado, $\sqrt[3]{11}$ es un radical de tercer grado y $\sqrt[4]{13}$ es un radical de cuarto grado.
Se dice que dos radicales son semejantes cuando tienen el mismo grado y la misma cantidad subradical. Así, por ejemplo, $\sqrt{5}$ y $2\sqrt{5}$ son radicales semejantes, pero $\sqrt{7}$ y $\sqrt{3}$ no son radicales semejantes.

El número que va delante de un radical multiplicándolo recibe el nombre de coeficiente. Así, por ejemplo, en $5\sqrt{7}$ el coeficiente es 5, mientras que en $2\sqrt{3}$ el coeficiente es 2.

Se dice que un radical está simplificado al máximo cuando al descomponer en factores primos la cantidad subradical todos los factores primos están elevados a exponentes menores que el índice del radical.

Así, por ejemplo, $\sqrt{210}$ está simplificado al máximo porque descomponiendo 210 en factores primos tendremos:

210	2
105	3
35	5
7	7
1	

Es decir, que $210 = 2 \cdot 3 \cdot 5 \cdot 7$ y, tal como puede observarse, todos los factores primos están elevados a exponentes menores que 2.

En cambio, $\sqrt{192}$ no está simplificado al máximo puesto que descomponiendo 192 en factores primos tendremos:

192	2
96	2
48	2
24	2
12	2
6	2
3	3
1	

Es decir, que $192 = 2^6 \cdot 3$ y, tal como puede observarse, no todos los factores primos están elevados a exponentes menores que 2.

Para simplificar $\sqrt{192}$ al máximo procederemos del modo siguiente:

$$\sqrt{192} = \sqrt{2^6 \cdot 3} = \sqrt{2^6} \cdot \sqrt{3} = 2^{6/2} \cdot \sqrt{3} = 2^3 \cdot \sqrt{3} = 8\sqrt{3}.$$

Ejemplo

Simplificar $\sqrt{10.800}$.

Solución: Descompongamos 10.800 en factores primos.

10800	2
5400	2
2700	2
1350	2
675	3
225	3
75	3
25	5
5	5
1	

Es decir, que **10.800 = $2^4 \cdot 3^3 \cdot 5^2$**.

Por lo tanto, tendremos que:

$$\sqrt{10.800} = \sqrt{2^4 \cdot 3^3 \cdot 5^2} = \sqrt{2^4} \cdot \sqrt{3^3} \cdot \sqrt{5^2} = \sqrt{2^4} \cdot \sqrt{3^2} \cdot \sqrt{3} \cdot \sqrt{5^2} = 2^{4/2} \cdot 3^{2/2} \cdot \sqrt{3} \cdot$$
$$\cdot 5^{2/2} = 2^2 \cdot 3 \cdot \sqrt{3} \cdot 5 = 4 \cdot 3 \cdot 5 \cdot \sqrt{3} = 60\sqrt{3}$$

O sea, que $\sqrt{10.800} = 60\sqrt{3}$.

Para sumar y restar radicales se simplifican al máximo y a continuación se efectúan las operaciones.

Ejemplo

Efectuar la operación: $2\sqrt[3]{128} + 3\sqrt[3]{64} - 4\sqrt[3]{32}$.

Solución: Descompongamos en factores primos las cantidades subradicales:

$$\begin{array}{r|l} 128 & 2 \\ 64 & 2 \\ 32 & 2 \\ 16 & 2 \\ 8 & 2 \\ 4 & 2 \\ 2 & 2 \\ 1 & \end{array} \qquad \begin{array}{r|l} 64 & 2 \\ 32 & 2 \\ 16 & 2 \\ 8 & 2 \\ 4 & 2 \\ 2 & 2 \\ 1 & \end{array} \qquad \begin{array}{r|l} 32 & 2 \\ 16 & 2 \\ 8 & 2 \\ 4 & 2 \\ 2 & 2 \\ 1 & \end{array}$$

Es decir, que $128 = 2^7$
$64 = 2^6$
$32 = 2^5$

Por lo tanto, tendremos que:

$$2\sqrt[3]{128} + 3\sqrt[3]{64} - 4\sqrt[3]{32} = 2\sqrt[3]{2^7} + 3\sqrt[3]{2^6} - 4\sqrt[3]{2^5} =$$
$$= 2 \cdot \sqrt[3]{2^6 \cdot 2} + 3\sqrt[3]{2^6} - 4\sqrt[3]{2^3 \cdot 2^2} = 2\sqrt[3]{2^6} \cdot \sqrt[3]{2} +$$
$$+ 3\sqrt[3]{2^6} - 4\sqrt[3]{2^3} \cdot \sqrt[3]{2^2} = 2 \cdot 2^{6/3} \cdot \sqrt[3]{2} + 3 \cdot 2^{6/3} - 4 \cdot 2^{3/3} \cdot \sqrt[3]{2^2} =$$
$$= 2 \cdot 2^2 \cdot \sqrt[3]{2} + 3 \cdot 2^2 - 4 \cdot 2 \cdot \sqrt[3]{4} = 8\sqrt[3]{2} + 12 - 8\sqrt[3]{4} = 12 + 8\sqrt[3]{2} - 8\sqrt[3]{4}$$

expresión que no se puede sumar o restar puesto que los radicales que aparecen no son semejantes, ya que las cantidades subradicales no son iguales.

Ejemplo

Efectuar las operaciones: $3\sqrt{75} - 2\sqrt{48} + 4\sqrt{27}$.

Solución: Descompongamos en factores primos las cantidades subradicales:

$$\begin{array}{r|l} 75 & 3 \\ 25 & 5 \\ 5 & 5 \\ 1 & \end{array} \qquad \begin{array}{r|l} 48 & 2 \\ 24 & 2 \\ 12 & 2 \\ 6 & 2 \\ 3 & 3 \\ 1 & \end{array} \qquad \begin{array}{r|l} 27 & 3 \\ 9 & 3 \\ 3 & 3 \\ 1 & \end{array}$$

Es decir, que $75 = 3 \cdot 5^2$
$48 = 2^4 \cdot 3$
$27 = 3^3$

Por lo tanto, tendremos que:

$$3\sqrt{75} - 2\sqrt{48} + 4\sqrt{27} = 3\sqrt{3 \cdot 5^2} - 2\sqrt{2^4 \cdot 3} + 4\sqrt{3^3} = 3\sqrt{3} \cdot \sqrt{5^2} - 2\sqrt{2^4} \cdot \sqrt{3} + 4\sqrt{3^2} \cdot$$
$$\cdot \sqrt{3} = 3 \cdot 5^{2/2} \cdot \sqrt{3} - 2 \cdot 2^{4/2} \cdot \sqrt{3} + 4 \cdot 3^{2/2} \cdot \sqrt{3} = 3 \cdot 5 \cdot \sqrt{3} - 2 \cdot 2^2 \cdot \sqrt{3} + 4 \cdot$$
$$\cdot 3\sqrt{3} = 15\sqrt{3} - 8\sqrt{3} + 12\sqrt{3} = (15 - 8 + 12)\sqrt{3} = 19\sqrt{3}$$

Para multiplicar radicales del mismo índice se multiplican entre sí los coeficientes y las cantidades subradicales y se mantiene el mismo índice. Si los radicales no tienen el mismo índice, previamente se reducen a común índice.

Ejemplo

Efectuar $2\sqrt{8} \cdot 3\sqrt{36} \cdot 4\sqrt{100}$.

Solución: Como los índices son iguales en todos los radicales, tendremos: $2\sqrt{8} \cdot 3\sqrt{36} \cdot 4\sqrt{100} =$ $= 2 \cdot 3 \cdot 4 \cdot \sqrt{8 \cdot 36 \cdot 100} = 24\sqrt{28.800}$.

Para simplificar al máximo, descompongamos 28.800 en factores primos:

28800	2
14400	2
7200	2
3600	2
1800	2
900	2
450	2
225	3
75	3
25	5
5	5
1	

Es decir, que $28.800 = 2^7 \cdot 3^2 \cdot 5^2$.

Por lo tanto, $24\sqrt{28.800} = 24\sqrt{2^7 \cdot 3^2 \cdot 5^2} = 24 \cdot \sqrt{2^6} \cdot \sqrt{2} \cdot \sqrt{3^2} \cdot \sqrt{5^2} = 24 \cdot 2^{6/2} \cdot \sqrt{2} \cdot$ $\cdot\, 3^{2/2} \cdot 5^{2/2} = 24 \cdot 8 \cdot \sqrt{2} \cdot 3 \cdot 5 = 2.880\sqrt{2}$ que es el resultado final simplificado al máximo.

Ejemplo

Efectuar $2\sqrt{125} \cdot 3\sqrt[3]{25} \cdot 4\sqrt[4]{625}$.

Solución: Como los radicales no tienen el mismo índice, previamente debemos reducirlos a común índice.

Para ello deberemos hallar el mínimo común múltiplo de los índices 2, 3 y 4.

Ahora bien, como $2 = 2$

$3 = 3$

$4 = 2^2$

el mínimo común múltiplo será $2^2 \cdot 3 = 12$.

Por lo tanto, tendremos que $2\sqrt{125} \cdot 3\sqrt[3]{25} \cdot 4\sqrt[4]{625} = 2\sqrt[12]{125^6} \cdot 3\sqrt[12]{25^4} \cdot 4\sqrt[12]{625^3} = 2 \cdot 3 \cdot 4 \cdot$

$$\cdot \sqrt[12]{125^6 \cdot 25^4 \cdot 625^3} = 24\sqrt[12]{125^6 \cdot 25^4 \cdot 625^3}.$$

Descompongamos **125, 25** y **625** en factores primos:

125	5
25	5
5	5
1	

25	5
5	5
1	

625	5
125	5
25	5
5	5
1	

Es decir,

$$125 = 5^3$$
$$25 = 5^2$$
$$625 = 5^4$$

Por lo tanto, $24\sqrt[12]{125^6 \cdot 25^4 \cdot 625^3} = 24\sqrt[12]{(5^3)^6 \cdot (5^2)^4 \cdot (5^4)^3} =$

$$= 24\sqrt[12]{5^{18} \cdot 5^8 \cdot 5^{12}} = 24\sqrt[12]{5^{38}} =$$

$$= 24\sqrt[12]{5^{36}} \cdot \sqrt[12]{5^2} = 24 \cdot 5^{36/12} \cdot \sqrt[12]{5^2} = 24 \cdot 5^3 \cdot \sqrt[12]{5^2} =$$

$$= 3.000\sqrt[12]{5^2} = 3.000 \cdot 5^{2/12} = 3.000 \cdot 5^{1/6} = 3.000\sqrt[6]{5}$$

que es el resultado final simplificado al máximo.

Para dividir radicales del mismo índice se dividen entre sí los coeficientes y las cantidades subradicales y se mantiene el mismo índice. Si los radicales no tienen el mismo índice, previamente se reducen a común índice.

Ejemplo

Efectuar $15\sqrt{384} : 3\sqrt{64}$.

Solución: Como los índices son iguales en ambos radicales, tendremos:

$$15\sqrt{384} : 3\sqrt{64} = \frac{15}{3}\sqrt{\frac{384}{64}} = 5\sqrt{6}$$

que es el resultado final simplificado al máximo.

Ejemplo

Efectuar $4\sqrt[3]{128} : 2\sqrt{16}$.

Solución: Como los índices no son iguales deberemos reducirlos previamente a común índice. El mín.mo común múltiplo de 2 y 3 es $2 \cdot 3 = 6$.
Por lo tanto, tendremos que:

$$4\sqrt[3]{128} : 2\sqrt{16} = 4\sqrt[6]{128^2} : 2\sqrt[6]{16^3} = \frac{4}{2}\sqrt[6]{\frac{128^2}{16^3}} = 2\sqrt[6]{\frac{16.384}{4.096}} = 2\sqrt[6]{4} = 2 \cdot \sqrt[6]{2^2} =$$
$$= 2 \cdot 2^{2/6} = 2 \cdot 2^{1/3} = 2\sqrt[3]{2}$$

que es el resultado final simplificado al máximo.

Para elevar un radical a una potencia se eleva la cantidad subradical a dicha potencia.

Ejemplo

Efectuar $(\sqrt[3]{5})^4$.

Solución: Tendremos que

$$(\sqrt[3]{5})^4 = \sqrt[3]{5^4} = \sqrt[3]{5^3} \cdot \sqrt[3]{5} = 5^{3/3} \cdot \sqrt[3]{5} = 5\sqrt[3]{5}$$

que es el resultado final simplificado al máximo.

Para hallar raíces de radicales se multiplican entre sí los índices de los radicales y la cantidad subradical se pone bajo un signo radical cuyo índice sea el producto de los índices de los radicales.

Ejemplo

Efectuar $\sqrt[4]{\sqrt[3]{5}}$.

Solución: Tendremos que:

$$\sqrt[4]{\sqrt[3]{5}} = \sqrt[12]{5}$$

que es el resultado final.

Racionalizar una fracción que posea algún radical en el denominador consiste en transformarla en una fracción equivalente en cuyo denominador no aparezca ningún radical.
Para racionalizar una fracción se multiplican numerador y denominador de la fracción por un radical tal que al multiplicarlo por el denominador lo convierta en una raíz exacta y, a continuación, se simplifica el resultado.

Ejemplo

Racionalizar $\dfrac{12}{\sqrt{6}}$.

Solución: Multiplicando numerador y denominador por $\sqrt{6}$ tendremos que:

$$\frac{12}{\sqrt{6}} \cdot \frac{\sqrt{6}}{\sqrt{6}} = \frac{12\sqrt{6}}{(\sqrt{6})^2} = \frac{12\sqrt{6}}{6} = 2\sqrt{6}$$

que es el resultado final.

Ejemplo

Racionalizar $\dfrac{6}{\sqrt[3]{9}}$.

Solución: Multiplicando numerador y denominador por $\sqrt[3]{3}$ tendremos:

$$\frac{6}{\sqrt[3]{9}} \cdot \frac{\sqrt[3]{3}}{\sqrt[3]{3}} = \frac{6\sqrt[3]{3}}{\sqrt[3]{27}} = \frac{6\sqrt[3]{3}}{\sqrt[3]{3^3}} = \frac{6\sqrt[3]{3}}{3} = 2\sqrt[3]{3}$$

que es el resultado final.

16.7 Casos notables

La extracción de raíces cuadradas y cúbicas es una de las operaciones que más frecuentemente se presenta en la práctica, por lo que vamos a estudiar a continuación los procedimientos que se siguen en su resolución.

Se dice que un número es raíz cuadrada exacta de otro cuando al elevarlo al cuadrado coincide con dicho número. Así, 4 es raíz cuadrada exacta de 16, puesto que $4^2 = 16$.

Se dice que un número es raíz cuadrada inexacta de otro cuando su cuadrado es el más cercano a dicho número bien sea por defecto, bien sea por exceso.

Así, por ejemplo, 6 es raíz cuadrada inexacta por defecto de 43, puesto que $6^2 = 36$ es el cuadrado más cercano a 43 por defecto. Análogamente, 7 es raíz cuadrada inexacta por exceso de 43 puesto que $7^2 = 49$ es el cuadrado más cercano a 43 por exceso.

El resto por defecto de la raíz cuadrada inexacta de un número es la diferencia entre dicho número y el cuadrado de su raíz cuadrada por defecto.

Así, por ejemplo, en el caso anterior el resto por defecto será: $43 - 6^2 = 43 - 36 = 7$.

Análogamente, el resto por exceso de la raíz cuadrada inexacta de un número es la diferencia entre el cuadrado de su raíz cuadrada por exceso y el número en cuestión.

Así, por ejemplo, en el caso anterior el resto por exceso será: $7^2 - 43 = 49 - 43 = 6$.

Para hallar la raíz cuadrada de un número entero se van separando grupos o períodos de dos cifras del número dado, empezando por la derecha. A continuación se extrae la raíz cuadrada del primer período que haya quedado a la izquierda y ésta será la primera cifra de la raíz cuadrada. Seguidamente se eleva dicha cifra al cuadrado y el resultado obtenido se resta del primer período. A la derecha del resto obtenido se sitúa el siguiente período. A continuación se separa la primera cifra de la derecha con una coma y se divide el número que queda a la izquierda por el doble de la raíz hallada. El cociente obtenido será o bien la cifra siguiente de la raíz cuadrada o bien una cifra mayor. Para comprobarlo se escribe dicha cifra a la derecha del doble de la raíz hallada y el número resultante se multiplica por la cifra que se comprueba. Si el producto obtenido se puede restar del número que resulta al separar la primera cifra de la derecha se sube la cifra a la raíz. Si no se puede restar se disminuye la cifra en una unidad o en las que sean necesarias para que el producto se pueda restar. Una vez efectuada esta operación se resta el producto obtenido y a la derecha del resto se coloca el siguiente período, repitiéndose las operaciones indicadas anteriormente hasta que se haya bajado el último período.

Ejemplo

Extraer la raíz cuadrada de 21.378.948.

Solución: Tendremos que

$\sqrt{21378948}$	4623
-16	$53 : 8 = 6$
537	$86 \times 6 = 516$
-516	$218 : 92 = 2$
2189	$922 \times 2 = 1844$
-1844	$3454 : 924 = 3$
34548	$9243 \times 3 = 27729$
-27729	
6819	

Así pues, 4.623 es la raíz cuadrada por defecto de 21.378.948 y 6.819 es el resto.
Comprobemos que el resultado obtenido es correcto: $4.623^2 + 6.819 = 21.372.129 + 6.819 = 21.378.948$, lo cual indica que el resultado obtenido es correcto.

Para hallar la raíz cuadrada de un número decimal se separa el número decimal en períodos de dos cifras a derecha e izquierda de la coma decimal añadiendo un cero al último período de la derecha si quedara con una sola cifra decimal. A continuación se extrae la raíz cuadrada como si se tratara de un número entero poniendo la coma decimal en la raíz al bajar el primer período decimal.

Ejemplo

Extraer la raíz cuadrada de 32.460,157.

Solución: Tendremos que

$\sqrt{32460{,}1570}$	180,16
-1	$22 : 2 = 9$
224	$29 \times 9 = 261$
-224	$22 : 2 = 8$
	$28 \times 8 = 224$
60	
-0	$60 : 36 = 1$
	$361 \times 1 = 361$
60,15	$60 : 36 = 0$
$-36\,01$	$360 \times 0 = 0$
24,1470	$601 : 360 = 1$
$-21\,6156$	$3601 \times 1 = 3601$
2 5314	$24147 : 3602 = 6$
	$36026 \times 6 = 216156$

Así pues, 180,16 es la raíz cuadrada por defecto de 32.460,157 y 2,5314 es el resto. Comprobemos que el resultado obtenido es correcto:

$$180{,}16^2 + 2{,}5314 = 32.457{,}626 + 2{,}5314 = 32.460{,}157$$

lo cual indica que el resultado es correcto.

Problemas propuestos

1. Di cuales de los siguientes números son racionales y cuáles son irracionales:
   a) 4
   b) -11
   c) 0,31
   d) $\sqrt{5}$
   e) 3/4
   f) $\sqrt{81}$
   g) $7{,}3\widehat{1}$
   h) 2π

2. Escribe un número racional y otro irracional comprendidos entre:
   a) 1/2 y 1/3
   b) 0,438 y 0,439
   c) $0{,}2\widehat{5}$ *y* $0{,}2\widehat{6}$

3. Calcula el valor de *k* en cada caso:
   a) $\sqrt[3]{k} = 2$
   b) $\sqrt[k]{-243} = -3$
   c) $\sqrt[k]{1{,}331} = 1{,}1$
   d) $\sqrt[5]{k} = \dfrac{2}{3}$

4. Calcula las raíces posibles e indica cuáles son imposibles:

a) $\sqrt{-8}$
b) $\sqrt[3]{-8}$
c) $\sqrt[6]{-1}$
d) $\sqrt[5]{-32}$
e) $\sqrt[4]{81}$

5. Expresa en forma exponencial:
a) $\sqrt[5]{x}$
b) $\left(\sqrt[3]{x^2}\right)^5$
c) $\sqrt[15]{a^6}$
d) $\sqrt{\dfrac{a^{13}}{a^6}}$
e) $\sqrt[3]{\sqrt{x}}$
f) $\sqrt[n]{\sqrt[m]{a^k}}$

6. Calcula las siguientes potencias:
a) $4^{1/2}$
b) $125^{1/3}$
c) $625^{1/4}$
d) $8^{2/3}$
e) $64^{5/6}$

7. Expresa en forma radical:
a) $x^{7/9}$
b) $\left(m^5 \cdot n^5\right)^{1/3}$
c) $a^{1/2} \cdot b^{1/3}$
d) $\left[\left(x^2\right)^{1/3}\right]^{1/5}$

8. Simplifica los siguientes radicales:
a) $\sqrt[12]{x^9}$
b) $\sqrt[12]{x^8}$
c) $\sqrt[5]{y^{10}}$
d) $\sqrt[6]{\left(c^2\right)^5}$
e) $\sqrt[6]{8}$
f) $\sqrt[9]{64}$
g) $\sqrt[8]{81}$

9. ¿Cuál de los dos es mayor en cada caso?:
a) $\sqrt[4]{31}$ y $\sqrt[3]{13}$
b) $\sqrt[3]{51}$ y $\sqrt[9]{132650}$
c) $\sqrt[12]{a^4}$ y $\sqrt[18]{a^5}$

10. Reduce las expresiones radicales:
a) $\sqrt[3]{2} \cdot \sqrt[5]{2}$
b) $\sqrt[3]{9} \cdot \sqrt[6]{3}$
c) $\sqrt{2} \cdot \sqrt[4]{2} \cdot \sqrt[8]{2}$

11. Simplifica los radicales:
a) $\sqrt[6]{a^2 \cdot b^4}$
b) $\sqrt[10]{a^4 \cdot b^6}$
c) $\sqrt[20]{x^4 \cdot y^{16} \cdot z^{12}}$

12. Extrae todos los factores posibles de los siguientes radicales:
a) $\sqrt[3]{32x^4}$
b) $\sqrt[3]{81a^3b^5c}$
c) $\sqrt{a^6 - a^9}$
d) $\sqrt{12x^2 + 20x^3}$

13. Reduce las expresiones radicales:
a) $\dfrac{\sqrt[3]{3^2}}{\sqrt{3}}$
b) $\dfrac{\sqrt{9}}{\sqrt[3]{3}}$
c) $\dfrac{\sqrt[5]{16}}{\sqrt{2}}$
d) $\dfrac{\sqrt[4]{729}}{\sqrt{3}}$

14. Simplifica las expresiones radicales:
a) $\dfrac{\sqrt[5]{x}}{\sqrt[3]{x}}$

b) $\dfrac{\sqrt{ab}}{\sqrt[3]{ab}}$

c) $\dfrac{\sqrt[6]{a^3}}{\sqrt[3]{a^2}}$

d) $\dfrac{\sqrt[4]{a^3b^5c}}{\sqrt{ab^3c^3}}$

e) $\dfrac{\sqrt[5]{abc}\cdot\sqrt[10]{a^2b^4}}{\sqrt[15]{a^4b^6c^3}}$

15. Simplifica las expresiones radicales:

a) $\left(\sqrt[3]{a^2}\right)^6$

b) $\left(\sqrt{x}\right)^3\cdot\left(\sqrt[3]{x}\right)^2\cdot\left(\sqrt[6]{x^{-2}}\right)^2$

c) $\left(\sqrt{\sqrt{\sqrt{a}}}\right)^8$

d) $\left(\sqrt[5]{a}\right)^2\cdot\left(\sqrt[5]{\dfrac{1}{b}}\right)^2\cdot\left(\sqrt[5]{\dfrac{b}{a}}\right)^3$

e) $\left(\sqrt[5]{x^8}\right)^{1/3}:\left(\sqrt[3]{x^2}\right)^{1/2}$

f) $\left(\sqrt[3]{(x\cdot y)^2}\right)^2:\left(\sqrt[5]{(x\cdot y^2)^2}\right)^3$

16. Reduce a un solo radical:

a) $\sqrt{\sqrt{12}}$

b) $\sqrt{\sqrt[3]{a}}$

c) $\sqrt[5]{\sqrt[3]{x}}$

d) $\sqrt[3]{\sqrt[5]{x^6}}$

e) $\sqrt{x\cdot\sqrt{x}}$

f) $\sqrt[3]{x^2\cdot\sqrt[3]{x^2}}$

17. Efectúa las siguientes sumas de radicales:

a) $5\sqrt{x}+3\sqrt{x}+2\sqrt{x}$

b) $\sqrt{18}+\sqrt{50}-\sqrt{2}-\sqrt{8}$

c) $\sqrt{50a}-\sqrt{18a}$

d) $\sqrt{180}-2\sqrt{5}+\sqrt{20}$

e) $\sqrt{27}-\sqrt{50}+\sqrt{12}+\sqrt{8}$

f) $7\sqrt{150}-3\sqrt{18}+\sqrt{24}-\dfrac{3}{2}\sqrt{8}-\sqrt{6}$

g) $\sqrt{18}-3\sqrt{8}+3\sqrt{50}+\sqrt{27}+\sqrt{\dfrac{4}{3}}$

h) $\sqrt[4]{4}+\sqrt{8}-\sqrt[6]{8}+\sqrt[4]{64}+\sqrt{\dfrac{9}{2}}$

18. Calcula las siguientes operaciones con radicales:

a) $\dfrac{\sqrt{125}+\sqrt{180}}{3\sqrt{5}}$

b) $\dfrac{7\sqrt{75}}{\sqrt{3}}+\dfrac{8\sqrt{98}}{\sqrt{2}}$

c) $\left(\dfrac{1}{2\sqrt{2}}+\dfrac{3}{\sqrt{2}}\right)^2$

19. Racionaliza las siguientes fracciones y simplifica cuando se pueda:

a) $\dfrac{1}{\sqrt{2}}$

b) $\dfrac{1}{2\sqrt{3x}}$

c) $\dfrac{3a}{\sqrt{ab}}$

d) $\dfrac{x}{\sqrt[3]{x^2}}$

e) $\dfrac{ab}{\sqrt[5]{a^2b^4}}$

f) $\dfrac{a^2bc}{\sqrt[4]{abc^2}}$

g) $\dfrac{1}{\sqrt{2}+1}$

h) $\dfrac{x+y}{\sqrt{x}+\sqrt{y}}$

i) $\dfrac{1}{2\sqrt{3}-\sqrt{5}}$

j) $\dfrac{1}{\sqrt{x}-\sqrt{y}}+\dfrac{1}{\sqrt{x}+\sqrt{y}}$

Soluciones

1. Solución: a) Racional
   b) Racional
   c) Racional
   d) Irracional
   e) Racional
   f) Racional
   g) Racional
   h) Irracional
2. S: a) Racional: 5/12;
   Irracional: 0,4040040004...
   b) Racional: 0,4385;
   Irracional: 0,4383383338...
   c) Racional: 0,26;
   Irracional: 0,262662666...
3. S: a) 8
   b) 5
   c) 3
   d) 32/243
4. S: a) Imposible
   b) -2
   c) Imposible
   d) -2
   e) 3
5. S: a) $x^{1/5}$
   b) $\left(x^{2/3}\right)^5$
   c) $a^{6/15}$
   d) $\left(\dfrac{a^{13}}{a^6}\right)^{1/2}$
   e) $\left(x^{1/2}\right)^{1/3}$
   f) $\left(a^{k/m}\right)^{1/n}$
6. S: a) 2
   b) 5
   c) 5
   d) 4
   e) 32
7. S: a) $\sqrt[9]{x^7}$
   b) $\sqrt[3]{m^5n^5}$
   c) $\sqrt{a}\cdot\sqrt[3]{b}$
   d) $\sqrt[5]{\sqrt[3]{x^2}}$
8. S: a) $\sqrt[4]{x^3}$
   b) $\sqrt[3]{x^2}$
   c) y^2
   d) $\sqrt[3]{c^5}$
   e) $\sqrt{2}$
   f) $\sqrt[3]{4}$
   g) $\sqrt{3}$
9. S: a) $\sqrt[4]{31}$
   b) $\sqrt[3]{51}$
   c) Depende del valor de *a*
10. S: a) $\sqrt[15]{2^8}$
    b) $\sqrt[6]{3^5}$
    c) $\sqrt[8]{2^7}$
11. S: a) $\sqrt[3]{ab^2}$

b) $\sqrt[5]{a^2b^3}$

c) $\sqrt[5]{xy^4z^3}$

12. S: a) $2x\sqrt[3]{4x}$

b) $3ab\sqrt[3]{9b^2c}$

c) $a^3\sqrt{1-a^3}$

d) $2x\sqrt{3+5x}$

13. S: a) $\sqrt[6]{3}$

b) $\sqrt[3]{9}$

c) $\sqrt[10]{8}$

d) 3

14. S: a) $\dfrac{1}{\sqrt[15]{x^2}}$

b) $\sqrt[6]{ab}$

c) $\dfrac{1}{\sqrt[6]{a}}$

d) $\dfrac{1}{c}\sqrt[4]{\dfrac{a}{bc}}$

e) $\sqrt[15]{a^2b^3}$

15. S: a) a^4

b) $x\sqrt{x}$

c) a

d) $\sqrt[5]{\dfrac{b}{a}}$

e) $\sqrt[5]{x}$

f) $\dfrac{1}{y}\sqrt[15]{\dfrac{x^2}{y}}$

16. S: a) $\sqrt[4]{12}$

b) $\sqrt[6]{a}$

c) $\sqrt[15]{x}$

d) $\sqrt[5]{x^2}$

e) $\sqrt[4]{x^3}$

f) $\sqrt[9]{x^8}$

17. S: a) $10\sqrt{x}$

b) $5\sqrt{2}$

c) $2\sqrt{2a}$

d) $6\sqrt{5}$

e) $5\sqrt{3}-3\sqrt{2}$

f) $36\sqrt{6}-12\sqrt{2}$

g) $\dfrac{36\sqrt{2}+11\sqrt{3}}{3}$

h) $\dfrac{11\sqrt{2}}{2}$

18. S: a) $\dfrac{11}{3}$

b) 91

c) $\dfrac{49}{8}$

19. S: a) $\dfrac{\sqrt{2}}{2}$

b) $\dfrac{\sqrt{3x}}{6x}$

c) $\dfrac{3\sqrt{ab}}{b}$

d) $\sqrt[3]{x}$

e) $\sqrt[5]{a^3b}$

f) $a\sqrt[4]{a^3b^3c^2}$

g) $\sqrt{2}-1$

h) $\dfrac{(x+y)\left(\sqrt{x}-\sqrt{y}\right)}{x-y}$

i) $\dfrac{2\sqrt{3}+\sqrt{5}}{7}$

j) $\dfrac{2\sqrt{x}}{x-y}$

17 El sistema métrico decimal

Introducción histórica

Las primeras actividades matemáticas del hombre primitivo estuvieron relacionadas con las necesidades de contar y medir. Las primeras unidades de longitud que utilizaron las civilizaciones primitivas estaban basadas en el cuerpo humano. De ahí que utilizaran unidades como el pie o el palmo. El matemático flamenco Simon Stevin fue el primero en proponer un sistema decimal de medidas en el siglo XVI. En 1790 la Asamblea Nacional francesa designó una comisión encargada de establecer un sistema decimal de medidas y una vez efectuados los estudios pertinentes se adoptó oficialmente el Sistema Métrico Decimal.

17.1 Medición y medida

Una magnitud es todo aquello que es susceptible de ser medido o comparado. Así, por ejemplo, la longitud, el tiempo o la masa son magnitudes puesto que pueden ser medidas y comparadas. El resultado obtenido al medir una magnitud nos indicará la cantidad de dicha magnitud. Así, por ejemplo, si una persona nos contesta que hace «un rato» que nos está esperando no podemos determinar exactamente la cantidad de tiempo que hace que nos está esperando. En cambio, si nos responde «hace media hora que te estoy esperando» podemos evaluar con suficiente precisión y exactitud la cantidad de tiempo que ha durado la espera y consiguientemente podemos entender también el enfado que le ha producido nuestro retraso.
Se dice que una cantidad es mensurable cuando puede ser medida.

Medir una cantidad de una magnitud consiste en comparar dicha cantidad con otra cantidad arbitraria de la misma magnitud que tomamos como unidad o patrón de la medida.

Así, por ejemplo, si decimos que una habitación mide 7 metros (m) de largo, estamos dando a entender que al medir la longitud de la habitación hemos utilizado como unidad de longitud el metro y que esta unidad de longitud ha cabido exactamente 7 veces en la longitud de la habitación.

En este caso diríamos que hemos efectuado una medida directa puesto que hemos comparado dos cantidades de la misma magnitud como son la longitud de la habitación y la longitud del metro.
Ahora bien, es frecuente medir ciertas magnitudes indirectamente, es decir, midiendo otras magnitudes distintas de la buscada y relacionándolas a continuación con la magnitud que se desea medir.
Por ejemplo, si queremos medir la superficie de una habitación, no lo haremos directamente pues resultaría muy engorroso tomar una unidad de superficie, como por ejemplo el metro cuadrado, y comprobar cuántas veces cabe dentro de la superficie de la habitación. Lo que hacemos en la práctica es medir la longitud del ancho y del largo de la habitación y a continuación multiplicar los resultados obtenidos. Así, por ejemplo, si el ancho es de 5 metros y el largo es de 8 metros diremos que la superficie de la habitación es de $5 \times 8 = 40$ metros cuadrados. Obsérvese que hemos obtenido la medida de la superficie midiendo dos longitudes que después hemos relacionado con la magnitud superficie. Por consiguiente hemos efectuado una medida indirecta.
Así pues, las unidades de las medidas son unas cantidades elegidas arbitrariamente que se emplean para comparar con ellas cualquier cantidad de su misma magnitud.
El resultado que se obtiene al medir una cantidad seguido del nombre de la unidad empleada recibe el nombre de medida.
Obviamente, cada magnitud tendrá sus propias unidades. Así, por ejemplo, el metro, la milla, la pulgada y la yarda son unidades de longitud; el metro cuadrado, el pie cuadrado y el acre son unidades de superficie; el metro cúbico y la pulgada cúbica son unidades de volumen; el kilogramo, la tonelada y la onza son unidades de masa; el litro, el galón y la pinta son unidades de capacidad, etc.
En el lenguaje cotidiano se acostumbra a distinguir entre medidas efectivas y medidas ficticias.
Las medidas efectivas son aquellas que existen en la práctica puesto que se construyen instrumentos que equivalen a ellas llamados patrones, que se utilizan ampliamente en el comercio o en la industria.
Así, por ejemplo, son medidas efectivas de longitud el metro, el centímetro, el decámetro, etc., puesto que estas medidas se construyen en forma de cintas métricas, reglas de plástico o madera, cadenas de agrimensor, etc.
Análogamente son medidas efectivas de masa el kilogramo, el gramo, el miligramo, etc., puesto que estas medidas se construyen en forma de pirámides truncadas de hierro con una anilla o bien en forma de cilindros de latón acabados en una pequeña protuberancia en la parte superior o como pequeñas chapas cuadradas, triangulares o hexagonales con una punta doblada.
De modo similar, son medidas efectivas de capacidad el litro, el decilitro, el centilitro etc., puesto que estas medidas se construyen en forma de depósitos metálicos cilíndricos provistos de asa.
Por el contrario, se dice que una medida es ficticia cuando no existe en la práctica, ya que no se construyen instrumentos que equivalgan a ellas para ser utilizados en actividades comerciales o industriales.
Así, por ejemplo, las medidas de superficie son ficticias puesto que no se acostumbra a construir instrumentos que las representen. Generalmente, para medir superficies utilizaremos fórmulas geométricas, tal como veremos en el tema 20.

17.2 Unidades del sistema métrico decimal

El sistema métrico decimal es un conjunto de medidas basado inicialmente en el metro y cuyas unidades de medida van aumentando o disminuyendo como potencias de diez.
El sistema métrico decimal surgió de la necesidad de unificar la gran cantidad de unidades de medida que se empleaban no sólo en los distintos países sino incluso en las diversas regiones o provincias de

un mismo país, lo cual suponía un obstáculo muy considerable para efectuar transacciones comerciales.

De este modo, la Academia de Ciencias de París designó en 1792 a los profesores Delambre y Mechain para que diseñaran un sistema de medidas que tuviera como unidad fundamental la unidad de longitud, de manera que esta unidad estuviera relacionada con las dimensiones del globo terráqueo y que sus múltiplos y submúltiplos fueran potencias de diez.

Para ello se midió el arco del meridiano terrestre comprendido entre Dunkerque y Barcelona. Una vez efectuada esta medición se determinó la longitud de la distancia entre el Polo Norte y el Ecuador, es decir, la longitud de un cuadrante de meridiano terrestre, y a la diezmillonésima parte de esta distancia se le dio el nombre de metro, que significa medida.

Cálculos posteriores demostraron que se cometió un ligero error en la medida, de modo que el cuadrante de meridiano terrestre mide realmente 10.002.208 metros, por lo cual el metro tan sólo coincide aproximadamente con la diezmillonésima parte del cuadrante de meridiano terrestre, ya que es ligeramente menor.

En 1889 se celebró en París una Conferencia Internacional de Pesas y Medidas, donde se llegó al acuerdo de que el metro legal internacional fuera la longitud a cero grados centígrados de temperatura de la distancia que existe entre dos marcas que hay cerca de los extremos de una regla de platino iridiado que se conserva en la Oficina de Pesas y Medidas de Sèvres y que fue construida por el físico Borda.

El sistema métrico decimal ha sido aceptado oficialmente por la mayoría de los países del mundo. Excepciones importantes las constituyen los Estados Unidos de América y la Gran Bretaña, que utilizan todavía unidades propias aunque aceptan la utilización del sistema métrico decimal.

El sistema métrico decimal establece cinco tipos distintos de unidades de medida: de longitud, de superficie, de volumen, de capacidad y de masa.

La unidad fundamental de longitud es el metro, que se representa con el símbolo m y que como hemos dicho anteriormente coincide aproximadamente con la diezmillonésima parte del cuadrante del meridiano terrestre y se define como la distancia entre las dos marcas de la regla de platino iridiado diseñada por el físico Borda a la temperatura de cero grados centígrados.

Los múltiplos del metro se forman anteponiendo a la palabra metro los prefijos griegos *deca, hecto* y *kilo* entre otros, que significan, respectivamente, diez, cien y mil y se representan con los símbolos dam, hm y km, respectivamente.

Los submúltiplos del metro se forman anteponiendo a la palabra metro los prefijos latinos deci, centi y mili entre otros, que significan, respectivamente, décima, centésima y milésima parte y se representan con los símbolos dm, cm y mm, respectivamente.

Las unidades de longitud aumentan y disminuyen de diez en diez como puede observarse en la siguiente tabla:

1 km	=	1.000	m
1 hm	=	100	m
1 dam	=	10	m
1 m	=	1	m
1 dm	=	0,1	m
1 cm	=	0,01	m
1 mm	=	0,001	m

La unidad fundamental de superficie es el metro cuadrado, que se representa con el símbolo m^2 y que se define como la superficie de un cuadrado cuyo lado mide un metro.

Las unidades de superficie aumentan y disminuyen de cien en cien como puede observarse en la tabla siguiente:

$$1\ km^2 = 1.000.000\ m^2$$
$$1\ hm^2 = 10.000\ m^2$$
$$1\ dam^2 = 100\ m^2$$
$$1\ m^2 = 1\ m^2$$
$$1\ dm^2 = 0{,}01\ m^2$$
$$1\ cm^2 = 0{,}0001\ m^2$$
$$1\ mm^2 = 0{,}000001\ m^2$$

Cuando las medidas de superficie se utilizan por los agrimensores para medir tierras reciben nombres especiales y se llaman medidas agrarias.
La unidad de las medidas agrarias es el área (a) que equivale a $1\ dam^2$. Un múltiplo suyo es la hectárea (ha) que equivale a $1\ hm^2$ y un submúltiplo es la centiárea (ca) que equivale a $1\ m^2$.
La unidad fundamental de volumen es el metro cúbico, que se representa con el símbolo m^3 y que se define como el volumen de un cubo cuya arista mide un metro.

Las unidades de volumen aumentan y disminuyen de mil en mil tal como puede observarse en la tabla siguiente:

$$1\ km^3 = 1.000.000.000\ m^3$$
$$1\ hm^3 = 1.000.000\ m^3$$
$$1\ dam^3 = 1.000\ m^3$$
$$1\ m^3 = 1\ m^3$$
$$1\ dm^3 = 0{,}001\ m^3$$
$$1\ cm^3 = 0{,}000001\ m^3$$
$$1\ mm^3 = 0{,}000000001\ m^3$$

La unidad fundamental de capacidad es el litro, que se representa con el símbolo l y que se define como la capacidad de un recipiente cuyo volumen equivale a $1\ dm^3$.

Las unidades de capacidad aumentan y disminuyen de diez en diez como puede observarse a continuación:

1 kl = 1.000 l
1 hl = 100 l
1 dal = 10 l
1 l = 1 l
1 dl = 0,1 l
1 cl = 0,01 l
1 ml = 0,001 l

La unidad fundamental de masa es el kilogramo, que se representa con el símbolo kg y que se define como la masa de un decímetro cúbico de agua pura, destilada a la temperatura de 4 grados centígrados. Para representar el kilogramo, el físico Borda construyó un cilindro de platino iridiado cuya masa coincide con la de $1\ dm^3$ de agua pura destilada a la temperatura de 4 grados centígrados y que se halla depositada en la Oficina de Pesas y Medidas de Sèvres.

Las unidades de masa aumentan y disminuyen de diez en diez tal como puede observarse en la tabla siguiente:

1 kg	= 1.000	g
1 hg	= 100	g
1 dag	= 10	g
1 g	= 1	g
1 dg	= 0,1	g
1 cg	= 0,01	g
1 mg	= 0,001	g

Unos múltiplos muy usados del kilogramo son la tonelada métrica (Tm) que equivale a 1.000 kg y el quintal métrico (Qm) que equivale a 100 kg.

17.3 Operaciones con unidades

Para convertir unidades superiores de longitud, capacidad o masa en unidades inferiores se multiplica el número dado por la unidad seguida de tantos ceros como lugares separen a ambas unidades. A la inversa, para convertir unidades inferiores de longitud, capacidad o masa en unidades superiores se divide el número dado por la unidad seguida de tantos ceros como lugares separen a ambas unidades.

Ejemplo

Convertir 17 hm en cm.

Solución: Se trata de convertir una unidad superior en otra inferior. Por consiguiente multiplicaremos 17 por la unidad seguida de cuatro ceros, que son los lugares que separan a ambas unidades. Así pues, tendremos $17 \times 10.000 = 170.000$ cm.

Ejemplo

Convertir 45 cl en dal.

Solución: Se trata de convertir una unidad inferior en otra superior. Por consiguiente dividiremos 45 por la unidad seguida de tres ceros, que son los lugares que separan a ambas unidades. Así pues, tendremos $45 : 1.000 = 0,045$ dal.

Ejemplo

Convertir 89 kg en mg.

Solución: Se trata de convertir una unidad superior en otra inferior. Por consiguiente, multiplicare-

mos 89 por la unidad seguida de seis ceros, que son los lugares que separan a ambas unidades.
Así pues, tendremos $89 \times 1.000.000 = 89.000.000$ mg.

Para convertir unidades superiores de superficie en unidades inferiores se multiplica el número dado por la unidad seguida de tantas veces dos ceros como lugares separen a ambas unidades. A la inversa, para convertir unidades inferiores de superficie en unidades superiores se divide el número dado por la unidad seguida tantas veces de dos ceros como lugares separen a ambas unidades.

Ejemplo

Convertir 24,15 dam^2 en cm^2.

Solución: Se trata de convertir una unidad superior en otra inferior. Por consiguiente, multiplicaremos 24,15 por la unidad seguida de seis ceros puesto que son tres los lugares que separan a ambas unidades.
Así pues, tendremos $24{,}15 \times 1.000.000 = 24.150.000$ cm^2

Ejemplo

Convertir 3.785,1 ca en ha.

Solución: Se trata de convertir una unidad inferior en otra superior. Por consiguiente, dividiremos 3.785,1 por la unidad seguida de cuatro ceros puesto que son dos los lugares que separan a ambas unidades.
Así pues, tendremos $3.785{,}1 : 10.000 = 0{,}37851$ ha.

Para convertir unidades superiores de volumen en unidades inferiores se multiplica el número dado por la unidad seguida tantas veces de tres ceros como lugares separen a ambas unidades. A la inversa, para convertir unidades inferiores de volumen en unidades superiores se divide el número dado por la unidad seguida de tantas veces tres ceros como unidades separen a ambas unidades.

Ejemplo

Convertir 17,83 hm^3 en m^3.

Solución: Se trata de convertir una unidad superior en otra unidad inferior. Por consiguiente, multiplicaremos 17,83 por la unidad seguida de seis ceros puesto que son dos los lugares que separan a ambas unidades.
Así pues, tendremos $17{,}83 \times 1.000.000 = 17.830.000$ m^3.

Ejemplo

Convertir 37.859 cm^3 en m^3.

Solución: Se trata de convertir una unidad inferior en otra superior. Por consiguiente dividiremos 37.859 cm^3 por la unidad seguida de seis ceros puesto que son dos los lugares que separan a ambas unidades.
Así pues, tendremos 37.859 : 1.000.000 = 0,037859 m^3.

Para demostrar un número que exprese unidades de longitud, masa o capacidad en unidades de diverso orden debe tenerse en cuenta que la última cifra antes de la coma decimal es de la unidad dada.
Cada cifra situada hacia la izquierda representa una unidad de orden superior y cada cifra situada hacia la derecha representa una unidad de orden inferior.

Ejemplo

Descomponer 2.432,156 m.

Solución: La última cifra antes de la coma decimal es 2 que representa los metros. Por lo tanto, tendremos:

2 representa km
4 representa hm
3 representa dam
2 representa m
1 representa dm
5 representa cm
6 representa mm

Así pues, 2.432,156 m = 2 km, 4 hm, 3 dam, 2 m, 1 dm, 5 cm y 6 mm.

Ejemplo

Descomponer 700,32 dag.

Solución: La última cifra antes de la coma decimal es 0 que representa los dag. Por lo tanto, tendremos:

7 representa kg
0 representa hg
0 representa dag
3 representa g
2 representa dg

Así pues, 700,32 dag = 7 kg, 3 g y 2 dg.

Ejemplo

Descomponer 1.080,43 dl.

Solución: La última cifra antes de la coma decimal es 0, que representa los dl. Por lo tanto, tendremos:

1 representa hl
0 representa dal
8 representa l
0 representa dl
4 representa cl
3 representa ml

Así pues, 1.080,43 dl = 1 hl, 8 l, 4 cl y 3 ml.

Para descomponer un número que exprese unidades de superficie en unidades de diverso orden se debe tener en cuenta que las dos últimas cifras antes de la coma decimal son de la unidad dada.

Cada grupo de dos cifras situadas hacia la izquierda representan una unidad de orden superior y cada grupo de dos cifras situadas hacia la derecha representan una unidad de orden inferior. Si en el último grupo de la derecha queda una única cifra se le añade un cero para completar el grupo de dos cifras.

Ejemplo

Descomponer 5.704.211,23024 m^2.

Solución: Las dos últimas cifras antes de la coma decimal son 11, que representan los m^2. Por lo tanto, tendremos:

5 representa km^2
70 representa hm^2
42 representa dam^2
11 representa m^2
23 representa dm^2
02 representa cm^2
40 representa mm^2

Así pues, 5.704.211,23024 m^2 = 5 km^2, 70 hm^2, 42 dam^2, 11 m^2, 23 dm^2, 2 cm^2 y 40 mm^2.

Ejemplo

Descomponer 437,2 a.

Solución: Las dos últimas cifras delante de la coma decimal son 37, que representan las áreas. Por lo tanto, tendremos:

4 representa ha
37 representa a
20 representa ca

Así pues, 437,2 a = 4 ha, 37 a y 20 ca.

Para descomponer un número que expresa unidades de volumen en unidades de diverso orden se debe tener en cuenta que las tres últimas cifras antes de la coma decimal son de la unidad dada. Cada grupo de tres cifras situadas hacia la izquierda representan una unidad de orden superior y cada grupo de tres cifras situadas hacia la derecha representan una unidad de orden inferior. Si en el último grupo de la derecha quedan tan sólo uno o dos cifras se añaden dos o un cero para completar el grupo de tres cifras.

Ejemplo

Descomponer 7.103.100.245,4013216 m^3.

Solución: Las tres últimas cifras antes de la coma decimal son 245, que representan los m^3. Por lo tanto, tendremos:

7	representa	km^3
103	representa	hm^3
100	representa	dam^3
245	representa	m^3
401	representa	dm^3
321	representa	cm^3
600	representa	mm^3

Así pues, 7.103.100.245,4013216 m^3 = 7 km^3, 103 hm^3, 100 dam^3, 245 m^3, 401 dm^3, 321 cm^3 y 600 mm^3.

Para reducir un número formado por unidades de distinto orden a una única unidad se reducen cada una de las unidades a dicha unidad y a continuación se suman los resultados obtenidos.

Ejemplo

Reducir 7 km, 6 hm, 2 dam, 4 m, 5 dm, 6 cm y 3 mm a dm.

Solución: Tendremos que

$$
\begin{aligned}
7 \text{ km} &= 7 \times 10.000 &&= 70.000 \text{ dm}\\
6 \text{ hm} &= 6 \times 1.000 &&= 6.000 \text{ dm}\\
2 \text{ dam} &= 2 \times 100 &&= 200 \text{ dm}\\
4 \text{ m} &= 4 \times 10 &&= 40 \text{ dm}\\
5 \text{ dm} &= 5 \times 1 &&= 5 \text{ dm}\\
6 \text{ cm} &= 6 \times 0{,}1 &&= 0{,}6 \text{ dm}\\
3 \text{ mm} &= 3 \times 0{,}01 &&= 0{,}03 \text{ dm}
\end{aligned}
$$

Sumando los resultados obtenidos tendremos:

$$
\begin{array}{r}
70.000 \\
6.000 \\
200 \\
+ \quad 40 \\
5 \\
0,6 \\
0,03 \\
\hline
76.245,63 \text{ dm}
\end{array}
$$

que es el resultado final.

Ejemplo

Reducir 5 kg, 6 hg, 2 dag, 4 g, 7 dg, 6 cg y 1 mg a hg.

Solución: Tendremos que

$$
\begin{array}{llll}
5 \text{ kg} & = 5 \times 10 & = 50 & \text{hg} \\
6 \text{ hg} & = 6 \times 1 & = 6 & \text{hg} \\
2 \text{ dag} & = 2 \times 0,1 & = 0,2 & \text{hg} \\
4 \text{ g} & = 4 \times 0,01 & = 0,04 & \text{hg} \\
7 \text{ dg} & = 7 \times 0,001 & = 0,007 & \text{hg} \\
6 \text{ cg} & = 6 \times 0,0001 & = 0,0006 & \text{hg} \\
1 \text{ mg} & = 1 \times 0,00001 & = 0,00001 & \text{hg}
\end{array}
$$

Sumando los resultados obtenidos tendremos:

$$
\begin{array}{l}
50 \\
6 \\
0,2 \\
+ \quad 0,04 \\
0,007 \\
0,0006 \\
0,00001 \\
\hline
56,24761 \text{ hg}
\end{array}
$$

que es el resultado final.

Ejemplo

Reducir 4 kl, 2 hl, 5 dal, 7 l, 9 dl, 8 cl y 9 ml a dal.

Solución: Tendremos que

$$
\begin{array}{llll}
4 \text{ kl} & = 4 \times 100 & = 400 & \text{dal} \\
2 \text{ hl} & = 2 \times 10 & = 20 & \text{dal} \\
5 \text{ dal} & = 5 \times 1 & = 5 & \text{dal} \\
7 \text{ l} & = 7 \times 0,1 & = 0,7 & \text{dal} \\
9 \text{ dl} & = 9 \times 0,01 & = 0,09 & \text{dal} \\
8 \text{ cl} & = 8 \times 0,001 & = 0,008 & \text{dal} \\
9 \text{ ml} & = 9 \times 0,0001 & = 0,0009 & \text{dal}
\end{array}
$$

Sumando los resultados obtenidos tendremos:

$$
\begin{array}{rr}
 & 400 \\
 & 20 \\
 & 5 \\
+ & 0{,}7 \\
 & 0{,}09 \\
 & 0{,}008 \\
 & 0{,}0009 \\
\hline
 & 425{,}7989 \text{ dal}
\end{array}
$$

que es el resultado final.

Ejemplo

Reducir $5\ km^2$, $6\ hm^2$, $17\ dam^2$, $5\ m^2$, $32\ dm^2$, $84\ cm^2$ y $10\ mm^2$ a m^2.

Solución: Tendremos que

$$
\begin{aligned}
5\ km^2 &= 5 \times 1.000.000 = 5.000.000\ m^2 \\
6\ hm^2 &= 6 \times 10.000 = 60.000\ m^2 \\
17\ dam^2 &= 17 \times 100 = 1.700\ m^2 \\
5\ m^2 &= 5 \times 1 = 5\ m^2 \\
32\ dm^2 &= 32 \times 0{,}01 = 0{,}32\ m^2 \\
84\ cm^2 &= 84 \times 0{,}0001 = 0{,}0084\ m^2 \\
10\ mm^2 &= 10 \times 0{,}000001 = 0{,}00001\ m^2
\end{aligned}
$$

Sumando los resultados obtenidos tendremos:

$$
\begin{array}{rr}
 & 5.000.000 \\
 & 60.000 \\
 & 1.700 \\
+ & 5 \\
 & 0{,}32 \\
 & 0{,}0084 \\
 & 0{,}00001 \\
\hline
 & 5.061.705{,}32841\ m^2
\end{array}
$$

que es el resultado final.

Ejemplo

Reducir $2\ km^3$, $27\ hm^3$, $2\ dam^3$, $61\ m^3$, $317\ dm^3$, $24\ cm^3$ y $700\ mm^3$ a dam^3.

Solución: Tendremos que

$$
\begin{aligned}
2\ km^3 &= 2 \times 1.000.000 = 2.000.000\ dam^3 \\
27\ hm^3 &= 27 \times 1.000 = 27.000\ dam^3 \\
2\ dam^3 &= 2 \times 1 = 2\ dam^3 \\
61\ m^3 &= 61 \times 0{,}001 = 0{,}061\ dam^3
\end{aligned}
$$

$$
\begin{aligned}
317\ dm^3 &= 317 \times 0{,}000001 &&= 0{,}000317\ dam^3 \\
24\ cm^3 &= 24 \times 0{,}000000001 &&= 0{,}000000024\ dam^3 \\
700\ mm^3 &= 700 \times 0{,}000000000001 &&= 0{,}0000000007\ dam^3
\end{aligned}
$$

Sumando los resultados obtenidos tendremos:

$$
\begin{array}{rr}
 & 2.000.000 \\
 & 27.000 \\
 & 2 \\
+ & 0{,}61 \\
 & 0{,}000317 \\
 & 0{,}000000024 \\
 & 0{,}0000000007 \\
\hline
 & 2.027.002{,}0613170247\ dam^3
\end{array}
$$

que es el resultado final.

Problemas propuestos

1. Las ruedas delanteras de un automóvil tienen una circunferencia de 1 m y 60 cm y las ruedas traseras tienen una circunferencia de 2 m y 80 cm. ¿Cuántas vueltas darán las ruedas delanteras y las traseras si el automóvil recorre una distancia de 3 km, 5 hm, 8 dam y 4 m?
2. Las ruedas traseras de un tractor tienen una circunferencia de 4 m y 20 cm. ¿Cuántas vueltas darán las ruedas traseras si el tractor ha recorrido una distancia de 1 km, 1 hm 4 dam, 6 m y 6 dm?
3. Las ruedas de una bicicleta tienen una circunferencia de 1 m y 50 cm. Para recorrer la longitud de un estadio las ruedas dan 72 vueltas y para recorrer su anchura dan 44 vueltas. ¿Cuáles son las dimensiones del estadio?
4. ¿Qué distancia recorre en un minuto un automóvil que recorre en una hora 90 km, 4 hm y 2 dam?
5. Un corredor corre 400 m en 44 segundos y otro corredor corre 800 m en 1 minuto 32 segundos. ¿Cuál llegará antes en una carrera de 1.500 m? ¿Cuánto tiempo de ventaja sacará el ganador?
6. Un terreno rectangular de 175 m de largo y 124 m de ancho se rodea con estacas de 5 dm de ancho, que se van colocando a 2 m de distancia una de otra. ¿Cuántas estacas se necesitan para cercar el terreno?
7. Un pintor compra 6 marcos rectangulares de 60 cm por 40 cm para colocar sus pinturas. Si el metro de marco cuesta 45 quetzales, ¿cuánto dinero le costaron los marcos?
8. Un cuadro rectangular mide 150 cm por 70 cm y se le pone un marco que cuesta 70 sucres el metro. ¿Cuánto costará el marco?
9. Se cerca un campo rectangular que mide 6 hm y 5 dam de largo por 3 hm y 4 dam de ancho con una empalizada que cuesta a 50 bolívares el metro. Si los gastos de transporte y la mano de obra ascienden a 7.800 bolívares, ¿cuánto costará colocar la empalizada?
10. Se quieren empapelar las cuatro paredes de una habitación rectangular de 6 m de largo por 4 m de ancho por 3 m de alto con piezas de papel de 500 cm^2 cada una. ¿Cuántas piezas se necesitarán y cuánto costará empapelar la habitación si cada pieza de papel cuesta 18 pesos?

11. Un propietario posee una finca de 12 ha, 40 a y 50 ca. Si vendió 1/3 de la finca, alquiló 2/5 de la finca y cultiva el resto, ¿qué superficie está cultivando?

12. Un terreno rectangular cuya superficie es de 8 ha y cuya longitud es de 400 m se quiere rodear con una empalizada que cuesta a 35 sucres el metro. ¿Cuánto costará la cerca?

13. Un cuadro rectangular mide 1.800 cm^2 y tiene 60 cm de largo. Se le quiere rodear con un marco que cuesta a \$5 el metro. ¿Cuánto costará el marco?

14. Un terreno rectangular tiene una superficie de 2.400 m^2 y su longitud es de 120 m. ¿Cuál es su anchura?

15. Un terreno rectangular tiene una superficie de 8 ha 40 a y su longitud es de 420 m. ¿Cuál es su anchura?

16. Una finca cuadrada tiene 36 m de lado. Si se venden 2/3 y el resto se cultiva, ¿qué superficie se está cultivando?

17. Un terreno cuadrado tiene de lado 5 dam y 5 m y se vende a razón de 850 pesos el m^2. ¿Cuánto dinero se obtuvo en la venta?

18. ¿Cuánto costará pavimentar con adoquines una calle rectangular de 80 m de largo y 6 m de ancho si cada adoquín tiene una superficie de 24 cm^2 y cuesta 4 pesos?

19. Se ha abierto una zanja de 6 m de largo por 2 m de ancho y 3 m de profundidad. ¿Cuántos viajes tendrá que hacer un camión que en cada viaje puede cargar 3 m^3 de tierra para transportar la tierra que se ha sacado de la zanja?

20. Una habitación tiene 8 m de largo, 6 m de ancho y 3 m de alto. ¿Qué altura tiene otra habitación que tiene la misma longitud y anchura que la anterior pero cuyo volumen es 192 m^3?

21. En una sala hay 50 personas y a cada una de ellas le corresponden 3 m^3 de aire. Si la longitud de la sala es de 10 m y la anchura de 5 m, ¿cuál es su altura?

22. Un solar de 45 m de largo y 32 m de ancho se quiere recubrir con una capa de tierra de 0,5 m de altura, ¿cuántos m^3 de tierra se necesitarán?

23. Una caja prismática tiene un volumen de 3.000 cm^3. Si su longitud es de 20 cm y su anchura de 15 cm, ¿cuál es su altura?

24. Se han comprado seis vigas de acero de 200 dm^3 cada una. Si la compra ha costado \$600, ¿cuánto cuesta 1 m^3?

25. Se desea construir un muro de 20 m de largo, 4 m de alto y 20 cm de espesor. ¿Cuántos ladrillos se necesitarán si cada ladrillo mide 40 cm por 20 cm por 10 cm?

26. Se tiene un armario de 3 m de alto, 2 m de ancho y 60 cm de profundidad. ¿Cuántas cajas de 30 cm por 20 cm por 10 cm cabrán?

27. Se dispone de una caja de madera de 234 dm^3 de volumen. ¿Cuántas cajas de 20 cm por 15 cm por 10 cm cabrán en la caja de madera?

28. Un depósito de agua mide 8 m de largo, 6 m de ancho y 3 m de alto. ¿Cuál es su volumen?

29. Si un litro de vino cuesta \$2,50, ¿a qué precio hay que vender cada vaso de 10 cl para ganar \$1,50 en cada litro?

30. ¿Cuánto gasta anualmente en bebida una persona que cada día bebe 5 dl de vino que le cuesta a \$3 cada litro?

31. Se quieren envasar 5 hl y 6 dal de aceite en botellas de 0,7 l de capacidad. ¿Cuántas botellas se necesitarán?

32. Un comerciante ha comprado cierta cantidad de aceite por \$120, pagando a \$0,80 cada litro. ¿A cómo tiene que vender el litro para ganar \$105?

33. Un depósito de agua se llena con tres grifos. El primero vierte 12 l por minuto, el segundo 80 l cada cinco minutos y el tercero 200 l cada diez minutos. ¿Cuál es la capacidad del depósito si estando abiertos los tres grifos tarda 3 horas en llenarse?

34. Para regar un campo cuya superficie es de 6 ha se necesitan 15.000 l de agua. ¿Cuántos litros de agua se necesitan para regar otro campo cuya superficie es de 4 a 80 ca?

35. Un comerciante compró 12 kg de manteca por $144. Si quiere obtener un beneficio de $36, ¿a qué precio debe vender cada hg de manteca?

36. Un grifo llena la mitad de un depósito de agua que mide 4 m de largo por 3 m de ancho y 2 m de alto en 12 minutos. ¿Cuántos dm^3 de agua vierte el grifo en 1 minuto?

37. Un depósito de agua que mide 6 m de largo por 4 m de ancho y 3 m de alto está lleno hasta los $\frac{5}{6}$. ¿Cuánto tiempo tardará en acabar de llenarlo un grifo que vierte 240 litros de agua por minuto?

38. Se quiere llenar un depósito de agua de 8 m^3 de volumen mediante un grifo que vierte 320 litros por minuto. ¿Cuánto tiempo deberá estar abierto el grifo?

39. Un estanque está lleno de agua hasta los $\frac{3}{4}$ de su capacidad. Si en ese momento contiene 1 kl, 6 hl y 8 l, ¿cuánta agua cabe cuando está totalmente lleno?

40. La capacidad de un depósito es de 6 m^3 y 72 dm^3. ¿Qué volumen de agua contendrá si se llena hasta los $\frac{2}{3}$ de su capacidad?

Soluciones

1. S.: 2.240 vueltas las delanteras y 1.280 las traseras.
2. S.: 273.
3. S.: 108 m de largo y 66 m de ancho.
4. S.: 1.507 m.
5. S.: El primero. Sacará 7,5 segundos de ventaja.
6. S.: 240 estacas.
7. S.: 540 quetzales.
8. S.: 308 sucres.
9. S.: 106.800 bolívares.
10. S.: 21.600 pesos.
11. S.: 3 ha, 30 a y 80 ca.
12. S.: 42.000 sucres.
13. S.: $9.
14. S.: 20 m.
15. S.: 200 m.
16. S.: 432 áreas.
17. S.: 2.571.250 pesos.
18. S.: 800.000 pesos.
19. S.: 12 viajes.
20. S.: 4 m.
21. S.: 3 m.
22. S.: 720 m^3.
23. S.: 10 cm.
24. S.: $500.
25. S.: 2.000 ladrillos.
26. S.: 600.
27. S.: 78.
28. S.: 144 m^3.
29. S.: $0,40.
30. S.: $547,50.
31. S.: 800 botellas.
32. S.: $1,50.
33. S.: 8.640 l.
34. S.: 120 l.
35. S.: $1,5.
36. S.: 1.000 dm^3.
37. S.: 50 minutos.
38. S.: 25 minutos.
39. S.: 2 kl, 1 hl, 4 dal y 4 l.
40. S.: 4 m^3 y 48 dm^3.

1. Tabla de conversión de medidas del Sistema Anglosajón al Sistema Métrico Decimal

Medidas de longitud			
1 milla	= 1.609,35 m	1 m =	0,0006214 millas
1 furlong	= 201,1644 m	1 m =	0,0049711 furlong
1 pole	= 5,029 m	1 m =	0,19885 pole
1 yarda	= 0,9144 m	1 m =	1,0936 yardas
1 pie	= 0,3048 m	1 m =	3,2808 pies
1 pulgada	= 0,0254 m	1 m =	39,37 pulgadas

Medidas de superficie			
1 milla^2	= 2.589.900 m^2	1 m^2 =	0,0000003861 milla^2
1 acre	= 4.046,8 m^2	1 m^2 =	0,0002471 acres
1 rod^2	= 25,293 m^2	1 m^2 =	0,03954 rod^2
1 yarda^2	= 0,8361 m^2	1 m^2 =	1,196 yarda^2
1 pie^2	= 0,0929 m^2	1 m^2 =	10,7638 pies^2
1 pulgada^2	= 0,000645 m^2	1 m^2 =	1.550 pulgadas^2

Medidas de volumen			
1 cord	= 3,624 m^3	1 m^3 =	0,276 cord
1 yarda^3	= 0,7645 m^3	1 m^3 =	1,308 yarda^3
1 pie^3	= 0,028317 m^3	1 m^3 =	35,3145 pies^3
1 pulgada^3	= 0,00001639 m^3	1 m^3 =	61.012,81 pulgadas^3

Medidas de capacidad

Para líquidos

1 galón U.S. = 3,7854 litros	1 litro = 0,26418 galones U.S.
1 cuarto U.S. = 0,94636 litros	1 litro = 1,05671 cuartos U.S.
1 pinta U.S. = 0,47312 litros	1 litro = 2,11345 pintas U.S.
1 gill U.S. = 0,11828 litros	1 litro = 8,4538 gills U.S.

Para áridos

1 bushel U.S. = 35,237 litros	1 litro = 0,02838 bushels U.S.
1 peck U.S. = 8,80925 litros	1 litro = 0,1135 peck U.S.
1 cuarto U.S. = 1,1012 litros	1 litro = 0,908 cuartos U.S.

Medidas de masa

1 tonelada U.S.	=	907,18	kg	1 kg =	0,00110232	toneladas U.S.
1 quintal U.S.	=	45,359	kg	1 kg =	0,0220463	quintales U.S.
1 libra U.S.	=	0,45359	kg	1 kg =	2,2046	libras U.S.
1 onza U.S.	=	0,028349	kg	1 kg =	35,2736	onzas U.S.
1 grano	=	0,0000648	kg	1 kg =	15.432,099	granos
1 onza Troy	=	0,031103	kg	1 kg =	32,151	onzas Troy
1 libra Troy	=	0,37324	kg	1 kg =	2,67924	libras Troy
1 dracma	=	0,00177	kg	1 kg =	564,97	dracmas
1 stone	=	6,348	kg	1 kg =	0,15753	stones

Progresiones

18

Introducción histórica

El matemático escocés John Napier, o más conocidamente Neper, barón de Merchiston (1550-1617) investigó el método de simplificar los cálculos numéricos y descubrió el principio que rige a los logaritmos al observar las relaciones entre las progresiones aritméticas y geométricas. Las propiedades de los logaritmos descubiertos por él (y perfeccionados seguidamente por Briggs con la introducción de la base 10 y la confección *de tablas*) abrevian considerablemente el cálculo numérico y gracias a su invención fueron posibles los trabajos de Kepler y Newton en Astronomía. En 1614 publicó en Edimburgo la obra *Mirifici logarithmorum canonis descriptio* y en 1617 *Rabdologiae sen Numerationis per virgulas libriduo* que proporciona la base para su uso en ciertos tipos de máquinas cibernéticas. También dedicó buena parte de su vida a la interpretación de los evangelios de San Juan.

18.1 Sucesiones

Se llama sucesión de números reales a toda aplicación del conjunto N en R.

Obsérvese que el conjunto inicial de una sucesión es siempre $N = 1, 2, 3, 4, \ldots$ y el conjunto final es el conjunto de los números reales.
Las sucesiones se acostumbran a denotar como (a_n), donde a_n representa el término enésimo de la sucesión.
Para definir una sucesión necesitamos conocer todos sus términos, es decir, necesitamos poder escribir a_n para todo $n \in N$.

Ejemplo

En la sucesión (a_n) el primer término es 2 y los demás términos se obtienen sumando 5 al término anterior. Hallar los 5 primeros términos de la sucesión.

Solución: Tendremos

$$a_1 = 2$$
$$a_2 = a_1 + 5 = 2 + 5 = 7$$
$$a_3 = a_2 + 5 = 7 + 5 = 12$$
$$a_4 = a_3 + 5 = 12 + 5 = 17$$
$$a_5 = a_4 + 5 = 17 + 5 = 22$$

Ejemplo

En la sucesión (a_n), $a_1 = 2$, y $a_2 = 3$, y cada uno de los términos siguientes se obtiene sumando los dos términos anteriores. Hallar los 5 primeros términos de la sucesión.

Solución: Tendremos

$$a_1 = 2$$
$$a_2 = 3$$
$$a_3 = a_1 + a_2 = 2 + 3 = 5$$
$$a_4 = a_2 + a_3 = 3 + 5 = 8$$
$$a_5 = a_3 + a = 5 + 8 = 13$$

Ejemplo

En la sucesión (a_n), el término enésimo viene dado por la expresión $a_n = 4n + 3$. Hallar los 5 primeros términos de la sucesión.

Solución: Tendremos

$$a_1 = 4 \cdot 1 + 3 = 7$$
$$a_2 = 4 \cdot 2 + 3 = 11$$
$$a_3 = 4 \cdot 3 + 3 = 15$$
$$a_4 = 4 \cdot 4 + 3 = 19$$
$$a_5 = 4 \cdot 5 + 3 = 23$$

Tal como puede observarse en los ejemplos anteriores, la mejor forma de definir una sucesión consiste en dar la expresión de su término enésimo, puesto que de esta manera resulta muy fácil escribir cualquier término de la sucesión, ya que basta con sustituir *n* por el número del lugar que ocupa en la sucesión el término que queremos hallar.

Ejemplo

Hallar la expresión del término general de la sucesión

$$(a_n) = 3, 5, 7, 9, 11, \ldots$$

Solución: Tendremos

$(a_n) = 2n + 1$. En efecto:

$$a_1 = 2 \cdot 1 + 1 = 3$$
$$a_2 = 2 \cdot 2 + 1 = 5$$
$$a_3 = 2 \cdot 3 + 1 = 7$$
$$a_4 = 2 \cdot 4 + 1 = 9$$
$$a_5 = 2 \cdot 5 + 1 = 11$$

Ejemplo

Hallar la expresión del término general de la sucesión

$$(a_n) = 2, 8, 18, 32, 50, \ldots$$

Solución: Tendremos

$(a_n) = 2n^2$. En efecto:

$$a_1 = 2 \cdot 1^2 = 2$$
$$a_2 = 2 \cdot 2^2 = 8$$
$$a_3 = 2 \cdot 3^2 = 18$$
$$a_4 = 2 \cdot 4^2 = 32$$
$$a_5 = 2 \cdot 5^2 = 50$$

Ejemplo

Hallar la expresión del término general de la sucesión $(a_n) = 1/3, 3/5, 5/7, 7/9, 9/11, \ldots.$

Solución: Tendremos

$(a_n) = \dfrac{2n-1}{2n+1}$. En efecto:

$$a_1 = \frac{2 \cdot 1 - 1}{2 \cdot 1 + 1} = 1/3 \qquad a_4 = \frac{2 \cdot 4 - 1}{2 \cdot 4 + 1} = 7/9$$

$$a_2 = \frac{2 \cdot 2 - 1}{2 \cdot 2 + 1} = 3/5 \qquad a_5 = \frac{2 \cdot 5 - 1}{2 \cdot 5 + 1} = 9/11$$

$$a_3 = \frac{2 \cdot 3 - 1}{2 \cdot 3 + 1} = 5/7$$

18.2 Progresiones aritméticas

Sea (a_n) una sucesión de números reales. Se dice que (a_n) es una progresión aritmética si la diferencia entre cada término y el anterior es constante.

Así, por ejemplo, los números 2, 5, 8, 11, 14, ... forman parte de una progresión aritmética puesto que $5-2=3$, $8-5=3$, $11-8=3$, $14-11=3$, etc.

La definición de progresión aritmética se acostumbra a dar de un modo más preciso de la manera siguiente: se dice que (a_n) es una progresión aritmética si para todo $n \in N$, $a_{n+1}-a_n=d$, siendo d constante.
El número d recibe el nombre de diferencia de la progresión aritmética.

Ejemplo

Siendo $a_1=3$ y $d=2$ escribir los cinco primeros términos de la progresión aritmética.

Solución: Tendremos

$$\begin{aligned} a_1 &= 3 \\ a_2 &= a_1+d=3+2=5 \\ a_3 &= a_2+d=5+2=7 \\ a_4 &= a_3+d=7+2=9 \\ a_5 &= a_4+d=9+2=11 \end{aligned}$$

Ejemplo

Los ángulos de un cuadrilátero están en progresión aritmética y el menor de ellos mide 60°. Hallarlos.

Solución: Tendremos

$$\begin{aligned} a_1 &= 60 \\ a_2 &= a_1+d=60+d \\ a_3 &= a_2+d=60+d+d=60+2d \\ a_4 &= a_3+d=60+2d+d=60+3d \end{aligned}$$

Como la suma de los ángulos de un cuadrilátero ha de ser 360°, tendremos:

$$60+(60+d)+(60+2d)+(60+3d)=360$$

Es decir, $240+6d=360$

O sea, $6d=120$
$d=120/6=20$

Por lo tanto, los 4 ángulos del cuadrilátero serán:

$$a_1 = 60^\circ$$
$$a_2 = 60 + 20 = 80^\circ$$
$$a_3 = 80 + 20 = 100^\circ$$
$$a_4 = 100 + 20 = 120^\circ$$

Tal como acabamos de ver, una progresión aritmética está definida cuando se conoce el primer término a_1 y la diferencia d. No obstante, resulta más conveniente hallar la fórmula del término general.

Como en toda progresión aritmética cada término es igual a la suma del término anterior más la diferencia, tendremos:

$$a_1 = a_1$$
$$a_2 = a_1 + d$$
$$a_3 = a_2 + d = (a_1 + d) + d = a_1 + 2d$$
$$a_4 = a_3 + d = (a_1 + 2d) + d = a_1 + 3d$$
$$a_5 = a_4 + d = (a_1 + 3d) + d = a_1 + 4d$$

Tal como puede observarse, cada término es igual al primer término de la progresión más tantas veces la diferencia como términos le preceden.

Por consiguiente, como al término enésimo le preceden $n - 1$ términos, tendremos:

$a_n = a_1 + (n - 1)d$, que es la fórmula del término general de una progresión aritmética.

Ejemplo

Hallar el 8.º término de la progresión aritmética $(a_n) = 1, 5, 9, 13, 17, \ldots$

Solución: Como la diferencia $d = 5 - 1 = 4$, tendremos:

$$a_8 = a_1 + (n - 1)d = 1 + (8 - 1) \cdot 4 = 1 + 7 \cdot 4 = 29.$$

Ejemplo

Hallar el 14.º término de la progresión aritmética

$$(a_n) = 7, 4, 1, -2, -5, \ldots$$

Solución: Como la diferencia es $d = 4 - 7 = -3$, tendremos:

$$a_{14} = a_1 + (n - 1)d = 7 + (14 - 1)\ (-3) = 7 + 13(-3) = -32$$

Ejemplo

Hallar el 40.° término de la progresión aritmética

$$(a_n) = -8, -5, -2, 1, 4, \ldots$$

Solución: Como la diferencia es $d = -5 - (-8) = 3$, tendremos:

$$a_{40} = a_1 + (n-1)d = -8 + (40-1)3 = -8 + 39 \cdot 3 = 109$$

Sea (a_n) una progresión aritmética y $p, q, m, n \in N$.

Si $p + q = m + n$, entonces se tiene que $a_p + a_q = a_m + a_n$.

Es decir, en toda progresión aritmética la suma de términos equidistantes es siempre la misma. En efecto:

$$a_p + a_q = a_1 + d(p-1) + a_1 + d(q-1) = 2a_1 + d(p+q-2)$$
$$a_m + a_n = a_1 + d(m-1) + a_1 + d(n-1) = 2a_1 + d(m+n-2)$$

Pero como por hipótesis $p + q = m + n$, se tiene que $a_p + a_q = a_m + a_n$.

Ejemplo

Si (a_n) es una progresión aritmética, completar las igualdades siguientes:

a) $a_4 + a_8 = a_2 +$
b) $a_9 + a_{17} = a_{11} +$
c) $a_5 + \quad = a_7 + a_7$
d) $2a_4 = a_6 +$

Solución: Tendremos

a) $4 + 8 = 2 + x$. Así pues, $x = 4 + 8 - 2 = 10$. Por lo tanto, $a_4 + a_8 = a_2 + a_{10}$.

b) $9 + 17 = 11 + x$. Así pues, $x = 9 + 17 - 11 = 15$. Por lo tanto, $a_9 + a_{17} = a_{11} + a_{15}$.

c) $5 + x = 7 + 7$. Así pues, $x = 7 + 7 - 5 = 9$. Por lo tanto, $a_5 + a_9 = a_7 + a_7$.

d) $2 \cdot 4 = 6 + x$. Así pues, $x = 2 \cdot 4 - 6 = 2$. Por lo tanto, $2a_4 = a_6 + a_2$.

Sea (a_n) una progresión aritmética. Si llamamos S_n a la suma de los n primeros términos se verifica:

$$S_n = n \cdot \frac{a_1 + a_n}{2}$$

En efecto, tendremos:

$$S_n = a_1 + a_2 + a_3 + \dots + a_{n-2} + a_{n-1} + a_n \quad (1)$$

Por la propiedad conmutativa de la adición de números reales tendremos:

$$S_n = a_n + a_{n-1} + a_{n-2} + \dots + a_3 + a_2 + a_1 \quad (2)$$

Sumando miembro a miembro las igualdades (1) y (2) resultará:

$$2S_n = (a_1 + a_n) + (a_2 + a_{n-1}) + (a_3 + a_{n-2}) + \dots + (a_{n-2} + a_3) + (a_{n-1} + a_2) + (a_n + a_1)$$

Pero según hemos demostrado anteriormente, la suma de términos equidistantes es siempre la misma. Por consiguiente:

$$a_1 + a_n = a_2 + a_{n-1} = a_3 + a_{n-2} = \dots = a_{n-2} + a_3 = a_{n-1} + a_2 = a_n + a_1$$

Como la suma de términos equidistantes se repite n veces, tendremos:

$$2S_n = (a_1 + a_n)n$$

Por lo tanto, $S_n = \dfrac{(a_1 + a_n)n}{2} = n \cdot \dfrac{a_1 + a_n}{2}$

Ejemplo

Hallar la suma de los números impares menores que 1.000.
Solución: Los números impares forman una progresión aritmética de diferencia 2.

Tenemos: $a_1 = 1$, $n = 500$, $a_{500} = 999$

Así pues, $S_{500} = 500 \cdot \dfrac{1 + 999}{2} = 250.000$

Ejemplo

Hallar la suma de los 30 primeros términos de la progresión aritmética $(a_n) = 17, 13, 9, 5, 1, \dots$
Solución: Hallemos el término a_{30}:

$$a_{30} = a_1 + (n-1)d = 17 + (30-1)(-4) = 17 + 29(-4) = -99$$

Así pues, $S_{30} = 30 \cdot \dfrac{17 + (-99)}{2} = -1.230$

Ejemplo

Hallar la suma de los 50 primeros múltiplos de 3.

Solución: Los múltiplos de 3 constituyen una progresión aritmética de diferencia 3, cuyo primer término será $a_1 = 3$.
El término a_{50} valdrá:

$$a_{50} = a_1 + (n-1)d = 3 + (50-1)3 = 3 + 49 \cdot 3 = 150$$

$$\text{Así pues, } S_{50} = 50 \cdot \frac{3+150}{2} = 3.825$$

Se llama medios aritméticos o diferenciales a aquellos números que intercalados entre dos números dados hacen que todos los números formen parte de una progresión aritmética en la cual ocupan el primer y el último lugar los dos números dados.

Así, por ejemplo, en la progresión aritmética $(a_n) = 2, 4, 6, 8, 10, \ldots$ los términos 4, 6 y 8 serían medios aritméticos o diferenciales.

Interpolar medios aritméticos entre dos números dados consiste en formar una progresión aritmética cuyos extremos sean los números dados.

Ejemplo

Interpolar 3 medios aritméticos entre 5 y 17.

Solución: Tendremos

$$a_n = a_1 + (n-1)d$$

$$\text{Por lo tanto, } d = \frac{a_n - a_1}{n-1} = \frac{17-5}{5-1} = 12/4 = 3$$

Así pues, resultará:

$$\begin{aligned} a_1 &= 5 \\ a_2 &= 5 + 3 = 8 \\ a_3 &= 8 + 3 = 11 \\ a_4 &= 11 + 3 = 14 \\ a_5 &= 14 + 3 = 17 \end{aligned}$$

Por consiguiente, los 3 medios aritméticos buscados son: 8, 11 y 14.

Ejemplo

Interpolar 4 medios aritméticos entre 5 y −5.

Solución: Tendremos

$$d = \frac{a_n - a_1}{n-1} = \frac{-5-5}{6-1} = \frac{-10}{5} = -2$$

Así pues, resultará:

$$\begin{aligned} a_1 &= 5 \\ a_2 &= 5-2=3 \\ a_3 &= 3-2=1 \\ a_4 &= 1-2=-1 \\ a_5 &= -1-2=-3 \\ a_6 &= -3-2=-5 \end{aligned}$$

Por consiguiente, los 4 medios aritméticos buscados son 3, 1, −1 y −3.

18.3 Progresiones geométricas

Sea (a_n) una sucesión. Se dice que (a_n) es una progresión geométrica si el cociente entre cada término y el anterior es constante.

Así, por ejemplo, los números 1, 2, 4, 8, 16, ... forman parte de una progresión geométrica, puesto que tomando dos términos cualesquiera consecutivos se obtiene siempre el mismo cociente.

En efecto, $2:1=4:2=8:4=16:8=2$.

Precisando más, diremos que (a_n) es una progresión geométrica cuando para cualquier $n \in N^*$, $a_{n+1}/a_n = r$, siendo r constante.
La constante r recibe el nombre de razón de la progresión geométrica. En el ejemplo anterior, la razón de la progresión geométrica es 2.
De igual modo que en las progresiones aritméticas, resulta conveniente disponer de una fórmula para determinar el término general de una progresión geométrica.
Si (a_n) es una progresión geométrica de razón r, entonces $a_n = a_1 \cdot r^{n-1}$ para todo $n \neq 0$.
En efecto, si $n=1: a_1 = a_1 \cdot r^{1-1} = a_1$, es cierto.
Si $n=2: a_2 = a_1 \cdot r^{2-1} = a_1 r$, es cierto.
Supongamos que la fórmula es válida para un cierto término $a_k = a_1 \cdot r^{k-1}$.
Hemos de probar que la fórmula también es válida para el término siguiente: $a_{k+1} = a_1 \cdot r^{(k+1)-1}$
Si $a_k = a_1 \cdot r^{k-1}$, entonces $a_k r = a_1 r^{k-1} = a_1 r^k$, simplemente multiplicando ambos miembros por r.
Ahora bien, $a_k r = a_{k+1}$ y $a_1 r^k = a_1 r^{k+1-1}$.
Por lo tanto, $a_{k+1} = a_1\ r^{k+1-1}$, tal como queríamos demostrar.

Ejemplo

Hallar el 12.º término de la progresión geométrica $(a_n) = 1, 2, 4, 8, 16, \ldots$

Solución: La razón de la progresión es 2. Por lo tanto, tendremos

$$a_{12} = a_1 \cdot r^{n-1} = 1 \cdot 2^{12-1} = 2^{11} = 2.048$$

Ejemplo

El 4.º término de una progresión geométrica es 1/9 y la razón es 1/3. Hallar el primer término.

Solución: Tendremos

$$a_4 = a_1 \cdot r^{n-1} = a_1 \cdot r^{4-1} = a_1 r^3$$

Así pues, $a_1 = a_4/r^3 = (1/9)/(1/3)^3 = 3$.

Ejemplo

El primer término de una progresión geométrica es 2 y el sexto término es –2.048. Hallar la razón.

Solución: Tendremos

$$a_6 = a_1 \cdot r^{n-1} = a_1 \cdot r^{6-1} = a_1 r^5$$

Así pues, $r^5 = a_6/a_1$.

$$r = \sqrt[5]{a_6/a_1} = \sqrt[5]{-2.048/2} = \sqrt[5]{-1.024} = -4$$

Si (a_n) es una sucesión de término general $a_n = ar^n$, entonces (a_n) es una progresión geométrica de razón r. En efecto, para demostrarlo basta con dividir cada término por el anterior:

$$a_{n+1}/a_n = ar^{n+1}/ar^n = r$$

Sabemos que en una progresión geométrica $a_n = a_1 \cdot r^{n-1}$ siendo r la razón de la progresión. Por lo tanto, también será cierto que $a_n = (a_1/r) \cdot r^n$.
Llamando a al número a_1/r queda probado que una sucesión es una progresión geométrica si y sólo si el término general es de la forma $a_n = ar^n$.
A partir de la fórmula para el término general de una progresión geométrica se pueden deducir importantes relaciones entre dos términos cualesquiera de la misma.
En efecto, consideremos dos términos cualesquiera a_k y a_m.
Tendremos que:

$$a_k = a_1 \cdot r^{k-1}$$
$$a_m = a_1 \cdot r^{m-1}$$

Dividiendo miembro a miembro las dos igualdades anteriores:

$$\frac{a_k}{a_m} = \frac{a_1 \cdot r^{k-1}}{a_1 \cdot r^{m-1}} = r^{(k-1)-(m-1)} = r^{k-m}$$

Por consiguiente, en una progresión geométrica, cualesquiera que sean k y m se cumple que $a_k = a_m \cdot r^{k-m}$.
Por lo que respecta a los términos equidistantes, se puede hallar una relación parecida a la de las progresiones aritméticas.

Consideremos una progresión geométrica (a_n) y supongamos que $p, q, m, n \in N$. Si $p+q=m+n$ entonces $a_p \cdot a_q = a_m \cdot a_n$.

Para demostrar el enunciado anterior basta con escribir los dos miembros de la igualdad utilizando la fórmula del término general.

En efecto, $a_p = a_1 r^{p-1}$; $a_q = a_1 r^{q-1}$; $a_m = a_1 r^{m-1}$; $a_n = a_1 r^{n-1}$.

Así pues, tendremos:

$$a_p \cdot a_q = a_1 r^{p-1} \cdot a_1 r^{q-1} = a_1^2\, r^{p+q-2}$$

$$a_m \cdot a_n = a_1 r^{m-1} \cdot a_1 r^{n-1} = a_1^2\, r^{m+n-2}$$

Por lo tanto, si $m+n=p+q$ tendremos que $a_p \cdot a_q = a_m \cdot a_n$.

Ejemplo

Completar las siguientes igualdades:

a) $a_3 \cdot a_9 = a_4 \cdot$
b) $a_6 \cdot a_7 = a_3 \cdot$
c) $a_4^2 = a_3 \cdot$
d) $a_6^2 = a_2 \cdot$
e) $a_7 \cdot \ = a_6 \cdot a_{10}$

Solución: Tendremos

a) $a_3 \cdot a_9 = a_4 \cdot a_8$ puesto que $3+9=4+8$.
b) $a_6 \cdot a_7 = a_3 \cdot a_{10}$ puesto que $6+7=3+10$.
c) $a_4^2 = a_3 \cdot a_5$ puesto que $2 \cdot 4 = 3+5$.
d) $a_6^2 = a_2 \cdot a_{10}$ puesto que $2 \cdot 6 = 2+10$.
e) $a_7 \cdot a_9 = a_6 \cdot a_{10}$ puesto que $7+9=6+10$.

A partir del resultado obtenido anteriormente resulta sencillo encontrar una fórmula para multiplicar términos consecutivos de una progresión geométrica.

Llamemos P_n al producto de los n primeros términos de una progresión geométrica (a_n). Tendremos:

$$P_n^2 = (a_1 \cdot a_1 \cdot a_2 \cdot a_3 \dots a_{n-2} \cdot a_{n-1} \cdot a_n) \cdot (a_n \cdot a_{n-1} \cdot a_{n-2} \dots a_3 \cdot a_2 \cdot a_1)$$

$$P_n^2 = (a_1 \cdot a_n) \cdot (a_2 \cdot a_{n-1}) \cdot (a_3 \cdot a_{n-2}) \dots (a_{n-2} \cdot a_3) \cdot (a_{n-1} \cdot a_2) \cdot (a_n \cdot a_1).$$

Pero como $a_1 \cdot a_n = a_2 \cdot a_{n-1} = a_3 \cdot a_{n-2} = \dots$ y hay n paréntesis, tendremos:

$$P_n^2 = (a_1 \cdot a_n)^n$$

Por lo tanto, $P_n = \pm \sqrt{(a_1 \cdot a_n)^n}$
Para conocer el signo de P_n debemos fijarnos en la progresión.

Ejemplo

Multiplicar los siete primeros términos de una progresión geométrica cuyo primer término es $a_1 = -1/8$ y la razón $r = 2$.

Solución: Tendremos

$$a_1 = -1/8;\ a_7 = a_1 r^{n-1} = a_1 \cdot 2^{7-1} = a_1\, 2^6 = (-1/8) \cdot 2^6 = -8$$

Así pues, $P_n = -\sqrt{[(-1/8) \cdot (-8)]^7} = -1$.

El producto será negativo puesto que todos los números que se multiplican son negativos y hay un número impar de números negativos.

Sea (a_n) una progresión geométrica de razón r. Si llamamos S_n a la suma de los primeros n términos se cumple que

$$S_n = \frac{a_n \cdot r - a_1}{r - 1}$$

En efecto, tendremos que:

$$S_n = a_1 + a_2 + a_3 + a_4 + \dots + a_n \quad (1)$$

Multiplicando la igualdad anterior por r tendremos:

$$rS_n = a_1 r + a_2 r + a_3 r + \dots + a_{n-1} r + a_n r \quad (2)$$

Restando miembro a miembro (2) y (1) resulta:

$$rS_n - S_n = a_n r - a_1$$

puesto que $a_2 = a_1 r$; $a_3 = a_2 r$; ...

Así pues, $(r-1)S_n = a_n r - a_1$ y, por lo tanto,

$$S_n = \frac{a_n r - a_1}{r-1}$$

tal como queríamos demostrar.

La fórmula anterior también puede transformarse del modo siguiente:

$$S = \frac{a_r r - a_1}{r-1} = \frac{a_1 \cdot r^{n-1} \cdot r - a_1}{r-1}$$

puesto que $a_n = a_1 \cdot r^{n-1}$.

Es decir, $S = \dfrac{a_1\ r^n - a_1}{r-1} = a_1 \cdot \dfrac{r^n - 1}{r-1}$

Ejemplo

Hallar la suma de los 7 primeros términos de una progresión geométrica sabiendo que el primer término es 5, el séptimo término es 20.480 y la razón es 4.

Solución: Tendremos:

$$S_n = \frac{a_n r - a_1}{r-1} = \frac{20.480 \cdot 4 - 5}{4-1} = 81.915/3 = 27.305$$

Ejemplo

Hallar la suma de los 11 primeros términos de una progresión geométrica sabiendo que el primer término es −2 y la razón es −3.

Solución: Tendremos

$$S_n = a_1 \cdot \frac{r^n - 1}{r-1} = (-2) \cdot \frac{(-3)^{11} - 1}{(-3) - 1} = (-2) \cdot \frac{-177.148}{-4} = -88.574$$

Interpolar medios geométricos entre dos números consiste en formar una progresión geométrica en la cual los dos números dados sean los términos primero y último.

Ejemplo

Interpolar 4 medios geométricos entre 2 y 486.

Solución: Se trata de formar una progresión geométrica cuyo primer término sea 2 y el último 486.

Empezaremos hallando la razón. Como hay que interpolar 4 medios y ya tenemos los dos términos extremos, habrá un total de 6 términos.

Por consiguiente,

$$r = \sqrt[n-1]{a_n/a_1} = \sqrt[5]{486/2} = 3$$

Así pues, tendremos:

$$\begin{aligned} a_1 &= 2 \\ a_2 &= 2 \cdot 3 = 6 \\ a_3 &= 6 \cdot 3 = 18 \\ a_4 &= 18 \cdot 3 = 54 \\ a_5 &= 54 \cdot 3 = 162 \\ a_6 &= 162 \cdot 3 = 486 \end{aligned}$$

Por lo tanto, los 4 medios geométricos buscados son: 6, 18, 54   162.

> **Sea (a_n) una progresión geométrica de razón r, siendo $|r| < 1$. La suma de todos los términos de dicha progresión geométrica es $S = a_1/(1 - r)$.**

En efecto, si en la fórmula

$$S_n = a_1 \cdot \frac{r^n - 1}{r - 1}$$

se tiene $|r| < 1$, al elevar la razón a una potencia, cuanto mayor sea el exponente n menor será el valor de r^n. Si n toma un valor suficientemente grande, r^n tiende al límite 0 y, por tanto:

$$S_n = a_1 \cdot \frac{-1}{r - 1} = a_1 \cdot \frac{1}{1 - r} = \frac{a_1}{1 - r}$$

tal como queríamos demostrar.

Ejemplo

Calcular la suma de todos los términos de la progresión geométrica cuyo primer término es 4 y la razón es 1/2.

Solución: Tendremos

$$S = \frac{a_1}{1 - r} = \frac{4}{1 - 1/2} = \frac{4}{1/2} = 8$$

Ejemplo

En una progresión geométrica la razón es 1/4 y la suma de todos sus términos es 8.

¿Cuánto vale el primer término?

Solución: Tendremos

$$S = a_1/(1 - r)$$

Por lo tanto, $a_1 = S\ (1 - r) = 8(1 - 1/4) = 8 \cdot 3/4 = 6$.

Una fracción decimal periódica puede considerarse como la suma de todos los términos de una progresión geométrica tal que $| r | < 1$ y su fracción generatriz, por lo tanto, se puede calcular por el procedimiento anterior.

Ejemplo

Hallar la fracción generatriz de 0,444...

Solución: Tendremos

$$0{,}444... = 4/10 + 4/100 + 4/1.000 + ...$$

Se trata de sumar los términos de una progresión geométrica cuya razón es 1/10.

Así pues, $S = \frac{a_1}{1 - r} = \frac{4/10}{1 - 1/10} = \frac{4/10}{9/10} = 4/9$

Ejemplo

Hallar la fracción generatriz de 2,2727...

Solución: Tendremos

$$2{,}2727... = 2 + 27/100 + 27/10.000 + ...$$

Después de 2, en el segundo miembro tenemos la suma de los términos de una progresión geométrica cuya razón es 1/100.

Así pues, $S = \dfrac{a_1}{1-r} = \dfrac{27/700}{1-1/100} = \dfrac{27/100}{99/100} = 27/99 = 3/11.$

Sumando $2 + 3/11$ tendremos: $2{,}2727... = 2 + 3/11 = 25/11.$

Problemas propuestos

1. Hallar el 8.° término de la progresión aritmética: 6, 9, 12, ...
2. Ídem el 11.° término de la progresión aritmética: 4, 9, 14, ...
3. Ídem el 6.° término de la progresión aritmética: 8, 11, 14, ...
4. Ídem el 9.° término de la progresión aritmética: 2, 9, 16, ...
5. Ídem el 5.° término de la progresión aritmética: 12, 7, 2, ...
6. Ídem el 7.° término de la progresión aritmética: 18, 12, 6, ...
7. Ídem el 10.° término de la progresión aritmética: 4, 0, −4, ...
8. Ídem el 8.° término de la progresión aritmética: 7, 1, −5, ...
9. Hallar la suma de los 5 primeros términos de la progresión aritmética: −3, −2, −1, ...
10. Ídem de los 6 primeros términos de la progresión aritmética: 4, 6, 8, ...
11. Ídem de los 8 primeros términos de la progresión aritmética: −7, −5, −3, ...
12. Ídem de los 7 primeros términos de la progresión aritmética: −8, −4, 0, ...
13. Ídem de los 4 primeros términos de la progresión aritmética: 2, 5, 8, ...
14. Interpolar 3 medios aritméticos entre 2 y 10.
15. Ídem 4 medios aritméticos entre −1 y 14.
16. Ídem 6 medios aritméticos entre 3 y −4.
17. Ídem 5 medios aritméticos entre 4 y 16.
18. Ídem 4 medios aritméticos entre 5 y −10.
19. Calcular la suma de los diez primeros múltiplos de 5 mayores que 30.
20. Los tres ángulos de un triángulo están en progresión aritmética de diferencia 30.°. Hallarlos.
21. Determinar los lados de un triángulo rectángulo sabiendo que están en progresión aritmética de diferencia 4.
22. Hallar los cuatros lados de un cuadrilátero, sabiendo que están en progresión aritmética de diferencia 12 m y que su perímetro es 168 m.
23. Calcular las medidas de los lados de un triángulo rectángulo sabiendo que están en progresión aritmética y que el menor mide 6 cm.
24. La suma de tres términos consecutivos de una progresión aritmética es 18 y la suma de sus cuadrados es 116. Hallarlos.
25. Hallar los seis primeros términos de una progresión aritmética, sabiendo que los tres primeros suman −12 y los tres últimos suman 15.
26. La suma de cuatro términos consecutivos de una progresión aritmética es 28 y la suma de sus cuadrados es 276. ¿Cuáles son?
27. El segundo y el cuarto términos de una progresión aritmética suman 10 y el tercero y el séptimo términos suman 18. ¿Cuáles son esos cuatro términos?
28. El quinto término de una progresión aritmética es 10 y el noveno término es 18. Hallar el octavo término.
29. Las ganancias de 3 años de una empresa están en progresión aritmética. El primer año ganó 5.000 colones y el tercer año ganó 9.000 colones. ¿Cuál fue la ganancia del segundo año?
30. Una persona viaja 40 km el primer día

y en cada día posterior 5 km menos de lo que recorrió el día anterior. ¿Cuánto habrá recorrido al cabo de 5 días?

31. Las pérdidas de 5 años de una casa de comercio están en progresión aritmética. El último año perdió 4.000 soles y la pérdida de cada año fue de 500 soles menos que en el año anterior. ¿Cuánto perdió el primer año?

32. Eduardo compró 8 libros. Por el primero pagó 8 pesos y por cada uno de los demás 2 pesos más que por el anterior. Hallar el importe de la compra.

33. Los ahorros de 3 años de un hombre están en progresión aritmética. Si en los 3 años ha ahorrado 1.200 sucres y el primer año ahorró la mitad de lo que ahorró el segundo, ¿cuánto ahorró cada año?

34. Hallar el 4.° término de la progresión geométrica: 2, 4, 8, ...

35. Ídem el 5.° término de la progresión geométrica: −3, 9, −27, ...

36. Ídem el 6.° término de la progresión geométrica: −4, −16, −64, ...

37. Ídem el 4.° término de la progresión geométrica: 1, 2, 4, ...

38. Ídem el 8.° término de la progresión geométrica: 5, −15, 45, ...

39. Hallar la suma de los 5 primeros términos de la progresión geométrica: 2, 4, 8, ...

40. Ídem de los 6 primeros términos de la progresión geométrica: −3, 9, −27, ...

41. Ídem de los 4 primeros términos de la progresión geométrica: 5, 20, 80, ...

42. Ídem de los 7 primeros términos de la progresión geométrica: −4, 20, −100,...

43. Ídem 3 medios geométricos entre −1 y −81.

44. Ídem 5 medios geométricos entre −3 y −192.

45. Ídem 4 medios geométricos entre 4 y 4.096.

46. Ídem 3 medios geométricos entre −5 y −80.

47. Hallar el producto de los 4 primeros términos de la progresión geométrica: 2, 4, 8,...

48. Ídem de los 3 primeros términos de la progresión geométrica: 4, 12, 36, ...

49. Ídem de los 4 primeros términos de la progresión geométrica: 3, 12, 48, ...

50. Ídem de los 5 primeros términos de la progresión geométrica: 1, 5, 25, ...

51. Cuenta una leyenda que el inventor del ajedrez pidió como premio que le otorgaran un grano de trigo por la primera casilla del tablero, dos por la segunda, cuatro por la tercera, y así sucesivamente, poniendo en cada casilla doble que en la anterior. Hallar el número de granos que pidió.

52. La razón de una progresión geométrica es 3 y el quinto término es 324. Hallar el primer término.

53. El sexto término de una progresión geométrica es 96 y la razón es 2. Hallar el primer término.

54. El cuarto término de una progresión geométrica es 81 y el quinto término es 243. Hallar el primer término.

55. El quinto término de una progresión geométrica es 512 y el primer término es 2. Hallar la razón.

56. Los ángulos de un cuadrilátero están en progresión geométrica y el último es 4 veces el segundo. Calcular la medida de dichos ángulos.

57. La suma de tres términos consecutivos de una progresión geométrica es 52 y su producto es 1.728. Hallarlos.

58. Tres términos consecutivos de una progresión geométrica suman 105 y su producto es 8.000. Hallarlos.

59. En una progresión geométrica la diferencia entre el cuarto y el segundo término es 840 y el tercero es 175. Hallar la razón.

60. Hay un tipo de bacterias que se reproducen de modo que en 1 minuto cada una da lugar a otras 4. Si partimos de una de ellas, ¿cuántas tendremos dentro de 10 minutos?

Soluciones

1. S: 27.
2. S: 54.
3. S: 23.
4. S: 58.
5. S: −8.
6. S: −18.
7. S: −32.
8. S: −35.
9. S: −5.
10. S: 54.
11. S: 0.
12. S: 28.
13. S: 26.
14. S: 2, 4, 6, 8, 10.
15. S: −1, 2, 5, 8, 11, 14.
16. S: 3, 2, 1, 0, −1, −2, −3, −4.
17. S: 4, 6, 8, 10, 12, 14, 16.
18. S: 5, 2, −1, −4, −7, −10.
19. S: 525.
20. S: 30°, 60°, 90°.
21. S: 12, 16, 20.
22. S: 24, 36, 48, 60.
23. S: 6, 8, 10 cm.
24. S: 4, 6, 8.
25. S: −7, −4, −1, 2, 5, 8.
26. S: 1, 5, 9, 13.
27. S: El segundo 3, el cuarto 7, el tercero 5 y el séptimo 13.
28. S: 16.
29. S: 7.000 colones.
30. S: 150 km.
31. S: 6.000 soles.
32. S: 120 pesos.
33. S: 200, 400 y 600 sucres, respectivamente.
34. S: 16.
35. S: −243.
36. S: −4.096.
37. S: 8.
38. S: −10.395.
39. S: 62.
40. S: 546.
41. S: 425.
42. S: −52.084.
43. S: −1, 3, −9, 27, −81 ó −1, −3, −9, −27, −81.
44. S: −3, −6, −12, −24, −48, −96, −192.
45. S: 4, 16, 64, 256, 1.024, 4.096.
46. S: −5, 10, −20, 40, −80 ó −5, −10, −20, −40, −80.
47. S: 1.024.
48. S: 1.728.
49. S: 331.776.
50. S: 9.765.625.
51. S: $18_3446.744_2073.709_1551.615$ granos.
52. S: 4.
53. S: 3.
54. S: 3.
55. S: 4.
56. S: 24°, 48°, 96°, 192°.
57. S: 4, 12, 36.
58. S: 5, 20 y 80.
59. S: 5.
60. S: 349.525.

Interés y descuento

19

Introducción histórica

El préstamo con interés y la usura son actividades de origen muy remoto. En cambio, el origen de la letra de cambio es mucho más reciente, puesto que surge hacia el siglo XII al hacerse cada vez más complicadas las transacciones comerciales, estableciéndose la práctica de pagar mediante un documento escrito bajo promesa una cantidad determinada en un lugar distinto de aquel en el cual se contrae la deuda. El pago se efectuaba o bien al representante del acreedor o bien mediante un representante del deudor.

19.1 Interés simple

La regla de interés es una operación que permite calcular el interés o rédito i que produce un capital C prestado o impuesto a un tanto por ciento r durante un tiempo t.

> **El interés puede ser simple o compuesto. Se dice que el interés es simple cuando los intereses producidos por el capital no se acumulan a éste al final del tiempo acordado. Por el contrario, se dice que el interés es compuesto cuando los intereses producidos por el capital se acumulan a éste al final del período de tiempo acordado para formar un nuevo capital mayor que el inicial.**

Para deducir la expresión que nos permite calcular i en función de C, r y t debemos resolver la siguiente regla de tres:

	−	−	+
Supuesto	100	1 año	r
Pregunta	C	t años	i
	+	+	

En efecto, el supuesto nos indica que 100 unidades de dinero en 1 año producen r unidades de dinero, mientras que la pregunta nos interroga sobre los intereses que producirán C unidades de dinero en t años.
Como puede observarse, el capital depositado y los intereses producidos son magnitudes directamente proporcionales, puesto que a más capital más intereses y a menos capital menos intereses. Análogamente, el tiempo y los intereses producidos también son magnitudes directamente proporcionales, puesto que a más tiempo más intereses y a menos tiempo menos intereses.
Por consiguiente, tendremos que:

$$i = \frac{C \cdot r \cdot t}{100},$$ que es la fórmula fundamental del interés simple.

En el caso de que el tiempo represente meses deberemos sustituir en la expresión anterior t por $\frac{t}{12}$ puesto que el año tiene 12 meses, y obtendremos la expresión:

$$i = \frac{C \cdot r \cdot \frac{t}{12}}{100} = \frac{C \cdot r \cdot t}{1.200}$$

De modo análogo, en el caso de que el tiempo represente días, deberemos sustituir t por $\frac{t}{360}$, ya que se supone que el año comercial tiene 360 días, y obtendremos la expresión siguiente:

$$i = \frac{C \cdot r \cdot \frac{t}{360}}{100} = \frac{C \cdot r \cdot t}{36.000}$$

Las fórmulas anteriores están deducidas suponiendo que el % es anual. En el caso de que el % sea mensual o diario hay que convertirlo previamente en anual multiplicándolo si es mensual por 12 y si es diario por 360.

Ejemplo

Hallar el interés producido por \$600 al 9% anual durante 6 meses.

Solución: Tendremos

$$i = \frac{C \cdot r \cdot t}{1.200} = \frac{600 \cdot 9 \cdot 6}{1.200} = \$27$$

Ejemplo

Hallar el capital que colocado al 6% anual durante 3 años produce \$54 de intereses.

Solución: Tendremos

$$C = \frac{i \cdot 100}{r \cdot t} = \frac{54.100}{6 \cdot 3} = \$300$$

Ejemplo

¿A qué % anual se ha impuesto un capital de $600 si durante 36 días ha producido $6 de intereses?

Solución: Tendremos

$$r = \frac{i \cdot 36.000}{C \cdot t} = \frac{6 \cdot 36.000}{600 \cdot 36} = 10\%$$

Ejemplo

¿Durante cuánto tiempo han estado impuestos 30.000 soles al 9% si han producido 5.400 soles de intereses?

Solución: Tendremos

$$t = \frac{100 \cdot i}{C \cdot r} = \frac{100 \cdot 5.400}{30.000 \cdot 9} = 2 \text{ años}$$

19.2 Interés compuesto

Tal como se indicó anteriormente, se dice que el interés es compuesto cuando los intereses producidos por el capital se acumulan periódicamente a éste, constituyendo un nuevo capital.
Si llamamos C al capital impuesto a interés compuesto durante t años a un interés anual r expresado no en %, sino en tanto por uno, al final del primer año el capital se habrá convertido en $C(1 + r)$.
De modo análogo, al final del segundo año se habrá convertido en $C(1 + r)(1 + r) = C(1 + r)^2$; al final del tercer año se habrá convertido en $C(1 + r)^2 (1 + r) = C(1 + r)^3$; al final del cuarto año se habrá convertido en $C(1 + r)^3 (1 + r) = C(1 + r)^4$ y así sucesivamente.
Por lo tanto, al cabo de los t años tendremos un capital final C_f, que vendrá dado por la expresión: $C_f = C(1 + r)^t$, que es la fórmula fundamental del interés compuesto.

Ejemplo

¿En cuánto se convertirán $300 impuestos al 6% de interés anual compuesto durante un periodo de 5 años?

Solución: A partir de la fórmula fundamental tendremos:

$$C_f = C(1 + r)^t$$

Sustituyendo los datos, $C_f = 300(1 + 0{,}06)^5$

$$C_f = 300(1{,}06)^5 = 300 \times 1{,}338$$

Por lo tanto el capital final será: $C_f = 401{,}47\$$

Ejemplo

¿En cuántos años un capital de \$ 6.000 al 10 % de interés anual compuesto se convertirá en \$7.986?

Solución: A partir de la fórmula fundamental tendremos:

$$C_f = C(1 + r)^t$$

Dividiendo los dos miembros por C tendremos:

$$\frac{C_f}{C} = (1 + r)^t$$

Extrayendo logaritmos decimales en ambos miembros tendremos:

$$\log \left(\frac{C_f}{C} \right) = \log \left[(1 + r)^t\right]$$

Por las propiedades de los logaritmos tendremos:

$$\log C_f - \log C = t \cdot \log (1 + r)$$

Es decir,

$$t = \frac{\log C_f - \log C}{\log (1 + r)}$$

Sustituyendo los datos tendremos:

$$t = \frac{\log 7.986 - \log 6.000}{\log (1 + 0{,}1)} = \frac{3{,}9023 - 3{,}7781}{0{,}0414} = 3 \text{ años}$$

Ejemplo

Un capital de \$800 impuesto a interés compuesto durante 4 años se convierte en \$1.088,39. ¿A qué % anual se impuso?

Solución: A partir de la fórmula fundamental tendremos:

$$C_f = C(1 + r)^t$$

Dividiendo ambos miembros por C tendremos:

$$\frac{C_f}{C} = (1 + r)^t$$

Extrayendo la raíz t-ésima en ambos miembros tendremos:

$$\sqrt[t]{\frac{C_f}{C}} = 1 + r$$

Restando 1 en ambos miembros resultará:

$$r = \sqrt[t]{\frac{C_f}{C}} - 1$$

Sustituyendo los datos conocidos tendremos:

$$r = \sqrt[4]{\frac{1.088,39}{800}} - 1 = 1,08 - 1 = 0,08$$

Por lo tanto, $r = 8\%$ anual.

19.3 Anualidades de amortización y de capitalización

En el apartado anterior hemos visto cómo una cierta cantidad de dinero se transforma al cabo de un cierto tiempo en otra cantidad de dinero mayor que la inicial.

Resulta frecuente que para tratar de reunir un capital C al cabo de n años se efectúen entregas cada cierto período de tiempo. Si los períodos de tiempo son iguales a un año y cada año se entrega la misma cantidad a, esta cantidad a recibe el nombre de anualidad de capitalización.
En otras ocasiones el problema consiste en pagar un préstamo en varias veces dando una cantidad fija cada vez. Generalmente, el préstamo empieza a pagarse al final del primer año, es decir, al año de recibir el préstamo. Esta operación recibe el nombre de amortización del préstamo y la cantidad fija que se paga cada año recibe el nombre de anualidad de amortización.

Supongamos que se tiene que pagar una deuda D en n años a un tanto por ciento R que equivale a un tanto por uno $r = \dfrac{R}{100}$, y se desea saber la cantidad anual que hay que pagar. Con estas cantidades anuales habrá que pagar no sólo la deuda D sino también los intereses producidos por D.

Sabemos que al cabo de n años la cantidad D se habrá transformado en $D(1 + r)^n$. Transcurrido el primer año empezamos a pagar el préstamo. La primera anualidad a se convierte en $a(1 + r)^{n-1}$ puesto que está produciendo intereses durante $n - 1$ años. La segunda anualidad se paga una vez transcurridos dos años, por lo que sólo produce intereses durante $n - 2$ años y se convierte en $a(1 + r)^{n-2}$, y así sucesivamente.

La última anualidad se entrega en el momento de cancelar la deuda y, por lo tanto, no produce intereses. La suma de todas las anualidades será:

$$S = a + a(1 + r) + a(1 + r)^2 + \dots + a(1 + r)^{n-2} + a(1 + r)^{n-1}$$

Los sumandos son términos de una progresión geométrica cuyo primer término es a y cuya razón es $(1 + r)$. Por lo tanto, su suma valdrá:

$$S = a \cdot \frac{(1 + r)^n - 1}{r}$$

Así pues, tendremos:

$$D(1 + r)^n = a \cdot \frac{(1 + r)^n - 1}{r}$$

Multiplicando ambos miembros por r tendremos:

$$D \cdot r \cdot (1 + r)^n = a\left[(1 + r)^n - 1\right]$$

y despejando a tendremos:

$$a = \frac{D \cdot r \cdot (1 + r)^n}{(1 + r)^n - 1}$$

que es la fórmula fundamental de las anualidades de amortización.

Si los períodos de amortización son semestrales, trimestrales o mensuales todo es igual excepto que r es el tanto por uno semestral, trimestral o mensual y n es el número de semestres, trimestres o meses.

Ejemplo

El señor Rodríguez solicita un préstamo a un banco comprometiéndose a pagar cada semestre 40.000 pesos para amortizarlo. El préstamo se hizo al 8 % de interés compuesto semestral y la deuda queda amortizada al cabo de 10 años. ¿A cuánto asciende el préstamo?

Solución: En este caso $r = 0{,}08$ y $n = 2 \times 10 = 20$ semestres.
Aplicando la fórmula anterior tendremos:

$$a = \frac{D \cdot r \cdot (1 + r)^n}{(1 + r)^n - 1}$$

Despejando D tendremos:
$$D = \frac{a\left[(1 + r)^n - 1\right]}{r(1 + r)^n}$$

y sustituyendo los datos:
$$D = \frac{40.000\left[(1 + 0{,}08)^{20} - 1\right]}{0{,}08 \cdot (1 + 0{,}08)^{20}}$$

Operando,
$$D = \frac{40.000 \cdot (4{,}66 - 1)}{0{,}08 \cdot 4{,}66} = \frac{146.400}{0{,}3728} = 392.704 \text{ pesos}$$

Por lo que respecta a las anualidades de capitalización el problema que se plantea es: ¿cuánto dinero poseemos después de n años entregando la anualidad a al tanto por uno r?
La primera anualidad a está produciendo intereses durante n años y se convertirá en $a(1 + r)^n$.
La segunda anualidad a está produciendo intereses durante $n - 1$ años y se convertirá en $a(1 + r)^{n-1}$. La última anualidad a estará produciendo intereses únicamente durante 1 año y se convertirá en $a(1 + r)$.
La suma de todas estas cantidades será el capital final que poseeremos.

$$S = a(1 + r) + a(1 + r)^2 + \ldots + a(1 + r)^{n-1} + a(1 + r)^n.$$

Los sumandos son términos de una progresión geométrica cuyo primer término es $a(1 + r)$ y cuya razón es $1 + r$. Por lo tanto, su suma valdrá:

$$S = C_f = a(1 + r) \cdot \frac{(1 + r)^n - 1}{r}$$

y, por lo tanto,
$$a = \frac{C_f \cdot r}{(1 + r)\left[(1 + r)^n - 1\right]}$$

que es la fórmula fundamental de las anualidades de capitalización.
Si el dinero se va depositando con periodicidad semestral, trimestral o mensual todo funciona igual excepto que en la fórmula hay que usar el tanto por uno semestral, trimestral o mensual y que n es el número de semestres, trimestres o meses.

Ejemplo

La señora Pérez ha depositado cada semestre durante 5 años cierta cantidad de dinero en un banco, al 6% de interés compuesto semestral. Al cabo de los 5 años el capital acumulado asciende a 27.943 sucres. ¿Qué cantidad impuso cada semestre la señora Pérez?

Solución: En este caso $r = 0{,}06$ y $n = 2 \times 5 = 10$.
Aplicando la fórmula anterior tendremos:

$$a = \frac{C_f \cdot r}{(1 + r)\,[(1 + r)^n - 1]} = \frac{27.943 \cdot 0{,}06}{(1 + 0{,}06)\,[(1 + 0{,}06)^{10} - 1]} = \frac{27.943 \cdot 0{,}06}{0{,}8383} = 2.000 \text{ sucres}$$

19.4 Descuento

Una letra de cambio es un documento por el cual una persona manda a otra que pague, a su orden o a la de una tercera persona, una determinada cantidad de dinero en el lugar y tiempo que se indica en el documento. La persona que ordena pagar se denominar librador. La persona a la que se dirige la letra y que paga se denomina librado y la persona que cobra la letra se llama tomador o tenedor.

Las letras de cambio pueden girarse al contado o a plazos en alguna de las siguientes modalidades:

a) A la vista.
b) A uno o más días, a uno o más meses vista.
c) A uno o más días, a uno o más meses fecha.
d) A día fijo.

El significado de cada una de estas modalidades es el siguiente:

a) A la vista. El librado debe pagar la letra el día que se la presenten.
b) A uno o más días, a uno o más meses vista. La letra vence el día en que se cumplen los días o meses señalados, a contar desde el día siguiente al de la aceptación de la misma por el librado o bien del protesto.
c) A uno o más días, a uno o más meses fecha. La letra vence el día en que se cumplen los días o meses señalados, a contar desde el día siguiente al de la fecha de la letra.
d) A día fijo. La letra vence el día señalado.

Un pagaré es una promesa escrita de pagar una cantidad de dinero a una persona determinada en el documento o a su orden o al tenedor del documento en una fecha determinada.

La persona que contrae la obligación de pagar recibe el nombre de otorgante mientras que la persona que tiene derecho a cobrar el pagaré, esté o no mencionada en el documento, recibe el nombre de tenedor.

Los pagarés pueden otorgarse a su presentación, a días fecha, a meses fecha y a fecha fija. Los pagarés del primer tipo vencen en cualquier tiempo, los demás el día señalado.

En el caso de que en el pagaré se indique que ganará un % de interés se entiende que es sobre el valor nominal y en este caso el pagaré gana interés desde la fecha en que se expide hasta el día del vencimiento, el cual se acumula al valor nominal.

Un cheque es un documento por el cual una persona que tiene depositado dinero en poder de un banco manda a éste que pague parte de sus fondos al portador del cheque.

El plazo de un cheque es a la vista, es decir, que se puede cobrar en cualquier momento después de su expedición siempre que el cheque no tenga la fecha adelantada.

Se llama valor nominal de un documento a la cantidad escrita en él o bien a la cantidad escrita más el interés producido desde la fecha hasta el día del vencimiento, si el documento gana interés.

Se llama tipo de descuento al % de interés que cobra el banco por pagar la letra o el pagaré antes del vencimiento. El tipo de descuento puede calcularse sobre el valor nominal, en cuyo caso se denomina descuento comercial, o bien sobre el valor actual del documento, en cuyo caso se denomina descuento racional.

Como el descuento comercial es el interés producido por el valor nominal durante el tiempo que falta para el vencimiento, si llamamos n al valor nominal, t al plazo de descuento y r al tipo de descuento, tendremos la siguiente proporción:

$$\frac{100}{nt} = \frac{r}{d}$$

Despejando d tendremos: $$d = \frac{nrt}{100}$$

En el caso de que el tiempo venga dado en meses se debe sustituir el 100 por 1.200, y si viene dado en días por 36.000.

Ejemplo

Hallar el descuento comercial de un pagaré de \$1.500 al 6% anual 6 meses antes de su vencimiento.

Solución: Tendremos

$$d = \frac{nrt}{1.200} = \frac{1.500 \cdot 6 \cdot 6}{1.200} = \$45$$

Ejemplo

Hallar el valor nominal de una letra de cambio que vence el día 6 de abril y descontada comercialmente al 9% el día 1 de marzo del mismo año se rebaja en \$18.

Solución: Tendremos

$$d = \frac{n \cdot r \cdot t}{36.000}$$

Despejando n resultará: $$n = \frac{d \cdot 36.000}{r \cdot t}$$

Sustituyendo los datos: $$n = \frac{18 \cdot 36.000}{9 \cdot 36} = \$2.000.$$

Ejemplo

¿A qué % anual se descuenta comercialmente una letra de cambio de \$1.800 que descontada por 3 meses experimenta una rebaja de \$9?

Solución: Tendremos

$$d = \frac{n \cdot r \cdot t}{1.200}$$

Despejando r resultará:

$$r = \frac{d \cdot 1.200}{n \cdot t}$$

Sustituyendo los datos:

$$r = \frac{9 \cdot 1.200}{1.800 \cdot 3} = 2\%$$

Ejemplo

Un pagaré de \$2.400 se descuenta comercialmente al 12% anual y se rebaja a \$16. ¿Cuánto tiempo faltaba para su vencimiento?

Solución: Tendremos

$$d = \frac{n \cdot r \cdot t}{36.000}$$

Despejando t resultará:

$$t = \frac{36.000 \cdot d}{n \cdot r}$$

Sustituyendo los datos:

$$t = \frac{36.000 \cdot 16}{2.400 \cdot 12} = 20 \text{ días}$$

El descuento racional es el interés del valor efectivo $e = n - d$ durante el tiempo t que falta para el vencimiento del documento al tipo de descuento r.
Así, podremos formar la siguiente proporción geométrica:

$$\frac{100}{(n - d)t} = \frac{r}{d}$$

Como en toda proporción geométrica el producto de medios es igual al producto de extremos, tendremos:

$$100 \cdot d = (n \cdot d) \cdot r \cdot t$$

O sea, $100d = nrt - rtd$.
Es decir, $100d + rtd = nrt$.
Extrayendo factor común: $d(100 + rt) = nrt$.

De donde:

$$d = \frac{nrt}{100 + rt}$$

que es la fórmula fundamental del descuento racional.

Si el tiempo viene dado en meses todo es igual excepto que en vez de 100 debe escribirse 1.200. Si el tiempo viene dado en días 100 debe sustituirse por 36.000.

Ejemplo

Hallar el descuento racional y el valor actual racional de una letra de cambio de \$3.360, descontada al 6% anual, a 2 años.

Solución: Tendremos

$$d = \frac{n \cdot r \cdot t}{100 + rt} = \frac{3.360 \cdot 6 \cdot 2}{100 + (6 \cdot 2)} = \$360$$

El valor actual será: $3.360 - 360 = \$3.000$.

Ejemplo

Hallar el valor nominal de una letra de cambio que descontada racionalmente al 9%, 6 meses antes de su vencimiento, se ha rebajado en \$27.

Solución: Tendremos

$$d = \frac{n \cdot r \cdot t}{1.200 + rt}$$

Despejando n resultará:

$$n = \frac{d(1.200 + rt)}{rt}$$

Sustituyendo los datos:

$$n = \frac{27(1.200 + 9 \cdot 6)}{9 \cdot 6} = \$627$$

Ejemplo

¿A qué % se ha negociado un pagaré de \$620 que se ha rebajado en \$20 siendo el descuento racional y faltando 48 días para su vencimiento?

Solución: Tendremos

$$d = \frac{n \cdot r \cdot t}{36.000 + rt}$$

Despejando resultará: $36.000\ d + drt = nrt$.
Es decir, $36.000\ d = nrt - drt$.
O sea, $36.000\ d = rt(n - d)$.

Por consiguiente,

$$r = \frac{36.000\ d}{t(n - d)}$$

Sustituyendo los datos:

$$r = \frac{36.000 \cdot 20}{48(620 - 20)} = 25\%$$

Problemas propuestos

1. El señor Gutiérrez paga $2 al mes por un dinero que le prestaron al 6%. ¿Cuál fue el capital prestado?
2. El señor González paga $10 al mes como interés de un dinero que le prestaron al 8%. ¿Qué cantidad le prestaron?
3. La señora Pérez paga 160 pesos como interés mensual por un dinero que le prestaron al 2% mensual. ¿Qué cantidad le prestaron?
4. ¿Qué cantidad al 3% mensual produce 35 bolívares de interés en 7 meses?
5. ¿Qué cantidad al 5% mensual produce un interés mensual de 125 sucres?
6. ¿Qué cantidad al 9% produce un interés de 57 pesos en 38 días?
7. Una cantidad prestada al 3 % de interés durante 90 días produce 135 bolívares de intereses. ¿Cuál fue la cantidad prestada?
8. ¿A qué interés se deben imponer 30.000 intis para producir en 40 días 300 intis de intereses?
9. ¿A qué interés se deben imponer 12.000 bolívares para producir en 120 días 240 bolívares de intereses?
10. ¿A qué interés se han prestado 900 balboas para producir en 4 meses 9 balboas de intereses?
11. ¿Durante cuánto tiempo han estado impuestos 1.500 bolívares al 6% si han producido 90 bolívares de intereses?
12. ¿Durante cuánto tiempo han estado impuestos 40.000 pesos al 8% si han producido 1.600 pesos de intereses?
13. ¿Durante cuánto tiempo han estado impuestos 3.000 balboas al 5% si han producido 25 balboas de intereses?
14. Durante cuánto tiempo han estado impuestos 2.400 pesos al 7% si han producido 98 pesos de intereses?
15. Con los intereses producidos por 30.000 pesos al 9% se compró un terreno valorado en 2.475 pesos. ¿Durante cuánto tiempo estuvo impuesto el dinero?
16. ¿Qué capital se debe imponer al 12% para producir $36 de intereses durante 72 días?
17. Por un préstamo al 3% durante 18 días se han recibido 45 sucres de intereses. ¿Cuál fue la cantidad prestada?
18. ¿A qué interés hay que imponer un capital de $4.500 para obtener $1.260 de intereses en 4 años?
19. Un capital de 84.000 pesos al 6% produjo 672 pesos de intereses. ¿Durante cuánto tiempo estuvo colocado el dinero?
20. ¿A qué interés se han impuesto $6.000 si

en 8 meses han producido $160 de intereses?

21. ¿Durante cuánto tiempo deben imponerse 18.000 australes al 6% para producir 36 australes de intereses?

22. ¿Qué interés producirán 24.000 bolívares al 9% durante 1 año 3 meses y 15 días?

23. ¿En cuánto se convertirán 30.000 guaraníes al 5% durante 10 meses?

24. ¿En cuánto se convertirán 15.000 colones al 8% durante 36 días?

25. El señor Pérez impone 6.600 sucres al 6% y al cabo de 3 años le entregan el capital más los intereses acumulados. ¿Cuánto dinero recibirá?

26. ¿A qué interés se han colocado 7.200 intis que en 6 años se conviertieron en 10.656 intis?

27. ¿A qué interés se impusieron 48.000 sucres que en 3 años se convirtieron en 53.760 sucres?

28. Juan le presta a Pedro $3.000 durante 2 años y al cabo de dicho tiempo Pedro le devuelve $3.300 correspondientes al préstamo y sus intereses acumulados. ¿A qué interés se efectuó el préstamo?

29. Pedro le presta a Felipe cierta cantidad al 5% y al cabo de 3 años Felipe le devuelve a Pedro 46.000 bolívares correspondientes al préstamo más los intereses acumulados. ¿Qué cantidad le prestó Pedro a Felipe?

30. Eduardo impuso cierto capital al 12% anual y al cabo de 3 meses retiró $515 correspondientes al capital impuesto más los intereses acumulados. ¿Cuál fue el capital impuesto?

31. José impuso cierto capital al 10% anual y al cabo de 8 meses retiró 96.000 bolívares correspondientes al capital impuesto más los intereses acumulados. ¿Cuál fue el capital impuesto?

32. Los intereses correspondientes a un capital depositado al 9% durante 4 meses ascienden a 90 colones. ¿Cuál fue el capital depositado?

33. ¿En cuánto se convertirán $4.500 al 8% depositados durante 72 días?

34. ¿A qué interés se impuso un capital de $4.000 durante 18 días si se convirtió en $4.024?

35. ¿Durante cuánto tiempo estuvo depositado un capital de $6.000 al 9% si se convirtió en $6.072?

36. Se depositó un capital al 6% durante 0 meses y al cabo de dicho tiempo se recibieron 20.600 pesos correspondientes al capital depositado más los intereses acumulados. ¿A cuánto ascendía el capital depositado?

37. ¿En cuánto dinero se convertirán 300 bolívares al 6% anual de interés compuesto en 1 año capitalizando los intereses trimestralmente?

38. ¿En cuánto dinero se convertirán $3.500 al 5% de interés compuesto en 6 años?

39. Hallar los intereses compuestos producidos por $1.200 al 8% de interés compuesto en 5 años.

40. Hallar el valor nominal de un pagaré que vence el 10 de septiembre y descontado al 8% el 17 de agosto del mismo año se reduce a $284.

41. Hallar el valor nominal de un pagaré que vence el 11 de abril y descontado al 9% el 10 de febrero del mismo año se reduce a $1.182.

42. Hallar el valor nominal de una letra de cambio que vence el 26 de noviembre y descontada al 10% el 12 de octubre del mismo año se reduce a $474.

43. Un pagaré de 24.000 pesos que vencía el 29 de octubre se negoció el 23 de septiembre del mismo año y se recibieron por él un total de 23.712 pesos. ¿A qué % se descontó?

44. Un pagaré de 72.000 bolívares que vencía el 15 de febrero se negoció el 10 de enero del mismo año y se recibieron por él 71.784 bolívares. ¿A qué % se descontó?

45. ¿Cuánto tiempo faltaba para el vencimiento de una letra de cambio de $8.400 que se negoció al 12% y se disminuyó en $4.032?

46. Se negocia una letra de cambio de $2.400 al 6% y se disminuyó en $48. ¿Cuánto

tiempo faltaba para su vencimiento?

47. Se negocia una letra de cambio de 30.000 bolívares al 9% y se disminuyó en 540 bolívares. ¿Cuánto tiempo faltaba para su vencimiento?

Soluciones

1. S.: $400.
2. S.: $1.500.
3. S.: 8.000 pesos.
4. S.: 2.000 bolívares.
5. S.: 30.000 sucres.
6. S.: 6.000 pesos.
7. S.: 18.000 bolívares.
8. S.: 9%.
9. S.: 6%.
10. S.: 3%.
11. S.: 1 año.
12. S.: 6 meses.
13. S.: 2 meses.
14. S.: 7 meses.
15. S.: 11 meses.
16. S.: $1.500.
17. S.: 30.000 sucres.
18. S.: 7%.
19. S.: 48 días.
20. S.: 4%.
21. S.: 12 días.
22. S.: 2.790 bolívares.
23. S.: 31.250 guaranís.
24. S.: 15.120 colones.
25. S.: 7.788 sucres.
26. S.: 8%.
27. S.: 4%.
28. S.: 5%.
29. S.: 40.000 bolívares.
30. S.: $500.
31. S.: 90.000 bolívares.
32. S.: 3.000 colones.
33. S.: $4.572.
34. S.: 12%.
35. S.: 48 días.
36. S.: 20.000 pesos.
37. S.: 318 bolívares.
38. S.: $4.690,33.
39. S.: $563,19.
40. S.: $300.
41. S.: $1.200.
42. S.: $480.
43. S.: 12%.
44. S.: 3%.
45. S.: 4 años.
46. S.: 4 meses.
47. S.: 72 días.

Los números complejos

20

Introducción histórica

El matemático francés Descartes fue el primero que llamó imaginarios a los números constituyentes de las componentes no reales de los números complejos. El matemático alemán Euler contribuyó notablemente a divulgar el uso de los números complejos, pero quien mayor auge dio a su utilización fue el matemático danés Wessel, que suministró una valiosa interpretación geométrica de los números complejos.

20.1 Los números complejos

En el tema anterior vimos que el campo numérico necesitaba una nueva ampliación puesto que los números racionales no servían para expresar raíces del tipo $\sqrt{2}$, $\sqrt{5}$, etc. Estos nuevos números, que reciben el nombre de números irracionales, junto con el conjunto Q de los números racionales constituyen el conjunto R de los números reales.

Esta nueva ampliación del campo numérico permite efectuar cualquier medida, pero sin embargo no permite hallar raíces pares de números negativos. Así, por ejemplo, no existe ningún número real que represente $\sqrt{-1}$, $\sqrt{-4}$ o $\sqrt[4]{-8}$. Estas raíces reciben el nombre de imaginarias.

La raíz $\sqrt{-1}$ recibe el nombre de unidad imaginaria y se acostumbra a representar con la letra i.

Toda expresión del tipo $\sqrt[n]{-a}$, donde n es par y $-a$ es un número real negativo, es una cantidad imaginaria pura.

Toda raíz imaginaria puede expresarse como producto de un número real por la unidad imaginaria. Así, por ejemplo, $\sqrt{-16} = \sqrt{16 \cdot (-1)} = \sqrt{16} \cdot \sqrt{-1} = 4\sqrt{-1} = 4i$.

Las potencias sucesivas de la unidad imaginaria van repitiéndose periódicamente.

En efecto,

$$
\begin{aligned}
i &= \sqrt{-1} \\
i^2 &= \left(\sqrt{-1}\right)^2 = -1 \\
i^3 &= i^2 \cdot i = -1 \cdot i = -i \\
i^4 &= i^2 \cdot i^2 = (-1) \cdot (-1) = 1 \\
i^5 &= i^4 \cdot i = 1 \cdot i = i \\
i^6 &= i^4 \cdot i^2 = 1 \cdot i^2 = i^2 = -1 \\
i^7 &= i^4 \cdot i^3 = 1 \cdot i^3 = i^3 = -i \\
i^8 &= i^4 \cdot i^4 = 1 \cdot 1 = 1
\end{aligned}
$$

y así sucesivamente.

Para sumar y restar raíces imaginarias se expresan como producto de un número real por la unidad imaginaria y a continuación se operan como radicales semejantes.

Ejemplo

Sumar $\sqrt{-4} + \sqrt{-16} + \sqrt{-25}$.

Solución: Tendremos que

$$\sqrt{-4} = \sqrt{4 \cdot (-1)} = \sqrt{4} \cdot \sqrt{-1} = 2i$$

$$\sqrt{-16} = \sqrt{16 \cdot (-1)} = \sqrt{16} \cdot \sqrt{-1} = 4i$$

$$\sqrt{-25} = \sqrt{25 \cdot (-1)} = \sqrt{25} \cdot \sqrt{-1} = 5i$$

Por lo tanto, $\sqrt{-4} + \sqrt{-16} + \sqrt{-25} = 21 + 4i + 5i = 11i.$

Ejemplo

Restar $\sqrt{-36} - \sqrt{-9}$.

Solución: Tendremos que

$$\sqrt{-36} = \sqrt{36 \cdot (-1)} = \sqrt{36} \cdot \sqrt{-1} = 6i$$

$$\sqrt{-9} = \sqrt{9 \cdot (-1)} = \sqrt{9} \cdot \sqrt{-1} = 3i$$

Por lo tanto, $\sqrt{-36} - \sqrt{-9} = 6i - 3i = 3i.$

Para multiplicar raíces imaginarias se expresan como producto de un número real por la unidad imaginaria y a continuación se multiplican simplificando al máximo las potencias de la unidad imaginaria.

Ejemplo

Multiplicar $(\sqrt{-16} + 3\sqrt{-3}) \times (\sqrt{-25} - 4\sqrt{-3})$.

Solución: Tendremos que

$$\sqrt{-16} = \sqrt{16 \cdot (-1)} = \sqrt{16} \cdot \sqrt{-1} = 4i$$

$$3\sqrt{-3} = 3\sqrt{3 \cdot (-1)} = 3\sqrt{3} \cdot \sqrt{-1} = 3\sqrt{3}\, i$$

$$\sqrt{-25} = \sqrt{25 \cdot (-1)} = \sqrt{25} \cdot \sqrt{-1} = 5i$$

$$-4\sqrt{-3} = -4\sqrt{3 \cdot (-1)} = -4\sqrt{3} \cdot \sqrt{-1} = -4\sqrt{3}\, i$$

Por lo tanto, $(\sqrt{-16} + 3\sqrt{-3}) \times (\sqrt{-25} - 4\sqrt{-3}) = (4i + 3\sqrt{3}\, i) \times (5i - 4\sqrt{3}\, i)$

O sea,

$$\begin{array}{r} 4\,i + 3\sqrt{3}\,i \\ \times\quad 5\,i - 4\sqrt{3}\,i \\ \hline -16\sqrt{3}\,i^2 - 12\cdot 3\cdot i^2 \\ 15\sqrt{3}\,i^2 + 20i^2 \\ \hline \times\sqrt{3}\,i^2 - 16i^2 \end{array}$$

Es decir, $-\sqrt{3}\,i^2 - 16i^2 = -\sqrt{3}\cdot(-1) - 16\cdot(-1) = \sqrt{3} + 16$ que es el resultado final simplificado al máximo.

Para dividir raíces imaginarias se expresan como producto de un número real por la unidad imaginaria y a continuación se dividen, simplificando al máximo las potencias de la unidad imaginaria.

Ejemplo

Dividir $16\sqrt{-25} : 8\sqrt{-36}$.

Solución: Tendremos que

$$16\sqrt{-25} = 16\sqrt{25\cdot(-1)} = 16\sqrt{25}\cdot\sqrt{-1} = 16\cdot 5\cdot i = 80i$$

$$8\sqrt{-36} = 8\sqrt{36\cdot(-1)} = 8\sqrt{36}\cdot\sqrt{-1} = 8\cdot 6\cdot i = 48i$$

O sea, $16\sqrt{-25}\cdot 8\sqrt{-36} = \dfrac{80i}{48i}$.

Simplificando numerador y denominador por $16i$ tendremos:

$$\frac{80i}{48i} = \frac{5}{3}$$

que es el resultado final simplificado al máximo.

Efectuada esta breve introducción sobre las cantidades imaginarias, diremos que un número complejo es aquel que consta de una parte real y de una parte imaginaria. Es decir, que los números complejos son números del tipo $a \pm bi$, donde a y b son números reales y donde i es la unidad imaginaria.

Se dice que dos números complejos son conjugados cuando únicamente se diferencian en el signo de la parte imaginaria.

Así, por ejemplo, $a + bi$ y $a - bi$ son números complejos conjugados.

20.2 Propiedades de los números complejos

Con las definiciones que hemos dado en el punto anterior, vamos a exponer a continuación el modo de operar números complejos y las propiedades que presentan dichos números.

Para sumar números complejos se suman las partes reales entre sí y las partes imaginarias entre sí.

Ejemplo

Sumar $(-3 + 7i) + (2 - 4i) + (4 + 5i)$.

Solución: Tendremos

$$\begin{array}{r} -3 + 7i \\ + \quad 2 - 4i \\ 4 + 5i \\ \hline 3 + 8i \end{array}$$

que es el resultado final.

Si se suman números complejos conjugados se obtiene un número real.

En efecto, consideremos los números complejos conjugados $a + bi$ y $a - bi$. Si los sumamos tendremos:

$$\begin{array}{r} + \quad a + bi \\ a - bi \\ \hline 2a \end{array}$$

que es un número real.

Ejemplo

Sumar $(7 + 2i) + (7 - 2i)$.

Solución: Tendremos

$$\begin{array}{r} 7 + 2i \\ 7 - 2i \\ \hline 14 \end{array}$$

que es el resultado final.

Para restar números complejos se restan las partes reales entre sí y las partes imaginarias entre sí.

Ejemplo

Restar $(4 - 3i) - (2 - 5i)$.

Solución: Para efectuar la resta cambiamos los signos del sustraendo y efectuamos la suma:

$$\begin{array}{r} 4 - 3i \\ + \quad -2 + 5i \\ \hline 2 + 2i \end{array}$$

que es el resultado final.
Si se restan números complejos conjugados se obtiene un número imaginario
En efecto, consideremos los números complejos conjugados $a + bi$ y $a - bi$. Si los restamos tendremos:

$$\begin{array}{r} a + bi \\ + \quad -a + bi \\ \hline 2bi \end{array}$$

que es un número imaginario.

Ejemplo

Restar $(5 + 3i) - (5 - 3i)$.

Solución: Tendremos

$$\begin{array}{r} 5 + 3i \\ -5 - 3i \\ \hline 6i \end{array}$$

que es el resultado final.

> **Para multiplicar números complejos se efectúan todos los productos posibles y se simplifican al máximo las potencias de la unidad imaginaria.**

Ejemplo

Multiplicar $(2 + 3i) \times (3 - 4i)$.

Solución: Tendremos

$$\begin{array}{rrr} & 2 + & 3i \\ \times & 3 - & 4i \\ \hline & -8i - & 12i^2 \\ 6 + & 9i & \\ \hline 6 + & i & - 12i^2 \end{array}$$

$6 + i - 12i^2 = 6 + i - 12 \cdot (-1) = 6 + i + 12 = 18 + i$ que es el resultado final simplificado al máximo.
El producto de dos números complejos conjugados es un número real.

En efecto, consideremos los números complejos conjugados $a + bi$ y $a - bi$. Tendremos:

$$\begin{array}{rrr} & & a + bi \\ & \times & a - bi \\ \hline & & -abi - b^2i^2 \\ a^2 + & abi & \\ \hline a^2 & & - b^2i^2 \end{array}$$

Pero $a^2 - b^2i^2 = a^2 - b^2(-1) = a^2 + b^2$, que es un número real.

Ejemplo

Multiplicar $(3 + 2i) \cdot (3 - 2i)$.

Solución: Tendremos

$$\begin{array}{rrr} & & 3 + 2i \\ & & \times\, 3 - 2i \\ \hline & & -6i - 4i^2 \\ 9 + & 6i & \\ \hline 9 & & - 4i^2 \end{array}$$

Pero $9 - 4i^2 = 9 - 4(-1) = 9 + 4 = 13$ que es el resultado final simplificado al máximo.

Para dividir números complejos se expresa el cociente en forma de fracción y a continuación se racionaliza el denominador de la fracción multiplicando numerador y denominador por el conjugado del denominador.

Ejemplo

Dividir $(6 + 4i) : (2 - 2i)$.

Solución: Tendremos

$$\frac{6 + 4i}{2 - 2i} \cdot \frac{2 + 2i}{2 + 2i} = \frac{12 + 8i + 12i + 8i^2}{4 - 4i + 4i - 4i^2} = \frac{12 + 20i - 8}{4 + 4} = \frac{4 + 20i}{8} = \frac{4(1 + 5i)}{8} =$$

$$= \frac{1 + 5i}{2} = \frac{1}{2} + \frac{5i}{2}$$ que es el resultado final simplificado al máximo.

Una vez analizadas las propiedades anteriores de los números complejos vamos a comprobar a continuación que el conjunto C de los números complejos con las operaciones adición y multiplicación tiene estructura de cuerpo.

Comprobemos en primer lugar que el conjunto C de los números complejos con la operación suma tiene estructura de grupo conmutativo o abeliano. Para ello deberán cumplirse las propiedades uniforme, asociativa, elemento neutro, elemento simétrico y conmutativa.

Propiedad uniforme. La suma de dos números complejos $(a + bi)$ y $(c + di)$ es siempre otro número complejo.
En efecto, consideremos los números complejos $(a + bi)$ y $(c + di)$. Se trata de demostrar que su suma es otro número complejo.
Tendremos que $(a + bi) + (c + di) = (a + c) + (b + d)i$, que es siempre un número complejo puesto que es un número del tipo $x + yi$, donde $x = a + c, y = b + d$.

Propiedad asociativa. La suma de números complejos cumple que

$$(a + bi) + \left[(c + di) + (e + fi)\right] = \left[(a + bi) + (c + di)\right] + (e + fi)$$

En efecto, por una parte tendremos que:

$$(a + bi) + \left[(c + \mathrm{di}) + (e + fi)\right] = (a + bi) + \left[(c + e) + (d + f)i\right] = (a + c + e) + (b + d + f)i$$

Por otra parte tendremos que:

$$\left[(a + bi) + (c + di)\right] + (e + fi) = \left[(a + c) + (b + d)i\right] + (e + fi) = (a + c + e) + (b + d + f)i$$

que es el mismo resultado obtenido anteriormente, tal como queríamos demostrar.
Elemento neutro. El número $0 = 0 + 0i$ es el elemento neutro respecto de la suma puesto que para cualquier número complejo $a + bi$ se cumple que

$$(a + bi) + 0 = 0 + (a + bi) = a + bi$$

Elemento simétrico. Todo número complejo $a + bi$ tiene un elemento simétrico $-a - bi$ tal que la suma de los dos es el elemento neutro 0.
En efecto,

$$(a + bi) + (- a - bi) = (a - a) + (b - b)i = 0 + 0i = 0$$

Propiedad conmutativa. La suma de números complejos cumple que:

$$(a + bi) + (c + di) = (c + di) + (a + bi)$$

En efecto, por una parte tendremos que:

$$(a + bi) + (c + di) = (a + c) + (b + d)i$$

Por otra parte tenemos que:

$$(c + di) + (a + bi) = (c + a) + (d + b)i$$

que es el mismo resultado obtenido anteriormente, tal como queríamos demostrar.
Así pues, los números complejos con la operación suma tienen estructura de grupo conmutativo o abeliano.
Comprobemos ahora que el conjunto $C^* = C - \{0\}$ de los números complejos excepto el cero también tiene estructura de grupo conmutativo o abeliano. Para ello deberá cumplir asimismo las

propiedades uniforme, asociativa, elemento neutro, elemento simétrico y conmutativa.

Propiedad uniforme. El producto de dos números complejos es siempre un número complejo. En efecto, consideremos los números complejos $a + bi$ y $c + di$. Tendremos que:

$$\begin{array}{r} a + bi \\ \times \quad c + di \\ \hline adi + bdi^2 \\ ac + bci \qquad\quad \\ \hline ac + (ad + bc)i + bdi^2 \end{array}$$

Ahora bien,

$$ac + (ad + bc)i + bdi^2 = ac + (ad + bc)i - bd = (ac - bd) + (ad + bc)i$$

que es un número complejo del tipo $x + yi$ donde $x = ac - bd$; $y = ad + bc$.

Propiedad asociativa. El producto de números complejos cumple que:

$$(a + bi) \cdot [(c + di) \cdot (e + fi)] = [(a + bi) \cdot (c + di)] \cdot (e + fi)$$

En efecto, por una parte tendremos que:

$$(a + bi) \cdot [(\mathrm{c} + \mathrm{di}) \cdot (e + fi)] = (a + bi) \cdot [(ce + cfi + dei + dfi^2)] =$$

$$= (a + bi) \cdot [(ce - df) + (cf + de)i] = (ace - adf) + (acf + ade)i + (bce - bdf)i + (bcf + bde)i^2 =$$

$$= (ace - adf) + (acf + ade + bce - bdf)i - (bcf + bde) =$$

$$= (ace - adf - bcf - bde) + (acf + ade + bce - bdf)i$$

Por otra parte tendremos que:

$$[(a + bi) \cdot (c + di)] \cdot (e + fi) = [(ac + adi + bci + bdi^2)] \cdot (e + fi) =$$

$$= [(ac - bd) + (ad + bc)i] \cdot (e + fi) = (ace - bde) + (ade + bce)i + (acf - bdf)i + (adf + bcf)i^2 =$$

$$= (ace - bde) + (acf + ade + bce - bdf)i - (adf + bcf) =$$

$$= (ace - adf - bcf - bde) + (acf + ade + bce - bdf)i$$

que es el mismo resultado obtenido anteriormente, tal como queríamos demostrar.

Elemento neutro. El número $1 = 1 + 0i$ es el elemento neutro respecto de la multiplicación, puesto que para cualquier número complejo $a + bi$ se cumple que:

$$1 \cdot (a + bi) = (a + bi) \cdot 1 = (a + bi)$$

Elemento simétrico. Cualquier número complejo $a + bi$, excepto el cero, posee un elemento inverso respecto de la multiplicación que es:

$$\frac{a}{a^2 + b^2} + \frac{-b}{a^2 + b^2}\, i$$

y que cumplirá que:

$$(a + bi) \cdot \left(\frac{a}{a^2 + b^2} + \frac{-b}{a^2 + b^2} i \right) = \left(\frac{a}{a^2 + b^2} + \frac{-b}{a^2 + b^2} i \right) \cdot (a + bi) = 1$$

En efecto,

$$(a + bi) \cdot \left(\frac{a}{a^2 + b^2} + \frac{-b}{a^2 + b^2} i \right) =$$

$$= \frac{a^2}{a^2 + b^2} + \frac{-\mathrm{ab}}{a^2 + b^2} i + \frac{ab}{a^2 + b^2} i + \frac{-b^2}{a^2 + b^2} i^2 =$$

$$= \frac{a^2}{a^2 + b^2} + \frac{b^2}{a^2 + b^2} = \frac{a^2 + b^2}{a^2 + b^2} = 1$$

tal como queríamos comprobar.

Propiedad conmutativa. El producto de números complejos cumple que

$$(a + bi) \cdot (c + di) = (c + di) \cdot (a + bi)$$

En efecto, por una parte tendremos que:

$$(a + bi) \cdot (c + di) = ac + adi + bci + bdi^2 = (ac - bd) + (ad + bc)i$$

Por otra parte tendremos que:

$$(c + di) \cdot (a + bi) = ac + bci + adi + bdi^2 = (ac - bd) + (ad + bc)i$$

que es el mismo resultado obtenido anteriormente, tal como queríamos demostrar.
Así pues, el conjunto $C^* = C - \{0\}$ con la operación multiplicación tiene estructura de grupo conmutativo o abeliano.

Además también se cumple la propiedad distributiva del producto respecto de la suma. Es decir, que el producto de números complejos cumple que

$$(a + bi) \cdot [(c + di) + (e + fi)] = (a + bi) \cdot (c + di) + (a + bi) \cdot (e + fi)$$

En efecto, por una parte tendremos que:

$$(a + bi) \cdot [(c + di) + (e + fi)] = (a + bi) \cdot [(c + e) + (d + f)i] = (ac + ae) + (ad + af)i +$$
$$+ (bc + be)i + (bd + bf)i^2 = (ac + ae) + (ad + af + bc + be)i - (bd + bf) =$$
$$= (ac + ae - bd - bf) + (ad + af + bc + be)i$$

Por otra parte tendremos que:

$$(a + bi) \cdot (c + di) + (a + bi) \cdot (e + fi) = (ac + adi + bci + bdi^2) + (ae + afi + bei + bfi^2) =$$

$$= [ac + (ad + bc)i - bd] + [ae + (af + be)i - bf] = (ac - bd) + (ad + bc)i + (ae - bf) +$$
$$+ (af + be)i + (ac + ae - bd - bf) + (ad + af + bc + be)i$$

que es el mismo resultado obtenido anteriormente tal como queríamos demostrar.

Por consiguiente, al cumplirse todas las propiedades anteriormente indicadas diremos que el conjunto C de los números complejos con las operaciones suma y multiplicación tiene estructura de cuerpo. Es decir, que (C, +, ·) es un cuerpo.

20.3 Representación de los números complejos

Para representar gráficamente los números complejos se utiliza un sistema de coordenadas cartesianas rectangulares X′ O X, YOY′ (véase Fig. 17-1) y se procede del modo siguiente:

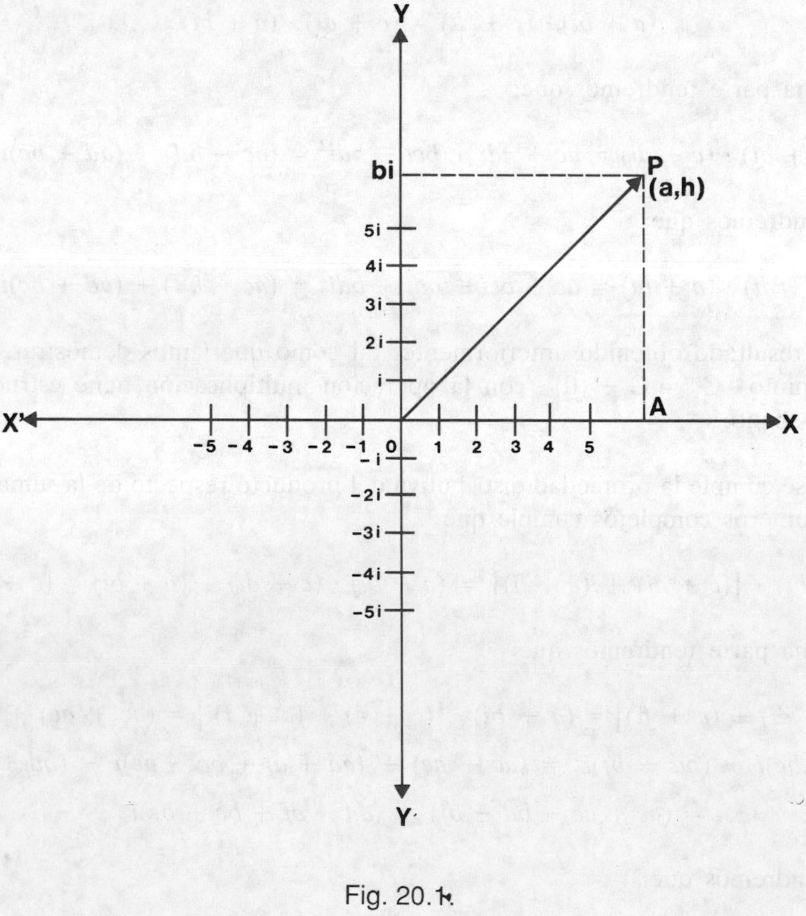

Fig. 20.1.

a) Los números reales positivos se representan sobre el semieje positivo 0X.
b) Los números reales negativos se representan sobre el semieje negativo 0X′.
c) Los números imaginarios positivos se representan sobre el semieje positivo 0Y.
d) Los números imaginarios negativos se representan sobre el semieje negativo 0Y′.

El punto P de coordenadas (a, b) que representa al número complejo $a + bi$ se denomina afijo de dicho número complejo (véase Fig. 20-1.).

El vector OP recibe el nombre de módulo del número complejo.

El ángulo POA que forma el vector OP con el semieje OX recibe el nombre de argumento del número complejo.

Ejemplo

Representar gráficamente los siguientes números complejos: a) $3 + 2i$; b) $-3 + 2i$; c) $-3 - 2i$ y d) $3 - 2i$.

Solución: En las figuras 20-2, 20-3, 20-4 y 20-5 se representan los números complejos $3 + 2i$; $-3 + 2i$; $-3 - 2i$ y $3 - 2i$, respectivamente.

a)

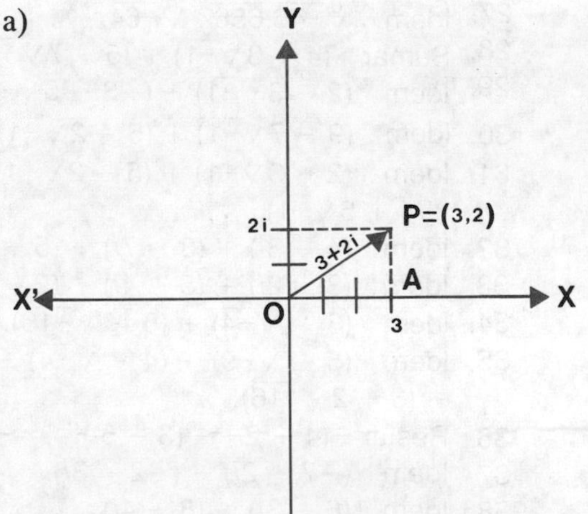

Fig. 20.2.

b)

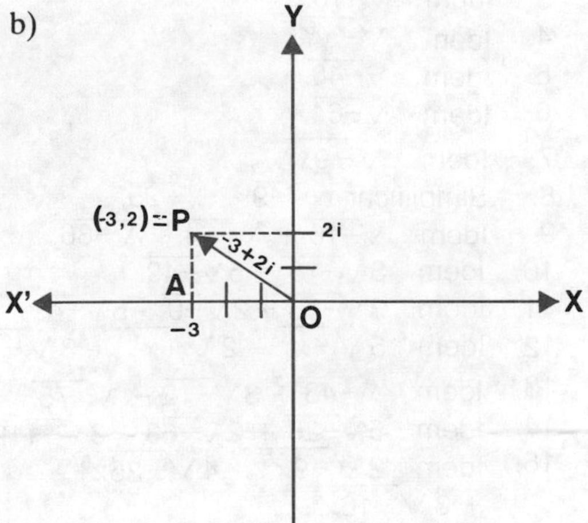

Fig. 20.3.

c)

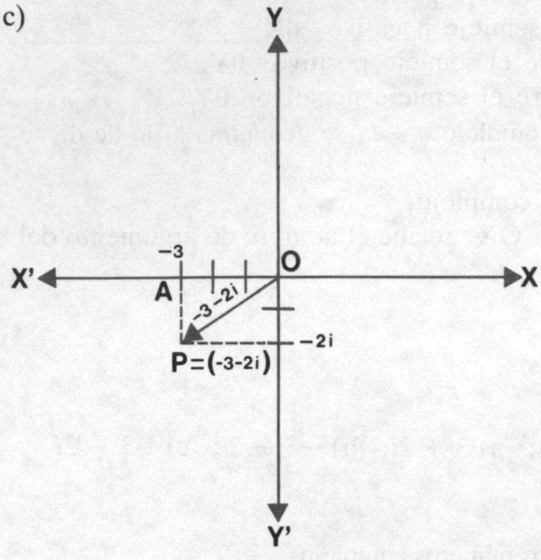

Fig. 20.4

d)

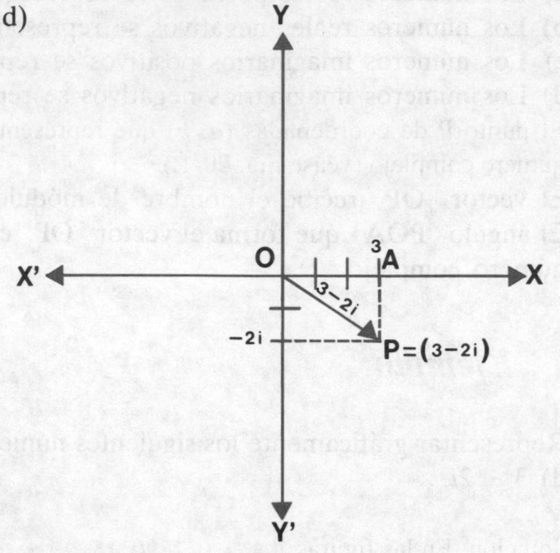

Fig. 20.5.

Problemas propuestos

1. Expresar como un múltiplo de $i\sqrt{-b^2}$.
2. Ídem $\sqrt{-4}$.
3. Ídem $\sqrt{-16}$.
4. Ídem $\sqrt{-y^6}$.
5. Ídem $\sqrt{-48}$.
6. Ídem $\sqrt{-64}$.
7. Ídem $\sqrt{-9x^8}$.
8. Simplificar $\sqrt{-9} + \sqrt{-25}$.
9. Ídem $\sqrt{-16} + \sqrt{-64} + \sqrt{-36}$.
10. Ídem $3\sqrt{-16} + 5\sqrt{-49}$.
11. Ídem $3\sqrt{-36} + 2\sqrt{-9} - 5\sqrt{-4}$.
12. Ídem $5\sqrt{-x^8} - 2\sqrt{-x^{10}} + 3\sqrt{-x^{12}}$.
13. Ídem $\sqrt{-48} + 3\sqrt{-12} - \sqrt{-75}$.
14. Ídem $5\sqrt{-28} + 2\sqrt{-63} - 3\sqrt{-112}$.
15. Ídem $2\sqrt{-9x^6} - 4\sqrt{-25x^6} + 3\sqrt{-16x^6}$.
16. Ídem $\sqrt{-12} \cdot \sqrt{-20}$.
17. Ídem $5\sqrt{-6} \cdot 4\sqrt{-15}$.
18. Ídem $\sqrt{-25} \cdot \sqrt{-36} \cdot \sqrt{-16}$.
19. Ídem $\sqrt{-6} \cdot \sqrt{-12} \cdot \sqrt{-20}$.
20. Ídem $\sqrt{-6} \cdot \sqrt{-8} \cdot \sqrt{-10} \cdot \sqrt{-12}$.
21. Ídem $-3\sqrt{-2} \cdot 5\sqrt{-6}$.
22. Ídem $(\sqrt{-36} - \sqrt{-49}) \cdot (\sqrt{-64} + \sqrt{-100})$.
23. Ídem $3\sqrt{-64} : 4\sqrt{-16}$.
24. Ídem $4\sqrt{-20} : \sqrt{-10}$.
25. Ídem $\sqrt{-120} : \sqrt{-30}$.
26. Ídem $\sqrt[4]{-50.625} : \sqrt[4]{-81}$.
27. Ídem $\sqrt[6]{-46.656} : \sqrt[6]{-64}$.
28. Sumar $(4 + 3\sqrt{-1}) + (5 - 7\sqrt{-1})$.
29. Ídem $(2 - 3\sqrt{-1}) + (-3 - 5\sqrt{-1})$.
30. Ídem $(9 - 7\sqrt{-1}) + (5 - 2\sqrt{-1})$.
31. Ídem $(2 + 3\sqrt{-1}) + (5 - 2\sqrt{-1}) + (4 + 5\sqrt{-1})$.
32. Ídem $(4 - 3i) + (3 - 7i) + (5 + 2i)$.
33. Ídem $(3 - 2i) + (5 + 4i) + (2 - i)$.
34. Ídem $(3 + \sqrt{-4}) + (5 - \sqrt{-16})$.
35. Ídem $(5 + \sqrt{-9}) + (4 - \sqrt{-4}) + (3 + 2\sqrt{-16})$.
36. Restar $(4 + 2i) - (3 - 5i)$.
37. Ídem $(-7 + 2i) - (-2 - 3i)$.
38. Ídem $(6 - 3i) - (8 + 4i)$.
39. Ídem $(-2 + i) - (4 - 5i)$.
40. Multiplicar $(5 - i) \cdot (2 - 5i)$.
41. Ídem $(-1 + 2i) \cdot (4 + 4i)$.
42. Ídem $(3 + 3i) \cdot (-5 + 5i)$.
43. Ídem $(-4 - 3i) \cdot (2 + 4i)$.
44. Dividir $(1 + i) : (2 - 2i)$.
45. Ídem $(-3 + 3i) : (1 - 2i)$.
46. Ídem $(5 - 3i) : (-4 + 4i)$.
47. Ídem $(-1 + 5i) : (4 - 4i)$.

Soluciones

1. S.: bi.
2. S.: $2i$.
3. S.: $4i$.
4. S.: y^3i.
5. S.: $4\sqrt{3}\,i$.
6. S.: $8i$.
7. S.: $3x^4i$.
8. S.: $8i$.
9. S.: $18i$.
10. S.: $47i$.
11. S.: $14i$.
12. S.: $(5x^4 - 2x^5 + 3x^6)i$.
13. S.: $5\sqrt{3}\,i$.
14. S.: $4\sqrt{7}\,i$.
15. S.: $-2x^3i$.
16. S.: $-4\sqrt{15}$.
17. S.: $-60\sqrt{10}$.
18. S.: $-120i$.
19. S.: $-12\sqrt{10}i$.
20. S.: $24\sqrt{10}$.
21. S.: $30\sqrt{3}$.
22. S.: 18.
23. S.: $\frac{3}{2}$.
24. S.: $4\sqrt{2}$.
25. S.: 2.
26. S.: 5.
27. S.: 3.
28. S.: $9 - 4i$.
29. S.: $-1 - 8i$.
30. S.: $14 - 9i$.
31. S.: $11 + 6i$.
32. S.: $12 - 8i$.
33. S.: $10 + i$.
34. S.: $8 - 2i$.
35. S.: $12 + 9i$.
36. S.: $1 + 7i$.
37. S.: $-5 + 5i$.
38. S.: $-2 - 7i$.
39. S.: $-6 + 6i$.
40. S.: $5 - 27i$.
41. S.: $-12 + 4i$.
42. S.: -30.
43. S.: $4 - 22i$.
44. S.: $\frac{i}{2}$.
45. S.: $\frac{-9-3i}{5}$ ó $\frac{-9}{5} + \frac{-3i}{5}$.
46. S.: $-1\frac{-i}{4}$.
47. S.: $\frac{-3}{4} + \frac{i}{2}$.

III

Polinomios

Las expresiones tales como $ax + b$, $ax + by$, $ax^2 + bx + c$ se llaman polinomios y constituyen las piezas fundamentales del álgebra y de sus aplicaciones.

Es fundamental habituarse a operar con ellos manejando con soltura las reglas adecuadas. Ello te permitirá modificar expresiones, transformarlas para que adquieran una fisonomía favorable al uso que queramos hacer de ellas.

21 Los polinomios y sus operaciones

Introducción histórica

Así como la Aritmética surgió de la necesidad que tenían los pueblos primitivos de medir el tiempo y de contar sus posesiones, el origen del Álgebra es muy posterior puesto que debieron transcurrir muchos siglos para que el hombre llegara al concepto abstracto de número que es el fundamento del Álgebra. El gran desarrollo experimentado por el Álgebra se debió sobre todo a los matemáticos árabes y, muy en particular, a Al-Hwarizmi (siglo IX d.C.), que sentó las bases del Álgebra tal como la conocemos hoy en día.

21.1 Definiciones

> **El Álgebra es la parte de las Matemáticas que tiene por objeto generalizar todas las cuestiones que se puedan proponer sobre las cantidades.**

El concepto algebraico de cantidad es mucho más amplio que el aritmético, puesto que mientras en Aritmética las cantidades se representan mediante números que expresan valores determinados, en Álgebra las cantidades se representan mediante letras que pueden representar cualquier valor que se les asigne. Así, por ejemplo, el número 18 sólo representa un valor determinado, mientras que la letra x puede representar cualquier valor que le asignemos.

Así pues, los símbolos que se emplean en Álgebra para representar cantidades pueden ser de dos tipos: números y letras.

Los números se utilizan para representar cantidades conocidas y perfectamente determinadas.

Las letras se utilizan para representar todo tipo de cantidades tanto conocidas como desconocidas. En general, las cantidades conocidas se representan utilizando las primeras letras del alfabeto: a, b, c, d..., mientras que las cantidades desconocidas se representan utilizando las últimas letras del alfabeto: x, y, z...

En Álgebra se utilizan tres tipos de signos: signos de operación, signos de relación y signos de agrupación.

Con las cantidades algebraicas se efectúan las mismas operaciones que con las aritméticas, es decir: suma o adición, resta, multiplicación o producto, división, potenciación, radicación, logaritmación, etc.

En la suma se utiliza el signo más (+). Así, por ejemplo, $x+y$ se leerá: «x más y».

En la resta se utiliza el signo menos (−). Así, por ejemplo, $x-y$ se leerá: «x menos y».

En la multiplicación se utiliza el signo multiplicado por (×) o (·). Así, por ejemplo, $x \times y = x \cdot y$ se leerá: «x multiplicado por y». El signo multiplicado por suele omitirse cuando los factores están indicados por letras o bien por números y letras. Así, por ejemplo $x \times y \times z = x \cdot y \cdot z = xyz$; $3 \cdot y \cdot z = 3yz$.

En la división se utiliza el signo dividido entre (:). Así, por ejemplo, $x : y$ se leerá: «x dividido entre y». La división también se acostumbra a indicar separando el dividendo y el divisor con una raya. Así, en el caso anterior tendríamos que: $x : y = x/y$.

En la potenciación se utiliza un superíndice denominado exponente que se sitúa arriba y a la derecha de una cantidad llamada base y que indica el número de veces que debe multiplicarse la base por sí misma. Así, por ejemplo, $x^y = x \cdot x \cdot x...$ (y veces) se leerá: «x elevado a y». En el caso de que una letra no lleve exponente se sobreentiende que su exponente es la unidad. Así, por ejemplo, $x = x^1$; $xyz = x^1y^1z^1$.

En la radicación se utiliza el signo radical ($\sqrt{\ }$), debajo del cual se coloca la cantidad a la que se le extrae la raíz. Así, por ejemplo, $\sqrt{x}$ se leerá: «raíz cuadrada de x»; $\sqrt[3]{x}$ se leerá: «raíz cúbica de x»; $\sqrt[4]{x}$ se leerá: «raíz cuarta de x», y así sucesivamente.

Los signos de relación se utilizan para indicar la relación que hay entre dos cantidades. Los más usados son: =, ≠, >, <, ≧ y ≦.

El signo = se lee «igual a». Así, por ejemplo, $x = y$ se leerá: «x igual a y».

El signo ≠ se lee «diferente de». Así, por ejemplo, $x \neq y$ se leerá: «x diferente de y».

El signo > se lee «mayor que». Así, por ejemplo, $x > y$ se leerá: «x mayor que y».

El signo < se lee «menor que». Así, por ejemplo, $x < y$ se leerá: «x menor que y».

El signo ≧ se lee «mayor o igual que». Así, por ejemplo, $x \geqq y$ se leerá: «x mayor o igual que y».

El signo ≦ se lee «menor o igual que». Así, por ejemplo, $x \leqq y$ se leerá: «x menor o igual que y».

Los signos de agrupación más utilizados son: los paréntesis ( ), los corchetes [ ] y las llaves { }.

Los signos de agrupación indican que la operación encerrada en su interior debe efectuarse en primer lugar. Así, por ejemplo, $x + (y + z)$ indica que en primer lugar se debe efectuar $y + z$ y, a continuación, el resultado obtenido debe sumarse con x.

Se llama coeficiente al número o letra que se coloca delante de una cantidad para multiplicarla. El coeficiente indica el número de veces que dicha cantidad debe tomarse como sumando.

Así, por ejemplo, si consideramos el producto $5x$, el factor 5 es el coeficiente del factor x e indica que el factor x se debe sumar 5 veces, es decir, $5x = x + x + x + x + x$. En este caso el coeficiente 5 recibe el nombre de coeficiente numérico.

Si consideramos el producto yx, el factor y es el coeficiente del factor x e indica que el factor x se debe sumar y veces, es decir, $yx = x + x + x$ .... (y veces). En este caso, el coeficiente y recibe el nombre de coeficiente literal.

Si se tiene un producto de más de dos factores, uno o varios de los factores son el coeficiente de los restantes factores. Así, por ejemplo, en el producto xyz, x es el coeficiente de yz mientras que xy es el coeficiente de z.

En el caso de que una cantidad no vaya precedida de un coeficiente numérico se sobreentiende que el coeficiente es la unidad.

Así, por ejemplo, x equivale a $1x$; xy equivale a $1xy$, etc.
Se llama exponente al número o letra que se escribe a la derecha y en la parte superior de una cantidad para indicar el número de veces que dicha cantidad se toma como factor.
Así, por ejemplo, y^6 equivale a $y \cdot y \cdot y \cdot y \cdot y \cdot y$ mientras que, $(x-y)^3$ equivale a $(x-y) \cdot (x-y) \cdot (x-y)$.
En el caso de que una cantidad no lleve exponente se sobreentiende que es la unidad. Así, por ejemplo, $(x-y)$ equivale a $(x-y)^1$.

Se llama expresión algebraica a toda representación de cantidades algebraicas mediante letras y números unidos por los signos de cálculo algebraicos. Así, por ejemplo, $x - 2y$ es una expresión algebraica.

Se dice que una expresión algebraica es entera cuando no tiene denominador algebraico ni radical. Así, por ejemplo, x^3y es una expresión algebraica entera.
Se dice que una expresión algebraica es fraccionaria cuando tiene denominador. Así, por ejemplo, x^3y/z es una expresión algebraica fraccionaria.
Se dice que una expresión algebraica es racional cuando ninguna de sus letras está afectada por un signo radical o por un exponente fraccionario. Así, por ejemplo, xy^2 es una expresión algebraica racional.
Por el contrario, se dice que una expresión algebraica es irracional cuando alguna de sus letras está afectada por un signo radical o por un exponente fraccionario. Así, por ejemplo, $\sqrt{xyz}$ es una expresión algebraica irracional.

Se llama término a toda expresión algebraica cuyas partes no están separadas por los signos + o −. Así, por ejemplo, xy^2 es un término algebraico.

En todo término algebraico pueden distinguirse cuatro elementos: el signo, el coeficiente, la parte literal y el grado.
Los términos que van precedidos del signo + se llaman términos positivos, en tanto que los términos que van precedidos del signo − se llaman términos negativos. Así, por ejemplo, $9xy$ es un término positivo, mientras que $-2xz$ es un término negativo.
El signo + se acostumbra a omitir delante de los términos positivos. Así, por ejemplo, $+xy$ equivale a xy.
Así pues, cuando un término no va precedido de ningún signo se sobreentiende que es positivo.
El coeficiente, tal como se indicó anteriormente, es generalmente el primero de los factores del término. Así, por ejemplo, en el término $-7xy$ el coeficiente es -7.
La parte literal está formada por las letras que haya en el término. Así, por ejemplo, en el término $6x^2y$ la parte literal es x^2y.
El grado de un término puede ser total o referido a una letra. El grado total de un término es la suma de los exponentes de sus factores literales. Así, por ejemplo, el término x^3y^2z es de sexto grado, puesto que la suma de los exponentes de sus factores literales es $3 + 2 + 1 = 6$.
El grado de un término con respecto a una letra es el exponente de dicha letra. Así, por ejemplo, el término x^3y^2z es de tercer grado con respecto a x, de segundo grado con respecto a y y de primer grado con respecto a z.
Se dice que un término es entero cuando no tiene denominador literal. Así, por ejemplo, $5x^3y$ es un término entero.

Se dice que un término es fraccionario cuando tiene denominador literal. Así, por ejemplo, $2x^2/y$ es un término fraccionario.

Se dice que un término es racional cuando no tiene radical. Así, por ejemplo, $3x^2y^2$ es un término racional.

Se dice que un término es irracional cuando tiene radical. Así, por ejemplo, $\sqrt{9xy}$ es un término irracional.

Se dice que dos términos son homogéneos cuando tienen el mismo grado absoluto. Así, por ejemplo, $3x^2y$ y $7xy^2$ son términos homogéneos porque ambos son de tercer grado absoluto.

Se dice que dos términos son heterogéneos cuando tienen distinto grado absoluto. Así, por ejemplo, $6x^2y$ y $8xy^3$ son términos heterogéneos porque el primero es de tercer grado y el segundo es de cuarto grado.

Una fórmula algebraica es una expresión algebraica usada para representar una regla o un principio general.

Así, por ejemplo, si decimos que el área de un círculo viene dada por la expresión $S = \pi r^2$ siendo S el área del círculo, r el radio y π el número irracional 3,141592... estamos empleando una fórmula algebraica que se podrá utilizar para calcular el área de cualquier círculo conocido el valor del radio. Así, si el radio mide 5 cm tendremos que $S = \pi \cdot 5^2 = 78{,}54$ cm^2.

Las expresiones algebraicas que constan de un solo término reciben el nombre de monomios. Así, por ejemplo, $3x^2yz^2$ es un monomio.

Las expresiones algebraicas que constan de dos términos reciben el nombre de binomios. Así, por ejemplo, $5x - 3yz$ es un binomio.

Las expresiones algebraicas que constan de tres términos reciben el nombre de trinomios. Así, por ejemplo, $3xy - 2yz + 4xz$ es un trinomio.

En general, las expresiones algebraicas que constan de dos o más términos reciben el nombre de polinomios.

El grado total de un polinomio es el grado del término que lo tenga más elevado. Así, por ejemplo, si consideramos el polinomio $2x^5 - 3x^3 - 7x^2 + 4x$ podemos observar que el primer término es de quinto grado, el segundo término es de tercer grado, el tercer término es de segundo grado y el cuarto término es de primer grado. Por consiguiente, el grado total del polinomio es cinco, puesto que éste es el grado de su término de mayor grado.

El grado de un polinomio con respecto a una letra es el mayor exponente de dicha letra en el polinomio. Así, por ejemplo, si consideramos el polinomio $x^3 - 3x^2y + 7xy^2$, podemos observar que el polinomio es de tercer grado con respecto a x y de segundo grado con respecto a y.

Se dice que un polinomio es entero cuando ninguno de sus términos tiene denominador literal. Así, por ejemplo, $3x^2 - x + 4$ es un polinomio entero.

Se dice que un polinomio es fraccionario cuando alguno de sus términos tiene denominador literal. Así, por ejemplo, $5/x^2 - 3/x + 4$ es un polinomio fraccionario.

Se dice que un polinomio es racional cuando ninguno de sus términos contiene radicales. Así, por ejemplo, $5x^3 - 3x + 7$ es un polinomio racional.

Se dice que un polinomio es irracional cuando alguno de sus términos contiene radicales. Así, por ejemplo, $\sqrt{5+x} - 3x$ es un polinomio irracional.

Se dice que un polinomio es homogéneo cuando todos sus términos son del mismo grado total. Así, por ejemplo, $x^3 + x^2y + xy^2 + y^3$ es un polinomio homogéneo.

Se dice que un polinomio es heterogéneo cuando sus términos no son del mismo grado total. Así, por ejemplo, $x^4 - x^2y + xy^2$ es un polinomio heterogéneo.

Se dice que un polinomio es completo con respecto a una letra si contiene todos los exponentes desde el más alto al más bajo que tenga dicha letra en el polinomio. Así, por ejemplo, el polinomio $x^3y + 3x^2y^2 + 3xy^3$ es un polinomio completo tanto respecto de x como respecto de y, puesto que contiene todos los exponentes de la x y de la y, desde el más bajo que es 1 hasta el más alto que es 3.
Por el contrario, se dice que un polinomio es incompleto con respecto a una letra determinada si no contiene todos los exponentes desde el más alto hasta el más bajo que tenga dicha letra en el polinomio. Así, por ejemplo, el polinomio $x^5 - x^3 + x^2 - 1$ es un polinomio incompleto respecto de x puesto que faltan los términos de exponente 4 y de exponente 1.

Se dice que un polinomio está ordenado con respecto a una letra cuando los exponentes de una letra determinada van aumentando o disminuyendo desde el primero hasta el último con respecto a la letra considerada, que recibe el nombre de letra ordenatriz.

Así, por ejemplo, el polinomio $x^4 + x^3y + x^2y^2 + xy^3 + y^4$ está ordenado en orden ascendente con respecto a la letra ordenatriz y y está ordenado en orden descendente con respecto a la letra ordenatriz x.
Así pues, ordenar un polinomio consiste en escribir todos sus términos en un orden tal que los exponentes de una misma letra, llamada ordenatriz, vayan disminuyendo o aumentando desde el primer término hasta el último.
Así, por ejemplo, para ordenar el polinomio $x^5 - x^7 + x^4 - x^6$ en orden descendente con respecto a la letra x deberíamos escribirlo así: $-x^7 - x^6 + x^5 + x^4$.
Se llama término independiente de un polinomio con respecto a una letra al término que no contiene dicha letra. Así, por ejemplo, en el polinomio $x^3 - 3x^2 + 4x + 6$, el término independiente con respecto a la letra x es 6, puesto que es el único término que no contiene la letra x.
De hecho, el término independiente con respecto a una letra puede considerarse como el término del polinomio en el cual dicha letra está elevada al exponente cero, puesto que cualquier número elevado a cero es igual a la unidad. Así, por ejemplo, en el caso anterior $6 = 6 \cdot x^0 = 6 \cdot 1 = 6$.
Términos semejantes son aquellos que tienen las mismas letras con iguales exponentes aunque tengan distintos signos y coeficientes. Así, por ejemplo, $-5xy^3$ y $8xy^3$ son términos semejantes.
Se llama reducción de términos semejantes a la operación que consiste en reemplazar varios términos semejantes por uno solo.
En la reducción de términos semejantes pueden presentarse los tres casos siguientes:

a) Para reducir términos semejantes que tengan igual signo se suman los coeficientes anteponiendo a la suma el mismo signo que tienen todos los términos y a continuación se escribe la parte literal.

Ejemplo

Reducir $2xy + 3xy + 5xy + 7xy$.

Solución: Tendremos

$$2xy + 3xy + 5xy + 7xy = 17xy$$

b) Para reducir términos semejantes que tengan distintos signos se restan los coeficientes anteponiendo a la diferencia el signo del mayor y a continuación se escribe la parte literal.

Ejemplo

Reducir $3xy^2 - 5xy^2$.

Solución: Tendremos

$$3xy^2 - 5xy^2 = -2xy^2$$

c) Para reducir varios términos semejantes que tengan distintos signos se reducen todos los términos positivos a un solo término y todos los términos negativos a un solo término, y se restan los coeficientes de los dos términos así obtenidos anteponiendo a la diferencia el signo del mayor y a continuación se escribe la parte literal.

Ejemplo

Reducir $-3xy + 5xy - 7xy + 8xy$.

Solución: Tendremos

$$-3xy + 5xy - 7xy + 8xy = (5xy + 8xy) - (3xy + 7xy) = 13xy - 10xy = 3xy$$

Ejemplo

Reducir el polinomio $-3xy + 5x^2y - 3xy^2 + 5xy - 6x^2y + 4xy^2$.

Solución: Reduciremos por separado los términos de cada clase:

$$-3xy + 5x^2y - 3xy^2 + 5xy - 6x^2y + 4xy^2 =$$
$$= (-3xy + 5xy) + (5x^2y - 6x^2y) + (-3xy^2 + 4xy^2) = 2xy - x^2y + xy^2$$

El valor numérico de una expresión algebraica es el resultado que se obtiene efectuando las operaciones indicadas en ella, después de sustituir cada letra por el valor que se le atribuye.

Ejemplo

Hallar el valor numérico de x^2yz^3 para $x = 2$, $y = 3$, $z = 1$.

Solución: Tendremos

$$x^2yz^3 = 2^2 \cdot 3 \cdot 1^3 = 4 \cdot 3 \cdot 1 = 12$$

21.2 Suma de polinomios

La suma o adición es la operación que consiste en reunir varias expresiones algebraicas denominadas sumandos en una única expresión algebraica que recibe el nombre de suma.

Así, por ejemplo, la suma de las expresiones algebraicas x y z será la reunión de ambas expresiones algebraicas, es decir, $x + z$.
La suma de las expresiones algebraicas x y $-z$ será la reunión de ambas expresiones algebraicas, es decir, $x - z$.
Como puede observarse en este último ejemplo, hay sumas algebraicas que equivalen a restas, puesto que sumar una cantidad negativa equivale a restar una cantidad positiva del mismo valor absoluto.
Para sumar varias expresiones algebraicas se escriben los sumandos unos a continuación de los otros con sus propios signos, y después se reducen los términos semejantes, en el caso de que los haya.

Ejemplo

Sumar los monomios $2x$, $3y$ y $7z$.

Solución: Escribimos todos los sumandos unos a continuación de los otros con sus propios signos:

$$2x + 3y + 7z$$

Como no hay términos semejantes no podemos reducir la expresión algebraica anterior, que es por consiguiente el resultado final buscado.

Ejemplo

Sumar los monomios $2xy$, $5xy^2$, $8xy$, $3xy^2$, z^2.
Solución: Tendremos

$$2xy + 5xy^2 + 8xy + 3xy^2 + z^2$$

Reduciendo términos semejantes:

$10xy + 8xy^2 + z^2$, que es el resultado final.

Ejemplo

Sumar $4x$ y $-3y$.

Solución: Tendremos

$4x + (-3y)$, puesto que los sumandos negativos acostumbran a encerrarse entre paréntesis.

Por consiguiente $4x - 3y$ será el resultado final.

Ejemplo

Sumar $2x$, $-3y$, $4x$, y, z, $-x$, $2y$.

Solución: Tendremos

$$2x + (-3y) + 4x + y + z + (-x) + 2y$$

Reduciendo términos semejantes:

$5x + z$, que es el resultado final buscado.

Ejemplo

Sumar $-2/5x^2$, $3/4xy$, $2/3y^2$, $-1/2xy$, $3/10x^2$, $-1/3y^2$.

Solución: Tendremos

$$(-2/5x^2) + 3/4xy + 2/3y^2 + (-1/2xy) + 3/10x^2 + (-1/3y^2)$$

Reduciendo términos semejantes:

$-1/10x^2 + 1/4xy + 1/3y^2$, que es el resultado final.

Para sumar polinomios se suelen encerrar los sumandos entre paréntesis.

Ejemplo

Sumar $3x^2y - 5xy^2$, $3xy^2 - 5x^2y$, $8xy^2 - 2x^2y$.

Solución: Tendremos

$$(3x^2y - 5xy^2) + (3xy^2 - 5x^2y) + (8xy^2 - 2x^2y)$$

A continuación colocamos todos los términos de los polinomios unos a continuación de los otros con sus propios signos:

$$3x^2y - 5xy^2 + 3xy^2 - 5x^2y + 8xy^2 - 2x^2y$$

Reduciendo los términos semejantes:

$-4x^2y+6xy^2$, que es el resultado final.

En la práctica, los polinomios se acostumbran a colocar unos debajo de los otros de manera que los términos semejantes queden en la misma columna. A continuación se reducen los términos semejantes separando unos de otros con sus signos correspondientes.

Ejemplo

Sumar $4x^3+2x^2y-3xy^2$, $6x^2y+2xy^2-4x^3$, $x^3-7x^2y+6xy^2$.

Solución: Tendremos

$$\begin{array}{rrr} 4x^3 & +2x^2y & -3xy^2 \\ -4x^3 & +6x^2y & +2xy^2 \\ x^3 & -7x^2y & +6xy^2 \\ \hline x^3 & +x^2y & +5xy^2 \end{array}$$

, que es el resultado final.

En el caso de que los polinomios que se suman puedan ordenarse con respecto a una letra, antes de sumarlos deben ordenarse con respecto a dicha letra.

Ejemplo

Sumar $2x^2-5xy+3y^2$, $-3y^2+6xy+x^2$, $2xy+x^2-y^2$.

Solución: Ordenando los polinomios en orden descendente con respecto a la letra x, tendremos

$$(2x^2-5xy+3y^2)+(x^2+6xy-3y^2)+(x^2+2xy-y^2)$$

Así pues:

$$\begin{array}{rrr} 2x^2 & -5xy & +3y^2 \\ x^2 & +6xy & -3y^2 \\ x^2 & +2xy & -y^2 \\ \hline 4x^2 & +3xy & -y^2 \end{array}$$

Ejemplo

Sumar $2x^4-2y^4+3x^2y^2$, $4x^2y^2-2xy^3+3y^4$, $6x^3y+2xy^3+3x^2y^2+2y^4$.

Solución: Ordenando los polinomios en orden descendente con respecto a la letra x tendremos

$$(2x^4+3x^2y^2-2y^4)+(4x^2y^2-2xy^3+3y^4)+(6x^3y+3x^2y^2+2xy^3+2y^4)$$

Así pues:

$$\begin{array}{rrrrr} 2x^4 & & +3x^2y^2 & & -2y^4 \\ & & 4x^2y^2 & -2xy^3 & +3y^4 \\ & 6x^3y & +3x^2y^2 & +2xy^3 & +2y^4 \\ \hline 2x^4 & +6x^3y & +10x^2y^2 & & +3y^4 \end{array}$$

que es el resultado final.

Ejemplo

Sumar $3/4\ a^3 - 1/2\ b^3 + 1/5\ a^2b - 1$, $1/2\ a^2b - 2/5\ ab^2 - 1/3b^3$, $2 + 3/4\ b^3 - 2/5\ ab^2$.

Solución: Ordenando los polinomios en orden decreciente con respecto a la letra a tendremos:

$$(3/4\ a^3 + 1/5\ a^2b - 1/2\ b^3 - 1) + (1/2\ a^2b - 2/5\ ab^2 - 1/3\ b^3) + (-2/5\ ab^2 + 3/4\ b^3 + 2)$$

Así pues:

$$\begin{array}{rrrrr} 3/4a^3 & +1/5\ a^2b & & -1/2b^3 & -1 \\ & 1/2\ a^2b & -2/5ab^2 & -1/3b^3 & \\ & & -2/5ab^2 & +3/4b^3 & +2 \\ \hline 3/4\ a^3 & +7/10a^2b & -4/5ab^2 & -1/12b^3 & +1 \end{array}$$

que es el resultado final.

21.3 Resta de polinomios

La resta o sustracción es la operación que consiste en hallar uno de los sumandos, llamado resta o diferencia, conocidos el otro sumando, llamado sustraendo, y la suma, que recibe el nombre de minuendo.

Así pues, por definición, el minuendo x coincide con la suma del sustraendo y y de la diferencia z. En efecto, si $x - y = z$, tendremos que $x - y + y = x$.
Al igual que pasaba en el caso de la suma, hay restas algebraicas que equivalen a sumas, puesto que restar una cantidad negativa equivale a sumar una cantidad positiva del mismo valor absoluto.
Para restar expresiones algebraicas se escribe el minuendo con sus propios signos y a continuación el sustraendo con todos sus signos cambiados y después se reducen los términos semejantes en el caso de que los haya.

Ejemplo

Restar los monomios $2x$ y $3y$.

Solución: Escribimos el minuendo con su propio signo y el sustraendo con el signo cambiado. Tendremos:

$$2x - 3y$$

Como no hay términos semejantes no podemos reducir la expresión algebraica anterior, que es por consiguiente el resultado final buscado.

Ejemplo

Restar $-2xy$ y $-4xy$.

Solución: Escribimos el minuendo con su propio signo y el sustraendo con el signo cambiado. Tendremos:

$$-2xy + 4xy$$

Reduciendo términos semejantes:

$$2xy \text{, que es el resultado final.}$$

En el caso de que el sustraendo sea negativo se acostumbra a encerrar dentro de paréntesis para distinguir el signo – de la resta del signo – del sustraendo. El signo – delante de un paréntesis nos indica que estamos efectuando una resta y, por lo tanto, que debemos cambiar todos los signos del sustraendo encerrado en el interior del paréntesis.

Ejemplo

Restar $3x^2y^2$ y $-4x^2y^2$.

Solución: Tendremos

$$3x^2y^2 - (-4x^2y^2)$$

Es decir:

$$3x^2y^2 + 4x^2y^2$$

Reduciendo términos semejantes:

$$7x^2y^2 \text{, que es el resultado final.}$$

Ejemplo

Restar $2/5\ x^2y$ y $-3/10\ x^2y$.

Solución: Tendremos

$$2/5\ x^2y - (-3/10\ x^2y)$$

Es decir:

$$2/5\ x^2y + 3/10\ x^2y$$

Reduciendo términos semejantes:

$7/10\ x^2y$, que es el resultado final.

En el caso de que el sustraendo sea un polinomio se deben restar del minuendo todos y cada uno de los términos del sustraendo, para lo cual a continuación del minuendo se escribe el sustraendo con todos sus términos cambiados de signo.

Ejemplo

Restar $3x^2 + 4x - 3$ y $2x^2 - 3x + 4$.

Solución: Tendremos

$$3x^2 + 4x - 3 - (2x^2 - 3x + 4)$$

Es decir:

$$3x^2 + 4x - 3 - 2x^2 + 3x - 4$$

Reduciendo términos semejantes:

$x^2 + 7x - 7$ que es el resultado final.

En la práctica, se acostumbra a escribir el sustraendo con los signos cambiados debajo del minuendo, de manera que los términos semejantes queden en la misma columna, y a continuación se procede a reducir los términos semejantes.

Ejemplo

Restar $8x^4 - 5x^3y + 3x^2y^2$ y $4x^4 - 2x^3y + 5x^2y^2$.

Solución: Escribiremos el sustraendo con los signos cambiados debajo del minuendo, ordenándolos ambos en orden descendente con respecto a la letra x. Tendremos:

$$\begin{array}{rrr} 8x^4 & -5x^3y & +3x^2y^2 \\ -4x^4 & +2x^3y & -5x^2y \\ \hline 4x^4 & -3x^3y & -2x^2y^2 \end{array}$$ que es el resultado final.

Ejemplo

Restar $-3xy^2+4+6x^2y+2y^3$ y $2x^3-3x^2y+2xy^2-1$.

Solución: Tendremos

$$\begin{array}{rrrrr} & 6x^2y & -3xy^2 & +2y^3 & +4 \\ -2x^3 & +3x^2y & -2xy^2 & & +1 \\ \hline -2x^3 & +9x^2y & -5xy^2 & +2y^3 & +5 \end{array}$$

que es el resultado final.

Cuando los coeficientes de los polinomios son números fraccionarios se procede análogamente, como se observa a continuación.

Ejemplo

Restar $1/3\ x^2y+1/4\ xy^2+1/6\ x^3$ y $1/6\ x^2y-1/3\ xy^2+1/4\ x^3$.

Solución: Tendremos:

$$\begin{array}{rrr} 1/6\ x^3 & +1/3\ x^2y & +1/4\ xy^2 \\ -1/4\ x^3 & -1/6\ x^2y & +1/3\ xy^2 \\ \hline -1/12\ x^3 & +1/6\ x^2y & +7/12\ xy^2 \end{array}$$

que es el resultado final.

Cuando se tienen combinaciones de sumas y restas algebraicas, se efectúa en primer lugar una de las operaciones y a continuación la otra, tal como puede observarse en los ejemplos siguientes.

Ejemplo

Efectuar las operaciones indicadas, reduciendo términos semejantes:

$$2x^4-(2x^3+4x^2y+3xy^2+2y^3)+(2x^3-2y^3).$$

Solución: Efectuaremos en primer lugar la resta:

$$\begin{array}{rrrrr} 2x^4 & & & & \\ & -2x^3 & -4x^2y & -3xy^2 & -2y^3 \\ \hline 2x^4 & -2x^3 & -4x^2y & -3xy^2 & -2y^3 \end{array}$$

A continuación efectuaremos la suma:

$$\begin{array}{rrrrr} 2x^4 & -2x^3 & -4x^2y & -3xy^2 & -2y^3 \\ & 2x^3 & & & -2y^3 \\ \hline 2x^4 & & -4x^2y & -3xy^2 & -4y^3 \end{array}$$

que es el resultado final.

Ejemplo

Efectuar: $4x^2 - (3xy + 2y^2) - (3x^2 - 4xy + 5y^2) - (-3xy + 4y^2)$.

Solución: Tendremos

$$\begin{array}{rrr} 4x^2 & & \\ & -3xy & -2y^2 \\ \hline 4x^2 & -3xy & -2y^2 \end{array}$$

A continuación:

$$\begin{array}{rrr} 4x^2 & -3xy & -2y^2 \\ -3x^2 & +4xy & -5y^2 \\ \hline x^2 & +xy & -7y^2 \end{array}$$

Finalmente:

$$\begin{array}{rrr} x^2 & +xy & -7y^2 \\ & 3xy & -4y^2 \\ \hline x^2 & +4xy & -11y^2 \end{array}$$ que es el resultado final.

Ejemplo

Efectuar $3y - [4y - (5y + 1)]$.

Solución: Efectuaremos en primer lugar la resta encerrada dentro del corchete. Tendremos:

$$\begin{array}{rr} 4y & \\ -5y & -1 \\ \hline -y & -1 \end{array}$$

Quedará: $3y - (-y - 1)$

Es decir: $3y + (y + 1)$

O sea,

$$\begin{array}{rr} 3y & \\ y & +1 \\ \hline 4y & +1 \end{array}$$ que es el resultado final.

Ejemplo

Efectuar $3z - (2/3y + 1/2) + (1/5y - 2/3) - (1/2 - 1/4y)$.

Solución: Tendremos

$$
\begin{array}{rrr}
3z & & \\
 & -2/3y & -1/2 \\
\hline
3z & -2/3y & -1/2
\end{array}
$$

A continuación:

$$
\begin{array}{rrr}
3z & -2/3y & -1/2 \\
 & 1/5y & -2/3 \\
\hline
3z & -7/15y & -7/6
\end{array}
$$

Finalmente:

$$
\begin{array}{rrr}
3z & -7/15y & -7/6 \\
 & 1/4y & -1/2 \\
\hline
3z & -13/60y & -5/3
\end{array}
$$

que es el resultado final.

Los signos de agrupación son de diversos tipos. Los más utilizados son: los paréntesis ( ), los corchetes [ ] y las llaves { }.
Los signos de agrupación se usan para indicar que las cantidades encerradas en su interior se deben considerar como una sola cantidad.

Así, por ejemplo, la expresión algebraica $x-(y-z)$ indica que la diferencia $y-z$ debe restarse de x, obteniéndose como resultado $x-y+z$.

Los corchetes y las llaves tienen la misma utilidad que los paréntesis y se usan en los casos en que una expresión algebraica que ya contiene signos de agrupación se incluye dentro de otro signo de agrupación.
Para suprimir signos de agrupación precedidos del signo + se deja el mismo signo que tienen a cada una de las cantidades que se encuentran encerradas en su interior.

Ejemplo

Suprimir los paréntesis en la expresión algebraica:

$$x+2y+(3x-y)+(2x-z)$$

Solución: Como los paréntesis van precedidos del signo + se deja el mismo signo a cada una de las cantidades encerradas en su interior.

Así pues, tendremos:

$$x+2y+(3x-y)+(2x-z)=x+2y+3x-y+2x-z$$

Reduciendo términos semejantes:

$6x+y-z$, que es el resultado final.

Para suprimir signos de agrupación precedidos del signo – se cambia el signo que tenga cada una de las cantidades que se encuentran encerradas en su interior.

Ejemplo

Suprimir los paréntesis en la expresión algebraica:

$$3x - 2y - (2x + 4y) - (x - 3y)$$

Solución: Como los paréntesis van precedidos del signo – se cambia el signo a cada una de las cantidades encerradas en su interior. Así pues, tendremos:

$$3x - 2y - (2x + 4y) - (x - 3y) = 3x - 2y - 2x - 4y - x + 3y$$

Reduciendo términos semejantes:

$-3y$, que es el resultado final.

Ejemplo

Suprimir los paréntesis en la expresión algebraica:

$$-(2x + y) + (-2x - 3y) - (-x + 2y) + (6x + 4y)$$

Solución: Como algunos paréntesis van precedidos del signo + y otros van precedidos del signo –, cambiaremos de signo las cantidades encerradas en el interior de los paréntesis precedidos del signo – y dejaremos el mismo signo a las cantidades encerradas en el interior de los paréntesis precedidos del signo +.

Así pues, tendremos:

$$-2x - y - 2x - 3y + x - 2y + 6x + 4y$$

Reduciendo términos semejantes:

$3x - 2y$, que es el resultado final.

21.4 Multiplicación de polinomios

La multiplicación de polinomios es una operación algebraica que tiene por objeto hallar una cantidad llamada producto dadas dos cantidades llamadas multiplicando y multiplicador, de modo que el producto sea con respecto del multiplicando en signo y valor absoluto lo que el multiplicador es respecto de la unidad positiva.

Tanto el multiplicando como el multiplicador reciben el nombre de factores del producto.
Tal como vimos en el tema 1, la multiplicación de polinomios cumple la propiedad asociativa. Es decir, que dados tres polinomios cualesquiera x, y y z se cumplirá que $(xy)z = x\ (yz)$.
Esta ley acostumbra a enunciarse diciendo que los factores de un producto se pueden agrupar de cualquier manera.
Asimismo, el producto de polinomios también cumplía la propiedad conmutativa. Es decir, que dados dos polinomios cualesquiera x e y se cumplirá que $xy = yx$. Esta ley acostumbra a enunciarse diciendo que el orden de los factores no altera el producto.

Por lo que respecta al signo del producto de dos factores, pueden presentarse los cuatro casos siguientes:

a) Si dos factores tienen ambos signo positivo, su producto también tendrá signo positivo.

En efecto, por definición de multiplicación, el signo del producto debe ser respecto del signo del multiplicando lo que el signo del multiplicador respecto de la unidad positiva. Como en este caso el multiplicador tiene el mismo signo que la unidad positiva, el producto debe tener el mismo signo que el multiplicando, que es positivo, y por consiguiente el signo del producto también será positivo.
Lo anteriormente dicho puede resumirse en la expresión:

$$(+x) \cdot (+y) = +xy$$

b) Si el multiplicador tiene signo positivo y el multiplicando tiene signo negativo, el producto tendrá signo negativo.

En efecto, como el multiplicador tiene el mismo signo que la unidad positiva, el producto tendrá el mismo signo que el multiplicando, que es negativo, y por consiguiente el signo del producto también será negativo.
Lo anteriormente dicho puede resumirse en la expresión:

$$(-x) \cdot (+y) = -xy$$

c) Si el multiplicando tiene signo positivo y el multiplicador tiene signo negativo, el producto tendrá signo negativo.

En efecto, como el multiplicador tiene signo contrario que la unidad positiva, el producto deberá tener signo contrario que el multiplicando, que es positivo, y por consiguiente el signo del producto será negativo.
Lo anteriormente dicho puede resumirse en la expresión:

$$(+x) \cdot (-y) = -xy$$

d) Si dos factores tienen ambos signo negativo, su producto tendrá signo positivo.

En efecto, como el multiplicador tiene signo contrario que la unidad positiva, el producto deberá tener signo contrario que el multiplicando, que es negativo, y por consiguiente el signo del producto será positivo.
Lo anteriormente dicho puede resumirse en la expresión:

$$(-x) \cdot (-y) = +xy$$

Así pues, tenemos que:

$$+ \cdot + = +$$
$$- \cdot + = -$$
$$+ \cdot - = -$$
$$- \cdot - = +$$

Es decir, que el producto de dos factores de igual signo es positivo y el producto de dos factores de signos contrarios es negativo, lo cual se conoce con el nombre de Regla de los Signos.
Por lo que respecta al signo del producto de varios factores, pueden presentarse los dos casos siguientes:

a) El signo del producto de varios factores es positivo cuando o bien todos los factores son positivos o bien hay un número par de factores negativos.

En efecto, si todos los factores son positivos el producto será positivo, porque tal como acabamos de ver el producto de factores positivos es siempre positivo.

Es decir, $(+m) \cdot (+n) \cdot (+p) \cdot (+q) = +mnpq$.

Por otra parte, si hay un número par de factores negativos el producto será positivo, porque tal como se vio anteriormente el producto de dos factores negativos es positivo y, por lo tanto, el producto de un número par de factores negativos también lo será.

Es decir, $(-m) \cdot (-n) \cdot (-p) \cdot (-q) = +mnpq$.

b) El signo del producto de varios factores es negativo cuando hay un número impar de factores negativos.

En efecto, por la propiedad asociativa de la multiplicación tendremos:

$$(-m)\cdot(-n)\cdot(-p)=[(-m)\cdot(-n)]\cdot(-p)$$

Como el producto de un número par de factores negativos es positivo, tendremos:

$$[(-m)\cdot(-n)]\cdot(-p)=(+mn)\cdot(-p)$$

Pero el producto de un factor positivo por otro negativo es negativo.

Por lo tanto, $(+mn)\cdot(-p)=-mnp$.

Para multiplicar potencias de igual base se escribe la misma base y como exponente se pone la suma de los exponentes de los factores.

En efecto, supongamos la multiplicación $x^{m}\cdot x^{n}$.

Tendremos:

$x^{m}\cdot x^{n}=[x\cdot x\cdot x\,(m \text{ veces})]\cdot[x\cdot x\cdot x...(n \text{ veces})]=x\cdot x\cdot x...\,(m+n \text{ veces})=x^{m+n}$, tal como queríamos demostrar.

Así, por ejemplo, $x^5\cdot x^6\cdot x^7=x^{5+6+7}=x^{18}$.

El coeficiente del producto de varios factores es el producto de los coeficientes de los factores.

En efecto, supongamos el producto $ax\cdot by\cdot cz$.
Por la propiedad asociativa de la multiplicación tendremos:

$$ax\cdot by\cdot cz=axby\cdot cz$$

Análogamente:

$$axby\cdot cz=[a(xb)y]\cdot cz$$

Por la propiedad conmutativa de la multiplicación tendremos:

$$[a(xb)y]cz=[a(bx)y]\cdot cz$$

Por la propiedad asociativa de la multiplicación tendremos:

$$[a(bx)y]\cdot cz=(ab)xy\cdot cz$$

Repitiendo el proceso:

$$(ab)xy \cdot cz = (ab)\ [xycz] = (ab)\ [x(yc)z] =$$

$$= (ab)\ [x(cy)z] = (ab)\ [xcyz] = (ab)\ [(xc)yz] =$$

$$= (ab)\ [(cx)yz] = (ab)\ (cxyz) = abcxyz = (abc)xyz$$

tal como queríamos demostrar.

Así, por ejemplo, $6x \cdot 3y \cdot 5z = (6 \cdot 3 \cdot 5)xyz = 90xyz$.

En la multiplicación algebraica pueden considerarse los tres casos siguientes:

a) Multiplicación de monomios.
b) Multiplicación de un polinomio por un monomio.
c) Multiplicación de polinomios.

Para multiplicar monomios, se multiplican sus coeficientes y a continuación se escriben las letras diferentes de los factores ordenadas alfabéticamente, elevadas a un exponente igual a la suma de los exponentes que cada letra tenga en los factores. El signo del producto será el que le corresponda al aplicar la Regla de los Signos ya vista anteriormente.

Ejemplo

Multiplicar $(3x^3) \cdot (5x^4)$.

Solución: Tendremos

$$(3x^3) \cdot (5x^4) = (3 \cdot 5) \cdot x^{3+4} = 15x^7$$

El signo del producto será positivo, puesto que ambos factores son positivos y el producto de dos factores positivos es positivo.

Ejemplo

Multiplicar $(-8ab^2) \cdot (3a^2b^3c)$.

Solución: Tendremos

$$(-8ab^2) \cdot (3a^2b^3c) = -(8 \cdot 3)\ a^{1+2} \cdot b^{2+3} \cdot c^1 = -24a^3b^5c$$

El signo del producto será negativo puesto que ambos factores tienen distinto signo y el producto de dos factores de signos contrarios es negativo.

Ejemplo

Multiplicar $(-4x)\cdot(5x^3y^2)\cdot(-2x^2y)$.

Solución: Tendremos

$$(-4x)\cdot(5x^3y^2)\cdot(-2x^2y)=(4\cdot 5\cdot 2)\cdot x^{1+3+2}\cdot y^{2+1}=40x^6y^3$$

El signo del producto es positivo puesto que hay un número par de factores negativos.

Ejemplo

Multiplicar $(-2a^3bc)\cdot(-4a^2b^2c^2)\cdot(5abc)\cdot(-6ab^2)$.

Solución: Tendremos

$$(-2a^3bc)\cdot(-4a^2b^2c^2)\cdot(5abc)\cdot(-6ab^2)=$$
$$=-(2\cdot 4\cdot 5\cdot 6)\ a^{3+2+1+1}\cdot b^{1+2+1+2}\cdot c^{1+2+1}=-240a^7b^6c^4$$

El signo del producto es negativo porque hay un número impar de factores negativos.

Para multiplicar un polinomio por un monomio se multiplica cada uno de los términos del polinomio por el monomio, teniendo en cuenta la regla de los signos, y se suman todos los productos parciales así obtenidos.

Ejemplo

Multiplicar $(3a^3+5a^2-4)\cdot(3a)$.

Solución: Tendremos

$$(3a^3+5a^2-4)\cdot(3a)=(3a^3)\cdot(3a)+(5a^2)\cdot(3a)-(4)\cdot(3a)=9a^4+15a^3-12a$$

En la práctica se suele efectuar la multiplicación del modo siguiente:

$$\begin{array}{rrr} 3a^3 & +\ 5a^2 & -4 \\ & & 3a \\ \hline 9a^4 & +15a^3 & -12a \end{array}$$

Ejemplo

Multiplicar $(x^3-3x^2y+3xy^2-y^3)\cdot(2xy)$.

Solución: Tendremos

$$\begin{array}{rrrr} x^3 & -3x^2y & +3xy^2 & -y^3 \\ & & & 2xy \\ \hline 2x^4y & -6x^3y^2 & +6x^2y^3 & -2xy^4 \end{array}$$

Ejemplo

Multiplicar $(2/3\ a^3b^2 - 1/4\ a^2b^3 + 5/6\ ab^4 - 2/5b^5) \cdot (-1/2\ ab^2)$.

Solución: Tendremos

$$\begin{array}{rrrr} 2/3\ a^3b^2 & -1/4\ a^2b^3 & +5/6\ ab^4 & -2/5\ b^5 \\ & & & -1/2ab^2 \\ \hline -1/3\ a^4b^4 & +1/8\ a^3b^5 & -5/12a^2b^6 & +1/5ab^7 \end{array}$$

Para multiplicar un polinomio por otro se multiplican todos los términos del multiplicando por cada uno de los términos del multiplicador, teniendo en cuenta la Regla de los Signos, y a continuación se efectúa la suma algebraica de todos los productos parciales así obtenidos.

Ejemplo

Multiplicar $(2a^3 - 3a^2b + 4ab^2 - 2b^3) \cdot (3a^2 + 4ab - 5b^2)$.
Solución: Tendremos

$$\begin{array}{rrrrrr} 2a^3 & -3a^2b & +4ab^2 & -2b^3 & & \\ & 3a^2 & +4ab & -5b^2 & & \\ \hline 6a^5 & -9a^4b & +12a^3b^2 & -6a^2b^3 & & \\ & 8a^4b & -12a^3b^2 & +16a^2b^3 & -8ab^4 & \\ & & -10a^3b^2 & +15a^2b^3 & -20ab^4 & +10b^5 \\ \hline 6a^5 & -a^4b & -10a^3b^2 & +25a^2b^3 & -28ab^4 & +10b^5 \end{array}$$

Ejemplo

Multiplicar $(3x^2 + 2x - 1) \cdot (4x^2 - 2x + 2) \cdot (2x^2 - 3x + 4)$.

Solución: Multiplicamos los dos primeros polinomios:

$$
\begin{array}{rrrrr}
3x^2 & +2x & -1 & & \\
4x^2 & -2x & +2 & & \\
\hline
12x^4 & +8x^3 & -4x^2 & & \\
 & -6x^3 & -4x^2 & +2x & \\
 & & 6x^2 & +4x & -2 \\
\hline
12x^4 & +2x^3 & -2x^2 & +6x & -2
\end{array}
$$

A continuación multiplicamos el resultado obtenido por el otro polinomio:

$$
\begin{array}{rrrrrrr}
12x^4 & +2x^3 & -2x^2 & +6x & -2 & & \\
 & & 2x^2 & -3x & +4 & & \\
\hline
24x^6 & +4x^5 & -4x^4 & +12x^3 & -4x^2 & & \\
 & -36x^5 & -6x^4 & +6x^3 & -18x^2 & +6x & \\
 & & 48x^4 & +8x^3 & -8x^2 & +24x & -8 \\
\hline
24x^6 & \div 32x^5 & +38x^4 & +26x^3 & -30x^2 & +30x & -8
\end{array}
$$

que es el resultado final.

Una de las multiplicaciones algebraicas más características es el producto de una suma de dos expresiones por su diferencia. Conviene que la memorices porque la tendrás que utilizar numerosas veces.

El producto de la suma de dos números por su diferencia es igual al cuadrado del primer número menos el cuadrado del segundo número.

En símbolos: $(a+b)\cdot(a-b)=a^2-b^2$

Comprobemos que, efectivamente se cumple la igualdad. Utilizando la propiedad distributiva del producto respecto a la suma, se tiene:

$$(a+b)\cdot(a-b)=a^2-ab+ba-b^2=a^2-b^2$$

pues los términos *ab* y *ba* se anulan entre sí.

Ejemplo

Multiplicar $(x+4)\cdot(x-4)$

Solución: Aplicando la fórmula anterior, se sigue que $(x+4)\cdot(x-4)=x^2-4^2=x^2-16$

Ejemplo

Multiplicar $(5x+2y)\cdot(5x-2y)$

Solución: $(5x+2y)\cdot(5x-2y)=(5x)^2-(2y)^2=25x^2-4y^2$

Ejemplo

Multiplicar $\left(5x^2+3y^3\right)\cdot\left(5x^2-3y^3\right)$

Solución: $\left(5x^2+3y^3\right)\cdot\left(5x^2-3y^3\right)=\left(5x^2\right)^2-\left(3y^3\right)^2=25x^4-9y^6$

No obstante, no es conveniente aplicar esta fórmula cuando pueda efectuarse la operación indicada en el interior del paréntesis, ya que estarías trabajando innecesariamente. Los siguientes ejemplos ilustran este hecho.

Ejemplo

Efectuar la multiplicación $(5+3)\cdot(5-3)$

Solución: Resulta mucho más cómodo operar así: $(5+3)\cdot(5-3)=8\cdot 2=16$ en vez de aplicar la fórmula: $(5+3)\cdot(5-3)=5^2-3^2=25-9=16$

Ejemplo

Efectuar la multiplicación $(5x+2x)\cdot(5x-2x)$

Solución: Es preferible operar antes los paréntesis: $(5x+2x)\cdot(5x-2x)=7x\cdot 3x=21x^2$ antes que aplicar la fórmula: $(5x+2x)\cdot(5x-2x)=(5x)^2-(2x)^2=25x^2-4x^2=21x^2$.

21.5 El anillo de los polinomios $\boldsymbol{R}\,[x]$

Al conjunto de todos los polinomios en una indeterminada x con coeficientes reales se le nota por $\boldsymbol{R}[x]$. En dicho conjunto ya hemos definido las operaciones de suma y multiplicación. El siguiente cuadro resume las propiedades de ambas operaciones:

PROPIEDAD	SUMA	MULTIPLICACIÓN
Asociativa	$\big(p(x)+q(x)\big)+r(x)=$ $=p(x)+\big(q(x)+r(x)\big)$	$\big(p(x)\cdot q(x)\big)\cdot r(x)=$ $=p(x)\cdot\big(q(x)\cdot r(x)\big)$
Conmutativa	$p(x)+q(x)=q(x)+p(x)$	$p(x)\cdot q(x)=q(x)\cdot p(x)$
Elemento neutro	Es el polinomio 0, pues $p(x)+0=p(x)$	Es el polinomio 1, pues $p(x)\cdot 1=p(x)$
Elemento simétrico	El opuesto de $p(x)$ es $-p(x)$ pues $p(x)+(-p(x))=0$	No tiene
Distributiva del producto respecto de la suma	$p(x)\cdot\big(q(x)+r(x)\big)=p(x)\cdot q(x)+p(x)\cdot r(x)$	

Por tener estas propiedades, se dice que la terna ($\boldsymbol{R}[x]$, + , ·) es un anillo conmutativo con elemento unidad.

También sabemos multiplicar polinomios por números reales. Es decir, hemos definido una ley de composición externa en el conjunto $\boldsymbol{R}[x]$ sobre el cuerpo de los números reales. Según el cuadro anterior, el par ($\boldsymbol{R}[x]$, +) es un grupo abeliano. Además, la ley externa cumple las propiedades siguientes:

PROPIEDAD	PRODUCTO DE UN NÚMERO POR UN POLINOMIO
Distributiva del producto de números respecto de la suma de polinomios	$\alpha\cdot\big(p(x)+q(x)\big)=\alpha\cdot p(x)+\alpha\cdot q(x)$
Distributiva del producto de polinomios respecto de la suma de números	$(\alpha+\beta)\cdot p(x)=\alpha\cdot p(x)+\beta\cdot p(x)$
Asociativa mixta	$\alpha\cdot\big(\beta\cdot p(x)\big)=\big(a\cdot\beta\big)\cdot p(x)$
Neutralidad de la ley externa	$1\cdot p(x)=p(x)$

Por tener estas propiedades, diremos que la terna ($\boldsymbol{R}[x]$, + , · $\boldsymbol{R}$) es un espacio vectorial sobre el cuerpo de los números reales (se dice espacio vectorial real, a secas).

Problemas propuestos

1. Reducir el polinomio $2x + 3x$.
2. Ídem $4b + 6b$.
3. Ídem $5c + 7c$.
4. Ídem $-a - 4a$.
5. Ídem $-2b - 3b$.
6. Ídem $-7c - 8c$.
7. Ídem $3b^m + 6b^m$.
8. Ídem $3b^{y+1} + 4b^{y+1}$.
9. Ídem $-x^{a+1} - 3x^{a+1}$.
10. Ídem $-2b^{a-2} - b^{a-2}$.
11. Ídem $3x + 5x + 4x$.
12. Ídem $2a + 6a + 7a$.
13. Ídem $-3b -2b -4b$.
14. Ídem $-x^2y^2 -2x^2y^2 -3x^2y^2$.
15. Ídem
    $2x^2 - xy + 12 - 3x^2 + 46 + 3xy - 12$.
16. Ídem $3a - b + 2b - 4a + b - 2a + 4a - b$.
17. Ídem
    $xy - x^2y^2 - 2xy + 3x^2y^2 - x^2y^2 + 3xy$.
18. Ídem
    $2x - 3y + 2z - 4 + 2y - 3x + 12 - 4z$.
19. Ídem $x^3 - x^2 + 2xy - 3x^2 + 4x^3 - 3xy$.
20. Ídem
    $a^3b - a^2b^2 + ab^3 - 2a^2b^2 + 3a^3b - 2ab^3$.
21. Ídem $2x^a - 3y^b + 4z^c - x^a + 2y^b - 3z^c$.
22. Ídem $x^a - y^b + 4 + 3y^b - 12x^a + 12$.
23. Ídem
    $0{,}2x - 0{,}4y + 0{,}3z - 2{,}1y + 3{,}2x - 4{,}8z$.
24. Ídem $8x^3 - 5y^2 + 6y^2 - 6x^3 - x^3$.
25. Ídem $5a^2 - b - 2a^2 + 3b + 6a^2$.
26. Ídem $4xy^2 + 2x^2y - 5x^2y + 5xy^2$.
27. Ídem $3x - 4yz + 3y - 6y - 3yz$.
28. Hallar el valor numérico de la expresión algebraica $4xy$ si $x = 2$, $y = 3$.
29. Ídem de $4x^2y^3z$ si $x = 2$, $y = 1$, $z = 3$.
30. Ídem de x^2yz si $x = 1$, $y = 2$, $z = 4$.
31. Ídem de $15xy^2z^3$ si $x = 2$, $y = 3$, $z = 1$.
32. Ídem de $x^2y^3z^2$ si $x = 2$, $y = 1$, $z = 3$.
33. Ídem de $x^2 - 2xy + y^2$ si $x = 4$, $y = 3$.
34. Ídem de $x^2 + 2xy + y^2$ si $x = 4$, $y = 3$.
35. Ídem de $(x + y)\,z$ si $x = 2$, $y = 3$, $z = 4$.
36. Ídem de $(x + 2y)\,(2y - x)$ si $x = 3$, $y = 5$.
37. Ídem de $(x - y)\,(y - z) + 2z^2$ si $x = 2$, $y = 1$, $z = 3$.
38. Ídem de $(3x + 4y)\,(2z - x^2)$ si $x = 2$, $y = 3$, $z = 1$.
39. Sumar los polinomios
    $(2x + 3y - 2z) + (3x - 2y + 3z)$.
40. Ídem $(3x + y - 2z) + (2x - y + 4z)$.
41. Ídem $(2a + 2b - 2c) + (-2a - 2b + 2c)$.
42. Ídem $(2xy + 2xz - 3yz) +$
    $+ (-xy + xz + 2yz) + (-2xy + 3xz - yz) +$
    $+ (xy + xz - 2yz)$.
43. Ídem $(x - y) + (2x - z) + (z + 2y) +$
    $+ (y - x) + (z - 2y)$.
44. Ídem $(2a^2 + 3a) + (2a - a^2)$.
45. Ídem $(3x^2 - 2xy) + (3xy - x^2)$.
46. Ídem $(-a^2 - 3a) + (4 - 2a)$.
47. Ídem $(x^3 - 2x^2) + (2 - 3x)$.
48. Ídem $(-2a^2 - 2a) + (2a^3 - 4)$.
49. Ídem $(a^2 + 3) + (-2a - 2) + (3a + 2a^2)$.
50. Ídem $(3x^2 + 2y^2) + (y^2 - 3xy) +$
    $+ (2xy - 2x^2)$.
51. Ídem $(2a + 3a^2) + (2a^3 - 3a + 4) +$
    $+ (2a^2 - a)$.
52. Ídem $(2a^2 + 2ab + 3b^2) +$
    $+ (-a^2 - ab + b^2) + (-2a^2 - 2ab - b^2)$.
53. Restar los polinomios $(2x + y) -$
    $- (2x - y)$.
54. Ídem $(4a - 2b) - (3a + b)$.
55. Ídem $(4x - 2y) - (3x - y)$.
56. Ídem $(3a^2 - 2b) - (a^2 + b)$.
57. Ídem $(2x^2 + 2xy) - (x^2 - xy)$.
58. Ídem $(2a - 3b + c) - (a - 2b + 2c)$.
59. Ídem $(a - b + c) - (2a + b + c)$.
60. Ídem $(a^2 + 2b^2 - 3ab) -$
    $- (3b^2 - 2a^2 + 2ab)$.
61. Ídem $(x^2y - x^3 + y^3 + 2xy^2) -$
    $- (-3xy^2 + x^2y - y^3)$.
62. Ídem $(3a^3 - 2a^2) -$
    $- (2a^4 - 2a^3 + 3a)$.
63. Ídem $(x^3 - 2x^4 + 3x^2 - 5) -$
    $- (2x^3 + 3x^2 - 4x)$.
64. Ídem $(2a^3b^2 + a^2b^3 + ab^4) -$
    $- (-3ab^4 - 2a^3b^2)$.
65. Ídem $(2a - a^2 - 3) - (3a^2 + 2a^3 - 4)$.
66. Ídem $(3a^2b - 4ab^2 - 5b^3) -$
    $- (6ab^2 + 3b^3)$.
67. Ídem $(3x^2 - 2xy) - (-4xy - x^2)$.
68. Ídem $(2x^3 + 3y^3) - (2x^2y + 3xy^2 + y^3)$.
69. Ídem $(3x^2 - 4y^2) - (2x^2 - 3xy + y^2)$.

70. Ídem $(2a^3 - 3a^2b + 2b^3) -$
$- (a^3 + 2a^2b + 3b^3)$.
71. Ídem $(x^3 - 3x^2y + 2y^3) -$
$- (2x^3 + x^2y - y^3)$.
72. Multiplicar
$(2a^2 - 3ab + 3b^2) \cdot (2a - 3b)$.
73. Ídem $(2x^2 - 3y^2 + 2xy) \cdot (2x - 3y)$.
74. Ídem $(3x^2 + 2y^2 + xy) \cdot (x + 2y)$.
75. Ídem $(a^3 - 2a^2 + 2) \cdot (2a + 4)$.
76. Ídem $(2x^3 - x^2 + 4) \cdot (x - 3)$.
77. Ídem $(x^4 - 2x^2y^2 + y^4) \cdot (x + 2y)$.
78. Ídem $(2a^3 - 3a^2 + 4a + 1) \cdot (2a - 3)$.
79. Ídem $(2x^2 + 3x - 2) \cdot (2x + 1)$.
80. Ídem $(a^3 - 2a^2 + 3a - 1) \cdot (3a - 2)$.
81. Ídem $(2x^2 - 3xy + 4y^2) \cdot (2x - y)$.
82. Ídem $(2a + b) \cdot (2a - b)$.
83. Ídem $(2x - 3y) \cdot (2x + 3y)$.
84. Ídem $(4 - 2a) \cdot (4 + 2a)$.
85. Ídem $(2m^2 - 3n^2) \cdot (2m^2 + 3n^2)$.
86. Ídem $(3x - 2y + z) \cdot (3x - 2y - z)$.
87. Ídem $(3a + 2b - 4c) \cdot (3a + 2b + 4c)$.
88. Ídem $(a^2 - 3a + 4) \cdot (a^2 - 3a - 4)$.
89. Ídem $(x^2 + xy - y^2) \cdot (x^2 + xy + y^2)$.
90. Ídem $(x^3 + 3x^2 - x) \cdot (x^3 + 3x^2 + x)$.
91. Multiplicar $(x + 3) \cdot (x + 4)$.
92. Ídem $(a + 5) \cdot (a + 2)$.
93. Ídem $(a + 3) \cdot (a - 8)$.
94. Ídem $(x + y) \cdot (x - y) \cdot (x^2 + y^2)$.
95. Ídem $(a + 2) \cdot (a - 2) \cdot (a^2 - 4)$.
96. Ídem
$(x + 4) \cdot (x^2 + 16) \cdot (x - 4)$.
97. Ídem $(a - 6) \cdot (a + 6) \cdot (a^2 + 36)$.
98. Ídem
$(x + 3) \cdot (x - 3) \cdot (x + 1) \cdot (x - 1)$
99. Ídem $(3a^2b^3d) \cdot (5ab^2c)$.
100. Ídem $(5a^4b^3) \cdot (7ab^2)$.
101. Ídem $(2a^3bx) \cdot (3ab^2c)$.
102. Ídem $(3a^3cx) \cdot (7bdx^2)$.
103. Ídem $(7a^2b) \cdot (6b^2c) \cdot (4ac^2)$.

Soluciones

1. S: $5x$.
2. S: $10b$.
3. S: $12c$.
4. S: $-5a$.
5. S: $-5b$.
6. S: $-15c$.
7. S: $9b^m$.
8. S: $7b^{y+1}$.
9. S: $-4x^{a+1}$.
10. S: $-3b^{a-2}$.
11. S: $12x$.
12. S: $15a$.
13. S: $-9b$.
14. S: $-6x^2y^2$.
15. S: $-x^2 + 2xy + 46$.
16. S: $a + b$.
17. S: $2xy + x^2y^2$.
18. S: $-x - y - 2z + 8$.
19. S: $5x^3 - 4x^2 - xy$.
20. S: $4a^3b - 3a^2b^2 - ab^3$.
21. S: $x^a - y^b + z^c$.
22. S: $-11x^a + 2y^b + 16$.
23. S: $3{,}4x - 2{,}5y - 4{,}5z$.
24. S: $x^3 + y^2$.
25. S: $9a^2 + 2b$.
26. S: $9xy^2 - 3x^2y$.
27. S: $3x - 7yz - 3y$.
28. S: 24.
29. S: 48.
30. S: 8.
31. S: 270.
32. S: 36.
33. S: 1.
34. S: 49.
35. S: 20.
36. S: 91.
37. S: 16.
38. S: −36.
39. S: $5x + y + z$.
40. S: $5x + 2z$.
41. S: 0.
42. S: $7xz - 4yz$.
43. S: $2x + z$.
44. S: $a^2 + 5a$.
45. S: $2x^2 + xy$.
46. S: $-a^2 - 5a + 4$.

47. S: $x^3 - 2x^2 - 3x + 2$.
48. S: $2a^3 - 2a^2 - 2a - 4$.
49. S: $3a^2 + a + 1$.
50. S: $x^2 - xy + 3y^2$.
51. S: $2a^3 + 5a^2 - 2a + 4$.
52. S: $-a^2 - ab + 3b^2$.
53. S: $2y$.
54. S: $a - 3b$.
55. S: $x - y$.
56. S: $2a^2 - 3b$.
57. S: $x^2 + 3xy$.
58. S: $a - b - c$.
59. S: $-a - 2b$.
60. S: $3a^2 - 5ab - b^2$.
61. S: $-x^3 + 5xy^2 + 2y^3$.
62. S: $-2a^4 + 5a^3 - 2a^2 - 3a$.
63. S: $-2x^4 - x^3 + 4x - 5$.
64. S: $4a^3b^2 + a^2b^3 + 4ab^4$.
65. S: $-2a^3 - 4a^2 + 2a + 1$.
66. S: $3a^2b - 10ab^2 - 8b^3$.
67. S: $4x^2 + 2xy$.
68. S: $2x^3 - 2x^2y - 3xy^2 + 2y^3$.
69. S: $x^2 + 3xy - 5y^2$.
70. S: $a^3 - 5a^2b - b^3$.
71. S: $-x^3 - 4x^2y + 3y^3$.
72. S: $4a^3 - 12a^2b + 15ab^2 - 9b^3$.
73. S: $4x^3 - 2x^2y - 12xy^2 + 9y^3$.
74. S: $3x^3 + 7x^2y + 4xy^2 + 4y^3$.
75. S: $2a^4 - 8a^2 + 4a + 8$.
76. S: $2x^4 - 7x^3 + 3x^2 + 4x - 12$.
77. S: $x^5 + 2x^4y - 2x^3y^2 - 4x^2y^3 + xy^4 + 2y^5$.
78. S: $4a^4 - 12a^3 + 17a^2 - 10a - 3$.
79. S: $4x^3 + 8x^2 - x - 2$.
80. S: $3a^4 - 8a^3 + 13a^2 - 9a + 2$.
81. S: $4x^3 - 8x^2y + 11xy^2 - 4y^3$.
82. S: $4a^2 - b^2$.
83. S: $4x^2 - 9y^2$.
84. S: $16 - 4a^2$.
85. S: $4m^4 - 9n^4$.
86. S: $9x^2 - 12xy + 4y^2 - z^2$.
87. S: $9a^2 + 12ab + 4b^2 - 16c^2$.
88. S: $a^4 - 6a^3 + 9a^2 - 16$.
89. S: $x^4 + 2x^3y + x^2y^2 - y^4$.
90. S: $x^6 + 6x^5 + 9x^4 - x^2$.
91. S: $x^2 + 7x + 12$.
92. S: $a^2 + 7a + 10$.
93. S: $a^2 - 5a - 24$.
94. S: $x^4 - y^4$.
95. S: $a^4 - 8a^2 + 16$.
96. S: $x^4 - 256$.
97. S: $a^4 - 1.296$.
98. S: $x^4 - 10x^2 + 9$.
99. S: $15a^3b^5cd$.
100. S: $35a^5b^5$.
101. S: $6a^4b^3cx$.
102. S: $21a^3bcdx^3$.
103. S: $168a^3b^3c^3$.

Potencias de polinomios. Binomio de Newton

22

Introducción histórica

El Binomio de Newton recibe el nombre de Isaac Newton (1642-1727), que ha sido el más grande de los matemáticos ingleses y uno de los mayores científicos de toda la Historia de la Humanidad. Como matemático descubrió simultáneamente con Leibnitz el Cálculo Diferencial y el Cálculo Integral y escribió el célebre libro «Principia Mathematica Philosophiae Naturalis». Como físico formuló la ley de la Gravitación Universal a partir de los trabajos de Kepler y escribió diversos tratados sobre Óptica y sobre la naturaleza de la luz.

22.1 Potenciación

Potencia de una expresión algebraica es el producto de varios factores iguales a dicha expresión.

La primera potencia de una expresión algebraica es la misma expresión algebraica.

Así por ejemplo, $(3xy)^1 = 3xy$.

La segunda potencia de una expresión algebraica se llama cuadrado y es el resultado de tomar la expresión como factor dos veces.

Así, por ejemplo, $(3x)^2 = 9x^2$.

La tercera potencia de una expresión algebraica se llama cubo y es el resultado de tomar la expresión como factor tres veces.

Así, por ejemplo, $(2x)^3 = 8x^3$.

El número de factores indica el grado de la potencia. La potencia se indica por medio de un exponente.

El exponente puede ser entero o fraccionario y en ambos casos positivo o negativo.

En general, $x^m = x \cdot x \cdot x \cdot x...$ (m veces).

Cualquier potencia de una cantidad positiva es positiva, porque equivale a un producto donde todos los factores son positivos.

Por lo que respecta a las potencias de una cantidad negativa pueden ocurrir dos casos:

a) Las potencias pares de una cantidad negativa son positivas.
b) Las potencias impares de una cantidad negativa son negativas.

Así, por ejemplo, $(3xy)^2 = 9x^2y^2$
$(-3xy)^2 = 9x^2y^2$
$(-3xy)^3 = -27x^3y^3$

Para elevar un monomio a una potencia se eleva su coeficiente a dicha potencia y se multiplica el exponente de cada letra por el exponente que indica la potencia. En el caso de que el monomio tenga signo negativo, el signo de la potencia será positivo si el exponente es par y será negativo si el exponente es impar.

Ejemplo

Desarrollar $(4x^2y^3)^2$.

Solución: Tendremos

$$(4x^2y^3)^2 = (4x^2y^3) \cdot (4x^2y^3) = 16x^4y^6$$

Ejemplo

Desarrollar $(-3xy^2)^3$.

Solución: Tendremos

$$(-3xy^2)^3 = (-3xy^2) \cdot (-3xy^2) \cdot (-3xy^2) = -27x^3y^6$$

Ejemplo

Desarrollar $(-2x^2yz^2)^4$.

Solución: Tendremos

$$(-2x^2yz^2)^4 = (-2x^2yz^2) \cdot (-2x^2yz^2) \cdot (-2x^2yz^2) \cdot (-2x^2yz^2) = 16x^8y^4z^8$$

El cuadrado de la suma de dos cantidades es igual al cuadrado de la primera cantidad más el doble de la primera cantidad por la segunda más el cuadrado de la segunda cantidad.

Ejemplo

Desarrollar $(x+2y)^2$.

Solución: Tendremos

$$(x+2y)^2 = x^2 + 4xy + 4y^2$$

Ejemplo

Desarrollar $(3x^2+2y)^2$.

Solución: Tendremos

$$(3x^2+2y)^2 = 9x^4 + 12x^2y + 4y^2$$

Ejemplo

Desarrollar $(2xy+y^3)^2$.

Solución: Tendremos

$$(2xy+y^3)^2 = 4x^2y^2 + 4xy^4 + y^6$$

El cuadrado de la diferencia de dos cantidades es igual al cuadrado de la primera cantidad menos el doble de la primera cantidad por la segunda más el cuadrado de la segunda cantidad.

Ejemplo

Desarrollar $(x-5)^2$.

Solución: Tendremos

$$(x-5)^2 = x^2 - 10x + 25$$

Ejemplo

Desarrollar $(2x-3)^2$.

Solución: Tendremos

$$(2x-3)^2 = 4x^2 - 12x + 9$$

Ejemplo

Desarrollar $(2x^2 - y^3)^2$.

Solución: Tendremos

$$(2x^2 - y^3)^2 = 4x^4 - 4x^2y^3 + y^6$$

El cubo de la suma de dos cantidades es igual al cubo de la primera cantidad más el triple del cuadrado de la primera por la segunda, más el triple de la primera por el cuadrado de la segunda, más el cubo de la segunda.

Ejemplo

Desarrollar $(x+3)^3$.

Solución: Tendremos

$$(x+3)^3 = x^3 + 9x^2 + 27x + 27$$

Ejemplo

Desarrollar $(2x+1)^3$.

Solución: Tendremos

$$(2x+1)^3 = 8x^3 + 12x^2 + 6x + 1$$

Ejemplo

Desarrollar $(3x+2y)^3$.

Solución: Tendremos

$$(3x+2y)^3 = 27x^3 + 54x^2y + 36xy^2 + 8y^3$$

El cubo de la diferencia de dos cantidades es igual al cubo de la primera cantidad menos el triple del cuadrado de la primera por la segunda, más el triple de la primera por el cuadrado de la segunda, menos el cubo de la segunda.

Ejemplo

Desarrollar $(x-2)^3$.

Solución: Tendremos

$$(x-2)^3 = x^3 - 6x^2 + 12x - 8$$

Ejemplo

Desarrollar $(3x-1)^3$.

Solución: Tendremos

$$(3x-1)^3 = 27x^3 - 27x^2 + 9x - 1$$

Ejemplo

Desarrollar $(2x-3y)^3$.

Solución: Tendremos

$$(2x-3y)^3 = 8x^3 - 36x^2y + 54xy^2 - 27y^3$$

El cuadrado de un polinomio es igual a la suma de los cuadrados de cada uno de sus términos más el doble de los productos de dos factores distintos que puedan formarse, con el signo que resulte al multiplicarlos.

En efecto, consideremos el polinomio $x - y + z$. Se trata de demostrar que $(x - y + z)^2 = x^2 + y^2 + z^2 - 2xy + 2xz - 2yz$.

Tendremos que $(x-y+z)^2 = (x-y+z) \cdot (x-y+z)$.
Es decir,

$$\begin{array}{cccccc}
x & -y & +z & & & \\
x & -y & +z & & & \\
\hline
x^2 & -xy & +xz & & & \\
 & -xy & & +y^2 & -yz & \\
 & & +xz & & -yz & +z^2 \\
\hline
x^2 & -2xy & +2xz & +y^2 & -2yz & +z^2
\end{array}$$

tal como queríamos demostrar.

Ejemplo

Desarrollar $(x^2 - x - 2)^2$.

Solución: Tendremos

$$(x^2 - x - 2)^2 = x^4 + x^2 + 4 - 2x^3 - 4x^2 + 4x = x^4 - 2x^3 - 3x^2 + 4x + 4$$

Ejemplo

Desarrollar $(x + y - 2z)^2$.

Solución: Tendremos

$$(x + y - 2z)^2 = x^2 + y^2 + 4z^2 + 2xy - 4xz - 4yz$$

Ejemplo

Desarrollar $(x^2 - 2x + 1)^2$.

Solución: Tendremos

$$(x^2 - 2x + 1)^2 = x^4 + 4x^2 + 1 - 4x^3 + 2x^2 - 4x = x^4 - 4x^3 + 6x^2 - 4x + 1$$

El cubo de un polinomio es igual a la suma de los cubos de cada uno de sus términos más el triple del cuadrado de cada uno de ellos por cada uno de los demás más el séxtuplo de los productos de tres factores que puedan formarse con sus términos.

En efecto, consideremos el polinomio $x - y + z$. Se trata de demostrar que $(x - y + z)^3 = x^3 - y^3 + z^3 - 3x^2y + 3x^2z + 3y^2z + 3xy^2 + 3xz^2 - 3yz^2 - 6xyz$.
Tendremos que $(x - y + z)^3 = (x - y + z)^2 \cdot (x - y + z) = (x^2 + y^2 + z^2 - 2xy + 2xz - 2yz) \cdot (x - y + z)$.

Así pues,

$$\begin{array}{cccccccccc}
x^2 & +y^2 & +z^2 & -2xy & +2xz & -2yz & & & & \\
 & & & & x-y & +z & & & & \\
\hline
x^3 & +xy^2 & +xz^2 & -2x^2y & +2x^2z & -2xyz & & & & \\
 & +2xy^2 & +2xz^2 & -x^2y & +x^2z & -2xyz & -y^3 & -yz^2 & +2y^2z & \\
 & & & & & -2xyz & & -2yz^2 & +y^2z & +z^3 \\
\hline
x^3 & +3xy^2 & +3xz^2 & -3x^2y & +3x^2z & -6xyz & -y^3 & -3yz^2 & +3y^2z & +z^3
\end{array}$$

tal como queríamos demostrar.

Ejemplo

Desarrollar $(x^2+x-1)^3$.

Solución: Tendremos

$$(x^2 + x - 1)^3 = x^6 + x^3 - 1 + 3x^5 - 3x^4 + 3x^4 - 3x^2 - 3x^2 - 3x - 6x^3 =$$
$$= x^6 + 3x^5 - 5x^3 - 6x^2 - 3x^5 - 5x^3 - 6x^2 - 3x - 1$$

Ejemplo

Desarrollar $(x^2+2x+2)^3$.

Solución: Tendremos

$$(x^2 + 2x + 2)^3 = x^6 + 8x^3 + 8 + 6x^5 + 6x^4 + 12x^4 + 24x^2 + 12x^2 + 24x + 24x^3 =$$
$$= x^6 + 6x^5 + 18x^4 + 32x^3 + 36x^2 + 24x + 8$$

Ejemplo

Desarrollar $(x-2y+z)^3$.

Solución: Tendremos

$$(x-2y+z)^3 = x^3 - 8y^3 + z^3 - 6x^2y + 3x^2z + 12xy^2 + 12zy^2 + 3xz^2 - 6yz^2 - 12xyz$$

22.2 El binomio de Newton

El binomio de Newton es una fórmula que nos permite calcular el desarrollo de $(a+b)^n$ en función de las potencias de a y de b siendo n un número natural cualquiera.
Calculemos las potencias sucesivas:

$$(a+b)^1 = a+b$$
$$(a+b)^2 = (a+b)\cdot(a+b) = a^2+2ab+b^2$$
$$(a+b)^3 = (a+b)^2\cdot(a+b) = (a^2+2ab+b^2)\cdot(a+b) = a^3+3a^2b+3ab^2+b^3$$
$$(a+b)^4 = (a+b)^3\cdot(a+b) = (a^3+3a^2b+3ab^2+b^3)\cdot(a+b) = a^4+4a^3b+6a^2b^2+4ab^3+b^4$$

Obsérvese que en cada sumando la suma de los exponentes de a y b coincide con el exponente de $(a+b)^n$ en la expresión correspondiente.
Por lo que respecta a los coeficientes, se produce la siguiente regularidad:
Coeficientes de $(a+b)^1$: 1, 1
Coeficientes de $(a+b)^2$: 1, 2, 1
Coeficientes de $(a+b)^3$: 1, 3, 3, 1.

Coeficientes de $(a+b)^4$: 1, 4, 6, 4, 1.

Tal como puede observarse, los coeficientes obtenidos coinciden con las cuatro primeras filas del triángulo de Tartaglia.

Los resultados anteriores nos hacen suponer que los coeficientes de las sucesivas potencias de a en el desarrollo de $(a+b)^n$ coincidirán con los términos de la fila enésima del triángulo de Tartaglia, a saber:

$$\binom{n}{0}, \binom{n}{1}, \binom{n}{2} \dots \binom{n}{i} \dots \binom{n}{n}$$

Por consiguiente, podríamos suponer que el desarrollo de $(a+b)^n$ quedaría así:

$$(a+b)^n = \binom{n}{0} a^n + \binom{n}{1} a^{n-1}b + \binom{n}{2} a^{n-2}b^2 + \dots + \binom{n}{i} a^{n-i}b^i + \dots + \binom{n}{n} b^n$$

Ahora bien, esto no es más que una conjetura. Hay que demostrar la validez general de la fórmula anterior. Para ello utilizaremos el método de inducción.

Para efectuar la demostración debemos suponer que la fórmula anterior es válida para un número natural cualquiera n.

Es decir,

$$(a+b)^n = \binom{n}{0} a^n + \binom{n}{1} a^{n-1}b + \binom{n}{2} a^{n-2}b^2 + \dots +$$

$$+ \binom{n}{i-1} a^{n-i+1}b^{i-1} + \binom{n}{i} a^{n-i}b^i + \dots + \binom{n}{n} b^n$$

Comprobemos ahora que si la fórmula anterior fuese válida para n también sería válida para el número siguiente, es decir, para $n+1$.

Tendremos:

$$(a+b)^{n+1} = (a+b)^n \cdot (a+b) = (a+b)^n \cdot a + (a+b)^n \cdot b =$$

$$= \left[\binom{n}{0} a^n + \binom{n}{1} a^{n-1}b + \binom{n}{2} a^{n-2}b^2 + \dots + \binom{n}{i} a^{n-i}b^i + \right.$$

$$\left. + \binom{n}{i+1} a^{n-i+1}b^{i+1} + \dots + \binom{n}{n-1} ab^{n-1} + \binom{n}{n} b^n \right] \cdot a +$$

$$+ \left[\binom{n}{0} a^n + \binom{n}{1} a^{n-1}b + \dots + \binom{n}{i-1} a^{n-i+1}b^{i-1} + \binom{n}{i} a^{n-i}b^i + \dots + \right.$$

$$+\binom{n}{n-2}a^2b^{n-2}+\binom{n}{n-1}ab^{n-1}+\binom{n}{n}b^n\Big]\cdot b=\binom{n}{0}a^{n+1}+\binom{n}{1}a^nb+$$

$$+\binom{n}{2}a^{n-1}b^2+\ldots+\binom{n}{i}a^{n-i+1}b^i+\binom{n}{i+1}a^{n-i}b^{i+1}+\ldots+$$

$$+\binom{n}{n-1}a^2b^{n-1}+\binom{n}{n}ab^n+\binom{n}{0}a^nb+\binom{n}{1}a^{n-1}b^2+\ldots+\binom{n}{i-1}a^{n-i+1}b^i+$$

$$+\binom{n}{i}a^{n-i}b^{i+1}+\ldots+\binom{n}{n-2}a^2b^{n-1}+\binom{n}{n-1}ab^n+\binom{n}{n}b^{n+1}$$

Reduzcamos los términos semejantes en la suma anterior.
Tendremos:

$$\binom{n}{1}a^nb+\binom{n}{0}a^nb=\left[\binom{n}{1}+\binom{n}{0}\right]a^nb$$

$$\binom{n}{2}a^{n-1}b^2+\binom{n}{1}a^{n-1}b^2=\left[\binom{n}{2}+\binom{n}{1}\right]a^{n-1}b^2$$

$$\binom{n}{i+1}a^{n-1}b^{i+1}+\binom{n}{i}a^{n-i}b^{i+1}=\left[\binom{n}{i+1}+\binom{n}{i}\right]a^{n-i}b^{i+1}$$

Obsérvese que los dos números combinatorios que aparecen en cada paréntesis son de la forma

$$\binom{m}{n} \quad \text{y} \quad \binom{m}{n+1}$$

es decir, tienen el mismo número arriba y números consecutivos debajo.
Por lo tanto, sus sumas serán:

$$\binom{n}{1}+\binom{n}{0}=\binom{n+1}{1}$$

$$\binom{n}{2}+\binom{n}{1}=\binom{n+1}{2}$$

$$\binom{n}{i+1}+\binom{n}{i}=\binom{n+1}{i+1}$$

Efectuadas estas consideraciones, la suma anterior resulta ser:

$$(a+b)^{n+1} = \binom{n}{0} a^{n+1} + \binom{n+1}{1} a^n b + \binom{n+1}{2} a^{n-1}b^2 + \ldots +$$

$$+ \binom{n+1}{i} a^{n-i+1}b^i + \binom{n+1}{i+1} a^{n-i}b^{i+1} + \ldots + \binom{n+1}{n-1} a^2 b^{n-1} +$$

$$+ \binom{n+1}{n} ab^n + \binom{n}{n} b^{n+1}$$

Como $\binom{n}{0} = 1$ y $\binom{n+1}{0} = 1$ entonces $\binom{n}{0} = \binom{n+1}{0}$

Lo mismo sucede con

$$\binom{n}{n} = \binom{n+1}{n+1} = 1$$

Podemos sustituir los resultados anteriores, obteniendo la expresión:

$$(a+b)^{n+1} = \binom{n+1}{0} a^{n+1} + \binom{n+1}{1} a^n b + \ldots + \binom{n+1}{i} a^{n-i+1}b^i +$$

$$+ \ldots + \binom{n+1}{n} ab^n + \binom{n+1}{n+1} b^{n+1}$$

Por consiguiente, hemos comprobado que si la fórmula es cierta para n entonces también es cierta para $n+1$.
Así pues, tan sólo hace falta comprobar que la fórmula anterior es cierta para el primer elemento $(n=1)$.

Tendremos:

$$(a+b)^1 = a+b = \binom{1}{0} a + \binom{1}{1} b$$

Por lo tanto, concluimos que la fórmula conocida como binomio de Newton

$$(a+b)^n = \binom{n}{0} a^n + \binom{n}{1} a^{n-1}b + \binom{n}{2} a^{n-2}b^2 + \ldots + \binom{n}{i} a^{n-i}b^i + \ldots +$$

$$+ \binom{n}{n-1} ab^{n-1} \binom{n}{n} b^n$$

es cierta para cualquier número natural n.

Tal como puede observarse, en el desarrollo anterior se cumplen las siguientes propiedades:
a) El número de términos del desarrollo es una unidad mayor que el exponente del binomio.

b) El exponente de a en el primer término del desarrollo es igual al exponente del binomio y en cada término posterior va disminuyendo en una unidad.

c) El exponente de b en el segundo término del desarrollo es 1 y en cada término posterior va aumentando en una unidad.

d) El coeficiente del primer término del desarrollo es 1 y el coeficiente del segundo término es igual al exponente de a en el primer término del desarrollo.

e) El coeficiente de cualquier término se obtiene multiplicando el coeficiente del término anterior por el exponente de a en dicho término anterior y dividiendo este producto por el exponente de b en ese mismo término aumentado en una unidad.

f) El último término del desarrollo es b elevado al exponente del binomio.

Ejemplo

Desarrollar $(x+2)^5$.

Solución: Tendremos

$$(x+2)^5 = \binom{5}{0} x^5 + \binom{5}{1} x^4 \cdot 2 + \binom{5}{2} x^3 \cdot 2^2 + \binom{5}{3} x^2 \cdot 2^3 + \binom{5}{4} x \cdot 2^4 + \binom{5}{5} 2^5 =$$

$$= 1 \cdot x^5 + 5 \cdot x^4 \cdot 2 + 10 \cdot x^3 \cdot 4 + 10 \cdot x^2 \cdot 8 + 5 \cdot x \cdot 16 + 1 \cdot 32 = x^5 + 10x^4 + 40x^3 + 80x^2 + 80x + 32$$

Ejemplo

Desarrollar $(2x+3)^6$.

Solución: Tendremos

$$(2x+3)^6 = \binom{6}{0} (2x)^6 + \binom{6}{1} (2x)^5 \cdot 3^1 + \binom{6}{2} (2x)^4 \cdot 3^2 +$$

$$+ \binom{6}{3} (2x)^3 \cdot 3^3 + \binom{6}{4} (2x)^2 \cdot 3^4 + \binom{6}{5} (2x)^1 \cdot 3^5 + \binom{6}{6} 3^6 =$$

$$= 1 \cdot 64x^6 + 6 \cdot 32x^5 \cdot 3 + 15 \cdot 16x^4 \cdot 9 + 20 \cdot 8x^3 \cdot 27 + 15 \cdot 4x^2 \cdot 81 + 6 \cdot 2x \cdot 243 + 1 \cdot 729 =$$

$$= 64x^6 + 576x^5 + 2.160x^4 + 4.320x^3 + 4.860x^2 + 2.916x + 729$$

Ejemplo

Desarrollar $(x^2+y^3)^5$.

Solución: Tendremos

$$(x^2+y^3)^5 = \binom{5}{0}(x^2)^5 + \binom{5}{1}(x^2)^4(y^3)^1 + \binom{5}{2}(x^2)^3(y^3)^2 +$$

$$+\binom{5}{3}(x^2)^2(y^3)^3 + \binom{5}{4}(x^2)^1(y^3)^4 + \binom{5}{5}(y^3)^5 = 1\cdot x^{10} + 5x^8y^3 +$$

$$+10x^6y^6 + 10x^4y^9 + 5x^2y^{12} + 1\cdot y^{15} = x^{10} + 5x^8y^3 + 10x^6y^6 + 10x^4y^9 + 5x^2y^{12} + y^{15}$$

Cuando el segundo término del binomio es negativo, los signos que aparecen en el desarrollo son alternativamente positivos y negativos, puesto que como $(a-b)^n = [a+(-b)]^n$, al desarrollar esta última expresión, los términos pares contendrán el término $(-b)$ elevado a un exponente impar y como toda potencia impar de una cantidad negativa es negativa dichos términos serán negativos y los términos impares contendrán a $(-b)$ elevada a un exponente par, y como toda potencia par de una cantidad negativa es positiva, dichos términos serán positivos.
Por consiguiente, podemos escribir:

$$(a-b)^n = \binom{n}{0} a^n - \binom{n}{1} a^{n-1}b + \binom{n}{2} a^{n-2}b^2 + \dots + \binom{n}{n} b^n$$

El último término será positivo si n es par y negativo si n es impar.

Ejemplo

Desarrollar $(x-1)^6$.

Solución: Tendremos

$$(x-1)^6 = \binom{6}{0} x^6 - \binom{6}{1} x^5\cdot 1^1 + \binom{6}{2} x^4\cdot 1^2 - \binom{6}{3} x^3\cdot 1^3 + \binom{6}{4} x^2\cdot 1^4 -$$

$$-\binom{6}{5} x^1\cdot 1^5 + \binom{6}{6} 1^6 = x^6 - 6x^5 + 15x^4 - 20x^3 + 15x^2 - 6x + 1$$

Ejemplo

Desarrollar $(x-3)^5$.

Solución: Tendremos

$$(x-3)^5 = \binom{5}{0} x^5 - \binom{5}{1} x \cdot 3^1 + \binom{5}{2} x^3 \cdot 3^2 - \binom{5}{3} x^2 \cdot 3^3 + \binom{5}{4} x^1 \cdot 3^4 - \binom{5}{5} 3^5 =$$

$$= 1 \cdot x^5 - 5x^4 \cdot 3 + 10x^3 \cdot 9 - 10x^2 \cdot 27 + 5x \cdot 81 - 1 \cdot 243 = x^5 - 15x^4 + 90x^3 - 270x^2 + 405x - 243$$

Ejemplo

Desarrollar $(x-y^2)^6$.

Solución: Tendremos

$$(x-y^2)^6 = \binom{6}{0} x^6 - \binom{6}{1} x^5 (y^2)^1 + \binom{6}{2} x^4(y^2)^2 - \binom{6}{3} x^3(y^2)^3 +$$

$$+ \binom{6}{4} x^2 (y^2)^4 - \binom{6}{5} x^1 (y^2)^5 + \binom{6}{6} (y^2)^6 =$$

$$= x^6 - 6x^5y^2 + 15x^4y^4 - 20x^3y^6 + 15x^2y^8 - 6xy^{10} + y^{12}$$

En ocasiones nos interesa hallar directamente un término cualquiera del desarrollo de un binomio sin hallar los términos anteriores.

Para hallar la fórmula de un término general observaremos que se cumplen las siguientes leyes:
a) El numerador del coeficiente de un término cualquiera del desarrollo es un producto que empieza por el exponente del binomio. Cada factor posterior es una unidad menor que el anterior y hay tantos factores como términos preceden al término de que se trate.

b) El denominador del coeficiente de un término cualquiera es una expresión factorial de igual número de factores que el numerador.

c) El exponente de a en un término cualquiera es el exponente del binomio disminuido en el número de términos que preceden a dicho término.

d) El exponente de b en un término cualquiera es igual al número de términos que lo preceden.

Ejemplo

Hallar el cuarto término de $(x+2)^5$.

Solución: Tendremos

$$\binom{5}{3} x^{5-3} 2^3 = \frac{5\,!}{3\,!\,2\,!} x^2 \cdot 8 = 10 \cdot x^2 \cdot 8 = 80x^2$$

Ejemplo

Hallar el cuarto término de $(x-3)^6$.

Solución: Tendremos $-\binom{6}{3}x^{6-3}3^3 = -\dfrac{6\,!}{3!\;3!}x^3\cdot 27 = -20\cdot x^3\cdot 27 = -540x^3$

Ejemplo

Hallar el tercer término de $(2x-y)^5$.

Solución: Tendremos $\binom{6}{2}(2x)^{6-2}y^2 = \dfrac{6!}{4!\;2!}(2x)^4\,y^2 = 15\cdot 16x^4y^2 = 240x^4y^2$

Problemas propuestos

1. Desarrollar $(3a^3)^2$.
2. Ídem $(-4x)^4$.
3. Ídem $(2ab^2)^3$.
4. Ídem $(-5xy^2)^2$.
5. Ídem $(-3a^3b^2)^3$.
6. Ídem $(2xy^2z^2)^3$.
7. Ídem $(-4a^3b^4)^2$.
8. Ídem $(-3x^2y^3z^2)^3$.
9. Ídem $(4x^3y^4)^2$.
10. Ídem $(-3a^2b^3c^2)^4$.
11. Ídem $(-2x^4y^2)^3$.
12. Ídem $(3x^2y^3z^2)^3$.
13. Ídem $(-a^2b^4c^3)^4$.
14. Ídem $(-2xy^2)^5$.
15. Ídem $(5a^4b^5c^3)^2$.
16. Ídem $(x^3+2y^2)^2$.
17. Ídem $(2xy^2+3x^2y^3)^2$.
18. Ídem $(2x^3+3xy^2)^2$.
19. Ídem $(x^2y^3+x^4)^2$.
20. Ídem $(3x^4-2x^2y^2)^2$.
21. Ídem $(2xy^2-3x^2y^3)^2$.
22. Ídem $(ab-3a^2b^2)^2$.
23. Ídem $(x+2y)^3$.
24. Ídem $(3x+2y)^3$.
25. Ídem $(2x^2+3y^2)^3$.
26. Ídem $(3xy+2y^3)^3$.
27. Ídem $(4x-2y^2)^3$.
28. Ídem $(2x^2-3xy)^3$.
29. Ídem $(x^2y-2y^3)^3$.
30. Ídem $(xy-y^2)^3$.
31. Ídem $(x^2+x+1)^2$.
32. Ídem $(x^2-x+1)^2$.
33. Ídem $(x^2+x-1)^2$.
34. Ídem $(x+y-2z)^2$.
35. Ídem $(2x-y+z)^2$.
36. Ídem $(x-2y-2z)^2$.
37. Ídem $(x^2-2x+3)^2$.
38. Ídem $(x^2+3x-1)^2$.
39. Ídem $(2x^2+x-2)^2$.
40. Ídem $(2x^2+3x+4)^2$.
41. Ídem $(x+1)^4$.
42. Ídem $(x+2)^5$.
43. Ídem $(2x+1)^6$.
44. Ídem $(2x+3)^5$.
45. Ídem $(2x^2+3y)^4$.
46. Ídem $(x-1)^5$.
47. Ídem $(x-3)^6$.
48. Ídem $(2x-1)^5$.
49. Ídem $(3x-2)^5$.
50. Ídem $(2x^2-3y)^4$.
51. Halla el cuarto término del desarrollo de $(2+x)^5$.
52. Halla el séptimo término del desarrollo de $(1+3x)^8$.
53. Halla el sexto término del desarrollo de $(5+4x)^7$.
54. Halla el cuarto término del desarrollo de

$(4-x)^7$.

55. Halla el término que contiene a la potencia x^4 en el desarrollo de $(-3+x)^6$

56. Halla el término que contiene a la potencia x^8 en el desarrollo de $(-2-3x)^9$.

57. Halla el término que contiene a la potencia x^6 en el desarrollo de $\left(x^2+1\right)^5$.

58. Halla el término que contiene a x^9 en el desarrollo de $\left(2+3x^3\right)^4$.

59. Calcula el término independiente en el desarrollo de $\left(-3+2x^2\right)^5$

60. Idem para el desarrollo de $\left(\frac{2}{5}-\frac{3}{7}x\right)^4$.

61. Idem para el desarrollo de $\left(\frac{x}{2}+\frac{3}{4}\right)^3$.

Soluciones

1. S: $9a^6$.
2. S: $256x^4$.
3. S: $8a^3b^6$.
4. S: $25x^2y^4$.
5. S: $-27a^9b^6$.
6. S: $8x^3y^6z^6$.
7. S: $16a^6b^8$.
8. S: $-27x^6y^9z^6$.
9. S: $16x^6y^8$.
10. S: $81a^8b^{12}c^8$.
11. S: $-8x^{12}y^6$.
12. S: $27x^6y^9z^6$.
13. S: $a^8b^{16}c^{12}$.
14. S: $-32x^5y^{10}$.
15. S: $25a^8b^{10}c^6$.
16. S: $x^6+4x^3y^2+4y^4$.
17. S: $4x^2y^4+12x^3y^5+9x^4y^6$.
18. S: $4x^6+12x^4y^2+9x^2y^4$.
19. S: $x^4y^6+2x^6y^3+x^8$.
20. S: $9x^8-12x^6y^2+4x^4y^4$.
21. S: $4x^2y^4-12x^3y^5+9x^4y^6$.
22. S: $a^2b^2-6a^3b^3+9a^4b^4$.
23. S: $x^3+6x^2y+12xy^2+8y^3$.
24. S: $27x^3+54x^2y+36xy^2+8y^3$.
25. S: $8x^6+36x^4y^2+54x^2y^4+27y^6$.
26. S: $27x^3y^3+54x^2y^5+36xy^7+8y^9$.
27. S: $64x^3-96x^2y^2+48xy^4-8y^6$.
28. S: $8x^6-36x^4y+54x^4y^2-27x^3y^3$.
29. S: $x^6y^3-36x^5y+12x^2y^7-8y^9$.
30. S: $x^3y^3-3x^2y^4+3xy^5-y^6$.
31. S: $x^4+x^2+1+2x^3+2x^2+2x$.
32. S: $x^4+x^2+1-2x^3+2x^2-2x$.
33. S: $x^4+x^2+1+2x^3-2x^2-2x$.
34. S: $x^2+y^2+4z^2+2xy-4xz-4yz$.
35. S: $4x^2+y^2+z^2-4xy+4xz-2yz$.
36. S: $x^2+4y^2+4z^2-4xy-4xz+8yz$.
37. S: $x^4+4x^2+9-4x^3+6x^2-12x$.
38. S: $x^4+9x^2+1+6x^3-2x^2-6x$.
39. S: $4x^4+x^2+4+4x^3-8x^2-4x$.
40. S: $4x^4+9x^2+16+12x^3+16x^2+24x$.
41. S: $x^4+4x^3+6x^2+4x+1$.
42. S: $x^5+10x^4+40x^3+80x^2+80x+32$.
43. S: $64x^6+32x^5+16x^4+8x^3+4x^2+$ $+2x+1$.
44. S: $32x^5+240x^4+720x^3+1.080x^2+$ $+810x+243$.
45. S: $16x^8+96x^6y+216x^4y^2+216x^2y^3+$ $+81y^4$.
46. S: $x^5-5x^4+10x^3-10x^2+5x-1$.
47. S: $x^6-18x^5+135x^4-540x^3+$ $+1.215x^2-1.458x+729$.
48. S: $32x^5-80x^4+80x^3-40x^2+10x-1$.
49. S: $243x^5-810x^4+1.080x^3-720x^2+$ $+240x-32$.
50. S: $16x^8-96x^6y^2+216x^4y^4-216x^2y^6$ $+81y^4$.
51. S: $40x^3$
52. S: $20412x^6$
53. S: $537600x^5$
54. S: $-8960x^3$
55. S: $135x^4$
56. S: $-118\,098x^8$

57. S: $10x^6$

58. S: $216x^9$

59. S: -243

60. S: $\frac{16}{625}$

61. S: $\frac{27}{64}$

División de polinomios

23

Introducción histórica

La matemática hindú alcanzó su máximo esplendor durante los siglos V y VI (d.C.). Los matemáticos hindúes hallaron métodos para resolver las ecuaciones de segundo grado y las ecuaciones indeterminadas.

23.1 División de polinomios

La división algebraica es la operación que consiste en hallar uno de los factores de un producto, que recibe el nombre de cociente, dado el otro factor, llamado divisor, y el producto de ambos factores, llamado dividendo.

De la definición anterior se deduce inmediatamente que el dividendo coincide con el producto del divisor por el cociente.
Así, por ejemplo, si dividimos $8xy : 2xy = 4$, se cumplirá que $8xy = 4 \cdot 2xy$.
Para efectuar una división algebraica hay que tener en cuenta los signos, los exponentes y los coeficientes de las cantidades que se dividen.
Por lo que respecta al signo de la división pueden presentarse los cuatro casos siguientes:

a) Si el dividendo y el divisor tienen ambos signo positivo, su cociente también tendrá signo positivo.

En efecto, como el cociente c multiplicado por el divisor d tiene que dar el dividendo D con su signo correspondiente y el dividendo y el divisor son ambos positivos por hipótesis, el cociente debe ser positivo para que al multiplicarlo por el divisor se obtenga el dividendo positivo. Es decir, $D = (+d) \cdot (+c)$.
Lo anteriormente dicho puede resumirse en la expresión:

$$(+D) : (+d) = c$$

b) Si el dividendo tiene signo positivo y el divisor tiene signo negativo, el cociente tendrá signo negativo.

En efecto, como el cociente c multiplicado por el divisor d tiene que dar el dividendo D con su signo correspondiente y el dividendo es positivo por hipótesis, el cociente deberá ser negativo para que al multiplicarlo por el divisor, que es negativo por hipótesis, se obtenga el dividendo positivo. Es decir, $D = (-d) \cdot (-c)$.

Lo anteriormente dicho puede resumirse en la expresión:

$$(+D) : (-d) = -c$$

c) Si el dividendo tiene signo negativo y el divisor tiene signo positivo, el cociente tendrá signo negativo.

En efecto, como el cociente c multiplicado por el divisor d tiene que dar el dividendo D con su signo correspondiente y el dividendo es negativo por hipótesis, el cociente deberá ser negativo para que al multiplicarlo por el divisor, que es positivo por hipótesis, se obtenga el dividendo negativo. Es decir, $-D = (+d) \cdot (-c)$.

Lo anteriormente dicho puede resumirse en la expresión:

$$(-D) : (+d) = -c$$

d) Si el dividendo y el divisor tienen ambos signo negativo, el cociente tendrá signo positivo.

En efecto, como el cociente c multiplicado por el divisor d tiene que dar el dividendo D con su signo correspondiente y el dividendo es negativo por hipótesis el cociente deberá ser positivo para que al multiplicarlo por el divisor, que es negativo por hipótesis se obtenga el dividendo negativo. Es decir, $-D = (-d) \cdot (+c)$.

Lo anteriormente dicho puede resumirse en la expresión:

$$(-D) : (-d) = c$$

Así pues, tenemos que:

$$+ : + = +$$
$$+ : - = -$$
$$- : + = -$$
$$- : - = +$$

Es decir, que el cociente obtenido al dividir polinomios de igual signo tiene signo positivo y el cociente obtenido al dividir polinomios de distinto signo tiene signo negativo, lo cual se conoce con el nombre de Regla de los Signos.

Por lo que respecta a los exponentes, para dividir potencias de igual base se deja la misma base y se pone como exponente la diferencia entre el exponente del dividendo y el exponente del divisor.

Así, por ejemplo,

$$x^5 : x^3 = x^{5-3} = x^2$$
$$y^3 : y^3 = y^{3-3} = y^0 = 1$$
$$z^2 : z^5 = z^{2-5} = z^{-3} = 1/z^3$$

En general, $x^m : x^n = x^{m-n}$.

Por lo que respecta a los coeficientes, el coeficiente del cociente es el cociente que se obtiene al dividir el coeficiente del dividendo entre el coeficiente del divisor.

Así, por ejemplo, $40x^3 : 8x = (40 : 8)\ x^{3-1} = 5x^2$.

En la división algebraica pueden considerarse los tres casos siguientes:

a) División de un monomio por otro.
b) División de un polinomio por un monomio.
c) División de un polinomio por un polinomio.

Para dividir dos monomios se divide el coeficiente del dividendo entre el coeficiente del divisor y a continuación se escriben las letras ordenadas alfabéticamente, elevando cada letra a un exponente igual a la diferencia entre el exponente que tiene en el dividendo y el exponente que tiene en el divisor. El signo del cociente será el que corresponda al aplicar la Regla de los Signos ya vista anteriormente.

Ejemplo

Dividir $(8x^6) : (4x^4)$.

Solución: Tendremos

$$(8x^6) : (4x^4) = (8 : 4)\ x^{6-4} = 2x^2$$

El signo del cociente será positivo puesto que tanto el dividendo como el divisor son ambos positivos, y por lo tanto el cociente también es positivo.

Ejemplo

Dividir $(-12x^3y^2z) : (3xy)$.

Solución: Tendremos

$$(-12x^3y^2z) : (3xy) = (-12 : 3)\ x^{3-1} \cdot y^{2-1} \cdot z^{1-0} = -4x^2yz$$

. El signo del cociente será negativo puesto que el dividendo es negativo y el divisor es positivo, y por lo tanto el cociente será negativo.

Ejemplo

Dividir $(-18a^3b^4c^2) : (-6a^3b^2c^2)$.

Solución: Tendremos

$$(-18a^3b^4c^2) : (-6a^3b^2c^2) = (-18 : -6)\ a^{3-3} \cdot b^{4-2} \cdot c^{2-2} = 3b^2$$

El signo del cociente será positivo puesto que tanto el dividendo como el divisor son ambos negativos, y por lo tanto el cociente será negativo.

En ocasiones el cociente de dos monomios es fraccionario y, por consiguiente, la división propiamente dicha no puede efectuarse en los siguientes casos:

a) Cuando una letra está elevada en el dividendo a un exponente menor del que se halla elevada dicha letra en el divisor.

b) Cuando el divisor contiene alguna letra que no se halla en el dividendo.

En estos casos, la división se indica en forma de fracción que se simplifica lo más posible, suprimiendo todos los factores comunes.

Ejemplo

Dividir $(12a^2b^3c) : (-18a^3b^4c^2d)$.

Solución: Tendremos

$$\frac{12a^2b^3c}{-18a^3b^4c^2d} = -\frac{2}{3abcd}$$

El signo de la fracción resultante será negativo puesto que el dividendo tiene signo positivo y el divisor tiene signo negativo.

Para dividir un polinomio por un monomio se divide cada uno de los términos del polinomio por el monomio teniendo en cuenta la Regla de los Signos, y se suman todos los cocientes parciales así obtenidos.

Ejemplo

Dividir $(4x^3 + 6x^2 - 8x) : (2x)$.

Solución: Tendremos

$$(4x^3 + 6x^2 - 8x) : (2x) = (4x^3) : (2x) + (6x^2) : (2x) - (8x) : (2x) = 2x^2 + 3x - 4$$

Ejemplo

Dividir $(6x^4y - 9x^3y^2 + 12x^2y^3 - 6xy^4) : (3xy)$.

Solución: Tendremos

$$\begin{aligned}&(6x^4y - 9x^3y^2 + 12x^2y^3 - 6xy^4) : (3xy) = \\ &= (6x^4y) : (3xy) - (9x^3y^2) : (3xy) + (12x^2y^3) : (3xy) - (6xy^4) : (3xy) = \\ &= 2x^3 - 3x^2y + 4xy^2 - 2y^3\end{aligned}$$

Cuando la división no es exacta, lo cual sucede frecuentemente, se deja indicada o bien se halla la parte entera del cociente y a continuación se escribe el cociente de la parte no divisible en forma de fracción.

Ejemplo

Dividir $(3x^3y^2 + 5x^2y - 6xy^2) : (4x^2y)$.

Solución: Tendremos

$$\begin{aligned}&(3x^3y^2 + 5x^2y - 6xy^2) : (4x^2y) = \\ &= (3x^3y^2) : (4x^2y) + (5x^2y) : (4x^2y) - (6xy^2) : (4x^2y) = 3/4\ xy + 5/4 - 3y/2x\end{aligned}$$

Para dividir dos polinomios se procede del modo siguiente:

a) Se ordenan el dividendo y el divisor con respecto a una misma letra.
b) Se divide el primer término del dividendo entre el primer término del divisor, obteniéndose así el primer término del cociente.
c) Se multiplica el primer término del cociente por todo el divisor y el producto así obtenido se resta del dividendo, para lo cual se le cambia de signo y se escribe cada término de su semejante. En el caso de que algún término de este producto no tenga ningún término semejante en el dividendo, se escribe dicho término en el lugar que le corresponda de acuerdo con la ordenación del dividendo y del divisor.
d) Se divide el primer término del resto entre el primer término del divisor, obteniéndose de este modo el segundo término del cociente.
e) El segundo término del cociente se multiplica por todo el divisor y el producto así obtenido se resta del dividendo, cambiándole todos los signos.
f) Se divide el primer término del segundo resto entre el primer término del divisor y se repiten las operaciones anteriores hasta obtener cero como resto.

Ejemplo

Dividir $(15x^4 - 7x^3y - 6x^2y^2 + 7xy^3 - 3y^4) : (5x^2 + xy - 3y^2)$.

Solución: Tendremos

$$
\begin{array}{rrrrr|l}
15x^4 & -7x^3y & -6x^2y & +7xy^3 & -3y^4 & 5x^2+xy-3y^2 \\ \cline{6-6}
-15x^4 & -3x^3y & +9x^2y^2 & & & 3x^2-2xy+y^2 \\ \cline{1-5}
0 & -10x^3y & +3x^2y^2 & +7xy^3 & -3y^4 & \\
 & 10x^3y & +2x^2y^2 & -6xy^3 & & \\ \cline{1-5}
 & 0 & +5x^2y^2 & +xy^3 & -3y^4 & \\
 & & -5x^2y^2 & -xy^3 & +3y^4 & \\ \cline{1-5}
 & & 0 & 0 & 0 &
\end{array}
$$

Para efectuar la división precedente hemos procedido del modo siguiente:

En primer lugar se han ordenado dividendo y divisor en orden ascendente con respecto a la letra y y en orden descendente con respecto a la letra x.
A continuación se ha dividido el primer término del dividendo, $15x^4$, entre el primer término del divisor, $5x^2$, obteniéndose $3x^2$, que es el primer término del cociente.
Seguidamente se ha multiplicado $3x^2$ por cada uno de los términos del divisor, obteniéndose como resultado $15x^4 + 3x^3y - 9x^2y^2$, que se escribe debajo de los términos semejantes del dividendo cambiando los signos de todos los términos para efectuar la resta. A continuación se ha procedido a efectuar la reducción de términos semejantes, obteniéndose como primer resto $-10x^3y + 3x^2y^2 + 7xy^3 - 3y^4$.
Después se ha dividido $-10x^3y$ entre $5x^2$ obteniéndose como cociente $-2xy$, que es el segundo término del cociente. Multiplicando $-2xy$ por todos los términos del divisor se obtiene como resultado $-10x^3y - 2x^2y^2 + 6xy^3$, que se escribe debajo de los términos semejantes del primer resto cambiando los signos de todos sus términos para efectuar la resta. A continuación se ha procedido a efectuar la reducción de términos semejantes, obteniéndose como segundo resto $5x^2y^2 + xy^3 - 3y^4$.
Finalmente se ha dividido $5x^2y^2$ entre $5x^2$, obteniéndose como cociente y^2, que es el tercer término del cociente. Multiplicando y^2 por todos los términos del divisor se obtiene como producto $5x^2y^2 + xy^3 - 3y^4$, que se escribe debajo de los términos semejantes del segundo resto cambiando los signos de todos los términos para efectuar la resta. A continuación se ha procedido a efectuar la reducción de términos semejantes, obteniéndose como tercer resto 0, con lo cual queda acabada la división.

Ejemplo

Dividir $(x^4 + 11x^2 - 12x - 5x^3 + 6) : (-3x + 3 + x^2)$.

Solución: En primer lugar ordenaremos los polinomios en orden descendente con respecto a la letra x. Tendremos:

$$(x^4 - 5x^3 + 11x^2 - 12x + 6) : (x^2 - 3x + 3)$$

Así pues,

$$
\begin{array}{rrrrr|l}
x^4 & -5x^3 & +11x^2 & -12x & +6 & x^2-3x+3 \\
\cline{6-6}
-x^4 & +3x^3 & -3x^2 & & & x^2-2x+2 \\
\cline{1-5}
 & -2x^3 & +8x^2 & -12x & +6 & \\
 & 2x^3 & -6x^2 & +6x & & \\
\cline{2-5}
 & & 2x^2 & -6x & +6 & \\
 & & -2x^2 & +6x & -6 & \\
\cline{3-5}
 & & & 0 & & \\
\end{array}
$$

Ejemplo

Dividir $(1 - a - 3a^2 - a^5) : (1 + 2a + a^2)$.

Solución: En primer lugar ordenaremos los polinomios en orden descendente con respecto a la letra *a*.

Tendremos:

$$(-a^5 - 3a^2 - a + 1) : (a^2 + 2a + 1)$$

Así pues,

$$
\begin{array}{rrrrrr|l}
-a^5 & & & -3a^2 & -a & +1 & a^2+2a+1 \\
\cline{7-7}
a^5 & +2a^4 & +a^3 & & & & -a^3+2a^2-3a+1 \\
\cline{1-6}
 & 2a^4 & +a^3 & -3a^2 & -a & +1 & \\
 & -2a^4 & -4a^3 & -2a^2 & & & \\
\cline{2-6}
 & & -3a^3 & -5a^2 & -a & +1 & \\
 & & 3a^3 & +6a^2 & +3a & & \\
\cline{3-6}
 & & & a^2 & +2a & +1 & \\
 & & & -a^2 & -2a & -1 & \\
\cline{4-6}
 & & & & 0 & & \\
\end{array}
$$

Se dice que la división de un polinomio por otro es inexacta:

a) Si después de ordenar los dos polinomios, el primer término del dividendo no es divisible entre el primer término del divisor.

b) Si el último término del dividendo no es divisible entre el último término del divisor.

c) Si en el primer término de algún dividendo parcial la letra ordenatriz tiene menor exponente que en el primer término del divisor.

En el caso de que la división sea inexacta basta con indicarla en forma de fracción o bien se halla la parte entera del cociente completándolo con una fracción cuyo numerador sea el último resto y cuyo denominador sea el divisor.

Ejemplo

Dividir $(8y^6 - 21x^3y^3 - x^6 - 24xy^5) : (3xy - x^2 - y^2)$.

Solución: En primer lugar ordenaremos los polinomios en orden descendente con respecto a la letra x. Tendremos:

$$(-x^6 - 21x^3y^3 - 24xy^5 + 8y^6) : (-x^2 + 3xy - y^2)$$

Así pues,

$$\begin{array}{rrrrrrr|l}
-x^6 & & & -21x^3y^3 & & -24xy^5 & +8y^6 & -x^2 + 3xy - y^2 \\ \cline{8-8}
x^6 & -3x^5y & +x^4y^2 & & & & & x^4 + 3x^3y + 8x^2y^2 + 42xy^3 + 118y^4 \\ \cline{1-7}
 & -3x^5y & +x^4y^2 & -21x^3y^3 & & -24xy^5 & +8y^6 & \\
 & 3x^5y & -9x^4y^2 & +3x^3y^3 & & & & \\ \cline{2-7}
 & & -8x^4y^2 & -18x^3y^3 & & -24xy^5 & +8y^6 & \\
 & & 8x^4y^2 & -24x^3y^3 & +8x^2y^4 & & & \\ \cline{3-7}
 & & & -42x^3y^3 & +8x^2y^4 & -24xy^5 & +8y^6 & \\
 & & & 42x^3y^3 & -126x^2y^4 & +42xy^5 & & \\ \cline{4-7}
 & & & & -118x^2y^4 & +18xy^5 & +8y^6 & \\
 & & & & 118x^2y^4 & -354xy^5 & +118y^6 & \\ \cline{5-7}
 & & & & & -336xy^5 & +126y^6 &
\end{array}$$

Hay una serie de divisiones algebraicas cuyos cocientes cumplen unas reglas fijas que resulta muy útil conocer de memoria y que son las siguientes:

a) La diferencia de los cuadrados de dos números dividida entre la suma de dichos números coincide con la diferencia de ambos números.

En efecto, consideremos el cociente $(x^2 - y^2) : (x + y)$.

Tendremos:

$$\begin{array}{rrr|l}
x^2 & & -y^2 & x + y \\ \cline{4-4}
-x^2 & -xy & & x - y \\ \cline{1-3}
 & -xy & -y^2 & \\
 & xy & +y^2 & \\ \cline{2-3}
 & & 0 &
\end{array}$$

Es decir, $(x^2 - y^2) : (x + y) = (x - y)$, tal como queríamos demostrar.

Ejemplo

Comprobar que $(x^2 - 36) : (x + 6) = (x - 6)$.

Solución: Tendremos

$$
\begin{array}{rrr|l}
x^2 & & -36 & x+6 \\
\cline{4-4}
-x^2 & -6x & & x-6 \\
\cline{1-3}
 & -6x & -36 & \\
 & 6x & +36 & \\
\cline{2-3}
 & & 0 & \\
\end{array}
$$

Así pues, $(x^2 - 36) : (x+6) = (x-6)$, tal como queríamos comprobar.

Ejemplo

Comprobar que $(4x^4y^2 - 9z^2) : (2x^2y + 3z) = (2x^2y - 3z)$.

Solución: Tendremos

$$
\begin{array}{rrr|l}
4x^4y^4 & & -9z^2 & 2x^2y+3z \\
\cline{4-4}
-4x^4y^2 & -6x^2yz & & 2x^2y-3z \\
\cline{1-3}
 & -6x^2yz & -9z^2 & \\
 & +6x^2yz & +9z^2 & \\
\cline{2-3}
 & & 0 & \\
\end{array}
$$

Así pues, $(4x^4y^2 - 9z^2) : (2x^2y + 3z) = (2x^2y - 3z)$, tal como queríamos comprobar.

b) La diferencia de los cuadrados de dos números dividida entre la diferencia de dichos números coincide con la suma de ambos números.

En efecto, consideremos el cociente $(x^2 - y^2) : (x - y)$.

Tendremos:

$$
\begin{array}{rrr|l}
x^2 & & -y^2 & x-y \\
\cline{4-4}
-x^2 & +xy & & x+y \\
\cline{1-3}
 & +xy & -y^2 & \\
 & -xy & +y^2 & \\
\cline{2-3}
 & & 0 & \\
\end{array}
$$

Es decir, $(x^2 - y^2) : (x - y) = (x + y)$, tal como queríamos demostrar.

Ejemplo

Comprobar que $(x^2 - 16) : (x - 4) = (x + 4)$.

Solución: Tendremos

$$\begin{array}{rr|l} x^2 & -16 & x-4 \\ \cline{3-3} -x^2 \quad +4x & & x+4 \\ \hline +4x & -16 & \\ -4x & +16 & \\ \hline & 0 & \end{array}$$

Así pues, $(x^2-16):(x-4)=(x+4)$

Ejemplo

Comprobar que $(9x^6y^4z^2-4x^2y^2):(3x^3y^2z-2xy)=(3x^3y^2z+2xy)$.

Solución: Tendremos

$$\begin{array}{lll|l} 9x^6y^4z^2 & & -4x^2y^2 & 3x^3y^2z-2xy \\ \cline{4-4} -9x^6y^4z^2 & +6x^4y^3z & & 3x^3y^2z+2xy \\ \hline & +6x^4y^3z & -4x^2y^2 & \\ & -6x^4y^3z & +4x^2y^2 & \\ \hline & & 0 & \end{array}$$

c) La suma de los cubos de dos números dividida por la suma de los números es igual al cuadrado del primer número, menos el producto de ambos números, más el cuadrado del segundo número.

En efecto, consideremos el cociente $(x^3+y^3):(x+y)$.

Tendremos:

$$\begin{array}{llll|l} x^3 & & & +y^3 & x+y \\ \cline{5-5} -x^3 & -x^2y & & & x^2-xy+y^2 \\ \hline & -x^2y & & +y^3 & \\ & x^2y & +xy^2 & & \\ \hline & & +xy^2 & +y^3 & \\ & & -xy^2 & -y^3 & \\ \hline & & & 0 & \end{array}$$

Es decir, $(x^3+y^3):(x+y)=(x^2-xy+y^2)$.

Ejemplo

Comprobar que $(8x^3+27y^3):(2x+3y)=4x^2-6xy+9y^2$.

Solución: Tendremos

$$
\begin{array}{rrrr|l}
8x^3 & & & +27y^3 & 2x+3y \\
\cline{5-5}
-8x^3 & -12x^2y & & & 4x^2-6xy+9y^2 \\
\cline{1-4}
 & -12x^2y & & +27y^3 & \\
 & 12x^2y & +18xy^2 & & \\
\cline{2-4}
 & & +18xy^2 & +27y^3 & \\
 & & -18xy^2 & -27y^3 & \\
\cline{3-4}
 & & & 0 & \\
\end{array}
$$

Ejemplo

Comprobar que $(8x^9+y^9):(2x^3+y^3)=4x^6-2x^3y^3+y^6$.

Solución: Tendremos

$$
\begin{array}{rrrr|l}
8x^9 & & & +y^9 & 2x^3+y^3 \\
\cline{5-5}
-8x^9 & -4x^6y^3 & & & 4x^6-2x^3y^3+y^6 \\
\cline{1-4}
 & -4x^6y^3 & & +y^9 & \\
 & 4x^6y^3 & +2x^3y^6 & & \\
\cline{2-4}
 & & 2x^3y^6 & +y^9 & \\
 & & -2x^3y^6 & -y^9 & \\
\cline{3-4}
 & & & 0 & \\
\end{array}
$$

d) La diferencia de los cubos de dos números dividida entre la diferencia de dichos números es igual al cuadrado del primer número, más el producto de ambos números, más el cuadrado del segundo número.

En efecto, consideremos el cociente $(x^3-y^3):(x-y)$.

Tendremos:

$$
\begin{array}{rrrr|l}
x^3 & & & -y^3 & x-y \\
\cline{5-5}
-x^3 & +x^2y & & & x^2+xy+y^2 \\
\cline{1-4}
 & x^2y & & -y^3 & \\
 & -x^2y & +xy^2 & & \\
\cline{2-4}
 & & xy^2 & -y^3 & \\
 & & -xy^2 & +y^3 & \\
\cline{3-4}
 & & & 0 & \\
\end{array}
$$

Así pues, $(x^3-y^3):(x-y)=(x^2+xy+y^2)$, tal como queríamos demostrar.

Ejemplo

Comprobar que $(x^6 - 27y^3) : (x^2 - 3y) = (x^4 + 3x^2y + 9y^2)$.

Solución: Tendremos

$$
\begin{array}{rrrr|l}
x^6 & & & -27y^3 & x^2 - 3y \\
\cline{5-5}
-x^6 & +3x^4y & & & x^4 + 3x^2y + 9y^2 \\
\cline{1-4}
& 3x^4y & & -27y^3 & \\
& -3x^4y & +9x^2y^2 & & \\
\cline{2-4}
& & 9x^2y^2 & -27y^3 & \\
& & -9x^2y^2 & +27y^3 & \\
\cline{3-4}
& & & 0 &
\end{array}
$$

Así pues, $(x^6 - 27y^3) : (x^2 - 3y) = (x^4 + 3x^2y + 9y^2)$ tal como queríamos comprobar.

Ejemplo

Comprobar que $(64x^6 - 343y^9) : (4x^2 - 7y^3) = (16x^4 + 28x^2y^3 + 49y^6)$.

Solución: Tendremos

$$
\begin{array}{rrrr|l}
64x^6 & & & -343y^9 & 4x^2 - 7y^3 \\
\cline{5-5}
-64x^6 & +112x^4y^3 & & & 16x^4 + 28x^2y^3 + 49y^6 \\
\cline{1-4}
& 112x^4y^3 & & -343y^9 & \\
& -112x^4y^3 & +196x^2y^6 & & \\
\cline{2-4}
& & 196x^2y^6 & -343y^9 & \\
& & -196x^2y^6 & +343y^9 & \\
\cline{3-4}
& & & 0 &
\end{array}
$$

Así pues, $(64x^6 - 343y^9) : (4x^2 - 7y^3) = (16x^4 + 28x^2y^3 + 49y^6)$, tal como queríamos comprobar.

e) La diferencia de potencias iguales, $x^n - y^n$, es divisible por $x - y$, siendo n cualquier número entero.

En efecto, consideremos el cociente $x^5 - y^5 : (x - y)$.

Tendremos:

$$
\begin{array}{rrrrrr|l}
x^5 & & & & & -y^5 & x-y \\
\cline{7-7}
-x^5 & +x^4y & & & & & x^4+x^3y+x^2y^2+xy^3+y^4 \\
\cline{1-6}
 & x^4y & & & & -y^5 & \\
 & -x^4y & +x^3y^2 & & & & \\
\cline{2-6}
 & & x^3y^2 & & & -y^5 & \\
 & & -x^3y^2 & +x^2y^3 & & & \\
\cline{3-6}
 & & & x^2y^3 & & -y^5 & \\
 & & & -x^2y^3 & +xy^4 & & \\
\cline{4-6}
 & & & & xy^4 & -y^5 & \\
 & & & & -xy^4 & +y^5 & \\
\cline{5-6}
 & & & & & 0 & \\
\end{array}
$$

Así pues, $(x^5-y^5):(x-y)=(x^4+x^3y+x^2y^2+xy^3+y^4)$, tal como queríamos dcmostrar.

En general, tendremos que$(x^n-y^n):(x-y)=(x^{n-1}+x^{n-2}y+x^{n-3}y^2+\ldots xy^{n-2}+y^{n-1})$.

Ejemplo

Comprobar que $(x^4-y^4):(x-y)=(x^3+x^2y+xy^2+y^3)$.

Solución: Tendremos

$$
\begin{array}{rrrrr|l}
x^4 & & & & -y^4 & x-y \\
\cline{6-6}
-x^4 & +x^3y & & & & x^3+x^2y+xy^2+y^3 \\
\cline{1-5}
 & x^3y & & & -y^4 & \\
 & -x^3y & +x^2y^2 & & & \\
\cline{2-5}
 & & x^2y^2 & & -y^4 & \\
 & & -x^2y^2 & +xy^3 & & \\
\cline{3-5}
 & & & xy^3 & -y^4 & \\
 & & & -xy^3 & +y^4 & \\
\cline{4-5}
 & & & & 0 & \\
\end{array}
$$

Así pues, $(x^4-y^4):(x-y)=(x^3+x^2y+xy^2+y^3)$, tal como queríamos comprobar.

f) La diferencia de potencias iguales, x^n-y^n, es divisible por $x+y$, siendo n un número entero par.

En efecto, consideremos el cociente $(x^6 - y^6) : (x + y)$.
Tendremos:

$$
\begin{array}{rrrrrrr|l}
x^6 & & & & & & -y^6 & x+y \\
\cline{8-8}
-x^6 & -x^5y & & & & & & x^5 - x^4y + x^3y^2 - x^2y^3 + xy^4 - y^5 \\
\hline
 & -x^5y & & & & & -y^6 & \\
 & x^5y & +x^4y^2 & & & & & \\
\cline{2-7}
 & & x^4y^2 & & & & -y^6 & \\
 & & -x^4y^2 & -x^3y^3 & & & & \\
\cline{3-7}
 & & & -x^3y^3 & & & -y^6 & \\
 & & & x^3y^3 & +x^2y^4 & & & \\
\cline{4-7}
 & & & & x^2y^4 & & -y^6 & \\
 & & & & -x^2y^4 & -xy^5 & & \\
\cline{5-7}
 & & & & & -xy^5 & -y^6 & \\
 & & & & & xy^5 & +y^6 & \\
\cline{6-7}
 & & & & & & 0 & \\
\end{array}
$$

Así pues, $(x^6 - y^6) : (x + y) = (x^5 - x^4y + x^3y^2 - x^2y^3 + xy^4 - y^5)$, tal como queríamos demostrar.
En general, tendremos que $(x^n - y^n) : (x + y) = (x^{n-1} - x^{n-2}y + x^{n-3}y^2 - ... -x^2y^{n-3} + xy^{n-2} - y^{n-1})$.

Ejemplo

Comprobar que $(x^4 - y^4) : (x + y) = (x^3 - x^2y + xy^2 - y^3)$.

Solución: Tendremos

$$
\begin{array}{rrrrr|l}
x^4 & & & & -y^4 & x+y \\
\cline{6-6}
-x^4 & -x^3y & & & & x^3 - x^2y + xy^2 - y^3 \\
\hline
 & -x^3y & & & -y^4 & \\
 & x^3y & +x^2y^2 & & & \\
\cline{2-5}
 & & x^2y^2 & & -y^4 & \\
 & & -x^2y^2 & -xy^3 & & \\
\cline{3-5}
 & & & -xy^3 & -y^4 & \\
 & & & xy^3 & +y^4 & \\
\cline{4-5}
 & & & & 0 & \\
\end{array}
$$

Así pues, $(x^4 - y^4) : (x + y) = (x^3 - x^2y + xy^2 - y^3)$, tal como queríamos comprobar.

Ejemplo

Comprobar que $(1-x^8):(1+x)=(1-x+x^2-x^3+x^4-x^5+x^6-x^7)$.
Solución: Tendremos

$$
\begin{array}{rrrrrrrrr|l}
1 & & & & & & & & -x^8 & 1+x \\
-1 & -x & & & & & & & & 1-x+x^2-x^3+x^4-x^5+x^6-x^7 \\
\hline
 & -x & & & & & & & -x^8 & \\
 & x & +x^2 & & & & & & & \\
\hline
 & & x^2 & & & & & & -x^8 & \\
 & & -x^2 & -x^3 & & & & & & \\
\hline
 & & & -x^3 & & & & & -x^8 & \\
 & & & x^3 & +x^4 & & & & & \\
\hline
 & & & & x^4 & & & & -x^8 & \\
 & & & & -x^4 & -x^5 & & & & \\
\hline
 & & & & & -x^5 & & & -x^8 & \\
 & & & & & x^5 & +x^6 & & & \\
\hline
 & & & & & & x^6 & & -x^8 & \\
 & & & & & & -x^6 & -x^7 & & \\
\hline
 & & & & & & & -x^7 & -x^8 & \\
 & & & & & & & x^7 & +x^8 & \\
\hline
 & & & & & & & & 0 &
\end{array}
$$

Así pues, $(1-x^8):(1+x)=(1-x+x^2-x^3+x^4-x^5+x^6-x^7)$, tal como queríamos comprobar.

> **g) La suma de potencias iguales, x^n+y^n, es divisible por $x+y$, siendo n un número entero impar.**

En efecto, consideremos el cociente $(x^5+y^5):(x+y)$.
Tendremos:

$$
\begin{array}{rrrrrr|l}
x^5 & & & & & +y^5 & x+y \\
-x^5 & -x^4y & & & & & x^4-x^3y+x^2y^2-xy^3+y^4 \\
\hline
 & -x^4y & & & & +y^5 & \\
 & x^4y & +x^3y^2 & & & & \\
\hline
 & & x^3y^2 & & & +y^5 & \\
 & & -x^3y^2 & -x^2y^3 & & & \\
\hline
 & & & -x^2y^3 & & +y^5 & \\
 & & & x^2y^3 & +xy^4 & & \\
\hline
 & & & & xy^4 & +y^5 & \\
 & & & & -xy^4 & -y^5 & \\
\hline
 & & & & & 0 &
\end{array}
$$

Así pues, $(x^5+y^5):(x+y)=(x^4-x^3y+x^2y^2-xy^3+y^4)$, tal como queríamos demostrar.
En general, $(x^n+y^n):(x+y)=(x^{n-1}-x^{n-2}y+\ldots-xy^{n-2}+y^{n-1})$.

Ejemplo

Comprobar que $(1+x^7):(1+x)=(1-x+x^2-x^3+x^4-x^5+x^6)$.

Solución: Tendremos

$$\begin{array}{rrrrrrrr|l}
1 & & & & & & & +x^7 & 1+x \\
\hline
-1 & -x & & & & & & & 1-x+x^2-x^3+x^4-x^5+x^6 \\
\hline
 & -x & & & & & & +x^7 & \\
 & x & +x^2 & & & & & & \\
\hline
 & & x^2 & & & & & +x^7 & \\
 & & -x^2 & -x^3 & & & & & \\
\hline
 & & & -x^3 & & & & +x^7 & \\
 & & & x^3 & +x^4 & & & & \\
\hline
 & & & & x^4 & & & +x^7 & \\
 & & & & -x^4 & -x^5 & & & \\
\hline
 & & & & & -x^5 & & +x^7 & \\
 & & & & & x^5 & +x^6 & & \\
\hline
 & & & & & & x^6 & +x^7 & \\
 & & & & & & -x^6 & -x^7 & \\
\hline
 & & & & & & & 0 &
\end{array}$$

Así pues, $(1+x^7):(1+x)=(1-x+x^2-x^3+x^4-x^5+x^6)$, tal como queríamos comprobar.

23.2 Regla de Ruffini

Frecuentemente se plantea el problema de dividir polinomios por binomios del tipo $x-a$. Binomios del tipo $x-a$ serían, por ejemplo,

$x-5$ donde $a=5$

$x+3$ donde $a=-3$

$x-1/4$ donde $a=1/4$

Así por ejemplo, si queremos efectuar la división $(3x^6-4x^5+3x^4-2x^3+x^2-x+1):(x-2)$, tal como acabamos de ver anteriormente, procedemos del modo siguiente:

$$\begin{array}{rrrrrrr|l}
3x^6 & -4x^5 & +3x^4 & -2x^3 & +x^2 & -x & +1 & x-2 \\
\hline
-3x^6 & +6x^5 & & & & & & 3x^5+2x^4+7x^3+12x^2+25x+49 \\
\hline
 & 2x^5 & +3x^4 & -2x^3 & +x^2 & -x & +1 & \\
 & -2x^5 & +4x^4 & & & & & \\
\hline
 & & 7x^4 & -2x^3 & +x^2 & -x & +1 & \\
 & & -7x^4 & +14x^3 & & & & \\
\hline
 & & & 12x^3 & +x^2 & -x & +1 & \\
 & & & -12x^3 & +24x^2 & & & \\
\hline
 & & & & 25x^2 & -x & +1 & \\
 & & & & -25x^2 & +50x & & \\
\hline
 & & & & & 49x & +1 & \\
 & & & & & -49x & +98 & \\
\hline
 & & & & & & 99 &
\end{array}$$

Obsérvese que al efectuar la división, como el coeficiente de x en el divisor $x-2$ es 1, los coeficientes del cociente son iguales a los que han ido apareciendo en la división.

La Regla de Ruffini resume el método de obtener los coeficientes del cociente y el resto al dividir un polinomio por el binomio $x - a$.
Podemos describirla del modo siguiente:
a) El primer coeficiente del cociente coincide con el primer coeficiente del dividendo.
b) El segundo coeficiente del cociente es igual al producto de a por el primer coeficiente del cociente, más el segundo coeficiente del dividendo.
c) El tercer coeficiente del cociente es igual al producto de a por el segundo coeficiente del cociente, más el segundo coeficiente del dividendo.
d) El resto es igual al producto de a por el último coeficiente del cociente, más el último coeficiente del dividendo.
e) El grado del cociente es inferior en una unidad al grado del dividendo.

Así pues, podemos escribir la división anterior de una manera más sencilla, prescindiendo de la letra x, y teniendo en cuenta tan sólo los coeficientes, del modo siguiente:

$$\begin{array}{r|rrrrrrr} & 3 & -4 & 3 & -2 & 1 & -1 & 1 \\ 2) & & 6 & 4 & 14 & 24 & 50 & 98 \\ \hline & 3 & 2 & 7 & 12 & 25 & 49 & 99 \end{array}$$

Una vez conocidos los coeficientes del cociente, como sabemos que el grado del cociente es un grado inferior que el del dividendo, tendremos que el cociente será:

$$3x^5 + 2x^4 + 7x^3 + 12x^2 + 25x + 49$$

El resto es 99, que es el último número obtenido.

Ejemplo

Efectuar la división $(x^5 + 1) : (x + 1)$ empleando la Regla de Ruffini.
Solución: En la forma usual de efectuar la división pueden aparecer términos de algún grado que no estén en el dividendo. Aplicando la Regla de Ruffini también puede suceder lo mismo. En estos casos, completamos el polinomio poniendo ceros donde falta alguno de los términos. Así pues,

$$x^5 + 1 = x^5 + 0x^4 + 0x^3 + 0x^2 + 0x + 1$$

Por lo tanto, tendremos:

$$\begin{array}{r|rrrrrr} & 1 & 0 & 0 & 0 & 0 & 1 \\ -1) & & -1 & 1 & -1 & 1 & -1 \\ \hline & 1 & -1 & 1 & -1 & 1 & \end{array}$$

Por consiguiente, el cociente será $x^4 - x^3 + x^2 - x + 1$, y como el resto es cero, se trata de una división exacta.

Ejemplo

En el polinomio $2x^3 - 7x^2 + kx - 3$, el coeficiente k es desconocido, pero se sabe que al dividir el polinomio entre $x - 3$ la división es exacta. Hallar el valor de k.

Solución: Aplicando la Regla de Ruffini tendremos

$$\begin{array}{r|rrrr} & 2 & -7 & k & -3 \\ 3) & & 6 & -3 & 3(k-3) \\ \hline & 2 & -1 & k-3 & -3+3\,(k-3) \end{array}$$

Como la división ha de ser exacta, el resto debe valer cero.
Por lo tanto, $-3 + 3\,(k - 3) = 0$
Es decir, $-3 + 3k - 9 = 0$
O sea, $3k = 12$
De donde, $k = 12/3 = 4$

Comprobemos que la división $(2x^3 - 7x^2 + 4x - 3) : (x - 3)$ es exacta:

$$\begin{array}{r|rrrr} & 2 & -7 & 4 & -3 \\ 3) & & 6 & -3 & 3 \\ \hline & 2 & -1 & 1 & \end{array}$$

El cociente es $2x^2 - x + 1$ y el resto cero, tal como queríamos comprobar.

Ejemplo

Hallar el cociente y el resto de la división $(x^4 - 5x^3 + 3x - 9) : (x + 2)$.

Solución: Aplicando la Regla de Ruffini tendremos

$$\begin{array}{r|rrrrr} & 1 & -5 & 0 & 3 & -9 \\ -2) & & -2 & 14 & -28 & -50 \\ \hline & 1 & -7 & 14 & 25 & -59 \end{array}$$

Así pues, el cociente es $x^3 - 7x^2 + 14x + 25$ y el resto es -59.

Ejemplo

Hallar el valor de k para que el polinomio $5x^4 - 2x^3 + kx^2 - 4$ sea divisible por $x - 2$.

Solución: Tendremos

$$\begin{array}{r|rrrrr} & 5 & -2 & k & 0 & -4 \\ 2) & & 10 & 16 & 2k+32 & 4k+64 \\ \hline & 5 & 8 & k+16 & 2k+32 & 4k+60 \end{array}$$

Como la división ha de ser exacta, tendremos que: $4k + 60 = 0$
Así pues, $4k = -60$
De donde, $k = -60/4 = -15$
Comprobemos que la división $(5x^4 - 2x^3 - 15x^2 - 4) : (x - 2)$ es exacta:

	5	−2	−15	0	−4
2)		10	16	2	4
	5	8	1	2	

Problemas propuestos

1. Dividir $(-8x^3y^2) : (2xy)$.
2. Ídem $(-3x^3y^2z) : (xy)$.
3. Ídem $(-2x^3y^2) : (-2x^2y)$.
4. Ídem $(18a^2b^3c) : (-9ab^2c)$.
5. Ídem $(-6x^3y^2) : (2xy^2)$.
6. Ídem $(-4x^4y^3) : (-2x^2y^2)$.
7. Ídem $(-10a^2b^4) : (5ab^3)$.
8. Ídem $(12a^4b^3) : (-3a^2b)$.
9. Ídem $(-9x^2y^3z) : (3y^2)$.
10. Ídem $(10x^4y^3) : (-2y^2)$.
11. Ídem $(-24xy^5z^3) : (6y^3z^2)$.
12. Ídem $(-8x^5y^3) : (-4xy^2)$.
13. Ídem $(4x^3y^2z) : (4x^2y)$.
14. Ídem $(x^5 - 4x^4 + 4x^3 + x^2 - 4x + 4) : (x^3 - 3x^2 + 4)$.
15. Ídem $(3a^4 - 10a^3 + 18a^2 - 14a + 3) : (3a^2 - 4a + 1)$.
16. Ídem $(2a^5 - 3a^4 - 8a^3 + 16a^2 - 16) : (2a^3 - 3a^2 + 4)$.
17. Ídem $(2a^4 - 5a^3 + 7a^2 - 4a + 2) : (2a^2 - a + 1)$.
18. Ídem $(8a^4 + 6a^3b - 16a^2b + 9b^3) : (2a^3 - 4ab + 3b^2)$.
19. Ídem $(4a^3 - 8a^2b + 11ab^2 - 4b^3) : (2a^2 - 3ab + 4b^2)$.
20. Ídem $(3x^4 - 8x^3 + 13x^2 - 9x + 2) : (3x - 2)$.
21. Ídem $(4a^3 + 8a^2 - a - 2) : (2a + 1)$.
22. Ídem $(4x^2 - y^2) : (2x + y)$.
23. Ídem $(4a^2 - 9b^2) : (2a - 3b)$.
24. Ídem $(16 - 4x^2) : (4 - 2x)$.
25. Ídem $(4x^4 - 9y^4) : (2x^2 + 3y^2)$.
26. Ídem $(9a^2 - 4) : (3a - 2)$.
27. Ídem $(4a^2 - 16) : (2a + 4)$.
28. Ídem $(4 - 16b^2) : (2 - 4b)$.
29. Ídem $(9a^2 - 25) : (3a - 5)$.
30. Ídem $(4a^6 - b^4) : (2a^3 - b^2)$.
31. Ídem $(4a^4 - 9a^2) : (2a^2 + 3a)$.
32. Ídem $(9 - 16x^2y^2) : (3 + 4xy)$.
33. Ídem $(9x^4 - 16x^2y^2) : (3x^2 - 4xy)$.
34. Ídem $(a^2 + 7a + 12) : (a + 3)$.
35. Ídem $(x^2 + 7x + 10) : (x + 5)$.
36. Ídem $(x^2 - 5x - 24) : (x + 3)$.
37. Ídem $(a^2 - 5a + 6) : (a - 3)$.
38. Ídem $(x^2 + 4x - 12) : (x - 2)$.
39. Ídem $(x^2 - x - 20) : (x - 5)$.
40. Ídem $(x^2 - 5x + 4) : (x - 4)$.
41. Ídem $(x^2 + x - 6) : (x + 3)$.
42. Ídem $(a^2 + a - 56) : (a - 7)$.
43. Ídem $(a^2 - 3a - 108) : (a + 9)$.
44. Ídem $(a^4 - a^2 - 12) : (a^2 - 4)$.
45. Ídem $(x^4 - 8x^2 + 15) : (x^2 - 3)$.
46. Ídem $(a^4 + 5a^2 - 14) : (a^2 + 7)$.
47. Ídem $(a^6 + a^3 - 20) : (a^3 - 4)$.
48. Ídem $(x^6 + 11x^3 - 60) : (x^3 + 15)$.
49. Ídem $(a^8 + a^4 - 6) : (a^4 - 2)$.
50. Ídem $(a^{10} + 2a^5 - 24) : (a^5 + 6)$.
51. Ídem $(a^{12} - 4a^6 - 32) : (a^6 - 8)$.
52. Ídem $(a^2b^2 + ab - 6) : (ab - 2)$.
53. Ídem $(x^2y^2 + 2xy - 24) : (xy + 6)$.
54. Ídem $(a^4b^4 + 3a^2b^2 - 10) : (a^2b^2 + 5)$.
55. Ídem $(x^6y^2 - x^3y - 20) : (x^3y + 4)$.
56. Ídem $(x^2 + 9x + 18) : (x + 6)$.
57. Ídem $(x^2 - 4) : (x - 2)$. S: $2a^2 + 3a - 2$.
58. Ídem $(a^2 + 11a + 28) : (a + 4)$.
59. Ídem $(a^2 - 25) : (a + 5)$.
60. Ídem $(a^2 + 2ab + b^2 - 4) : (a + b - 2)$.
61. Ídem $(a^4 - 9) : (a^2 - 3)$.
62. Ídem $(a^2b^2 - 25) : (ab + 5)$.

63. Ídem $(a^4 + a^2 - 12) : (a^2 - 3)$.
64. Ídem $(6a^4 - 11a^3b + 32ab^3 - 24b^4) : (2a^2 - 5ab + 6b^2)$.
65. Ídem $(-x^4 - x^2 + 2) : (-x^3 + x^2 - 2x + 2)$.
66. Ídem $(20a^2 - 23ab + 6b^2) : (4a - 3b)$.
67. Ídem $(x^2 - x - 12) : (x - 4)$.
68. Ídem $(12by^4 - 24by^3 + 28by^2) : (3y^2 - 6y + 7)$.
69. Ídem $(3a^2 + 2a - 8) : (a + 2)$.
70. Ídem $(28a^2 - 11ab - 30b^2) : (4a - 5b)$.
71. Ídem $(2a^3 - 4a - 2) : (2a + 2)$.
72. Ídem $(3x^5 - 21x^4y + 10x^3y^2 + 64x^2y^3 - 32xy^4) : (x^3 - 5x^2y - 4xy^2)$.
73. Ídem $(a^{12} - a^8b^4 + a^6b^6 - a^2b^{10}) : (a^4 - a^2b^2 + b^4)$.
74. Ídem $(-3x^5 + 11x^3 - 46x^2 + 32) : (-3x^2 - 6x + 8)$.
75. Ídem $(8a^6 - 16a^5 + 6a^4 + 24a^2 + 18a - 36) : (4a^3 + 3a)$.
76. Ídem $(x^5 - 7x^4y + 21x^3y^2 - 37x^2y^3 + 38xy^4 - 24y^5) : (x^2 - 3xy + 4y^2)$.
77. Ídem $(15x^4 - 7x^3y - 6x^2y^2 + 7xy^3 - 3y^4) : (5x^2 + xy - 3y^2)$.
78. Utilizando el valor numérico, halla el valor de m en los polinomios siguientes sabiendo que:
   a) $5x^4 + mx^3 + 2x - 3$ es divisible por $x + 1$.
   b) $3x^2 - mx + 10$ es divisible por $x - 5$.
   c) $3x^3 - 7x^2 - 9x - m$ es divisible por $x - 3$.
79. ¿Qué número *m* hay que añadir al polinomio $x^3 + 2x^2$ para que sea divisible por x+4?.
80. ¿Qué valor ha de tomar *k* para que $x + 3$ sea un divisor de $x^3 - 4x - 12k$?.
81. Utilizando el teorema del resto, halla el valor de m para que el polinomio $2x^4 + 9x^3 + 2x^2 - 6x + 3m$ tenga por resto 12 al dividirlo por $x + 2$.
82. Halla un polinomio de primer grado que al dividirlo por $x + 1$ dé de resto 1, y al dividirlo por $x - 2$ dé de resto 7.
83. Determina los coeficientes *a* y *b* para que el polinomio $x^5 + ax^3 + b$ sea divisible por $(x + 1)(x - 1)$.
84. Determina los coeficientes *a* y *b* para que el polinomio $x^3 + 6x^2 + ax + b$ sea divisible por $x^2 - 4$.
85. Calcula los valores de *a* y *b* para que la siguiente división sea exacta:
   $(x^4 - 5x^3 + 4x^2 + ax - b) : (x^2 - 2x + 3)$.

Soluciones

1. S: $-4x^2y$.
2. S: $-3x^2y$.
3. S: xy.
4. S: $-2ab$.
5. S: $-3x^2$.
6. S: $2x^2y$.
7. S: $-2ab$.
8. S: $-4a^2b^2$.
9. S: $-3x^2yz$.
10. S: $-5x^4y$.
11. S: $-4xy^2z$.
12. S: $2x^4y$.
13. S: xyz.
14. S: $x^2 - x + 1$.
15. S: $a^2 - 2a + 3$.
16. S: $a^2 - 4$.
17. S: $a^2 - 2a + 2$.
18. S: $4a + 3b$.
19. S: $2a - b$.
20. S: $x^3 - 2x^2 + 3x - 1$.
21.
22. S: $2x - y$.
23. S: $2a + 3b$.
24. S: $4 + 2x$.
25. S: $2x^2 - 3y^2$.
26. S: $3a + 2$.

27. S: $2a - 4$.
28. S: $2 + 4b$.
29. S: $3a + 5$.
30. S: $2a^3 + b^2$.
31. S: $2a^2 - 3a$.
32. S: $3 - 4xy$.
33. S: $3x^2 + 4xy$.
34. S: $a + 4$.
35. S: $x + 2$.
36. S: $x - 8$.
37. S: $a - 2$.
38. S: $x + 6$.
39. S: $x + 4$.
40. S: $x - 1$.
41. S: $x - 2$.
42. S: $a + 8$.
43. S: $a - 12$.
44. S: $a^2 + 3$.
45. S: $x^2 - 5$.
46. S: $a^2 - 2$.
47. S: $a^3 + 5$.
48. S: $x^3 - 4$.
49. S: $a^4 + 3$.
50. S: $a^5 - 4$.
51. S: $a^6 + 4$.
52. S: $ab + 3$.
53. S: $xy - 4$.
54. S: $a^2b^2 - 2$.
55. S: $x^3y - 5$.
56. S: $x + 3$.
57. S: $x + 2$.
58. S: $a + 7$.
59. S: $a - 5$.
60. S: $a + b + 2$.
61. S: $a^2 + 3$.
62. S: $ab - 5$.
63. S: $a^2 + 4$.
64. S: $3a^2 + 2ab - 4b^2$.
65. S: $x + 1$.
66. S: $5a - 2b$.
67. S: $x + 3$.
68. S: $4by^2$.
69. S: $3a - 4$.
70. S: $7a + 6b$.
71. S: $a^2 - a - 1$.
72. S: $3x^2 - 6xy - 8y^2$.
73. S: $a^8 + a^6b^2 - a^4b^4 - a^2b^6$.
74. S: $x^3 - 2x^2 + 3x + 4$.
75. S: $2a^3 - 4a^2 + 6$.
76. S: $x^3 - 4x^2y + 5xy^2 - 6y^3$.
77. S: $3x^2 - 2xy + y^2$.
78. S: a) $m = 0$
b) $m = 17$
c) $m = -9$
79. S: $m = 32$
80. S: $k = -\frac{5}{4}$
81. S: $m = \frac{32}{3}$
82. S: $2x + 3$
83. S: $a = -1, \quad b = 0$
84. S: $a = -4, \quad b = -24$
85. S: $a = 1, \quad b = -15$

Divisibilidad de polinomios

24

Introducción histórica

Los árabes contribuyeron poderosamente a la sistematización del Álgebra. El matemático Al-Hwarizmi, de la escuela de Bagdad, fue el autor del primer libro sobre esta disciplina en el siglo IX (d.C.). Esta obra, conservada sólamente en lengua latina con el título de *Algorithmi de numero indorum*, fue fundamental para la adopción y popularización en la Europa cristiana de nuestro actual sistema numérico. Escribió otros libros, uno de los cuales dio nombre a esta ciencia. Al-Hwarizmi trabajó también la teoría de las ecuaciones de segundo grado y fue autor de unas tablas astronómicas.
Por su parte, el matemático sirio Al-Batani también aplicó el Álgebra a la resolución de problemas de Astronomía.

24.1 Teorema del resto

El teorema del resto dice que el resto obtenido al dividir un polinomio entero y racional en x por un binomio del tipo $x - a$, se obtiene sustituyendo en el polinomio dado la x por a.

En efecto, consideremos el polinomio

$$Ax^n + Bx^{n-1} + Cx^{n-2} + \ldots + Lx^2 + Mx + N$$

Dividamos este polinomio por $x - a$ hasta que el resto R obtenido sea independiente de x y llamemos Q al cociente obtenido en esta división.
Puesto que en toda división el dividendo es igual al producto del divisor por el cociente más el resto, tendremos:

$$Ax^n + Bx^{n-1} + Cx^{n-2} + \ldots + Lx^2 + Mx + N = (x - a)\ Q + R$$

Como la igualdad anterior es cierta para todos los valores de x también lo será para a. Por lo tanto, si sustituimos x por a en la expresión anterior tendremos:

$$Aa^{n} + Ba^{n-1} + Ca^{n-2} + \ldots + La^{2} + Ma + N = (a - a)\ Q + R$$

Ahora bien, como $(a - a) = 0$, entonces $(a - a)\ Q = 0$ y, por lo tanto, tendremos que:

$$Aa^{n} + Ba^{n-1} + Ca^{n-2} + \ldots + La^{2} + Ma + N = R$$

lo cual demuestra el teorema, puesto que como puede observarse, el resto de la división R coincide con el resultado que se obtiene al sustituir en el polinomio la x por a, tal como queríamos demostrar.

Ejemplo

Comprobar que el resto de la división $(x^4 + 6x^3 - 3x^2 + 5x + 4) : (x - 1)$ coincide con el resultado obtenido al sustituir x por 1 en el polinomio dividendo.

Solución: Efectuando la división tendremos

$$\begin{array}{rrrrr|l}
x^4 & +6x^3 & -3x^2 & +5x & +4 & x-1 \\ \cline{6-6}
-x^4 & +x^3 & & & & x^3 + 7x^2 + 4x + 9 \\ \cline{1-5}
 & 7x^3 & -3x^2 & +5x & +4 & \\
 & -7x^3 & +7x^2 & & & \\ \cline{2-5}
 & & 4x^2 & +5x & +4 & \\
 & & -4x^2 & +4x & & \\ \cline{3-5}
 & & & 9x & +4 & \\
 & & & -9x & +9 & \\ \cline{4-5}
 & & & & 13 &
\end{array}$$

Es decir, que el resto de la división es 13.

Sustituyamos ahora la x por 1 en el polinomio dividendo.

Tendremos:

$1^4 + 6 \cdot 1^3 - 3 \cdot 1^2 + 5 \cdot 1 + 4 = 1 + 6 - 3 + 5 + 4 = 13$, que coincide con el resultado anterior, tal como queríamos comprobar.

Ejemplo

Comprobar que el resto de la división $(x^5 - 3x^4 + 2x^3 - x^2 + x + 1) : (x + 3)$ coincide con el resultado obtenido al sustituir x por -3 en el polinomio dividendo.

Solución: Efectuando la división tendremos

$$\begin{array}{rrrrrr|l}
x^5 & -3x^4 & +2x^3 & -x^2 & +x & +1 & x+3 \\ \cline{7-7}
-x^5 & -3x^4 & & & & & x^4-6x^3+20x^2-61x+184 \\ \cline{1-6}
 & -6x^4 & +2x^3 & -x^2 & +x & +1 & \\
 & 6x^4 & +18x^3 & & & & \\ \cline{2-6}
 & & 20x^3 & -x^2 & +x & +1 & \\
 & & -20x^3 & -60x^2 & & & \\ \cline{3-6}
 & & & -61x^2 & +x & +1 & \\
 & & & 61x^2 & +183x & & \\ \cline{4-6}
 & & & & 184x & +1 & \\
 & & & & -184x & -552 & \\ \cline{5-6}
 & & & & & -551 &
\end{array}$$

Es decir, que el resto de la división es −551.
Sustituyamos ahora la x por −3 en el polinomio dividendo. Tendremos:

$$(-3)^5 - 3\,(-3)^4 + 2\,(-3)^3 - (-3)^2 + (-3) + 1 = -243 - 243 - 54 - 9 - 3 + 1 = -551$$

que coincide con el resultado anterior, tal como queríamos comprobar.
Así pues, el resto de dividir un polinomio ordenado en x por $x - a$ se obtiene sustituyendo la x por a, es decir, por $a/1$ y el resto de dividir un polinomio ordenado en x por $x - a$ se obtiene sustituyendo la x por $-a$, es decir, por $-a/1$.
En el caso de que el divisor sea un binomio del tipo $bx - a$, siendo b distinto de 1, el resto de la división se obtiene sustituyendo en el polinomio dividendo la x por a/b. Análogamente, si el divisor es un binomio del tipo $bx + a$ siendo b distinto de 1, el resto de la división se obtiene sustituyendo en el polinomio dividendo la x por $-a/b$.
En resumen, el resto de dividir un polinomio ordenado en x por un binomio del tipo $bx - a$ se obtiene sustituyendo en el polinomio dado la x por la fracción que resulta al dividir el segundo término del binomio con el signo cambiado entre el coeficiente del primer término del binomio.

Ejemplo

Comprobar que el resto de la división $(2x^4 - 3x^3 + 2x^2 - x + 1) : (2x - 1)$ coincide con el resultado obtenido al sustituir x por 1/2 en el polinomio dividendo.
Solución: Efectuando la división tendremos

$$\begin{array}{rrrrr|l}
2x^4 & -3x^3 & +2x^2 & -x & +1 & 2x-1 \\ \cline{6-6}
-2x^4 & +x^3 & & & & x^3-x^2+1/2x-1/4 \\ \cline{1-5}
 & -2x^3 & +2x^2 & -x & +1 & \\
 & 2x^3 & -x^2 & & & \\ \cline{2-5}
 & & x^2 & -x & +1 & \\
 & & -x^2 & +1/2x & & \\ \cline{3-5}
 & & & -1/2x & +1 & \\
 & & & 1/2x & -1/4 & \\ \cline{4-5}
 & & & & 3/4 &
\end{array}$$

Es decir, que el resto de la división es 3/4.
Sustituyamos ahora la x por 1/2 en el polinomio dividendo. Tendremos:

$$2 \cdot (1/2)^4 - 3 \cdot (1/2)^3 + 2\,(1/2)^2 - 1/2 + 1 = 2 \cdot 1/16 - 3 \cdot 1/8 + 2 \cdot 1/4 - 1/2 + 1 =$$
$$= 2/16 - 3/8 + 2/4 - 1/2 + 1 = (2 - 6 + 8 - 8 + 16)/16 = 12/16 = 3/4$$

que coincide con el resultado obtenido anteriormente, tal como queríamos comprobar.

Ejemplo

Comprobar que el resto de la división $(4x^5 - 3x^4 + 2x^3 - x^2 + x - 1) : (4x + 1)$ coincide con el resultado obtenido al sustituir x por $-1/4$ en el polinomio dividendo.

Solución: Efectuando la división tendremos:

$$\begin{array}{rrrrrr|l}
4x^5 & -3x^4 & +2x^3 & -x^2 & +x & -1 & 4x+1 \\
\cline{7-7}
-4x^5 & -x^4 & & & & & x^4 - x^3 + 3/4\,x^2 - 7/16\,x + 23/64 \\
\hline
 & -4x^4 & +2x^3 & -x^2 & +x & -1 & \\
 & 4x^4 & +x^3 & & & & \\
\cline{2-6}
 & & 3x^3 & -x^2 & +x & -1 & \\
 & & -3x^3 & -3/4x^2 & & & \\
\cline{3-6}
 & & & -7/4x^2 & +x & -1 & \\
 & & & 7/4x^2 & +7/16x & & \\
\cline{4-6}
 & & & & 23/16x & -1 & \\
 & & & & -23/16x & -23/64 & \\
\cline{5-6}
 & & & & & -87/64 &
\end{array}$$

Es decir, que el resto de la división es $-87/64$.
Sustituyamos ahora la x por $-1/4$ en el polinomio dividendo. Tendremos:

$$4 \cdot (-1/4)^5 - 3 \cdot (-1/4)^4 + 2 \cdot (-1/4)^3 - (-1/4)^2 + (-1/4) - 1 =$$
$$= 4 \cdot (-1/1.024) - 3 \cdot (1/256) + 2 \cdot (-1/64) - (1/16) - 1/4 - 1 = -1/256 - 3/256 - 1/32 - 1/16 - 1/4 - 1 =$$
$$= (-1 - 3 - 8 - 16 - 64 - 256)/256 = -348/256 = -87/64$$

que coincide con el resultado anterior, tal como queríamos comprobar.

Ejemplo

Hallar, sin efectuar la división, el resto que se obtiene al dividir $(3x^4 - 4x^2 + 5) : (x - 2)$.

Solución: Sustituyendo la x por 2, tendremos

$$3 \cdot (2)^4 - 4 \cdot (2)^2 + 5 = 48 - 16 + 5 = 37$$

Así pues, el resto es 37

Ejemplo

Hallar, sin efectuar la división, el resto que se obtiene al dividir $(x^3 - x^2 - 2) : (2x + 1)$.

Solución:
Sustituyendo la x por $-1/2$ tendremos:

$$(-1/2)^3 - (-1/2)^2 - 2 = -1/8 - 1/4 - 2 = (-1 - 2 - 16)/8 = -19/8$$

Así pues, el resto es $-19/8$.

En la práctica, para hallar el cociente y el resto que se obtienen al dividir un polinomio entero ordenado en *x* por un binomio del tipo *x – a* sin necesidad de efectuar la división, se procede del modo siguiente:
a) El cociente será un polinomio ordenado en *x* cuyo grado será una unidad menor que el grado del dividendo.
b) El coeficiente del primer término del cociente coincidirá con el coeficiente del primer término del dividendo.
c) El coeficiente de un término cualquiera del cociente se obtendrá al multiplicar el coeficiente del término anterior por el segundo término del binomio divisor cambiado de signo y sumando el producto así obtenido con el coeficiente del término que ocupa el mismo lugar en el dividendo.
d) El resto se obtiene multiplicando el coeficiente del último término del cociente por el segundo término del divisor cambiado de signo y sumando el producto así obtenido con el término independiente del dividendo.

Ejemplo

Sin efectuar la división, hallar el cociente y el resto que se obtienen al dividir $(3x^4 - 2x^3 + 3x - 5) : (x - 1)$.

Solución: Tendremos

	3	–2	0	3	–5
1)		3	1	1	4
	3	1	1	4	–1

Así pues, el cociente será $3x^3 + x^2 + x + 4$ y el resto -1.
Puede observarse que el cociente es un polinomio de tercer grado puesto que el dividendo era un polinomio de cuarto grado.
Asimismo el coeficiente del primer término del cociente es 3 y coincide con el coeficiente del primer término del dividendo.
El coeficiente del segundo término del divisor con el signo cambiado, o sea $-(-1) = 1$, por el coeficiente del primer término del cociente, 3, y sumando el producto $1 \times 3 = 3$, con el coeficiente del segundo término del dividendo, -2, y por lo tanto tendremos $3 - 2 = 1$.
El coeficiente del tercer término del cociente es 1, y se ha obtenido al multiplicar el segundo término del divisor con el signo cambiado, o sea $-(-1) = 1$, por el coeficiente del segundo término del cociente, 1, y sumando el producto $1 \times 1 = 1$, con el coeficiente del tercer término del dividendo, 0, y por lo tanto tendremos $1 + 0 = 1$.

El coeficiente del cuarto término del cociente es 4 y se ha obtenido al multiplicar el segundo término del divisor con el signo cambiado, o sea $-(-1) = 1$, por el coeficiente del tercer término del cociente, 1, y sumando el producto $1 \times 1 = 1$ con el coeficiente del tercer término del dividendo, 3, y por lo tanto tendremos $3 + 1 = 4$.
El resto es -1 y se obtiene al multiplicar el coeficiente del último término del cociente, 4, por el segundo término del divisor cambiado de signo, o sea $-(-1) = 1$, y sumando el producto así obtenido $4 \times 1 = 4$ con el término independiente del dividendo, -5, y por lo tanto tendremos $-5 + 4 = -1$.

Ejemplo

Sin efectuar la división hallar el cociente y el resto que se obtienen al dividir $(2x^3 - 3x^2 + 4x - 2) : (3x + 1)$.
Solución:
Dividamos el divisor por 3. Tendremos

$$(3x + 1) : 3 = x + 1/3$$

Por lo tanto,

	2	−3	4	−2
−1/3		−2/3	11/9	−47/27
	2	−11/3	47/9	−101/27

Ahora bien, como hemos dividido por 3 el divisor, el cociente obtenido anteriormente ha quedado multiplicado por 3. Por consiguiente deberemos dividir por 3 los coeficientes obtenidos anteriormente. Por lo tanto, los coeficientes del cociente serán:

$$2/3,\ -11/9 \text{ y } 47/27$$

Así pues, el cociente será $2/3x^2 - 11/9x + 47/27$. El resto será $-101/27$, puesto que no resulta afectado al dividir por 3 el divisor.

Ejemplo

Sin efectuar la división, hallar el cociente y el resto que se obtienen al dividir $(3x^4 - 2x^2 + 1) : (2x - 1)$.
Solución:
Dividamos el divisor por 2. Tendremos

$$(2x - 1) : 2 = x - 1/2$$

Por lo tanto,

	3	0	−2	0	1
1/2		3/2	3/4	−5/8	−5/16
	3	3/2	−5/4	−5/8	11/16

Ahora bien, como hemos dividido por 2 el divisor, el cociente obtenido anteriormente ha quedado multiplicado por 2. Por consiguiente deberemos dividir por 2 los coeficientes obtenidos anteriormente. Por lo tanto, los coeficientes del cociente serán:

$$3/2,\ 3/4,\ -5/8 \text{ y } -5/16$$

Así pues, el cociente será $3/2x^3 + 3/4x^2 - 5/8x - 5/16$. El resto será 11/16, puesto que no resulta afectado al dividir por 2 el divisor.

Si un polinomio entero ordenado en *x* se anula al sustituir la *x* por *a*, es divisible por $x - a$.

En efecto, consideremos un polinomio entero ordenado en x, $P(x)$, que se anula para $x = a$. Se trata de demostrar que $P(x)$ es divisible por $x - a$.
Ahora bien, por el teorema del resto, el resto de dividir un polinomio entero ordenado en x por el binomio $x - a$ se obtiene sustituyendo en el polinomio dado la x por a. Pero como por hipótesis el polinomio dado se anula al sustituir la x por a, el resto obtenido al dividir $P(x)$ entre $x - a$ será cero, y por lo tanto $P(x)$ será divisible por $x - a$.
Análogamente, si el polinomio $P(x)$ se anula para $x = -a$, $P(x)$ será divisible por $x - (-a) = x + a$; si el polinomio $P(x)$ se anula para $x = a/b$, $P(x)$ será divisible por $x - a/b$ y por $bx - a$; si el polinomio $P(x)$ se anula para $x = -a/b$, $P(x)$ será divisible por $x - (-a/b) = x + a/b$ y por $bx + a$.
A la inversa, si un polinomio $P(x)$ es divisible por $x - a$, deberá anularse para $x = a$; si el polinomio $P(x)$ es divisible por $x + a$, deberá anularse para $x = -a$; si el polinomio $P(x)$ es divisible por $bx - a$, deberá anularse para $x = a/b$, y si es divisible por $bx + a$, deberá anularse para $x = -a/b$.

Ejemplo

Sin efectuar la división, hallar si el polinomio $2x^5 + 2x^4 - 10x^3 - 14x + 12$ es divisible entre $x + 3$.

Solución: Sustituyamos la x por -3. Tendremos

$$\begin{aligned} 2\cdot(-3)^5 + 2\cdot(-3)^4 - 10\cdot(-3)^3 - 14\cdot(-3) + 12 &= \\ =2\cdot(-243) + 2\cdot 81 - 10\cdot(-27) + 42 + 12 &= \\ =-486 + 162 + 270 + 42 + 12 &= 0 \end{aligned}$$

Por consiguiente, el polinomio $2x^5 + 2x^4 - 10x^3 - 14x + 12$ es divisible entre $x + 3$, tal como queríamos comprobar.

Ejemplo

Sin efectuar la división, hallar si el polinomio $2x^4 - 5x^3 + 7x^2 - 9x + 3$ es divisible entre $x - 1$.

Solución: Sustituyamos la x por 1. Tendremos:

$$2(1)^4 - 5(1)^3 + 7(1)^2 - 9(1) + 3 = 2 - 5 + 7 - 9 + 3 = -2$$

Por consiguiente, el polinomio $2x^4 - 5x^3 + 7x^2 - 9x + 3$ no es divisible entre $x - 1$.

Para que un polinomio ordenado en x sea divisible por un binomio del tipo $x - a$ es condición necesaria que el término independiente del polinomio sea múltiplo del término a del binomio sin tener en cuenta los signos.

Así, por ejemplo, el polinomio $3x^5 - 2x^2 + 5$ no es divisible por el binomio $x - 2$ porque el término independiente del polinomio es 5 y no es divisible por el término independiente del binomio que es 3. En efecto, sustituyendo x por 2 tendremos $3(2)^5 - 2(2)^2 + 5 = 96 - 8 + 5 = 93$.

Sin embargo, la condición anterior no es suficiente, puesto que aunque el término independiente del polinomio sea divisible por el término independiente del binomio, no se puede asegurar que el polinomio sea divisible por el binomio $x - a$.

Así, por ejemplo, el polinomio $2x^2 - 4x + 6$ no es divisible por $x + 3$, aunque 6 es divisible por 3. En efecto, sustituyendo x por -3 tendremos: $2(-3)^2 - 4(-3) + 6 = 18 + 12 + 6 = 36$.

Aplicando los resultados anteriores resulta muy fácil demostrar la divisibilidad de los cocientes notables estudiados en el tema anterior. Así, tenemos:

a) La diferencia de los cuadrados de dos números es divisible entre la suma de dichos números.

En efecto, se trata de demostrar que $x^2 - y^2$ es divisible entre $x + y$.

Sustituyendo en $x^2 - y^2$ la x por $-y$ tendremos $(-y)^2 - y^2 = y^2 - y^2 = 0$, por lo cual $x^2 - y^2$ será divisible entre $x + y$, tal como queríamos demostrar.

Ejemplo

Comprobar que $x^2 - 16$ es divisible entre $x + 4$.

Solución: Sustituyendo la x por -4 tendremos:

$$(-4)^2 - 16 = 16 - 16 = 0$$

por lo cual $x^2 - 16$ será divisible entre $x + 4$, tal como queríamos comprobar.

b) La diferencia de los cuadrados de dos números es divisible entre la diferencia de dichos números.

En efecto, se trata de demostrar que $x^2 - y^2$ es divisible entre $x - y$.

Sustituyendo en $x^2 - y^2$ la x por y tendremos $y^2 - y^2 = 0$, por lo cual $x^2 - y^2$ será divisible entre $x - y$, tal como queríamos demostrar.

Ejemplo

Comprobar que $x^2 - 9$ es divisible entre $x - 3$.

Solución: Sustituyendo la x por 3 tendremos

$$(3)^2 - 9 = 9 - 9 = 0$$

por lo cual $x^2 - 9$ será divisible entre $x - 3$, tal como queríamos comprobar.

c) La suma de los cubos de dos números es divisible entre la suma de dichos números.

En efecto, se trata de demostrar que $x^3 + y^3$ es divisible entre $x + y$.
Sustituyendo en $x^3 + y^3$ la x por $-y$ tendremos $(-y)^3 + y^3 = -y^3 + y^3 = 0$, por lo cual $x^3 + y^3$ será divisible entre $x + y$, tal como queríamos demostrar.

Ejemplo

Comprobar que $x^3 + 8$ es divisible entre $x + 2$.

Solución: Sustituyendo la x por -2 tendremos

$$(-2)^3 + 8 = -8 + 8 = 0$$

por lo cual $x^3 + 8$ será divisible entre $x + 2$, tal como queríamos comprobar.

d) La diferencia de los cubos de dos números es divisible entre la diferencia de dichos números.

En efecto, se trata de demostrar que $x^3 - y^3$ es divisible entre $x - y$.
Sustituyendo en $x^3 - y^3$ la x por y tendremos $y^3 - y^3 = 0$, por lo cual $x^3 - y^3$ será divisible entre $x - y$, tal como queríamos demostrar.

Ejemplo

Comprobar que $x^3 - 27$ es divisible entre $x - 3$.

Solución: Sustituyendo la x por 3 tendremos

$$(3)^3 - 27 = 27 - 27 = 0$$

por lo cual $x^3 - 27$ es divisible entre $x - 3$, tal como queríamos comprobar.

e) La diferencia de potencias iguales, $x^n - y^n$, es divisible por $x - y$, siendo *n* cualquier número entero.

En efecto, se trata de demostrar que $x^n - y^n$ es divisible entre $x - y$.
Sustituyendo en $x^n - y^n$ la x por y tendremos $y^n - y^n = 0$, por lo cual $x^n - y^n$ será divisible entre $x - y$, tal como queríamos demostrar.

Ejemplo

Comprobar que $x^5 - 32$ es divisible entre $x - 2$.

Solución: Sustituyendo la x por 2 tendremos

$$(2)^5 - 32 = 32 - 32 = 0$$

por lo cual $x^5 - 32$ es divisible entre $x - 2$, tal como queríamos comprobar.

f) La diferencia de potencias iguales, $x^n - y^n$, es divisible entre $x + y$, siendo n un número entero par.

En efecto, se trata de demostrar que $x^n - y^n = x^{2m} - y^{2m}$ es divisible entre $x + y$.

Sustituyendo en $x^{2m} - y^{2m}$ la x por $-y$ tendremos $(-y)^{2m} - y^{2m} = y^{2m} - y^{2m} = 0$

por lo cual $x^{2m} - y^{2m} = x^n - y^n$ será divisible entre $x + y$, tal como queríamos demostrar.

Ejemplo

Comprobar que $x^4 - 81$ es divisible entre $x + 3$.

Solución: Sustituyendo la x por -3 tendremos

$$(-3)^4 - 81 = 81 - 81 = 0$$

por lo cual $x^4 - 81$ es divisible entre $x + 3$, tal como queríamos comprobar.

g) La suma de potencias iguales, $x^n + y^n$, es divisible entre $x + y$, siendo n un número entero impar.

En efecto, se trata de demostrar que $x^n + y^n$ es divisible entre $x + y$, siendo $n = 2k + 1$ con $k \in N$.

Sustituyendo en $x^n + y^n$ la x por $-y$ tendremos $(-y)^n + y^n = -y^n + y^n = 0$

puesto que cualquier número negativo elevado a una potencia impar es negativo, por lo cual $x^n + y^n$ será divisible entre $x + y$ siempre que n sea un número entero impar, tal como queríamos demostrar.

Ejemplo

Comprobar que $x^3 + 1$ es divisible entre $x + 1$.

Solución: Sustituyendo la x por -1 tendremos

$$(-1)^3 + 1 = -1 + 1 = 0$$

por lo cual $x^3 + 1$ es divisible entre $x + 1$, tal como queríamos comprobar.

h) La suma de potencias iguales, $x^n + y^n$, no es divisible por $x + y$ siendo n un número entero par.

En efecto, se trata de demostrar que $x^n + y^n = x^{2m} + y^{2m}$ no es divisible entre $x + y$.

Sustituyendo en $x^{2m} + y^{2m}$ la x por $-y$ tendremos $(-y)^{2m} + y^{2m} = y^{2m} + y^{2m} = 2y^{2m} \neq 0$

por lo cual $x^{2m} + y^{2m} = x^n + y^n$ no será divisible entre $x + y$, tal como queríamos demostrar.

Ejemplo

Comprobar que $x^6 + 1$ no es divisible entre $x + 1$.

Solución: Sustituyendo la x por -1 tendremos

$$(-1)^6 + 1 = 1 + 1 = 2 \neq 0$$

por lo cual $x^6 + 1$ no es divisible entre $x + 1$, tal como queríamos comprobar.

i) La suma de potencias iguales, $x^n + y^n$, no es divisible por $x - y$ siendo n un número entero par.

En efecto, se trata de demostrar que $x^n + y^n = x^{2m} + y^{2m}$ no es divisible entre $x - y$.

Sustituyendo en $x^{2m} + y^{2m}$ la x por y tendremos $y^{2m} + y^{2m} = 2y^{2m} = 2y^n \neq 0$

por lo cual $x^{2m} + y^{2m} = x^n + y^n$ no será divisible entre $x - y$, tal como queríamos demostrar.

Ejemplo

Comprobar que $x^4 + 16$ no es divisible entre $x - 2$.

Solución: Sustituyendo la x por 2 tendremos

$$2^4 + 16 = 16 + 16 = 32 \neq 0$$

por lo cual $x^4 + 16$ no es divisible entre $x - 2$, tal como queríamos comprobar.

24.2 Descomposición factorial de polinomios

Se llama factores o divisores de una expresión algebraica a las expresiones algebraicas que multiplicadas entre sí dan como producto la expresión algebraica dada.

Así, por ejemplo, diremos que x^3 y $x-y$ son factores de la expresión algebraica x^4-x^3y, puesto que

$$x^4-x^3y=x^3\ (x-y)$$

Por lo tanto, descomponer en factores una expresión algebraica consiste en convertirla en el producto de sus factores.

No obstante lo dicho antes, no todos los polinomios pueden descomponerse como producto de dos o más factores distintos de 1, puesto que algunos polinomios tan sólo son divisibles por 1 y por ellos mismos. Así, por ejemplo, el polinomios x^2+y tan sólo es divisible por 1 y por x^2+y.
En la descomposición factorial de polinomios pueden presentarse diversos casos:

***a*) Que todos los términos tengan un factor común.**

Ejemplo

Descomponer en factores $15x^3+25x^2-10x$.

Solución: Todos los términos tienen como mayor factor común $5x$.
En efecto,

$$\begin{aligned} 15x^3 &= 5x\cdot 3x^2 \\ 25x^2 &= 5x\cdot 5x \\ -10x &= 5x\cdot(-2) \end{aligned}$$

Así pues, tendremos:

$$15x^3+25x^2-10x=5x\cdot 3x^2+5x\cdot 5x\cdot+5x\cdot(-2)=5x\ (3x^2+5x-2)$$

Ejemplo

Descomponer en factores $12x^2y^3z-18xy^2z^2+24xy^3z^3-30xyz^2$.

Solución: Todos los términos tienen como mayor factor común $6xyz$.

En efecto,

$$\begin{aligned} 12x^2y^3z &= 6xyz \cdot 2xy^2 \\ -18xy^2z^2 &= 6xyz \cdot (-3yz) \\ 24xy^3z^3 &= 6xyz \cdot 4y^2z^2 \\ -30xyz^2 &= 6xyz \cdot (-5z) \end{aligned}$$

Así pues, tendremos:

$$12x^2y^3z - 18xy^2z^2 + 24xy^3z^3 - 30xyz^2 =$$
$$= 6xyz \cdot 2xy^2 + 6xyz \cdot (-3yz) + 6xyz \cdot 4y^2z^2 + 6xyz \cdot (-5z) = 6xyz\ (2xy^2 - 3yz + 4y^2z^2 - 5z)$$

Ejemplo

Descomponer factorialmente $(x+4)\ (x-1) - 3(x-1)$.

Solución: Todos los términos tienen como mayor factor común $x-1$.

Así pues, tendremos:

$$(x+4)\ (x-1) - 3\ (x-1) = (x-1)\ [(x+4) - 3] =$$
$$= (x-1)\ (x+4-3) = (x-1)\ (x+1)$$

Ejemplo

Descomponer factorialmente $x^3\ (x-y+2) - y^2\ (x-y+2)$.
Solución: Todos los términos tienen como mayor factor común $(x-y+2)$.

Así pues, tendremos:

$$x^3\ (x-y+2) - y^2\ (x-y+2) = (x-y+2)\ (x^3 - y^2)$$

b) Que se obtenga un factor común al agrupar términos.

Ejemplo

Descomponer factorialmente $3x^3 + 2xyz + 2y^2z - 3xy^2 - 2x^2z - 3x^2y$.

Solución: Tendremos

$$3x^3 + 2xyz + 2y^2z - 3xy^2 - 2x^2z - 3x^2y =$$
$$= (3x^3 - 3xy^2 - 3x^2y) + (2xyz + 2y^2z - 2x^2z) = 3x\ (x^2 - y^2 - xy) + 2z\ (xy + y^2 - x^2) =$$
$$= 3x\ (x^2 - y^2 - xy) - 2z\ (-xy - y^2 + x^2) = (x^2 - y^2 - xy)\ (3x - 2z)$$

Ejemplo

Descomponer factorialmente $2xy - 2xz + 2x - y + z - 1$.

Solución: Tendremos

$$2xy - 2xz + 2x - y + z - 1 = (2xy - 2xz + 2x) - y + z - 1 =$$
$$= 2x\ (y - z + 1) - (y - z + 1) = (2x - 1)\ (y - z + 1)$$

Ejemplo

Descomponer factorialmente $4xy^3 - 12xyz - y^2 + 3z$.

Solución: Tendremos

$$4xy^3 - 12xyz - y^2 + 3z = (4xy^3 - 12xyz) - y^2 + 3z =$$
$$= 4xy\ (y^2 - 3z) - y^2 + 3z = 4xy\ (y^2 - 3z) - (y^2 - 3z) = (4xy - 1)\ (y^2 - 3z)$$

Ejemplo

Descomponer factorialmente $x^3 + x + x^2 + 1 + y^2 + x^2y^2$.

Solución: Tendremos

$$x^3 + x + x^2 + 1 + y^2 + x^2y^2 = (x^3 + x) + (x^2 + 1) + (y^2 + x^2y^2) =$$
$$= x\ (x^2 + 1) + (x^2 + 1) + y^2\ (1 + x^2) = (x + 1 + y^2)\ (x^2 + 1)$$

c) Que se obtenga un trinomio que sea un cuadrado perfecto.
Se dice que una expresión es cuadrado perfecto cuando es el cuadrado de otra expresión, es decir, cuando coincide con el producto de dos factores iguales.

Así, por ejemplo, $4x^2y^2$ es cuadrado perfecto porque es el cuadrado de $2xy$, ya que $4x^2y^2 = 2xy \cdot 2xy$.
Se dice que un trinomio es cuadrado perfecto cuando es el cuadrado de un binomio, es decir, cuando coincide con el producto de dos binomios iguales.
Así, por ejemplo, $x^2 + 2xy + y^2$ es cuadrado perfecto porque es el cuadrado de $x + y$, ya que $(x + y)^2 = (x + y)\ (x + y) = x^2 + 2xy + y^2$.

Un trinomio es cuadrado perfecto cuando dos de sus términos son cuadrados perfectos y el otro término es el doble del producto de sus raíces cuadradas.

Así, por ejemplo, $4x^2 + 4xy + y^2$ es cuadrado perfecto porque $4x^2$ y y^2 son cuadrados perfectos y $4xy$ es el doble del producto $2xy$.

Así pues, para descomponer factorialmente un trinomio que sea cuadrado perfecto se extrae la raíz cuadrada al primer y al tercer términos del trinomio y se separan ambas raíces con el signo del segundo término.

El binomio así obtenido se multiplica por sí mismo o se eleva al cuadrado.

Ejemplo

Descomponer factorialmente $9y^2 - 30x^2y + 25x^4$.

Solución: Tendremos

$$9y^2 - 30x^2y + 25x^4 = (3y - 5x^2)\ (3y - 5x^2) = (3y - 5x^2)^2$$

Ejemplo

Descomponer factorialmente $x^2 - 24xy^2z^2 + 144y^4z^4$.

Solución: Tendremos

$$x^2 - 24xy^2z^2 + 144y^4z^4 = (x - 12y^2z^2)\ (x - 12y^2z^2) = (x - 12y^2z^2)^2$$

Ejemplo

Descomponer factorialmente $121 + 198a^6 + 81a^{12}$.

Solución: Tendremos

$$121 + 198a^6 + 81a^{12} = (11 + 9a^6)\ (11 + 9a^6) = (11 + 9a^6)^2$$

Ejemplo

Descomponer factorialmente $49y^6 - 70xy^3z^2 + 25x^2z^4$.

Solución: Tendremos

$$49y^6 - 70xy^3z^2 + 25x^2z^4 = (7y^3 - 5xz^2)\ (7y^3 - 5xz^2) = (7y^3 - 5xz^2)^2$$

d) Que se tenga una diferencia de cuadrados.
Para descomponer factorialmente una diferencia de cuadrados se extraen las raíces cuadradas del minuendo y del sustraendo y se multiplica la suma de dichas raíces cuadradas por la diferencia entre la raíz cuadrada del minuendo y la raíz cuadrada del sustraendo.

Ejemplo

Descomponer factorialmente $16x^{10} - (2x^2 + 5)^2$.

Solución: Tendremos

Raíz cuadrada de $16x^{10}$: $4x^5$
Raíz cuadrada de $(2x^2 + 5)^2$: $2x^2 + 5$
Por lo tanto,

$$16x^{10} - (2x^2 + 5)^2 = [4x^5 + (2x^2 + 5)] \cdot [4x^5 - (2x^2 + 5)] =$$
$$= (4x^5 + 2x^2 + 5) \cdot (4x^5 - 2x^2 - 5)$$

Ejemplo

Descomponer factorialmente $16\ (a - b)^2 - 9\ (a + b)^2$.

Solución: Tendremos

Raíz cuadrada de $16\ (a - b)^2$: $4\ (a - b)$
Raíz cuadrada de $9\ (a + b)^2$: $3\ (a + b)$
Por lo tanto,

$$16\ (a - b)^2 - 9\ (a + b)^2 = [4\ (a - b) + 3\ (a + b)] \cdot [4\ (a - b) - 3\ (a + b)] =$$
$$= (4a - 4b + 3a + 3b) \cdot (4a - 4b - 3a - 3b) = (7a - b) \cdot (a - 7b)$$

Ejemplo

Descomponer factorialmente $(3a + 2)^2 - (2a + 1)^2$.

Solución: Tendremos

Raíz cuadrada de $(3a + 2)^2$: $3a + 2$
Raíz cuadrada de $(2a + 1)^2$: $2a + 1$
Por lo tanto,

$$(3a + 2)^2 - (2a + 1)^2 = [(3a + 2) + (2a + 1)] \cdot [(3a + 2) - (2a + 1)] =$$
$$= (3a + 2 + 2a + 1) \cdot (3a + 2 - 2a - 1) = (5a + 3)\ (a + 1)$$

Ejemplo

Descomponer factorialmente $(x - 2)^2 - (3x + 2)^2$.

Solución: Tendremos

Raíz cuadrada de $(x-2)^2$: $x-2$
Raíz cuadrada de $(3x+2)^2$: $3x+2$
Por lo tanto,

$$(x-2)^2-(3x+2)^2=[(x-2)+(3x+2)]\cdot[(x-2)-(3x+2)]=$$
$$=(x-2+3x+2)\cdot(x-2-3x-2)=4x\cdot(-2x-4)=-4x\,(2x+4)=-8x\,(x+2)$$

e) Que se obtenga un trinomio que sea cuadrado perfecto por adición y sustracción.

Ejemplo

Descomponer factorialmente $121a^4-133a^2b^2+36b^4$.

Solución: Tendremos

Raíz cuadrada de $121a^4$: $11a^2$
Raíz cuadrada de $36b^4$: $6b^2$
Hallemos el valor de $(11a^2-6b^2)^2$ Tendremos:

$$(11a^2-6b^2)^2=121a^4-132a^2b^2+36b^4$$

Puesto que el resultado obtenido no coincide con el trinomio del enunciado procederemos del modo siguiente:

$$121a^4-133a^2b^2+36b^4=121a^4-132a^2b^2+36b^4-a^2b^2=(11a^2-6b^2)^2-a^2b^2$$

Así pues, hemos convertido el binomio inicial en una diferencia de cuadrados.
Por lo tanto, tendremos:

Raíz cuadrada de $(11a^2-6b^2)^2$: $11a^2-6b^2$
Raíz cuadrada de a^2b^2: ab
Por consiguiente,

$$(11a^2-6b^2)^2-a^2b^2=[(11a^2-6b^2)+ab]\cdot[(11a^2-6b^2)-ab=$$
$$=(11a^2-6b^2+ab)\;(11a^2-6b^2-ab)$$

Ejemplo

Descomponer factorialmente $16x^4-25x^2y^2+9y^4$.

Solución: Tendremos

Raíz cuadrada de $16x^4$: $4x^2$
Raíz cuadrada de $9y^4$: $3y^2$

Hallemos el valor de $(4x^2 - 3y^2)^2$. Tendremos:

$$(4x^2 - 3y^2)^2 = 16x^4 - 24x^2y^2 + 9y^4$$

Puesto que el resultado obtenido no coincide con el trinomio del enunciado procederemos del modo siguiente:

$$16x^4 - 25x^2y^2 + 9y^4 = 16x^4 - 24x^2y^2 + 9y^4 - x^2y^2 = (4x^2 - 3y^2)^2 - x^2y^2$$

Así pues, hemos convertido el trinomio inicial en una diferencia de cuadrados.
Por lo tanto, tendremos:

Raíz cuadrada de $(4x^2 - 3y^2)^2 = 4x^2 - 3y^2$
Raíz cuadrada de $x^2y^2 = xy$
Por consiguiente,

$$(4x^2 - 3y^2)^2 - x^2y^2 = [(4x^2 - 3y^2) + xy] \cdot [(4x^2 - 3y^2) - xy] =$$
$$= (4x^2 - 3y^2 + xy)\ (4x^2 - 3y^2 - xy).$$

Ejemplo

Descomponer factorialmente $49a^4 + 76a^2b^2 + 100b^4$

Solución: Tendremos:

Raíz cuadrada de $49a^4 : 7a^2$
Raíz cuadrada de $100b^4 : 10b^2$
Hallemos el valor de $(7a^2 + 10b^2)$.
Tendremos:

$$(7a^2 + 10b^2) = 49a^4 + 140a^2b^2 + 100b^4.$$

Puesto que el resultado obtenido no coincide con el trinomio del enunciado procederemos del modo siguiente:

$$49a^4 + 76a^2b^2 + 100b^4 = 49a^4 + 140a^2b^2 + 100b^4 - 64a^2b^2 = (7a^2 + 10b^2)^2 - 64a^2b^2$$

Así pues, hemos convertido el trinomio inicial en una diferencia de cuadrados.
Por lo tanto, tendremos:

Raíz cuadrada de $(7a^2 + 10b^2)^2 = 7a^2 + 10b^2$
Raíz cuadrada de $64a^2b^2 = 8ab$
Por consiguiente,

$$(7a^2 + 10b^2)^2 - 64a^2b^2 = [(7a^2 + 10b^2) + 8ab] \cdot [(7a^2 + 10b^2) - 8ab] =$$
$$= (7a^2 + 10b^2 + 8ab)\ (7a^2 + 10b^2 - 8ab)$$

Ejemplo

Descomponer factorialmente $144 + 23x^4 + 9x^8$.

Solución: Tendremos

Raíz cuadrada de $144 : 12$
Raíz cuadrada de $9x^8 : 3x^4$
Hallemos el valor de $(12 + 3x^4)^2$. Tendremos:

$$(12 + 3x^4)^2 = 144 + 72x^4 + 9x^8$$

Puesto que el resultado obtenido no coincide con el trinomio del enunciado procederemos del modo siguiente:

$$144 + 23x^4 + 9x^8 = 144 + 72x^4 + 9x^8 - 49x^4 = (12 + 3x^4)^2 - 49x^4$$

Así pues, hemos convertido el trinomio inicial en una diferencia de cuadrados.
Por lo tanto, tendremos:

Raíz cuadrada de $(12 + 3x^4)^2 : 12 + 3x^4$
Raíz cuadrada de $49x^4 : 7x^2$
Por consiguiente,

$$(12 + 3x^4)^2 - 49x^4 = [(12 + 3x^4) + 7x^2] \cdot [(12 + 3x^4) - 7x^2] = (12 + 3x^4 + 7x^2)\ (12 + 3x^4 - 7x^2)$$

f) Que se tenga un trinomio del tipo $x^2 + bx + c$.

Los trinomios del tipo $x^2 + bx + c$ son los que cumplen las condiciones siguientes:
a) El coeficiente del primer término es 1.
b) El primer término es una letra cualquiera elevada al cuadrado.
c) El segundo término tiene la misma letra que el primero elevada al exponente 1 y su coeficiente es una cantidad cualquiera, tanto positiva como negativa.
d) El tercer término es independiente de la letra que aparece en los dos primeros términos y es una cantidad cualquiera, tanto positiva como negativa.

Para descomponer factorialmente un trinomio del tipo $x^2 + bx + c$ se procede del modo siguiente:
a) El trinomio dado se descompone en dos factores binomiales cuyo primer término es la raíz cuadrada del primer término del trinomio.
b) En el primer factor, después del primer término se escribe el signo del segundo término del trinomio y en el segundo factor después del primer término se escribe el signo que se obtiene al multiplicar el signo del segundo término del trinomio por el signo del tercer término del trinomio.
c) En el caso de que ambos factores binomiales tengan signos iguales entre sus dos términos, se buscan dos números cuya suma coincida con el valor absoluto del segundo término del trinomio y cuyo producto coincida con el valor absoluto del tercer término del trinomio. Los números así obtenidos son los segundos términos de los binomios.

d) En el caso de que ambos factores binomiales tengan signos distintos entre sus dos términos, se buscan dos números cuya diferencia coincida con el valor absoluto del segundo término del trinomio y cuyo producto coincida con el valor absoluto del tercer término del trinomio. El mayor de los números así obtenidos es el segundo término del primer binomio y el menor de dichos números es el segundo término del segundo binomio.

Ejemplo

Descomponer factorialmente $x^2 + 7x + 6$.

Solución: El trinomio debe descomponerse en dos binomios cuyo primer término sea la raíz cuadrada de x^2, o sea, x.

Es decir, $x^2 + 7x + 6 = (x\ )\ (x\ )$
En el primer binomio se pone signo + entre ambos términos porque el segundo término del trinomio es $+7x$ y tiene signo +.
En el segundo binomio se pone signo + entre ambos términos porque el signo de $+7x$ es + y el signo de +6 es + y el producto de + por + es +.

Así pues, $x^2 + 7x + 6 = (x +\ \ )\ (x +\ \ )$

Como ambos binomios tienen signos iguales se trata de buscar dos números cuya suma sea 7 y cuyo producto sea 6. Estos números son 6 y 1.

Por consiguiente, $x^2 + 7x + 6 = (x + 6)(x + 1)$

Ejemplo

Descomponer factorialmente $x^2 - 9x + 20$.

Solución: El trinomio debe descomponerse en dos binomios cuyo primer término sea la raíz cuadrada de x^2, o sea, x.

Es decir, $x^2 - 9x + 20 = (x\ \ )\ (x\ \ )$

En el primer binomio se pone signo − entre ambos términos porque el segundo término del trinomio es $-9x$ y tiene signo −.
En el segundo binomio se pone signo − entre ambos términos porque el signo de $-9x$ es − y el signo de +20 es + y el producto de − por + es −.

Así pues, $x^2 - 9x + 20 = (x -\ \ )\ (x -\ \ )$

Como ambos binomios tienen signos iguales se trata de buscar dos números cuya suma sea 9 y cuyo producto sea 20. Estos números son 4 y 5.

Por consiguiente, $x^2 - 9x + 20 = (x - 4)\ (x - 5)$

Ejemplo

Descomponer factorialmente $x^2 + 2x - 8$.

Solución: El trinomio debe descomponerse en dos binomios cuyo primer término sea la raíz cuadrada de x^2, o sea, x.

Es decir, $x^2 + 2x - 8 = (x \quad)\ (x \quad)$.

En el primer binomio se pone signo + entre ambos términos porque el segundo término del trinomio es $+ 2x$ y tiene signo +.
En el segundo binomio se pone signo − entre ambos términos porque el signo de $+ 2x$ es + y el signo de −8 es −, y el producto de + por − es −.

Así pues, $x^2 + 2x - 8 = (x + \quad)\ (x - \quad)$.

Como ambos binomios tienen signos distintos se trata de buscar dos números cuya diferencia sea 2 y cuyo producto sea 8. Estos números son 4 y 2. El mayor, que es 4, se escribe en el primer binomio y el menor, que es 2, se escribe en el segundo binomio.

Por consiguiente, $x^2 + 2x - 8 = (x + 4)\ (x - 2)$.

Ejemplo

Descomponer factorialmente $x^2 - 2x - 3$.

Solución: El trinomio debe descomponerse en dos binomios cuyo primer término sea la raíz cuadrada de x^2, o sea, x.

Es decir, $x^2 - 2x - 3 = (x \quad)\ (x \quad)$.

En el primer binomio se pone signo − entre ambos términos porque el segundo término del trinomio es $-2x$ y tiene signo −.
En el segundo término se pone signo + entre ambos términos porque el signo de $-2x$ es − y el signo de −3 es −, y el producto de − por − es +.

Así pues, $x^2 - 2x - 3 = (x - \quad)\ (x + \quad)$

Como ambos binomios tienen signos distintos se trata de buscar dos números cuya diferencia sea 2 y cuyo producto sea 3. Estos números son 3 y 1. El mayor, que es 3, se escribe en el primer binomio y el menor, que es 1, se escribe en el segundo binomio.

Por consiguiente, $x^2 - 2x - 3 = (x - 3)\ (x + 1)$

g) Que se tenga un trinomio del tipo $ax^2 + bx + c$.

Ejemplo

Descomponer factorialmente $21x^2 - 29x - 72$.

Solución: Multipliquemos el trinomio dado por el coeficiente de x^2 que es 21. Tendremos:

$$441x^2 - 21\ (29x) - 1.512$$

Ahora bien,

$$441x^2 - 21\ (29x) - 1.512 = (21x)^2 - 29\ (21x) - 1.512$$

El trinomio debe descomponerse en dos binomios cuyo primer término sea la raíz cuadrada de $(21x)^2$, o sea, $21x$.

Es decir, $(21x)^2 - 29\ (21x) - 1.512 = (21x\quad)\ (21x\quad)$.

En el primer binomio se pone signo − entre ambos términos porque el segundo término del trinomio tiene signo −.
En el segundo binomio se pone signo + entre ambos términos porque el segundo término del trinomio tiene signo − y −1.512 también tiene signo −, y el producto − por − da +.

Así pues, $(21x)^2 - 29\ (21x) - 1.512 = (21x -\quad)\ (21x +\quad)$.

Como ambos binomios tienen signos distintos se trata de buscar dos números cuya diferencia sea 29 y cuyo producto sea 1512. Estos números son 56 y 27. El mayor, que es 56, se escribe en el primer binomio y el menor, que es 27, se escribe en el segundo binomio.

Por consiguiente, $(21x)^2 - 29\ (21x) - 1.512 = (21x - 56)\ (21x + 27)$.

Por lo tanto,

$$21x^2 - 29x - 72 = \frac{(21x - 56)\ (21x + 27)}{21} = \frac{(21x - 56)\ (21x + 27)}{7 \times 3} =$$

$$= \frac{(21x - 56)}{7} \cdot \frac{(21x + 27)}{3} = (3x - 8)\ (7x + 9)$$

Ejemplo

Descomponer factorialmente $2x^2 + 5x + 2$.

Solución: Multipliquemos el trinomio dado por el coeficiente de x^2 que es 2. Tendremos:

$$4x^2 + 2\ (5x) + 4$$

Ahora bien,

$$4x^2+2\ (5x)+4=(2x)^2+5\ (2x)+4$$

El trinomio debe descomponerse en dos binomios cuyo primer término sea la raíz cuadrada de $(2x)^2$, o sea, $2x$.

Es decir, $(2x)^2+5\ (2x)+4=(2x\quad)\ (2x\quad)$.

En el primer binomio se pone signo + entre ambos términos porque el segundo término del trinomio tiene signo +.
En el segundo binomio se pone signo + entre ambos términos porque el segundo término del trinomio tiene signo +, y + 4 también tiene signo +, y el producto + por + da +.

Así pues, $(2x)^2+5\ (2x)+4=(2x+\quad)\ (2x+\quad)$.

Como ambos binomios tienen signos iguales se trata de buscar dos números cuya suma sea 5 y cuyo producto sea 4. Estos números son 4 y 1. El mayor, que es 4, se escribe en el primer binomio y el menor, que es 1, se escribe en el segundo binomio.
Por consiguiente, $(2x)^2+5\ (2x)+4=(2x+4)\ (2x+1)$.

Por lo tanto, $2x^2+5x+2=\dfrac{(2x+4)\ (2x+1)}{2}=(x+2)\ (2x+1)$.

Ejemplo

Descomponer factorialmente $2x^2+3x-2$.

Solución: Multipliquemos el trinomio dado por el coeficiente de x^2, que es 2. Tendremos

$$4x^2+2\ (3x)-4$$

Ahora bien,

$$4x^2+2\ (3x)-4=(2x)^2+3\ (2x)-4$$

El trinomio debe descomponerse en dos binomios cuyo primer término sea la raíz cuadrada de $(2x)^2$, o sea, $2x$.

Es decir, $(2x)^2+3\ (2x)-4=(2x\quad)\ (2x\quad)$.

En el primer binomio se pone signo + entre ambos términos porque el segundo término del trinomio tiene signo +.
En el segundo binomio se pone signo − entre ambos términos porque el segundo término del trinomio tiene signo + y −4 tiene signo −, y el producto + por − da −.

Así pues, $(2x)^2+3\ (2x)-4=(2x+\quad)\ (2x-\quad)$.

Como ambos binomios tienen signos distintos se trata de buscar dos números cuya diferencia sea 3 y cuyo producto sea 4. Estos números son 4 y 1. El mayor, que es 4, se escribe en el primer binomio y el menor, que es 1, se escribe en el segundo binomio.

Por consiguiente, $(2x)^2 + 3\ (2x) - 4 = (2x + 4)\ (2x - 1)$.

Por lo tanto, $2x^2 + 3x - 2 = \dfrac{(2x+4)\ (2x-1)}{2} = (x+2)\ (2x-1)$.

Ejemplo

Descomponer factorialmente $2x^2 - 5x + 2$.

Solución: Multipliquemos el trinomio dado por el coeficiente de x^2, que es 2.
Tendremos

$$4x^2 - 2\ (5x) + 4$$

Ahora bien,

$$4x^2 - 2\ (5x) + 4 = (2x)^2 - 5\ (2x) + 4$$

El trinomio debe descomponerse en dos binomios cuyo primer término sea la raíz cuadrada de $(2x)^2$, o sea, $2x$.

Es decir, $(2x)^2 - 5\ (2x) + 4 = (2x\quad)\ (2x\quad)$

En el primer binomio se pone signo – entre ambos términos porque el segundo término del trinomio tiene signo –.

En el segundo binomio se pone signo – entre ambos términos porque el segundo término del trinomio tiene signo – y + 4 tiene signo +, y el producto – por + da –.

Así pues, $(2x)^2 - 5\ (2x) + 4 = (2x - \quad)\ (2x - \quad)$.

Como ambos binomios tienen signos iguales se trata de buscar dos números cuya suma sea 5 y cuyo producto sea 4. Estos números son 4 y 1. El mayor, que es 4, se escribe en el primer binomio y el menor, que es 1, se escribe en el segundo binomio.

Por consiguiente, $(2x)^2 - 5\ (2x) + 4 = (2x - 4)\ (2x - 1)$

Por lo tanto, $2x^2 - 5x + 2 = \dfrac{(2x-4)\ (2x-1)}{2} = (x-2)\ (2x-1)$

h) Que se tenga el cubo perfecto de un binomio.

Para que una expresión algebraica ordenada con respecto a una letra determinada sea cubo perfecto de un binomio, debe cumplir:

a) Que tenga cuatro términos.

b) Que los términos primero y cuarto sean cubos perfectos.

c) Que el segundo término, con signo más o menos, sea el triple del producto del cuadrado de la raíz cúbica del primer término por la raíz cúbica del último término.

d) Que el tercer término sea el triple del producto de la raíz cúbica del primer término por el cuadrado de la raíz cúbica del último término.

Si los cuatro términos son positivos, la expresión algebraica dada será el cubo de la suma de las raíces cúbicas del primer y del último términos. Si los cuatro términos son alternativamente positivos y negativos, la expresión algebraica dada será el cubo de la diferencia de las raíces cúbicas del primer y del último términos.

Ejemplo

Descomponer factorialmente $125x^3 + 75x^2 + 15x + 1$.

Solución: Tendremos

Raíz cúbica de $125x^3 : 5x$
Raíz cúbica de $1 : 1$
Segundo término: $3 \cdot (5x)^2 \cdot 1 = 75x^2$
Tercer término: $3 \cdot (5x) \cdot 1^2 = 15x$

Como todos los términos son positivos, tendremos:

$$(125x^3 + 75x^2 + 15x + 1) = (5x + 1)^3$$

Ejemplo

Descomponer factorialmente $27x^3 + 54x^2 + 36x + 8$.

Solución: Tendremos

Raíz cúbica de $27x^3 : 3x$
Raíz cúbica de $8 : 2$
Segundo término: $3 \cdot (3x)^2 \cdot 2 = 54x^2$
Tercer término: $3 \cdot (3x) \cdot 2^2 = 36x$

Como todos los términos son positivos, tendremos:

$$(27x^3 + 54x^2 + 36x + 8) = (3x + 2)^3$$

Ejemplo

Descomponer factorialmente $x^6 - 3x^4y^3 + 3x^2y^6 - y^9$.

Solución: Tendremos

Raíz cúbica de x^6: x^2

Raíz cúbica de y^9: y^3

Segundo término : $3 \cdot (x^2)^2 \cdot y^3 = 3x^4y^3$

Tercer término : $3 \cdot (x^2) \cdot (y^3)^2 = 3x^2y^6$

Como los términos son alternativamente positivos y negativos, tendremos:

$$x^6 - 3x^4y^3 + 3x^2y^6 - y^9 = (x^2 - y^3)^3$$

Ejemplo

Descomponer factorialmente $27x^3 - 108x^2y + 144xy^2 - 64y^3$.

Solución: Tendremos

Raíz cúbica de $27x^3$: $3x$

Raíz cúbica de $64y^3$: $4y$

Segundo término: $3 \cdot (3x)^2 \cdot 4y = 108x^2y$

Tercer término : $3 \cdot (3x) \cdot (4y)^2 = 144xy^2$

Como los términos son alternativamente positivos y negativos, tendremos:

$$27x^3 - 108x^2y + 144xy^2 - 64y^3 = (3x - 4y)^3$$

i) Que se tenga una suma o diferencia de cubos perfectos.

La suma de dos números que sean cubos perfectos se puede descomponer como producto de dos factores, de modo que el primer factor sea la suma de las raíces cúbicas de ambos números y el segundo factor sea el cuadrado de la primera raíz cúbica, menos el producto de las raíces cúbicas de ambos números, más el cuadrado de la raíz cúbica del segundo número.
La diferencia de dos números que sean cubos perfectos se puede descomponer factorialmente como producto de dos factores, de modo que el primer factor sea la diferencia de las raíces cúbicas de ambos números y el segundo factor sea el cuadrado de la primera raíz cúbica, más el producto de las raíces cúbicas de ambos números, más el cuadrado de la raíz cúbica del segundo número.

Ejemplo

Descomponer factorialmente $8x^3 + y^3$.

Solución: Tendremos

Raíz cúbica de $8x^3$: $2x$
Raíz cúbica de y^3: y

Así pues, $8x^3 + y^3 = (2x + y)\ (4x^2 - 2xy + y^2)$

Ejemplo

Descomponer factorialmente $512 + 27x^9$.

Solución: Tendremos

Raíz cúbica de 512: 8
Raíz cúbica de $27x^9$: $3x^3$

Así pues, $512 + 27x^9 = (8 + 3x^3)\ (64 - 24x^3 + 9x^6)$

Ejemplo

Descomponer factorialmente $x^3 - 125$.

Solución: Tendremos

Raíz cúbica de x^3: x
Raíz cúbica de 125 : 5

Así pues, $x^3 - 125 = (x - 5)\ (x^2 + 5x + 25)$

Ejemplo

Descomponer factorialmente $8x^3 - 27y^3$.

Solución: Tendremos

Raíz cúbica de $8x^3$: $2x$
Raíz cúbica de $27y^3$: $3y$

Así pues, $8x^3 - 27y^3 = (2x - 3y)\ (4x^2 + 6xy + 9y^2)$.

j) Que se tenga una suma o diferencia de dos potencias iguales.

Ejemplo

Descomponer factorialmente $x^5 + y^5$.

Solución: Como $x^5 + y^5$ es divisible por $x + y$, efectuando la división tendremos

$$
\begin{array}{rrrrrr|l}
x^5 & & & & & +y^5 & x+y \\ \cline{7-7}
-x^5 & -x^4y & & & & & x^4 - x^3y + x^2y^2 - xy^3 + y^4 \\ \cline{1-6}
 & -x^4y & & & & +y^5 & \\
 & x^4y & +x^3y^2 & & & & \\ \cline{2-6}
 & & x^3y^2 & & & +y^5 & \\
 & & -x^3y^2 & -x^2y^3 & & & \\ \cline{3-6}
 & & & -x^2y^3 & & +y^5 & \\
 & & & x^2y^3 & +xy^4 & & \\ \cline{4-6}
 & & & & +xy^4 & +y^5 & \\
 & & & & -xy^4 & -y^5 & \\ \cline{5-6}
 & & & & 0 & & \\
\end{array}
$$

Así pues, $(x^5 + y^5) = (x + y)\ (x^4 - x^3y + x^2y^2 - xy^3 + y^4)$.

Ejemplo

Descomponer factorialmente $x^6 - y^6$.

Solución: Como $x^6 - y^6$ es divisible por $x - y$, efectuando la división tendremos

$$
\begin{array}{rrrrrrr|l}
x^6 & & & & & & -y^6 & x-y \\ \cline{8-8}
-x^6 & +x^5y & & & & & & x^5 + x^4y + x^3y^2 + x^2y^3 + xy^4 + y^5 \\ \cline{1-7}
 & x^5y & & & & & -y^6 & \\
 & -x^5y & +x^4y^2 & & & & & \\ \cline{2-7}
 & & x^4y^2 & & & & -y^6 & \\
 & & -x^4y^2 & +x^3y^3 & & & & \\ \cline{3-7}
 & & & x^3y^3 & & & -y^6 & \\
 & & & -x^3y^3 & +x^2y^4 & & & \\ \cline{4-7}
 & & & & x^2y^4 & & -y^6 & \\
 & & & & -x^2y^4 & +xy^5 & & \\ \cline{5-7}
 & & & & & xy^5 & -y^6 & \\
 & & & & & -xy^5 & y^6 & \\ \cline{6-7}
 & & & & & 0 & & \\
\end{array}
$$

Así pues, $(x^6 - y^6) = (x - y)\ (x^5 + x^4y + x^3y^2 + x^2y^3 + xy^4 + y^5)$.

Ejemplo

Descomponer factorialmente $x^4 - y^4$.
Solución: Como $x^4 - y^4$ es divisible por $x + y$, efectuando la división tendremos

$$
\begin{array}{lllll|l}
x^4 & & & & -y^4 & x+y \\
\cline{6-6}
-x^4 & -x^3y & & & & x^3 - x^2y + xy^2 - y^3 \\
\cline{1-5}
 & -x^3y & & & -y^4 & \\
 & x^3y & +x^2y^2 & & & \\
\cline{2-5}
 & & x^2y^2 & & -y^4 & \\
 & & -x^2y^2 & -xy^3 & & \\
\cline{3-5}
 & & & -xy^3 & -y^4 & \\
 & & & xy^3 & +y^4 & \\
\cline{4-5}
 & & & & 0 &
\end{array}
$$

Así pues, $(x^4 - y^4) = (x + y)\ (x^3 - x^2y + xy^2 - y^3)$

Ejemplo

Descomponer factorialmente $x^5 - y^5$.
Solución: Como $x^5 - y^5$ es divisible por $x - y$, efectuando la división tendremos

$$
\begin{array}{llllll|l}
x^5 & & & & & -y^5 & x-y \\
\cline{7-7}
-x^5 & +x^4y & & & & & x^4 + x^3y + x^2y^2 + xy^3 + y^4 \\
\cline{1-6}
 & x^4y & & & & -y^5 & \\
 & -x^4y & +x^3y^2 & & & & \\
\cline{2-6}
 & & x^3y^2 & & & -y^5 & \\
 & & -x^3y^2 & +x^2y^3 & & & \\
\cline{3-6}
 & & & x^2y^3 & & -y^5 & \\
 & & & -x^2y^3 & +xy^4 & & \\
\cline{4-6}
 & & & & xy^4 & -y^5 & \\
 & & & & -xy^4 & y^5 & \\
\cline{5-6}
 & & & & & 0 &
\end{array}
$$

Así pues, $(x^5 - y^5) = (x - y)\ (x^4 + x^3y + x^2y^2 + xy^3 + y^4)$

El teorema del resto se aplica también frecuentemente en la descomposición factorial de polinomios.

Ejemplo

Descomponer factorialmente $x^4 - 4x^3 + 3x^2 + 4x - 4$.

Solución: Las posibles raíces enteras del polinomio son todos los divisores enteros del término independiente, es decir, +1, −1, +2, −2, +4 y −4.
Si el polinomio se anula para alguno de estos valores, el polinomio será divisible por x menos dicho valor.

Sustituyamos x por + 1. Tendremos:

$$1^4 - 4\ (1)^3 + 3\ (1)^2 + 4\ (1) - 4 = 1 - 4 + 3 + 4 - 4 = 0$$

El polinomio se anula para $x = 1$, y por lo tanto será divisible por $x - 1$.
Así pues, tendremos:

	1	−4	3	4	−4
1)		1	−3	0	4
	1	−3	0	4	

Por lo tanto, $(x^4 - 4x^3 + 3x^2 + 4x - 4) = (x - 1)\ (x^3 - 3x^2 + 4)$.
Descompongamos ahora el polinomio $(x^3 - 3x^2 + 4)$.
Las posibles raíces enteras del polinomio son: +1, −1, +2, −2, +4 y −4.
Sustituyamos x por +1. Tendremos:

$1^3 - 3\ (1)^2 + 4 = 1 - 3 + 4 = 2 \neq 0$. O sea, que +1 no es raíz del polinomio.

Sustituyamos x por −1. Tendremos:

$$(-1)^3 - 3\ (-1)^2 + 4 = -1 - 3 + 4 = 0$$

Como el polinomio se anula para $x = -1$, el polinomio será divisible por $x + 1$.
Así pues, tendremos:

	1	−3	0	4
−1)		−1	4	−4
	1	−4	4	

Por lo tanto, $(x^4 - 4x^3 + 3x^2 + 4x - 4) = (x - 1) \cdot (x + 1) \cdot (x^2 - 4x + 4)$.
Descompongamos ahora el polinomio $(x^2 - 4x + 4)$.
Las posibles raíces enteras del polinomio son: +1, −1, +2, −2, +4 y −4.
Sustituyamos x por +1. Tendremos:

$1^2 - 4 \cdot 1 + 4 = 1 - 4 + 4 = 1 \neq 0$. O sea, +1 no es raíz del polinomio.

Sustituyamos x por −1. Tendremos:

$(-1)^2 - 4(-1) + 4 = 1 + 4 + 4 = 9 \neq 0$. O sea, −1 no es raíz del polinomio.

Sustituyamos x por +2. Tendremos:

$(2)^2 - 4\ (2) + 4 = 4 - 8 + 4 = 0$.

Como el polinomio se anula para $x = 2$, el polinomio será divisible por $x - 2$.
Así pues, tendremos:

$$\begin{array}{r|rrr} & 1 & -4 & 4 \\ 2) & & 2 & -4 \\ \hline & 1 & -2 & \end{array}$$

Por lo tanto, $(x^4 - 4x^3 + 3x^2 + 4x - 4) = (x-1) \cdot (x+1) \cdot (x-2) \cdot (x-2) =$
$= (x-1)\ (x+1)\ (x-2)^2$.

Ejemplo

Descomponer factorialmente $x^3 + 2x^2 + x + 2$.
Solución: Las posibles raíces enteras del polinomio son todos los divisores enteros del término independiente, es decir, +1, −1, +2 y −2.

Sustituyamos x por +1. Tendremos:

$1^3 + 2 \cdot 1^2 + 1 + 2 = 1 + 2 + 1 + 2 = 6 \neq 0$. O sea, +1 no es raíz del polinomio.

Sustituyamos x por −1. Tendremos:

$(-1)^3 + 2\ (-1)^2 + (-1) + 2 = -1 + 2 - 1 + 2 = 2 \neq 0$. O sea, −1 no es raíz del polinomio.

Sustituyamos x por +2. Tendremos:

$2^3 + 2 \cdot 2^2 + 2 + 2 = 8 + 8 + 2 + 2 = 20 \neq 0$. O sea, +2 no es raíz del polinomio.

Sustituyamos x por −2. Tendremos:

$$(-2)^3 + 2(-2)^2 + (-2) + 2 = -8 + 8 - 2 + 2 = 0$$

Como el polinomio se anula para $x = -2$, el polinomio será divisible por $x + 2$.

Así pues, tendremos:

$$\begin{array}{r|rrrr} & 1 & 2 & 1 & 2 \\ -2) & & -2 & 0 & -2 \\ \hline & 1 & 0 & 1 & \end{array}$$

Por lo tanto, $(x^3 + 2x^2 + x + 2) = (x+2)\ (x^2+1)$.

El polinomio $x^2 + 1$ no puede descomponerse más puesto que las posibles raíces enteras serían +1 y −1 y ninguno de estos números anula el polinomio.

En efecto, $1^2 + 1 = 2 \neq 0$
$(-1)^2 + 1 = 1 + 1 = 2 \neq 0$.

Ejemplo

Descomponer factorialmente $x^3 + x^2 - x - 1$.

Solución: Las posibles raíces enteras del polinomio son +1 y −1.

Sustituyamos x por +1. Tendremos:

$$1^3 + 1^2 - 1 - 1 = 1 + 1 - 1 - 1 = 0$$

Como el polinomio se anula para $x = 1$, será divisible por $x - 1$.
Así pues, tendremos:

	1	1	−1	−1
1)		1	2	1
	1	2	1	

Por lo tanto, $(x^3 + 2x^2 + x + 2) = (x - 1)\ (x^2 + 2x + 1)$.
Descompongamos ahora el polinomio $x^2 + 2x + 1$.
Las posibles raíces enteras del polinomio son +1 y −1.
Sustituyamos x por +1. Tendremos:

$1^2 + 2 \cdot 1 + 1 = 1 + 2 + 1 = 4 \neq 0$. O sea, +1 no es raíz del polinomio.

Sustituyamos x por −1. Tendremos:

$$(-1)^2 + 2(-1) + 1 = 1 - 2 + 1 = 0$$

Como el polinomio se anula para $x = -1$, el polinomio será divisible por $x + 1$.
Así pues, tendremos:

	1	2	1
−1)		−1	−1
	1	1	

Por lo tanto, $(x^3 + 2x^2 + x + 2) = (x - 1)\ (x + 1)\ (x + 1) = (x - 1)\ (x + 1)^2$.

Problemas propuestos

1. Descomponer factorialmente $x^2 + xy$.
2. Ídem $y + y^2$.
3. Ídem $2x^3 - x^2$.
4. Ídem $2y^3 - 4y^4$.
5. Ídem $10x^2 + 20x^3$.
6. Ídem $xy - yz$.
7. Ídem $x^2y^2 + x^2z^2$.
8. Ídem $4x^2y + 8xy^2$.
9. Ídem $6x^2 - 9xy$.
10. Ídem $4x^3y^2 - 8xy^3$.
11. Ídem $20x^3y^2 + 40x^2y^3$.
12. Ídem $7x^2y^3 - 14x^3$.

13. Ídem $xyz + xy^2z^2$.
14. Ídem $x^2 + x^4 + x$.
15. Ídem $a^2 + 4a + 4$.
16. Ídem $4a^2 + 4ab + b^2$.
17. Ídem $9 + 6x + x^2$.
18. Ídem $9 + 30b + 25b^2$.
19. Ídem $4x^2 + 12x + 9$.
20. Ídem $4x^2 + 12xy + 9y^2$.
21. Ídem $4 + 16x^2 + 16x^4$.
22. Ídem $9x^2 + 24xy + 16y^2$.
23. Ídem $16x^2 + 48xy + 36y^2$.
24. Ídem $4a^6 + 12a^3b^2 + 9b^4$.
25. Ídem $9a^8 + 12a^4b^3 + 4b^6$.
26. Ídem $9a^4b^2 + 6a^2bc^3 + c^6$.
27. Ídem $16x^4y^2 + 24x^2yz^2p^3 + 9z^4p^6$.
28. Ídem $9a^2 - 12ab + 4b^2$.
29. Ídem $25a^2 - 30ab + 9b^2$.
30. Ídem $a^4 - 2a^2b^2 + b^4$.
31. Ídem $4a^4 - 12a^2b^2 + 9b^4$.
32. Ídem $4x^4 - 16x^2 + 16$.
33. Ídem $4x^6 - 16x^3y^2 + 16y^4$.
34. Ídem $a^8 - 4a^4b^3 + 4b^6$.
35. Ídem $9a^6 - 12a^3b^2 + 4b^4$.
36. Ídem $16x^{10} - 24x^5y^4 + 9y^8$.
37. Ídem $4x^2 - y^2$.
38. Ídem $16 - 4x^2$.
39. Ídem $4a^2 - 9b^2$.
40. Ídem $4x^4 - 9y^4$.
41. Ídem $9a^2 - 4$.
42. Ídem $9 - 16x^2y^2$.
43. Ídem $9x^4 - 16x^2y^2$.
44. Ídem $4x^2 + 4xy + y^2 - z^2$.
45. Ídem $4x^2 - 4xy + y^2 - z^2$.
46. Ídem $9x^2 + 12xy + 4y^2 - 4z^2$.
47. Ídem $a^2 + 2ab + b^2 - 9$.
48. Ídem $a^2 - 2ab + b^2 - 4$.
49. Ídem $4x^2 + 4xy + y^2 - 16$.
50. Ídem $x^4 - 6x^3 + 9x^2 - 16$.
51. Ídem $a^4 + 2a^3b + a^2b^2 - b^4$.
52. Ídem $a^6 + 6a^5 + 9a^4 - a^2$.
53. Ídem $a^3 + 9a^2 + 27a + 27$.
54. Ídem $8a^3 - 24a^2 + 24a - 8$.
55. Ídem $a^3 + 6a^2 + 12a + 8$.
56. Ídem $a^3 - 15a^2 + 75a - 125$.
57. Ídem $27x^3 + 54x^2 + 36x + 8$.
58. Ídem $8 - 24x + 24x^2 - 8x^3$.
59. Ídem $27 + 27a^2 + 9a^4 + a^6$.
60. Ídem $8 - 36a + 54a^2 - 27a^3$.
61. Ídem $27a^3 + 54a^2 + 36a + 8$.
62. Ídem $a^6 - 6a^4b^2 + 12a^2b^4 - 8b^6$.
63. Ídem $27x^3 + 54x^2y + 36xy^2 + 8y^3$.
64. Ídem $125 - 150a^2 + 60a^4 - 8a^6$.
65. Ídem $4x^2 + 20x + 25$.
66. Ídem $x^2 - 6x + 9$.
67. Ídem $8 + 36x + 54x^2 + 27x^3$.
68. Ídem $4a^2b^2 - 8abc^2 + 4c^4$.
69. Ídem $4 - 12ab + 9a^2b^2$.
70. Ídem $9x^6 + 12x^3y^3 + 4y^6$.
71. Ídem $27a^3 + 54a^2b + 36ab^2 + 8b^3$.
72. Ídem $9a^6 - 12a^3b^2 + 4b^4$.
73. Ídem $81 - 36ab + 4a^2b^2$.
74. Ídem $a^2 + 7a + 12$.
75. Ídem $x^2 + 7x + 10$.
76. Ídem $x^2 - 5x - 24$.
77. Ídem $a^2 - 5a + 6$.
78. Ídem $x^2 + 4x - 12$.
79. Ídem $x^2 - x - 20$.
80. Ídem $x^2 - 5x + 4$.
81. Ídem $x^2 + x - 6$.
82. Ídem $a^6 + a^3 - 20$.
83. Ídem $x^6 + 11x^3 - 60$.
84. Ídem $a^8 + a^4 - 6$.
85. Ídem $a^{10} + 2a^5 - 24$.
86. Ídem $a^{12} - 4a^6 - 32$.
87. Ídem $a^2b^2 + ab - 6$.
88. Ídem $x^2y^2 + 2xy - 24$.
89. Ídem $a^4b^4 + 3a^2b^2 - 10$.
90. Ídem $x^6y^2 - x^3y - 20$.
91. Ídem $x^2 + 9x + 18$.
92. Ídem $a^4 + a^2 - 12$.
93. Ídem $x^2 + 2xy + y^2 - 16$.
94. Ídem $a^2 - 4$.
95. Ídem $a^2 + 2a - 24$.
96. Ídem $x^4 + 2x^2 - 15$.
97. Ídem $x^6 - 2x^3 - 24$.
98. Ídem $x^8 + 5x^4 - 36$.
99. Ídem $a^2 + 2ab + b^2 - 16$.
100. Ídem $a^6 - b^8$.
101. Ídem $x^{12} - x^6 - 20$.
102. Ídem $a^4b^4 - 4c^4$.
103. Ídem $x^4 - 14x^2 + 48$.
104. Ídem $a^6 + 3a^3 - 10$.
105. Ídem $a^4 + 2a^2b + b^2 - c^2$.
106. Ídem $x^8 - 3x^4 - 18$.

107. Ídem $x^2y^4 + 2xy^2 - 15$.
108. Ídem $x^4 - y^4$.
109. Ídem $15x^3 + 20x^2 - 5x$.
110. Ídem $x^3 - x^2y + xy^2$.
111. Ídem $2x^2y + 2xy^2 - 3xy$.
112. Ídem $a^3 + a^5 - a^7$.
113. Ídem $a - a^2 + a^3 - a^4$.
114. Ídem $x^6 - 3x^4 + 8x^3 - 4x^2$.
115. Ídem $25x^7 - 10x^5 + 15x^3$.
116. Ídem $a^{15} - a^{12} + 2a^9$.
117. Ídem $a^5 - a^4 + a^3 - a^2$.
118. Ídem $x^{20} - x^{16} + x^{12} - x^8$.

Soluciones

1. S: $x(x+y)$.
2. S: $y(1+y)$.
3. S: $x^2(2x-1)$.
4. S: $2y^3(1-2y)$.
5. S: $10x^2(1+2x)$.
6. S: $y(x-z)$.
7. S: $x^2(y^2+z^2)$.
8. S: $4xy(x+2y)$.
9. S: $3x(2x-3y)$.
10. S: $4xy^2(x^2-2y)$.
11. S: $20x^2y^2(x+2y)$.
12. S: $7x^2(y^3-2x)$.
13. S: $xyz(1+yz)$.
14. S: $x(x+x^3+1)$.
15. S: $(a+2)^2$.
16. S: $(2a+b)^2$.
17. S: $(3+x)^2$.
18. S: $(3+5b)^2$.
19. S: $(2x+3)^2$.
20. S: $(2x+3y)^2$.
21. S: $(2+4x^2)^2$.
22. S: $(3x+4y)^2$.
23. S: $(4x+6y)^2$.
24. S: $(2a^3+3b^2)^2$.
25. S: $(3a^4+2b^3)^2$.
26. S: $(3a^2b+c^3)^2$.
27. S: $(4x^2y+3z^2p^3)^2$.
28. S: $(3a-2b)^2$.
29. S: $(5a-3b)^2$.
30. S: $(a^2-b^2)^2$.
31. S: $(2a^2-3b^2)^2$.
32. S: $(2x^2-4)^2$.
33. S: $(2x^3-4y^2)^2$.
34. S: $(a^4-2b^3)^2$.
35. S: $(3a^3-2b^2)^2$.
36. S: $(4x^5-3y^4)^2$.
37. S: $(2x+y)(2x-y)$.
38. S: $(4-2x)(4+2x)$.
39. S: $(2a-3b)(2a+3b)$.
40. S: $(2x^2-3y^2)(2x^2+3y^2)$.
41. S: $(3a-2)(3a+2)$.
42. S: $(3-4xy)(3+4xy)$.
43. S: $(3x^2-4xy)(3x^2+4xy)$.
44. S: $(2x+y+z)(2x+y-z)$.
45. S: $(2x-y+z)(2x-y-z)$.
46. S: $(3x+2y-2z)(3x+2y+2z)$.
47. S: $(a+b+3)(a+b-3)$.
48. S: $(a-b+2)(a-b-2)$.
49. S: $(2x+y+4)(2x+y-4)$.
50. S: $(x^2-3x+4)(x^2-3x-4)$.
51. S: $(a^2+ab-b^2)(a^2+ab+b^2)$.
52. S: $(a^3+3a^2-a)(a^3+3a^2+a)$.
53. S: $(a+3)^3$.
54. S: $(2a-2)^3$.
55. S: $(a+2)^3$.
56. S: $(a-5)^3$.
57. S: $(3x+2)^3$.
58. S: $(2-2x)^3$.
59. S: $(3+a^2)^3$.
60. S: $(2-3a)^3$.
61. S: $(3a+2)^3$.
62. S: $(a^2-2b^2)^3$.
63. S: $(3x+2y)^3$
64. S: $(5-2a^2)^3$.
65. S: $(2x+5)^2$.
66. S: $(x-3)^2$.
67. S: $(2+3x)^3$.
68. S: $(2ab-2c^2)^2$.
69. S: $(2-3ab)^2$.
70. S: $(3x^3+2y^3)^2$.
71. S: $(3a+2b)^3$.
72. S: $(3a^3-2b^2)^2$.

73. S: $(9 - 2ab)^2$.
74. S: $(a + 3)\ (a + 4)$.
75. S: $(x + 5)\ (x + 2)$.
76. S: $(x + 3)\ (x - 8)$.
77. S: $(a - 2)\ (a - 3)$.
78. S: $(x + 6)\ (x - 2)$.
79. S: $(x + 4)\ (x - 5)$.
80. S: $(x - 1)\ (x - 4)$.
81. S: $(x - 2)\ (x + 3)$.
82. S: $(a^3 + 5)\ (a^3 - 4)$.
83. S: $(x^3 + 15)\ (x^3 - 4)$.
84. S: $(a^4 + 3)\ (a^4 - 2)$.
85. S: $(a^5 - 4)\ (a^5 + 6)$.
86. S: $(a^6 + 4)\ (a^6 - 8)$.
87. S: $(ab + 3)\ (ab - 2)$.
88. S: $(xy - 4)\ (xy + 6)$.
89. S: $(a^2b^2 - 2)\ (a^2b^2 + 5)$.
90. S: $(x^3y - 5)\ (x^3y + 4)$.
91. S: $(x + 3)\ (x + 6)$.
92. S: $(a^2 + 4)\ (a^2 - 3)$.
93. S: $(x + y + 4)\ (x + y - 4)$.
94. S: $(a + 2)\ (a - 2)$.
95. S: $(a - 4)\ (a + 6)$.
96. S: $(x^2 - 3)\ (x^2 + 5)$.
97. S: $(x^3 + 4)\ (x^3 - 6)$.
98. S: $(x^4 - 4)\ (x^4 + 9)$.
99. S: $(a + b + 4)\ (a + b - 4)$.
100. S: $(a^3 + b^4)\ (a^3 - b^4)$.
101. S: $(x^6 - 5)\ (x^6 + 4)$.
102. S: $(a^2b^2 + 2c^2)\ (a^2b^2 - 2c^2)$.
103. S: $(x^2$ [illegible] $8)\ (x^2 - 0)$.
104. S: $(a^3 + 5)\ (a^3 - 2)$.
105. S: $(a^2 + b + c)\ (a^2 + b - c)$.
106. S: $(x^4 + 3)\ (x^4 - 6)$.
107. S: $(xy^2 - 3)\ (xy^2 + 5)$.
108. S: $(x + y)\ (x - y)\ (x^2 + y^2)$.
109. S: $5x\ (3x^2 + 4x - 1)$.
110. S: $x\ (x^2 - xy + y^2)$.
111. S: $xy\ (2x + 2y - 3)$.
112. S: $a^3\ (1 + a^2 - a^4)$.
113. S: $a\ (1 - a + a^2 - a^3)$.
114. S: $x^2\ (x^4 - 3x^2 + 8x - 4)$.
115. S: $5x^3\ (5x^4 - 2x^2 + 3)$.
116. S: $a^9\ (a^6 - a^3 + 2)$.
117. S: $a^2\ (a^3 - a^2 + a - 1)$.
118. S: $x^8\ (x^{12} - x^8 + x^4 - 1)$.

Máximo común divisor y mínimo común múltiplo de polinomios

25

Introducción histórica

El político y militar francés François Viete (1540-1603) puede considerarse como el fundador del Álgebra moderna. Introdujo la notación algebraica, con lo cual se consiguió que el Álgebra se liberase definitivamente de las limitaciones impuestas por la Aritmética y se convirtiese en una ciencia puramente simbólica. Además de trabajos escritos sobre Aritmética y Trigonometría, fue autor del primer tratado de Álgebra propiamente dicho: *Isagoge in artem analyticum*. Dio también las fórmulas para resolver las ecuaciones de sexto grado.

25.1 Máximo común divisor de polinomios

Se dice que una expresión algebraica es divisor común de varias expresiones algebraicas cuando está contenida exactamente en todas ellas.

Así, por ejemplo, x^2 es divisor común de $5x^3$ y de $6x^4$; xy es divisor común de $3x^2y^2$ y de $4x^2y^3$, etc.

Se dice que una expresión algebraica es prima cuando tan sólo es divisible por sí misma y por la unidad.

Así, por ejemplo, $x + y$, $x - y$, xy son expresiones algebraicas primas.

Se dice que varias expresiones algebraicas son primas entre sí cuando su único divisor común es la unidad.

Así, por ejemplo, $x + y$, $x - y$, xy son expresiones algebraicas primas entre sí.

El máximo común divisor de varias expresiones algebraicas es la expresión algebraica de mayor coeficiente numérico y de mayor grado que está contenida exactamente en todas ellas.

Así, por ejemplo, el máximo común divisor de $3x^2y$ y de $6xy^2$ es $3xy$; el máximo común divisor de $12x^2y^3z^2$ y de $8xy^2z$ es $4xy^2z$, etc.

Para hallar el máximo común divisor de varios monomios se halla en primer lugar el máximo común divisor de los coeficientes y a continuación se escriben las letras comunes elevando cada letra al menor exponente que tenga en las expresiones algebraicas dadas.

Ejemplo

Hallar el máximo común divisor de $32x^2y^3z^3$ y $48xy^2z^2$.

Solución: Descompongamos en factores primos los coeficientes numéricos:

32	2	48	2
16	2	24	2
8	2	12	2
4	2	6	2
2	2	3	3
1		1	

Así pues,

$$32 = 2^5$$
$$48 = 2^4 \cdot 3$$

Por lo tanto, el máximo común divisor de los coeficientes es $2^4 = 16$.

Las letras comunes son x, y, z. Elevadas al menor exponente serán xy^2z^2.

Por consiguiente, el máximo común divisor de $32x^2y^3z^3$ y $48xy^2z^2$ será $16xy^2z^2$.

Ejemplo

Hallar el máximo común divisor de $72x^3y^4z$, $96x^2y^3$ y $120x^5y^6$.
Solución: Descompongamos en factores primos los coeficientes numéricos:

72	2	96	2	120	2
36	2	48	2	60	2
18	2	24	2	30	2
9	3	12	2	15	3
3	3	6	2	5	5
1		3	3	1	
		1			

Así pues,

$$72 = 2^3 \cdot 3^2$$
$$96 = 2^5 \cdot 3$$
$$120 = 2^3 \cdot 3 \cdot 5$$

Por lo tanto, el máximo común divisor de los coeficientes es $2^3 \cdot 3 = 24$.
Las letras comunes son x, y. Elevadas al menor exponente serán x^2y^3.
Por consiguiente, el máximo común divisor de $72x^3y^4z$, $96x^2y^3$ y $120x^5y^6$ $24x^2y^3$.
Al calcular el máximo común divisor de varios polinomios puede suceder que los polinomios puedan descomponerse fácilmente en factores o que su descomposición factorial no resulte sencilla.
En el primer supuesto resulta más fácil hallar el máximo común divisor a partir de la descomposición factorial de los polinomios.
En el segundo caso resulta más conveniente emplear el método de las divisiones sucesivas.

Para hallar el máximo común divisor de varios polinomios por descomposición factorial se descomponen los polinomios dados en sus factores primos y a continuación se calcula el máximo común divisor que es el producto de todos los factores comunes con el menor exponente.

Ejemplo

Hallar el máximo común divisor de $(x^2 + x - 20,\ x^2 - 3x - 4)$.

Solución: Descompongamos factorialmente los polinomios dados.

Las posibles raíces enteras de $x^2 + x - 20$ son: +1, −1, +2, −2, +4, −4, +5, −5, +10, −10, +20 y −20.
+1 no es raíz puesto que $1^2 + 1 - 20 = -18 \neq 0$
−1 no es raíz puesto que $(-1)^2 + (-1) - 20 = -20 \neq 0$
+2 no es raíz puesto que $2^2 + 2 - 20 = -14 \neq 0$
−2 no es raíz puesto que $(-2)^2 + (-2) - 20 = -18 \neq 0$
+4 es raíz puesto que $4^2 + 4 - 20 = 0$

Así pues, tendremos:

	1	1	−20
4)		4	20
	1	5	

Por lo tanto, $x^2 + x - 20 = (x - 4)\ (x + 5)$.

Las posibles raíces enteras de $x^2 - 3x - 4$ son: +1, −1, +2, −2, +4 y −4.

+1 no es raíz puesto que $1^2 - 3(1) - 4 = 1 - 3 - 4 = -6 \neq 0$

−1 es raíz puesto que $(-1)^2 - 3(-1) - 4 = 1 + 3 - 4 = 0$

Así pues, tendremos:

	1	−3	−4
−1)		−1	4
	1	−4	

Por lo tanto, $x^2 - 3x - 4 = (x + 1)\ (x - 4)$.

Por consiguiente, el máximo común divisor de $(x^2 + x - 20,\ x^2 - 3x - 4)$ es $x - 4$.

Ejemplo

Hallar el máximo común divisor de $(32x^2 - 64x - 256,\ 48x^2 - 48x - 576,\ 24x^3 - 216x^2 + 480x)$.

Solución: Descompongamos factorialmente los polinomios dados.

Para descomponer factorialmente $32x^2 - 64x - 256$ hallaremos en primer lugar el máximo común divisor de los coeficientes:

32	2	64	2	256	2
16	2	32	2	128	2
8	2	16	2	64	2
4	2	8	2	32	2
2	2	4	2	16	2
1		2	2	8	2
		1		4	2
				2	2
				1	

Así pues,

$$32 = 2^5$$
$$64 = 2^6$$
$$256 = 2^8$$

Por lo tanto, el máximo común divisor de los coeficientes es $2^5 = 32$

Por consiguiente, $32x^2 - 64x - 256 = 32(x^2 - 2x - 8)$.
Las posibles raíces enteras de $x^2 - 2x - 8$ son: +1, −1, +2, −2, +4, −4, +8 y −8.
+1 no es raíz puesto que $(1)^2 - 2(1) - 8 = 1 - 2 - 8 = -9 \neq 0$
−1 no es raíz puesto que $(-1)^2 - 2(-1) - 8 = 1 + 2 - 8 = -5 \neq 0$
+2 no es raíz puesto que $2^2 - 2\,(2) - 8 = 4 - 4 - 8 = -8 \neq 0$
−2 es raíz puesto que $(-2)^2 - 2(-2) - 8 = 4 + 4 - 8 = 0$.

Así pues, tendremos:

	1	−2	−8
−2)		−2	8
	1	−4	

Por consiguiente, $32x^2 - 64x - 256 = 32(x^2 - 2x - 8) = 32(x+2)\ (x-4)$.
Para descomponer factorialmente $48x^2 - 48x - 576$ hallaremos en primer lugar el máximo común divisor de los coeficientes:

48	2		576	2
24	2		288	2
12	2		144	2
6	2		72	2
3	3		36	2
1			18	2
			9	3
			3	3
			1	

Así pues,

$$48 = 2^4 \cdot 3$$
$$576 = 2^6 \cdot 3^2$$

Por lo tanto, el máximo común divisor de los coeficientes es $2^4 \cdot 3 = 48$
Por consiguiente, $48x^2 - 48x - 576 = 48\ (x^2 - x - 12) = 48\ (x+3)\ (x-4)$
Para descomponer factorialmente $24x^3 - 216x^2 + 480x$ hallaremos en primer lugar el máximo común divisor de los coeficientes:

24	2		216	2		480	2
12	2		108	2		240	2
6	2		54	2		120	2
3	3		27	3		60	2
1			9	3		30	2
			3	3		15	3
			1			5	5
						1	

Así pues,

$$24 = 2^3 \cdot 3$$
$$216 = 2^3 \cdot 3^3$$
$$480 = 2^5 \cdot 3 \cdot 5$$

Por lo tanto, el máximo común divisor de los coeficientes es $2^3 \cdot 3 = 24$

Por consiguiente, $24x^3-216x^2+480x=24\ (x^3-9x^2+20x)=24x\ (x^2-9x+20)$.
Las posibles raíces enteras de $x^2-9x+20$ son: +1, −1, +2, −2, +4, −4, +5, −5, +10, −10, +20 y −20.
+1 no es raíz puesto que $(1)^2-9(1)+20=1-9+20=12\neq 0$
−1 no es raíz puesto que $(-1)^2-9(-1)+20=1+9+20=30\neq 0$
+2 no es raíz puesto que $2^2-9(2)+20=4-18+20=6\neq 0$
−2 no es raíz puesto que $(-2)^2-9(-2)+20=4+18+20=42\neq 0$
+4 es raíz puesto que $4^2-9(4)+20=16-36+20=0$

Así pues, tendremos:

	1	−9	20
4)		4	−20
	1	−5	

Por consiguiente, $24x^3-216x^2+480x=24x(x^2-9x+20)=24x(x-4)\ (x-5)$.

Por lo tanto tenemos que:

$$32x^2-64x-256=32\ (x+2)\ (x-4)$$
$$48x^2-48x-576=48\ (x+3)\ (x-4)$$
$$24x^3-216x^2+480x=24x\ (x-4)\ (x-5)$$

Así pues, para hallar el máximo común divisor buscado, en primer lugar descompondremos factorialmente los coeficientes numéricos:

32	2	48	2	24	2
16	2	24	2	12	2
8	2	12	2	6	2
4	2	6	2	3	3
2	2	3	3	1	
1		1			

Es decir,

$$32=2^5$$
$$48=2^4\cdot 3$$
$$24=2^3\cdot 3$$

Por lo tanto, el máximo común divisor de los coeficientes es $2^3=8$.
Por consiguiente, el máximo común divisor de $(32x^2-64x-256,\ 48x^2-48x-576,\ 24x^3-216x^2+480x)$ será $8\ (x-4)$.

Ejemplo

Hallar el máximo común divisor de $(40x^4 - 360x^2,\ 72x^4 - 360x^3 + 432x^2,\ 24x^3 - 216x^2 + 480x)$.
Solución: Descompongamos factorialmente los polinomios dados.
Para descomponer factorialmente $40x^4 - 360x^2$ hallaremos en primer lugar el máximo común divisor de los coeficientes:

40	2	360	2
20	2	180	2
10	2	90	2
5	5	45	3
1		15	3
		5	5
		1	

Así pues,

$$40 = 2^3 \cdot 5$$
$$360 = 2^3 \cdot 3^2 \cdot 5$$

Por lo tanto, el máximo común divisor de los coeficientes es $2^3 \cdot 5 = 40$.
Por consiguiente, $40x^4 - 360x^2 = 40\ (x^4 - 9x^2) = 40x^2\ (x^2 - 9)$.
Como $x^2 - 9$ es diferencia de cuadrados tenemos: $40x^2\ (x^2 - 9) = 40x^2 (x + 3)\ (x - 3)$.

Por consiguiente: $40x^4 - 360x^2 = 40x^2\ (x + 3)\ (x - 3)$.
Para descomponer factorialmente $72x^4 - 360x^3 + 432x^2$ hallaremos en primer lugar el máximo común divisor de los coeficientes:

72	2	360	2	432	2
36	2	180	2	216	2
18	2	90	2	108	2
9	3	45	3	54	2
3	3	15	3	27	3
1		5	5	9	3
		1		3	3
				1	

$$72 = 2^3 \cdot 3^2$$
$$360 = 2^3 \cdot 3^2 \cdot 5$$
$$432 = 2^4 \cdot 3^3$$

Por lo tanto, el máximo común divisor de los coeficientes es $2^3 \cdot 3^2 = 72$
Por consiguiente, $72x^4 - 360x^3 + 432x^2 = 72\ (x^4 - 5x^3 + 6x^2) = 72x^2(x^2 - 5x + 6)$.
Las posibles raíces enteras de $x^2 - 5x + 6$ son: +1, −1, +2, −2, +3, −3, +6 y −6.
+1 no es raíz puesto que $1^2 - 5(1) + 6 = 1 - 5 + 6 = 2 \neq 0$
−1 no es raíz puesto que $(-1)^2 - 5(-1) + 6 = 1 + 5 + 6 = 12 \neq 0$
+2 es raíz puesto que $2^2 - 5(2) + 6 = 4 - 10 + 6 = 0$

Así pues, tendremos:

	1	−5	6
2)		2	−6
	1	−3	

Por consiguiente, $72x^4 - 360x^3 + 432x^2 = 72x^2\ (x^2 - 5x + 6) = 72x^2\ (x - 2)\ (x - 3)$.
Para descomponer factorialmente $24x^3 - 216x^2 + 480x$ hallaremos en primer lugar el máximo común divisor de los coeficientes:

24	2	216	2	480	2
12	2	108	2	240	2
6	2	54	2	120	2
3	3	27	3	60	2
1		9	3	30	2
		3	3	15	3
		1		5	5
				1	

Así pues,

$$21 = 2^3 \cdot 3$$
$$216 = 2^3 \cdot 3^3$$
$$480 = 2^5 \cdot 3 \cdot 5$$

Por lo tanto, el máximo común divisor de los coeficientes es $2^3 \cdot 3 = 24$.
Por consiguiente, $24x^3 - 216x^2 + 480x = 24\ (x^3 - 9x^2 + 20x) = 24x\ (x^2 - 9x + 20)$.
Las posibles raíces enteras de $x^2 - 9x + 20$ son: +1, −1, +2, −2, +4, −4, +5, −5, +10, −10, +20 y −20.
+1 no es raíz puesto que $(1)^2 - 9(1) + 20 = 1 - 9 + 20 = 12 \neq 0$
−1 no es raíz puesto que $(-1)^2 - 9(-1) + 20 = 1 + 9 + 20 = 30 \neq 0$
+2 no es raíz puesto que $2^2 - 9(2) + 20 = 4 - 18 + 20 = 6 \neq 0$
−2 no es raíz puesto que $(-2)^2 - 9\ (-2) + 20 = 4 + 18 + 20 = 42 \neq 0$
+4 es raíz puesto que $4^2 - 9(4) + 20 = 16 - 36 + 20 = 0$

Así pues, tendremos:

	1	−9	20
4)		4	−20
	1	−5	

Por consiguiente, $24x^3 - 216x^2 + 480x = 24x\,(x^2 - 9x + 20) = 24x\,(x-4)\,(x-5)$

Por lo tanto, tenemos que:

$$40x^4 - 360x^2 = 40x^2\,(x+3)\,(x-3)$$
$$72x^4 - 360x^3 + 432x^2 = 72x^2\,(x-2)\,(x-3)$$
$$24x^3 - 216x^2 + 480x = 24x(x-4)\,(x-5)$$

Así pues, para hallar el máximo común divisor buscado, en primer lugar descompondremos factorialmente los coeficientes numéricos:

40	2	72	2	24	2
20	2	36	2	12	2
10	2	18	2	6	2
5	5	9	3	3	3
1		3	3	1	
		1			

Es decir,

$$40 = 2^3 \cdot 5$$
$$72 = 2^3 \cdot 3^2$$
$$24 = 2^3 \cdot 3$$

Por lo tanto, el máximo común divisor de los coeficientes es $2^3 = 8$.
Por consiguiente, el máximo común divisor de $(40x^4 - 360x^2, \quad 72x^4 - 360x^3 + 432x^2$ $24x^3 - 216x^2 + 480x)$ **será** $8x$.

Cuando se quiere determinar el máximo común divisor de dos polinomios que no pueden ser descompuestos factorialmente con facilidad, se emplea el método de las divisiones sucesivas.
Para ello, se ordenan ambos polinomios respecto a una misma letra y a continuación se divide el polinomio de mayor grado entre el de menor grado. En el caso de que ambos polinomios tengan el mismo grado, se puede tomar como dividendo cualquiera de los dos polinomios. Si la división resultante es exacta, el máximo común divisor es el divisor. Si la división no es exacta se divide el divisor entre el primer resto, el primer resto entre el segundo resto y así sucesivamente hasta obtener una división exacta. El último divisor será el máximo común divisor buscado. Las divisiones deben proseguirse hasta que el primer término del resto sea de grado inferior al primer término del divisor.

Al llevar este método a la práctica hay que tener presentes las siguientes normas:
a) Cualquiera de los polinomios dados puede dividirse por un factor que no divida al otro polinomio. Este factor no formará parte del máximo común divisor porque no es factor común de ambos polinomios.
b) El resto de cualquier división se puede dividir por un factor que no divida a los dos polinomios dados.

c) Si el primer término de cualquier resto es negativo puede cambiarse el signo a todos los términos del resto.

d) Si el primer término del dividendo o el primer término de algún resto no es divisible entre el primer término del divisor, se multiplican todos los términos del dividendo o del resto por la cantidad necesaria para hacerlo divisible.

Ejemplo

Hallar por el método de las divisiones sucesivas el máximo común divisor de $x^3 - 2x^2 - 5x + 6$ y $2x^2 - 5x - 3$.

Solución: Los dos polinomios están ordenados en orden decreciente respecto a la letra x. Como el primero es de tercer grado y el segundo es de segundo grado, efectuaremos la siguiente división:

$$x^3 - 2x^2 - 5x + 6 : 2x^2 - 5x + 3$$

Multipliquemos por 4 todos los términos del dividendo para hacer divisible el dividendo entre el divisor. Tendremos:

$$\begin{array}{rrrr|l}
4x^3 & -8x^2 & -20x & +24 & 2x^2 - 5x - 3 \\ \cline{5-5}
-4x^3 & +10x^2 & +6x & & 2x + 1 \\ \hline
 & 2x^2 & -14x & +24 & \\
 & -2x^2 & +5x & +3 & \\ \cline{2-4}
 & & -9x & +27 &
\end{array}$$

Como el primer término del resto es de grado 1 y, por lo tanto, inferior al grado del primer término del divisor, detenemos la división y procedemos del modo siguiente:

$$-9x + 27 = -9(x - 3)$$

Por lo tanto, tendremos:

$$\begin{array}{rrr|l}
2x^2 & -5x & -3 & x - 3 \\ \cline{4-4}
-2x^2 & +6x & & 2x + 1 \\ \hline
 & x & -3 & \\
 & -x & +3 & \\ \cline{2-3}
 & 0 & &
\end{array}$$

Como la división es exacta, el divisor $x - 3$ es el máximo común divisor buscado.

Ejemplo

Hallar por el método de las divisiones sucesivas el máximo común divisor de $(2x^7 - 2x^6 + 2x^4 + 2$ y $x^5 - 2x^4 + x^3 + x - 1)$.

Solución: Los dos polinomios están ordenados en orden decreciente con respecto a la letra x. Como el primero es de séptimo grado y el segundo es de quinto grado, efectuaremos la siguiente división:

$$
\begin{array}{rrrrrrrr|l}
2x^7 & -2x^6 & & +2x^4 & & & & +2 & x^5-2x^4+x^3+x-1 \\ \cline{9-9}
-2x^7 & +4x^6 & -2x^5 & & -2x^3 & +2x^2 & & & 2x^2+2x+2 \\ \cline{1-8}
 & +2x^6 & -2x^5 & +2x^4 & -2x^3 & +2x^2 & & +2 & \\
 & -2x^6 & +4x^5 & -2x^4 & & -2x^2 & +2x & & \\ \cline{2-8}
 & & 2x^5 & & -2x^3 & & +2x & +2 & \\
 & & -2x^5 & +4x^4 & -2x^3 & & -2x & +2 & \\ \cline{3-8}
 & & & 4x^4 & -4x^3 & & & +4 &
\end{array}
$$

Como el primer término del resto es de grado 4 y, por lo tanto, inferior al grado del primer término del divisor, detenemos la división y procedemos del modo siguiente: $4x^4-4x^3+4=4(x^4-x^3+1)$.

Por lo tanto, tendremos:

$$
\begin{array}{rrrrr|l}
x^5 & -2x^4 & +x^3 & +x & -1 & x^4-x^3+1 \\ \cline{6-6}
-x^5 & +x^4 & & -x & & x-1 \\ \cline{1-5}
 & -x^4 & +x^3 & & -1 & \\
 & x^4 & -x^3 & & +1 & \\ \cline{2-5}
 & & 0 & & &
\end{array}
$$

Como la división es exacta, el divisor x^4-x^3+1 es el máximo común divisor buscado.

Ejemplo

Hallar por el método de las divisiones sucesivas el máximo común divisor de $6x^6-8x^4-6x^3+8x$ y $12x^4-12x^3+9x^2-9x$.

Solución: Los dos polinomios están ordenados en orden decreciente con respecto a la letra x. Como el primero es de sexto grado y el segundo es de cuarto grado, efectuaremos la división siguiente:

$$6x^6-8x^4-6x^3+8x : 12x^4-12x^3+9x^2-9x$$

Multipliquemos por 24 todos los términos del dividendo para hacer divisible el dividendo entre el divisor:

$$
\begin{array}{rrrrrr|l}
144x^6 & & -192x^4 & -144x^3 & & +192x & 12x^4-12x^3+9x^2-9x \\ \cline{7-7}
-144x^6 & +144x^5 & -108x^4 & +108x^3 & & & 12x^2+12x-13 \\ \cline{1-6}
 & 144x^5 & -300x^4 & -36x^3 & & +192x & \\
 & -144x^5 & +144x^4 & -108x^3 & +108x^2 & & \\ \cline{2-6}
 & & -156x^4 & -144x^3 & +108x^2 & +192x & \\
 & & 156x^4 & -156x^3 & +117x^2 & -117x & \\ \cline{3-6}
 & & & -300x^3 & +225x^2 & +75x &
\end{array}
$$

Como el primer término del resto es de grado 3 y, por lo tanto, inferior al grado del primer término del divisor, detenemos la división y procedemos del modo siguiente:

$$-300x^3+225x^2+75x=-75\ (4x^3-3x^2-x)$$

Por lo tanto, tendremos:

$$12x^4-12x^3+9x^2-9x : 4x^3-3x^2-x$$

Multipliquemos por 4 todos los términos del dividendo para hacer divisible el dividendo entre el divisor:

$$\begin{array}{rrrr|l}
48x^4 & -48x^3 & +36x^2 & -36x & 4x^3-3x^2-x \\ \cline{5-5}
-48x^4 & +36x^3 & +12x^2 & & 12x-3 \\ \hline
 & -12x^3 & +48x^2 & -36x & \\
 & 12x^3 & -9x^2 & -3x & \\ \cline{2-4}
 & & 39x^2 & -39x &
\end{array}$$

Como el primer término del resto es de grado 2 y, por lo tanto, inferior al grado del primer término del divisor, detenemos la división y procedemos del modo siguiente:

$$39x^2-39x=39\ (x^2-x)$$

Por lo tanto, tendremos:

$$\begin{array}{rrr|l}
4x^3 & -3x^2 & -x & x^2-x \\ \cline{4-4}
-4x^3 & +4x^2 & & 4x+1 \\ \hline
 & x^2 & -x & \\
 & -x^2 & +x & \\ \cline{2-3}
 & & 0 &
\end{array}$$

Como la división es exacta, el divisor x^2-x es el máximo común divisor buscado.

Cuando se trata de encontrar el máximo común divisor de más de dos polinomios empleando el método de las divisiones sucesivas, se halla en primer lugar el máximo común divisor de dos de los polinomios dados, a continuación se halla el máximo común divisor de otro de los polinomios dados y del máximo común divisor calculado anteriormente, y así sucesivamente. El último máximo común divisor será el máximo común divisor de todos los polinomios dados.

Ejemplo

Hallar por el método de las divisiones sucesivas el máximo común divisor de $(2x^3-4x^2-10x+12,\ 6x^3-15x^2-18x+27,\ 8x^2-20x-12)$.

Solución: Hallaremos en primer lugar el máximo común divisor de los dos primeros polinomios. Ambos polinomios están ordenados en orden decreciente con respecto a la letra x y son del mismo grado. Por lo tanto, efectuaremos la siguiente división:

$$\begin{array}{rrrr|l} 6x^3 & -15x^2 & -18x & +27 & 2x^3-4x^2-10x+12 \\ \cline{5-5} -6x^3 & +12x^2 & +30x & -36 & 3 \\ \hline & -3x^2 & +12x & -9 & \end{array}$$

Como el primer término del resto es de grado 2 y, por lo tanto, inferior al grado del primer término del divisor, detenemos la división y procedemos del modo siguiente:

$$-3x^2+12x-9=-3\,(x^2-4x+3)$$

Por lo tanto, tendremos que:

$$\begin{array}{rrrr|l} 2x^3 & -4x^2 & -10x & +12 & x^2-4x+3 \\ \cline{5-5} -2x^3 & +8x^2 & -6x & & 2x+4 \\ \hline & 4x^2 & -16x & +12 & \\ & -4x^2 & +16x & -12 & \\ \hline & & 0 & & \end{array}$$

Como la división es exacta, el divisor x^2-4x+3 es el máximo común divisor de los dos primeros polinomios.
A continuación, se trata de hallar el máximo común divisor de $(x^2-4x+3,\ 8x^2-20x-12)$, que será el máximo común divisor buscado.
Ambos polinomios están ordenados en orden decreciente con respecto a la letra x y son del mismo grado. Por lo tanto, efectuaremos la siguiente división:

$$\begin{array}{rrr|l} 8x^2 & -20x & -12 & x^2-4x+3 \\ \cline{4-4} -8x^2 & +32x & -24 & 8 \\ \hline & 12x & -36 & \end{array}$$

Como el primer término del resto es de grado 1 y, por lo tanto, inferior al grado del primer término del divisor, detenemos la división y procedemos del modo siguiente:

$$12x-36=12\,(x-3)$$

Por lo tanto, tendremos:

$$\begin{array}{rrr|l} x^2 & -4x & +3 & x-3 \\ \cline{4-4} -x^2 & +3x & & x-1 \\ \hline & -x & +3 & \\ & x & -3 & \\ \hline & & 0 & \end{array}$$

Como la división es exacta, el divisor $x-3$, es el máximo común divisor buscado.

Ejemplo

Hallar por el método de las divisiones sucesivas el máximo común divisor de $(2x^4+2x^3-2x^2-2x,\ x^3+x^2-x-1,\ 20x^3-20x^2+8x-8)$.

Solución: Hallaremos en primer lugar el máximo común divisor de los dos primeros polinomios. Como el primer polinomio es de cuarto grado y el segundo polinomio es de tercer grado, efectuaremos la siguiente división:

$$\begin{array}{rrrr|l} 2x^4 & +2x^3 & -2x^2 & -2x & x^3+x^2-x-1 \\ \cline{5-5} -2x^4 & -2x^3 & +2x^2 & +2x & 2x \\ \cline{1-4} & & 0 & & \end{array}$$

Como la división es exacta, el divisor x^3+x^2-x-1 es el máximo común divisor de los dos primeros polinomios.
A continuación se trata de hallar el máximo común divisor de $(x^3+x^2-x-1,\ 20x^3-20x^2+8x-8)$, que será el máximo común divisor buscado.
Ambos polinomios están ordenados en orden decreciente con respecto a la letra x y son del mismo grado.
Por lo tanto, efectuaremos la siguiente división:

$$\begin{array}{rrrr|l} 20x^3 & -20x^2 & +8x & -8 & x^3+x^2-x-1 \\ \cline{5-5} -20x^3 & -20x^2 & +20x & +20 & 20 \\ \cline{1-4} & -40x^2 & +28x & +12 & \end{array}$$

Como el primer término del resto es de grado 2 y, por lo tanto, inferior al grado del primer término del divisor, detenemos la división y procedemos del modo siguiente:

$$-40x^2+28x+12=-4\ (10x^2-7x-3)$$

Por lo tanto, tendremos:

$$x^3+x^2-x-1:\ 10x^2-7x-3$$

Multipliquemos todos los términos del dividendo por 100.
Es decir,

$$\begin{array}{rrrr|l} 100x^3 & +100x^2 & -100x & -100 & 10x^2-7x-3 \\ \cline{5-5} -100x^3 & +70x^2 & +30x & & 10x+17 \\ \cline{1-4} & 170x^2 & -70x & -100 & \\ & -170x^2 & +119x & +51 & \\ \cline{2-4} & & 49x & -49 & \end{array}$$

Como el primer término del resto es de grado 1 y, por lo tanto, inferior al grado del primer término del divisor, detenemos la división y procedemos del modo siguiente:

$$49x-49=49\ (x-1)$$

Por lo tanto, tendremos:

$$\begin{array}{rrr|l} 10x^2 & -7x & -3 & x-1 \\ \cline{4-4} -10x^2 & +10x & & 10x+3 \\ \cline{1-3} & 3x & -3 & \\ & -3x & +3 & \\ \cline{2-3} & & 0 & \end{array}$$

Como la división es exacta, el divisor $x-1$ es el máximo común divisor buscado.

Ejemplo

Hallar por el método de las divisiones sucesivas el máximo común divisor de $(x^5+x^4-x^2-x,\ 6x^6-8x^4-6x^3+8x,\ 12x^4-12x^3+9x^2-9x)$.

Solución: Hallemos en primer lugar el máximo común divisor de los dos primeros polinomios. Como el primer polinomio es de quinto grado y el segundo polinomio es de sexto grado, efectuaremos la división siguiente:

$$\begin{array}{rrrrrr|l} 6x^6 & & -8x^4 & -6x^3 & & +8x & x^5+x^4-x^2-x \\ \cline{7-7} -6x^6 & -6x^5 & & +6x^3 & +6x^2 & & 6x-6 \\ \cline{1-6} & -6x^5 & -8x^4 & & +6x^2 & +8x & \\ & 6x^5 & +6x^4 & & -6x^2 & -6x & \\ \cline{2-6} & & -2x^4 & & & +2x & \end{array}$$

Como el primer término del resto es de grado 4 y, por lo tanto, inferior al grado del primer término del divisor, detenemos la división y procedemos del modo siguiente:

$$-2x^4+2x=-2\ (x^4-x)$$

Por lo tanto, tendremos:

$$\begin{array}{rrrr|l} x^5 & +x^4 & -x^2 & -x & x^4-x \\ \cline{5-5} -x^5 & & +x^2 & & x+1 \\ \cline{1-4} & x^4 & & -x & \\ & -x^4 & & +x & \\ \cline{2-4} & & 0 & & \end{array}$$

Como la división es exacta, el divisor x^4-x es el máximo común divisor de los dos primeros polinomios.

A continuación se trata de hallar el máximo común divisor de $(x^4-x, 12x^4-12x^3+9x^2-9x)$, que será el máximo común divisor buscado.

Ambos polinomios están ordenados en orden decreciente con respecto a la letra x y son del mismo grado. Por lo tanto, efectuaremos la siguiente división:

$$\begin{array}{rrrr|l} 12x^4 & -12x^3 & +9x^2 & -9x & x^4-x \\ \cline{5-5} -12x^4 & & & +12x & 12 \\ \cline{1-4} & -12x^3 & +9x^2 & +3x & \end{array}$$

Como el primer término del resto es de grado 3 y, por lo tanto, inferior al grado del primer término del divisor, detenemos la división y procedemos del modo siguiente:

$$-12x^3+9x^2+3x=-3\ (4x^3-3x^2-x)$$

Por lo tanto, tendremos:

$$x^4-x:4x^3-3x^2-x$$

Multiplicamos todos los términos del dividendo por 16. Es decir,

$$\begin{array}{rrrr|l} 16x^4 & & & -16x & 4x^3-3x^2-x \\ \cline{5-5} -16x^4 & +12x^3 & +4x^2 & & 4x+3 \\ \cline{1-4} & 12x^3 & +4x^2 & -16x & \\ & -12x^3 & +9x^2 & +3x & \\ \cline{2-4} & & 13x^2 & -13x & \end{array}$$

Como el primer término del resto es de grado 2 y, por lo tanto, inferior al grado del primer término del divisor, detenemos la división y procedemos del modo siguiente:

$$13x^2-13x=13\ (x^2-x)$$

Por lo tanto, tendremos:

$$\begin{array}{rrr|l} 4x^3 & -3x^2 & -x & x^2-x \\ \cline{4-4} -4x^3 & +4x^2 & & 4x+1 \\ \cline{1-3} & x^2 & -x & \\ & -x^2 & +x & \\ \cline{2-3} & & 0 & \end{array}$$

Como la división es exacta, el divisor x^2-x es el máximo común divisor buscado.

25.2 Mínimo común múltiplo de polinomios

Se dice que una expresión algebraica es múltiplo común de varias expresiones algebraicas cuando es divisible exactamente por todas ellas.
Así, por ejemplo, $10x^4$ es múltiplo común de $5x^2$ y de $2x^3$; x^3y^3 es múltiplo común de xy^2 y de x^3y^2, etc.

El mínimo común múltiplo de varias expresiones algebraicas es la expresión algebraica de menor coeficiente numérico y de menor grado que es divisible exactamente por todas ellas.

Así, por ejemplo, el mínimo común múltiplo de $10x^2y$ y de $15xy^2$ es $30x^2y^2$; el mínimo común múltiplo de $8\ (x-y)$ y $12\ (x+y)$ es $24\ (x^2-y^2)$, etc.

Para hallar el mínimo común múltiplo de varios monomios se halla el mínimo común múltiplo de los coeficientes y a continuación se escriben las letras comunes y no comunes elevadas al mayor exponente que tengan en los monomios dados.

Ejemplo

Hallar el mínimo común múltiplo de $48xy^3z^2$ y de $45x^2z^3$.

Solución: En primer lugar hallaremos el mínimo común múltiplo de los coeficientes:

48	2	45	3
24	2	15	3
12	2	5	5
6	2	1	
3	3		
1			

Así pues,

$$48 = 2^4 \cdot 3$$
$$45 = 3^2 \cdot 5$$

Por lo tanto, el mínimo común múltiplo de los coeficientes $2^4 \cdot 3^2 \cdot 5 = 720$
Por consiguiente, el mínimo común múltiplo de $48xy^3z^2$ y de $45x^2z^3$ será $720x^2y^3z^3$.

Ejemplo

Hallar el mínimo común múltiplo de $72x^2y^3$, $80x^3z^4$ y $36yz^2$.
Solución: En primer lugar hallaremos el mínimo común múltiplo de los coeficientes:

72	2	80	2	36	2
36	2	40	2	18	2
18	2	20	2	9	3
9	3	10	2	3	3
3	3	5	5	1	
1		1			

Así pues,

$$72 = 2^3 \cdot 3^2$$
$$80 = 2^4 \cdot 5$$
$$36 = 2^2 \cdot 3^2$$

Por lo tanto, el mínimo común múltiplo de los coeficientes es $2^4 \cdot 3^2 \cdot 5 = 720$.
Por consiguiente, el mínimo común múltiplo de $72x^2y^3$, $80x^3z^4$ y $36yz^2$ es $720x^3y^3z^4$.

Ejemplo

Hallar el mínimo común múltiplo de $40x^2y$, $56y^2z^2$ y $64xy^2z$.

Solución: En primer lugar hallaremos el mínimo común múltiplo de los coeficientes:

40	2	24	2	56	2	64	2
20	2	12	2	28	2	32	2
10	2	6	2	14	2	16	2
5	5	3	3	7	7	8	2
1		1		1		4	2
						2	2
						1	

Así pues,

$$40 = 2^3 \cdot 5$$
$$24 = 2^3 \cdot 3$$
$$56 = 2^3 \cdot 7$$
$$64 = 2^6$$

Por lo tanto, el mínimo común múltiplo de los coeficientes es $2^6 \cdot 3 \cdot 5 \cdot 7 = 6.720$.
Por consiguiente, el mínimo común múltiplo de $40x^2y$, $24xz^3$, $56y^2z^2$ y $64xy^2z$ será $6.720x^2y^2z^3$.

Para hallar el mínimo común múltiplo de varios polinomios, se descomponen en sus factores primos. El mínimo común múltiplo es el producto de todos los factores primos comunes y no comunes elevados al mayor exponente que tengan en los polinomios dados.

Ejemplo

Hallar el mínimo común múltiplo de $24x^2 + 24x - 720$, $18x^2 + 54x - 324$.

Solución: Descompongamos factorialmente los polinomios dados. Para descomponer factorialmente $24x^2 + 24x - 720$ hallaremos en primer lugar el máximo común divisor de los coeficientes:

24	2	720	2
12	2	360	2
6	2	180	2
3	3	90	2
1		45	3
		15	3
		5	5
		1	

Así pues,

$$24 = 2^3 \cdot 3$$
$$720 = 2^4 \cdot 3^2 \cdot 5$$

Por lo tanto, el máximo común divisor de los coeficientes es $2^3 \cdot 3 = 24$.
Por consiguiente, $24x^2 + 24x - 720 = 24\ (x^2 + x - 30)$.
Las posibles raíces enteras de $x^2 + x - 30$ son +1, −1, +2, −2, +3, −3, +5, −5, +6, −6, +10, −10, +30 y −30.
+1 no es raíz puesto que $1^2 + 1 - 30 = 1 + 1 - 30 = -28 \neq 0$
−1 no es raíz puesto que $(-1)^2 + (-1) - 30 = 1 - 1 - 30 = -30 \neq 0$
+2 no es raíz puesto que $2^2 + 2 - 30 = 4 + 2 - 30 = -24 \neq 0$
−2 no es raíz puesto que $(-2)^2 + (-2) - 30 = 4 - 2 - 30 = -28 \neq 0$
+3 no es raíz puesto que $3^2 + 3 - 30 = 9 + 3 - 30 = -18 \neq 0$
−3 no es raíz puesto que $(-3)^2 + (-3) - 30 = 9 - 3 - 30 = -24 \neq 0$
+5 es raíz puesto que $5^2 + 5 - 30 = 25 + 5 - 30 = 0$

Así pues, tendremos:

	1	1	−30
5)		5	30
	1	6	

Por consiguiente, $24x^2 + 24x - 720 = 24\ (x^2 + x - 30) = 24\ (x - 5)\ (x + 6)$.
Para descomponer factorialmente $18x^2 + 54x - 324$ hallaremos en primer lugar el máximo común divisor de los coeficientes:

18	2	54	2	324	2
9	3	27	3	162	2
3	3	9	3	81	3
1		3	3	27	3
		1		9	3
				3	3
				1	

Así pues,

$$18 = 2 \cdot 3^2$$
$$54 = 2 \cdot 3^3$$
$$324 = 2^2 \cdot 3^4$$

Por lo tanto, el máximo común divisor de los coeficientes es $2 \cdot 3^2 = 18$.
Las posibles raíces enteras de $x^2 + 3x - 18$ son: +1, −1, +2, −2, +3, −3, +6, −6, +9, −9, +18 y −18.
+1 no es raíz puesto que $1^2 + 3(1) - 18 = 1 + 3 - 18 = -14 \neq 0$
−1 no es raíz puesto que $(-1)^2 + 3(-1) - 18 = 1 - 3 - 18 = -20 \neq 0$
+2 no es raíz puesto que $2^2 + 3(2) - 18 = 4 + 6 - 18 = -8 \neq 0$
−2 no es raíz puesto que $(-2)^2 + 3(-2) - 18 = 4 - 6 - 18 = -20 \neq 0$
+3 es raíz puesto que $3^2 + 3(3) - 18 = 9 + 9 - 18 = 0$

Así pues, tendremos:

$$\begin{array}{r|rrr} & 1 & 3 & -18 \\ 3) & & 3 & 18 \\ \hline & 1 & 6 & \end{array}$$

Por consiguiente, $18x^2 + 54x - 324 = 18\ (x^2 + 3x - 18) = 18\ (x - 3)\ (x + 6)$
Por lo tanto, tenemos que:

$$24x^2 + 24x - 720 = 24\ (x - 5)\ (x + 6)$$
$$18x^2 + 54x - 324 = 18\ (x - 3)\ (x + 6)$$

Hallemos el mínimo común múltiplo de los coeficientes:

$$\begin{array}{r|l} 24 & 2 \\ 12 & 2 \\ 6 & 2 \\ 3 & 3 \\ 1 & \end{array} \qquad \begin{array}{r|l} 18 & 2 \\ 9 & 3 \\ 3 & 3 \\ 1 & \end{array}$$

Así pues,

$$24 = 2^3 \cdot 3$$
$$18 = 2 \cdot 3^2$$

Por lo tanto, el mínimo común múltiplo de los coeficientes es $2^3 \cdot 3^2 = 72$.
Por consiguiente, el mínimo común múltiplo de $24x^2 + 24x - 720$ y de $18x^2 + 54x - 324$ será $72\ (x - 3)\ (x - 5)\ (x + 6)$.

Ejemplo

Hallar el mínimo común múltiplo de $4x^3 - 36x + 20x^2 - 180$ y de $8x^4 + 16x^3 - 120x^2$.

Solución: Descompongamos factorialmente los polinomios dados. Para descomponer factorialmente $4x^3 - 36x + 20x^2 - 180$ hallaremos en primer lugar el máximo común divisor de los coeficientes:

$$\begin{array}{r|l} 4 & 2 \\ 2 & 2 \\ 1 & \end{array} \qquad \begin{array}{r|l} 36 & 2 \\ 18 & 2 \\ 9 & 3 \\ 3 & 3 \\ 1 & \end{array} \qquad \begin{array}{r|l} 60 & 2 \\ 30 & 2 \\ 15 & 3 \\ 5 & 5 \\ 1 & \end{array} \qquad \begin{array}{r|l} 180 & 2 \\ 90 & 2 \\ 45 & 3 \\ 15 & 3 \\ 5 & 5 \\ 1 & \end{array}$$

Así pues,

$$4 = 2^2$$
$$36 = 2^2 \cdot 3^2$$
$$60 = 2^2 \cdot 3 \cdot 5$$
$$180 = 2^2 \cdot 3^2 \cdot 5$$

Por lo tanto, el máximo común divisor de los coeficientes es $2^2 = 4$

Por consiguiente, $4x^3 - 36x + 20x^2 - 180 = 4x^3 + 20x^2 - 36x - 180 = 4\ (x^3 + 5x^2 - 9x - 45)$.
Las posibles raíces enteras de $x^3 + 5x^2 - 9x - 45$ son: +1, −1, +3, −3, +5, −5, +9, −9, +15, −15, +45 y −45.
+1 no es raíz puesto que $1^3 + 5\ (1)^2 - 9\ (1) - 45 = 1 + 5 - 9 - 45 = -48 \neq 0$
−1 no es raíz puesto que $(-1)^3 + 5\ (-1)^2 - 9\ (-1) - 45 = -1 + 5 + 9 - 45 = -32 \neq 0$
+3 es raíz puesto que $3^3 + 5\ (3)^2 - 9\ (3) - 45 = 27 + 45 - 27 - 45 = 0$

Así pues, tendremos:

$$\begin{array}{r|rrrr} & 1 & 5 & -9 & -45 \\ 3) & & 3 & 24 & 45 \\ \hline & 1 & 8 & 15 & \end{array}$$

Por lo tanto, $4x^3 - 36x + 20x^2 - 180 = 4\ (x^3 + 5x^2 - 9x - 45) = 4\ (x - 3)\ (x^2 + 8x + 15)$.

Las posibles raíces enteras de $x^2 + 8x + 15$ son: +1, −1, +3, −3, +5, −5, +15 y −15.
+1 no es raíz puesto que $1^2 + 8\ (1) + 15 = 1 + 8 + 15 = 24 \neq 0$
−1 no es raíz puesto que $(-1)^2 + 8\ (-1) + 15 = 1 - 8 + 15 = 8 \neq 0$
+3 no es raíz puesto que $3^2 + 8\ (3) + 15 = 9 + 24 + 15 = 48 \neq 0$
−3 es raíz puesto que $(-3)^2 + 8\ (-3) + 15 = 9 - 24 + 15 = 0$

Así pues, tendremos:

$$\begin{array}{r|rrr} & 1 & 8 & 15 \\ -3) & & -3 & -15 \\ \hline & 1 & 5 & \end{array}$$

Por lo tanto, $4x^3 - 36x + 20x^2 - 180 = 4\ (x-3)\ (x^2 + 8x + 15) = 4\ (x-3)\ (x+3)\ (x+5)$.
Para descomponer factorialmente $8x^4 + 16x^3 - 120x^2$ hallaremos en primer lugar el máximo común divisor de los coeficientes:

$$\begin{array}{r|l} 8 & 2 \\ 4 & 2 \\ 2 & 2 \\ 1 & \end{array} \qquad \begin{array}{r|l} 16 & 2 \\ 8 & 2 \\ 4 & 2 \\ 2 & 2 \\ 1 & \end{array} \qquad \begin{array}{r|l} 120 & 2 \\ 60 & 2 \\ 30 & 2 \\ 15 & 3 \\ 5 & 5 \\ 1 & \end{array}$$

Así pues,

$$8 = 2^3$$
$$16 = 2^4$$
$$120 = 2^3 \cdot 3 \cdot 5$$

Por lo tanto, el máximo común divisor de los coeficientes es $2^3 = 8$.
Por consiguiente, $8x^4 + 16x^3 - 120x^2 = 8\ (x^4 + 2x^3 - 15x^2) = 8x^2\ (x^2 + 2x - 15)$.
Las posibles raíces enteras de $x^2 + 2x - 15$ son: +1, −1, +3, −3, +5, −5, +15 y −15.
+1 no es un raíz puesto que $1^2 + 2(1) - 15 = 1 + 2 - 15 = -12 \neq 0$.
−1 no es raíz puesto que $(-1)^2 + 2\ (-1) - 15 = 1 - 2 - 15 = -16 \neq 0$
+3 es raíz puesto que $3^2 + 2(3) - 15 = 9 + 6 - 15 = 0$.

Así pues, tendremos:

$$\begin{array}{r|rrr} & 1 & 2 & -15 \\ 3) & & 3 & 15 \\ \hline & 1 & 5 & \end{array}$$

Por lo tanto, $8x^4 + 16x^3 - 120x^2 = 8x^2\ (x^2 + 2x - 15) = 8x^2\ (x-3)\ (x+5)$.
Así pues, tendremos:

$$4x^3 - 36x + 20x^2 - 180 = 4\ (x-3)\ (x+3)\ (x+5)$$
$$8x^4 + 16x^3 - 120x^2 = 8x^2\ (x-3)\ (x+5).$$

Hallemos el mínimo común múltiplo de los coeficientes:

$$\begin{array}{r|l} 4 & 2 \\ 2 & 2 \\ 1 & \end{array} \qquad \begin{array}{r|l} 8 & 2 \\ 4 & 2 \\ 2 & 2 \\ 1 & \end{array}$$

Así pues,

$$4 = 2^2$$
$$8 = 2^3$$

Por lo tanto, el mínimo común múltiplo de los coeficientes es $2^3 = 8$.
Por consiguiente, el mínimo común múltiplo de $(4x^3 - 36x + 20x^2 - 180,\ 8x^4 + 16x^3 - 120x^2)$ es $8x^2 (x-3)\ (x+3)\ (x+5)$..

Ejemplo

Hallar el mínimo común múltiplo de $(40x^2 + 40x - 80,\ 54x^2 - 216x + 162,\ 24x^2 - 24x - 144)$

Solución: Descompongamos factorialmente los polinomios dados. Para descomponer factorialmente $40x^2 + 40x - 80$ hallaremos en primer lugar el máximo común divisor de los coeficientes:

40	2		80	2
20	2		40	2
10	2		20	2
5	5		10	2
1			5	5
			1	

Así pues,

$$40 = 2^3 \cdot 5$$
$$80 = 2^4 \cdot 5$$

Por lo tanto, el máximo común divisor de los coeficientes es $2^3 \cdot 5 = 40$.
Por consiguiente, $40x^2 + 40x - 80 = 40\ (x^2 + x - 2)$.
Las posibles raíces enteras de $x^2 + x - 2$ son: +1, −1, +2 y −2.
+1 es raíz puesto que $(1)^2 + 1 - 2 = 1 + 1 - 2 = 0$

Así pues, tendremos:

	1	1	−2
1)		1	2
	1	2	

Por lo tanto, $40x^2 + 40x - 80 = 40(x^2 + x - 2) = 40\ (x-1)\ (x+2)$.
Para descomponer factorialmente $54x^2 - 216x + 162$ hallaremos en primer lugar el máximo común divisor de los coeficientes:

54	2		216	2		162	2
27	3		108	2		81	3
9	3		54	2		27	3
3	3		27	3		9	3
1			9	3		3	3
			3	3		1	
			1				

Así pues,

$$54 = 2 \cdot 3^3$$
$$216 = 2^3 \cdot 3^3$$
$$162 = 2 \cdot 3^4$$

Por lo tanto, el máximo común divisor de los coeficientes es $2 \cdot 3^3 = 54$
Por consiguiente, $54x^2 - 216x + 162 = 54\ (x^2 - 4x + 3)$.
Las posibles raíces enteras de $x^2 - 4x + 3$ son: +1, −1, +3 y −3.
+1 es raíz puesto que $(1)^2 - 4\,(1) + 3 = 1 - 4 + 3 = 0$

Así pues, tendremos:

	1	−4	3
1)		1	−3
	1	−3	

Por lo tanto, $54x^2 - 216x + 162 = 54\ (x^2 - 4x + 3) = 54\ (x - 1)\ (x - 3)$.
Para descomponer factorialmente $24x^2 - 24x - 144$ hallaremos en primer lugar el máximo común divisor de los coeficientes:

24	2	144	2
12	2	72	2
6	2	36	2
3	3	18	2
1		9	3
		3	3
		1	

Así pues,

$$24 = 2^3 \cdot 3$$
$$144 = 2^4 \cdot 3^2$$

Por lo tanto, el máximo común divisor de los coeficientes es $2^3 \cdot 3 = 24$
Por consiguiente, $24x^2 - 24x - 144 = 24\ (x^2 - x - 6)$.
Las posibles raíces enteras de $x^2 - x - 6$ son: +1, −1, +2, −2, +3, −3, +6 y −6.
+1 no es raíz puesto que $(1)^2 - 1 - 6 = 1 - 1 - 6 = -6 \neq 0$
−1 no es raíz puesto que $(-1)^2 - (-1) - 6 = 1 + 1 - 6 = -4 \neq 0$
+2 no es raíz puesto que $2^2 - 2 - 6 = 4 - 2 - 6 = -4 \neq 0$
−2 es raíz puesto que $(-2)^2 - (-2) - 6 = 4 + 2 - 6 = 0$
Así pues, tendremos:

	1	−1	−6
−2)		−2	6
	1	−3	

Por lo tanto, $24x^2-24x-144=24\ (x^2-x-6)=24\ (x+2)\ (x-3)$.

Así pues, tendremos:

$$40x^2+40x-80=40\ (x-1)\ (x+2)$$
$$54x^2-216x+162=54\ (x-1)\ (x-3)$$
$$24x^2-24x-144=24\ (x+2)\ (x-3)$$

Hallemos el mínimo común múltiplo de los coeficientes:

40	2	54	2	24	2
20	2	27	3	12	2
10	2	9	3	6	2
5	5	3	3	3	3
1		1		1	

Así pues,

$$40=2^3\cdot 5$$
$$54=2\cdot 3^3$$
$$24=2^3\cdot 3$$

Por lo tanto, el mínimo común múltiplo de los coeficientes es $2^3\cdot 3^3\cdot 5=1.080$
Por consiguiente, el mínimo común múltiplo de $(40x^2+40x-80\quad 54x^2-216x+162\quad 24x^2-24x-144)\quad 1.080\ (x-1)\ (x+2)\ (x-3)$

Problemas propuestos

1. Hallar el máximo común divisor de (b^2y, by^2).
2. Ídem de (xy^2z, x^2y^2z).
3. Ídem de $(3a^2b, a^2b^4)$.
4. Ídem de $(8x^2y^3, 12x^3y^5)$.
5. Ídem de $(3xy^3z, 6x^3y^2)$.
6. Ídem de $(10xy^2, 15x^2y^3z^4)$.
7. Ídem de $(10x^2y^3z, 15xy^2z, 20x^2y^4)$.
8. Ídem de $(14a^2bc^3, 21ab^2c, 28a^3bc^2)$.
9. Ídem de $(12x^2y^3z^4, 30x^3y^4z^5, 18x^4y^5z^6)$.
10. Ídem de (x^3+x^2y, x^3-x^2y).
11. Ídem de (x^2+2x+1, x^2-1).
12. Ídem de (x^2+4x+3, x^2+x-6).
13. Ídem de (x^2-4, x^2-x-2).
14. Ídem de $(3x^2-3x, 6x^3-6x^2)$.
15. Ídem de $(3x^2y^3z^4, x^2y^2z^4-3x^2yz^4)$.
16. Ídem de $(6x^2-3x^3, 2xy^2-4x^2y^2)$.
17. Ídem de $(x^2-3x, 2x^3-6x)$.
18. Ídem de (x^3+5x^2, x^2+5x).
19. Ídem de $(3x^2-3y^2, 2x^2-4xy+2y^2)$.
20. Ídem de $(x^2y^3, x^3y^2-2x^2y^3)$.
21. Ídem de $(2xy+2y, 3x^2+3x)$.
22. Ídem de $(24x^3+3y^3, 4x^2-y^2)$.
23. Ídem de $(6x^2-xy-2y^2, 9x-6y)$.
24. Ídem de $(15x^2-22xy+8y^2, 15x-12y)$.
25. Ídem de $(10x^2-3xy-4y^2, 4x+2y)$.
26. Ídem de $(2x^2-3xy-2y^2, 3x-6y)$.
27. Ídem de $(2x^2-7xy+6y^2, 8x-12y)$.
28. Ídem de $(2x^2-3xy+2x-3y, 5x+5)$.
29. Ídem de $(3x^2+2x-1, 6x-2)$.
30. Ídem de $(6x^2-11x+3, 6x-9)$.
31. Ídem de $(6x^2-13x+6, 12x-8)$.

32. Ídem de $(3x^2 + 10x - 8,\ 5x + 20)$.
33. Ídem de $(2x^2 + 11x + 12,\ 4x + 6)$.
34. Ídem de $(6x^2 + 11x + 3,\ 9x + 3)$.
35. Ídem de $(6x^2 + 17x + 5,\ 8x + 20)$.
36. Ídem de $(2x^2 - 3x - 20,\ 5x - 20)$.
37. Ídem de $(4x^2 - 17x + 4,\ 8x - 2)$.
38. Ídem de $(12x^2 - 11x + 2,\ 9x - 6)$.
39. Ídem de $(3x^2 - 2x + 9xy - 6y,\ 4x + 12y)$.
40. Ídem de $(3x^2 + 11xy + 6y^2,\ 6x + 4y)$.
41. Ídem de $(6x^2 + 7xy + 2y^2,\ 6x + 3y)$.
42. Ídem de $(2x^2 + 3xy + y^2,\ 4x + 4y)$.
43. Hallar el mínimo común múltiplo de $(2x^2y,\ 4xy^2)$.
44. Idem de $(3xy^2z,\ 2x^2yz)$.
45. Ídem de $(5x^2y^3,\ 10x^3yz^2)$.
46. Ídem de $(8x^2y,\ 12x^3y^2)$.
47. Ídem de $(6x^3y^4,\ 12x^2y^5)$.
48. Ídem de $(2x^3,\ xy^2,\ x^2y)$.
49. Ídem de $(3x^2y,\ 2xy^2,\ 4xy^3z)$.
50. Ídem de $(xy^2,\ x^2y,\ x^3)$.
51. Ídem de $(x^2y^3z,\ x^3y^3z^2,\ x^4z)$.
52. Ídem de $(xy^2,\ x^2y^3,\ x^3y)$.
53. Ídem de $(2x,\ 3y^2,\ 4z^2)$.
54. Ídem de $(x^2,\ xy,\ xy^2)$.
55. Ídem de $(x^3y^2,\ xy,\ x^2y^3)$.
56. Ídem de $(xy,\ x^2,\ y^2)$.
57. Ídem de $(x^3,\ x^2,\ x^4y^2)$.
58. Ídem de $(4x,\ x - 2)$.
59. Ídem de $(y^2,\ xy - y^2)$.
60. Ídem de $(3x^2y,\ 2x^2y + 2xy^2)$.
61. Ídem de $(2,\ 1 + 2x)$.
62. Ídem de $(x^2y,\ x^2y^2 + xy^3)$.
63. Ídem de $(x^2,\ x^2 + xy)$.
64. Ídem de $(xy,\ xy^2 - xy)$.
65. Ídem de $(5,\ x + 2)$.
66. Ídem de $(2,\ 3 - 2y)$.
67. Ídem de $(4x^2,\ xy - xz)$.
68. Ídem de $(xy^2,\ x^2y^3 - x^3y^2)$.
69. Ídem de $(xy,\ x^2,\ xy^3 - xy^2)$.
70. Ídem de $(x^2,\ xy,\ x^2 - xy)$.
71. Ídem de $(xy^2,\ x^2y^3,\ x^5 - x^4)$.
72. Ídem de $(x^2,\ y^3,\ x^4y + x^3y^2)$.
73. Ídem de $(2x + 1,\ 2x - 1)$.
74. Ídem de $(x^3 + x^2y,\ x^2 - y^2)$.
75. Ídem de $(x^2 - 4x + 4,\ x^2 - 4)$.
76. Ídem de $(x^2 + 4x + 4,\ x^2 - 4)$.
77. Ídem de $(x^2 - 2xy + y^2,\ x^2 - y^2)$.
78. Ídem de $(x^2 + x,\ x^3 - x^2)$.
79. Ídem de $(x^3 - x^2,\ x^2 - 1)$.
80. Ídem de $(x^2 + x,\ x^2 - 1)$.
81. Ídem de $(x^2 - x,\ x^3 - x^2)$.
82. Ídem de $(x^2 - x,\ x^3 - x)$.
83. Ídem de $(x^2 - 1,\ x^3 - 1)$.
84. Ídem de $(x^5 - x,\ x^3 - x)$.
85. Ídem de $(x^2 + xy,\ xy + y^2)$.

Soluciones

1. S: by.
2. S: xy^2z.
3. S: a^2b.
4. S: $4x^2y^3$.
5. S: $3xy^2$.
6. S: $5xy^2$.
7. S: $5xy^2$.
8. S: $7abc$.
9. S: $6x^2y^3z^4$.
10. S: x^2.
11. S: $x + 1$.
12. S: $x + 3$.
13. S: $x - 2$.
14. S: $3x^2 - 3x$.
15. S: x^2yz^4.
16. S: x.
17. S: x.
18. S: $x\ (x + 5)$.
19. S: $x - y$.
20. S: x^2y^2.
21. S: $x + 1$.
22. S: $2x + y$.
23. S: $3x - 2y$.
24. S: $5x - 4y$.
25. S: $2x + y$.
26. S: $x - 2y$.
27. S: $2x - 3y$.
28. S: $x + 1$.
29. S: $3x - 1$.
30. S: $2x - 3$.
31. S: $3x - 2$.
32. S: $x + 4$.

33. S: $2x + 3$.
34. S: $3x + 1$.
35. S: $2x + 5$.
36. S: $x - 4$.
37. S: $4x - 1$.
38. S: $3x - 2$.
39. S: $x + 3y$.
40. S: $3x + 2y$.
41. S: $2x + y$.
42. S: $x + y$.
43. S: $4x^2y^2$.
44. S: $6x^2y^2z$.
45. S: $10x^3y^3z^2$.
46. S: $24x^3y^2$.
47. S: $12x^3y^5$.
48. S: $2x^3y^2$.
49. S: $12x^2y^3z$.
50. S: x^3y^2.
51. S: $x^4y^3z^2$.
52. S: x^3y^3.
53. S: $12xy^2z^2$.
54. S: x^2y^2.
55. S: x^3y^3.
56. S: x^2y^2.
57. S: x^4y^2.
58. S: $4x\ (x - 2)$.
59. S: $y^2\ (x - y)$.
60. S: $6x^2y\ (x + y)$.
61. S: $2(1 + 2x)$.
62. S: $x^2y^2\ (x + y)$.
63. S: $x^2\ (x + y)$.
64. S: $xy\ (y - 1)$.
65. S: $5\ (x + 2)$.
66. S: $2\ (3 - 2y)$.
67. S: $4x^2\ (y - z)$.
68. S: $x^2y^2\ (y - x)$.
69. S: $x^2y^2\ (y - 1)$.
70. S: $x^2y\ (x - y)$.
71. S: $x^4y^3\ (x - 1)$.
72. S: $x^3y^3\ (x + y)$.
73. S: $4x^2 - 1$.
74. S: $x^2\ (x + y)\ (x - y)$.
75. S: $(x + 2)\ (x - 2)^2$.
76. S: $(x + 2)^2\ (x - 2)$.
77. S: $(x + y)\ (x - y)^2$.
78. S: $x^2\ (x + 1)\ (x - 1)$.
79. S: $x^2\ (x + 1)\ (x - 1)$.
80. S: $x\ (x + 1)\ (x - 1)$.
81. S: $x^2\ (x - 1)$.
82. S: $x\ (x + 1)\ (x - 1)$.
83. S: $(x + 1)\ (x - 1)\ (x^2 + x + 1)$.
84. S: $x\ (x^2 + 1)\ (x + 1)\ (x - 1)$.
85. S: $xy\ (x + y)$.

Fracciones algebraicas 26

Introducción histórica

El matemático y filósofo francés René Descartes (1596-1650) fue el primero que aplicó los conocimientos algebraicos a la Geometría, creando la Geometría Analítica. Descartes ha sido considerado el primer filósofo de la Edad Moderna debido sobre todo a su sistematización del método científico.

26.1 Definición y propiedades

Una fracción algebraica es un cociente indicado entre dos expresiones algebraicas.
El dividendo de la fracción algebraica recibe el nombre de numerador mientras que el divisor de la fracción algebraica se llama denominador. El numerador y el denominador de la fracción algebraica reciben el nombre de términos de la misma.

Así, por ejemplo, x/y es una fracción algebraica puesto que es el cociente indicado entre x, que es el dividendo, y, por lo tanto, el numerador de la fracción algebraica, e y, que es el divisor y, por lo tanto, el denominador de la fracción algebraica.
Se dice que una expresión algebraica es entera cuando no tiene denominador literal.
Así, por ejemplo, $2x$, $3y$, $x-y$, $5x+y$ son expresiones algebraicas literales.
Se dice que una expresión algebraica es mixta cuando está formada por una parte entera y por una parte fraccionaria.
Así, por ejemplo, $2x+y/z$, $3x-2y/(x+y)$ son expresiones algebraicas mixtas.
En toda fracción algebraica cabe considerar el signo del numerador, el signo del denominador y el signo de la fracción.
El signo + o − escrito delante de la fracción es el signo de la fracción. En el caso frecuente de que no aparezca ningún signo delante de la fracción algebraica se supone que el signo de la misma es positivo.
Así, por ejemplo, en la fracción algebraica x/y, el signo del numerador es +, el signo del denominador es + y el signo de la fracción es +.

En la fracción $-x/-y$, el signo del numerador es –, el signo del denominador es – y el signo de la fracción es +.
Puesto que una fracción algebraica representa un cociente indicado, aplicando la Regla de los Signos de la división tendremos:

$$+x/+y = +x/y$$
$$+x/-y = -x/y$$
$$-x/+y = -x/y$$
$$-x/-y = +x/y$$

Así pues, pueden producirse los tres casos siguientes:

a) Si se cambia el signo del numerador y se mantiene el signo del denominador, la fracción cambia de signo.
b) Si se cambia el signo del denominador y se mantiene el signo del numerador, la fracción cambia de signo.
c) Si se cambia el signo del numerador y del denominador la fracción permanece inalterada.

En el caso de que el numerador o el denominador de una fracción algebraica sean polinomios, para cambiar el signo al numerador o al denominador se deben cambiar los signos de todos los términos del polinomio.

Así, por ejemplo, si cambiamos el signo al numerador y al denominador de la fracción $(x+y)/(x-y)$, el valor de la fracción algebraica no varía. Para ello, procederemos del modo siguiente:

$$\frac{x+y}{x-y} = \frac{-(x+y)}{-(x-y)} = \frac{-x-y}{-x+y} = \frac{-x-y}{y-x}$$

En el caso de que el numerador o el denominador o ambos términos de una fracción algebraica sean productos indicados, se puede cambiar el signo a un número par de factores sin que se altere el valor de la fracción.
Así, por ejemplo, si consideramos la fracción algebraica mn/pq podemos efectuar los siguientes cambios de signos sin alterar el valor de la fracción:

1. $$\frac{mn}{pq} = \frac{(-m)\,n}{(-p)\,q}$$
2. $$\frac{mn}{pq} = \frac{(-m)\,(-n)}{p\,q}$$
3. $$\frac{mn}{pq} = \frac{(-m)\,n}{p\,(-q)}$$
4. $$\frac{mn}{pq} = \frac{mn}{(-p)\,(-q)}$$

5. $$\frac{mn}{pq} = \frac{m\,(-n)}{(-p)\,q}$$

6. $$\frac{mn}{pq} = \frac{m\,(-n)}{p\,(-q)}$$

7. $$\frac{mn}{pq} = \frac{(-m)\,(-n)}{(-p)\,(-q)}$$

En cambio, si cambiamos el signo a un número impar de factores la fracción algebraica quedará cambiada de signo.
En efecto, si consideramos la fracción algebraica *mn/pq*, la fracción cambiará de signo al efectuar los siguientes cambios de signo:

1. $$\frac{mn}{pq} = -\frac{(-m)\,n}{pq}$$

2. $$\frac{mn}{pq} = -\frac{m\,(-n)}{pq}$$

3. $$\frac{mn}{pq} = -\frac{mn}{(-p)\,q}$$

4. $$\frac{mn}{pq} = -\frac{mn}{p\,(-q)}$$

5. $$\frac{mn}{pq} = -\frac{(-m)\,(-n)}{(-p)\,q}$$

6. $$\frac{mn}{pq} = -\frac{(-m)\,(-n)}{p\,(-q)}$$

7. $$\frac{mn}{pq} = -\frac{(-m)\,n}{(-p)\,(-q)}$$

8. $$\frac{mn}{pq} = -\frac{m\,(-n)}{(-p)\,(-q)}$$

Al mismo tiempo hay que tener muy presentes las siguientes propiedades de las fracciones algebraicas:

a) Si se multiplica o se divide por una cantidad el numerador de una fracción algebraica, la fracción algebraica queda multiplicada o dividida por dicha cantidad.

Ejemplo

Comprobar que al multiplicar por 2 el numerador de la fracción algebraica $4x/y$, la fracción algebraica queda multiplicada por 2.

Solución:
Tendremos

$$\frac{2 \cdot 4x}{y} = \frac{8x}{y} = 2\,\frac{4x}{y}$$

tal como queríamos comprobar.

Ejemplo

Comprobar que al dividir por 2 el numerador de la fracción algebraica $4x/y$ la fracción algebraica queda dividida por 2.

Solución.
Tendremos

$$\frac{4x:2}{y} = \frac{2x}{y} = \left(\frac{4x}{y}\right):2$$

tal como queríamos comprobar.

b) Si se multiplica o se divide por una cantidad el denominador de una fracción algebraica, la fracción algebraica queda dividida o multiplicada, respectivamente, por dicha cantidad.

Ejemplo

Comprobar que al multiplicar por 2 el denominador de la fracción algebraica $4x/y$ la fracción algebraica queda dividida por 2.

Solución:
Tendremos

$$\frac{4x}{2 \cdot y} = \frac{4x}{2y} = \frac{2x}{y} = (4x/y):2$$

tal como queríamos comprobar.

Ejemplo

Comprobar que al dividir por 2 el denominador de la fracción algebraica $4x/y$, la fracción algebraica queda multiplicada por 2.

Solución:
Tendremos

$$\frac{4x}{y:2} = \frac{8x}{y} = (4x/y) \cdot 2$$

tal como queríamos comprobar.

c) Si se multiplican o se dividen por una misma cantidad el numerador y el denominador de una fracción algebraica, la fracción algebraica permanece invariable.

Ejemplo

Comprobar que al multiplicar por 2 el numerador y el denominador de la fracción algebraica $4x/y$, la fracción algebraica permanece invariable.

Solución:
Tendremos

$$\frac{2 \cdot 4x}{2 \cdot y} = \frac{8x}{2y} = \frac{4x}{y}$$

tal como queríamos comprobar.

Ejemplo

Comprobar que al dividir por 2 el numerador y el denominador de la fracción algebraica $4x/y$, la fracción algebraica permanece invariable.

Solución:
Tendremos:

$$\frac{4x:2}{y:2} = \frac{2x}{y:2} = \frac{4x}{y}$$

tal como queríamos comprobar.

26.2 Reducción y simplificación de fracciones algebraicas

Reducir una fracción algebraica consiste en cambiar sus términos sin alterar el valor de la fracción. Para convertir una fracción algebraica en otra fracción equivalente cuyo numerador o denominador sea conocido y sea un múltiplo del numerador o denominador de la fracción algebraica inicial, se divide el nuevo numerador o denominador entre el numerador o el denominador de la fracción algebraica inicial y el cociente obtenido se multiplica por el otro término de la fracción algebraica inicial para obtener el término desconocido de la fracción equivalente.

Ejemplo

Convertir la fracción algebraica $3x/5y$ en una fracción equivalente cuyo denominador sea $15y^2$.

Solución:
Como ambas fracciones deberán ser equivalentes, tendremos

$$\frac{3x}{5y} = \frac{?}{15y^2}$$

Dividamos $15y^2 : 5y = 3y$

Multipliquemos $3y \cdot 3x = 9xy$

Así pues: $\dfrac{3x}{5y} = \dfrac{9xy}{15y^2}$

Ejemplo

Convertir la fracción algebraica $4x/3y^2z$ en una fracción equivalente cuyo numerador sea $12xyz$.

Solución:
Como ambas fracciones deberán ser equivalentes, tendremos

$$\frac{4x}{3y^2z} = \frac{12xyz}{?}$$

Dividamos $12xyz : 4x = 3yz$

Multipliquemos $3yz \cdot 3y^2z = 9y^3z^2$

Así pues, $\dfrac{4x}{3y^2z} = \dfrac{12xyz}{9y^3z^2}$

Ejemplo

Convertir la fracción algebraica

$$\frac{x-1}{x+1}$$

en una fracción equivalente cuyo numerador sea x^2-1.

Solución: Como ambas fracciones deberán ser equivalentes, tendremos:

$$\frac{x-1}{x+1}=\frac{x^2-1}{?}$$

Dividamos $(x^2-1):(x-1)=x+1$
Multipliquemos $(x+1)\cdot(x+1)=x^2+2x+1$

Así pues, $\dfrac{x-1}{x+1}=\dfrac{x^2-1}{x^2+2x+1}$

Para reducir una fracción algebraica a expresión algebraica mixta o entera se divide el numerador entre el denominador. Si la división es exacta la fracción equivalente es una expresión algebraica entera. Si la división no es exacta, se prosigue la división hasta que el primer término del resto sea de menor grado que el primer término del divisor, y al cociente así obtenido se le añade una fracción cuyo numerador es el resto y cuyo denominador es el divisor.

Ejemplo

Reducir a expresión algebraica entera la fracción algebraica

$$\frac{18x^3y-12x^2y^2+6xy^3}{xy}$$

Solución: Dividamos el numerador entre el denominador. Tendremos

$$\begin{array}{rrr|l} 18x^3y & -12x^2y^2 & +6xy^3 & xy \\ \cline{4-4} -18x^3y & & & 18x^2-12xy+6y^2 \\ \hline & -12x^2y^2 & +6xy^3 & \\ & 12x^2y^2 & & \\ \cline{2-3} & & +6xy^3 & \\ & & -6xy^3 & \\ \cline{3-3} & & 0 & \end{array}$$

Así pues,

$$\frac{18x^3y - 12x^2y^2 + 6xy^3}{xy} = 18x^2 - 12xy + 6y^2$$

Ejemplo

Reducir a expresión algebraica mixta la fracción algebraica

$$\frac{2x^4 - 8x^2 - 6x + 1}{2x}$$

Solución:
Dividamos el numerador entre el denominador.
Tendremos

$$\begin{array}{rrrr|l}
2x^4 & -8x^2 & -6x & +1 & 2x \\
\cline{5-5}
-2x^4 & & & & x^3 - 4x - 3 \\
\cline{1-4}
 & -8x^2 & -6x & +1 & \\
 & 8x^2 & & & \\
\cline{2-4}
 & & -6x & +1 & \\
 & & 6x & & \\
\cline{3-4}
 & & & 1 &
\end{array}$$

Como la división no es exacta tendremos:

$$\frac{2x^4 - 8x^2 - 6x + 1}{2x} = x^3 - 4x - 3 + \frac{1}{2x}$$

Ejemplo

Reducir a expresión algebraica mixta la fracción algebraica

$$\frac{2x^5 + 3x^4 - 2x^2 + x - 1}{x + 1}$$

Solución:
Dividamos el numerador entre el denominador. Tendremos:

$$
\begin{array}{rrrrrr|l}
2x^5 & +3x^4 & & -2x^2 & +x & -1 & x+1 \\
\cline{7-7}
-2x^5 & -2x^4 & & & & & 2x^4+x^3-x^2-x+2 \\
\cline{1-6}
 & x^4 & & -2x^2 & +x & -1 & \\
 & -x^4 & -x^3 & & & & \\
\cline{2-6}
 & & -x^3 & -2x^2 & +x & -1 & \\
 & & x^3 & +x^2 & & & \\
\cline{3-6}
 & & & -x^2 & +x & -1 & \\
 & & & x^2 & +x & & \\
\cline{4-6}
 & & & & 2x & -1 & \\
 & & & & -2x & -2 & \\
\cline{5-6}
 & & & & & -3 &
\end{array}
$$

Como la división es inexacta, tendremos:

$$\frac{2x^5+3x^4-2x^2+x-1}{x+1} = 2x^4+x^3-x^2-x+2+\frac{-3}{x+1}$$

Para reducir una expresión algebraica mixta a fracción algebraica se multiplica la parte entera por el denominador y al producto resultante se le suma algebraicamente el numerador. El resultado así obtenido es el numerador de la fracción algebraica. El denominador de la fracción algebraica es el mismo que el de la expresión algebraica mixta.

Ejemplo

Reducir

$$x+\frac{2xy}{x+y}$$

a fracción algebraica.

Solución: Tendremos

$$x(x+y)=x^2+xy$$
$$x^2+xy+2xy=x^2+3xy$$

que es el numerador de la fracción algebraica.

Así pues,

$$x + \frac{2xy}{x+y} = \frac{x^2 + 3xy}{x+y}$$

Ejemplo

Reducir

$$2 - \frac{x-y}{x+y}$$

a fracción algebraica.

Solución:
Tendremos

$$2(x+y) = 2x + 2y$$
$$2x + 2y - (x - y) = 2x + 2y - x + y = x + 3y$$

que es el numerador de la fracción algebraica.

Así pues,

$$2 - \frac{x-y}{x+y} = \frac{x+3y}{x+y}$$

Ejemplo

Reducir

$$x + 1 + \frac{2}{x-2}$$

a fracción algebraica.

Solución:
Tendremos

$$(x+1) \cdot (x-2) = x^2 - x - 2$$
$$x^2 - x - 2 + 2 = x^2 - x$$

que es el numerador de la fracción algebraica.

Así pues,

$$x+1+\frac{2}{x-2}=\frac{x^2-x}{x-2}$$

Reducir fracciones algebraicas al mínimo común denominador consiste en convertirlas en fracciones equivalentes que tengan el menor denominador posible.
Para reducir fracciones algebraicas al mínimo común denominador se procede del modo siguiente:
a) Se simplifican al máximo las fracciones dadas.
b) Se halla el mínimo común múltiplo de los denominadores, que será el mínimo común denominador de las fracciones equivalentes.
c) Para hallar los numeradores de las fracciones equivalentes se divide el mínimo común denominador anteriormente obtenido entre cada uno de los denominadores y los cocientes resultantes se multiplican por cada uno de los numeradores respectivos.

Ejemplo

Reducir al mínimo común denominador las fracciones algebraicas

$$\frac{3}{32x^3}, \frac{5}{48x^2}, \frac{7}{40x^4}$$

Solución: Como las fracciones algebraicas dadas ya están simplificadas al máximo, hallaremos el mínimo común múltiplo de los denominadores.
Para ello, en primer lugar descompondremos factorialmente los coeficientes:

$$\begin{array}{r|l} 32 & 2 \\ 16 & 2 \\ 8 & 2 \\ 4 & 2 \\ 2 & 2 \\ 1 & \end{array} \qquad \begin{array}{r|l} 48 & 2 \\ 24 & 2 \\ 12 & 2 \\ 6 & 2 \\ 3 & 3 \\ 1 & \end{array} \qquad \begin{array}{r|l} 40 & 2 \\ 20 & 2 \\ 10 & 2 \\ 5 & 5 \\ 1 & \end{array}$$

Es decir,

$$32 = 2^5$$
$$48 = 2^4 \cdot 3$$
$$40 = 2^3 \cdot 5$$

Por lo tanto, el mínimo común múltiplo de los coeficientes es $2^5 \cdot 3 \cdot 5 = 480$.
Así pues, el mínimo común denominador será $480x^4$.

A continuación dividiremos el mínimo común denominador entre cada uno de los denominadores. Tendremos:

$$480x^4 : 32x^3 = 15x$$
$$480x^4 : 48x^2 = 10x^2$$
$$480x^4 : 40x^4 = 12$$

Multipliquemos ahora los cocientes anteriores por los numeradores respectivos:

$$15x \cdot 3 = 45x$$
$$10x^2 \cdot 5 = 50x^2$$
$$12 \cdot 7 = 84$$

Por consiguiente,

$$\frac{3}{32x^3}, \frac{5}{48x^2}, \frac{7}{40x^4} = \frac{45x}{480x^4}, \frac{50x^2}{480x^4}, \frac{84}{480x^4}$$

Ejemplo

Reducir al mínimo común denominador las fracciones algebraicas

$$\frac{5}{54\,(x+y)}, \frac{3}{64\,(x^2-y^2)}, \frac{4}{81\,(x-y)}$$

Solución: Como las fracciones algebraicas dadas ya están simplificadas al máximo, hallaremos el mínimo común múltiplo de los denominadores.
Para ello, en primer lugar descompondremos factorialmente los coeficientes:

$$\begin{array}{r|l} 54 & 2 \\ 27 & 3 \\ 9 & 3 \\ 3 & 3 \\ 1 & \end{array} \qquad \begin{array}{r|l} 64 & 2 \\ 32 & 2 \\ 16 & 2 \\ 8 & 2 \\ 4 & 2 \\ 2 & 2 \\ 1 & \end{array} \qquad \begin{array}{r|l} 81 & 3 \\ 27 & 3 \\ 9 & 3 \\ 3 & 3 \\ 1 & \end{array}$$

Es decir,

$$54 = 2 \cdot 3^3$$
$$64 = 2^6$$
$$81 = 3^4$$

Por lo tanto, el mínimo común múltiplo de los coeficientes es $2^6 \cdot 3^4 = 5.184$.

Así pues, el mínimo común denominador será $5.184\ (x^2 - y^2)$.
A continuación dividiremos el mínimo común denominador entre cada uno de los denominadores.
Tendremos:

$$5.184\ (x^2 - y^2) : 54\ (x + y) = 96\ (x - y)$$
$$5.184\ (x^2 - y^2) : 64\ (x^2 - y^2) = 81$$
$$5.184\ (x^2 - y^2) : 81\ (x - y) = 64\ (x + y)$$

Multipliquemos ahora los cocientes anteriores por los numeradores respectivos:

$$96\ (x - y) \cdot 5 = 480\ (x - y)$$
$$81 \cdot 3 = 243$$
$$64\ (x + y) \cdot 4 = 256\ (x + y)$$

Por consiguiente,

$$\frac{5}{54\ (x+y)}, \frac{3}{64\ (x^2-y^2)}, \frac{4}{81\ (x-y)} =$$

$$\frac{480\ (x-y)}{5.184\ (x^2-y^2)}, \frac{243}{5.184\ (x^2-y^2)}, \frac{256\ (x+y)}{5.184\ (x^2-y^2)}$$

Ejemplo

Reducir al mínimo común denominador las fracciones algebraicas

$$\frac{3z}{80xy^2}, \frac{5x}{72y^2z^3}, \frac{3y}{64x^2z^2}$$

Solución: Como las fracciones algebraicas dadas ya están simplificadas al máximo, hallaremos el mínimo común múltiplo de los denominadores.
Para ello, en primer lugar descompondremos factorialmente los coeficientes:

80	2	72	2	64	2
40	2	36	2	32	2
20	2	18	2	16	2
10	2	9	3	8	2
5	5	3	3	4	2
1		1		2	2
				1	

Es decir,

$$80 = 2^4 \cdot 5$$
$$72 = 2^3 \cdot 3^2$$
$$64 = 2^6$$

Por lo tanto, el mínimo común múltiplo de los coeficientes es $2^6 \cdot 3^2 \cdot 5 = 2.880$.
Así pues, el mínimo común denominador será $2.880x^2y^2z^3$.
A continuación dividiremos el mínimo común denominador entre cada uno de los denominadores.

Tendremos:

$$2.880x^2y^2z^3 : 80xy^2 = 36xz^3$$
$$2.880x^2y^2z^3 : 72y^2z^3 = 40x^2$$
$$2.880x^2y^2z^3 : 64x^2z^2 = 45y^2z$$

Multipliquemos ahora los cocientes anteriores por los numeradores respectivos:

$$36xz^3 \cdot 3z = 108xz^4$$
$$40x^2 \cdot 5x = 200x^3$$
$$45y^2z \cdot 3y = 135y^3z$$

Por consiguiente,

$$\frac{3z}{80xy^2}, \frac{5x}{72y^2z^3}, \frac{3y}{64x^2z^2} = \frac{108xz^4}{2.880xy^2z^3}, \frac{200x^3}{2.880x^2y^2z^3}, \frac{135y^3z}{2.880x^2y^2z^3}$$

Simplificar una fracción algebraica consiste en convertirla en una fracción equivalente cuyos términos sean primos entre sí

Cuando el numerador y el denominador de una fracción algebraica son primos entre sí se dice que la fracción algebraica es irreducible y, en ese caso, la fracción está simplificada al máximo o, lo que es lo mismo, a su mínima expresión.

Para simplificar fracciones algebraicas cuyos numeradores y denominadores sean monomios se dividen ambos términos por su máximo común divisor.

Ejemplo

Simplificar

$$\frac{64xy^2z}{96x^2y^3z^3}$$

Solución: Hallemos en primer lugar el máximo común divisor de los coeficientes. Tendremos

$$\begin{array}{r|l} 64 & 2 \\ 32 & 2 \\ 16 & 2 \\ 8 & 2 \\ 4 & 2 \\ 2 & 2 \\ 1 & \end{array} \qquad \begin{array}{r|l} 96 & 2 \\ 48 & 2 \\ 24 & 2 \\ 12 & 2 \\ 6 & 2 \\ 3 & 3 \\ 1 & \end{array}$$

Es decir,

$$64 = 2^6$$
$$96 = 2^5 \cdot 3$$

Por lo tanto, el máximo común divisor de los coeficientes es $2^5 = 32$.
Así pues, el máximo común divisor será $32xy^2z$.
A continuación dividiremos cada uno de los términos entre el máximo común divisor.

$$64xy^2z : 32xy^2z = 2$$
$$96x^2y^3z^3 : 32xy^2z = 3xyz^2$$

Por consiguiente,

$$\frac{64xy^2z}{96x^2y^3z^3} = \frac{2}{3xyz^2}$$

Ejemplo

Simplificar

$$\frac{80x^3y^4}{72x^2y^3z^2}$$

Solución: Hallemos en primer lugar el máximo común divisor de los coeficientes.
Tendremos

$$\begin{array}{r|l} 80 & 2 \\ 40 & 2 \\ 20 & 2 \\ 10 & 2 \\ 5 & 5 \\ 1 & \end{array} \qquad \begin{array}{r|l} 72 & 2 \\ 36 & 2 \\ 18 & 2 \\ 9 & 3 \\ 3 & 3 \\ 1 & \end{array}$$

Es decir,

$$80 = 2^4 \cdot 5$$
$$72 = 2^3 \cdot 3^2$$

Por lo tanto, el máximo común divisor de los coeficientes es $2^3 = 8$.
Así pues, el máximo común divisor será $8x^2y^3$.

A continuación dividiremos cada uno de los términos entre el máximo común divisor:

$$80x^3y^4 : 8x^2y^3 = 10xy$$
$$72x^2y^3z^2 : 8x^2y^3 = 9z^2$$

Por consiguiente,

$$\frac{80x^3y^4}{72x^2y^3z^2} = \frac{10xy}{9z^2}$$

Ejemplo

Simplificar

$$\frac{36x^3yz^3}{48xy^2z^2}$$

Solución: Hallaremos en primer lugar el máximo común divisor de los coeficientes. Tendremos:

$$\begin{array}{r|l} 36 & 2 \\ 18 & 2 \\ 9 & 3 \\ 3 & 3 \\ 1 & \end{array} \qquad \begin{array}{r|l} 48 & 2 \\ 24 & 2 \\ 12 & 2 \\ 6 & 2 \\ 3 & 3 \\ 1 & \end{array}$$

Es decir,

$$36 = 2^2 \cdot 3^2$$
$$48 = 2^4 \cdot 3$$

Por lo tanto, el máximo común divisor de los coeficientes es $2^2 \cdot 3 = 12$
Así pues, el máximo común divisor es $12xyz^2$

A continuación dividiremos cada uno de los términos entre el máximo común divisor:

$$36x^3yz^3 : 12xyz^2 = 3x^2z$$
$$48xy^2z^2 : 12xyz^2 = 4y$$

Por consiguiente,

$$\frac{36x^3yz^3}{48xy^2z^2} = \frac{3x^2z}{4y}$$

Para simplificar fracciones algebraicas cuyos términos sean polinomios se descomponen factorialmente los polinomios y a continuación se cancelan todos los factores comunes.

Ejemplo

Simplificar

$$\frac{2x^2 - 2x - 40}{2x^2 - 14x + 20}$$

Solución: Descompongamos factorialmente los polinomios.
Tendremos:

$$2x^2 - 2x - 40 =$$
$$= 2(x^2 - x - 20)$$

Las posibles raíces enteras de $x^2 - x - 20$ son: +1, −1, +2, −2, +4, −4, +5, −5, +10, −10, +20 y −20.
+1 no es raíz puesto que $1^2 - (1) - 20 = 1 - 1 - 20 = -20 \neq 0$.
−1 no es raíz puesto que $(-1)^2 - (-1) - 20 = 1 + 1 - 20 = -18 \neq 0$.
+2 no es raíz puesto que $2^2 - (2) - 20 = 4 - 2 - 20 = -18 \neq 0$.
−2 no es raíz puesto que $(-2)^2 - (-2) - 20 = 4 + 2 - 20 = -14 \neq 0$.
+4 no es raíz puesto que $4^2 - 4 - 20 = 16 - 4 - 20 = -8 \neq 0$.
−4 es raíz puesto que $(-4)^2 - (-4) - 20 = 16 + 4 - 20 = 0$.

Así pues,

	1	−1	−20
−4)		−4	20
	1	−5	

Por lo tanto, $2x^2 - 2x - 40 = 2\ (x^2 - x - 20) = 2\ (x + 4)\ (x - 5)$
Descompongamos ahora el denominador.
Tendremos:

$$2x^2 - 14x + 20 = 2(x^2 - 7x + 10)$$

Las posibles raíces enteras de $x^2 - 7x + 10$ son: +1, −1, +2, −2, +5, −5, +10 y −10.
+1 no es raíz puesto que $1^2 - 7(1) + 10 = 1 - 7 + 10 = 4 \neq 0$.
−1 no es raíz puesto que $(-1)^2 - 7(-1) + 10 = 1 + 7 + 10 = 18 \neq 0$.
+2 es raíz puesto que $2^2 - 7(2) + 10 = 4 - 14 + 10 = 0$.

Así pues,

$$\begin{array}{r|rrr} & 1 & -7 & 10 \\ 2) & & 2 & -10 \\ \hline & 1 & -5 & \end{array}$$

Por lo tanto, $2x^2 - 14x + 20 = 2(x^2 - 7x + 10) = 2\ (x-2)\ (x-5)$.

Por consiguiente,

$$\frac{2x^2 - 2x - 40}{2x^2 - 14x + 20} = \frac{2(x^2 - x - 20)}{2(x^2 - 7x + 10)} = \frac{2(x+4)\ (x-5)}{2(x-2)\ (x-5)} = \frac{x+4}{x-2}$$

Ejemplo

Simplificar

$$\frac{2x^2 - 18x + 40}{2x^2 - 14x + 24}$$

Solución: Descompongamos factorialmente los polinomios.

Tendremos: $2x^2 - 18x + 40 = 2(x^2 - 9x + 20)$

Las posibles raíces enteras de $x^2 - 9x + 20$ son: +1, −1, +2, −2, +4, −4, +5, −5, +10, −10, +20 y −20.
+1 no es raíz puesto que $1^2 - 9\ (1) + 20 = 1 - 9 + 20 = 12 \neq 0$.
−1 no es raíz puesto que $(-1)^2 - 9\ (-1) + 20 = 1 + 9 + 20 = 30 \neq 0$.
+2 no es raíz puesto que $2^2 - 9\ (2) + 20 = 4 - 18 + 20 = 6 \neq 0$.
−2 no es raíz puesto que $(-2)^2 - 9\ (-2) + 20 = 4 + 18 + 20 = 42 \neq 0$.
+4 es raíz puesto que $4^2 - 9\ (4) + 20 = 16 - 36 + 20 = 0$.

Así pues,

$$\begin{array}{r|rrr} & 1 & -9 & 20 \\ 4) & & 4 & -20 \\ \hline & 1 & -5 & \end{array}$$

Por lo tanto, $2x^2 - 18x + 40 = 2(x^2 - 9x + 20) = 2\ (x-4)\ (x-5)$.
Descompongamos ahora el denominador.
Tendremos: $2x^2 - 14x + 24 = 2\ (x^2 - 7x + 12)$.

Las posibles raíces enteras de $x^2 - 7x + 12$ son: +1, −1, +2, −2, +3, −3, +4, −4, +6, −6, +12 y −12.
+1 no es raíz puesto que $1^2 - 7\ (1) + 12 = 1 - 7 + 12 = 6 \neq 0$.
−1 no es raíz puesto que $(-1)^2 - 7\ (-1) + 12 = 1 + 7 + 12 = 20 \neq 0$.
+2 no es raíz puesto que $2^2 - 7\ (2) + 12 = 4 - 14 + 12 = 2 \neq 0$.
−2 no es raíz puesto que $(-2)^2 - 7\ (-2) + 12 = 4 + 14 + 12 = 30 \neq 0$.
+3 es raíz puesto que $3^2 - 7\ (3) + 12 = 9 - 21 + 12 = 0$.

Así pues,

$$\begin{array}{r|rrr} & 1 & -7 & 12 \\ 3) & & 3 & -12 \\ \hline & 1 & -4 & \end{array}$$

Por lo tanto, $2x^2 - 14x + 24 = 2\ (x^2 - 7x + 12) = 2\ (x - 3)\ (x - 4)$.

Por consiguiente,

$$\frac{2x^2 - 18x + 40}{2x^2 - 14x + 24} = \frac{2\ (x^2 - 9x + 20)}{2\ (x^2 - 7x + 12)} = \frac{2\ (x-4)\ (x-5)}{2\ (x-3)\ (x-4)} = \frac{x-5}{x-3}$$

Ejemplo

Simplificar

$$\frac{2x^3 - 2x^2 - 16x + 24}{2x^4 - 4x^3 - 14x^2 + 40x - 24}$$

Solución: Descompongamos factorialmente los polinomios.
Tendremos: $2x^3 - 2x^2 - 16x + 24 = 2\ (x^3 - x^2 - 8x + 12)$.
Las posibles raíces enteras de $x^3 - x^2 - 8x + 12$ son: +1, −1, +2, −2, +3, −3, +4, −4, +6, −6, +12 y −12.
+1 no es raíz puesto que $1^3 - 1^2 - 8\ (1) + 12 = 1 - 1 - 8 + 12 = 4 \neq 0$.
−1 no es raíz puesto que $(-1)^2 - (-1)^2 - 8\ (-1) + 12 = -1 - 1 + 8 + 12 = 18 \neq 0$.
+2 es raíz puesto que $2^3 - 2^2 - 8\ (2) + 12 = 8 - 4 - 16 + 12 = 0$.

Así pues,

$$\begin{array}{r|rrrr} & 1 & -1 & -8 & 12 \\ 2) & & 2 & 2 & -12 \\ \hline & 1 & 1 & -6 & \end{array}$$

Por lo tanto, $2x^3 - 2x^2 - 16x + 24 = 2\ (x^3 - x^2 - 8x + 12) = 2\ (x - 2)\ (x^2 + x - 6)$.
Las posibles raíces enteras de $x^2 + x - 6$ son: +1, −1, +2, −2, +3, −3, +6 y −6.
+1 no es raíz puesto que $1^2 + 1 - 6 = 1 + 1 - 6 = -4 \neq 0$.
−1 no es raíz puesto que $(-1)^2 + (-1) - 6 = 1 - 1 - 6 = -6 \neq 0$.
+2 es raíz puesto que $2^2 + 2 - 6 = 4 + 2 - 6 = 0$.

Así pues,

	1	1	−6
2)		2	6
	1	3	

Por lo tanto, $2x^3 - 2x^2 - 16x + 24 = 2\ (x-2)\ (x^2 + x - 6) = 2\ (x-2)^2\ (x+3)$.
Descompongamos ahora el denominador.
Tendremos: $2x^4 - 4x^3 - 14x^2 + 40x - 24 = 2\ (x^4 - 2x^3 - 7x^2 + 20x - 12)$.
Las posibles raíces enteras de $x^4 - 2x^3 - 7x^2 + 20x - 12$ son: +1, −1, +2, −2, +3, −3, +4, −4, +6, −6, +12 y −12.
+1 es raíz puesto que $1^4 - 2\ (1)^3 - 7\ (1)^2 + 20\ (1) - 12 = 1 - 2 - 7 + 20 - 12 = 0$.

Así pues,

	1	−2	−7	20	−12
1)		1	−1	−8	12
	1	−1	−8	12	

Por lo tanto, $2x^4 - 4x^3 - 14x^2 + 40x - 24 = 2\ (x^4 - 2x^3 - 7x^2 + 20x - 12) = 2\ (x-1)\ (x^3 - x^2 - 8x + 12)$.
Las posibles raíces enteras de $x^3 - x^2 - 8x + 12$ son: +1, −1, +2, −2, +3, −3, +4, −4, +6, −6, +12 y −12.
+1 no es raíz puesto que $1^3 - (1)^2 - 8\ (1) + 12 = 1 - 1 - 8 + 12 = 4 \neq 0$.
−1 no es raíz puesto que $(-1)^3 - (-1)^2 - 8\ (-1) + 12 = -1 - 1 + 8 + 12 = 18 \neq 0$.
+2 es raíz puesto que $2^3 - 2^2 - 8(2) + 12 = 8 - 4 - 16 + 12 = 0$.

Así pues,

	1	−1	−8	12
2)		2	2	−12
	1	1	−6	

Por lo tanto, $2x^4 - 4x^3 - 14x^2 + 40x - 24 = 2\ (x-1)\ (x^3 - x^2 - 8x + 12) = 2\ (x-1)\ (x-2)\ (x^2 + x - 6)$.
Las posibles raíces enteras de $x^2 + x - 6$ son: +1, −1, +2, −2, +3, −3, +6 y −6.
+1 no es raíz puesto que $1^2 + 1 - 6 = 1 + 1 - 6 = -4 \neq 0$.
−1 no es raíz puesto que $(-1)^2 + (-1) - 6 = 1 - 1 - 6 = -6 \neq 0$.
+2 es raíz puesto que $2^2 + 2 - 6 = 4 + 2 - 6 = 0$.

Así pues,

	1	1	−6
2)		2	6
	1	3	

Por lo tanto, $2x^4 - 4x^3 - 14x^2 + 40x - 24 = 2\ (x-1)\ (x-2)\ (x^2 + x - 6) = 2\ (x-1)\ (x-2)^2\ (x+3)$.

Por consiguiente,

$$\frac{2x^3 - 2x^2 - 16x + 24}{2x^4 - 4x^3 - 14x^2 + 40x - 24} = \frac{2\ (x-2)^2\ (x+3)}{2\ (x-1)\ (x-2)^2\ (x+3)} = \frac{1}{x-1}$$

Para simplificar fracciones algebraicas cuyos términos no pueden descomponerse factorialmente con facilidad, se halla el máximo común divisor del numerador y del denominador por el método de las divisiones sucesivas y a continuación se dividen ambos términos por el máximo común divisor anteriormente hallado.

Ejemplo

Simplificar

$$\frac{4x^4 - 4x^3 - 4x + 4}{2x^4 - 4x^3 - 2x^2 - 4x + 2}$$

Solución:
Tendremos

$$\begin{array}{rrrrr|l} 4x^4 & -4x^3 & & -4x & +4 & 2x^4 - 4x^3 - 2x^2 - 4x + 2 \\ \cline{6-6} -4x^4 & +8x^3 & +4x^2 & +8x & -4 & 2 \\ \cline{1-5} & 4x^3 & +4x^2 & +4x & & \end{array}$$

Ahora dividimos el divisor anterior entre el resto $4x^3 + 4x^2 + 4x = 4\ (x^3 + x^2 + x)$.

Es decir,

$$\begin{array}{rrrrr|l} 2x^4 & -4x^3 & -2x^2 & -4x & +2 & x^3 + x^2 + x \\ \cline{6-6} -2x^4 & -2x^3 & -2x^2 & & & 2x - 6 \\ \cline{1-5} & -6x^3 & -4x^2 & -4x & +2 & \\ & 6x^3 & +6x^2 & +6x & & \\ \cline{2-5} & & 2x^2 & +2x & +2 & \end{array}$$

Ahora dividimos el divisor anterior entre el resto $2x^2 + 2x + 2 = 2\ (x^2 + x + 1)$.

$$\begin{array}{rrr|l} x^3 & +x^2 & +x & x^2 + x + 1 \\ \cline{4-4} -x^3 & -x^2 & -x & x \\ \cline{1-3} & 0 & & \end{array}$$

Así pues, x^2+x+1 es el máximo común divisor.
Por consiguiente,

$$\frac{4x^4-4x^3-4x+4}{2x^4-4x^3-2x^2-4x+2}=\frac{(4x^4-4x^3-4x+4):(x^2+x+1)}{(2x^4-4x^3-2x^2-4x+2):(x^2+x+1)}=$$

$$=\frac{4x^2-8x+4}{2x^2-6x+2}=\frac{4\ (x^2-2x+1)}{2\ (x^2-3x+1)}=$$

$$=\frac{2\ (x^2-2x+1)}{x^2-3x+1}=\frac{2x^2-4x+2}{x^2-3x+1}$$

Ejemplo

Simplificar

$$\frac{30x^6-60x^4+126x^3-12x+24}{30x^6-60x^4+110x^3+20x-40}$$

Solución: Tendremos

$$\begin{array}{rrrrr|l} 30x^6 & -60x^4 & +126x^3 & -12x & +24 & 30x^6-60x^4+110x^3+20x-40 \\ \cline{6-6} -30x^6 & +60x^4 & -110x^3 & -20x & +40 & 1 \\ \hline & & 16x^3 & -32x & +64 & \end{array}$$

Ahora dividimos el divisor anterior entre el resto $16x^3-32x+64=16\ (x^3-2x+4)$.

Es decir,

$$\begin{array}{rrrrr|l} 30x^6 & -60x^4 & +110x^3 & +20x & -40 & x^3-2x+4 \\ \cline{6-6} -30x^6 & +60x^4 & -120x^3 & & & 30x^3 \\ \hline & & -10x^3 & +20x & -40 & \end{array}$$

Ahora dividimos el divisor anterior entre el resto $-10x^3+20x-40=-10\ (x^3-2x+4)$.

$$\begin{array}{rrr|l} x^3 & -2x & +4 & x^3-2x+4 \\ \cline{4-4} -x^3 & +2x & -4 & 1 \\ \hline & 0 & & \end{array}$$

Así pues, x^3-2x+4 es el máximo común divisor.

Por consiguiente,

$$\frac{30x^6-60x^4+126x^3-12x+24}{30x^6-60x^4+110x^3+20x-40}=$$

$$=\frac{(30x^6-60x^4+126x^3-12x+24):(x^3-2x+4)}{(30x^6-60x^4+110x^3+20x-40):(x^3-2x+4)}=$$

$$=\frac{30x^3+6}{30x^3-10}=\frac{6\ (5x^3+1)}{10\ (3x^3-1)}=\frac{3\ (5x^3+1)}{5\ (3x^3-1)}=\frac{15x^3+3}{15x^3-5}$$

Ejemplo

Simplificar

$$\frac{6x^5-3x^4+6x^3+6x^2+9}{6x^5-2x^4+6x^3+8x^2+10}$$

Solución: Tendremos

$$\begin{array}{rrrrr|l}
6x^5 & -3x^4 & +6x^3 & +6x^2 & +9 & 6x^5-2x^4+6x^3+8x^2+10 \\
\cline{6-6}
-6x^5 & +2x^4 & -6x^3 & -8x^2 & -10 & 1 \\
\hline
 & -x^4 & & -2x^2 & -1 &
\end{array}$$

Ahora dividimos el divisor anterior entre el resto $-x^4-2x^2-1=-(x^4+2x^2+1)$.

$$\begin{array}{rrrrrr|l}
6x^5 & -2x^4 & +6x^3 & +8x^2 & & +10 & x^4+2x^2+1 \\
\cline{7-7}
-6x^5 & & -12x^3 & & -6x & & 6x-2 \\
\hline
 & -2x^4 & -6x^3 & +8x^2 & -6x & +10 & \\
 & 2x^4 & & +4x^2 & & 2 & \\
\hline
 & & -6x^3 & +12x^2 & -6x & +12 &
\end{array}$$

Ahora dividimos el divisor anterior entre el resto $-6x^3+12x^2-6x+12=-6\ (x^3-2x^2+x-2)$.

$$\begin{array}{rrrrr|l}
x^4 & & +2x^2 & & +1 & x^3-2x^2+x-2 \\
\cline{6-6}
-x^4 & +2x^3 & -x^2 & +2x & & x+2 \\
\hline
 & +2x^3 & +x^2 & +2x & +1 & \\
 & -2x^3 & +4x^2 & -2x & +4 & \\
\hline
 & & 5x^2 & & +5 &
\end{array}$$

Ahora dividimos el divisor anterior entre el resto $5x^2 + 5 = 5\ (x^2 + 1)$.

$$\begin{array}{rrrr|l} x^3 & -2x^2 & +x & -2 & x^2+1 \\ -x^3 & & -x & & \overline{x-2} \\ \hline & -2x^2 & & -2 & \\ & 2x^2 & & +2 & \\ \hline & & 0 & & \end{array}$$

Así pues, $x^2 + 1$ es el máximo común divisor.

Por consiguiente,

$$\frac{6x^5 - 3x^4 + 6x^3 + 6x^2 + 9}{6x^5 - 2x^4 + 6x^3 + 8x^2 + 10} =$$

$$= \frac{(6x^5 - 3x^4 + 6x^3 + 6x^2 + 9) : (x^2 + 1)}{(6x^5 - 2x^4 + 6x^3 + 8x^2 + 10) : (x^2 + 1)} = \frac{6x^3 - 3x^2 + 9}{6x^3 - 2x^2 + 10}$$

26.3 Operaciones con fracciones algebraicas

Para sumar fracciones algebraicas se procede del modo siguiente:
a) Se simplifican al máximo las fracciones algebraicas dadas.
b) Se reducen las fracciones algebraicas dadas al mínimo común denominador.
c) Se efectúan las multiplicaciones indicadas.
d) Se suman los numeradores de las fracciones resultantes y se divide el resultado por el denominador común.
e) Se efectúa la reducción de términos semejantes en el numerador.
f) Se simplifica al máximo la fracción algebraica resultante.

Ejemplo

Sumar

$$\frac{x+y}{24} + \frac{x+2y}{30} + \frac{x-y}{60}$$

Solución: Hallaremos en primer lugar el mínimo común denominador:

$$\begin{array}{r|l} 24 & 2 \\ 12 & 2 \\ 6 & 2 \\ 3 & 3 \\ 1 & \end{array} \qquad \begin{array}{r|l} 30 & 2 \\ 15 & 3 \\ 5 & 5 \\ 1 & \end{array} \qquad \begin{array}{r|l} 60 & 2 \\ 30 & 2 \\ 15 & 3 \\ 5 & 5 \\ 1 & \end{array}$$

Así pues,

$$24 = 2^3 \cdot 3$$
$$30 = 2 \cdot 3 \cdot 5$$
$$60 = 2^2 \cdot 3 \cdot 5$$

Por lo tanto, el mínimo común denominador será $2^3 \cdot 3 \cdot 5 = 120$.
Por consiguiente,

$$\frac{x+y}{24} + \frac{x+2y}{30} + \frac{x-y}{60} = \frac{5x+5y}{120} + \frac{4x+8y}{120} + \frac{2x-2y}{120} = \frac{11x-11y}{120}$$

Ejemplo

Sumar

$$\frac{x+1}{24} + \frac{2x+1}{48} + \frac{3x-1}{72}$$

Solución: Hallaremos en primer lugar el mínimo común denominador:

$$\begin{array}{r|l} 24 & 2 \\ 12 & 2 \\ 6 & 2 \\ 3 & 3 \\ 1 & \end{array} \qquad \begin{array}{r|l} 48 & 2 \\ 24 & 2 \\ 12 & 2 \\ 6 & 2 \\ 3 & 3 \\ 1 & \end{array} \qquad \begin{array}{r|l} 72 & 2 \\ 36 & 2 \\ 18 & 2 \\ 9 & 3 \\ 3 & 3 \\ 1 & \end{array}$$

Así pues,

$$24 = 2^3 \cdot 3$$
$$48 = 2^4 \cdot 3$$
$$72 = 2^3 \cdot 3^2$$

Por lo tanto, el mínimo común denominador será $2^4 \cdot 3^2 = 144$
Por consiguiente,

$$\frac{x+1}{24} + \frac{2x+1}{48} + \frac{3x-1}{72} = \frac{6x+6}{144} + \frac{6x+3}{144} + \frac{6x-2}{144} = \frac{18x+7}{144}$$

Ejemplo

Sumar

$$\frac{x+1}{24x} + \frac{x^2-1}{40x^2} + \frac{x-1}{72x^3}$$

Solución: Hallaremos en primer lugar el mínimo común denominador:

$$\begin{array}{r|l} 24 & 2 \\ 12 & 2 \\ 6 & 2 \\ 3 & 3 \\ 1 & \end{array} \qquad \begin{array}{r|l} 40 & 2 \\ 20 & 2 \\ 10 & 2 \\ 5 & 5 \\ 1 & \end{array} \qquad \begin{array}{r|l} 72 & 2 \\ 36 & 2 \\ 18 & 2 \\ 9 & 3 \\ 3 & 3 \\ 1 & \end{array}$$

Así pues,

$$24 = 2^3 \cdot 3$$
$$40 = 2^3 \cdot 5$$
$$72 = 2^3 \cdot 3^2$$

Por lo tanto, el mínimo común múltiplo de los coeficientes será $2^3 \cdot 3^2 \cdot 5 = 360$

Por consiguiente, el mínimo común denominador será $360x^3$

Así pues,

$$\frac{x+1}{24x} + \frac{x^2-1}{40x^2} + \frac{x-1}{72x^3} = \frac{15x^3+15x^2}{360x^3} + \frac{9x^3-9x}{360x^3} + \frac{5x-5}{360x^3} =$$

$$= \frac{24x^3+15x^2-4x-5}{360x^3}$$

Para restar fracciones algebraicas se procede del modo siguiente:
a) Se simplifican al máximo las fracciones algebraicas dadas.
b) Se reducen las fracciones algebraicas dadas al mínimo común denominador.
c) Se efectúan las multiplicaciones indicadas.
d) Se restan los numeradores de las fracciones resultantes y se divide el resultado por el denominador común.
e) Se efectúa la reducción de términos semejantes en el numerador.
f) Se simplifica al máximo la fracción algebraica resultante.

Ejemplo

Restar

$$\frac{x+2}{48}-\frac{x-1}{64}$$

Solución: Hallaremos en primer lugar el mínimo común denominador:

48	2		64	2
24	2		32	2
12	2		16	2
6	2		8	2
3	3		4	2
1			2	2
			1	

Así pues,

$$48 = 2^4 \cdot 3$$
$$64 = 2^6$$

Por lo tanto, el mínimo común denominador será $2^6 \cdot 3 = 192$.
Por consiguiente,

$$\frac{x+2}{48}-\frac{x-1}{64}=\frac{4x+8}{192}-\frac{3x-3}{192}=\frac{x+11}{192}$$

Ejemplo

Restar

$$\frac{x+1}{80}-\frac{x+2}{64}-\frac{x-1}{72}$$

Solución: Hallaremos en primer lugar el mínimo común denominador:

80	2	64	2	72	2
40	2	32	2	36	2
20	2	16	2	18	2
10	2	8	2	9	3
5	5	4	2	3	3
1		2	2	1	
		1			

Así pues,

$$80 = 2^4 \cdot 5$$
$$64 = 2^6$$
$$72 = 2^3 \cdot 3^2$$

Por lo tanto, el mínimo común denominador será $2^6 \cdot 3^2 \cdot 5 = 2.880$.

Por consiguiente,

$$\frac{x+1}{80} - \frac{x+2}{64} - \frac{x-1}{72} = \frac{36x+36}{2.880} - \frac{45x+90}{2.880} - \frac{40x-40}{2.880} = \frac{-49x-14}{2.880}$$

Ejemplo

Restar

$$\frac{x-2}{60xy} - \frac{x+3}{45xy^2} - \frac{x+2}{90x^2y}$$

Solución: Hallaremos en primer lugar el mínimo común denominador:

60	2	45	3	90	2
30	2	15	3	45	3
15	3	5	5	15	3
5	5	1		5	5
1				1	

Así pues,

$$60 = 2^2 \cdot 3 \cdot 5$$
$$45 = 3^2 \cdot 5$$
$$90 = 2 \cdot 3^2 \cdot 5$$

Por lo tanto, el mínimo común múltiplo de los coeficientes es $2^2 \cdot 3^2 \cdot 5 = 180$.
Por consiguiente, el mínimo común denominador será $180x^2y^2$.
Así pues,

$$\frac{x-2}{60xy} - \frac{x+3}{45xy^2} - \frac{x+2}{90x^2y} = \frac{3x^2y - 6xy}{180x^2y^2} - \frac{4x^2 + 12x}{180x^2y^2} - \frac{2xy + 4y}{180x^2y^2} =$$

$$= \frac{3x^2y - 8xy - 4x^2 - 12x - 4y}{180x^2y^2}$$

Para multiplicar fracciones algebraicas se procede del modo siguiente:
a) Se descomponen factorialmente los términos de las fracciones algebraicas que se van a multiplicar.
b) Se simplifica al máximo suprimiendo todos los factores comunes en los numeradores y denominadores.
c) Se multiplican entre sí las expresiones algebraicas que queden en los numeradores después de simplificar y el producto así obtenido se divide entre el producto de las expresiones algebraicas que queden en los denominadores una vez simplificados.

Ejemplo

Multiplicar

$$\frac{2z}{27xy} \cdot \frac{3x}{8yz} \cdot \frac{2y}{5xz}$$

Solución: Tendremos

$$\frac{2z}{27xy} \cdot \frac{3x}{8yz} \cdot \frac{2y}{5xz} = \frac{2 \cdot 2 \cdot 3xyz}{2^3 \cdot 3^3 \cdot 5x^2y^2z^2} = \frac{1}{2 \cdot 3^2 \cdot 5xyz} = \frac{1}{90xyz}$$

Ejemplo

Multiplicar

$$\frac{x^2 - 16}{2x^2 + 4x} \cdot \frac{4x^3 + 4x^2}{x^2 - 2x - 8} \cdot \frac{x^2 + 4x + 4}{2x^2 + 8x}$$

Solución: Descompongamos factorialmente todos los términos. Tendremos

$$x^2 - 16 = (x+4)\ (x-4)$$
$$2x^2 + 4x = 2x\ (x+2)$$
$$4x^3 + 4x^2 = 4x^2\ (x+1)$$
$$x^2 - 2x - 8 = (x-4)\ (x+2)$$
$$x^2 + 4x + 4 = (x+2)^2$$
$$2x^2 + 8x = 2x\ (x+4)$$

Así pues,

$$\frac{x^2-16}{2x^2+4x} \cdot \frac{4x^3+4x^2}{x^2-2x-8} \cdot \frac{x^2+4x+4}{2x^2+8x} =$$

$$= \frac{(x+4)\ (x-4) \cdot 4x^2\ (x+1) \cdot (x+2)^2}{2x(x+2) \cdot (x-4)\ (x+2) \cdot 2x\ (x+4)} = x+1$$

Ejemplo

Multiplicar

$$\frac{x^2+5x}{x^2-81} \cdot \frac{x^2-36}{2x+22} \cdot \frac{2x+18}{2x-12} \cdot \frac{3x+33}{2x^3+10x^2}$$

Solución: Descompongamos factorialmente todos los términos. Tendremos

$$x^2 + 5x = x\ (x+5)$$
$$x^2 - 81 = (x+9)\ (x-9)$$
$$x^2 - 36 = (x+6)\ (x-6)$$
$$2x + 22 = 2\ (x+11)$$
$$2x + 18 = 2\ (x+9)$$
$$2x - 12 = 2\ (x-6)$$
$$3x + 33 = 3\ (x+11)$$
$$2x^3 + 10x^2 = 2x^2\ (x+5)$$

Así pues,

$$\frac{x^2+5x}{x^2-81} \cdot \frac{x^2-36}{2x+22} \cdot \frac{2x+18}{2x-12} \cdot \frac{3x+33}{2x^3+10x^2} =$$

$$= \frac{x\ (x+5) \cdot (x+6)\ (x-6) \cdot 2\ (x+9) \cdot 3\ (x+11)}{(x+9)\ (x-9) \cdot 2\ (x+11) \cdot 2\ (x-6) \cdot 2x^2\ (x+5)} =$$

$$= \frac{3\ (x+6)}{4x\ (x-9)} = \frac{3x+18}{4x^2-36x}$$

Para multiplicar expresiones algebraicas mixtas se reducen previamente a fracciones algebraicas y a continuación se multiplican las fracciones algebraicas obtenidas.

Ejemplo

Multiplicar

$$\left(x+\frac{1}{x+2}\right)\cdot\left(x+\frac{2}{x+1}\right)$$

Solución:

Convirtamos las expresiones mixtas en fracciones algebraicas.
Tendremos:

$$x+\frac{1}{x+2}=\frac{x(x+2)+1}{x+2}=\frac{x^2+2x+1}{x+2}=\frac{(x+1)^2}{x+2}$$

$$x+\frac{2}{x+1}=\frac{x(x+1)+2}{x+1}=\frac{x^2+x+2}{x+1}$$

Así pues,

$$\left(x+\frac{1}{x+2}\right)\cdot\left(x+\frac{2}{x+1}\right)=\frac{(x+1)^2}{x+2}\cdot\frac{x^2+x+2}{x+1}=$$

$$=\frac{(x+1)\ (x^2+x+2)}{x+2}=\frac{x^3+2x^2+3x+2}{x+2}$$

Ejemplo

Multiplicar

$$\left(1-\frac{y}{x}\right)\cdot\left(1+\frac{x}{y}\right)\cdot\left(1+\frac{y^2}{x^2-y^2}\right)$$

Solución: Convirtamos las expresiones mixtas en fracciones algebraicas. Tendremos

$$1 - \frac{y}{x} = \frac{x-y}{x}$$

$$1 + \frac{x}{y} = \frac{y+x}{y}$$

$$1 + \frac{y^2}{x^2-y^2} = \frac{x^2-y^2+y^2}{x^2-y^2} = \frac{x^2}{x^2-y^2} = \frac{x^2}{(x+y)\,(x-y)}$$

Así pues:

$$\left(1-\frac{y}{x}\right)\cdot\left(1+\frac{x}{y}\right)\cdot\left(1+\frac{y^2}{x^2-y^2}\right) = \frac{x-y}{x}\cdot\frac{y+x}{y}\cdot\frac{x^2}{(x+y)\,(x-y)} =$$

$$= \frac{(x-y)\,(y+x)\,x^2}{xy\,(x+y)\,(x-y)} = \frac{x}{y}$$

Ejemplo

Multiplicar

$$\left(1+\frac{1}{x+1}\right)\cdot\left(1-\frac{2}{x+2}\right)\cdot\left(1+\frac{1}{x}\right)$$

Solución: Convirtamos las expresiones mixtas en fracciones algebraicas:

$$1+\frac{1}{x+1} = \frac{x+1+1}{x+1} = \frac{x+2}{x+1}$$

$$1-\frac{2}{x+2} = \frac{x+2-2}{x+2} = \frac{x}{x+2}$$

$$1+\frac{1}{x} = \frac{x+1}{x} = \frac{x+1}{x}$$

Así pues:

$$\left(1+\frac{1}{x+1}\right)\cdot\left(1-\frac{2}{x+2}\right)\cdot\left(1+\frac{1}{x}\right)=\frac{x+2}{x+1}\cdot\frac{x}{x+2}\cdot\frac{x+1}{x}=$$

$$=\frac{(x+2)\cdot x\cdot(x+1)}{(x+1)\cdot(x+2)\cdot x}=1$$

Para dividir fracciones algebraicas se multiplica la fracción dividendo por la inversa de la fracción divisor.

Ejemplo

Dividir

$$\frac{x+1}{4}:\frac{3x+3}{8}$$

Solución: Tendremos

$$\frac{x+1}{4}:\frac{3x+3}{8}=\frac{x+1}{4}\cdot\frac{8}{3x+3}=\frac{(x+1)\cdot 8}{4\cdot 3\cdot(x+1)}=\frac{2}{3}$$

Ejemplo

Dividir

$$\frac{x^2-x}{x^3+x^2}:\frac{2x-3}{x+1}$$

Solución: Tendremos

$$\frac{x^2-x}{x^3+x^2}:\frac{2x-3}{x+1}=\frac{x^2-x}{x^3+x^2}\cdot\frac{x+1}{2x-3}=\frac{(x^2-x)\cdot(x+1)}{(x^3+x^2)\cdot(2x-3)}=$$

$$=\frac{x\ (x-1)\ (x+1)}{x^2\ (x+1)\ (2x-3)}=\frac{x-1}{2x^2-3x}$$

Ejemplo

Dividir

$$\frac{x^4-1}{x^2+x} : \frac{x^4-4x^2+3}{x^3+x}$$

Solución: Tendremos

$$\frac{x^4-1}{x^2+x} : \frac{x^4-4x^2+3}{x^3+x} = \frac{x^4-1}{x^2+x} \cdot \frac{x^3+x}{x^4-4x^2+3} =$$

$$= \frac{(x^4-1)\cdot(x^3+x)}{(x^2+x)\cdot(x^4-4x^2+3)} = \frac{(x^2+1)\ (x^2-1)\cdot x\ (x^2+1)}{x\ (x+1)\cdot(x+1)\ (x-1)\ (x^2-3)} =$$

$$= \frac{x(x^2+1)^2\ (x+1)\ (x-1)}{x(x+1)^2\ (x-1)\ (x^2-3)} = \frac{(x^2+1)^2}{(x+1)\ (x^2-3)} = \frac{x^4+2x^2+1}{x^3+x^2-3x-3}$$

Para dividir expresiones algebraicas mixtas se reducen previamente a fracciones algebraicas y a continuación se dividen del modo indicado anteriormente.

Ejemplo

Dividir

$$\left(x+\frac{1}{x+2}\right) : \left(x+\frac{2}{x+3}\right)$$

Solución: Tendremos

$$x+\frac{1}{x+2} = \frac{x(x+2)+1}{x+2} = \frac{x^2+2x+1}{x+2} = \frac{(x+1)^2}{x+2}$$

$$x+\frac{2}{x+3} = \frac{x(x+3)+2}{x+3} = \frac{x^2+3x+2}{x+3} = \frac{(x+1)\ (x+2)}{x+3}$$

Así pues,

$$(x+\frac{1}{x+2}):(x+\frac{2}{x+3})=\frac{(x+1)^2}{x+2}:\frac{(x+1)\,(x+2)}{x+3}=$$

$$=\frac{(x+1)^2}{x+2}\cdot\frac{x+3}{(x+1)\,(x+2)}=\frac{(x+1)^2\cdot(x+3)}{(x+1)\cdot(x+2)^2}=\frac{(x+1)\,(x+3)}{(x+2)^2}=$$

$$=\frac{x^2+4x+3}{x^2+4x+4}$$

Ejemplo

Dividir

$$(1+\frac{1}{x^2-1}):(1+\frac{1}{x+1})$$

Solución: Tendremos

$$1+\frac{1}{x^2-1}=\frac{1(x^2-1)+1}{x^2-1}=\frac{x^2}{x^2-1}=\frac{x^2}{(x+1)\,(x-1)}$$

$$1+\frac{1}{x+1}=\frac{1(x+1)+1}{x+1}=\frac{x+2}{x+1}$$

Así pues,

$$(1+\frac{1}{x^2-1}):(1+\frac{1}{x+1})=\frac{x^2}{(x+1)\,(x-1)}:\frac{x+2}{x+1}=$$

$$=\frac{x^2}{(x+1)\,(x-1)}\cdot\frac{x+1}{x+2}=\frac{x^2\,(x+1)}{(x+1)\,(x-1)\,(x+2)}=\frac{x^2}{(x-1)\,(x+2)}=$$

$$=\frac{x^2}{x^2+x-2}$$

Ejemplo

Dividir

$$\left(x+\frac{3}{x-3}\right):\left(x+\frac{2}{x^2-9}\right)$$

Solución: Tendremos

$$x+\frac{3}{x-3}=\frac{x(x-3)+3}{x-3}=\frac{x^2-3x+3}{x-3}$$

$$x+\frac{2}{x^2-9}=\frac{x(x^2-9)+2}{x^2-9}=\frac{x^3-9x+2}{x^2-9}$$

Así pues,

$$\left(x+\frac{3}{x-3}\right):\left(x+\frac{2}{x^2-9}\right)=\frac{x^2-3x+3}{x-3}:\frac{x^3-9x+2}{x^2-9}=$$

$$=\frac{x^2-3x+3}{x-3}\cdot\frac{x^2-9}{x^3-9x+2}=$$

$$=\frac{(x^2-3x+3)\cdot(x+3)\,(x-3)}{(x-3)\cdot(x^3-9x+2)}=\frac{x^3-6x+9}{x^3-9x+2}$$

Se dice que una fracción algebraica es compleja cuando alguno de sus términos o ambos son fracciones algebraicas o expresiones algebraicas mixtas.

Así, por ejemplo,

$$\frac{\dfrac{x+1}{x-1}}{x+2} \qquad \frac{\dfrac{x-1}{x+1}}{x+3} \qquad \frac{\dfrac{x+1}{x-2}}{\dfrac{x+3}{x-1}}$$

son fracciones algebraicas complejas.

Para simplificar fracciones algebraicas complejas se efectúan las operaciones indicadas en el numerador y en el denominador y a continuación se divide el resultado obtenido en el numerador entre el resultado obtenido en el denominador.

Ejemplo

Simplificar

$$\frac{1+\dfrac{1}{x+1}}{1+\dfrac{1}{x^2-1}}$$

Solución: Efectuemos las operaciones indicadas en el numerador y en el denominador. Tendremos

$$1+\frac{1}{x+1}=\frac{x+1+1}{x+1}=\frac{x+2}{x+1}$$

$$1+\frac{1}{x^2-1}=\frac{x^2-1+1}{x^2-1}=\frac{x^2}{x^2-1}=\frac{x^2}{(x+1)\ (x-1)}$$

Así pues, tendremos:

$$\frac{1+\dfrac{1}{x+1}}{1+\dfrac{1}{x^2-1}}=\frac{x+2}{x+1}:\frac{x^2}{(x+1)\ (x-1)}=\frac{x+2}{x+1}\cdot\frac{(x+1)\ (x-1)}{x^2}=$$

$$=\frac{(x+2)\ (x+1)\ (x-1)}{(x+1)\ x^2}=\frac{x^2+x-2}{x^2}$$

Ejemplo

Simplificar

$$\frac{\dfrac{x-y}{x+y}+\dfrac{x+y}{x-y}}{\dfrac{x+y}{y}+\dfrac{x-y}{x}}$$

Solución:

Efectuemos las operaciones indicadas en el numerador y en el denominador. Tendremos:

$$\frac{x-y}{x+y}+\frac{x+y}{x-y}=\frac{(x-y)\ (x-y)+(x+y)\ (x+y)}{(x+y)\ (x-y)}=$$

$$=\frac{x^2-2xy+y^2+x^2+2xy+y^2}{x^2-y^2}=\frac{2x^2+2y^2}{x^2-y^2}$$

$$\frac{x+y}{y}+\frac{x-y}{x}=\frac{x(x+y)+y(x-y)}{xy}=\frac{x^2+xy+xy-y^2}{xy}=$$

$$=\frac{x^2+2xy-y^2}{xy}$$

$$\frac{\dfrac{x-y}{x+y}+\dfrac{x+y}{x-y}}{\dfrac{x+y}{y}+\dfrac{x-y}{x}}=\frac{2x^2+2y^2}{x^2-y^2}:\frac{x^2+2xy-y^2}{xy}=$$

$$=\frac{2x^2+2y^2}{x^2-y^2}\cdot\frac{xy}{x^2+2xy-y^2}=\frac{2x^3y+2xy^3}{x^4+2x^3y-2x^2y^2-2xy^3+y^4}$$

Ejemplo

Simplificar

$$\frac{1}{1-\dfrac{1}{1+\dfrac{1}{x}}}$$

Solución: Tendremos

$$1+\frac{1}{x}=\frac{x+1}{x}$$

O sea,

$$\frac{1}{1-\dfrac{1}{1+\dfrac{1}{x}}}=\frac{1}{1-\dfrac{1}{\dfrac{x+1}{x}}}$$

$$\frac{1}{\dfrac{x+1}{x}}=1:\ \frac{x+1}{x}=1\cdot\ \frac{x}{x+1}=\frac{x}{x+1}$$

Es decir,

$$\frac{1}{1-\dfrac{1}{\dfrac{x+1}{x}}}=\frac{1}{1-\dfrac{x}{x+1}}$$

Ahora bien,

$$1-\frac{x}{x+1}=\frac{x+1-x}{x+1}=\frac{1}{x+1}$$

Por lo tanto,

$$\frac{1}{1-\dfrac{x}{x+1}}=\frac{1}{\dfrac{1}{x+1}}$$

$$\frac{1}{\dfrac{1}{x+1}}=\ 1:\ \frac{1}{x+1}=\ 1\cdot\ \frac{x+1}{1}=x+1$$

La expresión $0/x$, siendo el denominador una cantidad finita, equivale a 0, es decir, $0/x=0$, puesto que $0=0\cdot x$.

Ejemplo

Hallar el valor de

$$\frac{x^2-4}{x^3+2x+1} \text{ para } x=2.$$

Solución: Tendremos

$$\frac{2^2-4}{2^3+2\cdot 2+1}=\frac{4-4}{8+4+1}=\frac{0}{13}=0$$

Por otra parte, la expresión $x/0$, siendo x una cantidad constante, no tiene sentido aritmético, puesto que ningún número multiplicado por 0 da x.

Este hecho se acostumbra a representar del modo siguiente:

$$\frac{x}{0}=\infty$$

donde el símbolo ∞ recibe el nombre de infinito y no representa una cantidad determinada, sino que se emplea para expresar el hecho de que si el numerador de una fracción es una cantidad constante y el denominador se aproxima a cero, el valor de la fracción aumenta de modo ilimitado.

Ejemplo

Hallar el valor de

$$\frac{x^2+2x+1}{x^2-9} \text{ para } x=3.$$

Solución: Tendremos

$$\frac{3^2+2\cdot 3+1}{3^2-9}=\frac{9+6+1}{9-9}=\frac{16}{0}=\infty$$

A la inversa del caso anterior, la expresión x/∞, siendo x una cantidad constante, equivaldrá a 0, puesto que al dividir una cantidad constante entre un número que aumenta indefinidamente, el valor de la fracción se aproxima indefinidamente a cero.

Así pues, tendremos que $x/\infty=0$.

Ejemplo

Hallar el valor de

$$\frac{\dfrac{x+2}{2}}{\dfrac{2}{x+1}} \quad \text{para } x=-1.$$

Solución: Tendremos

$$\frac{\dfrac{-1+2}{2}}{\dfrac{2}{-1+1}} = \frac{\dfrac{1}{2}}{\dfrac{2}{0}} = \frac{1}{\infty} = 0$$

Por último, la expresión 0/0 representa el cociente que se obtiene al dividir 0 entre 0. Obviamente, cualquier número multiplicado por cero da cero, por lo cual el cociente 0/0 puede ser igual a cualquier cantidad y, por consiguiente, está indeterminado.
Ahora bien, frecuentemente las indeterminaciones del tipo 0/0 pueden desaparecer descomponiendo factorialmente los polinomios del numerador y del denominador y suprimiendo los factores comunes de ambos términos, tal como puede comprobarse en los ejemplos siguientes.

Ejemplo

Hallar el valor de

$$\frac{2x^2-14x+20}{2x^3-4x^2-2x+4} \quad \text{para } x=2.$$

Solución: Sustituyendo x por 2 tendremos

$$\frac{2(2)^2-14(2)+20}{2(2)^3-4(2)^2-2(2)+4} = \frac{8-28+20}{16-16-4+4} = \frac{0}{0}$$

Como aparece una indeterminación del tipo 0/0, descompondremos factorialmente ambos términos:

$2x^2-14x+20=2(x^2-7x+10)$

Como el numerador se anula para $x=2$, +2 es raíz.
Así pues,

	1	−7	10
2)		2	−10
	1	−5	

Por lo tanto, $2x^2-14x+20=2(x^2-7x+10)=2(x-2)\ (x-5)$.

Análogamente:

$$2x^3 - 4x^2 - 2x + 4 = 2(x^3 - 2x^2 - x + 2)$$

Como el denominador se anula para $x = 2$, $+2$ es raíz.
Así pues,

$$\begin{array}{r|rrrr} & 1 & -2 & -1 & 2 \\ 2) & & 2 & 0 & -2 \\ \hline & 1 & 0 & -1 & \end{array}$$

Por lo tanto,

$$2x^3 - 4x^2 - 2x + 4 = 2(x^3 - 2x^2 - x + 2) =$$
$$= 2\,(x-2)\,(x^2-1) = 2\,(x-2)\,(x+1)\,(x-1).$$

Por consiguiente,

$$\frac{2x^2 - 14x + 20}{2x^3 - 4x^2 - 2x + 4} = \frac{2\,(x-2)\,(x-5)}{2\,(x-2)\,(x+1)\,(x-1)} = \frac{x-5}{(x+1)\,(x-1)}$$

Hallemos ahora el valor de la fracción para $x = 2$.
Tendremos:

$$\frac{2-5}{(2+1)\,(2-1)} = \frac{-3}{3 \cdot 1} = \frac{-3}{3} = -1$$

que es el valor buscado.

Ejemplo

Hallar el valor de

$$\frac{2x^3 - 6x + 4}{x^3 - 3x^2 + 3x - 1} \quad \text{para } x = 1.$$

Solución:
Sustituyendo x por 1 tendremos

$$\frac{2(1)^3 - 6(1) + 4}{(1)^3 - 3(1)^2 + 3(1) - 1} = \frac{2 - 6 + 4}{1 - 3 + 3 - 1} = \frac{0}{0}$$

Como aparece una indeterminación del tipo 0/0, descompondremos factorialmente ambos términos:

$$2x^3 - 6x + 4 = 2(x^3 - 3x + 2)$$

Como el numerador se anula para $x = 1$ +1, es raíz. Así pues,

$$\begin{array}{r|rrrr} & 1 & 0 & -3 & 2 \\ 1) & & 1 & 1 & -2 \\ \hline & 1 & 1 & -2 & \end{array}$$

Por lo tanto, $2x^3 - 6x + 4 = 2\ (x^3 - 3x + 2) =$
$= 2\ (x - 1)\ (x^2 + x - 2)$.
+1 es raíz entera de $x^2 + x - 2$, puesto que $1^2 + 1 - 2 = 0$.
Así pues,

$$\begin{array}{r|rrr} & 1 & 1 & -2 \\ 1) & & 1 & 2 \\ \hline & 1 & 2 & 0 \end{array}$$

Por consiguiente,

$$2x^3 - 6x + 4 = 2\ (x - 1)\ (x^2 + x - 2) = 2\ (x - 1)^2\ (x + 2)$$

Análogamente, como $x^3 - 3x^2 + 3x - 1$ se anula para $x = 1$, tendremos:

Por lo tanto,

$$x^3 - 3x^2 + 3x - 1 = (x - 1)\ (x^2 - 2x + 1) = (x - 1)^3$$

Es decir,

$$\frac{2x^3 - 6x + 4}{x^3 - 3x^2 + 3x - 1} = \frac{2(x - 1)^2\ (x + 2)}{(x - 1)^3} = \frac{2(x + 2)}{x - 1}$$

Hallemos ahora el valor de la fracción para $x = 1$. Tendremos:

$$\frac{2\ (1 + 2)}{1 - 1} = \frac{6}{0} = \infty$$

Ejemplo

Hallar el valor de

$$\frac{3x^2 - 15x + 12}{x^4 - 2x^3 - 9x^2 + 2x + 8} \quad \text{para } x = 1.$$

Solución: Sustituyendo x por 1 tendremos

$$\frac{3(1)^2-15(1)+12}{1^4-2(1)^3-9(1)^2+2(1)+8}=\frac{3-15+12}{1-2-9+2+8}=\frac{0}{0}$$

Como aparece una indeterminación del tipo 0/0, descompondremos factorialmente ambos términos:

$$3x^2-15x+12=3(x^2-5x+4)$$

Como el numerador se anula para $x=1$, +1 es raíz. Así pues,

$$\begin{array}{r|rrr} & 1 & -5 & 4 \\ 1) & & 1 & -4 \\ \hline & 1 & -4 & \end{array}$$

Por lo tanto, $3x^2-15x+12=3(x^2-5x+4)=3\ (x-1)\ (x-4)$.
Análogamente, como $x^4-2x^3-9x^2+2x+8$ se anula para $x=1$, tendremos:

$$\begin{array}{r|rrrrr} & 1 & -2 & -9 & 2 & 8 \\ 1) & & 1 & -1 & -10 & -8 \\ \hline & 1 & -1 & -10 & -8 & \end{array}$$

Por lo tanto, $x^4-2x^3-9x^2+2x+8=(x-1)\ (x^3-x^2-10x-8)$. -1 es raíz de $x^3-x^2-10x-8$ puesto que $(+1)^3-(-1)^2-10(-1)-8=-1-1+10-8=0$.

Así pues,

$$\begin{array}{r|rrrr} & 1 & -1 & -10 & -8 \\ -1) & & -1 & 2 & 8 \\ \hline & 1 & -2 & -8 & \end{array}$$

Por consiguiente, $x^4-2x^3-9x^2+2x+8=(x-1)\cdot(x+1)\cdot(x^2-2x-8)$.
-2 es raíz de x^2-2x-8 puesto que $(-2)^2-2(-2)-8=4+4-8=0$

Así pues,

$$\begin{array}{r|rrr} & 1 & -2 & -8 \\ -2) & & -2 & 8 \\ \hline & 1 & -4 & \end{array}$$

Por lo tanto, $x^4-2x^3-9x^2+2x+8=(x-1)\ (x+1)\ (x^2-2x-8)=(x-1)\ (x+1)\ (x+2)\ (x-4)$.

Por consiguiente,

$$\frac{3x^2-15x+12}{x^4-2x^3-9x^2+2x+8}=\frac{3\ (x-1)\ (x-4)}{(x-1)\ (x+1)\ (x+2)\ (x-4)}=\frac{3}{(x+1)\ (x+2)}$$

Hallemos ahora el valor de la fracción para $x = 1$. Tendremos:

$$\frac{3}{(1+1)\ (1+2)} = \frac{3}{2 \cdot 3} = \frac{3}{6} = \frac{1}{2}$$

26.4 El cuerpo de las fracciones algebraicas

Si designamos por ***F*** al conjunto de las fracciones algebraicas, en dicho conjunto hemos definido dos operaciones internas -la suma y la multiplicación- que presentan las siguientes propiedades:

PROPIEDAD	SUMA	MULTIPLICACIÓN
Asociativa	$\left(\frac{p}{q}+\frac{r}{s}\right)+\frac{u}{v}=\frac{p}{q}+\left(\frac{r}{s}+\frac{u}{v}\right)$	$\left(\frac{p}{q}\cdot\frac{r}{s}\right)\cdot\frac{u}{v}=\frac{p}{q}\cdot\left(\frac{r}{s}\cdot\frac{u}{v}\right)$
Conmutativa	$\frac{p}{q}+\frac{r}{s}=\frac{r}{s}+\frac{p}{q}$	$\frac{p}{q}\cdot\frac{r}{s}=\frac{r}{s}\cdot\frac{p}{q}$
Elemento neutro	Es la fracción 0, pues $\frac{p}{q}+0=\frac{p}{q}$	Es la fracción 1, pues $\frac{p}{q}\cdot 1=\frac{p}{q}$
Elemento simétrico	El opuesto de $\frac{p}{q}$ es $\frac{-p}{q}$ pues $\frac{p}{q}+\frac{-p}{q}=0$	El inverso de $\frac{p}{q}\neq 0$ es $\frac{q}{p}$ pues $\frac{p}{q}\cdot\frac{q}{p}=1$
Distributiva del producto respecto de la suma	$\frac{p}{q}\cdot\left(\frac{r}{s}+\frac{u}{v}\right)=\frac{p}{q}\cdot\frac{r}{s}+\frac{p}{q}\cdot\frac{u}{v}$	

Es decir:

- El par (F , +) tiene estructura de grupo abeliano
- El par (F^* , ·) tiene también estructura de grupo abeliano y, además
- La operación · tiene la propiedad distributiva respecto de la operación +.

Por tanto, la terna (F , + , ·) tiene estructura de cuerpo conmutativo (abeliano).

Problemas propuestos

1. Simplificar la expresión x^3/x^2y.
2. Ídem $3x^2/9x^3y$.
3. Ídem $4x^3y^3/2x^4y^4$.
4. Ídem $2x^4/6x^3y$.
5. Ídem $8x^3y^4/4x^2$.
6. Ídem $6x^3y^4/12x^4y^5$.
7. Ídem $5x^2y^3z/10xy^2z^2$.
8. Ídem $6xy^2z^2/18x^3yz$.
9. Ídem $2xy/(4x^2y+4x^4)$.
10. Ídem $4x^2y/(2x^3y^2-2xy^3)$.
11. Ídem $(4y^2+8y^3)/(6y^2+12y^3)$.
12. Ídem $(2x^2-4x-6)/(4x-12)$.
13. Ídem $x^3y^4z^2/(x^4-x^3y^2)$.
14. Ídem $(x^3-4x)/(10x^2+20x)$.
15. Ídem $(x^2-1)/(x^2+3x+2)$.
16. Ídem $(x^2-4y^2)/(x+2y)$.
17. Ídem $(x^2-2x+1)/(x-1)$.
18. Ídem $(bx^2-b)/(x-1)$.
19. Ídem $(x^2-1)/(x^2-2x+1)$.
20. Ídem $(x^2y^2-xy^3)/(x^2y^2+x^3y)$.
21. Ídem $(x-1)\ (x+1)^2/(x^2-1)$.
22. Ídem $(x^2-1)/(x^2+2x+1)$.
23. Ídem $[(x+y)^2-4xy]/(x-y)$.
24. Ídem $(x^2-9)/(x^2-x-6)$.
25. Ídem $(x^2+5x+6)/(x^2-4)$.
26. Ídem $(x^2+2x+1)/(x^2+4x+3)$.
27. Reducir al mínimo común denominador
$$\left(\frac{x}{y},\ \frac{2}{y^2} \right).$$
28. Ídem $(3x/2y,\ 1/4xy^2)$.
29. Ídem $(2/x,\ 3/x^2,\ 4/x^3)$.
30. Ídem $(2x/x^2y,\ 3/x^2,\ 4y/xy^2)$.
31. Ídem $(4/xy^2,\ 3x/xy,\ 2y/x^2)$.
32. Ídem $(\ (x+1)/2x,\ 2/x^2,\ (x-1)/3x)$.
33. Ídem $(3/x+1,\ 2/x-1)$.
34. Ídem $(x/(x+y),\ y/(x^2-y^2)\ )$.
35. Ídem $(3/(x-1),\ 2x/(x^2-1)\ )$.
36. Ídem $(\ (2x-1)/(x+3),\ 3/x)$.
37. Ídem $(3/2x,\ 4x/(x-y)\ )$.
38. Ídem $(4/x^3,\ 2x/(x^2-x),\ 3/x)$.
39. Ídem $(2/x,\ 3x/(x+y),\ 2y/(x-y)\ )$.
40. Ídem $(2/(x+1),\ 3x/(x^2+3x+2),$
$2/(x+2)\ )$.
41. Ídem $(3x/(x+1)^2,\ y/(x+2),\ 2/(x+1)\ )$.
42. Ídem $(4/(x+1),\ 3/(x-2),\ 2x/(x-2)^2)$.
43. Sumar $(\ (2x-3y)/2+(3x-2y)/3)$.
44. Ídem $(2x/z+3y/z+(x-z)/z)$.
45. Ídem $(2y/x+x/y+(2x-y)/xy)$.
46. Ídem $(3y/x+5y/2x)$.
47. Ídem $(5y/2x+3x/4y+(x^2-y^2)/6xy)$.
48. Ídem $(\ (x+y)\ /\ x+(x-y)/y+x\ /$
$/(x+y)\ )$.
49. Ídem $(\ (x-y)/(x+y)+(x+y)/(x-y)\ )$.
50. Ídem $(2/(x-1)+3/(x-2)\ )$.
51. Ídem $(\ (2x+y)\ /\ (2x-y)+(2x-y)\ /$
$/(2x+y)\ )$.
52. Ídem $(2/(x-2)+1\ /\ (x-1)+3x\ /$
$/(x^2-3x+2)\ )$.
53. Ídem $(3x/(x+y)\ +\ 2xy/(x^2\ -\ y^2)\ +$
$+4x/(x-y)\ )$.
54. Ídem $(3/(x+2)+2\ /(x-3)+4\ /$
$/(x^2-x-6)\ )$.
55. Restar $(\ (x-2)/6-(x-1)/3)$.
56. Restar $(\ (x+1)/x^3-2/x^2y)$.
57. Ídem $(3/xy^2-2/x^2y)$.
58. Ídem $(2/(x-2)-3/(x-3)\ )$.
59. Ídem $(\ (x-y)\ /\ (x+y)-(x+y)\ /$
$/\ (x-y)\ )$.
60. Ídem $(\ (x-2)\ /\ (x+2)-(x+2)\ /$
$/(x-2)\ )$.
61. Ídem $(\ (x-y)\ /\ (xy+y^2)\ -$
$-(x+y)\ /\ (x^2+xy)\ )$.
62. Ídem $(\ (x+y)\ /\ (x-y)-(2x^2+y^2)\ /$
$/(x^2-y^2)\ )$.
63. Ídem $(2x/(x^2+x^3)-3x/(x^2-x^3)\ )$.
64. Ídem $(\ (x+y)\ /\ (x^2-y^2)-(x-y)\ /$
$/(x^2+2xy+y^2)\ )$.
65. Multiplicar $(2x/6y\cdot 3y/4x)$.
66. Ídem $(3x^2y^3/8xy^2\cdot 4x^2y/9x^2y^2)$.
67. Idem $(\ (x-2y)\ /$
$(x+2y)\cdot(x+2y)^2\ /\ 3x)\ )$.
68. Ídem $(\ (x-2)\ /\ (x+1)\cdot(x^2-1)\ /$
$/(x^2-4)\ )$.
69. Ídem $(\ (x-y)^2\ /\ (x+y)^2\cdot(x+y)\ /$
$/(x-y)^3)$.
70. Ídem $(\ (x+y)^2\ /\ (xy+y^2)\cdot(x^2-xy)\ /$
$/(x-y)\ )$.
71. Ídem $(\ (2x-2)\ /\ (x+1)\cdot(3x+3)\ /$
$/x(x-1)\ )$.

72. Ídem $((2x^2 - 2y^2) / x^2y \cdot x^2 / (x + y))$.
73. Ídem $(4x^3 / 3y^2 \cdot 6y^3 / 16x^2)$.
74. Ídem $((x + 5) / 2 \cdot (x + 1) / (2x + 10))$.
75. Ídem $((x + y) / (x^2 - y^2) \cdot y^2 / (xy - y^2))$.
76. Ídem $(x - 1 / (x - y)^3 \cdot (x - y)^4 /$ $/(x^3 - 1))$.
77. Ídem $((2 - 2x) / (x + 1) \cdot (x^2 + x) /$ $/(2x - 2x^2))$.
78. Ídem $((x^2 + 4x) / (x^3 + 4x^2) \cdot$ $(x^2 - 3x) / (x - 3))$.
79. Ídem $((x^2 + y^2)/xy \cdot (x^2 - y^2)/x)$.
80. Dividir $(2x^3/6xy^2 : 4x^2/2xy^3)$.
81. Ídem $(x^3y/x^2 : xy^3/xy)$.
82. Ídem $(x^3/x^4 : x^5/y^5)$.
83. Ídem $((x^2 + 2xy + y^2) / (x + y) :$ $: (x - y) / (x + y))$.
84. Ídem $(x^2 / (x^2 - 9) : x^2 / (x + 3))$.
85. Ídem $((x^2 - y^2) / (x + y) :$ $:(x + y) / (x^2 + y^2))$.
86. Ídem $((x^2 - 9) / (2x + 1) : (x + 3)/4)$.
87. Ídem $(1/(x + y) : x/(x - y))$.
88. Ídem $((2x + y) / (x - 2) :$ $: (4x + 2y) / (x - 3))$.
89. Ídem $((x^2 - 36)/x^2 : (x^2 - 4)/x^2)$.
90. Ídem $((x^2 + 1)/(x^2 - y) : x/(x^2 - y))$.
91. Ídem $((x^2 + 3x + 2) /$ $/(x^2 + 2x + 1) : (x^2 + 4x + 4) / (x^2 - 1))$.
92. Ídem $((x^3 + 3x^2)/5 : (x^3 - 16x)/2)$.

Soluciones

1. S: x/y.
2. S: $1/3xy$.
3. S: $2/xy$.
4. S: $x/3y$.
5. S: $2xy^4$.
6. S: $1/2xy$.
7. S: $xy/2z$.
8. S: $yz/3x^2$.
9. S: $y/2x\ (y + x^2)$.
10. S: $2x/y\ (x^2 - y)$.
11. S: $2/3$.
12. S: $(x + 1)/2$.
13. S: $y^4z^2/(x - y^2)$.
14. S: $(x - 2)/10$.
15. S: $(x - 1)/(x + 2)$.
16. S: $x - 2y$.
17. S: $x - 1$.
18. S: $b(x + 1)$.
19. S: $(x + 1)/(x - 1)$.
20. S: $y(x - y)/x(y + x)$.
21. S: $x + 1$.
22. S: $(x - 1)/(x + 1)$.
23. S: $x - y$.
24. S: $(x + 3)/(x + 2)$.
25. S: $(x + 3)/(x - 2)$.
26. S: $(x + 1)/(x + 3)$.
27. S:

$$\frac{x^2y}{xy^2}, \quad \frac{2}{y^2}.$$

28. S: $6x^2y/4xy^2$, $1/4xy^2$.
29. S: $2x^2/x^3$, $3x/x^3$, $4/x^3$.
30. S: $2xy/x^2y^2$, $3y^2/x^2y^2$, $4xy/x^2y^2$.
31. S: $4x/x^2y^2$, $3x^2y/x^2y^2$, $2y^3/x^2y^2$.
32. S: $(3x^2 + 3x)/6x^2$, $12/6x^2$, $(2x^2 - 2x)/6x^2$.
33. S: $3(x - 1)/(x^2 - 1)$, $2(x + 1)/(x^2 - 1)$.
34. S: $x(x - y)/(x^2 - y^2)$, $y/(x^2 - y^2)$.
35. S: $3(x + 1)/(x^2 - 1)$, $2x/(x^2 - 1)$.
36. S: $(2x^2 - x)/x(x + 3)$, $(3x + 9)/x(x + 3)$.
37. S: $(3x - 3y)/2x(x - y)$, $8x^2/2x(x - y)$.
38. S: $4(x - 1)/x^3(x - 1)$, $2x^3/x^3(x - 1)$, $3x^2(x - 1)/x^3(x - 1)$.
39. S: $2(x^2 - y^2)/x(x^2 - y^2)$, $3x^2\ (x - y)/x(x^2 - y^2)$, $2xy(x + y)/x(x^2 - y^2)$.
40. S: $(2x + 4)/(x^2 + 3x + 2)$, $3x/(x^2 + 3x + 2)$, $(2x + 2)/(x^2 + 3x + 2)$.
41. S: $3x\ (x + 2) / (x + 2)\ (x + 1)^2$, $y\ (x + 1)^2/(x + 2)\ (x + 1)^2$, $2(x + 1)\ (x + 2)/(x + 2)\ (x + 1)^2$.
42. S: $4(x - 2)^2/(x + 1)(x - 2)^2$, $3(x + 1)\ (x - 2)/(x + 1)\ (x - 2)^2$, $2x(x + 1)/(x + 1)\ (x - 2)^2$.
43. S: $(12x - 13y)/6$.
44. S: $(3x + 3y - z)/z$.
45. S: $(2y^2 + x^2 + 2x - y)/xy$.
46. S: $11y/2x$.
47. S: $(28y^2 + 11x^2)/12xy$.
48. S: $(x^3 + 2x^2y + xy^2 + y^3)/xy\ (x + y)$.

49. S: $2(x^2+y^2)/(x^2-y^2)$.
50. S: $(5x-7)/(x^2-3x+2)$.
51. S: $2(4x^2+y^2)/(4x^2-y^2)$.
52. S: $(6x-4)/(x^2-3x+2)$.
53. S: $(7x^2+3xy)/(x^2-y^2)$.
54. S: $(5x-1)/(x^2-x-6)$.
55. S: $-x/6$.
56. S: $(xy+y-2x)/x^3y$.
57. S: $(3x-2y)/x^2y^2$.
58. S: $-x/(x^2-5x+6)$.
59. S: $-4xy/(x^2-y^2)$.
60. S: $-8x(x^2-4)$.
61. S: $(x^2-2xy-y^2)/(x^2y+xy^2)$.
62. S: $(-x^2+2xy)/(x^2-y^2)$.
63. S: $(-1-5x)/x(1-x^2)$.
64. S: $4xy/(x-y)\ (x+y)^2$.
65. S: $1/4$.
66. S: $x/6$.
67. S: $(x^2-4y^2)/3x$.
68. S: $(x-1)/(x+2)$.
69. S: $1/(x^2-y^2)$.
70. S: $x(x+y)/y$.
71. S: $6/x$.
72. S: $2(x-y)/y$.
73. S: $xy/2$.
74. S: $(x+1)/4$.
75. S: $y/(x-y)^2$.
76. S: $(x-y)/(x^2+x+1)$.
77. S: 1.
78. S: 1.
79. S: $(x^4-y^4)/x^2y$.
80. S: $xy/6$.
81. S: x/y.
82. S: y^5/x^6.
83. S: $(x+y)^2/x-y$.
84. S: $1/(x-3)$.
85. S: $(x^2+y^2)(x-y)/(x+y)$.
86. S: $4(x-3)/(2x+1)$.
87. S: $(x-y)/(x^2+xy)$.
88. S: $(x-3)/(2x-4)$.
89. S: $(x^2-36)/(x^2-4)$.
90. S: $(x^2+1)/x$.
91. S: $(x-1)/(x+2)$.
92. S: $2x(x+3)/5(x^2-16)$.

IV

Ecuaciones

Ciertos problemas reales permiten ser traducidos al lenguaje algebraico mediante una expresión numérica llamada ecuación, en la que una o más cantidades son desconocidas.

Nuestro objetivo fundamental en los temas que siguen será aprender a calcular dichas cantidades y, a continuación, extrapolar los resultados en términos del problema real.

Ecuaciones de primer grado 27

Introducción histórica

Una de las mayores aportaciones a la teoría de las ecuaciones se debe al matemático francés, aunque nacido en Italia, Joseph Luis Lagrange (1736-1813). Lagrange fue uno de los mayores analistas de su época aunque también destacó en otras disciplinas. Su mayor aportación al Álgebra es su famosa memoria «sobre la resolución de las ecuaciones numéricas», escrita en 1767.

27.1 Resolución de ecuaciones de primer grado con una incógnita

Una igualdad o equivalencia es la relación que existe entre dos expresiones diferentes de una misma cantidad.

Así, por ejemplo, serían igualdades $7 = 6 + 1$ o bien $2x = x + 3$.

Una identidad o fórmula es la relación que existe entre dos expresiones iguales de una misma cantidad y es independiente del valor que se atribuya a las letras.

Así, por ejemplo, $x^2 - y^2 = (x + y)\ (x - y)$ y $(x + y)^2 = x^2 + 2xy + y^2$ son identidades.

Se llama ecuación a toda igualdad que contiene una o más cantidades desconocidas, que reciben el nombre de incógnitas, y que sólo se verifica, generalmente, para determinados valores de las incógnitas.

Generalmente, las incógnitas se representan mediante las últimas letras del abecedario: *x, y, z...*
Así, por ejemplo, $4x + 3 = 2x + 7$ es una ecuación porque es una igualdad en la que hay una incógnita, la *x*, y esta igualdad tan sólo se verifica para el valor $x = 2$. En efecto, si sustituimos la *x* por 2 tendremos:

$$4(2) + 3 = 2(2) + 7$$

Es decir, $8 + 3 = 4 + 7$
O sea, $11 = 11$, tal como queríamos comprobar.

Análogamente, $y^2 - 3y + 2 = 0$ también es una ecuación puesto que es una igualdad que únicamente se verifica para los valores $y = 2$ e $y = 1$. En efecto, si sustituimos la y por 2 tendremos:

$$2^2 - 3(2) + 2 = 4 - 6 + 2 = 0$$

Si sustituimos la y por 1 tendremos:

$$1^2 - 3(1) + 2 = 1 - 3 + 2 = 0$$

En cambio, para cualquier otro valor de y distinto de 1 o 2 la igualdad anterior no se verificará.

Así, por ejemplo, si sustituimos la y por 4 tendremos:

$$4^2 - 3(4) + 2 = 16 - 12 + 2 = 6 \neq 0$$

Se llama primer miembro de una ecuación o de una identidad a la expresión que queda a la izquierda del signo de igualdad, y segundo miembro a la expresión que queda a la derecha del signo de igualdad.
Así, por ejemplo, en la ecuación $3x - 1 = 2x - 3$, el primer miembro es $3x - 1$ y el segundo miembro es $2x - 3$.
Se llaman términos a cada una de las cantidades que están relacionadas con otras con los signos + o − o bien la cantidad que aparece sola en un miembro.
Así, por ejemplo, en la ecuación anterior los términos son: $3x$, -1, $2x$ y -3.
Se dice que una ecuación es literal cuando las cantidades conocidas están representadas por letras. Así, por ejemplo, $x + 2a = -2y + 3b$ es una ecuación literal en la cual a y b representan cantidades conocidas.
Por el contrario, se dice que una ecuación es numérica cuando las cantidades conocidas están representadas por números. Así, por ejemplo, $2x + 7 = -x + 5$ es una ecuación numérica puesto que la única letra que aparece representa la incógnita.
Se dice que una ecuación es entera cuando ninguno de sus términos tiene denominador. Así, por ejemplo, las ecuaciones anteriores son todas ellas enteras.
Por el contrario, se dice que una ecuación es fraccionaria cuando alguno de sus términos tiene denominador. Así, por ejemplo, la ecuación $2x/5 + 3 = 2x/3 + 1$ es fraccionaria.

Se dice que una ecuación tiene una, dos, tres o más incógnitas según contenga una, dos, tres o más letras que representen cantidades desconocidas.

El grado de una ecuación es la suma de los exponentes de las incógnitas en el término que la tenga mayor. Así, por ejemplo, las ecuaciones:

$3x + 2y = 8$ es de primer grado con dos incógnitas.
$4 - 3x = 2x^2 - 5$ es de segundo grado con una incógnita.
$5 - 3x^2 = 2xy^2$ es de tercer grado con dos incógnitas.

Las ecuaciones de primer grado reciben el nombre de ecuaciones simples o lineales.

Se llaman raíces o soluciones de una ecuación a los valores de las incógnitas que verifican o satisfacen la ecuación, es decir, son aquellos valores que sustituidos en lugar de las incógnitas convierten la ecuación en una identidad.

Así, por ejemplo, en la ecuación $2x - 1 = x - 3$, la raíz es -2, puesto que haciendo $x = -2$ tendremos:

$$2(-2) - 1 = -2 -3$$

Es decir, $-5 = -5$, que es una identidad.
Las ecuaciones de primer grado con una incógnita tienen una única raíz.
Así pues, resolver una ecuación consiste en hallar los valores que sustituidos en las incógnitas transforman la ecuación en una igualdad.
Una ecuación puede tener tantas raíces como unidades tenga su grado.
Se dice que dos ecuaciones son equivalentes cuando tienen las mismas soluciones.
Así, por ejemplo, las ecuaciones $x^2 - 3x + 2 = 0$ y $2x^2 - 6x + 4 = 0$ son equivalentes puesto que las soluciones de ambas son $x = 2$ y $x = 1$.

El axioma fundamental de las ecuaciones es que una ecuación se transforma en otra equivalente (y, por consiguiente, los valores de sus incógnitas no se alteran) cuando se ejecutan operaciones elementales iguales en ambos miembros.

Es decir:
a) Si a los dos miembros de una ecuación se les suma una misma cantidad, positiva o negativa, la igualdad subsiste.
b) Si a los dos miembros de una ecuación se les resta una misma cantidad, positiva o negativa, la igualdad subsiste.
c) Si los dos miembros de una ecuación se multiplican por una misma cantidad, positiva o negativa, la igualdad subsiste.
d) Si los dos miembros de una ecuación se dividen por una misma cantidad, positiva o negativa, la igualdad subsiste.

Transponer términos consiste en cambiar los términos de una ecuación de un miembro al otro.
De los dos primeros principios se deduce inmediatamente que cualquier término de una ecuación se puede pasar de un miembro a otro cambiándole el signo.
En efecto, consideremos la ecuación $3x - 2 = x + 6$. Para transponer el término -2 del primer miembro al segundo, añadimos 2 a ambos miembros y resulta:

$$3x - 2 + 2 = x + 6 + 2$$

Es decir, $3x = x + 8$

Análogamente, para transponer el término $+6$ del segundo miembro al primero de la ecuación anterior, añadimos -6 a ambos miembros y resulta:

$$3x - 2 - 6 = x + 6 - 6$$

O sea, $3x - 8 = x$

En ocasiones se transponen al primer miembro todos los términos de una ecuación y, en ese caso, el segundo miembro es cero.

Así, en la ecuación $3x - 2 = x + 6$ tendríamos:

$$3x - 2 - 6 = x + 6 - 6$$

O sea, $3x - 8 = x$
Añadiendo $-x$ a ambos miembros resultaría:

$$3x - 8 - x = x - x$$

Es decir, $2x - 8 = 0$

Como consecuencia de lo anteriormente expuesto, resulta obvio que términos iguales con signos iguales en distinto miembro de una ecuación pueden suprimirse.

En efecto, consideremos la ecuación $3x + 4 = 2x + 4$.
Tal como podemos observar, el término 4 aparece con el mismo signo en ambos miembros. Así pues, el término puede suprimirse, resultando:

$$3x = 2x$$

puesto que esta supresión equivale a añadir -4 a los dos miembros.
En efecto, añadiendo -4 a ambos miembros tendríamos:

$$3x + 4 - 4 = 2x + 4 - 4$$

Es decir, $3x = 2x$, tal como queríamos comprobar.

Del tercer principio se deduce que los signos de todos los términos de una ecuación se pueden cambiar sin que la ecuación varíe, puesto que esto equivale a multiplicar ambos miembros de la ecuación por -1, por lo cual la igualdad no varía.
Así, por ejemplo, si consideramos la ecuación $2x + 1 = x - 2$ y multiplicamos ambos miembros por -1 obtendremos:

$-2x - 1 = -x + 2$, que es la ecuación inicial con todos los signos cambiados.

Asimismo, del tercer principio se deduce que, para quitar los denominadores de una ecuación, basta con multiplicar sus dos miembros por el mínimo común múltiplo de los denominadores.

Así, por ejemplo, si consideramos la ecuación $x/4 - 2 = 3x/8$, para eliminar los denominadores multiplicaremos ambos miembros por el mínimo común múltiplo de los denominadores, o sea, por 8. Tendremos:

$$8(x/4 - 2) = 8 \cdot 3x/8$$

O sea, $2x - 16 = 3x$, que es una ecuación equivalente a la inicial y en la cual no aparecen denominadores.
Si se elevan a una misma potencia los dos miembros de una ecuación, la ecuación resultante tiene, generalmente, más soluciones que la ecuación inicial. En este caso se prescinde de aquellas soluciones que no satisfacen la primera ecuación.
Asimismo, se deduce que para quitar los radicales de una ecuación basta con aplicar las reglas dadas para racionalizar fórmulas irracionales.

Así pues, para resolver una ecuación de primer grado con una incógnita se procede del modo siguiente:
a) Se eliminan los radicales, caso de que los haya.
b) Se efectúan las operaciones indicadas en la ecuación, suprimiendo de este modo los paréntesis y signos de agrupación.
c) Se suprimen los denominadores, si los hay.
d) Se transponen y reducen términos.
e) Se despeja la incógnita, descomponiendo el primer miembro en dos factores.
f) Se dividen ambos miembros por el coeficiente de la incógnita.

Ejemplo

Resolver la ecuación $5 + 4x = 3x + 7$.

Solución: Transponemos el término $3x$ al primer miembro. Tendremos:

$$5 + 4x - 3x = 3x - 3x + 7$$
$$5 + x = 7$$

A continuación, transponemos el término 5 al segundo miembro.

Tendremos:

$$5 + x - 5 = 7 - 5$$
$$x = 2$$

Comprobemos que $x = 2$ satisface la ecuación dada:

$$5 + 4(2) = 3(2) + 7$$
$$5 + 8 = 6 + 7$$

O sea, $13 = 13$ tal como queríamos comprobar.

Ejemplo

Resolver la ecuación $2(x + 1) + 3(x - 2) = x + 3$.

Solución: Suprimamos los paréntesis

$$2x + 2 + 3x - 6 = x + 3$$

O sea, $5x - 4 = x + 3$

Transpongamos el término x al primer miembro:

$$5x - 4 - x = x - x + 3$$

O sea, $4x - 4 = 3$

Transpongamos el término -4 al segundo miembro:

$$4x - 4 + 4 = 3 + 4$$

O sea, $4x = 7$

Dividamos ambos miembros por 4:

$$4x/4 = 7/4$$

Es decir, $x = 7/4$.

Comprobemos que $x = 7/4$ satisface la ecuación dada:

$$2(7/4 + 1) + 3(7/4 - 2) = 7/4 + 3$$
$$2(11/4) + 3(-1/4) = 19/4$$

O sea, $22/4 - 3/4 = 19/4$
Es decir, $19/4 = 19/4$, tal como queríamos comprobar.

Ejemplo

Resolver la ecuación $\sqrt{x + 4} = 8 - \sqrt{x + 20}$.

Solución: Procedamos a eliminar los radicales. Para ello, elevemos en primer lugar ambos miembros al cuadrado. Tendremos:

$$(\sqrt{x + 4})^2 = (8 - \sqrt{x + 20})^2$$

$$x + 4 = 64 - 16\sqrt{x + 20} + x + 20$$

$$x + 4 = 84 + x - 16\sqrt{x + 20}$$

Transpongamos al primer miembro $84 + x$. Tendremos:

$$x + 4 - 84 - x = -16 \sqrt{x + 20}$$

$$-80 = -16 \sqrt{x + 20}$$

Cambiemos los signos de ambos miembros:

$$80 = 16 \sqrt{x + 20}$$

Dividamos ambos miembros por 16. Tendremos:

$$80/16 = 16 \sqrt{x + 20/16}$$

$$\text{O sea, } 5 = \sqrt{x + 20}$$

Elevemos ambos miembros al cuadrado:

$$(5)^2 = (\sqrt{x + 20})^2$$
$$25 = x + 20$$

Transpongamos al primer miembro 20. Tendremos:

$$25 - 20 = x$$

Es decir, $5 = x$

Comprobemos que $x = 5$ satisface la ecuación dada:

$$\sqrt{5 + 4} = 8 - \sqrt{5 + 20}$$
$$\sqrt{9} = 8 - \sqrt{25}$$
$$3 = 8 - 5$$

Es decir, $3 = 3$, tal como queríamos comprobar.

Tal como se indicó anteriormente, las ecuaciones fraccionarias son aquellas que tienen denominadores en algunos de sus términos.

Para convertir una ecuación fraccionaria en una ecuación equivalente entera se eliminan los denominadores multiplicando todos los términos de la ecuación por el mínimo común múltiplo de los denominadores.

Ejemplo

Resolver la ecuación $2x/9 + x/4 = 5x/6 - 3$.

Solución: Hallamos en primer lugar el mínimo común múltiplo de los denominadores. Tendremos:

$$9 = 3^2$$
$$4 = 2^2$$
$$6 = 2 \cdot 3$$

Así pues, el mínimo común múltiplo de los denominadores es $2^2 \cdot 3^2 = 36$.

A continuación, multiplicamos todos los términos por 36:

$$36 \cdot 2x/9 + 36 \cdot x/4 = 36 \cdot 5x/6 - 36 \cdot 3$$
$$8x + 9x = 30x - 108$$
$$17x = 30x - 108$$

Transponemos $17x$:

$$0 = -17x + 30x - 108$$
$$0 = 13x - 108$$

Transponemos -108:

$$108 = 13x$$

Despejamos la incógnita:

$$x = 108/13$$

Ejemplo

Resolver la ecuación $x/2 - x/4 = x/3 - 1$.

Solución: Hallamos en primer lugar el mínimo común múltiplo de los denominadores. Tendremos:

$$2 = 2$$
$$4 = 2^2$$
$$3 = 3$$

Así pues, el mínimo común múltiplo de los denominadores es $2^2 \cdot 3 = 12$.

A continuación, multiplicamos todos los términos por 12:

$$12 \cdot x/2 - 12 \cdot x/4 = 12 \cdot x/3 - 12 \cdot 1$$
$$6x - 3x = 4x - 12$$
$$3x = 4x - 12$$

Transponiendo términos:

$$12 = 4x - 3x$$

Es decir, $12 = x$

Resolver la ecuación $x/4 + x/6 + x/8 = x - 22$.

Solución: Hallamos en primer lugar el mínimo común múltiplo de los denominadores. Tendremos:

$$4 = 2^2$$
$$6 = 2 \cdot 3$$
$$8 = 2^3$$

Así pues, el mínimo común múltiplo de los denominadores es $2^3 \cdot 3 = 24$. A continuación, multiplicamos todos los términos por 24:

$$24 \cdot x/4 + 24 \cdot x/6 + 24 \cdot x/8 = 24 \cdot x - 24 \cdot 22$$
$$6x + 4x + 3x = 24x - 528$$
$$13x = 24x - 528$$

Transponiendo términos:
O sea, $528 = 11x$
Despejando la incógnita: $x = 528/11 = 48$.

Ejemplo

Resolver la ecuación $\dfrac{13-2x}{6} + \dfrac{5x-2}{4} = 1 - \dfrac{x+1}{12}$

Solución: Dado que no existen paréntesis, calculamos el mínimo común denominador de 6, 4 y 12, que es 12. Multiplicando cada término por 12 y simplificando, obtenemos:

$$2(13-2x) + 3(5x-2) = 12 - (x+1)$$

Eliminamos paréntesis: $26 - 4x + 15x - 6 = 12 - x - 1$
Trasponemos términos: $-4x + 15x + x = 12 - 1 - 26 + 6$
Agrupando: $12x = -9$

Y por tanto, la solución es: $x = -\dfrac{9}{12} = -\dfrac{3}{4}$

Un caso particular de ecuación fraccionaria es aquella en la que la incógnita aparece también en el denominador. Para ellas hay que tener presente que, para librar los términos de sus denominadores, se deben multiplicar los dos miembros por el mínimo denominador común y éste contiene a la incógnita. En este caso, una vez halladas las soluciones, no se consideran las que anulan este denominador común, porque no se pueden multiplicar los dos miembros de la ecuación por una expresión nula.

Ejemplo

Resolver la ecuación $\dfrac{3}{x+1}-\dfrac{4}{x-1}=\dfrac{2(x-3)}{x^2-1}$

Solución: Según sabemos $x^2-1=(x+1)(x-1)$, de donde deducimos que el mínimo denominador común es $(x+1)(x-1)$, que se anula para $x=-1$ y para $x=1$. Multiplicándolo por cada término obtenemos:

$$3(x-1)-4(x+1)=2(x-3)$$

Suprimimos paréntesis: $3x-3-4x-4=2x-6$

Trasponemos términos: $3x-4x-2x=-6+3+4$

Agrupamos términos: $-3x=1$

Despejando la incógnita: $x=-\dfrac{1}{3}$

Como este valor no anula al denominador común, puede considerarse como solución de la ecuación.

Como se expuso anteriormente, las ecuaciones literales son aquellas ecuaciones en las que algunos o todos los coeficientes de las incógnitas o las cantidades conocidas que figuran en la ecuación se representan con letras.

Las ecuaciones literales de primer grado con una incógnita se resuelven aplicando el mismo procedimiento usado en las ecuaciones enteras.

Ejemplo

Resolver la ecuación $6x+2ax=36-2bx$.

Solución: Transpongamos el término $-2bx$. Tendremos:

$$6x+2ax+2bx=36$$

Saquemos factor común en el primer miembro:

$$(6+2a+2b)x=36$$

Despejemos la incógnita: $x=36/(6+2a+2b)$

Ejemplo

Resolver la ecuación $2a - 2b/x = 2c/x + 2d/x - 2$.

Solución: Suprimamos los denominadores multiplicando todos los términos por x. Tendremos:

$$2ax - 2b = 2c + 2d - 2x$$

Transponiendo términos: $2ax + 2x = 2c + 2d + 2b$

Extrayendo factor común x en el primer miembro:

$$(2a + 2)x = 2c + 2d + 2b$$

Despejando la incógnita:

$$x = \frac{2c + 2d + 2b}{2a + 2} = \frac{2(c + d + b)}{2(a + 1)}$$

Es decir,

$$x = \frac{c + d + b}{a + 1}$$

Ejemplo

Resolver la ecuación $3b + 3ax/b + 3 = 3bx/a + 3a$.

Solución: Suprimamos los denominadores multiplicando todos los términos por el mínimo común múltiplo de los denominadores que es ab.
Tendremos:

$$3b(ab) + (ab) \cdot 3ax/\mathrm{b} + 3ab = (ab) \cdot 3bx/a + 3a(ab)$$

O sea, $3ab^2 + 3a^2x + 3ab = 3b^2x + 3a^2b$

Transponiendo términos:

$$3a^2x - 3b^2x = 3a^2b - 3ab^2 - 3ab$$

Simplificando todos los términos por 3:

$$a^2x - b^2x = a^2b - ab^2 - ab$$

Extrayendo factor común en ambos miembros:

$$(a^2 - b^2)x = ab(a - b - 1)$$

Despejando la incógnita,

$$x = \frac{ab(a-b-1)}{a^2 - b^2}$$

27.2 Problemas que se resuelven mediante ecuaciones de primer grado

Una de las aplicaciones más importantes del estudio de las ecuaciones es la resolución de problemas.

En cualquier problema existen unas cantidades conocidas, llamadas datos, y otras desconocidas, que reciben el nombre de incógnitas, y que, generalmente, se representan con las letras x, y, z, ...
El enunciado del problema señala las relaciones entre los datos y las incógnitas, relaciones que hay que expresar mediante ecuaciones.

Al resolver las ecuaciones se obtienen los valores de las incógnitas, que resuelven el problema propuesto, siempre que dichas soluciones estén de acuerdo con los requisitos del enunciado, incluso con los que no se pueden reflejar en las ecuaciones.

Por ejemplo, no podremos aceptar como solución de un problema propuesto que la longitud del lado de un cuadrado sea –5 metros.

Los pasos que hay que seguir en la resolución de un problema con una incógnita se pueden resumir en el siguiente cuadro:

1. **Representar por una letra (habitualmente x) la cantidad que ha de tomarse como incógnita.**
2. **Expresar con una ecuación la relación entre los datos y la incógnita: traducir en símbolos o expresiones matemáticas lo que expresa el enunciado del problema.**
3. **Resolver la ecuación obtenida.**
4. **Comprobar si el resultado de la ecuación cumple con todas las condiciones expresadas en el enunciado.**

Este método de resolución de problemas se llama algebraico.

Los dos primeros puntos son los más difíciles y los que requieren más práctica. Es fundamental tomar como incógnita una cantidad clave, a partir de la cual se pueda expresar matemáticamente el enunciado del problema. Para esto, lo mejor es leer despacio dicho enunciado hasta que se haya entendido perfectamente su significado.

Ejemplo

Halla un número cuyo quíntuplo, disminuido en los $\frac{3}{4}$ del número, es igual al triple de la suma de dicho número más cinco.

Solución: Sea x el número pedido. Traducimos el problema a lenguaje matemático:

Enunciado	Traducción matemática
Hallar el número	x
cuyo quíntuplo	$5x$
disminuido en los $\frac{3}{4}$ del número	$5x-\frac{3}{4}x$
es igual al triple de	$5x-\frac{3}{4}x=3(\quad)$
la suma de dicho número más cinco	$5x-\frac{3}{4}x=3(x+5)$

Para resolver la ecuación, multiplicamos cada término por el común denominador 4, obteniendo:

$$20x-3x=12(x+5)$$

Eliminamos el paréntesis: $20x-3x=12x+60$

Trasponemos términos: $20x-3x-12x=60$

Agrupamos términos semejantes: $5x=60$

Y despejamos la incógnita: $x=\frac{60}{5}=12$

Como el valor 12 cumple las condiciones del enunciado: $5\cdot 12-\frac{3}{4}\cdot 12=51=3(12+5)$, el 12 es la solución del problema.

En este ejemplo, la ecuación traduce el enunciado del problema; en otros casos será necesario un razonamiento.

Ejemplo

En un triángulo rectángulo, la hipotenusa es 3 cm más larga que el cateto mayor. Si el cateto menor mide 9 cm. ¿Cuánto miden los otros dos lados?

Solución: Llamando x a la longitud del cateto mayor (cualquiera de los tres lados podría ser la incógnita), la hipotenusa medirá 3 cm más, es decir, $x+3$.

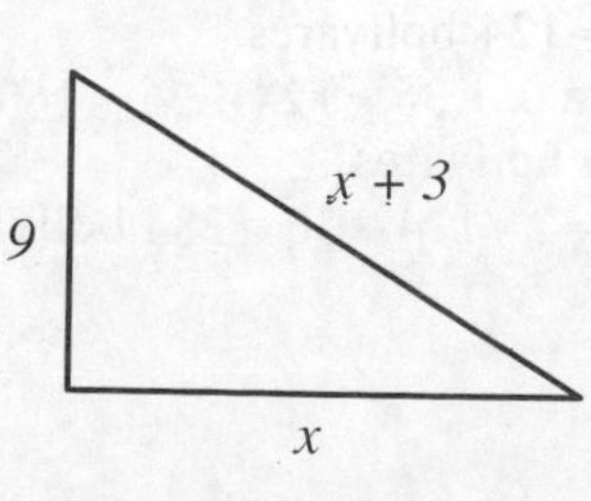

El teorema de Pitágoras aplicado a este triángulo nos proporciona la ecuación que debemos resolver: $(x+3)^2 = x^2 + 9^2$

Desarrollando las potencias: $x^2 + 6x + 9 = x^2 + 81$

Trasponiendo términos: $x^2 + 6x - x^2 = 81 - 9$

Agrupando: $6x = 72$

Despejando la incógnita: $x = \frac{72}{6} = 12$

De aquí deducimos que el cateto mayor mide 12 cm y la hipotenusa $12 + 3 = 15$ cm.
La resolución de todo problema algebraico comprende dos partes:
a) Plantear el problema, o sea, expresar las condiciones del mismo mediante una o más ecuaciones.
b) Resolver la ecuación o ecuaciones a que dé lugar.

Se dice que un problema es determinado cuando admite tantas ecuaciones distintas como incógnitas tiene. En caso contrario, se dice que el problema es indeterminado.

Aunque no puede darse una regla general que permita hallar inmediatamente la ecuación o ecuaciones que corresponden a los datos de un problema determinado, en la mayor parte de los casos se puede suponer que la respuesta es la incógnita y a continuación se indican mediante signos algebraicos las operaciones que deberían efectuarse para comprobar la exactitud del resultado.
A continuación se presenta una miscelánea de problemas de primer grado indicando el procedimiento seguido en su resolución.

Ejemplo

Repartir 568 bolívares entre tres personas, de modo que la primera persona reciba 36 bolívares más que la segunda y la tercera reciba tanto como las otras dos personas juntas.

Solución: Llamaremos x a la cantidad que recibirá la segunda persona. Así pues, la primera persona recibirá $x + 36$ y la tercera recibirá $x + x + 36 = 2x + 36$.
Como entre las tres personas recibirán 568 bolívares, tendremos:

$$(x+36) + x + (2x+36) = 568$$

Es decir, $4x + 72 = 568$.
Transponiendo términos: $4x = 568 - 72 = 496$

Despejando la incógnita: $x = 496/4 = 124$ bolívares.
Así pues, la primera persona recibirá $x + 36 = 124 + 36 = 160$ bolívares.
La segunda persona recibirá $x = 124$ bolívares.
La tercera persona recibirá $2x + 36 = 2 \cdot 124 + 36 = 284$ bolívares.

Comprobemos que los resultados obtenidos verifican las condiciones del enunciado.

Entre las tres personas se deben repartir 568 bolívares. En efecto, tenemos que $160 + 124 + 284 = 568$ bolívares.

La primera persona debe recibir 36 bolívares más que la segunda. En efecto, tenemos que $160 - 124 = 36$ bolívares.

La tercera persona debe recibir tanto como las otras dos personas juntas. En efecto, tenemos que $284 = 160 + 124$.

Problemas propuestos

1. Resolver la ecuación 2x = 5x – 15.
2. Ídem 3x + 11 = 8x + 6.
3. Ídem 13 – 4x = 19 – 6x.
4. Ídem 15x – 12 = 6x + 24.
5. Ídem 4x + 10 = 7x + 4.
6. Ídem 9x + 5 = 6x + 8.
7. Ídem 6 – 2x = 3x – 4.
8. Ídem 5 + 3x = 2x + 7.
9. Ídem 3x + 7 = 5x – 7.
10. Ídem 12 – 2x = x – 3.
11. Ídem x/2 + x/3 = 5.
12. Ídem x/5 + x/8 = 15 – x/20.
13. Ídem x/4 + x/6 = x/8 + 14.
14. Ídem x/2 + x/3 = x/4 + 7.
15. Ídem x/3 – x/7 = x – 17.
16. Ídem (x – 3)/4 + (x – 1)/3 = x – 4.
17. Ídem 3x/5 – 2x/3 = –1/5.
18. Ídem 1/2x + 1/4 = 1/10x + 1/5.
19. Ídem (x – 2)/3 – (x – 4)/5 = (x – 6)/7.
20. Ídem 4x/3 – 5x/7 = x – 8.
21. Halla las soluciones de las siguientes ecuaciones fraccionarias:

a) $\dfrac{3x-16}{x} = \dfrac{5}{3}$

b) $\dfrac{21-x}{23-x} = \dfrac{2}{3}$

c) $\dfrac{9+x}{19-x} = \dfrac{2}{3}$

d) $\dfrac{30+x}{20+x} = \dfrac{5}{4}$

e) $\dfrac{x}{2} - \dfrac{2}{x+1} + \dfrac{3}{x-1} = \dfrac{x^3-1}{2\left(x^2-1\right)}$

f) $\dfrac{(x-1)^2-(x-2)^2}{x^2-1} + \dfrac{x+1}{x-1} = \dfrac{x-1}{x+1}$

g) $\dfrac{3}{x+4} - \dfrac{1}{1-x} + \dfrac{7+5x}{(x+4)(1-x)} = 0$

22. Resuelve las siguientes ecuaciones con coeficientes literales:

a) $x(a-3) = a(2-x) - 3(x-a)$

b) $\dfrac{x-a}{2} = \dfrac{x+a}{3} - \dfrac{2x-3a}{6}$

c) $\dfrac{x+b}{a} + \dfrac{x+a}{b} = \dfrac{a+b}{x} + \dfrac{x(a+b)}{ab}$

d) $\dfrac{3a+x}{a+x} - \dfrac{3a-x}{a-x} = \dfrac{6a}{a^2-x^2}$

e) $\dfrac{m(m-1)}{1-m^4x^2} - \dfrac{1}{1+m^2x} = \dfrac{1}{1-m^2x} - \dfrac{m+1}{1+m^2x}$

23. Repartir 560 soles entre dos personas, de modo que la parte de la primera persona sobrepase en 1/3 a la de la 2.ª.
24. La tercera parte de un número sumada con su cuarta parte dan 2.842. ¿Cuál es este número?
25. Una suma de 2.100 pesos está formada por un mismo número de monedas de 25 pesos y de 5 pesos. ¿Cuál es ese número?
26. Dividir el número 396 en dos partes, de manera que dividiendo una parte por 5 y la otra parte por 3 ambos cocientes sumen 84.
27. La suma de dos números es 966 y su diferencia es igual a los 7/8 del menor. Hallar los dos números.
28. Repartir 1.128 soles entre dos

personas de manera que una de ellas tenga tantas monedas de 1 sol como monedas de 5 soles tenga la otra.

29. Se ha vendido 1/3, 1/4 y 1/6 de una pieza de tela y todavía quedan 36 metros. Hallar la longitud de la pieza de tela.
30. La suma de dos números es 48. Si se les aumenta a los dos 16 unidades, su razón es 3/5. ¿Cuáles son estos números?
31. Una persona ha comprado 1/5 y otra 2/3 de una pieza de tela. Si la segunda se lleva 42 metros más que la primera, ¿cuál era la longitud de la pieza de tela?
32. Una persona tiene actualmente 3 veces la edad de su sobrino. Dentro de 10 años su edad será únicamente el doble. Hallar la edad de cada uno.
33. La suma de las edades de dos personas es actualmente de 84 años. Si 1/3 de la edad del más joven equivale a 1/4 de la edad del mayor, ¿cuál es la edad de cada uno?
34. Un obrero debe terminar cierto número de metros de obra en 14 días. Trabajando 8 horas diarias le faltarían 8 metros y trabajando 9 horas diarias haría 6 metros más de lo convenido. ¿Cuántos metros tiene que hacer?
35. Un comerciante que ha vendido los 3/5 de una partida de manzanas dice que añadiendo 230 a las que quedan, la cantidad inicial de manzanas aumentaría en 1/6. ¿Cuántas manzanas había al principio?
36. Un viajero ha recorrido el primer día de su viaje 1/4 de su camino; el segundo día los 5/9 y el tercer día termina el viaje recorriendo 42 km. ¿Cuál es la longitud del recorrido?
37. Un galgo persigue a una liebre que está a 60 metros de distancia. Si el galgo recorre 6 m/s y la liebre 4 m/s, ¿cuánto tardará el galgo en alcanzar a la liebre?
38. Un comerciante tiene vino de 20 colones el litro. Añade agua en cantidad tal que 160 litros de mezcla no valen más que 1.6υ0 colones. ¿Qué cantidad de agua contiene un litro de mezcla?
39. Un cajero efectúa tres pagos. En el primero entrega la mitad de lo que tiene en caja más 300 soles. En el segundo, 1/3 de lo que le queda menos 200 soles. En el tercero, 1/4 de lo que le queda aún más 400 soles. Efectuados estos pagos todavía tiene 2.600 soles en caja. ¿Cuánto tenía al principio?
40. La suma de dos números es 80 y el mayor excede al menor en 6. Hallar los números.
41. Dividir 114 en tres partes tales que la segunda sea el doble de la primera y la suma de las dos primeras exceda a la tercera en 30.
42. La edad de un padre es el triple que la de su hijo y hace 4 años era 4 veces la de su hijo. Hallar las edades actuales.
43. Un comerciante adquiere 100 trajes y 70 pares de zapatos por 32.000 balboas. Cada traje costó el doble de lo que costó cada par de zapatos más 50 balboas. Hallar el precio de un traje y el de un par de zapatos.
44. Seis personas iban a comprar una casa contribuyendo por partes iguales, pero dos de ellas desistieron del negocio y entonces cada una de las restantes tuvo que poner 4.000 bolívares más. ¿Cuál era el valor de la casa?
45. La suma de dos números es 58 y el doble del mayor excede al triple del menor en 11. Hallar los números.
46. El largo de un barco, que es 133 metros, excede en 13 metros a 8 veces el ancho. Hallar el ancho del barco.
47. Un ganadero compró cuatro veces más caballos que vacas. Si hubiera comprado 2 caballos más y 2 vacas más tendría triple número de caballos que de vacas. ¿Cuántos caballos y cuántas vacas compró?

48. En cada día de lunes a jueves, Juan ganó $10 más de lo que ganó el día anterior. Si el jueves ganó cuatro veces más que lo que ganó el lunes, ¿cuánto ganó cada día?

49. Ana tenía cierta suma de dinero. Ahorró una suma igual a lo que tenía y gastó 200 soles. Luego ahorró una suma igual al doble de lo que le quedaba y gastó 1.800 soles. Si ahora no tiene nada, ¿cuánto tenía al principio?

50. Una sala tiene doble largo que ancho. Si el largo se disminuye en 3 metros y el ancho se aumenta en 2 metros, la superficie de la sala no varía. Hallar las dimensiones de la sala.

51. Hace 4 años la edad de un padre era tres veces la de su hijo y dentro de 6 años será el doble. ¿Qué edades tienen ahora el padre y el hijo?

52. Dentro de 2 años la edad de un padre será el triple que la de su hijo y hace 4 años era cinco veces la del hijo. Hallar las edades actuales.

53. La edad de José es el triple que la de Roberto y ambas edades suman 60 años. Hallar ambas edades.

54. El mayor de dos números es 6 veces el menor y ambos números suman 56.

55. Repartir 700 balboas entre tres personas de modo que la parte de la segunda sea la mitad de la primera y un cuarto de la de la tercera.

56. Dividir el número 200 en tres partes de modo que la primera sea el cuarto de la segunda y el quinto de la tercera.

57. El doble de un número equivale al número aumentado en 48. Hallar el número.

58. La edad de Ana es el triple que la de María más 3 años y ambas edades suman 31 años. Hallar ambas edades.

59. Si un número se multiplica por 7 el resultado es el número aumentado en 24. Hallar el número.

60. Si al triple de la edad de José le añadimos 15 años, tendría 90 años. ¿Qué edad tiene José?

61. Dividir 136 en tres partes tales que la primera sea el triple de la segunda y la tercera igual a la suma de la primera y la segunda.

62. La edad de Eva es la mitad de la de Pilar; la de Juana el triple de la de Eva y la de Eugenia el doble que la de Juana. Si las cuatro edades suman 144 años, ¿qué edad tiene cada una?

63. Dividir 120 en dos partes tales que la mayor disminuida en 5 equivalga a la menor aumentada en 5.

64. Entre Juan y José tienen 820 bolívares. Si Juan pierde 20, lo que le queda equivale a lo que tiene José. ¿Cuánto tiene cada uno?

65. Dos ángulos suman 90° y el doble del menor excede en 30° al mayor. Hallar los ángulos.

66. La suma de dos números es 72 y el mayor excede al triple del menor en 4. Hallar los números.

67. La diferencia de dos números es 60. Si el mayor se disminuye en 10 se tiene el triple del menor. Hallar los números.

68. Un perro y su collar han costado $80 y el perro costó 9 veces lo que el collar. ¿Cuánto costó el perro y cuánto el collar?

69. Entre Pedro y Eduardo tienen $160. Si Pedro pierde $9 y Eduardo gana $5, ambos tienen lo mismo, ¿Cuánto tiene cada uno?

70. En una clase hay 50 alumnos entre niños y niñas. El número de niñas excede en 5 al doble de los niños. ¿Cuántos niños hay en la clase y cuántas niñas?

71. Dividir 32 en dos partes tales que el triple de la parte menor disminuido en la parte mayor equivalga a 16.

72. La suma de dos números es 74 y el triple del menor excede en 18 al mayor aumentado en 12. Hallar los números.

Soluciones

1. S: $x = 5$.
2. S: $x = 1$.
3. S: $x = 3$.
4. S: $x = 4$.
5. S: $x = 2$.
6. S: $x = 1$.
7. S: $x = 2$.
8. S: $x = 2$.
9. S: $x = 7$.
10. S: $x = 5$.
11. S: $x = 6$.
12. S: $x = 40$.
13. S: $x = 48$.
14. S: $x = 12$.
15. S: $x = 21$.
16. S: $x = 7$.
17. S: $x = 3$.
18. S: $x = 8$.
19. S: $x = 104$.
20. S: $x = 21$.
21. S: a) $x = 12$
    b) $x = 17$
    c) $x = 11/5$
    d) $x = 20$
    e) $x = -11$
    f) $x = 1/2$
    g) $x = -6$
22. S: a) $x = 5/2$
    b) $x = 8a/3$
    c) $x = \left(a^2b + ab^2\right)\Big/\left(a^2 + b^2\right)$
    d) $x = -3/2$
    e) $x = (m-1)/m^2$
23. S: 320 pesos la primera y 240 pesos la segunda.
24. S: 4.872.
25. S: 70 monedas de cada clase.
26. S: 360 y 36.
27. S: 630 y 336.
28. S: 188 y 940.
29. S: 144 metros.
30. S: 14 y 34.
31. S: 90 metros.
32. S: 30 y 10 años.
33. S: 36 y 48 años.
34. S: 120 metros.
35. S: 300.
36. S: 216 km.
37. S: 30 segundos.
38. S: 1/2 litro.
39. S: 12.000 soles.
40. S: 43 y 37.
41. S: 24, 48 y 42.
42. S: 36 y 12 años.
43. S: 250 balboas el traje y 100 balboas el par de zapatos.
44. S: 48.000 bolívares.
45. S: 37 y 21.
46. S: 15 metros.
47. S: 16 caballos y 4 vacas.
48. S: $10 el lunes, $20 el martes, $30 el miércoles y $40 el jueves.
49. S: 400 soles.
50. S: 12 metros de largo y 6 metros de ancho.
51. S: 34 y 14 años.
52. S: 34 y 10 años.
53. S: José 45 años y Roberto 15 años.
54. S: 48 y 8.
55. S: 200, 100 y 400 balboas, respectivamente.
56. S: 20, 80 y 100.
57. S: 48.
58. S: Ana 24 años y María 7 años.
59. S: 4.
60. S: 25 años.
61. S: 51, 17 y 68.
62. S: Eva 12 años, Pilar 24 años, Juana 36 años y Eugenia 72 años.
63. S: 65 y 55.
64. S: 420 bolívares Juan y 400 bolívares José.
65. S: 50° y 40°.
66. S: 55 y 17.
67. S: 85 y 25.
68. S: $72 el perro y $8 el collar.
69. S: $87 Pedro y $73 Eduardo.
70. S: 35 niñas y 15 niños.
71. S: 20 y 12.
72. S: 48 y 26.

Ecuaciones de segundo grado 28

Introducción histórica

Uno de los más grandes algebristas del siglo XIX fue el matemático noruego Hiels Henrik Abel (1802-1829). Abel demostró el teorema general del binomio y la imposibilidad de la resolución de las ecuaciones de quinto grado. Por su trabajo sobre las funciones elípticas obtuvo el Gran Premio de Matemáticas del Instituto de Francia.

28.1 Definición

Se llama ecuación de segundo grado a la que tiene la forma $ax^2 + bx + c = 0$ siendo a $\neq 0$ y $a, b, c \in R$.
Se llama ecuaciones completas de segundo grado a las ecuaciones del tipo $ax^2 + bx + c = 0$ con $a,b,c \neq 0$.
Así, por ejemplo, $x^2 - 2x + 1 = 0$ es una ecuación completa de segundo grado.
Ecuaciones incompletas de segundo grado son ecuaciones de la forma $ax^2 + c = 0$ o bien $ax^2 + bx = 0$.
Así, por ejemplo, $x^2 + 4 = 0$ y $3x^2 + 4x = 0$ son ecuaciones incompletas de segundo grado.
Se llama raíces de una ecuación de segundo grado a los valores de la incógnita que satisfacen la ecuación.
Toda ecuación de segúndo grado tiene dos raíces. Así, por ejemplo, los raíces de la ecuación $x^2 - 5x + 4 = 0$ son $x_1 = 4$ y $x_2 = 1$, puesto que ambos valores satisfacen dicha ecuación.
En efecto, 4 es raíz puesto que $4^2 - 5 \cdot 4 + 4 = 16 - 20 + 4 = 0$, y 1 es raíz puesto que $1^2 - 5 \cdot 1 + 4 = 1 - 5 + 4 = 0$.
Resolver una ecuación de segundo grado consiste en hallar las raíces de la ecuación.

28.2 Ecuaciones incompletas

Tal como se ha indicado anteriormente, las ecuaciones incompletas de segundo grado son de la forma $ax^2 + c = 0$ o bien $ax^2 + bx = 0$.

Para resolver las ecuaciones incompletas del tipo $ax^2 + c = 0$ se procede del modo siguiente:

$$ax^2 + c = 0$$

Transponiendo c: $ax^2 = -c$

Despejando x^2: $x^2 = -c/a$

Despejando x: $x = \pm\sqrt{-c/a}$

Si a y c tienen el mismo signo, las raíces son imaginarias, puesto que se obtiene la raíz cuadrada de una cantidad negativa. Si a y c tienen signos distintos ambas raíces son reales.

Ejemplo

Resolver la ecuación $x^2 - 4 = 0$.

Solución: Tendremos

$$x^2 - 4 = 0$$
$$x^2 = 4$$
$$x = \sqrt{4} = \pm 2$$

Ejemplo

Resolver la ecuación $3x^2 - 27 = 0$.

Solución: Tendremos

$$3x^2 - 27 = 0$$
$$3x^2 = 27$$
$$x^2 = 27/3 = 9$$
$$x = \sqrt{9} = \pm 3$$

Ejemplo

Resolver la ecuación $x^2 + 1 = 0$

Solución: Se tiene

$$x^2 + 1 = 0$$
$$x^2 = -1$$

pero esta ecuación no tiene solución real, pues no hay número real que elevado al cuadrado dé una cantidad negativa.

Para resolver las ecuaciones incompletas del tipo $ax^2 + bx = 0$ se procede del modo siguiente:

$$ax^2 + bx = 0$$

Extrayendo factor común: $x(ax + b) = 0$

Como el producto de ambos factores es nulo, o bien $x = 0$ o bien $ax + b = 0$.

Si $ax + b = 0$ entonces $ax = -b$ y por lo tanto $x = -b/a$.

Así pues en estas ecuaciones una raíz es 0 y la otra $-b/a$.

Ejemplo

Resolver la ecuación $x^2 - 4x = 0$.

Solución: Tendremos

$$x^2 - 4x = 0$$
$$x(x - 4) = 0$$

Las dos posibilidades serán:

$x = 0$
$x - 4 = 0$, o sea, $x = 4$.

Así pues, las dos raíces son: $x_1 = 0$ y $x_2 = 4$.

Ejemplo

Resolver la ecuación $3x^2 + 6x = 0$.

Solución: Tendremos

$$3x^2 + 6x = 0$$
$$x\,(3x + 6) = 0$$

Las dos posibilidades serán:

$x = 0$
$3x + 6 = 0$, o sea, $3x = -6$ y por lo tanto $x = -2$.

Así pues, las dos raíces son: $x_1 = 0$ y $x_2 = -2$.

28.3 Resolución de la ecuación completa

Para resolver la ecuación completa $ax^2 + bx + c = 0$ se procede del modo siguiente:

Multiplicamos los dos miembros de la ecuación por $4a$:

$$4a^2x^2 + 4abx + 4ac = 0$$

Sumamos y restamos b^2 en el primer miembro:

$$4a^2x^2 + 4abx + b^2 - b^2 + 4ac = 0$$

Como $4a^2x^2 + 4abx + b^2 = (2ax + b)^2$, podremos escribir:

$$(2ax + b)^2 - b^2 + 4ac = 0$$

Sumamos en los dos miembros $b^2 - 4ac$:

$$(2ax + b)^2 = b^2 - 4ac$$

Extrayendo la raíz cuadrada en ambos miembros:

$$2ax + b = \pm \sqrt{b^2 - 4ac}$$

Restando b en ambos miembros:

$$2ax = -b \pm \sqrt{b^2 - 4ac}$$

Despejando x: $x = \dfrac{-b \pm \sqrt{b^2 - 4ac}}{2a}$

Así pues, la ecuación tiene dos soluciones:

$$x_1 = \frac{-b + \sqrt{b^2 - 4ac}}{2a} \quad \text{y} \quad x_2 = \frac{-b - \sqrt{b^2 - 4ac}}{2a}$$

Ambas soluciones coinciden si $b^2 - 4ac = 0$.
En el caso de que $\Delta = b^2 - 4ac < 0$, como que $(2ax + b)^2 \geqq 0$ por ser un cuadrado, la igualdad no es posible y por lo tanto la ecuación no tiene solución en los números reales.

En resumen:

a) Si $\Delta < 0$ no hay soluciones reales.
b) Si $\Delta = 0$ hay una solución real doble: $x_1 = x_2 = -b/2a$
c) Si $\Delta > 0$ hay dos soluciones reales distintas:

$$x_1 = \frac{-b + \sqrt{\Delta}}{2a} \quad \text{y} \quad x_2 = \frac{-b - \sqrt{\Delta}}{2a}$$

Ejemplo

Resolver la ecuación $3x^2 + 2x + 4 = 0$.

Solución: Tendremos

$$x_1 = \frac{-b + \sqrt{b^2 - 4ac}}{2a} = \frac{-2 + \sqrt{4 - 4 \cdot 3 \cdot 4}}{6} = \frac{-2 + \sqrt{-44}}{6}$$

$$x_2 = \frac{-b - \sqrt{b^2 - 4ac}}{2a} = \frac{-2 - \sqrt{4 - 4 \cdot 3 \cdot 4}}{6} = \frac{-2 - \sqrt{-44}}{6}$$

Ejemplo

Resolver la ecuación $2x^2 - 8x + 8 = 0$.

Solución: Tendremos

$$x_1 = \frac{-b + \sqrt{b^2 - 4ac}}{2a} = \frac{8 + \sqrt{64 - 64}}{4} = 2$$

$$x_2 = \frac{-b - \sqrt{b^2 - 4ac}}{2a} = \frac{8 - \sqrt{64 - 64}}{4} = 2$$

Ejemplo

esolver la ecuación $2x^2 - 14x + 24 = 0$.

olución: Tendremos

$$x_1 = \frac{-b + \sqrt{b^2 - 4ac}}{2a} = \frac{14 + \sqrt{196 - 192}}{4} = \frac{14 + 2}{4} = 4$$

$$x_2 = \frac{-b - \sqrt{b^2 - 4ac}}{2a} = \frac{14 - \sqrt{196 - 192}}{4} = \frac{14 + 2}{4} = 3$$

n el caso de que las ecuaciones de segundo grado tengan denominadores, habrá que eliminarlos pre-amente multiplicando por el mínimo común denominador.

Ejemplo

Resolver la ecuación $30/x - (22x + 10)/x^2 = -2$.

Solución: Como el mínimo común denominador es x^2, multiplicaremos por x^2 todos los términos. Tendremos

$$30x - (22x + 10) = -2x^2$$

O sea, $30x - 22x - 10 = -2x^2$
$8x - 10 = -2x^2$
Es decir, $2x^2 + 8x - 10 = 0$.

Por lo tanto:

$$x_1 = \frac{-b + \sqrt{b^2 - 4ac}}{2a} = \frac{-8 + \sqrt{64 + 80}}{4} = \frac{-8 + 12}{4} = 1$$

$$x_2 = \frac{-b - \sqrt{b^2 - 4ac}}{2a} = \frac{-8 - \sqrt{64 + 80}}{4} = \frac{-8 - 12}{4} = -5$$

Las ecuaciones con radicales se resuelven eliminando los radicales mediante la elevación de los dos miembros a la potencia que indique el índice del radical.
Si la ecuación resultante es de segundo grado, al resolverla se obtienen las dos raíces de la ecuación, pero es necesario comprobar si ambas raíces satisfacen la ecuación dada, puesto que cuando los dos miembros de una ecuación se elevan a una misma potencia se introducen generalmente nuevas soluciones que no satisfacen la ecuación inicial. Estas soluciones reciben el nombre de soluciones extrañas o inadmisibles.
Así pues, debe efectuarse la verificación para aceptar las soluciones válidas y rechazar las soluciones extrañas.

Ejemplo

Resolver la ecuación $\sqrt{12x + 4} + \sqrt{20x} = \sqrt{64x + 4}$.
Solución: Elevemos al cuadrado ambos miembros. Tendremos

$(\sqrt{12x + 4} + \sqrt{20x})^2 = (\sqrt{64x + 4})^2$
O sea, $12x + 4 + 2\sqrt{240x^2 + 80x} + 20x = 64x + 4$
Es decir, $32x + 4 + 2\sqrt{240x^2 + 80x} = 64x + 4$
Transponiendo términos: $2\sqrt{240x^2 + 80x} = 32x$
Dividiendo por 2 ambos miembros: $\sqrt{240x^2 + 80x} = 16x$
Elevando al cuadrado ambos miembros: $240x^2 + 80x = 256x^2$
Transponiendo términos: $16x^2 - 80x = 0$
Dividiendo por 16 ambos miembros: $x^2 - 5x = 0$
Extrayendo factor común $x: x(x - 5) = 0$
Así pues, las soluciones son: $x_1 = 0$ y $x_2 = 5$

Comprobemos si estas soluciones satisfacen la ecuación inicial. $\sqrt{12 \cdot 0 + 4} + \sqrt{20 \cdot 0} = \sqrt{64 \cdot 0 + 4}$
$\sqrt{4} = \sqrt{4}$
O sea, 0 es solución puesto que satisface la ecuación inicial.

$$\sqrt{12 \cdot 5 + 4} + \sqrt{20 \cdot 5} = \sqrt{64 \cdot 5 + 4}$$

$$\sqrt{64} + \sqrt{100} = \sqrt{324}$$

$$8 + 10 = 18$$

O sea, 5 es solución puesto que satisface la ecuación inicial.
Así pues, 0 y 5 son las soluciones de la ecuación dada.
Un método que acostumbra a ser muy rápido para resolver ecuaciones de segundo grado es el de la descomposición factorial.
Para resolver una ecuación de segundo grado por descomposición factorial, se descompone factorialmente el primer miembro de la ecuación, se igualan a cero cada uno de los factores y se resuelven las ecuaciones resultantes.
Las ecuaciones literales de segundo grado pueden resolverse indistintamente mediante la fórmula general o bien por descomposición en factores. En muchas ecuaciones literales la resolución por descomposición en factores resulta muy rápida, mientras que el empleo de la fórmula general resulta mucho más laborioso.

Ejemplo

Resolver por descomposición en factores la ecuación $x^2 - 10x + 16 = 0$.

Solución: Las posibles raíces enteras del trinomio son: 1, −1, 2, −2, 4, −4, 8, −8, 16 y −16.
1 no es raíz puesto que $1^2 - 10 \cdot 1 + 16 = 1 - 10 + 16 = 7 \neq 0$
−1 no es raíz puesto que $(-1)^2 - 10 \cdot (-1) + 16 = 1 + 10 + 16 = 27 \neq 0$
2 es raíz puesto que $2^2 - 10 \cdot 2 + 16 = 4 - 20 + 16 = 0$

Así pues, tendremos:

	1	−10	16
2)		2	−16
	1	−8	0

Por lo tanto, $x^2 - 10x + 16 = (x-2)\ (x-8)$
Por consiguiente, $(x-2)\ (x-8) = 0$
Para que el producto anterior se anule es necesario que por lo menos uno de los factores sea cero. Es decir, la ecuación se verifica para $x - 2 = 0$ y para $x - 8 = 0$.
Así pues, las raíces serán: $x_1 = 2$ y $x_2 = 8$.

Ejemplo

Resolver por descomposición en factores la ecuación $2x^2 + 2ax - 2bx = 2ab$.

Solución: Pasemos todos los términos al primer miembro

$$2x^2 + 2ax - 2bx - 2ab = 0$$

Extrayendo factor común: $2x(x+a) - 2b(x+a) = 0$
Extrayendo de nuevo factor común: $(x+a)\ (2x-2b) = 0$

Igualando a cero cada factor se tiene:
Si $x + a = 0$, entonces $x = -a$
Si $2x - 2b = 0$, entonces $2x = 2b$, o sea, $x = b$.
Por tanto, las soluciones son: $x_1 = -a$ y $x_2 = \text{b}$.

Ejemplo

Resolver por descomposición en factores la ecuación $3x^2 - 6ax = 18ab - 9bx$.

Solución: Pasemos todos los términos al primer miembro:

$$3x^2 - 6ax + 9bx - 18ab = 0$$

Extrayendo factor común: $3x(x-2a) + 9b(x-2a) = 0$
Extrayendo de nuevo factor común: $(x-2a)\ (3x+9b) = 0$
Igualando a cero cada factor se tiene:
Si $x - 2a = 0$, entonces $x = 2a$.
Si $3x + 9b = 0$, entonces $3x = -9b$ y por tanto $x = -3b$.

Así pues, las soluciones son: $x_1 = 2a$ y $x_2 = -3b$.

28.4. Propiedades de la raíces de la ecuación de segundo grado

Tal como acabamos de ver, la ecuación de segundo grado $ax^2 + bx + c = 0$ tiene dos raíces:

$$x_1 = \frac{-b + \sqrt{b^2 - 4ac}}{2a} \quad \text{y} \quad x_2 = \frac{-b - \sqrt{b^2 - 4ac}}{2a}$$

La suma de las raíces de la ecuación de segundo grado es igual al coeficiente del segundo término de la ecuación cambiado de signo dividido por el coeficiente del primer término.

En efecto, sumando las raíces tenemos:

$$x_1+x_2=\frac{-b+\sqrt{b^2-4ac}}{2a}+\frac{-b-\sqrt{b^2-4ac}}{2a}=\frac{-2b}{2a}=-b/a$$

El producto de las raíces de la ecuación de segundo grado es igual al tercer término de la ecuación dividido por el coeficiente del primer término.

En efecto, multiplicando las raíces tenemos:

$$x_1\cdot x_2=\frac{(-b+\sqrt{b^2-4ac})}{2a}\cdot\frac{(-b-\sqrt{b^2-4ac})}{2a}=\frac{(-b)^2-(\sqrt{b^2-4ac})^2}{4a^2}=\frac{b^2-b^2+4ac}{4a^2}=c/a$$

Estas propiedades de la suma y del producto de las raíces de la ecuación de segundo grado son de gran importancia.
En efecto, la ecuación de segundo grado $ax^2+bx+c=0$ puede escribirse como $x^2+bx/a+c/a=0$ dividiendo todos los términos por a.
Pero tal como acabamos de ver $-b/a=x_1+x_2$ y $c/a=x_1\cdot x_2$.
Por consiguiente, en toda ecuación de segundo grado cuyo coeficiente del primer término sea 1, la suma de las raíces coincide con el coeficiente del segundo término cambiado de signo y el producto de las raíces coincide con el tercer término.

Ejemplo

Las raíces de una ecuación de segundo grado son 6 y 7. Determinar la ecuación.
Solución: Hallemos la suma y el producto de las raíces.

Suma: $6+7=13$
Producto: $6\cdot 7=42$

La suma de las raíces de toda ecuación de la forma $x^2+mx+n=0$ es igual al coeficiente del segundo término cambiado de signo y el producto es igual al tercer término con su mismo signo.
Así pues, el coeficiente del segundo término será -13 y el tercer término será 42.
Por tanto, la ecuación será: $x^2-13x+42=0$.

Ejemplo

Las raíces de una ecuación de segundo grado son -4 y -5. Determinar la ecuación.
Solución: Hallemos la suma y el producto de las raíces.

Suma: $-4+(-5)=-9$
Producto: $(-4)\cdot(-5)=20$

Así pues, el coeficiente del segundo término será 9 y el tercer término será 20.
Por tanto, la ecuación será: $x^2 + 9x + 20 = 0$.

Ejemplo

La suma de dos números es 2 y su producto es −15. Hallar los números.
Solución: Por las propiedades de las raíces de la ecuación de segundo grado, los dos números son las raíces de la ecuación de segundo grado $x^2 - 2x - 15 = 0$. Resolviendo la ecuación tendremos:

$$x_1 = \frac{2 + \sqrt{(-2)^2 - 4 \cdot 1 \cdot (-15)}}{2} = \frac{2 + \sqrt{4 + 60}}{2} = \frac{2 + 8}{2} = 5$$

$$x_2 = \frac{2 - \sqrt{(-2)^2 - 4 \cdot 1 \cdot (-15)}}{2} = \frac{2 - \sqrt{4 + 60}}{2} = \frac{2 - 8}{2} = -3$$

Así pues, los números buscados son 5 −3.
El trinomio de segundo grado $ax^2 + bx + c$ puede descomponerse en factores del modo siguiente:

$$ax^2 + bx + c = a(x^2 + bx/a + c/a)$$

Como $x_1 + x_2 = -b/a$ y $x_1 \cdot x_2 = c/a$ tendremos:

$$a(x^2 + bx/a + c/a) = a\,[x^2 - (x_1 + x_2)\,x + x_1 x_2]$$

Operando en el segundo miembro de la igualdad anterior se obtiene:

$$a(x^2 - x_1 x - x_2 x + x_1 x_2)$$

Extrayendo factor común: $a\,[x(x - x_1) - x_2(x - x_1)]$
Extrayendo de nuevo factor común: $a(x - x_1)\ (x - x_2)$
Por consiguiente, $ax^2 + bx + c = a(x - x_1)(x - x_2)$

Es decir, que el trinomio de segundo grado se descompone en los tres factores siguientes:
a) El coeficiente de x^2.
b) x menos una de las raíces de la ecuación que se obtiene igualando el trinomio a cero.
c) x menos la otra raíz de la ecuación antes citada.

Ejemplo

Descomponer en factores $4x^2 + 4x - 8$.
Solución: Igualando a cero el trinomio se obtiene la ecuación: $4x^2 + 4x - 8 = 0$
Hallemos las raíces de la ecuación:

$$x_1 = \frac{-4+\sqrt{4^2-4\cdot 4(-8)}}{8} = \frac{-4+\sqrt{16+128}}{8} = \frac{-4+12}{8} = 1$$

$$x_2 = \frac{-4-\sqrt{4^2-4\cdot 4(-8)}}{8} = \frac{-4-\sqrt{16+128}}{8} = \frac{-4-12}{8} = -2$$

Así pues, el trinomio se descompondrá del modo siguiente:

$$4x^2+4x-8=4(x^2+x-2)=4(x-1)(x+2)$$

Ejemplo

Descomponer en factores $-2x^2+4x+16$.
Solución: Igualando a cero el trinomio se obtiene la ecuación

$$-2x^2+4x+16=0$$

Hallemos las raíces de la ecuación:

$$x_1 = \frac{-4+\sqrt{16-4(-2)\cdot 16}}{-4} = \frac{-4+\sqrt{16+128}}{-4} = \frac{-4+12}{-4} = -2$$

$$x_2 = \frac{-4-\sqrt{16-4(-2)\cdot 16}}{-4} = \frac{-4-\sqrt{16+128}}{-4} = \frac{-4-12}{-4} = 4$$

Así pues, el trinomio se descompondrá del modo siguiente:

$$-2x^2+4x+16=-2(x^2-2x-8)=-2(x+2)(x-4)$$

Ejemplo

Descomponer en factores $5x^2-20x+20$.

Solución: Igualando a cero el trinomio se obtiene la ecuación

$$5x^2-20x+20=0$$

Hallemos las raíces de la ecuación:

$$x_1 = \frac{20+\sqrt{400-4\cdot 5\cdot 20}}{10} = \frac{20}{10} = 2$$

$$x_2 = \frac{20-\sqrt{400-4\cdot 5\cdot 20}}{10} = \frac{20}{10} = 2$$

Así pues, el trinomio se descompondrá del modo siguiente:

$$5x^2 - 20x + 20 = 5(x^2 - 4x + 4) = 5(x-2)(x-2) = 5(x-2)^2$$

28.5. Resolución de ecuaciones de grado superior a dos mediante ecuaciones de segundo grado

Se llaman ecuaciones binómicas a las que pueden reducirse a la forma $x^n = a$

La solución de una ecuación binómica es la raíz n-ésima de a. Por consiguiente:

1. Si n es par y a es positivo, la ecuación tiene dos soluciones reales y opuestas.
2. Si n es par y a es negativo, la ecuación carece de solución real.
3. Si n es impar, la ecuación tiene una solución real del mismo signo que el radicando.

Ejemplo

Resolver la ecuación $x^4 = 16$

Solución: Las soluciones pedidas son las dos raíces cuartas de 16, es decir:

$$x_1 = +\sqrt[4]{16} = 2 \quad \text{y} \quad x_2 = -\sqrt[4]{16} = -2$$

Ejemplo

Resolver la ecuación $x^3 + 1000 = 0$

Solución: La única solución real es la raíz cúbica de -1000:

$$x^3 = -1000 \quad \rightarrow \quad x = \sqrt[3]{-1000} = -10$$

Ejemplo

Resolver la ecuación $x^4 = -81$

Solución: La ecuación carece de solución real pues no hay número real que elevado a la cuarta dé una cantidad negativa.

Ecuaciones trinómicas son las que pueden reducirse a la forma: $ax^{2n} + bx^n + c = 0$

Cuando $n = 2$, se llaman ecuaciones bicuadradas: $ax^4 + bx^2 + c = 0$.

Las ecuaciones trinómicas se resuelven mediante un cambio de variable. Para la ecuación:

$$ax^{2n} + bx^n + c = 0$$

si hacemos $x^n = y$, la ecuación se transforma en una ecuación de segundo grado:

$$ay^2 + by + c = 0$$

Resolviendo la ecuación, cada una de las dos raíces halladas, y_1 e y_2, da lugar a una ecuación binómica:

$$x^n = y_1; \qquad x^n = y_2$$

Ejemplo

Resolver la ecuación bicuadrada $x^4 - 5x^2 - 36 = 0$

Solución: Haciendo $x^2 = y$, se obtiene la ecuación $y^2 - 5y - 36 = 0$, cuyas soluciones son:

$$y = \frac{5 \pm \sqrt{25 - 4 \cdot 1 \cdot (-36)}}{2} = \frac{5 \pm \sqrt{25 + 144}}{2} = \frac{5 \pm \sqrt{169}}{2} = \frac{5 \pm 13}{2} = \begin{cases} 9 \\ -4 \end{cases}$$

Las ecuaciones binómicas que resultan son:

$y_1 = x^2 = -4$ que carece de solución real e $y_2 = x^2 = 9 \rightarrow \begin{cases} x_1 = +\sqrt{9} = 3 \\ x_2 = -\sqrt{9} = -3 \end{cases}$

Luego las únicas soluciones reales de la ecuación son: $x_1 = 3$ y $x_2 = -3$.

Ejemplo

Resolver la ecuación trinómica $8x^6 - 63x^3 - 8 = 0$

Solución: La ecuación que se obtiene al hacer $x^3 = y$ es $8y^2 - 63y - 8 = 0$ cuyas soluciones son:

$$y = \frac{63 \pm \sqrt{3969 - 4 \cdot 8 \cdot (-8)}}{16} = \frac{63 \pm \sqrt{3969 + 256}}{16} = \frac{63 \pm \sqrt{4225}}{16} = \frac{63 \pm 65}{16} = \begin{cases} 8 \\ -1/8 \end{cases}$$

resultando las siguientes ecuaciones binómicas:

$$y_1 = x^3 = 8 \rightarrow x_1 = \sqrt[3]{8} = 2\,; \qquad y_2 = x^3 = -\frac{1}{8} \rightarrow x_2 = \sqrt[3]{-\frac{1}{8}} = -\frac{1}{2}$$

que son las soluciones reales de la ecuación.

Problemas propuestos

1. Resolver la ecuación $x^2 - 3x + 2 = 0$.
2. Ídem $x^2 - 5x + 6 = 0$.
3. Ídem $x^2 - 5x + 4 = 0$.
4. Ídem $x^2 - 6x + 8 = 0$.
5. Ídem $x^2 - 8x + 15 = 0$.
6. Ídem $x^2 - 10x + 24 = 0$.
7. Ídem $x^2 - 12x + 35 = 0$.
8. Ídem $x^2 - 13x + 40 = 0$.
9. Ídem $x^2 - 15x + 54 = 0$.
10 Ídem $x^2 - 6x - 7 = 0$.
11 Ídem $2x^2 - 28x + 96 = 0$.
12. Ídem $3x^2 - 243 = 0$.
13. Ídem $4x^2 - 4 = 0$.
14. Ídem $5x^2 - 25x - 70 = 0$.
15. Ídem $4x^2 - 16 = 0$.
16. Ídem $5x^2 - 25x - 120 = 0$.
17. Ídem $3x^2 - 27 = 0$.
18. Ídem $5x^2 - 25x - 180 = 0$.
19. Ídem $2x^2 - 32 = 0$.
20. Ídem $4x^2 + 24x + 20 = 0$.
21. Ídem $3x^2 - 75 = 0$.
22. Ídem $5x^2 - 5x - 210 = 0$.
23. Ídem $4x^2 + 32x + 48 = 0$.
24. Ídem $2x^2 - 6x - 36 = 0$.
25. Buscar la ecuación cuyas raíces son $x_1 = 4$, $x_2 = -3$.
26. Ídem $x_1 = -2$, $x_2 = 3$.
27. Ídem $x_1 = 4$, $x_2 = -1$.
28. Ídem $x_1 = -4$, $x_2 = 1$.
29. Ídem $x_1 = -2$, $x_2 = 1$.
30. Ídem $x_1 = 2$, $x_2 = -3$.
31. Resuelve las siguientes ecuaciones bicuadradas:
    a) $x^4 - 29x^2 + 100 = 0$
    b) $9x^4 + 16 = 40x^2$
    c) $\dfrac{x^3}{a-b} - ax = \dfrac{a^2b^2}{x(a-b)} + bx$
    d) $\dfrac{8}{x^2-5} - 2 = \dfrac{(x-3)(x+3)}{x^2-1}$
    e) $\dfrac{x^2(2x-5)}{x+1} = \dfrac{9(1-x)}{2x+5}$
    f) $x^4 - (a^2+b^2)x^2 + a^2b^2 = 0$
32. Resuelve las siguientes ecuaciones irracionales:
    a) $\sqrt{2x+1} = x-1$
    b) $\sqrt{7-3x} - x = 7$
    c) $\sqrt{x+4} = 3 - \sqrt{x-1}$
    d) $\sqrt{2x-1} + \sqrt{x+4} = 6$
    e) $\sqrt{x^2+3x+7} = 5$
    f) $\dfrac{1}{\sqrt{x-1}} + \sqrt{x-1} = \dfrac{5}{2}$
33. ¿Cuál es el número positivo cuyos 4/5 multiplicados por los 3/4 dan 2.160?
34. Los 2/3 de un número positivo multiplicados por los 4/5 dan 4.320. ¿Cuál es el número?
35 El producto de un número positivo aumentado en 15 por el mismo número disminuido en 15 da 99. ¿Cuál es el número?
36. Buscar tres números pares consecutivos tales que su producto equivalga a 160 veces su suma.
37. Dividir 60 en dos partes cuyo producto sea igual a 896.
38. Hállese un número cuyo cuadrado le excede en 110 unidades.
39. Hallar un número que sumado con 5 veces su raíz cuadrada dé 126.
40. ¿Cuál es el número que excede en 30 unidades a su raíz cuadrada?
41. ¿Cuál es el número que añadido a su raíz cuadrada da por suma 72?
42. El dividendo de una división es 112. El divisor sumado con el triple del cociente da 37. Hallar el divisor.
43. Hallar dos números cuya suma sea 33 y cuyo producto sea 270.
44. La longitud de una sala excede a su ancho en 2 metros. Si cada dimensión se aumenta en 2 metros el área será doble. Hallar las dimensiones de la sala.
45. Un comerciante compró cierto número de sacos de azúcar por 2.000 bolívares. Si hubiera comprado 10

sacos más por el mismo dinero, cada saco le habría costado 10 bolívares menos. ¿Cuántos sacos compró y cuánto le costó cada uno?

46. Un caballo costó 15 veces lo que sus arreos y la suma de los cuadrados del precio del caballo y el precio de los arreos es 203.400 sucres. ¿Cuánto costó el caballo y cuánto los arreos?

47. La diferencia de dos números es 5 y su suma multiplicada por el número menor equivale a 133. Hallar los números.

48. La suma de las edades de Rosa y María es 40 años y su producto 391. Hallar ambas edades.

49. Una persona compró cierto número de libros por $36. Si hubiera comprado 3 libros menos por el mismo dinero, cada libro le habría costado $1 más. ¿Cuántos libros compró y cuánto le costó cada uno?

50. Una compañía de 720 hombres está dispuesta en filas. El número de soldados de cada fila es 6 más que el número de filas que hay. ¿Cuántas filas hay y cuántos soldados en cada una?

51. Entre cierto número de personas compran un automóvil que vale $480. El dinero que paga cada persona excede en 74 al número de personas. ¿Cuántas personas compraron el auto?

52. Andrés compró cierto número de relojes por $768. Si el precio de cada reloj es los 3/4 del número de relojes, ¿cuántos relojes compró y cuánto pagó por cada uno?

53. Se ha comprado cierto número de libros por $200. Si cada libro hubiera costado $3 más se habrían comprado 15 libros menos con los $200. ¿Cuántos libros se compraron y cuánto costó cada uno?

54. Por 36 quetzales Roberto compró cierto número de libros. Si cada libro le hubiera costado 5 quetzales menos, el precio de cada libro hubiera sido igual al número de libros que compró. ¿Cuántos libros compró?

55. Juan compró cierto número de plumas por $32. Si cada pluma le hubiera costado $4 menos, podía haber comprado 4 plumas más por el mismo dinero. ¿Cuántas plumas compró y cuánto le costó cada pluma?

56. Un tren emplea cierto tiempo en recorrer 360 km. Si la velocidad hubiera sido 30 km/h más que la que llevaba hubiera tardado 2 horas menos en recorrer dicha distancia. ¿En qué tiempo recorrió los 360 km?

57. Un hombre compró cierto número de caballos por $3.600. Se le murieron 3 caballos y vendiendo cada uno de los restantes a $150 más de lo que le costó cada uno ganó en total $450. ¿Cuántos caballos compró y cuánto le costó cada uno?

58. Hallar tres números enteros consecutivos tales que el cociente del mayor entre el menor equivalga a los 2/3 del número intermedio.

59. El producto de dos números es 48 y su cociente es 3. Hallar los números.

60. El producto de dos números es 48 y si el mayor se divide por el menor el cociente es 1 y el resto 2. Hallar los números.

61. Se han comprado dos piezas de tela que juntas miden 80 metros. El metro de cada pieza costó un número de pesos igual al número de metros de la pieza. Si una pieza costó 9 veces lo que la otra, ¿cuál era la longitud de cada pieza?

62. Un tren ha recorrido 480 km en cierto tiempo. Para haber recorrido esa distancia en 2 horas menos, la velocidad debía haber sido 20 km/h más. Hallar la velocidad del tren.

63. Un hombre ha ganado 72 colones trabajando cierto número de días. Si su jornal diario hubiera sido 3 colones menos, tendría que haber trabajado

4 días más para ganar lo mismo. ¿Cuántos días trabajó y cuál es su jornal?

64. El cociente obtenido al dividir 48 entre cierto número excede en 2 a este número. Hallar el número.

65. La edad de Ana hace 18 años era la raíz cuadrada de la edad que tendrá dentro de 12 años. Hallar la edad actual.

66. Pedro compró cierto número de libros por \$72 y cierto número de plumas por \$72. Cada pluma le costó \$3 más que cada libro. ¿Cuántos libros compró y a qué precio si el número de libros excede al de plumas en 4?

67. Un hombre compró cierto número de naranjas por \$14,40. Se comió 6 naranjas y vendiendo las restantes a 20 centavos más de lo que le costó cada una recuperó lo que había gastado. ¿Cuántas naranjas compró y a qué precio?

Soluciones

1. S: $x_1 = 1$, $x_2 = 2$.
2. S: $x_1 = 2$, $x_2 = 3$.
3. S: $x_1 = 4$, $x_2 = 1$.
4. S: $x_1 = 2$, $x_2 = 4$.
5. S: $x_1 = 5$, $x_2 = 3$.
6. S: $x_1 = 4$, $x_2 = 6$.
7. S: $x_1 = 7$, $x_2 = 5$.
8. S: $x_1 = 8$, $x_2 = 5$.
9. S: $x_1 = 6$, $x_2 = 9$.
10. S: $x_1 = -1$, $x_2 = 7$.
11. S: $x_1 = 8$, $x_2 = 6$.
12. S: $x_1 = -9$, $x_2 = 9$.
13. S: $x_1 = -1$, $x_2 = 1$.
14. S: $x_1 = 7$, $x_2 = -2$.
15. S: $x_1 = 2$, $x_2 = -2$.
16. S: $x_1 = -3$, $x_2 = 8$.
17. S: $x_1 = -3$, $x_2 = 3$.
18. S: $x_1 = 9$, $x_2 = -4$.
19. S: $x_1 = 4$, $x_2 = -4$.
20. S: $x_1 = -5$, $x_2 = -1$.
21. S: $x_1 = -5$, $x_2 = 5$.
22. S: $x_1 = 7$, $x_2 = -6$.
23. S: $x_1 = -2$, $x_2 = -6$.
24 S: $x_1 = 6$. $x_2 = -3$.
25. S: $x^2 - x - 12 = 0$.
26. S: $x^2 - x - 6 = 0$.
27. S: $x^2 - 3x - 4 = 0$.
28. S: $x^2 + 3x - 4 = 0$.
29. S: $x^2 + x - 2 = 0$.
30. S: $x^2 + x - 6 = 0$.
31. S: a) $x = 2$, $x = -2$, $x = 5$, $x = -5$.
    b) $x = \frac{2}{3}$, $x = -\frac{2}{3}$, $x = 2$, $x = -2$
    c) $x = a$, $x = -a$
    d) $x = \frac{\sqrt{21}}{3}$, $x = -\frac{\sqrt{21}}{3}$
    e) $x = \frac{3\sqrt{2}}{2}$, $x = -\frac{3\sqrt{2}}{2}$
    f) $x = a$, $x = -a$, $x = b$, $x = -b$
32. S: a) $x = 4$
    b) $x = -3$
    c) $x = \frac{13}{9}$
    d) $x = 5$
    e) $x = 3$, $x = -6$
    f) $x = \frac{5}{4}$, $x -5$
33. S: 60.
34. S: 90.
35. S: 18.
36. S: 20, 22 y 24.
37. S: 32 y 28.
38. S: 11.
39. S: 81.

40. S: 36.
41. S: 64.
42. S: 16.
43. S: 18 y 15.
44. S: 6 m de largo y 4 m de ancho.
45. S: 40 sacos. 50 bolívares.
46. S: 450 sucres el caballo y 30 sucres los arreos.
47. S: 12 y 7.
48. S: Rosa 23 años y María 17 años.
49. S: 12 libros. $3.
50. S: 24 filas. 30 soldados en cada fila.
51. S: 6 personas.
52. S: 32 relojes, $24.
53. S: 40 libros. $5.
54. S: 4 libros.
55. S: 4 plumas. $8.
56. S: 6 horas.
57. S: 12 caballos. $300.
58. S: 2, 3 y 4.
59. S: 12 y 4.
60. S: 8 y 6.
61. S: 60 y 20 m.
62. S: 60 km/h.
63. S: 8 días. 9 colones.
64. S: 6.
65. S: 24 años.
66. S: 12 libros. $6.
67. S: 24 naranjas. 60 centavos.

Sistemas de ecuaciones

29

Introducción histórica

Uno de los genios más extraordinarios de la historia de las Matemáticas fue el matemático alemán Karl Friedrich Gauss (1777-1855). Gauss demostró antes que nadie el Teorema Fundamental del Álgebra y efectuó importantes estudios que le llevaron a dejar fundamentada la Aritmética Superior. Su obra principal fue "Disquisitione Arithmeticae".

29.1 Ecuaciones con dos incógnitas

En el tema anterior planteamos y resolvimos ecuaciones de distinto tipo, pero todas ellas con una sola incógnita. En este tema vamos a estudiar ecuaciones con dos incógnitas, que se designarán por las letras x e y.

Al igual que en las ecuaciones con una incógnita, existen varios tipos de ecuaciones con dos incógnitas, similares a aquellas:

- **Lineales**: Sólo tienen monomios de primer grado o números. Por ejemplo:

$$3x-5y+8=0$$

- **Cuadráticas**: Todos sus monomios son de grados menores o iguales a dos y alguno de ellos es de grado dos. Por ejemplo:

$$2x^2-y^2+1=0 \qquad x+y^2-5=0 \qquad xy+3=0$$

- **Polinómicas**: Sus distintos sumandos son monomios de grados cualesquiera. Por ejemplo:

$$xy^2-3x+y^7-11=0$$

- **Radicales**: En ellas aparece algún radical de cualquier índice. Por ejemplo:

$$\sqrt[5]{x+2y}=4y-1$$

Solución de una ecuación con dos incógnitas es todo par de valores que hagan cierta la igualdad.

Por ejemplo, el par $\begin{cases} x=3 \\ y=-2 \end{cases}$ es solución de la ecuación $3x+4y-1=0$ porque $3\cdot 3+4\cdot(-2)-1=0$

Salvo algunas excepciones, las ecuaciones con dos incógnitas tienen infinitas soluciones.

29.2 Sistemas de ecuaciones lineales. Métodos de resolución

Se dice que varias ecuaciones forman un sistema de ecuaciones cuando el objetivo es encontrar la solución, o las soluciones, comunes a todas ellas.

Por ejemplo,

$$\begin{cases} 2x-3y=4 \\ x+4y=13 \end{cases}$$

es un sistema de ecuaciones. Su solución es $\begin{cases} x=5 \\ y=2 \end{cases}$ porque es solución de cada una de las dos ecuaciones. Además es solución única, pues no hay más soluciones comunes a ambas ecuaciones.

El sistema de ecuaciones anterior se llama **lineal** porque las dos ecuaciones que lo forman son lineales. Cuando una o ambas ecuaciones son cuadráticas, el sistema se llama **cuadrático**.

Existen tres métodos clásicos de resolución de los sistemas lineales:

a) MÉTODO DE SUSTITUCIÓN

En esencia, este método consiste en despejar una incógnita en una ecuación y sustituir en la otra.
Se siguen estos pasos:

1. **Se despeja una incógnita en una de las ecuaciones.**
2. **Se sustituye el valor de esta incógnita en la otra ecuación, obteniendo una ecuación con la otra incógnita.**
3. **Se resuelve esta ecuación.**
4. **El valor obtenido se sustituye en la ecuación en la que aparecía la incógnita despejada.**
5. **Hemos obtenido, así, la solución.**

Ejemplo

Resolver por el método de sustitución el sistema $\begin{cases} 5x - 2y = 4 \\ 3x + y = 9 \end{cases}$

Solución: Despejamos y en la segunda ecuación (por ser la más sencilla de despejar).

$$y = 9 - 3x$$

Se sustituye y en la otra ecuación (en la primera en este caso) por su valor en función de x:

$$5x - 2(9 - 3x) = 4$$

Se obtiene así una ecuación de primer grado con una incógnita. Se resuelve esa ecuación para hallar el valor de x:

$$5x - 18 + 6x = 4 \quad \rightarrow \quad 11x = 22 \quad \rightarrow \quad x = 2$$

Se sustituye el valor de x en la expresión de y, calculando su valor:

$$y = 9 - 3 \cdot 2 = 9 - 6 = 3$$

La solución del sistema es $\begin{cases} x = 2 \\ y = 3 \end{cases}$.

b) MÉTODO DE IGUALACIÓN

Consiste esencialmente en despejar la misma incógnita en ambas ecuaciones e igualar las expresiones que resultan. Los pasos que hay que dar son los siguientes:

1. **Se despeja la misma incógnita en las dos ecuaciones.**
2. **Se igualan las expresiones resultantes, lo cual da lugar a una ecuación con una incógnita.**
3. **Se resuelve la ecuación.**
4. **El valor obtenido se sustituye en cualquiera de las dos expresiones en la que aparecía despejada la otra incógnita.**
5. **Obtenemos así la solución.**

Ejemplo

Resolver por el método de igualación el sistema lineal $\begin{cases} 2x + 3y = 19 \\ 4x + y = 23 \end{cases}$

Solución: Despejamos y en ambas ecuaciones por ser algo más fácil que despejar x:

$$y=\frac{19-2x}{3} \qquad\qquad y=23-4x$$

Igualamos ambas expresiones obteniendo la ecuación con una incógnita:

$$\frac{19-2x}{3}=23-4x$$

Ecuación de primer grado que ya sabemos resolver:

$$\frac{19-2x}{3}=23-4x \xrightarrow{\cdot 3} 19-2x=3(23-4x) \rightarrow 19-2x=69-12x \rightarrow 10x=50 \rightarrow$$
$$x=5$$

Sustituyendo $x=5$ en la segunda de las expresiones en las que aparecía despejada la *y*, se tiene:

$$y=23-4\cdot 5=23-20=3$$

y la solución del sistema es $\begin{cases} x=5 \\ y=3 \end{cases}$.

c) MÉTODO DE REDUCCIÓN

Se trata de preparar las dos ecuaciones para que una de las incógnitas tenga coeficientes opuestos en ambas. Sumando las ecuaciones miembro a miembro, se obtiene una ecuación con una sola incógnita (se ha **reducido** el número de incógnitas).

Los pasos a dar en la aplicación de este método son los siguientes:

1. **Se preparan las dos ecuaciones (multiplicando por los números que convengan) para que una de las incógnitas tenga coeficientes opuestos en ambas.**
2. **Al sumar ambas ecuaciones, desaparece esa incógnita.**
3. **Se resuelve la ecuación resultante.**
4. **El valor obtenido se sustituye en una de las ecuaciones iniciales. Se obtiene de este modo el valor de la otra incógnita y, en consecuencia, la solución del sistema.**

Ejemplo

Resolver por el método de reducción el sistema $\begin{cases} 3x+5y=-9 \\ 6x-2y=18 \end{cases}$.

Solución: Multiplicamos la primera ecuación por -2 para que x tenga coeficientes opuestos en ambas ecuaciones. Obtenemos así el sistema equivalente:

$$\begin{cases} -6x - 10y = 18 \\ 6x - 2y = 18 \end{cases}$$

Sumando ahora ambas ecuaciones, nos desaparece la incógnita x y obtenemos una ecuación con sólo una incógnita muy fácil de despejar:

$$-12y = 36 \quad \rightarrow \quad y = -3$$

Sustituimos ahora el valor encontrado de y en la primera ecuación inicial (daría igual hacerlo en la otra) y seguidamente despejamos x:

$$3x + 5 \cdot (-3) = -9 \ \rightarrow\ 3x - 15 = -9 \ \rightarrow\ 3x = 6 \ \rightarrow\ x = 2$$

y por tanto la solución del sistema es $\begin{cases} x = 2 \\ y = -3 \end{cases}$.

Aveces, alguna de las ecuaciones de un sistema tiene un aspecto algo complicado. En tal caso, debemos comenzar tratando de escribirla en su forma "normal". El siguiente ejemplo ilustra este hecho.

Ejemplo

Resolver el sistema lineal $\begin{cases} \dfrac{3x+4y}{2} = x - 2 \\ \dfrac{x}{y} = \dfrac{1}{y} - \dfrac{3}{2} \end{cases}$

Solución: Quitamos denominadores en ambas ecuaciones multiplicando la primera por 2 y la segunda por $2y$. A continuación, pasamos todas las incógnitas al primer miembro y todos los números al segundo. Después de agrupar obtenemos:

$$\begin{cases} 3x + 4y = 2x - 4 \\ 2x = 2 - 3y \end{cases} \quad \rightarrow \quad \begin{cases} x + 4y = -4 \\ 2x + 3y = 2 \end{cases}$$

Seguimos ahora por el método de reducción (vale cualquier otro). Multiplicamos la primera ecuación por -2. Obtenemos el sistema equivalente:

$$\begin{cases} -2x - 8y = 8 \\ 2x + 3y = 2 \end{cases}$$

Sumando ambas ecuaciones: $\qquad -5y = 10 \quad \rightarrow \quad y = -2$

Sustituimos ahora el valor encontrado de y en la ecuación $x+4y=-4$ obteniendo:

$$x+4\cdot(-2)=-4 \quad \to \quad x-8=-4 \quad \to \quad x=4$$

y la solución del sistema es $\begin{cases} x=4 \\ y=-2 \end{cases}$.

29.3 Número de soluciones de un sistema

Normalmente, un sistema de ecuaciones de primer grado con dos incógnitas tiene una única solución. No obstante, hay excepciones. Veamos los casos que pueden darse.

a) SISTEMAS SIN SOLUCIÓN

Hay sistemas cuyas ecuaciones dicen cosas contradictorias, Por ejemplo:

$$(1)\ \begin{cases} 3x-y=2 \\ 3x-y=0 \end{cases} \qquad (2)\ \begin{cases} 3x-y=2 \\ 6x-2y=7 \end{cases}$$

En ambos casos es imposible lograr que ambas igualdades sean ciertas para los mismos valores de x e y:

- En (1), si $3x-y$ es 2, difícilmente puede ser también 0.
- En (2), observa que $6x-2y$ es el doble de $3x-y$. Luego si aquel ha de ser 2, en buena lógica
 éste debería ser 4 y no 7 como dice la segunda ecuación.

Los sistemas como los anteriores que no tienen solución se llaman incompatibles.

Si tratamos de resolver un sistema incompatible por cualquiera de los métodos clásicos, llegaremos a una expresión del tipo $0=k$ siendo k un número distinto de cero, lo cual es imposible.

Ejemplo

Resolver el sistema $\begin{cases} 3x+2y=5 \\ \dfrac{2}{x}+\dfrac{3}{y}=\dfrac{1}{xy} \end{cases}$

Solución: Expresamos mediante las operaciones adecuadas el sistema en forma "normal":

$$\begin{cases} 3x+2y=5 \\ \dfrac{2}{x}+\dfrac{3}{y}=\dfrac{1}{xy} \end{cases} \xrightarrow[\cdot xy]{} \begin{cases} 3x+2y=5 \\ 2y+3x=1 \end{cases} \rightarrow \begin{cases} 3x+2y=5 \\ 3x+2y=1 \end{cases} \xrightarrow[\cdot(-1)]{} \begin{cases} 3x+2y=5 \\ 3x-2y=-1 \end{cases}$$

Sumando ambas ecuaciones obtenemos la igualdad $0=4$, que es ciertamente imposible. Deducimos, por tanto, que el sistema es incompatible.

b) SISTEMAS CON INFINITAS SOLUCIONES

A veces aparecen sistemas en los que las dos ecuaciones dicen lo mismo. Es decir, son dos veces la misma ecuación. Por ejemplo:

$$(1)\ \begin{cases} x-2y=4 \\ x-2y=4 \end{cases} \qquad (2)\ \begin{cases} x-2y=4 \\ 5x-10y=8 \end{cases}$$

Las dos ecuaciones de cada sistema equivalen a una sola, y una ecuación con dos incógnitas tiene infinitas soluciones. Por ejemplo, los pares siguientes son soluciones de cualquiera de los dos sistemas anteriores:

$$\begin{cases} x=0 \\ y=-2 \end{cases} \quad \begin{cases} x=2 \\ y=-1 \end{cases} \quad \begin{cases} x=-6 \\ y=-5 \end{cases} \quad \begin{cases} x=10 \\ y=3 \end{cases} \quad \ldots$$

Sistemas como los anteriores que admiten infinitas soluciones se llaman indeterminados.

Si intentamos resolver por cualquier método uno de estos sistemas, llegaremos a una expresión del tipo $0=0$, indudablemente cierta.

Ejemplo

Resolver el sistema $\begin{cases} 2(x-y-2)-4y=-4 \\ 5x-2y=4x+y \end{cases}$

Solución: Expresamos el sistema en su forma habitual:

$$\begin{cases} 2(x-y-2)-4y=-4 \\ 5x-2y=4x+y \end{cases} \rightarrow \begin{cases} 2x-2y-4-4y=-4 \\ 5x-4x-2y-y=0 \end{cases} \rightarrow \begin{cases} 2x-6y=0 \\ x-3y=0 \end{cases} \xrightarrow[\cdot(-2)]{} \begin{cases} 2x-6y=0 \\ -2x+6y=0 \end{cases}$$

Sumando ambas ecuaciones miembro a miembro obtenemos $0=0$. El sistema tiene por tanto infinitas soluciones, por ejemplo:

$$\begin{cases} x=0 \\ y=0 \end{cases} \quad \begin{cases} x=3 \\ y=1 \end{cases} \quad \begin{cases} x=6 \\ y=2 \end{cases} \quad \begin{cases} x=-15 \\ y=-5 \end{cases} \quad \ldots$$

El estudio del número de soluciones y la resolución de sistemas con más de dos incógnitas puede ser abordado utilizando cualquiera de los métodos clásicos. No obstante, preferimos hacer un estudio detallado de los mismos en un tema posterior, facilitando al lector otra forma de mirar un sistema y proporcionándole nuevos métodos de búsqueda de soluciones.

29.4 Sistemas de ecuaciones no lineales

Los métodos de resolución estudiados para los sistemas lineales son también de aplicación en sistemas de ecuaciones no lineales. La única diferencia es que para cada sistema no lineal no todos los métodos son aplicables.

Como ya sabemos, sistemas de segundo grado son aquellos en los que alguna de las ecuaciones es de segundo grado.

Ejemplo

Resolver el sistema $\begin{cases} 3x+y=5 \\ x^2-y^2=3 \end{cases}$

Solución: Utilizaremos el método de sustitución. Empezamos despejando y en la primera ecuación : $y=5-3x$

Sustituimos dicho valor de y en la segunda ecuación. Obtenemos así una ecuación de 2º grado:

$$x^2-(5-3x)^2=3$$

Ahora resolvemos la ecuación de segundo grado:

$$x^2-25+30x-9x^2=3 \rightarrow -8x^2+30x-28=0 \xrightarrow{:(-2)} 4x^2-15x+14=0$$

$$\rightarrow x=\frac{15\pm\sqrt{225-224}}{8}=\frac{15\pm 1}{8}=\begin{cases} 2 \\ \dfrac{7}{4} \end{cases}$$

Si $x=2 \quad \rightarrow \quad y=5-3\cdot 2=5-6=-1;$

Si $x=\frac{7}{4} \quad \rightarrow \quad y=5-3\cdot\frac{7}{4}=5-\frac{21}{4}=-\frac{1}{4}$

Las dos soluciones del sistema son, por tanto $\begin{cases} x=2 \\ y=-1 \end{cases} \begin{cases} x=7/4 \\ y=-1/4 \end{cases}.$

Ejemplo

Resolver el sistema $\begin{cases} x^2+3y^2=31 \\ 8x^2-y^2=23 \end{cases}$

Solución: Utilizamos el método de reducción. Multiplicamos para ello la segunda ecuación por 3 y así eliminar la incógnita *y*. Obtenemos el sistema:

$$\begin{cases} x^2+3y^2=31 \\ 24x^2-3y^2=69 \end{cases}$$

Sumando ambas ecuaciones resulta: $25x^2=100 \quad \rightarrow \quad x^2=4 \quad \rightarrow \quad x=\begin{cases} 2 \\ -2 \end{cases}$

Sustituimos ahora ambos valores en la segunda de las ecuaciones iniciales:

Si $x=2 \quad \rightarrow \quad 8\cdot 2^2-y^2=23 \quad \rightarrow \quad 32-y^2=23 \quad \rightarrow \quad y^2=9 \quad \rightarrow \quad y=\begin{cases} 3 \\ -3 \end{cases}$

Si $x=-2 \quad \rightarrow \quad 8\cdot(-2)^2-y^2=23 \quad \rightarrow \quad 32-y^2=23 \quad \rightarrow \quad y^2=9 \quad \rightarrow \quad y=\begin{cases} 3 \\ -3 \end{cases}$

Las cuatro soluciones del sistema son, por tanto $\begin{cases} x=2 \\ y=3 \end{cases} \begin{cases} x=2 \\ y=-3 \end{cases} \begin{cases} x=-2 \\ y=3 \end{cases} \begin{cases} x=-2 \\ y=-3 \end{cases}.$

Pueden construirse infinidad de tipos de sistemas no lineales. El siguiente es un ejemplo de sistema con ecuaciones en las que intervienen radicales y cuya simplificación conduce a la resolución de un sistema de segundo grado.

Ejemplo

Resolver el sistema $\begin{cases} \sqrt{3(x+y)}+x=12 \\ 2x-y=6 \end{cases}$

Solución: Utilizamos el método de sustitución. Comenzamos despejando y en la segunda ecuación y sustituyendo su valor en la primera:

$$y=2x-6 \xrightarrow{\text{Sustituimos en la 1ª}} \sqrt{3(x+2x-6)}+x=12 \xrightarrow{\text{Simplificando}} \sqrt{9x-18}+x=12$$

$$\xrightarrow{\text{Aislamos la raíz}} \sqrt{9x-18}=12-x \xrightarrow{\text{Elevamos al cuadrado}} \left(\sqrt{9x-18}\right)^2=(12-x)^2 \xrightarrow{\text{Desarrollamos}}$$

$$9x-18=144-24x+x^2 \rightarrow x^2-33x+162=0 \rightarrow x=\frac{33\pm\sqrt{1089-648}}{2}=\frac{33\pm 21}{2}=\begin{cases} 27 \\ 6 \end{cases}$$

Si $x=27 \rightarrow y=2\cdot 27-6=54-6=48$

Si $x=6 \rightarrow y=2\cdot 6-6=12-6=6$

Recordemos, no obstante, que si en el proceso de resolución de una ecuación hemos elevado ambos miembros al cuadrado, hay la posibilidad de haber introducido soluciones falsas. Esto nos obliga a **comprobar la validez de todas las posibles soluciones obtenidas en el enunciado inicial**.

Así, al efectuar la comprobación, vemos que $x=27,\ y=48$ cumple la segunda ecuación, pero no la primera. No es por tanto solución. En cambio, $x=6,\ y=6$ sí cumple ambas ecuaciones.

Por tanto, la única solución del sistema es $\begin{cases} x=6 \\ y=6 \end{cases}$

Problemas propuestos

1. Resolver por el método de igualación el siguiente sistema: $\begin{cases} 4x-y=11 \\ 2x+3y=37. \end{cases}$
2. Ídem $\begin{cases} 9x+2y=-11 \\ -x+8y=67. \end{cases}$
3. Ídem $\begin{cases} x+y=3 \\ -x+y=7. \end{cases}$
4. Ídem $\begin{cases} -4x-8y=20 \\ -3x-2y=23. \end{cases}$
5. Ídem $\begin{cases} 8x-5y=-62 \\ -2x+5y=38. \end{cases}$
6. Ídem $\begin{cases} 4x+2y=-50 \\ -7x+8y=-16. \end{cases}$

7. Resolver por el método de sustitución el siguiente sistema:

$$\begin{cases} 5x - 8y = -86 \\ -5x + 3y = 51. \end{cases}$$

8. Ídem $\begin{cases} 2x + 8y = -86 \\ -8x - 4y = 92. \end{cases}$

9. Ídem $\begin{cases} 7x - 8y = 101 \\ 2x + y = -4. \end{cases}$

10. Ídem $\begin{cases} -3x - 2y = 7 \\ -4x - 6y = -24. \end{cases}$

11. Ídem $\begin{cases} -6x - 2y = 34 \\ 7x - 4y = -27. \end{cases}$

12. Ídem $\begin{cases} 6x - 6y = 60 \\ 7x + 3y = 0. \end{cases}$

13. Resolver por el método de reducción el siguiente sistema:

$$\begin{cases} 4x + 5y = -33 \\ -9x + 8y = -22. \end{cases}$$

14. Ídem $\begin{cases} 2x - 4y = 0 \\ x - 3y = -3. \end{cases}$

15. Ídem $\begin{cases} -8x + 6y = -58 \\ -3x - 2y = -26. \end{cases}$

16. Ídem $\begin{cases} 5x + 4y = 31 \\ 4x - 2y = 4. \end{cases}$

17. Ídem $\begin{cases} -2x - 9y = -73 \\ -7x + y = -28. \end{cases}$

18. Ídem $\begin{cases} x + 5y = 11 \\ x - 7y = -37. \end{cases}$

19. Resolver el siguiente sistema de segundo grado: $\begin{cases} 8x = y^2 \\ 2x - y = 8 \end{cases}$

20. Ídem: $\begin{cases} x - y = 9 \\ xy = 90 \end{cases}$

21. Ídem: $\begin{cases} x + y = 8 \\ x^2 + y^2 + xy = 52 \end{cases}$

22. Ídem: $\begin{cases} x^2 + y^2 = 100 \\ x - 7y = 50 \end{cases}$

23. Ídem: $\begin{cases} x^2 + y^2 = 10 \\ xy = 3 \end{cases}$

24. Ídem: $\begin{cases} x^2 - y^2 = 55 \\ xy = 24 \end{cases}$

25. Ídem: $\begin{cases} x^2 + 2xy = 24 \\ y^2 + xy = 5 \end{cases}$

26. Ídem: $\begin{cases} x^2 + xy = 10 \\ y^2 + xy = 15 \end{cases}$

27. Ídem: $\begin{cases} x^2 + y^2 + x + y = 62 \\ x^2 - y^2 + x - y = 50 \end{cases}$

28. Ídem: $\begin{cases} 2xy - 3y - 3 = 0 \\ y^2 - 4xy + 15 = 0 \end{cases}$

29. Resolver el siguiente sistema con radicales: $\begin{cases} x = 2y + 1 \\ \sqrt{x+y} - \sqrt{x-y} = 2 \end{cases}$

30. Ídem: $\begin{cases} y^2 - 2y + 1 = x \\ \sqrt{x} + y = 5 \end{cases}$

31. Ídem: $\begin{cases} 2\sqrt{x+1} = y + 1 \\ 2x - 3y = 1 \end{cases}$

32. Ídem: $\begin{cases} \sqrt{x+y} + 2 = x + 1 \\ 2x - y = 5 \end{cases}$

33. Ídem: $\begin{cases} \sqrt{x+y} - \sqrt{x-y} = \sqrt{2x} \\ x + y = 8 \end{cases}$

34. Ídem: $\begin{cases} \sqrt{4y+2x} = \sqrt{3y+x} - 1 \\ y + x = -5 \end{cases}$

35. Si una sala tuviera 2 m más de largo y 3 m más de ancho, el área seria de 40 m^2 mayor de lo que es ahora y si tuviera 2 metros menos de largo y 3 metros más de ancho, el área sería

8 m^2 mayor que ahora. Hallar las dimensiones de la sala.

36. Juan compró un carro, un caballo y sus arreos por $180. El carro y los arreos costaron $60 más que el caballo y el caballo y los arreos costaron $20 más que el carro. ¿Cuánto costo el carro, cuánto el caballo y cuánto los arreos?

37. Hallar tres números tales que la suma del primero y el segundo excede en 46 al tercero; la suma del primero y el tercero excede en 28 al segundo y la suma del segundo y el tercero excede en 10 al primero.

38. La suma de las dos cifras de un número es 9 y si al número se le resta 27 las cifras se invierten. Hallar el número.

39. Un pájaro volando a favor del viento recorre 40 km/h y en contra del viento 20 km/h. Hallar la velocidad en km/h del pájaro en aire tranquilo y la velocidad del viento.

40. Un hombre compró cierto número de libros. Si hubiera comprado 2 libros más por el mismo dinero, cada libro le habría costado $1 menos y si hubiera comprado 4 libros menos por el mismo dinero, cada libro le habría costado $4 más. ¿Cuántos libros compró y cuánto pagó por cada uno?

41. 6 kg de café y 5 kg de té cuestan $56. 4 kg de té y 7 kg de café cuestan $58. ¿Cuánto cuesta 1 kg de café y cuánto cuesta 1 kg de té?

42. Un comerciante gastó $950 en comprar 35 trajes de a $30 y de a $25. ¿Cuántos trajes de cada precio compró?

43. Si al numerador de una fracción se le resta 2, el valor de la fracción es 1/5, y si al denominador se le resta 1, el valor de la fracción es 3/4. Hallar la fracción.

44. Roberto ganó ayer $6 más que hoy. Si lo que ganó hoy es los 2/3 de lo que ganó ayer, ¿cuánto ganó cada día?

45. Dos números están en la relación de 3 es a 4. Si cada número se disminuye en 8, la relación es de 2 es a 3. Hallar los números.

46. La diferencia entre la cifra de las unidades y la cifra de las decenas de un número es 7 y si el número se suma con el número que resulta de invertir sus cifras la suma es 99. Hallar el número.

47. El perímetro de un rectángulo es 36 metros. Si el largo se aumenta en 2 metros y el ancho se disminuye en 3 metros, el área se disminuye en 20 m^2. Hallar las dimensiones del rectángulo.

48. El perímetro de una sala rectangular es 28 m. Si el largo se disminuye en 4 m y el ancho se aumenta en 2 m, la sala se hace cuadrada. Hallar las dimensiones de la sala.

49. Si el mayor de dos números se divide por el menor, el cociente es 2 y el resto 9 y si 6 veces el menor se divide por el mayor el cociente es 2 y el resto 16. Hallar los números.

50. Si el mayor de dos números se divide por el menor, el cociente es 3 y si 10 veces el menor se divide por el mayor, el cociente es 3 y el resto 17. Hallar los números.

51. Si el doble del mayor de dos números se divide por el triple del menor el cociente es 1 y el resto 5 y si 4 veces el menor se divide por el mayor, el cociente es 2 y el resto 2. Hallar los números.

52. La edad de Ana excede en 33 años a la edad de Rosa y si la edad de Ana se divide entre el triple de la de Rosa el cociente es 1 y el resto 17. Hallar ambas edades.

53. Dos veces el ancho de una sala excede en 3 m a la longitud de la sala y si la longitud aumentada en 4 m se divide entre el ancho, el cociente es 2 y el residuo 1. Hallar las dimensiones de la sala.

54. La suma de la cifra de las decenas y la cifra de las unidades de un número es 6 y si al número se le resta 18 las cifras se invierten. Hallar el número.

55. La suma de las dos cifras de un número es 9 y si al número se le suma 45 las cifras se invierten. Hallar el número.
56. La suma de la cifra de las decenas y la cifra de las unidades de un número es 9 y si al número se le resta 9 las cifras se invierten. Hallar el número.
57. La suma de las dos cifras de un número es 8 y si el número se divide por la suma de sus cifras el cociente es 7 y el resto 6. Hallar el número.
58. Si un número de dos cifras se disminuye en 13 y esta diferencia se divide por la suma de sus cifras el cociente es 6 y si el número disminuido en 21 se divide por la cifra de las unidades disminuida en 1, el cociente es 26.
Hallar el número.
59. Si a un número de dos cifras se añade 18 las cifras se invierten y si este número resultante se divide entre 8 el cociente es 6 y el resto 5. Hallar el número.
60. La suma de las dos cifras de un número es 11. Si la cifra de las decenas se aumenta en 3 y la cifra de las unidades se disminuye en 3, las cifras se invierten. Hallar el número.
61. En un cine hay 500 personas entre adultos y niños. Cada adulto pagó $3 y cada niño pagó $2 por su entrada. La recaudación es de $1.300. ¿Cuántos adultos y cuántos niños hay en el cine?

Soluciones

1. Solución: x = 5, y = 9.
2. S: x = −3, y = 8.
3. S: x = −2, y = 5.
4. S: x = −9, y = 2.
5. S: x = −4, y = 6.
6. S: x = −8, y = −9.
7. S: x = −6, y = 7.
8. S: x = −7, y = −9.
9. S: x = 3, y = −10.
10. S: x = −9, y = 10.
11. S: x = −5, y = −2.
12. S: x = 3, y = −7.
13. S: x = −2, y = −5.
14. S: x = 6, y = 3.
15. S: x = 8, y = 1.
16. S: x = 3, y = 4.
17. S: x = 5, y = 7.
18. S: x = −9, y = 4.
19. S: $\begin{cases} x = 8 \\ y = 8 \end{cases}$ $\begin{cases} x = 2 \\ y = -4 \end{cases}$
20. S: $\begin{cases} x = 15 \\ y = 6 \end{cases}$ $\begin{cases} x = -6 \\ y = -15 \end{cases}$
21. S: $\begin{cases} x = 6 \\ y = 2 \end{cases}$ $\begin{cases} x = 2 \\ y = 6 \end{cases}$
22. S: $\begin{cases} x = 8 \\ y = -6 \end{cases}$ $\begin{cases} x = -6 \\ y = -8 \end{cases}$
23. S: $\begin{cases} x = 1 \\ y = 3 \end{cases}$ $\begin{cases} x = 3 \\ y = 1 \end{cases}$ $\begin{cases} x = -1 \\ y = -3 \end{cases}$ $\begin{cases} x = -3 \\ y = -1 \end{cases}$
24. S: $\begin{cases} x = 8 \\ y = 3 \end{cases}$ $\begin{cases} x = -8 \\ y = -3 \end{cases}$
25. S: $\begin{cases} x = 4 \\ y = 1 \end{cases}$ $\begin{cases} x = -4 \\ y = -1 \end{cases}$
26. S: $\begin{cases} x = 2 \\ y = 3 \end{cases}$ $\begin{cases} x = -2 \\ y = -3 \end{cases}$
27. S: $\begin{cases} x = 7 \\ y = 2 \end{cases}$ $\begin{cases} x = -8 \\ y = -3 \end{cases}$
28. S: $\begin{cases} x = 2 \\ y = 3 \end{cases}$

29. S: $\begin{cases} x = 17 \\ y = 8 \end{cases}$

30. S: $\begin{cases} x = 4 \\ y = 3 \end{cases}$

31. S: $\begin{cases} x = 8 \\ y = 5 \end{cases}$ $\begin{cases} x = -1 \\ y = -1 \end{cases}$

32. S: $\begin{cases} x = 2 \\ y = -1 \end{cases}$

33. S: $\begin{cases} x = 4 \\ y = 4 \end{cases}$

34. S: $\begin{cases} x = -12 \\ y = 7 \end{cases}$

35. S: 8 metros de largo y 5 metros de ancho.
36. S: $80 el carro, $60 el caballo y $40 los arreos.
37. S: 37, 28 y 19.
38. S: 63.
39. S: 30 km/h el pájaro y 10 km/h el viento.
40. S: 10 libros. $6.
41. S: $6 1 kg de café y $4 1 kg de té.
42. S: 15 de a $30 y 20 de a $25.
43. S: 3/5.
44. S: $18 ayer y $12 hoy.
45. S: 24 y 32.
46. S: 18.
47. S: 10 m de largo y 8 m de ancho.
48. S: 10 m de largo y 4 m de ancho.
49. S: 43 y 17.
50. S: 51 y 17.
51. S: 13 y 7.
52. S: Ana 41 años y Rosa 8 años.
53. S: 11 m de largo y 7 m de ancho.
54. S: 42.
55. S: 27.
56. S: 54.
57. S: 62.
58. S: 73.
59. S: 35.
60. S: 47.
61. S: 300 adultos y 200 niños.

30 Desigualdades e inecuaciones

Introducción histórica

Las primeras actividades matemáticas de las civilizaciones primitivas se relacionaron con la necesidad de contar los rebaños o medir el tiempo. Los hombres primitivos hacían marcas en los árboles para llevar la cuenta de sus posesiones. Los conceptos de igualdad y de desigualdad surgieron mucho después. Así, los signos actualmente utilizados para indicar las desigualdades no fueron establecidos hasta el siglo XVII por los matemáticos Bouguer y Harriot.

30.1 Intervalos de la recta real

La desigualdad $7<15$ expresa que 7 es menor que 15. Podíamos haber escrito igualmente $15>7$ (15 es mayor que 7). Los signos $<$ y $>$ se leen "menor que" y "mayor que", respectivamente.

La desigualdad $x>2$ indica el conjunto de todos los números mayores que 2. En la recta real, dicho conjunto está formado por un **intervalo infinito** con origen en 2 (el 2 no está incluido). Su representación gráfica en la recta real es:

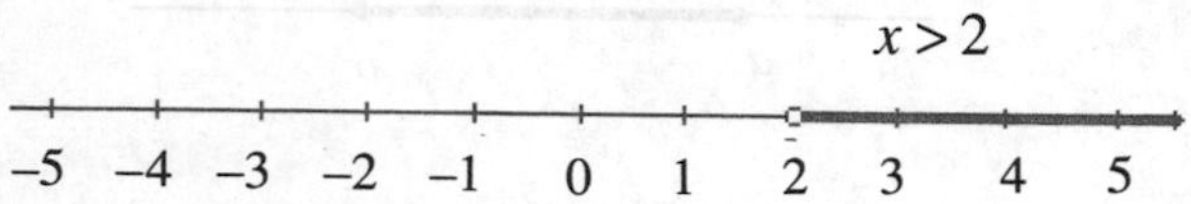

El intervalo anterior se expresa por $(2,\infty)$.

La desigualdad $x<1$, representada en la recta real orientada, indica el conjunto de todos los números menores que 1:

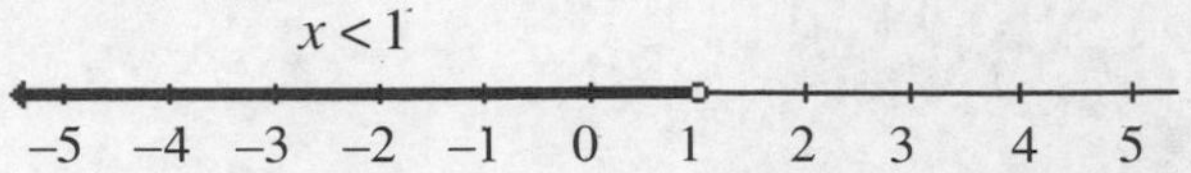

El intervalo correspondiente se expresa por $(-\infty,1)$.

En los dos intervalos anteriores no están incluidos los extremos. Si se quieren incluir los extremos se expresan así:

$x \geq 2$, indica el conjunto de todos los números mayores o iguales que 2;
$x \leq 1$, indica el conjunto de todos los números menores o iguales que 1.

También pueden ser expresados, respectivamente, mediante los intervalos infinitos $[2,\infty)$ y $(-\infty,1]$. Cuando el extremo está incluido, el intervalo se expresa con corchete en vez de hacerlo con paréntesis. La representación gráfica de los dos intervalos anteriores es:

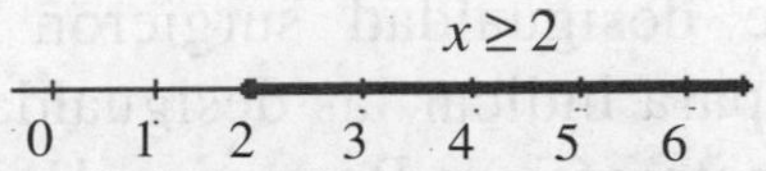

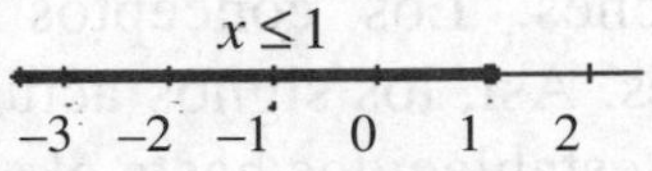

La doble desigualdad $a<x<b$ indica el conjunto de todos los números comprendidos entre a y b

y puede expresarse en forma de **intervalo abierto** (a,b). Su representación gráfica en la recta real orientada es.

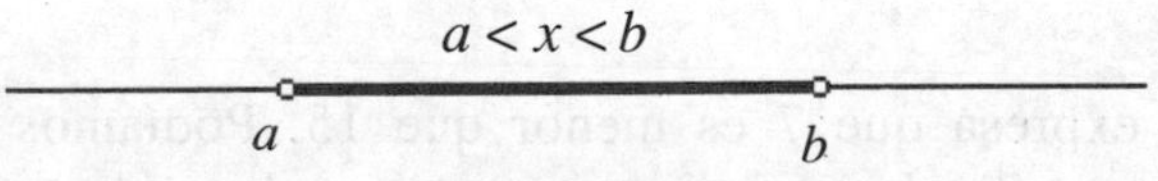

Si los dos extremos están incluidos en el intervalo, éste es expresado de la forma: $a \leq x \leq b$ e indica el conjunto de todos los números mayores o iguales que a y menores o iguales que b. También puede ser expresado en forma de intervalo cerrado: $[a,b]$. Su representación gráfica en la recta real es:

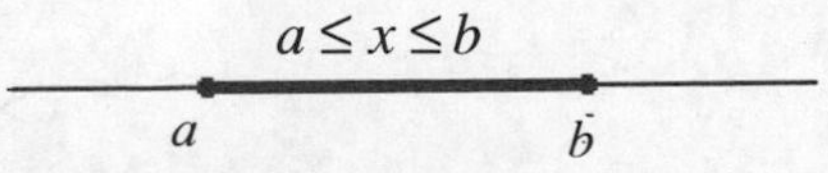

Ejemplo

Representa en la recta real el intervalo $(-2,4)$

Solución:

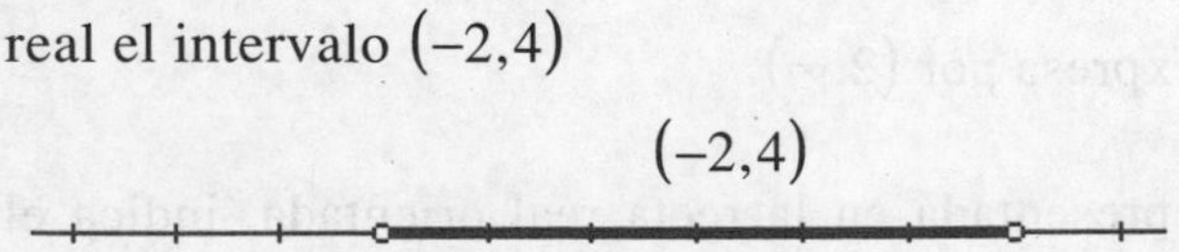

Ejemplo

Representa en la recta real el intervalo $-3 \leq x < 1$

Solución: $-3 \leq x < 1$

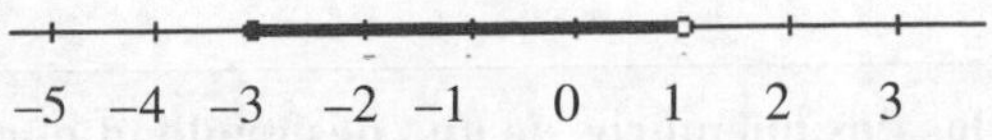

30.2 Propiedades de las desigualdades

1. Si a los dos miembros de una desigualdad se les suma o se les resta la misma expresión, se obtiene una nueva desigualdad del mismo sentido.

Ejemplo

$$\text{Si} \quad 7 > 4 \quad \rightarrow \quad \begin{cases} \text{sumando 6:} & 7+6>4+6 \quad \rightarrow \quad 13>10 \\ \text{restando 5:} & 7-5>4-5 \quad \rightarrow \quad 2>-1 \end{cases}$$

En general, este principio se expresa así: Si $a > b \;\rightarrow\; a \pm c > b \pm c$

Este principio permite pasar un término de un miembro de una desigualdad al otro miembro, cambiando el signo del término.

2. Si se suman miembro a miembro dos desigualdades del mismo sentido, se obtiene una nueva desigualdad del mismo sentido que las primeras.

Ejemplo

$$\begin{array}{c} 3<5 \\ -6<-4 \\ \hline 3+(-6)<5+(-4) \end{array} \quad \rightarrow \quad -3<1$$

Cuando se restan miembro a miembro dos desigualdades del mismo sentido, no puede predecirse el sentido de la desigualdad resultante.

Ejemplo

a) $\dfrac{\begin{array}{c}2<4\\1<2\end{array}}{2-1<4-2} \rightarrow 1<2$ b) $\dfrac{\begin{array}{c}2<5\\-3<4\end{array}}{2-(-3)>5-4} \rightarrow 5>1$

3. Si se multiplican o dividen los dos miembros de una desigualdad por un número positivo, resulta una nueva desigualdad del mismo sentido.
Si se multiplican o dividen los dos miembros de una desigualdad por un número negativo, resulta una desigualdad de sentido contrario.

Ejemplo

a) Si $6>4 \rightarrow \begin{cases}\text{multiplicando por 3:} & 6\cdot 3>4\cdot 3 \rightarrow 18>12\\ \text{dividiendo por 2:} & 6:2>4:2 \rightarrow 3>2\end{cases}$

b) Si $6>4 \rightarrow \begin{cases}\text{multiplicando por } -3\text{:} & 6\cdot(-3)<4\cdot(-3) \rightarrow -18<-12\\ \text{dividiendo por } -2\text{:} & 6:(-2)<4:(-2) \rightarrow -3<-2\end{cases}$

Consecuencias de la anterior propiedad son las siguientes:

- Al cambiar de signo los dos miembros de una desigualdad, ésta cambia de sentido, porque se multiplican ambos miembros por -1.

Ejemplo

Si $4<7 \xrightarrow{\text{multiplicando por } -1} -4>-7$

- **Al eliminar los denominadores de una desigualdad, multiplicando los términos por el denominador común, hay que tener en cuenta el signo de éste.**

Ejemplo

$\dfrac{1}{4}<\dfrac{2}{3} \xrightarrow{\cdot 12} 12\cdot\dfrac{1}{4}<12\cdot\dfrac{2}{3} \rightarrow 3<8$

4. Si dos números tienen el mismo signo, la desigualdad entre sus inversos es la contraria a la que se verifica entre dichos números.

Simbólicamente: $a<b \rightarrow \dfrac{1}{a}>\dfrac{1}{b}$

Ejemplo

a) $3<5 \rightarrow \frac{1}{3}>\frac{1}{5}$ b) $-7<-3 \rightarrow -\frac{1}{7}>-\frac{1}{3}$

5. Si se elevan los dos miembros de una desigualdad a una potencia de exponente natural impar, resulta una desigualdad del mismo sentido.

Ejemplo

$-5<-2 \rightarrow (-5)^3<(-2)^3 \rightarrow -125<-8$

6. Si se elevan los dos miembros de una desigualdad a una potencia de exponente natural par:
a) El sentido de la desigualdad no cambia si los dos miembros son positivos.
b) Se invierte el sentido de la desigualdad si ambos miembros son negativos.
c) No se puede predecir el sentido de la desigualdad si los dos miembros son de distinto signo.

Ejemplo

a) $3<6 \rightarrow 3^2<6^2 \rightarrow 9<36$ b) $-5<-3 \rightarrow (-5)^2>(-3)^2 \rightarrow 25>9$

c) $\begin{cases} -6<4 \rightarrow (-6)^2>4^2 \rightarrow 36>16 \\ -2<3 \rightarrow (-2)^2<3^2 \rightarrow 4<9 \end{cases}$

30.3 Inecuaciones de primer grado

Se llama inecuación a cualquier desigualdad en la que aparece una indeterminada.

Ejemplo

$2x^2-x+3<x+6$ es una inecuación.

Llamamos solución de una inecuación a todo número real que, sustituido en la variable, satisface la desigualdad.

Ejemplo

$x=1$ es una solución de $2x^2-x+3<x+6$, porque $2\cdot 1^2-1+3<1+6$. En cambio, $x=2$ no es solución de la anterior inecuación, pues $2\cdot 2^2-2+3>2+6$.

Resolver una inecuación es hallar todas sus soluciones que, en general, son infinitas

En las inecuaciones se pueden aplicar todas las propiedades de las desigualdades pues, como ya sabes, las incógnitas representan números. En particular:

- Se pueden trasponer términos de un miembro a otro, cambiando el signo de los términos.
- Se pueden multiplicar o dividir los dos miembros por un mismo número real positivo. Si se multiplican o se dividen por un número real negativo, la desigualdad cambia de sentido.

Una inecuación es de primer grado si, después de realizar las operaciones necesarias para quitar paréntesis y denominadores, para reducir términos semejantes, etc., se obtiene una expresión de la forma:

$$ax+b<0 \quad \text{o} \quad ax+b>0$$

Ejemplo

Resolver la inecuación $2(x+1)-1<x+3$

Solución: Suprimimos paréntesis: $2x+2-1<x+3$

Trasponemos términos y reducimos términos semejantes: $2x-x<3-2+1 \;\rightarrow\; x<2$

La solución, por tanto, la forman todos los números reales menores que 2. Se trata del intervalo abierto $(-\infty,2)$ y su representación geométrica en la recta real es:

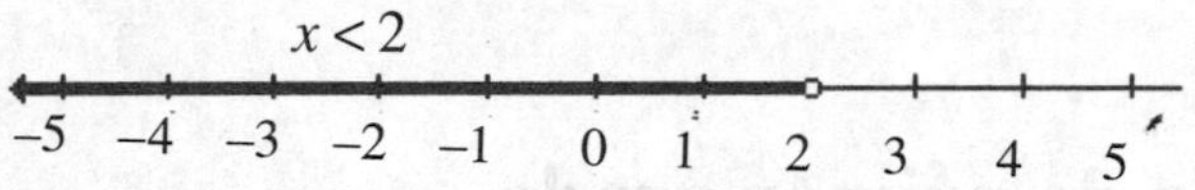

Ejemplo

Resolver la inecuación $\dfrac{x}{2}+\dfrac{x+1}{7}-x+2\le 0$

Solución: Empezamos multiplicando ambos miembros por el común denominador 14:

$$7x+2(x+1)-14x+28\le 0$$

Eliminamos paréntesis: $7x+2x+2-14x+28\le 0$

Trasponemos términos y reducimos términos semejantes:

$$7x+2x-14x\le -2-28 \;\rightarrow\; -5x\le -30$$

Ahora hemos de pasar dividiendo -5 al segundo miembro, lo cual supone invertir el sentido de la desigualdad:

$$x \geq 6$$

La solución está formada por todos los números reales mayores o iguales que 6. Se trata del intervalo $[6, \infty)$ cuya representación geométrica es:

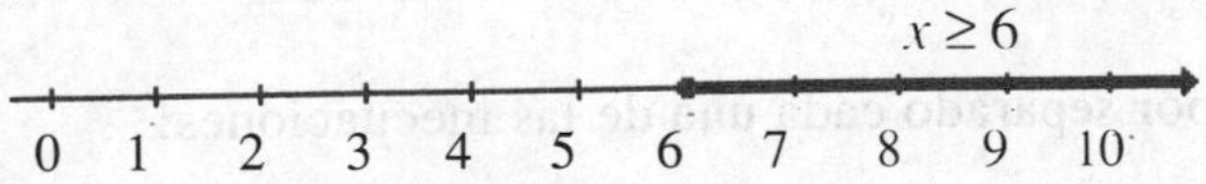

30.4 Sistemas de inecuaciones en una variable

Un sistema de inecuaciones de una variable está formado por un conjunto de inecuaciones de la misma variable. Su solución es el conjunto de números reales que verifican, a la vez, todas las inecuaciones. Para hallarla, se resuelven, por separado, cada una de las inecuaciones, y, después, se consideran las soluciones comunes.

Ejemplo

Resolver el sistema de inecuaciones $\begin{cases} 2x-3 > x-2 \\ 3x-7 < x-1 \end{cases}$

Solución: Resolvemos por separado cada una de las inecuaciones del sistema:

$$\begin{cases} 2x-3 > x-2 \\ 3x-7 < x-1 \end{cases} \rightarrow \begin{cases} 2x-x > 3-2 \\ 3x-x < 7-1 \end{cases} \rightarrow \begin{cases} x > 1 \\ 2x < 6 \end{cases} \rightarrow \begin{cases} x > 1 \\ x < 3 \end{cases}$$

Representamos geométricamente mediante intervalos la solución de cada una de las inecuaciones sobre rectas diferentes. La solución del sistema estará formada por los intervalos comunes a ambas inecuaciones.

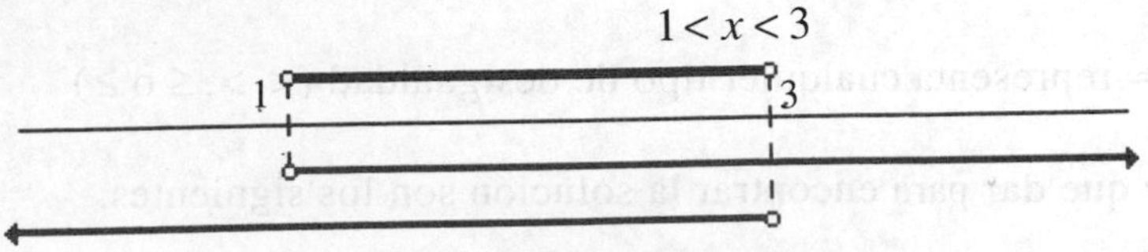

Las soluciones del sistema son el conjunto de valores x que verifican la doble desigualdad $1 < x < 3$, es decir, las soluciones corresponden al intervalo abierto $(1,3)$.

Ejemplo

Resolver el sistema de inecuaciones $\begin{cases} \dfrac{3(2-x)}{2} - x > \dfrac{16}{5} - \dfrac{x+1}{5} \\ \dfrac{x+4}{3} - \dfrac{x-5}{6} > 3 - \dfrac{2x-5}{18} \end{cases}$

Solución: Resolvemos por separado cada una de las inecuaciones:

$$\begin{cases} \dfrac{3(2-x)}{2} - x > \dfrac{16}{5} - \dfrac{x+1}{5} \\ \dfrac{x+4}{3} - \dfrac{x-5}{6} > 3 - \dfrac{2x-5}{18} \end{cases} \xrightarrow[\cdot 18]{\cdot 10} \begin{cases} 15(2-x) - 10x > 32 - 2(x+1) \\ 6(x+4) - 3(x-5) > 54 - (2x-5) \end{cases} \xrightarrow{\text{Suprimimos paréntesis}}$$

$$\begin{cases} 30 - 15x - 10x > 32 - 2x - 2 \\ 6x + 24 - 3x + 15 > 54 - 2x + 5 \end{cases} \xrightarrow{\substack{\text{Trasponemos y reducimos} \\ \text{términos semejantes}}} \begin{cases} -23x > 0 \\ 5x > 20 \end{cases} \rightarrow \begin{cases} x < 0 \\ x > 4 \end{cases}$$

Representamos geométricamente la solución de cada inecuación:

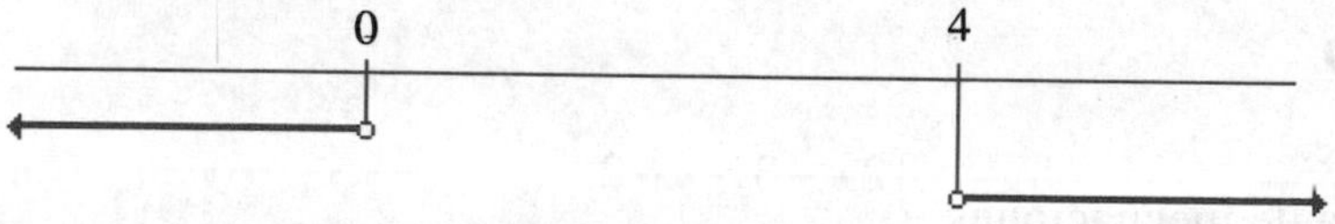

y observamos que no hay ningún intervalo común a ambas soluciones. Por tanto, no hay ningún punto de la recta que sea solución, es decir, el sistema carece de solución.

30.5 Inecuaciones polinómicas de grado superior al primero

Cualquier inecuación polinómica puede ser reducida a una de la forma:

$$p(x) = a_n x^n + a_{n-1} x^{n-1} + \ldots + a_1 x + a_0 \approx 0$$

donde el símbolo ≈ representa cualquier tipo de desigualdad (<, >, ≤ o ≥)

Los pasos que hay que dar para encontrar la solución son los siguientes:

1º Se calculan las raíces reales del polinomio $p(x)$ (soluciones reales de la ecuación $p(x) = 0$). Supongamos que son: $x_1 < x_2 < x_3$

2º Se marcan sobre la recta real de forma ordenada las raíces encontradas:

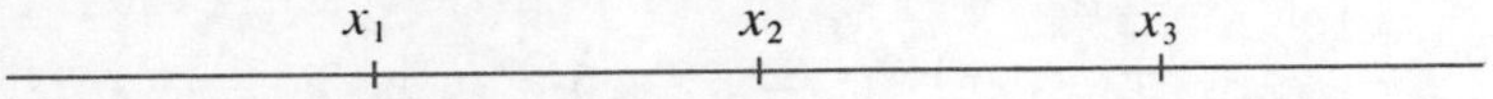

3º Se calcula el signo del polinomio $p(x)$ en cada uno de los intervalos en que las raíces divide a la recta real. Hay que tener en cuenta que el signo de $p(x)$ no varía dentro de un mismo intervalo, pues caso de cambiar habría una nueva raíz en dicho intervalo, lo cual no es posible. Para calcular dicho signo, basta dar a x un valor del interior de cada intervalo. Obtendríamos así un esquema de signos similar al siguiente:

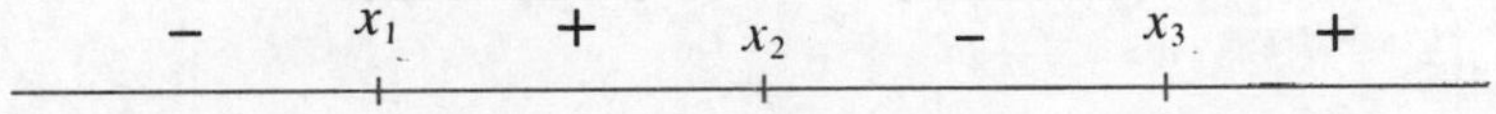

Deducimos que $p(x)$ es negativo en $(-\infty,x_1)\cup(x_2,x_3)$ y positivo en $(x_1,x_2)\cup(x_3,\infty)$.

4º Decidimos la solución de la inecuación observando el tipo de desigualdad inicial:

- Si es $p(x)<0$, la solución estará formada por todos los puntos de $(-\infty,x_1)\cup(x_2,x_3)$.
- Si es $p(x)\leq 0$, a la solución anterior habrá que añadirle los extremos de los intervalos (las raíces). Será, por tanto: $(-\infty,x_1]\cup[x_1,x_2]$.
- Si es $p(x)>0$, la solución será la unión de los intervalos $(x_1,x_2)\cup(x_3,\infty)$
- Si es $p(x)\geq 0$, le añadimos a la solución anterior los extremos. La solución será, por tanto, $[x_1,x_2]\cup[x_3,\infty)$.

Ejemplo

Resolver la inecuación de segundo grado $x^2-4x-5\geq 0$

Solución: Calculamos las raíces del polinomio x^2-4x-5, resolviendo la ecuación:

$$x^2-4x-5=0 \quad\rightarrow\quad x=\frac{4\pm\sqrt{16+20}}{2}=\frac{4\pm 6}{2}=\begin{cases}5\\-1\end{cases}$$. Las raíces son, por tanto $x_1=-1$ y $x_2=5$

Las marcamos ordenadamente sobre la recta real:

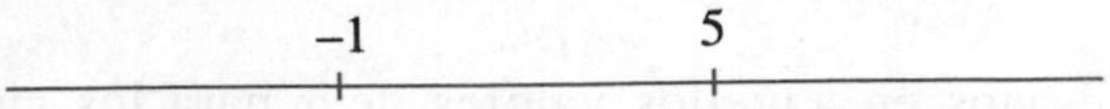

Estudiamos el signo de x^2-4x-5 en cada uno de los tres intervalos resultantes. Para ello damos valores arbitrarios a x en cada uno de dichos intervalos. Por ejemplo:

$$p(-2)=7\ (+) \qquad p(0)=-5\ (-) \qquad p(6)=7\ (+)$$

De aquí deducimos que el signo de x^2-4x-5 es el que figura en el esquema siguiente para cada intervalo:

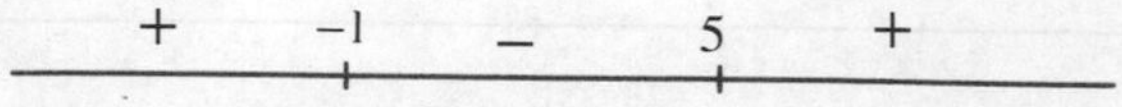

Los valores que hacen al polinomio positivo son los menores que −1 y los mayores que 5. Los valores que anulan al polinomio son las raíces -1 y 5. Por tanto, el intervalo solución es $(-\infty,-1]\cup[5,\infty)$, cuya representación geométrica es:

Ejemplo

Resolver la inecuación $x^3-x^2-6x<0$

Solución: Resolvemos la ecuación $x^3-x^2-6x=0$. Sacamos factor común y obtenemos:

$$x^3-x^2-6x=0 \;\rightarrow\; x(x^2-x+6)=0 \;\rightarrow\; \begin{cases} x=0 \\ x^2-x-6=0 \;\rightarrow\; x=\dfrac{1\pm\sqrt{1+24}}{2}=\begin{cases}3\\-2\end{cases}\end{cases}$$

El polinomio x^3-x^2-6x tiene por tanto tres raíces: $-2<0<3$. Las representamos ordenadamente sobre la recta real (no es importante ajustar las unidades de medida, tan sólo el orden):

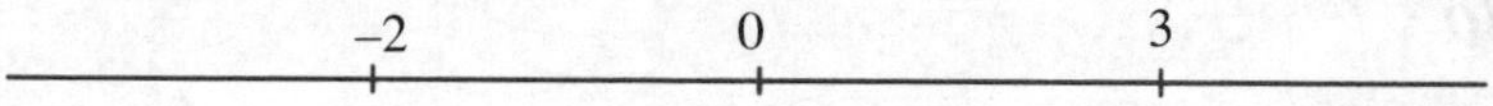

y estudiamos el signo de x^3-x^2-6x en cada uno de los tramos dando valores a x en cada uno de ellos. Por ejemplo:

$p(-3)=-18\ (-)$ $\quad p(-1)=4\ (+)$ $\quad p(1)=-6\ (-)$ $\quad p(4)=24\ (+)$

Obtenemos así el esquema de signos siguiente:

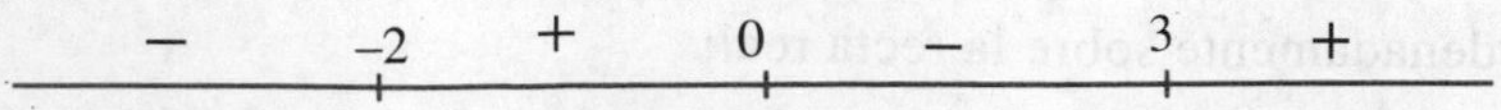

Como sólo estamos interesados en aquellos valores de x para los cuales $p(x)<0$ (negativo), llegamos a que la solución es la unión de intervalos abiertos $(-\infty,-2)\cup(0,3)$. Su representación geométrica es:

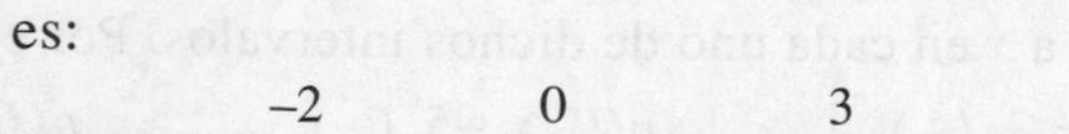

30.6 Inecuaciones fraccionarias

Para resolver una inecuación del tipo $\dfrac{p(x)}{q(x)} \approx 0$ donde el símbolo $\approx$ representa $<, >, \leq$ o $\geq$, pueden seguirse los pasos siguientes:

1º Se calculan las raíces de los polinomios numerador $p(x)$ y denominador $q(x)$.

2º Se marcan sobre la recta real de forma ordenada dichas raíces.

3º Se estudia el signo de $\dfrac{p(x)}{q(x)}$ en cada uno de los intervalos en que queda dividida la recta (dando valores arbitrarios en cada uno de ellos).

4º La solución estará formada por aquellos intervalos en los cuales el signo coincide con el que demanda la inecuación.

Es necesario desechar todos los valores reales que anulan el denominador, pues las fracciones con denominador nulo no definen ningún número real.

Ejemplo

Resolver la inecuación $\dfrac{x^2-3x}{x+2} \leq 0$

Solución: Hallamos las raíces de los polinomios numerador y denominador:

$$x^2-3x=0 \;\rightarrow\; x(x-3)=0 \;\rightarrow\; \begin{cases} x=0 \\ x-3=0 \end{cases} \;\rightarrow\; \begin{cases} x=0 \\ x=3 \end{cases} \;;\qquad x+2=0 \;\rightarrow\; x=-2$$

Las representamos ordenadas sobre la recta real:

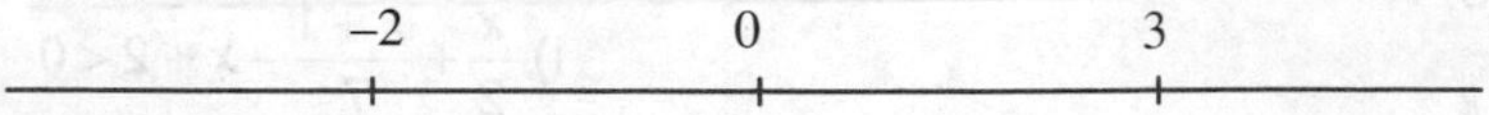

y estudiamos el signo de la fracción en cada uno de los tramos dando valores arbitrarios a x en dichos intervalos. Por ejemplo:

- Para $x=-3 \;\rightarrow\; \dfrac{(-3)^2-3(-3)}{-3+2}=\dfrac{18}{-1}=-18 \;\; (-)$

- Para $x=-1 \;\rightarrow\; \dfrac{(-1)^2-3(-1)}{-1+2}=\dfrac{4}{1}=4 \;\; (+)$

- Para $x=1 \rightarrow \quad \dfrac{1^2-3\cdot 1}{1+2}=\dfrac{-2}{3}\ (-)$

- Para $x=4 \rightarrow \quad \dfrac{4^2-3\cdot 4}{4+2}=\dfrac{4}{6}\ (+)$

Obtenemos así el esquema de signos para la fracción inicial:

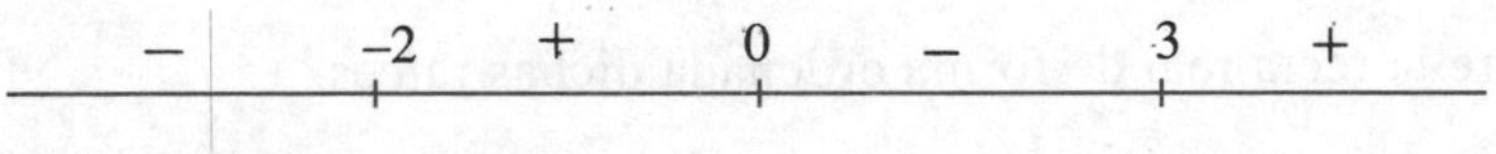

Los intervalos donde la fracción original es menor o igual que cero son, por tanto, $(-\infty,-2)$ y $(0,3)$. A estos intervalos hay que unirle además los valores 0 y 3, pues en ellos la fracción se anula -no así el valor -2 pues en él se anula el denominador-. La solución es por tanto la unión de intervalos $(-\infty,-2)\cup[0,3]$ cuya representación geométrica es:

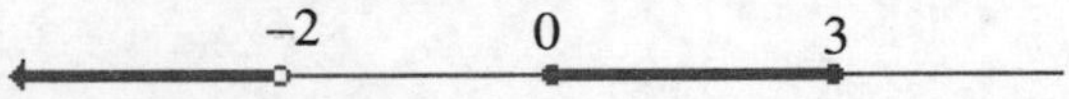

Problemas propuestos

1. Resuelve las siguientes inecuaciones de primer grado:
   a) $6x-3<4x+7$
   b) $3x-1<-2x+4$
   c) $2x+9>3x+5$
   d) $x(x-1)>x^2+3x+1$
   e) $(x+2)(x+3)<(x-1)(x+5)$
   f) $2(x+3)+3(x-1)>2(x+2)$
2. Resuelve las siguientes inecuaciones eliminando previamente los denominadores:
   a) $\dfrac{x}{3}+\dfrac{x}{2}>5-\dfrac{x}{6}$
   b) $\dfrac{2x-4}{3}+\dfrac{3x+1}{3}<\dfrac{2x-5}{12}$
   c) $\dfrac{x}{2}+\dfrac{x+1}{7}>x-2$
   d) $\dfrac{5x-2}{3}-\dfrac{x-8}{4}>\dfrac{x+14}{2}-2$
   e) $\dfrac{x+4}{3}-\dfrac{x-4}{5}>2+\dfrac{3x-1}{15}$
   f) $\dfrac{3x-3}{5}-\dfrac{4x+8}{2}<\dfrac{x}{4}-3x$
   g) $\dfrac{x}{3}-\dfrac{2x+1}{8}-\dfrac{8-10x}{45}>0$
   h) $\dfrac{x-1}{2}x<\dfrac{1-x}{4}-3$
   i) $\dfrac{x}{2}+\dfrac{x+1}{7}-x+2<0$
   j) $4x\dfrac{3-2x}{4}<\dfrac{3x-1}{3}+\dfrac{37}{12}$
   k) $\dfrac{2x+3}{4}>\dfrac{x+1}{2}+3$
   l) $\dfrac{x-2}{3}-\dfrac{12-x}{2}>\dfrac{5x-36}{4}-1$
3. Resuelve las siguientes inecuaciones de

segundo grado:

a) $x^2 - 5x + 6 > 0$

b) $x^2 - 6x + 8 > 0$

c) $7x^2 - 3x > 0$

d) $2x^2 - 16x + 24 > 0$

e) $x^2 - 4x + 21 \geq 0$

f) $x^2 - 9x + 18 < 0$

g) $x^2 - 4x + 7 < 0$

h) $x^2 - 2x + 6 < 0$

i) $2x^2 + 8x + 6 < 0$

j) $2x^2 + 10x + 12 \leq 0$

4. Representa gráficamente los valores que verifican las siguientes inecuaciones dobles:

a) $-2 < x < 0$

b) $0 < x < 5$

c) $0 \leq x - 1 \leq 3$

d) $2 \leq x < 6$

e) $-2 < x - 1 < 4$

5. Resuelve las siguientes inecuaciones de segundo grado reduciéndolas previamente a la forma general:

a) $x(x+3) - 2x > 4x + 4$

b) $(x-1)^2 - (x+2)^2 + 3x^2 \leq -7x + 1$

c) $4x(x+3) + 9 \geq 0$

d) $x(x^2 + x) - (x+1)(x^2 - 2) > -4$

e) $(2x-3)^2 \leq 1$

f) $-x(x+2) + 3 \geq 0$

6. Resuelve las siguientes inecuaciones fraccionarias pasando previamente todo a un miembro cuando sea necesario:

a) $\dfrac{3x-6}{x-1} > 0$

b) $\dfrac{3x-6}{x+1} > 0$

c) $\dfrac{x}{x+1} \geq 0$

d) $\dfrac{x-2}{x+2} > 0$

e) $\dfrac{x}{x-3} + 1 \geq 0$

f) $\dfrac{x+3}{x+1} > 2$

g) $\dfrac{(x+1)(x-1)}{x^2+1} > 0$

h) $\dfrac{(2x+3)(2x-1)}{4x^2+1} > 0$

i) $\dfrac{x^2-1}{x^2+1} > 0$

j) $\dfrac{6x^2+5x+1}{x^2+2x+1} \geq 0$

k) $\dfrac{x^2+8x+12}{x^2-10x+25} \geq 0$

l) $\dfrac{x^2-1}{x^2-4x+7} \geq 0$

m) $\dfrac{x(x+1)}{x-1} > 0$

n) $\dfrac{x^2-1}{x-1} \geq 0$

o) $\dfrac{4-x^2}{x^2-9} > 0$

p) $\dfrac{x^2-5x+6}{x^2-6x+8} > 0$

q) $\dfrac{x(x-3)}{(x+1)(x+2)} \geq 0$

r) $\dfrac{3x-2}{x-1} - 1 \geq \dfrac{2x-1}{x+1}$

s) $\dfrac{1}{x-3} > \dfrac{2}{x+3}$

7. El propietario de una tienda paga a sus viajantes 10 ptas por artículo vendido más una cantidad fija de 50.000 ptas. Otra tienda de la competencia paga 15 por artículo y 30.000 ptas fijas. ¿Cuántos artículos debe vender el viajante de la competencia para ganar más dinero que el primero?.

8. Un alumno sale de casa con 500 ptas. Paga de transporte 80 ptas y a la hora del bocadillo gasta doscientas ptas y algo más. Halla el máximo y el mínimo del dinero que le puede quedar.
9. Un padre es 22 años mayor que su hijo. Determina en qué periodo de sus vidas la edad del padre supera en más de 6 años al doble de la edad del hijo.
10. ¿Cuáles son los números cuyo triple supera a su doble en más de 20?.
11. Halla la condición que tienen que verificar los coeficientes de la ecuación $\left(a^2+b^2\right)x^2-2acx-b^2+c^2=0$ para que sus soluciones sean reales.
12. Halla la condición que tienen que verificar los coeficientes de la ecuación $8x^2-(m-1)x+m-7=0$ para que sus soluciones sean reales.
13. Ídem para la ecuación $mx^2-2(m+2)x-(m-10)=0$

Soluciones

1. S: a) $x<5$
   b) $x<1$
   c) $x<4$
   d) $x<-\frac{1}{4}$
   e) $x<-11$
   f) $x>\frac{1}{3}$
2. S: a) $x>5$
   b) $x<\frac{7}{18}$
   c) $x<6$
   d) $x>4$
   e) $x<3$
   f) $x<\frac{92}{27}$
   g) $x<\frac{109}{110}$
   h) $x>9$
   i) $x>6$
   j) $x<1$
   k) No tiene solución
   l) $x<8$
3. S: a) $x<2$ ó $x>3$
   b) $x<2$ ó $x>4$
   c) $x<0$ ó $x>\frac{3}{7}$
   d) $x<2$ ó $x>6$
   e) Todos los números reales
   f) $3<x<6$
   g) No tiene solución
   h) No tiene solución
   i) $-3<x<-1$
   j) $-3\le x\le -2$
4. S: a)

b)

c)

d)

e)

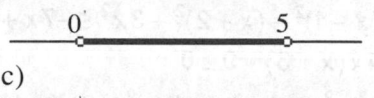

5. S: a) $x<-1$ ó $x>4$
   b) $-\frac{4}{3}\le x\le 1$
   c) $x>-3$
   d) $1\le x\le 2$
   e) Todos los números reales
   f) $-3\le x\le 1$
6. S: a) $x<1$ ó $x>2$
   b) $x<-1$ ó $x>2$

c) $x < -1$ *ó* $x > 0$

d) $x < -2$ *ó* $x > 2$

e) $x < \frac{3}{2}$ *ó* $x > 3$

f) $-1 < x < 1$

g) $x < -1$ *ó* $x > 1$

h) $x < -\frac{3}{2}$ *ó* $x > \frac{1}{2}$

i) $x < -1$ *ó* $x > 1$

j) $x \leq -\frac{1}{2}$ *ó* $x \geq -\frac{1}{3}$

k) $x \leq -6$ *ó* $x \geq -2$

l) $x \leq -1$ *ó* $x \geq 1$

m) $-1 < x < 0$ *ó* $x > 1$

n) $x \geq -1$ *y* $x \neq 1$

o) $-3 < x < -2$ *ó* $2 < x < 3$

p) $x < 3$ *ó* $x > 4$

q) $x < -2$ *ó* $-1 < x \leq 0$ *ó* $x \geq 3$

r) $1 < x \leq \frac{1}{2}$ ó $x > 1$

s) $x < -3$ *ó* $3 < x < 9$

7. S: 4.000 artículos
8. S: Mínimo: 120; Máximo: 220
9. S: De 0 a 16 años
10. S: Son los números mayores que 20
11. S: $a^2 + b^2 \geq c^2$
12. S: $m \leq 9$ *ó* $m \geq 25$
13. S: $m \leq 1$ *ó* $m \geq 2$

V

Matrices y sistemas lineales

La resolución sistemática de sistemas lineales con más de dos incógnitas requiere el conocimiento de la teoría de matrices.

En esta unidad aprenderás a operar con soltura entre matrices, a asignar un valor a cada matriz cuadrada —su determinante— y por último, a utilizar el cálculo matricial en la resolución de sistemas lineales.

31

Matrices

Introducción histórica

El gran desarrollo del álgebra lineal se alcanza en el siglo XIX gracias sobre todo a los trabajos de los matemáticos británicos Sylvester y Cayley. A Sylvester se debe, en 1850, la denominación de matriz para la disposición rectangular de números actual, y a Cayley, en 1855, el descubrimiento de la conexión entre el cambio lineal de variables en un sistema y la noción de producto de matrices.

31.1 Matrices: Definición y clases

Se llama matriz de orden $m \times n$ a cualquier tabla de números que conste de m filas y n columnas.

$$A = \begin{pmatrix} a_{11} & a_{12} & \dots & a_{1n} \\ a_{21} & a_{22} & \dots & a_{2n} \\ \dots & \dots & \dots & \dots \\ a_{m1} & a_{m2} & \dots & a_{mn} \end{pmatrix}$$

El primer subíndice de cada término de la matriz indica filas y el segundo columnas. Así, el término a_{31} es el que se encuentra en la fila 3 y la columna 1. En general, a_{ij} es el término situado en la fila i y la columna j.

Cuando queremos referirnos a la matriz sin escribir la tabla, escribimos simplemente:

$$A = (a_{ij}) \quad \text{para } i = 1, 2, \dots, m \quad j = 1, 2, \dots, n$$

Por ejemplo, $A=\begin{pmatrix} 1 & 5 & 7 & 2 \\ 4 & 3 & 2 & 1 \\ -1 & 2 & -3 & 9 \end{pmatrix}$ es una matriz 3×4 en la que $a_{14}=a_{23}=2$; $a_{33}=-3$, etc.

Ejemplo

El consumo en kilos de fruta, pescado y queso de una familia durante 1993 y 1994 se puede disponer así en forma de matriz:

	Fruta	Pescado	Queso
1991	430	157	8
1992	390	162	6

Algunos tipos de matrices son:

MATRIZ FILA es una matriz que tiene una sola fila.

Ejemplo

$A=(2 \quad 5 \quad -3 \quad 8)$ es de tamaño 1×4.

MATRIZ COLUMNA es una matriz que tiene una sola columna.

Ejemplo

$B=\begin{pmatrix} 2 \\ 0 \\ -3 \end{pmatrix}$ es una matriz de orden 3×1.

MATRIZ CUADRADA es una matriz con igual número de filas que de columnas.

Ejemplo

$C=\begin{pmatrix} 3 & 2 & 5 \\ 1 & 0 & -1 \\ 2 & 7 & 0 \end{pmatrix}$ es una matriz cuadrada de orden 3×3.

Una matriz cuadrada $n \times n$ se dice abreviadamente que es de orden n. Si una matriz no es cuadrada, se le llama rectangular.

MATRIZ NULA es la matriz cuyos elementos son todos nulos. Se escribe O.

Llamamos *diagonal principal* de una matriz al conjunto de elementos de la forma a_{ii}.

Ejemplo

En la matriz $A = \begin{pmatrix} 3 & 4 & 5 \\ 6 & 8 & 9 \\ 2 & 0 & 1 \end{pmatrix}$, la diagonal principal es $\{3, 8, 1\}$.

MATRIZ DIAGONAL es una matriz cuadrada que tiene nulos todos los elementos fuera de la diagonal principal .

En símbolos: $a_{ij} = 0$ si $i \neq j$

Ejemplo

La matriz $D = \begin{pmatrix} 2 & 0 & 0 \\ 0 & -1 & 0 \\ 0 & 0 & 3 \end{pmatrix}$ es diagonal.

MATRIZ UNIDAD es una matriz diagonal con todos los elementos de la diagonal principal siendo unos. Se la nota por *I*.

Ejemplo

$I = \begin{pmatrix} 1 & 0 & 0 \\ 0 & 1 & 0 \\ 0 & 0 & 1 \end{pmatrix}$ es la matriz unidad de orden 3.

MATRIZ TRIANGULAR es una matriz cuadrada en la que todos sus elementos por encima o por debajo de la diagonal principal son nulos.

Ejemplo

De las siguientes matrices, S es una matriz triangular superior y T es una matriz triangular inferior.

$$S=\begin{pmatrix}5 & 6 & 7 & 8\\ 0 & 1 & 2 & 3\\ 0 & 0 & 9 & 4\\ 0 & 0 & 0 & 5\end{pmatrix} \qquad T=\begin{pmatrix}3 & 0 & 0 & 0\\ 1 & 2 & 0 & 0\\ 9 & 3 & 3 & 0\\ 1 & 8 & 6 & -2\end{pmatrix}$$

Dos matrices del mismo orden m×n diremos que son iguales si lo son todos y cada uno de sus términos correspondientes.

O sea: $\left(a_{ij}\right)=\left(b_{ij}\right) \quad si \quad a_{ij}=b_{ij}$ para cada i, j.

31.2 Operaciones con matrices

SUMA:

Sean $\left(a_{ij}\right)$ y $\left(b_{ij}\right)$ dos matrices del mismo orden $m\times n$. La matriz suma se obtiene como:

$$\left(a_{ij}\right)+\left(b_{ij}\right)=\left(a_{ij}+b_{ij}\right)$$

Es decir, para sumar dos matrices del mismo orden sumamos los términos correspondientes.

Ejemplo

$$\begin{pmatrix}2 & 3 & 5\\ 1 & 2 & 4\end{pmatrix}+\begin{pmatrix}4 & 6 & 7\\ 0 & 2 & 1\end{pmatrix}=\begin{pmatrix}6 & 9 & 12\\ 1 & 4 & 5\end{pmatrix}$$

MULTIPLICACIÓN POR UN NÚMERO

Sean $\left(a_{ij}\right)$ una matriz $m\times n$ y r un número real. Definimos el producto de r por la matriz $\left(a_{ij}\right)$ como:

$$r\cdot\left(a_{ij}\right)=\left(r\cdot a_{ij}\right)$$

Es decir, para multiplicar un número por una matriz se multiplica el número por cada elemento de la matriz.

Ejemplo

$$2\cdot\begin{pmatrix}4 & 3 & 2 & 0\\ 3 & -1 & 8 & 7\end{pmatrix}=\begin{pmatrix}8 & 6 & 4 & 0\\ 6 & -2 & 16 & 14\end{pmatrix}$$

Hemos definido, por tanto, en el conjunto de las matrices de orden $m\times n$, que escribiremos $M_{m,n}$ una operación interna -la suma- y una ley de composición externa -la multiplicación por un número real-. Dichas operaciones presentan las siguientes propiedades:

SUMA	MULTIPLICACIÓN POR UN NÚMERO
Asociativa $(A+B)+C=A+(B+C)$	**Distributiva respecto de la suma** $r\cdot(A+B)=r\cdot A+r\cdot B$
Conmutativa $A+B=B+A$	**Distributiva respecto de la suma en R** $(r+s)\cdot A=r\cdot A+s\cdot A$
Elemento neutro Es la matriz nula, pues $A+O=A$	**Asociativa mixta** $(r\cdot s)\cdot A=r\cdot(s\cdot A)$
Elemento simétrico La opuesta de A es $-A$ pues $A+(-A)=O$	**Neutralidad** $1\cdot A=A$

Por tener estas propiedades, la terna ($M_{m,n}$, + , · R) es un espacio vectorial sobre el cuerpo de los números reales.

MULTIPLICACIÓN DE MATRICES:

No todas las matrices pueden multiplicarse. Es necesario que la primera que multiplica sea de orden *m×n* y la segunda de orden *n×p*; dicho de otra manera, sólo se pueden multiplicar dos matrices cuando el número de columnas de la primera matriz que multiplica coincide con el número de filas de la segunda. Así, la matriz resultante será de tamaño *m×p*.

En concreto, sea (a_{ij}) una matriz de orden $m\times n$, y (b_{ij}) otra matriz de orden $n\times p$.

La matriz producto es: $(a_{ij})\cdot(b_{ij})=(a_{i1}\cdot b_{1j}+a_{i2}\cdot b_{2j}+\ldots+a_{in}\cdot b_{nj})$

que es una matriz de orden $m\times p$. Es decir, $A_{m\times n}\cdot B_{n\times p}=C_{m\times p}$

Ejemplos

$$\begin{pmatrix} 2 & 1 & 3 \\ 4 & 0 & 1 \end{pmatrix} \cdot \begin{pmatrix} 1 & 2 \\ 2 & 1 \\ 1 & 0 \end{pmatrix} = \begin{pmatrix} 7 & 5 \\ 5 & 8 \end{pmatrix} \qquad \begin{pmatrix} 1 & 0 & -2 \\ 2 & 3 & 1 \\ 4 & -1 & 0 \\ 0 & 3 & 5 \end{pmatrix} \cdot \begin{pmatrix} 2 & 0 \\ -1 & 3 \\ 5 & 4 \end{pmatrix} = \begin{pmatrix} -8 & -8 \\ 6 & 13 \\ 9 & -3 \\ 22 & 29 \end{pmatrix}$$

$$\begin{pmatrix} 1 & 2 & 3 \end{pmatrix} \cdot \begin{pmatrix} 3 \\ 2 \\ 1 \end{pmatrix} = (10) \qquad \begin{pmatrix} 3 \\ 2 \\ 1 \end{pmatrix} \cdot \begin{pmatrix} 1 & 2 & 3 \end{pmatrix} = \begin{pmatrix} 3 & 6 & 9 \\ 2 & 4 & 6 \\ 1 & 2 & 3 \end{pmatrix}$$

La multiplicación de matrices presenta las siguientes propiedades:

- Si existe el producto $(A \cdot B) \cdot C$, entonces coincide con $A \cdot (B \cdot C)$
- Si existe el producto $A \cdot (B + C)$, entonces coincide con $A \cdot B + A \cdot C$
- Si A es una matriz de orden $m \times n$, e I es la matriz unidad de orden n, entonces $A \cdot I = A$.
- En general, $A \cdot B$ no es igual que $B \cdot A$

Ejemplo

Los consumos anuales de cuatro familias X, Y, Z y T en fruta, pescado y queso vienen dados por la matriz $\boldsymbol{A}$. Los precios de esos mismos productos en los años 1993 y 1994 vienen dados en la matriz $\boldsymbol{B}$.

$A_{4\times3}$ *CONSUMOS*

	f	p	q
X	430	157	8
Y	545	210	1
Z	120	80	3
T	860	110	0

$\cdot\, B_{3\times2}$ *PRECIOS*

	93	94
f	81	87
p	760	700
q	840	910

La matriz $\boldsymbol{A} \cdot \boldsymbol{B}$ nos da el gasto en fruta, pescado y queso de cada familia por año.

$C_{4\times2} = A_{4\times3} \cdot B_{3\times2}$ *GASTOS*

	93	94
X	162440	154590
Y	206685	195325
Z	73840	69170
T	154360	151820

Ejemplo

Imaginemos una familia formada por el padre (P), madre (M) e hijo (H), en la que los tres perciben ingresos. Entre ellos existe un acuerdo según el cual.

- el padre sólo se queda cada mes con el 20% de lo que gana, dándole un 50% a la madre y el resto al hijo.
- la madre se queda con un 50% de sus ingresos y le da el resto al hijo.
- el hijo se queda con un 70% de lo que gana y le da lo demás a la madre.

Conocidos estos datos se pregunta: ¿Qué cantidad de dinero correspondió a cada uno un cierto mes, en el que ganaron 160.000 ptas (P), 110.000 ptas (M) y 90.000 ptas (H).

Esta situación se puede representar mediante la matriz $T = \begin{matrix} & P & M & H \\ P & 0,2 & 0 & 0 \\ M & 0,5 & 0,5 & 0,3 \\ H & 0,3 & 0,5 & 0,7 \end{matrix}$ llamada

matriz de transferencia. Para hallar el dinero que corresponde a cada miembro de la familia basta
multiplicar T por la matriz columna de los ingresos obtenidos por cada uno (siempre en el mismo orden).

Es decir: $$\begin{pmatrix} 0,2 & 0 & 0 \\ 0,5 & 0,5 & 0,3 \\ 0,3 & 0,5 & 0,7 \end{pmatrix} \cdot \begin{pmatrix} 160000 \\ 110000 \\ 90000 \end{pmatrix} = \begin{pmatrix} 32000 \\ 162000 \\ 166000 \end{pmatrix} \begin{matrix} P \\ M \\ H \end{matrix}$$

El padre se quedará con 32.000 ptas; la madre con 162.000 y el hijo con 166.000.

En muchos problemas económicos se presentan casos similares. En general aparecen:

- Una serie de elementos de un colectivo (en el ejemplo: padre, madre e hijo)
- Unos "recursos" obtenidos por cada elemento (el dinero ganado por cada uno).
- Una normativa por la cual cada elemento transfiere a los demás parte de sus recursos.

Aplicando la matriz de transferencia T a la matriz columna de los recursos iniciales obtendremos los recursos asignados a cada uno después del reparto.

$$T \cdot \begin{pmatrix} recursos \\ iniciales \end{pmatrix} = \begin{pmatrix} recursos \\ asignados \end{pmatrix}$$

31.3 La matriz traspuesta

Dada una matriz A, la matriz traspuesta de A es aquella cuyas filas son las columnas de A situadas en igual orden.

La traspuesta de A se designa por A^t, y es claro que si A es de orden $m \times n$, entonces A^t es de orden $n \times m$.

$$A = (a_{ij}) \quad \to \quad A^t = (a_{ji})$$

Ejemplo

$$A = \begin{pmatrix} 3 & 1 & 2 \\ 0 & 4 & 5 \end{pmatrix} \quad \to \quad A^t = \begin{pmatrix} 3 & 0 \\ 1 & 4 \\ 2 & 5 \end{pmatrix}$$

La trasposición de matrices tiene las siguientes propiedades:

$a)\quad (A^t)^t = A \qquad\qquad c)\quad (r \cdot A)^t = r \cdot A^t$

$b)\quad (A+B)^t = A^t + B^t \qquad\qquad d)\quad (A \cdot B)^t = B^t \cdot A^t$

Definiciones:

MATRIZ SIMÉTRICA es la matriz cuadrada que coincide con su traspuesta.

Es decir: A es simétrica si $A^t = A$

Por ejemplo, una matriz simétrica es $\begin{pmatrix} 2 & 3 & 1 \\ 3 & 4 & 0 \\ 1 & 0 & 2 \end{pmatrix}$.

MATRIZ ANTISIMÉTRICA es la matriz cuadrada cuya traspuesta coincide con su opuesta.

Es decir: A es antisimétrica si $A^t = -A$

La matriz $\begin{pmatrix} 0 & 3 & -1 \\ -3 & 0 & 4 \\ 1 & -4 & 0 \end{pmatrix}$ es antisimétrica (observa que todos los elementos de la diagonal principal son necesariamente 0).

MATRIZ ORTOGONAL es la matriz cuadrada cuyo producto por su traspuesta da la matriz unidad.

O sea: A es ortogonal si $A \cdot A^t = I$

Por ejemplo, la matriz $\begin{pmatrix} \operatorname{sen}\alpha & -\cos\alpha \\ \cos\alpha & \operatorname{sen}\alpha \end{pmatrix}$ es ortogonal.

Problemas propuestos

1. Siendo A =

$$\begin{pmatrix} 1 & 2 \\ 2 & 4 \end{pmatrix}$$

hallar una matriz P tal que P · A · P sea diagonal.

2. Dadas las matrices A = (3,2,1,4) y

$$B = \begin{pmatrix} 1 \\ -1 \\ 3 \\ 2 \end{pmatrix},$$

calcular A · B y B · A.

3. Dada la matriz

$$A = \begin{pmatrix} 1 & 0 & 3 \\ 0 & 1 & 1 \\ 0 & 0 & 2 \end{pmatrix}$$

encontrar las matrices de orden 3 que conmutan con dicha matriz.

4. Calcular

$$\begin{pmatrix} 1 & 2 & -3 & 4 \\ 0 & -5 & 1 & -1 \end{pmatrix} + \begin{pmatrix} 3 & -5 & 6 & -1 \\ 2 & 0 & -2 & -3 \end{pmatrix}$$

5. Calcular

$$\begin{pmatrix} 1 & 2 & -3 \\ 0 & -4 & 1 \end{pmatrix} + \begin{pmatrix} 3 & 5 \\ 1 & -2 \end{pmatrix}$$

6. Calcular

$$-3\begin{pmatrix} 1 & 2 & -3 \\ 4 & -5 & 6 \end{pmatrix}$$

7. Sean

$$A = \begin{pmatrix} 2 & -5 & 1 \\ 3 & 0 & -4 \end{pmatrix}, B = \begin{pmatrix} 1 & -2 & -3 \\ 0 & -1 & 5 \end{pmatrix},$$

$$C = \begin{pmatrix} 0 & 1 & -2 \\ 1 & -1 & -1 \end{pmatrix}$$

Hallar 3A + 4B – 2C.

8. Hallar x, y, z y w para que se verifique

$$3\begin{pmatrix} x & y \\ z & w \end{pmatrix} = \begin{pmatrix} x & 6 \\ -1 & 2w \end{pmatrix} + \begin{pmatrix} 4 & x+y \\ z+w & 3 \end{pmatrix}.$$

9. Sean

$$A = \begin{pmatrix} 1 & 3 \\ 2 & -1 \end{pmatrix} B = \begin{pmatrix} 2 & 0 & -4 \\ 3 & -2 & 6 \end{pmatrix}$$

Hallar AB y BA.

10. Sean

$$A = (2,1) \text{ y } B = \begin{pmatrix} 1 & -2 & 0 \\ 4 & 5 & -3 \end{pmatrix}$$

Hallar AB y BA.

11. Sean

$$A = \begin{pmatrix} 2 & -1 \\ 1 & 0 \\ -3 & 4 \end{pmatrix} \quad B = \begin{pmatrix} 1 & -2 & -5 \\ 3 & 4 & 0 \end{pmatrix}$$

Hallar AB y BA.

12. Calcular

$$\begin{pmatrix} 1 & 6 \\ -3 & 5 \end{pmatrix} \begin{pmatrix} 4 & 0 \\ 2 & -1 \end{pmatrix}$$

13. Calcular

$$\begin{pmatrix} 1 & 6 \\ -3 & 5 \end{pmatrix} \begin{pmatrix} 2 \\ -7 \end{pmatrix}$$

14. Calcular

$$\begin{pmatrix} 1 \\ -6 \end{pmatrix} \begin{pmatrix} 1 & 6 \\ -3 & 5 \end{pmatrix}$$

15. Calcular

$$\begin{pmatrix} 1 \\ 6 \end{pmatrix} \quad (3, 2)$$

16. Calcular

$$(2, -1) \begin{pmatrix} 1 \\ -6 \end{pmatrix}$$

17. Hallar la traspuesta de la matriz

$$\begin{pmatrix} 1 & 0 & 1 & 0 \\ 2 & 3 & 4 & 5 \\ 4 & 4 & 4 & 4 \end{pmatrix}$$

18. Sea

$$A = \begin{pmatrix} 1 & 2 \\ 4 & -3 \end{pmatrix}$$

Hallar:

a) A^2

b) A^3

c) f(A), donde $f(x) = 2x^3 - 4x + 5$.

19. Dadas las matrices

$$A = \begin{pmatrix} 1 & -1 & 2 \\ 0 & 3 & 4 \end{pmatrix} \quad B = \begin{pmatrix} 4 & 0 & -3 \\ -1 & -2 & 3 \end{pmatrix}$$

$$C = \begin{pmatrix} 2 & -3 & 0 & 1 \\ 5 & -1 & -4 & 2 \\ -1 & 0 & 0 & 3 \end{pmatrix} \quad D = \begin{pmatrix} 2 \\ -1 \\ 3 \end{pmatrix}$$

Calcular:

a) A + B.

b) A + C.

c) 3A – 4B.

d) AB.

e) AC.

f) AD.

g) BC.

h) BD.

i) CD.

20. Sea

$$A = \begin{pmatrix} 2 & 2 \\ 3 & -1 \end{pmatrix}$$

Calcular:

a) A^2.

b) A^3.

c) Si $f(x) = x^3 - 3x^2 - 2x + 4$, encontrar f(A).

d) Si $g(x) = x^2 - x - 8$, hallar g(A).

21. Sea

$$B = \begin{pmatrix} 1 & 3 \\ 5 & 3 \end{pmatrix}$$

Calcular:

a) Si $f(x) = 2x^2 - 4x + 3$, hallar f(B).

b) Si $g(x) = x^2 - 4x - 12$, encontrar g(B).

c) Hallar un vector columna

$$u = \begin{pmatrix} x \\ y \end{pmatrix}$$

distinto de cero, tal que Bu = 6u.

22. Hallar todas las matrices

$$\begin{pmatrix} x & y \\ z & w \end{pmatrix}$$

conmutables con

$$\begin{pmatrix} 1 & 1 \\ 0 & 1 \end{pmatrix}$$

23. Sea

$$A = \begin{pmatrix} 1 & 2 \\ 0 & 1 \end{pmatrix}$$

Hallar A^n.

24. Sean

$$A = \begin{pmatrix} 2 & 0 \\ 0 & 3 \end{pmatrix} \quad y \quad B = \begin{pmatrix} 7 & 0 \\ 0 & 11 \end{pmatrix}$$

Calcular:
a) A + B.
b) AB.
c) A^2.
d) A^3.
e) A^n.
f) f(A) para un polinomio f(x).

25. Dadas las matrices

$$A = \begin{pmatrix} 3 & 1 & 1 \\ 1 & 0 & 2 \\ 1 & 3 & 4 \end{pmatrix}, \; B = \begin{pmatrix} 5 & 3 & 2 \\ 1 & 0 & 3 \\ 2 & 1 & 1 \end{pmatrix}$$

$$y \;\; C = \begin{pmatrix} 4 & 4 & 1 \\ 0 & 2 & 6 \\ 1 & 3 & 3 \end{pmatrix}, \text{ calcula:}$$

$(A+B)^2$; $(A+B+C)^t$ y $(A \cdot B \cdot C)^t$.

26. Determinar dos matrices *M* y *N* sabiendo que:

$$2M + N = \begin{pmatrix} 5 & 12 & 7 \\ 4 & 2 & 7 \end{pmatrix} \quad y$$

$$3M - 2N = \begin{pmatrix} 11 & 25 & 0 \\ 20 & 10 & 35 \end{pmatrix}$$

27. En la igualdad $A \cdot B = C$, la matriz *B* es de orden 3×5 y C es de orden 2×5. ¿De qué orden es *A*?.

28. ¿Se puede encontrar una matriz *B* tal que el producto $A \cdot B$ sea una matriz de una sola fila, siendo $A = \begin{pmatrix} 1 & 3 & 2 & 1 \\ 4 & 5 & 3 & -2 \end{pmatrix}$?.

29. Efectúa los siguientes productos de matrices:

$$a)\,(2 \;\; 1 \;\; 5) \cdot \begin{pmatrix} 3 \\ 2 \\ 4 \end{pmatrix} \qquad b)\,\begin{pmatrix} -1 \\ 0 \\ 2 \\ 5 \end{pmatrix} \cdot (3 \;\; 6)$$

$$c)\,\begin{pmatrix} 1 & 2 & 5 \\ 0 & -3 & 8 \end{pmatrix} \cdot \begin{pmatrix} 4 & -3 \\ 0 & 6 \end{pmatrix}$$

30. Sea la matriz $A = \begin{pmatrix} a & 0 \\ 0 & b \end{pmatrix}$. ¿Cómo deben ser *a* y *b* para que $A^2 = I$, siendo *I* la matriz unidad?.

31. Para la matriz $A = \begin{pmatrix} 1 & 2 \\ 0 & 1 \end{pmatrix}$, comprobar que $(A - I)^2 = O$.

32. Encontrar una matriz *X* que verifique la igualdad $X - B^2 = A \cdot B$, siendo:

$$A = \begin{pmatrix} 1 & 2 & 1 \\ 1 & 3 & 1 \\ 0 & 0 & 2 \end{pmatrix} \qquad B = \begin{pmatrix} 1 & 0 & -1 \\ 2 & 2 & 2 \\ 0 & 0 & 6 \end{pmatrix}$$

33. Calcular las potencias n-ésimas A^n y B^n de las siguientes matrices:

$$A = \begin{pmatrix} a & 1 \\ 0 & a \end{pmatrix} \qquad B = \begin{pmatrix} 1 & 1 & 1 \\ 1 & 1 & 1 \\ 1 & 1 & 1 \end{pmatrix}$$

34. Determina los valores *a* y *b* de forma que la matriz $A = \begin{pmatrix} 2 & -1 \\ a & b \end{pmatrix}$ verifique $A^2 = A$.

Para esos valores de *a* y *b*, calcula A^{20}.

35. En un país *A* hay tres aeropuertos A_1, A_2 y A_3. En el país *B* hay cuatro: B_1, B_2, B_3 y B_4. Y en el país *C* dos: C_1 y C_2. Semanalmente hay los siguientes vuelos para ir de *A* a *B* y de *B* a *C*:

$M =$

	B_1	B_2	B_3	B_4
A_1	1	0	2	0
A_2	0	1	1	1
A_3	0	0	0	1

$N =$

	C_1	C_2
B_1	3	2
B_2	1	0
B_3	1	0
B_4	0	2

Calcula la matriz producto $M \cdot N$ y explica detalladamente cual es su significado.

36. En un instituto hay alumnos de tres pueblos *A*, *B* y *C*, distribuidos por cursos según la matriz:

	1º	2º	3º	*COU*
A	212	190	125	98
B	96	75	50	12
C	24	26	10	8

Una empresa de transportes elabora dos rutas *r* y *s*. Los kilómetros que recorrería cada alumno según la ruta aparecen en la siguiente matriz:

	A	*B*	*C*
r	8	24	46
s	9	32	20

Si el precio por kilómetro recorrido y por alumno es de 12 ptas, expresa en forma de matriz lo que se recaudaría por curso para cada itinerario.

Soluciones

1. S:

$$P = \begin{pmatrix} 4 & 6 \\ -2 & -3 \end{pmatrix}$$

2. S: A · B = (12)

$$B \cdot A \begin{pmatrix} 3 & 2 & 1 & 4 \\ -3 & -2 & -1 & -4 \\ 9 & 6 & 3 & 12 \\ 6 & 4 & 2 & 8 \end{pmatrix}$$

3. S:

$$\begin{pmatrix} x & y & -3x-y \\ z & u & 3z+u \\ 0 & 0 & 0 \end{pmatrix}$$

4. S:

$$\begin{pmatrix} 4 & -3 & 3 & 3 \\ 2 & -5 & -1 & -4 \end{pmatrix}$$

5. S: La suma no está definida en este caso.

6. S:

$$\begin{pmatrix} -3 & -6 & 9 \\ -12 & 15 & -18 \end{pmatrix}$$

7. S:

$$\begin{pmatrix} 10 & -25 & -5 \\ 7 & -2 & 10 \end{pmatrix}$$

8. S: x = 2, y = 4, z = 1, w = 3.

9. S:

$$AB = \begin{pmatrix} 11 & -6 & 14 \\ 1 & 2 & -14 \end{pmatrix}$$

BA no está definida.

10. S: AB = (6,1,–3); BA no está definida.

11. S:

$$AB = \begin{pmatrix} -1 & -8 & -10 \\ 1 & -2 & -5 \\ 9 & 22 & 15 \end{pmatrix} BA = \begin{pmatrix} 15 & -21 \\ 10 & -3 \end{pmatrix}$$

12. S:

$$\begin{pmatrix} 16 & -6 \\ -2 & -5 \end{pmatrix}$$

13. S:

$$\begin{pmatrix} -40 \\ -41 \end{pmatrix}$$

14. S: El producto no está definido.

15. S:

$$\begin{pmatrix} 3 & 2 \\ 18 & 12 \end{pmatrix}$$

16. S: (8)

17. S:

$$\begin{pmatrix} 1 & 2 & 4 \\ 0 & 3 & 4 \\ 1 & 4 & 4 \\ 0 & 5 & 4 \end{pmatrix}$$

18. S:

a) $\begin{pmatrix} 9 & -4 \\ -8 & 17 \end{pmatrix}$ b) $\begin{pmatrix} -7 & 30 \\ 60 & -67 \end{pmatrix}$

c) $\begin{pmatrix} -13 & 52 \\ 104 & -117 \end{pmatrix}$

19. S:

a) $\begin{pmatrix} 5 & -1 & -1 \\ -1 & 1 & 7 \end{pmatrix}$ b) No está definida.

c) $\begin{pmatrix} -13 & -3 & 18 \\ 4 & 17 & 0 \end{pmatrix}$ d) No está definida.

e) $\begin{pmatrix} -5 & -2 & 4 & 5 \\ 11 & -3 & -12 & 18 \end{pmatrix}$ f) $\begin{pmatrix} 9 \\ 9 \end{pmatrix}$

g) $\begin{pmatrix} 11 & -12 & 0 & -5 \\ -15 & 5 & 8 & 4 \end{pmatrix}$ h) $\begin{pmatrix} -1 \\ 9 \end{pmatrix}$

i) No está definida.

20. S:

a) $\begin{pmatrix} 10 & 2 \\ 3 & 7 \end{pmatrix}$ b) $\begin{pmatrix} 26 & 18 \\ 27 & -1 \end{pmatrix}$

c) $\begin{pmatrix} -4 & 8 \\ 12 & -16 \end{pmatrix}$ d) $\begin{pmatrix} 0 & 0 \\ 0 & 0 \end{pmatrix}$

21. S:

a) $\begin{pmatrix} 31 & 12 \\ 20 & 39 \end{pmatrix}$ b) $\begin{pmatrix} 0 & 0 \\ 0 & 0 \end{pmatrix}$ c) $\begin{pmatrix} 3 \\ 5 \end{pmatrix}$

22. S:

$$\begin{pmatrix} a & b \\ 0 & a \end{pmatrix}$$

23. S:

$$\begin{pmatrix} 1 & 2n \\ 0 & 1 \end{pmatrix}$$

24. S:

a) $\begin{pmatrix} 9 & 0 \\ 0 & 14 \end{pmatrix}$ b) $\begin{pmatrix} 14 & 0 \\ 0 & 33 \end{pmatrix}$

c) $\begin{pmatrix} 4 & 0 \\ 0 & 9 \end{pmatrix}$ d) $\begin{pmatrix} 8 & 0 \\ 0 & 27 \end{pmatrix}$

e) $\begin{pmatrix} 2^n & 0 \\ 0 & 3^n \end{pmatrix}$ f) $\begin{pmatrix} f(2) & 0 \\ 0 & f(3) \end{pmatrix}$

25. S: $(A+B)^2 = \begin{pmatrix} 81 & 44 & 59 \\ 31 & 28 & 31 \\ 47 & 32 & 54 \end{pmatrix}$;

$$(A+B+C)^t = \begin{pmatrix} 12 & 2 & 4 \\ 8 & 2 & 7 \\ 4 & 11 & 8 \end{pmatrix};$$

$$(ABC)^t = \begin{pmatrix} 82 & 40 & 79 \\ 122 & 58 & 123 \\ 108 & 51 & 103 \end{pmatrix}$$

26. S: $M = \begin{pmatrix} 1 & 5/2 & 5/2 \\ 0 & 0 & 0 \end{pmatrix} \quad N = \begin{pmatrix} 3 & 7 & 2 \\ 4 & 2 & 7 \end{pmatrix}$

27. S: 2×3

28. S: No, pues $A \cdot B$ tiene el mismo número de filas que A. En este caso dos.

29. S: $a)\,(28)$ $\quad b)\begin{pmatrix} -3 & -6 \\ 0 & 0 \\ 6 & 12 \\ 15 & 30 \end{pmatrix}$ $\quad c)$ No pueden multiplicarse

30. S: $a = \pm 1 \quad b = \pm 1$

31. S:

$$(A-I)^2 = \begin{pmatrix} 0 & 2 \\ 0 & 0 \end{pmatrix} \cdot \begin{pmatrix} 0 & 2 \\ 0 & 0 \end{pmatrix} = \begin{pmatrix} 0 & 0 \\ 0 & 0 \end{pmatrix} = O$$

32. S: $X = \begin{pmatrix} 6 & 4 & 2 \\ 13 & 10 & 25 \\ 0 & 0 & 48 \end{pmatrix}$

33. S:

$$A^n = \begin{pmatrix} a^n & na^{n-1} \\ 0 & a^n \end{pmatrix}; \quad B^n = \begin{pmatrix} 3^{n-1} & 3^{n-1} & 3^{n-1} \\ 3^{n-1} & 3^{n-1} & 3^{n-1} \\ 3^{n-1} & 3^{n-1} & 3^{n-1} \end{pmatrix}$$

34. S: $a = 2 \quad b = -1$. Para dichos valores

$$A^{20} = A = \begin{pmatrix} 2 & -1 \\ 2 & -1 \end{pmatrix}$$

35. S: La matriz $M \cdot N = \begin{array}{c} \\ A_1 \\ A_2 \\ A_3 \end{array}\!\!\begin{array}{c} \begin{array}{cc} C_1 & C_2 \end{array} \\ \begin{pmatrix} 5 & 2 \\ 2 & 2 \\ 0 & 2 \end{pmatrix} \end{array}$ describe el número de vuelos semanales de cada aeropuerto de A a cada aeropuerto de C haciendo escala en algún aeropuerto de B.

36. S:

$$\begin{array}{c} \\ r \\ s \end{array}\!\!\begin{array}{c} \begin{array}{cccc} 1^o & 2^o & 3^o & COU \end{array} \\ \begin{pmatrix} 61248 & 54192 & 31920 & 17280 \\ 65520 & 55560 & 35100 & 17112 \end{pmatrix} \end{array}$$

Determinantes. La matriz inversa 32

Introducción histórica

Arthur Cayley (1821-1895) creó la teoría de los invariantes en forma algebraica, que fue desarrollada con la introducción de los determinantes y generalizada con las matrices y formas multilineales. Asimismo investigó sobre la teoría de grupos y dio una formulación algebraica completa a los conceptos de la geometría proyectiva.

32.1 Concepto de determinante

El concepto de determinante nació en el siglo XIX, cuando se pretendió conseguir una fórmula general que permitiera calcular directamente la solución de un sistema lineal de n ecuaciones con n incógnitas. En pocas palabras, el determinante de una matriz cuadrada es un número que se obtiene a partir de los elementos de la matriz.

Aquí nos limitaremos a indicar cómo se hallan los determinantes de orden 2 y 3.

a) **Determinantes de orden 2**

A partir de la matriz $\begin{pmatrix} 4 & 3 \\ 7 & 8 \end{pmatrix}$ obtenemos, multiplicando en cruz y restando, el número $4 \cdot 8 - 7 \cdot 3 = 11$. Decimos que 17 es el determinante de la matriz y lo expresamos así:

$\begin{vmatrix} 4 & 3 \\ 7 & 8 \end{vmatrix} = 11$. En general, $\begin{vmatrix} a & b \\ c & d \end{vmatrix} = ad - bc$

Ejemplos

$$\begin{vmatrix} 4 & -8 \\ 3 & 11 \end{vmatrix} = 4 \cdot 11 - 3 \cdot (-8) = 68 \qquad \begin{vmatrix} -7 & 5 \\ 6 & 2 \end{vmatrix} = -7 \cdot 2 - 6 \cdot 5 = -44$$

$$\begin{vmatrix} \cos\alpha & \operatorname{sen}\alpha \\ -\operatorname{sen}\alpha & \cos\alpha \end{vmatrix} = \cos^2\alpha + \operatorname{sen}^2\alpha = 1$$

b) **Determinantes de orden 3**

El determinante de una matriz cuadrada de orden 3 es el número definido por la fórmula siguiente:

$$\begin{vmatrix} a_1 & b_1 & c_1 \\ a_2 & b_2 & c_2 \\ a_3 & b_3 & c_3 \end{vmatrix} = a_1b_2c_3 + a_2b_3c_1 + a_3b_1c_2 - a_3b_2c_1 - a_2b_1c_3 - a_1b_3c_2$$

Están en la suma anterior todos los productos que se pueden formar con un factor de cada fila y uno de cada columna. La mitad de ellos tienen signo más y la otra mitad signo menos. Para recordar la fórmula, se utiliza la llamada regla de Sarrus:

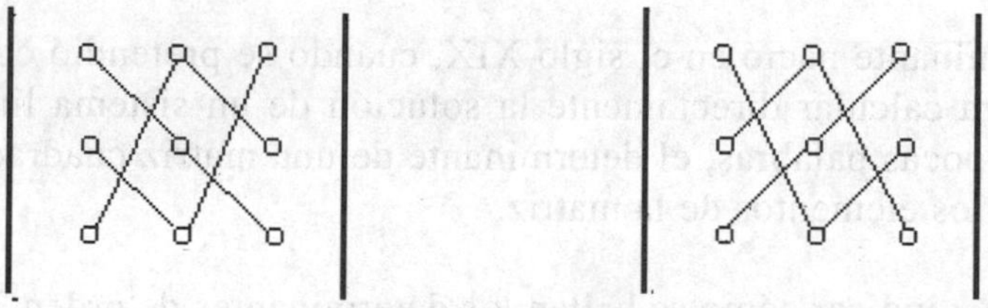

PRODUCTOS CON SIGNO + PRODUCTOS CON SIGNO -

Ejemplo

$$\begin{vmatrix} 3 & -2 & 1 \\ 4 & 0 & -1 \\ 2 & 5 & -3 \end{vmatrix} = 20 + 4 + 15 - 24 = 15$$

$$\begin{vmatrix} x & -x & 1 \\ 1 & x & -x \\ -x & 1 & x \end{vmatrix} = x^3 + 1 - x^3 + x^2 + x^2 + x^2 = 3x^2 + 1$$

Al determinante de una matriz cuadrada A se le designa por $|A|$.

32.2 Propiedades de los determinantes

1. El determinante de una matriz cuadrada coincide con el de su traspuesta

En símbolos:
$$|A'| = |A|$$

Ejemplo

$$\begin{vmatrix} a & b \\ c & d \end{vmatrix} = \begin{vmatrix} a & c \\ b & d \end{vmatrix} = ad - bc$$

2. Si intercambiamos entre sí dos líneas paralelas, el determinante cambia de signo.

Ejemplos

$$\begin{vmatrix} 3 & 2 \\ -1 & 5 \end{vmatrix} = 17 \qquad \begin{vmatrix} -1 & 5 \\ 3 & 2 \end{vmatrix} = -17$$

3. Un determinante con dos líneas paralelas iguales vale cero.

Ejemplo

$$\begin{vmatrix} 3 & -1 & 8 \\ 0 & 1 & 2 \\ 3 & -1 & 8 \end{vmatrix} = 24 - 6 - 24 + 6 = 0$$

4. Si los elementos de una línea se multiplican por un número, el determinante queda multiplicado por ese número.

Ejemplos

$$\begin{vmatrix} a & rb \\ c & rd \end{vmatrix} = r \cdot \begin{vmatrix} a & b \\ c & d \end{vmatrix} \qquad \begin{vmatrix} 10 & 20 & 30 \\ 4 & -2 & 5 \\ 1 & 0 & 8 \end{vmatrix} = 10 \cdot \begin{vmatrix} 1 & 2 & 3 \\ 4 & -2 & 5 \\ 1 & 0 & 8 \end{vmatrix}$$

5. Si dos líneas paralelas son proporcionales, el determinante es cero.

Ejemplo

$$\begin{vmatrix} a & b & c \\ d & e & f \\ ra & rb & rc \end{vmatrix} = r \cdot \begin{vmatrix} a & b & c \\ d & e & f \\ a & b & c \end{vmatrix} = r \cdot 0 = 0$$

6. Si una línea de un determinante la forman términos que son suma de dos sumandos, el determinante es igual a la suma de los determinantes obtenidos sustituyendo dicha línea por los primeros y segundos sumandos respectivamente.

Ejemplo

$$\begin{vmatrix} a & b \\ c+x & d+y \end{vmatrix} = \begin{vmatrix} a & b \\ c & d \end{vmatrix} + \begin{vmatrix} a & b \\ x & y \end{vmatrix}$$

Ejemplo

$$\begin{vmatrix} 1 & 1 & 1 \\ a & b & c \\ 1+a & 1+b & 1+c \end{vmatrix} = \begin{vmatrix} 1 & 1 & 1 \\ a & b & c \\ 1 & 1 & 1 \end{vmatrix} + \begin{vmatrix} 1 & 1 & 1 \\ a & b & c \\ a & b & c \end{vmatrix} = 0 + 0 = 0$$

7. Si una línea es combinación lineal (suma o resta de múltiplos) de otras paralelas, el determinante es cero.

Ejemplo

$$\begin{vmatrix} a_1 & b_1 & c_1 \\ a_2 & b_2 & c_2 \\ \lambda a_1 + \mu a_2 & \lambda b_1 + \mu b_2 & \lambda c_1 + \mu c_2 \end{vmatrix} = \begin{vmatrix} a_1 & b_1 & c_1 \\ a_2 & b_2 & c_2 \\ \lambda a_1 & \lambda b_1 & \lambda c_1 \end{vmatrix} + \begin{vmatrix} a_1 & b_1 & c_1 \\ a_2 & b_2 & c_2 \\ \mu a_2 & \mu b_2 & \mu c_2 \end{vmatrix} = 0 + 0 = 0$$

por ser $f_3 = \lambda f_1$ y $f_3 = \mu f_1$.

8. Si a una línea se le suma una combinación lineal de otras líneas paralelas a ella, el determinante no cambia.

Ejemplo

$$\begin{vmatrix} a_1 & b_1 & c_1 \\ a_2 & b_2 & c_2 \\ a_3+\lambda a_1+\mu a_2 & b_3+\lambda b_1+\mu b_2 & c_3+\lambda c_1+\mu c_2 \end{vmatrix} = \begin{vmatrix} a_1 & b_1 & c_1 \\ a_2 & b_2 & c_2 \\ a_3 & b_3 & c_3 \end{vmatrix} +$$

$$+\begin{vmatrix} a_1 & b_1 & c_1 \\ a_2 & b_2 & c_2 \\ \lambda a_1+\mu a_2 & \lambda b_1+\mu b_2 & \lambda c_1+\mu c_2 \end{vmatrix} = \begin{vmatrix} a_1 & b_1 & c_1 \\ a_2 & b_2 & c_2 \\ a_3 & b_3 & c_3 \end{vmatrix} +0= \begin{vmatrix} a_1 & b_1 & c_1 \\ a_2 & b_2 & c_2 \\ a_3 & b_3 & c_3 \end{vmatrix}$$

9. El determinante de un producto de matrices cuadradas es igual al producto de los determinantes de dichas matrices.

En símbolos: $|A\cdot B|=|A|\cdot|B|$

Ejemplo

Sean las matrices cuadradas $A=\begin{pmatrix} 4 & 3 \\ 0 & 1 \end{pmatrix}$ y $B=\begin{pmatrix} 2 & 5 \\ 0 & 3 \end{pmatrix}$.

La matriz producto es $A\cdot B=\begin{pmatrix} 8 & 29 \\ 0 & 3 \end{pmatrix}$ y su determinante vale $|A\cdot B|=24$. Como $|A|=4$ y $|B|=6$ se tiene que $|A\cdot B|=|A|\cdot|B|$.

32.3 Forma matricial de un sistema de ecuaciones

El sistema de ecuaciones $\begin{cases} -x+y-z=-1 \\ x+3z=-18 \\ 2x-5y-3z=52 \end{cases}$ puede escribirse del siguiente modo:

$$\begin{pmatrix} -1 & 1 & -1 \\ 1 & 0 & 3 \\ 2 & -5 & -3 \end{pmatrix}\cdot\begin{pmatrix} x \\ y \\ z \end{pmatrix}=\begin{pmatrix} -1 \\ -18 \\ 52 \end{pmatrix}$$

Esta es la **forma matricial** del sistema lineal de ecuaciones que, para abreviar, se escribe:

$$A\cdot X=B$$

Se trata de una ecuación entre matrices. Para resolverla debemos despejar la matriz incógnita X. ¿Cómo hacerlo?. Recordemos las ecuaciones numéricas:

Para resolver la ecuación $2x = 5$ despejamos la x. Decimos "el 2 que está multiplicando pasa dividiendo". Eso significa que dividimos los dos miembros entre 2, es decir, que los multiplicamos por $\frac{1}{2} = 2^{-1}$, el inverso de 2.

$$\frac{1}{2} \cdot 2x = \frac{1}{2} \cdot 5 \quad \to \quad 1 \cdot x = \frac{1}{2} \cdot 5 \quad \to \quad x = \frac{5}{2}$$

Para resolver la ecuación matricial $A \cdot X = B$, deberemos multiplicar los dos miembros de la ecuación por una matriz A^{-1} que sea la inversa de A, es decir, que multiplicada por A nos de la matriz unidad I.

32.4 Matriz inversa de una matriz cuadrada

Comprobemos que la matriz inversa de $A = \begin{pmatrix} -1 & 1 & -1 \\ 1 & 0 & 3 \\ 2 & -5 & -3 \end{pmatrix}$ es $A^{-1} = \begin{pmatrix} -15 & -8 & -3 \\ -9 & -5 & -2 \\ 5 & 3 & 1 \end{pmatrix}$

Tenemos que verificar que $A \cdot A^{-1} = I$ así como $A^{-1} \cdot A = I$. Efectivamente:

$$\begin{pmatrix} -1 & 1 & -1 \\ 1 & 0 & 3 \\ 2 & -5 & -3 \end{pmatrix} \cdot \begin{pmatrix} -15 & -8 & -3 \\ -9 & -5 & -2 \\ 5 & 3 & 1 \end{pmatrix} = \begin{pmatrix} 1 & 0 & 0 \\ 0 & 1 & 0 \\ 0 & 0 & 1 \end{pmatrix} \quad \text{(compruebe el lector la otra igualdad)}$$

El conocer A^{-1} nos permite resolver la ecuación matricial que planteábamos en el apartado anterior:

$$\begin{pmatrix} -1 & 1 & -1 \\ 1 & 0 & 3 \\ 2 & -5 & -3 \end{pmatrix} \cdot \begin{pmatrix} x \\ y \\ z \end{pmatrix} = \begin{pmatrix} -1 \\ -18 \\ 52 \end{pmatrix}$$

$$A \cdot X = B \quad \to \quad A^{-1} \cdot A \cdot X = A^{-1} \cdot B \quad \to \quad I \cdot X = A^{-1} \cdot B \quad \to \quad X = A^{-1} \cdot B$$

es decir, $\begin{pmatrix} x \\ y \\ z \end{pmatrix} = \begin{pmatrix} -15 & -8 & -3 \\ -9 & -5 & -2 \\ 5 & 3 & 1 \end{pmatrix} \cdot \begin{pmatrix} -1 \\ -18 \\ 52 \end{pmatrix} = \begin{pmatrix} 3 \\ -5 \\ -7 \end{pmatrix} \quad \rightarrow \quad \begin{cases} x = 3 \\ y = -5 \\ z = -7 \end{cases}$

Recordemos que, para que un número ***a*** admita inverso $\frac{1}{a} = a^{-1}$ se requiere únicamente que sea distinto de cero. Pues bien:

Para que una matriz cuadrada tenga inversa es necesario que su determinante sea distinto de cero.

Veamos ahora cómo calcular A^{-1} conociendo A. Se recurre para ello al método de Gauss siguiendo el esquema:

$$A \xrightarrow{\text{sometida a ciertos cambios}} I$$
$$I \xrightarrow{\text{sometida a los mismos cambios}} A^{-1}$$

Ejemplo

Queremos calcular la inversa de la matriz $A = \begin{pmatrix} 1 & -3 & 5 \\ 2 & -1 & 4 \\ 1 & 1 & 0 \end{pmatrix}$

Téngase en cuenta que la matriz inversa existe, por ser $|A| = -1 \neq 0$. Para calcular la inversa de ***A*** escribimos las matrices ***A*** e ***I*** separadas por una línea vertical.

$$(A \mid I) = \left(\begin{array}{ccc|ccc} 1 & -3 & 5 & 1 & 0 & 0 \\ 2 & -1 & 4 & 0 & 1 & 0 \\ 1 & 1 & 0 & 0 & 0 & 1 \end{array}\right)$$

Ahora sometemos a la matriz ***A*** a los cambios de equivalencia que convenga para transformarla en ***I***, y vamos sometiendo, simultáneamente, a ***I*** a los mismos cambios. Cuando ***A*** se haya transformado en ***I***, ***I*** se habrá transformado en A^{-1}.

$$\left(\begin{array}{ccc|ccc} 1 & -3 & 5 & 1 & 0 & 0 \\ 2 & -1 & 4 & 0 & 1 & 0 \\ 1 & 1 & 0 & 0 & 0 & 1 \end{array}\right) \xrightarrow[-f_1+f_3]{-2f_1+f_2} \left(\begin{array}{ccc|ccc} 1 & -3 & 5 & 1 & 0 & 0 \\ 0 & 5 & -6 & -2 & 1 & 0 \\ 0 & 4 & -5 & -1 & 0 & 1 \end{array}\right) \xrightarrow[4f_2-5f_3]{5f_1+3f_2}$$

$$\rightarrow \left(\begin{array}{ccc|ccc} 5 & 0 & 7 & -1 & 3 & 0 \\ 0 & 5 & -6 & -2 & 1 & 0 \\ 0 & 0 & 1 & -3 & 4 & -5 \end{array}\right) \xrightarrow[f_2+6f_3]{f_1+7f_3} \left(\begin{array}{ccc|ccc} 5 & 0 & 0 & 20 & -25 & 35 \\ 0 & 5 & 0 & -20 & 25 & -30 \\ 0 & 0 & 1 & -3 & 4 & -5 \end{array}\right) \xrightarrow[f_2/5]{f_1/5}$$

$$\rightarrow \left(\begin{array}{ccc|ccc} 1 & 0 & 0 & 4 & -5 & 7 \\ 0 & 1 & 0 & -4 & 5 & -6 \\ 0 & 0 & 1 & -3 & 4 & -5 \end{array}\right) = \left(I \mid A^{-1}\right), \quad \text{es decir,} \quad A^{-1} = \begin{pmatrix} 4 & -5 & 7 \\ -4 & 5 & -6 \\ -3 & 4 & -5 \end{pmatrix}.$$

Siempre es bueno realizar la comprobación $A \cdot A^{-1} = I$. Efectivamente:

$$\begin{pmatrix} 1 & -3 & 5 \\ 2 & -1 & 4 \\ 1 & 1 & 0 \end{pmatrix} \cdot \begin{pmatrix} 4 & -5 & 7 \\ -4 & 5 & -6 \\ -3 & 4 & -5 \end{pmatrix} = \begin{pmatrix} 1 & 0 & 0 \\ 0 & 1 & 0 \\ 0 & 0 & 1 \end{pmatrix}$$

Problemas propuestos

1. Calcular $\begin{vmatrix} 4 & -5 \\ -1 & -2 \end{vmatrix}$

2. Calcular $\begin{vmatrix} 2 & 3 & 4 \\ 5 & 6 & 7 \\ 8 & 9 & 1 \end{vmatrix}$

3. Calcular $\begin{vmatrix} 2 & 3 & -4 \\ 0 & -4 & 2 \\ 1 & -1 & 5 \end{vmatrix}$

4. Calcular $\begin{vmatrix} 2 & -4 & 1 \\ 1 & -2 & 3 \\ 5 & 1 & -1 \end{vmatrix}$

5. Calcular $\begin{vmatrix} 3 & -2 \\ 4 & 5 \end{vmatrix}$

6. Calcular $\begin{vmatrix} a-b & a \\ a & a+b \end{vmatrix}$

7. Determinar los valores de k tales que

$$\begin{vmatrix} k & k \\ 4 & 2k \end{vmatrix} = 0$$

8. Calcular $\begin{vmatrix} a & b & c \\ c & a & b \\ b & c & a \end{vmatrix}$

9. Calcular $\begin{vmatrix} 3 & 2 & -4 \\ 1 & 0 & -2 \\ -2 & 3 & 3 \end{vmatrix}$

10. Calcular $\begin{vmatrix} 1/2 & -1 & -1/3 \\ 3/4 & 1/2 & -1 \\ -1 & -4 & 1 \end{vmatrix}$

11. Calcular $\begin{vmatrix} t-2 & -3 \\ -4 & t-1 \end{vmatrix}$

12. Calcular $\begin{vmatrix} t-5 & 7 \\ -1 & t+3 \end{vmatrix}$

13. Calcular $\begin{vmatrix} t-2 & 4 & 3 \\ 1 & t+1 & -2 \\ 0 & 0 & t-4 \end{vmatrix}$

14. Calcular $\begin{vmatrix} t-1 & 3 & -3 \\ -3 & t+5 & -3 \\ 6 & 6 & t-4 \end{vmatrix}$

15. Calcular $\begin{vmatrix} t+3 & -1 & 1 \\ 7 & t-5 & 1 \\ 6 & -6 & t+2 \end{vmatrix}$

16. Estudia si son ciertas o no las siguientes igualdades:

$$\begin{vmatrix} 1/2 & -2/3 \\ 1/4 & 5/3 \end{vmatrix} = 1/3 \begin{vmatrix} 1/2 & -2 \\ 1/4 & 5 \end{vmatrix} = 1/6 \begin{vmatrix} 1 & -2 \\ 1/2 & 5 \end{vmatrix}$$

17. Sabiendo que $\begin{vmatrix} x & y & z \\ 5 & 0 & 3 \\ 1 & 1 & 1 \end{vmatrix} = 1$, calcula sin desarrollar el valor de los determinantes:

$$\begin{vmatrix} 5x & 5y & 5z \\ 1 & 0 & 3/5 \\ 1 & 1 & 1 \end{vmatrix} ; \begin{vmatrix} x & y & z \\ 2x+5 & 2y & 2z+3 \\ x+1 & y+1 & z+1 \end{vmatrix}$$

18. Calcula el valor de los siguientes determinantes:

$a)\begin{vmatrix} a-1 & a+5 & a+2 \\ 0 & 3 & 4 \\ -1 & 5 & 2 \end{vmatrix}$ $\quad b)\begin{vmatrix} a & a & a \\ a & b & b \\ a & b & c \end{vmatrix}$

$c)\begin{vmatrix} 1+a & 1 & 1 \\ 1 & 1+b & 1 \\ 1 & 1 & 1 \end{vmatrix}$ $\quad d)\begin{vmatrix} 1 & 1 & 1 \\ x & y & z \\ y+z & x+z & x+y \end{vmatrix}$

19. Resuelve las ecuaciones:

$a)\begin{vmatrix} x-1 & 2x-3 \\ 2 & x \end{vmatrix} = 2$ $\quad b)\begin{vmatrix} 2 & 0 & 1 \\ 1 & x & 2 \\ 4 & x & 0 \end{vmatrix} = 1$

20. *A* es una matriz cuadrada de orden 3 cuyo determinante vale 2. Calcula razonadamente el valor de los siguientes determinantes:

$a)\,|3A|$ $\quad b)\,|5A^{-1}|$ $\quad c)\,|B^t \cdot A \cdot B^{-1}|$

(*B* es una matriz cuadrada de orden 3)

21. Dada la matriz

$$\begin{pmatrix} 3 & -2 & -1 \\ -4 & 1 & -1 \\ 2 & 0 & 1 \end{pmatrix}$$

calcular su inversa.

22. Hallar la inversa de

$$\begin{pmatrix} 3 & 5 \\ 2 & 3 \end{pmatrix}$$

23. Calcular la inversa de

$$\begin{pmatrix} 1 & 0 & 2 \\ 2 & -1 & 3 \\ 4 & 1 & 8 \end{pmatrix}$$

24. Hallar la inversa de

$$\begin{pmatrix} 2 & -3 \\ 1 & 3 \end{pmatrix}$$

25. Hallar la inversa de

$$\begin{pmatrix} -1 & 2 & -3 \\ 2 & 1 & 0 \\ 4 & -2 & 5 \end{pmatrix}$$

26. Hallar la inversa de

$$\begin{pmatrix} 2 & 1 & -1 \\ 0 & 2 & 1 \\ 5 & -2 & -3 \end{pmatrix}$$

27. ¿Para qué valores de a existe la matriz inversa de $\begin{pmatrix} 0 & 7 & 5 \\ 3 & 4 & a \\ 7 & 0 & 5 \end{pmatrix}$?. Calcula la inversa en dichos casos.

28. Dada la matriz $A = \begin{pmatrix} 1 & 1 \\ 1 & 2 \end{pmatrix}$, obtener las matrices B tales que $AB = BA$. Determina qué matriz B de las anteriores verifica $B = A^{-1}$.

29. Dada la matriz $A = \begin{pmatrix} 3 & m & m \\ 0 & 3 & -1 \\ 0 & 0 & 1 \end{pmatrix}$, se pide:

a) Calcula, si es posible, A^{-1}

b) Resuelve (por el método de la matriz inversa) el sistema

$$\begin{pmatrix} 3 & m & m \\ 0 & 3 & -1 \\ 0 & 0 & 1 \end{pmatrix}\begin{pmatrix} x \\ y \\ z \end{pmatrix} = \begin{pmatrix} 5m \\ 0 \\ 3 \end{pmatrix}$$

30. Sean las matrices

$A = \begin{pmatrix} 0 & 0 \\ 0 & 1 \end{pmatrix}$ y $B = \begin{pmatrix} 1 & 1 \\ 0 & 0 \end{pmatrix}$. Comprueba que $A \cdot B = O$ y observa que tanto A como B no son la matriz nula O. Es decir, en matrices, la igualdad $A \cdot B = O$ no supone que $A = O$ o $B = O$. Pues bien, prueba que si $A \cdot B = O$ y además es $|A| \neq 0$, entonces sí ocurre que $B = O$.

31. Resuelve las siguientes ecuaciones matriciales:

a) $AX + B = C$ donde $A = \begin{pmatrix} 4 & 3 \\ 1 & 1 \end{pmatrix}$, $B = \begin{pmatrix} -1 & 0 \\ 2 & 3 \end{pmatrix}$ y $C = \begin{pmatrix} 5 & -7 \\ 4 & 2 \end{pmatrix}$

b) $X \cdot \begin{pmatrix} 1 & 0 & -1 \\ 2 & 3 & 5 \\ 4 & 7 & 0 \end{pmatrix} = \begin{pmatrix} 10 & 17 & 5 \end{pmatrix}$

c) $\begin{pmatrix} 1 & 0 & -1 \\ 3 & 2 & 0 \\ 1 & 1 & 0 \end{pmatrix} \cdot X = \begin{pmatrix} -3 & -4 \\ 9 & 14 \\ 4 & 6 \end{pmatrix}$

d) $XA - 2B + 3C = D$, siendo:

$A = \begin{pmatrix} 2 & 3 \\ -1 & 1 \end{pmatrix}$, $B = \begin{pmatrix} 2 & 0 \\ 1 & 4 \end{pmatrix}$,

$C = \begin{pmatrix} 0 & 3 \\ 2 & 0 \end{pmatrix}$ y $D = \begin{pmatrix} 5 & 4 \\ -3 & 6 \end{pmatrix}$

32. Resolver por el método de la matriz inversa los siguientes sistemas:

a) $\begin{cases} 2x - 3y = 7 \\ 3x + 5y = 1 \end{cases}$

b) $\begin{cases} 2x + y = 7 \\ 3x - 5y = 4 \end{cases}$

c) $\begin{cases} ax - 2by = c \\ 3ax - 5by = 2c \end{cases}$

d) $\begin{cases} 3y + 2x = z + 1 \\ 3x + 2z = 8 - 5y \\ 3z - 1 = x - 2y \end{cases}$

e) $\begin{cases} 2x - 5y + 2z = 7 \\ x + 2y - 4z = 3 \\ 3x - 4y - 6z = 5 \end{cases}$

f) $\begin{cases} 2z + 3 = y + 3x \\ x - 3z = 2y + 1 \\ 3y + z = 2 - 2z \end{cases}$

Soluciones

1. S: −13.
2. S: 27.
3. S: −46.
4. S: −55.
5. S: 23.
6. S: $-b^2$.
7. S: k = 0, k = 2.
8. S: $a^3 + b^3 + c^3 - 3abc$.
9. S: 8.
10. S: 7/6.
11. S: $t^2 - 3t - 10$.
12. S: $t^2 - 2t - 8$.
13. S: $(t+2)(t-3)(t-4)$.
14. S: $(t+2)^2(t-4)$.
15. S: $(t+2)^2(t-4)$.
16. S: Ambas igualdades son ciertas
17. S:a) 1 b) 1
18. S: a) $-15a$; b) $a(b-a)(c-b)$; c) ab; d) 0
19. S: a) $x=1$; $x=4$ b) $x=-\frac{1}{7}$
20. S:a) 54 b) $\frac{125}{2}$ c) 2
21. S:
$$\begin{pmatrix} 1 & 2 & 3 \\ 2 & 5 & 7 \\ -2 & -4 & -5 \end{pmatrix}$$
22. S:
$$\begin{pmatrix} -3 & 5 \\ 2 & -3 \end{pmatrix}$$
23. S:
$$\begin{pmatrix} -11 & 2 & 2 \\ -4 & 0 & 1 \\ 6 & -1 & -1 \end{pmatrix}$$
24. S:
$$\begin{pmatrix} 1/3 & 1/3 \\ -1/9 & 2/9 \end{pmatrix}$$
25. S:
$$\begin{pmatrix} -5 & 4 & -3 \\ 10 & -7 & 6 \\ 8 & -6 & 5 \end{pmatrix}$$
26. S:
$$\begin{pmatrix} 8 & -1 & -3 \\ -5 & 1 & 2 \\ 10 & -1 & -4 \end{pmatrix}$$
27. S: Existe la matriz inversa para cualquier $a \neq 5$ y es:
$$A^{-1} = \frac{1}{49a-245}\begin{pmatrix} 20 & -35 & 7a-20 \\ 7a-15 & -35 & 15 \\ -28 & 49 & -21 \end{pmatrix}$$
28. S: Conmutan con A todas las matrices de la forma $B = \begin{pmatrix} x & y \\ y & x+y \end{pmatrix}$.

    La inversa de A es $A^{-1} = \begin{pmatrix} 2 & -1 \\ -1 & 1 \end{pmatrix}$
29. S: a) Sea cual sea el valor de m, la inversa es $A^{-1} = \begin{pmatrix} 1/3 & -m/9 & -4m/9 \\ 0 & 1/3 & 1/3 \\ 0 & 0 & 1 \end{pmatrix}$

    b) La solución del sistema es:

    $x = \frac{m}{3}$; $y = 1$; $z = 3$.
30. S: Si $A \cdot B = O$ y $|A| \neq 0$, entonces existe A^{-1} y por tanto:

    $A^{-1} \cdot A \cdot B = A^{-1} \cdot O \to I \cdot B = O \to B = O$

31. S: $a)\ X=\begin{pmatrix} 0 & -4 \\ 2 & 3 \end{pmatrix}$ $b)\ X=\begin{pmatrix} 0 & 1 & 2 \end{pmatrix}$

$c)\ X=\begin{pmatrix} 1 & 2 \\ 3 & 4 \\ 4 & 6 \end{pmatrix}$ $d)\ X=\begin{pmatrix} 4/5 & -37/5 \\ 7/5 & 49/5 \end{pmatrix}$

32. S: a) $x=2,\ y=-1$

b) $x=3,\ y=1$

c) $x=-c/a,\ y=-c/b$

d) $x=3,\ y=-1,\ z=2$

e) $x=5,\ y=1,\ z=1$

f) El sistema no puede ser resuelto por este método de forma directa, pues la matriz de coeficientes no tiene inversa (su determinante es 0).

33 Sistemas lineales. El método de Gauss

Introducción histórica

Charles Hermite (1822-1901), matemático francés, fue profesor en la Facultad de Ciencias de París. Realizó investigaciones sobre las teorías de las formas algebraicas y de los números algebraicos. Investigó la teoría general de las ecuaciones algebraicas y descubrió la ley de reciprocidad que lleva su nombre.

33.1 Sistemas de ecuaciones lineales

Abordamos aquí sistemas lineales cualesquiera como complemento a lo estudiado en el tema 9. El objetivo es facilitar al lector una manera sencilla y sistemática de resolver sistemas lineales con cualquier número de incógnitas, ampliando así lo ya expuesto para sistemas lineales de dos ecuaciones y dos incógnitas.

Una ecuación lineal es una expresión de la forma $a_1x_1 + a_2x_2 + \ldots + a_nx_n = b$, donde $a_1, a_2, \ldots, a_n$ son números conocidos llamados **coeficientes**; b es otro número conocido llamado **término independiente**, y $x_1, x_2, \ldots, x_n$ son las **incógnitas**, es decir, los valores a determinar.

Ejemplo

$2x + 3y = -1;\quad x - y + 8z = 0$ son ecuaciones lineales.

Un conjunto de ecuaciones lineales, tales como:

$$
(1)\quad \begin{cases} a_{11}x_1 + a_{12}x_2 + \ldots + a_{1n}x_n = b_1 \\ a_{21}x_1 + a_{22}x_2 + \ldots + a_{2n}x_n = b_2 \\ \ldots\ldots\ldots\ldots\ldots\ldots\ldots\ldots \\ a_{m1}x_1 + a_{m2}x_2 + \ldots + a_{mn}x_n = b_m \end{cases}
$$

se llama sistema de ecuaciones lineales (en este caso, de m ecuaciones con n incógnitas)

Ejemplo

$\begin{cases} x - 2y + 3z - t = 1 \\ 2x + y - z + 4t = 0 \\ -x + 3z - 8t = 2 \end{cases}$ es un sistema de $m = 3$ ecuaciones y $n = 4$ incógnitas.

Una **solución** del sistema lineal (1) es un conjunto de n números $(s_1, s_2, \ldots, s_n)$ tales que, al sustituirlos en lugar de $x_1, x_2, \ldots, x_n$ respectivamente, originan m identidades.

Ejemplo

En el sistema $\begin{cases} 2x - y + 2z = 5 \\ x + 2y = 5 \\ 3x + y + z = 10 \end{cases}$, la terna (3,1,0), o bien $\begin{cases} x = 3 \\ y = 1 \\ z = 0 \end{cases}$ es solución, pues al sustituir

x, y, z por dichos valores obtenemos tres identidades.

Dos sistemas con el mismo número de incógnitas son equivalentes si tienen exactamente las mismas soluciones (el número de ecuaciones puede ser distinto). Se expresa con el símbolo $\Leftrightarrow$.

Las siguientes son algunas transformaciones que nos permiten pasar de un sistema lineal a otros equivalentes:

I. Si a los dos miembros de una ecuación lineal se le suma un mismo número o una misma expresión lineal se obtiene otra ecuación lineal equivalente.

II. Si los dos miembros de una ecuación lineal se multiplican por un mismo número distinto de cero, se obtiene otra ecuación lineal equivalente.

III. El cambio en el orden de situación de las ecuaciones o de las incógnitas no afecta al conjunto de soluciones de un sistema de ecuaciones lineales.

IV. Si en un sistema de ecuaciones lineales se suprime o se añade una ecuación que sea combinación lineal de las demás, se obtiene un sistema equivalente al dado.

Ejemplo

$$\begin{cases} 2x - y = 4 \\ x - y = -1 \\ 3x - 2y = 3 \end{cases} \Leftrightarrow \begin{cases} 2x - y = 4 \\ x - y = 1 \end{cases}$$

puesto que la tercera ecuación es suma de las dos anteriores y no impone ninguna nueva condición.

33.2 Clasificación de los sistemas de ecuaciones lineales

Según sean las soluciones de un sistema de ecuaciones lineales, éste puede ser:

- **INCOMPATIBLE: Si no admite solución.**
- **COMPATIBLE: Si admite solución (o soluciones). En este caso distinguiremos:**
  - **- DETERMINADO: Si tiene solución única**
  - **- INDETERMINADO: Si tiene infinitas soluciones**

Esquemáticamente:

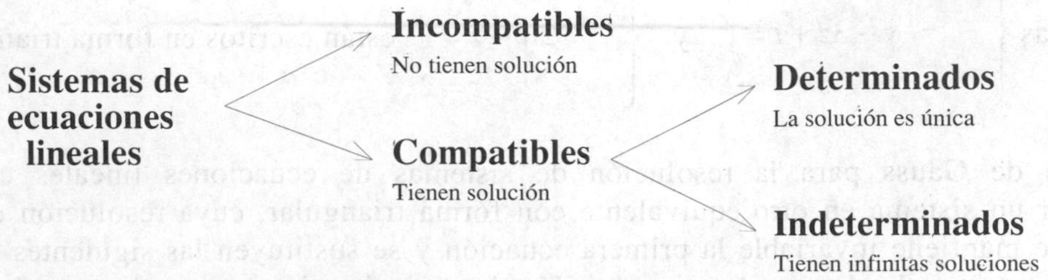

Discutir un sistema lineal es averiguar si es incompatible o compatible, determinado o indeterminado.

33.3 Descripción del método de Gauss

El sistema lineal de m ecuaciones y n incógnitas $\begin{cases} a_{11}x_1 + a_{12}x_2 + \ldots + a_{1n}x_n = b_1 \\ a_{21}x_1 + a_{22}x_2 + \ldots + a_{2n}x_n = b_2 \\ \ldots\ldots\ldots\ldots\ldots\ldots\ldots\ldots \\ a_{m1}x_1 + a_{m2}x_2 + \ldots + a_{mn}x_n = b_m \end{cases}$

puede ser descrito de forma abreviada mediante la matriz: $\left(\begin{array}{cccc|c} a_{11} & a_{12} & \ldots & a_{1n} & b_1 \\ a_{21} & a_{22} & \ldots & a_{2n} & b_2 \\ \ldots & \ldots & \ldots & \ldots & \ldots \\ a_{m1} & a_{m2} & \ldots & a_{mn} & b_m \end{array}\right)$

Ejemplo

La matriz correspondiente al sistema $\begin{cases} 5x + 2y - 3z = 51 \\ 4x + 7y + 5z = 53 \\ 6x + 8y = 3 \end{cases}$ es $\left(\begin{array}{ccc|c} 5 & 2 & -3 & 51 \\ 4 & 7 & 5 & 53 \\ 6 & 8 & 0 & 3 \end{array}\right)$

Diremos que un sistema de ecuaciones lineales es triangular si todos los coeficientes situados por debajo de la diagonal principal son nulos.

Ejemplo

Los sistemas $\begin{cases} 3x - 5y + 4z - t = 6 \\ \quad\;\; y - 3z + t = 1 \\ \qquad\quad z - t = 2 \end{cases}$ y $\begin{cases} 5x - 4y + z = 4 \\ \quad\;\; 2y - z = 1 \\ \qquad\quad z = 2 \end{cases}$ están escritos en forma triangular.

El método de Gauss para la resolución de sistemas de ecuaciones lineales consiste en transformar un sistema en otro equivalente con forma triangular, cuya resolución es sencilla. Para ello se mantiene invariable la primera ecuación y se sustituyen las siguientes ecuaciones por las que resultan de eliminar la primera incógnita entre la primera ecuación y cada una de las restantes.
A continuación se mantendrán invariables las ecuaciones primera y segunda, sustituyendo las restantes ecuaciones por las que se obtienen de eliminar la segunda incógnita entre la segunda ecuación y cada una de las siguientes.

Se continúa así el proceso hasta obtener un sistema en forma triangular.

Por comodidad y para ahorrar así un esfuerzo innecesario efectuaremos las transformaciones de equivalencia sobre el diagrama en vez de hacerlo sobre el propio sistema.

Ejemplo

Reducir a forma triangular los siguientes sistemas:

- $\begin{cases} x+y+z=3 \\ x+2y+3z=2 \\ x+4y+9z=-2 \end{cases} \quad (m=3, n=3)$

Sobre la matriz del sistema eliminamos la x entre la 1ª ecuación y las dos restantes. Para ello:

$\left(\begin{array}{ccc|c} 1 & 1 & 1 & 3 \\ 1 & 2 & 3 & 2 \\ 1 & 4 & 9 & -2 \end{array}\right) \xrightarrow[-f_1+f_3]{-f_1+f_2} \left(\begin{array}{ccc|c} 1 & 1 & 1 & 3 \\ 0 & 1 & 2 & -1 \\ 0 & 3 & 8 & -5 \end{array}\right)$. Ahora eliminamos la y entre la 2ª y

la 3ª ecuación, resultando $\left(\begin{array}{ccc|c} 1 & 1 & 1 & 3 \\ 0 & 1 & 2 & -1 \\ 0 & 3 & 8 & -5 \end{array}\right) \xrightarrow[-3f_2+f_3]{} \left(\begin{array}{ccc|c} 1 & 1 & 1 & 3 \\ 0 & 1 & 2 & -1 \\ 0 & 0 & 2 & -2 \end{array}\right)$

Obtenemos así el sistema equivalente en forma triangular $\begin{cases} x+y+z=3 \\ \quad y+2z=-1 \\ \qquad 2z=-2 \end{cases}$

- $\begin{cases} -2x+y+z=1 \\ x-2y+z=-2 \\ x+y-2z=4 \end{cases} \quad (m=n=3)$

$$\left(\begin{array}{ccc|c} -2 & 1 & 1 & 1 \\ 1 & -2 & 1 & -2 \\ 1 & 1 & -2 & 4 \end{array}\right) \xrightarrow[f_1+2f_3]{f_1+2f_2} \left(\begin{array}{ccc|c} -2 & 1 & 1 & 1 \\ 0 & -3 & 3 & -3 \\ 0 & 3 & -3 & 9 \end{array}\right) \xrightarrow[f_2+f_3]{} \left(\begin{array}{ccc|c} -2 & 1 & 1 & 1 \\ 0 & -3 & 3 & -3 \\ 0 & 0 & 0 & 6 \end{array}\right)$$

obteniendo el sistema triangular equivalente al original: $\begin{cases} -2x + y + z = 1 \\ -3y + 3z = -3 \\ 0 = 6 \end{cases}$

- $\begin{cases} 2x + y + z = 1 \\ 3x + y - z = 0 \end{cases} \quad (m = 2 \;\; n = 3)$

Efectuando transformaciones: $\left(\begin{array}{ccc|c} 2 & 1 & 1 & 1 \\ 3 & 1 & -1 & 0 \end{array}\right) \xrightarrow[-3f_1+2f_2]{} \left(\begin{array}{ccc|c} 2 & 1 & 1 & 1 \\ 0 & -1 & -5 & -3 \end{array}\right)$

y obtenemos el sistema triangular: $\begin{cases} 2x + y + z = 1 \\ -y - 5z = -3 \end{cases}$

33.4 Discusión de un sistema lineal por el método de Gauss

Consideramos un sistema de *m* ecuaciones lineales con *n* incógnitas. Si después de reducirlo a forma triangular:

- **Se obtiene una ecuación de la forma 0 = *c*, con c ≠ 0, el sistema es INCOMPATIBLE y aquí termina la discusión del sistema.**
- **Si no es así, el sistema es COMPATIBLE.**
  En este caso, llamando *r* al número de ecuaciones no triviales (distintas de 0 = 0) que tiene el sistema en forma triangular, distinguiremos:
  1. **Si $r = n$, hay solución única (es un sistema DETERMINADO)**
  2. **Si $r < n$, el sistema tiene infinitas soluciones que dependen de $n - r$ parámetros (es un sistema INDETERMINADO).**

Ejemplo

Discutir y resolver los siguientes sistemas:

- $\begin{cases} x + y + z = 3 \\ x + 2y + 3z = 2 \\ x + 4y + 9z = -2 \end{cases}$

Según vimos, el sistema en forma triangular es $\begin{cases} x+y+z=3 \\ \quad y+2z=-1 \\ \qquad 2z=-2 \end{cases}$

Discusión: Como no aparecen ecuaciones de la forma $0=c$, el sistema es compatible. Como el número de incógnitas es $n=3$ y el número de ecuaciones no triviales es $r-3$, se tiene que $r=n$ y el sistema es determinado.

Resolución: La solución única se obtiene como sigue:

De la tercera ecuación se deduce: $z=\dfrac{-2}{2}=-1$

Sustituyendo z en la segunda ecuación obtenemos: $y=-2z-1=2-1=1$

Sustituyendo ahora los valores de y y z en la primera: $x=3-y-z=3-1+1=3$

La solución única es, por tanto, $\begin{cases} x=3 \\ y=1 \\ z=-1 \end{cases}$

- $\begin{cases} -2x+y+z=1 \\ x-2y+z=-2 \\ x+y-2z=4 \end{cases}$

El sistema en forma triangular es $\begin{cases} -2x+y+z=1 \\ \quad -3y+3z=-3 \\ \qquad 0=6 \end{cases}$

Discusión: Como aparece la ecuación $0=6$, es un sistema incompatible y no admite solución.

- $\begin{cases} 2x+y+z=1 \\ 3x+y-z=0 \end{cases}$

El sistema en forma triangular es $\begin{cases} 2x+y+z=1 \\ \quad -y-5z=-3 \end{cases}$

Discusión: No aparecen ecuaciones de la forma $0=c$, luego el sistema es compatible. El número de incógnitas es $n=3$, y el de ecuaciones no triviales es $r=2$. Al ser $r<n$,

se trata de un sistema indeterminado, con infinitas soluciones que dependen de $3-2=1$ parámetro.

Resolución: Consideramos como parámetro $z=\lambda$, y obtenemos de la segunda ecuación

$$y=3-5z=3-5\lambda$$

Sustituyendo y y z en la primera ecuación se tiene:

$$x=\frac{1-y-z}{2}=\frac{1-(3-5\lambda)-\lambda}{2}=\frac{-2+4\lambda}{2}=-1+2\lambda$$

y las infinitas soluciones son: $\begin{cases} x=-1+2\lambda \\ y=3-5\lambda \quad\quad (\lambda\in R) \\ z=\lambda \end{cases}$

33.5 Sistemas homogéneos

Un sistema de ecuaciones lineales se llama homogéneo si todos sus términos independientes son cero.

Son de la forma: $\begin{cases} a_{11}x_1+a_{12}x_2+\ldots+a_{1n}x_n=0 \\ a_{21}x_1+a_{22}x_2+\ldots+a_{2n}x_n=0 \\ \ldots\ldots\ldots\ldots\ldots\ldots\ldots\ldots \\ a_{m1}x_1+a_{m2}x_2+\ldots+a_{mn}x_n=0 \end{cases}$

Todo sistema homogéneo es siempre compatible, pues admite la solución trivial $(0,0,\ldots,0)$

Aplicando el criterio de Gauss, y siendo n el número de incógnitas y r el número de ecuaciones no triviales, se pueden presentar dos posibilidades:

1. Si $r=n$, sólo admite la solución trivial (es un sistema DETERMINADO)
2. Si $r<n$, aparecen infinitas soluciones (es un sistema INDETERMINADO).

Ejemplo

Discutir y resolver el sistema homogéneo $\begin{cases} x+y+z=0 \\ y-z=0 \\ x+2y=0 \end{cases}$

Haciendo transformaciones de equivalencia sobre el diagrama del sistema, se tiene:

$$\begin{pmatrix} 1 & 1 & 1 \\ 0 & 1 & -1 \\ 1 & 2 & 0 \end{pmatrix} \xrightarrow{-f_1+f_3} \begin{pmatrix} 1 & 1 & 1 \\ 0 & 1 & -1 \\ 0 & 1 & -1 \end{pmatrix} \xrightarrow{-f_2+f_3} \begin{pmatrix} 1 & 1 & 1 \\ 0 & 1 & -1 \\ 0 & 0 & 0 \end{pmatrix}$$

y nos resulta el sistema triangular $\begin{cases} x+y+z=0 \\ y-z=0 \\ 0=0 \end{cases}$

Discusión: En este caso, $n=3$ y $r=2$. Luego $r<n$ y se trata de un sistema indeterminado, con infinitas soluciones que dependen de $n-r=3-2=1$ parámetro.

Resolución: Llamando $z=\lambda$, de la segunda ecuación obtenemos: $y=z=\lambda$
Sustituyendo ambos valores en la primera ecuación se tiene: $x=-y-z=-\lambda-\lambda=-2\lambda$

Por tanto, las infinitas soluciones del sistema son: $\begin{cases} x=-2\lambda \\ y=\lambda \\ z=\lambda \end{cases}$

Problemas propuestos

1. Ídem $\begin{cases} -x-2y+2z=3 \\ -5x-4y-4z=73 \\ -8x-4y+2z=70. \end{cases}$

2. Ídem $\begin{cases} 8x-3y-8z=83 \\ 7x+5y-7z=126 \\ 4x-4y-3z=17. \end{cases}$

3. Ídem $\begin{cases} -3x+5y+9z=61 \\ -5x+4y+7z=64 \\ -6x-y-8z=15. \end{cases}$

4. Ídem $\begin{cases} 2x+y+5z=-18 \\ -7x+5y+5z=83 \\ 9x-5y-7z=-99. \end{cases}$

5. Ídem $\begin{cases} -3x+3y-7z=-33 \\ -4x-9y+9z=128 \\ -3x+5y-5z=-45. \end{cases}$

6. Ídem $\begin{cases} -5x-y-5z=-67 \\ 2x+9y+9z=21 \\ 8x+9y-8z=-96. \end{cases}$

7. Ídem $\begin{cases} -4x+2y+z=-58 \\ -2x-9y+z=48 \\ x-9y-5z=111. \end{cases}$

8. Ídem $\begin{cases} -2x+4y+6z=52 \\ -5x-3y-3z=-15 \\ 2x-7y+7z=-34. \end{cases}$

9. Ídem $\begin{cases} -3x + 7y - 7z = -101 \\ -8x - 2y - 3z = -82 \\ -8x - 3y + 7z = 1. \end{cases}$

10. Ídem $\begin{cases} -3x - y - 8z = 36 \\ 3x - 4y - 6z = 18 \\ 9x + 5y + z = 42. \end{cases}$

11. Ídem $\begin{cases} -4x + 3y - 5z + 5v = -70 \\ -5x + 9y - 2z - 5v = -39 \\ 3x + 2y + 8z + 5v = -30 \\ -9x - 4y + 2z + 4v = 43. \end{cases}$

12. Ídem $\begin{cases} -3x - 4y - 3z + 2v = 37 \\ -5x - 2y - 3z - 8v = 59 \\ 5x + 9y + z - 5v = -101 \\ -4x - 3y + 7z + v = 100. \end{cases}$

13. Ídem $\begin{cases} 5x - 6y + 2z + 7v = -23 \\ 8x - 8y + 5z + 3v = 23 \\ 4x - 8y + 6z + 8v = -60 \\ 9x - 4y + 6z + 2v = 26. \end{cases}$

14. Ídem $\begin{cases} 2x + 5y + 4z - 6v = -47 \\ -9x - 6y - 2z + 2v = 19 \\ -3x + 2y + 9z + 6v = 68 \\ 7x - 4y - 4z - 2v = -33. \end{cases}$

15. Ídem $\begin{cases} -3x - 9y + 9z + 6v = -126 \\ 4x - 9y - 2z + 9v = -34 \\ -2x - 5y - 3z + v = -23 \\ 7x + 9y - 4z + 9v = 69. \end{cases}$

16. Ídem $\begin{cases} x + y - 3z - 6v = 52 \\ -5x - 4y + 2z - 2v = -46 \\ -9x - 8y + 9z - 7v = -89 \\ -6x + 4y - 5z - v = -15. \end{cases}$

17. Ídem $\begin{cases} 5x + 2y + z + 5v = 16 \\ 6x + 3y + 5z + 7v = 4 \\ -x + 8y - 8z - 9v = 94 \\ -4x - 6y - z + 9v = -73. \end{cases}$

18. Ídem $\begin{cases} 2x - 9y + 3z + 9v = -77 \\ 6x + 7y + 3z + 8v = 49 \\ -4x - 8y - 3z + 6v = -87 \\ -9x - 2y + 2z - 4v = 11. \end{cases}$

19. Ídem $\begin{cases} 9x + 2y + z - v = -68 \\ -6x + 8y - 8z + 7v = -77 \\ -9x - y - 5z + 2v = 25 \\ 8x - 6y - z - 6v = -31. \end{cases}$

20. Ídem $\begin{cases} 5x - 9y + 6z - 3v = 121 \\ 8x - 7y + z - 6v = 116 \\ -9x + 2y - 5z + 8v = -167 \\ -7x - 5y - 8z - 9v = -69. \end{cases}$

21. Calcular a,b para que sea compatible el sistema

$$\begin{cases} 2x - ay + z = 0 \\ 2x - 2y + z = 0 \\ bx + 2y - 4z = 0 \\ 4x + 2y + 7z = 0 \end{cases}$$

22. Determinar el valor de k para que sea compatible el sistema.

$$\begin{cases} 6x + 3y + 2z = 48 \\ 3x - 7y + 7z = 21 \\ 2x + y - 2z = 8 \\ 2x - 3y + z = 4k \end{cases}$$

23. Calcular a de manera que sea compatible el sistema.

$$\begin{cases} 2y - z = a \\ 3x - 2z = 11 \\ y + z = 6 \\ 2x + y - 4z = a \end{cases}$$

24. Resolver el sistema

$$\begin{cases} x + y + z = 1 \\ x - y + z = 2 \\ x + y - z = 3 \\ 3x + y + z = 6 \end{cases}$$

25. Resolver el sistema

$$\begin{cases} x + z = 0 \\ 2x + 3y + 2z = 1 \\ 4y + 3z = 7 \end{cases}$$

26. Resolver el sistema

$$\begin{cases} 2x - 3y + 6z + 2v - 5w = 3 \\ y - 4z + v = 1 \\ v - 3w = 2 \end{cases}$$

27. Resolver el sistema

$$\begin{cases} 2x + y - 2z = 10 \\ 3x + 2y + 2z = 1 \\ 5x + 4y + 3z = 4 \end{cases}$$

28. Determinar en el siguiente sistema el valor que debe tener a para que: a) No haya ninguna solución, b) Haya más de una solución, c) Haya una única solución.

$$\begin{cases} x + y - z = 1 \\ 2x + 3y + az = 3 \\ x + ay + 3z = 2 \end{cases}$$

29. Determinar los valores de k para que el sistema siguiente tenga
a) Una solución única.
b) Ninguna solución.
c) Más de una solución.

$$\begin{cases} kx + y + z = 1 \\ x + ky + z = 1 \\ x + y + kz = 1 \end{cases}$$

30. Determinar los valores de k para que el sistema siguiente tenga
a) Una solución única.
b) Ninguna solución.
c) Más de una solución.

$$\begin{cases} x + 2y + kz = 1 \\ 2x + ky + 8z = 3 \end{cases}$$

31. Determinar los valores de k para que el sistema siguiente tenga
a) Una solución única.
b) Ninguna solución.
c) Más de una solución.

$$\begin{cases} x + y + kz = 2 \\ 3x + 4y + 2z = k \\ 2x + 3y - z = 1 \end{cases}$$

32. Determinar los valores de k para que el sistema siguiente tenga
a) Una solución única.
b) Ninguna solución.
c) Más de una solución.

$$\begin{cases} x - 3z = -3 \\ 2x + ky - z = -2 \\ x + 2y + kz = 1 \end{cases}$$

33. Determinar las condiciones de a,b,c para que el sistema tenga una solución

$$\begin{cases} x + 2y - 3z = a \\ 3x - y + 2z = b \\ x - 5y + 8z = c \end{cases}$$

34. Determinar las condiciones de a,b,c para que el sistema tenga una solución

$$\begin{cases} x - 2y + 4z = a \\ 2x + 3y - z = b \\ 3x + y + 2z = c \end{cases}$$

35. Indicar si el sistema tiene una solución diferente de cero

$$\begin{cases} x + 3y - 2z = 0 \\ x - 8y + 8z = 0 \\ 3x - 2y + 4z = 0 \end{cases}$$

36. Indicar si el sistema tiene una solución diferente de cero

$$\begin{cases} x + 3y - 2z = 0 \\ 2x - 3y - z = 0 \\ 3x - 2y + 2z = 0 \end{cases}$$

37. Indicar si el sistema tiene una solución diferente de cero

$$\begin{cases} x + 2y - 5z + 4w = 0 \\ 2x - 3y + 2z + 3w = 0 \\ 4x - 7y + z - 6w = 0 \end{cases}$$

38. Indicar si el sistema tiene una solución diferente de cero

$$\begin{cases} x - 2y + 2z = 0 \\ 2x + y - 2z = 0 \\ 3x + 4y - 6z = 0 \\ 3x - 11y + 12z = 0 \end{cases}$$

39. Indicar si el sistema tiene una solución diferente de cero

$$\begin{cases} 2x - 4y + 7z + 4v - 5w = 0 \\ 9x + 3y + 2z - 7v + w = 0 \\ 5x + 2y - 3z + v + 3w = 0 \\ 6x - 5y + 4z - 3v - 2w = 0 \end{cases}$$

Soluciones

1. S: $x = -9$, $y = -2$, $z = -5$.
2. S: $x = 6$, $y = 7$, $z = -7$.
3. S: $x = -6$, $y = 5$, $z = 2$.
4. S: $x = -9$, $y = 5$, $z = -1$.
5. S: $x = -5$, $y = -9$, $z = 3$.
6. S: $x = 6$, $y = -8$, $z = 9$.
7. S: $x = 9$, $y = -8$, $z = -6$.
8. S: $x = -3$, $y = 7$, $z = 3$.
9. S: $x = 8$, $y = -3$, $z = 8$.
10. S: $x = 2$, $y = 6$, $z = -6$.
11. S: $x = -3$, $y = -9$, $z = 4$, $v = -7$.
12. S: $x = -9$, $y = -8$, $z = 6$, $v = -2$.
13. S: $x = 8$, $y = -2$, $z = -6$, $v = -9$.
14. S: $x = -1$, $y = 1$, $z = 1$, $v = 9$.
15. S: $x = 7$, $y = 4$, $z = -5$, $v = -4$.
16. S: $x = 8$, $y = 2$, $z = -4$, $v = -5$.
17. S: $x = 5$, $y = 5$, $z = -4$, $v = -3$.
18. S: $x = -1$, $y = 8$, $z = 5$, $v = -2$.
19. S: $x = -8$, $y = -4$, $z = 9$, $v = -3$.
20. S: $x = 8$, $y = -1$, $z = 9$, $v = -6$.
21. S: $a = 2$, $b = -17/4$.
22. S: $k = 1/2$.
23. S: $a = 6$.
24. S: $x = 5/2$, $y = -1/2$, $z = -1$.
25. S: $x = -17/9$, $y = 1/3$, $z = 17/9$.
26. S: $x = -1$, $y = 4$, $z = 2$, $v = 5$, $w = 1$.
27. S: $x = 1$, $y = 2$, $z = -3$.
28. S: a) $a = -3$, b) $a = 2$, c) $a \neq 2$ y $a \neq -3$.
29. S: a) $k \neq 1$ y $k \neq -2$, b) $k = -2$, c) $k = 1$.
30. S: a) Nunca tiene una solución única, b) $k = 4$, c) $k \neq 4$.
31. S: a) $k \neq 3$, b) Siempre tiene una solución, c) $k = 3$.
32. S: a) $k \neq 2$ y $k \neq -5$, b) $k = -5$, c) $k = 2$.
33. S: $2a - b + c = 0$.
34. S: Todo valor de a, b, c da una solución.
35. S: Sí.
36. S: No.
37. S: Sí.
38. S: Sí.
39. S: Sí.

VI

Figuras geométricas planas

En los capítulos de este bloque se conduce al lector a través de las primeras nociones de la geometría plana.

Partiendo de los conceptos de ángulo y recta se propone un estudio de las principales propiedades de las figuras geométricas planas: relaciones entre ángulos, lados, perímetros, áreas, relaciones de semajanza, etc.

Ángulos y rectas 34

Introducción histórica

Thales de Mileto (siglo VII a.C.) fue el primer geómetra helénico y el más antiguo e ilustre de los siete sabios de la antigua Grecia. Thales fue el fundador de la escuela jónica a la que pertenecieron entre otros Anaximandro y Anaxágoras. Fue además un gran astrónomo y filósofo. Sus estudios sobre Geometría le llevaron a resolver cuestiones como la igualdad de los ángulos de la base de un triángulo isósceles y el valor del ángulo inscrito y a demostrar los conocidos teoremas que llevan su nombre sobre la proporcionalidad de los segmentos determinados en dos rectas cortadas por un sistema de paralelas. También, y gracias a sus conocimientos de Geometría y matemáticas en general, logró resolver el problema de determinar alturas de difícil medición mediante la sombra que producían. De este modo determinó la altura de las pirámides de Egipto.

34.1 Ángulos

> **Ángulo es la abertura formada por dos semirrectas con un mismo origen denominado vértice. Las dos semirrectas que forman el ángulo reciben el nombre de lados del ángulo.**

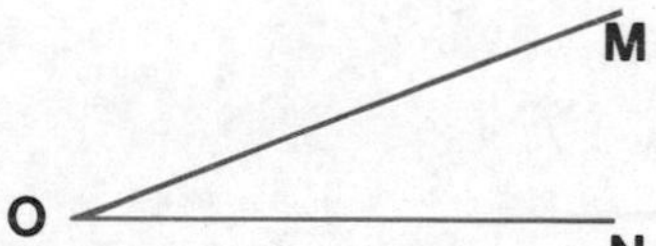

Fig. 34-1

Así, tal como puede observarse en la figura 34-1, OM y ON son los lados y O es el vértice del ángulo que se muestra.
Un ángulo se puede nombrar de cualquiera de las formas siguientes:

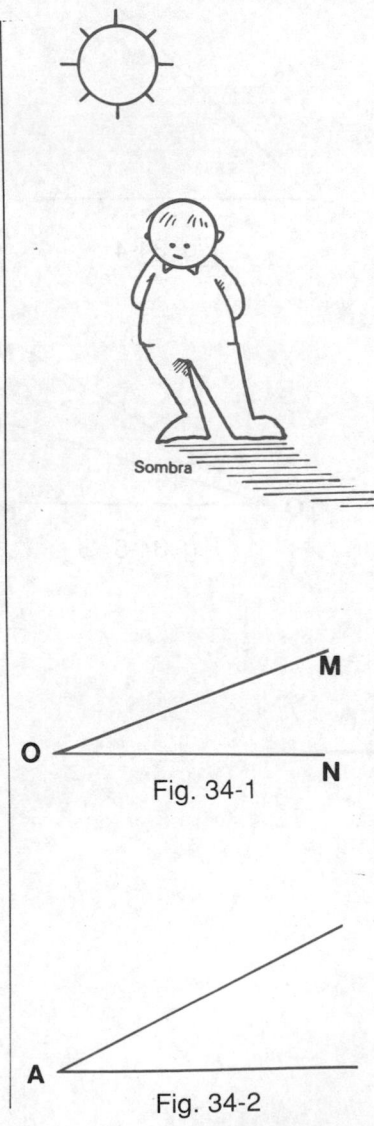

Fig. 34-2

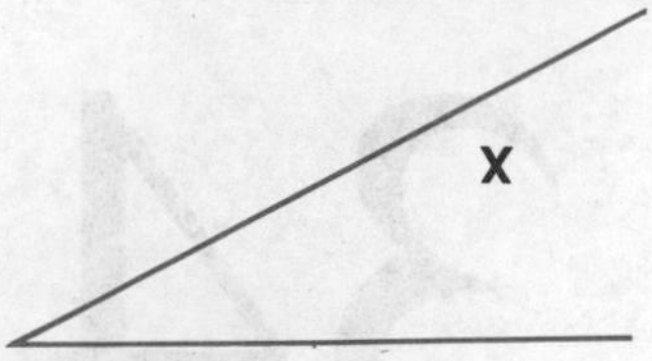

Fig. 34-3

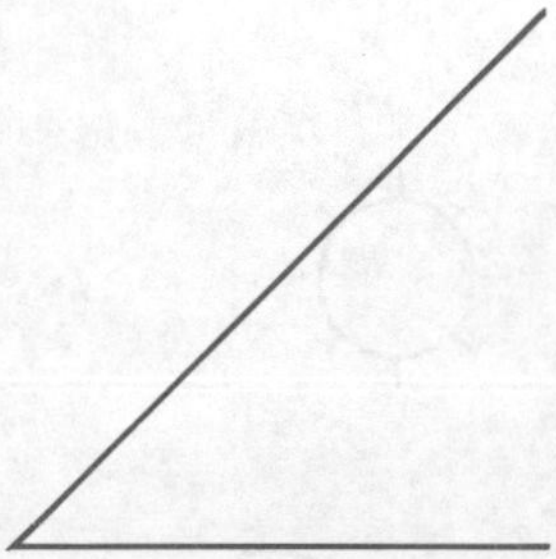
Fig. 34-4

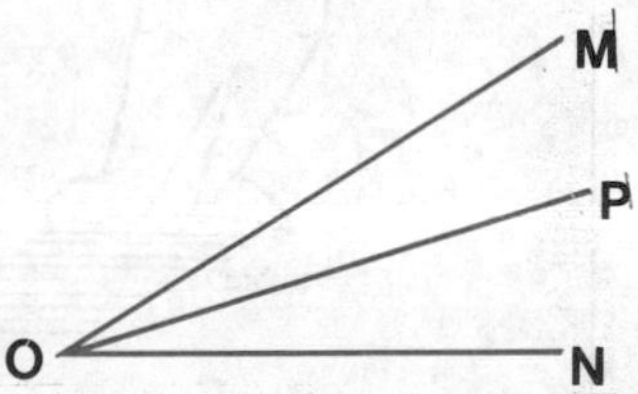

Fig. 34-5

a) Con la letra del vértice si únicamente hay un ángulo que tenga este vértice. Así, el ángulo de la figura 34-2 se nombraría ángulo A.

b) Mediante una letra minúscula o un número que se coloca entre los lados del ángulo en las proximidades del vértice. Así, el ángulo de la figura 34-3 se denominaría ángulo x.

c) Mediante tres letras mayúsculas, de las cuales la del vértice se halla y se nombra entre las otras dos, que se colocan sobre los lados del ángulo. Así, el ángulo de la figura 34-4 se puede nombrar ángulo BAC o bien ángulo CAB.

El tamaño de un ángulo depende de la extensión de plano que debe barrer uno de los lados del ángulo, cuando se le hace girar alrededor del vértice hasta alcanzar la posición del otro lado. El tamaño de un ángulo no depende de la longitud de sus lados. Así, por ejemplo, el ángulo formado por las manecillas del reloj a las 9 en punto es el mismo, independientemente de que el reloj sea grande o pequeño.

Se llama bisectriz de un ángulo a la semirrecta que tiene como origen el vértice del ángulo y lo divide en dos ángulos iguales.

Así, en la figura 34-5, OP es la bisectriz del ángulo MON.

Medir un ángulo es compararlo con otro que se toma como unidad. Hay varios sistemas para medir ángulos:

a) **Sistema sexagesimal.** En este sistema se considera la circunferencia dividida en 360 partes iguales y se considera que un ángulo de un grado es el que tiene el vértice en el centro de la circunferencia y sus lados pasan por dos divisiones consecutivas, tal como puede observarse en la figura 34-6.

Cada grado se considera dividido en 60 partes iguales llamadas minutos y cada minuto, a su vez, se divide en 60 partes iguales llamadas segundos. Los símbolos de cada una de estas unidades son:

1°	grado
$1'$	minuto
$1''$	segundo

Así, si un ángulo mide 47 grados 12 minutos y 39 segundos, escribiremos: $47^\circ\ 12'\ 39''$.

b) **Sistema centesimal.** En este sistema se considera la circunferencia dividida en 400 partes iguales, denominadas grados centesima-

les y se considera que un ángulo de un grado centesimal es el que tiene el vértice en el centro de la circunferencia y sus lados pasan por dos divisiones consecutivas.
En este sistema cada grado se considera dividido en 100 partes iguales llamadas minutos centesimales y cada minuto centesimal, a su vez, se divide en 100 partes iguales llamadas segundos centesimales. Los símbolos de cada una de estas unidades son:

1^g grado
1^m minuto
1^s segundo

Así, si un ángulo mide 42 grados centesimales 38 minutos centesimales y 12 segundos centesimales, escribiremos $42^g\ 38^m\ 12^s$.

c) **Sistema circular.** En este sistema, como la longitud de la circunferencia equivale a 2π veces la de su radio, se toma como unidad de medida de ángulos el radián, que es el ángulo cuyos lados comprenden un arco cuya longitud coincide con la del radio de la circunferencia. Evidentemente, $360° = 400^g = 2\pi$ radianes.

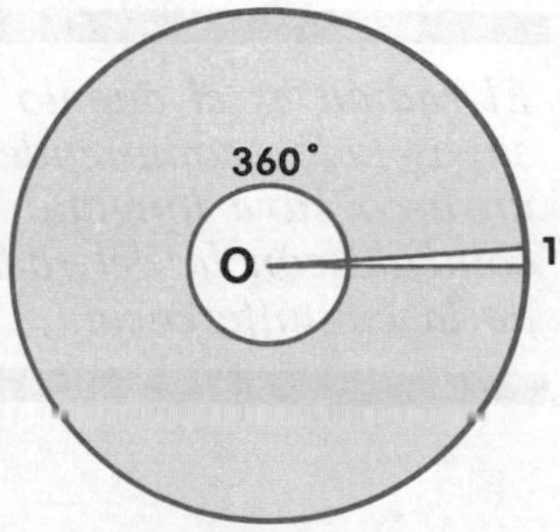

Fig. 34-6

El tamaño de un ángulo no depende de la longitud de sus lados.

Ejemplo

Expresar en el sistema sexagesimal un ángulo de 100^g.

Solución: Tendremos:

$$100^g \cdot \frac{360°}{400^g} = 90°.$$

Ejemplo

Expresar en el sistema centesimal un ángulo de 45°.

Solución: Tendremos:

$$45° \cdot \frac{400^g}{360°} = 50^g.$$

Ejemplo

Expresar en radianes un ángulo de 30°.

Solución: Tendremos:

$$30° \cdot \frac{2\pi \text{ radianes}}{360°} = \pi / 6 \text{ radianes}.$$

El radián es el ángulo cuyos lados comprenden un arco cuya longitud coincide con la del radio de la circunferencia.

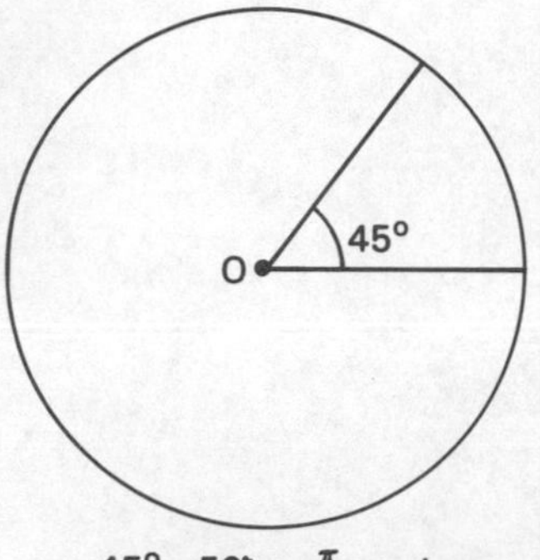

$45° = 50^g = \frac{\pi}{4}$ rad

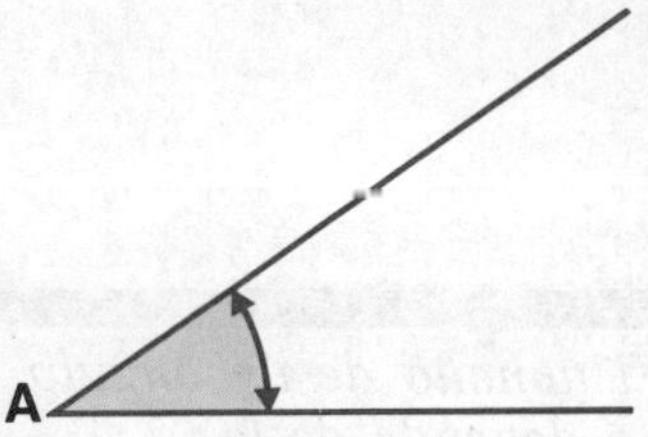

Fig. 34-7

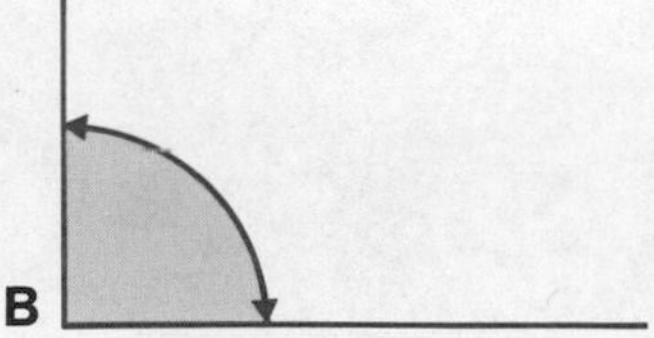

Fig. 34-8

Ejemplo

Expresar en el sistema sexagesimal un ángulo de $\pi / 4$ radianes.

Solución: Tendremos:

$$\pi / 4 \text{ radianes} \cdot \frac{360°}{2\pi \text{ radianes}} = 45°.$$

Ejemplo

Expresar en radianes un ángulo de 80^g.

Solución: Tendremos:

$$80^g \cdot \frac{2\pi \text{ radianes}}{400^g} = 2\pi / 5 \text{ radianes}.$$

Ejemplo

Expresar en el sistema centesimal un ángulo de $\pi / 8$ radianes.

Solución: Tendremos:

$$\pi / 8 \text{ radianes} \cdot \frac{400^g}{2\pi \text{ radianes}} = 25^g.$$

Los ángulos se clasifican del siguiente modo:

a) **Ángulos agudos.** Son aquellos que miden menos de 90°. Así, por ejemplo, el ángulo A representado en la figura 34-7 es un ángulo agudo.

b) **Ángulos rectos.** Son aquellos que miden 90°. Así, por ejemplo, el ángulo B de la figura 34-8 es un ángulo recto.

d) **Ángulos llanos.** Son aquellos que miden 180°. Así, por ejemplo, el ángulo D de la figura 34-9 es un ángulo llano. Consiguientemente los dos lados forman una recta.

c) **Ángulos obtusos.** Son aquellos que miden más de 90° pero menos de 180°. Así, por ejemplo, el ángulo C de la figura 34-10 es un ángulo obtuso.

e) **Ángulos cóncavos.** Son aquellos que miden más de 180° pero menos de 360°. Así, por ejemplo, el ángulo E de la figura 34-11 es un ángulo cóncavo.

f) **Ángulos adyacentes.** Dos ángulos son adyacentes cuando tienen un lado común y los otros dos lados pertenecen a la misma recta. Así, por ejemplo, los ángulos POM y MON de la figura 34-12 son ángulos adyacentes.

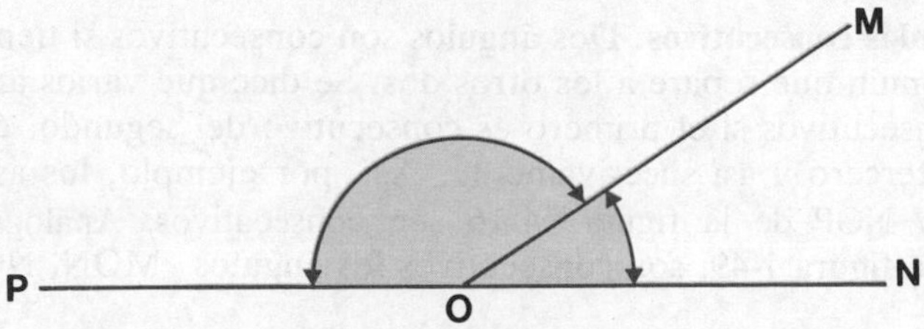

Fig. 34-12

g) Ángulos complementarios. Dos ángulos son complementarios cuando sumados valen 90°. Así, por ejemplo, los ángulos MON y NOP de la figura 34-13 son ángulos complementarios.

Se llama complemento de un ángulo a lo que le falta a dicho ángulo para medir 90°. Así, por ejemplo, el complemento de un ángulo de 70° es 20° y el complemento de un ángulo de 50° es 40°.

h) Ángulos suplementarios. Dos ángulos son suplementarios cuando sumados valen 180°. Así, por ejemplo, los ángulos AOC y AOB de la figura 34-14 son ángulos suplementarios.

Se llama suplemento de un ángulo a lo que le falta a dicho ángulo para medir 180°. Así, por ejemplo, el suplemento de un ángulo de 100° es 80° y el suplemento de un ángulo de 60° es 120°.

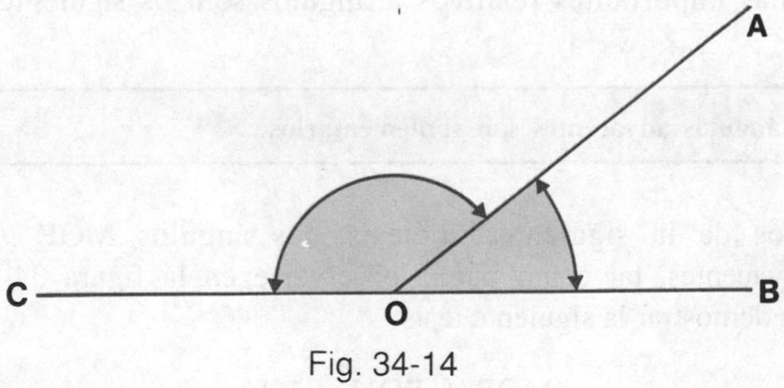

Fig. 34-14

i) Ángulos opuestos por el vértice. Dos ángulos están opuestos por el vértice cuando los lados de uno de ellos son las prolongaciones de los lados del otro. Así, por ejemplo, los ángulos MON y POQ y NOQ y MOP de la figura 34-15 son ángulos opuestos por el vértice.

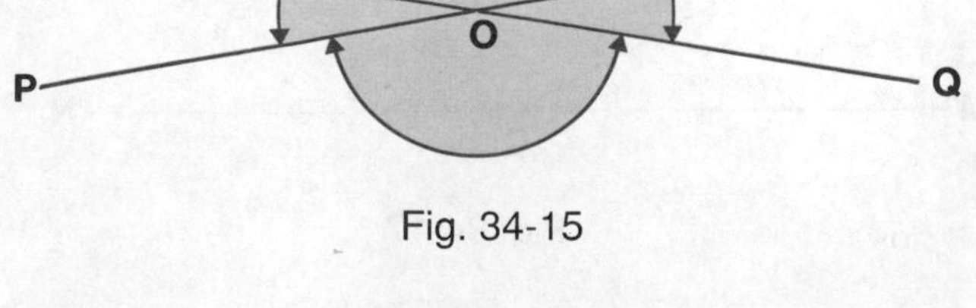

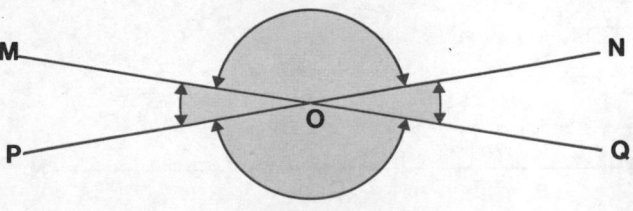

Fig. 34-15

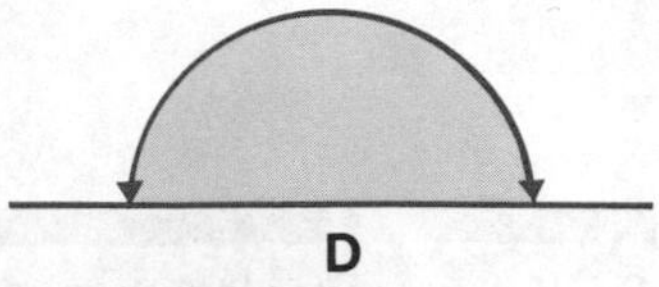

Fig. 34-9

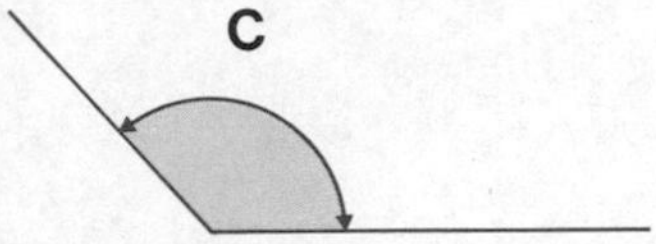

Fig. 34-10

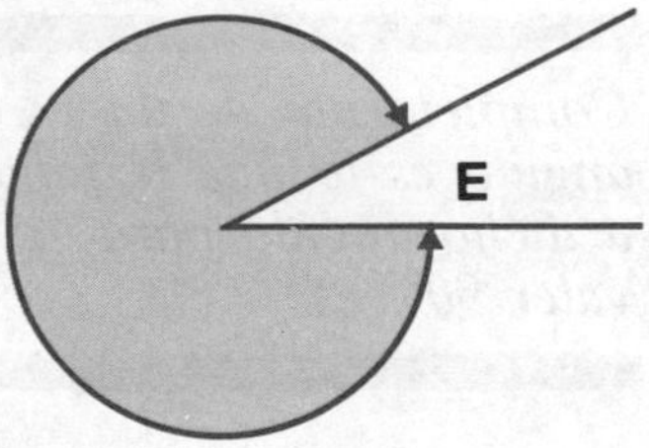

Fig. 34-11

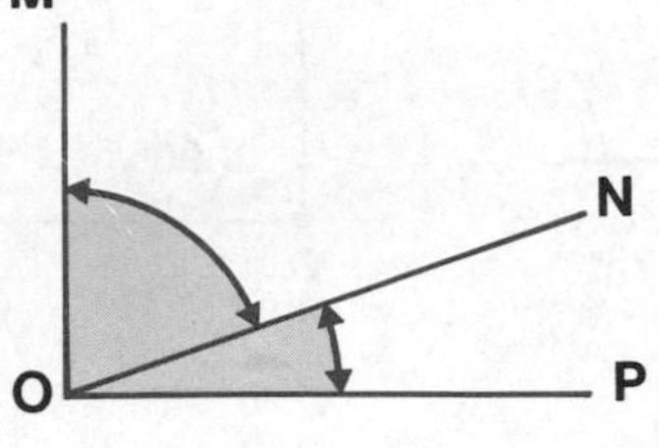

Fig. 34-13

Se llama complemento de un ángulo a lo que le falta a dicho ángulo para medir 90º.

j) **Ángulos consecutivos.** Dos ángulos son consecutivos si tienen un lado común que separe a los otros dos. Se dice que varios ángulos son consecutivos si el primero es consecutivo del segundo, éste lo es del tercero y así sucesivamente. Así, por ejemplo, los ángulos MON y NOP de la figura 34-16 son consecutivos. Análogamente, en la figura 1-49, son consecutivos los ángulos MON, NOP y POM.

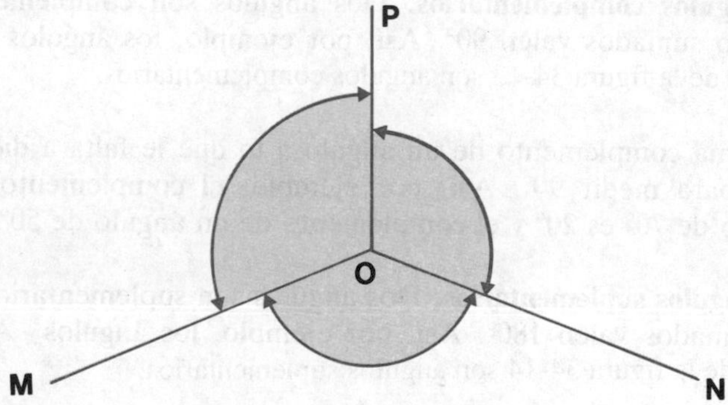

Fig. 34-16

Teoremas importantes relativos a ángulos son los siguientes:

Complemento de un ángulo es lo que le falta a dicho ángulo para valer 90º.

Dos ángulos adyacentes son suplementarios.

Partimos de la siguiente hipótesis: los ángulos MOP y PON son adyacentes, tal como puede observarse en la figura 34-17. Se trata de demostrar la siguiente tesis:

$$MOP + PON = 180°$$

En efecto, tendremos que MOP + PON = MON. Pero MON = 180°, puesto que se trata de un ángulo llano.
Por lo tanto, MOP + PON = 180°, tal como queríamos demostrar.

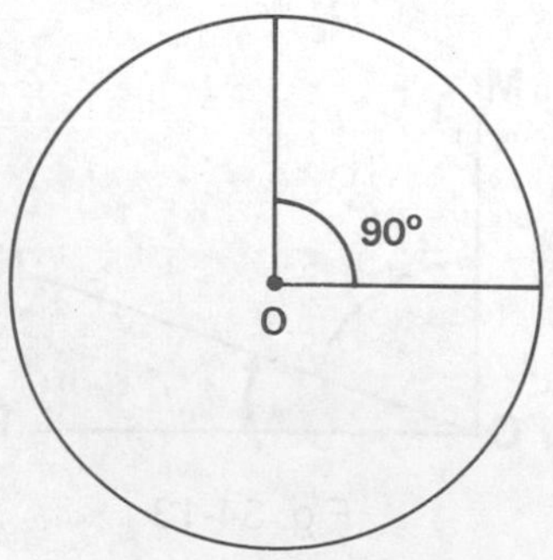

$90^o = 100^g = \frac{\pi}{2}$ rad

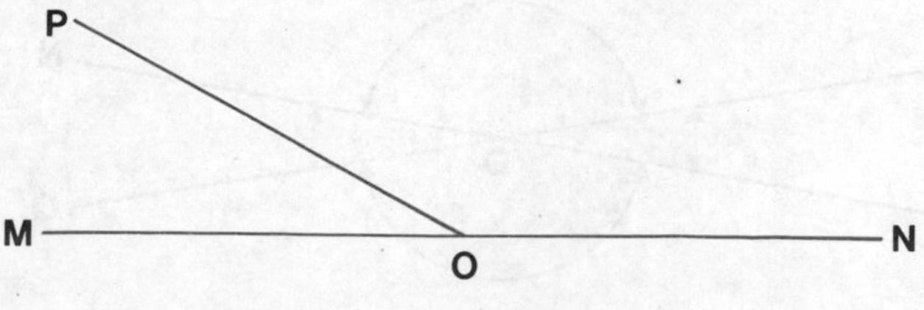

Fig. 34-17

Los ángulos opuestos por el vértice son iguales.

Partimos de la siguiente hipótesis: los ángulos MOP y QON son opuestos por el vértice, tal como puede observarse en la figura 34-18. Se trata de demostrar la siguiente tesis:

$$MOP = QON$$

En efecto, tendremos que $MOP + MOQ = 180°$, por ser adyacentes.

Por lo tanto, $MOQ = 180° - MOP$ (1)
Por otra parte, $MOQ + QON = 180°$ por ser adyacentes.
Por lo tanto, $MOQ = 180° - QON$ (2)
Comparando (1) y (2) tendremos que:

$$180° - MOP = 180° - QON$$

O sea, $MOP = QON$, tal como queríamos demostrar.

Los ángulos consecutivos formados a un lado de una recta suman 180°.

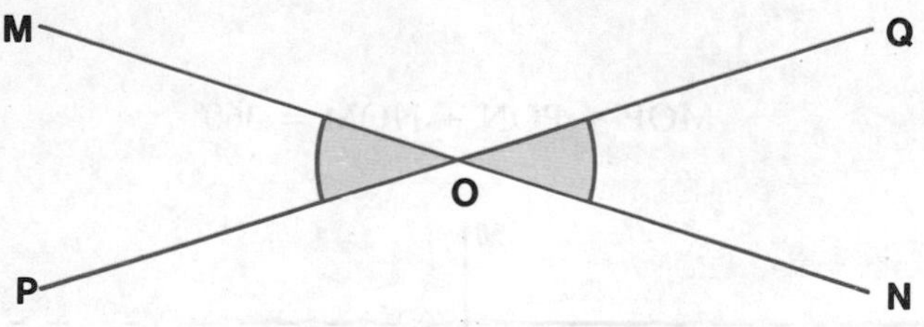

Fig. 34-18

Partimos de la siguiente hipótesis: los ángulos MOP, POQ y QON son ángulos consecutivos formados a un lado de la recta MN, tal como puede observarse en la figura 34-19. Se trata de demostrar la siguiente tesis:

$$MOP + POQ + QON = 180°$$

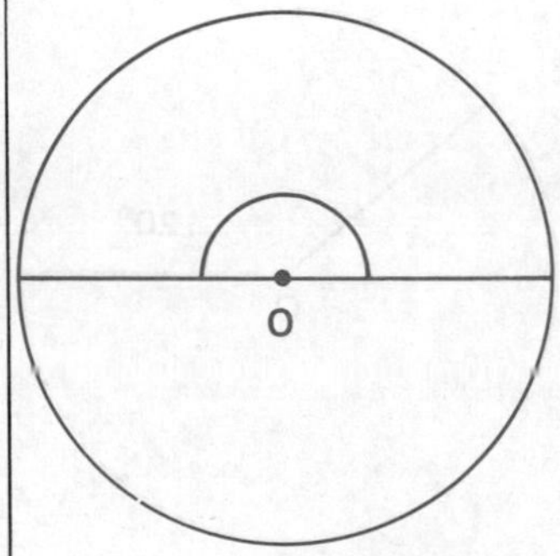

$180° = 200^g = \pi$ rad

Análogamente, se dice que dos ángulos son suplementarios cuando su suma es 180°.

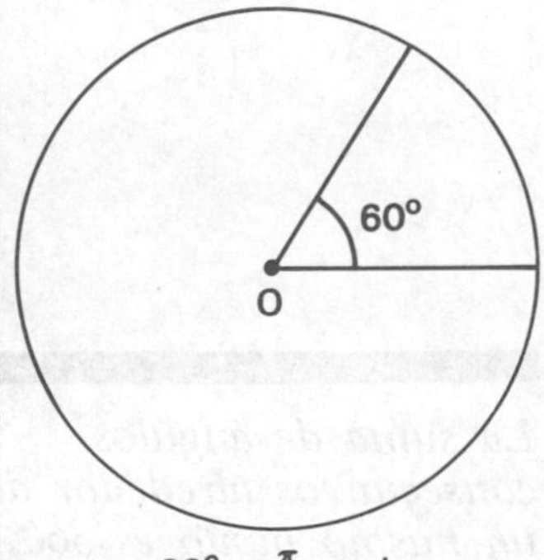

$60° = \frac{\pi}{3}$ rad

Suplemento de un ángulo es lo que le falta a dicho ángulo para valer 180°.

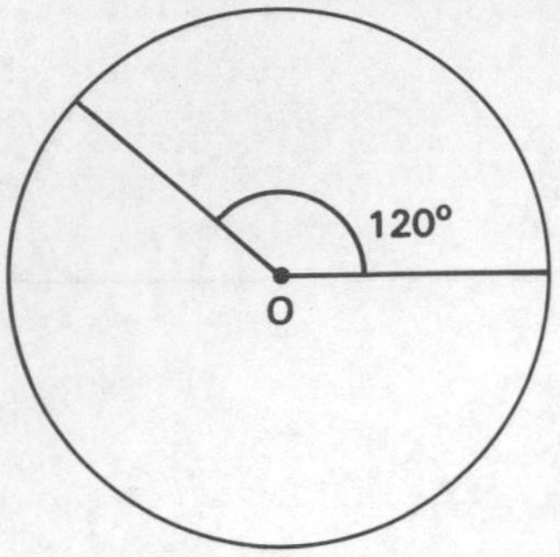

$120^\circ = \frac{2\pi}{3}$ rad

La suma de los ángulos consecutivos formados a un mismo lado de una recta es 180°.

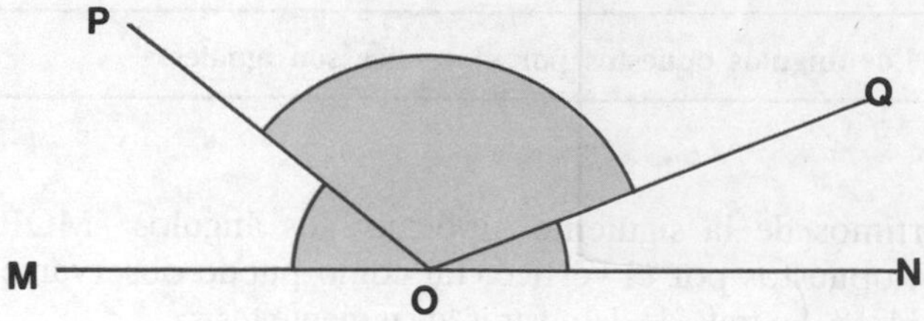

Fig. 34-19

En efecto, tendremos que MOP + PON = 180° (1), pero como PON = POQ + QON (2), sustituyendo (2) en (1) tendremos que:

$$\text{MOP} + \text{POQ} + \text{QON} = 180^\circ,$$

tal como queríamos demostrar.

La suma de los ángulos consecutivos alrededor de un punto vale 360°.

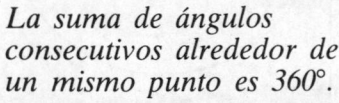

La suma de ángulos consecutivos alrededor de un mismo punto es 360°.

Partimos de la siguiente hipótesis: los ángulos MOP, PON y NOM son ángulos consecutivos alrededor del punto O, tal como puede observarse en la figura 34-20. Se trata de demostrar la siguiente tesis:

$$\text{MOP} + \text{PON} + \text{NOM} = 360^\circ$$

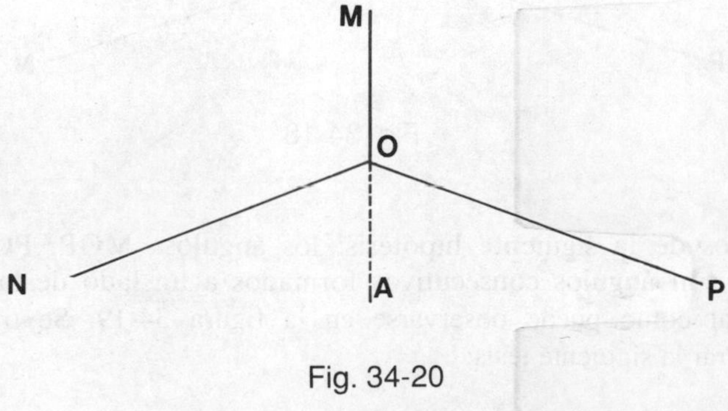

Fig. 34-20

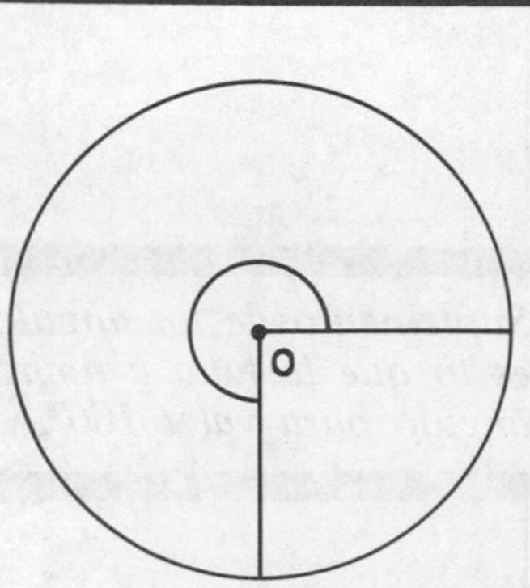

$270^\circ = \frac{3\pi}{2}$ rad.

En efecto, prolonguemos un lado cualquiera, por ejemplo el lado MO, de modo que el ángulo PON quede dividido en POA y

NOA, tales que PON = POA + NOA. Por una parte tendremos que MOP + POA = 180° (1). Por otra parte, NOA + NOM = 180° (2).
Sumando miembro a miembro (1) y (2) tendremos:

$$MOP + POA + NOA + NOM = 360°$$

Pero como PON = POA + NOA, sustituyendo en la expresión anterior resultará:

$$MOP + PON + NOM = 360°,$$

tal como queríamos demostrar.

Por un punto pueden confluir múltiples ángulos consecutivos.

34.2 Perpendicularidad y paralelismo

Dos rectas son perpendiculares cuando se cortan formando cuatro ángulos iguales. Obviamente, todos los ángulos iguales que forman son rectos.

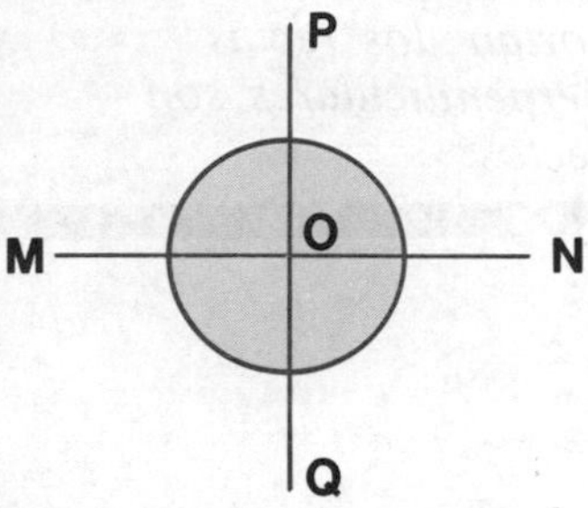

Fig. 34-21

Para representar que dos rectas son perpendiculares se utiliza el símbolo ⊥.
Así, en la figura 34-21, las rectas MN y PQ son perpendiculares.

Se dice que dos rectas son oblicuas cuando se cortan y no son perpendiculares.

Se dice que dos rectas son perpendiculares cuando al cortarse forman cuatro ángulos iguales.

Así, en la figura 34-22 las rectas MN y PQ son oblicuas.

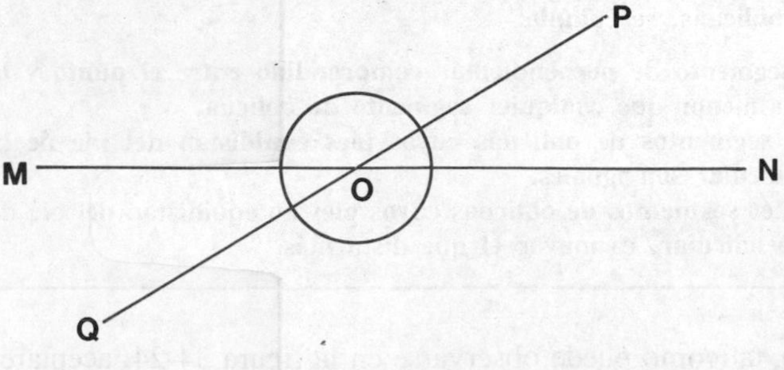

Fig. 34-22

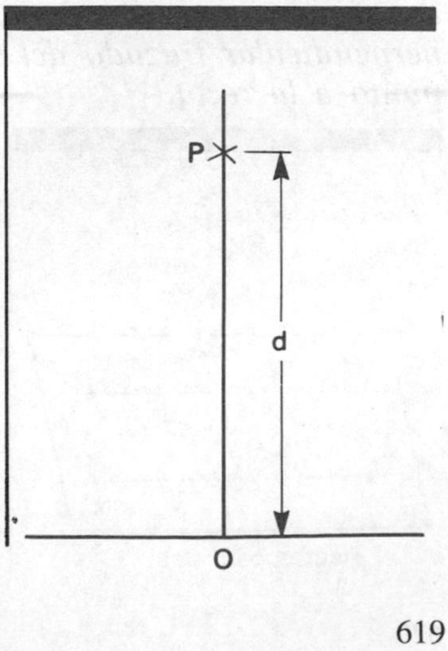

La perpendicularidad de rectas cumple también la propiedad reflexiva. Es decir, si una recta es perpendicular a otra, ésta también es perpendicular a la primera.
Así, por ejemplo, tal como puede observarse en la figura 34-21, si MN ⊥ PQ, entonces PQ ⊥ MN.
Se admite el siguiente postulado:

Por un punto exterior a una recta, en un plano, pasa una perpendicular a dicha recta y sólo una.

Los ángulos con que se cortan dos rectas perpendiculares son rectos.

En efecto, tal como puede observarse en la figura 34-23, si consideramos la recta MN y el punto P exterior a MN, entre todas las rectas que pasan por P y cortan a la recta MN, únicamente la recta QR es perpendicular a MN. El punto de intersección O recibe el nombre de pie de la perpendicular.

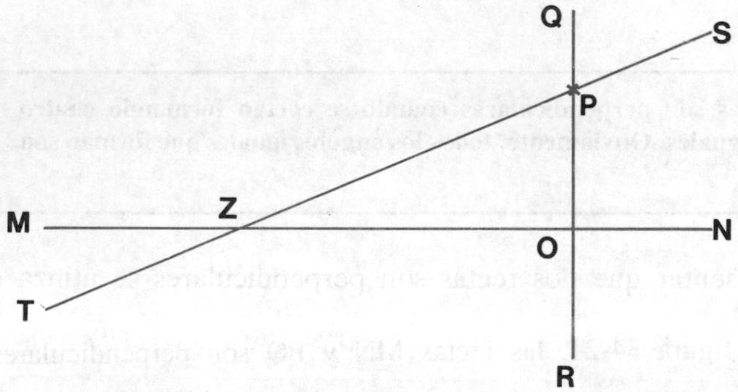

Fig. 34-23

La distancia de un punto a una recta es la longitud del segmento perpendicular trazado del punto a la recta.

Cualquier otra recta, tal como ST, que corta a MN en el punto Z, es oblicua a MN. El punto de intersección Z de la oblicua ST con MN recibe el nombre de pie de la oblicua.
Vamos a demostrar el siguiente teorema:

Si por un punto exterior a una recta se traza una perpendicular y varias oblicuas, se cumple:

a) El segmento de perpendicular comprendido entre el punto y la recta es menor que cualquier segmento de oblicua.
b) Los segmentos de oblicuas cuyos pies equidistan del pie de la perpendicular son iguales.
c) De dos segmentos de oblicuas cuyos pies no equidistan del pie de la perpendicular, es mayor el que dista más.

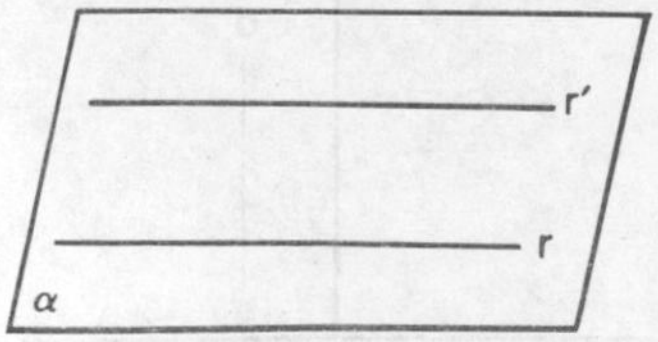

Rectas paralelas

En efecto, tal como puede observarse en la figura 34-24, aceptaremos como hipótesis que PO ⊥ MN, que PQ, PR y PS son obli-

cuas a MN y que OQ = OR y OS > OR.
Se trata de demostrar las siguientes tesis:

a) PQ < PR
b) PQ = PR
c) PS > PR

Para ello, doblemos la figura por la recta MN. El punto P pasará a ocupar la posición P′ y, por lo tanto, tendremos que:

PO = P′O
PQ = P′Q
PR = P′R
PS = P′S

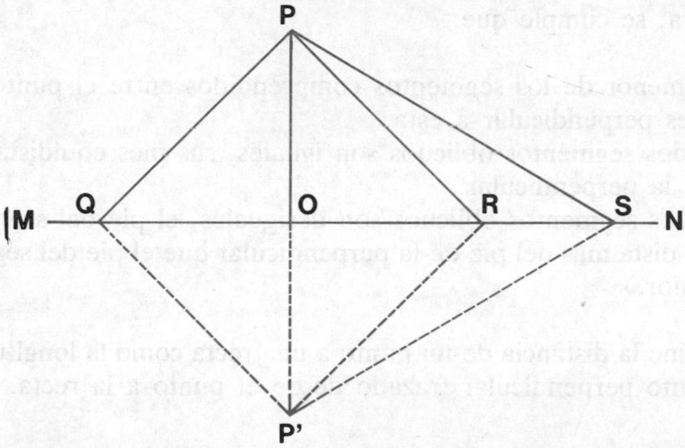

Fig. 34-24

Demostremos en primer lugar la tesis a), es decir, que PO < PR.
Tendremos que: PO + P′O < PR + P′R (1) puesto que la distancia más corta entre dos puntos es la recta.

Ahora bien, PO = P′O (2)
y PR = P′R (3)

Sustituyendo (2) y (3) en (1) tendremos:

PO + PO < PR +PR

Es decir, 2 PO < 2 PR

O sea, PO < PR, tal como queríamos demostrar.

Para demostrar la tesis b), doblemos la figura por PP′. El punto Q coincidirá con R, puesto que QO = OR. Por consiguiente, PQ = PR, ya que coinciden sus extremos y por dos puntos pasa una recta y solamente una.

Dos rectas son paralelas cuando están en el mismo plano y no se cortan.

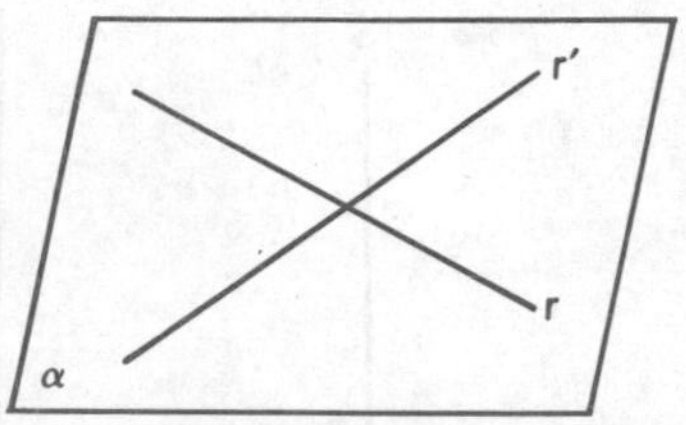

Rectas oblicuas

El paralelismo de rectas es una relación de equivalencia.

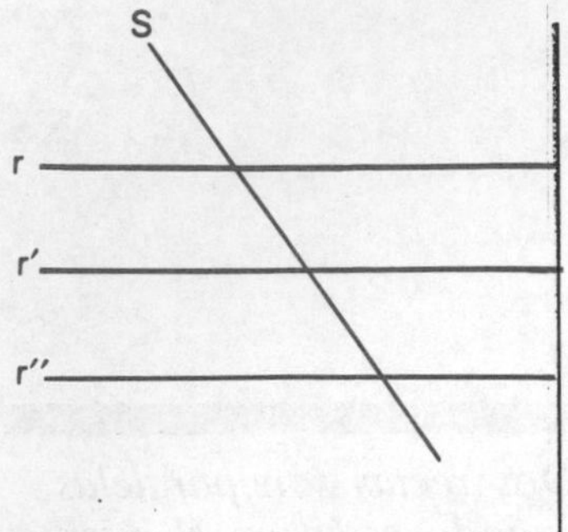

Si dos rectas coplanarias son perpendiculares a una tercera, son paralelas entre sí.

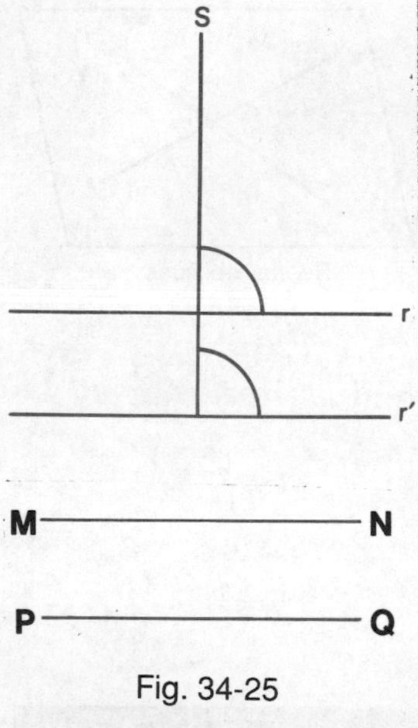

Fig. 34-25

Demostremos finalmente la tesis c), es decir, que PS > PR.

Tendremos que: PS + P′S > PR + P′R (4)

Ahora bien, PS = P′S (5)
y PR = P′R (6)

Sustituyendo (5) y (6) en (4) tendremos:

PS + PS > PR + PR
2 PS > 2 PR
PS > PR, tal como queríamos demostrar.

Se verifica también el teorema recíproco del anterior: «Si por un punto exterior a una recta se trazan varias rectas que cortan a la primera, se cumple que:

a) El menor de los segmentos comprendidos entre el punto y la recta es perpendicular a ésta.
b) Si dos segmentos oblicuos son iguales, sus pies equidistan del pie de la perpendicular.
c) Si dos segmentos oblicuos son desiguales, el pie del segmento mayor dista más del pie de la perpendicular que el pie del segmento menor.»

Se define la distancia de un punto a una recta como la longitud del segmento perpendicular trazado desde el punto a la recta.

Se dice que dos rectas son paralelas cuando están en un mismo plano y no se cortan por mucho que se las prolongue.

Así, por ejemplo, las rectas MN y PQ de la figura 34-25 son paralelas.

Las paralelas se representan mediante el símbolo ||. Así, en la figura 34-25 diremos que MN || PQ.
La relación «ser paralela a» es una relación de equivalencia, puesto que se cumplen las propiedades reflexiva, simétrica y transitiva. En efecto,

a) Propiedad reflexiva. Cualquier recta es paralela a sí misma.
b) Propiedad simétrica. Si una recta es paralela a otra, ésta es paralela a la primera.
c) Propiedad transitiva. Si dos rectas son paralelas a una tercera, son paralelas entre sí.

Uno de los métodos de demostración más utilizados es el de reducción al absurdo. Este método consiste en suponer lo contrario de lo que se quiere demostrar para obtener, mediante un razonamiento, una conclusión que esté en contradicción con postulados admitidos o con teoremas demostrados. De este modo, se demuestra que se verifica la tesis que se quiere demostrar.

Vamos a aplicar el método de reducción al absurdo para demostrar el siguiente teorema: «Si dos rectas de un plano son perpendiculares a una tercera, entonces son paralelas entre sí.»
En efecto, tal como puede observarse en la figura 34-26, aceptaremos como hipótesis que QR ⊥ MN y que ST ⊥ MN.

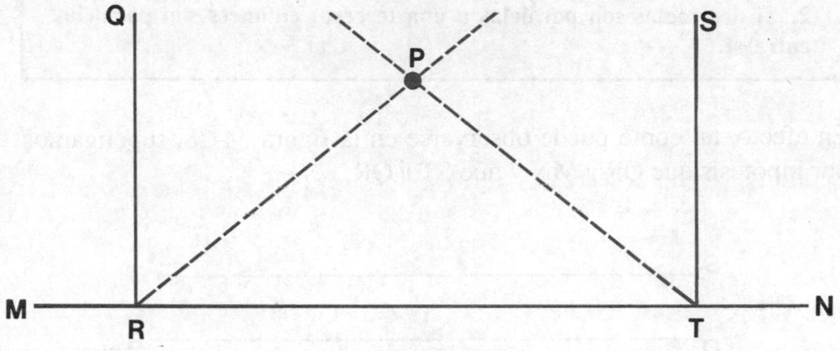

Fig. 34-26

Se trata de demostrar que QR || ST. Para ello, supongamos que QR no es paralela a ST. En este supuesto, QR y ST se cortarían en algún punto, por ejemplo, en el punto P.

Ahora bien, en este caso, tendríamos que por el punto P pasarían dos perpendiculares a la recta MN, lo cual es imposible puesto que por un punto exterior a una recta, en un plano, sólo puede trazarse una perpendicular. Por consiguiente, QR y ST no pueden tener ningún punto en común y, en consecuencia, deben ser paralelas, tal como queríamos demostrar.
Del teorema anterior se deducen fácilmente los siguientes corolarios:

1. Por un punto exterior a una recta pasa una paralela a dicha recta.

En efecto, tal como puede observarse en la figura 34-27, sea MN la recta considerada y R el punto exterior a dicha recta. Si por el punto R trazamos la recta RS ⊥ MN y por el mismo punto R trazamos PQ ⊥ RS, entonces PQ || MN de acuerdo con el teorema anterior.

Por un punto exterior a una recta tan sólo pasa una paralela a dicha recta.

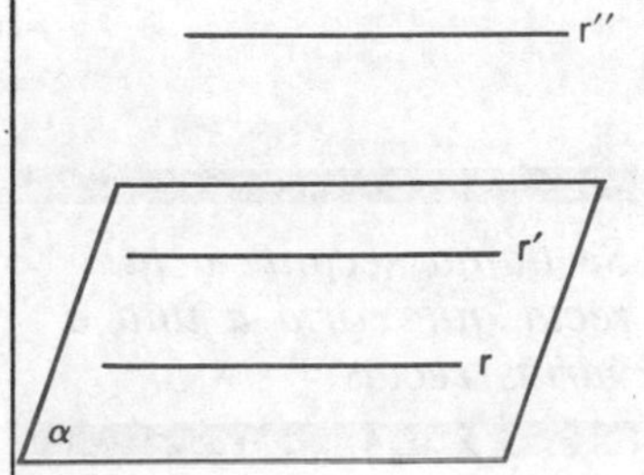

Cuando una recta corta a otra también es secante de todas las paralelas a dicha recta.

Una recta perpendicular a otra también es perpendicular a todas las paralelas a dicha recta.

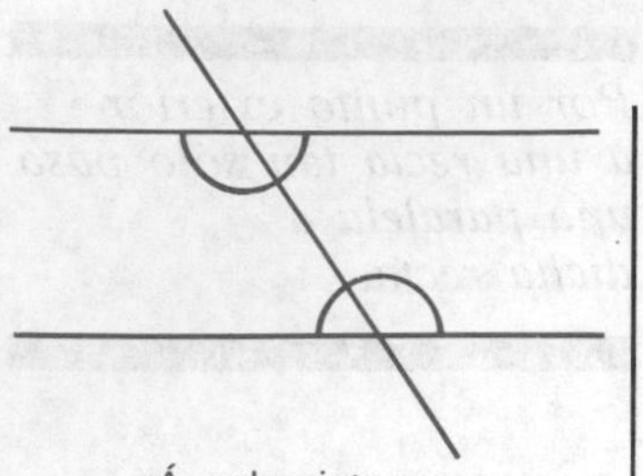

Ángulos internos

Se llama secante a la recta que corta a una o varias rectas.

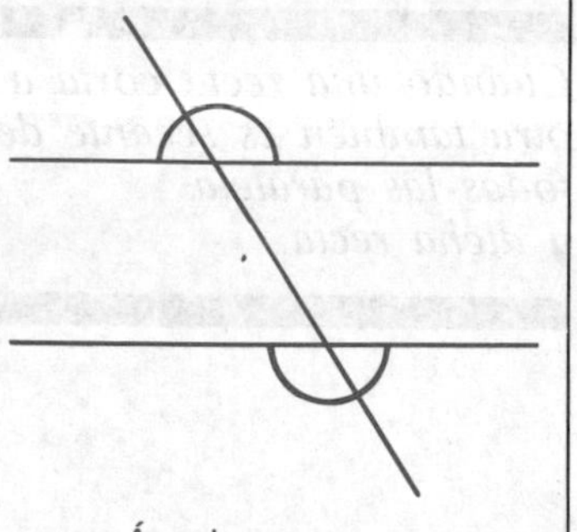

Ángulos externos

Los pasos a distinto nivel de los nudos de comunicaciones son un claro ejemplo de rectas que se cruzan.

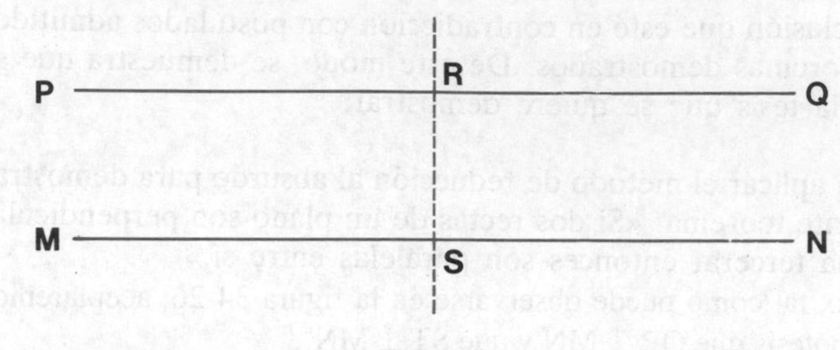

Fig. 34-27

2. Si dos rectas son paralelas a una tercera, entonces son paralelas entre sí.

En efecto, tal como puede observarse en la figura 34-28, supongamos por hipótesis que QR ∥ MN y que ST ∥ QR.

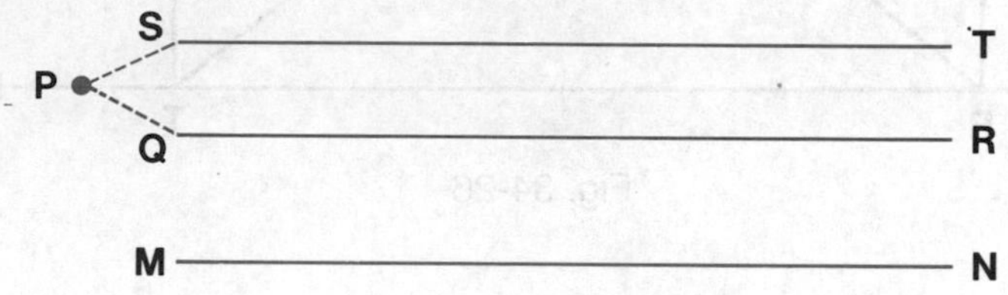

Fig. 34-28

Se trata de demostrar que ST ∥ QR. En efecto, si ST y QR no fueran paralelas se cortarían en un punto P y, por lo tanto, por el punto P pasarían dos paralelas a MN, lo cual es imposible, puesto que por un punto exterior a una recta tan sólo pasa una paralela a dicha recta. Así pues, ST ∥ QR, tal como queríamos demostrar.

3. Si una recta corta a otra, también corta a todas las rectas paralelas a ésta.

En efecto, tal como puede observarse en la figura 34-29, supongamos por hipótesis que MN ∥ PQ y que RS corta a MN en el punto O.

Se trata de demostrar que RS corta a PQ. En efecto, supongamos que RS no corta a PQ. En este caso, RS sería paralela a PQ, pero esto no es posible puesto que por el mismo punto O pasarían dos rectas paralelas a PQ, a saber MN y RS. Por consiguiente, RS debe cortar a PQ, tal como queríamos demostrar.

4. Si una recta es perpendicular a otra, entonces también es perpendicular a todas las rectas paralelas a ésta.

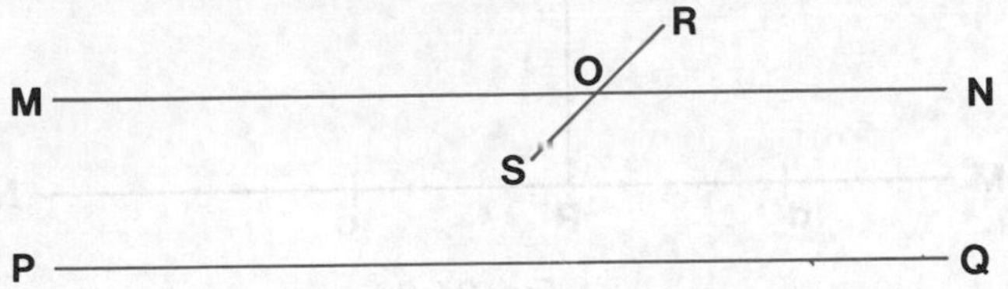

Fig. 34-29

En efecto, tal como puede observarse en la figura 34-30, supongamos por hipótesis que MN ∥ PQ y que RS ⊥ MN.

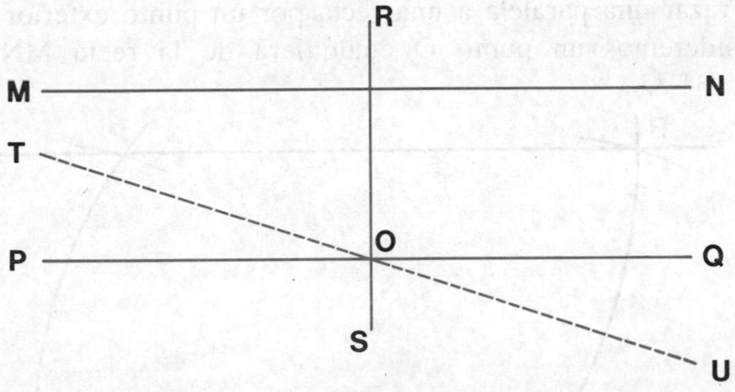

Fig. 34-30

Se trata de demostrar que RS ⊥ PQ. En efecto, si RS corta a MN también cortará a PQ. Supongamos que el punto de intersección de RS y PQ es O y que RS no es perpendicular a PQ. En este caso, por el punto O se podría trazar TU ⊥ RS, en cuyo caso TU ∥ MN, es decir, que por O pasarían dos paralelas a MN, a saber PQ y TU, lo cual es imposible.
Por consiguiente, RS ⊥ PQ, tal como queríamos demostrar.
Problemas gráficos relacionados con la proporcionalidad y el paralelismo de rectas son los siguientes:

a) Trazar una perpendicular por el punto medio de un segmento.
Consideremos el segmento MN de la figura 34-31. Haciendo centro sucesivamente en M y N y con una abertura de compás mayor que la mitad del segmento se trazan los arcos a, b, c y d, que se cortan en los puntos P y Q, respectivamente. La perpendicular pedida por el punto O, punto medio del segmento MN , se obtiene uniendo P con Q.
b) Trazar una perpendicular en un punto cualquiera de una recta.
Consideremos un punto P cualquiera de la recta MN de la figura 34-32.

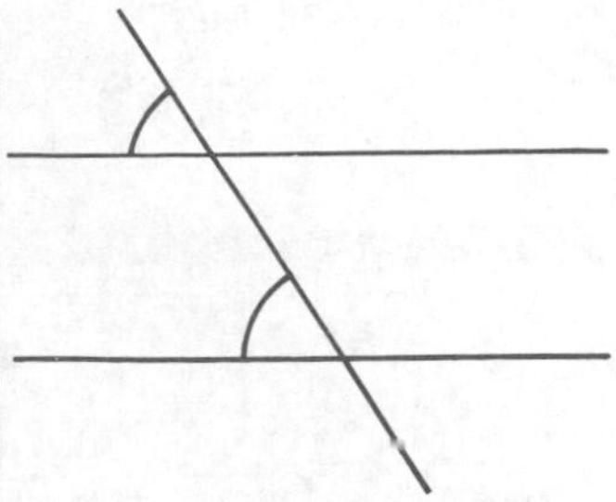

Ángulos correspondientes

Dos rectas se cruzan cuando no son paralelas y no se cortan.

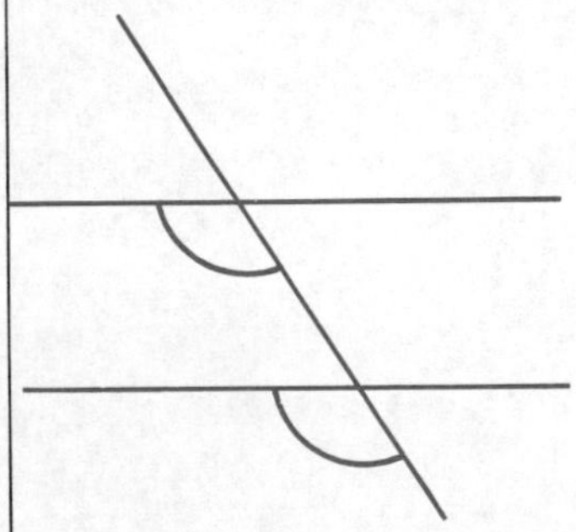

Ángulos correspondientes

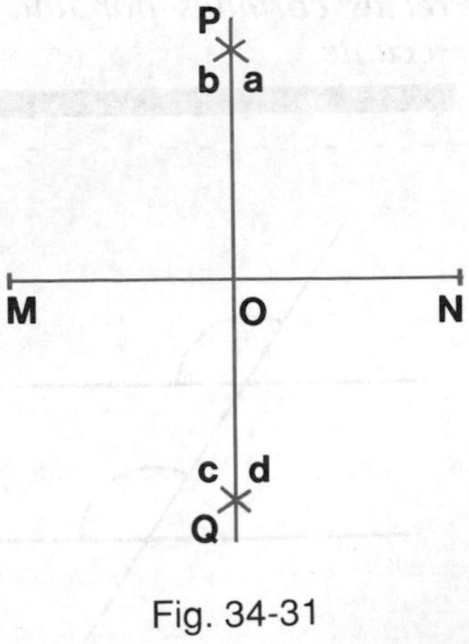

Fig. 34-31

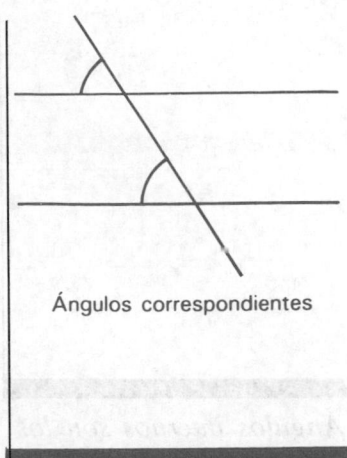

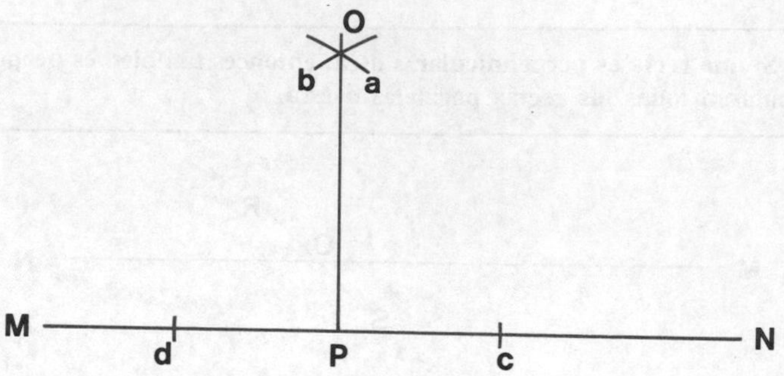

Fig. 34-32

Haciendo centro en P y con una abertura cualquiera del compás se trazan los arcos c y d. Haciendo centro en los puntos en que c y d cortan a la recta MN se trazan los arcos a y b, que se cortan en el punto O. La perpendicular buscada se obtiene uniendo los puntos O y P.

c) Trazar una paralela a una recta por un punto exterior a ésta. Consideremos un punto O cualquiera de la recta MN de la figura 34-33.

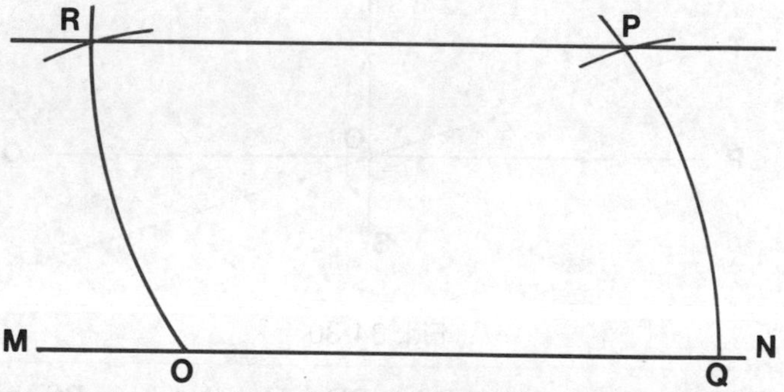

Fig. 34-33

Haciendo centro en O y con radio OP se traza el arco PQ.
Haciendo centro en P y con radio OP se traza el arco OR.
Haciendo centro en O y con radio PQ se marca el punto R.
La paralela pedida es la recta RP.

d) Trazar la bisectriz de un ángulo (que divide al ángulo en dos partes iguales).

Consideremos el ángulo MON de la figura 34-34.

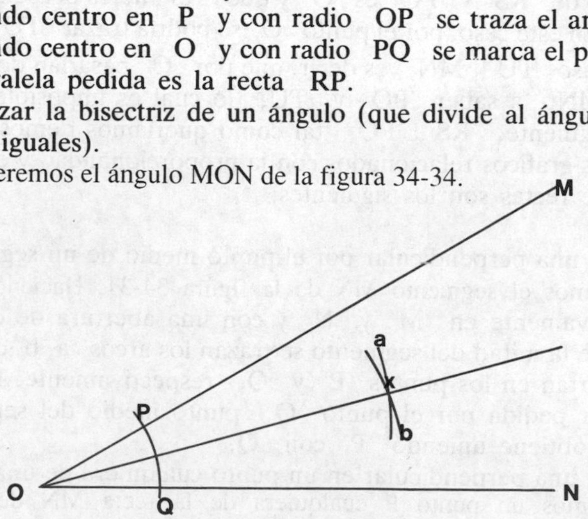

Fig. 34-34

Ángulos internos son los que quedan entre dos rectas cortadas por una secante.

Ángulos externos son los que quedan fuera de dos rectas cortadas por una secante.

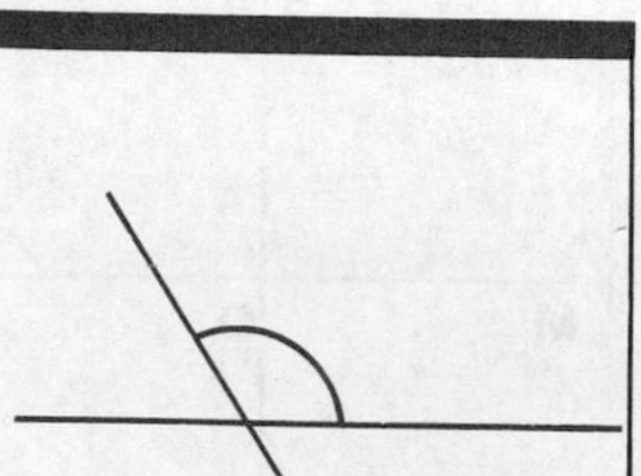

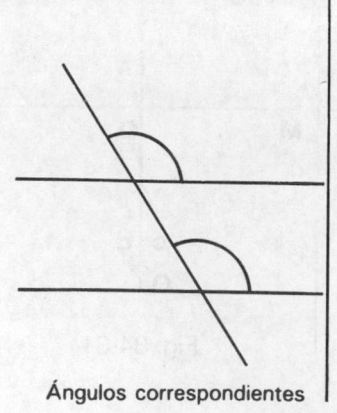

Ángulos correspondientes

Haciendo centro en el vértice O se traza el arco PQ. Haciendo centro en P se traza el arco a y haciendo centro en Q se traza el arco b. Los arcos a y b determinan el punto X al cortarse.

La bisectriz del ángulo MON es la semirrecta OX.

34.3 Rectas cortadas por una secante

Se llama secante de dos o más rectas a otra recta que las corta.

Así, por ejemplo, tal como puede observarse en la figura 34-35, la recta RS es una secante de MN y PQ.

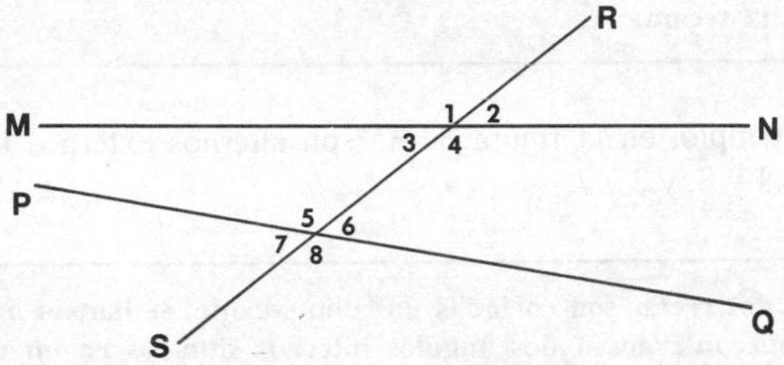

Fig. 34-35

Se llaman ángulos internos a los que forman dos rectas cortadas por una secante y que quedan entre las dos rectas.

Así, por ejemplo, en la figura 34-35 los ángulos internos son 3, 4, 5 y 6.

En cambio, reciben el nombre de ángulos externos los que forman dos rectas cortadas por una secante y que quedan fuera de dichas rectas.

Así, por ejemplo, en la figura 34-35 los ángulos externos son 1, 2, 7 y 8.

Cuando dos rectas son cortadas por una secante, se llaman ángulos correspondientes a dos ángulos situados al mismo lado de la secante y al mismo lado de las rectas, siendo uno de ellos interno y el otro externo.

Dos ángulos situados al mismo lado de la secante y de las rectas, siendo uno interno y otro externo, se llaman correspondientes.

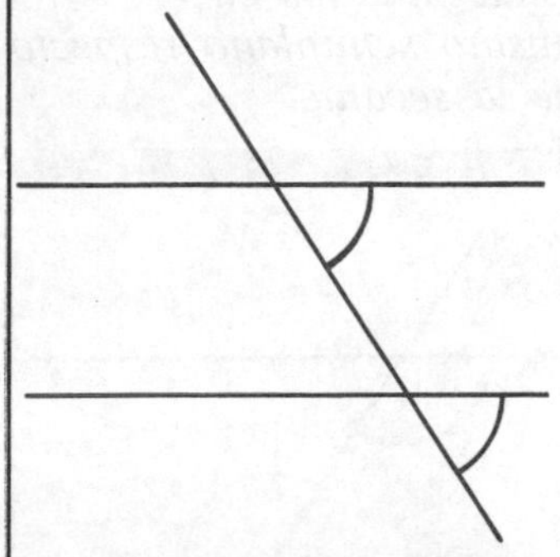

Ángulos correspondientes

Los ángulos correspondientes formados por una secante con dos rectas paralelas son iguales.

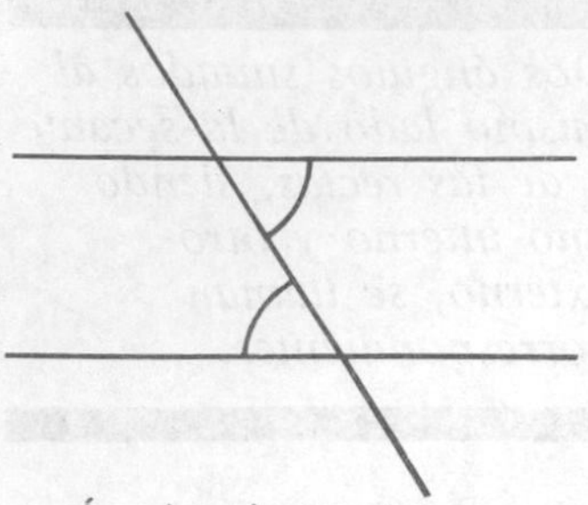

Ángulos alternos internos

Se dice que dos ángulos son conjugados externos cuandos son externos y están situados en el mismo semiplano respecto de la secante.

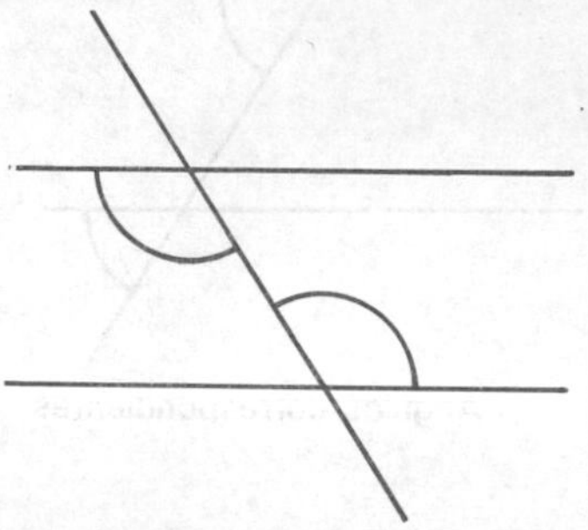

Ángulos alternos internos

Los ángulos alternos internos formados cuando una secante corta a dos paralelas son iguales.

Así, por ejemplo, en la figura 34-35 son correspondientes los siguientes pares de ángulos: 1 y 5; 3 y 7; 2 y 6, y 4 y 8.

Cuando dos rectas son cortadas por una secante, se llaman ángulos alternos internos a dos ángulos internos que no son contiguos ni adyacentes, que están situados entre las dos rectas a uno y otro lado de la secante.

Así, por ejemplo, en la figura 34-35 son alternos internos los pares de ángulos 3 y 6, y 4 y 5.

Cuando dos rectas son cortadas por una secante, se llaman ángulos alternos externos a dos ángulos externos que no son contiguos ni adyacentes, que están situados fuera de las dos rectas a uno y otro lado de la secante.

Así, por ejemplo, en la figura 34-35 son alternos externos los pares de ángulos 1 y 8, y 2 y 7.

Cuando dos rectas son cortadas por una secante, se llaman ángulos conjugados internos a dos ángulos internos situados en un mismo semiplano respecto de la secante.

Así, por ejemplo, en la figura 34-35 son ángulos conjugados internos 3 y 5, y 4 y 6.

Cuando dos rectas son cortadas por una secante, se llaman ángulos conjugados externos a dos ángulos externos situados en un mismo semiplano respecto de la secante.

Así, por ejemplo, en la figura 34-35 son ángulos conjugados externos 1 y 7, y 2 y 8.
En el caso de que dos rectas paralelas sean cortadas por una secante se admite el siguiente postulado:

Toda secante forma con dos paralelas ángulos correspondientes iguales.

Así, tal como puede observarse en la figura 34-36, si las rectas MN y PQ son paralelas, se verifica que son iguales los siguientes pares de ángulos: 1 y 5; 2 y 6; 4 y 8, y 3 y 7.

Seguidamente, vamos a demostrar el siguiente lema: Si una secante forma ángulos correspondientes iguales con dos rectas de un plano, estas rectas son paralelas.

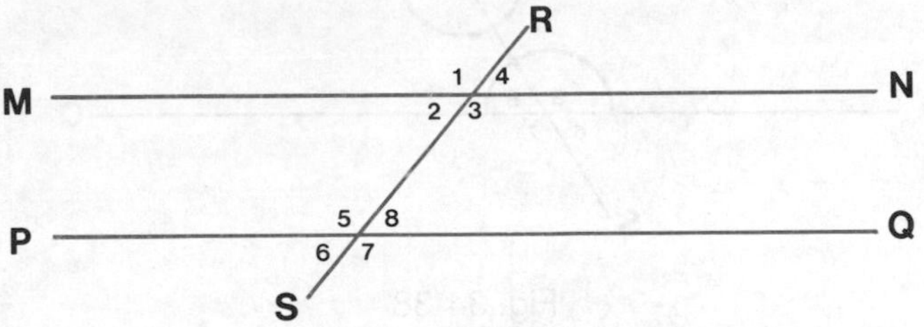

Fig. 34-36

Tal como puede observarse en la figura 34-37, supongamos por hipótesis que los ángulos MOR y PO'S son iguales.

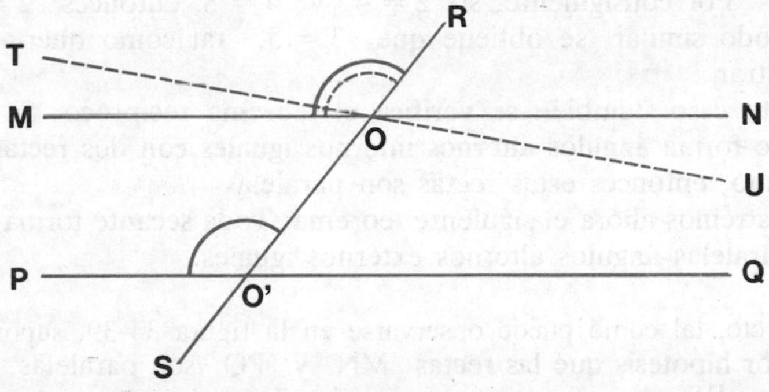

Fig. 34-37

Se trata de demostrar que las rectas MN y PQ son paralelas. Vamos a efectuar la demostración por el método de reducción al absurdo.

Para ello, supondremos que MN no es paralela a PQ. En este caso, se podrá trazar una recta paralela a PQ por el punto O, que llamaremos TU. De este modo, los ángulos ROT y PO'O serían iguales.

Ahora bien, en este caso tendríamos que ROT = PO'O y que MOR = PO'O. Por consiguiente, el ángulo ROT debería ser igual a MOR. Pero esta conclusión es imposible, a menos que la recta TU coincida con la recta MN. Por lo tanto, debe cumplirse que MN y PQ sean paralelas, tal como queríamos demostrar.

Demostremos, a continuación, el siguiente teorema: Toda secante forma al cortar con dos líneas paralelas ángulos alternos internos iguales.

Tal como puede observarse en la figura 34-38, supongamos por hipótesis que las rectas MN y PQ son paralelas, que la recta RS es una secante y que los ángulos 2 y 8 y 3 y 5 son alternos internos.

Los ángulos alternos externos formados cuando una secante corta a dos paralelas son iguales.

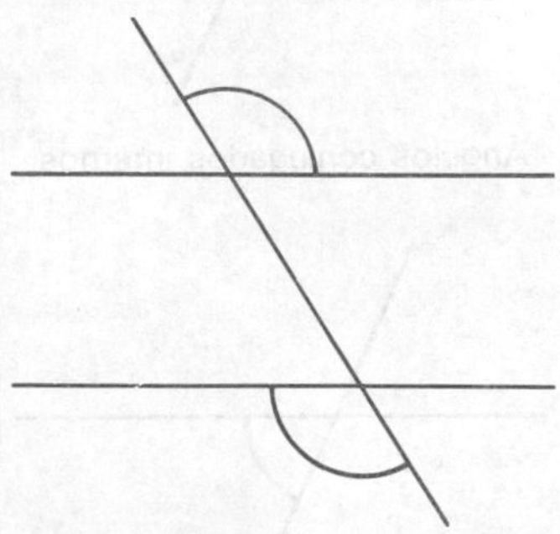

Ángulos alternos externos

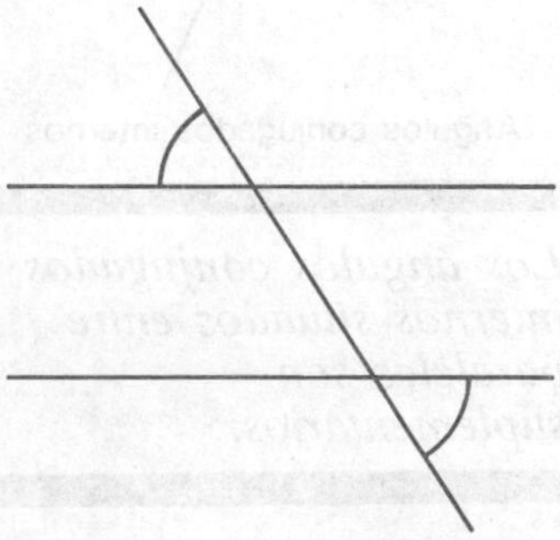

Ángulos alternos externos

Los ángulos correspondientes formados cuando una secante corta a dos paralelas son iguales.

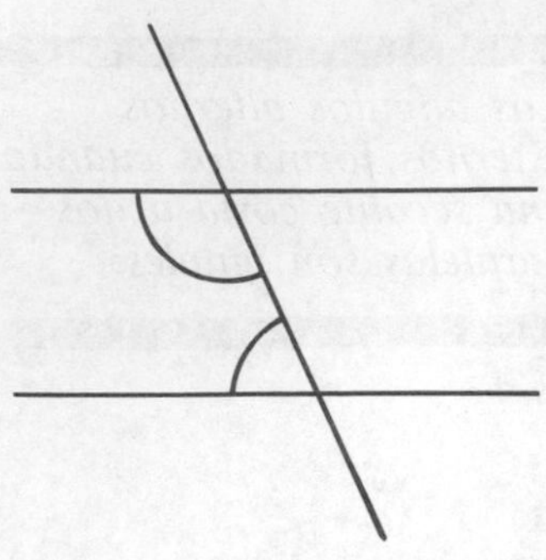

Ángulos conjugados internos

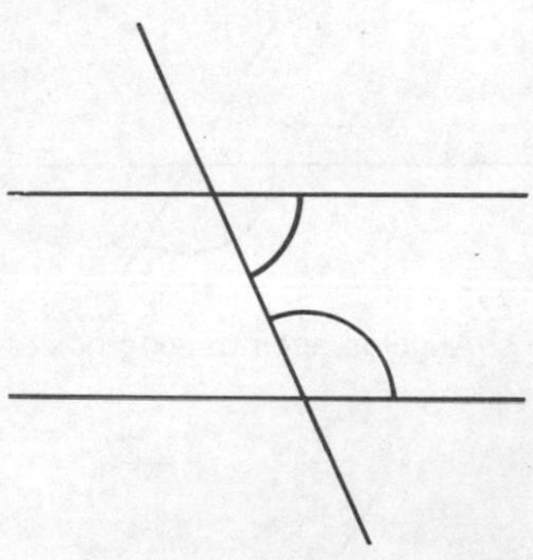

Ángulos conjugados internos

Los ángulos conjugados internos situados entre paralelas son suplementarios.

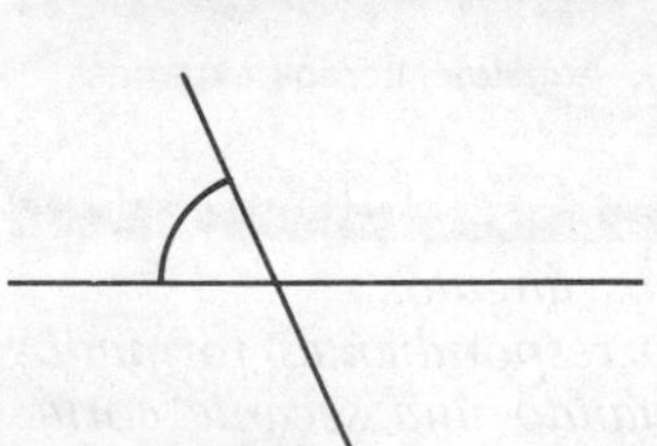

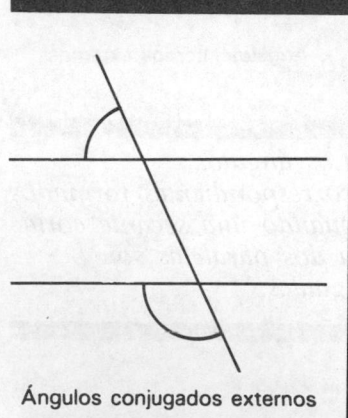

Ángulos conjugados externos

Los ángulos alternos externos formados por una secante con dos paralelas son iguales.

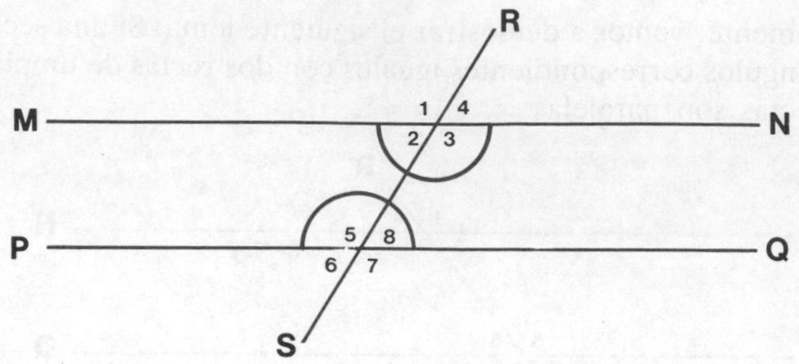

Fig. 34-38

Se trata de demostrar que los ángulos 2 y 8, y 3 y 5 son iguales. Ahora bien, los ángulos 2 y 4 son iguales puesto que son opuestos por el vértice.

Análogamente, los ángulos 4 y 8 son iguales por ser correspondientes. Por consiguiente, si 2 = 4 y 4 = 8, entonces 2 = 8. De modo similar, se obtiene que 3 = 5, tal como queríamos demostrar.

En este caso, también se verifica el teorema recíproco: Si una secante forma ángulos alternos internos iguales con dos rectas de un plano, entonces estas rectas son paralelas.

Demostremos ahora el siguiente teorema: Toda secante forma con dos paralelas ángulos alternos externos iguales.

En efecto, tal como puede observarse en la figura 34-39, supongamos por hipótesis que las rectas MN y PQ son paralelas, que la recta RS es una secante y que 1 y 7 y 4 y 6 son ángulos alternos externos.

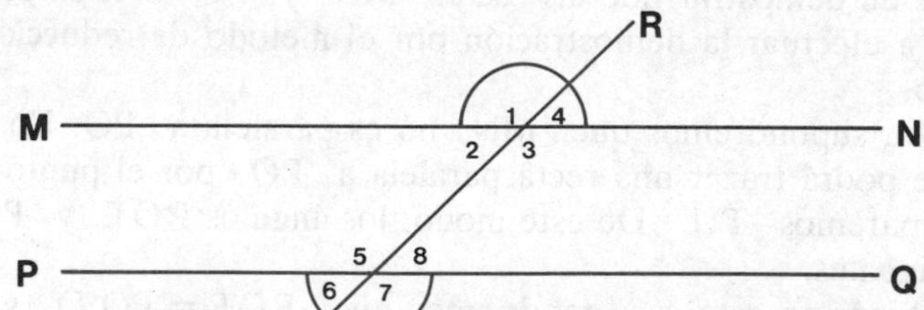

Fig. 34-39

Se trata de demostrar que los ángulos 1 y 7, y 4 y 6 son iguales. Ahora bien, los ángulos 1 y 3 son iguales puesto que están opuestos por el vértice. Análogamente, 3 y 7 son iguales por ser correspondientes. Por consiguiente, si 1 = 3 y 3 = 7, entonces 1 = 7. De modo similar se obtiene que 4 = 6, tal como queríamos demostrar.

También se verifica en este caso el teorema recíproco: Si una secante forma ángulos alternos externos iguales con dos rectas de un plano, entonces estas rectas son paralelas.

Demostremos, a continuación, el siguiente teorema: Si dos ángulos son conjugados internos entre paralelas, entonces son suplementarios.

En efecto, tal como puede observarse en la figura 34-40, supongamos por hipótesis que las rectas MN y PQ son paralelas, que la recta RS es una secante y que 3 y 8 y 2 y 5 son ángulos conjugados internos.

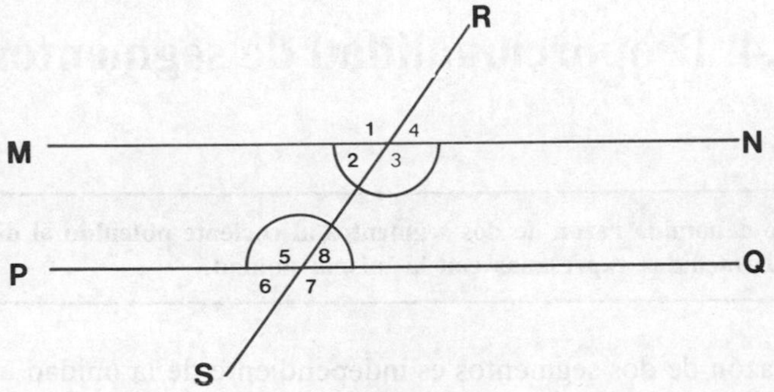

Fig. 34-40

Se trata de demostrar que $3 + 8 = 2 + 5 = 180°$.

Ahora bien, $5 + 8 = 180°$ (1) por ser ángulos adyacentes y $5 = 3$ (2) por ser alternos internos. Por consiguiente, sustituyendo (2) en (1) tendremos que $3 + 8 = 180°$. De modo similar se obtiene que $2 + 5 = 180°$, tal como queríamos demostrar.

En este caso también se verifica el teorema recíproco: Si una secante forma ángulos conjugados internos suplementarios con dos rectas de un plano, entonces estas rectas son paralelas.

Por último, demostremos el siguiente teorema: Si dos ángulos son conjugados externos entre paralelas, entonces son suplementarios.

En efecto, tal como puede observarse en la figura 34-41, supongamos por hipótesis que las rectas MN y PQ son paralelas, que la recta RS es una secante y que 1 y 6, y 4 y 7 son ángulos conjugados externos.

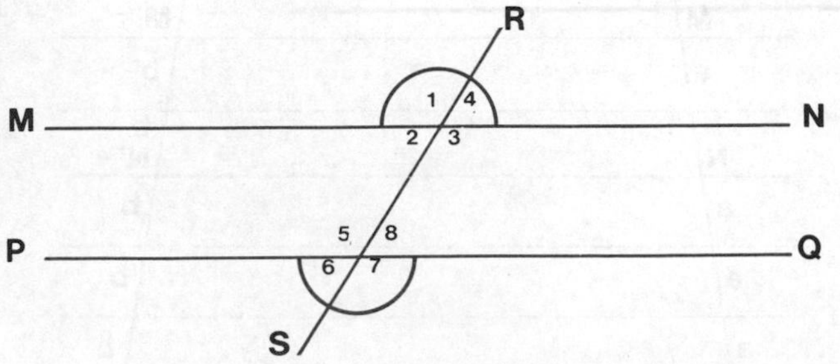

Fig. 34-41

Se trata de demostrar que $1 + 6 = 4 + 7 = 180°$.

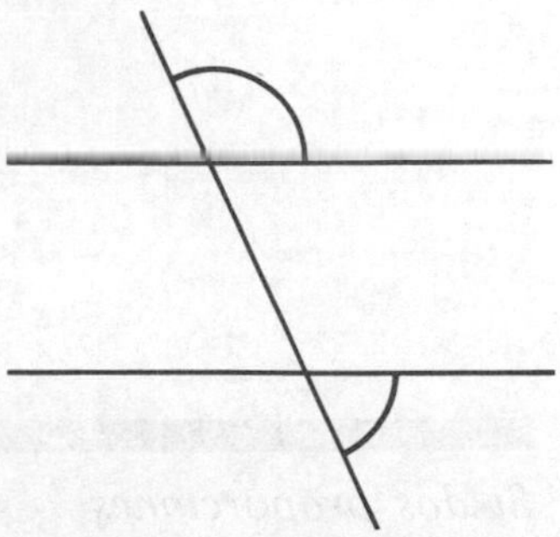

Ángulos conjugados externos

Los ángulos conjugados externos situados entre paralelas son suplementarios.

El primer término de una razón se llama antecedente y el segundo consecuente.

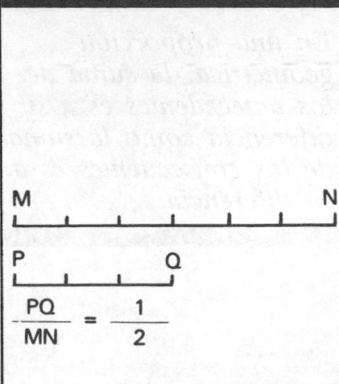

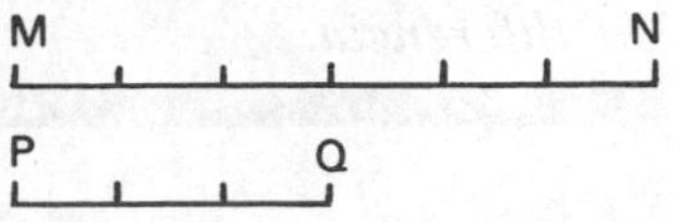

$$\frac{PQ}{MN} = \frac{1}{2}$$

Una proporción es la igualdad de dos razones.

Si dos proporciones tienen iguales los antecedentes, sus consecuentes forman una proporción.

En una proporción geométrica, la suma de los antecedentes es a su diferencia como la suma de los consecuentes es a su diferencia.

Ahora bien, 6 + 7 = 180° (1) por ser ángulos adyacentes y 7 = 1 (2) por ser ángulos alternos externos. Sustituyendo (2) en (1) tendremos que 1 + 6 = 180°. De modo similar, se obtiene que 4 + 7 = 180°, tal como queríamos demostrar.
Se cumple también, en este caso, el teorema recíproco: Si una secante forma ángulos conjugados externos suplementarios con dos rectas de un plano, entonces estas rectas son paralelas.

34.4 Proporcionalidad de segmentos

Se denomina razón de dos segmentos al cociente obtenido al dividir sus medidas expresadas con la misma unidad.

La razón de dos segmentos es independiente de la unidad utilizada para medirlos, siempre que se emplee la misma unidad para medir ambos segmentos.
Si a los segmentos *m* y *n* les corresponden los segmentos *p* y *q*, de modo que $m / n = p / q$, se dice que los segmentos son proporcionales.
Demostremos a continuación el conocido teorema de Thales que afirma:

Si varias paralelas cortan a dos rectas transversales, determinan en ellas segmentos correspondientes proporcionales.

En efecto, tal como puede observarse en la figura 34-42, supongamos por hipótesis que MN' ‖ NN' ‖ PP', que *r* y *r'* son

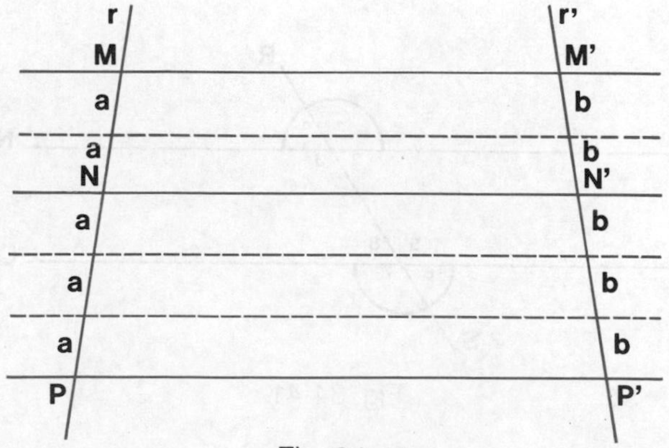

Fig. 34-42

rectas transversales y que MN y NP son los segmentos correspondientes en r y M′N′ y N′P′ son los segmentos correspondientes en r'.
Se trata de demostrar que MN / NP = M′N′ / N′P′.
Para ello llevamos una unidad cualquiera paralela de MM′ que llamaremos MN y NP. Supongamos que MN = xa y que NP = ya. Los segmentos M′N′ y N′P′ quedan divididos en segmentos b, de modo que M′N′ = xb y N′P′ = yb.

Así pues, tendremos que MN = xa (1)
NP = ya (2)

Por lo tanto, MN / NP = xa / ya = x / y (3)

Similarmente, M′N′ = xb (4)
N′P′ = yb (5)

Por lo tanto, M′N′ / N′P′ = xb / yb = x / y (6).

Comparando (3) y (6) se obtiene MN / NP = M′N′ / N′P′, tal como queríamos demostrar.
Para dividir gráficamente un segmento en partes proporcionales a otros segmentos se procede del modo siguiente: sea MN el segmento que se quiere dividir en partes proporcionales a los segmentos m, n. y p, tal como puede observarse en la figura 34-43.

A partir de un extremo del segmento MN, por ejemplo M, se traza la semirrecta MR. Sobre MR se llevan consecutivamente a partir de M los segmentos MO, OP y PQ iguales a m, n y p.
Uniendo el extremo Q con N obtenemos el segmento QN y trazando paralelas a QN por los puntos O y P quedan determinados sobre MN los segmentos q, r y s buscados.

Para hallar gráficamente la cuarta proporcional a tres segmentos dados se procede del modo siguiente: se traza un ángulo cualquiera

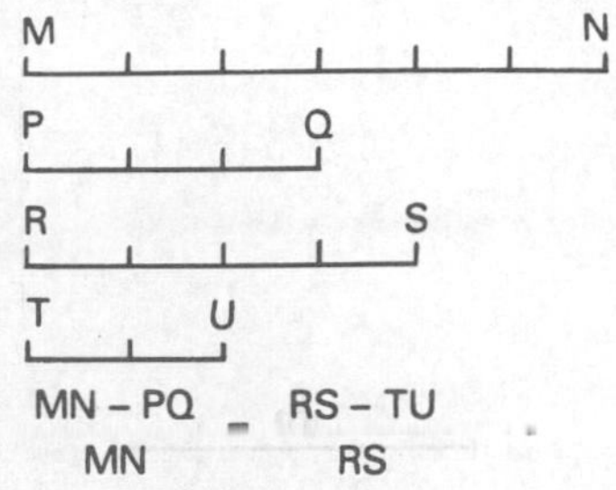

La razón de dos segmentos es independiente de la unidad utilizada para medirlos, siempre que se emplee la misma unidad para medir ambos segmentos.

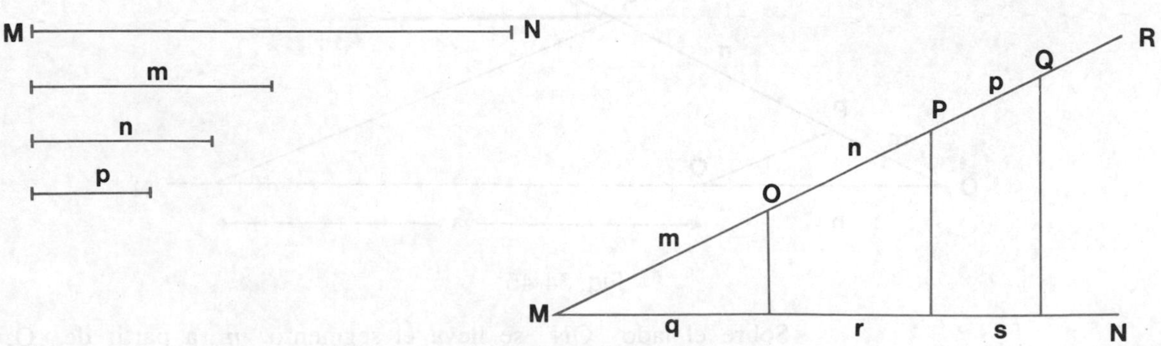

Fig. 34-43

MON y sobre uno de sus lados se llevan consecutivamente los segmentos *m* y *n*, tal como puede observarse en la figura 34-44 Sobre el lado ON llevamos el segmento *p*. Uniendo el extremo de *m* con el extremo de *p* y trazando por el extremo de *n* una paralela a dicho segmento queda determinado el segmento *x* sobre ON.

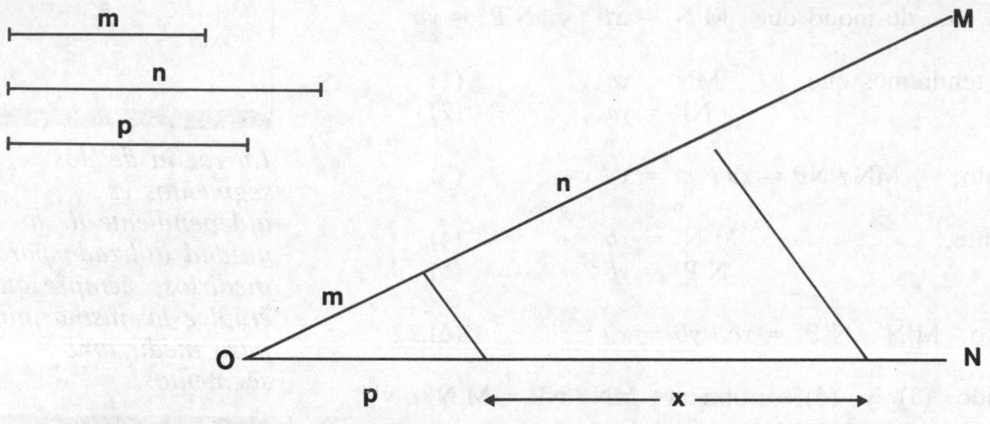

Fig. 34-44

Así pues, se tiene que $m / n = p / x$ y, por lo tanto, *x* es la cuarta proporcional a los segmentos *m*, *n* y *p* dados.
Para hallar gráficamente la tercera proporcional a dos segmentos dados, se procede del modo siguiente: se traza un ángulo cualquiera MON y sobre el lado MO se llevan consecutivamente los segmentos *m* y *n*, tal como puede observarse en la figura 34-45.

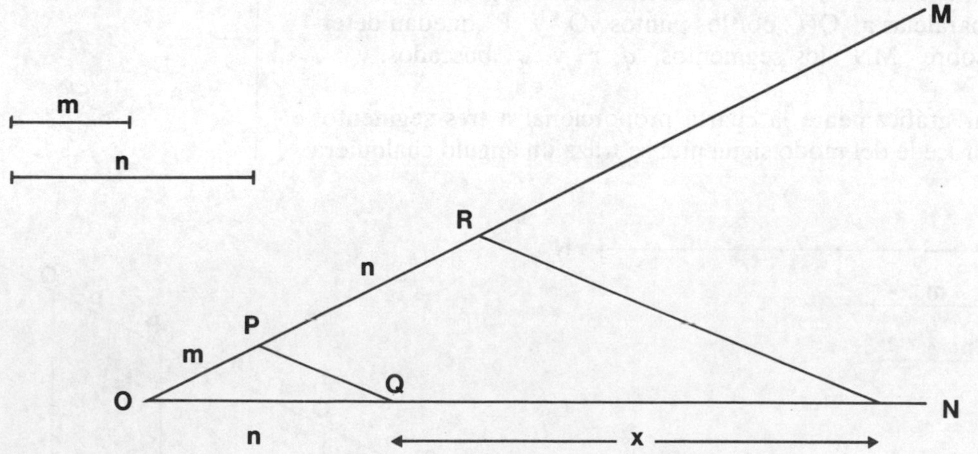

Fig. 34-45

Sobre el lado ON se lleva el segmento *n* a partir de O. Uniendo el punto P con el punto Q se obtiene el segmento

PQ y trazando por R una paralela a PQ queda determinado en ON el segmento *x*.
Así pues, se tiene que $m / n = n / x$ y x es la tercera proporcional a los segmentos m y n dados.

34.5 Propiedades de ángulos con lados perpendiculares o paralelos

Los ángulos con lados perpendiculares o paralelos dan lugar a una serie de importantes teoremas, que pasamos a demostrar a continuación.

a) Dos ángulos que tienen sus lados respectivamente paralelos y dirigidos en el mismo sentido son iguales.

En efecto, tal como puede observarse en la figura 34-46, supongamos por hipótesis que ON || O′Q y MO || PO′ y que los ángulos MON y PO′Q tienen sus lados dirigidos en el mismo sentido.

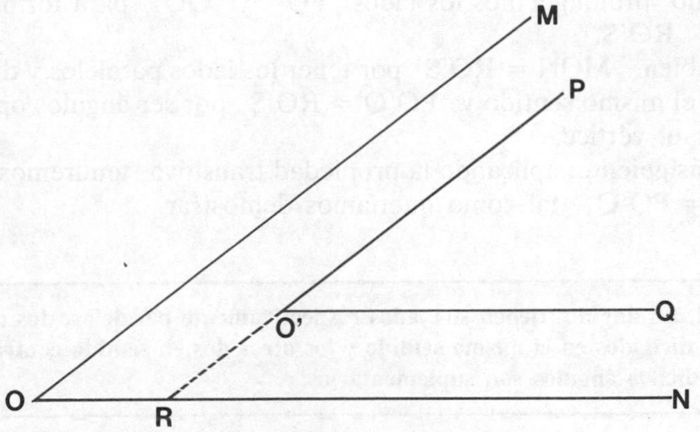

Fig. 34-46

Se trata de demostrar que los ángulos MON y PO′Q son iguales.
Para ello, prolonguemos el lado PO′ hasta que corte en R a ON formando el ángulo O′RN.

Tendremos que MON = O′RN por ser ángulos correspondientes y PO′Q = O′RN por el mismo motivo.
Por consiguiente, aplicando la propiedad transitiva, tendremos que MON = PO′Q, tal como queríamos demostrar.

Dos ángulos agudos son iguales si sus lados son respectivamente perpendiculares.

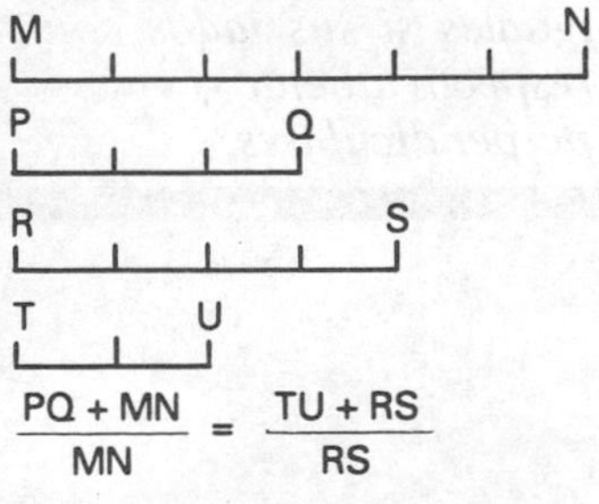

Dos ángulos son iguales si sus lados son respectivamente paralelos y están dirigidos en sentido contrario.

Un ángulo obtuso y otro agudo son suplementarios si sus lados son respectivamente perpendiculares.

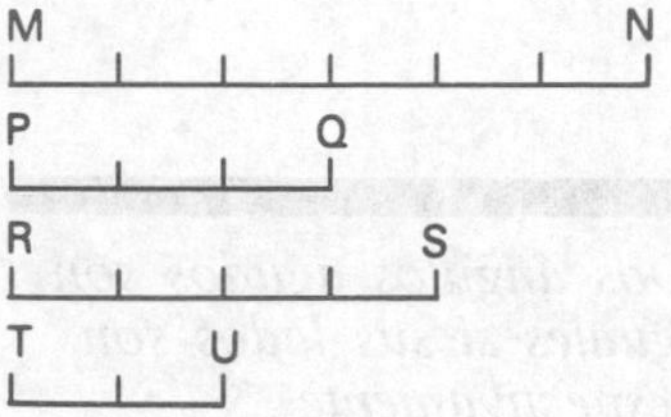

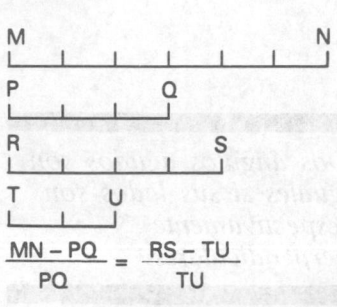

$$\frac{MN - PQ}{PQ} = \frac{RS - TU}{TU}$$

Dos ángulos obtusos son iguales si sus lados son respectivamente perpendiculares.

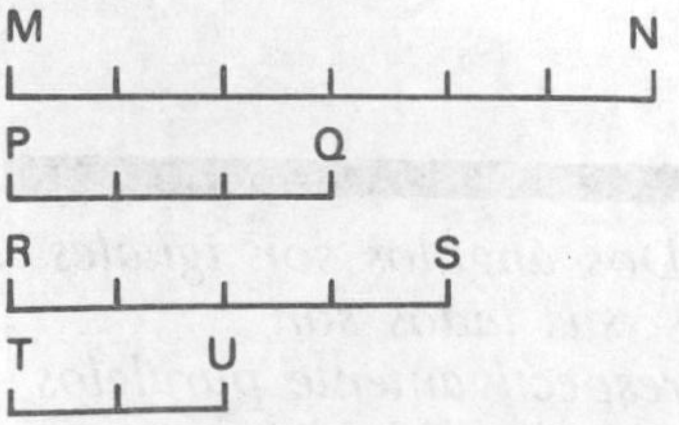

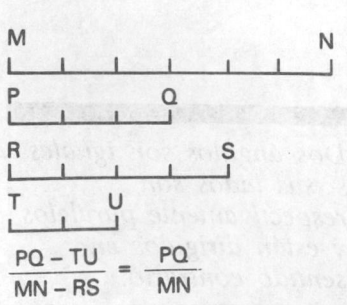

$$\frac{PQ - TU}{MN - RS} = \frac{PQ}{MN}$$

b) Dos ángulos que tienen sus lados respectivamente paralelos y dirigidos en sentido contrario son iguales.

En efecto, tal como puede observarse en la figura 34-47, supongamos por hipótesis que ON || O′P y OM || O′Q y que los ángulos MON y PO′Q tienen sus lados dirigidos en sentido contrario.

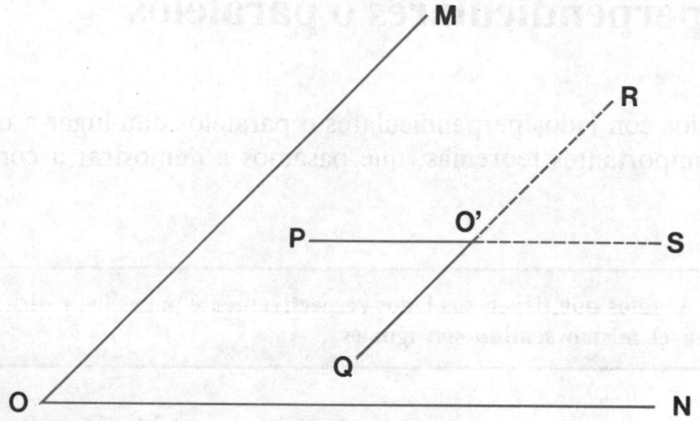

Fig. 34-47

Se trata de demostrar que MON y PO′Q son iguales.
Para ello, prolonguemos los lados PO′ y QO′ para formar el ángulo RO′S.
Ahora bien, MON = RO′S por tener los lados paralelos y dirigidos en el mismo sentido y PO′Q = RO′S por ser ángulos opuestos por el vértice.
Por consiguiente, aplicando la propiedad transitiva, tendremos que MON = PO′Q, tal como queríamos demostrar.

c) Si dos ángulos tienen sus lados respectivamente paralelos, dos de ellos dirigidos en el mismo sentido y los otros dos en sentido contrario, dichos ángulos son suplementarios.

En efecto, tal como puede observarse en la figura 34-48, supongamos por hipótesis que ON || O′Q en sentido contrario y que OM || O′P en el mismo sentido.
Se trata de demostrar que MON + QO′P = 180°.
Para ello, prolonguemos QO′ hasta formar el ángulo PO′R.
Ahora bien, QO′P + PO′R = 180° (1) por ser adyacentes y PO′R = MON (2) por tener ambos ángulos los lados paralelos y del mismo sentido.

Sustituyendo (2) en (1) tendremos: QO′P + MON = 180°, tal como queríamos demostrar.

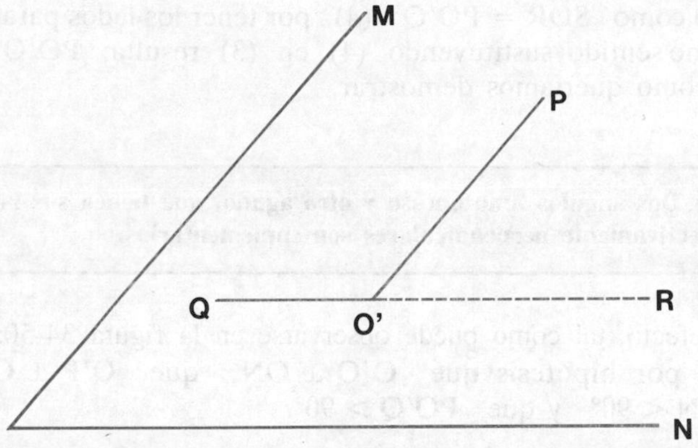

Fig. 34-48

d) Dos ángulos agudos cuyos lados son respectivamente perpendiculares son iguales.

En efecto, tal como puede observarse en la figura 34-49, supongamos por hipótesis que ON ⊥ O'P, que OM ⊥ O'Q, y que los

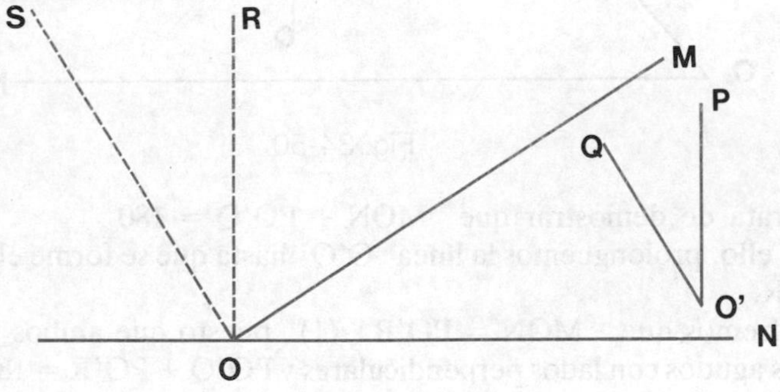

Fig. 34-49

ángulos MON y PO′Q son agudos, es decir, menores que 90°.
Se trata de demostrar que MON = PO′Q.
Para ello, trazamos por O las semirrectas OS y OR de modo que OS ∥ O′Q y OR ∥ O′P. Evidentemente, SOR = QO′P por tener los lados paralelos y del mismo sentido.
Ahora bien, SOR + ROM = 90° porque OM ⊥ OS y OS ∥ O′Q.
Por lo tanto, SOR = 90° − ROM (1).
Pero MON + ROM = 90° por ser ON ⊥ O′P y OR ∥ O′P.
Por lo tanto, MON = 90° − ROM (2).
Comparando las igualdades (1) y (2) podemos establecer que SOR = MON (3).

Dos ángulos son iguales si sus lados son respectivamente paralelos y están dirigidos en el mismo sentido.

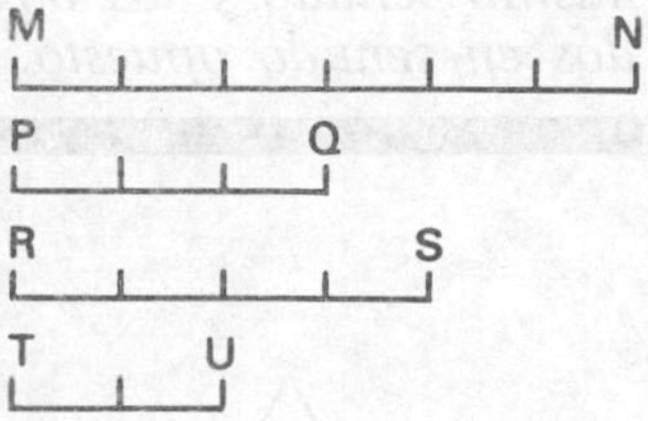

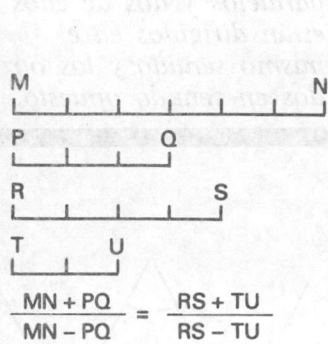

$$\frac{MN + PQ}{MN - PQ} = \frac{RS + TU}{RS - TU}$$

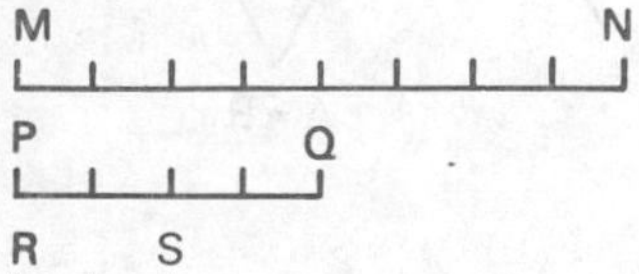

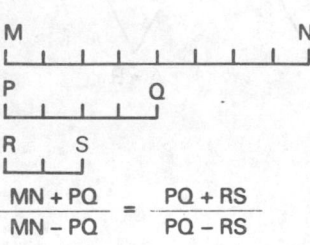

$$\frac{MN + PQ}{MN - PQ} = \frac{PQ + RS}{PQ - RS}$$

Pero como SOR = PO′Q (4) por tener los lados paralelos en el mismo sentido; sustituyendo (4) en (3) resulta: PO′Q = MON, tal como queríamos demostrar.

Dos ángulos son suplementarios si sus lados son respectivamente paralelos y dos de ellos están dirigidos en el mismo sentido y los otros dos en sentido opuesto.

e) Dos ángulos, uno obtuso y otro agudo, que tienen sus lados respectivamente perpendiculares son suplementarios.

En efecto, tal como puede observarse en la figura 34-50; supongamos por hipótesis que O′Q ⊥ ON, que O′P ⊥ OM, que MON < 90° y que PO′Q > 90°.

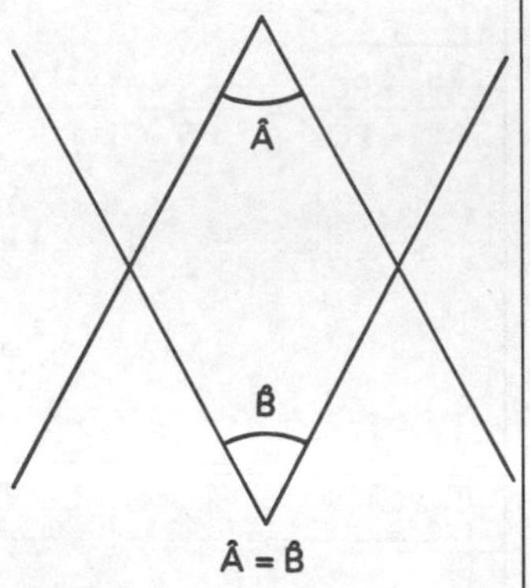

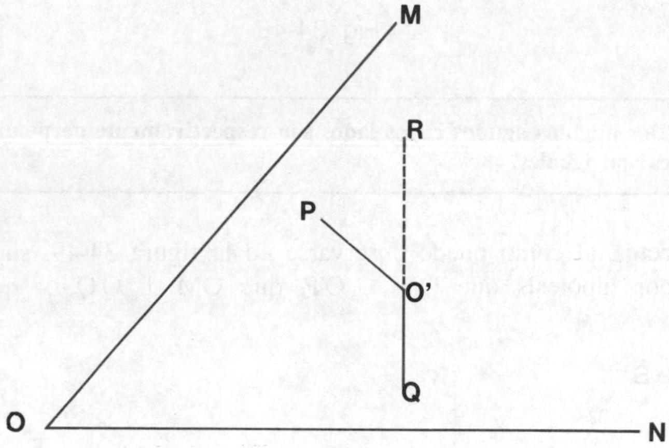

Fig. 34-50

Se trata de demostrar que MON + PO′Q = 180°.
Para ello, prolonguemos la línea O′Q hasta que se forme el ángulo PO′R.
Tendremos que: MON = PO′R (1) puesto que ambos son ángulos agudos con lados perpendiculares y PO′Q + PO′R = 180° (2) por ser ángulos adyacentes.

Los ángulos opuestos por el vértice son iguales.

Sustituyendo (1) en (2) resulta PO′Q + MON = 180°, tal como queríamos demostrar.

f) Dos ángulos obtusos que tienen sus lados respectivamente perpendiculares son iguales.

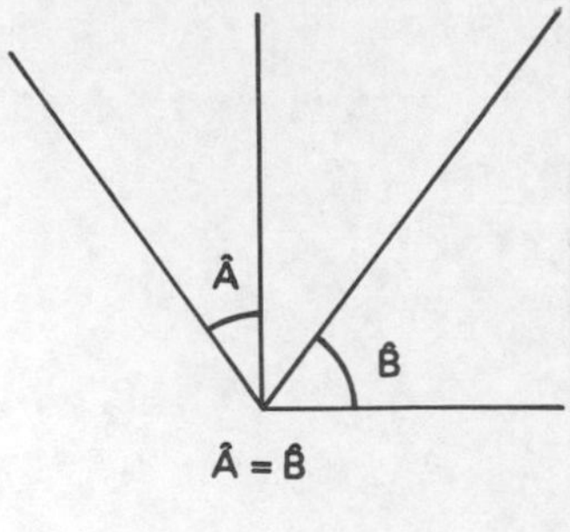

En efecto, tal como puede observarse en la figura 34-51, supongamos por hipótesis que O′Q ⊥ ON, que O′R ⊥ OM y que MON y QO′R son ángulos obtusos.
Se trata de demostrar que MON = QO′R.
Para ello, prolonguemos ON y QO′, de modo que se formen

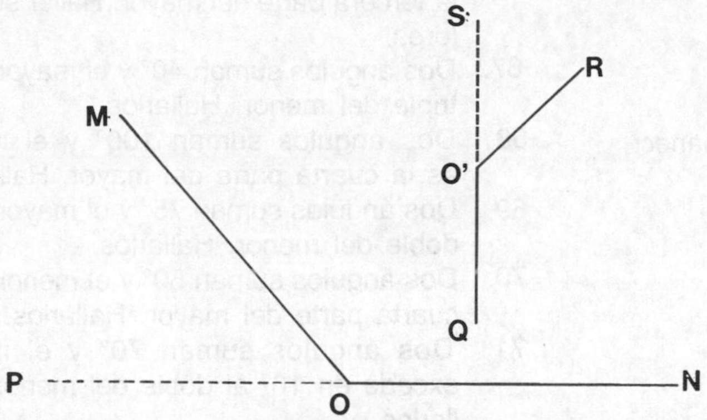

Fig. 34.51.

los ángulos MOP y RO′S que son iguales por ser agudos y tener sus lados respectivamente perpendiculares.

Ahora bien, MON + MOP = 180° por ser ángulos adyacentes.

Por lo tanto, MON = 180° − MOP (1)

Pero como QO′R = 180° − MOP (2) y RO′S = MOP (3) por ser ángulos agudos y tener los lados perpendiculares, sustituyendo (3) en (2) tendremos que QO′R = 180° − MOP (4).

Finalmente, comparando (1) y (4) resulta MON = QO′R, tal como queríamos demostrar.

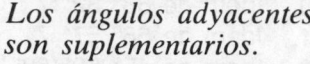

Los ángulos adyacentes son suplementarios.

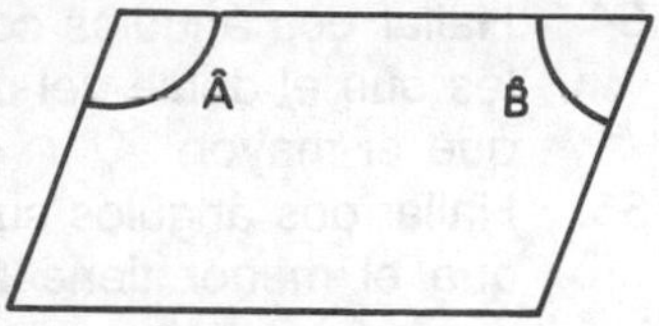

Â + B̂ = 180°

Problemas propuestos

1. Expresar en radianes un ángulo que en el sistema sexagesimal vale 30°.
2. Ídem 33°.
3. Ídem 5°.
4. Ídem 74°.
5. Ídem 45°.
6. Ídem 77° 49′.
7. Ídem 97° 31′.
8. Ídem 45° 20′.
9. Ídem 19° 22′ 9″.
10. Ídem 42° 10′ 35″.
11. Ídem 99° 16′ 30″.
12. Ídem 60° 20′ 8″.
13. Ídem 44° 21′ 9″.
14. Expresar en el sistema sexagesimal un ángulo de 0,4712389 radianes.
15. Ídem 0,0349065 radianes.
16. Ídem 1,0646508 radianes.
17. Ídem 0,7330382 radianes.
18. Ídem 1,1170107 radianes.
19. Ídem 0,5061452 radianes.
20. Ídem 0,0872664 radianes.
21. Ídem 1,3089969 radianes.
22. Ídem 1,553343 radianes.
23. Ídem 0.6981317 radianes.
24. Hallar el ángulo complementario de 20°.
25. Ídem de 56°.
26. Ídem de 13°.
27. Ídem de 10°.
28. Ídem de 60°.
29. Ídem de 73°.
30. Ídem de 33°.
31. Ídem de 16°.
32. Hallar el ángulo suplementario de 74°.
33. Ídem de 102°.
34. Ídem de 36°.
35. Ídem de 30°.
36. Ídem de 150°.
37. Ídem de 70° 16′.
38. Ídem de 91° 44′ 52″.

39. Ídem de $45° \, 9' \, 7''$.
40. Ídem de $68° \, 32' \, 7''$.
41. Ídem de $68° \, 57' \, 7''$.
42. Ídem de $47° \, 52' \, 58''$.
43. Hallar el ángulo que forman las manecillas de un reloj a las 4 en punto.
44. Ídem a las 12 en punto.
45. Ídem a las 6.30 en punto.
46. Ídem a las 5 en punto.
47. Ídem a la 1 en punto.
48. Ídem a las 12.30 en punto.
49. Ídem a las 7.30 en punto.
50. Ídem a las 6 en punto.
51. Ídem a la 1.30 en punto.
52. Ídem a las 2 en punto.
53. Hallar dos ángulos complementarios tales que el doble del menor excede en 18° al mayor.
54. Hallar dos ángulos complementarios tales que el doble del menor es 6° menor que el mayor.
55. Hallar dos ángulos suplementarios tales que el menor tiene 20° menos que el mayor.
56. Hallar el ángulo que coincide con su suplementario.
57. Hallar dos ángulos suplementarios tales que el triple del menor es 20° mayor que el mayor.
58. Hallar dos ángulos suplementarios tales que el doble del menor es 15° mayor que el mayor.
59. Hallar dos ángulos suplementarios tales que el menor es la octava parte del mayor.
60. Hallar dos ángulos suplementarios tales que el mayor sea el doble del menor.
61. Hallar dos ángulos suplementarios tales que el doble del menor es 15° menor que el mayor.
62. Hallar dos ángulos suplementarios tales que el triple del menor es 20° menor que el mayor.
63. Hallar dos ángulos suplementarios tales que el mayor es el triple del menor.
64. Hallar dos ángulos suplementarios que difieren en 40°.
65. Dos ángulos suman 60° y el mayor es el doble del menor. Hallarlos.
66. Dos ángulos suman 80° y el menor es la tercera parte del mayor. Hallar sus valores.
67. Dos ángulos suman 40° y el mayor es el triple del menor. Hallarlos.
68. Dos ángulos suman 100° y el menor es la cuarta parte del mayor. Hallarlos.
69. Dos ángulos suman 75° y el mayor es el doble del menor. Hallarlos.
70. Dos ángulos suman 50° y el menor es la cuarta parte del mayor. Hallarlos.
71. Dos ángulos suman 70° y el mayor excede en 10° al doble del menor. Hallarlos.
72. Dos ángulos suman 120° y el menor es la tercera parte del mayor. Hallarlos.
73. Dos ángulos suman 150° y el menor es la cuarta parte del mayor. Hallarlos.
74. Hallar la razón del segmento x al segmento y si $x = 8$ cm, $y = 6$ cm.
75. Ídem si $x = 3$ dm, $y = 9$ dm.
76. Ídem si $x = 2$ mm, $y = 14$ mm.
77. Ídem si $x = 14$ mm, $y = 4$ mm.
78. Ídem si $x = 15$ cm, $y = 20$ cm.
79. Hallar dos segmentos sabiendo que su suma es $S = 8$ cm y que su razón $r = 1/3$.
80. Ídem si $S = 18$ dm y $r = 2/7$.
81. Ídem si $S = 21$ cm y $r = 3/4$.
82. Ídem si $S = 26$ mm y $r = 4/9$.
83. Ídem si $S = 45$ dm y $r = 8/7$.
84. Ídem si $S = 44$ cm y $r = 6/5$.
85. Hallar dos segmentos sabiendo que su diferencia es $D = 9$ cm y que su razón $r = 1/4$.
86. Ídem si $D = 4$ dm y $r = 7/9$.
87. Ídem si $D = 3$ mm y $r = 1/2$.
88. Ídem si $D = 6$ cm y $r = 5/2$.
89. Ídem si $D = 20$ dm y $r = 3/8$.
90. Ídem si $D = 3$ cm y $r = 3/4$.
91. Ídem si $D = 4$ mm y $r = 5/6$.
92. Hallar la cuarta proporcional a los segmentos $x = 1$ cm, $y = 4$ cm, $z = 3$ cm.
93. Ídem a $x = 8$ dm, $y = 7$ dm, $z = 16$ dm.
94. Ídem a $x = 2$ mm, $y = 1$ mm, $z = 6$ mm.
95. Ídem a $x = 9$ cm, $y = 3$ cm, $z = 36$ cm.
96. Ídem a $x = 7$ dm, $y = 3$ dm, $z = 35$ dm.

97. Ídem a $x = 1$ mm, $y = 5$ mm, $z =$ $= 3$ mm.
98. Ídem a $x = 3$ dm, $y = 6$ dm, $z =$ $= 12$ dm.
99. Hallar la tercera proporcional a los segmentos $x = 81$ cm, $y = 27$ cm,
100. Ídem a $x = 36$ dm, $y = 12$ dm.
101. Ídem a $x = 25$ cm, $y = 30$ cm.
102. Ídem a $x = 121$ mm, $y =$ [illegible] mm.
103. Ídem a $x = 9$ mm, $y = 15$ mm.
104. Ídem a $x = 4$ dm, $y = 6$ dm.
105. Ídem a $x = 16$ cm, $y = 8$ cm.
106. Hallar la media proporcional a los segmentos $x = 2$ cm, $y = 8$ cm.
107. Ídem a $x = 8$ dm, $y = 32$ dm.
108. Ídem a $x = 14$ mm, $y = 56$ mm.
109. Ídem a $x = 18$ cm, $y = 72$ cm.
110. Ídem a $x = 9$ mm, $y = 36$ mm.
111. Ídem a $x = 11$ dm, $y = 176$ dm.
112. Ídem a $x = 15$ cm, $y = 60$ cm.
113. Hallar la longitud de los lados de un triángulo sabiendo que su perímetro $P = 36$ cm y que sus lados son proporcionales a 3, 4 y 5.
114. Ídem si $P = 40$ dm y los lados son proporcionales a 5, 7 y 8.
115. Ídem si $P = 38$ cm y los lados son proporcionales a 6, 8 y 5.
116. Ídem si $P = 27$ m y los lados son proporcionales a 2, 3 y 4.
117. Ídem si $P = 88$ cm y los lados son proporcionales a 6, 7 y 9.
118. Ídem si $P = 69$ dm y los lados son proporcionales a 5, 8 y 10.
119. Ídem si $P = 68$ mm y los lados son proporcionales a 4, 6 y 7.

Soluciones

1. Solución: 0,5235987 radianes.
2. S.: 0,5759586 radianes.
3. S.: 0,0872664 radianes.
4. S.: 1,2915436 radianes.
5. S.: 0,7853981 radianes.
6. S.: 1,358157 radianes.
7. S.: 1,7019869 radianes.
8. S.: 0,7912159 radianes.
9. S.: 0,3380557 radianes.
10. S.: 0,7361168 radianes.
11. S.: 1,7326756 radianes.
12. S.: 1,0530541 radianes.
13. S.: 0,7740971 radianes.
14. S.: 27°.
15. S.: 2°.
16. S.: 61°.
17. S.: 42°.
18. S.: 64°.
19. S.: 29°.
20. S.: 5°.
21. S.: 75°.
22. S.: 89°.
23. S.: 40°.
24. S.: 70°.
25. S.: 34°.
26. S.: 77°.
27. S.: 80°.
28. S.: 30°.
29. S.: 17°.
30. S.: 57°.
31. S.: 74°.
32. S.: 106°.
33. S.: 78°.
34. S.: 144°.
35. S.: 150°.
36. S.: 30°.
37. S.: 109° 44′.
38. S.: 88° 15′ 8″.
39. S.: 134° 50′ 53″.
40. S.: 111° 27′ 53″.
41. S.: 111° 2′ 53″.
42. S.: 132° 7′ 2″.
43. S.: 120°.
44. S.: 0°.
45. S.: 15°.
46. S.: 150°.
47. S.: 30°.
48. S.: 165°.
49. S.: 45°.
50. S.: 180°.
51. S.: 135°.
52. S.: 60°.
53. S.: 36° y 54°.
54. S.: 62° y 28°.
55. S.: 100° y 80°.
56. S.: 90°.
57. S.: 50° y 130°.
58. S.: 115° y 65°.
59. S.: 160° y 20°.
60. S.: 120° y 60°.
61. S.: 125° y 55°.
62. S.: 140° y 40°.
63. S.: 135° y 45°.
64. S.: 110° y 70°.
65. S.: 40° y 20°.
66. S.: 60° y 20°.
67. S.: 30° y 10°.
68. S.: 80° y 20°.
69. S.: 50° y 25°.
70. S.: 40° y 10°.
71. S.: 50° y 20°.
72. S.: 90° y 30°.
73. S.: 120° y 30°
74. S.: $x/y = 4/3$.
75. S.: $x/y = 1/3$.
76. S.: $x/y = 1/7$.
77. S.: $x/y = 7/2$.
78. S.: $x/y = 3/4$.

79. S.: $x = 2$ cm, $y = 6$ cm.
80. S.: $x = 4$ dm, $y = 14$ dm.
81. S.: $x = 9$ cm, $y = 12$ cm.
82. S.: $x = 8$ mm, $y = 18$ mm.
83. S.: $x = 24$ dm, $y = 21$ dm.
84. S.: $x = 24$ cm, $y = 20$ cm.
85. S.: $x = 3$ cm, $y = 12$ cm.
86. S.: $x = 14$ dm, $y = 18$ dm.
87. S.: $x = 3$ mm, $y = 6$ mm.
88. S.: $x = 10$ cm, $y = 4$ cm.
89. S.: $x = 12$ dm, $y = 32$ dm.
90. S.: $x = 9$ cm, $y = 12$ cm.
91. S.: $x = 20$ mm, $y = 24$ mm.
92. S.: 12 cm.
93. S.: 14 dm.
94. S.: 3 mm.
95. S.: 12 cm.
96. S.: 15 dm.
97. S.: 15 mm.
98. S.: 24 dm.
99. S.: 9 cm.
100. S.: 4 dm.
101. S.: 36 cm.
102. S.: 9 mm.
103. S.: 25 mm.
104. S.: 9 dm.
105. S.: 4 cm.
106. S.: 4 cm.
107. S.: 16 dm.
108. S.: 28 mm.
109. S.: 36 cm.
110. S.: 18 mm.
111. S.: 44 dm.
112. S.: 30 cm.
113. S.: 9, 12 y 15 cm.
114. S.: 10, 14 y 16 dm.
115. S.: 12, 16 y 10 cm.
116. S.: 6, 9 y 12 m.
117. S.: 24, 28 y 36 cm.
118. S.: 15, 24 y 30 dm.
119. S.: 16, 24 y 28 mm.

Triángulos

35

Introducción histórica

Pitágoras de Samos (siglo VI a.C.) fue discípulo de Thales de Mileto pero se separó de la escuela jónica y fundó en Crotona la escuela pitagórica. A Pitágoras se debe la demostración del teorema que lleva su nombre sobre la igualdad existente entre el cuadrado de la hipotenusa y la suma de los cuadrados de los catetos para cualquier triángulo rectángulo. También se atribuye a la escuela pitagórica la demostración de la propiedad de la suma de los ángulos internos de un triángulo y la construcción geométrica del polígono estrellado de cinco lados.

Un triángulo es la porción de plano limitada por tres rectas que se cortan dos a dos.

El perímetro es la suma de los tres lados de un triángulo.

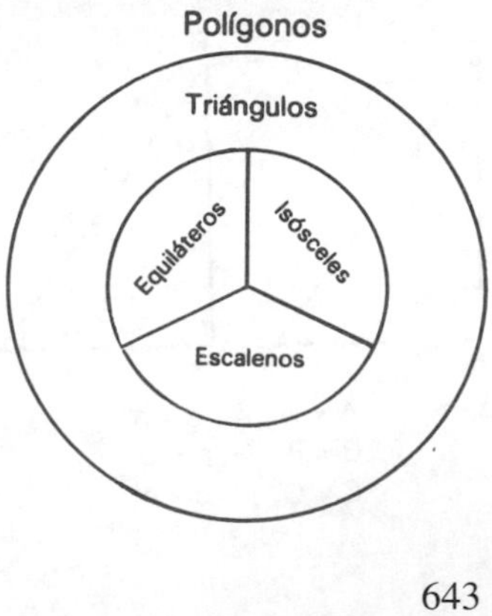

35.1 Definiciones y nomenclatura

Tal como puede observarse en la figura 35-1, un triángulo es la porción de plano limitado por tres rectas que se cortan dos a dos.

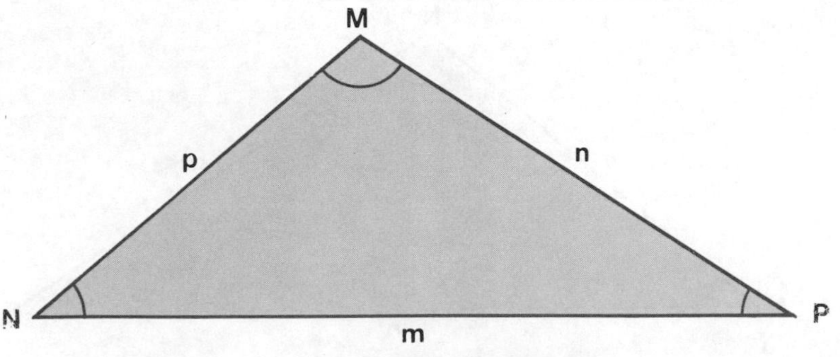

Fig. 35-1

Las medianas van desde los vértices hasta los puntos medios de los lados opuestos.

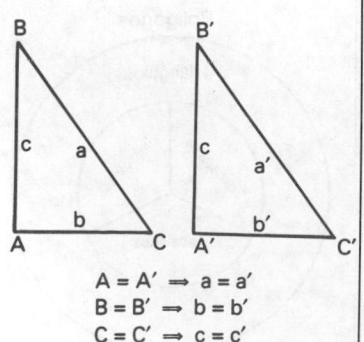

Se llaman vértices de un triángulo a los puntos de intersección de las tres rectas que lo forman.

Así, en la figura 35-1, los vértices serían M, N y P.

Se llaman lados de un triángulo a los segmentos de recta que lo limitan y que se cortan en los vértices.

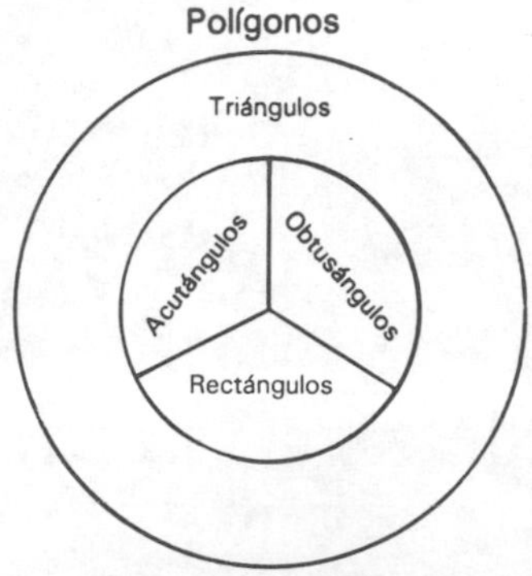

Así, en la figura 35-1, los lados del triángulo serían los segmentos NP, PM y MN, que equivalen a m, n y p, respectivamente.

Al cortarse los lados de un triángulo forman los ángulos interiores que se nombran con las mismas letras que los vértices. El lado opuesto a un ángulo se acostumbra a nombrar con la misma letra que el ángulo pero con minúscula.

La suma de los tres lados de un triángulo recibe el nombre de perímetro.

Baricentro es el punto donde se cortan las medianas de un triángulo.

Así, en la figura 35-1, el perímetro valdrá NP + PM + MN = = m + n + p.

Los triángulos se clasifican teniendo en cuenta la igualdad o desigualdad de sus lados, o de acuerdo con la clase de ángulos que unan sus lados.

Atendiendo a sus lados, los triángulos se clasifican en:

Triángulo escaleno: Es el que no tiene lados iguales.

Así, por ejemplo, el triángulo representado en la figura 35-2 es escaleno.

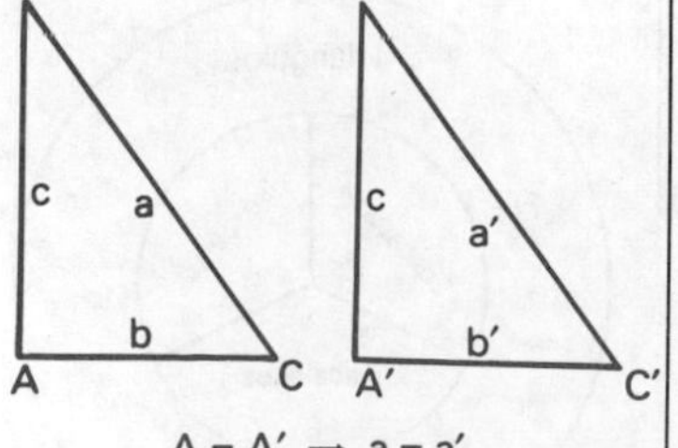

$A = A' \Rightarrow a = a'$
$B = B' \Rightarrow b = b'$
$C = C' \Rightarrow c = c'$

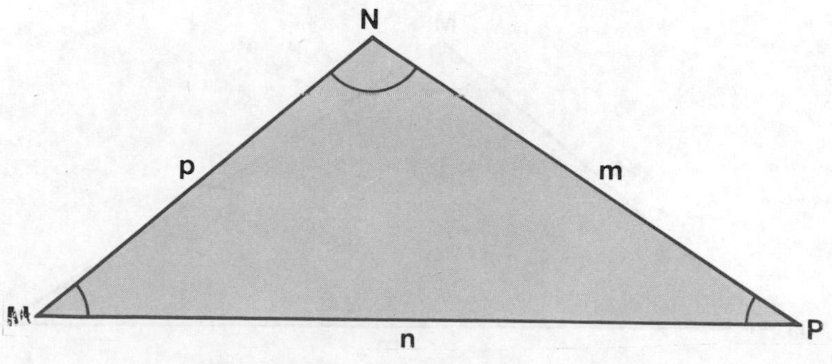

Fig. 35-2

Triángulo isósceles: Es el que tiene dos lados iguales.

Así, por ejemplo, el triángulo representado en la figura 35-3 es isósceles.

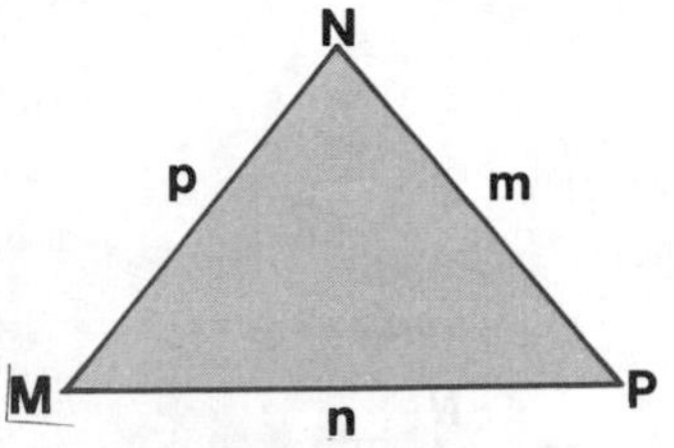

Fig. 35-3

Triángulo equilátero: Es el que tiene los tres lados iguales.

Así, por ejemplo, el triángulo representado en la figura 35-4 es equilátero.

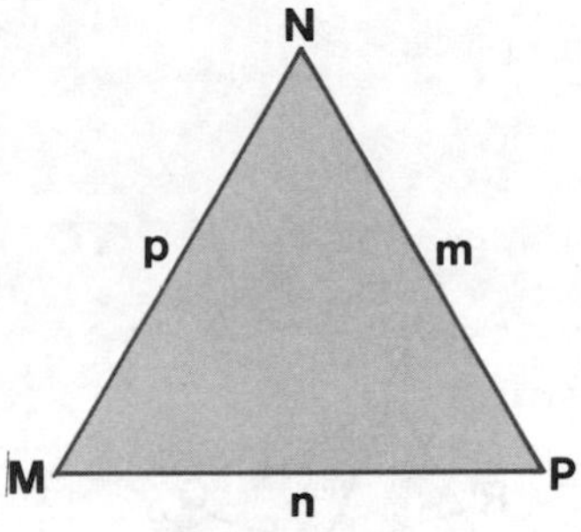

Fig. 35-4

Atendiendo a sus ángulos, los triángulos se clasifican en:

Triángulo rectángulo: Es el que tiene un ángulo recto.

Así, por ejemplo, el triángulo representado en la figura 35-5 es rectángulo.

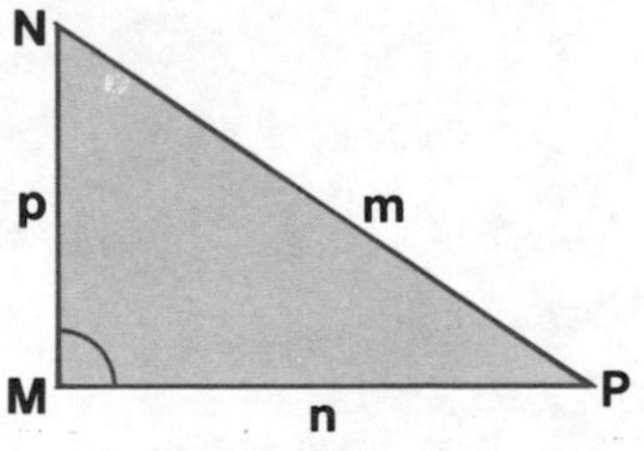

Fig. 35-5

Los lados del triángulo rectángulo reciben nombres especiales. Así, los catetos son los lados que forman el ángulo recto. En la figura 35-5, los catetos son NM y MP. La hipotenusa es el lado opuesto al ángulo recto. En la figura 35-5, la hipotenusa es el lado NP.

Triángulo obtusángulo: Es el que tiene un ángulo obtuso.

Así, por ejemplo, el triángulo representado en la figura 35-6 es obtusángulo.

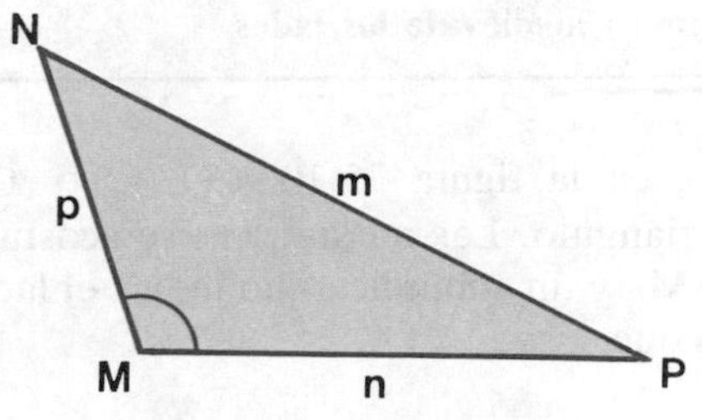

Fig. 35-6

Triángulo acutángulo: Es el que tiene todos sus ángulos agudos.

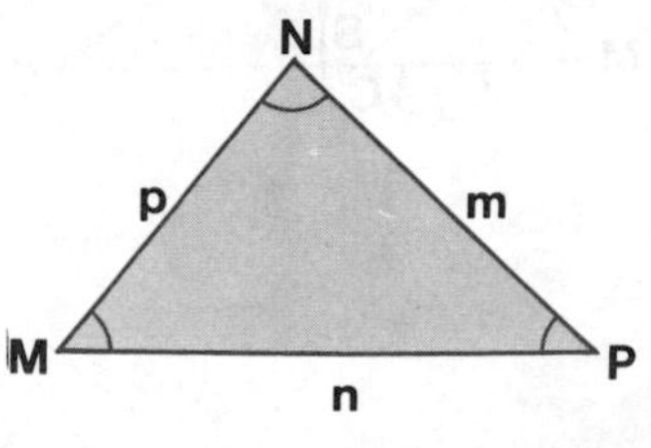

Fig. 35-7

Así, por ejemplo, el triángulo representado en la figura 35-7 es acutángulo.

Los triángulos presentan unos cuantos segmentos y puntos que cabe señalar:

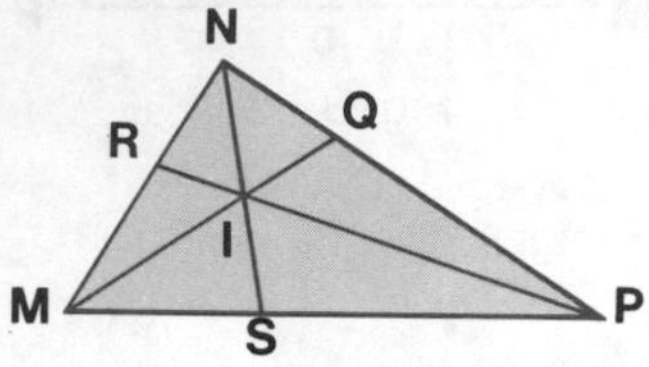

Fig. 35-8

Se llama bisectriz de un ángulo de un triángulo al segmento de recta que divide al ángulo en dos partes iguales y llega hasta el lado opuesto.

Así, por ejemplo, en la figura 35-8, NS, MQ y PR son las tres bisectrices del triángulo. El punto, que podemos denominar I, donde se cortan las tres bisectrices del triángulo recibe el nombre de incentro.

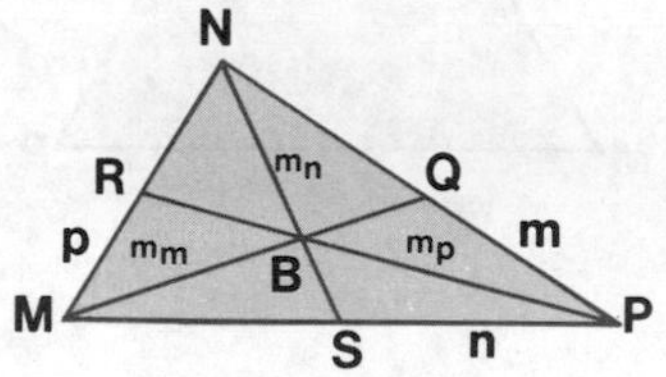

Fig. 35-9

Las medianas de un triángulo son los segmentos de recta que van desde los vértices hasta los puntos medios de los lados opuestos.

Así, por ejemplo, en la figura 35-9, NS, MQ y PR son las tres medianas del triángulo. Las medianas se acostumbran a designar con la letra «m» y un subíndice que indica el lado. Así, en este caso tendríamos que:

$$NS = m_n$$
$$MQ = m_m$$
$$PR = m_p$$

El punto B donde se cortan las tres medianas del triángulo recibe el nombre de baricentro.

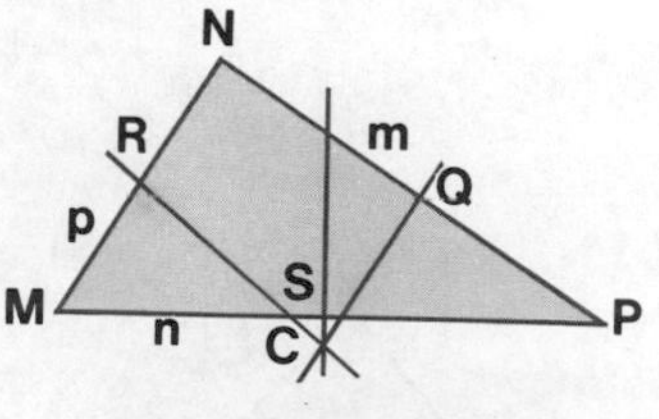

Fig. 35-10

Las mediatrices de los lados de un triángulo son las rectas perpendiculares a los puntos medios de los lados.

Así, por ejemplo, en la figura 35-10, CQ, CS y CR son las tres mediatrices del triángulo. Las mediatrices se acostumbran a designar con la letra «M» y un subíndice que indica el lado. Así, en este caso tendríamos que:

$$CQ = M_m$$
$$CS = M_n$$
$$CR = M_p$$

El punto C donde se cortan las tres mediatrices de un triángulo recibe el nombre de circuncentro.

Las alturas de un triángulo son las perpendiculares trazadas desde los vértices hasta los lados opuestos o sus prolongaciones.

Un triángulo con los tres lados desiguales se denomina escaleno.

Así, por ejemplo, en la figura 35-11, MQ, NS y PR son las tres alturas del triángulo. Las alturas se acostumbran a representar con la letra «h» y un subíndice que indica el lado. Así, en este caso tendríamos que:

$$MQ = h_m$$
$$NS = h_n$$
$$PR = h_p$$

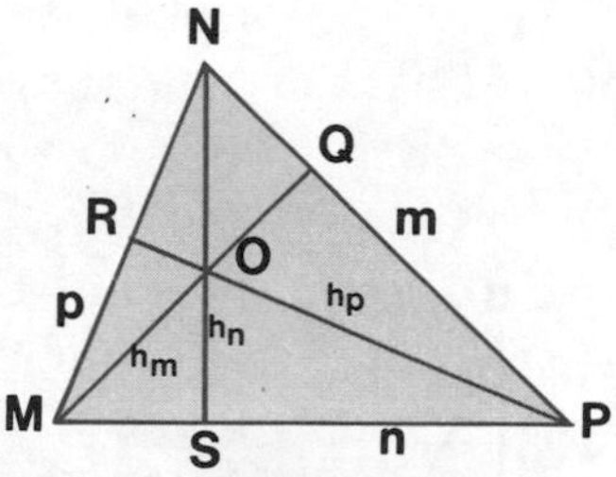

Fig. 35-11

El punto O donde se cortan las tres mediatrices de un triángulo recibe el nombre de ortocentro.

En un triángulo obtusángulo, las alturas correspondientes a los lados del ángulo obtuso caen fuera del triángulo, tal como puede observarse en la figura 35-12.

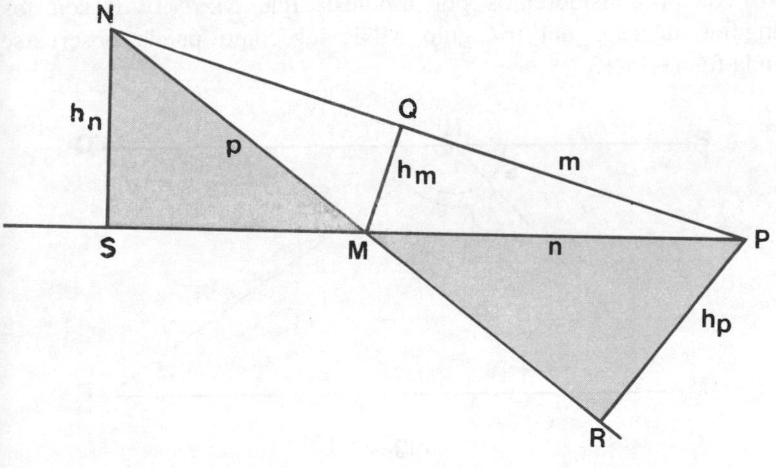

Fig. 35-12

El ortocentro es el punto donde se cortan las mediatrices.

Los triángulos presentan las siguientes propiedades:

a) En dos triángulos iguales, a ángulos iguales se oponen lados iguales.

b) En un triángulo, a mayor lado se opone mayor ángulo y recíprocamente.

c) En un triángulo, un lado es menor que la suma de los otros dos y mayor que su diferencia.

Circuncentro es el punto donde se cortan las mediatrices de un triángulo.

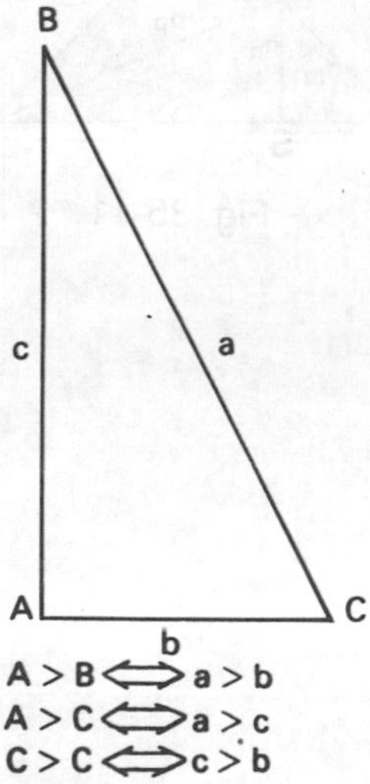

La suma de los ángulos exteriores de un triángulo vale el doble de los interiores.

d) La altura correspondiente a la base de un triángulo isósceles es también bisectriz y mediana del triángulo.

e) En dos triángulos que tienen dos lados respectivamente iguales y desigual el ángulo comprendido, a mayor ángulo se opone mayor lado.

35.2 Propiedades de los ángulos de un triángulo

Los ángulos de un triángulo presentan una serie de propiedades que vamos a exponer seguidamente.

La suma de los ángulos internos de un triángulo vale 180°.

En efecto, consideremos por hipótesis que M, N y P son los ángulos internos del triángulo MNP, tal como puede observarse en la figura 35-13.

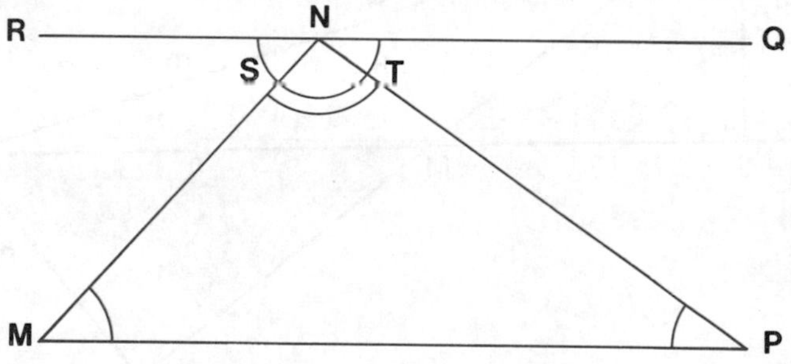

Fig. 35-13

Se trata de demostrar que $M + N + P = 180°$.
Para ello, por el vértice N trazamos $RQ \parallel MP$, formándose los ángulos S y T.

Ahora bien, $S + N + T = 180°$ (1) por ser ángulos consecutivos situados al mismo lado de una recta.

Pero como $S = M$ (2)
y $T = P$ (3) por ser ángulos alternos internos situados entre paralelas, sustituyendo (2) y (3) en (1) tendremos:

$$M + N + P = 180°,$$ tal como queríamos demostrar.

Como corolario del teorema anterior tenemos que: «Los ángulos agudos de un triángulo rectángulo son complementarios».

En efecto, si los tres ángulos suman 180° y uno de ellos mide 90° por ser recto, la suma de los otros dos deberá valer necesariamente 90° y por lo tanto son complementarios.

De modo similar, cada uno de los ángulos agudos de un triángulo rectángulo isósceles es igual a 45°, puesto que entre ambos ángulos agudos deben valer 90° y como los dos son iguales por tratarse de un triángulo isósceles, cada ángulo debe valer 90/2 = 45°.

Análogamente, un triángulo no puede tener más de un ángulo recto, puesto que si tuviera dos ángulos rectos el tercer ángulo del triángulo valdría 0°, lo cual es imposible.
Por la misma razón, un triángulo no puede tener más de un ángulo obtuso, puesto que si hubiera dos ángulos obtusos, entre ambos sumarían más de 180°, lo cual es imposible.

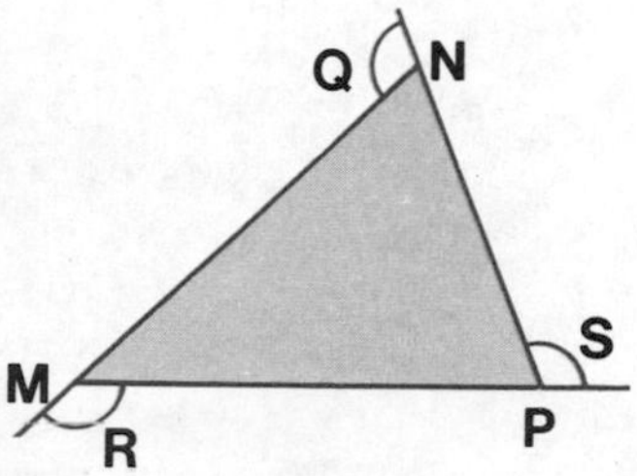

Fig. 35-14

Se llaman ángulos exteriores de un triángulo a los formados por un lado y la prolongación de otro.

Así, en la figura 35-14, los ángulos exteriores del triángulo MNP son Q, R y S.

La suma de los ángulos exteriores de un triángulo vale 360°.

En efecto, consideremos por hipótesis que Q, R y S son los ángulos exteriores del triángulo MNP, tal como puede observarse en la figura 35-15.

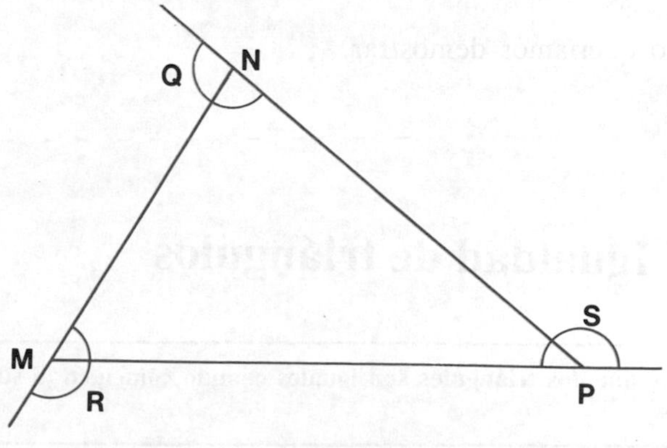

Fig. 35-15

Se trata de demostrar que Q + R + S = 360°.

Los ángulos agudos de un triángulo rectángulo son complementarios.

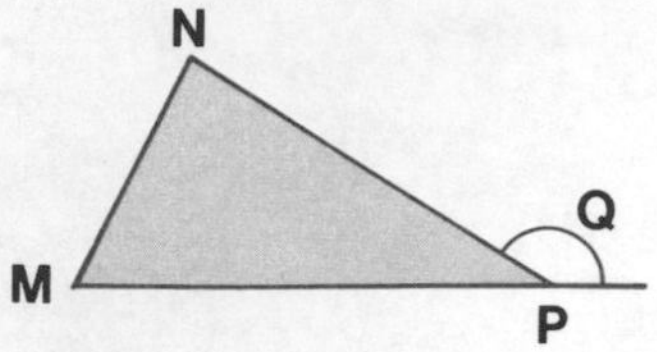

Fig. 35-16

Si el valor de los lados y de los ángulos de dos triángulos coincide, entonces son iguales.

Tenemos que $M + R = 180°$ (1)
$N + Q = 180°$ (2)
y $P + S = 180°$ (3) por ser ángulos adyacentes.

Sumando (1) (2) (3) tendremos:

$$M + N + P + R + Q + S = 540° \qquad (4)$$

Ahora bien $M + N + P = 180°$ (5) por ser la suma de los ángulos anteriores de un triángulo.
Sustituyendo (5) en (4) tendremos:

$$180° + R + Q + S = 540°$$

Así pues, $R + Q + S = 540 - 180 = 360°$, tal como queríamos demostrar.

Todo ángulo exterior de un triángulo es igual a la suma de los dos ángulos interiores no adyacentes.

En efecto, consideremos por hipótesis que Q es un ángulo exterior en el triángulo MNP y que M y N son ángulos interiores no adyacentes a Q, tal como puede observarse en la figura 35-16.
Se trata de demostrar que $Q = M + N$.
Tenemos que $Q + P = 180°$ por ser ángulos adyacentes.
Por consiguiente, $Q = 180° - P$ (1)
Ahora bien, $M + N + P = 180°$, por ser la suma de los ángulos interiores de un triángulo.
Por lo tanto, $M + N = 180° - P$ (2)
Así pues, comparando (1) y (2) tendremos:

$$Q = M + N,$$

tal como queríamos demostrar.

35.3 Igualdad de triángulos

Se dice que dos triángulos son iguales cuando coinciden al superponerlos.

Si dos triángulos son iguales, sus lados y sus ángulos correspondientes son iguales.

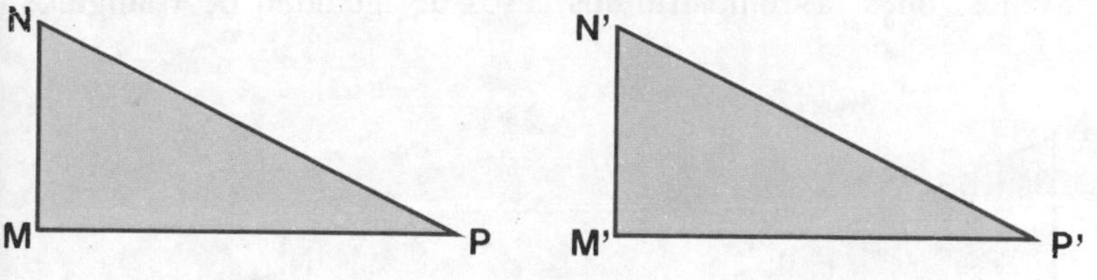

Fig. 35-17

Así, tal como puede observarse en la figura 35-17, los triángulos MNP y M′N′P′ son iguales puesto que si se superponen, M coincide con M′, N coincide con N′ y P coincide con P′. En este caso, diremos que el triángulo MNP coincide con el triángulo M′N′P′, es decir, que MNP = M′N′P′.
De acuerdo con lo anterior, los triángulos MNP y M′N′P′ tienen iguales sus lados correspondientes y sus ángulos correspondientes.
Es decir, se cumplen las seis condiciones siguientes:

a) Por lo que respecta a los lados:

$$MN = M'N'$$
$$NP = N'P'$$
$$MP = M'P'$$

b) Por lo que respecta a los ángulos:

$$M = M'$$
$$N = N'$$
$$P = P'$$

Para determinar los elementos correspondientes hay que tener en cuenta que los lados correspondientes son los opuestos a ángulos iguales y que los ángulos correspondientes son los opuestos a los lados iguales.
Ahora bien, para demostrar que dos triángulos son iguales no es necesario demostrar las seis igualdades precedentes, puesto que tal como demostraremos seguidamente, si se cumplen tres de estas igualdades, siempre que al menos una de ellas esté referida a los lados, entonces se cumplen necesariamente las tres condiciones restantes. Es decir, dos triángulos son iguales si tienen iguales:

a) Un lado y los dos ángulos adyacentes.
b) Dos lados y el ángulo comprendido entre ellos.
c) Los tres lados.

En cambio, dos triángulos no son iguales necesariamente si tienen los tres ángulos iguales. En efecto, tal como puede observarse en la figura 35-18, hay triángulos que tienen iguales sus tres ángulos y en cambio no son iguales. Estos triángulos reciben el nombre de triángulos semejantes y serán objeto de un estudio posterior.

Si sólo son los ángulos los que son iguales pero no los lados, entonces dos triángulos son semejantes.

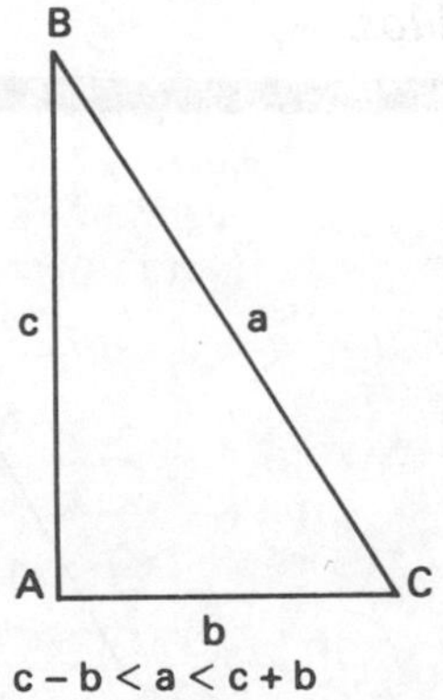

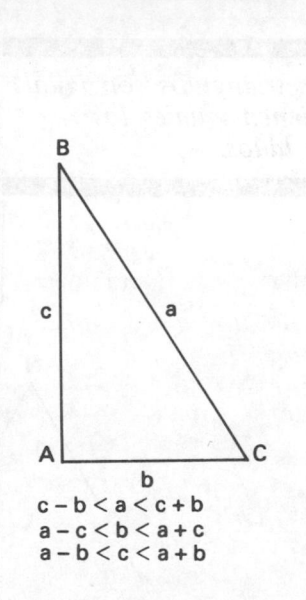

$$c - b < a < c + b$$
$$a - c < b < a + c$$
$$a - b < c < a + b$$

Un ángulo exterior de un triángulo es igual a la suma de los dos ángulos internos no adyacentes.

Dos triángulos son iguales si tienen iguales un lado y los dos ángulos adyacentes.

Pasemos, pues, a demostrar los casos de igualdad de triángulos:

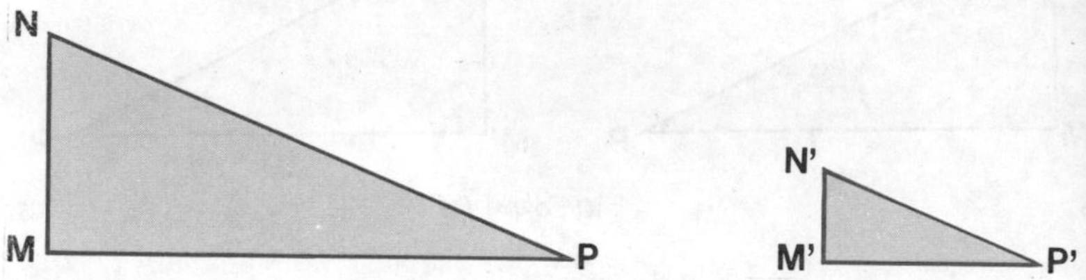

Fig. 35-18

Dos triángulos son iguales si tienen un lado igual y los ángulos adyacentes a ese lado son respectivamente iguales.

Dos triángulos son iguales si tienen iguales los tres lados.

En efecto, tal como puede observarse en la figura 35-19, supongamos por hipótesis que $MP = M'P'$ y que $M = M'$ y $P = P'$. Se trata de demostrar que los triángulos MNP y M'N'P' son iguales.
Para ello, transportemos el triángulo MNP sobre el triángulo M'N'P' de modo que el vértice M coincida con el vértice M' y que el lado MP coincida con el lado M'P'.
Entonces, tendremos que:

1. El vértice P coincidirá con el vértice P' puesto que $MP = M'P'$ por hipótesis.

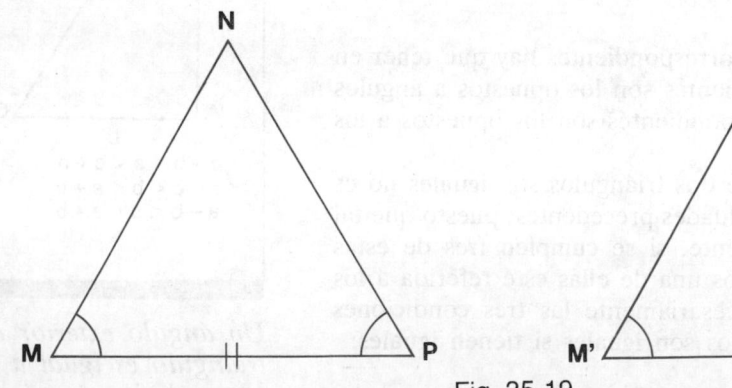

Fig. 35-19

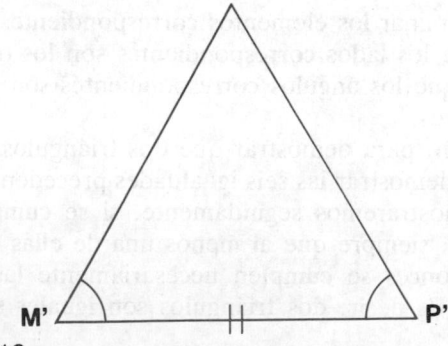

2. El lado PN coincidirá con el lado P'N' puesto que los ángulos P y P' son iguales por hipótesis.
3. El lado MN coincidirá con el lado M'N' puesto que los ángulos M y M' son iguales por hipótesis.

Por consiguiente, el vértice N coincidirá con el vértice N' puesto que dos rectas que se cortan tienen un único punto en común.

Por lo tanto, como todos los elementos del triángulo MNP coinciden con los elementos del triángulo M′N′P′, los triángulos MNP y M′N′P serán iguales, tal como queríamos demostrar.

Dos triángulos son iguales si tienen dos lados iguales y el ángulo comprendido entre ellos también es igual.

En efecto, tal como puede observarse en la figura 35-20, supongamos por hipótesis que MP = M′P′, que MN = M′N′ y que M = M′.
Se trata de demostrar que los triángulos MNP y M′N′P son iguales.
Para ello, transportemos el triángulo MNP sobre el triángulo M′N′P′ de modo que el ángulo M coincida con el ángulo M′. Entonces, tendremos que:

1. El vértice P coincidirá con el vértice P′ puesto que MP = = M′P′ por hipótesis.
2. El vértice N coincidirá con el vértice N′ puesto que MN = = M′N′ por hipótesis.

Dos triángulos rectángulos son iguales si tienen iguales un cateto y un ángulo agudo.

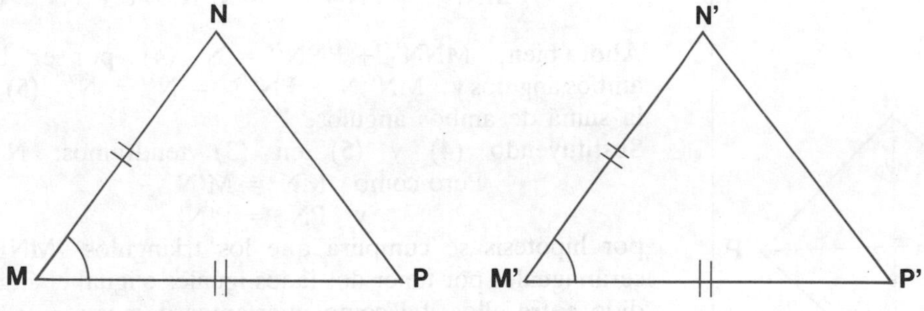

Fig. 35-20

3. El lado PN coincidirá con el lado P′N′ puesto que por dos puntos sólo pasa una recta.

Por lo tanto, como todos los elementos del triángulo MNP coinciden con los elementos del triángulo M′N′P, los triángulos MNP y M′N′P′ serán iguales, tal como queríamos demostrar.
Del teorema anterior se deduce el siguiente corolario: «En todo triángulo isósceles, a lados iguales se oponen ángulos iguales».
En efecto, simplemente considerando el triángulo dado MNP y el mismo triángulo invertido PNM, se observa que al superponerlos los ángulos de la base coinciden, el P con el M y el M con el P, con lo cual queda demostrado el enunciado.

Dos triángulos son iguales si sus tres lados son respectivamente iguales.

En efecto, tal como puede observarse en la figura 35-21, supongamos por hipótesis que $MN = M'N'$, que $MP = M'P'$ y que $PN = P'N'$.

Se trata de demostrar que los triángulos MNP y $M'N'P'$ son iguales.

Para ello, transportemos el triángulo $M'N'P'$ sobre el triángulo MNP, de modo que el lado $M'P'$ coincida con el lado MP y que el vértice N' quede en el semiplano opuesto al que contiene a N. Llamemos N'' a la posición que ocupará ahora el vértice N'. Los lados $M'P'$ y $P'N'$ ocuparán ahora las posiciones MN'' y PN'', respectivamente. Uniendo N con N'' se formarán los triángulos MNN'' y PNN'' que son ambos isósceles puesto que $MN = MN''$ y $PN = PN''$ por hipótesis. Así pues, los ángulos MNN'' y $MN''N$ son iguales por ser ángulos en la base de un triángulo isósceles. Lo mismo ocurre con los ángulos PNN'' y $PN''N$.

Por lo tanto, tendremos que:

$$MNN'' = MN''N \qquad (1)$$

$$\text{y} \quad PNN'' = PN''N \qquad (2) \text{ por construcción.}$$

Sumando (1) y (2) miembro a miembro resulta:

$$MNN'' + PNN'' = MN''N + PN''N \qquad (3)$$

Ahora bien, $MNN'' + PNN'' = N$ (4) por ser N la suma de ambos ángulos y $MN''N + PN''N = N'' = N'$ (5) por ser N'' la suma de ambos ángulos.

Sustituyendo (4) y (5) en (3) tendremos: $N = N'$.

Pero como $MN = M'N$

y $PN = P'N'$

por hipótesis se cumplirá que los triángulos MNP y $M'N'P$ serán iguales por tener dos lados iguales e igual el ángulo comprendido entre ellos, tal como queríamos demostrar.

La igualdad de triángulos resulta muy útil para demostrar que dos segmentos son iguales, basándose en que se oponen a ángulos iguales en triángulos iguales y para demostrar que dos ángulos son iguales basándose en que dichos ángulos se oponen a lados iguales en triángulos iguales.

Un caso particular muy importante de la igualdad de triángulos es la igualdad de triángulos rectángulos. En efecto, puesto que todos los triángulos rectángulos tienen un elemento coincidente, que es el ángulo recto, únicamente se necesitará que se cumplan dos condiciones más para demostrar la igualdad de este tipo de triángulos.

Así pues, para que dos triángulos rectángulos sean iguales, debe cumplirse alguna de las siguientes condiciones:

a) Que tengan iguales la hipotenusa y un ángulo agudo.
b) Que tengan iguales un cateto y un ángulo agudo.
c) Que tengan iguales los dos catetos.
d) Que tengan iguales un cateto y la hipotenusa.

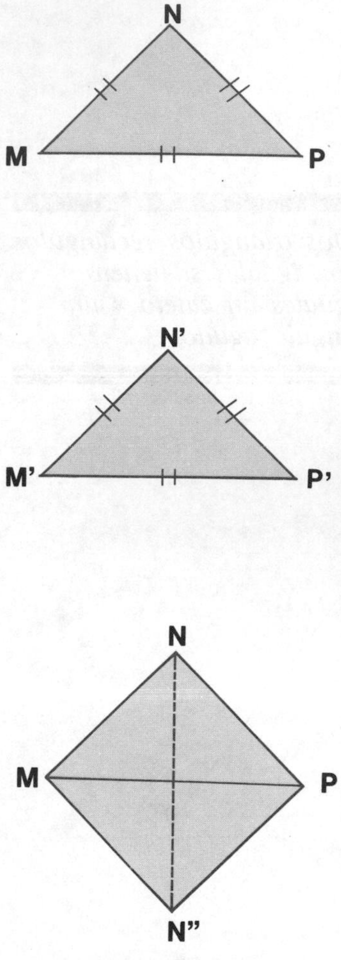

Fig. 35-21

Pasemos, pues, a estudiar cada uno de los casos precedentes:

Dos triángulos rectángulos son iguales si tienen iguales la hipotenusa y un ángulo agudo.

En efecto, tal como puede observarse en la figura 35-22, supongamos por hipótesis que $M = M' = 90°$, que $P = P'$ y que $PN = P'N'$.
Se trata de demostrar que los triángulos rectángulos MNP y M'N'P' son iguales.
Ahora bien, si $PN = P'N'$ y $P = P'$, entonces los triángulos rectángulos MNP y M'N'P' serán iguales puesto que al ser iguales los ángulos P y P' también lo serán los ángulos N y N', ya que son complementarios de ángulos iguales. Así pues, los dos triángulos rectángulos MNP y M'N'P' serán iguales por tener iguales un lado y los dos ángulos adyacentes, tal como queríamos demostrar.

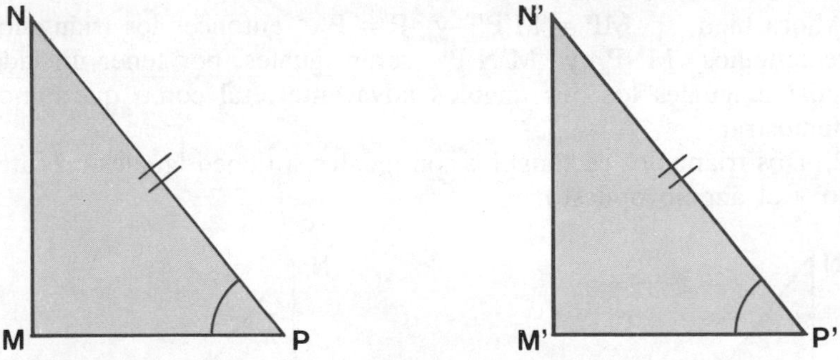

Fig. 35-22

Dos triángulos rectángulos son iguales si tienen iguales un cateto y un ángulo agudo.

Dentro de este caso se pueden considerar las dos posibilidades siguientes:

1. Que tengan iguales un cateto y el ángulo adyacente.
2. Que tengan iguales un cateto y el ángulo opuesto.

A continuación vamos a analizar cada una de estas posibilidades.

1. Dos triángulos rectángulos son iguales si tienen iguales un cateto y el ángulo adyacente.

Dos triángulos rectángulos son iguales si tienen iguales un cateto y el ángulo adyacente.

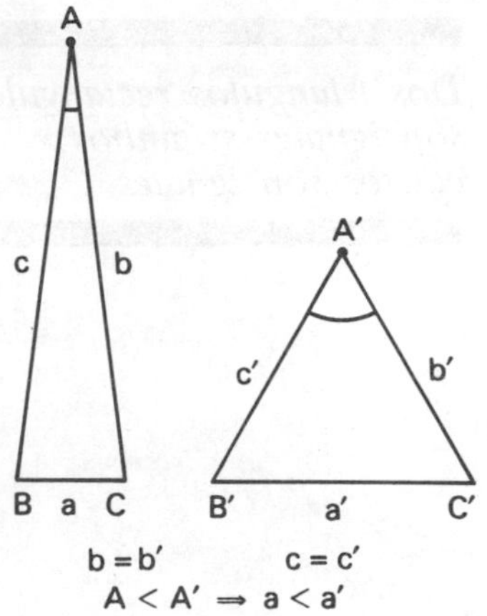

Dos triángulos rectángulos son iguales si tienen iguales un cateto y el ángulo opuesto.

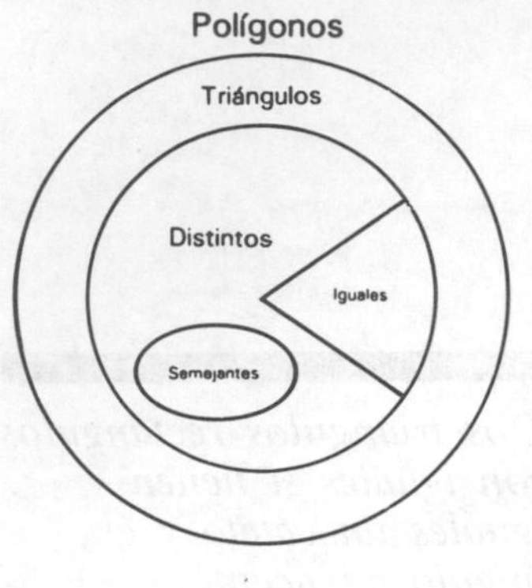

En efecto, tal como puede observarse en la figura 35-23, supongamos por hipótesis que M = M′ = 90°, que P = P′ y que MP = M′P′.

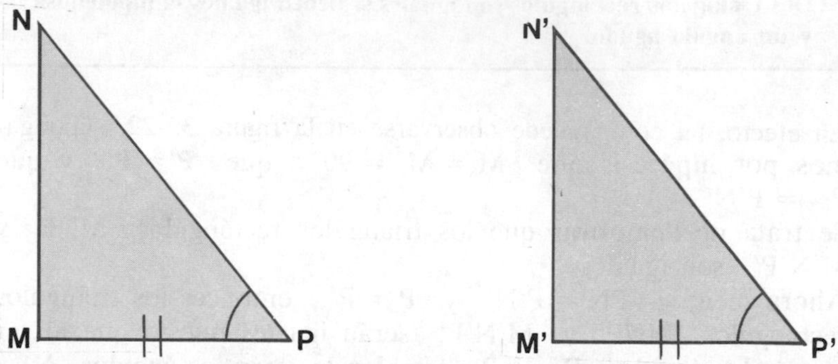

Fig. 35-23

Dos triángulos rectángulos son iguales si ambos catetos son iguales.

Se trata de demostrar que los triángulos rectángulos MNP y M′N′P′ son iguales.
Ahora bien, si MP = M′P′ y P = P′, entonces los triángulos rectángulos MNP y M′N′P′ serán iguales, por tener un lado igual e iguales los dos ángulos adyacentes, tal como queríamos demostrar.
2. Dos triángulos rectángulos son iguales si tienen iguales un cateto y el ángulo opuesto.

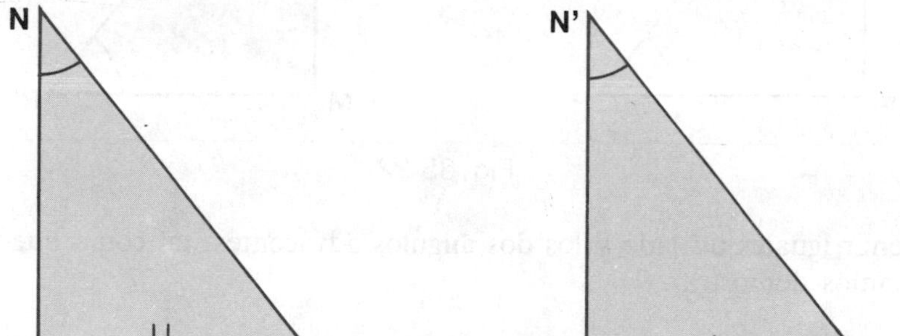

Fig. 35-24

En efecto, tal como puede observarse en la figura 35-24, supongamos por hipótesis que M = M′ = 90°, que N = N′ y que MP = M′P′.
Se trata de demostrar que los triángulos rectángulos MNP y M′N′P′ son iguales.
Ahora bien, si MP = M′P′ y N = N′, entonces los triángulos rectángulos MNP y M′N′P′ serán iguales, puesto que al ser iguales los ángulos N y N′ también lo serán los ángulos P y P′ que son sus ángulos complementarios y ambos triángulos rectángulos tendrán un lado igual e iguales los dos ángulos adyacentes, tal como queríamos demostrar.

Dos triángulos rectángulos son iguales si tienen el mismo valor un cateto y la hipotenusa.

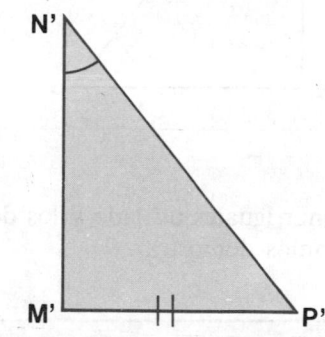

Dos triángulos rectángulos son iguales si tienen los dos catetos iguales.

En efecto, tal como puede observarse en la figura 35-25, supongamos por hipótesis que $M = M' = 90°$ y que $MN = M'N'$ y $MP = M'P'$.

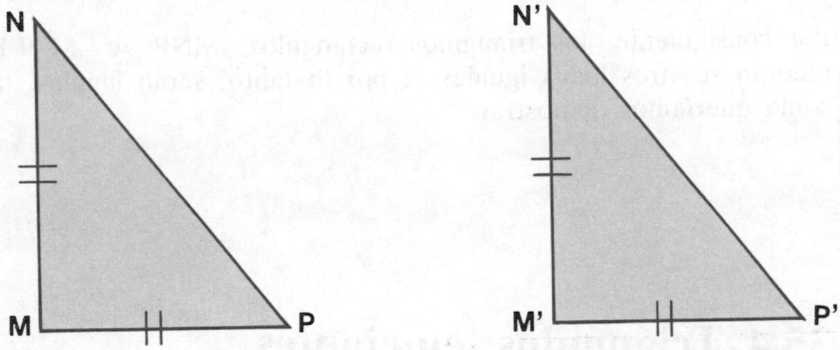

Fig. 35-25

Se trata de demostrar que los triángulos rectángulos MNP y M′N′P′ son iguales.
Ahora bien, si $MP = M'P'$ y $MN = M'N'$, entonces los triángulos rectángulos MNP y M′N′P′ serán iguales por tener dos lados iguales e igual el ángulo comprendido entre ellos, ya que $M = M' = 90°$, tal como queríamos demostrar.

Dos triángulos rectángulos son iguales si tienen iguales un cateto y la hipotenusa.

En efecto, tal como puede observarse en la figura 35-26, supongamos por hipótesis que $M = M' = 90°$ y que $NP = N'P'$ y $MP = M'P'$.

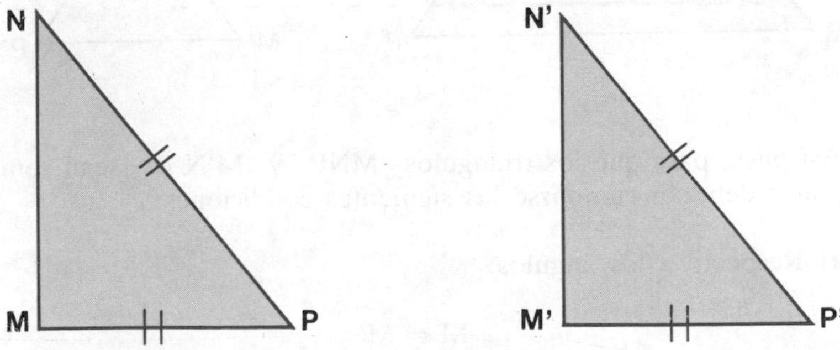

Fig. 35-26

Dos triángulos rectángulos son iguales si tienen iguales un cateto y el ángulo opuesto.

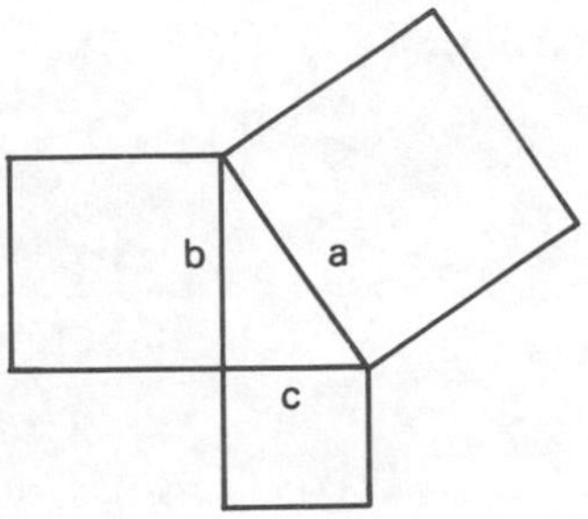

$a^2 = b^2 + c^2$

La semejanza de triángulos es una relación de equivalencia.

Dos triángulos son semejantes si sus ángulos son iguales y sus lados son proporcionales.

Se trata de demostrar que los triángulos rectángulos MNP y M′N′P′ son iguales.
Ahora bien, si MP = M′P′ y NP = N′P′, entonces los triángulos rectángulos MNP y M′N′P′ serán iguales, puesto que por el teorema de Pitágoras (que se estudiará posteriormente en el apartado 35.5 de este mismo capítulo), si dos triángulos rectángulos tienen un cateto y la hipotenusa iguales, necesariamente deben tener igual también el otro cateto.

Por consiguiente, los triángulos rectángulos MNP y M′N′P′ tendrán sus tres lados iguales y, por lo tanto, serán iguales, tal como queríamos demostrar.

35.4 Triángulos semejantes

Se dice que dos triángulos son semejantes cuando tienen sus ángulos respectivamente iguales y sus lados son proporcionales.

Los lados opuestos a los ángulos iguales se denominan lados homólogos.

Así, por ejemplo, los triángulos MNP y M'N'P' de la figura 35-27 son semejantes.
Para indicar que dos triángulos son semejantes se emplea el signo ~.
Así, en el ejemplo anterior, tendríamos que MNP ~ M′N′P′.

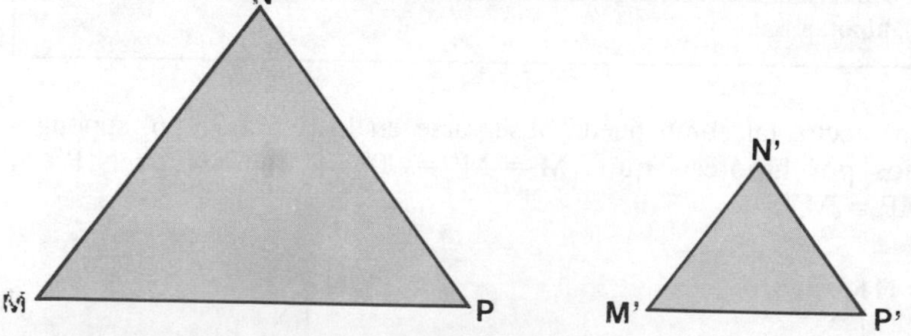

Fig. 35-27

Así pues, para que los triángulos MNP y M′N′P′ sean semejantes deberán cumplirse las siguientes condiciones:

a) Respecto a los ángulos:

$$M = M'$$
$$N = N'$$
$$P = P'$$

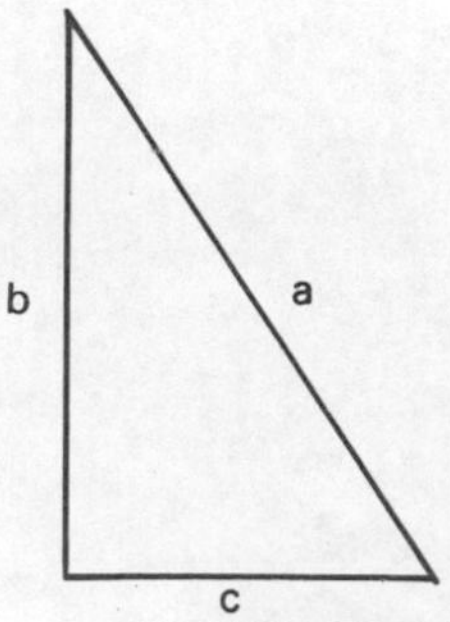

$b = \sqrt{a^2 - c^2}$

b) Respecto a los lados:

MN / M′N′ = MP / M′P′ = PN / P′N′

No obstante, para saber si dos triángulos son semejantes o no lo son, no es necesario comprobar todas y cada una de las anteriores condiciones. Bastará, tal como veremos seguidamente, con que se cumplan algunas de ellas que impliquen la verificación de las restantes.

La semejanza de triángulos constituye una relación de equivalencia, puesto que cumple las propiedades reflexiva, simétrica y transitiva.

a) Reflexiva: Todo triángulo es semejante a sí mismo.
b) Simétrica: Si un triángulo es semejante a otro, éste es semejante al primero.
c) Transitiva: Si dos triángulos son semejantes a un tercero, entonces son semejantes entre sí.

Se denominan lados homólogos de dos o más triángulos a los que se oponen a los ángulos iguales.

Así, por ejemplo, en la figura 35-27 son homólogos los lados MN y M'N'; MP y M'P'; PN y P'N'.

Se llama razón de semejanza a la razón entre dos lados homólogos.

Así, por ejemplo, en la figura 35-27 la razón de semejanza sería MN / M'N' = MP / M'P' = PN / P'N'.
A continuación vamos a demostrar el teorema fundamental de la semejanza de triángulos:

Toda recta paralela a un lado de un triángulo forma con los otros dos lados un triángulo semejante al primero.

En efecto, tal como puede observarse en la figura 35-28, supongamos por hipótesis que en el triángulo MNP, QR || MP.

Se trata de demostrar que los triángulos QNR y MNP son semejantes.
Para ello, por el punto R construyamos RS || MN, formándose el triángulo PRS.

Dos triángulos son semejantes si tienen dos ángulos iguales.

Dos triángulos son semejantes si tienen dos lados proporcionales y el ángulo comprendido entre ellos es igual.

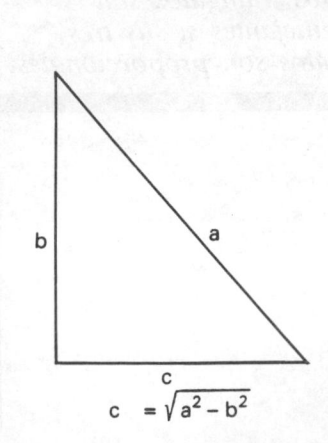

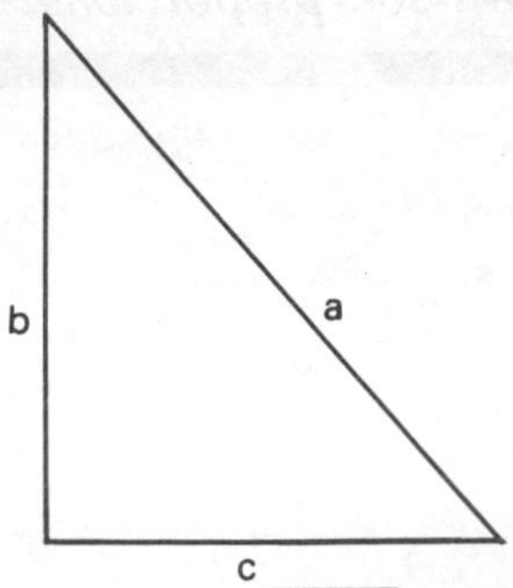

$c = \sqrt{a^2 - b^2}$

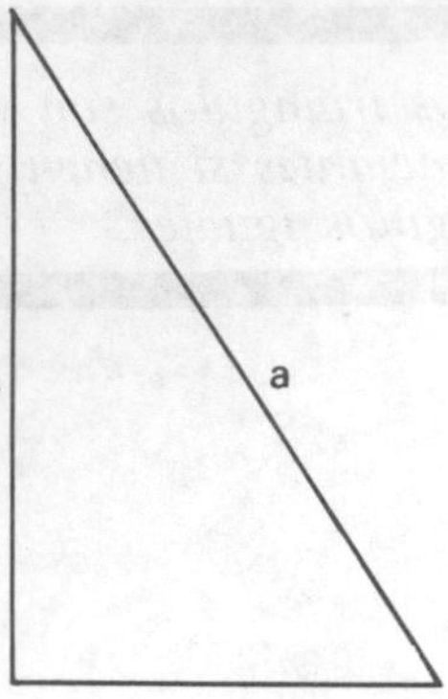

$a = \sqrt{b^2 + c^2}$

La razón entre los lados homólogos se denomina razón de semejanza.

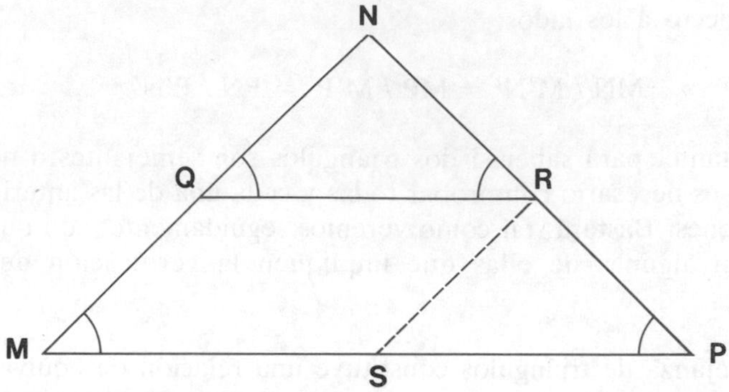

Fig. 35-28

Así pues, en los triángulos QNR y MNP tendremos las siguientes igualdades de ángulos:

N = N por ser un ángulo común.
Q = M por ser ángulos correspondientes.
R = P por ser ángulos correspondientes.

Ahora bien, QN / MN = RN / PN (1) puesto que QR || MP por hipótesis.
Al mismo tiempo, RN / PN = MS / MP (2) puesto que RS || MN por construcción.
Comparando (1) y (2) tendremos:
QN / MN = MS / MP = RN / PN (3) por la propiedad transitiva.
Pero MS = QR (4) puesto que MQRS es un paralelogramo.
Así pues, sustituyendo (4) en (3) tendremos:
QN / MN = QR / MP = RN / PN con lo cual resulta que:

N = N
Q = M
R = P

y QN / MN = QR / MP = RN / PN

Dos triángulos son semejantes si sus tres lados son proporcionales.

Por consiguiente, los triángulos QNR y MNP son semejantes, tal como queríamos demostrar.
También se cumple el teorema recíproco:

Todo triángulo semejante a otro es igual a uno de los triángulos que pueden obtenerse trazando una paralela a la base de éste.

Vamos a demostrar seguidamente que para que dos triángulos sean semejantes basta con que se cumpla alguna de las siguientes condiciones:

a) Que tengan dos ángulos respectivamente iguales.

b) Que tengan dos lados proporcionales y el ángulo comprendido entre ellos sea igual.

c) Que tengan sus tres lados proporcionales.

Estudiemos, pues, cada uno de los casos precedentes:

Dos triángulos son semejantes cuando tienen dos ángulos respectivamente iguales.

En efecto, tal como puede observarse en la figura 35-29, supongamos por hipótesis que M = M' y que N = N'.

Se trata de demostrar que los triángulos MNP y M'N'P' son semejantes.

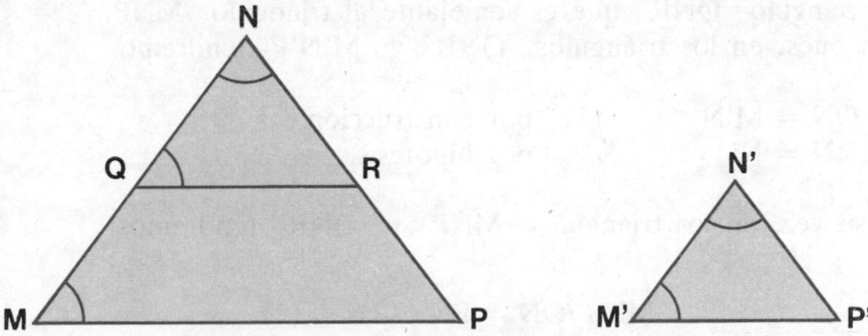

Fig. 35-29

Para ello, construyamos QN = M'N' y QR || MP, formando el triángulo QNR.
Así pues, en los triángulos QNR y M'N'P' tendremos:

QN = M'N' por construcción,
N = N' por hipótesis,
Q = M por ser ángulos correspondientes entre paralelas,
y M = M' por hipótesis.

Por lo tanto, Q = M' por la propiedad transitiva y $\triangle QNR = \triangle M'N'P'$ (1) puesto que tienen un lado igual e iguales los dos ángulos adyacentes.
Pero como $\triangle MNP \sim \triangle QNR$ (2) comparando (1) y (2) tendremos que $\triangle MNP \sim \triangle M'N'P'$, tal como queríamos demostrar.

Dos triángulos son semejantes si tienen dos lados proporcionales y el ángulo comprendido entre ellos es igual.

Una paralela a un lado de un triángulo forma con los otros dos lados un triángulo semejante al inicial.

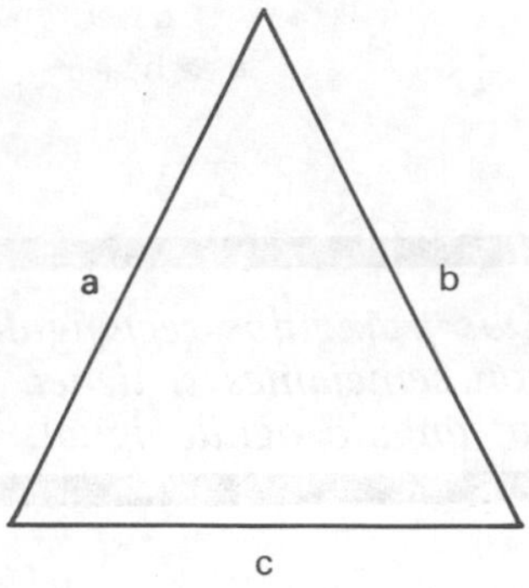

$a^2 < b^2 + c^2$

La construcción de mapas y maquetas es una importante aplicación de las semejanzas.

En efecto, tal como puede observarse en la figura 35-30, supongamos por hipótesis que $N = N'$ y que $MN / M'N' = PN / P'N'$. Se trata de demostrar que los triángulos MNP y M'N'P' son semejantes.

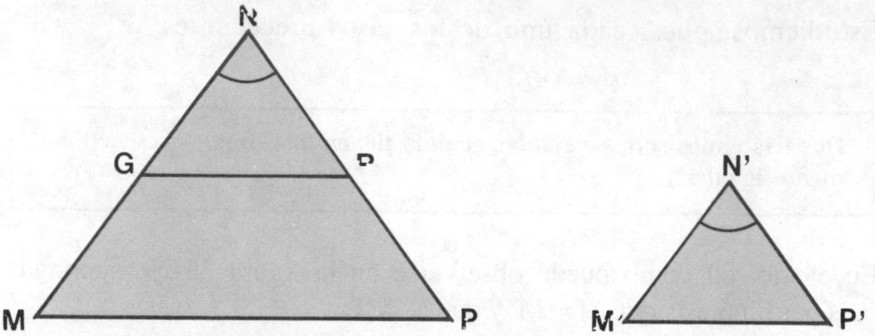

Fig. 35-30

Para ello, construyamos $QN = M'N'$ y $QR \parallel MP$, formando el triángulo QNR que es semejante al triángulo MNP. Así pues, en los triángulos QNR y M'N'P' tendremos:

$QN = M'N'$ (1) por construcción

y $N = N'$ por hipótesis.

A su vez, en los triángulos MNP y QNR tendremos:

$$MN / /QN = PN / /RN \quad (2)$$

porque $QR \parallel MP$ por construcción. Sustituyendo (1) en (2) resulta:

$$MN / M'N' = PN / RN \quad (3)$$

Ahora bien, $MN / M'N' = PN / P'N'$ (4) por hipótesis. Por lo tanto, comparando (3) y (4) tendremos:

$$PN / RN = PN / P'N'$$

De donde, $RN = \dfrac{PN \cdot P'N'}{PN} = P'N'$ y, por consiguiente, los triángulos QNR y M'N'P' son iguales puesto que tienen dos lados iguales e igual el ángulo comprendido entre ellos.

Pero como $\triangle MNP \sim \triangle QNR$

y $\triangle QNR \sim \triangle M'N'P'$

tenemos que $\triangle MNP \sim \triangle M'N'P'$, tal como queríamos demostrar.

Dos triángulos son semejantes si sus tres lados son proporcionales.

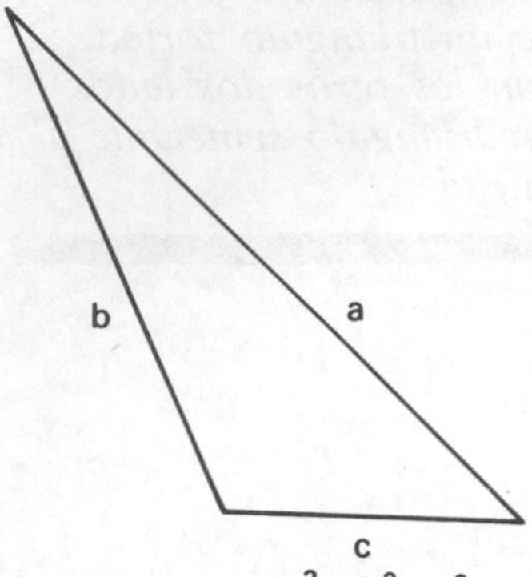

$a^2 > b^2 + c^2$

Dos triángulos rectángulos son semejantes si tienen un ángulo agudo igual.

Dos triángulos rectángulos son semejantes si sus catetos son proporcionales.

En efecto, tal como puede observarse en la figura 35-31, supongamos por hipótesis que $MN / M'N' = MP / M'P' = PN / P'N'$.

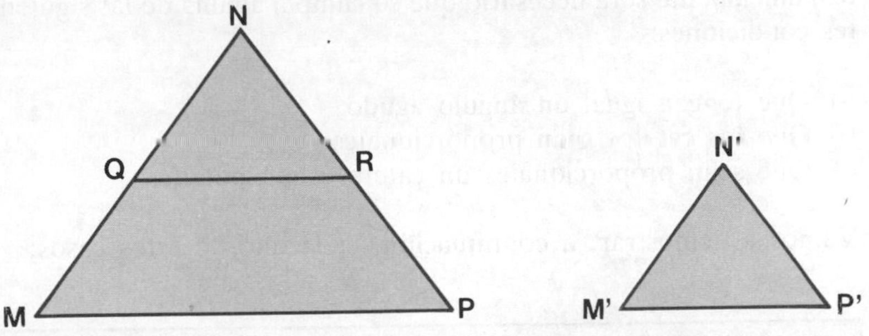

Fig. 35-31

Se trata de demostrar que los triángulos MNP y M'N'P' son semejantes.
Para ello, construyamos $QN = M'N'$ y $QR \parallel MP$, formando el triángulo QNR que es semejante al triángulo MNP.
Tendremos que:
$MP / QR = PN / RN = MN / QN$ (1) puesto que, por construcción, los triángulos MNP y QNR son semejantes.
Pero $QN = M'N'$ (2) por construcción.
Sustituyendo (2) en (1) resultará:

$$MP / QR = PN / RN = MN / M'N' \qquad (3)$$

Ahora bien, $MP / M'P' = PN / P'N' = MN / M'N'$ (4) por hipótesis. Por lo tanto, comparando (3) y (4) resultará:

$$MP / QR = PN / RN = MP / M'P' = PN / P'N'$$

Es decir, $MP / QR = MP / M'P'$

De donde $QR = \dfrac{MP \cdot M'P'}{MP} = M'P'$

y $PN / RN = PN / P'N'$

De donde $RN = \dfrac{PN \cdot P'N'}{PN} = P'N'$

Así pues, $QR = M'P'$
$RN = P'N'$
y $QN = M'N'$

Por consiguiente, los triángulos QNR y M'N'P' son iguales puesto que tienen iguales sus tres lados.

Pero como $\triangle MNP \sim \triangle QNR$
y $\triangle QNR \sim \triangle M'N'P'$
tenemos que $\triangle MNP \sim \triangle M'N'P'$, tal como queríamos demostrar.

Dos triángulos rectángulos son semejantes si tienen proporcionales un cateto y la hipotenusa.

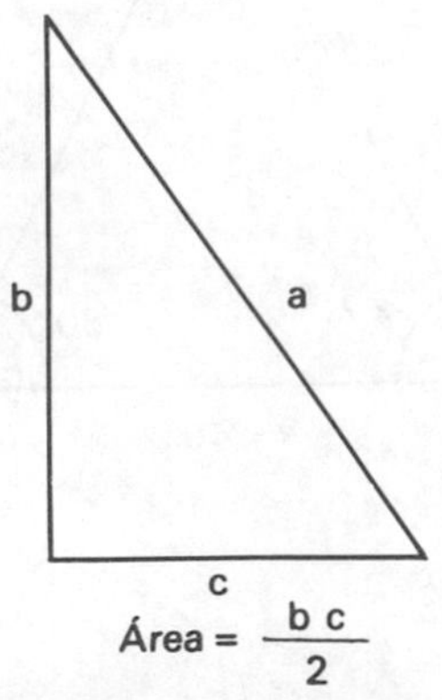

Las alturas correspondientes de dos triángulos semejantes son proporcionales a sus lados.

Los topógrafos utilizan la semejanza de triángulos para medir distancias a lugares inaccesibles.

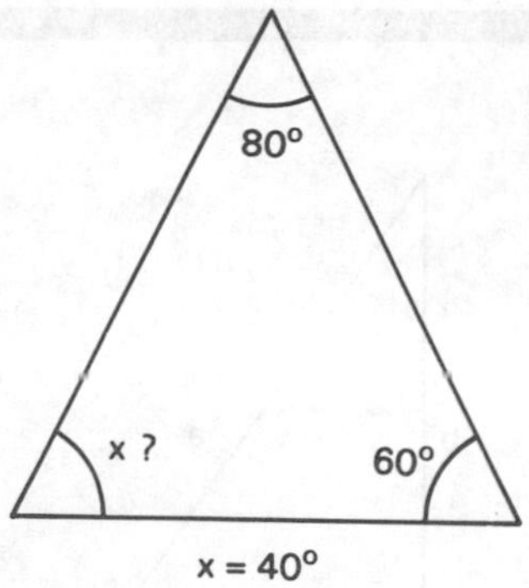

La reducción y ampliación de fotografías es una aplicación de las semejanzas.

En el caso particular de que los triángulos sean rectángulos, como los triángulos rectángulos tienen siempre un elemento igual, que es el ángulo recto, para que dos triángulos rectángulos sean semejantes, únicamente será necesario que se cumpla alguna de las siguientes condiciones:

a) Que tengan igual un ángulo agudo.
b) Que los catetos sean proporcionales.
c) Que sean proporcionales un cateto y la hipotenusa.

Vamos a demostrar, a continuación, cada uno de estos casos:

Dos triángulos rectángulos son semejantes si tienen igual un ángulo agudo.

En efecto, tal como puede observarse en la figura 35-32, supongamos por hipótesis que M = M' = 90° y P = P'.

Se trata de demostrar que los triángulos MNP y M′N′P′ son semejantes.

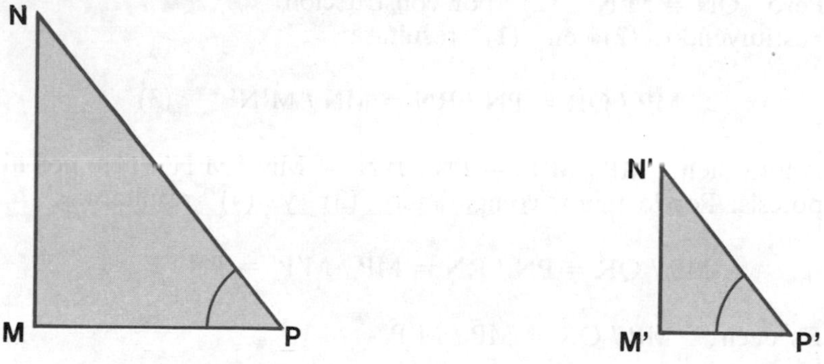

Fig. 35-32

Ahora bien, como ambos triángulos son rectángulos y tienen un ángulo agudo igual, ya poseen dos ángulos iguales y, por consiguiente, los triángulos MNP y M′N′P′ son semejantes, tal como queríamos demostrar.

Dos triángulos rectángulos son semejantes si sus catetos son proporcionales.

En efecto, tal como puede observarse en la figura 35-33, supongamos por hipótesis que M = M′ = 90° y que MN / M′N′ = = MP / M′P′.
Se trata de demostrar que los triángulos rectángulos MNP y M′N′P′ son semejantes.

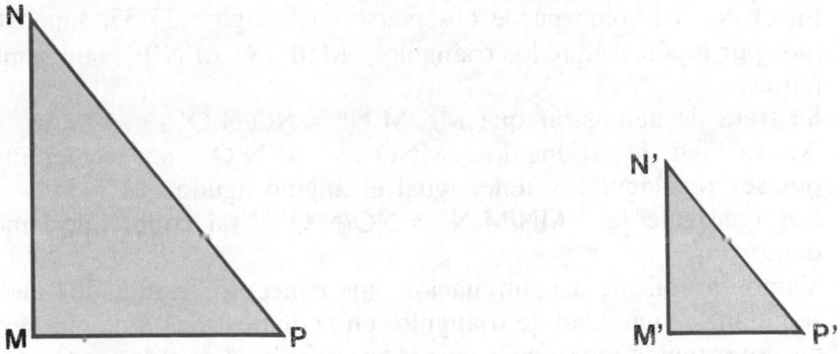

Fig. 35-33

Ahora bien, como ambos triángulos son rectángulos y, por hipótesis, sus catetos son proporcionales, resulta que tienen igual el ángulo comprendido entre los catetos, que es el ángulo recto, y, por consiguiente, los triángulos rectángulos MNP y M′N′P′ son semejantes, tal como queríamos demostrar.

Dos triángulos rectángulos son semejantes si tienen proporcionales un cateto y la hipotenusa.

En efecto, tal como puede observarse en la figura 35-34, supongamos por hipótesis que $M = M' = 90°$ y que $MP / M'P' = $ $= PN / P'N'$.
Se trata de demostrar que los triángulos rectángulos MNP y M′N′P′ son semejantes.

Ahora bien, como ambos triángulos son rectángulos y, por hipótesis, tienen proporcionales un cateto y la hipotenusa, necesariamente también será proporcional el otro cateto y, por consiguiente, los triángulos rectángulos MNP y M′N′P′ son semejantes, tal como queríamos demostrar.
Como consecuencia de la semejanza de triángulos rectángulos se deduce el siguiente enunciado: «Las alturas correspondientes de dos triángulos semejantes son proporcionales a sus lados.»

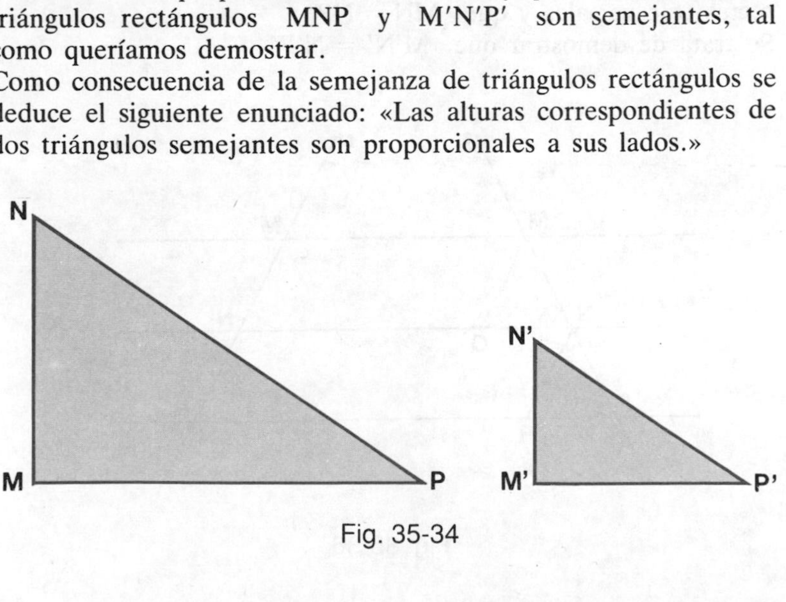

Fig. 35-34

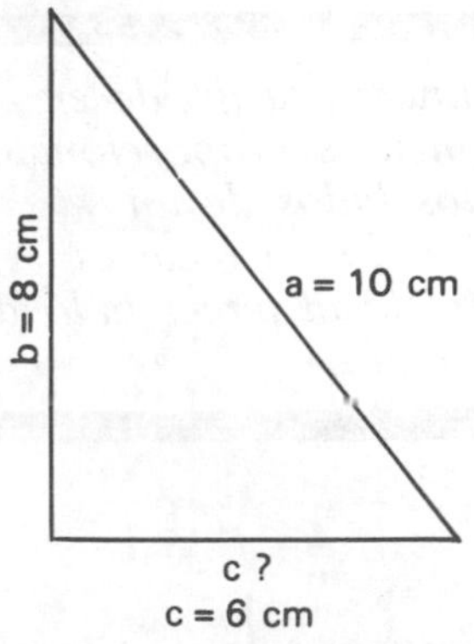

Una paralela a un lado de un triángulo divide a los otros dos lados en segmentos proporcionales.

El segmento que une los puntos medios de los lados de un triángulo es paralelo al tercer lado e igual a su mitad.

Si una recta divide en segmentos proporcionales a dos lados de un triángulo, la recta es paralela al tercer lado del triángulo.

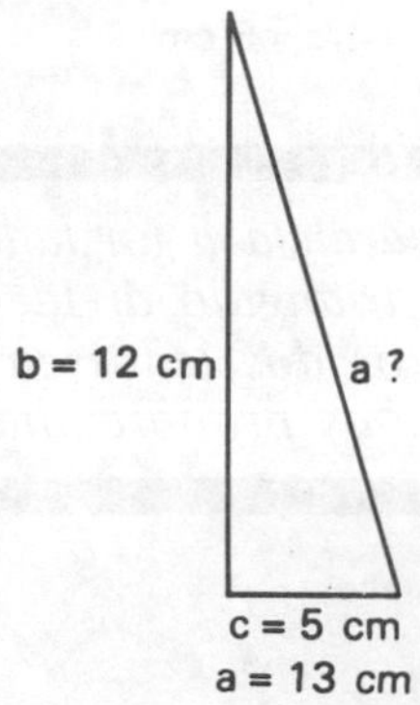

Si varias paralelas cortan a dos rectas transversales determinando segmentos iguales en una de ellas, también determinarán segmentos iguales en la otra.

En efecto, tal como puede observarse en la figura 35-35, supongamos por hipótesis que los triángulos MNP y M′N′P′ son semejantes.
Se trata de demostrar que MN/M′N′ = NQ/N′Q′.
Ahora bien, los triángulos MNQ y M′N′Q′ son semejantes por ser rectángulos y tener igual el ángulo agudo M = M′.
Por consiguiente, MN/M′N′ = NQ/N′Q′, tal como queríamos demostrar.
Vamos a aplicar, a continuación, los conceptos estudiados en la semejanza e igualdad de triángulos en la demostración de una serie de importantes teoremas sobre la proporcionalidad de segmentos.

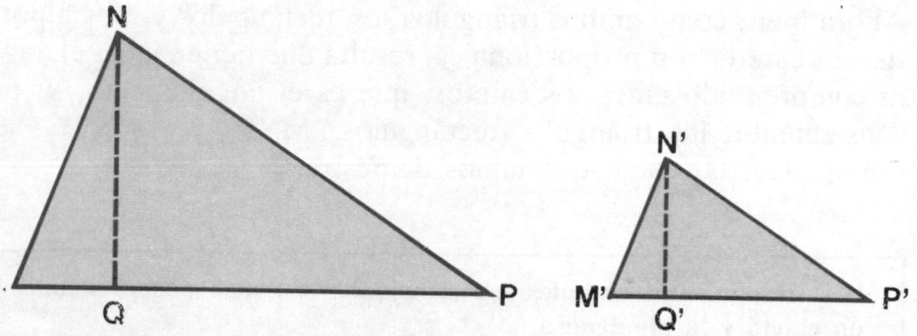

Fig. 35-35

Si varias paralelas determinan segmentos iguales en una de dos rectas transversales, también determinarán segmentos iguales en la otra recta transversal.

En efecto, tal como puede observarse en la figura 35-36, supongamos por hipótesis que MM′ || NN′ || PP′, que r y r′ son dos rectas transversales y que MN = NP.
Se trata de demostrar que M′N′ = N′P′.

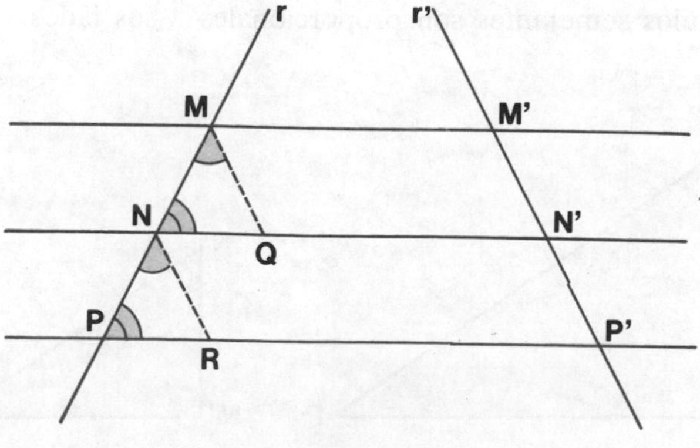

Fig. 35-36

Para ello, construyamos MQ y NR paralelas a r′, formando los triángulos MNQ y NPR, que son iguales puesto que MN = NP por hipótesis y los ángulos QMN = RNP y MNQ = NPR por ser ángulos correspondientes entre paralelas. Así pues, en los triángulos MNQ y NPR tendremos:
MQ = M′N′ (1) por ser lados homólogos de triángulos iguales.

Ahora bien, MQ = M′N′ (2)
y NR = N′P′ (3) por ser lados opuestos de paralelogramos.
Sustituyendo (2) y (3) en (1) tendremos:

M′N′ = N′P′,

tal como queríamos demostrar.

La bisectriz de un ángulo interior de un triángulo divide al lado opuesto en dos segmentos proporcionales a los otros dos lados.

Cualquier paralela a un lado de un triángulo divide en segmentos proporcionales a los otros dos lados.

En efecto, tal como puede observarse en la figura 35-37, supongamos por hipótesis que QR || MP en el triángulo MNP.
Se trata de demostrar que QN / MQ = RN / PR.
Para ello, construyamos ST || QR || MP.

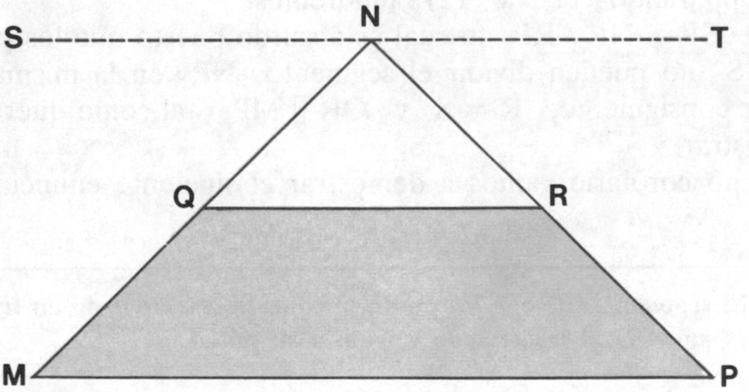

Fig. 35-37

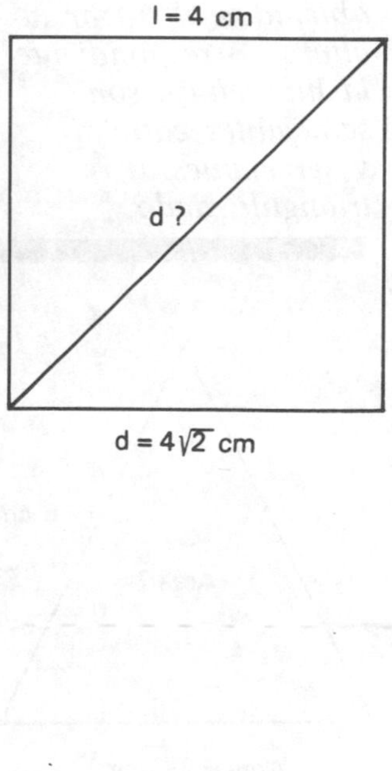

Ahora bien, como ST || QR || MP por construcción y NM y NP son rectas transversales, tendremos que:
QN/MQ = RN/PR por el teorema de Thales, tal como queríamos demostrar.
También se cumple el teorema recíproco del anterior:

Si una recta corta a dos lados de un triángulo, dividiéndolos en segmentos proporcionales, dicha recta es paralela al tercer lado del triángulo.

La altura correspondiente a la hipotenusa es media proporcional entre los segmentos en que divide a ésta.

En efecto, tal como puede observarse en la figura 35-38, supongamos por hipótesis que en el triángulo MNP, $NQ / QM = NR / RP$.
Se trata de demostrar que $QR \parallel MP$.
Vamos a efectuar la demostración por reducción al absurdo.

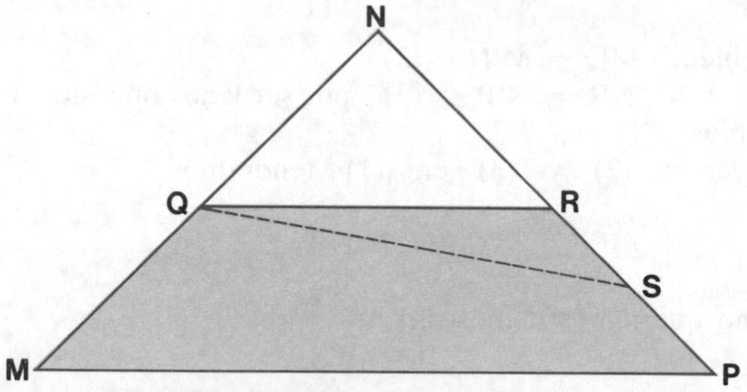

Fig. 35-38

Para ello, supongamos que QR no fuera paralela a MP. En este caso, por el punto Q podríamos trazar un segmento QS supuestamente paralelo a MP.
Así pues, tendríamos: $NQ / QM = NS / SP$ (1) por la propiedad de la paralela a un lado de un triángulo.
Pero como $NQ / QM = NR / RP$ (2) por hipótesis
Comparando (1) y (2) tendremos:
$NS / SP = NR / RP$ lo cual es absurdo puesto que los puntos R y S no pueden dividir el segmento NP en la misma razón.
Por consiguiente, $R = S$ y $QR \parallel MP$, tal como queríamos demostrar.
Como corolario vamos a demostrar el siguiente enunciado:

El segmento que une los puntos medios de los lados de un triángulo es paralelo al tercer lado e igual a su mitad.

En efecto, tal como puede observarse en la figura 35-39, supongamos por hipótesis que en el triángulo MNP, Q y R son los puntos medios de MN y PN, respectivamente.
Se trata de demostrar que $QR \parallel MP$ y que $QR = MP/2$.
Para ello, por el punto R construyamos $RS \parallel MN$ formando el triángulo PRS.
Ahora bien, $QN = MQ$ (1) por ser Q el punto medio del segmento PN por hipótesis.

Por lo tanto tendremos que:

$$QN / MQ = 1 \qquad (3)$$

y $$NR / RP = 1 \qquad (4)$$

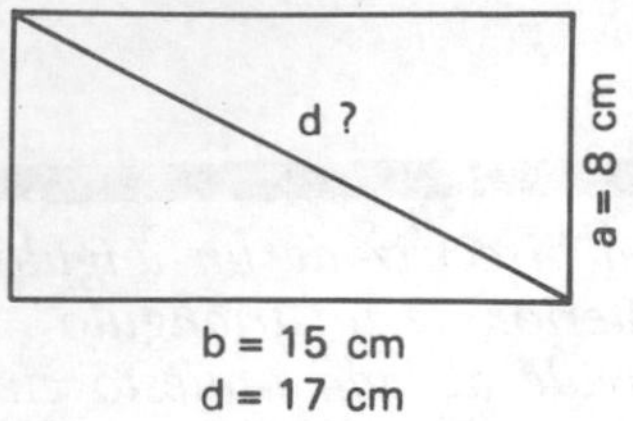

Los triángulos rectángulos obtenidos al trazar la altura correspondiente a la hipotenusa son semejantes entre sí y semejantes al triángulo dado.

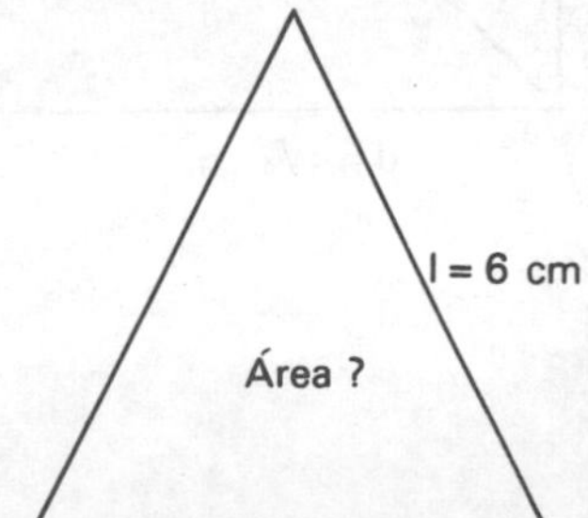

La altura correspondiente a la hipotenusa es cuarta proporcional entre la hipotenusa y los catetos.

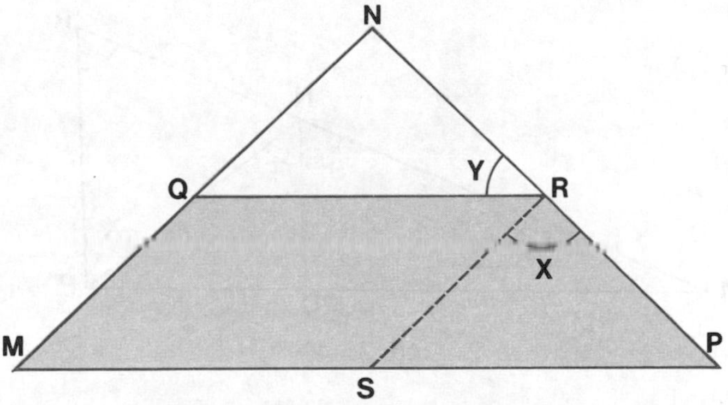

Fig. 35-39

Comparando (3) y (4) tendremos:
$QN / MQ = NR / RP$ y, por consiguiente, $QR \parallel MP$ puesto que si una recta corta a dos lados de un triángulo dividiéndolos en segmentos proporcionales, la recta es paralela al tercer lado.
Por otra parte, en los triángulos NQR y RSP tenemos que:

$N = X$
y $P = Y$ por ser ángulos correspondientes entre paralelas,
y $NR = RP$ por ser R el punto medio del segmento PN.

Por consiguiente, los triángulos NQR y RSP serán iguales por tener un lado igual y, respectivamente iguales, los ángulos adyacentes a ese lado.
Por lo tanto, $QR = SP$ por ser lados homólogos de triángulos iguales.
Ahora bien, $QR = MS$ por ser lados opuestos de un paralelogramo y como hemos demostrado que $QR = SP$, sumando las dos igualdades anteriores tendremos que:

$$2QR = SP + MS \quad (5)$$

Pero como $SP + MS = MP$ (6)
Sustituyendo (6) en (5) tendremos:

$$2QR = MP$$

y, por consiguiente, $QR = MP / 2$, tal como queríamos demostrar.

La bisectriz de un ángulo interior de un triángulo divide al lado opuesto en dos segmentos proporcionales a los otros dos lados.

En efecto, tal como puede observarse en la figura 35-40, supongamos por hipótesis que en el triángulo MNP, NQ es la bisectriz del ángulo N y MQ y QP son los segmentos determinados por NQ sobre MP.

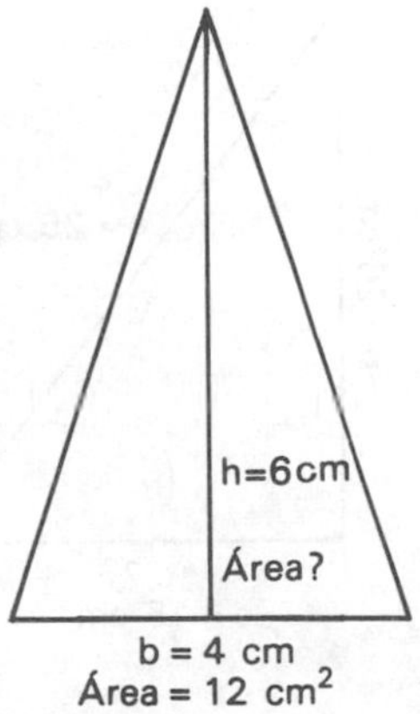

Cada cateto es media proporcional entre la hipotenusa y su proyección sobre ella.

La razón de los cuadrados de los catetos coincide con la razón de los segmentos determinados por la altura en la hipotenusa.

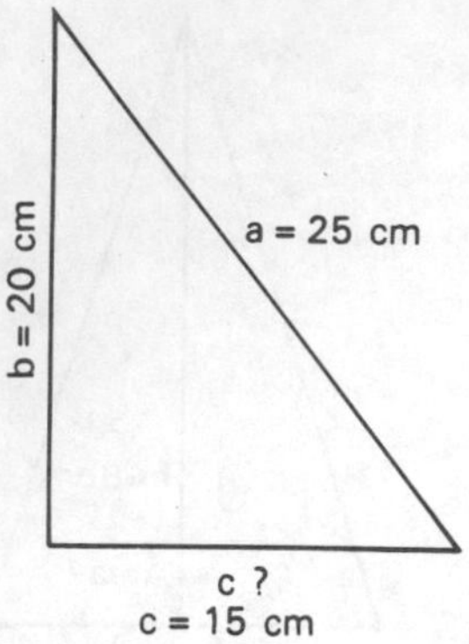

En un triángulo rectángulo la suma de los cuadrados de los catetos es igual al cuadrado de la hipotenusa.

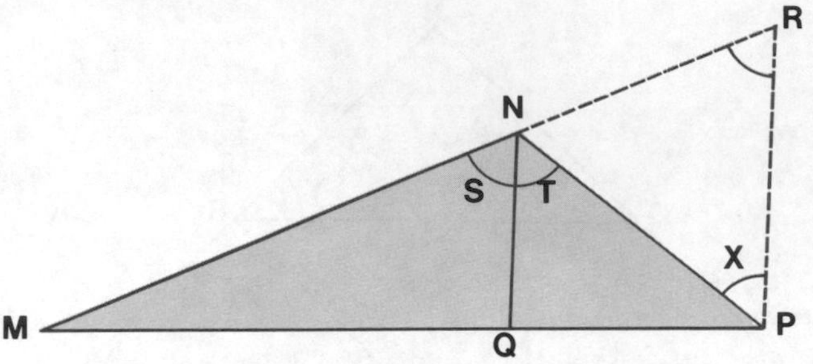

Fig. 35-40

Se trata de demostrar que MQ / QP = MN / NP.
Para ello, construyamos PR || NQ y prolonguemos el lado MN hasta que corte a PR en R formando el triángulo PNR.
Así pues, en el triángulo MRP tendremos:

MQ / QP = MN / NR (1) por ser NQ || PR por construcción.
Ahora bien, R = S (2) por ser ángulos correspondientes y S = T (3) porque NQ es bisectriz.
Comparando (2) y (3) tendremos:

R = T (4)

Pero como T = X (5) por ser ángulos alternos internos entre paralelas, comparando (4) y (5) tendremos:

R = X

Por consiguiente, NR = NP (6) puesto que el triángulo PNR es isósceles.
Sustituyendo (6) en (1) tendremos:

MQ / QP = MN / NP, tal como queríamos demostrar.

Ejemplo

En el triángulo de la figura 35-41, calcular los segmentos determinados en el lado NP por la bisectriz del ángulo opuesto M.
Solución: Por el teorema anterior tendremos:

$$x / y = 16 / 20.$$

Pero como $x + y = 18$, tendremos el siguiente sistema de ecuaciones:

$$\begin{cases} x / y = 16 / 20 & (1) \\ x + y = 18 & (2) \end{cases}$$

De (1) se obtiene $x = 16y / 20 = 4y / 5$.

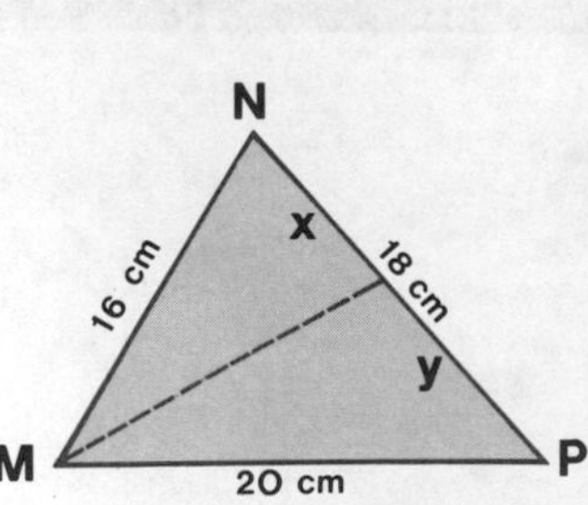

Fig. 35-41

Sustituyendo este último valor en (2) tendremos:

$$4y / 5 + y = 18$$

O sea, $$9y / 5 = 18$$

Es decir, $$y = \frac{5 \cdot 18}{9} = 10 \text{ cm}$$

Por lo tanto, $$x = \frac{4 \cdot 10}{5} = 8 \text{ cm}$$

Un cateto es igual a la raíz cuadrada del cuadrado de la hipotenusa menos el cuadrado del otro cateto.

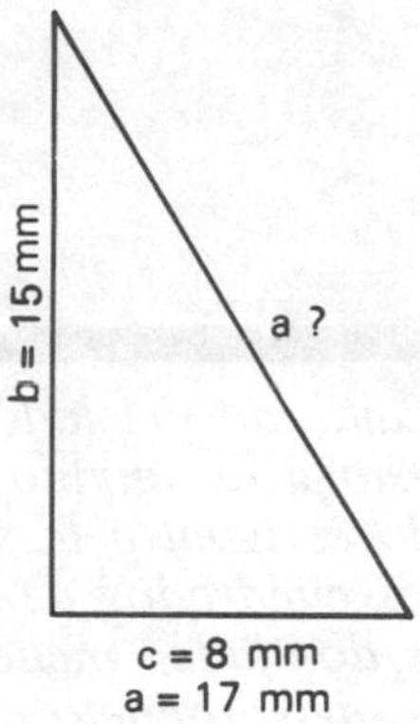

La hipotenusa es igual a la raíz cuadrada de la suma de los cuadrados de los catetos.

35.5 Relaciones entre los lados de un triángulo

Si en un triángulo rectángulo se traza la altura correspondiente a la hipotenusa, se cumplen las siguientes propiedades:

a) Los triángulos rectángulos obtenidos son semejantes entre sí y semejantes al triángulo dado.

b) La altura correspondiente a la hipotenusa es media proporcional entre los segmentos en que divide a ésta.

c) La altura correspondiente a la hipotenusa es cuarta proporcional entre la hipotenusa y los catetos.

d) Cada cateto es media proporcional entre la hipotenusa y su proyección sobre ella.

e) La razón de los cuadrados de los catetos es igual a la razón de los segmentos determinados por la altura en la hipotenusa.

Vamos a demostrar cada uno de los enunciados precedentes:

Si en un triángulo se traza la altura correspondiente a la hipotenusa, los triángulos rectángulos obtenidos son semejantes entre sí y semejantes al triángulo dado.

En efecto, tal como puede observarse en la figura 35-42, supongamos por hipótesis que el triángulo MNP es rectángulo en N y que NQ es la altura correspondiente a la hipotenusa.

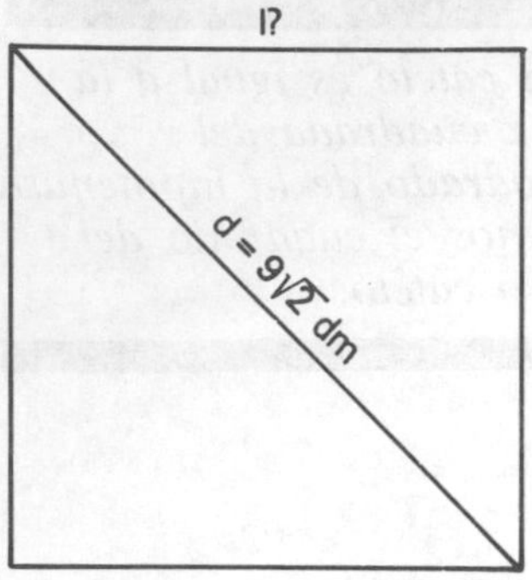

El cuadrado del lado opuesto a un ángulo agudo es igual a la suma de los cuadrados de los otros dos lados menos el doble del producto de uno de estos lados por la proyección del otro lado sobre él.

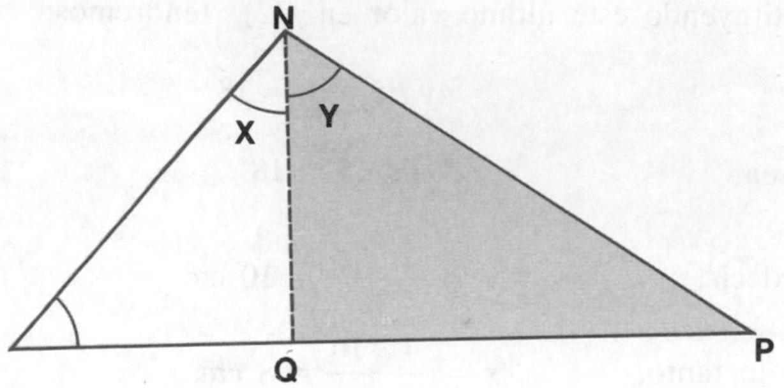

Fig. 35-42

Se trata de demostrar que $\triangle QNP \sim \triangle MNP$; que $\triangle MNQ \sim \triangle MNP$ y que $\triangle MNQ \sim \triangle QNP$.
Para ello, comparemos en primer lugar los triángulos QNP y MNP. Tendremos que:

Q = N por ser ambos ángulos rectos.
P = P por ser un ángulo común.

Por consiguiente, $\triangle QNP \sim \triangle MNP$ (1) por ser triángulos rectángulos con un ángulo agudo igual.
Si comparamos ahora los triángulos MNQ y MNP tendremos que:

Q = N por ser ambos ángulos rectos.
M = M por ser un ángulo común.

Por consiguiente, $\triangle MNQ \sim \triangle MNP$ (2) por ser triángulos rectángulos con un ángulo agudo igual.
Por lo tanto, comparando (1) y (2) tendremos que: $\triangle MNQ \sim \triangle QNP$, tal como queríamos demostrar.

La altura correspondiente a la hipotenusa es media proporcional entre los segmentos en que divide a ésta.

En efecto, tal como puede observarse en la figura 35-42, supongamos por hipótesis que el triángulo MNP es rectángulo en N y que NQ es la altura correspondiente a la hipotenusa.
Se trata de demostrar que QP / NQ = NQ / MQ.
Para ello, basta con escribir la relación de proporcionalidad que hay entre los lados homólogos de los triángulos MNQ y QNP que, según acabamos de ver, son semejantes. Así pues, tendremos que: QP / NQ = NQ / MQ, tal como queríamos demostrar.

La altura correspondiente a la hipotenusa es cuarta proporcional entre la hipotenusa y los catetos.

En efecto, tal como puede observarse en la figura 35-42, supongamos por hipótesis que el triángulo MNP es rectángulo en N y que NQ es la altura correspondiente a la hipotenusa.
Se trata de demostrar que MP / NP = MN / NQ.

Para ello, basta con escribir la relación de proporcionalidad que hay entre los lados homólogos de los triángulos QNP y MNP que, según hemos visto anteriormente, son semejantes. Así pues, tendremos que MP / NP = MN / NQ, tal como queríamos demostrar.

Cada cateto es media proporcional entre la hipotenusa y su proyección sobre ella.

En efecto, tal como puede observarse en la figura 35-42, supongamos por hipótesis que el triángulo MNP es rectángulo en N y que NQ es la altura correspondiente a la hipotenusa.
Se trata de demostrar que MP / NP = NP / QP y que MP / MN = = MN / MQ.

Para ello, basta con escribir las relaciones de proporcionalidad que hay entre los lados homólogos de los triángulos QNP y MNP y entre los lados homólogos de los triángulos MNQ y MNP que, según hemos visto anteriormente, son semejantes. Así pues, tendremos que MP / NP = NP / QP y que MP / MN = MN / MQ, tal como queríamos demostrar.

La razón de los cuadrados de los catetos es igual a la razón de los segmentos determinados por la altura en la hipotenusa.

En efecto, tal como puede observarse en la figura 35-42, supongamos por hipótesis que el triángulo MNP es rectángulo en N y que NQ es la altura correspondiente a la hipotenusa.
Se trata de demostrar que $NP^2 / MN^2 = QP / MQ$.
Para ello, utilicemos los resultados obtenidos en la demostración anterior. Tendremos que:

$$MP / NP = NP / QP \qquad (1)$$
$$\text{y} \quad MP / MN = MN / MQ \qquad (2)$$

De (1) resulta: $NP^2 = MP \cdot QP$ (3)
De (2) resulta: $MN^2 = MP \cdot MQ$ (4)

Dividiendo miembro a miembro (3) y (4) tendremos:

$$\frac{NP^2}{MN^2} = \frac{MP \cdot QP}{MP \cdot MQ} \qquad (5)$$

Un triángulo es acutángulo si $a^2 < b^2 + c^2$, *siendo* a *el lado mayor.*

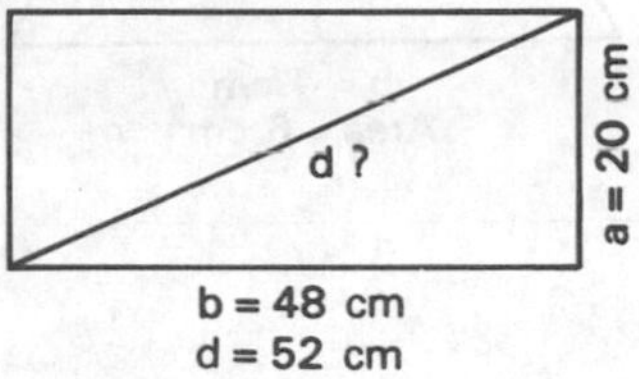

Un triángulo es obtusángulo si $a^2 > b^2 + c^2$, *siendo* a *el lado mayor.*

Un triángulo es rectángulo si cumple $a^2 = b^2 + c^2$.

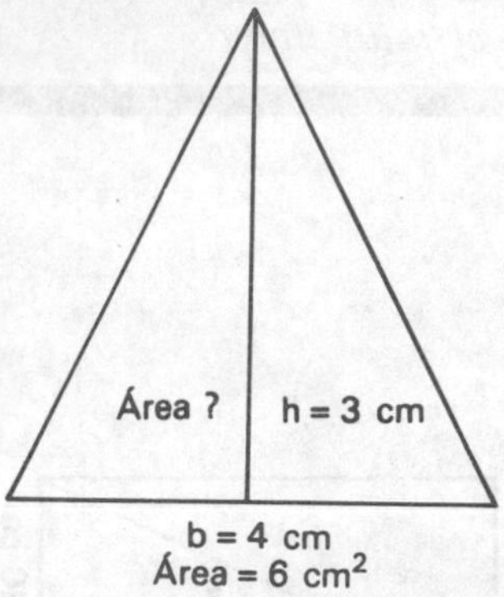

El área de un triángulo es igual al semiproducto de la base por la altura.

Simplificando (5) resulta $NP^2 / MN^2 = QP / MQ$, tal como queríamos demostrar.
Demostremos a continuación el conocido teorema de Pitágoras:

En todo triángulo rectángulo, la suma de los cuadrados de las longitudes de los catetos es igual al cuadrado de la longitud de la hipotenusa.

En efecto, tal como puede observarse en la figura 35-43, supongamos por hipótesis que el triángulo ABC es rectángulo en A y que $BC = a$ es la hipotenusa y $AB = c$ y $AC = b$ son los catetos.

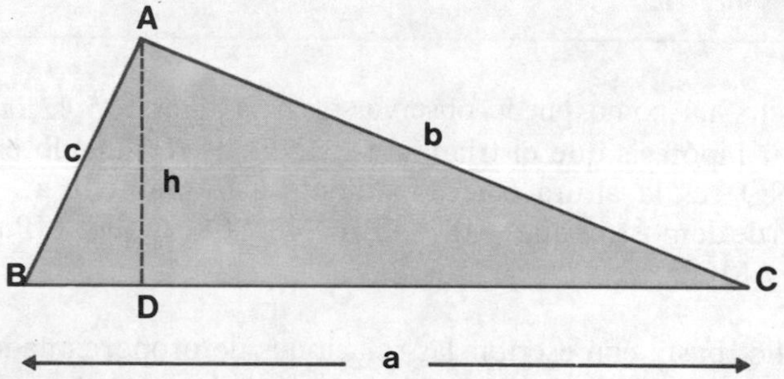

Fig. 35-43

Se trata de demostrar que $a^2 = b^2 + c^2$.
Para ello, trazamos la altura $AD = h$ correspondiente a la hipotenusa. Tendremos:

$$a / b = b / CD$$

y $$a / c = c / DB$$

puesto que cada cateto es media proporcional entre la hipotenusa y su proyección sobre ella.

De las siguientes igualdades anteriores resulta:

$$b^2 = a \cdot CD \qquad (1)$$
$$c^2 = a \cdot DB \qquad (2)$$

Sumando (1) y (2):

$$b^2 + c^2 = a \cdot CD + a \cdot DB = a(CD + DB)$$

Pero como $CD + DB = a$ tendremos:

$$b^2 + c^2 = a \cdot a,$$

tal como queríamos demostrar.

Como corolarios del teorema de Pitágoras tenemos:

En cualquier triángulo rectángulo, la hipotenusa es igual a la raíz cuadrada de la suma de los cuadrados de los catetos.

En efecto, a partir del teorema de Pitágoras, $a^2 = b^2 + c^2$, extrayendo la raíz cuadrada en ambos miembros se obtiene:

$a = \sqrt{b^2 + c^2}$, tal como queríamos demostrar.

En cualquier triángulo rectángulo, cada cateto es igual a la raíz cuadrada del cuadrado de la hipotenusa menos el cuadrado del otro cateto.

En efecto, a partir del teorema de Pitágoras, $a^2 = b^2 + c^2$, tendremos:

$$b^2 = a^2 - c^2 \quad (1)$$
$$c^2 = a^2 - b^2 \quad (2)$$

Extrayendo la raíz cuadrada en ambos miembros de (1) y (2) resultará:

$$b = \sqrt{a^2 - c^2}$$
$c = \sqrt{a^2 - b^2}$, tal como queríamos demostrar.

El teorema que vamos a demostrar a continuación ofrece un método para determinar el cuadrado del lado opuesto a un ángulo agudo en cualquier triángulo:

En cualquier triángulo, el cuadrado del lado opuesto a un ángulo agudo es igual a la suma de los cuadrados de los otros dos lados menos el doble del producto de uno de estos lados por la proyección del otro lado sobre él.

En efecto, tal como puede observarse en la figura 35-44, supongamos por hipótesis que en el triángulo MNP el ángulo $M < 90°$ y que la proyección del lado p sobre el lado n es MQ. Se trata de demostrar que $m^2 = p^2 + n^2 - 2n \cdot MQ$. Para ello, consideremos el triángulo NQP. Tendremos:

$m^2 = NQ^2 + QP^2$ (1) por el teorema de Pitágoras

En el triángulo MNQ tendremos:

$p^2 = NQ^2 + MQ^2$ (2) por el teorema de Pitágoras

Dos triángulos son equivalentes cuando son iguales su base y su altura.

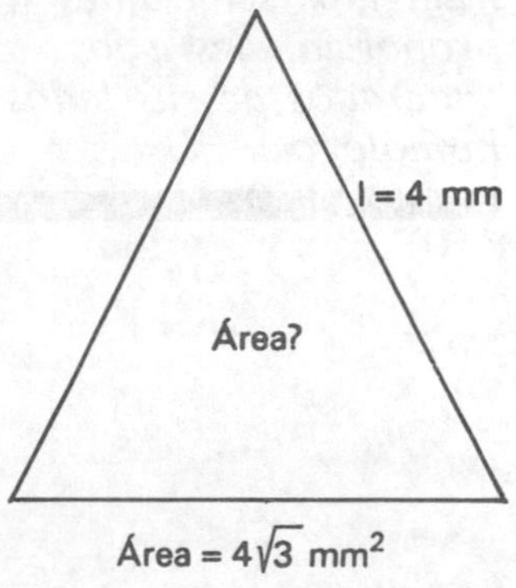

Las áreas de dos triángulos que tienen un lado igual son proporcionales a los productos de los lados que forman dicho ángulo.

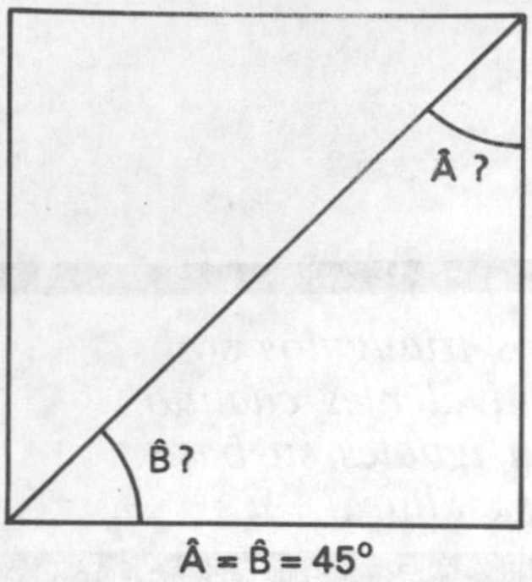

Las áreas de dos triángulos semejantes son proporcionales a los cuadrados de sus lados homólogos.

El área de un triángulo es
$A = \sqrt{p\,(p-m)\,(p-n)\,(p-q)}$
siendo p *el semiperímetro del triángulo y* m, n *y* q *los lados.*

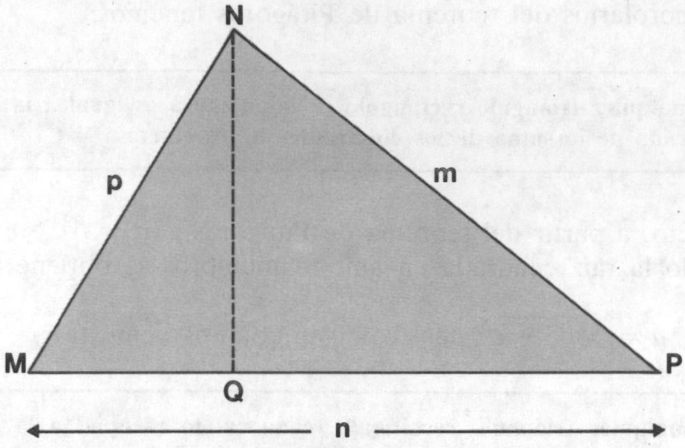

Fig. 35-44

En el lado MP = n, tendremos:

$$n = MQ + QP \qquad (3)$$

Sustituyendo (2) y (3) en (1) resulta:

$$m^2 = (p^2 - MQ^2) + (n - MQ)^2$$

Es decir, $m^2 = p^2 - MQ^2 + n^2 - 2n \cdot MQ + MQ^2$
Simplificando, $m^2 = p^2 + n^2 - 2n \cdot MQ$, tal como queríamos demostrar.
De modo análogo, el teorema que vamos a demostrar a continuación ofrece un método para determinar el cuadrado del lado opuesto a un ángulo obtuso en cualquier triángulo obtusángulo:

En cualquier triángulo obtusángulo, el cuadrado del lado opuesto al ángulo obtuso es igual a la suma de los cuadrados de los otros dos lados, más el doble del producto de uno de estos lados por la proyección del otro lado sobre él.

En efecto, tal como puede observarse en la figura 35-45, supongamos por hipótesis que en el triángulo MNP, el ángulo M > 90° y que la proyección del lado P sobre el lado n es el segmento QM.
Se trata de demostrar que $m^2 = p^2 + n^2 + 2n \cdot QM$.
Para ello, consideremos el triángulo rectángulo de vértices NQP.
Tendremos:

$$m^2 = NQ^2 + QP^2 \qquad (1) \text{ por el teorema de Pitágoras}$$

En el triángulo MNQ tendremos:

$$p^2 = NQ^2 + QM^2 \qquad (2) \text{ por el teorema de Pitágoras}$$

En el segmento QP tendremos:

$$QP = QM + n \qquad (3)$$

Sustituyendo (2) y (3) en (1) resulta:

$$m^2 = (p^2 - QM^2) + (QM + n)^2$$

Es decir, $m^2 = p^2 - QM^2 + QM^2 + 2n \cdot QM + n^2$
Simplificando, $m^2 = p^2 + n^2 + 2n \cdot QM$, tal como queríamos demostrar.

Así pues, para averiguar si un triángulo es rectángulo, acutángulo u obtusángulo procederemos del modo siguiente:

a) Si se cumple que $a^2 = b^2 + c^2$, entonces el triángulo es rectángulo. En cambio, si $a^2 \neq b^2 + c^2$, el triángulo será acutángulo u obtusángulo.

b) Si $a^2 < b^2 + c^2$, siendo a el lado mayor, entonces el triángulo es acutángulo.

c) Si $a^2 > b^2 + c^2$, siendo a el lado mayor, entonces el triángulo es obtusángulo.

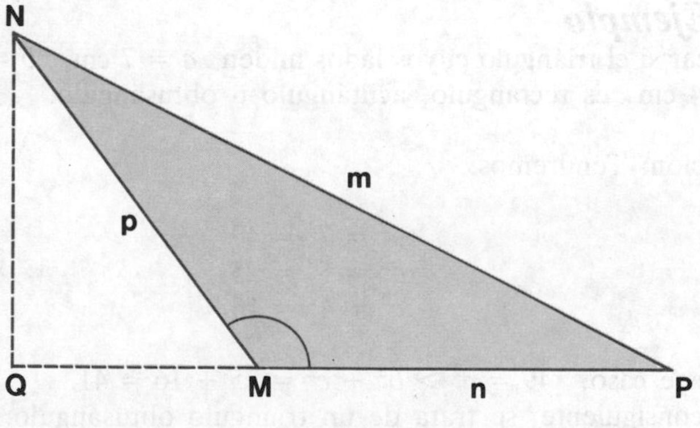

Fig. 35-45

Es decir, se puede afirmar que un triángulo es rectángulo, acutángulo u obtusángulo cuando el cuadrado del lado mayor es igual, menor o mayor que la suma de los cuadrados de los otros dos lados, respectivamente.

Ejemplo

Indicar si el triángulo cuyos lados miden $a = 15$ cm, $b = 12$ cm y $c = 9$ cm es rectángulo, acutángulo u obtusángulo.

Solución: Tendremos:

$$a^2 = 15^2 = 225$$
$$b^2 = 12^2 = 144$$
$$c^2 = 9^2 = 81$$

Si h *es la altura correspondiente al lado* n *se cumple que*

$$h = \frac{2}{n}\sqrt{p\,(p-m)\,(p-n)\,(p-q)}$$

siendo $p = \frac{m+n+q}{2}$

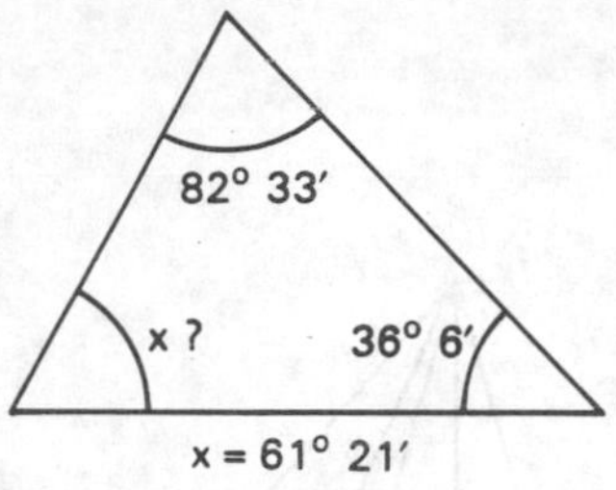

El área de un triángulo equilátero de lado l *es*

$$A = \frac{l^2\sqrt{3}}{4}$$

Puede observarse que $225 = a^2 = b^2 + c^2 = 144 + 81$.
Por consiguiente, se trata de un triángulo rectángulo.

El área de un triángulo es igual al producto de su semiperímetro por el radio de la circunferencia inscrita.

Ejemplo

Indicar si el triángulo cuyos lados miden $a = 6$ cm, $b = 5$ cm y $c = 4$ cm es rectángulo, acutángulo u obtusángulo.

Solución: Tendremos:

$$a^2 = 6^2 = 36$$
$$b^2 = 5^2 = 25$$
$$c^2 = 4^2 = 16$$

En este caso, $36 = a^2 < b^2 + c^2 = 25 + 16 = 41$.
Por consiguiente, al ser el cuadrado del lado a menor que la suma de cuadrados de los b y c, se trata de un triángulo acutángulo.

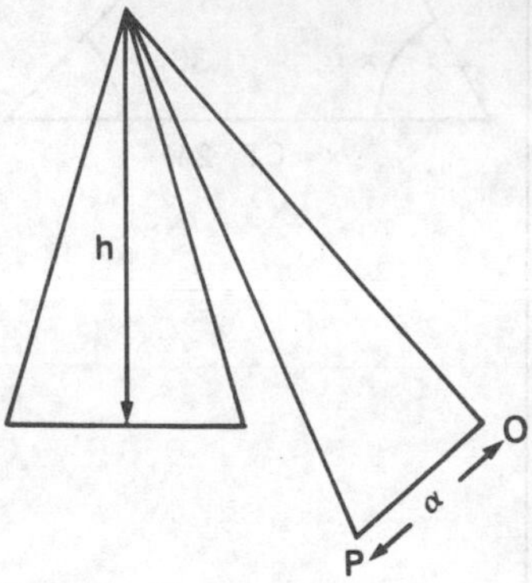

Ejemplo

Indicar si el triángulo cuyos lados miden $a = 7$ cm, $b = 5$ cm y $c = 4$ cm es rectángulo, acutángulo u obtusángulo.

Solución: Tendremos:

$$a^2 = 7^2 = 49$$
$$b^2 = 5^2 = 25$$
$$c^2 = 4^2 = 16$$

En este caso, $49 = a^2 > b^2 + c^2 = 25 + 16 = 41$.
Por consiguiente, se trata de un triángulo obtusángulo.

Para determinar el valor de la altura de un triángulo en función de los lados del triángulo, tal como puede observarse en la figura 35-46, supondremos por hipótesis que en el triángulo acutángulo MNQ, h es la altura correspondiente al lado n.

Para calcular la altura de una montaña basta con mirarla desde dos lugares no alineados con ella y conocer la distancia entre ambos puntos.

Se trata de demostrar que:

$$h = \frac{2}{n}\sqrt{p(p-m)(p-n)(p-q)}$$

donde p es el semiperímetro del triángulo, es decir, $(m + n + q)/2$.
En el triángulo MNR tendremos:

$$q^2 = h^2 + \mathrm{MR}^2 \qquad (1) \quad \text{por el teorema de Pitágoras}$$

Como el triángulo es acutángulo, $m^2 = q^2 + n^2 - 2n \cdot \mathrm{MR}$ (2)

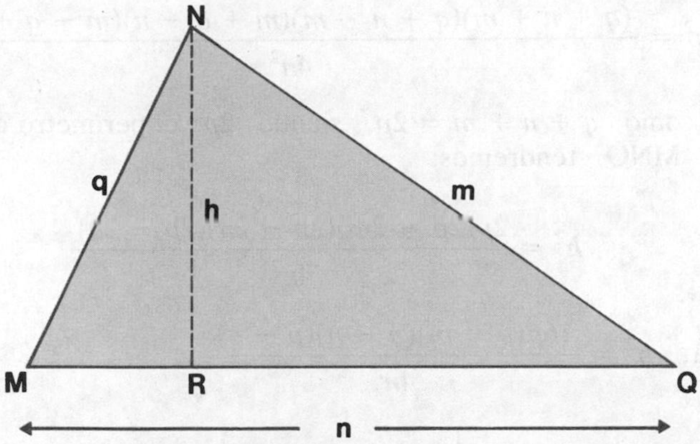

Fig. 35-46

Despejando MR en la expresión anterior resulta:

$$MR = \frac{q^2 + n^2 - m^2}{2n} \qquad (3)$$

Sustituyendo (3) en (1) tendremos:

$$q^2 = h^2 + \frac{(q^2 + n^2 - m^2)^2}{2n} \qquad (4)$$

De donde:

$$h^2 = q^2 - \frac{(q^2 + n^2 - m^2)^2}{2n} \qquad (5)$$

Como el segundo miembro de (5) es una diferencia de cuadrados, tendremos:

$$h^2 = (q + \frac{(q^2 + n^2 - m^2)}{2n} \cdot q - \frac{(q^2 + n^2 - m^2)}{2n})$$

Es decir, $h^2 = \dfrac{(2qn + q^2 + n^2 - m^2)}{2n} \dfrac{(2qn - q^2 - n^2 + m^2)}{2n}$

O sea, $h^2 = \left[\dfrac{(q + n)^2 - m^2}{2n} \right] \left[\dfrac{m^2 - (q - n)^2}{2n} \right]$

De donde,

$$h^2 = \left[\frac{(q + n + m)(q + n - m)}{2n} \right] \left[\frac{(m + q - n)(m - q + n)}{2n} \right]$$

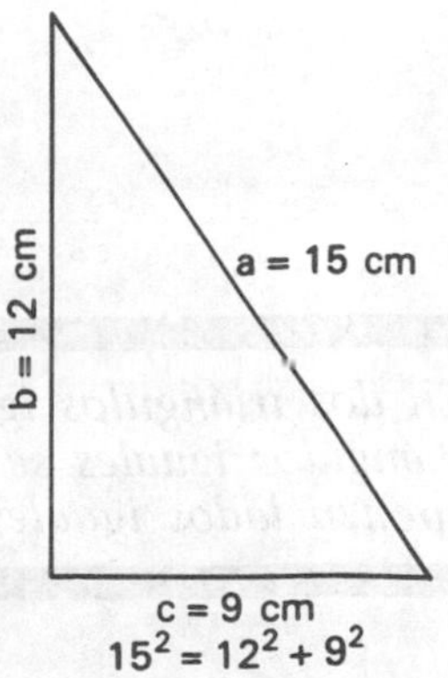

Los vértices de un triángulo son los puntos donde se cortan las tres rectas que lo forman.

Los lados de un triángulo son los segmentos que se cortan en los vértices.

Es decir,

$$h^2 = \frac{(q+n+m)(q+n-m)(m+q-n)(m-q+n)}{4n^2}$$

Pero como $q + n + m = 2p$, siendo $2p$ el perímetro del triángulo MNQ tendremos:

$$h^2 = \frac{2p(2p-2m)(2p-2n)(2p-2q)}{4n^2}$$

O sea, $h^2 = \dfrac{16p(p-m)(p-n)(p-q)}{4n^2}$

Simplificando: $h^2 = \dfrac{4p}{n^2}(p-m)(p-n)(p-q)$

De donde, $h = \sqrt{\dfrac{4p}{n^2}(p-m)(p-n)(p-q)}$

Es decir, $h = \dfrac{2}{n}\sqrt{p(p-m)(p-n)(p-q)}$, tal como queríamos demostrar.

En dos triángulos iguales, a ángulos iguales se oponen lados iguales.

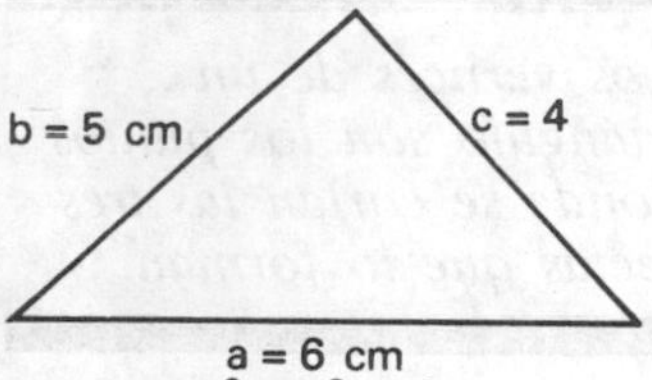

Si llamamos área al número que expresa una superficie, vamos a demostrar seguidamente que:

El área de un triángulo es igual a la mitad del producto de su base por la altura.

En todo triángulo, a mayor lado se opone mayor ángulo.

Para ello, tal como puede observarse en la figura 35-47, supongamos por hipótesis que MNP es un triángulo de base MP = b y altura NQ = h.
Se trata de demostrar que el área del triángulo, A = $b \cdot h / 2$.
Para ello, construyamos por el vértice N una paralela a MP y por el vértice P una paralela a MN, de modo que ambas

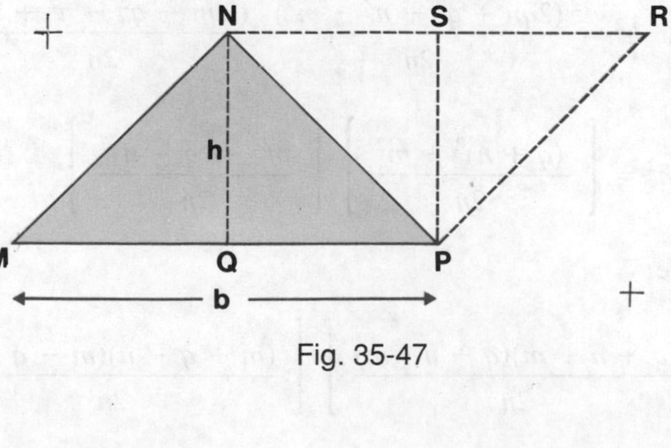

Fig. 35-47

paralelas se corten en el punto R y se formen el cuadrilátero MNRP y el triángulo RNP. Tracemos asimismo la altura PS del triángulo RNP.
Así pues, tendremos la siguiente relación de áreas:

$$A_{MNP} = A_{MNRP} - A_{RNP} \qquad (1)$$

Ahora bien, como MNRP es un paralelogramo, tal como veremos en el capítulo siguiente, su área vale: $A_{MNRP} = b \cdot h$ (2).
Pero en los triángulos RNP y MNP tenemos:

NP = NP por ser un lado común
MN = RP
y MP = NR por ser lados opuestos
de un paralelogramo.

Por consiguiente, los triángulos RNP y MNP son iguales, y como figuras iguales tienen áreas iguales, tendremos que:

$$A_{RNP} = A_{MNP} \qquad (3)$$

Sustituyendo (2) y (3) en (1) resultará:

$$A_{MNP} = b \cdot h - A_{MNP}$$

Es decir, $2A_{MNP} = b \cdot h$
O sea, $A_{MNP} = b \cdot h / 2$, tal como queríamos demostrar.
Como corolarios del teorema anterior tenemos:

Las áreas de dos triángulos son proporcionales a los productos de las bases por las alturas.

En efecto, tal como puede observarse en la figura 35-48, supongamos por hipótesis que MNP y M′N′P′ son dos triángulos de bases b y b' y alturas h y h', respectivamente.
Se trata de demostrar que $A / A' = bh / b'h'$.

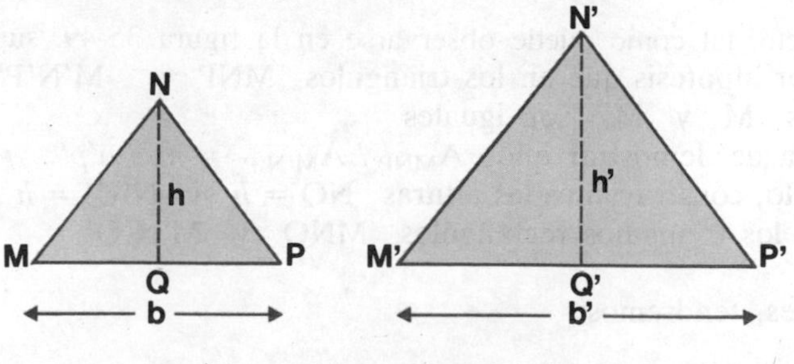

Fig. 35-48

Un lado es menor que la suma de los otros dos y mayor que su diferencia.

Las alturas de edificios pueden calcularse midiendo el ángulo bajo el que se ven desde un cierto punto, acercándonos una distancia conocida y volviendo a medir el ángulo.

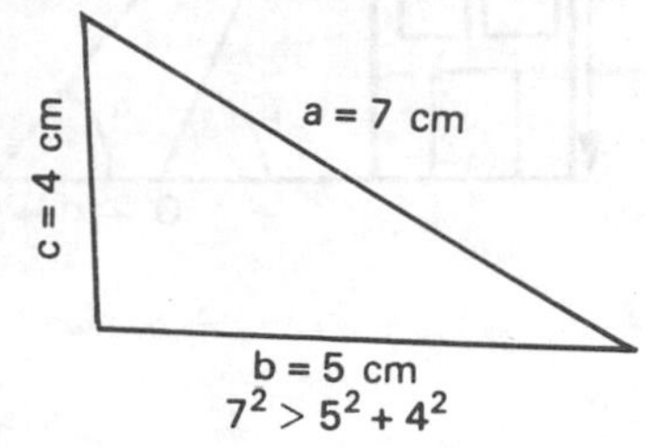

Ahora bien, las áreas de los triángulos MNP y M'N'P' son, respectivamente:

$$A = b \cdot h / 2 \qquad (1)$$
$$A' = b' \cdot h' / 2 \qquad (2)$$

Dividiendo miembro a miembro (1) y (2) tendremos:

$A / A' = bh / 2 : b'h' / 2 = bh / b'h'$, tal como queríamos demostrar.

Las áreas de dos triángulos cuyas bases son iguales son proporcionales a sus alturas y si las alturas son iguales, son proporcionales a las bases.

Para medir la altura de una chimenea se calcula la distancia que hay desde el punto de observación hasta la base de la chimenea, así como el ángulo bajo el cual se ve.

En efecto, si $b = b'$, del corolario anterior se obtiene:

$A / A' = bh / bh' = h / h'$, tal como queríamos demostrar.

Análogamente, si $h = h'$, del corolario anterior se obtiene:

$A / A' = bh / b'h = b / b'$, tal como queríamos demostrar.

Si dos triángulos tienen la misma base y la misma altura, entonces son equivalentes.

En efecto, si $b = b'$ y $h = h'$, del primer corolario se obtiene:

$$A / A' = bh / bh = 1$$

Por consiguiente, $A = A'$, tal como queríamos demostrar.
Vamos a demostrar a continuación que:

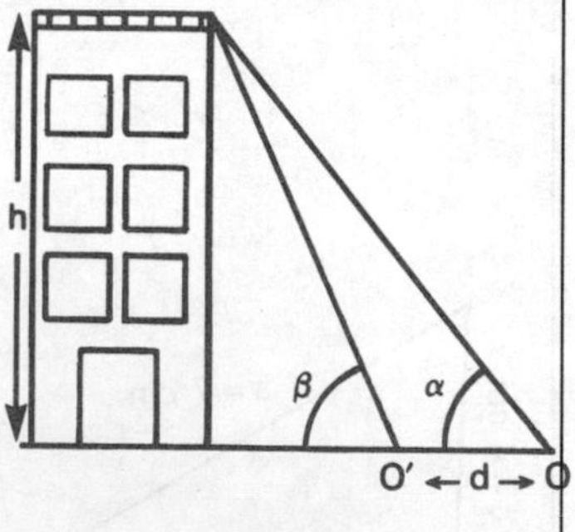

Si dos triángulos tienen un ángulo igual, sus áreas son proporcionales a los productos de los lados que forman dicho ángulo.

En efecto, tal como puede observarse en la figura 35-49, supongamos por hipótesis que en los triángulos MNP y M'N'P', los ángulos M y M' son iguales.
Se trata de demostrar que $A_{MNP} / A_{M'N'P'} = np / n'p'$.
Para ello, construyamos las alturas $NQ = h$ y $N'Q' = h'$, formando los triángulos rectángulos MNQ y M'N'Q'.

Así pues, tendremos:

$$A_{MNP} / A_{M'N'P'} = bh / b'h' = b / b' \cdot h / h' \qquad (1)$$

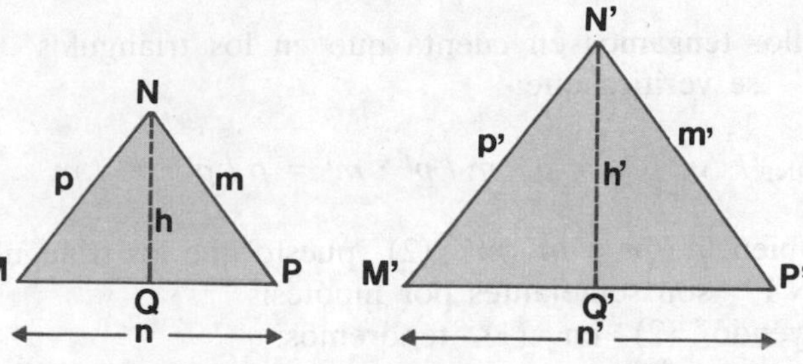

Fig. 35-49

Ahora bien, en los triángulos MQN y M′Q′N′ tenemos:

$$Q = Q' = 90°$$

y $M = M'$ por hipótesis.

Por consiguiente, los triángulos MQN y M′Q′N′ son semejantes.

Así pues, $h / h' = p / p'$ (2)

Sustituyendo (2) en (1) resulta:

$A_{MNP}/A_{M'N'P'} = b/b' \cdot p/p' = bp/b'p'$, tal como queríamos demostrar.
Demostremos seguidamente que:

Si dos triángulos son semejantes, sus áreas son proporcionales a los cuadrados de sus lados homólogos.

En efecto, tal como puede observarse en la figura 35-50, supongamos por hipótesis que los triángulos MNP y M′N′P′ son semejantes.
Se trata de demostrar que $A_{MNP} / A_{M'N'P'} = p^2 / p'^2$.

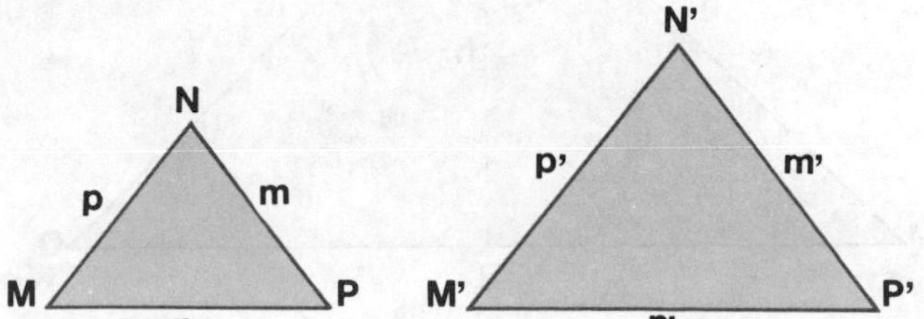

Fig. 35-50

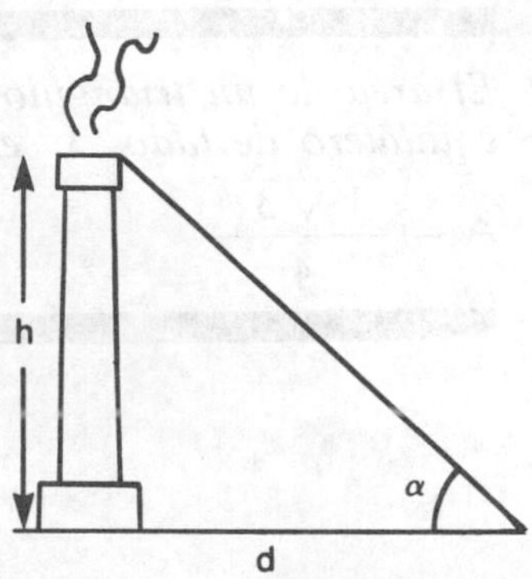

El área de un triángulo vale
$A = \sqrt{p(p-m)(p-n)(p-q)}$
siendo m, n *y* q *los lados y*

$$p = \frac{m + n + q}{2}$$

Para calcular la altura de una montaña desde un barco se mide por radar la distancia d *a la cúspide y el ángulo* β *que forma esa distancia respecto de la orilla.*

El área de un triángulo equilátero de lado l *es*

$$A = \frac{l^2\sqrt{3}}{4}$$

Para calcular la distancia d *de un avión al campo de aterrizaje se calcula la altura* h *mediante el altímetro y el ángulo* α *entre estas dos magnitudes.*

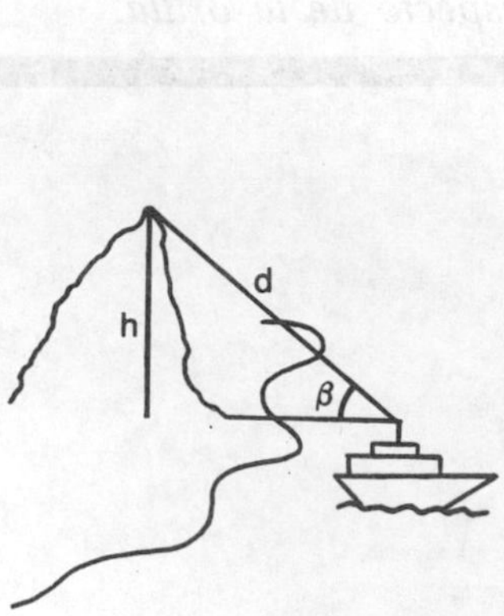

Para ello, tengamos en cuenta que en los triángulos MNP y M'N'P' se verifica que:

$$A_{MNP} / A_{M'N'P'} = p \cdot m / p' \cdot m' = p / p' \cdot m / m' \qquad (1)$$

Ahora bien, $p / p' = m / m'$ (2) puesto que los triángulos MNP y M'N'P' son semejantes por hipótesis.
Sustituyendo (2) en (1) tendremos:

$A_{MNP} / A_{M'N'P'} = p / p' \cdot p / p' = p^2 / p'^2$, tal como queríamos demostrar.

A continuación vamos a demostrar la conocida fórmula de Herón, que permite determinar el área de un triángulo en función de sus lados:

El área de un triángulo vale $A = \sqrt{p(p - m)(p - n)(p - q)}$ siendo p el semiperímetro del triángulo y m, n y q los lados.

En efecto, tal como puede observarse en la figura 35-51, supongamos por hipótesis que A es el área del triángulo MNQ.

Se trata de demostrar que $A = \sqrt{p(p - m)(p - n)(p - q)}$.
Para ello, recordemos que el área de un triángulo viene dada por la expresión:

$$A = nh/2 \qquad (1)$$

$$\text{Ahora bien,} \quad h = \frac{2}{n}\sqrt{p(p - m)(p - n)(p - q)} \qquad (2)$$

puesto que éste es el valor de la altura en función de los lados del triángulo.

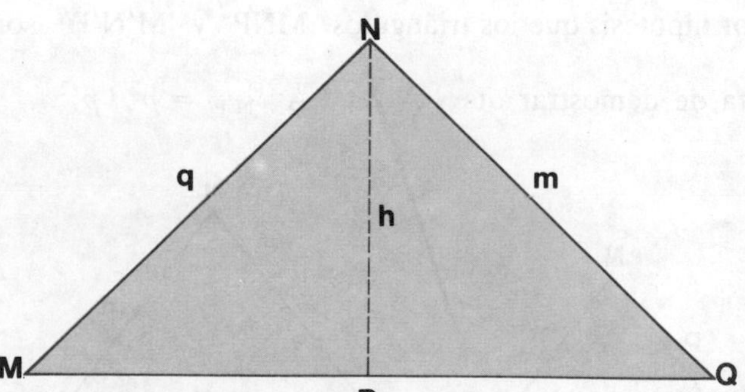

Fig. 35-51

Sustituyendo (2) en (1) resulta:

$$A = \frac{n}{2} \cdot \frac{2}{n} \sqrt{p(p-m)(p-n)(p-q)} =$$
$$= \sqrt{p(p-m)(p-n)(p-q)}\ ,$$

tal como queríamos demostrar. En el caso particular de que el triángulo sea equilátero, vamos a demostrar que:

El área A de un triángulo equilátero cuyo lado es l viene dada por la fórmula $A = \dfrac{l^2\sqrt{3}}{4}$.

En efecto, tendremos que:

$A = \sqrt{p(p-a)(p-b)(p-c)}$ (1) por la fórmula de Herón.

Pero como $p = (a + b + c)/2$ (2) por ser p el semiperímetro y $a = b = c = 1$ (3) puesto que el triángulo es equilátero, sustituyendo (3) en (2) tendremos:

$$p = (l + l + l) / 2 = 3l / 2 \qquad (4)$$

Sustituyendo (3) y (4) en (1) resulta:

$$A = \sqrt{3l/2(3l/2 - l)(3l/2 - l)(3l/2 - l)} =$$
$$= \sqrt{3l/2 \cdot l/2 \cdot l/2 \cdot l/2} = \sqrt{3l^4/16} = \frac{l^2\sqrt{3}}{4}$$

tal como queríamos demostrar.
En el caso de que sean conocidos los lados del triángulo y el radio de la circunferencia inscrita, vamos a demostrar que:

El área de un triángulo es igual al producto de su semiperímetro por el radio de la circunferencia inscrita.

En efecto, tal como puede observarse en la figura 35-52, supongamos por hipótesis que en el triángulo MNQ, r es el radio de la circunferencia inscrita y p el semiperímetro del triángulo.
Se trata de demostrar que $A = p \cdot r$.
Para ello, unamos el centro O de la circunferencia inscrita con los vértices M, N y Q. El triángulo MNQ quedará descompuesto en los triángulos MNO, NOQ y QOM. Construyamos a continuación las alturas OR, OS y OT de los tres triángulos anteriores.

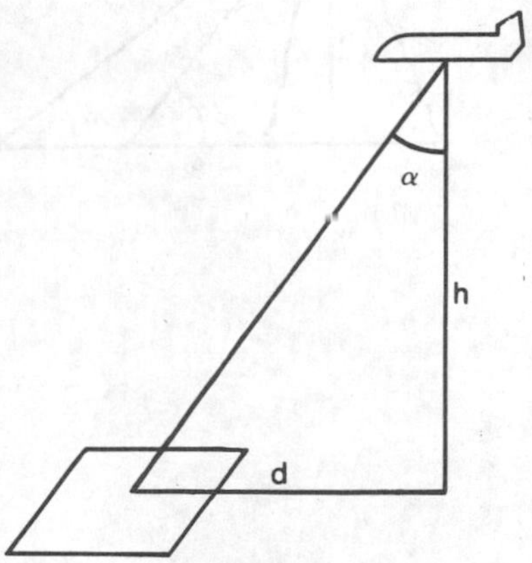

Para calcular la altura de una montaña inaccesible basta con determinar los ángulos visuales α *y* β *desde una distancia conocida* 1 *y la distancia* d *al pie de la montaña.*

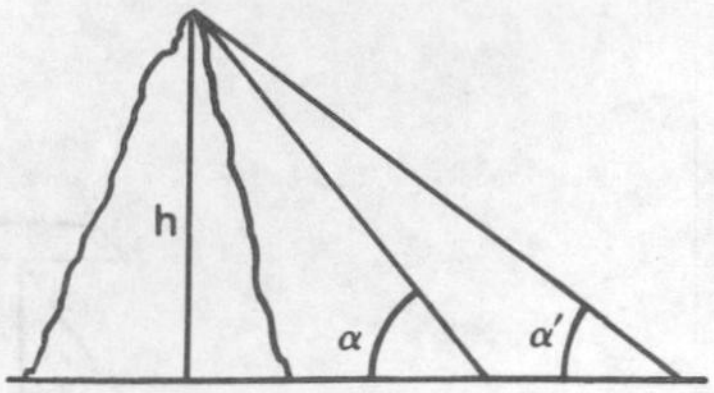

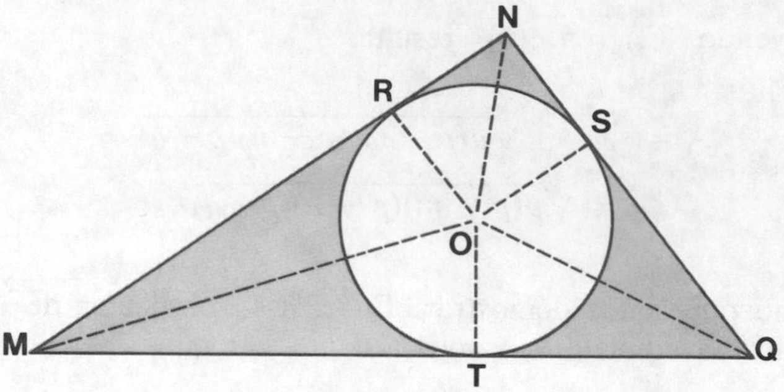

Fig. 35-52

Tendremos que:

$$A_{MNQ} = A_{MON} + A_{NOQ} + A_{QOM} \qquad (1)$$

y $OR = OS = OT = r$ por ser perpendiculares a los lados tangentes.

Ahora bien,

$$A_{MON} = 1 / 2 \cdot MN \cdot r$$
$$A_{NOQ} = 1 / 2 \cdot NQ \cdot r$$
$$A_{QOM} = 1 / 2 \cdot QM \cdot r \qquad (2)$$ por ser áreas de triángulos.

Sustituyendo (2) en (1) resulta:

$$A_{MNQ} = 1 / 2 \cdot MN \cdot r + 1 / 2 \cdot NQ \cdot r + 1 / 2 \cdot QM \cdot r = \\ = 1 / 2 \cdot r \cdot (MN + NQ + QM) \qquad (3)$$

Pero $MN + NQ + QM = 2p$ (4) por ser el perímetro del triángulo.

Sustituyendo (4) en (3) tendremos:

$A_{MNQ} = 1 / 2 \cdot r \cdot 2p = r \cdot p$, tal como queríamos demostrar.

En el caso de que sean conocidos los lados del triángulo y el radio de la circunferencia circunscrita, vamos a demostrar el siguiente teorema:

El área de un triángulo es igual al producto de sus lados dividido por cuatro veces el radio de la circunferencia circunscrita.

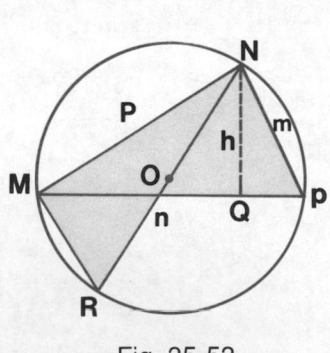

En efecto, tal como puede observarse en la figura 35-53, supongamos que en el triángulo MNP, r es el radio de la circunferencia circunscrita y A el área del triángulo.

Se trata de demostrar que $A = mnp / 4r$.

Para ello, construyamos la altura $h = NQ$ y el diámetro NR que pasa por el vértice N. Sea R el otro punto donde el

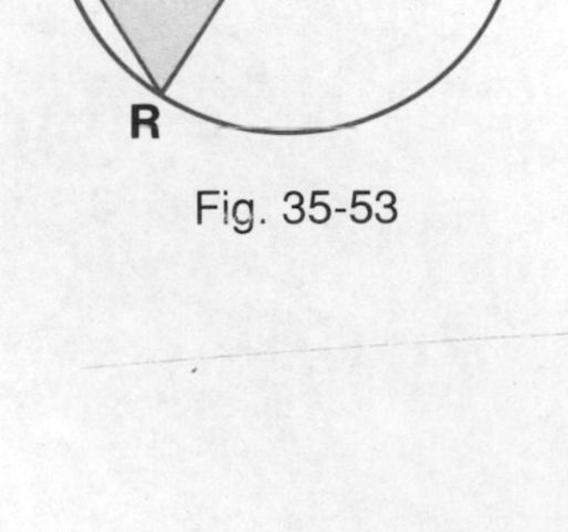

Fig. 35-53

diámetro corta a la circunferencia de centro O. Uniendo M con R se forman los triángulos NMR y NQP.
Tendremos que: $A = 1 / 2 \cdot nh$ (1) por ser el área del triángulo.
Ahora bien, en los triángulos NMR y NQP tenemos que: $Q = M = 90°$ y $P = R$ por abarcar el mismo arco MN.
Por consiguiente, los triángulos NMR y NQP son semejantes por ser rectángulos y tener igual un ángulo agudo.

Así pues, $h / p = m / NR$
Es decir, $h = pm / NR$ (2)
Ahora bien, $NR = 2r$ (3) por ser NR un diámetro.
Sustituyendo (3) en (2) resulta:

$$h = pm / 2r \quad (4)$$

Sustituyendo (4) en (1) tendremos:

$A = 1 / 2 \cdot n \cdot pm / 2r = npm / 4r$, tal como queríamos demostrar.

Finalmente, vamos a exponer algunas propiedades interesantes de triángulos rectángulos especiales como son el triángulo de 30°, 60° y 90° y el triángulo de 45°, 45° y 90°.
Por lo que respecta al triángulo rectángulo de 30°, 60° y 90° es la mitad de un triángulo equilátero, tal como puede observarse en la figura 35-54, donde el triángulo MNQ es la mitad del triángulo MNP y se cumplen las siguientes propiedades.

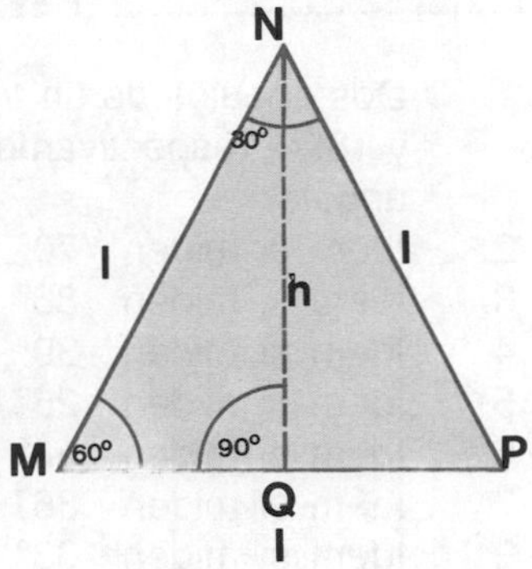

Fig. 35-54

a) El cateto opuesto al ángulo de 30° es igual a la mitad de la hipotenusa, es decir, vale 1 / 2.
En efecto, el cateto opuesto al ángulo de 30° vale la mitad del lado del triángulo equilátero, o sea 1 / 2, tal como queríamos demostrar.

b) El cateto opuesto al ángulo de 60° vale $\sqrt{3} \cdot 1 / 2$.
En efecto, por el teorema de Pitágoras: $1^2 = h^2 + (1 / 2)^2$.
Es decir, $h^2 = 1^2 - (1 / 2)^2 = 1^2 - 1^2 / 4 = 31^2 / 4$.
O sea, $h = \sqrt{31^2} / 4 = \sqrt{3} \cdot 1 / 2$, tal como queríamos demostrar.

c) El cateto opuesto al ángulo de 60° es igual al cateto opuesto al ángulo de 30° multiplicado por $\sqrt{3}$.
En efecto, el cateto opuesto al ángulo de 60° vale $\sqrt{3} \cdot 1 / 2$ y el cateto opuesto al ángulo de 30° vale 1 / 2.
Por lo tanto, $\sqrt{3} \cdot 1 / 2 : 1 / 2 = \sqrt{3}$, tal como queríamos demostrar.
Por lo que respecta al triángulo rectángulo de 45°, 45° y 90°, es la mitad de un cuadrado, tal como puede observarse en la figura 35-55, donde el triángulo MPQ es la mitad del cuadrado MNPQ y se cumplen las siguientes propiedades:

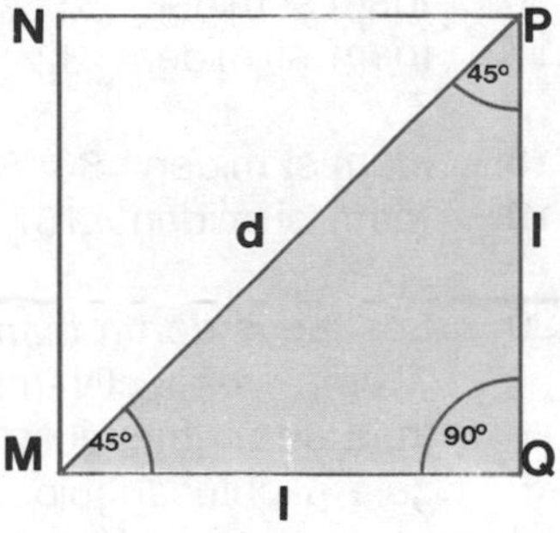

Fig. 35-55

a) El cateto opuesto al ángulo de 45° es igual a la mitad de la hipotenusa multiplicada por $\sqrt{2}$.
En efecto, por el teorema de Pitágoras, en el triángulo rectángulo MPQ tendremos: $d^2 = l^2 + l^2 = 2l^2$.

Es decir, $l^2 = d^2 / 2$.
De donde $l = d / \sqrt{2} \cdot \sqrt{2} / \sqrt{2} = \sqrt{2} \cdot d / 2$, tal como queríamos demostrar.
b) La hipotenusa es igual a un lado multiplicado por 2.
En efecto, por el teorema de Pitágoras, en el triángulo rectángulo MPQ tendremos: $d^2 = l^2 + l^2 = 2l^2$.
Es decir, $d = \sqrt{2} \cdot l$, tal como queríamos demostrar.

Problemas propuestos

1. Dos ángulos de un triángulo miden 60° y 80° respectivamente. Hallar el tercer ángulo.
2. Ídem si miden 70° y 50°.
3. Ídem si miden 86° y 58°.
4. Ídem si miden 39° y 49°.
5. Ídem si miden 25° y 69°.
6. Ídem si miden 54° y 30°.
7. Ídem si miden 36° y 63°.
8. Ídem si miden 83° y 57°.
9. Ídem si miden 106° y 25°.
10. Ídem si miden 35° y 73°.
11. Ídem si miden 73° 8′ 19″ y 47° 32′ 6″.
12. Ídem si miden 102° 7′ 7″ y 36° 50′ 42″.
13. Ídem si miden 63° 5′ 51″ y 65° 58′ 9″.
14. Ídem si miden 49° 36′ 2″ y 53° 37′ 4″.
15. Ídem si miden 94° 7′ 6″ y 27° 9′ 15″.
16. Ídem si miden 51° 7′ 50″ y 87° 4′ 7″.
17. Ídem si miden 32° 8′ 16″ y 34° 13′ 7″.
18. Ídem si miden 80° 6′ 6″ y 67° 9′ 10″.
19. Ídem si miden 107° 18′ 2″ y 38° 6′ 18″.
20. Los lados de un triángulo miden 4, 6 y 7 cm, respectivamente. Indicar si se trata de un triángulo acutángulo, rectángulo u obtusángulo.
21. Ídem 6, 8 y 10 cm.
22. Ídem 9, 12 y 15 cm.
23. Ídem 5, 6 y 7 cm.
24. Ídem 9, 11 y 15 cm.
25. Ídem 18, 24 y 30 cm.
26. Ídem 9, 8 y 11 cm.
27. Ídem 3, 4 y 5 cm.
28. Ídem 5, 6 y 8 cm.
29. Ídem 4, 5 y 6 cm.
30. Ídem 21, 28 y 35 cm.
31. Ídem 6, 7 y 9 cm.
32. Ídem 4, 5 y 7 cm.
33. Ídem 15, 20 y 25 cm.
34. Ídem 3, 5 y 6 cm.
35. Ídem 3, 6 y 7 cm.
36. En un triángulo rectángulo, la hipotenusa $a = 15$ cm y el cateto $b = 9$ cm. Hallar el cateto c.
37. Ídem si $a = 26$ dm y $b = 24$ dm.
38. Ídem si $a = 85$ dm y $b = 75$ dm.
39. Ídem si $a = 250$ cm y $b = 200$ cm.
40. Ídem si $a = 10$ mm y $b = 8$ mm.
41. Ídem si $a = 340$ mm y $b = 300$ mm.
42. Ídem si $a = 30$ cm y $b = 24$ cm.
43. Ídem si $a = 91$ dm y $b = 84$ dm.
44. Ídem si $a = 170$ mm y $b = 150$ mm.
45. Ídem si $a = 13$ cm y $b = 12$ cm.
46. Ídem si $a = 510$ mm y $b = 450$ mm.
47. Ídem si $a = 39$ dm y $b = 36$ dm.
48. Ídem si $a = 200$ cm y $b = 160$ cm.
49. Ídem si $a = 25$ dm y $b = 20$ dm.
50. Ídem si $a = 150$ mm y $b = 90$ mm.
51. Ídem si $a = 17$ cm y $b = 15$ cm.
52. Ídem si $a = 52$ dm y $b = 48$ dm.
53. Ídem si $a = 5$ cm y $b = 4$ cm.
54. Ídem si $a = 100$ mm y $b = 80$ mm.
55. Ídem si $a = 130$ dm y $b = 120$ dm.
56. Los catetos de un triángulo rectángulo miden, respectivamente, $b = 12$ cm y $c = 5$ cm. Hallar la hipotenusa.
57. Ídem si $b = 150$ dm y $c = 200$ dm.
58. Ídem si $b = 4$ mm y $c = 3$ mm.
59. Ídem si $b = 28$ mm y $c = 21$ mm.
60. Ídem si $b = 16$ cm y $c = 12$ cm.
61. Ídem si $b = 120$ dm y $c = 160$ dm.
62. Ídem si $b = 72$ cm y $c = 30$ cm.
63. Ídem si $b = 75$ dm y $c = 40$ dm.

64. Ídem si $b = 15$ cm y $c = 36$ cm.
65. Ídem si $b = 8$ mm y $c = 15$ mm.
66. Ídem si $b = 160$ dm y $c = 300$ dm.
67. Ídem si $b = 60$ cm y $c = 25$ cm.
68. Ídem si $b = 80$ mm y $c = 60$ mm.
69. Ídem si $b = 10$ dm y $c = 24$ dm.
70. Ídem si $b = 32$ mm y $c = 24$ mm.
71. Ídem si $b = 45$ cm y $c = 24$ cm.
72. Ídem si $b = 80$ dm y $c = 150$ dm.
73. Hallar la diagonal de un cuadrado sabiendo que el lado mide $l = 4$ cm.
74. Ídem si $l = 5$ dm.
75. Ídem si $l = 14$ cm.
76. Ídem si $l = 8$ mm.
77. Ídem si $l = 34$ dm.
78. Ídem si $l = 9$ cm.
79. Ídem si $l = 11$ mm.
80. Ídem si $l = 3$ dm.
81. Ídem si $l = 2$ cm.
82. Ídem si $l = 10$ mm.
83. Hallar la diagonal de un rectángulo sabiendo que sus lados miden $a = 8$ cm y $b = 15$ cm, respectivamente.
84. Ídem si $a = 40$ cm y $b = 30$ dm.
85. Ídem si $a = 16$ mm y $b = 30$ mm.
86. Ídem si $a = 450$ cm y $b = 240$ cm.
87. Ídem si $a = 50$ mm y $b = 120$ mm.
88. Ídem si $a = 18$ dm y $b = 24$ dm.
89. Ídem si $a = 20$ mm y $b = 48$ mm.
90. Ídem si $a = 12$ cm y $b = 5$ cm.
91. Ídem si $a = 84$ mm y $b = 35$ mm.
92. Ídem si $a = 15$ dm y $b = 20$ dm.
93. Ídem si $a = 9$ cm y $b = 12$ cm.
94. Ídem si $a = 39$ mm y $b = 52$ mm.
95. Ídem si $a = 120$ dm y $b = 90$ dm.
96. Hallar el área de un triángulo equilátero, sabiendo que su lado mide $l = 6$ cm.
97. Ídem si $l = 30$ mm.
98. Ídem si $l = 12$ dm.
99. Ídem si $l = 18$ cm.
100. Ídem si $l = 50$ mm.
101. Ídem si $l = 2$ dm.
102. Ídem si $l = 40$ cm.
103. Ídem si $l = 10$ dm.
104. Ídem si $l = 20$ mm.
105. Ídem si $l = 4$ cm.
106. Ídem si $l = 60$ dm.
107. Ídem si $l = 16$ mm.
108. Ídem si $l = 8$ mm.
109. Ídem si $l = 80$ cm.
110. Ídem si $l = 14$ dm.
111. Hallar el área de un triángulo, sabiendo que su base $b = 4$ cm y su altura $h = 6$ cm.
112. Ídem si $b = 11$ dm y $h = 16$ dm.
113. Ídem si $b = 5$ mm y $h = 6$ mm.
114. Ídem si $b = 12$ cm y $h = 9$ cm.
115. Ídem si $b = 7$ dm y $h = 8$ dm.
116. Ídem si $b = 18$ mm y $h = 15$ mm.
117. Ídem si $b = 9$ cm y $h = 8$ cm.
118. Ídem si $b = 10$ dm y $h = 11$ dm.
119. Ídem si $b = 17$ mm y $h = 20$ mm.
120. Ídem si $b = 10$ cm y $h = 13$ cm.
121. Ídem si $b = 19$ mm y $h = 12$ mm.
122. Ídem si $b = 14$ dm y $h = 13$ dm.
123. Ídem si $b = 11$ cm y $h = 12$ cm.
124. Ídem si $b = 15$ mm y $h = 16$ mm.
125. Ídem si $b = 14$ dm y $h = 18$ dm.

Soluciones

1. Solución: 40°.
2. S.: 60°.
3. S.: 36°.
4. S.: 92°.
5. S.: 86°.
6. S.: 96°.
7. S.: 81°.
8. S.: 40°.
9. S.: 49°.
10. S.: 72°.
11. S.: 59° 19′ 35″.
12. S.: 41° 2′ 11″.
13. S.: 50° 56′.
14. S.: 76° 46′ 54″.
15. S.: 58° 43′ 39″.
16. S.: 41° 48′ 3″.
17. S.: 113° 38′ 37″.
18. S.: 32° 44′ 44″.
19. S.: 34° 35′ 40″.
20. S.: Acutángulo.
21. S.: Rectángulo.
22. S.: Rectángulo.
23. S.: Acutángulo.
24. S.: Obtusángulo.
25. S.: Rectángulo.
26. S.: Acutángulo.
27. S.: Rectángulo.
28. S.: Obtusángulo.
29. S.: Acutángulo.
30. S.: Rectángulo.
31. S.: Acutángulo.
32. S.: Obtusángulo.
33. S.: Rectángulo.
34. S.: Obtusángulo.
35. S.: Obtusángulo.
36. S.: $c = 12$ cm.

37. S.: $c = 10$ dm.
38. S.: $c = 40$ dm.
39. S.: $c = 150$ cm.
40. S.: $c = 6$ mm.
41. S.: $c = 160$ mm.
42. S.: $c = 18$ cm.
43. S.: $c = 35$ dm.
44. S.: $c = 80$ mm.
45. S.: $c = 5$ cm.
46. S.: $c = 240$ mm.
47. S.: $c = 15$ dm.
48. S.: $c = 120$ cm.
49. S.: $c = 15$ dm.
50. S.: $c = 120$ mm.
51. S.: $c = 8$ cm.
52. S.: $c = 20$ dm.
53. S.: $c = 3$ cm.
54. S.: $c = 60$ mm.
55. S.: $c = 50$ dm.
56. S.: $a = 13$ cm.
57. S.: $a = 250$ dm.
58. S.: $a = 5$ mm.
59. S.: $a = 35$ mm.
60. S.: $a = 20$ cm.
61. S.: $a = 200$ dm.
62. S.: $a = 78$ cm.
63. S.: $a = 85$ dm.
64. S.: $a = 39$ cm.
65. S.: $a = 17$ mm.
66. S.: $a = 340$ dm.
67. S.: $a = 65$ cm.
68. S.: $a = 100$ mm.
69. S.: $a = 26$ dm.
70. S.: $a = 40$ mm.
71. S.: $a = 51$ cm.
72. S.: $a = 170$ dm.
73. S.: $4\sqrt{2}$ cm.
74. S.: $5\sqrt{2}$ dm.
75. S.: $14\sqrt{2}$ cm.
76. S.: $8\sqrt{2}$ mm.
77. S.: $34\sqrt{2}$ dm.
78. S.: $9\sqrt{2}$ cm.
79. S.: $11\sqrt{2}$ mm.
80. S.: $3\sqrt{2}$ dm.
81. S.: $2\sqrt{2}$ cm.
82. S.: $10\sqrt{2}$ mm.
83. S.: 17 cm.
84. S.: 50 dm.
85. S.: 34 mm.
86. S.: 510 cm.
87. S.: 130 mm.
88. S.: 30 dm.
89. S.: 52 mm.
90. S.: 13 cm.
91. S.: 91 mm.
92. S.: 25 dm.
93. S.: 15 cm.
94. S.: 65 mm.
95. S.: 150 dm.
96. S.: $9\sqrt{3}$ cm^2.
97. S.: $225\sqrt{3}$ mm^2.
98. S.: $36\sqrt{3}$ dm^2.
99. S.: $81\sqrt{3}$ cm^2.
100. S.: $625\sqrt{3}$ mm^2.
101. S.: $\sqrt{3}$ dm^2.
102. S.: $400\sqrt{3}$ cm^2.
103. S.: $25\sqrt{3}$ dm^2.
104. S.: $100\sqrt{3}$ mm^2.
105. S.: $4\sqrt{3}$ cm^2.
106. S.: $900\sqrt{3}$ dm^2.
107. S.: $64\sqrt{3}$ mm^2.
108. S.: $16\sqrt{3}$ mm^2.
109. S.: $1.600\sqrt{3}$ cm^2.
110. S.: $49\sqrt{3}$ dm^2.
111. S.: 12 cm^2.
112. S.: 88 dm^2.
113. S.: 15 mm^2.
114. S.: 54 cm^2.
115. S.: 28 dm^2.
116. S.: 135 mm^2.
117. S.: 36 cm^2.
118. S.: 55 dm^2.
119. S.: 170 mm^2.
120. S.: 65 cm^2.
121. S.: 114 mm^2.
122. S.: 91 dm^2.
123. S.: 66 cm^2.
124. S.: 120 mm^2.
125. S.: 126 dm^2.

Otros polígonos 36

Introducción histórica

Los egipcios cultivaron la Geometría de modo muy especial, puesto que al ser la agricultura la base de la civilización egipcia, las aplicaciones de la Geometría a la agrimensura fueron de vital importancia, ya que las crecidas periódicas del Nilo obligaban a delimitar las parcelas de tierra cultivada. De ahí el nombre de Geometría, que significa medida de la tierra, que recibió esta ciencia. Asimismo, los sacerdotes egipcios aplicaron la Geometría a la construcción.
El mayor exponente lo tenemos en las fantásticas pirámides de Gizeh, construidas con tal precisión que los errores de sus medidas son inferiores a la anchura de un dedo.

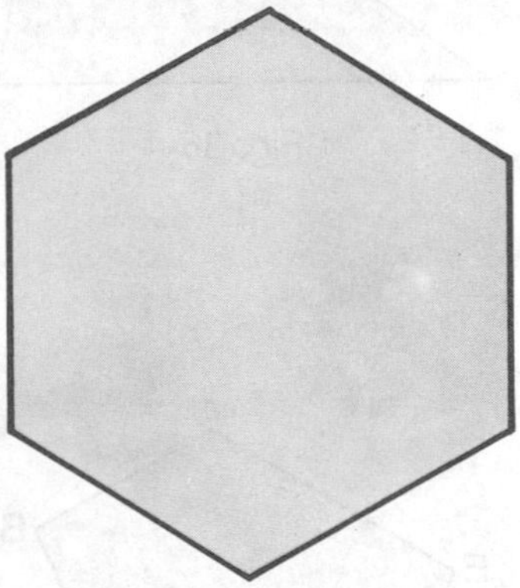
Fig. 36-1

36.1 Definiciones

Se llama polígono a la porción de plano limitada por una línea poligonal cerrada que recibe el nombre de contorno.

Así, por ejemplo, en la figura 36-1 se representa un polígono mientras que la línea de la figura 36-2 no representa un polígono.
Se dice que un polígono es convexo cuando está limitado por una poligonal convexa.
Así, por ejemplo, el polígono representado en la figura 36-3 es convexo.

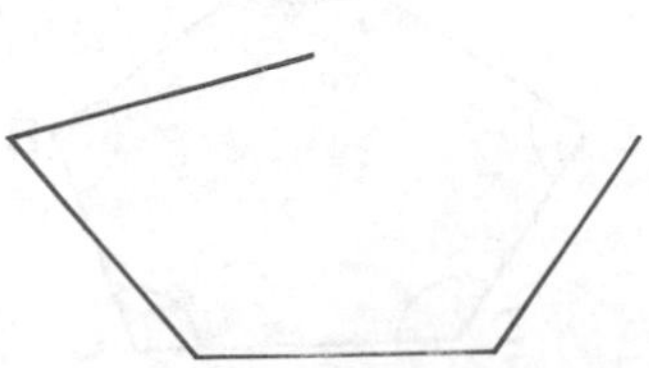
Fig. 36-2

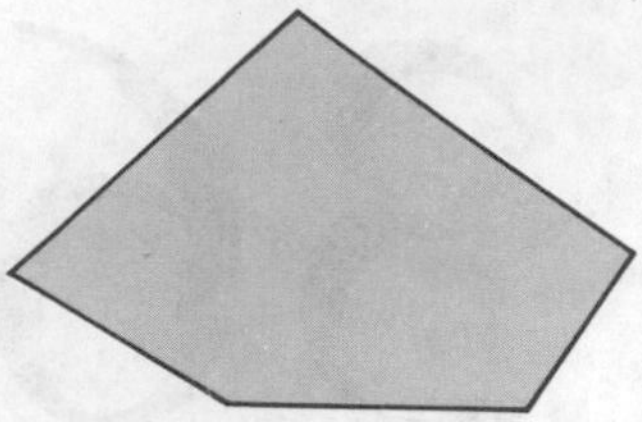
Fig. 36-3

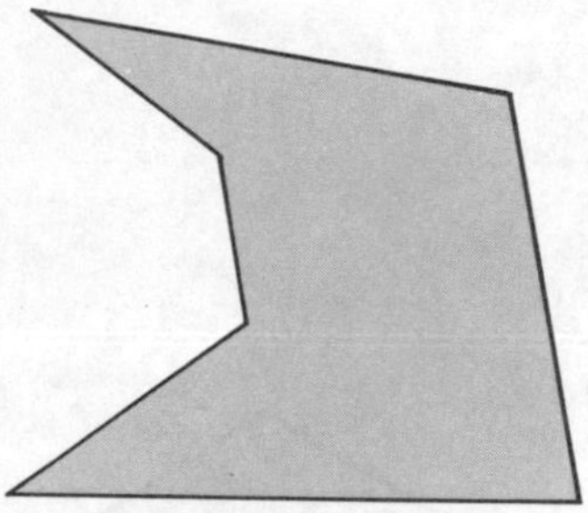
Fig. 36-4

En cambio, se dice que un polígono es cóncavo cuando está limitado por una poligonal cóncava.

Así, por ejemplo, el polígono representado en la figura 36-4 es cóncavo.

Los lados y los vértices del polígono son los mismos que los de la poligonal.

Así, por ejemplo, tal como puede observarse en la figura 36-5, los vértices del polígono son A, B, C, D y E y los lados son AB, BC, CD, DE y EA.

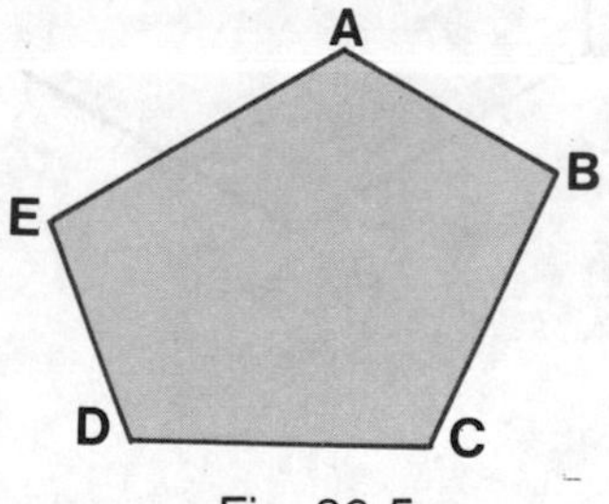

Fig. 36-5

Se denominan ángulos interiores o internos de un polígono a los que están formados por dos lados consecutivos.

Así, por ejemplo, tal como puede observarse en la figura 36-6, los ángulos internos del polígono son A, B, C, D y E.

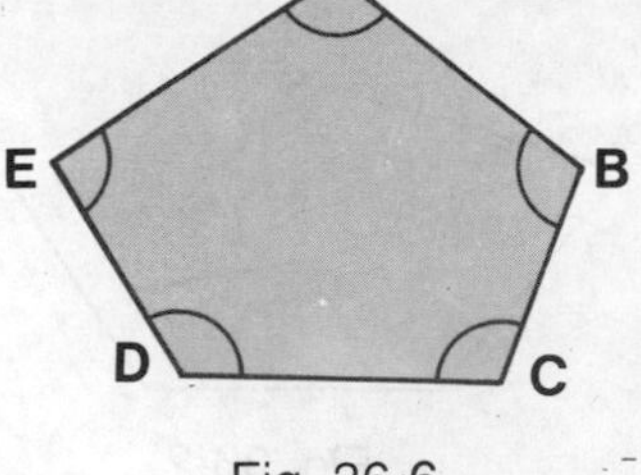

Fig. 36-6

En cambio, se denominan ángulos exteriores o externos de un polígono a los ángulos adyacentes a los interiores, que se obtienen al prolongar los lados en un mismo sentido.

Así, por ejemplo, tal como puede observarse en la figura 36-7, los ángulos externos del polígono son M, N, P, Q y R.

Como puede observarse, el número de lados de un polígono coincide con el número de vértices y con el número de ángulos.

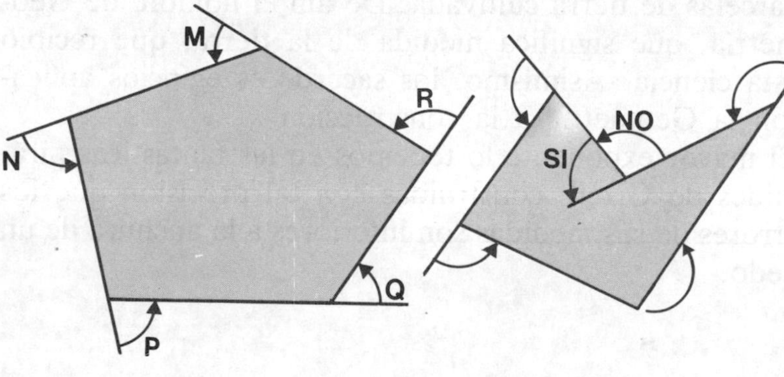

Fig. 36-7

Se denomina perímetro de un polígono a la longitud de su contorno, o sea, a la suma de la longitud de sus lados.

Así, por ejemplo, el perímetro del polígono representado en la figura 36-5 es AB + BC + CD + DE + EA.

De acuerdo con el número de lados, los polígonos reciben los siguientes nombres:

Número de lados	*Nombre*
Tres	Triángulo
Cuatro	Cuadrilátero

Número de lados	Nombre
Cinco	Pentágono
Seis	Hexágono
Siete	Heptágono
Ocho	Octágono
Nueve	Eneágono
Diez	Decágono
Once	Endecágono
Doce	Dodecágono

Se llama diagonal de un polígono al segmento determinado por dos vértices no consecutivos.

Así, por ejemplo, tal como puede observarse en la figura 36-8, las diagonales del pentágono representado son AC, AD, BD, BE y CE.

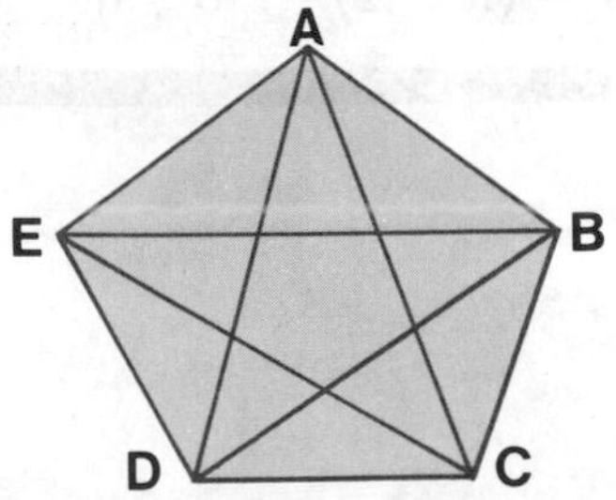

Fig. 36-8

Se dice que un polígono es regular cuando tiene todos sus lados y ángulos iguales, es decir, cuando es a la vez equilátero y equiángulo.

Así, por ejemplo, el hexágono representado en la figura 36-9 es un hexágono regular.

Se llama centro de un polígono regular al centro común de sus circunferencias inscrita y circunscrita. Así, tal como puede observarse en la figura 36-9, el punto O es el centro del hexágono regular.

Se llama radio de un polígono regular al segmento que une el centro con un vértice del polígono. El radio de un polígono regular es también el radio de la circunferencia circunscrita.

Así, en la figura 36-9, OA, OB, OC, OD, OE y OF son los radios del hexágono regular.

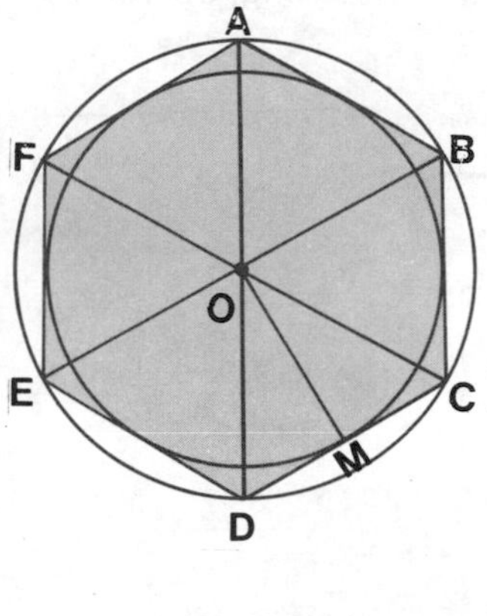

Fig. 36-9

Se llama ángulo central de un polígono regular al formado por dos radios que pasan por dos vértices consecutivos.

Así, por ejemplo, en la figura 36-9, AOB, BOC, COD, DOE, EOF y FOA son los seis ángulos centrales que tiene el hexágono regular.

Se llama apotema de un polígono regular al segmento de perpendicular trazado desde el centro del polígono a uno de sus lados. La apotema es igual al radio de la circunferencia inscrita.

El valor de un ángulo interior de un polígono regular de n *lados es* i = (n − 2) · 180° / n.

Así, por ejemplo, en la figura 36-9, OM es una apotema del hexágono regular.
Los polígonos regulares cumplen las siguientes propiedades:

a) Si llamamos l al lado de un polígono regular de n lados, entonces su perímetro será $p = nl$.
b) A todo polígono regular se le puede circunscribir una circunferencia.
c) En todo polígono regular se puede inscribir una circunferencia.
d) El centro de la circunferencia circunscrita a un polígono regular es también el centro de su circunferencia inscrita.
e) Si un polígono inscrito en una circunferencia tiene sus lados iguales, el polígono es regular.
f) Los radios de un polígono regular son iguales.
g) Todo radio de un polígono regular es bisectriz del ángulo por cuyo vértice pasa.
h) Las apotemas de un polígono regular son iguales.
i) Toda apotema de un polígono regular biseca el lado correspondiente.
j) En un polígono regular de n lados, cada ángulo central c es igual a $360° / n$.

Vamos a demostrar a continuación que:

La suma de los ángulos interiores de un polígono convexo es igual a $n - 2$ veces dos ángulos rectos, siendo n el número de lados del polígono.

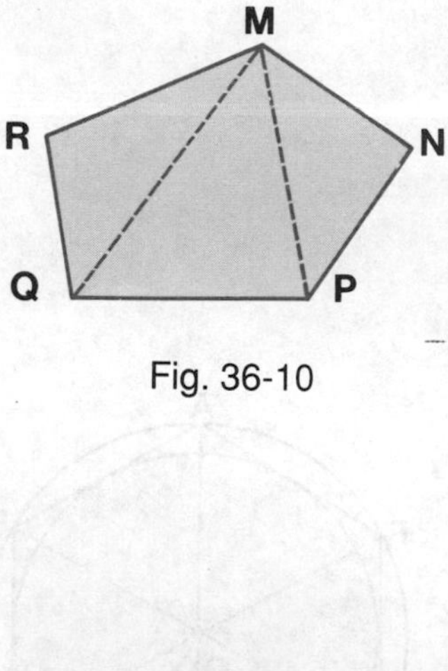

Fig. 36-10

En efecto, tal como puede observarse en la figura 36-10, supongamos por hipótesis que M, N, P, Q y R son los ángulos interiores de un polígono convexo de n lados.
Se trata de demostrar que la suma de los ángulos interiores de un polígono convexo vale $S_i = M + N + P + Q + R = (n - 2) \cdot 180°$.
Para ello, desde un vértice cualquiera se trazan todas las diagonales que parten de dicho vértice, con lo cual el polígono queda descompuesto en $n - 2$ triángulos.
Obviamente, la suma de los ángulos interiores de los $n - 2$ triángulos coincide con la suma de los ángulos interiores del polígono.
Ahora bien, la suma de los ángulos interiores de un triángulo vale dos rectos, es decir 180°.
Pero como el polígono de n lados se ha descompuesto en $n - 2$ triángulos, tendremos que la suma de los ángulos interiores del polígono, $S_i = (n - 2) \cdot 180°$, tal como queríamos demostrar.
En el caso del polígono de la figura 36-10, como $n = 5$, tendremos: $S_i = (5 - 2) \cdot 180° = 3 \cdot 180° = 540°$.
En el caso particular de que se trate de un polígono regular, todos los ángulos interiores serán iguales. Por lo tanto, para hallar el

valor de un ángulo interior de un polígono regular dividiremos la suma de los ángulos interiores del polígono entre el número de lados.
Así pues, el valor de un ángulo interior de un polígono regular será $i = (n - 2) \cdot 180° / n$.
Vamos a demostrar a continuación que:

La suma de los ángulos exteriores de un polígono convexo es igual a cuatro ángulos rectos.

En efecto, tal como puede observarse en la figura 36-11, supongamos por hipótesis que A, B, C, D, E son los ángulos exteriores de un polígono de n lados.
Se trata de demostrar que la suma de los ángulos exteriores de un polígono convexo vale $S_e = A + B + C + D + E = 360°$.
Para ello, tengamos en cuenta que, en cada vértice, el ángulo exterior y el ángulo interior suman dos rectos por ser ángulos adyacentes. Así pues, si multiplicamos dos rectos por el número de vértices, tendremos la suma de todos los ángulos interiores y exteriores del polígono.

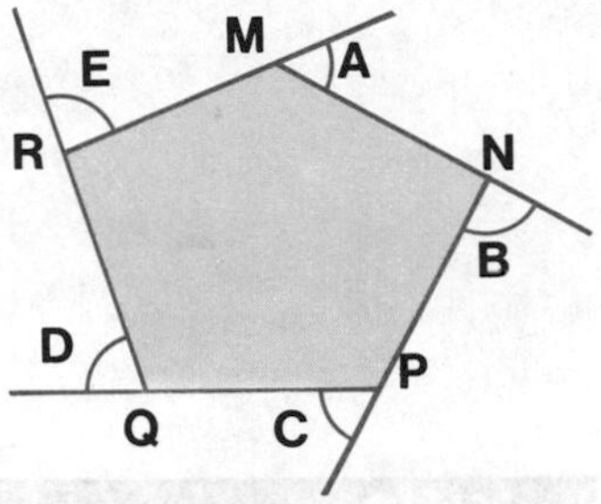

Fig. 36-11

O sea, $S_i + S_e = n \cdot 180°$
Es decir, $S_e = n \cdot 180° - S_i$ (1)
Ahora bien, $S_i = (n - 2) \cdot 180°$ (2)

Sustituyendo (2) en (1) obtenemos:

$$S_e = n \cdot 180° - (n - 2) \cdot 180°$$

Es decir, $S_e = n \cdot 180° - n \cdot 180° + 360°$.
Simplificando: $S_e = 360°$, tal como queríamos demostrar.

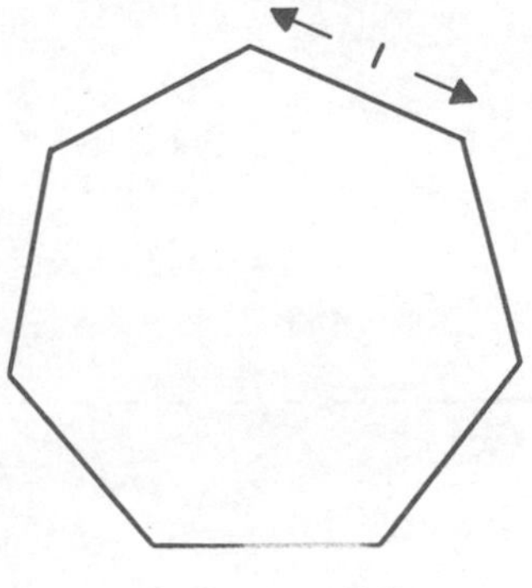

En el caso particular de que se trate de un polígono regular, como todos los ángulos interiores son iguales, los ángulos exteriores también lo serán.
Por lo tanto, para hallar el valor de un ángulo exterior bastará con dividir la suma de todos los ángulos exteriores por el número de ángulos que haya.
Así pues, el valor de un ángulo exterior de un polígono regular será $e = S_e / n$
O sea, $e = 360° / n$
Vamos a demostrar a continuación dos teoremas referidos a las diagonales de un polígono:

El número de diagonales que pueden trazarse desde cualquier vértice de un polígono es igual al número de lados menos tres.

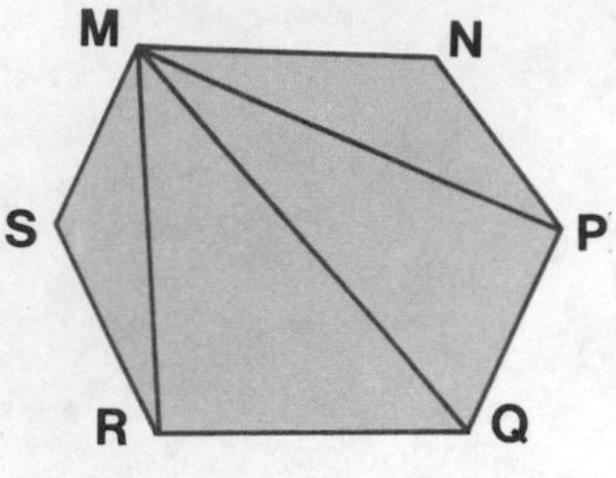

Fig. 36-12

En efecto, tal como puede observarse en la figura 36-12, supongamos por hipótesis que MNPQRS es un polígono de n lados y que d es el número de diagonales que pueden trazarse desde un vértice.

Se trata de demostrar que $d = n - 3$.

Para ello, basta con considerar que si desde un vértice cualquiera se trazan todas las diagonales posibles, siempre habrá tres vértices a los cuales no se puede trazar ninguna diagonal, a saber, los dos vértices contiguos y el mismo vértice desde el que se trazan las diagonales.

Pero como el número de lados del polígono, n, coincide con el número de vértices, tendremos que $d = n - 3$, tal como queríamos demostrar.

Comprobemos que esta fórmula se verifica en el caso del hexágono de la figura 36-12. En efecto, desde el vértice M se pueden trazar $6 - 3 = 3$ diagonales.

El perímetro de un polígono es la longitud de su contorno.

El número total de diagonales, D, que se pueden trazar desde todos los vértices de un polígono de n lados viene dado por la expresión $D = n(n - 3) / 2$.

En efecto, tal como puede observarse en la figura 36-13, supongamos por hipótesis que MNPQRS es un polígono de n lados y que D es el número total de diagonales que pueden trazarse.

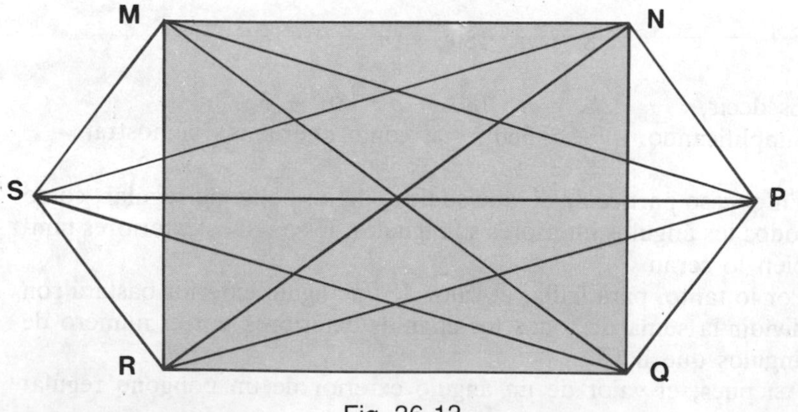

Fig. 36-13

Una diagonal de un polígono une dos vértices no consecutivos.

Se trata de demostrar que $D = n(n - 3) / 2$.

Para ello, basta con recordar que desde un vértice pueden trazarse $n - 3$ diagonales.

Así pues, como hay n vértices, el número de diagonales sería $n(n - 3)$. Ahora bien, como cada diagonal une dos vértices, al calcular el número de diagonales de esta manera, habríamos contado dos veces cada diagonal.

Por consiguiente, el número total de diagonales que pueden trazarse es $D = n(n - 3) / 2$, tal como queríamos demostrar.
Comprobemos que la fórmula anterior se verifica en el caso del hexágono irregular representado en la figura 36-13. En efecto, el número total de diagonales que pueden trazarse en ese polígono es $D = 6(6 - 3) / 2 = 9$.

Finalmente, demostremos el siguiente enunciado:

Dos polígonos son iguales si se pueden descomponer en el mismo número de triángulos respectivamente iguales y dispuestos de la misma manera.

En efecto, tal como puede observarse en la figura 36-14, supongamos por hipótesis que MNPQR y M′N′P′Q′R′ son dos polígonos tales que:

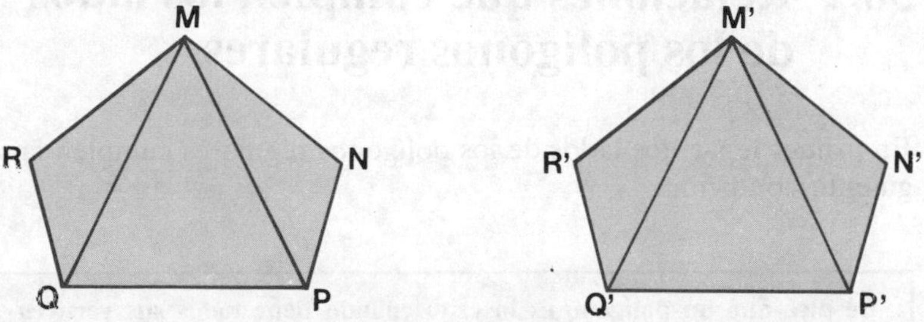

Fig. 36-14

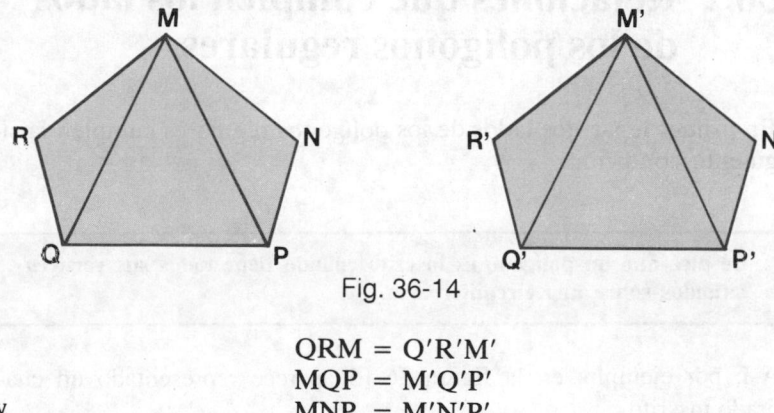

QRM = Q′R′M′
MQP = M′Q′P′
y MNP = M′N′P′

Se trata de demostrar que los polígonos MNPQR y M′N′P′Q′R′ son iguales.
Por ser respectivamente iguales los triángulos en que han quedado descompuestos los dos polígonos tendremos:

MN = M′N′
NP = N′P′
PQ = P′Q′
QR = Q′R′

y RM = R′M′ por ser lados homólogos de triángulos iguales.

Por otra parte,

R = R′
y N = N′

por ser ángulos opuestos a lados iguales de triángulos iguales.

Polígono regular es el que tiene iguales todos sus lados y todos sus ángulos.

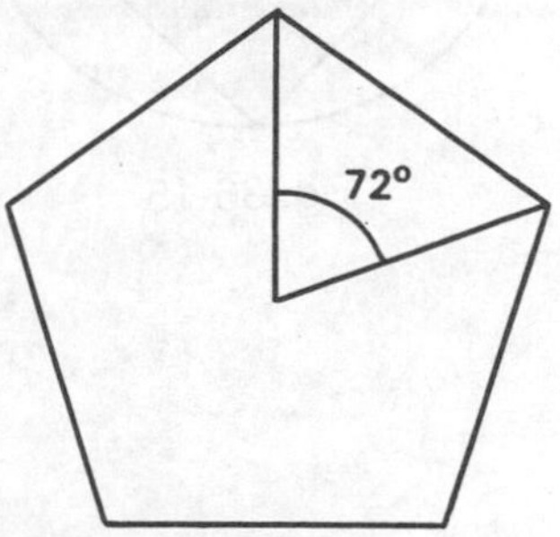

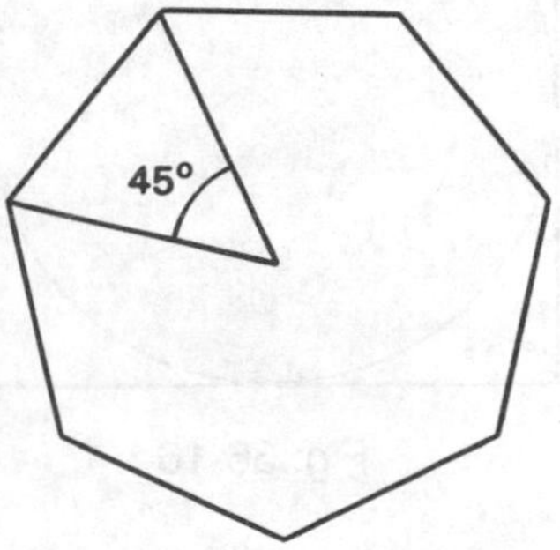

La apotema de un polígono regular es la perpendicular trazada desde el centro hasta un lado.

Además:

$$M = M'$$
$$P = P'$$
y $$Q = Q'$$

por ser la suma de ángulos respectivamente iguales.

Por consiguiente, los polígonos MNPQR y M'N'P'Q'R' son iguales por tener los lados y los ángulos respectivamente iguales, tal como queríamos demostrar.

También se cumple el teorema recíproco del anterior:

Si dos polígonos son iguales, pueden descomponerse en igual número de triángulos respectivamente iguales e igualmente dispuestos.

36.2 Relaciones que cumplen los lados de los polígonos regulares

En primer lugar, los lados de los polígonos regulares cumplen la siguiente condición:

Se dice que un polígono es inscrito cuando tiene todos sus vértices situados sobre una circunferencia.

Así, por ejemplo, en la figura 36-15 aparece representado un cuadrado inscrito.

Se dice que un polígono es circunscrito cuando sus lados son tangentes a la circunferencia.

Así, por ejemplo, en la figura 36-16 aparece representado un cuadrado circunscrito.

Vamos a demostrar a continuación una serie de teoremas relativos a polígonos inscritos y circunscritos.

a) Si una circunferencia se divide en tres o más arcos iguales, las cuerdas que unen los sucesivos puntos de división forman un polígono regular inscrito.

Se trata de demostrar que el polígono MNPQ es regular.

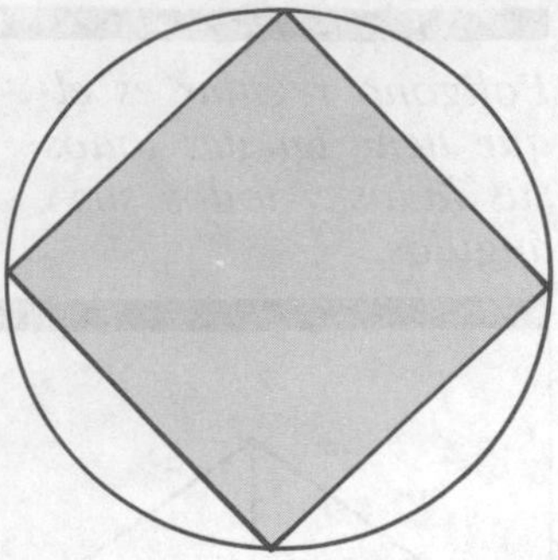

Fig. 36-15

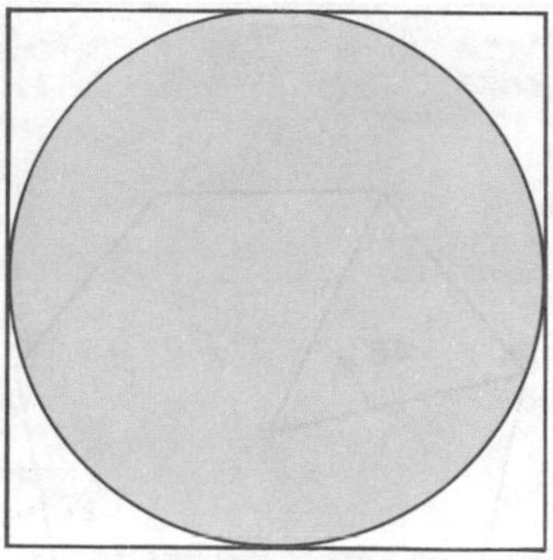

Fig. 36-16

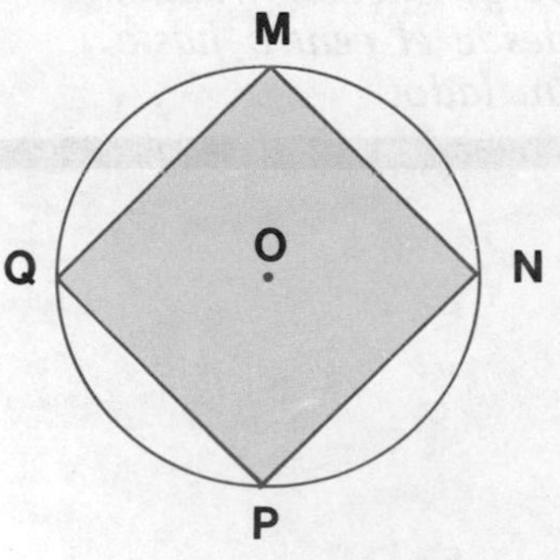

Fig. 36-17

Ahora bien, las cuerdas MN = NP = PQ = QM por ser iguales los arcos correspondientes por hipótesis.
Así pues, los ángulos M, N, P y Q serán iguales por ser ángulos inscritos en arcos iguales.
Por consiguiente, podemos concluir que el polígono MNPQ es regular por tener sus ángulos y sus lados iguales, tal como queríamos demostrar.

En efecto, tal como puede observarse en la figura 36-17, supongamos por hipótesis que en la circunferencia de centro O los arcos MN = NP = QP = QM y que MN, NP, QP y QM son sus cuerdas correspondientes.

Como corolario del teorema anterior tenemos que:

Si se une el punto medio de cada uno de los arcos subtendidos por los lados de un polígono regular inscrito con los dos vértices más próximos, se obtiene un polígono regular inscrito con doble número de lados que el polígono inicial.

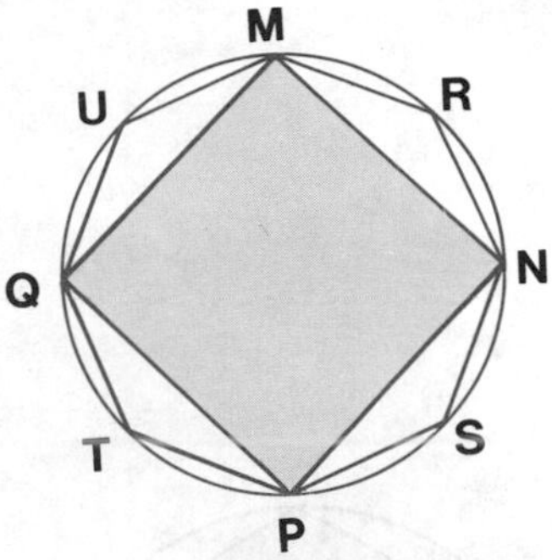

Fig. 36-18

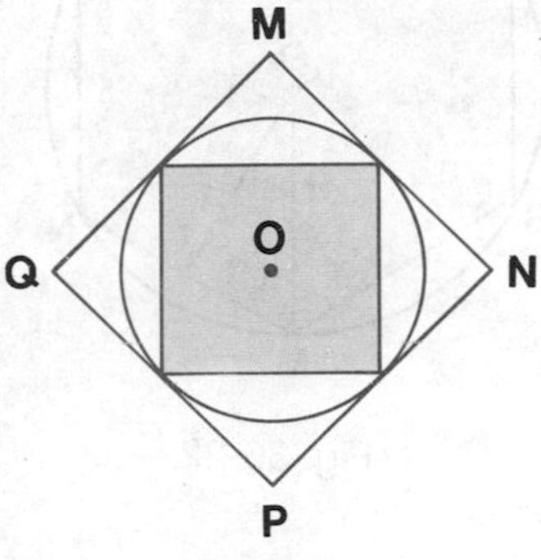

Fig. 36-19

En efecto, tal como puede observarse en la figura 36-18, como los nuevos arcos MR, RN, NS, SP, PT, TQ, QU y UM también son iguales entre sí por ser la mitad de arcos iguales, el nuevo polígono también será regular de acuerdo con el enunciado anterior.
b) Si una circunferencia se divide en tres o más arcos iguales, las tangentes trazadas a la circunferencia por los puntos de división o por los puntos medios de los arcos, forman un polígono regular circunscrito.

En efecto, tal como puede observarse en la figura 36-19, si dividimos, por ejemplo, la circunferencia en 4 arcos iguales y por los puntos de división trazamos tangentes a la circunferencia, las tangentes así construidas formarán el cuadrado circunscrito MNPQ, que es un polígono regular, puesto que sus ángulos son iguales, al ser ángulos exteriores que abarcan arcos iguales y sus lados también lo son por ser suma de segmentos iguales.

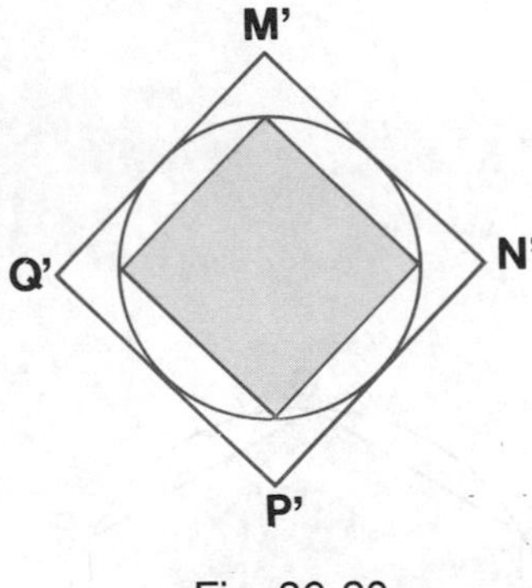

Fig. 36-20

De modo similar, si se trazan las tangentes por los puntos medios de cada uno de los 4 arcos iguales en que ha quedado dividida la circunferencia, se forma el cuadrado circunscrito M'N'P'Q', tal como puede observarse en la figura 36-20, que también es un polígono regular y cuyos lados son paralelos a los del cuadrado inscrito formado al unir los puntos de división.
c) Todo polígono regular puede ser inscrito en una circunferencia.
En efecto, tal como puede observarse en la figura 36-21, supongamos por hipótesis que MNPQRS es un polígono regular.

Se trata de demostrar que MNPQRS se puede inscribir en una circunferencia.

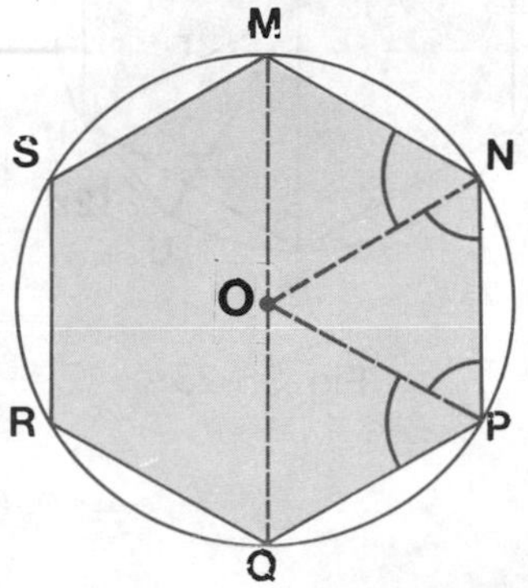

Fig. 36-21

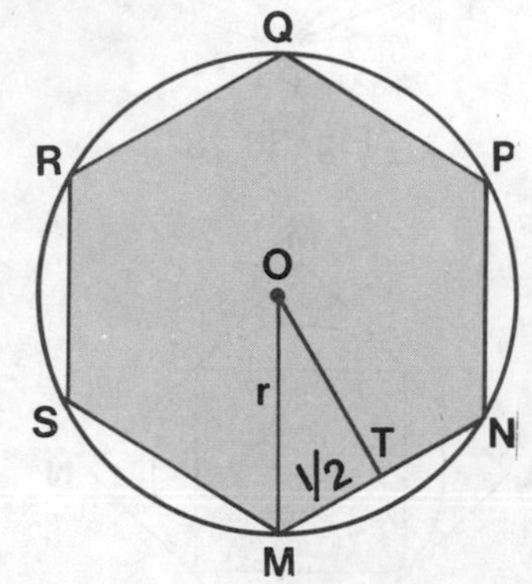

Fig. 36-22

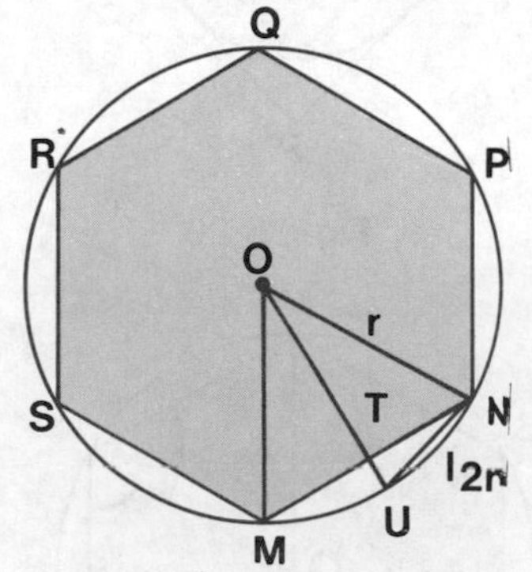

Fig. 36-23

Para ello, tracemos la circunferencia de centro O que pasa por los tres vértices M, N y P. Unamos también O con Q formando los triángulos OQP, OPN y ONM. Así pues, tendremos que los ángulos MNP y NPQ son iguales por ser regular el polígono MNPQRS por hipótesis.
Pero como los ángulos ONP y NPO también son iguales porque el triángulo ONP es isósceles, entonces los ángulos MNO y OPQ también serán iguales por ser diferencia de ángulos iguales.
Además MN = PQ porque el polígono MNPQRS es regular y OP = ON por ser radios de una misma circunferencia.
Por lo tanto, los triángulos OQP y OMN serán iguales por tener iguales dos lados y el ángulo comprendido entre ellos.

Así pues, OQ = OM por ser lados homólogos de triángulos iguales. Pero como OQ = OM es el radio de la circunferencia, la circunferencia pasará por el punto Q.
De modo similar se demostraría que también pasa por R y S. Por consiguiente, el polígono regular MNPQRS se puede inscribir por tener todos sus vértices sobre la circunferencia, tal como queríamos demostrar.

Para calcular la apotema de un polígono regular en función del lado y del radio se procede del modo siguiente: supongamos por hipótesis, tal como puede observarse en la figura 36-22, que MN = l es el lado del polígono regular, que OT = a es la apotema y que OM = r es el radio de la circunferencia circunscrita.

Aplicando el teorema de Pitágoras al triángulo rectángulo OMT tendremos:

$$r^2 = a^2 + (l / 2)^2$$

Desarrollando: $r^2 = a^2 + l^2 / 4$
Despejando: $a^2 = r^2 - l^2 / 4$
Operando: $a^2 = (4r^2 - l^2) / 4$

Extrayendo la raíz cuadrada en ambos miembros:

$$a = \sqrt{(4r^2 - l^2) / 4} = 1 / 2 \sqrt{4r^2 - l^2}$$

Conocido el valor del lado de un polígono regular inscrito cualquiera se puede calcular el lado del polígono regular inscrito de doble número de lados, procediendo del modo siguiente: supongamos por hipótesis, tal como puede observarse en la figura 36-23, que MN = l_n es el lado del polígono regular de n lados, que OT = = a_n es la apotema del polígono regular de n lados, que UN es el lado del polígono regular de $2n$ lados y que OU = ON es el radio de la circunferencia circunscrita.

En el triángulo acutángulo OUN tendremos:

$$l_{2n}^2 = r^2 + r^2 - 2r \cdot a_n \quad (1)$$

Pero como $\quad a_n = 1/2 \sqrt{4r^2 - l_n^2} \quad (2)$

Sustituyendo (2) en (1) se obtiene:

$$l_{2n}^2 = 2r^2 - 2r \cdot 1/2 \sqrt{4r^2 - l_n^2}$$

O sea, $\quad l_{2n}^2 = 2r^2 - r\sqrt{4r^2 - l_n^2}$

Es decir, $l_{2n} = \sqrt{2r^2 - r\sqrt{4r^2 - l_n^2}}$

Análogamente, conocido el valor del lado de un polígono regular inscrito cualquiera se puede calcular el lado del polígono regular circunscrito del mismo número de lados, procediendo del modo siguiente: supongamos por hipótesis, tal como puede observarse en la figura 36-24, que $MN = l_n$ es el lado del polígono regular inscrito y que $M'N' = L_n$ es el lado del polígono regular circunscrito. Construyamos el radio $OS \perp M'N'$. Llamemos R al punto donde OS corta a MN. Como $M'N' \parallel MN$, OR será la apotema del polígono inscrito. Uniendo O com M' y con N' se forman los triángulos OM'N' y OMN. Como los ángulos M'ON' y MON son iguales porque $MN \parallel M'N'$, tendremos: $M'N' / MN = OS / OR$ (1) por tratarse de alturas homólogas de triángulos semejantes.

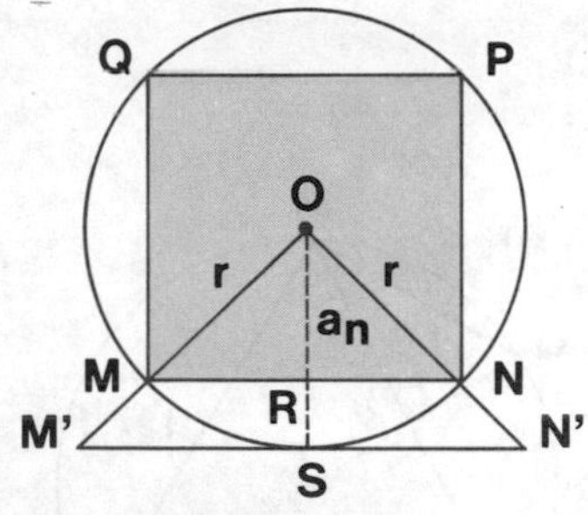

Fig. 36-24

Ahora bien, como:

$$M'N' = L_n$$
$$MN = l_n$$
$$OS = r$$
y $$OR = a_n$$

Sustituyendo en (1) tendremos:

$$L_n / l_n = r / a_n$$

Así pues, $\quad L_n = l_n \cdot r / a_n \quad (2)$

Pero como $a_n = 1/2 \sqrt{4r^2 - l_n^2}$

Sustituyendo este último valor en (2) tendremos:

$$L_n = l_n \cdot r / (1/2)\sqrt{4r^2 - l_n^2}$$

Es decir, $\quad L_n = 2\, l_n r / \sqrt{4r^2 - l_n^2}$

A continuación vamos a calcular los valores de los lados de algunos polígonos regulares sencillos en función del radio de la circunferencia circunscrita.

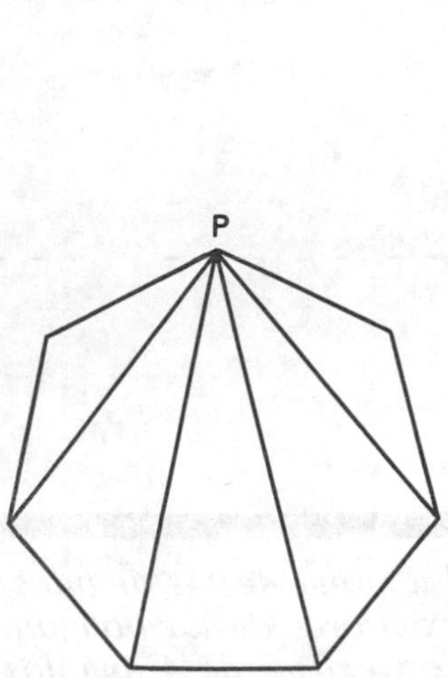

Diagonales desde P: 7 – 3 = 4

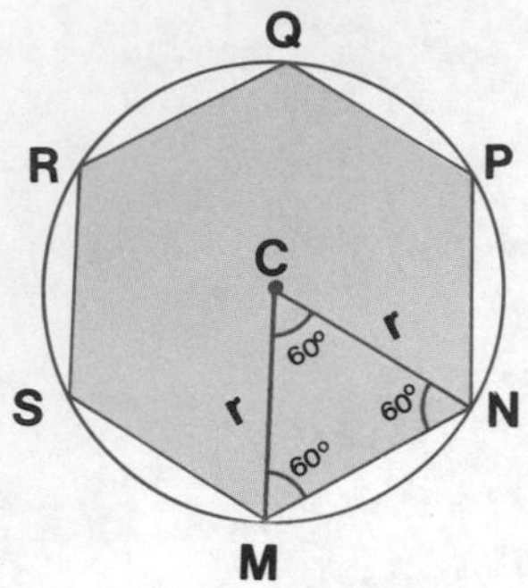

Fig. 36-25

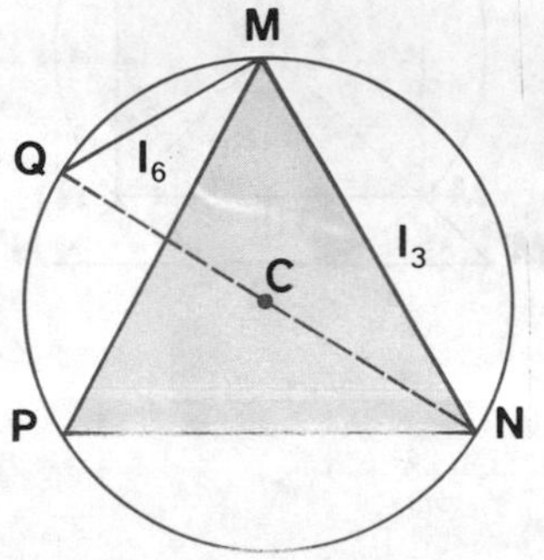

Fig. 36-26

La suma de los ángulos exteriores de un polígono convexo es de 4 ángulos rectos.

a) Cálculo del lado del hexágono regular inscrito.
Supongamos por hipótesis, tal como puede observarse en la figura 36-25, que MNPQRS es un hexágono regular inscrito en la circunferencia de centro O y radio r. Sea MN = l el lado del hexágono regular y OM = ON = r.
En el triángulo CMN tendremos que:

C + M + N = 180° (1) por ser la suma de los ángulos interiores de un triángulo.
Ahora bien C = 360° / 6 = 60° (2) por ser un ángulo central.
Sustituyendo (2) en (1) tendremos:

$$60° + M + N = 180°$$

O sea, M + N = 180° − 60° = 120° (3)
Pero M = N (4) puesto que son ángulos opuestos a lados iguales ya que CN = OM = r.
Sustituyendo (4) en (3) resulta:

$$M + M = 120°$$

O sea, 2M = 120°
Es decir, M = 120° / 2 = 60°
Así pues, tendremos que C = M = N = 60°
Pero como a ángulos iguales se oponen lados iguales, tendremos:

$$MN = CM = ON = r$$

Por consiguiente, $l = r$.

b) Cálculo del lado del triángulo equilátero inscrito.
Supongamos por hipótesis, tal como puede observarse en la figura 36-26, que MNP es un triángulo equilátero inscrito en la circunferencia de centro C y radio r, construido uniendo de dos en dos los vértices del hexágono regular correspondiente.

Sea Q el punto medio del arco MP y QN el diámetro perpendicular a la cuerda MP.

Así pues, en el triángulo MNQ tendremos: M = 90° por ser un ángulo inscrito que abarca una semicircunferencia.

$$QN^2 = MN^2 + MQ^2 \quad (1)$$

por el teorema de Pitágoras

Pero como QN = $2r$ por ser un diámetro
MQ = l_6 por ser el lado del hexágono regular
y MN = l_3 por ser el lado del triángulo equilátero

Sustituyendo en (1) tendremos:

$$(2r)^2 = l_3^2 + l_6^2$$

Es decir, $4r^2 = l_3^2 + l_6^2 \qquad (2)$

Pero como $l_6 = r$, sustituyendo en (2) tendremos:

$$4r^2 = l_3^2 + r^2$$

Despejando: $l_3^2 = 3r^2$

Extrayendo la raíz cuadrada en ambos miembros se obtiene:

$$l_3 = r\sqrt{3}$$

c) Cálculo del lado del cuadrado inscrito.
Supongamos por hipótesis, tal como puede observarse en la figura 36-27, que MNPQ es un cuadrado inscrito en la circunferencia de centro O y radio r.

En el triángulo MOQ tendremos:

$$MQ^2 = MO^2 + QO^2 \quad (1) \quad \text{por el teorema de Pitágoras}$$

Pero como $MQ = l$ por ser el lado del cuadrado
y $QO = MO = r$

Sustituyendo en (1) tendremos:

$$l^2 = r^2 + r^2 = 2r^2$$

Extrayendo la raíz cuadrada en ambos miembros:

$$l = r\sqrt{2}$$

d) Cálculo del lado del octágono regular inscrito.
Para hallar el lado del octágono regular inscrito utilizaremos la fórmula:

$$l_{2n} = \sqrt{2r^2 - r\sqrt{4r^2 - l_n^2}} \qquad (1)$$

siendo l_{2n} el lado del octágono regular y l_n el lado del cuadrado. Pero como el lado del cuadrado vale $l_n = r\sqrt{2}$, sustituyendo en (1) tendremos:

$$l_{2n} = \sqrt{2r^2 - r\sqrt{4r^2 - (r\sqrt{2})^2}}$$

Operando: $l_{2n} = \sqrt{2r^2 - r\sqrt{4r^2 - 2r^2}}$

O sea, $l_{2n} = \sqrt{2r^2 - r\sqrt{2r^2}}$

El lado del cuadrado inscrito en una circunferencia vale $l = r\sqrt{2}$, *siendo* r *el radio de la circunferencia.*

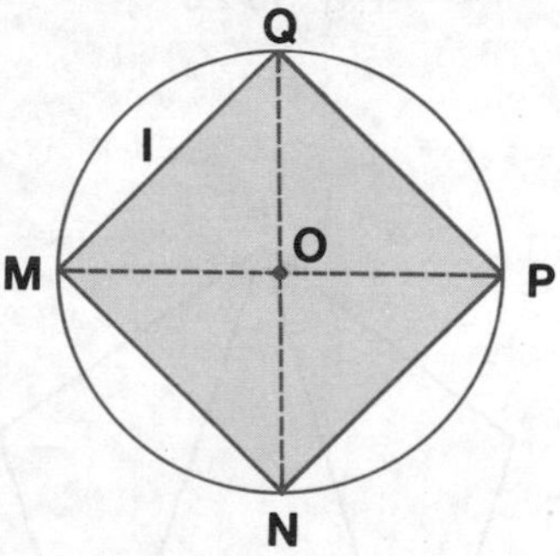

Fig. 36-27

La suma de los ángulos interiores de un polígono convexo de n *lados es* n−2 *ángulos rectos.*

Es decir, $l_{2n} = \sqrt{2r^2 - r^2\sqrt{2}}$

Extrayendo factor común: $l_{2n} = \sqrt{r^2(2 - \sqrt{2})}$

Por consiguiente, $l_{2n} = r\sqrt{2 - \sqrt{2}}$

e) Cálculo del lado del dodecágono regular inscrito.
Para hallar el lado del dodecágono regular inscrito utilizaremos la fórmula:

$$l_{2n} = \sqrt{2r^2 - r\sqrt{4r^2 - l_n^2}} \qquad (1)$$

siendo l_{2n} el lado del dodecágono regular y l_n el lado del hexágono regular. Pero como el lado del hexágono regular vale $l_n = r$, sustituyendo en (1) tendremos:

$$l_{2n} = \sqrt{2r^2 - r\sqrt{4r^2 - r^2}}$$

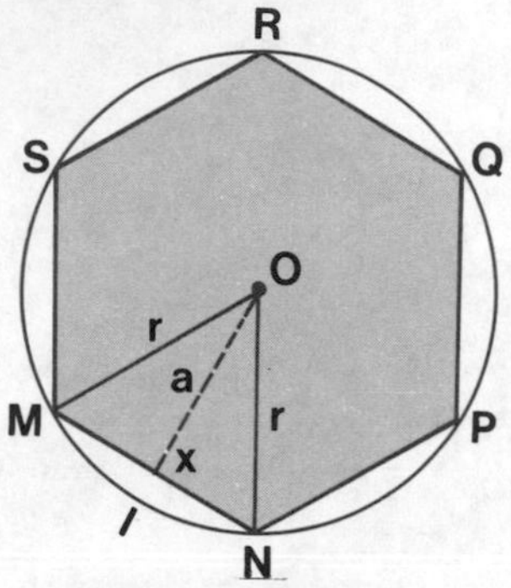

Fig. 36-28

O sea, $l_{2n} = \sqrt{2r^2 - r\sqrt{3r^2}}$

Es decir, $l_{2n} = \sqrt{2r^2 - r^2\sqrt{3}}$

Extrayendo factor común: $l_{2n} = \sqrt{r^2(2 - \sqrt{3})}$

Por consiguiente, $l_{2n} = r\sqrt{2 - \sqrt{3}}$

Por último, vamos a demostrar que:

El área de un polígono regular es igual al producto de su semiperímetro por su apotema.

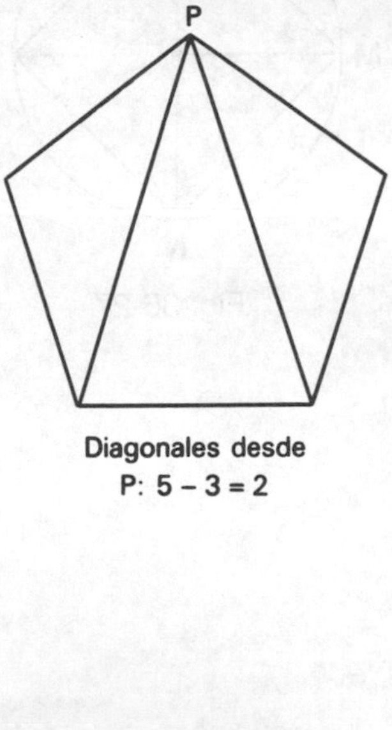

Diagonales desde P: 5 − 3 = 2

En efecto, tal como puede observarse en la figura 36-28, supongamos por hipótesis que MNPQS es un polígono regular de n lados, cuyo lado es l, cuya apotema es a y cuyo perímetro es P.

Se trata de demostrar que su área $A = P \cdot a / 2$.
Para ello, construyamos la circunferencia circunscrita al polígono. Uniendo el centro de la circunferencia O con cada uno de los vértices del polígono se forman n triángulos iguales de base l y altura a.

Así pues, $A_{MNPQRS} = n \cdot A_{MON}$ (1)
Ahora bien, $A_{MON} = l \cdot a / 2$ (2)

Sustituyendo (2) en (1) tendremos que:
$A_{MNPQRS} = n \cdot l \cdot a / 2$ (3)
Pero como $n \cdot l = P$ (4) por definición de perímetro
Sustituyendo (4) en (3) resulta:
$A_{MNPQRS} = P \cdot a / 2$, tal como queríamos demostrar.

Desde cualquier vértice de un polígono de n *lados pueden trazarse* n−3 *diagonales.*

36.3 Semejanza de polígonos

Se dice que dos polígonos son semejantes cuando tienen sus ángulos respectivamente iguales y sus lados homólogos son proporcionales.

Así, por ejemplo, los polígonos MNPQ y M'N'P'Q' de la figura 36-29 son semejantes.

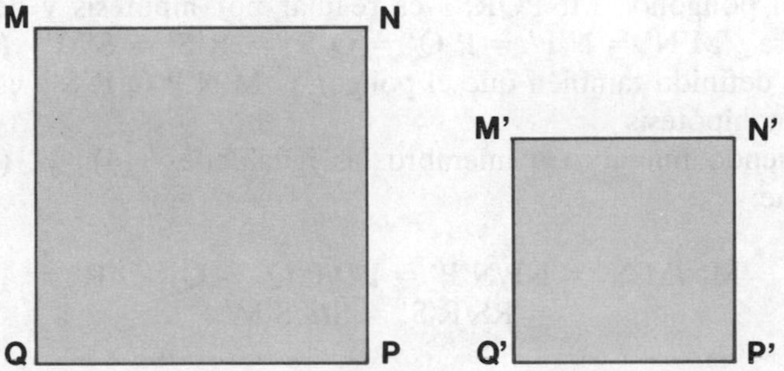

Fig. 36-29

Vamos a demostrar a continuación que:

Dos polígonos regulares del mismo número de lados son semejantes.

En efecto, tal como puede observarse en la figura 36-30, supongamos por hipótesis que los polígonos MNPQRS y M′N′P′Q′R′S′ son polígonos regulares del mismo número de lados.
Se trata de demostrar que MNPQRS y M′N′P′Q′R′S′ son semejantes.

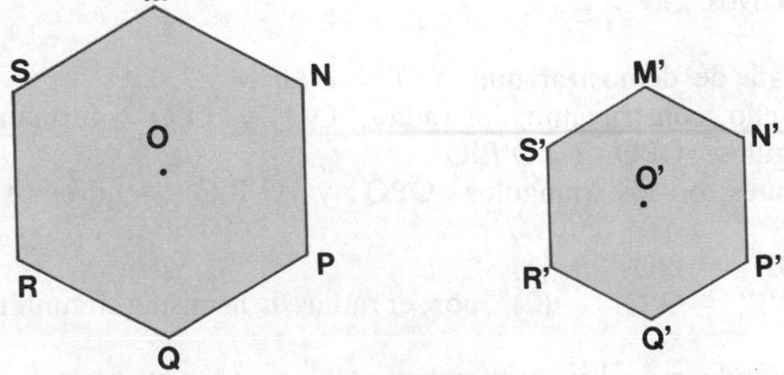

Fig. 36-30

Para ello, tengamos en cuenta que:
M = N = P = Q = R = S (1) puesto que el polígono MNPQRS es regular por hipótesis.

El número total de diagonales de un polígono de n *lados es* n(n−3)/2.

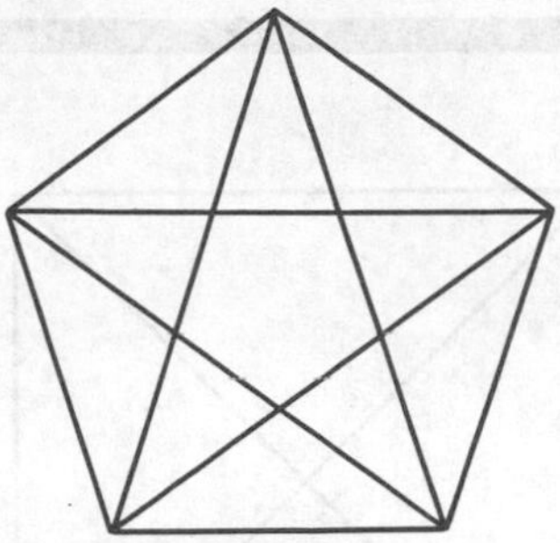

Número de diagonales: 5

Polígono inscrito es el que tiene todos sus vértices sobre una circunferencia.

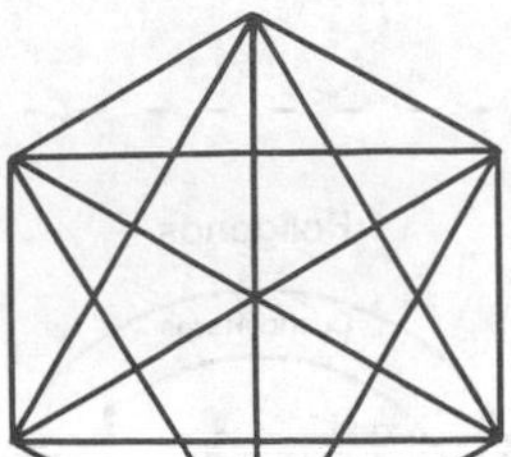

Número de diagonales: 9

$M' = N' = P' = Q' = R' = S'$ (2) puesto que el polígono $M'N'P'Q'R'S'$ es regular por hipótesis.
Ahora bien, $M = M' = 180° \cdot (n - 2) / n$ (3) por ser el valor del ángulo interior de un polígono regular de n lados.
Sustituyendo (3) en (1) y (2) resulta:

$$M = M' = N = N' = P = P' = Q = Q' = R = R' = S = S'$$

Pero como $MN = NP = PQ = QR = RS = SM$ (4) puesto que el polígono $MNPQRS$ es regular por hipótesis y de igual manera $M'N' = N'P' = P'Q' = Q'R' = R'S' = S'M'$ (5) al haber definido también que el polígono $M'N'P'Q'R'S'$ es regular por hipótesis.
Dividiendo miembro a miembro las igualdades (4) y (5) se obtiene:

$$MN/M'N' = NP/N'P' = PQ/P'Q' = QR/Q'R' = \\ = RS/R'S' = SM/S'M'$$

Por consiguiente, los polígonos $MNPQRS$ y $M'N'P'Q'R'S'$ son semejantes, tal como queríamos demostrar.
Demostremos a continuación que:

La razón de los lados de dos polígonos regulares del mismo número de lados es igual a la razón de sus radios y a la razón de sus apotemas.

En efecto, tal como puede observarse en la figura 36-31, supongamos por hipótesis que los polígonos $MNPQRS$ y $M'N'P'Q'R'S'$ son polígonos regulares del mismo número de lados, que $MN = l$ y $M'N' = l'$ son los lados respectivos, que $OT = a$ y $O'T' = a'$ son las apotemas respectivas y $OP = r$ y $O'P' = r'$ son los radios respectivos.

Se trata de demostrar que $l / l' = a / a' = r / r'$.
Para ello, construyamos los radios OQ y $O'Q'$, formando los triángulos OPQ y $O'P'Q'$.
Así pues, en los triángulos OPQ y $O'P'Q'$ tendremos que:

$OP = OQ$ (1)
y $O'P' = O'Q'$ (2) por ser radios de la misma circunferencia.

Dividiendo miembro a miembro (1) y (2) tendremos:

$$OP / O'P' = OQ / O'P'$$

Ahora bien, $O = O'$ por ser ángulos centrales de polígonos regulares del mismo número de lados.

Polígono circunscrito es el que tiene todos sus lados tangentes a una circunferencia.

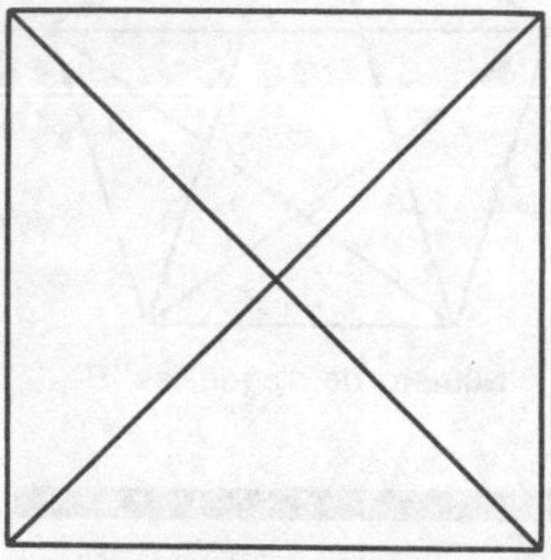

Número de diagonales: 2

Cualquier polígono regular puede ser inscrito en una circunferencia.

Por consiguiente, los triángulos OPQ y O'P'Q' son semejantes por tener un ángulo igual y ser proporcionales los lados que lo forman.
Así pues, $l / l' = r / r'$ (3) por ser lados homólogos de triángulos semejantes y
$l / l' = a / a'$ (4) por ser alturas homólogas de triángulos semejantes.

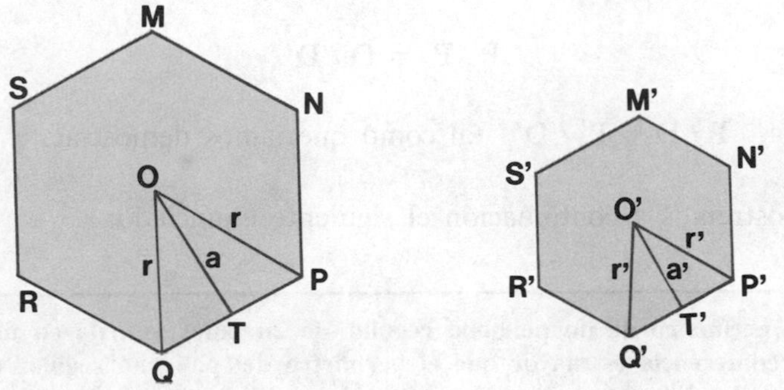

Fig. 36-31

Comparando (3) y (4) resulta:

$l / l' = r / r' = a / a'$, tal como queríamos demostrar.

Como corolario del teorema anterior tenemos que:

La razón entre el perímetro de un polígono regular y el radio o el diámetro de la circunferencia circunscrita es constante para todos los polígonos regulares del mismo número de lados.

En efecto, tal como puede observarse en la figura 36-31, supongamos por hipótesis que MNPQRS y M'N'P'Q'R'S' son polígonos regulares del mismo número de lados, cuyos perímetros son P y P', respectivamente.
Se trata de demostrar que $P / r = P' / r'$ y que $P / D = P' / D'$.
Para ello, tengamos en cuenta que $l / l' = r / r'$ tal como acabamos de ver en el teorema anterior.
Multiplicando por n numerador y denominador de la primera razón tendremos:

$$nl / nl' = r / r' \qquad (1)$$

Ahora bien, $nl = P$ (2)
y $nl' = P'$ (3)
Sustituyendo (2) y (3) en (1) resulta:

$$P / P' = r / r' \qquad (4)$$

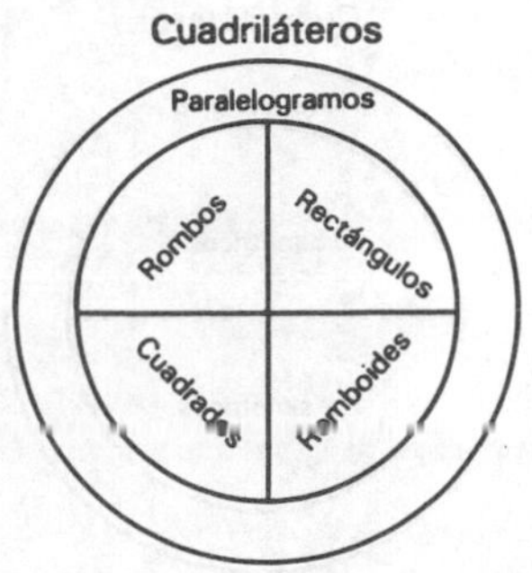

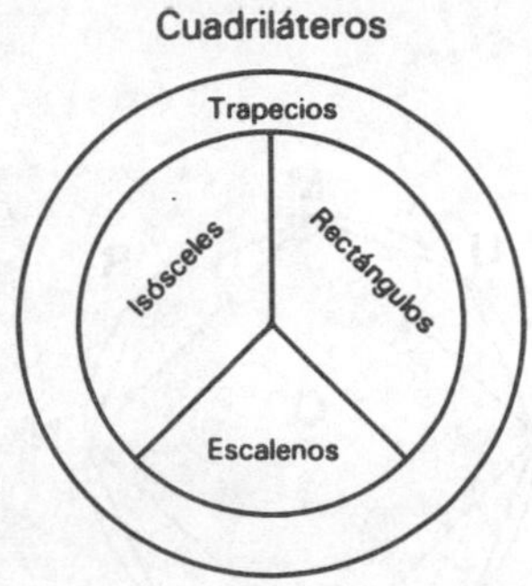

El lado de un hexágono regular inscrito coincide con el radio de la circunferencia.

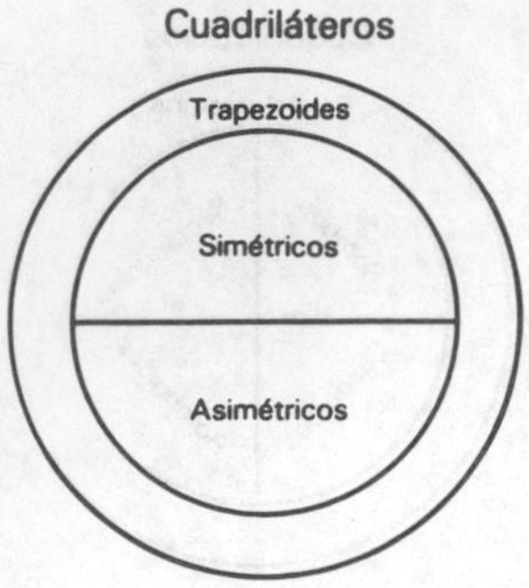

Es decir, $P / r = P' / r'$, tal como queríamos demostrar.
Multiplicando por 2 en (4) numerador y denominador de la segunda razón tendremos:

$$P / P' = 2r / 2r' \qquad (5)$$

Ahora bien, como $2r = D$ (6)
y $2r' = D'$ (7) por ser el diámetro el doble del radio, sustituyendo (6) y (7) en (5) tendremos:

$$P / P' = D / D'$$

O sea, $P / D = P' / D'$ tal como queríamos demostrar.

Demostremos a continuación el siguiente enunciado:

El perímetro de un polígono regular de $2n$ lados inscrito en una circunferencia es mayor que el perímetro del polígono regular de n lados inscrito en la misma circunferencia.

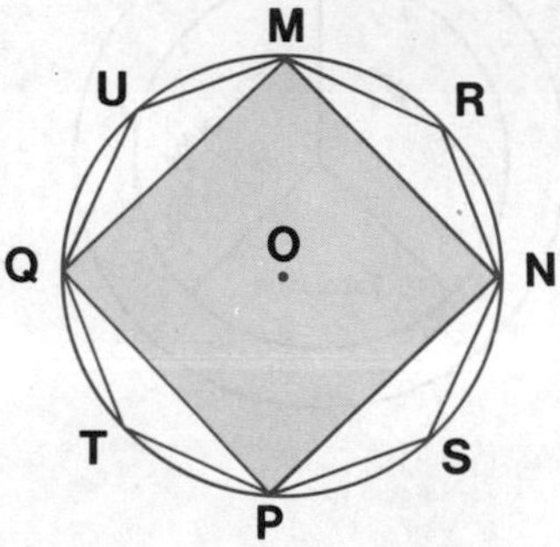

Fig. 36-32

En efecto, tal como puede observarse en la figura 36-32, supongamos por hipótesis que MNPQ es un polígono regular de n lados inscrito en la circunferencia de centro O y que MRNSPTQU es un polígono regular de $2n$ lados inscrito en la circunferencia de centro O.
Se trata de demostrar que:

$$MR + RN + NS + SP + PT + TQ + QU + UM > \\ > MN + NP + PQ + QM$$

Para ello, tengamos en cuenta que:

$$MR + RN > MN \qquad (1)$$
$$NS + SP > NP \qquad (2)$$
$$PT + TQ > PQ \qquad (3)$$
y
$$QU + UM > QM \qquad (4)$$

porque la distancia más corta entre dos puntos es el segmento rectilíneo que los une.
Así pues, sumando miembro a miembro (1) (2) (3) y (4) tendremos:

$$MR + RN + NS + SP + PT + TQ + QU + UM > \\ > MN + NP + PQ + QM$$

como queríamos demostrar.

Por último, vamos a demostrar que:

El perímetro de un polígono regular circunscrito de $2n$ lados es menor que el perímetro del polígono regular de n lados circunscrito a la misma circunferencia.

En efecto, tal como puede observarse en la figura 36-33, supongamos por hipótesis que MNPQ es un polígono regular de n lados circunscrito a la circunferencia de centro O.

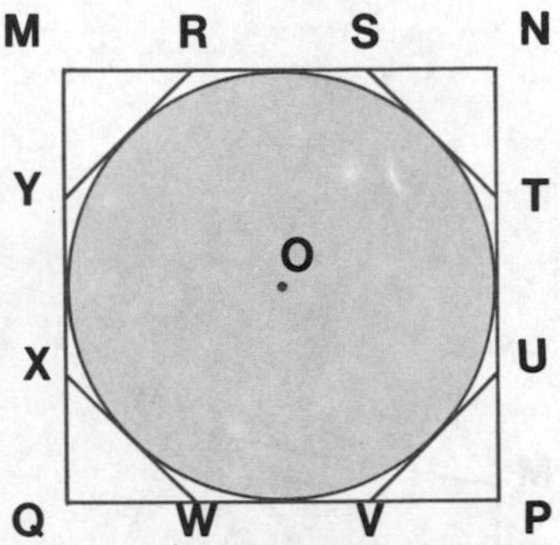

Fig. 36-33

Se trata de demostrar que

$$MN + NP + PQ + QM > \\ > RS + ST + TU + UV + VW + WX + XY + YR$$

Para ello, tengamos en cuenta que:

$$\begin{aligned} MN &= MR + RS + SN \quad (1) \\ NP &= NT + TU + UP \quad (2) \\ PQ &= PV + VW + WQ \quad (3) \end{aligned}$$

y

$$QM = QX + XY + YM \quad (4)$$

Sumando miembro a miembro (1) (2) (3) y (4) resulta:

$$MN + NP + PQ + QM = MR + RS + SN + NT + TU + \\ + UP + PV + VW + WQ + QX + XY + YM \quad (5)$$

Ahora bien:

$$\begin{aligned} YM + MR &> YR \quad (6) \\ SN + NT &> ST \quad (7) \\ UP + PV &> UV \quad (8) \end{aligned}$$

y

$$WQ + QX > WX \quad (9)$$

porque la distancia más corta entre dos puntos es el segmento rectilíneo que los une.

Sumando miembro a miembro (6) (7) (8) y (9) resulta:

$$YM + MR + SN + NT + UP + PV + WQ + QX > \\ > YR + ST + UV + WX \quad (10)$$

Comparando (5) y (10) tendremos que:

$$MN + NP + PQ + QM = MR + RS + SN + NT + TU + \\ + UP + PV + VW + WQ + QX + XY + YM > RS + TV + \\ + VW + XY + YR + ST + UV + WX,$$

tal como queríamos demostrar.

El lado de un triángulo equilátero inscrito es $r\sqrt{3}$.

36.4 Estudio particular de los cuadriláteros

Los polígonos que tienen cuatro lados reciben el nombre de cuadriláteros. Así, por ejemplo, en la figura 36-34 se representa un cuadrilátero.

A continuación daremos una serie de definiciones sobre los cuadriláteros.

Se llaman lados contiguos de un cuadrilátero a los que tienen un vértice común.

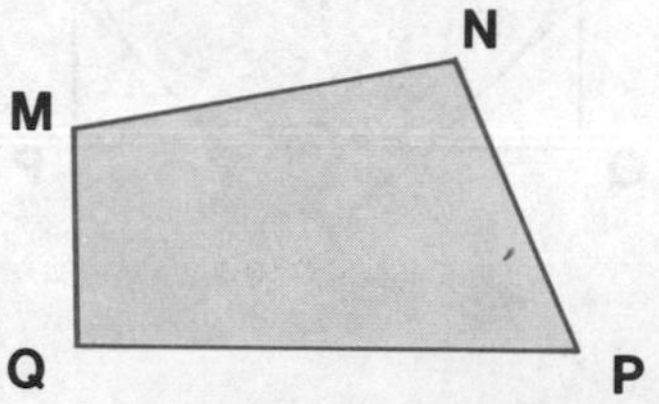

Fig. 36-34

Así, por ejemplo, tal como puede observarse en la figura 36-34, MN y NP; NP y PQ; PQ y QM, y QM y MN son los lados contiguos del cuadrilátero MNPQ.

En cambio, se llaman lados opuestos de un cuadrilátero a los que no tienen ningún vértice común.

Así, por ejemplo, tal como puede observarse en la figura 36-34, MN y QP y MQ y NP son los lados opuestos del cuadrilátero MNPQ.

Análogamente, se denominan vértices opuestos de un cuadrilátero a los que no pertenecen a un mismo lado.

Así, por ejemplo, tal como puede observarse en la figura 36-34, M y P y N y Q son los vértices opuestos del cuadrilátero MNPQ.

El lado de un cuadrado inscrito es $r\sqrt{2}$.

Los cuadriláteros se clasifican de acuerdo con el paralelismo de los lados opuestos en paralelogramos, trapecios y trapezoides.

Así, tal como puede observarse en la figura 36-35, si los lados opuestos son paralelos dos a dos, el cuadrilátero recibe el nombre de paralelogramo.

En cambio, tal como puede observarse en la figura 36-36, cuando únicamente son paralelos un par de lados opuestos, el cuadrilátero recibe el nombre de trapecio.

Dos polígonos son semejantes si sus ángulos son iguales y sus lados homólogos son proporcionales.

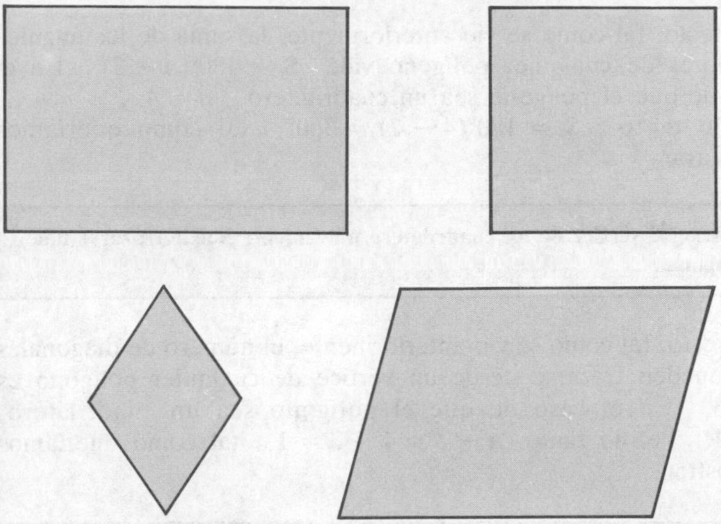

Fig. 36-35

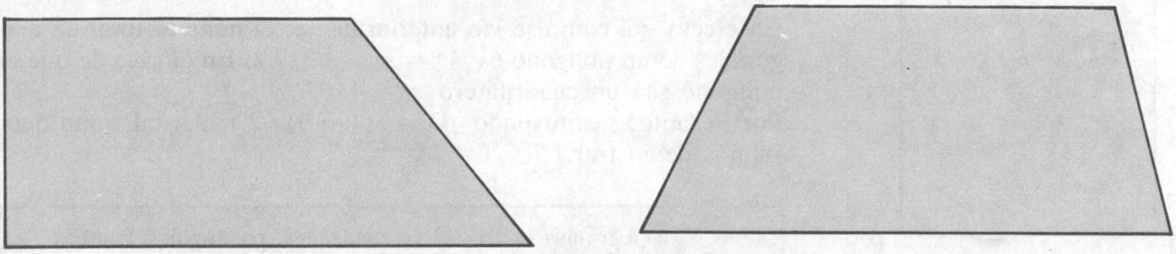

Fig. 36-36

Si no existe ningún tipo de paralelismo, tal como puede observarse en la figura 36-37, el cuadrilátero se denomina trapezoide.

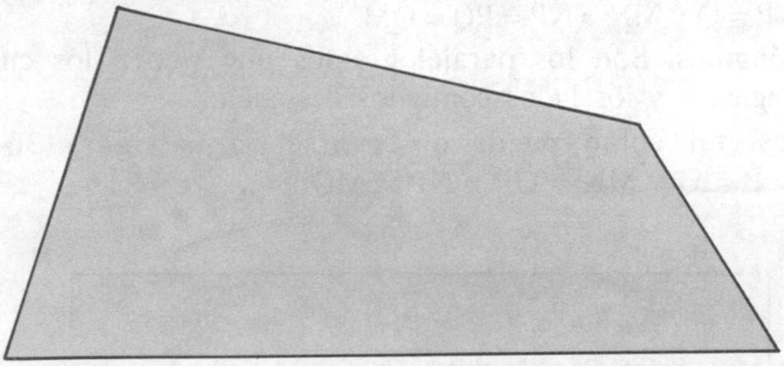

Fig. 36-37

El área de un polígono regular es igual al producto de su semiperímetro por su apotema.

Todos los cuadriláteros cumplen las siguientes propiedades:

La suma de los ángulos interiores de un cuadrilátero vale 4 ángulos rectos.

Los cuadriláteros se dividen en paralelogramos, trapecios y trapezoides.

En efecto, tal como se vio anteriormente, la suma de los ángulos interiores de cualquier polígono vale $S_i = 180°(n - 2)$. En el caso de que el polígono sea un cuadrilátero, $n = 4$.
Por lo tanto, $S_i = 180°(4 - 2) = 360°$, tal como queríamos demostrar.

Desde un vértice de un cuadrilátero únicamente puede trazarse una diagonal.

En efecto, tal como se vio anteriormente, el número de diagonales que pueden trazarse desde un vértice de cualquier polígono es $n - 3$. En el caso de que el polígono sea un cuadrilátero, $n = 4$. Por lo tanto, $n - 3 = 4 - 3 = 1$, tal como queríamos demostrar.

El número total de diagonales que pueden trazarse en un cuadrilátero son 2.

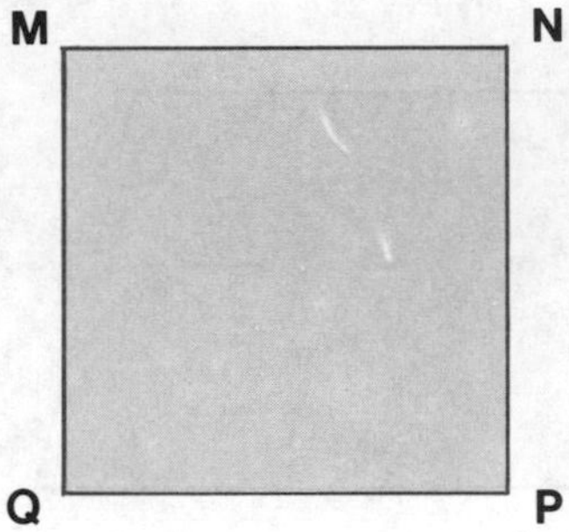

Fig. 36-38

En efecto, tal como se vio anteriormente, el número total de diagonales de un polígono es $D = n(n - 3) / 2$. En el caso de que el polígono sea un cuadrilátero, $n = 4$.
Por lo tanto, sustituyendo $D = 4(4 - 3) / 2 = 2$, tal como queríamos demostrar.

Los paralelogramos se dividen en cuadrados, rectángulos, rombos y romboides.

a) **Cuadrados.** Son los paralelogramos que tienen iguales los cuatro lados y los cuatro ángulos.
Así pues, tal como puede observarse en la figura 36-38, M = N = P = Q y MN = NP = PQ = QM.

b) **Rectángulos.** Son los paralelogramos que tienen los cuatro ángulos iguales y los lados contiguos desiguales.
Así pues, tal como puede observarse en la figura 36-39, M = N = P = Q y MN = QP ≠ NP = MQ.

Fig. 36-39

Dos polígonos regulares con igual número de lados son semejantes.

c) **Rombos.** Son los paralelogramos que tienen los cuatro lados iguales y los ángulos contiguos desiguales.
Así pues, tal como puede observarse en la figura 36-40, MN = NP = PQ = QM y M = P ≠ N = Q.

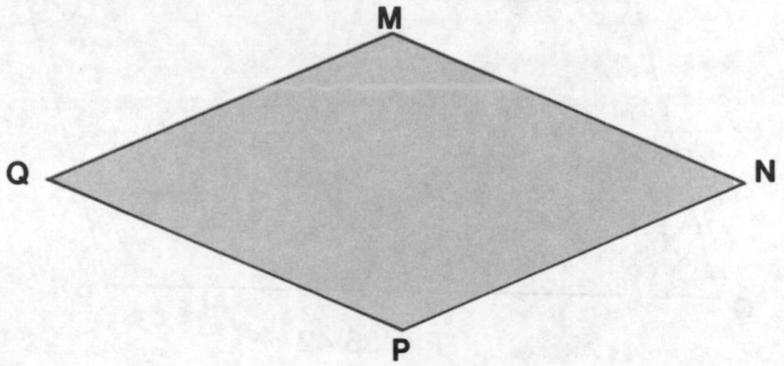

Fig. 36-40

d) **Romboides.** Son los paralelogramos que tienen los lados y los ángulos contiguos desiguales.
Así pues, tal como puede observarse en la figura 36-41, MN = QP ≠ NP = MQ y M = P ≠ N = Q.

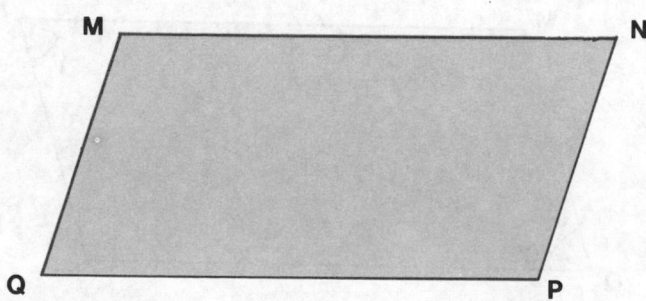

Fig. 36-41

Vamos a demostrar a continuación que:

Todo paralelogramo tiene iguales sus lados opuestos.

En efecto, tal como puede observarse en la figura 36-42, supongamos por hipótesis que MNPQ es un paralelogramo.
Se trata de demostrar que QP = MN y que NP = MQ.
Para ello, construyamos la diagonal NQ, formando los triángulos NPQ y MNQ cuyo lado NQ es común.
En los triángulos NPQ y MNQ se cumple que:

NQ = NQ por ser un lado común
Y = V
y X = W por ser ángulos alternos internos entre paralelas.

Los paralelogramos son cuadriláteros cuyos lados opuestos son paralelos dos a dos.

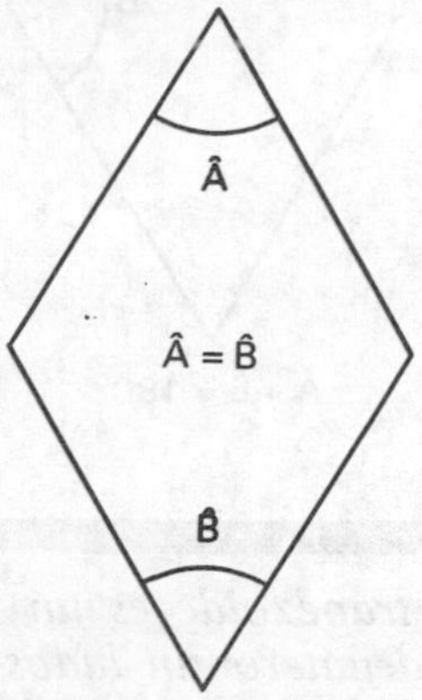

Un trapecio es un cuadrilátero que tiene paralelos un par de lados opuestos.

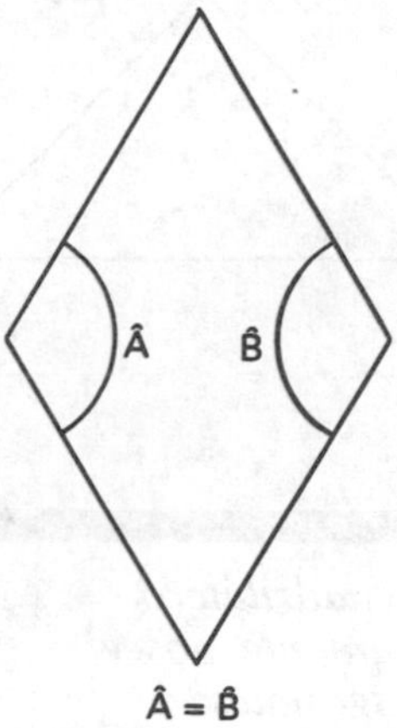

Así pues, QP = MN
y NP = MQ, por ser lados opuestos a ángulos iguales en triángulos iguales, tal como queríamos demostrar.

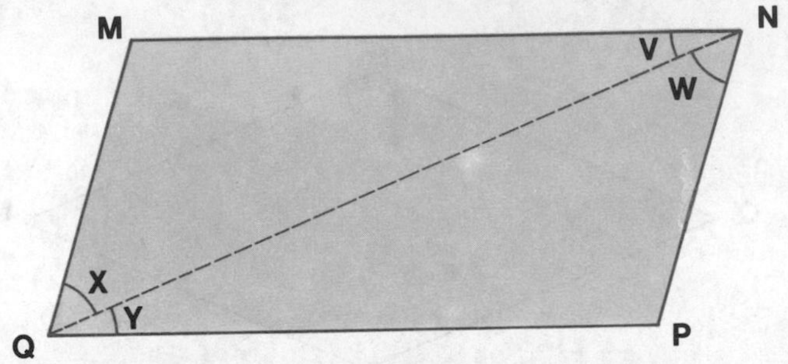

Fig. 36-42

También se cumple el teorema recíproco: Si cada par de lados opuestos de un cuadrilátero son iguales, también serán paralelos y, por consiguiente, el cuadrilátero es un paralelogramo.
En efecto, tal como puede observarse en la figura 36-43, supongamos por hipótesis que MNPQ es un cuadrilátero tal que QP = MN y QM = NP.

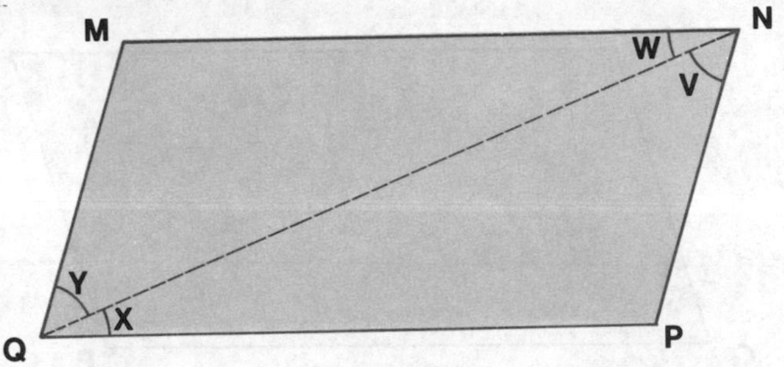

Fig. 36-43

Se trata de demostrar que QP || MN y QM || NP.
Para ello, construyamos la diagonal QN formando los triángulos QNP y MNQ.
Así pues, en los triángulos QNP y MNQ se cumple:

QP = MN
y QM = NP por hipótesis
QN = QN por ser un lado común.

Por lo tanto, los triángulos QNP y MNQ son iguales.
Por consiguiente, Y = V
y X = W por ser ángulos opuestos a lados iguales en triángulos iguales.
Así pues, QP || MN
y QM || NP puesto que forman ángulos alternos internos iguales con la diagonal QN y, por lo tanto, MNPQ es un paralelogramo, tal como queríamos demostrar.

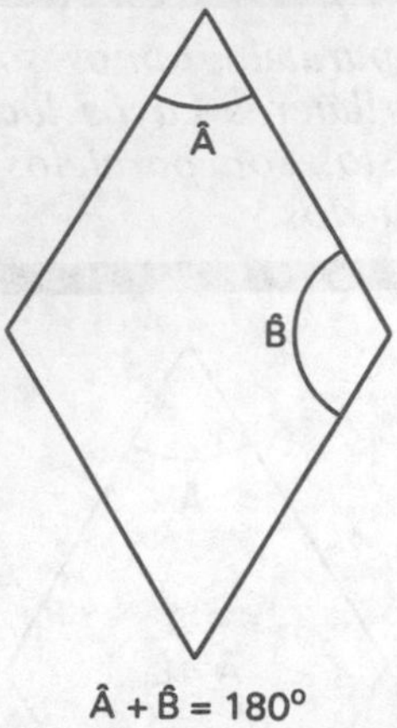

Un trapezoide es un cuadrilátero sin lados paralelos.

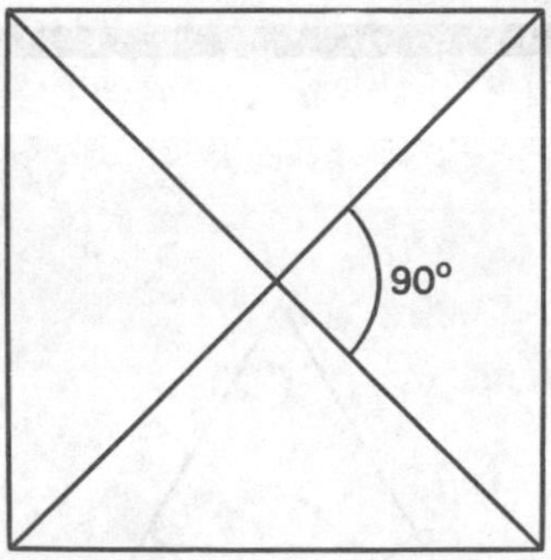

Un cuadrilátero únicamente posee 2 diagonales.

Además de las que acabamos de demostrar, todos los paralelogramos cumplen las siguientes propiedades:

a) Cada diagonal de un paralelogramo lo divide en dos triángulos iguales.
b) Los ángulos opuestos de un paralelogramo son iguales.
c) Los ángulos contiguos de un paralelogramo son suplementarios.
d) Las diagonales de un paralelogramo se bisecan mutuamente.

Los paralelogramos se clasifican en cuadrados, rectángulos, rombos y romboides.

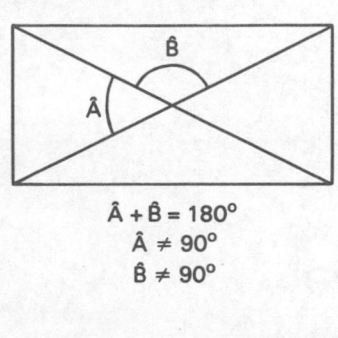

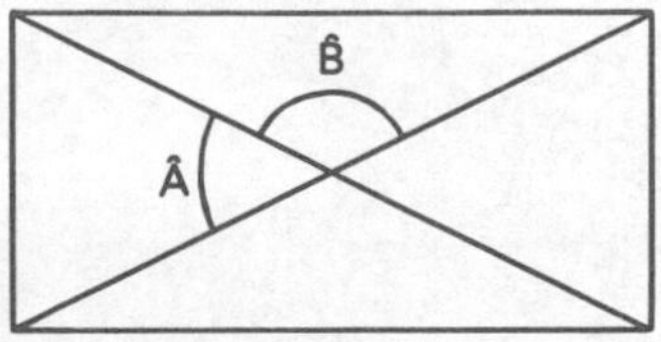

$\hat{A} + \hat{B} = 180^\circ$
$\hat{A} \neq 90^\circ$
$\hat{B} \neq 90^\circ$

Así pues, para comprobar que un cuadrilátero es un paralelogramo bastará con que se verifique alguna de las siguientes condiciones:

a) Un cuadrilátero es un paralelogramo si sus lados opuestos son paralelos.
b) Un cuadrilátero es un paralelogramo si sus lados opuestos son iguales.
c) Un cuadrilátero es un paralelogramo si dos de sus lados opuestos son iguales y paralelos.
d) Un cuadrilátero es un paralelogramo si sus ángulos opuestos son igualcs.
e) Un cuadrilátero es un paralelogramo si sus diagonales se bisecan mutuamente.

Todos los cuadrados presentan las siguientes propiedades particulares:

a) Los ángulos del cuadrado son rectos.
b) Cada ángulo exterior de un cuadrado vale siempre un ángulo recto.
c) Las diagonales del cuadrado son iguales.
d) Las diagonales del cuadrado son perpendiculares.
e) Las diagonales del cuadrado son bisectrices de los ángulos cuyos vértices unen.
f) Las diagonales del cuadrado siempre forman cuatro triángulos iguales.

Un cuadrado es un paralelogramo que tiene iguales todos sus lados y todos sus ángulos.

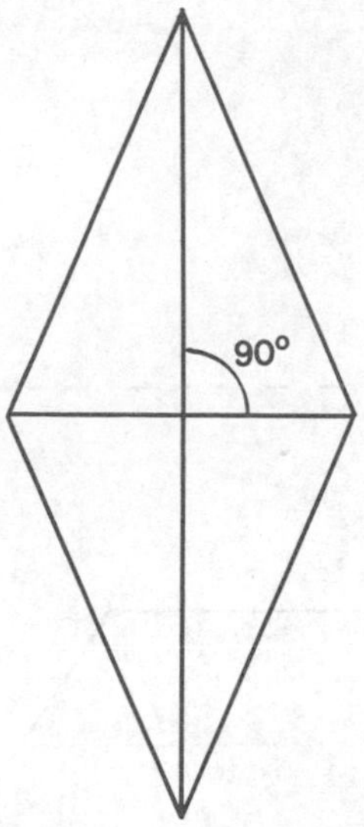

Todos los rectángulos presentan las siguientes propiedades particulares:

a) Cada ángulo interior de un rectángulo vale un ángulo recto.
b) Cada ángulo exterior de un rectángulo vale un ángulo recto.
c) Las diagonales de un rectángulo son iguales.
d) Las diagonales de un rectángulo forman dos pares de triángulos iguales.

Todos los rombos presentan las siguientes propiedades particulares:

a) Las diagonales de un rombo son perpendiculares.
b) Las diagonales de un rombo son bisectrices de los ángulos cuyos vértices unen.

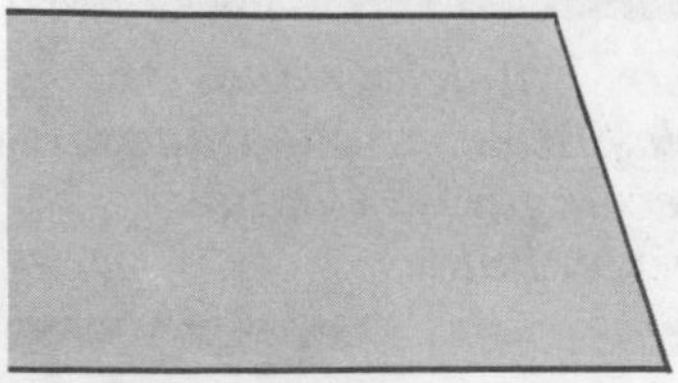

Fig. 36-44

c) Las diagonales de un rombo siempre forman cuatro triángulos iguales.

Por su parte, los trapecios se dividen en rectángulos, isósceles y escalenos.

Se dice que un trapecio es rectángulo cuando tiene dos ángulos rectos.

Así, por ejemplo, el trapecio representado en la figura 36-44 es rectángulo.

Se dice que un trapecio es isósceles si los lados no paralelos son iguales.

Fig. 36-45

Así, por ejemplo, el trapecio representado en la figura 36-45 es isósceles.

Se dice que un trapecio es escaleno cuando no es rectángulo ni isósceles.

Así, por ejemplo, el trapecio representado en la figura 36-46 es escaleno.
En todos los trapecios, los lados paralelos reciben el nombre de bases y como son desiguales, uno de ellos es la base mayor y el otro la base menor.
La perpendicular común a las bases se denomina altura del trapecio.
A los lados no paralelos se les denomina piernas del trapecio.
El segmento que une los puntos medios de los lados no paralelos recibe el nombre de paralela media del trapecio.
Se llaman ángulos de la base de un trapecio a los que tienen como vértices el origen y el extremo de su base mayor. En el caso particular de que un trapecio sea isósceles, los ángulos de la base son iguales.

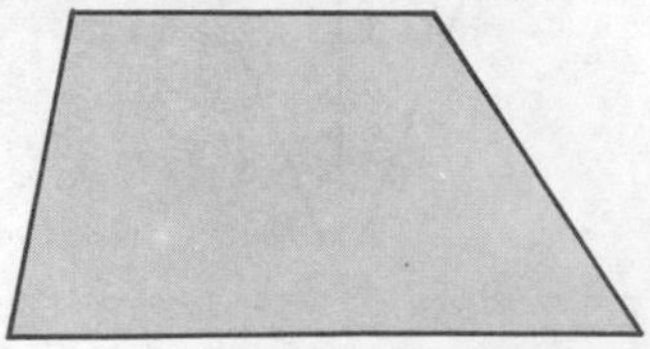

Fig. 36-46

Los trapezoides se dividen en simétricos y asimétricos. Los trapezoides simétricos son aquellos que tienen dos pares de lados contiguos iguales, pero el primer par de lados contiguos iguales es distintto del segundo.

Así, por ejemplo, el trapezoide representado en la figura 36-47 es simétrico.

En los trapezoides simétricos, las diagonales son perpendiculares y la que une los vértices donde se juntan los lados iguales es bisectriz de los ángulos y eje de simetría del trapezoide.
Los trapezoides asimétricos son los que no son iguales una mitad que la otra. Así, por ejemplo, el trapezoide representado en la figura 36-48 es asimétrico.

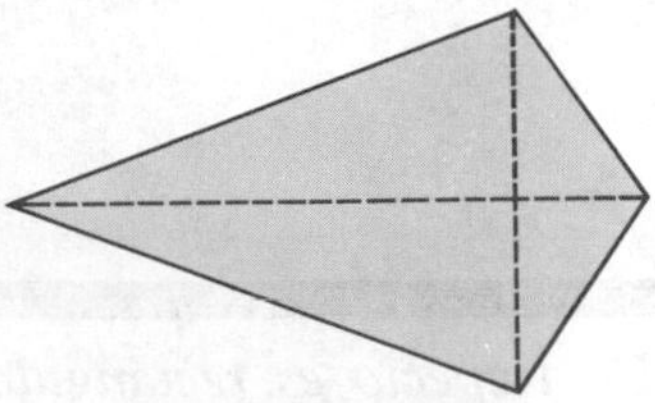

Fig. 36-47

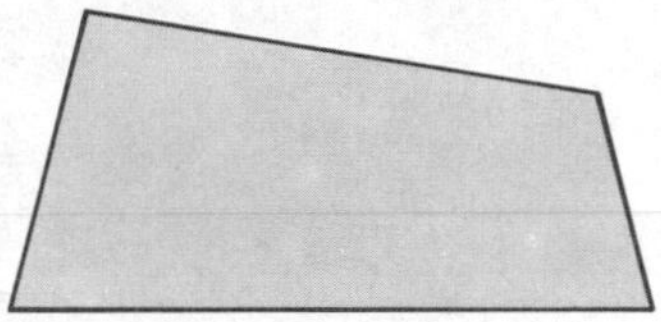

Fig. 36-48

A continuación vamos a demostrar una serie de enunciados referentes a las áreas de los cuadriláteros:

Las áreas de dos rectángulos son proporcionales a los productos de sus bases por sus alturas.

En efecto, tal como puede observarse en la figura 36-49, supongamos por hipótesis que MNPQ y M′N′P′Q′ son dos rectángulos cuyas áreas son A y A′, cuyas bases son $QP = b$ y $Q'P' = b'$ y cuyas alturas son $MQ = h$ y $M'Q' = h'$.
Se trata de demostrar que $A / A' = bh / b'h'$.
Para ello, construyamos el rectángulo M″N″P″Q″ de área A″, de modo que $Q''P'' = QP = b$ y que $M''Q'' = M'Q' = h'$.
Comparando MNPQ y M″N″P″Q″ tendremos que:
$A/A'' = h / h'$ (1) porque si dos rectángulos tienen iguales las bases sus áreas son proporcionales a las alturas.
Comparando M′N′P′Q′ y M″N″P″Q″ tendremos que:
$A / A'' = b / b'$ (2) porque si dos rectángulos tienen iguales las alturas, sus áreas son proporcionales a las bases.
Dividiendo miembro a miembro (1) y (2) tendremos:

$$AA'' / A'A'' = bh / b'h'$$

Simplificando: $A / A' = bh / b'h'$, tal como queríamos demostrar.

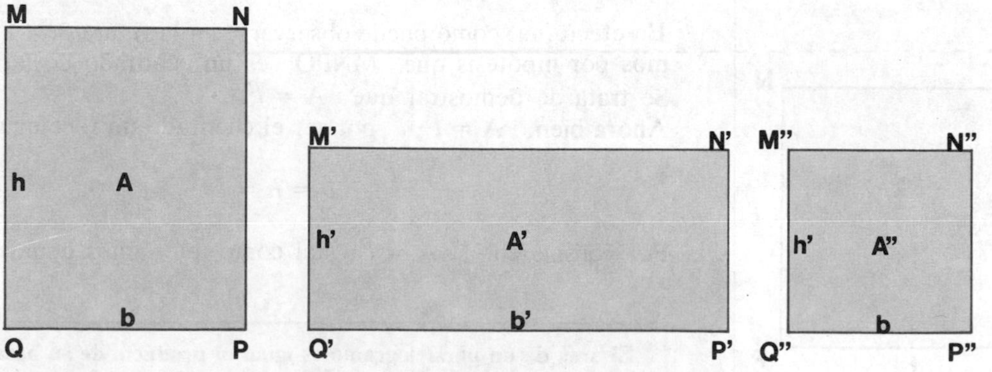

Fig. 36-49

Un trapecio es rectángulo si tiene dos ángulos rectos.

El área de un rectángulo es igual al producto de su base por su altura.

En efecto, tal como puede observarse en la figura 36-50, supongamos por hipótesis que A es el área del rectángulo MNPQ cuya base es b y cuya altura es h.

Se trata de demostrar que $A = b \cdot h$.

Para ello, construyamos el cuadrado M′N′P′Q′ cuyo lado mide la unidad de longitud, es decir, $b' = h' = l$ y cuya área es la unidad de área, es decir, $A' = l^2$.

Así pues, tendremos que:

$A / A' = bh / b'h'$ (1) puesto que las áreas de dos rectángulos son proporcionales a los productos de las bases por las alturas.

Ahora bien, $A' = l^2, b' = l, h' = l$.

Sustituyendo los valores anteriores en (1) tendremos:

$$A / l^2 = bh / l \cdot l$$

Es decir, $A = b \cdot h$, tal como queríamos demostrar.

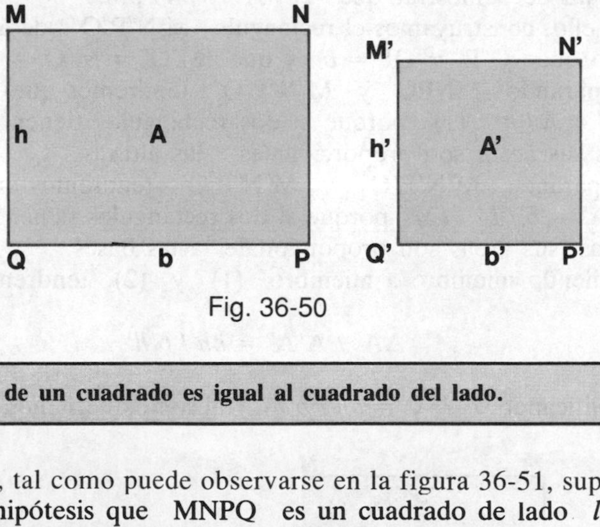

Fig. 36-50

El área de un cuadrado es igual al cuadrado del lado.

En efecto, tal como puede observarse en la figura 36-51, supongamos por hipótesis que MNPQ es un cuadrado de lado l.

Se trata de demostrar que $A = l^2$.

Ahora bien, $A = l \cdot l$ por ser el cuadrado un rectángulo tal que

$$b = h = l$$

Por consiguiente, $A = l^2$, tal como queríamos demostrar.

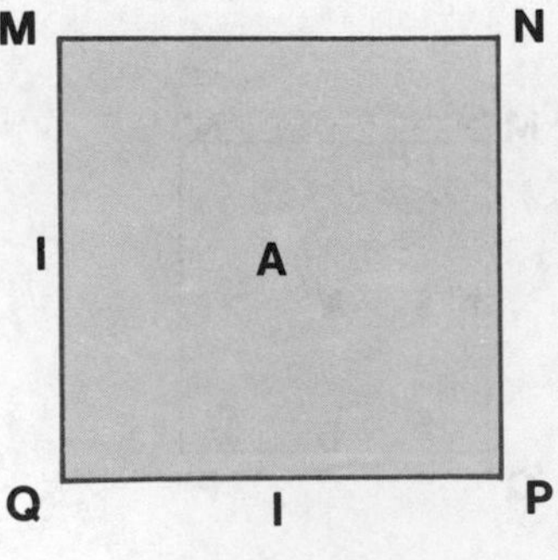

Fig. 36-51

El área de un paralelogramo es igual al producto de su base por su altura.

En efecto, tal como puede observarse en la figura 36-52, supongamos por hipótesis que MNPQ es un paralelogramo, que QP = MN = b es su base y que MX = h es su altura.
Se trata de demostrar que su área $A = b \cdot h$.
Para ello, prolonguemos el lado QP y tracemos las perpendiculares MX y NY, formando los triángulos QMX y PNY y el cuadrilátero MNYX.
Así pues, tendremos que:

$$A_{MNPQ} = A_{MNYX} + A_{QMX} - A_{PNY} \qquad (1)$$

Ahora bien, en el cuadrilátero MNYX se cumple que:

MX || NY por ser perpendiculares a QP.

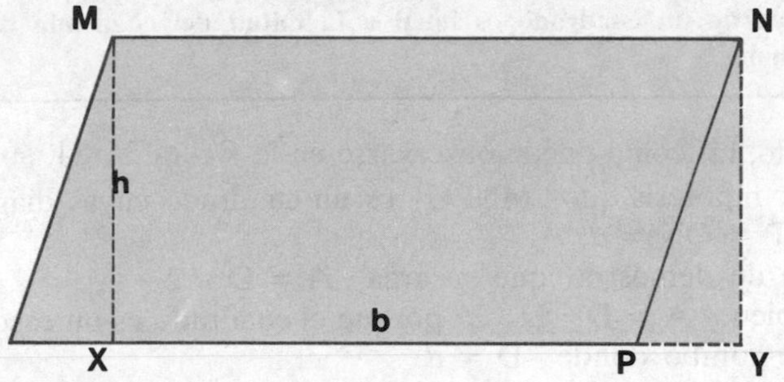

Fig. 36-52

Por lo tanto, MNYX es un rectángulo.
Pero como MN = XY = b
y MX = h tendremos que:

$$A_{MNYX} = b \cdot h \qquad (2)$$ por ser un rectángulo.

En los triángulos QMX y PNY tenemos que:

X = Y = 90° por construcción
MQ = NP por ser lados opuestos de un paralelogramo
y MX = NY por ser paralelas entre paralelas.

Por consiguiente, los triángulos QMX y PNY son iguales por tener iguales un cateto y la hipotenusa.

Por lo tanto, $A_{QMX} = A_{PNY} \qquad (3)$

Así pues, sustituyendo (2) y (3) en (1) tendremos:

$A_{MNPQ} = b \cdot h$, tal como queríamos demostrar.

El área de un rombo es igual al semiproducto de sus diagonales.

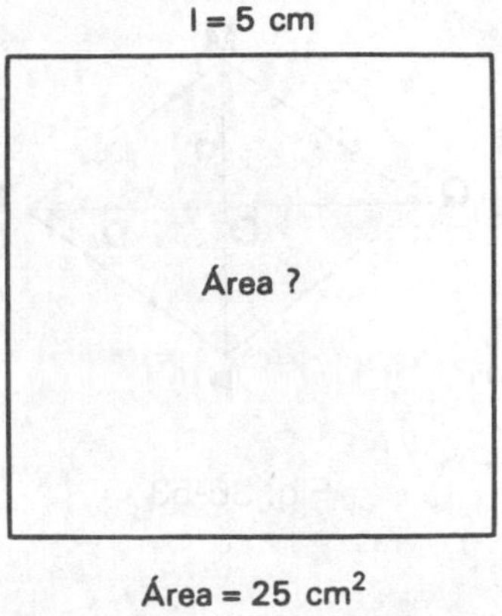

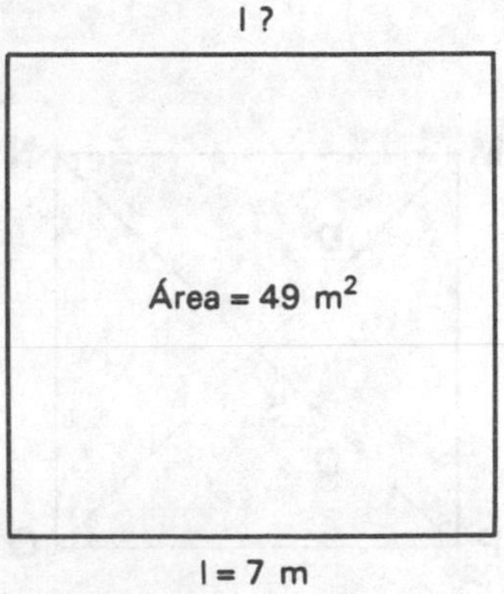

Un trapecio isósceles es el que tiene iguales los lados no paralelos.

En efecto, tal como puede observarse en la figura 36-53, supongamos por hipótesis que MNPQ es un rombo y que MP = D y QN = d son sus diagonales.

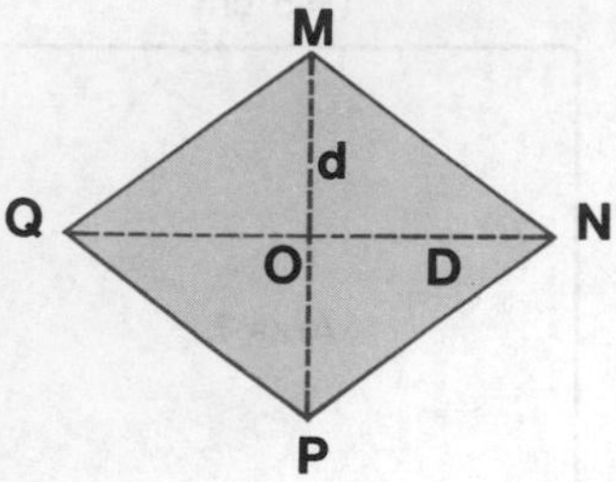

Fig. 36-53

Se trata de demostrar que su área $A = D \cdot d / 2$.

Ahora bien, $A_{MNPQ} = A_{QMN} + A_{QPN}$ (1)
Pero como $A_{QMN} = (1/2) \cdot D \cdot (d/2)$ (2)
y $A_{QPN} = (1/2) \cdot D \cdot (d/2)$ (3)

Sustituyendo (2) y (3) en (1) resultará:
$A_{MNPQ} = (1/2) \cdot D \cdot (d/2) + (1/2) \cdot D \cdot (d/2) = D \cdot d/2$, tal como queríamos demostrar.

El área de un cuadrado es igual a la mitad del cuadrado de la diagonal.

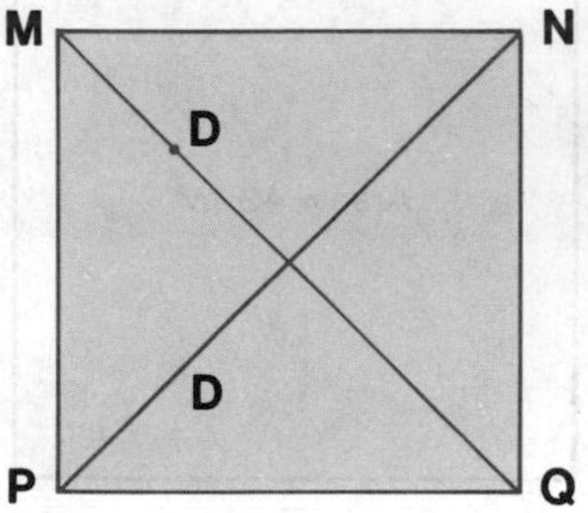

Fig. 36-54

En efecto, tal como puede observarse en la figura 36-54, supongamos por hipótesis que MNPQ es un cuadrado cuyas diagonales son MP = QN = d.
Se trata de demostrar que su área $A = D^2 / 2$.
Ahora bien, $A = D \cdot D / 2$ porque el cuadrado es un caso particular de rombo donde $D = d$.
Por consiguiente, $A = D^2 / 2$, tal como queríamos demostrar.

El área de un trapecio es igual a la semisuma de las bases multiplicada por la altura.

En efecto, tal como puede observarse en la figura 36-55, supongamos por hipótesis que MNPQ es un trapecio cuya base mayor es QP = B, cuya base menor es MN = b y cuya altura es MX = h.
Se trata de demostrar que su área $A = (B + b)h / 2$.
Para ello, construyamos la diagonal MP formando el triángulo QMP cuya altura es h y su base es b.

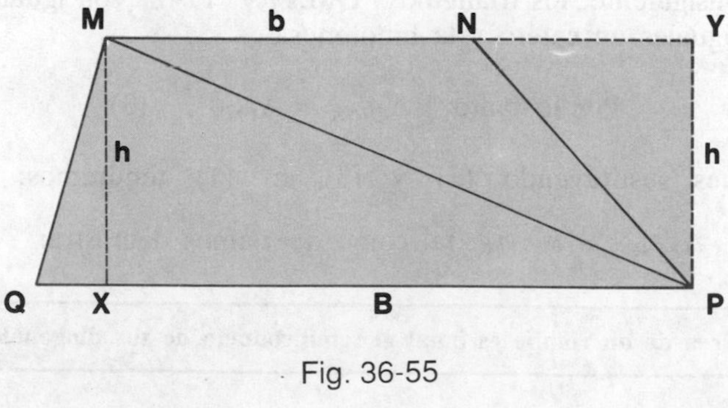

Fig. 36-55

Así pues, tendremos que:

$$A_{MNPQ} = A_{QMP} + A_{MNP} \quad (1)$$

Pero $A_{QMP} = B \cdot h / 2 \quad (2)$
y $A_{MNP} = B \cdot h / 2 \quad (3)$

Sustituyendo (2) y (3) en (1) tendremos que:

$$A_{MNPQ} = B \cdot h / 2 + b \cdot h / 2$$

Extrayendo factor común:

$$A_{MNPQ} = (B + b)h / 2,$$ tal como queríamos demostrar.

El área de un paralelogramo es igual al producto de su base por su altura.

Problemas propuestos

1. Hallar el área de un cuadrado cuyo lado mide $l = 3$ cm.
2. Ídem si $l = 86$ dm.
3. Ídem si $l = 57$ mm.
4. Ídem si $l = 47$ cm.
5. Ídem si $l = 30$ mm.
6. Ídem si $l = 82$ dm.
7. Hallar el área de un rectángulo, sabiendo que sus lados miden $a = 6$ cm y $b = 8$ cm.
8. Ídem si $a = 11$ mm y $b = 10$ mm.
9. Ídem si $a = 16$ dm y $b = 6$ dm.
10. Ídem si $a = 8$ mm y $b = 9$ mm.
11. Ídem si $a = 4$ cm y $b = 2$ cm.
12. Ídem si $a = 2$ dm y $b = 5$ dm.
13. Ídem si $a = 19$ mm y $b = 9$ mm.
14. Ídem si $a = 10$ cm y $b = 20$ cm.
15. Ídem si $a = 7$ dm y $b = 3$ dm.
16. Ídem si $a = 2$ cm y $b = 8$ cm.
17. Hallar el área de un rombo, sabiendo que sus diagonales miden, respectivamente, D = 30 cm y $d = 9$ cm.
18. Ídem si D = 9 dm y $d = 8$ dm.
19. Ídem si D = 10 mm y $d = 2$ mm.
20. Ídem si D = 30 cm y $d = 5$ cm.
21. Ídem si D = 30 dm y $d = 7$ dm.
22. Ídem si D = 8 mm y $d = 3$ mm.
23. Ídem si D = 2 cm y $d = 1$ cm.
24. Ídem si D = 4 dm y $d = 3$ dm.
25. Ídem si D = 10 mm y $d = 6$ mm.
26. Ídem si D = 11 cm y $d = 8$ cm.
27. Hallar el área de un trapecio, sabiendo que sus bases miden B = 10 cm, y $b = 7$ cm y su altura mide $h = 12$ cm.
28. Ídem si B = 12 dm, $b = 7$ dm y $h = 10$ dm.
29. Ídem si B = 10 mm, $b = 3$ mm y $h = 6$ mm.
30. Ídem si B = 8 cm, $b = 4$ cm y $h = 6$ cm.
31. Ídem si B = 7 dm, $b = 4$ dm y $h = 6$ dm.
32. Ídem si B = 9 mm, $b = 6$ mm y $h = 10$ mm.
33. Hallar el área de un pentágono regular, sabiendo que su lado $l = 10$ cm y que su apotema $a = 6{,}88$ cm.
34. Ídem si $l = 5$ dm y $a = 3{,}44$ dm.
35. Ídem si $l = 2$ mm y $a = 1{,}38$ mm.
36. Ídem si $l = 3$ cm y $a = 2{,}06$ cm.
37. Ídem si $l = 18$ dm y $a = 12{,}39$ dm.
38. Ídem si $l = 9$ mm y $a = 6{,}19$ mm.
39. Hallar el área de un hexágono regular, sabiendo que su lado $l = 10$ mm.
40. Ídem si $l = 20$ dm.
41. Ídem si $l = 2$ mm.
42. Ídem si $l = 8$ cm.
43. Ídem si $l = 18$ mm.
44. Ídem si $l = 3$ dm.
45. Hallar el área de un octágono regular, sabiendo que su lado $l = 2$ dm.
46. Ídem si $l = 10$ mm.

47. Ídem si $l = 11$ mm.
48. Ídem si $l = 4$ cm.
49. Ídem si $l = 7$ mm.
50. El área de un cuadrado es $A = 289$ cm^2 Hallar su lado.
51. Ídem si $A = 100$ dm^2.
52. Ídem si $A = 1.089$ mm^2.
53. Ídem si $A = 9.409$ cm^2.
54. Ídem si $A = 169$ mm^2.
55. Ídem si $A = 8.281$ dm^2.
56. Ídem si $A = 2.704$ cm^2.
57. El área de un rectángulo es $A = 36$ cm^2 y uno de los lados mide $a = 4$ cm. Hallar el otro lado.
58. Ídem si $A = 14$ dm^2 y $a = 7$ dm.
59. Ídem si $A = 21$ mm^2 y $a = 3$ mm.
60. Ídem si $A = 18$ mm^2 y $a = 3$ mm.
61. Ídem si $A = 144$ dm^2 y $a = 18$ dm.
62. Ídem si $A = 50$ cm^2 y $a = 10$ cm.
63. Ídem si $A = 63$ mm^2 y $a = 9$ mm.
64. El área de un trapecio es $A = 63$ cm^2 y sus bases miden, respectivamente, $B = 15$ cm y $b = 6$ cm. Hallar su altura.
65. Ídem si $A = 38$ mm^2, $B = 14$ mm, y $b = 5$ mm.
66. Ídem si $A = 68$ dm^2, $B = 10$ dm, y $b = 7$ dm.
67. Ídem si $A = 60$ dm^2, $B = 8$ dm, y $b = 4$ dm.
68. Ídem si $A = 105$ cm^2, $B = 9$ cm, y $b = 6$ cm.
69. El área de un trapecio es $A = 96$ cm^2 y una de sus bases mide $B = 11$ cm. Si la altura mide $h = 12$ cm, calcular la longitud de la otra base.
70. Ídem si $A = 120$ dm^2, $B = 10$ dm y $h = 16$ dm.
71. Ídem si $A = 230$ mm^2, $B = 13$ mm y $h = 20$ mm.
72. Ídem si $A = 144$ cm^2, $B = 7$ cm y $h = 24$ cm.
73. Ídem si $A = 99$ mm^2, $B = 8$ mm y $h = 18$ mm.
74. El área de un rombo es $A = 42$ cm^2 y una de sus diagonales mide $D = 14$ cm. Hallar la otra diagonal.
75. Ídem si $A = 85$ dm^2 y $D = 17$ dm.
76. Ídem si $A = 39$ cm^2 y $D = 13$ cm.
77. Ídem si $A = 3$ mm^2 y $D = 3$ mm.
78. Ídem si $A = 81$ dm^2 y $D = 18$ dm.
79. Ídem si $A = 45$ cm^2 y $D = 10$ cm.
80. Ídem si $A = 9$ mm^2 y $D = 9$ mm.
81. Ídem si $A = 68$ cm^2 y $D = 17$ cm.
82. Hallar el lado de un pentágono, sabiendo que su área es $A = 84{,}30$ cm^2 y que su apotema es $a = 4{,}82$ cm.
83. Ídem si $A = 6{,}88$ dm^2 y $a = 1{,}38$ dm.
84. Ídem si $A = 27{,}53$ mm^2 y $a = 2{,}75$ mm.
85. Ídem si $A = 43{,}01$ cm^2 y $a = 3{,}44$ cm.
86. Ídem si $A = 337{,}21$ dm^2 y $a = 9{,}63$ dm.
87. Hallar el lado de un hexágono regular, sabiendo que su área es $A = 127{,}31$ dm^2.
88. Ídem si $A = 41{,}57$ cm^2.
89. Ídem si $A = 166{,}28$ mm^2.
90. Ídem si $A = 2{,}60$ dm^2.
91. Ídem si $A = 23{,}38$ cm^2.
92. Ídem si $A = 439{,}07$ mm^2.
93. Hallar el lado de un octágono regular, sabiendo que su área es $A = 236{,}59$ cm^2.
94. Ídem si $A = 120{,}71$ dm^2.
95. Ídem si $A = 482{,}84$ mm^2.
96. Ídem si $A = 1.086{,}40$ cm^2.
97. Ídem si $A = 1.395{,}42$ mm^2.
98. Ídem si $A = 173{,}82$ dm^2.

Soluciones

1. Solución: 9 cm^2.
2. S.: 7.396 dm^2.
3. S.: 3.249 mm^2.
4. S.: 2.209 cm^2.
5. S.: 900 mm^2.
6. S.: 6.724 dm^2.
7. S.: 48 cm^2.
8. S.: 110 mm^2.
9. S.: 96 dm^2.
10. S.: 72 mm^2.
11. S.: 8 cm^2.
12. S.: 10 dm^2.
13. S.: 171 mm^2.
14. S.: 200 cm^2.
15. S.: 21 dm^2.
16. S.: 16 cm^2.
17. S.: 135 cm^2.
18. S.: 36 dm^2.

19. S.: 10 mm^2.
20. S.: 75 cm^2.
21. S.: 105 dm^2.
22. S.: 12 mm^2.
23. S.: 1 cm^2.
24. S.: 6 dm^2.
25. S.: 30 mm^2.
26. S.: 44 cm^2.
27. S.: 102 cm^2.
28. S.: 95 dm^2.
29. S.: 39 mm^2.
30. S.: 36 cm^2.
31. S.: 33 dm^2.
32. S.: 75 mm^2.
33. S.: 172 cm^2.
34. S.: 43 dm^2.
35. S.: 6,9 mm^2.
36. S.: 15,48 cm^2.
37. S.: 557,55 dm^2.
38. S.: 139,275 mm^2.
39. S.: 259,81 mm^2.
40. S.: 1.039,23 dm^2.
41. S.: 10,39 mm^2.
42. S.: 166,28 cm^2.
43. S.: 841,78 mm^2.
44. S.: 23,38 dm^2.
45. S.: 19,31 dm^2.
46. S.: 482,84 mm^2.
47. S.: 584,24 mm^2.
48. S.: 77,25 cm^2.
49. S.: 236,59 mm^2.
50. S.: 17 cm.
51. S.: 10 dm.
52. S.: 33 mm.
53. S.: 97 cm.
54. S.: 13 mm.
55. S.: 91 dm.
56. S.: 52 cm.
57. S.: 9 cm.
58. S.: 2 dm.
59. S.: 7 mm.
60. S.: 6 mm.
61. S.: 8 dm.
62. S.: 5 cm.
63. S.: 7 mm.
64. S.: 6 cm.
65. S.: 4 mm.
66. S.: 8 dm.
67. S.: 10 dm.
68. S.: 14 cm.
69. S.: 5 cm.
70. S.: 5 dm.
71. S.: 10 mm.
72. S.: 5 cm.
73. S.: 3 mm.
74. S.: 6 cm.
75. S.: 10 dm.
76. S.: 6 cm.
77. S.: 2 mm.
78. S.: 9 dm.
79. S.: 9 cm.
80. S.: 2 mm.
81. S.: 8 cm.
82. S.: 7 cm.
83. S.: 2 dm.
84. S.: 4 mm.
85. S.: 5 cm.
86. S.: 14 dm.
87. S.: 7 dm.
88. S.: 4 cm.
89. S.: 8 mm.
90. S.: 1 dm.
91. S.: 3 cm.
92. S.: 13 mm.
93. S.: 7 dm.
94. S.: 5 dm.
95. S.: 10 mm.
96. S.: 15 cm.
97. S.: 17 mm.
98. S.: 6 dm.

La circunferencia y el círculo

37

Introducción histórica

Arquímedes de Siracusa (287-212 a.C.) perteneció a la escuela de Alejandría. Su mentalidad práctica le condujo a estudiar y resolver problemas físicos, por lo cual sostuvo enconadas polémicas con los euclidianos. Aunque es más conocido por el principio físico que lleva su nombre sobre los cuerpos sumergidos, sus aportaciones a la Geometría fueron muy importantes. Así, Arquímedes calculó el área de la elipse y el volumen del cono, de la esfera y de diversos cuerpos limitados por superficies curvas.

37.1 Definiciones

La circunferencia es una curva cerrada cuyos puntos están en un mismo plano y a igual distancia de otro punto fijo que se llama centro.

Se llama radio a cualquier segmento que une el centro con un punto de la circunferencia.

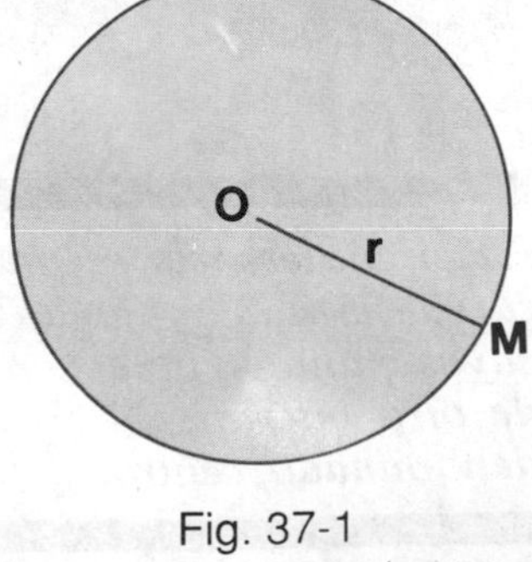

Fig. 37-1

Así, por ejemplo, en la figura 37-1 se representa una circunferencia de centro O y radio r = OM.
La circunferencia divide al plano en dos regiones: una exterior y otra interior.

Tal y como puede observarse en la figura 37-2, los puntos que como A se encuentran a una distancia del centro mayor que el radio reciben el nombre de puntos exteriores. Los puntos que como B se encuentran a una distancia del centro menor que el radio reciben el nombre de puntos interiores y los puntos que como C se encuentran a una distancia del centro igual al radio reciben el nombre de puntos de la circunferencia, coincidiendo con el trazo de esa línea.

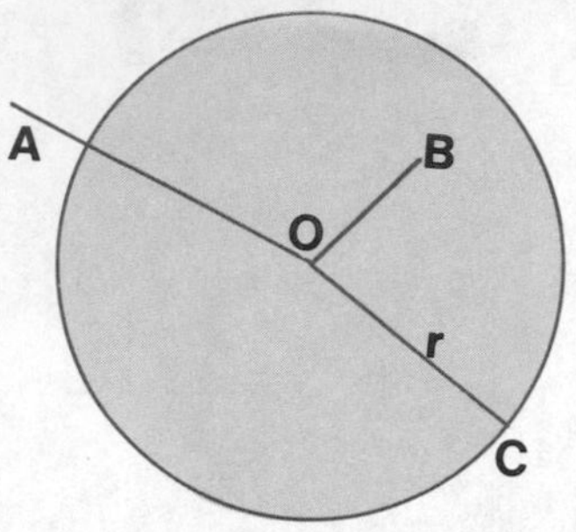

Fig. 37-2

Se llama círculo al conjunto formado por los puntos de la circunferencia y los puntos interiores a la misma.

La distancia que se recorre al moverse sobre la circunferencia volviendo al punto de partida se llama longitud de la circunferencia.
Se denomina ángulo central al formado por dos radios.
Así, por ejemplo, tal como puede observarse en la figura 37-3, MON es un ángulo central. Obviamente, a toda la circunferencia le corresponde un ángulo central de 360°.

Arco es una parte de circunferencia.

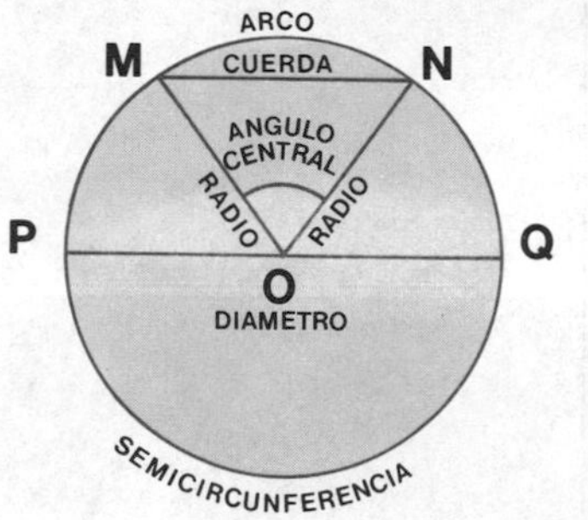

Fig. 37-3

Para representar un arco se emplea el símbolo ⌒. Así, por ejemplo, tal como puede observarse en la figura 37-3, la curva $\widehat{MN}$ es un arco.
En una misma circunferencia o en circunferencias iguales a ángulos centrales iguales corresponden arcos iguales. Análogamente, en una misma circunferencia o en circunferencias iguales, a mayor ángulo central corresponde mayor arco.

Se llama semicircunferencia a un arco igual a la mitad de la circunferencia.

Así, por ejemplo, tal como puede observarse en la figura 37-3, cualquiera de los dos arcos que va desde el punto P hasta el punto Q es una semicircunferencia.
Se llama arco menor al que es inferior a una semicircunferencia.
Así, por ejemplo, tal como puede observarse en la figura 37-3, $\widehat{MN}$ es un arco menor.

Por el contrario, se llama arco mayor al que es superior a una semicircunferencia.
Así, por ejemplo, tal como puede observarse en la figura 37-3, $\widehat{MPQ}$ es un arco mayor. Para designar un arco mayor se necesitan 3 letras.

La circunferencia es una curva cerrada y plana cuyos puntos equidistan de otro interior denominado centro.

Se dice que dos arcos son consecutivos cuando lo son sus arcos centrales. Se llama suma de dos arcos consecutivos al arco cuyo ángulo central es la suma de los ángulos centrales correspondientes a los arcos dados.

Se llama cuerda al segmento que une dos puntos de la circunferencia.

Así, por ejemplo, tal como puede observarse en la figura 37-3, MN es una cuerda.
De los arcos que una cuerda determina en una circunferencia, se llama arco correspondiente a la cuerda al menor de ellos.

Se llama diámetro a la cuerda que pasa por el centro.

Así, por ejemplo, tal como puede observarse en la figura 37-3, PQ es un diámetro. El diámetro es igual a la suma de dos radios. En efecto, PQ = PO + OQ.

Se llama secante de una circunferencia a cualquier recta que corta a la circunferencia en dos puntos.

Así, por ejemplo, tal como puede observarse en la figura 37-4, MN es una secante.

Se llama tangente a una circunferencia a cualquier recta que toca a la circunferencia en un punto y sólo en uno.

Así, por ejemplo, tal como puede observarse en la figura 37-4, QR es una tangente a la circunferencia en P. El punto P se denomina punto de contacto o punto de tangencia.

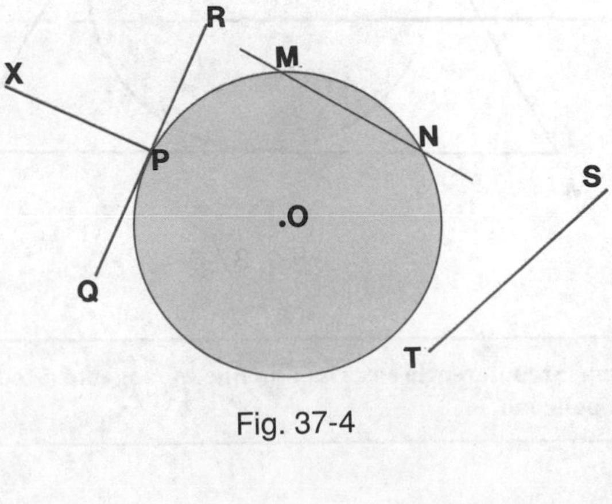

Fig. 37-4

El radio es el segmento que une el centro con cualquier punto de la circunferencia.

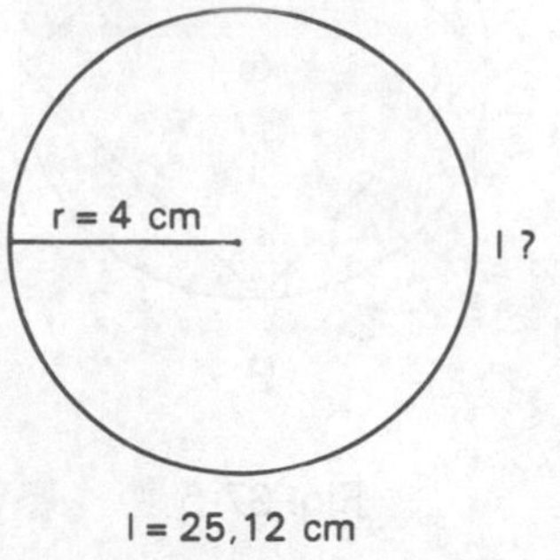

Cuerda es el segmento que une dos puntos de la circunferencia.

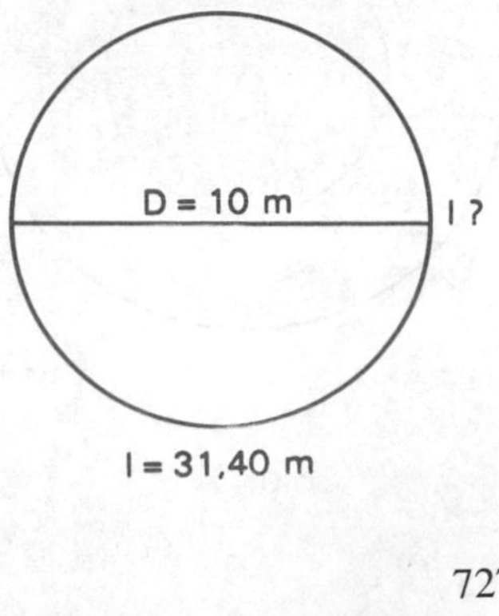

Se llama normal a una circunferencia a la perpendicular a la tangente en el punto de contacto.

Así, por ejemplo, tal como puede observarse en la figura 37-4, XP es normal a la circunferencia en el punto P.

Se llama recta exterior a la que no tiene ningún punto común con la circunferencia.

Así, por ejemplo, tal como puede observarse en la figura 37-4, ST es una recta exterior.

Se denomina polígono inscrito a aquél cuyos lados son cuerdas de una circunferencia.

Así, por ejemplo, tal como puede observarse en la figura 37-5, el polígono cuadrilátero MNPQ está inscrito en la circunferencia de centro O.

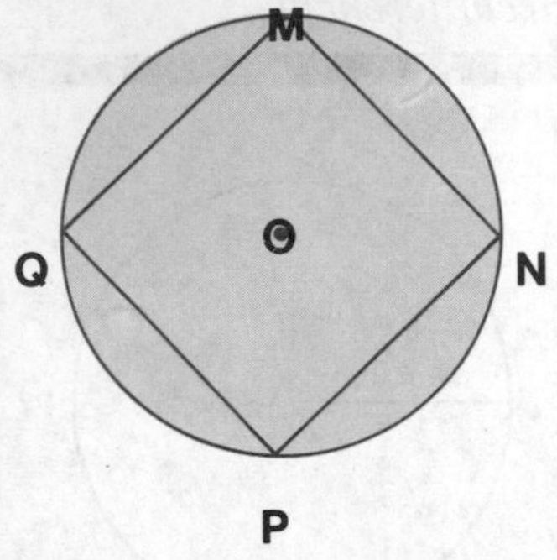

Fig. 37-5

Se llama circunferencia circunscrita a la que pasa por los vértices de un polígono.

Se llama polígono circunscrito al que tiene todos sus lados tangentes a una circunferencia.

Así, por ejemplo, tal como puede observarse en la figura 37-6, el triángulo MNP es un polígono circunscrito a la circunferencia de centro O.

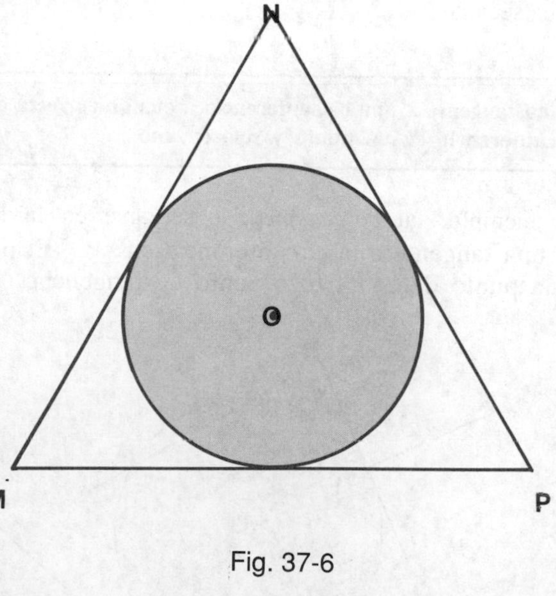

Fig. 37-6

Se llama circunferencia inscrita a la que es tangente a todos los lados de un polígono.

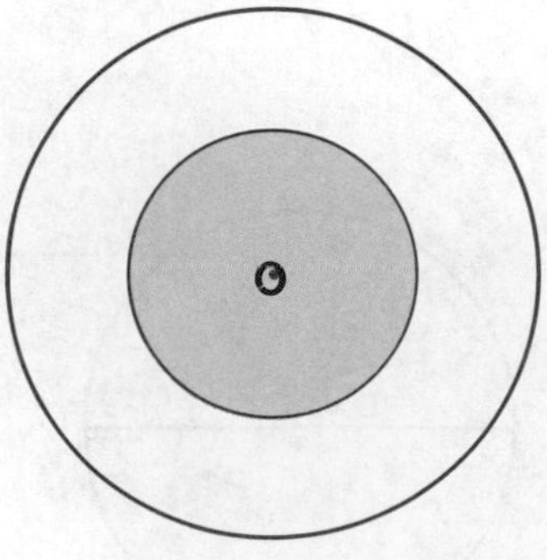

Fig. 37-7

Se llaman circunferencias concéntricas a las que tienen el mismo centro pero con distinto radio.
Así, por ejemplo, tal como puede observarse en la figura 37-7, las dos circunferencias representadas son concéntricas.

Se llama segmento circular a la parte de círculo limitada entre una cuerda y su arco.

Así, por ejemplo, tal como puede observarse en la figura 37-8, la parte sombreada corresponde a un segmento circular.

Se llama sector circular a la parte de círculo limitada por dos radios y el arco comprendido entre ellos.

Así, por ejemplo, tal como puede observarse en la figura 37-9, la parte sombreada corresponde a un sector circular.

Se llama corona circular a la porción de plano limitada por dos circunferencias concéntricas.

Así, por ejemplo, tal como puede observarse en la figura 37-10, la parte sombreada corresponde a una corona circular.

Se llama trapecio circular a la porción de plano limitada por dos circunferencias concéntricas y dos radios.

Así, por ejemplo, tal como puede observarse en la figura 37-11, la parte sombreada corresponde a un trapecio circular.

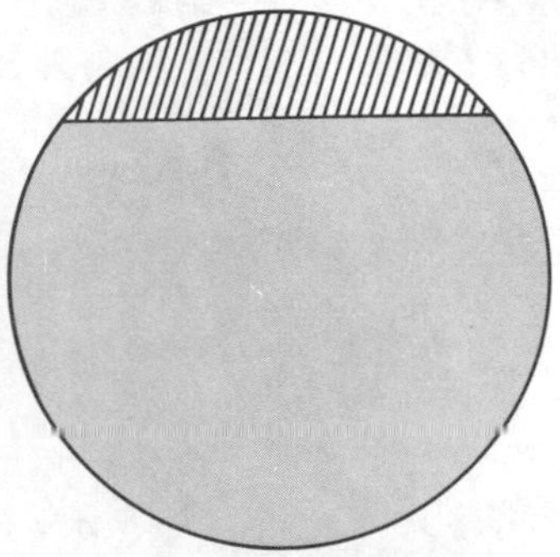

Fig. 37-8

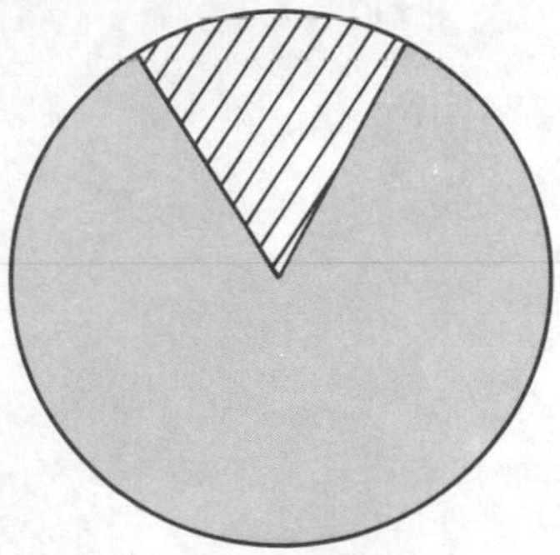

Fig. 37-9

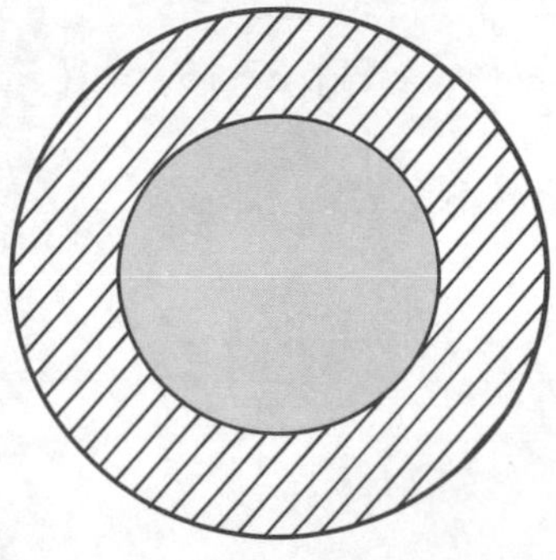

Fig. 37-10

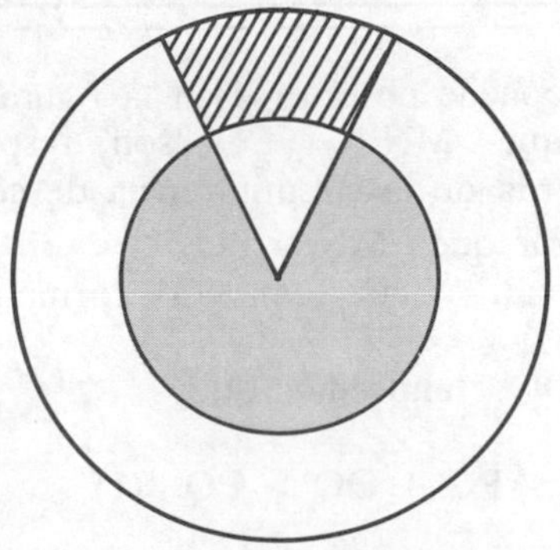

Fig. 37-11

Vamos a demostrar seguidamente una serie de teoremas relativos a la circunferencia.

Todo diámetro divide a la circunferencia y al círculo en dos partes iguales.

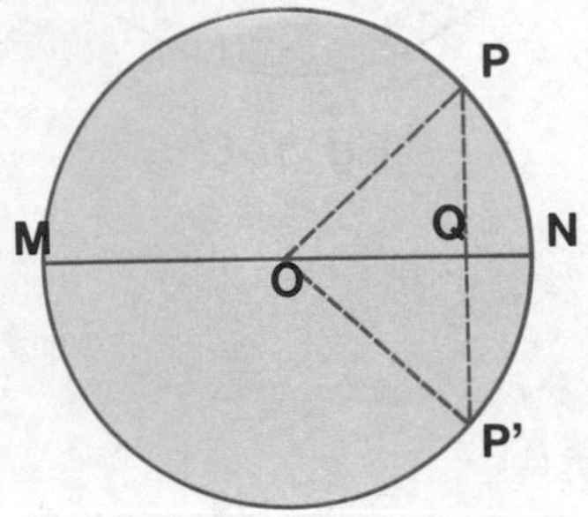

Fig. 37-12

En efecto, tal como puede observarse en la figura 37-12, supongamos por hipótesis que MN es un diámetro de la circunferencia de centro O.
Se trata de demostrar que $\overset{\frown}{MPN} = \overset{\frown}{MP'N}$ y que las partes de círculo correspondientes son iguales.
Para ello, consideremos un punto cualquiera P situado en uno de los arcos en que MN divide a la circunferencia. Construyamos por P la perpendicular al diámetro que corta a éste en el punto Q y a la circunferencia en el punto P′, formándose los triángulos OPQ y OP′Q.
Ahora bien, en los triángulos OPQ y OP′Q tenemos que:
OQ = OQ por ser un lado común.
OP = OP′ por tratarse de radios de la circunferencia.
OQP = OQP′ = 90° por construcción.
Así pues, los triángulos OPQ y OP′Q son iguales puesto que tienen iguales la hipotenusa y un cateto.
Por consiguiente, QP = QP′.
Si ahora doblamos la figura 37-12 por el diámetro MN hasta que el semiplano que contiene a P coincida con el semiplano que contiene a P′ tendremos que el segmento MP coincidirá con el segmento MP′ y, por lo tanto, el punto P coincidirá con el punto P′.
Ahora bien, como esto se verifica para todos los puntos del arco MPN, tendremos que $\overset{\frown}{MPN} = \overset{\frown}{MP'N}$ ya que las porciones de plano comprendidas entre los arcos y el diámetro también coinciden, tal como queríamos demostrar.

El diámetro es la mayor cuerda de la circunferencia.

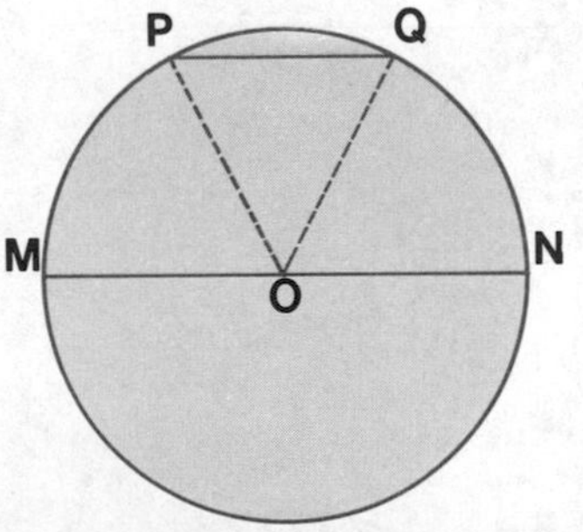

Fig. 37-13

En efecto, tal como puede observarse en la figura 37-13, supongamos por hipótesis que MN y PQ son, respectivamente, un diámetro y una cuerda de la circunferencia de centro O.
Se trata de demostrar que MN > PQ.
Para ello, unamos P y Q con O formando el triángulo POQ.
En el triángulo POQ tendremos que:

$$PO + OQ > PQ \quad (1)$$

porque la menor distancia entre dos puntos es la línea recta.

Ahora bien, PO = MO (2)
y OQ = ON (3) por tratarse de radios.

Sustituyendo (2) y (3) en (1) resulta:

$$MO + ON > PQ \quad (4)$$

Pero como MO + ON = MN (5), sustituyendo (5) en (4) tendremos que: MN > PQ, tal como queríamos demostrar.

Todo diámetro perpendicular a una cuerda divide a dicha cuerda y a los arcos subtendidos en partes iguales.

En efecto, tal como puede observarse en la figura 37-14, supongamos por hipótesis que en la circunferencia de centro O, PR es una cuerda, MN es un diámetro y $MN \perp PR$.

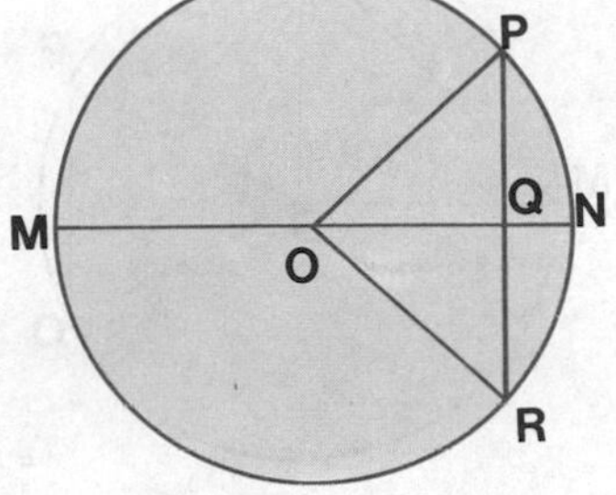

Fig. 37-14

Se trata de demostrar que PQ = QR, que $\overset{\frown}{PN} = \overset{\frown}{NR}$ y que $\overset{\frown}{PM} = \overset{\frown}{MR}$. Para ello, unamos P y R con O, formando los triángulos rectángulos OPQ y OQR.
En los triángulos OPQ y OQR tenemos que:
OQ = OQ por ser un lado común.
OP = OR por tratarse de radios de la circunferencia.
$MN \perp PR$ por hipótesis.

Por lo tanto, los triángulos OPQ y OQR son iguales por tratarse de triángulos rectángulos que tienen iguales la hipotenusa y un cateto.
Por consiguiente, PQ = QR por ser lados homólogos de triángulos iguales, tal como queríamos demostrar.
Pero como los ángulos POQ y QOR son iguales por ser ángulos opuestos a lados iguales en triángulos iguales, tendremos que $\overset{\frown}{PN} = \overset{\frown}{NR}$ (1) por tratarse de arcos correspondientes a ángulos centrales iguales, tal como queríamos demostrar.
Pero como $\overset{\frown}{MPN} = \overset{\frown}{MRN}$ (2) por ser semicircunferencias, restando miembro a miembro (2) y (1) se obtiene:

$$\overset{\frown}{MPN} - \overset{\frown}{PN} = \overset{\frown}{MRN} - \overset{\frown}{NR}$$

Es decir, $\overset{\frown}{PM} = \overset{\frown}{MR}$, tal como queríamos demostrar.

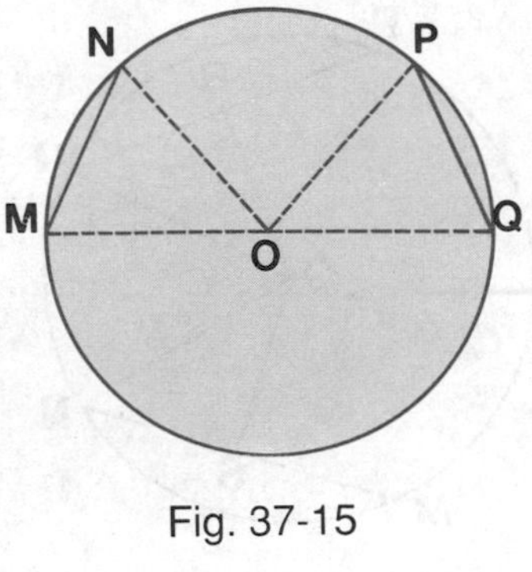

Fig. 37-15

En una misma circunferencia o en circunferencias iguales, a arcos iguales corresponden cuerdas iguales.

En efecto, tal como puede observarse en la figura 37-15, supongamos por hipótesis que en la circunferencia de centro O los arcos

$\overset{\frown}{MN}$ y $\overset{\frown}{PQ}$ son iguales y que MN y PQ son sus cuerdas correspondientes. Se trata de demostrar que MN = PQ.
Para ello, unamos M, N, P y Q con O formando los triángulos MON y POQ.
En los triángulos MON y POQ tenemos que:
OM = ON = OP = OQ por ser radios de la circunferencia.
MON = POQ por ser ángulos centrales cuyos arcos correspondientes son iguales por hipótesis.
Por lo tanto, los triángulos MON y POQ son iguales por tener iguales dos lados y el ángulo comprendido entre ellos.
Por consiguiente, MN = PQ por tratarse de lados homólogos de triángulos iguales, tal como queríamos demostrar.
También se cumple el teorema recíproco:

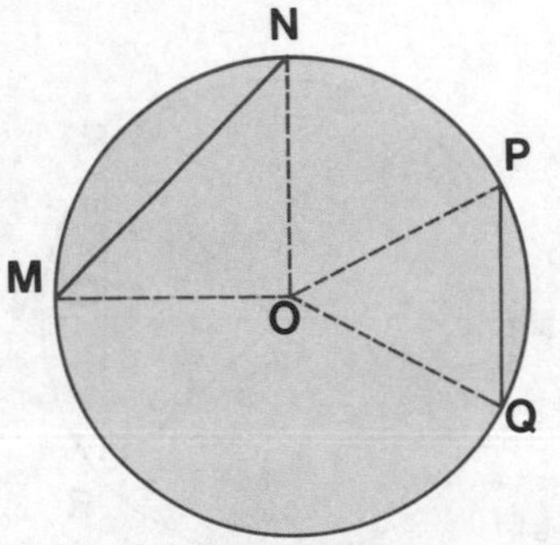

Fig. 37-16

En una misma circunferencia o en circunferencias iguales, a cuerdas iguales corresponden arcos iguales.

En una misma circunferencia o en circunferencias iguales, si dos arcos son desiguales y menores que una semicircunferencia, a mayor arco corresponde mayor cuerda.

En efecto, tal como puede observarse en la figura 37-16, supongamos por hipótesis que en la circunferencia de centro O, $\overset{\frown}{MN} > \overset{\frown}{PQ}$, siendo ambos arcos menores que una semicircunferencia y que MN y PQ son sus cuerdas correspondientes.
Se trata de demostrar que MN > PQ.
Para ello, unamos M, N, P y Q con O, formando los triángulos MON y POQ.
En los triángulos MON y POQ tenemos que:
MO = NO = PO = QO por ser radios de la circunferencia.
Así pues, $\triangle MON > \triangle POQ$ por ser $\overset{\frown}{MN} > \overset{\frown}{PQ}$ por hipótesis.
Por consiguiente, MN > PQ puesto que en dos triángulos que tienen dos lados respectivamente iguales, a mayor ángulo se opone mayor lado, tal como queríamos demostrar.
También se cumple el teorema recíproco:

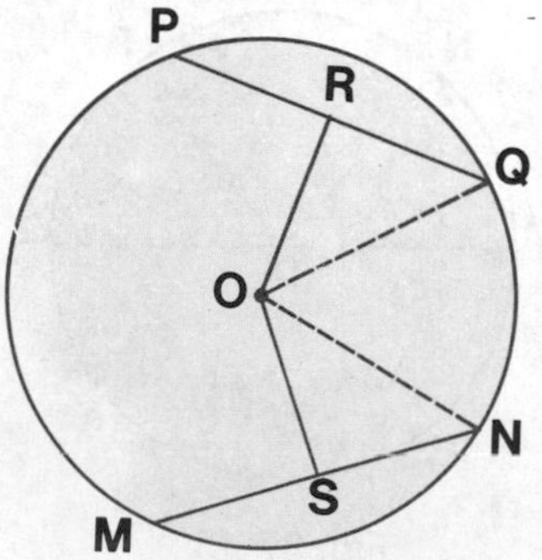

Fig. 37-17

En una misma circunferencia o en circunferencias iguales, si dos cuerdas son desiguales, a mayor cuerda corresponde mayor arco, siempre que los arcos sean menores que una semicircunferencia.

En una misma circunferencia o en circunferencias iguales, cuerdas iguales equidistan del centro.

En efecto, tal como puede observarse en la figura 37-17, supongamos por hipótesis que $MN = PQ$, que $OS \perp MN$ y que $OR \perp PQ$. Se trata de demostrar que $OR = OS$.
Para ello, unamos Q y N con O, formando los triángulos rectángulos ORQ y OSN.
En los triángulos ORQ y OSN tenemos que:
$ON = OQ$ por ser radios de la circunferencia.
y $SN = RQ$ por ser mitades de cuerdas iguales.
Por lo tanto, los triángulos ORQ y OSN son iguales por ser triángulos rectángulos que tienen iguales la hipotenusa y un cateto.
Por consiguiente, $OR = OS$ por tratarse de lados homólogos de triángulos iguales, tal como queríamos demostrar.
También se cumple el teorema recíproco:

En una misma circunferencia o en circunferencias iguales, las cuerdas equidistantes del centro son iguales.

En una misma circunferencia o en circunferencias iguales, si dos cuerdas son desiguales, la mayor dista menos del centro.

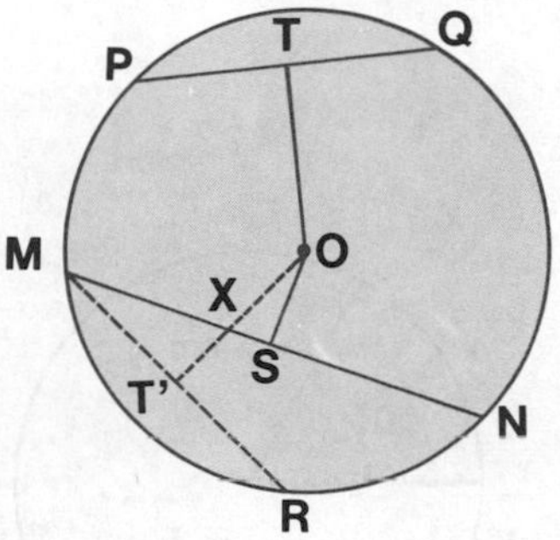

Fig. 37-18

En efecto, tal como puede observarse en la figura 37-18, supongamos por hipótesis que $MN > PQ$, que $OS \perp MN$ y que $OT \perp PQ$. Se trata de demostrar que $OS < OT$.
Para ello, construyamos $MR = PQ$ y $OT' \perp MR$. Tendremos que: $\overset{\frown}{MR} = \overset{\frown}{PQ}$, puesto que a cuerdas iguales corresponden arcos iguales.
Ahora bien, $\overset{\frown}{MN} > \overset{\frown}{PQ}$, puesto que $MN > PQ$ por hipótesis.
Por lo tanto, $\overset{\frown}{MN} > \overset{\frown}{MR}$ y, por consiguiente, el punto R es un punto interior de $\overset{\frown}{MN}$.
Ahora bien, T′ es el punto medio de MR puesto que todo diámetro perpendicular a una cuerda divide a dicha cuerda y al arco subtendido en partes iguales.
Por lo tanto, OT′ corta a MN por estar O y T′ en semiplanos distintos respecto a MN. Llamando X al punto de intersección de OT′ y MN, tendremos que:
$OS < OX$, puesto que OS es la perpendicular y OX es una oblicua y $OX < OT'$, puesto que OX es una parte de OT′.
Así pues, $OS < OT'$ (1)
Pero como $OT' = OT$ (2) puesto que cuerdas iguales equidistan del centro, sustituyendo (2) en (1) resultará:
$OS < OT$, tal como queríamos demostrar.
También se cumple el teorema recíproco:

En una misma circunferencia o en circunferencias iguales, si dos cuerdas no equidistan del centro, la que menos dista es la mayor.

Se llama arco a una porción de circunferencia.

La tangente a una circunferencia es perpendicular al radio en el punto de contacto.

Diámetro es una cuerda que pasa por el centro.

En efecto, tal como puede observarse en la figura 37-19, supongamos por hipótesis que el segmento TT′ es tangente a la circunferencia de centro O en el punto P y que OP es el radio en el punto de tangencia.
Se trata de demostrar que TT′ ⊥ OP.

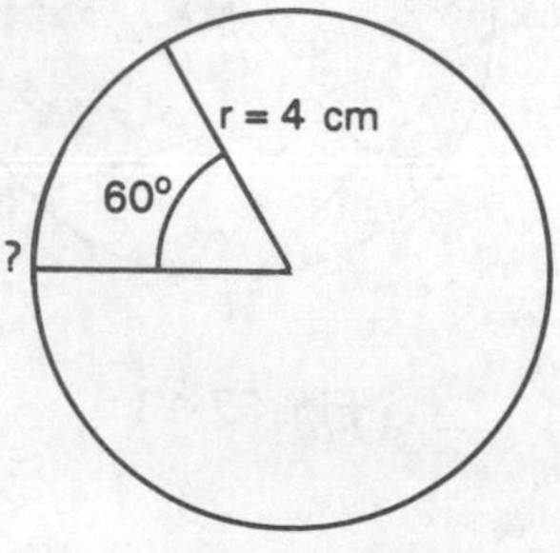

l = 4,19 cm

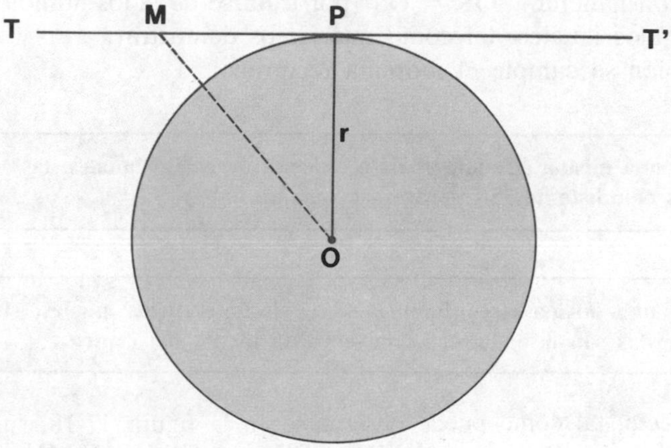

Fig. 37-19

Para ello, basta con considerar que si OP no fuese perpendicular a TT′ sería oblicua, pero en este caso habría otra oblicua OM que sería igual a OP por apartarse igual que OP del pie de la perpendicular. Pero si OM = OP, entonces M sería también un punto de la circunferencia y el segmento TT′ no sería una tangente porque tendría dos puntos comunes con la circunferencia.

Un diámetro equivale a la suma de dos radios.

Por consiguiente, OP tiene que ser perpendicular a TT′, tal como queríamos demostrar.
También se cumple el teorema recíproco:

Si una recta es perpendicular a un radio en su extremo, entonces es tangente a la circunferencia.

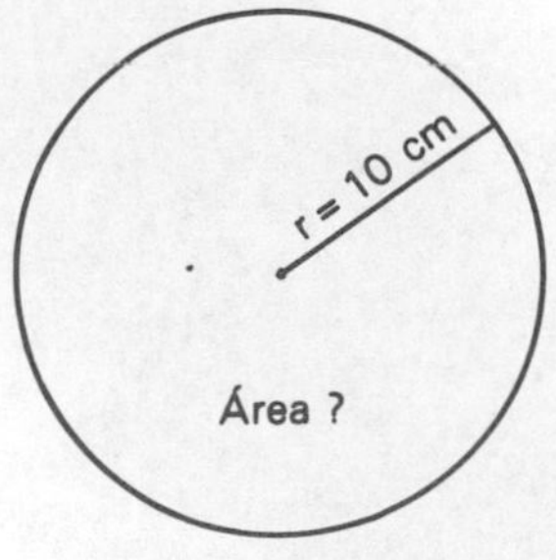

Área = 314,16 cm²

En efecto, tal como puede observarse en la figura 37-19, supongamos por hipótesis que TT′ ⊥ OP en el punto P.
Se trata de demostrar que el segmento TT′ es tangente a la circunferencia de centro O.
Para ello, basta con considerar que la recta TT′ sólo tiene en común con la circunferencia el punto P, ya que cualquier otro punto M es exterior, puesto que OM > OP al ser OP la

perpendicular y OM una oblicua. Por consiguiente, el segmento TT′ es tangente, puesto que únicamente tiene un punto en común con la circunferencia, tal como queríamos demostrar.
Como corolario del teorema anterior tenemos que:

Por un punto de una circunferencia pasa una tangente y sólo una.

La menor distancia de un punto a una circunferencia es el menor de los dos segmentos de normal comprendidos entre el punto y la circunferencia.

Vamos a considerar dos casos:
a) Que el punto sea interior.
b) Que el punto sea exterior.

En el primer caso, tal como puede observarse en la figura 37-20, supongamos por hipótesis que P es un punto interior a la circunferencia de centro O, que MN es la normal que pasa por P y que PQ es la distancia de P a un punto cualquiera de la circunferencia.
Se trata de demostrar que PN < PQ.
Para ello, unimos O con Q formando el triángulo OQP.
Ahora bien, en el triángulo OQP tenemos que:
OQ < OP + PQ (1) porque la menor distancia entre dos puntos es la línea recta.
Pero como OQ = ON = OP + PN (2)
Sustituyendo (2) en (1) resulta:

$$OP + PN < OP + PQ$$

Simplificando: PN < PQ, tal como queríamos demostrar.
En el segundo caso, tal como puede observarse en la figura 37-21, supongamos por hipótesis que P es un punto exterior a la circun-

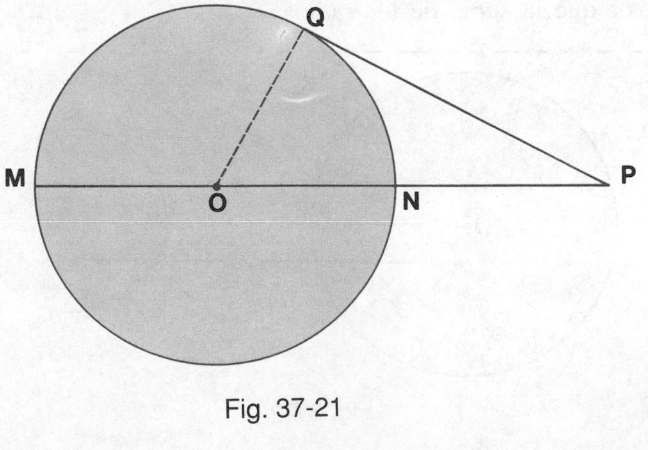

Fig. 37-21

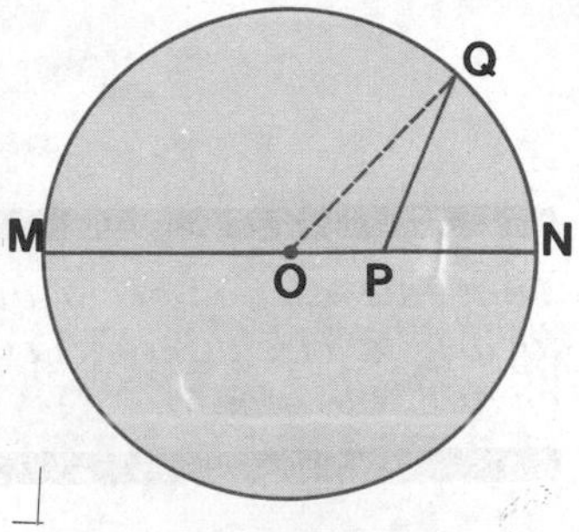

Fig. 37-20

Una secante es una recta que corta en dos puntos a la circunferencia.

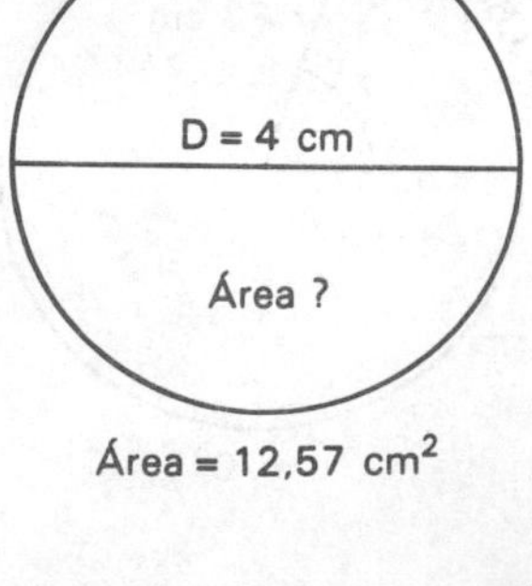

Área = 12,57 cm²

ferencia de centro O, que MN es la normal que pasa por P y que PQ es la distancia de P a un punto cualquiera de la circunferencia.

Se trata de demostrar que $PN < PQ$.

Para ello, unimos O con Q, formando el triángulo OQP.

En el triángulo OQP tenemos que:

$PN + NO < PQ + QO$ (1) puesto que un lado de un triángulo es menor que la suma de los otros dos.

Ahora bien, $NO = QO$ (2) por ser radios de la misma circunferencia.

Por lo tanto, sustituyendo (2) en (1) tendremos que:

$$PN + NO < PQ + NO$$

Simplificando: $PN < PQ$, tal como queríamos demostrar.

Dos circunferencias pueden ocupar en un mismo plano las siguientes posiciones relativas:

a) Circunferencias exteriores.
b) Circunferencias tangentes exteriormente.
c) Circunferencias interiores.
d) Circunferencias concéntricas.
e) Circunferencias tangentes interiormente.
f) Circunferencias secantes.

Se dice que dos circunferencias son exteriores cuando todos los puntos de cada una son exteriores a la otra.

Así, por ejemplo, las circunferencias representadas en la figura 37-22 son exteriores.

En dos circunferencias exteriores, la distancia entre los centros es mayor que la suma de los radios.

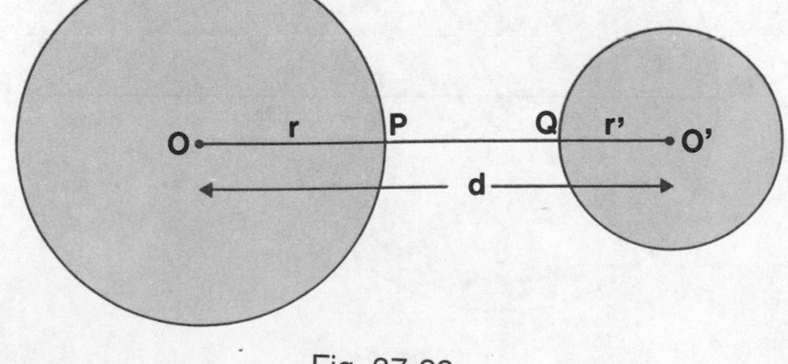

Fig. 37-22

Tangente es una recta que toca a la circunferencia en un solo punto.

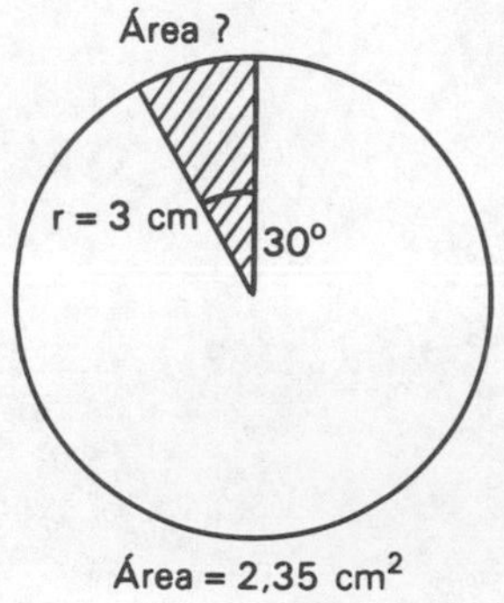

Las circunferencias concéntricas son las que tienen igual centro pero distinto radio.

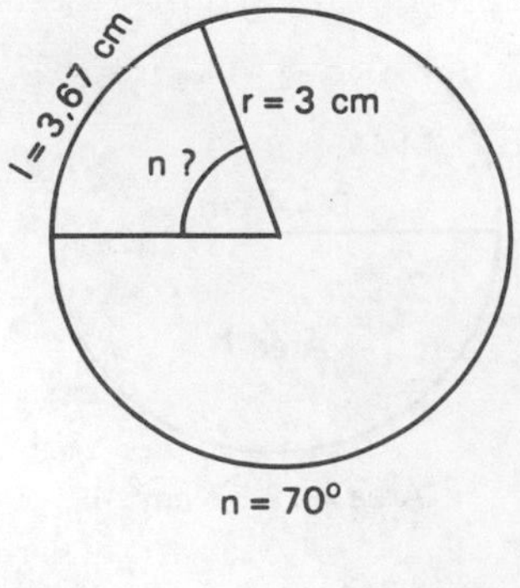

En efecto, tal como puede observarse en la figura 37-22,

$$OO' = d = r + r' + PQ$$

Por consiguiente, $d > r + r'$

Se dice que dos circunferencias son tangentes exteriormente cuando tienen únicamente un punto en común y los demás puntos de cada una de ellas son exteriores a la otra.

Así, por ejemplo, las circunferencias representadas en la figura 37-23 son tangentes exteriormente.

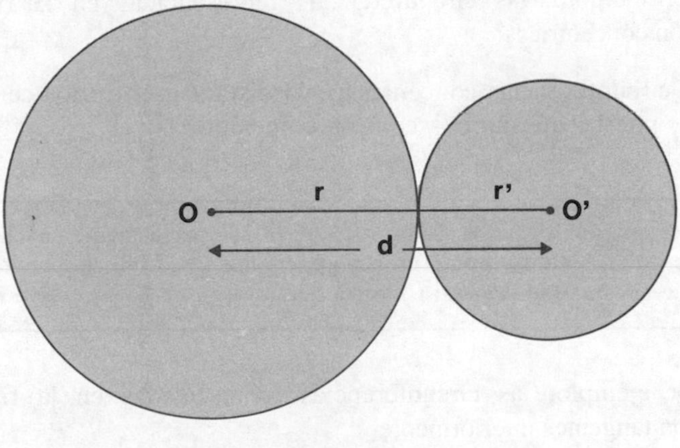

Fig. 37-23

En dos circunferencias tangentes exteriormente, la distancia entre los centros es igual a la suma de los radios.

En efecto, tal como puede observarse en la figura 37-23.

$$OO' = d = r + r'$$

Por consiguiente, $d = r + r'$

Se dice que una circunferencia es interior a una dada cuando todos los puntos de la primera son interiores a la otra.

Así, por ejemplo, la circunferencia C_1 representada en la figura 37-24 es interior a C_2.

En ese caso, la distancia entre los centros es menor que la diferencia de los radios.

En efecto, tal como puede observarse en la figura 37-24,

$$d = OO' = OQ - O'Q \qquad (1)$$

Un segmento circular es la porción de círculo limitada por una cuerda y su arco.

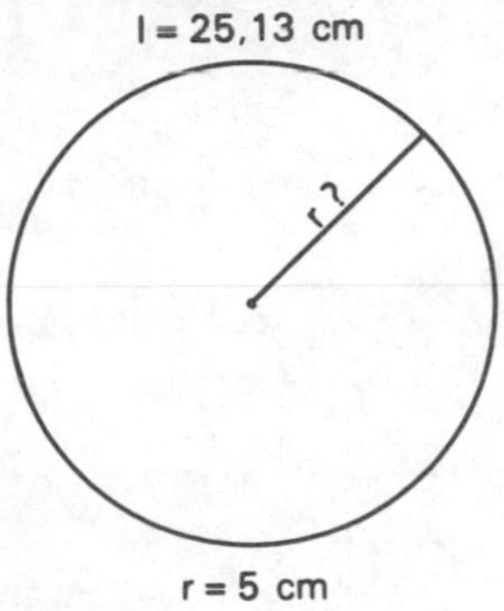

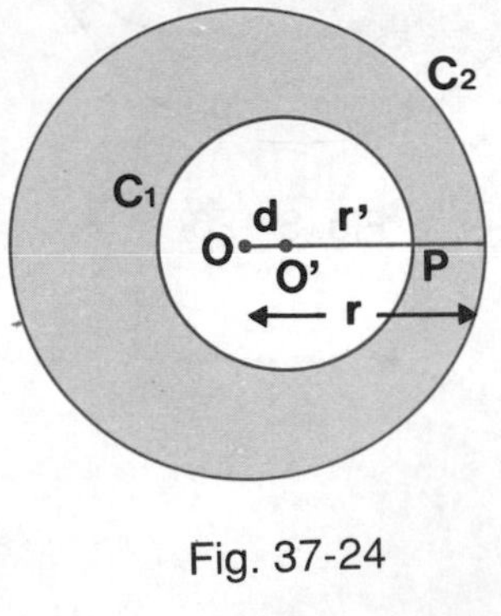

Fig. 37-24

Pero como $O'Q = O'P + PQ = r' + PQ$ (2)

Sustituyendo (2) en (1) resulta:

$$d = OO' = OQ - (r' + PQ)$$

Es decir, $d = OQ - r' - PQ$
O sea, $d = r - r' - PQ$
Por consiguiente, $d < r - r'$

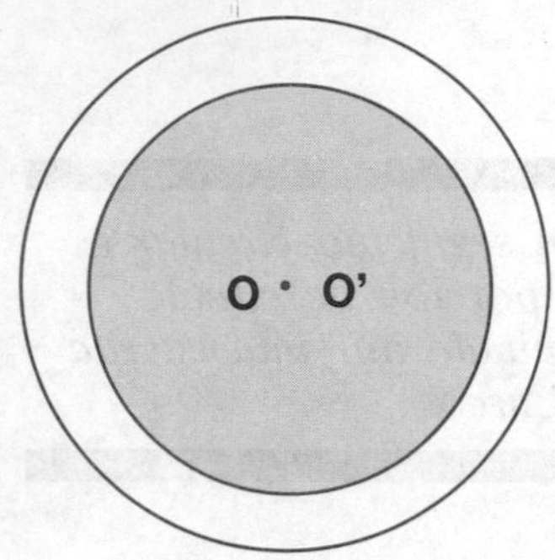

Fig. 37-25

Se dice que dos circunferencias son concéntricas cuando tienen el mismo centro.

Así, por ejemplo, las circunferencias representadas en la figura 37-25 son concéntricas.

En dos circunferencias concéntricas, la distancia entre los centros es nula, puesto que ambos centros coinciden.

Se dice que dos circunferencias son tangentes interiormente cuando tienen únicamente un punto en común y todos los demás puntos de una de ellas son interiores a la otra.

Así, por ejemplo, las circunferencias representadas en la figura 37-26 son tangentes interiormente.

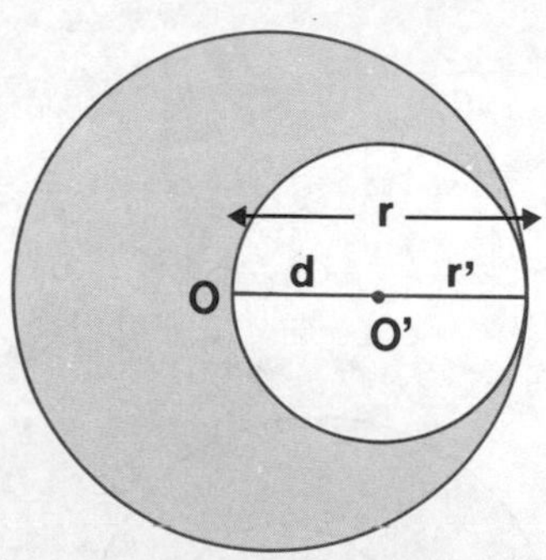

Fig. 37-26

En dos circunferencias tangentes interiormente, la distancia entre los centros es igual a la diferencia de los radios.
En efecto, tal como puede observarse en la figura 37-26,

$$OO' = d = r - r'$$

Se dice que dos circunferencias son secantes cuando tienen dos puntos comunes.

Así, por ejemplo, las circunferencias representadas en la figura 37-27 son secantes.

En dos circunferencias secantes la distancia entre los centros es menor que la suma de los radios y mayor que su diferencia.
En efecto,

$$OO' = d < r + r'$$

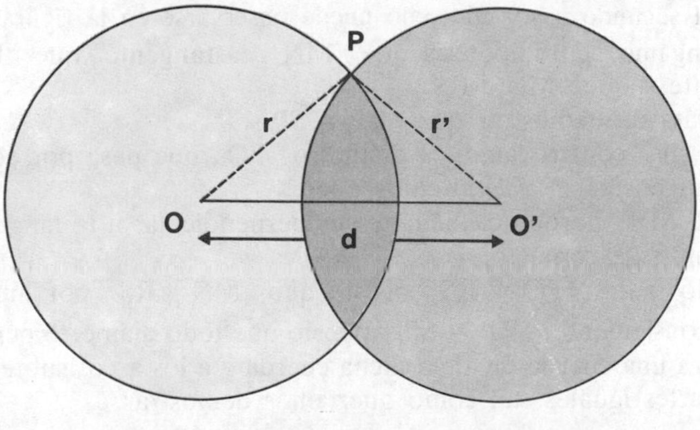

Fig. 37-27

Vamos a demostrar a continuación el siguiente enunciado:

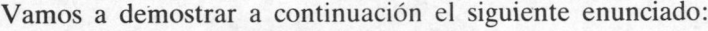

Los arcos de una circunferencia comprendidos entre paralelas son iguales.

Consideraremos los tres casos siguientes:

a) Que las paralelas sean secantes.
b) Que una de las paralelas sea secante y la otra tangente.
c) Que las dos paralelas sean tangentes.

En el primer caso, tal como puede observarse en la figura 37-28, supongamos por hipótesis que MN y PQ son secantes y que MN || PQ.

Se trata de demostrar que $\overset{\frown}{MP} = \overset{\frown}{NQ}$.

Para ello, construyamos el diámetro $AB \perp MN$ que también será perpendicular a PQ, puesto que MN || PQ.

Tendremos que $\overset{\frown}{PA} = \overset{\frown}{QA}$ (1)

y $\overset{\frown}{MA} = \overset{\frown}{NA}$ (2)

puesto que todo diámetro perpendicular a una cuerda divide a dicha cuerda y al arco subtendido en partes iguales.

Restando miembro a miembro (2) y (1) resulta:

$$\overset{\frown}{MA} - \overset{\frown}{PA} = \overset{\frown}{NA} - \overset{\frown}{QA} \qquad (3)$$

Pero como $\overset{\frown}{PA} - \overset{\frown}{MA} = \overset{\frown}{MP}$ (4)

y $\overset{\frown}{QA} - \overset{\frown}{NA} = \overset{\frown}{NQ}$ (5)

Sustituyendo (4) y (5) tendremos:

$\overset{\frown}{MP} = \overset{\frown}{NQ}$, tal como queríamos demostrar.

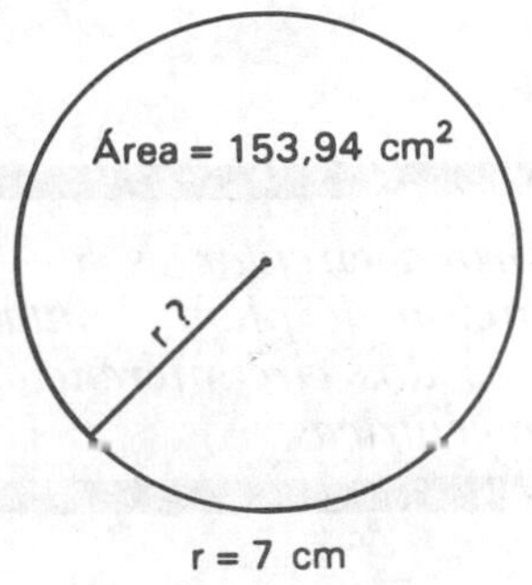

Sector circular es la porción de círculo limitada por dos radios y el arco comprendido entre ambos.

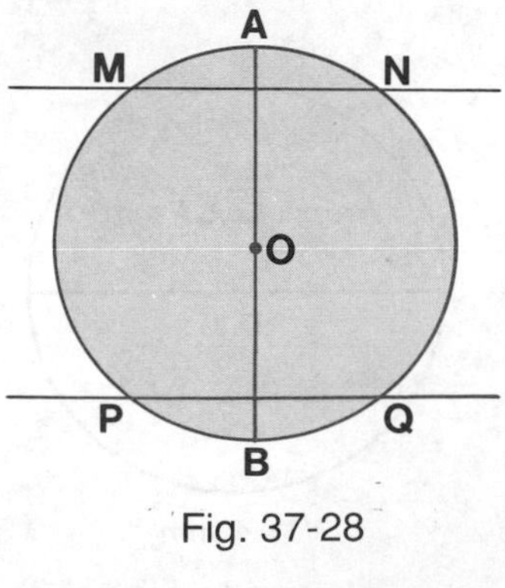

Fig. 37-28

Corona circular es la porción de plano limitada entre dos circunferencias concéntricas.

En el segundo caso, tal como puede observarse en la figura 37-29, supongamos por hipótesis que MN es tangente, que RS es secante y que MN || RS.

Se trata de demostrar que $\overset{\frown}{RP} = \overset{\frown}{SP}$.

Para ello, construyamos el diámetro PQ que pasa por el punto de tangencia P. Tendremos que:

PQ $\perp$ MN porque el diámetro es perpendicular a la tangente en el punto de contacto.

Por lo tanto, PQ $\perp$ RS puesto que MN || RS por hipótesis.

Por consiguiente, $\overset{\frown}{RP} = \overset{\frown}{SP}$, puesto que todo diámetro perpendicular a una cuerda divide a dicha cuerda y a los arcos subtendidos en partes iguales, tal como queríamos demostrar.

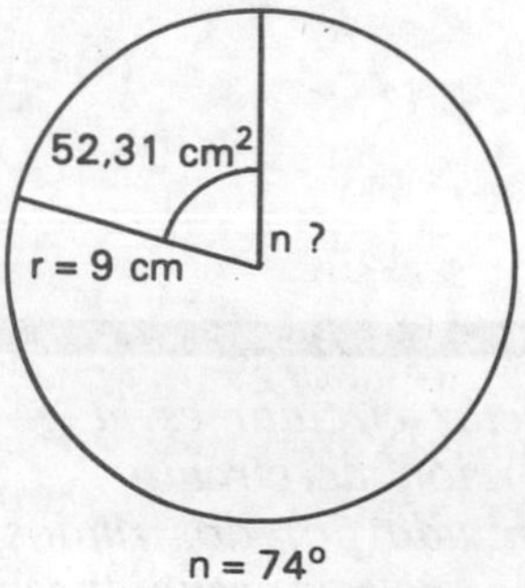

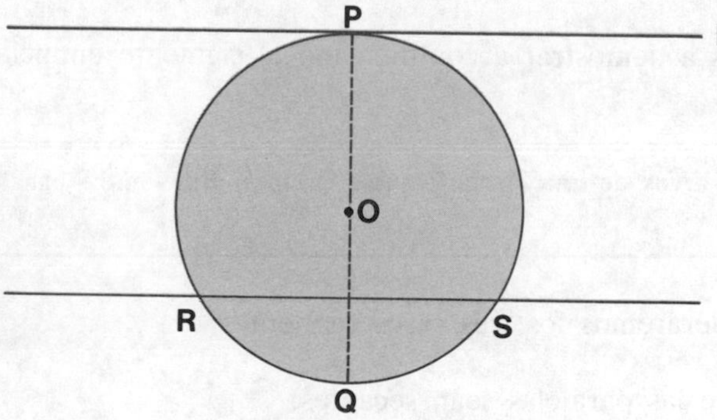

Fig. 37-29

Cualquier diámetro divide a la circunferencia y al círculo en dos partes iguales.

En el tercer caso, tal como puede observarse en la figura 37-30, supongamos por hipótesis que MN es tangente en A, que RS es tangente en B y que MN || RS.

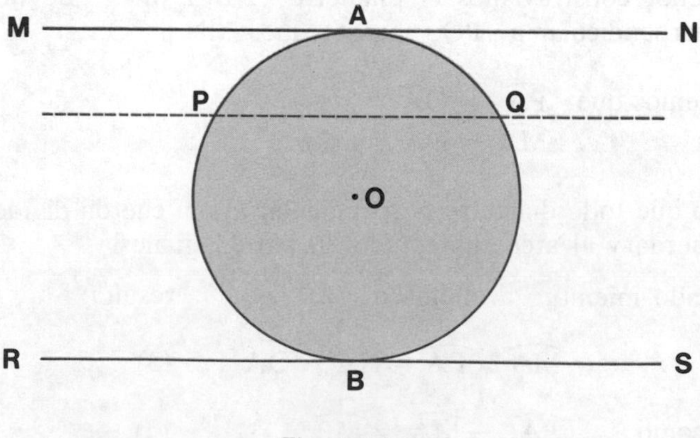

Fig. 37-30

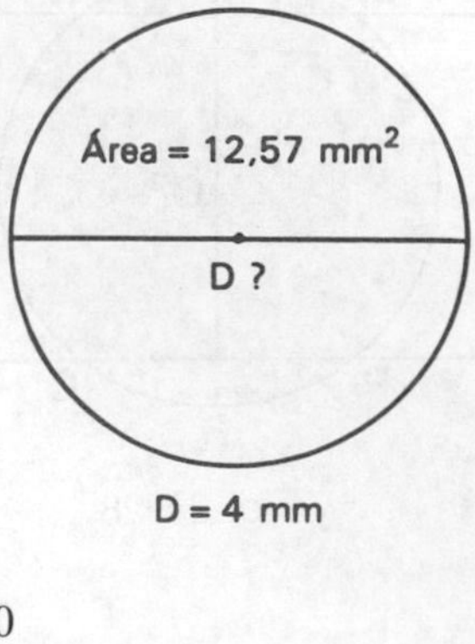

Se trata de demostrar que $\overset{\frown}{APB} = \overset{\frown}{AQB}$.

Para ello, construyamos la secante PQ || MN, que también cumplirá, por lo tanto, que PQ || RS.

Tendremos que:

$\overset{\frown}{PA} = \overset{\frown}{QA}$ (1)

y $\overset{\frown}{PB} = \overset{\frown}{QB}$ (2)

según hemos visto en el caso anterior.
Sumando miembro a miembro (1) y (2) resulta:

$$\overset{\frown}{PA} + \overset{\frown}{PB} = \overset{\frown}{QA} + \overset{\frown}{QB} \quad (3)$$

Ahora bien, $\overset{\frown}{PA} + \overset{\frown}{PB} = \overset{\frown}{APB}$ (4)

y $\overset{\frown}{QA} + \overset{\frown}{QB} = \overset{\frown}{AQB}$ (5)

Sustituyendo (4) y (5) en (3) tendremos:
$\overset{\frown}{APB} = \overset{\frown}{AQB}$, tal como queríamos demostrar.

En circunferencias iguales, a arcos iguales les corresponden cuerdas iguales.

37.2 Relaciones notables en la circunferencia

Vamos a estudiar a continuación una serie de importantes relaciones métricas que se verifican en la circunferencia.

Si dos cuerdas de una circunferencia se cortan, el producto de los dos segmentos determinados en una cuerda es igual al producto de los dos segmentos determinados en la otra cuerda.

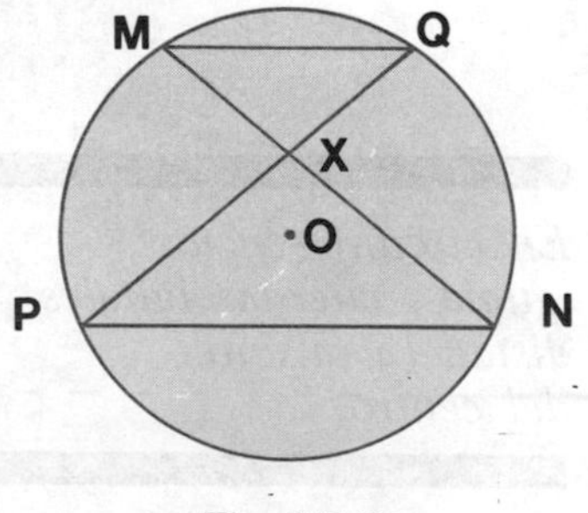

Fig. 37-31

En efecto, tal como puede observarse en la figura 37-31, supongamos por hipótesis que MN y PQ son cuerdas que se cortan en el punto X, que XM y XN son los segmentos determinados en MN y que XP y XQ son los segmentos determinados en PQ.
Se trata de demostrar que XM · XN = XP · XQ.
Para ello, unamos M con Q y P con N, formando los triángulos PXN y MXQ.
En los triángulos PXN y MXQ se cumple que:
M = P
y N = Q, por ser ángulos inscritos que abarcan el mismo arco.
Por lo tanto, los triángulos PXN y MXQ son semejantes por tener dos ángulos iguales.
Así pues, tendremos que:
XM/XP = XQ/XN puesto que los lados homólogos son proporcionales.
Por consiguiente, XM · XN = XP · XQ, tal como queríamos demostrar.

Si por un punto exterior a una circunferencia se trazan dos secantes, el producto de una secante por su segmento exterior es igual al producto de la otra secante por su segmento exterior.

En circunferencias iguales, a mayor arco le corresponde mayor cuerda.

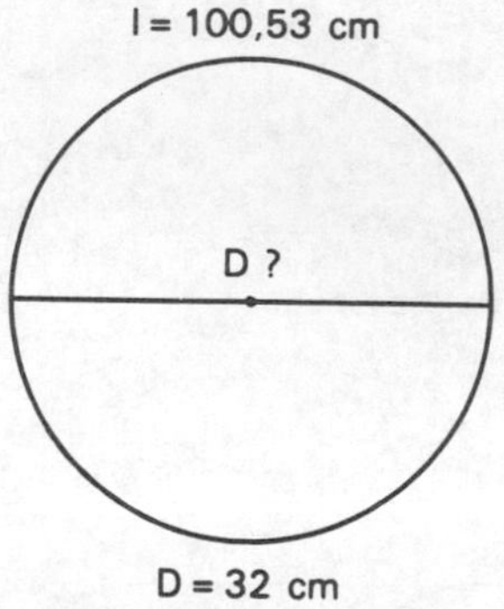

En circunferencias iguales, cuerdas iguales distan lo mismo del centro.

En efecto, tal como puede observarse en la figura 37-32, supongamos por hipótesis que PM y PQ son secantes y que PN y PR son sus correspondientes segmentos exteriores.

Se trata de demostrar que PQ · PR = PM · PN.

Para ello, unamos N con Q y M con R, formando los triángulos PNQ y PMR.

En los triángulos PNQ y PMR tendremos que:

P = P por ser un ángulo común.

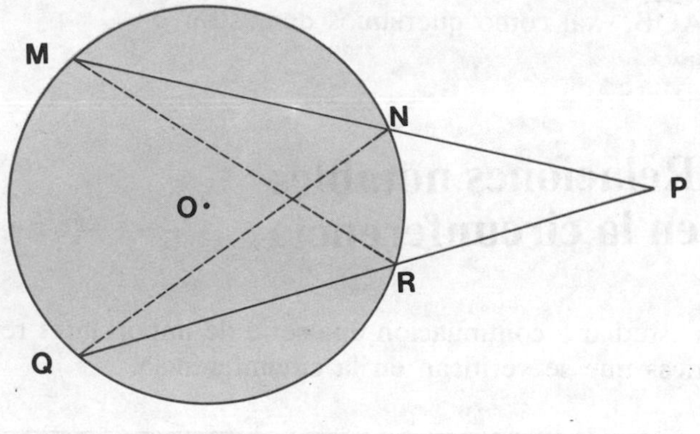

Fig. 37-32

M = Q por ser ángulos inscritos que abarcan el mismo arco.

Por consiguiente, los triángulos PNQ y PMR son semejantes por tener dos ángulos iguales.

Así pues, tendremos que:

PQ / PM = PN / PR puesto que los lados homólogos son proporcionales.

Por consiguiente, PQ · PR = PM · PN, tal como queríamos demostrar.

Si por un punto exterior a una circunferencia se trazan una tangente y una secante, la tangente es media proporcional entre la secante y su segmento exterior.

En efecto, tal como puede observarse en la figura 37-33, supongamos por hipótesis que PT y PM son, respectivamente, tangente y secante a la circunferencia de centro O.

Se trata de demostrar que PM / PT = PT / PN.

Para ello, unimos T con M y con N formando los triángulos PTM y PTN.

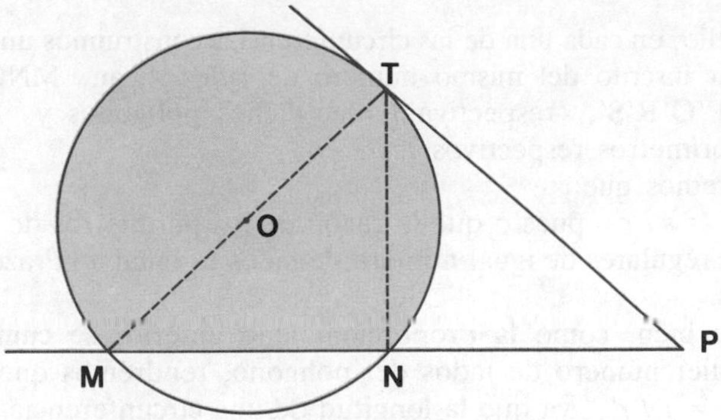

Fig. 37-33

En los triángulos PTM y PTN tendremos que:
$P = P$ por ser un ángulo común.
$M = T$ por ser, respectivamente, ángulos inscrito y semiinscrito en el arco $\widehat{NT}$, tal como se demostrará más adelante.
Por lo tanto, los triángulos PTM y PTN son semejantes por tener dos ángulos iguales.
Por consiguiente, $PM / PT = PT / PN$, a causa de la proporcionalidad de los lados homólogos, tal como queríamos demostrar.

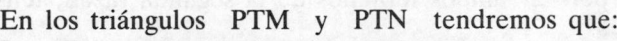

La razón de las longitudes de dos circunferencias es igual a la razón de sus radios y a la razón de sus diámetros.

En efecto, tal como puede observarse en la figura 37-34, supongamos por hipótesis que L y L' son, respectivamente, las longitudes de las circunferencias de centros O y O', cuyos radios son, respectivamente, r y r' y cuyos diámetros son, respectivamente, D y D'.
Se trata de demostrar que $L / L' = r / r' = D / D'$.

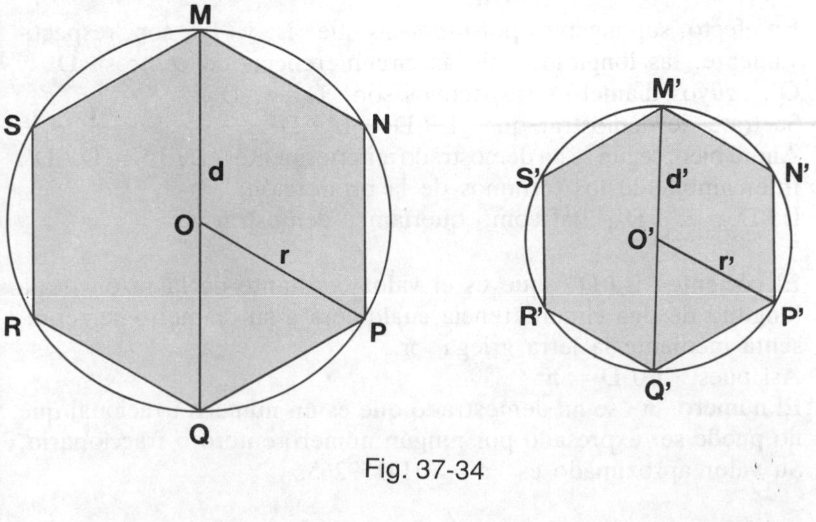

Fig. 37-34

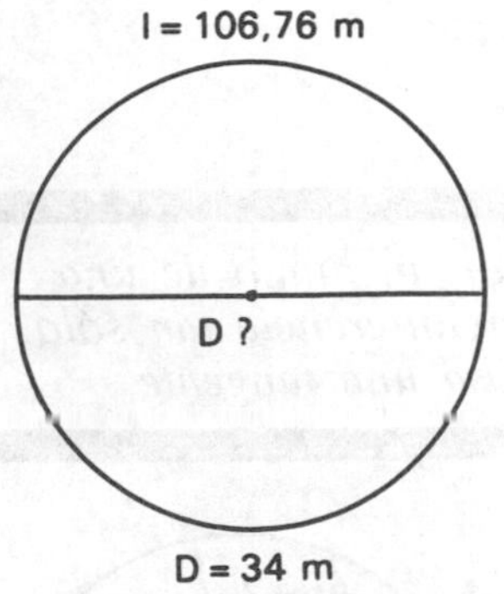

La tangente es perpendicular al radio en el punto de contacto.

En circunferencias iguales, si dos cuerdas son desiguales, la mayor está a menor distancia del centro.

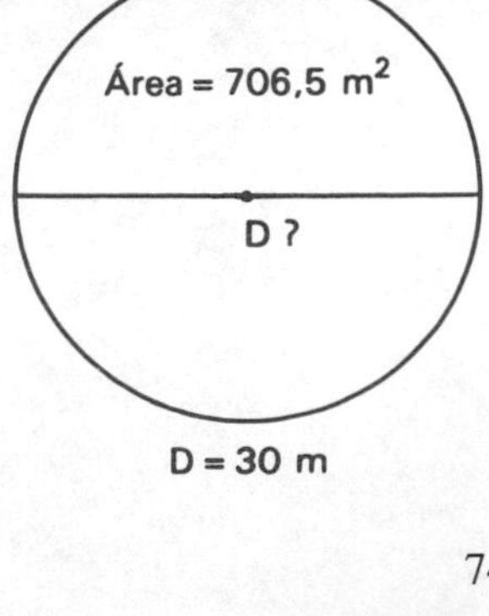

Por un punto de una circunferencia tan sólo pasa una tangente.

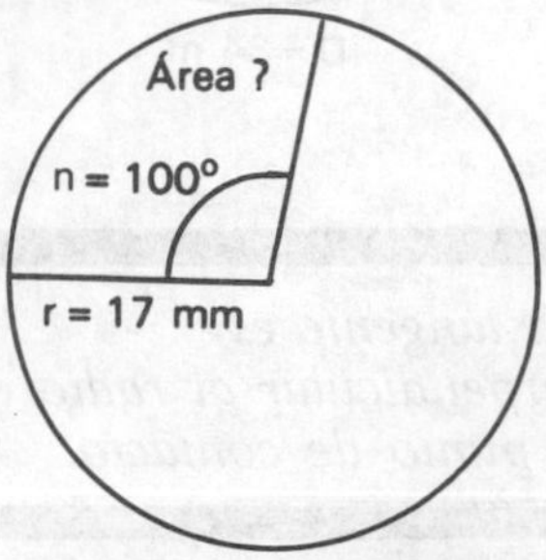

Área = 252,07 mm²

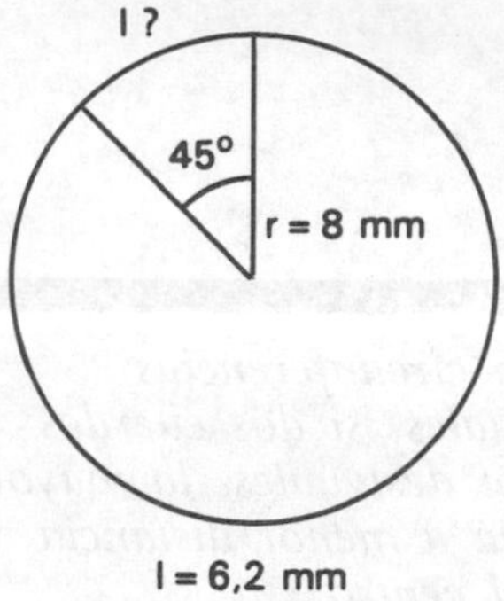

l = 6,2 mm

La longitud de una circunferencia es igual a 2πr, *siendo* r *el radio de la circunferencia.*

Para ello, en cada una de las circunferencias construimos un polígono regular inscrito del mismo número de lados. Sean MNPQRS y M′N′P′Q′R′S′, respectivamente, dichos polígonos y P y P′ sus perímetros respectivos.

Tendremos que:

$P / P' = r / r'$ puesto que la razón de los perímetros de dos polígonos regulares de igual número de lados es igual a la razón de sus radios.

Ahora bien, como la proporcionalidad anterior se cumple para cualquier número de lados del polígono, tendremos que:

$L / L' = r / r'$, ya que la longitud de una circunferencia se puede considerar como un polígono de infinitos lados.

Multiplicando por 2 ambos términos de la segunda razón, tendremos:

$$L / L' = 2r / 2r'$$

Pero como $2r = D$

y $2r' = D'$

Sustituyendo tendremos:

$$L / L' = D / D'$$

Por consiguiente, $L / L' = r / r' = D / D'$, tal como queríamos demostrar.

Como corolario del teorema anterior tenemos que:

La razón entre la longitud de la circunferencia y su diámetro es una cantidad constante.

En efecto, supongamos por hipótesis que L y L′ son, respectivamente, las longitudes de las circunferencias de centros O y O′, cuyos diámetros respectivos son D y D′.

Se trata de demostrar que $L / D = L' / D'$.

Ahora bien, según se ha demostrado anteriormente, $L / L' = D / D'$.

Intercambiando los términos de la proporción:

$L / D = L' / D'$, tal como queríamos demostrar.

El cociente L / D, que es el valor constante de la razón de la longitud de una circunferencia cualquiera a su diámetro se representa mediante la letra griega π.

Así pues, $L / D = \pi$.

El número π se ha demostrado que es un número irracional que no puede ser expresado por ningún número entero o fraccionario.

Su valor aproximado es $\pi = 3{,}14159265$.

Vamos a demostrar a continuación el siguiente corolario:

La longitud de una circunferencia es igual al doble de π multiplicado por el radio.

En efecto, tal como se ha visto anteriormente, L / D = π.

Es decir, L = πD (1)

Pero como D = 2r (2)

Sustituyendo (2) en (1) resulta:

$$L = 2\pi r,$$

tal como queríamos demostrar.

La longitud de un arco de circunferencia de *n*° se obtiene multiplicando la longitud de la circunferencia por *n*° y dividiendo el producto obtenido por 360°.

En efecto, tal como puede observarse en la figura 37-35, supongamos por hipótesis que $n°$ es el ángulo central de un arco de longitud l y que $L = 2\pi r$ es la longitud de la circunferencia correspondiente.

Se trata de demostrar que $l = \dfrac{2\pi r \cdot n°}{360°}$

Para ello, basta con considerar que la longitud de un arco de 1° es $2\pi r / 360$ puesto que la longitud de un arco de 1° es 1 / 360 de la longitud de su circunferencia.

Por consiguiente, la longitud l de un arco de $n°$ será:

$l = \dfrac{2\pi r \cdot n°}{360°}$, tal como queríamos demostrar.

El área de un círculo es igual al producto de π por el cuadrado del radio.

En efecto, tal como puede observarse en la figura 37-36, supongamos por hipótesis que O es el centro de la circunferencia de radio r y longitud L.
Se trata de demostrar que el área $A = \pi r^2$.

Si dos circunferencias son exteriores, la distancia entre los centros es mayor que la suma de los radios.

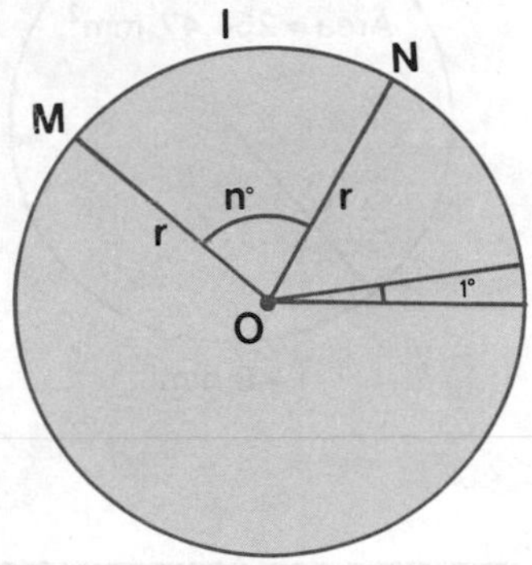

Fig. 37-35

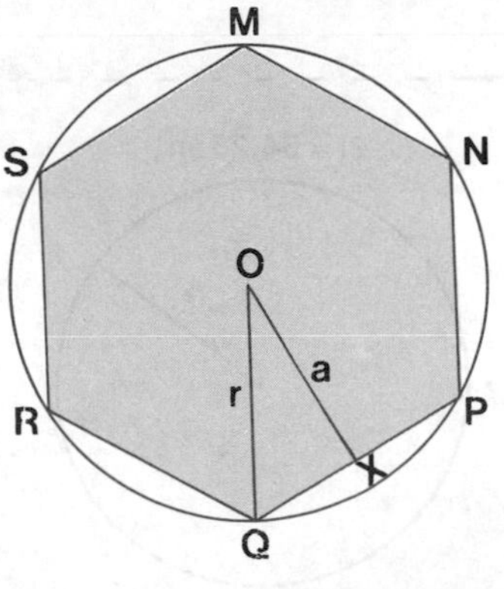

Fig. 37-36

Si dos circunferencias son tangentes exteriormente, la distancia entre los centros coincide con la suma de los radios.

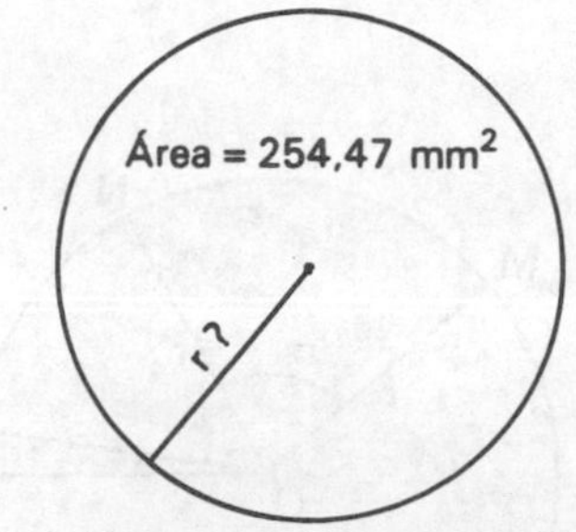

Si dos circunferencias son tangentes interiormente, la distancia entre los centros coincide con la diferencia de los radios.

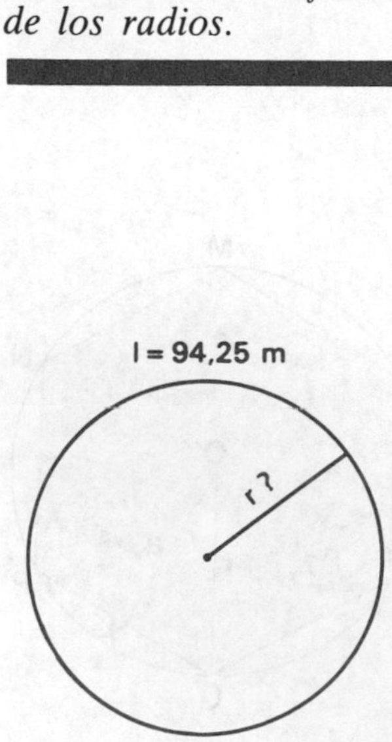

Para ello, inscribamos en la circunferencia un polígono regular MNPQRS, cuyo perímetro es p y cuya apotema es a. Tendremos que:

$$A_{MNPQRS} = p \cdot a / 2$$

Aumentando indefinidamente el número de lados del polígono, tendremos que, puesto que el límite de la sucesión de las áreas de los polígonos es el área del círculo, y puesto que el límite de la sucesión de los perímetros de los polígonos inscritos es la longitud de la circunferencia, el límite de la sucesión de las apotemas de los polígonos es el radio. Así pues, resulta:

$$A = L \cdot r / 2$$

Pero como $L = 2\pi r$
Sustituyendo L, tendremos:

$$A = 2\pi r \cdot r / 2 = \pi r^2,$$

tal como queríamos demostrar.

Como corolario del teorema anterior tenemos que:

Las áreas de dos círculos son proporcionales a los cuadrados de sus radios y a los cuadrados de sus diámetros.

En efecto, tal como puede observarse en la figura 37-37, supongamos por hipótesis que O y O′ son los centros de dos circunferencias cuyos radios son, respectivamente, r y r', cuyos diámetros son, respectivamente, D y D′ y cuyos círculos respectivos tienen áreas A y A′.

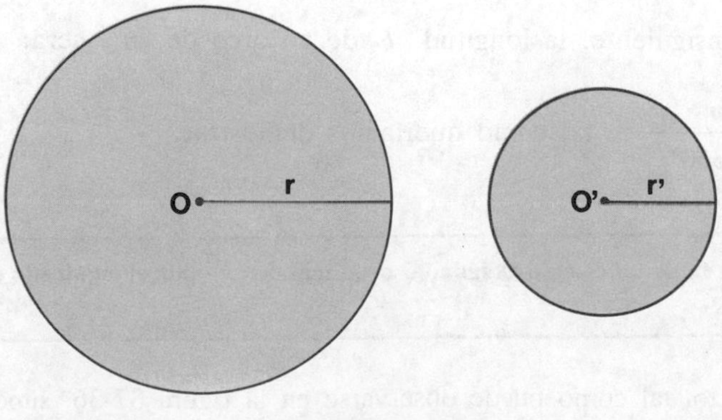

Fig. 37-37

Se trata de demostrar que $A / A' = r^2 / r'^2 = D^2 / D'^2$.

Tendremos que:

$$A = \pi r^2 \quad (1)$$
y $A' = \pi r'^2$ (2) por ser el área del círculo.

Dividiendo miembro a miembro (1) y (2) resulta:

$$A / A' = \pi r^2 / \pi r'^2$$

Simplificando:

$$A / A' = r^2 / r'^2 \quad (3)$$

Pero como $r = D / 2$ (4)
y $r' = D' / 2$ (5)

Sustituyendo (4) y (5) en (3) resulta:

$$A / A' = (D^2 / 4) : (D'^2 / 4) \quad (6)$$

Simplificando:

$$A / A' = D^2 / D'^2 \quad (7)$$

Comparando (3) y (7) tendremos:
$A / A' = r^2 / r'^2 = D^2 / D'^2$, tal como queríamos demostrar.

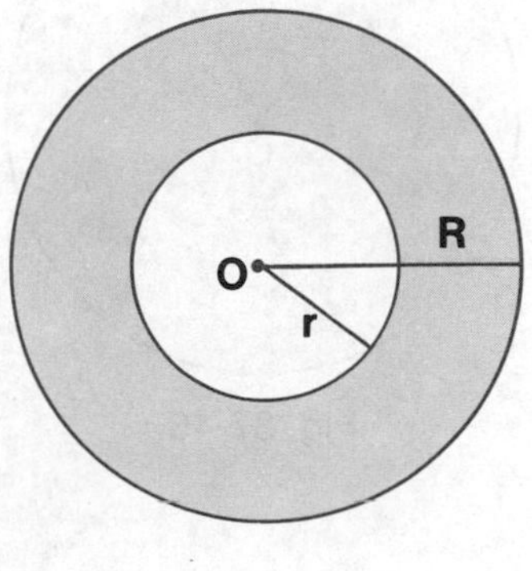

Fig. 37-38

El área de una corona circular de radios R y r es igual al producto de π por la diferencia de los cuadrados de dichos radios.

En efecto, tal como puede observarse en la figura 37-38, supongamos por hipótesis que A_1, A_2 y A son, respectivamente, las áreas de los círculos de radios R y r y de la corona circular. Se trata de demostrar que $A = \pi(R^2 - r^2)$.
Tendremos que:

$$A = A_1 - A_2 \quad (1)$$

Ahora bien, $A_1 = \pi R^2$ (2)
y $A_2 = \pi r^2$ (3)

Sustituyendo (2) y (3) en (1) resulta:
$A = \pi R^2 - \pi r^2 = \pi(R^2 - r^2)$, tal como queríamos demostrar.

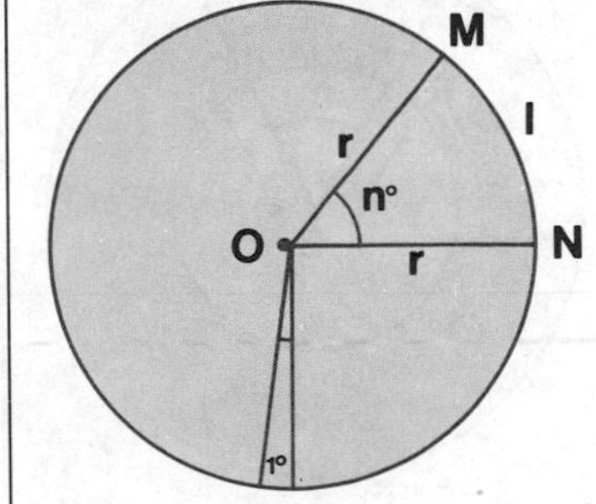

Fig. 37-39

El área de un sector circular es igual al semiproducto de la longitud de su arco por el radio.

En efecto, tal como puede observarse en la figura 37-39, supongamos por hipótesis que O es el centro de la circunferencia de

radio r y que MON es un sector circular de $n°$, siendo l la longitud del arco MN.
Se trata de demostrar que $A_{MON} = l \cdot r / 2$.
Tendremos que: $A = \pi r^2$ (1) por ser el área del círculo.
Por lo tanto, un sector circular de 1° de amplitud tendrá un área 360 veces menor, es decir, $\pi r^2 / 360$.

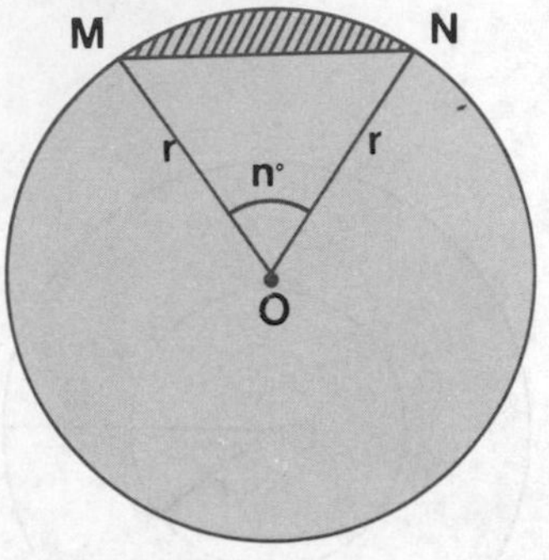

Fig. 37-40

Así pues, $A_{MON} = \dfrac{\pi r^2 \cdot n°}{360°}$ por ser n veces mayor que el área de un sector circular de 1° de amplitud.

Ahora bien, $A_{MON} = \dfrac{\pi r^2 \cdot n°}{360°} = \dfrac{r \cdot 2\pi r \cdot n°}{2 \cdot 360°}$ (1)

Pero como

$$l = \frac{2\pi r \cdot n°}{360°} \quad (2)$$

Sustituyendo (2) en (1) resulta:

$$A_{MON} = l \cdot r / 2,$$

tal como queríamos demostrar.

El área de un segmento circular es igual al área del sector circular que abarca el mismo arco menos el área del triángulo formado por los radios que lo delimitan y la cuerda correspondiente.

En efecto, tal como puede observarse en la figura 37-40, supongamos por hipótesis que O es el centro de la circunferencia de radio r, que $\overset{\frown}{MN}$ es el arco abarcado por el sector circular MON cuya amplitud es $n°$ y cuya área es A_1, que MNO es el triángulo formado por los radios y la cuerda MN, cuya área es A_2 y que A es el área del segmento circular.

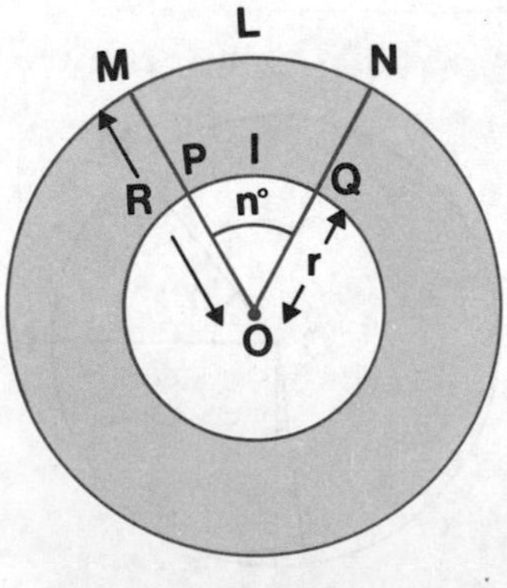

Fig. 37-41

Se trata de demostrar que $A = A_1 - A_2$.
Tendremos que:
$A_1 = A + A_2$, puesto que el área del sector circular es la suma de las áreas del segmento circular y del triángulo MNO.
Por consiguiente, $A = A_1 - A_2$, tal como queríamos demostrar.

El área de un trapecio circular limitado por dos arcos de radios R y r y por dos radios que forman un ángulo central de $n°$ viene dada por la expresión $A = \dfrac{\pi(R^2 - r^2) \cdot n°}{360°}$.

En efecto, tal como puede observarse en la figura 37-41, supongamos por hipótesis que MNPQ es un trapecio circular de radios R y r y de $n°$ de amplitud, que A es el área del trapecio circular, que L es la longitud del arco MN y que l es la longitud del arco $\widehat{PQ}$.

Se trata de demostrar que $A = \dfrac{\pi(R^2 - r^2) \cdot n°}{360°}$.

Tendremos que:

$$A = A_{MNO} - A_{PQO} \qquad (1)$$

Ahora bien, $$A_{MNO} = \frac{\pi\, R^2 \cdot n°}{360°} \qquad (2)$$

y, $$A_{PQO} = \frac{\pi\, r^2 \cdot n°}{360°} \qquad (3)$$

por tratarse de sectores circulares.
Sustituyendo (2) y (3) en (1) resulta:

$$A = \frac{\pi\, R^2 \cdot n°}{360°} - \frac{\pi\, r^2 \cdot n°}{360°}$$

Extrayendo factor común:

$$A = \frac{\pi(R^2 - r^2) \cdot n°}{360°},$$

tal como queríamos demostrar.

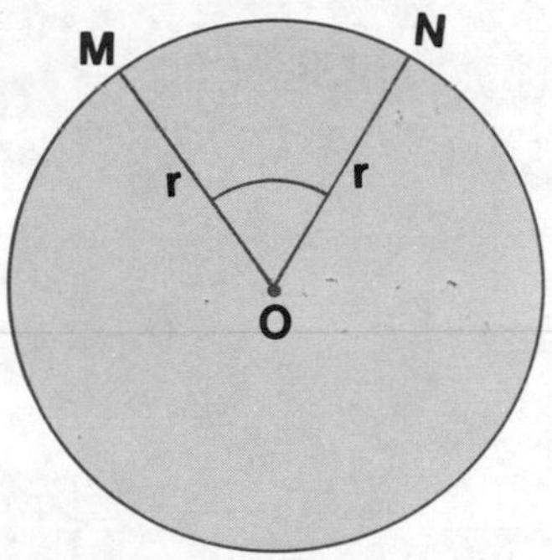

Fig. 37-42

37.3 Propiedades de los ángulos en la circunferencia

Tal como se vio anteriormente, se dice que:

> **Un ángulo es central cuando tiene su vértice en el centro de la circunferencia.**

Así, por ejemplo, el ángulo MON de la figura 37-42 es un ángulo central.

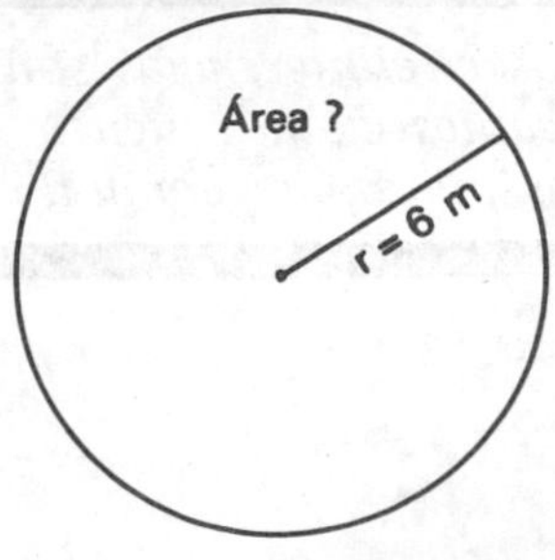

En una misma circunferencia o en circunferencias iguales, los ángulos centrales son proporcionales a sus arcos correspondientes. La medida de un ángulo central es igual a la de su arco correspondiente.

Se dice que un ángulo es inscrito cuando tiene su vértice en la circunferencia y sus lados son secantes.

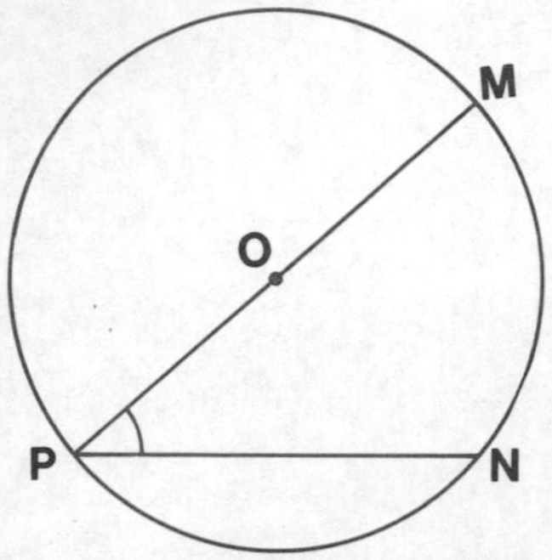

Fig. 37-43

Así, por ejemplo, el ángulo MPN de la figura 37-43 es un ángulo inscrito.

Se dice que un ángulo es semiinscrito cuando tiene su vértice en la circunferencia y uno de sus lados es una tangente y el otro es una secante.

Así, por ejemplo, el ángulo MPN de la figura 37-44 es un ángulo semiinscrito.

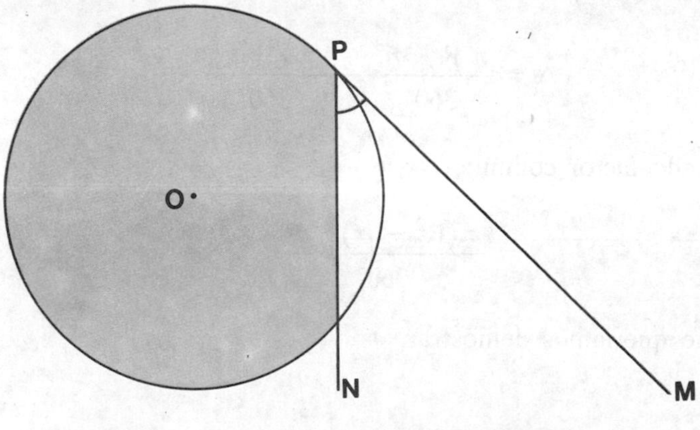

Fig. 37-44

Dos circunferencias son secantes cuando tienen dos puntos en común.

Se dice un ángulo es interior cuando su vértice es un punto interior a la circunferencia.

Así, por ejemplo, los ángulos RPN, NPS, MPS y MPR de la figura 37-45 son ángulos interiores.

Se dice que un ángulo es exterior cuando su vértice es un punto exterior a la circunferencia.

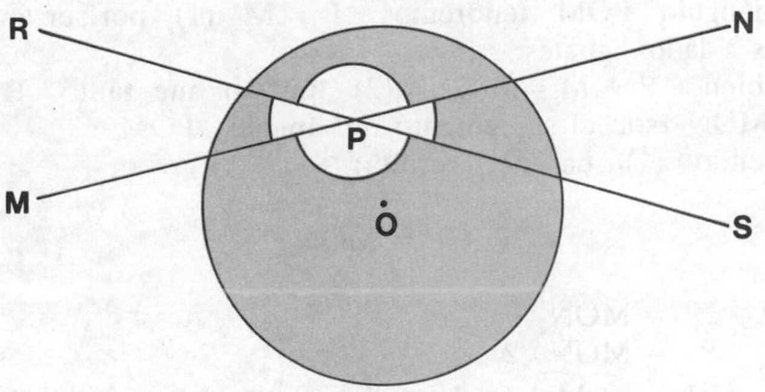

Fig. 37-45

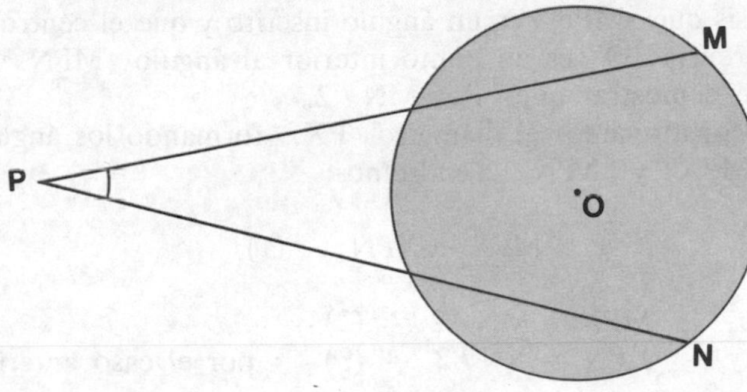

Fig. 37-46

Los arcos comprendidos entre paralelas son iguales.

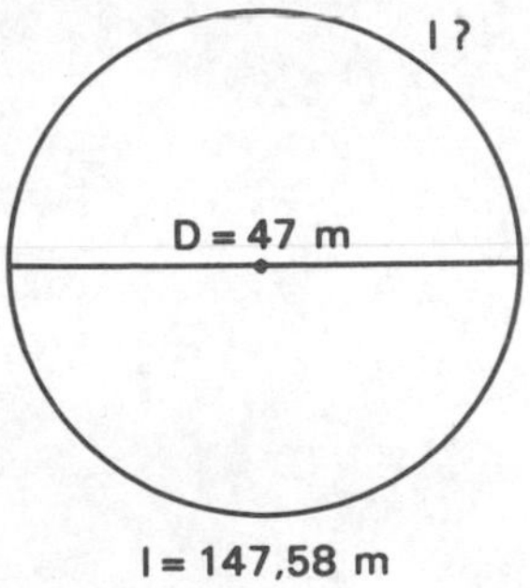

Así, por ejemplo, el ángulo MPN de la figura 37-46 es un ángulo exterior.

Vamos a demostrar seguidamente una serie de interesantes propiedades relativas a los ángulos en la circunferencia.

La medida de un ángulo inscrito es igual a la mitad del ángulo central correspondiente al arco comprendido entre sus lados.

Vamos a considerar los 3 casos siguientes:

1. Que el centro de la circunferencia esté en uno de los lados del ángulo.
2. Que el centro de la circunferencia esté en el interior del ángulo.
3. Que el centro de la circunferencia sea exterior al ángulo.

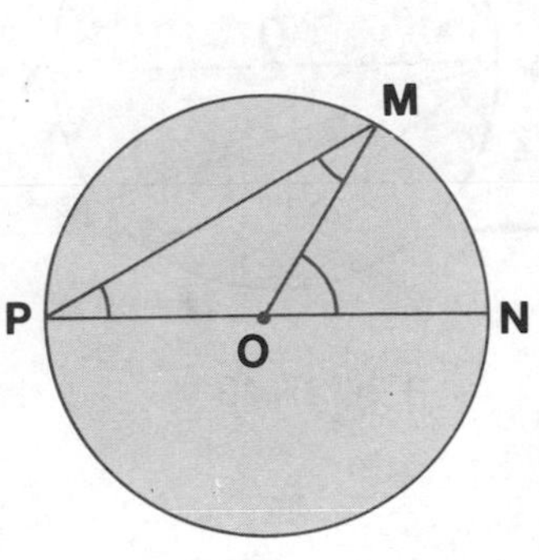

Fig. 37-47

Caso 1. Tal como puede observarse en la figura 37-47, supongamos por hipótesis que MPN es un ángulo inscrito y que O es el centro de la circunferencia.

Se trata de demostrar que $P = \widehat{MN} / 2$.

Para ello, tracemos el radio OM formando el triángulo POM, que es isósceles puesto que dos de sus lados son iguales por ser radios de la circunferencia.

En el triángulo POM tendremos: P = M (1) por ser ángulos opuestos a lados iguales.
Ahora bien, P + M = MON (2) puesto que tanto P + M como MON son el suplemento del ángulo POM.
Sustituyendo (1) en (2) resulta:

$$P + P = MON$$

Es decir, 2P = MON
O sea, P = MON / 2
Pero como el arco $\widehat{MN}$ es la medida del ángulo central MON, tendremos que: $P = \widehat{MN} / 2$, tal como queríamos demostrar.

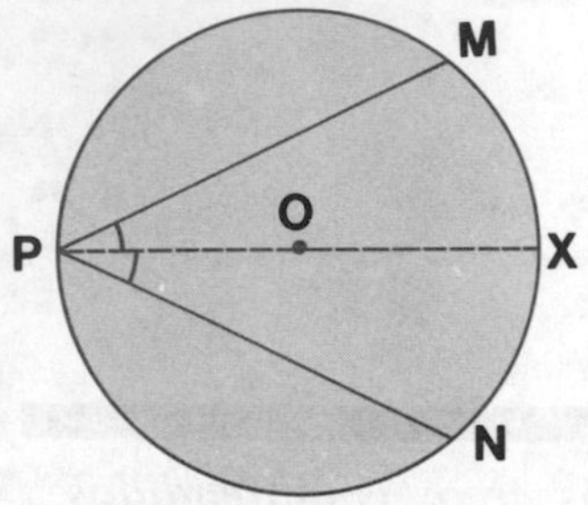

Fig. 37-48

Caso 2. Tal como puede observarse en la figura 37-48, supongamos por hipótesis que MPN es un ángulo inscrito y que el centro de la circunferencia O es un punto interior al ángulo MPN.
Se trata de demostrar que $P = \widehat{MN} / 2$.
Para ello, construyamos el diámetro PX, formando los ángulos inscritos MPX y XPN. Tendremos:

$$P = MPX + XPN \qquad (1)$$

Ahora bien, $MPX = \widehat{MX} / 2$ (2)
y $XPN = \widehat{XN} / 2$ (3) por el caso anterior.

Sustituyendo (2) y (3) en (1) resulta:
$P = \widehat{MX} / 2 + \widehat{XN} / 2 = \widehat{MN} / 2$, tal como queríamos demostrar.

Caso 3. Tal como puede observarse en la figura 37-49, supongamos por hipótesis que MPN es un ángulo inscrito y que el centro de la circunferencia O es exterior dal ángulo MPN.

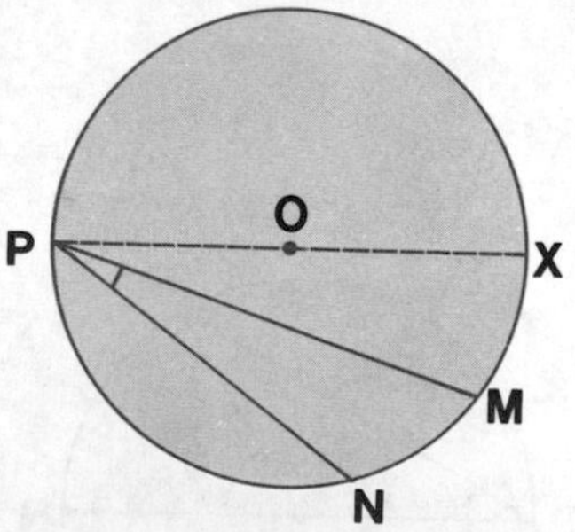

Fig. 37-49

Se trata de demostrar que $MPN = \widehat{MN} / 2$.
Para ello, construyamos el diámetro PX, formando los ángulos inscritos XPM y MPN. Tendremos que:

$$MPN = XPN - XPM \qquad (1)$$

Ahora bien, $XPN = \widehat{XN} / 2$ (2)
y $XPM = \widehat{XM} / 2$ (3) por el caso 1.

Sustituyendo (2) y (3) en (1) resulta:
$MPN = \widehat{XN} / 2 - \widehat{XM} / 2 = \widehat{MN} / 2$, tal como queríamos demostrar.

Como corolarios del teorema anterior tenemos que:

1. Todos los ángulos inscritos en el mismo arco son iguales. Dicho arco recibe el nombre de arco capaz de esos ángulos.
2. Todo ángulo inscrito en una semicircunferencia es recto.

La medida de un ángulo semiinscrito es igual a la mitad del ángulo central correspondiente al arco comprendido entre sus lados.

Vamos a considerar los tres casos siguientes:

1. Que el centro de la circunferencia esté en uno de los lados del ángulo.
2. Que el centro de la circunferencia esté situado en el interior del ángulo.
3. Que el centro de la circunferencia sea exterior al ángulo.

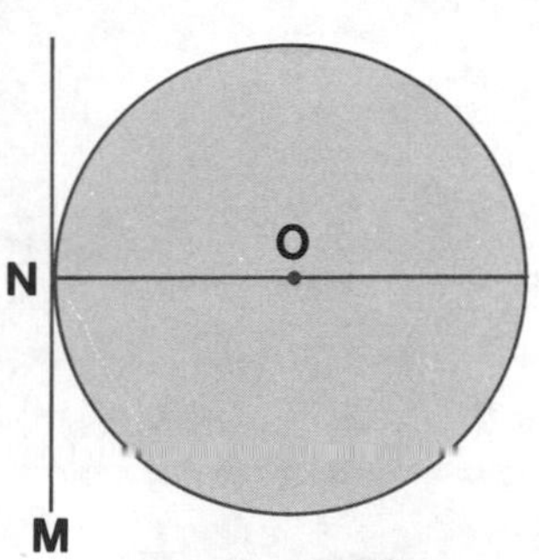

Fig. 37-50

Caso 1. Tal como puede observarse en la figura 37-50, supongamos por hipótesis que el ángulo MNP es semiinscrito y que O es el centro de la circunferencia.
Se trata de demostrar que MNP = $\overset{\frown}{NP}$ / 2.
Tendremos que:
MNP = 90° (1) puesto que la tangente es perpendicular al radio en el punto de contacto.
Pero como $\overset{\frown}{NP}$ = 180° (2) por ser $\overset{\frown}{NP}$ una semicircunferencia.
Comparando (1) y (2) resulta:
MNP = $\overset{\frown}{NP}$ / 2, tal como queríamos demostrar.

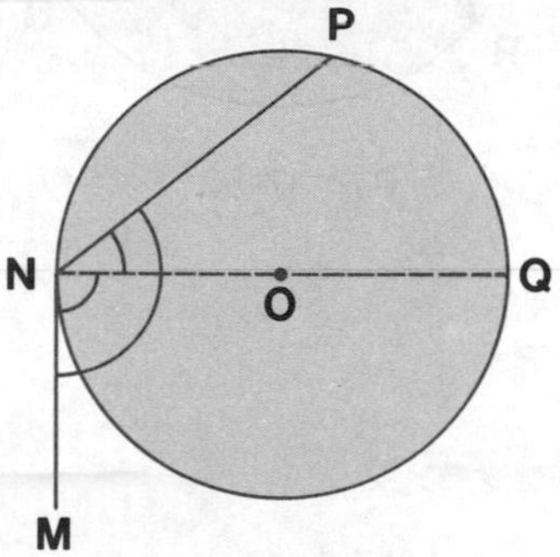

Fig. 37-51

Caso 2. Tal como puede observarse en la figura 37-51, supongamos por hipótesis que el ángulo MNP es semiinscrito y que el centro de la circunferencia O es un punto interior a MNP.
Se trata de demostrar que MNP = $\overset{\frown}{NP}$ / 2.
Para ello, construyamos por N el diámetro NQ.

Tendremos que:

MNP = PNQ + QNM (1)

Ahora bien, PNQ = $\overset{\frown}{PQ}$ / 2 (2)
y QNM = $\overset{\frown}{QN}$ / 2 (3) por el caso anterior.

Sumando miembro a miembro (2) y (3) resulta:

PNQ + QNM = $\overset{\frown}{PQ}$ / 2 + $\overset{\frown}{QN}$ / 2 = $\overset{\frown}{NP}$ / 2 (4)

Comparando (1) y (4) se obtiene:
MNP = $\overset{\frown}{NP}$ / 2, tal como queríamos demostrar.

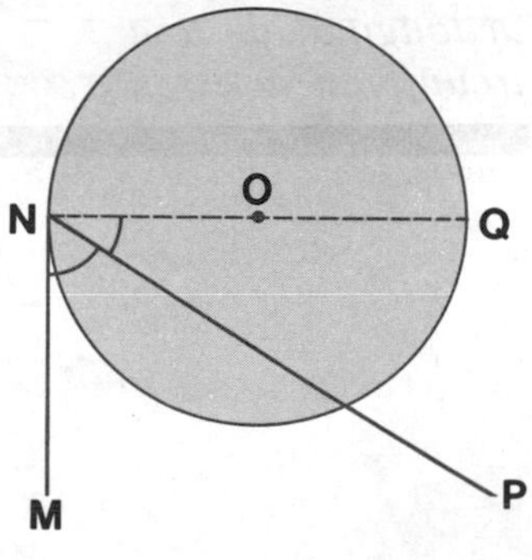

Fig. 37-52

Caso 3. Tal como puede observarse en la figura 37-52, supongamos por hipótesis que el ángulo MNP es semiinscrito y que el centro de la circunferencia O es un punto exterior a MNP.
Se trata de demostrar que MNP = $\overset{\frown}{NP}$ / 2.
Para ello, construyamos el diámetro NQ, formando el ángulo semiinscrito PNQ.

Tendremos: MNP $= \text{MNQ} - \text{PNQ}$ (1)
Ahora bien, MNQ $= \overset{\frown}{NQ} / 2$ (2)
y PNQ $= \overset{\frown}{PQ} / 2$ (3) por el caso 1.
Sustituyendo (2) y (3) en (1) resulta:
$\text{MNP} = \overset{\frown}{NQ} / 2 - \overset{\frown}{PQ} / 2 = \overset{\frown}{NP} / 2$, tal como queríamos demostrar.

La medida de un ángulo interior es igual a la semisuma de las medidas de los arcos comprendidos por sus lados y por sus prolongaciones.

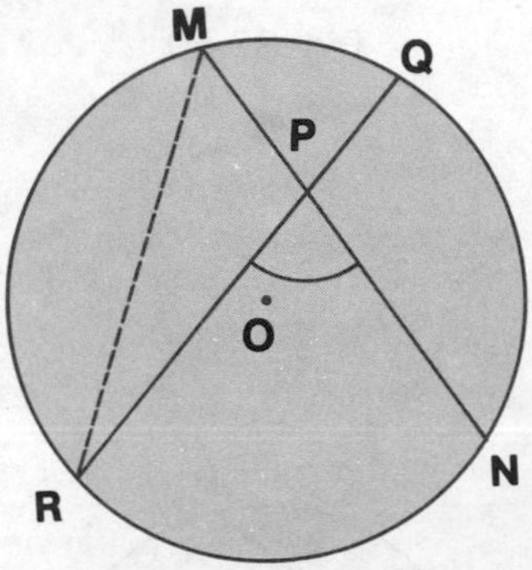

Fig. 37-53

En efecto, tal como puede observarse en la figura 37-53, supongamos por hipótesis que el ángulo NPR es un ángulo interior y que $\overset{\frown}{NR}$ y $\overset{\frown}{MQ}$ son los arcos comprendidos por los lados y por sus prolongaciones.

Se trata de demostrar que $\text{NPR} = (\overset{\frown}{MQ} + \overset{\frown}{NR}) / 2$.
Para ello, unimos M con R formando el triángulo MPR.
Tendremos que:

$\text{NPR} = \text{M} + \text{R}$ (1) puesto que tanto NPR como M + R son ángulos suplementarios de MPR.

Ahora bien, $\text{R} = \overset{\frown}{MQ} / 2$ (2)
y $\text{M} = \overset{\frown}{NR} / 2$ (3) por ser ángulos inscritos.

Sustituyendo (2) y (3) en (1) resulta:
$\text{NPR} = \overset{\frown}{MQ} / 2 + \overset{\frown}{NR} / 2 = (\overset{\frown}{MQ} + \overset{\frown}{NR}) / 2$, tal como queríamos demostrar.

La medida de un ángulo exterior es igual a la semidiferencia de las medidas de los arcos comprendidos por sus lados.

La longitud de una circunferencia es $2\pi r$.

En efecto, tal como puede observarse en la figura 37-54, supongamos por hipótesis que el ángulo P es exterior.
Se trata de demostrar que $\text{P} = (\overset{\frown}{NR} - \overset{\frown}{MQ}) / 2$.
Para ello, unimos N con Q, formando el triángulo NPQ.
Tendremos que:

$\text{NQR} = \text{N} + \text{P}$ (1) puesto que tanto NQR como N + P son ángulos suplementarios del ángulo NQP.

Ahora bien, NQR $= \overset{\frown}{NR} / 2$ (2)
y N $= \overset{\frown}{MQ} / 2$ (3) por ser ángulos inscritos.

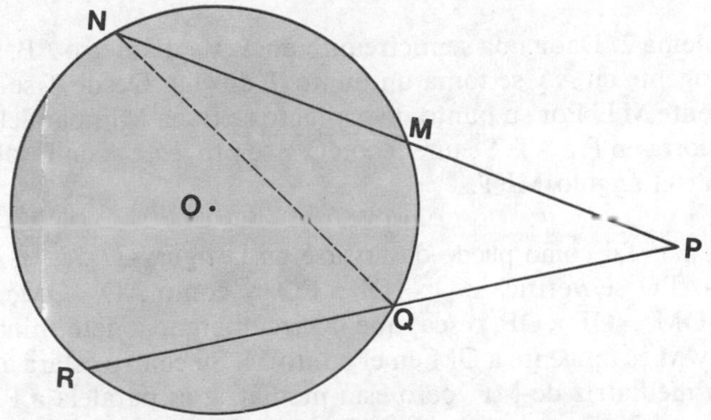

Fig. 37-54

El área de un círculo es πr^2.

Sustituyendo (2) y (3) en (1) resulta:

$$\widehat{NR} / 2 = \widehat{MQ} / 2 + P$$

De donde, $P = \widehat{NR} / 2 - \widehat{MQ} / 2 = (\widehat{NR} - \widehat{MQ}) / 2$, tal como queríamos demostrar.

37.4 Resolución gráfica de problemas

A continuación se presenta una serie de problemas fundamentales que permiten ir adquiriendo progresivamente la práctica necesaria en la resolución de los problemas gráficos de la Geometría.
En todos los problemas propuestos se supone que el alumno dispone únicamente de lápiz, compás y regla.

Problema 1. Dada una circunferencia de centro O y dos puntos A y B de ella, determinar un punto P de la circunferencia, tal que las cuerdas AP y PB estén en la relación $\sqrt{2} / \sqrt{3}$.

Solución: Tal como puede observarse en la figura 37-55, si C es un punto tal que $AC/CB = \sqrt{2} / \sqrt{3}$, al unir C con el punto M, punto medio del arco AB, CM será la bisectriz del ángulo APB y por lo tanto tendremos que:

$$\frac{PA}{PB} = \frac{AC}{BC} = \frac{\sqrt{2}}{\sqrt{3}}$$

Hay que hallar el punto C que divida a AB en la relación $\sqrt{2} / \sqrt{3}$. Para ello, se toman $AD = \sqrt{2}\,l$, $BE = \sqrt{3}\,l$, siendo l un segmento cualquiera. La recta DE corta a AB en el punto C pedido.

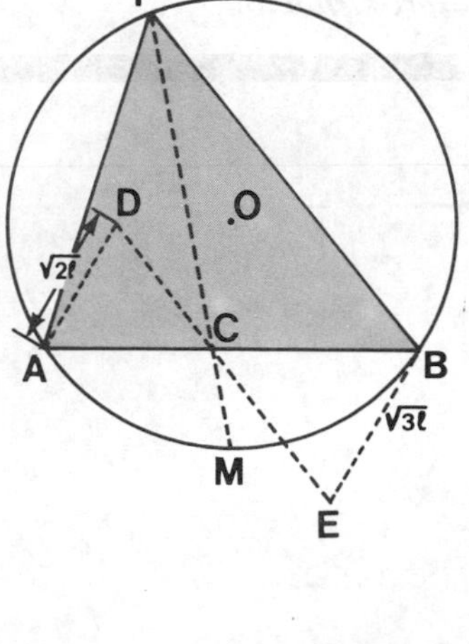

Fig. 37-55

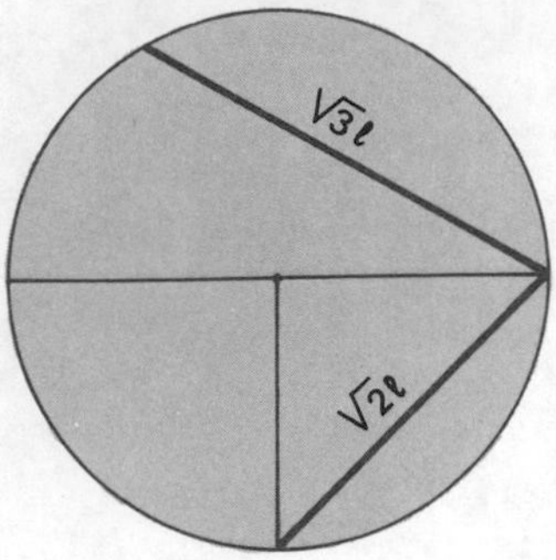

Fig. 37-56

La resolución gráfica de los problemas en Geometría, no alcanza la exactitud de los cálculos matemáticos, aunque, debidamente utilizados los instrumentos, permiten una notable aproximación.

En la figura 37-56 están hallados los segmentos $\sqrt{2}\,l$ y $\sqrt{3}\,l$.

Problema 2. Dada una semicircunferencia de diámetro AB, se traza la tangente en A y se toma un punto T de ella. Desde T se traza la tangente MT. Por su punto de contacto se traza MP, paralela a AB, que corta en P a AT. Se une P con O y se proyecta A en F sobre PO. Hallar el ángulo MFT.

Solución: Tal como puede observarse en la figura 37-57, en el triángulo APO se verifica $AO^2 = OF \times PO$, y como $AO = OM$, tendremos $OM^2 = OF \times OP$, o sea, que la circunferencia determinada por P, F y M es tangente a OM en el punto M. Su centro estará en MT y en la mediatriz de MP, pero esta mediatriz es paralela a PT y pasará por C, punto medio de MT, y por lo tanto la circunferencia pasa por T. En resumen, C es el centro de una circunferencia que pasa por T, P, F y M, por consiguiente el ángulo buscado es recto, es decir, $TFM = 90°$.

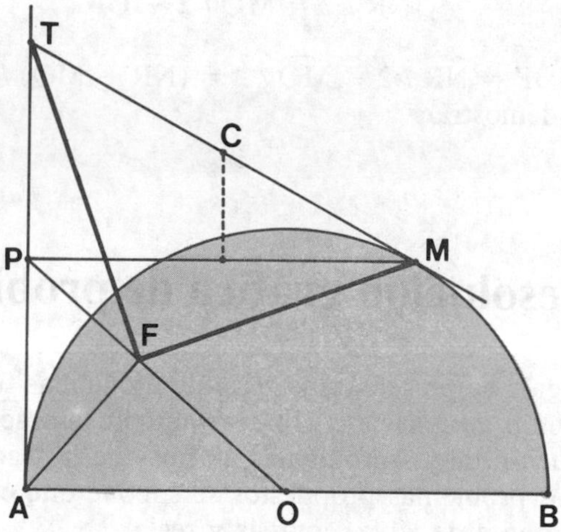

Fig. 37-57

Problema 3. Se dan dos rectas *a* y *b* y una circunferencia C. Determinar un punto P de C, tal que trazando PA y PB perpendiculares a *a* y *b*, respectivamente, la recta AB tenga una longitud determinada l.

Solución: Tal como puede observarse en la figura 37-58, el cuadrilátero PAOB es inscribible y la circunferencia circunscrita es el lugar geométrico de los puntos desde los cuales se ve el segmento l bajo un ángulo fijo O. El radio de este arco es fijo. Como el ángulo OAP es recto, OP es el diámetro del arco capaz, y por lo tanto, es constante. El punto buscado P estará en la circunferencia de centro O y radio OP. Su intersección con la circunferencia dada nos da el punto pedido.

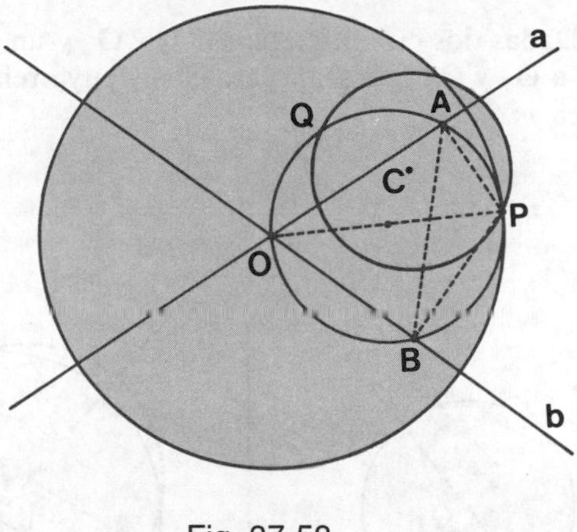

Fig. 37-58

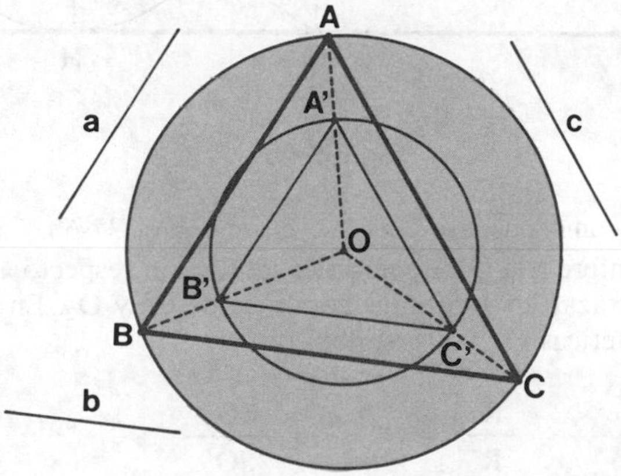

Fig. 37-59

Problema 4. Dada una circunferencia O, inscribir en ella un triángulo cuyos lados sean paralelos a tres direcciones dadas, *a, b, c.*

Solución: Tal como puede observarse en la figura 37-59, se construye un triángulo cualquiera A′B′C′, que tenga sus lados paralelos a las direcciones dadas y se traza una circunferencia circunscrita O′. Por semejanza se da a esta circunferencia un radio igual al de la circunferencia O. Si R′ es el radio de O′ y *m* es la longitud B′C′, tendremos que:

$$\frac{R}{R'} = \frac{BC}{B'C'}$$

de donde se halla BC. Una vez conocido BC el problema no presenta ninguna dificultad.

En un punto de la circunferencia pueden cortarse infinitas circunferencias.

En circunferencias concéntricas se inscribirán figuras geométricas que cumplan ley de semejanza.

La resolución de problemas geométricos es usual en arquitectura y en ingeniería.

Dos circunferencias exteriores situadas en un plano siempre pueden estar referidas a dos puntos exteriores equidistantes de los centros y entre ellos.

Desde un punto exterior a una circunferencia sólo se pueden trazar dos secantes cuya longitud sea igual.

Problema 5. Dadas dos circunferencias O_1 y O_2 y un punto S, trazar tangentes a O_1 y O_2 que sean paralelas y cuya relación de distancias a S sea *m/n*.

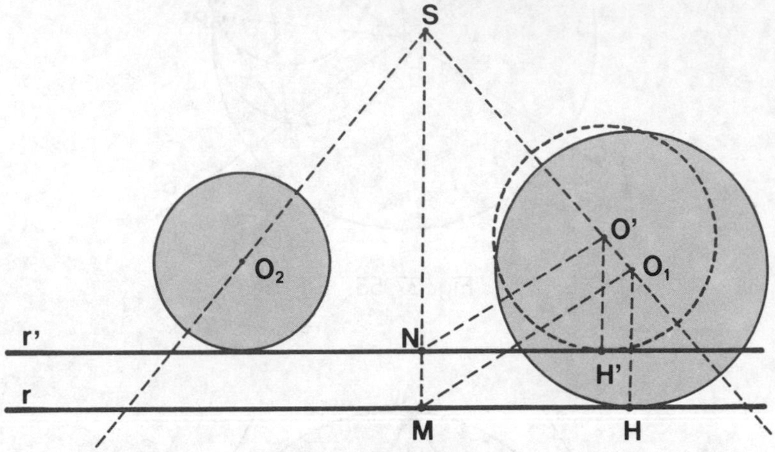

Fig. 37-60

Solución: Tal como puede observarse en la figura 37-60, basta con hallar la circunferencia O′, homotética de O_1 con respecto a S y de razón *m/n* y trazar las tangentes comunes de O′ y O_2. En efecto, por ser homotéticas O_1 y O′, se tendrá:

$$\frac{R_1}{R'} = \frac{m}{n} = \frac{SO_1}{SO'}$$

y como *r* y *r′* son paralelas y tangentes a O_1 y O′, son homotéticas, luego

$$\frac{SM}{SN} = \frac{m}{n}$$

En la figura, para mayor claridad tan sólo se ha dibujado una solución.

Problema 6. Dada una circunferencia O y dos secantes PAB y PCD, trazar otra secante PMN, tal que los arcos MD y BN sean iguales.

Solución: Tal como puede observarse en la figura 37-61, se une B con D y se traza la circunferencia de centro O que sea tangente a BD. La tangente desde P resuelve el problema. En efecto, las cuerdas BD y MN son iguales por equidistar de O y por lo tanto los arcos BD y MN también lo son. Quitándoles la parte común, se tiene que MD = BN.

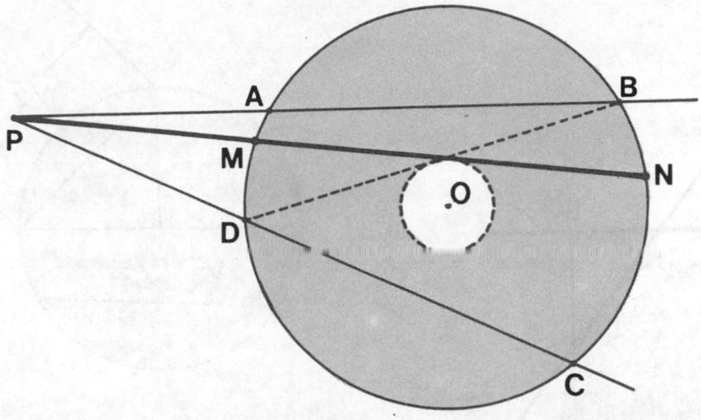

Fig. 37-61

Problema 7. Sea un cuadrante de circunferencia OAB de centro O y radio R. Se proyecta un punto M del arco AB sobre OA. Sea P la proyección. Determinar gráficamente $x = OP$, de manera que $OP = AM$.

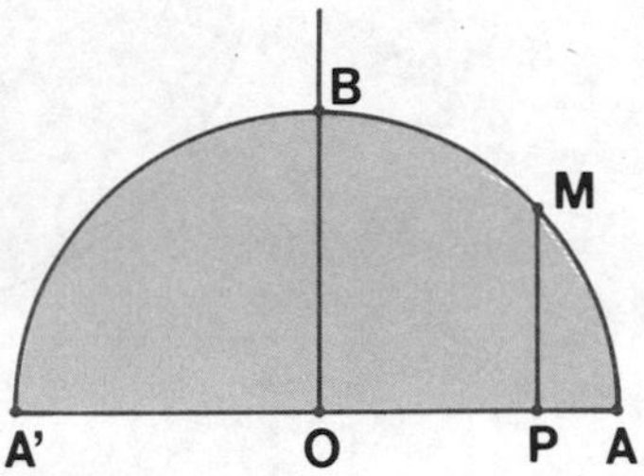

Fig. 37-62

Solución: Tal como puede observarse en la figura 37-62, suponiendo el problema resuelto, en el triángulo AMA′ se tiene
$AM^2 = AP \times AA' = (AO - OP) \times AA' = (R - x)\ 2R$, o sea,
$x^2 = 2R^2 - 2Rx$, es decir, $x^2 + 2Rx - 2R^2 = 0$.
El problema se reduce a hallar dos segmentos conociendo su diferencia y su producto. En la figura 37-63 se han determinado los dos segmentos, de los cuales sólo el menor es solución del problema.

Problema 8. Dada una circunferencia y dos puntos A y B de ella, trazar una tangente tal que el producto de sus distancias a A y B sea igual al producto de los lados del cuadrado y triángulo equilátero inscritos en una circunferencia de radio mitad de la dada.

Solución: Tal como puede observarse en la figura 37-64, se halla una media proporcional, 1, entre los lados del cuadrado y triángulo equilátero inscritos en una circunferencia de radio R/2.
La condición pedida equivale a la siguiente: $AC \times BD = 1^2$. Por semejanza entre los triángulos EAC y ET_1D se tiene que:

$$\frac{EA}{ET_1} = \frac{AC}{T_1D} \qquad (1)$$

Por semejanza entre los triángulos ET_1D y EDB se obtiene:

$$\frac{EB}{ET_1} = \frac{BD}{T_1D} \qquad (2)$$

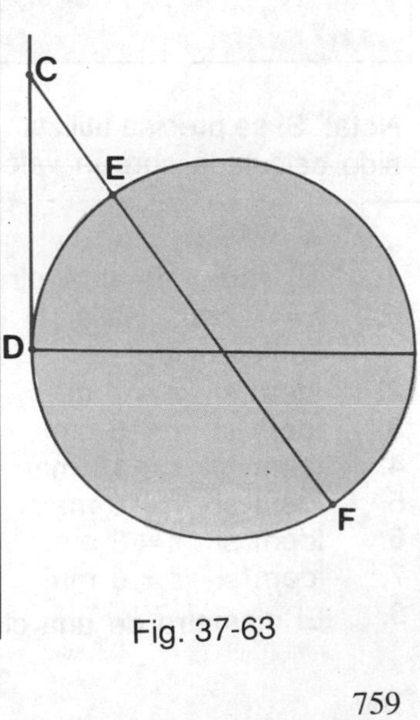

Fig. 37-63

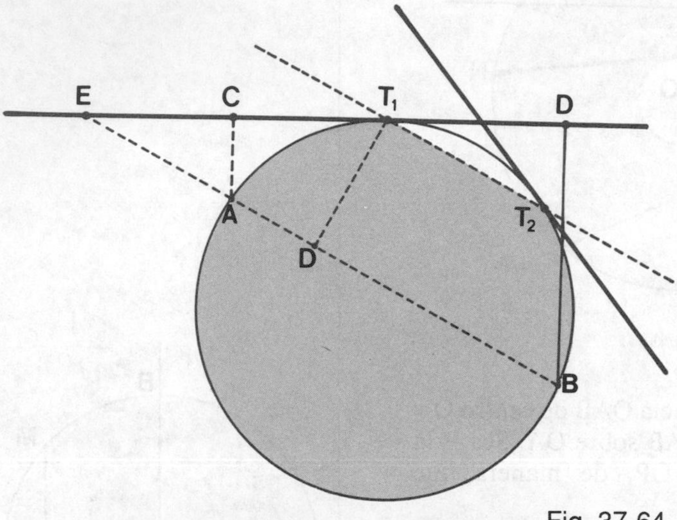

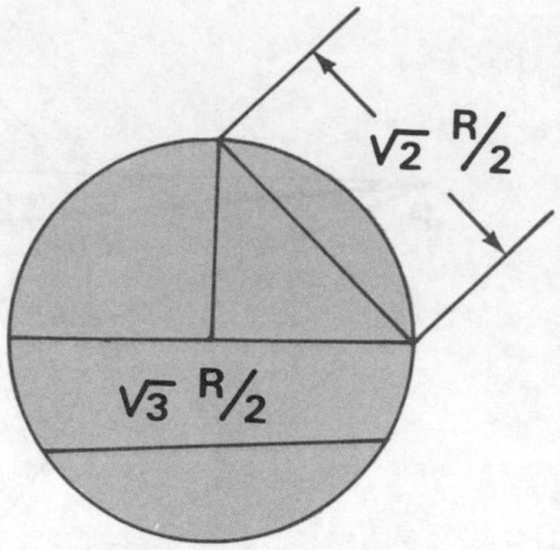

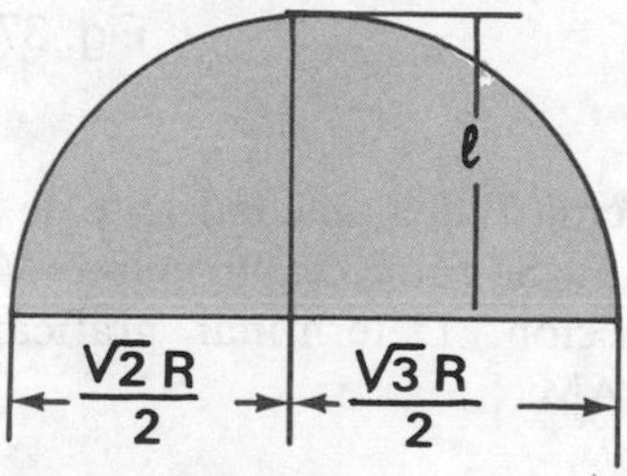

Fig. 37-64

Multiplicando miembro a miembro las expresiones (1) y (2) se tiene:

$$\frac{EA \times EB}{ET_1^2} = \frac{AC \times BD}{T_1D^2}$$

pero como también se verifica que $ET_1^2 = EA \times EB$, se tiene que: $T_1D^2 = AC \times BD$, es decir, $T_1D = 1$.

Problemas propuestos

Nota: Si se precisa utilizar π, la solución ha sido calculada con un valor de 3,14.

1. El radio de una circunferencia mide $r = 4$ cm. Hallar la longitud de la circunferencia.
2. Ídem si $r = 7$ m.
3. Ídem si $r = 8$ cm.
4. Ídem si $r = 18$ mm.
5. Ídem si $r = 6$ m.
6. Ídem si $r = 3$ cm.
7. Ídem si $r = 9$ mm.
8. El diámetro de una circunferencia mide $D = 4$ cm. Hallar la longitud de la circunferencia.
9. Ídem si $D = 2$ m.
10. Ídem si $D = 8$ mm.
11. Ídem si $D = 7$ cm.
12. Ídem si $D = 3$ m.
13. Ídem si $D = 9$ m.
14. Ídem si $D = 17$ cm.
15. Hallar la longitud de un arco cuyo ángulo central es de $n = 60°$ que pertenece a una circunferencia cuyo radio es $r = 4$ cm.
16. Ídem si $n = 53°$ y $r = 5$ m.
17. Ídem si $n = 45°$ y $r = 6$ mm.

18. Ídem si $n = 104°$ y $r = 10$ m.
19. Ídem si $n = 35°$ y $r = 2$ cm.
20. Ídem si $n = 44°$ y $r = 14$ mm.
21. Ídem si $n = 31°$ y $r = 9$ m.
22. Ídem si $n = 201°$ y $r = 19$ mm.
23. Ídem si $n = 55°$ y $r = 15$ cm.
24. Ídem si $n = 95°$ y $r = 29$ mm.
25. Hallar el área de un círculo si el radio $r = 10$ cm.
26. Ídem si $r = 9$ m.
27. Ídem si $r = 4$ cm.
28. Ídem si $r = 1$ mm.
29. Ídem si $r = 14$ m.
30. Ídem si $r = 5$ cm.
31. Ídem si $r = 8$ m.
32. Ídem si $r = 15$ cm.
33. Ídem si $r = 18$ mm.
34. Hallar el área de un círculo si el diámetro D = 4 cm.
35. Ídem si D = 1 m.
36. Ídem si D = 7 mm.
37. Ídem si D = 10 cm.
38. Ídem si D = 14 m.
39. Ídem si D = 6 mm.
40. Ídem si D = 17 mm.
41. Ídem si D = 27 cm.
42. Ídem si D = 5 m.
43. Ídem si D = 2 m.
44. Hallar el área de un sector circular cuyo ángulo central es de $n = 30°$ que pertenece a una circunferencia cuyo radio es $r = 3$ cm.
45. Ídem si $n = 66°$ y $r = 10$ m.
46. Ídem si $n = 43°$ y $r = 7$ cm.
47. Ídem si $n = 19°$ y $r = 2$ mm.
48. Ídem si $n = 94°$ y $r = 5$ m.
49. Ídem si $n = 67°$ y $r = 8$ cm.
50. Ídem si $n = 39°$ y $r = 9$ mm.
51. Hallar el ángulo central aproximado correspondiente a un arco cuya longitud es $l = 3{,}67$ cm si el radio de la circunferencia es $r = 3$ cm.
52. Ídem si $l = 15{,}66$ m y $r = 13$ m.
53. Ídem si $l = 4{,}75$ cm y $r = 8$ cm.
54. Ídem si $l = 28{,}50$ m y $r = 23$ m.
55. Ídem si $l = 2{,}93$ mm y $r = 2$ mm.
56. Ídem si $l = 13{,}09$ mm y $r = 10$ mm.
57. Ídem si $l = 15{,}08$ cm y $r = 18$ cm.
58. Ídem si $l = 36{,}65$ m y $r = 20$ m.
59. Ídem si $l = 18{,}08$ mm y $r = 7$ mm.
60. Hallar el radio de una circunferencia aproximado a las unidades sabiendo que su longitud es $l = 31{,}42$ cm.
61. Ídem si $l = 18{,}85$ m.
62. Ídem si $l = 56{,}55$ mm.
63. Ídem si $l = 25{,}13$ cm.
64. Ídem si $l = 50{,}27$ mm.
65. Ídem si $l = 62{,}83$ m.
66. Ídem si $l = 12{,}57$ cm.
67. Ídem si $l = 75{,}40$ mm.
68. Hallar el radio aproximado de una circunferencia, sabiendo que el área del círculo es $A = 153{,}94\ cm^2$.
69. Ídem si $A = 78{,}54\ m^2$.
70. Ídem si $A = 12{,}57\ mm^2$.
71. Ídem si $A = 907{,}92\ cm^2$.
72. Ídem si $A = 3{,}14\ m^2$.
73. Ídem si $A = 9{,}42\ m^2$.
74. Ídem si $A = 706{,}86\ cm^2$.
75. Ídem si $A = 1.963{,}50\ m^2$.
76. Ídem si $A = 50{,}27\ cm^2$.
77. Hallar el ángulo central correspondiente con aproximación a las unidades a un sector circular cuya área es $A = 52{,}31\ cm^2$ si el radio de la circunferencia es $r = 9$ cm.
78. Ídem si $A = 16{,}02\ m^2$ y $r = 6$ m.
79. Ídem si $A = 0{,}94\ mm^2$ y $r = 2$ mm.
80. Ídem si $A = 225{,}64\ cm^2$ y $r = 16$ cm.
81. Ídem si $A = 64{,}58\ m^2$ y $r = 10$ m.
82. Ídem si $A = 57{,}81\ mm^2$ y $r = 12$ mm.
83. Ídem si $A = 1{,}34\ m^2$ y $r = 3$ m.
84. Ídem si $A = 128{,}31\ mm^2$ y $r = 13$ mm.

Soluciones

1. Solución: 25,12 cm.
2. S.: 43,96 m.
3. S.: 50,24 cm.
4. S.: 113,04 mm.
5. S.: 37,68 m.
6. S.: 18,84 cm.
7. S.: 56,52 mm.
8. S.: 12,56 cm.
9. S.: 6,28 m.
10. S.: 25,12 mm.
11. S.: 21,98 cm.
12. S.: 9,42 m.

13. S.: 28,26 m.
14. S.: 53,38 cm.
15. S.: 4,19 cm.
16. S.: 4,62 m.
17. S.: 4,71 mm.
18. S.: 18,14 m.
19. S.: 1,2 cm.
20. S.: 10,7 mm.
21. S.: 4,8 m.
22. S.: 66,6 mm.
23. S.: 14,40 cm.
24. S.: 48,0 mm.
25. S.: 314,16 cm^2.
26. S.: 254,34 m^2.
27. S.: 50,24 cm^2
28. S.: 3,14 mm^2.
29. S.: 615,44 m^2.
30. S.: 78,50 cm^2.
31. S.: 200,96 m^2
32. S.: 706,5 cm^2.
33. S.: 1.017,36 mm^2.
34. S.: 12,57 cm^2
35. S.: 0,785 m^2.
36. S.: 38,46 mm^2.
37. S.: 78,5 cm^2.
38. S.: 153,86 m^2.
39. S.: 28,26 mm^2.
40. S.: 226,86 mm^2.
41. S.: 572,26 cm^2.
42. S.: 19,62 m^2.
43. S.: 3,14 m^2.
44. S.: 2,35 cm^2.
45. S.: 57,56 m^2.
46. S.: 18,37 cm^2.
47. S.: 0,66 mm^2.
48. S.: 20,49 m^2.
49. S.: 37,40 cm^2.
50. S.: 27,55 mm^2.
51. S.: 70°.
52. S.: 69°.
53. S.: 34°.
54. S.: 71°.
55. S.: 84°.
56. S.: 75°.
57. S.: 48°.
58. S.: 105°.
59. S.: 148°.
60. S.: 5 cm.
61. S.: 3 m.
62. S.: 9 mm.
63. S.: 4 cm.
64. S.: 8 mm.
65. S.: 10 m.
66. S.: 2 cm.
67. S.: 12 mm.
68. S.: 7 cm.
69. S.: 5 m.
70. S.: 2 mm.
71. S.: 17 cm.
72. S.: 1 m.
73. S.: $\sqrt{3}$ m.
74. S.: 15 cm.
75. S.: 25 m.
76. S.: 4 cm.
77. S.: 74°.
78. S.: 51°.
79. S.: 27°.
80. S.: 101°.
81. S.: 74°.
82. S.: 46°.
83. S.: 17°.
84. S.: 87°.

VII

Trigonometría

En la vida cotidiana (y sobre todo en la antigüedad, cuando no se contaba con los instrumentos de medida actuales), surge a menudo la necesidad de efectuar algunas medidas que supondrían un penoso esfuerzo si hubiera que realizarlas sobre el terreno.

Con la ayuda de la trigonometría y recogiendo algunos datos pueden efectuarse mediciones espectaculares con una aproximación asombrosa.

Funciones trigonométricas 38

Introducción histórica

René Descartes (1596-1650) aprovechó el desarrollo del Álgebra para sentar los fundamentos de la Geometría Analítica, quc concibió como la síntesis del análisis geométrico con el Álgebra. En su honor, las coordenadas empleadas por él para resolver los problemas geométricos reciben el nombre de coordenadas cartesianas.

38.1 Definiciones

Tal como puede observarse en la figura 38-1, supongamos que OX es una semirrecta fija y OP es una semirrecta móvil del mismo origen.

Si OP gira alrededor del punto O, en cada posición se engendra un ángulo, tal como el ángulo POX de la figura 38-1.

Por convenio, se ha establecido que los ángulos obtenidos al efectuar un giro en sentido opuesto al de las agujas del reloj se consideren positivos, mientras que los ángulos obtenidos al efectuar el giro en el mismo sentido de las agujas del reloj se consideran positivos.

Así, por ejemplo, tal como puede observarse en la figura 38-2, el ángulo POX se considera positivo mientras que el ángulo P'OX se considera negativo.

Consideremos el triángulo rectángulo ABC de la figura 38-3. Vamos a definir las funciones trigonométricas de los ángulos agudos B y C de dicho triángulo rectángulo:

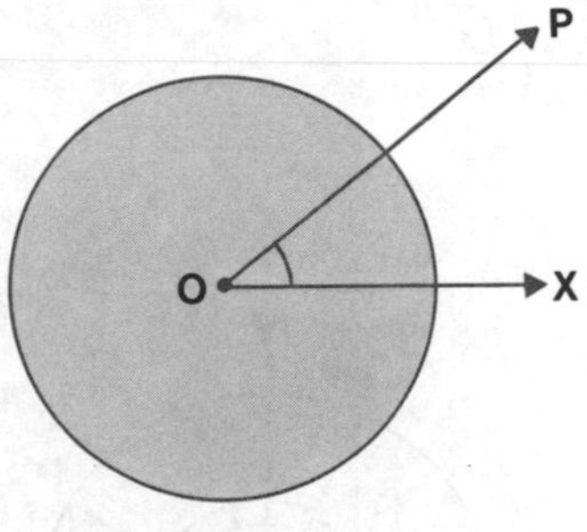

Fig. 38-1

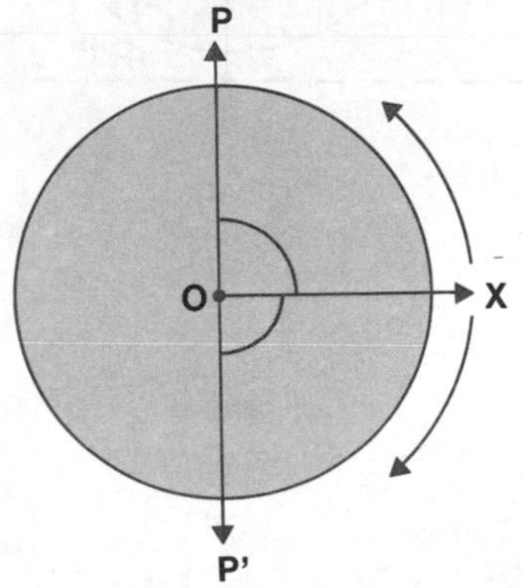

Fig. 38-2

Se define la función seno como el cociente entre el cateto opuesto y la hipotenusa. El seno se abrevia, *sen*.

Así, sen B $= b / a$

y sen C $= c / a$

Se define la función coseno como el cociente entre el cateto adyacente y la hipotenusa. El coseno se abrevia, *cos*.

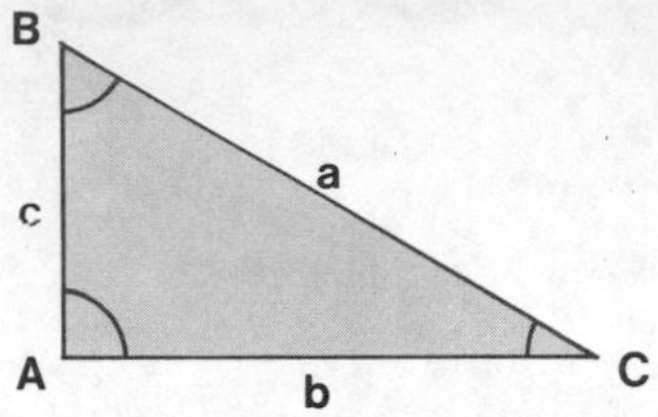

Fig. 38-3

Así, cos B $= c / a$

y cos C $= b / a$

Se define la función tangente como el cociente entre el cateto opuesto y el cateto adyacente. La tangente se abrevia, *tan*.

Así, tan B $= b / c$

y tan C $= c / b$

Se define la función cotangente como el cociente entre el cateto adyacente y el cateto opuesto. La cotangente se abrevia, *cot*.

Así, cot C $= c / b$

y cot C $= b / c$

Se define la función secante como el cociente entre la hipotenusa y el cateto adyacente. La secante se abrevia, *sec*.

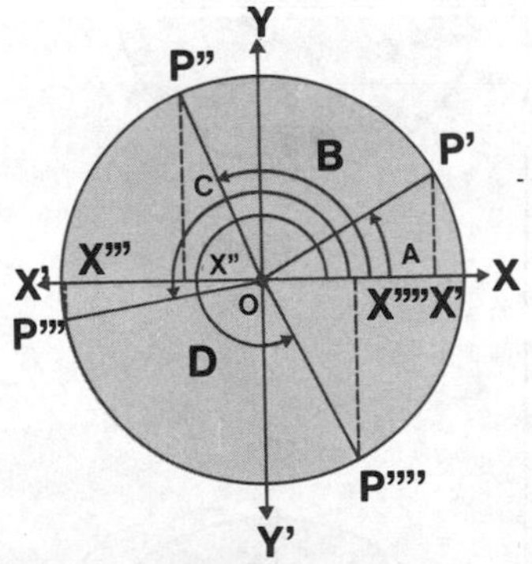

Fig. 38-4

Así, sec B $= a / c$

y sec C $= a / b$

Se define la función cosecante como el cociente entre la hipotenusa y el cateto opuesto. La cosecante se abrevia, *csc*.

Así, csc B $= a / b$

y csc C $= a / c$

Para generalizar las definiciones anteriores vamos a definir las funciones trigonométricas para ángulos cualesquiera.

Para ello, tal como puede observarse en la figura 38-4, consideremos en un sistema de coordenadas cartesianas rectangulares una circunferencia con centro en el origen de coordenadas y radio unidad, que recibe el nombre de circunferencia goniométrica.

Vamos a representar los ángulos con su vértice en el origen de coordenadas y uno de los lados coincidiendo con el eje de abscisas.

Si suponemos que los ángulos A, B, C y D tienen, respectivamente, sus lados terminales en los cuadrantes 1.º, 2.º, 3.º y 4.º, podremos definir las funciones trigonométricas del modo siguiente:

Se define la función seno como el cociente entre la ordenada y la distancia al origen.

Es decir,

$$\text{sen } A = P'X' / OP'$$
$$\text{sen } B = P''X'' / OP''$$
$$\text{sen } C = P'''X''' / OP'''$$
$$\text{sen } D = P''''X'''' / OP''''$$

Seno es el resultado de dividir el lado opuesto con la hipotenusa.

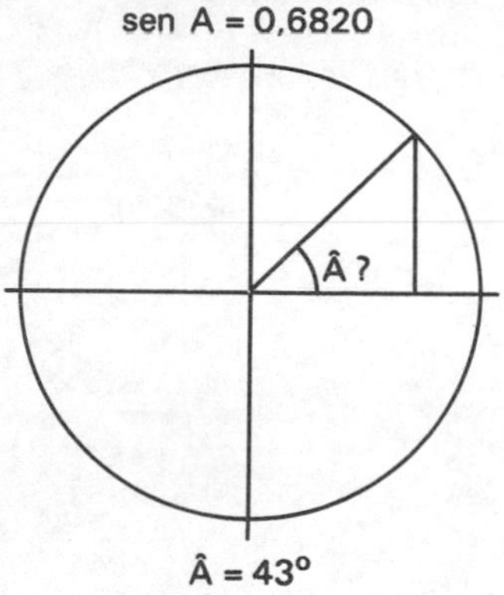

Se define la función coseno como el cociente entre la abscisa y la distancia al origen.

Es decir,

$$\cos A = OX' / OP'$$
$$\cos B = OX'' / OP''$$
$$\cos C = OX''' / OP'''$$
$$\cos D = OX'''' / OP''''$$

Se llama coseno al resultado de dividir el lado adyacente con la hipotenusa.

Se define la función tangente como el cociente entre la ordenada y la abscisa.

Es decir,

$$\tan A = P'X' / OX'$$
$$\tan B = P''X'' / OX''$$
$$\tan C = P'''X''' / OX'''$$
$$\tan D = P''''X'''' / OX''''$$

Se define la función cotangente como el cociente entre la abscisa y la ordenada.

Es decir,

$$\cot A = OX' / P'X'$$
$$\cot B = OX'' / P''X''$$
$$\cot C = OX''' / P'''X'''$$
$$\cot D = OX'''' / P''''X''''$$

Se define la función secante como el cociente entre la distancia al origen y la abscisa.

Llamamos función tangente al resultado de dividir el lado opuesto con el adyacente de la hipotenusa.

Es decir, sec A = OP′ / OX′
sec B = OP′′ / OX′′
sec C = OP′′′ / OX′′′
sec D = OP′′′′ / OX′′′′

Se define la función cosecante como el cociente entre la distancia al origen y la ordenada.

Es decir, csc A = OP′ / P′X′
csc B = OP′′ / P′′X′′
csc C = OP′′′ / P′′′X′′′
csc D = OP′′′′ / P′′′′X′′′′

Si se considera positiva la distancia desde cualquier punto al origen de coordenadas, los signos de las funciones trigonométricas en los distintos cuadrantes son:

	I	*II*	*III*	*IV*
sen	+	+	−	−
cos	+	−	−	+
tan	+	−	+	−

	I	*II*	*III*	*IV*
cot	+	−	+	−
sec	+	−	−	+
csc	+	+	−	−

38.2 Relaciones entre las funciones trigonométricas de un ángulo

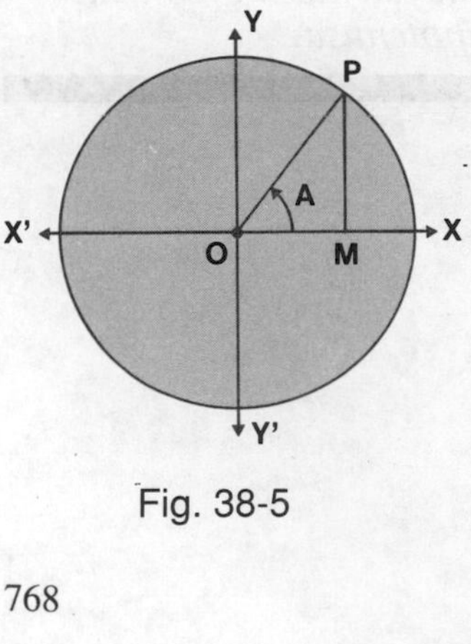

Fig. 38-5

En la circunferencia goniométrica consideremos un ángulo A, tal como el representado en la figura 38-5.

Por el punto P construyamos la perpendicular PM al eje OX. Por las definiciones de las funciones trigonométricas que se han dado anteriormente, tendremos:

sen A = PM / OP (1)
cos A = OM / OP (2)

$$\tan A = PM / OM \quad (3)$$
$$\cot A = OM / PM \quad (4)$$
$$\sec A = OP / OM \quad (5)$$
$$\text{cxc } A = OP / PM \quad (6)$$

A continuación, vamos a demostrar una serie de importantes relaciones entre las funciones trigonométricas que resultan de un mismo ángulo.

El seno y la cosecante son funciones recíprocas.

En efecto, multiplicando (1) por (6) resulta la unidad:

$$\text{sen } A \cdot \csc A = PM / OP \cdot OP / PM = 1$$

Por lo tanto, $\text{sen } A = 1 / \csc A$

y $\csc A = 1 / \text{sen } A$

El coseno y la secante son funciones recíprocas.

De la misma manera, multiplicando (2) por (5) resulta la unidad:

$$\cos A \cdot \sec A = OM / OP \cdot OP / OM = 1$$

Por lo tanto, $\cos A = 1 / \sec A$

y $\sec A = 1 / \cos A$

La tangente y la cotangente son funciones recíprocas.

En efecto, multiplicando (3) por (4) resulta la unidad:

$$\tan A \cdot \cot A = PM / OM \cdot OM / PM = 1$$

Por lo tanto, $\tan A = 1 / \cot A$

y $\cot A = 1 / \tan A$

La tangente de un ángulo es igual al cociente entre el seno y el coseno de dicho ángulo.

En efecto, tenemos que:

$$\text{sen } A / \cos A = PM / OP : OM / OP = PM \cdot OP / OM \cdot OP =$$
$$= PM / OM \quad (1)$$

$$\cot A = \frac{1}{\tan A}$$

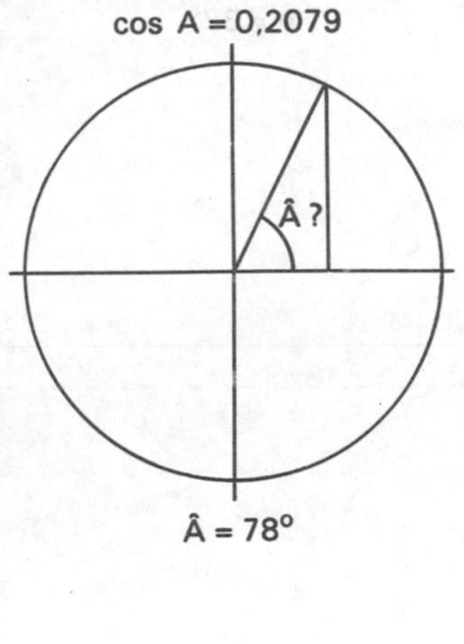

Pero como tan A = PM/OM (2)
Comparando (1) y (2) se deduce que:

$$\text{sen } A / \cos A = \tan A$$

La cotangente de un ángulo es igual al cociente entre el coseno y el seno de dicho ángulo.

$$\cot A = \frac{\cos A}{\text{sen } A}$$

En efecto, tenemos que:

$$\cos A / \text{sen } A = OM / OP : PM / OP = OM \cdot OP / PM \cdot OP =$$
$$= OM / PM \qquad (1)$$

Pero como cot A = OM / PM (2)
Comparando (1) y (2) se deduce que:

$$\cos A / \text{sen } A = \cot A$$

tan A = 0,6249

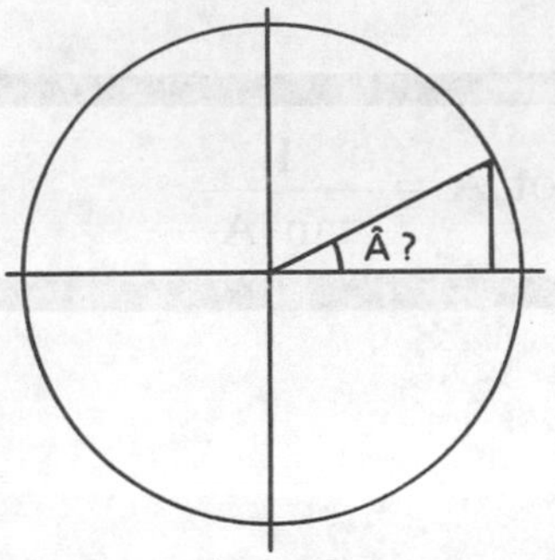

Â = 32°

La suma de los cuadrados del seno y del coseno de un mismo ángulo es igual a la unidad.

En efecto, tenemos que:

$$\text{sen}^2 A = PM^2 / OP^2 \qquad (1)$$
$$\cos^2 A = OM^2 / OP^2 \qquad (2)$$

Sumando miembro a miembro (1) y (2) resulta:

$$\text{sen}^2 A + \cos^2 A = PM^2 / OP^2 + OM^2 / OP^2 =$$
$$= (PM^2 + OM^2) / OP^2 \qquad (3)$$

Ahora bién, por el teorema de Pitágoras, $PM^2 + OM^2 = OP^2$ (4)
Por consiguiente, sustituyendo (4) en (3) obtendremos que:

$$\text{sen}^2 A + \cos^2 A = OP^2 / OP^2 = 1$$

La diferencia entre el cuadrado de la cosecante y el cuadrado de la cotangente de un mismo ángulo es igual a la unidad.

En efecto, tenemos que:

$$\csc^2 A = OP^2 / PM^2 \qquad (1)$$
$$\cot^2 A = OM^2 / PM^2 \qquad (2)$$

Restando miembro a miembro (1) y (2) resulta:

$$\csc^2 A - \cot^2 A = OP^2 / PM^2 - OM^2 / PM^2 =$$
$$= (OP^2 - OM^2) / PM^2 \quad (3)$$

Ahora bien, por el teorema de Pitágoras, $PM^2 + OM^2 = OP^2$ (4)
Es decir, $PM^2 = OP^2 - OM^2$ (5)

Por consiguiente, sustituyendo (5) en (3) tendremos que:

$$\csc^2 A - \cot^2 A = PM^2 / PM^2 = 1$$

La diferencia entre el cuadrado de la secante y el cuadrado de la tangente de un mismo ángulo es igual a la unidad.

En efecto, tenemos que:

$$\sec^2 A = OP^2 / OM^2 \quad (1)$$
$$\tan^2 A = PM^2 / OM^2 \quad (2)$$

Restando miembro a miembro (1) y (2) resulta:

$$\sec^2 A - \tan^2 A = OP^2 / OM^2 - PM^2 / OM^2 =$$
$$= (OP^2 - PM^2) / OM^2 \quad (3)$$

Ahora bien, por el teorema de Pitágoras, $PM^2 + OM^2 = OP^2$ (4)
Es decir, $OM^2 = OP^2 - PM^2$ (5)
Por consiguiente, sustituyendo (5) en (3) tendremos que:

$$\sec^2 A - \tan^2 A = OM^2 / OM^2 = 1$$

Un problema que se plantea con frecuencia consiste en calcular las funciones trigonométricas de un ángulo conocida una de ellas. A continuación, vamos a indicar el procedimiento que debe seguirse en cada caso, basándonos en los resultados obtenidos anteriormente.

Conocido el seno de un ángulo obtener las restantes funciones trigonométricas de dicho ángulo.

1. Coseno.

Tenemos que $\operatorname{sen}^2 A + \cos^2 A = 1$
Por lo tanto, $\cos^2 A = 1 - \operatorname{sen}^2 A$
Es decir, $\cos A = \sqrt{1 - \operatorname{sen}^2 A}$

$$\tan A \cdot \cot A = 1$$

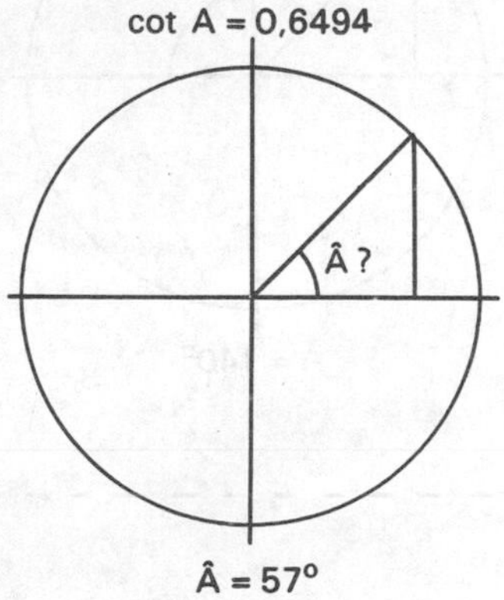

2. Tangente.

Tenemos que	$\tan A = \text{sen } A / \cos A$	(1)
Pero como	$\cos A = \sqrt{1 - \text{sen}^2 A}$	(2)

Sustituyendo (2) en (1) resulta:

$$\tan A = \text{sen } A / \sqrt{1 - \text{sen}^2 A}$$

3. Cotangente.

Tenemos que	$\cot A = 1 / \tan A$	(1)
Pero como	$\tan A = \text{sen } A / \sqrt{1 - \text{sen}^2 A}$	(2)

Sustituyendo (2) en (1) resulta:

$$\cot A = \sqrt{1 - \text{sen}^2 A} / \text{sen } A$$

4. Secante.

Tenemos que	$\sec A = 1 / \cos A$	(1)
Pero como	$\cos A = \sqrt{1 - \text{sen}^2 A}$	(2)

Sustituyendo (2) en (1) resulta:

$$\sec A = 1 / \sqrt{1 - \text{sen}^2 A}$$

5. Cosecante.

$$\csc A = 1 / \text{sen } A$$

Conocido el coseno de un ángulo obtener las restantes funciones trigonométricas de dicho ángulo.

1. Seno.

Tenemos que	$\text{sen}^2 A + \cos^2 A = 1$	
Por lo tanto,	$\text{sen}^2 A = 1 - \cos^2 A$	
Es decir,	$\text{sen } A = \sqrt{1 - \cos^2 A}$	

2. Tangente.

Tenemos que	$\tan A = \text{sen } A / \cos A$	(1)
Pero como	$\text{sen } A = \sqrt{1 - \cos^2 A}$	(2)

Sustituyendo (2) en (1) resulta:

$$\tan A = \sqrt{1 - \cos^2 A} / \cos A$$

3. Cotangente.

Tenemos que	$\cot A = 1 / \tan A$	(1)
Pero como	$\tan A = \sqrt{1 - \cos^2 A} / \cos A$	(2)

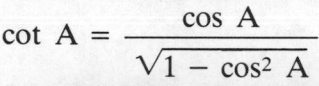

$$\cot A = \frac{\cos A}{\sqrt{1 - \cos^2 A}}$$

sen A = 0,6428

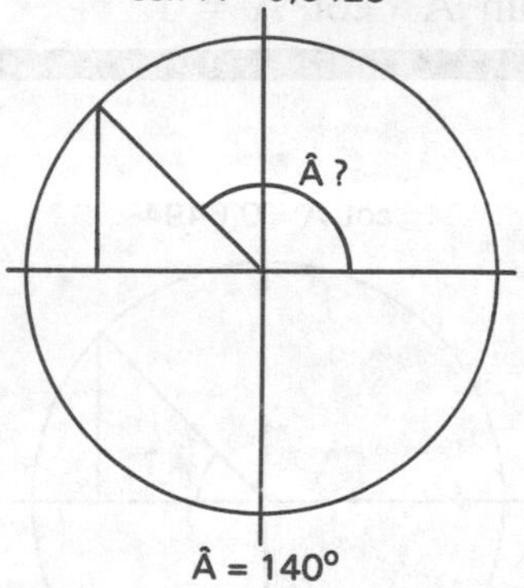

Â = 140º

Sustituyendo (2) en (1) resulta:

$$\cot A = \cos A / \sqrt{1 - \cos^2 A}$$

4. Secante.

$$\sec A = 1 / \cos A$$

5. Cosecante.

Tenemos que $\csc A = 1 / \operatorname{sen} A$ (1)
Pero como $\operatorname{sen} A = \sqrt{1 - \cos^2 A}$ (2)
Sustituyendo (2) en (1) resulta:

$$\csc A = 1 / \sqrt{1 - \cos^2 A}$$

Conocida la tangente de un ángulo obtener las restantes funciones trigonométricas de dicho ángulo.

1. Seno.

Tenemos que $\tan A = \operatorname{sen} A / \cos A$
Pero como $\cos A = \sqrt{1 - \operatorname{sen}^2 A}$
Sustituyendo (2) en (1) resulta:

$$\tan A = \operatorname{sen} A / \sqrt{1 - \operatorname{sen}^2 A}$$

Elevando al cuadrado ambos miembros de la igualdad anterior tendremos que $\tan^2 A = \operatorname{sen}^2 A / (1 - \operatorname{sen}^2 A)$
O sea, $\tan^2 A - \tan^2 A \cdot \operatorname{sen}^2 A = \operatorname{sen}^2 A$
Es decir, $\tan^2 A = \operatorname{sen}^2 A + \tan^2 A \cdot \operatorname{sen}^2 A$
$\tan^2 A = \operatorname{sen}^2 A\,(1 + \tan^2 A)$
De donde, $\operatorname{sen}^2 A = \tan^2 A / (1 + \tan^2 A)$
Por consiguiente, $\operatorname{sen} A = \tan A / \sqrt{1 + \tan^2 A}$

2. Coseno.

Tenemos que $\operatorname{sen}^2 A + \cos^2 A = 1$ (1)
Pero como $\operatorname{sen} A = \tan A / \sqrt{1 + \tan^2 A}$ (2)
Elevando al cuadrado ambos miembros de (2) resulta:

$$\operatorname{sen}^2 A = \tan^2 A / (1 + \tan^2 A)$$

Sustituyendo (3) en (1) tenemos:

$$\tan^2 A / (1 + \tan^2 A) + \cos^2 A = 1$$

De donde, $\cos^2 A = 1 - \tan^2 A / (1 + \tan^2 A)$
O sea, $\cos^2 A = (1 + \tan^2 A - \tan^2 A) / (1 + \tan^2 A) =$
$= 1 / (1 + \tan^2 A)$

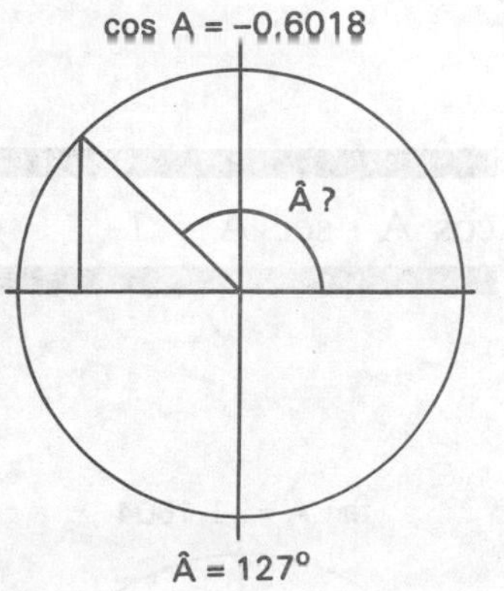

$$\operatorname{sen} A = \sqrt{1 - \cos^2 A}$$

Por consiguiente, $\cos A = 1 / \sqrt{1 + \tan^2 A}$

3. Cotangente.

$$\cot A = 1 / \tan A$$

4. Secante.

Tenemos que $\sec^2 A - \tan^2 A = 1$
O sea, $\sec^2 A = 1 + \tan^2 A$
Por consiguiente, $\sec A = \sqrt{1 + \tan^2 A}$

$\cos A \cdot \sec A = 1$

5. Cosecante.

Tenemos que $\csc A = 1 / \operatorname{sen} A$ (1)
Pero como $\operatorname{sen} A = \tan A / \sqrt{1 + \tan^2 A}$ (2)
Sustituyendo (2) en (1) resulta:

$$\csc A = \sqrt{1 + \tan^2 A} / \tan A$$

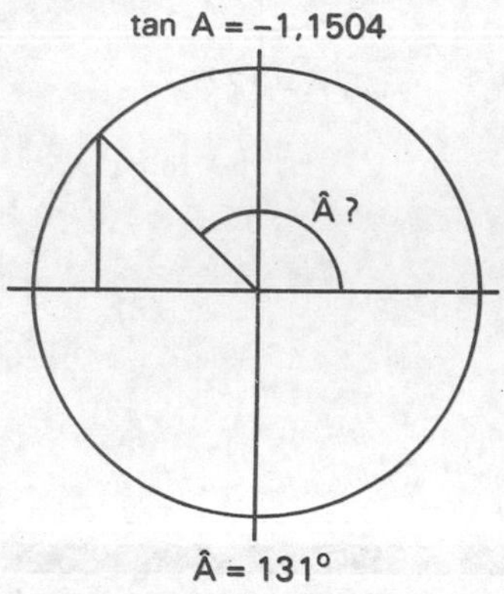

Conocida la cotangente de un ángulo, obtener las restantes funciones trigonométricas de dicho ángulo.

1. Seno.

Tenemos que $\csc^2 A - \cot^2 A = 1$ (1)
Pero como $\csc A = 1 / \operatorname{sen} A$ (2)
Elevando al cuadrado ambos miembros de (2) resulta:

$$\csc^2 A = 1 / \operatorname{sen}^2 A \qquad (3)$$

Sustituyendo (3) en (1) tendremos:

$$1 / \operatorname{sen}^2 A - \cot^2 A = 1$$

O sea, $(1 - \operatorname{sen}^2 A \cdot \cot^2 A) / \operatorname{sen}^2 A = 1$
Es decir, $1 - \operatorname{sen}^2 A \cdot \cot^2 A = \operatorname{sen}^2 A$
De donde, $1 = \operatorname{sen}^2 A + \operatorname{sen}^2 A \cdot \cot^2 A$
$1 = \operatorname{sen}^2 A (1 + \cot^2 A)$
$\operatorname{sen}^2 A = 1 / (1 + \cot^2 A)$
Por consiguiente, $\operatorname{sen} A = 1 / \sqrt{1 + \cot^2 A}$

2. Coseno.

Tenemos que $\operatorname{sen}^2 A + \cos^2 A = 1$ (1)
Pero como $\operatorname{sen} A = 1 / \sqrt{1 + \cot^2 A}$ (2)
Elevando al cuadrado ambos miembros en (2) resulta:

$$\operatorname{sen}^2 A = 1 / (1 + \cot^2 A) \qquad (3)$$

Sustituyendo (3) en (1) obtendremos:

$$1 / (1 + \cot^2 A) + \cos^2 A = 1$$

O sea, $(1 + \cos^2 A + \cos^2 A \cdot \cot^2 A) / (1 + \cot^2 A) = 1$

Es decir, $1 + \cos^2 A + \cos^2 A \cdot \cot^2 A = 1 + \cot^2 A$

$\cos^2 A + \cos^2 A \cdot \cot^2 A = \cot^2 A$

$\cos^2 A\,(1 + \cot^2 A) = \cot^2 A$

De donde, $\cos^2 A = \cot^2 A / (1 + \cot^2 A)$

Por consiguiente, $\cos A = \cot A / \sqrt{1 + \cot^2 A}$

3. Tangente.

$$\tan A = 1 / \cot A$$

4. Secante.

Tenemos que $\sec A = 1 / \cos A$ (1)

Pero como $\cos A = \cot A / \sqrt{1 + \cot^2 A}$ (2)

Sustituyendo (2) en (1) resulta:

$$\sec A = \sqrt{1 + \cot^2 A} / \cot A$$

5. Cosecante.

Tenemos que $\csc A = 1 / \operatorname{sen} A$ (1)

Pero como $\operatorname{sen} A = 1 / \sqrt{1 + \cot^2 A}$ (2)

Sustituyendo (2) en (1) resulta:

$$\csc A = \sqrt{1 + \cot^2 A}$$

Conocida la secante de un ángulo obtener las restantes funciones trigonométricas de dicho ángulo.

1. Seno.

Tenemos que $\operatorname{sen}^2 A + \cos^2 A = 1$ (1)

Pero como $\cos A = 1 / \sec A$ (2)

Elevando al cuadrado ambos miembros de (2) resulta:

$$\cos^2 A = 1 / \sec^2 A \quad (3)$$

Sustituyendo (3) en (1) obtendremos:

$$\operatorname{sen}^2 A + 1 / \sec^2 A = 1$$

Es decir, $(\operatorname{sen}^2 A \cdot \sec^2 A + 1) / \sec^2 A = 1$

O sea, $\operatorname{sen}^2 A \cdot \sec^2 A + 1 = \sec^2 A$

$$\cos^2 A = \frac{1}{\sec^2 A}$$

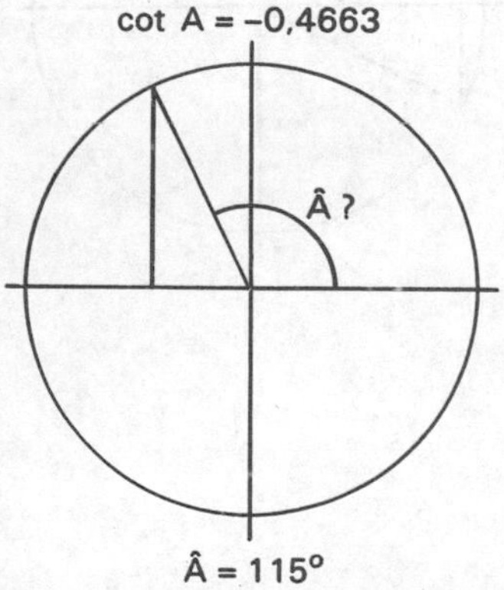

$$\text{sen}^2 A \cdot \sec^2 A = \sec^2 A - 1$$

$$\text{sen}^2 A = (\sec^2 A - 1) / \sec^2 A$$

Por consiguiente, $\text{sen } A = \sqrt{\sec^2 A - 1} / \sec A$

2. Coseno.

Tenemos que $\sec^2 A - \tan^2 A = 1$

O sea, $\tan^2 A = \sec^2 A - 1$

Por consiguiente, $\tan A = \sqrt{\sec^2 A - 1}$

4. Cotangente.

Tenemos que $\cot A = 1 / \tan A$ (1)

Pero como $\tan A = \sqrt{\sec^2 A - 1}$ (2)

Sustituyendo (2) en (1) resulta:

$$\cot A = 1 / \sqrt{\sec^2 A - 1}$$

5. Cosecante.

Tenemos que $\csc A = 1 / \text{sen } A$ (1)

Pero como $\text{sen } A = \sqrt{\sec^2 A - 1} / \sec A$ (2)

Sustituyendo (2) en (1) resulta:

$$\csc A = \sec A / \sqrt{\sec^2 A - 1}$$

$$\text{sen } A = \frac{1}{\sqrt{1 + \cot^2 A}}$$

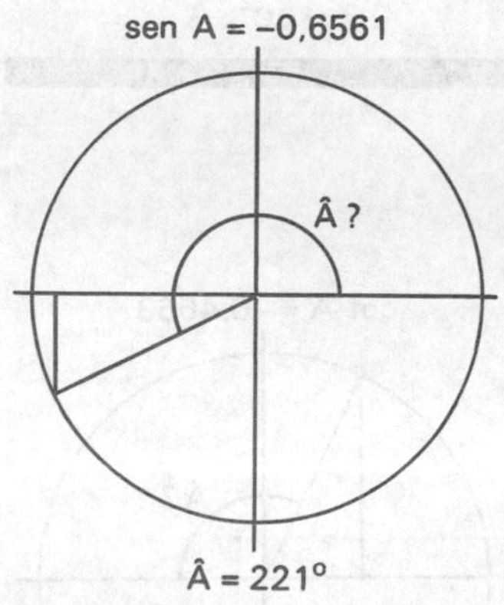

Conocida la cosecante de un ángulo, obtener las restantes funciones trigonométricas de dicho ángulo.

1. Seno.

Tenemos que $\text{sen } A \cdot \csc A = 1$

O sea, $\text{sen } A = 1 / \csc A$

2. Coseno.

Tenemos que $\text{sen}^2 A + \cos^2 A = 1$ (1)

Pero como $\text{sen } A = 1 / \csc A$ (2)

Elevando al cuadrado ambos miembros de (2) resulta:

$$\text{sen}^2 A = 1 / \csc^2 A \quad (3)$$

Sustituyendo (3) en (1) obtendremos:

$$1 / \csc^2 A + \cos^2 A = 1$$

O sea, $(1 + \csc^2 A \cdot \cos^2 A) / \csc^2 A = 1$

Es decir, $1 + \csc^2 A \cdot \cos^2 A = \csc^2 A$

$\csc^2 A \cdot \cos^2 A = \csc^2 A - 1$

De donde, $\cos^2 A = (\csc^2 A - 1) / \csc^2 A$

Por consiguiente, $\cos A = \sqrt{\csc^2 A - 1} / \csc A$

3. Tangente.

Tenemos que $\tan A = \operatorname{sen} A / \cos A$ (1)

Pero como $\operatorname{sen} A = 1 / \csc A$ (2)

y $\cos A = \sqrt{\csc^2 A - 1} / \csc A$ (3)

Sustituyendo (2) y (3) en (1) resulta:

$$\tan A = 1 / \csc A : \sqrt{\csc^2 A - 1} / \csc A = \csc A / \csc A \cdot \sqrt{\csc^2 A - 1}$$

Por consiguiente $\tan A = 1 / \sqrt{\csc^2 A - 1}$

4. Cotangente.

Tenemos que $\csc^2 A - \cot^2 A = 1$

De donde, $\cot^2 A = \csc^2 A - 1$

Por consiguiente, $\cot A = \sqrt{\csc^2 A - 1}$

5. Secante.

Tenemos que $\sec A = 1 / \cos A$ (1)

Pero como $\cos A = \sqrt{\csc^2 A - 1} / \csc A$ (2)

Sustituyendo (2) en (1) resulta:

$$\sec A = \csc A / \sqrt{\csc^2 A - 1}$$

Así pues, podemos englobar los resultados anteriores en la tabla siguiente:

$\cos (90° - x) = \operatorname{sen} x$

$\cot (90° - x) = \tan x$

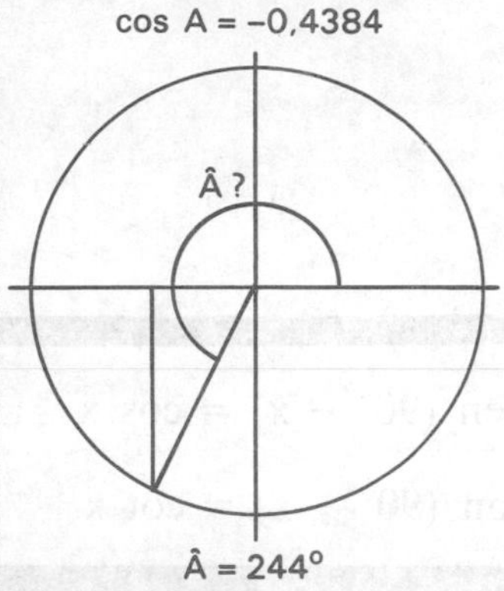

	sen A	*cos A*	*tan A*	*cot A*	*sec A*	*csc A*
sen A		$\sqrt{1 - \cos^2 A}$	$\frac{\tan A}{\sqrt{1 + \tan^2 A}}$	$\frac{1}{\sqrt{1 + \cot^2 A}}$	$\frac{\sqrt{\sec^2 A - 1}}{\sec A}$	$\frac{1}{\csc A}$
cos A	$\sqrt{1 - \operatorname{sen}^2 A}$		$\frac{1}{\sqrt{1 + \tan^2 A}}$	$\frac{\cot A}{\sqrt{1 + \cot^2 A}}$	$\frac{1}{\sec A}$	$\frac{\sqrt{\csc^2 A - 1}}{\csc A}$
tan A	$\frac{\operatorname{sen} A}{\sqrt{1 - \operatorname{sen}^2 A}}$	$\frac{\sqrt{1 - \cos^2 A}}{\cos A}$		$\frac{1}{\cot A}$	$\sqrt{\sec^2 A - 1}$	$\frac{1}{\sqrt{\csc^2 A - 1}}$
cot A	$\frac{\sqrt{1 - \operatorname{sen}^2 A}}{\operatorname{sen} A}$	$\frac{\cos A}{\sqrt{1 - \cos^2 A}}$	$\frac{1}{\tan A}$		$\frac{1}{\sqrt{\sec^2 A - 1}}$	$\sqrt{\csc^2 A - 1}$
sec A	$\frac{1}{\sqrt{1 - \operatorname{sen}^2 A}}$	$\frac{1}{\cos A}$	$\sqrt{1 + \tan^2 A}$	$\frac{\sqrt{1 + \cot^2 A}}{\cot A}$		$\frac{\csc A}{\sqrt{\csc^2 A - 1}}$
csc A	$\frac{1}{\operatorname{sen} A}$	$\frac{1}{\sqrt{1 - \cos^2 A}}$	$\frac{\sqrt{1 + \tan^2 A}}{\tan A}$	$\sqrt{1 + \cot^2 A}$	$\frac{\sec A}{\sqrt{\sec^2 A - 1}}$	

Se denominan identidades trigonométricas a aquellas igualdades que se verifican para cualquier valor del ángulo que aparece en la igualdad.

Un método muy sencillo para comprobar que se verifica una identidad trigonométrica consiste en expresar todos los términos de la igualdad en función del seno y del coseno y a continuación efectuar las operaciones indicadas hasta obtener la identidad de los dos miembros.

Ejemplo

Demostrar que $\dfrac{\tan x - \operatorname{sen} x}{\operatorname{sen}^3 x} = \dfrac{\sec x}{1 + \cos x}$

Tenemos que $\tan x = \operatorname{sen} x / \cos x$ (1)

y $\sec x = 1 / \cos x$ (2)

Sustituyendo (1) y (2) en el enunciado resulta:

$$\frac{\operatorname{sen} x / \cos x - \operatorname{sen} x}{\operatorname{sen}^3 x} = \frac{1 / \cos x}{1 + \cos x}$$

Es decir, $\dfrac{\operatorname{sen} x - \operatorname{sen} x \cdot \cos x}{\cos x \cdot \operatorname{sen}^3 x} = \dfrac{1}{\cos x\,(1 + \cos x)}$

Operando: $\dfrac{\operatorname{sen} x\,(1 - \cos x)}{\operatorname{sen} x \cdot \cos x \cdot \operatorname{sen}^2 x} = \dfrac{1}{\cos x\,(1 + \cos x)}$

Es decir, $\dfrac{1 - \cos x}{\cos x \cdot \operatorname{sen}^2 x} = \dfrac{1}{\cos x\,(1 + \cos x)}$

Ahora bien, $\operatorname{sen}^2 x = 1 \neg \cos^2 x$

Sustituyendo: $\dfrac{1 - \cos x}{\cos x\,(1 - \cos^2 x)} = \dfrac{1}{\cos x\,(1 + \cos x)}$

Pero como $1 - \cos^2 x = (1 + \cos x)(1 - \cos x)$

Sustituyendo resulta:

$$\frac{1 - \cos x}{\cos x\,(1 + \cos x)(1 - \cos x)} = \frac{1}{\cos x\,(1 + \cos x)}$$

Simplificando, $1 / \cos x\,(1 + \cos x) = 1 / \cos x\,(1 + \cos x)$, tal como queríamos demostrar.

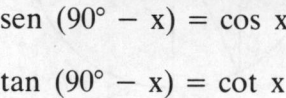

$\operatorname{sen}\,(90° - x) = \cos x$

$\tan\,(90° - x) = \cot x$

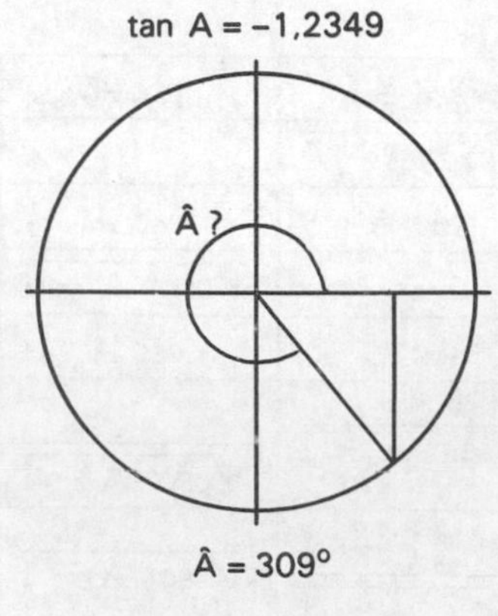

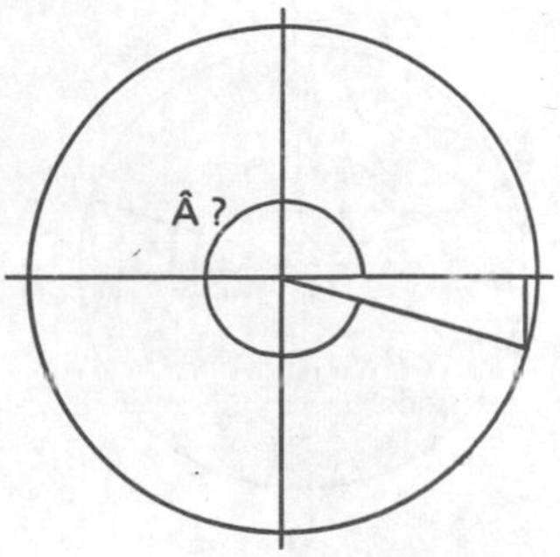

38.3 Relaciones entre las funciones trigonométricas de algunos ángulos

En las tablas trigonométricas que aparecen al final del libro se pueden apreciar muchas coincidencias entre diversas funciones trigonométricas de diversos ángulos.

Así, por ejemplo, $\text{sen } 30° = \cos 60° = 0{,}5$
o $\tan 15° = \cot 75° = 0{,}2679$

En general, la obtención de las funciones trigonométricas de un ángulo cualquiera no resulta tarea fácil. Se debe recurrir al empleo de las tablas trigonométricas. Pero en ellas tan sólo aparecen los valores de las funciones trigonométricas de ángulos hasta 90°. Por lo tanto, lo que se suele hacer es utilizar una serie de relaciones que nos permitan obtener las funciones trigonométricas de cualquier ángulo a partir de las del primer cuadrante, que es lo que nos ofrecen las tablas.

A este procedimiento de conversión de una función trigonométrica de un ángulo cualquiera en otra función equivalente de un ángulo del primer cuadrante se le denomina reducción al primer cuadrante.

En este apartado vamos a deducir una serie de relaciones de tipo general que nos permitirán reducir al primer cuadrante las funciones trigonométricas de un ángulo cualquiera.

Ángulos complementarios.

Tal como puede observarse en la figura 38-6, en la circunferencia representada, los triángulos rectángulos POM y P′OM′ son iguales por tener iguales la hipotenusa y un ángulo agudo. Por consiguiente,

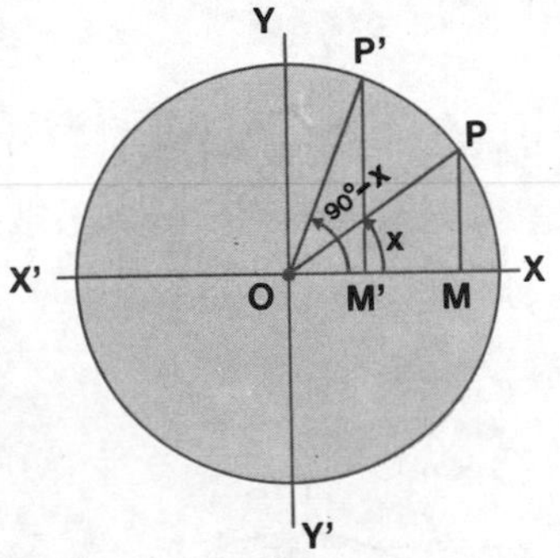

Fig. 38-6

$$OM' = PM, \quad P'M' = OM \quad y \quad OP' = OP$$

Así pues, las funciones trigonométricas de los ángulos x y $90° - x$ serán:

$$\begin{array}{ll}
\text{sen } x = PM / OP & \text{sen } (90° - x) = P'M' / OP' = OM / OP \\
\cos x = OM / OP & \cos (90° - x) = OM' / OP' = PM / OP \\
\tan x = PM / OM & \tan (90° - x) = P'M' / OM' = OM / PM \\
\cot x = OM / PM & \cot (90° - x) = OM' / P'M' = PM / OM \\
\sec x = OP / OM & \sec (90° - x) = OP' / OM' = OP / PM \\
\csc x = OP / PM & \csc (90° - x) = OP' / P'M' = OP / OM
\end{array}$$

Por lo tanto, inmediatamente se deduce que:

$$\begin{aligned}
\text{sen } (90° - x) &= \cos x \\
\cos (90° - x) &= \text{sen } x
\end{aligned}$$

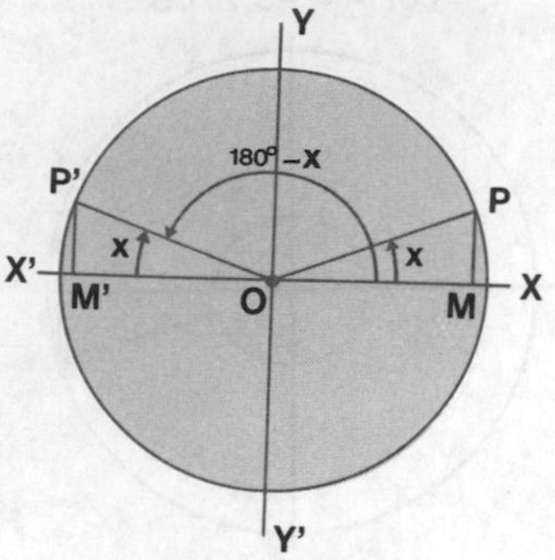

Fig. 38-7

$$\tan\ (90° - x) = \cot x$$
$$\cot\ (90° - x) = \tan x$$
$$\sec\ (90° - x) = \csc x$$
$$\csc\ (90° - x) = \sec x$$

Ángulos suplementarios.

Tal como puede observarse en la figura 38-7, en la circunferencia representada tenemos:

$$OP = OP', \quad OM = -\,OM' \quad y \quad PM = P'M'$$

Así pues, las funciones trigonométricas de los ángulos x y $180° - x$ serán:

$\text{sen}\ x = PM / OP \quad \text{sen}\ (180° - x) = P'M' / OP' = PM / OP$
$\cos x = OM / OP \quad \cos\ (180° - x) = OM' / OP' = -\ OM / OP$
$\tan x = PM / OM \quad \tan\ (180° - x) = P'M' / OM' = PM / -\ OM$
$\cot x = OM / PM \quad \cot\ (180° - x) = OM' / P'M' = -\ OM / PM$
$\sec x = OP / OM \quad \sec\ (180° - x) = OP' / OM' = OP /\ -\ OM$
$\csc x = OP / PM \quad \csc\ (180° - x) = OP' / P'M' = OP / PM$

Por lo tanto, inmediatamente se deduce que:

$$\text{sen}\ (180° - x) = \text{sen}\ x$$
$$\cos\ (180° - x) = -\cos x$$
$$\tan\ (180° - x) = -\tan x$$
$$\cot\ (180° - x) = -\cot x$$
$$\sec\ (180° - x) = -\sec x$$
$$\csc\ (180° - x) = \csc x$$

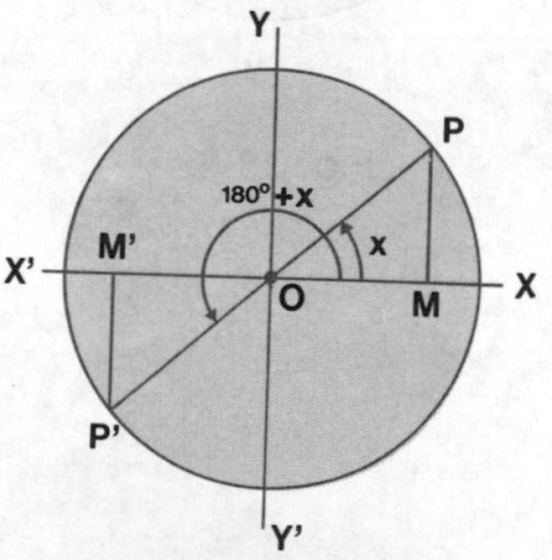

Fig. 38-8

Ángulos que difieren en 180°.

Tal como puede observarse en la figura 38-8, en la circunferencia goniométrica representada tenemos OP = OP', PM = − P'M' y OM = − OM'.

Así pues, las funciones trigonométricas de los ángulos x y $180° + x$ serán:

$\text{sen}\ x = PM / OP\ \text{sen}\ (180° + x) = P'M' / OP' = -\ PM / OP$
$\cos x = OM / OP\ \cos\ (180° + x) = OM' / OP' = -\ OM / OP$
$\tan x = PM / OM\ \tan\ (180° + x) = P'M' / OM' = -PM/-OM = PM/OM$
$\cot x = OM / PM\ \cot\ (180° + x) = OM' / P'M' = -OM/-PM = OM/PM$
$\sec x = OP / OM\ \sec\ (180° + x) = OP' / OM' = OP /\ -\ OM$
$\csc x = OP / PM\ \csc\ (180° + x) = OP' / P'M' = OP /\ -\ PM$

Por lo tanto, inmediatamente se deduce que:

$$\text{sen}\ (180° + x) = -\ \text{sen}\ x$$
$$\cos\ (180° + x) = -\cos x$$

$\tan\ (180° + x) = \tan x$
$\cot\ (180° + x) = \cot x$
$\sec\ (180° + x) = -\sec x$
$\csc\ (180° + x) = -\csc x$

Ángulos opuestos.

Tal como puede observarse en la figura 38-9, en la circunferencia goniométrica representada tenemos $OP = OP'$ y $PM = -P'M$. Así pues, las funciones trigonométricas de los ángulos x y $360° - x$ serán:

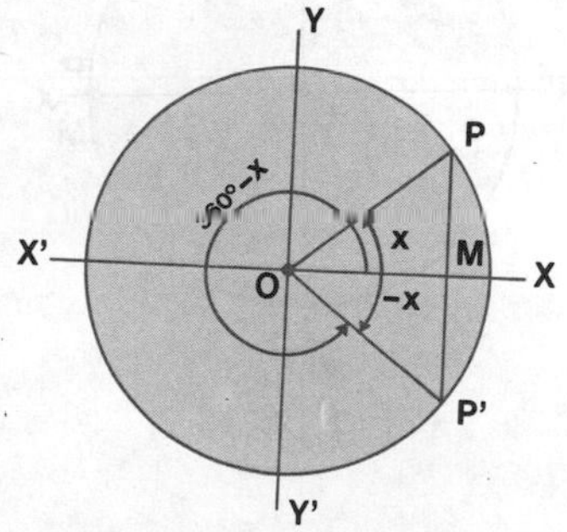

Fig. 38-9

$\text{sen}\ x = PM / OP \quad \text{sen}\ (360° - x) = P'M / OP' = -PM / OP$
$\cos x = OM / OP \quad \cos\ (360° - x) = OM / OP' = OM / OP$
$\tan x = PM / OM \quad \tan\ (360° - x) = P'M / OM = -PM / OM$
$\cot x = OM / PM \quad \cot\ (360° - x) = OM / P'M = OM / -PM$
$\sec x = OP / OM \quad \sec\ (360° - x) = OP' / OM = OP / OM$
$\csc x = OP / PM \quad \csc\ (360° - x) = OP' / P'M = OP / -PM$

Por lo tanto, inmediatamente se deduce que:

$\text{sen}\ (360° - x) = -\text{sen}\ x$
$\cos\ (360° - x) = \cos x$
$\tan\ (360° - x) = -\tan x$
$\cot\ (360° - x) = -\cot x$
$\sec\ (360° - x) = \sec x$
$\csc\ (360° - x) = -\csc x$

Ángulos que difieren en 90°.

Tal como puede observarse en la figura 38-10, en la circunferencia goniométrica representada tenemos $OP' = OP$, $PM = -OM'$ y $OM = P'M'$.
Así pues, las funciones trigonométricas de los ángulos x y $90° + x$ serán:

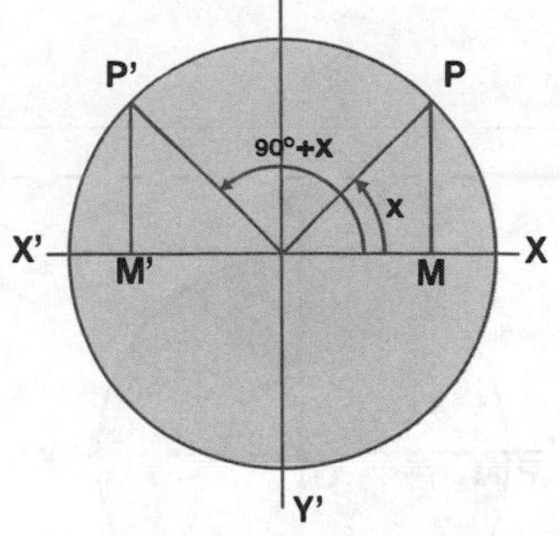

Fig. 38-10

$\text{sen}\ x = PM / OP \quad \text{sen}\ (90° + x) = P'M' / OP' = OM / OP$
$\cos x = OM / OP \quad \cos\ (90° + x) = OM' / OP' = -PM / OP$
$\tan x = PM / OM \quad \tan\ (90° + x) = P'M' / OM' = OM / -PM$
$\cot x = OM / PM \quad \cot\ (90° + x) = OM' / P'M' = -PM / OM$
$\sec x = OP\ OM \quad \sec\ (90° + x) = OP'\ OM' = OP / -PM$
$\csc x = OP / PM \quad \csc\ (90° + x) = OP' / P'M' = OP / OM$

Por lo tanto, inmediatamente se deduce que:

$\text{sen}\ (90° + x) = \cos x$
$\cos\ (90° + x) = -\text{sen}\ x$
$\tan\ (90° + x) = -\cot x$
$\cot\ (90° + x) = -\tan x$
$\sec\ (90° + x) = -\csc x$
$\csc\ (90° + x) = \sec x$

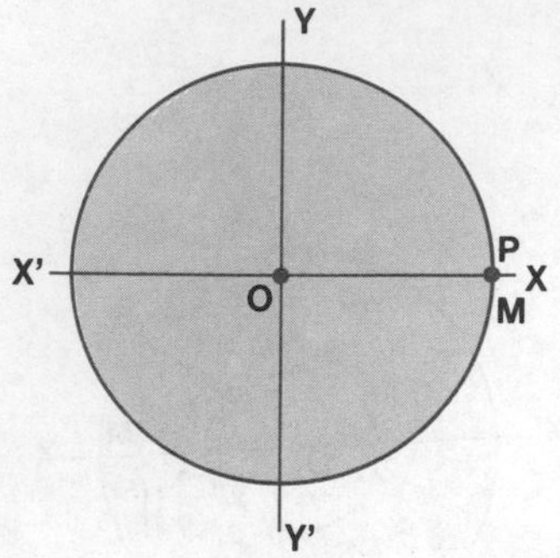

Fig. 38-11

38.4 Valores de las funciones trigonométricas de ángulos notables

En este apartado vamos a deducir los valores de las funciones trigonométricas de algunos ángulos relevantes para poder estudiar las representaciones gráficas de dichas funciones.

Valores de las funciones trigonométricas de 0°.

Tal como puede observarse en la figura 38-11, en la circunferencia goniométrica representada, OM = OP = 1 y PM = 0.

Así pues, las funciones trigonométricas de 0° son:

$\text{sen } 0° = PM / OP = 0 / 1 = 0$
$\cos 0° = OM / OP = 1 / 1 = 1$
$\tan 0° = PM / OM = 0 / 1 = 0$
$\cot 0° = OM / PM = 1 / 0$ (no está definida)
$\sec 0° = OP / OM = 1 / 1 = 1$
$\csc 0° = OP / PM = 1 / 0$ (no está definida)

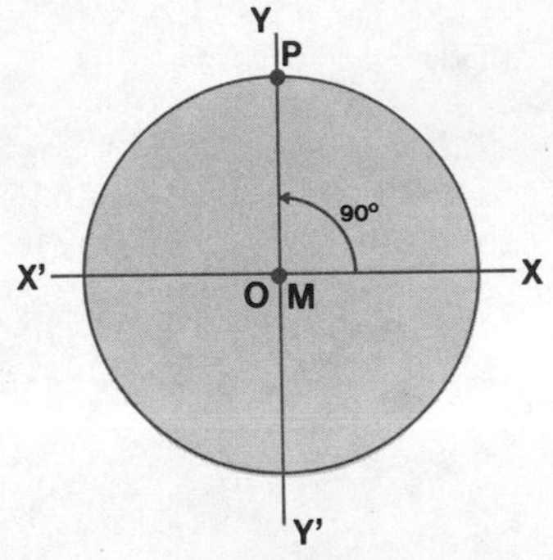

Fig. 38-12

Valores de las funciones trigonométricas de 90°.

Tal como puede observarse en la figura 38-12, en la circunferencia goniométrica representada, OM = 0 y OP = PM = 1.

Así pues, las funciones trigonométricas de 90° son:

$\text{sen } 90° = PM / OP = 1 / 1 = 1$
$\cos 90° = OM / OP = 0 / 1 = 0$
$\tan 90° = PM / OM = 1 / 0$ (no está definida)
$\cot 90° = OM / PM = 0 / 1 = 0$
$\sec 90° = OP / OM = 1 / 0$ (no está definida)
$\csc 90° = OP / PM = 1 / 1 = 1$

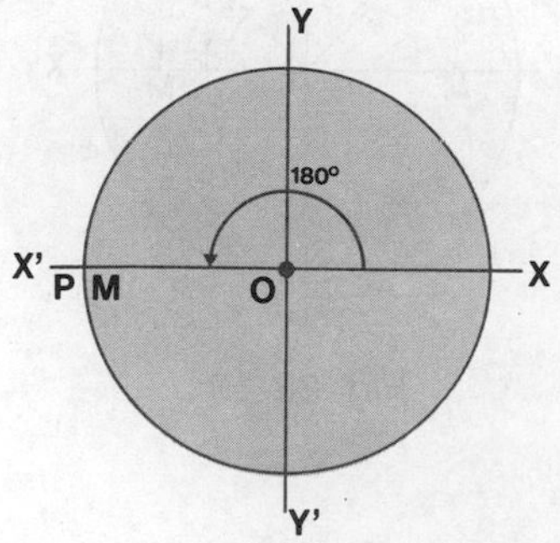

Fig. 38-13

Valores de las funciones trigonométricas de 180°.

Tal como puede observarse en la figura 38-13, en la circunferencia goniométrica representada, OP = 1, OM = –1 y PM = 0.

Así pues, las funciones trigonométricas de 180° son:

$\text{sen } 180° = PM / OP = 0 / -1 = 0$
$\cos 180° = OM / OP = -1 / 1 = -1$
$\tan 180° = PM / OM = 0 / -1 = 0$
$\cot 180° = OM / PM = -1 / 0$ (no está definida)
$\sec 180° = OP / OM = 1 / -1 = -1$
$\csc 180° = OP / PM = -1 / 0$ (no está definida)

Valores de las funciones trigonométricas de 270°.

Tal como puede observarse en la figura 38-14, en la circunferencia goniométrica representada, OM = O, OP = 1 y PM = –1.

Así pues, las funciones trigonométricas de 270° son:

sen 270° = PM / OP = – 1 / 1 = – 1
cos 270° = OM / OP = 0 / 1 = 0
tan 270° = PM / OM = – 1 / 0 (no está definida)
cot 270° = OM / PM = 0 / – 1 = 0
sec 270° = OP / OM = 1 / 0 (no está definida)
csc 270° = OP / PM = 1 / – 1 = – 1

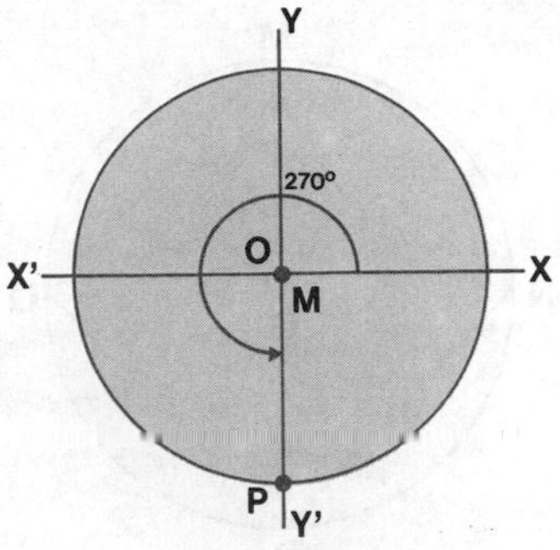

Fig. 38-14

Valores de las funciones trigonométricas de 360°.

Tal como puede observarse en la figura 38-15, en la circunferencia goniométrica representada, OM = OP = 1 y PM = 0.

Así pues, las funciones trigonométricas de 360° son:

sen 360° = PM / OP = 0 / 1 = 0
cos 360° = OM / OP = 1 / 1 = 1
tan 360° = PM / OM = 0 / 1 = 0
cot 360° = OM / PM = 1 / 0 (no está definida)
sec 360° = OP / OM = 1 / 1 = 1
csc 360° = OP / PM = 1 / 0 (no está definida)

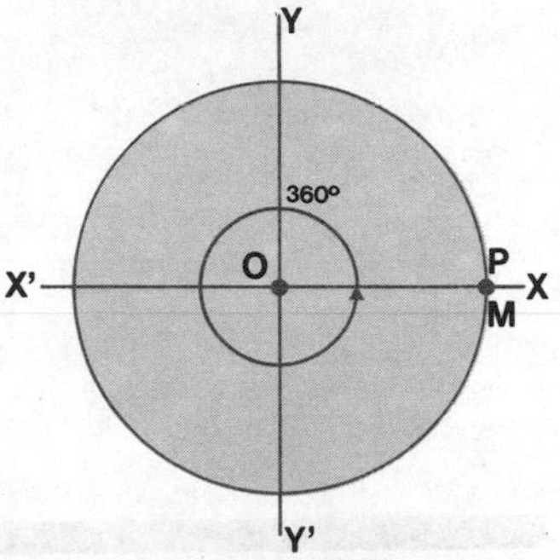

Fig. 38-15

Valores de las funciones trigonométricas de 30°.

Tal como puede observarse en la figura 38-16, supongamos que los ángulos MOS = QOP = 60°, que OM = SM = r y que XM = r / 2.

Así pues, por el teorema de Pitágoras tendremos que:

$$OX^2 = OM^2 - XM^2 = r^2 - (r/2)^2 = r^2 - r^2/4 = 3r^2/4$$

Es decir, $OX = \sqrt{3r^2/4} = r\sqrt{3}/2$.

Así pues, las razones trigonométricas del ángulo MOX = 30° son:

sen 30° = XM / OM = $(r/2)/r = 1/2$
cos 30° = OX / OM = $(r\sqrt{3}/2)/r = \sqrt{3}/2$
tan 30° = XM / OX = $(r/2)/(r\sqrt{3}/2 = 1/\sqrt{3} = \sqrt{3}/3$
cot 30° = OX / XM = $(r\sqrt{3}/2)/(r/2) = \sqrt{3}$
sec 30° = OM / OX = $r/(r\sqrt{3}/2) = 2/\sqrt{3} = 2\sqrt{3}/3$
csc 30° = OM / XM = $r/(r/2) = 2$

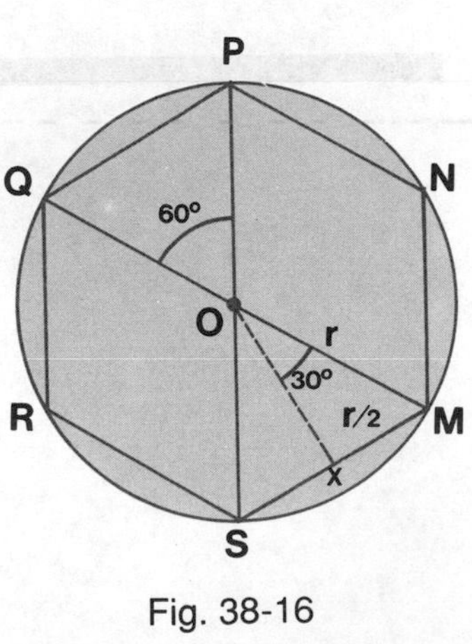

Fig. 38-16

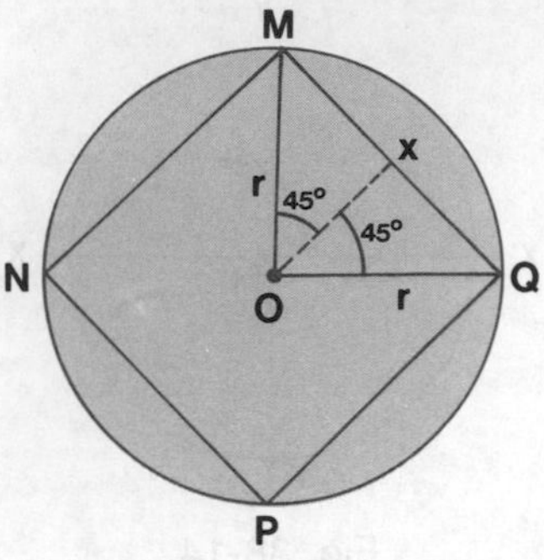

Fig. 38-17

Valores de las funciones trigonométricas de 60°.

Aplicando los resultados anteriores, tendremos que:

$$\operatorname{sen} 60° = \cos 30° = \sqrt{3}/2$$
$$\cos 60° = \operatorname{sen} 30° = 1/2$$
$$\tan 60° = \cot 30° = \sqrt{3}$$
$$\cot 60° = \tan 30° = \sqrt{3}/3$$
$$\sec 60° = \csc 30° = 2$$
$$\csc 60° = \sec 30° = 2\sqrt{3}/3$$

Valores de las funciones trigonométricas de 45°.

Tal como puede observarse en la figura 38-17, supongamos que MOQ = 90°, que $MX = r\sqrt{2}/2$ por ser la mitad del lado de un cuadrado inscrito y que $OM = OQ = r$.

Aplicando el teorema de Pitágoras tendremos que:

$$OM^2 = MX^2 + OX^2$$

O sea, $OX^2 = OM^2 - MX^2$

Es decir, $OX^2 = r^2 - 2r^2/4 = r^2/2$

Por consiguiente, $OX = \sqrt{r^2}/2 = r/\sqrt{2} = r\sqrt{2}/2$

Así pues, las funciones trigonométricas de 45° son:

$$\operatorname{sen} 45° = MX/OM = (r\sqrt{2}/2)/r = \sqrt{2}/2$$
$$\cos 45° = OX/OM = (r\sqrt{2}/2)/r = \sqrt{2}/2$$
$$\tan 45° = MX/OX = (r\sqrt{2}/2)/(r\sqrt{2}/2) = 1$$
$$\cot 45° = OX/MX = (r\sqrt{2}/2)/(r\sqrt{2}/2) = 1$$
$$\sec 45° = OM/OX = r/(r\sqrt{2}/2) = 2/\sqrt{2} = \sqrt{2}$$
$$\csc 45° = OM/MX = r/(r\sqrt{2}/2) = 2/\sqrt{2} = \sqrt{2}$$

$$\operatorname{sen} 135° = \cos 45° = \frac{\sqrt{2}}{2}$$

$$\cos 135° = -\operatorname{sen} 45° = \frac{-\sqrt{2}}{2}$$

Valores de las funciones trigonométricas de 120°.

Aplicando resultados anteriores tendremos que:

$$\operatorname{sen} 120° = \operatorname{sen}(30° + 90°) = \cos 30° = \sqrt{3}/2$$
$$\cos 120° = \cos(30° + 90°) = -\operatorname{sen} 30° = -1/2$$
$$\tan 120° = \tan(30° + 90°) = -\cot 30° = -\sqrt{3}$$
$$\cot 120° = \cot(30° + 90°) = -\tan 30° = -\sqrt{3}/3$$
$$\sec 120° = \sec(30° + 90°) = -\csc 30° = -2$$
$$\csc 120° = \csc(30° + 90°) = \sec 30° = -2\sqrt{3}/3$$

Valores de las funciones trigonométricas de 135°.

Aplicando resultados anteriores tendremos que:

$$\begin{aligned}
\text{sen } 135° &= \text{sen}(45° + 90°) &&= \cos 45° = \sqrt{2}/2\\
\cos 135° &= \cos(45° + 90°) &&= -\text{ sen } 45° = -\sqrt{2}/2\\
\tan 135° &= \tan(45° + 90°) &&= -\cot 45° = -1\\
\cot 135° &= \cot(45° + 90°) &&= -\tan 45° = -1\\
\sec 135° &= \sec(45° + 90°) &&= -\csc 45° = -\sqrt{2}\\
\csc 135° &= \csc(45° + 90°) &&= \sec 45° = \sqrt{2}
\end{aligned}$$

Valores de las funciones trigonométricas de 150°.

Aplicando resultados anteriores tendremos que:

$$\begin{aligned}
\text{sen } 150° &= \text{sen}(60° + 90°) &&= \cos 60° = 1/2\\
\cos 150° &= \cos(60° + 90°) &&= -\text{ sen } 60° = -\sqrt{3}/2\\
\tan 150° &= \tan(60° + 90°) &&= -\cot 60° = -\sqrt{3}/3\\
\cot 150° &= \cot(60° + 90°) &&= -\tan 60° = -\sqrt{3}\\
\sec 150° &= \sec(60° + 90°) &&= -\csc 60° = -2\sqrt{3}/3\\
\csc 150° &= \csc(60° + 90°) &&= \sec 60° = -2
\end{aligned}$$

Valores de las funciones trigonométricas de 210°.

Aplicando resultados anteriores tendremos que:

$$\begin{aligned}
\text{sen } 210° &= \text{sen}(30° + 180°) &&= -\text{ sen } 30° = -1/2\\
\cos 210° &= \cos(30° + 180°) &&= -\cos 30° = -\sqrt{3}/2\\
\tan 210° &= \tan(30° + 180°) &&= \tan 30° = \sqrt{3}/3\\
\cot 210° &= \cot(30° + 180°) &&= \cot 30° = \sqrt{3}\\
\sec 210° &= \sec(30° + 180°) &&= -\sec 30° = -2\sqrt{3}/3\\
\csc 210° &= \csc(30° + 180°) &&= -\csc 30° = -2
\end{aligned}$$

Valores de las funciones trigonométricas de 225°.

Aplicando resultados anteriores tendremos que:

$$\begin{aligned}
\text{sen } 225° &= \text{sen}(45° + 180°) &&= -\text{ sen } 45° = -\sqrt{2}/2\\
\cos 225° &= \cos(45° + 180°) &&= -\cos 45° = -\sqrt{2}/2\\
\tan 225° &= \tan(45° + 180°) &&= \tan 45° = 1\\
\cot 225° &= \cot(45° + 180°) &&= \cot 45° = 1\\
\sec 225° &= \sec(45° + 180°) &&= -\sec 45° = -\sqrt{2}\\
\csc 225° &= \csc(45° + 180°) &&= -\csc 45° = -\sqrt{2}
\end{aligned}$$

$$\text{sen } 30° = 1/2$$

$$\cos 30° = \frac{\sqrt{3}}{2}$$

$$\tan 30° = \frac{\sqrt{3}}{3}$$

cot Â = 4,3315

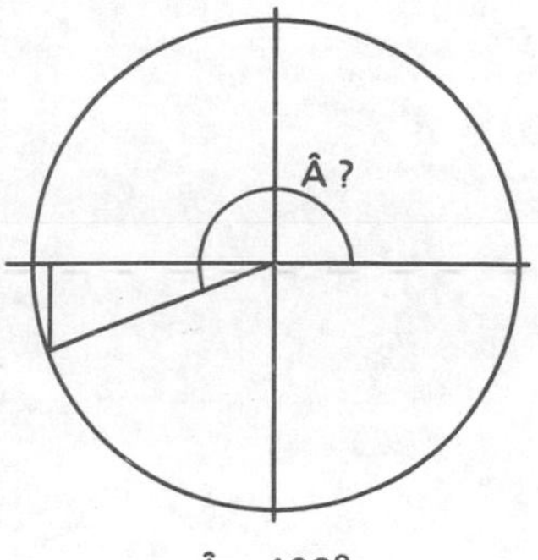

Â = 193°

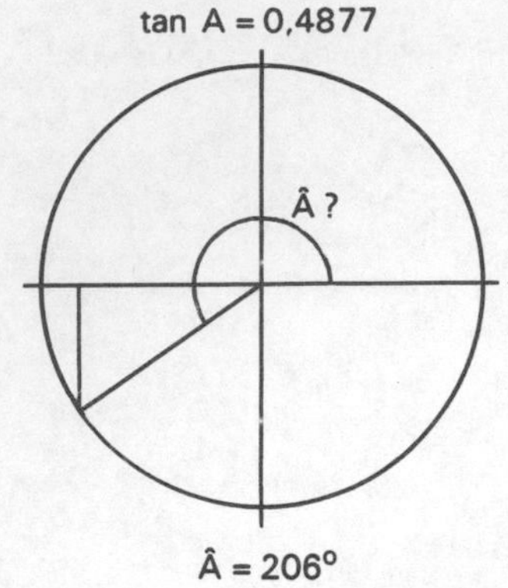

Valores de las funciones trigonométricas de 240°.

Aplicando resultados anteriores tendremos que:

$$\begin{aligned}
\text{sen } 240° &= \text{sen}(60° + 180°) = -\ \text{sen } 60° = -\ \sqrt{3}/2\\
\cos 240° &= \cos(60° + 180°) = -\ \cos 60° = -\ 1/2\\
\tan 240° &= \tan(60° + 180°) = \tan 60° = \sqrt{3}\\
\cot 240° &= \cot(60° + 180°) = \cot 60° = \sqrt{3}/3\\
\sec 240° &= \sec(60° + 180°) = -\ \sec 60° = -\ 2\\
\csc 240° &= \csc(60° + 180°) = -\ \csc 60° = -\ 2\sqrt{3}/3
\end{aligned}$$

Valores de las funciones trigonométricas de 300°.

Aplicando resultados anteriores tendremos que:

$$\begin{aligned}
\text{sen } 300° &= \text{sen}(360° - 60°) = -\ \text{sen } 60° = -\ \sqrt{3}/2\\
\cos 300° &= \cos(360° - 60°) = \cos 60° = 1/2\\
\tan 300° &= \tan(360° - 60°) = -\ \tan 60° = -\ \sqrt{3}\\
\cot 300° &= \cot(360° - 60°) = \cot 60° = \sqrt{3}/3\\
\sec 300° &= \sec(360° - 60°) = \sec 60° = 2\\
\csc 300° &= \csc(360° - 60°) = -\ \csc 60° = -\ 2\sqrt{3}/3
\end{aligned}$$

Valores de las funciones trigonométricas de 315°.

Aplicando resultados anteriores tendremos que:

$$\begin{aligned}
\text{sen } 315° &= \text{sen}(360° - 45°) = -\ \text{sen } 45° = -\ \sqrt{2}/2\\
\cos 315° &= \cos(360° - 45°) = \cos 45° = \sqrt{2}/2\\
\tan 315° &= \tan(360° - 45°) = -\ \tan 45° = -\ 1\\
\cot 315° &= \cot(360° - 45°) = -\ \cot 45° = -\ 1\\
\sec 315° &= \sec(360° - 45°) = +\ \sec 45° = \sqrt{2}\\
\csc 315° &= \csc(360° - 45°) = -\ \csc 45° = -\ \sqrt{2}
\end{aligned}$$

Valores de las funciones trigonométricas de 330°.

Aplicando resultados anteriores tendremos que:

$$\begin{aligned}
\text{sen } 330° &= \text{sen}(360° - 30°) = -\ \text{sen } 30° = -\ 1/2\\
\cos 330° &= \cos(360° - 30°) = \cos 30° = \sqrt{3}/2\\
\tan 330° &= \tan(360° - 30°) = -\ \tan 30° = -\ \sqrt{3}/3\\
\cot 330° &= \cot(360° - 30°) = -\ \cot 30° = -\ \sqrt{3}\\
\sec 330° &= \sec(360° - 30°) = \sec 30° = 2\sqrt{3}/3\\
\csc 330° &= \csc(360° - 30°) = -\ \csc 30° = -\ 2
\end{aligned}$$

Como ya conocemos el valor de las funciones trigonométricas para un número considerable de valores del ángulo, podemos intuir cómo serán las gráficas de dichas funciones desde 0° hasta 360°.

$$\text{sen } 60° = \cos 30° = \frac{\sqrt{3}}{2}$$

$$\cos 60° = \text{sen } 30° = \frac{1}{2}$$

a) Gráfica de la función seno.

x	sen x
0°	0
30°	0,5
45°	0,7071
60°	0,8660
90°	1
120°	0,8660
135°	0,7071
150°	0,5
180°	0
210°	− 0,5
225°	− 0,7071
240°	− 0,8660
270°	− 1
300°	− 0,8660
315°	− 0,7071
330°	− 0,5
360°	0

Así pues, observaremos que la gráfica es curvilínea de la forma siguiente:

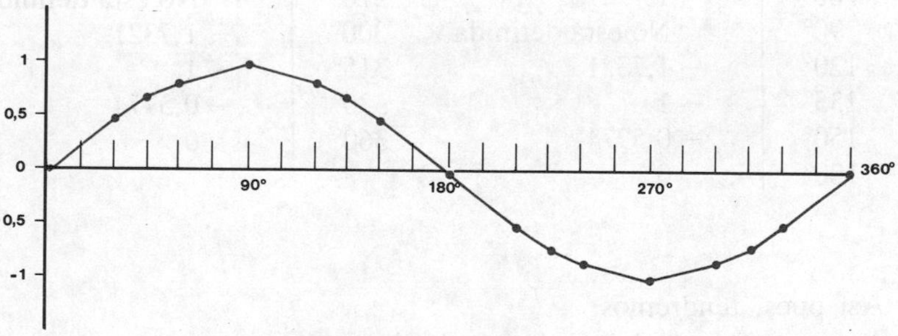

Fig. 38-18

b) Gráfica de la función coseno.

x	cos x	x	cos x
0°	1	210°	− 0,8660
30°	0,8660	225°	− 0,7071
45°	0,7071	240°	− 0,5
60°	0,5	270°	0
90°	0	300°	0,5
120°	− 0,5	315°	0,7071
135°	− 0,7071	330°	0,8660
150°	− 0,8660	360°	1
180°	− 1		

$$\tan 60° = \cot 30° = \sqrt{3}$$

$$\cot 60° = \tan 30° = \frac{\sqrt{3}}{3}$$

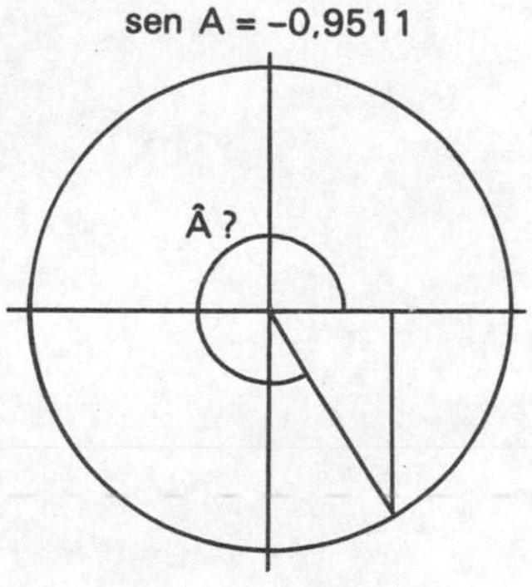

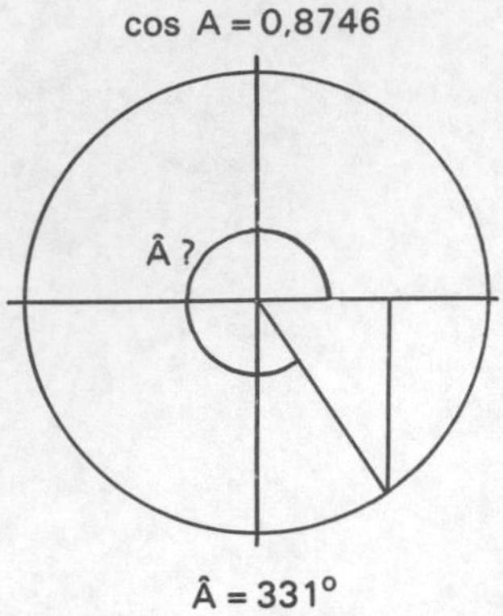

sen 90° = 1

cos 90° = 0

Así pues, tendremos, análogamente:

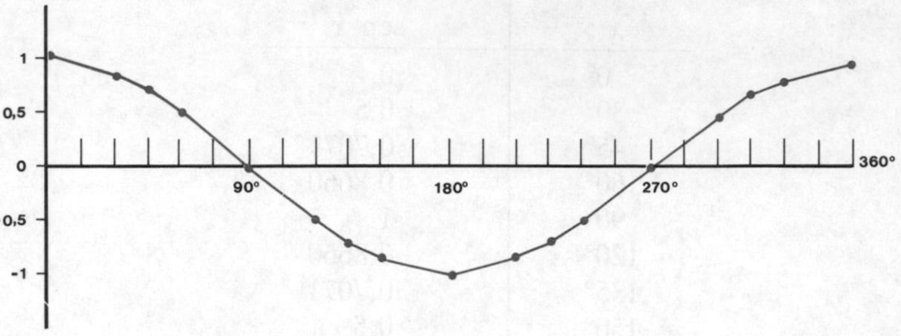

Fig. 38-19

c) Gráfica de la función tangente.

x	tan x	x	tan x
0°	0	210°	0,5774
30°	0,5774	225°	1 •
45°	1	240°	1,7321
60°	1,7321	270°	No está definida
90°	No está definida	300°	− 1,7321
120°	− 1,7321	315°	− 1
135°	− 1	330°	− 0,5774
150°	− 0,5774	360°	0
180°	0		

Así pues, tendremos:

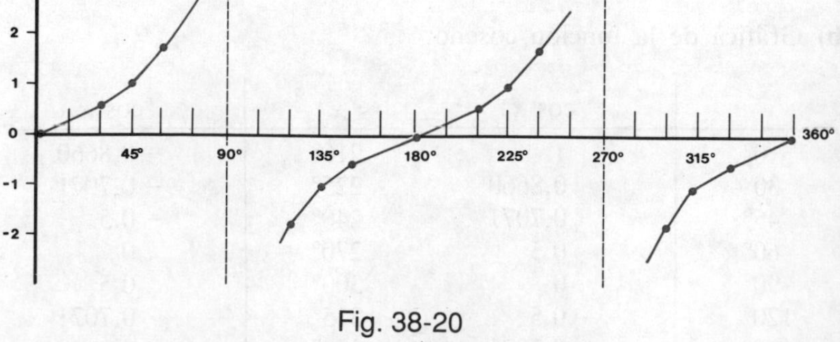

Fig. 38-20

d) Gráfica de la función cotangente.

x	cot x	x	cot x
0°	No está definida	210°	1,7321
30°	1,7321	225°	1
45°	1	240°	0,5774
60°	0,5774	270°	0
90°	0	300°	− 0,5774
120°	− 0,5774	315°	− 1
135°	− 1	330°	− 1,7321
150°	− 1,7321	360°	No está definida
180°	No está definida		

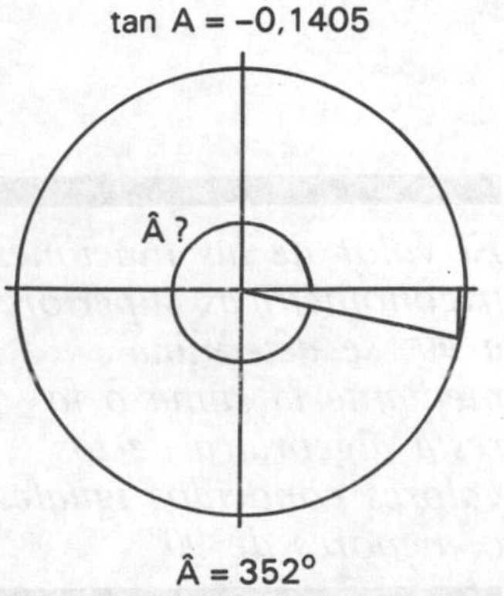

Así pues, tendremos:

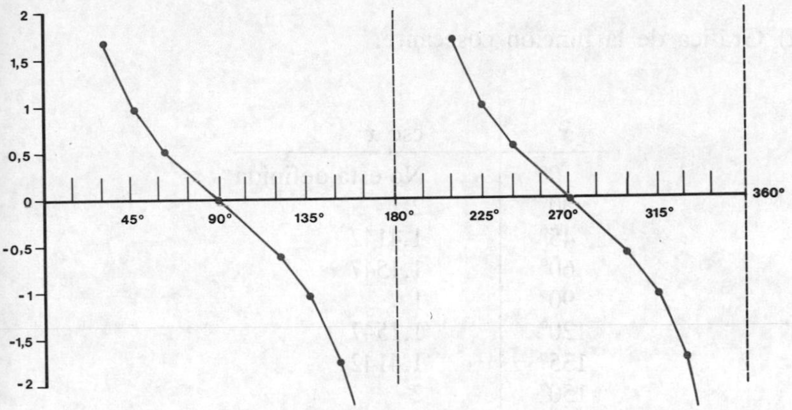

Fig. 38-21

e) Gráfica de la función secante.

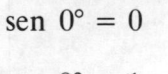

x	sec x
0°	1
30°	1,1547
45°	1,4142
60°	2
90°	No está definida
120°	− 2
135°	− 1,4142
150°	− 1,1547
180°	− 1
210°	− 1,1547
225°	− 1,4142
240°	− 2
270°	No está definida
300°	2
315°	1,4142
330°	1,1547
360°	1

sen 0° = 0

cos 0° = 1

El valor de las funciones trigonométricas superiores a 90° se determina mediante la suma o la resta algebraica de los valores conocidos iguales o menores de 90°.

cot A = −0,3057

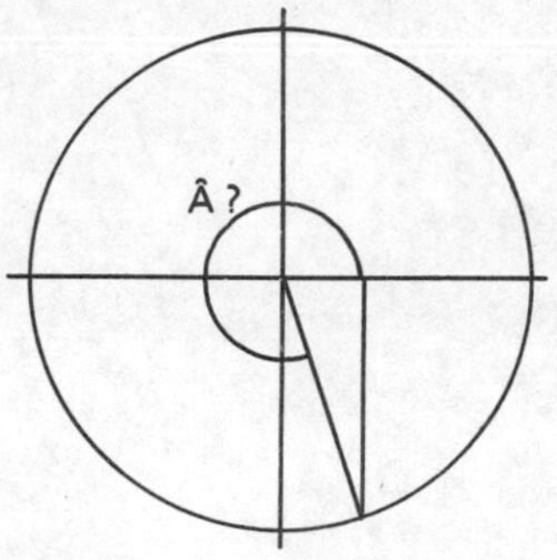

Â − 287°

El resultado de estas sumas o restas puede ser igual a la de otras funciones trigonométricas.

Así pues, tendremos:

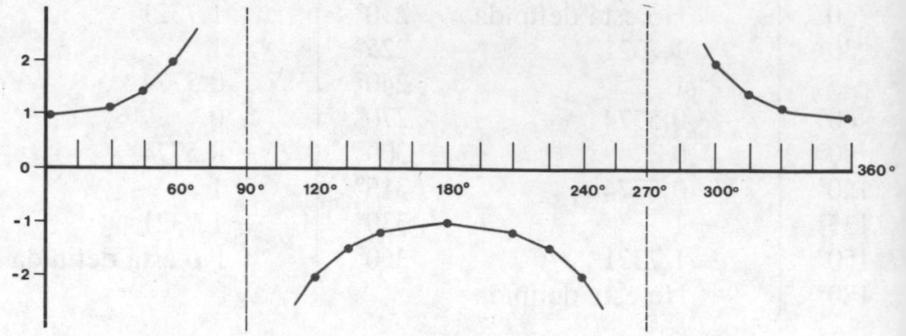

Fig. 38-22

f) Gráfica de la función cosecante.

x	csc x
0°	No está definida
30°	2
45°	1,4142
60°	1,1547
90°	1
120°	1,1547
135°	1,4142
150°	2
180°	No está definida
210°	− 2
225°	− 1,4142
240°	− 1,1547
270°	− 1
300°	− 1,1547
315°	− 1,4142
330°	− 2
360°	No está definida

Así pues, tendremos:

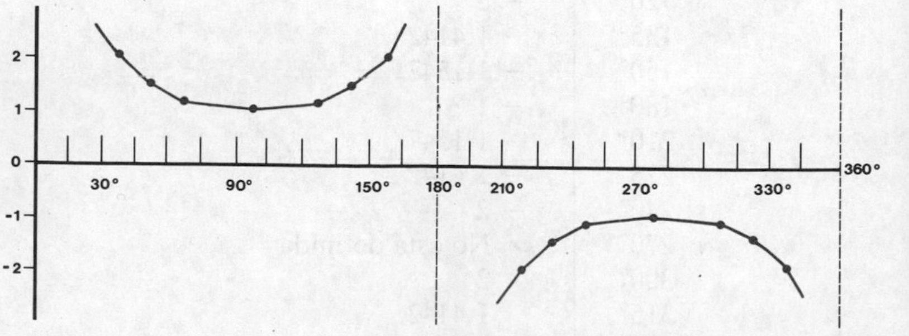

Fig. 38-23

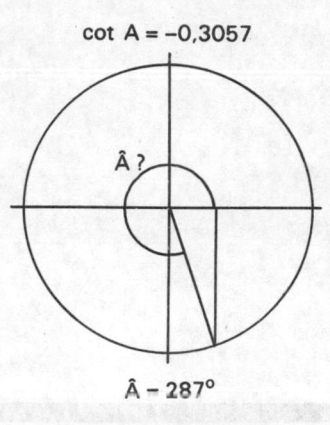

Hasta ahora, sólo hemos considerado ángulos hasta 360°. Ahora bien, como dos ángulos ocupan la misma posición cuando difieren un número entero de vueltas a la circunferencia y cada vuelta equivale a 2π radianes, tendremos que si $A \in [0, 2\pi]$ y $A' - A = 2k\pi$ siendo k un número entero:

$$\begin{aligned}
\operatorname{sen} A' &= \operatorname{sen} A \\
\cos A' &= \cos A \\
\tan A' &= \tan A \quad \text{si} \quad A \neq \pi/2 \quad \text{y} \quad A \neq 3\pi/2 \\
\cot A' &= \cot A \quad \text{si} \quad A \neq 0 \quad \text{y} \quad A \neq \pi \\
\sec A' &= \sec A \quad \text{si} \quad A \neq \pi/2 \quad \text{y} \quad A \neq 3\pi/2 \\
\csc A' &= \csc A \quad \text{si} \quad A \neq 0 \quad \text{y} \quad A \neq \pi
\end{aligned}$$

Con esta definición, las funciones trigonométricas quedan ampliadas a toda la recta real, quedando convertidas en funciones periódicas.

Problemas propuestos

1. Sabiendo que $\operatorname{sen}\alpha = \frac{3}{5}$, calcula las demás funciones trigonométricas teniendo en cuenta que el ángulo α está situado en el segundo cuadrante.
2. Calcula las restantes funciones trigonométricas sabiendo que:

   a) $\cos\alpha = \frac{4}{5}$, $270° \leq \alpha \leq 360°$

   b) $\operatorname{sen}\alpha = \frac{3}{5}$, $90° \leq \alpha \leq 180°$

   c) $\tan\alpha = \frac{3}{4}$, $180° \leq \alpha \leq 270°$

   d) $\cot\alpha = -2$, $90° \leq \alpha \leq 180°$
3. Calcula las restantes funciones trigonométricas sabiendo que:

   a) $\sec\alpha = 1$, $270° \leq \alpha \leq 360°$

   b) $\csc\alpha = -2$, $180° \leq \alpha \leq 270°$

   c) $\tan\alpha = \frac{3}{4}$, $0° \leq \alpha \leq 90°$
4. Expresa las siguientes funciones trigonométricas en función de un ángulo del primer cuadrante:

   a) $\operatorname{sen}(-120°)$

   b) $\cot(-150°)$

   c) $\operatorname{sen} 2700°$

   d) $\sec(-25°)$

   e) $\cos(-30°)$

   f) $\csc 4420°$

   g) $\tan(-275°)$

   h) $\cot 4500°$
5. Si $\tan\alpha = \frac{3}{4}$, y α está en el primer cuadrante, halla las siguientes funciones trigonométricas:

   a) $\tan(90° - \alpha)$

   b) $\tan(270° - \alpha)$

   c) $\tan(90° + \alpha)$

   d) $\tan(270° + \alpha)$

   e) $\tan(180° - \alpha)$

   f) $\tan(-\alpha)$

   g) $\tan(180° + \alpha)$

   h) $\tan(720° + \alpha)$
6. Simplifica las siguientes expresiones:

   a) $\operatorname{sen}\alpha \cdot \frac{1}{\tan\alpha}$

b) $\dfrac{\cos^2\alpha}{1-\operatorname{sen}\alpha}$

c) $\dfrac{\sec^2\alpha+\cos^2\alpha}{\sec^2\alpha-\cos^2\alpha}$

d) $\dfrac{\csc\alpha}{1+\cot^2\alpha}$

e) $\operatorname{sen}^3\alpha+\operatorname{sen}\alpha\cos^2\alpha$

f) $\cos^3\alpha+\cos^2\alpha\operatorname{sen}\alpha+\cos\alpha\operatorname{sen}^2\alpha+$
$+\operatorname{sen}^3\alpha$

7. Demuestra las siguientes identidades trigonométricas:

a) $\sec^2\alpha+\csc^2\alpha=\sec^2\alpha\cdot\csc^2\alpha$

b) $\dfrac{\tan\alpha+\tan\beta}{\cot\alpha+\cot\beta}=\tan\alpha\cdot\tan\beta$

c) $\tan\alpha+\cot\alpha=\sec\alpha\cdot\csc\alpha$

d) $\operatorname{sen}^2\alpha-\cos^2\beta=\operatorname{sen}^2\beta-\cos^2\alpha$

e) $\dfrac{\operatorname{sen}\alpha\cos\alpha}{\cos^2\alpha-\operatorname{sen}^2\alpha}=\dfrac{\tan\alpha}{1-\tan^2\alpha}$

f) $\cot^2\alpha-\cos^2\alpha=\cot^2\alpha\cdot\cos^2\alpha$

g) $\operatorname{sen}\alpha\cdot\cos\alpha\cdot\tan\alpha\cdot\cot\alpha\cdot\sec\alpha\cdot$
$\cdot\csc\alpha=1$

h) $\dfrac{1+\tan^2\alpha}{\cot\alpha}=\dfrac{\tan\alpha}{\cos^2\alpha}$

i) $\dfrac{1-\operatorname{sen}\alpha}{\cos\alpha}=\dfrac{\cos\alpha}{1+\operatorname{sen}\alpha}$

8. Hallar sen 81°.
9. Ídem sen 24°.
10. Ídem sen 63°.
11. Ídem sen 33°.
12. Ídem sen 14°.
13. Ídem sen 36° 20′.
14. Ídem sen 54° 30′.
15. Ídem sen 69° 50′.
16. Sabiendo que x está en el primer cuadrante, resolver sen x = 0,7071.
17. Ídem sen x = 0,3420.
18. Ídem sen x = 0,9336.
19. Ídem sen x = 0,6820.
20. Ídem sen x = 0,2756.
21. Ídem sen x = 0,8975.
22. Hallar cos 14°.
23. Ídem cos 33°.
24. Ídem cos 51°.
25. Ídem cos 66°.
26. Ídem cos 79°.
27. Ídem cos 4° 30′.
28. Ídem cos 7° 10′.
29. Ídem cos 8° 50′.
30. Sabiendo que x está en el primer cuadrante, resolver cos x = 0,8746.
31. Ídem cos x = 0,9976.
32. Ídem cos x = 0,2079.
33. Ídem cos x = 0,6157.
34. Ídem cos x = 0,8910.
35. Ídem cos x = 0,9996.
36. Hallar tan 45°.
37. Ídem tan 20°.
38. Ídem tan 70°.
39. Ídem tan 46°.
40. Ídem tan 22°.
41. Ídem tan 76° 40′.
42. Ídem tan 54° 20′.
43. Ídem tan 33° 50′.
44. Sabiendo que x está en el primer cuadrante, resolver tan x = 4,3315.
45. Ídem tan x = 0,0699.
46. Ídem tan x = 0,6249.
47. Ídem tan x = 3,7321.
48. Ídem tan x = 0,5095.
49. Hallar cot 50°.
50. Ídem cot 42°.
51. Ídem cot 6°.
52. Ídem cot 24°.
53. Ídem cot 26°.
54. Sabiendo que x está en el primer cuadrante, resolver cot x = 4,3315.
55. Ídem cot x = 0,1763.
56. Ídem cot x = 0,6494.
57. Ídem cot x = 1,0355.
58. Ídem cot x = 1,1504.
59. Hallar sec 18°.
60. Ídem sec 44°.
61. Ídem sec 71°.
62. Ídem sec 29°.
63. Ídem sec 61°.
64. Ídem sec 30° 30′.
65. Sabiendo que x está en el primer cuadrante, resolver sec x = 1,2208.
66. Ídem sec x = 2,1301.
67. Ídem sec x = 1,0576.

68. Ídem sec $x = 1{,}5666$.
69. Ídem sec $x = 9{,}0652$.
70. Hallar csc 76°.
71. Ídem csc 26°.
72. Ídem csc 23°.
73. Ídem csc 87°.
74. Ídem csc 39°.
75. Ídem csc 5° 10′.
76. Sabiendo que x está en el primer cuadrante, resolver csc $x = 3{,}8637$.
77. Ídem csc $x = 1{,}0353$.
78. Ídem csc $x = 1{,}7013$.
79. Ídem csc $x = 1{,}0824$.
80. Ídem csc $x = 1{,}7151$.
81. Reducir al primer cuadrante sen 173°.
82. Ídem sen 94°.
83. Ídem sen 112°.
84. Ídem sen 128°.
85. Ídem sen 142°.
86. Ídem cos 153°.
87. Ídem cos 162°.
88. Ídem cos 169°.
89. Ídem cos 173°.
90 Ídem cos 175°.
91. Ídem tan 145°.
92. Ídem tan 120°.
93. Ídem tan 94°.
94. Ídem tan 169°.
95. Ídem tan 143°.
96. Ídem cot 116°.

Soluciones

1. S: $\cos\alpha = -\frac{4}{5}$; $\tan\alpha = -\frac{3}{4}$; $\csc\alpha = \frac{5}{3}$;

$\sec\alpha = -\frac{5}{4}$; $\cot\alpha = -\frac{4}{3}$.

2. S: a) $\cos\alpha = \frac{4}{5}$; $\operatorname{sen}\alpha = -\frac{3}{5}$; $\tan\alpha = -\frac{3}{4}$;

$\cot\alpha = -\frac{4}{3}$; $\sec\alpha = \frac{5}{4}$; $\csc\alpha = -\frac{5}{3}$.

b) $\operatorname{sen}\alpha = \frac{3}{5}$; $\cos\alpha = -\frac{4}{5}$; $\tan\alpha = -\frac{3}{4}$;

$\cot\alpha = -\frac{4}{3}$; $\sec\alpha = -\frac{5}{4}$; $\csc\alpha = \frac{5}{3}$.

c) $\tan\alpha = \frac{3}{4}$; $\sec\alpha = -\frac{5}{4}$; $\cos\alpha = -\frac{4}{5}$;

$\operatorname{sen}\alpha = -\frac{3}{5}$; $\cot\alpha = \frac{4}{3}$; $\csc\alpha = -\frac{5}{3}$

d) $\cot\alpha = -2$; $\tan\alpha = -\frac{1}{2}$; $\sec\alpha = -\frac{\sqrt{5}}{2}$;

$\cos\alpha = -\frac{2}{\sqrt{5}}$; $\operatorname{sen}\alpha = \frac{1}{\sqrt{5}}$; $\csc\alpha = \sqrt{5}$

3. S: a) $\sec\alpha = 1$; $\cos\alpha = 1$; $\operatorname{sen}\alpha = 0$;

$\tan\alpha = 0$; no existen ni $\cot\alpha$ ni $\csc\alpha$.

b) $\csc\alpha = -2$; $\operatorname{sen}\alpha = -\frac{1}{2}$; $\cos\alpha = -\frac{\sqrt{3}}{2}$;

$\tan\alpha = \frac{\sqrt{3}}{3}$; $\cot\alpha = \sqrt{3}$; $\sec\alpha = -\frac{2\sqrt{3}}{3}$.

c) $\tan\alpha = \frac{3}{4}$; $\sec\alpha = \frac{5}{4}$; $\cos\alpha = \frac{4}{5}$;

$\operatorname{sen}\alpha = \frac{3}{5}$; $\cot\alpha = \frac{4}{3}$; $\csc\alpha = \frac{5}{3}$.

4. S: a) -sen 60º
b) -cot 30º
c) sen 0º
d) sec 25º
e) cos 30º
f) csc 80º
g) tan 85º
h) cot 0º

5. S: a) 4/3; b) 4/3; c) -4/3; d) -4/3;
e) -3/4; f) -3/4; g) 3/4; h) 3/4.

6. S: a) $\cos\alpha$
b) $1 + \operatorname{sen}\alpha$
c) $\dfrac{1+\cos^4\alpha}{1-\cos^4\alpha}$
d) $\operatorname{sen}\alpha$
e) $\operatorname{sen}\alpha$
f) $\cos\alpha + \operatorname{sen}\alpha$

7. S: Se deja la comprobación al lector.

8. S.: 0,9877.
9. S.: 0,4067.
10. S.: 0,8910.
11. S.: 0,5446.
12. S.: 0,2419.
13. S.: 0,5925.
14. S.: 0,8141.
15. S.: 0,9387.
16. S.: $x = 45°$.
17. S.: $x = 20°$.
18. S.: $x = 69°$.
19. S.: $x = 43°$.
20. S.: $x = 16°$.
21. S.: $x = 63° 50'$.
22. S.: 0,9703.
23. S.: 0,8387.
24. S.: 0,6293.
25 S.: 0,4067.
26. S.: 0,1908.
27. S.: 0,9969.
28. S.: 0,9922.
29. S.: 0,9881.
30. S.: $x = 29°$.
31. S.: $x = 4°$.
32. S.: $x = 78°$.
33. S.: $x = 52°$.
34. S.: $x = 27°$.
35. S.: $x = 1° 40'$.
36. S.: 1.
37. S.: 0,3640.
38. S.: 2,7475.
39. S.: 1,0355.
40. S.: 0,4040.
41. S.: 4,2193.
42. S.: 1,3934.
43. S.: 0,6703.
44. S.: $x = 77°$.
45. S.: $x = 4°$.
46. S.: $x = 32°$.
47. S.: $x = 75°$.
48. S.: $x = 27°$.
49. S.: 0,8391.
50. S.: 1,1106.
51. S.: 9,5144
52. S.: 2,2460.
53. S.: 2,0503.
54. S.: $x = 13°$.
55. S.: $x = 80°$.
56. S.: $x = 57°$.
57. S.: $x = 44°$.
58. S.: $x = 41°$.
59. S.: 1,0515.
60. S.: 1,3902.
61. S.: 3,0716.
62. S.: 1,1434.
63. S.: 2,0627.
64. S.: 1,1606.
65. S.: $x = 35°$.
66. S.: $x = 62°$.
67. S.: $x = 19°$.
68. S.: $x = 50° 20'$.
69. S.: $x = 83° 40'$.
70. S.: 1,0306.
71. S.: 2,2812.
72. S.: 2,5593.
73. S.: 1,0014.
74. S.: 1,5890.
75. S.: 11,1045.
76. S.: $x = 15°$.
77. S.: $x = 75°$.
78. S.: $x = 36°$.
79. S.: $x = 67° 30'$.
80. S.: $x = 35° 40'$.
81. S.: sen 7°.
82. S.: sen 86°.
83. S.: sen 68°.
84. S.: sen 52°.
85. S.: sen 38°.
86. S.: − cos 27°.
87. S.: − cos 18°.
88. S.: − cos 11°.
89. S.: − cos 7°.
90. S.: − cos 5°.
91. S.: − tan 35°.
92. S.: − tan 60°.
93. S.: − tan 86°.
94. S.: − tan 11°.
95. S.: − tan 37°.
96. S.: − cot 64°.

Funciones trigonométricas de la suma y resta de ángulos

39

Introducción histórica

El matemático alemán Riemann (1826-1866) extendió al espacio la idea de la curvatura y construyó una geometría no euclidiana. En su tesis doctoral estudió la geometría de superficies curvas y la geometría de espacios cuya curvatura puede afectar el carácter de dicha geometría. Los trabajos de Riemann fueron muy útiles a Einstein para establecer la Teoría de la Relatividad.

En las ecuaciones trigonométricas la incógnita aparece como ángulo de funciones trigonométricas.

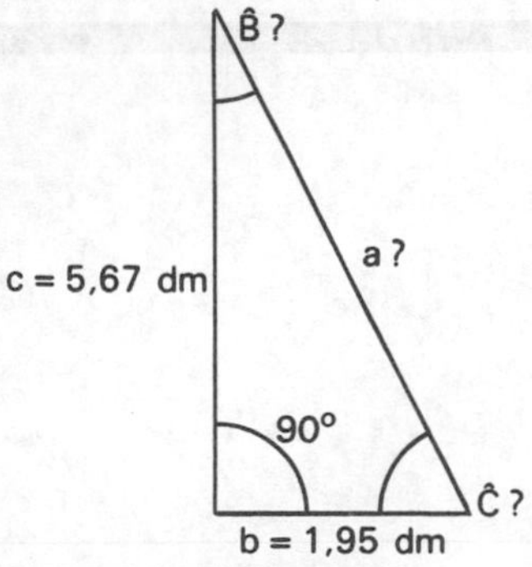

a = 6 dm
B̂ = 19º
Ĉ = 71º

39.1 Funciones trigonométricas de la suma y de la diferencia de dos ángulos

Tal como puede observarse en la figura 39-1, supongamos que XOQ = a y QOP = b son dos ángulos cuya suma es XOP = $a + b$.
Construyamos QN $\perp$ OX, PQ $\perp$ OQ, PM $\perp$ OX y RQ $\perp$ PM.
Si consideramos los triángulos OQN, PQR y OPQ, tendremos que en OQN y PQR los ángulos QPR = NOQ = a por tratarse de ángulos agudos con los lados perpendiculares.
Así pues, vamos a calcular las funciones trigonométricas del ángulo $a + b$.

Cálculo del sen ($a + b$).

$$\text{sen}\,(a + b) = \text{PM} / \text{OP} \qquad (1)$$

Pero como PM = PR + RM (2)
y RM = QN (3)

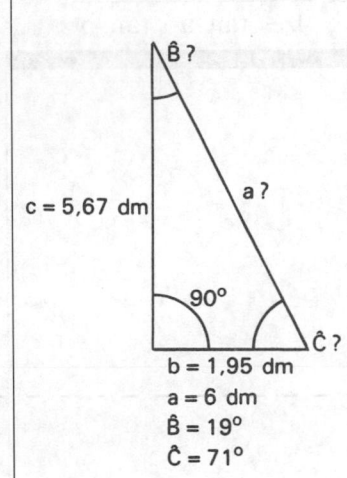

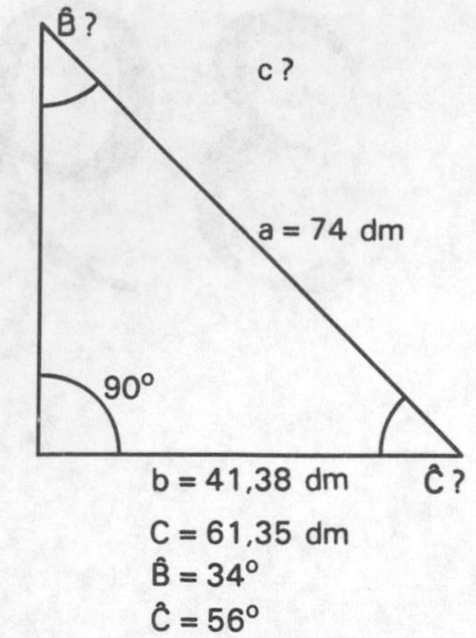

$$\tan\ (a + b) = \frac{\tan\ a + \tan\ b}{1 - \tan\ a \cdot \tan\ b}$$

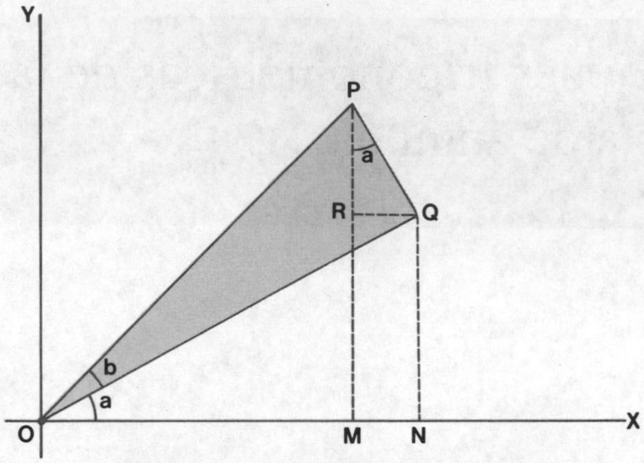

Fig. 39-1

Sustituyendo (3) en (2) resulta:

$$PM = PR + QN \qquad (4)$$

Sustituyendo (4) en (1):

$$\text{sen}\ (a + b) = (PR + QN)\ /\ OP = PR\ /\ OP + QN\ /\ OP$$

Multiplicando ambos términos de la primera fracción por PQ y ambos términos de la segunda fracción por OQ resulta:

$$\text{sen}\ (a + b) = PR \cdot PQ\ /\ OP \cdot PQ + QN \cdot OQ\ /\ OP \cdot OQ \qquad (5)$$

Ahora bien,

$$PR\ /\ PQ = \cos a \qquad (6)$$
$$PQ\ /\ OP = \text{sen}\ b \qquad (7)$$
$$QN\ /\ OQ = \text{sen}\ a \qquad (8)$$
$$OQ\ /\ OP = \cos b \qquad (9)$$

Sustituyendo (6), (7), (8) y (9) en (5) tendremos:

$$\text{sen}\ (a + b) = \text{sen}\ a \cdot \cos b + \text{sen}\ b \cdot \cos a$$

Cálculo del cos $(a + b)$.

$$\cos\ (a + b) = OM\ /\ OP \qquad (1)$$

Ahora bien, como $ON = OM + MN$, tendremos que:

$$OM = ON - MN \qquad (2)$$

Pero $MN = RQ$ (3). Sustituyendo (3) en (2) resulta:

$$OM = ON - RQ \qquad (4)$$

Sustituyendo (4) en (1) tendremos:

$$\cos(a+b) = (ON - RQ) / OP = ON / OP - RQ / OP$$

Multiplicando ambos términos de la primera fracción por OQ y ambos términos de la segunda fracción por PQ tendremos:

$$\cos(a+b) = ON \cdot OQ / OP \cdot OQ - RQ \cdot PQ / OP \cdot PQ \qquad (5)$$

Ahora bien, $ON / OQ = \cos a$ (6)
$OQ / OP = \cos b$ (7)
$RQ / PQ = \operatorname{sen} a$ (8)
$PQ / OP = \operatorname{sen} b$ (9)

Sustituyendo, (6), (7), (8) y (9) en (5) tendremos:

$$\cos(a+b) = \cos a \cdot \cos b - \operatorname{sen} a \cdot \operatorname{sen} b$$

Cálculo de la tan (*a* + *b*).

$$\tan(a+b) = \operatorname{sen}(a+b) / \cos(a+b) \qquad (1)$$

Pero como $\operatorname{sen}(a+b) = \operatorname{sen} a \cdot \cos b + \operatorname{sen} b \cdot \cos a$ (2)
y $\cos(a+b) = \cos a \cdot \cos b - \operatorname{sen} a \cdot \operatorname{sen} b$ (3)
Sustituyendo (2) y (3) en (1) resulta:

$$\tan(a+b) = (\operatorname{sen} a \cdot \cos b + \operatorname{sen} b \cdot \cos a) / (\cos a \cdot \cos b - \operatorname{sen} a \cdot \operatorname{sen} b)$$

Dividiendo ambos términos por $\cos a \cdot \cos b$ tendremos:

$$\tan(a+b) = \frac{\dfrac{\operatorname{sen} a \cdot \cos b}{\cos a \cdot \cos b} + \dfrac{\operatorname{sen} b \cdot \cos a}{\cos b \cdot \cos a}}{\dfrac{\cos a \cdot \cos b}{\cos a \cdot \cos b} - \dfrac{\operatorname{sen} a \cdot \operatorname{sen} b}{\cos a \cdot \cos b}}$$

O sea, $$\tan(a+b) = \frac{\operatorname{sen} a / \cos a + \operatorname{sen} b / \cos b}{1 - (\operatorname{sen} a \cdot \operatorname{sen} b / \cos a \cdot \cos b)} \qquad (4)$$

Pero como $\operatorname{sen} a / \cos a = \tan a$ (5)
y $\operatorname{sen} b / \cos b = \tan b$ (6)
Sustituyendo (6) y (5) en (4) resulta:

$$\tan(a+b) = (\tan a + \tan b) / (1 - \tan a \cdot \tan b)$$

Cálculo de la cot (*a* + *b*).

$$\cot(a+b) = \cos(a+b) / \operatorname{sen}(a+b) \qquad (1)$$

Ahora bien, $\cos(a+b) = \cos a \cdot \cos b - \operatorname{sen} a \cdot \operatorname{sen} b$ (2)

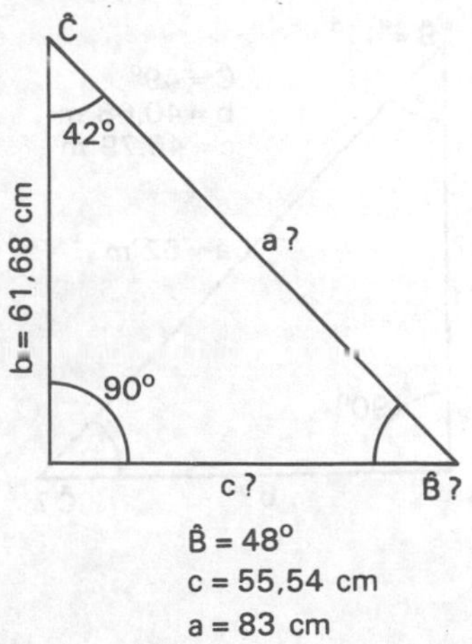

$$\cot(a+b) = \frac{\cot a \cdot \cot b - 1}{\cot a + \cot b}$$

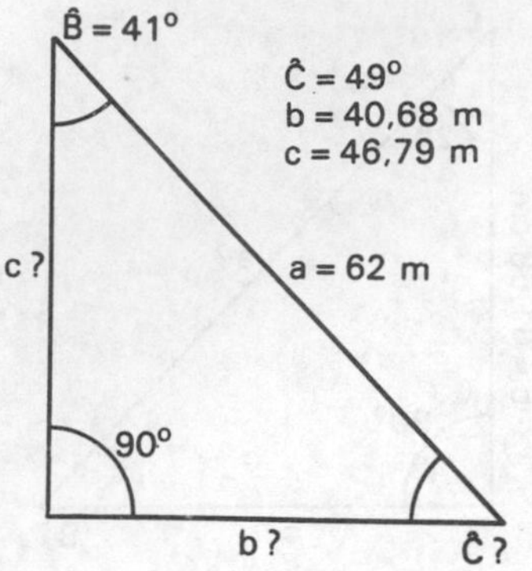

$$\tan (a - b) = \\ = \frac{\tan a - \tan b}{1 + \tan a \cdot \tan b}$$

y $\qquad \text{sen } (a + b) = \text{sen } a \cdot \cos b + \text{sen } b \cdot \cos b \qquad (3)$

Sustituyendo (2) y (3) en (1) resulta:

$$\cot (a + b) = (\cos a \cdot \cos b - \text{sen } a \cdot \text{sen } b) \,/\, (\text{sen } a \cdot \cos b + \text{sen } b \cdot \cos a)$$

Dividiendo ambos términos por sen a · sen b tendremos:

$$\cot (a + b) = \frac{\dfrac{\cos a \cdot \cos b}{\text{sen } a \cdot \text{sen } b} - \dfrac{\text{sen } a \cdot \text{sen } b}{\text{sen } a \cdot \text{sen } b}}{\dfrac{\text{sen } a \cdot \cos b}{\text{sen } a \cdot \text{sen } b} + \dfrac{\text{sen } b \cdot \cos a}{\text{sen } b \cdot \text{sen } a}} \qquad (4)$$

Pero como $\cos a \,/\, \text{sen } a = \cot a \qquad (5)$

y $\qquad \cos b \,/\, \text{sen } b = \cot b \qquad (6)$

Sustituyendo (5) y (6) en (4) resulta:

$$\cot (a + b) = (\cot a \cdot \cot b - 1) \,/\, (\cot a + \cot b)$$

Cálculo de la sec (*a* + *b*).

$$\sec (a + b) = 1 \,/\, \cos (a + b) \qquad (1)$$

Pero como $\cos (a + b) = \cos a \cdot \cos b - \text{sen } a \cdot \text{sen } b \qquad (2)$

Sustituyendo (2) en (1) resulta:

$$\sec (a + b) = 1 \,/\, (\cos a \cdot \cos b - \text{sen } a \cdot \text{sen } b)$$

Cálculo de la csc (*a* + *b*).

$$\csc (a + b) = 1 \,/\, \text{sen } (a + b) \qquad (1)$$

Pero como $\text{sen } (a + b) = \text{sen } a \cdot \cos b + \text{sen } b \cdot \cos a \qquad (2)$

Sustituyendo (2) en (1) resulta:

$$\csc (a + b) = 1 \,/\, (\text{sen } a \cdot \cos b + \text{sen } b \cdot \cos a)$$

Las funciones trigonométricas de $a - b$ se obtienen a partir de las anteriores haciendo $a - b = a + (-b)$.

Cálculo del sen (*a* − *b*).

$$\text{sen } (a - b) = \text{sen } [a + (-b)] = \\ = \text{sen } a \cdot \cos (-b) + \text{sen } (-b) \cdot \cos a \qquad (1)$$

Pero como $\cos (-b) = \cos b \qquad (2)$

y $\qquad \text{sen } (-b) = -\text{sen } b \qquad (3)$

Sustituyendo (2) y (3) en (1) resulta:

$$\text{sen } (a - b) = \text{sen } a \cdot \cos b - \cos a \cdot \text{sen } b$$

Cálculo del cos $(a - b)$.

$$\cos (a - b) = \cos [a + (- b)] =$$
$$= \cos a \cdot \cos (- b) - \text{sen } a \cdot \text{sen } (- b) \qquad (1)$$

Pero como $\cos (- b) = \cos b$ (2)
y $\text{sen } (- b) = - \text{sen } b$ (3)
Sustituyendo (2) y (3) en (1) resulta:

$$\cos (a - b) = \cos a \cdot \cos b + \text{sen } a \cdot \text{sen } b$$

Cálculo de la tan $(a - b)$.

$$\tan (a - b) = \tan [a + (- b)] =$$
$$= (\tan a + \tan (- b)) / (1 - \tan a \cdot \tan (-b)) \qquad (1)$$

Pero como $\tan (- b) = - \tan b$ (2)
Sustituyendo (2) en (1) resulta:

$$\tan (a - b) = (\tan a - \tan b) / (1 + \tan a \cdot \tan b)$$

Cálculo de la cot $(a - b)$.

$$\cot (a - b) = \cot [a + (- b)] =$$
$$= (\cot a \cdot \cot (- b) - 1) / (\cot a + \cot (-b)) \qquad (1)$$

Pero como $\cot (- b) = - \cot b$ (2)
Sustituyendo (2) en (1) resulta:

$$\cot (a - b) = (- \cot a \cdot \cot b - 1) / (\cot a - \cot b) =$$
$$= (1 + \cot a \cdot \cot b) / (\cot b - \cot a)$$

Cálculo de la sec $(a - b)$.

$$\sec (a - b) = \sec [a + (- b)] =$$
$$= 1 / (\cos a \cdot \cos (- b) - \text{sen } a \cdot \text{sen } (-b)) \qquad (1)$$

Pero como $\cos (- b) = \cos b$ (2)
y $\text{sen } (- b) = - \text{sen } b$ (3)
Sustituyendo (2) y (3) en (1) resulta:

$$\sec (a - b) = 1 / (\cos a \cdot \cos b + \text{sen } a \cdot \text{sen } b)$$

Cálculo de la csc $(a - b)$.

$$\csc (a - b) = \csc [a + (- b)] =$$
$$= 1 / (\text{sen } a \cdot \cos (- b) + \text{sen } (- b) \cdot \cos a)) \qquad (1)$$

Pero como $\cos (- b) = \cos b$ (2)
y $\text{sen } (- b) = - \text{sen } b$ (3)

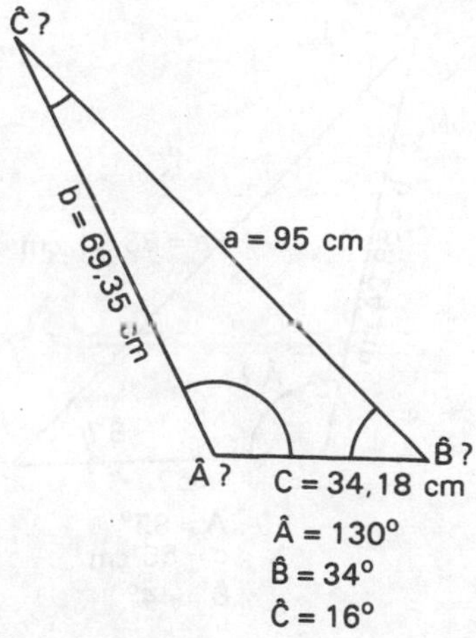

$$\cot (a - b) = \frac{1 + \cot a \cdot \cot b}{\cot b - \cot a}$$

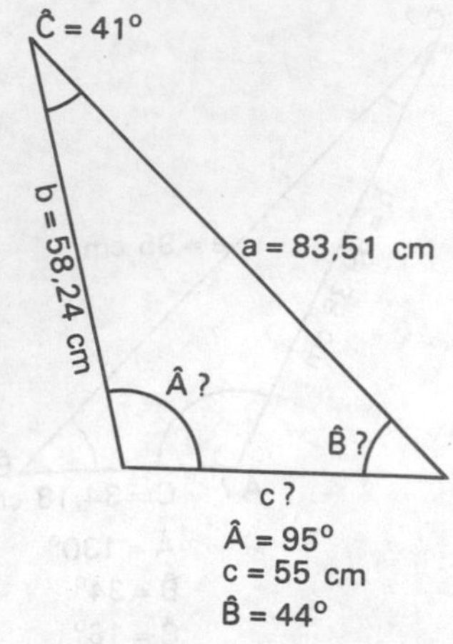

$$\tan 2a = \frac{2 \tan a}{1 - \tan^2 a}$$

Sustituyendo (2) y (3) en (1) resulta:

$$\csc (a - b) = 1 / (\operatorname{sen} a \cdot \cos b - \operatorname{sen} b \cdot \cos a)$$

Ejemplo

Sabiendo que $\operatorname{sen} 37° = 0{,}6018$ y $\cos 20° = 0{,}9397$, calcular las funciones trigonométricas de 57° y de 17°.

Solución: Tendremos que:

$$\cos 37° = \sqrt{1 - \operatorname{sen}^2 37°} = \sqrt{1 - (0{,}6018)^2} = 0{,}7986$$
$$\tan 37° = \operatorname{sen} 37° / \cos 37° = 0{,}6018 / 0{,}7986 = 0{,}7536$$
$$\cot 37° = \cos 37° / \operatorname{sen} 37° = 0{,}7986 / 0{,}6018 = 1{,}3270$$
$$\operatorname{sen} 20° = \sqrt{1 - \cos^2 20°} = \sqrt{1 - (0{,}9397)^2} = 0{,}3420$$
$$\tan 20° = \operatorname{sen} 20° / \cos 20° = 0{,}3420 / 0{,}9397 = 0{,}3640$$
$$\cot 20° = \cos 20° / \operatorname{sen} 20° = 0{,}9397 / 0{,}3420 = 2{,}7475$$

Así pues,

$$\operatorname{sen} 57° = \operatorname{sen} (37° + 20°) = \operatorname{sen} 37° \cdot \cos 20° + \operatorname{sen} 20° \cdot \cos 37° =$$
$$= 0{,}6018 \cdot 0{,}9397 + 0{,}3420 \cdot 0{,}7986 = 0{,}8387$$
$$\cos 57° = \cos (37° + 20°) =$$
$$= \cos 37° \cdot \cos 20° - \operatorname{sen} 37° \cdot \operatorname{sen} 20° =$$
$$= 0{,}7986 \cdot 0{,}9397 - 0{,}6018 \cdot 0{,}3420 = 0{,}5446$$
$$\tan 57° = \operatorname{sen} 57° / \cos 57° = 0{,}8387 / 0{,}5446 = 1{,}5399.$$
$$\cot 57° = 1 / \tan 57° = 1 / 1{,}5399 = 0{,}6494$$
$$\sec 57° = 1 / \cos 57° = 1{,}8361$$
$$\csc 57° = 1 / \operatorname{sen} 57° = 1{,}1924$$
$$\operatorname{sen} 17° = \operatorname{sen} (37° - 20°) = \operatorname{sen} 37° \cdot \cos 20° - \operatorname{sen} 20° \cdot \cos 37° =$$
$$= 0{,}6018 \cdot 0{,}9397 - 0{,}3420 \cdot 0{,}7986 = 0{,}2924$$
$$\cos 17° = \cos (37° - 20°) = \cos 37° \cdot \cos 20° + \operatorname{sen} 37° \cdot \operatorname{sen} 20° =$$
$$= 0{,}7986 \cdot 0{,}9397 + 0{,}6018 \cdot 0{,}3420 = 0{,}9563$$
$$\tan 17° = \operatorname{sen} 17° / \cos 17° = 0{,}3057$$
$$\cot 17° = 1 / \tan 17° = 3{,}2709$$
$$\sec 17° = 1 / \cos 17° = 1{,}0457$$
$$\csc 17° = 1 / \operatorname{sen} 17° = 3{,}4203$$

39.2 Funciones trigonométricas de los ángulos doble y mitad de un ángulo dado

Las funciones trigonométricas del ángulo $2a$ se obtienen a partir de las de $a + b$ haciendo $b = a$.

Cálculo del sen 2*a*.

Tenemos que $\text{sen}\,(a + b) = \text{sen}\,a \cdot \cos b + \text{sen}\,b \cdot \cos a$
Haciendo $b = a$ resulta:

$$\text{sen}\,2a = \text{sen}\,a \cdot \cos a + \text{sen}\,a \cdot \cos a$$

Es decir, $\text{sen}\,2a = 2\,\text{sen}\,a \cdot \cos a$.

Cálculo del cos 2*a*.

Tenemos que $\cos\,(a + b) = \cos a \cdot \cos b - \text{sen}\,a \cdot \text{sen}\,b$
Haciendo $b = a$ resulta:

$$\cos 2a = \cos a \cdot \cos a - \text{sen}\,a \cdot \text{sen}\,a$$

Es decir, $\cos 2a = \cos^2 a - \text{sen}^2 a$.
En el caso de que interese poner el $\cos 2a$ en función del $\cos a$, utilizaremos la igualdad $\text{sen}^2 a = 1 - \cos^2 a$.
Sustituyendo en la expresión anterior resulta:

$$\cos 2a = \cos^2 a - (1 - \cos^2 a) = 2 \cos^2 a - 1$$

Cálculo de la tan 2*a*.

Tenemos que $\tan\,(a + b) = (\tan a + \tan b) / (1 - \tan a \cdot \tan b)$
Haciendo $b = a$ resulta:

$$\tan 2a = (\tan a + \tan a) / (1 - \tan a \cdot \tan a)$$

O sea, $\tan 2a = 2 \tan a / (1 - \tan^2 a)$

Cálculo de la cot 2*a*.

Tenemos que $\cot\,(a + b) = (\cot a \cdot \cot b - 1) / (\cot a + \cot b)$
Haciendo $b = a$ resulta:

$$\cot 2a = (\cot a \cdot \cot a - 1) / (\cot a + \cot a)$$

O sea, $\cot 2a = (\cot^2 a - 1) / 2 \cot a$.

Cálculo de la sec 2*a*.

Tenemos que $\sec\,(a + b) = 1 / (\cos a \cdot \cos b - \text{sen}\,a \cdot \text{sen}\,b)$
Haciendo $b = a$ resulta:

$$\sec 2a = 1 / (\cos a \cdot \cos a - \text{sen}\,a \cdot \text{sen}\,a)$$

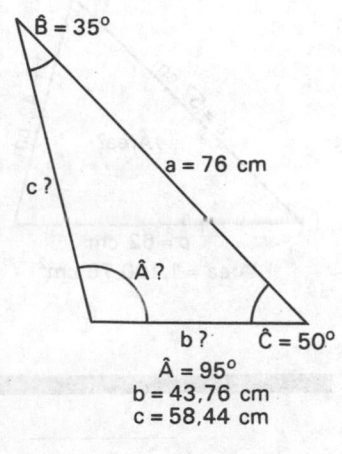

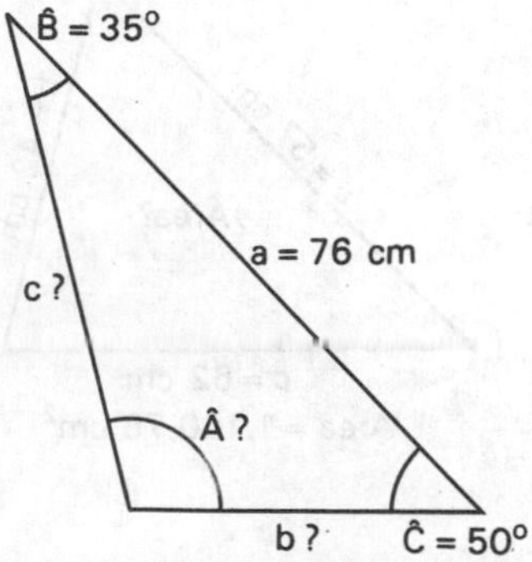

Â = 95°
b = 43,76 cm
c = 58,44 cm

$$\cot 2a = \frac{\cot^2 a - 1}{2 \cot a}$$

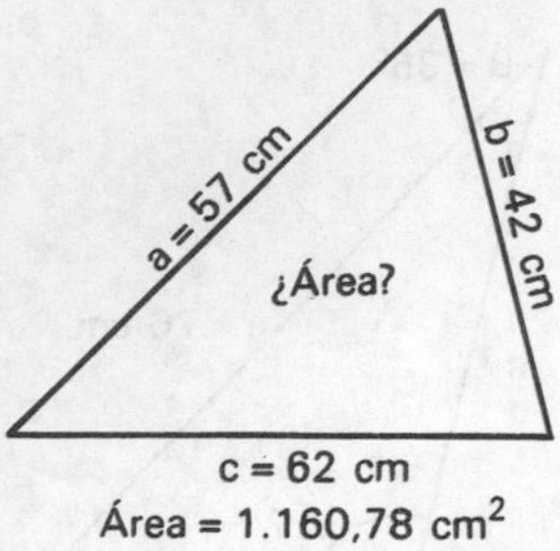

$$\tan \frac{x}{2} = \sqrt{\frac{1 - \cos x}{1 + \cos x}}$$

O sea, $\sec 2a = 1 / (\cos^2 a - \operatorname{sen}^2 a)$

Pero como $\operatorname{sen}^2 a = 1 - \cos^2 a$, sustituyendo en la expresión anterior resulta:

$$\sec 2a = 1 / (2 \cos^2 a = 1)$$

Ahora bien, $\cos^2 a = 1 / \sec^2 a$

De donde, $\sec 2a = \dfrac{1}{\dfrac{2}{\sec^2 a} - 1} = \dfrac{1}{\dfrac{2 - \sec^2 a}{\sec^2 a}} = \dfrac{\sec^2 a}{2 - \sec^2 a}$

Cálculo de la csc 2*a*.

Tenemos que $\csc (a + b) = 1 / (\operatorname{sen} a \cdot \cos b + \operatorname{sen} b \cdot \cos a)$
Haciendo $b = a$ resulta:

$$\csc 2a = 1 / (\operatorname{sen} a \cdot \cos a + \operatorname{sen} a \cdot \cos a)$$

O sea, $\csc 2a = 1 / 2 \operatorname{sen} a \cdot \cos a$

Análogamente pueden hallarse las funciones trigonométricas de los ángulos $3a$, $4a$, etc.
Por su parte, las funciones trigonométricas del ángulo mitad se obtienen a partir de las de a haciendo $a = x / 2$.

Cálculo del sen (*x* / 2).

Tenemos que $\cos 2a = \cos^2 a - \operatorname{sen}^2 a$ (1)
Pero como $\cos^2 a = 1 - \operatorname{sen}^2 a$ (2)
Sustituyendo (2) en (1) resulta:

$$\cos 2a = 1 - 2 \operatorname{sen}^2 a$$

Haciendo $a = x / 2$, tendremos:

$$\cos x = 1 - 2 \operatorname{sen}^2 (x / 2)$$

O sea, $2 \operatorname{sen}^2 (x / 2) = 1 - \cos x$
Es decir, $\operatorname{sen}^2 (x / 2) = (1 - \cos x) / 2$
De donde, $\operatorname{sen} (x / 2) = \sqrt{(1 - \cos x) / 2}$

Cálculo del cos (*x* / 2).

Tenemos que $\cos 2a = \cos^2 a - \operatorname{sen}^2 a$ (1)
Pero como $\operatorname{sen}^2 a = 1 - \cos^2 a$ (2)

Sustituyendo (2) en (1) resulta:

$$\cos 2a = \cos^2 a - 1 + \cos^2 a = \\ = 2\cos^2 a - 1$$

Haciendo $a = x / 2$, tendremos:

$$\cos x = 2\cos^2 (x / 2) - 1$$

O sea, $2\cos^2 (x / 2) = 1 + \cos x$
Es decir, $\cos^2 (x / 2) = (1 + \cos x) / 2$
De donde, $\cos (x / 2) = \sqrt{(1 + \cos x) / 2}$

Cálculo de la tan (*x* / 2).

Tenemos que $\tan (x / 2) = \text{sen} (x / 2) / \cos (x / 2)$ (1)
Pero como $\text{sen} (x / 2) = \sqrt{(1 - \cos x) / 2}$ (2)
y $\cos (x / 2) = \sqrt{(1 + \cos x) / 2}$ (3)
Sustituyendo (2) y (3) en (1) resulta:

$$\tan x / 2 = \frac{\sqrt{(1 - \cos x) / 2}}{\sqrt{(1 + \cos x) / 2}} = \sqrt{(1 - \cos x) / (1 + \cos x)}$$

Cálculo de la cot (*x* / 2).

Tenemos que $\cot (x / 2) = 1 / \tan (x / 2)$ (1)
Pero como $\tan (x / 2) = \sqrt{(1 - \cos x) / (1 + \cos x)}$ (2)
Sustituyendo (2) en (1) resulta:

$$\cot (x / 2) = \sqrt{(1 + \cos x) / (1 - \cos x)}$$

Cálculo de la sec (*x* / 2).

Tenemos que $\sec (x / 2) = 1 / \cos (x / 2)$ (1)
Pero como $\cos (x / 2) = \sqrt{(1 + \cos x) / 2}$ (2)
Sustituyendo (2) en (1) resulta:

$$\sec (x / 2) = \sqrt{2 / (1 + \cos x)}$$

Cálculo de la csc (*x* / 2).

Tenemos que $\csc (x / 2) = 1 / \text{sen} (x / 2)$ (1)
Pero como $\text{sen} (x / 2) = \sqrt{(1 - \cos x) / 2}$ (2)
Sustituyendo (2) en (1) resulta:

$$\csc x / 2 = \sqrt{2 / (1 - \cos x)}$$

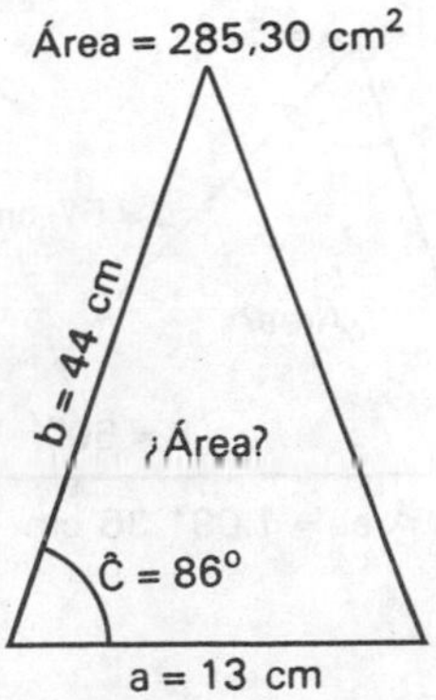

$$\cot \frac{x}{2} = \sqrt{\frac{1 + \cos x}{1 - \cos x}}$$

$$\sec (x / 2) = \sqrt{2 / (1 + \cos x)}$$

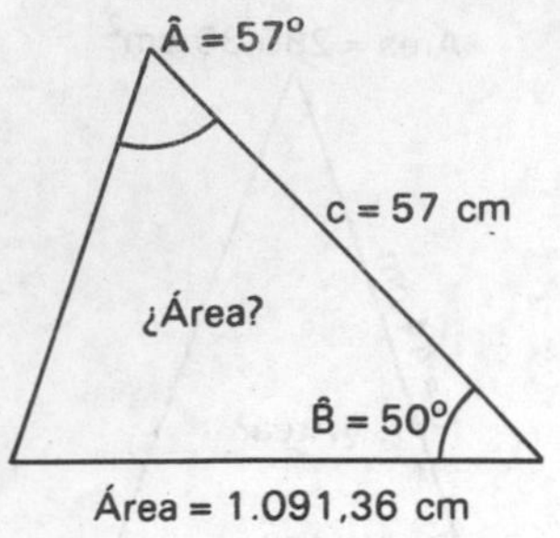

$$\text{sen A} + \text{sen B} = 2 \text{ sen } \frac{A + B}{2} \cos \frac{A - B}{2}$$

39.3 Transformación en productos de sumas y diferencias de funciones trigonométricas

Suma de senos.

Tenemos que:

$$\text{sen } (a + b) = \text{sen } a \cdot \cos b + \text{sen } b \cdot \cos a \qquad (1)$$
$$\text{sen } (a - b) = \text{sen } a \cdot \cos b - \text{sen } b \cdot \cos a \qquad (2)$$

Sumando miembro a miembro (1) y (2) resulta:

$$\text{sen } (a + b) + \text{sen } (a - b) = 2 \text{ sen } a \cdot \cos b \qquad (3)$$

Ahora bien, si hacemos $a + b = \text{A}$ (4)
$a - b = \text{B}$ (5)
Sumando miembro a miembro (4) y (5) resulta:

$$2a = \text{A} + \text{B}$$

O sea, $a = (\text{A} + \text{B}) / 2$ (6)
Sustituyendo (6) en (4):

$$[(\text{A} + \text{B}) / 2] + b = \text{A}$$

Es decir, $b = \text{A} - [(\text{A} + \text{B}) / 2] = (\text{A} - \text{B}) / 2$ (7)
Sustituyendo (4), (5), (6) y (7) en (3) tendremos:

$$\text{sen A} + \text{sen B} = 2 \text{ sen } [\text{A} + \text{B}) / 2] \cos [(\text{A} - \text{B}) / 2]$$

Diferencia de senos.

Tenemos que:

$$\text{sen } (a + b) = \text{sen } a \cdot \cos b + \text{sen } b \cdot \cos a \qquad (1)$$
$$\text{sen } (a - b) = \text{sen } a \cdot \cos b - \text{sen } b \cdot \cos a \qquad (2)$$

Restando miembro a miembro (1) y (2) resulta:

$$\text{sen } (a + b) - \text{sen } (a - b) = 2 \text{ sen } b \cdot \cos a \qquad (3)$$

Pero como $a + b = \text{A}$ (4)
$a - b = \text{B}$ (5)
$a = (\text{A} + \text{B}) / 2$ (6)
$b = (\text{A} - \text{B}) / 2$ (7)
Sustituyendo (4), (5), (6) y (7) en (3) tendremos:

$$\text{sen A} - \text{sen B} = 2 \text{ sen } [(\text{A} - \text{B}) / 2] \cos [(\text{A} + \text{B}) / 2]$$

Suma de cosenos.

Tenemos que:

$$\cos(a+b) = \cos a \cdot \cos b - \text{sen}\, a \cdot \text{sen}\, b \quad (1)$$
$$\cos(a-b) = \cos a \cdot \cos b + \text{sen}\, a \cdot \text{sen}\, b \quad (2)$$

Sumando miembro a miembro (1) y (2) resulta:

$$\cos(a+b) + \cos(a-b) = 2 \cos a \cdot \cos b \quad (3)$$

Pero como $a + b = \text{A}$ (4)
$a - b = \text{B}$ (5)
$a = (\text{A} + \text{B}) / 2$ (6)
$b = (\text{A} - \text{B}) / 2$ (7)

Sustituyendo (4), (5), (6) y (7) en (3) tendremos:

$$\cos \text{A} + \cos \text{B} = 2 \cos [\text{A} + \text{B}) / 2] \cos [(\text{A} - \text{B}) / 2]$$

Diferencia de cosenos.

Tenemos que:

$$\cos(a+b) = \cos a \cdot \cos b - \text{sen}\, a \cdot \text{sen}\, b \quad (1)$$
$$\cos(a-b) = \cos a \cdot \cos b + \text{sen}\, a \cdot \text{sen}\, b \quad (2)$$

Restando miembro a miembro (1) y (2) resulta:

$$\cos(a+b) - \cos(a-b) = -2 \,\text{sen a sen}\, b \quad (3)$$

Pero como $a + b = \text{A}$ (4)
$a - b = \text{B}$ (5)
$a = (\text{A} + \text{B}) / 2$ (6)
$b = (\text{A} - \text{B}) / 2$ (7)

Sustituyendo (4), (5), (6) y (7) en (3) tendremos:

$$\cos \text{A} - \cos \text{B} = -2 \,\text{sen} [\text{A} + \text{B}) / 2] \,\text{sen} [(\text{A} - \text{B}) / 2]$$

$$\cos \text{A} - \cos \text{B} = -2\,\text{sen}\, \frac{\text{A}+\text{B}}{2}\, \text{sen}\, \frac{\text{A}-\text{B}}{2}$$

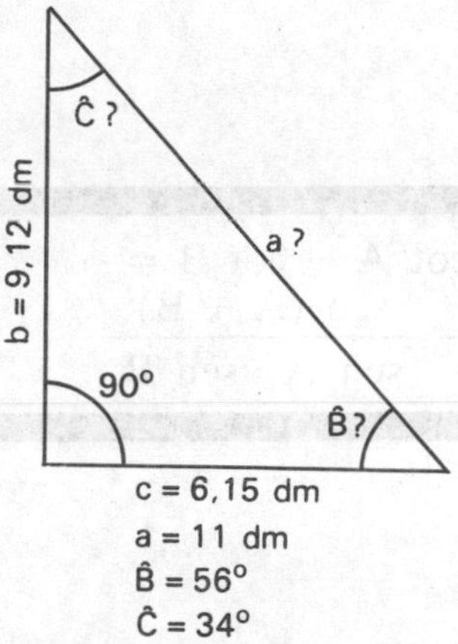

Suma de tangentes.

Tenemos que $\tan \text{A} + \tan \text{B} = \text{sen A} / \cos \text{A} + \text{sen B} / \cos \text{B}$
O sea, $\tan \text{A} + \tan \text{B} = (\text{sen A} \cdot \cos \text{B} + \text{sen B} \cdot \cos \text{A}) / \cos \text{A} \cdot \cos \text{B}$ (1)
Pero como $\text{sen A} \cdot \cos \text{B} + \text{sen B} \cdot \cos \text{A} = \text{sen}(\text{A} + \text{B})$ (2)
Sustituyendo (2) en (1) resulta:

$$\tan \text{A} + \tan \text{B} = \text{sen}(\text{A} + \text{B}) / \cos \text{A} \cdot \cos \text{B}$$

$$\tan \text{A} + \tan \text{B} = \frac{\text{sen}(\text{A} + \text{B})}{\cos \text{A} \cdot \cos \text{B}}$$

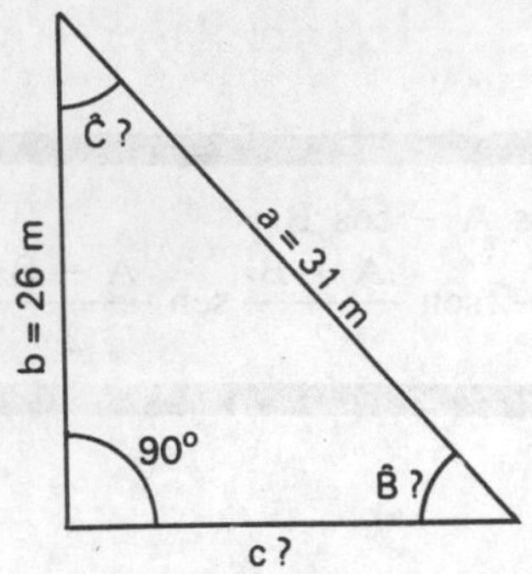

c = 16,88 m
$\hat{B} = 57°$
$\hat{C} = 33°$

$$\cot A + \cot B = \frac{\text{sen } (A + B)}{\text{sen } A \cdot \text{sen } B}$$

Diferencia de tangentes.

Tenemos que tan A − tan B = sen A / cos B − sen B / cos B
O sea, tan A − tan B = (sen A · cos B − sen B · cos A) / cos A · cos B (1)
Pero como sen A · cos B − sen B · cos A = sen (A − B) (2)
Sustituyendo (2) en (1) resulta:

$$\tan A - \tan B = \text{sen } (A - B) / \cos A \cdot \cos B$$

Suma de cotangentes.

Tenemos que cot A + cot B = cos A / sen A + cos B / sen B
O sea, cot A + cot B = (sen B · cos A + sen A · cos B) / sen A · sen B (1)
Pero como sen B · cos A + sen A · cos B = sen (A + B) (2)
Sustituyendo (2) en (1) resulta:

$$\cot A + \cot B = \text{sen } (A + B) / \text{sen } A \cdot \text{sen } B$$

Diferencia de cotangentes.

Tenemos que cot A − cot B = cos A / sen A − cos B / sen B
O sea, cot A − cot B = (sen B · cos A − sen A · cos B) / sen A · sen B (1)
Pero como sen B · cos A − sen A · cos B = sen (A − B) (2)
Sustituyendo (2) en (1) resulta:

$$\cot A - \cot B = \text{sen } (B - A) / \text{sen } A \cdot \text{sen } B$$

Suma de secantes.

Tenemos que sec A + sec B = 1 / cos A + 1 / cos B
O sea, sec A + sec B = (cos A + cos B) / cos A · cos B (1)
Ahora bien, cos A + cos B = 2 cos [(A + B) / 2] cos [(A − B) / 2] (2)
Sustituyendo (2) en (1) resulta:

$$\sec A + \sec B = \frac{2 \cos [(A + B) / 2] \cos [(A - B) / 2]}{\cos A \cdot \cos B}$$

O bien, $$\sec A + \sec B = \frac{2 \sec A \cdot \sec B}{\sec [(A + B) / 2] \sec [(A - B) / 2]}$$

Diferencia de secantes.

Tenemos que sec A − sec B = 1 / cos A − 1 / cos B
O sea, sec A − sec B = (cos B − cos A) / cos A · cos B (1)

Ahora bien, $\cos B - \cos A =$

$$= -2 \operatorname{sen} [(A + B) / 2] \operatorname{sen} [(B - A) / 2] \qquad (2)$$

Sustituyendo (2) en (1) resulta:

$$\sec A - \sec B = \frac{-2 \operatorname{sen} [(A + B) / 2] \operatorname{sen} [(B - A) / 2]}{\cos A \cdot \cos B}$$

Suma de cosecantes.

Tenemos que $\csc A + \csc B = 1 / \operatorname{sen} A + 1 / \operatorname{sen} B$
O sea, $\csc A + \csc B = (\operatorname{sen} A + \operatorname{sen} B) / \operatorname{sen} A \cdot \operatorname{sen} B$ (1)
Ahora bien, $\operatorname{sen} A + \operatorname{sen} B = 2 \operatorname{sen} [(A + B) / 2] \cos [(A - B) / 2]$ (2)
Sustituyendo (2) en (1) resulta:

$$\csc A + \csc B = \frac{2 \operatorname{sen} [(A + B) / 2] \cos [(A - B) / 2]}{\operatorname{sen} A \cdot \operatorname{sen} B}$$

Diferencia de cosecantes.

Tenemos que $\csc A - \csc B = 1 / \operatorname{sen} A - 1 / \operatorname{sen} B$
O sea, $\csc A - \csc B = (\operatorname{sen} B - \operatorname{sen} A) / \operatorname{sen} A \cdot \operatorname{sen} B$ (1)
Ahora bien, $\operatorname{sen} B - \operatorname{sen} A =$

$$= -2 \operatorname{sen} [(B - A) / 2] \cos [(A + B) / 2] \qquad (2)$$

Sustituyendo (2) en (1) resulta:

$$\csc A - \csc B = \frac{-2 \operatorname{sen} [(B - A) / 2] \cos [(A + B) / 2]}{\operatorname{sen} A \cdot \operatorname{sen} B}$$

Se denominan ecuaciones trigonométricas aquellas en las que la incógnita aparece como ángulo de funciones trigonométricas.

Para resolver las ecuaciones trigonométricas, generalmente se transforma la ecuación de modo que quede expresada por una sola función trigonométrica y a continuación se resuelve como una ecuación algebraica.
Al operar las ecuaciones trigonométricas se introducen con frecuencia soluciones extrañas. Por lo tanto, se deben comprobar todas las soluciones, sustituyéndolas en la ecuación inicial.
Una vez resuelta algebraicamente la ecuación se debe resolver trigonométricamente. Es decir, debe hallarse el ángulo que satisface el valor de la función trigonométrica.
En los ejemplos siguientes se muestran algunos casos de resolución de ecuaciones trigonométricas.

$$\tan A - \tan B = \frac{\operatorname{sen} (A - B)}{\cos A \cdot \cos B}$$

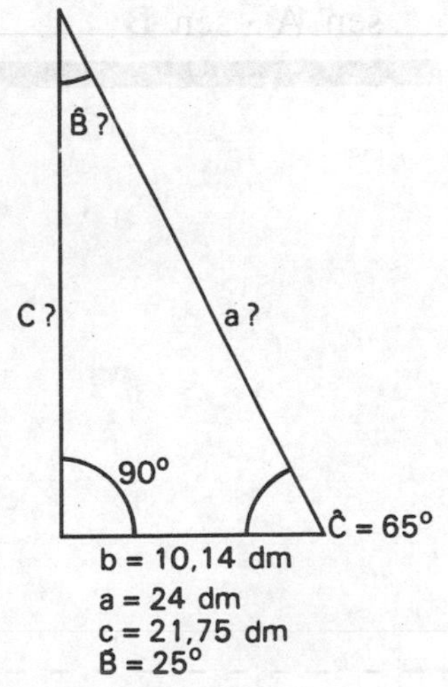

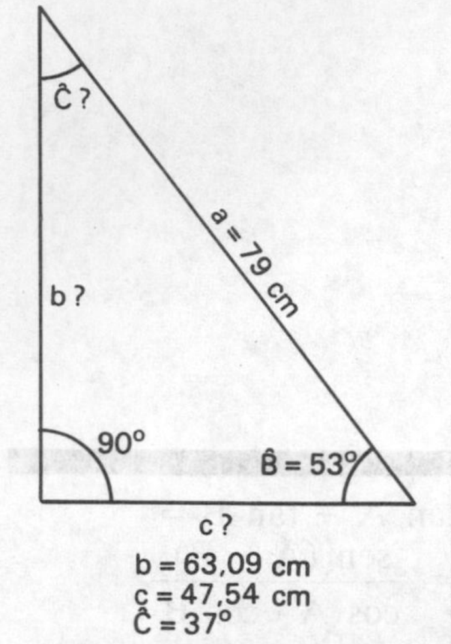

$$\cot A - \cot B = \\ = \frac{\text{sen }(B - A)}{\text{sen } A \cdot \text{sen } B}$$

Ejemplo

Resolver la ecuación $2 \text{ sen}^2 x + \text{sen } x = 0$.

Solución. Tendremos:

$$\text{sen } x \,(2 \text{ sen } x + 1) = 0$$

Así pues, las posibles soluciones son:

$$\text{sen } x = 0$$

y $\quad 2 \text{ sen } x + 1 = 0$, es decir, $\text{sen } x = -1/2$.

Si $\quad \text{sen } x = 0,\ x = 0°, 180°, 360°...$
En general, $\quad x = 0° + k \cdot 180° \quad$ siendo $k = 1, 2, 3...$
Si $\quad \text{sen } x = -1/2,\ x = 210°, 330°, 570°, 690°$
En general, $\quad x = 210° + k \cdot 360° \quad$ siendo $k = 1, 2, 3...$
$\quad x = 330° + k \cdot 360° \quad$ siendo $k = 1, 2, 3...$

Comprobemos las soluciones:

a) $x = 0° + k \cdot 180°$.

$$2 \cdot \text{sen}^2 (0° + k \cdot 180° + \text{sen }(0° + k \cdot 180°) = 2 \cdot 0 + 0 = 0$$

Es decir, $x = 0° + k \cdot 180°$ es solución.
b) $x = 210° + k \cdot 360°$.

$$2 \cdot \text{sen}^2 (210° + k \cdot 360°) + \text{sen }(210° + k \cdot 360°) = \\ = 2\,(-0{,}5)^2 + (-0{,}5) = 0{,}5 - 0{,}5 = 0$$

Es decir, $x = 210° + k \cdot 360°$ es solución.
c) $x = 330° + k \cdot 360°$.

$$2 \cdot \text{sen}^2 (330° + k \cdot 360°) + \text{sen }(330° + k \cdot 360°) = \\ = 2\,(-0{,}5)^2 + (-0{,}5) = 0{,}5 - 0{,}5 = 0$$

Es decir, $x = 330° + k \cdot 360°$ también es solución.

Ejemplo

Resolver la ecuación $\text{sen } x = \cos x$.

Solución:
Dividiendo ambos miembros por $\cos x$ tendremos:

$$\tan x = 1$$

Es decir, las posibles soluciones son $x = 45°, 225°, 405°...$
O sea, $x = 45° + k \cdot 180°$ siendo $k = 1, 2, 3...$

Comprobemos las soluciones:

$$\text{sen } 45° = \sqrt{2}/2 = \cos 45°$$
$$\text{sen } 225° = -\sqrt{2}/2 = \cos 225°$$

Es decir, que las soluciones son $x = 45° + k \cdot 180°$.

Ejemplo

Resolver la ecuación $\cos^2 x = \cos 2x$.

Solución:

Tenemos que $\cos 2x = \cos^2 x - \text{sen}^2 x$ (1)

Pero como $\text{sen}^2 x = 1 - \cos^2 x$ (2)

Sustituyendo (2) en (1) resulta:

$$\cos 2x = \cos^2 x - 1 + \cos^2 x = 2 \cos^2 x - 1 \qquad (3)$$

Sustituyendo (3) en el enunciado tendremos:

$$\cos^2 x = 2 \cos^2 x - 1$$

O sea, $1 = \cos^2 x$

Es decir, $\cos x = \pm 1$

Las posibles soluciones son:

$x = 0°, 360°\ldots$, es decir, $x = 0° + k \cdot 360°$ siendo $k = 1, 2, 3\ldots$

y $x = 180°, 540°\ldots$, es decir, $x = 180° + k \cdot 360°$ siendo $k = 1, 2, 3\ldots$

Comprobemos las soluciones:

$$\cos^2 (0° + k \cdot 360°) = 1 = \cos 2 [(0° + k \cdot 360°)]$$

Por lo tanto, $x = 0° + k \cdot 360°$ es solución.

$$\cos^2 (180° + k \cdot 360°) = (-1)^2 = 1 = \cos 2 [(180° + k \cdot 360°)]$$

Por lo tanto, $x = 180° + k \cdot 360°$ también es solución.

Así pues, las soluciones son $x = 0°, 180°, 360°\ldots$

Es decir, $x = 0° + k \cdot 180°$ siendo $k = 1, 2, 3\ldots$

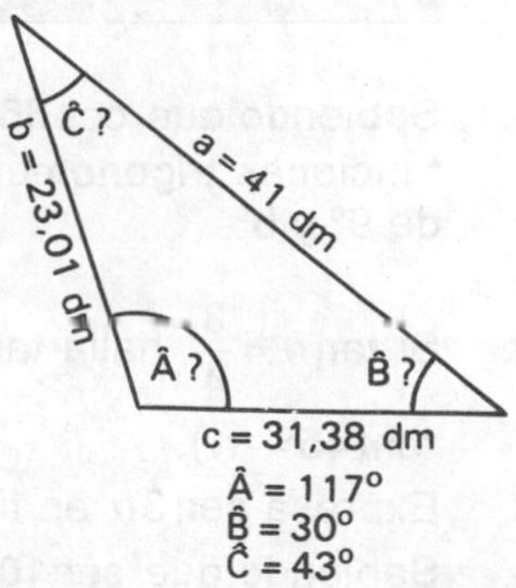

Al operar las ecuaciones trigonométricas se introducen frecuentemente soluciones extrañas.

Problemas propuestos

1. Sabiendo que $\cos 36^\circ = 0,8090$, halla las funciones trigonométricas de los ángulos de 9º y 6º.

2. Si $\tan\alpha = \frac{3}{4}$, halla $\tan(\alpha + 30^\circ)$ y $\tan(45^\circ - \alpha)$.

3. Expresa $\operatorname{sen} 3\alpha$ en función de $\operatorname{sen}\alpha$.

4. Sabiendo que $\operatorname{sen} 10^\circ = 0,173$, calcula las funciones trigonométricas del ángulo de 20º.

5. Si $\cos\alpha = 0,2$, calcula las funciones trigonométricas del ángulo $\frac{\pi}{2} - 2\alpha$.

6. Sabiendo que $\tan\alpha = 2$, calcula el valor de $\operatorname{sen} 4\alpha$.

7. Calcula $\tan\frac{\pi}{8}$.

8. Si $\operatorname{sen} 20^\circ = 0,34$, calcula $\operatorname{sen} 65^\circ - \cos 65^\circ$.

9. Si $\tan 2\alpha = \sqrt{3}$ y se sabe que $\alpha < \frac{\pi}{2}$, halla $\operatorname{sen}\alpha$ y $\cos\alpha$.

10. Si $\cot\alpha = \frac{4}{3}$, halla $\cos 2\alpha$.

11. Sea α un ángulo situado en el segundo cuadrante y tal que $\tan\alpha = -\frac{3}{4}$. Halla las funciones trigonométricas del ángulo $\frac{\alpha}{2}$.

12. Si $\tan\frac{\alpha}{2} = t$, expresa $\operatorname{sen}\alpha$ y $\cos\alpha$ en función de t.

13. Transforma en producto las siguientes expresiones:
    a) $\operatorname{sen} 20^\circ + \operatorname{sen} 40^\circ$
    b) $\cos 46^\circ + \cos 44^\circ$
    c) $\cos 36^\circ - \cos 14^\circ$
    d) $\operatorname{sen} 52^\circ - \cos 8^\circ$
    e) $\operatorname{sen} 48^\circ - \operatorname{sen} 12^\circ$
    f) $\operatorname{sen} 26^\circ + \cos 64^\circ$

14. Transforma en suma las siguientes expresiones:
    a) $\operatorname{sen} 22^\circ \cdot \operatorname{sen} 28^\circ$
    b) $\operatorname{sen} 34^\circ \cdot \cos 26^\circ$
    c) $\cos 54^\circ \cdot \cos 36^\circ$
    d) $\operatorname{sen} 3\alpha \cdot \operatorname{sen} 5\alpha$
    e) $\cos 4\alpha \cdot \operatorname{sen} 2\alpha$
    f) $\cos 6\alpha \cdot \cos 2\alpha$

15. Transforma en suma la expresión: $\cos\alpha \cdot \cos 2\alpha \cdot \cos 3\alpha$.

16. Si α, β y γ son los tres ángulos de un triángulo, demuestra la siguiente igualdad:
$$\tan\alpha + \tan\beta + \tan\gamma = \tan\alpha \cdot \tan\beta \cdot \tan\gamma$$

17. Demuestra que si $\alpha + \beta + \gamma = \frac{\pi}{2}$, entonces $\tan\alpha \cdot \tan\beta + \tan\beta \cdot \tan\gamma + \tan\gamma \cdot \tan\alpha = 1$.

18. Demuestra que cualesquiera que sean los ángulos α, β y γ se verifica:
$$\operatorname{sen}\alpha \cdot \operatorname{sen}(\beta - \gamma) + \operatorname{sen}\beta \cdot \operatorname{sen}(\gamma - \alpha) + \operatorname{sen}\gamma \cdot \operatorname{sen}(\alpha - \beta) = 0.$$

19. ¿Será siempre cierta la igualdad $\tan\alpha \cdot \tan\beta \cdot (\cot\beta - \cot\alpha) = \tan\alpha - \tan\beta$?.

20. Demuestra que para todo ángulo α se verifica:
$$\tan\left(\frac{\pi}{4} + \alpha\right) + \tan\left(\frac{\pi}{4} - \alpha\right) = 2\tan 2\alpha$$

21. Si α, β y γ son los ángulos de un triángulo, demuestra que es cierta la siguiente igualdad:
$$\frac{\cos(\alpha - \beta) - \cos\gamma}{2\cos\alpha} = \cos\beta$$

22. Demuestra la igualdad:
$$\frac{2\operatorname{sen}\alpha}{\tan 2\alpha} = \cos\alpha - \frac{\operatorname{sen}^2\alpha}{\cos\alpha}$$

23. Si α, β y γ son los ángulos de un triángulo, demuestra que $\tan(\alpha+\beta)+\tan\gamma=0$.

24. Demuestra la siguiente igualdad:
$$\operatorname{sen}3\alpha=\operatorname{sen}\alpha\cdot\left(3\cos^2\alpha-\operatorname{sen}^2\alpha\right)$$

25. Simplifica la expresión:
$$\frac{\operatorname{sen}2\alpha}{1-\cos\alpha}\cdot\frac{1+\cos\alpha}{\cos\alpha}$$

26. Simplifica la expresión:
$$\cos\left(\frac{5\pi}{2}-x\right)-\operatorname{sen}\left(\frac{\pi}{2}+x\right)+$$
$$+\cos\left(\frac{3\pi}{2}-x\right)-\operatorname{sen}\left(\frac{7\pi}{2}+x\right)$$

27. Demuestra las siguientes identidades:

a) $\dfrac{\operatorname{sen}5\alpha+\operatorname{sen}\alpha}{\operatorname{sen}3\alpha-\operatorname{sen}\alpha}=1+2\cos2\alpha$

b) $\dfrac{\operatorname{sen}\alpha+\operatorname{sen}\beta}{\operatorname{sen}\alpha-\operatorname{sen}\beta}\cdot\dfrac{\cos\alpha-\cos\beta}{\cos\alpha+\cos\beta}=$
$=-\tan^2\dfrac{\alpha+\beta}{2}$

28. Resuelve las siguientes ecuaciones:

a) $\operatorname{sen}x\cdot\cos x=\dfrac{1}{2}$

b) $\cos x\cdot\tan x=\dfrac{1}{2}$

c) $\operatorname{sen}2x=\cos x$

d) $\sqrt{3}\operatorname{sen}x+\cos x=1$

e) $\cos2\pi+5\cos x+3=0$

f) $\operatorname{sen}\left(\dfrac{\pi}{4}+2x\right)=\dfrac{\sqrt{3}}{2}$

29. Resuelve la ecuación:
$\cos2x-\cos6x=\operatorname{sen}5x+\operatorname{sen}3x$

30. Resuelve la ecuación:
$\cos4x=\operatorname{sen}(x+135^\circ)$ sabiendo que $0^\circ<x<90^\circ$.

31. Resuelve los siguientes sistemas, dando las soluciones correspondientes al primer cuadrante:

a) $\begin{cases}\operatorname{sen}^2x+\cos^2y=\dfrac{3}{4}\\ \cos^2x-\operatorname{sen}^2y=\dfrac{1}{4}\end{cases}$

b) $\begin{cases}\cos(x+y)=\dfrac{1}{2}\\ \operatorname{sen}(x-y)=\dfrac{1}{2}\end{cases}$

c) $\begin{cases}\operatorname{sen}x+\operatorname{sen}y=\dfrac{3}{2}\\ \cos\dfrac{x-y}{2}=\dfrac{\sqrt{3}}{2}\end{cases}$

d) $\begin{cases}\operatorname{sen}x\cdot\operatorname{sen}y=\dfrac{1}{4}\\ \cos x\cdot\cos y=\dfrac{3}{4}\end{cases}$

e) $\begin{cases}\operatorname{sen}x+\cos y=\sqrt{2}\\ x-y=\dfrac{\pi}{2}\end{cases}$

f) $\begin{cases}\operatorname{sen}x+\cos y=\dfrac{1}{2}\\ \csc x+\sec y=-1\end{cases}$

g) $\begin{cases}\csc x\cdot\csc y=4\\ \csc x\cdot\sec y=2\end{cases}$

32. Escribir en función del ángulo doble sen 15°.

33. Ídem sen 27°.

34. Ídem sen 50°.

35. Ídem sen 40°.

36. Ídem sen 51°.
37. Ídem sen 56°.
38. Ídem sen 70°.
39. Ídem sen 55°.
40. Ídem sen 45°.
41. Escribir en función del ángulo mitad sen 162°.
42. Ídem sen 38°.
43. Ídem sen 56°.
44. Ídem sen 176°.
45. Ídem sen 72°.
46. Ídem sen 6°.
47. Ídem sen 184°.
48. Ídem sen 118°.
49. Transformar en producto sen 80° + + sen 48°.
50. Ídem sen 76° + sen 48°.
51. Ídem sen 68° + sen 36°.
52. Ídem sen 98° + sen 60°.
53. Ídem sen 76° + sen 46°.
54. Ídem cos 77° + cos 49°.
55. Ídem cos 94° + cos 8°.
56. Ídem cos 79° + cos 41°.
57. Ídem cos 97° + cos 63°.
58. Ídem cos 78° + cos 58°.
59. Ídem cos 89° + cos 47°.
60. Transformar en cociente tan 85° + + tan 57°.
61. Ídem tan 86° + tan 29°.
62. Ídem tan 86° + tan 99°.
63. Ídem tan 87° + tan 67°.
64. Ídem tan 88° + tan 32°.
65. Ídem tan 88° + tan 95°.
66. Ídem tan 89° + tan 55°.
67. Transformar en producto sen 25° − − sen 19°.
68. Ídem sen 55° − sen 31°.
69. Ídem sen 95° − sen 71°.
70. Ídem sen 84° − sen 46°.
71. Ídem sen 94° − sen 20°.
72. Ídem sen 16° − sen 2°.
73. Ídem sen 92° − sen 8°.
74. Ídem cos 46° − cos 38°.
75. Ídem cos 82° − cos 66°.
76. Ídem cos 80° − cos 68°.
77. Ídem cos 92° − cos 18°.
78. Ídem cos 98° − cos 66°.
79. Ídem cos 78° − cos 6°.
80. Ídem cos 90° − cos 12°.
81. Ídem cos 32° − cos 18°.
82. Transformar en cociente tan 27° − − tan 16°.
83. Ídem tan 53° − tan 50°.
84. Ídem tan 69° − tan 45°.
85. Ídem tan 82° − tan 61°.
86. Ídem tan 92° − tan 72°.
87. Ídem tan 93° − tan 80°.
88. Ídem tan 86° − tan 7°.

Soluciones

1. Solución: sen 9º = 0,1564; cos 9º = 0,9876; tan 9º = 0,1583; cot 9º = 6,31; sec 9º = 1,012; csc 9º = 6,39.
   sen 6º = 0,1045; cos 6º = 0,9945; tan 6º = 0,1051; cot 6º = 9,5144; sec 6º = 1,0055; csc 6º = 9,5667.
2. S: $\tan(\alpha + 30º) = 2,341;$
   $\tan(45º - \alpha) = 0,1428...$
3. S: $\operatorname{sen} 3\alpha = 3 \operatorname{sen} \alpha - 4 \operatorname{sen}^3 \alpha$
4. S: sen 20º = 0,3420; cos 20º = 0,9397; tan 20º = 0,3640; cot 20º = 2,7475; csc 20º = 2,9238; sec 20º = 1,0642.
5. S: $\operatorname{sen}\left(\frac{\pi}{2} - 2\alpha\right) = -0,92;$

$$\cos\left(\frac{\pi}{2} - 2\alpha\right) = 0,3919$$

$$\tan\left(\frac{\pi}{2} - 2\alpha\right) = -2,34;$$

$$\cot\left(\frac{\pi}{2} - 2\alpha\right) = -0,426$$

$$\csc\left(\frac{\pi}{2} - 2\alpha\right) = -1,0869$$

$$\sec\left(\frac{\pi}{2} - 2\alpha\right) = 2,5516$$

6. S: $-0,96$

7. S: $-1+\sqrt{2}=0,4142$

8. S: $0,4837$

9. S: $\operatorname{sen}\alpha=\frac{1}{2}$; $\cos\alpha=\frac{3}{5}$

10. S: $\frac{7}{25}$

11. S: $\operatorname{sen}\frac{\alpha}{2}=0,9486$; $\cos\frac{\alpha}{2}=0,3162$;

$\tan\frac{\alpha}{2}=3$; $\csc\frac{\alpha}{2}=1,054$; $\sec\frac{\alpha}{2}=3,1625$;

$\cot\frac{\alpha}{2}=0,333.$

12. S: $\operatorname{sen}\alpha=\frac{2t}{t^2+1}$; $\cos\alpha=\frac{1-t^2}{t^2+1}$

13. S: a) $2\operatorname{sen}30^\circ\cos 10^\circ$
 b) $2\cos 45^\circ\cos 1^\circ$
 c) $-2\operatorname{sen}25^\circ\operatorname{sen}11^\circ$
 d) $-2\cos 67^\circ\operatorname{sen}15^\circ$
 e) $2\cos 30^\circ\operatorname{sen}18^\circ$
 f) $2\operatorname{sen}26^\circ$

14. S: a) $-\frac{1}{2}(\cos 50^\circ-\cos 6^\circ)$

b) $\frac{1}{2}(\operatorname{sen}60^\circ+\operatorname{sen}8^\circ)$

c) $\frac{1}{2}(\cos 90^\circ+\cos 18^\circ)$

d) $-\frac{1}{2}(\cos 8\alpha-\cos 2\alpha)$

e) $\frac{1}{2}(\operatorname{sen}6\alpha-\operatorname{sen}2\alpha)$

f) $\frac{1}{2}(\cos 8\alpha+\cos 4\alpha)$

15. S: $\frac{1}{4}(\cos 6\alpha+\cos 0^\circ+\cos 4\alpha+\cos 2\alpha)$

16. S: Se deja al lector.

17. S: Idem

18. S: Idem

19. S: Siempre que $\tan\alpha$, $\tan\beta$ *y* $\tan\gamma$ tengan sentido..

20. S: Se deja al lector

21. S: Idem

22. S: Idem

23. S: Idem

24. S: Idem

25. S: $2\operatorname{sen}\alpha\cot^2\frac{\alpha}{2}$

26. S: $-2\cos x$

27. S: Se deja al lector

28. S: a) $x=\frac{\pi}{4}+2k\pi$; $x=\frac{7\pi}{4}+2k\pi$

b) $x=\frac{\pi}{6}+2k\pi$; $x=\frac{5\pi}{6}+2k\pi$

c) $x=\frac{\pi}{6}+2k\pi$; $x=\frac{5\pi}{6}+2k\pi$

d) $x=2k\pi$

e) $x=143^\circ 7'48''+360^\circ k$;
$x=216^\circ 52'11''+360^\circ k$

f) $x=\frac{\pi}{24}+k\pi$; $x=\frac{5\pi}{24}+k\pi$

29. S: $x=\frac{\pi}{6}+2k\pi$; $x=\frac{5\pi}{6}+2k\pi$

30. S: $x=15^\circ$; $x=63^\circ$

31. S: a) $\begin{cases}x=60^\circ\\y=0^\circ\end{cases}$

b) $\begin{cases}x=45^\circ\\y=15^\circ\end{cases}$

c) $\begin{cases}x=90^\circ\\y=30^\circ\end{cases}$

d) $\begin{cases}x=30^\circ\\y=30^\circ\end{cases}$

e) $\begin{cases}x=45^\circ\\y=45^\circ\end{cases}$

f) No hay solución en el primer cuadrante.

g) $\begin{cases} x = 33,9° \\ y = 26,5° \end{cases}$

32. S.: $\sqrt{(1 - \cos 30°) / 2}$.
33. S.: $\sqrt{(1 - \cos 54°) / 2}$.
34. S.: $\sqrt{(1 - \cos 100°) / 2}$.
35. S.: $\sqrt{(1 - \cos 80°) / 2}$.
36. S.: $\sqrt{(1 - \cos 102°) / 2}$.
37. S.: $\sqrt{(1 - \cos 112°) / 2}$.
38. S.: $\sqrt{(1 - \cos 140°) / 2}$.
39. S.: $\sqrt{(1 - \cos 110°) / 2}$.
40. S.: $\sqrt{(1 - \cos 90°) / 2}$.
41. S.: 2 sen 81° cos 81°.
42. S.: 2 sen 19° cos 19°.
43. S.: 2 sen 28° cos 28°.
44. S.: 2 sen 88° cos 88°.
45. S.: 2 sen 36° cos 36°.
46. S.: 2 sen 3° cos 3°.
47. S.: 2 sen 92° cos 92°.
48. S.: 2 sen 59° cos 59°.
49. S.: 2 sen 64° cos 16°.
50. S.: 2 sen 62° cos 14°.
51. S.: 2 sen 52° cos 16°.
52. S.: 2 sen 79° cos 19°.
53. S.: 2 sen 61° cos 15°.
54. S.: 2 cos 63° cos 14°.
55. S.: 2 cos 51° cos 43°.
56. S.: 2 cos 60° cos 19°.
57. S.: 2 cos 80° cos 17°.
58. S.: 2 cos 68° cos 10°.
59. S.: 2 cos 68° cos 21°.
60. S.: sen 142° / cos 85° · cos 57°.
61. S.: sen 115° / cos 86° · cos 29°.
62. S.: sen 185° / cos 86° · cos 99°.
63. S.: sen 154° / cos 87° · cos 67°.
64. S.: sen 120° / cos 88° · cos 32°.
65. S.: sen 183° / cos 88° · cos 95°.
66. S.: sen 144° / cos 89° · cos 55°.
67. S.: 2 sen 3° cos 22°.
68. S.: 2 sen 12° cos 43°.
69. S.: 2 sen 12° cos 83°.
70. S.: 2 sen 19° cos 65°.
71. S.: 2 sen 37° cos 57°.
72. S.: 2 sen 7° cos 9°.
73. S.: 2 sen 42° cos 50°.
74. S.: – 2 sen 42° sen 4°.
75. S.: – 2 sen 74° sen 8°.
76. S.: – 2 sen 74° sen 6°.
77. S.: – 2 sen 55° sen 37°.
78. S.: – 2 sen 82° sen 16°.
79. S.: – 2 sen 42° sen 36°.
80. S.: – 2 sen 51° sen 39°.
81. S.: – 2 sen 25° sen 7°.
82. S.: sen 9° / cos 27° · cos 16°.
83. S.: sen 3° / cos 53° · cos 50°.
84. S.: sen 24° / cos 69° · cos 45°.
85. S.: sen 21° / cos 82° · cos 61°.
86. S.: sen 20° / cos 92° · cos 72°.
87. S.: sen 13° / cos 93° · cos 80°.
88. S.: sen 79° / cos 86° · cos 7°.

Tabla de valores de las funciones trigonométricas

Sen *x*

x	0′	10′	20′	30′	40′	50′
0°	0,0000	0,0029	0,0058	0,0087	0,0116	0,0145
1	0,0175	0,0204	0,0233	0,0262	0,0291	0,0320
2	0,0349	0,0378	0,0407	0,0436	0,0465	0,0494
3	0,0523	0,0552	0,0581	0,0610	0,0640	0,0669
4	0,0698	0,0727	0,0756	0,0785	0,0814	0,0843
5°	0,0872	0,0901	0,0929	0,0958	0,0987	0,1016
6	0,1045	0,1074	0,1103	0,1132	0,1161	0,1190
7	0,1219	0,1248	0,1276	0,1305	0,1334	0,1363
8	0,1392	0,1421	0,1449	0,1478	0,1507	0,1536
9	0,1564	0,1593	0,1622	0,1650	0,1679	0,1708
10°	0,1736	0,1765	0,1794	0,1822	0,1851	0,1880
11	0,1908	0,1937	0,1965	0,1994	0,2022	0,2051
12	0,2079	0,2108	0,2136	0,2164	0,2193	0,2221
13	0,2250	0,2278	0,2306	0,2334	0,2363	0,2391
14	0,2419	0,2447	0,2476	0,2504	0,2532	0,2560
15°	0,2588	0,2616	0,2644	0,2672	0,2700	0,2728
16	0,2756	0,2784	0,2812	0,2840	0,2868	0,2896
17	0,2924	0,2952	0,2979	0,3007	0,3035	0,3062
18	0,3090	0,3118	0,3145	0,3173	0,3201	0,3228
19	0,3256	0,3283	0,3311	0,3338	0,3365	0,3393
20°	0,3420	0,3448	0,3475	0,3502	0,3529	0,3557
21	0,3584	0,3611	0,3638	0,3665	0,3692	0,3719
22	0,3746	0,3773	0,3800	0,3827	0,3854	0,3881
23	0,3907	0,3934	0,3961	0,3987	0,4014	0,4041
24	0,4067	0,4094	0,4120	0,4147	0,4173	0,4200
25°	0,4226	0,4253	0,4279	0,4305	0,4331	0,4358
26	0,4384	0,4410	0,4436	0,4462	0,4488	0,4514
27	0,4540	0,4566	0,4592	0,4617	0.4643	0,4669
28	0,4695	0,4720	0,4746	0,4772	0,4797	0,4823
29	0,4848	0,4874	0,4899	0,4924	0,4950	0,4975
30°	0,5000	0,5025	0,5050	0,5075	0,5100	0,5125
31	0,5150	0,5175	0,5200	0,5225	0,5250	0,5275
32	0,5299	0,5324	0,5348	0,5373	0,5398	0,5422
33	0,5446	0,5471	0,5495	0,5519	0,5544	0,5568
34	0,5592	0,5616	0,5640	0,5664	0,5688	0,5712
35°	0,5736	0,5760	0,5783	0,5807	0,5831	0,5854
36	0,5878	0,5901	0,5925	0,5948	0,5972	0,5995
37	0,6018	0,6041	0,6065	0,6088	0,6111	0,6134
38	0,6157	0,6180	0,6202	0,6225	0,6248	0,6271
39	0,6293	0,6316	0,6338	0,6361	0,6383	0,6406
40°	0,6428	0,6450	0,6472	0,6494	0,6517	0,6539
41	0,6561	0,6583	0,6604	0,6626	0,6648	0,6670
42	0,6691	0,6713	0,6734	0,6756	0,6777	0,6799
43	0,6820	0,6841	0,6862	0,6884	0,6905	0,6926
44	0,6947	0,6967	0,6988	0,7009	0,7030	0,7050
45°	0,7071	0,7092	0,7112	0,7133	0,7153	0,7173

x	0′	10′	20′	30′	40′	50′
45°	0,7071	0,7092	0,7112	0,7133	0,7153	0,7173
46	0,7193	0,7214	0,7234	0,7254	0,7274	0,7294
47	0,7314	0,7333	0,7353	0,7373	0,7392	0,7412
48	0,7431	0,7451	0,7470	0,7490	0,7509	0,7528
49	0,7547	0,7566	0,7585	0,7604	0,7623	0,7642
50°	0,7660	0,7679	0,7698	0,7716	0,7735	0,7753
51	0,7771	0,7790	0,7808	0,7826	0,7844	0,7862
52	0,7880	0,7898	0,7916	0,7934	0,7951	0,7969
53	0,7986	0,8004	0,8021	0,8039	0,8056	0,8073
54	0,8090	0,8107	0,8124	0,8141	0,8158	0,8175
55°	0,8192	0,8208	0,8225	0,8241	0,8258	0,8274
56	0,8290	0,8307	0,8323	0,8339	0,8355	0,8371
57	0,8387	0,8403	0,8418	0,8434	0,8450	0,8465
58	0,8480	0,8496	0,8511	0,8526	0,8542	0,8557
59	0,8572	0,8587	0,8601	0,8616	0,8631	0,8646
60°	0,8660	0,8675	0,8689	0,8704	0,8718	0,8732
61	0,8746	0,8760	0,8774	0,8788	0,8802	0,8816
62	0,8829	0,8843	0,8857	0,8870	0,8884	0,8897
63	0,8910	0,8923	0,8936	0,8949	0,8962	0,8975
64	0,8988	0,9001	0.9013	0,9026	0,9038	0,9051
65°	0,9063	0,9075	0,9088	0,9100	0,9112	0,9124
66	0,9135	0,9147	0,9159	0,9171	0,9182	0,9194
67	0,9205	0,9216	0,9228	0,9239	0,9250	0,9261
68	0,9272	0,9283	0,9293	0,9304	0,9315	0,9325
69	0,9336	0,9346	0,9356	0,9367	0,9377	0,9387
70°	0,9397	0,9407	0,9417	0,9426	0,9436	0,9446
71	0,9455	0,9465	0,9474	0,9483	0,9492	0,9502
72	0,9511	0,9520	0,9528	0,9537	0,9546	0,9555
73	0,9563	0,9572	0,9580	0,9588	0,9596	0,9605
74	0,9613	0,9621	0,9628	0,9636	0,9644	0,9652
75°	0,9659	0,9667	0,9674	0,9681	0,9689	0,9696
76	0,9703	0,9710	0,9717	0,9724	0,9730	0,9737
77	0,9744	0,9750	0,9757	0,9763	0,9769	0,9775
78	0,9781	0,9787	0,9793	0,9799	0,9805	0,9811
79	0,9816	0,9822	0,9827	0,9833	0,9338	0,9843
80°	0,9848	0,9853	0,9858	0,9863	0,9868	0,9872
81	0,9877	0,9881	0,9886	0,9890	0,9894	0,9899
82	0,9903	0,9907	0,9911	0,9914	0,9918	0,9922
83	0,9925	0,9929	0,9932	0,9936	0,9939	0,9942
84	0,9945	0,9948	0,9951	0,9954	0,9957	0,9959
85°	0,9962	0,9964	0,9967	0,9969	0,9971	0,9974
86	0,9976	0,9978	0,9980	0,9981	0,9983	0,9985
87	0,9986	0,9988	0,9989	0,9990	0,9992	0,9993
88	0,9994	0,9995	0,9996	0,9997	0,9997	0,9998
89	0,9998	0,9999	0,9999	1,0000	1,0000	1,0000
90°	1,0000					

Cos *x*

x	0′	10′	20′	30′	40′	50′
0°	1,0000	1,0000	1,0000	1,0000	0,9999	0,9999
1	0,9998	0,9998	0,9997	0,9997	0,9996	0,9995
2	0,9994	0,9993	0,9992	0,9990	0,9989	0,9988
3	0,9986	0,9985	0,9983	0,9981	0,9980	0,9978
4	0,9976	0,9974	0,9971	0,9969	0,9967	0,9964
5°	0,9962	0,9959	0,9957	0,9954	0,9951	0,9948
6	0,9945	0,9942	0,9939	0,9936	0,9932	0,9929
7	0,9925	0,9922	0,9918	0,9914	0,9911	0,9907
8	0,9903	0,9899	0,9894	0,9890	0,9886	0,9881
9	0,9877	0,9872	0,9868	0,9863	0,9858	0,9853
10°	0,9848	0,9843	0,9838	0,9833	0,9827	0,9822
11	0,9816	0,9811	0,9805	0,9799	0,9793	0,9787
12	0,9781	0,9775	0,9769	0,9763	0,9757	0,9750
13	0,9744	0,9737	0,9730	0,9724	0,9717	0,9710
14	0,9703	0,9696	0,9689	0,9681	0,9674	0,9667
15°	0,9659	0,9652	0,9644	0,9636	0,9628	0,9621
16	0,9613	0,9605	0,9596	0,9588	0,9580	0,9572
17	0,9563	0,9555	0,9546	0,9537	0,9528	0,9520
18	0,9511	0,9502	0,9492	0,9483	0,9474	0,9465
19	0,9455	0,9446	0,9436	0,9426	0,9417	0,9407
20°	0,9397	0,9387	0,9377	0,9367	0,9356	0,9346
21	0,9336	0,9325	0,9315	0,9304	0,9293	0,9283
22	0,9272	0,9261	0,9250	0,9239	0,9228	0,9216
23	0,9205	0,9194	0,9182	0,9171	0,9159	0,9147
24	0,9135	0,9124	0,9112	0,9100	0,9088	0,9075
25°	0,9063	0,9051	0,9038	0,9026	0,9013	0,9001
26	0,8988	0,8975	0,8962	0,8949	0,8936	0,8923
27	0,8910	0,8897	0,8884	0,8870	0,8857	0,8843
28	0,8829	0,8816	0,8802	0,8788	0,8774	0,8760
29	0,8746	0,8732	0,8718	0,8704	0,8689	0,8675
30°	0,8660	0,8646	0,8631	0,8616	0,8601	0,8587
31	0,8572	0,8557	0,8542	0,8526	0,8511	0,8496
32	0,8480	0,8465	0,8450	0,8434	0,8418	0,8403
33	0,8387	0,8371	0,8355	0,8339	0,8323	0,8307
34	0,8290	0,8274	0,8258	0,8241	0,8225	0,8208
35°	0,8192	0,8175	0,8158	0,8141	0,8124	0,8107
36	0,8090	0,8073	0,8056	0,8039	0,8021	0,8004
37	0,7986	0,7969	0,7951	0,7934	0,7916	0,7898
38	0,7880	0,7862	0,7844	0,7826	0,7808	0,7790
39	0,7771	0,7753	0,7735	0,7716	0,7698	0,7679
40°	0,7660	0,7642	0,7623	0,7604	0,7585	0,7566
41	0,7547	0,7528	0,7509	0,7490	0,7470	0,7451
42	0,7431	0,7412	0,7392	0,7373	0,7353	0,7333
43	0,7314	0,7294	0,7274	0,7254	0,7234	0,7214
44	0,7193	0,7173	0,7153	0,7133	0,7112	0,7092
45°	0,7071	0,7050	0,7030	0,7009	0,6988	0,6967

x	0′	10′	20′	30′	40′	50′
45°	0,7071	0,7050	0,7030	0,7009	0,6988	0,6967
46	0,6947	0,6926	0,6905	0,6884	0,6862	0,6841
47	0,6820	0,6799	0,6777	0,6756	0,6734	0,6713
48	0,6691	0,6670	0,6648	0,6626	0,6604	0,6583
49	0,6561	0,6539	0,6517	0,6494	0,6472	0,6450
50°	0,6428	0,6406	0,6383	0,6361	0,6338	0,6316
51	0,6293	0,6271	0,6248	0,6225	0,6202	0,6180
52	0,6157	0,6134	0,6111	0,6088	0,6065	0,6041
53	0,6018	0,5995	0,5972	0,5948	0,5925	0,5901
54	0,5878	0,5854	0,5831	0,5807	0,5783	0,5760
55°	0,5736	0,5712	0,5688	0,5664	0,5640	0,5616
56	0,5592	0,5568	0,5544	0,5519	0,5495	0,5471
57	0,5446	0,5422	0,5398	0,5373	0,5348	0,5324
58	0,5299	0,5275	0,5250	0,5225	0,5200	0,5175
59	0,5150	0,5125	0,5100	0,5075	0,5050	0,5025
60°	0,5000	0,4975	0,4950	0,4924	0,4899	0,4874
61	0,4848	0,4823	0,4797	0,4772	0,4746	0,4720
62	0,4695	0,4669	0,4643	0,4617	0,4592	0,4566
63	0,4540	0,4514	0,4488	0,4462	0,4436	0,4410
64	0,4384	0,4358	0,4331	0,4305	0,4279	0,4253
65°	0,4226	0,4200	0,4173	0,4147	0,4120	0,4094
66	0,4067	0,4041	0,4014	0,3987	0,3961	0,3934
67	0,3907	0,3881	0,3854	0,3827	0,3800	0,3773
68	0,3746	0,3719	0,3692	0,3665	0,3638	0,3611
69	0,3584	0,3557	0,3529	0,3502	0,3475	0,3448
70°	0,3420	0,3393	0,3365	0,3338	0,3311	0,3283
71	0,3256	0,3228	0,3201	0,3173	0,3145	0,3118
72	0,3090	0,3062	0,3035	0,3007	0,2979	0,2952
73	0,2924	0,2896	0,2868	0,2840	0,2812	0,2784
74	0,2756	0,2728	0,2700	0,2672	0,2644	0,2616
75°	0,2588	0,2560	0,2532	0,2504	0,2476	0,2447
76	0,2419	0,2391	0,2363	0,2334	0,2306	0,2278
77	0,2250	0,2221	0,2193	0,2164	0,2136	0,2108
78	0,2079	0,2051	0,2022	0,1994	0,1965	0,1937
79	0,1908	0,1880	0,1851	0,1822	0,1794	0,1765
80°	0,1736	0,1708	0,1679	0,1650	0,1622	0,1593
81	0,1564	0,1536	0,1507	0,1478	0,1449	0,1421
82	0,1392	0,1363	0,1334	0,1305	0,1276	0,1248
83	0,1219	0,1190	0,1161	0,1132	0,1103	0,1074
84	0,1045	0,1016	0,0987	0,0958	0,0929	0,0901
85°	0,0872	0,0843	0,0814	0,0785	0,0756	0,0727
86	0,0698	0,0669	0,0640	0,0610	0,0581	0,0552
87	0,0523	0,0494	0,0465	0,0436	0,0407	0,0378
88	0,0349	0,0320	0,0291	0,0262	0,0233	0,0204
89	0,0175	0,0145	0,0116	0,0087	0,0058	0,0029
90°	0,0000					

Tan *x*

x	0′	10′	20′	30′	40′	50′
0°	0,0000	0,0029	0,0058	0,0087	0,0116	0,0145
1	0,0175	0,0204	0,0233	0,0262	0,0291	0,0320
2	0,0349	0,0378	0,0407	0,0437	0,0466	0,0495
3	0,0524	0,0553	0,0582	0,0612	0,0641	0,0670
4	0,0699	0,0729	0,0758	0,0787	0,0816	0,0846
5°	0,0875	0,0904	0,0934	0,0963	0,0992	0,1022
6	0,1051	0,1080	0,1110	0,1139	0,1169	0,1198
7	0,1228	0,1257	0,1287	0,1317	0,1346	0,1376
8	0,1405	0,1435	0,1465	0,1495	0,1524	0,1554
9	0,1584	0,1614	0,1644	0,1673	0,1703	0,1733
10°	0,1763	0,1793	0,1823	0,1853	0,1883	0,1914
11	0,1944	0,1974	0,2004	0,2035	0,2065	0,2095
12	0,2126	0,2156	0,2186	0,2217	0,2247	0,2278
13	0,2309	0,2339	0,2370	0,2401	0,2432	0,2462
14	0,2493	0,2524	0,2555	0,2586	0,2617	0,2648
15°	0,2679	0,2711	0,2742	0,2773	0,2805	0,2836
16	0,2867	0,2899	0,2931	0,2962	0,2994	0,3026
17	0,3057	0,3089	0,3121	0,3153	0,3185	0,3217
18	0,3249	0,3281	0,3314	0,3346	0,3378	0,3411
19	0,3443	0,3476	0,3508	0,3541	0,3574	0,3607
20°	0,3640	0,3673	0,3706	0,3739	0,3772	0,3805
21	0,3839	0,3872	0,3906	0,3939	0,3973	0,4006
22	0,4040	0,4074	0,4108	0,4142	0,4176	0,4210
23	0,4245	0,4279	0,4314	0,4348	0,4383	0,4417
24	0,4452	0,4487	0,4522	0,4557	0,4592	0,4628
25°	0,4663	0,4699	0,4734	0,4770	0,4806	0,4841
26	0,4877	0,4913	0,4950	0,4986	0,5022	0,5059
27	0,5095	0,5132	0,5169	0,5206	0,5243	0,5280
28	0,5317	0,5354	0,5392	0,5430	0,5467	0,5505
29	0,5543	0,5581	0,5619	0,5658	0,5696	0,5735
30°	0,5774	0,5812	0,5851	0,5890	0,5930	0,5969
31	0,6009	0,6048	0,6088	0,6128	0,6168	0,6208
32	0,6249	0,6289	0,6330	0,6371	0,6412	0,6453
33	0,6494	0,6536	0,6577	0,6619	0,6661	0,6703
34	0,6745	0,6787	0,6830	0,6873	0,6916	0,6959
35°	0,7002	0,7046	0,7089	0,7133	0,7177	0,7221
36	0,7265	0,7310	0,7355	0,7400	0,7445	0,7490
37	0,7536	0,7581	0,7627	0,7673	0,7720	0,7766
38	0,7813	0,7860	0,7907	0,7954	0,8002	0,8050
39	0,8098	0,8146	0,8195	0,8243	0,8292	0,8342
40°	0,8391	0,8441	0,8491	0,8541	0,8591	0,8642
41	0,8693	0,8744	0,8796	0,8847	0,8899	0,8952
42	0,9004	0,9057	0,9110	0,9163	0,9217	0,9271
43	0,9325	0,9380	0,9435	0,9490	0,9545	0,9601
44	0,9657	0,9713	0,9770	0,9827	0,9884	0,9942
45°	1,0000	1,0058	1,0117	1,0176	1,0235	1,0295

x	0′	10′	20′	30′	40′	50′
45°	1,0000	1,0058	1,0117	1,0176	1,0235	1,0295
46	1,0355	1,0416	1,0477	1,0538	1,0599	1,0661
47	1,0724	1,0786	1,0850	1,0913	1,0977	1,1041
48	1,1106	1,1171	1,1237	1,1303	1,1369	1,1436
49	1,1504	0,1571	1,1640	1,1708	1,1778	1,1047
50°	1,1918	1,1988	1,2059	1,2131	1,2203	1,2276
51	1,2349	1,2423	1,2497	1,2572	1,2647	1,2723
52	1,2799	1,2876	1,2954	1,3032	1,3111	1,3190
53	1,3270	1,3351	1,3432	1,3514	1,3597	1,3680
54	1,3764	1,3848	1,3934	1,4019	1,4106	1,4193
55°	1,4281	1,4370	1,4460	1,4550	1,4641	1,4733
56	1,4826	1,4919	1,5013	1,5108	1,5204	1,5301
57	1,5399	1,5497	1,5597	1,5697	1,5798	1,5900
58	1,6003	1,6107	1,6212	1,6319	1,6426	1,6534
59	1,6643	1,6753	1,6864	1,6977	1,7090	1,7205
60°	1,7321	1,7437	1,7556	1,7675	1,7796	1,7917
61	1.8040	1,8165	1,8291	1,8418	1,8546	1,8676
62	1,8807	1,8940	1,9074	1,9210	1,9347	1,9486
63	1,9626	1,9768	1,9912	2,0057	2,0204	2,0353
64	2,0503	2,0655	2,0809	2,0965	2,1123	2,1283
65°	2,1445	2,1609	2,1775	2,1943	2,2113	2,2286
66	2,2460	2,2637	2,2817	2,2998	2,3183	2,3369
67	2,3559	2,3750	2,3945	2,4142	2,4342	2,4545
68	2,4751	2,4960	2,5172	2,5386	2,5605	2,5826
69	2,6051	2,6279	2,6511	2,6746	2,6985	2,7228
70°	2,7475	2,7725	2,7980	2,8239	2,8502	2,8770
71	2,9042	2,9319	2,9600	2,9887	3,0178	3,0475
72	3,0777	3,1084	3,1397	3,1716	3,2041	3,2371
73	3,2709	3,3052	3,3402	3,3759	3,4124	3,4495
74	3,4874	3,5261	3,5656	3,6059	3,6470	3,6891
75°	3,7321	3,7760	3,8208	3,8667	3,9136	3,9617
76	4,0108	4,0611	4,1126	4,1653	4,2193	4,2747
77	4,3315	4,3897	4,4494	4,5107	4,5736	4,6382
78	4,7046	4,7729	4,8430	4,9152	4,9894	5,0658
79	5,1446	5,2257	5,3093	5,3955	5,4845	5,5764
80°	5,6713	5,7694	5,8708	5,9758	6,0844	6,1970
81	6,3138	6,4348	6,5606	6,6912	6,8269	6,9682
82	7,1154	7,2687	7,4287	7,5958	7,7704	7,9530
83	8,1443	8,3450	8,5555	8,7769	9,0098	9,2553
84	9,5144	9,7882	10,078	10,385	10,712	11,059
85°	11,430	11,826	12,251	12,706	13,197	13,727
86	14,301	14,924	15,605	16,350	17,169	18,075
87	19,081	20,206	21,470	22,904	24,542	26,432
88	28,636	31,242	34,368	38,188	42,964	49,104
89	57,290	68,750	85,940	114,59	171,89	343,77
90°	∞					

Cot *x*

x	0′	10′	20′	30′	40′	50′
0°	∞	343,77	171,89	114,59	85,940	68,750
1	57,290	49,104	42,964	38,188	34,368	31,242
2	28,636	26,432	24,542	22,904	21,470	20,206
3	19,081	18,075	17,169	16,350	15,605	14,924
4	14,301	13,727	13,197	12,706	12,251	11,826
5°	11,430	11,059	10,712	10,385	10,078	9,7882
6	9,5144	9,2553	9,0098	8,7769	8,5555	8,3450
7	8,1443	7,9530	7,7704	7,5958	7,4287	7,2687
8	7,1154	6,9682	6,8269	6,6912	6,5606	6,4348
9	6,3138	6,1970	6,0844	5,9758	5,8708	5,7694
10°	5,6713	5,5764	5,4845	5,3955	5,3093	5,2257
11	5,1446	5,0658	4,9894	4,9152	4,8430	4,7729
12	4,7046	4,6382	4,5736	4,5107	4,4494	4,3897
13	4,3315	4,2747	4,2193	4,1653	4,1126	4,0611
14	4,0108	3,9617	3,9136	3,8667	3,8208	3,7760
15°	3,7321	3,6891	3,6470	3,6059	3,5656	3,5261
16	3,4874	3,4495	3,4124	3,3759	3,3402	3,3052
17	3,2709	3,2371	3,2041	3,1716	3,1397	3,1084
18	3,0777	3.0475	3,0178	2,9887	2,9600	2,9319
19	2,9042	2,8770	2,8502	2,8239	2,7980	2,7725
20°	2,7475	2,7228	2,6985	2,6746	2,6511	2,6279
21	2,6051	2,5826	2,5605	2,5386	2,5172	2,4960
22	2,4751	2,4545	2,4342	2,4142	2,3945	2,3750
23	2,3559	2,3369	3,3183	2,2998	2,2817	2,2637
24	2,2460	2,2286	2,2113	2,1943	2,1775	2,1609
25°	2,1445	2,1283	2,1123	2,0965	2,0809	2,0655
26	2,0503	2,0353	2,0204	2,0057	1,9912	1,9768
27	1,9626	1,9486	1,9347	1,9210	1,9074	1,8940
28	1,8807	1,8676	1,8546	1,8418	1,8291	1,8165
29	1,8040	1,7917	1,7796	1,7675	1,7556	1,7437
30°	1,7321	1,7205	1,7090	1,6977	1,6864	1,6753
31	1,6643	1,6534	1,6426	1,6319	1,6212	1,6107
32	1,6003	1,5900	1,5798	1,5697	1,5597	1,5497
33	1,5399	1,5301	1,5204	1,5108	1,5013	1,4919
34	1,4826	1,4733	1,4641	1,4550	1,4460	1,4370
35°	1,4281	1,4193	1,4106	1,4019	1,3934	1,3848
36	1,3764	1,3680	1,3597	1,3514	1,3432	1,3351
37	1,3270	1,3190	1,3111	1,3032	1,2954	1,2876
38	1,2799	1,2723	1,2647	1,2572	1,2497	1,2423
39	1,2349	1,2276	1,2203	1,2131	1,2059	1,1988
40°	1,1918	1,1847	1,1778	1,1708	1,1640	1,1571
41	1,1504	1,1436	1,0369	1,1303	1,1237	1,1171
42	1,1106	1,1041	1,0977	1,0913	1,0850	1,0786
43	1,0724	1,0661	1,0599	1,0538	1,0477	1,0416
44	1,0355	1,0295	1,0235	1,0176	1,0117	1,0058
45°	1,0000	0,9942	0,9884	0,9827	0,9770	0,9713

x	0′	10′	20′	30′	40′	50′
45°	1,0000	0,9942	0,9884	0,9827	0,9770	0,9713
46	0,9657	0,9601	0,9545	0,9490	0,9435	0,9380
47	0,9325	0,9271	0,9217	0,9163	0,9110	0,9057
48	0,9004	0,8952	0,8899	0,8847	0,8796	0,8744
49	0,8693	0,8642	0,8591	0,8541	0,8491	0,8441
50°	0,8391	0,8342	0,8292	0,8243	0,8195	0,8146
51	0,8098	0,8050	0,8002	0,7954	0,7907	0,7860
52	0,7813	0,7766	0,7720	0,7673	0,7627	0,7581
53	0,7536	0,7490	0,7445	0,7400	0,7355	0,7310
54	0,7265	0,7221	0,7177	0,7133	0,7089	0,7046
55°	0,7002	0,6959	0,6916	0,6873	0,6830	0,6787
56	0,6745	0,6703	0,6661	0,6619	0,6577	0,6536
57	0,6494	0,6453	0,6412	0,6371	0,6330	0,6289
58	0,6249	0,6208	0,6168	0,6128	0,6088	0,6048
59	0,6009	0,5969	0,5930	0,5890	0,5851	0,5812
60°	0,5774	0,5735	0,5696	0,5658	0,5619	0,5581
61	0,5543	0,5505	0,5467	0,5430	0,5392	0,5354
62	0,5317	0,5280	0,5243	0,5206	0,5169	0,5132
63	0,5095	0,5059	0,5022	0,4986	0,4950	0,4913
64	0,4877	0,4841	0,4806	0,4770	0,4734	0,4699
65°	0,4663	0,4628	0,4592	0,4557	0,4522	0,4487
66	0,4452	0,4417	0,4383	0,4348	0,4314	0,4279
67	0,4245	0,4210	0,4176	0,4142	0,4108	0,4074
68	0,4040	0,4006	0,3973	0,3939	0,3906	0,3872
69	0,3839	0,3805	0,3772	0,3739	0,3706	0,3673
70°	0,3640	0,3607	0,3574	0,3541	0,3508	0,3476
71	0,3443	0,3411	0,3378	0,3346	0,3314	0,3281
72	0,3249	0,3217	0,3185	0,3153	0,3121	0,3089
73	0,3057	0,3026	0,2994	0,2962	0,2931	0,2899
74	0,2867	0,2836	0,2805	0,2773	0,2742	0,2711
75°	0,2679	0,2648	0,2617	0,2586	0,2555	0,2524
76	0,2493	0,2462	0,2432	0,2401	0,2370	0,2339
77	0,2309	0,2278	0,2247	0,2217	0,2186	0,2156
78	0,2126	0,2095	0,2065	0,2035	0,2004	0,1974
79	0,1944	0,1914	0,1883	0,1853	0,1823	0,1793
80°	0,1763	0,1733	0,1703	0,1673	0,1644	0,1614
81	0,1584	0,1554	0,1524	0,1495	0,1465	0,1435
82	0,1405	0,1376	0,1346	0,1317	0,1287	0,1257
83	0,1228	0,1198	0,1169	0,1139	0,1110	0,1080
84	0,1051	0,1022	0,0992	0,0963	0,0934	0,0904
85°	0,0875	0,0846	0,0816	0,0787	0,0758	0,0729
86	0,0699	0,0670	0,0641	0,0612	0,0582	0,0553
87	0,0524	0,0495	0,0466	0,0437	0,0407	0,0378
88	0,0349	0,0320	0,0291	0,0262	0,0233	0,0204
89	0,0175	0,0145	0,0116	0,0087	0,0058	0,0029
90°	0,0000					

Sec *x*

x	0′	10′	20′	30′	40′	50′
0°	1,000	1,000	1,000	1,000	1,000	1,000
1	1,000	1,000	1,000	1,000	1,000	1,001
2	1,001	1,001	1,001	1,001	1,001	1,001
3	1,001	1,002	1,002	1,002	1,002	1,002
4	1,002	1,003	1,003	1,003	1,003	1,004
5°	1,004	1,004	1,004	1,005	1,005	1,005
6	1,006	1,006	1,006	1,006	1,007	1,007
7	1,008	1,008	1,008	1,009	1,009	1,009
8	1,010	1,010	1,011	1,011	1,012	1,012
9	1,012	1,013	1,013	1,014	1,014	1,015
10°	1,015	1,016	1,016	1,017	1,018	1,018
11	1,019	1,019	1,020	1,020	1,021	1,022
12	1,022	1,023	1,024	1,024	1,025	1,026
13	1,026	1,027	1,028	1,028	1,029	1,030
14	1,031	1,031	1,032	1,033	1,034	1,034
15°	1,035	1,036	1,037	1,038	1,039	1,039
16	1,040	1,041	1,042	1,043	1,044	1,045
17	1,046	1,047	1,048	1,048	1,049	1,050
18	1,051	1,052	1,053	1,054	1,056	1,057
19	1,058	1,059	1,060	1,061	1,062	1,063
20°	1,064	1,065	1,066	1,068	1,069	1,070
21	1,071	1,072	1,074	1,075	1,076	1,077
22	1,079	1,080	1,081	1,082	1,084	1,085
23	1,086	1,088	1,089	1,090	1,092	1,093
24	1,095	1,096	1,097	1,099	1,100	1,102
25°	1,103	1,105	1,106	1,108	1,109	1,111
26	1,113	1,114	1,116	1,117	1,119	1,121
27	1,122	1,124	1,126	1,127	1,129	1,131
28	1,133	1,134	1,136	1,138	1,140	1,142
29	1,143	1,145	1,147	1,149	1,151	1,153
30°	1,155	1,157	1,159	1,161	1,163	1,165
31	1,167	1,169	1,171	1,173	1,175	1,177
32	1,179	1,181	1,184	1,186	1,188	1,190
33	1,192	1,195	1,197	1,199	1,202	1,204
34	1,206	1,209	1,211	1,213	1,216	1,218
35°	1,221	1,223	1,226	1,226	1,231	1,233
36	1,236	1,239	1,241	1,244	1,247	1,249
37	1,252	1,255	1,258	1,260	1,263	1,266
38	1,269	1,272	1,275	1,278	1,281	1,284
39	1,287	1,290	1,293	1,296	1,299	1,302
40°	1,305	1,309	1,312	1,315	1,318	1,322
41	1,325	1,328	1,332	1,335	1,339	1,342
42	1,346	1,349	1,353	1,356	1,360	1,364
43	1,367	1,371	1,375	1,379	1,382	1,386
44	1,390	1,394	1,398	1,402	1,406	1,410
45°	1,414	1,418	1,423	1,427	1,431	1,435

x	0′	10′	20′	30′	40′	50′
45°	1,414	1,418	1,423	1,427	1,431	1,435
46	1,440	1,444	1,448	1,453	1,457	1,462
47	1,466	1,471	1,476	1,480	1,485	1,490
48	1,494	1,499	1,504	1,509	1,514	1,519
49	1,524	1,529	1,535	1,540	1,545	1,550
50°	1,556	1,561	1,567	1,572	1,578	1,583
51	1,589	1,595	1,601	1,606	1,612	1,618
52	1,624	1,630	1,636	1,643	1,649	1,655
53	1,662	1,668	1,675	1,681	1,688	1,695
54	1,701	1,708	1,715	1,722	1,729	1,736
55°	1,743	1,751	1,758	1,766	1,773	1,781
56	1,788	1,796	1,804	1,812	1,820	1,828
57	1,836	1,844	1,853	1,861	1,870	1,878
58	1,887	1,896	1,905	1,914	1,923	1,932
59	1,942	1,951	1,961	1,970	1,980	1,990
60°	2,000	2,010	2,020	2,031	2,041	2,052
61	2,063	2,074	2,085	2,096	2,107	2,118
62	2,130	2,142	2,154	2,166	2,178	2,190
63	2,203	2,215	2,228	2,241	2,254	2,268
64	2,281	2,295	2,309	2,323	2,337	2,352
65°	2,366	2,381	2,396	2,411	2,427	2,443
66	2,459	2,475	2,491	2,508	2,525	2,542
67	2,559	2,577	2,595	2,613	2,632	2,650
68	2,669	2,689	2,709	2,729	2,749	2,769
69	2,790	2,812	2,833	2,855	2,878	2,901
70°	2,924	2,947	2,971	2,996	3,021	3,046
71	3,072	3,098	3,124	3,152	3,179	3,207
72	3,236	3,265	3,295	3,326	3,357	3,388
73	3,420	3,453	3,487	3,521	3,556	3,592
74	3,628	3,665	3,703	3,742	3,782	3,822
75°	3,864	3,906	3,950	3,994	4,039	4,086
76	4,134	4,182	4,232	4,284	4,336	4,390
77	4,445	4,502	4,560	4,620	4,682	4,745
78	4,810	4,876	4,945	5,016	5,089	5,164
79	5,241	5,320	5,403	5,487	5,575	5,665
80°	5,759	5,855	5,955	6,059	6,166	6,277
81	6,392	6,512	6,636	6,765	6,900	7,040
82	7,185	7,337	7,496	7,661	7,834	8,816
83	8,206	8,405	8,614	8,834	9,065	9,309
84	9,567	9,839	10,13	10,43	10,76	11,10
85°	11,47	11,87	12,29	12,75	13,23	13,76
86	14,34	14,96	15,64	16,38	17,20	18,10
87	19,11	20,23	21,49	22,93	24,56	26,42
88	28,65	31,26	34,38	38,20	42,98	49,11
89	57,30	68,76	85,95	114,6	171,9	343,2
90°	∞					

Csc x

x	0′	10′	20′	30′	40′	50′
0°	∞	343,8	171,9	114,6	85,95	68,76
1	57,30	49,11	42,98	38,20	34,38	31,26
2	28,65	26,45	24,56	22,93	21,49	20,23
3	19,11	18,10	17,20	16,38	15,64	14,96
4	14,34	13,76	13,23	12,75	12,29	11,87
5°	11,47	11,10	10,76	10,43	10,13	9,839
6	9,567	9,309	9,065	8,834	8,614	8,405
7	8,206	8,016	7,834	7,661	7,496	7,337
8	7,185	7,040	6,900	6,765	6,636	6,512
9	6,392	6,277	6,166	6,059	5,955	5,855
10°	5,759	5,665	5,575	5,487	5,403	5,320
11	5,241	5,164	5,089	5,016	4,945	4,876
12	4,810	4,745	4,682	4,620	4,560	4,502
13	4,445	4,390	4,336	4,284	4,232	4,182
14	4,134	4,086	4,039	3,994	3,950	3,906
15°	3,864	3,822	3,782	3,742	3,703	3,665
16	3,628	3,592	3,556	3,521	3,487	3,453
17	3,420	3,388	3,357	3,326	3,295	3,265
18	3,236	3,207	3,179	3,152	3,124	3,098
19	3,072	3,046	3,021	2,996	2,971	2,947
20°	2,924	2,901	2,878	2,855	2,833	2,812
21	2,790	2,769	2,749	2,729	2,709	2,689
22	2,669	2,650	2,632	2,613	2,595	2,577
23	2,559	2,542	2,525	2,508	2,491	2,475
24	2,459	2,443	2,427	2,411	2,396	2,381
25°	2,366	2,352	2,337	2,323	2,309	2,295
26	2,281	2,268	2,254	2,241	2,228	2,215
27	2,203	2,190	2,178	2,166	2,154	2,142
28	2,130	2,118	2,107	2,096	2,085	2,074
29	2,063	2,052	2,041	2,031	2,020	2,010
30°	2,000	1,990	1,980	1,970	1,961	1,951
31	1,942	1,932	1,923	1,914	1,905	1,896
32	1,887	1,878	1,870	1,861	1,853	1,844
33	1,836	1,828	1,820	1,812	1,804	1,796
34	1,788	1,781	1,773	1,766	1,758	1,751
35°	1,743	1,736	1,729	1,722	1,715	1,708
36	1,701	1,695	1,688	1,681	1,675	1,668
37	1,662	1,655	1,649	1,643	1,636	1,630
38	1,624	1,618	1,612	1,606	1,601	1,595
39	1,589	1,583	1,578	1,572	1,567	1,561
40°	1,556	1,550	1,545	1,540	1,535	1,529
41	1,524	1,519	1,514	1,509	1,504	1,499
42	1,494	1,490	1,485	1,480	1,476	1,471
43	1,466	1,462	1,457	1,453	1,448	1,444
44	1,440	1,435	1,431	1,427	1,423	1,418
45°	1,414	1,410	1,406	1,402	1,398	1,394

x	0′	10′	20′	30′	40′	50′
45°	1,414	1,410	1,406	1,402	1,398	1,394
46	1,390	1,386	1,382	1,379	1,375	1,371
47	1,367	1,364	1,360	1,356	1,353	1,349
48	1,346	1,342	1,339	1,335	1,332	1,328
49	1,325	1,322	1,318	1,315	1,312	1,309
50°	1,305	1,302	1,299	1,296	1,293	1,290
51	1,287	1,284	1,281	1,278	1,275	1,272
52	1,269	1,266	1,263	1,260	1,258	1,255
53	1,252	1,249	1,247	1,244	1,241	1,239
54	1,236	1,233	1,231	1,228	1,226	1,223
55°	1,221	1,218	1,216	1,213	1,211	1,209
56	1,206	1,204	1,202	1,199	1,197	1,195
57	1,192	1,190	1,188	1,186	1,184	1,181
58	1,179	1,177	1,175	1,173	1,171	1,169
59	1,167	1,165	1,163	1,161	1,159	1,157
60°	1,155	1,153	1,151	1,149	1,147	1,145
61	1,143	1,142	1,140	1,138	1,136	1,134
62	1,133	1,131	1,129	1,127	1,126	1,124
63	1,122	1,121	1,119	1,117	1,116	1,114
64	1,113	1,111	1,109	1,108	1,106	1,105
65°	1,103	1,102	1,100	1,099	1,097	1,096
66	1,095	1,093	1,092	1,090	1,089	1,088
67	1,086	1,085	1,084	1,082	1,081	1,080
68	1,079	1,077	1,076	1,075	1,074	1,072
69	1,071	1,070	1,069	1,068	1,066	1,065
70°	1,064	1,063	1,062	1,061	1,060	1,059
71	1,058	1,057	1,056	1,054	1,053	1,052
72	1,051	1,050	1,049	1,048	1,048	1,047
73	1,046	1,045	1,044	1,043	1,042	1,041
74	1,040	1,039	1,039	1,038	1,037	1,036
75°	1,035	1,034	1,034	1,033	1,032	1,031
76	1,031	1,030	1,029	1,028	1,028	1,027
77	1,026	1,026	1,025	1,024	1,024	1,023
78	1,022	1,022	1,021	1,020	1,020	1,019
79	1,019	1,018	1,018	1,017	1,016	1,016
80°	1,015	1,015	1,014	1,014	1,013	1,013
81	1,012	1,012	1,012	1,011	1,011	1,010
82	1,010	1,009	1,009	1,009	1,008	1,008
83	1,008	1,007	1,007	1,006	1,006	1,006
84	1,006	1,005	1,005	1,005	1,004	1,004
85°	1,004	1,004	1,003	1,003	1,003	1,003
86	1,002	1,002	1,002	1,002	1,002	1,002
87	1,001	1,001	1,001	1,001	1,001	1,001
88	1,001	1,001	1,000	1,000	1,000	1,000
89	1,000	1,000	1,000	1,000	1,000	1,000
90°	1,000					

Resolución de triángulos

40

Introducción histórica

La obra del matemático ruso Lobatschewski (1793-1856) supone una importante ruptura con la Geometría clásica euclidiana. Para Lobatschewski, «por un punto exterior a una recta pasan dos paralelas que separan las infinitas rectas no secantes de las infinitas secantes», rompiendo con el postulado de Euclides.

40.1 Teorema de los senos

Para resolver un triángulo hay que conocer sus tres ángulos y sus tres lados. Ahora bien, un triángulo queda perfectamente determinado si se conocen tres de sus elementos siempre que uno de ellos sea un lado. Así pues, para resolver un triángulo se deben hallar tres elementos del triángulo una vez conocidos los otros tres.
Un teorema muy importante para resolver triángulos es el teorema de los senos:

Los lados de un triángulo son proporcionales a los senos de los ángulos opuestos.

Para efectuar la demostración de este teorema consideraremos dos casos:
1. Que el triángulo sea acutángulo.
2. Que el triángulo sea obtusángulo.

Caso 1. Tal como puede observarse en la figura 40-1, supongamos que MNP es un triángulo acutángulo y que NQ y MR son alturas de dicho triángulo.

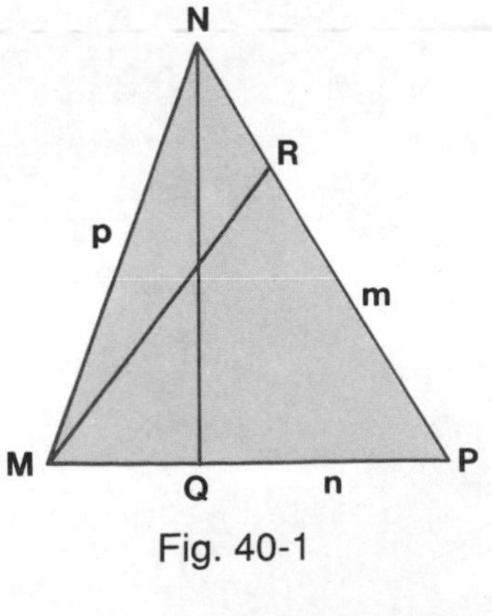

Fig. 40-1

$$\frac{m-n}{m+n} = \frac{\tan \frac{M-N}{2}}{\tan \frac{M+N}{2}}$$

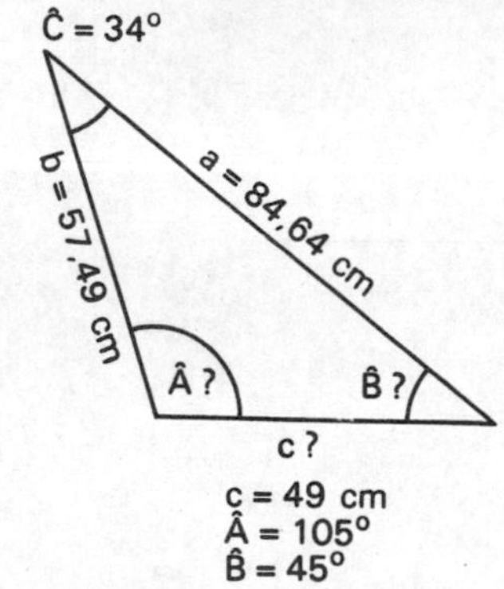

Se trata de demostrar que m / sen M = n / sen N = p / sen P.
Para ello, consideremos los triángulos MNQ y PNQ.
En el triángulo MNQ tenemos que sen M = NQ / p
Es decir, NQ = p · sen M (1)
En el triángulo PNQ tenemos que sen P = NQ / m
Es decir, NQ = m · sen P (2)
Comparando (1) y (2) resulta:

$$p \cdot \text{sen } M = m \cdot \text{sen } P$$

O sea, m / sen M = p / sen P (3)
En el triángulo MNR tenemos que sen N = MR / p
Es decir, MR = p · sen N (4)
En el triángulo MRP tenemos que sen P = MR / n
Es decir, MR = n · sen P (5)
Comparando (4) y (5) resulta:

$$p \cdot \text{sen } N = n \cdot \text{sen } P$$

O sea, n / sen N = p / sen P (6)
Comparando (3) y (6) tenemos:

$$m / \text{sen } M = n / \text{sen } N = p / \text{sen } P,$$

tal como queríamos demostrar.

Caso 2. Tal como puede observarse en la figura 40-2, supongamos que MNP es un triángulo obtusángulo y que MQ y PR son alturas de dicho triángulo.
Se trata de demostrar que m / sen M = n / sen N = p / sen P.
Para ello, consideremos los triángulos MQN y MPQ.
En el triángulo MQN tenemos que sen N = MQ / p
Es decir, MQ = p · sen N (1)
En el triángulo MPQ tenemos que sen (180° − P) = MQ / n
Es decir, MQ = n · sen (180° − P) (2)
Ahora bien, sen (180° − P) = sen P (3)
Sustituyendo (3) en (2) resulta:

$$MQ = n \cdot \text{sen } P \qquad (4)$$

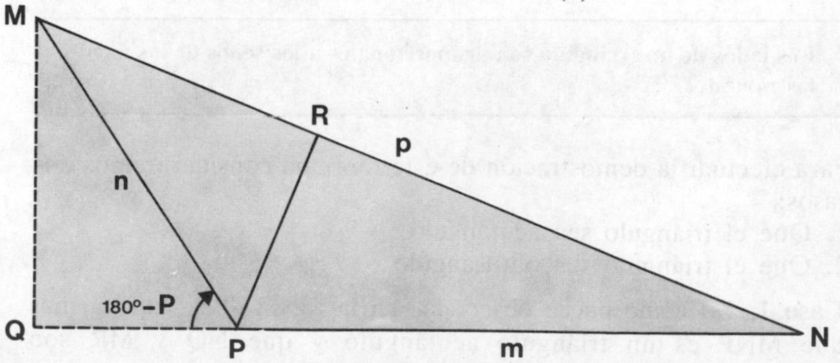

Fig. 40-2

Comparando (1) y (4) tendremos:

$$p \cdot \text{sen N} = n \cdot \text{sen P}$$

O sea, n / sen N = p / sen P (5)
En el triángulo MPR tenemos que sen M = PR / n
Es decir, PR = $n \cdot$ sen M (6)
En el triángulo PRN tenemos que sen N = PR / m
Es decir, PR = $m \cdot$ sen N (7)
Comparando (6) y (7) resulta:

$$n \cdot \text{sen M} = m \cdot \text{sen N}$$

O sea, m / sen M = n / sen N (8)
Comparando (5) y (8) resulta:
m / sen M = n / sen N = p / sen P, tal como queríamos demostrar.
Otro teorema importante para resolver triángulos es la denominada ley de las tangentes:

En todo triángulo oblicuángulo, la diferencia de dos de sus lados es a su suma como la tangente de la mitad de la diferencia de los ángulos opuestos a esos lados es a la tangente de la mitad de la suma de dichos ángulos.

En efecto, tal como puede observarse en la figura 40-3, supongamos que MNP es un triángulo oblicuángulo. Tendremos que:
m / sen M = n / sen N por el teorema de los senos.

Es decir, m / n = sen M / sen N
Pero $(m - n) / n$ = (sen M − sen N) / sen N (1)
y $(m + n) / n$ = (sen M + sen N) / sen N (2)
por las propiedades de las proporciones.
Dividiendo miembro a miembro (1) y (2) resulta:

$(m - n) / (m + n)$ = (sen M − sen N) / (sen M + sen N) (3)
Pero como sen M − sen N = 2 sen [(M − N) / 2] cos [(M + N) / 2] (4)
y sen M + sen N = 2 sen [(M + N) / 2] cos [(M − N) / 2] (5)
Sustituyendo (4) y (5) en (3) tendremos:

$$(m - n) / (m + n) = \frac{2 \text{ sen } [(\text{M} - \text{N}) / 2] \cos [(\text{M} + \text{N}) / 2]}{2 \text{ sen } [(\text{M} + \text{N}) / 2] \cos [(\text{M} - \text{N}) / 2]}$$

Es decir, $$(m - n) / (m + n) = \frac{\text{sen } [(\text{M} - \text{N}) / 2] \cos [(\text{M} + \text{N}) / 2]}{\cos [(\text{M} - \text{N}) / 2] \text{ sen } [(\text{M} + \text{N} / 2]} \quad (6)$$

Ahora bien, $$\frac{\text{sen } [(\text{M} - \text{N}) / 2]}{\cos [(\text{M} - \text{N}) / 2]} = \tan [(\text{M} - \text{N}) / 2] \quad (7)$$

En un triángulo rectángulo,

$a = \sqrt{b^2 + c^2}$

tan B = b/c.

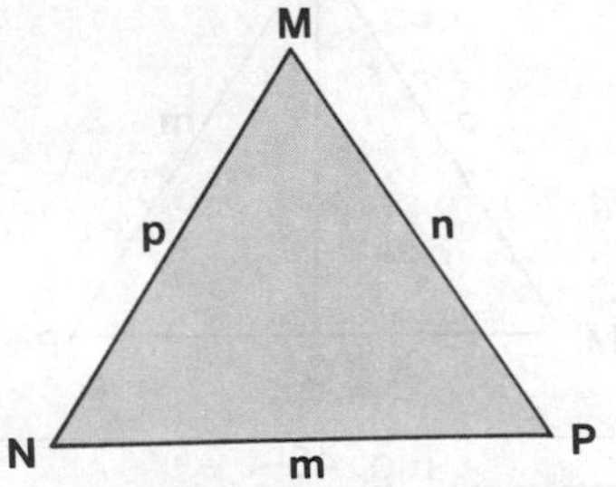

Fig. 40-3

$$\text{y} \qquad \frac{\cos[(M + N) / 2]}{\text{sen}[(M + N) / 2]} = \cot[(M + N) / 2] \qquad (8)$$

Sustituyendo (7) y (8) en (6) resulta:

$$(m - n) / (m + n) = \tan[(M - N) / 2] \cdot \cot[(M + N) / 2] \qquad (9)$$

Pero como $\cot[(M + N) / 2] = 1 / \tan[(M + N) / 2]$ (10)
Sustituyendo (10) en (9) se obtiene:

$$(m - n) / (m + n) = \tan[(M - N) / 2] \;/\; \tan[(M + N) / 2]$$

Para resolver un triángulo se deben hallar tres elementos del triángulo una vez conocidos los otros tres.

40.2 Teorema del coseno

Un teorema muy empleado en la resolución de triángulos, por relacionar un ángulo con los tres lados, es el teorema del coseno.

El cuadrado de un lado de un triángulo es igual a la suma de los cuadrados de los otros dos lados menos el doble del producto de dichos lados por el coseno del ángulo que forman.

Para efectuar la demostración de este teorema consideraremos dos casos:

1. Que el triángulo sea acutángulo.
2. Que el triángulo sea obtusángulo.

Caso 1. Tal como puede observarse en la figura 40-4, supongamos que MNP es un triángulo acutángulo y que NQ es una altura de dicho triángulo.

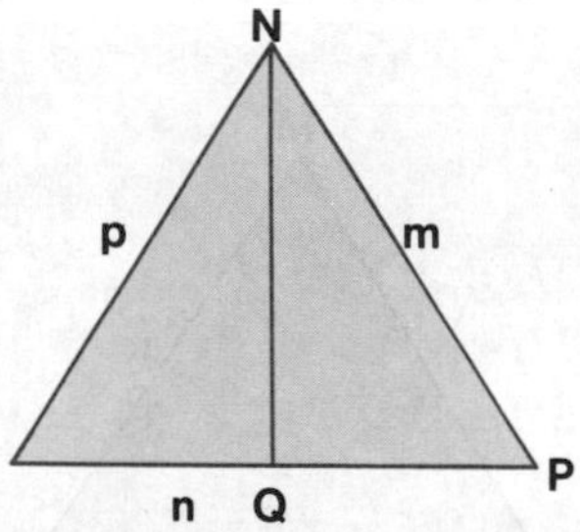

Fig. 40-4

Así pues, tendremos que: $m^2 = n^2 + p^2 - 2n \cdot \text{MQ}$ (1) por tratarse del lado opuesto a un ángulo de un triángulo.
Ahora bien, $\text{MQ} / \text{P} = \cos \text{M}$
Por lo tanto,

$$\text{MQ} = p \cdot \cos \text{M} \qquad (2)$$

Sustituyendo (2) en (1) resulta:
$m^2 = n^2 + p^2 - 2np \cdot \cos \text{M}$, tal como queríamos demostrar.
De modo similar se demuestra que:

$$n^2 = m^2 + p^2 - 2mp \cdot \cos \text{N}$$
$$p^2 = m^2 + n^2 - 2mn \cdot \cos \text{P}$$

Caso 2. Tal como puede observarse en la figura 40-5, supongamos que MNP es un triángulo obtusángulo y que NQ es la altura que se obtiene al prolongar PM.

Así pues, tendremos que: $m^2 = n^2 + p^2 + 2n \cdot MQ$ (1) por tratarse del lado opuesto a un ángulo obtuso de un triángulo.
Ahora bien, $QM / P = \cos(180° - M) = -\cos M$
Por lo tanto,

$$QM = -p \cdot \cos M \qquad (2)$$

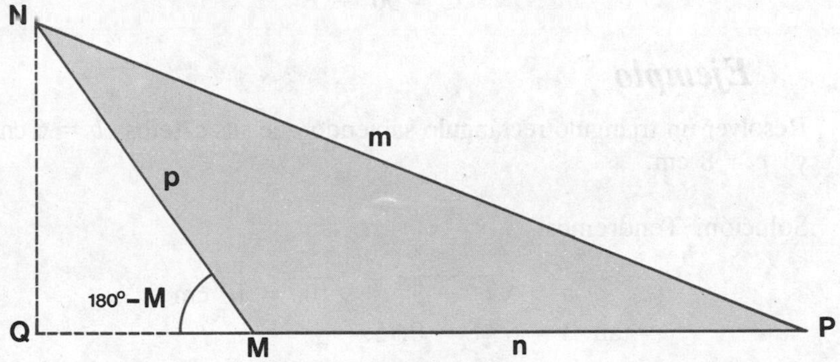

Fig. 40-5

Sustituyendo (2) en (1) resulta:

$$m^2 = n^2 + p^2 - 2np \cdot \cos M$$

tal como queríamos demostrar.

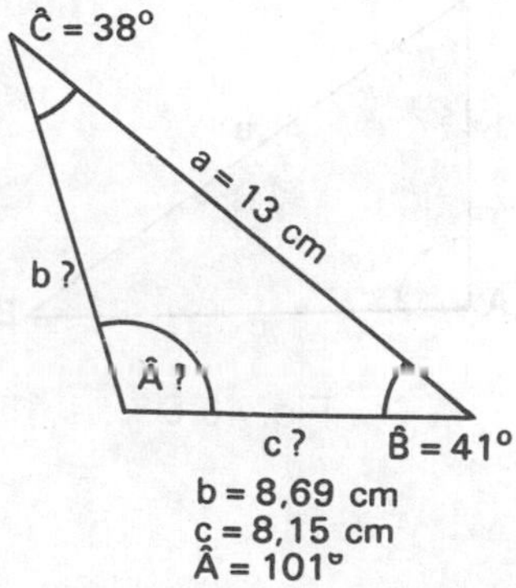

40.3 Discusión de los diversos casos de resolución de triángulos

En la resolución de triángulos vamos a distinguir los dos casos siguientes:

a. Que el triángulo sea rectángulo.
b. Que el triángulo sea oblicuángulo.

Caso a. En el caso de que el triángulo sea rectángulo, como el ángulo recto ya está determinado, para resolverlo basta con conocer dos de sus elementos siempre que uno de ellos sea un lado. Así pues, pueden presentarse los cuatro casos siguientes:

1. Que se conozcan los dos catetos.
2. Que se conozcan un cateto y la hipotenusa.
3. Que se conozcan un cateto y un ángulo agudo.
4. Que se conozcan la hipotenusa y un ángulo agudo.

Seguidamente vamos a estudiar cada uno de estos casos.

El teorema del coseno relaciona un ángulo del triángulo con los tres lados. Conocido este ángulo y dos lados permite resolver cualquier triángulo.

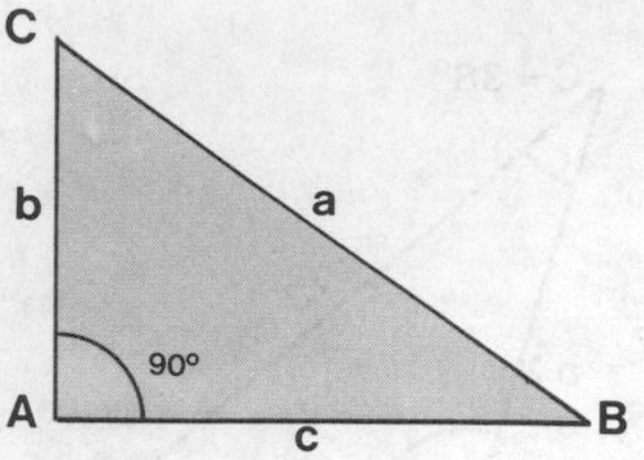

Fig. 40-6

En un triángulo rectángulo,

$b = \sqrt{a^2 - c^2}$

$c = b \cdot \tan C$

En un triángulo rectángulo,

$$\text{Área} = \frac{c \cdot \sqrt{a^2 - c^2}}{2}$$

Caso 1. Tal como puede observarse en la figura 40-6, A, *b* y *c* son los elementos conocidos. Para determinar los restantes elementos emplearemos las expresiones siguientes:

$$a = \sqrt{b^2 + c^2}$$
$$\tan B = b / c$$
$$C = 90° - B$$

Ejemplo

Resolver un triángulo rectángulo sabiendo que sus catetos $b = 6$ cm y $c = 8$ cm.

Solución. Tendremos:

$$a = \sqrt{6^2 + 8^2} = \sqrt{100} = 10 \text{ cm}$$
$$\tan B = 6 / 8 = 0{,}75.$$

Por lo tanto, $B = 36° \, 52' \, 11''$

$C = 90° - 36° \, 52' \, 11'' = 53° \, 7' \, 49''$

Caso 2. Tal como puede observarse en la figura 40-6, A, *a* y c son los elementos conocidos. Para determinar los restantes elementos emplearemos las expresiones siguientes:

$$b = \sqrt{a^2 - c^2}$$
$$\tan C = c / b$$
$$B = 90° - C$$

Ejemplo

Resolver un triángulo rectángulo sabiendo que su hipotenusa $a =$ $= 15$ cm y su cateto $c = 12$ cm.

Solución. Tendremos:

$$b = \sqrt{15^2 - 12^2} = 9 \text{ cm}$$
$$\tan c = 12/9 = 1'33$$

Por lo tanto, $C = 53° \, 7' \, 48''$

$B = 90° - 53° \, 7' \, 48'' = 36° \, 52' \, 12''$

Caso 3. Tal como puede observarse en la figura 40-6, A, *b* y C son los elementos conocidos. Para determinar los restantes elementos emplearemos las expresiones siguientes:

$$B = 90° - C$$
$$c = b \cdot \tan C$$
$$a = b / \text{sen } B$$

Ejemplo

Resolver un triángulo rectángulo sabiendo que $b = 6$ cm y C = = 42°.

Solución. Tendremos:

$$B = 90° - 42° = 48°$$
$$c = 6 \cdot \tan 42° = 5{,}4 \text{ cm}$$
$$a = 6 / \text{sen } 48° = 6 / 0{,}7431 = 8{,}07 \text{ cm}$$

Caso 4. Tal como puede observarse en la figura 40-6, A, *a* y C son los elementos conocidos. Para determinar los restantes elementos emplearemos las expresiones siguientes:

$$B = 90° - C$$
$$b = a \cdot \text{sen B}$$
$$c = a \cdot \text{sen C}$$

Ejemplo

Resolver un triángulo rectángulo sabiendo que $a = 20$ cm y C = = 30°.

Solución. Tendremos:

$$B = 90° - 30° = 60°$$
$$b = 20 \cdot \text{sen } 60° = 20 \cdot 0{,}8660 = 17{,}32 \text{ cm}$$
$$c = 20 \cdot \text{sen } 30° = 20 \cdot 0{,}5 = 10 \text{ cm}$$

En el caso de que interese determinar el área del triángulo rectángulo en los casos anteriores tendremos:

Caso 1. Área $= b \cdot c / 2$

Caso 2. Área $= b \cdot c / 2$ (1)
Ahora bien, $b = \sqrt{a^2 - c^2}$ (2)
Así pues, sustituyendo (2) en (1) resulta:

$$\text{Área} = c \cdot \sqrt{a^2 - c^2 / 2}$$

Caso 3. Área $= b \cdot c / 2$ (1)
Ahora bien, $c = b \cdot \tan \text{C}$ (2)
Así pues, sustituyendo (2) en (1) resulta:

$$\text{Área} = b^2 \cdot \tan \text{C} / 2$$

Caso 4. Área $= b \cdot c / 2$ (1)
Ahora bien, $b = a \cdot \text{sen B}$ (2)
$c = a \cdot \text{sen C}$ (3)

En un triángulo rectángulo,

b = a · sen B

c = a · sen C

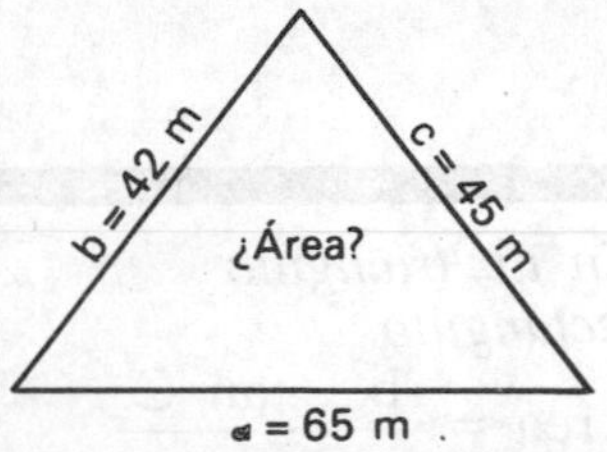

En un triángulo rectángulo,

c = b · tan C

B = 90° − C

Así pues, sustituyendo (2) y (3) en (1) resulta:

$$\text{Área} = a^2 \cdot \text{sen B} \cdot \text{sen C} / 2 \qquad (4)$$

Ahora bien, sen B = cos C (5)
Sustituyendo (5) en (4) tendremos:

$$\text{Área} = a^2 \cdot \text{sen C} \cdot \cos \text{C} / 2 \qquad (6)$$

Pero como sen 2C = 2 sen C cos C (7)
Sustituyendo (7) en (6) resulta:

$$\text{Área} = a^2 \cdot \text{sen 2C} / 4$$

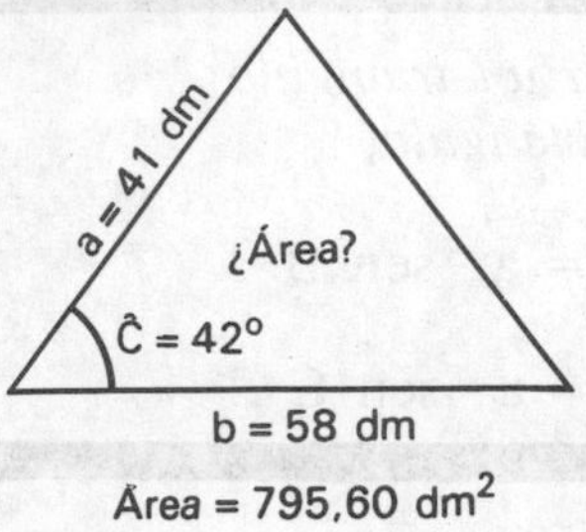

Caso b. En el caso de que el triángulo sea oblicuángulo pueden presentarse los tres casos siguientes:

1. Que se conozcan los tres lados.
2. Que se conozcan dos lados y el ángulo comprendido entre ellos.
3. Que se conozcan un lado y dos ángulos.

A continuación, vamos a estudiar cada uno de estos casos.

En un triángulo rectángulo,

$$\text{Área} = \frac{b^2 \cdot \tan C}{2}$$

Caso 1. En este caso, *a, b* y *c* son los elementos conocidos. Para determinar los restantes elementos procederemos del modo siguiente:

Cálculo del ángulo A. Por el teorema del coseno tendremos:

$$a^2 = b^2 + c^2 - 2bc \cdot \cos A$$

Es decir, $\cos A = (b^2 + c^2 - a^2) / 2bc$

Cálculo del ángulo B. Análogamente, tendremos:

$$\cos B = (a^2 + c^2 - b^2) / 2ac$$

Cálculo del ángulo C. De modo similar:

$$\cos C = (a^2 + b^2 - c^2) / 2ab$$

Ejemplo

Resolver un triángulo oblicuángulo sabiendo que $a = 17$ cm, $b = 21$ cm y $c = 14$ cm.

Solución. Tendremos:

$$\cos A = (21^2 + 14^2 - 17^2) / 2 \cdot 21 \cdot 14 = 0,5918$$

Es decir, $A = 53° \ 42' \ 45''$

$$\cos B = (17^2 + 14^2 - 21^2) / 2 \cdot 17 \cdot 14 = 0{,}0924$$

Es decir, $B = 84° \, 41' \, 46''$

$$\cos C = (17^2 + 21^2 - 14^2) / 2 \cdot 17 \cdot 21 = 0{,}7479$$

Es decir, $C = 41° \, 35' \, 29''$

Caso 2. En este caso, A, *b* y *c* son los elementos conocidos. Para determinar los restantes elementos procederemos del modo siguiente:

Cálculo del lado a. Por el teorema del coseno tendremos:

$$a^2 = b^2 + c^2 - 2bc \cdot \cos A$$

Es decir, $a = \sqrt{b^2 + c^2 - 2bc \cdot \cos A}$

Cálculo del ángulo B. Por el teorema del coseno tendremos:

$$b^2 = a^2 + c^2 - 2ac \cdot \cos B$$

Es decir, $\cos B = (a^2 + c^2 - b^2) / 2ac$

Cálculo del ángulo C. Análogamente, tendremos:

$$\cos C = (a^2 + b^2 - c^2) / 2ab$$

Ejemplo

Resolver un triángulo oblicuángulo sabiendo que $A = 60°$, $b = 12$ cm y $c = 14$ cm.

Solución. Tendremos:

$$a = \sqrt{12^2 + 14^2 - 2 \cdot 12 \cdot 14 \cdot \cos 60°} = 13{,}11 \text{ cm.}$$

$$\cos B = (172 + 196 - 144) / 2 \cdot 13{,}11 \cdot 14 = 0{,}6100$$

Es decir, $B = 52° \, 24' \, 40''$

$$\cos C = (172 + 144 - 196) / 2 \cdot 13{,}11 \cdot 12 = 0{,}3812$$

Es decir, $C = 67° \, 35' \, 20''$

Caso 3. En este caso, A, B y *c* son los elementos conocidos. Para determinar los restantes elementos procederemos del modo siguiente:

Cálculo del ángulo C. $C = 180° - (A + B) = 180° - A - B$

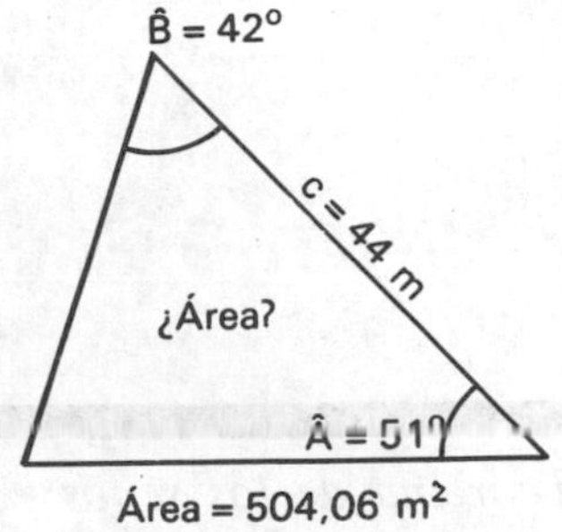

Teorema del coseno:

$$a^2 = b^2 + c^2 - 2bc \cdot \cos A$$

Cálculo del ángulo a. Por el teorema de los senos tendremos:

$$a \,/\, \text{sen A} = c \,/\, \text{sen C}$$

Es decir, $a = c \cdot \text{sen A} \,/\, \text{sen C}$

Cálculo del ángulo b. Análogamente:

$$b \,/\, \text{sen B} = c \,/\, \text{sen C}$$

Es decir, $b = c \cdot \text{sen B} \,/\, \text{sen C}$.

Teorema de los senos:

$$\frac{a}{\text{sen A}} = \frac{b}{\text{sen B}} = \frac{c}{\text{sen C}}$$

Ejemplo

Resolver un triángulo oblicuángulo sabiendo que A = 50°, B = 30° y c = 20 cm.

Solución. Tendremos:

$$\begin{aligned} C &= 180° - 50° - 30° = 100° \\ a &= 20 \cdot \text{sen } 50° \,/\, \text{sen } 100° = 15{,}56 \text{ cm} \\ b &= 20 \cdot \text{sen } 30° \,/\, \text{sen } 100° = 10{,}15 \text{ cm} \end{aligned}$$

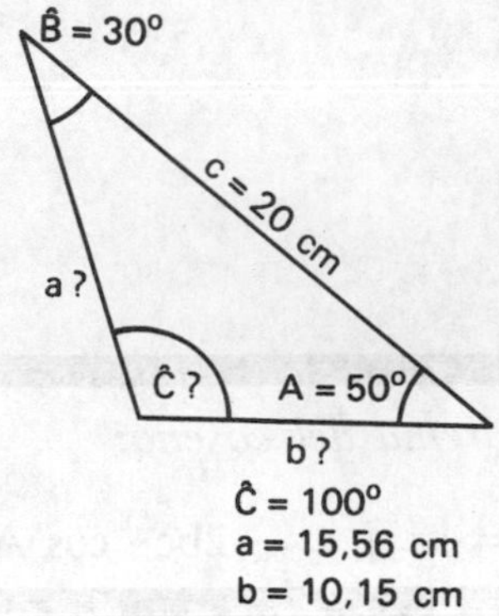

Fig. 40-7

En el caso de que interese determinar el área del triángulo oblicuángulo en los casos anteriores tendremos:

Caso 1. Área = $\sqrt{p(p-a)(p-b)(p-c)}$ (fórmula de Herón) siendo $p = (a + b + c) \,/\, 2$

Caso 2. Tal como puede observarse en la figura 40-7, tendremos:

$$\text{Área} = b \cdot h \,/\, 2 \quad (1)$$

Ahora bien, $h \,/\, c = \text{sen A}$
Es decir, $h = c \cdot \text{sen A}$ (2)
Sustituyendo (2) en (1) tendremos:

$$\text{Área} = b \cdot c \cdot \text{sen A} \,/\, 2$$

En un triángulo rectángulo,

$$\text{Área} = \frac{a^2 \cdot \text{sen } 2C}{4}$$

Caso 3. Tal como acabamos de ver en el caso anterior:

$$\text{Área} = b \cdot c \cdot \text{sen A} \,/\, 2 \quad (1)$$

Pero como $b \,/\, \text{sen B} = c \,/\, \text{sen C}$ por el teorema de los senos.
Es decir, $b = c \cdot \text{sen B} \,/\, \text{sen C}$ (2)
Sustituyendo (2) en (1) resulta:

$$\text{Área} = c^2 \cdot \text{sen A} \cdot \text{sen B} \,/\, \text{sen C} \cdot 2 \quad (3)$$

Pero como C = 180° − A − B (4)

Sustituyendo (4) en (3) se obtiene:

$$\text{Área} = c^2 \cdot \text{sen A} \cdot \text{sen B} / \text{sen}\ (180° - \text{A} - \text{B}) \cdot 2$$

Problemas propuestos

1. ¿Cuánto miden los catetos de un triángulo rectángulo isósceles sabiendo que la hipotenusa mide 10 cm?.
2. Calcula las funciones trigonométricas de los ángulos agudos B y C de un triángulo rectángulo cuyos catetos son c=3 y b=4.
3. Halla el área del pentágono regular de lado 10 m.
4. Halla el área de un octógono regular de lado 10 m.
5. En un triángulo ABC se conoce el lado a = BC = 10 m, el ángulo ABC que vale 105º y el ángulo ACB que vale 30º. Halla los lados y el área del triángulo.
6. En una circunferencia de 100 m de radio se unen dos puntos con una cuerda de 100 m. ¿Cuánto vale el ángulo central?.
7. ¿Cuál es el área de un hexágono regular en función del lado a?.
8. Expresa en función de la arista a el área de: a) Un tetraedro regular; b) Un hexaedro regular.
9. En el triángulo ABC los lados miden 24 m, 28 m y 36 m. Halla la tangente del mayor de los ángulos.
10. Halla el radio de la circunferencia circunscrita al triángulo cuyos lados miden 13 m, 14 m y 15 m.
11. Calcula el área de un triángulo ABC sabiendo que a = 25 cm, b = 28 cm y que sen 2C = 0,96 (C < 45º).
12. Uno de los lados de un triángulo es doble que el otro, y el ángulo comprendido vale 60º. Halla los otros dos ángulos.
13. El radio de la circunferencia circunscrita al triángulo ABC mide $2\sqrt{2}$ m y dos de sus ángulos son de 30º y 45º. Resuelve dicho triángulo.
14. Halla el área del triángulo ABC sabiendo que a = 1 m. B = 30º y C = 45º.
15. Halla los lados de un triángulo sabiendo que su área mide 18 cm^2 y dos de sus ángulos A = 30ª y B = 45º.
16. Calcula el radio de la circunferencia circunscrita al triángulo ABC sabiendo que a = 3 cm y A = 60º.
17. Los lados de un triángulo miden, respectivamente, 13 m, 14 m y 15 m. Calcula el seno y el coseno del ángulo menor y la superficie del triángulo.
18. Dos individuos A y B observan un globo que está situado en un plano vertical que pasa por ellos. La distancia entre los individuos es de 4 km. Los ángulos de elevación del globo desde los observadores son de 46º y 52º, respectivamente. Halla la altura del globo y su distancia a cada observador.
19. Tres pueblos A, B y C, están unidos por carreteras rectas y llanas. La distancia AB es de 6 km, la BC es 9 km y el ángulo que forman AB y BC es de 120º. ¿Cuánto distan A y C?.
20. Sea AB una altura de pie accesible, situada en terreno horizontal. Desde el punto E, situado a 23,41 m de A, con un aparato colocado en C a 1 m del suelo, se dirige una visual a B, que forma un ángulo de 4º 12' con la horizontal. ¿Cuánto mide la altura AB?.
21. Sean A y B dos puntos inaccesibles, pero visibles ambos desde otros puntos accesibles C y D, separados por la longitud 73,2 m. Suponiendo que los ángulos ACD = 80º 12'; BCD = 43º 31'; BDC = 32º y ADC = 23º 14', determina la distancia AB.
22. Se desea saber la altura de un árbol situado en la orilla opuesta de un río. La visual del extremo superior del árbol desde un cierto punto forma un ángulo de elevación de 17º. Aproximándose 25, 8 m hacia la orilla en la dirección del árbol, el ángulo es de 31º. Calcula la altura del árbol.

23. Un barco A pide socorro y las señales son recibidas por dos estaciones de radio B y C que distan entre sí 80 km. La recta que une B y C forma con la dirección norte un ángulo de 48°. B recibe señales con una dirección de 135° con el norte, mientras que C las recibe con una dirección de 96° con el norte. ¿A qué distancia de cada estación se encuentra el barco?.
24. Una escalera de bomberos de 10 m de longitud, se ha fijado en un punto de la calzada. Si se apoya sobre una de las fachadas forma un ángulo con el suelo de 45º, y si se apoya sobre la otra fachada forma un ángulo de 30º. Halla la anchura de la calle. ¿Qué altura se alcanza con dicha escalera sobre cada una de las fachadas?.
25. Un amigo le dice a otro: "Tengo tres hijos cuyas edades, que son números enteros, si las tomásemos como longitudes formarían un triángulo, de manera que cada uno de sus ángulos es doble que el otro. Si mi hijo mediano tiene 5 años, ¿qué edades tienen los otros dos?".
26. Sabemos que las medidas de los lados del mágico triángulo de las Bermudas son números enteros consecutivos tomando como unidad 100 km. Además, el ángulo menor es la mitad del ángulo mayor. ¿Sabrías hallar las medidas del triángulo de las Bermudas?.
27. Olga quiere subir hasta el borde de una tapia. Para ello ha cogido una escalera, pero no le sirve porque tiene la misma altura que la tapia. Como es muy ingeniosa, ha cogido un cajón de 20 cm de alto y lo ha colocado a 1 m de distancia del pie de la tapia. Si al poner sobre el cajón la escalera ésta llega al borde de la tapia, ¿qué altura tiene la tapia?.
28. Resolver un triángulo rectángulo sabiendo que sus catetos $b = 4{,}83$ cm y $c = 1{,}29$ cm.
29. Ídem si $b = 7{,}55$ m y $c = 6{,}56$ m.
30. Ídem si $b = 1{,}56$ dm y $c = 3{,}68$ dm.
31. Ídem si $b = 8{,}56$ cm y $c = 2{,}78$ cm.
32. Ídem si $b = 2{,}12$ m y $c = 2{,}12$ m.
33. Ídem si $b = 1{,}95$ dm y $c = 5{,}67$ dm.
34. Ídem si $b = 8{,}66$ cm y $c = 5$ cm.
35. Ídem si $b = 1{,}76$ m y $c = 2{,}43$ m.
36. Ídem si $b = 0{,}835$ dm y $c = 5{,}94$ dm.
37. Resolver un triángulo rectángulo sabiendo que la hipotenusa $a = 53$ cm y el cateto $b = 11{,}02$ cm.
38. Ídem si $a = 74$ dm y $b = 41{,}38$ dm.
39. Ídem si $a = 92$ dm y $b = 73{,}47$ dm.
40. Ídem si $a = 9$ cm y $b = 8{,}46$ cm.
41. Ídem si $a = 23$ m y $b = 22{,}91$ m.
42. Ídem si $a = 35$ dm y $b = 4{,}87$ dm.
43. Ídem si $a = 44$ cm y $b = 12{,}13$ cm.
44. Ídem si $a = 51$ m y $b = 18{,}28$ m.
45. Resolver un triángulo rectángulo sabiendo que el cateto $b = 19{,}59$ cm y el ángulo C = 73°.
46. Ídem si $b = 40{,}10$ m y C = 12°.
47. Ídem si $b = 11{,}48$ dm y C = 28°.
48. Ídem si $b = 61{,}68$ cm y C = 42°.
49. Ídem si $b = 30{,}09$ m y C = 53°.
50. Ídem si $b = 8$ cm y C = 60°.
51. Ídem si $b = 28{,}67$ m y C = 69°.
52. Ídem si $b = 11{,}99$ dm y C = 73°.
53. Resolver un triángulo rectángulo sabiendo que su hipotenusa $a = 88$ cm y que el ángulo B = 67°.
54. Ídem si $a = 62$ m y B = 41°.
55. Ídem si $a = 34$ dm y B = 13°.
56. Ídem si $a = 4$ cm y B = 83°.
57. Ídem si $a = 72$ m y B = 50°.
58. Ídem si $a = 38$ dm y B = 16°.
59. Ídem si $a = 65$ m y B = 80°.
60. Ídem si $a = 25$ cm y B = 60°.
61. Ídem si $a = 83$ dm y B = 71°.
62. Resolver un triángulo oblicuángulo sabiendo que sus tres lados miden, respectivamente, $a = 95$ cm, $b = 69{,}35$ cm y $c = 34{,}18$ cm.
63. Ídem si $a = 61$ dm, $b = 33{,}47$ dm y $c = 43{,}07$ dm.
64. Ídem si $a = 41$ dm, $b = 23{,}01$ dm y $c = 28{,}82$ dm.
65. Ídem si $a = 36$ cm, $b = 18{,}69$ cm y $c = 24{,}79$ cm.
66. Ídem si $a = 47$ dm, $b = 21{,}67$ dm y $c = 38{,}11$ dm.
67. Ídem si $a = 76$ m, $b = 51{,}24$ m y $c = 50{,}23$ m.
68. Ídem si $a = 23$ cm, $b = 16{,}18$ cm y

$c = 11{,}04$ cm.

69. Ídem si $a = 90$ dm, $b = 56{,}67$ dm y $c = 67{,}97$ dm.

70. Resolver un triángulo oblicuángulo sabiendo que sus lados $a = 83{,}51$ cm y $b = 58{,}24$ cm y que el ángulo C = 41°.

71. Ídem si $a = 34{,}24$ dm, $b = 14{,}63$ dm y C = 36°.

72. Ídem si $a = 8{,}19$ m, $b = 5{,}27$ m y C = 47°.

73. Ídem si $a = 10{,}05$ cm, $b = 8{,}49$ cm y C = 23°.

74. Ídem si $a = 32{,}55$ dm, $b = 24{,}17$ dm y C = 33°.

75. Ídem si $a = 84{,}64$ m, $b = 57{,}49$ m y C = 34°.

76. Ídem si $a = 88{,}21$ cm, $b = 30{,}59$ cm y C = 45°.

77. Ídem si $a = 118{,}11$ dm, $b = 68{,}54$ dm y C = 26°.

78. Resolver un triángulo oblicuángulo sabiendo que el lado $a = 76$ cm y que los ángulos B = 35° y C = 50°.

79. Ídem si $a = 38$ dm, B = 47° y C = 40°.

80. Ídem si $a = 13$ cm, B = 41° y C = 38°.

81. Ídem si $a = 31$ m, B = 26° y C = 54°.

82. Ídem si $a = 72$ dm, B = 46° y C = 29°.

83. Ídem si $a = 32$ cm, B = 47° y C = 16°.

84. Ídem si $a = 14$ m, B = 42° y C = 12°.

85. Ídem si $a = 19$ m, B = 41° y C = 44°.

86. Hallar el área de un triángulo sabiendo que sus lados son: $a = 57$ cm, $b = 42$ cm y $c = 62$ cm.

87. Ídem si $a = 25$ m, $b = 71$ m y $c = 78$ m.

88. Ídem si $a = 13$ m, $b = 52$ m y $c = 54$ m.

89. Ídem si $a = 36$ cm, $b = 42$ cm y $c = 70$ cm.

90. Ídem si $a = 65$ m, $b = 42$ m y $c = 45$ m.

91. Ídem si $a = 45$ dm, $b = 50$ dm y $c = 84$ dm.

92. Ídem si $a = 49$ cm, $b = 66$ cm y $c = 45$ cm.

93. Ídem si $a = 43$ m, $b = 21$ m y $c = 45$ m.

94. Hallar el área de un triángulo sabiendo que sus lados $a = 13$ cm y $b = 44$ cm y que el ángulo C = 86°.

95. Ídem si $a = 80$ m, $b = 65$ m y C = 70°.

96. Ídem si $a = 57$ m, $b = 87$ m y C = 57°.

97. Ídem si $a = 44$ cm, $b = 34$ cm y C = 48°.

98. Ídem si $a = 41$ dm, $b = 58$ dm y C = 42°.

99. Ídem si $a = 46$ m, $b = 33$ m y C = 39°.

100. Ídem si $a = 60$ cm, $b = 58$ cm y C = 41°.

101. Ídem si $a = 81$ dm, $b = 90$ dm y C = 46°.

102. Hallar el área de un triángulo sabiendo que sus ángulos A = 57° y B = 50° y que el lado $c = 57$ cm.

103. Ídem si A = 44°, B = 34° y $c = 25$ m.

104. Ídem si A = 41°, B = 31° y $c = 13$ m.

105. Ídem si A = 46°, B = 42° y $c = 36$ cm.

106. Ídem si A = 60°, B = 55° y $c = 65$ dm.

107. Ídem si A = 46°, B = 44° y $c = 42$ m.

108. Ídem si A = 36°, B = 34° y $c = 45$ cm.

109. Ídem si A = 48°, B = 58° y $c = 49$ dm.

Soluciones

1. Solución: $5\sqrt{2}$ m

2. S: $\operatorname{sen} B = \frac{4}{5}$; $\cos B = \frac{3}{5}$; $\tan B = \frac{4}{3}$;

   $\csc B = \frac{5}{4}$; $\sec B = \frac{5}{3}$; $\cot B = \frac{3}{4}$.

   $\operatorname{sen} C = \frac{3}{5}$; $\cos C = \frac{4}{5}$; $\tan C = \frac{3}{4}$;

   $\csc C = \frac{5}{3}$; $\sec C = \frac{5}{4}$; $\cot C = \frac{4}{3}$.

3. S: 172,05 m^2

4. S: 482,84 m^2

5. S: $AB = 5\sqrt{2}$ m; $AC = 5 + 5\sqrt{3}$ m; $S = 34{,}15$ m^2

6. S: 60º

7. S: $\frac{3a^2\sqrt{3}}{2}$

8. S: a) $a^2\sqrt{3}$; b) $6a^2$

9. S: 20,98

10. S: 8,125 m

11. S: 210 cm^2

12. S: A = 30º y C = 90º.

13. S: C = 105º; $a = 2\sqrt{2}$ cm; $b = 4$ cm; $c = 2\sqrt{4 + 2\sqrt{3}}$ cm

14. S: 0,1830 m^2
15. S: a = 5,133 cm; b = 7,259 cm; c = 9,915 cm.
16. S: $\sqrt{3}$ m
17. S: cos A = 0,6; sen A = 0,8; S = 84 m^2
18. S: h = 21,69 km; BC = 27,52 km; AC = 30,15 km.
19. S: 13,07 km
20. S: 2,72 m
21. S: 22,09 m
22. S: 16,05 m
23. S: A 126, 9 km de la estación C y a 94,46 km de la estación B.
24. S: Anchura de la calle = 15,73 m

    Altura sobre las fachadas: $5\sqrt{2}$ y 5 m
25. S: No tiene solución
26. S: 400 km, 500 km y 600 km.
27. S: 2,6 m.
28. S.: *a* = 5 cm, A = 90°, B = 75° y C = 15°.
29. S.: *a* = 10 m, A = 90°, B = 49° y C = 41°.
30. S.: *a* = 4 dm, A = 90°, B = 23° y C = 67°.
31. S.: *a* = 9 cm, A = 90°, B = 72° y C = 18°.
32. S.: *a* = 3 m, A = 90°, B = 45° y C = 45°.
33. S.: *a* = 6 dm, A = 90°, B = 19° y C = 71°.
34. S.: *a* = 10 cm, A = 90°, B = 60° y C = 30°.
35. S.: *a* = 3 m, A = 90°, B = 36° y C = 54°.
36. S.: *a* = 6 dm, A = 90°, B = 8° y C = 82°.
37. S.: *c* = 51,84 cm, A = 90°, B = 12° y C = 78°.
38. S.: *c* = 61,35 dm, A = 90°, B = 34° y C = 56°.
39. S.: *c* = 55,37 dm, A = 90°, B = 53° y C = 37°.
40. S.: *c* = 3,08 cm, A = 90°, B = 70° y C = 20°.
41. S.: *c* = 2,00 m, A = 90°, B = 85° y C = 5°.
42. S.: *c* = 34,66 dm, A = 90°, B = 8° y C = 82°.
43. S.: *c* = 42,30 cm, A = 90°, B = 16° y C = 74°.
44. S.: *c* = 47,61 m, A = 90°, B = 21° y C = 69°.
45. S.: A = 90°, B = 17°, *c* = 64,07 cm y *a* = 67 cm.
46. S.: A = 90°, B = 78°, *c* = 8,52 m y *a* = 41 m.
47. S.: A = 90°, B = 62°, *c* = 6,10 dm y *a* = 13 dm.
48. S.: A = 90°, B = 48°, *c* = 55,54 cm y *a* = 83 cm.
49. S.: A = 90°, B = 37°, *c* = 39,93 m y *a* = 50 m.
50. S.: A = 90°, B = 30°, *c* = 13,86 cm y *a* = 16 cm.
51. S.: A = 90°, B = 21°, *c* = 74,69 m y *a* = 80 m.
52. S.: A = 90°, B = 17°, *c* = 39,21 dm y *a* = 41 dm.
53. S.: A = 90°, C = 23°, *b* = 81 cm y *c* = 34,38 cm.
54. S.: A = 90°, C = 49°, *b* = 40,68 m y *c* = 46,79 m.
55. S.: A = 90°, C = 77°, *b* = 7,65 dm y *c* = 33,13 dm.
56. S.: A = 90°, C = 7°, *b* = 3,97 cm y *c* = 0,49 cm.
57. S.: A = 90°, C = 40°, *b* = 55,16 m y *c* = 46,28 m.
58. S.: A = 90°, C = 74°, *b* = 10,47 dm y *c* = 36,53 dm.
59. S.: A = 90°, C = 10°, *b* = 64,01 m y *c* = 11,29 m.
60. S.: A = 90°, C = 30°, *b* = 21,65 cm y *c* = 12,50 cm.
61. S.: A = 90°, C = 19°, *b* = 78,48 dm y *c* = 27,02 dm.
62. S.: A = 130°, B = 34° y C = 16°.
63. S.: A = 105°, B = 32° y C = 43°.
64. S.: A = 104°, B = 33° y C = 43°.
65. S.: A = 111°, B = 29° y C = 40°.
66. S.: A = 100°, B = 27° y C = 53°.
67. S.: A = 97°, B = 42° y C = 41°.
68. S.: A = 114°, B = 40° y C = 26°.
69. S.: A = 92°, B = 39° y C = 49°.
70. S.: *c* = 55 cm, A = 95° y B = 44°.
71. S.: *c* = 24 dm, A = 123° y B = 21°
72. S.: *c* = 6 m, A = 93° y B = 40°.
73. S.: *c* = 4 cm, A = 101° y B = 56°.

74. S.: $c = 18$ dm, $A = 100°$ y $B = 47°$.
75. S.: $c = 49$ m, $A = 105°$ y $B = 45°$.
76. S.: $c = 70$ cm, $A = 117°$ y $B = 18°$.
77. S.: $c = 64$ dm, $A = 126°$ y $B = 28°$.
78. S.: $b = 43{,}76$ cm, $c = 58{,}44$ cm y $A = 95°$.
79. S.: $b = 27{,}83$ dm, $c = 24{,}46$ dm y $A = 93°$.
80. S.: $b = 8{,}69$ cm, $c = 8{,}15$ cm y $A = 101°$.
81. S.: $b = 13{,}80$ m, $c = 25{,}47$ m y $A = 100°$.
82. S.: $b = 53{,}62$ dm, $c = 36{,}14$ dm y $A = 105°$.
83. S.: $b = 26{,}27$ cm, $c = 9{,}90$ cm y $A = 117°$.
84. S.: $b = 11{,}58$ m, $c = 3{,}60$ m y $A = 126°$.
85. S.: $b = 12{,}51$ m, $c = 13{,}25$ m y $A = 95°$.
86. S.: 1.160,78 cm^2.
87. S.: 881,33 m^2.
88. S.: 337,83 m^2.
89. S.: 599,95 cm^2.
90. S.: 938,69 m^2.
91. S.: 930,19 dm^2.
92. S.: 1.102,36 cm^2.
93. S.: 446,61 m^2.
94. S.: 285,30 cm^2.
95. S.: 2.443,20 m^2.
96. S.: 2.079,48 m^2.
97. S.: 555,87 cm^2.
98. S.: 795,60 dm^2.
99. S.: 477,65 m^2.
100. S.: 1.141,54 cm^2.
101. S.: 2.621,99 dm^2.
102. S.: 1.091,36 cm^2.
103. S.: 124,10 m^2.
104. S.: 30,02 m^2.
105. S.: 312,09 cm^2.
106. S.: 1.653,55 dm^2.
107. S.: 440,73 m^2.
108. S.: 354,15 cm^2.
109. S.: 787,07 dm^2.

VIII

Geometría analítica del plano

Como ya sabes, la geometría analítica nace de la fusión de la geometría clásica con el álgebra.

En los temas que siguen se aporta un nuevo enfoque de la geometría clásica particularizado en el estudio de figuras planas: desde la recta hasta las cónicas. Para ello partiremos de los conceptos intuitivos de punto y vector.

41 Vectores. Combinación lineal

Introducción histórica

Descartes, en el siglo XVII, acertó a caracterizar los vectores mediante pares de números y las operaciones entre ellos mediante operaciones que se realizan con esos números. Así comenzó a dominar los posibles movimientos de los puntos sobre el plano a través de algo que ya sabemos manejar: los números.

41.1 Vectores

Un vector $\overrightarrow{AB}$ está determinado por dos puntos del plano, el **origen** A y el **extremo** B.

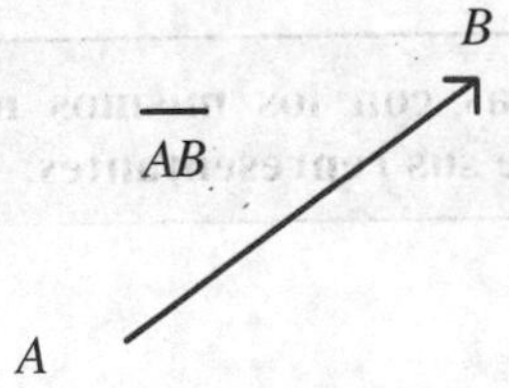

La distancia entre ambos puntos A y B se llama **módulo** del vector y se designa por $|\overrightarrow{AB}|$. **Dirección** de un vector es la de la recta en que se encuentra y la de todas sus paralelas.

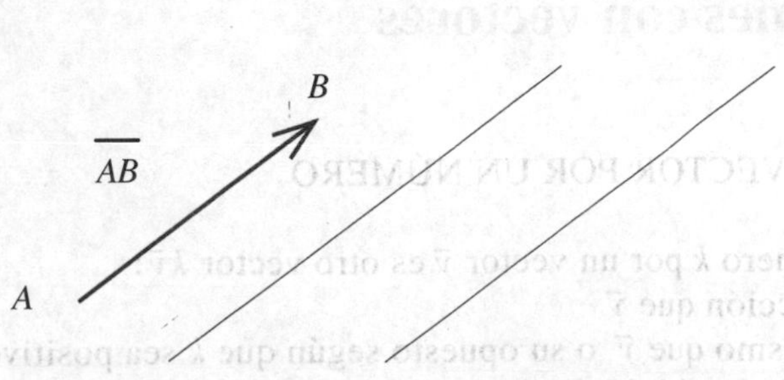

Cada dirección admite dos **sentidos** opuestos: $\overrightarrow{AB}$ es opuesto a $\overrightarrow{BA}$.

Diremos que dos vectores son iguales cuando tienen el mismo módulo, la misma dirección y el mismo sentido.

En tal caso, escribiremos: $\overrightarrow{AB} = \overrightarrow{A'B'}$

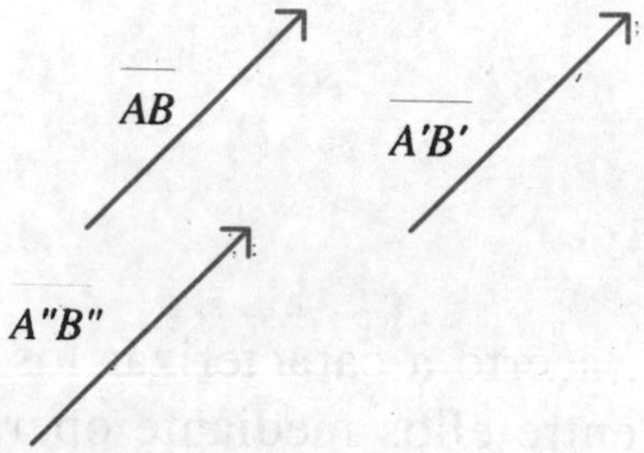

Cuando decimos que dos vectores son iguales, lo son en toda la extensión de la palabra: son idénticos, son el mismo vector. Es decir, hay un vector $\vec{v}$ (también escrito **v**) que puede ser representado por $\overrightarrow{AB}$, por $\overrightarrow{A'B'}$, por $\overrightarrow{A''B''}$ y por otras infinitas flechas (pares de puntos). Cada una de las flechas $\overrightarrow{AB}$, $\overrightarrow{A'B'}$, $\overrightarrow{A''B''}$ se llama **representante** del vector. En resumen:

Vector es todo un conjunto de flechas con los mismos módulos, dirección y sentido. Cuando queramos usarlo, tomaremos alguno de sus representantes.

41.2 Operaciones con vectores

PRODUCTO DE UN VECTOR POR UN NÚMERO

El producto de un número k por un vector $\vec{v}$ es otro vector $k\vec{v}$:

- con la misma dirección que $\vec{v}$
- su sentido es el mismo que $\vec{v}$ o su opuesto según que k sea positivo o negativo.
- su módulo es igual al módulo de $\vec{v}$ por el valor absoluto de k

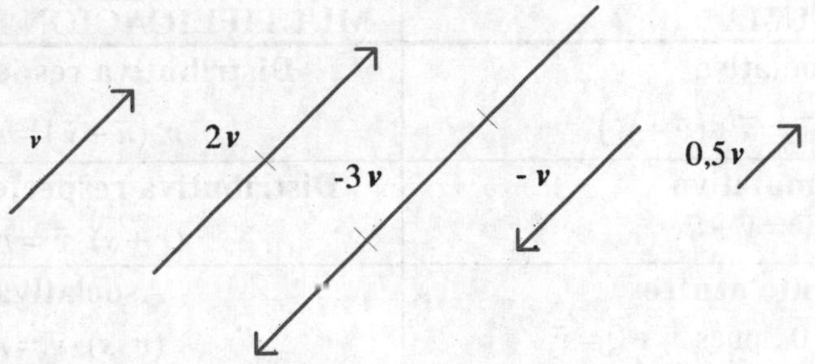

De acuerdo con lo anterior, si multiplicamos $0 \cdot \vec{v}$, obtenemos un vector de módulo $0 \cdot |\vec{v}| = 0$. Es decir, se trata de un vector de módulo 0 cuyo origen y extremo coinciden -es un punto-. Este vector se llama vector cero y se designa por $\vec{0}$. Evidentemente, el producto $k \cdot \vec{0} = \vec{0}$ se cumple cualquiera que sea el número *k*. El vector $-1 \cdot \vec{v}$ se designa por $-\vec{v}$ y se llama opuesto de $\vec{v}$.

SUMA DE VECTORES

Dos vectores $\vec{u}$ y $\vec{v}$ se suman de la siguiente forma: se sitúa $\vec{v}$ a continuación de $\vec{u}$, de modo que el origen de $\vec{v}$ coincida con el extremo de $\vec{u}$. El vector cuyo origen es el de $\vec{u}$ y su extremo es el de $\vec{v}$, es el vector suma $\vec{u} + \vec{v}$.

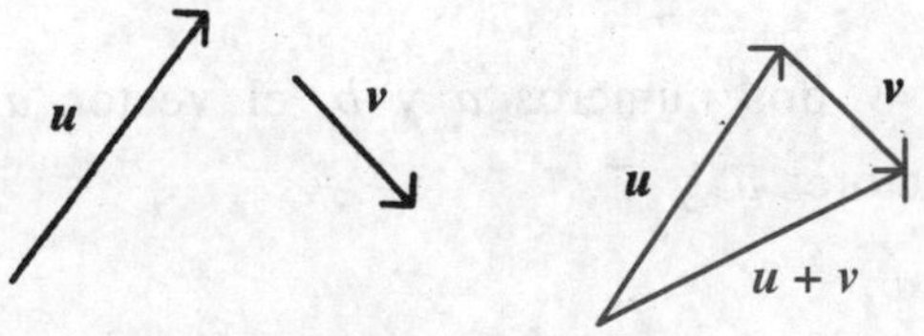

Otra forma de obtener la suma es situando $\vec{u}$ y $\vec{v}$ con origen común. Se completa un paralelogramo y el vector $\vec{u} + \vec{v}$ es la diagonal cuyo origen es el de $\vec{u}$ y $\vec{v}$. Para restar vectores, $\vec{u} - \vec{v}$, se le suma a $\vec{u}$ el opuesto de $\vec{v}$. Es decir, $\vec{u} - \vec{v} = \vec{u} + (-\vec{v})$

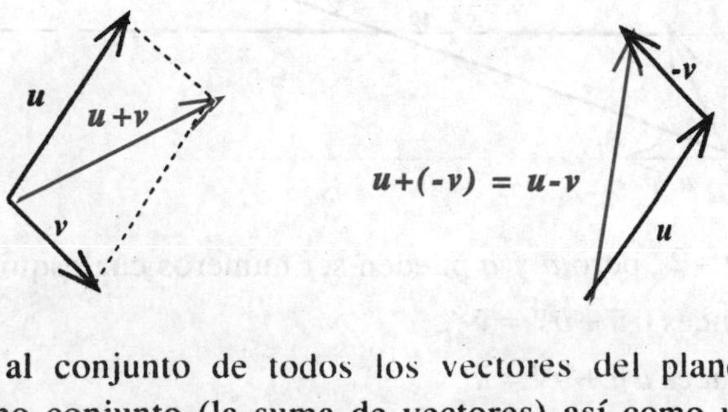

Así, pues, llamando V_2 al conjunto de todos los vectores del plano, hemos definido una operación interna en dicho conjunto (la suma de vectores) así como una ley de composición externa sobre el cuerpo de los números reales (el producto de un número por un vector). Ambas operaciones presentan las siguientes propiedades:

SUMA	MULTIPLICACIÓN POR UN NÚMERO
Asociativa $(\vec{u}+\vec{v})+\vec{w}=\vec{u}+(\vec{v}+\vec{w})$	**Distributiva respecto de la suma** $r\cdot(\vec{u}+\vec{v})=r\cdot\vec{u}+r\cdot\vec{v}$
Conmutativa $\vec{u}+\vec{v}=\vec{v}+\vec{u}$	**Distributiva respecto de la suma en R** $(r+s)\cdot\vec{v}=r\cdot\vec{v}+s\cdot\vec{v}$
Elemento neutro Es el vector $\vec{0}$, pues $\vec{v}+\vec{0}=\vec{v}$	**Asociativa mixta** $(r\cdot s)\cdot\vec{v}=r\cdot(s\cdot\vec{v})$
Elemento simétrico El vector opuesto de $\vec{v}$ es $-\vec{v}$	**Neutralidad** $1\cdot\vec{v}=\vec{v}$

Por tener estas propiedades, se dice que la terna $(V_2,+,\cdot R)$ es un espacio vectorial (justamente éste es el espacio vectorial que da nombre a esta clase de estructuras).

41.3 Combinación lineal

Dados dos vectores $\vec{u}$ y $\vec{v}$ y dos números a y b, el vector $a\vec{u}+b\vec{v}$ se dice que es una combinación lineal de los vectores $\vec{u}$ y $\vec{v}$.

Ejemplo

El vector de la figura $\vec{w}$ es combinación lineal de $\vec{u}$ y $\vec{v}$, por ser $\vec{w}=5\vec{u}+2\vec{v}$.

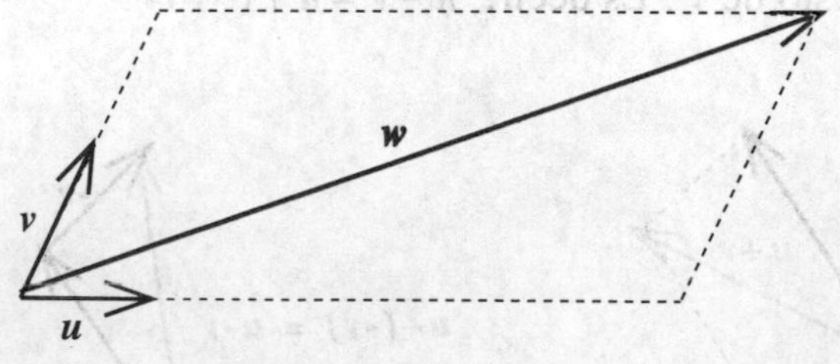

En este caso es $a=5$ y $b=2$, pero a y b pueden ser números cualesquiera.

- Si $a=0$ y $b=1$, entonces $a\vec{u}+b\vec{v}=\vec{v}$
- Si $a=1$ y $b=0$, entonces $a\vec{u}+b\vec{v}=\vec{u}$
- Si $a=0$ y $b=0$, entonces $a\vec{u}+b\vec{v}=\vec{0}$, de donde deducimos que el vector cero es combinación lineal de cualquier par de vectores.

También pueden formarse combinaciones lineales de más de dos vectores. Por ejemplo: $a\vec{u}+b\vec{v}+c\vec{w}$.

Dados dos vectores $\vec{u}$ y $\vec{v}$, no paralelos, pretendemos expresar otro vector $\vec{x}$ como combinación lineal de $\vec{u}$ y $\vec{v}$. Es decir, pretendemos encontrar dos números m y n tales que:

$$\vec{x} = m\vec{u}+n\vec{v}$$

Para lograrlo, seguimos el proceso descrito en el gráfico, basado en la regla del paralelogramo:

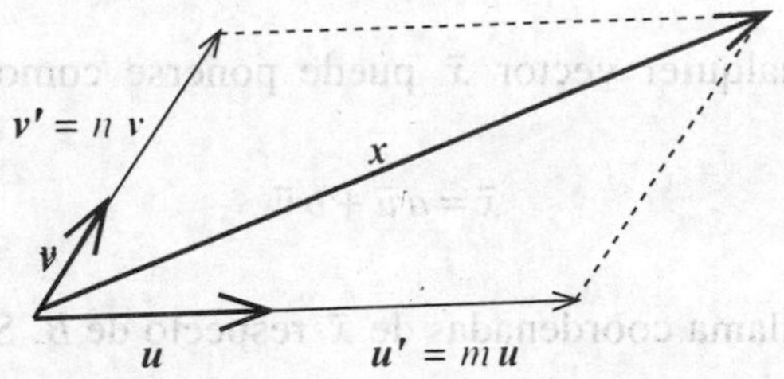

1. Colocamos $\vec{u}, \vec{v}, \vec{x}$ con el origen común.
2. Trazamos unas rectas que contengan a los vectores $\vec{u}$ y $\vec{v}$.
3. Por el extremo de $\vec{x}$ trazamos paralelas a las rectas anteriores. Los puntos de corte determinan sendos vectores $\vec{u}', \vec{v}'$.
4. Como $\vec{u}'$ tiene la misma dirección de $\vec{u}$, podemos escribir que $\vec{u}'=m\vec{u}$. De la misma forma se tiene que $\vec{v}'=n\vec{v}$. Por tanto, podemos expresar $\vec{x}$ de la forma $\vec{x}=m\vec{u}+n\vec{v}$.

Además, sólo existe una única forma de expresar $\vec{x}$ como combinación lineal de $\vec{u}$ y $\vec{v}$. Efectivamente es así, pues si ocurriese que:

$$\vec{x}=a\vec{u}+b\vec{v}=m\vec{u}+n\vec{v}$$

entonces: $a\vec{u}+b\vec{v}=m\vec{u}+n\vec{v} \;\rightarrow\; a\vec{u}-m\vec{u}=n\vec{v}-bv \;\rightarrow\; (a-m)\vec{u}=(n-b)\vec{v}$

y los vectores $\vec{u}$ y $\vec{v}$ serían proporcionales (paralelos) en contra de la hipótesis.

Por tanto, dados dos vectores no paralelos $\vec{u}$ y $\vec{v}$, al vector $\vec{x}$ le corresponde un único par de números (a,b) tal que $\vec{x}=a\vec{u}+b\vec{v}$.

41.4 Coordenadas de un vector. Operaciones

En el conjunto de vectores del plano, se llama base a dos de ellos con distinta dirección. Si los dos vectores de la base son perpendiculares y tienen el mismo módulo, la base se llama ortonormal.

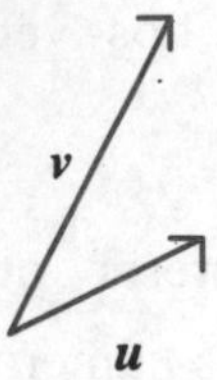

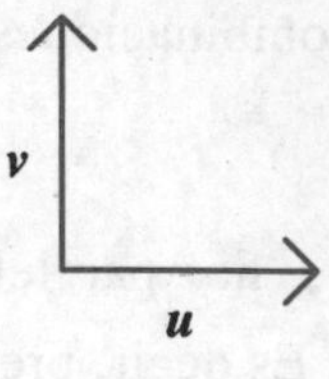

Dada una base $B\{\vec{u},\vec{v}\}$, cualquier vector $\vec{x}$ puede ponerse como combinación lineal de los vectores de B:

$$\vec{x} = a\,\vec{u} + b\,\vec{v}$$

A los números (a,b) se les llama coordenadas de $\vec{x}$ respecto de B. Se expresa habitualmente:

$$\vec{x} = (a,b) \qquad \text{o bien} \qquad \vec{x}(a,b)$$

Ejemplo

Halla las coordenadas de los vectores $\vec{x}$, $\vec{y}$, $\vec{z}$ en la base $B\{\vec{u},\vec{v}\}$.

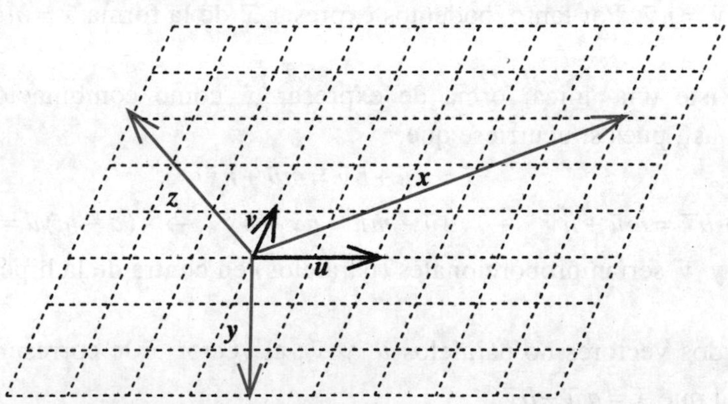

Solución: Aplicando el método del paralelogramo, encontramos que:

$\vec{x} = 2'5\vec{u} + 3\vec{v}$, luego sus coordenadas son $\vec{x}(2'5,3)$

$y = 0'5\vec{u} - 3\vec{v}$, y por tanto sus coordenadas son $\vec{y}(0'5,-3)$

$\vec{z} = -1'5\vec{u} + 3\vec{v}$, de donde sus coordenadas son $\vec{z}(-1'5,3)$.

Estudiamos ahora cuál es el comportamiento de las coordenadas cuando multiplicamos un vector por un número o sumamos dos vectores. Deduzcámoslo sobre un ejemplo.

Ejemplo

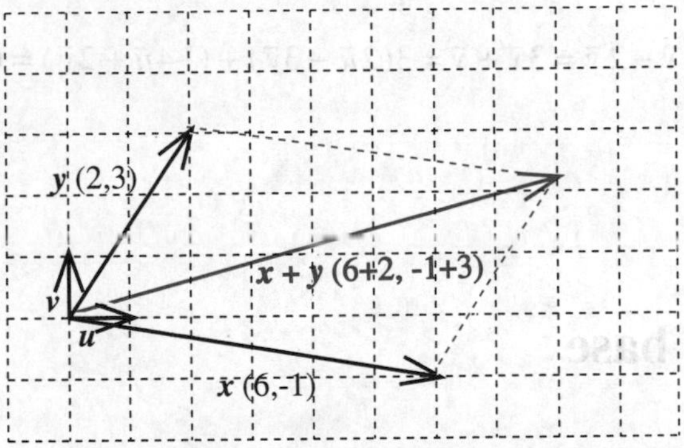

Las coordenadas de los vectores $\vec{x}$ e $\vec{y}$ en la base $B\{\vec{u},\vec{v}\}$ son: $\vec{x}(6,-1)$ e $\vec{y}(2,3)$. Es evidente mirando el dibujo que las coordenadas de $\vec{x}+\vec{y}$ son $(6+2,-1+3)=(8,2)$. Análogamente, veríamos que las coordenadas del vector $3\vec{x}$ son $(3\cdot 6, 3\cdot(-1))=(18,-3)$. En general:

Dada una base cualquiera, si las coordenadas de $\vec{x}$ son (x_1,x_2) y las coordenadas de $\vec{y}$ son (y_1,y_2), se tiene que:

- las coordenadas de $\vec{x}+\vec{y}$ son (x_1+y_1, x_2+y_2)
- las coordenadas de $k\,\vec{x}$ son $(k\,x_1, k\,x_2)$
- las coordenadas de cualquier combinación lineal $a\,\vec{x}+b\,\vec{y}$ son $(a\,x_1+b\,y_1, a\,x_2+b\,y_2)$

Estos resultados nos permiten trabajar de forma cómoda y natural con las coordenadas de los vectores en lugar de hacerlo gráficamente.

Ejemplo

Dados los vectores $\vec{x}=2\vec{u}-3\vec{v}$ *e* $\vec{y}=-4\vec{u}+2\vec{v}$ respecto de la base $B\{\vec{u},\vec{v}\}$, calcula las coordenadas de los vectores: $\vec{a}=-5\vec{x}+\vec{y}$, $\quad \vec{b}=\frac{1}{3}\vec{x}+2\vec{y}$, $\quad \vec{c}=3(\vec{x}+\vec{y})-2\vec{y}$ respecto de la base B.

Solución: Hemos de expresar los vectores $\vec{a}, b$ y $\vec{c}$ en función de los vectores $\vec{u}$ y $\vec{v}$ de la base.

$$\vec{a}=-5\vec{x}+\vec{y}=-5(2\vec{u}-3\vec{v})+(-4\vec{u}+2\vec{v})=-10\vec{u}+15\vec{v}-4\vec{u}+2\vec{v}=-14\vec{u}+17\vec{v} \quad \rightarrow \quad \vec{a}(-14,17)$$

$$\vec{b}=\frac{1}{3}\vec{x}+2\vec{y}=\frac{1}{3}(2\vec{u}-3\vec{v})+2(-4\vec{u}+2\vec{v})=\frac{2}{3}\vec{u}-\vec{v}-8\vec{u}+4\vec{v}=-\frac{22}{3}\vec{u}+3\vec{v} \quad \rightarrow \quad \vec{b}\left(-\frac{22}{3},3\right)$$

$$\vec{c}=3(\vec{x}+\vec{y})-2\vec{y}=3\vec{x}+3\vec{y}-2\vec{y}=3\vec{x}+\vec{y}=3(2\vec{u}-3\vec{v})+(-4\vec{u}+2\vec{v})=6\vec{u}-9\vec{v}-4\vec{u}+2\vec{v}=$$

$$=2\vec{u}-7v \quad \rightarrow \quad \vec{c}(2,-7).$$

41.5 Cambio de base

Comencemos con un ejemplo: Supongamos conocidas las coordenadas de un vector $\vec{x}$ respecto de una base $B_1\{\vec{u}_1,\vec{v}_1\}$. En concreto:

$$\vec{x}=\vec{u}_1+2\vec{v}_1=(1,2) \qquad (1)$$

Supongamos asimismo conocidas las coordenadas de los vectores de la base B_1 respecto de otra base $B_2\{\vec{u}_2,\vec{v}_2\}$. Por ejemplo:

$$\begin{cases}\vec{u}_1=\vec{u}_2+\vec{v}_2=(1,1)\\ \vec{v}_1=\vec{u}_2-\vec{v}_2=(1,-1)\end{cases} \qquad (2)$$

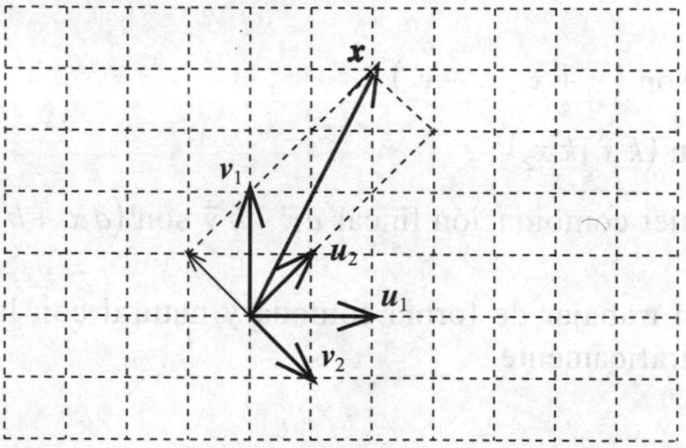

Buscamos las coordenadas de $\vec{x}$ respecto de la base B_2. Para ello sustituimos (2) en (1):

$$\vec{x}=\vec{u}_1+2\vec{v}_1=(\vec{u}_2+\vec{v}_2)+2(\vec{u}_2-\vec{v}_2)=\vec{u}_2+\vec{v}_2+2\vec{u}_2-2\vec{v}_2=3\vec{u}_2-\vec{v}_2$$

y por tanto, las coordenadas del vector $\vec{x}$ en la base $B_2\{\vec{u}_2,\vec{v}_2\}$ son $\vec{x}(3,-1)$

De modo general:

$$\vec{x}=\begin{cases}a\,\vec{u}_1+b\,\vec{v}_1\\ a'\,\vec{u}_2+b'\,\vec{v}_2\end{cases}, \qquad (3)$$

$$\begin{cases} \vec{u}_1 = m\vec{u}_2 + n\vec{v}_2 \\ \vec{v}_1 = p\vec{u}_2 + q\vec{v}_2 \end{cases} \qquad (4)$$

Sustituyendo (4) en (3):

$\vec{x} = a\vec{u}_1 + b\vec{v}_1 = a(m\vec{u}_2 + n\vec{v}_2) + b(p\vec{u}_2 + q\vec{v}_2) = am\vec{u}_2 + an\vec{v}_2 + bp\vec{u}_2 + bq\vec{v}_2 =$

$= (am + bp)\vec{u}_2 + (an + bq)\vec{v}_2$ y como también $\vec{x} = a'\vec{u}_2 + b'\vec{v}_2$, se tiene, por la unicidad de las coordenadas respecto a cualquier base que:

$$\boxed{\begin{cases} a' = am + bp \\ b' = an + bq \end{cases}}$$

Problemas propuestos

En los ejercicios que siguen, cuando no se indique lo contrario, se supone que las coordenadas de los vectores están referidas a una base ortonormal, formada por dos vectores perpendiculares y de igual módulo.

1. Se consideran los vectores del plano $\vec{a}(2,3)$, $\vec{b}(-1,2)$ y $\vec{c}(2,-3)$. Hallar:
   a) $\vec{a} + \vec{b} - \vec{c}$
   b) $2\vec{a} - \vec{b} + 4\vec{c}$
   c) $3\vec{a} - 4(\vec{b} - \vec{c})$
2. Calcula x para que los vectores $\vec{a}(x,-2)$ y $\vec{b}(-2,5)$ sean paralelos.
3. Probar que los vectores $\vec{u}(1,2)$ y $\vec{v}(3,0)$ forman una base de los vectores del plano.
4. Halla las ecuaciones del cambio de base de B' a B, siendo $B\{\vec{u}_1(1,2), \vec{v}_1(3,0)\}$ y $B'\{\vec{u}_2(4,0), \vec{v}_2(5,1)\}$
5. Expresa el vector de coordenadas $\vec{x}(-1,4)$ respecto de la base formada por los vectores $\vec{a}(1,-1)$ y $\vec{b}(2,3)$.
6. Probar que los vectores $\vec{u}(4,0)$ y $\vec{v}(5,1)$ forman una base de los vectores del plano.
7. Encontrar las coordenadas de los elementos de la base B' respecto de la base B y las coordenadas de los elementos de B respecto de la base B', siendo $B\{\vec{u}_1(1,0), \vec{u}_2(0,1)\}$ y $B'\{\vec{u}_2(1,2), \vec{v}_2(2,-1)\}$.
8. Dado el vector $\vec{x} = \vec{e}_1 + \vec{e}_2$ referido a la base $B\{\vec{e}_1, \vec{e}_2\}$, expresarlo en la base formada por los vectores $\vec{a} = \vec{e}_1 + 2\vec{e}_2$ y $\vec{b} = 2\vec{e}_1 - \vec{e}_2$.
9. Escribe el vector $\vec{v}_3$ como combinación lineal de $\vec{v}_1$ y $\vec{v}_2$, siendo $\vec{v}_1(1,5)$, $\vec{v}_2(2,3)$ y $\vec{v}_3(1,-2)$.
10. Halla x e y para que se cumplan las siguientes igualdades:
    a) $3(x,2y) = (-1,5)$
    b) $-2(-1,y) = 6(x, x-y)$
    c) $4(-3, x+2y) = -(x, 6y-x)$
11. Efectúa las siguientes operaciones:
    a) $2(3,2) - 5(-1,\sqrt{2}) + 3(6,2) - (0,-1)$
    b) $-3(x,2y) + 3(2x,y) + 2(0,-1) - (3,-2)$

12. Con los vectores $\vec{u}(3,-2)$ y $\vec{v}(-5,1)$, comprueba la propiedad conmutativa de la suma de vectores.
13. Con los vectores $\vec{u}(3,-2)$, $\vec{v}(-5,1)$, $\vec{w}(7,0)$, comprueba la propiedad asociativa de la suma de vectores.
14. Expresa el vector (3,-1) como combinación lineal de los vectores (-1,2) y (2,1).
15. Determina para qué valor del parámetro a, los vectores (3a,2) y (2,4) son paralelos.
16. a) ¿Cuál es el vector opuesto de (1,-2)?.
b) ¿Y el elemento neutro de la suma de vectores?.
17. ¿Es cierto que un vector es siempre combinación lineal de sí mismo?.
18. De las siguientes expresiones, indica cuáles son verdaderas:
a) Dos vectores con distinta dirección no se pueden sumar.
b) Dos vectores opuestos tienen igual dirección.
c) Si $\vec{u} = k\vec{v}$ y k es negativo, entonces $\vec{u}$ y $\vec{v}$ tienen distinta dirección.
d) Si $\vec{x} = -\vec{y}$, entonces $\vec{x}$ e $\vec{y}$ tienen igual módulo.
e) Un vector tiene las mismas coordenadas sea cual sea la base utilizada.
f) Para que dos vectores sean base, tienen que tener distinta dirección y distinto módulo.
g) Para que dos vectores sean base, es suficiente que tengan distinta dirección.
h) Es posible encontrar un vector $\vec{v}$ que cumpla $3\vec{v} = 2\vec{v}$.
19. ¿Es cierta la siguiente afirmación?: "El módulo de la suma de dos vectores es igual a la suma de los módulos de dichos vectores". ¿Hay algún caso en que esta afirmación es verdadera?.
20. Siendo $B\{\vec{u},\vec{v}\}$ una base, di cuáles de los siguientes conjuntos de vectores pueden ser otra base:
a) $\{2\vec{u},-\vec{u}\}$
b) $\{-\vec{u},-\vec{v}\}$
c) $\{\vec{u}+\vec{v},\vec{v}\}$
d) $\left\{\frac{1}{2}\vec{u}+\vec{v},\ \frac{1}{2}\vec{u}\right\}$
e) $\{\vec{u}+\vec{v},\vec{u}-\vec{v}\}$
21. Dada la base $B\{\vec{u},\vec{v}\}$ y los vectores $\vec{x} = \vec{u}+3\vec{v}$, $\vec{y} = -2\vec{u}+4\vec{v}$, halla las coordenadas de:
a) $\vec{p} = \vec{y}-\vec{x}$
b) $\vec{q} = -2\vec{p}$
c) $\vec{r} = -2\vec{x}+\frac{1}{2}\vec{y}$
22. Tomando como base $B'\{\vec{x},\vec{y}\}$, ¿cuáles son las coordenadas de $\vec{p}$, $\vec{q}$, $\vec{r}$ respecto de B'?.
23. En el conjunto de vectores del plano, se tienen las relaciones: $\vec{x} = 2\vec{u}+\vec{v}$ y $\vec{x} = 4\vec{w}$. Expresa $\vec{w}$ como combinación lineal de $\vec{u}$ y $\vec{v}$.
24. Sean en V_2 las relaciones $\vec{x} = \frac{1}{2}\vec{u}+5\vec{v}$; $\vec{u} = -2\vec{w}+\vec{t}$; $\vec{v} = 3\vec{w}-\vec{t}$; $\vec{w} = 6\vec{p}+\vec{q}$; $\vec{t} = -\vec{p}+5\vec{q}$. Expresa $\vec{x}$ como combinación lineal de $\vec{p}$ y $\vec{q}$ dando sus coordenadas en la base que forman.
25. ¿Son paralelos los vectores de V_2: $\vec{x} = \vec{u}-\vec{v}$ e $\vec{y} = 2\vec{u}-2\vec{v}$?.
26. En V_2 se establecen las bases $B_1\{\vec{u}_1,\vec{v}_1\}$; $B_2\{\vec{u}_2,\vec{v}_2\}$ y $B_3\{\vec{u}_3,\vec{v}_3\}$. La relación entre las dos primeras bases es $\begin{cases}\vec{u}_2 = 2\vec{u}_1-\vec{v}_1\\ \vec{v}_2 = \vec{u}_1+\vec{v}_1\end{cases}$ y entre B_2 y B_3, es $\begin{cases}\vec{u}_3 = 3\vec{v}_2\\ \vec{v}_3 = \vec{u}_2+2\vec{v}_2\end{cases}$. Halla la relación entre las bases B_3 y B_1.

27. El vector $\vec{x}(1,2)$ está referido a la base B_1 del ejercicio anterior. Halla sus coordenadas respecto de las otras dos bases.

Soluciones

1. Solución: a) (-1,8)
   b) (13,-8)
   c) (18,-11)

2. S: $x = \frac{4}{5}$

3. S: Como $\frac{1}{3} \neq \frac{2}{0}$ ambos vectores no son paralelos y forman base.

4. S: $\begin{cases} a = \frac{1}{2}b' \\ b = \frac{4}{3}a' + \frac{3}{2}b' \end{cases}$

5. S: $\vec{x} = -\frac{11}{5}\vec{a} + \frac{3}{5}\vec{b}$

6. S: Como $\frac{4}{5} \neq \frac{0}{1}$, los vectores no son paralelos y forman base.

7. S: a) $\vec{u}_2(1,2), v_2(2,-1)$ respecto a B.

   b) $\vec{u}_1\left(\frac{1}{5},\frac{2}{5}\right)$, $\vec{v}_1\left(\frac{2}{5},-\frac{1}{5}\right)$ respecto a B'.

8. S: $\vec{x} = \frac{3}{5}\vec{a} + \frac{1}{5}\vec{b}$

9. S: $\vec{v}_3 = -\vec{v}_1 + \vec{v}_2$

10. S: a) $x = -\frac{1}{3}$, $y = \frac{5}{6}$

    b) $x = \frac{1}{3}$, $y = \frac{1}{2}$

    c) $x = 12$, $y = -\frac{18}{7}$

11. S: a) $(29, 9 - 5\sqrt{2})$

    b) $(3x - 3, -3y)$

12. S: $\vec{u} + \vec{v} = \vec{v} + \vec{u} = (-2,-1)$

13. S: $(\vec{u} + \vec{v}) + \vec{w} = \vec{u} + (\vec{v} + \vec{w}) = (5,-1)$

14. S: $(3,-1) = -(-1,2) + (2,1)$

15. S: $a = \frac{1}{3}$

16. S: a) $(-1,2)$; b) $(0,0)$

17. S: Sí, pues $\vec{u} = 1\vec{u}$

18. S: a) Falsa
    b) Verdadera
    c) Falsa
    d) Verdadera
    e) Falsa
    f) Falsa (pueden tener igual módulo).
    g) Verdadera
    h) Sólo es cierta cuando $\vec{v} = \vec{0}$

19. S: Es falsa. Sólo es cierta cuando $\vec{u}$ y $\vec{v}$ tienen la misma dirección y sentido.

20. S: a) No; b) Sí; c) Sí; d) Sí; e) Sí.

21. S: a) $\vec{p}(-3,1)$
    b) $\vec{q}(6,-2)$
    c) $\vec{r}(1,8)$

22. S: $\vec{p}(-1,1)$; $\vec{q}(2,-2)$; $\vec{r}\left(-2,\frac{1}{2}\right)$

23. S: $\vec{w} = \frac{1}{2}\vec{u} + \frac{1}{4}\vec{v}$

24. S: $\vec{x} = \frac{177}{2}\vec{p} - \frac{17}{2}\vec{q} = \left(\frac{177}{2}, -\frac{17}{2}\right)$

25. S: Sí, puesto que $\vec{y} = 2\vec{x}$

26. S: $\begin{cases} \vec{u}_3 = 3\vec{u}_1 + 3\vec{v}_1 \\ \vec{v}_3 = 4\vec{u}_1 + \vec{v}_1 \end{cases}$

27. S: $\vec{x} = -\frac{1}{3}\vec{u}_2 + \frac{5}{3}\vec{v}_2 = \frac{7}{9}\vec{u}_3 - \frac{1}{3}\vec{v}_3$

42 El plano afín

Introducción histórica

Janos Bolyai (1802-1860), matemático húngaro, fue uno de los fundadores de la geometría no euclidiana. Al intentar demostrar el V postulado de Euclides descubrió la posibilidad de construir un sistema independiente de aquel, sentando las bases de toda la trigonometría no euclidiana, que posteriormente fue desarrollada por Lobatchevsky.

42.1 Sistema de referencia

Intentamos trabajar en el plano usando para ello los vectores. Hemos de aprender a designar a los puntos del plano, para lo cual no nos sirven de momento los vectores, pues un mismo vector puede situarse en diferentes lugares. Salvaremos este escollo fijando un punto O, que lo tomamos como centro de referencia y, así, cada punto P del plano determina un vector $\overrightarrow{OP} = \vec{p}$. Y con el fin de que un vector $\vec{p}$ defina un punto del plano, hemos de tomar un representante suyo con origen en O.

Ejemplo

El vector $\vec{p}$ representa un punto P del plano porque lo hemos dibujado con origen en O. El vector $\vec{q}$, tal como está dibujado, no representa a ningún punto del plano.

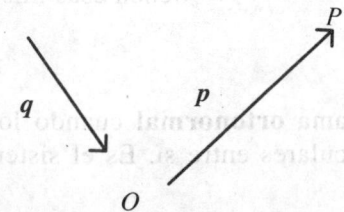

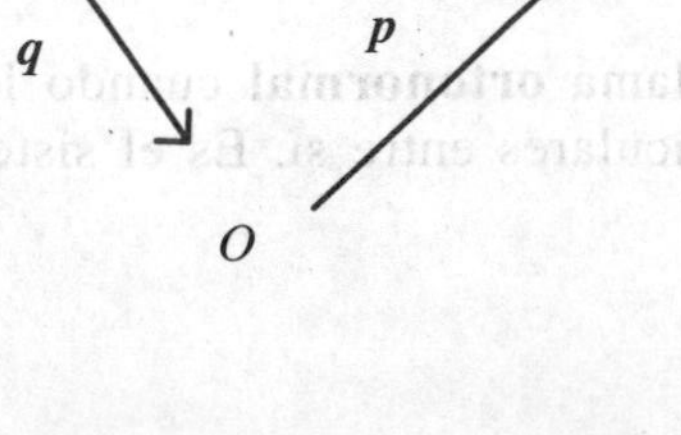

Si, además de un punto fijo, O, tomamos una base $B\{\vec{u},\vec{v}\}$ de vectores del plano, a cada vector, $\overrightarrow{OP}$, le corresponden unas coordenadas. Por tanto ocurre que:

Un punto cualquiera del plano, P con el origen, O, determina un vector, $\overrightarrow{OP}$, que a su vez en la base $B\{\vec{u},\vec{v}\}$ determina unas coordenadas, $\overrightarrow{OP} = a\vec{u} + b\vec{v}$, o bien, $\overrightarrow{OP}(a,b)$.

Se llama **sistema de referencia** del plano al conjunto $R = \{O,\{\vec{u},\vec{v}\}\}$ formado por:

- Un punto fijo, O, llamado origen.
- Una base de los vectores del plano $\{\vec{u},\vec{v}\}$.

Con ellos cada punto P del plano determina un vector $\overrightarrow{OP}$ cuyas coordenadas respecto a la base $\{\vec{u},\vec{v}\}$ se llaman las **coordenadas del punto *P*** respecto a R.

Ejemplo

Tomamos un sistema de referencia del plano $R = \{O,\{\vec{u},\vec{v}\}\}$. Es decir, situamos un punto y, con origen en él, dos vectores no paralelos $\vec{u}$, $\vec{v}$.

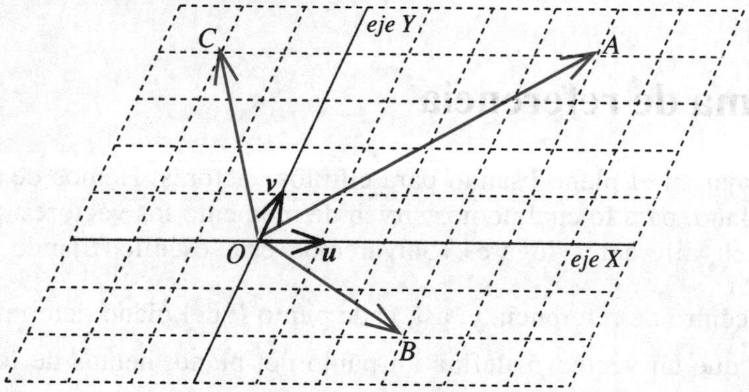

Para facilitarnos la labor, trazamos dos ejes X e Y que contengan a los vectores de la base. Resulta también de gran ayuda construir un entramado como el de la figura en el que los puntos de la trama son los que tienen coordenadas enteras respecto a ese sistema de referencia.

Los puntos señalados $A(4,4)$, $B(3,-2)$, $C(-2,4)$ tienen esas coordenadas respecto al sistema de referencia porque los vectores $\overrightarrow{OA}$, $\overrightarrow{OB}$, $\overrightarrow{OC}$ tienen esas mismas coordenadas respecto de la base $B\{\vec{u},\vec{v}\}$.

Un sistema de referencia se llama **ortonormal** cuando los dos vectores de la base tienen el mismo módulo y son perpendiculares entre sí. Es el sistema de referencia habitual por ser el más cómodo de utilizar.

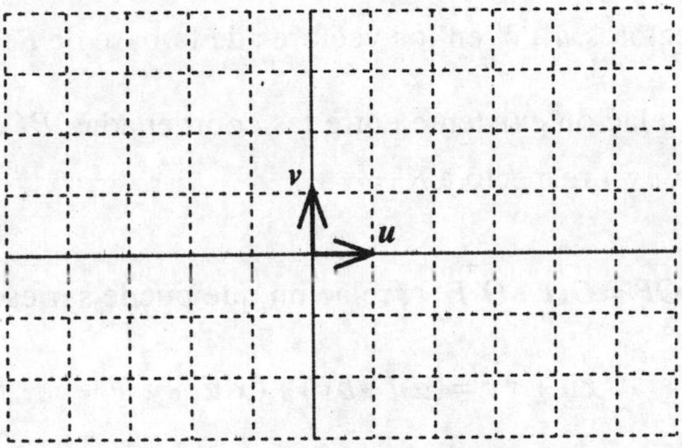

En adelante siempre usaremos algún sistema de referencia formado por un origen O, y una base. Cuando no expresemos lo contrario, supondremos que la base es ortonormal.

Ejemplo

Dibuja en un sistema de referencia ortonormal los vectores $\overrightarrow{OP}, \overrightarrow{OQ}, \overrightarrow{OM}$ y $\overrightarrow{ON}$ correspondientes a los puntos $P(-1,2)$, $Q(0,4)$, $M(-3,-2)$, $N(4,0)$

Solución:

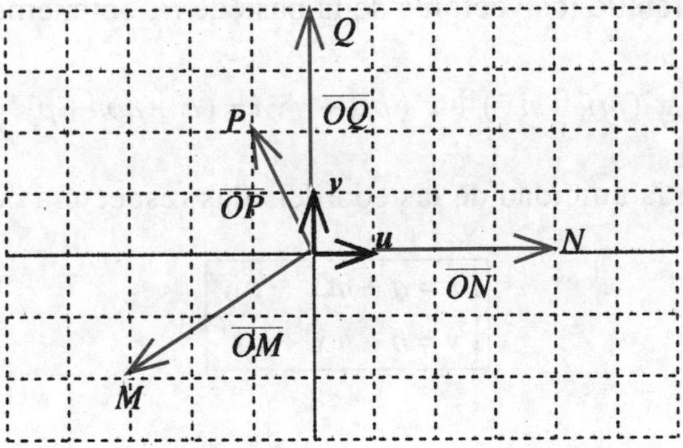

42.2 Cambio de sistema de referencia

A veces, en algunos problemas, conviene o es necesario pasar las coordenadas de un punto, respecto de una referencia, a otra referencia. Supongamos dos sistemas de referencia:

$$R=\{O,\{\vec{u},\vec{v}\}\} \quad y \quad R'=\{O',\{\vec{u}',\vec{v}'\}\}$$

de los que se conoce la relación existente entre ellos:

- Coordenadas de O' en la referencia R: $O'(a,b)$

- Coordenadas de los vectores $\vec{u}'$, $\vec{v}'$ en los vectores de la base de *R*: $\begin{cases} \vec{u}'(m,n) \\ \vec{v}'(p,q) \end{cases}$

Pretendemos encontrar la relación existente entre las coordenadas $P(x,y)$ de un punto respecto a *R* y sus coordenadas $P(x',y')$ respecto a *R*'.

Según la figura adjunta: $\overrightarrow{OP} = \overrightarrow{OO'} + \overrightarrow{O'P}$, relación que puede ser escrita en la forma:

$$x\vec{u} + y\vec{v} = (a\vec{u} + b\vec{v}) + (x'\vec{u}' + y'\vec{v}')$$

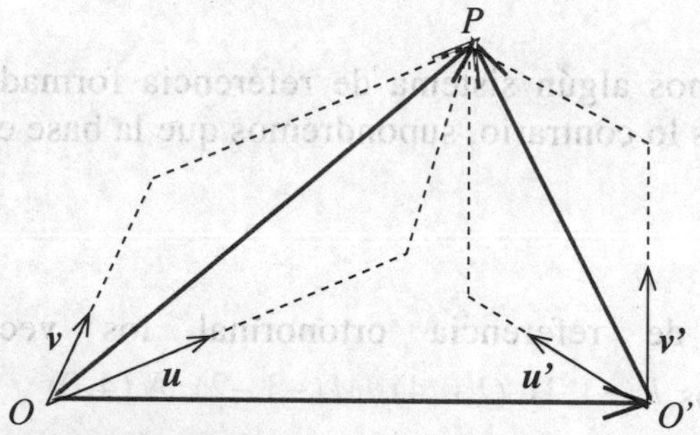

Expresando $\vec{u}'$, $\vec{v}'$ en función de los vectores de la base de *R*, obtenemos:

$$x\vec{u} + y\vec{v} = a\vec{u} + b\vec{v} + x'(m\vec{u} + n\vec{v}) + y'(p\vec{u} + q\vec{v}) = (a + mx' + py')\vec{u} + (b + nx' + qy')\vec{v}$$

de donde deducimos, dada la unicidad de las coordenadas respecto a cualquier base que:

$$\boxed{\begin{cases} x = a + mx' + py' \\ y = b + nx' + qy' \end{cases}}$$

Ejemplo

Halla las coordenadas de un punto P en la referencia $R' = \{O', \{\vec{u}', \vec{v}'\}\}$, si en la referencia $R = \{O, \{\vec{u}, \vec{v}\}\}$ son $P(2,-1)$, sabiendo que ambas bases están ligadas así:

$$\begin{cases} \vec{u}' = \vec{u} + \vec{v} \\ \vec{v}' = \vec{u} - 2\vec{v} \end{cases}$$

y que las coordenadas de O' en la primera referencia son $O'(1,-3)$.

Solución: Según la fórmula del cambio de base se tiene que:

$$\begin{cases} 2 = 1 + x' + y' \\ -1 = -3 + x' - 2y' \end{cases} \xrightarrow{(1)-(2)} 3 = 4 + 3y' \rightarrow y' = -\frac{1}{3};\ x' = \frac{4}{3}$$

El punto P en la referencia R' tiene de coordenadas $P\left(\frac{4}{3}, -\frac{1}{3}\right)$.

42.3 Problemas geométricos que se resuelven con vectores

La utilización de los vectores permite resolver con facilidad determinados problemas geométricos. Algunos de ellos son los siguientes.

COORDENADAS DEL VECTOR QUE UNE DOS PUNTOS

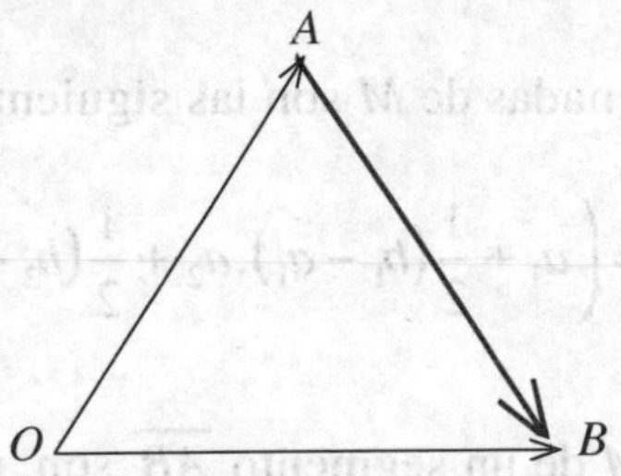

Conocidas las coordenadas de dos puntos $A(a_1, a_2)$ y $B(b_1, b_2)$, para calcular las coordenadas del vector $\vec{AB}$ que los une tendremos en cuenta que:

$$\vec{OB} = \vec{OA} + \vec{AB} \quad \text{y por tanto} \quad \vec{AB} = \vec{OB} - \vec{OA}$$

Usando coordenadas: $\vec{AB} = (b_1, b_2) - (a_1, a_2) = (b_1 - a_1, b_2 - a_2)$

Las coordenadas del vector que une dos puntos se obtienen restando las coordenadas del extremo menos las coordenadas del origen.

En símbolos: $\vec{AB}\ (b_1 - a_1, b_2 - a_2)$

Ejemplo

Calcula las coordenadas del vector $\vec{PQ}$, siendo $P(2,-3)$ y $Q(6,1)$.

Solución: $\vec{PQ} = (6-2, 1-(-3)) = (4,4)$

PUNTO MEDIO DE UN SEGMENTO

Conocidas las coordenadas de dos puntos $A(a_1,a_2)$ y $B(b_1,b_2)$, pretendemos calcular las coordenadas del punto medio *M*.

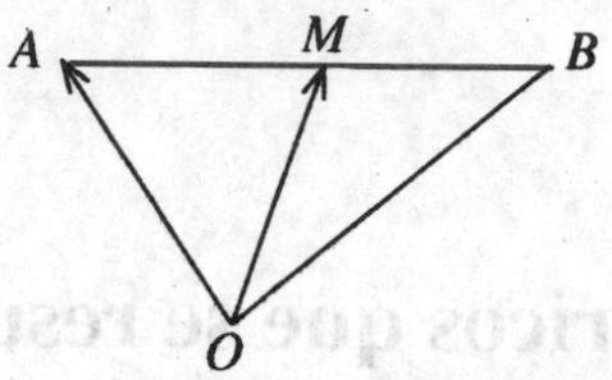

De la figura deducimos que $\vec{OM} = \vec{OA} + \vec{AM}$, pero teniendo en cuenta que $\vec{AM} = \frac{1}{2}\vec{AB}$,

podemos escribir: $$\vec{OM} = \vec{OA} + \frac{1}{2}\vec{AB}$$

de donde deducimos que las coordenadas de *M* son las siguientes:

$$(a_1,a_2) + \frac{1}{2}(b_1 - a_1, b_2 - a_2) = \left(a_1 + \frac{1}{2}(b_1 - a_1), a_2 + \frac{1}{2}(b_2 - a_2)\right) = \left(\frac{a_1 + b_1}{2}, \frac{a_2 + b_2}{2}\right).$$

Las coordenadas del punto medio *M* de un segmento $\overline{AB}$ son, por tanto, $\left(\frac{a_1 + b_1}{2}, \frac{a_2 + b_2}{2}\right)$.

Ejemplo

Halla el punto medio *M* del segmento $\overline{PQ}$, siendo $P(7,-4)$ y $Q(-1,2)$.

Solución : Las coordenadas del punto medio son $M\left(\frac{7-1}{2}, \frac{-4+2}{2}\right) = (3,-1)$

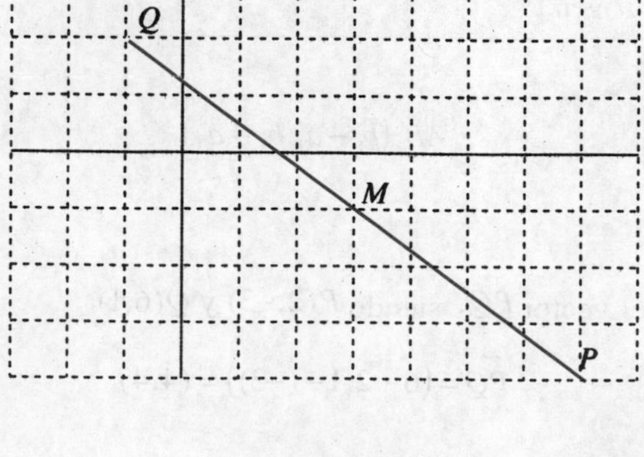

COMPROBACIÓN DE SI TRES PUNTOS ESTÁN ALINEADOS

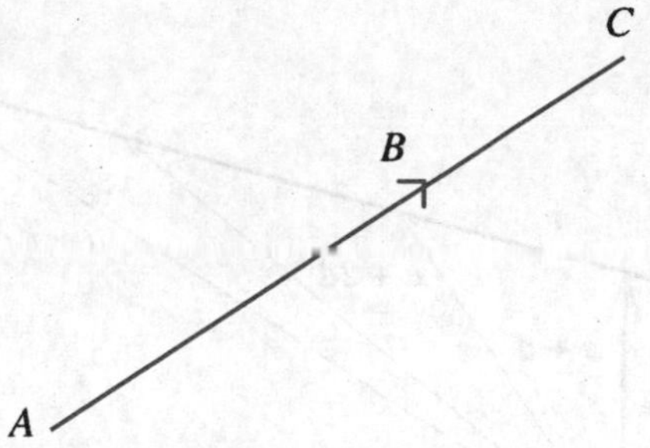

Tres puntos de coordenadas $A(a_1,a_2)$, $B(b_1,b_2)$ y $C(c_1,c_2)$ están alineados si los vectores $\overrightarrow{AB}$ y $\overrightarrow{BC}$ tienen la misma dirección y esto ocurre si sus coordenadas son proporcionales. Dado que las coordenadas de $\overrightarrow{AB}$ son (b_1-a_1, b_2-a_2) y las de $\overrightarrow{BC}$ son (c_1-b_1, c_2-b_2), se tiene que:

A, B y C están alineados si ocurre que $\dfrac{b_1-a_1}{c_1-b_1}=\dfrac{b_2-a_2}{c_2-b_2}$

Ejemplo

Comprueba si los puntos $A(2,-1)$, $B(6,1)$ y $C(8,2)$ están alineados.

Solución: $\left\{\begin{array}{l}\overrightarrow{AB}\,(6-2,1-(-1))=(4,2)\\ \overrightarrow{BC}\,(8-6,2-1)=(2,1)\end{array}\right. \rightarrow \quad (4,2)=2\cdot(2,1)$ y las coordenadas son proporcionales. Por tanto, los vectores $\overrightarrow{AB}$ y $\overrightarrow{BC}$ tienen la misma dirección y los tres puntos están alineados.

42.4 Ecuaciones de la recta

Una recta del plano queda determinada del siguiente modo:

- Dando un **punto** A de la recta, lo que equivale a dar un vector $\overrightarrow{OA}=\vec{a}$ llamado vector de posición.
- Un vector $\vec{d}$, paralelo a la recta, llamado **vector de dirección**.

Los vectores $\vec{a}, \vec{a}+\vec{d}, \vec{a}-2d, \vec{a}+3\vec{d}, \ldots$ situados con origen en O, tienen todos ellos su extremo sobre la recta. En general, $\vec{a}+\lambda\vec{d}$ es un vector que, situado con origen en O, su extremo se apoya en la recta y se desliza sobre ella al variar λ.

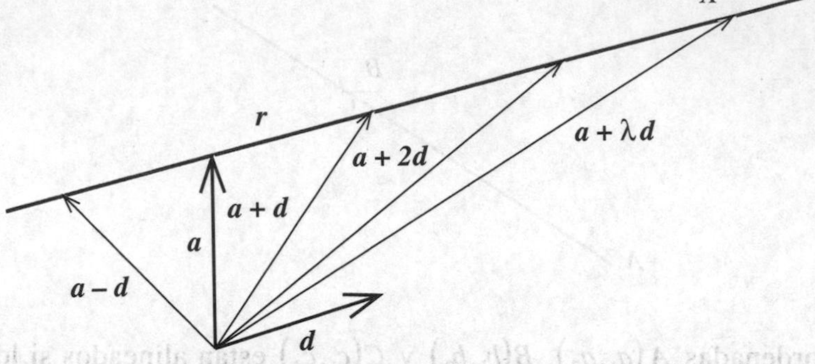

Es decir, si X es un punto variable de la recta, se cumple que $\overrightarrow{OX}=\vec{a}+\lambda\vec{d}$ donde λ es un parámetro. A continuación se describen las diferentes formas que adopta la ecuación de una recta.

ECUACIÓN VECTORIAL

La ecuación obtenida en el párrafo anterior se llama **ecuación vectorial** de la recta:

$$\boxed{\overrightarrow{OX}=\vec{a}+\lambda\vec{d}}$$ donde:

- O es el origen de coordenadas, X es un punto variable de la recta.
- $\vec{a}$ es el vector posición de un punto A de la recta.
- $\vec{d}$ es un vector de la misma dirección que la recta.
- λ es un número variable que permite obtener los distintos puntos X de la recta.

Si expresamos la ecuación anterior en coordenadas, obtenemos:

$$(x,y)=(a_1,a_2)+\lambda(d_1,d_2)$$

Las coordenadas (x,y) son variables y corresponden a un punto variable de la recta.

ECUACIONES PARAMÉTRICAS

Igualando coordenadas en la expresión de la ecuación vectorial de la recta, se obtiene:

$$\boxed{\begin{cases} x=a_1+\lambda d_1 \\ y=a_2+\lambda d_2 \end{cases}}$$

que son las **ecuaciones paramétricas** de la recta r.

Ejemplo

Escribe las ecuaciones paramétricas de una recta que pasa por el punto $A(-1,3)$ y tiene un vector dirección $\vec{d}\,(2,5)$. Obtén tres de sus puntos.

Solución: $\begin{cases} x = -1 + 2\lambda \\ y = 3 + 5\lambda \end{cases}$

Para obtener diferentes puntos de la recta, basta dar valores arbitrarios a λ. Por ejemplo:

$\lambda = 0 \;\rightarrow\; \begin{cases} x = -1 \\ y = 2 \end{cases}$ Obtenemos así el punto del enunciado $A(-1,3)$.

$\lambda = 1 \;\rightarrow\; \begin{cases} x = -1 + 2\cdot 1 = 1 \\ y = 3 + 5\cdot 1 = 8 \end{cases}$ Obtenemos el punto $B(1,8)$

$\lambda = -1 \;\rightarrow\; \begin{cases} x = -1 + 2\cdot(-1) = -3 \\ y = 3 + 5\cdot(-1) = -2 \end{cases}$ Logramos así el punto $C(-3,-2)$

ECUACIÓN CONTINUA

Si de las dos ecuaciones paramétricas despejamos el parámetro λ e igualamos, queda:

$$\begin{cases} \dfrac{x-a_1}{d_1} = \lambda \\ \dfrac{y-a_2}{d_2} = \lambda \end{cases} \;\rightarrow\; \boxed{\dfrac{x-a_1}{d_1} = \dfrac{y-a_2}{d_2}}$$

que es la **ecuación continua** de la recta r.

Ejemplo

Escribe la ecuación continua de la recta dada por un vector posición $\vec{a}(-2,5)$ y un vector dirección $\vec{d}\,(3,-1)$.

Solución: $\dfrac{x+2}{3} = \dfrac{y-5}{-1}$

ECUACIÓN GENERAL

Si en la ecuación continua de la recta quitamos denominadores y agrupamos en torno a x e y:

$$(x-a_1)d_2=(y-a_2)d_1 \rightarrow d_2x-a_1d_2=d_1y-a_2d_1 \rightarrow d_2x-d_1y+a_2d_1-a_1d_2=0$$

Llamando entonces $A=d_2$, $B=-d_1$, $C=a_2d_1-a_1d_2$, resulta la ecuación:

$$\boxed{ax+by+c=0}$$

llamada **ecuación general** de la recta *r*.

Ejemplo

Escribe la ecuación general de la recta del ejemplo anterior.

Solución: $\dfrac{x+2}{3}=\dfrac{y-5}{-1} \rightarrow -(x+2)=3(y-5) \rightarrow -x+2=3y-15 \rightarrow x+3y-17=0$

que es la ecuación general de la recta.

Ejemplo

Escribe la ecuación general de la recta que pasa por el punto $A(4,3)$ y tiene por vector dirección $\vec{d}\,(0,-2)$.

Solución: Las ecuaciones paramétricas de la recta son $\begin{cases} x=4 \\ y=3-2\lambda \end{cases}$. En este caso, una de las ecuaciones carece de parámetro. Cuando así ocurre, la recta es paralela a uno de los ejes coordenados y la ecuación general es precisamente la ecuación paramétrica que carece de parámetro. En este caso, la ecuación general es $x=4$, o bien, $x-4=0$

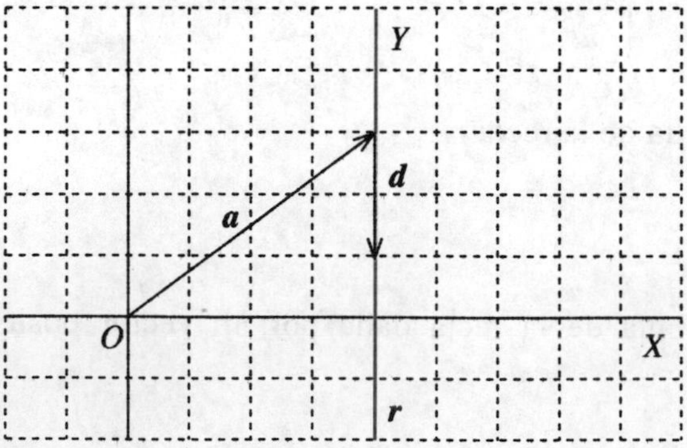

Ejemplo

Halla las ecuaciones paramétricas de la recta cuya forma general es $x-3y+5=0$

Solución: Basta considerar el parámetro como una de las dos coordenadas y expresar la otra en función de aquel. En concreto, llamando $y=\lambda$, obtenemos: $x-3\lambda+5=0 \quad \rightarrow \quad x=-5+3\lambda$ y las ecuaciones paramétricas son:

$$\begin{cases} x=-5+3\lambda \\ y=\lambda \end{cases}$$

Si conocemos dos puntos $A(a_1,a_2)$ y $B(b_1,b_2)$ de una recta, podemos determinar fácilmente su ecuación, pues el vector $\overrightarrow{AB}(b_1-a_1,b_2-a_2)$ es un vector dirección de la recta. Tomando como vector posición el de cualquiera de los dos puntos, obtenemos:

Ecuaciones paramétricas: $\begin{cases} x=a_1+\lambda(b_1-a_1) \\ y=a_2+\lambda(b_2-a_2) \end{cases}$; Ecuación continua: $\dfrac{x-a_1}{b_1-a_1}=\dfrac{y-a_2}{b_2-a_2}$

Ejemplo

Halla la ecuación general de la recta que pasa por los puntos $P(0,3)$ y $Q(2,5)$.

Solución: El vector dirección de la recta es $\overrightarrow{PQ}(2-0,5-3)=(2,2)$, por tanto su ecuación continua es : $\dfrac{x}{2}=\dfrac{y-3}{2}$

Quitando denominadores en la ecuación obtenemos: $x=y-3$. La ecuación general es por tanto:

$$x-y+3=0$$

Si una recta viene dada por su ecuación general, para averiguar si un punto pertenece o no a ella, basta sustituir las coordenadas en la x y la y de la ecuación y ver si se cumple o no la igualdad. Si la recta viene dada mediante sus ecuaciones paramétricas, podemos pasarla a forma general o hacerlo directamente con la recta dada en paramétricas.

Ejemplo

Comprobar si el $P(-3,8)$ pertenece a la recta $\begin{cases} x=1-2\lambda \\ y=5+3\lambda \end{cases}$

Solución: Sustituimos en ambas ecuaciones x e y por las coordenadas de P. Si de ambas ecuaciones obtenemos el mismo valor de λ, el punto P es de la recta. En caso contrario, P no es de la recta.

$$\begin{cases} -3=1-2\lambda \\ 8=5+3\lambda \end{cases} \rightarrow \begin{cases} -4=-2\lambda \\ 3=3\lambda \end{cases} \rightarrow \begin{cases} \lambda=2 \\ \lambda=1 \end{cases}$$

Obtenemos valores distintos del parámetro que nos dicen que el punto $P(-3,8)$ no es de la recta.

42.5 Incidencia y paralelismo

Si dos rectas están dadas en forma paramétrica podemos proceder directamente para calcular su punto de corte.

Ejemplo

Estudiar la posición relativa de las rectas $r: \begin{cases} x = 3+\lambda \\ y = 1-\lambda \end{cases}, \quad s: \begin{cases} x = -1-2\mu \\ y = 2+\mu \end{cases}.$

Solución: Dado que pretendemos calcular si las dos rectas tienen algún punto en común, igualamos sus respectivas coordenadas:

$$\begin{cases} 3+\lambda = -1-2\mu \\ 1-\lambda = 2+\mu \end{cases} \xrightarrow{\text{Sumando}} 4 = 1-\mu \;\rightarrow\; \mu = -3$$

Sustituyendo en la ecuación de s: $\begin{cases} x = -1-2(-3) = 5 \\ y = 2-3 = -1 \end{cases}$

Obtenemos así que $(5,-1)$ es el punto de corte de ambas rectas (podría haberse obtenido también calculando λ y sustituyendo su valor en la ecuación de r). Si las rectas fueran paralelas o coincidentes, lo veríamos por sus vectores de dirección. En este caso son $(1,-1)$ y $(-2,1)$ que tienen direcciones distintas.

Si las rectas vienen dadas en forma general, basta resolver el sistema formado por ambas ecuaciones para calcular el punto común.

Ejemplo

Hallar si se cortan y en qué punto las rectas $r\!: x+y-2=0, \quad s\!: x-2y+4=0.$

Solución: $\begin{cases} x+y-2=0 \\ x-2y+4=0 \end{cases} \xrightarrow{\text{Restando}} 3y-6=0 \;\rightarrow\; y=2 \;\rightarrow\; x=2-y=2-2=0$

Las rectas r y s se cortan en el punto $(0,2)$.

Cuando las rectas r y s son paralelas, al intentar resolver el sistema de ecuaciones, lógicamente nos encontramos con un sistema sin solución. Pero no hace falta resolver el sistema para saber si dos rectas dadas son paralelas o no. Basta con fijarse en sus vectores dirección.

En la deducción de la ecuación general de una recta, los coeficientes a y b en la ecuación general fueron obtenidos como $a = d_2,\ b = -d_1$ siendo $\vec{d}(d_1, d_2)$ el vector dirección de la recta. Podemos concluir por tanto que el vector de coordenadas $(-b, a)$ es un vector de dirección de la recta de ecuación $ax + by + c = 0$. Dadas entonces dos rectas:

$$r\colon\ ax + by + c = 0$$

$$s\colon\ a'x + b'y + c' = 0$$

serán ambas paralelas si ocurre que $\dfrac{-b}{-b'} = \dfrac{a}{a'}$ o lo que es igual $\dfrac{a}{a'} = \dfrac{b}{b'}$.

De ese hecho, podemos extraer las siguientes conclusiones:

- Las rectas r y s son **secantes** si ocurre que: $\dfrac{a}{a'} \neq \dfrac{b}{b'}$
- Las rectas r y s son **coincidentes** si ocurre que: $\dfrac{a}{a'} = \dfrac{b}{b'} = \dfrac{c}{c'}$
- Las rectas r y s son **paralelas** si ocurre que: $\dfrac{a}{a'} = \dfrac{b}{b'} \neq \dfrac{c}{c'}$

Ejemplo

Dados los pares de rectas $\begin{cases} r_1\colon\ 3x - y - 5 = 0 \\ r_2\colon\ 6x - 2y + 1 = 0 \end{cases}$ y $\begin{cases} s_1\colon\ 21x - 7y + 1 = 0 \\ s_2\colon 3x - y + 1/7 = 0 \end{cases}$, estudia su posición relativa.

Solución: $\dfrac{3}{6} = \dfrac{-1}{-2} \neq \dfrac{-5}{1}$, luego r_1 y r_2 son paralelas.

$\dfrac{21}{3} = \dfrac{-7}{-1} = \dfrac{1}{1/7}$, y por tanto s_1 y s_2 son coincidentes.

Problemas propuestos

1. Halla la ecuación de la recta que pasa por el punto $A(3,5)$ y lleva la dirección del vector $\vec{d}(2,-4)$:

   a) En forma vectorial
   b) En forma paramétrica
   c) En forma continua
   d) En forma general

2. Dada la recta de ecuaciones paramétricas $\begin{cases} x=-3+\lambda \\ y=2-5\lambda \end{cases}$, halla las otras formas de la ecuación de la recta.
3. Dada la recta de ecuación en forma continua $\dfrac{x-2}{-1}=\dfrac{y+5}{4}$, halla las otras formas distintas de la ecuación de esa recta.
4. Dada la recta de ecuación en forma general $5x-7y-2=0$, halla las otras formas de la ecuación de esta recta.
5. Representa las rectas dadas por las ecuaciones:
   a) $y=2$
   b) $x=3$
   c) $2x+3y-7=0$
   d) $\begin{cases} x=-\lambda \\ y=1+\lambda \end{cases}$
6. Halla la ecuación de la recta que pasa por los puntos $A(3,2)$ y $B(1,-4)$ de todas las formas posibles.
7. Determina si los puntos $A(3,1)$, $B(5,2)$ y $C(1,0)$ están alineados.
8. Calcula tres puntos que pertenezcan a la recta de ecuación $2x+3y-4=0$.
9. Halla las ecuaciones de las diagonales del cuadrilátero de vértices $A(3,1)$, $B(1,7)$, $C(-1,5)$ y $D(-1,-3)$.
10. Encuentra la ecuación de la recta cuyos puntos de intersección con los ejes son $A(-5,0)$ y $B(0,3)$.
11. Dada la recta $5x-3y+7=0$, halla la longitud de los segmentos que determina sobre los ejes.
12. ¿Cuánto tiene que valer el parámetro h para que el punto $(h,3)$ pertenezca a la recta de ecuación $2x+3y-7=0$.
13. Halla el punto de intersección de las rectas:
    a) $8x-2y-20=0, \quad 3x+2y-13=0$
    b) $\begin{cases} x=30+\lambda \\ y=\lambda \end{cases}, \quad \begin{cases} x=14+\mu \\ y=\mu \end{cases}$
    c) $3x+2y-19=0, \quad 5x+y-20=0$
14. Comprueba si las rectas son secantes, paralelas o coincidentes:
    a) $\begin{cases} 3x+2y-5=0 \\ 3x+2y+7=0 \end{cases}$
    b) $\begin{cases} x+y-3=0 \\ 2x+2y-6=0 \end{cases}$
    c) $\begin{cases} x+3y-4=0 \\ x+2y-5=0 \end{cases}$
15. Halla la ecuación de la recta que pasa por $(2,3)$ y es paralela a la recta $x+y-3=0$.
16. Halla la ecuación de la recta que pasa por el punto de intersección de las rectas $4x-3y-5=0$; $3x+4y-10=0$ y por el punto $P(-3,2)$.
17. Conocidas las rectas r: $3x+by-8=0$ y s: $ax-3y+12=0$, determina a y b para que se corten en el punto $P(2,-3)$.
18. Halla las coordenadas de los vértices del triángulo cuyos lados son las rectas: r: $x-y-1=0$, s: $x+y+2=0$, t: $3x-y+2=0$.
19. Dadas las rectas $3x+my-7=0$; $7x+2y-28=0$; $4x+y-14=0$, determina m para que las tres sean rayos de un mismo haz.
20. Las rectas $mx+2y-3=0$; $5x+ny-7=0$ se cortan en el punto $(-1,3)$. Calcula m y n.
21. Halla la ecuación de la recta que pasa por el origen de coordenadas y es paralela a la recta que pasa por los puntos $A(1,2)$, $B(3,-4)$.
22. Halla la ecuación de la recta que pasa por $(2,3)$ y es:
    a) Paralela al eje X.
    b) Paralela al eje Y.

c) Paralela a la bisectriz del primer cuadrante.
d) Que pase por el origen.

23. Halla los valores de m y n para que las rectas $2x+2y-5=0$; $mx-7y+7n=0$ sean coincidentes.

24. Determina la ecuación de la recta que pasa por el punto de intersección de las rectas r y s de ecuaciones
r: $4x+6y-5=0$; s: $x-2y-3=0$, y es paralela a la recta t de ecuación
t: $4x-5y-12=0$.

25. Averigua el valor de k para que las rectas $2x-3y+7=0$ y $kx+y-2=0$ sean paralelas.

26. Halla las ecuaciones de las rectas que pasan por el punto $P(1,-2)$ y son respectivamente paralelas a los ejes de coordenadas.

27. La recta $2x-ay-7=0$ pasa por el punto $A(2,1)$ y es paralela a la recta $bx-y+2=0$. Calcula a y b.

28. Determina la posición relativa de las rectas: r: $2x+y-1=0$, s: $3x-2y=0$ y t: $3x+2y-5=0$.

29. Encuentra la ecuación de la recta que pasa por el punto de corte de las rectas r: $3x+2y-5=0$ y s: $5x-7y+2=0$, y es paralela a la recta $\dfrac{x-2}{5}=\dfrac{y+3}{5}$.

30. Dadas las rectas $2x-y+4=0$ y $3x+2y-9=0$, halla su punto de intersección y las ecuaciones de las rectas que pasan por el punto (3,4) y son paralelas a cada una de las dadas.

31. Dadas las rectas $2x-y=1$; $3x+2y=26$, halla la ecuación de la recta concurrente con ellas y que pasa por el punto $(-8,-3)$

32. Dadas las rectas: r determinada por el punto $A(2,1)$ y el vector dirección $\vec{u}(a,4)$ y s determinada por el punto $B(-1,4)$ y el vector dirección $\vec{v}(5,3)$. Determina a para que r y s sean paralelas. ¿Para qué valores de a las rectas r y s son secantes?. ¿Pueden ser coincidentes?.

33. Encuentra el valor de a y b para que las rectas de ecuaciones r: $ax + y - 3 = 0$ y s: $bx + 5y - 7 = 0$ sean paralelas, sabiendo que la recta s pasa por el punto A (2,1).

34. Hallar la ecuación de la recta que pasa por los puntos (4,2) y (−5,7).

35. Los vértices de un cuadrilátero son A (0,0), B (2,4), C(6,7), D (8,0). Hallar las ecuaciones de sus lados.

36. Los segmentos que una recta determina sobre los ejes X e Y son 2 y −3, respectivamente. Hallar su ecuación.

37. Hallar la ecuación de la mediatriz del segmento A (−3,2), B (1,6).

38. Una recta pasa por el punto A (7,8) y es paralela a la recta C (−2,2) y D (3,−4). Hallar su ecuación.

39. Hallar la ecuación de la recta que pasa por el punto (−2,4) y determina sobre el eje X el segmento −9.

40. Hallar la ecuación de la mediatriz del segmento que los ejes coordenados determinan en la recta $5x + 3y - 15 = 0$.

41. Determinar el valor de los coeficientes A y B de la ecuación $Ax - By + 4 = 0$ de una recta, si debe pasar por los puntos (−3,1) y (1,6).

42. Hallar la ecuación de una recta si los segmentos que determina sobre los ejes X e Y son 3 y −5, respectivamente.

43. Hallar la ecuación de la recta que es perpendicular a la recta de ecuación $3x - 4y + 11 = 0$ y pasa por el punto (−1,−3).

44. Hallar el valor de k para que la recta $kx + (k-1)y - 18 = 0$ sea paralela a la recta $4x + 3y + 7 = 0$.

45. En las ecuaciones $ax + (2 - b)y - 23 = 0$, $(a - 1)x + by + 15 = 0$ hallar los valores de a y b para que representen rectas que pasan por el punto (2,−3).

46. Determinar el valor del parámetro k de manera que la recta de la familia $kx - y + 8 = 0$ que le corresponda pase por el punto (−2,4). Hallar la ecuación de la recta.

Soluciones

1. Solución: a) $(x,y)=(3,5)+\lambda(2,-4)$

b) $\begin{cases} x=3+2\lambda \\ y=5-4\lambda \end{cases}$

c) $\dfrac{x-3}{2}=\dfrac{y-5}{-4}$

d) $2x+y-11=0$

2. S: Vectorial: $(x,y)=(-3,2)+\lambda(1,-5)$

Continua: $x+3=\dfrac{y-2}{-5}$

General: $5x+y+13=0$

3. S: Vectorial: $(x,y)=(2,-5)+\lambda(-1,4)$

Paramétrica: $\begin{cases} x=2-\lambda \\ y=-5+4\lambda \end{cases}$

General: $4x+y-3=0$

4. S: Vectorial: $(x,y)=\left(\dfrac{2}{5},0\right)+\lambda(7,5)$

Paramétricas: $\begin{cases} x=2/5+7\lambda \\ y=5\lambda \end{cases}$

Continua: $\dfrac{x-2/5}{7}=\dfrac{y}{5}$

5. S:

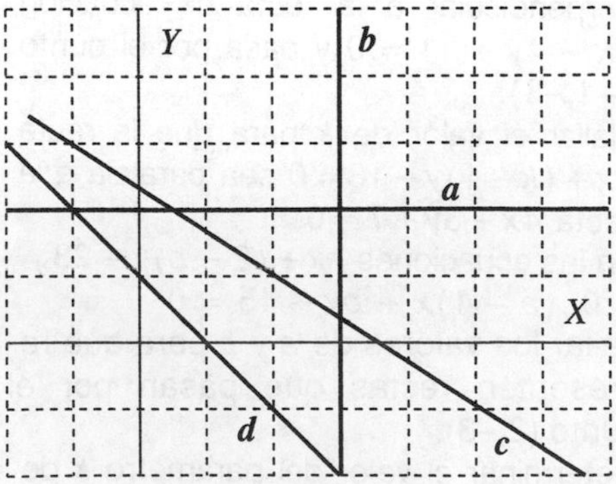

6. S: Vectorial: $(x,y)=(3,2)+\lambda(-2,-6)$

Paramétricas: $\begin{cases} x=3-2\lambda \\ y=2-6\lambda \end{cases}$

Continua: $\dfrac{x-3}{-2}=\dfrac{y-2}{-6}$

General: $3x-y-7=0$

7. S: Están alineados.

8. S: $A(2,0)$, $B\left(\dfrac{1}{2},1\right)$, $C\left(-\dfrac{5}{2},3\right)$

9. S: $x+y-4=0$; $5x-y+2=0$

10. S: $3x-5y+15=0$

11. S: $\dfrac{7}{5}$ sobre la parte negativa del eje X y $\dfrac{7}{3}$ sobre la parte positiva del eje Y.

12. S: $h=-1$

13. S: a) $P(3,2)$
b) No tienen punto de corte (son paralelas)
c) $P(3,5)$

14. S: a) Paralelas
b) Coincidentes
c) Secantes

15. S: $x+y-5=0$

16. S: $x+5y-7=0$

17. S: $a=-\dfrac{21}{2}$; $b=-\dfrac{2}{3}$

18. S: $A\left(-\dfrac{1}{2},-\dfrac{3}{2}\right)$, $B\left(-\dfrac{3}{2},-\dfrac{5}{2}\right)$, $C(-1,-1)$

19. S: $m=\dfrac{1}{2}$

20. S: $m=3$; $n=4$

21. S: $3x+y=0$

22. S: a) $y=3$
b) $x=2$
c) $x-y+1=0$
d) $3x-2y=0$

23. S: $m=-7$; $n=\dfrac{5}{2}$

24. S: $8x-10y-21=0$

25. S: $k=-\frac{2}{3}$

26. S: $x-1=0$; $y+2=0$

27. S: $a=-3$; $b=-\frac{2}{3}$

28. S: Forman un triángulo.

29. S: $x-y=0$

30. S: $P\left(\frac{1}{7},\frac{30}{7}\right)$ y las rectas son:

$2x-y-2=0$; $3x+2y-17=0$.

31. S: $5x-6y+22=0$

32. S: Paralelas: $a=\frac{20}{3}$

Secantes: $a\neq\frac{20}{3}$

No pueden ser coincidentes.

33. S: $a=\frac{1}{5}$; $b=1$.

34. S.: $5x+9y-38=0$.

35. S.: $2x-y=0$, $3x-4y+10=0$, $7x+2y-56=0$, $y=0$.

36. S.: $3x-2y-6=0$.

37. S.: $x+y-3=0$.

38. S.: $6x+5y-82=0$.

39. S.: $4x-7y+36=0$.

40. S.: $3x-5y+8=0$.

41. S.: $A=20/19$, $B=16/19$.

42. S.: $5x-3y-15=0$.

43. S.: $4x+3y+13=0$.

44. S.: 4.

45. S.: $a=4$, $b=7$.

46. S.: $k=2$; $2x-y+8=0$.

Producto escalar 43

Introducción histórica

El gran geómetra del siglo XIX fue Jakob Steiner (1790-1863). Fue analfabeto hasta los 14 años. A los 18 ingresó en la famosa escuela de Yverdon, del gran pedagogo suizo Pestalozzi. En 1832 había conseguido acabar una obra de geometría extraordinariamente importante que le abrió todas las puertas del mundo académico. Ese mismo año fue nombrado Doctor Honoris Causa por la Universidad de Berlín. El resto de su vida fue una sucesión ininterrumpida de profundos descubrimientos en geometría, a la que dedicó toda su energía.

43.1 Módulo y ángulo de dos vectores

Como ya vimos en el tema 8, el módulo de un vector del plano V_2 es la longitud del segmento de cualquiera de sus vectores representantes:

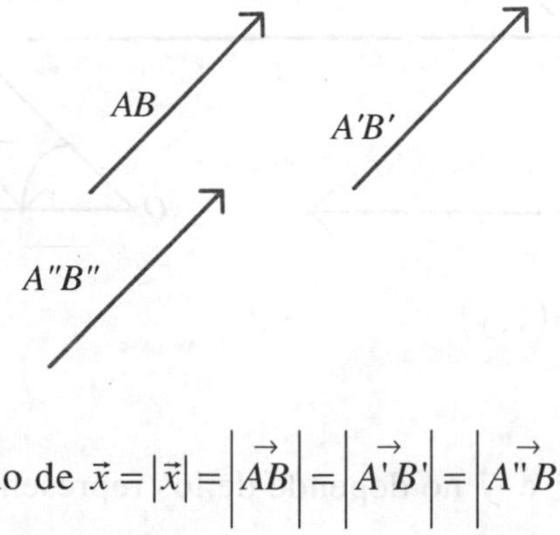

$$\text{Módulo de } \vec{x} = |\vec{x}| = \left|\overrightarrow{AB}\right| = \left|\overrightarrow{A'B'}\right| = \left|\overrightarrow{A''B''}\right| = \ldots$$

Consideramos ahora un par de vectores no nulos $\vec{x}$ e $\vec{y}$ de V_2. Podemos escoger un punto O del plano y dibujar un representante de $\vec{x}$ y un representante de $\vec{y}$ que tengan su origen en ese punto O.

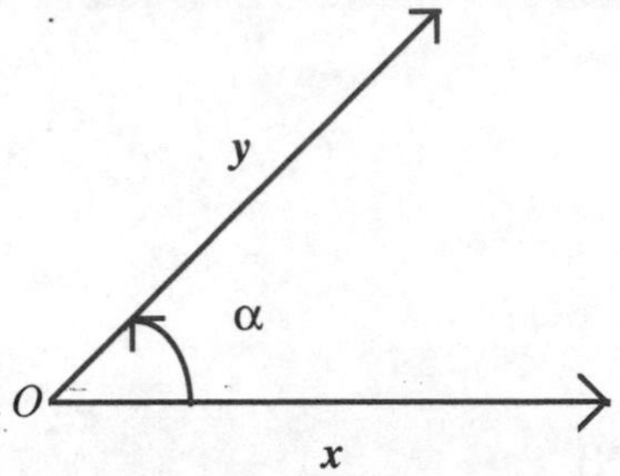

Ángulo de dos vectores del plano es el menor de los ángulos que forman sus representantes con origen común.

Para dejar clara la definición, conviene fijarse en dos hechos:

1º. Se trata de ángulos *orientados*; o sea, no es igual el ángulo $(\vec{x},\vec{y})=\alpha$, que $(\vec{y},\vec{x})=-\alpha$.
La razón es que se adopta la norma de tomar como ángulos positivos los que se orientan al contrario del movimiento de las agujas del reloj; y negativos, si van como las agujas del reloj. Sin embargo, recordamos que cuando los ángulos son opuestos, sus cosenos son iguales:

$$\cos\alpha=\cos(-\alpha)$$

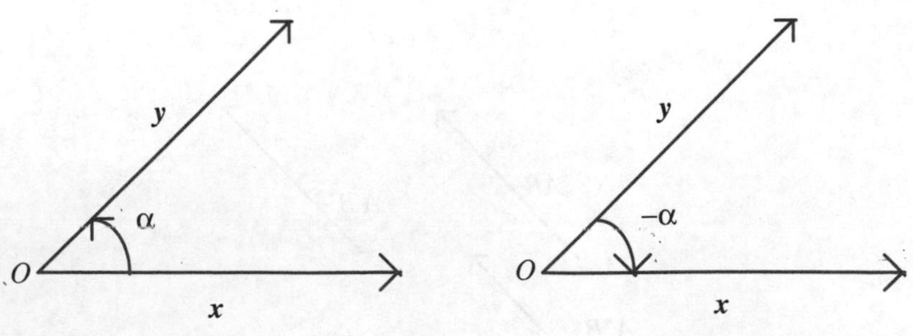

ang$(\vec{x},\vec{y})$ ang$(\vec{y},\vec{x})$

2º. El ángulo de los vectores $\vec{x}$ e $\vec{y}$ no depende de los representantes elegidos como muestra la siguiente figura.

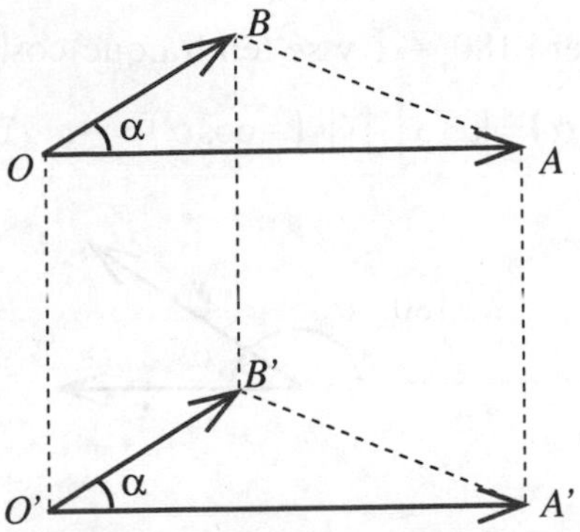

43.2 Producto escalar de vectores. Propiedades

Producto escalar de dos vectores no nulos es el número real que resulta al multiplicar el producto de sus módulos por el coseno del ángulo que forman.

En símbolos: $\boxed{\vec{x}\cdot\vec{y}=|\vec{x}|\cdot|\vec{y}|\cdot\cos(\vec{x},\vec{y})}$

Si alguno de los dos vectores es el vector cero, el producto escalar es el número cero.

PROPIEDADES:

1. *Conmutativa*: $\vec{x}\cdot\vec{y}=\vec{y}\cdot\vec{x}$

   Efectivamente, $\vec{x}\cdot\vec{y}=|\vec{x}|\cdot|\vec{y}|\cdot\cos\alpha=|\vec{y}|\cdot|\vec{x}|\cdot\cos(-\alpha)=\vec{y}\cdot\vec{x}$

2. *Homogénea*: $(a\cdot\vec{x})\cdot\vec{y}=a\cdot(\vec{x}\cdot\vec{y})$ siendo a cualquier número real.

   Si $a=0$, ambos productos son nulos y la igualdad es evidentemente cierta.

   Si $a>0$, entonces $(a\cdot\vec{x})\cdot\vec{y}=|a\cdot\vec{x}|\cdot|\vec{y}|\cdot\cos\alpha=a\cdot|\vec{x}|\cdot|\vec{y}|\cdot\cos\alpha=a\cdot(\vec{x}\cdot\vec{y})$

Si $a<0$, entonces $|a|=-a$ y además el vector $a\cdot\vec{x}$ es de sentido opuesto a $\vec{x}$. Por tanto, el ángulo que forma $a\cdot\vec{x}$ con $\vec{y}$ será $180^\circ-\alpha$ y se tendrá que $\cos(180^\circ-\alpha)=-\cos\alpha$. Así:

$$(a\cdot\vec{x})\cdot\vec{y}=|a\cdot\vec{x}|\cdot|\vec{y}|\cdot\cos(180^\circ-\alpha)=|a\cdot\vec{x}|\cdot|\vec{y}|\cdot(-\cos\alpha)=-a\cdot|\vec{x}|\cdot|\vec{y}|\cdot(-\cos\alpha)=$$
$$=a\cdot|\vec{x}|\cdot|\vec{y}|\cdot\cos\alpha=a\cdot(\vec{x}\cdot\vec{y})$$

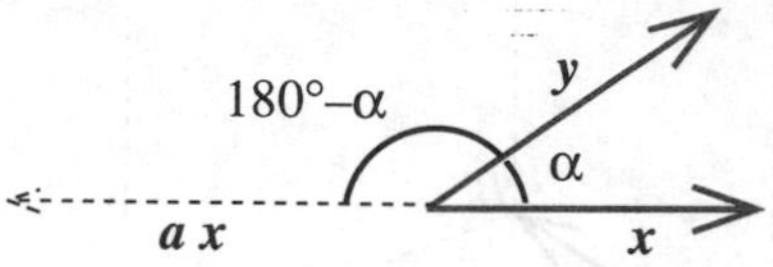

3. *Distributiva*: $\vec{x}\cdot(\vec{y}+\vec{z})=\vec{x}\cdot\vec{y}+\vec{x}\cdot\vec{z}$

De la figura adjunta podemos deducir:

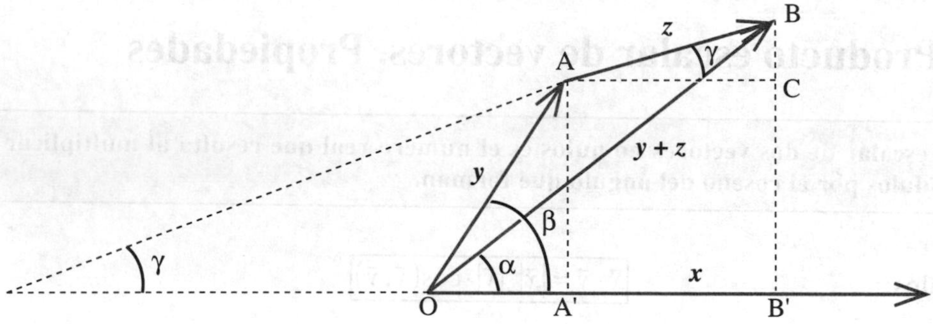

$$\vec{x}\cdot(\vec{y}+\vec{z})=|\vec{x}|\cdot|\vec{y}+\vec{z}|\cdot\cos\alpha=|\vec{x}|\cdot OB'=|\vec{x}|\cdot(OA'+A'B')=|\vec{x}|\cdot(OA\cdot\cos\beta+AC)=$$
$$=|\vec{x}|\cdot(|\vec{y}|\cdot\cos\beta+|\vec{z}|\cdot\cos\gamma)=|\vec{x}|\cdot|\vec{y}|\cdot\cos\beta+|\vec{x}|\cdot|\vec{z}|\cdot\cos\gamma=\vec{x}\cdot\vec{y}+\vec{x}\cdot\vec{z}$$

4. *Positiva*: $\vec{x}\cdot\vec{x}>0$ para cualquier vector no nulo $\vec{x}$.

   Dado que $\vec{x}\cdot\vec{x}=|\vec{x}|\cdot|x|\cdot\cos 0^\circ=|\vec{x}|^2\cdot 1=|\vec{x}|^2>0$.

Por haber definido en V_2 un producto escalar, al espacio vectorial V_2 se le llama *espacio vectorial euclídeo*.

Ejemplo

Calcula el producto escalar de los vectores representados por el lado y la diagonal de un cuadrado de lado 3.

Solución:

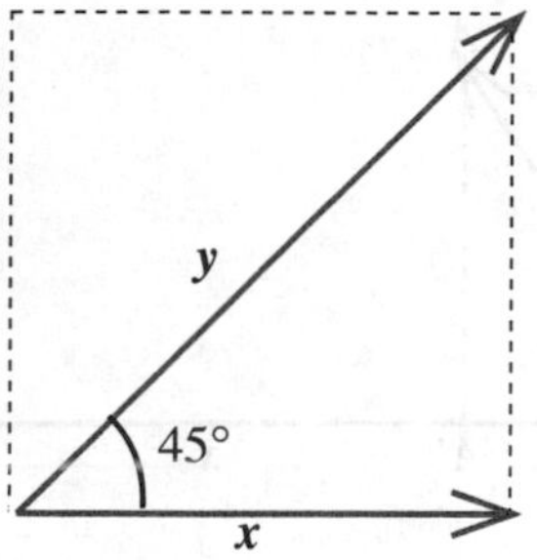

Se tiene que $|\vec{x}| = 3$, $|\vec{y}| = 3\sqrt{2}$ (por ser la diagonal de un cuadrado el producto del lado por $\sqrt{2}$).

$$\vec{x} \cdot \vec{y} = |\vec{x}| \cdot |\vec{y}| \cdot \cos 45^{\text{o}} = 3 \cdot 3\sqrt{2} \cdot \frac{\sqrt{2}}{2} = 9$$

Las siguientes son consecuencias que se deducen de la definición de producto escalar:

1. El módulo de un vector es igual a la raíz cuadrada del producto escalar de él por sí mismo.

$$\sqrt{\vec{x} \cdot \vec{x}} = \sqrt{|\vec{x}| \cdot |\vec{x}| \cdot \cos 0^{\text{o}}} = \sqrt{|\vec{x}| \cdot |\vec{x}| \cdot 1} = \sqrt{|\vec{x}|^2} = |\vec{x}|$$

2. El coseno del ángulo que forman dos vectores no nulos es el cociente entre su producto escalar y el producto de sus módulos.

$$\vec{x} \cdot \vec{y} = |\vec{x}| \cdot |\vec{y}| \cdot \cos\alpha \quad \rightarrow \quad \cos\alpha = \frac{\vec{x} \cdot \vec{y}}{|\vec{x}| \cdot |\vec{y}|}$$

3. Para que dos vectores no nulos sean perpendiculares (u ortogonales) es necesario y suficiente que su producto escalar sea cero.

Efectivamente, pues decir que dos vectores son ortogonales equivale a decir que el ángulo comprendido entre ambos es 90º, con lo cual:

$$\vec{x} \perp \vec{y} \quad \leftrightarrow \quad \alpha = 90^{\text{o}} \quad \leftrightarrow \quad \vec{x} \cdot \vec{y} = |\vec{x}| \cdot |\vec{y}| \cdot \cos 90^{\text{o}} = |\vec{x}| \cdot |\vec{y}| \cdot 0 = 0$$

4. El producto escalar de dos vectores no nulos es igual al módulo de uno de ellos por la proyección del otro sobre él.

En el triángulo rectángulo *OA'A* de la figura observamos que $OA' = OA \cdot \cos\alpha = |\vec{y}| \cdot \cos\alpha$

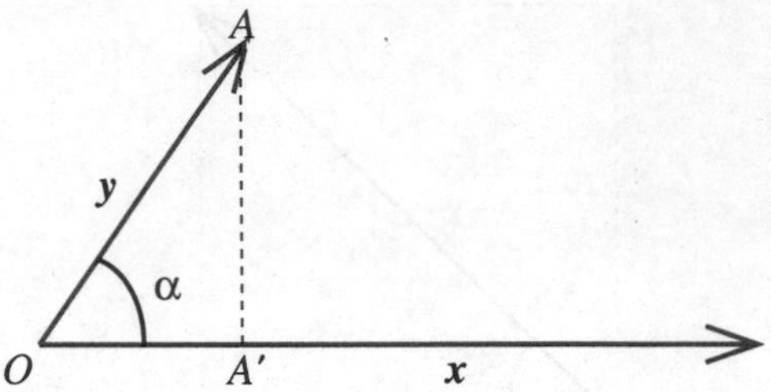

De donde deducimos que: $\vec{x}\cdot\vec{y}=|\vec{x}|\cdot|\vec{y}|\cdot\cos\alpha=|\vec{x}|\cdot OA'$ siendo OA' la proyección del vector $\vec{y}$ sobre $\vec{x}$.

43.3 Normalización de un vector. Vectores unitarios

Vector unitario es cualquier vector cuyo módulo es la unidad.

Normalizar un vector es conseguir otro de la misma dirección y sentido que el dado, pero de módulo la unidad. Para conseguirlo, basta multiplicarlo por el inverso de su módulo.

En efecto, el vector $\frac{1}{|\vec{x}|}\cdot\vec{x}$ tiene la misma dirección y sentido que $\vec{x}$ (pues $\frac{1}{|\vec{x}|}$ es un número positivo) y además su módulo es 1:

$$\left|\frac{\vec{x}}{|\vec{x}|}\right|=\sqrt{\frac{\vec{x}}{|\vec{x}|}\cdot\frac{\vec{x}}{|\vec{x}|}}=\sqrt{\frac{\vec{x}\cdot\vec{x}}{|\vec{x}|^2}}=\sqrt{\frac{|\vec{x}|^2}{|\vec{x}|^2}}=\sqrt{1}=1$$

Cuando efectuamos el producto escalar de dos vectores unitarios, resulta el coseno del ángulo que forman. Efectivamente:

$$|\vec{u}|=|\vec{v}|=1 \quad\rightarrow\quad \vec{u}\cdot\vec{v}=|\vec{u}|\cdot|\vec{v}|\cdot\cos\alpha=1\cdot1\cdot\cos\alpha=\cos\alpha$$

Ejemplo

Para los vectores de la figura:

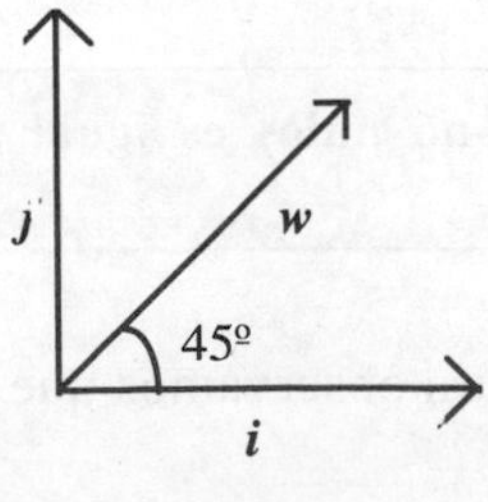

se tienen los siguientes productos escalares:

$$\vec{i}\cdot\vec{w}=1\cdot 1\cdot \cos 45^{\underline{o}}=\sqrt{2}/2$$
$$\vec{i}\cdot\vec{i}=1\cdot 1\cdot \cos 0^{\underline{o}}=1\cdot 1\cdot 1=1$$
$$\vec{i}\cdot\vec{j}=1\cdot 1\cdot \cos 90^{\underline{o}}=1\cdot 1\cdot 0=0$$
$$\vec{j}\cdot\vec{i}=1\cdot 1\cdot \cos(-90^{\underline{o}})=1\cdot 1\cdot 0=0$$

Recordamos ahora que una base de los vectores del plano estaba formada por dos vectores con distinta dirección. Las bases que más se usan son las llamadas ortogonales y ortonormales.

- **Base ortogonal es la formada por dos vectores ortogonales. O lo que es lo mismo, por dos vectores cuyo producto escalar es cero.**
- **Base ortonormal es la formada por dos vectores ortogonales y unitarios.**

Ambas dan lugar a los sistemas de referencia del plano dibujados en la figura adjunta:

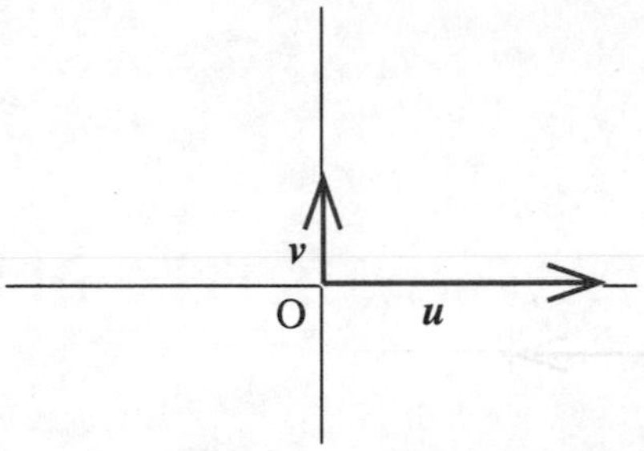

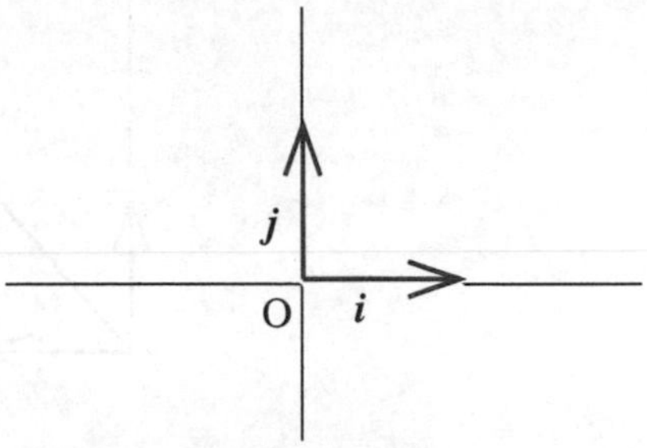

Referencia ortogonal

$\{O,\{\vec{u},\vec{v}\}\}$ con $\vec{u}\cdot\vec{v}=0$

Referencia ortonormal

$\{O,\{\vec{i},\vec{j}\}\}$ con $\begin{cases}\vec{i}\cdot\vec{j}=0\\ |\vec{i}|=|\vec{j}|=1\end{cases}$

Ejemplo

Las coordenadas de los vectores de una base ortonormal son: $\begin{cases}\vec{i}=1\cdot\vec{i}+0\cdot\vec{j} & \leftrightarrow & \vec{i}\,(1,0)\\ \vec{j}=0\cdot\vec{i}+1\cdot\vec{j} & \leftrightarrow & \vec{j}\,(0,1)\end{cases}$

43.4 Expresión analítica del producto escalar. Propiedades

Consideremos los vectores $\vec{x}(x_1,x_2)$ e $\vec{y}(y_1,y_2)$ de V_2, referidos a una base ortonormal $\{\vec{i},\vec{j}\}$, es decir:

$$\vec{x}=x_1\cdot\vec{i}+x_2\cdot\vec{j}$$
$$\vec{y}=y_1\cdot\vec{i}+y_2\cdot\vec{j}$$

Basándonos en las propiedades del producto escalar, podemos desarrollar de la siguiente forma:

$$\vec{x}\cdot\vec{y}=\left(x_1\cdot\vec{i}+x_2\cdot\vec{j}\right)\cdot\left(y_1\cdot\vec{i}+y_2\cdot\vec{j}\right)=x_1\,y_1\cdot\left(\vec{i}\cdot\vec{i}\right)+x_1\,y_2\cdot\left(\vec{i}\cdot\vec{j}\right)+x_2\,y_1\cdot\left(\vec{j}\cdot\vec{i}\right)+x_2\,y_2\cdot\left(\vec{j}\cdot\vec{j}\right)$$

pero, según sabemos, por ser $\{\vec{i},\vec{j}\}$ base ortonormal: $\begin{cases}\vec{i}\cdot\vec{i}=\vec{j}\cdot\vec{j}=1\\ \vec{i}\cdot\vec{j}=\vec{j}\cdot\vec{i}=0\end{cases}$. Entonces, sustituyendo:

$$\boxed{\vec{x}\cdot\vec{y}=x_1\,y_1+x_2\,y_2}$$

Ejemplo

Calcula de dos maneras diferentes el producto escalar de los vectores representados en la figura siguiente:

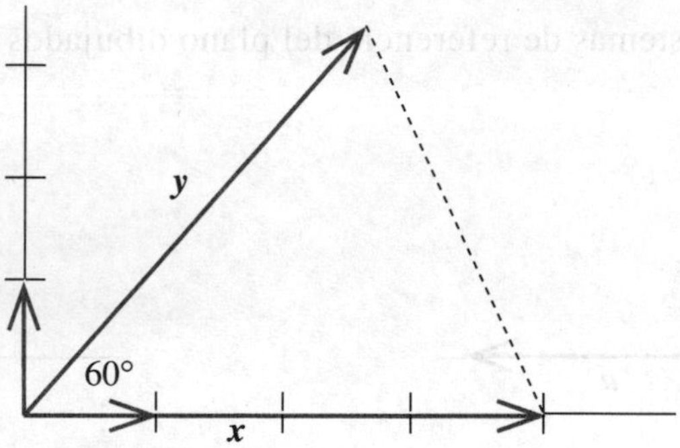

Solución: a) $\begin{cases}\vec{x}(4,0)\\ \vec{y}\left(2,2\sqrt{3}\right)\end{cases}\rightarrow\quad\vec{x}\cdot\vec{y}=4\cdot2+0\cdot2\sqrt{3}=8$

b) Como el triángulo es equilátero: $\begin{cases}|\vec{x}|=|\vec{y}|=4\\ \left(\vec{x},\vec{y}\right)=60^{\circ}\end{cases}\rightarrow\quad\vec{x}\cdot\vec{y}=4\cdot4\cdot\cos60^{\circ}=4\cdot4\cdot\dfrac{1}{2}=8$

Las cuatro propiedades del producto escalar también pueden ser demostradas analíticamente:

1. *Conmutativa*:

$$\vec{x}\cdot\vec{y}=x_1\,y_1+x_2\,y_2=x_2\,y_2+x_1\,y_1=\vec{y}\cdot\vec{x}$$

2. *Homogénea*:

$$(a\cdot\vec{x})\cdot\vec{y}=(a\,x_1,a\,x_2)\cdot(y_1,y_2)=a\,x_1\,y_1+a\,x_2\,y_2=a\cdot(x_1\,y_1+x_2\,y_2)=a\cdot(\vec{x}\cdot\vec{y})$$

3. *Distributiva*:

$$\vec{x}\cdot\left(\vec{y}+\vec{z}\right)=\left(x_1,x_2\right)\cdot\left(y_1+z_1,y_2+z_2\right)=x_1\cdot\left(y_1+z_1\right)+x_2\cdot\left(y_2+z_2\right)=x_1\,y_1+x_1\,z_1+x_2\,y_2+x_2\,z_2=$$

$$= (x_1 y_1 + x_2 y_2) + (x_1 z_1 + x_2 z_2) = \vec{x} \cdot \vec{y} + \vec{x} \cdot \vec{z}$$

4. *Positiva*: Sea $\vec{x}(x_1, x_2) \neq \vec{0}$

$$\vec{x} \cdot \vec{x} = x_1 x_1 + x_2 x_2 = x_1^2 + x_2^2 > 0$$

ya que la suma de cuadrados de dos números reales, uno al menos distinto de cero, es siempre mayor que cero.

Consideremos ahora cualquier vector $\vec{x}(x_1, x_2)$ referido a una base ortonormal $\{\vec{i}, \vec{j}\}$. Si efectuamos los productos escalares de $\vec{x}$ por cada uno de los vectores de la base, resulta:

$$\vec{x} \cdot \vec{i} = (x_1, x_2) \cdot (1,0) = x_1 \cdot 1 + x_2 \cdot 0 = x_1$$
$$\vec{x} \cdot \vec{j} = (x_1, x_2) \cdot (0,1) = x_1 \cdot 0 + x_2 \cdot 1 = x_2$$

Es decir, los productos escalares de un vector por los de la base ortonormal a que está referido, coinciden con las coordenadas respectivas.

43.5 Expresiones analíticas del módulo y del coseno del ángulo de dos vectores

Considera el vector $\vec{x}(x_1, x_2)$ referido a una base ortonormal. Entonces:

$$|\vec{x}| = \sqrt{\vec{x} \cdot \vec{x}} = \sqrt{x_1 x_1 + x_2 x_2} = \sqrt{x_1^2 + x_2^2} \quad \rightarrow \quad \boxed{|\vec{x}| = \sqrt{x_1^2 + x_2^2}}$$

Si queremos calcular el ángulo que forman dos vectores $\vec{x}(x_1, x_2)$ e $\vec{y}(y_1, y_2)$, se tiene:

$$\cos\alpha = \frac{\vec{x} \cdot \vec{y}}{|\vec{x}| \cdot |\vec{y}|} = \frac{x_1 y_1 + x_2 y_2}{\sqrt{x_1^2 + x_2^2} \cdot \sqrt{y_1^2 + y_2^2}} \quad \rightarrow \quad \boxed{\cos\alpha = \frac{x_1 y_1 + x_2 y_2}{\sqrt{x_1^2 + x_2^2} \cdot \sqrt{y_1^2 + y_2^2}}}$$

Ejemplo

Calcula el producto escalar, el ángulo que forman y los módulos de los vectores $\vec{x}$ $\vec{y}$ representados en la figura.

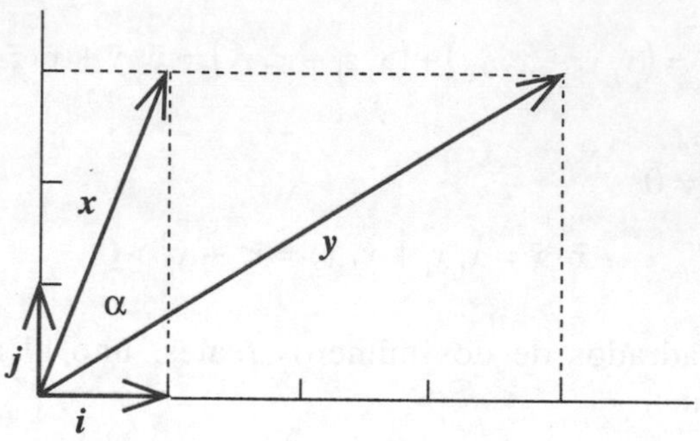

Solución: los vectores tienen por coordenadas en la base de la figura: $\vec{x}(1,3)$, $\vec{y}(4,3)$. Por tanto:

$$\vec{x}\cdot\vec{y} = 1\cdot 4 + 3\cdot 3 = 4 + 9 = 13$$

$$|\vec{x}| = \sqrt{x_1^2 + x_2^2} = \sqrt{1+9} = \sqrt{10}$$

$$|\vec{y}| = \sqrt{y_1^2 + y_2^2} = \sqrt{16+9} = 5$$

$$\cos\alpha = \frac{13}{5\sqrt{10}} \quad\rightarrow\quad \alpha = 34^{\circ}41'42''$$

Problemas propuestos

En los ejercicios que siguen, salvo que se indique lo contrario, las coordenadas de los vectores están referidas a una base ortonormal.

1. Encuentra dos vectores unitarios que tengan la misma dirección que $\vec{u}(4,-7)$.
2. Calcula el valor de *m* y *n* para que los vectores $\vec{u}\left(\frac{1}{2},m\right)$ y $\vec{v}\left(\frac{\sqrt{2}}{2},n\right)$ sean unitarios.
3. Calcula el valor de m para que los vectores $\vec{u}\left(\frac{1}{2},m\right)$ y $\vec{v}\left(\frac{\sqrt{2}}{2},1\right)$ sean ortogonales.
4. Halla el ángulo formado por los vectores $\vec{u}(-5,12)$ y $\vec{v}(8,-6)$.
5. Halla el valor de *k* para que los vectores $\vec{u}(1,2)$ y $\vec{v}\left(k,\sqrt{3}+\frac{1}{2}\right)$ formen un ángulo de 30º.
6. Halla la proyección del vector $\vec{u}(-3,5)$ sobre el vector $\vec{v}(-7,-1)$.
7. Dos fuerzas $\vec{f}_1$ y $\vec{f}_2$ de intensidades 20 y 30 *N*, respectivamente, actúan sobre el mismo cuerpo y forman entre ellas un ángulo de 60º. ¿Cuántos *N* tiene una fuerza $\vec{f}_3$ que sirva para restablecer el equilibrio?.
8. Halla el ángulo que forman las fuerzas: $\vec{f}_1(2\ kp, 3\ kp)$ y $\vec{f}_2(1\ kp, 5\ kp)$.
9. Dados los vectores $\vec{u}(2,4)$ y $\vec{v}(3,1)$, halla

el módulo del vector $\vec{u}-\vec{v}$.

10. Prueba que $\vec{a}=(\vec{b}\cdot\vec{c})\cdot\vec{d}-(\vec{b}\cdot\vec{d})\cdot\vec{c}$ es un vector ortogonal al vector $\vec{b}$.
11. Demuestra las siguientes igualdades entre vectores:

    a) $(\vec{u}+\vec{v}-\vec{w})\cdot(\vec{u}+\vec{v}+\vec{w})=(\vec{u}+\vec{v})^2-\vec{w}^2$

    b) $(\vec{u}-\vec{v}-\vec{w})\cdot(\vec{u}+\vec{v}+\vec{w})=\vec{u}^2-(\vec{v}+\vec{w})^2$
12. Sean $\vec{u}$ y $\vec{v}$ dos vectores tales que $(\vec{u}+\vec{v})^2=25$ y $(\vec{u}-\vec{v})^2=9$. Calcula el producto escalar $\vec{u}\cdot\vec{v}$.
13. Sean $\vec{u}$ y $\vec{v}$ dos vectores tales que $|\vec{u}|=9$ y $(\vec{u}+\vec{v})\cdot(\vec{u}-\vec{v})=17$. Calcula el módulo del vector $\vec{v}$.
14. Sean *A*, *B*, *C* y *D* cuatro puntos del plano. Demuestra que se verifica:

    $\vec{AB}\cdot\vec{CD}+\vec{AC}\cdot\vec{DB}+\vec{AD}\cdot\vec{BC}=0$
15. Dos vectores $\vec{a}$ y $\vec{b}$ son tales que $|\vec{a}|=10$, $|\vec{b}|=10\sqrt{3}$ y $|\vec{a}+\vec{b}|=20$. Halla el ángulo que forman los vectores $\vec{a}$ y $\vec{b}$.
16. ¿Puede ser el módulo del vector suma de dos vectores de módulos 10 y 5, respectivamente, mayor que 15?. ¿Y menor que 4?.
17. Un vector de módulo 10 se descompone en suma de otros dos de módulos iguales y que forman un ángulo de 45º. Halla el módulo de cada uno de los vectores sumandos.
18. Un barquero rema con una velocidad de 8 km/h en dirección este. De pronto aparece una corriente que lleva una velocidad de 4 km/h hacia el sur. ¿Hacia dónde se desplazará la barca?.
19. Dos vectores que tienen origen común y módulo 5 forman un ángulo de 45º. ¿Cuál será el módulo del vector suma?.
20. Los módulos de tres vectores $\vec{a}$, $\vec{b}$ y $\vec{c}$ son 3, 4 y 7 respectivamente. ¿Cómo tienen que ser los vectores para que se cumpla que $\vec{a}+\vec{b}+\vec{c}=\vec{0}$.
21. Calcula el producto escalar de los vectores $\vec{AB}$ y $\vec{CD}$, siendo *A*(5,4), *B*(9,8) *C*(8,5) y *D*(10,1).
22. Halla los módulos y el ángulo que forman los dos vectores del ejercicio anterior.
23. Determina las componentes de un vector unitario que forma un ángulo α con el vector $\vec{i}$ de la base ortonormal a que está referido.
24. Dados los vectores $\vec{u}(2,a)$ y $\vec{v}(3,-2)$, calcula *a* para que $\vec{u}$ y $\vec{v}$:

    a) Sean perpendiculares

    b) Sean paralelos

    c) Formen un ángulo de 60º.
25. Normaliza el vector $\vec{x}(-3,4)$ calculando previamente su módulo.
26. Dado el vector $\vec{x}(5,x_2)$, determina x_2 sabiendo que $|x|=13$.
27. Halla el ángulo que forman los vectores $\vec{x}(3,0)$ e $\vec{y}(5,5)$.
28. Dados los vectores $\vec{x}(-1,2)$ e $\vec{y}(-3,a)$, determina el valor de a sabiendo que dichos vectores forman un ángulo de 60º.
29. Estudia en cada caso si los vectores son perpendiculares:

    a) $\vec{v}(-1,4)$ y $\vec{w}(4,2)$

    b) $\vec{x}(-3,4)$ e $\vec{y}(8,6)$

Soluciones

1. S: $\vec{v}\left(\frac{4}{\sqrt{65}},\frac{-7}{\sqrt{65}}\right)$; $\vec{w}\left(\frac{-4}{\sqrt{65}},\frac{7}{\sqrt{65}}\right)$

2. S: $m=\pm\frac{\sqrt{3}}{2}$; $n=\pm\frac{\sqrt{2}}{2}$

3. S: $m = -\frac{\sqrt{2}}{4}$
4. S: $\alpha = 149º29'$
5. S: $k = 3{,}38;\ k = -0{,}14$
6. S: $\frac{16}{\sqrt{50}}$
7. S: 43,59 *N*
8. S: 22º22'
9. S: $\sqrt{10}$
10. S: Se deja al lector.
11. S: Idem.
12. S: $\vec{u} \cdot \vec{v} = 4$
13. S: $|\vec{v}| = 8$
14. S: Se deja al lector.
15. S: Son vectores ortogonales.
16. S: Es imposible, pues el módulo de $\vec{a} + \vec{b}$ debe estar comprendido entre 5 y 15.
17. S: 5,41
18. S: 26º30' es el ángulo que forma la trayectoria de la barca con la línea W-E hacia el sur.
19. S: 9,24
20. S: Deben tener todos la misma dirección
21. S: $\vec{AB} \cdot \vec{CD} = -8$
22. S: $\left|\vec{AB}\right| = 4\sqrt{2};\ \left|\vec{CD}\right| = 2\sqrt{5};\ \alpha = 108º26'$
23. S: $(\cos\alpha, \operatorname{sen}\alpha)$
24. S: a) $a = 3$

    b) $a = -\frac{4}{3}$

    c) $a = 31{,}011;\ a = 0{,}9889$
25. S: $\frac{1}{5}\vec{x}\left(-\frac{3}{5}, \frac{4}{5}\right)$
26. S: $x_2 = \pm 12$
27. S: 45º
28. S: $a = 0{,}18;\ a = -4{,}5437$
29. S: a) No son perpendiculares.

    b) Son perpendiculares.

El plano métrico

44

Introducción histórica

Christian F. Klein (1849-1925), matemático alemán, investigó sobre la equivalencia entre grupos de transformaciones en un intento de unificar las diversas formas de geometría conocidas en su época. Desarrolló asimismo algunos aspectos de la geometría riemanniana y diferencial.

44.1 Distancia. El plano métrico

La distancia entre dos puntos A y B del plano se define de forma natural como la longitud del segmento de origen A y extremo B.

En símbolos: $$d(A,B) = \left|\overrightarrow{AB}\right|$$

La distancia entre dos puntos cumple las siguientes propiedades:

1. $d(A,B)=0 \quad \leftrightarrow \quad A=B$

Así ocurre pues si $d(A,B)=\left|\overrightarrow{AB}\right|=0$, necesariamente $\overrightarrow{AB}$ es el vector cero y por tanto $A=B$

2. $d(A,B)=d(B,A)$

De demostración evidente.

3. $d(A,C)\leq d(A,B)+d(B,C)$ (Desigualdad triangular)

Propiedad que nos dice que el camino más corto entre dos puntos es la línea recta. La demostración gráfica es evidente a partir del siguiente dibujo:

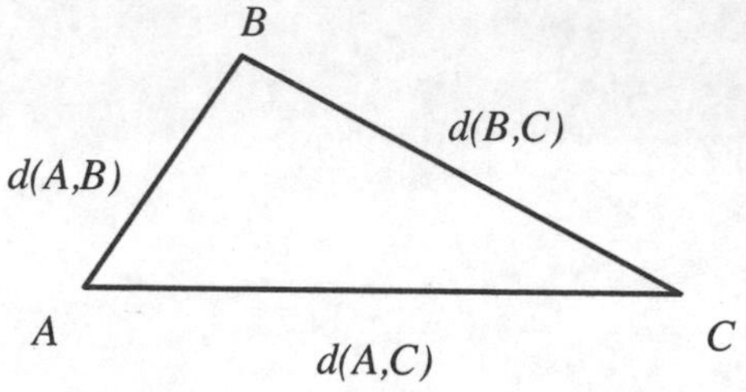

La distancia definida entre puntos del plano dota a éste de una *métrica* y crea el **plano métrico**. Por ello se pueden medir distancias en el plano, y también establecer ángulos y perpendicularidades. El esquema seguido hasta construir el plano métrico se simboliza en el siguiente esquema:

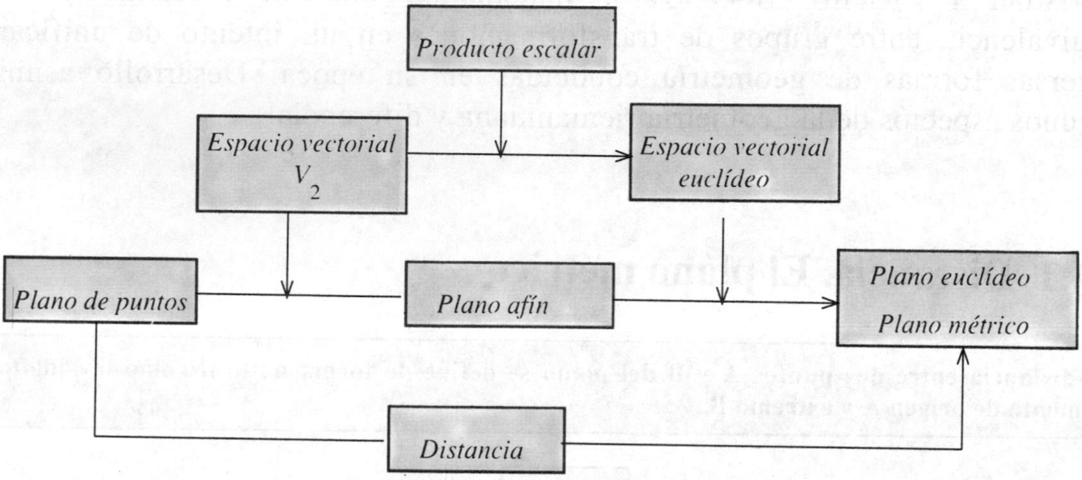

Si $A(a_1,a_2)$ *y* $B(b_1,b_2)$ respecto de una referencia ortonormal $\{O,\{\vec{i},\vec{j}\}\}$, entonces:

$$d(A;B)=\sqrt{(b_1-a_1)^2+(b_2-a_2)^2}$$

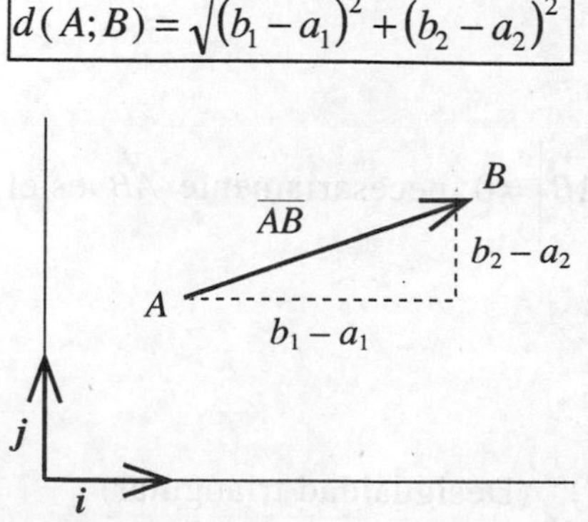

Ejemplo

Calcula la distancia entre los puntos $A(1,3)$ y $B(-2,4)$

Solución: $$d(A,B)=\sqrt{(-2-1)^2+(4-3)^2}=\sqrt{10}\text{ unidades}$$

Ejemplo

Sabiendo que la distancia entre $P(4,m)$ y $Q(1,7)$ es de 5 unidades, calcula m.

Solución: $$d(P,Q)=\sqrt{(1-4)^2+(7-m)^2}=5 \rightarrow 9+49-14m+m^2=25 \rightarrow$$
$$m^2-14m+33=0 \rightarrow m=3;\ m=11$$

44.2 Ángulo de dos rectas. Pendiente de una recta. Otras ecuaciones de la recta

Sean las rectas r y s cuyo ángulo α queremos determinar (Consideramos el ángulo de dos rectas como el menor, en valor absoluto de los ángulos que dichas rectas forman al cortarse).

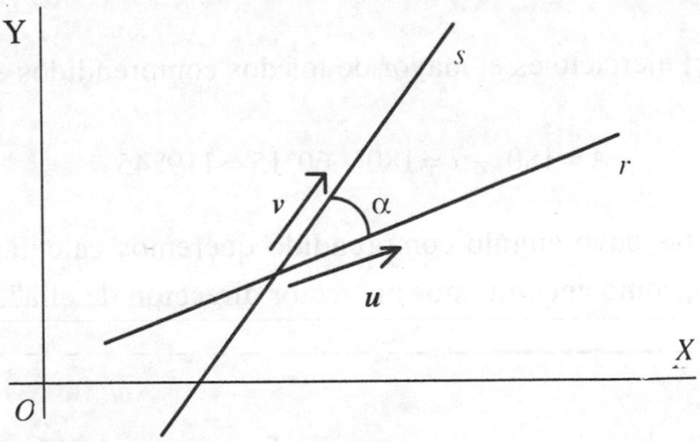

Así, conocidos $\vec{u}(u_1,u_2)$, vector dirección de r y $\vec{v}(v_1,v_2)$, vector dirección de s, el ángulo formado por las rectas es el mismo que el formado por sus vectores directores. Por tanto:

$$\boxed{\cos\alpha=\frac{|u_1\cdot v_1+u_2\cdot v_2|}{\sqrt{u_1^2+u_2^2}\cdot\sqrt{v_1^2+v_2^2}}}$$

Tomamos valor absoluto en el numerador para así obtener el menor de los ángulos comprendidos entre ambas rectas.

Ejemplo

Halla el ángulo que forman las rectas $r\colon \begin{cases} x = 1 - 2\lambda \\ y = 2 + 3\lambda \end{cases}$ y $s\colon \dfrac{x-1}{4} = \dfrac{y+2}{-1}$.

Solución: Los vectores dirección de r y s son, respectivamente: $\vec{u}(-2,3)$ y $\vec{v}(4,-1)$. Por tanto:

$$\cos\alpha = \frac{|(-2)\cdot 4 + 3\cdot(-1)|}{\sqrt{13}\cdot\sqrt{17}} = 0{,}7397 \quad \rightarrow \quad \alpha = 42^{\underline{o}}17'$$

Ejemplo

Las rectas $r\colon \dfrac{x-1}{2} = \dfrac{y}{3}$ y $s\colon x = \dfrac{y-2}{-2}$ se cortan en un punto A, que es el vértice de un triángulo obtusángulo en A. Calcula el ángulo correspondiente a dicho vértice.

Solución: Los vectores dirección de r y s son, respectivamente: $\vec{u}(2,3)$ y $\vec{v}(1,-2)$.

$$\cos\alpha = \frac{|2\cdot 1 + 3\cdot(-2)|}{\sqrt{13}\cdot\sqrt{5}} = \frac{4}{\sqrt{13}\cdot\sqrt{5}} = 0{,}49614 \quad \rightarrow \quad \alpha = 60^{\underline{o}}15'$$

El ángulo que nos pide el ejercicio es el mayor de los dos comprendidos entre ambas rectas:

$$\hat{A} = 180^{\underline{o}} - \alpha = 180^{\underline{o}} - 60^{\underline{o}}15' = 119^{\underline{o}}45'$$

Si alguna de las dos rectas cuyo ángulo comprendido queremos calcular viene dada en forma general $ax + by + c = 0$, ¿cómo encontramos un vector dirección de ella?.

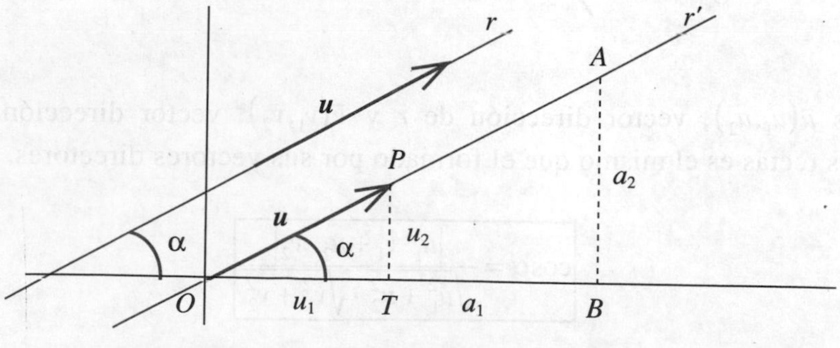

- Consideramos la recta r: $a\,x + b\,y + c = 0$ cuya inclinación es el ángulo α.

- Considera la paralela por el origen, r': $a\,x + b\,y = 0$.

- Un punto cualquiera $A(a_1, a_2)$ de la recta r' ha de cumplir su ecuación. Es decir:

$$a\,a_1 + b\,a_2 = 0$$

- Dividiendo por a_1: $$a + b\frac{a_2}{a_1} = 0 \;\rightarrow\; \frac{a_2}{a_1} = -\frac{a}{b}$$

Pero en los triángulos de la figura *OAB* y *OPT* se cumple que:

$$\tan\alpha = \frac{a_2}{a_1} = \frac{u_2}{u_1} = -\frac{a}{b}$$

de donde deducimos que los vectores de coordenadas (u_1, u_2) y $(-b, a)$ son paralelos. Como a la tangente del ángulo de inclinación de una recta se le llama pendiente, escrita m, podemos escribir lo siguiente:

Para la recta de ecuación general r: $a\,x + b\,y + c = 0$:

- La pendiente es $m = -\frac{a}{b} = \frac{u_2}{u_1}$
- Un vector dirección es $\vec{u}(-b, a)$

Ejemplo

Calcula el ángulo que forman las rectas r: $3x - 2y + 3 = 0$ y s: $x + 2y - 4 = 0$.

Solución: Los vectores de dirección de r y son, respectivamente, $\vec{u}(2,3)$ y $\vec{v}(-2,1)$. Por tanto:

$$\cos\alpha = \frac{|2\cdot(-2) + 3\cdot 1|}{\sqrt{13}\cdot\sqrt{5}} = 0{,}124 \;\rightarrow\; \alpha = 82^{\text{o}}53'$$

Existe otra manera de calcular el ángulo formado por dos rectas sin necesidad de calcular sus vectores dirección. En la figura que sigue a estas líneas, las rectas:

$$r\text{: } a\,x + b\,y + c = 0; \qquad s\text{: } a'x + b'y + c' = 0$$

se cortan bajo un ángulo α.

En el triángulo que forman ambas rectas con el eje X, el ángulo γ exterior al triángulo es la suma de los dos ángulos interiores no adyacentes. O sea:

$$\gamma = \alpha + \beta \quad \rightarrow \quad \alpha = \gamma - \beta$$

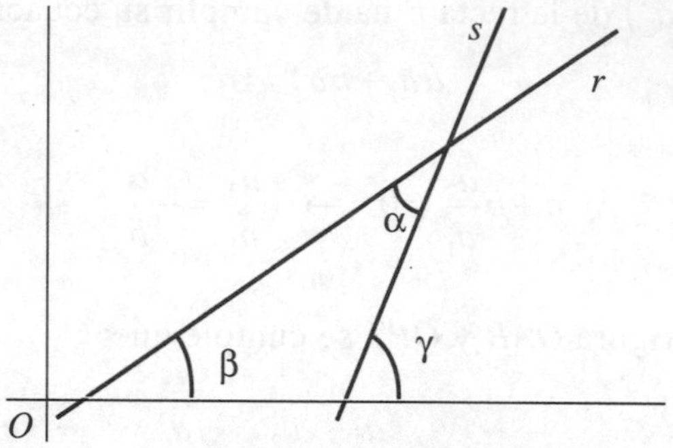

La pendiente de r es $m_1 = \tan\beta$ y la de s es $m_2 = \tan\gamma$. Si calculamos las tangentes de los dos miembros de la fórmula anterior, resulta:

$$\tan\alpha = \tan(\gamma - \beta)$$

La fórmula de la tangente de la diferencia de dos ángulos nos da: $\tan\alpha = \dfrac{\tan\gamma - \tan\beta}{1 + \tan\gamma \cdot \tan\beta}$

Expresando esta fórmula en función de las pendientes de las rectas, obtenemos:

$$\boxed{\tan\alpha = \frac{m_2 - m_1}{1 + m_1 \cdot m_2}}$$

Ejemplo

Calcula el ángulo que forman las rectas r: $x + 3y - 2 = 0$ y s: $2x - 3y + 5 = 0$.

Solución: $\begin{cases} m_1 = -\dfrac{1}{3} \\ m_2 = \dfrac{2}{3} \end{cases} \rightarrow \quad \tan\alpha = \dfrac{2/3 + 1/3}{1 + 2/3 \cdot (-1/3)} = 1{,}2857 \quad \rightarrow \quad \alpha = 52^{\underline{o}}8'$

ECUACIÓN PUNTO-PENDIENTE DE LA RECTA

En la figura siguiente se representa una recta de inclinación α y de pendiente $m = \tan\alpha$. $A(a_1, a_2)$ son las coordenadas de un punto determinado de r; $X(x, y)$ es un punto cualquiera de ella.

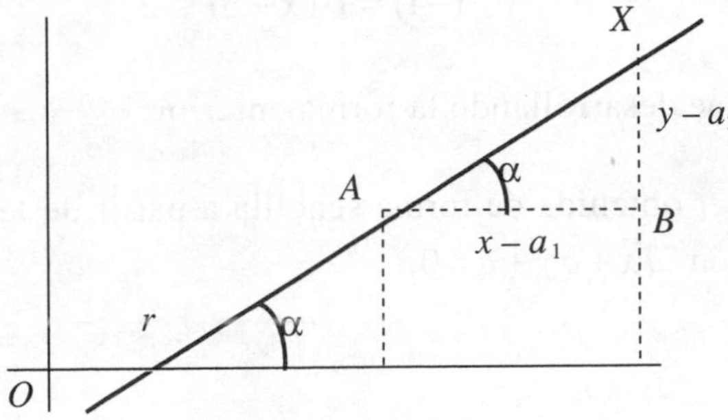

En el triángulo ABX de la figura se cumple que $\tan\alpha = m = \dfrac{y - a_2}{x - a_1}$. O lo que es igual:

$$\boxed{y - a_2 = m(x - a_1)}$$

ecuación llamada **ecuación punto-pendiente** de la recta r. Es la forma a utilizar cuando se conoce un punto de la recta y su pendiente.

ECUACIÓN EXPLÍCITA DE LA RECTA

Si llamamos $Q(0,b)$ al punto de corte de una recta r con el eje Y, la ecuación de ésta será de la forma:

$$y - b = m(x - 0) \qquad \to \qquad \boxed{y = mx + b}$$

que es la llamada **ecuación explícita** de la recta. b es la *ordenada en el origen*, y representa la altura (orientada) a la que la recta corta al eje Y.

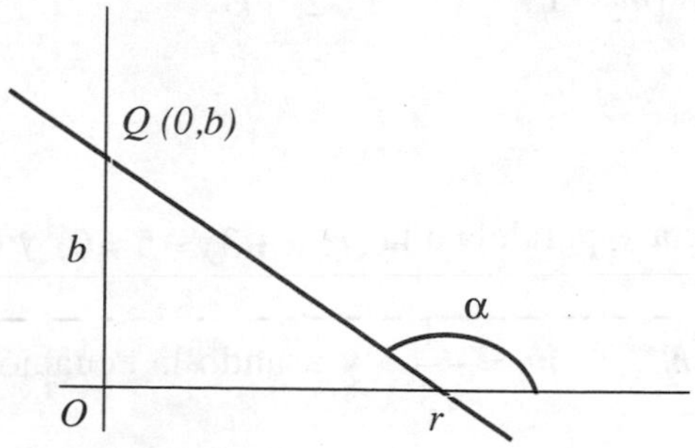

Ejemplo

Determina la ecuación que pasa por el punto $P(3,-4)$ y tiene una inclinación de 45º.

Solución: La pendiente de la recta será $m = \tan 45^{\circ} = 1$ y por tanto, su forma punto-pendiente es:

$$y-(-4)=1\cdot(x-3)$$

Su forma explícita se obtiene desarrollando la forma anterior: $y=x-7$

La forma explícita puede ser obtenida de forma sencilla a partir de la ecuación general sin más que despejar y en la ecuación $ax+by+c=0$.

44.3 Paralelismo y perpendicularidad

Si dos rectas son paralelas, forman un ángulo de 0º. En este caso:

$\tan 0^{\circ}=0 \;\rightarrow\; \dfrac{m_2-m_1}{1+m_1\cdot m_2}=0 \;\rightarrow\; m_1=m_2$, luego dos rectas son paralelas cuando sus pendientes coinciden. Es decir, $\boxed{r \parallel s \;\leftrightarrow\; m_r=m_s}$

Ejemplo

Calcula k para que las rectas $r\!: x+2y-3=0$ y $s\!: x-ky+4=0$ sean paralelas.

Solución: Las pendientes de ambas rectas deben coincidir. Por tanto:

$$\begin{cases} m_1=-1/2 \\ m_2=1/k \end{cases} \rightarrow\; -\frac{1}{2}=\frac{1}{k} \;\rightarrow\; k=-2$$

Ejemplo

Calcula la ecuación de la recta s, paralela a la $r\!: x+3y-5=0$, y que pasa por el punto $A(2,5)$

Solución: $s\parallel r \;\leftrightarrow\; m_s=m_r$; $m_s=-\dfrac{1}{3}$ y usando la ecuación punto-pendiente de la recta queda:

$$s\!: y-5=-\frac{1}{3}(x-2) \;\leftrightarrow\; s\!: x+3y-17=0$$

Si dos rectas son perpendiculares, forman un ángulo de 90º. En este caso, $\tan 90^{\circ}\rightarrow\infty$, lo cual obliga a que $\dfrac{m_2-m_1}{1+m_1\cdot m_2}\rightarrow\infty$ y por tanto deba ser: $1+m_1\cdot m_2=0 \;\rightarrow\; m_2=-\dfrac{1}{m_1}$. Es decir:

$$\boxed{r \perp s \quad \leftrightarrow \quad m_s = -\frac{1}{m_r}}$$

Así pues, dos rectas perpendiculares tienen sus pendientes inversas y cambiadas de signo.

Sabemos que si una recta responde a la forma general $ax+by+c=0$, el vector $\vec{u}(-b,a)$ es de la dirección de la recta. Consideremos el vector que tiene por coordenadas $\vec{n}(a,b)$. Si efectuamos el producto escalar de ambos vectores obtenemos $\vec{n}\cdot\vec{u}=a\cdot(-b)+b\cdot a=0$ lo que nos dice que ambos vectores son perpendiculares. Conclusión:

El vector $\vec{n}(a,b)$ es perpendicular a la recta de ecuación general $ax+by+c=0$.

Ejemplo

Calcula la ecuación de la recta s, perpendicular a r: $x+2y+3=0$ por el punto $A(3,5)$.

Solución: La pendiente de r es $m_r=-\dfrac{1}{2}$ y por tanto, la pendiente de s debe ser $m_s=2$.

La ecuación punto-pendiente de s es: $y-5=2(x-3) \quad \rightarrow \quad s$: $2x-y-1=0$.

Ejemplo

Haz el ejercicio anterior, usando vectores directores y la forma continua de la recta.

Solución: El vector $\vec{n}(1,2)$ es perpendicular a r, y por tanto es de la dirección de s. La ecuación continua será s: $x-3=\dfrac{y-5}{2}$ y su forma general s: $2x-y-1=0$.

44.4 Ecuación normal de la recta. Cosenos directores

Sobre la recta $r: ax+by+c=0$, consideramos dos puntos $A(a_1,a_2)$ y $X(x,y)$ que determinan el vector $\overrightarrow{AX}(x-a_1, y-a_2)$. Normalizamos el vector $\vec{n}(a,b)$ perpendicular a la recta, obteniendo el vector $\vec{z} = \frac{\vec{n}}{|\vec{n}|} = \left(\frac{a}{\sqrt{a^2+b^2}}, \frac{b}{\sqrt{a^2+b^2}} \right)$. Como $\overrightarrow{AX}$ y $\vec{z}$ son perpendiculares, su producto escalar es nulo:

$$\overrightarrow{AX} \cdot \vec{z} = \frac{a(x-a_1)}{\sqrt{a^2+b^2}} + \frac{b(y-a_2)}{\sqrt{a^2+b^2}} = 0$$

O sea:

$$\frac{a}{\sqrt{a^2+b^2}} x + \frac{b}{\sqrt{a^2+b^2}} y + \frac{-a a_1 - b a_2}{\sqrt{a^2+b^2}} = 0$$

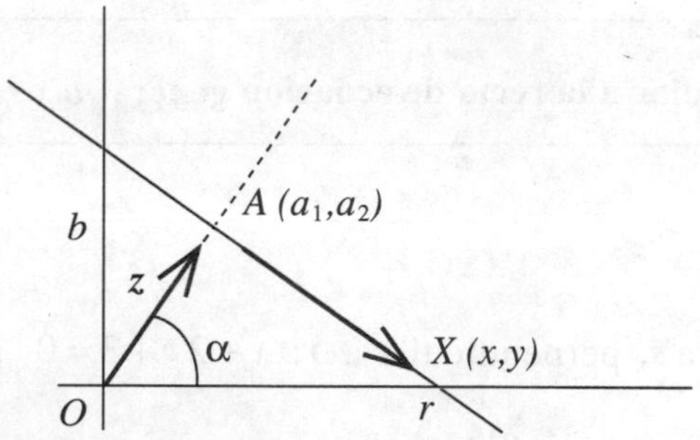

Pero, si en la última ecuación general sustituimos las coordenadas del punto *A*, resulta:

$a a_1 + b a_2 + c = 0 \;\rightarrow\; c = -a a_1 - b a_2$. Sustituyendo en la fórmula anterior:

$$r:\ \frac{a}{\sqrt{a^2+b^2}} x + \frac{b}{\sqrt{a^2+b^2}} y + \frac{c}{\sqrt{a^2+b^2}} = 0$$

llamada **ecuación normal** de la recta.

Los coeficientes de x e y en la ecuación normal son las coordenadas de un vector unitario z que, según sabemos, si está referido a una base ortonormal $\{\vec{i}, \vec{j}\}$, son el coseno y el seno del ángulo quc forma con cl vector $\vec{i}$ de la base. Por tanto:

$$\cos\alpha = \frac{a}{\sqrt{a^2+b^2}}; \quad \operatorname{sen}\alpha = \frac{b}{\sqrt{a^2+b^2}}$$

Estas expresiones se llaman cosenos directores de r, pues la segunda también puede escribirse como $\operatorname{sen}\alpha = \cos(90^{\circ} - \alpha)$.

Ejemplo

Halla los cosenos directores y escribe en forma normal la recta $r: 5x+12y-4=0$

Solución: $\cos\alpha = \dfrac{5}{\sqrt{5^2+12^2}} = \dfrac{5}{13}; \quad \cos(90^\circ-\alpha) = \operatorname{sen}\alpha = \dfrac{12}{13}$

y la ecuación normal de la recta es $\quad r: \dfrac{5}{13}x + \dfrac{12}{13}y - \dfrac{4}{13} = 0$

44.5 Distancia de un punto a una recta

Distancia de un punto a una recta es la longitud del segmento de perpendicular a la recta, trazada por el punto, comprendido entre éste y aquella.

Para calcularla haremos lo siguiente:

1. Se toma un punto cualquiera de r, $A(a_1,a_2)$ y se considera el vector $\overrightarrow{PA}(a_1-p_1, a_2-p_2)$
2. Se construye el vector $\vec{z}$, normalizado de $\overrightarrow{PM}$, que es según sabemos:

$$\vec{z} = \left(\frac{a}{\sqrt{a^2+b^2}}, \frac{b}{\sqrt{a^2+b^2}} \right)$$

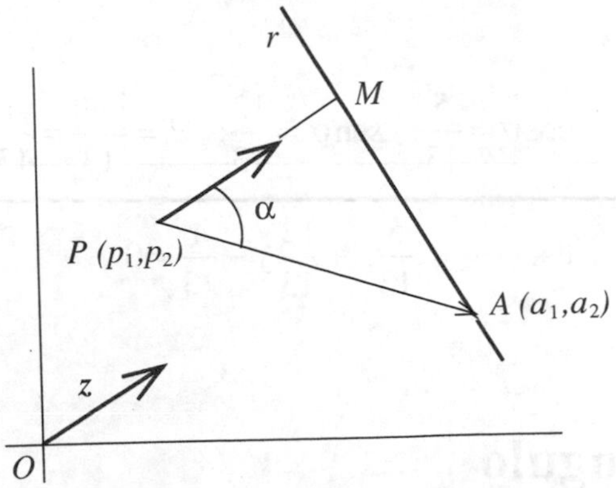

3. Efectuamos de dos formas diferentes el producto escalar del vector $\overrightarrow{PA}$ por $\vec{z}$:

$$\begin{cases} \vec{PA}\cdot\vec{z} = \left|\vec{PA}\right|\cdot|\vec{z}|\cdot\cos\alpha = \left|\vec{PA}\right|\cdot 1\cdot\cos\alpha = PM \\ \vec{PA}\cdot\vec{z} = (a_1 - p_1)\cdot\dfrac{a}{\sqrt{a^2+b^2}} + (a_2 - p_2)\cdot\dfrac{b}{\sqrt{a^2+b^2}} \end{cases}$$

Igualando ambos resultados: $PM = \dfrac{\left|(p_1 - a_1)\cdot a + (p_2 - a_2)\cdot b\right|}{\sqrt{a^2+b^2}} = \dfrac{\left|a\,p_1 + b\,p_2 + (-a\,a_1 - b\,a_2)\right|}{\sqrt{a^2+b^2}}$

y recordando que $c = -a\,a_1 - b\,a_2$ llegamos a la fórmula de la distancia de un punto a una recta.

$$\boxed{d(P,r) = \frac{|a\,p_1 + b\,p_2 + c|}{\sqrt{a^2+b^2}}}$$

En particular, la distancia del origen $O(0,0)$ a la recta r: $a\,x + b\,y + c = 0$ se obtiene como:

$$d(O,r) = \frac{|c|}{\sqrt{a^2+b^2}}$$

Con este resultado, la ecuación normal de la recta, con los cosenos directores, toma la forma:

$$x\cdot\cos\alpha + y\cdot\operatorname{sen}\alpha - d = 0$$

Ejemplo

Calcula los cosenos directores, la distancia al origen y la ecuación normal de la recta r: $5x + 12y - 4 = 0$.

Solución: $\cos\alpha = \dfrac{5}{13}$; $\operatorname{sen}\alpha = \dfrac{12}{13}$; $d = \dfrac{|-4|}{13} = \dfrac{4}{13}\,u$

La ecuación normal de la recta es: $\dfrac{5}{13}x + \dfrac{12}{13}y - \dfrac{4}{13} = 0$

44.6 Área del triángulo

Pretendemos calcular el área del triángulo cuyos vértices son los puntos $A(a_1,a_2)$, $B(b_1,b_2)$, $C(c_1,c_2)$. Trabajamos sobre el triángulo de la figura siguiente:

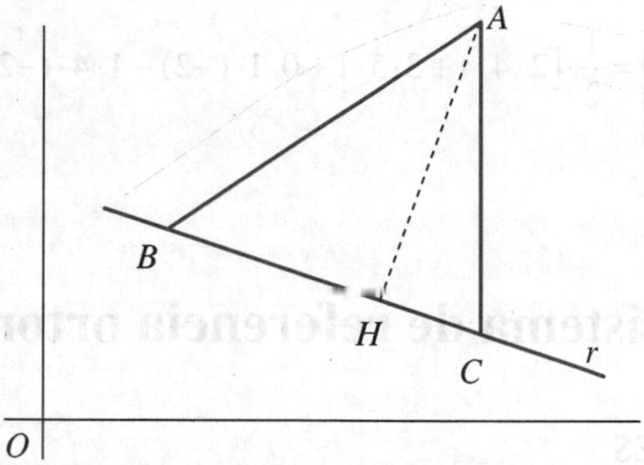

La ecuación de la recta r que pasa por B y C es, en forma continua:

$$r\colon \frac{x-c_1}{b_1-c_1}=\frac{y-c_2}{b_2-c_2} \quad\rightarrow\quad r\colon (b_2-c_2)x+(c_1-b_1)y+(b_1c_2-c_1b_2)=0$$

El área del triángulo es: $$S=\frac{1}{2}\cdot CB\cdot AH$$

Expresamos ahora las longitudes CB y AH en coordenadas:

$$CB=\sqrt{(b_1-c_1)^2+(b_2-c_2)^2};\qquad AH=\frac{(b_2-c_2)a_1+(c_1-b_1)a_2+b_1c_2-c_1b_2}{\sqrt{(b_2-c_2)^2+(c_1-b_1)^2}}$$

Sustituyendo en la fórmula del área estas expresiones, resulta:

$$S=\frac{1}{2}\left[(b_2-c_2)a_1+(c_1-b_1)a_2+(b_1c_2-c_1b_2)\right]$$

expresión nada sencilla de recordar pero que, afortunadamente, coincide con el desarrollo del siguiente determinante:

$$\boxed{S=\frac{1}{2}\begin{vmatrix} a_1 & a_2 & 1\\ b_1 & b_2 & 1\\ c_1 & c_2 & 1\end{vmatrix}}$$

Ejemplo

Halla el área del triángulo cuyos vértices son $A(2,0)$, $B(3,4)$ y $C(-2,5)$.

Solución: $S=\frac{1}{2}\begin{vmatrix} 2 & 0 & 1 \\ 3 & 4 & 1 \\ -2 & 5 & 1 \end{vmatrix}=\frac{1}{2}\cdot[2\cdot 4\cdot 1+3\cdot 5\cdot 1+0\cdot 1\cdot(-2)-1\cdot 4\cdot(-2)-1\cdot 5\cdot 2-0\cdot 3\cdot 1]=\frac{21}{2}u^2$

44.7 Cambio de sistema de referencia ortonormal

a) TRASLACIÓN DE EJES

Consideramos las referencias ortonormales $R=\{O,\{\vec{i},\vec{j}\}\}$ y $R'=\{O',\{\vec{i},\vec{j}\}\}$ que aparecen en la figura siguiente. La nueva referencia R' tiene los ejes paralelos a los de la antigua R.

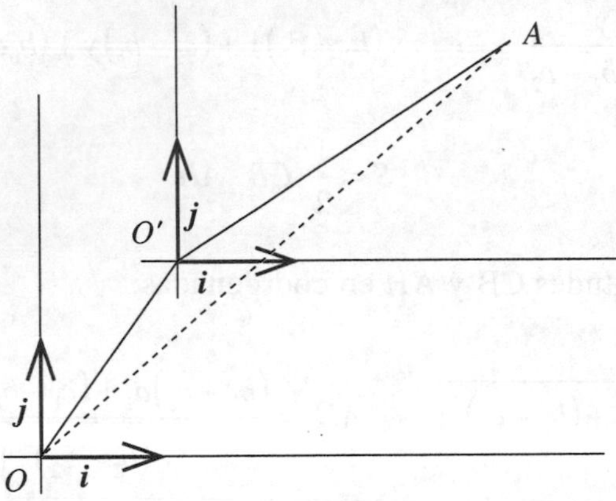

Las coordenadas del nuevo origen O', respecto de la referencia R son $O'(a,b)$ y las coordenadas de A en cada una de las referencias son: $A(x,y)$ en R, y $A(x',y')$ en R'.

Del dibujo se sigue la relación vectorial: $\overrightarrow{OA}=\overrightarrow{OO'}+\overrightarrow{O'A}$ que escrita en coordenadas es:

$$(x,y)=(a,b)+(x',y')$$

Igualando coordenadas se tiene: $$\boxed{\begin{cases} x=a+x' \\ y=b+y' \end{cases} \leftrightarrow \begin{cases} x'=x-a \\ y'=y-b \end{cases}}$$

Ecuaciones que dan las coordenadas de A en cada una de las referencias en función de la otra.

Ejemplo

Calcula la ecuación de una recta r: $x-2y+3=0$, cuando se traslada la referencia ortonormal hasta un origen de coordenadas $O'(2,5)$.

Solución: Sustituyendo las fórmulas anteriores en la ecuación de la recta r, queda:

$$(x'+2)-2(y'+5)+3=0 \quad \to \quad x'-2y'-5=0$$

b) GIRO DE EJES

Ahora el origen de coordenadas no se mueve, pero la segunda referencia ortonormal es tal que $(\vec{i},\vec{u})=\alpha$, siendo las referencias $R=\{O,\{\vec{i},\vec{j}\}\}$ y $R'=\{O,\{\vec{u},\vec{v}\}\}$.

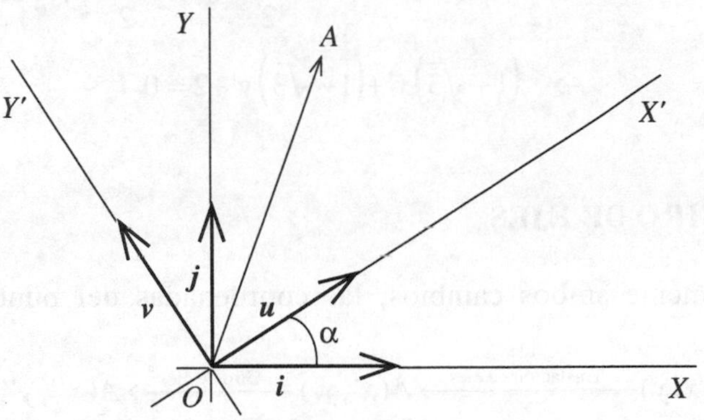

Las coordenadas de un punto A son: $\begin{cases} \text{en } R\text{: } A(x,y) \\ \text{en } R'\text{: } A(x',y') \end{cases}$, y las coordenadas de $\vec{u}$ y $\vec{v}$ en la base de la referencia R son: $\begin{cases} \vec{u}(\cos\alpha, \operatorname{sen}\alpha) \\ \vec{v}(-\operatorname{sen}\alpha, \cos\alpha) \end{cases}$. El vector de posición del punto A en las referencias R y R' es:

$$x\cdot\vec{i}+y\cdot\vec{j}=\overrightarrow{OA}=x'\cdot\vec{u}+y'\cdot\vec{v}$$

Sustituyendo en la expresión anterior las coordenadas de $\vec{u}$ y $\vec{v}$, resulta:

$$(x,y)=x'\cdot(\cos\alpha,\operatorname{sen}\alpha)+y'\cdot(-\operatorname{sen}\alpha,\cos\alpha) \qquad \text{o bien:}$$

$$(x,y)=(x'\cos\alpha-y'\operatorname{sen}\alpha,\ x'\operatorname{sen}\alpha+y'\cos\alpha)$$

Al igualar coordenadas: $\boxed{\begin{cases} x=x'\cos\alpha-y'\operatorname{sen}\alpha \\ y=x'\operatorname{sen}\alpha+y'\cos\alpha \end{cases} \leftrightarrow \begin{cases} x'=x\cos\alpha+y\operatorname{sen}\alpha \\ y'=x\operatorname{sen}\alpha+y'\cos\alpha \end{cases}}$

Ecuaciones que dan las coordenadas de A en cada una de las referencias en función de la otra.

Ejemplo

Calcula la ecuación de la recta $r: x+y+1=0$, cuando la referencia ortonormal se gira un ángulo de 60º.

Solución: Sustituyendo las fórmulas anteriores en la ecuación de r, queda:

$$x'\cos 60^{\circ} - y'\,\text{sen}\,60^{\circ} + x'\,\text{sen}\,60^{\circ} + y'\cos 60^{\circ} + 1 = 0;$$

$$\frac{1}{2}x' - \frac{\sqrt{3}}{2}y' + \frac{\sqrt{3}}{2}x' + \frac{1}{2}y' + 1 = 0 \;\rightarrow\; \frac{1+\sqrt{3}}{2}x' + \frac{1-\sqrt{3}}{2}y' + 1 = 0 \;\rightarrow$$

$$\rightarrow\; \left(1+\sqrt{3}\right)x' + \left(1-\sqrt{3}\right)y' + 2 = 0$$

c) TRASLACIÓN Y GIRO DE EJES

Si se aplican sucesivamente ambos cambios, las coordenadas del punto se transforman del siguiente modo:

$$A(x,y) \xrightarrow{\text{Traslación de ejes}} A(x',y') \xrightarrow{\text{Giro de ejes}} A(x'',y'')$$

siendo: $\begin{cases} x' = x - a \\ y' = y - b \end{cases}$; $\begin{cases} x'' = x'\cos\alpha + y'\,\text{sen}\,\alpha \\ y'' = -x'\,\text{sen}\,\alpha + y'\cos\alpha \end{cases}$

Sustituyendo x' e y' en las segundas igualdades, resulta:

$$\boxed{\begin{cases} x'' = (x-a)\cos\alpha + (y-b)\,\text{sen}\,\alpha \\ y'' = -(x-a)\,\text{sen}\,\alpha + (y-b)\cos\alpha \end{cases}}$$

O bien, despejando las iniciales:

$$\boxed{\begin{cases} x = a + x''\cos\alpha - y''\,\text{sen}\,\alpha \\ y = b + x''\,\text{sen}\,\alpha + y''\cos\alpha \end{cases}}$$

44.8 Lugares geométricos

Lugar geométrico es un conjunto de puntos que cumple una propiedad determinada, con dos características:

> **1. Todos los puntos que cumplen dicha propiedad pertenecen al lugar geométrico.**
> **2. Todos los puntos que no la cumplen no están en el lugar geométrico.**

Una vez establecida la propiedad geométrica que define el lugar geométrico, debemos traducirla al lenguaje algebraico de ecuaciones. Sirvan como muestra los siguientes ejemplos.

Ejemplo

Halla la ecuación de la mediatriz del segmento AB, siendo $A(2,2)$ y $B(8,0)$.

Solución: La mediatriz m es el lugar geométrico de todos los puntos del plano que distan lo mismo de los extremos del segmento. Es decir, un punto cualquiera $P(x,y)$ pertenece al lugar si:

$$d(P,A) = d(P,B)$$

En coordenadas: $$\sqrt{(x-2)^2+(y-2)^2} = \sqrt{(x-8)^2+(y-0)^2}$$

$$(x-2)^2+(y-2)^2 = (x-8)^2+y^2 \quad \rightarrow \quad x^2-4x+4+y^2-4y+4 = x^2-16y+64+y^2 \quad \rightarrow$$

$$\rightarrow \quad m\text{: } 3x-y-14=0$$

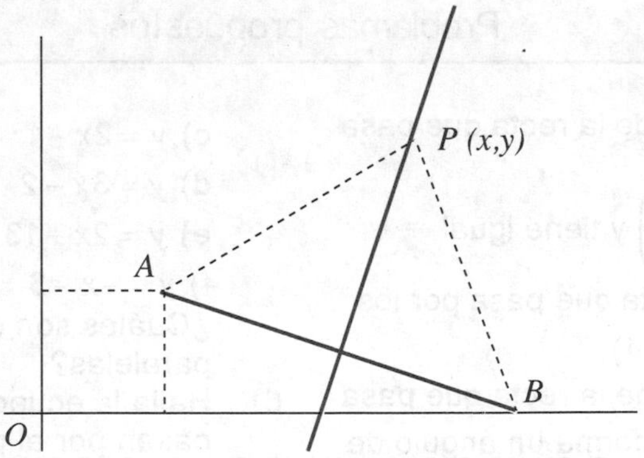

Ejemplo

Calcula la ecuación de las bisectrices de los ángulos que forman las rectas

$$r\text{: } 4x-3y=0 \quad \text{y} \quad s\text{: } 5x+12y-7=0$$

Solución: La bisectriz de un ángulo es el lugar geométrico de todos los puntos del plano que distan lo mismo de cada uno de los lados del ángulo. Es decir, si $P(x,y)$ es un punto del lugar, cumple: $$d(P,r) = d(P,s)$$

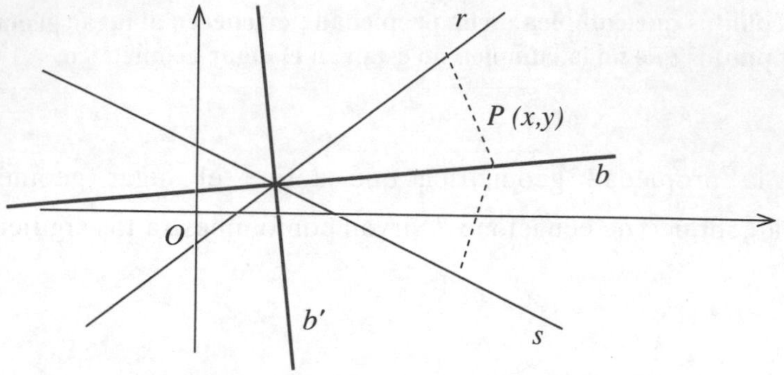

Utilizando la fórmula para la distancia de un punto a una recta, se obtiene:

$$\frac{|4x-3y|}{\sqrt{16+9}}=\frac{|5x+12y-7|}{\sqrt{25+144}} \rightarrow \frac{|4x-3y|}{5}=\frac{|5x+12y-7|}{13} \rightarrow \frac{4x-3y}{5}=\pm\frac{5x+12y-7}{13}$$

Con el signo + obtenemos: b: $27x-99y+35=0$

Con el signo − obtenemos: b': $77x+21y-35=0$

Obsérvese que las dos bisectrices b y b' son perpendiculares, pues el producto escalar de sus vectores dirección $(99,27)$ y $(-21,77)$ es nulo.

Problemas propuestos

1. Calcula la ecuación de la recta que pasa por el punto $A\left(-2,\frac{1}{3}\right)$ y tiene igual pendiente que la recta que pasa por los puntos $P(2,1)$ y $Q(3,4)$.
2. Calcula la ecuación de la recta que pasa por el punto $A(2,1)$ y forma un ángulo de 120º con la parte positiva del eje X.
3. Halla el área limitada por la recta $5x+y-5=0$, el eje de abscisas y el eje de ordenadas.
4. Calcula la ecuación de la recta que pasa por el punto $P(0,4)$ y tal que la tangente del ángulo que forma dicha recta con el eje de abscisas sea 2.
5. Dadas las rectas de ecuaciones:
   a) $y=5x-3$
   b) $y=-x+2$
   c) $y=2x-1$
   d) $y=3x-2$
   e) $y=2x+13$
   f) $y=-x-3$
   ¿Cuáles son coincidentes?. ¿Cuáles paralelas?.
6. Halla la ecuación del haz de rectas que pasan por el punto de intersección de las rectas r: $2x+4y-5=0$; s: $x+y-1=0$.
7. Dadas las rectas $2x-y+4=0$, $3x+2y-9=0$, halla su punto de intersección y las ecuaciones de las rectas que pasan por el punto (3,4) y son paralelas a cada una de las dadas.
8. Halla la ecuación de la recta que pasa por (2,3) y es:
   a) Paralela al eje X.
   b) Paralela al eje Y.
   c) Paralela a la bisectriz del 1º cuadrante

d) Paralela a la bisectriz del 2º cuadrante
e) Paralela a la recta $5x+2y=0$

9. Dado el segmento de extremos $A(3,5)$ y $B(6,15)$, calcula las coordenadas de los puntos C, D y E que dividen al segmento AB en cuatro partes iguales.
10. Halla la ecuación de una recta que pasa por el punto $A(4,5)$ y forma con los semiejes positivos un triángulo de área 40 unidades cuadradas.
11. Calcula el ángulo que forman las rectas $x-2y+4=0$; $3x-y-1=0$.
12. Halla la tangente del ángulo que forman las rectas $-x+2y+1=0$; $3x+y+5=0$.
13. Halla la ecuación de la recta que pasa por el punto $P(-4,3)$ y es perpendicular al vector $\vec{n}(3,-2)$.
14. Calcula la ecuación de la recta que tiene la misma ordenada en el origen que la recta $2x-3y+6=0$ y cuyo vector normal es $\vec{n}(1,2)$.
15. Determina el valor de a para que las rectas $ax+(a-1)y-2(a+2)=0$ y $3ax-(3a+1)y-(5a+4)=0$ sean:
a) Paralelas
b) Perpendiculares.
16. Averigua el valor de m para que las rectas $mx+y=12$ y $4x-3y=m+1$ sean paralelas, y halla su distancia.
17. Halla la ecuación de la mediatriz del segmento determinado por los puntos $A(1,-2)$ y $B(3,0)$ y el ángulo que forma con el eje X.
18. Halla la distancia del punto $(-1,1)$ a la recta que corta a los ejes OX y OY a las distancias 3 y 4 del origen.
19. Halla las ecuaciones de las bisectrices de los ángulos que forma la recta $5x+12y-60=0$ con el eje de ordenadas
20. Halla la distancia del origen de coordenadas a la recta que pasa por los puntos $A(-2,1)$ y $B(3,-2)$.
21. Calcula las ecuaciones de las bisectrices de los ángulos que forman las rectas $3x-4y+1=0$; $5x+12y-7=0$.
22. Dada la recta de ecuación $ax+by=1$, determina a y b sabiendo que la recta dada es perpendicular a la recta de ecuación $2x+4y=11$ y que pasa por el punto $P(1,3/2)$.
23. Halla las ecuaciones de las rectas que pasan por el punto $(-3,0)$ y forman con la recta de ecuación $3x-5y+9=0$ un ángulo cuya tangente vale $1/3$.
24. Halla las coordenadas del punto simétrico del origen respecto de la recta $4x+3y=50$.
25. Determina el área del paralelogramo $OABC$ sabiendo que OA es la recta de ecuación $x-2y=0$, OC tiene de ecuación $3x+y=0$ y las coordenadas de B son (3,5).
26. Halla la ecuación de la recta que, pasando por el punto $P(2,-3)$, forma un ángulo de 45º con la recta $3x-4y+7=0$
27. Halla un punto de la recta $2x-y+5=0$ que equidiste de los puntos $A(3,5)$ y $B(2,1)$.
28. Halla el valor de k para que las rectas de ecuaciones:

$$r: \begin{cases} x=2-\lambda \\ y=2\lambda \end{cases} ; \quad s: \begin{cases} x=1+2\mu \\ y=2+k\mu \end{cases}$$

forman un ángulo de 45º.

29. Hallar la ecuación de la recta que pasa por el punto (1,5) y tiene de pendiente 2.
30. Hallar la ecuación de la recta que pasa por el punto (–6,–3) y tiene un ángulo de inclinación de 45°.
31. Hallar la ecuación de la recta cuya pendiente es –3 y cuya intersección con el eje Y es –2.
32. Hallar la ecuación de la recta cuya pendiente es –4 y que pasa por el punto de intersección de las rectas $2x+y-8=0$ y $3x-2y+9=0$.
33. Hallar el área del triángulo rectángulo formado por los ejes coordenados y la recta cuya ecuación es $5x+4y+20=0$.

34. El punto P de ordenada 10 está sobre la recta cuya pendiente es 3 y que pasa por el punto $(7,-2)$. Calcular la abscisa de P.
35. Hallar la ecuación de la recta que pasa por el punto $(-2,4)$ y tiene una pendiente igual a -3.
36. Determinar el valor de k para que la recta $k^2x+(k+1)y+3=0$ sea perpendicular a la recta $3x-2y-11=0$.
37. Hallar la pendiente e intercepciones de la recta $7x-9y+2=0$.
38. Hallar el ángulo agudo formado por las rectas
$4x-9y+11=0,\ 3x+2y-7=0$.
39. Hallar las ecuaciones de las rectas que pasan por el punto $(2,-1)$ y que forman cada una un ángulo de 45° con la recta $2x-3y+7=0$.
40. Hallar la ecuación de una recta en la forma normal, siendo $\omega=60^\circ$ y $p=6$.
41. La ecuación de una recta en la forma normal es $x\ cos\ \omega + y\ sen\ \omega - 5 = 0$). Hallar el valor de ω para que la recta pase por el punto $(-4,3)$.
42. Reducir la ecuación $12x-5y-52=0$ a la forma normal y hallar los valores de p y de ω.
43. Hallar la ecuación de la recta cuya distancia del origen es 5 y que pasa por el punto $(1,7)$.
44. Hallar la distancia comprendida entre las rectas paralelas $3x-4y+8=0$ y $6x-8y+9=0$.
45. Hallar la ecuación de la paralela a la recta $5x+12y-12=0$ que dista 4 unidades de ella.
46. La distancia de la recta $4x-3y+1=0$ al punto P es 4. Si la ordenada de P es 3, hállese su abscisa.
47. Hallar la ecuación de la recta cuyos puntos equidistan todos de las dos rectas pasarelas
$12x-5y+3=0,$
$12x-5y-6=0.$
48. Determinar el valor del parámetro k de manera que la recta de la familia $3x-ky-7=0$ que le corresponda sea perpendicular a la recta $7x+4y-11=$
$=0$.
Escribir la ecuación de la recta.
49. Determinar el valor del parámetro c para que la recta de la familia $cx+3y-9=0$ que le corresponda determine sobre el eje X un segmento igual a -4. Hallar la ecuación de la recta.
50. La ecuación de una familia de rectas es $2x+3y+k=0$. El producto de los segmentos que una recta de la familia determina sobre los ejes coordenados es 24. Hállese la ecuación de la recta.
51. Usando el método del parámetro, hallar la ecuación de la recta que pasa por el punto $(2,-3)$ y es paralela a la recta $5x-y+11=0$.
52. Por el método del parámetro hallar la ecuación de la recta que pasa por el punto $(2,-1)$ y es perpendicular a la recta $7x-9y+8=0$.
53. La suma de los segmentos que una recta determina sobre los ejes coordenados es igual a 3. Por el método del parámetro hallar la ecuación de la recta sabiendo que contiene al punto $(2,10)$.

Soluciones

1. Solución: $y=3x+\dfrac{19}{3}$
2. S: $\sqrt{3}x+y-1-2\sqrt{3}=0$
3. S: $\dfrac{5}{2}$ unidades cuadradas.
4. S: $x-2y+8=0$
5. S: No hay dos rectas coincidentes. Son paralelas b) y f) y también lo son c) y e).
6. S: $2x+4y-5+k(x+y-1)=0$
7. S: El punto de corte es $P\left(\dfrac{1}{7},\dfrac{30}{7}\right)$.

8. S: a) $y = 3$
b) $x = 2$
c) $y = x + 1$
d) $y = -x + 5$
e) $5x + 2y - 16 = 0$

9. S: $C\left(\frac{15}{4}, \frac{15}{2}\right); D\left(\frac{9}{2}, 10\right), E\left(\frac{21}{4}, \frac{25}{2}\right)$

10. S: $5x + 4y - 40 = 0$

11. S: 45º

12. S: $\tan\alpha = -7$

13. S: $3x - 2y + 18 = 0$

14. S: $y = -\frac{1}{2}x + 2$

15. S: a) $a = 0$; $a = \frac{1}{3}$

b) $a = -\frac{1}{2}$

16. S: $m = -\frac{4}{3}$; $d = \frac{107}{15} = 7{,}13\ u$

17. S: Mediatriz: $x + y - 1 = 0$
$\alpha = 135º$

18. S: $d(P,r) = \frac{13}{5} = 2{,}6\ u$

19. S: $3x + 2y - 10 = 0$; $-2x + 3y - 15 = 0$

20. S: $d(O,r) = \frac{1}{\sqrt{34}}\ u$

21. S: $7x - 56y + 24 = 0$; $32x + 4y - 11 = 0$

22. S: $a = 4$; $b = -2$

23. S: $7x - 6y + 21 = 0$; $2x - 9y + 6 = 0$

24. S: $O'(16,12)$

25. S: 14 unidades cuadradas

26. S: Hay dos rectas solución:
$x + 7y + 19 = 0$; $7x - y - 17 = 0$

27. S: $P\left(-\frac{11}{18}, \frac{34}{9}\right)$

28. S: $k = 6$; $k = -\frac{2}{3}$

29. S.: $2x - y + 3 = 0$.

30. S.: $x - y + 3 = 0$.

31. S.: $3x + y + 2 = 0$.

32. S.: $4x + y - 10 = 0$.

33. S.: 10.

34. S.: 11.

35. S.: $3x + y + 2 = 0$.

36. S.: $(1 \pm \sqrt{7})/3$.

37. S.: 7/9; −2/7, 2/9.

38. S.: 80° 16′.

39. S.: $5x - y - 11 = 0$, $x + 5y + 3 = 0$.

40. S.: $x/2 + \sqrt{3}\,y/2 - 6 = 0$.

41. S.: 143° 8′.

42. S.: $12x/13 - 5y/13 - 4 = 0$, $p = 4$,
$\omega = 337° 23'$.

43. S.: $4x + 3y - 25 = 0$, $3x - 4y + 25 = 0$.

44. S.: 7/10.

45. S.: $5x + 12y + 40 = 0$;
$5x + 12y - 64 = 0$.

46. S.: −3; 7.

47. S.: $24x - 10y - 3 = 0$.

48. S.: $k = 21/4$; $12x - 21y - 28 = 0$.

49. S.: −9/4; $3x - 4y + 12 = 0$.

50. S.: $2x + 3y + 12 = 0$; $2x + 3y - 12 = 0$.

51. S.: $5x - y - 13 = 0$.

52. S.: $9x + 7y - 11 = 0$.

53. S.: $2x - y + 6 = 0$; $5x - 2y + 10 = 0$.

Ecuación de la circunferencia

45

Introducción histórica

Henri Poincaré (Nancy, 1854-París, 1912). Matemático francés. Fue catedrático de la Sorbona. Investigó numerosos temas relacionados con el cálculo integral y diferencial. Introdujo las funciones fuchsianas, análogas a las elípticas, que permiten integrar determinadas ecuaciones diferenciales. Estudió la resolución de integrales dobles, la reducción de integrales abelianas y las ecuaciones en derivadas parciales.

45.1 Introducción

Circunferencia es el lugar geométrico de un punto que se mueve en un plano de tal modo que se mantiene siempre a una distancia constante de un punto fijo de dicho plano.
El punto fijo se denomina centro de la circunferencia y la distancia constante se llama radio.

Una circunferencia es el conjunto infinito de puntos P *que equidistan de otro punto* C, *que llamaremos también centro.*

La circunferencia cuyo centro es el punto (h,k) y cuyo radio es la constante r, tiene por ecuación

$$(x-h)^2+(y-k)^2=r^2$$

En efecto, sea $P(x,y)$ un punto cualquiera de la circunferencia de centro $C(h,k)$ y radio r. Por definición de circunferencia, el punto P debe satisfacer la condición geométrica

$$|\overline{CP}|=r$$

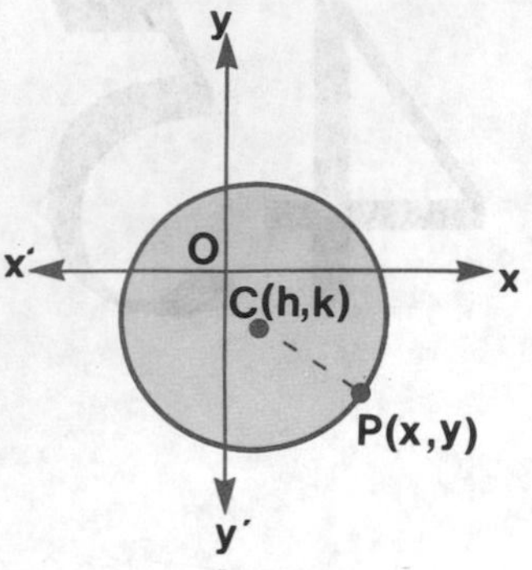

Fig. 45-1

tal como puede observarse en la figura 45-1, y que viene expresada, analíticamente, por la ecuación.

$$\sqrt{(x-h)^2+(y-k)^2}=r$$

o sea,

$$(x-h)^2+(y-k)^2=r^2$$

Recíprocamente, sea $P_1\ (x_1, y_1)$ un punto cualquiera cuyas coordenadas satisfacen la ecuación anterior, de modo que se verifica la igualdad

$$(x_1-h)^2+(y_1-k)^2=r^2$$

Extrayendo la raíz cuadrada

$$\sqrt{(x_1-h)^2+(y_1-k)^2}=r$$

que es la expresión analítica de la condición geométrica aplicada al punto P_1. Por lo tanto, demostrados los teoremas directo y recíproco, se concluye que la ecuación anterior es la buscada.

Para determinar la ecuación de la recta basta con conocer el centro y la distancia r *o radio que hay hasta un punto cualquiera de esa circunferencia.*

Para el caso particular en que el centro C esté en el origen, $h=k=0$, y tenemos el siguiente resultado

La circunferencia de centro en el origen y radio *r* tiene por ecuación

$$x^2+y^2=r^2$$

Así pues, si se conocen las coordenadas del centro y la longitud del radio, la ecuación de la circunferencia puede escribirse inmediatamente.

Ejemplo

Hallar la ecuación de la circunferencia circunscrita al triángulo cuyos vértices son $P_1\ (-1,1)$, $P_2\ (3,5)$ y $P_3\ (5,-3)$.

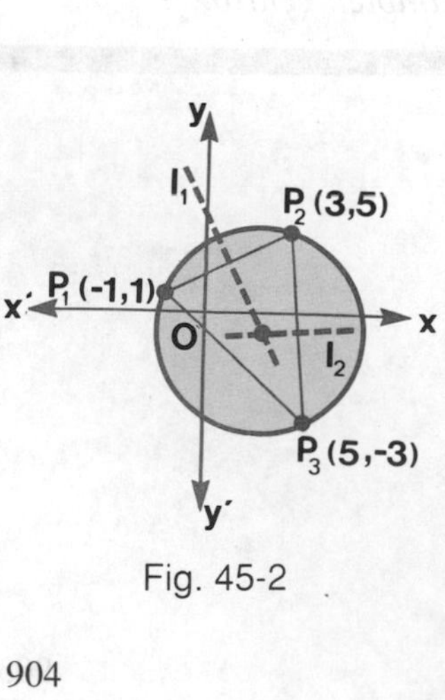

Fig. 45-2

Solución: Para construir la circunferencia que pasa por tres puntos dados se deben trazar las mediatrices l_1 y l_2 de dos cualesquiera de los lados, por ejemplo, de P_1P_2 y de P_2P_3, tal como puede observarse en la figura 45-2.

La intersección C de l_1 y l_2 es el centro y la distancia de C a uno cualquiera de los puntos P_1, P_2, P_3 es el radio. Siguiendo este mismo método vamos a determinar analíticamente la ecuación de la circunferencia.

Resulta inmediato determinar que las ecuaciones de las mediatrices son $l_1 : x + y = 4$ y $l_2 : x - 4y = 0$. La solución común de ambas ecuaciones es $x = 16/5$, $y = 4/5$, de manera que las coordenadas del centro C son $(16/5, 4/5)$.
Para calcular el radio, tenemos que

$$r = |\overline{CP_1}| = \sqrt{(16/5 + 1)^2 + (4/5 - 1)^2} = \sqrt{442/5}$$

Por consiguiente, la ecuación buscada es

$$(x - 16/5)^2 + (y - 4/5)^2 = 442/25$$

45.2 Forma general de la ecuación de la circunferencia

La ecuación general de la circunferencia se expresa en la forma:
$x^2 + y^2 + Dx + Ey + F = 0$.

Desarrollando la ecuación ordinaria de la circunferencia

$$(x - h)^2 + (y - k)^2 = r^2$$

se obtiene

$$x^2 + y^2 - 2hx - 2ky + h^2 + k^2 - r^2 = 0$$

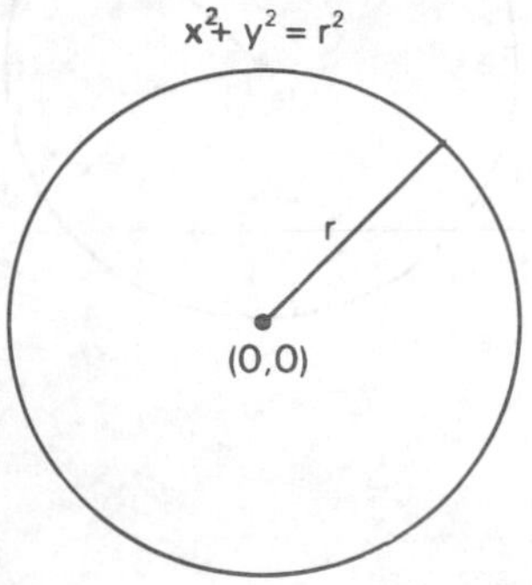

que puede escribirse en la forma

$$x^2 + y^2 + Dx + Ey + F = 0$$

siendo

$$D = -2h,\ E = -2k \text{ y } F = h^2 + k^2 - r^2$$

Así pues, la ecuación de una circunferencia puede escribirse siempre como en la ecuación precedente, que se denomina forma general de la ecuación de la circunferencia.
A continuación vamos a comprobar que, recíprocamente, toda ecuación del tipo anterior representa una circunferencia. Para ello, observemos que la ecuación general puede expresarse del modo

La ecuación general de la recta puede transformarse fácilmente en la forma ordinaria.

$$(x^2 + Dx) + (y^2 + Ey) = -F$$

Sumando $D^2/4 + E^2/4$ a ambos miembros resulta

$$(x^2 + Dx + D^2/4) + (y^2 + Ey + E^2/4) = (D^2 + E^2 - 4F)/4$$

o sea

$$(x + D/2)^2 + (y + E/2)^2 = (D^2 + E^2 - 4F)/4$$

Recíprocamente, conocida la ecuación de una circunferencia pueden conocerse las coordenadas del centro.

Es evidente que depende del segundo miembro que la ecuación precedente represente o no una circunferencia. Podemos considerar los tres casos siguientes:

a) Si $D^2 + E^2 - 4F > 0$, la ecuación representa una circunferencia de centro en el punto $(-D/2,\ -E/2)$ y cuyo radio es igual a

$$1/2\ \sqrt{b^2 + E^2 - 4F}$$

b) Si $D^2 + E^2 - 4F = 0$, la ecuación representa una circunferencia de radio cero. Se dice también que la circunferencia es un círculo punto o un círculo nulo. En este caso, la ecuación representa un solo punto de coordenadas $(-D/2,\ -E/2)$.

c) Si $D^2 + E^2 - 4F < 0$, la ecuación representa un círculo imaginario. La ecuación no representa en este caso un lugar geométrico.

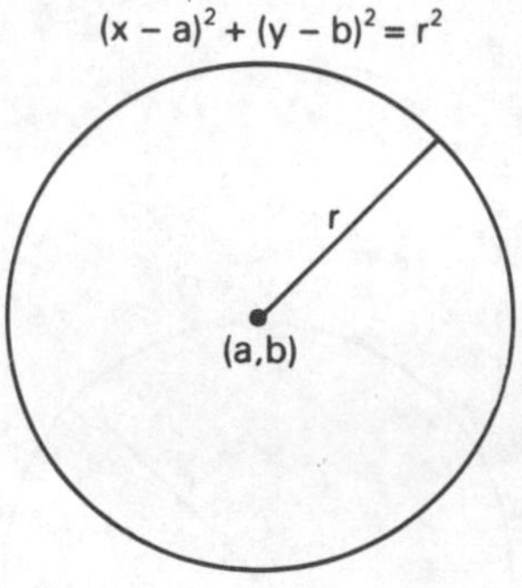

Así pues, obtenemos el siguiente resultado:
La ecuación $x^2 + y^2 + Dx + Ey + F = 0$ representa una circunferencia de radio diferente de cero únicamente si

$$D^2 + E^2 - 4F > 0$$

En este caso, las coordenadas del centro de la circunferencia son $(-D/2,\ -E/2)$ y el radio es $1/2\ \sqrt{D^2 + E^2 - 4F}$.

Ejemplo

Reducir la ecuación $2x^2 + 2y^2 - 10x + 6y - 15 = 0$ a la forma ordinaria de la ecuación de la circunferencia. Si la ecuación representa una circunferencia, hallar su centro y su radio.

Si los valores de la ecuación general $D^2 + E^2 - 4F = 0$. entonces el radio es igual a 0 y se llama círculo punto o círculo nulo.

Solución: En primer lugar dividiremos la ecuación por 2, que es el coeficiente de x^2, y pasaremos el término independiente al segundo miembro. Volviendo a ordenar los términos obtendremos:

$$(x^2 - 5x) + (y^2 + 3y) = 15/2$$

Para completar los cuadrados, sumamos el cuadrado de la mitad del coeficiente de x y el cuadrado de la mitad del coeficiente de y a ambos miembros. De este modo resulta:

$$(x^2 - 5x + 25/4) + (y^2 + 3y + 9/4) = 15/2 + 25/4 + 9/4$$

que puede escribirse como

$$(x - 5/2)^2 + (y + 3/2)^2 = 16$$

Por consiguiente, la ecuación dada representa una circunferencia cuyo centro es $(5/2,\ -3/2)$ y cuyo radio es 4.

Ejemplo

Reducir la ecuación $36x^2 + 36y^2 + 48x - 108y + 97 = 0$ a la forma ordinaria de la ecuación de la circunferencia. Si la ecuación representa una circunferencia, hallar su centro y su radio.

Solución: Dividiendo la ecuación por 36, transponiendo el término independiente y volviendo a ordenar los términos, se obtiene

$$(x^2 + 4x/3) + (y^2 - 3y) = -97/36$$

Completando los cuadrados resulta

$$(x^2 + 4x/3 + 4/9) + (y^2 - 3y + 9/4) = -97/36 + 4/9 + 9/4$$

es decir,

$$(x + 2/3)^2 + (y - 3/2)^2 = 0$$

Por consiguiente, el lugar geométrico de la ecuación dada es el punto único $(-2/3, 3/2)$.

Ejemplo

Reducir la ecuación $x^2 + y^2 - 8x + 6y + 29 = 0$ a la forma ordinaria de la ecuación de la circunferencia. Si la ecuación representa una circunferencia, hallar su centro y su radio.

Solución: Ordenando los términos y completando los cuadrados se obtiene

$$(x^2 - 8x + 16) + (y^2 + 6y + 9) = -29 + 16 + 9$$

o sea,

$$(x - 4)^2 + (y + 3)^2 = -4$$

Por consiguiente, la ecuación dada no representa ningún lugar geométrico real.
En la ecuación ordinaria de la circunferencia

$$(x - h)^2 + (y - k)^2 = r^2$$

aparecen tres constantes arbitrarias independientes, h, k y r.
Análogamente, en la ecuación general

$$x^2 + y^2 + Dx + Ey + F = 0$$

aparecen también tres constantes arbitrarias independientes, D, E y F.

Los valores D, E *y* F *de la ecuación general, y los valores* h, k *y* r *son constantes.*

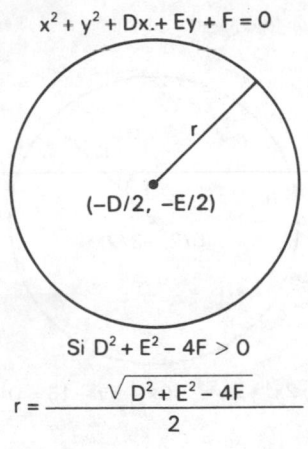

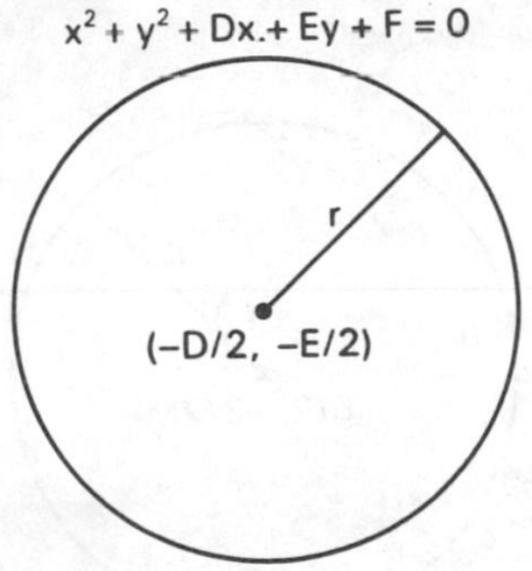

Si $D^2 + E^2 - 4F > 0$

$$r = \frac{\sqrt{D^2 + E^2 - 4F}}{2}$$

Con tres puntos cualquiera de una circunferencia puede llegar a determinarse el valor de la ecuación general de dicha circunferencia.

Como la ecuación de cualquier circunferencia puede escribirse de ambas formas, la ecuación de cualquier circunferencia particular puede obtenerse determinando los valores de tres constantes. Este hecho requiere tres ecuaciones independientes, es decir, analíticamente la ecuación de una circunferencia queda completamente determinada por tres condiciones independientes.

Igualmente, dados tres puntos de una circunferencia pueden determinarse el centro y el valor del radio.

Ejemplo

Determinar la ecuación, centro y radio de la circunferencia que pasa por los tres puntos A (−1,1), B (3,5) y C (5,−3).

Solución: Supongamos que la ecuación buscada es, en la forma general,

$$x^2 + y^2 + Dx + Ey + F = 0$$

en donde las constantes D, E y F deben ser determinadas.
Como los tres puntos están sobre la circunferencia, sus coordenadas deben satisfacer la ecuación anterior. De este modo se obtienen las tres ecuaciones siguientes, que corresponden a cada uno de los puntos dados:

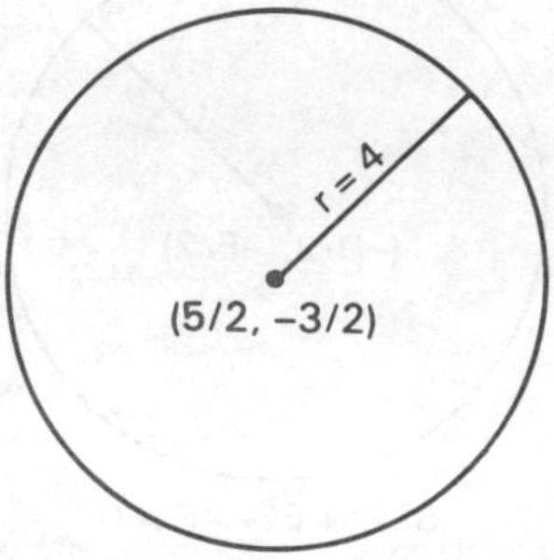

$2x^2 + 2y^2 - 10x + 6y - 15 = 0$

$$\begin{aligned} (-1,1) &: 1 + 1 - D + E + F = 0 \\ (3,5) &: 9 + 25 + 3D + 5E + F = 0 \\ (5,-3) &: 25 + 9 + 5D - 3E + F = 0 \end{aligned}$$

que pueden escribirse del modo siguiente:

$$\begin{aligned} D - E - F &= 2 \\ 3D + 5E + F &= -34 \\ 5D - 3E + F &= -34 \end{aligned}$$

La solución de este sistema de tres ecuaciones es

$$D = -32/5,\ E = -8/5,\ F = -34/5$$

También puede calcularse la ecuación de la circunferencia conocidos dos puntos de ésta y la ecuación de la recta donde esté el punto centro.

Sustituyendo estos valores en la ecuación se obtiene

$$x^2 + y^2 - 32x/5 - 8y/5 - 34/5 = 0$$

es decir,

$$5x^2 + 5y^2 - 32x - 8y - 34 = 0$$

que es la ecuación de la circunferencia buscada.
El centro y el radio se obtienen reduciendo la última ecuación a la forma ordinaria

$$(x - 16/5)^2 + (y - 4/5)^2 = 442/25$$

de donde se obtiene que el centro es $(16/5, 4/5)$ y el radio es $\sqrt{442/5}$.

Ejemplo

Hallar la ecuación, centro y radio de la circunferencia que pasa por los puntos $(6,2)$, $(8,0)$ y cuyo centro está sobre la recta $3x + 7y + 2 = 0$.

Solución: Supongamos que la ecuación buscada, en la forma ordinaria, es

$$(x-h)^2 + (y-k)^2 = r^2$$

Como el centro (h,k) está sobre la recta $3x + 7y + 2 = 0$, sus coordenadas satisfacen la ecuación de la recta,

$$3h + 7k + 2 = 0$$

Como los puntos $(6,2)$ y $(8,0)$ están sobre la circunferencia, sus coordenadas deben satisfacer la ecuación de la circunferencia. Por lo tanto, obtendremos las dos ecuaciones siguientes

$$(6-h)^2 + (2-k)^2 = r^2$$
$$(8-h)^2 + k^2 = r^2$$

La solución del sistema formado por las tres ecuaciones anteriores con tres incógnitas h, k y r es

$$h = 4,\ k = -2,\ r = 2\sqrt{5}$$

Por consiguiente, la ecuación buscada es

$$(x-4)^2 + (y+2)^2 = 20$$

cuya representación gráfica puede observarse en la figura 45-3. El centro es el punto $(4, -2)$ y el radio es $2\sqrt{5}$.

La ecuación de la circunferencia que pasa por tres puntos dados no colineales $P_1(x_1, y_1)$, $P_2(x_2, y_2)$ y $P_3(x_3, y_3)$ viene dada por el determinante

$$\begin{vmatrix} x^2+y^2 & x & y & 1 \\ x_1^2+y_1^2 & x_1 & y_1 & 1 \\ x_2^2+y_2^2 & x_2 & y_2 & 1 \\ x_3^2+y_3^2 & x_3 & y_3 & 1 \end{vmatrix} = 0$$

Denominamos parámetro de una circunferencia a una constante que satisface al menos dos condiciones geométricas respecto de otras circunferencias.

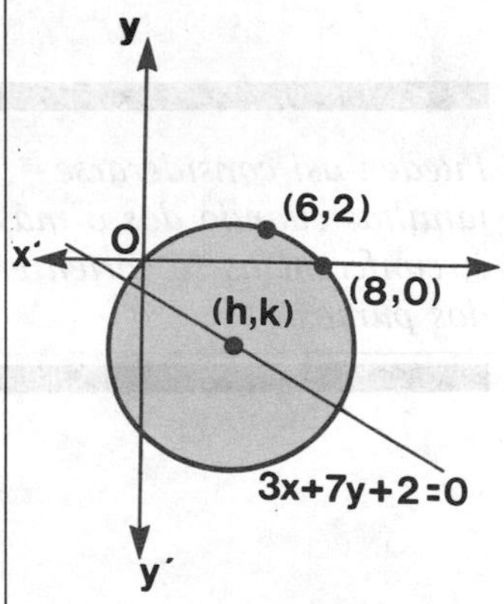

Fig. 45-3

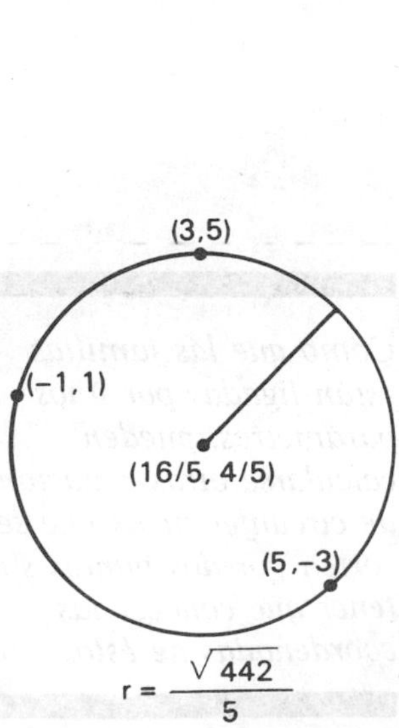

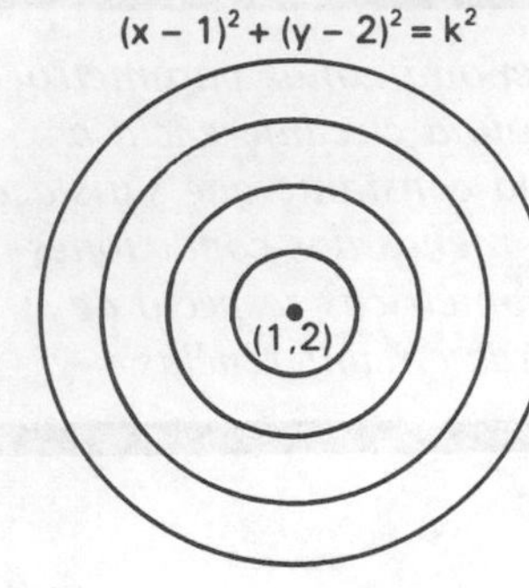

Pueden así considerarse familias cuando dos o más circunferencias se corten en dos puntos.

Como que las familias están ligadas por unos parámetros, pueden calcularse otras ecuaciones de circunferencias que se corten por dos puntos sin tener que conocer las coordenadas de éstos.

45.3 Familias de circunferencias

Una circunferencia que satisface menos de tres condiciones independientes no es única. La ecuación de una circunferencia que satisface solamente dos condiciones contiene una constante arbitraria denominada parámetro. En este caso, se dice que dicha ecuación representa una familia de circunferencias de un parámetro.
Así, por ejemplo, la familia de todas las circunferencias concéntricas cuyo centro común es el punto (1,2) tiene por ecuación

$$(x-1)^2+(y-2)^2=k^2$$

en donde el parámetro k es cualquier número positivo.
Vamos a estudiar a continuación el caso de la familia de curvas que pasan por las intersecciones de dos circunferencias dadas. Sean C_1 y C_2 dos circunferencias dadas cualesquiera distintas, cuyas ecuaciones respectivas son

$$C_1: x^2+y^2+D_1x+E_1y+F_1=0$$
$$C_2: x^2+y^2+D_2x+E_2y+F_2=0$$

A partir de las ecuaciones anteriores se deduce la ecuación

$$x^2+y^2+D_1x+E_1y+F_1+k(x^2+y^2+D_2x+E_2y+F_2)=0$$

en donde el parámetro k puede tomar todos los valores reales.
Supongamos que los círculos C_1 y C_2 se cortan en dos puntos distintos $P_1(x_1, y_1)$ y $P_2(x_2, y_2)$. Como las coordenadas de $P_1(x_1,y_1)$ satisfacen las ecuaciones de C_1 y C_2, también satisfacen la ecuación anterior y ésta se reduce a $0+k\cdot 0=0$, que es verdadera para todos los valores de k.
Análogamente, las coordenadas de $P_2(x_2, y_2)$ satisfacen también dicha ecuación para todos los valores de k, puesto que satisfacen las ecuaciones de C_1 y C_2.

Por consiguiente, la última ecuación representa la familia de curvas que pasan por las dos intersecciones de las circunferencias C_1 y C_2.
Para determinar la naturaleza de las curvas de dicha familia, escribimos la ecuación en la forma

$$(k+1)x^2+(k+1)y^2+(D_1+kD_2)x+(E_1+kE_2)y+F_1+kF_2=0$$

Si $k=-1$, esta ecuación se reduce a una de primer grado y, por lo tanto, representa una línea recta. Para cualquier otro valor de k, la ecuación representa una circunferencia. En particular, para $k=0$, la ecuación anterior se reduce a la ecuación de C_1.
Esta ecuación resulta muy útil para obtener la ecuación de una curva que pasa por las intersecciones de las circunferencias dadas, ya que en este caso no es necesario determinar las coordenadas de los puntos de intersección.

Todos estos resultados pueden resumirse del modo siguiente:

Si las ecuaciones de dos circunferencias dadas cualesquiera C_1 y C_2 son

$$C_1: x^2 + y^2 + D_1x + E_1y + F_1 = 0$$
$$C_2: x^2 + y^2 + D_2x + E_2y + F_2 = 0$$

la ecuación

$$x^2 + y^2 + D_1x + E_1y + F_1 + k(x^2 + y^2 + D_2x + E_2y + F_2) = 0$$

representa una familia de circunferencias todas las cuales tienen sus centros en la recta que une los centros de C_1 y C_2.
Si C_1 y C_2 se cortan en dos puntos diferentes, la ecuación representa, para todos los valores de k diferentes de -1, todas las circunferencias que pasan por los dos puntos de intersección C_1 y C_2, con la única excepción de C_1 misma.
Si C_1 y C_2 son tangentes entre sí, la ecuación representa, para todos los valores de k diferentes de -1, todas las circunferencias que son tangentes a C_1 y C_2 en su punto común, con la única excepción de C_2 misma.
Si C_1 y C_2 no tienen ningún punto común la ecuación representa una circunferencia para cada valor de k diferente de -1, siempre que la ecuación resultante tenga coeficientes que satisfagan la ecuación de una circunferencia. Ningún par de circunferencias de la familia tiene un punto común con ninguna de las dos circunferencias C_1 y C_2.

Se conoce como eje radical de dos circunferencias que se cortan en dos puntos a la recta que pasa por esos puntos.

Ejemplo

Las ecuaciones de dos circunferencias son

$$C_1: x^2 + y^2 + 7x - 10y + 31 = 0$$
$$C_2: x^2 + y^2 - x - 6y + 3 = 0$$

Hallar la ecuación de la circunferencia C_3 que pasa por las intersecciones de C_1 y C_2 y tiene su centro sobre la recta $r: x - y - 2 = 0$.

Solución: La circunferencia buscada C_3 es un miembro de la familia

$$x^2 + y^2 + 7x - 10y + 31 + k(x^2 + y^2 - x - 6y + 3) = 0$$

en donde el parámetro k debe determinarse mediante la condición de que el centro de C_3 se halla situado sobre la recta r. Resulta inmediato determinar el centro de cualquier circunferencia de la familia anterior. Sus coordenadas son

$$\frac{k-7}{2(k+1)}, \quad \frac{3k+5}{k+1}$$

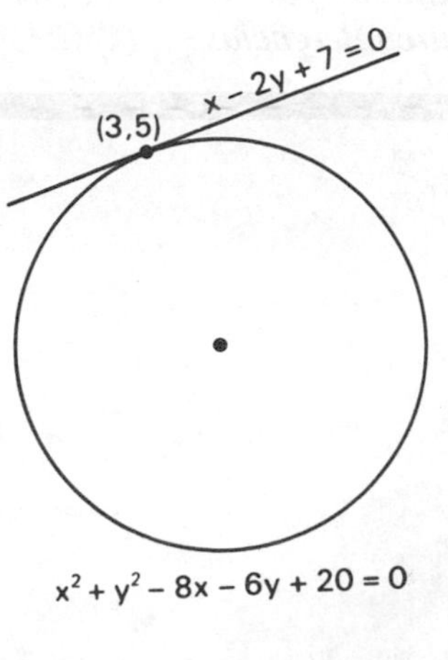

Como estas coordenadas deben satisfacer la ecuación de r, tendremos que:

$$\frac{k-7}{2(k+1)} - \frac{3k+5}{k+1} - 2 = 0$$

de donde se deduce inmediatamente que $k = -7/3$.
Sustituyendo este valor de k y simplificando, se obtiene como ecuación de C_3:

$$x^2 + y^2 - 7x - 3y - 18 = 0$$

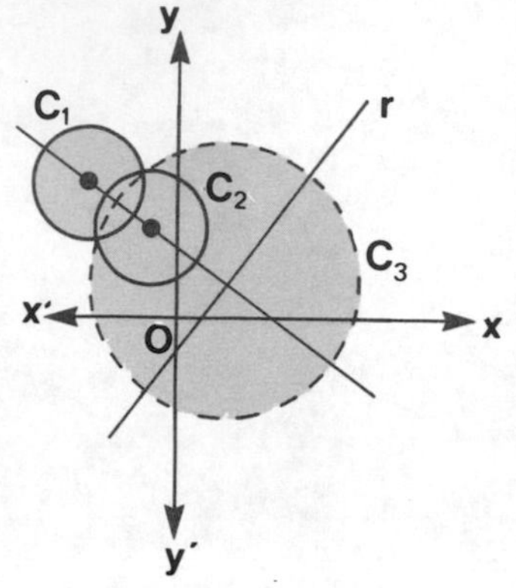

Fig. 45-4.

En la figura 13-4 se han trazado las tres circunferencias C_1, C_2 y C_3 y la recta r.

45.4 Eje radical

El eje radical es perpendicular a la recta que une los dos centros de las circunferencias.

Consideremos dos circunferencias diferentes, C_1 y C_2, de ecuaciones respectivas

$$C_1 : x^2 + y^2 + D_1x + E_1y + F_1 = 0,$$
$$C_2 : x^2 + y^2 + D_2x + E_2y + F_2 = 0$$

A partir de las ecuaciones precedentes se obtiene fácilmente la ecuación:

$$x^2 + y^2 + D_1x + E_1y + F_1 + k(x^2 + y^2 + D_2x + E_2y + F_2) = 0$$

que puede considerarse la ecuación de una familia de circunferencias para todos los valores de k, excepto -1. Si $k = -1$, la ecuación anterior toma la forma

$$(D_1 - D_2)x + (E_1 - E_2)y + F_1 - F_2 = 0$$

Si C_1 y C_2 no son concéntricas, se verificará que $D_1 \neq D_2$ o $E_1 \neq E_2$ o ambas cosas a la vez, de manera que por lo menos uno de los coeficientes de x e y en la ecuación anterior será diferente de cero y dicha ecuación representará entonces una línea recta denominada eje radical de C_1 y C_2.
Si C_1 y C_2 se cortan en dos puntos diferentes, el eje radical pasa por estos dos puntos y, por lo tanto, coincide con su cuerda común.
Si C_1 y C_2 no tienen ningún punto en común y no son concéntricas, su eje radical no tiene ningún punto en común con ninguna de las dos circunferencias.
Si C_1 y C_2 son tangentes entre sí, su eje radical es la tangente común a ambas circunferencias.
Vamos a demostrar a continuación que el eje radical de dos circun-

ferencias cualesquiera es perpendicular a la recta que pasa por sus centros.
En efecto, la ecuación de la recta que pasa por los centros de dos circunferencias cualesquiera C_1 y C_2 es

$$2(E_1 - E_2)x - 2(D_1 - D_2)\ y + D_2E_1 - D_1E_2 = 0$$

y la pendiente de esta recta es

$$\frac{E_1 - E_2}{D_1 - D_2} \text{ si } D_1 \neq D_2$$

La pendiente del eje radical es

$$-\frac{D_1 - D_2}{E_1 - E_2} \text{ si } E_1 \neq E_2$$

Como ambas pendientes son negativamente recíprocas, el eje radical debe ser perpendicular a la recta que pasa por los centros.
Si $D_1 = D_2$, el eje radical es paralelo al eje X y, por lo tanto, la recta que pasa por los centros es paralela al eje Y. Por consiguiente, en este caso, el eje radical y la recta que pasa por los centros también son perpendiculares entre sí. Análogamente, si $E_1 = E_2$, el eje radical es paralelo al eje Y y la recta que pasa por los centros es paralela al eje X. Por lo tanto, en este caso también son perpendiculares entre sí.

El eje radical constituye una cuerda común a las dos circunferencias.

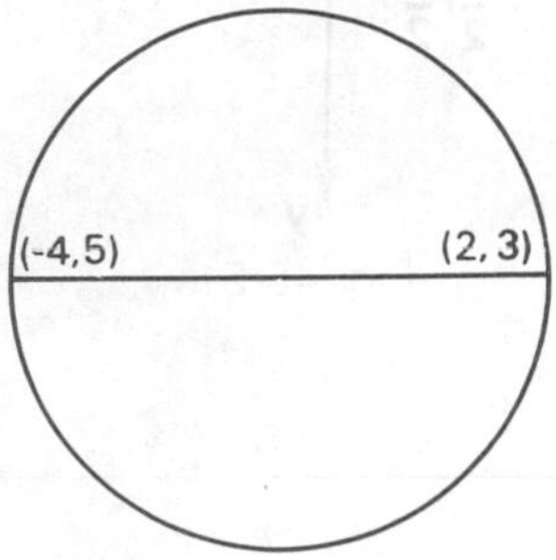

$(x + 1)^2 + (y - 4)^2 = 10$

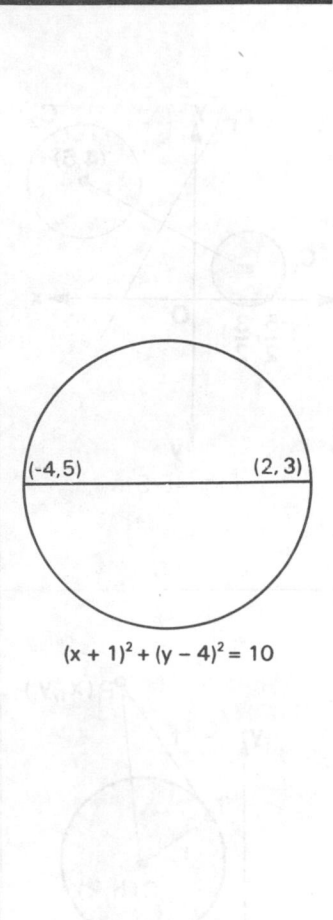

Un punto P_1 (x_1, y_1) que esté sobre el eje radical tiene iguales las longitudes de las tangentes entre P_1, C_1 y C_2.

Ejemplo

Hallar la ecuación del eje radical de las circunferencias

$$C_1: 2x^2 + 2y^2 + 10x - 6y + 9 = 0$$
$$C_2: x^2 + y^2 - 8x - 12y + 43 = 0$$

y demostrar que es perpendicular a la recta que une los centros.

Solución: Si multiplicamos la segunda ecuación por 2 y la restamos de la primera, se obtiene

$$r: 26x + 18y - 77 = 0$$

como ecuación del eje radical. Su pendiente es $-13/9$.

Las coordenadas de los centros C_1 y C_2 se encuentran fácilmente, y son $(-5/2,\ 3/2)$ y $(4,6)$, respectivamente, de manera que la pendiente de la recta que pasa por los centros es

$$\frac{6 - (3/2)}{4 + (5/2)} = \frac{9}{13}$$

que es negativamente recíproca de la pendiente del eje radical. Por consiguiente, el eje radical es perpendicular a la recta que pasa por los centros. Las circunferencias C_1 y C_2, la recta que pasa por los centros y su eje radical r se han trazado en la figura 45-5.

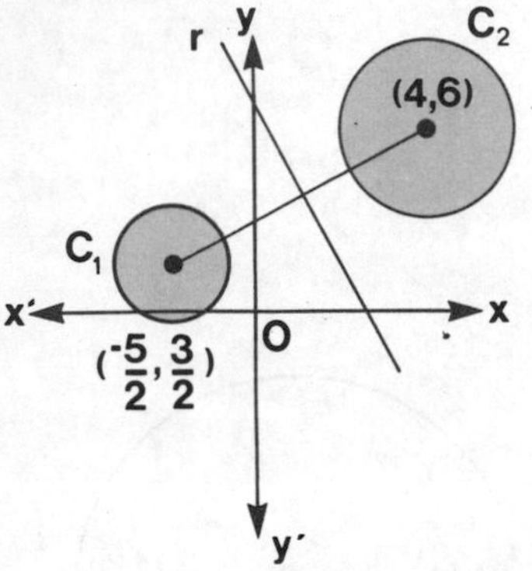

Fig. 45-5

Si t es la longitud de la tangente trazada del punto exterior $P_1(x_1,y_1)$ a la circunferencia $(x-h)^2+(y-k)^2=r^2$, entonces

$$t=\sqrt{(x_1-h)^2+(y_1-k)^2-r^2}$$

En efecto, tal como puede observarse en la figura 45-6, sea T el punto de tangencia, de modo que $t=\overline{P_1T}$. Como P_1T es tangente a la circunferencia, el radio CT es perpendicular a P_1T. Por lo tanto, en el triángulo rectángulo P_1TC tendremos:

$$t^2=\overline{CP_1}^2-r^2$$

Pero como $\overline{CP_1}^2=(x_1-h)^2+(y_1-k)^2$

sustituyendo este valor en la anterior ecuación resulta

$$t^2=(x_1-h)^2+(y_1-k)^2-r^2$$

de donde $t=\sqrt{(x_1-h)^2+(y_1-k)^2-r^2}$

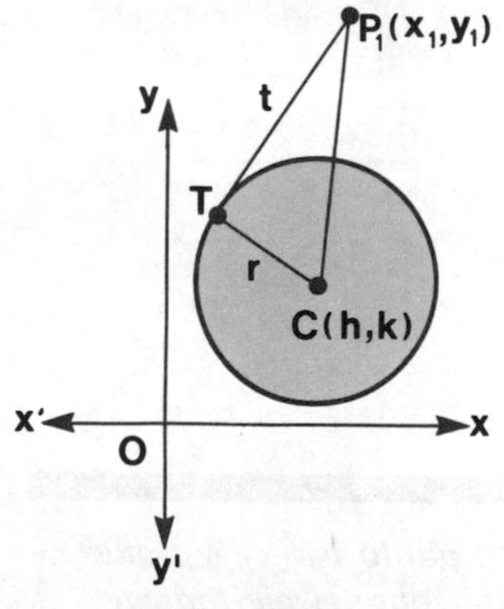

Fig. 45-6

Ejemplo

Hallar la longitud de la tangente trazada del punto $(-3,2)$ a la circunferencia $9x^2+9y^2-30x-18y-2=0$.

Solución: Dividamos por 9 para que los coeficientes de x^2 e y^2 sean iguales a la unidad. De este modo resulta:

$$x^2+y^2-10x/3-2y-2/9=0$$

Sustituyendo x por -3 e y por 2 en el primer miembro de esta ecuación se obtiene

$$t^2=9+4+10-4-2/9=169/9$$

de donde se deduce inmediatamente que la longitud de la tangente es $t=13/3$.

El eje radical de dos circunferencias no concéntricas es el lugar geométrico de un punto que se mueve de modo que las longitudes de las tangentes trazadas desde él a las dos circunferencias son iguales.

En efecto, sean C_1 y C_2 las dos circunferencias no concéntricas dadas. Sea $P(x,y)$ el punto móvil y sean t_1 y t_2, respectivamente, las longitudes de las tangentes trazadas de P a C_1 y C_2. Tendremos:

$$t_1^2 = x^2 + y^2 + D_1x + E_1y + F_1$$
$$t_2^2 = x^2 + y^2 + D_2x + E_2y + F_2$$

Como, por hipótesis, $t_1 = t_2$, de estas dos últimas ecuaciones se deduce que

$$(D_1 - D_2)x + (E_1 - E_2)y + F_1 - F_2 = 0$$

que es la ecuación del eje radical de C_1 y C_2. Puede demostrarse, recíprocamente, que si $P_1(x_1, y_1)$ es un punto que está sobre el eje radical, las longitudes de las tangentes trazadas de P_1 a C_1 y C_2 son iguales. Los resultados precedentes pueden resumirse así:

El centro radical de tres circunferencias es el punto donde se cortan los tres ejes radicales de las rectas que unen los centros de dichas circunferencias.

Si las ecuaciones de dos circunferencias no concéntricas C_1 y C_2 son, respectivamente,

$$C_1 : x^2 + y^2 + D_1x + E_1y + F_1 = 0$$
$$C_2 : x^2 + y^2 + D^2x + E_2y + F_2 = 0$$

la eliminación de x^2 e y^2 entre estas dos ecuaciones da la ecuación lineal

$$(D_1 - D_2)x + (E_1 - E_2)y + F_1 - F_2 = 0$$

que es la ecuación del eje radical de C_1 y C_2.
Si C_1 y C_2 se cortan en dos puntos diferentes, su eje radical coincide con su cuerda común. Si C_1 y C_2 son tangentes entre sí, su eje radical es su tangente común. Si C_1 y C_2 no tienen ningún punto común su eje radical no tienen ningún punto común con ninguno de ellos.
El eje radical de C_1 y C_2 es perpendicular a la recta que pasa por los centros y es también el lugar geométrico de un punto que se mueve de modo que las longitudes de las tangentes trazadas por él a C_1 y C_2 son iguales.

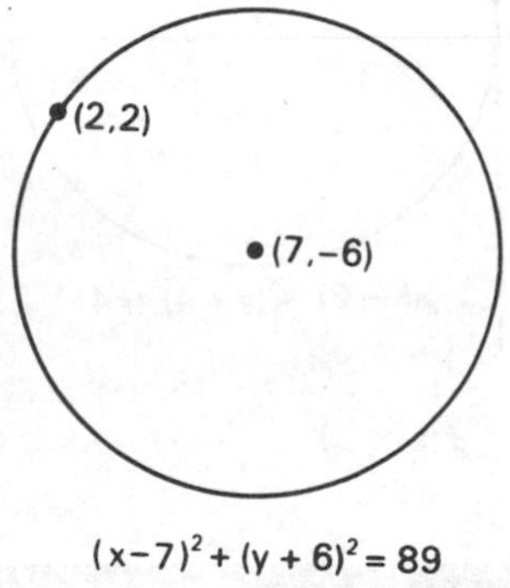

Consideremos tres circunferencias, de las cuales no hay dos que sean concéntricas. Cada par de circunferencias tiene un eje radical y las tres, tomadas a pares, tienen tres ejes radicales. Si las tres circunferencias no tienen una recta de los centros común, sus tres ejes radicales se cortan en un punto denominado centro radical.

45.5 Tangente a una circunferencia

Conociendo el punto de contacto y la pendiente de tangente se puede calcular la ecuación de ésta.

La determinación de la ecuación de una tangente a una circunferencia se simplifica considerablemente por la propiedad de la circunferencia de que la tangente a una circunferencia es perpendicular al radio trazado al punto de contacto.

La ecuación de la tangente a una circunferencia dada queda perfectamente determinada cuando se conocen su pendiente y el punto de contacto. Si se tiene uno de estos datos, el otro debe determinarse a partir de las condiciones del problema. Vamos a considerar tres casos:

Si consideramos un eje radical que pase por un sólo punto de contacto entre dos circunferencias, éste será la tangente común.

a) Hallar la ecuación de la tangente a una circunferencia dada en un punto dado de contacto.

b) Hallar la ecuación de la tangente a una circunferencia dada que tiene una pendiente dada.

c) Hallar la ecuación de la tangente a una circunferencia dada que pasa por un punto exterior dado.

El procedimiento para resolver cada uno de estos casos es el mismo. En cada caso se da una condición y, de acuerdo con ella, se escribe la ecuación de la familia de rectas que la satisfacen. Esta ecuación contiene un parámetro que se determina aplicando la condición de tangencia dada anteriormente.

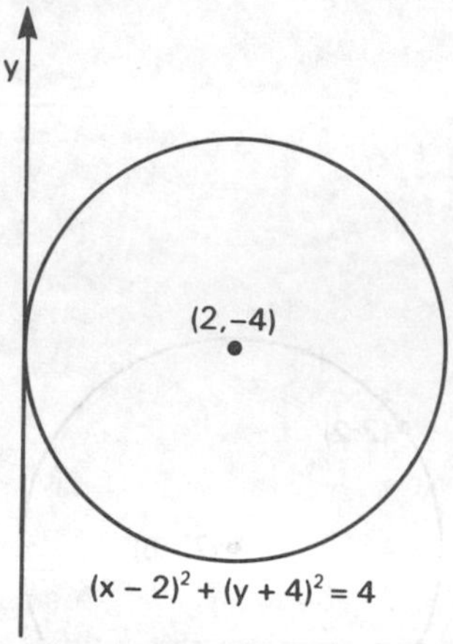

Una circunferencia tiene dos tangentes con la misma pendiente.

Ejemplo

Hallar la ecuación de la tangente a la circunferencia

$$x^2 + y^2 - 8x - 6y + 20 = 0$$

en el punto (3,5).

Solución: La ecuación de la familia de rectas que pasa por el punto (3,5) es $y - 5 = m(x - 3)$, en donde el parámetro m es la pendiente de la tangente buscada. De la ecuación anterior se deduce que $y = mx - 3m + 5$, y sustituyendo este valor en la ecuación de la circunferencia, resulta:

$$x^2 + (mx - 3m + 5)^2 - 8x - 6(mx - 3m + 5) + 20 = 0$$

que se reduce a

$$(m^2 + 1)x^2 - (6m^2 - 4m + 8)x + (9m^2 - 12m + 15) = 0$$

La recta será tangente a la circunferencia siempre que las raíces de esta última ecuación sean iguales, es decir, siempre que el discriminante se anule. Así pues, deberá verificarse la condición:

$$(6m^2 - 4m + 8)^2 - 4(m^2 + 1)(9m^2 - 12m + 15) = 0$$

La solución de la ecuación precedente es $m = 1/2$, por lo que la ecuación de la tangente buscada es

$$y - 5 = (x - 3)/2$$

es decir,

$$x - 2y + 7 = 0$$

Se conocen como líneas o secciones cónicas a curvas como la parábola, la hipérbola y la elipse.

Ejemplo

Hallar la ecuación de la tangente a la circunferencia $x^2 + y^2 - 10x + 2y + 18 = 0$ y que tiene de pendiente 1.

Solución: La ecuación de la familia de rectas de pendiente 1 es $y = x + k$, siendo k un parámetro cuyo valor debe determinarse.

Si el valor de y obtenido en la ecuación precedente se sustituye en la ecuación de la circunferencia, se obtiene

$$x^2 + (x + k)^2 - 10x + 2(x + k) + 18 = 0$$

es decir,

$$2x^2 + (2k - 8)x + (k^2 + 2k + 18) = 0$$

La condición de tangencia es

$$(2k - 8)^2 - 8(k^2 + 2k + 18) = 0$$

Las raíces de esta ecuación son $k = -2, -10$. Por consiguiente, las ecuaciones de las tangentes buscadas son

$$y = x - 2; \; y = x - 10$$

En la figura 45-7 pueden observarse dichas tangentes.

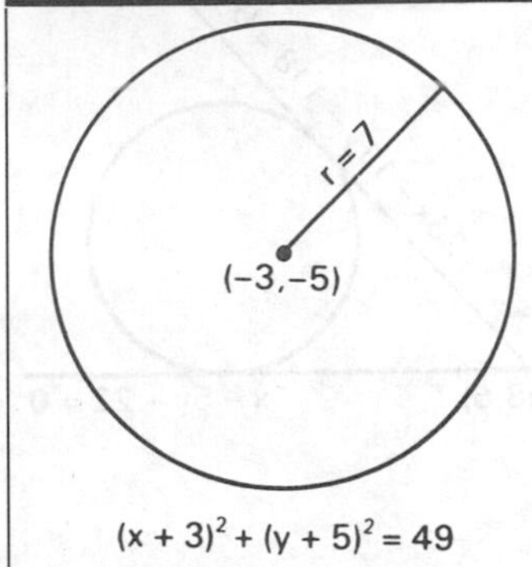

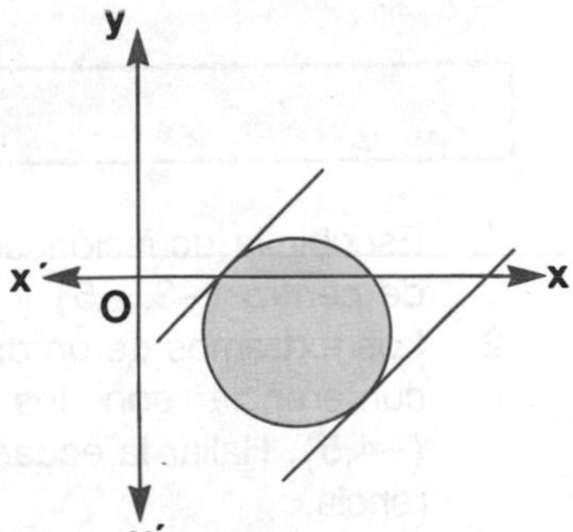

Fig. 45-7

Ejemplo

Hallar la ecuación de la tangente trazada del punto (8,6) a la circunferencia

$$x^2 + y^2 + 2x + 2y - 24 = 0$$

Solución: La ecuación de la familia de rectas que pasan por el punto (8,6) es

$$y - 6 = m(x - 8)$$

en donde el parámetro m es la pendiente de la tangente buscada. De la ecuación anterior se obtiene que $y = mx - 8m + 6$, valor que sustituido en la ecuación de la circunferencia da

$$x^2 + (mx - 8m + 6)^2 + 2x + 2(mx - 8m + 6) - 24 = 0$$

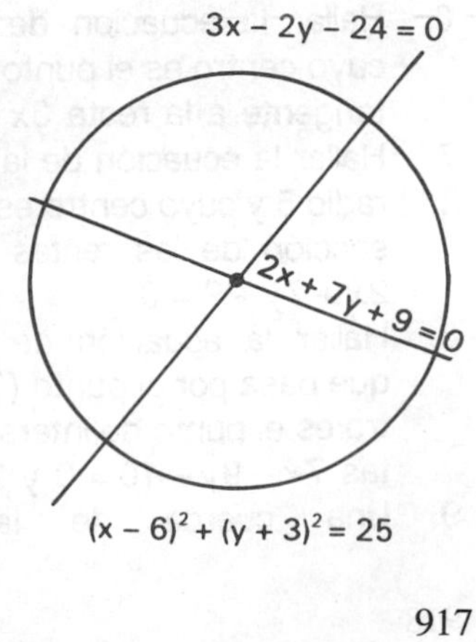

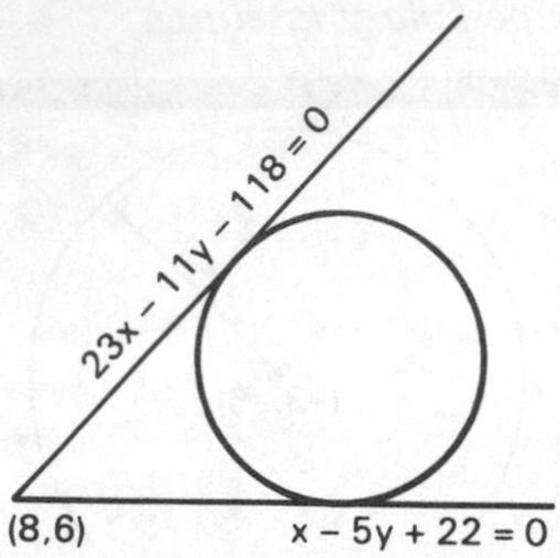

la cual se reduce a

$$(m^2+1)x^2-(16m^2-14m-2)x+(64m^2-112m+24)=0$$

La condición de tangencia es

$$(16m^2-14m-2)^2-4(m^2+1)\ (64m^2-112m+24)=0$$

Resolviendo esta ecuación se encuentra que sus soluciones son $m=1/5;\ 23/11$.
Por consiguiente, las ecuaciones de las tangentes que cumplen las condiciones dadas son

$$y-6=(x-8)/5;\ y-6=23(x-8)/11$$

es decir,

$$x-5y+22=0\ ;\ 23x-11y-118=0$$

Problemas propuestos

1. Escribir la ecuación de la circunferencia de centro (−3, −5) y radio 7.
2. Los extremos de un diámetro de una circunferencia son los puntos (2,3) y (−4,5). Hallar la ecuación de la circunferencia.
3. Hallar la ecuación de la circunferencia cuyo centro es el punto (7,−6) y que pasa por el punto (2,2).
4. Hallar la ecuación de la circunferencia de centro (2,−4) y que es tangente al eje *Y*.
5. Una circunferencia tiene su centro en el punto (0,−2) y es tangente a la recta $5x-12y+2=0$. Hallar su ecuación.
6. Hallar la ecuación de la circunferencia cuyo centro es el punto (−4,−1) y que es tangente a la recta $3x+2y-12=0$.
7. Hallar la ecuación de la circunferencia de radio 5 y cuyo centro es el punto de intersección de las rectas $3x-2y-24=0$, $2x+7y+9=0$.
8. Hallar la ecuación de la circunferencia que pasa por el punto (7,−5) y cuyo centro es el punto de intersección de las rectas $7x-9y-10=0$ y $2x-5y+2=0$.
9. Una cuerda de la circunferencia $x^2+y^2=25$ está sobre la recta cuya ecuación es $x-7y+25=0$. Hallar la longitud de la cuerda.
10. Hallar la ecuación de la circunferencia cuyo centro está sobre el eje *X* y que pasa por los puntos (1,3) y (4,6).
11. Hallar la ecuación de la circunferencia cuyo centro está sobre el eje *Y* y que pasa por los puntos (2,2) y (6,−4).
12. Una circunferencia pasa por los puntos (−3,3) y (1,4) y su centro está sobre la recta $3x-2y-23=0$. Hallar su ecuación.
13. Las ecuaciones de los lados de un triángulo son $9x+2y+13=0$, $3x+8y-47=0$ y $x-y-1=0$. Hallar la ecuación de la circunferencia circunscrita.
14. La ecuación de una circunferencia es $x^2+y^2=50$. El punto medio de una cuerda de esta circunferencia es el punto (−2,4). Hallar la ecuación de la cuerda.
15. La ecuación de una circunferencia es $(x-4)^2+(y-3)^2=20$. Hallar la ecuación de la tangente a este círculo en el punto (6,7).
16. La ecuación de una circunferencia es $(x+2)^2+(y-3)^2=5$. Hallar la ecuación

de la tangente a la circunferencia que pasa por el punto (3,3).

17. Hallar la ecuación de la circunferencia que pasa por el punto (7,–5) y es tangente a la recta $x - y - 4 = 0$ en el punto (3,–1).

18. Hallar la ecuación de la circunferencia cuyo centro está sobre la recta $6x + 7y - 16 = 0$ y es tangente a cada una de las rectas $8x + 15y + 7 = 0$ y $3x - 4y - 18 = 0$.

19. Hallar el área del círculo cuya ecuación es $9x^2 + 9y^2 + 72x - 12y + 103 = 0$.

20. Hallar la longitud de la circunferencia cuya ecuación es $25x^2 + 25y^2 + 30x - 20y - 62 = 0$.

21. La ecuación de una circunferencia es $4x^2 + 4y^2 - 16x + 20y + 25 = 0$. Hallar la ecuación de la circunferencia concéntrica que es tangente a la recta $5x - 12y = 1$.

22. Hallar la ecuación de la tangente a la circunferencia $x^2 + y^2 + 2x - 2y - 39 = 0$ en el punto (4,5).

23. Hallar la ecuación de la recta que pasa por el punto (11,4) y es tangente a la circunferencia $x^2 + y^2 - 8x - 6y = 0$.

24. Hallar la ecuación de la circunferencia que pasa por los puntos (–1,–4) y (2,–1) y cuyo centro está sobre la recta $4x + 7y + 5 = 0$.

25. Una circunferencia de radio 5 es tangente a la recta $3x - 4y - 1 = 0$ en el punto (3,2). Hallar su ecuación.

26. Una circunferencia de radio $\sqrt{13}$ es tangente a la circunferencia de ecuación $x^2 + y^2 - 4x + 2y - 47 = 0$ en el punto (6,5). Hallar su ecuación.

27. Hallar la ecuación de la circunferencia que pasa por el punto (1,4) y es tangente a la circunferencia de ecuación $x^2 + y^2 + 6x + 2y + 5 = 0$ en el punto (–2,1).

28. Hallar la ecuación de la circunferencia que pasa por el punto (5,9) y es tangente a la recta $x + 2y - 3 = 0$ en el punto (1,1).

29. Una circunferencia de radio 5 pasa por los puntos (0,2) y (7,3). Hallar su ecuación.

30. Hallar la ecuación de la circunferencia cuyo centro está sobre la recta $7x - 2y - 1 = 0$ y que es tangente a cada una de las rectas $5x - 12y + 5 = 0$ y $4x + 3y - 3 = 0$.

31. Hallar la ecuación de la circunferencia inscrita en el triángulo cuyos lados son $4x - 3y = 0$, $4x + 3y - 8 = 0$, $y = 0$.

32. Determinar el valor de la constante k para que la recta $2x + 3y + k = 0$ sea tangente a la circunferencia $x^2 + y^2 + 6x + 4y = 0$.

33. Hallar las ecuaciones de las rectas que tienen de pendiente 5 y son tangentes a la circunferencia $x^2 + y^2 - 8x + 2y - 9 = 0$.

34. Hallar la ecuación de la circunferencia que pasa por el punto (6,1) y es tangente a cada una de las rectas $4x - 3y + 6 = 0$, $12x + 5y - 2 = 0$.

35. Hallar la ecuación de la circunferencia que pasa por los puntos (–3,–1) y (5,3) y es tangente a la recta $x + 2y - 13 = 0$.

36. Hallar la ecuación de la circunferencia que pasa por el punto (–8,5) y por las intersecciones de las circunferencias $x^2 + y^2 - 8x - 6y + 17 = 0$, $x^2 + y^2 - 18x - 4y + 67 = 0$.

37. Hallar la ecuación de la circunferencia que tiene su centro en la recta $2x + y - 14 = 0$ y que pasa por las intersecciones de las circunferencias $x^2 + y^2 - 8x - 4y + 11 = 0$, $x^2 + y^2 - 4x + 4y - 8 = 0$.

38. Hallar la ecuación de la circunferencia de radio $5\sqrt{2/2}$ que pasa por las intersecciones de las circunferencias $x^2 + y^2 + 2x - 6y - 16 = 0$, $x^2 + y^2 - 6x + 2y = 0$.

39. Hallar la ecuación de la circunferencia que pasa por las intersecciones de las circunferencias $x^2 + y^2 - 6x + 4 = 0$, $x^2 + y^2 - 2 = 0$ y que es tangente a la recta $x + 3y - 14 = 0$.

40. Hallar la ecuación de la circunferencia que pasa por el punto (–10,–2) y por las intersecciones de la circunferencia $x^2 + y^2 + 2x - 2y - 32 = 0$ y la recta $x - y + 4 = 0$.

41. Hallar la ecuación y la longitud de la cuerda común de las circunferencias $x^2 +$

$+ y^2 - 8y + 6 = 0$, $x^2 + y^2 - 14x - 6y +$ $+ 38 = 0$.

42. Hallar la longitud de la tangente trazada del punto (3,4) a la circunferencia $3x^2 + 3y^2 + 12x + 4y - 35 = 0$.
43. Hallar la ecuación de la tangente a la circunferencia $x^2 + y^2 - 2x - 6y - 3 = 0$ en el punto (−1,6).
44. Hallar las ecuaciones de las tangentes a la circunferencia $4x^2 + 4y^2 + 8x + 4y - 47 = 0$ que tengan de pendiente −3/2.
45. Hallar las ecuaciones de las tangentes trazadas del punto (−2,7) a la circunferencia $x^2 + y^2 + 2x - 8y + 12 = 0$.
46. Hallar la ecuación de la tangente a la circunferencia $x^2 + y^2 - 8x + 3 = 0$ en el punto (6,3).
47. Hallar las ecuaciones de las tangentes a la circunferencia $x^2 + y^2 + 4x - 10y + 21 = 0$ que son paralelas a la recta $5x - 5y + 31 = 0$.
48. Hallar las ecuaciones de las tangentes a la circunferencia $x^2 + y^2 + 6x - 8 = 0$ que son perpendiculares a la recta $4x - y + 31 = 0$.
49. Hallar las ecuaciones de las tangentes trazadas del punto (6,−4) a la circunferencia $x^2 + y^2 + 2x - 2y - 35 = 0$.
50. Hallar la ecuación de la normal a la circunferencia $x^2 + y^2 - 6x + 10y + 21 = 0$ en el punto (6,−3).

Soluciones

1. S.: $(x+3)^2 + (y+5)^2 = 49$.
2. S.: $(x+1)^2 + (y-4)^2 = 10$.
3. S.: $(x-7)^2 + (y+6)^2 = 89$.
4. S.: $(x-2)^2 + (y+4)^2 = 4$.
5. S.: $x^2 + (y+2)^2 = 4$.
6. S.: $(x+4)^2 + (y+1)^2 = 52$.
7. S.: $(x-6)^2 + (y+3)^2 = 25$.
8. S.: $(x-4)^2 + (y-2)^2 = 58$.
9. S.: 7,07.
10. S.: $(x-7)^2 + y^2 = 45$.
11. S.: $x^2 + (y+11/3)^2 = 325/9$.
12. S.: $(x-2)^2 + (y+17/2)^2 = 629/4$.
13. S.: $(x - 1/22)^2 + (y - 65/22)^2 = 6.205/242$.
14. S.: $x - 2y + 10 = 0$.
15. S.: $x + 2y - 20 = 0$.
16. S.: $x + 2y - 9 = 0$; $x - 2y + 3 = 0$.
17. S.: $(x-5)^2 + (y+3)^2 = 8$.
18. S.: $(x-5)^2 + (y+2)^2 = 1$; $(x-3)^2 + (y+2/7)^2 = 121/49$.
19. S.: 5π.
20. S.: $2\sqrt{3}\,\pi$.
21. S.: $(x-2)^2 + (y+5/2)^2 = 9$.
22. S.: $5x + 4y - 40 = 0$.
23. S.: $4x - 3y - 32 = 0$; $3x + 4y - 49 = 0$.
24. S.: $(x+3)^2 + (y-1)^2 = 29$.
25. S.: $x^2 + (y-6)^2 = 25$; $(x-6)^2 + (y+2)^2 = 25$.
26. S.: $(x-8)^2 + (y-8)^2 = 13$; $(x-4)^2 + (y-2)^2 = 13$.
27. S.: $(x+1)^2 + (y-3)^2 = 5$.
28. S.: $(x-3)^2 + (y-5)^2 = 20$.
29. S.: $(x-4)^2 + (y+1)^2 = 25$; $(x-3)^2 + (y-6)^2 = 25$.
30. S.: $(x-1)^2 + (y-3)^2 = 4$; $(x - 227/747)^2 + (y - 421/747)^2 = (14/747)^2$.
31. S.: $(x-1)^2 + (y-1/2)^2 = 1/4$.
32. S.: $k = -1$; 25.
33. S.: $5x - y + 5 = 0$; $5x - y - 47 = 0$.
34. S.: $x^2 + y^2 - 6x - 2y + 1 = 0$; $4x^2 + 4y^2 - 384x + 37y + 2.119 = 0$.
35. S.: $(x-1)^2 + (y-1)^2 = 20$; $(x - 19/4)^2 + (y + 13/2)^2 = 1.445/16$.
36. S.: $x^2 + y^2 + 2x - 8y - 33 = 0$.
37. S.: $2x^2 + 2y^2 - 20x - 16y + 41 = 0$.
38. S.: $x^2 + y^2 - x - 3y - 10 = 0$; $x^2 + y^2 - 7x + 3y + 2 = 0$.
39. S.: $x^2 + y^2 \; 8x + 6 = 0$; $9x^2 + 9y^2 + 88x - 106 = 0$.
40. S.: $x^2 + y^2 + 16x - 16y + 24 = 0$.
41. S.: $7x - y - 16 = 0$; $2\sqrt{2}$.
42. S.: $2\sqrt{69/3}$.
43. S.: $2x - 3y + 20 = 0$.
44. S.: $3x + 2y - 9 = 0$; $3x + 2y + 17 = 0$.

45. S.: $2x - y + 11 = 0$; $x + 2y - 12 = 0$.
46. S.: $2x + 3y - 21 = 0$.
47. S.: $x - y + 3 = 0$; $x - y + 11 = 0$.
48. S.: $x + 4y + 20 = 0$; $x + 4y - 14 = 0$.
49. S.: $6x + y - 32 = 0$; $x - 6y - 30 = 0$.
50. S.: $2x - 3y - 21 = 0$.

Las cónicas

46

Introducción histórica

Gérard Desargues (Lyon, 1591-Lyon, 1661). Matemático y arquitecto francés. Profesor de matemáticas en París. Fue el iniciador de la geometría proyectiva. Estableció la teoría de la involución sobre una recta, de la que se deduce el teorema que lleva su nombre para un haz puntual de cónicas y formuló el teorema sobre los triángulos homológicos que también lleva su nombre. Introdujo la idea de punto en el infinito de una recta, que hace posible identificar en términos proyectivos un cilindro con un cono de vértice en el infinito.

46.1 La parábola

El vértice de la parábola es el punto de esta línea más próximo a la directriz de la parábola.

La parábola, la elipse y la hipérbola se denominan secciones cónicas o simplemente cónicas.

Una parábola es el lugar geométrico de un punto que se mueve en un plano de tal manera que su distancia a una recta fija, situada en el plano, es siempre igual a su distancia a un punto fijo del plano que no pertenece a la recta.

El punto fijo se denomina foco y la recta fija directriz de la parábola. Tal como puede observarse en la figura 46-1, designemos por F y l el foco y la directriz de una parábola, respectivamente. La recta a que pasa por F y es perpendicular a l se denomina eje de la parábola. Sea A el punto de intersección del eje y la directriz. El punto V, punto medio del segmento AF está, por definición, sobre la parábola. Este punto se llama vértice de la parábola. El segmento de recta, tal como BB', que une dos puntos cualesquiera diferentes de la parábola se llama cuerda. En particular, una cuerda que pasa por el foco, como CC', se denomina cuerda focal. La cuerda focal LL' perpendicular

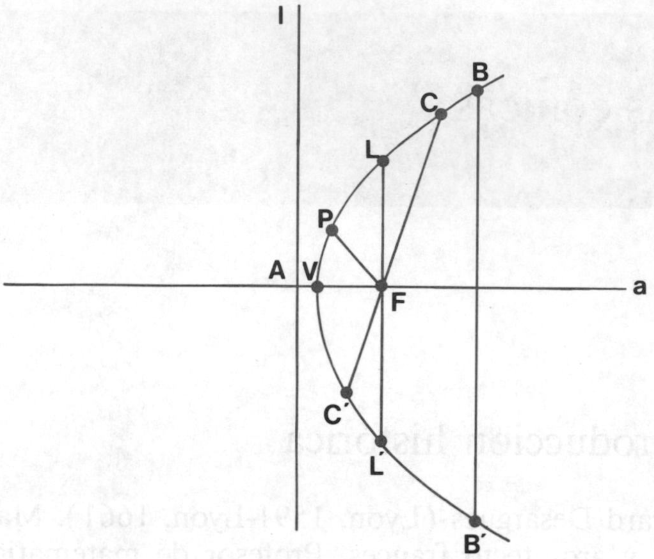

Fig. 46-1

La parábola cumple rigurosamente simetría respecto al eje.

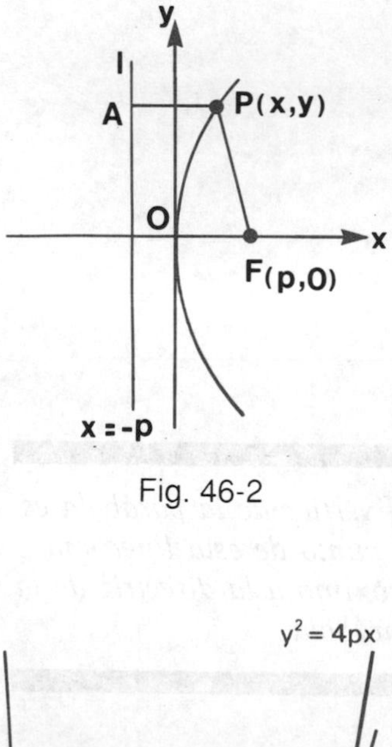

Fig. 46-2

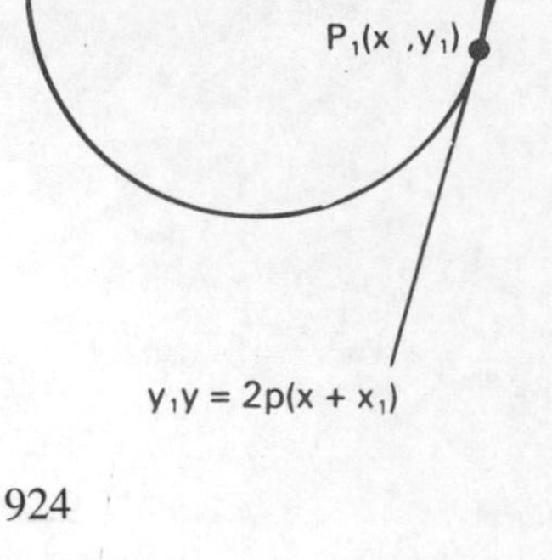

al eje se llama lado recto. Si P es un punto cualquiera de la parábola, la recta FP que une el foco F con el punto P se llama radio focal de P o radio vector.

46.2 Ecuaciones de la parábola

La ecuación de una parábola adopta su forma más simple cuando su vértice está en el origen y su eje coincide con uno de los ejes coordenados.

Tal como puede observarse en la figura 46-2, consideremos la parábola cuyo vértice está en el origen y cuyo eje coincide con el eje X. El foco F está sobre el eje X. Sean $(p,\ 0)$ sus coordenadas. Por definición de parábola, la ecuación de la directriz l es $x = -p$.

Sea $P(x,y)$ un punto cualquiera de la parábola. Tracemos por P el segmento PA perpendicular a l. Entonces, por la definición de parábola, el punto P debe satisfacer la condición

$$|\overline{FP}| = |\overline{PA}|$$

Ahora bien,

$$|\overline{FP}| = \sqrt{(x-p)^2 + y^2}$$

pero como

$$|\overline{PA}| = |x + p|$$

tendremos

$$\sqrt{(x-p)^2+y^2}=|x+p|$$

Elevando al cuadrado ambos miembros de esta última ecuación y simplificando, se obtiene $y^2=4px$

Recíprocamente, sea $P_1(x_1,y_1)$ un punto cualquiera cuyas coordenadas satisfagan la anterior ecuación. Tendremos:

$$y_1^2=4px_1$$

Si sumamos $(x_1-p)^2$ a ambos miembros de esta ecuación y extraemos la raíz cuadrada, obtenemos, para la raíz positiva

$$\sqrt{(x_1-p)^2+y_1^2}=|x_1+p|$$

Por consiguiente, P_1 está sobre la parábola.
Evidentemente, la parábola considerada pasa por el origen y no tiene ninguna otra intersección con los ejes coordenados. La única simetría que posee es con respecto al eje *X*. Despejando *y* de la ecuación tenemos

$$y=\pm\ 2\sqrt{px}$$

Por lo tanto, para valores de *y* reales y diferentes de cero, *p* y *x* deben ser del mismo signo. Así pues, podemos considerar dos casos: $p>0$ y $p<0$.

Si $p>0$, deben excluirse todos los valores negativos de *x*, y toda la curva se encuentra a la derecha del eje *Y*. Como no se excluye ningún valor positivo de *x*, y como *y* puede tomar todos los valores reales, se obtiene una curva abierta que se extiende indefinidamente hacia la derecha del eje *Y* y hacia arriba y abajo del eje *X*. En este caso se dice que la parábola se abre hacia la derecha.

Análogamente, si $p<0$, todos los valores positivos de *x* deben excluirse en la ecuación y toda la curva aparece a la izquierda del eje *Y*, tal como puede observarse en la figura 46-3. En este caso, se dice que la parábola se abre hacia la izquierda.
Hay dos puntos sobre la parábola que tienen abscisa igual a *p*, uno de ellos tiene la ordenada $2p$ y el otro la ordenada $-2p$. Como la abscisa del foco es *p*, la longitud del lado recto es igual al valor absoluto de $4p$.
Si el vértice de la parábola está en el origen y su eje coincide con el eje *Y*, se demuestra que la ecuación de la parábola es

$$x^2=4py$$

en donde el foco es el punto $(0,p)$.

En el eje de la parábola se encuentran el foco y el vértice.

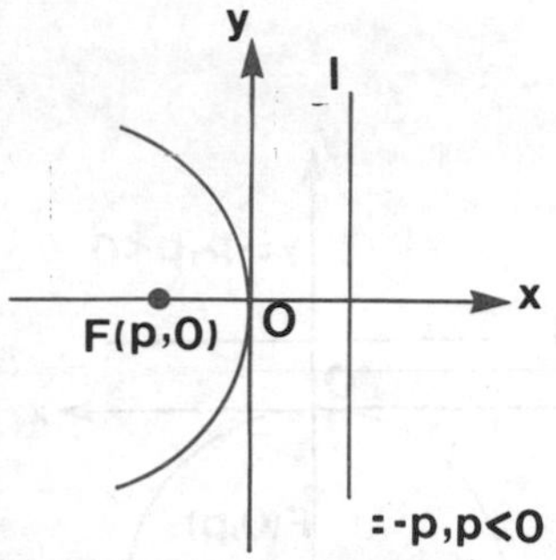

Fig. 46-3

La ecuación de la parábola, en su forma más simple, está referida a los ejes de coordenadas, siendo el vértice el punto 0 y el eje de la parábola el eje de coordenada.

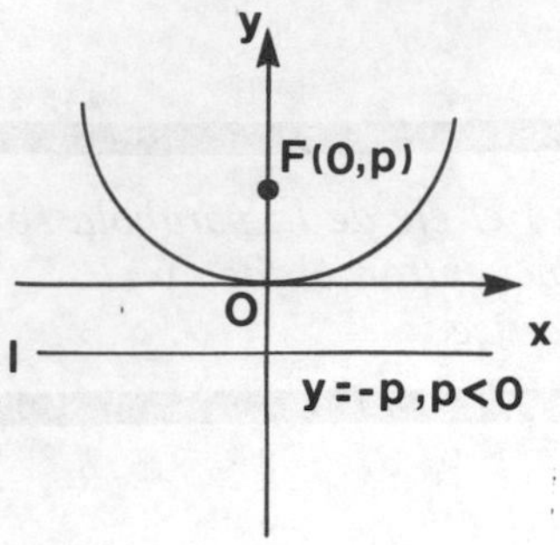

Fig. 46-4

Tal como puede observarse en la figura 46-4, si $p > 0$, la parábola se abre hacia arriba.

Si $p < 0$, la parábola se abre hacia abajo, tal como se observa en la figura 46-5.

Los resultados anteriores pueden resumirse del modo siguiente:

La ecuación de una parábola de vértice en el origen y eje *X*, es $y^2 = 4px$, en donde el foco es el punto $(p,0)$ y la ecuación de la directriz es $x = -p$.

Si $p > 0$, la parábola se abre hacia la derecha; si $p < 0$, la parábola se abre hacia la izquierda.

Si el eje de una parábola coincide con el eje *Y*, y el vértice está en el origen, su ecuación es $x^2 = 4py$, en donde el foco es el punto $(0,p)$, y la ecuación de la directriz es $y = -p$. Si $p > 0$, la parábola se abre hacia arriba; si $p < 0$, la parábola se abre hacia abajo.

En cada caso, la longitud del lado recto está dada por el valor absoluto de $4p$, que es el coeficiente del término de primer grado.

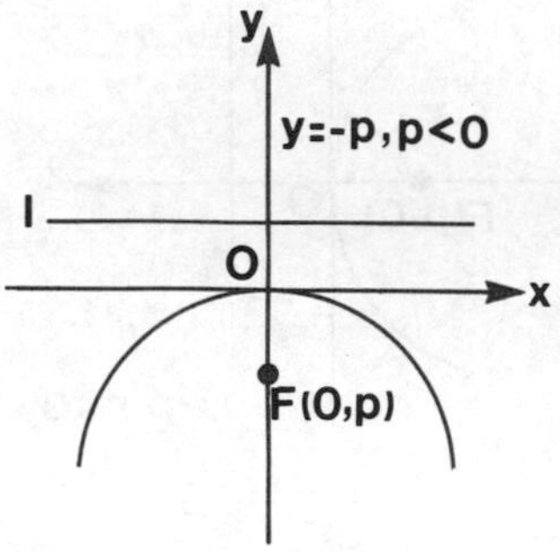

Fig. 46-5

Tal como puede observarse en la figura 46-6, consideremos la parábola cuyo vértice es el punto (h,k) y cuyo eje es paralelo al eje X.

Si los ejes coordenados se trasladan de modo que el nuevo origen 0′ coincida con el vértice (h,k), la ecuación de la parábola con respecto a los nuevos ejes X' e Y' vendrá dada por

$$y'^2 = 4px'$$

en donde las coordenadas del foco F son $(p,0)$ referido a los nuevos ejes. A partir de la ecuación de la parábola referida a los ejes originales X e Y se pueden obtener las ecuaciones

$$x' = x - h; \; y' = y - k$$

Sustituyendo estos valores de x' e y' en la ecuación anterior se obtiene

$$(y - k)^2 = 4p(x - h)$$

Análogamente, la parábola cuyo vértice es el punto (h, k) y cuyo eje es paralelo al eje Y tiene por ecuación

$$(x - h)^2 = 4p(y - k)$$

siendo $|p|$ la longitud de la porción del eje comprendida entre el foco y el vértice.

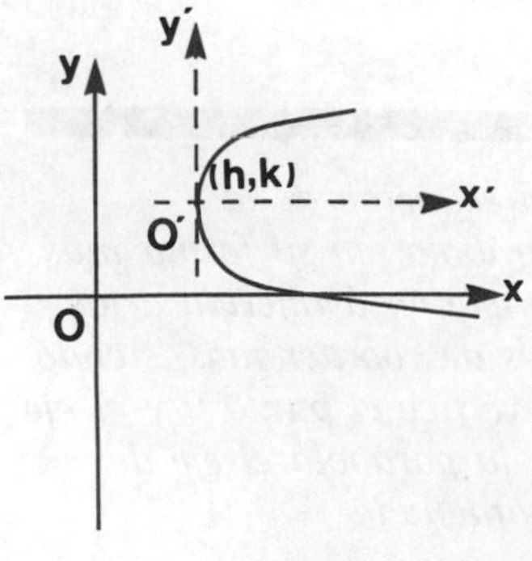

Fig. 46-6

Los resultados anteriores pueden resumirse del modo siguiente:

La ecuación de una parábola de vértice (h, k) y eje paralelo al eje X, es de la forma

$$(y-k)^2 = 4p(x-h)$$

siendo $|p|$ la longitud del segmento del eje comprendido entre el foco y el vértice.
Si $p > 0$, la parábola se abre hacia la derecha. Si $p < 0$, la parábola se abre hacia la izquierda.
Si el vértice es el punto (h,k) y el eje de la parábola es paralelo al eje Y, su ecuación es de la forma

$$(x-h)^2 = 4p(y-k)$$

Si $p > 0$, la parábola se abre hacia arriba. Si $p < 0$, la parábola se abre hacia abajo.

Cuando la parábola no coincide en su dirección y situación con los ejes de coordenadas la fórmula general se modifica fácilmente para referirse en cualquier posición del plano.

Si desarrollamos y trasponemos términos en la ecuación

$$(y-k)^2 = 4p\ (x-h)$$

se obtiene

$$y^2 - 4px - 2ky + k^2 + 4ph = 0$$

que puede escribirse del modo siguiente

$$y^2 + a_1x + a_2y + a_3 = 0$$

en donde $a_1 = -4p$, $a_2 = -2k$ y $a_3 = k^2 + 4ph$.

Recíprocamente, completando el cuadrado en y, se puede demostrar que una ecuación como la anterior representa una parábola cuyo eje es paralelo al eje X.
Si $a_1 = 0$, la ecuación toma la forma

$$y^2 + a_2y + a_3 = 0,$$

que es una ecuación cuadrática en la única variable y. Si las raíces r_1 y r_2 de la ecuación anterior son reales y distintas, la ecuación puede escribirse en la forma

$$(y - r_1)\ (y - r_2) = 0$$

y el lugar geométrico correspondiente consta de dos rectas distintas, $y = r_1$ e $y = r_2$, ambas paralelas al eje X.
Si las raíces r_1 y r_2 son reales e iguales, el lugar geométrico correspondiente consta de dos rectas coincidentes representadas geométri-

En un punto de la parábola sólo pasa una sola línea recta que denominamos tangente.

camente por una sola recta paralela al eje X. Por último, si las raíces r_1 y r_2 son complejas, no existe ningún lugar geométrico. Los resultados anteriores pueden resumirse del modo siguiente:

Dado un punto conocido de una parábola conocida es posible determinar la tangente que pasa por dicho punto.

Una ecuación de segundo grado en las variables x e y que carezca de término en xy puede escribirse en la forma

$$Ax^2 + Cy^2 + Dx + Ey + F = 0$$

Si $A = 0$, $C \neq 0$ y $D \neq 0$, la ecuación representa una parábola cuyo eje es paralelo o coincide con el eje X. Si, en cambio, $D = 0$, la ecuación representa dos rectas diferentes paralelas al eje X, dos rectas coincidentes paralelas al eje X, o ningún lugar geométrico, según que las raíces de $Cy^2 + Ey + F = 0$ sean reales y desiguales, reales e iguales o complejas.
Si $A \neq 0$, $C = 0$ y $E \neq 0$, la ecuación representa una parábola cuyo eje es paralelo a o coincide con el eje Y. Si, en cambio, $E = 0$, la ecuación representa dos rectas diferentes paralelas al eje Y o ningún lugar geométrico, según que las raíces de $Ax^2 + Dx + F = 0$ sean reales y desiguales, reales e iguales o complejas.

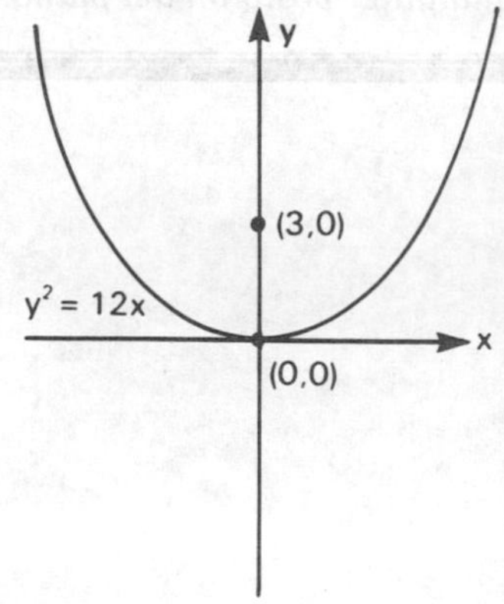

46.3 Ecuación de la tangente a una parábola

Como la ecuación de la parábola es de segundo grado, consideraremos los tres casos siguientes:

a) Tangente en un punto de contacto dado.
b) Tangente con una pendiente dada.
c) Tangente trazada desde un punto exterior.

Conocida la pendiente de la tangente de una parábola dada es posible conocer el punto único de contacto.

a) *Tangente en un punto de contacto dado.*

Vamos a determinar la ecuación de la tangente a la parábola

$$y^2 = 4px$$

en un punto cualquiera $P_1(x_1,y_1)$ de la parábola.
La ecuación de la tangente buscada es de la forma

$$y - y_1 = m(x - x_1)$$

en donde debe determinarse la pendiente m. Si el valor de y obtenido en la ecuación precedente se sustituye en la primera ecuación, tendremos

$$(y_1 + mx - mx_1)^2 = 4px$$

que se reduce a

$$m^2x^2 + (2my_1 - 2m^2x_1 - 4p)x + (y_1^2 + m^2x_1^2 - 2mx_1y_1) = 0$$

Por la condición de tangencia, el discriminante de esta última ecuación debe anularse, y por lo tanto se tiene

$$(2my_1 - 2m^2x_1 - 4p)^2 - 4m^2(y_1^2 + m^2x_1^2 - 2mx_1y_1) = 0$$

que se reduce a

$$x_1m^2 - y_1m + p = 0$$

de donde,

$$m = \frac{y_1 \pm \sqrt{y_1^2 - 4px_1}}{2x_1}$$

Pero como $P_1(x_1,y_1)$ está situado sobre la parábola, tenemos

$$y_1^2 = 4px_1$$

de donde

$$m = y_1/2x_1$$

Si sustituimos este valor de m, se obtiene después de simplificar y ordenar los términos

$$2x_1y = y_1(x + x_1)$$

Pero como $2x_1 = y_1^2/2p$, si se sustituye este valor en la última ecuación, se obtiene la forma más común de la ecuación de la tangente:

$$y_1y = 2p(x + x_1)$$

La ecuación anterior nos permite deducir el siguiente resultado: La tangente a la parábola $y^2 = 4px$ en cualquier punto $P_1(x_1,y_1)$ de la curva tiene por ecuación

$$y_1y = 2p(x + x_1)$$

b) *Tangente con una pendiente dada.*

Consideremos el problema general de determinar la ecuación de la tangente de pendiente m a la parábola anterior.
La ecuación buscada es del tipo

$$y = mx + k$$

En una parábola la condición de tangencia viene dada por la fórmula $(2\,mk - 4\,p)^2 - 4\,k^2m^2 = 0$. Desde un punto exterior a una parábola se pueden trazar n *rectas tangentes.*

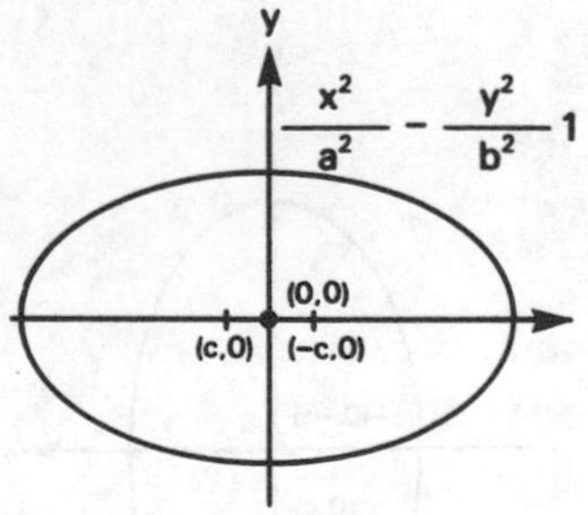

en donde k es una constante cuyo valor debe determinarse. Si sustituimos el valor de y en la ecuación de la parábola, se obtiene

$$(mx+k)^2=4px$$

es decir,

$$m^2x^2+(2mk-4p)x+k^2=0$$

La condición de tangencia es

$$(2mk-4p)^2-4k^2m^2=0$$

de donde $k=p/m$.
Sustituyendo este valor se obtiene la ecuación buscada

$$y=mx+p/m,\ m\neq 0$$

Esta ecuación nos permite deducir el siguiente resultado:

La tangente de pendiente m a la parábola $y^2=4px$ tiene por ecuación $y=mx+p/m,\ m\neq 0$.

La función cuadrática o trinomio de segundo grado se representa por una parábola cuyo eje coincide o es paralelo con el eje de abscisas.

c) *Tangente trazada desde un punto exterior.*

Para estudiar este caso resolveremos el siguiente problema.

Ejemplo

Hallar las ecuaciones de las tangentes trazadas desde el punto (2,–4) a la parábola $x^2-6x-4y+17=0$.

Solución: La ecuación de la familia de rectas que pasan por el punto (2,–4) es

$$y+4=m(x-2)$$

en donde el parámetro m es la pendiente de la tangente buscada.
Reordenando la ecuación tenemos

$$y=mx-2m-4$$

Sustituyendo este valor en la ecuación de la parábola se obtiene

$$x^2-6x-4(mx-2m-4)+17=0$$

La ecuación anterior se reduce a

$$x^2-(4m+6)x+(8m+33)=0$$

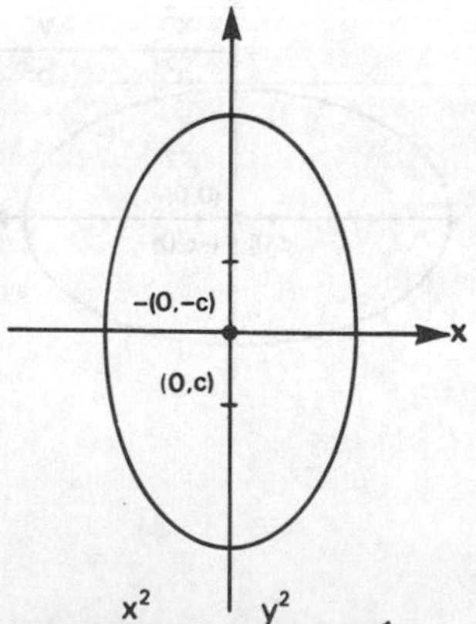

$$\frac{x^2}{b^2}+\frac{y^2}{a^2}=1$$

Por la condición de tangencia

$$(4m+6)^2-4(8m+33)=0$$

Resolviendo esta última ecuación se obtiene $m=2; -3$.
Por consiguiente, las ecuaciones de las tangentes buscadas son

$$y+4=2(x-2);\ y+4=-3(x-2)$$

es decir,

$$2x-y-8=0;\ 3x+y-2=0$$

46.4 La elipse

Una elipse es el lugar geométrico de un punto que se mueve en un plano de modo que la suma de sus distancias a dos puntos fijos de ese plano es siempre igual a una constante, mayor que la distancia entre los dos puntos.
Los dos puntos fijos se denominan focos de la elipse. Tal como puede observarse en la figura 46-7, sean F y F' los focos de una elipse. La recta r que pasa por los focos recibe el nombre de eje focal.
El eje focal corta a la elipse en dos puntos, V y V', que se denominan vértices. La porción del eje focal comprendida entre los vértices, es decir, el segmento VV', se llama eje mayor. El punto C del eje focal, punto medio del segmento que une los focos, se denomina centro. La recta r' que pasa por C y es perpendicular al eje focal r recibe el nombre de eje normal. El eje normal r' corta a la elipse en dos puntos, A y A', y el segmento AA' se denomina eje menor. Un segmento como BB' que une dos puntos diferentes cualesquiera de la elipse, se

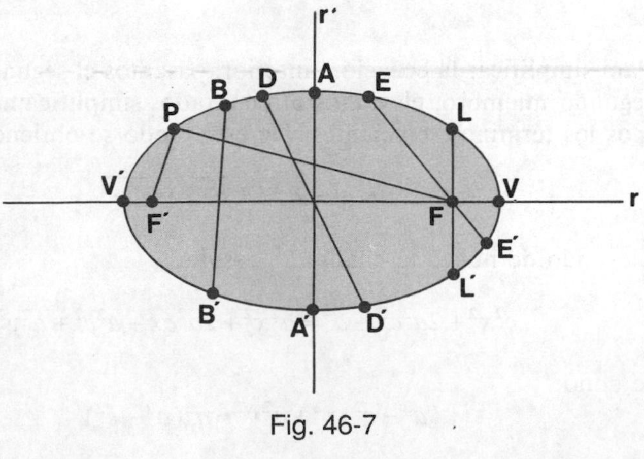

Fig. 46-7

Se conoce como diámetro de la elipse a toda recta que una dos puntos de la curva y que pase por el centro.

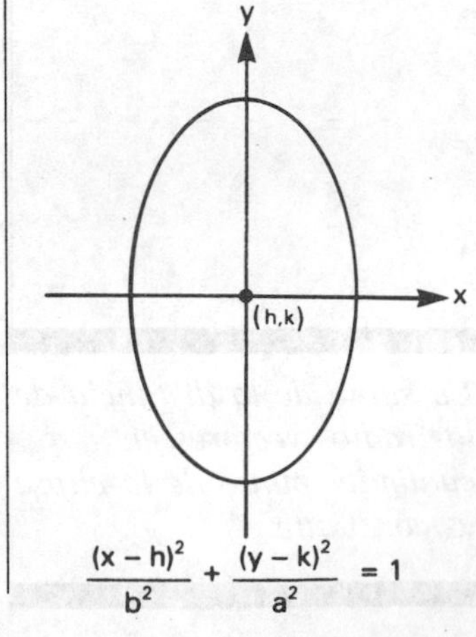

$$\frac{(x-h)^2}{b^2}+\frac{(y-k)^2}{a^2}=1$$

Las rectas que unen los focos con un punto determinado de la elipse se denominan radios vectores.

llama cuerda. Una cuerda que pasa por uno de los focos se denomina cuerda focal. Una cuerda focal, tal como LL', perpendicular al eje focal r, se llama lado recto. Como la elipse tiene dos focos, tiene también dos lados rectos. Una cuerda que pasa por C, tal como DD', se denomina diámetro. Si P es un punto cualquiera de la elipse, los segmentos FP y $F'P$ que unen los focos con el punto P se llaman radios vectores de P.

46.5 Ecuaciones de la elipse

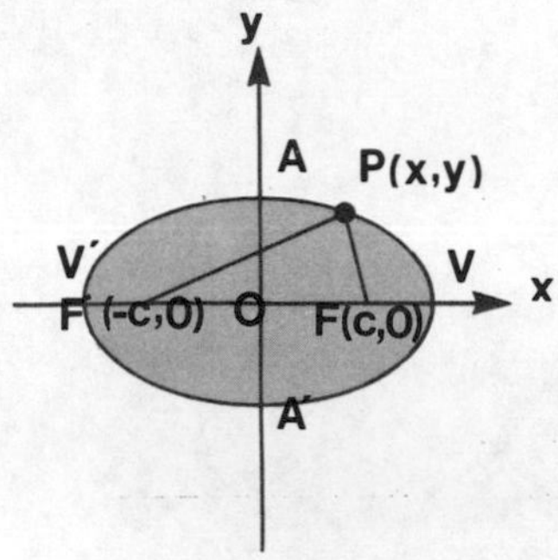

Fig. 46-8

Tal como puede observarse en la figura 46-8, consideremos la elipse de centro en el origen y cuyo eje focal coincide con el eje X.

Los focos F y F' están sobre el eje X. Como el centro 0 es el punto medio del segmento FF', las coordenadas de F y F' serán $(c,0)$ y $(-c,0)$, respectivamente, siendo c una constante positiva.

Sea $P(x,y)$ un punto cualquiera de la elipse. El punto P debe satisfacer la ecuación

$$|\overline{FP}| + |\overline{F'P}| = 2a$$

siendo a una constante positiva mayor que c.

Ahora bien,

$$|\overline{FP}| = \sqrt{(x-c)^2 + y^2}$$

$$|\overline{F'P}| = \sqrt{(x+c)^2 + y^2}$$

de modo que la condición geométrica queda expresada analíticamente por la ecuación

$$\sqrt{(x-c)^2 + y^2} + \sqrt{(x+c)^2 + y^2} = 2a$$

Para simplificar la ecuación anterior, pasamos el segundo radical al segundo miembro, elevamos al cuadrado, simplificamos y agrupamos los términos semejantes. De este modo se obtiene

$$cx + a^2 = a\sqrt{(x+c)^2 + y^2}$$

La suma de la distancia de los radios vectores en cualquier punto de la elipse es constante.

Elevando de nuevo al cuadrado, resulta

$$c^2x^2 + 2a^2cx + a^4 = a^2x^2 + 2a^2cx + a^2c^2 + a^2y^2$$

de donde

$$(a^2 - c^2)x^2 + a^2y^2 = a^2(a^2 - c^2)$$

Como $2a > 2c$ se cumple que $a^2 > c^2$ y, por lo tanto, $a^2 - c^2$ es un número positivo que puede ser reemplazado por el número positivo b^2, es decir,

$$b^2 = a^2 - c^2$$

Sustituyendo $a^2 - c^2$ por b^2, se obtiene

$$b^2x^2 + a^2y^2 = a^2b^2$$

Dividiendo por a^2b^2 resulta

$$x^2/a^2 + y^2/b^2 = 1$$

Recíprocamente, sea $P_1(x_1,y_1)$ un punto cualquiera cuyas coordenadas satisfacen la ecuación anterior. Se demuestra fácilmente que la ecuación anterior conduce a la relación

$$\sqrt{(x_1 - c)^2 + y_1^2} + \sqrt{(x_1 + c)^2 + y_1^2} = 2a$$

que es la expresión analítica de la condición geométrica aplicada al punto P_1. Por consiguiente, P_1 está sobre la elipse cuya ecuación hemos obtenido anteriormente.

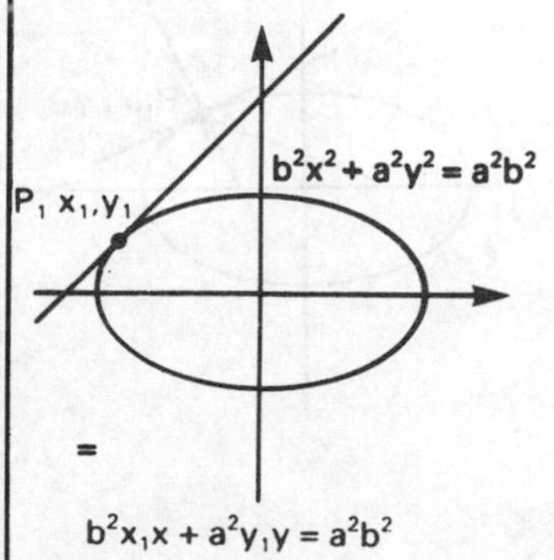

Por ser a y $-a$ las intersecciones con el eje X, las coordenadas de los vértices V y V' son $(a, 0)$ y $(-a, 0)$, respectivamente, y la longitud del eje mayor es igual a $2a$.
Las intersecciones con el eje Y son b y $-b$.

La elipse guarda relación de simetría respecto de sus ejes mayor y menor.

Por lo tanto, las coordenadas de los extremos A y A' del eje menor son $(0,b)$ y $(0,-b)$, respectivamente, y la longitud del eje menor es igual a $2b$.
Así pues, la elipse es simétrica con respecto a ambos ejes coordenados y al origen.
Despejando y en la ecuación de la elipse se obtiene

$$y = \pm\, b/a \sqrt{a^2 - x^2}$$

Por consiguiente, se obtienen valores reales de y tan sólo para valores de x del intervalo

$$-a \leqq x \leqq a$$

La elipse no tiene asíntotas verticales ni horizontales.

Despejando x de la ecuación de la elipse se obtiene

$$x = \pm\, \text{a/b} \sqrt{b^2 - y^2}$$

de manera que se obtienen valores reales de x, únicamente para valores de y comprendidos en el intervalo

$$-b \leqq y \leqq b$$

De los resultados anteriores se deduce que la elipse está limitada por el rectángulo cuyos lados son las rectas $x = \pm a$, $y = \pm b$. Por lo tanto, la elipse es una curva cerrada y, evidentemente, no tiene asíntotas verticales ni horizontales.

La abscisa del foco F es c. Si sustituimos x por este valor se obtienen las coordenadas correspondientes que son

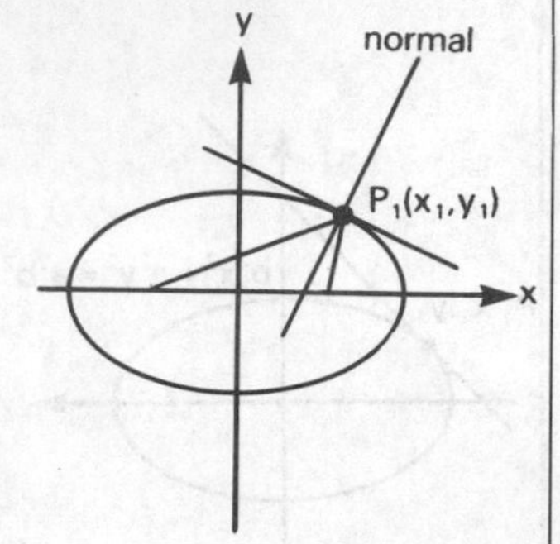

$$y = \pm \text{b/a} \sqrt{a^2 - c^2}$$

de donde,

$$y = \pm b^2/a$$

Por lo tanto, la longitud del lado recto para el foco F es $2b^2/a$. Análogamente, la longitud del lado recto para el foco F' es $2b^2/a$.

Se define la excentricidad de una elipse como la razón c/a y se suele representar por la letra e. Así pues,

$$e = c/a = \frac{\sqrt{a^2 - b^2}}{a}$$

Como $c < a$, la excentricidad de una elipse es menor que la unidad.

La excentricidad de una elipse, que se representa por e *en la razón* r/a *y siempre es menor que 1.*

Consideremos ahora el caso en que el centro de la elipse está en el origen, pero su eje focal coincide con el eje Y. Las coordenadas de los focos son entonces $(0,c)$ y $(0,-c)$. En este caso, la ecuación de la elipse es

$$x^2/b^2 + y^2/a^2 = 1$$

en donde a es la longitud del semieje mayor, b la longitud del semieje menor y $a^2 = b^2 + c^2$.

Los resultados anteriores pueden resumirse del modo siguiente:

La ecuación de la elipse puede expresarse de la forma siguiente: $Ax^2 + Cy^2 + Dx + Ey + F = 0$.

La ecuación de una elipse de centro en el origen, eje focal el eje X, distancia focal igual a $2c$ y cantidad constante igual a $2a$ es

$$x^2/a^2 + y^2/b^2 = 1$$

Si el eje focal de la elipse coincide con el eje Y, de modo que las coordenadas de los focos sean $(0,c)$ y $(0,-c)$, la ecuación de la elipse es

$$x^2/b^2 + y^2/a^2 = 1$$

Para cada elipse, a es la longitud del semieje mayor, b la del semieje menor, y a, b y c están relacionados por la expresión

$$a^2 = b^2 + c^2$$

También, para cada elipse, la longitud de cada lado recto es $2b^2/a$ y la excentricidad e viene dada por la fórmula

$$e = c/a = \frac{\sqrt{a^2 - b^2}}{a} < 1$$

Consideremos la elipse cuyo centro está en el punto (h,k) y cuyo eje focal es paralelo al eje X, tal como puede observarse en la figura 46-9.

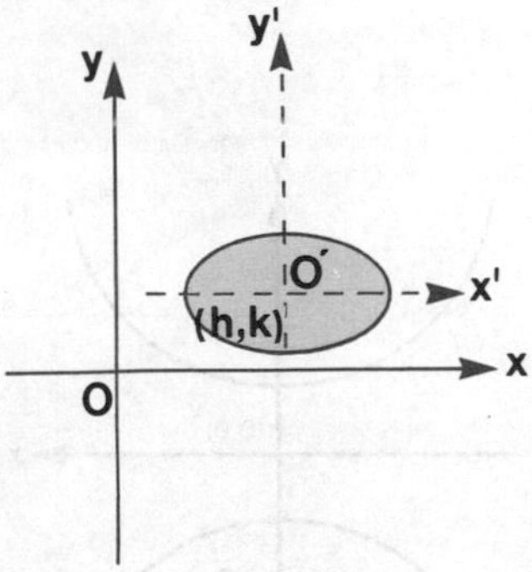

Fig. 46-9

Sean $2a$ y $2b$ las longitudes de los ejes mayor y menor de la elipse, respectivamente. Si se trasladan los ejes coordenados de manera que el nuevo origen $0'$ coincida con el centro (h,k) de la elipse, la ecuación de la elipse referida a los nuevos ejes X' e Y' vendrá dada por

$$x'^2/a^2 + y'^2/b^2 = 1$$

A partir de esta ecuación puede deducirse la ecuación de la elipse referida a los ejes originales X e Y usando las ecuaciones

$$x' = x - h\,;\; y' = y - k$$

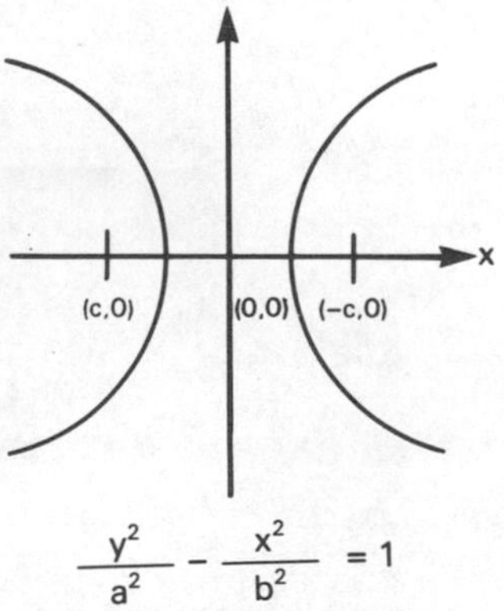

Sustituyendo estos valores de x' e y' en la ecuación de la elipse, se obtiene

$$\frac{(x-h)^2}{a^2} + \frac{(y-k)^2}{b^2} = 1$$

que es la ecuación de la elipse referida a los ejes originales X e Y.

Análogamente, puede demostrarse que la elipse cuyo centro es el punto (h,k) y cuyo eje focal es paralelo al eje Y tiene por ecuación

$$\frac{(x-h)^2}{b^2} + \frac{(y-k)^2}{a^2} = 1$$

Los resultados anteriores pueden resumirse del modo siguiente:

La ecuación de la elipse de centro el punto (h,k) y eje focal paralelo al eje X, viene dada por la expresión

En cada punto de la elipse pasa una única tangente.

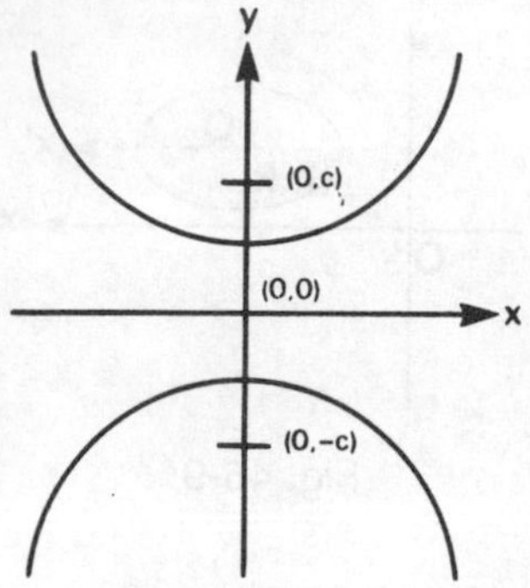

$$\frac{y^2}{a^2} - \frac{x^2}{b^2} = 1$$

La bisectriz del ángulo que forman los dos radios vectores es perpendicular a la tangente de la elipse.

$$\frac{(x-h)^2}{a^2} + \frac{(y-k)^2}{b^2} = 1$$

Si el eje focal es paralelo al eje *Y*, su ecuación viene dada por la expresión

$$\frac{(x-h)^2}{b^2} + \frac{(y-k)^2}{a^2} = 1$$

Para cada elipse, *a* es la longitud del semieje mayor, *b* es la del semieje menor, *c* es la distancia del centro a cada foco, y *a, b* y *c* están ligadas por la relación $a^2 = b^2 + c^2$.
También, para cada elipse, la longitud de cada uno de sus lados rectos es $2b^2/a$ y la excentricidad *e* viene dada por la expresión

$$e = c/a = \frac{\sqrt{a^2 - b^2}}{a} < 1$$

Consideremos la ecuación de la elipse en la forma

$$\frac{(x-h)^2}{a^2} + \frac{(y-k)^2}{b^2} = 1$$

Quitando denominadores, desarrollando, trasponiendo términos y ordenando se obtiene

$$b^2x^2 + a^2y^2 - 2b^2hx - 2a^2ky + b^2h^2 + a^2k^2 - a^2b^2 = 0$$

que puede escribirse de la forma

$$Ax^2 + Cy^2 + Dx + Ey + F = 0$$

en donde

$$A = b^2,\ C = a^2,\ D = -2b^2h,\ E = -2a^2k,\ F = b^2h^2 + a^2k^2 - a^2b^2$$

Obviamente, los coeficientes A y C deben tener el mismo signo.

Recíprocamente, consideremos una ecuación de la forma anterior y reduzcámosla a la forma ordinaria completando cuadrados. Se obtiene

$$\frac{\left(x + \frac{D}{2A}\right)^2}{C} + \frac{\left(y + \frac{E}{2C}\right)^2}{A} = \frac{CD^2 + AE^2 - 4ACF}{4A^2C^2}$$

Sea $M = \dfrac{CD^2 + AE^2 - 4ACF}{4A^2C^2}$

Si tomamos un valor $M \neq 0$, la ecuación anterior puede escribirse del modo siguiente

$$\frac{\left(x+\dfrac{D}{2A}\right)^2}{MC}+\frac{\left(y+\dfrac{E}{2C}\right)^2}{MA}=1$$

que es la ecuación ordinaria de la elipse.

Los resultados que hemos ido obteniendo pueden resumirse del modo siguiente:

Si los coeficientes A y C son del mismo signo, la ecuación $Ax^2 + Cy^2 + Dx + Ey + F = 0$ representa una elipse de ejes paralelos a los coordenados, o bien un punto o no representa ningún lugar geométrico real.

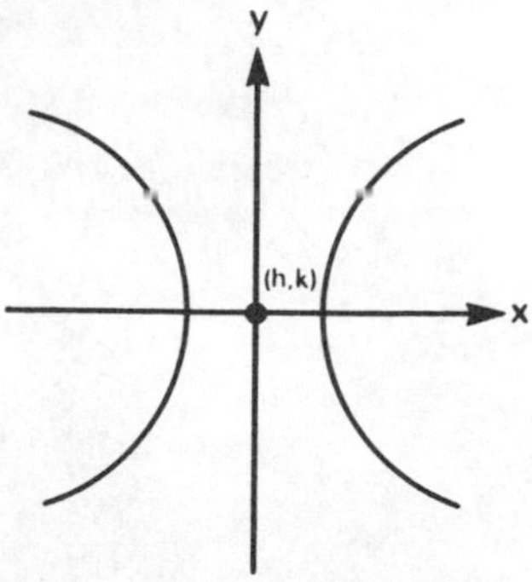

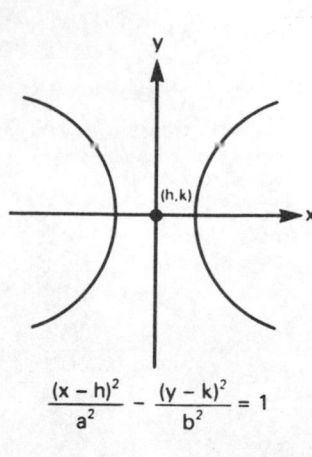

$$\frac{(x-h)^2}{a^2}-\frac{(y-k)^2}{b^2}=1$$

En la hipérbola, los radios vectores iguales que pueden trazarse en cada punto desde los focos son dos.

46.6 Propiedades de la elipse

a) La tangente a la elipse $b^2x^2 + a^2y^2 = a^2b^2$ en cualquier punto $P_1(x_1, y_1)$ de la curva tiene por ecuación

$$b^2x_1x + a^2y_1y = a^2b^2$$

b) Las ecuaciones de las tangentes de pendiente m a la elipse $b^2x^2 + a^2y^2 = a^2b^2$ son

$$y = mx \pm \sqrt{a^2m^2 + b^2}$$

c) La normal a una elipse en uno cualquiera de sus puntos es bisectriz del ángulo formado por los radios vectores de ese punto.

46.7 La hipérbola

Una hipérbola es el lugar geométrico de un punto que se mueve en un plano de modo que el valor absoluto de la diferencia de sus distancias a dos puntos fijos del plano, llamados focos, es siempre igual a una cantidad constante, positiva y menor que la distancia entre los focos.

Tal como puede observarse en la figura 46-10, los focos se designan por F y F'. La recta r que pasa por los focos recibe el nombre de eje focal. El eje focal corta a la hipérbola en dos puntos, V y V', denominados vértices. La porción del eje focal comprendido entre los vérti-

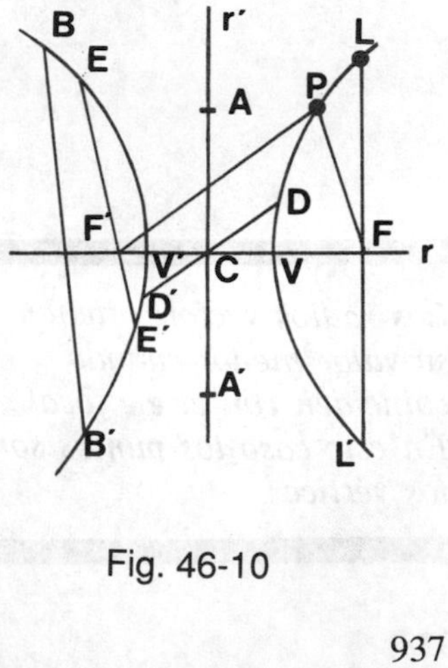

Fig. 46-10

ces, el segmento VV', se llama eje transverso. El punto medio C del eje transverso se denomina centro. La recta r' que pasa por C y es perpendicular al eje focal r recibe el nombre de eje normal. El eje normal r' no corta a la hipérbola. La porción del eje normal, el segmento AA', que tiene C por punto medio, se denomina eje conjugado. El segmento que une dos puntos distintos cualesquiera de la hipérbola se llama cuerda. Una cuerda que pasa por un foco, tal como EE', recibe el nombre de cuerda focal. Una cuerda focal, como LL', perpendicular al eje focal r, se denomina lado recto. Evidentemente, la hipérbola tiene dos lados rectos. Una cuerda que pasa por C, tal como DD', se llama diámetro. Si P es un punto cualquiera de la hipérbola, los segmentos FP y $F'P$ que unen los focos con el punto P se denominan radios vectores de P.

46.8 Ecuaciones de la hipérbola

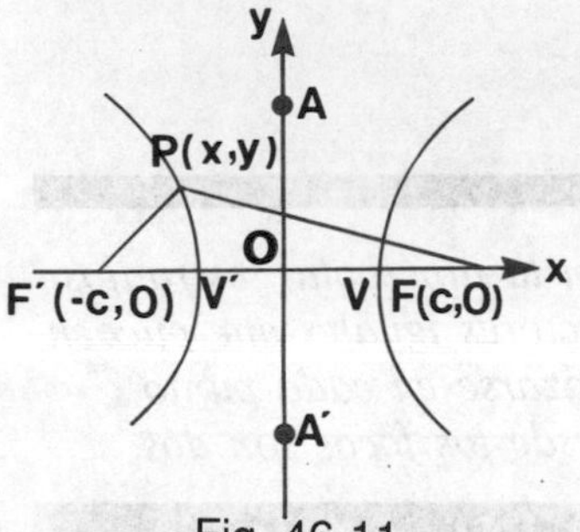

Fig. 46-11

Tal como puede observarse en la figura 46-11, consideremos la hipérbola de centro en el origen y cuyo eje focal coincide con el eje X.

Los focos F y F' están situados sobre el eje X. Como el punto 0 es el punto medio del segmento FF', las coordenadas de F y F' serán, respectivamente, $(c,0)$ y $(-c,0)$ siendo c una constante positiva.

Sea $P(x,y)$ un punto cualquiera de la hipérbola. Por la definición de hipérbola, el punto P debe satisfacer la condición

$$||\overline{FP}| - |\overline{F'P}|| = 2a$$

en donde a es una constante positiva y $2a < 2c$. La condición geométrica es equivalente a las dos relaciones

$$|\overline{FP}| - |\overline{F'P}| = 2a$$
$$|\overline{FP}| - |\overline{F'P}| = -2a$$

La primera de estas relaciones se verifica cuando P está sobre la rama izquierda de la hipérbola. La segunda relación se verifica cuando P está sobre la rama derecha.

Ahora bien,

$$|\overline{FP}| = \sqrt{(x-c)^2 + y^2}$$

$$|\overline{F'P}| = \sqrt{(x+c)^2 + y^2}$$

de modo que la condición geométrica queda expresada analíticamente por

$$\sqrt{(x-c)^2+y^2} - \sqrt{(x+c)^2+y^2} = 2a$$
$$\sqrt{(x-c)^2+y^2} - \sqrt{(x+c)^2+y^2} = -2a$$

Los radios vectores tienen su valor menor cuando coinciden con el eje focal. En este caso los puntos son los vértices.

Las ecuaciones precedentes se reducen a

$$(c^2 - a^2)x^2 - a^2y^2 = a^2(c^2 - a^2)$$

Puesto que $c > a$, $c^2 - a^2$ es un número positivo que podemos designar por b^2. Por consiguiente, sustituyendo en la ecuación anterior la relación

$$b^2 = c^2 - a^2$$

se obtiene

$$b^2x^2 - a^2y^2 = a^2b^2$$

que puede escribirse en la forma

$$x^2/a^2 - y^2/b^2 = 1$$

Recíprocamente, puede demostrarse que si $P_1(x_1,y_1)$ es un punto cualquiera cuyas coordenadas satisfacen la ecuación anterior, entonces P_1 está sobre la hipérbola. Así pues, la última ecuación es la ecuación de la hipérbola.
Las intersecciones de la hipérbola considerada con el eje X son a y $-a$. Por consiguiente, las coordenadas de los vértices V y V' son $(a,0)$ y $(-a,0)$, respectivamente, y la longitud del eje transverso es igual a $2a$. Aunque no hay intersecciones con el eje Y, se toman como extremos del eje conjugado los puntos $A(0,b)$ y $A'(0,-b)$. Por lo tanto, la longitud del eje conjugado es igual a $2b$.
La hipérbola es simétrica respecto a ambos ejes coordenados y al origen. Así pues, despejando y de la ecuación de la hipérbola, resulta

$$y = \pm \frac{b}{a}\sqrt{x^2 - a^2}$$

Por consiguiente, para que los valores de y sean reales, x está restringida dentro de los intervalos $x \geqq a$ y $x \leqq -a$. Así pues, ninguna porción de la hipérbola aparece en la región comprendida entre las rectas $x = a$ y $x = -a$.

Despejando x de la ecuación de la hipérbola se obtiene

$$x = \pm \frac{a}{b}\sqrt{y^2 + b^2}$$

de la cual se deduce inmediatamente que x es real para todos los valores reales de y.
Las ecuaciones precedentes indican que la hipérbola no es una curva cerrada, sino que consta de dos ramas diferentes, una de las cuales se extiende indefinidamente hacia la derecha, arriba y abajo del eje X, y la otra se extiende indefinidamente hacia la izquierda y por arriba y abajo del eje X.

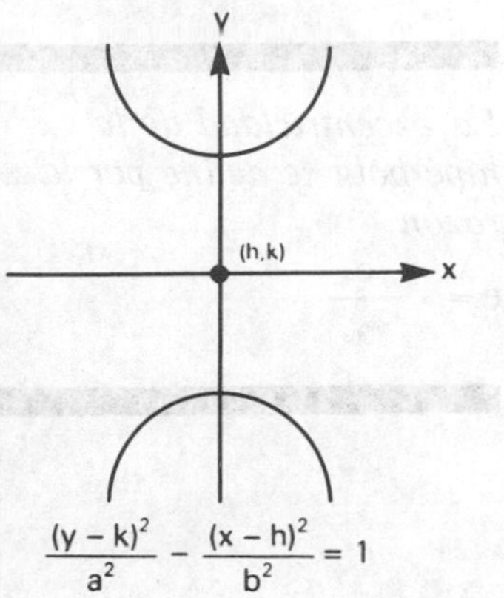

Los radios vectores aumentan de forma constante en cada punto de la hipérbola.

La hipérbola no es una línea cerrada y se extiende hasta el infinito.

La hipérbola considerada no tiene asíntotas verticales ni horizontales, aunque posteriormente demostraremos que tiene dos asíntotas oblicuas.
La longitud de cada lado recto de la hipérbola es $2b^2/a$. La excentricidad e de una hipérbola está definida por la razón c/a. Así pues,

$$e = c/a = \frac{\sqrt{a^2 + b^2}}{a}$$

La excentricidad de la hipérbola se define por la razón

$$e = \frac{c}{a}$$

Como $c > a$, la excentricidad de una hipérbola es mayor que la unidad. Si el centro de la hipérbola está en el origen pero su eje focal coincide con el eje Y, se demuestra análogamente, que la ecuación se la hipérbola es

$$y^2/a^2 - x^2/b^2 = 1$$

Los resultados anteriores pueden resumirse del modo siguiente:

La ecuación de la hipérbola de centro en el origen, eje focal coincidente con el eje X, y focos los puntos $(c,0)$ y $(-c,0)$ es

$$x^2/a^2 - y^2/b^2 = 1$$

Si el eje focal coincide con el eje Y, de manera que las coordenadas de los focos sean $(0,c)$ y $(0,-c)$, entonces la ecuación es

$$y^2/a^2 - x^2/b^2 = 1$$

Para cada hipérbola, a es la longitud del semieje transverso, b la del semieje conjugado, c la distancia del centro a cada foco, y a, b y c están ligados por la relación

$$c^2 = a^2 + b^2$$

Para cada hipérbola, la longitud de cada uno de los lados rectos es $2b^2/a$, y la excentricidad e está dada por la relación

$$e = c/a = \frac{\sqrt{a^2 + b^2}}{a} > 1$$

Llamamos asíntota a la recta que se acerca progresivamente a la hipérbola en puntos de esa curva cada vez más alejados del vértice. Esta recta no llega a tener nunca contacto aunque se acerca infinitesimalmente.

Si el centro de una hipérbola no está en el origen, pero sus ejes son paralelos a los ejes coordenados, se obtiene el siguiente resultado:

Una hipérbola se llama equilátera cuando los ejes transverso y conjugado son de la misma longitud.

La ecuación de una hipérbola de centro el punto (h,k) y eje focal paralelo al eje X, es de la forma

$$\frac{(x-h)^2}{a^2} - \frac{(y-k)^2}{b^2} = 1$$

Si el eje focal es paralelo al eje Y, su ecuación es

$$\frac{(y-k)^2}{a^2} - \frac{(x-h)^2}{b^2} = 1$$

Para cada hipérbola, a es la longitud del semieje transverso, b la del semieje conjugado, c la distancia del centro a cada foco, y a, b y c están ligados por la relación

$$c^2 = a^2 + b^2$$

Para cada hipérbola, la longitud de cada lado recto es $2b^2/a$, y la excentricidad e viene dada por la relación

$$e = c/a = \frac{\sqrt{a^2+b^2}}{a} > 1$$

De la discusión de la ecuación de la hipérbola nos resulta:

Si los coeficientes A y C difieren en el signo, la ecuación $Ax^2 + Cy^2 + Dx + Ey + F = 0$, representa una hipérbola de ejes paralelos a los coordenados o un par de rectas que se cortan.

Las asíntotas de una hipérbola son dos.

46.9 Asíntotas de la hipérbola

Si en la ecuación de la hipérbola $b^2x^2 - a^2y^2 = a^2b^2$ despejamos y, se obtiene

$$y = \pm \frac{b}{a}\sqrt{x^2 - a^2}$$

que puede escribirse del modo siguiente

$$y = \pm \frac{bx}{a}\sqrt{1 - a^2/x^2}$$

Si un punto de la hipérbola se mueve a lo largo de la curva, de manera que su abscisa x aumente ilimitadamente, el radical del segundo miembro de la ecuación anterior se aproxima cada vez más a la unidad y la ecuación tiende a la forma

$$y = \pm\, bx/a$$

Como la ecuación anterior representa las rectas $y = bx/a$ y $y = -bx/a$, la hipérbola es asíntota a estas dos rectas.
Los resultados anteriores pueden resumirse del modo siguiente:

En una hipérbola equilátera las asíntotas son perpendiculares.

La hipérbola $b^2x^2 - a^2y^2 = a^2b^2$ tiene por asíntotas las rectas $bx - ay = 0$ y $bx + ay = 0$.
Consideremos la hipérbola cuyos ejes transverso y conjugado son de igual longitud. Entonces $a = b$, y la ecuación $b^2x^2 - a^2y^2 = a^2b^2$ toma la forma

$$x^2 - y^2 = a^2$$

Debido a que sus ejes son iguales, la hipérbola anterior recibe el nombre de hipérbola equilátera. Las asíntotas de la hipérbola equilátera son las rectas $x - y = 0$ y $x + y = 0$. Como estas rectas son perpendiculares, resulta que las asíntotas de una hipérbola equilátera son perpendiculares entre sí. Por este motivo, la hipérbola equilátera se denomina también hipérbola rectangular.
Una forma particularmente útil de la ecuación de la hipérbola equilátera es

$$xy = k$$

en donde k es una constante cualquiera diferente de cero.
Si dos hipérbolas son tales que el eje transverso de cada una es idéntico al eje conjugado de la otra, se dice que son hipérbolas conjugadas.
Puesto que la ecuación de una hipérbola es

$$x^2/a^2 - y^2/b^2 = 1$$

la hipérbola conjugada tiene por ecuación

$$y^2/b^2 - x^2/a^2 = 1$$

En la figura 46-12 se han representado un par de hipérbolas conjugadas, junto con sus respectivas asíntotas.

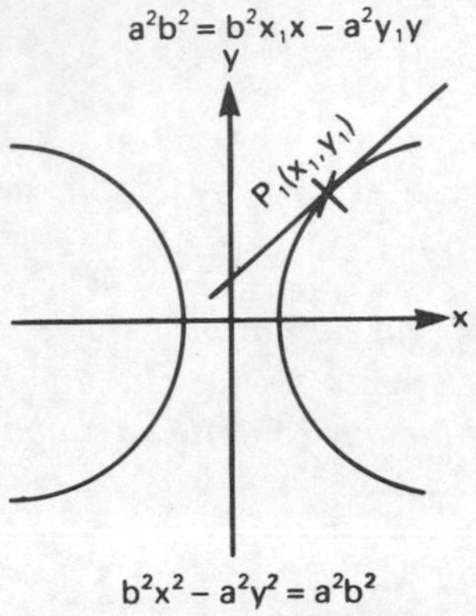

Se denominan hipérbolas conjugadas cuando ocurre que el eje transverso de una es igual al eje conjugado de la otra.

46.10 Propiedades de la hipérbola

a) La ecuación de la tangente a la hipérbola $b^2x^2 - a^2y^2 = a^2b^2$ en cualquier punto $P_1(x_1,y_1)$ de la curva es

$$b^2x_1x - a^2y_1y = a^2b^2$$

b) Las ecuaciones de las tangentes a la hipérbola $b^2x^2 - a^2y^2 = a^2b^2$ de pendiente m son

$$y = mx \pm \sqrt{a^2m^2 - b^2},\ |m| > b/a$$

c) La tangente a una hipérbola en cualquier punto de la curva es bisectriz del ángulo formado por los radios vectores de ese punto.

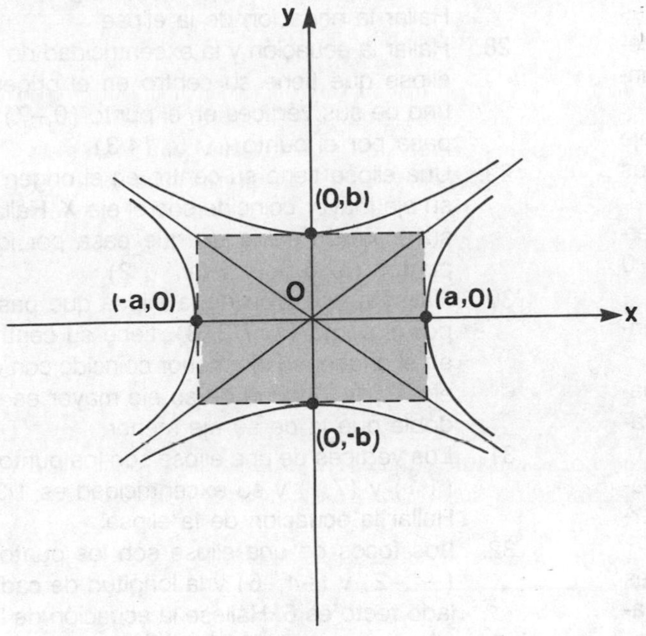

Fig. 46.12

Por un punto del espacio y una recta sólo existe un plano que contenga a ambos.

Problemas propuestos

1. Hallar la ecuación de la parábola de vértice en el origen y foco el punto (3,0).
2. Hallar la ecuación de la parábola de vértice en el origen y foco el punto (0,–3).
3. Hallar la ecuación de la parábola de vértice en el origen y directriz la recta $y-5=0$.
4. Hallar la ecuación de la parábola de vértice en el origen y directriz la recta $x+5=0$.
5. Una parábola cuyo vértice está en el origen y cuyo eje coincide con el eje X pasa por el punto (–2,4). Hallar la ecuación de la parábola.
6. Una cuerda de la parábola $y^2-4x=0$ es un segmento de la recta $x-2y+3=0$. Hallar su longitud.
7. Hallar la longitud de la cuerda focal de la parábola $x^2+8y=0$ que es paralela a la recta $3x+4y-7=0$.
8. Hallar la ecuación de la parábola cuyos vértice y foco son los puntos (–4,3) y (–1,3), respectivamente.
9. Hallar la ecuación de la parábola cuyos vértice y foco son los puntos (3,3) y (3,1), respectivamente.
10. La directriz de una parábola es la recta $y-1=0$, y su foco es el punto (4,–3). Hallar la ecuación de la parábola.
11. La directriz de una parábola es la recta

$x + 5 = 0$, y su vértice es el punto $(0,3)$. Hallar la ecuación de la parábola.

12. Determinar la ecuación de una familia de parábolas que tienen un foco común $(3,4)$ y un eje común paralelo al eje Y.
13. La ecuación de una familia de parábolas es $y = ax^2 + bx$. Hallar la ecuación del elemento de la familia que pasa por los puntos $(2,8)$ y $(-1,5)$.
14. Hallar la ecuación de la parábola cuyo eje es paralelo al eje X y que pasa por los puntos $(0,0)$, $(8,-4)$ y $(3,1)$.
15. Hallar la ecuación de la parábola de vértice el punto $(4,-1)$, eje la recta $y + 1 = 0$ y que pasa por el punto $(3,-3)$.
16. Hallar la ecuación de la tangente de pendiente -1 a la parábola $y^2 - 8x = 0$.
17. Hallar la ecuación de la tangente a la parábola $x^2 + 4x + 12y - 8 = 0$ que es paralela a la recta $3x + 9y - 11 = 0$.
18. Hallar la ecuación de la tangente a la parábola $y^2 - 2x + 2y + 3 = 0$ que es perpendicular a la recta $2x + y + 7 = 0$.
19. Hallar las ecuaciones de las tangentes trazadas desde el punto $(1,4)$ a la parábola $y^2 + 3x - 6y + 9 = 0$.
20. La suma de las longitudes de los catetos de un triángulo rectángulo es constante e igual a 14 cm. Hallar las longitudes de los catetos si el área del triángulo debe ser máxima.
21. La suma de dos números es 8. Hallar dichos números si la suma de sus cuadrados debe ser mínima.
22. El perímetro de un rectángulo es 20 cm. Hallar sus dimensiones si su área debe ser máxima.
23. Hallar el número que excede a su cuadrado en un número máximo.
24. Hallar la ecuación de la elipse cuyos vértices son los puntos $(4,0)$ y $(-4,0)$ y cuyos focos son los puntos $(3,0)$ y $(-3,0)$.
25. Los vértices de una elipse son los puntos $(0,6)$ y $(0,-6)$ y sus focos son los puntos $(0,4)$ y $(0,-4)$. Hallar su ecuación.
26. Hallar la ecuación de la elipse cuyos focos son los puntos $(2,0)$ y $(-2,0)$ y cuya excentricidad es igual a $2/3$.
27. Los focos de una elipse son los puntos $(3,0)$ y $(-3,0)$ y la longitud de uno cualquiera de sus lados rectos es igual a 9. Hallar la ecuación de la elipse.
28. Hallar la ecuación y la excentricidad de la elipse que tiene su centro en el origen, uno de sus vértices en el punto $(0,-7)$ y pasa por el punto $(\sqrt{5}, 14/3)$.
29. Una elipse tiene su centro en el origen y su eje mayor coincide con el eje X. Hallar su ecuación sabiendo que pasa por los puntos $(\sqrt{6}, -1)$ y $(2, \sqrt{2})$.
30. Hallar la ecuación de la elipse que pasa por el punto $(\sqrt{7}/2, 3)$, tiene su centro en el origen, su eje menor coincide con el eje X y la longitud de su eje mayor es el doble que la de su eje menor.
31. Los vértices de una elipse son los puntos $(1,1)$ y $(7,1)$ y su excentricidad es $1/3$. Hallar la ecuación de la elipse.
32. Los focos de una elipse son los puntos $(-4,-2)$ y $(-4,-6)$ y la longitud de cada lado recto es 6. Hállese la ecuación de la elipse y su excentricidad.
33. Los vértices de una elipse son los puntos $(1,-6)$ y $(9,-6)$ y la longitud de cada lado recto es $9/2$. Hallar la ecuación de la elipse.
34. Los focos de una elipse son los puntos $(3,8)$ y $(3,2)$ y la longitud de su eje menor es 8. Hallar la ecuación de la elipse.
35. El centro de una elipse es el punto $(-2,-1)$ y uno de sus vértices es el punto $(3,-1)$. Si la longitud de cada lado recto es 4, hallar la ecuación de la elipse.
36. El centro de una elipse es el punto $(2,-4)$ y el vértice y el foco de un mismo lado del centro son los puntos $(-2,-4)$ y $(-1,-4)$, respectivamente. Hallar la ecuación de la elipse.
37. Hallar la ecuación de la elipse que pasa por los puntos $(1,3)$, $(-1,4)$, $(0, 3 - \sqrt{3}/2)$ y $(-3,3)$ y tiene sus ejes paralelos a los ejes coordenados.
38. La ecuación de una familia de elipses es

$4x^2 + 9y^2 + ax + by - 11 = 0$. Hallar la ecuación del elemento de la familia que pasa por los puntos (2,3) y (5,1).

39. La ecuación de una familia de elipses es $kx^2 + 4y^2 + 6x - 8y - 5 = 0$. Hallar las ecuaciones de los elementos de la familia que tienen una excentricidad igual a 1/2.
40. Hallar las ecuaciones de las tangentes de pendiente 2 a la elipse $4x^2 + 5y^2 = 8$.
41. Hallar las ecuaciones de las tangentes a la elipse $3x^2 + y^2 + 4x - 2y - 3 = 0$ que son perpendiculares a la recta $x + y - 5 = 0$.
42. Hallar las ecuaciones de las tangentes trazadas desde el punto (3,−1) a la elipse $2x^2 + 3y^2 + x - y - 5 = 0$.
43. Los vértices de una hipérbola son los puntos (2,0) y (−2,0) y sus focos son los puntos (3,0) y (−3,0). Hallar su ecuación y su excentricidad.
44. El centro de una hipérbola está en el origen y su eje transverso está sobre el eje *Y*. Si un foco es el punto (0,5) y la excentricidad es igual a 3, hallar la longitud de cada lado recto y la ecuación de la hipérbola.
45. Los extremos del eje conjugado de una hipérbola son los puntos (0,3) y (0,−3) y la longitud de cada lado recto es 6. Hallar la ecuación de la hipérbola y su excentricidad.
46. Los vértices de una hipérbola son (0,4) y (0,−4) y su excentricidad es igual a 3/2. Hallar la ecuación de la hipérbola.
47. Una hipérbola tiene su centro en el origen y su eje transverso sobre el eje *X*. Hallar su ecuación sabiendo que su excentricidad es $\sqrt{6}/2$ y que la curva pasa por el punto (2,1).
48. Una hipérbola tiene su centro en el origen y su eje conjugado está sobre el eje *X*. La longitud de cada lado recto es 2/3 y la hipérbola pasa por el punto (−1,2). Hallar su ecuación.
49. Hallar la ecuación de la hipérbola que pasa por los puntos (3,−2) y (7,6), tiene su centro en el origen y el eje transverso coincide con el eje *X*.
50. Hallar la ecuación de la hipérbola que pasa por el punto (3,−1), su centro está en el origen, su eje transverso está sobre el eje *X* y una de sus asíntotas es la recta $2x + 3\sqrt{2}\,y = 0$.
51. Hallar la ecuación de la hipérbola que pasa por el punto (2,3), tiene su centro en el origen, su eje transverso está sobre el eje *Y* y una de sus asíntotas es la recta $2y - \sqrt{7}\,x = 0$.
52. Hallar la distancia del foco de la derecha de la hipérbola $16x^2 - 9y^2 = 144$ a una cualquiera de sus dos asíntotas.
53. Hallar la ecuación de la hipérbola equilátera que pasa por el punto (−1,−5) y tiene por asíntotas a los ejes coordenados.
54. Hallar las ecuaciones de las tangentes a la hipérbola $x^2 - 2y^2 + 4x - 8y - 6 = 0$ que son paralelas a la recta $4x - 4y + 11 = 0$.
55. Los vértices de una hipérbola son los puntos (−1,3) y (3,3) y su excentricidad es 3/2. Determinar cual es la ecuación de la hipérbola.
56. Los vértices de una hipérbola son los puntos (−2,2) y (−2,−4) y la longitud de su lado recto es 2. Hallar la ecuación de la hipérbola.
57. El centro de una hipérbola es el punto (2,−2) y uno de sus vértices es el punto (0,−2). Si la longitud de su lado recto es 8, hallar la ecuación de la hipérbola.
58. Los focos de una hipérbola son los puntos (4,−2) y (4,−8) y la longitud de su eje transverso es 4. Hallar la ecuación de la hipérbola.
59. Los vértices de una hipérbola son los puntos (−3,2) y (−3,−2) y la longitud de su eje conjugado es 6. Hallar la ecuación de la hipérbola y su excentricidad.

Soluciones

1. S.: $y^2 = 12x$.
2. S.: $x^2 = -12y$.
3. S.: $x^2 = -20y$.
4. S.: $y^2 = 20x$.
5. S.: $y^2 = -8x$.
6. S.: $4\sqrt{5}$.
7. S.: 25/2.
8. S.: $(y-3)^2 = 12(x+4)$.
9. S.: $(x-3)^2 = -8(y-3)$.
10. S.: $(x-4)^2 = -8(y+1)$.
11. S.: $y^2 - 20x - 6y + 9 = 0$.
12. S.: $(x-3)^2 = 4(4-k)\,(y-k)$.
13. S.: $y = 3x^2 - 2x$.
14. S.: $y^2 - x + 2y = 0$.
15. S.: $y^2 + 4x + 2y - 15 = 0$.
16. S.: $x + y + 2 = 0$.
17. S.: $x + 3y - 2 = 0$.
18. S.: $x - 2y - 1 = 0$.
19. S.: $x + 2y - 9 = 0$; $3x - 2y + 5 = 0$.
20. S.: Cada cateto mide 7 cm.
21. S.: 4 y 4.
22. S.: Se trata de un cuadrado de 5 cm de lado.
23. S.: 1/2.
24. S.: $x^2/16 + y^2/7 = 1$.
25. S.: $x^2/20 + y^2/36 = 1$.
26. S.: $x^2/9 + y^2/5 = 1$.
27. S.: $x^2/36 + y^2/27 = 1$.
28. S.: $x^2/9 + y^2/49 = 1$; $e = 2\sqrt{10/7}$.
29. S.: $x^2/8 + y^2/4 = 1$.
30. S.: $x^2/4 + y^2/16 = 1$.
31. S.: $(x-4)^2/9 + (y-1)^2/8 = 1$.
32. S.: $(x+4)^2/12 + (y+4)^2/16 = 1$; $e = 1/2$.
33. S.: $(x-5)^2/16 + (y+6)^2/9 = 1$.
34. S.: $(x-3)^2/16 + (y-5)^2/25 = 1$.
35. S.: $(x+2)^2/25 + (y+1)^2/10 = 1$.
36. S.: $(x-2)^2/16 + (y+4)^2/7 = 1$.
37. S.: $x^2 + 4y^2 + 2x - 24y + 33 = 0$.
38. S.: $4x^2 + 9y^2 - 16x - 18y - 11 = 0$.
39. S.: $3x^2 + 4y^2 + 6x - 8y - 5 = 0$; $16x^2 + 12y^2 + 18y - 24y - 15 = 0$.
40. S.: $10x - 5y - 4 + 15 = 0$; $10x - 5y + 4\sqrt{15} = 0$.
41. S.: $x - y - 1 = 0$; $3x - 3y + 13 = 0$.
42. S.: $x + y - 2 = 0$; $9x - 191y - 218 = 0$.
43. S.: $x^2/4 - y^2/5 = 1$; $e = 3/2$.
44. S.: 80/3; $72y^2 - 9x^2 = 200$.
45. S.: $x^2/9 - y^2/9 = 1$; $e = \sqrt{2}$.
46. S.: $y^2/16 - x^2/20 = 1$.
47. S.: $x^2/2 - y^2/1 = 1$.
48. S.: $y^2 - 3x^2 = 1$.
49. S.: $4x^2 - 5y^2 = 16$.
50. S.: $2x^2 - 9y^2 = 9$.
51. S.: $4y^2 - 7x^2 = 8$.
52. S.: 4.
53. S.: $xy = 5$.
54. S.: $x - y + 1 = 0$.
55. S.: $(x-1)^2/4 - (y-3)^2/5 = 1$.
56. S.: $(y+1)^2/9 - (x+2)^2/3 = 1$.
57. S.: $(x-2)^2/4 - (y+2)^2/8 = 1$.
58. S.: $(y+5)^2/4 - (x-4)^2/5 = 1$.
59. S.: $y^2/4 - (x+3)^2/9 = 1$; $e = \sqrt{13/2}$.

IX

Iniciación a la geometría del espacio

Los dos primeros temas de este bloque son un compendio de las propiedades geométricas de las figuras tridimensionales clásicas, en especial sus áreas y volúmenes.

El tercer tema del bloque se introduce en la geometría analítica del espacio, acercando al lector a las formas diversas que adoptan las ecuaciones de rectas y planos así como sus diferentes posiciones relativas.

Poliedros

47

Introducción histórica

El sabio griego Euclides (365-275 a.C.) enseñó Geometría en Alejandría, que se convirtió gracias a los ptolomeos en la capital científica del mundo helénico. Euclides fue el autor de los *Elementos,* obra que fundamenta las bases de la Geometría partiendo de definiciones, postulados y axiomas que sirven para demostrar teoremas. Pese a su gran importancia la Geometría euclidiana ha sido considerada inútil e innecesaria por destacados matemáticos del siglo xx.

Dos rectas se cruzan cuando están en planos distintos.

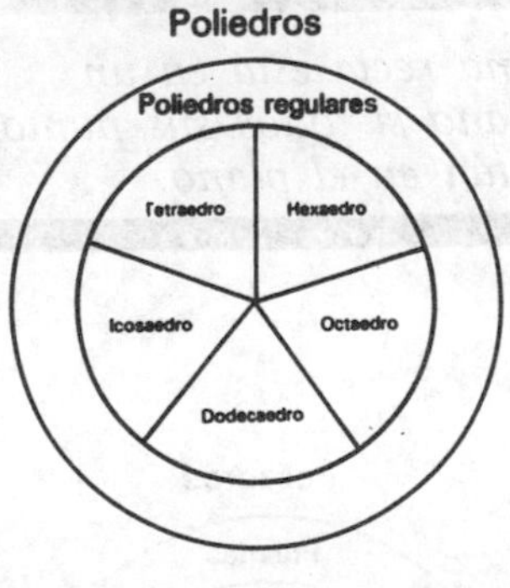

47.1 Propiedades de rectas y planos

A diferencia de lo que ocurre en la geometría plana, en la geometría del espacio dos rectas pueden ocupar las siguientes posiciones relativas:

Ser paralelas. Cuando están en el mismo plano y no tienen ningún punto en común.

Así, por ejemplo, las rectas MN y PQ de la figura 47-1 son paralelas.

Cortarse. Cuando están en el mismo plano y tienen un punto en común.

Una recta y un plano se cortan en un punto.

Fig. 47-1

Así, por ejemplo, las rectas MN y PQ de la figura 47-2 se cortan en el punto O.

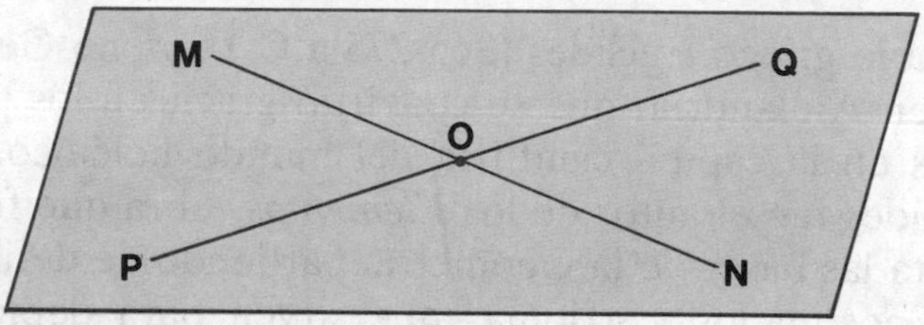

Fig. 47-2

Cruzarse. Cuando están situadas en planos distintos.

Así, por ejemplo, las rectas MN y PQ de la figura 47-3 se cruzan.

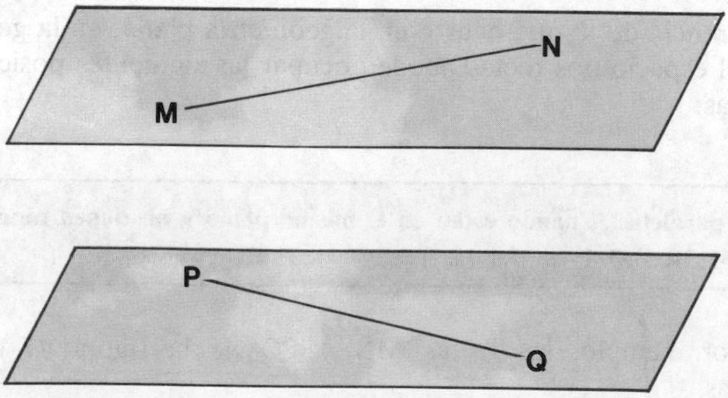

Fig. 47-3

Por su parte, una recta y un plano pueden ocupar las siguientes posiciones:

Dos rectas son paralelas cuando son coplanarias y no tienen ningún punto en común.

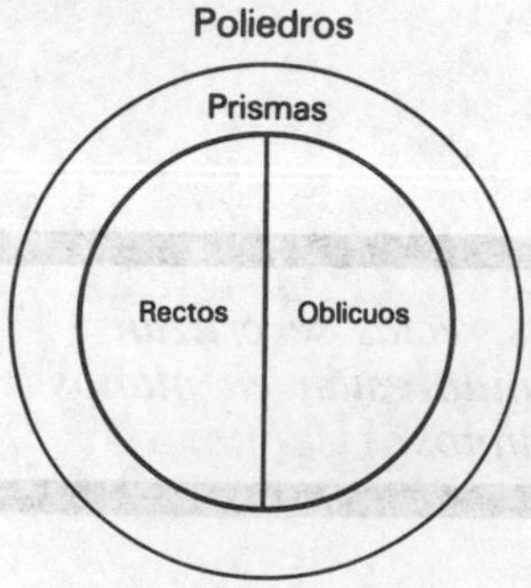

Una recta está en un plano si todos sus puntos están en el plano.

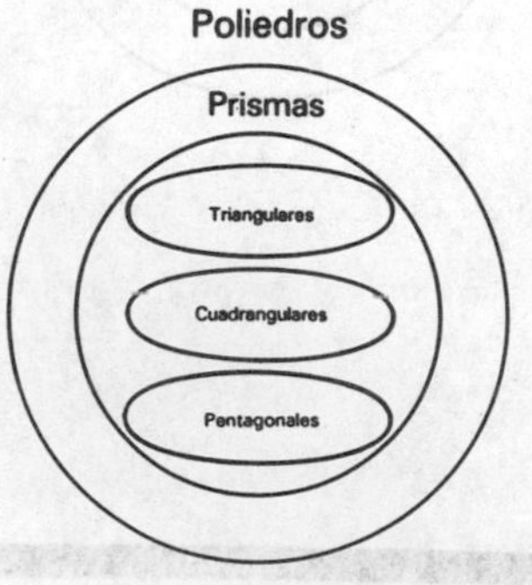

Que la recta esté contenida en el plano. Cuando todos los puntos de la recta son también del plano.

Así, por ejemplo, tal como puede observarse en la figura 47-4, la recta MN se halla contenida en el plano α.

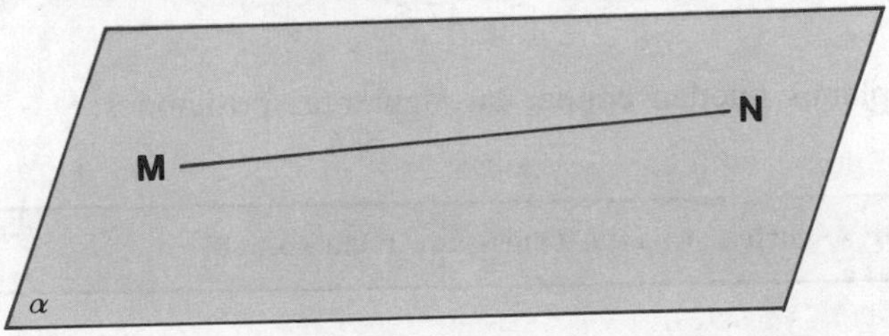

Fig. 47-4.

Que la recta y el plano se corten. Cuando tienen un punto en común.

Así, por ejemplo, tal como puede observarse en la figura 47-5, la recta MN corta al plano α en el punto P.

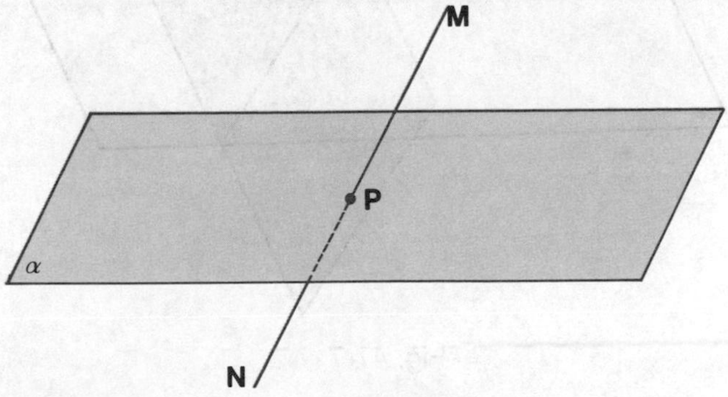

Fig. 47-5

Que la recta y el plano sean paralelos. Cuando no tienen ningún punto en común.

Así, por ejemplo, tal como puede observarse en la figura 47-6, la recta MN y el plano α son paralelos.

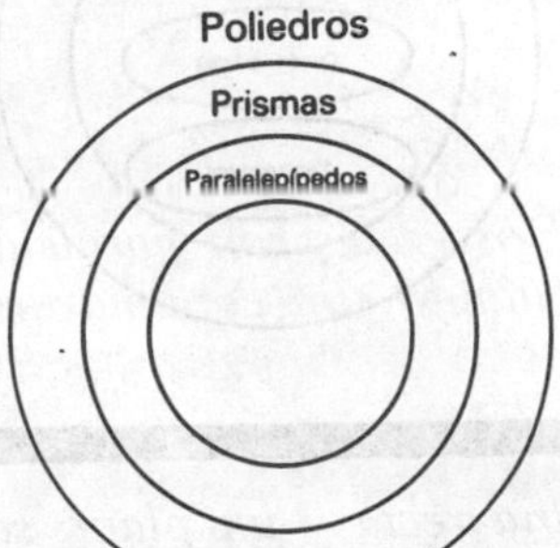

Dos planos se cortan en una recta común.

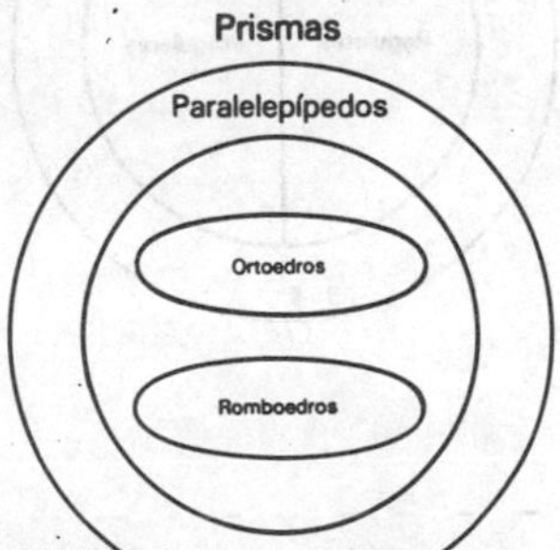

Dos planos son paralelos cuando no tienen ningún punto común.

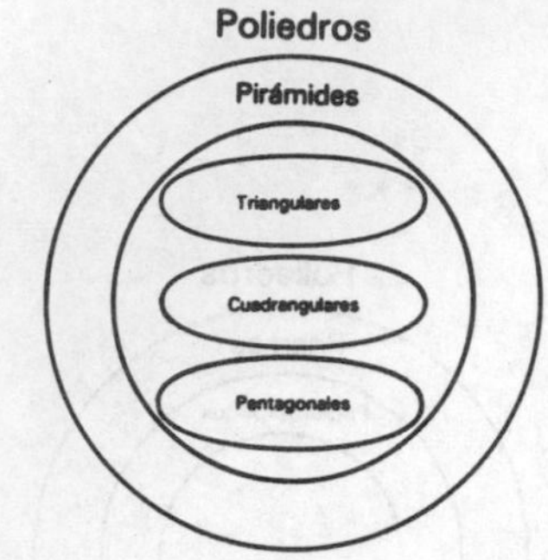

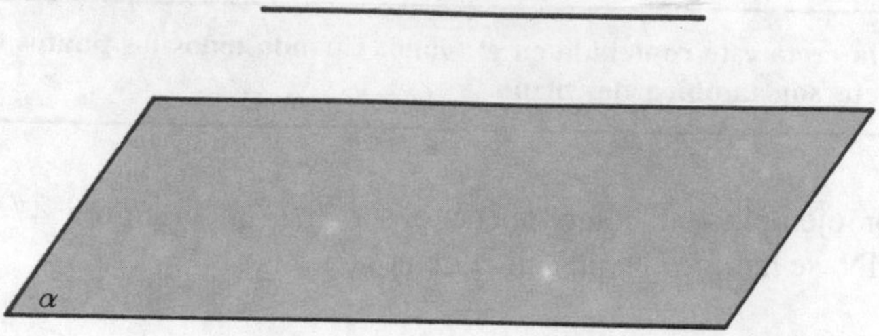

Fig. 47-6

Dos planos pueden ocupar las siguientes posiciones:

Una recta y un plano son paralelos cuando no tienen ningún punto en común.

Que se corten. Cuando tienen una recta común.

Así, por ejemplo, tal como puede observarse en la figura 47-7, los planos α y β se cortan en la recta MN.

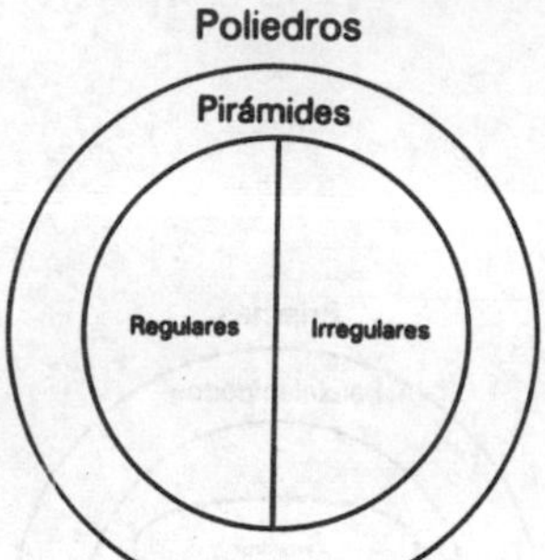

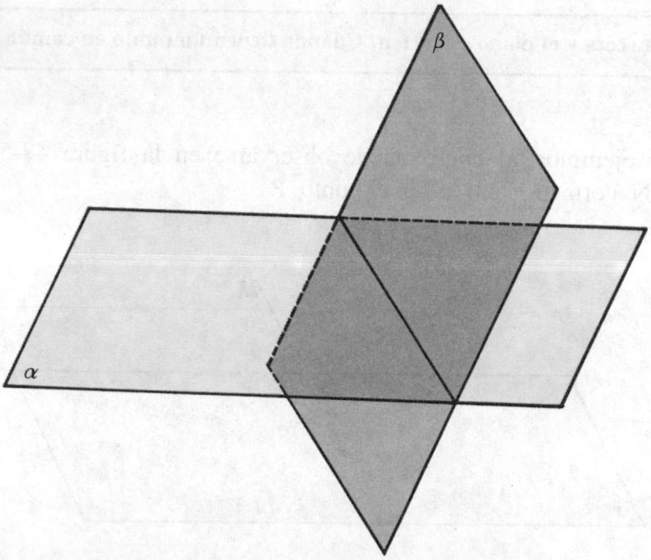

Fig. 47-7

La distancia de un punto a un plano es el segmento perpendicular del punto al plano.

Que sean paralelos. Cuando no tienen ningún punto en común.

Así, por ejemplo, tal como puede observarse en la figura 47-8, los planos α y β son paralelos.

Se dice que una recta es perpendicular a un plano cuando es perpendicular a todas las rectas del plano que pasan por el punto de intersección. Así, por ejemplo, tal como puede observarse en la figura 6-9, la recta MN es perpendicular al plano α.

Fig. 47-8

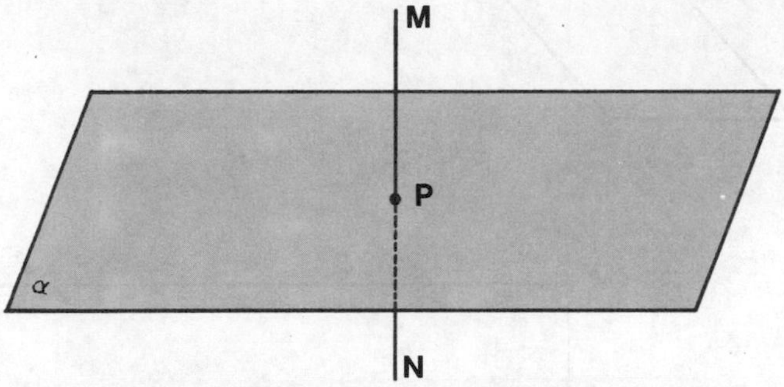

Fig. 47-9

Se define la distancia de un punto a un plano como el segmento de perpendicular trazado desde el punto al plano.

Así, por ejemplo, tal como puede observarse en la figura 47-9, el segmento MP es la distancia del punto M al punto P que pertenece al plano α.

Análogamente, la distancia entre dos planos paralelos es cualquier segmento de perpendicular comprendido entre los dos planos.

A continuación vamos a demostrar una serie de teoremas relativos a rectas y planos:

Las intersecciones de dos planos paralelos con un tercer plano son rectas paralelas.

En efecto, tal como puede observarse en la figura 47-10, si las rectas MN y PQ se cortaran, el punto de intersección de ambas debería pertenecer a la vez a los planos α y β, que no serían paralelos, en contra de la hipótesis.

Si dos rectas son paralelas, todo plano que pasa por una de ellas es paralelo a la otra.

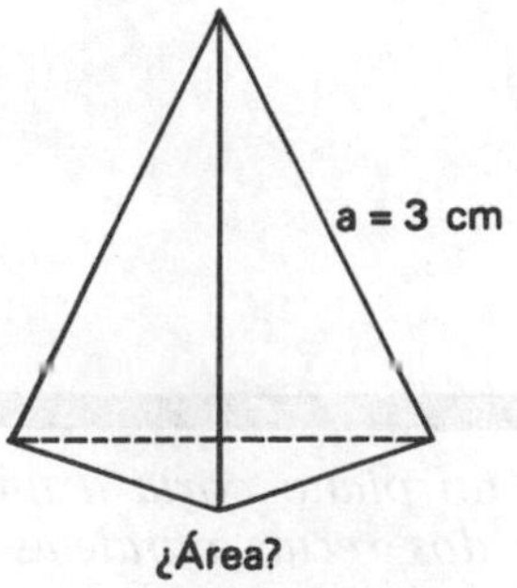

Las intersecciones de un plano con dos planos paralelos son rectas paralelas.

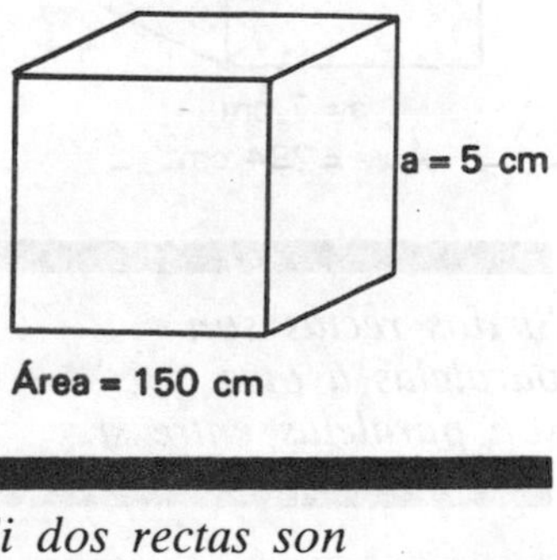

Si dos rectas son paralelas, cualquier plano que pase por una de ellas es paralelo a la otra.

Si un plano corta a una de dos rectas paralelas también corta a la otra.

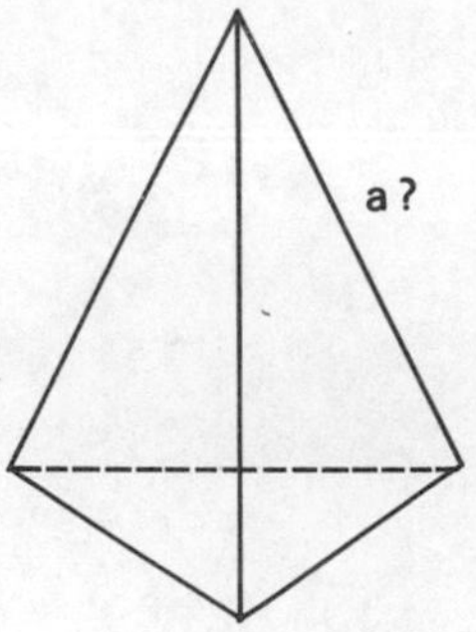

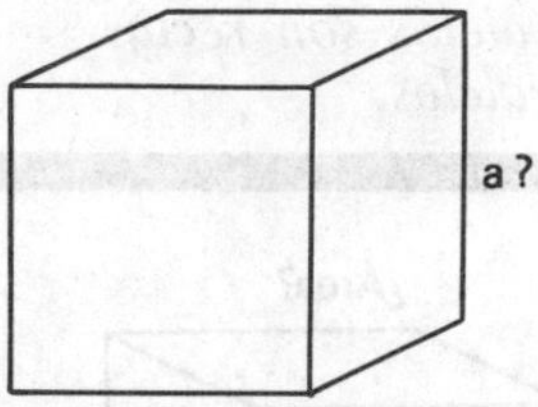

Si dos rectas son paralelas a otra, son paralelas entre sí.

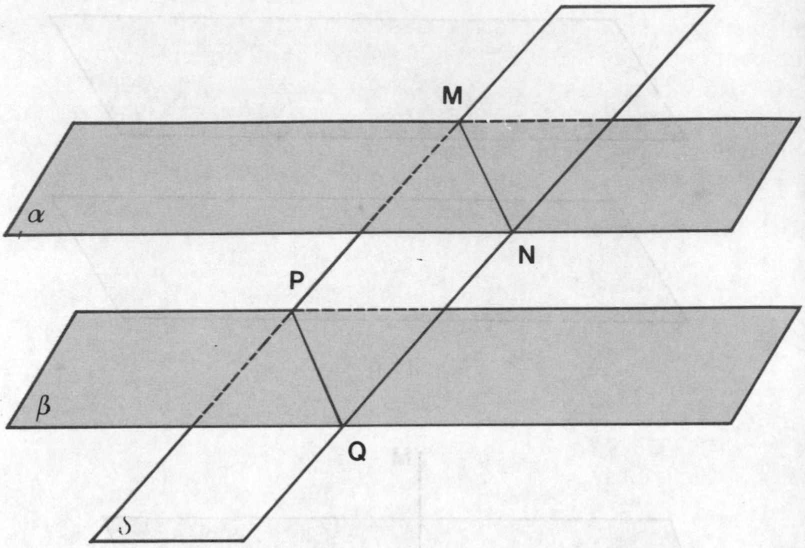

Fig. 47-10

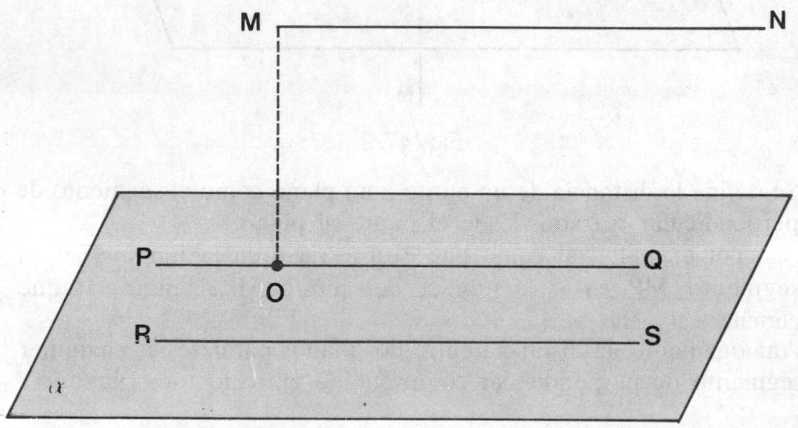

Fig. 47-11

En efecto, tal como puede observarse en la figura 47-11, si la recta MN cortara al plano α en el punto O, trazando por dicho punto una paralela PQ a la recta RS tendríamos dos paralelas a una misma recta por el punto O, en contra del postulado de Euclides.

Como corolario se deduce que si una recta es paralela a un plano, la intersección de dicho plano con otro plano cualquiera que pase por la recta es paralela a la recta.

Si dos rectas que se cortan son paralelas a un plano, el plano determinado por las rectas también es paralelo a dicho plano.

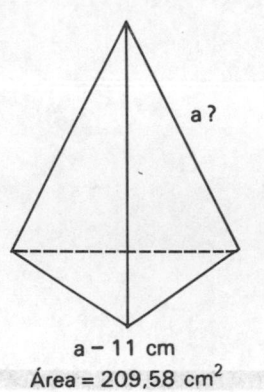

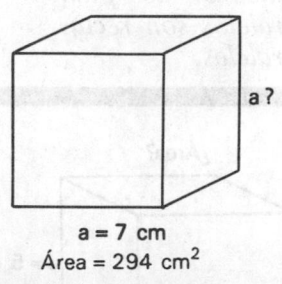

En efecto, tal como puede observarse en la figura 47-12, si el plano que contiene a las rectas MN y PQ cortara al plano α en la recta RS, las rectas MN y PQ serían necesariamente paralelas a RS y, por lo tanto, habría dos rectas paralelas a una recta por un mismo punto O, en contra del postulado de Euclides, con lo cual se demuestra que no es posible.

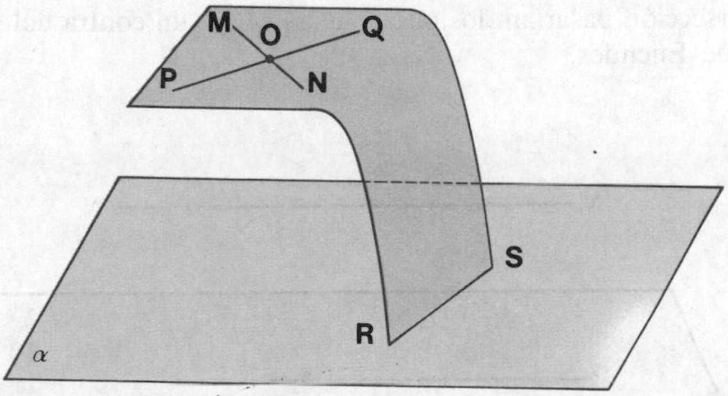

Fig. 47-12

Si un plano corta a una de dos rectas paralelas también corta a la otra.

En efecto, tal como puede observarse en la figura 47-13, supongamos por hipótesis que el plano determinado por las rectas MN y PQ corta al plano α en la recta RS.

Evidentemente, si RS corta a PQ también debe cortar a MN y, por lo tanto, el plano α corta a la recta MN, tal como queríamos demostrar.

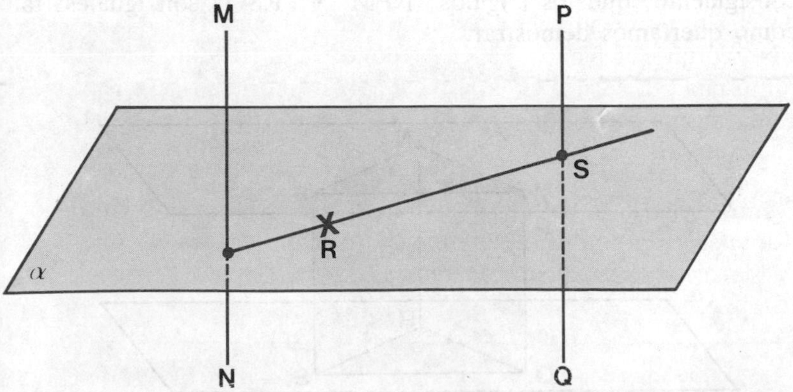

Fig. 47-13

Dos diedros son iguales si sus ángulos rectilíneos son iguales.

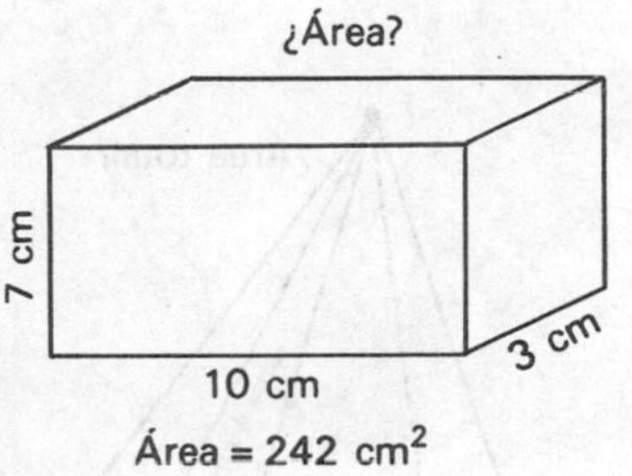

Dos planos son perpendiculares si se cortan formando un ángulo diedro recto.

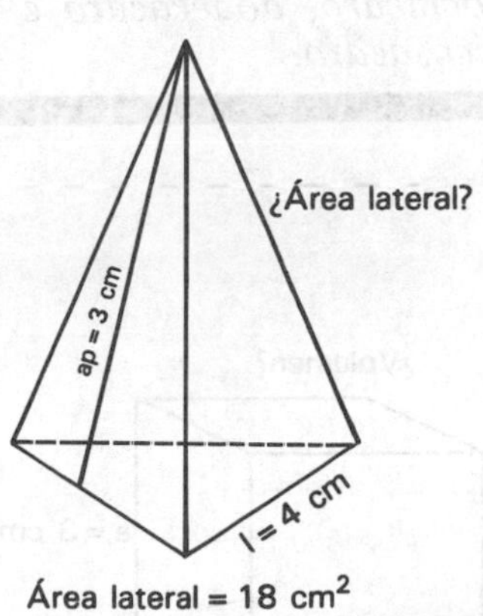

Un triedro es un poliedro formado por tres semirrectas.

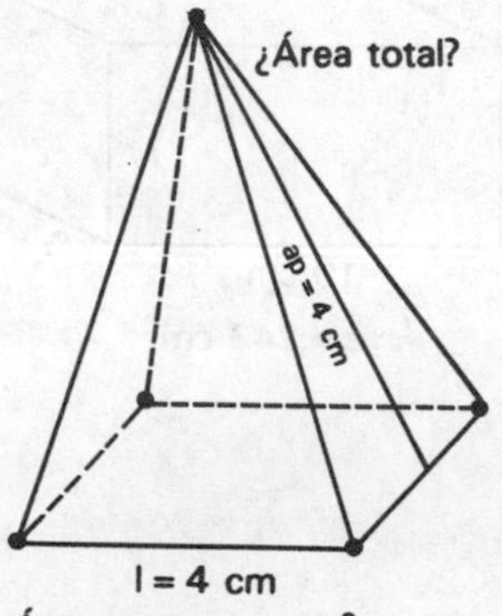

Los poliedros regulares son: tetraedro, hexaedro, octaedro, dodecaedro e icosaedro.

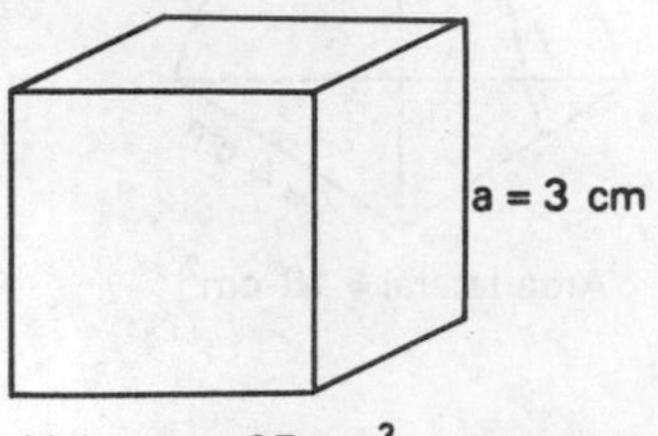

Dos rectas paralelas a una tercera son paralelas entre sí.

En efecto, tal como puede observarse en la figura 47-14, el plano α queda determinado por la recta PQ y el punto O de la recta RS. Ahora bien, el plano α contiene a RS porque si la cortara también debería cortar a PQ y la contiene. Pero si contiene a RS, RS y PQ no se pueden cortar porque por el punto de intersección pasarían dos paralelas a MN, en contra del postulado de Euclides.

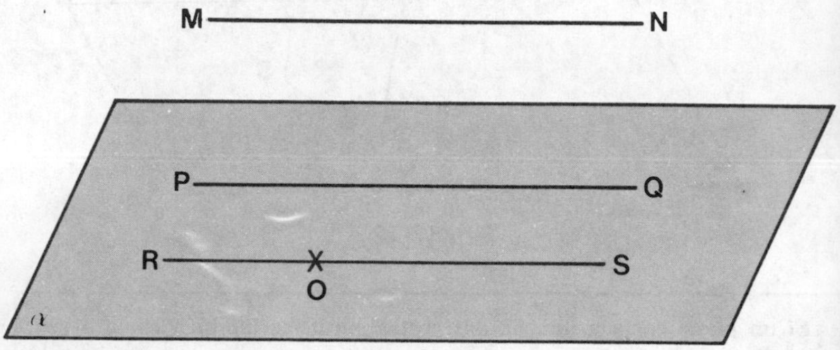

Fig. 47-14

Si dos ángulos no situados en un mismo plano tienen sus lados paralelos y dirigidos en el mismo sentido son iguales.

En efecto, tal como puede observarse en la figura 47-15, se construyen NP = RS y PM = SQ y se unen P con S, N con R y M con Q. De acuerdo con los enunciados anteriores, es fácil demostrar que los triángulos MNP y QRS son iguales y, por consiguiente, que los ángulos NPM y RSQ son iguales, tal como queríamos demostrar.

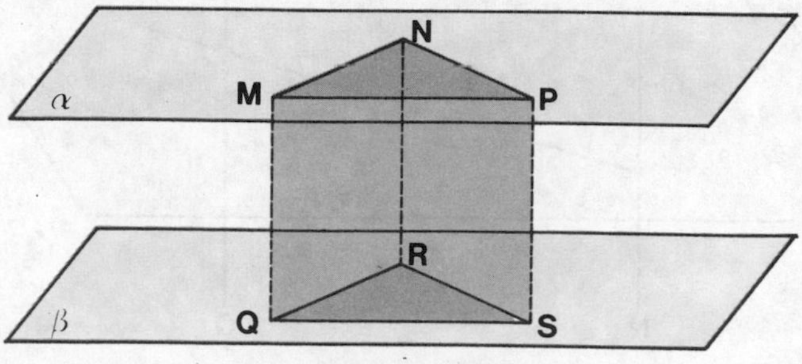

Fig. 47-15

Si dos rectas se cortan mediante un sistema de planos paralelos, los segmentos correspondientes son proporcionales.

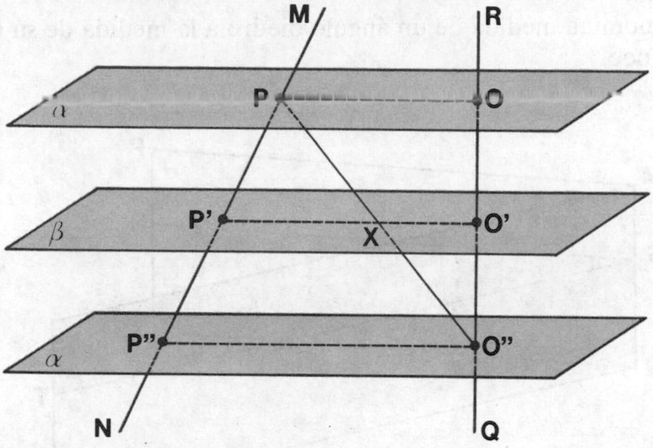

Fig. 47-16

En efecto, tal como puede observarse en la figura 47-16, supongamos por hipótesis que las rectas MN y RQ son cortadas por los planos α, β y γ. Se trata de demostrar que $PP' / OO' = P'P'' / O'O''$. En el plano POO″ tendremos que:

$$OO' / O'O'' = PX / XO'' \quad (1)$$

En el plano P″PO″ tendremos que:

$$PX / XO'' = PP' / P'P'' \quad (2)$$

Comparando (1) y (2) resulta:
$OO' / O'O'' = PP' / P'P''$ (3) y, por consiguiente, $PP' / OO' = P'P'' / O'O''$, tal como queríamos demostrar.

Se llama ángulo diedro a la porción de espacio situada entre dos semiplanos llamados caras del diedro, que tienen una recta común llamada arista del diedro y están situados en planos distintos.

Así, por ejemplo, en la figura 47-17 se ha representado un ángulo diedro.

Los diedros se nombran colocando las letras de los extremos de la arista entre las letras que designan los semiplanos. Así, el diedro de la figura 47-17 se denominará PMNQ.

El ángulo formado por dos rectas situadas en caras distintas del diedro y perpendiculares a la arista del diedro en un mismo punto recibe el nombre de ángulo rectilíneo del diedro.

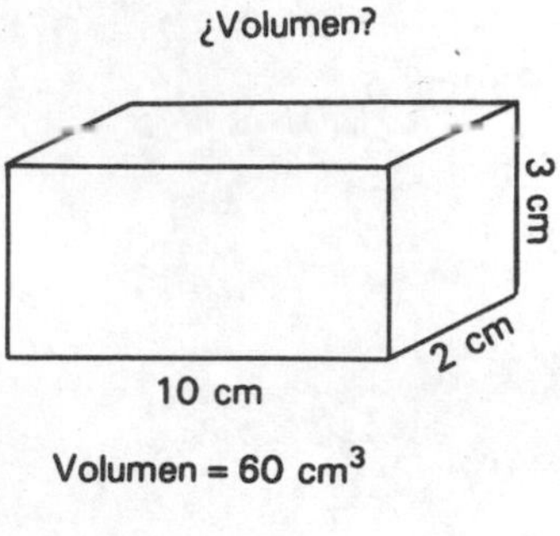

Para cualquier poliedro convexo se cumple que c + v = a 2.

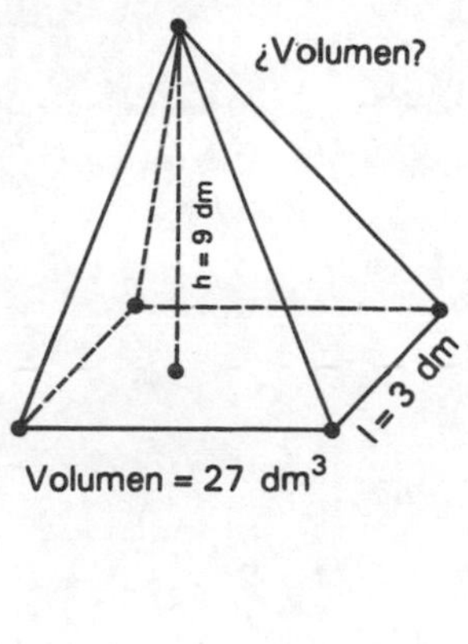

La altura de un prisma es la distancia entre los planos de las bases.

Un paralelepípedo es un prisma cuyas bases son paralelogramos.

Así, por ejemplo, tal como puede observarse en la figura 47-17, el ángulo RST es el ángulo rectilíneo del diedro PMNQ.
Obviamente, todos los ángulos rectilíneos de un mismo diedro son iguales, ya que tienen sus lados paralelos y dirigidos en el mismo sentido.
Se denomina medida de un ángulo diedro a la medida de su ángulo rectilíneo.

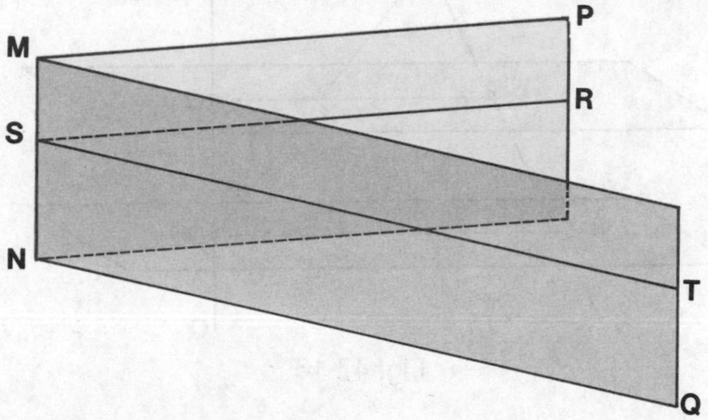

Fig. 47-17

Se dice que dos diedros son iguales cuando sus correspondientes ángulos rectilíneos son iguales. En caso contrario, se dice que los diedros son desiguales.
Se dice que dos diedros son consecutivos cuando tienen común la arista y una cara.
Así, por ejemplo, los diedros representados en la figura 47-18 son consecutivos.

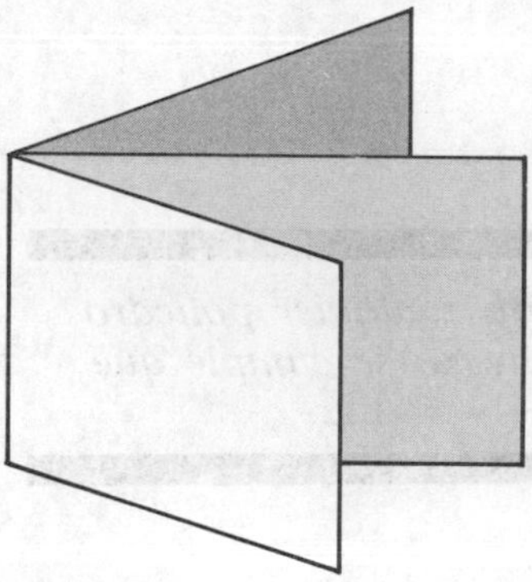
Fig. 47-18

Se dice que dos planos son perpendiculares cuando al cortarse forman un ángulo diedro recto.
Así, por ejemplo, los planos α y β de la figura 47-19 son perpendiculares.

Se denomina ángulo poliedro convexo a la porción de espacio formada por tres o más semirrectas del mismo origen tales que el plano determinado por cada dos semirrectas consecutivas deja a las demás en el mismo lado del plano.

Diagonal de un paralelepípedo es el segmento que une dos vértices opuestos.

Así, por ejemplo, en la figura 47-20 se representa un poliedro convexo.
El origen V de las semirrectas se denomina vértice del poliedro y cada una de las semirrectas recibe el nombre de arista. Los planos VMN, VNP, VPQ y VQM se llaman caras del poliedro.
Para nombrar un poliedro se escribe la letra del vértice, un guión y

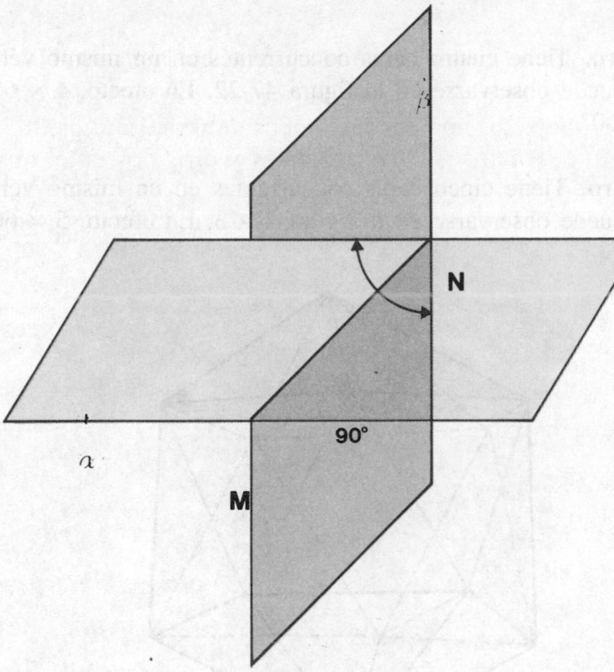

Fig. 47-19

las letras de las aristas. Así, el poliedro representado en la figura 47-20, se nombrará V-MNPQ.

En el caso de que el poliedro esté formado por tres semirrectas recibe el nombre de triedro.

Un ortoedro es un paralelepípedo recto cuyas bases son rectángulos.

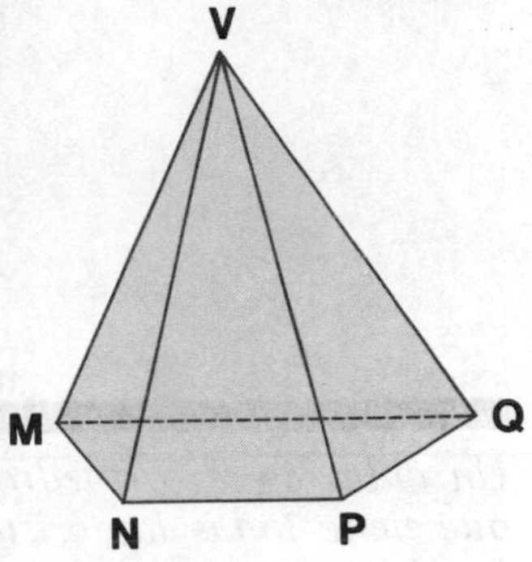

Fig. 47-20

47.2 Poliedros regulares

Se dice que un poliedro es regular cuando sus caras son polígonos regulares iguales y sus ángulos poliedros tienen el mismo número de caras.

Únicamente existen cinco poliedros regulares convexos, puesto que la suma de las caras de un ángulo poliedro tiene que ser forzosamente menor que 360°.

Así pues, tomando como caras triángulos equiláteros se pueden construir los siguientes poliedros:

a) **Tetraedro.** Tiene tres caras concurrentes en un mismo vértice, tal como puede observarse en la figura 47-21. En efecto, $3 \times 60° = 180° < 360°$.

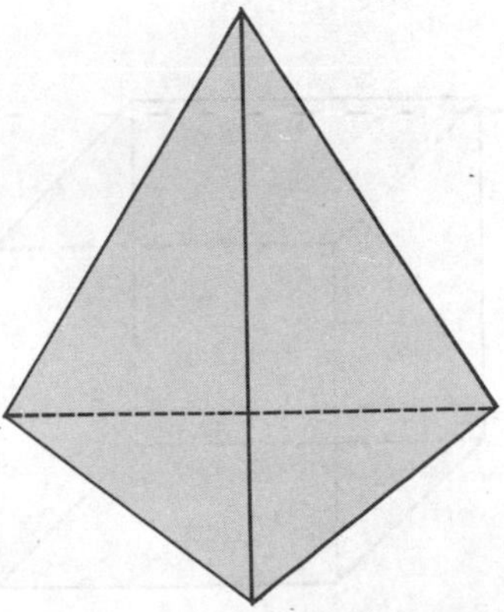

Fig. 47-21

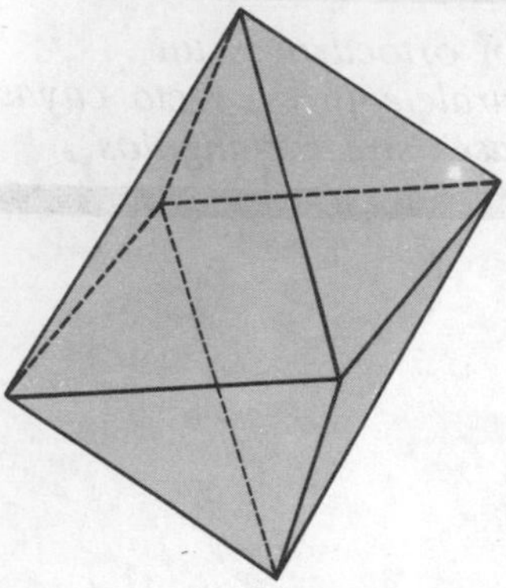

Fig. 47-22

Un cubo es un ortoedro que tiene todas las aristas iguales.

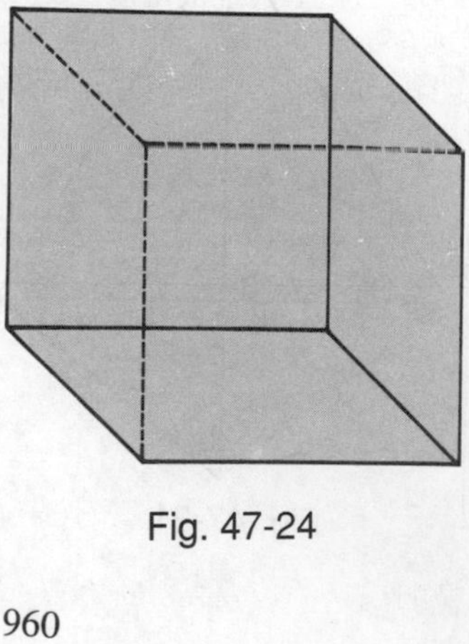

Fig. 47-24

b) **Octaedro.** Tiene cuatro caras concurrentes en un mismo vértice, tal como puede observarse en la figura 47-22. En efecto, $4 \times 60° = 240° < 360°$.

c) **Icosaedro.** Tiene cinco caras concurrentes en un mismo vértice, tal como puede observarse en la figura 47-23. En efecto, $5 \times 60° = 300° < 360°$.

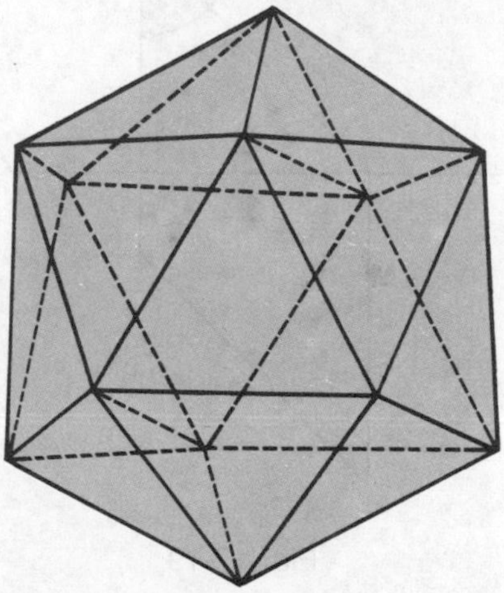

Fig. 47-23

No puede construirse ningún poliedro regular con más de cinco caras concurrentes en un mismo vértice, puesto que si tuviera seis caras tendríamos que $6 \times 60° = 360°$.

Tomando como caras cuadrados se puede construir otro poliedro regular, el hexaedro o cubo, que tiene tres caras concurrentes en un mismo vértice, tal como puede observarse en la figura 47-24. En efecto, $3 \times 90° = 270° < 360°$.

No puede construirse ningún poliedro regular con más de tres caras concurrentes en un mismo vértice, puesto que si tuviera cuatro caras tendríamos que $4 \times 90° = 360°$.

Tomando como caras pentágonos regulares se puede construir otro poliedro regular, el dodecaedro regular, que tiene tres caras concurrentes en un mismo vértice, tal como puede observarse en la figura 47-25. En efecto, $3 \times 108° = 324° < 360°$.

No puede construirse ningún poliedro regular con más de tres caras concurrentes en un mismo vértice puesto que si tuviera cuatro caras tendríamos que $4 \times 108° = 432° > 360°$.

Tampoco puede construirse ningún poliedro regular cuyas caras sean hexágonos regulares, puesto que como el número mínimo de caras concurrentes en un mismo vértice es tres, tendríamos $3 \times 120° = 360°$.

Por el mismo motivo, no puede construirse ningún otro poliedro regular con polígonos regulares de más de seis lados.

Así pues, tan sólo existen cinco poliedros regulares, que reciben sus nombres de acuerdo con el número de caras:

Tetraedro	4 caras
Hexaedro	6 caras
Octaedro	8 caras
Dodecaedro	12 caras
Icosaedro	20 caras

A continuación se muestra un esquema con el número de caras, vértices y aristas de los poliedros regulares:

Poliedro	*Caras (c)*	*Vértices (v)*	*Aristas (a)*
Tetraedro	4	4	6
Hexaedro	6	8	12
Octaedro	8	6	12
Dodecaedro	12	20	30
Icosaedro	20	12	30

Tal como puede observarse en el esquema anterior, para cada uno de los poliedros regulares se cumple la relación $c + v = a + 2$.

Esta relación es válida para cualquier poliedro convexo y recibe el nombre de relación de Euler en honor de Leonard Euler, gran matemático suizo del siglo XVIII.

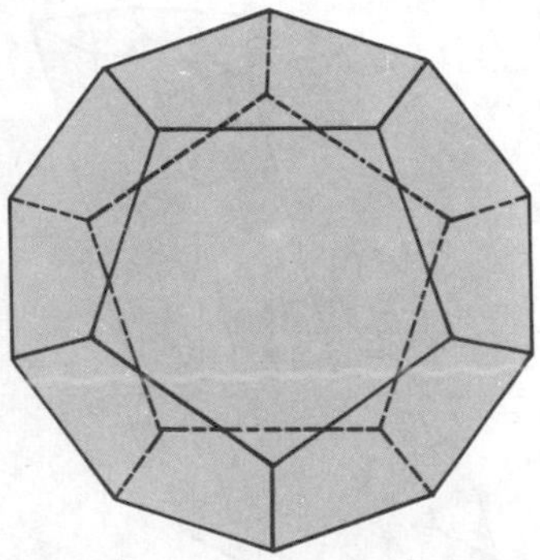

Fig. 47-25

47.3 El prisma

Se denomina prisma al poliedro limitado por varios paralelogramos y por dos polígonos iguales cuyos planos son paralelos.

Así, por ejemplo, en la figura 47-26 se representa un prisma.
Los polígonos iguales y paralelos MNP y QRS reciben el nombre de bases del prisma. Los demás paralelogramos se denominan caras del prisma. Las aristas que no pertenecen a las bases se llaman aristas laterales.

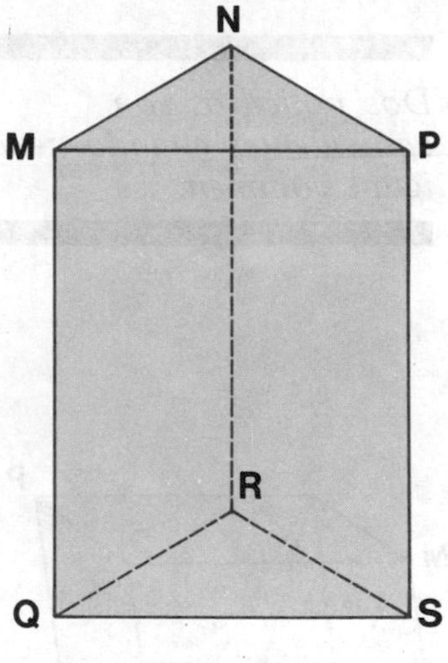

Fig. 47-26

Se dice que un prisma es recto cuando sus aristas laterales son perpendiculares a los planos de las bases. Así, por ejemplo, el prisma representado en la figura 47-26 es recto.
Se llama altura de un prisma a la distancia entre los planos de las bases. En el caso de que el prisma sea recto, la altura coincide con las aristas laterales.
Se dice que un prisma es oblicuo cuando sus aristas laterales no son perpendiculares a los planos de las bases. Así, por ejemplo, el prisma representado en la figura 47-27 es oblicuo.

Existen cinco poliedros regulares: tetraedro, hexaedro, octaedro, dodecaedro e icosaedro.

La altura de un prisma oblicuo es la perpendicular trazada desde una base a la otra o a su prolongación.
Dependiendo del número de lados de los polígonos que forman las bases, los prismas se clasifican en triangulares, cuadrangulares, pentagonales, hexagonales, etc.

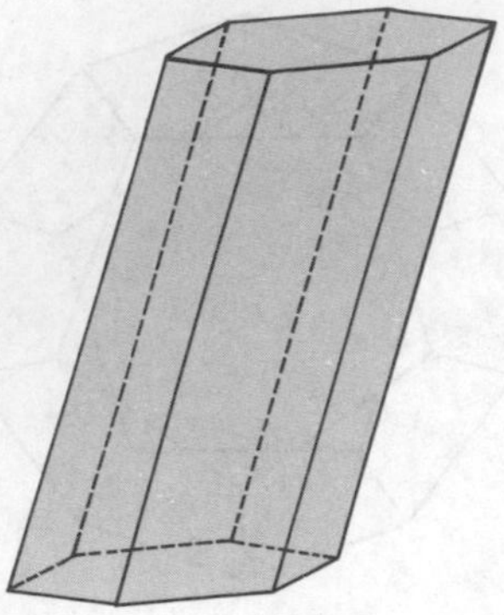

Fig. 47-27

Se llama paralelepípedo al prisma cuyas bases son paralelogramos.

Así, por ejemplo, en la figura 47-28 se ha representado un paralelepípedo.
Se dice que dos aristas de un paralelepípedo son opuestas cuando son paralelas y no pertenecen a una misma cara. Así, por ejemplo, tal como puede observarse en la figura 47-28, las aristas MR y PT son opuestas.
Se llaman vértices opuestos a los que no están situados en una misma cara. Así, por ejemplo, tal como puede observarse en la figura 47-28, los vértices N y U son opuestos.
Se denomina diagonal de un paralelepípedo al segmento que une dos vértices opuestos. Así, por ejemplo, tal como puede observarse en la figura 47-28, NU es una diagonal.

Dos poliedros son equivalentes cuando tienen igual volumen.

Se llama plano diagonal al plano determinado por dos aristas opuestas. Así, por ejemplo, tal como puede observarse en la figura 47-28, MNTU es un plano diagonal.

Se dice que un paralelepípedo es recto cuando sus aristas laterales son perpendiculares a las bases.
En el caso de que las bases de un paralelepípedo recto sean rectángulos, el paralelepípedo recibe el nombre de ortoedro.

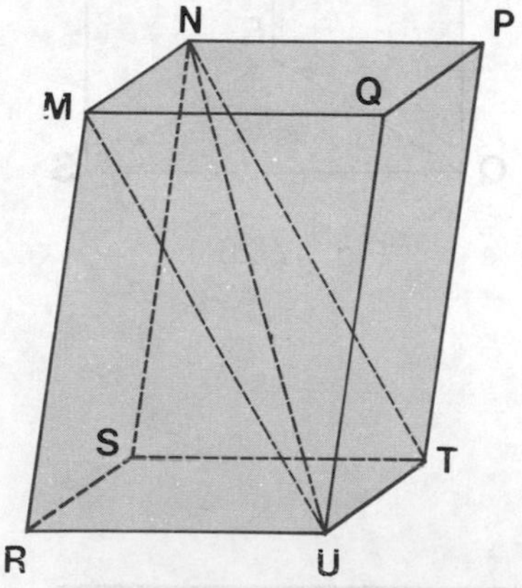

Fig. 47-28

Análogamente, un paralelepípedo se denomina romboedro cuando sus bases son rombos. Se dice que el romboedro es recto cuando sus aristas laterales son perpendiculares a las bases.

Cuando un ortoedro tiene iguales todas sus aristas se denomina hexaedro o cubo.

Se denomina sección recta de un prisma al polígono determinado por un plano perpendicular a las aristas laterales.

Así, por ejemplo, tal como puede observarse en la figura 47-29 el plano MNPQ es una sección recta del prisma oblicuo representado.

Volumen de un poliedro es la medida del espacio limitado por el cuerpo.

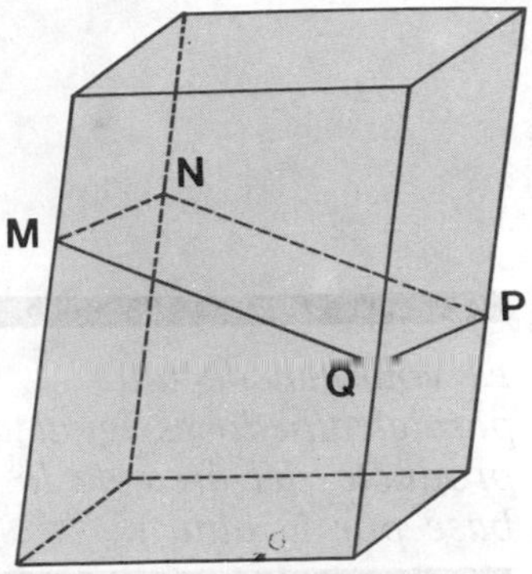

Fig. 47-29

Se dice que dos poliedros son equivalentes cuando sus volúmenes coinciden.

Dos prismas son iguales cuando tienen iguales sus caras, puesto que si sus caras son iguales también lo serán sus aristas y sus ángulos diedros.
Dos prismas rectos son iguales cuando sus bases y sus alturas son iguales.

Prisma truncado o tronco de prisma es la porción de prisma comprendida entre la base y un plano no paralelo a ella que corte a todas las aristas laterales.

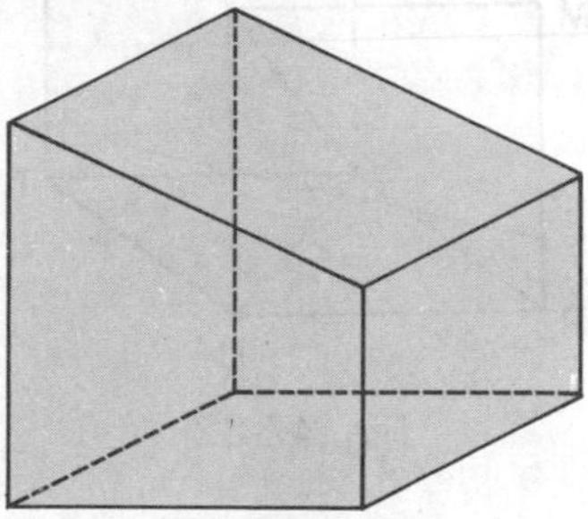
Fig. 47-30

Así, por ejemplo, en la figura 47-30, se ha representado un prisma truncado.
Prismas equivalentes son aquellos que son suma o diferencia de poliedros iguales. Los prismas equivalentes tienen el mismo volumen.

Se define el área lateral de un prisma como la suma de las áreas de las caras laterales.

Para hallar el área lateral de un prisma recto, tal como puede observarse en la figura 47-31, extendamos sobre un plano las caras

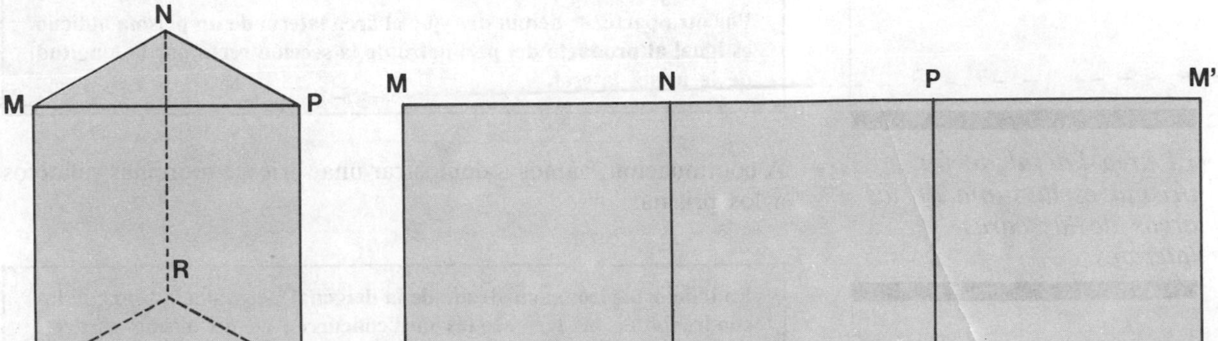

Fig. 47-31

laterales, obteniendo el rectángulo MM'Q'Q. El área de dicho rectángulo equivaldrá al área lateral del prisma. Por lo tanto, tendremos:

Área lateral del prisma = Área rectángulo MM'Q'Q = QQ'·MQ (1)

Ahora bien, QQ' = QR + RS + SQ' = Perímetro de la base del prisma (2)

Sustituyendo (2) en (1) tendremos:

Área lateral del prisma = Perímetro de la base × altura

El volumen de un paralelepípedo es igual al producto del área de la base por la altura.

Es decir, que el área lateral de un prisma recto es igual al producto del perímetro de su base por la longitud de su altura.

Si llamamos A_L al área lateral del prisma, P al perímetro y h a la altura tendremos:

$$A_L = P \cdot h$$

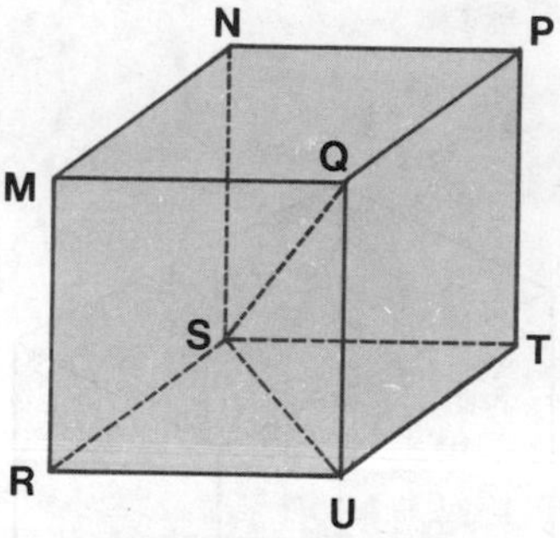

Fig. 47-32

El área total del prisma recto se obtendrá sumando al área lateral el doble del área de una de las bases.

Llamando B al área de una base y A_T al área total, tendremos:

$$A_T = A_L + 2B$$

Es decir, $A_T = P \cdot h + 2B$

Por otra parte, se demuestra que el área lateral de un prisma oblicuo es igual al producto del perímetro de la sección recta por la longitud de la arista lateral.

El área lateral de un prisma es la suma de las áreas de las caras laterales.

A continuación, vamos a demostrar una serie de teoremas relativos a los prismas:

En todo ortoedro, el cuadrado de la diagonal es igual a la suma de los cuadrados de las tres aristas que concurren en un mismo vértice.

En efecto, tal como puede observarse en la figura 47-32 supongamos por hipótesis que MNPQRSTU es un ortoedro, que NS, RS y

ST son aristas concurrentes en un vértice y que SQ es una diagonal. Se trata de demostrar que:

$$(SQ)^2 = (NS)^2 + (RS)^2 + (ST)^2$$

Para ello, tengamos en cuenta que en el triángulo rectángulo SUQ se cumple:
$(SQ)^2 = (SU)^2 + (QU)^2$ (1) por el teorema de Pitágoras.
Análogamente, en el triángulo rectángulo STU se cumple:
$(SU)^2 = (ST)^2 + (TU)^2$ (2) por el teorema de Pitágoras.
Sustituyendo (2) en (1) resulta:

$$(SQ)^2 = (ST)^2 + (TU)^2 + (QU)^2 \quad (3)$$

Ahora bien, TU = RS (4)
y QU = NS (5) por tratarse de un ortoedro.
Así pues, sustituyendo (4) y (5) en (3) resulta:
$(SQ)^2 = (NS)^2 + (RS)^2 + (ST)^2$, tal como queríamos demostrar.

El volumen de un ortoedro es igual al producto de sus tres dimensiones.

Es decir, que si las dimensiones del ortoedro son *a, b* y *c,* el volumen V viene dado por la fórmula $V = a \cdot b \cdot c$.
En el caso particular de que el ortoedro sea un cubo, como $a = b = c = 1$, tendremos que $V = 1 \cdot 1 \cdot 1 = 1^3$.

El volumen de un paralelepípedo recto es igual al producto del área de la base por la altura.

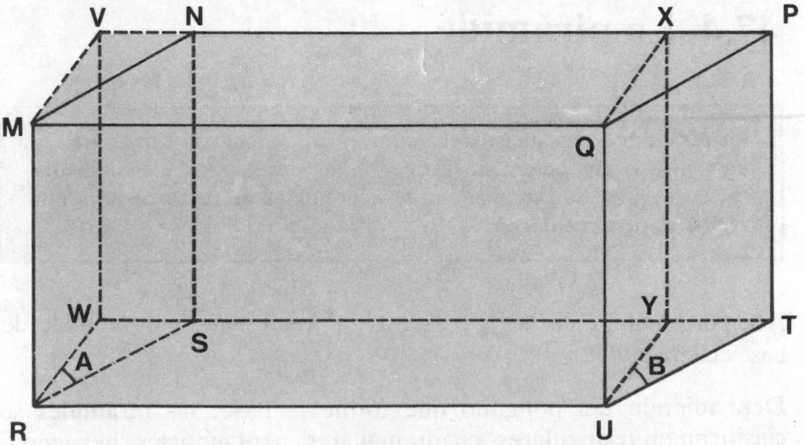

Fig. 47-33

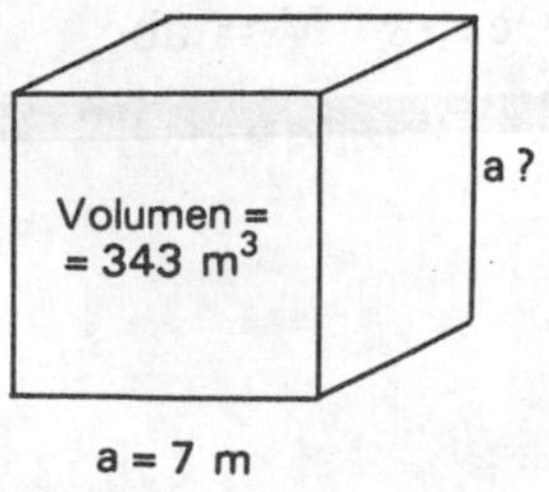

El cuadrado de la diagonal de un ortoedro es igual a la suma de los cuadrados de las tres aristas concurrentes en un mismo vértice.

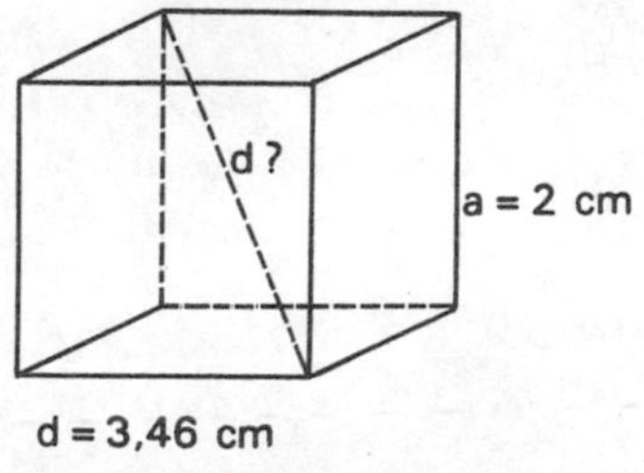

El volumen de un ortoedro de aristas a, b *y* c *es* V = abc.

En efecto, tal como puede observarse en la figura 47-33, supongamos por hipótesis que MNPQRSTU es un paralelepípedo recto de altura $MR = h$ y cuya base es el paralelogramo RSTU cuya área es B. Se trata de demostrar que $V = B \cdot h$.

Para ello, construyamos los planos UYXQ y RWVM perpendiculares a la cara MQUR formando el ortoedro VXQMWYUR, cuya base es el rectángulo RUYW y cuya altura es la misma del paralelepípedo, es decir, $MR = h$.
Así pues, tendremos:
A = B por ser ángulos con los lados paralelos.
Por otra parte, RW = UY
y RS = UT por ser lados opuestos de un paralelogramo.
Por lo tanto, los triángulos RWS y UYT son iguales por tener iguales dos lados y el ángulo comprendido entre ellos.
Así pues, los prismas triangulares MVNRWS y QXPUYT son iguales por tener iguales las bases y las alturas.
Por consiguiente, el paralelepípedo MNPQRSTU y el ortoedro VXQMWYUR son equivalentes, puesto que ambos están formados por el prisma MNXQRSYU y por prismas triangulares iguales.

Por lo tanto, $V_{MNPQRSTU} = V_{VXQMWYUR}$
Pero como $V_{VXQMWYUR} = \text{Área}_{RWYU} \cdot MR$
Tendremos: $V_{MNPQRSTU} = \text{Área}_{RWYU} \cdot MR$

Ahora bien, el rectángulo RWYU es equivalente al paralelogramo RSTU. Por consiguiente,
$V = \text{Área}_{RSTU} \cdot MR = B \cdot h$, tal como queríamos demostrar.
La fórmula que se acaba de deducir es también válida para cualquier paralelepípedo, aunque no sea recto.

47.4 La pirámide

La pirámide es un poliedro con una cara, denominada base, que es un polígono cualquiera mientras que las otras caras, denominadas caras laterales, son triángulos que se juntan en un punto común, que recibe el nombre de vértice de la pirámide.

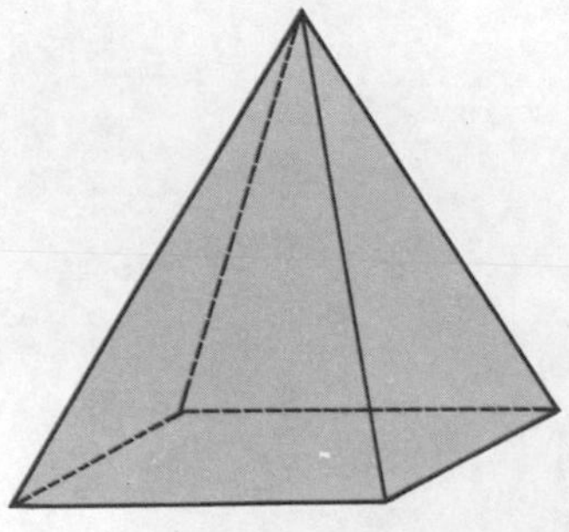
Fig. 47-34

Así, por ejemplo, en la figura 47-34, se representa una pirámide de base cuadrangular.

Dependiendo del polígono que forme la base, las pirámides se clasifican en triangulares, cuadrangulares, pentagonales, hexagonales, etc.

Se dice que una pirámide es regular cuando su base es un polígono regular y el pie de su altura coincide con el centro de la base.

Las caras laterales de una pirámide regular son triángulos isósceles iguales y la altura de cada uno de estos triángulos recibe el nombre de apotema de la pirámide.

El área lateral de una pirámide es la suma de las áreas de las caras laterales. El área total de una pirámide es la suma del área lateral y del área de la base.

Para hallar el área lateral de una pirámide regular, tal como puede observarse en la figura 47-35, extendamos sobre un plano las caras laterales.

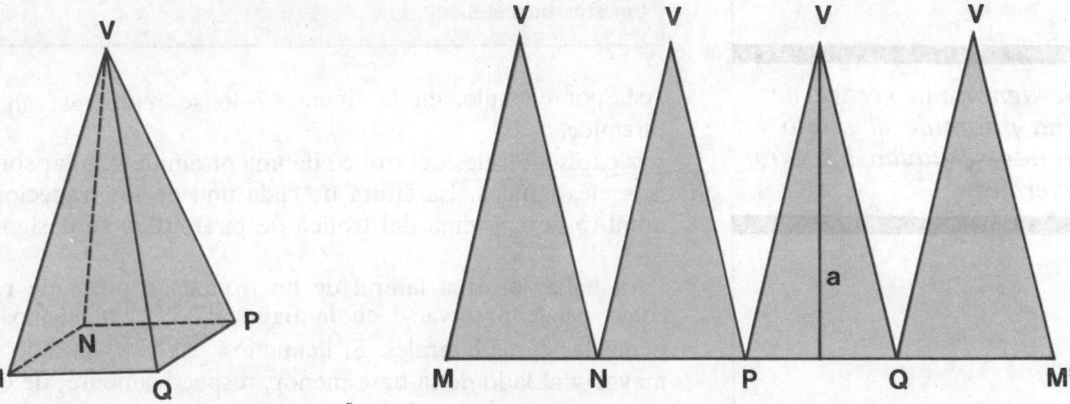

Fig. 47-35

El área lateral se obtendrá multiplicando el área de uno de los triángulos de las caras laterales por el número de caras laterales. Así pues,

$$A_L = n \times \text{área de una cara.}$$

Ahora bien, si llamamos l al lado de la base y a a la apotema de la pirámide, el área de una cara será:

$$A = l \cdot a / 2$$

Por consiguiente, el área lateral valdrá:

$$A_L = n \cdot l \cdot a/2$$

Pero como $n \cdot l = \text{perímetro} = p$, tendremos:

$$A_L = P \cdot a / 2$$

Todas las civilizaciones antiguas han construido pirámides.

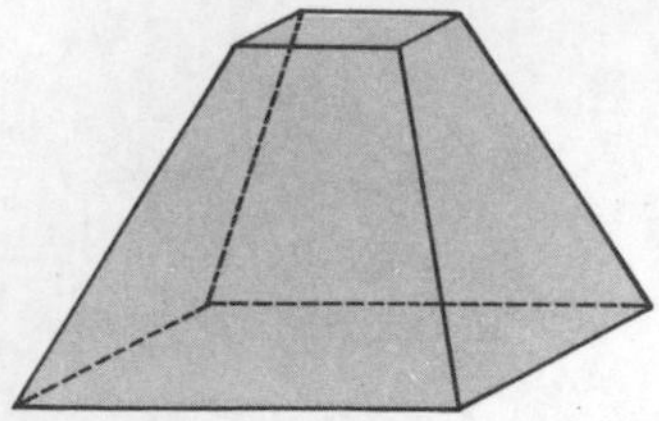

Fig. 47-36

Se denomina vértice de una pirámide al punto donde se juntan las caras laterales.

Así pues:

El área lateral de una pirámide regular es igual al semiperímetro de la base por la apotema de la pirámide.

Para hallar el área total, sumamos el área lateral y el área de la base.

Es decir, $A_T = A_L + B$

Ahora bien, $B = P \cdot a_b$, siendo P el perímetro de la base y a_b la apotema de la base.

Así pues, $A_T = P \cdot a / 2 + P \cdot a_b = P(a / 2 + a_b)$.

Se denomina tronco de pirámide a la porción de pirámide comprendida entre la base y un plano paralelo a ella que corte a todas las aristas laterales.

Así, por ejemplo, en la figura 47-36 se representa un tronco de pirámide.

Las caras laterales del tronco de una pirámide regular son trapecios isósceles iguales. La altura de cada uno de los trapecios recibe el nombre de apotema del tronco de pirámide y se designa por a_t.

Para hallar el área lateral de un tronco de pirámide regular, tal como puede observarse en la figura 47-37, extendamos sobre un plano las caras laterales. Si llamamos L y l al lado de la base mayor y al lado de la base menor, respectivamente, de cada trapecio, tendremos que el área A de cada uno de los trapecios es:

$$A = (L + l) / 2 \cdot a_t$$

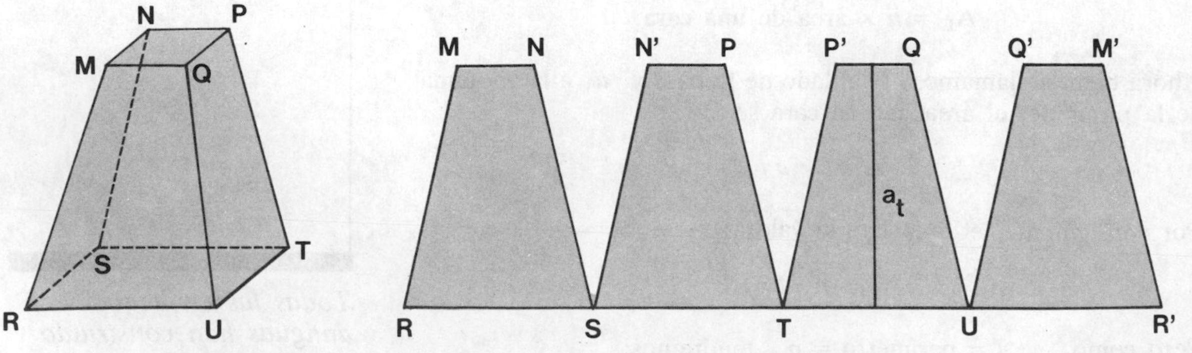

Fig. 47-37

Pero como el área lateral está formada por n trapecios iguales, resultará:

$$A_L = n \cdot A = n \cdot (L + l) / 2 \cdot a_t$$

Es decir, $A_L = (nL + nl) / 2 \cdot a_t$

Ahora bien, $nL = P$, siendo P el perímetro de la base mayor
y $nl = P$, siendo P′ el perímetro de la base menor.
Por consiguiente, $A_L = (P + P') / 2 \cdot a_t$

Una pirámide es regular si su base es un polígono regular y el pie de su altura coincide con el centro de la base.

Es decir, que el área lateral de un tronco de pirámide regular es igual a la semisuma de los perímetros de sus bases por la apotema del tronco.

Por su parte, el área total del tronco de pirámide regular es igual al área lateral más las áreas de las dos bases.

A continuación, vamos a demostrar un serie de teoremas relativos a las pirámides:

La razón entre el área de la base de una pirámide y el área de una sección paralela a ésta es igual a la razón entre los cuadrados de sus distancias al vértice.

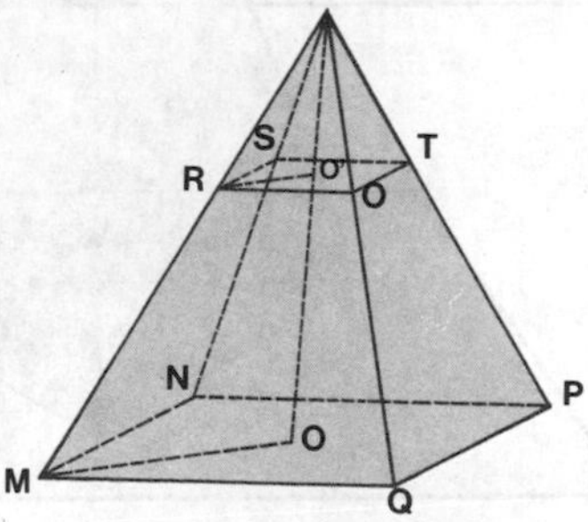

Fig. 47-38

En efecto, tal como puede observarse en la figura 47-38 supongamos por hipótesis que VMNPQ es una pirámide, que RSTU es una sección paralela a la base, que VO es la distancia del vértice a la base, que VO′ es la distancia del vértice a la sección paralela, que S es el área del polígono MNPQ y que S′ es el área del polígono RSTU.
Se trata de demostrar que $S / S' = VO^2 / VO'^2$.
Para ello, unimos O con M y O′ con R, formando los triángulos VOM y VO′R, que son semejantes por ser OM || O′R.
En los triángulos VOM y VO′R se cumple:
VM / VR = VO / VO′ (1) por ser lados homólogos de triángulos semejantes.
Ahora bien, como los triángulos VMQ y VRU son semejantes por ser RU || MQ tendremos que:
VM / VR = MQ / RU (2) por ser lados homólogos de triángulos semejantes.
Comparando (1) y (2) resulta:

$$VO / VO' = MQ / RU \quad (3)$$

El área lateral de una pirámide regular es igual al semiperímetro de su base por la apotema.

Ahora bien, $S / S' = MQ^2 / RU^2$ (4) porque la razón de las áreas de dos polígonos semejantes es igual a la razón de los cuadrados de sus lados homólogos.
Por lo tanto, comparando (3) y (4) tendremos:
$S / S' = VO^2 / VO'^2$, tal como queríamos demostrar.

Si dos pirámides tienen la misma altura y bases equivalentes, las secciones paralelas a las bases, equidistantes de los vértices, son equivalentes.

En efecto, tal como puede observarse en la figura 47-39, supongamos por hipótesis que MNPQ y RSTUV son pirámides de igual altura H y de bases equivalentes, colocadas sobre el mismo plano α, que los planos α y β son paralelos y que *h* es la distancia desde M y desde R al plano β.
Se trata de demostrar que el área N′P′Q′ = área S′T′U′V′.

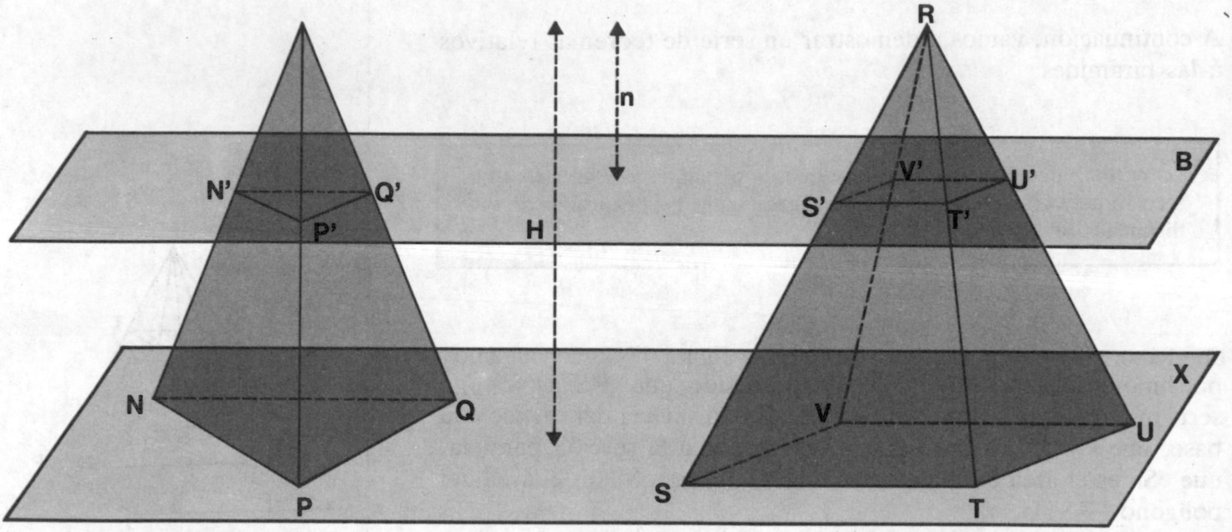

Fig. 47-39

Para ello, teniendo en cuenta que H es la altura de las dos pirámides y que *h* es la distancia desde los vértices al plano, resultará:

$$\text{Área } N'P'Q' \ / \text{ área } NPQ = h^2 / H^2 \quad (1)$$
$$\text{Área } S'T'U'V' \ / \text{ área } STUV = h^2 / H^2 \quad (2)$$

Comparando (1) y (2) tendremos:

$$\text{Área } N'P'Q' \ / \text{ área } NPQ = \text{área } S'T'U'V' \ / \text{ área } STUV$$

Ahora bien, área NPQ = área STUV por hipótesis.
Por consiguiente, área N′P′Q′ = área S′T′U′V′, tal como queríamos demostrar.

Todo tetraedro es la tercera parte de un prisma triangular de la misma base y de la misma altura.

En efecto, tal como puede observarse en la figura 47-40, supongamos por hipótesis que NQRS es un tetraedro.
Se trata de demostrar que NQRS es la tercera parte de un prisma triangular de base QRS y cuya altura sea la misma que la del tetraedro.
Para ello, por Q y S construyamos QM y SP iguales y paralelas a NR, unamos M y P con N y tracemos MP, resultando así el prisma triangular MNPQRS.
Uniendo Q con P, el prisma queda descompuesto en los tetraedros T_1 = MNPQ, T_2 = NQRS y T_3 = QNPS.

Ahora bien, los tetraedros T_1 y T_2 tienen como bases los triángulos MNP y QRS, respectivamente, que son iguales por ser las bases del prisma.
Al mismo tiempo, sus alturas trazadas desde N y Q a los planos de sus bases también son iguales por ser iguales a la altura del prisma.
Así pues, los tetraedros T_1 y T_2 son equivalentes por tener las bases y las alturas iguales.
Si consideramos los tetraedros T_1 y T_3, tomando N como vértice de ambos, sus bases son los triángulos MQP y PQS, respectivamente, que son iguales por ser mitades del paralelogramo MPSQ. Como además su altura común es la perpendicular desde N al plano MPSQ, T_1 y T_3 son equivalentes.
Por consiguiente, como los tres tetraedros son equivalentes, cada uno de ellos es la tercera parte del prisma triangular MNPQRS, tal como queríamos demostrar.

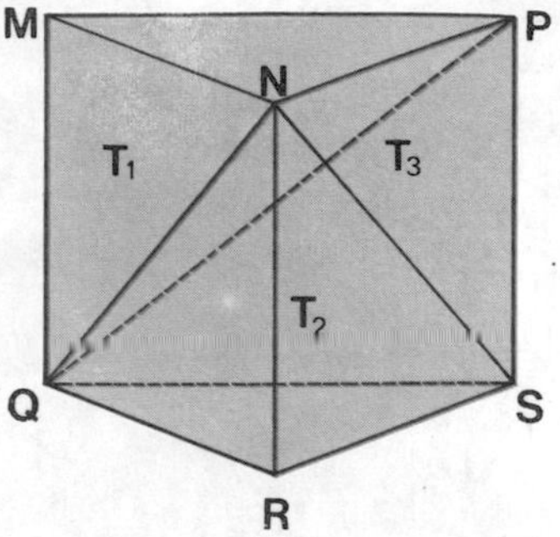

Fig. 47-40

El volumen de una pirámide es la tercera parte del producto del área de la base por la altura.

El volumen de una pirámide cualquiera es igual a la tercera parte del producto del área de la base por la altura.

En efecto, tal como puede observarse en la figura 47-41 supongamos por hipótesis que MNPQRS es una pirámide, que B es el área de la base, que h es la altura y que V es el volumen.
Se trata de demostrar que $V = B \cdot h / 3$.

Para ello, construyamos por la arista MN los planos diagonales MNQ y MNR, descomponiendo la pirámide en tres pirámides cuyas bases son los triángulos NPQ, NRQ y NSR y cuya altura h es la misma en todos ellos.

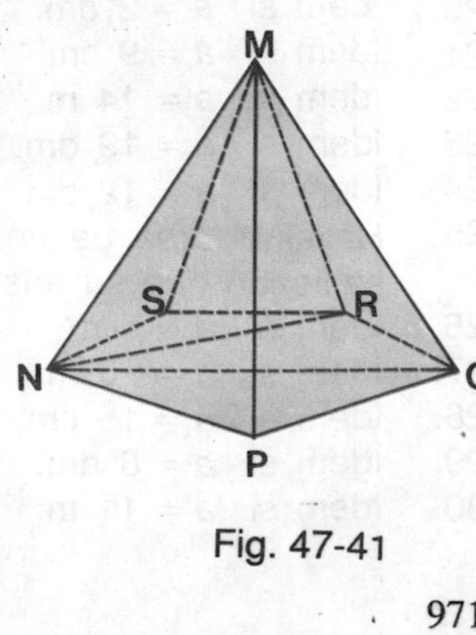

Fig. 47-41

Si llamamos B_1, B_2 y B_3 a las áreas de los triángulos anteriores tendremos que:

$$V = B_1 \cdot h / 3 + B_2 \cdot h / 3 + B_3 \cdot h / 3$$

Es decir, $V = (B_1 + B_2 + B_3) \cdot h / 2$ (1)
Ahora bien, $B_1 + B_2 + B_3 = B$ (2)

Sustituyendo (2) en (1) resulta:
$V = B \cdot h / 3$, tal como queríamos demostrar.

Problemas propuestos

1. Hallar el área de un tetraedro regular, sabiendo que su arista $a = 3$ cm.
2. Ídem si $a = 4$ m.
3. Ídem si $a = 12$ dm.
4. Ídem si $a = 7$ cm.
5. Ídem si $a = 11$ dm.
6. Ídem si $a = 14$ dm.
7. Hallar el área de un cubo sabiendo que su arista $a = 5$ cm.
8. Ídem si $a = 3$ m.
9. Ídem si $a = 9$ cm.
10. Ídem si $a = 4$ dm.
11. Ídem si $a = 8$ dm.
12. Ídem si $a = 10$ cm.
13. Hallar el área de un octaedro regular sabiendo que su arista $a = 6$ cm.
14. Ídem si $a = 16$ dm.
15. Ídem si $a = 5$ cm.
16. Ídem si $a = 2$ m.
17. Ídem si $a = 7$ dm.
18. Ídem si $a = 11$ cm.
19. Hallar el área de un dodecaedro regular sabiendo que su arista $a = 4$ cm.
20. Ídem si $a = 2$ dm.
21. Ídem si $a = 9$ cm.
22. Ídem si $a = 14$ m.
23. Ídem si $a = 19$ dm.
24. Ídem si $a = 12$ dm.
25. Hallar el área de un icosaedro regular sabiendo que su arista $a = 9$ cm.
26. Ídem si $a = 5$ m.
27. Ídem si $a = 10$ m.
28. Ídem si $a = 15$ cm.
29. Ídem si $a = 8$ dm.
30. Ídem si $a = 11$ m.
31. Hallar el valor de la arista de un tetraedro regular sabiendo que su área es $A = 209{,}58$ cm^2.
32. Ídem si $A = 43{,}30$ m^2.
33. Ídem si $A = 110{,}85$ dm^2.
34. Ídem si $A = 763{,}83$ cm^2.
35. Ídem si $A = 15{,}59$ dm^2.
36. Ídem si $A = 27.71$ m^2.
37. Hallar la arista de un cubo sabiendo que su área es $A = 294$ cm^2.
38. Ídem si $A = 150$ m^2.
39. Ídem si $A = 24$ dm^2.
40. Ídem si $A = 1.734$ m^2.
41. Ídem si $A = 726$ cm^2.
42. Ídem si $A = 1.350$ dm^2.
43. Hallar la arista de un octaedro regular sabiendo que su área es $A = 346{,}41$ cm^2.
44. Ídem si $A = 419{,}16$ m^2.
45. Ídem si $A = 1.527{,}67$ cm^2.
46. Ídem si $A = 3.329{,}00$ dm^2.
47. Ídem si $A = 1.385{,}64$ m^2.
48. Ídem si $A = 221{,}70$ dm^2.
49. Hallar la arista de un dodecaedro regular sabiendo que su área es $A = 1.672{,}30$ cm^2.
50. Ídem si $A = 2.064{,}57$ m^2.
51. Ídem si $A = 8.258{,}29$ dm^2.
52. Ídem si $A = 18.581{,}16$ cm^2.
53. Ídem si $A = 7.453{,}11$ m^2.
54. Ídem si $A = 1.011{,}64$ dm^2.
55. Hallar la arista de un icosaedro regular sabiendo que su área es $A = 77{,}94$ cm^2.
56. Ídem si $A = 866{,}03$ m^2.
57. Ídem si $A = 424{,}35$ dm^2.

58. Ídem si $A = 34{,}64\ m^2$.
59. Ídem si $A = 216{,}51\ cm^2$.
60. Ídem si $A = 544{,}26\ dm^2$.
61. Hallar el área lateral de un prisma recto si el perímetro de la base mide $P = 17$ cm y la altura mide $h = 5$ cm.
62. Ídem si $P = 15$ dm y $h = 3$ dm.
63. Ídem si $P = 12$ cm y $h = 9$ cm.
64. Ídem si $P = 7$ m y $h = 4$ m.
65. Ídem si $P = 11$ m y $h = 8$ m.
66. Ídem si $P = 13$ cm y $h = 10$ cm.
67. Hallar el área total de un paralelepípedo rectángulo sabiendo que sus tres dimensiones son $a = 3$ cm, $b = 10$ cm y $c = 7$ cm.
68. Ídem si $a = 2$ m, $b = 3$ m y $c = 7$ m.
69. Ídem si $a = 5$ dm, $b = 7$ dm y $c = 3$ dm.
70. Ídem si $a = 8$ cm, $b = 10$ cm y $c = 9$ cm.
71. Ídem si $a = 9$ m, $b = 2$ m y $c = 4$ m.
72. Ídem si $a = 9$ dm, $b = 3$ dm y $c = 8$ dm.
73. Hallar el área lateral de una pirámide regular sabiendo que el perímetro de la base mide $P = 12$ cm y que la apotema mide $a = 3$ cm.
74. Ídem si $P = 17$ m y $a = 6$ m.
75. Ídem si $P = 19$ cm y $a = 4$ cm.
76. Ídem si $P = 12$ dm y $a = 5$ dm.
77. Ídem si $P = 14$ dm y $a = 4$ dm.
78. Ídem si $P = 23$ m y $a = 10$ m.
79. Hallar el área total de una pirámide regular cuadrada sabiendo que el lado de la base mide $l = 4$ cm y que la apotema de la pirámide mide $a = 4$ cm.
80. Ídem si $l = 5$ m y $a = 9$ m.
81. Ídem si $l = 6$ cm y $a = 2$ cm.
82. Ídem si $l = 10$ dm y $a = 9$ dm.
83. Ídem si $l = 2$ m y $a = 3$ m.
84. Ídem si $l = 4$ dm y $a = 7$ dm.
85. Hallar el volumen de un cubo sabiendo que su arista mide $a = 3$ cm.
86. Ídem si $a = 5$ m.
87. Ídem si $a = 4$ dm.
88. Ídem si $a = 15$ cm.
89. Ídem si $a = 14$ dm.
90. Ídem si $a = 11$ m.
91. Ídem si $a = 9$ m.
92. Ídem si $a = 45$ cm.
93. Ídem si $a = 31$ cm.
94. Ídem si $a = 19$ m.
95. Ídem si $a = 29$ cm.
96. Ídem si $a = 24$ cm.
97. Hallar el volumen de un paralelepípedo rectángulo sabiendo que sus tres dimensiones son $a = 10$ cm, $b = 2$ cm y $c = 3$ cm.
98. Ídem si $a = 9$ m, $b = 7$ m y $c = 5$ m.
99. Ídem si $a = 4$ dm, $b = 9$ dm y $c = 4$ dm.
100. Ídem si $a = 1$ dm, $b = 3$ dm y $c = 5$ dm.
101. Ídem si $a = 4$ cm, $b = 4$ cm y $c = 1$ cm.
102. Ídem si $a = 5$ m, $b = 3$ m y $c = 4$ m.
103. Ídem si $a = 6$ dm, $b = 8$ dm y $c = 3$ dm.
104. Ídem si $a = 4$ cm, $b = 4$ cm y $c = 9$ cm.
105. Ídem si $a = 2$ m, $b = 2$ m y $c = 5$ m.
106. Ídem si $a = 2$ dm, $b = 1$ dm y $c = 1$ dm.
107. Ídem si $a = 4$ cm, $b = 2$ cm y $c = 9$ cm.
108. Ídem si $a = 8$ m, $b = 5$ m y $c = 9$ m.
109. Hallar el volumen de una pirámide regular sabiendo que el área de la base es $A = 12\ cm^2$ y que la altura es $h = 5$ cm.
110. Ídem si $A = 6\ cm^2$ y $h = 3$ cm.
111. Ídem si $A = 9\ dm^2$ y $h = 9$ dm.
112. Ídem si $A = 12\ m^2$ y $h = 4$ m.
113. Ídem si $A = 9\ dm^2$ y $h = 8$ dm.
114. Ídem si $A = 6\ cm^2$ y $h = 10$ cm.
115. Ídem si $A = 9\ dm^2$ y $h = 6$ dm.
116. Ídem si $A = 15\ dm^2$ y $h = 2$ dm.
117. Ídem si $A = 12\ cm^2$ y $h = 7$ cm.
118. Ídem si $A = 15\ m^2$ y $h = 14$ m.
119. Ídem si $A = 24\ dm^2$ y $h = 6$ dm.
120. Ídem si $A = 12\ cm^2$ y $h = 7$ cm.

Soluciones

1. Solución: 15, 59 cm^2.
2. S.: 27,71 m^2.
3. S.: 249,42 dm^2.
4. S.: 84,87 cm^2.
5. S.: 209,58 dm^2.
6. S.: 339,48 dm^2
7. S.: 150 cm^2.
8. S.: 54 m^2.
9. S.: 486 cm^2.
10. S.: 96 dm^2.
11. S.: 384 dm^2.
12. S.: 600 cm^2.

13. S.: 124,71 cm^2.
14. S.: 886,81 dm^2.
15. S.: 86,60 cm^2.
16. S.: 13,86 m^2.
17. S.: 169,74 dm^2.
18. S.: 419,16 cm^2.
19. S.: 330,33 cm^2.
20. S.: 82,58 dm^2.
21. S.: 1.672,30 cm^2.
22. S.: 4.046,56 m^2.
23. S.: 7.453,11 dm^2.
24. S.: 2.972,98 dm^2.
25. S.: 701,48 cm^2.
26. S.: 216,51 m^2.
27. S.: 866,03 m^2.
28. S.: 1.948,56 cm^2.
29. S.: 554,26 dm^2.
30. S.: 1.047,89 m^2.
31. S.: 11 cm.
32. S.: 5 m.
33. S.: 8 dm.
34. S.: 21 cm.
35. S.: 3 dm.
36. S.: 4 m.
37. S.: 7 cm.
38. S.: 5 m.
39. S.: 2 dm.
40. S.: 17 m.
41. S.: 11 cm.
42. S.: 15 dm.
43. S.: 10 cm.
44. S.: 11 m.
45. S.: 21 cm.
46. S.: 31 dm.
47. S.: 20 m.
48. S.: 8 dm.
49. S.: 9 cm.
50. S.: 10 m.
51. S.: 20 dm.
52. S.: 30 cm.
53. S.: 19 m.
54. S.: 7 dm.
55. S.: 3 cm.
56. S.: 10 m.
57. S.: 7 dm.
58. S.: 2 m.
59. S.: 5 cm.
60. S.: 8 dm.
61. S.: 85 cm^2.
62. S.: 45 dm^2.
63. S.: 108 cm^2.
64. S.: 28 m^2.
65. S.: 88 m^2.
66. S.: 130 cm^2.
67. S.: 242 cm^2.
68. S.: 82 m^2.
69. S.: 142 dm^2.
70. S.: 484 cm^2
71. S.: 124 m^2.
72. S.: 246 dm^2.
73. S.: 18 cm^2.
74. S.: 51 m^2.
75. S.: 38 cm^2.
76. S.: 30 dm^2.
77. S.: 28 dm^2.
78. S.: 115 m^2.
79. S.: 48 cm^2.
80. S.: 115 m^2.
81. S.: 60 cm^2.
82. S.: 280 dm^2.
83. S.: 16 m^2.
84. S.: 72 dm^2.
85. S.: 27 cm^3.
86. S.: 125 m^3.
87. S.: 64 dm^3.
88. S.: 3.375 cm^3.
89. S.: 2.744 dm^3.
90. S.: 1.331 m^3.
91. S.: 729 m^3.
92. S.: 91.125 cm^3.
93. S.: 29.791 cm^3.
94. S.: 6.859 m^3.
95. S.: 24.389 cm^3.
96. S.: 13.824 cm^3.
97. S.: 60 cm^3
98. S.: 315 m^3
99. S.: 144 dm^3.
100. S.: 15 dm^3.
101. S.: 16 cm^3.
102. S.: 60 m^3.
103. S.: 144 dm^3.
104. S.: 144 cm^3.
105. S.: 20 m^3
106. S.: 2 dm^3.
107. S.: 72 cm^3.
108. S.: 360 m^3
109. S.: 20 cm^3.
110. S.: 6 cm^3.
111. S.: 27 dm^3.
112. S.: 16 m^3.
113. S.: 24 dm^3.
114. S.: 20 cm^3.
115. S.: 18 dm^3
116. S.: 10 dm^3.
117. S.: 28 cm^3.
118. S.: 70 m^3.
119. S.: 48 dm^3.
120. S.: 28 cm^3.

Cuerpos de revolución

48

Introducción histórica

Blaise Pascal (1623-1662) fue un niño prodigio, que de modo totalmente autodidacta redescubrió 32 de las proposiciones de los *Elementos* de Euclides en su más tierna infancia. A la edad de 16 años publicó un *Ensayo sobre las cónicas* que lo consagró como el pionero de los métodos de la Geometría moderna.

48.1 Definiciones

Se denomina superficie de revolución a la superficie engendrada por una línea, llamada generatriz, que gira alrededor de una recta llamada eje.

Así, por ejemplo, tal como puede observarse en la figura 48-1, la línea $PP'P''P'''$ engendra una superficie de revolución al girar alrededor del eje YY', ya que al girar los puntos P, P', P'' y P''' engendran circunferencias de centros O, O', O'' y O''', respectivamente.
Si la superficie $OPP'P''P'''O'''$ gira alrededor del eje YY' se obtiene un cuerpo de revolución.
En este capítulo estudiaremos algunas de las superficies de revolución más importantes históricamente, tales como la superficie cilíndrica, la cónica y la esférica.
La superficie cilíndrica, tal como puede observarse en la figura 48-2, se puede suponer que es la engendrada por una recta que gira paralela a un eje.

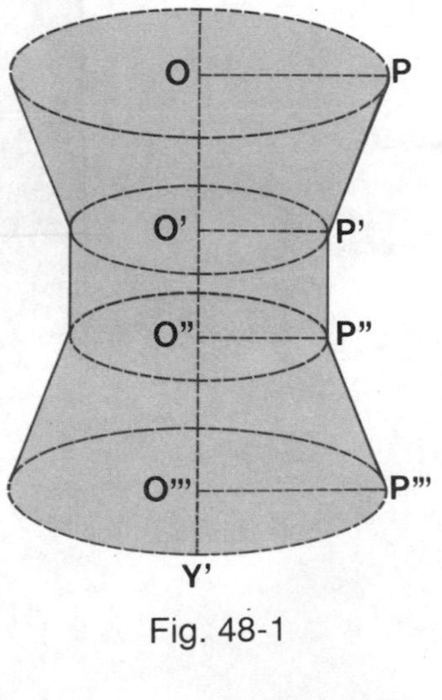

Fig. 48-1

La superficie esférica puede considerarse engendrada por una semicircunferencia que gira alrededor de su diámetro.

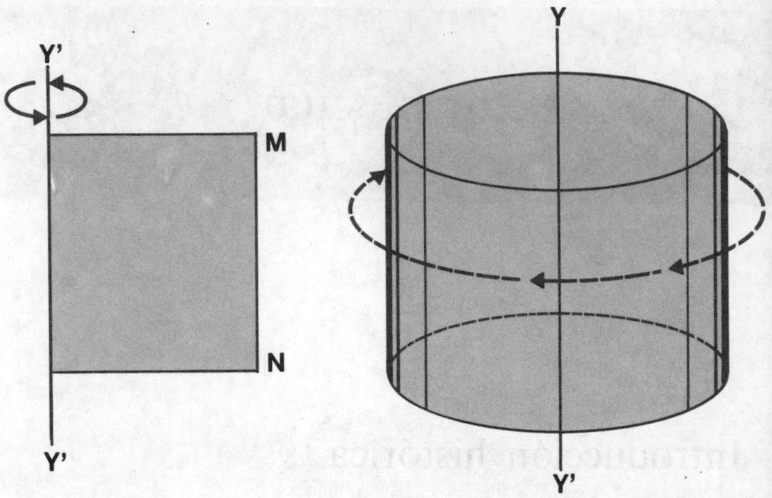

Fig. 48-2

Igualmente, la superficie cónica, tal como puede observarse en la figura 48-3, se puede imaginar por una semirrecta no perpendicular al eje YY', uno de cuyos extremos está en el eje, y que gira alrededor de él.

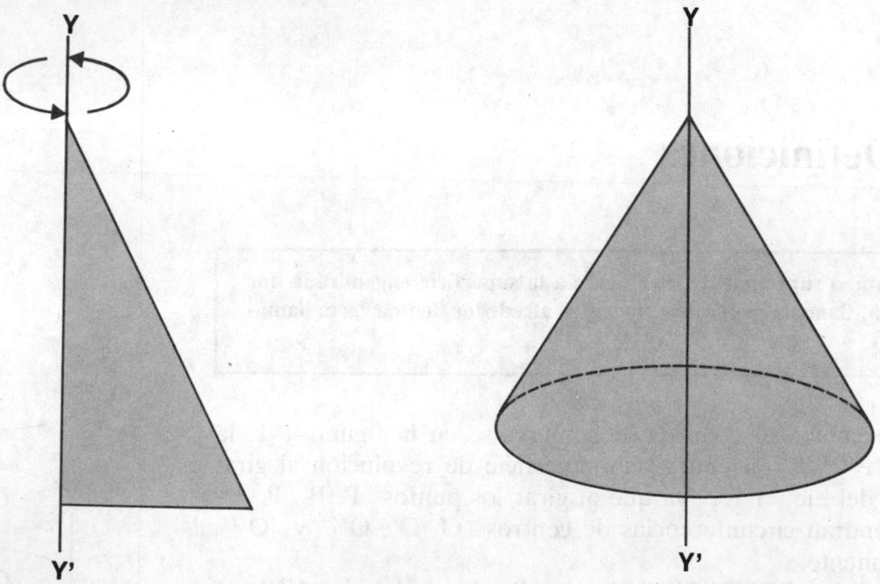

Fig. 48-3

La superficie esférica, tal como puede observarse en la figura 48-4, se puede suponer que es la engendrada por una semicircunferencia que gira alrededor de su diámetro.
Los cuerpos de revolución limitados por estas tres superficies reciben, respectivamente, los nombres de cilindro, cono y esfera.

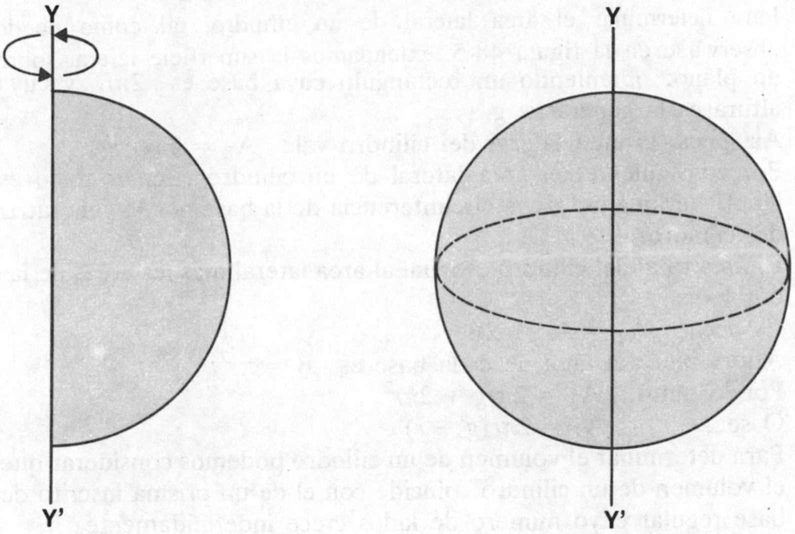

Fig. 48-4

48.2 El cilindro

Se denomina cilindro circular recto a la porción de espacio limitada por una superficie cilíndrica de revolución y dos planos perpendiculares al eje.
Las secciones producidas por dichos planos son dos círculos que reciben el nombre de bases del cilindro. La distancia entre las bases se denomina altura del cilindro.

El cilindro puede también considerarse como engendrado por la revolución de un rectángulo alrededor de uno de sus lados. El lado que engendra la superficie cilíndrica se denomina generatriz.

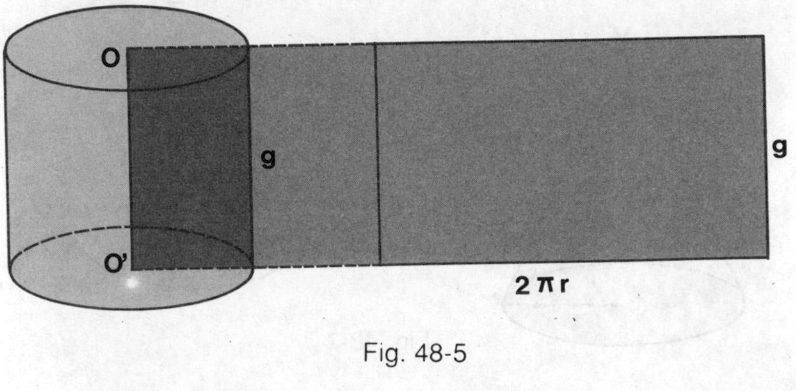

Fig. 48-5

El volumen de un cilindro es $\pi r^2 g$.

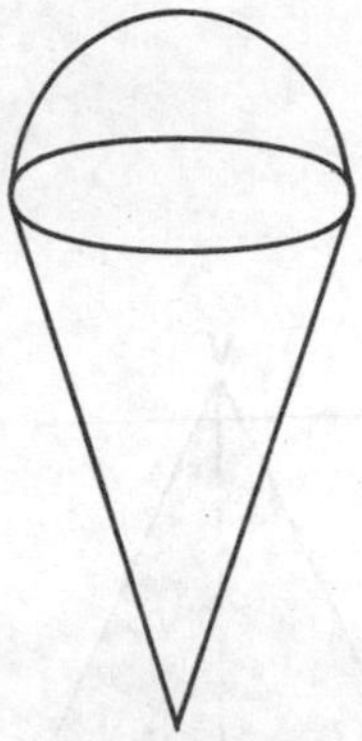
Cucurucho de helado = cono

El volumen de un cono es $\frac{1}{3} \pi r^2 h$.

El área lateral de un cilindro, tal como puede observarse en la figura 48-5, extendamos la superficie lateral sobre un plano, obteniendo un rectángulo cuya base es $2\pi r$ y cuya altura es la generatriz g.

El área lateral de un cilindro circular recto es igual a la longitud de la circunferencia de la base por la generatriz del cilindro.

Así pues, el área lateral del cilindro vale $A_L = 2\pi r \cdot g$.

Por consiguiente, el área lateral de un cilindro circular recto es igual a la longitud de la circunferencia de la base por la generatriz del cilindro.

El área total del cilindro es igual al área lateral más las áreas de las dos bases.

Es decir, $A_T = A_L + 2B$.

Ahora bien, el área de cada base es $B = \pi r^2$.

Por lo tanto, $A_T = 2\pi rg + 2\pi r^2$

O sea, $A_T = 2\pi r(g + r)$

Para determinar el volumen de un cilindro podemos considerar que el volumen de un cilindro coincide con el de un prisma inscrito de base regular cuyo número de lados crece indefinidamente.

Como el volumen del prisma es igual al producto del área de la base por la altura, el volumen del cilindro será igual al área del círculo de la base por la generatriz. Es decir, $V = \pi r^2 g$, ya que la altura coincide con la generatriz.

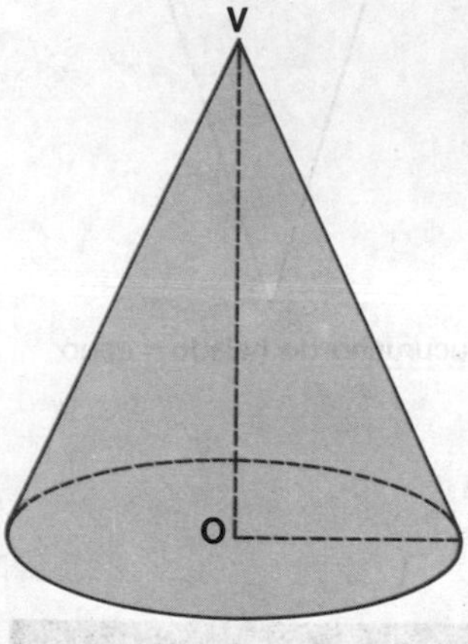

Fig. 48-6

48.3 El cono

Se denomina cono circular recto a la porción de espacio limitada por una superficie cónica de revolución y un plano perpendicular al eje.

Así, tal como puede observarse en la figura 48-6, VO es la altura del cono, OP es el radio de la base del cono y VP es la generatriz. Para determinar el área lateral de un cono, extendemos su superficie lateral sobre un plano, tal como puede observarse en la figura 48-7, obteniendo un sector circular cuyo arco es igual a la circunferencia de la base del cono.

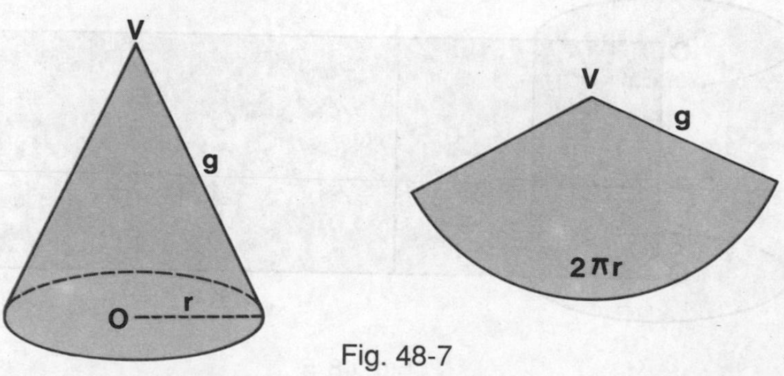

Fig. 48-7

Ahora bien, como el área de un sector circular es igual al semiproducto de la longitud de su arco por la longitud del radio, tendremos:

$$A_L = 1 / 2 \cdot 2\pi r \cdot g = \pi r g$$

Por consiguiente, el área lateral de un cono circular recto es igual al producto de la semicircunferencia de la base por la generatriz.

El área total del cono es igual al área lateral más el área de la base,

es decir, $A_T = A_L + B$ (1)

Ahora bien, como $A_L = \pi r g$ (2)

y $B = \pi r^2$ (3)

Sustituyendo (2) y (3) en (1) resulta:

$$A_T = \pi r g + \pi r^2 = \pi r(g + r)$$

Para hallar el volumen de un cono basta con considerar que coincide con el volumen de una pirámide inscrita de base regular cuyo número de lados aumenta indefinidamente. Ahora bien, como el volumen de una pirámide es la tercera parte del producto del área de la base por la altura, en el caso del cono tendremos:

$$V = 1 / 3 \cdot \pi r^2 \cdot h$$

Se denomina tronco de cono a la porción de cono circular recto comprendida entre la base y un plano paralelo a ella.

Los dos círculos que limitan el tronco de cono reciben el nombre de bases, la distancia entre las bases se llama altura y la parte de generatriz del cono es la generatriz del tronco de cono.

Un tronco de cono circular se puede suponer que está engendrado por la revolución de un trapecio rectángulo que gira alrededor del lado perpendicular a las bases.

Así, por ejemplo, en la figura 48-8 se ha representado un tronco de cono.

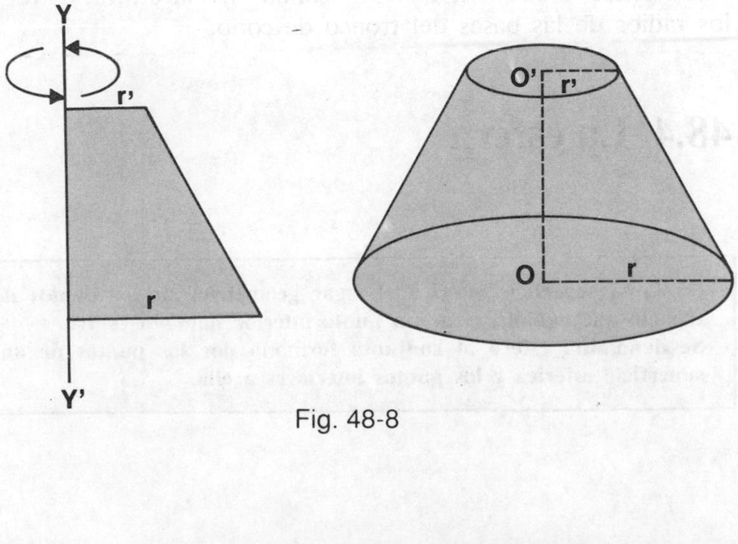

Fig. 48-8

El área lateral de un cono circular recto es πrg.

Pantalla = tronco de cono

El volumen de una esfera es

$$\frac{4}{3}\pi r^3.$$

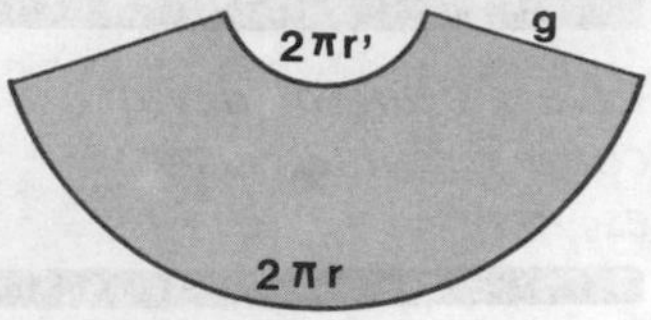

Fig. 48-9

Zona esférica es la porción de esfera obtenida al cortar una esfera por dos planos paralelos.

Para determinar el área lateral de un tronco de cono, extendamos su superficie lateral sobre un plano, tal como puede observarse en la figura 48-9.

Tal como puede observarse, el tronco de cono sería el límite al que tendería un tronco de pirámide regular inscrito, cuya apotema sea a. Llamando P y P′ a los perímetros de las bases del tronco de pirámide, tendremos:

$$A_L = (P + P') \cdot a / 2 \qquad (1)$$

Ahora bien, en el caso del tronco de cono:

$$P = 2\pi r$$
$$P' = 2\pi r'$$

y

$$a = g$$

Por lo tanto, sustituyendo los valores anteriores en (1) resulta:

$$A_L = (2\pi r + 2\pi r') \cdot g / 2$$

Es decir, $A_L = 2\pi(r + r') \cdot g / 2$

O sea, $A_L = \pi g(r + r')$

Para hallar el área total del tronco de cono, bastará con sumar al área lateral las áreas de las bases.

Es decir, $A_T = A_L + B + B' \qquad (1)$

Ahora bien, $A_L = \pi g(r + r')$

$B = \pi r^2$

$B' = \pi r'^2$

Sustituyendo estos valores en (1) resulta:

$$A_T = \pi g(r + r') + \pi r^2 + \pi r'^2$$

Es decir, $A_T = \pi g(r + r') + \pi(r^2 + r'^2)$

De modo análogo se demuestra que el volumen del tronco de cono vale $h(\pi R^2 + \pi r^2 + \pi R r) / 3$, siendo h la altura y R y r los radios de las bases del tronco de cono.

48.4 La esfera

Se llama superficie esférica al lugar geométrico de los puntos del espacio que equidistan de un punto interior llamado centro.
Se denomina esfera al conjunto formado por los puntos de una superficie esférica y los puntos interiores a ella.

Se llama radio a la distancia que hay desde el centro hasta un punto de la superficie.
En el caso de que la distancia de un punto al centro de la esfera sea menor que el radio, diremos que el punto es interior a la esfera, mientras que si la distancia de un punto al centro de la esfera es mayor que el radio diremos que el punto es exterior a la esfera.
Cualquier recta que pasa por el centro de la esfera recibe el nombre de diámetro, mientras que cualquier plano que pase por el centro de la esfera recibe el nombre de plano diametral. Todo plano diametral divide a la esfera en dos partes iguales llamadas hemisferios o semiesferas.
Una recta recibe el nombre de secante, tangente o exterior a una esfera dependiendo de que tenga, respectivamente, dos puntos comunes, un punto común o ningún punto en común con ella.
Análogamente, tal como puede observarse en la figura 48-10, si la distancia del centro de la esfera a un plano α es menor que el radio, se dice que el plano es secante. En el caso de que el plano β pase por el centro, la intersección del plano con la esfera recibe el nombre de círculo máximo.

Casquete esférico es cada una de las partes obtenidas al cortar una esfera por un plano secante.

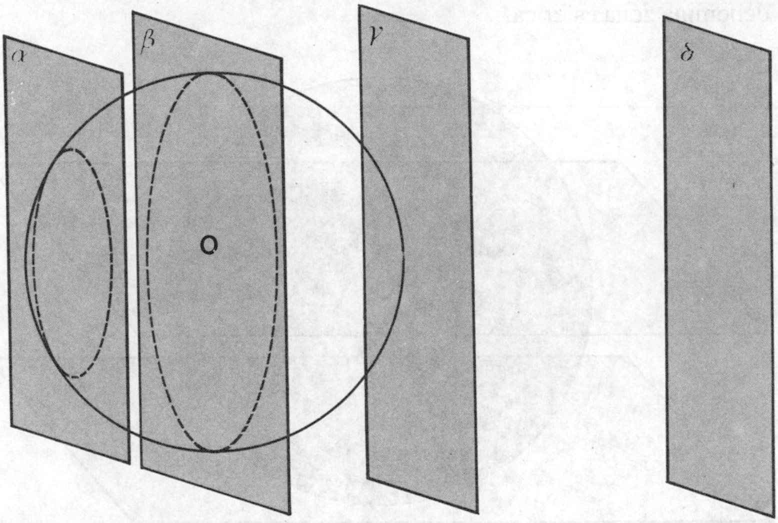

Fig. 48-10

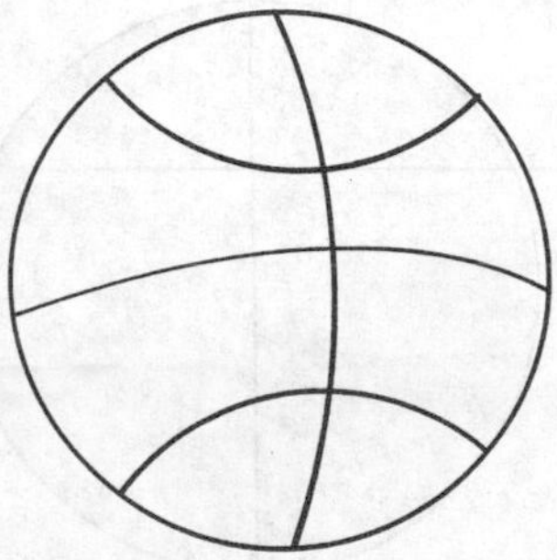

Esfera = pelota de baloncesto

Si la distancia del centro de la esfera al plano γ es igual al radio, el plano tiene un único punto en común con la esfera y recibe el nombre de plano tangente. El punto común se llama punto de contacto.
Por último, si la distancia del centro al plano δ es mayor que el radio, el plano es exterior y no tiene ningún punto en común con la esfera.

De modo similar, dos esferas pueden ser también secantes, tangentes o exteriores entre sí.

Si se corta una esfera por un plano secante, tal como puede observarse en la figura 48-11, cada una de las dos porciones resultantes recibe el nombre de casquete esférico.

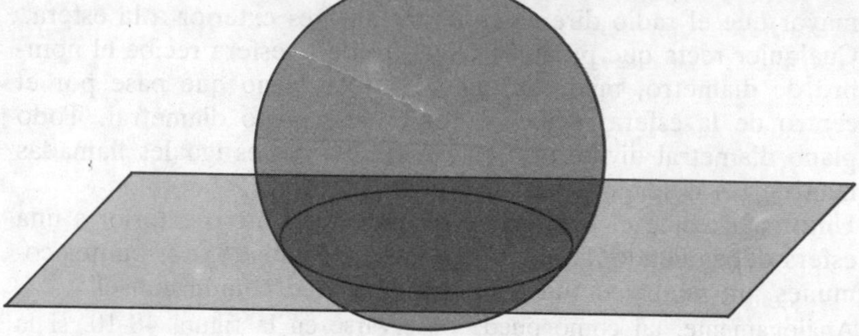

Fig. 48-11

Si se corta una esfera por dos planos paralelos, tal como puede observarse en la figura 48-12, la porción de esfera resultante se denomina zona esférica.

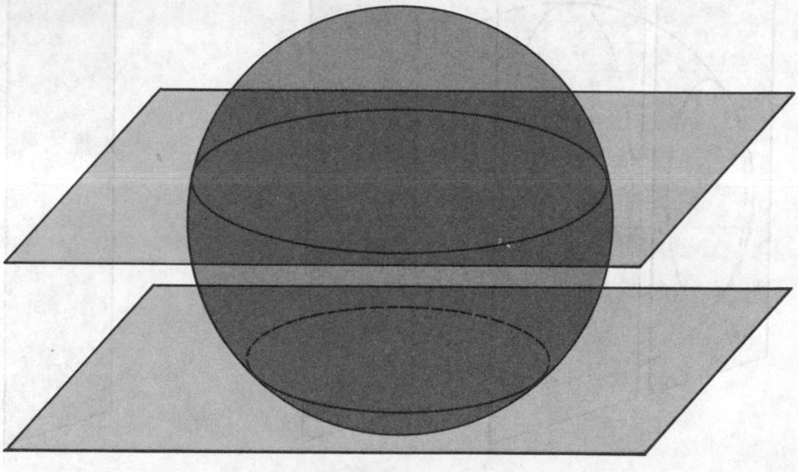

Fig. 48-12

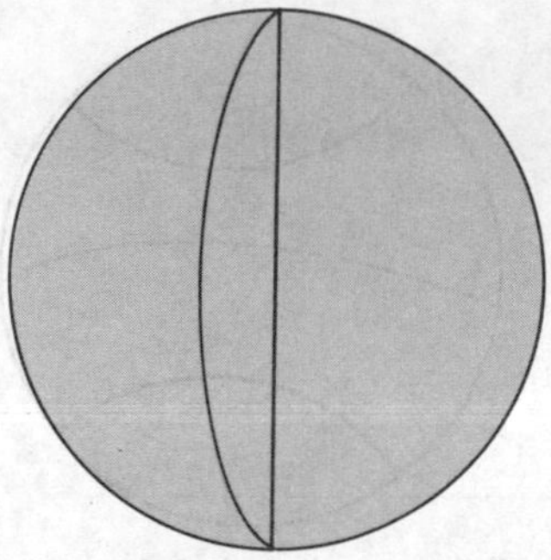

Fig. 48-13

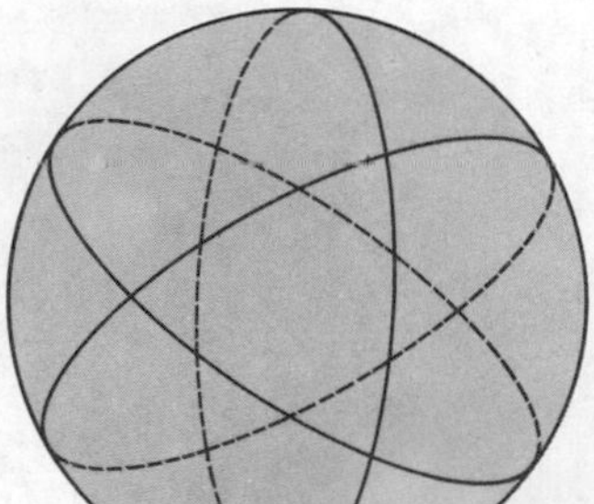

Fig. 48-14

Si se consideran dos semicírculos máximos del mismo diámetro, tal como puede observarse en la figura 48-13, se denomina huso esférico a la porción de superficie esférica limitada por los dos semicírculos máximos. La porción de esfera limitada por los dos semicírculos máximos recibe el nombre de cuña esférica.

Se denomina distancia esférica entre dos puntos de una superficie esférica al menor de los arcos de círculo máximo que pasa por ellos y, por lo tanto, es la distancia más corta entre dos puntos sobre la superficie esférica.

Tal como puede observarse en la figura 48-14, se llama triángulo esférico a la porción de superficie esférica limitada por tres arcos de círculo máximo.

Se denomina ángulo esférico en un punto al formado por dos arcos de círculo máximo.

Para hallar el volumen de una esfera utilizaremos el principio de Cavalieri: «Si al cortar dos cuerpos por un sistema de planos paralelos se obtienen figuras de la misma área, los dos cuerpos tienen el mismo volumen.»

Así pues, tal como puede observarse en la figura 48-15, consideremos una esfera de radio r y el cilindro circunscrito.

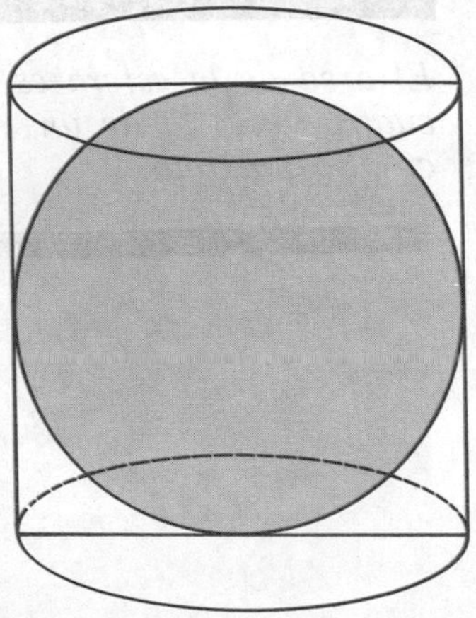

Fig. 48-15

Si llamamos V al volumen de la esfera, V_1 al volumen del cilindro y V_2 al volumen del espacio comprendido entre la esfera y el cilindro, tendremos:

$$V = V_1 + V_2$$

siendo $V_1 = \pi r^2 \cdot 2r = 2\pi r^3$

Para determinar V_2, tal como puede observarse en la figura 48-16, cortemos la figura por planos paralelos a las bases del cilindro, obteniendo coronas circulares cuyas áreas son del tipo:

$\pi R^2 - \pi r^2 = \pi(R^2 - r^2) = \pi y^2$ siendo y la distancia desde el centro hasta el plano.

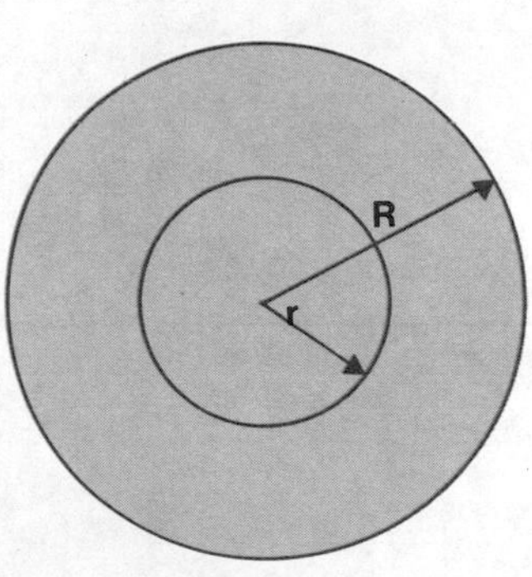

Fig. 48-16

Ahora bien, tal como puede observarse en la figura 48-17, si consideramos el cono de vértice el centro de la esfera y de base la de cilindro, tendremos que el área de la sección a la distancia y es πx^2 siendo x el radio de la sección.

Pero como los triángulos MON y POQ son semejantes, tendremos:

$$y / r = x / r$$

Por lo tanto, $y = x$

Así pues, el área de la corona circular, πy^2, y el área de la sección del cono, πx^2, coinciden.

Empleando el principio de Cavalieri, tendremos que el volumen V_2 comprendido entre la esfera y el cilindro coincide con la suma de los volúmenes de los dos conos que tienen como vértice el centro de la esfera y como bases las del cilindro.

Por consiguiente, el volumen de cada uno de estos conos es

$$V = \pi r^2 / 3 \cdot r = \pi r^3 / 3$$

Es decir, que el volumen de los dos conos será $V_2 = 2\pi r^3 / 3$

Por lo tanto, el volumen de la esfera será:

$$V = V_1 - V_2 = 2\pi r^3 - 2\pi r^3 / 3 = 4\pi r^3 / 3$$

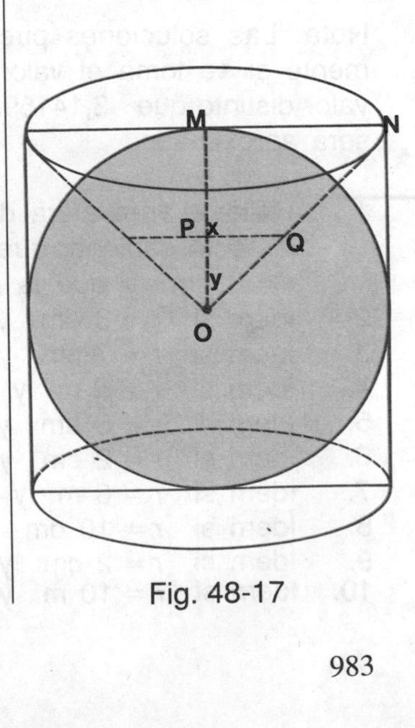

Fig. 48-17

El área de la esfera es cuatro veces la de un círculo máximo.

La determinación de la superficie de la esfera no resulta tan fácil como la de las figuras del espacio que se han estudiado hasta ahora, puesto que la esfera no puede extenderse sobre un plano como el cilindro y el cono.

Un método para hallar el área de la esfera consiste en suponerla dividida en muchas pirámides pequeñísimas, como si fuera un brillante tallado en muchas facetas, todas ellas con el vértice situado en el centro de la esfera y las bases dispuestas de tal manera que formen un poliedro inscrito con un gran número de caras.

Aumentando indefinidamente el número de caras, el volumen del poliedro tenderá al de la esfera y la altura tenderá al radio de la esfera.

Así pues, la suma de los volúmenes de todas las pirámides tenderá al volumen de una pirámide que tenga por altura el radio r de la esfera y por base la superficie S de la esfera. Por lo tanto, tendremos:

$$V = S \cdot r / 3 \qquad (1)$$

Pero como el volumen de la esfera es $V = 4\pi r^3 / 3 \qquad (2)$

Igualando (1) y (2) resultará:

$$S \cdot r / 3 = 4\pi r^3 / 3$$

O sea, $S \cdot r = 4\pi r^3$

Es decir, $S = 4\pi r^2$

Por consiguiente, el área de la esfera es cuatro veces la de un círculo máximo.

Problemas propuestos

Nota: Las soluciones pueden variar ligeramente si se toma el valor de π con otro valor distinto que 3,1415927. En todo caso será aproximado.

1. Hallar el área lateral de un cilindro circular recto, sabiendo que el radio de la base $r = 8$ cm y que la altura $h = 8$ cm.
2. Ídem si $r = 8$ dm y $h = 9$ dm.
3. Ídem si $r = 7$ cm y $h = 7$ cm.
4. Ídem si $r = 5$ m y $h = 7$ m.
5. Ídem si $r = 3$ dm y $h = 6$ dm.
6. Ídem si $r = 2$ cm y $h = 6$ cm.
7. Ídem si $r = 6$ m y $h = 9$ m.
8. Ídem si $r = 10$ dm y $h = 7$ dm.
9. Ídem si $r = 2$ cm y $h = 7$ cm.
10. Ídem si $r = 10$ m y $h = 6$ m.
11. Hallar el área lateral de un cono circular recto, sabiendo que el radio de la base $r = 8$ cm y que la generatriz $g = 4$ cm.
12. Ídem si $r = 7$ m y $g = 8$ m.
13. Ídem si $r = 7$ cm y $g = 10$ cm.
14. Ídem si $r = 9$ m y $g = 4$ m.
15. Ídem si $r = 4$ dm y $g = 5$ dm.
16. Ídem si $r = 5$ cm y $g = 4$ cm.
17. Ídem si $r = 8$ m y $g = 6$ m.
18. Ídem si $r = 2$ cm y $g = 1$ cm.
19. Ídem si $r = 1$ m y $g = 2$ m.
20. Ídem si $r = 1$ cm y $g = 10$ cm.
21. Hallar el área total de un cilindro circular recto, sabiendo que su altura $h = 5$ cm y el radio de la base $r = 7$ cm.
22. Ídem si $h = 9$ m y $r = 2$ m.
23. Ídem si $h = 1$ dm y $r = 3$ dm.

24. Ídem si $h = 1$ cm y $r = 2$ cm.
25. Ídem si $h = 8$ m y $r = 9$ m.
26. Ídem si $h = 3$ dm y $r = 3$ dm.
27. Ídem si $h = 5$ m y $r = 5$ m.
28. Ídem si $h = 15$ cm y $r = 5$ cm.
29. Ídem si $h = 13$ m y $r = 3$ m.
30. Ídem si $h = 10$ dm y $r = 9$ dm.
31. Hallar el área total de un cono circular recto, sabiendo que el radio de la base $r = 10$ cm y que la generatriz $g = 2$ cm.
32. Ídem si $r = 4$ m y $g = 6$ m.
33. Ídem si $r = 5$ cm y $g = 6$ cm.
34. Ídem si $r = 3$ dm y $g = 5$ dm.
35. Ídem si $r = 10$ m y $g = 10$ m.
36. Ídem si $r = 4$ cm y $g = 4$ cm.
37. Ídem si $r = 5$ m y $g = 5$ m.
38. Ídem si $r = 5$ dm y $g = 6$ dm.
39. Ídem si $r = 2$ cm y $g = 2$ cm.
40. Ídem si $r = 8$ m y $g = 7$ m.
41. Hallar el área de una esfera, sabiendo que el radio $r = 5$ cm.
42. Ídem si $r = 8$ dm.
43. Ídem si $r = 18$ cm.
44. Ídem si $r = 6$ m.
45. Ídem si $r = 1$ dm.
46. Ídem si $r = 4$ cm.
47. Ídem si $r = 5$ m.
48. Ídem si $r = 14$ dm.
49. Ídem si $r = 11$ cm.
50. Ídem si $r = 16$ m.
51. Hallar el radio de una esfera sabiendo que el área A = 314,16 cm^2.
52. Ídem si A = 804,25 m^2.
53. Ídem si A = 4.071,50 cm^2.
54. Ídem si A = 314,16 dm^2.
55. Ídem si A = 1.017,88 m^2.
56. Ídem si A = 12,57 dm^2.
57. Ídem si A = 4.536,46 cm^2.
58. Ídem si A = 113,10 m^2.
59. Ídem si A = 2.827,43 dm^2.
60. Ídem si A = 50,27 dm^2.
61. Hallar el volumen de un cilindro circular recto, sabiendo que el radio de la base $r = 2$ cm y que la altura $h = 9$ cm.
62. Ídem si $r = 5$ m y $h = 1$ m.
63. Ídem si $r = 4$ dm y $h = 1$ dm.
64. Ídem si $r = 1$ cm y $h = 7$ cm.
65. Ídem si $r = 5$ dm y $h = 10$ dm.
66. Ídem si $r = 6$ m y $h = 10$ m.
67. Ídem si $r = 3$ cm y $h = 7$ cm.
68. Ídem si $r = 7$ dm y $h = 1$ dm.
69. Ídem si $r = 8$ m y $h = 1$ m.
70. Ídem si $r = 5$ cm y $h = 7$ cm.
71. Hallar el volumen de un cono circular recto, sabiendo que el radio de la base $r = 9$ cm y que la altura $h = 4$ cm.
72. Ídem si $r = 7$ m y $h = 5$ m.
73. Ídem si $r = 8$ cm y $h = 3$ cm.
74. Ídem si $r = 7$ dm y $h = 8$ dm.
75. Ídem si $r = 3$ m y $h = 1$ m.
76. Ídem si $r = 5$ cm y $h = 10$ cm.
77. Ídem si $r = 5$ dm y $h = 6$ dm.
78. Ídem si $r = 1$ m y $h = 8$ m.
79. Ídem si $r = 4$ cm y $h = 7$ cm.
80. Ídem si $r = 4$ m y $h = 2$ m.
81. Hallar el volumen de una esfera, sabiendo que el radio $r = 4$ cm.
82. Ídem si $r = 5$ m.
83. Ídem si $r = 3$ dm.
84. Ídem si $r = 8$ cm.
85. Ídem si $r = 1$ m.
86. Ídem si $r = 10$ dm.
87. Ídem si $r = 6$ cm.
88. Ídem si $r = 18$ m.
89. Ídem si $r = 7$ dm.
90. Ídem si $r = 2$ dm.
91. Hallar el radio de una esfera, sabiendo que el volumen V = 4,18 cm^3.
92. Ídem si V = 5.575,28 m^3.
93. Ídem si V = 3.053,63 dm^3.
94. Ídem si V = 268,08 cm^3.
95. Ídem si V = 904,78 m^3.
96. Ídem si V = 11.494,04 dm^3.
97. Ídem si V = 4.188,79 cm^3.
98. Ídem si V = 38.792,39 m^3.
99. Ídem si V = 33.510,32 dm^3.
100. Ídem si V = 57.905,84 dm^3.

Soluciones

1. Solución: 402,12 cm^2.
2. S.: 452,39 dm^2.
3. S.: 307,88 cm^2.
4. S.: 219,91 m^2.
5. S.: 113,10 dm^2.
6. S.: 75,40 cm^2.
7. S.: 339,29 m^2.
8. S.: 439,82 dm^2.
9. S.: 87,96 cm^2.

10. S.: 376,99 m^2.
11. S.: 100,53 cm^2.
12. S.: 175,93 m^2.
13. S.: 219,91 cm^2.
14. S.: 113,10 m^2.
15. S.: 62,83 dm^2.
16. S.: 62,83 cm^2.
17. S.: 150,80 m^2.
18. S.: 6,28 cm^2.
19. S.: 6,28 m^2.
20. S.: 31,42 cm^2.
21. S.: 527,79 cm^2.
22. S.: 138,23 m^2.
23. S.: 75,40 dm^2.
24. S.: 37,70 cm^2.
25. S.: 961,33 m^2.
26. S.: 113,10 dm^2.
27. S.: 314,16 m^2.
28. S.: 628,32 cm^2.
29. S.: 301,59 m^2.
30. S.: 1.074,42 dm^2.
31. S.: 376,99 cm^2.
32. S.: 125,66 m^2.
33. S.: 172,79 cm^2.
34. S.: 75,40 dm^2.
35. S.: 628,32 m^2.
36. S.: 100,53 cm^2.
37. S.: 157,08 m^2.
38. S.: 172,79 dm^2.
39. S.: 25,13 cm^2.
40. S.: 376,99 m^2.
41. S.: 314,16 cm^2.
42. S.: 804,25 dm^2.
43. S.: 4.071,50 cm^2.
44. S.: 452,39 m^2.
45. S.: 12,57 dm^2.
46. S.: 201,06 cm^2.
47. S.: 314,16 m^2.
48. S.: 2.463,01 dm^2.
49. S.: 1.520,53 cm^2.
50. S.: 3.216,99 m^2.
51. S.: 5 cm.
52. S.: 8 m.
53. S.: 18 cm.
54. S.: 5 dm.
55. S.: 9 m.
56. S.: 1 dm.
57. S.: 19 cm.
58. S.: 3 m.
59. S.: 15 dm.
60. S.: 2 dm.
61. S.: 113,10 cm^3.
62. S.: 78,54 m^3.
63. S.: 50,27 dm^3.
64. S.: 21,99 cm^3.
65. S.: 785,40 dm^3.
66. S.: 1.130,97 m^3.
67. S.: 197,92 cm^3.
68. S.: 153,94 dm^3.
69. S.: 201,06 m^3.
70. S.: 549,78 cm^3.
71. S.: 339,29 cm^3.
72. S.: 256,56 m^3.
73. S.: 201,06 cm^3.
74. S.: 410,50 dm^3.
75. S.: 9,42 m^3.
76. S.: 261,80 cm^3.
77. S.: 157,08 dm^3.
78. S.: 8,38 m^3.
79. S.: 117,29 cm^3.
80. S.: 33.51 m^3.
81. S.: 268,08 cm^3.
82. S.: 523,60 m^3.
83. S.: 113,10 dm^3.
84. S.: 2.144,66 cm^3.
85. S.: 4,19 m^3.
86. S.: 4.188,79 dm^3.
87. S.: 904,78 cm^3.
88. S.: 24.429,02 m^3.
89. S.: 1.436,76 dm^3.
90. S.: 33,51 dm^3.
91. S.: 1 cm.
92. S.: 11 m.
93. S.: 9 dm.
94. S.: 4 cm.
95. S.: 6 m.
96. S.: 14 dm.
97. S.: 10 cm.
98. S.: 21 m.
99. S.: 20 dm.
100. S.: 24 dm.

49

El espacio afín. La recta y el plano

Introducción histórica

Gaspard Monge (1746-1818), matemático francés, reintrodujo la geometría proyectiva, preocupándose por sus aplicaciones a la técnica y dando una fundamentación rigurosa a los métodos de la geometría descriptiva. Estableció, desde el análisis y el álgebra, las relaciones existentes entre las propiedades de las ecuaciones diferenciales y sus entidades geométricas correspondientes.

49.1 Vectores en el espacio

Un vector $\overrightarrow{AB}$ está determinado por dos puntos del espacio, el **origen** A y el **extremo** B.

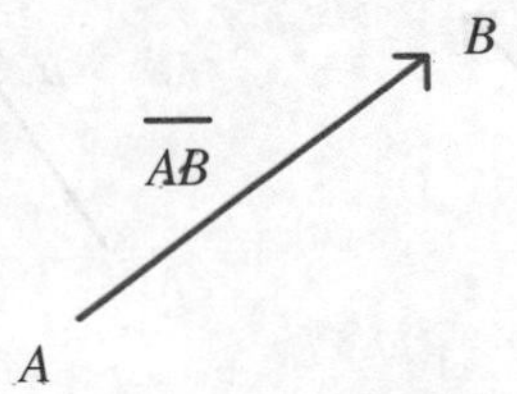

La distancia entre ambos puntos A y B se llama **módulo** del vector y se designa por $|\overrightarrow{AB}|$. **Dirección** de un vector es la de la recta en que se encuentra y la de todas sus paralelas.

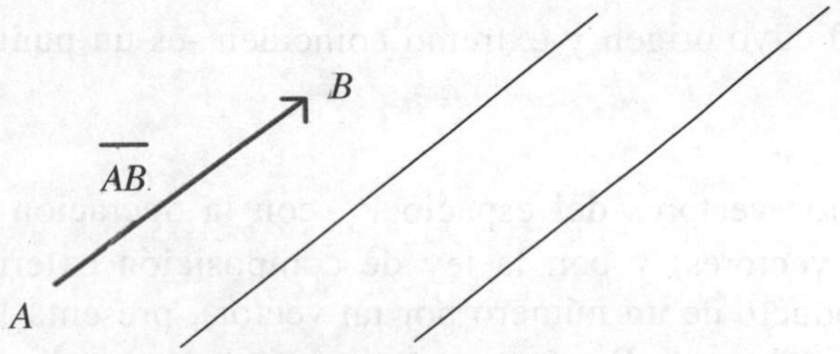

Cada dirección admite dos **sentidos** opuestos: $\overrightarrow{AB}$ es opuesto a $\overrightarrow{BA}$.

Diremos que dos vectores son iguales cuando tienen el mismo módulo, la misma dirección y el mismo sentido.

En tal caso, escribiremos: $\overrightarrow{AB} = \overrightarrow{A'B'}$

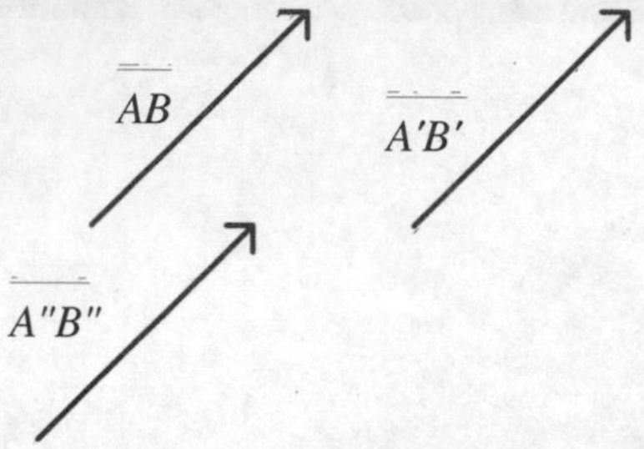

Cada una de las flechas $\overrightarrow{AB}$, $\overrightarrow{A'B'}$, $\overrightarrow{A''B''}$ se llama **representante** de un mismo vector. O sea:

Vector es todo un conjunto de flechas con los mismos módulos, dirección y sentido. Cuando queramos usarlo, tomaremos alguno de sus representantes.

Las operaciones entre vectores del espacio se definen de forma totalmente análoga a la expuesta para vectores del plano (Ver tema 8).

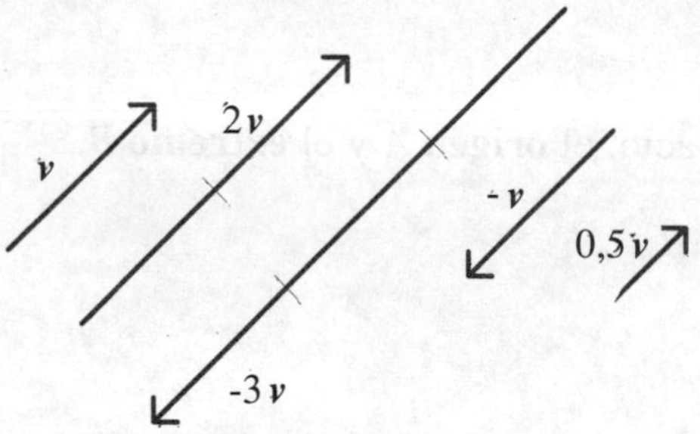

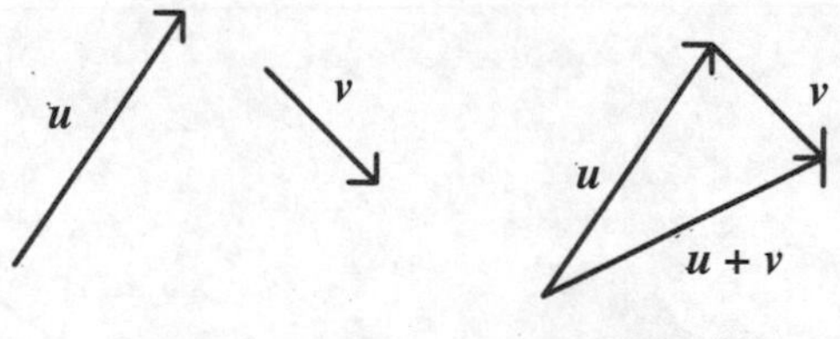

PRODUCTO POR UN NÚMERO SUMA DE VECTORES

Al vector de módulo 0 cuyo origen y extremo coinciden -es un punto- se le llama vector cero $\vec{0}$.

El conjunto de todos los vectores del espacio V_3, con la operación interna definida en dicho conjunto (la suma de vectores) y con la ley de composición externa sobre el cuerpo de los números reales (el producto de un número por un vector), presenta las mismas propiedades ya vistas para los vectores del plano. Por tener estas propiedades, se dice que la terna $(V_3,+,\cdot R)$ es un **espacio vectorial.**

49.2 Combinación lineal

Dados tres vectores $\vec{u}, \vec{v}$ y $\vec{w}$ y tres números a, b y c el vector $a\vec{u}+b\vec{v}+c\vec{w}$ se dice que es una combinación lineal de los vectores $\vec{u}, \vec{v}$ y $\vec{w}$.

Ejemplo

El vector de la figura $\vec{x}$ es combinación lineal de $\vec{u}, \vec{v}$ y $\vec{w}$, por ser $\vec{x}=3\vec{u}+4\vec{v}+\vec{w}$.

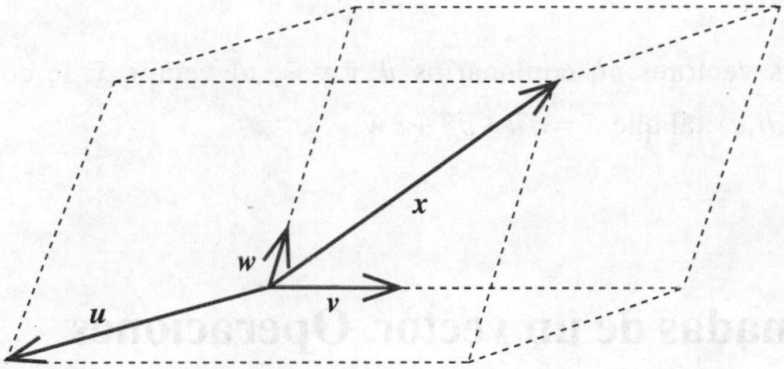

Si $a=0$ y $b=0$, entonces $a\vec{u}+b\vec{v}+c\vec{w}=\vec{0}$, de donde deducimos que el vector cero es combinación lineal de cualquier trío de vectores.

Dados tres vectores $\vec{u}, \vec{v}$ y $\vec{w}$, no coplanarios -esto es, que no lo sean sus representantes con origen común-, pretendemos expresar otro vector $\vec{x}$ como combinación lineal de $\vec{u}, \vec{v}$ y $\vec{w}$. Es decir, pretendemos encontrar tres números m, n y p tales que:

$$\vec{x}=m\vec{u}+n\vec{v}+p\vec{w}$$

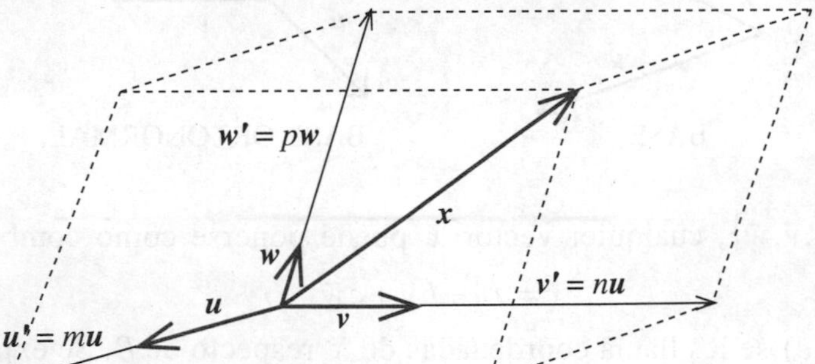

Seguimos el proceso descrito en el gráfico anterior:

1. Colocamos $\vec{u}, \vec{v}, \vec{w}, \vec{x}$ con el origen común.
2. Trazamos unas rectas que contengan a los vectores $\vec{u}, \vec{v}$ y $\vec{w}$.
3. Por el extremo de $\vec{x}$ trazamos paralelas a las rectas anteriores. Los puntos de corte determinan tres vectores $\vec{u}', \vec{v}', \vec{w}'$.

4. Como $\vec{u}'$ tiene la misma dirección de $\vec{u}$, podemos escribir que $\vec{u}' = m\vec{u}$. De la misma forma se tiene que $\vec{v}' = n\vec{v}$ y $\vec{w}' = p\vec{w}$. Por tanto, podemos expresar $\vec{x}$ de la forma $\vec{x} = m\vec{u} + n\vec{v} + p\vec{w}$.

Además, sólo existe una única forma de expresar $\vec{x}$ como combinación lineal de $\vec{u}, \vec{v}$ y $\vec{w}$. Efectivamente es así, pues si ocurriese que:

$$\vec{x} = a\vec{u} + b\vec{v} + c\vec{w} = m\vec{u} + n\vec{v} + p\vec{w}$$

entonces: $a\vec{u} + b\vec{v} + c\vec{w} = m\vec{u} + n\vec{v} + p\vec{w} \rightarrow (a-m)\vec{u} + (b-n)v = (p-c)\vec{w}$

y el vector $\vec{w}$ estaría en el plano determinado por $\vec{u}$ *y* $\vec{v}$, en contra de la hipótesis.

Por tanto, dados tres vectores no coplanarios $\vec{u}, \vec{v}$ y $\vec{w}$, al vector $\vec{x}$ le corresponde una única terna de números (a,b,c) tal que $\vec{x} = a\vec{u} + b\vec{v} + c\vec{w}$.

49.3 Coordenadas de un vector. Operaciones

En el conjunto de vectores del espacio, se llama base a tres de ellos con distinta dirección. Si los tres vectores de la base son perpendiculares y tienen el mismo módulo, la base se llama ortonormal.

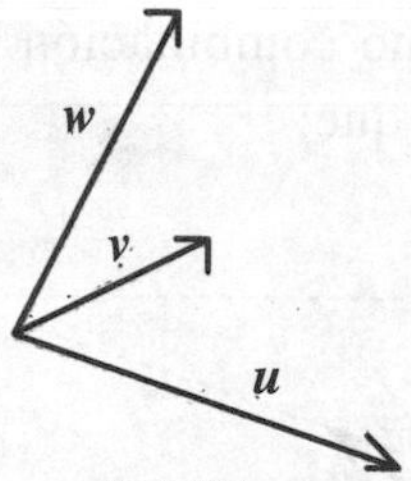

BASE

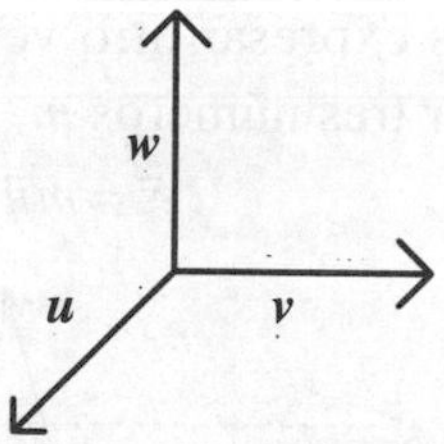

BASE ORTONORMAL

Dada una base $B\{\vec{u}, \vec{v}, \vec{w}\}$, cualquier vector $\vec{x}$ puede ponerse como combinación lineal de los vectores de B: $\vec{x} = a\vec{u} + b\vec{v} + c\vec{w}$

A los números (a,b,c) se les llama coordenadas de $\vec{x}$ respecto de B. Se expresa habitualmente:

$$\vec{x} = (a,b,c) \qquad \text{o bien} \qquad \vec{x}(a,b,c)$$

Estudiamos ahora cuál es el comportamiento de las coordenadas cuando multiplicamos un vector por un número o sumamos dos vectores.

Dada una base cualquiera, si las coordenadas de $\vec{x}$ son (x_1, x_2, x_3) y las coordenadas de $\vec{y}$ son (y_1, y_2, y_3), se tiene que:

- las coordenadas de $\vec{x}+\vec{y}$ son $(x_1+y_1, x_2+y_2, x_3+y_3)$
- las coordenadas de $k\,\vec{x}$ son $(k\,x_1, k\,x_2, k\,x_3)$
- las coordenadas de cualquier combinación lineal $a\vec{x} + b\vec{y}$ son

  $(a\,x_1 + b\,y_1, a\,x_2 + b\,y_2, a\,x_3 + b\,y_3)$

Estos resultados nos permiten trabajar de forma cómoda y natural con las coordenadas de los vectores en lugar de hacerlo gráficamente.

49.4 Sistema de referencia

Fijamos un punto *O* del espacio, que lo tomamos como centro de referencia y, así, cada punto *P* del espacio determina un vector $\overrightarrow{OP}=\vec{p}$. Si, además de un punto fijo, *O*, tomamos una base $B\{\vec{u},\vec{v},\vec{w}\}$ de vectores del espacio, a cada vector, $\overrightarrow{OP}$, le corresponden unas coordenadas. Por tanto ocurre que:

Un punto cualquiera del espacio, P con el origen, *O*, determina un vector, $\overrightarrow{OP}$, que a su vez en la base $B\{\vec{u},\vec{v},\vec{w}\}$ determina unas coordenadas, $\overrightarrow{OP}=a\vec{u}+b\vec{v}+c\vec{w}$, o bien, $\overrightarrow{OP}(a,b,c)$.

Se llama **sistema de referencia** del espacio al conjunto $R=\{O,\{\vec{u},\vec{v},w\}\}$ formado por:

- Un punto fijo, *O*, llamado origen.
- Una base de los vectores del espacio $\{\vec{u},\vec{v},\vec{w}\}$.

Con ellos cada punto *P* del espacio determina un vector $\overrightarrow{OP}$ cuyas coordenadas respecto a la base $\{\vec{u},\vec{v},\vec{w}\}$ se llaman las **coordenadas del punto *P*** respecto a R.

Ejemplo

Tomamos un sistema de referencia del plano $R=\{O,\{\vec{u},\vec{v},w\}\}$. Es decir, situamos un punto *O* y, con origen en él, tres vectores no coplanarios $\vec{u}$, $\vec{v}$, $\vec{w}$.

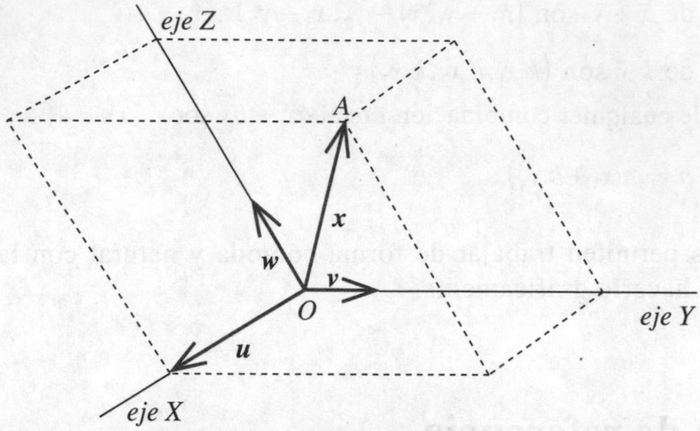

Para facilitarnos la labor, trazamos tres ejes X, Y, Z que contengan a los vectores de la base. El punto señalado $A(1,4,3)$ tiene esas coordenadas respecto al sistema de referencia porque el vector $\overrightarrow{OA}$ tiene esas mismas coordenadas respecto de la base $B\{\vec{u},\vec{v},\vec{w}\}$.

Un sistema de referencia se llama **ortonormal** cuando los tres vectores de la base tienen el mismo módulo y son perpendiculares entre sí. Es el sistema de referencia habitual por ser el más cómodo de utilizar y habitualmente lo notaremos por $R=\left\{O,\left\{\vec{i},\vec{j},\vec{k}\right\}\right\}$

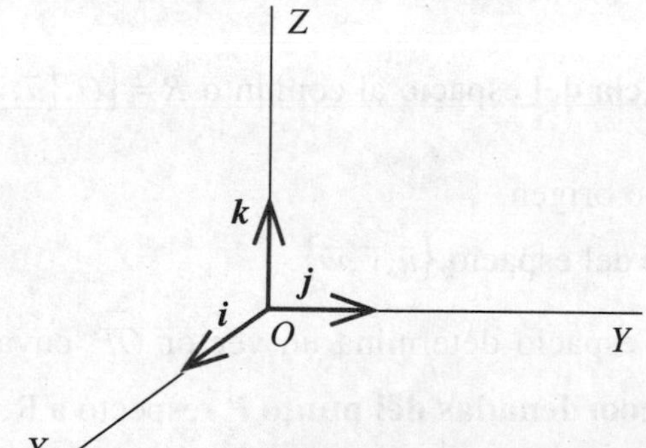

En adelante siempre usaremos algún sistema de referencia formado por un origen O, y una base. Cuando no expresemos lo contrario, supondremos que la base es ortonormal.

Ejemplo

Dibuja en un sistema de referencia ortonormal el vector $\overrightarrow{OP}$ correspondiente al punto $P(3,3,4)$
Solución:

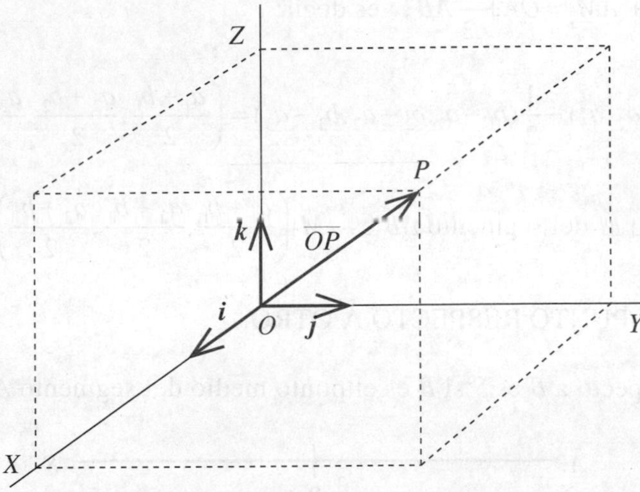

49.5 Problemas geométricos que se resuelven mediante vectores

VECTOR QUE UNE DOS PUNTOS:

Dados los puntos $A(a_1,a_2,a_3)$ y $B(b_1,b_2,b_3)$ podemos escribir $\vec{AB} = \vec{OB} - \vec{OA}$; de ahí que las coordenadas del vector $\vec{AB}$ sean $(b_1 - a_1, b_2 - a_2, b_3 - a_3)$

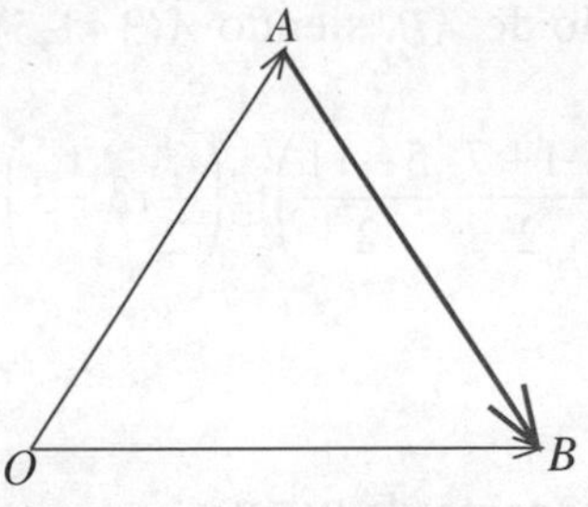

PUNTO MEDIO DE UN SEGMENTO:

El punto medio de un segmento AB es M si ocurre que $\vec{AM} = \vec{MB} = \frac{1}{2}\vec{AB}$

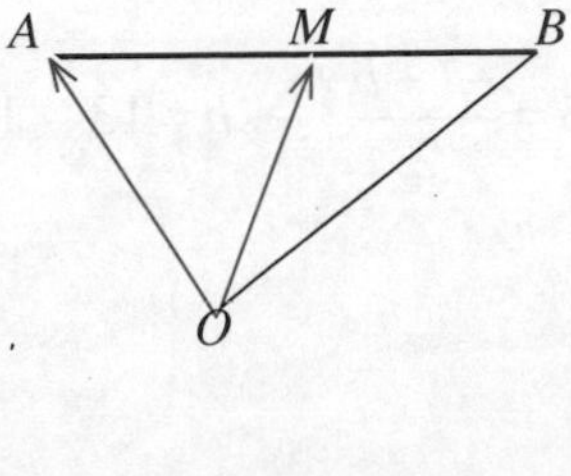

Por tanto, $\vec{OM} = \vec{OA} + \vec{AM} = \vec{OA} + \frac{1}{2}\vec{AB}$, es decir:

$$(a_1, a_2, a_3) + \frac{1}{2}(b_1 - a_1, b_2 - a_2, b_3 - a_3) = \left(\frac{a_1 + b_1}{2}, \frac{a_2 + b_2}{2}, \frac{a_3 + b_3}{2}\right)$$

Luego el punto medio M del segmento AB es $M\left(\frac{a_1 + b_1}{2}, \frac{a_2 + b_2}{2}, \frac{a_3 + b_3}{2}\right)$.

SIMÉTRICO DE UN PUNTO RESPECTO A OTRO:

El simétrico de A respecto a B es S si B es el punto medio del segmento AS. Por tanto:

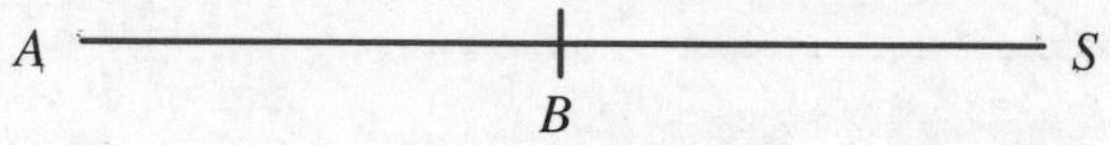

$$(b_1, b_2, b_3) = \left(\frac{a_1 + s_1}{2}, \frac{a_2 + s_2}{2}, \frac{a_3 + s_3}{2}\right)$$

Como a_1 y b_1 son conocidas, se despeja s_1 de la igualdad $b_1 = \frac{a_1 + s_1}{2}$.

El procedimiento es análogo para s_2 y s_3.

Ejemplo

Obtener las coordenadas del punto medio de AB, siendo $A(3,-1,5)$ y $B(4,7,-11)$.

Solución: El punto medio es $M\left(\frac{3+4}{2}, \frac{-1+7}{2}, \frac{5-11}{2}\right) = \left(\frac{7}{2}, 3, -3\right)$

Ejemplo

Hallar el punto simétrico de $A(1,-7,4)$ respecto de $P(5,3,1)$

Solución: Al punto buscado lo llamamos $S(a,b,c)$. P es el punto medio del segmento AS, luego

$$5 = \frac{1+a}{2} \rightarrow a = 9; \quad 3 = \frac{-7+b}{2} \rightarrow b = 13; \quad 1 = \frac{4+c}{2} \rightarrow c = -2$$

y por tanto $S(9,13,-2)$.

Ejemplo

Localizar un punto entre A y B que esté a mitad de distancia de A que de B, siendo $A(1,7,11)$ y $B(4,-2,17)$.

Solución:

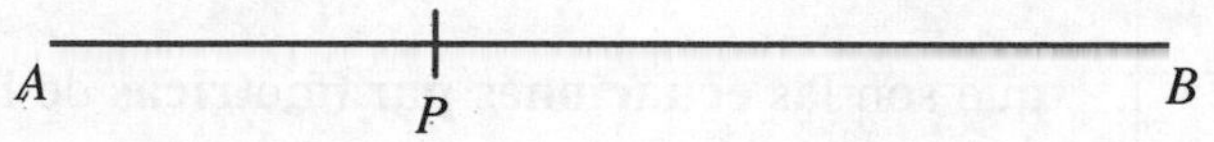

Llamamos $P(a,b,c)$ al punto buscado; entonces

$$\vec{AP} = \frac{1}{3}\vec{AB}; \text{ es decir, } (a-1,b-7,c-11) = \frac{1}{3}(3,-9,6) \text{ o bien,}$$

$$a-1=1 \rightarrow a=2; \quad b-7=-3 \rightarrow b=4; \quad c-11=2 \rightarrow c=13$$

luego el punto buscado es $P(2,4,13)$.

49.6 Ecuaciones de la recta

Sea una recta r, de la que se conocen un punto $A(a_1,a_2,a_3)$ y un vector de dirección $\vec{v}(v_1,v_2,v_3)$.

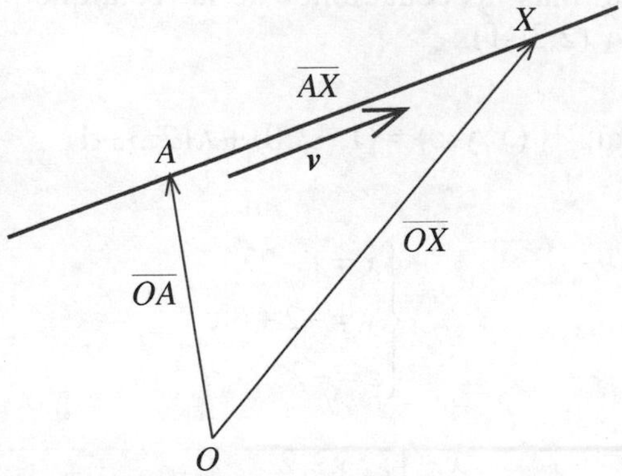

Para un punto cualquiera $X(x,y,z)$ de la recta r se tiene que:

$$\vec{OX} = \vec{OA} + \vec{AX} \qquad \text{o bien,} \qquad \vec{OX} = \vec{OA} + \lambda\,\vec{v}$$

que, escrita en coordenadas es:

$$\boxed{(x,y,z) = (a_1,a_2,a_3) + \lambda\,(v_1,v_2,v_3)}$$

y recibe el nombre de **ecuación vectorial** de la recta *r*.

Igualando componente a componente en la expresión anterior obtenemos:

$$\boxed{\begin{cases} x = a_1 + \lambda\, v_1 \\ y = a_2 + \lambda\, v_2 \\ z = a_3 + \lambda\, v_3 \end{cases}}$$ que son las **ecuaciones paramétricas** de la recta *r*.

Despejando el parámetro λ en las tres igualdades anteriores se tiene:

$$\lambda = \frac{x - a_1}{v_1}; \quad \lambda = \frac{y - a_2}{v_2}; \quad \lambda = \frac{z - a_3}{v_3}$$

de donde $$\boxed{\frac{x - a_1}{v_1} = \frac{y - a_2}{v_2} = \frac{z - a_3}{v_3}}$$

que es la **ecuación continua** de la recta *r*.

Ejemplo

Determinar en sus distintas formas las ecuaciones de la recta que pasa por el punto tiene un vector de dirección $\vec{v}$ (2,3,-1)..

Solución: Ecuación vectorial: $(x, y, z) = (1, -2, 0) + \lambda(2, 3, -1)$

Ecuaciones paramétricas: $$\begin{cases} x = 1 + 2\lambda \\ y = -2 + 3\lambda \\ z = -\lambda \end{cases}$$

Ecuación continua: $$\frac{x-1}{2} = \frac{y+2}{3} = \frac{z}{-1}$$

Ejemplo

Hallar dos puntos de la recta $\dfrac{x-2}{3} = \dfrac{y+1}{-2} = \dfrac{z}{2}$

Solución: Podemos calcular tantos puntos como queramos escribiendo las ecuaciones paramétricas de la recta y dando valores arbitrarios a λ.

Las ecuaciones paramétricas son: $\begin{cases} x = 2 + 3\lambda \\ y = -1 - 2\lambda \\ z = 2\lambda \end{cases}$, y dando a λ, por ejemplo, los valores

0 y 1 se tiene: $\begin{cases} \lambda = 0 \quad \rightarrow \quad x = 2 \quad y = -1 \quad z = 0, \text{ es decir, el punto } A(2,-1,0) \\ \lambda = 1 \quad \rightarrow \quad x = 5 \quad y = -3 \quad z = 2, \text{ es decir, el punto } B(5,\text{-}3,2) \end{cases}$

Ejemplo

Escribir las ecuaciones paramétricas de la recta $\frac{x-1}{2} = \frac{y-2}{3} = \frac{z-1}{5}$ e indicar un vector de dirección de la misma.

Haciendo $\frac{x-1}{2} = \frac{y-2}{3} = \frac{z-1}{5} = \lambda$ tenemos $\begin{cases} x = 1 + 2\lambda \\ y = 2 + 3\lambda \\ z = 1 + 5\lambda \end{cases}$

Un vector de dirección de la recta es $\vec{v}(2,3,5)$.

Ejemplo

Hallar la ecuación de la recta que pasa por los puntos $A(2,0,\text{-}1)$ y $B(3,5,2)$.

Solución: Un vector de dirección de la recta, por ejemplo: $\overrightarrow{AB}\,(3-2, 5-0, 2-(-1)) = (1,5,3)$

y por tanto la ecuación continua de la recta es: $\frac{x-2}{1} = \frac{y}{5} = \frac{z+1}{3}$

49.7 Ecuaciones del plano

Sea un plano π del que se conocen un punto $A(a_1, a_2, a_3)$ y dos vectores no paralelos, $\vec{u}(u_1, u_2, u_3)$ y $\vec{v}(v_1, v_2, v_3)$. Para un punto genérico $X(x, y, z)$ del plano de la figura se tiene que:

$$\overrightarrow{OX} = \overrightarrow{OA} + \overrightarrow{AX}$$

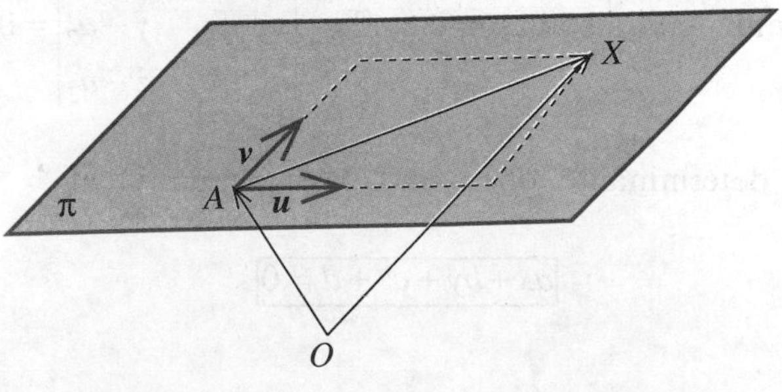

$\overrightarrow{AX}$ es un vector del plano π luego $\overrightarrow{AX} = \lambda\,\vec{u} + \mu\,\vec{v}$ y por tanto

$$\overrightarrow{OX} = \overrightarrow{OA} + \lambda\,\vec{u} + \mu\,\vec{v}$$

que escrita en coordenadas es: $\boxed{(x,y,z) = (a_1,a_2,a_3) + \lambda\,(u_1,u_2,u_3) + \mu\,(v_1,v_2,v_3)}$

que es la **ecuación vectorial** del plano.

Igualando componente a componente se tiene: $\begin{cases} x = a_1 + \lambda\,u_1 + \mu\,v_1 \\ y = a_2 + \lambda\,u_2 + \mu\,v_2 \\ z = a_3 + \lambda\,u_3 + \mu\,v_3 \end{cases}$

que son las **ecuaciones paramétricas** del plano.

Ejemplo

Determinar las ecuaciones paramétricas del plano que pasa por el punto $A(1,1,0)$ y contiene a los vectores $\vec{r}(0,1,-1)$ y $\vec{s}(1,2,3)$

Solución: Son las ecuaciones $\begin{cases} x = 1 + \mu \\ y = 1 + \lambda + 2\mu \\ z = -\lambda + 3\mu \end{cases}$

Las ecuaciones paramétricas de un plano se pueden escribir como:

$$\begin{cases} u_1\lambda + v_1\mu = x - a_1 \\ u_2\lambda + v_2\mu = y - a_2 \\ u_3\lambda + v_3\mu = z - a_3 \end{cases}$$

Puede considerarse como un sistema lineal de tres ecuaciones con dos incógnitas λ y μ.

Eliminando λ y μ, el sistema tendrá solución cuando $\begin{vmatrix} u_1 & v_1 & x - a_1 \\ u_2 & v_2 & y - a_2 \\ u_3 & v_3 & z - a_3 \end{vmatrix} = 0.$

Desarrollando el anterior determinante, obtenemos la ecuación lineal:

$$\boxed{ax + by + cz + d = 0}$$

que es la **ecuación general o implícita** del plano. Es decir, un plano en el espacio tridimensional viene dado por una ecuación lineal en x, y, z.

Ejemplo

Hallar la ecuación general del plano que pasa por los puntos $A(0,1,2)$, $B(2,-1,0)$ y $C(4,5,-3)$.

Solución: Dos vectores incidentes en el plano son $\vec{AB}\,(2,-2,-2)$ y $\vec{AC}\,(4,4,-5)$ (observa que no son paralelos pues $\frac{2}{4} \neq \frac{-2}{4}$). Tomando como punto de referencia A, obtenemos las ecuaciones paramétricas: $\begin{cases} x = 2\lambda + 4\mu \\ y = 1 - 2\lambda + 4\mu \\ z = 2 - 2\lambda - 5\mu \end{cases}$. Reescribiendo estas ecuaciones como un sistema con incógnitas λ y μ, nos queda $\begin{cases} 2\lambda + 4\mu = x \\ -2\lambda + 4\mu = y - 1 \\ -2\lambda - 5\mu = z - 2 \end{cases}$, y sabemos que ha de ocurrir que:

$$\begin{vmatrix} 2 & 4 & x \\ -2 & 4 & y-1 \\ -2 & -5 & z-2 \end{vmatrix} = 0.$$

Desarrollando el determinante obtenemos: $18x + 2y + 16z - 34 = 0$ que puede simplificarse a la ecuación: $9x + y + 8z - 17 = 0$
que es la ecuación general del plano.

49.8 Recta como intersección de dos planos

Dos planos no paralelos $\pi: ax + by + cz + d = 0$ y $\pi': a'x + b'y + c'z + d' = 0$ tienen en común necesariamente una recta.

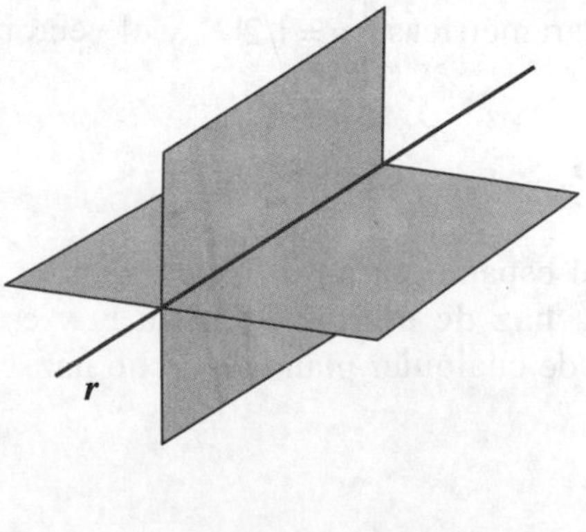

La recta está formada por los puntos comunes a ambos planos. Por tanto, podemos escribir la ecuación de la recta r como un sistema formado por las ecuaciones de ambos planos, es decir:

$$r: \begin{cases} ax+by+cz+d=0 \\ a'x+b'y+c'z+d'=0 \end{cases}$$

Ejemplo

Escribir como intersección de dos planos la ecuación de la recta

$$r: \ \frac{x-1}{-2}=y+2=\frac{z+3}{2}$$

Solución: En la anterior ecuación igualamos dos a dos y obtenemos:

$$\begin{cases} \dfrac{x-1}{-2}=y+2 \\ y+2=\dfrac{z+3}{2} \end{cases} \rightarrow \begin{cases} x-1=-2y-4 \\ 2y+4=z+3 \end{cases} \rightarrow r: \begin{cases} x+2y+3=0 \\ 2y-z+1=0 \end{cases}$$ como intersección de dos planos.

Ejemplo

Determinar un vector de dirección de la recta $s: \begin{cases} x-2y+z-1=0 \\ 3x+2y+3z-7=0 \end{cases}$

Solución: Una vez escrita la recta s en paramétricas, es inmediato calcular un vector de dirección. Para hallar las ecuaciones paramétricas, llamamos a $z=\lambda$ y calculamos x e y en función de λ. Nos queda el sistema:

$$\begin{cases} x-2y=1-\lambda \\ 3x+2y=7-3\lambda \end{cases} \xrightarrow{e_1+e_2} 4x=8-4\lambda \rightarrow x=2-\lambda$$

Sustituyendo en la primera ecuación, resulta: $2-\lambda-2y=1-\lambda \rightarrow y=1/2$

y obtenemos las ecuaciones paramétricas $\begin{cases} x=2-\lambda \\ y=1/2 \\ z=\lambda \end{cases}$ y el vector de dirección $\vec{v}(-1,0,1)$.

49.9 Haz de planos

Por una recta cualquiera r del espacio pasan infinitos planos. Al conjunto de todos los planos que contienen a r se le llama **haz de planos** de arista r, y es de extrema utilidad conocer la forma que adopta la ecuación de cualquier plano de dicho haz.

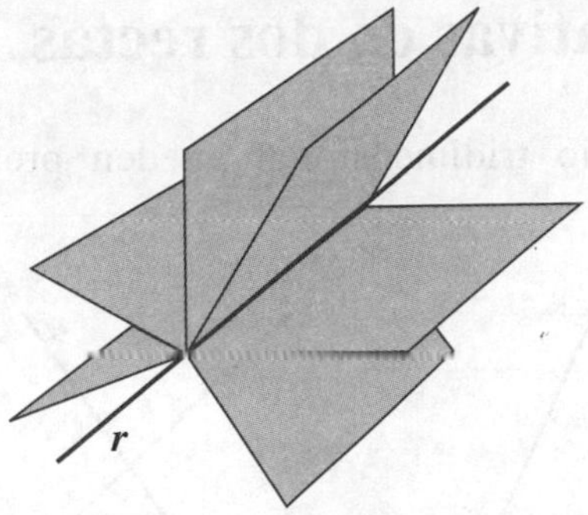

Para calcular la ecuación de dicho haz de planos, escribiremos la recta r como intersección de dos planos, es decir, $r:\begin{cases} ax+by+cz+d=0 \\ \alpha x+\beta y+\gamma z+\delta=0 \end{cases}$

La ecuación del haz de planos es: $\boxed{ax+by+cz+d+k(\alpha x+\beta y+\gamma z+\delta)=0}$

Ejemplo

Determinar la ecuación del haz de planos de arista $r: x-1=\dfrac{y}{2}=\dfrac{z+1}{3}$.

De todos los planos del haz, calcula cuál de ellos pasa por el origen de coordenadas.

Solución: Escribimos la recta r como intersección de dos planos:

$\begin{cases} x-1=\dfrac{y}{2} \\ \dfrac{y}{2}=\dfrac{z+1}{3} \end{cases} \rightarrow \; r:\begin{cases} 2x-y-2=0 \\ 3y-2z-2=0 \end{cases}$. La ecuación del haz de planos es, por tanto:

$$2x-y-2+k(3y-2z-2)=0$$

Sustituyendo las coordenadas del origen en la ecuación del haz, obtenemos:

$$-2-2k=0 \;\rightarrow\; k=-1$$

Haciendo ahora $k=-1$ en la ecuación del haz obtendremos la ecuación del plano del haz que pasa por el origen de coordenadas, es decir:

$$2x-y-2-1(3y-2z-2)=0 \;\rightarrow\; 2x-y-2-3y+2z+2=0 \;\rightarrow$$

$$\rightarrow\; 2x-4y+2z=0 \;\xrightarrow{:2}\; x-2y+z=0$$

49.10 Posiciones relativas de dos rectas

Dos rectas r y s en el espacio tridimensional pueden presentar las siguientes posiciones relativas:

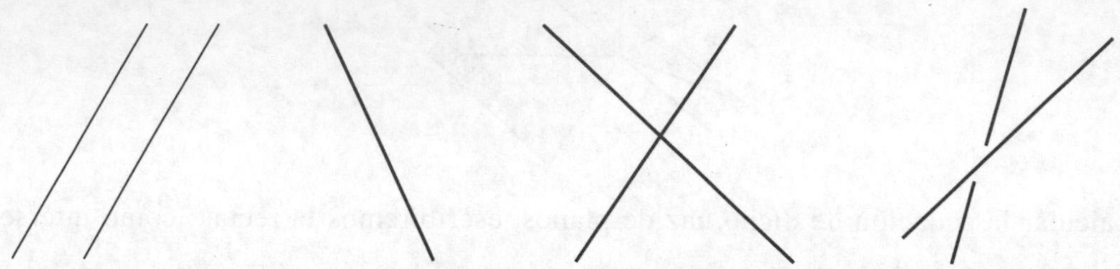

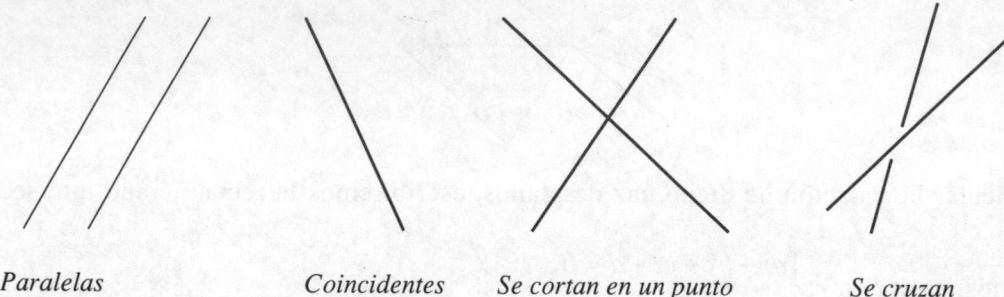

Paralelas *Coincidentes* *Se cortan en un punto* *Se cruzan*

Para decidir cuál es la posición relativa de dos rectas, se expresan ambas en paramétricas.

$$r: \begin{cases} x = a_1 + \lambda\, u_1 \\ y = a_2 + \lambda\, u_2 \\ z = a_3 + \lambda\, u_3 \end{cases} \qquad s: \begin{cases} x = b_1 + \mu\, v_1 \\ y = b_2 + \mu\, v_2 \\ z = b_3 + \mu\, v_3 \end{cases}$$

Para estudiar si ambas rectas tienen puntos en común, igualamos sus coordenadas x, y, z.

$$\begin{cases} a_1 + \lambda\, u_1 = b_1 + \mu\, v_1 \\ a_2 + \lambda\, u_2 = b_2 + \mu\, v_2 \\ a_3 + \lambda\, u_3 = b_3 + \mu\, v_3 \end{cases} \rightarrow \begin{cases} u_1 \lambda - v_1 \mu = b_1 - a_1 \\ u_2 \lambda - v_2 \mu = b_2 - a_2 \\ u_3 \lambda - v_3 \mu = b_3 - a_3 \end{cases}$$

obteniendo así un sistema lineal de tres ecuaciones con dos incógnitas (λ y μ).

Discutiendo el sistema por el teorema de Gauss, después de pasar a forma triangular, se tiene:

- Si obtenemos una ecuación del tipo $0 = c$, con $c \neq 0$, el sistema es incompatible, luego no hay puntos comunes a ambas rectas. Pueden ser paralelas o dos rectas que se cruzan.
  En este caso, basta estudiar si los vectores son paralelos (esto es, si sus coordenadas son proporcionales) o no. Si lo son, las rectas son **paralelas**; en caso contrario, son dos rectas que **se cruzan**.

- En caso contrario,

- Si el número de ecuaciones no triviales (distintas de $0 = 0$) es dos, el sistema es compatible y determinado con solución única. Por tanto ambas rectas tienen exactamente un punto en común. Son dos rectas que **se cortan en un punto**.

- Si el número de ecuaciones no triviales es uno, el sistema es indeterminado. Por tanto las rectas tienen infinitos puntos comunes. Son dos rectas **coincidentes**.

Ejemplo

Estudiar la posición relativa de las rectas $r: \begin{cases} x = \lambda \\ y = 2 - \lambda \\ z = 1 + 3\lambda \end{cases}$ $\quad s: \begin{cases} x = 2 + 2\mu \\ y = -2\mu \\ z = 7 + 6\mu \end{cases}$

Solución: Igualando las coordenadas se tiene: $\begin{cases} \lambda = 2 + 2\mu \\ 2 - \lambda = -2\mu \\ 1 + 3\lambda = 7 + 6\mu \end{cases} \rightarrow \begin{cases} \lambda - 2\mu = 2 \\ -\lambda + 2\mu = -2 \\ 3\lambda - 6\mu = 6 \end{cases}$

$$\left(\begin{array}{cc|c} 1 & -2 & 2 \\ -1 & 2 & -2 \\ 3 & -6 & 6 \end{array}\right) \rightarrow \left(\begin{array}{cc|c} 1 & -2 & 2 \\ 0 & 0 & 0 \\ 0 & 0 & 0 \end{array}\right) \rightarrow \begin{cases} \lambda - 2\mu = 2 \\ 0 = 0 \\ 0 = 0 \end{cases}$$

No hay ecuaciones incongruentes y el número de ecuaciones no triviales es 1. Son dos rectas coincidentes.

Ejemplo

Estudiar la posición relativa de las rectas siguientes y, en su caso, determinar "lo común" a ambas.

$$r: x - 1 = y - 2 = \frac{z-1}{2} \qquad s: \frac{x-3}{-2} = \frac{y-3}{-1} = \frac{z+1}{2}$$

Expresamos ambas rectas en paramétricas (siempre con parámetros distintos):

$$r: \begin{cases} x = 1 + \lambda \\ y = 2 + \lambda \\ z = 1 + 2\lambda \end{cases} \qquad s: \begin{cases} x = 3 - 2\mu \\ y = 3 - \mu \\ z = -1 + 2\mu \end{cases}$$

Igualando las coordenadas respectivas obtenemos el sistema lineal de tres ecuaciones con dos incógnitas. Lo triangulamos por el proceso de Gauss:

$$\begin{cases} \lambda + 2\mu = 2 \\ \lambda + \mu = 1 \\ 2\lambda - 2\mu = -2 \end{cases} \rightarrow \left(\begin{array}{cc|c} 1 & 2 & 2 \\ 1 & 1 & 1 \\ 2 & -2 & -2 \end{array}\right) \rightarrow \left(\begin{array}{cc|c} 1 & 2 & 2 \\ 0 & -1 & -1 \\ 0 & -6 & -6 \end{array}\right) \rightarrow \left(\begin{array}{cc|c} 1 & 2 & 2 \\ 0 & -1 & -1 \\ 0 & 0 & 0 \end{array}\right) \rightarrow \begin{cases} \lambda + 2\mu = 2 \\ -\mu = -1 \\ 0 = 0 \end{cases}$$

No aparecen ecuaciones incongruentes, y el número de ecuaciones no triviales es 2. Por tanto, se trata de dos rectas que se cortan en un punto.

Despejando γ y μ en la forma triangular del sistema obtenemos $\lambda = 0$; $\mu = 1$. Sustituyendo estos valores en cualquiera de las ecuaciones de las rectas obtenemos $x = 1 \quad y = 2 \quad z = 1$, y el punto de intersección de ambas rectas es $P(1,2,1)$.

49.11 Posiciones relativas de dos planos

Dos planos en el espacio tridimensional pueden presentar las siguientes posiciones relativas:

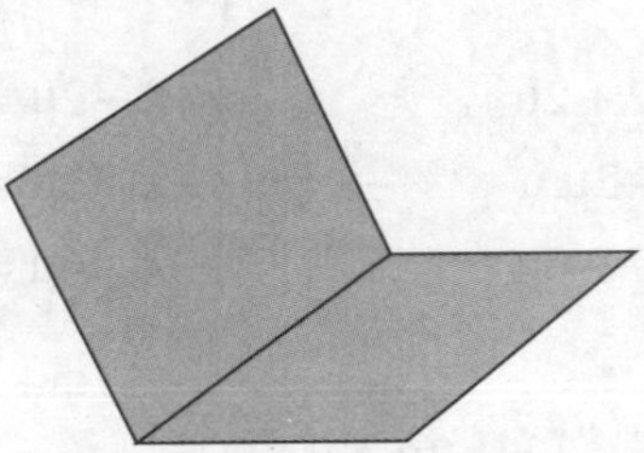

Se cortan en una recta

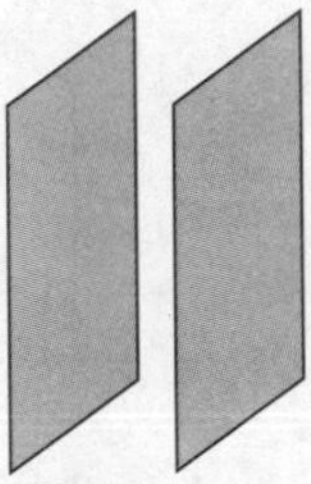

Paralelos

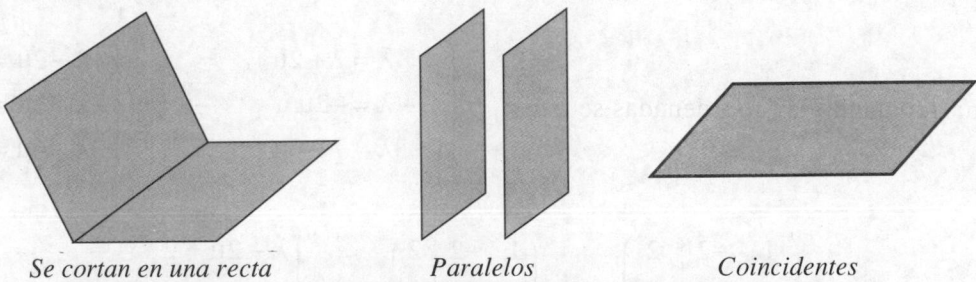

Coincidentes

El análisis se hace en el sistema formado por las ecuaciones de los planos dados:

$$\begin{cases} ax + by + cz + d = 0 \\ a'x + b'y + c'z + d' = 0 \end{cases}$$

Es un sistema de dos ecuaciones y tres incógnitas x,y,z, que puede ser discutido por el método de Gauss tal y domo se hizo en el caso de las rectas. No obstante, resulta mucho más cómodo aplicar el siguiente criterio:

- **Dos planos que se cortan en una recta**, si ocurre que:

$$\boxed{\frac{a}{a'} \neq \frac{b}{b'} \quad o \quad \frac{a}{a'} \neq \frac{c}{c'} \quad o \quad \frac{b}{b'} \neq \frac{c}{c'}}$$

- **Dos planos son paralelos**, cuando:

$$\boxed{\frac{a}{a'} = \frac{b}{b'} = \frac{c}{c'} \neq \frac{d}{d'}}$$

- **Dos planos son coincidentes**, si sus coeficientes cumplen:

$$\boxed{\frac{a}{a'} = \frac{b}{b'} = \frac{c}{c'} = \frac{d}{d'}}$$

Ejemplo

Estudiar la posición relativa de los planos $\pi: 2x - 3y + z - 1 = 0$ $\pi': 4x - 6y - 2z = 0$

Solución: Como $\frac{2}{4} = \frac{-3}{-6} \neq \frac{1}{-2}$, se trata de dos planos que se cortan en la recta de ecuación

$$r: \begin{cases} 2x + 3y + z - 1 = 0 \\ 4x - 6y - .2z = 0 \end{cases}$$

49.12 Posiciones relativas entre recta y plano

Una recta y un plano en el espacio tridimensional pueden presentar tres posiciones relativas:

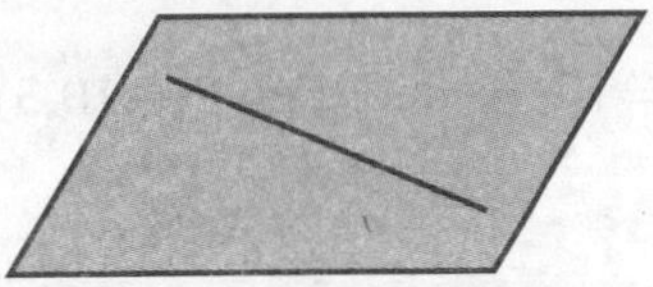

La recta está contenida en el plano

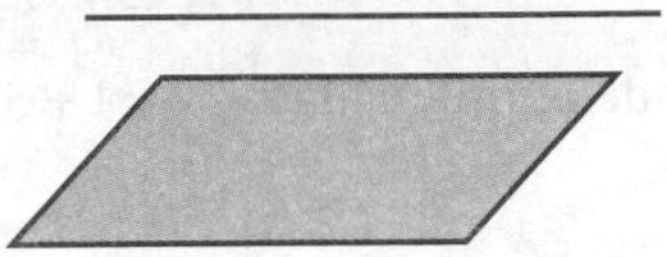

Paralelos

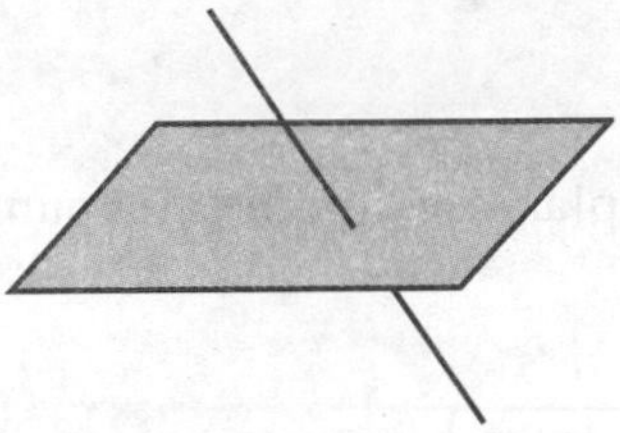

Recta y plano se cortan en un punto

Para estudiar la posición relativa de ambos, el plano se expresa mediante su ecuación general y la recta mediante sus ecuaciones paramétricas.

$$\pi: ax + by + cz + d = 0 \qquad r: \begin{cases} x = a_1 + \lambda\, u_1 \\ y = a_2 + \lambda\, u_2 \\ z = a_3 + \lambda\, u_3 \end{cases}$$

A continuación se sustituyen x, y, z en la ecuación del plano por las respectivas coordenadas paramétricas de la recta. Es decir:

$$a(a_1 + \lambda\, v_1) + b(a_2 + \lambda\, v_2) + c(a_3 + \lambda\, v_3) + d = 0$$

- Si nos aparece una ecuación trivial del tipo $k = k$, ocurre que todos los puntos de la recta cumplen la ecuación del plano. Es decir, **la recta está contenida en el plano**.

- Si nos aparece una ecuación incongruente del tipo $k = 0$, siendo k un número distinto de cero, no hay punto alguno en la recta que cumpla la ecuación del plano. Recta y plano no tienen puntos comunes. Necesariamente **son paralelos.**

- En cualquier otro caso obtendremos, resolviendo la ecuación, un valor concreto para λ. Es decir, sólo hay un punto de la recta que también es del plano. Recta y plano **se cortan en**

un punto, cuyas coordenadas se obtienen sustituyendo el valor de λ encontrado en las ecuaciones paramétricas de la recta.

Ejemplo

Estudiar la posición relativa de la recta $r: \begin{cases} x = 2\lambda \\ y = 1 + 3\lambda \\ z = \lambda \end{cases}$ y del plano $\pi: 3x + 2y - 11z - 5 = 0$

Solución: Sustituimos las coordenadas paramétricas de la recta en la ecuación del plano. Queda:

$$3(2\lambda) + 2(1 + 3\lambda) - 11\lambda - 5 = 0 \quad \rightarrow \quad \lambda = 3$$

Recta y plano se cortan en el punto de coordenadas $\begin{cases} x = 2 \cdot 3 = 6 \\ y = 1 + 3 \cdot 3 = 10 \\ z = 3 \end{cases}$, es decir, en $P(6,10,3)$.

Ejemplo

Idéntica pregunta para la misma recta anterior y el plano $\pi: 3x + 2y - 12z - 5 = 0$

Solución: Sustituyendo obtenemos: $3(2\lambda) + 2(1 + 3\lambda) - 12\lambda - 5 = 0 \quad \rightarrow \quad -3 = 0$

incongruencia que nos dice que recta y plano no tienen puntos en común. Son paralelos.

Problemas propuestos

1. Hallar la ecuación de la recta que pasa por los puntos (a,b,c) y (m,n,p).
2. Hallar la ecuación de la recta que pasa por los puntos (1,2,3) y (0,4,5).
3. Hallar la ecuación del plano que pasa por los puntos (1,2,3), (4,0,5) y (−1,1,0).
4. Hallar la ecuación del plano que pasa por el punto (1,0,1) y contiene a la recta.
   $\frac{x-1}{2} = \frac{y\ 2}{3} = \frac{z-3}{4}$.
5. Calcular la intersección de los planos dados por las ecuaciones $x + y - z + 1 = 0$ y $2x + z + 5 = 0$.
6. Hallar la ecuación del plano que pasa por el punto (1,1,1) y es paralelo al plano $3x + 5y - 7z + 9 = 0$.
7. Hallar la ecuación del plano que pasa por los puntos (2,0,1) y (3,1,0) y es paralelo a la recta
   $\begin{cases} x + y - z + 1 = 0 \\ x - y + z + 1 = 0 \end{cases}$
8. Dadas las rectas

$$\frac{x-1}{2}=\frac{y}{1}=\frac{z+1}{3},$$

$$\frac{x}{1}=\frac{y}{2}=\frac{z-1}{3}$$

hallar la ecuación del plano que pasa por el origen y es paralelo a ambas rectas.

9. Dadas las rectas

$$\frac{x-1}{2}=\frac{y}{3}=\frac{z}{2},$$

$$\frac{x}{1}=\frac{y}{1}=\frac{z-1}{5}$$

estudiar su posición relativa y calcular la distancia entre ellas.

10. Hallar la ecuación del plano que pasa por la recta

$$\begin{cases} 3x-2y+z-1=0 \\ 2x+y+1=0 \end{cases}$$

y por el punto (1,1,1).

11. Hallar la ecuación del plano que pasa por la recta

$$\begin{cases} 3x+5y+7z-5=0 \\ x+y+z-3=0 \end{cases}$$

y es paralelo a

$$\begin{cases} 4x+y+z=0 \\ 2x+3y+5z=0 \end{cases}$$

12. Hallar la ecuación del plano que pasa por el punto (3,–5,7) y es paralelo al plano *XZ*.

13. Hallar la ecuación del plano cuyas intercepciones respectivas con los ejes *X, Y* y *Z* son –5, 3 y 1.

14. Hallar la ecuación del plano que pasa por los puntos (6,2,0), (4,–1,2) y (3,4,–1).

15. Hallar la ecuación del plano que pasa por el punto (3,·-2,6) y es paralelo al plano $4y-3z+12=0$.

16. Hallar la ecuación del plano que pasa por el eje *Z* y por el punto (4,–1,7).

17. Un plano es paralelo a cada una de las rectas que tienen por números directores respectivos [1,–3,2] y [3,7,–1]. Hallar la ecuación del plano, si pasa también por el punto (5,1,–1).

18. Determinar el valor del parámetro *k* de modo que un plano de la familia $kx-3y+kz-22=0$ pase por el punto (3,–4,2).

19. Hallar la ecuación del plano que pasa por el punto (4,–1,1) y es paralelo al plano $4x-2y+3z-5=0$.

20. Hallar la ecuación del plano que es paralelo al que tiene por ecuación $7x+3y-2z+2=0$ y cuya intercepción con el eje *Z* es 4.

21. Hallar la ecuación del plano que pasa por el punto (3,–1,4) y también por la recta de intersección de los planos $x+2y-z=4$ y $2x-3y+z=6$.

22. Hallar las ecuaciones de la recta que pasa por el punto (2,–1,4) y tiene por números directores [3,–1,6].

23. Hallar las ecuaciones de la recta que pasa por el punto (4,0,5) y es paralela a la recta cuyos números directores son [1,–1,3].

24. Hallar las ecuaciones de la recta que pasa por el punto (–2,4,3) y cuyos números directores son [2,0,–3].

25. Los números directores de una recta son [0, 0, 1] y la recta pasa por el punto (–2, 1, 7). Hallar sus ecuaciones.

26 Hallar las ecuaciones de la recta que pasa por el punto (–6, 5, 3) y es paralela a la recta

$$\frac{x+4}{-2}=\frac{3-y}{2}=\frac{3z+5}{6}$$

27. Hallar la ecuación de la recta que pasa por los puntos (0,0,0) y (2,–1,5).

28. Hallar la ecuación de la recta que pasa por los puntos (5,0,7) y (5,–3,11).

29. Hallar la ecuación de la recta que pasa por los puntos (2,3,–4) y (–5,3,–4).

30. Hallar las ecuaciones paramétricas de la recta que pasa por el punto (5,–3,0) y tiene por números directores [2,–2,1].

31. Hallar las ecuaciones paramétricas de la recta que pasa por los dos puntos (1,2,–3) y (2,6,5).

32. Hallar la ecuación del plano determinado por la recta $2x+2y-z+3=0$, $x-y+2z+2=0$ y el punto (3,–1,2).

33. Hallar la ecuación del plano determinado por la recta

$$\frac{x+4}{2}=\frac{y-1}{-1}=\frac{3z-2}{6}$$

34. Hallar la ecuación del plano que pasa por el punto (2,4,−1) y es paralelo a cada una de las rectas

$$\frac{x}{1} = \frac{y-3}{-4} = \frac{z+2}{2},$$

$$\frac{x-1}{3} = \frac{y+2}{1} = \frac{z-7}{-1}$$

35. Hallar las ecuaciones de la recta que pasa por el punto (6,4,−2) y es paralela a cada uno de los planos $x + 2y - 3z + 8 = 0$ y $2x - y + z - 7 = 0$.

36. Hallar la ecuación del plano que pasa por la recta

$$\frac{x+2}{2} = \frac{y-3}{-3} = \frac{z}{4}$$

y es paralelo a la recta

$$\frac{x-1}{1} = \frac{y}{-2} = \frac{z+7}{5}$$

37. Hallar la ecuación del plano determinado por la recta

$$\frac{x}{1} = \frac{y-6}{2} = \frac{z+3}{-1}$$

38. Hallar la ecuación del plano determinado por las rectas

$$\frac{x+1}{2} = \frac{y}{-1} = \frac{z-2}{4},$$

$$\frac{x-3}{2} = \frac{3-2y}{2} = \frac{1-z}{-4}.$$

39. Hallar la ecuación del plano determinado por las rectas

$$\frac{x-1}{2} = \frac{y-4}{1} = \frac{z-5}{2},$$

$$\frac{x-2}{-1} = \frac{y-8}{3} = \frac{z-11}{4}$$

40. Hallar la ecuación del plano que pasa por el punto (2,2,−4) y es paralelo a cada una de las rectas $x + y - z + 11 = 0$, $x - y + 2z - 7 = 0$ y $2x - 3y - 2z + 8 = 0$, $x + 2y + z - 9 = 0$.

Soluciones

1. S.: $(x,y,z) = (a,b,c) + \lambda\ (m-a,\ n-b,\ p-c)$.
2. S.:
$$\frac{x-1}{1} = \frac{y-2}{-2} = \frac{z-3}{-2}$$
3. S.: $8x + 5y - 7z + 3 = 0$.
4. S.: $-7x + 2y + 2z - 7 = 0$.
5. S.: Es la recta que pasa por el punto (−5/2, 3/2, 0) en la dirección dada por el subespacio de base (−1,3,2).
6. S.: $3x + 5y - 7z - 1 = 0$.
7. S.: $2x - y + z - 5 = 0$.
8. S.: $x + y - z = 0$.
9. S.: Las rectas se cruzan.
$d = \sqrt{23.517/117}$
10. S.: $10x - 9y + 4z - 5 = 0$.
11. S.: $2x + 8y + 14z + 6 = 0$.
12. S.: $y + 5 = 0$.
13. S.: $3x - 5y - 15z + 15 = 0$.
14. S.: $x + 8y + 13z - 22 = 0$.
15. S.: $4y - 3z + 26 = 0$.
16. S.: $x + 4y = 0$.
17. S.: $11x - 7y - 16z - 64 = 0$.
18. S.: $k = 2$.
19. S.: $4x - 2y + 3z - 21 = 0$.
20. S.: $7x + 3y - 2z + 8 = 0$.
21. S.: $3x - y - 10 = 0$.
22. S.:
$$\frac{x-2}{3} = \frac{y+1}{-1} = \frac{z-4}{6}$$
23. S.:
$$\frac{x-4}{1} = \frac{y}{-1} = \frac{z-5}{3}.$$
24. S.:
$$\frac{x+2}{2} = \frac{z-3}{-3},\ y = 4.$$
25. S.: $x = -2,\ y = 1$.

26. S.: $x + 6 = y - 5 = 3 - z$.

27. S.:

$$\frac{x}{2} = \frac{y}{-1} = \frac{z}{5}$$

28. S.:

$$x = 5, \frac{y}{3} = \frac{z - 7}{-4}$$

29. S.: $y = 3,\ z = -4$.

30. S.: $x = 5 + 2t/3,\ y = -3 - 2t/3,\ z = t/3$.

31. S.: $x = 1 + t/9,\ y = 2 + 4t/9,\ z = -3 + 8t/9$.

32. S.: $3x + 5y - 4z + 4 = 0$.

33. S.: $5x + 16y + 3z + 2 = 0$.

34. S.: $2x + 7y + 13z - 19 = 0$.

35. S.:

$$\frac{x - 6}{1} = \frac{y - 4}{7} = \frac{z + 2}{5}$$

36. S.: $7x + 6y + z - 4 = 0$.

37. S.: $x - 9y - 17z + 3 = 0$.

38. S.: $5x - 18y - 7z + 19 = 0$.

39. S.: $2x + 10y - 7z - 7 = 0$.

40. S.: $29x + 9y + z - 72 = 0$.

Apéndice

Tabla de áreas y volúmenes de figuras geométricas

Figura	Nombre	Claves	Perímetro	Área
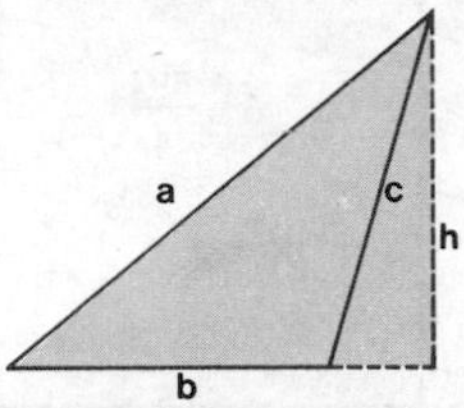	Triángulo	a, b, c = lados h = altura	$P = a + b + c$	$A = \frac{bh}{2}$
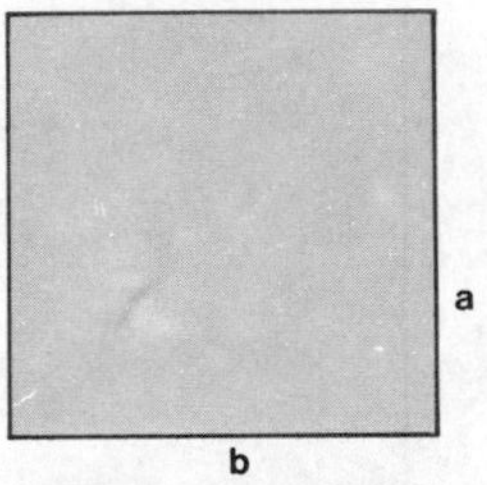	Cuadrado	a = lado	$P = 4a$	$A = a^2$
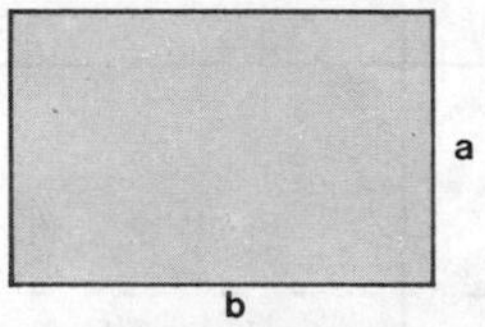	Rectángulo	a = altura b = base	$P = 2(a + b)$	$A = ba$
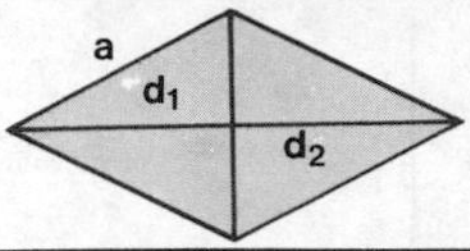	Rombo	a = lado d_1, d_2 = diagonales	$P = 4a$	$A = \frac{d_1 d_2}{2}$
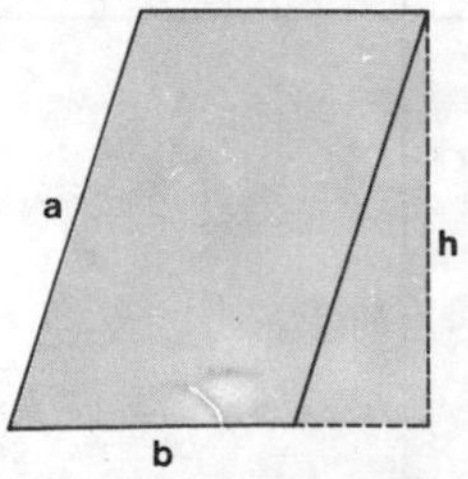	Paralelogramo cualquiera	a, b = lados h = altura	$P = 2(a + b)$	$A = bh$

Figura	Nombre	Claves	Perímetro	Área
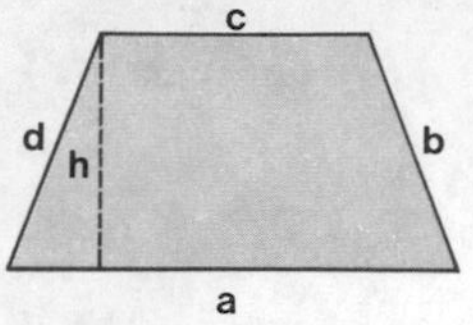	Trapecio	a, b, c, d = lados a, c = lados paralelos h = altura	$P = a + b + c + d$	$A = \left(\frac{a + c}{2}\right)h$
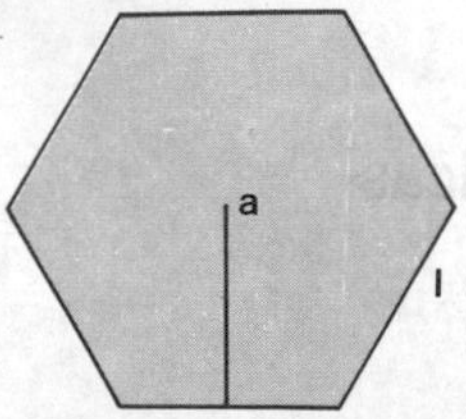	Polígono regular	l = lado a = apotema	$P = nl$	$A = \frac{Pa}{2}$
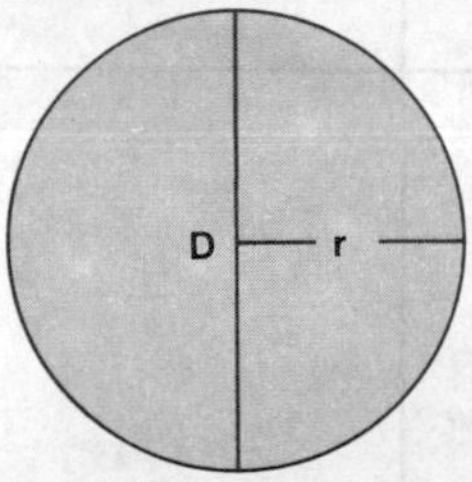	Círculo	D = diámetro r = radio π = 3,1416	$P = \pi D$ $P = 2\pi r$	$A = \frac{\pi D^2}{4}$ $A = \pi r^2$
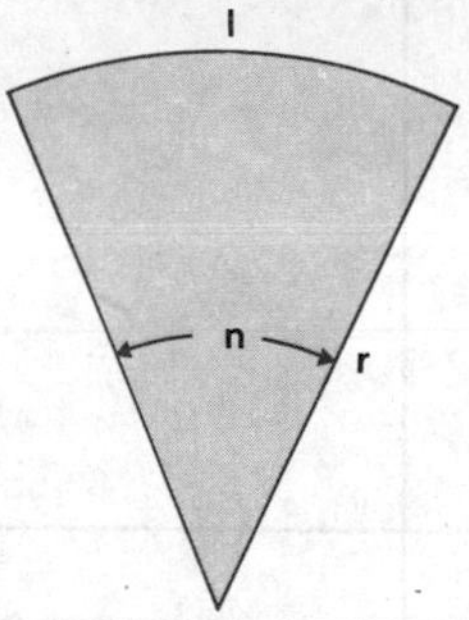	Sector circular	l = longitud del arco r = radio n = número de grados	$l = 0{,}01745\ rn$ $P = l + 2r$	$A = \frac{\pi r^2 n}{360}$
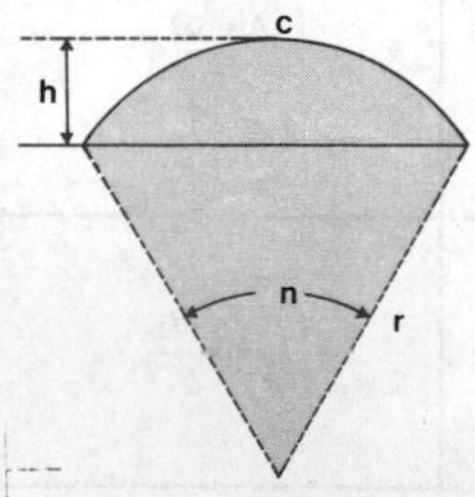	Segmento circular	c = cuerda r = radio h = altura n = número de grados	$P = 0{,}01745\ rn + c$	$A = \frac{\pi r^2 n}{360} - \frac{c(r - h)}{2}$
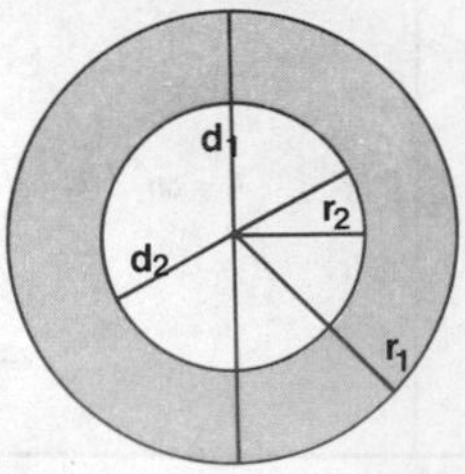	Corona circular	d_1 = diámetro mayor d_2 = diámetro menor r_1 = radio mayor r_2 = radio menor	P. ext. $= \pi d_1$ P. int. $= \pi d_2$ P. total : $\pi(d_1 + d_2)$	$A = \frac{\pi}{4}(d_1^2 - d_2^2)$ $A = \pi(r_1^2 - r_2^2)$

Figura	Nombre	Claves	Perímetro	Volumen
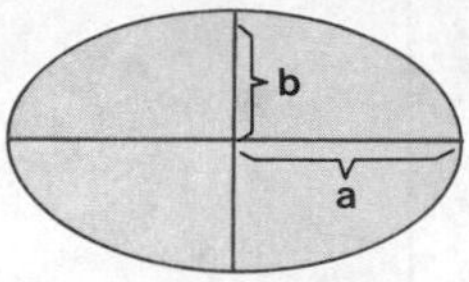	Elipse	a = semieje mayor b = semieje menor	$P = 2\pi \sqrt{1/2\ (a^2 + b^2)}$	$A = \pi ab$
	Nombre	**Claves**	**Área**	**Volumen**
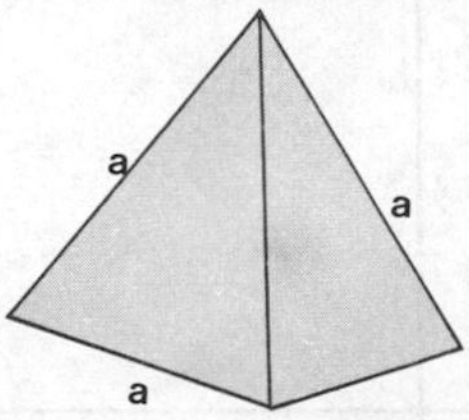	Tetraedro	a = arista	$A = a^2 \sqrt{3}$	$V = \frac{a^3}{12} \sqrt{2}$
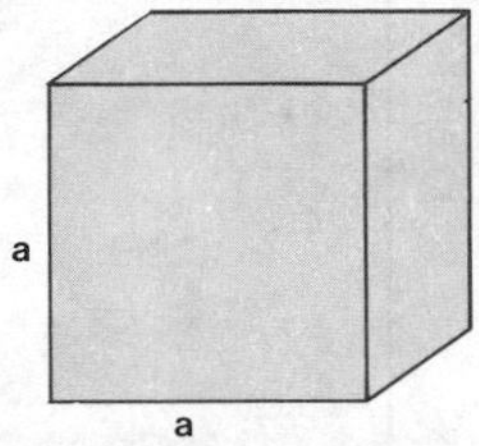	Hexaedro	a = arista	$A = 6a^2$	$V = a^3$
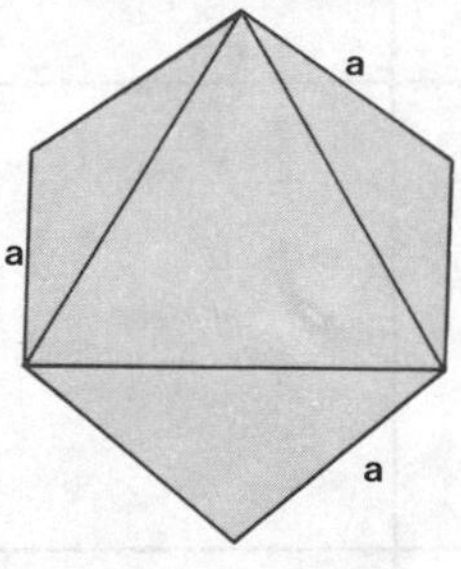	Octaedro	a = arista	$A = 2a^2 \sqrt{3}$	$V = \frac{a^3}{3} \sqrt{2}$
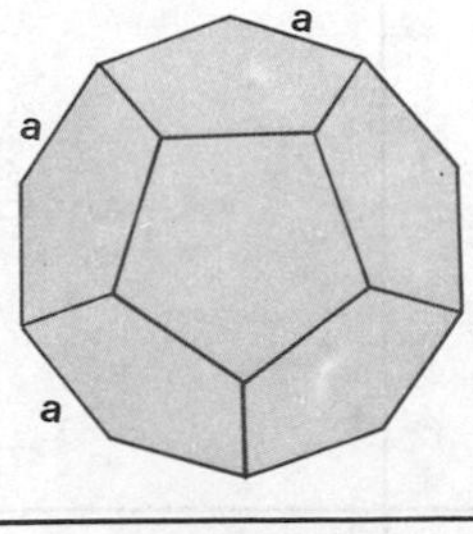	Dodecaedro	a = arista	$A = 3a^2 \sqrt{5(5 + 2\sqrt{5})}$	$V = \frac{a^3}{4} (15 + 7\sqrt{5})$
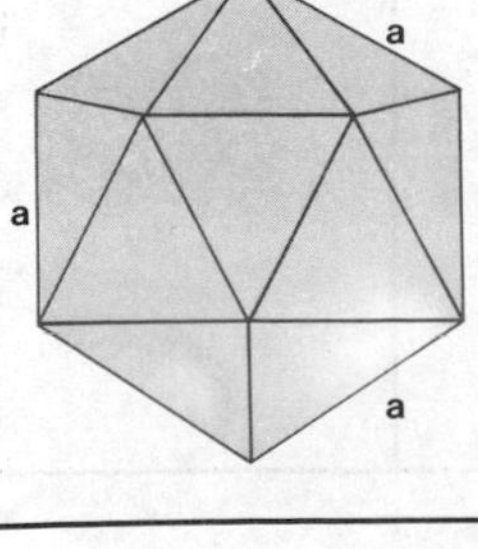	Icosaedro	a = arista	$A = 5a^2 \sqrt{3}$	$V = \frac{5a^3}{12} (3 + \sqrt{5})$

Figura	Nombre	Claves	Área	Volumen
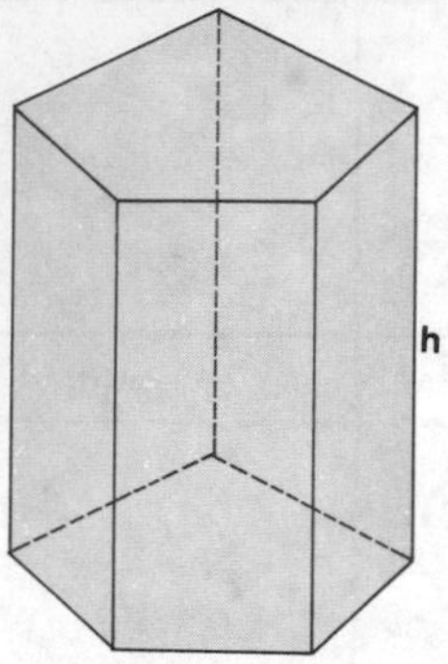	Prisma recto	h = altura P = perímetro de la base A_b = área de la base	$A_l = Ph$ $A_t = Ph + 2A_b$	$V = A_b h$
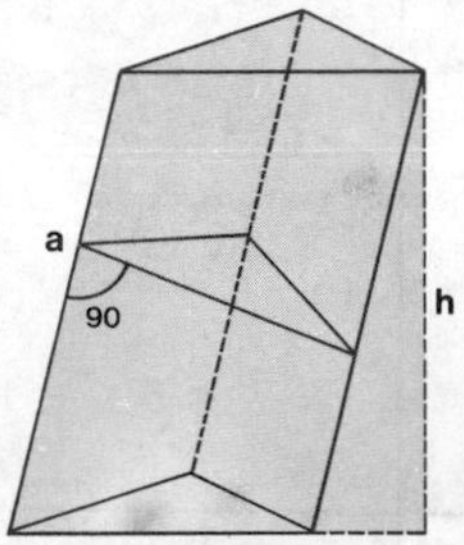	Prisma cualquiera	a = arista lateral P = perímetro de la sección recta A_b = área de la base h = altura	$A_l = Pa$ $A_t = Pa + 2A_b$	$V = A_b h$
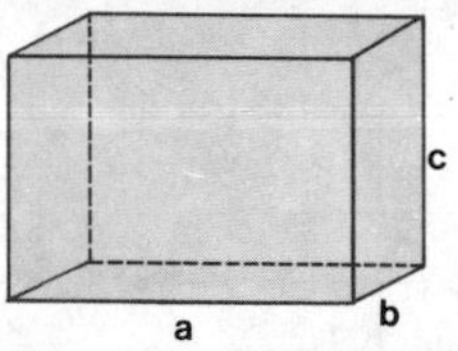	Paralelepípedo rectángulo	a = largo b = ancho c = altura	$A_l = 2(a + b)c$ $A_t = 2(a + b)c + 2ab$	$V = abc$
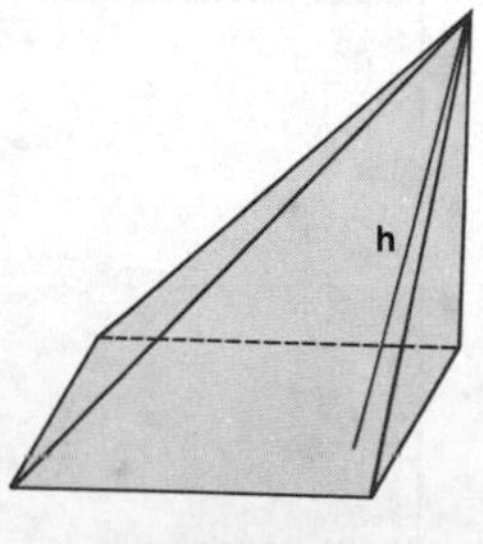	Pirámide cualquiera	A_l = suma de las caras laterales A_b = área de la base A_t = área total h = altura	$A_t = A_l + A_b$	$V = \frac{1}{3} A_b h$
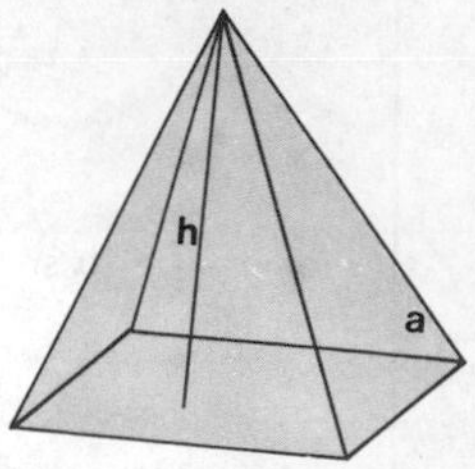	Pirámide regular	P = perímetro de la base a = apotema A_b = área de la base h = altura	$A_l = \frac{1}{2} Pa$ $A_t = \frac{1}{2} Pa + A_b$	$V = \frac{1}{3} A_b h$

Figura	Nombre	Claves	Área	Volumen
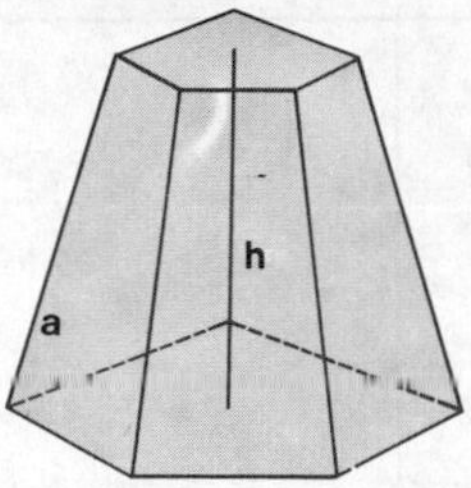	Tronco de pirámide regular	a = apotema h = altura P = perímetro de la base superior P′ = perímetro de la base inferior A_b = área de la base superior A'_b = área de la base inferior	$A_l = \left(\frac{P + P'}{2}\right)a$ $A_t = \left(\frac{P + P'}{2}\right)a + A_b + A'_b$	$V = \frac{1}{3}h(A_b + A'_b + \sqrt{A_b A'_b})$
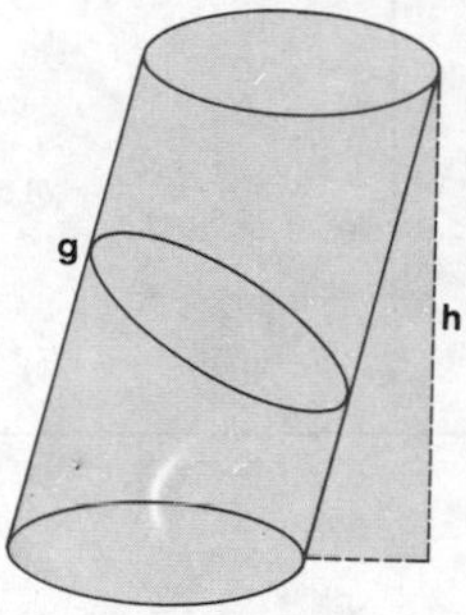	Cilindro cualquiera	g = generatriz C = perímetro de la sección recta A_b = área de la base h = altura	$A_l = Cg$ $A_t = Cg + 2A_b$	$V = A_b h$
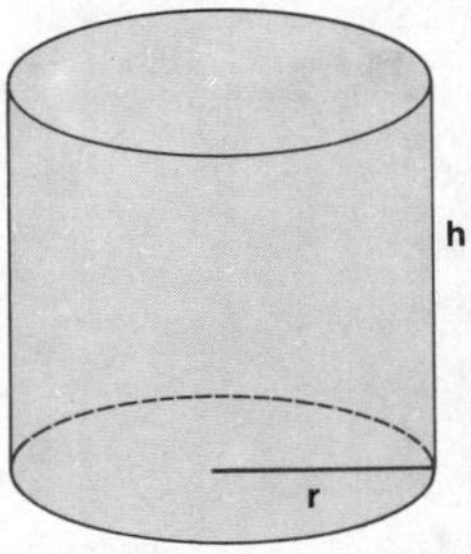	Cilindro circular recto	h = altura r = radio de la base	$A_l = 2\pi rh$ $A_t = 2\pi rh + 2\pi r^2$	$V = \pi r^2 h$
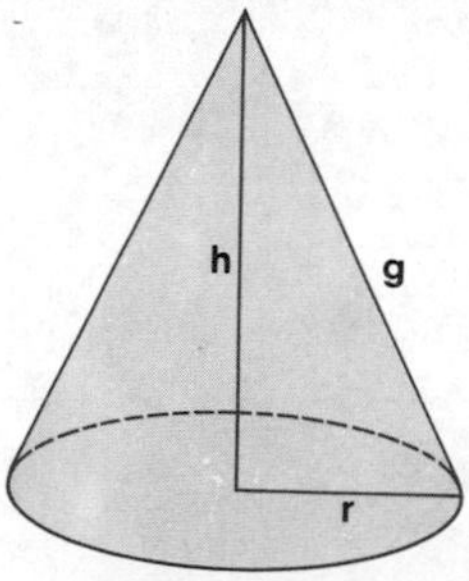	Cono circular recto	g = generatriz h = altura r = radio de la base	$A_l = \pi rg$ $A_t = \pi rg + \pi r^2$	$V = \frac{1}{3}\pi r^2 h$
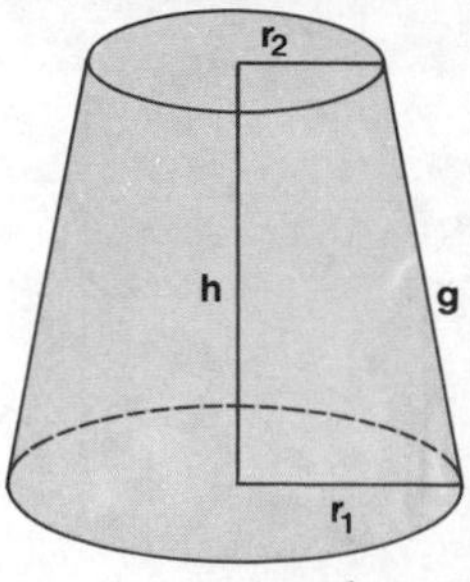	Tronco de cono circular recto	g = generatriz r_1 = radio de la base mayor r_2 = radio de la base menor h = altura	$A_l = \pi g(r_1 + r_2)$ $A_t = \pi g(r_1 + r_2) + \pi(r_1^2 + r_2^2)$	$V = \frac{1}{3}\pi h(r_1^2 + r_2^2 + r_2 r_2)$

Figura	Nombre	Claves	Área	Volumen
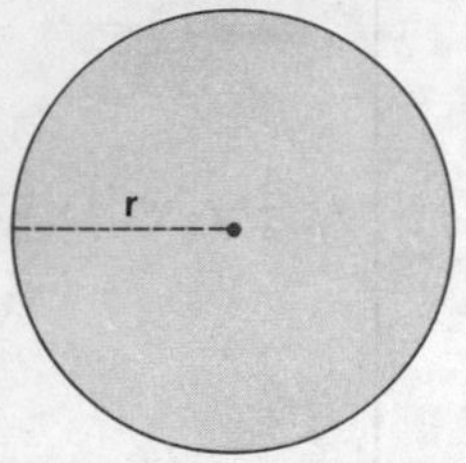	Esfera	r = radio de la esfera	$A = 4\pi r^2$	$V = \frac{4}{3}\pi r^3$
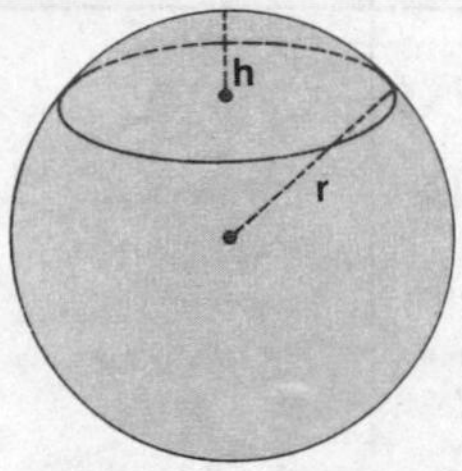	Casquete esférico	r = radio de la esfera h = altura del casquete	$A = 2\pi rh$	$V = \frac{1}{3}\pi h^2(3r - h)$

X

Sucesiones

El objetivo básico de este bloque es acercar al lector a la idea de límite de una sucesión. En el primer tema se estudian las características fundamentales de las sucesiones y el concepto de límite.

En el segundo se facilitan los instrumentos necesarios para calcular un gran número de límites. Se pretende la comparación de límites infinitos y su aplicación al cálculo de límites más complicados.

Sucesiones. Límite de una sucesión

50

Introducción histórica

Leonardo de Pisa (1170-1250) fue educado por maestros árabes que le pusieron al corriente de los muchos conocimientos matemáticos heredados de los griegos que conocían. En 1202 publicó el *Liber Abaci*, que constituye una colección de problemas aritméticos y algebraicos, además de una defensa apasionada del sistema de numeración árabe. Es considerado como el matemático más destacado de la Europa medieval.

50.1 Sucesiones

Una sucesión de números reales es una aplicación del conjunto de los números naturales no nulos N^* en el conjunto R de los números reales.

Ejemplo

La aplicación $a: N \to R$ dada por $a(1)=\dfrac{1}{3}$; $a(2)=\dfrac{2}{3}$; $a(3)=\dfrac{3}{3}=1$; $a(4)=\dfrac{4}{3}$; ... es una sucesión.

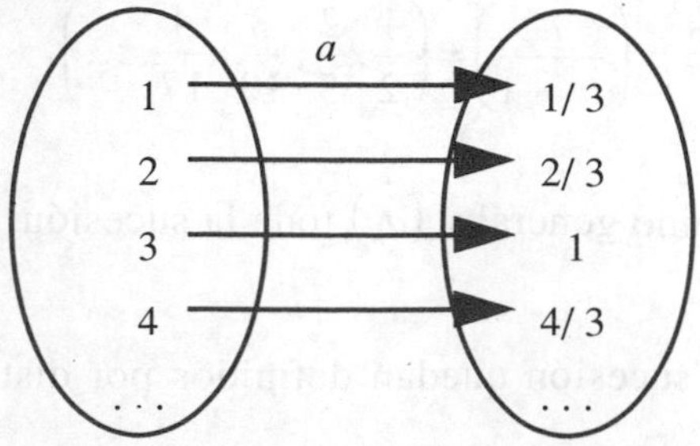

Las imágenes $a(1)$, $a(2)$, $a(3), \ldots$ se llaman **términos** de la sucesión y se suelen escribir mediante un subíndice, que indica el lugar que ocupa el término en la sucesión:

$$a_1, a_2, a_3, a_4, \ldots, a_n, \ldots$$

a_n es el **término general o término n-ésimo**.

La sucesión del ejemplo anterior puede ser escrita de una forma más sencilla, escribiendo las imágenes de 1, 2, 3, 4, ... de forma ordenada:

$$\frac{1}{3}, \frac{2}{3}, 1, \frac{4}{3}, \frac{5}{3}, \ldots$$

Ejemplo

En la sucesión $3, -1, 4, 5, -2, 8, \ldots$ se tiene que:

$$a_1 = 3, a_2 = -1, a_3 = 4, a_4 = 5, \ldots$$

Una sucesión queda determinada cuando se conocen las imágenes de todos sus elementos. Esto se consigue por medio de un criterio o ley de la sucesión, que generalmente se expresa por su término general.

Ejemplo

La sucesión cuyo término general es $a_n = \frac{n}{n+1}$ está formada por fracciones cuyo numerador es n y cuyo denominador es una unidad mayor que el numerador. Los primeros términos de dicha sucesión son: $a_1 = \frac{1}{2}, a_2 = \frac{2}{3}, a_3 = \frac{3}{4}, a_4 = \frac{4}{5}, \ldots$

En algunas sucesiones, la ley no se puede expresar algebraicamente por su término general. Así ocurre con la sucesión de las aproximaciones decimales de $\sqrt{2}$:

$$1, 1'4, 1'41, 1'414, 1'4142, \ldots$$

Una sucesión definida por su término general se indica escribiendo éste entre llaves:

Ejemplo

$$\left(\frac{n}{n^2+1}\right) = \left(\frac{1}{2}, \frac{2}{5}, \frac{3}{10}, \frac{4}{17}, \ldots\right)$$

Es decir, a_n representa el término general y (a_n) toda la sucesión.

A veces, los términos de una sucesión quedan definidos por distintos criterios, según el lugar que ocupen sus términos.

Ejemplo

Los primeros términos de la sucesión cuyo término general es $a_n = \begin{cases} 5 & \text{si } n \text{ es impar} \\ 2n+1 & \text{si } n \text{ es par} \end{cases}$

son:

$$(a_n) = (5, 5, 5, 9, 5, 13, \ldots)$$

Ejemplo

Halla el término general de la sucesión $-2, 2, -2, -2, 2, \ldots$

Solución: Podemos observar que:

$$a_1 = (-1)^1 \cdot 2; \quad a_2 = (-1)^2 \cdot 2; \quad a_3 = (-1)^3 \cdot 2; \quad a_4 = (-1)^4 \cdot 2; \quad \ldots$$

Así pues, el término general será $a_n = (-1)^n \cdot 2$

Ejemplo

Halla el término general de la sucesión $\frac{1}{2}, \frac{1}{4}, \frac{1}{6}, \frac{1}{8}, \ldots$

Solución: Se observa que:

$$a_1 = \frac{1}{2 \cdot 1}; \; a_2 = \frac{1}{2 \cdot 2}; \; a_3 = \frac{1}{2 \cdot 3}; \; a_4 = \frac{1}{2 \cdot 4}; \ldots$$

Por tanto, el término general será $a_n = \frac{1}{2n}$.

Ejemplo

Halla el término general de la sucesión $\frac{3}{4}, \frac{4}{5}, \frac{5}{6}, \frac{6}{7}, \frac{7}{8}, \ldots$

Solución: Se tiene que:

$$a_1 = \frac{1+2}{1+3}; \; a_2 = \frac{2+2}{2+3}; \; a_3 = \frac{3+2}{3+3}; \; a_4 = \frac{4+2}{4+3}; \ldots$$

Así pues, el término general será $a_n = \frac{n+2}{n+3}$.

Escribe los cinco primeros términos de la sucesión de término general $a_n = 3$

Solución:

$$a_1 = 3; \; a_2 = 3; \; a_3 = 3; \; a_4 = 3; \; a_5 = 3$$

Ejemplo

Escribe los cinco primeros términos de la sucesión de término general $a_n = \dfrac{n+1}{n}$

Solución:

$$a_1 = \frac{2}{1} = 2;\ a_2 = \frac{3}{2};\ a_3 = \frac{4}{3};\ a_4 = \frac{5}{4};\ a_5 = \frac{6}{5}$$

Ejemplo

Escribe los cuatro primeros términos de la sucesión cuyo término general es $a_n = 3 + \dfrac{1}{10^n}$

Solución:

$$a_1 = 3 + \frac{1}{10} = 3{,}1;\ a_2 = 3 + \frac{1}{100} = 3{,}01;\ a_3 = 3 + \frac{1}{1000} = 3{,}001;\ a_4 = 3 + \frac{1}{10000} = 3{,}0001$$

Como una sucesión es una aplicación de N^* en R, se puede representar en el plano cartesiano.

La gráfica adjunta representa la sucesión $(a_n) = \left((-1)^n \cdot \dfrac{n}{2}\right) = \left(-\dfrac{1}{2}, 1, -\dfrac{3}{2}, 2, -\dfrac{5}{2}, 3, -\dfrac{7}{2}, 4, \ldots\right)$.

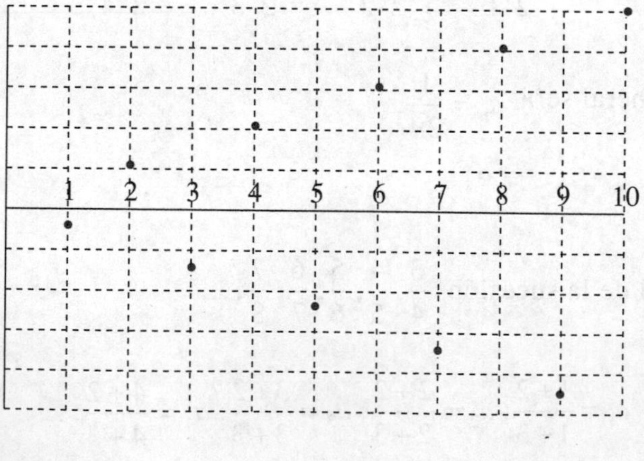

Habitualmente, en vez de la gráfica anterior, se recurre a un diagrama lineal como el siguiente:

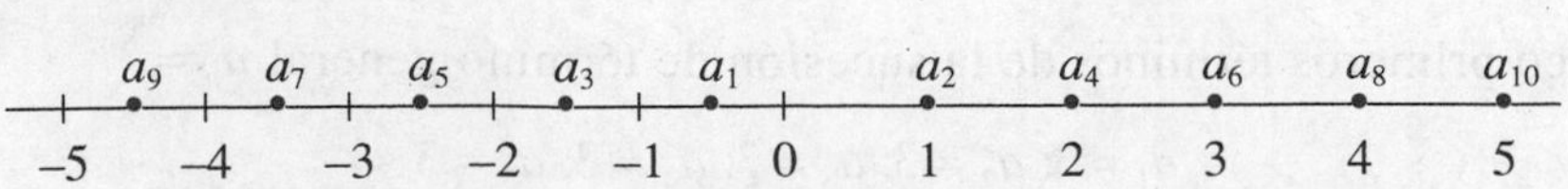

50.2 Sucesiones acotadas

Una sucesión está acotada superiormente si existe un número real mayor o igual que todos los términos de la sucesión.

Es decir, (a_n) está acotada superiormente si existe un número real M tal que $a_n \leq M$ para cualquier valor de n.

Análogamente:

Una sucesión está acotada inferiormente si existe un número real menor o igual que todos los términos de la sucesión.

Es decir, (b_n) está acotada inferiormente si existe un número real m tal que $b_n \geq m$ para cualquier valor de n.

Una sucesión está acotada cuando lo está superior e inferiormente.

Ejemplo

La sucesión $(a_n) = \left(\dfrac{n}{n+3}\right) = \left(\dfrac{1}{4}, \dfrac{2}{5}, \dfrac{3}{6}, \dfrac{4}{7}, \ldots\right)$ está acotada superiormente por 1 e inferiormente por 0. Es, pues, una sucesión acotada.

Ejemplo

La sucesión $(b_n) = (2^n) = (2, 4, 8, 16, \ldots)$ está acotada inferiormente por 2, pero no lo está superiormente. Por tanto, no es una sucesión acotada.

Ejemplo

La sucesión $(c_n) = ((-2)^n) = (-2, 4, -8, 16, \ldots)$ no está acotada ni inferior ni superiormente. Por supuesto, no es una sucesión acotada.

50.3 Sucesiones monótonas

Una sucesión es creciente si cada término es igual o mayor que el anterior.

Es decir, (a_n) es creciente si $a_n \leq a_{n+1}$ para cada natural n.

Una sucesión es estrictamente creciente si cada término es mayor que el anterior (no puede ser nunca igual l anterior).

Es decir: (a_n) es estrictamente decreciente si $a_n < a_{n+1}$ para cualquier natural n.

Ejemplo

La sucesión 2, 2'2, 2'23, 2'236, 2'2360, ... que define al número real $\sqrt{5}$ es creciente pero no es estrictamente creciente, ya que el término 2,2360 no es mayor que 2,236.

Ejemplo

Comprobar que la sucesión de término general $a_n = \dfrac{n+1}{n+3}$ es estrictamente creciente.

Solución: Comprobar que $a_n < a_{n+1}$ equivale a comprobar que $a_{n+1} - a_n > 0$. Por tanto:

$$a_{n+1} - a_n = \frac{(n+1)+1}{(n+1)+3} - \frac{n+1}{n+3} = \frac{n+2}{n+4} - \frac{n+1}{n+3} = \frac{(n+2)(n+3)-(n+1)(n+4)}{(n+3)(n+4)} =$$

$$= \frac{\left(n^2+5n+6\right)-\left(n^2+5n+4\right)}{(n+3)(n+4)} = \frac{2}{(n+3)(n+4)} > 0$$ por ser positivos numerador y denominador.

Cualquier sucesión estrictamente creciente es creciente, pero el recíproco no es cierto.

Una sucesión es decreciente si cada término es igual o menor que el anterior.

Es decir: (a_n) es decreciente si $a_n \geq a_{n+1}$ para cada natural n.

Una sucesión es estrictamente decreciente si cada término es menor que el anterior (no puede ser nunca igual).

Es decir, (a_n) es estrictamente decreciente si $a_n > a_{n+1}$ para cualquier natural n.

Ejemplo

La sucesión 2, 1'8, 1'74, 1'733, 1'7321, ... es estrictamente decreciente.

Ejemplo

Comprueba que la sucesión de término general $a_n = \dfrac{n+2}{n}$ es estrictamente decreciente.

Solución: Comprobar que $a_n > a_{n+1}$ equivale a verificar que $a_{n+1} - a_n < 0$. Para ello:

$$a_{n+1} - a_n = \frac{(n+1)+2}{n+1} - \frac{n+2}{n} = \frac{n+3}{n+1} - \frac{n+2}{n} = \frac{n(n+3)-(n+1)(n+2)}{n(n+1)} =$$

$$= \frac{\left(n^2+3n\right)-\left(n^2+3n+2\right)}{n(n+1)} = \frac{-2}{n(n+1)} < 0$$

Cualquier sucesión estrictamente decreciente es decreciente, pero el recíproco no es cierto.

Se llaman sucesiones monótonas las sucesiones crecientes, las estrictamente crecientes, las sucesiones decrecientes, las estrictamente decrecientes y las sucesiones constantes.

Sirvan como ejemplo de sucesiones monótonas todas las vistas en este epígrafe.

Ejemplo

La sucesión $(a_n) = \left((-1)^n \cdot n\right) = (-1, 2, -3, 4, -5, 6, \ldots)$ no es monótona ya que no es ni creciente ni decreciente ni constante.

Ejemplo

Comprueba si la sucesión de término general $a_n = \dfrac{n}{2n-5}$ es monótona.

Solución: Estudiamos el signo de $a_{n+1} - a_n$.

$$a_{n+1} - a_n = \frac{n+1}{2(n+1)-5} - \frac{n}{2n-5} = \frac{n+1}{2n-3} - \frac{n}{2n-5} = \frac{(n+1)(2n-5)-n(n-3)}{(2n-3)(2n-5)} =$$

$$= \frac{\left(2n^2-3n-5\right)-\left(2n^2-3n\right)}{(2n-3)(2n-5)} = \frac{-5}{(2n-3)(2n-5)}$$

La sucesión no es monótona puesto que el numerador es siempre negativo pero el denominador es el producto de dos factores que pueden tomar signos iguales o distintos en función de n.

50.4 Operaciones con sucesiones

La suma, resta, multiplicación, división y potenciación de sucesiones definen otra sucesión que se obtiene realizando la operación correspondiente entre los elementos que llevan el mismo subíndice.

Así, por ejemplo, dadas las sucesiones:

$$(a_n)=(a_1, a_2, a_3, a_4, \ldots) \text{ y } (b_n)=(b_1, b_2, b_3, b_4, \ldots)$$

se obtiene:

$$(a_n)+(b_n)=(a_1+b_1, a_2+b_2, a_3+b_3, a_4+b_4, \ldots)$$

$$(a_n)-(b_n)=(a_1-b_1, a_2-b_2, a_3-b_3, a_4-b_4, \ldots)$$

$$(a_n)\cdot(b_n)=(a_1\cdot b_1, a_2\cdot b_2, a_3\cdot b_3, a_4\cdot b_4, \ldots)$$

$$(a_n):(b_n)=(a_1{:}b_1, a_2{:}b_2, a_3{:}b_3, a_4{:}b_4, \ldots)$$

$$(a_n)^{(b_n)}=(a_1^{b_1}, a_2^{b_2}, a_3^{b_3}, a_4^{b_4}, \ldots)$$

La división $(a_n):(b_n)$ carece de sentido cuando algún término de (b_n) es cero.

Ejemplo

Dadas las sucesiones $(a_n)=(n+1)=(2, 3, 4, 5, \ldots)$ y $(b_n)=\left(\frac{3}{n}\right)=\left(3, \frac{3}{2}, 1, \frac{3}{4}, \ldots\right)$ la sucesión suma y la sucesión cociente son:

$$(a_n)+(b_n)=\left(5, \frac{9}{2}, 5, \frac{23}{4}, \ldots\right) \quad y \quad (a_n):(b_n)=\left(\frac{2}{3}, 2, 4, \frac{20}{3}, \ldots\right)$$

Para obtener el término general de la sucesión, se realiza la operación correspondiente con los términos generales de ambas sucesiones:

$$(a_n)-(b_n)=(a_n-b_n)=\left(n+1-\frac{3}{n}\right)=\left(\frac{n^2+n-3}{n}\right)$$

$$(a_n)\cdot(b_n)=(a_n\cdot b_n)=\left((n+1)\cdot\frac{3}{n}\right)=\left(\frac{3n+3}{n}\right)$$

50.5 Distancia entre dos puntos de la recta real. Entornos

Según sabemos, a cada punto de la recta real le corresponde un número real. Sean m y n los números reales correspondientes a los puntos M y N.

Se llama distancia entre dos puntos M y N de la recta real, y se expresa por $d(M,N)$ al valor absoluto de la diferencia $m-n$

En símbolos: $$d(M,N)=|m-n|$$

Ejemplo

Como se puede observar en la figura:

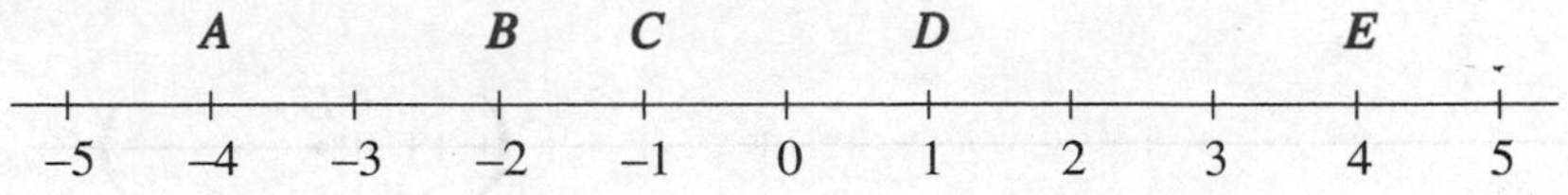

$d(A,B)=|-4-(-2)|=2;\quad d(A,D)=|-4-1|=5;\quad d(C,E)=|-1-4|=5;\quad d(D,E)=|1-4|=3,\,..$

Dado un punto a de la recta real, se llama entorno de a de radio r, escrito $E(a,r)$, al conjunto de puntos que distan de a menos que r.

Se pueden escribir estas igualdades:

$$E(a,r)=(a-r,a+r)$$

$$E(a,r)=\{x\in R\colon a-r<x<a+r\}$$

$$E(a,r)=\{x\in R\colon |x-a|<r\}$$

Su representación gráfica está dada por un intervalo cuyo centro es a y cuyo diámetro es $2r$.

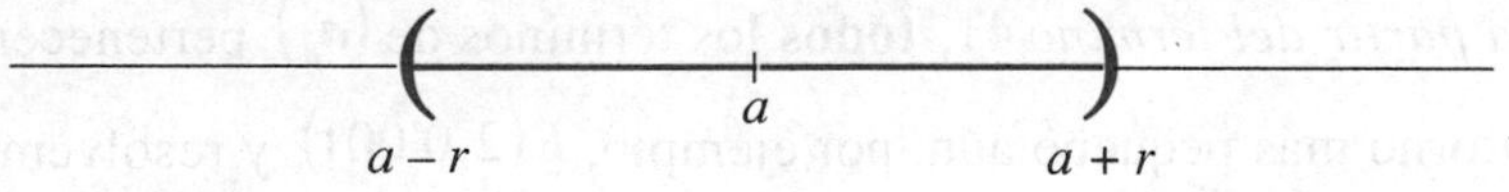

Ejemplo

Dado el entorno $E(2,0'1)$ pertenecen a él todos los puntos comprendidos en el intervalo abierto:
$(2-0'1,2+0'1)=(1'9,2'1)$. Los números 1'91, 1'95, 2, 2'01, 2'09 pertenecen al entorno. En cambio, los números 1, 1'8, 1'9, 2'1, 2'11 no son del entorno.

50.6 Límite de una sucesión

Se dice que L es el límite de la sucesión (a_n) cuando, fijado un entorno de L, de radio tan pequeño como se quiera, se puede encontrar un término de la sucesión, a partir del cual todos los términos están en el entorno de L.

Para indicar que L es límite de (a_n), se emplea una de las expresiones:

$$lim a_n = L \qquad \text{o} \qquad a_n \to L$$

Utilizando símbolos matemáticos, la definición de límite puede ser escrita así:

$lim a_n = L$ si para cada $\varepsilon > 0$, podemos encontrar un número natural n_0 tal que si $n > n_0$, entonces $a_n \in E(L, \varepsilon)$.

Si representamos gráficamente la sucesión, se observa que todos los términos de ella, *excepto unos pocos*, quedan en el entorno de L.

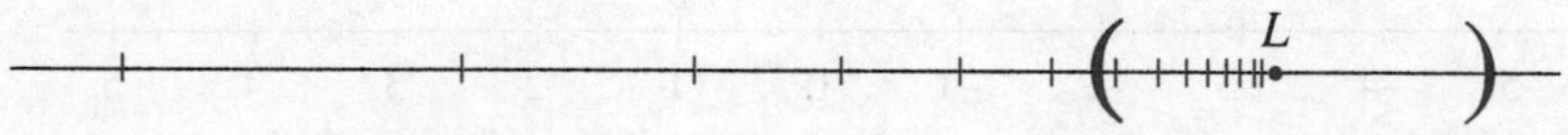

Ejemplo

Sea la sucesión $(a_n) = \left(\frac{2n+4}{n}\right) = \left(6, 4, \frac{10}{3}, 3, \frac{14}{5}, \frac{8}{3}, \ldots\right)$

Calculamos su distancia de su término general a_n al punto 2:

$$|a_n - 2| = \left|\frac{2n+4}{n} - 2\right| = \left|\frac{2n+4-2n}{n}\right| = \frac{4}{n}$$

Fijamos el entorno $E(2, 0'1)$. Entonces, la desigualdad $\frac{4}{n} < 0'1$ equivale a $n > 40$, de donde deducimos que *a partir del término* 41, **todos** los términos de (a_n) pertenecen a $E(2, 0'1)$.

Si fijamos un entorno más pequeño aún, por ejemplo, $E(2, 0'001)$ y resolvemos la inecuación:

$$\frac{4}{n} < 0'001 \quad \to \quad n > 4000$$

deducimos que *desde el término* 4001, **todos** los términos de (a_n) pertenecen a $E(2, 0'001)$.

En general, fijado un entorno $E(2, \varepsilon)$, se obtiene:

$$\frac{4}{n} < \varepsilon \quad \to \quad n > \frac{4}{\varepsilon}$$

por lo que, *a partir de un número natural n*, mayor que $\frac{4}{\varepsilon}$, **todos** los términos están en el entorno $E(2, \varepsilon)$. Por tanto, el límite de la sucesión (a_n) es 2 y podemos escribir:

$$lim\frac{2n+4}{n}=2 \quad \text{o bien} \quad \frac{2n+4}{n}\to 2$$

Utilizando la definición de distancia, podemos reescribir una vez más la definición de límite:

$lim\, a_n = L$ si para cada $\varepsilon > 0$, podemos encontrar un número natural n_0 tal que si $n > n_0$, entonces $|a_n - L| < \varepsilon$.

Ejemplo

Comprueba que $lim\frac{3n-8}{4n+1}=\frac{3}{4}$

Solución: Calculamos la distancia $\left|a_n - \frac{3}{4}\right|$.

$$\left|a_n-\frac{3}{4}\right|=\left|\frac{3n-8}{4n+1}-\frac{3}{4}\right|=\left|\frac{12n-32-12n-3}{4(4n+1)}\right|=\left|\frac{-35}{4(4n+1)}\right|=\frac{35}{4(4n+1)}$$

Si deseamos que la distancia sea muy pequeña, tomamos para ε un valor muy pequeño, por ejemplo $\varepsilon = 0'01$, y resolvemos la inecuación:

$$\frac{35}{4(4n+1)}<0'01 \;\to\; \frac{35}{4(4n+1)}<\frac{1}{100} \;\to\; 3500<4(4n+1) \;\to\; 3500<16n+4 \;\to$$

$$\to\; n>\frac{3500-4}{16}=218,5$$

y deducimos que la distancia entre cualquier término posterior a 218 y $\frac{3}{4}$ es menor que 0'01.

Si interesa que la distancia sea aún más pequeña, basta fijar un valor más pequeño para ε.

En general, fijado un valor ε, tan pequeño como se quiera, se tiene:

$$\frac{35}{4(4n+1)}<\varepsilon \;\to\; 35<16n\varepsilon+4\varepsilon \;\to\; n>\frac{35-4\varepsilon}{16\varepsilon}$$

Siempre habrá un número natural mayor que $\frac{35-4\varepsilon}{16\varepsilon}$, a partir del cual, todos los que le siguen distan de $\frac{3}{4}$ menos que ε.

Si una sucesión tiene límite, éste es único.

En efecto, si L y L' fueran dos límites distintos de la misma sucesión (a_n), la distancia $\varepsilon = |L - L'|$ será positiva y los entornos $E\left(L, \frac{\varepsilon}{3}\right)$ y $E\left(L', \frac{\varepsilon}{3}\right)$ no tendrán puntos comunes:

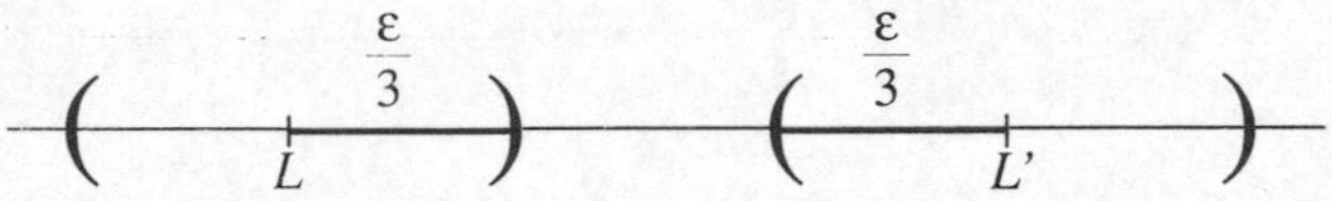

Si $\lim a_n = L$, entonces existe un natural n_1, tal que si $n > n_1$, se tiene que $a_n \in E\left(L, \frac{\varepsilon}{3}\right)$

Si $\lim a_n = L'$, debe existir un natural n_2, tal que si $n > n_2$, entonces ocurre que $a_n \in E\left(L', \frac{\varepsilon}{3}\right)$

Llamando n_0 al mayor de los números n_1 y n_2, deducimos también que si $n > n_0$ deberá ocurrir, por ser n mayor que n_1 y n_2, que $a_n \in E\left(L, \frac{\varepsilon}{3}\right)$ y que $a_n \in E\left(L', \frac{\varepsilon}{3}\right)$ simultáneamente, lo cual es imposible pues ambos entornos no tienen ningún punto en común. Esta contradicción indica que no pueden existir dos límites.

Ejemplo

La sucesión $(a_n) = \left((-1)^n \cdot \frac{n+1}{n}\right)$ es tal que los términos que ocupan lugar par:

$$\frac{3}{2}, \frac{5}{4}, \frac{7}{6}, \frac{9}{8}, \ldots \to 1$$

mientras que los términos que ocupan lugar impar:

$$-2, -\frac{4}{3}, -\frac{6}{5}, -\frac{8}{7}, \ldots \to -1$$

Los puntos 1 y -1 son puntos de acumulación de la sucesión, pero no pueden ser límites de ella, pues si a partir de un término todos los siguientes están en uno de los entornos, no pueden estar en el otro.

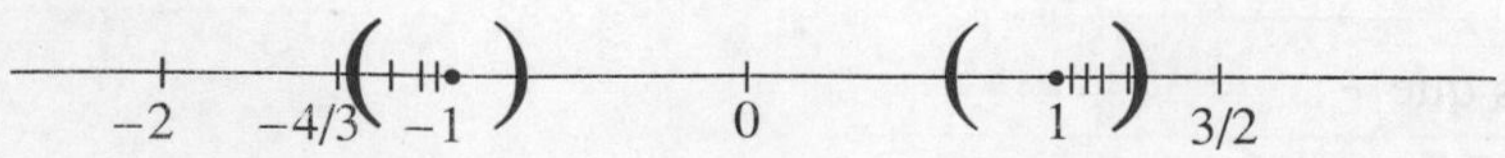

Las sucesiones que tienen por límite un número real se llaman convergentes.

50.7 Acotación y convergencia

Si una sucesión tiene límite, está acotada superior e inferiormente.

Efectivamente:

Llamamos a al límite de la sucesión (a_n). Entonces, el entorno $E(a,1)$ contiene todos los términos de la sucesión a partir de un cierto término a_{n_0}.

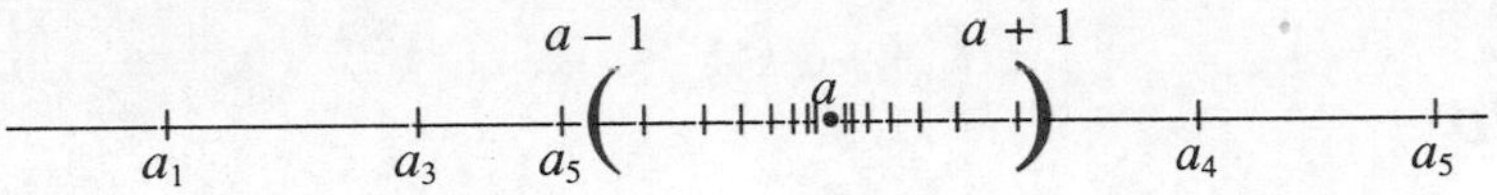

En estas condiciones, el número $M = máx\{a_1, a_2, a_3, \ldots, a_{n_0}, a+1\}$ será una cota superior de (a_n).

Igualmente, $m = mín\{a_1, a_2, a_3, \ldots, a_{n_0}, a-1\}$ será una cota inferior de la sucesión. Por tanto, para todos los elementos de la sucesión se verificará que:

$$m \leq a_n \leq M$$

La propiedad recíproca no se verifica, pues existen sucesiones acotadas no convergentes.

Ejemplo

La sucesión de término general $a_n = (-1)^n$ es $-1, 1, -1, 1, -1, 1, \ldots$ es claramente acotada y 1 son cotas inferior y superior, respectivamente), y no es convergente pues sus términos se agrupan alternativamente alrededor de -1 y 1.

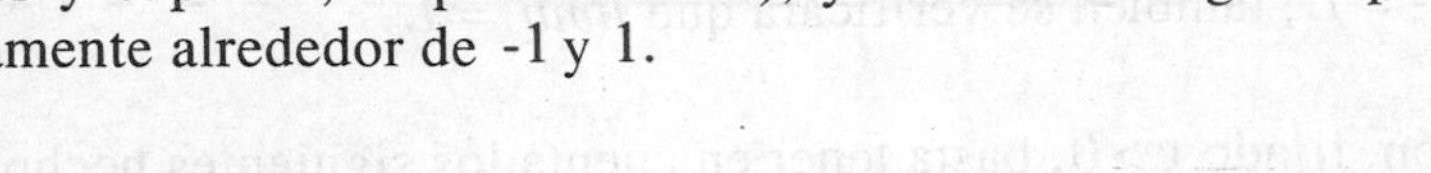

No obstante, si a la acotación se le añade la hipótesis de monotonía, podremos asegurar la convergencia de las sucesiones. En concreto:

Toda sucesión monótona y acotada es convergente.

Para la demostración, partimos de una sucesión (a_n) monótona creciente y acotada superiormente. Dicha sucesión tendrá un extremo superior k (la menor de las cotas superiores). Comprobemos que k es el límite de la sucesión. Tomamos para ello un número $\varepsilon > 0$.

En tal caso $k - \varepsilon$ no puede ser cota superior de (a_n), lo cual supone que debe existir un término a_{n_0} de la sucesión que cumpla que: $k - \varepsilon < a_{n_0} < k$.

Por ser (a_n) monótona creciente, para cada $n > n_0 \quad \rightarrow \quad k - \varepsilon < a_{n_0} < a_n < k \quad \rightarrow \quad a_n \in E(k, \varepsilon)$

y por tanto k es el límite de la sucesión (a_n).

Análogamente se demuestra que:

Toda sucesión decreciente y acotada inferiormente tiene límite, que coincide con su extremo inferior.

Ejemplo

La sucesión $(a_n) = \left(\frac{1}{n}\right) = \left(1, \frac{1}{2}, \frac{1}{3}, \frac{1}{4}, \ldots\right)$ está acotada inferiormente por el 0 y es monótona decreciente. El 0 es el límite de la sucesión.

50.8 Comparación de límites

Sean tres sucesiones $(a_n), (b_n)$ y (c_n), tales que, a partir de un cierto término cumplen que:

$$a_n \leq b_n \leq c_n$$

Si $lim a_n = L$ y $lim c_n = L$, también se verificará que $lim b_n = L$.

Para la demostración, fijado $\varepsilon > 0$, basta tener en cuenta los siguientes hechos:

Si $lim a_n = L$, deberá existir un natural n_1 de modo que si $n > n_1$ entonces $L - \varepsilon < a_n < L + \varepsilon$

Si $lim c_n = L$, existirá otro natural n_2 tal que si es $n > n_2$, entonces $L - \varepsilon < c_n < L + \varepsilon$.

Llamando $n_0 = \text{máx}\{n_1, n_2\}$, para cada $n > n_0$ son ciertas las dos desigualdades anteriores y podremos escribir:

$$L - \varepsilon < a_n \leq b_n \leq c_n < L + \varepsilon$$

Esto conlleva que $b_n \in E(L, \varepsilon)$ y por tanto $lim b_n = L$.

50.9 Sucesiones divergentes y oscilantes

Una sucesión es divergente si, fijado un número k positivo y tan grande como se quiera, todos los términos se mantienen mayores que k, a partir de cierto término.

Es decir, (a_n) es divergente si para cada número $k>0$, existe un natural n_0 de modo que si $n>n_0$, entonces $|a_n|>k$.

Ejemplo

Las siguientes sucesiones son divergentes:

$$(a_n)=(n)=(1, 2, 3, 4, \ldots)$$

$$(b_n)=(1-3n)=(-2, -5, -8, -11, \ldots)$$

$$(c_n)=\left((-2)^n\right)=(-2, 4, -8, 16, -32, \ldots)$$

Las sucesiones divergentes no tienen límite real. A pesar de ello, si a partir de un cierto término a_{n_0}, todos los términos de una sucesión divergente son del mismo signo, se dice que tienen **límite infinito**, y se escribe:

$$\lim a_n=\infty, \text{ si este signo es positivo;}$$

$$\lim a_n=-\infty, \text{ si este signo es negativo.}$$

En los ejemplos anteriores se tiene:

$$a_n \to \infty; \quad b_n \to -\infty; \quad (c_n) \text{ no tiene límite.}$$

Una sucesión que no es convergente ni divergente se llama oscilante.

Ejemplo

La sucesión ya tratada con anterioridad $(a_n)=\left((-1)^n\right)=(-1, 1, -1, 1, -1, \ldots)$ es una sucesión oscilante.

Problemas propuestos

1. **Calcula el término general de las sucesiones aritméticas siguientes:**
   a) 1, 6, 11, 16, ...
   b) 1, 5, 9, 13, ...
   c) -8, -5, -2, 1, ...
   d) 2, 0, -2, -4, ...
   e) 3, 8, 13, 18, ...
   f) $\frac{1}{2}, \frac{5}{8}, \frac{3}{4}, \ldots$

2. Calcula el término general de las sucesiones geométricas siguientes.
a) 3, 6, 12, 24, 48, ...
b) 27, 9, 3, 1, $\frac{1}{3}$, $\frac{1}{9}$, ...
c) 4, -4, 4, -4, 4, -4, ...
d) 0,1, 0,001, 0,0001, 0,0001, ...
e) 2, 4, 8, 16, ...
f) $\frac{1}{2}, \frac{1}{4}, \frac{1}{8}, \ldots$

3. Calcula el término a_{20} de la sucesión 5, 10, 15, 20, ...

4. Calcula el término a_{18} de la sucesión

$1, \frac{3}{2}, \frac{4}{2}, \ldots$

5. Halla el término que ocupa el lugar diez de la sucesión:

$1, 1+\frac{1}{2}, 1+\frac{1}{2}+\frac{1}{4}, 1+\frac{1}{2}+\frac{1}{4}+\frac{1}{8}, \ldots$

6. Completa los términos que faltan en las siguientes sucesiones:
a) 7, 10, ..., 16, ..., 22, 25, ...
b) ..., -3, -5, -7, ..., -11, ...
c) $\frac{1}{3}, \cdots, 3, 9, \cdots, 81, \cdots$
d) -5, -3, ..., 1, ..., 5, ...

7. Calcula los 10 primeros términos de la sucesión de término general $a_n = n^2 + 3$.

8. Dada la sucesión $a_n = \frac{2n^2+1}{n+3}$. Calcula

a_1, a_5, y a_{11}

9. Si $a_n = (-1)^n(n+1)$. Halla los términos

a_2, a_7, y a_{10}.

10. Escribe los cuatro primeros términos de la sucesión de término general:

$a_n = \frac{(n+1)}{n}$.

11. Halla los seis primeros términos de las sucesiones dadas por el término general siguiente:

a) $a_n = \frac{(3+2n)}{n}$

b) $b_n = \frac{(n^2+1)}{n}$

c) $c_n = \frac{2^n}{2^{n+1}}$

d) $d_n = \frac{(n^2+2n-3)}{(n+1)}$

e) $e_n = \frac{n!}{n^2}$

f) $f_n = \frac{2^n}{n!}$

12. Calcula el término que ocupa el lugar quince de la sucesión cuyo término general es $a_n = \frac{2-n^2}{n^2-1}$.

13. Halla la expresión del término general de las siguientes sucesiones:
a) 1, -3, 5, -7, 9, ...
b) 1, 4, 9, 16, 25, ...
c) 1, 2, 4, 8, 16, ...
d) 1, 4, 7, 10, ...
e) $\frac{1}{2}, \frac{2}{3}, \frac{3}{4}, \frac{4}{5}, \frac{5}{6}, \ldots$
f) $\frac{5}{3}, \frac{10}{9}, \frac{20}{27}, \frac{40}{81}, \ldots$
g) 2, 5, 10, 17, 26, 37, ...
h) $1, \frac{1}{2}, \frac{1}{4}, \frac{1}{8}, \frac{1}{16}, \ldots$

14. Escribe los diez primeros términos de las sucesiones cuyos términos generales son:

a) $a_n = 6 - 3n$

b) $a_n = \frac{2n+1}{n}$

c) $a_n = \frac{2n-4}{n+1}$

d) $a_n = n^2 + 3n + 1$

e) $a_n = \frac{3n+1}{4n+5}$

15. Dada la siguiente sucesión de término general $a_n = \frac{(2n^2+n+3)}{(n+1)}$, halla h sabiendo que $a_h = \frac{108}{8}$.

16. Con las sucesiones de términos generales $a_n = 3n$, $b_n = \frac{1}{2n}$, $c_n = \frac{n+1}{2n}$.

17, Con las sucesiones del ejercicio 11, realiza las siguientes operaciones:

a) $(a_n)+(b_n)$

b) $(c_n)-(e_n)$

c) $(f_n)+(c_n)$

d) $(a_n)\cdot(c_n)$

e) $3\cdot(c_n)$

f) $(f_n):(a_n)$

18. Indica cuál o cuáles de las siguientes sucesiones, dadas por sus términos generales, tiene sucesión inversa:

a) $a_n = 6-3n$

b) $b_n = \frac{2n+1}{n}$

c) $c_n = \frac{2n-4}{(n+1)}$

d) $d_n = n^2 + 3n - 1$

19. Dada la sucesión: $(a_n) = (9, 11, 13, 15, 17, 19, \ldots)$. Calcula la sucesión $(3\cdot a_n)$.

20. Escribe dos sucesiones, una creciente y otra decreciente.

21. Invéntate tres ejemplos de sucesiones estrictamente decrecientes.

22. Dadas las sucesiones de término general:

$$a_n = \left(\frac{3}{2}\right)^n;\ b_n = \left(\frac{-3}{2}\right)^n;\ c_n = -\left(\frac{3}{2}\right)^n;$$

$$d_n = \left(\frac{2}{3}\right)^n;\ e_n = \left(\frac{-2}{3}\right)^n;\ f_n = -\left(\frac{2}{3}\right)^n$$

a) ¿Cuáles están acotadas superiormente?.

b) ¿Cuáles están acotadas inferiormente?.

c) ¿Cuáles están acotadas?.

23. Determina si las sucesiones siguientes, dadas por sus términos generales, están acotadas:

$$a_n = \frac{n+1}{n};\ b_n = \frac{1-n}{2n};\ c_n = \frac{n+1}{2n};\ d_n = \frac{1-n}{5n}$$

24. Halla una cota superior de las sucesiones:

a) $(5,\ 5{,}2,\ 5{,}23,\ 5{,}232,\ 5{,}2323,\ \ldots)$

b) $(1,\ 1{,}1,\ 1{,}01,\ 1{,}001,\ 1{,}0001,\ \ldots)$

25. Calcula una cota inferior de las sucesiones:

a) $(-1,\ -1{,}4,\ -1{,}43,\ -1{,}433,\ -1{,}4333,\ \ldots)$

b) $(2,\ 2{,}1,\ 2{,}01,\ 2{,}001,\ 2{,}0001,\ \ldots)$

26. Estudia si la siguiente sucesión de término general $a_n = \frac{3n}{n+1}$ es creciente o decreciente.

27. Demuestra que la sucesión de término general $a_n = \frac{1}{n+2}$ está acotada.

28. Demuestra que 3 o cualquier número mayor que 3 es una cota de la sucesión de término general $a_n = \frac{3n-1}{n+1}$

29. En la sucesión de término general $a_n = 3 + \frac{1}{n}$, halla un término a partir del cual todos los siguientes disten de 3 menos de una milésima. Ídem, en menos de $\frac{1}{170}$.

30. Dada la sucesión de término general

$a_n = \frac{6n+1}{6n}$:

a) ¿Se puede encontrar un término a partir del cual todos los siguientes disten de 1 menos de 0,8?.

b) ¿Qué términos distan de 1 menos de $\frac{2}{3}$?.

31. Calcula qué términos de la sucesión $(a_n) = \left(\frac{2n-1}{3n+2}\right)$ pertenecen al entorno con centro $\frac{2}{3}$ y radio 0,1. ¿Y al entorno $E\left(\frac{2}{3}, 0{,}001\right)$?.

32. ¿Qué términos de la sucesión dada por $a_n = \frac{n^2+1}{4}$ son mayores que 1 millón?.

33. Determina si son convergentes, divergentes u oscilantes las siguientes sucesiones:

a) 0'7, 0'77, 0'777, 0'7777, 0'77777, ...

b) 2, 2'5, 2'57, 2'575, 2'5757, ...

c) 1, 3, 2, 1, 0, 1, 2, 3, 2, 1, 0, 1, ...

d) 1, 1'4, 1'41, 1'414, 1'4142, ...

e) -1, 1, -2, 2, -1, 1, -2, 2, -1, 1, ...

f) $a_n = \frac{(-1)^n}{n+2}$

g) $a_n = \frac{n-3}{n+4}$

h) $a_n = \frac{n}{n^3}$

i) $a_n = \frac{(-1)^{2n} \cdot 3}{2n}$

j) $a_n = 2n^2 - 5$

k) $a_n = (n+1)(n-2)$

34. ¿Cuántos términos de las sucesiones dadas quedan fuera de los entornos que se indican para cada una de ellas?.

a) $a_n = \frac{5n-6}{n+13}$, en el entorno $E(5, 0'01)$

b) $a_n = \frac{n-3}{2n}$, en el entorno $E\left(\frac{1}{2}, 0'1\right)$

c) $a_n = \frac{4n\ 2}{9n+5}$, en el entorno $E\left(\frac{4}{9}, 0'01\right)$

Soluciones

1. S: a) $a_n = 5n-4$

b) $a_n = 4n-3$

c) $a_n = 3n-11$

d) $a_n = -2n+4$

e) $a_n = 5n-2$

f) $a_n = \frac{1}{8}n + \frac{3}{8}$

2. S: a) $a_n = 3 \cdot 2^{n-1}$

b) $a_n = 27 \cdot \left(\frac{1}{3}\right)^{n-1}$

c) $a_n = 4(-1)^{n-1}$

d) $a_n = 0{,}1 \cdot \left(\frac{1}{10}\right)^{n-1}$

e) $a_n = 2 \cdot 2^{n-1}$

f) $a_n = \frac{1}{2} \cdot \left(\frac{1}{2}\right)^{n-1}$

3. S: 100

4. S: $\frac{19}{2}$

5. S: $2 - \frac{1}{2^9}$

6. S: a) 7. 10, 13, 16, 19, 22, 25, ...

b) -1, -3, -5, -7, -9, -11, ...

c) $\frac{1}{3}$, 1, 3, 9, 27, 81, ...

d) -5, -3, -1, 1, 3, 5, ...

7. S: 4, 7, 12, 19, 28, 39, 52, 67, 84, 103

8. S: $a_1=\frac{3}{4}$; $a_5=\frac{51}{8}$; $a_{11}=\frac{243}{14}$

9. S. $a_2=3$, $a_7=-8$, $a_{10}=11$

10. S: $a_1=2$; $a_2=\frac{3}{2}$; $a_3=\frac{4}{3}$; $a_4=\frac{5}{4}$

11. S: a) $5, \frac{7}{2}, \frac{9}{3}, \frac{11}{4}, \frac{13}{5}, \frac{15}{6}$

b) $2, \frac{5}{2}, \frac{10}{3}, \frac{17}{4}, \frac{26}{5}, \frac{37}{6}$

c) $\frac{1}{2}, \frac{1}{2}, \frac{1}{2}, \frac{1}{2}, \frac{1}{2}, \frac{1}{2}$

d) $0, \frac{5}{3}, 3, \frac{21}{5}, \frac{16}{3}, \frac{45}{7}$

e) $1, \frac{1}{2}, \frac{2}{3}, \frac{3}{2}, \frac{24}{5}, 20$

f) $2, 2, \frac{4}{3}, \frac{2}{3}, \frac{4}{15}, \frac{4}{45}$

12. S: $\frac{-223}{224}$

13. S: a) $a_n=(-1)^{n+1}(2n-1)$

b) $a_n=n^2$

c) $a_n=2^{n-1}$

d) $a_n=1+(n-1)\cdot 3=3n-2$

e) $a_n=\frac{n}{n+1}$

f) $a_n=\frac{5n}{3^n}$

g) $a_n=n^2+1$

h) $a_n=1\cdot\left(\frac{1}{2}\right)^{n-1}=\frac{1}{2^{n-1}}$

14. S: a) 3,0,–3,–6,–9,–12,–15,–18,–21,–24

b) $3, \frac{5}{2}, \frac{7}{3}, \frac{9}{4}, \frac{11}{5}, \frac{13}{6}, \frac{15}{7}, \frac{17}{8}, \frac{19}{9}, \frac{21}{10}$

c) $-1, 0, \frac{1}{2}, \frac{4}{5}, 1, \frac{8}{7}, \frac{5}{4}, \frac{4}{3}, \frac{7}{5}, \frac{16}{11}$

d) 5, 11, 19, 29, 41, 55, 71, 89, 109, 131

e) $\frac{4}{9}, \frac{7}{13}, \frac{10}{17}, \frac{13}{21}, \frac{16}{25}, \frac{19}{29}, \frac{22}{33}, \frac{25}{37}, \frac{28}{41}, \frac{31}{45}$

15. S: Séptimo término.

16. S: Se deja al lector.

17. S: a) $(a_n)+(b_n)=\left(\frac{n^2+2n+4}{n}\right)$

b) $(c_n)-(e_n)=\left(\frac{n^2-2n!}{2n^2}\right)$

c) $(f_n)+(c_n)=\left(\frac{2^{n+1}+n!}{2n!}\right)$

d) $(a_n)\cdot(c_n)=\left(\frac{3+2n}{2n}\right)$

e) $3\cdot(c_n)=\frac{3}{2}$

f) $(f_n):(a_n)=\left(\frac{2^n}{(n-1)!\,(3+2n)}\right)$

18. S: a) No tiene sucesión inversa

b) La sucesión (b_n) tiene sucesión inversa, que es $\left(\frac{1}{b_n}\right)=\left(\frac{n}{2n+1}\right)$

c) La sucesión (c_n) no tiene inversa

d) La sucesión (d_n) tiene inversa, que es $\left(\frac{1}{d_n}\right)=\left(\frac{1}{n^2+3n-1}\right)$.

19. S: $(3\cdot a_n)=(27, 33, 39, 45, 51, 57, \ldots)$

20. S: sucesión creciente $(a_n)=(2n+1)$

sucesión decreciente $(b_n)=\left(\frac{2}{n}\right)$

21. S: $a_n=\frac{3n}{n^2+1}$

$b_n=\frac{n+1}{n^3}$

$c_n=\frac{3n}{n^4+2n+6}$

22. S: a) Acotadas superiormente:

c_n, d_n, e_n, f_n

b) Acotadas inferiormente: a_n, e_n, f_n, d_n

c) Acotadas: e_n, f_n, d_n.

23. S: a_n está acotada, ya que $1\le a_n\le 2$,

pues $1\le\frac{n+1}{n}\le 2\Rightarrow n\le n+1\le 2n$

b_n está acotada, ya que $-1\le b_n\le 0$, pues

$-1\le\frac{1-n}{2n}\le 0\Rightarrow -2n\le 1-n\le 0$

c_n está acotada, ya que $0\le\frac{n+1}{2n}\le 1$,

pues $0\le n+1\le 2n$

d_n está acotada, ya que $-1\le\frac{1-n}{5n}\le 0$

pues, $-5n\le 1-n\le 0$.

24. S: a) 6

b) 2.

25. S: a) -2

b) 2

26. S: Es creciente.

27. S: $0\le a_n\le 1$

28. S: Se deja al lector.

29. S: a) A partir del término 1000.

b) A partir del término 170.

30. S: a) Todos los términos de (a_n)

b) Ídem.

31. S: a) Desde a_8 en adelante

b) Desde a_{778} en adelante.

32. S: A partir del a_{2000}.

33. S: a) Convergente con límite $L=0'\widehat{7}$

b) Convergente con límite $L=2'5757...$

c) Oscilante.

d) Convergente con límite $L=\sqrt{2}$

e) Oscilante.

f) Convergente con límite $L=0$

g) Convergente con límite $L=1$

h) Convergente con límite $L=0$

i) Convergente con límite $L=0$

j) Divergente.

k) Divergente.

34. S: a) 7087 términos

b) 15 términos

c) 46 términos.

Cálculo de límites. El número e

51

Introducción histórica

El matemático alemán Peter G. Dirichlet (1805-1859) estudió la convergencia de series demostrando que en una serie completamente convergente el valor de la suma de todos los términos es independiente del orden de los mismos. Junto con Legendre demostró el teorema de Fermat para n = 5 -ahora tan de actualidad con la aparentemente buena demostración de Andrew Wyles-.

51.1 Infinitésimos

Se dice que una sucesión es un infinitésimo cuando su límite es cero.

En símbolos: (a_n) es infinitésimo si $lim a_n = 0$

Ejemplo

Demuestra que la sucesión $(a_n) = \left(\frac{3}{n}\right) = \left(3, \frac{3}{2}, 1, \frac{3}{4}, \frac{3}{5}, \ldots\right)$ es un infinitésimo.

Solución: Fijamos un número $\varepsilon > 0$. Entonces, podemos escribir:

$$|a_n - 0| = \left|\frac{3}{n}\right| = \frac{3}{n} < \varepsilon \quad \rightarrow \quad n > \frac{3}{\varepsilon}$$

Es decir, a partir del término cuyo lugar es el primer natural mayor que $\frac{3}{\varepsilon}$ se cumple que la distancia a 0 es menor que ε o, equivalentemente, que $a_n \in E(0,\varepsilon)$. Por tanto, la sucesión $(a_n) = \left(\frac{3}{n}\right)$ tiene límite cero y es un infinitésimo.

Según la definición de límite, la sucesión (a_n) es un infinitésimo si para cualquier $\varepsilon > 0$, existe un natural n_0 tal que si $n > n_0$, entonces $|a_n| < \varepsilon$.

Ejemplo

Son infinitésimos las sucesiones: $(a_n) = \left(\frac{n}{n^2+1}\right) = \left(\frac{1}{2}, \frac{2}{5}, \frac{3}{10}, \frac{4}{17}, \ldots\right)$

$$(b_n) = \left(\frac{(-1)^n}{n}\right) = \left(-1, \frac{1}{2}, -\frac{1}{3}, \frac{1}{4}, \ldots\right)$$

51.2 Infinitésimos y sucesiones divergentes

Sabemos que la sucesión $(a_n) = (n) = (1, 2, 3, 4, \ldots)$ es divergente, pues su límite es infinito. La sucesión formada por sus inversos:

$$\left(\frac{1}{a_n}\right) = \left(\frac{1}{n}\right) = \left(1, \frac{1}{2}, \frac{1}{3}, \frac{1}{4}, \ldots\right)$$ es un infinitésimo.

Esta relación no es casual pues se verifica siempre. En concreto:

Si una sucesión es divergente, la sucesión inversa es un infinitésimo.

Es decir: Si (a_n) es divergente, entonces $\left(\frac{1}{a_n}\right)$ es un infinitésimo.

Para su demostración, tomemos $\varepsilon > 0$ tan pequeño como se quiera y consideramos $k = \frac{1}{\varepsilon} > 0$.

Como (a_n) es divergente, existirá un natural n_0 de modo que si es $n > n_0$ se tendrá que $|a_n| > k$.

De aquí deducimos que, para cada $n > n_0$ se debe cumplir: $\left|\dfrac{1}{a_n}\right| < \dfrac{1}{k} = \varepsilon$

lo que prueba que $\left(\dfrac{1}{a_n}\right)$ es un infinitésimo.

Ejemplo

La sucesión $(a_n) = (n^2+1) = (2, 5, 10, 17, \ldots)$ es divergente, pues fijado un número k tan grande como queramos se cumple que $|a_n| = |n^2+1| = n^2+1 > k$ para cualquier $n > \sqrt{k-1}$. Si se quiere que la sucesión tome un valor mayor que un millón, bastará tomar el término que ocupa el lugar mayor que $\sqrt{999.999} = 999{,}99$, es decir, a_{1000}.

La sucesión inversa $\left(\dfrac{1}{a_n}\right) = \left(\dfrac{1}{n^2+1}\right) = \left(\dfrac{1}{2}, \dfrac{1}{5}, \dfrac{1}{10}, \dfrac{1}{17}, \ldots\right)$ es un infinitésimo.

También se verifica la propiedad recíproca, con la condición de que, a partir de un cierto término, todos los siguientes sean distintos de cero. En concreto,

Si una sucesión (a_n) es un infinitésimo, su inversa $\left(\dfrac{1}{a_n}\right)$ es divergente.

La demostración es parecida a la anterior:

Fijado un número k positivo y tan grande como se quiera, hacemos $\varepsilon = \dfrac{1}{k}$.

Como (a_n) es un infinitésimo, habrá un término a_{n_0} a partir del cual se verifica que $|a_n| < \varepsilon$.

Por tanto, podemos escribir: $\dfrac{1}{|a_n|} > \dfrac{1}{\varepsilon} = k$, lo que asegura la divergencia de $\left(\dfrac{1}{a_n}\right)$.

Ejemplo

La sucesión $(a_n) = \left(\dfrac{1}{n^2}\right) = \left(1, \dfrac{1}{4}, \dfrac{1}{9}, \dfrac{1}{16}, \ldots\right)$ es un infinitésimo, mientras que su inversa:

$\left(\frac{1}{a_n}\right)=\left(n^2\right)=(1, 4, 9, 16, \ldots)$ es una sucesión divergente pues siempre podremos encontrar un término mayor que cualquier número positivo k fijado de antemano.

51.3 Infinitésimos y sucesiones convergentes

Si una sucesión (a_n) es convergente y tiene límite L, sus términos están cada vez más próximos a L. Por tanto, si a cada término de la sucesión le restamos L obtendremos otra sucesión cuyos términos están cada vez más cercanos a $L-L=0$.

Esto quiere decir que, si de cada término de una sucesión convergente (a_n) restamos su límite L, se obtiene una nueva sucesión cuyo límite es cero:

$$a_n - L \to 0$$

Veamos ahora cuál es el comportamiento de los infinitésimos respecto a las operaciones algebraicas usuales:

SUMA DE INFINITÉSIMOS

La suma de dos infinitésimos es otro infinitésimo.

Es decir, si (a_n) y (b_n) son infinitésimos, entonces (a_n+b_n) es un infinitésimo.

Para demostrarlo, fijemos $\varepsilon>0$. Debemos encontrar un término de la sucesión tal que todos los posteriores cumplan que $|a_n+b_n|<\varepsilon$.

Si $\lim a_n=0$, deberá existir un natural n_1 tal que si $n>n_1$, entonces $|a_n|<\frac{\varepsilon}{2}$

Si $\lim b_n=0$, deberá existir otro natural n_2 de modo que si $n>n_2$ se tenga que $|b_n|<\frac{\varepsilon}{2}$

Llamando $n_0=\text{máx}\{n_1,n_2\}$, ocurrirá que, siendo $n>n_0$ se verificarán las dos desigualdades anteriores. Por tanto: $|a_n+b_n|\le|a_n|+|b_n|<\frac{\varepsilon}{2}+\frac{\varepsilon}{2}=\varepsilon$

Ejemplo

La sucesión $\left(\frac{4n+3}{n^2}\right)$ es un infinitésimo pues lo son los dos sumandos $\left(\frac{4}{n}\right)$ y $\left(\frac{3}{n^2}\right)$.

PRODUCTO DE INFINITÉSIMOS

El producto de dos infinitésimos es otro infinitésimo.

Es decir, si (a_n) y (b_n) son dos infinitésimos, $(a_n \cdot b_n)$ es otro infinitésimo.

Para demostrar que $(a_n \cdot b_n)$ es un infinitésimo necesitaremos probar que, fijado $\varepsilon > 0$, existe un término de la sucesión a partir del cual los siguientes verifican que $|a_n \cdot b_n| < \varepsilon$.

Si $lim a_n = 0$, deberá existir un natural n_1 tal que si $n > n_1$, entonces $|a_n| < \varepsilon$

Si $lim b_n = 0$, deberá existir otro natural n_2 de modo que si $n > n_2$ se tenga que $|b_n| < 1$

Llamando $n_0 = \text{máx}\{n_1, n_2\}$, ocurrirá que, siendo $n > n_0$ se verificarán las dos desigualdades anteriores. Por tanto:

$$|a_n \cdot b_n| = |a_n| \cdot |b_n| < \varepsilon \cdot 1 = \varepsilon$$

PRODUCTO DE UN NÚMERO POR UN INFINITÉSIMO

La multiplicación de un número por un infinitésimo es otro infinitésimo.

Es decir, si (a_n) es un infinitésimo y r es un número, entonces $(r\,a_n)$ es otro infinitésimo.

a) Si $r = 0$, resulta la sucesión $(r\,a_n) = (0, 0, 0, 0, \ldots)$ que evidentemente es un infinitésimo.

b) Si $r \neq 0$, fijado $\varepsilon > 0$ debemos encontrar un término de la sucesión a partir del cual $|r\,a_n| < \varepsilon$

Por ser $lim a_n = 0$, existe un natural n_0 de modo que si es $n > n_0$, entonces $|a_n| < \frac{\varepsilon}{|c|}$.

De aquí deducimos que para cualquier natural $n > n_0$ se cumple que:

$$|r\,a_n| = |r| \cdot |a_n| < |r| \cdot \frac{\varepsilon}{|r|} = \varepsilon$$

De aquí deducimos que cuando (a_n) es un infinitésimo y $r \neq 0$, entonces la sucesión $\left(\frac{1}{r}a_n\right) = \left(\frac{a_n}{r}\right)$ es un infinitésimo y, por tanto, la sucesión inversa $\left(\frac{r}{a_n}\right)$ será divergente.

51.4 Límite de las sucesiones suma y producto

El estudio de los infinitésimos permite hallar fácilmente los límites de muchas sucesiones.

La suma de dos sucesiones convergentes es otra sucesión convergente cuyo límite se obtiene sumando los límites de las sucesiones sumandos.

En símbolos, si $lim a_n = a$ y $lim b_n = b$, entonces $lim(a_n + b_n) = a + b$

Para demostrarlo, basta comprobar que $|(a_n + b_n) - (a + b)|$ es un infinitésimo, pues sabemos que una sucesión (c_n) tiene límite L si, y sólo si la diferencia $|c_n - L|$ es un infinitésimo.

Si $lim a_n = a \quad \rightarrow \quad |a_n - a|$ es un infinitésimo

Si $lim b_n = 0 \quad \rightarrow \quad |b_n - b|$ es un infinitésimo.

Como la suma de dos infinitésimos es otro infinitésimo, resulta:

$$|(a_n + b_n) - (a + b)| = |(a_n - a) + (b_n - b)| \leq |a_n - a| + |b_n - b|$$

que es un infinitésimo.

El producto de dos sucesiones convergentes es otra sucesión convergente cuyo límite es el producto de los límites de las sucesiones factores.

Simbólicamente, si $lim a_n = a$ y $lim b_n = b$, entonces $lim(a_n \cdot b_n) = a \cdot b$

Basta demostrar que la sucesión $|a_n \cdot b_n - a \cdot b|$ es un infinitésimo.

(a_n) es una sucesión convergente y, por tanto, estará acotada. Si M es una cota superior, se cumplirá que $|a_n| \leq M$.

Dado que $lim a_n = a$ y $lim b_n = b$, se tiene que $|a_n - a|$ y $|b_n - b|$ son infinitésimos. Por tanto:

$$|a_n \cdot b_n - a \cdot b| = |a_n \cdot b_n - a_n \cdot b + a_n \cdot b - a \cdot b| = |a_n(b_n - b) + b(a_n - a)| \leq$$

$$\leq |a_n| \cdot |b_n - b| + |b| \cdot |a_n - a| \leq M \cdot |b_n - b| + |b| \cdot |a_n - a|$$

que es un infinitésimo, por serlo $M \cdot |b_n - b|$ y $|b| \cdot |a_n - a|$.

Si $lim a_n = a$ y $lim b_n = b$, es fácil deducir las siguientes propiedades a partir de los teoremas anteriores:

$$lim(a_n + r) = a + r; \qquad lim(r \cdot a_n) = r \cdot a;$$

$$lim(-a_n) = -a; \qquad lim(a_n - b_n) = a - b$$

51.5 Límite de la sucesión inversa y de la sucesión cociente

Ya conocemos el hecho de que si (a_n) es un infinitésimo y sus términos son distintos de cero, la sucesión inversa $\left(\frac{1}{a_n}\right)$ es divergente.

Si (a_n) es una sucesión convergente y su límite es a, distinto de cero, entonces existe un término a_{n_0} a partir del cual todos sus términos son distintos de cero, verificándose además las desigualdades siguientes:

$$0 < a_n < 2a, \quad \text{si } a > 0$$

$$2a < a_n < 0, \quad \text{si } a < 0$$

En este caso, podemos considerar la sucesión inversa $\left(\frac{1}{a_n}\right)$ y enunciar el siguiente teorema:

Si una sucesión es convergente con límite distinto de cero, la sucesión inversa también es convergente y su límite es el inverso del límite de la sucesión original.

Es decir, si $lim a_n = a \neq 0$, entonces $lim \frac{1}{a_n} = \frac{1}{a}$

Para la demostración basta ver que $\left|\frac{1}{a_n} - \frac{1}{a}\right| = \left|\frac{a - a_n}{a_n \cdot a}\right|$ es un infinitésimo.

En efecto; haciendo $\varepsilon = \frac{a}{2}$, a partir de un cierto término de la sucesión se verificará:

$$a - \frac{a}{2} < a_n < a + \frac{a}{2} \quad \rightarrow \quad \frac{a}{2} < a_n < \frac{3a}{2} \xrightarrow{\text{términos positivos}} \frac{2}{a} > \frac{1}{a_n} > \frac{2}{3a}$$

Multiplicando los tres miembros de la doble desigualdad por $\frac{|a - a_n|}{a}$, resulta:

$$\frac{2}{a^2}|a - a_n| > \frac{|a - a_n|}{a_n \cdot a} > \frac{2}{3a^2}|a - a_n|$$

Dado que a es una constante y $|a - a_n|$ es un infinitésimo, también lo serán $\frac{2|a - a_n|}{a^2}$ y $\frac{2|a - a_n|}{3a^2}$.

Los términos $\frac{|a - a_n|}{a_n \cdot a}$ de la sucesión $\left(\frac{1}{a_n} - \frac{1}{a}\right)$ están comprendidos entre dos infinitésimos, luego la sucesión también es un infinitésimo.

La demostración del teorema cuando $a < 0$ es completamente análoga. Como consecuencia de lo anterior se demuestra que:

Si dos sucesiones son convergentes, su cociente también es una sucesión convergente cuyo límite es el cociente de los límites (siempre que el límite de la sucesión denominador no sea cero).

Es decir, si $\lim a_n = a$ y $\lim b_n = b \neq 0$, entonces $\lim \frac{a_n}{b_n} = \frac{a}{b}$.

Para la demostración, basta tener en cuenta que, de la igualdad $\left(\frac{a_n}{b_n}\right) = \left(a_n \cdot \frac{1}{b_n}\right)$, se deduce que $\left(\frac{a_n}{b_n}\right)$ es un producto de sucesiones convergentes.

Sin demostración, enunciamos la propiedad del **límite de potencias:**

Si $\lim a_n = a$ y $\lim b_n = b$, entonces $\lim a_n^{b_n} = a^b$

Sobre la propiedad anterior hacemos la consideración de que si el límite de a_n es un número negativo y el límite de b_n es un número irracional, o un número racional representado por una fracción de denominador par, el límite de la potencia $a_n^{b_n}$ no está definido.

51.6 Operaciones con sucesiones divergentes

En las operaciones con sucesiones divergentes se presentan diversos casos, que se citan a continuación, sin demostrar.

SUMA Y RESTA DE SUCESIONES DIVERGENTES

Se pueden presentar cinco casos que se expresan mediante las siguientes igualdades simbólicas:

a) $\infty \pm k = \infty$ b) $-\infty \pm k = -\infty$

c) $\infty + \infty = \infty$ d) $-\infty - \infty = -\infty$

e) $\infty - \infty$ indeterminación

Ejemplos

a) $lim\left(\dfrac{2n-3}{5}+\dfrac{4n-1}{7n}\right)=\infty+\dfrac{4}{7}=\infty$ b) $lim\left(\dfrac{2-5n}{6}+\dfrac{1-3n}{4n+2}\right)=-\infty-\dfrac{3}{4}=-\infty$

c) $lim\left(\dfrac{2n-3}{5}+\dfrac{n^2}{n+1}\right)=\infty+\infty=\infty$ d) $lim\left(\dfrac{4n-1}{2}-\dfrac{2n+6}{5}\right)=\infty-\infty$ indeterminación

MULTIPLICACIÓN CON SUCESIONES DIVERGENTES

Se pueden presentar varios casos, que se expresan simbólicamente:

a) $k\cdot\infty=\infty$ b) $-k\cdot\infty=-\infty$

c) $k\cdot(-\infty)=-\infty$ d) $-k\cdot(-\infty)=\infty$

e) $\infty\cdot\infty=\infty$ f) $\infty\cdot(-\infty)=-\infty$

g) $(-\infty)\cdot(-\infty)=\infty$ h) $0\cdot(\pm\infty)$ indeterminación

Ejemplos

$lim\left(\dfrac{3n-7}{4}\cdot\dfrac{n+3}{2n-5}\right)=\infty\cdot\dfrac{1}{2}=\infty$ b) $lim\left(\dfrac{3n-1}{6}\cdot\dfrac{1-5n}{6}\right)=\infty\cdot(-\infty)=-\infty$

c) $lim\left(\frac{3-n}{5}\cdot\frac{2}{n+1}\right)=(-\infty)\cdot 0$, indeterminado

DIVISIÓN CON SUCESIONES DIVERGENTES

Se pueden presentar estos casos que se expresan simbólicamente:

a) $\frac{\infty}{\pm k}=\pm\infty$ b) $\frac{-\infty}{\pm k}=\mp\infty$

c) $\frac{\pm k}{\pm\infty}=0$ d) $\frac{\infty}{0}=\infty$

e) $\frac{\infty}{\infty}$ indeterminación f) $\frac{0}{0}$ indeterminación

Ejemplos

a) $lim\left(\frac{n^2-1}{2n}:\frac{2-3n}{n+1}\right)=\frac{\infty}{-3}=-\infty$ b) $lim\left(\frac{9n-1}{3n}:\frac{6n-1}{5}\right)=\frac{3}{\infty}=0$

c) $lim\left(\frac{n+2}{3}:\frac{1}{n}\right)=\frac{\infty}{0}=\infty$ d) $lim\left(\frac{2n^2-1}{5n}:\frac{3n+1}{2}\right)=\frac{\infty}{\infty}$ indeterminado

POTENCIACIÓN CON SUCESIONES DIVERGENTES

Simbólicamente se expresan los principales casos:

a) $\infty^{\infty}=\infty$ b) $\infty^{-\infty}=0$

c) Si $k>1,\ k^{\infty}=\infty$ d) Si $k>1,\ k^{-\infty}=0$

e) Si $0\leq k<1,\ k^{\infty}=0$ f) Si $0\leq k<1,\ k^{-\infty}=\infty$

g) Si $k>0,\ \infty^{k}=\infty$ h) Si $k<0,\ \infty^{k}=0$

i) 0^0 indeterminación j) ∞^0 indeterminación

k) $1^{\pm\infty}$ indeterminación

Ejemplo

a) $lim\left(\frac{2n^2}{3n+1}\right)^{\frac{5n-2}{n}}=\infty^5=\infty$ b) $lim\left(\frac{2n-1}{4}\right)^{\frac{1-n}{2n}}=\infty^{-\frac{1}{2}}=0$

c) $lim\left(\frac{4n-1}{n+3}\right)^{n^2+1}=4^{\infty}=\infty$ d) $lim\left(\frac{3n-1}{5n+2}\right)^{\frac{n+1}{2}}=\left(\frac{3}{5}\right)^{\infty}=0$

EXPRESIONES INDETERMINADAS

En las operaciones con sucesiones divergentes han aparecido algunas expresiones indeterminadas. Las principales indeterminaciones son las siguientes:

$$\infty-\infty;\quad \pm\infty\cdot 0;\quad \frac{\pm\infty}{\pm\infty};\quad \frac{0}{0};\quad \infty^0;\quad 0^0;\quad 1^{\pm\infty}$$

Estas expresiones simbolizan operaciones con sucesiones cuyo resultado no puede predecirse de antemano pues dependerá de las sucesiones concretas involucradas.

Ejemplo

Las dos sucesiones $(a_n)=(n)=(1,2,3,4,\ldots)$ y $(b_n)=(n^2)=(1,4,9,16,\ldots)$ son divergentes y tienen por límite infinito. Al intentar calcular el límite del cociente tendremos:

$$lim\frac{a_n}{b_n}=\frac{lim a_n}{lim b_n}=\frac{\infty}{\infty}\text{ indeterminación.}$$

Si realizamos primero la división y después calculamos el límite se tiene:

$$lim\frac{a_n}{b_n}=lim\frac{n}{n^2}=lim\frac{1}{n}=0$$

De aquí podríamos sacar la conclusión de que en este caso: $\frac{\infty}{\infty}=0$.

De igual forma, si invertimos el orden del cociente se llega a la siguiente conclusión:

$$lim\frac{b_n}{a_n}=\frac{lim b_n}{lim a_n}=\frac{\infty}{\infty}$$

Realizando primero la división:

$$lim\frac{b_n}{a_n}=lim\frac{n^2}{n}=lim\, n=\infty$$

es decir, $\frac{\infty}{\infty}=\infty$.

Vemos que la expresión $\frac{\infty}{\infty}$, según las sucesiones que intervengan, puede dar resultados diferentes. Por eso se llaman formas o expresiones indeterminadas. A partir de ahora trataremos la manera de resolver algunas de ellas.

51.7 Límite de sucesiones polinómicas

LIMITE DE LA SUCESIÓN CONSTANTE

La sucesión $(a_n)=(5)=(5,5,5,5,\ldots)$ tiene límite 5 pues todos sus términos distan cero del límite 5, menos de cualquier distancia prefijada de antemano. En general:

El límite de una sucesión constante es la propia constante.

Es decir, si $(a_n)=(k)=(k,\,k,\,k,\ldots)$, entonces $lim\ k=k$

La demostración es evidente, pues $|a_n-k|=|k-k|=0<\varepsilon$ sea cual sea el $\varepsilon>0$ prefijado.

LÍMITE DE SUCESIONES POLINÓMICAS DE GRADO MAYOR QUE CERO

Del hecho, ya conocido, de que la sucesión $(n)=(1,2,3,4,\ldots)$ es divergente y tiene límite infinito, y de las consecuencias extraídas de los teoremas sobre límites, podemos deducir que:

$$\left(k\cdot n^p\right) \text{ es divergente cuando } p>0$$

$$\left(\frac{k}{n^p}\right) \text{ es un infinitésimo para } p>0$$

Toda sucesión polinómica $p(n)$, de grado mayor que cero, es divergente y su límite es ∞ ó $-\infty$, según que el coeficiente del término de mayor grado sea positivo o negativo.

Ejemplos

a) Dado que $\left(an^2+bn+c\right)=\left(n^2\left(a+\frac{b}{n}+\frac{c}{n^2}\right)\right)$, podemos escribir:

$$lim\left(an^2+bn+c\right)=lim\left(n^2\left(a+\frac{b}{n}+\frac{c}{n^2}\right)\right)=\infty\cdot(a+0+0)=\infty\cdot a=\pm\infty$$

b) Aplicando el criterio anterior:

$$lim\left(2n^3 - n^2 + 8\right) = \infty; \qquad lim\left(-n^4 + 6n^3 + 3n^2 + n + 5\right) = -\infty$$

51.8 Límites de cocientes de polinomios

En el cálculo del límite de un cociente de polinomios no puede aplicarse el teorema del cociente de los límites, pues se obtiene una expresión indeterminada de la forma $\frac{\infty}{\infty}$.

Para hallar el límite correspondiente se dividen el numerador y el denominador por la mayor potencia que aparece en la expresión y después se calcula el límite.

Ejemplo

a) $$lim \frac{n^3 - 5n^2 + 4n - 1}{n^2 + 6} = lim \frac{\frac{n^3}{n^3} - \frac{5n^2}{n^3} + \frac{4n}{n^3} - \frac{1}{n^3}}{\frac{n^2}{n^3} + \frac{6}{n^3}} = lim \frac{1 - \frac{5}{n} + \frac{4}{n^2} - \frac{1}{n^3}}{\frac{1}{n} + \frac{6}{n^3}} = \frac{1 - 0 + 0 - 0}{0 + 0} = \frac{1}{0} = \infty$$

b) $$lim \frac{3n^2 - 5n + 6}{4n^2 + 2} = lim \frac{\frac{3n^2}{n^2} - \frac{5n}{n^2} + \frac{6}{n^2}}{\frac{4n^2}{n^2} + \frac{2}{n^2}} = lim \frac{3 - \frac{5}{n} + \frac{6}{n^2}}{4 + \frac{2}{n^2}} = \frac{3 - 0 + 0}{4 + 0} = \frac{3}{4}$$

c) $$lim \frac{n^3 + 6n - 3}{2n^4 - 5n^2 + 7} = lim \frac{\frac{n^3}{n^4} + \frac{6n}{n^4} - \frac{3}{n^4}}{\frac{2n^4}{n^4} - \frac{5n^2}{n^4} + \frac{7}{n^4}} = lim \frac{\frac{1}{n} + \frac{6}{n^3} - \frac{3}{n^4}}{2 - \frac{5}{n^2} + \frac{7}{n^4}} = \frac{0 + 0 - 0}{2 - 0 + 0} = \frac{0}{2} = 0$$

De los tres ejemplos anteriores deducimos la regla para hallar el límite del cociente de dos sucesiones polinómicas:

Dadas dos sucesiones polinómicas $p(n)$ y $q(n)$, que tienen a y b como coeficientes de los términos de mayor grado, se cumple:

- Si grado de $p(n)$ < grado de $q(n)$, entonces $lim \frac{p(n)}{q(n)} = 0$

- Si grado de $p(n)$ = grado de $q(n)$, entonces $lim \dfrac{p(n)}{q(n)} = \dfrac{a}{b}$

- Si grado de $p(n)$ > grado de $q(n)$, entonces $lim \dfrac{p(n)}{q(n)} = \pm\infty$ (dependiendo del signo de $\dfrac{a}{b}$)

Ejemplos

a) $lim \dfrac{2n^2 - 7n + 3}{n+1} = \infty$

b) $lim \dfrac{n^3 - 6n + 5}{-n^2 + n + 2} = -\infty$

c) $lim \dfrac{3n^5 - 6n^2 + 8}{2n^5 + n} = \dfrac{3}{2}$

d) $lim \dfrac{n}{n^4 + 6n^3 - n - 7} = 0$

Esta regla también es de aplicación cuando hay potencias fraccionarias de n. Por ejemplo:

Ejemplos

a) $lim \dfrac{\sqrt{n^3} - 1}{n^2 + 1} = lim \dfrac{n^{3/2} - 1}{n^2 + 1} = 0$, pues n^2 es de grado superior a $n^{3/2}$.

b) $lim \sqrt{\dfrac{2n^2 + 3}{5n^2 - 1}} = \sqrt{lim \dfrac{2n^2 + 3}{5n^2 - 1}} = \sqrt{\dfrac{2}{5}}$

c) $$lim \frac{n + \sqrt{9n^2 + 2}}{3n - 3} = lim \frac{\frac{n}{n} + \sqrt{\frac{9n^2}{n^2} + \frac{2}{n^2}}}{\frac{3n}{n} - \frac{3}{n}} = lim \frac{1 + \sqrt{9 + \frac{2}{n^2}}}{3 - \frac{3}{n}} = \frac{1 + \sqrt{9 + 0}}{3 - 0} = \frac{1+3}{3} = \frac{4}{3}$$

En este último caso no resultaba inmediato la aplicación de la regla anterior. Por eso hemos utilizado el procedimiento general. Hemos de tener en cuenta que dividir por n fuera de la raíz equivale a dividir entre n^2 dentro de ella. El siguiente es un caso análogo.

d) $$lim \frac{n + \sqrt{9n^3 + 2}}{3n - 3} = lim \frac{\frac{n}{n} + \sqrt{\frac{9n^3}{n^2} + \frac{2}{n^2}}}{\frac{3n}{n} - \frac{3}{n}} = lim \frac{1 + \sqrt{9n + \frac{2}{n^2}}}{3 - \frac{3}{n}} = \frac{1 + \sqrt{\infty + 0}}{3 - 0} = \frac{1 + \infty}{3} = \frac{\infty}{3} = \infty$$

51.9 Expresiones indeterminadas $\infty - \infty$

Cuando puede efectuarse la operación se opera antes y, después, calcular el límite.

Ejemplo

$lim\left(\frac{n^2-n+1}{n}-\frac{n^3+1}{n^2-1}\right)$ Nos aparece la forma indeterminada ∞ − ∞, dado que:

$$lim\frac{n^2-n+1}{n}=\infty \quad \text{y} \quad lim\frac{n^3+1}{n^2-1}=\infty$$

Por tanto, empezamos efectuando la diferencia del paréntesis:

$$lim\left(\frac{n^2-n+1}{n}-\frac{n^3+1}{n^2-1}\right)=lim\frac{(n^2-1)(n^2-n+1)-n(n^3+1)}{n(n^2-1)}=$$

$$=lim\frac{n^4-n^3+n^2-n^2+n-1-n^4-n}{n(n^2-1)}=lim\frac{-n^3-1}{n^3-n}=\frac{-1}{1}=-1$$

Cuando hay radicales en el minuendo o en el sustraendo o en ambos, la operación no es inmediata. En tal caso, se multiplica y divide por la expresión conjugada y se tiene en cuenta que

$$(a+b)\cdot(a-b)=a^2-b^2$$

Ejemplos

$lim\left(\sqrt{n^2-1}-n\right)$ Es una indeterminación ∞ − ∞, por ser $lim\sqrt{n^2-1}=\infty$ y $lim\ n=\infty$

Multiplicamos y dividimos por la expresión conjugada $\sqrt{n^2-1}+n$, obteniendo:

$$lim\left(\sqrt{n^2-1}-n\right)=lim\frac{\left(\sqrt{n^2-1}-n\right)\left(\sqrt{n^2-1}+n\right)}{\sqrt{n^2-1}+n}=lim\frac{n^2-1-n^2}{\sqrt{n^2-1}+n}=$$

$$=lim\frac{-1}{\sqrt{n^2-1}+n}=\frac{-1}{\infty+\infty}=\frac{-1}{\infty}=0$$

A veces son necesarias varias transformaciones para resolver una indeterminación. Por ejemplo:

$$lim\frac{\sqrt{n}-n}{\sqrt{n+1}-n}=lim\frac{\left(\sqrt{n}-n\right)\left(\sqrt{n}+n\right)\left(\sqrt{n+1}+n\right)}{\left(\sqrt{n+1}-n\right)\left(\sqrt{n+1}+n\right)\left(\sqrt{n}+n\right)}=lim\frac{\left(n-n^2\right)\left(\sqrt{n+1}+n\right)}{\left(n+1-n^2\right)\left(\sqrt{n}+n\right)}=$$

$$= lim\,\frac{n-n^2}{n+1-n^2}\cdot lim\,\frac{\sqrt{n+1}+n}{\sqrt{n}+n}=1\cdot lim\,\frac{\sqrt{\frac{n}{n^2}+\frac{1}{n^2}}+\frac{n}{n}}{\sqrt{\frac{n}{n^2}}+\frac{n}{n}}=1\cdot lim\,\frac{\sqrt{\frac{1}{n}+\frac{1}{n^2}}+1}{\sqrt{\frac{1}{n}}+1}=1\cdot\frac{\sqrt{0+0}+1}{\sqrt{0}+1}=1\cdot 1=1$$

51.10 Expresiones exponenciales. El número e

En este epígrafe estudiamos las sucesiones del tipo $a_n^{b_n}$. En muchos casos podremos calcular el límite de la potencia sin más que conocer los límites de a_n y de b_n. Pero en otros llegaremos a la indeterminación 1^∞. Empezamos viendo algunos ejemplos:

Ejemplos

a) $lim\,(n^2+1)^{n-3}=(\infty^\infty)=\infty$ b) $lim\,(n^2+1)^{-n+3}=(\infty^{-\infty})=0$

c) $lim\left(\frac{2n+1}{n}\right)^n=(2^\infty)=\infty$ d) $lim\left(\frac{n}{2n+1}\right)^n=\left(\left(\frac{1}{2}\right)^\infty\right)=0$

En todos los casos, con sólo saber el límite de la base y el del exponente obtenemos el límite de la potencia. Hay ocasiones en que esto no ocurre.

Ejemplos

a) $lim\left(\frac{n+10}{n}\right)^n=(1^\infty)$ Aunque lo parezca, 1^∞ no tiene por qué ser 1, ya que la base se aproxima a 1, pero no es exactamente 1. Hallando algunos términos de la sucesión, obtenemos:

$$a_1=11,\ a_2=36,\ a_3=81,\ \ldots\ ,\ a_{10}=1.024,\ \ldots\ ,\ a_{100}=13.780$$

Da la impresión de ser una sucesión divergente con límite infinito.

b) $lim\left(\frac{n^2+1}{n^2}\right)^n=(1^\infty)$ Hallando algunos términos de la sucesión, se tiene:

$$b_1=2,\ b_2=1{,}56,\ b_3=1{,}37,\ \ldots\ ,\ b_{10}=1{,}1,\ \ldots\ ,\ b_{100}=1{,}01$$

Esta sucesión sí parece tender a 1.

c) $lim\left(\frac{n-1}{n}\right)^{n^2}=\left(1^{\infty}\right)$ Algunos términos de la sucesión son:

$$c_1=0,\ c_2=0{,}0625,\ c_3=0{,}026,\ c_4=0{,}01,\ \ldots\ ,\ c_{10}=0{,}000026$$

Esta sucesión parece tender a 0.

Queda claro, por tanto, el carácter indeterminado de las potencias del tipo 1^{∞}. Habremos de buscar métodos específicos para su resolución en cada caso concreto.

Estudiamos ahora con cierto detalle la sucesión $s_n=\left(1+\frac{1}{n}\right)^n$. Algunos de sus términos aparecen a continuación:

$$s_1=\left(1+\frac{1}{1}\right)^1=2^1=2 \qquad s_{10}=\left(1+\frac{1}{10}\right)^{10}=1{,}1^{10}=2{,}59374246$$

$$s_2=\left(1+\frac{1}{2}\right)^2=1{,}5^2=2{,}25 \qquad s_{100}=\left(1+\frac{1}{100}\right)^{100}=1{,}01^{100}=2{,}70481383$$

$$s_3=\left(1+\frac{1}{3}\right)^3=1{,}333^3=2{,}37037037 \qquad s_{1000}=\left(1+\frac{1}{1000}\right)^{1000}=1{,}001^{1000}=2{,}71692393$$

$$s_4=\left(1+\frac{1}{4}\right)^4=1{,}25^4=2{,}44140625 \qquad s_{1\,000\,000}=\ \ldots\ =2{,}71828047$$

Aunque cada término calculado es mayor que los anteriores, el crecimiento es tan lento que nos hace pensar que la sucesión es convergente. Así es efectivamente y su límite es un número irracional (es decir, con infinitas cifras decimales no periódicas) y se le designa con la letra *e*.

$$e=lim\left(1+\frac{1}{n}\right)^n=2{,}7182818284...$$

El número *e* es un número extraordinariamente importante y nos permitirá resolver las indeterminaciones del tipo 1^{∞}. Veamos cómo.

Hemos visto que $\left(1+\frac{1}{n}\right)^n\to e$, pero también ocurre que $\left(1+\frac{1}{2n}\right)^{2n}\to e$, $\left(1+\frac{1}{n^2}\right)^{n^2}\to e$, y en general, si $t_n\to\infty$, entonces $\left(1+\frac{1}{t_n}\right)^{t_n}\to e$.

Este hecho nos permite resolver las indeterminaciones 1^{∞} usando el siguiente teorema.

Si $\lim a_n^{b_n}$ es del tipo indeterminado 1^∞, entonces $\lim a_n^{b_n} = e^{\lim (a_n - 1)\cdot b_n}$

$$\lim a_n^{b_n} = \lim \left(1 + a_n - 1\right)^{b_n} = \lim \left(1 + \frac{1}{\frac{1}{a_n - 1}}\right)^{b_n} = \lim \left(1 + \frac{1}{\frac{1}{a_n - 1}}\right)^{b_n \cdot \frac{a_n - 1}{a_n - 1}}$$

Dado que $a_n \to 1$, se tiene que $a_n - 1 \to 0$ y por tanto $\frac{1}{a_n - 1} \to \infty$ de donde deducimos aplicando lo dicho anteriormente que:

$$\lim a_n^{b_n} = \ldots = \lim \left[\left(1 + \frac{1}{\frac{1}{a_n - 1}}\right)^{\frac{1}{a_n - 1}}\right]^{(a_n - 1)\cdot b_n} = \lim \left[\left(1 + \frac{1}{\frac{1}{a_n - 1}}\right)^{\frac{1}{a_n - 1}}\right]^{\lim (a_n - 1)\cdot b_n} = e^{\lim (a_n - 1)\cdot b_n}$$

tal y como queríamos demostrar.

Ejemplos

a) $\lim \left(\frac{n+3}{n+2}\right)^n$ Es un límite indeterminado del tipo 1^∞, puesto que $\lim \frac{n+3}{n+2} = 1$ y $\lim n = \infty$

Por tanto, $\lim \left(\frac{n+3}{n+2}\right)^n = e^\lambda$, siendo λ el siguiente límite:

$$\lambda = \lim \left(\frac{n+3}{n+2} - 1\right)\cdot n = \lim \frac{n+3-n-2}{n+2}\cdot n = \lim \frac{1}{n+2}\cdot n = \lim \frac{n}{n+2} = 1$$

De aquí deducimos que $\lim \left(\frac{n+3}{n+2}\right)^n = e^1 = e$

b) $\lim \sqrt[2n]{\left(\frac{n}{n-1}\right)^{n^2+1}}$ Expresando la sucesión como potencia de exponente fraccionario,

obtenemos $\lim \sqrt[2n]{\left(\frac{n}{n-1}\right)^{n^2+1}} = \lim \left(\frac{n}{n-1}\right)^{\frac{n^2+1}{2n}}$ que resulta ser un límite del tipo 1^∞, pues:

$$\lim \frac{n}{n-1} = 1 \text{ y } \lim \frac{n^2+1}{2n} = \infty$$

Por tanto, $lim \sqrt[2n]{\left(\frac{n}{n-1}\right)^{n^2+1}} = lim \left(\frac{n}{n-1}\right)^{\frac{n^2+1}{2n}} = e^{\lambda}$ siendo λ el siguiente límite:

$$\lambda = lim\left(\frac{n}{n-1}-1\right)\cdot\frac{n^2+1}{2n} = lim\frac{n-n+1}{n-1}\cdot\frac{n^2+1}{2n} = lim\frac{1}{n-1}\cdot\frac{n^2+1}{2n} = lim\frac{n^2+1}{2n^2-2n} = \frac{1}{2}$$

De aquí deducimos que $$lim \sqrt[2n]{\left(\frac{n}{n-1}\right)^{n^2+1}} = e^{\frac{1}{2}} = \sqrt{e}$$

Problemas propuestos

1. Calcula los siguientes límites:
   a) $lim\,(7+n)$
   b) $lim\left(7-\frac{1}{n}\right)$
   c) $lim\left(7-n^2\right)$
   d) $lim\left(6+\frac{1}{n^3}\right)$
   e) $lim\,\frac{7}{n}$
   f) $lim\,7n$
   g) $lim\left(\frac{3}{n}\right)n$
   h) $lim\left(\frac{3}{n}\right):n$
   i) $lim\left(\frac{1}{3}\right)^n$
   j) $lim\,3^n$
   k) $lim\,3n^2(5+n)$
   l) $lim\left[-5n^3\left(n^2-100\right)\right]$
   m) $lim\left(2n^3\right)^2$
   n) $lim\left(2n^3\right)^{-2}$
   o) $lim\left(\frac{3-2}{n}\right)\left(\frac{7+5}{n^2}\right)$
   p) $lim\left(23+10^{-n}\right)$
   q) $lim\left(8n^2-7n^3-500\right)$
   r) $lim\left(8n^{-2}-7n^{-3}-500\right)$
2. Calcula:
   a) $lim\,\frac{6n^3-2n^5+2n^4-7n+8}{3n^6-5n^2+4n-7n^2+8}$
   b) $lim\,\frac{(n+1)^2}{2n^2}$
3. Calcula:
   a) $lim\,\frac{(n+1)^2-(n-1)^2}{5n+3}$
   b) $lim\,\frac{n+10}{n}$
4. Calcula:

a) $\lim \left(\dfrac{3+4n^2}{1-2n} \cdot \dfrac{5-3n}{5n^2+3} \right)$

b) $\lim \dfrac{n^3-75n^2+1}{400n^2+3n}$

5. Calcula:

a) $\lim \left(\dfrac{2}{n^3} : \dfrac{5}{n^2} \right)$

b) $\lim \dfrac{\left(n^2+n+1\right)}{n}$

6. Calcula:

a) $\lim \dfrac{(4n-3)\cdot(5n+2)}{3n^2+1}$

b) $\lim \dfrac{(n+1)^3-(n-1)^3}{(n-1)^4+(n-1)^4}$

7. Calcula:

a) $\lim \left(\dfrac{5-n}{2} - \dfrac{3-2n}{3} \right)$

b) $\lim \dfrac{n^3}{n(n+1)(n+2)}$

8. Calcula:

a) $\lim \left(n^3 + \dfrac{1}{2n} \right)^{37}$

b) $\lim \ (1+4+7+\ldots+3n-2)$

9. Calcula:

a) $\lim \ 7^{n-3}$

b) $\lim \dfrac{2^n+(-2)^n}{3^n}$

10. Calcula:

a) $\lim \left(\dfrac{2n^3-3n+7}{n+2} \right)^7$

b) $\lim \dfrac{(4n+5)\left(7-n^3\right)}{n^4+1}$

11. Demuestra que las sucesiones de término general $a_n = (-1)^n + 1$ y $b_n = \dfrac{2^n+(-2)^n}{2^n}$ carecen de límite.

12. Calcula:

a) $\lim \left(\dfrac{n+3}{5} \right)^4$

b) $\lim \sqrt[3]{\dfrac{n^2+3}{2n^2-7}}$

13. Calcula:

a) $\lim \dfrac{\sqrt[3]{n^3+2n-1}}{n+1}$

b) $\lim \dfrac{\sqrt[3]{n^2+n}}{n+1}$

14. Calcula:

a) $\lim \left(\dfrac{n^3+3}{n^2+1} \right)^{\frac{2n}{n+1}}$

b) $\lim \left(\dfrac{1-n^2}{n+1} \right)^{\frac{n+5}{n}}$

15. Calcula:

a) $\lim \left(\sqrt{n^2-n} - n \right)$

b) $\lim \left(n^3+2\right)^{-7n+55}$

16. Calcula:

a) $\lim \dfrac{2n-\sqrt{9n^2+2}}{7n+2}$

b) $\lim \dfrac{-5n}{\sqrt{3n^2-2n}+2n}$

17. Calcula:

a) $lim \dfrac{\sqrt{n+1}+\sqrt{n+4}}{\sqrt{n+7}+\sqrt{n+6}}$

b) $lim \dfrac{\sqrt{n^2+2}-\sqrt{4n^2-5}}{7n-1+\sqrt{9n^2+1}}$

18. Calcula:

a) $lim \left(\dfrac{1}{\sqrt{n^2+5}}\dfrac{\sqrt{3n^2+7}}{n}\right)$

b) $lim \left(\dfrac{1}{n+1}\right)\left(3n^2+7\right)$

19. Dadas las sucesiones cuyos términos generales son:

$a_n = n^2+3, \quad b_n = \dfrac{1}{n^2} \quad y \quad c_n = \dfrac{\left(n^2+1\right)}{n}$.

Calcular los siguientes límites:

a) $lim\ (a_n + b_n)$

b) $lim\ (a_n - b_n)$

c) $lim\ (a_n + c_n)$

d) $lim\ (a_n - c_n)$

e) $lim\ (b_n + c_n)$

f) $lim\ (b_n - c_n)$

g) $lim\ (a_n : c_n)$

h) $lim\ (a_n \cdot c_n)$

i) $lim\ (b_n \cdot c_n)$

j) $lim\ (b_n : a_n)$

k) $lim\ (a_n : c_n)$

l) $lim\ (a_n : b_n)$

20. Calcula el siguiente límite:

$$lim \dfrac{\binom{n}{0}+\binom{n}{1}+\binom{n}{2}+\cdots+\binom{n}{n}}{3\cdot 2^n}$$

21. Definimos la sucesión cuyo término general tiene la siguiente expresión:

$$a_n = \begin{cases} n+2 & \text{si n es impar} \\ \dfrac{1}{(n+2)} & \text{si n es par} \end{cases}$$

¿Es una sucesión monótona?. ¿Converge?.

22. Calcula el límite, si existe, de la sucesión:

a) 1, 1,3,1, 3, 5, 1, 3, 5, 7, 1, 3, 5, 7, 9, ...

b) $1, \frac{1}{2}, 1, \frac{1}{3}, 1, \frac{1}{4}, 1, \frac{1}{5}, \cdots$

c) $a_n = \dfrac{2^n+1}{2^n-1}$

d) $a_n = \dfrac{2^n+1}{5^n-1}$

e) $a_n = \dfrac{2^n-1}{3^n-1}$

f) $a_n = \dfrac{2^{n+1}+5}{2^n-3}$

g) $a_n = \dfrac{2^n-8}{2^{n+1}}$

h) $a_n = \dfrac{3^{n+1}}{2^n+5}$

23. Calcula el límite de las siguientes sucesiones dadas por su término general:

a) $a_n = \left(\dfrac{n-2}{2n+1}\right)^{87}$

b) $a_n = \left(\dfrac{3n+5}{5+n}\right)^{n}$

c) $a_n = \left(\dfrac{n-2}{n+2}\right)^{23}$

d) $a_n = \left(\dfrac{n-2}{2n+1}\right)^n$

e) $a_n = \sqrt{\dfrac{8n+2}{n-1}}$

f) $a_n = \sqrt{\dfrac{4n+3}{n+3}}$

g) $a_n = \left(1+\dfrac{1}{n}\right)^5$

h) $a_n = \left(1+\dfrac{87}{n}\right)^5$

i) $a_n = (n+3)^5$

j) $a_n = (n-2)^{-3}$

k) $a_n = \left(\dfrac{3n^2-1}{n^2+1}\right)^{2n-3}$

l) $a_n = \left(\dfrac{n^2-3}{2n^2+3}\right)^{3n-5}$

m) $a_n = \left(1+\dfrac{2}{n}\right)^{3n}$

n) $a_n = \left(\dfrac{n^2+1}{n^2-1}\right)^{n^2+6}$

o) $a_n = \left(1+\dfrac{1}{7}\right)^{n+7}$

p) $a_n = \left(\dfrac{5n+4}{5n+2}\right)^{\frac{n+1}{3}}$

q) $a_n = \left(\dfrac{n+2}{n-2}\right)^{2n+3}$

r) $a_n = \left(\dfrac{n+2}{n-1}\right)^{1-n}$

s) $a_n = \left(\dfrac{n+1}{n-5}\right)^{6n-2}$

t) $a_n = \left(\dfrac{n^2-2n+1}{n^2-4n+2}\right)^n$

u) $a_n = \left(1+\dfrac{1}{n^2}\right)^n$

v) $a_n = \left(1+\dfrac{1}{n}\right)^{n^2}$

x) $a_n = \left(1+\dfrac{1}{n^2}\right)^{n^2}$

y) $a_n = \left(\dfrac{n^2-2n+1}{n^2-4n+2}\right)^n$

z) $a_n = \left(1+\dfrac{1}{n^3}\right)^{n^5}$

24. Calcula los siguientes límites de sucesiones cuyo término general se indica:

a) $a_n = \left(\dfrac{3n+2}{3n+1}\right)^{3n}$

b) $a_n = \left(\dfrac{3n^2-1}{3n^2+1}\right)^{2n^2-3}$

c) $a_n = \left(\dfrac{n^3-1}{n^3}\right)^{2n^3-7}$

d) $a_n = \left(\dfrac{n-3}{n}\right)^n$

e) $a_n = \left(\dfrac{n+2}{n}\right)^{-3n}$

i) $a_n = \left(\dfrac{2n-3}{2n+3}\right)^{\frac{2n-1}{3n+1}}$

f) $a_n = \left(\dfrac{3n^2-1}{3n^2}\right)^{2n+5}$

j) $a_n = \left(1+\dfrac{1}{n}+\dfrac{2}{n^2}\right)^{n}$

g) $a_n = \left(\dfrac{n+1}{n}\right)^{200n\ 0}$

k) $a_n = \left(\dfrac{2n-3}{2n+3}\right)^{\frac{3n\ 1}{3n+1}}$

h) $a_n = \left(\dfrac{n+1}{n}\right)^{3n-200}$

l) $a_n = \left(1+\dfrac{1}{n+2}\right)^{n-5}$

Soluciones

1. S: a) ∞
   b) 7
   c) $-\infty$
   d) 6
   e) 0
   f) ∞
   g) 3
   h) 0
   i) 0
   j) ∞
   k) ∞
   l) $-\infty$
   m) $+\infty$
   n) 0
   o) 0
   p) 23
   q) $-\infty$
   r) -500
2. S: a) 0
   b) $\dfrac{1}{2}$
3. S: a) $\dfrac{4}{5}$
   b) 1
4. S: a) $\dfrac{6}{5}$
   b) ∞
5. S: a) 0
   b) ∞
6. S: a) $\dfrac{20}{3}$
   b) 0
7. S: a) ∞
   b) 1
8. S: a) ∞
   b) ∞
9. S: a) ∞
   b) 0
10. S: a) ∞
    b) -4
11. S: La sucesión (a_n) es:

    (0, 2, 0, 2, 0, 2, 0, 2, ...); por tanto, carece de límite.

    La sucesión (b_n) es:

    (0, 2, 0, 2, 0, 2, 0, 2, ...); por tanto, carece de límite.

12. S: a) $\frac{1}{625}$

b) $\frac{1}{\sqrt[3]{2}}$

13. S: a) 1

b) 0

14. S: a) ∞

b) -∞

15. S: a) $-\frac{1}{2}$

b) 0

16. S: a) $\frac{-1}{7}$

b) $\frac{-5}{\sqrt{3}+2}$

17. S: a) 1

b) $\frac{-1}{10}$

18. S: a) 0

b) ∞

19. S: a) ∞

b) ∞

c) ∞

d) ∞

e) ∞

f) -∞

g) ∞

h) ∞

i) 0

j) 0

k) ∞

l) ∞

20. S: $\frac{1}{3}$

21. S: $(a_n)=\left(3,\frac{1}{4},5,\frac{1}{6},7,\frac{1}{8},9,\frac{1}{10},11,\frac{1}{12},13,\ldots\right)$

No es monótona ni converge hacia ningún número.

22. S: a) Carece de límite.

b) Carece de límite.

c) 1

d) 0

e) 0

f) 2

g) $\frac{1}{2}$

h) ∞

23. S: a) $\left(\frac{1}{2}\right)^{87}$

b) ∞

c) 1

d) 0

e) $2\sqrt{2}$

f) 2

g) 1

h) 1

i) ∞

j) 0

k) ∞

l) 0

m) e^6

n) e^2

o) ∞

p) $e^{-2/5}$

q) e^8

r) e^{-3}

s) e^{36}

t) e^2

u) 1

v) ∞

x) e

y) e^2

z) ∞

24. S: a) e

b) $e^{-4/3}$

c) e^{-2}

d) e^{-3}

e) e^{-6}

f) 1

g) e^{200}

h) e^3

i) 1

j) e

k) 1

l) e

XI

Funciones reales

El estudio de las funciones reales constituye el armazón de toda la matemática real y, consecuentemente, de toda la ciencia y tecnología modernas.

La primera parte del bloque está dedicada al estudio de los diversos tipos de funciones y sus gráficas. Los últimos temas están dedicados al cálculo infinitesimal y al manejo de ciertos procesos infinitos donde una intuición sin guías firmes puede conducir a engaños.

Funciones reales de variable real 52

Introducción histórica

La definición moderna del concepto de función se debe al matemático francés Agustin-Louis Cauchy (1789-1857). Cauchy inició la sistematización de la teoría de grupos, imprescindible en el Álgebra moderna, y fue uno de los precursores del rigorismo en Matemáticas.

52.1 Función real de variable real

Llamamos función a cualquier aplicación:

$f: R \to R$ o bien $f: D \to R$ siendo D un subconjunto de R

Mediante una función, a cada elemento x de R (o de un subconjunto de R) le asociamos un único elemento $y = f(x)$ de R.

$$x \mapsto y = f(x)$$

x es la variable independiente e y la variable dependiente.

Ejemplo

La expresión $f(x) = x^2 - 3x$ define una función para la que

$$f(0) = 0; \quad f(-1) = 4; \quad f\left(\frac{1}{2}\right) = -\frac{5}{4}; \quad \ldots$$

Ejemplo

Para la función $g(x) = 2^{1/x}$ se tiene que:

$$g(1) = 2; \quad g(2) = \sqrt{2}; \quad g(0) \text{ no existe pues } 2^{1/0} \text{ no es un número real}; \quad ...$$

Una función puede expresarse, bien mediante la fórmula, bien mediante su gráfica (conjunto de puntos del plano (x, y) tales que $y = f(x)$).

Ejemplo

La función $f(x) = x^2$ que asigna a cada número su cuadrado tiene por gráfica:

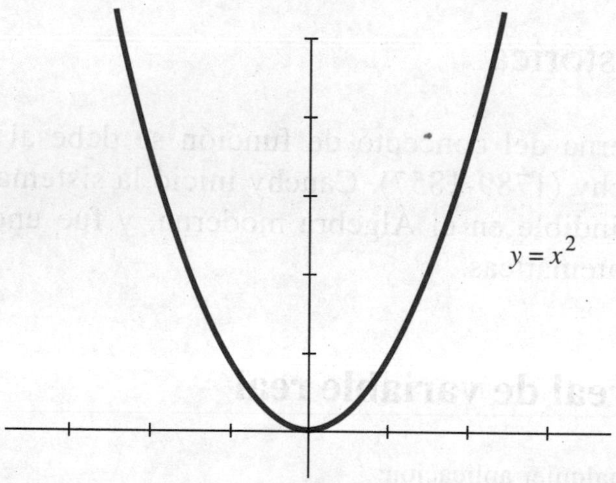

Puesto que, en una función, cada elemento $x \in R$ puede tener a lo sumo una imagen $y = f(x)$, la gráfica de una función nunca puede volver hacia atrás. De las siguientes gráficas, sólo la segunda representa a una función (puede observarse como en la primera, 0 tendría hasta tres imágenes)

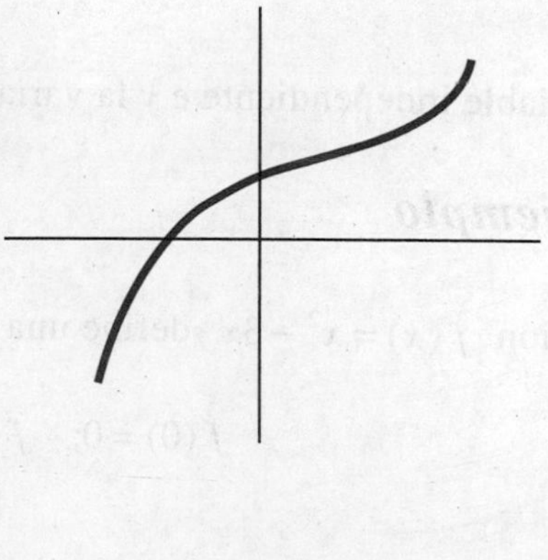

52.2 Dominio de una función

Sea $y = f(x)$ una función.

Llamamos dominio (o campo de existencia) de la función al conjunto de todos los valores x para los cuales $y = f(x)$ esté definida (sea un número real). Se le suele escribir por la letra mayúscula *D*.

Para el cálculo del dominio de una función dada por su fórmula, hemos de tener en cuenta que:

1) **No es posible la división por 0**.

2) **No es posible extraer raíces cuadradas, cuartas, sextas, etc, cuando el radicando es negativo** (sí que es posible la raíz es de índice impar).

3) **No es posible calcular el logaritmo de un número negativo, ni tampoco de 0**.

Ejemplo

El dominio de cualquier función polinómica es todo *R*.

$$f(x) = 3x - 2 \quad \rightarrow \quad D = R; \qquad\qquad g(x) = \frac{1}{4}x^3 + 8x^2 - \sqrt{2} \quad \rightarrow \quad D = R$$

Ejemplo

Halla el dominio de la función $f(x) = \dfrac{1}{x^2 - 4}$

Solución: $f(x)$ sólo será un número real si $x^2 - 4$ no es 0.

Resolviendo la ecuación $x^2 - 4 = 0 \quad \rightarrow \quad x^2 = 4 \quad \rightarrow \quad x = \pm 2$ que son los valores que anulan al denominador. Por tanto el dominio es $D = R - \{-2, 2\}$.

Ejemplo

Halla el dominio de la función $g(x) = \sqrt{3x + 9}$

Solución: La función está definida sólo cuando $3x + 9$ es mayor o igual que cero. Resolviendo: $3x + 9 \geq 0 \quad \rightarrow \quad 3x \geq -9 \quad \rightarrow \quad x \geq -3$

de donde deducimos que el dominio es $D = [-3, \infty)$.

Ejemplo

Halla el dominio de la función $h(x)=\sqrt{x-1}+\sqrt{1-x}$

Solución: $h(x)$ está definida para aquellos $x \in R$ que hagan los dos radicandos no negativos:

$$x-1\geq 0 \text{ y } 1-x\geq 0 \rightarrow x\geq 1 \text{ y } x\leq 1 \rightarrow x=1$$

Por tanto el dominio de la función está formado únicamente por $D=\{1\}$

A la vista de la gráfica de una función, el dominio está formado por los puntos del eje OX encima o debajo de los cuales hay gráfica.

Ejemplo

Para la función cuya gráfica es la siguiente:

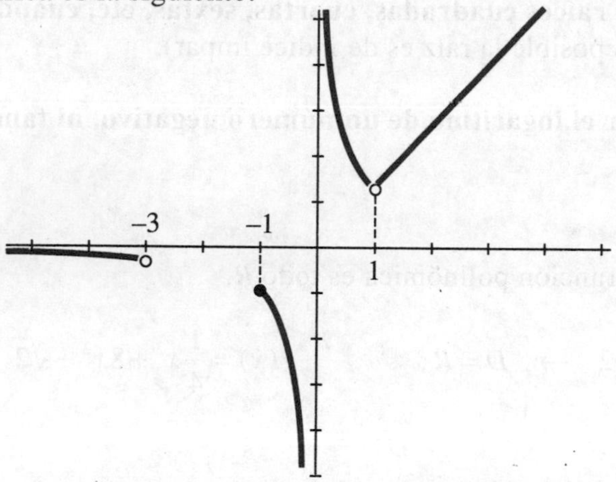

el dominio es $D=(-\infty,-3)\cup[-1,0)\cup(0,1)\cup(1,\infty)$.

52.3 Operaciones con funciones

Supongamos dos funciones $y=f(x)$ e $y=g(x)$ definidas sobre un mismo dominio D. De un modo completamente natural, se definen la suma y multiplicación de ambas funciones:

$$(f+g)(x)=f(x)+g(x) \quad ; \quad (f\cdot g)(x)=f(x)\cdot g(x)$$

que, evidentemente, son dos nuevas funciones definidas en el dominio D.

Ejemplo

Dadas las funciones $f(x)=x^2-4$ y $g(x)=x+2$, calcula las funciones $f+g$ y $f\cdot g$.

Solución: $(f+g)(x)=f(x)+g(x)=x^2-4+x+2=x^2+x-2$

$$(f\cdot g)(x)=\left(x^2-4\right)\cdot(x+2)=x^3+2x^2-4x-8$$

La suma y multiplicación de funciones tienen las propiedades que se sintetizan en el siguiente cuadro:

PROPIEDAD	SUMA	MULTIPLICACIÓN
Asociativa	$(f+g)+h=f+(g+h)$	$(f\cdot g)\cdot h=f\cdot(g\cdot h)$
Conmutativa	$f+g=g+f$	$f\cdot g=g\cdot f$
Elemento neutro	Es la función cero $x\mapsto 0$, pues $f(x)+0=f(x)$	Es la función $x\mapsto 1$ pues $f(x)\cdot 1=f(x)$
Elemento simétrico	Opuesta de f: $(-f)(x)=-f(x)$ pues $f(x)-f(x)=0$	No existe la función inversa
Distributiva de la multiplicación respecto de la suma	$f\cdot(g+h)=f\cdot g+f\cdot h$	

Por cumplir estas propiedades, llamando $\mathscr{F}(D)$ al conjunto de las funciones definidas sobre el subconjunto D, se tiene que $(\mathscr{F}(D), +, \cdot)$ es un **anillo conmutativo con elemento unidad**.

52.4 Funciones crecientes y decrecientes

De manera parecida a las sucesiones, se definen las funciones monótonas.

Una función es monótona creciente cuando a originales mayores corresponden imágenes mayores (o iguales).

Es decir, $y=f(x)$ es creciente si, y sólo si, para cada par x_1, x_2 del dominio:

$$x_1<x_2 \quad\rightarrow\quad f(x_1)\leq f(x_2)$$

Las gráficas de las funciones monótonas crecientes van hacia arriba (u horizontalmente), a medida que las recorremos de izquierda a derecha.

Ejemplo

La gráfica de $y = \frac{1}{2}x + 2$ muestra una función creciente.

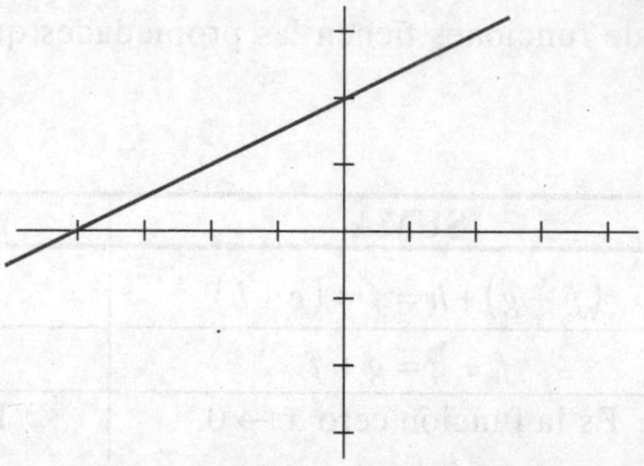

Una función es monótona decreciente cuando a originales mayores corresponden imágenes menores (o iguales).

Es decir, $y = f(x)$ es creciente si, y sólo si, para cada par x_1, x_2 del dominio:

$$x_1 < x_2 \quad \rightarrow \quad f(x_1) \geq f(x_2)$$

Si recorremos la gráfica de una función monótona decreciente de izquierda a derecha, observaremos cómo su gráfica se desplaza hacia abajo u horizontalmente.

Ejemplo

La función de la gráfica es monótona decreciente.

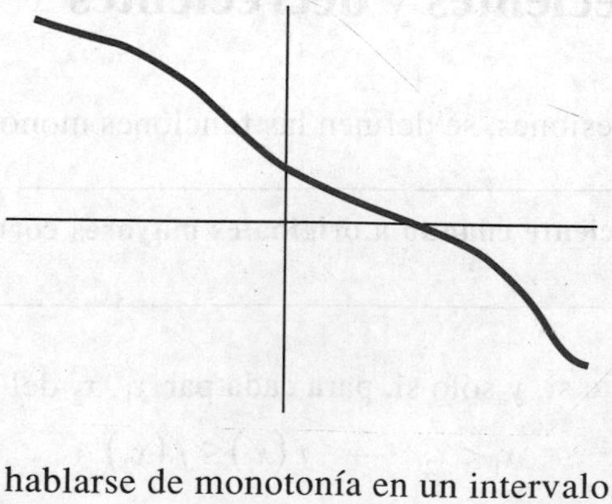

Al manejar funciones, puede hablarse de monotonía en un intervalo. En concreto:

Una función es creciente en el intervalo (a,b) si para cada par:

$$x_1, x_2 \in (a,b) \quad x_1 < x_2 \quad \rightarrow \quad f(x_1) \leq f(x_2)$$

También puede hablarse de función creciente en un punto. Precisamente:

Una función es creciente en un punto x_0 si existe un entorno de x_0 donde la función es creciente.

52.5 Composición de funciones

Componer dos funciones es hacer actuar una de ellas sobre el resultado de la otra:

$$x \xrightarrow{f} f(x) \xrightarrow{g} g(f(x)) \quad \text{o bien} \quad x \xrightarrow{g} g(x) \xrightarrow{f} f(g(x))$$

Se las designa, respectivamente, por $g \circ f$ y $f \circ g$ y se leen " f compuesta con g " y " g compuesta con f ", respectivamente. Es decir:

$$(g \circ f)(x) = g(f(x)) \qquad (f \circ g)(x) = f(g(x))$$

Ejemplo

Dadas las funciones $f(x) = 3x^2 + 1$ y $g(x) = \operatorname{sen} x$

$$(f \circ g)(x) = f(g(x)) = f(\operatorname{sen} x) = 3\operatorname{sen}^2 x + 1$$

$$(g \circ f)(x) = g(f(x)) = g(3x^2 + 1) = \operatorname{sen}(3x^2 + 1)$$

Observa que, en general, $g \circ f$ y $f \circ g$ son funciones diferentes.

Una función f^{-1} se llama **inversa** de otra f si ocurre que $f^{-1}(f(x)) = f(f^{-1}(x)) = x$ para cada número real x.

Por ejemplo, la función $f^{-1}(x) = \sqrt{x}$ es inversa de $f(x) = x^2$, pues para cada x mayor o igual que cero ocurre que:

$$f^{-1}(f(x)) = f^{-1}(x^2) = \sqrt{x^2} = x \quad \text{y} \quad f(f^{-1}(x)) = f(\sqrt{x}) = (\sqrt{x})^2 = x$$

Una función y su inversa tienen sus gráficas simétricas respecto a la bisectriz del primer y cuarto cuadrante.

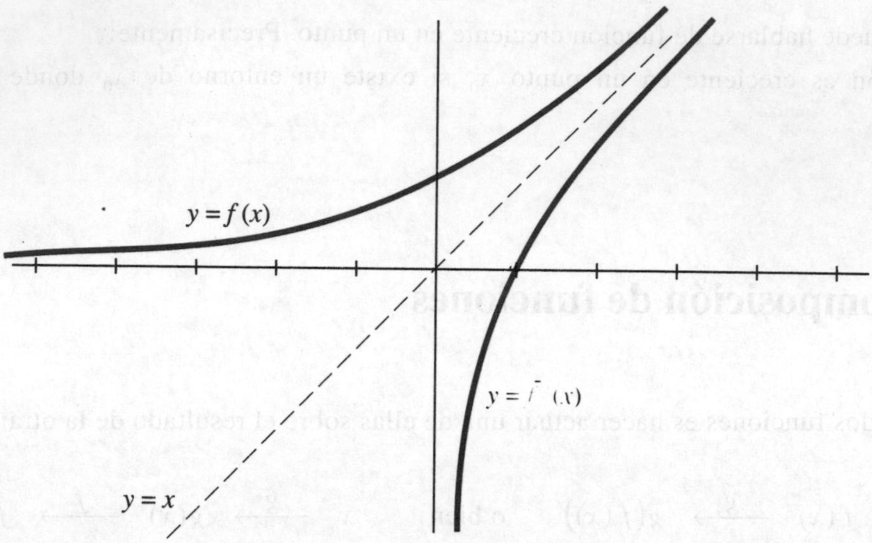

Por ello, para obtener la expresión analítica de f^{-1} intercambiamos x e y en $y = f(x)$

Despejando a continuación y obtendremos la función f^{-1}.

$$y = f(x) \xrightarrow{\text{Interc } x\ y} x = f(y) \rightarrow f^{-1}(x) = f^{-1}(f(y)) \rightarrow f^{-1}(x) = y$$

Ejemplo

Obtener la función inversa de $f(x) = 3x - 7$

Solución: Escribimos $y = 3x - 7$. Intercambiando a continuación x por y obtenemos:

$$x = 3y - 7 \quad \rightarrow \quad y = \frac{x+7}{3} \qquad \text{y por tanto} \quad f^{-1}(x) = \frac{x+7}{3}$$

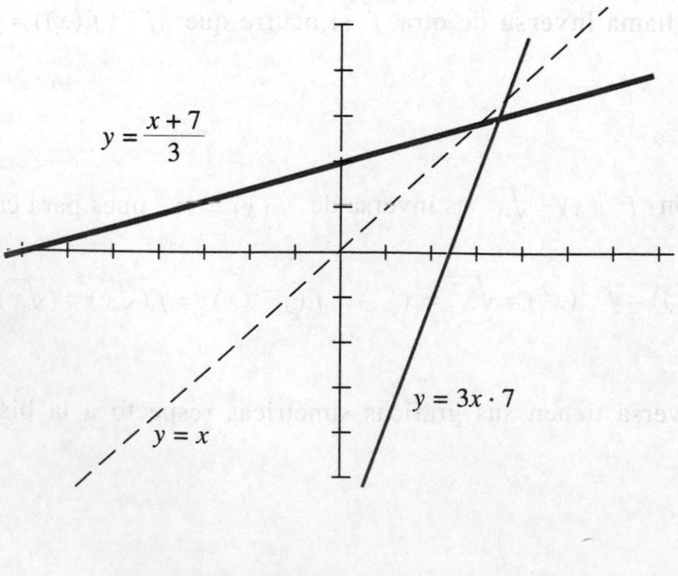

52.6 Funciones clásicas

Las siguientes funciones son básicas, tanto por su sencillez como por su aplicabilidad a otras ciencias.

1. FUNCIONES LINEALES

Se denominan así a las funciones que se representan mediante rectas. Son polinomios de grado 0 ó 1 del tipo: $y = ax + b$

Ejemplos

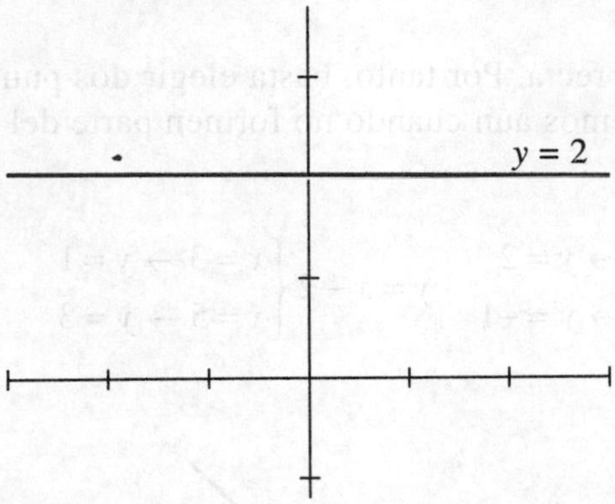

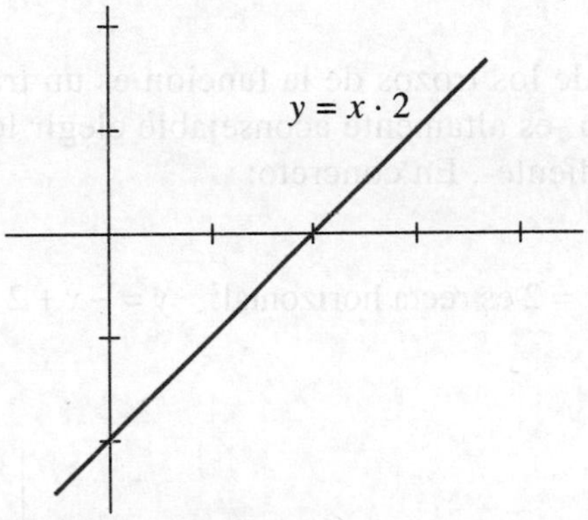

Dado que se trata de rectas, para la representación gráfica de cualquier función polinómica de grado uno basta obtener dos puntos de la misma.

Ejemplo

Representar la función $y = 4 - 2x$

Solución: Dando a x un par de valores $x = 0 \;\rightarrow\; y = 4;\quad x = 2 \;\rightarrow\; y = 0$

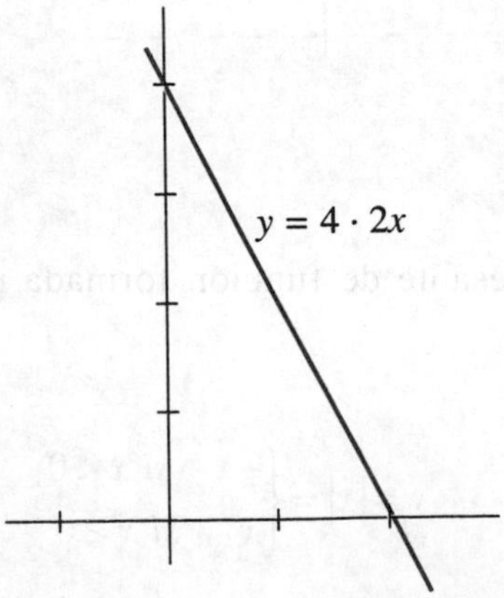

2. FUNCIONES FORMADAS POR TROZOS DE RECTAS

Ejemplo

Representar gráficamente la función $f(x)=\begin{cases} 2 & si\ x<0 \\ -x+2 & si\ 0\le x<3 \\ x-2 & si\ x\ge 3 \end{cases}$

Solución: Resulta muy aconsejable expresar la función sobre un diagrama lineal como el siguiente:

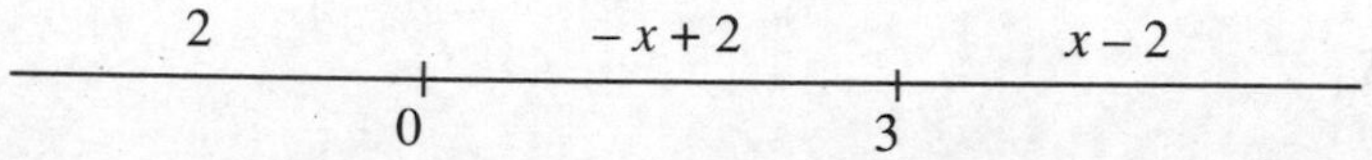

Cada uno de los trozos de la función es un tramo de recta. Por tanto, basta elegir dos puntos de cada tramo -es altamente aconsejable elegir los extremos aún cuando no formen parte del tramo correspondiente-. En concreto:

$$y=2 \text{ es recta horizontal;} \quad y=-x+2\begin{cases} x=0\to y=2 \\ x=3\to y=-1 \end{cases}; \quad y=x-2\begin{cases} x=3\to y=1 \\ x=5\to y=3 \end{cases}$$

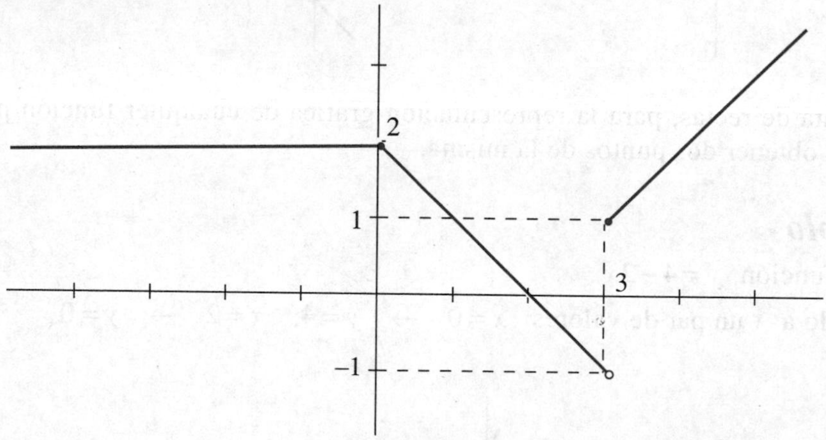

Un ejemplo particularmente interesante de función formada por trozos de rectas es la función **valor absoluto**:

$$y=|x|=\begin{cases} -x & si\ x<0 \\ x & si\ x\ge 0 \end{cases}$$

cuya gráfica es:

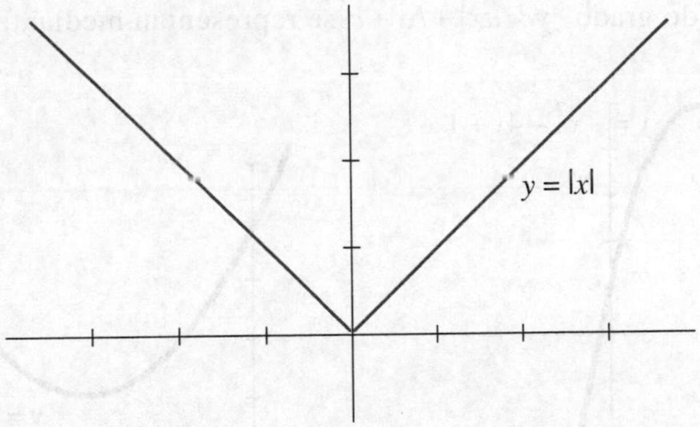

Para obtener la gráfica de una función $y=|f(x)|$ conocida la gráfica de la función $y=f(x)$, se deja intacta la parte positiva de la gráfica (la que está por encima del eje *OX*) y se dibuja la simétrica de la parte negativa de la gráfica (la que está por debajo del eje *OX*).

Ejemplo

Representar gráficamente la función $y=|2x-2|$

Solución: Empezamos dibujando la gráfica de la función $y=2x-2$ que, como ya sabemos, es una recta oblicua. Para ello, basta obtener dos puntos de la misma, por ejemplo:

$\begin{cases} x=0 & \rightarrow \quad y=-2 \\ x=2 & \rightarrow \quad y=2 \end{cases}$. A partir de estos puntos dibujamos la gráfica de $y=2x-2$

e, inmediatamente, la gráfica de $y=|2x-2|$.

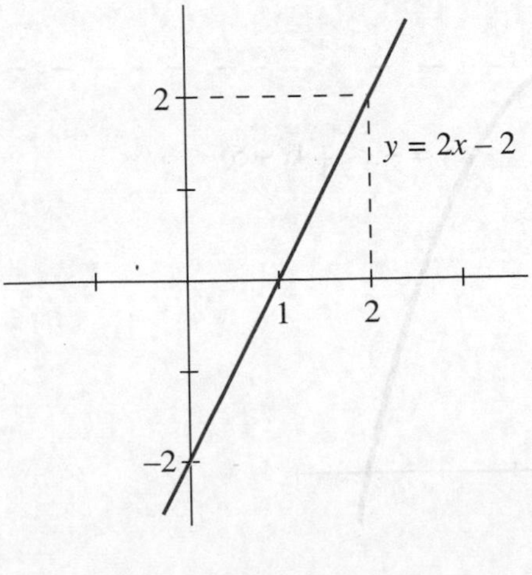

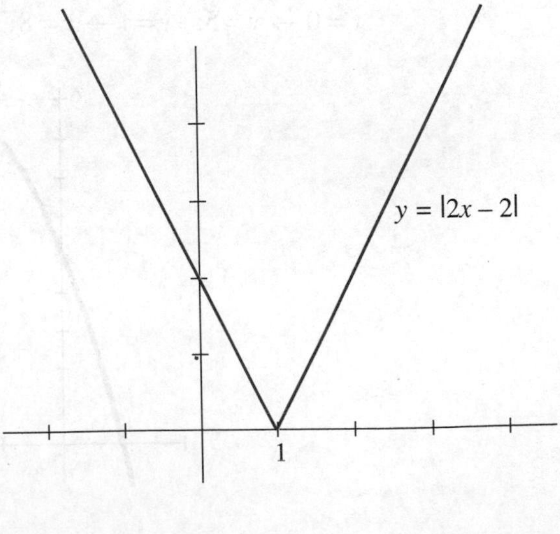

3. FUNCIONES CUADRÁTICAS

Las funciones de segundo grado $y = ax^2 + bx + c$ se representan mediante parábolas verticales

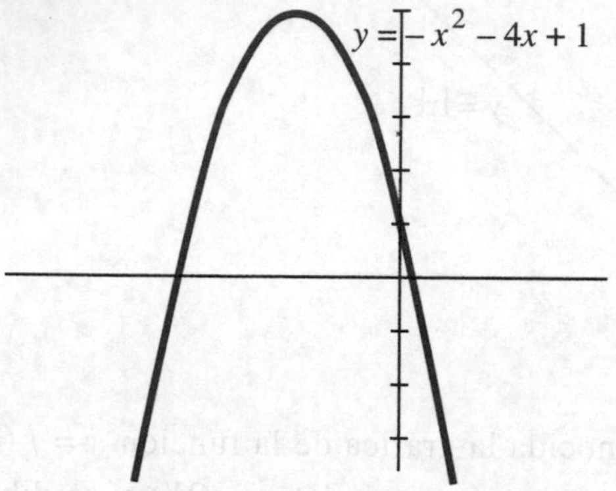

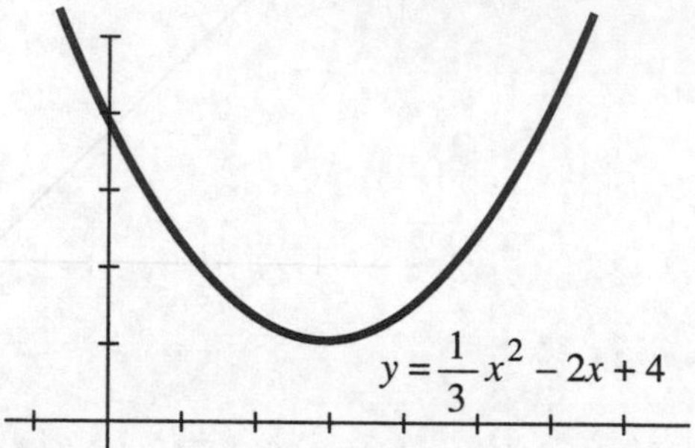

El valor del coeficiente a determina que la curva sea más o menos cerrada, y su signo el que la curva se abra hacia arriba o hacia abajo.

Las coordenadas del vértice son $V(p,q)$ siendo $p = -\frac{b}{2a}$ y $q = f\left(-\frac{b}{2a}\right)$

Ejemplo

Representar la función $y = -x^2 + 4x + 5$

Dado que $a = -1 < 0$, la parábola se abre hacia abajo

Las coordenadas del vértice son: $p = \frac{-4}{-2} = 2$ $q = f(2) = -2^2 + 4 \cdot 2 + 5 = 9$. Es el punto $V(2,9)$.

Ahora, para completar el dibujo, damos valores a x en torno a la 1ª coordenada del vértice, 2:

$$x = 0 \rightarrow y = 5; \quad x = 1 \rightarrow y = 8; \quad x = 3 \rightarrow y = 8; \quad x = 4 \rightarrow y = 5$$

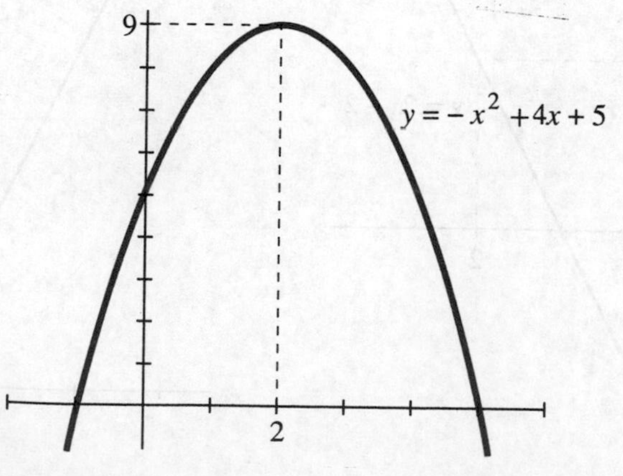

4. FUNCIONES POLINÓMICAS

También las funciones polinómicas de grado superior a dos son muy usuales. Son funciones definidas en todo R . El estudio y elaboración de su gráfica requiere conocimientos de cálculo infinitesimal que serán vistos con posterioridad.

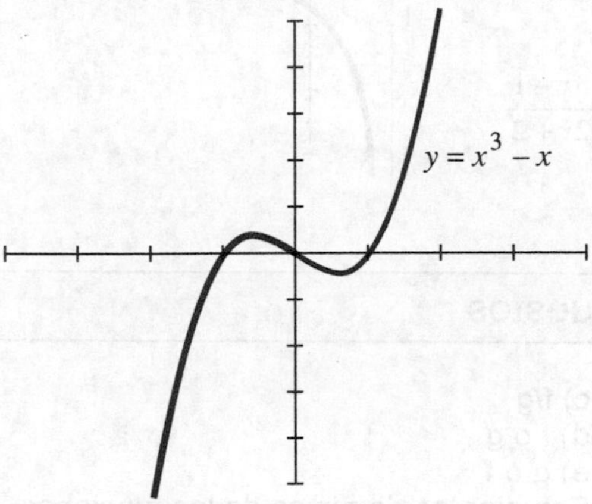

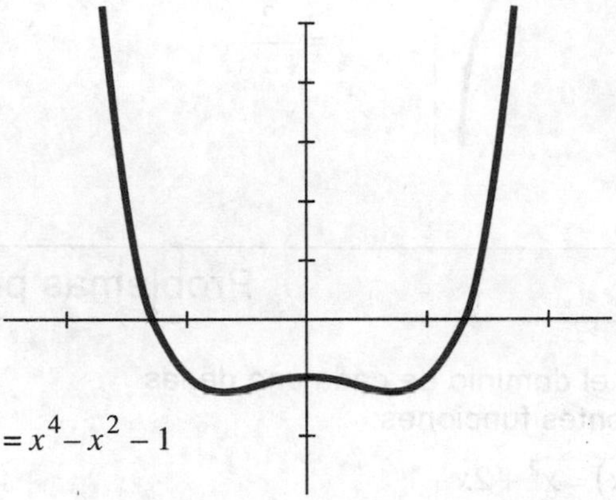

5. FUNCIONES DE PROPORCIONALIDAD INVERSA. LA HIPÉRBOLA

Se llama función de proporcionalidad inversa a cualquier función del tipo $y = \frac{k}{x}$.

Su gráfica es una hipérbola cuyas asíntotas son los ejes de coordenadas.

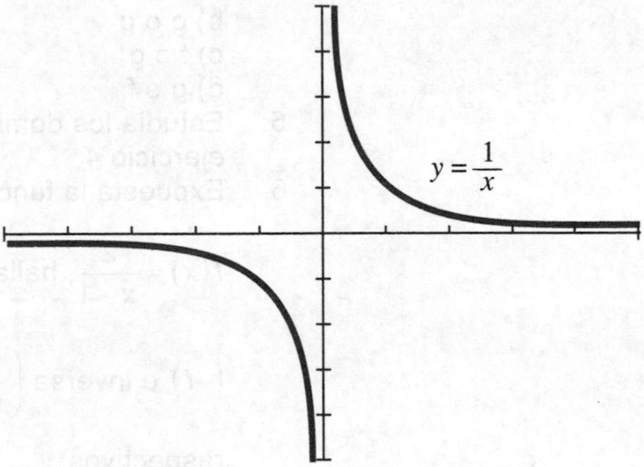

Otras funciones relacionadas con la proporcionalidad inversa son:

$$y = \frac{k}{x \pm r} \qquad\qquad y = \frac{ax+b}{cx+d}$$

Las gráficas de estas funciones también son hipérbolas con los ejes desplazados.

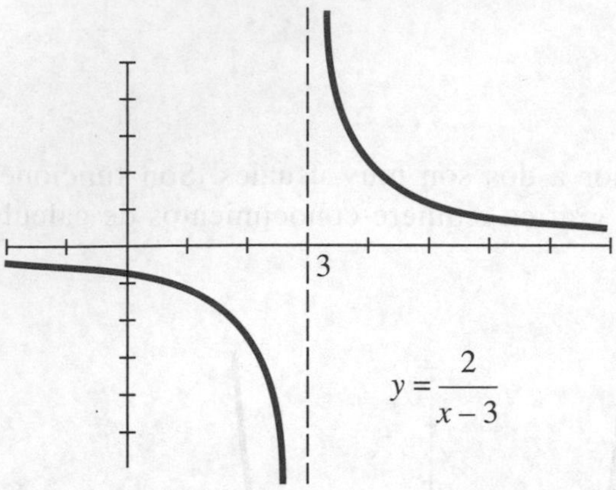

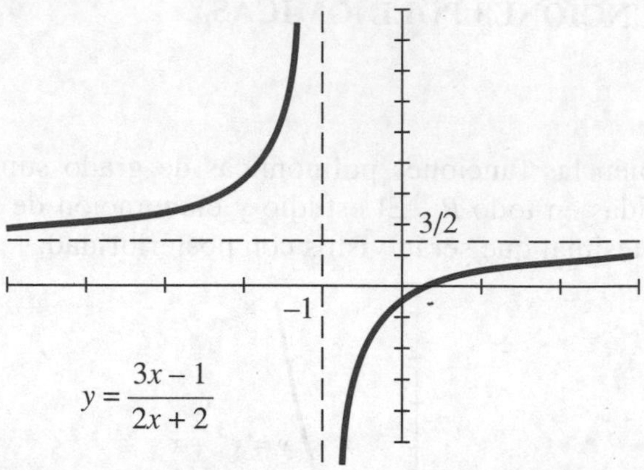

Problemas propuestos

1. Halla el dominio de cada una de las siguientes funciones:

   a) $f(x) = x^2 + 2x + 1$

   b) $f(x) = \dfrac{6}{x^2 + 3}$

   c) $f(x) = \sqrt{x^2 - 6x + 8}$

   d) $f(x) = \dfrac{x^2 - 1}{x^2 - x - 2}$

   e) $f(x) = |x|$

   f) $f(x) = \dfrac{1}{x^2 - 1}$

   g) $f(x) = \sqrt{x^2 + 4}$

   h) $f(x) = x$

   i) $f(x) = |x + 3|$

   j) $f(x) = \dfrac{2x}{x^2 + 9}$

2. Consideramos las funciones polinómicas f y g dadas por $f(x) = x^2 + 1$, y $g(x) = x^3$, se pide:
   a) fg
   b) gf
   c) f/g
   d) f o g
   e) g o f
3. Estudiar los dominios de las funciones del ejercicio anterior.
4. Se consideran las funciones f y g definidas por $f(x) = x^2$, y $g(x) = \dfrac{1}{x}$, se pide:
   a) f o f
   b) g o g
   c) f o g
   d) g o f
5. Estudia los dominios de las funciones del ejercicio 4.
6. Expuesta la función f dada por $f(x) = \dfrac{2}{x-1}$, halla las funciones opuestas $(-f)$ e inversa $\left(\dfrac{1}{f}\right)$, y sus dominios respectivos.
7. Sean las funciones f, g y h dadas por $f(x) = x^2 + 3;\ g(x) = \dfrac{1}{x};\ h(x) = \dfrac{2x}{x^2 + 1}$.

   Calcula las funciones $(f + g) + h$ y

$f+(g+h)$. ¿Cómo son ambas funciones?.

8. Con las funciones f y g del ejercicio anterior, calcula las funciones *f + g* y *g + f*. ¿Cómo son ambas funciones?.

9. Dadas las funciones $f(x)=x+1$, y $g(x)=2x+1$, se pide.

   a) $(f\ o\ g)(1)$; $(g\ o\ f)(-1)$; $(f\ o\ g)(2)$; $(g\ o\ f)(-2)$

   b) $(f\ o\ g)(x)$

   c) Dominio de g o f

10. Halla el dominio de existencia de la función $f(x)=\sqrt{\dfrac{x-4}{2x+3}}$

11. Si $f(x)=x^2-x$, comprueba que $f(x+1)=f(-x)$.

12. Si $f(x)=\dfrac{x-1}{x+1}$, comprueba que $f\left(\dfrac{1}{x}\right)=-f(x)$.

13. Se desea construir barriles de forma cilíndrica de 100 litros de capacidad. Se pide:
    a) Expresa la altura del barril en función del radio de la base.
    b) Expresa el área total en función del radio de la base.

14. En un bloque de viviendas las ventanas son rectangulares y con una superficie de $2\,m^2$. Si x es la longitud del lado de la base, expresa la altura en función de x.

15. Sea h una función de *R* en *R* dada por $h(x)=x^2-8x+6$. Halla otras dos funciones f y g de *R* en *R*, tal que *h = fg*.

16. Consideramos la función polinómica $k(x)=x^3-3x^2-2x+2$. Halla otras tres funciones polinómicas f, g, y h, tales que *k = fgh*.

17. Se quiere construir un pozo de forma cilíndrica de 2 metros de diámetro. Expresa el volumen del agua que cabe en el pozo en función de su profundidad.

18. Sabiendo que el cambio actual del dólar está en 110 ptas y que el banco cobra de comisión, 0,5 por 100, escribe las funciones que permiten pasar del valor actual de una moneda a otra.

19. Expresa en función del radio r del círculo el área de un rectángulo inscrito en el mismo.

20. Halla la función que expresa el área de un triángulo isósceles inscrito en un círculo en función del radio.

21. Se dispone de una cartulina de 100 por 40 cm y se quiere construir una caja con tapadera cortando un cuadrado en dos esquinas y dos rectángulos en las otras dos. Halla la expresión del volumen en función del lado x del cuadrado cortado.

22. Dos funciones opuestas son simétricas respecto de una recta, ¿cuál es?. ¿Y si son recíprocas?.

Soluciones

1. S: a) *R*
   b) *R*
   c) $R-(2,4)$
   d) $R-\{-1,2\}$
   e) *R*
   f) $R-\{-1,1\}$
   g) *R*
   h) *R*
   i) *R*
   j) *R*

2. S: a) $(fg)(x)=x^5+x^3$
   b) $(gf)(x)=x^5+x^3$

c) $\left(\frac{f}{g}\right)(x)=\frac{x^2+1}{x^3}$

d) $(f\ o\ g)(x)=x^6+1$

e) $(g\ o\ f)(x)=x^6+3x^4+3x^2+1$

3. S: a) $D(fg) = R$

b) $D(gf) = R$

c) $D\left(\frac{f}{g}\right)=R-\{0\}$

d) $D(f\ o\ g) = R$

e) $D(g\ o\ f) = R$

4. S: a) $(f\ o\ f)(x)=x^4$

b) $(g\ o\ g)(x)=x$

c) $(f\ o\ g)(x)=\frac{1}{x^2}$

d) $(g\ o\ f)(x)=\frac{1}{x^2}$

5. S: a) $D(f\ o\ f) = R$

b) $D(g\ o\ g) = R$

c) $D(f\ o\ g) = R-\{0\}$

d) $D(g\ o\ f) = R-\{0\}$

6. S: $(-f)(x)=\frac{2}{1-x}$; $D(-f)=R-\{1\}$

$\left(\frac{1}{f}\right)(x)=\frac{x-1}{2}$; $D\left(\frac{1}{f}\right)=\mathrm{R}$

7. S: $[(f+g)+h](x)=x^2+3+\frac{1}{x}+\frac{2x}{x^2+1}$

$[f+(g+h)](x)=x^2+3+\frac{1}{x}+\frac{2x}{x^2+1}$

Ambas funciones son iguales.

8. S: $(f+g)(x)=x^2+3+\frac{1}{x}$

$(g+f)(x)=\frac{1}{x}+x^2+3$

Ambas funciones son iguales.

9. S: a) $(f\ o\ g)(1)=4$; $(g\ o\ f)(-1)=1$;

$(f\ o\ g)(2)=6$; $(g\ o\ f)(-2)=-1$

b) $(f\ o\ g)(x)=2x+2$

c) $D(g\ o\ f)=R$

10. S: $D(f)=R-\left[-\frac{3}{2},4\right)$

11. S: $f(x+1)=x^2+x$; $f(-x)=x^2+x$

12. S: $f\left(\frac{1}{x}\right)=\frac{1-x}{1+x}$; $-f(x)=\frac{1-x}{1+x}$

13. S: a) $h=\frac{100}{\pi r^2}$

b) $S=\frac{200}{r}+2\pi r^2$

14. S: $h=\frac{2}{x}$

15. S: $f(x)=x-4-\sqrt{10}$; $g(x)=x-4+\sqrt{10}$

16. S: $f(x)=x+1$; $g(x)=x-2-\sqrt{2}$

$h(x)=x-2+\sqrt{2}$

17. S: $V(x)=\pi hm^3$

18. S: a) Cambio de pesetas a dólares:

$y=\frac{x-0{,}005x}{110}$

b) Cambio de dólares a pesetas:

$x=(y-0{,}005y)\cdot 110$

19. S: $S=x\sqrt{4r^2-x^2}$

20. $S=x\left(r+\sqrt{r^2-x^2}\right)$ siendo x el semilado de la base.

21. S: $V(x)=(50-x)(40-2x)\cdot x\ \mathrm{cm}^3$

22. S: Las funciones opuestas son simétricas respecto del eje de abscisas.
Las funciones recíprocas son simétricas respecto de la bisectriz del primer y tercer cuadrantes.

Límites de funciones. Continuidad

53

Introducción histórica

La noción de límite es una idea central en la matemática actual y es la base de otras ideas fundamentales como la derivada o la integral. Su gestación a lo largo de la historia de la matemática, hasta llegar a la claridad con que hoy se expone, fue lenta y tortuosa. Hasta principios del siglo XIX los matemáticos trabajan con límites sin tener muy claro su verdadero significado.

La experiencia docente de quien suscribe aconseja tratar el concepto de límite de la forma más intuitiva posible. Es por ello que nos apoyaremos más en la idea gráfica del límite que en el formalismo de las definiciones.

53.1 Límite de una función en un punto

Consideramos una función $y = f(x)$ y un punto $x = a$ de la recta real.

Decimos que la función $f(x) \to L$ cuando $x \to a$, y se escribe $\lim_{x \to a} f(x) = L$, si al dar a x valores cada vez más próximos a a, los valores de $f(x)$ se acercan a L "tanto como queramos".

La traducción precisa al lenguaje matemático es la siguiente:

$\lim_{x \to a} f(x) = L$ si, fijado un entorno de L, $E(L,\varepsilon)$, tan pequeño como se quiera, podemos encontrar otro entorno de a, $E(a,\delta)$, de modo que si $x \in E(a,\delta)$ y $x \neq a$, entonces $f(x) \in E(L,\varepsilon)$

Podemos acercarnos a a:

- Con valores de x menores que a, aproximándose entonces $f(x)$ a un número llamado límite por la izquierda de $f(x)$ cuando $x \to a$, y que se escribe:

$$\lim_{x \to a^-} f(x) = L$$

- Con valores de x mayores que a, acercándose $f(x)$ a un número llamado límite por la derecha de $f(x)$ cuando $x \to a$, y que se simboliza por:

$$\lim_{x \to a^+} f(x) = L$$

Ambos límites laterales pueden o no, ser números reales y pueden, o no, ser iguales.

Ejemplo

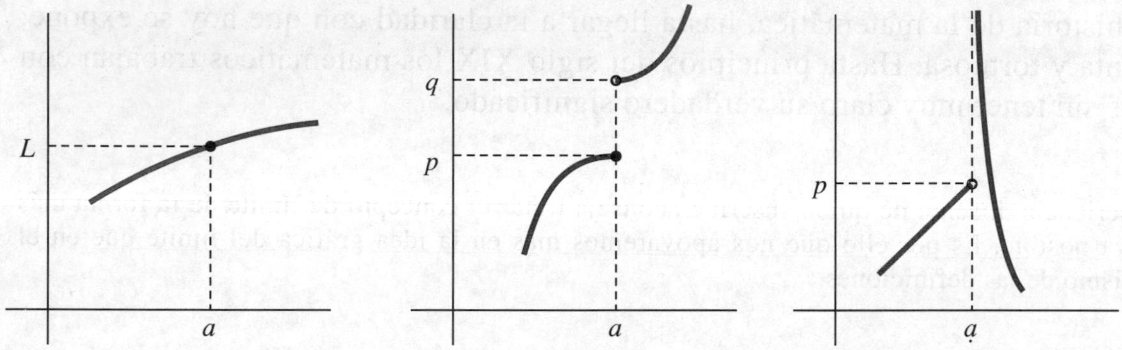

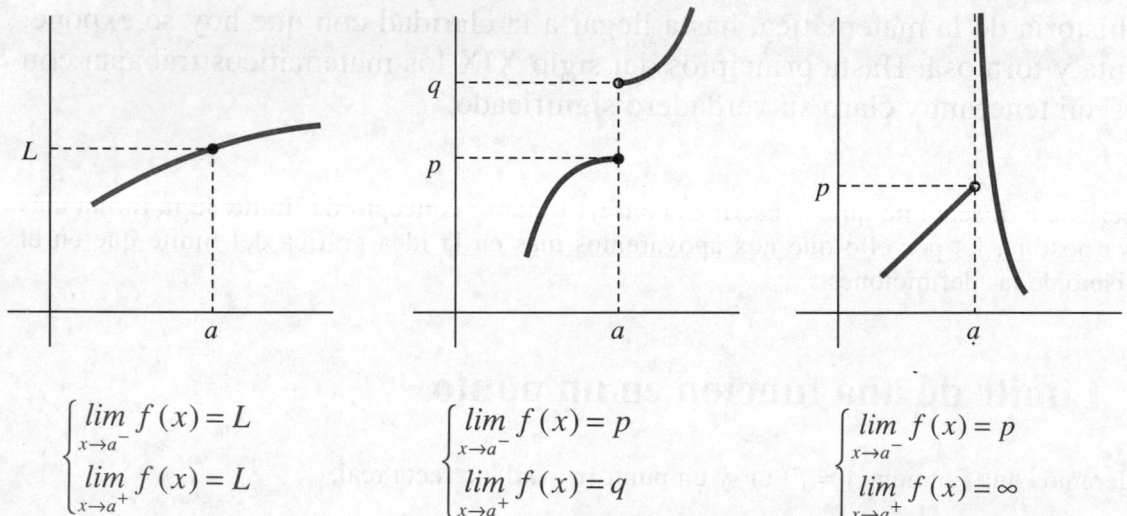

$$\begin{cases} \lim_{x \to a^-} f(x) = L \\ \lim_{x \to a^+} f(x) = L \end{cases} \qquad \begin{cases} \lim_{x \to a^-} f(x) = p \\ \lim_{x \to a^+} f(x) = q \end{cases} \qquad \begin{cases} \lim_{x \to a^-} f(x) = p \\ \lim_{x \to a^+} f(x) = \infty \end{cases}$$

Para que una función tenga límite en un punto es necesario que ambos límites laterales sean iguales. Es decir:

$$\text{Existe } \lim_{x \to a} f(x) = L \text{ si, y solamente si, } \lim_{x \to a^-} f(x) = \lim_{x \to a^+} f(x) = L$$

Para los ejemplos anteriores, sólo existe $\lim_{x \to a} f(x) = L$ en la gráfica de la izquierda. En las restantes la función no tiene límite cuando $x \to a$, pues los límites laterales son distintos.

Es muy importante destacar que para que una función tenga límite en un punto, no es necesario que esté definida en dicho punto, como muestra el siguiente ejemplo:

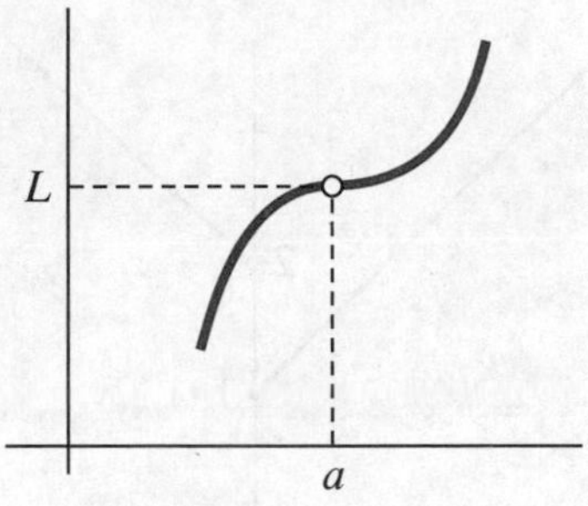

$$\lim_{x \to a} f(x) = L$$

Ejemplo

Sea la función $f(x) = x^2$ y el punto **a = 2.**

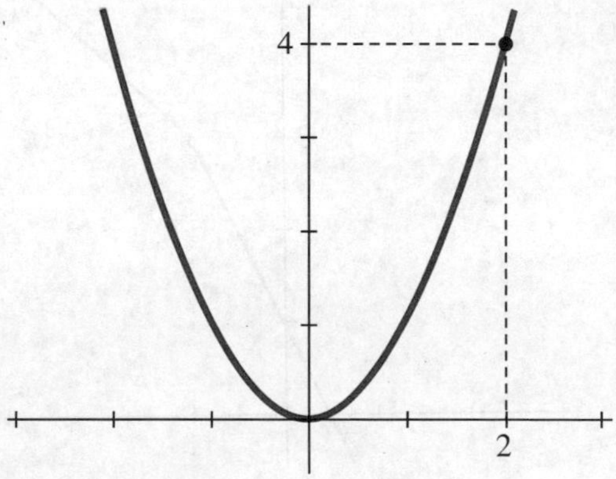

Es fácil comprobar que: $\begin{cases} \lim_{x \to 2^-} f(x) = 4 \\ \lim_{x \to 2^+} f(x) = 4 \end{cases} \rightarrow \lim_{x \to 2} f(x) = 4$

Ejemplo

Sea la función $f(x) = \begin{cases} x+2 & si\ x > 0 \\ -x+1 & si\ x \leq 0 \end{cases}$ y el punto $a = 0$.

De la gráfica siguiente deducimos: $\begin{cases} \lim_{x \to 0^-} f(x) = 1 \\ \lim_{x \to 0^+} f(x) = 2 \end{cases} \rightarrow$ No existe $\lim_{x \to 0} f(x)$

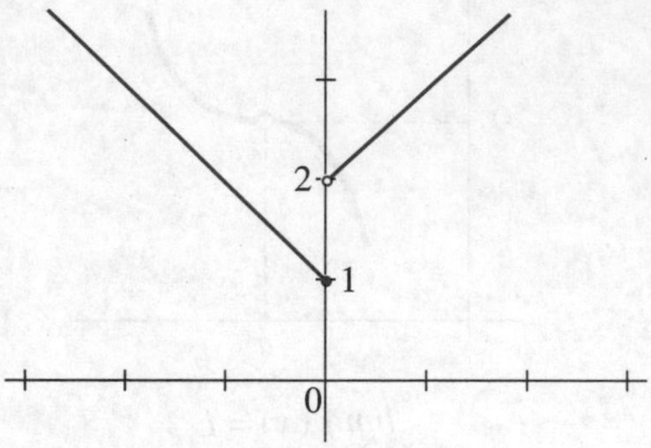

Ejemplo

Sea la función $f(x)=\begin{cases} 2x+1 & si\ x<1 \\ x+2 & si\ x>1 \end{cases}$ y el punto $a=1$.

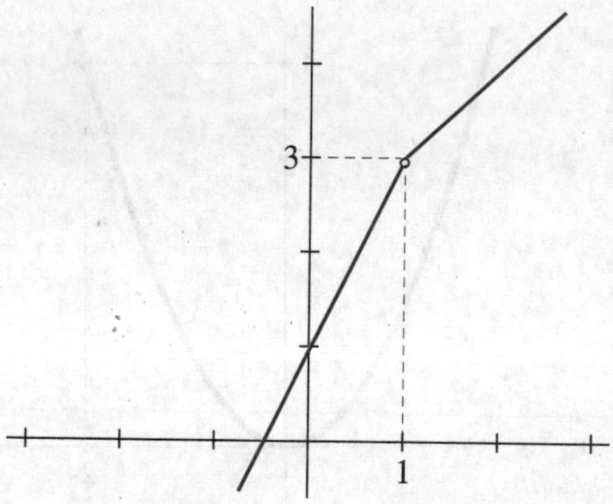

De la gráfica se sigue que: $\begin{cases} \lim\limits_{x\to 1^-} f(x)=3 \\ \lim\limits_{x\to 1^+} f(x)=3 \end{cases} \rightarrow \lim\limits_{x\to 1} f(x)=3$

Observa que la función no está definida en $x=1$.

53.2 Límites infinitos

Decimos que $\lim\limits_{x\to a} f(x)=\infty$ si para valores de x próximos a a, los valores de $f(x)$ pueden hacerse tan grandes como queramos.

Con rigor, decimos que $\lim_{x \to a} f(x) = \infty$ si fijado un valor k positivo y tan grande como se quiera, existe un entorno de a, $E(a, \delta)$, tal que si $x \in E(a, \delta)$ y $x \neq a$, entonces $f(x) > k$.

Análogamente, $\lim_{x \to a} f(x) = -\infty$ si para valores de x cercanos a a, los valores de $f(x)$ se pueden hacer tan pequeños como queramos.

Con formulación precisa, diremos que $\lim_{x \to a} f(x) = -\infty$ si fijado un valor de k positivo y tan grande como se quiera, podemos encontrar un entorno de a, $E(a, \delta)$, tal que si $x \in E(a, \delta)$ y $x \neq a$, entonces $f(x) < -k$.

Ejemplo

Consideramos la función $f(x) = \dfrac{1}{|x|}$ cuya gráfica es la siguiente:

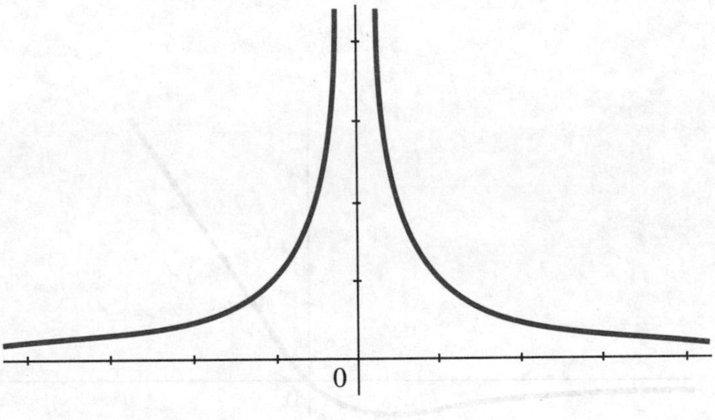

En el punto $x = 0$ se tiene: $\left\{ \begin{array}{l} \lim_{x \to 0^-} 1/|x| = \infty \\ \lim_{x \to 0^+} 1/|x| = \infty \end{array} \right. \rightarrow \lim_{x \to 0} \dfrac{1}{|x|} = \infty$

53.3 Límites en el infinito

Cuando el dominio de $y = f(x)$ se extiende indefinidamente hacia la derecha o hacia la izquierda de la recta real tienen sentido las expresiones:

- $\lim\limits_{x\to\infty} f(x) = L$ si "haciendo x arbitrariamente grande", los valores de $f(x)$ se acercan a L.
- $\lim\limits_{x\to-\infty} f(x) = L$ si "haciendo x arbitrariamente pequeña", los valores de $f(x)$ se acercan a L.

De modo preciso, diremos que $\lim\limits_{x\to\infty} f(x) = L$ si, fijado un entorno de L, $E(L,\varepsilon)$, podemos encontrar un número positivo k de modo que si $x > k$, entonces $f(x) \in E(L,\varepsilon)$

Análogamente, diremos que $\lim\limits_{x\to-\infty} f(x) = L$ si, fijado un entorno de L, $E(L,\varepsilon)$, podemos encontrar un número positivo k de modo que si $x < -k$, entonces $f(x) \in E(L,\varepsilon)$

Evidentemente, puede ocurrir que $\lim\limits_{x\to\pm\infty} f(x) = \pm\infty$.

Ejemplo

Para la función $y = f(x)$ dada por su gráfica:

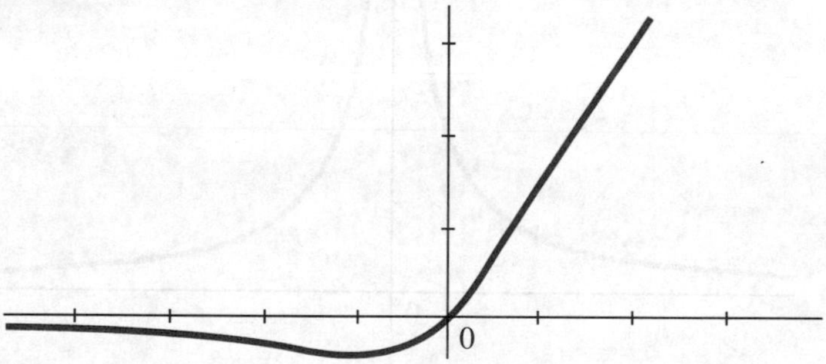

$\lim\limits_{x\to-\infty} f(x) = 0$ $\qquad$ $\lim\limits_{x\to\infty} f(x) = \infty$

53.4 Cálculo de límites

Al calcular límites de funciones dadas por su fórmula $y = f(x)$ pueden presentarse los siguientes casos en los que aparecen involucradas expresiones infinitas:

SUMA Y RESTA:

$$\infty \pm k = \infty \qquad -\infty \pm k = -\infty \qquad \infty + \infty = \infty \qquad -\infty - \infty = -\infty$$

$$\infty - \infty \quad \text{indeterminación}$$

MULTIPLICACIÓN:

$$\infty \cdot k = \infty \qquad \infty \cdot \infty = \infty \qquad \infty \cdot 0 \quad \text{indeterminación}$$

DIVISIÓN:

$$\frac{0}{k} = 0 \qquad \frac{\infty}{k} = \infty$$

$$\frac{k}{0} = \infty \qquad \frac{\infty}{0} = \infty \qquad \frac{0}{0} \quad \text{indeterminación}$$

$$\frac{k}{\infty} = 0 \qquad \frac{0}{\infty} = 0 \qquad \frac{\infty}{\infty} \quad \text{indeterminación}$$

POTENCIACIÓN:

a) Con base un número k positivo:

$$k^0 = 1 \qquad k^{\infty} = \begin{cases} 0 & si \;\; 0 < k < 1 \\ \infty & si \;\; k > 1 \end{cases} \qquad 1^{\infty} \quad \text{indeterminación}$$

b) Con base 0:

$$0^{\infty} = 0 \qquad 0^k = \begin{cases} 0 & si \;\; k > 0 \\ \infty & si \;\; k < 0 \end{cases} \qquad 0^0 \quad \text{indeterminación}$$

c) Con base ∞:

$$\infty^{\infty} = \infty \qquad \infty^{-\infty} = 0 \qquad \infty^k = \begin{cases} \infty & si \;\; k > 0 \\ 0 & si \;\; k < 0 \end{cases} \qquad \infty^0 \quad \text{indeterminación}$$

- **Cálculo de límites cuando** $x \to \infty$

El cálculo de límites cuando $x \to \infty$ se hace igual que los límites de sucesiones.

a) Límite de funciones polinómicas

El límite de cualquier función polinómica $p(x)$ es ∞ ó $-\infty$ según que el coeficiente del término de mayor grado sea positivo o negativo.

Ejemplos

$\lim\limits_{x\to\infty}(-x^2+2x-3)=-\infty$ pues -1 < 0.

$\lim\limits_{x\to\infty}(3x^3+x^2-x+1)=\infty$ pues 3 > 0.

b) Límite de cociente de polinomios

Tratamos de calcular $\lim\limits_{x\to\infty}\dfrac{p(x)}{q(x)}$ $\left(\text{indeterminación}\dfrac{\pm\infty}{\pm\infty}\right)$ donde $p(x)$ y $q(x)$ son polinomios.

Se tiene: $$\lim_{x\to\infty}\frac{ax^m+a'x^{m-1}+\ldots}{bx^n+b'x^{n-1}+\ldots}=\begin{cases}\pm\infty & si\ m>n\\ \dfrac{a}{b} & si\ m=n\\ 0 & si\ m<n\end{cases}$$

Ejemplos

$$\lim_{x\to\infty}\frac{2x^3-3x}{x^2}=\infty \qquad \lim_{x\to\infty}\frac{2x^4+8x^2-3}{-x^2+x+1}=-\infty$$

$$\lim_{x\to\infty}\frac{3x-x^2}{2x^2+x+8}=\frac{-1}{2} \qquad \lim_{x\to\infty}\frac{x+1}{2x^3-x}=0$$

c) Límites indeterminados del tipo $\infty-\infty$

En este tipo de indeterminaciones se efectúa la operación antes de calcular el límite.

Ejemplos

1) $$\lim_{x\to\infty}\left(\sqrt{x^2+1}-x\right) \underset{\infty-\infty}{=} \lim_{x\to\infty}\frac{\left(\sqrt{x^2+1}-x\right)\left(\sqrt{x^2+1}+x\right)}{\sqrt{x^2+1}+x}=\lim_{x\to\infty}\frac{x^2+1-x^2}{\sqrt{x^2+1}+x}=$$

$$=\lim_{x\to\infty}\frac{1}{\sqrt{x^2+x+x}}=\frac{1}{\infty+\infty}=\frac{1}{\infty}=0$$

2) $\lim\limits_{x\to\infty}\left(\dfrac{x^2+2}{x}-x\right) \underset{\infty-\infty}{=} \lim\limits_{x\to\infty}\dfrac{x^2+2-x^2}{x}=\lim\limits_{x\to\infty}\dfrac{2}{x}=0$

d) Límites indeterminados del tipo $0\cdot\infty$

Al igual que en los anteriores conviene efectuar las operaciones antes de calcular el límite

Ejemplo

$$\lim_{x\to\infty}\left(3x\cdot\frac{2x}{x^2+7x+5}\right) \underset{0\cdot\infty}{=} \lim_{x\to\infty}\frac{6x^2}{x^2+7x+5}=\frac{6}{1}=6$$

e) Límites de potencias

Ejemplo

$$\lim_{x\to\infty}\left(\frac{x^2+3}{1+2x^2}\right)^x \underset{\left(\frac{1}{2}\right)^\infty}{=} 0 \qquad \lim_{x\to\infty}\left(\frac{x^2+1}{x}\right)^{-x} \underset{\infty^{-\infty}}{=} 0$$

$$\lim_{x\to\infty}\left(\frac{3x^3-1}{2x^3}\right)^{\frac{x}{2x+1}} \underset{\left(\frac{3}{2}\right)^{\frac{1}{2}}}{=} \sqrt{\frac{3}{2}}$$

Especial importancia tienen, dentro de los límites de potencias, los límites indeterminados del tipo 1^∞. Esta clase de indeterminación (y sólo ésta) se resuelve mediante el número $e=2{,}71828\ldots$ En general:

Si $\lim\limits_{x\to\infty} f(x)^{g(x)}$ es del tipo 1^∞, entonces $\lim\limits_{x\to\infty} f(x)^{g(x)}=e^\lambda$, siendo $\lambda=\lim\limits_{x\to\infty}\left(f(x)-1\right)\cdot g(x)$

Ejemplo

$\lim\limits_{x\to\infty}\left(\dfrac{x+3}{x+2}\right)^{2x+5} \underset{1^\infty}{=} e^\lambda$ siendo λ el siguiente límite:

$$\lambda = \lim_{x\to\infty}\left(\frac{x+3}{x+2}-1\right)\cdot(2x+5) = \lim_{x\to\infty}\frac{x+3-x-2}{x+2}\cdot(2x+5) = \lim_{x\to\infty}\frac{1}{x+2}\cdot(2x+5) =$$

$$= \lim_{x\to\infty}\frac{2x+5}{x+2} = \frac{2}{1} = 2 \quad \text{y por tanto} \quad \lim_{x\to\infty}\left(\frac{x+3}{x+2}\right)^{2x+5} = e^2$$

- **Cálculo de límites cuando $x \to -\infty$**

Para calcular límites cuando $x \to -\infty$, cambiamos x por $-x$ y calculamos el límite cuando $x \to \infty$. Es decir:

$$\lim_{x\to-\infty} f(x) = \lim_{x\to\infty} f(-x)$$

Ejemplo

$$\lim_{x\to-\infty}\frac{2x^4-3x^3+x^2}{x^4-1} = \lim_{x\to\infty}\frac{2(-x)^4-3(-x)^3+(-x)^2}{(-x)^4-1} = \lim_{x\to\infty}\frac{2x^4+3x^3+x^2}{x^4-1} = 2$$

- **Cálculo de límites cuando $x \to a$**

Para calcular el límite de una función cuando $x \to a$ sustituiremos x por a y efectuaremos las operaciones indicadas.

Ejemplos

1) $\lim_{x\to2}\left(3x^2-1\right) = 3\cdot2^2-1 = 11$

2) $\lim_{x\to1}\frac{x^2+1}{x} = \frac{1+1}{1} = 2$

3) $\lim_{x\to3}(2x-3)^{\frac{1}{x}} = (2\cdot3-3)^{\frac{1}{3}} = 3^{\frac{1}{3}} = \sqrt[3]{3}$

Pero ocurre con frecuencia que aparecen expresiones indeterminadas como, por ejemplo:

$\lim_{x\to1}\frac{x^2-x}{2x-2} = \frac{1^2-1}{2\cdot1-2} = \frac{0}{0}$ indeterminación

$\lim_{x\to3}\left(\frac{1}{x-3}-\frac{x}{x-3}\right) = \infty-\infty$ indeterminación

a) Límites indeterminados del tipo $\frac{0}{0}$

En estos límites simplificaremos numerador y denominador dividiéndolos por $x - a$. Téngase en cuenta que numerador y denominador son divisibles por $x - a$ pues el valor numérico de ambos en $x = a$ es cero.

Ejemplos

1) $\lim_{x\to -2} \frac{x^2-4}{x^3+2x^2+5x+10}$ Es un límite indeterminado del tipo $\frac{0}{0}$.

Dividimos numerador y denominador por $x+2$ -esto nos permitirá factorizar ambos-. En el numerador la factorización es inmediata: $x^2-4=(x+2)(x-2)$. Para el denominador, usamos la regla de Ruffini:

$$\begin{array}{c|cccc} & 1 & 2 & 5 & 10 \\ -2 & \downarrow & -2 & 0 & -10 \\ \hline & 1 & 0 & 5 & \underline{0} \end{array} \quad \rightarrow \quad x^3+2x^2+5x+10=(x+2)(x^2+5)$$

$$\lim_{x\to -2} \frac{x^2-4}{x^3+2x^2+5x+10} = \lim_{x\to -2} \frac{(x+2)(x-2)}{(x+2)(x^2+5)} = \lim_{x\to -2} \frac{x-2}{x^2+5} = \frac{-2-2}{(-2)^2+5} = \frac{-4}{9}$$

2) $$\lim_{x\to 2} \frac{\sqrt{x+2}-2}{x-2} \underset{\frac{0}{0}}{=} \lim_{x\to 2} \frac{(\sqrt{x+2}-2)(\sqrt{x+2}+2)}{(x-2)(\sqrt{x+2}+2)} = \lim_{x\to 2} \frac{x+2-4}{(x-2)(\sqrt{x+2}+2)} =$$

$$= \lim_{x\to 2} \frac{x-2}{(x-2)(\sqrt{x+2}+2)} = \lim_{x\to 2} \frac{1}{\sqrt{x+2}+2} = \frac{1}{\sqrt{2+2}+2} = \frac{1}{4}$$

b) Límites indeterminados del tipo $\infty - \infty$

En estos límites se efectúa antes la operación para transformarlo en otro del tipo $\frac{k}{0}$.

Ejemplo

$$\lim_{x\to 2}\left(\frac{x^2+1}{x-2} - \frac{x^2+x-2}{x^2-2x}\right) \underset{\infty-\infty}{=} \lim_{x\to 2} \frac{x^3+x-x^2-x+2}{x(x-2)} = \lim_{x\to 2} \frac{x^3-x^2+2}{x(x-2)} = \frac{6}{0} = \infty$$

c) Límites indeterminados del tipo 1^∞

Recuerda que si $\lim\limits_{x\to a} f(x)^{g(x)}$ es del tipo 1^∞, entonces:

$$\lim_{x\to a} f(x)^{g(x)} = e^\lambda \qquad \text{siendo} \qquad \lambda = \lim_{x\to a} \big(f(x)-1\big)\cdot g(x)$$

Ejemplo

1) $\lim\limits_{x\to 0} (x+1)^{\frac{3}{x}} \underset{1^\infty}{=} e^\lambda$

$$\text{siendo} \quad \lambda = \lim_{x\to 0} (x+1-1)\cdot\frac{3}{x} = \lim_{x\to 0}\frac{3x}{x} = 3, \qquad \text{luego} \quad \lim_{x\to 0} (x+1)^{\frac{3}{x}} = e^3$$

2) $\lim\limits_{x\to 0} \sqrt[x]{1+8x^2} = \lim\limits_{x\to 0} \left(1+8x^2\right)^{\frac{1}{x}} \underset{1^\infty}{=} e^\lambda$

$$\text{siendo} \quad \lambda = \lim_{x\to 0} (1+8x^2-1)\cdot\frac{1}{x} = \lim_{x\to 0}\frac{8x^2}{x} = \lim_{x\to 0} 8x = 0, \qquad \text{y por tanto} \qquad \lim_{x\to 0}\sqrt[x]{1+8x} = e^8$$

53.5 Continuidad de funciones

Tenemos la idea intuitiva de que una función es continua cuando se puede dibujar su gráfica sin levantar el lápiz del papel. Si hay puntos en los que hay que levantarlo, decimos que la función es discontinua en dichos puntos. Esto nos permite dar la siguiente definición:

Una función $y = f(x)$ es continua en $x = a$ si se cumplen las siguientes condiciones:

1. Existe $f(a)$
2. Existe $\lim\limits_{x\to a} f(x)$
3. $\lim\limits_{x\to a} f(x) = f(a)$

Ejemplo

Estudiar la continuidad de la función $f(x) = x^2$ en $x = 2$

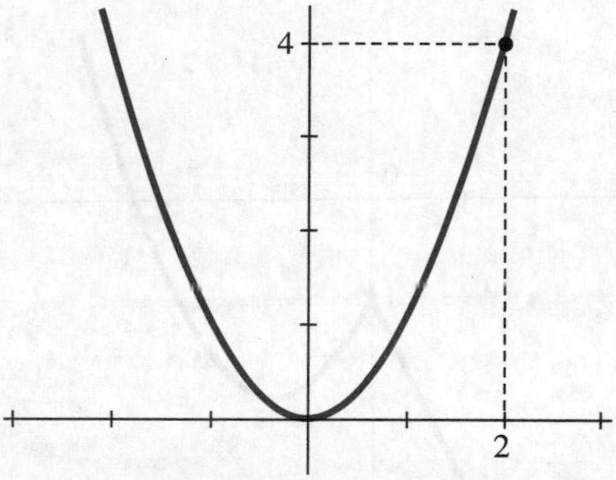

1. $f(2)=4$

2. $\lim_{x\to 2} f(x)=\lim_{x\to 2} x^2 = 2^2 = 4$ $\quad\rightarrow\quad$ f es continua en $x=2$

3. $\lim_{x\to 2} f(x)=4=f(2)$

Ejemplo

Estudiar la continuidad de $f(x)=\dfrac{x}{x-1}$ en $x=1$

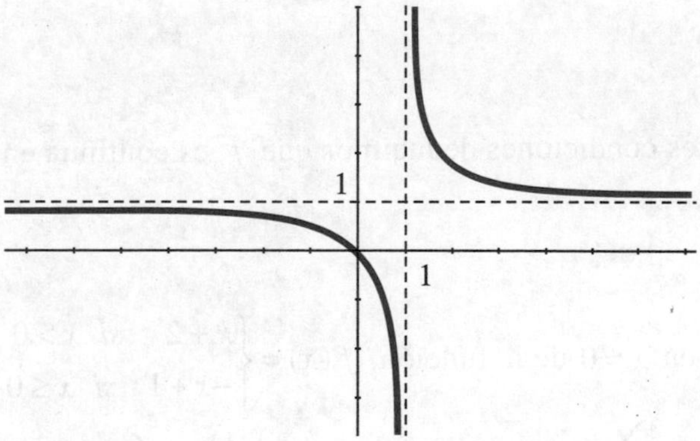

1. No existe $f(1)$ $\left(\dfrac{1}{0}\right)$.

Por tanto f no es continua en $x=1$.

Ejemplo

Estudiar la continuidad de la función $f(x)=\begin{cases} 2x-1 & si\ \ x<0 \\ x^2-2x-1 & si\ \ x\geq 0 \end{cases}$ en $x=0$

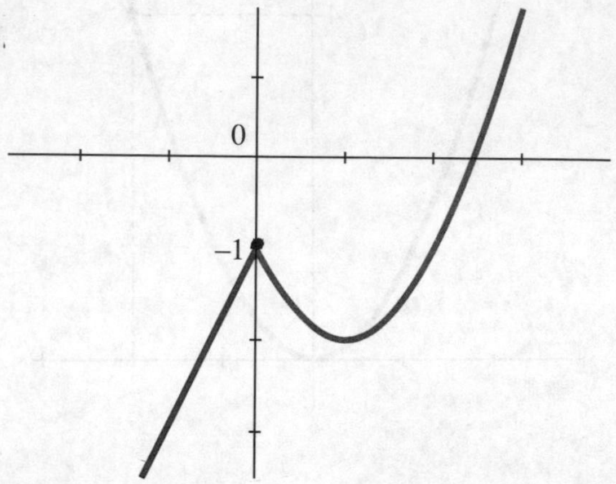

1. $f(0) = 0^2 - 2 \cdot 0 - 1 = -1$

2. Como la función cambia su expresión justamente en $x = 0$, hay que estudiar los límites laterales.

$$\left.\begin{array}{l} \lim\limits_{x \to 0^-} f(x) = \lim\limits_{x \to 0} (2x+1) = 2 \cdot 0 - 1 = -1 \\ \lim\limits_{x \to 0^+} f(x) = \lim\limits_{x \to 0} \left(x^2 - 2x - 1\right) = 0^2 - 2 \cdot 0 - 1 = -1 \end{array}\right. \rightarrow \quad \lim_{x \to 0} f(x) = -1$$

3. $\lim\limits_{x \to 0} f(x) = -1 = f(0)$

Como se cumplen las tres condiciones deducimos que f es continua en $x = 0$.

Ejemplo

Estudiar la continuidad en $x = 0$ de la función $f(x) = \begin{cases} x+2 & si \;\; x > 0 \\ -x+1 & si \;\; x \leq 0 \end{cases}$

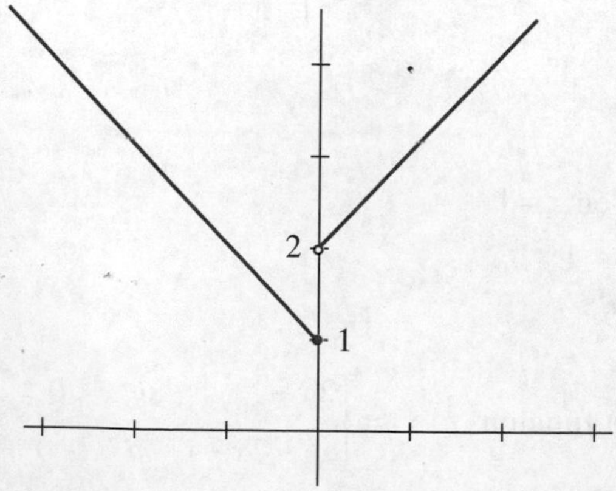

1. $f(0) = 1$

2. Estudiamos límites laterales:

$$\left.\begin{array}{l} \lim\limits_{x\to 0^-} f(x) = \lim\limits_{x\to 0} (-x+1) = 1 \\ \lim\limits_{x\to 0^+} f(x) = \lim\limits_{x\to 0} (x+2) = 2 \end{array}\right. \quad \to \quad \text{No existe } \lim\limits_{x\to 0} f(x)$$

Por tanto, f es discontinua en $x=0$

53.6 Continuidad de un intervalo

Una función es continua en un intervalo si lo es en cada uno de los puntos del intervalo. El siguiente criterio es de gran utilidad:

Las funciones que manejamos usualmente, que responden a una única expresión analítica, son continuas en todo su dominio de definición.

Ejemplo: Estudiar la continuidad de la función $f(x) = \dfrac{1}{x^2-4}$

El problema equivale, según el criterio anterior, a calcular el dominio.

Igualamos $x^2-4=0 \;\to\; x=\pm 2$

El dominio es $R-\{-2,2\}$ y por tanto f es continua en todo R salvo en $x=-2$ y $x=2$.

Otro criterio de gran utilidad y que nos ahorrará esfuerzos en lo sucesivo es el siguiente:

Si una función $y=f(x)$ *es continua, también lo es la función* $y=|f(x)|$

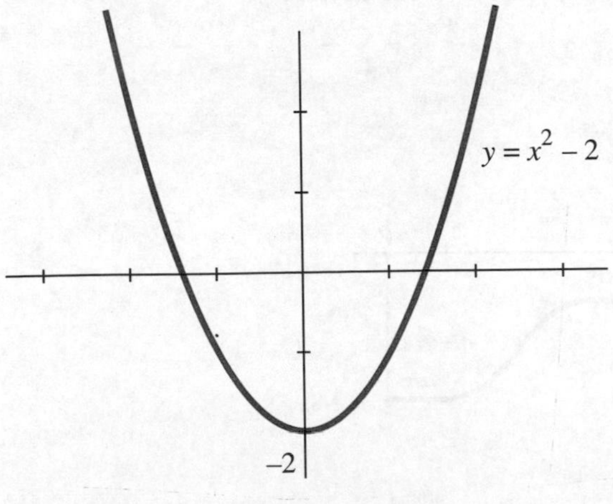

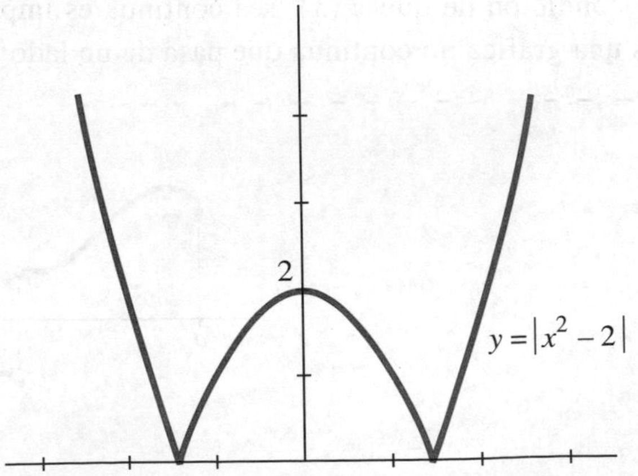

Efectivamente es así, pues el valor absoluto sólo altera la gráfica de una función "doblando" hacia la parte positiva del eje OX las partes negativas (no "rompe" la gráfica)

Ejemplo

Probar que las funciones $y = |x^2 - x + 2|$ e $y = \text{sen } x + |\cos x|$ son continuas en todo R.

Solución: Dado que $y = x^2 - x + 2$ es continua en todo R, también lo es $y = |x^2 - x + 2|$.

Como $y = \text{sen } x$ e $y = \cos x$ son funciones continuas, también lo es $y = |\cos x|$ y, por tanto, $y = \text{sen } x + |\cos x|$.

Teorema de Bolzano

Si $f(x)$ es continua en $[a,b]$ y signo de $f(a) \neq$ signo de $f(b)$, entonces existe un número $s \in (a,b)$ tal que $f(s) = 0$.

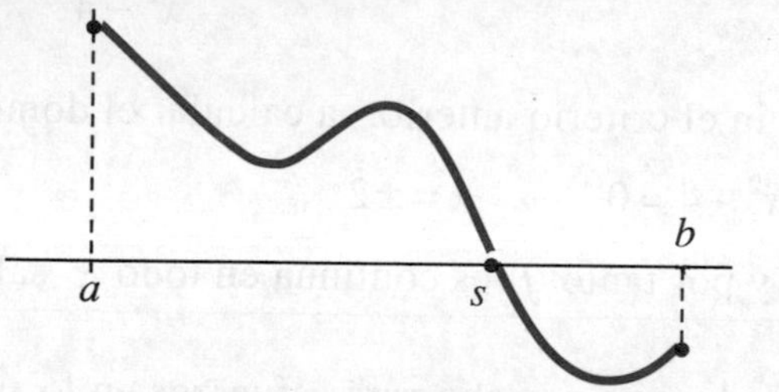

El teorema dice que si una gráfica continua pasa de una parte a otra del eje X, necesariamente lo corta.

La condición de que $f(x)$ sea continua es imprescindible, como muestra el siguiente ejemplo (es una gráfica no continua que pasa de un lado a otro del eje X sin cortarlo).

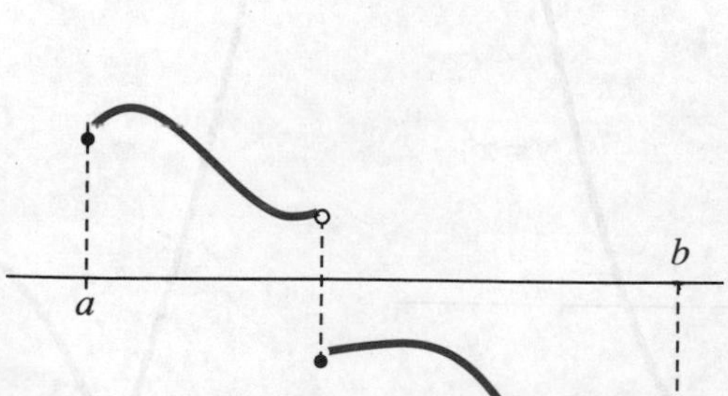

Ejemplo

Probar que la ecuación $x^3 - 3x + 40 = 0$ tiene alguna raíz real.

Si llamamos $f(x) = x^3 - 3x + 40$, encontramos tanteando que $f(-4) = -12$ y $f(-3) = 22$

Dado que $f(x)$ es una función continua (es un polinomio), el teorema de Bolzano garantiza la existencia de un número $s \in (-4, -3)$ tal que $f(s) = 0$, es decir, que es raíz de la ecuación.

Teorema de Weierstrass

Cualquier función $f(x)$ continua en el intervalo $[a,b]$, alcanza su máximo y mínimo absoluto en dicho intervalo.

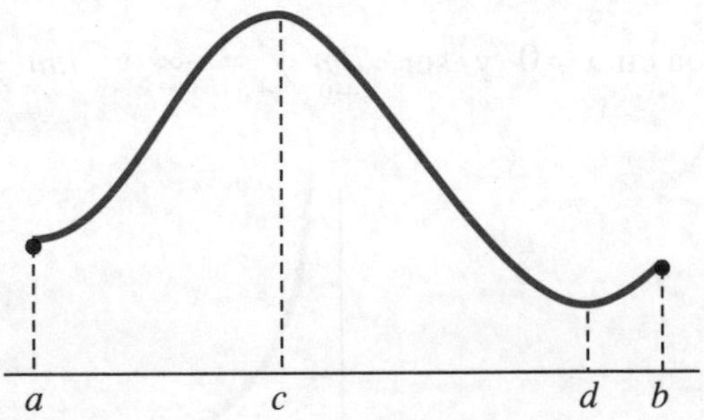

$f(c)$ es el valor máximo y $f(d)$ el valor mínimo de la función en $[a,b]$

La continuidad de $f(x)$ y que el intervalo $[a,b]$ sea cerrado son condiciones ineludibles para garantizar la existencia de los extremos, tal como muestran los siguientes ejemplos:

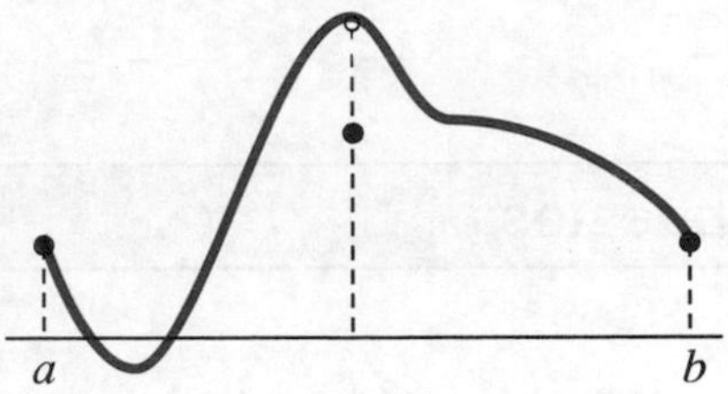

$f(x)$ no es continua en $[a,b]$
y no alcanza máximo

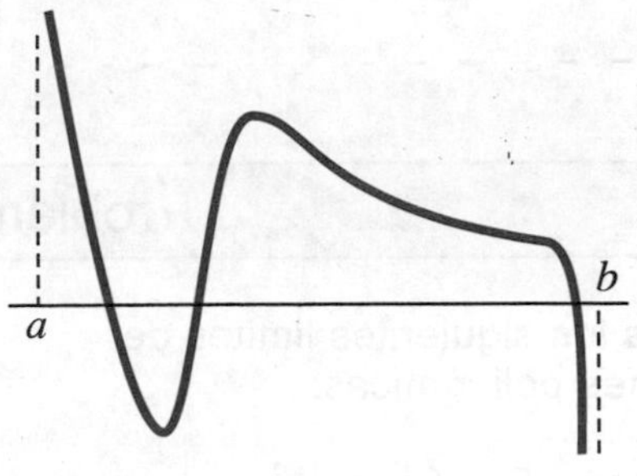

$f(x)$ es continua, pero el intervalo (a,b)
no es cerrado y no hay máximo ni mínimo

Ejemplo

1) La función $f(x)=x^2$ es continua en el intervalo $[-1,1]$ (lo es en todo R). En dicho intervalo alcanza un máximo en $x=-1$ y $x=1$ de valor 1 y un mínimo absoluto en $x=0$ de valor 0.

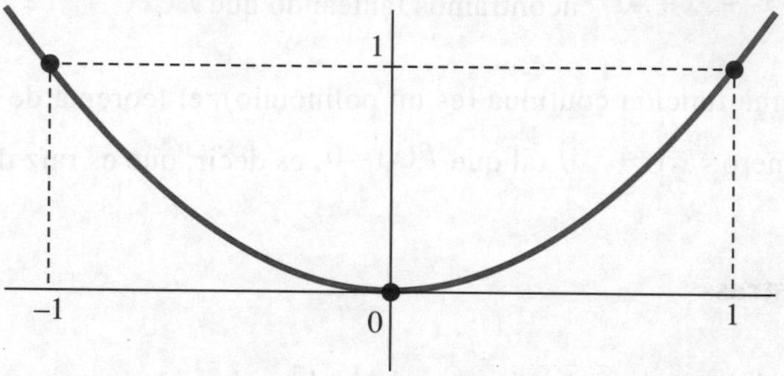

2) En cambio, la función $g(x)=\dfrac{1}{x}$ no tiene en el intervalo $[-1,1]$ ni máximo ni mínimo absoluto, por no ser continua en $x=0$ y ser $\lim\limits_{x\to 0^-} 1/x=-\infty$ y $\lim\limits_{x\to 0^+} 1/x=\infty$.

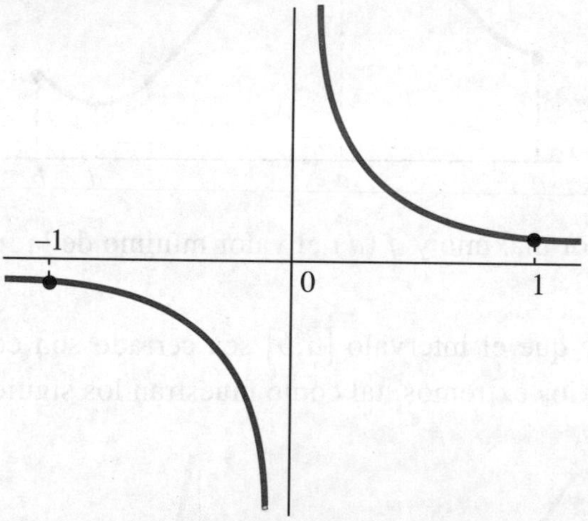

Problemas propuestos

1. Calcula los siguientes límites de funciones polinómicas:

   a) $\lim\limits_{x\to 2}\left(x^2-5x+6\right)$

   b) $\lim\limits_{x\to 1}(x-7)^7$

   c) $\lim\limits_{x\to 2}\left(x^3-x^2+x+1\right)$

2. Calcula los siguientes límites de funciones polinómicas:

   a) $\lim\limits_{x\to \infty}\left(x^2-x+1\right)$

b) $\lim\limits_{x\to\infty}\left(-x^2+x+25\right)$

c) $\lim\limits_{x\to\infty}\left(x^3+x^2+1\right)$

d) $\lim\limits_{x\to\infty}\left(-x^3+x^2+1\right)$

3. Calcula los siguientes límites de funciones polinómicas:

a) $\lim\limits_{x\to-\infty}\left(x^2-x+1\right)$

b) $\lim\limits_{x\to-\infty}\left(-x^2+x+7\right)$

c) $\lim\limits_{x\to-\infty}\left(x^3+x^2+10\right)$

d) $\lim\limits_{x\to-\infty}\left(-x^3+x^2+10\right)$

4. Calcula los siguientes límites de funciones racionales:

a) $\lim\limits_{x\to1}\dfrac{x^2+1}{x+1}$

b) $\lim\limits_{x\to1}\dfrac{x-1}{x+1}$

c) $\lim\limits_{x\to4}\dfrac{x^2+1}{x+1}$

d) $\lim\limits_{x\to6}\dfrac{x-1}{x+1}$

5. Calcula los siguientes límites de funciones racionales, si existen; en caso contrario, halla los límites laterales:

a) $\lim\limits_{x\to1}\dfrac{1}{x-1}$

b) $\lim\limits_{x\to1}\dfrac{x+1}{x^2-1}$

c) $\lim\limits_{x\to3}\dfrac{3}{x-3}$

d) $\lim\limits_{x\to-1}\dfrac{2x+1}{x+1}$

6. Calcula los siguientes límites de funciones racionales simplificando previamente los factores comunes para los que se anula:

a) $\lim\limits_{x\to4}\dfrac{x^2-6x+8}{x-4}$

b) $\lim\limits_{x\to1}\dfrac{x^4-1}{x-1}$

c) $\lim\limits_{x\to1}\dfrac{x^3-1}{x^2-1}$

d) $\lim\limits_{x\to1}\dfrac{x^4-1}{x^2-1}$

e) $\lim\limits_{x\to0}\dfrac{(1+x)^2-1}{x}$

f) $\lim\limits_{x\to1}\dfrac{x^5-1}{x^2-1}$

7. Calcula los siguientes límites de funciones racionales, si existen; en caso contrario, halla los límites laterales:

a) $\lim\limits_{x\to2}\dfrac{x^2-x-2}{x^2-4x+4}$

b) $\lim\limits_{x\to-1}\dfrac{x^2+2x+1}{x^3+3x^2+3x+1}$

8. Calcula los siguientes límites de funciones racionales:

a) $\lim\limits_{x\to\infty}\dfrac{x^2-6x+6}{x^2-2}$

b) $\lim\limits_{x\to\infty}\dfrac{x^4-1}{x^2-1}$

c) $\lim\limits_{x\to\infty}\dfrac{(1+x)^2-1}{x^2}$

d) $\lim\limits_{x\to\infty}\dfrac{x^5-1}{x^7-1}$

9. Calcula los siguientes límites de funciones irracionales:

a) $\lim\limits_{x\to 0} \dfrac{x}{1-\sqrt{x+1}}$

b) $\lim\limits_{x\to 3} \dfrac{\sqrt{x+1}-2}{x-3}$

c) $\lim\limits_{x\to 1} \dfrac{\sqrt{x}-1}{x-1}$

d) $\lim\limits_{x\to 0} \dfrac{\sqrt{1-x}-1}{x}$

10. **Calcula los siguientes límites de funciones irracionales:**

a) $\lim\limits_{x\to 0} \dfrac{\sqrt{1-x}-\sqrt{1+x}}{x}$

b) $\lim\limits_{x\to 0} \dfrac{1-\sqrt{1-x^2}}{x}$

c) $\lim\limits_{x\to 0} \dfrac{\sqrt{x+9}-3}{\sqrt{x+16}-4}$

d) $\lim\limits_{x\to 1} \dfrac{\sqrt{x-1}+\sqrt{x+1}}{\sqrt{x+1}-\sqrt{x-1}}$

11. **Calcula los siguientes límites de funciones irracionales:**

a) $\lim\limits_{x\to\infty} \sqrt{x+1}-x$

b) $\lim\limits_{x\to\infty} \sqrt{1+x}-\sqrt{x}$

c) $\lim\limits_{x\to\infty} \sqrt{x^2+x}-x$

d) $\lim\limits_{x\to\infty} \sqrt{x+2}-\sqrt{x-2}$

e) $\lim\limits_{x\to\infty} \sqrt{x^2+1}-\sqrt{x^2-1}$

f) $\lim\limits_{x\to\infty} \sqrt{(x+2)(x-3)}-x$

12. **Calcula los siguientes límites de potencias:**

a) $\lim\limits_{x\to\infty} \left(\dfrac{2x+1}{2x}\right)^{3x-2}$

b) $\lim\limits_{x\to\infty} \left(\dfrac{x-3}{2x}\right)^{\frac{x+3}{x}}$

c) $\lim\limits_{x\to\infty} \left(\dfrac{x-3}{2x}\right)^{x^2}$

d) $\lim\limits_{x\to\infty} \left(\dfrac{3x^2-5x}{x+4}\right)^{x+1}$

e) $\lim\limits_{x\to\infty} \left(\dfrac{x^2+x+1}{x^2-x+3}\right)^{x}$

f) $\lim\limits_{x\to 5} \left(\dfrac{3x-5}{x^2-4x}\right)^{\frac{1}{x-5}}$

g) $\lim\limits_{x\to 0} (x+1)^{1/x}$

h) $\lim\limits_{x\to -1} \left(\dfrac{x+3}{x-1}\right)^{1-x}$

i) $\lim\limits_{x\to 1} \left(\dfrac{3x+4}{2x+5}\right)^{\frac{3}{x-1}}$

13. **Halla los puntos de discontinuidad de las siguientes funciones:**

a) $f(x)=\begin{cases} x+1 & \text{si } x\geq o \\ x-1 & \text{si } x<0 \end{cases}$

b) $f(x)=\begin{cases} x+1 & \text{si } x\geq 0 \\ -x-1 & \text{si } x<0 \end{cases}$

c) $f(x)=\begin{cases} x+1 & \text{si } x\leq 2 \\ 2x-1 & \text{si } x>2 \end{cases}$

14. **Halla los puntos de discontinuidad de las siguientes funciones:**

a) $f(x)=\begin{cases} x^2-1 & \text{si } x\le 0 \\ 2x-3 & \text{si } x>0 \end{cases}$

b) $f(x)=\begin{cases} 2-x^2 & \text{si } x\le 2 \\ 2x-6 & \text{si } x>2 \end{cases}$

c) $f(x)=\begin{cases} \dfrac{3-x^2}{2} & \text{si } x\le 1 \\ \dfrac{1}{x} & \text{si } x>1 \end{cases}$

15. Comprueba si las siguientes funciones pueden ser continuas en los puntos que se indican:

a) $f(x)=\dfrac{x^2-x-2}{x^2-4x+4}$ en $x=2$

b) $f(x)=\dfrac{x^2+2x+1}{x^3+3x^2+3x+1}$ en $x=-1$

16. Estudia la continuidad de la siguiente función:

$$f(x)=\begin{cases} \dfrac{2x^2+3x-2}{2x^2-5x+2} & \text{si } x\neq\dfrac{1}{2} \\ -\dfrac{5}{3} & \text{si } x=\dfrac{1}{2} \end{cases}$$

17. Calcula cuánto debe valer *a* para que la función siguientes sea continua:

$$f(x)=\begin{cases} x+1 & \text{si } x\le 1 \\ 3-ax^2 & \text{si } x>1 \end{cases}$$

18. Dada la función

$f(x)=\begin{cases} x^2+2x-1 & \text{si } x<0 \\ ax+b & \text{si } 0\le x<1 \\ 2 & \text{si } x\ge 1 \end{cases}$ halla *a* y *b* para que la función sea continua.

19. Calcula el valor de *k* para que las siguientes funciones sean continuas en $x = 0$:

a) $f(x)=\begin{cases} \dfrac{kx^4-3x^3}{7x^5+3x^3} & \text{si } x\neq 0 \\ -1 & \text{si } x=0 \end{cases}$

b) $f(x)=\begin{cases} \dfrac{5x^4-3x^3}{kx^5+3x^3} & \text{si } x\neq 0 \\ \dfrac{2}{5} & \text{si } x=0 \end{cases}$

Soluciones

1. S: a) 0
   b) 0
   c) 7
2. S: a) ∞
   b) -∞
   c) ∞
   d) -∞
3. S: a) ∞
   b) -∞
   c) -∞
   d) ∞
4. S: a) 1
   b) 0
   c) 17/5
   d) 5/7
5. S: a) Presenta una indeterminación del tipo 1/0. $\lim\limits_{x\to 1^+}\dfrac{1}{X-1}=\infty$ $\lim\limits_{x\to 1^-}\dfrac{1}{X-1}=-\infty$, luego la función no tiene límite en $x = 1$.

b) Presenta una indeterminación del tipo

2/0. $\lim_{x\to 1^+} \frac{x+1}{x^2-1} = \infty$ $\lim_{x\to 1^-} \frac{x+1}{x^2-1} = -\infty$,
luego la función no tiene límite en $x = 1$.
c) Presenta una indeterminación del tipo

3/0. $\lim_{x\to 3^+} \frac{3}{x-3} = \infty$ $\lim_{x\to 3^-} \frac{3}{x-3} = -\infty$,
luego la función no tiene límite en $x = 3$.
d) Presenta una indeterminación del tipo

$-1/0$. $\lim_{x\to -1^+} \frac{2x+1}{x+1} = \infty$ $\lim_{x\to -1^-} \frac{2x+1}{x+1} = -\infty$,
luego la función no tiene límite en $x = -1$.

6. S: a) 2
b) 4
c) 3/2
d) 2
e) 2
f) 5/2

7. S: a) Presenta una indeterminación del tipo 3/0. $\lim_{x\to 2^+} \frac{x+1}{x-2} = \infty$ $\lim_{x\to 2^-} \frac{x+1}{x-2} = -\infty$,
luego la función no tiene límite en $x = 2$.
b) Presenta una indeterminación del tipo

1/0. $\lim_{x\to -1^+} \frac{1}{x+1} = \infty$; $\lim_{x\to -1^-} \frac{1}{x+1} = -\infty$,
luego la función no tiene límite en $x = -1$.

8. S: a) 1
b) ∞
c) 1
d) 0

9. S: a) -2
b) 1/4
c) 1/2
d) -1/2

10. S: a) -1
b) 0
c) 4/3
d) 1

11. S: a) $-\infty$
b) 0
c) 1/2
d) 0
e) 0
f) -1/2

12. S: a) $\sqrt{e^3}$
b) 1/2
c) 0
d) ∞
e) e^2
f) 0 (izqda), ∞ (dcha).
g) e
h) 1
i) $e^{3/7}$

13. S: a) $\lim_{x\to 0^+} (x+1) = 1$; $\lim_{x\to 0^-} (x-1) = -1$.
Puesto que los límites laterales son distintos la función no es continua en $x = 0$.

b) $\lim_{x\to 0^+} (x+1) = 1$; $\lim_{x\to 0^-} (-x-1) = -1$.
Puesto que los límites laterales son distintos la función no es continua en $x = 0$.

c) $\lim_{x\to 2^-} (x+1) = 3$; $\lim_{x\to 2^+} (2x-1) = 3$. Puesto que los límites laterales son iguales la función es continua en $x = 2$.

14. S: a) $\lim_{x\to 0^-} (x^2-1) = -1$; $\lim_{x\to 0^+} (2x-3) = -3$.
Puesto que los límites laterales son distintos la función no es continua en $x = 0$.

b) $\lim_{x\to 2^-} (2-x^2) = -2$; $\lim_{x\to 2^+} (2x-6) = -2$.
Puesto que los límites laterales son iguales la función es continua en $x = 2$.

c) $\lim_{x\to 1^-} \frac{3-x^2}{2} = 1$; $\lim_{x\to 1^+} \frac{1}{x} = 1$. Puesto que los límites laterales son iguales la función es continua en $x = 1$.

15. S: a) Presenta una indeterminación del tipo 3/0. $\lim_{x\to 2^+} \frac{x+1}{x-2} = \infty$; $\lim_{x\to 2^-} \frac{x+1}{x-2} = -\infty$.
Por tanto la función no se puede completar de modo que en ese punto sea continua.

b) Presenta una indeterminación del tipo $1/0$. $\lim_{x\to -1^+} \frac{1}{x+1} = \infty$; $\lim_{x\to -1^-} \frac{1}{x+1} = -\infty$. Por tanto la función no se puede completar de modo que en ese punto sea continua.

16. S: Sólo es discontinua en x = 2.
17. S: a = 1
18. S: a = 3; b = -1
19. S: a) La función es continua para cualquier valor de k.

    b) La función no puede ser continua en x =0 sea cual sea el valor de k.

La función exponencial 54

Introducción histórica

A pesar de que la notación actual para los exponentes fue introducida por Descartes a principios del siglo XVII, fue el matemático griego Diofanto quien comenzó a utilizar la yuxtaposición para representar las potencias. De este modo, *a*, *aa*, *aaa*, ... representaban la primera, segunda y tercera potencia de *a* , respectivamente.

54.1 Potencias de exponente racional

Comenzamos recordando algunas nociones sobre potencias que pueden ayudar al lector a un mejor entendimiento de los distintos conceptos que serán tratados en este tema.

Son de sobra conocidas las siguientes relaciones:

$$3^4 = 3\cdot 3\cdot 3\cdot 3; \qquad 3^{-4} = \left(\frac{1}{3}\right)^4 = \frac{1}{3}\cdot\frac{1}{3}\cdot\frac{1}{3}\cdot\frac{1}{3}$$

$$3^{\frac{1}{4}} = \sqrt[4]{3}; \qquad 3^{\frac{4}{5}} = \sqrt[5]{3^4}$$

Todas ellas son potencias de base 3.

De la misma forma podemos escribir el desarrollo de cualquier potencia de **base *a* y exponente racional**:

$$a^{\frac{p}{q}} = \sqrt[q]{a^p}$$

Recordamos ahora las principales propiedades de las potencias:

- *El producto de potencias de igual base es otra potencia de la misma base, cuyo exponente es la suma de los exponentes de los factores*:

$$a^p \cdot a^q = a^{p+q}$$

- *El cociente de dos potencias de igual base es otra potencia de la misma base, cuyo exponente es la diferencia de los exponentes del dividendo y del divisor*:

$$\frac{a^p}{a^q} = a^{p-q}$$

- *La potencia de una multiplicación se efectúa elevando cada uno de los factores a dicha potencia y multiplicando después los resultados*:

$$(a \cdot b)^p = a^p \cdot b^p$$

- *La potencia de una división se efectúa elevando el dividendo y el divisor a esa potencia y dividiendo los resultados obtenidos*:

$$\left(\frac{a}{b}\right)^q = \frac{a^q}{b^q}$$

- *La potencia de una potencia es otra potencia, cuya base es la de la potencia inicial y cuyo exponente es el producto de los exponentes*:

$$\left(a^p\right)^q = a^{p \cdot q}$$

- *La potencia de exponente cero, de base distinta de cero, es igual a la unidad*:

$$a^0 = 1$$

Otras propiedades de las potencias con exponente racional que nos ayudarán a comprender mejor su significado son las siguientes:

- Si $a > 1$ y m es un número natural no nulo, multiplicando sucesivamente por a, se tiene:

$$a > 1 \quad \rightarrow \quad a^2 > a \quad \rightarrow \quad a^3 > a^2 \quad \rightarrow \quad \ldots \quad \rightarrow \quad a^m > a^{m-1}$$

  Por la propiedad transitiva de la relación "ser mayor que", se tiene:

$$1 < a < a^2 < a^3 < \ldots < a^{m-1} < a^m$$

  Por tanto: $\boxed{\text{Si } a > 1 \text{ y } m \in N^* \quad \rightarrow \quad a^m > 1}$

- Análogamente, cuando $0 < a < 1$ y m es un número natural distinto de cero, se tiene:

$$1 > a > a^2 > a^3 > \ldots > a^{m-1} > a^m$$

  Y por tanto: $\boxed{\text{Si } 0 < a < 1 \text{ y } m \in N^* \quad \rightarrow \quad a^m < 1}$

- Si $a>1$ y m es un natural distinto de cero, será $a^{\frac{1}{m}}>1$, pues si fuera $a^{\frac{1}{m}}=\sqrt[m]{a}=b<1 \rightarrow$ $\rightarrow \quad b^m=a<1$, en contra de la hipótesis. Por tanto:

$$\boxed{\text{Si } a>1 \text{ y } m\in N^* \quad \rightarrow \quad a^{\frac{1}{m}}>1}$$

- De igual forma, se tiene:

$$\boxed{\text{Si } 0<a<1 \text{ y } m\in N^* \rightarrow \quad a^{\frac{1}{m}}<1}$$

- De las cuatro propiedades anteriores deducimos:

$$\text{Si } a>1 \text{ y } \frac{m}{n}>0 \quad \rightarrow \quad a^{\frac{m}{n}}>1$$

$$\text{Si } 0<a<1 \text{ y } \frac{m}{n}>0 \quad \rightarrow \quad 0<a^{\frac{m}{n}}<1$$

- Cuando una potencia tiene exponente negativo, se obtiene:

$$\text{Si } a>1 \text{ y } \frac{m}{n}<0 \quad \rightarrow \quad 0<a^{\frac{m}{n}}<1$$

$$\text{Si } 0<a<1 \text{ y } \frac{m}{n}<0 \quad \rightarrow \quad a^{\frac{m}{n}}>1$$

- Si $a>1$ y r y s son dos números racionales, tales que $r<s$, podemos escribir:

$$a^s=a^{r+(s-r)}=a^r\cdot a^{s-r}>a^r, \text{ puesto que si } s-r>0, \text{ entonces } a^{s-r}>1$$

Por tanto, $\boxed{\text{Si } a>1 \text{ y } r,s\in Q \text{ con } r<s \quad \rightarrow \quad a^r<a^s}$

- Del mismo modo se tiene:

$$\boxed{\text{Si } 0<a<1 \text{ y } r,s\in Q \text{ con } r<s \quad \rightarrow \quad a^r>a^s}$$

54.2 Potencias de exponente real. La función exponencial

Cualquier número real queda definido por una sucesión creciente y acotada de números racionales, que constituyen las aproximaciones decimales de dicho número. Por ejemplo:

$$\sqrt{3}=(1,\ 1'7,\ 1'73,\ 1{,}732,\ \ldots)$$

Si a es un número real mayor que 1, por las propiedades estudiadas de las potencias, la sucesión:

$$^{'7}, a^{1'73}, a^{1'732}, \ldots$$

es una sucesión creciente y acotada por $a^{\sqrt{3}}$. Por tanto, tiene un límite que se representa por $a^{\sqrt{3}}$.

Cuando a es un número real positivo menor que 1, la sucesión tendrá también límite por ser decreciente y acotada. De esta forma podemos ampliar la definición de potencia a aquellas con exponente real, **siempre que la base sea un número real positivo**.

Ejemplos

2^{π}, 3e, $\left(\sqrt{5}\right)^{\sqrt{3}}$ son números reales positivos. En cambio, $(-3)^{\sqrt{7}}$ no está definido pues la base es un número negativo.

Dado un número real positivo a distinto de 1, se llama función exponencial de base a a la función

$$y = a^x$$

Por ejemplo, son funciones exponenciales: $y = 2^x$, $y = 1{,}3^x$, $y = 10^x$, $y = \left(\frac{1}{2}\right)^x$.

En todas ellas, la base es un número y el exponente es la variable independiente.

PROPIEDADES

- **La función exponencial pasa siempre por el punto (0,1) y por el punto (1,*a*).**

- **Si la base *a* de la función exponencial es mayor que 1**:

  1. La función $y = a^x$ es estrictamente creciente.

  2. $\lim\limits_{x \to \infty} a^x = \infty$

  3. $\lim\limits_{x \to -\infty} a^x = 0$

La demostración de estas propiedades se expone a continuación:

1. Si $a > 1$ y $s > r \rightarrow a^s > a^r$, que nos dice que la función $y = a^x$ es estrictamente creciente.

2. Si $a > 1$, existe $h > 0$ tal que $a = 1 + h$. Con esto podemos escribir:

$a^1 = 1 + h$

$a^2 = (1+h)^2 = 1 + 2h + h^2 > 1 + 2h$

$a^3 = (1+h)^3 = (1+h)^2(1+h) > (1+2h)(1+h) = 1 + 3h + 2h^2 > 1 + 3h$

....

$a^n = (1+h)^n > 1 + nh$

Como para la sucesión $(1+nh)$ se verifica que $lim\,(1+nh) = \infty$, por ser $a^n > 1 + nh$, también se verificará que $lim\; a^n = \infty$.

Como la función $y = a^x$ es creciente, si $x > n$, entonces $a^x > a^n$, lo que indica que la función $y = a^x$ se hace todo lo grande que se quiera, con tal de que x sea lo suficientemente grande. Es decir,

$$\lim_{x \to \infty} a^x = \infty$$

3. $\lim\limits_{x \to -\infty} a^x = \lim\limits_{x \to \infty} a^{-x} = \lim\limits_{x \to \infty} \dfrac{1}{a^x} = \dfrac{1}{\lim\limits_{x \to \infty} a^x} = 0$ por ser $\lim\limits_{x \to \infty} a^x = \infty$.

- **Si la base *a* de la función exponencial es positiva y menor que 1:**

1. La función $y = a^x$ es estrictamente decreciente.
2. $\lim\limits_{x \to \infty} a^x = 0$
3. $\lim\limits_{x \to -\infty} a^x = \infty$

Las demostraciones se basan en las anteriores, teniendo en cuenta que al ser $0 < a < 1$, entonces $\dfrac{1}{a} > 1$.

1. Si $s > r \;\rightarrow\; a^s < a^r$ por ser $\left(\dfrac{1}{a}\right)^{-s} < \left(\dfrac{1}{a}\right)^{-r}$ y la función $y = a^x$ es estrictamente decreciente.
2. $\lim\limits_{x \to \infty} a^x = \lim\limits_{x \to \infty} \left(\dfrac{1}{a}\right)^{-x} = 0$
3. $\lim\limits_{x \to -\infty} a^x = \lim\limits_{x \to -\infty} \left(\dfrac{1}{a}\right)^{-x} = \infty$

54.3 Representación gráfica de la función exponencial

Las propiedades estudiadas ponen de manifiesto las diferencias que existen en las funciones exponenciales según que la base (siempre positiva) sea mayor o menor que 1. Las representaciones gráficas de las dos funciones, muestran estas diferencias:

a) $y = 2^x$

x	$-\infty$	...	-3	-2	-1	0	1	2	3	4	...	∞
2^x	0	...	1/8	1/4	1/2	1	2	4	8	16	...	∞

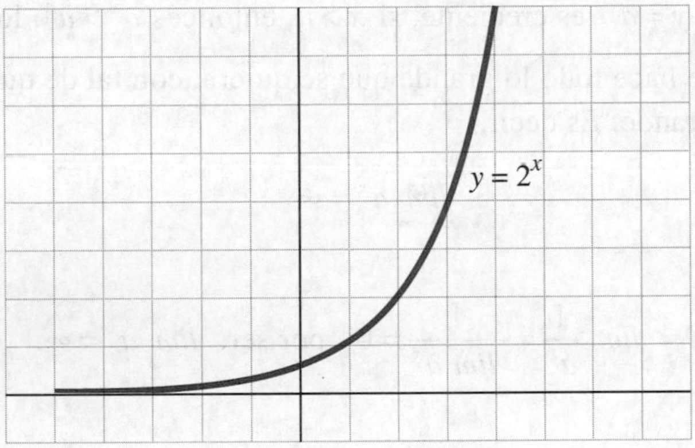

En la gráfica vemos que se trata de una función creciente, que pasa por los puntos $(0,1)$ y $(1,2)$.

Además, se observa claramente que $\lim\limits_{x \to \infty} 2^x = \infty$ y $\lim\limits_{x \to -\infty} 2^x = 0$.

b) $y = \left(\frac{1}{2}\right)^x$

x	$-\infty$	...	-3	-2	-1	0	1	2	3	4	...	∞
$(1/2)^x$	∞	...	8	4	2	1	1/2	1/4	1/8	1/16	...	0

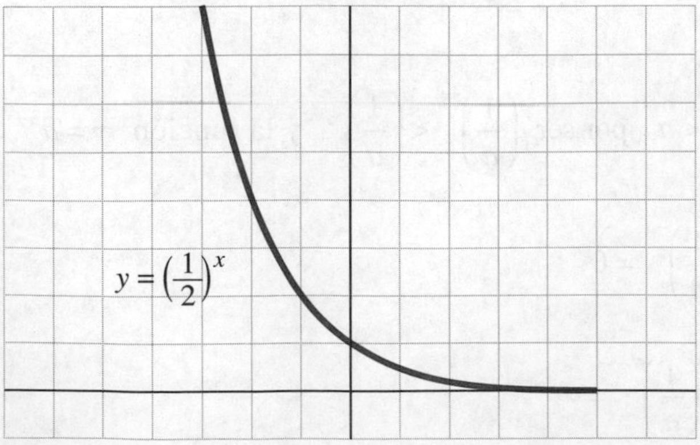

Como vemos, es una función decreciente, que pasa por los puntos $(0,1)$ y $\left(1,\frac{1}{2}\right)$ y tal que:

$$\lim_{x \to \infty} \left(\frac{1}{2}\right)^x = 0 \quad \text{y} \quad \lim_{x \to -\infty} \left(\frac{1}{2}\right)^x = \infty$$

54.4 Aplicaciones de las funciones exponenciales

El crecimiento exponencial es extraordinariamente frecuente en la naturaleza (cultivos de microorganismos, poblaciones animales o vegetales, ...). También sirve para describir fenómenos económicos. Veamos algunos ejemplos:

Crecimiento de una población

Las amebas son seres unicelulares que se reproducen partiéndose en dos (bipartición). Esto se realiza más o menos rápidamente según las condiciones del medio en que se encuentren (cultivo). Supongamos que las condiciones de un cultivo son tales que las amebas se duplican aproximadamente cada hora y que, inicialmente, hay una ameba.

El número aproximado de amebas que habrá al cabo de t horas es $N = 2^t$. Su gráfica es idéntica a la de la página anterior, pero sólo válida para los valores no negativos de t.

Crecimiento del dinero

Un capital de 1.000.000 ptas está en un banco, colocado al 2% mensual; lo que quiere decir que cada mes aumenta el 2% y, por tanto, el capital inicial se multiplica por 1,02.

La expresión que nos da el capital acumulado al cabo de t meses es $C = 1\,000\,000 \cdot 1{,}02^t$

Desintegración radiactiva

Las sustancias radiactivas se desintegran transformándose en otras sustancias diferentes y lo hacen con mayor o menor rapidez dependiendo de la sustancia que se desintegra. Si tenemos una cantidad inicial C_0 de una sustancia radiactiva que se desintegra reduciéndose a la mitad cada 5 años, la cantidad de sustancia radiactiva que queda al cabo de t años es:

$$C = C_0 \left(\frac{1}{2}\right)^{t/5} = C_0 \left[\left(\frac{1}{2}\right)^{1/5}\right]^t = C_0 \cdot 0{,}8705^t$$

Al tiempo que tarda en desintegrarse la mitad de la masa de una sustancia radiactiva se le llama periodo de semidesintegración.

54.5 Ecuaciones exponenciales

Se llaman ecuaciones exponenciales a las ecuaciones en las que la incógnita figura como exponente.

Son ecuaciones exponenciales: $3^x = 9, \quad \sqrt[3]{9^{2x}} = 1, \quad 2^{2x-1} - 2^x + 1 = 0$

En general, la resolución de una ecuación exponencial no es fácil y se recurre a los *logaritmos*, que serán estudiados en el capítulo siguiente. Reducimos el estudio a tres tipos:

a) **Ecuaciones exponenciales monómicas**

Las ecuaciones exponenciales monómicas son aquellas que se pueden expresar como igualdad de dos expresiones monómicas.

Son ecuaciones monómicas: $3^{2x-1} = 9; \quad \sqrt[2x-1]{2^{x-3}} = \sqrt{8}; \quad \dfrac{4^{x-1}}{2^{x+2}} = 128$

Ejemplo

Resuelve las ecuaciones exponenciales monómicas anteriores.

Solución: Expresamos los dos miembros como potencias de la misma base e igualamos los exponentes respectivos:

- $3^{2x-1} = 9 \;\rightarrow\; 3^{2x-1} = 3^2 \;\rightarrow\; 2x - 1 = 2 \;\rightarrow\; 2x = 3 \;\rightarrow\; x = \dfrac{3}{2}$

- $\sqrt[2x-1]{2^{x-3}} = \sqrt{8} \;\rightarrow\; 2^{\frac{x-3}{2x-1}} = 2^{\frac{3}{2}} \;\rightarrow\; \dfrac{x-3}{2x-1} = \dfrac{3}{2} \;\rightarrow\; 2x - 6 = 6x - 3 \;\rightarrow\; 4x = -3 \;\rightarrow$

  $\rightarrow\; x = -\dfrac{3}{4}$

- $\dfrac{4^{x-1}}{2^{x+2}} = 128 \;\rightarrow\; \dfrac{\left(2^2\right)^{x-1}}{2^{x+2}} = 2^7 \;\rightarrow\; \dfrac{2^{2x-2}}{2^{x+2}} = 2^7 \;\rightarrow\; 2^{(2x-2)-(x+2)} = 2^7 \;\rightarrow$

  $\rightarrow\; (2x - 2) - (x + 2) = 7 \;\rightarrow\; x - 4 = 7 \;\rightarrow\; x = 11$

Cuando no se pueden expresar los dos miembros como potencias de la misma base, las ecuaciones *o no tienen solución, o se resuelven por logaritmos.*

La ecuación $2^{5x-3}=-3$ no tiene solución pues ninguna potencia real de base 2 puede dar un número negativo.

En cambio, la ecuación $2^{5x-3}=3$ sí tiene solución, que se podrá calcular por logaritmos. De momento la dejamos indicada.

b) **Ecuaciones exponenciales trinómicas**

Se llaman ecuaciones exponenciales trinómicas a aquellas que, mediante un cambio de variable, pueden ser reducidas a ecuaciones de segundo grado.

Una vez resuelta la ecuación de segundo grado se deshace el cambio de variable, obteniéndose una ecuación monómica que ya sabemos resolver.

Ejemplo

Resolver la ecuación trinómica $2^{2x+1}-3\cdot 2^x+1=0$

Solución: Expresamos la ecuación en la forma $2\cdot 2^{2x}-3\cdot 2^x+1=0$ y hacemos el cambio:

$$2^x=y \quad\rightarrow\quad 2^{2x}=y^2$$

Obtenemos así la ecuación de segundo grado $2y^2-3y+1=0$ cuyas soluciones son $\begin{cases} y=1/2 \\ y=1 \end{cases}$.

Como $y=2^x$, se tiene: $\begin{cases} 2^x=1/2 \\ 2^x=1 \end{cases} \rightarrow \begin{cases} 2^x=2^{-1} \\ 2^x=2^0 \end{cases} \rightarrow \begin{cases} x=-1 \\ x=0 \end{cases}$

Ejemplo

Resolver la ecuación trinómica $2-3^{-x}+3^{x+1}=0$

Solución: Expresamos la ecuación en la forma $2-\dfrac{1}{3^x}+3\cdot 3^x=0$. Haciendo el cambio $y=3^x$:

$$2-\frac{1}{y}+3y=0 \quad\rightarrow\quad 2y-1+3y^2=0 \quad\rightarrow\quad 3y^2+2y-1=0 \quad\rightarrow\quad \begin{cases} y=-1 \\ y=1/3 \end{cases}$$

Deshaciendo el cambio se sigue: $\begin{cases} 3^x=-1, \text{ no tiene solución.} \\ 3^x=1/3 \quad\rightarrow\quad 3^x=3^{-1} \quad\rightarrow\quad x=-1 \end{cases}$

c) **Ecuaciones exponenciales polinómicas**

Ejemplo

Resolver la ecuación exponencial $3^{x+1}+3^x+3^{x-1}=117$

Solución: Expresamos la ecuación en la forma: $3\cdot 3^x+3^x+\frac{1}{3}\cdot 3^x=117.$

Sacando factor común 3^x se obtiene: $3^x\cdot\left(3+1+\frac{1}{3}\right)=117 \;\rightarrow\; 3^x\cdot\frac{13}{3}=117 \;\rightarrow\; 3^x=\frac{117\cdot 3}{13}$

Es decir: $3^x=27 \;\rightarrow\; 3^x=3^3 \;\rightarrow\; x=3$

Ejemplo

Resolver la ecuación exponencial $1+6+36+216+\ldots+6^x=9331$

Solución: En el primer término de la ecuación aparece la suma de un número finito de términos de una progresión geométrica de razón 6. Por tanto:

$$1+6+36+216+\ldots+6^x=\frac{6\cdot 6^x-1}{6-1}=\frac{6^{x+1}-1}{5}$$

con lo que la ecuación puede ser escrita así: $\frac{6^{x+1}-1}{5}=9331$ y reducirla a forma monómica:

$$6^{x+1}-1=46\,655 \;\rightarrow\; 6^{x+1}=46\,656 \;\rightarrow\; 6^{x+1}=6^6 \;\rightarrow\; x+1=6 \;\rightarrow\; x=5$$

Problemas propuestos

1. Efectúa el producto $2^{\frac{x}{2}}\cdot 8^{3x}\cdot 16^{\frac{2x}{5}}$

2. Calcula el cociente $\dfrac{\left(\frac{1}{3}\right)^{-\frac{x}{2}}}{9^{-\frac{2x}{5}}}$

3. Al estudiar una cierta población en 1980, se observa que los datos se ajustan a la función exponencial $y=300\cdot(1{,}2)^x$.
¿Cuántos individuos tenía en ese mismo año 1980?. ¿Y en 1981?. ¿Y en 1971?. Sin no varían las condiciones, ¿cuántos tendrán en 1999?.

4. Resuelve la ecuación $2^{3x}=0{,}5^{3x+2}$

5. Resuelve la ecuación $3^{4-x^2}=\frac{1}{9}$

6. Resuelve las ecuaciones exponenciales siguientes:
a) $10^{3+x}=1$
b) $3^{2-x}=9$

7. Resuelve las siguientes ecuaciones exponenciales:
a) $5^{3-x}=125$
b) $2^{-1-x^2}=\frac{1}{64}$

8. Resuelve las ecuaciones:
a) $3^{2x} = 81$

b) $\dfrac{1^{x+1}}{4^{x-1}} = 8$

9. En cierto cultivo, inicialmente, había 500 amebas que se duplican por bipartición cada día. Si ahora hay 256.000 amebas, ¿cuántos días han transcurrido desde que se inició el cultivo?.

10. Resuelve la ecuación $2^{x-1} + 4^{x-3} = 5$.

(Ayuda: llama z a 2^x. Será $\left(2^x\right)^2 = z^2$).

11. Resuelve las siguientes ecuaciones:
a) $7^{x+2} = 823.543$
b) $5^{5x-2} = 390.625$
c) $343^x = 16.807$
d) $3^x + 3^{x+2} = 39$
e) $5^{x-2} + 5^x + 5^{x+2} = 651$
f) $10^{x-2} + 10^{x-4} + 10^{x-2} = 10.101$
g) $2^{x^2-2x+1} = 1$
h) $3^{x^2-5x+6} = 1$
i) $5^{4x^2-8x+3} = 1$

12. Resuelve los siguientes sistemas de ecuaciones:

a) $\begin{cases} 3^x + 3^y = 90 \\ 3^{x+y} = 729 \end{cases}$

b) $\begin{cases} 3^x + 5^y = 14 \\ 3^{2x+1} - 5^{2y+1} = 118 \end{cases}$

13. La fórmula que se utiliza para el interés continuo es: $C_F = C_I e^{rt}$, siendo c_F el capital final, c_I el capital inicial, r el interés continuo y t el tiempo. (En el interés continuo se supone que se actualizan los intereses en cada instante). Calcula los que producen 100.000 ptas a interés continuo del 30% anual a 3 años.

14. En un cultivo de bacterias que se reproducen por bipartición cada minuto, había inicialmente 10^6 de ellas. Escribe la fórmula correspondiente a la función exponencial que refleja esta situación.

15. De la función exponencial $f(x) = k \cdot a^x$

conocemos $f(0) = 5$ y $f(3) = 40$.

¿Cuánto valen k y a ?.

16. Llamamos inflación a la pérdida del valor adquisitivo del dinero; es decir, si un artículo que costó 100 ptas, al cabo de un año cuesta 115 ptas, la inflación habrá sido del 15%.
Supongamos una inflación constante del 15% anual. ¿Cuánto costará dentro de 10 años un terreno que hoy cuesta cinco millones de pesetas?.

17. Resuelve la ecuación $3^x + 9^{x-1} = 4$.

18. Resuelve los siguientes sistemas de ecuaciones lineales:

a) $\begin{cases} 7^{x+y} = 49^3 \\ 7^{x-y} = 49 \end{cases}$

b) $\begin{cases} 2^x + 2^y = 24 \\ 2^{x+y} = 128 \end{cases}$

19. Escribe el signo > o <, según convenga, entre cada par de potencias de exponente real:
a) $0{,}9^2 \ldots 1^2$
b) $0{,}9^5 \ldots 0{,}9^3$
c) $1{,}2^5 \ldots 1{,}2^8$
d) $1{,}1^5 \ldots 1^5$

e) $\left(\dfrac{2}{3}\right)^e \cdots \left(\dfrac{2}{3}\right)^\pi$

f) ( ) $\left(\sqrt{3}\right)^{\sqrt{5}} \ldots \left(\sqrt{3}\right)^{\sqrt{3}}$

g) $\left(\dfrac{7}{3}\right)^{1,8} \cdots \left(\dfrac{7}{3}\right)^{2,1}$

h) $(0{,}75)^{1/3} \ldots (0{,}75)^{2/3}$

20. Resuelve las siguientes ecuaciones exponenciales monómicas:

a) $3^{3x-2}=81$

b) $5^{\frac{x-3}{4}}=25$

c) $3^{\frac{2x+1}{3}}=27$

d) $4^{x^2-11x+30}=16$

e) $7^{x^2-3x+2}=1$

f) $e^{x-1}=e^{2(x+1)}$

g) $9^{x-2}=3^{3x+1}$

h) $3^{2x-3}=27^{\frac{x+1}{3}}$

21. Resuelve las siguientes ecuaciones exponenciales trinómicas:

a) $3^{2x-1}-8\cdot 3^{x-1}=3$

b) $4^{x+1}+2^{x+3}=320$

c) $5^{3x+2}+3\cdot 5^{6x+2}-100=0$

d) $6^{x}-9\cdot 6^{-x}+8=0$

e) $3^{2(x+1)}-18\cdot 3^{x}+9=0$

22. Resuelve las siguientes ecuaciones polinómicas:

a) $2^{x+1}+2^{x}+2^{x-1}=28$

b) $4^{x}+4^{x-}+4^{x-2}=336$

c) $2^{x-1}+2^{x-2}+2^{x-3}+2^{x-4}=960$

d) $1+5+25+125+\ldots+5^{x}=3906$

e) $1+4+16+64+\ldots+4^{x}=5461$

23. Resuelve los siguientes sistemas de ecuaciones exponenciales:

a) $\begin{cases} 3^{2x+y}=3^{7} \\ 3^{x-2y}=3 \end{cases}$

b) $\begin{cases} 5^{x}\cdot 25^{y}=5^{7} \\ 2^{x-1}\cdot 2^{y+2}=64 \end{cases}$

c) $\begin{cases} 5\cdot 3^{x+1}-2^{y}=127 \\ 4\cdot 3^{x-1}+2\cdot 2^{y}=28 \end{cases}$

d) $\begin{cases} 2^{x+1}+8\cdot 3^{y}=712 \\ 2^{x}-3^{y-1}=5 \end{cases}$

Soluciones

1. S: $2^{111x/10}$
2. S: $3^{12x/10}$
3. S: 1980: 300; 1981: 360; 1971: 58; 1999: 9.584
4. S: $x=\dfrac{\log_2\left(\dfrac{\sqrt{2}-1}{2}\right)}{3}$
5. S: $x=\pm\sqrt{6}$
6. S: a) $x=-3$
   b) $x=0$
7. S: a) $x = 0$
   b) $x=\sqrt{5}$
8. S: a) $x = 2$
   b) $x=-\dfrac{1}{2}$
9. S: 9
10. S: $x=2+\log_2\left(\sqrt{6}-1\right)$
11. S: a) $x = 5$
    b) $x = 2$
    c) $x=\dfrac{5}{3}$
    d) $x=\log_3 3{,}9$
    e) $x = 2$
    f) $x=4+\log_{10}\dfrac{3367}{67}$
    g) $x = 1$
    h) $\begin{cases} x=2 \\ \text{ó} \\ x=3 \end{cases}$

i) $\begin{cases} x = \dfrac{1}{2} \\ \text{ó} \\ x = \dfrac{3}{2} \end{cases}$

12. S: a) $\begin{cases} x = 2 \\ y = 4 \end{cases}$

    b) $\begin{cases} x = 2 \\ y = 1 \end{cases}$
13. S: 245.960 ptas.
14. S: $N = 10^6 \cdot 2^t$; N es el nº de bacterias y t el tiempo en min.
15. S: $k = 5$; $a = 2$
16. S: 20.227.789 ptas.
17. S: $x = 1$
18. S: a) $x = 4$; $y = 2$
    b) $x = 4$; $y = 3$
19. S: a) $<$
    b) $<$
    c) $<$
    d) $>$
    e) $>$
    f) $>$
    g) $<$
    h) $>$
20. S: a) $x = 2$
    b) $x = 11$
    c) $x = 4$
    d) $x = 4$, $x = 7$
    e) $x = 1$, $x = 2$
    f) $x = -3$
    g) $x = -5$
    h) $x = 4$
21. S: a) $x = 2$
    b) $x = 3$
    c) $x = 0$
    d) $x = 0$
    e) $x = 0$
22. S: a) $x = 3$
    b) $x = 4$
    c) $x = 10$
    d) $x = 5$
    e) $x = 6$
23. S: a) $x = 3$, $y = 1$
    b) $x = 3$, $y = 2$
    c) $x = 2$, $y = 3$
    d) $x = 5$, $y = 4$

La función logarítmica

55

Introducción histórica

Los logaritmos fueron divulgados en 1614 por el matemático escocés John Neper, que determinó sus propiedades a partir de la relación existente entre las progresiones aritméticas y geométricas. Gracias a este potente instrumento de cálculo Newton y Kepler pudieron establecer sus leyes, que supusieron una auténtica revolución en el campo de la Astronomía.

55.1 Definición

El logaritmo de un número respecto a otro llamado base es el exponente a que hay que elevar la base para obtener dicho número.

Así, por ejemplo, si tenemos que

$$2^2 = 4$$
$$2^3 = 8$$
$$2^5 = 32$$
$$2^6 = 64$$

diremos que siendo 2 la base en todos los casos, el logaritmo de 4 es 2 puesto que 2 es el exponente a que se debe elevar la base 2 para obtener el número 4. Análogamente, en base 2 el logaritmo de 8 es 3, el logaritmo de 32 es 5 y el logaritmo de 64 es 6.
Para expresar estos hechos haciendo uso de la notación logarítmica diremos que:

$$\log_2 4 = 2$$
$$\log_2 8 = 3$$
$$\log_2 32 = 5$$
$$\log_2 64 = 6$$

En general, si se cumple que $x^y = z$, tendremos que $y = \log_x z$. Es decir, que la operación de extraer logaritmos, también llamada logaritmación, es una operación inversa de la potenciación puesto que mientras en la potenciación se trataba de encontrar un número llamado potencia conocidos la base y el exponente, en la logaritmación se trata de hallar el exponente conocidas la base y la potencia.
De las consideraciones anteriores se deduce fácilmente que cualquier número positivo puede utilizarse como base de un sistema de logaritmos. Por consiguiente, el número de sistemas de logaritmos es infinito.
No obstante, en la práctica son dos los sistemas de logaritmos más utilizados, a saber, el sistema de logaritmos vulgares cuya base es 10 y fueron descubiertos por el matemático inglés Henry Briggs y el sistema de logaritmos naturales o neperianos descubiertos por el matemático escocés John Neper, cuya base es el número irracional $e = 2{,}7182818284\ldots$
Cuando se emplean logaritmos vulgares se acostumbra omitir el subíndice 10. Así, por ejemplo, tendremos que si

$$
\begin{array}{lllll}
10^0 = 1 & \text{escribiremos} & \log_{10} 1 = 0 & \text{o bien} & \log 1 = 0 \\
10^1 = 10 & \text{escribiremos} & \log_{10} 10 = 1 & \text{o bien} & \log 10 = 1 \\
10^2 = 100 & \text{escribiremos} & \log_{10} 100 = 2 & \text{o bien} & \log 100 = 2 \\
10^3 = 1.000 & \text{escribiremos} & \log_{10} 1.000 = 3 & \text{o bien} & \log 1.000 = 3 \\
10^4 = 10.000 & \text{escribiremos} & \log_{10} 10.000 = 4 & \text{o bien} & \log 10.000 = 4
\end{array}
$$

Obviamente, para que en una base cualquiera el logaritmo de un número natural sea otro número natural es condición necesaria que el número dado sea una potencia exacta de la base.
Así, por ejemplo, tendremos que:

$$
\begin{array}{lll}
\log_5 25 = 2 & \text{puesto que} & 5^2 = 25 \\
\log_3 27 = 3 & \text{puesto que} & 3^3 = 27 \\
\log_4 16 = 2 & \text{puesto que} & 4^2 = 16
\end{array}
$$

Ahora bien, $\log_4 5$ no será un número natural puesto que 5 no es una potencia exacta de 4. De modo similar $\log 7$ no es tampoco un número natural puesto que 7 no es potencia exacta de 10.

55.2 La función logarítmica

Ya conocemos la gráfica de la función $y = 2^x$. La gráfica de su función inversa será, como ya sabemos, simétrica de la anterior respecto de la recta $y = x$, bisectriz del primer y tercer cuadrante.

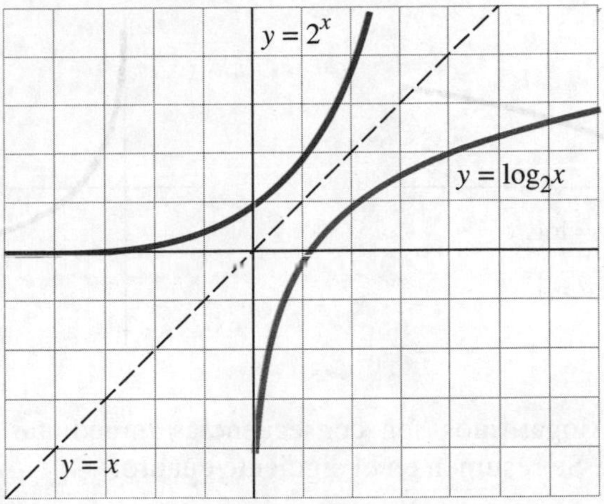

Esta nueva función se llama **función logarítmica** de base 2: $y = \log_2 x$

Algunos de sus valores figuran en la tabla adjunta.

x	0	...	1/8	1/4	1/2	1	2	4	8	...	∞
$\log_2 x$	$-\infty$	...	–3	–2	–1	0	1	2	3	...	∞

La función inversa de la función $y = \left(\dfrac{1}{2}\right)^x$ será $y = \log_{1/2} x$ y sus gráficas son también simétricas respecto a la recta $y = x$. Las gráficas de ambas funciones aparecen en la siguiente figura:

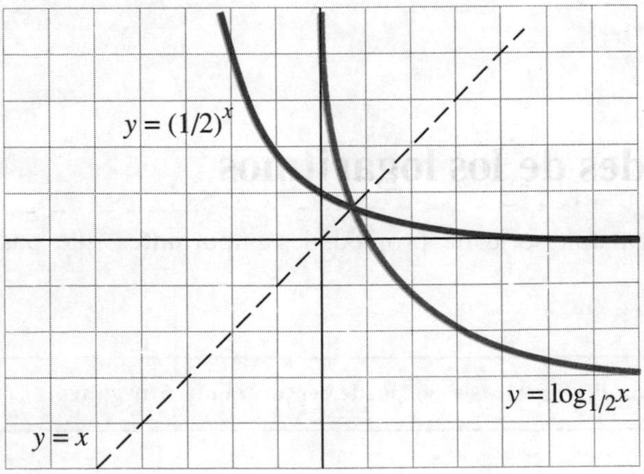

Tanto en las funciones exponenciales como en las logarítmicas hay que distinguir también el caso en que la base es menor que la unidad.

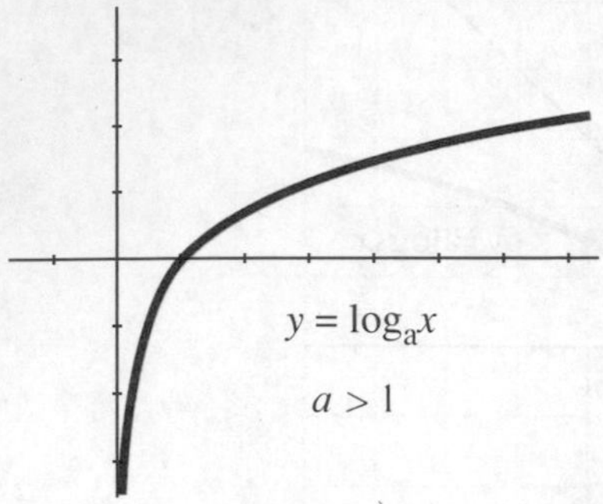

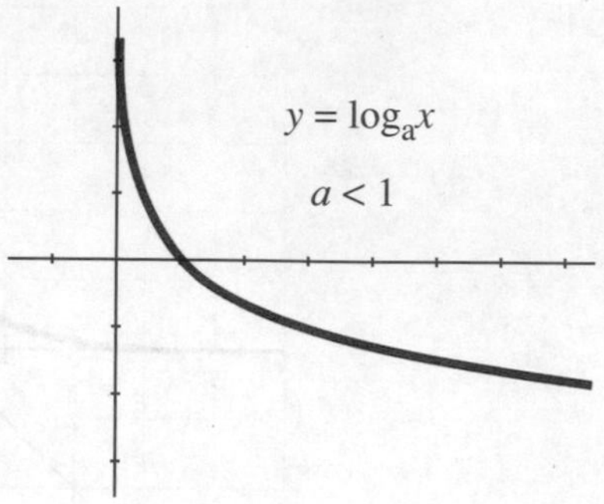

Las propiedades de los logaritmos son consecuencias inmediatas de las propiedades de las funciones exponenciales. Se resumen en el siguiente cuadro:

$y = \log_a x \quad (a > 1)$	$y = \log_a x \quad (a < 1)$
Pasa por los puntos (1,0) y (a,1)	Pasa por los puntos (1,0) y (a,1)
Creciente	Decreciente
$\lim\limits_{x \to \infty} \log_a x = \infty$	$\lim\limits_{x \to \infty} \log_a x = -\infty$
$\lim\limits_{x \to 0^+} \log_a x = -\infty$	$\lim\limits_{x \to 0^+} \log_a x = \infty$
Los logaritmos de los números positivos menores que la unidad son negativos	Los logaritmos de los números positivos menores que la unidad son positivos
Los logaritmos de los números mayores que la unidad son positivos	Los logaritmos de los números mayores que la unidad son negativos

55.3 Propiedades de los logaritmos

Los logaritmos presentan una serie de propiedades importantes que pasamos a exponer a continuación.

a) La base de un sistema de logaritmos no puede ser un número negativo.

En efecto, si la base fuera un número negativo sus potencias impares serían números negativos y sus potencias pares serían números positivos, con lo cual se obtendría una serie de números positivos y negativos que se irían alternando y, por lo tanto, no todos los números positivos tendrían logaritmo en dicha base.

Así, por ejemplo, si -10 fuera la base el número 1.000 no tendría logaritmo en dicha base puesto que no existe ningún número x tal que $(-10)^x = 1.000$. En efecto,

$$(-10)^3 = (-10) \cdot (-10) \cdot (-10) = -1.000 \text{ y } (-10)^{-3} = \frac{1}{(-10)^3} = \frac{1}{-1.000} = 0{,}001$$

b) No pueden hallarse logaritmos de números negativos.

En efecto, puesto que la base debe ser forzosamente un número positivo todas sus potencias, tanto las potencias pares como las potencias impares, son positivas y por lo tanto los números negativos no pueden ser potencia de ninguna base.
Así, por ejemplo, no puede hallarse $\log(-100)$, puesto que no existe ningún número x tal que

$$10^x = -100, \text{ ya que } 10^2 = 10 \cdot 10 = 100 \text{ y } 10^{-2} = \frac{1}{10^2} = \frac{1}{100} = 0{,}01.$$

c) El logaritmo de la base, en cualquier sistema de logaritmos, es siempre igual a la unidad.

En efecto, puesto que para cualquier número x se cumple que $x^1 = x$, tendremos que $\log^x x = 1$.
Así, por ejemplo, $\log_2 2 = 1$; $\log 10 = 1$, etc.

d) En cualquier sistema de logaritmos el logaritmo de la unidad es cero.

En efecto, puesto que para cualquier número x se cumple que $x^0 = 1$ tendremos que $\log_x 1 = 0$.
Así, por ejemplo, $\log 1 = 0$; $\log_7 1 = 0$, etc.

e) El logaritmo de un producto coincide con la suma de los logaritmos de sus factores.

En efecto, consideremos el producto $m \times n = p$. Supongamos que a es la base del sistema de logaritmos y que b, c y d son, respectivamente, los logaritmos en la base a de m, n y p. Se trata de demostrar que $b + c = d$, es decir, que $\log_a m + \log_a n = \log_a p$.
Por la definición de logaritmo tendremos:

$$a^b = m \qquad (1)$$
$$a^c = n \qquad (2)$$
$$a^d = p \qquad (3)$$

Si multiplicamos miembro a miembro las igualdades (1) y (2) tendremos que:

$$a^b \cdot a^c = m \cdot n$$

Ahora bien, por hipótesis, $m \cdot n = p$.
Es decir, $a^b \cdot a^c = p$.
Por las propiedades de la potenciación $a^b \cdot a^c = a^{b+c}$.
O sea, que $a^{b+c} = p$ (4).
Observando las igualdades (3) y (4) deducimos que:

$$a^d = a^{b+c}$$

y por ser potencias de la misma base, los exponentes deben ser iguales. Es decir, que $d = b + c$ tal como queríamos demostrar.

Ejemplo

Comprobar que $\log 1.000 = \log 100 + \log 10$.

Solución: Tendremos que

$$\begin{aligned} \log 1.000 &= 3 \quad \text{puesto que} \quad 10^3 = 1.000 \\ \log 100 &= 2 \quad \text{puesto que} \quad 10^2 = 100 \\ \log 10 &= 1 \quad \text{puesto que} \quad 10^1 = 10 \end{aligned}$$

y por lo tanto tenemos que $3 = 2 + 1$ tal como queríamos comprobar.

f) El logaritmo de un cociente coincide con la diferencia entre el logaritmo del dividendo y el logaritmo del divisor.

En efecto, consideremos el cociente $m : n = p$. Supongamos que a es la base del sistema de logaritmos y que b, c y d son, respectivamente, los logaritmos en la base a de m, n y p. Se trata de demostrar que $b - c = d$, es decir, que $\log_a m - \log_a n = \log_a p$.

Por la definición de logaritmo tendremos:

$$\begin{aligned} a^b &= m \qquad (1) \\ a^c &= n \qquad (2) \\ a^d &= p \qquad (3) \end{aligned}$$

Si dividimos miembro a miembro las igualdades (1) y (2) tendremos que:

$$a^b : a^c = m : n$$

Ahora bien, por hipótesis, $m : n = p$.
Es decir, $a^b : a^c = p$.
Por las propiedades de la potenciación $a^b : a^c = a^{b-c}$.

O sea, que $a^{b-c} = p$ (4).
Observando las igualdades (3) y (4) deducimos que:

$$a^d = a^{b-c}$$

de lo cual se deduce que los exponentes deben ser iguales. Es decir, que $d = b - c$, tal como queríamos demostrar.

Ejemplo

Comprobar que $\log 100 = \log 1.000 - \log 10$.

Solución: Tendremos que

$$\begin{aligned} \log 100 &= 2 \text{ puesto que } 10^2 = 100 \\ \log 1.000 &= 3 \text{ puesto que } 10^3 = 1.000 \\ \log 10 &= 1 \text{ puesto que } 10^1 = 10 \end{aligned}$$

y, por lo tanto, tenemos que $2 = 3 - 1$, tal como queríamos comprobar.

g) El logaritmo de una potencia coincide con el producto del exponente por el logaritmo de la base.

En efecto, consideremos la potencia $m^n = p$.
Supongamos que a es la base del sistema de logaritmos y que c y d son, respectivamente, los logaritmos en la base a de m y p. Se trata de demostrar que $d = n \cdot c$, es decir, que $n \cdot \log_a m = \log_a p$.

Por la definición de logaritmo tendremos:

$$a^c = m \qquad (1)$$
$$a^d = p \qquad (2)$$

Si elevamos los dos miembros de la igualdad (1) a la potencia n tendremos:

$$(a^c)^n = m^n$$

Ahora bien, por hipótesis, $m^n = p$.
Es decir, que $(a^c)^n = p$.
Por las propiedades de la potenciación $(a^c)^n = a^{cn}$.
O sea, que $a^{cn} = p$ (3).
Observando las igualdades (2) y (3) deducimos que:

$$a^{cn} = a^d$$

Es decir, que $d = cn$, tal como queríamos demostrar.

Ejemplo

Comprobar que $\log 10^3 = 3 \cdot \log 10$.

Solución: Por una parte tendremos que $\log 10^3 = \log 1.000 = 3$.
Por otra parte tendremos que $3 \cdot \log 10 = 3 \cdot 1 = 3$ que es el mismo resultado obtenido anteriormente, tal como queríamos comprobar.

> **h) El logaritmo de una raíz coincide con el cociente entre el logaritmo de la cantidad subradical y el índice de la raíz.**

En efecto, consideremos la raíz $\sqrt[n]{m} = p$. Supongamos que a es la base del sistema de logaritmos y que c y d son, respectivamente, los logaritmos en la base a de m y p. Se trata de demostrar que $d = c : n$, es decir,

$$\frac{\log_a m}{n} = \log_a p.$$

Por la definición de logaritmo tendremos:

$$a^c = m \qquad (1)$$
$$a^d = p \qquad (2)$$

Si extraemos la raíz enésima en ambos miembros de la igualdad (1) tendremos:

$$\sqrt[n]{a^c} = \sqrt[n]{m}$$

Ahora bien, por hipótesis $\sqrt[n]{m} = p$.

Es decir, que $\sqrt[n]{a^c} = p$.

Por las propiedades de la radicación $\sqrt[n]{a^c} = a^{c/n}$.

O sea, que $a^{c/n} = p$ (3).

Observando las igualdades (2) y (3) deducimos que:

$$a^{c/n} = a^d$$

Es decir, que $d = \dfrac{c}{n}$, tal como queríamos demostrar.

Ejemplo

Comprobar que $\log \sqrt[4]{10.000} = \dfrac{\log 10.000}{4}$.

Solución: Por una parte tendremos que:

$$\log \sqrt[4]{10.000} = \log 10 = 1$$

Por otra parte tendremos que:

$$\frac{\log 10.000}{4} = \frac{4}{4} = 1$$

que es el mismo resultado obtenido anteriormente, tal como queríamos comprobar.

55.4 Casos notables

El uso, muy difundido en la práctica, de los logaritmos vulgares presenta una serie de características que justifican sobradamente un estudio particular que a continuación pasamos a exponer.
En el sistema de logaritmos vulgares o de base diez los únicos números cuyos logaritmos son números enteros son las potencias de 10. Así, tenemos que:

$$\begin{aligned}
&\log 1 = 0 && \text{puesto que } 10^0 = 1\\
&\log 10 = 1 && \text{puesto que } 10^1 = 10\\
&\log 100 = 2 && \text{puesto que } 10^2 = 100\\
&\log 1.000 = 3 && \text{puesto que } 10^3 = 1.000\\
&\log 10.000 = 4 && \text{puesto que } 10^4 = 10.000
\end{aligned}$$

$$\log 0{,}1 = -1 \quad \text{puesto que } 10^{-1} = \frac{1}{10} = 0{,}1$$

$$\log 0{,}01 = -2 \quad \text{puesto que } 10^{-2} = \frac{1}{10^2} = 0{,}01$$

$$\log 0{,}001 = -3 \quad \text{puesto que } 10^{-3} = \frac{1}{10^3} = 0{,}001$$

$$\log 0{,}0001 = -4 \quad \text{puesto que } 10^{-4} = \frac{1}{10^4} = 0{,}0001$$

y así sucesivamente.
Evidentemente, si un número dado no es potencia exacta de 10 su logaritmo vulgar no será un número entero, sino que estará formado por una parte entera y una parte decimal.
Así, por ejemplo, los números x tales que $1 < x < 10$ cumplirán que $\log 1 < \log x < \log 10$, es decir, que $0 < \log x < 1$. O sea, que los números comprendidos entre 1 y 10 tendrán logaritmos decimales comprendidos entre 0 y 1.
Así, por ejemplo, tal como puede verse en la Tabla 2 del Apéndice, $\log 2 = 0{,}3010$; $\log 5 = 0{,}6990$.
Análogamente, los números x tales que $10 < x < 100$ cumplirán que $\log 10 < \log x < \log 100$, es decir, que $1 < \log x < 2$.
O sea, que los números comprendidos entre 10 y 100 tendrán logaritmos vulgares comprendidos

entre 1 y 2. Ello se sabe mediante tablas o calculadoras.
Así, por ejemplo, $\log 25 = 1{,}3979$; $\log 64 = 1{,}8062$.
De modo similar, los números x tales que $100 < x < 1.000$ cumplirán que $\log 100 < \log x < \log 1.000$, es decir, que $2 < \log x < 3$.
O sea, que los números comprendidos entre 100 y 1.000 tendrán logaritmos comprendidos entre 2 y 3. En esos casos, los resultados son aproximados, ya que el número no es potencia de la base.
Así, por ejemplo, $\log 400 = 2{,}6021$; $\log 800 = 2{,}9031$.
Análogamente, los números x tales que $0{,}1 < x < 1$ cumplirán que $\log 0{,}1 < \log x < \log 1$, es decir, que $-1 < \log x < 0$.
O sea, que los números comprendidos entre 0,1 y 1 tienen logaritmos decimales comprendidos entre 0 y −1.
Así, por ejemplo, $\log 0{,}5 = -0{,}3010 = -1 + 0{,}6990$ y se escribe así: $\bar{1}{,}6990$; $\log 0{,}8 = -0{,}0969 = -1 + 0{,}9031$. Ello se escribe normalmente $\bar{1}{,}9031$.
De modo similar, los números x tales que $0{,}01 < x < 0{,}1$ cumplirán que $\log 0{,}01 < \log x < \log 0{,}1$, es decir, que $-2 < \log x < -1$.
O sea, que los números comprendidos entre 0,01 y 0,1 tienen logaritmos vulgares comprendidos entre −1 y −2.
Así, por ejemplo, $\log 0{,}04 = -1{,}3979 = -2 + 0{,}6021 = \bar{2}{,}6021$; $\log 0{,}06 = -1{,}2218 = -2 + 0{,}7782 = \bar{2}{,}7782$.
Del mismo modo, los números x tales que $0{,}001 < x < 0{,}01$ cumplirán que $\log 0{,}001 < \log x < \log 0{,}01$, es decir, que $-3 < \log x < -2$. O sea, que los números comprendidos entre 0,001 y 0,01 tienen logaritmos comprendidos entre −2 y −3.
Así, por ejemplo, $\log 0{,}003 = -2{,}5229 = -3 + 0{,}4771 = \bar{3}{,}4771$; $\log 0{,}007 = -2{,}1549 = -3 + 0{,}8451 = \bar{3}{,}8451$.
En todos los ejemplos anteriores la parte entera del logaritmo recibe el nombre de característica y la parte decimal se llama mantisa.
Así, en los ejemplos anteriores tendríamos que:

$\log 2 = 0{,}3010$	donde la característica es	0	y la mantisa es	0,3010
$\log 5 = 0{,}6990$	donde la característica es	0	y la mantisa es	0,6990
$\log 25 = 1{,}3979$	donde la característica es	1	y la mantisa es	0,3979
$\log 64 = 1{,}8062$	donde la característica es	1	y la mantisa es	0,8062
$\log 400 = 2{,}6021$	donde la característica es	2	y la mantisa es	0,6021
$\log 800 = 2{,}9031$	donde la característica es	2	y la mantisa es	0,9031
$\log 0{,}5 = \bar{1}{,}6990$	donde la característica es	−1	y la mantisa es	0,6990
$\log 0{,}8 = \bar{1}{,}9031$	donde la característica es	−1	y la mantisa es	0,9031
$\log 0{,}04 = \bar{2}{,}6021$	donde la característica es	−2	y la mantisa es	0,6021
$\log 0{,}06 = \bar{2}{,}7782$	donde la característica es	−2	y la mantisa es	0,7782
$\log 0{,}003 = \bar{3}{,}4771$	donde la característica es	−3	y la mantisa es	0,4771
$\log 0{,}007 = \bar{3}{,}8451$	donde la característica es	−3	y la mantisa es	0,8451

Como puede observarse la característica puede ser positiva, negativa o nula, pero la mantisa siempre se toma positiva.
Tal como puede observarse en los ejemplos anteriores, cuando el número está comprendido entre 1 y 10 la característica de su logaritmo decimal es cero.
En el caso de que el número sea mayor que 10, la característica de su logaritmo vulgar será un

número positivo que coincidirá con el número de cifras del número disminuido en una unidad. Así, por ejemplo, $\log 25 = 1{,}3979$, donde 25 tiene 2 cifras y la característica es $1 = 2 - 1$; $\log 400 = 2{,}6021$, donde 400 tiene 3 cifras y la característica es $2 = 3 - 1$, etc.
Cuando el número es menor que la unidad la característica de su logaritmo decimal es negativa y coincide en valor absoluto con el número de ceros que hay desde la coma decimal hasta la primera cifra significativa del número aumentado en una unidad.
Así, por ejemplo, $\log 0{,}5 = \bar{1}{,}699$, donde 0,5 no tiene ningún cero entre la coma decimal y el 5 y la característica es -1, cuyo valor absoluto es $1 = 0 + 1$; $\log 0{,}06 = \bar{2}{,}7782$, donde 0,06 tiene un cero entre la coma decimal y el 6 y la característica es -2, cuyo valor absoluto es $2 = 1 + 1$; $\log 0{,}007 = \bar{3}{,}8451$, donde 0,007 tiene 2 ceros entre la coma decimal y el 7 y la característica es -3, cuyo valor absoluto es $3 = 2 + 1$, etc.
Obsérvese que la manera más usual de escribir el logaritmo de un número menor que la unidad consiste en escribir la característica negativa y la mantisa positiva. Así, por ejemplo, $\log 0{,}06 = -2 + 0{,}7782 = \bar{2}{,}7782$, siendo la característica negativa e igual a -2, mientras que la mantisa se toma positiva e igual a 0,7782.
Así pues, no se acostumbra escribir $\log 0{,}06 = -2{,}7782$, puesto que esto querría decir que tanto la característica como la mantisa serían negativas y se obtendría un valor incorrecto para el $\log 0{,}06$, puesto que $\bar{2}{,}7782 = -2 + 0{,}7782 = -1{,}2218 \neq -2{,}7782$.
La ventaja de emplear la mantisa siempre positiva radica en que así se facilita el manejo de las tablas logarítmicas tales como las que aparecen en la Tabla 2 del Apéndice.

Se denomina cologaritmo de un número al logaritmo del inverso del número dado.

Así, por ejemplo, el cologaritmo de 5 coincide con el logaritmo de $\frac{1}{5}$, el cologaritmo de 32 con el logaritmo de $\frac{1}{32}$ y así sucesivamente.

En general, para cualquier número n se cumplirá que $\operatorname{colog} n = \log \frac{1}{n} = \log 1 - \log n = 0 - \log n = -\log n$, puesto que el logaritmo de un cociente coincide con la diferencia entre el logaritmo del dividendo y el logaritmo del divisor.
Así pues, $\operatorname{colog} n = -\log n$, es decir, que restar el logaritmo de un número equivale a sumar el cologaritmo de dicho número.

La utilidad del cologaritmo radica en que al utilizarlo las rentas de logaritmos que aparecen en los cocientes se convierten en sumas, puesto que $\log \frac{m}{n} = \log m - \log n = \log m + \operatorname{colog} n$.

Una vez estudiadas las propiedades de los logaritmos pasamos a exponer a continuación una serie de ejemplos resueltos a fin de que el lector se familiarice con el manejo de las tablas logarítmicas. Antes de ello, llamaremos antilogaritmo de un número al número al cual corresponde el logaritmo indicado.

Ejemplo

Empleando las tablas de logaritmos efectuar la multiplicación $373 \times 5{,}32$.

Solución: Puesto que el logaritmo de un producto es igual a la suma de los logaritmos de los factores tendremos que:

$$\log (373 \times 5{,}32) = \log 373 + \log 5{,}32$$

Ahora bien $\log 373 = 2{,}5717$ y $\log 5{,}32 = 0{,}7259$.
Por lo tanto, $\log (373 \times 5{,}32) = 2{,}5717 + 0{,}7259 = 3{,}2976$.
A continuación se trata de buscar en la Tabla el antilogaritmo de $3{,}2976$ es decir, se trata de buscar el número al que corresponde el logaritmo $3{,}2976$ que será la solución buscada. En las tablas hay solo las mantisas. Debemos, pues, saber la característica y luego añadir la mantisa correspondiente. Compruébese que $373 \times 5{,}32 = 1984{,}36$ que es el resultado aproximado obtenido anteriormente.

Mediante logaritmos funcionan los cálculos rápidos en ordenadores, y así si toman aproximaciones suficientes, el resultado se acerca al real. El uso de los logaritmos es importante en cálculos de raíces que no sean cuadradas o cúbicas, donde los métodos tradicionales son dificultosos.

Ejemplo

Empleando las tablas de logaritmos efectuar la división $2{,}56 : 0{,}24$.

Solución: Puesto que el logaritmo de un cociente es igual al logaritmo del dividendo menos el logaritmo del divisor tendremos que: $\log (2{,}56 : 0{,}24) = \log 2{,}56 - \log 0{,}24$.
Ahora bien, como $-\log 0{,}24 = \text{colog } 0{,}24$ podemos escribir: $\log 2{,}56 - \log 0{,}24 = \log 2{,}56 +$ $+ \text{colog } 0{,}24$.
Pero como $\log 2{,}56 = 0{,}4082$ y $\text{colog } 0{,}24 = 0{,}6198$ tendremos que $\log 2{,}56 + \text{colog } 0{,}24 =$ $= 0{,}4082 + 0{,}6198 = 1{,}0280$.
Buscando el antilogaritmo de $1{,}0280$ obtendremos $10{,}66$ que es el resultado de la operación. Compruébese que $2{,}56 : 0{,}24 = 10{,}66$ que es el mismo resultado obtenido anteriormente.

Ejemplo

Empleando las tablas de logaritmos hallar el valor de $2{,}03^8$.

Solución: Puesto que el logaritmo de una potencia es igual al exponente multiplicado por el logaritmo de la base tendremos que:

$$\log (2{,}03)^8 = 8 \cdot \log 2{,}03 = 8 \cdot 0{,}3075 = 2{,}4600$$

Buscando el antilogaritmo de $2{,}4600$ obtendremos $288{,}40$ como resultado de la operación. Compruébese que $2{,}03^8 = 288{,}38$, que coincide muy aproximadamente con el resultado obtenido anteriormente.

Ejemplo

Empleando las tablas de logaritmos hallar el valor de

$$\sqrt[5]{\frac{(0{,}3)^2 \cdot (0{,}4)^3}{(2{,}4)^4 \cdot 6{,}4}}$$

Solución: Puesto que el logaritmo de una raíz es igual al logaritmo de la cantidad subradical dividido por el índice de la raíz, tendremos que:

$$\log \sqrt[5]{\frac{(0{,}3)^2 \cdot (0{,}4)^3}{(2{,}4)^4 \cdot 6{,}4}} = \frac{\log \left[\dfrac{(0{,}3)^2 \cdot (0{,}4)^3}{(2{,}4)^4 \cdot 6{,}4}\right]}{5}$$

Como el logaritmo de un cociente es igual al logaritmo del dividendo menos el logaritmo del divisor tendremos:

$$\frac{\log \left[\dfrac{(0{,}3)^2 \cdot (0{,}4)^3}{(2{,}4)^4 \cdot 6{,}4}\right]}{5} =$$

$$= \frac{\log \left[(0{,}3)^2 \cdot (0{,}4)^3\right] - \log \left[(2{,}4)^4 \cdot 6{,}4\right]}{5}$$

Como el logaritmo de un producto es la suma de los logaritmos de los factores tendremos:

$$\frac{\log \left[(0{,}3)^2 \cdot (0{,}4)^3\right] - \log \left[(2{,}4)^4 \cdot 6{,}4\right]}{5} =$$

$$= \frac{\log (0{,}3)^2 + \log (0{,}4)^3 - \left[\log (2{,}4)^4 + \log 6{,}4\right]}{5}$$

Como el logaritmo de una potencia es el producto del exponente por el logaritmo de la base tendremos:

$$\frac{\log (0{,}3)^2 + \log (0{,}4)^3 - \left[\log (2{,}4)^4 + \log 6{,}4\right]}{5} =$$

$$= \frac{2 \cdot \log 0{,}3 + 3 \cdot \log 0{,}4 - (4 \cdot \log 2{,}4 + \log 6{,}4)}{5} =$$

$$= \frac{2 \log 0{,}3 + 3 \log 0{,}4 - 4 \log 2{,}4 - \log 6{,}4}{5}$$

Por la definición de cologaritmo tendremos:

$$\frac{2 \log 0{,}3 + 3 \log 0{,}4 - 4 \log 2{,}4 - \log 6{,}4}{5} =$$

$$= \frac{2 \log 0{,}3 + 3 \log 0{,}4 + 4 \operatorname{colog} 2{,}4 + \operatorname{colog} 6{,}4}{5} =$$

$$= \frac{2(\bar{1}{,}4771) + 3(\bar{1}{,}6021) + 4(\bar{1}{,}6198) + (\bar{1}{,}1938)}{5} =$$

$$= \frac{(\bar{2}{,}9542) + (\bar{2}{,}8063) + (\bar{2}{,}4792) + (\bar{1}{,}1938)}{5} = \frac{\bar{5}{,}4335}{5} = \bar{1}{,}0867$$

Buscando en las tablas el antilogaritmo de $\bar{1}{,}0867$ se obtiene como resultado final de la operación 0,122.

55.5 Ecuaciones exponenciales y logarítmicas

En el tema anterior nos enfrentábamos a ecuaciones exponenciales que no sabíamos resolver más que por tanteo. Ahora, con el manejo de logaritmos y la ayuda de las tablas o de una calculadora, las podremos resolver de forma casi inmediata.

Ejemplo

Resolver la ecuación $5^{x^2-3} = 3{,}2576$

Solución: Tomando logaritmos en ambos miembros (es indiferente tomarlos decimales o neperianos), resulta:

$$5^{x^2-3} = 3{,}2576 \;\rightarrow\; \ln\left(5^{x^2-3}\right) = \ln 3{,}2576 \;\rightarrow\; \left(x^2-3\right)\cdot \ln 5 = \ln 3{,}2576 \;\rightarrow$$

$$x^2 - 3 = \frac{\ln 3{,}2576}{\ln 5} = 0{,}7338 \;\rightarrow\; x^2 = 3 + 0{,}7338 = 3{,}7338 \;\rightarrow\; x = \pm\sqrt{3{,}7338} = \pm 1{,}9323$$

Ejemplo

Resolver la ecuación $2^{3x} = 7 \cdot 0{,}5^{3x+2}$

Solución: Tomando logaritmos en ambos miembros y aplicando sus propiedades se obtiene:

$$\log\left(2^{3x}\right) = \log\left(7\cdot 0{,}5^{3x+2}\right) \;\rightarrow\; 3x\cdot\log 2 = \log 7 + (3x+2)\cdot\log 5 \;\rightarrow\; 3x\log 2 = \log 7 + 3x\log 5 + 2\log 5$$

$$3x\log 2 - 3x\log 5 = \log 7 + 2\log 5 \;\rightarrow\; x\cdot\left(3\log 2 - 3\log 5\right) = \log 7 + 2\log 5 \;\rightarrow$$

$$\rightarrow \quad x = \frac{\log 7 + 2\log 5}{3\log 2 - 3\log 5} = \frac{0,8451 + 2\cdot 0,6989}{3\cdot 0,3010 - 3\cdot 0,6989} = -1,8788$$

Ejemplo

La tasa de crecimiento medio de una determinada población es del 1% anual. Si su población actual es de $250\ 000$ habitantes, ¿dentro de cuántos años tendrá 350 000 habitantes, de continuar con esta tasa?.

Solución: La fórmula de crecimiento de una población es:

$$P = P_0 \cdot e^{ct}$$

siendo P la población final; P_0 la población inicial; c la tasa de crecimiento y t el tiempo transcurrido en años.

Para nuestro problema será: $\quad 350\ 000 = 250\ 000 \cdot e^{0,01t}$

Tomando logaritmos, se tiene: $\ln 350\ 000 = \ln 250\ 000 + 0,01t \cdot \ln e$

Despejando t y observando que $\ln e = 1$, se tiene:

$$t = \frac{\ln 350\ 000 - \ln 250\ 000}{0,01} = \frac{12,7656 - 12,4292}{0,01} = 33,64 \text{ años}$$

Como ves, el cálculo de logaritmos sirven de gran ayuda para resolver ecuaciones exponenciales.

Ecuaciones logarítmicas son aquellas en las que la incógnita aparece afectada por un logaritmo.

El principio sobre el que se fundamenta la resolución de estas ecuaciones es la inyectividad de la función logarítmica:

$$\log_a x = \log_a y \quad \rightarrow \quad x = y$$

Ejemplo

Resolver la ecuación logarítmica $\log x + \log(x+3) = 2\log(x+1)$

Solución: Expresamos la suma de logaritmos como logaritmo del producto:

$$\log x + \log(x+3) = 2\log(x+1) \;\rightarrow\; \log\big(x\,(x+3)\big) = \log(x+1)^2 \rightarrow\; x\,(x+3) = (x+1)^2$$

$$\rightarrow\; x^2 + 3x = x^2 + 2x + 1 \;\rightarrow\; 3x - 2x = 1 \;\rightarrow\; x = 1$$

Ejemplo

Resolver la ecuación logarítmica $2\log x - 2\log(x+1) = 0$

Solución: Como $\log 1 = 0$, podemos escribir:

$$\log x^2 - \log(x+1)^2 = \log 1 \;\rightarrow\; \log \frac{x^2}{(x+1)^2} = \log 1 \;\rightarrow\; \frac{x^2}{(x+1)^2} = 1 \;\rightarrow$$

$$\rightarrow\; x^2 = x^2 + 2x + 1 \;\rightarrow\; 2x + 1 = 0 \rightarrow\; x = -\frac{1}{2}$$

Pero esta solución no es válida, pues supondría el cálculo del logaritmo de un número negativo:

$$2\log\left(-\frac{1}{2}\right) - 2\log\left(-\frac{1}{2}+1\right) = 0$$

Problemas propuestos

1. Para cada una de las siguientes igualdades exponenciales, escribe la correspondiente igualdad logarítmica:
   a) $2^7 = 128$
   b) $8^{1/3} = 2$
   c) $2^6 = 64$
2. Recuerda:
   $y = \log_2 8 \rightarrow 2^y = 8 = 2^3 \rightarrow y = 3$. Calcula en los siguientes casos:
   a) $y = \log_2 16$
   b) $y = \log_2 32$
   c) $y = \log_{10} 100$
   d) $y = \log_3 9$
3. Halla el valor de x en los siguientes casos:
   a) $\log_7 x = 2$
   b) $\log_a x = 0$
   c) $\log_8 x = \frac{1}{3}$
4. Halla el valor de x en los siguientes casos:
   a) $\log_2 64 = x$
   b) $\log_{49} \sqrt{7} = x$

c) $\log_8 \sqrt[4]{2} = x$

5. Halla el valor de x en los siguientes casos:

a) $\log_x 10 = \dfrac{1}{4}$

b) $\log_2 \dfrac{1}{16} = x$

c) $\log_x 0{,}000001 = -6$

6. Averigua el valor numérico de las siguientes expresiones:

a) $\log_a a^2 \sqrt{a}$

b) $\log_a 1$

c) $\log_x \dfrac{\sqrt{x}}{\sqrt[3]{x^2}}$

d) $\log_2 \sqrt[3]{64}$

e) $\log_{\frac{1}{2}} \sqrt[3]{64}$

f) $2^{\log_a a^2}$

g) $10^{\log_a \sqrt{a}}$

h) $10^{\log_a \sqrt{a} a^3}$

i) $\log_{10}\left(\log_{10} 10^{10}\right)$

j) $\log_{10}\left(10^{10 \log_{10} 10^2}\right)$

7. Calcula:

a) $\log_{10}\left(\dfrac{100}{5^2}\right)$

b) $\log_5 625$

c) $\log_5 (625)^3$

d) $\log_2 32$

8. Calcula:

a) $\log_{10} 100$

b) $\log_{10} 1000$

c) $\log_{10} 10.000$

d) $\log_{10} 100.000$

e) $\log_{10} 10^6$

f) $\log_{10} 0{,}1$

g) $\log_{10} 0{,}01$

h) $\log_{10} 0{,}0001$

9. Si $\log_{10} 2 = 0{,}301030$, calcula:

a) $\log_{10} 16$

b) $\log_{10} 25$

c) $\log_{10} 25$

d) $\log_{10} 0{,}64$

e) $\log_{10} \sqrt[5]{\dfrac{32}{5}}$

10. Si $\log_a N = x$ y $\log_b N = y$, ¿cuánto vale $\log_a b$ y $\log_b a$?.

11. Resuelve la ecuación $27 = 2^{3x}$.

12. Resuelve las siguientes ecuaciones logarítmicas:

a) $\log_{10} x = \log_{10} 5$

b) $\log_{10} x = 3 \cdot \log_{10} 2$

c) $\log_{10} x = 4$

d) $\log_{10} x = 1$

e) $\log_{10} x - \log_{10} 3 = 2$

13. Calcula $\log_{10} \dfrac{0{,}0125 \cdot \sqrt[5]{80^4}}{2{,}5^5 \cdot 0{,}64^7}$ utilizando sólo que $\log_{10} 2 = 0{,}301010$

14. Desarrolla las expresiones:

a) $\log_{10}\left[25^3 \cdot 0{,}001^{1/2}\right]$

b) $\log_2 \dfrac{1}{2^{5x}}$

15. Calcula:

a) $e^{\ln 8}$

b) $5^{\log_5 10}$

c) $7^{\log_7 x^2}$

d) $K^{\log_k x}$

16. Calcula x en las ecuaciones:

a) $\log_a x = \log_a 9 - \log_a 4$

b) $\log_a x = 3 \cdot \left(\log_a 5 + 4 \cdot \log_a 2 - \log_a 3\right)$

c) $\log_a x = \frac{3\log_a}{5}$

17. Si el punto $(0,2;\, 5)$ pertenece a la gráfica de la función exponencial $y = p^x$, ¿cuánto vale p ?.
18. Conociendo el valor $\log_{10} 2 = 0,301$, ¿cuánto valdría $\log_2 10$?.
19. Sabiendo que $\log_{10} 2 = 0,301$ y que $\log_{10} 3 = 0,477$, calcula:

a) $\log_{10} 6$

b) $\log_{10} 9$

c) $\log_{10} 64$

d) $\log_{10} \sqrt[3]{36}$

20. Si a y b son dos números enteros, calcula el valor de $\log_{\frac{1}{a}} a + \log_b \frac{1}{b}$.
21. ¿Qué relación tiene que existir entre a y b para que se verifique que $\log_{10} a + \log_{10} b = 0$?.
22. ¿Para qué valores de x está 5^x comprendido entre 100 y 1.000?.
23. Si $\log_a N = 2$ y $\log_a 32 \cdot N = 5$, ¿cuánto vale a ?.
24. ¿Cuál es la relación que existe entre a y b si $\log_{10} b = \log_{10} a + \log_{10} 5$?.
25. Si $\log_5 N = t$, expresa en función de t:

a) $\log_5 125N$

b) $\log_5 \frac{N}{25}$

c) $\log_5 5^5 \cdot N$

d) $\log_5 \sqrt[4]{N}$

26. Resuelve las siguientes ecuaciones logarítmicas:

a) $5\log_{10} x - \log_{10} 32 = \log_{10} \frac{x}{2}$

b) $2\log_{10} x = \log_{10} \frac{x}{2} - \frac{3}{5}$

c) $\log_x 10 = 5 - 3\log_{10} x$

d)) $\log_{10}\left(\frac{21-x^2}{3x+210}\right) = 2$

27. Resuelve los siguientes sistemas de ecuaciones:

a) $\begin{cases} \log_{10} x + \log_{10} y = 30 \\ x + y = 60 \end{cases}$

b) $\begin{cases} x - y = 25 \\ \log_{10} y = \log_{10} x - 1 \end{cases}$

c) $\begin{cases} x - y = 8 \\ \log_2 x = 7 - \log_2 y \end{cases}$

d) $\begin{cases} \log_{10}(x+y) + \log(x-y) = \log_{10} 44 \\ e^x \cdot e^y = e^{11} \end{cases}$

e) $\begin{cases} y \cdot \log_{10} x - x \cdot \log_{10} y = 0 \\ x^2 - y^2 = 0 \end{cases}$

f) $\begin{cases} 2 \cdot \log_{10} x - 2 \cdot \log_{10} y = 1 \\ \log_{10} x + \log_{10} y = 3 \end{cases}$

Soluciones

1. S: a) $\log_2 128 = 7$

b) $\log_8 2 = \frac{1}{3}$

c) $\log_2 64 = 6$

2. S: a) $y = 4$

b) $y = 5$

c) $y = 2$

d) $y = 2$

3. S: a) 49

b) 1

c) $x = 2$

4. S: a) 6

b) 1/4

c) 1/12

5. S: a) $x = 10.000$

b) $x = -4$

c) $x = 10$

6. S: a) 5/2

b) 4

c) 0

d) $\sqrt{10}$

e) $-\frac{1}{6}$

f) $1.000\sqrt{10}$

g) 2

h) 1

i) -2

j) 100

7. S: a) -0,552842...

b) 4

c) 12

d) 5

8. S: a) 2

b) 3

c) 4

d) 5

e) 6

f) -1

g) -2

h) -4

9. S: a) 1,20412

b) 1,39794

c) 2,09691

d) -0,19382

e) 0,161236

10. S: $\log_a b = \frac{x}{y}$; $\log_b a = \frac{y}{x}$

11. S: $x = \frac{\ln 27}{3\ln 2} = 1{,}5849625$

12. S: a) $x = 5$

b) $x = 8$

c) $x = 10.000$

d) $x = 10$

e) $x = 300$

13. S: -1,0135779

14. S: a) $\frac{9}{2} - 6\log_{10} 2$

b) $\log_2 1 - \log_2 2^{5x} = -5x$

15. S: a) 8

b) 10

c) x^2

d) x

16. S: a) $x = \frac{9}{4}$

b) $x = \left(\frac{5 \cdot 2^4}{3}\right)^3$

c) $x = \sqrt[5]{7^3}$

17. S: p =3.125

18. S: $\log_2 10 = 3{,}3222$

19. S: a) 0,778

b) 0,954

c) 1,806

d) 0,5187

20. S: -2

21. S: $a = \frac{1}{b}$

22. S: $\log_5 100 < x < \log_5 1000$

23. S: $a = 2^{5/3}$

24. S: $b = 5a$

25. S: a) $3 + t$

b) $t - 2$

c) $5 + t$

d) $t/4$

26. S: a) $x = 2$

b) $x = 10^{-13/5}$

c) $x = 10^{\frac{5 \pm \sqrt{13}}{6}}$

d) $x = -150 - 2\sqrt{5721}$

27. S: a) No tiene solución real

b) $x = \frac{250}{9}$; $y = \frac{25}{9}$

c) $x = 4 + 4\sqrt{33}$; $y = -4 + 4\sqrt{33}$

d) $x = \frac{15}{2}$; $Y = \frac{7}{2}$

e) Infinitas soluciones para $x = y$

f) $x = 10^{7/4}$; $y = 10^{5/4}$

Tabla de logaritmos decimales

N	0	1	2	3	4	5	6	7	8	9	Partes proporcionales								
											1	2	3	4	5	6	7	8	9
10	0000	0043	0086	0128	0170	0212	0253	0294	0334	0374	4	8	12	17	21	25	29	33	37
11	0414	0453	0492	0531	0569	0607	0645	0682	0719	0755	4	8	11	15	19	23	26	30	34
12	0792	0828	0864	0899	0934	0969	1004	1038	1072	1106	3	7	10	14	17	21	24	28	31
13	1139	1173	1206	1239	1271	1303	1335	1367	1399	1430	3	6	10	13	16	19	23	26	29
14	1461	1492	1523	1553	1584	1614	1644	1673	1703	1732	3	6	9	12	15	18	21	24	27
15	1761	1790	1818	1847	1875	1903	1931	1959	1987	2014	3	6	8	11	14	17	20	22	25
16	2041	2068	2095	2122	2148	2175	2201	2227	2253	2279	3	5	8	11	13	16	18	21	24
17	2304	2330	2355	2380	2405	2430	2455	2480	2504	2529	2	5	7	10	12	15	17	20	22
18	2553	2577	2601	2625	2648	2672	2695	2718	2742	2765	2	5	7	9	12	14	16	19	21
19	2788	2810	2833	2856	2878	2900	2923	2945	2967	2989	2	4	7	9	11	13	16	18	20
20	3010	3032	3054	3075	3096	3118	3139	3160	3181	3201	2	4	6	8	11	13	15	17	19
21	3222	3243	3263	3284	3304	3324	3345	3365	3385	3404	2	4	6	8	10	12	14	16	18
22	3424	3444	3464	3483	3502	3522	3541	3560	3579	3598	2	4	6	8	10	12	14	15	17
23	3617	3636	3655	3674	3692	3711	3729	3747	3766	3784	2	4	6	7	9	11	13	15	17
24	3802	3820	3838	3856	3874	3892	3909	3927	3945	3962	2	4	5	7	9	11	12	14	16
25	3979	3997	4014	4031	4048	4065	4082	4099	4116	4133	2	3	5	7	9	10	12	14	15
26	4150	4166	4183	4200	4216	4232	4249	4265	4281	4298	2	3	5	7	8	10	11	13	15
27	4314	4330	4346	4362	4378	4393	4409	4425	4440	4456	2	3	5	6	8	9	11	13	14
28	4472	4487	4502	4518	4533	4548	4564	4579	4594	4609	2	3	5	6	8	9	11	12	14
29	4624	4639	4654	4669	4683	4698	4713	4728	4742	4757	1	3	4	6	7	9	10	12	13
30	4771	4786	4800	4814	4829	4843	4857	4871	4886	4900	1	3	4	6	7	9	10	11	13
31	4914	4928	4942	4955	4969	4983	4997	5011	5024	5038	1	3	4	6	7	8	10	11	12
32	5051	5065	5079	5092	5105	5119	5132	5145	5159	5172	1	3	4	5	7	8	9	11	12
33	5185	5198	5211	5224	5237	5250	5263	5276	5289	5302	1	3	4	5	6	8	9	10	12
34	5315	5328	5340	5353	5366	5378	5391	5403	5416	5428	1	3	4	5	6	8	9	10	11
35	5441	5453	5465	5478	5490	5502	5514	5527	5539	5551	1	2	4	5	6	7	9	10	11
36	5563	5575	5587	5599	5611	5623	5635	5647	5658	5670	1	2	4	5	6	7	8	10	11
37	5682	5694	5705	5717	5729	5740	5752	5763	5775	5786	1	2	3	5	6	7	8	9	10
38	5798	5809	5821	5832	5843	5855	5866	5877	5888	5899	1	2	3	5	6	7	8	9	10
39	5911	5922	5933	5944	5955	5966	5977	5988	5999	6010	1	2	3	4	5	7	8	9	10
40	6021	6031	6042	6053	6064	6075	6085	6096	6107	6117	1	2	3	4	5	6	8	9	10
41	6128	6138	6149	6160	6170	6180	6191	6201	6212	6222	1	2	3	4	5	6	7	8	9
42	6232	6243	6253	6263	6274	6284	6294	6304	6314	6325	1	2	3	4	5	6	7	8	9
43	6335	6345	6355	6365	6375	6385	6395	6405	6415	6425	1	2	3	4	5	6	7	8	9
44	6435	6444	6454	6464	6474	6484	6493	6503	6513	6522	1	2	3	4	5	6	7	8	9
45	6532	6542	6551	6561	6571	6580	6590	6599	6609	6618	1	2	3	4	5	6	7	8	9
46	6628	6637	6646	6656	6665	6675	6684	6693	6702	6712	1	2	3	4	5	6	7	7	8
47	6721	6730	6739	6749	6758	6767	6776	6785	6794	6803	1	2	3	4	5	5	6	7	8
48	6812	6821	6830	6839	6848	6857	6866	6875	6884	6893	1	2	3	4	4	5	6	7	8
49	6902	6911	6920	6928	6937	6946	6955	6964	6972	6981	1	2	3	4	4	5	6	7	8
50	6990	6998	7007	7016	7024	7033	7042	7050	7059	7067	1	2	3	3	4	5	6	7	8
51	7076	7084	7093	7101	7110	7118	7126	7135	7143	7152	1	2	3	3	4	5	6	7	8
52	7160	7168	7177	7185	7193	7202	7210	7218	7226	7235	1	2	2	3	4	5	6	7	7
53	7243	7251	7259	7267	7275	7284	7292	7300	7308	7316	1	2	2	3	4	5	6	6	7
54	7324	7332	7340	7348	7356	7364	7372	7380	7388	7396	1	2	2	3	4	5	6	6	7
N	0	1	2	3	4	5	6	7	8	9	1	2	3	4	5	6	7	8	9

N	0	1	2	3	4	5	6	7	8	9	Partes proporcionales 1	2	3	4	5	6	7	8	9
55	7404	7412	7419	7427	7435	7443	7451	7459	7466	7474	1	2	2	3	4	5	5	6	7
56	7482	7490	7497	7505	7513	7520	7528	7536	7543	7551	1	2	2	3	4	5	5	6	7
57	7559	7566	7574	7582	7589	7597	7604	7612	7619	7627	1	2	2	3	4	5	5	6	7
58	7634	7642	7649	7657	7664	7672	7679	7686	7694	7701	1	1	2	3	4	4	5	6	7
59	7709	7716	7723	7731	7738	7745	7752	7760	7767	7774	1	1	2	3	4	4	5	6	7
60	7782	7789	7796	7803	7810	7818	7825	7832	7839	7846	1	1	2	3	4	4	5	6	6
61	7853	7860	7868	7875	7882	7889	7896	7903	7910	7917	1	1	2	3	4	4	5	6	6
62	7924	7931	7938	7945	7952	7959	7966	7973	7980	7987	1	1	2	3	3	4	5	6	6
63	7993	8000	8007	8014	8021	8028	8035	8041	8048	8055	1	1	2	3	3	4	5	5	6
64	8062	8069	8075	8082	8089	8096	8102	8109	8116	8122	1	1	2	3	3	4	5	5	6
65	8129	8136	8142	8149	8156	8162	8169	8176	8182	8189	1	1	2	3	3	4	5	5	6
66	8195	8202	8209	8215	8222	8228	8235	8241	8248	8254	1	1	2	3	3	4	5	5	6
67	8261	8267	8274	8280	8287	8293	8299	8306	8312	8319	1	1	2	3	3	4	5	5	6
68	8325	8331	8338	8344	8351	8357	8363	8370	8376	8382	1	1	2	3	3	4	4	5	6
69	8388	8395	8401	8407	8414	8420	8426	8432	8439	8445	1	1	2	2	3	4	4	5	6
70	8451	8457	8463	8470	8476	8482	8488	8494	8500	8506	1	1	2	2	3	4	4	5	6
71	8513	8519	8525	8531	8537	8543	8549	8555	8561	8567	1	1	2	2	3	4	4	5	5
72	8573	8579	8585	8591	8597	8603	8609	8615	8621	8627	1	1	2	2	3	4	4	5	5
73	8633	8639	8645	8651	8657	8663	8669	8675	8681	8686	1	1	2	2	3	4	4	5	5
74	8692	8698	8704	8710	8716	8722	8727	8733	8739	8745	1	1	2	2	3	4	4	5	5
75	8751	8756	8762	8768	8774	8779	8785	8791	8797	8802	1	1	2	2	3	3	4	5	5
76	8808	8814	8820	8825	8831	8837	8842	8848	8854	8859	1	1	2	2	3	3	4	5	5
77	8865	8871	8876	8882	8887	8893	8899	8904	8910	8915	1	1	2	2	3	3	4	4	5
78	8921	8927	8932	8938	8943	8949	8954	8960	8965	8971	1	1	2	2	3	3	4	4	5
79	8976	8982	8987	8993	8998	9004	9009	9015	9020	9025	1	1	2	2	3	3	4	4	5
80	9031	9036	9042	9047	9053	9058	9063	9069	9074	9079	1	1	2	2	3	3	4	4	5
81	9085	9090	9096	9101	9106	9112	9117	9122	9128	9133	1	1	2	2	3	3	4	4	5
82	9138	9143	9149	9154	9159	9165	9170	9175	9180	9186	1	1	2	2	3	3	4	4	5
83	9191	9196	9201	9206	9212	9217	9222	9227	9232	9238	1	1	2	2	3	3	4	4	5
84	9243	9248	9253	9258	9263	9269	9274	9279	9284	9289	1	1	2	2	3	3	4	4	5
85	9294	9299	9304	9309	9315	9320	9325	9330	9335	9340	1	1	2	2	3	3	4	4	5
86	9345	9350	9355	9360	9365	9370	9375	9380	9385	9390	1	1	2	2	3	3	4	4	5
87	9395	9400	9405	9410	9415	9420	9425	9430	9435	9440	0	1	1	2	2	3	3	4	4
88	9445	9450	9455	9460	9465	9469	9474	9479	9484	9489	0	1	1	2	2	3	3	4	4
89	9494	9499	9504	9509	9513	9518	9523	9528	9533	9538	0	1	1	2	2	3	3	4	4
90	9542	9547	9552	9557	9562	9566	9571	9576	9581	9586	0	1	1	2	2	3	3	4	4
91	9590	9595	9600	9605	9609	9614	9619	9624	9628	9633	0	1	1	2	2	3	3	4	4
92	9638	9643	9647	9652	9657	9661	9666	9671	9675	9680	0	1	1	2	2	3	3	4	4
93	9685	9689	9694	9699	9703	9708	9713	9717	9722	9727	0	1	1	2	2	3	3	4	4
94	9731	9736	9741	9745	9750	9754	9759	9763	9768	9773	0	1	1	2	2	3	3	4	4
95	9777	9782	9786	9791	9795	9800	9805	9809	9814	9818	0	1	1	2	2	3	3	4	4
96	9823	9827	9832	9836	9841	9845	9850	9854	9859	9863	0	1	1	2	2	3	3	4	4
97	9868	9872	9877	9881	9886	9890	9894	9899	9903	9908	0	1	1	2	2	3	3	4	4
98	9912	9917	9921	9926	9930	9934	9939	9943	9948	9952	0	1	1	2	2	3	3	4	4
99	9956	9961	9965	9969	9974	9978	9983	9987	9991	9996	0	1	1	2	2	3	3	3	4
N	0	1	2	3	4	5	6	7	8	9	1	2	3	4	5	6	7	8	9

Tabla de antilogaritmos

N	0	1	2	3	4	5	6	7	8	9	Partes proporcionales 1	2	3	4	5	6	7	8	9
0,00	1000	1002	1005	1007	1009	1012	1014	1016	1019	1021	0	0	1	1	1	1	2	2	2
0,01	1023	1026	1028	1030	1033	1035	1038	1040	1042	1045	0	0	1	1	1	1	2	2	2
0,02	1047	1050	1052	1054	1057	1059	1062	1064	1067	1069	0	0	1	1	1	1	2	2	2
0,03	1072	1074	1076	1079	1081	1084	1086	1089	1091	1094	0	0	1	1	1	1	2	2	2
0,04	1096	1099	1102	1104	1107	1109	1112	1114	1117	1119	0	1	1	1	1	2	2	2	2
0,05	1122	1125	1127	1130	1132	1135	1138	1140	1143	1146	0	1	1	1	1	2	2	2	2
0,06	1148	1151	1153	1156	1159	1161	1164	1167	1169	1172	0	1	1	1	1	2	2	2	2
0,07	1175	1178	1180	1183	1186	1189	1191	1194	1197	1199	0	1	1	1	1	2	2	2	2
0,08	1202	1205	1208	1211	1213	1216	1219	1222	1225	1227	0	1	1	1	1	2	2	2	3
0,09	1230	1233	1236	1239	1242	1245	1247	1250	1253	1256	0	1	1	1	1	2	2	2	3
0,10	1259	1262	1265	1268	1271	1274	1276	1279	1282	1285	0	1	1	1	1	2	2	2	3
0,11	1288	1291	1294	1297	1300	1303	1306	1309	1312	1315	0	1	1	1	2	2	2	2	3
0,12	1318	1321	1324	1327	1330	1334	1337	1340	1343	1346	0	1	1	1	2	2	2	2	3
0,13	1349	1352	1355	1358	1361	1365	1368	1371	1374	1377	0	1	1	1	2	2	2	3	3
0,14	1380	1384	1387	1390	1393	1396	1400	1403	1406	1409	0	1	1	1	2	2	2	3	3
0,15	1413	1416	1419	1422	1426	1429	1432	1435	1439	1442	0	1	1	1	2	2	2	3	3
0,16	1445	1449	1452	1455	1459	1462	1466	1469	1472	1476	0	1	1	1	2	2	2	3	3
0,17	1479	1483	1486	1489	1493	1496	1500	1503	1507	1510	0	1	1	1	2	2	2	3	3
0,18	1514	1517	1521	1524	1528	1531	1535	1538	1542	1545	0	1	1	1	2	2	2	3	3
0,19	1549	1552	1556	1560	1563	1567	1570	1574	1578	1581	0	1	1	1	2	2	3	3	3
0,20	1585	1589	1592	1596	1600	1603	1607	1611	1614	1618	0	1	1	1	2	2	3	3	3
0,21	1622	1626	1629	1633	1637	1641	1644	1648	1652	1656	0	1	1	2	2	2	3	3	3
0,22	1660	1663	1667	1671	1675	1679	1683	1687	1690	1694	0	1	1	2	2	2	3	3	3
0,23	1698	1702	1706	1710	1714	1718	1722	1726	1730	1734	0	1	1	2	2	2	3	3	4
0,24	1738	1742	1746	1750	1754	1758	1762	1766	1770	1774	0	1	1	2	2	2	3	3	4
0,25	1778	1782	1786	1791	1795	1799	1803	1807	1811	1816	0	1	1	2	2	2	3	3	4
0,26	1820	1824	1828	1832	1837	1841	1845	1849	1854	1858	0	1	1	2	2	3	3	3	4
0,27	1862	1866	1871	1875	1879	1884	1888	1892	1897	1901	0	1	1	2	2	3	3	3	4
0,28	1905	1910	1914	1919	1923	1928	1932	1936	1941	1945	0	1	1	2	2	3	3	3	4
0,29	1950	1954	1959	1963	1968	1972	1977	1982	1986	1991	0	1	1	2	2	3	3	4	4
0,30	1995	2000	2004	2009	2014	2018	2023	2028	2032	2037	0	1	1	2	2	3	3	4	4
0,31	2042	2046	2051	2056	2061	2065	2070	2075	2080	2084	0	1	1	2	2	3	3	4	4
0,32	2089	2094	2099	2104	2109	2113	2118	2123	2128	2133	0	1	1	2	2	3	3	4	4
0,33	2138	2143	2148	2153	2158	2163	2168	2173	2178	2183	0	1	1	2	2	3	3	4	4
0,34	2188	2193	2198	2203	2208	2213	2218	2223	2228	2234	1	1	2	2	3	3	4	4	5
0,35	2239	2244	2249	2254	2259	2265	2270	2275	2280	2286	1	1	2	2	3	3	4	4	5
0,36	2291	2296	2301	2307	2312	2317	2323	2328	2333	2339	1	1	2	2	3	3	4	4	5
0,37	2344	2350	2355	2360	2366	2371	2377	2382	2388	2393	1	1	2	2	3	3	4	4	5
0,38	2399	2404	2410	2415	2421	2427	2432	2438	2443	2449	1	1	2	2	3	3	4	4	5
0,39	2455	2460	2466	2472	2477	2483	2489	2495	2500	2506	1	1	2	2	3	3	4	5	5
0,40	2512	2518	2523	2529	2535	2541	2547	2553	2559	2564	1	1	2	2	3	4	4	5	5
0,41	2570	2576	2582	2588	2594	2600	2606	2612	2618	2624	1	1	2	2	3	4	4	5	5
0,42	2630	2636	2642	2649	2655	2661	2667	2673	2679	2685	1	1	2	2	3	4	4	5	6
0,43	2692	2698	2704	2710	2716	2723	2729	2735	2742	2748	1	1	2	3	3	4	4	5	6
0,44	2754	2761	2767	2773	2780	2786	2793	2799	2805	2812	1	1	2	3	3	4	4	5	6
0,45	2818	2825	2831	2838	2844	2851	2858	2864	2871	2877	1	1	2	3	3	4	5	5	6
0,46	2884	2891	2897	2904	2911	2917	2924	2931	2938	2944	1	1	2	3	3	4	5	5	6
0,47	2951	2958	2965	2972	2979	2985	2992	2999	3006	3013	1	1	2	3	3	4	5	5	6
0,48	3020	3027	3034	3041	3048	3055	3062	3069	3076	3083	1	1	2	3	4	4	5	6	6
0,49	3090	3097	3105	3112	3119	3126	3133	3141	3148	3155	1	1	2	3	4	4	5	6	6
N	0	1	2	3	4	5	6	7	8	9	1	2	3	4	5	6	7	8	9

N	0	1	2	3	4	5	6	7	8	9	Partes proporcionales								
											1	2	3	4	5	6	7	8	9
0,50	3162	3170	3177	3184	3192	3199	3206	3214	3221	3228	1	1	2	3	4	4	5	6	7
0,51	3236	3243	3251	3258	3266	3273	3281	3289	3296	3304	1	2	2	3	4	5	5	6	7
0,52	3311	3319	3327	3334	3342	3350	3357	3365	3373	3381	1	2	2	3	4	5	5	6	7
0,53	3388	3396	3404	3412	3420	3428	3436	3443	3451	3459	1	2	2	3	4	5	6	6	7
0,54	3467	3475	3483	3491	3499	3508	3516	3524	3532	3540	1	2	2	3	4	5	6	6	7
0,55	3548	3556	3565	3573	3581	3589	3597	3606	3614	3622	1	2	2	3	4	5	6	7	7
0,56	3631	3639	3648	3656	3664	3673	3681	3690	3698	3707	1	2	3	3	4	5	6	7	8
0,57	3715	3724	3733	3741	3750	3758	3767	3776	3784	3793	1	2	3	3	4	5	6	7	8
0,58	3802	3811	3819	3828	3827	3846	3855	3864	3873	3882	1	2	3	4	4	5	6	7	8
0,59	3890	3899	3908	3917	3926	3936	3945	3954	3963	3972	1	2	3	4	5	5	6	7	8
0,60	3981	3990	3999	4009	4018	4027	4036	4046	4055	4064	1	2	3	4	5	6	6	7	8
0,61	4074	4083	4093	4102	4111	4121	4130	4140	4150	4159	1	2	3	4	5	6	7	8	9
0,62	4169	4178	4188	4198	4207	4217	4227	4236	4246	4256	1	2	3	4	5	6	7	8	9
0,63	4266	4276	4285	4295	4305	4315	4325	4335	4345	4355	1	2	3	4	5	6	7	8	9
0.64	4365	4375	4385	4395	4406	4416	4426	4436	4446	4457	1	2	3	4	5	6	7	8	9
0,65	4467	4477	4487	4498	4508	4519	4529	4539	4550	4560	1	2	3	4	5	6	7	8	9
0,66	4571	4581	4592	4603	4613	4624	4634	4645	4656	4667	1	2	3	4	5	6	7	9	10
0,67	4677	4688	4699	4710	4721	4732	4742	4753	4764	4775	1	2	3	4	5	7	8	9	10
0,68	4786	4797	4808	4819	4831	4842	4853	4864	4875	4887	1	2	3	4	6	7	8	9	10
0,69	4898	4909	4920	4932	4943	4955	4966	4977	4989	5000	1	2	3	5	6	7	8	9	10
0,70	5012	5023	5035	5047	5058	5070	5082	5093	5105	5117	1	2	4	5	6	7	8	9	11
0,71	5129	5140	5152	5164	5176	5188	5200	5212	5224	5236	1	2	4	5	6	7	8	10	11
0,72	5248	5260	5272	5284	5297	5309	5321	5333	5346	5358	1	2	4	5	6	7	9	10	11
0,73	5370	5383	5395	5408	5420	5433	5445	5458	5470	5483	1	3	4	5	6	8	9	10	11
0,74	5495	5508	5521	5534	5546	5559	5572	5585	5598	5610	1	3	4	5	6	8	9	10	12
0,75	5623	5636	5649	5662	5675	5689	5702	5715	5728	5741	1	3	4	5	7	8	9	10	12
0,76	5754	5768	5781	5794	5808	5821	5834	5848	5861	5875	1	3	4	5	7	8	9	11	12
0,77	5888	5902	5916	5929	5943	5957	5970	5984	5998	6012	1	3	4	5	7	8	10	11	12
0,78	6026	6039	6053	6067	6081	6095	6109	6124	6138	6152	1	3	4	6	7	8	10	11	13
0,79	6166	6180	6194	6209	6223	6237	6252	6266	6281	6295	1	3	4	6	7	9	10	11	13
0,80	6310	6324	6339	6353	6368	6383	6397	6412	6427	6442	1	3	4	6	7	9	10	12	13
0,81	6457	6471	6486	6501	6516	6531	6546	6561	6577	6592	2	3	5	6	8	9	11	12	14
0,82	6607	6622	6637	6653	6668	6683	6699	6714	6730	6745	2	3	5	6	8	9	11	12	14
0,83	6761	6776	6792	6808	6823	6839	6855	6871	6887	6902	2	3	5	6	8	9	11	13	14
0,84	6918	6934	6950	6966	6982	6998	7015	7031	7047	7063	2	3	5	6	8	10	11	13	15
0,85	7079	7096	7112	7129	7145	7161	7178	7194	7211	7228	2	3	5	7	8	10	12	13	15
0,86	7244	7261	7278	7295	7311	7328	7345	7362	7379	7396	2	3	5	7	8	10	12	13	15
0,87	7413	7430	7447	7464	7482	7499	7516	7534	7551	7568	2	3	5	7	9	10	12	14	16
0,88	7586	7603	7621	7638	7656	7674	7691	7709	7727	7745	2	4	5	7	9	11	12	14	16
0,89	7762	7780	7798	7816	7834	7852	7870	7889	7907	7925	2	4	5	7	9	11	13	14	16
0,90	7943	7962	7980	7998	8017	8035	8054	8072	8091	8110	2	4	6	7	9	11	13	15	17
0,91	8128	8147	8166	8185	8204	8222	8241	8260	8279	8299	2	4	6	8	9	11	13	15	17
0,92	8318	8337	8356	8375	8395	8414	8433	8453	8472	8492	2	4	6	8	10	12	14	15	17
0,93	8511	8531	8551	8570	8590	8610	8630	8650	8670	8690	2	4	6	8	10	12	14	16	18
0,94	8710	8730	8750	8770	8790	8810	8831	8851	8872	8892	2	4	6	8	10	12	14	16	18
0,95	8913	8933	8954	8974	8995	9016	9036	9057	9078	9099	2	4	6	8	10	12	15	17	19
0,96	9120	9141	9162	9183	9204	9226	9247	9268	9290	9311	2	4	6	8	11	13	15	17	19
0,97	9333	9354	9376	9397	9419	9441	9462	9484	9506	9528	2	4	7	9	11	13	15	17	20
0,98	9550	9572	9594	9616	9638	9661	9683	9705	9727	9750	2	4	7	9	11	13	16	18	20
0,99	9772	9795	9817	9840	9863	9886	9908	9931	9954	9977	2	5	7	9	11	14	16	18	20
N	0	1	2	3	4	5	6	7	8	9	1	2	3	4	5	6	7	8	9

56 El concepto de derivada

Introducción histórica

El matemático alemán Hermann Amandus Schwarz (Harmsdorf, 1843 - Berlín, 1921) realizó investigaciones sobre geometría diferencial, teoría de funciones y variables complejas. Estableció la desigualdad que lleva su nombre y un procedimiento para representar las funciones de variable compleja. Fue profesor en las universidades de Halle, Gotinga y Berlín.

56.1 Introducción

Se denomina tasa de variación media al cociente entre las variaciones de unas cantidades respecto a otras.

Ejemplo

Al estudiar la potencia de arranque de un prototipo de automóvil se ha obtenido la siguiente tabla:

v = velocidad (km/h)	0	15	30	50	75	100	130	160
t = tiempo (s)	0	1	2	3	4	5	6	7

Calcular la tasa de variación media (aceleración media) en cada intervalo de tiempo de 1 segundo.

Solución: Tendremos

En el intervalo $[0,1]$, $a_m = \dfrac{15 - 0}{1 - 0} = 15 \dfrac{\text{km/h}}{\text{s}}$

En el intervalo $[1,2]$, $a_m = \dfrac{30 - 15}{2 - 1} = 15 \dfrac{\text{km/h}}{\text{s}}$

En el intervalo [2,3], $a_m = \dfrac{50 - 30}{3 - 2} = 20 \dfrac{\text{km/h}}{\text{s}}$

En el intervalo [3,4], $a_m = \dfrac{75 - 50}{4 - 3} = 25 \dfrac{\text{km/h}}{\text{s}}$

En el intervalo [4,5], $a_m = \dfrac{100 - 75}{5 - 4} = 25 \dfrac{\text{km/h}}{\text{s}}$

En el intervalo [5,6], $a_m = \dfrac{130 - 100}{6 - 5} = 30 \dfrac{\text{km/h}}{\text{s}}$

En el intervalo [6,7], $a_m = \dfrac{160 - 130}{7 - 6} = 30 \dfrac{\text{km/h}}{\text{s}}$

Ejemplo

Un nadador ha nadado los 800 metros libres en una competición. Un cronometrador ha registrado los siguientes tiempos cada 100 metros:

s = espacio (m)	0	100	200	300	400	500	600	700	800
t = tiempo (s)	0	56,4	113,5	171	229,2	288	346,6	405,6	463,7

Calcular la tasa de variación (velocidad media) cada 100 metros.

Solución: Tendremos

En el intervalo [0,100], $v_m = \dfrac{100 - 0}{56,4 - 0} = 1,773$ m/s.

En el intervalo [100,200], $v_m = \dfrac{200 - 100}{113,5 - 56,4} = 1,751$ m/s.

En el intervalo [200,300], $v_m = \dfrac{300 - 200}{171 - 113,5} = 1,739$ m/s.

En el intervalo [300,400], $v_m = \dfrac{400 - 300}{229,2 - 171} = 1,718$ m/s.

En el intervalo [400,500], $v_m = \dfrac{500 - 400}{288 - 229,2} = 1,701$ m/s.

En el intervalo [500,600], $v_m = \dfrac{600 - 500}{346{,}6 - 288} = 1{,}706$ m/s.

En el intervalo [600,700], $v_m = \dfrac{700 - 600}{405{,}6 - 346{,}6} = 1{,}695$ m/s.

En el intervalo [700,800], $v_m = \dfrac{800 - 700}{463{,}7 - 405{,}6} = 1{,}721$ m/s.

El análisis de la carrera indica que el nadador ha ido disminuyendo su velocidad media conforme transcurría la carrera a causa del cansancio, excepto en los últimos 100 metros, en que la velocidad ha aumentado ligeramente.

Se define la tasa de variación media de una función definida en un intervalo $[a,b]$ siendo $a < b$ como

$$\frac{f(b) - f(a)}{b - a}$$

Ejemplo

Calcular la tasa de variación media de la función $f(x) = x + 3$ en los intervalos $[-3,-2]$, $[-2,-1]$, $[-1,0]$, $[0,1]$, $[1,2]$ y $[2,3]$.

Solución: Tendremos

$[a,b]$	$b - a$	$f(b) - f(a)$	Tasa de variación media
$[-3,-2]$	1	1	1
$[-2,-1]$	1	1	1
$[-1,0]$	1	1	1
$[0,1]$	1	1	1
$[1,2]$	1	1	1
$[2,3]$	1	1	1

Tal como puede observarse, en este caso la tasa de variación media es la misma en todos los intervalos estudiados.

Ejemplo

Calcular la tasa de variación media de la función $f(x) = x^2$ en los intervalos $[-3,-2]$, $[-2,-1]$, $[-1,0]$, $[0,1]$, $[1,2]$ y $[2,3]$.

Solución: Tendremos

$[a,b]$	$b-a$	$f(b)-f(a)$	Tasa de variación media
$[-3,-2]$	1	-5	-5
$[-2,-1]$	1	-3	-3
$[-1,0]$	1	-1	-1
$[0,1]$	1	1	1
$[1,2]$	1	3	3
$[2,3]$	1	5	5

Tal como puede observarse, en este caso la tasa de variación media no es la misma en los intervalos estudiados.

Se define la tasa de variación instantánea de una función f en un punto a como

$$\lim_{b \to a} \frac{f(b) - f(a)}{b - a}$$

Calcular la tasa de variación media de la función $f(x) = x^2$ en los intervalos $[1,2]$, $[1,1{,}1]$, $[1,1{,}01]$, $[1,1{,}001]$ y $[1,1{,}0001]$. Calcular, a continuación, la tasa de variación instantánea de dicha función en el punto $x = 1$.

Solución: Tendremos

$[a,b]$	$b-a$	$f(b)-f(a)$	Tasa de variación media
$[1,2]$	1	3	3
$[1,1{,}1]$	0,1	0,21	2,1
$[1,1{,}01]$	0,01	0,0201	2,01
$[1,1{,}001]$	0,001	0,002001	2,001
$[1,1{,}0001]$	0,0001	0,00020001	2,0001

Tal como puede observarse, la tasa de variación media parece irse aproximando a 2 conforme se reduce la longitud del intervalo considerado. Calculemos ahora la tasa de variación instantánea de la función en el punto $x = 1$.

$$\lim_{b \to 1} \frac{b^2 - 1^2}{b - 1} = \lim_{b \to 1} \frac{b^2 - 1}{b - 1} = \frac{0}{0}$$

Eliminemos la indeterminación simplificando numerador y denominador por $b - 1$. Resulta:

$$\lim_{b \to 1} \frac{b^2 - 1}{b - 1} = \lim_{b \to 1} \frac{(b+1)\,(b-1)}{b - 1} = \lim_{b \to 1} b + 1 = 1 + 1 = 2$$

Así pues, la tasa de variación instantánea coincide con el límite al que tiende la tasa de variación media al ir reduciendo la longitud del intervalo considerado.

Ejemplo

La ecuación de movimiento de un cuerpo que se deja caer sin velocidad inicial en las proximidades de la Tierra, en ausencia de rozamiento es $s = 4{,}9t^2$, donde s es el espacio recorrido en metros y t el tiempo empleado en segundos.

a) Calcular la ecuación que nos permite hallar la velocidad instantánea para cualquier tiempo.
b) Hallar el valor de la velocidad en el instante $t = 4s$.
c) Determinar el valor de la aceleración instantánea.
d) ¿Qué tipo de movimiento lleva el cuerpo?

Solución: Tendremos

a) $$v = \lim_{\Delta t \to 0} \frac{\Delta s}{\Delta t} = \lim_{\Delta t \to 0} \frac{4{,}9(t + \Delta t)^2 - 4{,}9t^2}{\Delta t} =$$

$$= \lim_{\Delta t \to 0} \frac{4{,}9t^2 + 9{,}8t\Delta t + 4{,}9(\Delta t)^2 - 4{,}9t^2}{\Delta t} = \lim_{\Delta t \to 0} \frac{9{,}8t\Delta t + 4{,}9(\Delta t)^2}{\Delta t} =$$

$$= \lim_{\Delta t \to 0} (9{,}8t + 4{,}9\Delta t) = 9{,}8t$$

Es decir, que la velocidad instantánea vale $v = 9{,}8t$.

b) Para $t = 4s$ tendremos que $v = 9{,}8 \cdot 4 = 39{,}2 m/s$,

c) Puesto que $v = 9{,}8t$, tendremos que:

$$a = \lim_{\Delta t \to 0} \frac{\Delta v}{\Delta t} = \lim_{\Delta t \to 0} \frac{9{,}8(t + \Delta t) - 9{,}8t}{\Delta t} =$$

$$= \lim_{\Delta t \to 0} \frac{9{,}8t + 9{,}8\Delta t - 9{,}8t}{\Delta t} = \lim_{\Delta t \to 0} \frac{9{,}8\Delta t}{\Delta t} = \lim_{\Delta t \to 0} 9{,}8 = 9{,}8$$

Por consiguiente, la aceleración instantánea es constante e igual a $9{,}8\ m/s^2$.

d) Como la aceleración es constante, el cuerpo lleva un movimiento rectilíneo uniformemente acelerado.

56.2 El problema de la tangente

Consideremos la parábola de ecuación $y = x^2$. Vamos a intentar trazar la tangente a esta curva en el punto de abscisa $x = 2$, es decir, en el punto P cuyas coordenadas son (2,4) puesto que $y = 2^2 = 4$.

Tal como puede observarse en la Figura 56-1, la tangente que nos proponemos trazar puede considerarse como la recta hacia la que tienden las secantes que pasan por los puntos P y Q cuando el punto Q se aproxima indefinidamente a P.

Si llamamos b a la abscisa correspondiente al punto Q, la pendiente de la recta secante que pasa por Q y P vendrá dada por la expresión $\frac{b^2 - 2^2}{b - 2}$, que coindice con el valor de la tangente del ángulo formado por la secante con el eje de abscisas.

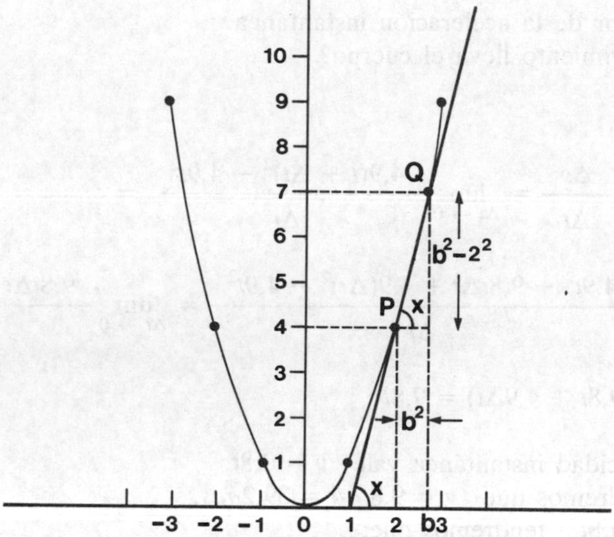

Fig. 56-1.

Ahora bien, cuando el punto Q se acerca indefinidamente a P, entonces b tiende a a y, por lo tanto, el valor límite de la pendiente será

$$\text{lím tg } \alpha = \lim_{b \to 2} \frac{b^2 - 2^2}{b - 2} =$$

$$= \lim_{b \to 2} \frac{(b + 2)\,(b - 2)}{b - 2} = \lim_{b \to 2} (b + 2) = 4$$

Por consiguiente, la recta tangente a la curva en el punto (2,4) tendrá como pendiente 4. Una vez determinado el valor de la pendiente, resulta muy fácil trazar la recta tangente en el punto considerado, tal como se muestra en la figura 56-2.

Generalizando, la pendiente de la tangente a una curva de ecuación $y = f(x)$ en un punto de abscisa a viene dada por la expresión $\lim_{b \to a} \frac{f(b) - f(a)}{b - a}$.

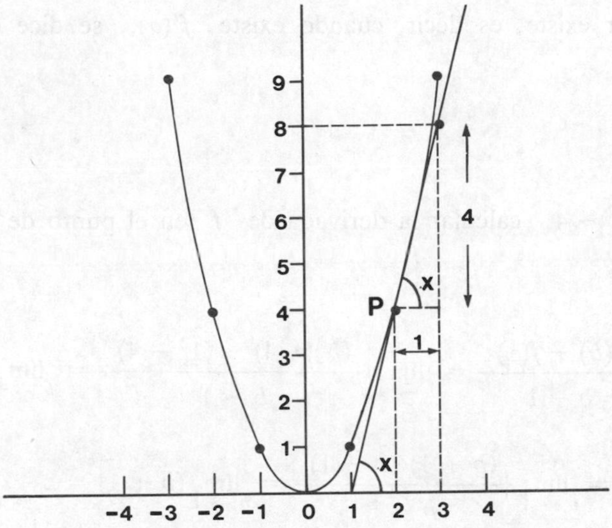

Fig. 56-2.

Ejemplo

Hallar la ecuación de la recta tangente a la curva de ecuación $f(x) = x^2 + 2$ en el punto de abscisa 2.

Solución: Tendremos

$$\lim_{b \to 2} \frac{(b^2 + 2) - (2^2 + 2)}{b - 2} = \lim_{b \to 2} \frac{b^2 - 4}{b - 2} = \lim_{b \to 2} \frac{(b + 2)\,(b - 2)}{b - 2} = \lim\,(b + 2) = 4$$

Se trata de encontrar la ecuación de la recta que pasa por el punto (2,6) y tiene pendiente 4.
O sea, $y - 6 = 4(x - 2)$.
Es decir, $y - 6 = 4x - 8$.
De donde $y = 4x - 2$, que es la ecuación buscada.

56.3 Definición de derivada

Se denomina derivada de una función f en un punto a al $\lim_{b \to a} \frac{f(b) - f(a)}{b - a}$, en el caso de que exista.

La derivada de la función f en el punto a se simboliza por $f'(a)$. Así pues,

$$f'(a) = \lim_{b \to a} \frac{f(b) - f(a)}{b - a}$$

Cuando el límite anterior existe, es decir, cuando existe $f'(a)$, se dice que la función f es derivable en el punto a.

Ejemplo

Dada la función $f(x) = x^2 - 4$, calcular la derivada de f en el punto de abscisa 1.

Solución: Tendremos

$$f'(1) = \lim_{b \to 1} \frac{f(b) - f(1)}{b - 1} = \lim_{b \to 1} \frac{(b^2 - 4) - (1^2 - 4)}{b - 1} = \lim_{b \to 1} \frac{b^2 - 1}{b - 1} =$$

$$= \lim_{b \to 1} \frac{(b + 1)(b - 1)}{b - 1} = \lim_{b \to 1} (b + 1) = 2$$

Problemas propuestos

1. Calcular la tasa de variación media de la función $f(x) = 3x + 2$ en el intervalo [1,2].
2. Ídem de la función $f(x) = 2x + 1$ en el intervalo [0, 0,1].
3. Ídem de la función $f(x) = x^2 - 1$ en el intervalo [1, 1,5].
4. Ídem de la función $f(x) = -x^2 + 2x - 1$ en el intervalo [2,3].
5. Ídem de la función $f(x) = -x + 2$ en el intervalo [2,5, 2,6].
6. Ídem de la función $f(x) = 2x + 5$ en el intervalo [1, 1,01].
7. Ídem de la función $f(x) = 2x^2 + x + 3$ en el intervalo [1, 1,001].
8. Ídem de la función $f(x) = -3x + 4$ en el intervalo [0, 0,5].
9. Ídem de la función $f(x) = 2x^2 + 3$ en el intervalo [0, 0,05].
10. Ídem de la función $f(x) = -2x + 3$ en el intervalo [0, 0,005].
11. El espacio s, expresado en metros, recorrido por un móvil en un tiempo t, expresado en segundos, viene dado por la fórmula $s = 3t + 4$. Calcular la velocidad cuando $t = 2$ segundos.
12. Ídem cuando $t = 3$ segundos si $s = 3t^2 + 2t - 1$.
13. Ídem cuando $t = 1{,}5$ segundos si $s = 2t^3 - t^2 + 6$.
14. Ídem cuando $t = 5$ segundos si $s = -t^2 - 2$.
15. Ídem cuando $t = 1$ segundo si $s = 6t^3 - 5t + 4$.
16. Ídem cuando $t = 2{,}3$ segundos si $s = -3t + 6$.
17. Ídem cuando $t = 6{,}1$ segundos si $s = -t^3 - t^2 + 3$.
18. Ídem cuando $t = 4$ segundos si $s = 6t^2 - t + 1$.
19. Ídem cuando $t = 3{,}02$ segundos si $s = 5t + 4$.
20. Ídem cuando $t = 10$ segundos si $s = -2t^3 + 2t^2 + t$.
21. Calcular la derivada de la función $f(x) = 2x^2 + 1$ en el punto $x = 2$.
22. Ídem de $f(x) = 2x + 3$ en el punto $x = 4$.
23. Ídem de $f(x) = 3x^2 + 4$ en el punto $x = 1$.
24. Ídem de $f(x) = 6x^2 + 3x + 2$ en el punto $x = 7$.

25. Ídem de $f(x) = 2/(x + 2)$ en el punto $x = 1$.
26. Ídem de $f(x) = 7x^3$ en el punto $x = 4$.
27. Ídem de $f(x) = 6x^3 + 4x$ en el punto $x = 6$.
28. Ídem de $f(x) = 3/4x$ en el punto $x = 7$.
29. Ídem de $f(x) = 2/x^3$ en el punto $x = 7$.
30. Ídem de $f(x) = 4 + 2/x$ en el punto $x = 5$.
31. Ídem de $f(x) = 2/(x)^{1/2}$ en el punto $x = 4$.
32. Ídem de $f(x) = 2x^3 - x + 4$ en el punto $x = 9$.
33. Ídem de $f(x) = 3x^2 - 5x + 6$ en el punto $x = 4$.
34. Ídem de $f(x) = x^2 - x + 4$ en el punto $x = 9$.
35. Ídem de $f(x) = x^4 - 6x^3 + 7x + 1$ en el punto $x = 2$.
36. Ídem de $f(x) = 3x^2 + 7x + 3$ en el punto $x = 5$.
37. Ídem de $f(x) = 2x^2 - x - 4$ en el punto $x = 2$.
38. Ídem de $f(x) = 3x^2 + 5x + 1$ en el punto $x = 9$.
39. Ídem de $f(x) = -6x^2 + 3x + 2$ en el punto $x = 5$.
40. Ídem de $f(x) = -x^3 - 2x + 1$ en el punto $x = 1$.

Soluciones

1. S.: 3.
2. S.: 2.
3. S.: 2,5.
4. S.: −3.
5. S.: −1.
6. S.: 2.
7. S.: 5,002.
8. S.: −3.
9. S.: 0,1.
10. S.: −2.
11. S.: 3 m/s.
12. S.: 20 m/s.
13. S.: 10,5 m/s.
14. S.: −10 m/s.
15. S.: 13 m/s.
16. S.: −3 m/s.
17. S.: −123,83 m/s.
18. S.: 47 m/s.
19. S.: 5 m/s.
20. S.: −560 m/s.
21. S.: 8.
22. S.: 2.
23. S.: 6.
24. S.: 87.
25. S.: −2/9.
26. S.: 336.
27. S.: 652.
28. S.: −3/196.
29. S.: −6/2.401.
30. S.: −2/25.
31. S.: −1/8.
32. S.: 485.
33. S.: 19.
34. S.: 17.
35. S.: − 33.
36. S.: 37.
37. S.: 7.
38. S.: 59.
39. S.: −57.
40. S.: −5.

Derivación de funciones

57

Introducción histórica

El matemático ruso Pafnutij L'vovich Tchebichev (1821-San Petersburgo, 1894) realizó investigaciones sobre análisis, teoría de los números y cálculo de probabilidades y elaboró la teoría de las series de polinomios que llevan su nombre. Fue profesor de la Universidad de San Petersburgo (actualmente Leningrado).

57.1 Derivada de una función

Tal como se indicó anteriormente, la derivada de la función f en un punto determinado a, si existe, es:

$$f'(a) = \lim_{b \to a} \frac{f(b) - f(a)}{b - a}$$

Ahora bien, si denominamos h a la diferencia $b - a$, tendremos que $b = a + h$. Por lo tanto, si b tiende hacia a, h tiende a cero, al disminuir indefinidamente la longitud del intervalo de extremos a y b.
Así pues, efectuadas estas consideraciones, tendremos que:

$$f'(a) = \lim_{h \to 0} \frac{f(a + h) - f(a)}{h}$$

que es otra manera de calcular la derivada hallando límites que siempre tienden a cero.
Dada una función f, se define la función derivada de f, f', como aquella función que a los números a para los cuales f es derivable les asigna el valor de $f'(a)$.

Es decir,

$$a \xrightarrow{\ f'\ } f'(a)$$

57.2 Derivada de $f(x) = x^n$, siendo n un número natural

Si $f(x) = x^n$ con $n \in \mathrm{N}$, entonces $f'(x) = n\, x^{n-1}$ para todo $x \in \mathrm{R}$.
En efecto, calculemos la derivada en un punto a cualquiera. Tendremos:

$$f'(a) = \lim_{h \to 0} \frac{f(a+h) - f(a)}{h} = \lim_{h \to 0} \frac{(a+h)^n - a^n}{h} =$$

$$= \lim_{h \to 0} \frac{\binom{n}{0} a^n + \binom{n}{1} a^{n-1}h + \binom{n}{2} a^{n-2}h^2 + \dots + \binom{n}{n} h^n - a^n}{h} =$$

$$= \lim_{h \to 0} \frac{n\, a^{n-1}h + \binom{n}{2} a^{n-2}h^2 + \dots + h^n}{h} = \lim_{h \to 0} \left[n\, a^{n-1} + \binom{n}{2} a^{n-2}h + \dots + h^{n-1} \right] = n\, a^{n-1}$$

Ahora bien, como el resultado anterior es válido para cualquier a, la función derivada será $f'(x) = n\, x^{n-1}$, tal como queríamos demostrar.

Ejemplo

Calcular la derivada de la función $f(x) = x^7$ para un x cualquiera. Calcular dicha derivada para $x = 1$.

Solución: Tendremos

$$f'(x) = 7x^6$$

En el caso de que $x = 1$, $f'(1) = 7 \cdot 1^6 = 7$.

57.3 Derivada de una suma de funciones

Si las funciones f y g son derivables en un punto a, la función $f + g$ también será derivable en el punto a, y se cumple que $(f + g)'(a) = f'(a) + g'(a)$.

En efecto, tendremos que:

$$(f+g)'(a) = \lim_{h \to 0} \frac{(f+g)\,(a+h) - (f+g)\,(a)}{h} = \lim_{h \to 0} \frac{f(a+h) + g(a+h) - f(a) - g(a)}{h} =$$

$$= \lim_{h \to 0} \frac{f(a+h) - f(a)}{h} + \lim_{h \to 0} \frac{g(a+h) - g(a)}{h} = f'(a) + g'(a)$$

tal como queríamos demostrar.

Ejemplo

Calcular la derivada de la función $f(x) = x^5 + x^2$ para un x cualquiera. Calcular dicha derivada para $x = 2$.

Solución: Tendremos

$$f(x) = g(x) + h(x) \quad \text{siendo} \quad g(x) = x^5 \quad \text{y} \quad h(x) = x^2$$

Por lo tanto, $f'(x) = g'(x) + h'(x)$
Pero como $g'(x) = 5x^4$
y $h'(x) = 2x$
Resulta que $f'(x) = 5x^4 + 2x$

En el caso de que $x = 2$ tendremos que $f'(2) = 5 \cdot 2^4 + 2 \cdot 2 = 84$.

57.4 Derivada del producto de una constante por una función

Si f es una función derivable en a, la función $g = c \cdot f$, donde c es una constante, también es derivable en el punto a y se verifica que $g'(a) = c \cdot f'(a)$.

En efecto, tendremos que

$$g'(a) = \lim_{h \to 0} \frac{c \cdot f(a+h) - c \cdot f(a)}{h} =$$

$$= \lim_{h \to 0} \frac{c \cdot [f(a+h) - f(a)]}{h} = \lim_{h \to 0} c \cdot \lim_{h \to 0} \frac{f(a+h) - f(a)}{h} = c \cdot f'(a)$$

tal como queríamos demostrar.

Ejemplo

Calcular la derivada de la función $f(x) = 3x^5$ para un x cualquiera. Calcular dicha derivada para $x = 4$.

Solución: Tendremos

$$f(x) = 3 \cdot g(x) \quad \text{siendo} \quad g(x) = x^5$$

Así pues, $f'(x) = 3 \cdot g'(x) = 3 \cdot 5x^4 = 15x^4$
En el caso de que $x = 4$, $f'(4) = 15 \cdot 4^4 = 3.840$.

57.5 Derivada de una función polinómica

De los resultados anteriores se deduce inmediatamente que la derivada de una función polinómica $f(x) = a_n x^n + a_{n-1}x^{n-1} + \dots + a_1 x + a_0$ es otra función polinómica del tipo $f'(x) = n\, a_n x^{n-1} + (n-1)\, a_{n-1}x^{n-2} + \dots + a_1$.

Ejemplo

Calcular la derivada de la función $f(x) = 5x^3 - 3x^2 + 6x + 1$ para un x cualquiera. Calcular dicha derivada para $x = -1$.

Solución: Tendremos

$$f'(x) = 15x^2 - 6x + 6$$

$$\text{Por lo tanto, } f'(-1) = 15(-1)^2 - 6(-1) + 6 = 27$$

57.6 Derivada de un producto de funciones

Si f y g son funciones derivables en un punto a, la función $f \cdot g$ también es derivable en el punto a y se cumple que $(f \cdot g)'(a) = f'(a) \cdot g(a) + f(a) \cdot g'(a)$.

En efecto, tendremos que

$$(f \cdot g)'(a) = \lim_{h \to 0} \left[\frac{(f \cdot g)\,(a+h) - (f \cdot g)\,(a)}{h} \right] =$$

$$= \lim_{h \to 0} \left[\frac{f(a+h) \cdot g(a+h) - f(a) \cdot g(a)}{h} \right] =$$

$$= \lim_{h \to 0} \left[\frac{f(a+h) \cdot g(a+h) - f(a) \cdot g(a+h) + f(a) \cdot g(a+h) - f(a) \cdot g(a)}{h} \right] =$$

$$= \lim_{h \to 0} \left[\frac{f(a+h) - f(a)}{h} \cdot g(a+h) + f(a) \cdot \frac{g(a+h) - g(a)}{h} \right] =$$

$$= \lim_{h \to 0} \frac{f(a+h) - f(a)}{h} \cdot \lim_{h \to 0} g(a+h) + f(a) \cdot \lim_{h \to 0} \frac{g(a+h) - g(a)}{h} =$$

$= f'(a) \cdot g(a) + f(a) \cdot g'(a)$, tal como queríamos demostrar.

Ejemplo

Calcular la derivada de la función $f(x) = (x^2 + 3)(2x - 1)$ para un x cualquiera. Calcular dicha derivada para $x = 0$.

Solución: Tendremos

$$f(x) = g(x) \cdot h(x) \quad \text{siendo} \quad g(x) = x^2 + 3 \quad \text{y} \quad h(x) = 2x - 1$$

Por lo tanto, $f'(x) = g'(x) \cdot h(x) + g(x) \cdot h'(x)$
Ahora bien, $g'(x) = 2x$
y $h'(x) = 2$.
Por consiguiente, $f'(x) = 2x \cdot (2x - 1) + (x^2 + 3) \cdot 2$
Es decir, $f'(x) = 4x^2 - 2x + 2x^2 + 6 = 6x^2 - 2x + 6$
En el caso de que $x = 0$, $f'(0) = 6$.

57.7 Derivada de funciones de exponente fraccionario

Si f es una función derivable en un punto a, la función $f^n = f \cdot f \overset{n)}{\dots} f$ también es derivable en a y se verifica que $(f^n)'(a) = n \cdot f^{n-1}(a) \cdot f'(a)$.

Vamos a efectuar la demostración por el método de inducción matemática.
Para $n = 1$, la expresión anterior es válida porque f es, por definición, derivable.
Para $n = 2$, tenemos que:

$$f^2(a) = f(a) \cdot f(a)$$

Así pues, $(f^2)'(a) = f'(a) \cdot f(a) + f(a) \cdot f'(a) = 2\,f(a) \cdot f'(a)$, que coincide con la expresión.
Para $n = 3$, tenemos que:

$$f^3(a) = f^2(a) \cdot f(a)$$

Así pues, $(f^3)'(a) = (f^2)'(a) \cdot f(a) + f^2(a) \cdot f'(a) = 2f(a)\,f'(a) \cdot f(a) + f^2(a) \cdot f'(a) = 2\,f^2(a)\,f'(a) +$ $+ f^2(a)\,f'(a) = 3\,f^2(a)\,f'(a)$, que coincide con la expresión.

Supongamos, pues, que la expresión es válida para n, es decir, que se verifica que $(f^n)'(a) = n \cdot f^{n-1}(a) \cdot f'(a)$. Se trata de comprobar, finalmente, que la expresión es válida para el valor $n + 1$. Así pues, tendremos que:

$$f^{n+1}(a) = f^n(a) \cdot f(a)$$

Por lo tanto, $(f^{n+1})'(a) = (f^n)'(a) \cdot f(a) + f^n(a) \cdot f'(a) = n \cdot f^{n-1}(a) \cdot f'(a) \cdot f(a) + f^n(a) \cdot f'(a) = n\, f^n(a) \cdot f'(a) + f^n(a) \cdot f'(a) = (n + 1) \cdot f^n(a) \cdot f'(a)$, que coincide con la expresión indicada, tal como queríamos demostrar.

Supongamos que la función f derivable en el punto a es $f(a) = x^{1/n}$ siendo $x > 0$. Evidentemente, $f^n(x) = x$. Aplicando el resultado obtenido anteriormente tendremos:

$$(f^n)'(a) = 1 = n \cdot f^{n-1}(a) \cdot f'(a) = n \cdot (a^{1/n})^{n-1} \cdot f'(a)$$

Es decir, $1 = n \cdot a^{(n-1)/n} \cdot f'(a)$

Por consiguiente,

$$f'(a) = \frac{1}{n \cdot a^{(n-1)/n}} = 1/n \cdot a^{(1-n)/n} = 1/n \cdot a^{(1/n)-1}$$

Generalizando para cualquier $x > 0$ tenemos que la derivada de la función $f(x) = x^{1/n}$ es:

$$f'(x) = 1/n \cdot x^{(1/n)-1}$$

Consideremos ahora la función $f^m(x) = x^{m/n}$. Tendremos que

$$(f^m)'(a) = m\, f^{m-1}(a) \cdot f'(a) = m \cdot a^{(m-1)/n} \cdot 1/n \cdot a^{(1/n)-1}$$

Es decir,

$$(f^m)'(^a) = m/n \cdot a^{(m-1+1-n)/n} = m/n \cdot a^{(m-n)/n} = m/n \cdot a^{(m/n)-1}$$

Generalizando para cualquier $x > 0$ tenemos que la derivada de la función $f(x) = x^{m/n}$ es

$$f'(x) = m/n \cdot x^{(m/n)-1}$$

Ejemplo

Calcular la derivada de la función $f(x) = x^{1/3}$ para un x cualquiera. Calcular dicha derivada para $x = 8$.

Solución: Tendremos

$$f(x) = x^{1/3}$$

Así pues,

$$f'(x) = 1/3 \cdot x^{(1/3)-1} = 1/3 \cdot x^{-2/3} = \frac{1}{3x^{2/3}}$$

En el caso de que $x = 8$ tendremos que:

$$f'(8) = \frac{1}{3 \cdot 8^{2/3}} = \frac{1}{3 \cdot 4} = 1/12$$

Ejemplo

Calcular la derivada de la función $f(x) = x^{3/4}$ para un x cualquiera. Calcular dicha derivada para $x = 1$.

Solución: Tendremos

$$f(x) = x^{3/4}$$

Así pues,

$$f'(x) = 3/4 \cdot x^{(3/4)-1} = 3/4 \cdot x^{-1/4} = \frac{3}{4x^{1/4}}$$

En el caso de que $x = 1.$ tendremos que:

$$f'(1) = \frac{3}{4 \cdot 1^{1/4}} = \frac{3}{4 \cdot 1} = 3/4$$

Ejemplo

Calcular la derivada de la función $f(x) = 3x^2 + 2x - 4x^{1/2}$ para un x cualquiera. Calcular dicha derivada para $x = 9$.

Solución: Tendremos

$$f(x) = 3x^2 + 2x - 4x^{1/2} = 3x^2 + 2x - 4x^{1/2}$$

Así pues,

$$f'(x) = 6x + 2 - 4 \cdot 1/2 \cdot x^{(1/2)-1} = 6x + 2 - 2x^{-1/2} =$$

$$= 6x + 2 - \frac{2}{x^{1/2}}$$

En el caso de que $x = 9$ tendremos que:

$$f'(9) = 6 \cdot 9 + 2 - \frac{2}{9^{1/2}} = 54 + 2 - 2/3 = 56 - 2/3 = 166/3$$

57.8 Derivada de un cociente

Si f y g son funciones derivables en un punto a y $g(a) \neq 0$, entonces la función $k = f/g$ también es derivable en a y se verifica que

$$k'(a) = \frac{f'(a) \cdot g(a) - f(a)g'(a)}{(g(a))^2}$$

En efecto, tenemos que

$$k'(a) = \lim_{h \to 0} \frac{k(a+h) - k(a)}{h} = \lim_{h \to 0} \frac{f(a+h)/g(a+h) - f(a)/g(a)}{h} =$$

$$= \lim_{h \to 0} \frac{f(a+h) \cdot g(a) - f(a) \cdot g(a+h)}{h \cdot g(a) \cdot g(a+h)} =$$

$$= \lim_{h \to 0} \frac{f(a+h) \cdot g(a) - f(a) \cdot g(a) + f(a) \cdot g(a) - f(a) \cdot g(a+h)}{h \cdot g(a) \cdot g(a+h)} =$$

$$= \lim_{h \to 0} \frac{1}{g(a) \cdot g(a+h)} \left[\frac{f(a+h) - f(a)}{h} \cdot g(a) - f(a) \frac{g(a+h) - g(a)}{h} \right] =$$

$$= \lim_{h \to 0} \frac{1}{g(a) \cdot g(a+h)} \left[\lim_{h \to 0} \frac{f(a+h) - f(a)}{h} \cdot g(a) - f(a) \lim_{h \to 0} \frac{g(a+h) - g(a)}{h} \right] =$$

$$= \frac{1}{(g(a))^2} \cdot [f'(a) \cdot g(a) - f(a) \cdot g'(a)] = \frac{f'(a) \cdot g(a) - f(a) \cdot g'(a)}{(g(a))^2}$$

tal como queríamos demostrar.

Ejemplo

Calcular la derivada de la función $f(x) = (2x + 1)/(3x^2 - 3)$ para un x cualquiera. Calcular dicha derivada para $x = 0$.

Solución: Tendremos

$$f(x) = g(x)/h(x), \quad \text{siendo } g(x) = 2x + 1 \quad \text{y} \quad h(x) = 3x^2 - 3$$

Así pues,

$$f'(x) = \frac{g'(x) \cdot h(x) - g(x) \cdot h'(x)}{(h(x))^2}$$

Es decir,

$$f'(x) = \frac{2(3x^2 - 3) - (2x + 1) \cdot 6x}{(3x^2 - 3)^2}$$

O sea,

$$f'(x) = \frac{6x^2 - 6 - 12x^2 - 6x}{(3x^2 - 3)^2} = \frac{-6x^2 - 6x - 6}{(3x^2 - 3)^2} = \frac{-6(x^2 + x + 1)}{(3(x^2 - 1))^2} =$$

$$= \frac{-6(x^2 + x + 1)}{9(x^2 - 1)^2} = \frac{-2(x^2 + x + 1)}{3(x^2 - 1)^2}$$

En el caso de que $x = 0$ tendremos que:

$$f'(0) = -2/-3 = 2/3$$

57.9 Derivadas de las funciones trigonométricas

a) Derivada de la función $f(x) = \text{sen } x$.

La derivada de la función $f(x) = \text{sen } x$ es la función $f'(x) = \cos x$.

En efecto, tenemos que:

$$f'(a) = \lim_{h \to 0} \frac{\text{sen } (a + h) - \text{sen } a}{h} = \lim_{h \to 0} \frac{\text{sen } a \cdot \cos h + \cos a \cdot \text{sen } h - \text{sen } a}{h} =$$

$$= \lim_{h \to 0} \frac{\text{sen } a \cdot (\cos h - 1) \cos a \cdot \text{sen } h}{h} =$$

$$= \lim_{h \to 0} \left(\text{sen } a \cdot \frac{(\cos h - 1)}{h} + \cos a \cdot \frac{\text{sen } h}{h} \right) =$$

$$= \lim_{h \to 0} \text{sen } a \cdot \frac{(\cos h - 1)}{h} + \lim_{h \to 0} \cos a \cdot \frac{\text{sen } h}{h} \qquad (1)$$

Ahora bien,

$$\lim_{h \to 0} \frac{\text{sen } h}{h} = 1$$

Además,

$$\frac{\cos h - 1}{h} = \frac{(\cos h - 1) \cdot (\cos h + 1)}{h(\cos h + 1)} =$$

$$= \frac{\cos^2 h - 1}{h(\cos h + 1)} = \frac{-\text{sen}^2\, h}{h(\cos h + 1)} = \frac{\text{sen}\, h}{h} \cdot \frac{-\text{sen}\, h}{(\cos h + 1)}$$

Sustituyendo los valores anteriores en (1) resulta:

$$f'(a) = \lim_{h \to 0} \text{sen}\, a \cdot \frac{\text{sen}\, h}{h} \cdot \frac{-\text{sen}\, h}{(\cos h + 1)} + \lim_{h \to 0} \cos a \cdot \frac{\text{sen}\, h}{h} =$$

$$= \text{sen}\, a \cdot \lim_{h \to 0} \frac{\text{sen}\, h}{h} \cdot \lim_{h \to 0} \frac{-\text{sen}\, h}{(\cos h + 1)} + \cos a \cdot \lim_{h \to 0} \frac{\text{sen}\, h}{h} =$$

$$= \text{sen}\, a \cdot 1 \cdot \frac{0}{1 + 1} + \cos a \cdot 1 = 0 + \cos a = \cos a$$

tal como queríamos demostrar.

b) Derivada de la función $f(x) = \cos x$.

La derivada de la función $f(x) = \cos x$ es la función $f'(x) = -\text{sen}\, x$.

En efecto, tendremos que:

$$f'(a) = \lim_{h \to 0} \frac{\cos (a + h) - \cos a}{h} = \lim_{h \to 0} \frac{\cos a \cdot \cos h - \text{sen}\, a \cdot \text{sen}\, h - \cos a}{h} =$$

$$= \lim_{h \to 0} \left(\cos a \cdot \frac{\cos h - 1}{h} - \text{sen}\, a \cdot \frac{\text{sen}\, h}{h} \right) = \lim_{h \to 0} \cos a \cdot \frac{\cos h - 1}{h} -$$

$$- \lim_{h \to 0} \text{sen}\, a \cdot \frac{\text{sen}\, h}{h} = \cos a \cdot \lim_{h \to 0} \frac{\cos h - 1}{h} - \text{sen}\, a \cdot \lim_{h \to 0} \frac{\text{sen}\, h}{h} =$$

$$= \cos a \cdot 0 - \text{sen}\, a \cdot 1 = -\text{sen}\, a,$$ tal como queríamos demostrar.

c) Derivada de la función $f(x) = \text{tg}\, x$.

La derivada de la función $f(x) = \text{tg}\, x$ es la función $f'(x) = \sec^2 x$.

En efecto, tenemos que:

$$f(x) = \operatorname{tg} x = \operatorname{sen} x/\cos x = g(x)/h(x) \quad \text{siendo} \quad g(x) = \operatorname{sen} x \quad \text{y} \quad h(x) = \cos x$$

Por lo tanto,

$$f'(x) = \frac{g'(x) \cdot h(x) - g(x) \cdot h'(x)}{(h(x))^2} = \frac{\cos x \cdot \cos x - \operatorname{sen} x \cdot (-\operatorname{sen} x)}{\cos^2 x} =$$

$$= \frac{\cos^2 x + \operatorname{sen}^2 x}{\cos^2 x} = \frac{1}{\cos^2 x} = \sec^2 x$$

tal como queríamos demostrar.

d) Derivada de la función $f(x) = \csc x$.

La derivada de la función $f(x) = \csc x$ es la función $f'(x) = -\csc x \cdot \operatorname{cotg} x$.

En efecto, tenemos que:

$$f(x) = \csc x = 1/\operatorname{sen} x$$

Así pues,

$$f'(x) = \frac{0 \cdot \operatorname{sen} x - 1 \cdot \cos x}{\operatorname{sen}^2 x} = \frac{-\cos x}{\operatorname{sen}^2 x} = \frac{-1 \cdot \cos x}{\operatorname{sen} x \cdot \operatorname{sen} x} = -\csc x \cdot \operatorname{cotg} x$$

tal como queríamos demostrar.

e) Derivada de la función $f(x) = \sec x$.

La derivada de la función $f(x) = \sec x$ es la función $f'(x) = \sec x \cdot \operatorname{tg} x$.

En efecto, tendremos que:

$$f(x) = \sec x = 1/\cos x$$

Así pues,

$$f'(x) = \frac{0 \cdot \cos x - 1 \cdot (-\operatorname{sen} x)}{\cos^2 x} = \frac{\operatorname{sen} x}{\cos^2 x} = \frac{1 \cdot \operatorname{sen} x}{\cos x \cdot \cos x} = \sec x \cdot \operatorname{tg} x$$

tal como queríamos demostrar.

f) Derivada de la función $f(x) = \text{cotg } x$.

La derivada de la función $f(x) = \text{cotg } x$ es la función $f'(x) = -\csc^2 x$.

En efecto, tenemos que:

$$f(x) = \text{cotg } x = 1/\text{tg } x$$

Así pues,

$$f'(x) = \frac{0 \cdot \text{tg } x - 1 \cdot \sec^2 x}{\text{tg}^2 x} = \frac{-\sec^2 x}{\text{tg}^2 x} = -\csc^2 x$$

tal como queríamos demostrar.

57.10 Derivada de la función logarítmica

a) Derivada de la función $f(x) = 1n\ x$.

La derivada de la función $f(x) = 1n\ x$ es la función $f'(x) = 1/x$.

En efecto, tenemos que:

$$f'(a) = \lim_{h \to 0} \frac{1n(a + h) - 1n\ a}{h} = \lim_{h \to 0} \frac{1n\left(\dfrac{a + h}{a}\right)}{h} = \lim_{h \to 0} \frac{1n(1 + h/a)}{a \cdot h/a} =$$

$$= \lim_{h \to 0} 1/a \cdot \frac{1}{h/a} \cdot 1n(1 + h/a) = \lim_{h \to 0} 1/a \cdot 1n(1 + h/a)^{a/h} = 1/a \cdot \lim_{h \to 0} 1n\left(1 + 1/(a/h)\right)^{a/h} =$$

$$= 1/a \cdot 1n \lim_{h \to 0} (1 + 1/(a/h))^{a/h} = 1/a \cdot 1n\ \text{e} = 1/a \cdot 1 = 1/a$$

tal como queríamos demostrar.

b) Derivada de la función $f(x) = \log_a x$.

La derivada de la función $f(x) = \log_a x$ es la función $f'(x) = \dfrac{1}{x\ \ 1n\ a}$.

En efecto, tendremos que:

$$f(x) = \log_a x = \ln x/\ln a$$

Así pues,

$$f'(x) = \frac{1}{x \cdot \ln a}$$

tal como queríamos demostrar.

57.11 Derivada de funciones compuestas. Regla de la cadena

Para derivar funciones compuestas se utiliza el siguiente teorema, conocido con el nombre de regla de la cadena.
Consideremos la función f, que es la composición de las funciones g y h, de modo que $f(x) = (h_0 g)(x)$. Si la función g es derivable en el punto a y la función h es derivable en el punto $g(a)$, entonces la función f es derivable en el punto a y se verifica que $f'(a) = h'(g(a)) \cdot$ $\cdot\, g'(a)$.
En efecto, supongamos que $f(x) = (h_0 g)(x) = h(g(x))$.
Tendremos que

$$f'(x) = \lim_{x \to a} \frac{h(g(x)) - h(g(a))}{x - a}$$

Ahora bien, si $g(x) - g(a) \neq 0$, para todo x situado en un entorno de a que sea distinto de a, tendremos que:

$$f'(x) = \lim_{x \to a} \frac{h(g(x)) - h(g(a))}{g(x) - g(a)} \cdot \frac{g(x) - g(a)}{x - a} =$$

$$= \lim_{x \to a} \frac{h(g(x)) - h(g(a))}{g(x) - g(a)} \cdot \lim_{x \to a} \frac{g(x) - g(a)}{x - a} = h'(g(a)) \cdot g'(a)$$

tal como queríamos demostrar.

Ejemplo

Calcular la derivada de la función $f(x) = (x^2 + 3x)^2$ para un x cualquiera.

Solución: Tendremos

$$f(x) = (x^2 + 3x)^2 = (u(x))^2 \quad \text{siendo} \quad u(x) = x^2 + 3x$$

Aplicando la regla de la cadena,

$$f'(x) = 2\, u(x)^{2-1} \cdot u'(x) = 2 \cdot (x^2 + 3x) \cdot (2x + 3) = (2x^2 + 6x) \cdot (2x + 3) = 4x^3 + 18x^2 + 18x$$

Comprobemos que el resultado obtenido es el mismo que el que resulta al efectuar la operación del modo siguiente:

$$f(x) = (x^2 + 3x)^2 = x^4 + 6x^3 + 9x^2$$

En efecto, $f'(x) = 4x^3 + 18x^2 + 18x$.

Ejemplo

Calcular la derivada de la función $f(x) = 1n(4x + 2)$ para un x cualquiera.

Solución: Tendremos

$$f(x) = 1n(4x + 2) = 1n(u(x)), \quad \text{siendo} \quad u(x) = 4x + 2$$

Aplicando la regla de la cadena:

$$f'(x) = \frac{1}{u(x)} \cdot u'(x) = \frac{1}{4x + 2} \cdot 4 = 4/(4x + 2) = 2/(2x + 1)$$

Ejemplo

Calcular la derivada de la función $f(x) = \log_3(x^2 - 5)$ para un x cualquiera.

Solución: Tendremos

$$f(x) = \log_3(x^2 - 5) = \log_3 \left(u(x)\right), \quad \text{siendo} \quad u(x) = x^2 - 5$$

Aplicando la regla de la cadena:

$$f'(x) = \frac{1}{u(x) \cdot 1n\, 3} \cdot u'(x) = \frac{1}{(x^2 - 5) \cdot 1n\, 3} \cdot 2x = \frac{2x}{1n\, 3 \cdot (x^2 - 5)}$$

Ejemplo

Calcular la derivada de la función $f(x) = \text{sen } (x^2 - 3)$ para un x cualquiera.

Solución: Tendremos

$$f(x) = \text{sen } (x^2 - 3) = \text{sen } \left(u(x)\right) \quad \text{siendo} \quad u(x) = x^2 - 3$$

Aplicando la regla de la cadena:

$$f'(x) = \cos u(x) \cdot u'(x) = 2x \cdot \cos (x^2 - 3)$$

Ejemplo

Calcular la derivada de la función $f(x) = \cos x^{1/2}$ para un x cualquiera.

Solución: Tendremos

$$f(x) = \cos x^{1/2} = \cos \big(u(x)\big) \quad \text{siendo} \quad u(x) = x^{1/2}$$

Aplicando la regla de la cadena:

$$f'(x) = -\text{sen}\, \big(u(x)\big) \cdot u'(x) = \frac{-1}{2\, x^{1/2}} \,\text{sen}\, x^{1/2}$$

Ejemplo

Calcular la derivada de la función $f(x) = \text{tg}\, (x^3 - x^5)$ para un x cualquiera.

Solución: Tendremos

$$f(x) = \text{tg}\, (x^3 - x5) = \text{tg}\, \big(u(x)\big) \quad \text{siendo} \quad u(x) = x^3 - x^5$$

Aplicando la regla de la cadena:

$$f'(x) = u'(x) \cdot \sec^2 u(x) = (3x^2 - 5x^4) \cdot \sec^2 (x^3 - x^5)$$

Ejemplo

Calcular la derivada de la función $f(x) = \csc \big(1/(x + 1)\big)$ para un x cualquiera.

Solución: Tendremos

$$f(x) = \csc \big(1/(x + 1)\big) = \csc \big(u(x)\big) \quad \text{siendo} \quad u(x) = 1/(x + 1)$$

Aplicando la regla de la cadena:

$$f'(x) = -u'(x) \cdot \csc \big(u(x)\big) \cdot \text{cotg}\, \big(u(x)\big) = \frac{-1}{(x + 1)^2} \cdot \csc \big(1/(x + 1)\big) \cdot \text{cotg}\, \big(1/(x + 1)\big)$$

Ejemplo

Calcular la derivada de la función $f(x) = \sec\, (1n\, x)$ para un x cualquiera.

Solución: Tendremos

$$f(x) = \sec(1n\ x) = \sec\big(u(x)\big) \quad \text{siendo} \quad u(x) = 1n\ x$$

Aplicando la regla de la cadena,

$$f'(x) = u'(x) \cdot \sec\big(u(x)\big) \cdot \mathrm{tg}\big(u(x)\big) = 1/x \cdot \sec(1n\ x) \cdot \mathrm{tg}(1n\ x)$$

Ejemplo

Calcular la derivada de la función $f(x) = \mathrm{cotg}\,(2x^3 - 3x^2)$ para un x cualquiera.

Solución: Tendremos

$$f(x) = \mathrm{cotg}\,(2x^3 - 3x^2) = \mathrm{cotg}\,\big(u(x)\big) \quad \text{siendo} \quad u(x) = 2x^3 - 3x^2$$

Aplicando la regla de la cadena,

$$f'(x) = -u'(x) \cdot \csc^2\big(u(x)\big) = -(6x^2 - 6x) \cdot \csc^2(2x^3 - 3x^2) = (6x - 6x^2) \cdot \csc^2(2x^3 - 3x^2)$$

Ejemplo

Calcular la derivada de la función $f(x) = x^x$ para un x cualquiera.

Solución: Tendremos $\qquad f(x) = x^x$

Extrayendo logaritmos neperianos en ambos miembros:

$$1n\ f(x) = x\ 1n\ x$$

Derivando en ambos miembros:

$$\frac{f'(x)}{f(x)} = x \cdot 1/x + 1n\,x = 1 + 1n\,x$$

Es decir, $f'(x) = f(x)\ (1 + 1n\ x) = x^x(1 + 1n\ x)$.

57.12 Derivada de las funciones inversas

Supongamos que la función f^{-1} es la función inversa de la función f y que $f(a) = b$. Si la función f es derivable en el punto a y $f'(a) \neq 0$ entonces f^{-1} es derivable en el punto b verificándose que $(f^{-1})'(b) = 1/f'(a)$.

Ahora bien, como $f(a) = b$, entonces $a = f^{-1}(b)$ y, por lo tanto, la expresión anterior se convertirá en

$$(f^{-1})'(b) = \frac{1}{f'(f^{-1}(b))}$$

Generalizando,

$$(f^{-1})'(x) = \frac{1}{f'(f^{-1}(x))}$$

Ejemplo

Comprobar que la derivada en el punto $x = 4$ de la función $g(x) = x^{1/2}$ coincide con la inversa de la derivada de la función $f(x) = x^2$ en el punto $x = 2$.

Solución: Tendremos que

$$g'(x) = \frac{1}{2} x^{-1/2} \quad \text{Así pues,} \quad g'(4) = \frac{1}{2} \cdot 4^{-1/2} = \frac{1}{4}$$

$$f'(x) = 2x. \quad \text{Así pues,} \quad f'(2) = 2 \cdot 2 = 4$$

Por consiguiente,

$$g'(4) = 1/f'(2) = 1/4$$

57.13 Derivadas de las funciones trigonométricas inversas

a) Derivada de la función $f(x) = \text{arc sen } x$.

Arc sen es la inversa de la función sen cuando restringimos la función sen al intervalo $[-\pi/2, \pi/2]$.
Así pues, aplicando el resultado obtenido para la derivada de funciones inversas resultará:

$$f'(x) = \frac{1}{\cos(\text{arc sen } x)} = \frac{1}{(1 - \text{sen}^2(\text{arc sen } x))^{1/2}} =$$

$$= \frac{1}{(1 - (\text{sen}(\text{arc sen } x)^2))^{1/2}} = \frac{1}{(1 - x^2)^{1/2}}$$

b) Derivada de la función $f(x) = \text{arc cos } x$.

Arc cos es la función inversa de la función cos cuando restringimos la función cos al intervalo $[0, \pi]$.

Así pues, aplicando el resultado obtenido para la derivada de funciones inversas resultará:

$$f'(x) = \frac{1}{-\text{sen (arc cos } x)} = \frac{-1}{(1 - \cos^2 (\text{arc cos } x))^{1/2}} =$$

$$= \frac{-1}{(1 - (\cos \text{arc cos } x)^2)^{1/2}} = \frac{-1}{(1 - x^2)^{1/2}}$$

c) Derivada de la función $f(x) = \text{arc tg } x$.

Arc tg es la función inversa de la función tg cuando restringimos la función tg al intervalo $[-\pi/2, \pi/2]$.
Así pues, aplicando el resultado obtenido para la derivada de funciones inversas resultará:

$$f'(x) = \frac{1}{\sec^2 (\text{arc tg } x)} = \frac{1}{1 + \text{tg}^2 (\text{arc tg } x)} = \frac{1}{1 + x^2}$$

Análogamente se demuestra que si $f(x) = \text{arc cotg } x$ entonces

$$f'(x) = \frac{-1}{1 + x^2}$$

Las derivadas de las funciones arc csc x y arc sec x se emplean en raras ocasiones. Dejamos como ejercicio para el lector el cálculo de sus correspondientes derivadas.

Ejemplo

Calcular la derivada de la función $f(x) = \text{arc sen } (3x + 2)$.

Solución:

$$f(x) = \text{arc sen } (3x + 2) = \text{arc sen } \big(u(x)\big) \quad \text{siendo} \quad u(x) = 3x + 2$$

Aplicando la regla de la cadena:

$$f'(x) = \frac{u'(x)}{(1 - (u(x))^2)^{1/2}} = \frac{3}{(1 - (3x + 2)^2)^{1/2}} =$$

$$= \frac{3}{(1 - 9x^2 - 12x - 4)^{1/2}} = \frac{3}{(-9x^2 - 12x - 3)^{1/2}}$$

Ejemplo

Calcular la derivada de la función $f(x) = \text{arc cos } 4x$.

Solución:

$$f(x) = \text{arc cos } 4x = \text{arc cos } \big(u(x)\big) \quad \text{siendo} \quad u(x) = 4x$$

Aplicando la regla de la cadena:

$$f'(x) = \frac{-u'(x)}{(1 - (u(x))^2)^{1/2}} = \frac{-4}{(1 - 16x^2)^{1/2}}$$

Ejemplo

Calcular la derivada de la función $f(x) = \text{arc tg } (x + 1)$.

Solución:

$$f(x) = \text{arc tg } (x + 1) = \text{arc tg } \big(u(x)\big) \quad \text{siendo} \quad u(x) = x + 1$$

Aplicando la regla de la cadena:

$$f'(x) = \frac{u'(x)}{1 + \big(u(x)\big)^2} = \frac{1}{1 + (x + 1)^2} = \frac{1}{1 + x^2 + 2x + 1} = \frac{1}{x^2 + 2x + 2}$$

Ejemplo

Calcular la derivada de la función $f(x) = \text{arc cotg } 1/x$.

Solución:

$$f(x) = \text{arc cotg } 1/x = \text{arc cotg } \big(u(x)\big) \quad \text{siendo} \quad u(x) = 1/x$$

Aplicando la regla de la cadena:

$$f'(x) = \frac{-u'(x)}{1 + \big(u(x)\big)^2} = \frac{-(-1/x^2)}{1 + (1/x)^2} = \frac{1/x^2}{1 + (1/x^2)} = \frac{1/x^2}{(1 + x^2)/x^2} = \frac{1}{1 + x^2}$$

57.14 Derivada de la función exponencial

La función exponencial es la inversa de la función logarítmica. Así pues, para calcular su derivada utilizaremos la expresión obtenida anteriormente para la derivada de la inversa.

Es decir,

$$e'(x) = \frac{1}{1n'(e^x)} = \frac{1}{1/e^x} = e^x$$

Por consiguiente, la derivada de la función exponencial coincide con ella misma. Por lo tanto, si $f(x) = e^x$ entonces $f'(x) = e^x$.
En el caso de que la base de la función exponencial sea un número $a > 0$, tendremos que $f(x) = $ $= a^x = (e^{1n\ a})^x = e^{x \cdot 1n\ a}$.
Empleando la regla de la cadena resulta:

$$f'(x) = 1n\ a \cdot e^{x \cdot 1n\ a}$$

O sea,

$$f'(x) = 1n\ a \cdot a^x$$

Ejemplo

Calcular la derivada de la función $f(x) = e^{x^2+1}$.

Solución: Tendremos que

$$f(x) = e^{u(x)} \quad \text{siendo} \quad u(x) = x^2 + 1$$

Así pues, $f'(x) = u'(x) \cdot e^{u(x)}$.
Es decir, $f'(x) = 2x \cdot e^{x^2+1}$.

Ejemplo

Calcular la derivada de la función $f(x) = 2^{3x+2}$.

Solución: Tendremos que

$$f(x) = 2^{u(x)} \quad \text{siendo} \quad u(x) = 3x + 2$$

Así pues, $f'(x) = u'(x) \cdot 2^{u(x)} \cdot 1n\ 2$
Es decir, $f'(x) = 3 \cdot 2^{3x+2} \cdot 1n\ 2 = 1n\ 8 \cdot 2^{3x+2}$.

Problemas propuestos

1. Hallar la derivada de $y = x + x^{1/2}$.
2. Ídem de $y = (1/x) + 3/(x + 1)$.
3. Ídem de $y = 3x^2 + (1/x^3)$.
4. Ídem de $y = [1/(2x + 3)] + 4x + 2$.
5. Ídem de $y = [5x/(3x^2 + 1)] +$ $+ [4/(3x + 2)]$.
6. Ídem de $y = [2/(x + 1)] +$ $+ [4/(2x - 3)]$.

7. Ídem de $y = 4x + 2 - \dfrac{1}{x^2 - 3}$.

8. Ídem de $y = (x + 1)^{1/2} - [x/(3x - 2)]$.

9. Ídem de $y = (2x - 3)^{1/2} + (x + 2)^{1/2}$.

10. Ídem de $y = \dfrac{1}{x + 2} - (3x + 2)^{1/2}$.

11. Ídem de $y = 4x^2 + 2x - 1$.

12. Ídem de $y = 6x^4 - 3x^2 + 4x - 2$.

13. Ídem de $y = 2x^4 - 5x^3 + 10x^2$.

14. Ídem de $y = -x^3 - x^2 + 4x - 3$.

15. Ídem de $y = 3x^3 - 7x^2 + 4x$.

16. Ídem de $y = 2x^4 - x^3 + 4x^2 - 3$.

17. Ídem de $y = 2x^6 - x^5 + 3x^2$.

18. Ídem de $y = x^3 - x^2 + 2$.

19. Ídem de $y = 4x^3 - 3x^2 + 8$.

20. Ídem de $y = 2x^6 + 3x^5 + 8x$.

21. Ídem de $y = -4x^7 - 4x^3 + 2$.

22. Ídem de $y = 4x^2 + 2x - 10$.

23. Ídem de $y = 4x^3 + 2x^2 + 4x - 2$.

24. Ídem de $y = 4x^2 - x + 7$.

25. Ídem de $y = x^5 - 4x^3 - x^2 + 3$.

26. Ídem de $y = (x + 3)\ (x - 2)$.

27. Ídem de $y = (x^2 + 3)\ (2x - 4)$.

28. Ídem de $y = (x^3 - 1)\ (x^2 + x + 1)$.

29. Ídem de $y = (3x^2 - 3)\ (2x + 3)$.

30. Ídem de $y = (x^2 - 2x + 3)\ (3x - 1)$.

31. Ídem de $y = x^3\ (3x^2 + 5)$.

32. Ídem de $y = (2x^3 - x + 1)\ (x - 3)$.

33. Ídem de $y = (4x^5 - x)\ (6x^2 - 7)$.

34. Ídem de $y = (3x^4 - 2x^2)\ (2x^2 - 3x)$.

35. Ídem de $y = 3x^2(4x^5 - 3x + 2)$.

36. Ídem de $y = (2x^2 - 3x + 1)\ (4x - 3)$.

37. Ídem de $y = (3x - 7)\ (2x^2 - x + 4)$.

38. Ídem de $y = x(x^3 - 2x^2 - 7)$.

39. Ídem de $y = (4x^2 + 3x)\ (3x - 5)$.

40. Ídem de $y = 2x^4(5x^3 - 2x + 7)$.

41. Ídem de $y = 2x^{3/2} - x^{1/7} + 4$.

42. Ídem de $y = -x^{2/3} - x^{1/5} + 2$.

43. Ídem de $y = x^{5/4} + 2x^{3/2}$.

44. Ídem de $y = -4x^{1/5} + 3x^{2/3}$.

45. Ídem de $y = 6x^{1/2} + 4x^{-1/3}$.

46. Ídem de $y = -3x^{-2/3} + 5x^{2/5} - 3$.

47. Ídem de $y = 5x^{2/5} - 3x^{-2/7}$.

48. Ídem de $y = -3x^{-1/7} + 2x^{1/5}$.

49. Ídem de $y = 4x^{2/9} - 3x^{-1/8} - 2$.

50. Ídem de $y = 5x^{-1/3} + 2x^{-1/5} - 1$.

51. Ídem de $y = \dfrac{x - 3}{x - 2}$.

52. Ídem de $y = \dfrac{x + 4}{x^2 + 1}$.

53. Ídem de $y = \dfrac{2x^2 - 3x + 1}{x - 1}$.

54. Ídem de $y = \dfrac{3x - 2}{x^2 + 3}$.

55. Ídem de $y = \dfrac{3x^2 + x + 4}{2x^3 + 3x - 1}$.

56. Ídem de $y = \dfrac{4x - 3}{2x^2 - 1}$.

57. Ídem de $y = \dfrac{x^2 + 2}{2x^3 + 5}$.

58. Ídem de $y = \dfrac{2x + 3}{3x + 5}$.

59. Ídem de $y = \dfrac{x^3 + 1}{x^5 + 2}$.

60. Ídem de $y = \dfrac{2x + 5}{x^3 + 2}$.

61. Ídem de $y = \dfrac{3x + 2}{2x + 6}$.

62. Ídem de $y = \dfrac{3x + 7}{x - 3}$.

63. Ídem de $y = \dfrac{x(x^2 + 2)}{x + 2}$.

64. Ídem de $y = \dfrac{x^2 + 5}{x + 7}$.

65. Ídem de $y = \dfrac{3x^2 + 3}{3x(2x + 3)}$.

66. Ídem de $y = 3\ \text{sen}\ 2x$.

67. Ídem de $y = -3 \cos 3x$.
68. Ídem de $y = \text{tg } 2x$.
69. Ídem de $y = \text{cotg } 3x$.
70. Ídem de $y = \sec (2x + 3)$.
71. Ídem de $y = \csc (3x^2 - 1)$.
72. Ídem de $y = \sec (3x - 2)$.
73. Ídem de $y = \text{sen } (2x - 7)$.
74. Ídem de $y = \cos (x - 3)$.
75. Ídem de $y = \text{tg } (3x^2 - 4)$.
76. Ídem de $y = \text{cotg } (2x^2 - x + 1)$.
77. Ídem de $y = \csc (2x - 4)$.
78. Ídem de $y = \text{sen } (4x^3 - 3x^2 + 5)$.
79. Ídem de $y = \text{sen } (2x)^{1/2}$.
80. Ídem de $y = \cos (3x - 1)^{1/2}$.
81. Ídem de $y = \log (2x + 1)$.
82. Ídem de $y = x \cdot \log 2x$.
83. Ídem de $y = 2 \, 1n(x^2 + 1)$.
84. Ídem de $y = 3x^2 \cdot \log(3x^2 + 5)$.
85. Ídem de $y = 4 \, 1n(x)^{1/2}$.
86. Ídem de $y = 1/x \cdot \log(3x^2 + 2x)$.
87. Ídem de $y = 2x^3 \log x^{1/2}$.
88. Ídem de $y = 6 \, 1n(1/x)$.
89. Ídem de $y = 7 \log(x + 3)^{1/2}$.
90. Ídem de $y = 2x \, 1n(x^2 + 3)$.
91. Ídem de $y = (x^2 + 3x)^4$.
92. Ídem de $y = (x + 1)^3$.
93. Ídem de $y = x(2x + 3)^2$.
94. Ídem de $y = x^2(x^2 + 1)^3$.
95. Ídem de $y = \left[1 + \dfrac{2}{x} \right]^3$.
96. Ídem de $y = \left[\dfrac{1}{x + 1} \right]^3$.
97. Ídem de $y = 2x \left[1 + \dfrac{3}{x + 1} \right]^2$.
98. Ídem de $y = (2x + 1) \, (3x^2 + 2)^3$.
99. Ídem de $y = (x + 1)^2 \, (x - 2)^3$.
100. Ídem de $y = (x^2 - 3) \, (5x + 2)^2$.
101. Ídem de $y = \text{arc sen } 3x$.
102. Ídem de $y = 2 \text{ arc tg } (2x + 1)$.
103. Ídem de $y = x \text{ arc cos } x^{1/2}$.
104. Ídem de $y = (x + 1) \text{ arc sen } 2x$.
105. Ídem de $y = 5 \text{ arc tg } (x^2 + 3)$.
106. Ídem de $y = 2x \text{ arc cos } (x^{1/2} - x)$.
107. Ídem de $y = 4 \text{ arc sen } (x + 2)^{1/2}$.
108. Ídem de $y = (x^2 + 1) \text{ arc tg } (4x - 2)$.
109. Ídem de $y = 5x^2 \cdot \text{arc cos } (2 - x^{1/2})$.
110. Ídem de $y = 3 \text{ arc sen } (3x - 1)$.
111. Ídem de $y = e^{3x+1}$.
112. Ídem de $y = x \, 10^x$.
113. Ídem de $y = 4e^{x-2}$.
114. Ídem de $y = 2^{x+1}$.
115. Ídem de $y = x^2 \cdot 10^{5x-3}$.
116. Ídem de $y = (x + 1) \cdot e^{2x}$.
117. Ídem de $y = 2x \cdot 3^{x-5}$.
118. Ídem de $y = (x^2 + 1) \, 10^{2x}$.
119. Ídem de $y = (x - 3) \cdot e^{4x-1}$.
120. Ídem de $y = 5x^2 \cdot 5^{x-2}$.

121. Calcula la función derivada de :
a) $f(x) = x^2 - 6x + 5$
b) $f(x) = x^3 - 4x$
c) $f(x) = x^3 + x$

122. Utiliza los resultados anteriores para averiguar los puntos de tangente horizontal de las curvas:
a) $y = x^2 - 6x + 5$
b) $y = x^3 - 4x$
c) $y = x^3 + x$

123. ¿En qué punto tiene pendiente 2 la recta tangente a la gráfica de la función $y = x^2 - 6x + 5$?.

124. ¿En qué dos puntos la recta tangente a $y = x^3 - 4x$ tiene pendiente 8?.

125. ¿En qué punto la recta tangente a $y = x^3 + x$ tiene menor pendiente?. ¿Cuál es esa pendiente?. (Indicación: ¿qué valor hay que dar a x para que $3x^2 + 1$ sea lo menor posible?.)

126. El espacio y, en metros, recorrido por una moto (que acaba de arrancar) en un tiempo t, en segundos, viene dado por la fórmula $y = 2t^2 + 5t$.
a) Calcula lo que indica el velocímetro cuando $t = 2$.
b) Encuentra la función velocidad (Ayuda: se trata de derivar la función espacio respecto a la variable tiempo).

c) Calcula la velocidad cuando ha recorrido 3 m.

127. Se ha conseguido que unas bacterias, bajo ciertas condiciones de cultivo, se multipliquen rápidamente. El número de ellas, al cabo de t minutos, viene dado por $N = 50 + 50t + 10t^2$.
Calcula su velocidad de crecimiento al cabo de 5 minutos, y al cabo de 7 minutos.

128. Escribe las ecuaciones de las rectas tangentes a $y = \frac{4}{x}$ en los puntos de abscisas $x = 1$, $x = 2$ y $x = 4$.

129. Escribe las ecuaciones de las rectas tangentes a $y = \sqrt{x}$ en los puntos de abscisa $x = 1$ y $x = 4$.

130. Un cohete se desplaza según la función $y = 100t + 2000t^2$ en la que y es la distancia recorrida en km y t es tiempo en horas.
a) Calcula la función velocidad.
b) Calcula la función aceleración (así como la función velocidad se obtiene derivando la función distancia, la función aceleración se obtiene derivando la función velocidad).
c) ¿Cuánto vale la velocidad inicial ($t = 0$)?.
d) ¿Y la aceleración inicial?.

131. Un móvil se mueve según la ley $y = 2\sqrt{x} + 3x$ (y es la distancia recorrida en metros; x, el tiempo en segundos). Calcula su función velocidad y su función aceleración. ¿Cuánto vale la velocidad en $x = 1$ segundo? ¿Cuánto vale la aceleración para $x = 4$ segundos?.

132. Una barra de hierro dulce de 30 cm de larga a 0º C se calienta, y su dilatación viene dada por la ley $l = 30 + 0{,}0005t$ donde l es la longitud (en cm) y t es la temperatura (en ºC). Calcula la velocidad de crecimiento a 10º C y a 100º C. ¿Es la misma?.

133. Una chapa cuadrada de hierro de 30 cm de lado se calienta y la dilatación de su superficie viene dada por la ley $S = l^2 = (30 + 0{,}0005t)^2$ (S es la superficie en cm^2; t es la temperatura en ºC; l es el lado en cm).
a) Calcula la velocidad con la que aumenta la superficie cuando l = 32 cm.
b) Calcula la velocidad con la que aumenta la superficie cuanto t = 100º C.

134. Calcula la función que da la pendiente de $y = \frac{2}{3}x^3 - \frac{5}{2}x^2 + 3x - 6$ en cada uno de sus puntos.
Halla los puntos en los que la recta tangente tiene una inclinación de 45º y escribe la ecuación de la recta tangente en esos puntos.

135. Si la ecuación de un movimiento es $y = 2t^3 - 3t$, ¿cuál es sus función velocidad? ¿Y su función aceleración?.

136. Halla un punto de la función $y = x^2 + x + 1$ en el que la tangente sea paralela a la recta $y = 3x - 7$.

137. Un objeto circular va aumentando de tamaño con el tiempo, de forma que su radio r viene dado por $r = 3t + 2$ siendo t el tiempo en minutos y r el radio en cm ¿cuál es la velocidad de crecimiento del radio?. ¿Y el área?.

Soluciones

1. S.: $y' = 1 + 1/2x^{1/2}$.
2. S.: $y' = (-1/x^2) - 3/(x + 1)^2$.
3. S.: $y' = 6x - (3/x^4)$.
4. S.: $y' = [-2/(2x + 3)^2] + 4$.
5. S.: $y' = \dfrac{5 - 15x^2}{(3x^2 + 1)^2} - \dfrac{12}{(3x + 2)^2}$.
6. S.: $y' = \dfrac{-2}{(x + 1)^2} - \dfrac{8}{(2x - 3)^2}$.
7. S.: $y' = 4 + \dfrac{2x}{(x^2 - 3)^2}$.

8. S.: $y' = \dfrac{1}{2(x+1)^{1/2}} + \dfrac{2}{(3x-2)^2}$.

9. S.: $y' = \dfrac{1}{(2x-3)^{1/2}} + \dfrac{1}{2(x+2)^{1/2}}$.

10. S.: $y' = \dfrac{-1}{(x+2)^2} - \dfrac{3}{2(3x+2)^{1/2}}$.

11. S.: $y' = 8x + 2$.
12. S.: $y' = 24x^3 - 6x + 4$.
13. S.: $y' = 8x^3 - 15x^2 + 20x$.
14. S.: $y' = -3x^2 - 2x + 4$.
15. S.: $y' = 9x^2 - 14x + 4$.
16. S.: $y' = 8x^3 - 3x^2 + 8x$.
17. S.: $y' = 12x^5 - 5x^4 + 6x$.
18. S.: $y' = 3x^2 - 2x$.
19. S.: $y' = 12x^2 - 6x$.
20. S.: $y' = 12x^5 + 15x^4 + 8$.
21. S.: $y' = -28x^6 - 12x^2$.
22. S.: $y' = 8x + 2$.
23. S.: $y' = 12x^2 + 4x + 4$.
24. S.: $y' = 8x - 1$.
25. S.: $y' = 5x^4 - 12x^2 - 2x$.
26. S.: $y' = 2x + 1$.
27. S.: $y' = 6x^2 - 8x + 6$.
28. S.: $y' = 5x^4 + 4x^3 + 3x^2 - 2x - 1$.
29. S.: $y' = 18x^2 + 18x - 6$.
30. S.: $y' = 9x^2 - 14x + 11$.
31. S.: $y' = 15x^4 + 15x^2$
32. S.: $y' = 8x^3 - 18x^2 - 2x + 4$.
33. S.: $y' = 168x^6 - 140x^4 - 18x^2 + 7$.
34. S.: $y' = 36x^5 - 45x^4 - 16x^3 + 18x^2$
35. S.: $y' = 84x^6 - 27x^2 + 12x$.
36. S.: $y' = 24x^2 - 36x + 13$.
37. S.: $y' = 18x^2 - 34x + 19$.
38. S.: $y' = 4x^3 - 6x^2 - 7$.
39. S.: $y' = 36x^2 - 22x - 15$.
40. S.: $y' = 70x^6 - 20x^4 + 56x^3$.

41. S.: $y' = 3x^{1/2} - \dfrac{1}{7}\, x^{-6/7}$.

42. S.: $y' = \dfrac{-2}{3}\, x^{-1/3} - \dfrac{1}{5}\, x^{-4/5}$.

43. S.: $y' = \dfrac{5}{4}\, x^{1/4} + 3\, x^{1/2}$.

44. S.: $y' = -\dfrac{4}{5}\, x^{-4/5} + 2x^{-1/3}$.

45. S.: $y' = 3x^{-1/2} - \dfrac{4}{3}\, x^{-4/3}$.

46. S.: $y' = 2x^{-5/3} + 2x^{-3/5}$

47. S.: $y' = 2x^{-3/5} + \dfrac{6}{7}\, x^{-9/7}$.

48. S.: $y' = \dfrac{3}{7}\, x^{-8/7} + \dfrac{2}{5}\, x^{-4/5}$.

49. S.: $y' = \dfrac{8}{9}\, x^{-7/9} + \dfrac{3}{8}\, x^{-9/8}$.

50. S.: $y' = \dfrac{-5}{3}\, x^{-4/3} - \dfrac{2}{5}\, x^{-6/5}$.

51. S.: $y' = 1/(x-2)^2$.

52. S.: $y' = \dfrac{-x^2 - 8x + 1}{(x^2+1)^2}$.

53. S.: $y' = \dfrac{2x^2 - 4x + 2}{(x-1)^2}$.

54. S.: $y' = \dfrac{-3x^2 + 4x + 9}{(x^2+3)^2}$.

55. S.: $y' = \dfrac{-6x^4 - 4x^3 - 15x^2 - 6x - 1}{(2x^3 + 3x - 1)^2}$

56. S.: $y' = \dfrac{-8x^2 + 12x - 4}{(2x^2-1)^2}$.

57. S.: $y' = \dfrac{-2x^4 - 12x^2 + 10x}{(2x^3+5)^2}$.

58. S.: $y' = 1/(3x+5)^2$.

59. S.: $y' = \dfrac{-2x^7 - 5x^4 + 6x^2}{(x^5+2)^2}$.

60. S.: $y' = \dfrac{-4x^3 - 15x^2 + 4}{(x^3+2)^2}$.

61. S.: $y' = 14/(2x+6)^2$.
62. S.: $y' = -16/(x-3)^2$.

63. S.: $y' = \dfrac{2x^3 + 6x^2 + 4}{(x+2)^2}$.

64. S.: $y' = \dfrac{x^2 + 14x - 5}{(x+7)^2}$.

65. S.: $y' = \dfrac{3x^2 - 4x - 3}{(2x^2 + 3x)^2}$.

66. S.: $y' = 6 \cos 2x$.
67. S.: $y' = 9 \operatorname{sen} 3x$.
68. S.: $y' = 2 \sec^2 2x$.
69. S.: $y' = -3 \csc^2 3x$.
70. S.: $y' = 2 \sec (2x + 3) \operatorname{tg} (2x + 3)$.
71. S.: $y' = -6x \csc (3x^2 - 1) \operatorname{cotg} (3x^2 - 1)$.
72. S.: $y' = 3 \sec (3x - 2) \operatorname{tg} (3x - 2)$.
73. S.: $y' = 2 \cos (2x - 7)$.
74. S.: $y' = -\operatorname{sen} (x - 3)$.
75. S.: $y' = 6x \sec^2 (3x^2 - 4)$.
76. S.: $y' = (1 - 4x) \csc^2 (2x^2 - x + 1)$.
77. S.: $y' = -2 \csc (2x - 4) \operatorname{cotg} (2x - 4)$.
78. S.: $y' = (12x^2 - 6x) \cos (4x^3 - 3x^2 + 5)$.

79. S.: $y' = \dfrac{\cos (2x)^{1/2}}{(2x)^{1/2}}$.

80. S.: $y' = \dfrac{-3 \operatorname{sen} (3x - 1)^{1/2}}{2(3x - 1)^{1/2}}$.

81. S.: $y' = \dfrac{2}{(2x + 1) \cdot 1n\ 10}$.

82. S.: $y' = \dfrac{1}{1n\ 10} + \log 2x$.

83. S.: $y' = 4x/(x^2 + 1)$.

84. S.: $y' = \dfrac{18x^3}{(3x^2 + 5) \cdot 1n\ 10} 6x \cdot \log (3x^2 + 5)$.

85. S.: $y' = \dfrac{2}{x}$.

86. S.: $y' = \dfrac{6x + 2}{(3x^3 + 2x^2) \cdot 1n\ 10} - \dfrac{1}{x^2} \log (3x^2 + 2x)$.

87. S.: $y' = \dfrac{x^2}{1n\ 10} + 6x^2 \log x^{1/2}$.

88. S.: $y' = -6/x$.

89. S.: $y' = \dfrac{7}{(2x + 6)\ 1n\ 10}$.

90. S.: $y' = \dfrac{4x^2}{x^2 + 3} + 2\ 1n\ (x^2 + 3)$.

91. S.: $y' = (8x + 12)\ (x^2 + 3x)^3$.
92. S.: $y' = 3(x + 1)^2$.
93. S.: $y' = (2x + 3)\ (6x + 3)$.
94. S.: $y' = (x^2 + 1)^2\ (8x^3 + 2x)$.

95. S.: $y' = \dfrac{-6}{x^2} \left[1 + \dfrac{2}{x} \right]^2$.

96. S.: $y' = \dfrac{-3}{(x + 1)^4}$.

97. S.: $y' = \left[1 + \dfrac{3}{x + 1} \right] \left[\dfrac{-12x}{(x + 1)^2} \right] + 2 \left[1 + \dfrac{3}{x + 1} \right]^2$.

98. S.: $y' = (36x^2 + 18x)\ (3x^2 + 2)^2 + 2(3x^2 + 2)^3$.

99. S.: $y' = 3(x + 1)^2\ (x - 2)^2 + 2(x + 1)\ (x - 2)^3$.

100. S.: $y' = 10(x^2 - 3)\ (5x + 2) + 2x(5x + 2)^2$.

101. S.: $y' = \dfrac{3}{(1 - 9x^2)^{1/2}}$.

102. S.: $y' = \dfrac{4}{4x^2 + 4x + 2}$.

103. S.: $y' = \dfrac{-x}{2(x - x^2)^{1/2}} + \arccos x$.

104. S.: $y' = \dfrac{2x + 2}{(1 - 4x^2)^{1/2}} + \operatorname{arc\ sen} 2x$.

105. S.: $y' = \dfrac{10x}{x^4 + 6x^2 + 10}$.

106. S.: $y' = \dfrac{2x - x^{1/2}}{(1 - x + 2x\,x^{1/2} - x^2)^{1/2}} +$

$+ 2 \text{ arc cos } (x^{1/2} - x)$.

107. S.: $y' = \dfrac{2}{(-x^2 - 3x - 2)^{1/2}}$.

108. S.: $y' = \dfrac{4x^2 + 4}{16x^2 - 16x + 5} +$

$+ 2x \text{ arc tg } (4x - 2)$.

109. S.: $y' = \dfrac{5x^2}{2(4x\,x^{1/2} - x^2 - 3x)^{1/2}} +$

$+ 10x \cdot \text{arc cos } (2 - x^{102})$.

110. S.: $y' = \dfrac{9}{(-9x^2 + 6x)^{1/2}}$.

111. S.: $y' = 3e^{3x+1}$.

112. S.: $y' = 10^x(1 + x \cdot 1n\ 10)$.

113. S.: $y' = 4e^{x-2}$.

114. S.: $y' = 2^{x+1} \cdot 1n\ 2$.

115. S.: $y' = 10^{5x-3}\ (5x^2\ 1n\ 10\ + 2x)$.

116. S.: $y' = (2x + 3)e^{2x}$.

117. S.: $y' = 3^{x-5}(2x\ 1n\ 3 + 2)$.

118. S.: $y' = 10^{2x}\ [(2x^2 + 2)\ 1n\ 10 + 2x)]$.

119. S.: $y' = (4x - 11)e^{4x-1}$.

120. S.: $y' = 5^{x-2}(5x^2\ 1n\ 5 + 10x)$.

121. S: a) $2x - 6$

b) $3x^2 - 4$

c) $3x^2 + 1$

122. S: a) $(3; -4)$

b) $\left(\dfrac{2}{\sqrt{3}}; \dfrac{-16}{3\sqrt{3}}\right)$ y $\left(\dfrac{-2}{\sqrt{3}}; \dfrac{16}{3\sqrt{3}}\right)$

c) No existen.

123. S: En $(4, -3)$

124. S: $(2, 0)$ y $(-2, 0)$

125. S: Sabemos que $f'(x) = 3x^2 + 1$ es una parábola que toma su valor mínimo en el vértice cuya abscisa es 0, luego el punto de menor pendiente es $(0, 0)$ y la pendiente en él es 1.

126. S: a) 13 m/s

b) $D(y) = v(t) = 4t + 5$

c) 7 m/s

127. S: 150 bac/min y 190 bc/min.

128. S: $y = -4x + 8$; $y = -x + 4$; $y = -\dfrac{1}{4}x + 2$

129. S: $y = \dfrac{1}{2}x + \dfrac{1}{2}$; $y = \dfrac{1}{4}x + 1$

130. S: a) $v(t) = 100 + 4000t$

b) $a(t) = 4000$

c) $v(0) = 100\ \text{km/h}$; $a(0) = 4000\ \text{km/h}^2$

131. S: $v(x) = \dfrac{1}{\sqrt{x}} + 3$; $a(x) = \dfrac{1}{2\sqrt{x}}$;

$4\ m/s$; $\dfrac{1}{4}\ m/s^2$

132. S: $D(l) = 0{,}0005$; la velocidad de crecimiento es la misma para cualquier temperatura: 0,0005 cm/ºC.

133. S: $D(S) = 0{,}03 + 0{,}0000005t$;

$0{,}032\ \text{cm}^2/\text{°C}$; $0{,}03005\ \text{cm}^2/\text{°C}$

134. S: $D(y) = 2x^2 - 5x + 3$; $y = x - \dfrac{17}{3}$;

$y = x - \dfrac{35}{6}$.

135. S: $D(y) = 6t^2 - 3$ y $D^2(y) = 12t$

136. S: El punto es el $(1, 3)$.

137. S: La velocidad de crecimiento del radio es 3 cm/min; la del área es $y = 18\pi t + 12\pi$ es el instante t.

Aplicaciones de la derivada 58

Introducción histórica

El estudio de las derivadas se interesa no sólo por los cambios que se efectúan en las cosas, sino por lo más o menos rápidamente que las cosas cambian. Este deseo de medir el cambio llevó por caminos tortuosos hasta la noción de derivada en el siglo XVII. Las formulaciones de Newton y Leibnitz estuvieron llena de oscuridades que no fueron salvadas hasta la publicación en 1823 de las lecciones de Cauchy sobre el cálculo infinitesimal.

58.1 Tangentes a las cónicas

Ya conocemos de temas anteriores que la tangente a una curva de ecuación $y = f(x)$ en el punto de abscisa $x = a$, viene dada por la ecuación:

$$y - f(a) = f'(a)(x - a)$$

Nos enfrentamos ahora al problema de encontrar la tangente a una cónica en uno de sus puntos. Este problema, sin el conocimiento de las derivadas , puede ser resuelto de dos maneras:

a) El sistema formado por las ecuaciones de la cónica y de la tangente ha de tener solución única pues cónica y tangente se cortan en un solo punto.

Este procedimiento, aparte de tener excepciones, suele ser muy engorroso.

b) La tangente cumple una determinada propiedad geométrica (es perpendicular al radio de la circunferencia, es la bisectriz de los radios vectores del punto de tangencia en la hipérbola, ...).

Utilizar estas propiedades puede resultar costoso, aparte de que el método es por completo particular en cada cónica. El uso de la derivada nos proporciona un método cómodo y general para resolver el problema.

Ejemplo

Calcula la ecuación de la tangente a una elipse $\frac{x^2}{a^2}+\frac{y^2}{b^2}=1$ en un punto de su gráfica $P(x_0, y_0)$

Solución: El procedimiento para obtener la tangente es completamente analítico.

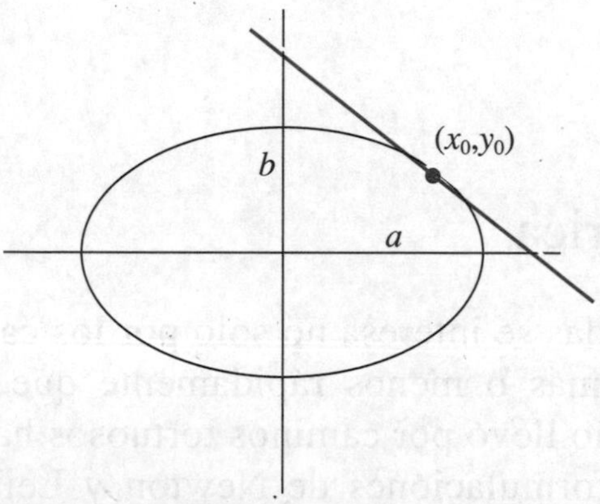

Derivando en forma implícita: $$\frac{2x}{a^2}+\frac{2yy'}{b^2}=0$$

Quitando denominadores: $$2b^2x+2a^2yy'=0$$

Despejando y' y simplificando: $$y'=\frac{-2b^2x}{2a^2y}=\frac{-b^2x}{a^2y}$$

La pendiente de la tangente en el punto $P(x_0, y_0)$ es: $y'=\frac{-b^2x_0}{a^2y_0}$

Por tanto la ecuación de la tangente es: $$y-y_0=\frac{-b^2x_0}{a^2y_0}(x-x_0)$$

Expresión que, operando convenientemente, resulta muy sencilla:

$$a^2y_0y-a^2y_0^2=-b^2x_0x+b^2x_0^2 \quad\rightarrow\quad b^2x_0x+a^2y_0y=b^2x_0^2+a^2y_0^2$$

Dividiendo por a^2b^2 obtenemos: $$\frac{x_0x}{a^2}+\frac{y_0y}{b^2}=\frac{x_0^2}{a^2}+\frac{y_0^2}{b^2}$$

Como $P(x_0, y_0)$ está en la elipse se tiene que $\frac{x_0^2}{a^2}+\frac{y_0^2}{b^2}=1$ y, por tanto:

$$\frac{x_0 x}{a^2} + \frac{y_0 y}{b^2} = 1 \quad \text{(ecuación de la tangente a la elipse)}$$

Del mismo modo se obtienen las tangentes a la hipérbola y a la parábola.

Hipérbola $\frac{x^2}{a^2} - \frac{y^2}{b^2} = 1$; Punto $P(x_0, y_0)$; Tangente en P: $\frac{x_0 x}{a^2} - \frac{y_0 y}{b^2} = 1$

Parábola $y^2 = 2px$; Punto $P(x_0, y_0)$; Tangente en P: $y_0 y = px + px_0$

Si los valores de una función f nos dice por qué puntos pasa su gráfica, los de la derivada indican qué dirección sigue la gráfica en cada punto. La derivada nos permite decidir donde crece o decrece una función y donde alcanza sus valores máximos o mínimos.

58.2 Crecimiento de una función

Sea f una función derivable en un punto $x = a$. Entonces:

- Si $f'(a) > 0$, f es creciente en a

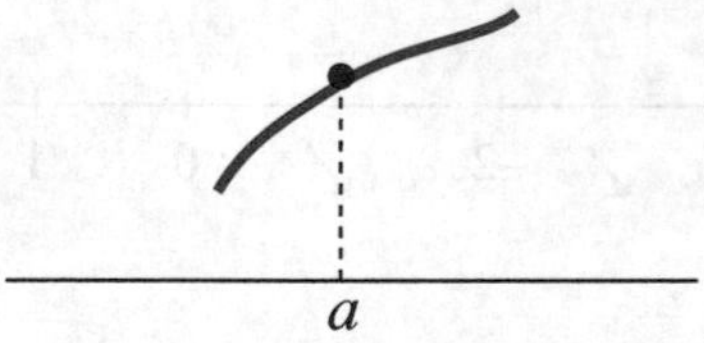

- Si $f'(a) < 0$, f es decreciente en a

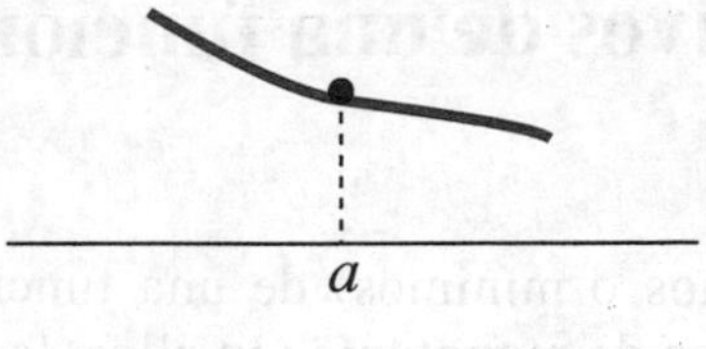

Para determinar los intervalos de crecimiento de una función, hallaremos los valores donde f' se anula o no está definida y, una vez ordenados, estudiaremos el signo de f' y, por tanto, los intervalos de crecimiento de f.

Ejemplo

Estudiar el crecimiento de la función $f(x)=\dfrac{2x+1}{x^2-4x}$

Primero calculamos el dominio de la función. Para ello:

$x^2-4x=0 \;\rightarrow\; x(x-4)=0 \;\rightarrow\; x=0 \text{ o } x=4$, de donde se sigue que la función está definida en $R-\{0,4\}$.

La derivada es: $$f'(x)=\frac{-2x^2-2x+4}{\left(x^2-4x\right)^2}$$

que no está definida tampoco en los puntos donde no lo estaba f.

Hacemos $f'(x)=0 \;\rightarrow\; -2x^2-2x+4=0 \;\rightarrow\; x=-2 \text{ o } x=1$

Ahora estudiamos el signo de f' en cada uno de los intervalos de la recta en que los anteriores valores dividen a la recta -el método más cómodo suele ser dar valores arbitrarios, uno por cada intervalo-.

Por ejemplo: $f'(-3)<0$; $f'(-1)>0$; $f'(0{,}5)>0$; $f'(2)<0$; $f'(5)<0$

Signo de f'	−		−		+		+		−
Crecimiento de f	↙	−2	↙	0	↖	1	↖	4	↙

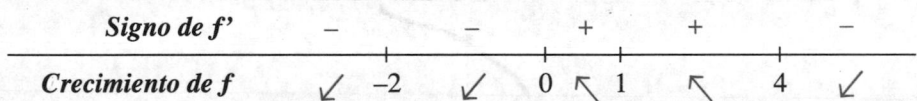

Luego la función decrece en $(-\infty,-2)$, crece en $(-2,0)$, crece en $(0,1)$, decrece en $(1,4)$ y decrece en $(4,\infty)$

58.3 Extremos relativos de una función

Los extremos relativos (máximos o mínimos) de una función sólo pueden presentarse en los puntos que figuran en el esquema de monotonía (en ellos, la derivada vale cero o no existe).

Si f alcanza en $x = a$ un extremo relativo (máximo o mínimo) entonces, o bien $f'(a)=0$ o bien $f'(a)$ no existe.

Sin embargo, puede suceder cualquiera de las dos cosas sin que f posea un extremo en $x = a$.

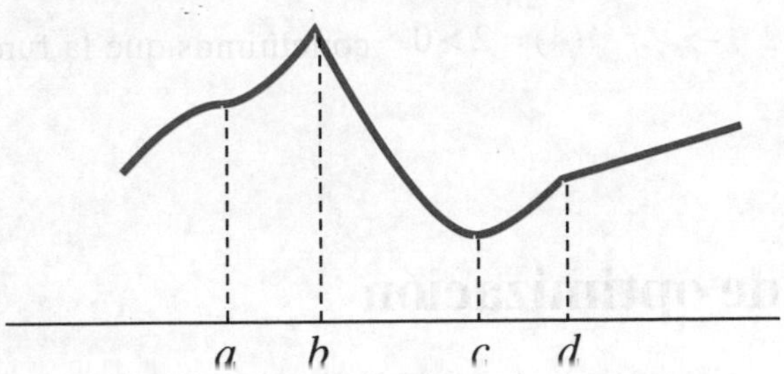

La función dibujada sólo presenta extremos en b y c, y en cambio, f' se anula en a y c y no existe en b y d (en los puntos angulosos la función no es derivable pues en ellos la pendiente es distinta a izquierda y derecha).

Cualquiera de los siguientes criterios garantiza la existencia de extremos:

Criterio del cambio de signo de la derivada

Sea f una función continua en a y derivable alrededor de a.

- Si en a, el signo de f' cambia de negativo a positivo, f tiene un **mínimo** en $x = a$
- Si en a, el signo de f' cambia de positivo a negativo, f tiene un **máximo** en $x = a$
- Si el signo de f' no cambia, en $x = a$ no hay máximo ni mínimo relativo.

Ejemplo

Para la función $f(x) = \dfrac{2x+1}{x^2-4x}$ estudiada antes, se tiene que $x = -2$ es mínimo relativo y $x = 1$ es un máximo relativo.

Criterio de la segunda derivada

- Si $f'(a) = 0$ y $f''(a) > 0$, entonces f tiene un **mínimo** relativo en $x = a$
- Si $f'(a) = 0$ y $f''(a) < 0$, entonces f tiene un **máximo** relativo en $x = a$

Ejemplo

En la función $f(x) = x^2 - 8x + 12$ definida en todo R, si hacemos

$$f'(x) = 0 \;\rightarrow\; 2x - 8 = 0 \;\rightarrow\; x = 4$$

Además como $f''(x)=2 \rightarrow f''(4)=2>0$ concluimos que la función presenta un mínimo en $x=4$.

58.4 Problemas de optimización

En muchas actividades humanas surgen problemas de optimización, es decir, problemas que obligan a encontrar para qué valores de ciertas variables $(x, y, z, \ldots)$ una magnitud M alcanza su "valor óptimo" (máximo o mínimo).

Ejemplo

Un granjero dispone de 100 metros de valla, con los que desea construir un corral rectangular de la máxima superficie posible.

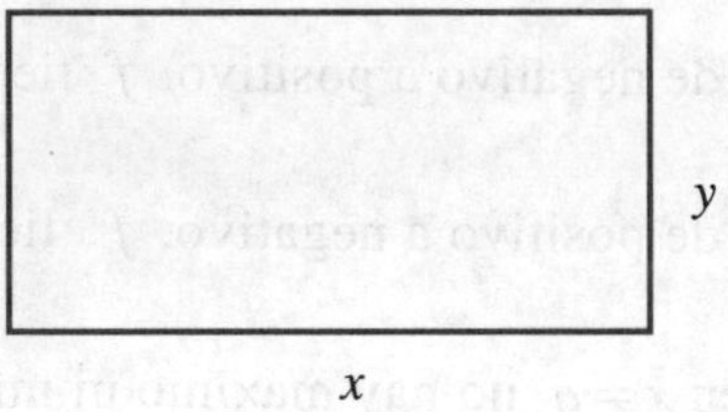

Su problema se reduce a encontrar el máximo de la magnitud S (superficie del corral).

$$S = x \cdot y$$

donde x e y son las dimensiones del corral y, por tanto, han de cumplir que $2x+2y=100$

pues han de utilizarse, exactamente, 100 metros de valla.

Para resolver estos problemas, utilizaremos el siguiente procedimiento:

1. Expresaremos la magnitud M a optimizar, en función de las variables que la definen $$M = g(x, y, z, \ldots)$$
2. Expresamos las variables $x, y, z, \ldots$ en función de una de ellas.
3. Ahora podremos expresar M en función de una sola variable, por ejemplo: $$M = f(x)$$

Los valores óptimos de M corresponderán a los máximos o mínimos de f que ya sabemos calcular.

En el ejemplo, queremos hacer máxima $S = x \cdot y$ con la condición $2x + 2y = 100$.

De la última igualdad deducimos que $y = 50 - x$. Por consiguiente, podemos expresar

$$S = x \cdot (50 - x) = 50x - x^2$$

La derivada es $S' = 50 - 2x$. Por tanto, igualando $50 - 2x = 0 \rightarrow x = 25$

Dado que $S'' = -2 < 0$, concluimos que S tiene un máximo cuando $x = 25$ y por tanto $y = 50 - 25 = 25$.

Es decir, el corral de área máxima es un cuadrado de 25 m de lado y área $625\ \text{m}^3$.

Ejemplo

Halla un número positivo cuya suma con su inverso sea mínima.

Solución: Llamamos al número x; su inverso es $1/x$.

El enunciado impone la condición de que sea mínima la suma $S = x + \dfrac{1}{x}$.

Para hallar el mínimo de la función $S = \dfrac{x^2 + 1}{x}$ anterior derivamos e igualamos a cero:

$$S' = \frac{2x \cdot x - 1 \cdot (x^2 + 1)}{x^2} = \frac{x^2 - 1}{x^2}; \qquad \frac{x^2 - 1}{x^2} = 0 \rightarrow x^2 - 1 = 0 \rightarrow x = \pm 1$$

El enunciado dice que el número sea positivo, por lo que desechamos $x = -1$

$$S'' = \frac{2}{x^3} \rightarrow S''(1) = \frac{2}{1} = 2 > 0$$

Luego para $x = 1$ hay mínimo. El número pedido es, por tanto, el 1.

Ejemplo

Dado un círculo de radio 4 dm, inscribe en él un rectángulo de área máxima.

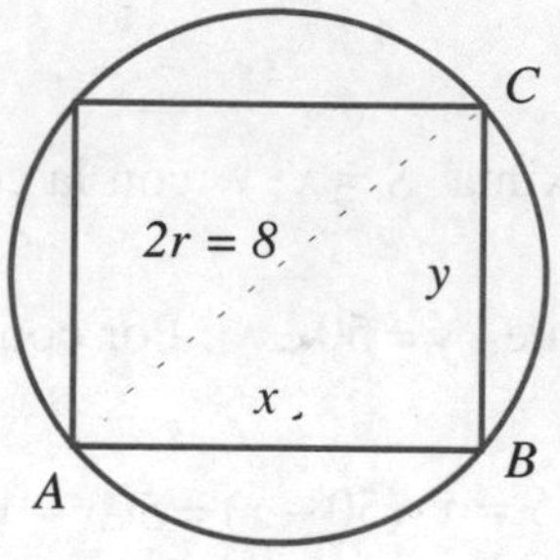

Solución: Llamando x e y a los lados del rectángulo, queremos hacer máxima la función área:

$$S = x \cdot y$$

Buscamos una relación entre x e y. En el triángulo rectángulo ABC, se tiene que:

$$x^2 + y^2 = 8^2 \quad \rightarrow \quad y = \sqrt{64 - x^2}$$

que, sustituido en la fórmula del área del rectángulo $S = x \cdot y$ queda:

$$S = x \cdot \sqrt{64 - x^2}$$

Procedemos como en los ejemplos anteriores:

$$S' = \frac{128x - 4x^3}{2\sqrt{64x^2 - x^4}}; \quad \frac{64 - 2x^3}{\sqrt{64x^2 - x^4}} = 0 \quad \rightarrow \quad 2x\left(32 - x^2\right) = 0$$

Las raíces son: $x = 0$ y $x = \pm 4\sqrt{2}$.

Los valores $x = 0$ y $x = -4\sqrt{2}$ carecen de sentido (los lados de un rectángulo son positivos).

Por tanto, $x = 4\sqrt{2} \quad \rightarrow \quad y = \sqrt{64 - \left(4\sqrt{2}\right)^2} = 4\sqrt{2}$

Es un cuadrado de lado $4\sqrt{2}$ dm y de área $32\,\text{dm}^2$. (Compruebe el lector que $S''\left(4\sqrt{2}\right) < 0$).

Ejemplo

Calcula las coordenadas de los puntos de la parábola $y^2 = 4x$, tales que sus distancias al punto $A(4, 0)$ sean mínimas.

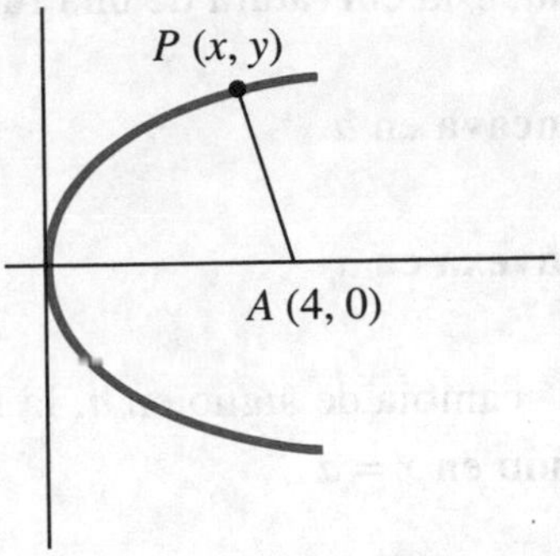

Solución: Queremos que la distancia $d(A,P)=\sqrt{(x-4)^2+y^2}$ sea mínima. Tenemos que buscar otra relación entre x e y, que se obtiene por ser $P(x,y)$ un punto de la parábola $y^2=4x$.

Sustituimos y^2 en la distancia: $d=\sqrt{(x-4)^2+4x}$

Condición de mínimo: $d'=\dfrac{2(x-4)+4}{2\sqrt{x^2-4x+16}}=0 \;\rightarrow\; 2(x-4)+4=0 \;\rightarrow\; x=2$

Si $x=2 \;\rightarrow\; y^2=4\cdot 2 \;\rightarrow\; y=\pm 2\sqrt{2}$. Se tienen, por tanto, dos puntos:

$$P\left(2,2\sqrt{2}\right) \text{ y } P'\left(2,-2\sqrt{2}\right)$$

58.5 Concavidad y convexidad

Diremos que una función es **cóncava** si su gráfica se curva hacia arriba, mientras que si lo hace hacia abajo diremos que es **convexa**.

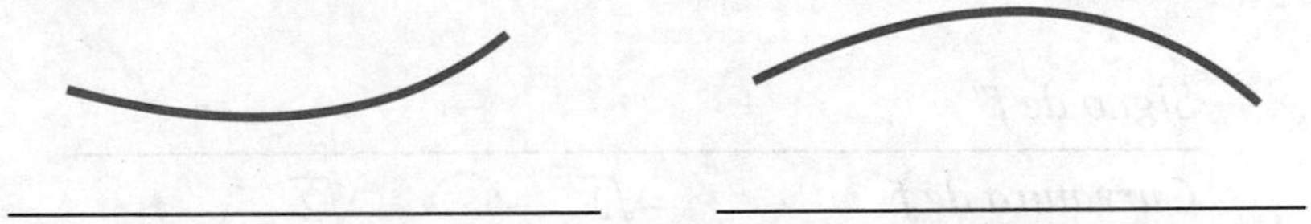

CÓNCAVA CONVEXA

A los puntos donde una función pasa de ser cóncava a convexa o viceversa se les denomina **puntos de inflexión**.

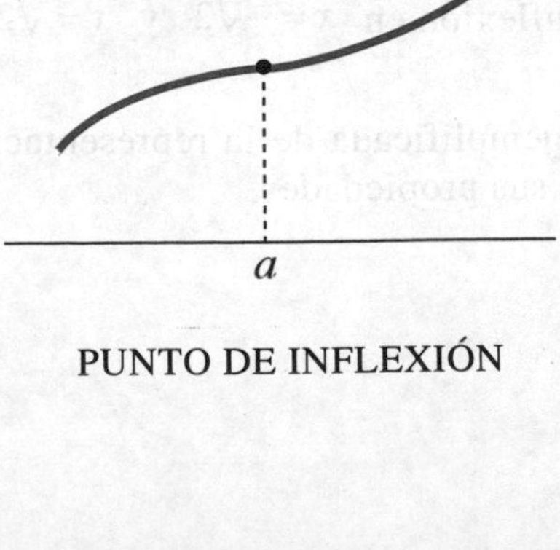

PUNTO DE INFLEXIÓN

La segunda derivada nos permite deducir la curvatura de una función. En concreto:

- Si $f''(a) > 0$, la función es **cóncava** en a
- Si $f''(a) < 0$, la función es **convexa** en a
- Si $f''(a) = 0$, de modo que f'' cambia de signo en a, la función tiene un **punto de inflexión** en $x = a$

Así, para determinar los intervalos de concavidad y convexidad de una función y sus puntos de inflexión hallaremos los valores de x donde f'' se anule o no exista y, una vez ordenados, estudiaremos el signo de f'' y, por tanto, los intervalos de curvatura de f. Los valores donde f exista y f'' cambie de signo son los puntos de inflexión.

Ejemplo

Estudiar la curvatura y los puntos de inflexión de $f(x) = x^4 - 12x^2$

La función está definida en todo R. Sus derivadas primera y segunda son:

$$f'(x) = 4x^3 - 24x \qquad f''(x) = 12x^2 - 24$$

de modo que $\qquad f''(x) = 0 \;\rightarrow\; x = -\sqrt{2} \text{ o } x = \sqrt{2}$

Estudiamos el signo de f'' en cada uno de los intervalos en que los anteriores valores dividen a la recta:

Signo de f''	+		−		+
Curvatura de f	∪	$-\sqrt{2}$	∩	$\sqrt{2}$	∪

De aquí deducimos que la función es cóncava en $\left(-\infty, -\sqrt{2}\right)$, convexa en $\left(-\sqrt{2}, \sqrt{2}\right)$ y cóncava en $\left(\sqrt{2}, \infty\right)$. Hay dos puntos de inflexión en $x = -\sqrt{2}$ y $x = \sqrt{2}$.

Damos ahora una introducción ejemplificada de la representación de funciones polinómicas y racionales a través del estudio de sus propiedades.

58.6 Representación de funciones polinómicas

Sabemos que las funciones polinómicas son continuas y derivables en todo R (es decir, son "suaves": sin saltos ni picos). Además, sus límites en $\pm\infty$ son infinitos. Esto, junto con lo estudiado hasta ahora, nos permite obtener sus gráficas siguiendo estos pasos:

1. *Hallamos sus límites en* $\pm\infty$ *y las raíces de* f.
   Con estos datos decidimos en qué intervalos es la función positiva o negativa.

2. *Hallamos las raíces de* f'.
   A partir de ellas, construimos el esquema de crecimiento y calculamos los máximos y mínimos de la función.

3. *Se hallan las raíces de* f''.
   A partir de ellas construimos el esquema de curvatura y calculamos los puntos de inflexión.

Si en algún paso no sabemos resolver la correspondiente ecuación, pasaremos a la siguiente etapa. Al final, y para apuntalar la gráfica, podremos calcular algunos valores de la función.

Representar gráficamente la función $y = x^3 + x^2 - x - 1$

1. Las raíces de f se obtienen por la regla de Ruffini y son: $x = 1$ y $x = -1$ (doble)

   Además: $\lim\limits_{x\to\infty} f(x) = \infty$ $\lim\limits_{x\to-\infty} f(x) = -\infty$

   El esquema de signos de f se obtiene dando valores a x en cada uno de los tramos y sustituyendo en la función. Así obtenemos los intervalos en los que la gráfica transcurre por encima o por debajo del eje X.

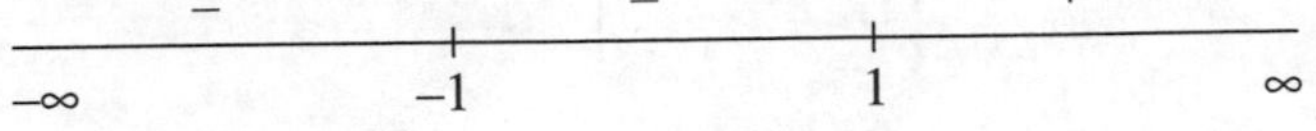

2. $f'(x) = 3x^2 + 2x - 1$. Igualando $f'(x) = 0$ y resolviendo la ecuación de segundo grado obtenemos las raíces $x = -1$ y $x = \frac{1}{3}$.

El esquema de crecimiento de la función es:

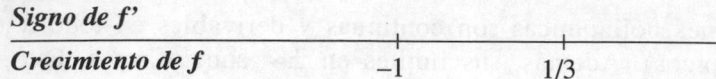

Signo de f'			
Crecimiento de f	-1		$1/3$

En el punto $A(-1,0)$ hay un máximo y en $B\left(\frac{1}{3},-1'18\right)$ hay un mínimo.

3. $f''(x)=6x+2$. Igualando $f''(x)=0$ obtenemos la raíz $x=-\frac{1}{3}$

El esquema de curvatura es el siguiente.

Signo de f''	$-$		$+$
Curvatura de f	↷	$-1/3$	↺

Del cambio de curvatura deducimos que el punto $C\left(-\frac{1}{3},-0'59\right)$ es de inflexión.

La gráfica de la función es la siguiente:

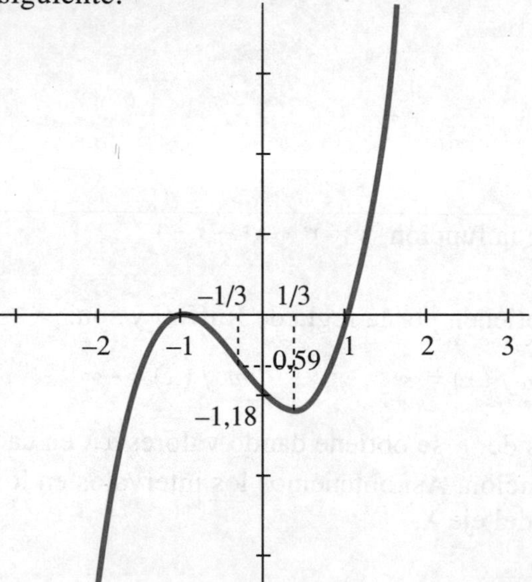

58.7 Representación de funciones racionales

Una función racional es de la forma $f(x)=\frac{p(x)}{q(x)}$ donde $p(x)$ y $q(x)$ son polinomios.

Según sabemos, estas funciones están definidas y son continuas en todo R salvo en aquellos puntos que anulan al denominador $q(x)$. Para construir su gráfica seguiremos estos pasos:

1. *Calculamos las raíces de* f *(soluciones de* $p(x)=0,\ q(x)\neq 0$*) y sus discontinuidades (soluciones de* $q(x)=0$*).*

   Estudiando el límite de la función en estos últimos, obtendremos bien una *asíntota vertical* (si el límite es $\frac{k}{0}$) o bien una *discontinuidad evitable* (si es $\frac{0}{0}$).

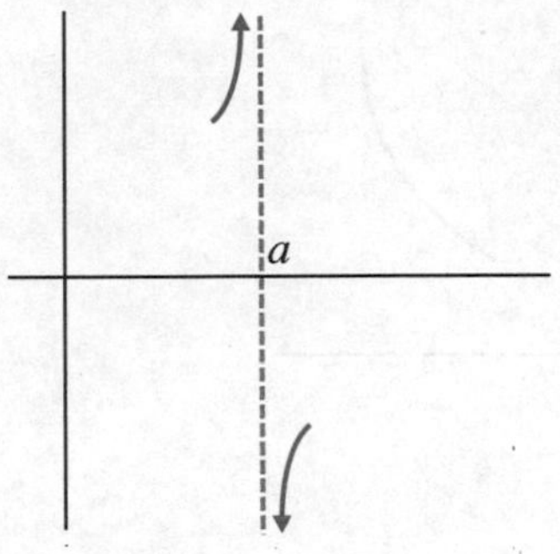

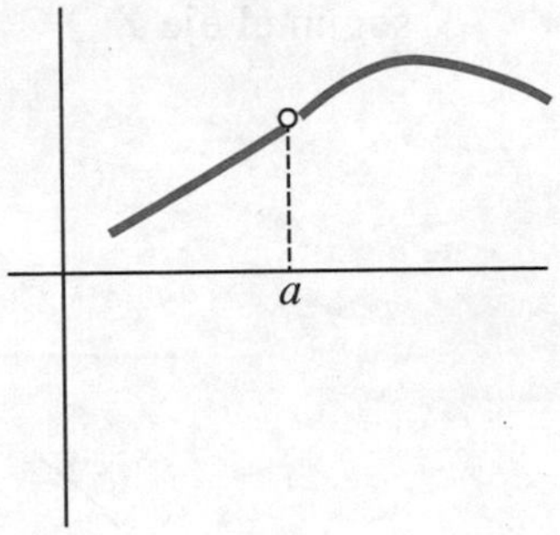

ASÍNTOTA VERTICAL EN $x = a$ DISCONTINUIDAD EVITABLE EN $x = a$

2. *Al calcular los límites en* $\pm\infty$ puede ocurrir:

   a) $\lim_{x\to\infty} f(x) = L$, siendo entonces la recta $y = L$ *asíntota horizontal* para $x \to \pm\infty$

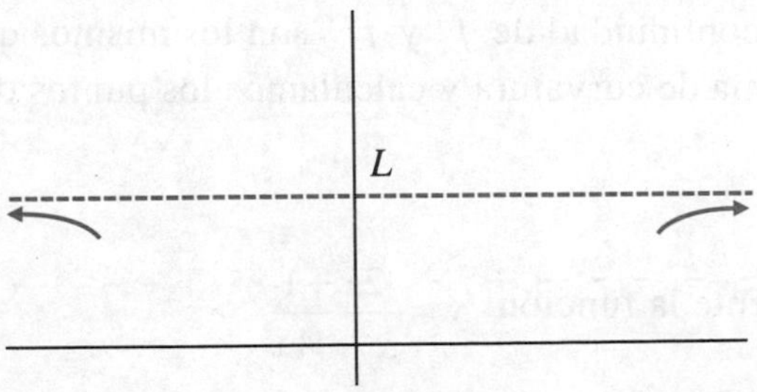

   b) $\lim_{x\to\infty} f(x) = \pm\infty$. En este caso hallaremos $m = \lim_{x\to\infty} \frac{f(x)}{x}$ pudiendo resultar:

   b_1) m un número. Si es así, calculamos $n = \lim_{x\to\infty}\big(f(x) - mx\big)$ siendo entonces la recta $y = mx + n$ una *asíntota oblícua* para $x \to \pm\infty$.

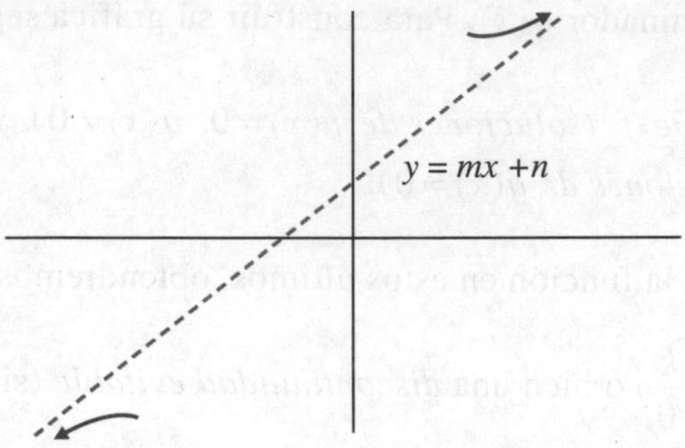

b_2) $m=\infty$. En este caso, la función presenta una *rama parabólica* según el eje *Y*.

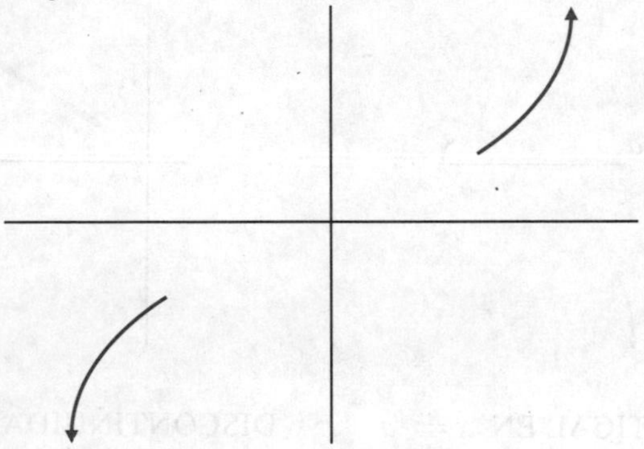

3. *Se hallan las raíces y discontinuidades de* f' para a continuación construir el esquema de crecimiento de f y decidir sus máximos y mínimos.

4. *Calculamos* (si no es excesivamente complicado) *las raíces y discontinuidades de* f'' (los puntos de discontinuidad de f' y f'' son los mismos que en f). A partir de ellas hacemos el esquema de curvatura y calculamos los puntos de inflexión.

Ejemplo

Representar gráficamente la función $y=\dfrac{2x+1}{x^2-4x}$

1. Raíces de f: $2x+1=0 \;\;\rightarrow\;\; x=-\dfrac{1}{2}$

   Discontinuidades de f: $x^2-4x=0 \;\;\rightarrow\;\; x(x-4)=0 \;\;\rightarrow\;\; x=0$ o $x=4$

   Estudiamos ahora los límites en los puntos de discontinuidad:

   - En $x=0$ hay un límite del tipo $\left(\dfrac{1}{0}\right)$, luego $x=0$ es asíntota vertical.

Además $\lim\limits_{x\to 0^-} f(x)=\infty$ $\lim\limits_{x\to 0^+} f(x)=-\infty$

- En $x=4$ hay un límite del tipo $\left(\dfrac{9}{0}\right)$, luego $x=4$ es asíntota vertical y se tiene:

$$\lim_{x\to 4^-} f(x)=-\infty \qquad \lim_{x\to 4^+} f(x)=\infty$$

2. $\lim\limits_{x\to\infty} f(x)=0$ pues el grado del numerador es menor que el del denominador. De aquí se sigue que la recta $y=0$ es asíntota horizontal para $x\to\pm\infty$.

3. El estudio de las raíces y discontinuidades de f' ya está hecho al principio del tema.

4. La expresión de f'' es complicada por lo que prescindimos de esta cuarta etapa.

La gráfica de la función es:

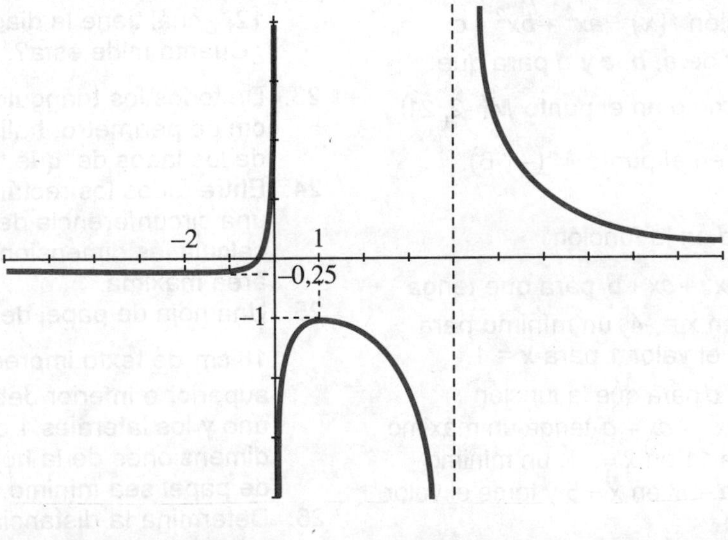

Problemas propuestos

1. Halla los intervalos de crecimiento y decrecimiento de las funciones:
   a) $f(x)=x^3-3x^2+1$
   b) $f(x)=x^3-6x^2+9x-8$
2. Estudia los máximos y mínimos de la función $f(x)=\left(x^3-4x^2+7x-6\right)e^x$
3. Intervalos de crecimiento y decrecimiento de las funciones:
   a) $f(x)=x+5-2\,\text{sen}\,x$
   b) $f(x)=\text{sen}\,x+\cos x$
4. Determina el máximo y el mínimo de la función $f(x)=x^5+x+1$ en el intervalo $[0,2]$
5. Determina el parámetro c para que el

mínimo de la función $y = x^2 + 2x + c$ sea igual a 8.

6. Halla los números b y c para que la función $y = x^2 + bx + c$ alcance un mínimo en el punto $P(-1, 2)$.
7. La curva dada por $y = x^2 + bx + c$ pasa por el punto $P(-2, 1)$ y alcanza un punto crítico en $x = -3$. Halla b y c.
8. La función $f(x) = x^3 + px^2 + q$ tiene un valor mínimo relativo igual a 3 en $x = 2$. Halla los números p y q.
9. Halla a, b, c y d para que la función $f(x) = ax^3 + bx^2 + cx + d$ tenga un máximo en el punto $M(0, 4)$ y un mínimo en el punto $M'(2, 0)$.
10. Dada la función $f(x) = ax^3 + bx^2 + cx + d$, halla el valor de a, b, c y d para que tenga un máximo en el punto $M(-2, 21)$ y un mínimo en el punto $M'(-1, 6)$.
11. Halla b, c y d en la función $f(x) = X^3 + bx^2 + cx + d$ para que tenga un máximo en $x = -4$, un mínimo para $x = 0$ y tome el valor 1 para $x = 1$.
12. Halla a, b, c y d para que la función $f(x) = ax^3 + bx^2 + cx + d$ tenga un máximo relativo igual a 11 en $x = -1$, un mínimo relativo igual a -97 en $x = 5$ y tome el valor -17 para $x = 1$.
13. Halla dos números cuya suma sea 40 sabiendo que su producto es máximo.
14. Halla dos números cuya suma es 18, sabiendo que el producto del uno por el cuadrado del otro ha de ser máximo.
15. Determina dos números cuya suma sea 24 y tales que el producto del uno por el cuadrado del otros sea máximo.
16. ¿Cuál es el número que sumado con 25 veces su inverso da un valor mínimo?.
17. Encuentra un número tal que al restarle su cuadrado la diferencia sea máxima.
18. Un pastor quiere vallar un campo rectangular de 3600 m^2 de superficie para hacer un aprisco. ¿Podrías indicarle las dimensiones para que el coste fuera mínimo?.
19. Un pastor dispone de 1000 m de tela metálica para construir una cerca rectangular aprovechando una pared ya existente. ¿Podrías indicarle las dimensiones para que el corral sea lo mayor posible?.
20. Se quiere vallar un campo rectangular que está junto a un camino. Si la valla del lado del camino cuesta 800 ptas/m y la de los otros 100 ptas/m, halla el área del mayor campo que puede cercarse con 288.000 ptas.
21. ¿Qué medidas tiene el triángulo rectángulo de máxima área entre todos los que tienen 10 cm de hipotenusa?.
22. Entre todos los rectángulos de perímetro 12, ¿cuál tiene la diagonal menor? ¿Cuánto mide ésta?.
23. De todos los triángulos isósceles de 12 cm de perímetro, halla las dimensiones de los lados del que tenga área máxima.
24. Entre todos los rectángulos inscritos en una circunferencia de radio 12 cm, calcula las dimensiones del que tenga área máxima.
25. Una hoja de papel debe contener 18 cm^{2}de texto impreso. Los márgenes superior e inferior deben tener 2 cm cada uno y los laterales 1 cm. Calcular las dimensiones de la hoja para que el gasto de papel sea mínimo.
26. Determina la distancia mínima del origen a la curva xy = 1.
27. Halla los puntos de la curva $y^2 = 6x$ cuya distancia al punto $P(4, 0)$ sea mínima.
28. Halla los puntos de la curva $y^2 = 4x$ cuya distancia al punto $P(4, 0)$ sea mínima.
29. Halla los puntos de la curva $y^2 = 9x$ cuya distancia al punto $P(4, 0)$ sea mínima.

30. Intervalos de concavidad y convexidad de la curva $y = x^4 - 6x^3 + 12x^2 - 5x + 1$.

31. Comprueba si las siguientes funciones tienen o no puntos de inflexión:

a) $f(x) = x^2$

b) $f(x) = \frac{1}{x}$

c) $f(x) = Lx$

d) $f(x) = e^x$

32. Estudia qué tipo de crecimiento cóncavo o convexo tienen las siguientes funciones:

a) $f(x) = Lx$

b) $f(x) = e^x$

c) $f(x) = \sqrt{x}$

d) $f(x) = arctg\, x$

33. Halla la ecuación de la recta tangente a la curva $y = x^3 - 6x^2 + 16x - 11$ en su punto de inflexión.

34. Calcula la ecuación de la recta tangente a la curva $y = 2x^3 - 6x^2 + 4$ en su punto de inflexión.

35. Halla b, c y d en la función $f(x) = x^3 + bx^2 + cx + d$ para que tenga un punto de inflexión de abscisa $x = 3$, pasa por el punto $P(1, 0)$ y alcance un mínimo en $x = 1$.

36. Determina los parámetros a, b, c y d para que la función $f(x) = ax^3 + bx^2 + cx + d$ tenga un punto de inflexión en $P(-2, 6)$ con tangente en él paralela a la recta $8x + y + 10 = 0$, y tome además el valor -2 para $x = 0$.

37. Halla a, b, c y d en la función $f(x) = ax^3 + bx + cx + d$ para que pase por el punto $P(-1, 1)$ y tenga punto de inflexión con tangente horizontal en $Q(0, -2)$.

38. ¿Qué valores deben tomar a, b, c y d para que $f(x) = ax^3 + bx^2 + cx + d$ tenga un punto crítico en $P(1, 3)$, y un punto de inflexión con tangente de ecuación $y = 2x$ en el origen.

Soluciones

1. S: a) Decreciente en el intervalo $(0, 2)$ y creciente en $(-\infty, 0) \cup (2, \infty)$.

   b) Decreciente en $(1, 3)$ y creciente en $(-\infty, 1) \cup (3, \infty)$

2. S: El punto mínimo es $M'(-1, -18e^{-1})$.

3. S: a) Decreciente en $\left(0, \frac{\pi}{3}\right) \cup \left(\frac{5\pi}{3}, 2\pi\right)$ creciente en $\left(\frac{\pi}{3}, \frac{5\pi}{3}\right)$.

   b) Decreciente en $\left(\frac{\pi}{4}, \frac{5\pi}{4}\right)$ y creciente en $\left(0, \frac{\pi}{4}\right) \cup \left(\frac{5\pi}{4}, 2\pi\right)$.

4. S: El punto mínimo es $M'(0, 1)$ y el máximo $M(2, 35)$.

5. S: $c = 9$
6. S: $b = 2$, $c = 3$
7. S: $b = 6$, $c = 9$
8. S: $p = -3$, $q = 7$
9. S: $a = 1$, $b = -3$, $c = 0$, $d = 4$
10. S: $a = 30$, $b = 135$, $c = 180$, $d = 8$
11 S: $b = 6$, $c = 0$, $d = -6$
12. S: $a = 1$, $b = -6$, $c = -15$, $d = 3$

13. S: 20 y 20
14. S: 12 y 6
15. S: 18 y 6
16. S: 5
17. S: 0,5
18. S: 60 m y 60 m.
19. S: Las dimensiones del campo son 500 m y 250 m.
20. S: 115.200 m^2
21. S: $\sqrt{50}$ cm y $\sqrt{50}$ cm.
22. S: 3 m y 3 m.
23. S: 4, 4, 4 cm.
24. S: $\sqrt{288}$ cm y $\sqrt{288}$ cm.
25. S: 5 cm y 10 cm.
26. S: $\sqrt{2}$.
27. S: $M\left(1, \sqrt{6}\right)$ y $M'\left(1, -\sqrt{6}\right)$.
28. S: $M\left(2, \sqrt{8}\right)$ y $M'\left(2, -\sqrt{8}\right)$.
29. S: $M(0, 0)$
30. S: f es cóncava en $(1, 2)$ y es convexa en $(-\infty, 1)$ y $(2, \infty)$.
31. S: a) No tiene puntos de inflexión.
    b) No tiene puntos de inflexión.
    c) No tiene puntos de inflexión.
    d) No tiene puntos de inflexión.
32. S: a) Cóncavo.
    b) Convexo.
    c) Cóncavo.
    d) Si $x < 0$ el crecimiento es convexo, si $x > 0$ el crecimiento es cóncavo, luego en $x = 0$ existe un punto de inflexión.
33. S: $4x - y - 3 = 0$.
34. S: $y = -6x + 6$.
35. S: $b = -9$, $c = 15$, $d = -7$.
36. S: $a = 1$, $b = 6$, $c = 4$, $d = -2$.
37. S: $a = -3$, $b = 0$, $c = 0$, $d = -2$.
38. S: $a = -\frac{2}{3}$, $b = 0$, $c = 2$, $d = \frac{5}{3}$

La integral indefinida

59

Introducción histórica

Cauchy, a principios del siglo XIX; Riemann, a mediados del mismo siglo; y Lebesgue, a principios del siglo XX, han sido los matemáticos a cuyos esfuerzos se deben los sucesivos refinamientos que ha tenido la teoría de las integrales. Ya en este siglo, surge *la teoría de la medida* como continuación natural del cálculo integral. Una de sus creaciones es la medida de Hausdorff, que mide y estudia los conjuntos de medida cero bajo la integral de Lebesgue.

59.1 Primitiva de una función

El concepto de primitiva es el recíproco al de derivada.

Hasta ahora nuestro objetivo ha sido: *Dada una función g, hallar su función derivada g´* Obviamente, el problema inverso sería éste: *Suponiendo que nos dan g´, hallar la función g.* Pero, como distintas funciones pueden tener la misma derivada, éste es un problema que no tiene solución única, de modo que lo enunciaremos de forma más precisa así: *Suponiendo que se conoce una función f, se trata de hallar otra función F que cumpla la condición $F' = f$.*

Una función $F(x)$ se dice que es **primitiva** de una función $f(x)$ si $F'(x) = f(x)$.

1. $F(x) = x^3$ es una primitiva de $f(x) = 3x^2$, dado que $F'(x) = 3x^2 = f(x)$
2. $F(x) = \operatorname{sen} x$ es una primitiva de $f(x) = \cos x$, pues $F'(x) = \cos x = f(x)$

- Si $F(x)$ es una primitiva de $f(x)$, también lo es $F(x)+k$, siendo k cualquier número real.

  Así ocurre, pues: $(F(x)+k)' = F'(x)+0 = f(x)$

Por ejemplo, las funciones , ... son todas primitivas de la función $3x^2$.

59.2 Integral indefinida

Según acabamos de ver, una función $f(x)$ puede tener infinitas primitivas que se diferencian unas de otras en una constante.

El conjunto de todas las primitivas de $f(x)$ se llama **integral indefinida** de $f(x)$.

Se representa por: $$\int f(x)\,dx$$

Por tanto, si $F(x)$ es una primitiva de $f(x)$, se tiene que:

$$\int f(x)\,dx = F(x)+k$$ donde k la llamada constante de integración.

Ejemplos

1. $\int 3x^2\,dx = x^3 + k$

2. $\int \cos x\,dx = \operatorname{sen} x + k$

El cálculo de primitivas, además de un simple juego de ingenio (*a ver si eres capaz de averiguar una función cuya derivada sea ...*) es un ejercicio de importancia capital por las múltiples aplicaciones que presenta. Vamos ahora a dar unas reglas que nos permitan obtener, con cierta soltura, la integral indefinida de algunas funciones.

59.3 Integrales inmediatas

Los siguientes resultados son consecuencia inmediata de las correspondientes propiedades de las derivadas. Se les llama **integrales inmediatas**.

$$\int a\,dx = ax + k$$

$$\int x^n\,dx = \frac{x^{n+1}}{n+1} + k \quad (n \neq -1)$$

$$\int x^{-1}\,dx = \int \frac{1}{x}\,dx = \ln|x| + k$$

$$\int e^x\,dx = e^x + k$$

$$\int a^x\,dx = \frac{a^x}{\ln a} + k$$

$$\int \operatorname{sen} x\,dx = -\cos x + k$$

$$\int \cos x\,dx = \operatorname{sen} x + k$$

$$\int \frac{1}{\cos^2 x}\,dx = \int \left(1 + \tan^2 x\right)dx = \tan x + k$$

$$\int \frac{1}{\operatorname{sen}^2 x}\,dx = \int (1 + \cot^2 x)\,dx = -\cot x + k$$

$$\int \frac{1}{1+x^2}\,dx = \arctan x + k$$

$$\int \frac{1}{\sqrt{1-x^2}}\,dx = \operatorname{arcsen} x + k$$

Estos resultados, dados sin más, dan poco juego, se acaban en sí mismos. Necesitamos nuevas reglas que nos permitan enriquecer la gama de funciones que sabemos integrar. Vamos a ello.

PROPIEDADES DE LA INTEGRAL INDEFINIDA

1. $\int [f(x) + g(x)]dx = \int f(x)\,dx + \int g(x)\,dx$

2. $\int a\,f(x)\,dx = a\int f(x)\,dx$

Estas propiedades, aplicadas a las funciones anteriores, permiten operarlas de diversas formas, dando lugar a una enorme variedad de funciones que, con sólo estas reglas, podemos integrar.

Ejemplos

- $\int dx = x + k$
- $\int x^2\,dx = \frac{x^3}{3} + k$
- $\int \frac{dx}{x^2} = \int x^{-2}\,dx = \frac{x^{-2+1}}{-2+1} + k = \frac{-1}{x} + k$

- $\int \sqrt{x}\,dx = \int x^{\frac{1}{2}}\,dx = \dfrac{x^{\frac{1}{2}+1}}{\frac{1}{2}+1} + k = \dfrac{x^{\frac{3}{2}}}{\frac{3}{2}} + k = \dfrac{2}{3}\sqrt{x^3} + k$

- $\int \sqrt[4]{x^3}\,dx = \int x^{\frac{3}{4}}\,dx = \dfrac{x^{\frac{3}{4}+1}}{\frac{3}{4}+1} + k = \dfrac{x^{\frac{7}{4}}}{\frac{7}{4}} + k = \dfrac{4}{7}\sqrt[4]{x^7} + k$

- $\int x^2\sqrt{x}\,dx = \int x^2 \cdot x^{\frac{1}{2}}\,dx = \int x^{2+\frac{1}{2}}\,dx = \int x^{\frac{5}{2}}\,dx = \dfrac{x^{\frac{5}{2}+1}}{\frac{5}{2}+1} + k = \dfrac{x^{\frac{7}{2}}}{\frac{7}{2}} + k = \dfrac{2}{7}\sqrt{x^7} + k$

- $\int \dfrac{2^x}{5^x}\,dx = \int \left(\dfrac{2}{5}\right)^x dx = \dfrac{1}{\ln\left(\dfrac{2}{5}\right)}\left(\dfrac{2}{5}\right)^x + k$

59.4 Métodos generales de integración

En general, cada función se integra de una forma particular. Sin embargo, las primitivas de muchas funciones se pueden calcular, mediante transformaciones adecuadas, gracias a las integrales inmediatas.

a) Método de descomposición

A veces, para calcular la integral de una función f, conviene descomponer $f(x)$ en suma de otras funciones que sepamos integrar; si lo logramos, hallamos la integral integrando cada sumando. El siguiente ejemplo es una muestra de ello.

- $\int \left(x^2 - x^{-1} + 3e^x\right)dx = \int x^2\,dx - \int \dfrac{1}{x}\,dx + 3\int e^x\,dx = \dfrac{x^3}{3} - \ln|x| + 3e^x + k$

Otras veces, la descomposición se consigue expresando una fracción como suma de fracciones y simplificando cada una de éstas. Por ejemplo:

- $$\int \frac{2x-5+4\sqrt[3]{x^2}}{x^2}\,dx = \int \left(\frac{2x}{x^2} - \frac{5}{x^2} + 4\frac{x^{\frac{2}{3}}}{x^2} \right) dx = \int \left(\frac{2}{x} - \frac{5}{x^2} + 4x^{-\frac{4}{3}} \right) dx =$$

$$= 2\int \frac{1}{x}dx - 5\int x^{-2}\,dx + 4\int x^{-\frac{4}{3}}\,dx = 2\ln|x| - 5\frac{x^{-1}}{-1} + 4\frac{x^{-\frac{1}{3}}}{-\frac{1}{3}} + k = 2\ln|x| + \frac{5}{x} - \frac{12}{\sqrt[3]{x}} + k$$

- $$\int \cos 5x\,dx = \frac{1}{5}\operatorname{sen} 5x + k$$

- $$\int e^{3x-5}\,dx = \frac{1}{3}e^{3x-5} + k$$

- $$\int \frac{1}{4x-1}dx = \frac{1}{4}\ln|4x-1| + k$$

- $$\int \frac{3x^2+\cos x+2e^{2x}}{x^3+\operatorname{sen} x+e^{2x}}dx = \ln\left|x^3+\operatorname{sen} x+e^{2x}\right| + k$$ pues es inmediato comprobar que el

  numerador es la derivada del denominador.

  En general $\int \frac{f'(x)}{f(x)}dx = \ln|f(x)| + k$ resultado que se usa con mucha frecuencia.

  Por ejemplo:

- $$\int \frac{x}{x^2+1}dx = \frac{1}{2}\int \frac{2x}{x^2+1}dx = \frac{1}{2}\ln\left(x^2+1\right) + k$$

Otras veces, hace falta "echarle imaginación". Como por ejemplo en las siguientes:

- $$\int \tan^2 x\,dx = \int \left(1+\tan^2 x - 1\right)dx = \int \left(1+\tan^2 x\right)dx - \int 1\,dx = \tan x - x + k$$

- $$\int \frac{1}{\operatorname{sen}^2 x\cdot\cos^2 x}dx = \int \frac{\operatorname{sen}^2 x+\cos^2 x}{\operatorname{sen}^2 x\cdot\cos^2 x}dx = \int \left(\frac{1}{\cos^2 x} + \frac{1}{\operatorname{sen}^2 x}\right)dx = \tan x - \operatorname{cotan} x + k$$

b) Método del cambio de variable

A veces, una integral de apariencia difícil se reduce a otra conocida si se cambia adecuadamente la variable de integración. Cuando se hace eso, dx se suele calcular derivando la relación entre x y la nueva variable. Al final, debe darse el resultado en términos de la primera variable (x).

Ejemplos

- $\int \sqrt{5x+3}\, dx$ Podemos aprovechar el cambio para que desaparezca la raíz del siguiente modo: $5x+3=t^2 \rightarrow 5dx=2tdt \rightarrow dx=\frac{2}{5}tdt$

$$\int \sqrt{5x+3}\,dx = \int \sqrt{t^2}\cdot\frac{2}{5}t\,dt = \frac{2}{5}\int t\cdot t\,dt = \frac{2}{5}\int t^2\,dt = \frac{2}{5}\frac{t^3}{3}+k = \frac{2}{15}t^3+k \underset{t=\sqrt{5x+3}}{=}$$

$$=\frac{2}{15}\left(\sqrt{5x+3}\right)^3+k$$

Hay integrales en las que aparecen una función $f(x)$ y su derivada $f'(x)$. En ellas conviene efectuar el cambio $f(x)=t$ que al diferenciar produce $f'(x)dx=dt$. Los siguientes ejemplos son una muestra de ello.

- $\int \operatorname{sen}x\cos x\,dx$ Efectuamos el cambio $\operatorname{sen}x=t \rightarrow \cos x\,dx=dt$ y, por tanto:

$$\int \operatorname{sen}x\cos x\,dx = \int t\,dt = \frac{t^2}{2}+k = \frac{\operatorname{sen}^2 x}{2}+k$$

- $\int \cos\left(x^2+1\right)x\,dx$ En esta integral aparece una función $\left(x^2+1\right)$ y, prácticamente, su derivada (x). Por ello hacemos el cambio:

$$x^2+1=t \rightarrow 2x\,dx=dt \rightarrow x\,dx=\frac{1}{2}dt$$

$$\int \cos\left(x^2+1\right)x\,dx = \int \cos t\cdot\frac{1}{2}dt = \frac{1}{2}\int \cos t\,dt = \frac{1}{2}\operatorname{sen}t+k = \frac{1}{2}\operatorname{sen}\left(x^2+1\right)+k$$

En otras integrales el cambio no resulta tan evidente. Por ejemplo, una muy clásica es:

- $\int \frac{dx}{\sqrt{a^2 - x^2}}$ Efectuamos el cambio: $x = at \;\rightarrow\; dx = a\,dt$ con lo cual:

$$\int \frac{dx}{\sqrt{a^2 - x^2}} = \int \frac{a\,dt}{\sqrt{a^2 - a^2t^2}} = \int \frac{a\,dt}{\sqrt{a^2\left(1-t^2\right)}} = \int \frac{a\,dt}{a\sqrt{1-t^2}} = \int \frac{dt}{\sqrt{1-t^2}} =$$

$$= \operatorname{arcsen} t + k = \operatorname{arcsen}\left(\frac{x}{a}\right) + k$$

- $\int \frac{x}{x^4+1}\,dx$ Cambiamos $x^2 = t \;\rightarrow\; 2x\,dx = dt \;\rightarrow\; x\,dx = \frac{1}{2}dt$

$$\int \frac{x}{x^4+1}\,dx = \frac{1}{2}\int \frac{dt}{t^2+1} = \frac{1}{2}\operatorname{arctg} t + k = \frac{1}{2}\operatorname{arctg} x^2 + k$$

Exponemos a continuación un conjunto de integrales de uso frecuente cuyos resultados se justifican porque se reducen a las inmediatas ya estudiadas, efectuando el cambio

$$f(x) = t \;\rightarrow\; f'(x)\,dx = dt$$

- $\int [f(x)]^n \cdot f'(x)\,dx = \frac{[f(x)]^{n+1}}{n+1} + k \quad (n \neq -1)$

- $\int \frac{f'(x)}{f(x)}\,dx = \ln|f(x)| + k$

- $\int e^{f(x)} \cdot f'(x)\,dx = e^{f(x)} + k$

- $\int a^{f(x)} \cdot f'(x)\,dx = \frac{a^{f(x)}}{\ln a} + k$

- $\int \operatorname{sen} f(x) \cdot f'(x)\,dx = -\cos f(x) + k$

- $\int \cos f(x) \cdot f'(x)\,dx = \operatorname{sen} f(x) + k$

- $\int \frac{f'(x)}{\cos^2 f(x)}\,dx = \tan f(x) + k$

- $\displaystyle\int \frac{f'(x)}{\operatorname{sen}^2 f(x)}\,dx = -\cot x + k$

- $\displaystyle\int \frac{f'(x)}{\sqrt{1-f(x)^2}}\,dx = \operatorname{arcsen} f(x) + k$

- $\displaystyle\int \frac{f'(x)}{1+f(x)^2}\,dx = \arctan x + k$

c) Integración por partes

Sean $u(x)$ y $v(x)$ dos funciones derivables. Diferenciando la función $u \cdot v$ se obtiene:

$$d(u\cdot v) = v\,du + u\,dv$$

de donde

$$u\,dv = d(u\cdot v) - v\,du$$

e integrando miembro a miembro: $\boxed{\displaystyle\int u\,dv = u\cdot v - \int v\,du}$

que es la *fórmula de integración por partes.*

Ejemplos

- $\displaystyle\int x\cos x\,dx$ Tomando $\begin{cases} u = x \\ dv = \cos x\,dx \end{cases} \rightarrow \begin{cases} du = dx \\ v = \displaystyle\int \cos x\,dx = \operatorname{sen} x \end{cases}$

$$\int x\cos x\,dx = x\operatorname{sen} x - \int \operatorname{sen} x\,dx = x\operatorname{sen} x + \cos x + k$$

- $\displaystyle\int x e^x\,dx$ Tomamos $\begin{cases} u = x \\ dv = e^x\,dx \end{cases} \rightarrow \begin{cases} du = dx \\ v = \displaystyle\int e^x\,dx = e^x \end{cases}$ y resulta:

$$\int x e^x\,dx = x e^x - \int e^x\,dx = x e^x - e^x + k$$

• $\int x^2 \ln x\, dx$ Tomamos $\begin{cases} u = \ln x \\ dv = x^2\, dx \end{cases} \rightarrow \begin{cases} du = \dfrac{1}{x} dx \\ v = \displaystyle\int x^2\, dx = \dfrac{x^3}{3} \end{cases}$ y queda:

$$\int x^2 \ln x\, dx = \frac{x^3}{3} \cdot \ln x - \int \frac{x^3}{3} \cdot \frac{1}{x} dx = \frac{x^3}{3} \cdot \ln x - \frac{1}{3} \int x^2\, dx = \frac{x^3}{3} \cdot \ln x - \frac{x^3}{9} + k$$

NOTAS:

1. Como norma general se debe tener en cuenta que todas las integrales de las formas:

$$\int p(x) \operatorname{sen} bx\, dx \ ; \ \int p(x) \cos bx\, dx \ ; \ \int p(x) e^{bx}\, dx \ ; \ \int p(x) a^{bx}\, dx$$

donde $p(x)$ es un polinomio y a y b son números reales, se integran tomando como función $u = p(x)$ y reiterando el proceso si el grado de $p(x)$ es mayor que 1.
Análogamente, las integrales de la forma

$$\int p(x) \ln x\, dx$$

se calculan haciendo $u = \ln x$.

2. En el cálculo de algunas integrales, al reiterar la integración por partes se vuelve a obtener la integral de partida, que se despeja.

Ejemplo

Calcular $I = \int e^x \operatorname{sen} x\, dx$

Haciendo $\begin{cases} u = e^x \\ dv = \operatorname{sen} x\, dx \end{cases} \rightarrow \begin{cases} du = e^x\, dx \\ v = \displaystyle\int \operatorname{sen} x\, dx = -\cos x \end{cases}$ se obtiene:

$$I = -e^x \cos x + \int e^x \cos x\, dx$$

integral esta última que de nuevo calculamos por partes haciendo:

$$\begin{cases} u = e^x \\ dv = \cos x\, dx \end{cases} \to \begin{cases} du = e^x\, dx \\ v = \int \cos x\, dx = \operatorname{sen} x \end{cases}$$ de donde:

$\int e^x \cos x\, dx = e^x \operatorname{sen} x - \int e^x \operatorname{sen} x\, dx$ y, volviendo a la integral que buscamos:

$$I = -e^x \cos x + \int e^x \cos x\, dx = -e^x \cos x + e^x \operatorname{sen} x - \int e^x \operatorname{sen} x\, dx$$

o bien $I = -e^x \cos x + e^x \operatorname{sen} x - I$ fórmula de la que podemos despejar I

$$2I = -e^x \cos x + e^x \operatorname{sen} x \to I = \frac{-e^x \cos x + e^x \operatorname{sen} x}{2} + k$$

59.5 Integración de funciones racionales

Nuestro propósito es ahora calcular integrales de la forma $\int \frac{P(x)}{Q(x)} dx$ donde $P(x)$ y $Q(x)$ son dos polinomios.

Si el grado de $P(x)$ es mayor o igual que el grado de $Q(x)$, se efectúa la división y se puede escribir:

$$\frac{P(x)}{Q(x)} = C(x) + \frac{R(x)}{Q(x)}$$ siendo grado $R(x) <$ grado $Q(x)$ y resulta:

$$\int \frac{P(x)}{Q(x)} dx = \int C(x)\, dx + \int \frac{R(x)}{Q(x)} dx$$

en la que, al ser $C(x)$ un polinomio, su integral es inmediata y el problema queda reducido a determinar $\int \frac{R(x)}{Q(x)} dx$ siendo grado $R(x) <$ grado $Q(x)$.

Ejemplo

Para empezar a calcular $\int \frac{x^3}{x^2 - 2x + 2} dx$, dado que el grado de x^3 es mayor que el de

$x^2 - 2x + 2$, empezamos efectuando la división.

$$\begin{array}{l|l} x^3 & x^2 - 2x + 2 \\ \hline -x^3 + 2x^2 - 2x & x + 2 \\ \hline 2x^2 - 2x & \\ -2x^2 + 4x - 4 & \\ \hline 2x - 4 & \end{array}$$

luego $\dfrac{x^3}{x^2 - 2x + 2} = x + 2 + \dfrac{2x - 4}{x^2 - 2x + 2}$

y: $$\int \frac{x^3}{x^2 - 2x + 2} dx = \int (x + 2) dx + \int \frac{2x - 4}{x^2 - 2x + 2} dx = \frac{x^2}{2} + 2x + \int \frac{2x - 4}{x^2 - 2x + 2} dx$$

El siguiente paso a realizar es calcular las raíces del polinomio denominador $Q(x)$. Es decir, resolver la ecuación $Q(x) = 0$. Se pueden presentar los siguientes casos:

1. *Que las raíces sean todas reales y simples*

Si las raíces del polinomio $Q(x)$ son $r_1, r_2, \ldots, r_n$ todas reales y distintas, se puede descomponer:

$$\frac{R(x)}{Q(x)} = \frac{A_1}{x - r_1} + \frac{A_2}{x - r_2} + \ldots + \frac{A_n}{x - r_n}$$

donde $A_1, A_2, \ldots, A_n$ son números que hay que determinar.

Ejemplo

Calcular $\displaystyle\int \frac{dx}{x^2 - 4}$

Solución: Las raíces del polinomio $x^2 - 4$ son las soluciones de la ecuación $x^2 - 4 = 0$, es decir $x = 2$ y $x = -2$. Descomponiendo en fracciones simples obtenemos:

$$\frac{1}{x^2 - 4} = \frac{A}{x - 2} + \frac{B}{x + 2} \qquad \rightarrow \qquad A(x + 2) + B(x - 2) = 1$$

Dando a x los valores 2 y -2 obtenemos: $\begin{cases} 4A = 1 \\ -4B = 1 \end{cases} \rightarrow A = \dfrac{1}{4}\ ,\ B = -\dfrac{1}{4}$

de donde $\quad \dfrac{1}{x^2-4}=\dfrac{1/4}{x-2}-\dfrac{1/4}{x+2}$ y por tanto:

$$\int \frac{dx}{x^2-4}=\frac{1}{4}\int\frac{dx}{x-2}-\frac{1}{4}\int\frac{dx}{x+2}=\frac{1}{4}\ln|x-2|-\frac{1}{4}\ln|x+2|+k$$

2. *Que las raíces sean todas reales y algunas sean múltiples*

En tal caso, para cada raíz real múltiple r de orden p se escriben p fracciones así:

$$\frac{B_1}{x-r}+\frac{B_2}{(x-r)^2}+\frac{B_3}{(x-r)^3}+\ldots+\frac{B_p}{(x-r)^p}$$

donde $B_1, B_2, B_3, \ldots, B_p$ son constantes que hemos de calcular.

Ejemplo

Calcular $\displaystyle\int \frac{2x^3-8x^2+11x-11}{x^4-x^3-3x^2+5x-2}dx$

Solución: Descomponiendo mediante la regla de Ruffini el denominador $x^4-x^3-3x^2+5x-2$ obtenemos las raíces $x=1$ (triple) y $x=-2$ (simple). Por tanto, podemos escribir:

$$\frac{2x^3-8x^2+11x-11}{x^4-x^3-3x^2+5x-2}=\frac{A}{x-1}+\frac{B}{(x-1)^2}+\frac{C}{(x-1)^3}+\frac{D}{x+2} \quad \text{y por tanto}$$

$$A(x-1)^2(x+2)+B(x-1)(x+2)+C(x+2)+D(x-1)^3=2x^3-8x^2+11x-11$$

Dando a x los valores $-2,-1, 0$ y 1 e igualando se tiene $\begin{cases}-27D=81\\ 4A-2B+C-8D=32\\ 2A-2B+C-D=-11\\ 3C=-6\end{cases}$

sistema con solución: $A=-1,\ B=1,\ C=-2$ y $D=3$. De aquí deducimos:

$$\int\frac{2x^3-8x^2+11x-11}{x^4-x^3-3x^2+5x-2}dx=-\int\frac{dx}{x-1}+\int\frac{dx}{(x-1)^2}-2\int\frac{dx}{(x-1)^3}+3\int\frac{dx}{x+2}=$$

$$= -\ln|x-1| - \frac{1}{x-1} + \frac{1}{(x-1)^2} + 3\ln|x+2| + k$$

3. *Que existan raíces complejas*

Si el denominador $Q(x)$ admite una raíz compleja simple $r = a + bi$, también admite la raíz conjugada $\bar{r} = a - bi$. Para las dos raíces complejas se tiene el término:

$$\frac{Mx + N}{(x-a)^2 + b^2}$$

donde M y N son valores a determinar.

Ejemplo

Calcular $\int \frac{3x^2 + 23}{x^3 - x^2 + 8x + 10} dx$

Calculamos las raíces del denominador $x^3 - x^2 + 8x + 10$ mediante la regla de Ruffini:

$$\begin{array}{r|rrrr} & 1 & -1 & 8 & 10 \\ -1 & \downarrow & -1 & 2 & -10 \\ \hline & 1 & -2 & 10 & \underline{0} \end{array}$$

que nos proporciona la raíz real $x = -1$. Las restantes raíces

son las soluciones de la ecuación $x^2 - 2x + 10 = 0$

$$x = \frac{2 \pm \sqrt{4-40}}{2} = \frac{2 \pm \sqrt{-36}}{2} = \frac{2 \pm 6\sqrt{-1}}{2} = \frac{2 \pm 6i}{2} = \begin{cases} 1+3i \\ 1-3i \end{cases}$$ de donde:

$$\frac{3x^2 + 23}{x^3 - x^2 + 8x + 10} = \frac{A}{x+1} + \frac{Mx + N}{(x-1)^2 + 3^2}$$ De aquí seguimos:

$$A\left[(x-1)^2 + 3^2\right] + (Mx + N)(x+1) = 3x^2 + 23$$

y, dando a x los valores $-1, 0$ y 1 e igualando obtenemos: $\begin{cases} 13A = 26 \\ 10A + N = 23 \\ 9A + 2M + 2N = 26 \end{cases}$

sistema cuya solución es: $A = 2,\ M = 1$ y $N = 3$. Por tanto, la integral se calcula:

$$\int \frac{3x^2 + 23}{x^3 - x^2 + 8x + 10} dx = 2\int \frac{dx}{x+1} + \int \frac{x+3}{(x-1)^2 + 3^2} dx = 2\ln|x+1| + I$$

Calculamos separadamente la integral $I = \displaystyle\int \frac{x+3}{(x-1)^2 + 3^2} dx$.

Las integrales del tipo $\displaystyle\int \frac{Mx + N}{(x-a)^2 + b^2} dx$ que aparecen inevitablemente en la resolución de

integrales racionales cuyo denominador tiene raíces complejas $r = a \pm bi$ se resuelven utilizando el cambio de variable:

$$x = a + bt$$

En nuestro ejemplo: $x = 1 + 3t \quad \rightarrow \quad dx = 3dt$ con lo que:

$$I = \int \frac{x+3}{(x-1)^2 + 3^2} dx = \int \frac{1 + 3t + 3}{9t^2 + 9} \cdot 3dt = \frac{3}{9}\int \frac{4 + 3t}{t^2 + 1} dt = \frac{1}{3}\int \frac{4dt}{t^2 + 1} + \frac{1}{3}\int \frac{3t}{t^2 + 1} dt =$$

$$= \frac{4}{3}\int \frac{dt}{t^2 + 1} + \frac{1}{2}\int \frac{2t}{t^2 + 1} dt = \frac{4}{3}\operatorname{arctg} t + \frac{1}{2}\ln\left(t^2 + 1\right) + k =$$

$$= \frac{4}{3}\operatorname{arctg}\left(\frac{x-1}{3}\right) + \frac{1}{2}\ln\left[\left(\frac{x-1}{3}\right)^2 + 1\right] + k = \frac{4}{3}\operatorname{arctg}\left(\frac{x-1}{3}\right) + \frac{1}{2}\ln\left(x^2 - 2x + 10\right) + C$$

y por tanto la integral original queda como:

$$\int \frac{3x^2 + 23}{x^3 - x^2 + 8x + 10} dx = 2\ln|x+1| + \frac{4}{3}\operatorname{arctg}\left(\frac{x-1}{3}\right) + \frac{1}{2}\ln\left(x^2 - 2x + 10\right) + C$$

Problemas propuestos

1. Calcula las siguientes integrales:

a) $\int 5x^7 dx$

b) $\int 7x^9 dx$

c) $\int 3x^2 \cdot x^3 dx$

d) $\int 9x^6 : x^2 dx$

e) $\int 4\left(x^2\right)^3 dx$

f) $\int 12\left(x^8\right)^{\frac{1}{2}} dx$

2. Calcula las siguientes integrales desarrollando los integrandos:

a) $\int (x+1)^2 dx$

b) $\int (x-1)^2 dx$

c) $\int x(x-1)^2 dx$

d) $\int x^6\left(x^2+1\right) dx$

e) $\int (x+1)^3 dx$

f) $\int (x-1)^3 dx$

3. Calcula las siguientes integrales potenciales simples cuyo exponente es un número negativo:

a) $\int x^{-7} dx$

b) $\int x^{-9} dx$

c) $\int x^2 \cdot x^{-3} dx$

d) $\int x^6 : x^{-2} dx$

e) $\int \left(x^{-2}\right)^3 dx$

f) $\int \left(x^{-8}\right)^{1/2} dx$

g) $\int \frac{1}{x^2} dx$

h) $\int \frac{x^{-5}}{x^3} dx$

4. Calcula las siguientes integrales potenciales simples cuyo exponente es un número racional:

a) $\int x^{2/3} dx$

b) $\int x^{\frac{-2}{5}} dx$

c) $\int \frac{1}{x^{\frac{2}{3}}} dx$

d) $\int x \cdot x^{\frac{2}{3}} dx$

e) $\int \frac{x^{1/3}}{x^{1/2}} dx$

f) $\int \frac{x^{2/3}}{x^{-1/3}} dx$

5. Calcula las siguientes integrales potenciales simples cuyos integrandos están escritos en forma radical. Pasa primero a forma potencial:

a) $\int \sqrt{x}\, dx$

b) $\int \sqrt[3]{x}\, dx$

c) $\int x\sqrt{x}\, dx$

d) $\int \sqrt{x}\cdot\sqrt[3]{x}\,dx$

e) $\int \sqrt[3]{x^2}\,dx$

f) $\int \frac{\sqrt{x}}{x}dx$

g) $\int \frac{x}{\sqrt{x}}dx$

h) $\int \frac{\sqrt{x}}{\sqrt[3]{x}}dx$

i) $\int \sqrt{\sqrt{\sqrt{x}}}\,dx$

j) $\int \sqrt[3]{\sqrt{x}}\,dx$

6. Calcula las siguientes funciones potenciales compuestas. Piensa quién es f y f' :

a) $\int (x+1)^2 dx$

b) $\int (7x+5)^2 dx$

c) $\int \left(x^2+1\right)\cdot 2x\,dx$ d) $\int \left(x^3+1\right)\cdot 2x^2 dx$

e) $\int \left(x^2+3\right)\cdot x\,dx$

f) $\int x^2\cdot\left(x^3+2\right)dx$

g) $\int (x+1)\cdot\left(x^2+2x+5\right)^6 dx$

h) $\int (16x+1)\cdot\left(8x^2+x-5\right)dx$

7. Los integrandos son funciones racionales; antes de integrar pásalos a forma potencial:

a) $\int \frac{1}{(2x+1)^2}dx$

b) $\int \frac{2x+1}{\left(x^2+x+1\right)^2}dx$

c) $\int \frac{1}{x^2+2x+1}dx$

d) $\int \frac{1}{x^3+3x^2+3x+1}dx$

e) $\int \frac{1}{(2x+1)^3}dx$

f) $\int \frac{x^2}{\left(x^3+1\right)^7}dx$

8. En las siguientes integrales aparecen radicales; exprésalos en forma potencial antes de integrar:

a) $\int \sqrt{1+x}\,dx$

b) $\int x\sqrt{1-x^2}\,dx$

c) $\int x^2\sqrt{1+x^3}\,dx$

d) $\int \frac{\sqrt{x+1}}{x+1}dx$

e) $\int \frac{\sqrt{x+1}}{\sqrt[3]{x+1}}dx$

f) $\int \frac{x}{\sqrt{3x^2+1}}dx$

9. Calcula las siguientes integrales de tipo logarítmico:

a) $\int \frac{1}{3x+5}dx$

b) $\int \frac{3}{ax+b}dx$

c) $\int \frac{x^2}{x^3+2}dx$

d) $\int \frac{2x^2}{6x^3+1}dx$

10. Calcula las siguientes integrales de tipo logarítmico:

a) $\int \frac{e^x}{1+e^x}dx$

b) $\int \frac{\operatorname{sen} x - \cos x}{\operatorname{sen} x + \cos x}dx$

c) $\int \frac{1}{x\,Lx}dx$

d) $\int \frac{1}{\left(1+x^2\right)\arctan x}dx$

11. Calcula las siguientes integrales de tipo exponencial:

a) $\int e^{-x}\,dx$

b) $\int e^{2x}\,dx$

c) $\int e^{-2x}\,dx$

d) $\int e^{2x+1}dx$

e) $\int e^{-x^2}\cdot x\,dx$

f) $\int e^{x^3+1}\cdot x^2\,dx$

12. Calcula las siguientes integrales de tipo exponencial:

a) $\int e^{\operatorname{sen} x}\cos x\,dx$

b) $\int \frac{e^{Lx}}{x}dx$

c) $\int \frac{e^{\arctan x}}{1+x^2}dx$

d) $\int \left(6^x\right)^2 dx$

e) $\int \frac{e^{\operatorname{arcsen} x}}{\sqrt{1-x^2}}dx$

f) $\int 5^x\cdot 7^x\,dx$

13. Calcula las siguientes integrales de tipo seno. Observa que son formas compuestas:

a) $\int \cos(x+1)dx$

b) $\int \cos(2x+5)dx$

c) $\int x\cos x^2\,dx$

d) $\int 2x\cos\left(x^2+2\right)dx$

e) $\int \frac{\cos Lx}{x}dx$

f) $\int \frac{\cos(tg\,x)}{\cos^2 x}dx$

14. Calcula las siguientes integrales de tipo coseno:

a) $\int \frac{\operatorname{sen}\sqrt{x}}{2\sqrt{x}}dx$

b) $\int \frac{\operatorname{sen} Lx}{x}dx$

c) $\int \frac{\operatorname{sen} Lx}{2x}dx$

d) $\int \frac{\operatorname{sen}(\arctan x)}{1+x^2}dx$

15. Calcula las siguientes integrales de tipo tangente:

a) $\int \sec^2\frac{x}{3}dx$

b) $\int 3\sec^2(2x+6)dx$

c) $\int x\sec^2 x^2\,dx$

16. Calcula las siguientes integrales de tipo arco tangente:

a) $\int \frac{1}{1+(x+1)^2}dx$

b) $\int \frac{1}{1+(3x+27)^2}dx$

c) $\int \frac{x^3}{1+x^8}dx$

d) $\int \frac{e^x}{1+e^{2x}}dx$

e) $\int \frac{\sec^2 x}{1+tg^2 x}dx$

f) $\int \frac{2^x}{1+4^x}dx$

17. Calcula las siguientes integrales:

a) $\int x e^x dx$

b) $\int x Lx\, dx$

c) $\int x^2 \operatorname{sen} x\, dx$

d) $\int x^2 \cos x\, dx$

18. Integra las siguientes funciones racionales directamente:

a) $\int \frac{x-1}{x^2-2x-6}dx$

b) $\int \frac{x+1}{x^2+x-6}dx$

c) $\int \frac{2x^2-8x-1}{2x^2-7x+3}dx$

d) $\int \frac{x^4-3x^2-3x-2}{x^3-x^2-2x}dx$

19. ¿Cuánto ha de valer k para que la función $f(x)=ke^{5x}$ sea derivada de la función $F(x)=e^{5x}$?
20. Halla la función que tome en x = 1 el valor 2 y que tenga por derivada la función $f(x)=12x^2+6$.
21. Halla una función cuya derivada sea $f(x)=4x^3-7x^2+5x-1$ y que se anule para x = 1.
22. Halla la función G tal que $G''(x)$ = 6x+1, $G(0)$ = 1 y $G(1)$ = 0.
23. Halla la función G para la que $G''(x)$ = 2x y además $G(1)=-\frac{1}{4}$, $G(2)=\frac{2}{3}$.
24. Dada la función $f(x)=3x^2+2x$ halla la primitiva que pasa por el punto A(1,2).
25. Halla la ecuación de la curva que pasa por los puntos P(0,3) y Q(-1,4), sabiendo que su derivada segunda es y'' = 6x - 2.

Soluciones

1. S: a) $\frac{5x^8}{8}+k$

b) $\frac{7x^{10}}{10}+k$

c) $\frac{3x^6}{6}+k$

d) $\frac{9x^5}{5}+k$

e) $\frac{4x^7}{7}+k$

f) $\frac{12x^5}{5}+k$

2. S: a) $\frac{x^3}{3}+x^2+x+k$

b) $\frac{x^3}{3}-x^2+x+k$

c) $\dfrac{x^4}{4}-\dfrac{2x^3}{3}+\dfrac{x^2}{2}+k$

d) $\dfrac{x^9}{9}+\dfrac{x^7}{7}+k$

e) $\dfrac{x^4}{4}+x^3+\dfrac{3x^2}{2}+x+k$

f) $\dfrac{x^4}{4}-x^3+\dfrac{3x^2}{2}-x+k$

3. S: a) $-\dfrac{x^{-6}}{6}+k$

b) $-\dfrac{x^{-8}}{8}+k$

c) $L|x|+k$

d) $\dfrac{x^9}{9}+k$

e) $-\dfrac{x^{-5}}{5}+k$

f) $-\dfrac{x^{-3}}{3}+k$

g) $-\dfrac{1}{x}+k$

h) $-\dfrac{x^{-7}}{7}+k$

4. S: a) $\dfrac{3x^{5/3}}{5}+k$

b) $\dfrac{5x^{3/5}}{3}+k$

c) $3x^{1/3}+k$

d) $\dfrac{3x^{5/6}}{8}+k$

e) $\dfrac{6x^{5/6}}{5}+k$

f) $\dfrac{x^2}{2}+k$

5. S: a) $\dfrac{2x}{3}+k$

b) $\dfrac{3x^{4/3}}{4}+k$

c) $\dfrac{2x^{5/2}}{5}+k$

d) $\dfrac{6x^{11/6}}{11}+k$

e) $\dfrac{3x^{5/3}}{5}+k$

f) $2\sqrt{x}+k$

g) $\dfrac{2x^{3/2}}{3}+k$

h) $\dfrac{6x^{7/6}}{7}+k$

i) $\dfrac{8x^{9/8}}{9}+k$

j) $\dfrac{6x^{7/6}}{7}+k$

6. S: a) $\dfrac{(x+1)^3}{3}+k$

b) $\dfrac{(7x+5)^3}{21}+k$

c) $\dfrac{(x^2+3)^2}{2}+k$

d) $\dfrac{(x^3+1)^2}{2}+k$

e) $\dfrac{(x^2+3)^2}{2}+k$

f) $\frac{(x^3+2)^2}{6}+k$

g) $\frac{(x^2+2x+5)^7}{14}+k$

h) $\frac{(8x^2+x-5)^2}{2}+k$

7. S: a) $-\frac{1}{2(2x+1)}+k$

b) $-\frac{1}{x^2+x+1}+k$

c) $-\frac{1}{x+1}+k$

d) $-\frac{1}{2(x+1)^2}+k$

e) $-\frac{1}{4(2x+1)^2}+k$

f) $-\frac{1}{18(x^3+1)^6}$

8. S: a) $\frac{2(1+x)^{\frac{1}{2}}}{3}+k$

b) $-\frac{(1-x^2)^{\frac{3}{2}}}{3}+k$

c) $\frac{2(1+x^3)^{\frac{3}{2}}}{9}+k$

d) $2\sqrt{x+1}+k$

e) $\frac{6(x+1)^{\frac{7}{6}}}{7}+k$

f) $\frac{\sqrt{3x^2+1}}{3}+k$

9. S: a) $\frac{1}{3}L|3x+5|+k$

b) $\frac{3}{a}L|ax+b|+k$

c) $\frac{1}{3}L|x^3+2|+k$

d) $-\frac{1}{9}L|6x^3+1|+k$

10. S: a) $L(1+e^x)+k$

b) $-L|\text{sen}\,x+\cos x|+k$

c) $L(Lx)+k$

d) $L(\arctan x)+k$

11. S: a) $-e^{-x}+k$

b) $\frac{1}{2}e^{2x}+k$

c) $-\frac{1}{2}e^{-2x}+k$

d) $\frac{1}{2}e^{2x+1}+k$

e) $\frac{1}{2}e^{-x^2}+k$

f) $\frac{1}{3}e^{x^3+1}+k$

12. S: a) $e^{\text{sen}\,x}+k$

b) $x + k$

c) $e^{\arctan x}+k$

d) $\frac{6^{2x}}{2L6}+k$

e) $e^{\text{arcsen}\,x}+k$

f) $\frac{35^x}{L35}+k$

13 S: a) sen $(x + 1) + k$

b) $\frac{1}{2}\operatorname{sen}(2x+5)+k$

c) $\frac{1}{2}\operatorname{sen} x^2+k$

d) $\operatorname{sen}\left(x^2+2\right)+k$

e) $\operatorname{sen} Lx+k$

f) $\operatorname{sen}(\tan x)+k$

14. S: a) $-\cos\sqrt{x}+k$

b) $-\cos Lx+k$

c) $-\frac{1}{2}\cos Lx+k$

d) $-\cos(\arctan x)+k$

15. S: a) $3\tan\frac{x}{3}+k$

b) $\frac{3}{2}\tan(2x+6)+k$

c) $\frac{1}{2}\tan x^2+k$

16. S: a) arctan $(x+1)+k$

b) $\frac{\arctan(3x+27)}{3}+k$

c) $\frac{\arctan x^4}{4}+k$

d) $\arctan e^x+k$

e) $x+k$

f) $\frac{\arctan 2^x}{L2}+k$

17. S: a) xe^x-e^x+k

b) $\frac{x^2}{2}Lx-\frac{x^2}{4}+k$

c) $-x^2\cos x+2x\operatorname{sen} x+2\cos x+k$

d) $x^2\operatorname{sen} x+2x\cos x-2\operatorname{sen} x+k$

18. S: a) $\frac{1}{2}L\left|x^2-2x-6\right|+k$

b) $\frac{3}{5}L|x-2|+\frac{2}{5}L|x+3|+k$

c) $x-\frac{7}{5}L|x-3|+\frac{9}{10}L|2x-1|+k$

d) $\frac{x^2}{2}+x-L|x|+\frac{1}{3}L|x+1|+\frac{2}{3}L|x-2|+k$

19. S: $k=5$

20. S: $F(x)=4x^3+6x-8$

21. S: $F(x)=x^4-\frac{7x^3}{3}+\frac{5x^2}{2}-x-\frac{1}{6}$

22. S: $G(x)=x^3+\frac{x^2}{2}-\frac{5x}{2}+1$

23. S: $G(x)=\frac{x^4}{12}-\frac{x}{3}$

24. S: $F(x)=x^3+x^2$

25. S: $y=x^3-x^2-3x+3$

La integral definida. Cálculo de áreas

60

Introducción histórica

Históricamente la integral nació como herramienta para el cálculo del área bajo la gráfica de una función. Así, en el siglo XVII, Newton y Leibnitz suministraron, en su "*Cálculo diferencial*" un método directo para determinar áreas limitadas por curvas muy diversas. Gracias al cálculo infinitesimal, en la segunda mitad del siglo XX surge el mundo de los *fractales*. Su aparición está muy relacionada con la irrupción del ordenador y su facilidad de cálculo y representación gráfica.

60.1 Integral definida

Supongamos que $f(x)$ es una función continua en un intervalo $[a,b]$. Llamamos **integral definida** de $f(x)$ entre a y b al área orientada comprendida entre la gráfica de $f(x)$, el eje X y las abscisas $x = a$ y $x = b$. Se la representa por:

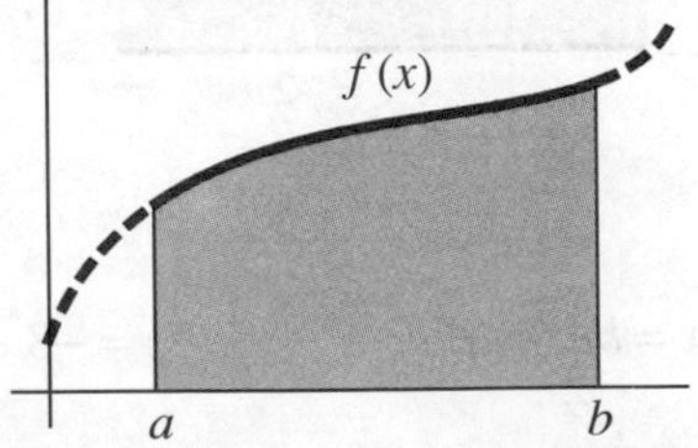

Al hablar de área orientada queremos decir que el valor de la integral será positivo o negativo dependiendo de si la función es positiva (gráfica por encima del eje X) o negativa (por debajo).

Ejemplo

1. $\int_2^5 x\,dx$ es el área comprendida entre la gráfica de $y = x$, el eje X y las abscisas $x = 2$ y $x = 5$. Es el área del trapecio sombreado de la figura:

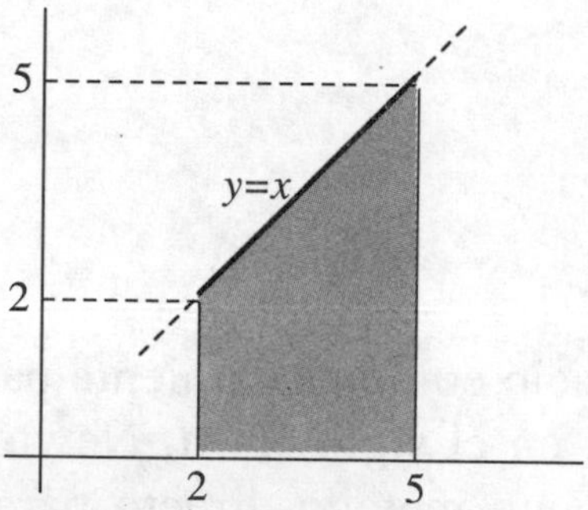

Por tanto: $\int_2^5 x\,dx = \dfrac{Base\ mayor + base\ menor}{2} \cdot altura = \dfrac{2+5}{2} \cdot 3 = 10{,}5$

2. $\int_{-1}^3 -2\,dx$ es el área comprendida entre la gráfica de $y = -2$, el eje X y las abscisas $x = -1$ y $x = 3$. Su valor es el área del rectángulo sombreado de la figura.

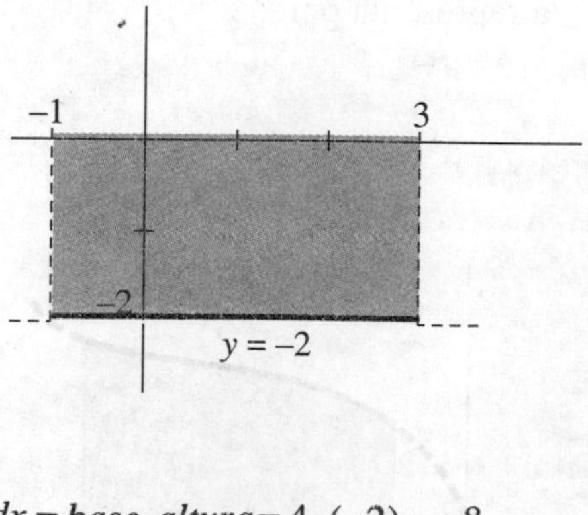

Por tanto: $\int_{-1}^3 -2\,dx = base \cdot altura = 4 \cdot (-2) = -8$

60.2 Propiedades de la integral definida

Las siguientes propiedades son todas razonables e intuitivas. Haremos uso de ellas enseguida para el cálculo de áreas.

- $\int_a^b [f(x)+g(x)]dx = \int_a^b f(x)dx + \int_a^b g(x)dx$

- $\int_a^b \lambda f(x)dx = \lambda \int_a^b f(x)dx$

- Si $f(x)$ es continua en $[a,b]$ y c está entre a y b, entonces:

$$\int_a^b f(x)dx = \int_a^c f(x)dx + \int_c^b f(x)dx$$

- Si $f(x) > 0$ y continua en $[a,b]$, entonces $\int_a^b f(x)\,dx > 0$

  y si $f(x) < 0$ en todo $[a,b]$, entonces $\int_a^b f(x)\,dx < 0$

- $\int_a^a f(x)dx = 0$

- Por convenio $\int_b^a f(x)dx = -\int_a^b f(x)dx$

60.3 La integral y su relación con la derivada

Hemos tropezado con integrales que de algún modo resolvíamos directamente. En la mayor parte de las integrales que surgen en la práctica el único camino es el de la *aproximación numérica* (especialmente hoy con la ayuda del ordenador). De todas formas, hay algunas funciones que aparecen muy a menudo que pueden ser integradas mediante el estupendo truco que halló Barrow, el maestro de Newton, en el siglo XVII.

La función área

Si $f(x)$ es continua en $[a,b]$, podemos calcular $\int_a^x f(t)\,dt$ para cada $x \in [a,b]$.

Por tanto, podemos considerar la nueva función

$$F(x) = \int_a^x f(t)\,dt$$

que es el área contenida bajo la gráfica de f entre a y un punto variable x.

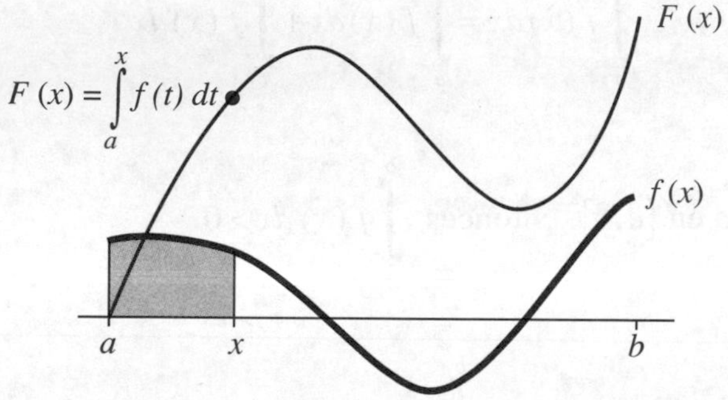

Se ve intuitivamente que la rapidez de crecimiento de F es proporcional a la ordenada de f. Efectivamente ocurre que $F' = f$, tal como prueba el Teorema fundamental del cálculo.

Teorema fundamental del cálculo

Si $f(x)$ es una función continua en $[a,b]$, la función

$$F(x) = \int_a^x f(t)\,dt \quad , \quad x \in [a,b]$$

es derivable y verifica que $F'(x) = f(x)$.

Ejemplo

Calcula la derivada de la función $\int_5^x \sqrt{e^t+1}\,dt$

Llamamos $F(x)=\int_5^x \sqrt{e^t+1}\,dt=\int_5^x f(t)\,dt$ siendo $f(t)=\sqrt{e^t+1}$ continua.

Por el teorema fundamental del cálculo, $F'(x)=f(x)=\sqrt{e^x+1}$

Consecuencia fundamental: La regla de Barrow

Si $f(x)$ es continua en $[a,b]$ y $G(x)$ es una primitiva de $f(x)$, entonces:

$$\int_a^b f(x)\,dx=G(b)-G(a)$$

Demostración:

$F(x)=\int_a^x f(t)\,dt$ es una primitiva de $f(x)$.

Si $G(x)$ es otra primitiva de $f(x)$, se tiene que $F(x)=G(x)+k$.

Si le damos a x el valor a obtenemos: $F(a)=G(a)+k$. Pero como:

$$F(a)=\int_a^a f(t)\,dt=0$$

se obtiene que $k=-G(a)$. Sustituimos:

$F(x)=G(x)-G(a)$. Si ahora sustituimos x por b: $F(b)=G(b)-G(a)$.

Es decir: $$\int_a^b f(x)\,dx=G(b)-G(a)$$

Ejemplos

1. Calcula la derivada de la función $\int_{x^2}^{\operatorname{sen} x}\left(1+\sqrt{t}\right)dt$

La función cuya derivada se nos pide es del tipo $F(x)=\int_{h_1(x)}^{h_2(x)} f(t)\,dt$

Si $G(x)$ es una primitiva de $f(x)$, por la regla de Barrow se tiene que:

$$F(x)=G\left(h_2(x)\right)-G\left(h_1(x)\right)$$

Derivando obtenemos: $F'(x)=G'\left(h_2(x)\right)\cdot h_2'(x)-G'\left(h_1(x)\right)\cdot h_1'(x)$

Teniendo en cuenta que $G'=f$ se tiene, finalmente que:

$$F'(x)=f\left(h_2(x)\right)\cdot h_2'(x)-f\left(h_1(x)\right)\cdot h_1'(x)$$

Aplicándolo a nuestro caso concreto:

$$F'(x)=\left(1+\sqrt{\operatorname{sen} x}\right)\cdot \cos x-\left(1+\sqrt{x^2}\right)\cdot 2x=\cos x+\sqrt{\operatorname{sen} x}\cos x-2x-2x^2$$

2. La regla de Barrow permite calcular integrales definidas a partir del conocimiento de una primitiva. Por ejemplo:

- $\int_0^{\pi} \operatorname{sen} x\,dx=\left[-\cos x\right]_0^{\pi}=(-\cos\pi)-(-\cos 0)=1-(-1)=2$

- $\int_{-1}^{1}\left(x-3+\frac{1}{x-2}\right)dx=\left[\frac{x^2}{2}-3x+\ln|x-2|\right]_{-1}^{1}=\left(\frac{1}{2}-3+\ln 1\right)-\left(\frac{1}{2}+3+\ln 3\right)$

  $=-6-\ln 3=-7{,}098...$

3. El cambio de variable es igualmente aplicable a la integral definida. En concreto:

- $\int_0^1 x\sqrt{1-x}\,dx$ Utilizamos el cambio de variable: $1-x=t^2 \;\rightarrow\; -dx=2t\,dt$

  Pero al cambiar la variable también cambian los límites de integración. En este caso:

$$\begin{cases} x=0 & \rightarrow \quad t=1 \\ x=1 & \rightarrow \quad t=0 \end{cases}$$

$$\int_0^1 x\sqrt{1-x}\,dx = \int_1^0 \left(1-t^2\right)\sqrt{t^2}\,(-2t)\,dt = 2\int_0^1 \left(1-t^2\right)t^2\,dt = 2\int_0^1 \left(t^2-t^4\right)dt =$$

$$= 2\left[\frac{t^3}{3}-\frac{t^5}{5}\right]_0^1 = 2\left(\frac{1}{3}-\frac{1}{5}\right) = \frac{4}{15}$$

4. La fórmula para la integración por partes en la integral definida es:

$$\int_a^b u\,dv = [u\cdot v]_a^b - \int_a^b v\,du$$

- $\int_0^1 x\,\mathrm{arctg}\,x\,dx$ Ponemos $\begin{cases} u = \mathrm{arctg}\,x \\ dv = x\,dx \end{cases} \rightarrow \begin{cases} du = \dfrac{1}{1+x^2}dx \\ v = \int x\,dx = \dfrac{x^2}{2} \end{cases}$ Así:

$$\int_0^1 x\,\mathrm{arctg}\,x\,dx = \left[\frac{x^2}{2}\mathrm{arctg}\,x\right]_0^1 - \frac{1}{2}\int_0^1 \frac{x^2}{1+x^2}dx = \frac{1}{2}\mathrm{arctg}1 - \frac{1}{2}\int_0^1 \left(1-\frac{1}{1+x^2}\right)dx =$$

$$= \frac{1}{2}\frac{\pi}{4} - \frac{1}{2}\left[x - \mathrm{arctg}\,x\right]_0^1 = \frac{\pi}{8} - \frac{1}{2}\left(1-\frac{\pi}{4}\right) = \frac{\pi-2}{4} = 0{,}285...$$

60.4 Cálculo de áreas

Área entre una curva y el eje X

Si para calcular el área entre una curva $y = f(x)$, el eje X y dos abscisas, a y b, nos limitamos a obtener el valor de la integral $\int_a^b f(x)\,dx$, nos exponemos a equivocarnos, pues si la curva corta al eje X, la integral compensa áreas positivas y negativas y su valor no coincide con lo que usualmente llamamos área.

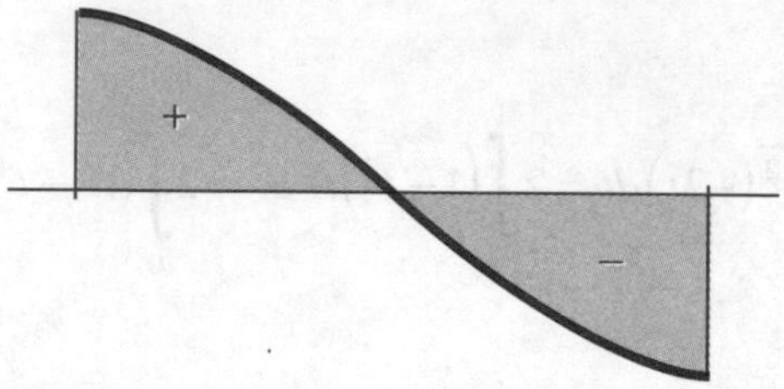

Lo correcto es calcular por separado la integral de cada tramo que quede a un mismo lado del eje X. Para que no nos veamos en la necesidad de representar la curva, es conveniente seguir estos pasos:

1. Resuelve la ecuación $f(x)=0$ para averiguar los puntos de la curva con el eje X.

2. Selecciona las raíces que estén entre a y b y ordénalas de menor a mayor. Por ejemplo:

$$a < x_1 < x_2 < x_3 < b$$

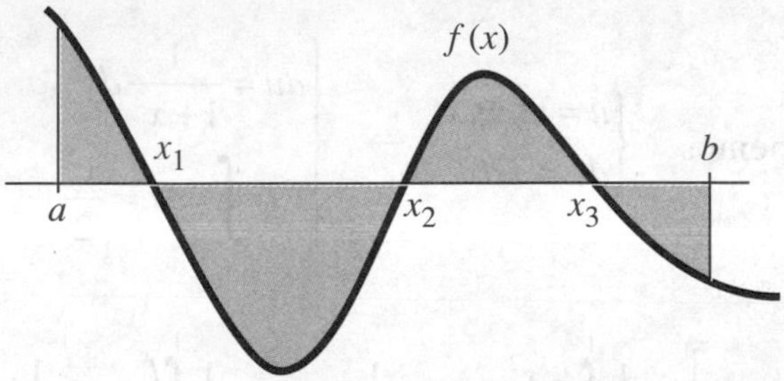

3. Se calcula el valor absoluto de la integral definida en cada tramo que queda a un mismo lado del eje X y se suman los resultados, es decir:

$$S = \left|\int_a^{x_1} f(x)\,dx\right| + \left|\int_{x_1}^{x_2} f(x)\,dx\right| + \left|\int_{x_2}^{x_3} f(x)\,dx\right| + \left|\int_{x_3}^{b} f(x)\,dx\right|$$

Ejemplo

- Calcula el área del recinto plano delimitado por la curva $y = x^2 - 1$, el eje OX, y $x=2$.

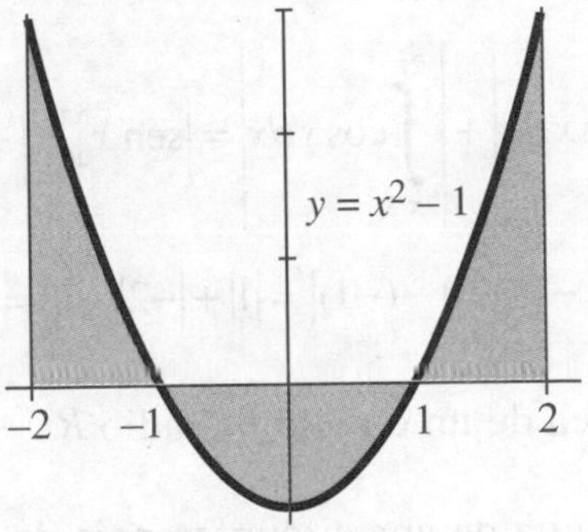

Solución: Puntos de corte de la curva con el eje X: $x^2 - 1 = 0 \rightarrow x^2 = 1 \rightarrow$ $x = -1$ o $x = 1$. Dado que ambas raíces están entre -2 y 2, se tiene que:

$$S = \left| \int_{-2}^{-1} (x^2 - 1)\,dx \right| + \left| \int_{-1}^{1} (x^2 - 1)\,dx \right| + \left| \int_{1}^{2} (x^2 - 1)\,dx \right| =$$

$$= \left| \left. \frac{x^3}{3} - x \right]_{-2}^{-1} \right| + \left| \left. \frac{x^3}{3} - x \right]_{-1}^{1} \right| + \left| \left. \frac{x^3}{3} - x \right]_{1}^{2} \right| = \left| \left(-\frac{1}{3} + 1 \right) - \left(-\frac{8}{3} + 2 \right) \right| +$$

$$+ \left| \left(\frac{1}{3} - 1 \right) - \left(-\frac{1}{3} + 1 \right) \right| + \left| \left(\frac{8}{3} - 2 \right) - \left(\frac{1}{3} - 1 \right) \right| = \left| \frac{4}{3} \right| + \left| -\frac{4}{3} \right| + \left| \frac{4}{3} \right| = \frac{4}{3} + \frac{4}{3} + \frac{4}{3} = 4\,u^2$$

- Calcula el área limitada por la gráfica $y = \cos x$, el eje OX, $x = 0$ y $x = 2\pi$.

Solución: Puntos de corte con el eje X: $\cos x = 0$ tiene como únicas soluciones entre $y\, x = 2\pi$ los valores $x = \frac{\pi}{2}$ y $x = \frac{3\pi}{2}$.

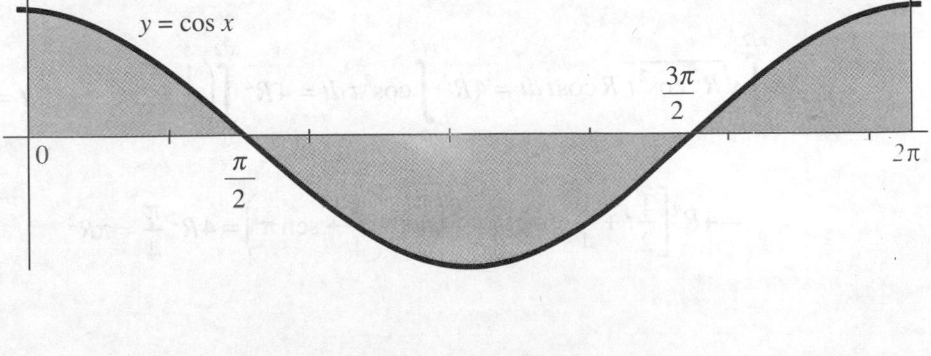

$$S=\left|\int_0^{\pi/2}\cos x\,dx\right|+\left|\int_{\pi/2}^{3\pi/2}\cos x\,dx\right|+\left|\int_{3\pi/2}^{2\pi}\cos x\,dx\right|=\left|\operatorname{sen}x\Big]_0^{\pi/2}\right|+\left|\operatorname{sen}x\Big]_{\pi/2}^{3\pi/2}\right|+\left|\operatorname{sen}x\Big]_{3\pi/2}^{2\pi}\right|=$$

$$=|1-0|+|-1-1|+|0-(-1)|=|1|+|-2|+|1|=1+2+1=4\,u^2$$

- Deduce la fórmula para el área de un círculo de radio R

Solución: La ecuación implícita de una circunferencia de radio R centrada en el origen es

$$x^2+y^2=R^2$$

Despejando y obtenemos: $\quad y^2=R^2-x^2 \quad\to\quad y=\pm\sqrt{R^2-x^2}$

que conduce a las ecuaciones: $\quad y_1=+\sqrt{R^2-x^2} \quad$ e $\quad y_2=-\sqrt{R^2-x^2}$

correspondientes a la semicircunferencia superior e inferior, respectivamente.

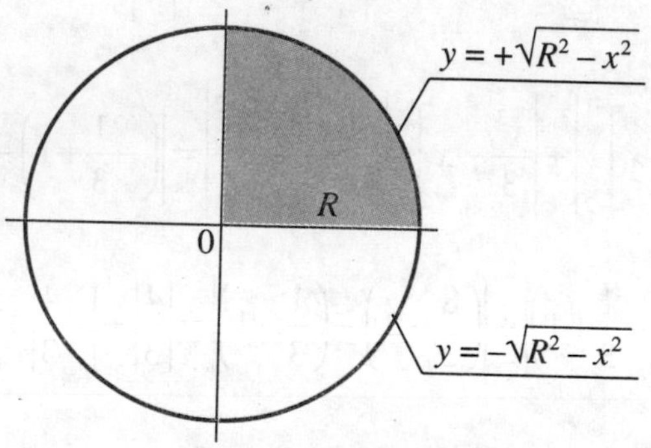

La superficie del círculo será el cuádruplo del área sombreada, es decir:

$$S=4\int_0^R\sqrt{R^2-x^2}\,dx \underset{x=R\operatorname{sen}t}{=} 4\int_0^{\pi/2}\sqrt{R^2-R^2\operatorname{sen}^2 t}\,R\cos t\,dt=$$

$$=4\int_0^{\pi/2}\sqrt{R^2\cos^2 t}\,R\cos t\,dt=4R^2\int_0^{\pi/2}\cos^2 t\,dt=4R^2\int_0^{\pi/2}\left(\frac{1}{2}+\frac{1}{2}\cos 2t\right)dt=$$

$$=4R^2\left[\frac{1}{2}t+\frac{1}{4}\operatorname{sen}2t\right]_0^{\pi/2}=4R^2\left(\frac{\pi}{4}+\operatorname{sen}\pi\right)=4R^2\,\frac{\pi}{4}=\pi R^2$$

Área comprendida entre dos curvas

El área comprendida entre dos curvas $f(x)$ y $g(x)$ es el área comprendida entre la función diferencia $f(x)-g(x)$ y el eje X.

Los pasos a seguir son los siguientes:

1. Se calculan los puntos de corte de ambas curvas resolviendo la ecuación $f(x)=g(x)$

2. Ordenamos las abscisas de los puntos de corte de menor a mayor. Por ejemplo:

$$x_1 < x_2 < x_3$$

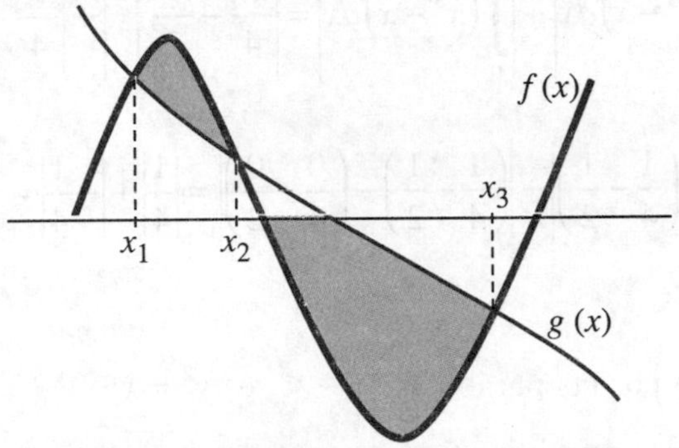

3. Se calcula el valor absoluto de la integral definida de la función diferencia en cada uno de los tramos obtenidos y se suman los resultados. Para este caso:

$$S=\left|\int_{x_1}^{x_2}\big(f(x)-g(x)\big)dx\right|+\left|\int_{x_2}^{x_3}\big(f(x)-g(x)\big)dx\right|$$

Ejemplos

- Calcula el área limitada por las curvas $y=x^3$ e $y=x$.

Solución: Los puntos de corte de ambas curvas se obtiene $x^3=x$

$$x^3=x \;\rightarrow\; x^3-x=0 \;\rightarrow\; x\left(x^2-1\right)=0 \;\rightarrow\; x=0 \text{ o } x^2-1=0 \;\rightarrow$$

$$\rightarrow\; x=0 \text{ o } x=1 \text{ o } x=-1$$

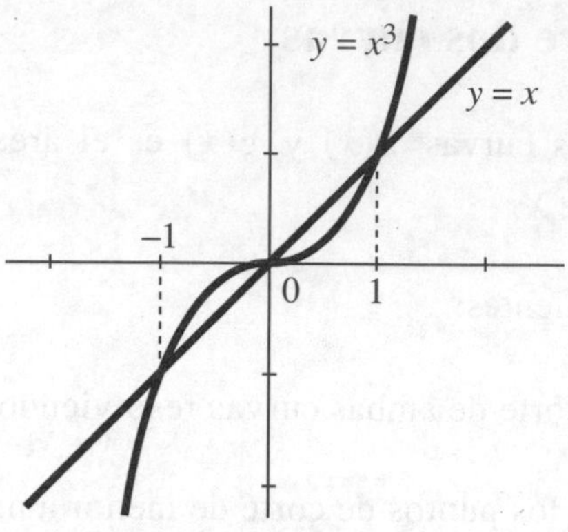

$$S=\left|\int_{-1}^{0}\left(x^3-x\right)dx\right|+\left|\int_{0}^{1}\left(x^3-x\right)dx\right|=\left|\left[\frac{x^4}{4}-\frac{x^2}{2}\right]_{-1}^{0}\right|+\left|\left[\frac{x^4}{4}-\frac{x^2}{2}\right]_{0}^{1}\right|=$$

$$=\left|\left(\frac{0}{4}-\frac{0}{2}\right)-\left(\frac{1}{4}-\frac{1}{2}\right)\right|+\left|\left(\frac{1}{4}-\frac{1}{2}\right)-\left(\frac{0}{4}-\frac{0}{2}\right)\right|=\left|\frac{1}{4}\right|+\left|-\frac{1}{4}\right|=\frac{1}{4}+\frac{1}{4}=\frac{1}{2}u^2$$

- Calcula el área limitada por las parábolas $y=x^2$ e $y^2=x$

  Solución: Puntos de corte de ambas funciones: $x^2=\sqrt{x} \;\rightarrow\; x^4=x \;\rightarrow\; x^4-x=0$

  $\rightarrow\; x\left(x^3-1\right)=0 \;\rightarrow\; x=0$ o $x^3=1 \;\rightarrow\; x=0$ o $x=\sqrt[3]{1}=1$

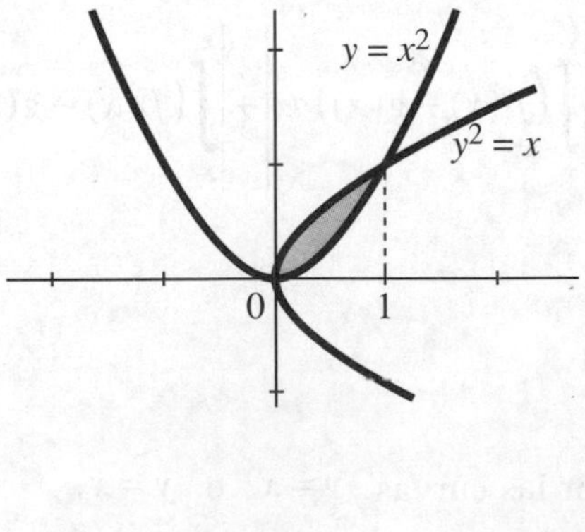

$$S=\left|\int_{0}^{1}\left(\sqrt{x}-x^2\right)dx\right|=\left|\left[\frac{2}{3}\sqrt{x^3}-\frac{x^3}{3}\right]_{0}^{1}\right|=\left|\left(\frac{2}{3}\cdot1-\frac{1}{3}\right)-\left(\frac{2}{3}\cdot0-\frac{1}{3}\cdot0\right)\right|=\left|\frac{1}{3}\right|=\frac{1}{3}u^2$$

60.5 Aplicaciones geométricas de la integral

Cálculo de volúmenes

De un cuerpo geométrico conocemos las áreas $S(x)$ de las secciones producidas por planos perpendiculares a una recta r en los puntos x de la misma.

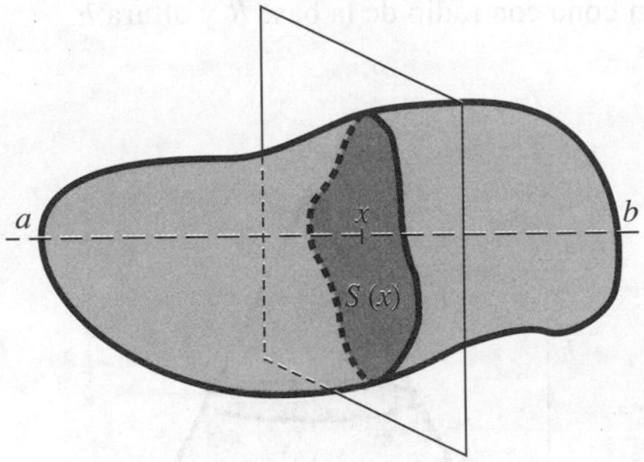

En estas condiciones, el volumen del cuerpo viene dado por la fórmula:

$$V = \int_a^b S(x)\,dx$$

Interpretamos el volumen como la "suma infinita" de volúmenes $S(x)\cdot dx$ infinitamente pequeños (En Física se llaman elementos infinitesimales de volumen).

Ejemplo

1. Una vasija de 1 m de profundidad tiene la propiedad de que al ir llenándose de agua, en cada instante el área de la superficie del agua es igual a la altura alcanzada por el agua. ¿Cuántos litros de agua podremos verter en el recipiente?.

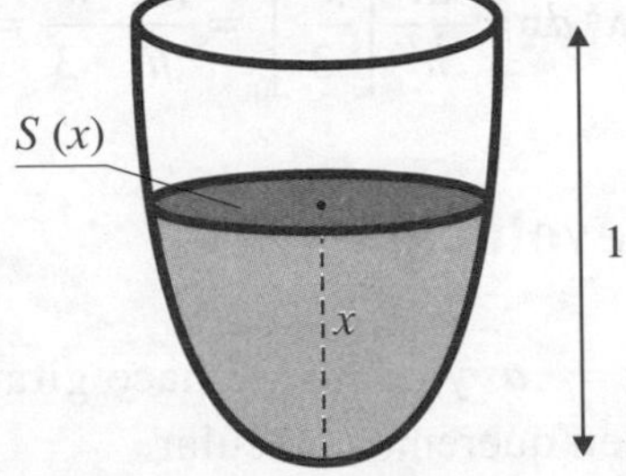

Solución: Si llamamos x a la altura, el área de la superficie visible es $S(x)$. Pero en el enunciado se nos dice que $S(x) = x$.

Por tanto, el volumen es: $V = \int_0^1 x\,dx = \left[\frac{x^2}{2}\right]_0^1 = \frac{1}{2} m^3$, es decir, 500 litros.

2. Halla el volumen de un cono con radio de la base R y altura h.

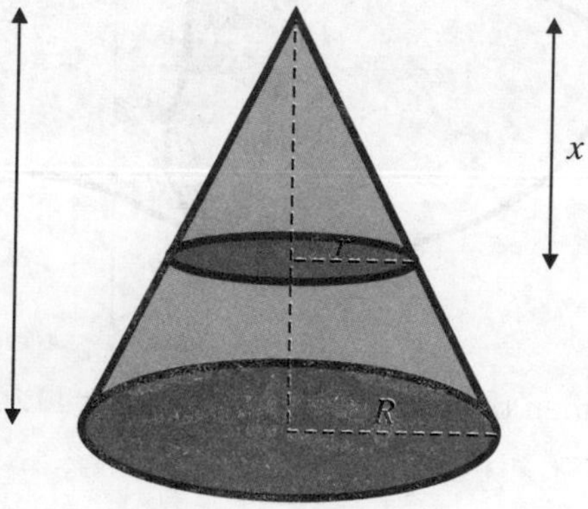

Solución: El área $S(x)$ corresponde a un círculo de radio $r = \frac{Rx}{h}$ puesto que por la semejanza de los dos triángulos rectángulos se tiene que $\frac{r}{x} = \frac{R}{h} \rightarrow r = \frac{Rx}{h}$.

Por tanto el área del círculo es $S(x) = \pi \cdot r^2 = \pi \cdot \frac{R^2 x^2}{h^2} = \frac{\pi R^2}{h^2} x^2$

De manera que $V = \int_0^h \frac{\pi R^2}{h^2} x^2\,dx = \frac{\pi R^2}{h^2}\left[\frac{x^3}{3}\right]_0^h = \frac{\pi R^2}{h^2}\frac{h^3}{3} = \frac{1}{3}\pi R^2 h$

Volumen de un cuerpo de revolución

Un trozo de curva $y = f(x)$ entre $x = a$ y $x = b$ se hace girar alrededor del eje X. Engendra un cuerpo de revolución cuyo volumen queremos calcular.

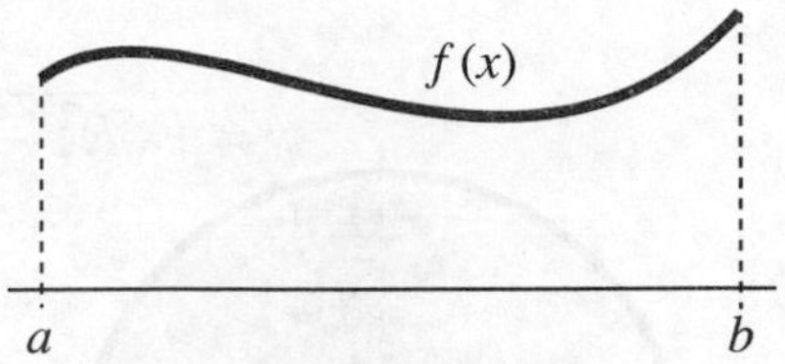

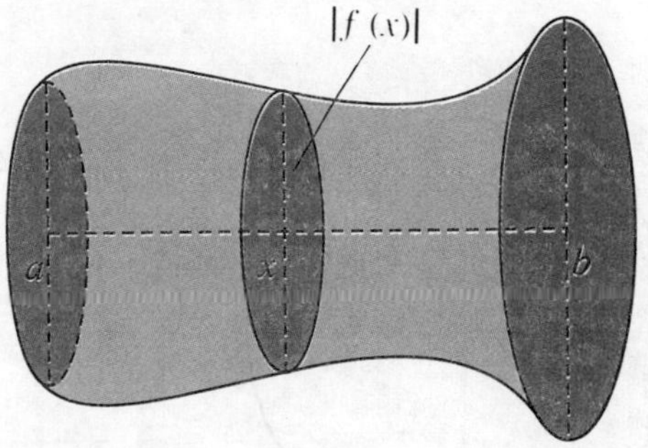

Al cortar por un plano perpendicular en el punto de abscisa x, la sección producida es un círculo de radio $|f(x)|$. De manera que $S(x) = \pi f(x)^2$.

Por tanto, el volumen engendrado es:

$$\boxed{V = \pi \int_a^b f(x)^2 \, dx}$$

Ejemplo

1. Volumen engendrado al girar la parábola $y = \sqrt{x}$ alrededor del eje X entre 0 y 4.

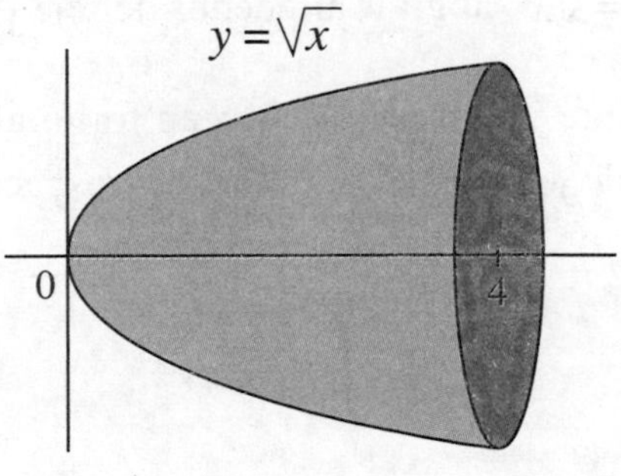

Solución: $$V = \pi \int_0^4 \left(\sqrt{x}\right)^2 dx = \pi \int_0^4 x \, dx = \pi \left[\frac{x^2}{2} \right]_0^4 = 8\pi \ u^3$$

2. Deducir el volumen de una esfera de radio R.

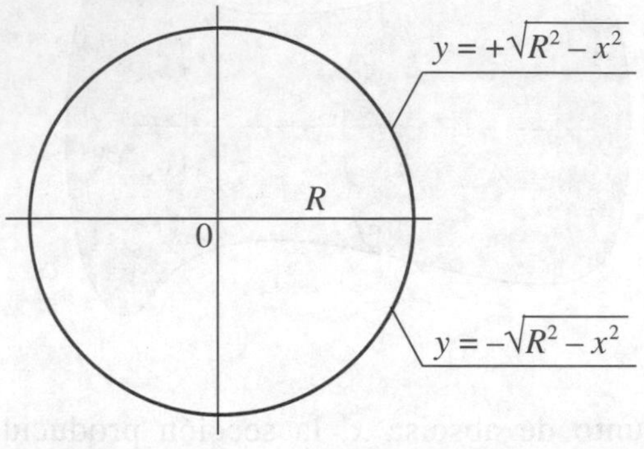

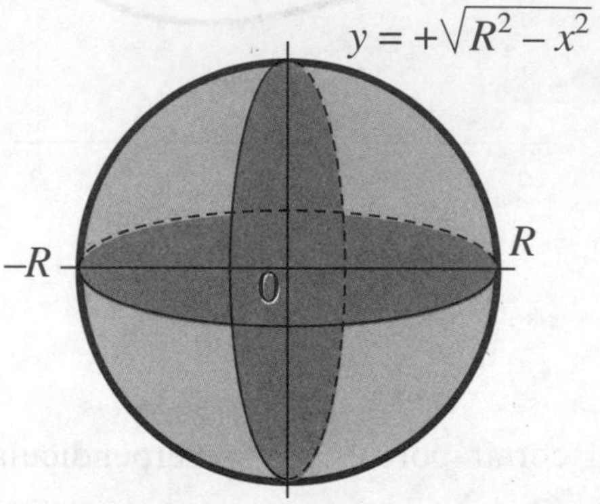

Solución: Hacemos girar la función $y=+\sqrt{R^2-x^2}$ entre las abscisas $-R$ y R.

El volumen de la esfera de radio R es:

$$V=\pi\int_{-R}^{R}\left(\sqrt{R^2-x^2}\right)^2dx=\pi\int_{-R}^{R}\left(R^2-x^2\right)dx=\pi\left[R^2x-\frac{x^3}{3}\right]_{-R}^{R}=$$

$$=\pi\left[\left(R^3-\frac{R^3}{3}\right)-\left(-R^3+\frac{R^3}{3}\right)\right]=\pi\left(\frac{2R^3}{3}+\frac{2R^3}{3}\right)=\frac{4}{3}\pi R^3\ u^3$$

3. Volumen engendrado por $y=\sqrt{x}$ al girar alrededor del eje Y, entre $y=0$ e $y=2$.

Solución: Se hace exactamente igual que al girar en torno al eje X, con la salvedad de que hay que poner x en función de y, $x=\phi(y)$, e integrar respecto a y. Es decir:

$$V=\pi\int_a^b\phi(y)^2\,dy$$

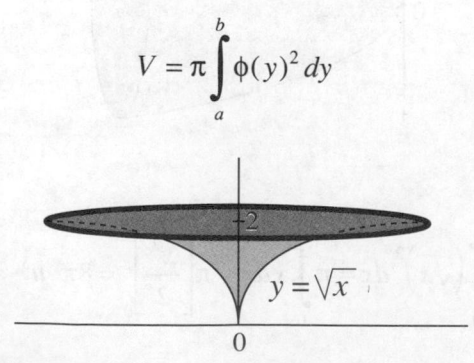

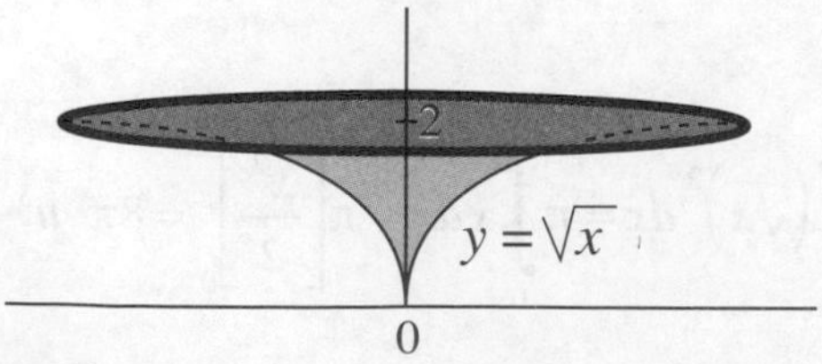

$$\text{Como} \quad x = y^2 \;\rightarrow\; V = \pi\int_0^2 \left(y^2\right)^2 dy = \pi\int_0^2 y^4\,dy = \pi\left[\frac{y^5}{5}\right]_0^2 = \frac{32}{5}\pi\,u^3$$

Longitud de un arco de curva

Tenemos una curva $y = f(x)$ y queremos calcular su longitud entre dos puntos A y B de abscisas a y b.

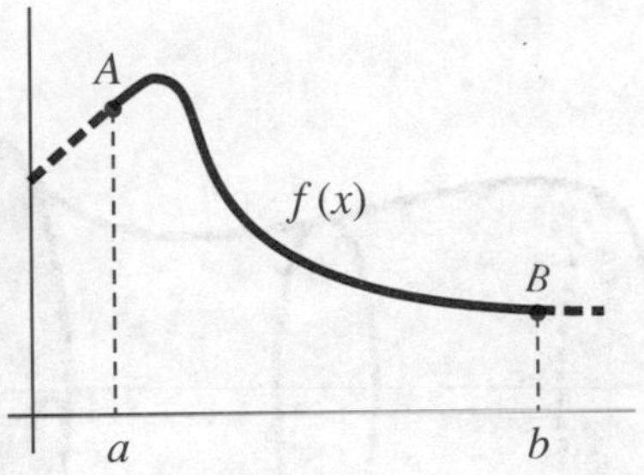

La longitud del arco de curva AB es $\boxed{L = \int_a^b \sqrt{1+f'(x)^2}\,dx}$

Ejemplo

Hallar la longitud de la circunferencia de radio R.

Solución: En la ecuación de la circunferencia $x^2 + y^2 = R^2$ despejamos la y: $y = \sqrt{R^2 - x^2}$ que describe la semicircunferencia superior.

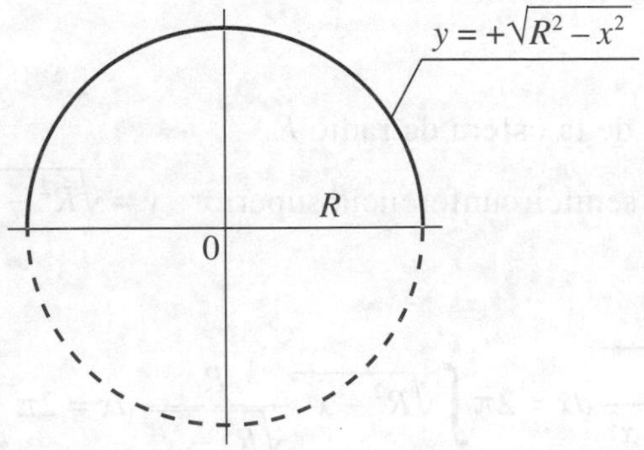

Para hallar su longitud hacemos:

$$f'(x) = \frac{-x}{\sqrt{R^2 - x^2}} \;\rightarrow\; \sqrt{1+f'(x)^2} = \sqrt{1+\frac{x^2}{R^2 - x^2}} = \sqrt{\frac{R^2}{R^2 - x^2}} = \frac{R}{\sqrt{R^2 - x^2}}$$

y $$L=4\int_0^R \frac{R}{\sqrt{R^2-x^2}}dx=4\int_0^R \frac{1}{\sqrt{1-\left(\frac{x}{R}\right)^2}}dx=4R\left[\operatorname{arcsen}\frac{x}{R}\right]_0^R=4R\left(\frac{\pi}{2}-0\right)=2\pi R$$

Área de una superficie de revolución

Un trozo de curva $y=f(x)$ entre $x=a$ y $x=b$ se hace girar alrededor del eje X.

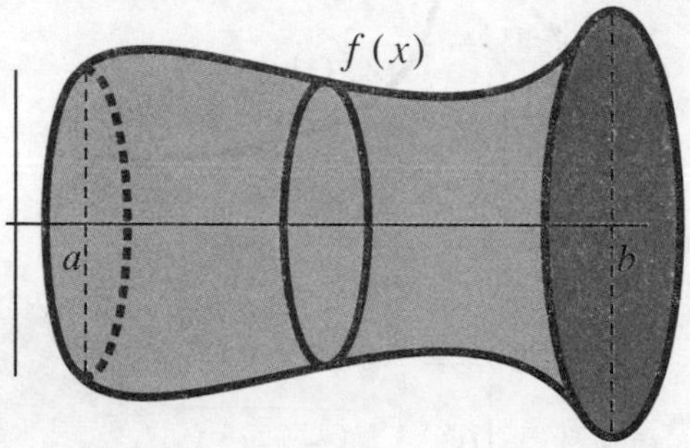

Engendra un cuerpo de revolución cuya superficie es:

$$S=2\pi\int_a^b f(x)\sqrt{1+f'(x)^2}\,dx$$

Ejemplo

Obtener la fórmula del área de la esfera de radio R.

Solución: Hacemos girar la semicircunferencia superior $y=\sqrt{R^2-x^2}$ alrededor del eje X entre $-R$ y R. La superficie es:

$$S=2\pi\int_{-R}^{R}\sqrt{R^2-x^2}\sqrt{1+\frac{x^2}{R^2-x^2}}\,dx=2\pi\int_{-R}^{R}\sqrt{R^2-x^2}\frac{R}{\sqrt{R^2-x^2}}dx=2\pi\int_{-R}^{R}R\,dx=2\pi R\,(R+R)=4\pi R^2$$

Problemas propuestos

1. Calcula las siguientes integrales definidas:

   a) $\int_1^3 x^2\,dx$

   b) $\int_1^3 x^4\,dx$

2. Calcula las siguientes integrales definidas:

   a) $\int_3^7 \sqrt{x}\,dx$

   b) $\int_2^3 x^2\sqrt{x}\,dx$

   c) $\int_1^2 Lx\,dx$

   d) $\int_1^3 2^x\,dx$

3. Calcula las siguientes integrales definidas:

   a) $\int_1^2 \operatorname{sen} x\,dx$

   b) $\int_2^3 \cos x\,dx$

   c) $\int_0^1 \tan x\,dx$

   d) $\int_0^1 \sec^2 x\,dx$

4. Calcula las siguientes integrales definidas:

   a) $\int_{-3}^3 |x|\,dx$

   b) $\int_0^{\frac{\pi}{2}} \operatorname{sen} x\,dx$

   c) $\int_1^2 x\,Lx\,dx$

   d) $\int_1^3 3^x\,dx$

5. Calcula la integral $\int_2^3 \frac{x}{x^2-1}\,dx$

6. Determina a y b para que la función :

$$f(x)=\begin{cases} \operatorname{sen}\pi x + a & \text{para } x \le -1 \\ ax+b & \text{para } -1 < x \le 0 \\ x^2+2 & \text{para } x > 0 \end{cases}$$ sea

   continua y después calcula la integral definida de *f*(*x*) entre -2 y 2.

7. Determina a y b para que la función:

$$f(x)=\begin{cases} 2^x + a & \text{para } x \le 1 \\ ax+b & \text{para } -1 < x \le 0 \\ 3x^2+2 & \text{para } x > 0 \end{cases}$$ sea

   continua y después calcula la integral definida de *f*(*x*) entre -2 y 2.

8. Calcula el área del recinto limitado por las rectas $y = 2x$, $y = 0$, $x = 2$, $x = 4$. Comprueba el resultado utilizando alguna fórmula de geometría elemental.

9. Calcula el área del recinto limitado por las rectas $y + x = 10$, $y = 0$, $x = 2$, $x = 8$. Comprueba el resultado mediante la fórmula geométrica correspondiente.

10. Calcula el área del recinto limitado por la parábola $y = x^2$ y las rectas $y = 0$, $x = 2$, $x = 6$.

11. Calcula el área del recinto limitado por la parábola $y = x^3$ y las rectas $y = 0$, $x = 2$, $x = 6$.

12. Calcula el área del recinto determinado por:

    a) La parábola $y = x^2$ y la recta $y = x$.

    b) La parábola $y = x^2$ y la recta $y = x + 2$

    c) La parábola $y = 2x^2$ y la recta $y = 2x + 4$

    d) La parábola $y = 4 - x^2$

y la recta $y = x + 2$

13. Halla el área del recinto limitado por la curva de ecuación $y = 2\sqrt{x}$ y la recta $y = x$.
14. Calcula el área del recinto limitado por la parábola de ecuación $y = 2(1 - x^2)$ y la recta de ecuación $y = -1$.
15. Halla el área comprendida entre las parábolas:

    a) $y = 5 - x^2$ e $y = x^2$

    b) $y = 4 - x^2$ e $y = 3x^2$

    c) $y = x^2 - 2x + 1$ e $y = -x^2 + 4x + 1$

    d) $y = 6x - x^2$ e $y = x^2 - 2x$.
16. Halla el área comprendida entre las parábolas:

    a) $y^2 - 2x = 0$ y $x^2 - 2y = 0$

    b) $y^2 - 4x = 0$ y $x^2 - 4y = 0$
17. Halla el área comprendida entre la curva $y = x^3 - 6x^2 + 8x$ y el eje OX.
18. Halla el área del triángulo formado por los ejes coordenadas y la tangente en un punto cualquiera a la hipérbola de ecuación $xy = 1$.
19. Calcula el área del la región limitada por el eje de abscisas y la gráfica de $y = xe^x$ entre las rectas $x = 0$ y $x = 1$.
20. Halla el volumen de la región determinada por la curva de ecuación $y = e^{-x}$, el eje OX, el eje OY y la recta $x = 3$ al girar alrededor del eje OX.
21. Halla el área del recinto limitado por las gráficas de las funciones $y = Lx$ e $y = 1$ y los ejes de coordenadas.
22. Halla el área del recinto limitado por las gráficas de las funciones $y = \log x$ e $y = 1$.
23. Halla el área de la zona del plano limitada por las tres rectas $y = 0, x = 1, x = e$, y la gráfica de $y = L^2 x$.
24. Calcula el área limitada por la curva $y = \tan x$, el eje OX y la recta $x = \frac{\pi}{4}$.
25. Calcula el volumen engendrado por la superficie al girar la elipse $\frac{x^2}{4} + y^2 = 1$, alrededor del eje OX.
26. Calcula, mediante una integral definida, el área de un triángulo rectángulo cuyos catetos midan a y b.
27. Calcula el volumen limitado por el elipsoide de evolución generado por la elipse $2x^2 + y^2 = 1$ al girar alrededor del eje OX.
28. Calcula el volumen engendrado al girar alrededor del eje X los recintos siguientes R(f; a, b):

    a) $f(x) = x^{1/2}$ $\quad x = 0 \quad x = 1$

    b) $f(x) = x^2$ $\quad x = -1 \quad x = 2$

    c) $f(x) = \operatorname{sen} x$ $\quad x = 0 \quad x = \pi$

    d) $f(x) = x - x^2$ $\quad x = 0 \quad x = 1$
29. Calcula el volumen engendrado al girar alrededor del eje X los recintos limitados por las gráficas que se indican:

    a) $f(x) = x^{1/2}$ $\quad g(x) = 1$

    b) $f(x) = x^2$ $\quad g(x) = x^{1/2}$

    c) $f(x) = x^2 - 1$ $\quad g(x) = 1 - x^2$
30. Halla el volumen del cono engendrado al girar el segmento de la recta que une el origen de coordenadas con el punto *a,b*) al girar alrededor del eje Y.
31. Halla el volumen del cuerpo engendrado al girar alrededor del eje X las curvas $y^2 = 2px$ y $x = a$.
32. Calcula el volumen de un sólido de base circular de radio *r*, si al pasar perpendicularmente por un diámetro fijo un plano se forma de un triángulo equilátero.
33. Calcula la longitud del ardo de curva de la parábola $x^3 = ay^2$, entre el punto (0,0) y el punto de abscisa $x = 5a$.
34. Halla la longitud del arco de la curva

$y = 1 - \ln \cos x$ entre $x = 0$ y $x = \dfrac{\pi}{4}$.

35. Halla la longitud del arco de la curva $y = \ln x$ entre $x = \sqrt{3}$ y $x = \sqrt{8}$.

36. Halla el volumen del cuerpo engendrado al girar un arco de la sinusoide y = sen x y el eje X, alrededor del eje Y.

37. Halla el volumen engendrado al girar la curva $y = xe^x$ y las rectas $y = 0$, $x = 1$, alrededor del eje X.

Soluciones

1. S: a) $\dfrac{26}{3}$

   b) $\dfrac{242}{5}$

2. S: a) $\dfrac{14\sqrt{7}-6\sqrt{3}}{3}$

   b) $\dfrac{54\sqrt{3}-16\sqrt{2}}{7}$

   c) $2\,L2 - 1$

   d) $\dfrac{6}{L2}$

3. S: a) - cos 2 + cos 1

   b) sen 3 - sen 2.

   c) $-L\left|\cos 1\right| + L\cos 0$

   d) tan 1.

4. S: a) 9

   b) 1

   c) $2\,L2 - \dfrac{3}{4}$

   d) $\dfrac{24}{L3}$

5. S: $\dfrac{1}{2}L\dfrac{8}{3}$

6. S: $a = 1$, $b = 2$

   $$\int_{-2}^{2} f(x)dx = \frac{2}{\pi} + \frac{55}{6}$$

7. S: $a = \dfrac{3}{4}$, $b = 2$

   $$\int_{2}^{-2} f(x)dx = \frac{1}{4L2} + \frac{115}{8}$$

8. S: 12 u.s.

9. S: 30 u.s.

10. S: $\dfrac{208}{3}$ u.s.

11. S: $\dfrac{1280}{3}$ u.s.

12. S: a) $\dfrac{1}{6}$ u.s.

    b) $\dfrac{9}{2}$ u.s.

    c) 9 u.s.

    d) $\dfrac{9}{2}$ u.s.

13. S: $\dfrac{8}{3}$ u.s.

14. S: $4\sqrt{\dfrac{3}{2}}$ u.s.

15. S: a) $\sqrt{\dfrac{5}{2}}$ u.s.

    b) $\dfrac{16}{3}$ u.s.

    c) 9 u.s.

    d) $\dfrac{64}{3}$ u.s.

16. S: a) $\frac{4}{3}$ u.s.

b) $\frac{16}{3}$ u.s.

17. S: 8 u.s.
18. S: 2 u.s.
19. S: 1 u.s.
20. S: $\frac{\pi}{2}\left(1-\frac{1}{e^6}\right)$ u.v.
21. S: e - 1 u.s.
22. S: 9 log e u.s.
23. S: e - 2 u.s.
24. S: $L\sqrt{2}$ u.s.
25. S: $\frac{8\pi}{3}$ u.v.
26. S: $\frac{ab}{2}$ u.s.
27. S: $\frac{2\sqrt{2}\,\pi}{3}$ u.v.
28. S: a) $\frac{\pi}{2}$

b) $\frac{31\pi}{5}$

c) $\frac{\pi^2}{2}$

d) $\frac{\pi}{30}$

29. S: a) $\frac{\pi}{2}$

b) $\frac{9\pi}{70}$

c) $\frac{64\pi}{15}$

30. S: $\frac{1}{3}\pi a^2 b$
31. S: $\pi p a^2$
32. S: $\frac{\pi\sqrt{3}}{3}r^2$
33. S: $\frac{335}{27}a$
34. S: $\ln\tan\frac{3\pi}{8}$
35. S: $1+\frac{1}{2}\ln\frac{3}{2}$
36. S: $\frac{\pi^2}{2}$
37. S: $\frac{\pi}{4}\left(e^2-1\right)$

XII

Estadística y probabilidad

La estadística es el estudio de los mejores modos de acumular y analizar datos y de establecer conclusiones acerca del colectivo del que se han recogido tales datos. En cambio la probabilidad es el estudio de la incertidumbre: es la parte de la matemática que trata de manejar con números el azar.

En los temas que siguen se familiariza al lector con la terminología clásica de la estadística y la probabilidad y se le inicia en problemas sobre los que deberá extraer conclusiones adecuadas.

Estadística 61

Introducción histórica

El matemático y físico francés Simeón Denis Poisson (Pithiviers, 1781 - París, 1840) estudió la mecánica racional, introduciendo la ecuación que lleva su nombre. Asimismo revisten gran importancia sus investigaciones sobre la teoría de probabilidades y la mecánica celeste. Fue discípulo de Laplace y profesor de la Escuela Politécnica y de la Facultad de Ciencias de París.

61.1 Introducción

La Estadística es la ciencia que trata sobre la toma, organización, recopilación, presentación y análisis de datos para deducir conclusiones sobre ellos y para tomar decisiones que estén de acuerdo con los análisis efectuados.

Cuando se dispone de una serie de datos sobre las características de un conjunto de personas u objetos, tales como las edades, los pesos y las alturas de los habitantes de una ciudad determinada o el número de botellas defectuosas y no defectuosas producidas por una fábrica en un tiempo determinado, resulta poco menos que imposible estudiar todas las personas u objetos. Así pues, en Estadística se acostumbra estudiar una parte del total que recibe el nombre de muestra, mientras que la totalidad del conjunto estudiado se denomina población.

Una población puede ser finita o infinita. Así, por ejemplo, el conjunto de personas que viven en una ciudad es una población finita, mientras que la población constituida por todos los posibles sucesos (caras o cruces) obtenidos en los lanzamientos sucesivos de una moneda es infinita.

En el caso de que la muestra elegida sea representativa de la población, se pueden deducir interesantes conclusiones sobre dicha población, al analizar la muestra extraída. La parte de la Estadística que estudia las condiciones bajo las cuales tales inferencias son válidas recibe el nombre de Estadística inductiva o inferencial.

Sin embargo, en muchas ocasiones no se puede tener una total certeza sobre la veracidad de las inferencias deducidas. En estos casos, se acostumbra a decir que hay una determinada probabilidad de que dichas inferencias sean válidas.

La parte de la Estadística que únicamente se ocupa de describir y analizar un conjunto determinado sin extraer ningún tipo de conclusión o inferencia sobre un conjunto mayor se denomina Estadística descriptiva o deductiva.
Una variable es un símbolo, como, por ejemplo, X, Y, Z, que puede tomar un valor cualquiera dentro de un conjunto de posibles valores denominado dominio de la variable. Cuando la variable tan sólo puede tomar un valor recibe el nombre de constante.
Una variable se denomina continua cuando puede tomar cualquier valor comprendido entre otros dos. Así, por ejemplo, el peso de una persona es una variable continua puesto que una persona puede pesar 75 kg, 76 kg o cualquier valor comprendido entre 75 y 76 kg como, por ejemplo, 75,487 kg. En cambio, una variable se denomina discreta cuando no puede tomar cualquier valor comprendido entre otros dos. Así, por ejemplo, el número de miembros de una familia puede ser 4 o 5 pero no 4,57.
Análogamente, los datos que vienen definidos por una variable continua, tales como los pesos de un conjunto de personas, reciben el nombre de datos continuos, mientras que los datos que vienen definidos por una variable discreta, tales como el número de miembros de un conjunto de familias, se denominan datos discretos. Generalmente, los datos continuos se obtienen a partir de medidas, mientras que los datos discretos se obtienen a partir de enumeraciones.
Para presentar los datos de una población estadística se acostumbra a emplear métodos gráficos que simplifiquen la labor del observador.
Los métodos gráficos más utilizados son los siguientes:

a) Diagrama de barras. Consiste en levantar sobre cada valor de la variable una barra cuya longitud coincida con su frecuencia.

Ejemplo

Las notas de Matemáticas obtenidas por los 40 alumnos de una clase han sido las siguientes:

Nota	*Número de alumnos (frecuencia)*
0	1
1	1
2	2
3	3
4	7
5	11
6	7
7	4
8	2
9	1
10	1

Representar las notas de los alumnos mediante un diagrama de barras.

Solución: Tendremos

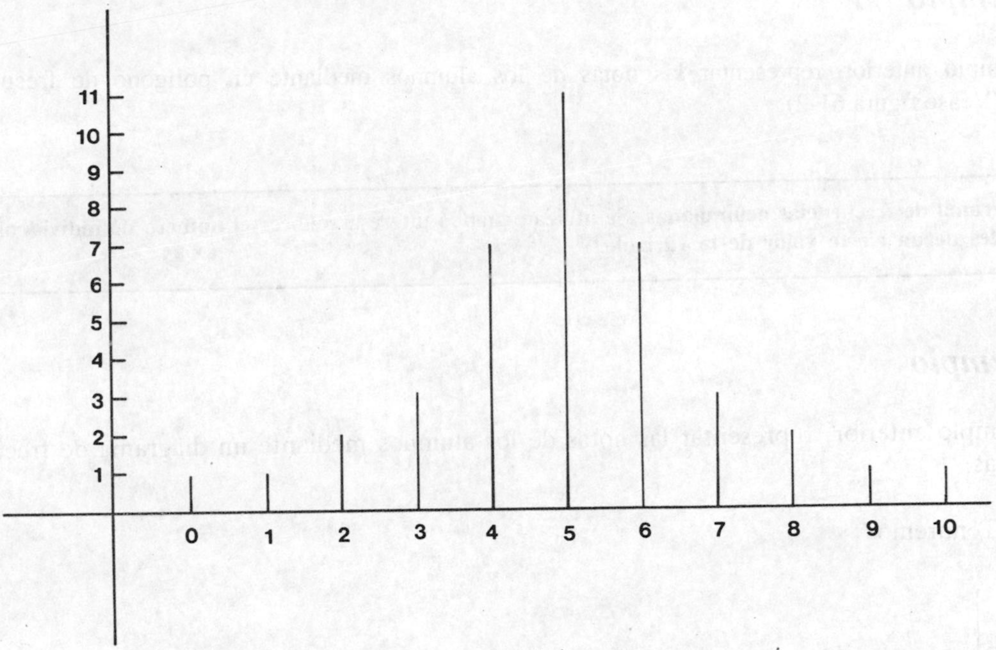

Fig. 61-1.

b) Polígono de frecuencias. Se señalan los extremos de los segmentos cuya altura coincide con la frecuencia y se unen mediante una línea quebrada.

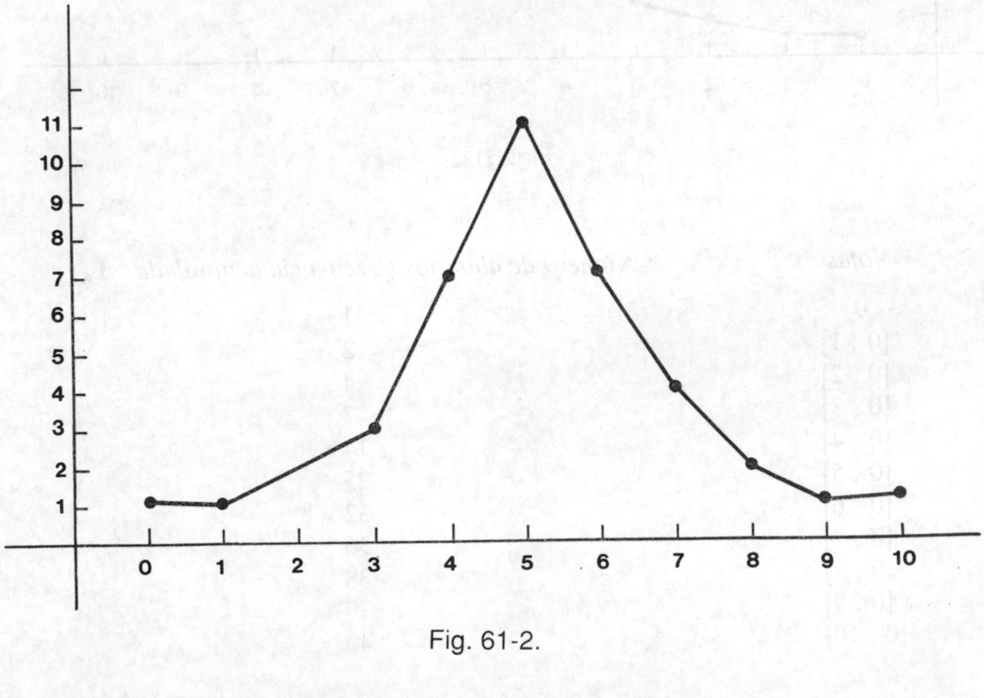

Fig. 61-2.

Ejemplo

En el ejemplo anterior, representar las notas de los alumnos mediante un polígono de frecuencias. Solución: (Véase figura 61-2).

c) Diagrama de frecuencias acumuladas. Se utilizan cuando interesa conocer el número de individuos que hay antes de un cierto valor de la variable.

Ejemplo

En el ejemplo anterior, representar las notas de los alumnos mediante un diagrama de frecuencias acumuladas.

Solución: Tendremos

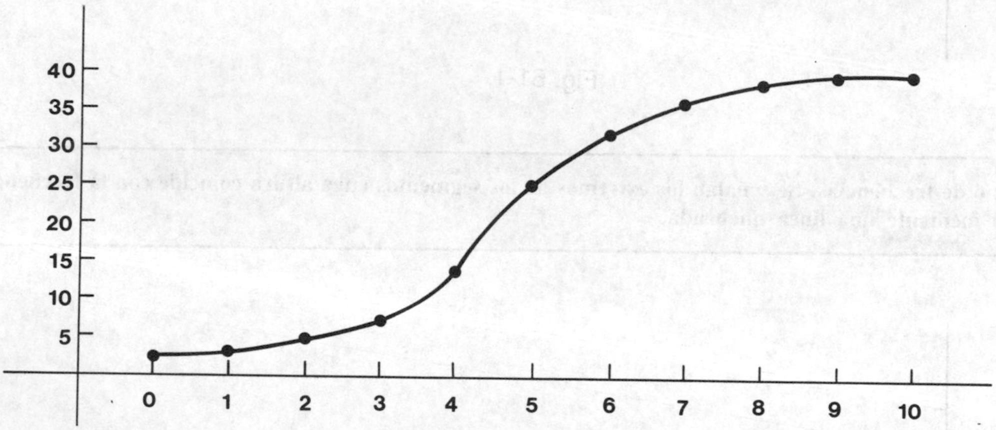

Fig. 61-3.

Notas	*Número de alumnos (frecuencia acumulada,* f_A*)*
0	1
[0 , 1]	2
[0 , 2]	4
[0 , 3]	7
[0 , 4]	14
[0 , 5]	25
[0 , 6]	32
[0 , 7]	36
[0 , 8]	38
[0 , 9]	39
[0 , 10]	40

d) Diagrama de frecuencias relativas. Resultan imprescindibles cuando interesa comparar varias poblaciones del mismo tipo, pero con distinto número de individuos.

Ejemplo

Mediante un diagrama de frecuencias relativas acumuladas, comparar las notas de Matemáticas de los 40 alumnos de la clase del ejemplo anterior con las notas obtenidas por los 20 alumnos de otra clase, que fueron las siguientes:

Nota	*Número de alumnos (frecuencia)*
0	0
1	0
2	1
3	1
4	1
5	2
6	3
7	6
8	3
9	2
10	1

Solución: Tendremos

	1.ª Clase		2.ª Clase	
Nota	f_A	$f_{rA} = f_A/40$	f_A	$f_{rA} = f_A/20$
0	1	0,025	0	0
[0 , 1]	2	0,05	0	0
[0 , 2]	4	0,1	1	0,05
[0 , 3]	7	0,175	2	0,1
[0 , 4]	14	0,35	3	0,15
[0 , 5]	25	0,625	5	0,25
[0 , 6]	32	0,8	8	0,4
[0 , 7]	36	0,9	14	0,7
[0 , 8]	38	0,95	17	0,85
[0 , 9]	39	0,975	19	0,95
[0 , 10]	40	1	20	1

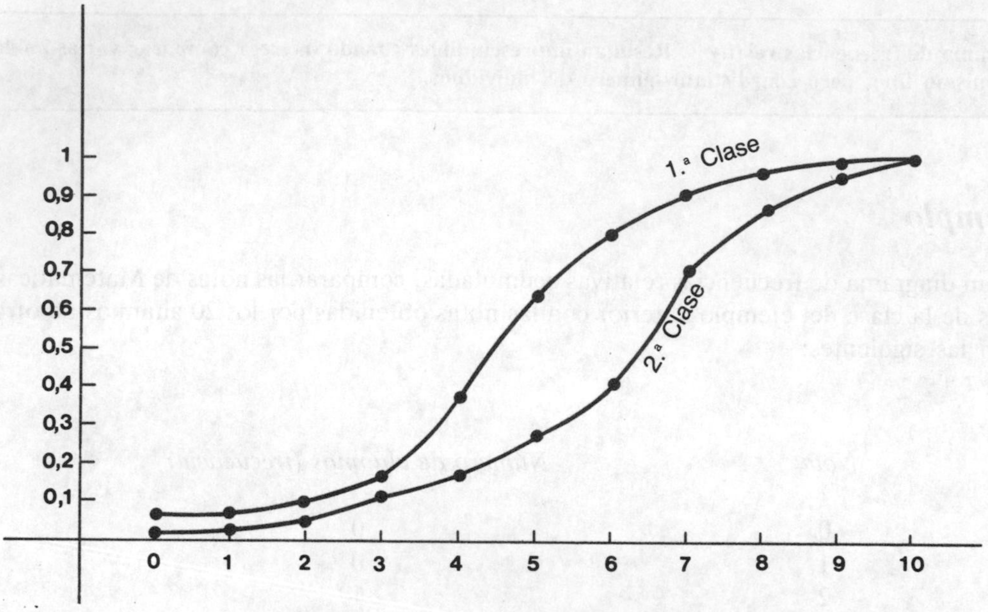

Fig. 61-4.

Tal como puede observarse, las notas de la segunda clase son muy superiores a las de la primera clase y, por lo tanto, el diagrama de frecuencias relativas acumuladas de la primera clase queda por encima del de la segunda clase.

e) Diagramas de sectores. Consisten en repartir los 360° del círculo proporcionalmente a las frecuencias de la población estudiada.

Ejemplo

Representar mediante diagramas de sectores los alumnos aprobados (notas [5-10]) y suspensos (notas [0-5]) del ejemplo anterior.

Solución: Tendremos

	1.ª Clase	2.ª Clase
Aprobados	26 (234°del círculo)	17 (306° del círculo)
Suspensos	14 (126° del círculo)	3 (54° del círculo)

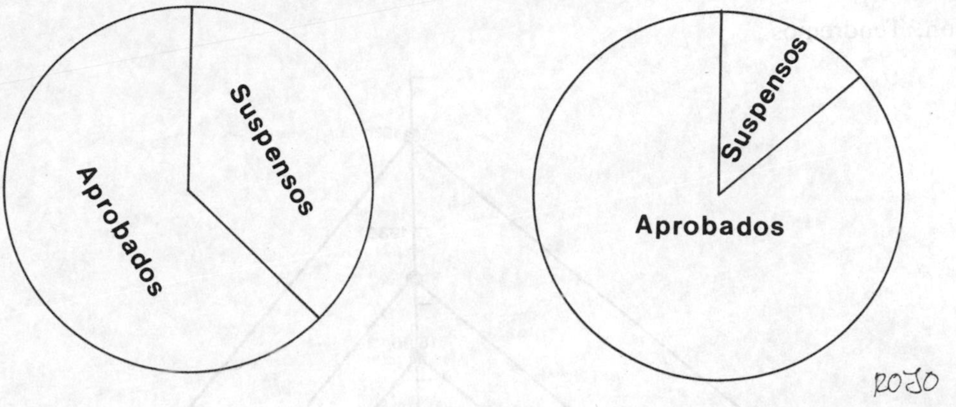

Fig. 61-5.

f) Gráficas en espiral. Se emplean para representar datos cronológicos que registran una fuerte tendencia a la expansión.

Ejemplo

La población de un país evolucionó durante los últimos 100 años del modo siguiente:

Año	*Población (millones de personas)*
1880	50
1890	63
1900	76
1910	92
1920	106
1930	123
1940	132
1950	151
1960	179
1970	212
1980	247

Representar la evolución experimentada por la población de dicho país mediante una gráfica en espiral.

Solución: Tendremos

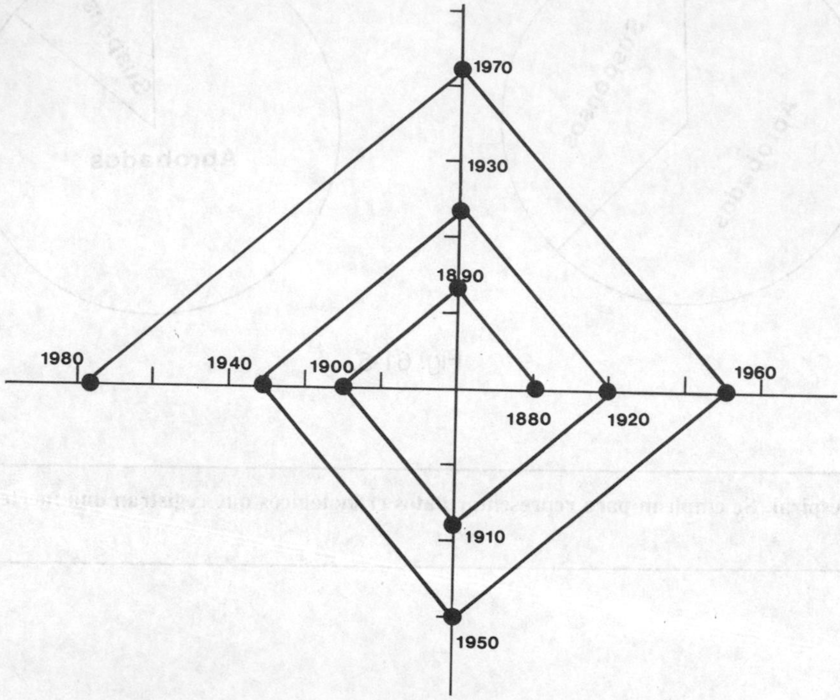

Fig. 61-6.

g) Cartogramas. Consisten en hacer resaltar con distintos colores o rayas diversas zonas de un mapa según un motivo determinado.

Así, por ejemplo, se puede pintar la densidad de población o la renta per cápita según su distribución en un mapa.

h) Pictogramas. Se utilizan fundamentalmente para representar índices de producción empleando un símbolo del artículo que se produce.

Este caso puede ser, por ejemplo, un automóvil o una manzana. El principal inconveniente de los pictogramas es que las fracciones son difíciles de representar puesto que se deben amputar los dibujos.

i) Histogramas de frecuencia. Se emplean cuando el número de valores que puede tomar la variable estadística es muy elevado.

Ejemplo

Las estaturas de 1.000 soldados de un cuartel se distribuyen del modo siguiente:

Estatura (cm)	*Número de soldados (frecuencia)*
[150-160)	140
[160-170)	410
[170-180)	320
[180-190)	70
[190-200)	50
[200-210)	10

Representar mediante un histograma de frecuencias las estaturas de los soldados del cuartel. Dibujar asimismo el polígono de frecuencias.

Solución: En primer lugar hallaremos el valor central de cada intervalo, que recibe el nombre de marca de clase, para poder dibujar posteriormente el polígono de frecuencias.

Así pues, tendremos:

Intervalos	*Marcas de clase*	*Frecuencias*
[150-160)	155	140
[160-170)	165	410
[170-180)	175	320
[180-190)	185	70
[190-200)	195	50
[200-210)	205	10

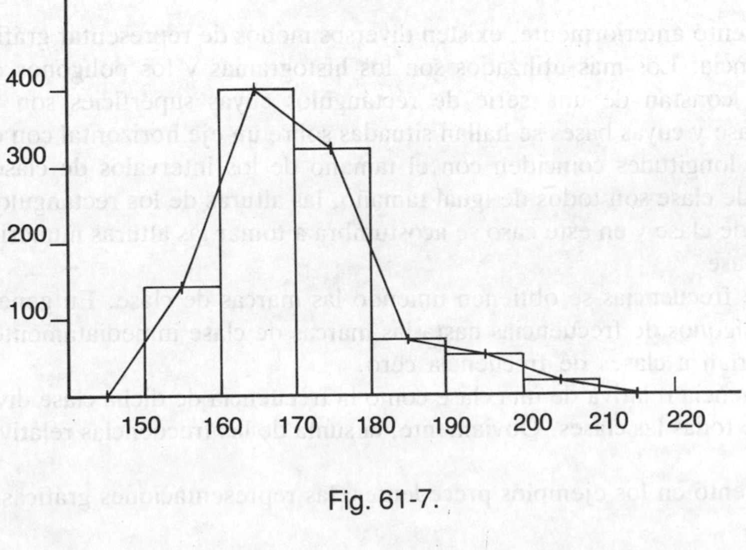

Fig. 61-7.

61.2 Distribuciones de frecuencia

Se denomina ordenación a toda colocación de una determinada serie de datos numéricos en orden creciente o decreciente de magnitud. La diferencia entre el mayor y el menor de los datos ordenados recibe el nombre de rango o recorrido de los datos. Así, por ejemplo, si la estatura del soldado más alto de un cuartel es de 213 cm y la del más bajo es de 151 cm, el rango será 213 − 151 = 62 cm. Tal como se comentó anteriormente, cuando se trabaja con un gran número de datos resulta conveniente distribuirlos en intervalos de clase y posteriormente determinar el número de datos que pertenecen a cada clase, que recibe el nombre de frecuencia de clase.

Una distribución de frecuencias es una ordenación en forma de tabla de los datos en clases, asignando a cada clase las frecuencias correspondientes.

Los datos ordenados y resumidos en una distribución de frecuencia reciben el nombre de datos agrupados.
Los números extremos de cada intervalo de clase reciben el nombre de límites de clase. El menor de ellos se denomina límite inferior de la clase y el mayor se llama límite superior de la clase.
Cuando un intervalo de clase carece de límite superior o de límite inferior, recibe el nombre de intervalo de clase abierto. Así, por ejemplo, un intervalo de clase que agrupara a las personas cuya estatura fuera «inferior a 150 cm» sería un intervalo de clase abierto.
El punto medio de un intervalo de clase recibe el nombre de marca de clase y se obtiene dividiendo por 2 la suma de los límites inferior y superior del intervalo de clase.
En general, para obtener distribuciones de frecuencia se acostumbra a seguir los siguientes pasos:

a) Determinar el mayor y el menor de los datos registrados para encontrar el rango, es decir, la diferencia entre el mayor y el menor de los datos.
b) Dividir el rango en un número adecuado de intervalos de clase del mismo tamaño, que generalmente oscila entre 5 y 15.
c) Determinar las frecuencias de clase, es decir, el número de datos que corresponden a cada intervalo de clase.

Tal como se comentó anteriormente, existen diversos modos de representar gráficamente las distribuciones de frecuencia. Los más utilizados son los histogramas y los polígonos de frecuencias.
Los histogramas constan de una serie de rectángulos cuyas superficies son proporcionales a las frecuencias de clase y cuyas bases se hallan situadas sobre un eje horizontal con centros en las marcas de clase y cuyas longitudes coinciden con el tamaño de los intervalos de clase.
Si los intervalos de clase son todos de igual tamaño, las alturas de los rectángulos son proporcionales a las frecuencias de clase y en este caso se acostumbra a tomar las alturas numéricamente iguales a las frecuencias de clase.
Los polígonos de frecuencias se obtienen uniendo las marcas de clase. En general, se acostumbra a prolongar los polígonos de frecuencias hasta las marcas de clase inmediatamente superior e inferior, que corresponderían a clases de frecuencia cero.
Se define la frecuencia relativa de una clase como la frecuencia de dicha clase dividida por la suma de las frecuencias de todas las clases. Obviamente, la suma de las frecuencias relativas de todas las clases vale 1.
Tal como se comentó en los ejemplos precedentes, las representaciones gráficas de distribuciones de

frecuencia relativa pueden obtenerse a partir del correspondiente histograma o polígono de frecuencias, sin más que cambiar la escala vertical de frecuencias por una escala de frecuencias relativas, conservándose el mismo diagrama. Las representaciones resultantes se denominan histogramas de frecuencias relativas y polígonos de frecuencias relativas, respectivamente.

Se denomina frecuencia acumulada hasta un intervalo de clase determinado a la frecuencia total de todos los valores menores que el límite superior de clase de dicho intervalo de clase.

Las tablas que representan frecuencias acumuladas reciben el nombre de distribuciones de frecuencias acumuladas, mientras que las gráficas que representan las frecuencias acumuladas se denominan polígonos de frecuencias acumuladas u ojivas.

Análogamente, la frecuencia relativa acumulada es la frecuencia acumulada dividida por la frecuencia total, mientras que las gráficas que representan las frecuencias relativas acumuladas reciben el nombre de polígonos de frecuencias relativas acumuladas.

Si la población de donde se extraen las muestras es muy grande, es posible elegir intervalos de clase muy pequeños. De este modo, el polígono de frecuencias correspondiente a una población grande puede estar formado por muchos segmentos pequeños, de manera que el polígono va aproximándose a una curva. Dichas curvas se denominan curvas de frecuencias.

Las curvas de frecuencia presentan las siguientes formas características:

a) *Curvas simétricas*. Tal como puede observarse en la figura 61-8, las curvas de frecuencia simétricas son aquellas en las que las observaciones que equidistan del máximo central tienen la misma frecuencia.

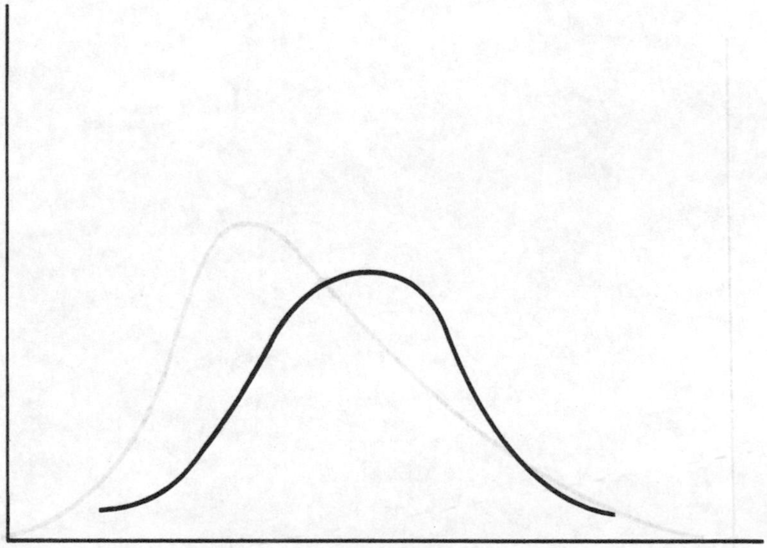

Fig. 61-8.

b) *Curvas sesgadas*. Tal como puede observarse en las figuras 61-9 y 61-10, las curvas de frecuencia sesgadas se caracterizan porque la cola de la curva a un lado del máximo central es mayor que al otro lado. Si la cola mayor aparece a la derecha de la curva se dice que la curva está sesgada a la derecha o que tiene sesgo positivo (Fig. 61-9), mientras que si la cola mayor aparece a la izquierda de la curva se dice que la curva está sesgada a la izquierda o que tiene sesgo negativo (Fig. 61-10).

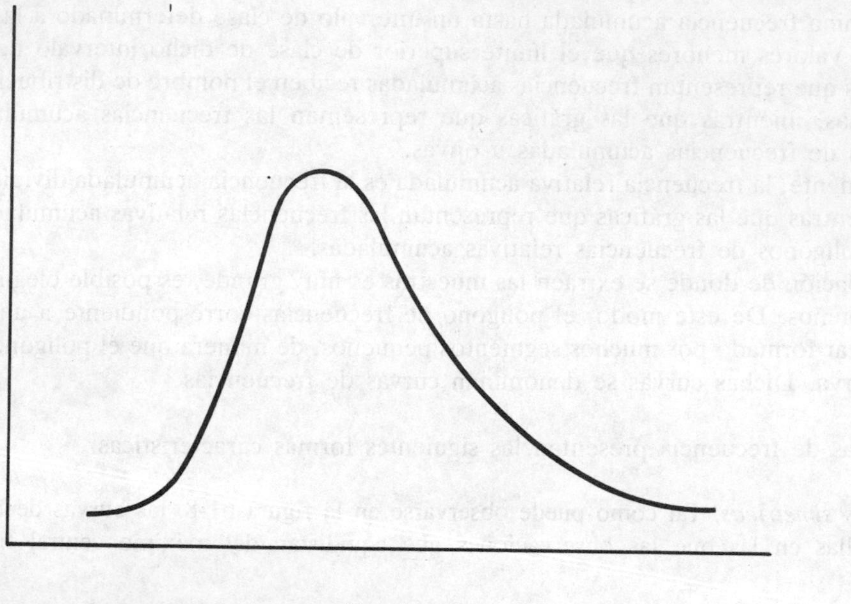

Fig. 61-9.

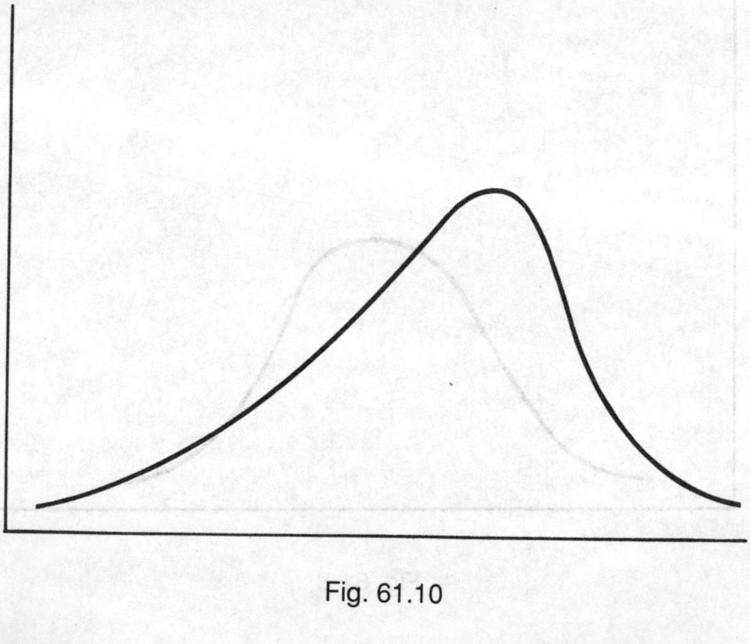

Fig. 61.10

c) *Curvas en forma de J o de J invertida.* Tal como puede observarse en las figuras 61-11 y 61-12, las curvas de frecuencia en forma de J o de J invertida se caracterizan porque el máximo se presenta en un extremo.

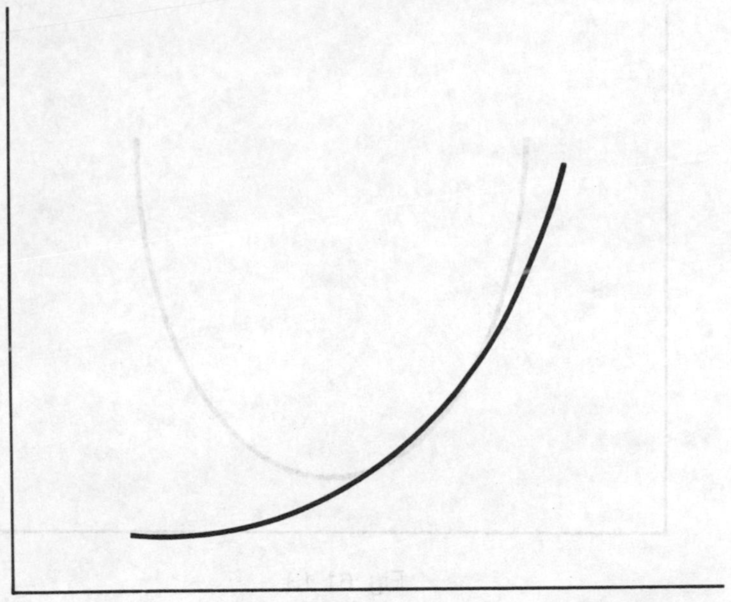

Fig. 61-11.

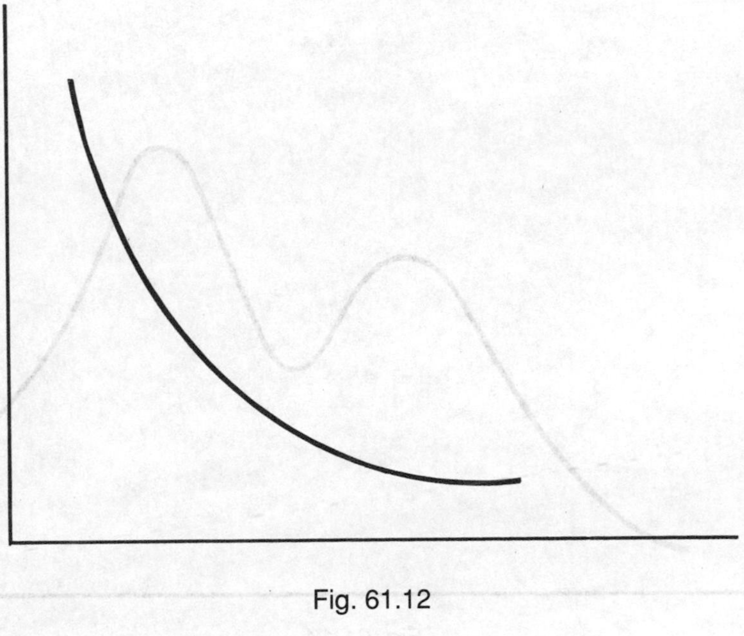

Fig. 61.12

d) *Curvas en forma de U*. Tal como puede observarse en la figura 61-13, las curvas de frecuencia en forma de U presentan el máximo en ambos extremos.

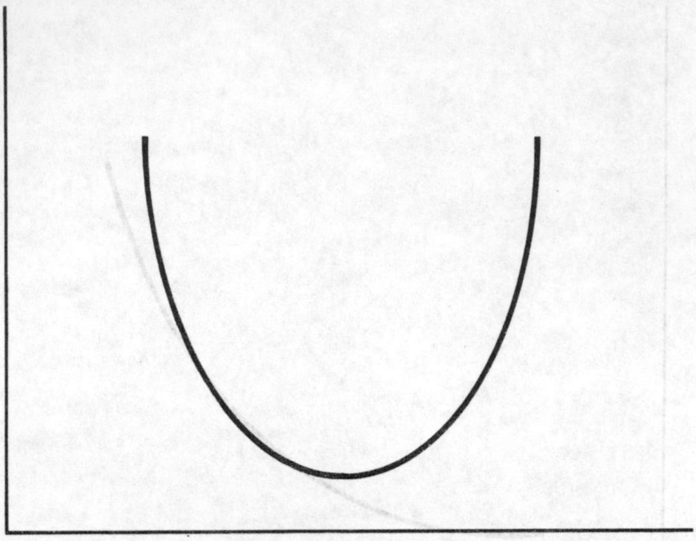

Fig. 61-13.

e) *Curvas bimodales.* Tal como puede observarse en la figura 61-14, las curvas de frecuencia bimodales presentan dos máximos.

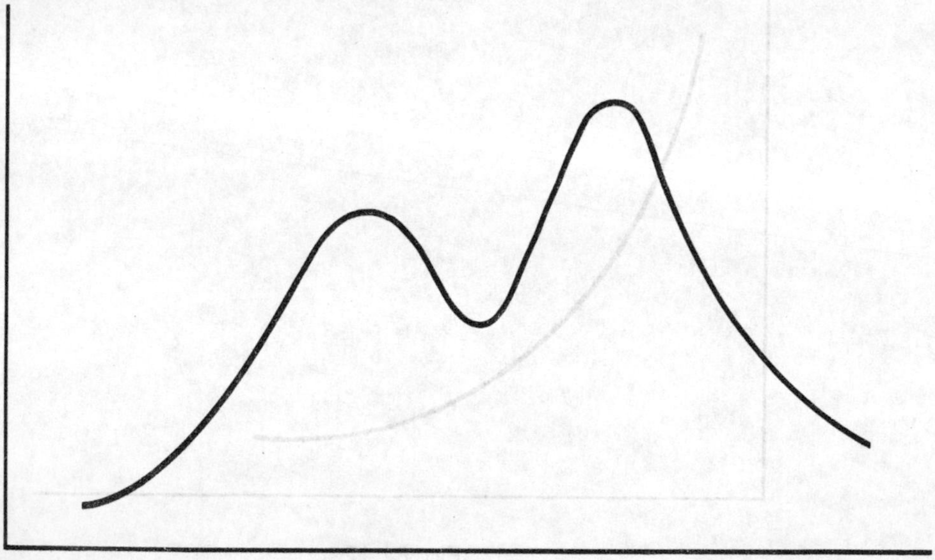

Fig. 61.14

f) *Curvas multimodales.* Tal como puede observarse en la figura 61-15, las curvas de frecuencia multimodales presentan más de dos máximos.

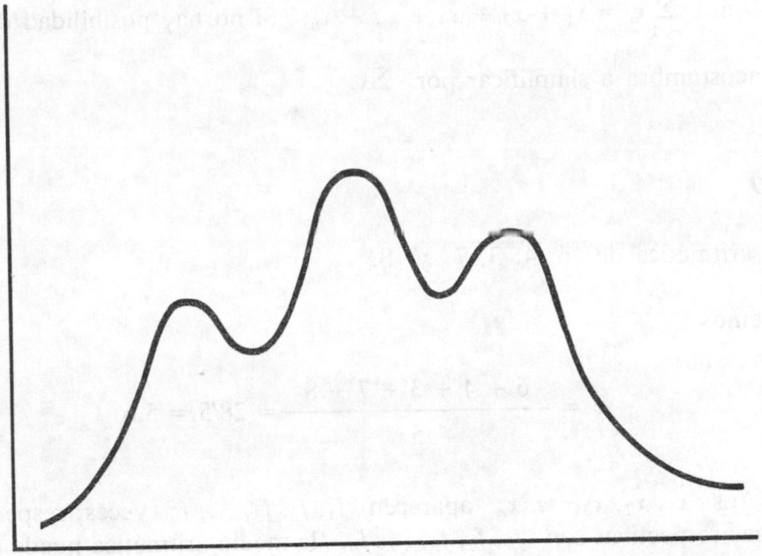

Fig. 61.15

61.3 Medidas de centralización

Las medidas de centralización son valores que tienden a situarse en el centro del conjunto de datos ordenados según su magnitud.

Las medidas de centralización más empleadas son la media aritmética o media, la mediana, la moda, la media geométrica, la media armónica y la media cuadrática. La aplicación de una u otra medida de centralización depende de los resultados que interese extraer a partir de los datos.

a) ***Media aritmética o media*****. La media aritmética o media de un conjunto de N números** $x_1, x_2, x_3, \dots, x_n$ **se representa por** $\bar{x}$ **y se define como:**

$$\bar{x} = \frac{x_1 + x_2 + x_3 + \dots + x_n}{N} = \frac{\sum_{i=1}^{n} x_i}{N} = \frac{\sum x}{N}$$

donde el símbolo x_i representa cualquiera de los N valores $x_1, x_2, x_3, \dots, x_n$ que puede tomar la variable x. La letra i minúscula en x_i se denomina subíndice y puede representar cualquiera de los números $1, 2, 3, \dots, n$.

Por su parte, el símbolo $\sum_{i=1}^{n} x_i$ se utiliza para indicar la suma de todas las x_i desde $i = 1$ hasta

$i = n$, es decir, que $\sum_{i=1}^{n} x_i = x_1 + x_2 + x_3 + \ldots + x_n$. Si no hay posibilidad de confusión, el símbolo $\sum_{i=1}^{n} x_i$ se acostumbra a simplificar por Σx.

Ejemplo

Hallar la media aritmética de 6, 4, 3, 7 y 8.

Solución: Tendremos

$$\bar{x} = \frac{6 + 4 + 3 + 7 + 8}{5} = 28/5 = 5{,}6$$

Cuando los números $x_1, x_2, x_3, \ldots, x_n$ aparecen $f_1, f_2, f_3, \ldots, f_n$ veces, respectivamente, es decir que sus frecuencias respectivas son $f_1, f_2, f_3, \ldots, f_n$, la media aritmética puede calcularse del modo siguiente:

$$\bar{x} = \frac{f_1x_1 + f_2x_2 + f_3x_3 + \ldots + f_nx_n}{f_1 + f_2 + f_3 + \ldots + f_n} = \frac{\sum_{i=1}^{n} f_i x_i}{\sum_{i=1}^{n} f_i} = \frac{\Sigma fx}{\Sigma f} = \frac{\Sigma fx}{N}$$

Ejemplo

Hallar la media aritmética de 6, 6, 6, 4, 4, 4, 4, 3, 3, 7.

Solución: Tendremos

$$\bar{x} = \frac{3 \cdot 6 + 4 \cdot 4 + 2 \cdot 3 + 1 \cdot 7}{3 + 4 + 2 + 1} = \frac{18 + 16 + 6 + 7}{10} = \frac{47}{10} = 4{,}7$$

En ocasiones, a cada uno de los números $x_1, x_2, x_3, \ldots, x_n$ se les asigna un peso determinado $\omega_1, \omega_2, \omega_3, \ldots, \omega_n$. En estos casos, se acostumbra a calcular la media aritmética ponderada del modo siguiente:

$$\bar{x} = \frac{\omega_1x_1 + \omega_2x_2 + \omega_3x_3 + \ldots + \omega_nx_n}{\omega_1 + \omega_2 + \omega_3 + \ldots + \omega_n} = \frac{\Sigma\, \omega x}{\Sigma\, \omega}$$

Ejemplo

Un estudiante ha obtenido las calificaciones siguientes:

Asignatura	*Nota*	*Peso*
Historia	8	1
Química	7	3
Física	3	3
Matemáticas	6	3
Biología	5	3
Geología	6	2
Dibujo	5	2
Idioma	7	2
Filosofía	4	1

Calcular su nota media ponderada.

Solución: Tendremos

$$\bar{x} = \frac{1.8 + 3.7 + 3.3 + 3.6 + 3.5 + 2.6 + 2.5 + 2.7 + 1.4}{1 + 3 + 3 + 3 + 3 + 2 + 2 + 2 + 1} =$$

$$= \frac{8 + 21 + 9 + 18 + 15 + 12 + 10 + 14 + 4}{20} = \frac{111}{20} = 5{,}55$$

La media aritmética presenta, entre otras, las siguientes propiedades:

1. La suma algebraica de las desviaciones de un conjunto de números respecto de su media aritmética es cero.

Ejemplo

Comprobar la propiedad anterior con los números 6, 4, 3, 7 y 8.

Solución: La media aritmética de estos números es $\bar{x} = 5,6$, tal como se vio anteriormente. Las desviaciones respectivas son:

$$6 - 5{,}6 = 0{,}4$$
$$4 - 5{,}6 = -1{,}6$$
$$3 - 5{,}6 = -2{,}6$$
$$7 - 5{,}6 = 1{,}4$$
$$8 - 5{,}6 = 2{,}4$$

La suma algebraica de las desviaciones es: $0{,}4 - 1{,}6 - 2{,}6 + 1{,}4 + 2{,}4 = 0$ tal como queríamos comprobar.

2. La suma de los cuadrados de las desviaciones de un conjunto de números respecto de un número cualquiera es mínima cuando dicho número coincide con la media aritmética.

b) ***Mediana.*** **La mediana de una serie de datos ordenados en orden de magnitud es el valor medio si el número de datos es impar o bien la media aritmética de los dos valores medios si el número de datos es par.**

Ejemplo

Hallar la mediana de los números 2, 3, 3, 4, 5, 7, 7, 7, 9.
Solución: Como los números están ordenados en orden creciente de magnitud y hay un número impar de números, la mediana será el valor medio, o sea, 5.

Ejemplo

Hallar la mediana de los números 2, 2, 3, 4, 6, 6, 6, 8.
Solución: Como los números están ordenados en orden creciente de magnitud y hay un número par de números, la mediana será la media aritmética de los dos valores medios, o sea, (4 + 6)/2 = 5.

c) ***Moda.*** **La moda de una serie de números es el valor que se presenta con mayor frecuencia.**

La moda puede no ser única e incluso puede no existir.

Ejemplo

Hallar la moda de los números 2, 2, 3, 4, 5, 5, 5, 5, 6, 6, 7.
Solución: El número que más veces se repite es 5. Por consiguiente, 5 es la moda.

Ejemplo

Hallar la moda de los números 2, 2, 3, 4, 5, 5, 5, 5, 6, 6, 7, 7, 7, 7, 8.
Solución: Los números que más se repiten son 5 y 7. Por consiguiente, las modas son 5 y 7.

Ejemplo

Hallar la moda de los números 2, 3, 4, 5, 6, 7, 8.
Solución: Ningún número se repite más que los otros. Por consiguiente, no hay moda.
Cuando una distribución presenta una única moda se dice que es unimodal, cuando presenta dos bimodal, etc.

d) *Media geométrica*. **La media geométrica G de una serie de n números $x_1, x_2, x_3, \ldots, x_n$ es la raíz enésima del producto de dichos números.**

Es decir,

$$G = \sqrt[n]{x_1 \cdot x_2 \cdot x_3 \ldots x_n}$$

Ejemplo

Hallar la media geométrica de los números 3, 9 y 27.

Solución: Tendremos

$$G = \sqrt[3]{3 \cdot 9 \cdot 27} = \sqrt[3]{729} = 9$$

e) *Media armónica*. **La media armónica H de una serie de n números $x_1, x_2, x_3, \ldots, x_n$ se define como:**

$$H = \frac{1}{1/N \sum_{i=1}^{n} 1/x_i} = \frac{N}{\sum 1/x}$$

Ejemplo

Hallar la media armónica de los números 2, 5 y 10.

Solución: Tendremos

$$H = \frac{1}{1/3\ (1/2 + 1/5 + 1/10)} = \frac{3}{8/10} = 30/8 = 3{,}75$$

f) *Media cuadrática*. **La media cuadrática de una serie de n números $x_1, x_2, x_3, \ldots, x_n$ se define como:**

$$\sqrt{\frac{\sum_{i=1}^{n} x_i^2}{N}} = \sqrt{\frac{\sum x^2}{N}}$$

Ejemplo

Hallar la media cuadrática de los números 2, 3, 4 y 5.

Solución: Tendremos

$$\sqrt{\frac{\sum_{i=1}^{n} x_i^2}{N}} = \sqrt{\frac{2^2 + 3^2 + 4^2 + 5^2}{4}} + \sqrt{\frac{4 + 9 + 16 + 25}{4}} = \sqrt{\frac{54}{4}} =$$

$$= \sqrt{13{,}5} = 3{,}67 \text{ aprox.}$$

61.4 Medidas de dispersión

Las medidas de dispersión dan idea de la separación de los datos numéricos alrededor de un valor medio.
Las medidas de dispersión más utilizadas son el rango o recorrido, la desviación media, la varianza y la desviación típica.

a) ***Rango o recorrido.*** **Rango o recorrido de una distribución es la diferencia entre los dos valores extremos, máximo y mínimo.**

Evidentemente, la dispersión de los datos será tanto mayor cuanto mayor sea el recorrido. El rango o recorrido no es una buena medida de dispersión, puesto que basta con que un dato se aleje mucho de la media para que el rango o recorrido resulte muy afectado, ya que únicamente depende de dos valores, sin que influyan para nada los restantes datos.

Ejemplo

Hallar el rango de la siguiente serie de números: 4, 5, 7, 9, 9, 10, 12, 15.

Solución: El rango será la diferencia entre los valores extremos.
Es decir, $15 - 4 = 11$.

b) ***Desviación media.*** **La desviación media de una serie de n números $x_1, x_2, x_3, \ldots, x_n$ se define como:**

$$\frac{\sum_{i=1}^{n} |x_i - \bar{x}|}{N} = \frac{\sum |x - \bar{x}|}{N}$$

Ejemplo

Hallar la desviación media de los números 3, 4, 6, 7.

Solución: Tendremos

$$\overline{x} = \frac{3 + 4 + 6 + 7}{4} = \frac{20}{4} = 5$$

Desviación media:

$$\frac{|3 - 5| + |4 - 5| + |6 - 5| + |7 - 5|}{4} = \frac{|-2| + |-1| + |1| + |2|}{4} =$$

$$= \frac{2 + 1 + 1 + 2}{4} = \frac{6}{4} = 1{,}5$$

Los sumandos se toman en valor absoluto para que no se compensen las desviaciones de los datos que superan a la media aritmética con las desviaciones de los datos que son inferiores a ella. La desviación media es una buena medida de dispersión.
En el caso de que los datos $x_1, x_2, x_3, \ldots, x_n$ aparezcan con frecuencias respectivas $f_1, f_2, f_3, \ldots, f_n$, la desviación media adopta la expresión

$$\frac{\sum_{i=1}^{n} f_i \,|x_i - \overline{x}|}{\sum_{i=1}^{n} f_i} = \frac{\Sigma f\,|x - \overline{x}|}{n}$$

La expresión anterior resulta muy útil cuando se dispone de datos agrupados donde los distintos x_i representan las marcas de clase y las f_i las correspondientes frecuencias de clase.

Ejemplo

Hallar la desviación media de los números 3, 3, 3, 4, 6, 6, 7, 7, 7, 7.

Solución: Tendremos

$$\overline{x} = \frac{3 \cdot 3 + 1 \cdot 4 + 2 \cdot 6 + 4 \cdot 7}{3 + 1 + 2 + 4} =$$

$$= \frac{9 + 4 + 12 + 28}{10} = \frac{53}{10} = 5{,}3$$

Desviación media:

$$\frac{3|3 - 5{,}3| + 1|4 - 5{,}3| + 2|6 - 5{,}3| + 4|7 - 5{,}3|}{3 + 1 + 2 + 4} =$$

$$= \frac{3|-2,3| + 1|-1,3| + 2|0,7| + 4|1,7|}{10} = \frac{3(2,3) + 1(1,3) + 2(0,7) + 4(1,7)}{10} =$$

$$= \frac{6,9 + 1,3 + 1,4 + 6,8}{10} = \frac{16,4}{10} = 1,64$$

c) *Varianza*. La varianza s^2 de una serie de n números $x_1, x_2, x_3, \ldots, x_n$ viene dada por la expresión

$$s_2 = \frac{\sum_{i=1}^{n} (x_i - \bar{x})^2}{n} = \frac{\sum (x - \bar{x})^2}{n}$$

Ahora bien, en la práctica los valores x_i son números cómodos de manejar, mientras que la media aritmética $\bar{x}$ acostumbra a ser un número con varios decimales, por lo que las diferencias $x_i - \bar{x}$ también suelen ser números decimales, que resultan engorrosos de ser elevados al cuadrado. Por todo ello, en la práctica se prefiere desarrollar la expresión de la varianza del modo siguiente:

$$s^2 = \frac{\sum_{i=1}^{n} (x_i - \bar{x})^2}{n} = \frac{\sum_{i=1}^{n} (x_i^2 - 2x_i\bar{x} + \bar{x}^2)}{n} =$$

$$= \frac{\sum_{i=1}^{n} x_i^2 - 2\bar{x} \sum_{i=1}^{n} x_i + n\bar{x}^2}{n} = \frac{\sum_{i=1}^{n} x_i^2}{n} - 2\bar{x} \frac{\sum_{i=1}^{n} x_i}{n} + \frac{n\bar{x}^2}{n}$$

Ahora bien, como

$$\frac{\sum_{i=1}^{n} x_i}{n} = \bar{x}$$

tendremos que:

$$s^2 = \frac{\sum_{i=1}^{n} x_i^2}{n} - 2\bar{x}\bar{x} + \bar{x}^2 = \frac{\sum_{i=1}^{n} x_i^2}{n} - 2\bar{x}^2 + \bar{x}^2 = \frac{\sum_{i=1}^{n} x_i^2}{n} - \bar{x}^2$$

De este modo únicamente debe calcularse el cuadrado de un número engorroso, $\bar{x}^2$.

Ejemplo

Calcular la varianza de los números 4, 5, 6, 7.

Solución: Tendremos

$$\overline{x} = \frac{4 + 5 + 6 + 7}{4} = \frac{22}{4} = 5{,}5$$

$$s^2 = \frac{\sum_{i=1}^{n} x_i^2}{n} - \overline{x}^2 = \frac{4^2 + 5^2 + 6^2 + 7^2}{4} - (5{,}5)^2 =$$

$$= \frac{16 + 25 + 36 + 49}{4} - 30{,}25 = \frac{126}{4} - 30{,}25 = 31{,}5 - 30{,}25 = 1{,}25$$

En el caso de que los datos $x_1, x_2, x_3, \ldots, x_n$ aparezcan con frecuencias respectivas $f_1, f_2, f_3, \ldots, f_n$, la varianza adopta la expresión

$$s^2 = \frac{\sum_{i=1}^{n} f_i(x_i - \overline{x})^2}{\sum_{i=1}^{n} f_i} = \frac{\sum f(x - \overline{x})^2}{n}$$

En la práctica se acostumbra a desarrollar esta expresión de modo similar al comentado anteriormente, convirtiéndose la expresión anterior en

$$s^2 = \frac{\sum_{i=1}^{n} f_i x_i^2}{\sum_{i=1}^{n} f_i} - \overline{x}^2$$

Ejemplo

Calcular la varianza de los números 2, 2, 2, 3, 3, 4, 4, 4, 4, 4.

Solución: Tendremos

$$\overline{x} = \frac{3 \cdot 2 + 2 \cdot 3 + 5 \cdot 4}{3 + 2 + 5} = \frac{6 + 6 + 20}{10} = \frac{32}{10} = 3{,}2$$

$$\overline{x}_i^{22} = (3{,}2)^2 = 10{,}24$$

$$s^2 = \frac{\sum_{i=1}^{n} f_i x_i^2}{\sum_{i=1}^{n} f_i} - \overline{x}^2 = \frac{3(2)^2 + 2(3)^2 + 5(4)^2}{3 + 2 + 5} - 10{,}24 = \frac{3 \cdot 4 + 2 \cdot 9 + 5 \cdot 16}{10} - 10{,}24 =$$

$$= \frac{12 + 18 + 80}{10} - 10,24 = \frac{110}{10} - 10,24 = 11 - 10,24$$

d) ***Desviación típica.*** **La desviación típica de una serie de n números $x_1, x_2, x_3, \ldots, x_n$ viene dada por la expresión**

$$\sqrt{\frac{\sum_{i=1}^{n} (x_i - \bar{x})^2}{n}} = \sqrt{\frac{\Sigma (x - \bar{x})^2}{n}}$$

Tal como puede observarse, la desviación típica es la raíz cuadrada de la varianza. En la práctica se calcula la desviación típica mediante la expresión

$$s = \sqrt{\frac{\sum_{i=1}^{n} x_i^2}{n} - \bar{x}^2}$$

Ejemplo

Calcular la desviación típica de los números 4, 5, 7, 8.

Solución: Tendremos

$$\bar{x} = \frac{4 + 5 + 7 + 8}{4} = \frac{24}{4} = 6$$

Así pues,

$$s = \sqrt{\frac{4^2 + 5^2 + 7^2 + 8^2}{4} - 6^2} = \sqrt{\frac{16 + 25 + 49 + 64}{4} - 36} = \sqrt{\frac{154}{4} - 36} =$$

$$= \sqrt{38,5 - 36} = \sqrt{2,5} = 1,58 \text{ aprox.}$$

En el caso de que los números $x_1, x_2, x_3, \ldots, x_n$ se presenten con frecuencias respectivas $f_1, f_2, f_3, \ldots, f_n$ la desviación típica puede calcularse mediante la expresión

$$s = \sqrt{\frac{\sum_{i=1}^{n} f_i(x_i - \bar{x})^2}{n}} = \sqrt{\frac{\Sigma f(x - \bar{x})^2}{n}}$$

En la práctica, se suele desarrollar la expresión anterior, obteniéndose

$$s = \sqrt{\frac{\sum_{i=1}^{n} f_i x_i^2}{n} - \bar{x}^2}$$

Ejemplo

Calcular la desviación típica de los números 4, 4, 4, 5, 5, 6, 7, 7, 7, 7.

Solución: Tendremos

$$\bar{x} = \frac{3 \cdot 4 + 2 \cdot 5 + 1 \cdot 6 + 4 \cdot 7}{3 + 2 + 1 + 4} = \frac{12 + 10 + 6 + 28}{10} = \frac{56}{10} = 5{,}6$$

$$s = \sqrt{\frac{3(4)^2 + 2(5)^2 + 1(6)^2 + 4(7)^2}{10} - (5{,}6)^2} = \sqrt{\frac{3 \cdot 16 + 2 \cdot 25 + 1 \cdot 36 + 4 \cdot 49}{10} - 31{,}36} =$$

$$= \sqrt{\frac{48 + 50 + 36 + 196}{10} - 31{,}36} = \sqrt{\frac{330}{10} - 31{,}36} = \sqrt{33 - 31{,}36} = \sqrt{1{,}64} = 1{,}28 \text{ aprox.}$$

Problemas propuestos

1. Las calificaciones de un estudiante en 8 asignaturas fueron 6, 5, 7, 6, 8, 5, 9 y 6. Hallar la media aritmética de las calificaciones.
2. Las estaturas de 12 estudiantes de una clase son 165, 163, 161, 168, 151, 159, 161, 160, 164, 155, 160 y 162 cm. Hallar la media aritmética de las estaturas.
3. Los salarios mensuales de 6 trabajadores son \$1.000, \$1.300, \$1.100, \$1.150, \$1.200 y \$970. Hallar la media aritmética de los salarios.
4. Las temperaturas tomadas en una ciudad el mismo día de cada mes a la misma hora durante un año fueron 1°C, 6°C, 10°C, 14°C, 18°C, 25°C, 30°C, 34°C, 26°C, 19°C, 11°C y 4°C. Hallar la media aritmética de las temperaturas.
5. Los tiempos empleados por 8 atletas en recorrer 100 metros fueron 10,15, 10,18, 10,08, 10,03, 10,11, 10,00, 9,99 y 10,02 segundos. Hallar la media aritmética de los tiempos.
6. En un examen de Geografía, 6 alumnos obtuvieron un 3, 8 obtuvieron un 4, 13 un 5, 8 un 6, 5 un 7, 3 un 8 y 1 un 9. Hallar la media aritmética de las calificaciones.
7. Al finalizar sus estudios de Química, 60 estudiantes tenían 22 años, 50 tenían 23 años, 17 tenían 24 años y 8 tenían 25 años. Hallar la media aritmética de las edades.

8. Cuatro grupos de estudiantes, formados por 8, 10, 12 y 10 alumnos, registraron una media de pesos de 65, 70, 75 y 80 kg, respectivamente. Hallar el peso medio de todos los estudiantes.
9. De un total de 100 números, 15 eran 4, 45 eran 5, 25 eran 6 y 15 eran 7. Hallar la media aritmética de los números.
10. En una compañía hay 50 empleados, 30 de los cuales son casados y 20 solteros. Si el salario mensual de un empleado casado es de \$1.200 y el de un soltero \$1.000, ¿cuál es el salario medio de un empleado de la compañía?
11. Hallar la mediana de las calificaciones del Problema 1.
12. Ídem de las estaturas del Problema 2.
13. Ídem de los salarios mensuales del Problema 3.
14. Ídem de las temperaturas del Problema 4.
15. Ídem de los tiempos del Problema 5.
16. Ídem de las calificaciones del Problema 6.
17. Ídem de las edades del Problema 7.
18. Ídem de los pesos del Problema 8.
19. Ídem de los números del Problema 9.
20. Ídem de los salarios del Problema 10.
21. Hallar la moda de las calificaciones del Problema 1.
22. Ídem de las estaturas del Problema 2.
23. Ídem de los salarios mensuales del Problema 3.
24. Ídem de las temperaturas del Problema 4.
25. Ídem de los tiempos del Problema 5.
26. Ídem de las calificaciones del Problema 6.
27. Ídem de las edades del Problema 7.
28. Ídem de los números del Problema 9.
29. Ídem de los salarios del Problema 10.
30. Hallar, con aproximación de centésimas, la media geométrica de las calificaciones del Problema 1.
31. Ídem de las estaturas del Problema 2.
32. Ídem de los salarios mensuales del Problema 3.
33. Ídem de las temperaturas del Problema 4.
34. Ídem de los tiempos del Problema 5.
35. Ídem de las calificaciones del Problema 6.
36. Ídem de las edades del Problema 7.
37. Ídem de los números del Problema 9.
38. Ídem de los salarios del Problema 10.
39. Hallar, con aproximación de centésimas, la media armónica de las calificaciones del Problema 1.
40. Ídem de las estaturas del Problema 2.
41. Ídem de los salarios mensuales del Problema 3.
42. Ídem de las temperaturas del Problema 4.
43. Ídem de los tiempos del Problema 5.
44. Ídem de las calificaciones del Problema 6.
45. Ídem de las edades del Problema 7.
46. Ídem de los números del Problema 9.
47. Ídem de los salarios del Problema 10.
48. Hallar, con aproximación de centésimas, la media cuadrática de las calificaciones del Problema 1.
49. Ídem de las estaturas del Problema 2.
50. Ídem de los salarios mensuales del Problema 3.
51. Ídem de las temperaturas del Problema 4.
52. Ídem de los tiempos del Problema 5.
53. Ídem de las calificaciones del Problema 6.
54. Ídem de las edades del Problema 7.
55. Ídem de los números del Problema 9.
56. Ídem de los salarios del Problema 10.
57. Hallar el rango de las calificaciones del Problema 1.
58. Ídem de las estaturas del Problema 2.
59. Ídem de los salarios mensuales del Problema 3.
60. Ídem de las temperaturas del Problema 4.
61. Ídem de los tiempos del Problema 5.
62. Ídem de las calificaciones del Problema 6.
63. Ídem de las edades del Problema 7.
64. Ídem de los números del Problema 9.
65. Ídem de los salarios del Problema 10.
66. Hallar, con aproximación de centésimas, la desviación media de las calificaciones del Problema 1.
67. Ídem de las estaturas del Problema 2.
68. Ídem de los salarios mensuales del Problema 3.
69. Ídem de las temperaturas del Problema 4.
70. Ídem de los tiempos del Problema 5.
71. Ídem de las calificaciones del Problema 6.
72. Ídem de las edades del Problema 7.

73. Ídem de los números del Problema 9.
74. Ídem de los salarios del Problema 10.
75. Hallar, con aproximación de centésimas, la desviación típica de las calificaciones del Problema 1.
76. Ídem de las estaturas del Problema 2.
77. Ídem de los salarios del Problema 3.
78. Ídem de las temperaturas del Problema 4.
79. Ídem de los tiempos del Problema 5.
80. Ídem de las calificaciones del Problema 6.
81. Ídem de las edades del Problema 7.
82. Ídem de los números del Problema 9.
83. Ídem de los salarios del Problema 10.

Soluciones

1. S.: 6,5.
2. S.: 160,75 cm.
3. S.: $1.120.
4. S.: 16,5°C.
5. S.: 10,07 segundos.
6. S.: 5,25.
7. S.: 22,8 años.
8. S.: 73 kg.
9. S.: 5,4.
10. S.: $1.120.
11. S.: 6.
12. S.: 161 cm.
13. S.: $1.125.
14. S.: 16°C.
15. S.: 10,055 segundos.
16. S.: 5.
17. S.: 23 años.
18. S.: 75 kg.
19. S.: 5.
20. S.: $1.200.
21. S.: 6.
22. S.: 160 y 161 cm.
23. S.: No existe.
24. S.: No existe.
25. S.: No existe.
26. S.: 5.
27. S.: 22 años.
28. S.: 5.
29. S.: $1.200.
30. S.: 6,37.
31. S.: 160,69 cm.
32. S.: $1.114,29.
33. S.: 11,94°C.
34. S.: 10,07 segundos.
35. S.: 5,03.
36. S.: 22,78 años.
37. S.: 5,32.
38. S.: $1.115,60.
39. S.: 6,26.
40. S.: 160,63 cm.
41. S.: $1.108,62.
42. S.: 6,22.
43. S.: 10,07 segundos.
44. S.: 4,82.
45. S.: 22,77 años.
46. S.: 5,25.
47. S.: $1.111,11.
48. S.: 6,63.
49. S.: 160,81 cm.
50. S.: $1.125,71.
51. S.: 19,39°C.
52. S.: 10,07 segundos.
53. S.: 5,41
54. S.: 22,82 años.
55. S.: 5,48.
56. S.: $1.124,28.
57. S.: 4.
58. S.: 17 cm.
59. S.: $330.
60. S.: 33°C.
61. S.: 0,19 segundos.
62. S.: 6.
63. S.: 3 años.
64. S.: 3.
65. S.: $200.
66. S.: 1,12.
67. S.: 3,12 cm.
68. S.: $96,67.
69. S.: 8,83°C.
70. S.: 0,06 segundos.
71. S.: 1,22.
72. S.: 0,71 años.
73. S.: 0,78.
74. S.: $96.
75. S.: 1,32.
76. S.: 4,28 cm.
77. S.: $113,28.
78. S.: 10,19°C.
79. S.: 0,067 segundos.
80. S.: 1,51.
81. S.: 0,88.
82. S.: 0,92.
83. S.: $97,98.

Probabilidad 62

Introducción histórica

La probabilidad, que empezó siendo una colección de observaciones sobre el juego de dados, se convirtió en una valiosísima rama de la matemática pura y aplicada. Sus inicios datan de un intercambio de cartas entre Pascal y Fermat en el siglo XVII; alcanzó la madurez en el siglo XIX con Fermat en su obra *Teoría analítica de la probabilidad*, y en el siglo XX, gracias especialmente a Kolmogorov, se convirtió en un campo más de la matemática rigurosa con infinidad de aplicaciones.

62.1 Nociones de combinatoria

Aunque no es necesario saber combinatoria para calcular probabilidades, nos parece que un buen conocimiento de la misma permite resolver muchos problemas de probabilidad de forma especialmente rápida y elegante. A continuación se hace una breve introducción sobre sus resultados más importantes.

- **VARIACIONES** de m elementos, tomados de n en n, son las distintas agrupaciones de n elementos que se pueden formar con los m elementos y que difieren, unas de otras, en algún elemento o en el orden.

Número de variaciones sin repetición: $V_{m,n} = \overbrace{m \cdot (m-1) \cdot (m-2) \cdot \;\ldots\; \cdot (m-n+1)}^{n \text{ factores}}$

Número de variaciones con repetición: $VR_{m,n} = m^n$

Ejemplo

Supongamos una caja con una bola blanca, una negra y una roja iguales en tamaño.

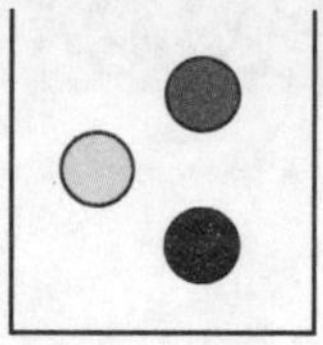

Número de formas de extraer dos bolas sin reemplazamiento: $V_{3,2} = 3 \cdot 2 = 6$

Número de formas de extraer dos bolas con reemplazamiento: $VR_{3,2} = 3^2 = 9$

INDICACIÓN: Las extracciones son con o sin reemplazamiento dependiendo de si volvemos a introducir en la urna la primera bola extraída antes de sacar la segunda.

Ejemplo

El número de quinielas de fútbol que hay que hacer para acertar el pleno al quince con seguridad es:

$$VR_{3,15} = 3^{15} = 14.348.907$$

Ejemplo

Con las cifras 1, 2, 3, 4 y 5, ¿cuántos números de dos cifras distintas pueden formarse?

$$\text{En total son } V_{5,2} = 5 \cdot 4 = 20 \text{ números}$$

Ejemplo

Tres amigos deciden comprarse un helado para cada uno. En la heladería los hay de seis sabores diferentes.

El número de elecciones posibles es: $VR_{6,3} = 6^3 = 216$

- **PERMUTACIONES** de *n* elementos son las distintas formas en que pueden ordenarse dichos *n* elementos

Las permutaciones de n elementos son: $P_n = V_{n,n} = n! = n \cdot (n-1) \cdot (n-2) \cdot \ldots \cdot 3 \cdot 2 \cdot 1$

Ejemplo

¿Cuántos números de tres cifras distintas se pueden formar con los dígitos 1, 3 y 5?

$$\text{Hay } P_3 = 3! = 6 \text{ números}$$

- **COMBINACIONES** de m elementos tomados de n en n son los distintos subconjuntos de n elementos que se pueden formar con los m elementos (no influye el orden de colocación).

El número de combinaciones es: $C_{m,n} = \dfrac{V_{m,n}}{P_n}$

Ejemplo

¿Cuántas parejas distintas pueden formarse con cinco individuos?

$$C_{5,2} = \frac{V_{5,2}}{P_2} = \frac{5 \cdot 4}{2} = 10 \text{ parejas}$$

Ejemplo

¿Cuántos boletos sencillos de Lotería Primitiva hay que rellenar para acertar con seguridad los seis números?

$$C_{49,6} = \frac{V_{49,6}}{P_6} = \frac{49 \cdot 48 \cdot 47 \cdot 46 \cdot 45 \cdot 44}{6 \cdot 5 \cdot 4 \cdot 3 \cdot 2 \cdot 1} = 13.983.816 \text{ boletos}$$

¡Dedica tu imaginación a cualquier otra cosa!

Ejemplo

En una carrera compiten 10 corredores y se clasifican los tres primeros para la fase siguiente. ¿De cuántas maneras diferentes puede producirse la clasificación?.

Solución: $C_{10,3} = \dfrac{V_{10,3}}{P_3} = \dfrac{10 \cdot 9 \cdot 8}{3 \cdot 2} = 120$ formas diferentes.

En todos los problemas de combinatoria hay varios aspectos a considerar. Cuando se trata de formar agrupaciones de elementos hay que preguntarse dos cosas importantes:

- ¿Se permite o no que los elementos se repitan?
- El orden en que se agrupan los elementos, ¿cuenta o no?

La respuesta a estas preguntas dependerá del enunciado del problema:

		¿Influye el orden?	¿Puede haber repetición?	Fórmula
$VR_{m,n}$	Variaciones con repetición	Sí	Sí	m^n
$V_{m,n}$	Variaciones sin repetición	Sí	No	$\overbrace{m\cdot(m-1)\cdot\ \ldots}^{\text{n factores}}$
P_n	Permutaciones	Sí	No	$m\cdot(m-1)\cdot\ldots\cdot 3\cdot 2\cdot 1$
$C_{m,n}$	Combinaciones	No	No	$\dfrac{V_{m,n}}{n!}$

Tanto las variaciones como las permutaciones pueden ser expresadas mediante factoriales.

Si en la fórmula $V_{m,n}=\overbrace{m\cdot(m-1)\cdot(m-2)\cdot\ \ldots\ \cdot(m-n+1)}^{n\ factores}$ multiplicamos y dividimos por $(m-n)!$ obtenemos:

$$V_{m,n}=\frac{m\cdot(m-1)\cdot(m-2)\cdot\ldots\cdot(m-n+1)\cdot(m-n)!}{(m-n)!}=\frac{m\cdot(m-1)\cdot\ldots\cdot 3\cdot 2\cdot 1}{(m-n)!}=\frac{m!}{(m-n)!}$$

$$\boxed{V_{m,n}=\frac{m!}{(m-n)!}}$$

Para las combinaciones tendríamos:

$$C_{m,n}=\frac{V_{m,n}}{P_n}=\frac{\dfrac{m!}{(m-n)!}}{n!}=\frac{m!}{n!\,(m-n)!}$$

A los valores de $C_{m,n}$ se les llama **números combinatorios** y se les designa por $\binom{m}{n}$.

Es decir: $$\boxed{C_{m,n}=\binom{m}{n}}$$

Se deja al lector la comprobación de que los elementos del siguiente triángulo son números combinatorios:

$$
\begin{array}{ccccccccccccccc}
 & & & & & & & 1 & & & & & & & \\
 & & & & & & 1 & & 1 & & & & & & \\
 & & & & & 1 & & 2 & & 1 & & & & & \\
 & & & & 1 & & 3 & & 3 & & 1 & & & & \\
 & & & 1 & & 4 & & 6 & & 4 & & 1 & & & \\
 & & 1 & & 5 & & \mathbf{10} & & 10 & & 5 & & 1 & & \\
 & 1 & & 6 & & 15 & & 20 & & 15 & & 6 & & 1 & \\
1 & & 7 & & 21 & & 35 & & 35 & & \mathbf{21} & & 7 & & 1
\end{array}
$$

Por ejemplo, los dos números que aparecen en negrita son: $\begin{pmatrix} 5 \\ 2 \end{pmatrix} = 6$ y $\begin{pmatrix} 7 \\ 5 \end{pmatrix} = 21.$

Esta configuración, llamada *triángulo de Tartaglia*, se forma poniendo "unos" al principio y l final de cada fila y obteniendo los restantes términos como suma de los dos que tiene sobre él. De este modo se obtienen con mucha facilidad los números combinatorios.

PROPIEDADES:

1. $0! = 1$ (por convenio)

2. $\begin{pmatrix} 1 \\ 0 \end{pmatrix} = 1;\ \begin{pmatrix} 2 \\ 0 \end{pmatrix} = 1;\ \begin{pmatrix} 3 \\ 0 \end{pmatrix} = 1; \ldots;\ \begin{pmatrix} m \\ 0 \end{pmatrix} = 1$

3. $\begin{pmatrix} 1 \\ 1 \end{pmatrix} = 1;\ \begin{pmatrix} 2 \\ 1 \end{pmatrix} = 2;\ \begin{pmatrix} 3 \\ 1 \end{pmatrix} = 3; \ldots;\ \begin{pmatrix} m \\ 1 \end{pmatrix} = m$

4. $\begin{pmatrix} 1 \\ 1 \end{pmatrix} = 1;\ \begin{pmatrix} 2 \\ 2 \end{pmatrix} = 1;\ \begin{pmatrix} 3 \\ 3 \end{pmatrix} = 1; \ldots;\ \begin{pmatrix} m \\ m \end{pmatrix} = 1$

5. $\begin{pmatrix} m \\ n \end{pmatrix} = \begin{pmatrix} m \\ m-n \end{pmatrix}$

Ejemplo

$$\binom{10}{8}=\binom{10}{2}=\frac{10\cdot 9}{2}=45; \qquad \binom{22}{21}=\binom{22}{1}=22$$

62.2 Experimentos aleatorios. Sucesos

Llamamos experimentos aleatorios a aquellos cuyos resultados no pueden predecirse antes de su realización. Son experimentos que no dan siempre el mismo resultado al repetirlos en las mismas condiciones.

Ejemplos

- Tirar al aire un dado o una moneda
- Predecir la duración de una conversación telefónica.
- Lanzar un proyectil hacia un blanco determinado.

Un suceso elemental es el resultado de cada una de las realizaciones del experimento aleatorio.

Ejemplos

- Al lanzar un dado y anotar el resultado de la cara superior, se pueden obtener los siguientes sucesos elementales:

$$\omega_1=\{1\};\quad \omega_2=\{2\};\quad \omega_3=\{3\};\quad \omega_4=\{4\};\quad \omega_5=\{5\};\quad \omega_6=\{6\}$$

- Se tiran dos monedas al aire y se anotan los resultados. Los sucesos elementales son:

$$\omega_1=\text{"}\textit{obtener cara y cara}\text{"}=(C,C);\quad \omega_2=(C,+);\quad \omega_3=(+,C);\quad \omega_4=(+,+)$$

Al conjunto de todos los sucesos elementales se le llama espacio muestral, y se representa por la letra Ω (omega mayúscula).

Ejemplos

- En el primer ejemplo de los anteriores, el espacio muestral es $\Omega=\{1,2,3,4,5,6\}$.
- En el segundo ejemplo, el espacio muestral es $\Omega=\{(C,C),(C,+),(+,C),(+,+)\}$.

Llamamos suceso a cualquier subconjunto del espacio muestral.

Se dice que se ha producido el suceso A si el resultado del experimento es un elemento de A.

Ejemplos

1. En el ejemplo consistente en lanzar un dado, algunos sucesos son:

   A: "obtener número par"
   B: "obtener número primo"
   C: "obtener número impar menor que 5"

2. Al lanzar tres monedas, son sucesos:

   A: "obtener al menos una cara"
   B: "obtener como máximo una cruz"
   C: "obtener exactamente dos caras"

Como se observa, cada suceso está compuesto por varios sucesos elementales.

Cualquier suceso que sea igual al conjunto vacío $\varnothing$ se llama suceso imposible y, por tanto, será un suceso que no se produce nunca. Cualquier suceso que sea igual al espacio muestral Ω se llama suceso seguro (es el suceso que ocurre siempre).

Ejemplos

1. En el lanzamiento de un dado es un suceso imposible el obtener un número negativo; y es un suceso seguro obtener un número menor que 8.

2. En el lanzamiento de una moneda, obtener cara y cruz es un suceso imposible, y es suceso seguro el obtener cara o cruz.

Decimos que el suceso A está contenido en el suceso B, escrito $A \subset B$, si siempre que se verifica A también se verifica B.

Ejemplo

Al lanzar un dado consideramos los sucesos A: "obtener 6", y B: "obtener múltiplo de 3". Es claro que $A \subset B$, pero en cambio $B \not\subset A$ pues si, por ejemplo, se obtiene 3, se verifica B pero no A.

62.3 Operaciones con sucesos

Dados dos sucesos A y B, se llama:

Suceso unión, designado $A \cup B$, al que se verifica cuando se verifica alguno de los dos (A o B)

Suceso intersección, designado $A \cap B$, al que se verifica cuando se verifican simultáneamente los dos (A y B).

Suceso contrario del suceso A, designado A^c, al suceso que se verifica siempre que no se produce A.

Ejemplo

En el experimento aleatorio "lanzar un dado", sean los sucesos:

P: "obtener número par" T: "obtener múltiplo de 3"

Se tiene que: $P \cup T = \{2,3,4,6\}$; $P \cap T = \{6\}$; $P^c = \{1,3,5\}$; $T^c = \{1,2,4,5\}$

PROPIEDADES:

1. Asociatividad: $A \cup (B \cup C) = (A \cup B) \cup C$ $A \cap (B \cap C) = (A \cap B) \cap C$
2. Conmutatividad: $A \cup B = B \cup A$ $A \cap B = B \cap A$
3. Simplificación: $A \cup (B \cap A) = A$ $A \cap (B \cup A) = A$
4. Idempotencia: $A \cup A = A$ $A \cap A = A$
5. Complementación: $A \cup A^c = \Omega$ $A \cap A^c = \varnothing$
6. Universal e ínfimo: $A \cup \Omega = \Omega$ $A \cap \Omega = A$; $A \cup \varnothing = A$ $A \cap \varnothing = \varnothing$
7. Distributiva: $A \cap (B \cup C) = (A \cap B) \cup (A \cap C)$; $A \cup (B \cap C) = (A \cup B) \cap (A \cup C)$

8. Leyes de Morgan: $(A \cup B)^c = A^c \cap B^c$ $(A \cap B)^c = A^c \cup B^c$

Ejemplo

Comprobar las leyes de Morgan en el experimento consistente en lanzar un dado para los sucesos:

A: "obtener número par" B: "obtener un número no inferior a 5"

Decimos que dos sucesos A y B son incompatibles si no pueden verificarse simultáneamente; es decir, si $A \cap B = \varnothing$.

62.4 Frecuencias. Ley de los grandes números

Repetimos un experimento aleatorio n veces. Sea A un suceso ligado al experimento que aparece n_A veces.

Se llama **frecuencia absoluta** del suceso A al número de veces n_A que se verifica A a lo largo de las n repeticiones del experimento.

Se llama **frecuencia relativa** del suceso A al cociente f_A entre la frecuencia absoluta y el número total de pruebas realizadas; es decir,

$$f_A = \frac{n_A}{n}$$

Ejemplo

Se lanza un dado veinte veces y se obtiene en cuatro ocasiones un "5". La frecuencia absoluta del suceso "obtener un 5" es 4; y su frecuencia relativa es 4/20 = 0,2.

¿Es posible dar leyes que regulen el azar?

La palabra *azaroso* se utiliza como sinónimo de imprevisible. El azar es considerado como lo más opuesto al orden, a cualquier regla, a toda previsión. ¿Cómo poner leyes a algo imprevisible?. Veamos un ejemplo:
En una clase de 40 alumnos cada uno de ellos lanzó un dado 120 veces. Los resultados se juntaron cada dos; después cada 10; después los 40.

He aquí las gráficas con las frecuencias relativas en cada caso. Aparece una línea recta a la altura de $\frac{1}{6} \approx 0{,}167$ para que se pueda comparar, en cada caso, la frecuencia relativa obtenida con la frecuencia relativa esperada, que es $\frac{1}{6}$.

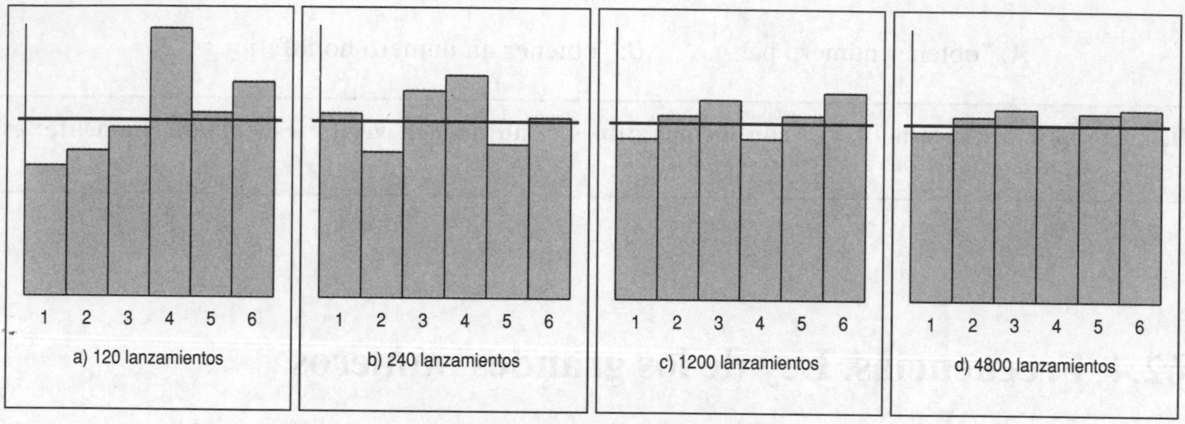

Las gráficas hablan por sí solas. También resulta elocuente la siguiente gráfica, que da la frecuencia relativa del $\{3\}$ al lanzar un dado reiteradamente.

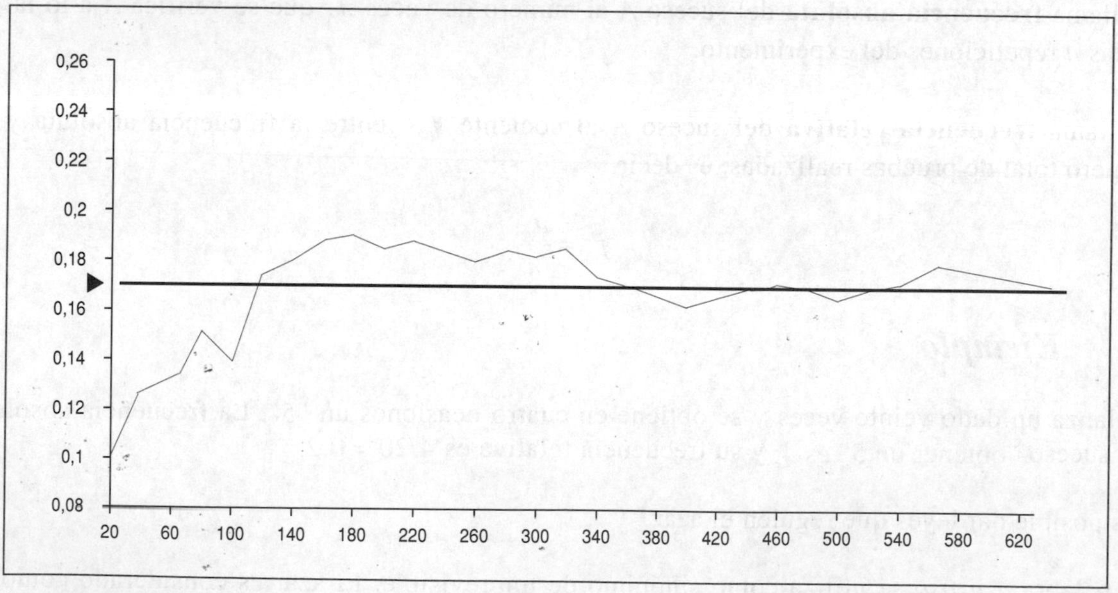

Que la frecuencia relativa se va estabilizando cuando aumenta el número de experiencias, es una verdad empírica, no demostrable, pero sí reiteradamente comprobable. Su enunciado es el principio básico del azar, llamado ley de los grandes números:

Si el número de observaciones de un fenómeno aleatorio crece mucho, la frecuencia relativa del suceso asociado se va acercando más y más hacia un cierto valor.

Este valor se llama **probabilidad** del suceso.

62.5 Definición y propiedades de la probabilidad

La probabilidad es un número que se asigna a cada suceso, y que ha de cumplir las siguientes condiciones:

Ax I. Para cualquier suceso S, debe cumplirse que

$$p(S) \geq 0$$

Ax II. Si dos sucesos son incompatibles, $A \cap B = \varnothing$, entonces la probabilidad de su unión es la suma de sus probabilidades:

$$p(A \cup B) = p(A) + p(B)$$

Ax III. La probabilidad total es 1: $p(\Omega) = 1$

En esencia, los tres axiomas dicen que disponemos de una cantidad total de probabilidad igual a 1, que hemos de repartir aditivamente entre los distintos sucesos.

PROPIEDADES:

Se deducen a partir de los axiomas.

1. Si A y B son dos sucesos tales que $A \subset B$, entonces $p(A) \leq p(B)$.

   Demostración:

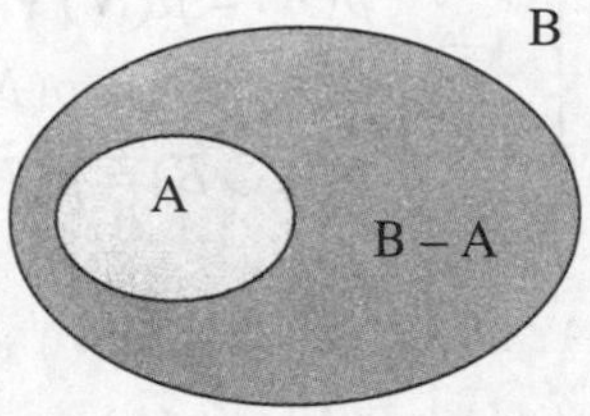

   A partir del gráfico deducimos $B = A \cup (B - A)$, y como A y $B - A$ son sucesos incompatibles se tiene, por el Ax II, que $P(B) = p(A) + p(B - A)$.
   Por ser siempre $p(B - A) \geq 0$, deducimos que $p(B) \geq p(A)$.

2. $p(A^c) = 1 - p(A)$

Dem: Dado que $A \cup A^c = \Omega$ y $A \cap A^c = \emptyset$, se tiene que

$$1 = p(\Omega) = p(A) + p(A^c) \quad \rightarrow \quad p(A^c) = 1 - p(A)$$

3. $p(\emptyset) = 0$

Dem: Dado que $\emptyset = \Omega^c \quad \rightarrow \quad p(\emptyset) = 1 - p(\Omega) = 1 - 1 = 0$

4. Para cualquier suceso *A*, se tiene que $0 \leq p(A) \leq 1$.

Dem: Como $A \subset \Omega \quad \rightarrow \quad p(A) \leq p(\Omega) = 1$

5. Para dos sucesos cualesquiera *A* y *B*, se tiene que:

$$p(A \cup B) = p(A) + p(B) - p(A \cap B)$$

Dem:

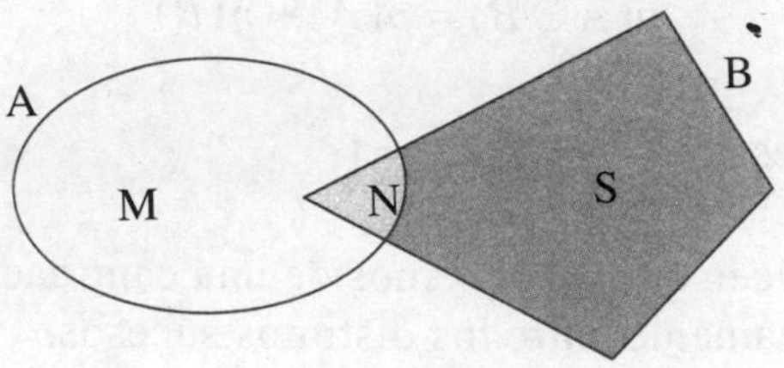

Descomponiendo $A \cup B$ en tres conjuntos disjuntos *M, N* y *S* tal como aparece en la figura obtenemos:

$$\left.\begin{array}{l} A = M \cup N \\ B = N \cup S \\ A \cap B = N \\ A \cup B = M \cup N \cup S \end{array}\right\} \rightarrow \left.\begin{array}{l} p(A) = p(M) + p(N) \\ p(B) = p(N) + p(S) \\ p(A \cap B) = p(N) \\ p(A \cup B) = p(M) + p(N) + p(S) \end{array}\right\} \rightarrow$$

$$\begin{array}{c} p(A) + p(B) - p(A \cap B) = p(M) + p(N) + p(N) + p(S) - p(N) = \\ = p(M) + p(N) + p(S) = p(A \cup B) \end{array}$$

6. Supongamos que el espacio muestral $\Omega = \{\omega_1, \omega_2, \ldots, \omega_n\}$ es finito y que los sucesos elementales $\omega_1, \omega_2, \ldots, \omega_n$ son equiprobables, es decir:

$$p(\omega_1) = p(\omega_2) = \ldots = p(\omega_n)$$

Entonces:

$$1 = p(\Omega) = p(\omega_1 \cup \omega_2 \cup \ldots \cup \omega_n) = p(\omega_1) + p(\omega_2) + \ldots + p(\omega_n) = n \cdot p(\omega_i)$$

luego, para cada $i = 1,2,\ldots,n$

$$p(\omega_i) = 1/n$$

Consideremos ahora un suceso cualquiera $S = \{\omega_1, \omega_2, \ldots, \omega_k\}$. Para este suceso:

$$p(S) = p(\omega_1 \cup \ldots \cup \omega_k) = p(\omega_1) + \ldots + p(\omega_k) = (1/n) + (1/n) + \ldots + (1/n) = k/n$$

Llegamos así a la definición clásica de probabilidad, llamada **Ley de Laplace:**

$$\boxed{p(S) = \frac{\text{número de casos favorables}}{\text{número de casos posibles}}}$$

Ejemplo

Hallar la probabilidad de que sacar un Rey al extraer una carta de una baraja de 40 cartas.

Solución: Los casos posibles (total de sucesos elementales) son 40 (total de cartas de la baraja)

Los casos favorables (sucesos elementales que provocan un Rey) son 4 (los cuatro reyes de la baraja). Por tanto:

$$p(rey) = 4/40 = 1/10$$

Ejemplo

Se lanzan sucesivamente cuatro monedas al aire. Calcular:
a) La probabilidad de obtener exactamente dos caras.
b) La probabilidad de obtener a lo sumo tres cruces.

Solución: Los casos posibles (total de disposiciones de cuatro elementos formados por caras y cruces) son:

$$VR_{2,4} = 2^4 = 16$$

Los casos favorables a "obtener exactamente dos caras" son:

$\{CC{+}{+}, C{+}C{+}, C{+}{+}C, {+}CC{+}, {+}C{+}C, {+}{+}CC\}$. En total: 6

Por tanto: $p(\text{ exactamente dos caras}) = 6/16 = 3/8$

Dado que los casos favorables a "obtener a lo sumo tres cruces" (ninguna, una, dos o tres) son muy numerosos, resulta muy útil recurrir al suceso contrario -en este caso "obtener cuatro cruces"-. Según la propiedad 2:

$$p(\text{ a lo sumo tres cruces}) = 1 - p(\text{ cuatro cruces})$$

El único caso favorable a "obtener cuatro cruces" es $\{++++\}$, por tanto:

$$p(\text{ a lo sumo tres cruces}) = 1 - p(\text{ cuatro cruces}) = 1 - 1/16 = 15/16$$

Problemas propuestos

1. Di cuál es el espacio muestral correspondiente a las siguientes experiencias aleatorias. Si es finita y tiene pocos elementos, dilos todos. Si tiene muchos elementos, Escríbelo y di el número total.
   a) Extraemos una carta de una baraja española (40 cartas) y anotamos el número.
   b) Extraemos una carta de una baraja española y anotamos el palo.
   c) Extraemos dos cartas de una baraja y anotamos el palo de cada una.
   d) Lanzamos dos monedas distintas y anotamos el resultado.
   e) Lanzamos tres monedas distintas y anotamos el resultado.
   f) Lanzamos seis monedas distintas y anotamos el resultado.
   g) Lanzamos seis monedas distintas y anotamos el número de caras.
   h) Lanzamos un dado tantas veces como sea necesario hasta que salga un 5. Anotamos el número de tiradas que ha hecho falta realizar.
   i) En un teléfono de una oficina pública, anotamos el tiempo que media entre dos llamadas.
2. Pon todos los sucesos de la experiencia del ejercio anterior letra b.
3. En una baraja hemos suprimido varias cartas. Entre las que quedan se dan las siguientes probabilidades de ser extraídas:
   P [rey] = 0,15 ; *P* [bastos] = 0,3
   P[carta que no sea ni rey ni bastos] = 0,6
   ¿Está entre ellas el rey de bastos? Caso afirmativo, da su probabilidad. ¿Cuántas cartas quedan?
4. Tiramos dos dados. ¿Cuál es la probabilidad de cada una de las posibles sumas?.
5. *A, B*, y *C* son tres sucesos de una misma experiencia. Expresa en función de ellos los sucesos:
   a) Se realizan alguno de los tres.
   b) No se realiza ninguno de los tres.
   c) Se realizan los tres.
   d) Se realizan dos de los tres.
   e) Se realizan al menos dos de los tres.
6. En familias de tres hijos se estudia la distribución de sus sexos. Por ejemplo (*V, M , M*) significa que el mayor es varón y los otros dos mujeres. ¿Cuántos elementos tiene el espacio muestral Ω? Describe los siguientes sucesos: *A* = "La menor es mujer". *B* = "El mayor es varón". ¿En que consiste $A \cup B$?
7. Se lanzan simultáneamente cuatro monedas. ¿Cuál es la probabilidad de obtener, por lo menos, una cara?
8. Sean *A, B, C*, sucesos arbitrarios de un experimento aleatorio. Expresar mediante *A, B* y *C* el suceso: "ocurren exactamente dos sucesos de los *A, B* y *C*.
9. Las letras de la palabra CLASE se colocan al azar y en línea. ¿Cuál es la probabilidad de que las dos vocales queden juntas?. Razonarlo.
10. Se realiza el experimento aleatorio de lanzar sucesivamente cuarto monedas al aire y se pide:
    a) ¿Cuál es la probabilidad de obtener a lo sumo tres cruces?
    b) ¿Cuál es la probabilidad de obtener dos caras?
11. Una clase se compone de veinte alumnos y diez alumnas. La mitad de que al elegir una persona al azar, resulte ser:
    a) Alumna que apruebe las matemáticas.
    b) Alumno que suspenda las matemáticas.

12. Sen A y B dos sucesos tales que

$$P(A \cup B) = \frac{3}{4}, \quad P(B) = \frac{2}{3}, \text{ y}$$

$P(A \cap B) = \frac{1}{4}$. Hallar

$P(B)$, $P(A)$ y $P(A \cap B)$.

13. Determinar si son compatibles o incompatibles los sucesos A y B en los siguientes casos:

a) $P(A) = \frac{1}{4}$; $P(B) = \frac{1}{2}$; $P(A \cup B) = \frac{2}{3}$

b) $P(A) = 0$; $P(B) = \frac{1}{2}$

14. Considérese $P(A) = \frac{2}{5}$; $P(B) = \frac{1}{3}$ y

$P(A \cap B) = \frac{1}{3}$. Hallar

$P(A \cup B)$ y $P(A \cap B)$.

15. ¿Cuál es la probabilidad de que al lanzar dos dados la suma sea par? ¿Cuál es la probabilidad de obtener al menos un 6 al lanzar un dado n veces?

16. Si la probabilidad de que ocurran dos sucesos a la vez es p, ¿cuánto vale la probabilidad de que al menos uno de los dos no ocurra? Razonarlo.

17. Se lanzan dos monedas y sean A = [salgan 2 caras], B = [salgan 2 cruces] y C = [salgan una cara y una cruz]. Obtener los siguientes sucesos:

a) $A \cup B$

b) $A \cap C$

c) $A - B$

d) A^c

e) C^c

f) $(A \cup B)^c$

g) $A \cup B \cup C$

h) $A \cap B \cap C$

18. En un concurso de tiro al plato un participante realiza 4 disparos. Sen A = [acierta al menos tres tiros], B = [acierta tantos o más tiros de los que falla] y C = [falla dos o más tiros]. Obtener los siguientes sucesos:

a) $A \cap B$

b) $A \cup (B \cap C)$

c) B^c

d) $C - B$

19. En el departamento de oportunidades de unos almacenes hay una caja con camisetas, de las cuales 4 son blancas, 6 rojas, 5 verdes 2 amarillas y 3 violetas. Un dependiente coge una camiseta al azar. Calcular las probabilidades de que la camiseta:

a) Sea blanca.

b) Sea verde o violeta.

c) No sea amarilla.

d) Sea beige.

e) Sea blanca, verde o amarilla.

20. En una población el 20% tiene menos de 25 años, el 40% tiene entre 26 y 35 años, el 15% tiene entre 36 y 55 años, el 17% tiene entre 56 y 65 años y el 8% tiene más de 65 años. Se pregunta al azar a una persona sus edad. Calcular las siguientes probabilidades:

a) Sea mayor de 65 años.

b) Tenga menos de 55 años.

c) Tenga al menos 56 años.

d) Tenga menos de 25 años o más de 65 años.

e) Tenga 40 años.

21. Si una persona escribe al azar un número de tres cifras, hallar la probabilidad de que escriba:

a) 123.

b) Un número terminado en dos ceros.

c) Un número par.

d) Un número mayor que 300

e) Un número par y que empieza por 5.

22. Se coge al azar una ficha de dominó y se suman sus puntos. Calcular la probabilidad de que la suma sea:

a) 0.

b) 12.

c) 2.

d) 6.

e) Par.

f) Mayor que 10.

g) Impar y menor que 7.

h) Mayor que 3 y menor o igual a 5.

i) Menor que 12.
j) Mayor que 0 y menor que 12.

23. De una baraja española (40 cartas) se destapa una carta que es el 3 de bastos. Se extrae otra carta al azar y hay que calcular las probabilidades:
a) Que sea del mismo palo.
b) Que sea del mismo número.
c) Que sea de distinto palo.
d) Que sea de numeración más alta.

24. Sobre un tablero de ajedrez se coloca al azar en una casilla un peón negro. Calcular las probabilidades de los sucesos:
a) Caiga en un cuadro blanco.
b) Sea comido pro una torre blanca situada en un vértice del tablero.
c) Sea comido por un alfil blanco situado en un vértice del tablero.
d) Sea comido por la reina blanca situada en un vértice del tablero.

25. Se pulsan 4 teclas numéricas de una calculadora y aparece en la pantalla un número de cuatro cifras. Calcular la probabilidad de que dicho número sea:
a) Par.
b) Mayor o igual que 2.000.
c) Tenga las cuatro cifras iguales.
d) Termine en 6.
e) Sea múltiplo de 5 y 10.
f) Sea múltiplo de 7 y 11 y menor que 3.000.
g) Sea capicúa.

26. Un dado está trucado, de tal manera que la probabilidad de sacar 2 es doble que la de obtener 1, la de sacar 3 es el triple de la de 1, y así sucesivamente. Calcular las probabilidades de obtener 1, 2, 3, 4, 5 y 6.

27. Se tiene un dado trucado tal que
$P(1) = P(2) = P(3) = P(4) = \frac{1}{8}$ y $P(5) = \frac{1}{4}$.
Calcular las probabilidades de los sucesos siguientes:
a) $A = [6]$.
b) $B = [2, 3, 4, 5]$.
c) C = [salga número par].
d) $B \cup C$.
e) $B \cap C$.
f) B^c

28. Sabiendo que $P(A) = \frac{1}{3}$; $P(B) = \frac{1}{4}$ y $P(A \cup B) = \frac{5}{12}$.
a) Decir si A y B son compatibles.
b) Calcular $P(A \cap B)$.

29. Sabiendo que $p(A) = 1/2$, $p(B^C) = 3/4$ y $P(A \cap B) = 1/12$, calcular:
a) $P(B)$.
b) $P(A \cup B)$.
c) $P(A^c \cup B^c)$.
d) $P(A^c \cap B^c)$.

30. De una baraja española de 40 cartas se extrae una al azar. Calcular la probabilidad de que dicha carta sea:
a) Oros o copas.
b) Oros o figura (sota, caballo, rey).
c) Copas o menor que 5.
d) Bastos o figura o menor que 4.

31. A un congreso asisten 25 mujeres (de las cuales 7 hablan francés y 18 inglés) y 30 hombres (10 hablan francés y 20 inglés). Se elige al azar un congresista y se pide calcular la probabilidad de que:
a) Sepa francés.
b) Sea mujer o hable Inglés.
c) Sea hombre o hable francés.

32. En la fase final del campeonato de baloncesto participan 4 equipos A, B, C y D. Cada uno de ellos tiene 7 jugadores nacionales y 3 extranjeros. Hallar la probabilidad de que al elegir al azar el nombre de un jugador:
a) Sea del equipo a o del D.
b) No sea del equipo D.
c) Sea del equipo C o extranjero.
d) Sea nacional o del equipo C.
e) Sea del equipo B, del D o extranjero.
f) No sea del equipo C o extranjero.

33. En una clase aprueban Matemáticas el 60%f, Lengua el 50% y el 30% aprueban las dos. Calcular las probabilidades de que elegido un alumno al azar:
a) Apruebe alguna asignatura.
b) No apruebe ninguna.

Soluciones

1. S: a) $\Omega = \{1, 2, 3, 4, 5, 6, 7, 10, 11, 12\}$.

   b) $\Omega = \{\text{Oros, Copas, Espadas, Bastos}\}$ $= \{O, C, E_S, B\}$.

   c) $\Omega = \{OO, OC, OE_S, OB, CC, CE_S, CB, E_SE_S, E_SB, BB\}$.

   d) $\Omega = \{CC, C+, +C, ++\}$; C = cara; $+$ = cruz.

   e) $\Omega = \{CCC, CC+, C+C, C++, +CC, +C+, +C+\}$.

   f) Ω = tiene 32 elementos.

   g) $\Omega = \{0, 1, 2, 3, 4, 5, 6\}$.

   h) $\{1, 2, 3, 4, \ldots, \ldots\}$. Infinito

   i) Infinito.

2. S: $\varnothing$, $\{O\}$, $\{C\}$; $\{E_S\}$; $\{B\}$; $\{O,C\}$; $\{O,B\}$; $\{C,E_S\}$; $\{C,B\}$; $\{E_S,B\}$; $\{O,C,E_S\}$; $\{O,C,B\}$; $\{O,E_S,B\}$; $\{C,E_S,B\}$; E.

3. S: *P* [rey o bastos] = *P* [rey] + *P* [bastos] - *P* [rey y bastos].
   P [rey o bastos] = 1 - *P* [ni rey ni bastos] = 1 - 0,6 = 0,4. Por tanto:
   P [rey y bastos] = *P* [rey] + *P* [bastos] - *P* [rey o bastos] = 0,15 + 0,3 -0,4 = 0,05.
   Es decir, la probabilidad del rey de bastos es 0,005. Como 0,05 = 1/20, significa que quedan 20 cartas, una de las cuales es el rey de bastos.

4. S: $P[2] = \frac{1}{36}$; $P[3] = \frac{1}{18}$; $P[4] = \frac{1}{12}$;

   $P[5] = \frac{1}{9}$; $P[6] = \frac{5}{36}$; $P[7] = \frac{1}{6}$; $P[8] = \frac{5}{36}$;

   $P[9] = \frac{1}{9}$; $P[10] = \frac{1}{12}$; $P[11] = \frac{1}{18}$;

   $P[12] = \frac{1}{36}$.

5. S: a) $A \cup B \cup C$.

   b) $A^c \cap B^c \cap C^c$.

   c) $A \cap B \cap C$.

   d) $(A \cap B) \cup (A \cap C) \cup (B \cap C) - (A \cap B \cap C)$.

   e) $(A \cap B) \cup (A \cap C) \cup (B \cap C)$.

6. S: *E* tiene 8 elementos.
   A = " La menor es mujer" = $= \{(VVM), (VMM), (MVM), (MMM)\}$.

   $B = \{(VMM), (VMV), (VVM), (VVV)\}$.

   $A \cup B$ es el suceso que consiste en que el mayor sea varón o la menor mujer, o ambas cosas.

7. S: 15/16.

8 S: $(A \cap B \cap C^c) \cup (A \cap B^c \cap C) \cup$

   $U(A^c \cap B \cap C)$.

9. S: 2/5.

10. S: a) 15/16.

    b) 6/16.

11. S: a) 1/6.

    b) 1/3.

12. S: 1/3; 2/3; 1/12

13. S: a) Compatibles
    b) incompatibles.

14. S: 2/3; 1/15.

15. S: $\frac{1}{2}$; $1 - \frac{1}{6^n}$.

16. S: $1 - P$: $P(A \cup B) = P(A \cap B) =$ $= 1 - P(A \cap B)$.

17. S: a) $\{CC, XX\}$

    b) $\varnothing$.

    c) $\{CC\}$.

    d) $\{CX, XC, XX\}$

    e) $\{CC, XX\}$.

f) $\{CX, XC\}$.

g) Ω.

h) $\varnothing$.

18. S: a) A
b) [acierte al menos 2].
c) [falle más que acierte].
d) [falle al menos 3 tiros].

19. S: a) 4/20
b) 8/20
c) 1−2/20 = 18/20
d) 0
e) 11/20

20. S: a) 8/100
b) 75/100
c) 25/100
d) 28/100
e) No hay datos suficientes

21. S: a) 1/1000
b) 10/1000
c) 500/1000
d) 699/1000
e) 50/1000

22. S: a) 1/28
b) 1/28
c) 2/28
d) 4/28
e) 14/28
f) 2/28
g) 6/28
h) 6/28
i) 27/28
j) 26/28

23. S: a) 9/39
b) 3/39
c) 30/39
d) 28/39
e) 7/39
f) 8/39

24. S: a) 32/64
b) 14/64
c) 7/64
d) 21/64

25. S: a) 5000/10000
b) 8000/10000
c) 10/10000
d) 1000/10000
e) 2000/10000
f) 38/10000
g) 100/10000

26. S: Si llamamos $p(1)=a$, se tiene que $a + 2a + 3a + 4a + 5a + 6a = 1$. De aquí: $p(1) = 1/21$, $p(2) = 2/21$, $p(3) = 3/21$, $p(4) = 4/21$, $p(5) = 5/21$, $p(6) = 6/21$.

27. S: a) 1/4
b) 5/8
c) 1/2
d) 3/8
e) 1/4
f) 3/8

28. S: a) $p(A) + p(B) = 7/12 \neq p(A \cup B)$, luego A y B son compatibles.
b) $p(A \cap B) = p(A) + p(B) - p(A \cup B) =$
$= 2/12$.

29. S: a) 1/4
b) 8/12
c) $p\left(A^c \cup B^c\right) = p\left((A \cap B)^c\right) =$
$= 1 - p(A \cap B) = 1 - 1/12 = 11/12$

30. S: a) 20/40
b) 19/40
c) 22/40
d) 28/40

31. S: a) 17/55
b) 45/55
c) 37/55

32. S: a) 20/40
b) 30/40
c) 19/40
d) 31/40
e) 26/40
f) 33/40

33. S: a) 80/100
b) 20/100

Probabilidad condicionada 63

Introducción histórica

La noción de probabilidad condicionada fue gestándose poco a poco, apareciendo de forma implícita en los escritos de Huygens y de Jakob Bernoulli a fines del siglo XVII y comienzos del XVIII y llegando a una formulación semejante a la actual en la obra de un matemático francés llamado De Moivre publicada en 1718 con el título de *The Doctrine of Chances,* en la que incluso trata la independencia de más de dos sucesos. Emigrado a Inglaterra, su origen francés fue un impedimento para conseguir un puesto en la Universidad, a pesar de que sus investigaciones en el campo de la probabilidad y el análisis fueron extraordinariamente valiosas.

63.1 Probabilidad condicionada

Analicemos un par de ejemplos previos:

1. En una encuesta que se hace a 112 personas sobre el color de los ojos se obtiene la siguiente tabla de resultados:

	Ojos azules (A)	**Ojos negros (N)**	
Varones (V)	20	30	50
Hembras (H)	22	40	62
	42	70	112

Los sucesos V, H, A y N representan, respectivamente, los sucesos que se verifican cuando al elegir una persona, ésta resulta ser *varón*, *hembra*, tener *ojos azules* o tener *ojos negros*.

Si la elección se hace sin condiciones, la probabilidad de elegir una persona con los ojos azules es:

$$p(A) = \frac{42}{112} = \frac{3}{8}$$

La de elegir una persona con los ojos negros será: $p(N) = \frac{70}{112} = \frac{5}{8}$

Sin embargo, si la elección la hacemos sólo entre los varones, las probabilidades de ojos azules y ojos negros son, respectivamente:

$$p(A) = \frac{20}{50} = \frac{2}{5} \qquad p(N) = \frac{30}{50} = \frac{3}{5}$$

Para que quede claro que son probabilidades calculadas sobre el conjunto de los varones, se escribe $p\left(A/V\right)$, que se lee "probabilidad de A condicionada a V" o bien "probabilidad de A supuesto que es V". Las probabilidades de A y N condicionadas a V son, pues:

$$p\left(A/V\right) = \frac{2}{5} \qquad p\left(N/V\right) = \frac{3}{5}$$

En este colectivo se dan estas otras probabilidades condicionadas:

$$p\left(A/H\right) = \frac{22}{62} = \frac{11}{31}\,; \qquad p\left(N/H\right) = \frac{40}{62} = \frac{20}{31}\,; \qquad p\left(V/A\right) = \frac{20}{42} = \frac{10}{21}\,;$$

$$p\left(H/A\right) = \frac{22}{42} = \frac{11}{21}\,; \qquad p\left(V/N\right) = \frac{30}{70} = \frac{3}{7}\,; \qquad p\left(H/N\right) = \frac{40}{70} = \frac{4}{7}$$

Según acabamos de ver, $p\left(A/V\right) = \frac{2}{5}$ y además, del cuadro inicial deducimos que:

$$p(V) = \frac{50}{112} = \frac{25}{56} \quad \text{y} \quad p(A \cap V) = \frac{20}{112} = \frac{5}{28}$$

La relación existente entre estas tres probabilidades es: $\frac{5}{28} = \frac{25}{56} \cdot \frac{2}{5}$ y de aquí deducimos que:

$$p(A \cap V) = p(V) \cdot p\left(A/V\right) \quad \rightarrow \quad p\left(A/V\right) = \frac{p(A \cap V)}{p(V)}$$

Por esta razón, adoptamos como definición la siguiente:

Sea A un suceso cuya probabilidad es distinta de cero, y sea B cualquier suceso. Se llama **probabilidad de *B* condicionado a *A*** al cociente:

$$\boxed{p\left(B/A\right)=\frac{p(A\cap B)}{p(A)}}$$

(mide la proporción de veces que ocurre B de entre las que ha ocurrido A).

Veamos que, efectivamente, la probabilidad recién definida cumple los axiomas de probabilidad.

Ax I: Para cualquier suceso S, $p\left(S/A\right)=\frac{p(S\cap A)}{p(A)}\geq 0$ por ser cociente de números no negativos.

Ax II: Sean B y C dos sucesos incompatibles ($B\cap C=\varnothing$). Entonces:

$$p\left(B\cup C/A\right)=\frac{p((B\cup C)\cap A)}{p(A)}\underset{\text{Distrib.}}{=}\frac{p\left((B\cap A)\cup(C\cap A)\right)}{p(A)}$$

Del hecho de ser B y C incompatibles, se deduce que también lo son los subconjuntos de estos: $B\cap A$ y $C\cap A$. Por el segundo axioma de probabilidad, podemos seguir:

$$p\left(B\cup C/A\right)=\ldots=\frac{p(B\cap A)+p(C\cap A)}{p(A)}=\frac{p(B\cap A)}{p(A)}+\frac{p(C\cap A)}{p(A)}=p\left(B/A\right)+p\left(C/A\right)$$

tal y como queríamos demostrar.

Ax III: $$p\left(\Omega/A\right)=\frac{p(\Omega\cap A)}{p(A)}=\frac{p(A)}{p(A)}=1 \quad \text{por ser } \Omega\cap A=A$$

Ejemplo

Se lanzan dos dados, ¿cuál es la probabilidad de que la suma de los resultados sea menor que seis si sabemos que dicha suma ha sido múltiplo de cuatro?

Se nos pide la probabilidad $p\left(\text{suma}<6/\text{suma múltiplo de }4\right)$

Utilizando la ley de Laplace $p=\frac{\text{casos favorables}}{\text{casos posibles}}$ tenemos:

- Casos posibles: No son todos los resultados posibles al lanzar dos dados, sino sólo aquellos que producen una suma múltiplo de 4, es decir:
  (1,3), (2,2), (2,6), (3,1), (3,5), (4,4), (5,3), (6,2), (6,6)

- Casos favorables: Son aquellos de entre los anteriores cuya suma es menor que 6 ; o sea:
(1,3), (2,2), (3,1)

Por tanto: $$p\left(\text{suma} < 6 \big/ \text{suma múltiplo de } 4 \right) = \frac{3}{9} = \frac{1}{3}$$

¡Observa que no hemos utilizado la fórmula de la probabilidad condicionada! Inténtalo usando dicha fórmula.

CONSECUENCIA: Probabilidad de la intersección de dos sucesos

De la fórmula de la probabilidad condicionada deducimos que:

$$\boxed{p(A \cap B) = p(A) \cdot p\left(B/A\right)}$$

Igualdad llamada teorema de las probabilidades compuestas y que permite el cálculo de la probabilidad del suceso $A \cap B$ conocidas las probabilidades $p(A)$ y $p\left(B/A\right)$.

Ejemplo

Se extraen dos cartas de una baraja de 40. Calcula la probabilidad de que ambas cartas sean reyes.

Solución: Llamando A al suceso: "la primera carta es un rey" y B al suceso: "la segunda carta es un rey", se nos pide la probabilidad del suceso $A \cap B$: "ambas cartas son reyes". Por tanto:

$$p(A \cap B) = p(A) \cdot p\left(B/A\right) = \frac{4}{40} \cdot \frac{3}{39} = \frac{1}{130}$$

Ten en cuenta que el suceso B/A es: "sacar rey en la segunda extracción supuesto que en la primera salió rey". Hay 3 casos favorables (los tres reyes que quedan) sobre 39 posibles (las cartas restantes).

63.2 Sucesos independientes

Se dice que un suceso B es **independiente** de otro A cuando $p\left(B/A\right) = p(B)$
(es decir, el suceso A no influye en B).

Si B es independiente de A, se cumple que:

- $p(A \cap B) = p(A) \cdot p(B)$

  Efectivamente, pues $p(A \cap B) = p(A) \cdot p\left(B/_A\right) \underset{A\,i\,B}{=} p(A) \cdot p(B)$

  Y recíprocamente, pues si $p(A \cap B) = p(A) \cdot p(B)$, entonces:

$$p\left(B/_A\right) = \frac{p(A \cap B)}{p(A)} = \frac{p(A) \cdot p(B)}{p(A)} = p(B)$$

- A también es independiente de B, pues:

$$p\left(A/_B\right) = \frac{p(A \cap B)}{p(B)} = \frac{p(A) \cdot p(B)}{p(B)} = p(A) \quad \rightarrow \quad A\,i\,B$$

Así, pues, diremos simplemente que A y B son independientes cuando ocurre que:

$$p\,(A \cap B) = p\,(A) \cdot p\,(B)$$

Cuando dos sucesos no son independientes, se llaman sucesos **dependientes**.

Ejemplo

Al lanzar un dado se consideran los sucesos A: "obtener 2, 4, 5 ó 6" y B: "obtener un número menor que 5". ¿Son A y B sucesos independientes?

Solución: Hemos de comprobar si ocurre que: $p(A \cap B) = p(A) \cdot p(B)$

El suceso $A \cap B$ es "obtener 2, 4 ó 5" cuya probabilidad es $p(A \cap B) = \frac{3}{6} = \frac{1}{2}$.

Por otro lado $p(A) = \frac{4}{6} = \frac{2}{3}$ y $p(B) = \frac{5}{6}$ con lo que $p(A) \cdot p(B) = \frac{2}{3} \cdot \frac{5}{6} = \frac{10}{18} = \frac{5}{9}$

Concluimos entonces que $p(A \cap B) \neq p(A) \cdot p(B)$ y por tanto A y B no son independientes, es decir, son sucesos dependientes.

Ejemplo

Se extraen sucesivamente y con devolución dos bolas de una bolsa que contiene 4 bolas numeradas del 1 al 4. Sea A el suceso: "obtener número par en la primera extracción" y B el suceso: "la segunda bola extraída es impar". ¿Son A y B independientes?.

Solución: Para la independencia de A y B hemos de verificar si $p(A \cap B) = p(A) \cdot p(B)$

Evidentemente $p(A) = \frac{1}{2}$, pues hay tantas bolas pares como impares.

Dado que al efectuar la segunda extracción, la urna mantiene la composición inicial, también es:

$$p(B) = \frac{1}{2}$$

Los casos favorables a $A \cap B$: "par en la primera e impar en la segunda" son: (2,1), (2,3), (4,1), (4,3). En total 4 casos sobre un total de $VR_{4,2} = 4^2 = 16$ casos posibles. Por tanto:

$$p(A \cap B) = \frac{4}{16} = \frac{1}{4}$$

Dado que $p(A \cap B) = \frac{1}{4} = \frac{1}{2} \cdot \frac{1}{2} = p(A) \cdot p(B)$, se tiene que ambos sucesos son independientes.

63.3 Experiencias dependientes

Dos experimentos son dependientes cuando el resultado del primero influye en las probabilidades de los sucesos del segundo.

Las probabilidades de los sucesos compuestos se calculan así:

$$p(A_1 \cap A_2) = p(A_1) \cdot p\left({A_2}/{A_1} \right)$$

(La probabilidad de que ocurra A_1 en el primer experimento y A_2 en el segundo es la probabilidad de que ocurra A_1 en el primero por la probabilidad de que ocurra A_2 en el segundo supuesto que ha ocurrido A_1 en el primero).

Para tres experimentos: $p(A_1 \cap A_2 \cap A_3) = p(A_1) \cdot p\left({A_2}/{A_1} \right) \cdot p\left({A_3}/{A_1 \cap A_2} \right)$

Y, en general, $p(A_1 \cap A_2 \cap \ldots \cap A_n) = p(A_1) \cdot p\left({A_2}/{A_1} \right) \cdot \ldots \cdot p\left({A_n}/{A_1 \cap \ldots \cap A_{n-1}} \right)$

Ejemplo

En una urna hay cuatro bolas blancas y cinco bolas rojas. Se extraen consecutivamente dos bolas sin reemplazamiento. Calcular la probabilidad de que:

a) se extraigan dos bolas blancas

b) se extraigan una bola blanca y una roja en ese orden

Llamamos B_i al suceso "obtener bola blanca en la i-ésima extracción" y

R_j al suceso "obtener bola roja en la j-ésima extracción"

El suceso "obtener dos bolas blancas" es $B_1 \cap B_2$ cuya probabilidad es:

$$p(B_1 \cap B_2) = p(B_1) \cdot p\left(B_2 / B_1\right) = \frac{4}{9} \cdot \frac{3}{8} = \frac{1}{6}$$

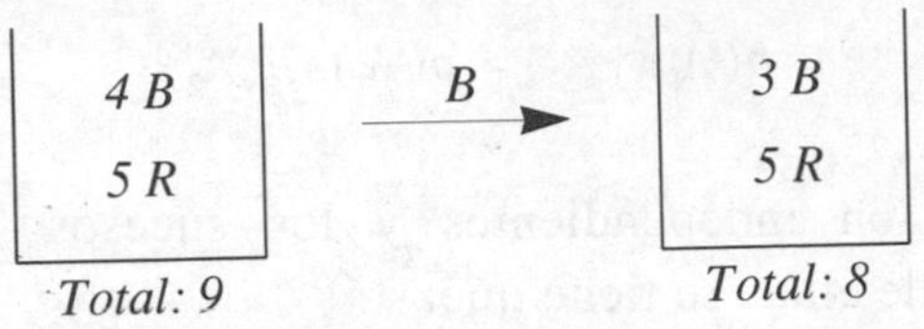

El suceso "obtener primero blanca y después roja" es $B_1 \cap R_2$ cuya probabilidad es:

$$p(B_1 \cap R_2) = p(B_1) \cdot p\left(R_2 / B_1\right) = \frac{4}{9} \cdot \frac{5}{8} = \frac{5}{18}$$

Ejemplo

Calcula la probabilidad de obtener tres ases al extraer sin reemplazamiento tres cartas de una baraja de 40 cartas.

$$p(3\,ases) = p(as,as,as) = p(as\,en\,1^{a}) \cdot p\left(as\,en\,2^{a} / as\,en\,1^{a}\right) \cdot p\left(as\,en\,3^{a} / as\,en\,1^{a}\ y\,en\,2^{a}\right)$$

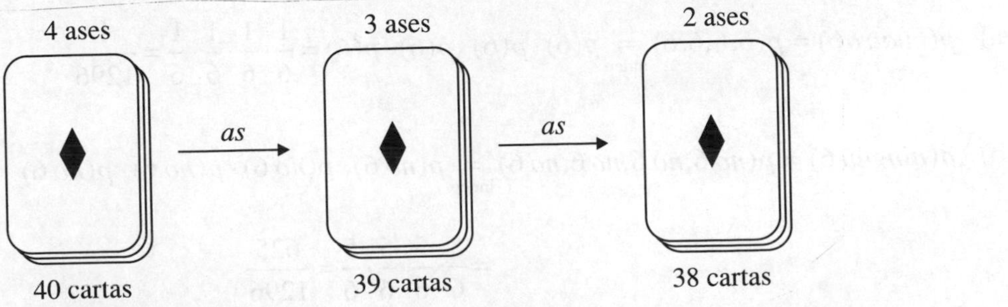

Del gráfico anterior deducimos que:

$$p(as\,en\,1^{a}) = \frac{4}{40};\quad p\left(\frac{as\,en\,2^{a}}{as\,en\,1^{a}}\right) = \frac{3}{39};\quad p\left(\frac{as\,en\,3^{a}}{as\,en\,1^{a}\,y\,2^{a}}\right) = \frac{2}{38}$$

luego $$p(3\,ases) = \frac{4}{40}\cdot\frac{3}{39}\cdot\frac{2}{38} = \frac{1}{2470}$$

63.4 Experiencias independientes

Se dice que dos o más pruebas son independientes cuando el resultado de cada una de ellas no influye en las probabilidades de los distintos resultados de las otras.

Si dos pruebas son independientes y los sucesos A_1 y A_2 corresponden a cada una de ellas respectivamente, se tiene que:

$$p(A_1 \cap A_2) = p(A_1)\cdot p(A_2)$$

En general, si n pruebas son independientes y los sucesos $A_1, A_2, \ldots, A_n$ corresponden, respectivamente, a cada una de ellas, se tiene que:

$$p(A_1 \cap A_2 \cap \ldots \cap A_n) = p(A_1)\cdot p(A_2)\cdot\ldots\cdot p(A_n)$$

Ejemplo

Halla la probabilidad de que al lanzar un dado cuatro veces se obtenga:
a) cuatro 6
b) ningún 6
c) al menos un 6

Solución:

a) $$p(cuatro\,6) = p(6,6,6,6) \underset{\text{indep}}{=} p(6)\cdot p(6)\cdot p(6)\cdot p(6) = \frac{1}{6}\cdot\frac{1}{6}\cdot\frac{1}{6}\cdot\frac{1}{6} = \frac{1}{1296}$$

b) $$p(ningún\,6) = p(no\,6, no\,6, no\,6, no\,6) \underset{\text{indep}}{=} p(no\,6)\cdot p(no\,6)\cdot p(no\,6)\cdot p(no\,6)$$

$$= \frac{5}{6}\cdot\frac{5}{6}\cdot\frac{5}{6}\cdot\frac{5}{6} = \frac{625}{1296}$$

c) $p(al\ menos\ un\ 6) = 1 - p(ningún\ 6) = 1 - \frac{625}{1296} = \frac{671}{1296}$

Ejemplo

De una urna que contiene 2 bolas blancas, 3 rojas y 5 negras se extraen sucesivamente y con devolución tres bolas. Calcular la probabilidad de que las dos primeras bolas extraídas sean blancas y la tercera sea negra.

Solución: En este caso, la composición de la urna no cambia después de cada extracción (son experimentos independientes). Por tanto, y de acuerdo con la notación anterior, se pide:

$$p(B_1 \cap B_2 \cap N_3) \underset{\text{indep}}{=} p(B_1) \cdot p(B_2) \cdot p(N_3) = \frac{2}{10} \cdot \frac{2}{10} \cdot \frac{5}{10} = \frac{1}{50}$$

63.5 Probabilidad total. Teorema de Bayes

Tenemos n sucesos $A_1, A_2, \ldots, A_n$ incompatibles dos a dos $(A_i \cap A_j = \emptyset)$ y tales que $A_1 \cup A_2 \cup \ldots \cup A_n = \Omega$.

Si S es un suceso cualquiera, se tiene que:

$$p(S) = p(A_1) \cdot p\left(S/_{A_1}\right) + p(A_2) \cdot p\left(S/_{A_2}\right) + \ldots + p(A_n) \cdot p\left(S/_{A_n}\right)$$

Demostración:

$$S = \Omega \cap S = (A_1 \cup A_2 \cup \ldots \cup A_n) \cap S \underset{\text{Prop Distrib}}{=} (A_1 \cap S) \cup (A_2 \cap S) \cup \ldots \cup (A_n \cap S)$$

y como los sucesos $A_i \cap S$ son incompatibles dos a dos, se tiene que:

$$p(S) = p(A_1 \cap S) + p(A_2 \cap S) + \ldots + p(A_n \cap S) =$$

$$p(A_1) \cdot p\left(S/_{A_1}\right) + p(A_2) \cdot p\left(S/_{A_2}\right) + \ldots + p(A_n) \cdot p\left(S/_{A_n}\right)$$

Aplicación al caso de pruebas sucesivas:

Tenemos un experimento compuesto de dos. Los sucesos $A_1, A_2, \dots, A_n$ corresponden al primer experimento y cumplen la condición anterior. El suceso S pertenece al segundo experimento.

Se puede llegar a S pasando por A_1 *o* A_2 *o* ... *o* A_n:

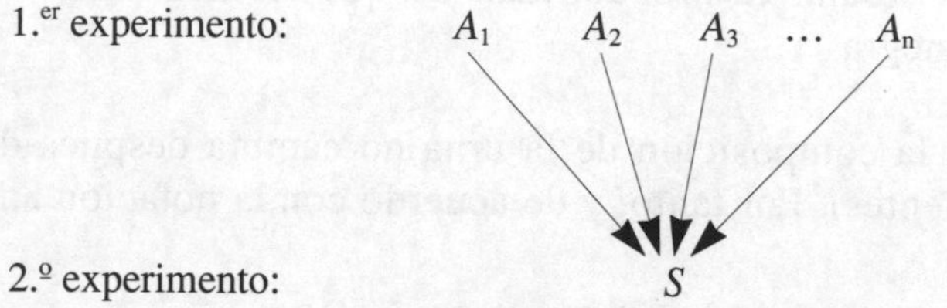

La probabilidad de que ocurra S es:

$$p(S) = p(A_1) \cdot p\left(S/_{A_1} \right) + p(A_2) \cdot p\left(S/_{A_2} \right) + \dots + p(A_n) \cdot p\left(S/_{A_n} \right)$$

Ejemplo

Supongamos dos urnas con la siguiente composición: La primera tiene dos bolas blancas y tres bolas negras; mientras que la segunda tiene cuatro bolas blancas y una negra. Se elige una urna al azar y se extrae una bola. Calcular:

a) La probabilidad de que la bola extraída sea blanca.
b) La probabilidad de haber elegido la primera urna, supuesto que la bola extraída ha sido blanca.

Solución: Llamamos U_1 al suceso "elegir la primera urna" y U_2 al suceso "elegir la segunda urna". B será el suceso "extraer bola blanca".

El apartado a) nos pide:

$$p(B) = p(U_1) \cdot p\left(B/_{U_1} \right) + p(U_2) \cdot p\left(B/_{U_2} \right) = \frac{1}{2} \cdot \frac{2}{5} + \frac{1}{2} \cdot \frac{4}{5} = \frac{3}{5}$$

(Téngase en cuenta que, como las urnas son elegidas al azar, $p(U_1) = p(U_2) = \frac{1}{2}$)

El apartado b) nos pide:

$$p\left(U_1/B\right)=\frac{p(U_1\cap B)}{p(B)}=\frac{p(U_1)\cdot p\left(B/U_1\right)}{p(U_1)\cdot p\left(B/U_1\right)+p(U_2)\cdot p\left(B/U_2\right)}=\frac{\frac{1}{2}\cdot\frac{2}{5}}{\frac{1}{2}\cdot\frac{2}{5}+\frac{1}{2}\cdot\frac{4}{5}}=\frac{1}{3}$$

La probabilidad $p\left(U_1/B\right)$ recibe el nombre de probabilidad "a posteriori" y se calcula mediante la fórmula anterior llamada **Teorema de Bayes.**

Obsérvese cómo ha cambiado la probabilidad de elegir la primera urna por el hecho de conocer el resultado de la extracción (el haber obtenido bola blanca nos induce a pensar que seguramente la urna elegida habría sido la segunda y no la primera).

Ejemplo

En una población hay epidemia. El 16 por 100 de los machos y el 9 por 100 de las hembras están enfermos. Hay triplc número de machos que de hembras. Se elige al azar un individuo de esa población. ¿Cuál es la probabilidad de que esté enfermo?. ¿Y la de que sea macho si se sabe que está enfermo?.

Solución: Llamando E al suceso "estar enfermo", M al suceso: "animal macho" y H al suceso: "animal hembra", se tiene, por el teorema de las probabilidades totales que:

$$p(E)=p(M)\cdot p\left(E/M\right)+p(H)\cdot p\left(E/H\right)=\frac{3}{4}\cdot 0{,}16+\frac{1}{4}\cdot 0{,}9=0{,}1425$$

Por otra parte, el suceso: "ser macho si se sabe que está enfermo" es M/E cuya probabilidad calculamos recurriendo al teorema de Bayes:

$$p\left(M/E\right)=\frac{p(M)\cdot p\left(E/M\right)}{p(M)\cdot p\left(E/M\right)+p(H)\cdot p\left(E/H\right)}=\frac{\frac{3}{4}\cdot 0{,}16}{\frac{3}{4}\cdot 0{,}16+\frac{1}{4}\cdot 0{,}9}=\frac{48}{57}$$

Problemas propuestos

1. Simultáneamente se sacan dos cartas de una baraja de 40 cartas) y se tira un dado. ¿Cuál es la probabilidad de que las cartas sean sotas y el número del dado sea par?
2. En una baraja de 40 cartas se toman tres cartas distintas. Calcular la probabilidad de que las tres sean números distintos.
3. Escogidas cinco personas al azar, ¿cuál es la probabilidad de que al menos dos

de ellas hayan nacido en el mismo día de la semana (es decir, en lunes, martes, etc...)?

4. En un cajón de un armario, Juan guarda desordenadamente 3 pares de calcetines blancos y 4 pares de calcetines rojos; otro cajón contiene 4 corbatas blancas, 3 rojas y 2 azules. Para vestirse saca al azar del primer cajón un par de calcetines, y del segundo, una corbata. Hallar la probabilidad de que los calcetines y la corbata sean del mismo color.
5. Un producto está formado de dos partes A y B . El proceso de fabricación es tal que la probabilidad de un defecto en A es 0,06 y la probabilidad de un defecto en B es 0,07. ¿Cuál es la probabilidad de que el producto no sea defectuoso?
6. Una moneda se arroja repetidamente hasta que sale dos veces consecutivas el mismo lado. Calcula las probabilidades de los siguientes sucesos:
   a) El experimento consta exactamente de 4 lanzamientos.
   b) El experimento consta exactamente de n lanzamientos, con $2 \leq n \in N$.
   c) El experimento consta como máximo de 10 lanzamientos.
7. Una urna contiene 10 bolas blancas, 6 negras y 4 rojas. Si se extraen tres bolas con reemplazamiento, ¿cuál es la probabilidad de obtener 2 blancas y una roja?
8. Una urna A tiene 6 bolas blancas y 4 negras, una segunda urna B contiene 5 bolas blancas y 2 negras. Se selecciona una urna al azar y de ella se extraen 2 bolas sin reemplazamiento. ¿Cuál es la probabilidad de que sean de distinto color?
9. Las probabilidades de que cada uno de los tres aviones A, B, y C cumpla su horario previsto son 0,7; 0,8; y 0,9 respectivamente. El comportamiento de cada avión no depende de los otros. Calcula las probabilidades de que cumplan el horario:
   a) Los tres aviones.
   b) Al menos, dos de ellos.
10. Se lanza un dado repetidas veces, y estamos interesados en el número de tiradas precisas para obtener un 6 por primera vez. Se pide:
    a) ¿Cuál es el espacio muestral?
    b) ¿Cuál es la probabilidad de que el primer 6 se obtenga precisamente en la séptima tirada?
11. Dos jugadores arrojan a la vez dos monedas cada uno. ¿Cuál es la probabilidad de que ambos obtengan el mismo número de caras (sea éste cero, una o dos)? Razonarlo detalladamente.
12. ¿Cuál es la probabilidad de obtener al menos tres caras al lanzar cinco veces una moneda? ¿Y la obtener tres caras y solamente tres?
13. Una pieza de artillería dispone de 7 obuses para alcanzar un objetivo. En cada disparo la probabilidad de lanzarlo es $1/7$. ¿Cuál es la probabilidad de alcanzar el objetivo con siete obuses?
14. De una baraja de 40 cartas se toman cuatro. Hallar la probabilidad de que sean de palos distintos.
15. Tenemos dos urnas A y B. En A tenemos 8 bolas blancas y 9 negras, y en B, 6 bolas blancas y 5 negras. Tomamos una urna al azar y de ella extraeremos dos bolas. Calcular la probabilidad de que las dos sean negras.
16. Se tiene dos bolsas A y B. La bolsa A contiene 12 bolas blancas y 8 negras y la bolsa B, tiene 8 blancas y 12 negras. Se toma una bolsa y se sacan dos bolas. Calcular la probabilidad de que:
    a) Las dos bolas sean blancas.
    b) Una sea blanca y la otra negra.
17. Se tiene dos urnas A y B. En A tenemos 5 bolas blancas y 8 negras. En B, 5 blancas y 8 negras. Tomamos una urna al azar y de ella extraemos dos bolas. Hallar la probabilidad de que:
    a) Las dos negras.
    b) Una de cada color.
18. Tenemos dos urnas A y B. En A tenemos 5 bolas blancas y 8 negras. EN B, 3 blancas y 4 negras. Tomamos una urna

al azar y de ella extraemos dos bolas. Hallar la probabilidad de que:
a) Las dos bolas sean blancas.
b) Sean una de cada color.

19. En tres máquinas *A, B,* y *C* se fabrican piezas de la misma naturaleza. El porcentaje de piezas que resultan defectuosas en cada máquina es respectivamente 1%, 2% y 3%. Se mezclan 300 piezas, 100 de cada máquina y se elige una pieza al azar que resulta ser defectuosa. ¿Cuál es la probabilidad de que haya sido fabricada en la máquina *A*?
20. Una caja *A* contiene dos bolas blancas y dos rojas, y otra caja *B* contiene tres blancas y dos rojas. Se pasa una bola de *A* y *B* y después se extrae una bola de *B* que resulta blanca. Determina la probabilidad de que la bola trasladada haya sido blanca.
21. Una urna *A* contiene 5 bolas blancas y 3 negras. Otra urna *B*, 6 bolas blancas y 4 negras. Elegimos una urna al azar y extraemos dos bolas que resultan ser negras. Hallar la probabilidad de que la urna elegida haya sido la *B*.
22. Una urna *A* contiene 6 bolas blancas y 3 negras. Otra urna *B* contiene 7 bolas blancas y 2 negras. Elegimos una urna al azar y extraemos de ella dos bolas que resultan ser blancas. Hallar la probabilidad de que la urna elegida haya sido la *A*.
23. Una urna *A* contiene 6 bolas blancas y 4 negras. Otra urna *B* tiene 5 blancas y 9 negras. Elegimos una urna al azar y extraemos dos bolas que resultan ser las dos blancas. Hallar la probabilidad de que la urna elegida haya sido la *A*.
24. En cierto país, donde la enfermedad *X* es endémica, se sabe que un 12% de la población padece dicha enfermedad. Se dispone de una prueba para detectar la enfermedad., pero no es totalmente fiable, ya que da positiva en el 90% de los casos de personas realmente enfermas y también da positiva en 5% de personas sanas. ¿Cuál es la probabilidad de que esté sana una persona a la que la prueba la ha dado positiva?
25. Sean *A* y *B* dos montones de cartas. En *A* hay 8 oros y 5 espadas y en *B*, 4 oros y 7 espadas. Sacamos dos cartas del mismo montón y resulta que ambas son espadas. Hallar la probabilidad de que las hayamos sacado del montón *B*.
26. De una baraja de 40 cartas se toman dos cartas. Hallar la probabilidad de que las cartas sena:
a) 2 oros.
b) 2 espadas o dos figuras.
27. Tenemos una urna con 15 bolas blancas y 25 negras. Sacamos dos bolas. Hallar la probabilidad de que sea una de cada color en cada uno de los siguientes casos:
a) Después de sacada la primera bola la volvemos a introducir en la bolsa antes de extraer la segunda bola.
b) Sacada la primera bola la dejamos fuera y entres las restantes extraemos la segunda.
28. De una baraja de 40 cartas tomamos tres. Hallar la probabilidad de que:
a) Las tres sean de oros.
b) Una sea de oros y las otras no.
c) La primera sea de bastos y las otras dos de copas.
29. En una urna hay 4 bolas blancas y 5 bolas negras con igual probabilidad de ser extraídas. Se sacan 2 bolas simultáneamente. ¿Cuál es la probabilidad de que sean una blanca y otra negra?
30. Se lanza una moneda y después un dado. Calcular las probabilidades de que se obtenga:
a) Cara y tres.
b) Cara y par.
c) Cruz y múltiplo de tres.
31. Se efectúa el lanzamiento de un dado. Si sale par se tira de nuevo y si se obtiene un número impar se termina de lanzar. Calcular la probabilidad de tirar 3 veces seguidas.
32. Para ir de su casa al trabajo un ciudadano tiene que pasar por la plaza *A* en la que hay 7 cruces. Cogiendo el

cruce correcto llega a la plaza *B* en la que existen 4 cruces. Si toma nuevamente el cruce correcto llegará a la plaza *C* que tiene 6 cruces. Tomando el cruce correcto llega finalmente al trabajo. Si el ciudadano decide coger los cruces al azar, calcular las probabilidades de que:

a) Se equivoque en el cruce de la plaza *A*.
b) Se equivoque en el cruce de la plaza *B*.
c) Se equivoque en el cruce de la plaza *C*.
d) Llegue tarde al trabajo.

33. Una mosca se mueve por las aristas de una habitación que tiene forma de cubo. Cuando llega a un vértice elige al azar una de las tres aristas que salen de él y la recorre hasta el vértice siguiente, donde procede de manera similar. Si la mosca está en un vértice, ¿cuál es la probabilidad de que llegue al vértice diametralmente opuesto, después de haber recorrido exactamente 3 aristas? ¿Y si ha de recorrer exactamente 4 aristas?

34. El menú de un restaurante consta de 8 primeros platos, 6 segundos platos y 7 postres. Ante la llegada de un cliente, el camarero elige al azar un primer plato, un segundo y un postre. ¿Cuál es la probabilidad de que el camarero haya acertado con al elección del cliente?

35. Se lanza un dado y se anota su resultado. A continuación, se tiran tres dados y se pregunta ¿cuál es la probabilidad de que al menos uno de los dados tenga la misma puntuación que el dado que se lanzó solo? Y, ¿cuál sería en el caso de tirar 4 dados? ¿y si fuesen n dados?

36. En una universidad de verano hay 200 alumnos (50 ingleses, 80 franceses, 40 alemanes y 30 japoneses). Estudian Lengua 10 ingleses, 50 franceses, 15 alemanes y 20 japoneses. El resto estudia Historia. Se ha elegido un estudiante al azar.

a) ¿Cuál es la probabilidad de que estudie Lengua o sea inglés?
b) ¿Cuál es la probabilidad de que estudie Lengua?
c) ¿Cuál es la probabilidad de que estudie Historia?.

Soluciones

1. S: 1/260
2. S: 192/247
3. S: 0,85
4. S: 8/21
5. S: 0,8742
6. S: a) $\left(\frac{1}{2}\right)^4$

   b) $\left(\frac{1}{2}\right)^n$

   c) $1-\left(\frac{1}{2}\right)^{10}$
7. S: $3\cdot\frac{10}{20}\cdot\frac{10}{20}\cdot\frac{4}{20}$
8. S: $\frac{53}{105}$
9. S: a) $0,7\cdot 0,8\cdot 0,9$

   b) $0,7\cdot 0,8\cdot 0,1+0,7\cdot 0,2\cdot 0,9+0,3\cdot 0,8\cdot$
   $\cdot 0,9+0,7\cdot 0,8\cdot 0,9$
10. S: a) $\Omega=\{1,2,3,4,\ldots,n,\ldots\}=N$

    b) $\left(\frac{5}{6}\right)^6\cdot\frac{1}{6}$
11. S: $\left(\frac{1}{4}\right)^2+\left(\frac{1}{2}\right)^2+\left(\frac{1}{4}\right)^2\cdots$
12. S: 1/2

13. S: 0,66
14. S: 0,109
15. S: $\frac{1}{2}\cdot\frac{9}{17}\cdot\frac{8}{16}+\frac{1}{2}\cdot\frac{5}{11}\cdot\frac{4}{10}$
16. S: a) 0,247
    b) 0,505
17. S: a) 0,246
    b) 0,523
18. S: a) 0,200
    b) 0,542
19. S: 1/6
20. S: 4/6; 3/6
21. S: $\frac{133}{240}=0,554$
22. S: 0,416
23. S: 0,752
24. S: 0,71
25. S: 0,749
26. S: a) 0,0577
    b) 0,204
27. S: a) 0,46875
    b) 0,48077
28. S: a) 0,012
    b) 0,440
    c) 0,046
29. S: 0,494
30. S: Es claro que los experimentos "tirar una moneda" y "un dado" son independientes, por lo tanto, se obtienen las probabilidades:

    a) $P(\text{cara} \cap \text{tres}) = P(\text{cara}) \cdot P(\text{tres}) =$

    $=\frac{1}{2}\cdot\frac{1}{6}$

    b) $\frac{1}{2}\cdot\frac{1}{2}$

    c) $\frac{1}{2}\cdot\frac{1}{6}$
31. S: Hay que seguir el procesos que nos lleva a la situación que plantea el problema y, por lo tanto, ha de ocurrir que: salga un número para en el primer lanzamiento y que salga un número para el 2º lanzamiento y que salga un número impar en el tercer lanzamiento. Y por tratarse de sucesos independientes:

    $P(\text{par} \cap \text{par} \cap \text{impar}) =$

    $= P(par)\cdot P(par)\cdot P(impar) = \frac{1}{2}\cdot\frac{1}{2}\cdot\frac{1}{2} = \frac{1}{8}$
32. S: a) 6/7

    b) $\frac{1}{7}\cdot\frac{3}{4}$

    c) $\frac{1}{7}\cdot\frac{1}{4}\cdot\frac{5}{6}$

    d) $\frac{1}{7}\cdot\frac{1}{4}\cdot\frac{1}{6}$
33. S: Para tres aristas: hay 6 posibles caminos para ir de un vértice al opuesto. Y elegir uno de los caminos tiene una

    probabilidad $\frac{1}{3}\cdot\frac{1}{3}\cdot\frac{1}{3}$ Por tanto,

    P(recorrer 3 aristas) = $6\cdot\frac{1}{3}\cdot\frac{1}{3}\cdot\frac{1}{3}$

    P(recorrer 4 aristas) = 0, ya que es imposible hacerlo.
34. S: $\frac{1}{8}\cdot\frac{1}{6}\cdot\frac{1}{7}$
35. S: Son sucesos independientes. Para 3

    dados: $1-\left(\frac{5}{6}\right)^3$. Para 4 dados: $1-\left(\frac{5}{6}\right)^4$

    y para n dados: $1-\left(\frac{5}{6}\right)^n$.
36. S: a) 135/200

    b) 95/200

    c) 105/200

APÉNDICE: El uso de la calculadora

La calculadora es una herramienta de trabajo extraordinariamente útil. Su uso te permitirá resolver con rapidez numerosos problemas que, de otra forma, supondrían costosísimos esfuerzos. En este apéndice se incluyen las normas para una correcta utilización así como su aplicación a las distintas áreas de conocimiento incluidas en la obra.

Hay muchos tipos de calculadoras. No obstante, nos centraremos en las calculadoras habitualmente llamadas científicas, por ser las más adecuadas a nuestro estudio.

No es necesario explicar la forma de introducir en la calculadora un número entero o decimal. Basta recordar que la coma en la calculadora es un punto, < · >. También es evidente que una operación se realiza mediante la secuencia "número, tecla de operación, número, < = >". Por ejemplo:

2	0	÷	5	×	3	=	12

Comencemos con un ejemplo simple. Pretendemos calcular la operación:

$$2+4\cdot 8$$

Introduciremos en la calculadora la secuencia:

2	+	4	×	8	=	34

La calculadora interpreta las operaciones tal como nosotros acostumbramos a hacerlo: $2+4\times 8=34$. Es decir, respeta la prioridad de las operaciones, dando preferencia a la multiplicación < × > y la división < ÷ > sobre la suma < + > y la resta < — >.

Cambio de signo

La tecla < - > sirve para restar. Si el resultado de la operación es negativo, así aparecerá en la pantalla:

8	-	1	0	=	-2

Sin embargo, si queremos escribir directamente en la pantalla -2, utilizaremos la tecla < +/- >, que sirve para cambiar el signo del número que está en pantalla:

2	+/-	-2

Paréntesis

La calculadora científica tiene habitualmente dos teclas juntas con la siguiente notación: < (> 6 <) >. La primera tecla sirve para abrir paréntesis y la segunda sirve para cerrarlos. El "6" que hay en medio significa que podemos encajar hasta 6 paréntesis, unos dentro de otros.

Efectuemos: $8 \cdot 2 - 3 \cdot 4 + 2 \cdot (6 - 5)$

8	×	(	2	-	3	×	4	)	+	2	×	(	6	-	5	)	=	-78

Cálculo del inverso

Si pretendemos calcular rápidamente el valor del inverso $\frac{1}{x}$ de un número x distinto de cero, no necesitamos efectuar la división secuenciada. Se utiliza la tecla $<1/x>$.

Por ejemplo, para calcular el inverso de 0,18, es decir, el valor de $\frac{1}{0,18}$, teclearemos:

0	.	1	8	1/*x*	5.5555556

Potencias y raíces

Para calcular raíces cuadradas se usa, evidentemente, la tecla $<\sqrt{\ }>$.

Si queremos calcular $\sqrt{240}$ introduciremos la secuencia:

2	4	0	√	15.491933

La tecla $<x^y>$ permite calcular potencias y raíces cualesquiera del modo siguiente:

Si pretendemos calcular 3^{15}:

3	x^y	1	5	=	14348907

Para hallar $\sqrt[5]{325^2} = 325^{2/5}$:

3	2	5	x^y	(	2	÷	5	)	=	10.110051

Con las teclas < INV > y < x^y > se consigue el efecto de la función indicada encima de la tecla < x^y >, es decir, $x^{1/y}$. Con esta combinación de teclas podemos calcular raíces n-ésimas. Así, para calcular $\sqrt[7]{126} = 126^{1/7}$:

1	2	6	INV	x^y	7	=	1.99550055

El cuadrado de un número puede ser hallado, además del modo anterior, de dos formas adicionales que simplifican su cálculo. Así, si queremos calcular 345^2:

3	4	5	×	=	119025

o bien, si encima de la tecla < $\sqrt{\ }$ > aparece el símbolo x^2, mediante la combinación:

3	4	5	INV	$\sqrt{\ }$	119025

Notación científica

Si intentamos multiplicar el número 321.123 por sí mismo, obtenemos:

3	2	1	1	2	3	×	=	1.03119	11

que, traducido, es: $1{,}03119 \cdot 10^{11} = 103\,119\,000\,000$. Se trata, por tanto, de un número puesto en notación científica. El número que aparece a la derecha de la pantalla es el exponente del 10.

Si con el número anterior en pantalla, hallamos su inverso, obtenemos:

1.03119	11	1/x	9.69744	-12

que se lee como $9{,}69744 \cdot 10^{-12} = 0{,}000\,000\,000\,009\,697\,44$

Si queremos introducir un número en forma científica haremos lo siguiente:

$1{,}234 \cdot 10^{15}$:

1	.	2	3	4	EXP	1	5

$-1{,}234 \cdot 10^{15}$:

1	.	2	3	4	+/-	EXP	1	5

$1,234 \cdot 10^{-15}$:

1	.	2	3	4	EXP	1	5	+/-

Los números en notación científica se operan entre sí o con otros con toda normalidad. Si el resultado cabe en pantalla, aparecerá en forma normal, y si no cabe aparecerá en notación científica.

Factorial de un número

Recuerda que el factorial de un número n es $n! = n \cdot (n-1) \cdot (n-2) \cdot ... \cdot 3 \cdot 2 \cdot 1$. Podrá calcularse si se observa en la calculadora el símbolo $x!$ sobre una tecla o encima de ella. Habitualmente se sitúa encima de la tecla $< 1/x >$. En tal caso, operaremos de la forma siguiente.
Por ejemplo, si pretendemos calcular $49! = 49 \cdot 48 \cdot 47 \cdot ... \cdot 3 \cdot 2 \cdot 1$, teclearemos:

4	9	INV	1/*x*	6.08281	62

es decir, $6{,}08281 \cdot 10^{62}$.

Teclas de memoria

Las calculadoras reservan determinadas teclas para almacenar números y poder utilizarlos posteriormente.

< M in > Apretando esta tecla se introduce en la memoria el número que hay en la pantalla. Éste sigue permaneciendo en la pantalla, aunque se haya introducido en la memoria.

< MR > Con esta tecla se recupera en la pantalla el número que está grabado en la memoria.

< M+ > Suma en la memoria el número que hay en pantalla. Si hay alguna operación pendiente, también se realiza al apretar esta tecla y lo que suma en la memoria es el resultado de esta operación.

< M- > Resta en la memoria el número que hay en pantalla. Realiza operaciones pendientes.

Trigonometría

En la calculadora hay unas teclas especialmente destinadas al trabajo en trigonometría. Son las teclas < sin >, < cos > y < tan > que, evidentemente, corresponden al seno, coseno y tangente.

Para calcular la razón trigonométrica de un ángulo, hemos de empezar poniendo la calculadora en el "modo DEG" (grados sexagesimales). Para ello hemos de pulsar la tecla < MODE > combinada con otra que depende de cada calculadora. Una vez seleccionado, el "modo DEG" aparece escrito en el borde de la pantalla.

La aplicación directa es muy sencilla. Por ejemplo, si pretendemos calcular $\operatorname{sen} 58^{\underline{o}}$, teclearemos:

5	8	sin	0.8480481

También puede utilizarse de modo inverso: ¿cuál es el ángulo cuyo seno vale 0,75?.

0	.	7	5	INV	sin	48.590378

O de forma combinada: Sabiendo que $\cos \alpha = 0,66$, ¿cuánto vale $\operatorname{tg} \alpha$?.

0	.	6	6	INV	cos	48.700127	tan	1.1382812

La tecla < º ' " > sirve para expresar en forma decimal un ángulo dado en grados, minutos y segundos. Precedido de la tecla < INV > hace lo contrario: pasar de forma decimal a sexagesimal.

De modo directo: Si queremos anotar el ángulo 23º 5' 17" introduciremos:

2	3	º ' "	5	º ' "	1	7	º ' "	23.088056

De modo recíproco: Para pasar a º ' " un ángulo dado en forma decimal:

23.088056	INV	º ' "	23º5º18.82

Funciones exponencial y logarítmica

Las teclas < log > y < ln > son las teclas de la función logaritmo decimal y logaritmo neperiano. Sobre ellas aparecen las teclas de sus respectivas funciones inversas, es decir, 10^x y e^x, exponenciales de base 10 y *e*.

Para calcular cualquier potencia de 10, por ejemplo $10^{0,3}$, podemos teclear indistintamente:

0	.	3	INV	log	1.9952623

o bien

1	0	x^y	0	.	3	=	1.9952623

Para calcular potencias del número *e*, por ejemplo e^4, introduciremos la secuencia:

4	INV	ln	54.59815

El cálculo de logaritmos decimales o neperianos se hace de forma directa. Por ejemplo, el cálculo de $\log 23{,}15$ se haría así:

2	3	.	1	5	log	1.364551

Para hallar su logaritmo neperiano, teclearemos:

2	3	.	1	5	ln	3,1419948

El cálculo de logaritmos en cualquier base puede efectuarse utilizando la fórmula del cambio de base:

$$\log_a b = \frac{\log b}{\log a}$$

Por ejemplo, si queremos calcular $\log_5 200$:

2	0	0	log	÷	5	log	=	3.2920297

Estadística

La casi totalidad de las calculadoras científicas son aptas para el cálculo de los parámetros estadísticos $\overline{x}$ (media) y σ (desviación típica).

Dado que cada calculadora tiene una terminología y procedimiento específico, intentamos que las siguientes nociones sean lo más generales posibles para así abarcar el mayor número posible de calculadoras. Siempre queda el recurso de un vistazo al manual de instrucciones.

El procedimiento queda reflejado sobre la siguiente tabla estadística cuya media y desviación típica pretendemos calcular:

DATOS x_i	FRECUENCIAS n_i
151	2
156	4
161	11
166	14
171	5
176	4

Los pasos a realizar son los siguientes:

1º Ponemos la calculadora en disposición de realizar cálculos estadísticos: MODO SD:

MODE	·	SD

2º Se borran los datos que pueden haber quedado acumulados de un trabajo anterior (no se borran aunque la calculadora se apague):

INV	AC

3º Introducimos los datos. Cada uno de ellos se introduce poniéndolo en la pantalla y dándole a la tecla < DATA > (a veces $< x >$). Si el dato aparece n veces (tiene frecuencia n), haremos:

DATO	×	n	DATA

Así sucesivamente hasta introducir todos los datos.

1	5	1	×	2		DATA	151
1	5	6	×	4		DATA	156
1	6	1	×	1	1	DATA	161
1	6	6	×	1	4	DATA	166
1	7	1	×	5		DATA	171
1	7	6	×	4		DATA	176

4º Pulsando cualquiera de las teclas $<n>$, $<\sum x>$, $<\sum x^2>$, $<\overline{x}>$, $<\sigma_n>$ obtendremos el valor correspondiente. Esta consulta puede hacerse en cualquier momento del proceso. A continuación, si se quiere, pueden seguir introduciéndose datos. El significado de cada una de las teclas se especifica a continuación:

$<n>$: Número de individuos $n = \sum n_i$

n	40

$<\sum x>$: Suma de todos los valores $\sum x = \sum n_i x_i$

$\sum x$	6580

$< \sum x^2 >$: Suma de los cuadrados de los valores $\sum x^2 = \sum n_i x_i^2$

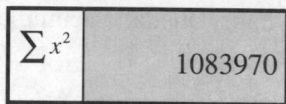

$\sum x^2$	1083970

$< \overline{x} >$: Media

$\overline{x}$	164.5

$< \sigma_n >$: Desviación típica

σ_n	6.244998

Si se ha introducido un dato erróneamente, se puede eliminar escribiéndolo en pantalla y pulsando seguidamente las teclas < INV > y < DATA >.

INDICE

I. CONJUNTOS Y COMBINATORIA

II. DESDE LOS NATURALES HASTA LOS COMPLEJOS

III. POLINOMIOS

IV. ECUACIONES

VII. TRIGONOMETRÍA

VIII. GEOMETRÍA ANALÍTICA DEL PLANO